作者简介

喻海松,1980年生,湖南新邵人。法学学士(2003年,西北政法学院)、法学硕士(2005年,中国人民大学法学院)、法学博士(2008年,中国人民大学法学院)。曾在德国马普外国刑法暨国际刑法研究所研修。现从事刑事司法工作,兼任中国刑法学研究会常务理事、副秘书长。获第十届"全国杰出青年法学家"提名奖。独著《刑法的扩张》(人民法院出版社2015年版)、《文物犯罪理论与实务》(法律出版社2016年版)、《环境资源犯罪实务精释》(法律出版社2017年版)、《网络犯罪二十讲》(法律出版社2018年第1版、2022年第2版)、《刑事诉讼法修改与司法适用疑难解析》(北京大学出版社2021年版);编著《侵犯公民个人信息罪司法解释理解与适用》(中国法制出版社2018年版)、《实务刑法评注》(北京大学出版社2022年版)、《实务刑事诉讼法评注》(北京大学出版社2023年版);发表论文近八十篇。

喻海松 编著

2024

实务刑法评注
StGB Praxiskommentar

第二版

北京大学出版社
PEKING UNIVERSITY PRESS

目 录

做一部有态度的刑法工具书(第二版引言) ……………………………… 1

《实务刑法评注》使用指南 ……………………………………………… 1

第一编 总则(第1—101条)

第一章 刑法的任务、基本原则和适用范围 …………………………… 3

第一条 【立法宗旨】 ………………………………………………… 3
第二条 【刑法的任务】 ……………………………………………… 3
第三条 【罪刑法定原则】 …………………………………………… 4
第四条 【适用刑法人人平等原则】 ………………………………… 4
第五条 【罪责刑相适应原则】 ……………………………………… 4
第六条 【属地管辖权】 ……………………………………………… 4
第七条 【属人管辖权】 ……………………………………………… 10
第八条 【保护管辖权】 ……………………………………………… 11
第九条 【普遍管辖权】 ……………………………………………… 11
第十条 【对外国刑事判决的消极承认】 …………………………… 13
第十一条 【外交特权和豁免权】 …………………………………… 13
第十二条 【刑法溯及力】 …………………………………………… 15

第二章 犯 罪 ……………………………………………………………… 34

第一节 犯罪和刑事责任 ………………………………………… 34
第十三条 【犯罪概念】 ……………………………………………… 34
第十四条 【故意犯罪】 ……………………………………………… 37
第十五条 【过失犯罪】 ……………………………………………… 37
第十六条 【不可抗力和意外事件】 ………………………………… 38
第十七条 【刑事责任年龄】 ………………………………………… 39
第十七条之一 【老年人犯罪的刑事责任】 ………………………… 51
第十八条 【精神障碍与刑事责任能力】 …………………………… 52

第十九条 【又聋又哑的人或者盲人犯罪的刑事责任】 …………… 54
　　第二十条 【正当防卫】 ………………………………………………… 55
　　第二十一条 【紧急避险】 ……………………………………………… 94
　第二节 犯罪的预备、未遂和中止 ………………………………………… 95
　　第二十二条 【犯罪预备】 ……………………………………………… 95
　　第二十三条 【犯罪未遂】 ……………………………………………… 96
　　第二十四条 【犯罪中止】 ……………………………………………… 98
　第三节 共同犯罪 …………………………………………………………… 100
　　第二十五条 【共同犯罪的概念】 ……………………………………… 100
　　第二十六条 【主犯】 …………………………………………………… 104
　　第二十七条 【从犯】 …………………………………………………… 108
　　第二十八条 【胁从犯】 ………………………………………………… 108
　　第二十九条 【教唆犯】 ………………………………………………… 109
　第四节 单位犯罪 …………………………………………………………… 110
　　第三十条 【单位负刑事责任的范围】 ………………………………… 110
　　第三十一条 【单位犯罪的处罚原则】 ………………………………… 110

第三章 刑 罚 …………………………………………………………… 119

　第一节 刑罚的种类 ………………………………………………………… 122
　　第三十二条 【刑罚种类】 ……………………………………………… 122
　　第三十三条 【主刑种类】 ……………………………………………… 122
　　第三十四条 【附加刑种类】 …………………………………………… 123
　　第三十五条 【驱逐出境】 ……………………………………………… 123
　　第三十六条 【赔偿经济损失与民事赔偿优先原则】 ………………… 127
　　第三十七条 【免予刑事处罚与非刑罚性处置措施】 ………………… 130
　　第三十七条之一 【从业禁止】 ………………………………………… 131
　第二节 管 制 ……………………………………………………………… 136
　　第三十八条 【管制的期限与执行】 …………………………………… 136
　　第三十九条 【管制犯的义务与权利】 ………………………………… 142
　　第四十条 【管制期满解除】 …………………………………………… 144
　　第四十一条 【管制刑期的计算与折抵】 ……………………………… 144
　第三节 拘 役 ……………………………………………………………… 145
　　第四十二条 【拘役的期限】 …………………………………………… 145

第四十三条 【拘役的执行】 145
第四十四条 【拘役刑期的计算与折抵】 147
第四节 有期徒刑、无期徒刑 147
第四十五条 【有期徒刑的期限】 147
第四十六条 【有期徒刑与无期徒刑的执行】 147
第四十七条 【有期徒刑刑期的计算与折抵】 148
第五节 死刑 149
第四十八条 【死刑、死缓的适用对象及核准程序】 152
第四十九条 【死刑适用对象的限制】 155
第五十条 【死缓变更】 159
第五十一条 【死缓期间及减为有期徒刑的刑期计算】 168
第六节 罚金 168
第五十二条 【罚金数额的裁量】 168
第五十三条 【罚金的缴纳】 173
第七节 剥夺政治权利 175
第五十四条 【剥夺政治权利的含义】 175
第五十五条 【剥夺政治权利的期限】 179
第五十六条 【剥夺政治权利的附加、独立适用】 180
第五十七条 【对死刑、无期徒刑罪犯剥夺政治权利的适用】 181
第五十八条 【剥夺政治权利的刑期计算、效力与执行】 181
第八节 没收财产 183
第五十九条 【没收财产的范围】 183
第六十条 【以没收的财产偿还债务】 184

第四章 刑罚的具体运用 185

第一节 量刑 223
第六十一条 【量刑的一般原则】 227
第六十二条 【从重处罚与从轻处罚】 228
第六十三条 【减轻处罚】 229
第六十四条 【犯罪物品的处理】 232
第二节 累犯 238
第六十五条 【一般累犯】 238
第六十六条 【特殊累犯】 243

第三节 自首和立功 …… 244
    第六十七条 【自首与坦白】 …… 258
    第六十八条 【立功】 …… 276

第四节 数罪并罚 …… 287
    第六十九条 【数罪并罚的一般原则】 …… 287
    第七十条 【判决宣告后发现漏罪的并罚】 …… 290
    第七十一条 【判决宣告后又犯新罪的并罚】 …… 294

第五节 缓刑 …… 298
    第七十二条 【缓刑的对象、条件】 …… 298
    第七十三条 【缓刑考验期限】 …… 304
    第七十四条 【不适用缓刑的对象】 …… 305
    第七十五条 【缓刑犯应遵守的规定】 …… 305
    第七十六条 【缓刑的考验及其积极后果】 …… 306
    第七十七条 【缓刑考验不合格的后果】 …… 307

第六节 减刑 …… 314
    第七十八条 【减刑条件与限度】 …… 314
    第七十九条 【减刑程序】 …… 330
    第八十条 【无期徒刑减刑的刑期计算】 …… 337

第七节 假释 …… 338
    第八十一条 【假释的适用条件】 …… 338
    第八十二条 【假释的程序】 …… 342
    第八十三条 【假释的考验期限】 …… 342
    第八十四条 【假释犯应遵守的规定】 …… 343
    第八十五条 【假释考验及其积极后果】 …… 343
    第八十六条 【假释的撤销及其处理】 …… 344

第八节 时效 …… 347
    第八十七条 【追诉期限】 …… 347
    第八十八条 【追诉期限的延长】 …… 353
    第八十九条 【追诉期限的计算】 …… 360

第五章 其他规定 …… 365
    第九十条 【民族自治地方刑法适用的变通】 …… 365
    第九十一条 【公共财产的范围】 …… 365

第九十二条　【公民私人所有财产的范围】 …… 366

第九十三条　【国家工作人员的范围】 …… 366

第九十四条　【司法工作人员的范围】 …… 377

第九十五条　【重伤的含义】 …… 377

第九十六条　【违反国家规定的含义】 …… 379

第九十七条　【首要分子的范围】 …… 380

第九十八条　【告诉才处理的含义】 …… 380

第九十九条　【以上、以下、以内的界定】 …… 380

第一百条　【前科报告制度】 …… 381

第一百零一条　【总则的效力】 …… 384

第二编　分则（第102—451条）

第一章　危害国家安全罪 …… 394

第一百零二条　【背叛国家罪】 …… 394

第一百零三条　【分裂国家罪】【煽动分裂国家罪】 …… 394

第一百零四条　【武装叛乱、暴乱罪】 …… 396

第一百零五条　【颠覆国家政权罪】【煽动颠覆国家政权罪】 …… 396

第一百零六条　【与境外勾结的从重处罚】 …… 397

第一百零七条　【资助危害国家安全犯罪活动罪】 …… 398

第一百零八条　【投敌叛变罪】 …… 398

第一百零九条　【叛逃罪】 …… 399

第一百一十条　【间谍罪】 …… 400

第一百一十一条　【为境外窃取、刺探、收买、非法提供国家秘密、情报罪】 …… 402

第一百一十二条　【资敌罪】 …… 408

第一百一十三条　【本章之罪死刑、没收财产的适用】 …… 408

第二章　危害公共安全罪 …… 409

第一百一十四条　【放火罪】【决水罪】【爆炸罪】【投放危险物质罪】【以危险方法危害公共安全罪】 …… 412

第一百一十五条	【放火罪】【决水罪】【爆炸罪】【投放危险物质罪】【以危险方法危害公共安全罪】【失火罪】【过失决水罪】【过失爆炸罪】【过失投放危险物质罪】【过失以危险方法危害公共安全罪】……423
第一百一十六条	【破坏交通工具罪】……430
第一百一十七条	【破坏交通设施罪】……431
第一百一十八条	【破坏电力设备罪】【破坏易燃易爆设备罪】……434
第一百一十九条	【破坏交通工具罪】【破坏交通设施罪】【破坏电力设备罪】【破坏易燃易爆设备罪】【过失损坏交通工具罪】【过失损坏交通设施罪】【过失损坏电力设备罪】【过失损坏易燃易爆设备罪】……440
第一百二十条	【组织、领导、参加恐怖组织罪】……441
第一百二十条之一	【帮助恐怖活动罪】……449
第一百二十条之二	【准备实施恐怖活动罪】……450
第一百二十条之三	【宣扬恐怖主义、极端主义、煽动实施恐怖活动罪】……451
第一百二十条之四	【利用极端主义破坏法律实施罪】……452
第一百二十条之五	【强制穿戴宣扬恐怖主义、极端主义服饰、标志罪】……453
第一百二十条之六	【非法持有宣扬恐怖主义、极端主义物品罪】……453
第一百二十一条	【劫持航空器罪】……454
第一百二十二条	【劫持船只、汽车罪】……455
第一百二十三条	【暴力危及飞行安全罪】……455
第一百二十四条	【破坏广播电视设施、公用电信设施罪】【过失损坏广播电视设施、公用电信设施罪】……455
第一百二十五条	【非法制造、买卖、运输、邮寄、储存枪支、弹药、爆炸物罪】【非法制造、买卖、运输、储存危险物质罪】……460
第一百二十六条	【违规制造、销售枪支罪】……498
第一百二十七条	【盗窃、抢夺枪支、弹药、爆炸物、危险物质罪】【抢劫枪支、弹药、爆炸物、危险物质罪】【盗窃、抢夺枪支、弹药、爆炸物、危险物质罪】……499

第一百二十八条 【非法持有、私藏枪支、弹药罪】【非法出租、
　　　　　　　出借枪支罪】 ································· 501
第一百二十九条 【丢失枪支不报罪】 ························ 503
第一百三十条 【非法携带枪支、弹药、管制刀具、危险物品危及
　　　　　　　公共安全罪】 ································ 504
第一百三十一条 【重大飞行事故罪】 ························ 510
第一百三十二条 【铁路运营安全事故罪】 ···················· 510
第一百三十三条 【交通肇事罪】 ···························· 511
第一百三十三条之一 【危险驾驶罪】 ························ 523
第一百三十三条之二 【妨害安全驾驶罪】 ···················· 537
第一百三十四条 【重大责任事故罪】【强令、组织他人违章
　　　　　　　冒险作业罪】 ································ 541
第一百三十四条之一 【危险作业罪】 ························ 558
第一百三十五条 【重大劳动安全事故罪】 ···················· 562
第一百三十五条之一 【大型群众性活动重大安全事故罪】 ······ 563
第一百三十六条 【危险物品肇事罪】 ························ 564
第一百三十七条 【工程重大安全事故罪】 ···················· 566
第一百三十八条 【教育设施重大安全事故罪】 ················ 567
第一百三十九条 【消防责任事故罪】 ························ 568
第一百三十九条之一 【不报、谎报安全事故罪】 ·············· 568

第三章 破坏社会主义市场经济秩序罪 ···················· 570

第一节 生产、销售伪劣商品罪 ···························· 585
第一百四十条 【生产、销售伪劣产品罪】 ···················· 587
第一百四十一条 【生产、销售、提供假药罪】 ················ 602
第一百四十二条 【生产、销售、提供劣药罪】 ················ 614
第一百四十二条之一 【妨害药品管理罪】 ···················· 616
第一百四十三条 【生产、销售不符合安全标准的食品罪】 ······ 619
第一百四十四条 【生产、销售有毒、有害食品罪】 ············ 630
第一百四十五条 【生产、销售不符合标准的医用器材罪】 ······ 650
第一百四十六条 【生产、销售不符合安全标准的产品罪】 ······ 653
第一百四十七条 【生产、销售伪劣农药、兽药、化肥、种子罪】 · 655
第一百四十八条 【生产、销售不符合卫生标准的化妆品罪】 ···· 658

第一百四十九条　【竞合的适用】 …………………………………… 659
第一百五十条　【单位犯本节之罪的处罚】 …………………… 659
第二节　走私罪 …………………………………………………… 660
第一百五十一条　【走私武器、弹药罪】【走私核材料罪】【走私假币罪】
　　　　　　　　【走私文物罪】【走私贵重金属罪】【走私珍贵动物、珍
　　　　　　　　贵动物制品罪】【走私国家禁止进出口的货物、物品罪】
　　　　　　　　……………………………………………………… 679
第一百五十二条　【走私淫秽物品罪】【走私废物罪】 ………… 684
第一百五十三条　【走私普通货物、物品罪】 ………………… 686
第一百五十四条　【走私普通货物、物品罪】 ………………… 698
第一百五十五条　【准走私】 …………………………………… 700
第一百五十六条　【走私罪的共犯】 …………………………… 701
第一百五十七条　【武装掩护走私、抗拒缉私的规定】 ……… 702
第三节　妨害对公司、企业的管理秩序罪 ……………………… 703
第一百五十八条　【虚报注册资本罪】 ………………………… 703
第一百五十九条　【虚假出资、抽逃出资罪】 ………………… 707
第一百六十条　【欺诈发行证券罪】 …………………………… 708
第一百六十一条　【违规披露、不披露重要信息罪】 ………… 712
第一百六十二条　【妨害清算罪】 ……………………………… 719
第一百六十二条之一　【隐匿、故意销毁会计凭证、会计帐簿、财务会计
　　　　　　　　　　报告罪】 ………………………………… 720
第一百六十二条之二　【虚假破产罪】 ………………………… 723
第一百六十三条　【非国家工作人员受贿罪】 ………………… 723
第一百六十四条　【对非国家工作人员行贿罪】【对外国公职人员、
　　　　　　　　国际公共组织官员行贿罪】 ………………… 729
第一百六十五条　【非法经营同类营业罪】 …………………… 732
第一百六十六条　【为亲友非法牟利罪】 ……………………… 734
第一百六十七条　【签订、履行合同失职被骗罪】 …………… 736
第一百六十八条　【国有公司、企业、事业单位人员失职罪】
　　　　　　　　【国有公司、企业、事业单位人员滥用职权罪】 …… 737
第一百六十九条　【徇私舞弊低价折股、出售公司、企业资产罪】 …… 740
第一百六十九条之一　【背信损害上市公司利益罪】 ………… 741

第四节　破坏金融管理秩序罪 …………………………………… 743
第一百七十条　【伪造货币罪】 ………………………………… 763
第一百七十一条　【出售、购买、运输假币罪】【金融工作人员购买
　　　　　　　　假币、以假币换取货币罪】 …………………… 773
第一百七十二条　【持有、使用假币罪】 ……………………… 774
第一百七十三条　【变造货币罪】 ……………………………… 775
第一百七十四条　【擅自设立金融机构罪】【伪造、变造、转让金融
　　　　　　　　机构经营许可证、批准文件罪】 ……………… 777
第一百七十五条　【高利转贷罪】 ……………………………… 779
第一百七十五条之一　【骗取贷款、票据承兑、金融票证罪】 ………… 780
第一百七十六条　【非法吸收公众存款罪】 …………………… 785
第一百七十七条　【伪造、变造金融票证罪】 ………………… 806
第一百七十七条之一　【妨害信用卡管理罪】【窃取、收买、非法提供
　　　　　　　　信用卡信息罪】 ………………………………… 812
第一百七十八条　【伪造、变造国家有价证券罪】【伪造、变造股票、
　　　　　　　　公司、企业债券罪】 …………………………… 814
第一百七十九条　【擅自发行股票、公司、企业债券罪】 …… 815
第一百八十条　【内幕交易、泄露内幕信息罪】【利用未公开信息
　　　　　　　　交易罪】 ………………………………………… 819
第一百八十一条　【编造并传播证券、期货交易虚假信息罪】【诱骗
　　　　　　　　投资者买卖证券、期货合约罪】 ……………… 838
第一百八十二条　【操纵证券、期货市场罪】 ………………… 840
第一百八十三条　【保险工作人员骗取保险金的处理】 ……… 848
第一百八十四条　【金融工作人员受贿的处理】 ……………… 848
第一百八十五条　【金融工作人员挪用资金的处理】 ………… 849
第一百八十五条之一　【背信运用受托财产罪】【违法运用资
　　　　　　　　金罪】 …………………………………………… 850
第一百八十六条　【违法发放贷款罪】 ………………………… 852
第一百八十七条　【吸收客户资金不入账罪】 ………………… 856
第一百八十八条　【违规出具金融票证罪】 …………………… 857
第一百八十九条　【对违法票据承兑、付款、保证罪】 ……… 862
第一百九十条　【逃汇罪】 ……………………………………… 862
第一百九十一条　【洗钱罪】 …………………………………… 870

第五节　金融诈骗罪 ········· 881

第一百九十二条　【集资诈骗罪】 ········· 882
第一百九十三条　【贷款诈骗罪】 ········· 885
第一百九十四条　【票据诈骗罪】【金融凭证诈骗罪】 ········· 888
第一百九十五条　【信用证诈骗罪】 ········· 891
第一百九十六条　【信用卡诈骗罪】 ········· 893
第一百九十七条　【有价证券诈骗罪】 ········· 903
第一百九十八条　【保险诈骗罪】 ········· 903
第一百九十九条　（删去） ········· 906
第二百条　【单位犯本节之罪的处罚】 ········· 907

第六节　危害税收征管罪 ········· 908

第二百零一条　【逃税罪】 ········· 912
第二百零二条　【抗税罪】 ········· 922
第二百零三条　【逃避追缴欠税罪】 ········· 923
第二百零四条　【骗取出口退税罪】 ········· 923
第二百零五条　【虚开增值税专用发票、用于骗取出口退税、抵扣税款发票罪】 ········· 927
第二百零五条之一　【虚开发票罪】 ········· 937
第二百零六条　【伪造、出售伪造的增值税专用发票罪】 ········· 938
第二百零七条　【非法出售增值税专用发票罪】 ········· 940
第二百零八条　【非法购买增值税专用发票、购买伪造的增值税专用发票罪】 ········· 941
第二百零九条　【非法制造、出售非法制造的用于骗取出口退税、抵扣税款发票罪】【非法制造、出售非法制造的发票罪】【非法出售用于骗取出口退税、抵扣税款发票罪】【非法出售发票罪】 ········· 942
第二百一十条　【盗窃、骗取增值税专用发票或者相关发票的处理】 ········· 948
第二百一十条之一　【持有伪造的发票罪】 ········· 948
第二百一十一条　【单位犯本节之罪的处罚】 ········· 949
第二百一十二条　【优先追缴税款、出口退税款】 ········· 950

第七节　侵犯知识产权罪 ········· 950

第二百一十三条　【假冒注册商标罪】 ········· 968

第二百一十四条 【销售假冒注册商标的商品罪】………… 973
第二百一十五条 【非法制造、销售非法制造的注册商标标识罪】…… 976
第二百一十六条 【假冒专利罪】………………………… 978
第二百一十七条 【侵犯著作权罪】……………………… 978
第二百一十八条 【销售侵权复制品罪】………………… 990
第二百一十九条 【侵犯商业秘密罪】…………………… 992
第二百一十九条之一 【为境外窃取、刺探、收买、非法提供商业秘密罪】……………………………………… 995
第二百二十条 【单位犯本节之罪的处罚】……………… 995

第八节 扰乱市场秩序罪 ………………………………… 996
第二百二十一条 【损害商业信誉、商品声誉罪】……… 996
第二百二十二条 【虚假广告罪】………………………… 998
第二百二十三条 【串通投标罪】………………………… 1001
第二百二十四条 【合同诈骗罪】………………………… 1002
第二百二十四条之一 【组织、领导传销活动罪】……… 1010
第二百二十五条 【非法经营罪】………………………… 1014
第二百二十六条 【强迫交易罪】………………………… 1053
第二百二十七条 【伪造、倒卖伪造的有价票证罪】【倒卖车票、船票罪】………………………………………… 1056
第二百二十八条 【非法转让、倒卖土地使用权罪】…… 1062
第二百二十九条 【提供虚假证明文件罪】【出具证明文件重大失实罪】……………………………………………… 1064
第二百三十条 【逃避商检罪】…………………………… 1068
第二百三十一条 【单位犯本节之罪的处罚】…………… 1068

第四章 侵犯公民人身权利、民主权利罪 ………………… 1069
第二百三十二条 【故意杀人罪】………………………… 1069
第二百三十三条 【过失致人死亡罪】…………………… 1087
第二百三十四条 【故意伤害罪】………………………… 1091
第二百三十四条之一 【组织出卖人体器官罪】………… 1105
第二百三十五条 【过失致人重伤罪】…………………… 1106
第二百三十六条 【强奸罪】……………………………… 1106
第二百三十六条之一 【负有照护职责人员性侵罪】…… 1124

第二百三十七条 【强制猥亵、侮辱罪】【猥亵儿童罪】……………… 1124
第二百三十八条 【非法拘禁罪】……………………………………… 1128
第二百三十九条 【绑架罪】…………………………………………… 1134
第二百四十条 【拐卖妇女、儿童罪】………………………………… 1137
第二百四十一条 【收买被拐卖的妇女、儿童罪】…………………… 1157
第二百四十二条 【妨害公务罪】【聚众阻碍解救被收买的妇女、
　　　　　　　　儿童罪】……………………………………………… 1159
第二百四十三条 【诬告陷害罪】……………………………………… 1159
第二百四十四条 【强迫劳动罪】……………………………………… 1160
第二百四十四条之一 【雇用童工从事危重劳动罪】………………… 1163
第二百四十五条 【非法搜查罪】【非法侵入住宅罪】……………… 1163
第二百四十六条 【侮辱罪】【诽谤罪】……………………………… 1164
第二百四十七条 【刑讯逼供罪】【暴力取证罪】…………………… 1181
第二百四十八条 【虐待被监管人罪】………………………………… 1182
第二百四十九条 【煽动民族仇恨、民族歧视罪】…………………… 1184
第二百五十条 【出版歧视、侮辱少数民族作品罪】………………… 1184
第二百五十一条 【非法剥夺公民宗教信仰自由罪】【侵犯少数
　　　　　　　　民族风俗习惯罪】…………………………………… 1185
第二百五十二条 【侵犯通信自由罪】………………………………… 1186
第二百五十三条 【私自开拆、隐匿、毁弃邮件、电报罪】………… 1186
第二百五十三条之一 【侵犯公民个人信息罪】……………………… 1187
第二百五十四条 【报复陷害罪】……………………………………… 1208
第二百五十五条 【打击报复会计、统计人员罪】…………………… 1209
第二百五十六条 【破坏选举罪】……………………………………… 1209
第二百五十七条 【暴力干涉婚姻自由罪】…………………………… 1210
第二百五十八条 【重婚罪】…………………………………………… 1210
第二百五十九条 【破坏军婚罪】……………………………………… 1213
第二百六十条 【虐待罪】……………………………………………… 1215
第二百六十条之一 【虐待被监护、看护人罪】……………………… 1218
第二百六十一条 【遗弃罪】…………………………………………… 1219
第二百六十二条 【拐骗儿童罪】……………………………………… 1220
第二百六十二条之一 【组织残疾人、儿童乞讨罪】………………… 1221

第二百六十二条之二 【组织未成年人进行违反治安管理活动罪】 …………………………………………………… 1223

第五章 侵犯财产罪 …………………………………………… 1225

第二百六十三条 【抢劫罪】………………………………… 1226
第二百六十四条 【盗窃罪】………………………………… 1251
第二百六十五条 【盗窃罪】………………………………… 1270
第二百六十六条 【诈骗罪】………………………………… 1274
第二百六十七条 【抢夺罪】………………………………… 1314
第二百六十八条 【聚众哄抢罪】…………………………… 1319
第二百六十九条 【转化型抢劫】…………………………… 1319
第二百七十条 【侵占罪】…………………………………… 1323
第二百七十一条 【职务侵占罪】…………………………… 1324
第二百七十二条 【挪用资金罪】…………………………… 1333
第二百七十三条 【挪用特定款物罪】……………………… 1341
第二百七十四条 【敲诈勒索罪】…………………………… 1343
第二百七十五条 【故意毁坏财物罪】……………………… 1351
第二百七十六条 【破坏生产经营罪】……………………… 1352
第二百七十六条之一 【拒不支付劳动报酬罪】…………… 1354

第六章 妨害社会管理秩序罪 ………………………………… 1361

第一节 扰乱公共秩序罪 …………………………………… 1361

第二百七十七条 【妨害公务罪】【袭警罪】……………… 1361
第二百七十八条 【煽动暴力抗拒法律实施罪】…………… 1370
第二百七十九条 【招摇撞骗罪】…………………………… 1371
第二百八十条 【伪造、变造、买卖国家机关公文、证件、印章罪】
【盗窃、抢夺、毁灭国家机关公文、证件、印章罪】
【伪造公司、企业、事业单位、人民团体印章罪】
【伪造、变造、买卖身份证件罪】……………… 1374
第二百八十条之一 【使用虚假身份证件、盗用身份证件罪】……… 1382
第二百八十条之二 【冒名顶替罪】………………………… 1383
第二百八十一条 【非法生产、买卖警用装备罪】………… 1385
第二百八十二条 【非法获取国家秘密罪】【非法持有国家绝密、机密文件、资料、物品罪】………………………… 1386

第二百八十三条 【非法生产、销售专用间谍器材、窃听、窃照专用器材罪】..1386

第二百八十四条 【非法使用窃听、窃照专用器材罪】................................1388

第二百八十四条之一 【组织考试作弊罪】【非法出售、提供试题、答案罪】【代替考试罪】................................1388

第二百八十五条 【非法侵入计算机信息系统罪】【非法获取计算机信息系统数据、非法控制计算机信息系统罪】【提供侵入、非法控制计算机信息系统程序、工具罪】................................1398

第二百八十六条 【破坏计算机信息系统罪】................................1409

第二百八十六条之一 【拒不履行信息网络安全管理义务罪】................1416

第二百八十七条 【利用计算机实施有关犯罪的规定】................1420

第二百八十七条之一 【非法利用信息网络罪】................1422

第二百八十七条之二 【帮助信息网络犯罪活动罪】................1425

第二百八十八条 【扰乱无线电通讯管理秩序罪】................1443

第二百八十九条 【聚众"打砸抢"的处理】................1450

第二百九十条 【聚众扰乱社会秩序罪】【聚众冲击国家机关罪】【扰乱国家机关工作秩序罪】【组织、资助非法聚集罪】................1451

第二百九十一条 【聚众扰乱公共场所秩序、交通秩序罪】................1464

第二百九十一条之一 【投放虚假危险物质罪】【编造、故意传播虚假恐怖信息罪】【编造、故意传播虚假信息罪】................1465

第二百九十一条之二 【高空抛物罪】................1473

第二百九十二条 【聚众斗殴罪】................1476

第二百九十三条 【寻衅滋事罪】................1479

第二百九十三条之一 【催收非法债务罪】................1490

第二百九十四条 【组织、领导、参加黑社会性质组织罪】【入境发展黑社会组织罪】【包庇、纵容黑社会性质组织罪】................1491

第二百九十五条 【传授犯罪方法罪】................1563

第二百九十六条 【非法集会、游行、示威罪】................1564

第二百九十七条 【非法携带武器、管制刀具、爆炸物参加集会、游行、示威罪】 …… 1565
第二百九十八条 【破坏集会、游行、示威罪】 …… 1565
第二百九十九条 【侮辱国旗、国徽、国歌罪】 …… 1566
第二百九十九条之一 【侵害英雄烈士名誉、荣誉罪】 …… 1567
第三百条 【组织、利用会道门、邪教组织、利用迷信破坏法律实施罪】【组织、利用会道门、邪教组织、利用迷信致人重伤、死亡罪】 …… 1570
第三百零一条 【聚众淫乱罪】【引诱未成年人聚众淫乱罪】 …… 1580
第三百零二条 【盗窃、侮辱、故意毁坏尸体、尸骨、骨灰罪】 …… 1581
第三百零三条 【赌博罪】【开设赌场罪】【组织参与国(境)外赌博罪】 …… 1582
第三百零四条 【故意延误投递邮件罪】 …… 1602
第二节 妨害司法罪 …… 1603
第三百零五条 【伪证罪】 …… 1603
第三百零六条 【辩护人、诉讼代理人毁灭证据、伪造证据、妨害作证罪】 …… 1604
第三百零七条 【妨害作证罪】【帮助毁灭、伪造证据罪】 …… 1605
第三百零七条之一 【虚假诉讼罪】 …… 1606
第三百零八条 【打击报复证人罪】 …… 1617
第三百零八条之一 【泄露不应公开的案件信息罪】【披露、报道不应公开的案件信息罪】 …… 1618
第三百零九条 【扰乱法庭秩序罪】 …… 1618
第三百一十条 【窝藏、包庇罪】 …… 1619
第三百一十一条 【拒绝提供间谍犯罪、恐怖主义犯罪、极端主义犯罪证据罪】 …… 1626
第三百一十二条 【掩饰、隐瞒犯罪所得、犯罪所得收益罪】 …… 1627
第三百一十三条 【拒不执行判决、裁定罪】 …… 1646
第三百一十四条 【非法处置查封、扣押、冻结的财产罪】 …… 1655
第三百一十五条 【破坏监管秩序罪】 …… 1656
第三百一十六条 【脱逃罪】【劫夺被押解人员罪】 …… 1657
第三百一十七条 【组织越狱罪】【暴动越狱罪】【聚众持械劫狱罪】 …… 1659

第三节 妨害国(边)境管理罪 …… 1660
第三百一十八条 【组织他人偷越国(边)境罪】…… 1669
第三百一十九条 【骗取出境证件罪】…… 1672
第三百二十条 【提供伪造、变造的出入境证件罪】【出售出入境证件罪】…… 1673
第三百二十一条 【运送他人偷越国(边)境罪】…… 1675
第三百二十二条 【偷越国(边)境罪】…… 1676
第三百二十三条 【破坏界碑、界桩罪】【破坏永久性测量标志罪】…… 1677

第四节 妨害文物管理罪 …… 1678
第三百二十四条 【故意损毁文物罪】【故意损毁名胜古迹罪】【过失损毁文物罪】…… 1693
第三百二十五条 【非法向外国人出售、赠送珍贵文物罪】…… 1696
第三百二十六条 【倒卖文物罪】…… 1697
第三百二十七条 【非法出售、私赠文物藏品罪】…… 1699
第三百二十八条 【盗掘古文化遗址、古墓葬罪】【盗掘古人类化石、古脊椎动物化石罪】…… 1700
第三百二十九条 【抢夺、窃取国有档案罪】【擅自出卖、转让国有档案罪】…… 1708

第五节 危害公共卫生罪 …… 1708
第三百三十条 【妨害传染病防治罪】…… 1708
第三百三十一条 【传染病菌种、毒种扩散罪】…… 1716
第三百三十二条 【妨害国境卫生检疫罪】…… 1717
第三百三十三条 【非法组织卖血罪】【强迫卖血罪】…… 1720
第三百三十四条 【非法采集、供应血液、制作、供应血液制品罪】【采集、供应血液、制作、供应血液制品事故罪】…… 1720
第三百三十四条之一 【非法采集人类遗传资源、走私人类遗传资源材料罪】…… 1724
第三百三十五条 【医疗事故罪】…… 1725
第三百三十六条 【非法行医罪】【非法进行节育手术罪】…… 1727
第三百三十六条之一 【非法植入基因编辑、克隆胚胎罪】…… 1732
第三百三十七条 【妨害动植物防疫、检疫罪】…… 1733

第六节　破坏环境资源保护罪 ······················· 1734
　第三百三十八条　【污染环境罪】 ··················· 1734
　第三百三十九条　【非法处置进口的固体废物罪】【擅自进口固体
　　　　　　　　　废物罪】 ······················· 1758
　第三百四十条　【非法捕捞水产品罪】 ················ 1759
　第三百四十一条　【危害珍贵、濒危野生动物罪】【非法狩猎罪】
　　　　　　　　　【非法猎捕、收购、运输、出售陆生野生动物罪】 ··· 1769
　第三百四十二条　【非法占用农用地罪】 ················ 1795
　第三百四十二条之一　【破坏自然保护地罪】 ············ 1803
　第三百四十三条　【非法采矿罪】【破坏性采矿罪】 ········· 1805
　第三百四十四条　【危害国家重点保护植物罪】 ············ 1837
　第三百四十四条之一　【非法引进、释放、丢弃外来入侵物种罪】 ··· 1847
　第三百四十五条　【盗伐林木罪】【滥伐林木罪】【非法收购、运输
　　　　　　　　　盗伐、滥伐的林木罪】 ················ 1851
　第三百四十六条　【单位犯本节之罪的处罚】 ············· 1853
第七节　走私、贩卖、运输、制造毒品罪 ················· 1853
　第三百四十七条　【走私、贩卖、运输、制造毒品罪】 ······· 1920
　第三百四十八条　【非法持有毒品罪】 ················· 1938
　第三百四十九条　【包庇毒品犯罪分子罪】【窝藏、转移、隐瞒毒品、
　　　　　　　　　毒赃罪】 ······················· 1941
　第三百五十条　【非法生产、买卖、运输制毒物品、走私制毒
　　　　　　　　物品罪】 ························· 1943
　第三百五十一条　【非法种植毒品原植物罪】 ············· 1963
　第三百五十二条　【非法买卖、运输、携带、持有毒品原植物种子、
　　　　　　　　　幼苗罪】 ······················· 1964
　第三百五十三条　【引诱、教唆、欺骗他人吸毒罪】【强迫他人
　　　　　　　　　吸毒罪】 ······················· 1965
　第三百五十四条　【容留他人吸毒罪】 ················· 1966
　第三百五十五条　【非法提供麻醉药品、精神药品罪】 ······· 1968
　第三百五十五条之一　【妨害兴奋剂管理罪】 ············ 1970
　第三百五十六条　【毒品再犯】 ····················· 1972
　第三百五十七条　【毒品的定义及数量计算】 ············· 1973

第八节　组织、强迫、引诱、容留、介绍卖淫罪 …………… 2022
　　第三百五十八条　【组织卖淫罪】【强迫卖淫罪】【协助组织卖淫罪】…………………………………………………… 2022
　　第三百五十九条　【引诱、容留、介绍卖淫罪】【引诱幼女卖淫罪】… 2035
　　第三百六十条　【传播性病罪】………………………… 2039
　　第三百六十一条　【特定单位的人员组织、强迫、引诱、容留、介绍卖淫的处理】……………………………… 2041
　　第三百六十二条　【特定单位的人员为违法犯罪分子通风报信的处理】………………………………………… 2041
第九节　制作、贩卖、传播淫秽物品罪 ………………………… 2042
　　第三百六十三条　【制作、复制、出版、贩卖、传播淫秽物品牟利罪】【为他人提供书号出版淫秽书刊罪】…… 2042
　　第三百六十四条　【传播淫秽物品罪】【组织播放淫秽音像制品罪】… 2061
　　第三百六十五条　【组织淫秽表演罪】………………… 2064
　　第三百六十六条　【单位犯本节之罪的处罚】………… 2067
　　第三百六十七条　【淫秽物品的界定】………………… 2067

第七章　危害国防利益罪 …………………………………………… 2069

　　第三百六十八条　【阻碍军人执行职务罪】【阻碍军事行动罪】……… 2069
　　第三百六十九条　【破坏武器装备、军事设施、军事通信罪】【过失损坏武器装备、军事设施、军事通信罪】…… 2069
　　第三百七十条　【故意提供不合格武器装备、军事设施罪】【过失提供不合格武器装备、军事设施罪】……………… 2073
　　第三百七十一条　【聚众冲击军事禁区罪】【聚众扰乱军事管理区秩序罪】……………………………………… 2074
　　第三百七十二条　【冒充军人招摇撞骗罪】…………… 2075
　　第三百七十三条　【煽动军人逃离部队罪】【雇用逃离部队军人罪】………………………………………… 2076
　　第三百七十四条　【接送不合格兵员罪】……………… 2077
　　第三百七十五条　【伪造、变造、买卖武装部队公文、证件、印章罪】【盗窃、抢夺武装部队公文、证件、印章罪】【非法生产、买卖武装部队制式服装罪】【伪造、盗窃、买卖、非法提供、非法使用武装部队专用标志罪】… 2078

第三百七十六条 【战时拒绝、逃避征召、军事训练罪】【战时拒绝、逃避服役罪】 ………………………………………………… 2081

第三百七十七条 【战时故意提供虚假敌情罪】 ………………… 2082

第三百七十八条 【战时造谣扰乱军心罪】 ……………………… 2082

第三百七十九条 【战时窝藏逃离部队军人罪】 ………………… 2083

第三百八十条 【战时拒绝、故意延误军事订货罪】 …………… 2083

第三百八十一条 【战时拒绝军事征收、征用罪】 ……………… 2084

第八章 贪污贿赂罪 ………………………………………………… 2085

第三百八十二条 【贪污罪】 ……………………………………… 2121

第三百八十三条 【贪污罪的处罚】 ……………………………… 2121

第三百八十四条 【挪用公款罪】 ………………………………… 2132

第三百八十五条 【受贿罪】 ……………………………………… 2139

第三百八十六条 【受贿罪的处罚】 ……………………………… 2139

第三百八十七条 【单位受贿罪】 ………………………………… 2152

第三百八十八条 【斡旋受贿】 …………………………………… 2154

第三百八十八条之一 【利用影响力受贿罪】 …………………… 2155

第三百八十九条 【行贿罪】 ……………………………………… 2155

第三百九十条 【行贿罪的处罚】 ………………………………… 2155

第三百九十条之一 【对有影响力的人行贿罪】 ………………… 2162

第三百九十一条 【对单位行贿罪】 ……………………………… 2162

第三百九十二条 【介绍贿赂罪】 ………………………………… 2163

第三百九十三条 【单位行贿罪】 ………………………………… 2164

第三百九十四条 【公务、外交活动中的贪污】 ………………… 2166

第三百九十五条 【巨额财产来源不明罪】【隐瞒境外存款罪】 … 2166

第三百九十六条 【私分国有资产罪】【私分罚没财物罪】 ……… 2167

第九章 渎职罪 ……………………………………………………… 2170

第三百九十七条 【滥用职权罪】【玩忽职守罪】 ………………… 2176

第三百九十八条 【故意泄露国家秘密罪】【过失泄露国家秘密罪】 ………………………………………………………… 2185

第三百九十九条 【徇私枉法罪】【民事、行政枉法裁判罪】【执行判决、裁定失职罪】【执行判决、裁定滥用职权罪】 … 2188

第三百九十九条之一 【枉法仲裁罪】 …………………………… 2193

第四百条 【私放在押人员罪】【失职致使在押人员脱逃罪】……………… 2194
第四百零一条 【徇私舞弊减刑、假释、暂予监外执行罪】……………… 2196
第四百零二条 【徇私舞弊不移交刑事案件罪】……………………………… 2197
第四百零三条 【滥用管理公司、证券职权罪】……………………………… 2199
第四百零四条 【徇私舞弊不征、少征税款罪】……………………………… 2201
第四百零五条 【徇私舞弊发售发票、抵扣税款、出口退税罪】
【违法提供出口退税凭证罪】……………………………… 2202
第四百零六条 【国家机关工作人员签订、履行合同失职被骗罪】……… 2204
第四百零七条 【违法发放林木采伐许可证罪】……………………………… 2205
第四百零八条 【环境监管失职罪】…………………………………………… 2207
第四百零八条之一 【食品、药品监管渎职罪】……………………………… 2209
第四百零九条 【传染病防治失职罪】………………………………………… 2212
第四百一十条 【非法批准征收、征用、占用土地罪】【非法低价
出让国有土地使用权罪】…………………………………… 2214
第四百一十一条 【放纵走私罪】……………………………………………… 2218
第四百一十二条 【商检徇私舞弊罪】【商检失职罪】……………………… 2219
第四百一十三条 【动植物检疫徇私舞弊罪】【动植物检疫失职罪】……… 2220
第四百一十四条 【放纵制售伪劣商品犯罪行为罪】……………………… 2222
第四百一十五条 【办理偷越国(边)境人员出入境证件罪】
【放行偷越国(边)境人员罪】……………………………… 2223
第四百一十六条 【不解救被拐卖、绑架妇女、儿童罪】【阻碍解救
被拐卖、绑架妇女、儿童罪】……………………………… 2225
第四百一十七条 【帮助犯罪分子逃避处罚罪】……………………………… 2226
第四百一十八条 【招收公务员、学生徇私舞弊罪】……………………… 2229
第四百一十九条 【失职造成珍贵文物损毁、流失罪】……………………… 2230

第十章 军人违反职责罪 …………………………………………………… 2232

第四百二十条 【军人违反职责罪的界定】………………………………… 2234
第四百二十一条 【战时违抗命令罪】………………………………………… 2235
第四百二十二条 【隐瞒、谎报军情罪】【拒传、假传军令罪】…………… 2235
第四百二十三条 【投降罪】…………………………………………………… 2237
第四百二十四条 【战时临阵脱逃罪】………………………………………… 2237
第四百二十五条 【擅离、玩忽军事职守罪】………………………………… 2238

第四百二十六条 【阻碍执行军事职务罪】…………………… 2239
第四百二十七条 【指使部属违反职责罪】…………………… 2240
第四百二十八条 【违令作战消极罪】………………………… 2240
第四百二十九条 【拒不救援友邻部队罪】…………………… 2241
第四百三十条 【军人叛逃罪】………………………………… 2242
第四百三十一条 【非法获取军事秘密罪】【为境外窃取、刺探、
收买、非法提供军事秘密罪】………………… 2243
第四百三十二条 【故意泄露军事秘密罪】【过失泄露军事
秘密罪】…………………………………………… 2245
第四百三十三条 【战时造谣惑众罪】………………………… 2246
第四百三十四条 【战时自伤罪】……………………………… 2247
第四百三十五条 【逃离部队罪】……………………………… 2248
第四百三十六条 【武器装备肇事罪】………………………… 2249
第四百三十七条 【擅自改变武器装备编配用途罪】………… 2250
第四百三十八条 【盗窃、抢夺武器装备、军用物资罪】…… 2250
第四百三十九条 【非法出卖、转让武器装备罪】…………… 2251
第四百四十条 【遗弃武器装备罪】…………………………… 2252
第四百四十一条 【遗失武器装备罪】………………………… 2252
第四百四十二条 【擅自出卖、转让军队房地产罪】………… 2253
第四百四十三条 【虐待部属罪】……………………………… 2254
第四百四十四条 【遗弃伤病军人罪】………………………… 2255
第四百四十五条 【战时拒不救治伤病军人罪】……………… 2255
第四百四十六条 【战时残害居民、掠夺居民财物罪】……… 2256
第四百四十七条 【私放俘虏罪】……………………………… 2257
第四百四十八条 【虐待俘虏罪】……………………………… 2257
第四百四十九条 【战时缓刑】………………………………… 2258
第四百五十条 【本章适用范围】……………………………… 2258
第四百五十一条 【战时的界定】……………………………… 2259

附　则(第452条)

第四百五十二条 【本法的施行日期、相关法律的废止与保留】…… 2263

附 录

附录一 2267
 《全国人民代表大会常务委员会关于修改部分法律的决定》............ 2267
 《全国人民代表大会常务委员会关于特赦部分服刑罪犯的决定》...... 2270
 《全国人民代表大会常务委员会关于在中华人民共和国成立七十
  周年之际对部分服刑罪犯予以特赦的决定》................ 2271
 《中华人民共和国香港特别行政区维护国家安全法》............ 2272

附录二　刑法立法、司法解释及相关文件总目录 2277

做一部有态度的刑法工具书
（第二版引言）

《实务刑法评注》自 2022 年 8 月出版以来，已一年有余。一年多来，我国刑法立法和司法政策均有"大动作"：在立法层面，《刑法修正案（十二）》颁布施行，将加大对行贿犯罪的惩处力度，增加惩治民营企业内部人员腐败相关犯罪；在司法层面，"两高"和有关部门发布近 10 件司法解释、近 30 件规范性文件、超过 50 个指导性案例，涉及刑法条文的适用。这就使得第一版《实务刑法评注》已不能充分满足刑事司法实务所需，修订推出第二版成为必然。第二版悉数增补最新刑法条文和司法规则（亦增补了此前遗漏的个别相关规定、规范性文件），并对原有规则作了衔接的必要技术处理、厘清规则层级，方便快速查找；同时，增补法律适用问题答复、复函和《刑事审判参考》新增案例规则（截至第 136 辑第 1542 号案例），梳理收录《职务犯罪审判指导》相关内容①，进一步完善非规范层面的规则。作此修订后，第二版的篇幅略有扩充（增加 33 万字），可以准确反映当下我国刑法及其适用规则的最新面貌。

在第一版引言中，笔者将《实务刑法评注》概括为"一部实务工作者写给实务工作者的刑法工具书"。基于此，第一版以"全""清""捷""用"四大基本属性为基点，提出编撰一部理想的刑法工具书的目标。第二版不改初衷，以此作为本书的出发点。理想的刑法工具书，必须尽可能满足实务工作者办理刑事案件所需，做到"有用""好用""管用"。当前，我国刑法理论研究日趋精细与多元，对实务办案必然产生影响。而司法实践之中，犯罪日益复杂，罪名不断增多，价值趋向多元，使得办理案件面临的挑战越来越多。在第二版编撰过程中，笔者最大的

---

① 2022 年底，最高人民法院刑事审判第二庭推出针对职务犯罪案件审理的业务指导和研究连续出版物——《职务犯罪审判指导》。该书"以立足实践、突出实用、重在指导、体现权威为编辑宗旨，通过法律适用分析、法官会议纪要、实务释疑、经验交流等形式，固定审判、调研成果，为刑事司法人员办理职务犯罪案件提供有针对性和权威性的业务指导和参考"。参见"编辑说明"，载最高人民法院刑事审判第二庭编：《职务犯罪审判指导》（第 1 辑），法律出版社 2022 年版。

感触就是,在刑法理论日趋精细和刑事案件日益复杂的当下,刑法工具书须亮明态度、表明立场、提出见解,借此解决司法实务之中层出不穷的问题。惟有如此,刑法工具书方能对办理案件真正起到"工具"的作用,最大限度地发挥功能与价值。由此,《实务刑法评注》力争做一部有态度的刑法工具书。

一、准确适用法条规定需要态度

法条是抽象的,案件则是具体的。抽象法条运用于具体案件的过程,并非简单的数学计算与纯粹的逻辑推演。因此,法律适用无法由机器人完成,其中必须有立场、有见解。而所涉价值判断与选择,实际就需要态度。

关于骗取贷款、票据承兑、金融票证罪升档量刑标准的把握就是适例。《刑法修正案(十一)》将《刑法》第一百七十五条之一骗取贷款、票据承兑、金融票证罪由情节犯调整为结果犯,将入罪要件规定为"给银行或者其他金融机构造成重大损失"。然而,这一立法调整并不彻底,将该条的升档量刑条件规定为"给银行或者其他金融机构造成特别重大损失或者有其他特别严重情节",从而导致司法实践之中对加重结果构成是否以符合基本犯罪构成(结果犯)为前提仍存争议。当然,这一争议各方均有自己的理据,可谓"公说公有理婆说婆有理"。但是,案件须作处理,立场须予抉择。基于此,《实务刑法评注》亮明态度,主张回到立法精神加以观察,提出依据立法精神对升档量刑情形作出适当的限制。具体而言,对于加重情节"给银行或者其他金融机构造成特别重大损失或者有其他特别严重情节"的适用,原则上应当限于符合基本犯罪构成的情形;只有在例外情形下,才可以径直适用"其他特别严重情节",即虽未造成实害后果亦可以依据情节入罪并升档量刑。

需要注意的是,准确适用法条不限于刑法条文,还包括其他法律规定。特别是,当下刑法关于行政犯的规定越来越多,前置法的准确适用对刑事案件的妥当处理至关重要。例如,司法实践中对未实施对抗监管部门监督检查的"隐匿"行为是否构成隐匿会计凭证、会计帐簿、财务会计报告罪,存在不同认识。对此问题,只要办理相关案件就会遇到,刑法工具书不应加以回避,而宜给出适当指引。基于此,《实务刑法评注》亮明态度,提出对隐匿会计凭证、会计帐簿、财务会计报告罪所涉问题的解决应当回归前置法。《会计法》第三十五条规定:"各单位必须依照有关法律、行政法规的规定,接受有关监督检查部门依法实施的监督检查,如实提供会计凭证、会计帐簿、财务会计报告和其他会计资料以及有关情况,不得拒绝、隐匿、谎报。"基于隐匿会计凭证、会计帐簿、财务会计报告罪的行政犯属性,对其罪状把握宜与前置法保持一致,即以逃避"接受有关监督检查部门依法实施的监督检查"为构成要件。

二、有效解决实务疑难需要态度

刑事司法实务之中,法律适用疑难问题无处不在、无时不有。实务工作者选择工具书,查阅法条只是手段,解决问题方为目的。解决问题就得有态度。刑法工具书应当尽可能对法律适用疑难问题亮明态度,促使相关问题得以解决。

妨害药品管理行为转化适用其他罪名的问题就是适例。对于未取得药品相关批准证明文件生产、进口药品或者明知是上述药品而销售的行为,如果未达到"足以严重危害人体健康"程度的,自然不构成妨害药品管理罪。但是,能否转而适用非法经营罪,则存在不同认识。对此,《实务刑法评注》亮明态度,主张对所涉行为适用非法经营罪须持慎重态度。如果允许所涉情形再行适用处罚更重的其他罪名,不仅会造成罪刑失衡,也会导致通过刑法修正案增设妨害药品管理罪的立法目的落空,无法合理划定妨害药品管理罪的界限。至少应当认为,对于未取得药品相关批准证明文件生产、进口药品或者明知是上述药品而销售的行为,能否依据《刑法》第二百二十五条第四项的规定适用非法经营罪,属于《最高人民法院关于准确理解和适用刑法中"国家规定"的有关问题的通知》(法发〔2011〕155号)所规定的"有关司法解释未作明确规定的"情形,应当作为法律适用问题,逐级向最高人民法院请示。

特别是,立法是时代的产物,导致其不可能完全顾及此后变化与发展的社会形势。刑法之中的不少规则距离现今要处理的疑难问题时间久远,单纯的规则供给尚不能真正解决问题。在新类型案件层出不穷的当下,更是需要刑法工具书提供必要的态度指引。例如,《刑法》第二百二十七条第二款自1997年刑法施行后一直未作调整。自2012年起,铁路在全国实行火车票售票实名制,在一定程度上遏制了传统方式的倒卖铁路车票违法犯罪活动。但是,铁路实名制购票制度下依托互联网技术的新型倒卖车票形式出现,所涉情形与传统囤积车票再行出售的行为已有明显不同。在此背景下,单纯提供刑法条文、司法解释等规则,对于当下案件的解决并无实质促进。基于此,《实务刑法评注》提出对倒卖车票案件的处理,应当注重把握倒卖车票罪的本质特征,合理限定处罚范围。特别是,在售票实名制实施后,代订、代购车票由于针对的是特定对象,确实不同于传统的倒票行为,其究竟是民事代理行为还是倒卖车票,尚须作进一步研究,对其入罪应持审慎态度。

三、妥当协调规则衔接需要态度

理想的刑法工具书应当做到收录的刑法适用规则系统全面,力争"一书"解决刑法的基本和常见问题。基于此,《实务刑法评注》既全面收录刑法条文所涉立法解释、司法解释、规范性文件、指导性案例等规范层面的规则,又适当囊括具有重要参考价值的法律适用答复、复函和刑参案例规则。"全"自然好,但由于各类规则的制发主体多元,又带来了规则不一致的情况下如何衔接的现实问题。缘于此,刑法工具书在规则衔接方面必须有态度,为实务处理案件提供指引。

实际上,在规范层面,规则之间的衔接问题相对好解决,对此《实务刑法评注》第一版引言已作了阐释,兹不赘言。整体而言,规范性规则之间的衔接,最为突出的当属立案追诉标准与相关司法解释、规范性文件之间的关系。基于此,《实务刑法评注》逐一对立案追诉标准与司法解释、规范性文件之间的衔接作了梳理,提出明确态度。在此,需要强调的是,解决规则之间的衔接,并不限于规范层面的规则;而且,非规范层面的规则相对更易出现不一致的地方,应当成为亮明态度的重要关注点。

关于村民委员会是否属于单位犯罪的主体问题就是适例。《刑法》第三十条规定:"公司、企业、事业单位、机关、团体实施的危害社会的行为,法律规定为单位犯罪的,应当负刑事责任。"对于村民委员会是否可以纳入其中,从而成为单位犯罪的适格主体,实践中存在不同认识。《公安部关于村民委员会可否构成单位犯罪主体问题的批复》(公复字〔2007〕1号)针对内蒙古自治区公安厅《关于村支书、村主任以村委会的名义实施犯罪可否构成单位犯罪的请示》(内公字〔2006〕164号)批复如下:"根据《刑法》第三十条的规定,单位犯罪主体包括公司、企业、事业单位、机关、团体。按照《村民委员会组织法》第二条的规定,村民委员会是村民自我管理、自我教育、自我服务的基层群众性自治组织,不属于《刑法》第三十条列举的范围。因此,对以村民委员会名义实施犯罪的,不应以单位犯罪论,可以依法追究直接负责的主管人员和其他直接责任人员的刑事责任。"相当长一段时期,司法实践一直按照公复字〔2007〕1号的精神,对村民委员会不认定为单位犯罪的主体。但是,《刑事审判参考》刊载的案例开始悄然否定这一立场。《赵石山、王海杰、杨建波非法占用农用地案——擅自以村委会名义将村山坡林地承包给村民作为墓地使用的定性》(第1398号案例)提出:"村委会有自己的名称、组织机构和场所,有自己的经费,且能够以自己的名义承担相应的责任,符合刑法规定的单位的形式特征和实质特征。"但是,刑参案例所涉规则的立场未能始终如一,《刘楚荣、刘汉杰、刘立辉诈骗案——当被告人同时具有国家工作人员等多种身份时应如何认定其行为性质以及村民委员会是否属于单位犯罪的适格主体》(第1420号案例)又提出:"刑法第三十条没有规定村民委员会可以作为追诉对象承担刑事责任。"

问题固然可以慢慢争辩,理论也可以继续探讨,但司法实务必须及时处理案件。关于村民委员会是否属于单位犯罪的主体,两个刑参案例规则的立场不完全一致,再加之公复字[2007]1号批复,造成司法实务无所适从。这就要求对上述规则予以取舍,为实务之中具体案件的处理提供指引。对此,《实务刑法评注》亮明态度,旗帜鲜明地倾向于公复字[2007]1号批复和刑参第1420号案例的立场。究其原因,就在于《刑法》第三十条关于单位犯罪主体的表述是列举规定,即"公司、企业、事业单位、机关、团体",而没有留下"等"作进一步解释的空间。有鉴于此,通过扩大解释将村民委员会解释进入单位犯罪主体范围的空间并不存在。基于此,可以认为主张村民委员会不属于单位犯罪适格主体的立场更为可取。①

四、适当取舍现有规则需要态度

基于便利实务办案的考虑,刑法工具书不仅要关注规范层面的规则,还应关注非规范层面的规则。然而,非规范层面的规则种类庞杂,数量繁多。对此如果不加取舍予以收录,不仅不会带来实务操作的便捷,反而可能会导致选择的困难。基于此,《实务刑法评注》主张对所能收集到的非规范层面的规则予以筛选:合适的予以收录,为办案提供参考;不合适的舍弃,避免徒添麻烦。需要注意的是,舍弃不限于与既有规则冲突的情形,这与前述协调规则衔接有所

---

① 顺带提及,刑法条文之中关于"单位"的用语,属性明显存在差异:有的是犯罪主体,有的是被害人,有的是行为人工作的场所,有的是构成要件要素。这就决定了对刑法中的单位不能作同一理解。例如,"两高"《关于办理商业贿赂刑事案件适用法律若干问题的意见》(法发[2008]33号)规定:"刑法第一百六十三条、第一百六十四条规定的'其他单位',既包括事业单位、社会团体、村民委员会、居民委员会、村民小组等常设性的组织,也包括为组织体育赛事、文艺演出或者其他正当活动而成立的组委会、筹委会、工程承包队等非常设性的组织。"可见,非国家工作人员受贿罪、对非国家工作人员行贿罪之中的单位可以包括村民委员会,但这并不意味着对单位犯罪的主体范围可以作同样把握,因为前者有"其他单位"这一包容性较低的法条表述,而后者的法条表述是封闭规定,无法作等外解释。

不同。以非法经营罪为例,《刑事审判参考》刊登了数十个案例。这些案例无疑都受到办案所处特定背景的影响,故并非所有的规则都适宜提炼并用于未来案件的参考。基于此,虽然部分案例所涉规则并未与其他规范层面的规则直接冲突,但基于时过境迁或者其他因素的考量,《实务刑法评注》未对相关规则予以提炼。

例如,《欧敏、关树锦非法从事长途大巴客运经营案——未取得道路运输经营许可擅自从事长途大巴客运经营的行为如何定性》(第1121号案例)提出"对于未经许可擅自从事非法客运经营的行为,情节严重的,应当按照非法经营罪追究刑事责任",《喻江、李强非法从事出租汽车经营活动案——未取得道路运输经营许可集合社会车辆对不特定的旅客招揽生意、拉客,从事出租汽车经营的行为如何定性》(第1122号案例)提出"未取得道路运输经营许可,集合社会车辆对不特定的旅客招揽生意、拉客,擅自从事出租汽车经营的行为……构成非法经营罪"。实际上,这涉及对前置法界限不清行为的解释态度问题。对此,进行刑事规制必须慎之又慎。未取得道路客运经营许可证从事客运运营的行为,形式上确实违反了《道路运输条例》(国务院令第764号)的相关规定。① 但是,对于经济社会发展之中的创新形式,刑法整体应当持慎重介入的态度。而且,客运营运领域的创新,特别是网约车,为人民群众所喜闻乐见,且整体风险可控。基于此,《实务刑法评注》对刑参第1121号案例、第1122号案例所涉规则未予提炼,主张对无证从事客运营运行为的刑事规制应当慎重把握,具体情况具体分析,尽量限缩入罪范围。

做一部有态度的刑法工具书,初衷是为了深化对刑法条文及其适用规则的掌握,便利相关刑事案件的办理。缘于此,《实务刑法评注》尽可能在需要解决的问题上亮明态度。需要强调的是,相关态度权且作为个人观点的"推销",不具有任何效力,更不能直接作为办案的依据。当然,如果实务工作者读罢认为确有一定道理,完全可以转化为自己的见解,用作办案说理以提高处理结论的正当性和可接受度。《实务刑法评注》关于有关问题的态度,不少是在与实务工作者的讨论争辩之中得以形成,甚至改变了原有态度。在此,谨向诸位同仁表达诚挚谢意。亮明态度是为了讨论问题,但有些问题的认识并非一蹴而就,相关态度可能会微调,甚至反转。基于此,恳请学界方家和实务同仁不吝指出所涉不妥乃至

---

① 而且,该行政法规第六十三条对"未取得道路运输经营许可,擅自从事道路运输经营的"行为设置了"构成犯罪的,依法追究刑事责任"的规定。

乖谬之处，以促使《实务刑法评注》尽可能符合通行法理和实务常态，成为一部态度"端正"的刑法工具书。

喻海松

2023年12月于北京东交民巷

配套公众号使用指南

纸质刑事法工具书固然便捷，但一经出版即落后于"瞬息万变"的刑事实务。"小红书"《实务刑事诉讼法评注》与"小黄书"《实务刑法评注》亦不能外。有鉴于此，本系列图书编辑团队特推出"实务刑事法评注"公众号，为您"速递"最新刑事法及其适用规则，实现"红""黄"二书"与时俱进"。

公众号不求"最快"，但求"最细"，系统收录规范层面的规则，适当增补法律适用问题答复、复函等非规范层面的规则；不求"庞大"，但求"清晰"，妥当衔接新旧规则，明晰相互层级关系；不求"权威"，但求"实用"，持续编纂千余刑参案例规则，提供当下实务难题专业解析。究其愿景，一号展示刑事法及其适用规则最新面貌，一号厘清刑事规则演进脉络与逻辑体系，一号解决刑事实务常见争议。

做实务工作者满意的公众号，助力"永不过时"的刑事法工具书！

反馈意见请扫码
关注"实务刑事法评注"公众号

《实务刑法评注》使用指南

一、法律评注与刑法工具书的编著缘起

德国法律评注(Kommentar)文化高度繁荣,引发我国法律界、特别是学术界的高度关注。评注针对现行法,服务实践,成为德国法律人案头必备的专业"词典",属于必不可少的工具书。然而,法律评注在德国的发展也历经曲折,十九世纪下半叶,德国法学界主流观点认为不值得在研究当下立法上花费过多精力,甚至存在对评注的抵制。① 进入二十世纪,德国法学开始关注现行法,形成实践导向的学术与学术导向的实践之结合,使得法律评注兴盛发展。可以说,法律评注最初是实务人士写给实务人士使用的出版物,在发展过程中扩展到了学术界,最终上升为所有法律职业对话的平台与必要的载体,解决了法学理论与实践脱节的问题,为法律适用的统一提供了保障。② 法律评注的灵魂在于为司法实践服务,由此衍生出一系列关键特征,包括以解释现行法为中心、竭力回答一切问题、重视案例甚于学说和秉承法教义学的方法。③

根据规模与内容定位,德国法律评注可以分为大型、中型、小型评注。就大型刑法评注而言,莱比锡评注(Leipziger Kommentar)、体系评注(Systematischer Kommentar)、慕尼黑评注(Münchner Kommentar)被称为德国刑法评注的三大巨作,如莱比锡评注厚达十几卷,超过一万页。中型刑法评注,如勋克/施罗德评注(Schönke/Schröder Kommentar),其自 1942 年创立,至 2019 年已经出版到第 30 版,篇幅达到 3361 页。小型评注一般都是单卷本,能够放到公文包随身携带,特别是可以开庭时携带,如德国最负盛名的小型刑法评注当属费舍尔评注(Fischer

---

① 参见王剑一:《德国法律评注的历史演变与现实功能》,载《中国应用法学》2017 年第 1 期。
② 参见卜元石:《德国法律评注文化的特点与成因》,载《南京大学学报(哲学·人文科学·社会科学)》2020 年第 4 期。
③ 参见贺剑:《法教义学的巅峰——德国法律评注文化及其中国前景考察》,载《中外法学》2017 年第 2 期。

Kommentar),其由法官费舍尔独立完成,也有将近三千页,但开本明显小于勋克/施罗德评注。

通常认为,法律评注以成文法为对象。作为成文法国家,中国法律注释的传统久已有之。新近以来,围绕刑法,理论的"评"与实务的"注"均已出现。于笔者而言,如何融合"评"与"注",使之成为一部理想的刑法工具书,这一念头由来已久。笔者作为一名刑事司法工作者,因为工作需要,不同刑法工具书的各种版本基本都使用过;工作之余,也一直在琢磨一线实务同行所需的刑法工具书的理想样貌,于是便有了这本《实务刑法评注》。

《实务刑法评注》定位为小型法律评注。法治运行状况的差异,决定了《实务刑法评注》的编撰无法照搬德国刑法评注的模式。与德国不同,中国刑法的适用存在体系化的普遍适用规则,包括立法解释、司法解释、规范性文件等,甚至指导性案例也可以归入该范畴。这被称为刑法的有权解释,系规范层面的规则,对司法实务具有拘束力。编撰理论评注时,立法或许可以作为评判的对象,但对于实务评注,只能将其作为基本的遵循规范,所有的注解都应以此为基础展开。此外,与学术探究有所不同,实务工作者或许没有太多精力和兴趣去翻阅过多的理论著述;而且,评注实际上是工具书,对法条进行逐条解释,通常不是用于专门阅读学习,而是用以查阅解决具体问题的,故对内容的精准性要求高,而不能泛化追求面的宽广。这就决定了《实务刑法评注》的理论探究也应聚焦于司法实务问题,限于规范层面的规则和后文提及的非规范层面的规则未涉及的部分,体现必要、精练的原则。

二、实务定位与刑法工具书的属性考虑

"天下之事,不难于立法,而难于法之必行。"客观地讲,立法不易,司法更难。将抽象刑法条文运用于具体案件,实现刑法适用的准确、妥当,绝非易事!刑法工具书应当以服务司法实务为目标,成为实务工作者的"良师益友"。工作节奏的加快,使得实务工作者不得不适应"快餐文化",系统学习刑法理论被视为实务工作者的入职门槛,系统钻研刑法理论则被认为是理论工作者的主要任务。刑事实务的办案量大,导致实务工作者获取信息不可避免具有功利性,形成"学完就要用""无用则不学"的局面。"快餐文化"是对实务办案的批评,又是对现状的写实,短期内难有根本改观。在此背景下,刑法工具书的编撰就不能对此完全无动于衷,而须作充分考虑,采取适当的"疏导"措施。由此出发,在笔者看来,刑法工具书的理想样貌应当具备"全""清""捷""用"四大基本属性。

(一) 所谓"全",是指刑法适用规则系统全面

作为刑法工具书,要力争做到"一书"解决刑法的基本和常见问题。为达此目标,自然应当全面收录刑法条文所涉立法解释、司法解释、规范性文件、指导性案例等规范层面的规则。这是对刑法工具书的基本要求,但仅此而已,仍然不"全";甚至可以说,在网络时代,通过数据库、甚至普通的搜索引擎进行检索更为便捷精准,且实务工作者对基本规范原本也大致"了然于胸"。对于实务工作者而言,刑法适用的真正"痛点"恰恰游离在规范层面的规则之外,即相关规则未予触及的"空白"地带。从我国刑事司法的运行机制来看,有两类信息能为实务应对相关"痛点"提供重要参考,可谓"弥足珍贵"。

一是最高司法机关及其内设部门的答复、复函,虽然针对具体案件所涉刑法适用问题,不具有普遍适用的规范层面效力,在效力层级上不如司法解释、规范性文件,但对于处理类似案件具有重要参考价值,通常会得到"一体遵循"。例如,《最高人民法院研究室关于盗窃互联网上网流量如何认定盗窃数额征求意见的复函》(法研〔2013〕155号)系针对《最高人民检察院法律政策研究室关于通信公司员工违规开通流量包后私自销售犯罪数额认定问题的征求意见函》(高检研函字〔2013〕72号)提出意见,但其所涉按照销赃数额认定盗窃数额的思路,不仅可以用于盗窃互联网流量案件,且在所有盗窃案件、甚至其他侵财案件中,对于盗窃数额难以查清的情形,亦可参照适用。

二是《刑事审判参考》刊登的一千多个刑事实体法案例,虽然在效力层级上不如指导性案例,但基本涵括了刑法适用的常见疑难点、争议点,所涉规则对于处理具体案件的借鉴性更强,不应"视而不见"。例如,关于"轮奸"的认定,以及与之相关的既遂判定标准问题,一直困扰司法实务。对此,《刑事审判参考》刊登的第128号案例、第280号案例、第395号案例、第790号案例、第792号案例、第843号案例、第983号案例分别从不同方面对此问题作了阐释,提出了相应规则。

基于此,刑法工具书要做到"全",就不应限于收录规范层面的规则,而应适当囊括具有重要参考价值的法律适用答复、复函和刑参案例规则。

(二) 所谓"清",是指刑法适用规则层级清晰

当下,规范层面的刑法适用规则存在类型多样、主体多元的情况,呈现出纷繁复杂、界分不清的局面。这就给司法实务带来困扰,厘清规则的不同层级和各个层级的位阶成为艰巨任务。刑法立法解释屈指可数,彼此之间未见冲突,而其他规则与立法解释不一致的自然无效,对此把握起来应无问题。就司法实务而言,关键是司法解释、规范性文件的界分与取舍。笔者倾向不采用"司法解释性

质文件"之类的表述,因为其会使得司法解释与规范性文件之间业已存在的界限模糊,加剧司法适用的困惑。实际上,司法解释的厘清,是一个"难亦不难"的问题:"难",就难在实务工作者缺乏厘清的意识,对必要性认识不够;"不难",是因为经过近些年来的司法解释清理工作,刑法司法解释的目录是明确的,只要实务工作者在埋头办案之余能抬头树立起正确的意识,就不难厘清范围。没有列入司法解释范围的文件,就不能称为司法解释,司法实务工作者更不能将其作为司法解释适用!司法适用之中,将规范性文件与司法解释混为一谈的情况为数不少,拿着立案追诉标准当司法解释的现象也不少见!鉴此,刑法工具书应当承担起厘清规范层面规则层级的任务,在全面收录规则的前提下划清规则之间的所属类别,进而明确不同类别规则的适用层级,以便利司法实务工作者在规则冲突之时的迅速取舍。

(三)所谓"捷",是指刑法适用规则便捷好用

就实务工作者而言,拿着刑法工具书,目的是办案,学习恐只是"附随后果"。故而,便捷是刑法工具书应当具有的属性。如前所述,刑法工具书要做到"全",就必须收录足够多的规范层面的规则和非规范层面的规则;但是,这又可能会形成海量规则,一定程度上给实务工作者迅速查找造成不便。在此背景下要做到便捷好用,笔者有两个基本观点:

一是规范层面的规则不宜拆分。将司法解释、规范性文件拆分开来,看似针对性更强,便于查找适用,但无法把握住文件的全貌,适用中可能难以完全避免陷入"盲人摸象"的局面。通常而言,一部司法解释、规范性文件是有其逻辑体系的,在不少实务工作者办案之余通常不会花太多功夫作完整阅读的前提下,直接选取部分条文适用,可能会形成"只看一点不及其余"的局面,对于准确把握类案的司法政策和处理思路存有弊端。基于此,笔者主张对规范层面的规则"以全貌呈现为原则、以拆分节录为例外"。

二是刑参案例要重在提取规则。判例法的基本规则是从案例到案例,但这未必符合中国实务工作者的适用习惯。实际上,大陆法系的案例系规则的承载形式,对案例的适用重在所涉规则。当前,"两高"的指导性案例实际上是案例化的司法解释,即通过案例抽象出"裁判要点""要旨",实践中发挥作用的是规则而非案例。遵循实务工作者的基本思路,笔者主张对刑事审判参考案例提取所涉规则。虽然迄今为止,《刑事审判参考》几经合订,但期望实务工作者系统读完一千多个案例,可能不现实。适宜的是,针对这一千多个案例提取规则,考虑案例彼此之间及与规范层面规则之间的冲突,对所提炼的规则进行梳理编纂,以便实务工作者在办案时参考。

(四)所谓"用",就是刑法适用规则有用奏效

刑法工具书应当真正起到提升司法效率、促进司法办案的作用。要做到这一点,理想的状况应当是"一书在手,办案无忧"。实现这个目标,如下几点值得关注:

一是规范层面规则的理解与适用文章。刑法立法解释、司法解释、规范性文件大多有相应的理解与适用文章刊登出来。常理而言,实务工作者应当通读,但是由于各种原因,怕也难以完全做到。而相关理解与适用,大体可以区分为所涉条文的起草考虑、起草过程中的争议问题、适用中需要注意的问题等类型。与司法实务直接相关的是后两部分:一则可能涉及司法实务遇到的问题在起草过程中已作讨论,对此当然在处理具体案件时可以参考;二则可能在条文以外"有话要说",为处理具体案件指明了方向。例如,最高人民法院研究室刑事处署名的《〈关于涉以压缩气体为动力的枪支、气枪铅弹刑事案件定罪量刑问题的批复〉的理解与适用》一文,提到了"涉案枪支的枪口比动能虽然达到一定数值,比如达到 11 焦耳/平方厘米"的表述,实际上为"枪口比动能较低"的认定数值作了指引;而"对于以收藏、娱乐为目的,非法购买、持有以压缩气体为动力、枪口比动能较低且不属于易于通过改制提升致伤力的枪支……确有必要判处刑罚的,可以非法持有枪支罪依法从宽处罚"的表述,实际上为解决此类案件的定性之争指明了方向。基于此,刑法工具书应当对相关理解与适用文章"择其要点",以真正发挥实务办案"参谋助手"的作用;同时,就理解与适用列明出处或者提供链接指引,便于实务工作者进一步查阅全文。

二是规则之间的清理。司法解释清理虽然进入常态化,但仍有完善空间,如经常出现的"与本解释不一致的,以本解释为准"的表述,加之刑法的不断修正,可能让不少实务工作者"摸不着头脑"。更为困惑的是,规范性文件、法律适用答复、复函等未纳入清理范围,效力状况的厘清更加复杂。基于此,刑法工具书应尽可能厘清规则之间的关系,指出需要调整的地方,以便于适用。

三是司法疑难的解析。刑事司法实务当然会问题层出不穷,但不少问题具有高度雷同或者关联,这就决定了司法经验应当为后来案件的处理有所借鉴。正因为如此,司法实务不能完全舍弃"师傅带徒弟"的培养模式。基于此,刑法工具书应发挥"传帮带"的作用,对刑法适用中业已发生的疑难问题有所关注,并尽可能提出解决问题的方案,以让司法实务工作者在遇到疑难杂症时习惯于

"求教于书"。①

三、实务操作与刑法工具书的栏目逻辑

由于笔者学识所限,加之精力不足,《实务刑法评注》不追求在学术上有所创建,而是侧重于服务司法实务,努力实现前文所设定的工具书应当具备的"全""清""捷""用"四大基本属性。基于此,《实务刑法评注》对栏目的具体设置和逻辑编排作了相应考虑。下面,就主要栏目作如下介绍:②

(一)立法沿革

较之静态规则,司法实践更加丰富而多彩。正因此,刑事司法遭遇规则盲区,就会成为必然甚至多发现象。面对层出不穷的刑法实务难题,惟有以刑法为本源,探究立法的精神,把握刑事司法的主线,领会实体公正的要义,最终把书读薄,把法条悟透,才能把案件办好!这也是《实务刑法评注》专设"立法沿革"栏目,采取从立法沿革到司法适用之脉络的缘由,即理顺立法的"演进过程"以助于解决司法的"实务难题"。

我国刑法的法典化始于1979年。不论法典化实际状况如何,1979年《刑法》毕竟开启了罪刑规范的相对集中规定模式。1997年《刑法》虽然作了系统修订,但实际主要就是"1979年《刑法》+单行刑法+附属刑法"的模式。③ 当前刑法适用中遇到的不少问题,仍须回溯到1979年《刑法》及此后单行刑法(部分还涉及附属刑法)的体系之中才能解释明白。因此,无法也不应割裂1979年刑法体系与当今刑法条文之间的关联。基于此,本栏目针对现行刑法条文追溯至1979年刑法体系之中。

---

① 此外,顺带提及一个细节,就法律、司法解释、规范性文件等而言,于司法实务最为重要的不是落款的发布日期(不少与施行日期并非同日),而是文号和施行日期。基于对实务有用的视角,《实务刑法评注》对刑法立法、司法解释及相关文件的文号、施行日期等尽量予以标注,以便读者核查。
② 在此只对多数条文所涉及的主要栏目加以说明,对于个别法条所涉及的"办案指引""办案解答"等栏目则予以略过。此外,为方便查阅,相关司法解释、规范性文件的理解与适用通过脚注形式摘编,未设专门栏目。
③ 1979年《刑法》施行期间,立法机关先后通过24部单行刑法,并在107部非刑事法律中设置附属刑法规范,对1979年《刑法》作了一系列的补充和修改。

1997年《刑法》实施至今,已经历过十三次修正,①条文从452条扩充至505条(含《全国人民代表大会常务委员会关于惩治骗购外汇、逃汇和非法买卖外汇犯罪的决定》所涉条文)。社会转型时期,完全寄希望于刑法解释而排斥刑法修正,既不现实,也不合理。可以预期,刑法修正与司法适用的相伴相生、接续而行,是未来相当长时间的常见情景。为便于实务工作者把握1997年《刑法》施行以来的修正状况,本栏目在概括修正要点的同时,通过图表形式加以对照,实现对修正情况的"一目了然"。

(二) 立法解释

《立法法》第四十八条规定:"法律解释权属于全国人民代表大会常务委员会。""法律有以下情况之一的,由全国人民代表大会常务委员会解释:(一)法律的规定需要进一步明确具体含义的;(二)法律制定后出现新的情况,需要明确适用法律依据的。"1997年《刑法》施行以来,立法机关共发布13个立法解释。《实务刑法评注》专设"立法解释"栏目,对上述立法解释予以收录。

具体而言,这13个立法解释大致可以划分为如下几种情形:一是刑法的规定需要进一步明确具体含义,且无法通过司法解释实现。例如,对刑法规定的

---

① 这十三次修正,包括一部单行刑法和十二部刑法修正案。1998年12月29日,第九届全国人民代表大会常务委员会第六次会议通过《关于惩治骗购外汇、逃汇和非法买卖外汇犯罪的决定》,继续采取单行刑法的方式对刑法作出修改。1999年6月,国务院在第九届全国人民代表大会常务委员会第十次会议上提出《关于惩治违反会计法犯罪的决定(草案)》和《关于惩治期货犯罪的决定(草案)》。最高人民检察院、一些地方和部门以及人大代表建议修改《刑法》中有关追究国有公司工作人员严重失职而致使国家利益遭受重大损失的刑事责任条款。《刑法》中对于大多数做假账构成犯罪的行为已有不少规定,国务院建议增加的关于期货方面的犯罪行为与《刑法》中已规定的证券犯罪行为在许多方面有相似之处。另外,根据惩治犯罪的需要,在《刑法》中对有关国有公司、企业工作人员严重不负责任、滥用职权给国家利益造成严重损失的行为也需要增加规定为犯罪。同时,考虑到一部统一的刑法典不仅便于学习、掌握,而且便于司法机关执行和适用,故立法机关采取了《刑法修正案》的方式。今后修改、补充《刑法》,如果增加条文,就列在内容相近的《刑法》条文之后,作为某条之一、二。如果修改某条,就直接修改条文。这样,不改变《刑法》的总条文数,有利于维护刑法典的完整性和稳定性。1999年12月25日第九届全国人民代表大会常务委员会第十三次会议通过了《刑法修正案》。这是新中国立法史上第一次以修正案的方式对《刑法》进行修改、补充,对此后刑法立法产生了重大而深远的影响。参见黄太云、高翔:《〈中华人民共和国刑法修正案〉简介》,载《中国司法》2000年第3期。

"信用卡"作与行政法律不一致的解释,从而将借记卡和贷记卡均涵括其中,超出了刑法用语的规范涵义,只能由立法解释作出明确。① 二是刑法适用出现新的情况,需要明确适用法律依据。例如,对于公司、企业、事业单位、机关、团体等单位实施刑法规定的危害社会的行为,法律未规定追究单位的刑事责任的,如何适用刑法有关规定的问题,存在不同认识,只能由立法解释作出明确。② 三是"两高"对刑法条文的含义或者适用存在分歧,且无法制发联合司法解释。例如,对《刑法》第三百八十四条第一款规定中挪用公款"归个人使用"的含义,《最高人民法院关于如何认定挪用公款归个人使用有关问题的解释》[法释〔2001〕29号,已被《最高人民法院关于废止1997年7月1日至2011年12月31日期间发布的部分司法解释和司法解释性质文件(第十批)的决定》(法释〔2013〕7号)废止,废止理由为"与《全国人大常委会关于〈中华人民共和国刑法〉第三百八十四条第一款的解释》相冲突"]作了明确,但最高人民检察院认为该司法解释超越了权限,给实际办案带来极大的困难,向全国人大常委会提出立法解释的建议。③

此外,需要注意的是,《立法法》第五十三条规定:"全国人民代表大会常务委员会的法律解释同法律具有同等效力。"而从实际操作来看,立法解释与刑法修正的适用情境也难以完全区分清楚。例如,对盗窃、侮辱尸骨、骨灰行为的刑事规制,立法工作机关最初提出通过立法解释作出明确,但存在不同认识,考虑到罪刑法定原则,最终采取了刑法修正的方式。④ 但是,一般认为,立法解释不仅可以进行扩大解释,而且可以进行类推解释,故与刑法修正不存在"泾渭分明"的界限,关键取决于情况所需。

(三)立法工作机关意见

《立法法》第六十九条规定:"全国人民代表大会常务委员会工作机构可以对有关具体问题的法律询问进行研究予以答复,并报常务委员会备案。"根据这一规定,全国人大常委会法工委就涉及刑法适用的具体问题的法律询问进行研究并予以答复。《实务刑法评注》专设"立法工作机关意见"栏目,对相关意见予以收录。

---

① 参见《全国人民代表大会常务委员会关于〈中华人民共和国刑法〉有关信用卡规定的解释》(自2004年12月29日起施行)。
② 参见《全国人民代表大会常务委员会关于〈中华人民共和国刑法〉第三十条的解释》(自2014年4月24日起施行)。
③ 参见《全国人民代表大会常务委员会关于〈中华人民共和国刑法〉第三百八十四条第一款的解释》(自2002年4月28日起施行)。
④ 参见《刑法修正案(九)》第三十四条。

需要注意的是,本栏目所收录的意见并非全部系法律询问的答复,还包括基于部门之间相互征求意见而形成的复函;而且,全国人大常委会法工委的内设部门刑法室的复函也在其中,如《全国人民代表大会常务委员会法制工作委员会刑法室关于对变造、出售变造普通发票行为的定性问题的意见》(刑发〔2005〕1号)。

关于立法工作机关及其内设部门所作答复、复函等的效力问题,未见明确规定,但实践之中往往赋予其仅次于立法解释的效力。在我国刑法理论界,关于主观解释与客观解释的争论由来已久。早些年,客观解释的主张无疑占据上风,但近年来不少学者也日益认识到主观解释的价值,反思盲目排斥主观解释的弊端。而司法实务之中,主观解释应系基本立场,且属于首要的解释步骤。笔者不主张使用"立法本意"的概念,但认为立法精神的存在是客观事实,对立法精神的探究当属不懈追求。对立法精神的探究,各个解释主体都可以进行,不限于立法工作机关。对刑法条文的解释当然应当遵循立法精神,但立法精神究竟为何,可能又"见仁见智"。虽然不能认为立法工作机关就能完全掌握刑法立法精神,但毕竟其离立法最近、参与立法程度最深,故其提出的意见最能反映立法精神,应是可以得到最大限度的承认。司法实践之中,不少争议问题实际上是靠立法工作机关的意见得以定分止争的!

(四)相关规定

行政犯时代的到来,使得刑法适用不应局限于刑法文本本身,而应更为关注刑法之外的相关规定。通常而言,实务工作者处理自然犯案件可谓"得心应手",但处理行政犯案件则有时会"犯难":难的不是刑法,而是刑法之外的法!就行政犯而言,对空白罪状的填补,必须跳出刑法适用相关前置规定;而且,相关司法疑难问题的症结也主要在于前置规定。基于此,《实务刑法评注》专设"相关规定"栏目,对部分行政犯收录了前置行政法律法规及相关规定。限于篇幅,本栏目主要采取节录的形式;而且,收录的范围尚不全面,办案过程中可能需要根据实际情况进行检索。

需要强调的是,掌握前置规定是妥当办理行政犯案件的前提和基础,特别是在依据前置规定相关行为不构成民事侵权、行政违法的前提下,基于法秩序统一原理,无论如何都不宜作为犯罪处理。例如,根据《刑法》第二百五十三条之一的规定,侵犯公民个人信息罪的前提要件是"违反国家有关规定"。而关于涉公民个人公开信息案件的处理,长久以来成为办案实践中的疑难争议焦点。相关公民个人信息既然已经公开,获取行为无疑是合法的,但后续出售、提供的行为是否合法,是否构成侵犯公民个人信息罪,则存在不同认识。需要注意的是,在《民法典》施行前,对于获取相关公开信息后进而提供的行为,是否需要取得"二次授权"(即在获取相关信息后,提供相关信息需要告知同意),尚存争议;但是,《民法典》明确否定了"二次授权"的规则。① 据此,对公开的个人信息的合理处理可以推定自然人概括同意,即除了"该自然人明确拒绝或者处理该信息侵害其重大利益的"情形外,不需要通知和征得该自然人或者其监护人同意;在此基础上,对于相关行为自然不应认为构成侵犯公民个人信息罪。

(五) 司法解释

司法解释是中国特色社会主义司法制度的重要组成部分,制定司法解释是法律赋予"两高"的重要职责。《全国人民代表大会常务委员会关于加强法律解释工作的决议》(1981 年 6 月 10 日)第二条规定:"凡属于法院审判工作中具体应用法律、法令的问题,由最高人民法院进行解释。凡属于检察院检察工作中具体应用法律、法令的问题,由最高人民检察院进行解释。最高人民法院和最高人民检察院的解释如果有原则性的分歧,报请全国人民代表大会常务委员会解释或决定。"②《立法法》第一百一十九条第一款规定:"最高人民法院、最高人民检察院作出的属于审判、检察工作中具体应用法律的解释,应当主要针对具体的法律条文,并符合立法的目的、原则和原意。"根据法律授权,"两高"就刑法适用制定了一大批司法解释,充分发挥了统一刑法适用、指导司法办案的重要作用。《实务刑法评注》专设"司法解释"栏目,对刑法司法解释予以收录。

厘清刑法司法解释的具体范围,划清司法解释与其他规范性文件、法律适用答复、复函之间的界限,是编撰《实务刑法评注》的直接动因。需要强调的是,作上述界分是必要的。《最高人民法院关于司法解释工作的规定》第五条规定:"最高人民法院发布的司法解释,具有法律效力。"第二十七条第一款规定:"司法解释施行后,人民法院作为裁判依据的,应当在司法文书中援引。"《最高人民检察院司法解释工作规定》第五条规定:"最高人民检察院制定并发布的司法解释具有法律效力。人民检察院在起诉书、抗诉书、检察建议书等法律文书中,需要引用法律和司法解释的,应当先援引法律,后援引司法解释。"由此可见,司法

---

① 《民法典》第一千零三十六条规定:"处理个人信息,有下列情形之一的,行为人不承担民事责任:……(二)合理处理该自然人自行公开的或者其他已经合法公开的信息,但是该自然人明确拒绝或者处理该信息侵害其重大利益的除外……"《个人信息保护法》第十三条、第二十七条亦有类似规定。
② 此前,《全国人民代表大会常务委员会关于解释法律问题的决议》(1955 年 6 月 23 日,已失效)第二条规定:"凡关于审判过程中如何具体应用法律、法令的问题,由最高人民法院审判委员会进行解释。"

解释具有法律效力,与规范性文件、指导性案例明显不同,更遑论法律适用答复、复函;而且,司法解释可以而且应当作为裁判依据,而规范性文件、指导性案例等通常只是在裁判理由部分引述。此外,正因为规范性文件不得作为裁判依据适用,故相关定罪量刑标准通常系通过司法解释作出规定。当然,近些年来这一界限有所模糊,但大体还是得到遵循的。

概而言之,以1997年《刑法》为界,大致可以将司法解释划分为两个阶段:(1)《最高人民法院关于司法解释工作的若干规定》(法发〔1997〕15号,已失效)自1997年7月1日起施行,明确要求对司法解释以"法释"字编号,非以"法释"字编号的文件一律不得作为司法解释。《最高人民检察院司法解释工作暂行规定》(高检发研字〔1996〕7号,已失效)自1996年12月9日起施行,亦要求对司法解释统一编排文号。因此,对于此后发布的文件是否系司法解释,判断的唯一标准应当是文号,即是否采用"法释"或者"高检发释"字编号。(2)在此之前,由于缺乏对司法解释形式和制定程序的明确规定,这一时期司法解释表现为决定、纪要、解释、意见、通知、批复、答复、规定等多种形式。需要注意的是,《最高人民法院关于认真学习宣传贯彻修订的〈中华人民共和国刑法〉的通知》(法发〔1997〕3号)第五条规定:"修订的刑法实施后,对已明令废止的全国人大常委会有关决定和补充规定,最高人民法院原作出的有关司法解释不再适用。但是如果修订的刑法有关条文实质内容没有变化的,人民法院在刑事审判工作中,在没有新的司法解释前,可参照执行。其他对于与修订的刑法规定相抵触的司法解释,不再适用。"据此,1997年《刑法》施行后,此前发布的司法解释,并非当然无效。2011年7月至2013年4月,最高人民法院、最高人民检察院根据全国人大常委会的要求,进行了自新中国成立以来对现行有效司法解释的首次全面集中清理。清理工作按照发布时期,分为1949年至1979年年底、1980年至1997年6月30日、1997年7月1日至2011年年底三个时段进行,逐件提出拟保留、修改或者废止的清理意见。最高人民法院梳理出单独和联合制发的现行有效的司法解释、规范性文件共计3351件。经研究确定纳入清理范围的1600件,其中确定废止的有715件,修改的有132件,保留的有753件。最高人民检察院梳理出单独和联合制发的现行有效的司法解释、规范性文件1000余件。经研究确定纳入清理范围的452件,其中确定废止的有102件,修改的有55件,保留的有221件,另外还有74件文件转由其他主办部门进行清理。① 需要注意的是,"鉴于当

---

① 参见《全国人民代表大会常务委员会法制工作委员会关于司法解释集中清理工作情况的报告》(2013年4月23日)。

时司法解释制定工作不规范的实际情况,不分文件名称、具体发文形式,只要内容属于对应用法律、法令解释的,都界定为司法解释"①。此次清理工作完成后,最高人民法院编撰出版了三卷本的《最高人民法院司法解释汇编(1949—2013)》(人民法院出版社 2014 年版),最高人民检察院也编撰出版了单卷本的《中华人民共和国现行有效刑事司法解释全集》(法律出版社 2013 年版)。② 因此,对于这一时期司法解释的判断不能根据文号,而应当以上述司法解释汇编为判断的依据。虽然,较之此后的司法解释判断稍显困难,但范围仍然是明确的,不至于无从判断!例如,《最高人民法院研究室关于因错判在服刑期"脱逃"后确有犯罪其错判服刑期限可否与后判刑期折抵问题的电话答复》(1983 年 8 月 31 日)、《最高人民法院研究室关于如何理解"审判的时候怀孕的妇女不适用死刑"问题的电话答复》(1991 年 3 月 18 日)虽然没有使用"法释"字编号,但均属于司法解释的范畴。

  目前,司法解释的形式分为"解释""规定""规则""批复""决定"五种。③就刑法司法解释而言,常见形式有四:一是"解释"。对如何具体应用刑法或者对某一类案件、某一类问题如何应用法律制定的司法解释,采用"解释"的形式。这是最为常见的司法解释形式,如《最高人民法院、最高人民检察院关于办理诈骗刑事案件具体应用法律若干问题的解释》(法释〔2011〕7 号)、《最高人民法院、最高人民检察院关于办理盗窃刑事案件适用法律若干问题的解释》(法释〔2013〕8 号)。二是"规定"。对审判工作、检察工作中需要制定的规范、意见等司法解释,采用"规定"的形式。通常而言,规定形式的司法解释涉及刑事实体法的内容相对较少,通常存在于实体法与程序法交错的一些条文。例如,《最高人民法院关于适用财产刑若干问题的规定》(法释〔2000〕45 号)对财产刑的有关问题作了规定。三是"批复"。对高级人民法院、省级人民检察院、解放军军事法院、解放军军事检察院就审判工作中具体应用刑法问题的请示制定的司法解释,采用"批复"的形式。需要注意的是,有时候批复的制定直接来自地方请

---

① 周强主编:《最高人民法院司法解释汇编(1949—2013)》(上),人民法院出版社 2014 年版,出版说明。
② 此后,司法解释清理进入常态化。例如,为保障民法典实施,最高人民法院于 2020 年 12 月完成了对新中国成立以来至 2020 年 5 月 28 日现行有效的 591 件司法解释的清理工作。参见《最高人民法院民法典贯彻实施工作领导小组办公室关于为确保民法典实施进行司法解释全面清理的工作情况报告》。
③ 此外,名称为"安排"内容涉及内地与港澳台司法事务的文件,也以"法释"字编号,虽然在《最高人民法院关于司法解释工作的规定》之中未作规定,但亦属司法解释。当然,刑法司法解释未见采用"安排"形式。

示,如《最高人民法院关于被告人对行为性质的辩解是否影响自首成立问题的批复》(法释〔2004〕2号)系针对《广西壮族自治区高级人民法院关于被告人对事实性质的辩解是否影响投案自首的成立的请示》(2003年6月10日)作出;但是,不少可能是"自上而下",未见地方的明确请示,如《最高人民法院、最高人民检察院关于涉以压缩气体为动力的枪支、气枪铅弹刑事案件定罪量刑问题的批复》(法释〔2018〕8号)的引言"近来,部分高级人民法院、省级人民检察院就如何对非法制造、买卖、运输、邮寄、储存、持有、私藏、走私以压缩气体为动力的枪支、气枪铅弹(用铅、铅合金或者其他金属加工的气枪弹)行为定罪量刑的问题提出请示"实际系习惯性表述。此外,对于不少名为"批复"但实为法律适用答复的文件,要根据文号作出准确判断,对于"法释"或者"高检发释"文号以外的文件不得认定为司法解释。实践中,最高人民法院刑事审判庭习惯使用"批复"字眼,但所涉批复只要未使用"法释"文号(通常采用"刑他"文号),也应纳入后文所述"法律适用答复"的范畴。例如,《最高人民法院关于被告人余××利用他人遗忘在ATM机内已输好密码的信用卡取款的行为如何定性请示一案的批复》〔(2017)最高法刑他3371号〕就不是司法解释,而是非规范层面的法律适用答复。四是"**决定**"。修改或者废止司法解释,采用"决定"的形式。例如,《最高人民法院、最高人民检察院关于修改〈关于办理妨害信用卡管理刑事案件具体应用法律若干问题的解释〉的决定》(法释〔2018〕19号)系对《最高人民法院、最高人民检察院关于办理妨害信用卡管理刑事案件具体应用法律若干问题的解释》(法释〔2009〕19号)作出修改。

从制发主体来看,刑法司法解释虽然有"两高"分别制发的情形,但主要表现为"两高"联合司法解释的形式。之所以对刑法解释主要采取联合司法解释的形式,旨在最大限度地避免司法解释"打架"现象。例如,罪名确定在最初就采取了"两高"分别制发司法解释的方式,即造成了罪名确定的不统一,给司法适用和理论研究都造成了困扰。① 这一局面持续时间达四年有余,最终由"两高"联合发布《关于执行〈中华人民共和国刑法〉确定罪名的补充规定》(法释〔2002〕7号)画上句号。对于联合司法解释的文号,多采用"法释"文号,如《最高人民法院、最高人民检察院关于办理危害食品安全刑事案件适用法律若干问

---

① 《最高人民法院关于执行〈中华人民共和国刑法〉确定罪名的规定》(法释〔1997〕9号),确定了413个罪名;《最高人民检察院关于适用刑法分则规定的犯罪的罪名的意见》(高检发释字〔1997〕3号)确定了414个罪名。而且,"两高"确定的个别具体罪名也不一致。

题的解释》(法释〔2021〕24号);但是,也有少数采取"谁主办,用谁文号"的规则,如《最高人民法院、最高人民检察院关于适用刑事司法解释时间效力问题的规定》(高检发释字〔2001〕5号)、《最高人民法院、最高人民检察院关于缓刑犯在考验期满后五年内再犯应当判处有期徒刑以上刑罚之罪是否认定为累犯问题的批复》(高检发释字〔2020〕1号)。顺带提及的是,"两高"采取联合司法解释还是单独司法解释的形式,具有一定的时期性。1997年《刑法》施行后的一段时期内,"两高"刑事司法解释以分发为常态、以联发为例外。① 但是,新近十余年来,"两高"形成了制发联合刑法司法解释的惯例,仅有个别司法解释采取单独制发的形式;而且,对于此前系最高人民法院一家单独制发的不少司法解释,也通过"废旧立新"实现联合解释。②

顺带提及的是,对于司法解释的效力,应当采取"新解释优于旧解释"原则。这样一来,对于司法解释条文之间冲突的处理规则就能大致厘清。为方便适用,本栏目尽可能对不同司法解释条文之间冲突的情形作出指引。司法适用中需要高度注意的是法检司法解释之间冲突的问题,对此情形需要在立案侦查、批准逮

---

① 以1998年发布的10件刑法司法解释为例,无一采取"两高"联合司法解释的形式。具体而言,最高人民法院单独发布的司法解释有8件:《最高人民法院关于审理盗窃案件具体应用法律若干问题的解释》(法释〔1998〕4号,已失效)、《最高人民法院关于审理拒不执行判决、裁定案件具体应用法律若干问题的解释》(法释〔1998〕6号,已失效)、《最高人民法院关于在审理经济纠纷案件中涉及经济犯罪嫌疑若干问题的规定》(法释〔1998〕7号)、《最高人民法院关于处理自首和立功具体应用法律若干问题的解释》(法释〔1998〕8号)、《最高人民法院关于审理挪用公款案件具体应用法律若干问题的解释》(法释〔1998〕9号)、《最高人民法院关于对怀孕妇女在羁押期间自然流产审判时是否可以适用死刑问题的批复》(法释〔1998〕18号)、《最高人民法院关于审理骗购外汇、非法买卖外汇刑事案件具体应用法律若干问题的解释》(法释〔1998〕20号)、《最高人民法院关于审理非法出版物刑事案件具体应用法律若干问题的解释》(法释〔1998〕30号);最高人民检察院单独发布的司法解释有2件:《最高人民检察院关于将公务用枪用作借债质押的行为如何适用法律问题的批复》(高检发释字〔1998〕4号)、《最高人民检察院关于对跨越修订刑法施行日期的继续犯罪、连续犯罪以及其他同种数罪应如何具体适用刑法问题的批复》(高检发释字〔1998〕6号)。
② 例如,废止《最高人民法院关于审理盗窃案件具体应用法律若干问题的解释》(法释〔1998〕4号),制定《最高人民法院、最高人民检察院关于办理盗窃刑事案件适用法律若干问题的解释》(法释〔2013〕8号);废止《最高人民法院关于审理诈骗案件具体应用法律的若干问题的解释》(法发〔1996〕32号),制定《最高人民法院、最高人民检察院关于办理诈骗刑事案件具体应用法律若干问题的解释》(法释〔2011〕7号)。

捕和审查起诉阶段予以特别关注,尽可能顾及最高人民法院司法解释的立场,以防止相关案件进入审判环节后陷入"两难"境地。

(六)规范性文件

司法解释之外,存在大量涉及刑法适用的规范性文件。《最高人民法院关于裁判文书引用法律、法规等规范性法律文件的规定》(法释〔2009〕14号)第三条明确规定:"刑事裁判文书应当引用法律、法律解释或者司法解释。"可见,与司法解释不同,规范性文件不能在人民法院裁判文书中援引作为裁判依据,但在实践之中仍具有普遍适用的规范效力,可以在裁判说理部分引用。①《实务刑法评注》专设"规范性文件"栏目,对涉及刑法适用问题的规范性文件予以收录。

理想状况是所有涉及刑法适用的问题都通过司法解释予以明确,但这并不现实。从实践来看,规范性文件的制定场景大致有三:一是对于制定司法解释时机不成熟的,采取规范性文件的方式。对于尚处于探索之中的问题,通过规范性文件作出指引性规定,更为妥当。二是受制于表述用语,对于一些政策要求类只能通过规范性文件作出规定。例如,《全国法院毒品犯罪审判工作座谈会纪要》(法〔2015〕129号)第一部分对进一步加强人民法院禁毒工作的总体要求作出规定,这就无法通过司法解释实现。三是基于行刑衔接的需要,"两高"需要会同其他部门联发文件。司法解释的制发主体限于"两高",其他主体参与其中的文件只能采取规范性文件的形式,如《最高人民法院、最高人民检察院、公安部、司法部、生态环境部关于办理环境污染刑事案件有关问题座谈会纪要》(高检会〔2019〕3号)。

规范性文件的形式较为复杂,指导意见、会议纪要系常见形式,通知、规定等也不鲜见。当前,越来越多的规范性文件采取联合规范性文件的形式。对于联合规范性文件,通常采取"谁主办,用谁文号"的规则,如经常见到的"公通字"文号表明该规范性文件系公安部主办;但是,基于促使规范性文件更好地发挥实效的考虑,近年来对于公安部主办的联合规范性文件也倾向采用"法发"文号,如《最高人民法院、最高人民检察院、公安部关于办理电信网络诈骗等刑事案件适

---

① 《最高人民法院关于加强和规范裁判文书释法说理的指导意见》(法发〔2018〕10号)第十三条规定:"除依据法律法规、司法解释的规定外,法官可以运用下列论据论证裁判理由,以提高裁判结论的正当性和可接受性:最高人民法院发布的指导性案例;最高人民法院发布的非司法解释类审判业务规范性文件;公理、情理、经验法则、交易惯例、民间规约、职业伦理;立法说明等立法材料;采取历史、体系、比较等法律解释方法时使用的材料;法理及通行学术观点;与法律、司法解释等规范性法律文件不相冲突的其他论据。"

用法律若干问题的意见》(法发〔2016〕32号)。本栏目收录的规范性文件通常系"两高"单独或者联合参与的规范性文件,因为涉及刑事追究问题,缺乏"两高"联发的文件难以发挥实际效果。适用中需要注意的是,对于"两高"未参与的规范性文件,对刑法适用问题只作指引性规定的,通常争议不大;但如系拟制性规定的,对其效力宜结合处于上位的司法解释等加以探究。

(七)立案追诉标准

立案追诉标准主要是指最高人民检察院会同公安部联合发布的关于刑事立案和追诉的标准。现行的立案追诉标准主要如下:(1)《最高人民检察院、公安部关于公安机关管辖的刑事案件立案追诉标准的规定(一)》(公通字〔2008〕36号)对公安机关治安部门管辖的97种刑事案件和消防部门管辖的2种刑事案件的立案追诉标准作了规定;此后,《最高人民检察院、公安部关于公安机关管辖的刑事案件立案追诉标准的规定(一)的补充规定》(公通字〔2017〕12号)明确了15种案件的立案追诉标准,并删去嫖宿幼女案的立案追诉标准。(2)《最高人民检察院、公安部关于公安机关管辖的刑事案件立案追诉标准的规定(二)》(公通字〔2022〕12号,自2022年5月15日施行)对公安机关管辖的78种经济犯罪案件立案追诉标准作了规定。顺带提及的是,《最高人民检察院、公安部关于修改侵犯商业秘密刑事案件立案追诉标准的决定》(高检发〔2020〕15号)虽然系对此前《最高人民检察院、公安部关于公安机关管辖的刑事案件立案追诉标准的规定(二)》(公通字〔2010〕23号)所作的修改,但由于经侦管辖案件范围的调整,公通字〔2022〕12号规定并未将高检发〔2020〕15号决定明确废止。(3)《最高人民检察院、公安部关于公安机关管辖的刑事案件立案追诉标准的规定(三)》(公通字〔2012〕26号)对公安机关毒品犯罪侦查部门管辖的12种刑事案件立案追诉标准作了规定。此外,侦查机关单独发布的立案标准,如司法部发布的《狱内刑事案件立案标准》(司法部令第64号)亦可被纳入立案追诉标准的范畴。《实务刑法评注》专设"立案追诉标准"栏目,对刑事立案追诉标准予以收录。

在笔者看来,不宜将立案追诉标准与司法解释、规范性文件并列,否则易混淆彼此之间的界限。司法适用之中,对于立案追诉标准的效力大致可以区分为两种情况:一是相关立案追诉标准源自相关司法解释的,对相关标准的适用,实际上是适用相关司法解释。故而,本栏目对此不再列明具体立案追诉标准,只是注明与司法解释一致。二是相关立案追诉标准与司法解释不一致或者系对司法解释的补白的。这一情况在经济犯罪领域尤为突出,由于各种原因,制定司法解释明确定罪量刑标准的条件尚不成熟,故呈现了立案追诉标准"先行"的现象。

需要注意的是,此种类型的立案追诉标准对人民法院的审判没有拘束力,只具有参照适用的效力。针对《最高人民检察院、公安部关于公安机关管辖的刑事案件立案追诉标准的规定(二)》(公通字〔2010〕23号),《最高人民法院关于在经济犯罪审判中参照适用〈最高人民检察院、公安部关于公安机关管辖的刑事案件立案追诉标准的规定(二)〉的通知》(法发〔2010〕22号)明确提出:"最高人民法院对相关经济犯罪的定罪量刑标准没有规定的,人民法院在审理经济犯罪案件时,可以参照适用《标准二》的规定。""各级人民法院在参照适用《标准二》的过程中,如认为《标准二》的有关规定不能适应案件审理需要的,要结合案件具体情况和本地实际,依法审慎稳妥处理好案件的法律适用和政策把握,争取更好的社会效果。"基于此,本栏目对于相关立案追诉标准与司法解释不一致的,明确注明,并主张适用司法解释的规定;对于补白性质的立案追诉标准,则予以列明。顺带提及,对于补白性质的立案追诉标准,公安机关在立案之时、检察机关在审查批捕、审查起诉之时,似亦应结合同类案件的处理情况,根据案件具体情况综合考量,切不可认为有了立案追诉标准的规定就"万事大吉""稳操胜券"。

(八)指导性案例

成文法与判例法的交融,已是当今两大法系的基本趋势。在我国成文法的背景下,"两高"分批发布指导性案例,在成文法传统中融入判例法的因素,对于指导司法实务准确适用法律、公正处理案件具有重要意义。《实务刑法评注》专设"指导性案例"栏目,对涉及刑法适用的指导性案例予以收录。

指导性案例应当是裁判已经发生法律效力,认定事实清楚,适用法律正确,裁判说理充分,法律效果和社会效果良好,对审理类似案件具有普遍指导意义的案例。与英美法系判例具有法律渊源的效力不同,我国的指导性案例不是法律渊源,但具有参照的效力。对此,《最高人民法院关于案例指导工作的规定》(法发〔2010〕51号)第七条规定:"最高人民法院发布的指导性案例,各级人民法院审判类似案例时应当参照。"《〈最高人民法院关于案例指导工作的规定〉实施细则》(法〔2015〕130号)第十一条进一步明确:"在办理案件过程中,案件承办人员应当查询相关指导性案例。在裁判文书中引述相关指导性案例的,应在裁判理由部分引述指导性案例的编号和裁判要点。""公诉机关、案件当事人及其辩护人、诉讼代理人引述指导性案例作为控(诉)辩理由的,案件承办人员应当在裁判理由中回应是否参照了该指导性案例并说明理由。"《最高人民检察院关于案例指导工作的规定》(修订后自2019年4月4日起施行)第十五条规定:"各级人民检察院应当参照指导性案例办理类似案件,可以引述相关指导性案例进行释法说理,但不得代替法律或者司法解释作为案件处理决定的直接依据。""各级人民检察院检察委员会审议案件时,承办检察官应当报告有无类似指导性案例,并说明参照适用情况。"

最高人民法院发布的指导性案例,由标题、关键词、裁判要点、相关法条、基本案情、裁判结果、裁判理由以及包括生效裁判审判人员姓名的附注等组成。最高人民检察院发布的指导性案例的体例,一般包括标题、关键词、要旨、基本案情、检察机关履职过程、指导意义和相关规定等部分。如前所述,基于我国司法实务的操作习惯,对指导性案例重在适用"裁判要点"或者"要旨"。基于此,本栏目只对相关指导性案例的标题、关键词、裁判要点/要旨予以摘录,对于其他部分读者可以另行查阅。

(九)法律适用答复、复函

下级法院就具有法律适用意义的案件或者问题向上级法院提出请示,是各国司法运行的通例,当然,形式表现有所不同。在我国,针对地方法院的请示,最高司法机关及其内设部门作出的答复,具有重要参考价值。此外,针对部门之间的征求意见,最高人民法院、最高人民检察院、公安部等及其内设部门的复函也会涉及刑法适用问题。社会转型时期,需要解释的法律适用难题日益增多。例如,2010年最高人民法院研究室答复高级人民法院就法律适用问题的请示26件,而2011年答复的请示增至114件。此外,办理有关部门就法律适用问题征求意见的函件也逐年增多。①《实务刑法评注》专设"法律适用答复、复函"栏目,对涉及刑法适用的答复、复函予以收录。②

本栏目收录的文件包括两大类:

一是法律适用答复。《最高人民法院关于法律适用问题请示答复的规定》(法〔2023〕88号)第二条第一款规定:"具有下列情形之一的,高级人民法院可以向最高人民法院提出请示:(一)法律、法规、司法解释、规范性文件等没有明确规定,适用法律存在重大争议的;(二)对法律、法规、司法解释、规范性文件等

---

① 参见张军主编:《司法研究与指导(总第1辑)》,人民法院出版社2012年版,编辑说明。《司法研究与指导》曾对最高人民法院研究室所作的请示答复、司法复函进行精选、加工并集中公布,从2012年5月出版第1辑,到2016年8月,共出版9辑。
② 需要说明的是,由于法律适用答复、复函主要针对具体案件的法律适用问题,目前缺乏统一的公开途径。少数答复、复函在相关法律数据库未能搜索到,但个别工具书有收录(此种情形下的部分答复、复函实际系摘录,并非完整版本,但有主体内容)。对此,本栏目亦予以收录,同时注明出处,以便于读者进一步查询核实。

规定具体含义的理解存在重大争议的;(三)司法解释、规范性文件制定时所依据的客观情况发生重大变化,继续适用有关规定明显有违公平正义的;(四)类似案件裁判规则明显不统一的;(五)其他对法律适用存在重大争议的。"例如,《最高人民法院、最高人民检察院关于办理与盗窃、抢劫、诈骗、抢夺机动车相关刑事案件具体应用法律若干问题的解释》(法释〔2007〕11号)第一条第二款规定,明知是盗窃、抢劫、诈骗、抢夺的机动车,掩饰、隐瞒机动车五辆以上或者价值总额达到五十万元以上的,属于《刑法》第三百一十二条规定的"情节严重",处三年以上七年以下有期徒刑,并处罚金。司法适用中,对于五辆汽车照此处理问题不大,但机动车的范围较广,如果系五辆摩托车、农用车的案件亦如此僵化处理,则明显与罪责刑相适应原则不符,故对此需要升档量刑时常存在争议,甚至为此引发抗诉。正因为如此,云南省高级人民法院向最高人民法院提出《关于两高〈关于办理与盗窃、抢劫、诈骗、抢夺机动车相关刑事案件具体应用法律若干问题的解释〉适用问题的请示》(云高法〔2013〕213号)。经研究,《最高人民法院研究室关于〈最高人民法院、最高人民检察院关于办理与盗窃、抢劫、诈骗、抢夺机动车相关刑事案件具体应用法律若干问题的解释〉有关规定如何适用问题的答复》(法研〔2014〕98号)提出:"'机动车五辆以上',应当是指机动车数量在五辆以上,且价值总额接近五十万元。"显而易见,该答复通过对"机动车五辆以上"作限缩解释,以实现与罪责刑相适应原则的契合。又如,《最高人民法院研究室关于自动投案法律适用问题的答复》(法研〔2013〕10号)系针对《江苏省高级人民法院关于自动投案法律适用问题的请示报告》作出,明确对于行为人原不具有自动投案情节,在被取保候审期间逃跑后主动归案的情形,不能认定为自动投案。再如,《最高人民法院研究室关于适用刑法第六十五条第一款有关问题的答复》(法研〔2013〕84号)系针对《北京市高级人民法院关于适用刑法第六十五条第一款有关问题的请示》(京高法〔2013〕19号)作出,明确行为人在十八周岁前后实施数罪或者数个行为,如果其已满十八周岁以后的犯罪为故意犯罪且被判处或者明显应当被判处有期徒刑以上刑罚,在刑罚执行完毕或者赦免后五年内,又故意再犯应当判处有期徒刑以上刑罚之罪的,应当认定为累犯。还如,《最高人民法院研究室关于护士执业资格考试是否属于"法律规定的国家考试"问题的答复》(法研〔2018〕109号)系针对《陕西省高级人民法院关于被告人××、××组织考试作弊一案的请示》〔(2017)陕刑他178号〕作出,明确护士执业资格考试不属于"法律规定的国家考试"。与之类似,《人民检察院案件请示办理工作规定(试行)》(高检发〔2015〕17号)第二条规定:"下级人民检察院在办理具体案件时,对涉及法律适用、办案程序、司法政策等方面确属重大疑难复杂的问题,经本级人民检察院研究难以决定的,应当向上级人民检察院请示。"而最高人民检察院及其内设部门也会就适用刑法问题对下作出答复。例如,《最高人民检察院法律政策研究室关于〈关于多次盗窃中"次"如何认定的法律适用的请示〉的答复意见》(2016年3月18日)系针对《北京市人民检察院关于多次盗窃中"次"如何认定的法律适用的请示》(京检字〔2016〕7号)作出,明确对多次盗窃中"次"的判断,可以参照有关规范性文件中"多次抢劫"的规定认定。此外,如前所述,法律适用答复有时候会使用"批复"字眼,对此需要根据文号作出判断。①

二是法律适用复函。围绕刑法适用问题,部门之间征求意见较为常见,从而形成了法律适用复函。实践中,较为常见的是"两高"之间有关内设部门征求意见形成的复函。例如,《最高人民法院研究室关于带领被害方抓捕同案犯能否认定为有立功表现的复函》(法研〔2010〕2号)系针对最高人民检察院法律政策研究室征求意见函所涉对带领被害方抓捕同案犯并扭送司法机关的行为能否认定为立功表现问题提出意见,《最高人民法院研究室关于侵犯公民个人信息罪有关法律适用问题征求意见的复函》(法研〔2018〕11号)系针对《最高人民检察院法律政策研究室关于侵犯公民个人信息罪有关法律适用问题的征求意见函》(高检研函字〔2018〕1号)所涉《刑法》第二百五十三条之一规定的"公民个人信息"是否包括外国公民和其他无国籍人的个人信息问题提出意见,《最高人民法院研究室关于刑法第三百四十一条第一款犯罪对象问题征求意见的复函》(法研〔2021〕16号)系针对《最高人民检察院法律政策研究室关于非法收购、运输、出售珍贵、濒危野生动物罪犯罪对象研究意见的征求意见函》(高检研函字〔2021〕2号)所涉《刑法》第三百四十一条第一款规定的"野生动物"与"野生动物制品"界分问题提出意见。而"两高"与公安部的内设部门之间征求意见形成的复函也可以见到。例如,《最高人民法院研究室关于对外国残损、变形硬币进行加工修复是否属于"变造货币"征求意见的复函》(法研〔2012〕57号)系针对《公安部办公厅关于对外国残损、变形硬币进行加工修复是否属于"变造货币"征求意见的函》(公经〔2012〕131号)所涉对从废旧金属、洋垃圾中分拣的外国残损、变形硬币进行加工修复行为定性问题提出意见,《最高人民法院研究室关于如何认定以"挂靠"有关公司名义实施经营活动并让有关公司为自己虚开增

---

① 根据《最高人民法院关于法律适用问题请示答复的规定》(法〔2023〕88号)的规定,自2023年9月1日起,最高人民法院作出的法律适用问题请示的答复统一采用"答复"形式,且应当以院而非内设部门的名义作出。

值税专用发票行为的性质征求意见的复函》(法研〔2015〕58号)系针对《公安部经济犯罪侦查局关于如何认定以"挂靠"有关公司名义实施经营活动并让有关公司为自己虚开增值税专用发票行为的性质的函》(公经财税〔2015〕40号)所涉虚开增值税专用发票罪的适用问题提出意见,《最高人民法院研究室关于对计算机技术与软件专业技术资格(水平)考试是否属于"法律规定的国家考试"征求意见的复函》(法研〔2019〕140号)系针对《公安部十一局关于商请对有关考试性质予以认定的函》(公网安〔2019〕2173号)所涉计算机技术与软件专业技术资格(水平)考试是否属于"法律规定的国家考试"的问题提出意见。

与司法解释、规范性文件不同,法律适用答复、复函没有普遍适用的规范效力,但其毕竟代表了最高司法机关及其内设部门的观点立场,故实际往往为司法实务处理类似案件提供重要借鉴参考。①

(十)刑参案例规则提炼

《刑事审判参考》系最高人民法院五个刑事审判庭共同主办的业务指导和研究性连续出版物,自1999年创办,历经二十余载,至今已出版130集,是全国影响力最大的刑事办案指导刊物。"指导案例"无疑是《刑事审判参考》最具特色和影响的栏目,选择在事实认定、采信证据、适用法律和裁量刑罚等方面具有研究价值的典型案例,详细阐明裁判理由,为刑事司法工作人员处理类似案件提供具体的指导和参考。1999年创刊之时,最高人民法院刑事审判第一庭指出:"本书汇编案例中的'裁判理由'……代表了最高人民法院刑事审判第一庭对这些问题的基本观点。本书案例中的'裁判理由'部分同立法机关与司法机关参与立法、司法解释起草同志撰写的法律与司法解释理解适用文章一样,是本书的精华所在,具有很强的司法指导作用和较高的学术研究价值。"② 2001年《刑事审判参考》成为最高人民法院刑事审判第一庭、第二庭主办的业务研究和指导刊物,最高人民法院刑事审判第一庭、第二庭指出:"'裁判理由'……代表了最

---

① 《最高人民法院关于法律适用问题请示答复的规定》(法〔2023〕88号)第十五条规定:"对最高人民法院的答复,提出请示的人民法院应当执行,但不得作为裁判依据援引。"《人民检察院案件请示办理工作规定(试行)》(高检发〔2015〕17号)第二十条亦规定:"对上级人民检察院的答复意见,下级人民检察院应当执行,并在执行完毕后十日以内将执行情况报送上级人民检察院。""下级人民检察院因特殊原因对答复意见不能执行的,应当书面说明有关情况和理由,经本院检察长批准后报送上级人民检察院。"

② 最高人民法院刑事审判第一庭"发刊词",载《刑事审判参考》(合订本·第1卷),法律出版社2000年版。

高人民法院刑事审判庭对这些问题的基本观点,是本书的精华所在。"① 可以说,"《刑事审判参考》的指导案例虽然没有强制性效力,但也具有较强的参考价值,且早在1999年就开始先行先试,至今已累计多达一千余个,量大面广,远超指导性刑事案例"②。据统计,《刑事审判参考》刊载的案例有八成以上系实体法案例。《实务刑法评注》专设"刑参案例规则提炼"栏目,对涉及刑法适用问题的刑参案例(为与"指导性案例"区别开,未使用"指导案例"的称谓)规则予以提炼和编纂。

成文法的局限性,使得司法适用释法、进而创设规则成为必然。在德国,评注高度关注法院判决,历经从最初对较高审级法院判决的摘录堆砌到现今关注最高法院判决所确认的结论。在我国,立法解释、司法解释、规范性文件等规范层面对刑法条文的解释明显供给不足,案例实际上在确立规则,并与司法解释、规范性文件等规范性规则相融合。基于此,针对涉及刑法适用问题的案例提炼规则,发挥司法案例对实践办案的指导作用,是编著《实务刑法评注》的重要考虑之一。据观察,《最高人民法院公报》选取案例,主要是考虑案例的影响程度而非侧重法律适用规则的视角。经综合考量,本栏目主要围绕刑参案例展开。此外,个别典型案例具有确立规则价值的,亦予以收录。例如,"湖北某某环境工程有限公司、李某明逃税案"系人民法院充分发挥审判职能作用保护产权和企业家合法权益典型案例(第三批),但其澄清了关于《刑法》第二百零一条第四款规定的行政处置程序的性质争议,即司法实务中应将其理解为必经程序而非选择性程序,故虽无法将其纳入本栏目,但仍将其作为典型案例予以收录。

笔者投入大量精力,完成对一千余个刑参案例的规则提炼与梳理。具体而言:

其一,随着经济社会快速发展,刑法多次修正,新的司法解释、规范性文件层出不穷,部分刑参案例规则已不适时宜。例如,《周娟等非法获取公民个人信息案——非法获取大量公民个人信息的行为,如何定罪量刑》(第719号案例)所涉案件发生在《刑法修正案(九)》之前,在《刑法修正案(九)》对法定刑作出调整,加之《最高人民法院、最高人民检察院关于办理侵犯公民个人信息刑事案件

---

① 最高人民法院刑事审判第一庭、第二庭"编辑说明",载《刑事审判参考》(第3卷·上),法律出版社2002年版。
② 裴显鼎:《再接再厉 更上层楼 努力将〈刑事审判参考〉办成刑事法律人公认的优秀交流平台》,载最高人民法院刑事审判第一、二、三、四、五庭编:《刑事审判参考(总第125辑)》,人民法院出版社2020年版,第5页。

适用法律若干问题的解释》(法释〔2017〕10号)对定罪量刑标准作出明确后,所涉规则不再具有参考价值,故未予提炼。

其二,有些刑参案例所涉规则之间存在冲突,如《姚某贩卖毒品案——不满十八周岁的人因毒品犯罪被判处五年有期徒刑以下刑罚,其再次实施毒品犯罪的,是否能够认定为毒品再犯》(第1034号案例)提出:"我国的未成年人犯罪记录封存制度,其功能已经相当于前科消灭制度。""不满十八周岁的人因毒品犯罪被判处五年有期徒刑以下刑罚,其再次实施毒品犯罪的,不能认定为毒品再犯而予以从重处罚。"而《李光耀等贩卖、运输毒品案——被告人未满十八周岁时曾因毒品犯罪被判刑,在〈刑法修正案(八)〉实施后是否构成毒品再犯》(第839号案例)提出"被告人未满十八周岁时曾因毒品犯罪被判刑,在《刑法修正案(八)》实施后"可以构成毒品再犯。两相比较发现二者之间矛盾,这就要求必须有所取舍(不能当然按照"新案例优于旧案例"的规则简单处理)。经认真研究,笔者倾向于后者,故对第1034号案例所涉规则未予提炼。又如,《赵双江故意杀人、赵文齐交通肇事案——车辆所有人在交通肇事后将被害人隐藏致使被害人无法得到救助而死亡的,如何定性》(第1169号案例)提出"由于被害人……的死亡主要是由于交通肇事所致……即使得到及时救助,也基本没有被救活的可能性",故行为人藏匿被害人的行为并不必然造成被害人死亡结果的发生,"只是实施了法律拟制的'故意杀人'行为,但依法仍应构成故意杀人罪……在量刑上酌予考虑",与《倪庆国交通肇事案——如何准确把握"交通肇事后将被害人带离事故现场后遗弃,致使被害人无法得到救助而死亡"的情形》(第220号案例)提出的"以故意杀人罪或者故意伤害罪追究刑事责任的交通肇事案件"应当符合"被害人最终死亡或者造成严重残疾,且该结果系因被隐藏或者遗弃而无法得到救助所致"不一致,即在因果关系的要求方面不一致,而从《最高人民法院关于审理交通肇事刑事案件具体应用法律若干问题的解释》(法释〔2000〕33号)第六条"致使被害人无法得到救助而死亡或者严重残疾"的规定来看,笔者认为刑参第220号案例的规则更为妥当,故对第1169号案例所涉规则未予提炼。

其三,还有少数案例所涉规则与笔者所持立场不一致,对所涉规则亦未予提炼。鉴于此种情形主要系笔者的个人判断,为不致误导实务工作者,会将其所涉规则尽量列明,以供判断鉴别。

梳理完一千余个刑参案例规则只是基础,如果只是简单列明筛选完的案例规则,实际意义仍然有限。笔者十几年前就编著过相关出版物,当然当时的刑参案例数量有限;而且,当下也有不少著述和工具书做过这方面的工作。就实务工作者而言，对单个的规则"合并同类项"后，将零散的规则串接起来，实现刑参案例规则的体系化，才能真正做到方便适用。例如，刑参案例涉及入户抢劫的认定规则的超过十个，经过进一步梳理发现集中于五个具体问题：(1)"入户"的认定；(2)"户"的判断；(3)"户外"开启暴力但"户内"取财的定性；(4)"入户"抢劫的共犯处理；(5)子女进入父母"户内"抢劫的处理。可见，完全可以对所涉案例规则进行拼接，形成关于"入户抢劫"的完整规则，以最大限度发挥好刑参案例规则的价值。基于此，本栏目重在对刑参案例规则进行"深加工"，对所提炼的规则以刑法条文为纲、以所涉问题为目，进行编纂，形成笔者自认为最具特色的栏目。

需要提及的是，由于刑参案例数量过于庞大，这一编纂只是初步的，欢迎读者指出其中的不足和瑕疵，以供未来改进。基于忠实于原文的考虑，所提取的相关规则基本采用直接引语(个别地方作了省略处理)；而且，所有规则涉及的刑参案例均注明编号，方便读者进一步查询详情。①

(十一) 司法疑难解析

对现有规范层面的规则和非规范层面的规则未予涉及的刑法疑难问题进行探讨，亦是编著《实务刑法评注》的重要动因。如前所述，司法实务之中疑难问题的呈现重复度较高，后来案件的处理需要借鉴此前的司法经验。例如，办理侵犯公民个人信息案件，所涉及的疑难问题通常离不开涉公民个人公开信息案件的处理、敏感信息的认定、信息条数的计算等问题。基于此，《实务刑法评注》专设"司法疑难解析"栏目，对部分刑法疑难问题展开探讨，提出"一家之言"。需要说明的是，本栏目所涉问题并非写作过程之中"拍脑袋"而来，而是基本有实务来源，但对其出处作了适当技术处理。此外，《实务刑法评注》不少地方出现"本评注认为""本评注倾向""本评注注"之类的表述，也主要是围绕司法疑难问题加以探讨，亦属同一范畴。

需要强调的是，与前述栏目不同，相关观点只是"一孔之见"，不具有任何效力，不能作为办案的依据，是否作为参考，听凭读者。所涉问题并无定论，抛出问题既是为实务提供参考，更是呼唤学术研究的实务导向，期盼广大理论工作者把论文写到广袤的刑事司法实务之中。

---

① 此外，《实务刑法评注》对职务犯罪案件审理的业务指导和研究连续出版物——《职务犯罪审判指导》加以梳理，系统收录"法律适用分析""法官会议纪要""实务释疑"等栏目所涉内容，在"刑参案例规则提炼"中以脚注形式、"司法疑难解析"中以问题解析形式加以呈现。

《实务刑法评注》通过对刑法条文的规范注解和案例规则编撰,希望成为一部可以带进看守所、带到讨论室、带上法庭,用于刑事办案全过程的"刑法规则集成"。当然,若《实务刑法评注》亦能为刑事理论工作者和广大法科学生所认可,用于规范查询与研习参考,则笔者更感欣慰。这是一部"未完待续"的工具书,会定期修补、不断更新。真诚期待读者同仁在使用过程中就《实务刑法评注》的修订改进提出宝贵意见,具体建议可以通过编辑出版团队负责运维的微信公众号"实务刑事法评注"反馈。

中华人民共和国刑法①

（1979年7月1日第五届全国人民代表大会第二次会议通过 1997年3月14日第八届全国人民代表大会第五次会议修订 根据1998年12月29日第九届全国人民代表大会常务委员会第六次会议通过的《全国人民代表大会常务委员会关于惩治骗购外汇、逃汇和非法买卖外汇犯罪的决定》、1999年12月25日第九届全国人民代表大会常务委员会第十三次会议通过的《中华人民共和国刑法修正案》、2001年8月31日第九届全国人民代表大会常务委员会第二十三次会议通过的《中华人民共和国刑法修正案（二）》、2001年12月29日第九届全国人民代表大会常务委员会第二十五次会议通过的《中华人民共和国刑法修正案（三）》、2002年12月28日第九届全国人民代表大会常务委员会第三十一次会议通过的《中华人民共和国刑法修正案（四）》、2005年2月28日第十届全国人民代表大会常务委员会第十四次会议通过的《中华人民共和国刑法修正案（五）》、2006年6月29日第十届全国人民代表大会常务委员会第二十二次会议通过的《中华人民共和国刑法修正案（六）》、2009年2月28日第十一届全国人民代表大会常务委员会第七次会议通过的《中华人民共和国刑法修正案（七）》、2009年8月27日第十一届全国人民代表大会常务委员会第十次会议通过的《全国人民代表大会常务委员会关于修改部分法律的决定》、2011年2月25日第十一届全国人民代表大会常务委员会第十九次会议通过的《中华人民共和国

---

① 在《刑法修正案（十一）》制定过程中，全国人民代表大会宪法和法律委员会建议，在《刑法修正案（十一）》通过后，"由法制工作委员会根据全国人大常委会通过的刑法修正案、刑法修改的决定等，对刑法作相应的修正，并编辑公布1997年修订的刑法原文、全国人大常委会有关刑法修改的决定、历次刑法修正案和修正后的刑法文本，并在常务委员会公报上刊登。"参见《全国人民代表大会宪法和法律委员会关于〈中华人民共和国刑法修正案（十一）（草案）〉审议结果的报告》，载中国人大网，http：//www.npc.gov.cn，2021年4月15日访问。本评注收录的《中华人民共和国刑法》条文，以《中华人民共和国全国人民代表大会常务委员会公报》2021年特刊收录的《中华人民共和国刑法》（2020年修正文本）为基础，并结合此后公报收录的修正案作出调整。

刑法修正案(八)》、2015年8月29日第十二届全国人民代表大会常务委员会第十六次会议通过的《中华人民共和国刑法修正案(九)》、2017年11月4日第十二届全国人民代表大会常务委员会第三十次会议通过的《中华人民共和国刑法修正案(十)》、2020年12月26日第十三届全国人民代表大会常务委员会第二十四次会议通过的《中华人民共和国刑法修正案(十一)》修正)和2023年12月29日第十四届全国人民代表大会常务委员会第七次会议通过的《中华人民共和国刑法修正案(十二)》修正①

目 录

第一编　总则

　第一章　刑法的任务、基本原则和适用范围

　第二章　犯罪

　　第一节　犯罪和刑事责任

　　第二节　犯罪的预备、未遂和中止

　　第三节　共同犯罪

　　第四节　单位犯罪

　第三章　刑罚

　　第一节　刑罚的种类

　　第二节　管制

　　第三节　拘役

　　第四节　有期徒刑、无期徒刑

　　第五节　死刑

　　第六节　罚金

　　第七节　剥夺政治权利

　　第八节　没收财产

　第四章　刑罚的具体运用

　　第一节　量刑

---

① 刑法、历次刑法修正案、涉及修改刑法的决定的施行日期,分别依照各法律所规定的施行日期确定。

第二节　累犯
　　第三节　自首和立功
　　第四节　数罪并罚
　　第五节　缓刑
　　第六节　减刑
　　第七节　假释
　　第八节　时效

　第五章　其他规定

第二编　分则

　第一章　危害国家安全罪

　第二章　危害公共安全罪

　第三章　破坏社会主义市场经济秩序罪
　　第一节　生产、销售伪劣商品罪
　　第二节　走私罪
　　第三节　妨害对公司、企业的管理秩序罪
　　第四节　破坏金融管理秩序罪
　　第五节　金融诈骗罪
　　第六节　危害税收征管罪
　　第七节　侵犯知识产权罪
　　第八节　扰乱市场秩序罪

　第四章　侵犯公民人身权利、民主权利罪

　第五章　侵犯财产罪

　第六章　妨害社会管理秩序罪
　　第一节　扰乱公共秩序罪
　　第二节　妨害司法罪
　　第三节　妨害国（边）境管理罪
　　第四节　妨害文物管理罪
　　第五节　危害公共卫生罪
　　第六节　破坏环境资源保护罪
　　第七节　走私、贩卖、运输、制造毒品罪

　　　　第八节　组织、强迫、引诱、容留、介绍卖淫罪
　　　　第九节　制作、贩卖、传播淫秽物品罪
　　第七章　危害国防利益罪
　　第八章　贪污贿赂罪
　　第九章　渎职罪
　　第十章　军人违反职责罪
附　则

■ 司法解释

《最高人民法院关于在裁判文书中如何表述修正前后刑法条文的批复》(法释〔2012〕7号,自2012年6月1日起施行)
各省、自治区、直辖市高级人民法院,解放军军事法院,新疆维吾尔自治区高级人民法院生产建设兵团分院:
　　近来,一些法院就在裁判文书中引用修正前后刑法条文如何具体表述问题请示我院。经研究,批复如下:
　　一①、根据案件情况,裁判文书引用1997年3月14日第八届全国人民代表大会第五次会议修订的刑法条文,应当根据具体情况分别表述:
　　(一)②有关刑法条文在修订的刑法施行后未经修正,或者经过修正,但引用的是现行有效条文,表述为"《中华人民共和国刑法》第××条"。
　　(二)③有关刑法条文经过修正,引用修正前的条文,表述为"1997年修订的

---

① **本评注认为**,对于刑法同一条文规定有数款,在1997年10月1日后只对部分条款作了修正,根据案件情况需要引用未经修正条款的,亦宜把握为整个条文作了修正的情形,按照本司法解释的规定作相应表述。
② 例如,《刑法》第二百六十三条(抢劫罪)在1997年10月1日后未经修正,故引用该条文的,应当表述为"《中华人民共和国刑法》第二百六十三条";又如,《刑法》第二百六十四条(盗窃罪)经《刑法修正案(八)》修正,如根据案件情况和从旧兼从轻原则,对被告人应适用修正后即现行有效刑法条文的,也应表述为"《中华人民共和国刑法》第二百六十四条"。——本评注注
③ 例如,《刑法》第六十五条(一般累犯)曾经《刑法修正案(八)》修正,如根据案件情况和从旧兼从轻原则,对被告人应适用修正前刑法条文的,则应表述为"1997年修订的《中华人民共和国刑法》第六十五条"。——本评注注

《中华人民共和国刑法》第××条"。

（三）①有关刑法条文经两次以上修正，引用经修正、且为最后一次修正前的条文，表述为"经××××年《中华人民共和国刑法修正案（×）》修正的《中华人民共和国刑法》第××条"。

二、根据案件情况，裁判文书引用 1997 年 3 月 14 日第八届全国人民代表大会第五次会议修订前的刑法条文，应当表述为"1979 年《中华人民共和国刑法》第××条"。

三、根据案件情况，裁判文书引用有关单行刑法条文，应当直接引用相应该条例、补充规定或者决定的具体条款。

四、《最高人民法院关于在裁判文书中如何引用修订前、后刑法名称的通知》（法〔1997〕192 号）、《最高人民法院关于在裁判文书中如何引用刑法修正案的批复》（法释〔2007〕7 号）不再适用。

---

① 例如，《刑法》第二百二十五条（非法经营罪）曾经《刑法修正案》《刑法修正案（七）》两次修正，如根据案件情况和从旧兼从轻原则，对被告人应适用经《刑法修正案》修正后的《刑法》第二百二十五条的，则应表述为"经 1999 年《中华人民共和国刑法修正案》修正的《中华人民共和国刑法》第二百二十五条"。——**本评注注**

中华人民共和国商标法 5

【中华人民共和国国旗法】参见×条。

(三)同中央国家机关名称或者标志相同或者近似的,引用条例之一,且为正而规定,本文未述及。该×××条《中华人民共和国商标法(×)》第五条(六)规定,中国共产党、"中×××条"。

二、"国庆"名称为,湖南大明肥皂厂1952年3月14日被收归国人民政府工商行政管理局批准注册。到了1979年才《中华人民共和国商标法》第×条。

三、从法律渊源看,涉及"国庆"名称的法律渊源,应当注意到《中国人民政治协商会议共同纲领》。

四、(一)从内容看,主要从人大常务员会列出,面在一定程度上是在对《中华人民共和国宪法》[1997]109号《(海商人民政府关于在案卷之术和宣传时使用国歌、国旗的工作的通知)》[2007]1号等有关规定。

———

[1] 例如《商标法》(二)条,依据、法规、规范、权利保护的国际公约如是;例如《著作权法》、专利法、《非物质文化遗产法》如此的法律法规,有的人为人民大会堂出版基地,有《中华人民共和国香港特别行政区法》等。有关著作权。又、例如,国务院颁布的、1998年办行的《中华人民共和国专利的实施细则》(全国)都是《中华人民共和国商标法》第三条,见下文1.2。——本书作者

第一编 总则

第一章
刑法的任务、基本原则和适用范围

第一条　【立法宗旨】为了惩罚犯罪,保护人民,根据宪法,结合我国同犯罪作斗争的具体经验及实际情况,制定本法。

 立法沿革

本条系 1997 年《刑法》吸收修改 1979 年《刑法》作出的规定。1979 年《刑法》第一条规定:"中华人民共和国刑法,以马克思列宁主义毛泽东思想为指针,以宪法为根据,依照惩办与宽大相结合的政策,结合我国各族人民实行无产阶级领导的、工农联盟为基础的人民民主专政即无产阶级专政和进行社会主义革命、社会主义建设的具体经验及实际情况制定。"

第二条　【刑法的任务】中华人民共和国刑法的任务,是用刑罚同一切犯罪行为作斗争,以保卫国家安全,保卫人民民主专政的政权和社会主义制度,保护国有财产和劳动群众集体所有的财产,保护公民私人所有的财产,保护公民的人身权利、民主权利和其他权利,维护社会秩序、经济秩序,保障社会主义建设事业的顺利进行。

 立法沿革

本条系 1997 年《刑法》吸收修改 1979 年《刑法》作出的规定。1979 年《刑法》第二条规定:"中华人民共和国刑法的任务,是用刑罚同一切反革命和其他刑事犯罪行为作斗争,以保卫无产阶级专政制度,保护社会主义的全民所有的财产和劳动群众集体所有的财产,保护公民私人所有的合法财产,保护公民的人身权利、民主权利和其他权利,维护社会秩序、生产秩序、工作秩序、教学科研秩序和人民群众生活秩序,保障社会主义革命和社会主义建设事业的顺利进行。"

第三条 【罪刑法定原则】法律明文规定为犯罪行为的,依照法律定罪处刑;法律没有明文规定为犯罪行为的,不得定罪处刑。

立法沿革

本条系1997年《刑法》增设的规定。1979年《刑法》基本是按照罪刑法定原则制定的,但由于分则规定的犯罪较少(只有103条),不得已规定了类推制度,即在第七十九条规定:"本法分则没有明文规定的犯罪,可以比照本法分则最相类似的条文定罪判刑,但是应当报请最高人民法院核准。"1997年《刑法》总结同犯罪作斗争的经验,将分则条文增至350条。在此基础上,1997年《刑法》取消了类推制度,在本条明确规定罪刑法定原则。

第四条 【适用刑法人人平等原则】对任何人犯罪,在适用法律上一律平等。不允许任何人有超越法律的特权。

立法沿革

本条系1997年《刑法》增设的规定。1979年《刑法》未明确规定适用刑法人人平等原则,但体现了这一精神。

第五条 【罪责刑相适应原则】刑罚的轻重,应当与犯罪分子所犯罪行和承担的刑事责任相适应。

立法沿革

本条系1997年《刑法》增设的规定。1979年《刑法》未明确规定罪责刑相适应原则,但体现了这一精神。

第六条 【属地管辖权】凡在中华人民共和国领域内犯罪的,除法律有特别规定的以外,都适用本法。

凡在中华人民共和国船舶或者航空器内犯罪的,也适用本法。

犯罪的行为或者结果有一项发生在中华人民共和国领域内的,就认为是在中华人民共和国领域内犯罪。

◆ 立法沿革

本条系1997年《刑法》吸收修改1979年《刑法》第三条作出的规定,仅对表述作了微调,将"飞机"修改为"航空器"。

◆ 司法解释

《最高人民法院关于审理拐卖妇女案件适用法律有关问题的解释》(法释〔2000〕1号)第二条规定外国人或者无国籍人拐卖外国妇女到我国境内被查获的案件适用我国刑法。(→参见第二百四十条评注部分,第1138页)

《最高人民法院关于人民法院办理接收在台湾地区服刑的大陆居民回大陆服刑案件的规定》(法释〔2016〕11号,自2016年5月1日起施行)

为落实《海峡两岸共同打击犯罪及司法互助协议》,保障接收在台湾地区服刑的大陆居民回大陆服刑工作顺利进行,根据《中华人民共和国刑法》《中华人民共和国刑事诉讼法》等有关法律,制定本规定。

第一条　人民法院办理接收在台湾地区服刑的大陆居民(以下简称被判刑人)回大陆服刑案件(以下简称接收被判刑人案件),应当遵循一个中国原则,遵守国家法律的基本原则,秉持人道和互惠原则,不得违反社会公共利益。

第二条　接收被判刑人案件由最高人民法院指定的中级人民法院管辖。

第三条　申请机关向人民法院申请接收被判刑人回大陆服刑,应当同时提交以下材料:

(一)申请机关制作的接收被判刑人申请书,其中应当载明:

1.台湾地区法院认定的被判刑人实施的犯罪行为及判决依据的具体条文内容;

2.该行为在大陆依据刑法也构成犯罪、相应的刑法条文、罪名及该行为未进入大陆刑事诉讼程序的说明;

3.建议转换的具体刑罚;

4.其他需要说明的事项。

(二)被判刑人系大陆居民的身份证明;

(三)台湾地区法院对被判刑人定罪处刑的裁判文书、生效证明和执行文书;

(四)被判刑人或其法定代理人申请或者同意回大陆服刑的书面意见,且法定代理人与被判刑人的意思表示一致;

(五)被判刑人或其法定代理人所作的关于被判刑人在台湾地区接受公正审判的权利已获得保障的书面声明;

（六）两岸有关业务主管部门均同意被判刑人回大陆服刑的书面意见；

（七）台湾地区业务主管部门出具的有关刑罚执行情况的说明，包括被判刑人交付执行前的羁押期、已服刑期、剩余刑期，被判刑人服刑期间的表现、退赃退赔情况，被判刑人的健康状况、疾病与治疗情况；

（八）根据案件具体情况需要提交的其他材料。

申请机关提交材料齐全的，人民法院应当在七日内立案。提交材料不全的，应当通知申请机关在十五日内补送，至迟不能超过两个月；逾期未补送的，不予立案，并于七日内书面告知申请机关。

第四条 人民法院应当组成合议庭审理接收被判刑人案件。

第五条 人民法院应当在立案后一个月内就是否准予接收被判刑人作出裁定，情况复杂、特殊的，可以延长一个月。

人民法院裁定准予接收的，应当依据台湾地区法院判决认定的事实并参考其所定罪名，根据刑法就相同或者最相似犯罪行为规定的法定刑，按照下列原则对台湾地区法院确定的无期徒刑或者有期徒刑予以转换：

（一）原判处刑罚未超过刑法规定的最高刑，包括原判处刑罚低于刑法规定的最低刑的，以原判处刑罚作为转换后的刑罚；

（二）原判处刑罚超过刑法规定的最高刑的，以刑法规定的最高刑作为转换后的刑罚；

（三）转换后的刑罚不附加适用剥夺政治权利。

前款所称的最高刑，如台湾地区法院认定的事实依据刑法应当认定为一个犯罪的，是指刑法对该犯罪规定的最高刑；应当认定为多个犯罪的，是指刑法对数罪并罚规定的最高刑。

对人民法院立案前，台湾地区有关业务主管部门对被判刑人在服刑期间作出的减轻刑罚决定，人民法院应当一并予以转换，并就最终应当执行的刑罚作出裁定。

第六条 被判刑人被接收回大陆服刑前被实际羁押的期间，应当以一日折抵转换后的刑期一日。

第七条 被判刑人被接收回大陆前已在台湾地区被假释或保外就医的，或者被判刑人或其法定代理人在申请或者同意回大陆服刑的书面意见中同时申请暂予监外执行的，人民法院应当根据刑法、刑事诉讼法的规定一并审查，并作出是否假释或者暂予监外执行的决定。

第八条 人民法院作出裁定后，应当在七日内送达申请机关。裁定一经送达，立即生效。

第九条 被判刑人回大陆服刑后，有关减刑、假释、暂予监外执行、赦免等事项,适用刑法、刑事诉讼法及相关司法解释的规定。

第十条 被判刑人回大陆服刑后,对其在台湾地区已被判处刑罚的行为,人民法院不再审理。

第十一条 本规定自2016年5月1日起施行。

《最高人民法院关于审理发生在我国管辖海域相关案件若干问题的规定(一)》(法释〔2016〕16号,自2016年8月2日起施行,节录)

第一条 本规定所称我国管辖海域,是指中华人民共和国内水、领海、毗连区、专属经济区、大陆架,以及中华人民共和国管辖的其他海域。

第二条 中国公民或组织在我国与有关国家缔结的协定确定的共同管理的渔区或公海从事捕捞等作业的,适用本规定。

第三条 中国公民或者外国人在我国管辖海域实施非法猎捕、杀害珍贵濒危野生动物或者非法捕捞水产品等犯罪的,依照我国刑法追究刑事责任。

《最高人民法院关于审理发生在我国管辖海域相关案件若干问题的规定(二)》(法释〔2016〕17号,自2016年8月2日起施行,节录)

第三条 违反我国国(边)境管理法规,非法进入我国领海,具有下列情形之一的,应当认定为刑法第三百二十二条规定的"情节严重":

(一)经驱赶拒不离开的;

(二)被驱离后又非法进入我国领海的;

(三)因非法进入我国领海被行政处罚或者被刑事处罚后,一年内又非法进入我国领海的;

(四)非法进入我国领海从事捕捞水产品等活动,尚不构成非法捕捞水产品等犯罪的;

(五)其他情节严重的情形。

第四条 违反保护水产资源法规,在海洋水域,在禁渔区、禁渔期或者使用禁用的工具、方法捕捞水产品,具有下列情形之一的,应当认定为刑法第三百四十条规定的"情节严重":

(一)非法捕捞水产品一万公斤以上或者价值十万元以上的;

(二)非法捕捞有重要经济价值的水生动物苗种、怀卵亲体二千公斤以上或者价值二万元以上的;

(三)在水产种质资源保护区内捕捞水产品二千公斤以上或者价值二万元以上的;

(四)在禁渔区内使用禁用的工具或者方法捕捞的;

(五)在禁渔期内使用禁用的工具或者方法捕捞的;
(六)在公海使用禁用渔具从事捕捞作业,造成严重影响的;
(七)其他情节严重的情形。

第五条 非法采捕珊瑚、砗磲或者其他珍贵、濒危水生野生动物,具有下列情形之一的,应当认定为刑法第三百四十一条第一款规定的"情节严重":
(一)价值在五十万元以上的;
(二)非法获利二十万元以上的;
(三)造成海域生态环境严重破坏的;
(四)造成严重国际影响的;
(五)其他情节严重的情形。

实施前款规定的行为,具有下列情形之一的,应当认定为刑法第三百四十一条第一款规定的"情节特别严重":
(一)价值或者非法获利达到本条第一款规定标准五倍以上的;
(二)价值或者非法获利达到本条第一款规定的标准,造成海域生态环境严重破坏的;
(三)造成海域生态环境特别严重破坏的;
(四)造成特别严重国际影响的;
(五)其他情节特别严重的情形。

第六条 非法收购、运输、出售珊瑚、砗磲或者其他珍贵、濒危水生野生动物及其制品,具有下列情形之一的,应当认定为刑法第三百四十一条第一款规定的"情节严重":
(一)价值在五十万元以上的;
(二)非法获利在二十万元以上的;
(三)具有其他严重情节的。

非法收购、运输、出售珊瑚、砗磲或者其他珍贵、濒危水生野生动物及其制品,具有下列情形之一的,应当认定为刑法第三百四十一条第一款规定的"情节特别严重":
(一)价值在二百五十万元以上的;
(二)非法获利在一百万元以上的;
(三)具有其他特别严重情节的。

第七条 对案件涉及的珍贵、濒危水生野生动物的种属难以确定的,由司法鉴定机构出具鉴定意见,或者由国务院渔业行政主管部门指定的机构出具报告。

珍贵、濒危水生野生动物或者其制品的价值,依照国务院渔业行政主管部门的规定核定。核定价值低于实际交易价格的,以实际交易价格认定。

本解释所称珊瑚、砗磲,是指列入《国家重点保护野生动物名录》中国家一、二级保护的,以及列入《濒危野生动植物种国际贸易公约》附录一、附录二中的珊瑚、砗磲的所有种,包括活体和死体。

第八条 实施破坏海洋资源犯罪行为,同时构成非法捕捞罪、非法猎捕、杀害珍贵、濒危野生动物罪、组织他人偷越国(边)境罪、偷越国(边)境罪等犯罪的,依照处罚较重的规定定罪处罚。

有破坏海洋资源犯罪行为,又实施走私、妨害公务等犯罪的,依照数罪并罚的规定处理。

《最高人民法院关于适用〈中华人民共和国刑事诉讼法〉的解释》(法释〔2021〕1号,自2021年3月1日起施行,节录)

第二条 犯罪地包括犯罪行为地和犯罪结果地。

针对或者主要利用计算机网络实施的犯罪,犯罪地包括用于实施犯罪行为的网络服务使用的服务器所在地,网络服务提供者所在地,被侵害的信息网络系统及其管理者所在地,犯罪过程中被告人、被害人使用的信息网络系统所在地,以及被害人被侵害时所在地和被害人财产遭受损失地等。

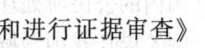

刑参案例规则提炼

《邵春天制造毒品案——跨国犯罪案件如何确定管辖权和进行证据审查》(第640号案例)所涉规则提炼如下:

1. **属地管辖的理解与适用规则。**"'犯罪的行为或者结果有一项发生在中华人民共和国领域内的,就认为是在中华人民共和国领域内犯罪'。""'犯罪的行为'可以是犯罪行为一部分,也可以是全部,而且犯罪行为并不以实行行为为限,可以包括犯罪的预备、教唆、帮助等行为。同理,'犯罪的结果'也不以犯罪的全部结果为限,有部分结果即可,而且犯罪结果也不限于犯罪行为实际造成的危害结果。"(第640号案例)

2. **刑事管辖权冲突的处理规则。**"妥善解决刑事管辖权冲突,是为了有效惩治、防范跨国犯罪,顺利进行司法协助,避免造成国家间争端。在遵循属地、属人等相关原则的基础上,解决管辖权冲突还应当考虑方便诉讼原则,即以有利于证据的收集、犯罪的侦查以及惩治、改造犯罪分子为原则。同时,案件的优先受理、犯罪嫌疑人的实际控制等特定事实对确定管辖权也起到一定作用。同时,当两国或多国对同一案件都主张管辖权或放弃管辖权时,应当通过平等协商来解决,这应是国际公约确定的首选解决方式。"(第640号案例)

第七条 【属人管辖权】中华人民共和国公民在中华人民共和国领域外犯本法规定之罪的,适用本法,但是按本法规定的最高刑为三年以下有期徒刑的,可以不予追究。

中华人民共和国国家工作人员和军人在中华人民共和国领域外犯本法规定之罪的,适用本法。

立法沿革

本条系1997年《刑法》吸收修改1979年《刑法》作出的规定。1979年《刑法》第四条规定:"中华人民共和国公民在中华人民共和国领域外犯下列各罪的,适用本法:(一)反革命罪;(二)伪造国家货币罪(第一百二十二条),伪造有价证券罪(第一百二十三条);(三)贪污罪(第一百五十五条),受贿罪(第一百八十五条),泄露国家机密罪(第一百八十六条);(四)冒充国家工作人员招摇撞骗罪(第一百六十六条),伪造公文、证件、印章罪(第一百六十七条)。"第五条规定:"中华人民共和国公民在中华人民共和国领域外犯前条以外的罪,而按本法规定的最低刑为三年以上有期徒刑的,也适用本法;但是按照犯罪地的法律不受处罚的除外。"1979年《刑法》之所以将我国公民在我国领域外犯罪适用我国刑法限制在特定罪名,主要是考虑到当时在领域外的我国公民主要是华侨,他们同国内的公民所处环境不同,对国家的法律了解有限。1997年《刑法》制定时,我国公民在我国领域外的人数有了大幅增长,因公因私出国情况增多,在领域外犯罪也时有发生。基于此,1997年《刑法》调整了我国公民在我国领域外犯罪适用我国刑法的范围,删去了"按照犯罪地的法律不受处罚的除外"的规定,增加规定我国国家工作人员和军人在我国领域外犯罪的应当适用我国刑法。

刑参案例规则提炼

《陈先贵聚众扰乱社会秩序案——我国公民在我国领域外犯罪如何适用我国法律追究刑事责任》(第61号案例)、《袁闵钢、包华敏骗取出境证件案——具有中国国籍同时又持有外国护照的被告人的国籍如何认定》(第69号案例)所涉规则提炼如下:

1.**国籍的审查与认定规则**。"根据国际惯例,对于自然人国籍的积极冲突(即包括双重国籍),原始国籍政府对国籍问题有优先管辖权。""……原始国籍是中国籍,因此,我国首先有权依据我国法律来确认……是否具有中国国籍或者说是否已丧失中国国籍。因此,那种认为只要持外国护照,加入外国国籍,又经外国使馆承认的,就当然应认定其具有外国国籍的看法是错误的。""我国政府不承认中国公民具有双重国籍。因此,在已依法确定被告人……具有中国国籍后,我国政府不承认……具有其他国家国籍。"(第69号案例)

2.《刑法》第七条但书规定的把握规则。"刑法第七条第一款'但书'规定:'按照本法规定的最高刑为三年以下有期徒刑的,可以不予追究'。这里的'最高刑为三年以下有期徒刑'是指条文的最高法定刑,即刑法规定的该罪名的最高刑罚为三年以下有期徒刑,而不是指对被告人实际判处的刑罚……我国法院在实际追究被告人刑事责任时,应依照刑法第六十一条的规定,根据被告人的犯罪事实、犯罪的性质、情节和对于社会的危害程度依法判处,不受必须判处被告人三年以上有期徒刑的限制。对被告人实际判处的刑罚,既可以高于三年有期徒刑,也可以低于三年有期徒刑。"(第61号案例)

第八条 【保护管辖权】外国人在中华人民共和国领域外对中华人民共和国国家或者公民犯罪,而按本法规定的最低刑为三年以上有期徒刑的,可以适用本法,但是按照犯罪地的法律不受处罚的除外。

立法沿革

本条系1997年《刑法》吸收1979年《刑法》第六条作出的规定,仅对标点作了微调。

相关规定

《中华人民共和国反恐怖主义法》(修正后自2018年4月27日起施行,节录)

第十一条 对在中华人民共和国领域外对中华人民共和国国家、公民或者机构实施的恐怖活动犯罪,或者实施的中华人民共和国缔结、参加的国际条约所规定的恐怖活动犯罪,中华人民共和国行使刑事管辖权,依法追究刑事责任。

第九条 【普遍管辖权】对于中华人民共和国缔结或者参加的国际条约所规定的罪行,中华人民共和国在所承担条约义务的范围内行使刑事管辖权的,适用本法。

立法沿革

本条系1997年《刑法》增设的规定。《全国人民代表大会常务委员会关于对中华人民共和国缔结或者参加的国际条约所规定的罪行行使刑事管辖权的决定》(自1987年6月23日起施行)规定:"对于中华人民共和国缔结或者参加的国际条约所规定的罪行,中华人民共和国在所承担条约义务的范围内,行使刑事管辖权。"1997年《刑法》吸收上述规定,在本条增设了普遍管辖权的规定。

相关规定

《中华人民共和国反恐怖主义法》(修正后自2018年4月27日起施行,节录)

第十一条 对在中华人民共和国领域外对中华人民共和国国家、公民或者机构实施的恐怖活动犯罪,或者实施的中华人民共和国缔结、参加的国际条约所规定的恐怖活动犯罪,中华人民共和国行使刑事管辖权,依法追究刑事责任。

刑参案例规则提炼

《阿丹·奈姆等抢劫案——刑事普遍管辖权的适用》(第245号案例)所涉规则提炼如下:

普遍管辖原则的适用规则。"根据普遍管辖原则,世界上每个主权国家都有权对国际犯罪实行刑事管辖。而不论这种犯罪是否在本国领域内发生,不论是否由本国公民实施,也不论是否侵害本国国家或公民的利益,只要罪犯在其领域内被发现,就可以行使刑事管辖权。"普遍管辖原则的适用有所限制,具体而言:一是"在适用主体上具有限制,即不适用于享有外交特权和刑事管辖豁免权的外交代表";二是"在适用对象上,仅限于世界各国普遍认同的国际犯罪,而不是适用于任何犯罪。所谓国际犯罪,根据有关国际条约的规定,一般包括五类:1.危害人类和平与安全的犯罪,包括侵略罪、战争罪、反人道罪、非法使用武器罪、灭绝种族罪等;2.侵犯基本人权的犯罪,包括种族隔离罪、种族歧视罪、劫持人质罪、贩卖和使用奴隶罪、国际贩卖人口罪、酷刑罪等;3.破坏国际秩序的犯罪,包括侵害应受国际保护人员罪、劫持航空器罪、危害国际民用航空安全罪、妨害国际航空罪、海盗罪、危害海上航空安全罪、危害大陆架固定平台安全罪、破坏海底电缆、管道罪、非法使用邮件罪等;4.危害公众利益的犯罪,包括毒品犯罪、非法获取和使用核材料罪、破坏环境罪等;5.危害国家利益的犯罪,包括妨害国家货币罪、毁坏、盗窃、非法转移国家珍贵文物和文化财产罪等";三是"在适用范围上具有限制……只能在有关国际条约的缔约国之间适用,而不是可以在任何国家间适用……缔约国只能在本国主权所及的范围内适用,即只能在本国主权所及的范围内对实施国际犯罪的罪犯予以刑事管辖……普遍管辖原则不赋予任何国家以凌驾于他国主权之上的权力"。"被告人……在马来西亚海域抢劫泰国油轮的行为,属于国际犯罪中的海盗行为,根据我国参加签署的《联合国海洋法公约》和《制止危及海上航行安全非法行为公约》的有关规定,以及该规定确定的普遍管辖原则,我国可对……在我国领域外的海上抢劫犯罪行为行使刑事管辖权。"(第 245 号案例)

第十条 【对外国刑事判决的消极承认】凡在中华人民共和国领域外犯罪,依照本法应当负刑事责任的,虽然经过外国审判,仍然可以依照本法追究,但是在外国已经受过刑罚处罚的,可以免除或者减轻处罚。

■ 立法沿革

本条系 1997 年《刑法》吸收修改 1979 年《刑法》第七条作出的规定,仅对表述作了微调。

第十一条 【外交特权和豁免权】享有外交特权和豁免权的外国人的刑事责任,通过外交途径解决。

■ 立法沿革

本条系 1997 年《刑法》吸收修改 1979 年《刑法》第八条作出的规定,仅对表述作了精简。

■ 相关规定

《中华人民共和国外交特权与豁免条例》(自 1986 年 9 月 5 日起施行,节录)
第四条 使馆馆舍不受侵犯。中国国家工作人员进入使馆馆舍,须经使馆馆长或者其授权人员的同意。中国有关机关应当采取适当措施,保护使馆馆舍免受侵犯或者损害。
使馆的馆舍、设备及馆舍内其他财产和使馆交通工具免受搜查、征用、扣押或者强制执行。
第十二条 外交代表人身不受侵犯,不受逮捕或者拘留。中国有关机关应当采取适当措施,防止外交代表的人身自由和尊严受到侵犯。

第十四条　外交代表享有刑事管辖豁免。

外交代表享有民事管辖豁免和行政管辖豁免，但下列各项除外：

（一）外交代表以私人身份进行的遗产继承的诉讼；

（二）外交代表违反第二十五条第三项规定在中国境内从事公务范围以外的职业或者商业活动的诉讼。

外交代表免受强制执行，但对前款所列情况，强制执行对其人身和寓所不构成侵犯的，不在此限。

外交代表没有以证人身份作证的义务。

第二十条　与外交代表共同生活的配偶及未成年子女，如果不是中国公民，享有第十二条至第十八条所规定的特权与豁免。

使馆行政技术人员和与其共同生活的配偶及未成年子女，如果不是中国公民并且不是在中国永久居留的，享有第十二条至第十七条所规定的特权与豁免，但民事管辖豁免和行政管辖豁免，仅限于执行公务的行为。使馆行政技术人员到任后半年内运进的安家物品享有第十八条第一款所规定的免税的特权。

使馆服务人员如果不是中国公民并且不是在中国永久居留的，其执行公务的行为享有豁免，其受雇所得报酬免纳所得税。其到任后半年内运进的安家物品享有第十八条第一款所规定的免税的特权。

使馆人员的私人服务员如果不是中国公民并且不是在中国永久居留的，其受雇所得的报酬免纳所得税。

第二十一条　外交代表如果是中国公民或者获得在中国永久居留资格的外国人，仅就其执行公务的行为，享有管辖豁免和不受侵犯。

第二十二条　下列人员享有在中国过境或者逗留期间所必需的豁免和不受侵犯：

（一）途经中国的外国驻第三国的外交代表和与其共同生活的配偶及未成年子女；

（二）持有中国外交签证或者持有外交护照（仅限互免签证的国家）来中国的外国官员；

（三）经中国政府同意给予本条所规定的特权与豁免的其他来中国访问的外国人士。

对途经中国的第三国外交信使及其所携带的外交邮袋，参照第十条、第十一条的规定办理。

第二十三条　来中国访问的外国国家元首、政府首脑、外交部长及其他具有同等身份的官员，享有本条例所规定的特权与豁免。

第二十四条 来中国参加联合国及其专门机构召开的国际会议的外国代表、临时来中国的联合国及其专门机构的官员和专家、联合国及其专门机构驻中国的代表机构和人员的待遇,按中国已加入的有关国际公约和中国与有关国际组织签订的协议办理。

第二十八条 本条例中下列用语的含义是:

(一)"使馆馆长"是指派遣国委派担任此项职位的大使、公使、代办以及其他同等级别的人;

(二)"使馆人员"是指使馆馆长和使馆工作人员;

(三)"使馆工作人员"是指使馆外交人员、行政技术人员和服务人员;

(四)"使馆外交人员"是指具有外交官衔的使馆工作人员;

(五)"外交代表"是指使馆馆长或者使馆外交人员;

(六)"使馆行政技术人员"是指从事行政和技术工作的使馆工作人员;

(七)"使馆服务人员"是指从事服务工作的使馆工作人员;

(八)"私人服务员"是指使馆人员私人雇用的人员;

(九)"使馆馆舍"是指使馆使用和使馆馆长官邸的建筑物及其附属的土地。

《中华人民共和国刑事诉讼法》(修正后自 2018 年 10 月 26 日起施行,节录)

第十七条第二款 对于享有外交特权和豁免权的外国人犯罪应当追究刑事责任的,通过外交途径解决。

■ 规范性文件

《公安机关办理刑事案件程序规定》(公安部令第 127 号修订发布,自 2020 年 9 月 1 日起施行,节录)

第三百六十一条 犯罪嫌疑人为享有外交或者领事特权和豁免权的外国人的,应当层报公安部,同时通报同级人民政府外事办公室,由公安部商请外交部通过外交途径办理。

第十二条 【刑法溯及力】中华人民共和国成立以后本法施行以前的行为,如果当时的法律不认为是犯罪的,适用当时的法律;如果当时的法律认为是犯罪的,依照本法总则第四章第八节的规定应当追诉的,按照当时的法律追究刑事责任,但是如果本法不认为是犯罪或者处刑较轻的,适用本法。

本法施行以前,依照当时的法律已经作出的生效判决,继续有效。

立法沿革

本条系 1997 年《刑法》吸收修改 1979 年《刑法》作出的规定。1979 年《刑法》第九条规定:"本法自一九八〇年一月一日起生效。中华人民共和国成立以后本法施行以前的行为,如果当时的法律、法令、政策不认为是犯罪的,适用当时的法律、法令、政策。如果当时的法律、法令、政策认为是犯罪的,依照本法总则第四章第八节的规定应当追诉的,按照当时的法律、法令、政策追究刑事责任。但是,如果本法不认为是犯罪或者处刑较轻的,适用本法。"但是,1979 年《刑法》施行期间的个别单行刑法实行从新原则,如《全国人民代表大会常务委员会关于严惩严重危害社会治安的犯罪分子的决定》(自 1983 年 9 月 2 日起施行,已失效)第三条明确规定:"本决定公布后审判上述犯罪案件,适用本决定。"

司法解释

《最高人民法院关于适用刑法时间效力规定若干问题的解释》(法释〔1997〕5 号,自 1997 年 10 月 1 日起施行)

为正确适用刑法,现就人民法院 1997 年 10 月 1 日以后审理的刑事案件,具体适用修订前的刑法或者修订后的刑法的有关问题规定如下:

第一条① 对于行为人 1997 年 9 月 30 日以前实施的犯罪行为,在人民检察院、公安机关、国家安全机关立案侦查或者在人民法院受理案件以后,行为人逃避侦查或者审判,超过追诉期限或者被害人在追诉期限内提出控告,人民法院、人民检察院、公安机关应当立案而不予立案,超过追诉期限的,是否追究行为人的刑事责任,适用修订前的刑法第七十七条的规定。

第二条 犯罪分子 1997 年 9 月 30 日以前犯罪,不具有法定减轻处罚情节,但是根据案件的具体情况需要在法定刑以下判处刑罚的,适用修订前的刑法第五十九条第二款的规定。

第三条 前罪判处的刑罚已经执行完毕或者赦免,在 1997 年 9 月 30 日以前又犯应当判处有期徒刑以上刑罚之罪,是否构成累犯,适用修订前的刑法第六十一条的规定;1997 年 10 月 1 日以后又犯应当判处有期徒刑以上刑罚之罪

---

① 本评注认为,本条规定与《全国人民代表大会常务委员会法制工作委员会对刑法追诉时效制度有关规定如何理解适用的答复意见》(法工办发〔2014〕277 号)的立场并不冲突,实际上是问题的两个方面。对此,《最高人民法院研究室关于如何理解和适用 1997 年刑法第十二条第一款规定有关问题征求意见的复函》(法研〔2019〕52 号)实际上将二者进行了综合。(→相关具体阐释,参见第八十八条评注"司法疑难解析"部分,第 357 页)

的,是否构成累犯,适用刑法第六十五条的规定。

第四条 1997年9月30日以前被采取强制措施的犯罪嫌疑人、被告人或者1997年9月30日以前犯罪,1997年10月1日以后仍在服刑的罪犯,如实供述司法机关还未掌握的本人其他罪行的,适用刑法第六十七条第二款的规定。

第五条 1997年9月30日以前犯罪的犯罪分子,有揭发他人犯罪行为,或者提供重要线索,从而得以侦破其他案件等立功表现的,适用刑法第六十八条的规定。

第六条 1997年9月30日以前犯罪被宣告缓刑的犯罪分子,在1997年10月1日以后的缓刑考验期间又犯新罪、被发现漏罪或者违反法律、行政法规或者国务院公安部门有关缓刑的监督管理规定,情节严重的,适用刑法第七十七条的规定,撤销缓刑。

第七条 1997年9月30日以前犯罪,1997年10月1日以后仍在服刑的犯罪分子,因特殊情况,需要不受执行刑期限制假释的,适用刑法第八十一条第一款的规定,报经最高人民法院核准。

第八条 1997年9月30日以前犯罪,1997年10月1日以后仍在服刑的累犯以及因杀人、爆炸、抢劫、强奸、绑架等暴力性犯罪被判处十年以上有期徒刑、无期徒刑的犯罪分子,适用修订前的刑法第七十三条的规定,可以假释。

第九条 1997年9月30日以前被假释的犯罪分子,在1997年10月1日以后的假释考验期内,又犯新罪、被发现漏罪或者违反法律、行政法规或者国务院公安部门有关假释的监督管理规定的,适用刑法第八十六条的规定,撤销假释。

第十条 按照审判监督程序重新审判的案件,适用行为时的法律。

《最高人民检察院关于检察工作中具体适用修订刑法第十二条若干问题的通知》(高检发释字[1997]4号,自1997年10月6日起施行)
地方各级人民检察院、各级军事检察院:
根据修订刑法第十二条的规定,现对发生在1997年9月30日以前,1997年10月1日后尚未处理或者正在处理的行为如何适用法律的若干问题通知如下:
一、如果当时的法律(包括1979年刑法,中华人民共和国惩治军人违反职责罪暂行条例,全国人大常委会关于刑事法律的决定、补充规定,民事、经济、行政法律中"依照"、"比照"刑法有关条款追究刑事责任的法律条文,下同)、司法解释认为是犯罪,修订刑法不认为是犯罪的,依法不再追究刑事责任。已经立案、侦查的,撤销案件;已批准逮捕的,撤销批准逮捕决定,并建议公安机关撤销案件;审查起诉的,作出不起诉决定;已经起诉的,建议人民法院退回案件,予以撤销;已经抗诉的,撤回抗诉。

二、如果当时的法律、司法解释认为是犯罪,修订刑法也认为是犯罪的,按从旧兼从轻的原则依法追究刑事责任:

1. 罪名、构成要件、情节以及法定刑没有变化的,适用当时的法律追究刑事责任。

2. 罪名、构成要件、情节以及法定刑已经变化的,根据从轻原则,确定适用当时的法律或者修订刑法追究刑事责任。

三、如果当时的法律不认为是犯罪,修订刑法认为是犯罪的,适用当时的法律;但行为连续或者继续到1997年10月1日以后的,对10月1日以后构成犯罪的行为适用修订刑法追究刑事责任。

《最高人民法院关于适用刑法第十二条几个问题的解释》(法释〔1997〕12号,自1998年1月13日起施行)

修订后的《中华人民共和国刑法》1997年10月1日施行以来,一些地方法院就刑法第十二条适用中的几个具体问题向我院请示。现解释如下:

第一条 刑法第十二条规定的"处刑较轻",是指刑法对某种犯罪规定的刑罚即法定刑比修订前刑法轻。法定刑较轻是指法定最高刑较轻;如果法定最高刑相同,则指法定最低刑较轻。

第二条 如果刑法规定的某一犯罪只有一个法定刑幅度,法定最高刑或者最低刑是指该法定刑幅度的最高刑或者最低刑;如果刑法规定的某一犯罪有两个以上的法定刑幅度,法定最高刑或者最低刑是指具体犯罪行为应当适用的法定刑幅度的最高刑或者最低刑。

第三条 1997年10月1日以后审理1997年9月30日以前发生的刑事案件,如果刑法规定的定罪处刑标准、法定刑与修订前刑法相同的,应当适用修订前的刑法。

《最高人民检察院关于对跨越修订刑法施行日期的继续犯罪、连续犯罪以及其他同种数罪应如何具体适用刑法问题的批复》(高检发释字〔1998〕6号,自1998年12月2日起施行)

四川省人民检察院:

你院川检发研(1998)10号《关于对连续犯罪、继续犯罪如何具体适用刑法第十二条的有关问题的请示》收悉,经研究,批复如下:

对于开始于1997年9月30日以前,继续或者连续到1997年10月1日以后的行为,以及在1997年10月1日前后分别实施的同种类数罪,如果原刑法和修订刑法都认为是犯罪并且应当追诉,按照下列原则决定如何适用法律:

一、对于开始于1997年9月30日以前,继续到1997年10月1日以后终了的继续犯罪,应当适用修订刑法一并进行追诉。

二、对于开始于1997年9月30日以前,连续到1997年10月1日以后的连续犯罪,或者在1997年10月1日前后分别实施同种类数罪,其中罪名、构成要件、情节以及法定刑均没有变化的,应当适用修订刑法,一并进行追诉;罪名、构成要件、情节以及法定刑已经变化的,也应当适用修订刑法,一并进行追诉,但是修订刑法比原刑法所规定的构成要件和情节较为严格,或者法定刑较重的,在提起公诉时应当提出酌情从轻处理意见。

《最高人民法院、最高人民检察院关于适用刑事司法解释时间效力问题的规定》(高检发释字〔2001〕5号,自2001年12月17日起施行)

为正确适用司法解释办理案件,现对适用刑事司法解释时间效力问题提出如下意见:

一①、司法解释是最高人民法院对审判工作中具体应用法律问题和最高人民检察院对检察工作中具体应用法律问题所作的具有法律效力的解释,自发布或者规定之日起施行,效力适用于法律的施行期间。

二、对于司法解释实施前发生的行为,行为时没有相关司法解释,司法解释施行后尚未处理或者正在处理的案件,依照司法解释的规定办理。

三、对于新的司法解释实施前发生的行为,行为时已有相关司法解释,依照行为时的司法解释办理,但适用新的司法解释对犯罪嫌疑人、被告人有利的,适用用新的司法解释。

四、对于在司法解释施行前已办结的案件,按照当时的法律和司法解释,认定事实和适用法律没有错误的,不再变动。

---

① 我国最高司法机关没有法律创制权,其司法解释也不同于全国人大常委会所作的立法解释。司法解释只是对司法工作中如何具体应用法律问题所作的具有法律效力的解释,不是新的立法。司法解释是从属于法律的,其效力应适用于法律的整个施行期间。因此,不能简单地将司法解释与其所解释的法律平等视之,并据此按照刑事法律溯及力的原则决定适用。参见孟艳菲、孙军工:《〈关于适用刑事司法解释时间效力问题的规定〉的理解与适用》,载中华人民共和国最高人民法院刑事审判第一、二、三、四、五庭主办:《中国刑事审判指导案例1》(增订第3版),法律出版社2017年版,第639页。

《最高人民法院关于〈中华人民共和国刑法修正案(八)〉时间效力问题的解释》(法释〔2011〕9号,自2011年5月1日起施行)

为正确适用《中华人民共和国刑法修正案(八)》,根据刑法有关规定,现就人民法院2011年5月1日以后审理的刑事案件,具体适用刑法的有关问题规定如下:

第一条① 对于2011年4月30日以前犯罪,依法应当判处管制或者宣告缓刑的,人民法院根据犯罪情况,认为确有必要同时禁止犯罪分子在管制期间或者缓刑考验期内从事特定活动,进入特定区域、场所,接触特定人的,适用修正后刑法第三十八条第二款或者第七十二条第二款的规定。

犯罪分子在管制期间或者缓刑考验期内,违反人民法院判决中的禁止令的,适用修正后刑法第三十八条第四款或者第七十七条第二款的规定。

第二条② 2011年4月30日以前犯罪,判处死刑缓期执行的,适用修正前刑法第五十条的规定。

被告人具有累犯情节,或者所犯之罪是故意杀人、强奸、抢劫、绑架、放火、爆炸、投放危险物质或者有组织的暴力性犯罪,罪行极其严重,根据修正前刑法判处死刑缓期执行不能体现罪刑相适应原则,而根据修正后刑法判处死刑缓期执行同时决定限制减刑可以罚当其罪的,适用修正后刑法第五十条第二款的规定。

第三条 被判处有期徒刑以上刑罚,刑罚执行完毕或者赦免以后,在2011年4月30日以前再犯应当判处有期徒刑以上刑罚之罪的,是否构成累犯,适用

---

① 禁止令不是一种新的刑罚,而是对管制犯、缓刑犯具体执行监管措施的完善。在《刑法修正案(八)》增设禁止令制度前,由于缺乏严格有效的监管措施,对一些犯罪情节较轻的罪犯并不适宜判处管制、宣告缓刑,而禁止令制度增设后,通过适用禁止令能够有效解决监管问题的,可以依法判处管制、适用缓刑。两相比较,适用修正后刑法对被告人有利,符合从旧兼从轻的原则。参见胡云腾、周加海、刘涛:《〈关于《中华人民共和国刑法修正案(八)》时间效力问题的解释〉的理解与适用》,载中华人民共和国最高人民法院刑事审判第一、二、三、四、五庭主办:《中国刑事审判指导案例1》(增订第3版),法律出版社2017年版,第641页。

② 本条第二款的适用对象,实质是那些罪行极其严重,根据修正前刑法判处死缓不能体现罪刑相适应原则,而根据修正后刑法判处死缓同时决定限制减刑可以罚当其罪、更符合宽严相济刑事政策的犯罪分子。申言之,在此种情况下,适用修正后刑法,对被告人有利,完全符合从旧兼从轻原则。参见胡云腾、周加海、刘涛:《〈关于《中华人民共和国刑法修正案(八)》时间效力问题的解释〉的理解与适用》,载中华人民共和国最高人民法院刑事审判第一、二、三、四、五庭主办:《中国刑事审判指导案例1》(增订第3版),法律出版社2017年版,第642页。

修正前刑法第六十五条的规定;但是,前罪实施时不满十八周岁的,是否构成累犯,适用修正后刑法第六十五条的规定。

曾犯危害国家安全犯罪,刑罚执行完毕或者赦免以后,在2011年4月30日以前再犯危害国家安全犯罪的,是否构成累犯,适用修正前刑法第六十六条的规定。

曾被判处有期徒刑以上刑罚,或者曾犯危害国家安全犯罪、恐怖活动犯罪、黑社会性质的组织犯罪,在2011年5月1日以后再犯罪的,是否构成累犯,适用修正后刑法第六十五条、第六十六条的规定。

第四条 2011年4月30日以前犯罪,虽不具有自首情节,但是如实供述自己罪行的,适用修正后刑法第六十七条第三款的规定。

第五条 2011年4月30日以前犯罪,犯罪后自首又有重大立功表现的,适用修正前刑法第六十八条第二款的规定。

第六条① 2011年4月30日以前一人犯数罪,应当数罪并罚的,适用修正前刑法第六十九条的规定;2011年4月30日前后一人犯数罪,其中一罪发生在2011年5月1日以后的,适用修正后刑法第六十九条的规定。

第七条 2011年4月30日以前犯罪,被判处无期徒刑的罪犯,减刑以后或者假释前实际执行的刑期,适用修正前刑法第七十八条第二款、第八十一条第一款的规定。

第八条 2011年4月30日以前犯罪,因具有累犯情节或者系故意杀人、强奸、抢劫、绑架、放火、爆炸、投放危险物质或者有组织的暴力性犯罪并被判处十年以上有期徒刑、无期徒刑的犯罪分子,2011年5月1日以后仍在服刑的,能否假释,适用修正前刑法第八十一条第二款的规定;2011年4月30日以前犯罪,因其他暴力性犯罪被判处十年以上有期徒刑、无期徒刑的犯罪分子,2011年5月1日以后仍在服刑的,能否假释,适用修正后刑法第八十一条第二款、第三款的规定。

《最高人民法院关于〈中华人民共和国刑法修正案(九)〉时间效力问题的解释》(法释〔2015〕19号,自2015年11月1日起施行)

为正确适用《中华人民共和国刑法修正案(九)》,根据《中华人民共和国刑

---

① 实施新罪时《刑法修正案(八)》已生效,行为人已知悉相关规定,适用修正后刑法对其所犯数罪进行并罚,并不违反罪刑法定原则。本司法解释第三条第三款亦有类似考虑。参见胡云腾、周加海、刘涛:《〈关于〈中华人民共和国刑法修正案(八)〉时间效力问题的解释〉的理解与适用》,载中华人民共和国最高人民法院刑事审判第一、二、三、四、五庭主办:《中国刑事审判指导案例1》(增订第3版),法律出版社2017年版,第644页。

法》第十二条规定,现就人民法院 2015 年 11 月 1 日以后审理的刑事案件,具体适用修正前后刑法的有关问题规定如下:

第一条① 对于 2015 年 10 月 31 日以前因利用职业便利实施犯罪,或者实施违背职业要求的特定义务的犯罪的,不适用修正后刑法第三十七条之一第一款的规定。其他法律、行政法规另有规定的,从其规定。

第二条 对于被判处死刑缓期执行的犯罪分子,在死刑缓期执行期间,且在 2015 年 10 月 31 日以前故意犯罪的,适用修正后刑法第五十条第一款的规定。

第三条② 对于 2015 年 10 月 31 日以前一人犯数罪,数罪中有判处有期徒刑和拘役,有期徒刑和管制,或者拘役和管制的,予以数罪并罚的,适用修正后刑法第六十九条第二款的规定。

第四条③ 对于 2015 年 10 月 31 日以前通过信息网络实施的刑法第二百四十六条第一款规定的侮辱、诽谤行为,被害人向人民法院告诉,但提供证据确有困难的,适用修正后刑法第二百四十六条第三款的规定。

---

① 从业禁止令与禁止令有所不同,不是对执行监管方式的修改完善,而是刑罚执行完毕或者假释之后,对刑满释放人员或者假释人员从事相关职业的禁止性规定,主要是防止犯罪分子利用职业和职务之便再次进行犯罪的预防性措施,相当于国外的保安处分。对犯罪分子在判处刑罚之外,新增保安处分措施,明显限制了其权利,加重了其义务,根据从旧兼从轻原则,从业禁止条款依法不具有溯及力。参见《关于〈中华人民共和国刑法修正案(九)〉时间效力问题的解释》的理解与适用》,载中华人民共和国最高人民法院刑事审判第一、二、三、四、五庭主办:《中国刑事审判指导案例1》(增订第3版),法律出版社 2017 年版,第 646 页。

② 此外,《最高人民检察院刑事执行检察厅关于对〈山东省人民检察院刑事执行检察处关于《刑法修正案(九)》实施前被法院判处有期徒刑、拘役如何执行的请示〉的答复》(2016 年 3 月 4 日)提出:"根据刑法第十二条和第六十九条的规定,对于在 2015 年 11 月 1 日《中华人民共和国刑法修正案(九)》实施前,人民法院在判决中对被告人数罪并罚,决定执行的刑罚既有有期徒刑,也有拘役的,有期徒刑和拘役均应当执行。同时,人民检察院应当依法监督刑罚执行机关严格执行人民法院的生效判决。"参见李立众编:《刑法一本通——中华人民共和国刑法总成》(第十六版),法律出版社 2022 年版,第 99—100 页。

③ 对于从旧兼从轻原则是否可以适用于程序法,或者多大程度上适用,目前缺乏共识,且刑事诉讼法中也无类似规定。本条和第五条的规定,主要是根据程序从新的通常做法,旨在维护被害人的合法权益。参见《关于〈中华人民共和国刑法修正案(九)〉时间效力问题的解释》的理解与适用》,载中华人民共和国最高人民法院刑事审判第一、二、三、四、五庭主办:《中国刑事审判指导案例1》(增订第3版),法律出版社 2017 年版,第 647—648 页。

第五条 对于 2015 年 10 月 31 日以前实施的刑法第二百六十条第一款规定的虐待行为,被害人没有能力告诉,或者因受到强制、威吓无法告诉的,适用修正后刑法第二百六十条第三款的规定。

第六条 对于 2015 年 10 月 31 日以前组织考试作弊,为他人组织考试作弊提供作弊器材或者其他帮助,以及非法向他人出售或者提供考试试题、答案,根据修正前刑法应当以非法获取国家秘密罪、非法生产、销售间谍专用器材罪或者故意泄露国家秘密罪等追究刑事责任的,适用修正前刑法的有关规定。但是,根据修正后刑法第二百八十四条之一的规定处刑较轻的,适用修正后刑法的有关规定。

第七条① 对于 2015 年 10 月 31 日以前以捏造的事实提起民事诉讼,妨害司法秩序或者严重侵害他人合法权益,根据修正前刑法应当以伪造公司、企业、事业单位、人民团体印章罪或者妨害作证罪等追究刑事责任的,适用修正前刑法的有关规定。但是,根据修正后刑法第三百零七条之一的规定处刑较轻的,适用修正后刑法的有关规定。

实施第一款行为,非法占有他人财产或者逃避合法债务,根据修正前刑法应当以诈骗罪、职务侵占罪或者贪污罪等追究刑事责任的,适用修正前刑法的有关规定。

第八条② 对于 2015 年 10 月 31 日以前实施贪污、受贿行为,罪行极其严

---

① 关于本条第二款,征求意见过程中有意见提出,根据最高人民检察院法律政策研究室于 2002 年 10 月 24 日发布的《关于通过伪造证据骗取法院民事裁判占有他人财物的行为如何适用法律问题的答复》,对于 2015 年 10 月 31 日以前的虚假诉讼行为,即使非法占有他人财产或者逃避合法债务,也不宜以诈骗罪等追究行为人的刑事责任。经研究认为,鉴于诈骗罪、职务侵占罪、贪污罪的手段多样,通过虚假诉讼已经非法占有他人财产或者已经逃避合法债务的案例时有发生,给被害人造成了重大损失,且社会影响恶劣,如果不依法惩治,并追缴违法所得,势将放纵犯罪。而且,在最高检研究室的答复出台后,各地已有不少生效判例已经按诈骗罪定罪处罚,且裁判结果符合罪刑法定、罪刑相当原则,社会反应良好,理论界也普遍认同。故未采纳该意见。参见《〈关于《中华人民共和国刑法修正案(九)》时间效力问题的解释〉的理解与适用》,载中华人民共和国最高人民法院刑事审判第一、二、三、四、五庭主办:《中国刑事审判指导案例 1》(增订第 3 版),法律出版社 2017 年版,第 649 页。

② 对于依照修正前刑法本应判处死刑立即执行,但依照修正后刑法判处死缓同时决定终身监禁,可以罚当其罪的,适用修正后刑法可不判处死刑立即执行,有利于被告人,故可适用新法。参见《〈关于《中华人民共和国刑法修正案(九)》时间效力问题的解释〉的理解与适用》,载中华人民共和国最高人民法院刑事审判第一、二、三、四、五庭主办:《中国刑事审判指导案例 1》(增订第 3 版),法律出版社 2017 年版,第 649 页。

重,根据修正前刑法判处死刑缓期执行不能体现罪刑相适应原则,而根据修正后刑法判处死刑缓期执行同时决定在其死刑缓期执行二年期满依法减为无期徒刑后,终身监禁,不得减刑、假释可以罚当其罪的,适用修正后刑法第三百八十三条第四款的规定。根据修正前刑法判处死刑缓期执行足以罚当其罪的,不适用修正后刑法第三百八十三条第四款的规定。

第九条 本解释自 2015 年 11 月 1 日起施行。

规范性文件

《最高人民法院关于认真学习宣传贯彻修订的〈中华人民共和国刑法〉的通知》(法发〔1997〕3 号)

各省、自治区、直辖市高级人民法院,解放军军事法院:

修订的《中华人民共和国刑法》业经第八届全国人民代表大会第五次会议通过,1997 年 10 月 1 日起施行。刑法是国家的基本法,是人民法院审理刑事案件的重要法律依据。修订刑法,是健全社会主义法制的一件大事,是完善我国刑事法律和司法制度的重要步骤,引起国内外的普遍关注。认真学习、宣传、贯彻好修订的刑法,对于人民法院进一步提高执法水平,更好地履行打击犯罪、保护人民的职责,具有十分重要的意义。为正确贯彻执行修订的刑法,特作如下通知:

一、各级人民法院要认真组织广大审判人员学习修订的刑法。修订的刑法认真总结了 17 年实施刑法的实践经验,借鉴国内外有关刑法的立法经验,明确规定了刑法的基本原则;突出了对社会主义市场经济秩序的保护;适应与犯罪行为作斗争的现实需要,对人民群众反映强烈的一些常见、多发罪作了更加明确、详细的规定;对新出现的需要追究的犯罪行为规定了相应的刑事责任;对一些重要的刑法制度作了修改、完善,是一部更加科学、统一、完备的刑法典。各级人民法院要制定学习计划,采用各种形式,不断深化学习,真正学懂、弄通。

二、各级人民法院要结合当地实际情况,与有关部门配合,广泛、深入地开展修订的刑法的宣传活动。修订的刑法是司法机关打击和惩治犯罪的有力武器,并将对社会政治经济生活的诸多方面产生重大影响。人民法院要充分发挥审判工作的优势,通过新闻媒介等多种形式,突出重点,有针对性地做好修订的刑法的宣传工作,使广大人民群众了解、遵守刑法,让修订的刑法深入人心。

三、修订的刑法实施后,各级人民法院必须坚决贯彻执行。对于修订的刑法实施前发生的行为,10 月 1 日实施后尚未处理或者正在处理的案件,依照修订的刑法第十二条的规定办理;对于修订的刑法施行前,人民法院已审结的案件,实施后人民法院按照审判监督程序重新审理的,适用原审结时的有关法律规定。

四、修订的刑法实施前,人民法院审判刑事案件仍然应当依照现行刑法和人大常委会修改、补充刑法的有关决定、补充规定及最高人民法院的有关司法解释,并应遵守刑事诉讼法有关程序和期限的规定。

五、修订的刑法实施后,对已明令废止的全国人大常委会有关决定和补充规定,最高人民法院原作出的有关司法解释不再适用。但是如果修订的刑法有关条文实质内容没有变化的,人民法院在刑事审判工作中,在没有新的司法解释前,可参照执行。其他对于与修订的刑法规定相抵触的司法解释,不再适用。

六、各级人民法院在学习、宣传和贯彻修订的刑法中,要加强调查研究,对遇到的理解和适用法律的重大、疑难问题,要注意收集,及时上报。

《最高人民检察院关于认真贯彻执行〈中华人民共和国刑法修正案(四)〉和〈全国人大常委会关于《中华人民共和国刑法》第九章渎职罪主体适用问题的解释〉的通知》(高检发研字〔2003〕1号)
各省、自治区、直辖市人民检察院,军事检察院,新疆生产建设兵团人民检察院:

第九届全国人民代表大会常务委员会第三十一次会议于2002年12月28日通过了《中华人民共和国刑法修正案(四)》和《全国人民代表大会常务委员会关于〈中华人民共和国刑法〉第九章渎职罪主体适用问题的解释》(以下分别简称《刑法修正案(四)》和《解释》)。为保证《刑法修正案(四)》和《解释》的正确贯彻实施,现就有关问题通知如下:

一、要认真组织学习,正确领会立法精神。《刑法修正案(四)》和《解释》的颁布实施,对于依法惩治破坏社会主义市场经济秩序、妨害社会管理秩序和国家机关工作人员的渎职犯罪行为,保障社会主义现代化建设事业的顺利进行,保障公民的人身安全,促进国家机关工作人员的廉政勤政,都具有十分重要的意义。各级检察机关要及时组织广大干警认真学习《刑法修正案(四)》和《解释》的有关内容,正确领会立法精神。

二、要严格依法办案,充分发挥检察机关的职能作用。《刑法修正案(四)》将走私液态废物、气态废物行为、非法雇用童工行为、非法采伐、毁坏国家重点保护的植物行为、非法收购、运输、加工、出售珍贵树木或者国家重点保护的其他植物及其制品行为和非法运输盗伐、滥伐的林木行为,特别是将枉法执行判决、裁定行为,作为单独犯罪专门作了规定。《刑法修正案(四)》还加大了对生产、销售不符合标准的医用器材罪、走私罪、非法收购盗伐、滥伐的林木罪的打击力度。《解释》对刑法第九章渎职罪主体的适用问题作了明确规定。各级检察机关在办理相关案件的过程中,要严格按照《刑法修正案(四)》和《解释》的有关规定,依法进行立案侦查和批捕、起诉工作。要进一步加大查办和预防职务犯罪的工作力度，对于《解释》所规定的人员在代表国家机关行使职权时侵犯公民人身权利、民主权利，构成犯罪的，也应当依照刑法有关规定追究刑事责任。

三、要准确把握《刑法修正案（四）》和《解释》的时间效力，正确适用法律。《刑法修正案（四）》是对《刑法》有关条文的修改和补充，实践中办理相关案件时，应当依照《刑法》第十二条规定的原则正确适用法律。对于1997年修订刑法施行以后、《刑法修正案（四）》施行以前发生的枉法执行判决、裁定犯罪行为，应当依照《刑法》第三百九十七条的规定追究刑事责任。根据《立法法》第四十七条的规定，法律解释的时间效力与它所解释的法律的时间效力相同。对于在1997年修订刑法施行以后、《解释》施行以前发生的行为，在《解释》施行以后尚未处理或者正在处理的案件，应当依照《解释》的规定办理。对于《解释》施行前已经办结的案件，不再变动。

四、各级检察机关在办理《刑法修正案（四）》和《解释》规定的相关案件的过程中，要注意及时总结办案经验，努力提高执法水平。上级检察机关要加强对下级检察机关办理有关案件特别是办理渎职侵权犯罪案件的指导。各地在执行《刑法修正案（四）》和《解释》中遇到的情况和问题，请及时层报最高人民检察院。

《最高人民法院、最高人民检察院、公安部、司法部关于适用〈中华人民共和国刑法修正案（十一）〉有关问题的通知》（法发〔2021〕16号，自2021年5月20日起施行）①

各省、自治区、直辖市高级人民法院、人民检察院、公安厅（局）、司法厅（局），解放军军事法院、军事检察院，新疆维吾尔自治区高级人民法院生产建设兵团分院、新疆生产建设兵团人民检察院、公安局、司法局：

为正确适用《中华人民共和国刑法修正案（十一）》[以下简称《刑法修正案（十一）》]，根据《中华人民共和国刑法》第十二条等规定，现将有关问题通知如下：

一、《刑法修正案（十一）》生效后，下列司法解释、规范性文件中，与《刑法修正案（十一）》不一致的内容，不再适用；与《刑法修正案（十一）》不相冲突的内容，在新的司法解释颁行前，继续有效。

（一）《最高人民法院、最高人民检察院、公安部关于依法惩治妨害公共交通工具安全驾驶违法犯罪行为的指导意见》（公通字〔2019〕1号）；

（二）《最高人民法院关于依法妥善审理高空抛物、坠物案件的意见》（法发

---

① 参见《【规范速递】两高两部印发〈关于适用《中华人民共和国刑法修正案（十一）》有关问题的通知〉》，载微信公众号"刑法规范总整理"2022年3月7日。

〔2019〕25号〕；

（三）《最高人民法院、最高人民检察院、公安部、司法部关于办理黑恶势力犯罪案件若干问题的指导意见》（法发〔2018〕1号）；

（四）《最高人民法院、最高人民检察院关于办理赌博刑事案件具体应用法律若干问题的解释》（法释〔2005〕3号）；

（五）《最高人民法院、最高人民检察院、公安部关于依法惩治袭警违法犯罪行为的指导意见》（公通字〔2019〕32号）；

（六）其他与《刑法修正案（十一）》不完全一致的司法解释、规范性文件。

二、2021年2月28日以前发生的行为，2021年3月1日以后尚未处理或者正在处理的，依照《中华人民共和国刑法》第十二条和相关司法解释办理。

办理前款规定的案件，适用经《刑法修正案（十一）》修正的《中华人民共和国刑法》规定的，依照《最高人民法院、最高人民检察院关于执行〈中华人民共和国刑法〉确定罪名的补充规定（七）》（法释〔2021〕2号）确定罪名。

三、修正前刑法规定的主刑较重但未规定附加刑，修正后刑法规定的主刑较轻但规定并处附加刑的，应当适用修正后刑法的有关规定，在判处主刑时并处附加刑，但应当妥当把握主刑、附加刑的幅度，确保体现从旧兼从轻的原则。

四、本通知自2021年5月20日起施行。执行过程中遇到的问题，请及时分别报告最高人民法院、最高人民检察院、公安部、司法部。

▍法律适用答复、复函①

《最高人民检察院关于〈全国人民代表大会常务委员会关于《中华人民共和国刑法》第九十三条第二款的解释〉的时间效力的批复》（高检发研字〔2000〕15号）

---

① 另，鉴于《刑法修正案（九）》第二条对《刑法》第五十条第二款作了修改，将死缓罪犯故意犯罪执行死刑的门槛作了提升，限制为"情节恶劣"的情形，《最高人民法院关于1997年9月30日以前判处死刑缓期二年执行的盗窃罪犯，在1997年10月1日后死刑缓期执行期间故意犯罪是否执行死刑问题的答复》（法明传〔1998〕287号）未予收录。该答复针对新疆维吾尔自治区高级人民法院"对在新刑法实施前，依照旧刑法被判处死刑，缓期二年执行的盗窃罪犯，在新刑法实施后又实施新的故意犯罪，应如何定罪处理"的请示（新高法明传〔1998〕116号）答复如下："对于1997年9月30日以前判处死刑缓期二年执行的盗窃罪犯，依照刑法第二百六十四条的规定不适用死刑的，如果在1997年10月1日以后死刑缓期二年执行期间又故意犯罪，除犯新罪应判处死刑且必须立即执行的外，不予核准执行死刑，而应当根据刑法第七十一条的规定，数罪并罚，决定执行的刑罚。"

天津市人民检察院：

你院"关于《全国人民代表大会常务委员会关于〈中华人民共和国刑法〉第九十三条第二款的解释》的实施时间问题的请示"收悉。经研究，批复如下：

《全国人民代表大会常务委员会关于〈中华人民共和国刑法〉第九十三条第二款的解释》是对刑法第九十三条第二款关于"其他依照法律从事公务的人员"规定的进一步明确，并不是对刑法的修改。因此，该《解释》的效力适用于修订刑法的施行日期，其溯及力适用修订刑法第十二条的规定。

《最高人民法院关于九七刑法实施后发生的非法买卖枪支案件，审理时新的司法解释尚未作出，是否可以参照1995年9月20日最高人民法院〈关于办理非法制造、买卖、运输非军用枪支、弹药刑事案件适用法律问题的解释〉的规定审理案件请示的复函》（〔2003〕刑立他字第8号）

安徽省高级人民法院：

你院〔2003〕皖刑监字第1号《关于九七刑法实施后发生的非法买卖枪支案件，审理时新的司法解释尚未作出，是否可以参照1995年9月20日最高人民法院〈关于办理非法制造、买卖、运输非军用枪支、弹药刑事案件适用法律问题的解释〉的规定审理案件的请示报告》收悉。经研究，答复如下：

原审被告人侯磊非法买卖枪支的行为发生在修订后的《刑法》实施以后，而该案审理时《最高人民法院关于审理非法制造、买卖、运输枪支、弹药、爆炸物等刑事案件具体应用法律若干问题的解释》尚未颁布，因此，依照我院法发〔1997〕3号《关于认真学习宣传贯彻修订的〈中华人民共和国刑法〉的通知》的精神，该案应参照1995年9月20日最高人民法院法发〔1995〕20号《关于办理非法制造、买卖、运输非军用枪支、弹药刑事案件适用法律问题的解释》的规定办理。

《最高人民法院研究室关于明确〈关于办理妨害信用卡管理刑事案件具体应用法律若干问题的解释〉溯及力问题的复函》（法研〔2010〕70号）①

公安部经济犯罪侦查局：

你局公经金融〔2010〕49号《关于明确〈关于办理妨害信用卡管理刑事案件具体应用法律若干问题的解释〉溯及力问题的函》收悉。经研究，提出以下意见供参考：

对1997年刑法施行后，《关于办理妨害信用卡管理刑事案件具体应用法律

---

① 参见何帆编著：《刑法注释书》（第二版），中国民主法制出版社2021年版，第542页。

若干问题的解释》施行前发生的利用信用卡非法套现行为,如未超过法定追诉时效,社会危害重大的,可以依法追究。

《最高人民法院研究室关于假释时间效力法律适用问题的答复》(法研〔2011〕97号)

安徽省高级人民法院:

你院(2011)皖刑他字第10号《关于假释时间效力法律适用问题的请示》收悉。经研究,答复如下:

一、根据刑法第十二条的规定,应当以行为实施时,而不是审判时,作为新旧法选择适用的判断基础。故《最高人民法院关于适用刑法时间效力规定若干问题的解释》第八条规定的"1997年9月30日以前犯罪,1997年10月1日以后仍在服刑的累犯以及因杀人、爆炸、抢劫、强奸、绑架等暴力性犯罪被判处十年以上有期徒刑、无期徒刑的犯罪分子",包括1997年9月30日以前犯罪,已被羁押尚未判决的犯罪分子。

二、经《中华人民共和国刑法修正案(八)》修正前刑法第八十一条第二款规定的"暴力性犯罪",不仅包括杀人、爆炸、抢劫、强奸、绑架五种,也包括故意伤害等其他暴力性犯罪。

刑参案例规则提炼①

《杨海波等贩卖淫秽物品牟利案——贩卖淫秽物品牟利如何适用法律》(第5号案例)、《朱香海、左正红等非法买卖枪支、贪污案——对于1997年刑法施行以后、司法解释公布施行以前实施的非法买卖枪支犯罪,是参照执行原有的司法解释还是适用新公布施行的司法解释》(第328号案例)、《谭慧渊、蒋菊香侵犯著作权案——对于司法解释是否需要适用从旧兼从轻原则》(第417号案例)、《周爱武、周晓贪污案——贪污特定款物的司法认定以及新旧法选择

---

① 另,鉴于《刘楚荣、刘汉杰、刘立辉诈骗案——当被告人同时具有国家工作人员等多种身份时应如何认定其行为性质以及村民委员会是否属于单位犯罪的适格主体》(第1420号案例)主张"《全国人民代表大会常务委员会关于〈中华人民共和国刑法〉第三十条的解释》一经通过,即应作为理解和适用刑法第三十条的依据,效力适用于刑法的整个施行期间,对于刑法施行以后和在该立法解释通过后尚未处理或者正在处理的案件,均应当适用该立法解释进行处理",与本评注所持立场不完全一致(宜区分所涉立法解释系创设规则还是解释规则加以区别对待,特别是充分考虑民众预知的可能性,充分体现溯及力背后"不知不为罪"的理念根基),故对所涉该部分规则未予提炼。

适用时罚金刑的判处》(第 1139 号案例)、《**李明辉受贿案——刑法修正案（九）施行后，二审在减轻犯受贿罪被告人主刑的同时，能否加重财产刑**》(第 1146 号案例)、《**耿三有受贿案——二审期间因刑法修改及司法解释出台导致定罪量刑标准发生变化的，应如何适用法律**》(第 1150 号案例)、《**袁七虎容留、介绍卖淫案——容留、介绍卖淫罪"情节严重"的司法认定**》(第 1349 号案例)所涉规则提炼如下：

1. 从旧兼从轻原则下主刑与附加刑的一体适用规则。①② 从法释〔1997〕12 号解释第一条关于"法定最高刑""法定最低刑"的表述来看，刑罚轻重主要是主刑的比较。但司法实践中遇到的更复杂情形是修正前后刑法规定的主刑不同，且附加刑也有差异。"主刑、附加刑分别适用新、旧法是对刑法条文完整性的侵害，同时也违背了罪刑法定原则。"(第 1146 号案例)"比较法定刑轻重，主要看同样的犯罪行为，在新旧法中所对应的法定刑幅度，从中选取较轻的法定刑幅度适

---

① 本评注赞同上述立场，即关于"处刑较轻"的认定，原则上应当以主刑轻重为判断标准。这实际上是司法适用的一贯立场。例如，在《刑法修正案（九）》施行后，有意见明确提出："适用《刑法修正案（九）》修正后规定将判处更轻自由刑的，适用修正后刑法……其中，修正前刑法未规定罚金刑但修正后刑法规定了罚金刑的，应当……一并适用修正后刑法有关罚金刑的规定……"参见裴显鼎等：《〈关于办理贪污贿赂刑事案件适用法律若干问题的解释〉的理解与适用》，载中华人民共和国最高人民法院刑事审判第一、二、三、四、五庭主办：《中国刑事审判指导案例 6》(增订第 3 版)，法律出版社 2017 年版，第 421 页。《最高人民法院、最高人民检察院、公安部、司法部关于适用〈中华人民共和国刑法修正案（十一）〉有关问题的通知》(法发〔2021〕16 号)第三条亦规定："修正前刑法规定的主刑较重但未规定附加刑，修正后刑法规定的主刑较轻但规定并处附加刑的，应当适用修正后刑法的有关规定，在判处主刑时并处附加刑，但应当妥当把握主刑、附加刑的幅度，确保体现从旧兼从轻的原则。"

② 需要注意的是，主刑与附加刑的一体适用规则，并不意味着对修正前后刑法条文必须整体适用或者整条适用，而是存在分别适用修正前后刑法条文、甚至同条不同款的情形。就分别适用修正前后刑法不同条文而言，最为常见的是总则条文和分则条文的选择适用，基于从旧兼从轻原则的要求，可能对特定案件适用修正前的总则条文与修正后的分则条文。就分别适用修正前后刑法条文不同款而言，以非法吸收公众存款罪为例，经《刑法修正案（十一）》修正后《刑法》第一百七十六条将法定最高刑由十年有期徒刑提升至十五年有期徒刑，无疑处罚更重，对于相关案件应当适用修正前《刑法》第一百七十六条第一款的规定；但是，修正后《刑法》第一百七十六条第三款新增"在提起公诉前积极退赃退赔，减少损害结果发生的，可以从轻或者减轻处罚"，则属于处罚较轻的规定，具有与修正前《刑法》一并适用于相关案件的必要。

用。如果新法较轻的,则适用新法。适用新法,当然要适用新法规定的全部法定刑。""比较法定刑的轻重,首要的标准在于主刑的轻重,而不在于刑种的多少。在两个主刑存在轻重之分的情况下,有无附加刑不影响法定刑轻重的判断。主刑重的,属于处刑较重的;主刑轻的,属于处刑较轻的。""从法定刑的性质来看,在同时规定有主刑和附加刑的情况下,二者是一个有机整体。适用某一法律条文,必须做到完整适用,而不能割裂开来。如果主刑用新法,附加刑用旧法,新法旧法同时适用,则违背了从旧兼从轻原则,造成法律适用上的混乱。""适用附加刑还有一个价值判断的问题,即主刑的降低与附加刑的平衡问题,主刑减少的刑期与附加刑增加、罚金经济价值的比较,不同地区是有差别的,应综合判断适用附加刑的数量,附加刑的判处还要考虑被告人的执行能力、过错等。"(第 1139 号案例)

2. 刑法司法解释效力适用于刑法施行期间规则。"司法解释具有依附性特征,即必须严格地依附于所解释的刑法条文之规定,不能创制新的法律,不得对刑法修改、补充。因此,它的效力与其所解释的刑法效力同步,也即它的生效时间应与其所解释的刑法生效时间相同。"(第 1150 号案例)"由于司法解释是对法律本来含义作出的具体适用的解释,因此其溯及力应当与法律的溯及力相同。"(第 5 号案例)例如,"最高人民法院 2001 年 5 月 15 日法释〔2001〕15 号公告明确,2001 年《解释》自 2001 年 5 月 16 日起施行,其主要目的在于维护判决的既判力,即只要该司法解释施行前已办结的案件在认定事实和适用法律方面没有错误,即使在定罪量刑标准上与 2001 年《解释》不一致,也不能根据 2001 年《解释》对已经生效的裁判提起审判监督程序进行再审。而对于 2001 年《解释》施行以后尚未处理或者正在处理的案件,只要应当适用其解释的法律,2001 年《解释》就适用该案件。"(第 328 号案例)"本案二审期间……解释……公布施行,本案属于司法解释实施前发生的行为,且行为时没有相关司法解释,二审期间应当适用……解释……的规定。"(第 1349 号案例)

3. 刑法修改及有关司法解释出台导致定罪量刑标准变化的应当遵循从旧兼从轻的规则。"对于同一个具体应用法律问题先后有两个司法解释的,应当根据刑法第十二条第一款规定的从旧兼从轻原则,选择适用对被告人最有利的司法解释。"(第 417 号案例)"在我国的司法实践中,虽然并不因司法解释新的具体规定再去纠正、修改以前已经生效的判决裁定,但是,只要案件起诉后,无论是在一审还是二审阶段发布了有关司法解释,均应当适用该解释,与有关法律一并作为定罪处刑的依据。"(第 5 号案例)尚在二审审理之中的案件,由于刑法的修改和司法解释出台,"与旧法相比,修改后的刑法及相关司法解释的处罚明显较轻,这种情况下应遵循从旧兼从轻的刑法适用原则,适用处罚较轻的新标准对被

告人定罪量刑"。(第1150号案例)

司法疑难解析

1.税率调整情况下对涉税走私案件计算偷逃税款数额的选择适用。依赖税收政策的税率等计税规则常常发生变化,因此,对于依据行为时的税则和税率计算偷逃税款是否有违"从旧兼从轻"原则,存在不同看法。有观点持否定态度。① 例如,有观点明确提出:"税率调整变化属于事实性变化,不涉及性质的认定变化,只有在行为性质发生变化时才存在从旧兼从轻的法律适用问题,而单纯的事实变化当以行为实施当时为准。"② "关税税率的调整不属于刑法意义上的政策、法律变更,不具有溯及既往的效力,故并不影响走私犯罪行为时偷逃应缴税额的认定。因为从旧兼从轻原则是一项法律适用原则,实践中应当把'法律调整'与'事实变化'严格区分开来,只有在法律调整的情况下才可以适用'从旧兼从轻原则'。关税税率变更属于犯罪构成要件事实变化的情形。"③ **本评注认为**,在有关立法、司法解释、规范性文件作出明确规定之前,对涉税走私案件只能适用走私行为时的税则和税率计算偷逃税款的做法宜认为违反"从旧兼从轻"原则。主要考虑:(1)当前,对于涉税走私案件的税则和税率计算究竟是否应当一律适用走私行为时的税则和税率,及其与"从旧兼从轻"原则之间的关系,理论界和实务界均存在不同认识。在欠缺相关明确规定的情况下,宜作有利于被告人的考量。(2)税率调低后,说明有关走私行为的社会危害性在客观上发生

---

① 主要理由:(1)"从旧兼从轻"原则的适用针对的是刑事实体法所确定的刑事追诉标准,只有在追诉标准发生变化时,才存在"从旧兼从轻"的判断与选择。追诉标准具有相对稳定性,而依赖于税收政策的税率等计税规则常常发生变化,二者有所不同。总之,计税规则发生变化不能成为"从旧兼从轻"原则的适用基础。(2)关于刑法溯及力问题,理论上认为涉及限时法的案件应当适用行为时的法律,而税率的相关规定可以理解为限时法,对相关案件适用行为时的税率规则更为合理。(3)从社会危害性来看,犯罪行为的社会危害性判断应当考虑其行为时的经济社会发展状况、危害后果等因素,以行为时的税则、税率、汇率和完税价格计算更为合理。

② 裴显鼎等:《〈关于办理走私刑事案件适用法律若干问题的解释〉的理解与适用》,载中华人民共和国最高人民法院刑事审判第一、二、三、四、五庭主办:《中国刑事审判指导案例3》(增订第3版),法律出版社2017年版,第777页。

③ 郭慧、王珅、阎丽、蔺剑、陈鹿林:《〈打击非设关地成品油走私专题研讨会会议纪要〉的理解与适用》,载中华人民共和国最高人民法院刑事审判第一、二、三、四、五庭主办:《刑事审判参考(总第124集)》,法律出版社2020年版,第193—201页。

了变化,如再按调整前的高税率核算偷逃税款的数额,似不符合实事求是精神,容易引发争议,进而影响案件处理的法律与社会效果。

2. 罪名的选择适用。本评注认为,罪名不涉及刑罚,对于罪名的修改和完善,不受从旧兼从轻原则的限制,应当从新。例如,对于2021年2月28日以前发生的行为,2021年3月1日以后尚未处理或者正在处理的,相关罪名确定如果发生改变的,如"非法猎捕、杀害珍贵、濒危野生动物罪""非法收购、运输、出售珍贵、濒危野生动物、珍贵、濒危野生动物制品罪"被整合为"危害珍贵、濒危野生动物罪",相关案件宜适用调整后的罪名"危害珍贵、濒危野生动物罪"。

第二章
犯　罪

第一节　犯罪和刑事责任

第十三条　【犯罪概念】一切危害国家主权、领土完整和安全,分裂国家、颠覆人民民主专政的政权和推翻社会主义制度,破坏社会秩序和经济秩序,侵犯国有财产或者劳动群众集体所有的财产,侵犯公民私人所有的财产,侵犯公民的人身权利、民主权利和其他权利,以及其他危害社会的行为,依照法律应当受刑罚处罚的,都是犯罪,但是情节显著轻微危害不大的,不认为是犯罪。

■ 立法沿革

本条系 1997 年《刑法》吸收修改 1979 年《刑法》作出的规定。1979 年《刑法》第十条规定:"一切危害国家主权和领土完整,危害无产阶级专政制度,破坏社会主义革命和社会主义建设,破坏社会秩序,侵犯全民所有的财产或者劳动群众集体所有的财产,侵犯公民私人所有的合法财产,侵犯公民的人身权利、民主权利和其他权利,以及其他危害社会的行为,依照法律应当受刑罚处罚的,都是犯罪;但是情节显著轻微危害不大的,不认为是犯罪。"

■ 相关规定

《中华人民共和国治安管理处罚法》(修正后自 2013 年 1 月 1 日起施行,节录)

第二条　扰乱公共秩序,妨害公共安全,侵犯人身权利、财产权利,妨害社会管理,具有社会危害性,依照《中华人民共和国刑法》的规定构成犯罪的,依法追究刑事责任;尚不够刑事处罚的,由公安机关依照本法给予治安管理处罚。

第三条　治安管理处罚的程序,适用本法的规定;本法没有规定的,适用《中华人民共和国行政处罚法》的有关规定。

《**中华人民共和国行政处罚法**》(修订后自 2021 年 7 月 15 日起施行,节录)

第八条 公民、法人或者其他组织因违法行为受到行政处罚,其违法行为对他人造成损害的,应当依法承担民事责任。

违法行为构成犯罪,应当依法追究刑事责任的,不得以行政处罚代替刑事处罚。

第二十七条第一款 违法行为涉嫌犯罪的,行政机关应当及时将案件移送司法机关,依法追究刑事责任。对依法不需要追究刑事责任或者免予刑事处罚,但应当给予行政处罚的,司法机关应当及时将案件移送有关行政机关。

◆ **规范性文件**

《**最高人民法院、最高人民检察院、公安部、司法部关于办理醉酒危险驾驶刑事案件的意见**》(高检发办字〔2023〕187 号)第十二条、第十八条、第十九条、第二十条对醉驾案件情节显著轻微、危害不大的认定和后续处理规则作了规定。(→参见第一百三十三条之一评注部分,第 530、531 页)

《**最高人民法院、最高人民检察院、公安部、司法部关于办理醉酒危险驾驶刑事案件的意见**》(高检发办字〔2023〕187 号)第十三条、第十八条、第十九条、第二十条对醉驾案件犯罪情节轻微的认定和后续处理规则作了规定。(→参见第一百三十三条之一评注部分,第 530、531 页)

◆ **刑参案例规则提炼**

《**陈美娟投放危险物质案**——介入因素与刑法因果关系的认定》(第 276 号案例)、《**杨某某故意伤害案**——明知先行行为会引发危害后果而不予以防止的行为构成故意犯罪》(第 432 号案例)、《**杨某某、杜某某放火案**——刑法上因果关系的认定》(第 1117 号案例)、《**任尚太等三人食品监管渎职案**——食品监管渎职罪的司法认定》(第 1135 号案例)所涉规则提炼如下:

1. 不作为犯罪的认定规则。"不作为是……'应为而不为'。""不作为犯罪须以行为人负有某种特定义务为前提。这种特定义务通常来源于以下四个方面:法律明文规定的义务、职务上和业务要求的义务、法律行为引起的义务、行为人的先行行为引起的义务。""不作为犯罪须是行为人有能力履行特定义务,而没有履行。这种没有履行的方式既可以表现为逃避履行义务的行为,也可以表现为抗拒履行义务的行为。""不作为犯罪与危害后果的因果联系在于不作为人的作为能否防止结果的发生。因此,要判断不作为与危害后果间是否有因果关系,只能从当危害后果即将发生时,如果行为人实施一定的'作为',即可以防止危害后果发生;而其不实施'作为'来防止此后果的发生,那么该'不作为'就与危害后果的发生有了必然的因果联系。"(第432号案例)

2. 具体条件下因果关系的认定规则。"一种行为能引起什么样的结果,得取决于行为时的具体条件,并没有一个固定不变的模式。申言之,即便在通常情况下,某一行为并不足以导致某种看似异常的结果,但若因行为时的具体条件特殊,最终造成该异常结果出现,则并不能以行为时所存在的特殊的具体条件为由,否定行为与结果之间的因果关系,相反,仍然应当肯定两者之间存在刑法意义上的因果关系。"(第276号案例)此外,"相对于食品生产者或者经营者而言,国家机关工作人员的渎职行为对于食品安全事故的发生具有某种'间接性'的特点,但仍然属于刑法上的因果关系"。(第1135号案例)

3. 介入因素对因果关系的影响规则。"在因果关系发展进程中,如果介入了第三者的行为、被害人的行为或特殊自然事实等其他因素,则应当考察介入情况的异常性大小、对结果发生的作用力大小、行为人的行为导致结果发生的可能性大小等情形,进而判断前行为与结果之间是否存在因果关系。其中,如果介入情况并非异常、对结果发生的作用力较小、行为人的行为本身具有导致结果发生的较大可能性的,则应当肯定前行为与结果之间存在刑法上的因果关系;反之,则应当认为前行为与结果之间不存在刑法上的因果关系,或者说因果关系已经断绝。"(第276号案例)"当被告人实施行为后,介入了被害人行为,导致结果的发生时,应根据案件具体情况判断被害人实施的行为是否具有通常性。如果被告人实施的行为,导致被害人不得不或者在通常情况下会实施介入行为,则该介入行为对被告人的行为与结果之间的因果关系没有影响;如果被害人的介入行为属于通常情况下不会实施的行为,即异常行为,该行为对结果又起到决定性作用,则不能将结果归责于被告人的行为。"(第1117号案例)

司法疑难解析

《刑法》第十三条但书的适用规则。《刑法》第十三条划定了犯罪的界限和范围,考虑到司法实践的复杂情况,专门设置"但是情节显著轻微危害不大的,不认为是犯罪"这一但书条款,交由具体办案机关根据个案情况把握。整体而言,司法实务对但书存在不敢适用的情况,未能使但书应当具备的调节普遍刚性规则和个案复杂情况的立法目的得以实现。有鉴于此,一些司法解释、规范性文件针对类案适用《刑法》第十三条但书作了指引规定,但仍未能根本扭转上述局面。**本评注主张**,司法实务应当综合全案情节考量,对于明显不宜追究刑事责任的案件,无论是否有相关指引性规定,都要敢于适用但书规定;特别是,对于一些定罪量刑标准滞后于经济社会发展,入罪追究明显背离民众法感情的案件,要充分运用但书的规定,避免刑事处罚的泛化,确保案件处理的法律效果与社会效果的有机统一。

第十四条 【故意犯罪】明知自己的行为会发生危害社会的结果,并且希望或者放任这种结果发生,因而构成犯罪的,是故意犯罪。

故意犯罪,应当负刑事责任。

立法沿革

本条系 1997 年《刑法》吸收 1979 年《刑法》第十一条作出的规定,未作调整。

刑参案例规则提炼

《杨某某故意伤害案——明知先行行为会引发危害后果而不予以防止的行为为构成故意犯罪》(第 432 号案例)所涉规则提炼如下:

直接故意的认定规则。"间接故意的认识因素是指行为人认识到自己的行为可能发生危害社会的结果,而不包括认识到自己的行为必然发生危害社会的结果。如果行为人已认识到自己的行为必然发生危害结果而又决意实施的,则不存在放任的可能,当属直接故意。"(第 432 号案例)

第十五条 【过失犯罪】应当预见自己的行为可能发生危害社会的结果,因为疏忽大意而没有预见,或者已经预见而轻信能够避免,以致发生这种结果的,是过失犯罪。

过失犯罪,法律有规定的才负刑事责任。

立法沿革

本条系 1997 年《刑法》吸收 1979 年《刑法》第十二条作出的规定,未作调整。

刑参案例规则提炼

《朱家平过失致人死亡案——如何区分疏忽大意的过失与意外事件》(第 346 号案例)、《李宁、王昌兵过失致人死亡案——如何区分间接故意杀人与过失

致人死亡之间的界限》(第370号案例)所涉规则提炼如下:

1. 过于自信的过失与间接故意的界分规则。"过于自信的过失与间接故意的根本区别在于:过于自信的过失,行为人不仅不希望发生这种危害结果,而且是完全反对这种结果发生的……而间接故意,行为人认识到会发生某种危害结果,但对这种危害结果的发生持一种放任态度,既不积极追求,也不设法避免,该结果的发生不违背其主观意愿。"(第370号案例)

2. 疏忽大意的过失与意外事件的界分规则。"二者区分的关键是判断行为人是否应当预见、能够预见。""注意义务不仅来源于法律、法令、职务和业务方面的规章制度所确定的义务,而且包括日常生活准则所提出的义务,即'社会生活上必要的注意'。""预见能力因人而异,有高低大小之分,需要进行具体的判断","首先,考察行为人所属的一般人能否预见结果的发生,其次,再考虑行为人的智能水平是高于一般人还是低于一般人。如果一般人能够预见,但行为人智能水平低,则不宜认定过失;如果行为人的智能水平不低于一般人,则可以认定过失;如果一般人不能预见,而行为人的智能水平明显高于一般人,则可以认定为过失"。(第346号案例)

第十六条 【不可抗力和意外事件】行为在客观上虽然造成了损害结果,但是不是出于故意或者过失,而是由于不能抗拒或者不能预见的原因所引起的,不是犯罪。

▌立法沿革

本条系1997年《刑法》吸收修改1979年《刑法》第十三条作出的规定,仅将原条文中的"不认为是犯罪"调整为"不是犯罪"。

▌刑参案例规则提炼

《穆志祥被控过失致人死亡案——致人死亡无罪过,违法行为与危害结果之间没有因果关系的不构成犯罪》(第201号案例)所涉规则提炼如下:

违法行为与危害结果之间没有因果关系的不构成犯罪。"只有当行为人的危害行为对危害结果的发生起直接的决定性作用时,危害行为与危害后果之间才具有刑法上的因果关系。行为人的行为受外部条件的影响而产生危害结果的,如果该外部条件起决定性作用(主要原因力),行为人一般不应对该外部条件引起的危害后果负刑事责任。"(第201号案例)

第十七条 【刑事责任年龄】已满十六周岁的人犯罪,应当负刑事责任。

已满十四周岁不满十六周岁的人,犯故意杀人、故意伤害致人重伤或者死亡、强奸、抢劫、贩卖毒品、放火、爆炸、投放危险物质罪的,应当负刑事责任。

已满十二周岁不满十四周岁的人,犯故意杀人、故意伤害罪,致人死亡或者以特别残忍手段致人重伤造成严重残疾,情节恶劣,经最高人民检察院核准追诉的,应当负刑事责任。

对依照前三款规定追究刑事责任的不满十八周岁的人,应当从轻或者减轻处罚。

因不满十六周岁不予刑事处罚的,责令其父母或者其他监护人加以管教;在必要的时候,依法进行专门矫治教育。

立法沿革

本条系 1997 年《刑法》吸收修改 1979 年《刑法》作出的规定。1979 年《刑法》第十四条规定:"已满十六岁的人犯罪,应当负刑事责任。""已满十四岁不满十六岁的人,犯杀人、重伤、抢劫、放火、惯窃罪或者其他严重破坏社会秩序罪,应当负刑事责任。""已满十四岁不满十八岁的人犯罪,应当从轻或者减轻处罚。""因不满十六岁不处罚的,责令他的家长或者监护人加以管教;在必要的时候,也可以由政府收容教养。"1997 年《刑法》将年龄的表述由"岁"调整为"周岁",对相对刑事责任年龄阶段未成年人负刑事责任的范围作了修改,并将因刑事责任年龄"不处罚"调整为"不予刑事处罚"。

2021 年 3 月 1 日起施行的《刑法修正案(十一)》第一条对本条作了修改,主要涉及如下四个方面:一是增加第三款,对法定最低刑事责任年龄作了个别下调,并设置核准追诉程序;二是与《预防未成年人犯罪法》修改相衔接,将原规定的"由政府收容教养"调整为"依法进行专门矫治教育";三是与《民法典》关于监护人的有关规定相衔接,将"责令他的家长或者监护人加以管教"调整为"责令其父母或者其他监护人加以管教";四是与《刑法修正案(三)》关于《刑法》第一百一十四条、第一百一十五条的修改相衔接,将"投毒"调整为"投放危险物质"。

修正前《刑法》	修正后《刑法》
第十七条　已满十六周岁的人犯罪,应当负刑事责任。 已满十四周岁不满十六周岁的人,犯故意杀人、故意伤害致人重伤或者死亡、强奸、抢劫、贩卖毒品、放火、爆炸、~~投毒~~罪的,应当负刑事责任。 ~~已满十四周岁~~不满十八周岁的人~~犯罪~~,应当从轻或者减轻处罚。 因不满十六周岁不予刑事处罚的,责令~~他的家长~~或者监护人加以管教;在必要的时候,~~也可以由政府收容教养~~。	第十七条　已满十六周岁的人犯罪,应当负刑事责任。 已满十四周岁不满十六周岁的人,犯故意杀人、故意伤害致人重伤或者死亡、强奸、抢劫、贩卖毒品、放火、爆炸、**投放危险物质**罪的,应当负刑事责任。 **已满十二周岁不满十四周岁的人,犯故意杀人、故意伤害罪,致人死亡或者以特别残忍手段致人重伤造成严重残疾,情节恶劣,经最高人民检察院核准追诉的,应当负刑事责任。** **对依照前三款规定追究刑事责任的**不满十八周岁的人,应当从轻或者减轻处罚。 因不满十六周岁不予刑事处罚的,责令**其父母**或者**其他**监护人加以管教;在必要的时候,**依法进行专门矫治教育**。

◼ 相关规定

《中华人民共和国预防未成年人犯罪法》(自2021年6月1日起施行,节录)

第四十五条　未成年人实施刑法规定的行为、因不满法定刑事责任年龄不予刑事处罚的,经专门教育指导委员会评估同意,教育行政部门会同公安机关可以决定对其进行专门矫治教育。

省级人民政府应当结合本地的实际情况,至少确定一所专门学校按照分校区、分班级等方式设置专门场所,对前款规定的未成年人进行专门矫治教育。

前款规定的专门场所实行闭环管理,公安机关、司法行政部门负责未成年人的矫治工作,教育行政部门承担未成年人的教育工作。

第四十六条　专门学校应当在每个学期适时提请专门教育指导委员会对接受专门教育的未成年学生的情况进行评估。对经评估适合转回普通学校就读的,专门教育指导委员会应当向原决定机关提出书面建议,由原决定机关决定是否将未成年学生转回普通学校就读。

原决定机关决定将未成年学生转回普通学校的,其原所在学校不得拒绝接收;因特殊情况,不适宜转回原所在学校的,由教育行政部门安排转学。

立法工作机关意见

《全国人民代表大会常务委员会法制工作委员会关于已满十四周岁不满十六周岁的人承担刑事责任范围问题的答复意见》(法工委复字〔2002〕12号)

最高人民检察院:

关于你单位4月8日来函收悉,经研究,现答复如下:

刑法第十七条第二款规定的八种犯罪,是指具体犯罪行为而不是具体罪名。对于刑法第十七条中规定的"犯故意杀人、故意伤害致人重伤或者死亡",是指只要故意实施了杀人、伤害行为并且造成了致人重伤、死亡后果的,都应负刑事责任。而不是指只有犯故意杀人罪、故意伤害罪的,才负刑事责任,绑架撕票的,不负刑事责任。对司法实践中出现的已满十四周岁不满十六周岁的人绑架人质后杀害被绑架人、拐卖妇女、儿童而故意造成被拐卖妇女、儿童重伤或死亡的行为,依据刑法是应当追究其刑事责任的。

司法解释

《最高人民法院关于审理未成年人刑事案件具体应用法律若干问题的解释》(法释〔2006〕1号,自2006年1月23日起施行)①

为正确审理未成年人刑事案件,贯彻"教育为主,惩罚为辅"的原则,根据刑法等有关法律的规定,现就审理未成年人刑事案件具体应用法律的若干问题解释如下:

第一条 本解释所称未成年人刑事案件,是指被告人实施被指控的犯罪时已满十四周岁不满十八周岁的案件。

第二条 刑法第十七条规定的"周岁",按照公历的年、月、日计算,从周岁生日的第二天起算。

第三条 审理未成年人刑事案件,应当查明被告人实施被指控的犯罪时的年龄。裁判文书中应当写明被告人出生的年、月、日。

第四条 对于没有充分证据证明被告人实施被指控的犯罪时已经达到法定刑事责任年龄且确实无法查明的,应当推定其没有达到相应法定刑事责任年龄。

相关证据足以证明被告人实施被指控的犯罪时已经达到法定刑事责任年龄,但是无法准确查明被告人具体出生日期的,应当认定其达到相应法定刑事责

---

① 对本司法解释的适用,应当根据经《刑法修正案(十一)》修改后《刑法》第十七条作综合考量。——本评注注

任年龄。

第五条 已满十四周岁不满十六周岁的人实施刑法第十七条第二款规定以外的行为,如果同时触犯了刑法第十七条第二款规定的,应当依照刑法第十七条第二款的规定确定罪名,定罪处罚。

第六条 已满十四周岁不满十六周岁的人偶尔与幼女发生性行为,情节轻微、未造成严重后果的,不认为是犯罪。

第七条① 已满十四周岁不满十六周岁的人使用轻微暴力或者威胁,强行索要其他未成年人随身携带的生活、学习用品或者钱财数量不大,且未造成被害人轻微伤以上或者不敢正常到校学习、生活等危害后果的,不认为是犯罪。

已满十六周岁不满十八周岁的人具有前款规定情形的,一般也不认为是犯罪。

第八条 已满十六周岁不满十八周岁的人出于以大欺小、以强凌弱或者寻求精神刺激,随意殴打其他未成年人、多次对其他未成年人强拿硬要或者任意损毁公私财物,扰乱学校及其他公共场所秩序,情节严重的,以寻衅滋事罪定罪处罚。

第九条 已满十六周岁不满十八周岁的人实施盗窃行为未超过三次,盗窃数额虽已达到"数额较大"标准,但案发后能如实供述全部盗窃事实并积极退赃,且具有下列情形之一的,可以认定为"情节显著轻微危害不大",不认为是犯罪:

---

① 正确理解和执行本条,应当注意从以下三个方面进行考察:(1)认定"轻微暴力"应当从是否持刀或者其他凶器、砖头等对被害人进行抢劫(如果持刀或者其他凶器、砖头等实施抢劫,则一般不应认定为"轻微暴力"),以及使用暴力的程度,同时结合是否造成被害人轻微伤以上后果等方面综合判定。(2)索要其他未成年人随身携带的生活、学习用品或者钱财数量不大。"数量不大"可以参考盗窃、抢夺罪数额较大来认定,一般对未达到"数额较大"标准的,可以认定为"数量不大"。(3)未造成被害人轻微伤以上或者不敢正常到校学习、生活等危害后果。需要特别强调的是,由于本条是针对何种情形属于"情节显著轻微危害不大"所作的解释,并且基于案件情况的复杂性,该规定仍比较原则。司法实践中具体执行该条,不应机械地对号入座,而应结合案件具体情况,对同时具备以上三个条件,确实属于"情节显著轻微危害不大"的,才不认为是犯罪。已满十六周岁不满十八周岁的人具有前述情形的,一般也不认为是犯罪,但不完全排除根据具体案件情况定罪处罚的可能。参见李兵:《〈关于审理未成年人刑事案件具体应用法律若干问题的解释〉的理解与适用》,载中华人民共和国最高人民法院刑事审判第一、二、三、四、五庭主办:《中国刑事审判指导案例1》(增订第3版),法律出版社2017年版,第660页。

（一）系又聋又哑的人或者盲人；
（二）在共同盗窃中起次要或者辅助作用，或者被胁迫；
（三）具有其他轻微情节的。

已满十六周岁不满十八周岁的人盗窃未遂或者中止的，可不认为是犯罪。

已满十六周岁不满十八周岁的人盗窃自己家庭或者近亲属财物，或者盗窃其他亲属财物但其他亲属要求不予追究的，可不按犯罪处理。

第十条　已满十四周岁不满十六周岁的人盗窃、诈骗、抢夺他人财物，为窝藏赃物、抗拒抓捕或者毁灭罪证，当场使用暴力，故意伤害致人重伤或者死亡，或者故意杀人的，应当分别以故意伤害罪或者故意杀人罪定罪处罚。

已满十六周岁不满十八周岁的人犯盗窃、诈骗、抢夺罪，为窝藏赃物、抗拒抓捕或者毁灭罪证而当场使用暴力或者以暴力相威胁的，应当依照刑法第二百六十九条的规定定罪处罚；情节轻微的，可不以抢劫罪定罪处罚。

第十一条　对未成年罪犯适用刑罚，应当充分考虑是否有利于未成年罪犯的教育和矫正。

对未成年罪犯量刑应当依照刑法第六十一条的规定，并充分考虑未成年人实施犯罪行为的动机和目的、犯罪时的年龄、是否初次犯罪、犯罪后的悔罪表现、个人成长经历和一贯表现等因素。对符合管制、缓刑、单处罚金或者免予刑事处罚适用条件的未成年罪犯，应当依法适用管制、缓刑、单处罚金或者免予刑事处罚。

第十二条　行为人在达到法定刑事责任年龄前后均实施了危害社会的行为，只能依法追究其达到法定刑事责任年龄后实施的危害社会行为的刑事责任。

行为人在年满十八周岁前后实施了不同种犯罪行为，对其年满十八周岁以前实施的犯罪应当依法从轻或者减轻处罚。行为人在年满十八周岁前后实施了同种犯罪行为，在量刑时应当考虑对年满十八周岁以前实施的犯罪，适当给予从轻或者减轻处罚。

第十三条　未成年人犯罪只有罪行极其严重的，才可以适用无期徒刑。对已满十四周岁不满十六周岁的人犯罪一般不判处无期徒刑。

第十四条　除刑法规定"应当"附加剥夺政治权利外，对未成年罪犯一般不判处附加剥夺政治权利。

如果对未成年罪犯判处附加剥夺政治权利的，应当依法从轻判处。

对实施被指控犯罪时未成年、审判时已成年的罪犯判处附加剥夺政治权利，适用前款的规定。

第十五条　对未成年罪犯实施刑法规定的"并处"没收财产或者罚金的犯

罪,应当依法判处相应的财产刑;对未成年罪犯实施刑法规定的"可以并处"没收财产或者罚金的犯罪,一般不判处财产刑。

对未成年罪犯判处罚金刑时,应当依法从轻或者减轻判处,并根据犯罪情节,综合考虑其缴纳罚金的能力,确定罚金数额。但罚金的最低数额不得少于五百元人民币。

对被判处罚金刑的未成年罪犯,其监护人或者其他人自愿代为垫付罚金的,人民法院应当允许。

第十六条 对未成年罪犯符合刑法第七十二条第一款规定的,可以宣告缓刑。如果同时具有下列情形之一,对其适用缓刑确实不致再危害社会的,应当宣告缓刑:

(一)初次犯罪;

(二)积极退赃或赔偿被害人经济损失;

(三)具备监护、帮教条件。

第十七条 未成年罪犯根据其所犯罪行,可能被判处拘役、三年以下有期徒刑,如果悔罪表现好,并具有下列情形之一的,应当依照刑法第三十七条的规定免予刑事处罚:

(一)系又聋又哑的人或者盲人;

(二)防卫过当或者避险过当;

(三)犯罪预备、中止或者未遂;

(四)共同犯罪中从犯、胁从犯;

(五)犯罪后自首或者有立功表现;

(六)其他犯罪情节轻微不需要判处刑罚的。

第十八条 对未成年罪犯的减刑、假释,在掌握标准上可以比照成年罪犯依法适度放宽。

未成年罪犯能认罪服法,遵守监规,积极参加学习、劳动的,即可视为"确有悔改表现"予以减刑,其减刑的幅度可以适当放宽,间隔的时间可以相应缩短。符合刑法第八十一条第一款规定的,可以假释。

未成年罪犯在服刑期间已经成年的,对其减刑、假释可以适用上述规定。

第十九条① 刑事附带民事案件的未成年被告人有个人财产的,应当由本

---

① 《民法典》第一千一百八十八条第二款规定:"有财产的无民事行为能力人、限制民事行为能力人造成他人损害的,从本人财产中支付赔偿费用;不足部分,由监护人赔偿。"本条第一款"但单位担任监护人的除外"的规定能否继续适用,似需再作斟酌。——**本评注注**

人承担民事赔偿责任,不足部分由监护人予以赔偿,但单位担任监护人的除外。

被告人对被害人物质损失的赔偿情况,可以作为量刑情节予以考虑。

第二十条 本解释自公布之日起施行。

《最高人民法院关于办理未成年人刑事案件适用法律的若干问题的解释》(法发〔1995〕9号)自本解释公布之日起不再执行。

《最高人民检察院关于对涉嫌盗窃的不满十六周岁未成年人采取刑事拘留强制措施是否违法问题的批复》(高检发释字〔2011〕1号,自2011年1月25日起施行)

北京市人民检察院:

你院京检字〔2010〕107号《关于对涉嫌盗窃的不满十六周岁未成年人采取刑事拘留强制措施是否违法的请示》收悉。经研究,批复如下:

根据刑法、刑事诉讼法、未成年人保护法等有关法律规定,对于实施犯罪时未满十六周岁的未成年人,且未犯刑法第十七条第二款规定之罪的,公安机关查明犯罪嫌疑人实施犯罪时年龄确系未满十六周岁依法不负刑事责任后仍予以刑事拘留的,检察机关应当及时提出纠正意见。

■ 规范性文件

《最高人民法院关于贯彻宽严相济刑事政策的若干意见》(法发〔2010〕9号)第二十条对未成年人犯罪案件的刑事政策把握提出专门要求。(→参见总则第四章标题评注部分,第185页)

《未成年人刑事检察工作指引(试行)》(高检发未检字〔2017〕1号,节录)

第一百五十二条 人民检察院审查未成年人刑事案件,应当注重对未成年人年龄证据的审查,重点审查是否已满十四、十六、十八周岁。

对于未成年人年龄证据,一般应当以公安机关加盖公章、附有未成年人照片的户籍证明为准。当户籍证明与其他证据存在矛盾时,应当遵循以下原则:

(一)可以调取医院的分娩记录、出生证明、户口簿、户籍登记底卡、居民身份证、临时居住证、护照、入境证明、港澳居民来往内地通行证、台湾居民来往大陆通行证、中华人民共和国旅行证、学籍卡、计生台帐、防疫证、(家)族谱等证明文件,收集接生人员、邻居、同学等其他无利害关系人的证言,综合审查判断,排除合理怀疑,采纳各证据共同证实的相对一致的年龄。

(二)犯罪嫌疑人不讲真实姓名、住址,年龄不明的,可以委托进行骨龄鉴定或者其他科学鉴定。经审查,鉴定意见能够准确确定犯罪嫌疑人实施犯罪行为时的年龄的,可以作为判断犯罪嫌疑人年龄的证据参考。若鉴定意见不能准确确定犯罪嫌疑人实施犯罪行为时的年龄,而且显示犯罪嫌疑人年龄在法定应负刑事责任年龄上下，但无法查清真实年龄的，应当作出有利于犯罪嫌疑人的认定。

第一百七十六条 对于犯罪情节轻微，具有下列情形之一，依照刑法规定不需要判处刑罚或者免除刑罚的未成年犯罪嫌疑人，一般应当依法作出不起诉决定：

（一）被胁迫参与犯罪的；

（二）犯罪预备、中止、未遂的；

（三）在共同犯罪中起次要或者辅助作用的；

（四）系又聋又哑的人或者盲人的；

（五）因防卫过当或者紧急避险过当构成犯罪的；

（六）有自首或者立功表现的；

（七）其他依照刑法规定不需要判处刑罚或者免除刑罚的情形。

对于未成年人轻伤害、初次犯罪、过失犯罪、犯罪未遂以及被诱骗或者被教唆实施犯罪等，情节轻微，确有悔罪表现，当事人双方自愿就民事赔偿达成协议并切实履行，或者经被害人同意并提供有效担保，符合刑法第三十七条规定的，人民检察院可以依照刑事诉讼法第一百七十三条第二款①的规定作出不起诉决定，并根据案件的不同情况，予以训诫或者责令具结悔过、赔礼道歉、赔偿损失，或者由主管部门予以行政处罚。

第一百八十一条 对于符合以下条件的案件，人民检察院可以作出附条件不起诉的决定：

（一）犯罪嫌疑人实施犯罪行为时系未成年人的；

（二）涉嫌刑法分则第四章、第五章、第六章规定的犯罪的；

（三）可能被判处一年有期徒刑以下刑罚的；

（四）犯罪事实清楚，证据确实、充分，符合起诉条件的；

（五）犯罪嫌疑人具有悔罪表现的。

人民检察院可以参照《最高人民法院关于常见犯罪的量刑指导意见》②并综合考虑全案情况和量刑情节，衡量是否"可能判处一年有期徒刑以下刑罚"。

具有下列情形之一的，一般认为具有悔罪表现：

（一）犯罪嫌疑人认罪认罚的；

---

① 现行《刑事诉讼法》为第一百七十七条第二款。——本评注注

② 现行为《最高人民法院、最高人民检察院关于常见犯罪的量刑指导意见（试行）》（法发〔2021〕21号）。——本评注注

（二）向被害人赔礼道歉、积极退赃、尽力减少或者赔偿损失的；
（三）取得被害人谅解的；
（四）具有自首或者立功表现的；
（五）犯罪中止的；
（六）其他具有悔罪表现的情形。

对于符合附条件不起诉条件，实施犯罪行为时未满十八周岁，但诉讼时已成年的犯罪嫌疑人，人民检察院可以作出附条件不起诉决定。

《最高人民法院、最高人民检察院关于常见犯罪的量刑指导意见（试行）》（法发〔2021〕21号）"三、常见量刑情节的适用"第（一）条对未成年人犯罪量刑情节的适用作了规定。（→参见总则第四章第一节标题评注部分，第223页）

法律适用答复、复函①

《公安部法制司关于如何确定无户籍登记的犯罪嫌疑人年龄的答复》（公法〔1997〕125号）

广东省公安厅：

你厅《关于无户籍登记的犯罪嫌疑人该如何确定其年龄的请示》（广公发传〔1997〕82号）收悉，经研究，现答复如下：

鉴于黄某的年龄在户籍资料中没有任何记载，户口登记机关无法提供准确的依据。因此，公安机关应进行司法鉴定，以确定诸如黄某等无户籍登记的犯罪嫌疑人的实际年龄。

根据目前的技术水平，还无法对犯罪嫌疑人的年龄作出精确的鉴定，对25岁以内青少年的年龄鉴定结论误差范围通常在±2岁以内，只能反映犯罪嫌疑人的年龄段（如14岁以上18岁以下）。从保护青少年的合法权益和"教育、感化、挽救"的刑事政策出发，在实际认定时，应将鉴定反映的该犯罪嫌疑人年龄段的下限即可能的最低年龄视为犯罪嫌疑人的年龄。

---

① **另**，鉴于《刑法修正案（十一）》将《刑法》第十七条规定的"由政府收容教养"修改为"依法进行专门矫治教育"，《最高人民法院对甘肃省高级人民法院〔2003〕甘行终字第98号请示的答复》（〔2004〕行他字第10号）未予收录。该答复针对《甘肃省高级人民法院关于胡起立不服甘肃省公安厅少年收容教养决定上诉一案的请示》（〔2003〕甘行终字第98号）答复如下："《刑法》第十七条第四款关于'因不满十六周岁不予刑事处罚的……在必要的时候，可以由政府收容教养'的规定，适用于因不满十四周岁不予刑事处罚的情形。"

《最高人民检察院关于"骨龄鉴定"能否作为确定刑事责任年龄证据使用的批复》(高检发研字〔2000〕6号)

宁夏回族自治区人民检察院：

你院《关于"骨龄鉴定"能否作为证据使用的请示》收悉，经研究批复如下：

犯罪嫌疑人不讲真实姓名、住址，年龄不明的，可以委托进行骨龄鉴定或其他科学鉴定，经审查，鉴定结论能够准确确定犯罪嫌疑人实施犯罪行为时的年龄的，可以作为判断犯罪嫌疑人年龄的证据使用。如果鉴定结论不能准确确定犯罪嫌疑人实施犯罪行为时的年龄，而且鉴定结论又表明犯罪嫌疑人年龄在刑法规定的应负刑事责任年龄上下的，应当依法慎重处理。

《最高人民检察院关于相对刑事责任年龄的人承担刑事责任范围有关问题的答复》(〔2003〕高检研发第13号)①

四川省人民检察院研究室：

你院关于相对刑事责任年龄的人承担刑事责任范围问题的请示(川检发办〔2002〕47号)收悉。经研究，答复如下：

一、相对刑事责任年龄的人实施了刑法第十七条第二款规定的行为，应当追究刑事责任的，其罪名应当根据所触犯的刑法分则具体条文认定。对于绑架后杀害被绑架人的，其罪名应认定为绑架罪。

二、相对刑事责任年龄的人实施了刑法第二百六十九条规定的行为的，应当依照刑法第二百六十三条的规定，以抢劫罪追究刑事责任。但对情节显著轻微，危害不大的，可根据刑法第十三条的规定，不予追究刑事责任。

刑参案例规则提炼

《**扎西达娃等抢劫案**——对罪行极其严重的未成年犯罪人能否判处无期徒刑》(第184号案例)、《**李春伟、史熠东抢劫案**——未成年人犯罪，法定刑为三年以上有期徒刑的，也可以适用免予刑事处罚》(第480号案例)、《**伍金洪、黄南燕绑架案**——户籍证明与其他证据材料互相矛盾时，如何认定被告人的年龄》(第659号案例)、《**郭永明等绑架案**——户籍登记与其他证据之间存在矛盾，如何准确认定被告人的年龄》(第684号案例)、《**乔某诈骗案**——公安机关的户籍材料存在重大瑕疵的，如何认定被告人犯罪时的年龄》(第851号案例)所涉规则提炼如下：

---

① 本答复与法释〔2006〕1号解释第五条、第十条不一致，审判实践宜以后者为准。(→具体阐释可参见本条"司法疑难解析"，第50页)——**本评注注**

1. 未成年被告人适用无期徒刑的规则。"一般而言,对罪行极其严重的未成年被告人除另有法定或酌情从重情节外,不判处无期徒刑当然是可以的,也是较为适宜的。不过,对于罪行极其严重的未成年犯罪人也并不是一律不能判处无期徒刑。"(第184号案例)

2. 未成年被告人免予刑事处罚的适用规则。《最高人民法院关于审理未成年人刑事案件具体应用法律若干问题的解释》(法释〔2006〕1号)第十七条规定未成年罪犯,可能被判处拘役、三年以下有期徒刑,犯罪情节轻微不需要判处刑罚的,应当依照《刑法》第三十七条的规定免予刑事处罚。但是,该条规定"并未涵括所有免予刑事处罚的情形,也未禁止对犯法定刑为三年以上有期徒刑之罪的未成年被告人免予刑事处罚。"此外,在适用该条规定"决定是否免予刑事处罚时,要全面、有序地衡量各种从宽处罚情节,避免重复评价。"(第480号案例)

3. 被告人年龄的审查规则。(1)"在司法实践中,户籍证明是认定被告人刑事责任年龄的首要依据。户籍证明应当由犯罪嫌疑人原籍派出所出具,对于公安机关从其内网上下载的户籍信息材料,必须经犯罪嫌疑人所在地公安机关核实,并加盖公章认可。"(第659号案例)(2)"当户籍证明与被告人供述的年龄出现矛盾,且涉及被告人刑事责任年龄时,应当收集其他证据,以确定被告人的真实年龄。"(第659号案例)具体操作过程中,可能涉及如下情形:①"如果其他证据材料能够相互印证,经审查能够证明被告人真实年龄的,可以排除户籍证明等法定证据,以其他证据来认定年龄。"(第659号案例)②"当户籍证明与其他证据材料的矛盾无法得到排除时,应正确贯彻'有利于被告人'原则,准确认定被告人的年龄。"具体而言,"当被告人的出生时间涉及是否追究其刑事责任时,户籍证明证实被告人作案时已经达到指控罪名的刑事责任年龄,但被告人提出相反意见时,其应当承担举证责任,向法庭提交有关证据。""当被告人的出生时间涉及是否对其适用死刑时,对被告人的举证责任要求可相对宽松一些。""被告人的出生时间不影响对被告人的定罪、量刑时,一般情况下采用控方提交的户籍证明等书面法定证据。"(第659号案例)"公安机关无正当理由变更原始户籍登记中的出生日期,且变更后的信息与在案证据存在冲突的,应从证据合法性和有利于被告人的角度,严格进行审查判断。"(第851号案例)"死刑案件的严格证明标准要求必须查证清楚被告人的年龄,并应精确到具体的年月日,包括是公历还是农历。经过反复调查仍无法查清的,则应推定其犯罪时未满十八周岁,不能判处死刑。"(第684号案例)

司法疑难解析

1. "犯故意杀人、故意伤害罪"的认定。 本评注认为，对"犯故意杀人、故意伤害罪"应理解为特定罪行，即故意杀人、故意伤害的具体犯罪行为，而非特定、具体的罪名。

2. 低龄未成年人犯罪的罪名认定。《全国人民代表大会常务委员会法制工作委员会关于已满十四周岁不满十六周岁的人承担刑事责任范围问题的答复意见》(法工委复字〔2002〕12号)指出："刑法第十七条第二款规定的八种犯罪，是指具体犯罪行为而不是具体罪名……对司法实践中出现的已满十四周岁不满十六周岁的人绑架人质后杀害被绑架人、拐卖妇女、儿童而故意造成被拐卖妇女、儿童重伤或死亡的行为，依据刑法是应当追究其刑事责任的。"但是，法工委复字〔2002〕12号答复意见仅就承担刑事责任范围问题作出明确，而未就具体罪名认定作进一步明确。由此，在罪名具体认定上，"两高"在较长时期内存在明显分歧：①最高人民法院主张依照《刑法》第十七条第二款的规定认定罪名，即对于杀人抢劫行为应当认定为故意杀人罪②；最高人民检察院主张依照所触犯的刑法分则具体条文认定罪名，即对于杀人抢劫行为应当认定为抢劫罪③。

本评注倾向前一立场。 主要考虑如下：(1)法工委复字〔2002〕12号答复意见的实质是在对低龄未成年人所实施行为之中的特定行为予以剥离，进而追究

---

① 这一分歧虽然由已满十四周岁不满十六周岁的人实施犯罪的罪名认定引发，但自然会延续至《刑法修正案(十一)》之后对已满十二周岁不满十四周岁的人核准追诉的罪名认定问题。

② 最高人民法院刑一庭审判长会议认为："对已满十四周岁不满十六周岁的人绑架并杀害被绑架人的，应当依照刑法第二百三十二条的规定，以故意杀人罪追究其刑事责任。"参见《最高人民法院刑事审判第一庭审判长会议关于已满十四周岁不满十六周岁的人绑架并杀害被绑架人的行为如何适用法律问题的研究意见》，载中华人民共和国最高人民法院刑事审判第一、二、三、四、五庭主办：《中国刑事审判指导案例2》(增订第3版)，法律出版社2017年版，第866页。《最高人民法院关于审理未成年人刑事案件具体应用法律若干问题的解释》(法释〔2006〕1号)第五条规定："已满十四周岁不满十六周岁的人实施刑法第十七条第二款规定以外的行为，如果同时触犯了刑法第十七条第二款规定的，应当依照刑法第十七条第二款的规定确定罪名，定罪处罚。"第十条亦有类似规定。

③ 《最高人民检察院关于相对刑事责任年龄的人承担刑事责任范围有关问题的答复》(〔2003〕高检研发第13号)明确主张"相对刑事责任年龄的人实施了刑法第十七条第二款规定的行为，应当追究刑事责任的，其罪名应当根据所触犯的刑法分则具体条文认定"。

刑事责任。例如,对于杀人抢劫的行为,实际上可以分解为故意杀人和非法取财两个行为,依据法工委复字〔2002〕12号答复意见,只对其中的故意杀人行为追究刑事责任。基于此,前一立场更为符合这一精神;而按照后一立场,则不仅对故意杀人行为予以评价,还对所关涉的非法取财行为予以评价,有违罪刑法定原则的要求。(2)《最高人民法院关于抢劫过程中故意杀人案件如何定罪问题的批复》(法释〔2001〕16号)规定:"行为人为劫取财物而预谋故意杀人,或者在劫取财物过程中,为制服被害人反抗而故意杀人的,以抢劫罪定罪处罚。"这是针对为实施抢劫而杀人的罪数形态和罪名适用的一般性规定,实际系针对完全刑事责任能力主体所实施犯罪的罪名认定规则,而不能成为低龄未成年人犯罪罪名认定的直接依据。申言之,对于低龄未成年人犯罪的罪名确定,应当依据《刑法》第十七条的规定,区分已满十二周岁不满十四周岁、已满十四周岁不满十六周岁等年龄范围所应承担刑事责任的具体范围,妥当认定罪名。

3. 报请核准追诉的启动。 实践中,一般应当由公安机关启动报请核准追诉的程序,由同级人民检察院受理并以书面方式层报最高人民检察院审查决定。未经最高人民检察院核准,不得对案件提起公诉。

第十七条之一 【老年人犯罪的刑事责任】已满七十五周岁的人故意犯罪的,可以从轻或者减轻处罚;过失犯罪的,应当从轻或者减轻处罚。

■ 立法沿革

本条系2011年5月1日起施行的《刑法修正案(八)》第一条增设的规定。

■ 规范性文件

《最高人民法院关于贯彻宽严相济刑事政策的若干意见》(法发〔2010〕9号)第二十一条对老年人犯罪案件的刑事政策把握提出专门要求。(→参见总则第四章标题评注部分,第195页)

《最高人民法院、最高人民检察院关于常见犯罪的量刑指导意见(试行)》(法发〔2021〕21号)"三、常见量刑情节的适用"第(二)条对已满七十五周岁的老年人犯罪量刑情节的适用作了规定。(→参见总则第四章第一节标题评注部分,第225页)

第十八条 【精神障碍与刑事责任能力】 精神病人在不能辨认或者不能控制自己行为的时候造成危害结果，经法定程序鉴定确认的，不负刑事责任，但是应当责令他的家属或者监护人严加看管和医疗；在必要的时候，由政府强制医疗。

间歇性的精神病人在精神正常的时候犯罪，应当负刑事责任。

尚未完全丧失辨认或者控制自己行为能力的精神病人犯罪，应当负刑事责任，但是可以从轻或者减轻处罚。

醉酒的人犯罪，应当负刑事责任。

立法沿革

本条系1997年《刑法》吸收1979年《刑法》作出的规定。1979年《刑法》第十五条规定："精神病人在不能辨认或者不能控制自己行为的时候造成危害结果的，不负刑事责任；但是应当责令他的家属或者监护人严加看管和医疗。""间歇性的精神病人在精神正常的时候犯罪，应当负刑事责任。""醉酒的人犯罪，应当负刑事责任。"1997年《刑法》增加了对精神病人须"经法定程序鉴定确认的"规定，并规定"在必要的时候，由政府强制医疗"；同时，增设关于限制责任能力的精神病人犯罪的刑事责任的规定。

相关规定

《中华人民共和国刑事诉讼法》（修正后自2018年10月26日起施行，节录）

第三百零二条　实施暴力行为，危害公共安全或者严重危害公民人身安全，经法定程序鉴定依法不负刑事责任的精神病人，有继续危害社会可能的，可以予以强制医疗。

第三百零三条　根据本章规定对精神病人强制医疗的，由人民法院决定。

公安机关发现精神病人符合强制医疗条件的，应当写出强制医疗意见书，移送人民检察院。对于公安机关移送的或者在审查起诉过程中发现的精神病人符合强制医疗条件的，人民检察院应当向人民法院提出强制医疗的申请。人民法院在审理案件过程中发现被告人符合强制医疗条件的，可以作出强制医疗的决定。

对实施暴力行为的精神病人，在人民法院决定强制医疗前，公安机关可以采取临时的保护性约束措施。

> **刑参案例规则提炼**

《李典故意杀人案——限制责任能力的精神病人杀人如何处罚》（第49号案例）、《阿古敦故意杀人案——对限制刑事责任能力的精神病人应如何处罚》（第152号案例）、《彭崧故意杀人案——被告人吸食毒品后影响其控制、辨别能力而实施犯罪行为，是否要承担刑事责任》（第431号案例）、《房国忠故意杀人案——醉酒状态下实施犯罪，量刑时可否酌情考虑导致行为人醉酒的原因》（第554号案例）、《侯卫春故意杀人案——在故意杀人犯罪中醉酒状态能否作为酌定从轻处罚情节》（第610号案例）、《杜成军故意杀人案——在严重暴力犯罪案件中，对具有轻度精神障碍，认识和控制能力所受影响不大的被告人，是否可以不从轻处罚》（第925号案例）、《**被告人李鹏盗窃案**——如何审查智力障碍者的刑事责任能力》（第950号案例）、《**陈万寿故意杀人案**——吸食毒品致精神障碍后故意杀人案件的处理原则》（第1242号案例）、《**连恩青故意杀人案**——如何结合临床诊断证明和司法精神病鉴定意见准确认定被告人作案时的刑事责任能力》（第1286号案例）所涉规则提炼如下：

1. 限制刑事责任能力人犯罪的处理规则。 刑法"采用了'三分法'，即将精神病人的刑事责任划分为无刑事责任、完全刑事责任和限制刑事责任"。根据《刑法》第十八条第三款的规定，"'可以'而不是'应当'从轻或者减轻，但应当理解为在一般情况下都应该予以从轻或者减轻处罚"。（第152号案例）当然，"刑法并没有规定对限制行为能力人一律从轻处罚，对罪行极其严重且辨认和控制自己行为能力轻微减弱的犯罪人不予从轻处罚，并不违背立法本意"。（第925号案例）"如果被告人犯罪情节特别恶劣，后果特别严重，民愤很大，可以依法从轻处罚；如果被告人所犯罪行不是特别严重，情节不是特别恶劣，也可以依法减轻处罚。"（第49号案例）此外，"在司法鉴定实践中，极重度和重度精神发育迟滞者（智商值34以下）一般被评定为无责任能力，中度（智商值35—49）多属限制责任能力，轻度（智商值50—69）及边缘智力（智商值70—86）多属完全责任能力，对部分初犯者可酌情评定为限制责任能力"。（第950号案例）"临床诊断证明与司法精神病鉴定意见中关于被告人精神状态的判断不一致时"，"法官要严格、审慎审查，结合相关证据准确认定被告人作案时的刑事责任能力"。（第1286号案例）

2. 自陷行为的处理规则。 "醉酒虽不是法定从轻处罚情节，但毕竟醉酒犯罪与正常状态下犯罪不同。在醉酒状态下，行为人的辨认、控制能力有一定程度的减弱，对此，在量刑时应酌情考虑。"（第610号案例）"如果在量刑时不加区别地将所有生理性醉酒（即相对于病理性醉酒而言，尚未完全丧失辨认控制能力状态)下的犯罪行为一概而论,也必然会产生过于绝对的问题,容易产生量刑失衡。如对于因不可抗力或不能预见的原因醉酒,以及陷入所谓'共济失调期'或'昏睡期'(醉酒人的辨认或控制能力完全丧失)的醉酒状态下犯罪等情况,这些情况下行为人在犯罪的主观方面与未醉酒的正常人还是存在较大区别的,其主观可责性相对较低,在量刑时亦应予以适当考虑,这是贯彻罪责刑相适应原则的必然要求。""被告人系受被害人……的邀请而大量饮酒,导致醉酒,并在醉酒状态下实施杀人犯罪,量刑时可以对此情况予以考虑,酌情从轻处罚。"(第 554 号案例)特别是,"对醉酒状态下实施故意杀人行为的人一般情况下应严格控制死刑的适用,但单纯的醉酒状态不足以作为一个酌定从轻处罚情节,是否予以从轻处罚,应结合其他认罪、悔罪等情节予以综合认定。"(第 610 号案例)与醉酒后犯罪类似,"吸食毒品导致的精神障碍与精神病有显著区别,精神病系被动的受害者,吸食毒品所致精神障碍系自陷行为所致,具有主动性……且吸食毒品本已违法,故吸毒致幻后犯罪更应负刑事责任";"吸毒致幻后,当众无故持刀砍切幼童的颈部,致一人死亡,犯罪手段残忍,情节、后果严重,无任何从轻情节,可依法判处死刑立即执行。"(第 1242 号案例)"吸食毒品而致精神障碍的,不属刑法意义上的精神病人。""吸毒是国家法律所禁止的行为,被告人……在以前已因吸毒产生过幻觉的情况下,再次吸毒而引发本案,其对自己吸毒后的杀人行为应当依法承担刑事责任。"(第 431 号案例)

第十九条 【又聋又哑的人或者盲人犯罪的刑事责任】 又聋又哑的人或者盲人犯罪,可以从轻、减轻或者免除处罚。

立法沿革

本条系 1997 年《刑法》吸收 1979 年《刑法》作出的规定,未作调整。

规范性文件

《最高人民法院、最高人民检察院关于常见犯罪的量刑指导意见(试行)》(法发〔2021〕21 号)"三、常见量刑情节的适用"第(三)条对又聋又哑的人或者盲人犯罪量刑情节的适用作了规定。(→参见总则第四章第一节标题评注部分,第 225 页)

刑参案例规则提炼

《苏同强、王男敲诈勒索案——如何理解与认定刑法第十九条规定的"盲人"犯罪》(第 469 号案例)所涉规则提炼如下:

盲人犯罪的处理规则。"司法实践中可以参照……医学标准来界定'盲人'

的含义,即以最好眼的矫正视力低于0.05作为认定'盲人'的标准。""刑法规定对盲人犯罪是'可以'而不是'应当'从轻、减轻或者免除处罚。司法实践中,对盲人犯罪要根据案件的具体情况来决定是否从宽处罚。"(第469号案例)

> **第二十条 【正当防卫】**为了使国家、公共利益、本人或者他人的人身、财产和其他权利免受正在进行的不法侵害,而采取的制止不法侵害的行为,对不法侵害人造成损害的,属于正当防卫,不负刑事责任。
>
> 正当防卫明显超过必要限度造成重大损害的,应当负刑事责任,但是应当减轻或者免除处罚。
>
> 对正在进行行凶、杀人、抢劫、强奸、绑架以及其他严重危及人身安全的暴力犯罪,采取防卫行为,造成不法侵害人伤亡的,不属于防卫过当,不负刑事责任。

◆ 立法沿革

本条系1997年《刑法》吸收修改1979年《刑法》作出的规定。1979年《刑法》第十七条规定:"为了使公共利益、本人或者他人的人身和其他权利免受正在进行的不法侵害,而采取的正当防卫行为,不负刑事责任。""正当防卫超过必要限度造成不应有的危害的,应当负刑事责任;但是应当酌情减轻或者免除处罚。"1997年《刑法》对正当防卫的概念作了修改,扩展保护对象范围,将"国家利益"与"公共利益"并列,明确正当防卫行为的内在属性,即"制止不法侵害的行为";放宽防卫限度条件,将"不应有的危害"调整为"重大损害",将防卫过当的处罚原则从"应当酌情减轻或者免除处罚"修改为"应当减轻或者免除处罚";增设特殊防卫的规定,明确特殊防卫造成不法侵害人伤亡的不负刑事责任。

◆ 规范性文件

《最高人民法院、最高人民检察院、公安部、司法部关于依法办理家庭暴力犯罪案件的意见》(法发〔2015〕4号)第十九条就对家庭暴力进行正当防卫的认定作了规定。(→参见第二百三十二条评注部分,第1079页)

《最高人民法院、最高人民检察院、公安部关于依法惩治妨害公共交通工具安全驾驶违法犯罪行为的指导意见》(公通字〔2019〕1号)"一、准确认定行为性质,依法从严惩处妨害安全驾驶犯罪"就对妨害安全驾驶违法犯罪进行正当防卫的认定作了规定。(→参见第一百三十三条之二评注部分,第538页)

《最高人民法院、最高人民检察院、公安部关于依法适用正当防卫制度的指导意见》(法发〔2020〕31号)

为依法准确适用正当防卫制度,维护公民的正当防卫权利,鼓励见义勇为,弘扬社会正气,把社会主义核心价值观融入刑事司法工作,根据《中华人民共和国刑法》和《中华人民共和国刑事诉讼法》的有关规定,结合工作实际,制定本意见。

一、总体要求

1. 把握立法精神,严格公正办案。正当防卫是法律赋予公民的权利。要准确理解和把握正当防卫的法律规定和立法精神,对于符合正当防卫成立条件的,坚决依法认定。要切实防止"谁能闹谁有理""谁死伤谁有理"的错误做法,坚决捍卫"法不能向不法让步"的法治精神。

2. 立足具体案情,依法准确认定。要立足防卫人防卫时的具体情境,综合考虑案件发生的整体经过,结合一般人在类似情境下的可能反应,依法准确把握防卫的时间、限度等条件。要充分考虑防卫人面临不法侵害时的紧迫状态和紧张心理,防止在事后以正常情况下冷静理性、客观精确的标准去评判防卫人。

3. 坚持法理情统一,维护公平正义。认定是否构成正当防卫、是否防卫过当以及对防卫过当裁量刑罚时,要注重查明前因后果,分清是非曲直,确保案件处理于法有据、于理应当、于情相容,符合人民群众的公平正义观念,实现法律效果与社会效果的有机统一。

4. 准确把握界限,防止不当认定。对于以防卫为名行不法侵害之实的违法犯罪行为,要坚决避免认定为正当防卫或者防卫过当。对于虽具有防卫性质,但防卫行为明显超过必要限度造成重大损害的,应当依法认定为防卫过当。

二、正当防卫的具体适用

5. 准确把握正当防卫的起因条件。正当防卫的前提是存在不法侵害。不法侵害既包括侵犯生命、健康权利的行为,也包括侵犯人身自由、公私财产等权利的行为;既包括犯罪行为,也包括违法行为。不应将不法侵害不当限缩为暴力侵害或者犯罪行为。对于非法限制他人人身自由、非法侵入他人住宅等不法侵害,可以实行防卫。不法侵害既包括针对本人的不法侵害,也包括危害国家、公共利益或者针对他人的不法侵害。对于正在进行的拉拽方向盘、殴打司机等妨害安全驾驶、危害公共安全的违法犯罪行为,可以实行防卫。成年人对于未成年人正在实施的针对其他未成年人的不法侵害,应当劝阻、制止;劝阻、制止无效的,可以实行防卫。

6. 准确把握正当防卫的时间条件。正当防卫必须是针对正在进行的不法侵害。对于不法侵害已经形成现实、紧迫危险的,应当认定为不法侵害已经开始;对于不法侵害虽然暂时中断或者被暂时制止,但不法侵害人仍有继续实施侵害的现实可能性的,应当认定为不法侵害仍在进行;在财产犯罪中,不法侵害人虽已取得财物,但通过追赶、阻击等措施能够追回财物的,可以视为不法侵害仍在进行;对于不法侵害人确已失去侵害能力或者确已放弃侵害的,应当认定为不法侵害已经结束。对于不法侵害是否已经开始或者结束,应当立足防卫人在防卫时所处情境,按照社会公众的一般认知,依法作出合乎情理的判断,不能苛求防卫人。对于防卫人因为恐慌、紧张等心理,对不法侵害是否已经开始或者结束产生错误认识的,应当根据主客观相统一原则,依法作出妥当处理。

7. 准确把握正当防卫的对象条件。正当防卫必须针对不法侵害人进行。对于多人共同实施不法侵害的,既可以针对直接实施不法侵害的人进行防卫,也可以针对在现场共同实施不法侵害的人进行防卫。明知侵害人是无刑事责任能力人或者限制刑事责任能力人的,应当尽量使用其他方式避免或者制止侵害;没有其他方式可以避免、制止不法侵害,或者不法侵害严重危及人身安全的,可以进行反击。

8. 准确把握正当防卫的意图条件。正当防卫必须是为了使国家、公共利益、本人或者他人的人身、财产和其他权利免受不法侵害。对于故意以语言、行为等挑动对方侵害自己再予以反击的防卫挑拨,不应认定为防卫行为。

9. 准确界分防卫行为与相互斗殴。防卫行为与相互斗殴具有外观上的相似性,准确区分两者要坚持主客观相统一原则,通过综合考量案发起因、对冲突升级是否有过错、是否使用或者准备使用凶器、是否采用明显不相当的暴力、是否纠集他人参与打斗等客观情节,准确判断行为人的主观意图和行为性质。

因琐事发生争执,双方均不能保持克制而引发打斗,对于有过错的一方先动手且手段明显过激,或者一方先动手,在对方努力避免冲突的情况下仍继续侵害的,还击一方的行为一般应当认定为防卫行为。

双方因琐事发生冲突,冲突结束后,一方又实施不法侵害,对方还击,包括使用工具还击的,一般应当认定为防卫行为。不能仅因行为人事先进行防卫准备,就影响对其防卫意图的认定。

10. 防止将滥用防卫权的行为认定为防卫行为。对于显著轻微的不法侵害,行为人在可以辨识的情况下,直接使用足以致人重伤或者死亡的方式进行制止的,不应认定为防卫行为。不法侵害系因行为人的重大过错引发,行为人在可以使用其他手段避免侵害的情况下,仍故意使用足以致人重伤或者死亡的方式还击的,不应认定为防卫行为。

三、防卫过当的具体适用

11. 准确把握防卫过当的认定条件。根据刑法第二十条第二款的规定，认定防卫过当应当同时具备"明显超过必要限度"和"造成重大损害"两个条件，缺一不可。

12. 准确认定"明显超过必要限度"。防卫是否"明显超过必要限度"，应当综合不法侵害的性质、手段、强度、危害程度和防卫的时机、手段、强度、损害后果等情节，考虑双方力量对比，立足防卫人防卫时所处情境，结合社会公众的一般认知作出判断。在判断不法侵害的危害程度时，不仅要考虑已经造成的损害，还要考虑造成进一步损害的紧迫危险性和现实可能性。不应当苛求防卫人必须采取与不法侵害基本相当的反击方式和强度。通过综合考量，对于防卫行为与不法侵害相差悬殊、明显过激的，应当认定防卫明显超过必要限度。

13. 准确认定"造成重大损害"。"造成重大损害"是指造成不法侵害人重伤、死亡。造成轻伤及以下损害的，不属于重大损害。防卫行为虽然明显超过必要限度但没有造成重大损害的，不应认定为防卫过当。

14. 准确把握防卫过当的刑罚裁量。防卫过当应当负刑事责任，但是应当减轻或者免除处罚。要综合考虑案件情况，特别是不法侵害人的过错程度、不法侵害的严重程度以及防卫人面对不法侵害的恐慌、紧张等心理，确保刑罚裁量适当、公正。对于因侵害人实施严重贬损他人人格尊严、严重违反伦理道德的不法侵害，或者多次、长期实施不法侵害所引发的防卫过当行为，在量刑时应当充分考虑，以确保案件处理既经得起法律检验，又符合社会公平正义观念。

四、特殊防卫的具体适用

15. 准确理解和把握"行凶"。根据刑法第二十条第三款的规定，下列行为应当认定为"行凶"：（1）使用致命性凶器，严重危及他人人身安全的；（2）未使用凶器或者未使用致命性凶器，但是根据不法侵害的人数、打击部位和力度等情况，确已严重危及他人人身安全的。虽然尚未造成实际损害，但已对人身安全造成严重、紧迫危险的，可以认定为"行凶"。

16. 准确理解和把握"杀人、抢劫、强奸、绑架"。刑法第二十条第三款规定的"杀人、抢劫、强奸、绑架"，是指具体犯罪行为而不是具体罪名。在实施不法侵害过程中存在杀人、抢劫、强奸、绑架等严重危及人身安全的暴力犯罪行为的，如以暴力手段抢劫枪支、弹药、爆炸物或者以绑架手段拐卖妇女、儿童的，可以实行特殊防卫。有关行为没有严重危及人身安全的，应当适用一般防卫的法律规定。

17. 准确理解和把握"其他严重危及人身安全的暴力犯罪"。刑法第二十条第三款规定的"其他严重危及人身安全的暴力犯罪",应当是与杀人、抢劫、强奸、绑架行为相当,并具有致人重伤或者死亡的紧迫危险和现实可能的暴力犯罪。

18. 准确把握一般防卫与特殊防卫的关系。对于不符合特殊防卫起因条件的防卫行为,致不法侵害人伤亡的,如果没有明显超过必要限度,也应当认定为正当防卫,不负刑事责任。

五、工作要求

19. 做好侦查取证工作。公安机关在办理涉正当防卫案件时,要依法及时、全面收集与案件相关的各类证据,为案件的依法公正处理奠定事实根基。取证工作要及时,对冲突现场有视听资料、电子数据等证据材料的,应当第一时间调取;对冲突过程的目击证人,要第一时间询问。取证工作要全面,对证明案件事实有价值的各类证据都应当依法及时收集,特别是涉及判断是否属于防卫行为、是正当防卫还是防卫过当以及有关案件前因后果等的证据。

20. 依法公正处理案件。要全面审查事实证据,认真听取各方意见,高度重视犯罪嫌疑人、被告人及其辩护人提出的正当防卫或者防卫过当的辩解、辩护意见,并及时核查,以准确认定事实、正确适用法律。要及时披露办案进展等工作信息,回应社会关切。对于依法认定为正当防卫的案件,根据刑事诉讼法的规定,及时作出不予立案、撤销案件、不批准逮捕、不起诉的决定或者被告人无罪的判决。对于防卫过当案件,应当依法适用认罪认罚从宽制度;对于犯罪情节轻微,依法不需要判处刑罚或者免除刑罚的,人民检察院可以作出不起诉决定。对于不法侵害人涉嫌犯罪的,应当依法及时追诉。人民法院审理第一审的涉正当防卫案件,社会影响较大或者案情复杂的,由人民陪审员和法官组成合议庭进行审理;社会影响重大的,由人民陪审员和法官组成七人合议庭进行审理。

21. 强化释法析理工作。要围绕案件争议焦点和社会关切,以事实为根据、以法律为准绳,准确、细致地阐明案件处理的依据和理由,强化法律文书的释法析理,有效回应当事人和社会关切,使办案成为全民普法的法治公开课,达到办理一案、教育一片的效果。要尽最大可能做好矛盾化解工作,促进社会和谐稳定。

22. 做好法治宣传工作。要认真贯彻"谁执法、谁普法"的普法责任制,做好以案说法工作,使正当防卫案件的处理成为全民普法和宣扬社会主义核心价值观的过程。要加大涉正当防卫指导性案例、典型案例的发布力度,旗帜鲜明保护正当防卫者和见义勇为人的合法权益,弘扬社会正气,同时引导社会公众依法、理性、和平解决琐事纠纷,消除社会戾气,增进社会和谐。

附1:《〈关于依法适用正当防卫制度的指导意见〉的理解与适用》①(节录)

日前,最高人民法院、最高人民检察院、公安部联合发布《关于依法适用正当防卫制度的指导意见》(法发〔2020〕31号,以下简称《指导意见》)。《指导意见》的公布施行,对于指导各级公检法机关准确理解正当防卫的法律规定,正确处理涉正当防卫案件,依法维护公民的正当防卫权利,鼓励见义勇为,弘扬社会正气,把社会主义核心价值观融入刑事司法工作,具有重要意义。为便于司法实践中正确理解和适用,现就《指导意见》的制定背景、起草中的主要考虑和主要内容等介绍如下。

一、《指导意见》的起草背景与过程

1979年刑法第十七条规定:"为了使公共利益、本人或者他人的人身和其他权利免受正在进行的不法侵害,而采取的正当防卫行为,不负刑事责任。""正当防卫超过必要限度造成不应有的危害的,应当负刑事责任;但是应当酌情减轻或者免除处罚。"鉴于司法实践对正当防卫的适用把握过严、甚至一定程度上苛求防卫人,为鼓励人民群众勇于同违法犯罪作斗争,1997年刑法第二十条对正当防卫制度作了重大调整,主要涉及两个方面:一是放宽正当防卫的限度条件,将"超过必要限度造成不应有的危害"调整为"明显超过必要限度造成重大损害";二是增设特殊防卫制度,明确对严重危及公民人身安全的暴力犯罪采取防卫行为,造成不法侵害人伤亡的,不属于防卫过当。

1997年刑法施行以来,各级人民法院、人民检察院和公安机关总体能够依照修改后刑法的规定,正确、妥当处理相关案件,但在有的案件中,对正当防卫制度的适用,存在把握过严甚至严重失当的问题。上述状况的成因较为复杂:"人死为大""死了人就占理"的观念和舆论环境常常会对办案人员产生影响和压力,这是客观事实;刑法规定较为原则、抽象,而一些案件的情况错综复杂,把握起来难度很大;当然,也有部分办案机关、办案人员司法理念、司法能力方面的问题。

近年来,"于欢案""昆山龙哥案"等涉正当防卫案件引发广泛关注,新闻媒体、专家学者和广大人民群众参与其中,各抒己见,讨论激烈。一方面反映出人民群众对法治、公平、正义、安全等有了新的认识和更高期待,另一方面暴露出对正当防卫制度的适用,在理念、规则、操作等方面都有诸多问题值得进一步探讨

---

① 参见姜启波、周加海等:《〈关于依法适用正当防卫制度的指导意见〉的理解与适用》,载最高人民法院刑事审判第一、二、三、四、五庭编:《刑事审判参考(总第128辑)》,人民法院出版社2021年版,第155—179页。

和规范。为积极回应社会关切,大力弘扬社会主义核心价值观,2018年7月最高人民法院《关于在司法解释中全面贯彻社会主义核心价值观的工作规划(2018—2023)》(法发〔2018〕14号)提出:"适时出台防卫过当行为适用法律的司法解释,明确正当防卫、防卫过当的认定标准和见义勇为相关纠纷的法律适用标准,加大指导性案例的发布力度,鼓励正当防卫,旗帜鲜明保护见义勇为者的合法权益,弘扬社会正气。"根据规划要求,最高人民法院研究室启动了起草调研工作。经认真研究,反复听取一线办案人员意见,形成征求意见稿,送中央有关部门、院内相关审判庭征求意见,并根据反馈情况作了修改完善。鉴于正当防卫制度的适用关系侦查、起诉、审判三阶段,涉及公安、检察、法院三机关,联合发文有利于统一法律适用,后调整为"两高一部"联合制发指导意见。2020年3月,邀请12位对正当防卫制度具有研究专长的刑法学专家进行论证,并根据论证意见作了修改完善,以最大限度凝聚理论界、实务界关于正当防卫制度的共识。4月,专门征求了全国人大常委会法工委意见,确保相关规定准确体现正当防卫制度的立法精神。2020年6月11日最高人民法院刑事审判专业委员会第369次会议、2020年7月24日最高人民检察院第十三届检察委员会第45次会议对《指导意见》进行了审议。9月,最高人民法院、最高人民检察院、公安部完成会签程序,联合对外发布《指导意见》。

需要说明的是,在起草《指导意见》的同时,还编写了7个涉正当防卫的典型案例,与《指导意见》配套发布。主要考虑是:一方面,正当防卫所涉问题复杂,一些问题如不结合具体案情进行阐明,很难说深说细说透,故有必要用案例来诠释和充实《指导意见》的相关内容,强化《指导意见》的指导效果;另一方面,"以案说法"虽然针对性更强,说理、论证可以更加深入,但也有局限性,即只能立足具体案件、围绕案件所涉的具体问题展开说理,无法对正当防卫制度适用中方方面面的问题作出全面系统的回应。故而,采用"《指导意见》+典型案例"的方式,以期收到"点面结合"、明确规则与释用规则相结合的更好效果。

二、古今中外正当防卫制度及其借鉴

正当防卫源起于人类的防卫本能。随着社会发展,防卫权由本能发展为法律认可的权利,防卫行为由私力报复演变为社会认可的法律行为。作为成文法规定的正当防卫制度,汉谟拉比法典、古罗马十二铜表法等古代法典均有明文规定。在我国,关于正当防卫的最早记载见于《尚书·舜典》,其中的"眚灾肆赦"一语包含了过失、正当防卫、紧急避险3种观念。进入封建社会后,法律对正当防卫制度的规定较为详尽和系统。例如,《汉律》规定:"无故入人室宅庐舍,上

第20条

人车船,牵引欲犯法者,其时格杀之,无罪»《唐律·贼盗》亦有"诸夜无故入人家者,笞四十。主人登时杀者,勿论"的规定。

西方现代意义上的正当防卫制度起源于启蒙运动时期。西方近现代刑法典中关于正当防卫的规定最早出现在1791年《法国刑法典》,其中第6条规定:"防卫他人侵犯自己或他人的生命而杀人时,不为罪。"1871年《德国刑法典》进一步扩大了正当防卫的范围,第53条规定:"(1)如果行为是根据正当防卫应当的,那么该行为不可罚;(2)正当防卫是一种必要的防御,以制止正在进行的对自己或他人的违法侵害;(3)如果行为人处于恐慌、恐惧或是震惊而逾越防卫限度,则过当的防卫不受刑罚处罚。"在英美法系刑法中,正当防卫是一种普遍规定的一般辩护理由,但在分类及各自构成条件的规定上不尽相同。在英国刑法中,正当防卫分为私人防卫和制止犯罪、逮捕犯人过程中的正当防卫两大类。在美国刑法中,正当防卫分为防卫自身、防卫他人、防卫财产和执法防卫4大类。总体而言,西方各国普遍承认正当防卫制度,均强调正当防卫是天赋人权之一,应当予以保护;同时,基于各自的传统和国情,在具体制度设计上又有所不同。在《指导意见》起草过程中,着重关注了如下两个方面的问题:

一是两大法系对待退避原则的态度存在一定差异,但要求采取适当防卫方法的立场具有趋同性。在大陆法系,由于坚持"法无需向不法退让"这一基本原则,通常认为对不法侵害没有退避义务。在英美法系,早期普遍坚持退避原则,主张防卫杀人能够被免责的前提是防卫前尽一切可能退避,只有在无路可退之时方可考虑还击,从而形成了"防卫人有退避义务"的观念和"靠墙"原则。但是,自19世纪后期开始,英美法系关于退避原则的讨论日趋激烈。在英国,自20世纪后半期以来,法官和学者们一致认为"退避"不再是正当防卫成立的必要前提,而只是判断防卫是否具备"合理性"时需要考虑的因素之一。在美国,《模范刑法典》规定,防卫人在防卫自身的情况下,若能绝对安全地通过退避措施保护自己的利益,则其有义务先行退避;同时也设定了无需退避的例外情形。从美国各州的法律规定看,一部分州主张退避义务,另一部分州则认为无需退避。

综而观之,两大法系在退避原则的态度上存在差异,但新近的发展又显示出趋同性。在英美法系,退避原则在一定范围内仍被坚持,但关于引入"不退让法"的呼声从未中断过。在美国公认的"不退让州",对"不退让法"带来的正当防卫认定过宽的批评广泛存在,甚至引发了民众的抗议游行;且"不退让法"的适用也并非没有限制,如对精神病人、幼童等无过错侵害者的侵害行为仍有退避义务。在大陆法系,虽然不承认退避原则,但一定程度上缓和地承认退避义务的主张也客观存在。《日本刑法典》第36条第1款明确将正当防卫限制为"不得已而实施的行为"。日本的判例虽然回避了退避原则,但要求正当防卫所采取的方法本身必须是客观上适当的,必须是必要最小限度的行为。在德国,在防卫人对引发不法侵害有过错、不法侵害人是未成年人、不法侵害人与防卫人存在夫妻等特定关系的情况下,要求防卫人应当先行退避;虽然有"正不向不正让步"的传统,但实际上目前德国学者对于为了保护细小利益而进行的严重失衡的"防卫"不承认其正当性。例如,一位行动不便的老人,在没有其他办法的情况下,为了制止爬树偷苹果的少年而开枪射击,或者为了阻止偷走一瓶柠檬汁而开枪射击,虽然是"必要的",但并不是"需要的",因而不成立正当防卫。

二是正当防卫的具体认定不是机械的法律适用,必然会受到各国国情和法律文化传统的影响。正如日本刑法学家前田雅英所说,正当防卫等正当化行为的范围与程度因国家与时代的不同而有所不同。"与欧美诸国相比较,日本的正当防卫的容许范围更狭窄一些。在日本,即便是紧急状态,仍然存在着强烈的规范意识,认为应该尽可能地等待公权力的发动;与此相对,在欧美,将正当防卫作为权利,甚至义务来理解的见解很有影响力。"要求正当防卫所保护的法益与防卫行为所造成的损害应具有一定的相当性,这是各国刑法关于正当防卫成立条件的普遍主张。但是,对于某些具体法益重要程度的判断,则会受到国情和法律文化传统的影响,进而影响对法益的权衡和正当防卫的认定。例如,在不少西方国家,普遍主张"城堡规则",认为防卫人的住宅和工作场所、甚至是驾驶和乘坐的车辆是"城堡",对侵入行为可以实施无限防卫。上述处理原则,在其本国国情和法律文化传统之下是可以理解的,但似不宜照抄照搬到他国。例如,在当下中国,特别是在农村地区,村民们多具有亲缘关系,是一种熟人社会的生存模式,"住宅权绝对不可侵犯"的观念相对较弱,对于非法侵入住宅的案件不问情节一律允许无过当防卫似属不妥。马克思尝言:"法律的关系……既不能从它们本身来理解,也不能从所谓人类一般精神来理解,相反,它们根源于物质生活条件。"不同国家对正当防卫具体认定与处理规则的差异,对案件处理的差异,表面上是法律问题,但实则受到法律背后文化传统、现实国情等因素的深刻影响,对此应当有正确的认识。

三、准确适用正当防卫制度的总体要求

"天下之情无穷,刑书所载有限,不可以有限之法而尽无穷之情。"社会生活纷繁复杂,涉正当防卫案件千差万别,具体案件可能由于一个细节因素就会导致巨大认识分歧,不少案件专家学者也争论激烈。在其他国家,涉正当防卫案件的处理,也会引发巨大争议。1992年发生在美国的日本16岁留学生服部刚丈误闯民宅被枪杀案就是例证,该案被认定为正当防卫,但在日本却引发了轩然大

波,甚至差点酿成日美两国的外交风波。作为规范性文件,《指导意见》不可能穷尽实践中的各种问题,更不可能对每个具体案件都给出可资"对号入座"的答案,而只能是就普遍性、原则性问题提出相对明确的指引规则。涉正当防卫具体案件依法妥当处理,关键在于办案人员要吃透法律精神,树立正确理念,准确把握社会公众的公平正义观念,进而在个案中作出合乎法理事理情理的恰当裁断。基于此,在明确正当防卫制度司法适用的具体规则之前,《指导意见》第一部分首先专门对正当防卫制度适用的总体要求,即理念性问题,作了相应规定。具体而言:

一是把握立法精神,严格公正办案。1997年刑法对正当防卫制度作出重大修改完善,放宽了正当防卫的限度条件,增设了特殊防卫制度,旨在强化防卫权,鼓励人民群众勇于同不法侵害作斗争。如前所述,上述修改目的在司法实践中未能得以完全实现,正当防卫制度的适用仍趋保守,特殊防卫的规定一定程度上处于"休眠"状态,甚至被批评沦为"僵尸条款"。个别显属正当防卫的案件未能正确认定,引发社会广泛关注。究其原因,很大程度是由于有关办案机关、办案人员未能准确把握或者不敢贯彻体现修法精神,导致案件处理出现偏差。基于此,《指导意见》第1条开宗明义地提出,要"把握立法精神,严格公正办案"。具体而言,就是要回到法律规定上来,"要准确理解和把握正当防卫的法律规定和立法精神,对于符合正当防卫成立条件的,坚决依法认定。要切实防止'谁能闹谁有理''谁死伤谁有理'的错误做法,坚决捍卫'法不能向不法让步'的法治精神"。

二是立足具体案情,依法准确认定。关于正当防卫的具体适用条件,如不法侵害是否正在进行、是否严重危及人身安全、防卫行为是否明显超过必要限度等问题,基于不同时点、立足不同立场,会得出不同结论。这实际是蕴含着价值判断、理念选择的事实认定和法律适用问题。实践中,个别案件的处理结果与社会公众的认知存在较大偏差,往往是由于办案人员站在事后的、专业人员的立场上评判相关问题,而没有充分考虑防卫人面对不法侵害时的特殊紧迫情境和紧张心理,这势必会造成对正当防卫的认定过于严苛,无法体现为正当防卫适当"松绑"的修法精神。经研究认为,对防卫时间、限度条件等,应当坚持一般人的立场作事中判断,即还原到防卫人所处的具体情境,坚持整体判断原则,设身处地思考"一般人在此种情况下会如何处理",既不能苛求于人,也不能鼓励逞凶斗狠。基于此,《指导意见》第2条强调:"要立足防卫人防卫时的具体情境,综合考虑案件发生的整体经过,结合一般人在类似情境下的可能反应,依法准确把握防卫的时间、限度等条件。要充分考虑防卫人面临不法侵害时的紧迫状态和紧张心理,防止在事后以正常情况下冷静理性、客观精确的标准去评判防卫人。"

三是坚持法理情统一,维护公平正义。办理各类案件都不能简单司法、就案办案、孤立办案,而要努力探求和实现法理情的有机融合。周强院长在第7次全国刑事审判工作会议上指出:"司法绝不能背离人之常情、世之常理。要将法律的专业判断与民众的朴素认知融合起来,以严谨的法理彰显司法的理性,以公认的情理展示司法的良知,兼顾天理、国法与人情。"司法实践中,个别涉正当防卫案件的处理看似于法有据,但结果得不到社会认同,原因之一在于办案人员简单适用法律,没有充分考虑常理、常情,导致对法律规定的理解和适用偏离了人民群众对公平正义的一般认知,实际也偏离了法律精神。基于此,《指导意见》第3条强调:"认定是否构成正当防卫、是否防卫过当以及对防卫过当裁量刑罚时,要注重查明前因后果,分清是非曲直,确保案件处理于法有据、于理应当、于情相容,符合人民群众的公平正义观念,实现法律效果与社会效果的有机统一。"

四是准确把握界限,防止不当认定。"凡事皆有度,过犹不及。"对任何事物的把握都应当坚持辩证法、强调两点论。针对当前司法实践对正当防卫的适用"畏手畏脚"的现状,为正当防卫适当"松绑",鼓励见义勇为,依法保护公民的正当防卫权利是完全必要的。但"松绑"必须在法治框架内进行,必须注意防止矫枉过正,从一个极端走向另一个极端,把防卫过当错误认定为正当防卫,甚至把不具有防卫因素的故意犯罪认定为正当防卫或者防卫过当。基于此,《指导意见》在强调维护公民正当防卫权利的基础上,也从另一个方面强调要防止权利滥用,第4条要求:"对于以防卫为名行不法侵害之实的违法犯罪行为,要坚决避免认定为正当防卫或者防卫过当。对于虽具有防卫性质,但防卫行为明显超过必要限度造成重大损害的,应当依法认定为防卫过当。"

四、正当防卫的具体认定

刑法第二十条第一款规定:"为了使国家、公共利益、本人或者他人的人身、财产和其他权利免受正在进行的不法侵害,而采取的制止不法侵害的行为,对不法侵害人造成损害的,属于正当防卫,不负刑事责任。"据此,通常认为,成立正当防卫,应当同时符合起因、时间、主观、对象、限度等五个条件。为统一司法适用,《指导意见》第二部分对正当防卫的具体认定作了明确规定(考虑到限度条件,既是正当防卫的成立条件,也与防卫过当的认定相关,是实践中较难把握的一个问题,《指导意见》第三部分专门对相关问题作了规定)。

(一)关于起因条件

根据刑法规定,正当防卫的目的是为了使国家、公共利益、本人或者他人的人身、财产和其他权利免受正在进行的"不法侵害"。据此,正当防卫的起因是存在不法侵害。为指导司法实践正确把握"不法侵害"的内涵和外延,《指导意见》第5条规定:"不法侵害既包括侵犯生命、健康权利的行为,也包括侵犯人身自由、公私财产等权利的行为;既包括犯罪行为,也包括违法行为。""不法侵害既包括针对本人的不法侵害,也包括危害国家、公共利益或者针对他人的不法侵害。对于正在进行的拉拽方向盘、殴打司机等妨害安全驾驶、危害公共安全的违法犯罪行为,可以实行防卫。""成年人对于未成年人正在实施的针对其他未成年人的不法侵害,应当劝阻、制止;劝阻、制止无效的,可以实行防卫。"

对非法限制他人人身自由等不法侵害,是否可以实行防卫,存在不同认识。从刑法规定来看,对不法侵害并未作出限制性规定,将部分不法侵害排除在正当防卫的起因之外,于法无据。基于此,《指导意见》第5条专门规定"对于非法限制他人人身自由、非法侵入他人住宅等不法侵害,可以实行防卫"。实际上,这也是司法实践的通行做法。例如,在"于欢案"(最高人民法院指导案例93号"于欢故意伤害案")中,杜某某等人对于欢及其母亲持续实施限制人身自由的非法拘禁行为,即被认定为不法侵害。再如,在"汪天佑正当防卫案"(《指导意见》所附典型案例一)中,燕某某、赵某与汪天佑并不相识,且不表明身份、天黑时强行踹开纱门闯入汪天佑家,该非法侵入住宅的行为足以对汪天佑及其家人的人身、财产造成严重威胁,引发极大心理恐慌,也应认定为"不法侵害",可以进行防卫。

此外,对于不法侵害是否应当具有紧迫性,以及如何把握紧迫性,存在争议。有观点认为,正在进行的不法侵害即具有紧迫性,不需要再行就"紧迫性"作出判断;也有观点认为,正在进行的不法侵害是否具有紧迫性,需要单独判断,如非法拘禁行为不具有紧迫性,不能正当防卫。从境外情况来看,英美法系一般要求不法侵害对"生命健康权造成迫在眉睫的危险";大陆法系中,德国规定对人格、婚姻、房屋权等的不法侵害都可以进行正当防卫,而日本最高裁判所则认为"紧迫"主要指不法侵害正在进行,即着重考虑的是防卫时间问题。鉴于这一问题存在较大争议,《指导意见》未作明确规定,司法实践在处理相关案件时,宜把握如下原则:正当防卫是紧急情况下保护合法权益的非常措施,因此不法侵害应当具有"紧迫性";同时,对"紧迫性"不能作过于狭隘的理解和判断。具体而言,只要存在正在进行的不法侵害,通常就应当认定为具有防卫"紧迫性",不能把"紧迫性"人为限缩为"造成人身伤害或者公共安全危险等重大后果",对非法拘禁等不法侵害行为也可以进行防卫;但是,有些不法侵害,如侵犯知识产权行为、重婚等,采取加害性的防卫行为予以制止有悖常情常理,通过报案等方式解决更为可取的,不宜认为具有防卫的紧迫性和必要性。

(二)关于时间条件

根据刑法规定,正当防卫必须是针对正在进行的不法侵害,即不法侵害已经开始、尚未结束。《指导意见》第6条对司法实践中准确把握正当防卫的时间条件应当注意的相关问题作了明确。

其一,关于不法侵害的开始时间。一般认为,可以将不法侵害的着手认定为开始时间。但在理论上和实践中,对于不同不法侵害行为着手的认定标准往往存在争议。因此,以着手作为认定标准,不够明确,难以统一认识。实际上,不法侵害是否开始,主要应当看不法侵害是否造成现实、紧迫危险。基于此,《指导意见》第6条规定:"对于不法侵害已经形成现实、紧迫危险的,应当认定为不法侵害已经开始。"根据该条规定,如果不法侵害已经实际危害人身、财产安全的,当然属于已经开始;虽未造成实际损害,但已经形成现实、紧迫危险,不进行防卫就会失去防卫时机,无法再进行有效防卫的,也应当认为不法侵害已经开始,允许进行防卫,即可以"先下手为强"。司法实践中有案件也是这样处理的。例如,在"刘敬章正当防卫案"(福建省长汀县人民法院(2013)汀刑初字第133号刑事裁定)中,刘敬章孤身一人住在深山寺庙,年过六旬。不法侵害人在提出借住寺庙的要求被拒绝后,攀墙进入庙内,持菜刀踢门闯入刘敬章的卧室。刘敬章因听到脚步声,用手机准备向他人求救,此时借助手机屏幕光亮看到持刀闯入的不法侵害人后,拿起放在床头边的柴刀向其猛砍一刀。此种情形下,不法侵害已经形成现实、紧迫危险,故刘敬章的行为具有防卫性质,属于正当防卫。

其二,关于不法侵害的结束时间。《指导意见》第6条明确:"对于不法侵害虽然暂时中断或者被暂时制止,但不法侵害人仍有继续实施侵害的现实可能性的,应当认定为不法侵害仍在进行","对于不法侵害人确已失去侵害能力或者确已放弃侵害的,应当认定为不法侵害已经结束"。司法实践中还需要注意把握好两个问题:(1)犯罪达到既遂状态,并不必然意味不法侵害已经结束。就继续犯而言,犯罪既遂后,犯罪行为与不法状态在一定时间内同时处于继续状态,显然不宜以犯罪既遂作为不法侵害的结束时间。(2)针对财产的不法侵害,侵害人取得财物后,不宜一概认定不法侵害已经结束,而应当根据案件具体情况作出判断。特别是,如果防卫行为从整体上看是一体的,应当认为不法侵害没有结束。"一体"一般指的是同一机会、同一场合、同一动机,中间没有明显中断。按照上述一体判断原则,对盗窃犯盗窃后逃跑时被害人发现,并追击、当场取回被窃财物的,可以根据案件具体情况认定属于正当防卫。实际上,刑事诉讼法第八十四条关于对"正在实行犯罪或者在犯罪后即时被发觉的",可以立即扭送公安机关、人民检察院或者人民法院处理的规定,也可以佐证上述论断的妥当性。基于此,《指导意见》第 6 条明确:"在财产犯罪中,不法侵害人虽已取得财物,但通过追赶、阻击等措施能够追回财物的,可以视为不法侵害仍在进行。"

其三,关于时间条件的判断方法。在紧张情境下,要求防卫人对不法侵害是否已经开始、是否还会继续,作出准确的、分毫不差的判断,实属强人所难。基于此,《指导意见》第 6 条强调:"对于不法侵害是否已经开始或者结束,应当立足防卫人在防卫时所处情境,按照社会公众的一般认知,依法作出合乎情理的判断,不能苛求防卫人。"例如,在"昆山龙哥案"(最高人民检察院指导性案例第 47 号"于海明正当防卫案")中,不法侵害人从轿车内取出砍刀对防卫人于海明实施侵害。在砍刀被于海明抢走后,侵害人又跑向之前藏匿砍刀的轿车。此种情形下,站在一般人的立场,完全可以认为侵害人很可能是要寻找其他凶器继续实施侵害,不法侵害并未结束。因此,于海明继续追砍两刀的行为,仍具有防卫性质。再如"涞源反杀案"(即"王新元、赵印芝正当防卫案")中,防卫人王新元家居住在村边,周边住宅无人居住,案发时已是深夜,现场无灯光,不法侵害人持凶器翻墙进入王新元住宅,对王新元一家实施不法侵害,王新元等受到惊吓,呼救无应,精神高度紧张,心里极度恐慌,在侵害人倒地后,王新元等无法判断其是否还具有侵害能力,要求他们即刻停止防卫不具有合理性和现实性。故而,王新元等人行为并不违反正当防卫的时间条件。

其四,关于防卫不适时的法律责任。实践中较为突出的问题是有关事后防卫的认定与处理问题。从境外情况来看,有学者把事后防卫解释为"量的防卫过当",主张适用防卫过当从宽处罚的规定。我国也有学者提倡引入这一规则。经研究认为,"量的防卫过当"概念的提出,具有一定合理性;但能否引入我国的司法实践,需要进一步研究。根据我国刑法规定,对不法侵害已经结束、特别是明显已经结束的情况下实施"防卫"行为的,难以按防卫过当认定和处理,但考虑到在紧张情境下,对不法侵害是否已经结束往往不易作出准确判断,加之防卫人采取的防卫行为大多带有激情、激愤因素,故在定性特别是量刑时应当有所考虑。基于此,《指导意见》第 6 条强调:"对于防卫人因为恐慌、紧张等心理,对不法侵害是否已经开始或者结束产生错误认识的,应当根据主客观相统一原则,依法作出妥当处理。"

(三)关于对象条件

根据刑法规定,正当防卫必须针对不法侵害人进行,而不能针对不法侵害人以外的第三人进行。当然,不能狭隘地将不法侵害人理解为实行行为的实施者,而是也包括现场的组织者、教唆者和帮助者。基于此,《指导意见》第 7 条规定:"正当防卫必须针对不法侵害人进行。对于多人共同实施不法侵害的,既可以针对直接实施不法侵害的人进行防卫,也可以针对在现场共同实施不法侵害的人进行防卫。"例如,在"陈天杰正当防卫案"(《指导意见》所附典型案例三)中,击打到陈天杰头部的虽然只是纪某某,但容某乙当时也围在陈天杰身边手持钢管殴打陈天杰,也属于不法侵害人,陈天杰可以对其防卫。

对于不法侵害人是否包括精神病人、未成年人,存在不同认识。多数观点主张,对精神病人、未成年人等实施的侵害应当尽量采取避险行为。经研究认为,从人道主义精神出发,上述观点具有合理性;但需要注意的是,此种情形下的退避是有条件的。如果没有退避可能,或者退避会造成更大损害结果发生,应当允许进行防卫。基于此,《指导意见》第7条规定:"明知侵害人是无刑事责任能力人或者限制刑事责任能力人的,应当尽量使用其他方式避免或者制止侵害;没有其他方式可以避免、制止不法侵害,或者不法侵害严重危及人身安全的,可以进行反击。"司法实践也有案件肯定对精神病人可以实行正当防卫。例如,在"范尚秀防卫过当案"(《刑事审判参考》第353号案例)中,范尚秀被其患精神病的同胞兄弟追打,范尚秀在跑了几圈之后,因无力跑动,转身夺下木棒进行的反击,属于防卫行为。

对此,还要注意两个问题:(1)未成年防卫人面对未成年不法侵害人时,防卫人本身的自我保护能力弱,辨认控制能力不足,不能一味要求其退避;(2)某些情况下,不法侵害人是否属于精神病人或者未成年人不易判断。对于确实未认识到不法侵害人是精神病人或者未成年人的,不适用上述规则。

(四)关于意图条件

根据刑法规定,正当防卫必须具有正当的防卫意图。《指导意见》第8条规定:"正当防卫必须是为了使国家、公共利益、本人或者他人的人身、财产和其他权利免受不法侵害。对于故意以语言、行为等挑动对方侵害自己再予以反击的防卫挑拨,不应认定为防卫行为。"司法实践中理解和认定防卫意图,需要着重把握如下两个问题:

其一,《指导意见》第10条明确:"对于显著轻微的不法侵害,行为人在可以辨识的情况下,直接使用足以致人重伤或者死亡的方式进行制止的,不应认定为防卫行为。"这是因为,所谓"防卫"行为与加害行为有明显、重大悬殊,严重不相称,无法认定行为人具有防卫意图。例如,为防止小偷偷走1个苹果而对其开枪射击的,即使当时没有其他制止办法,也不能认定行为人具有防卫意图,不成立正当防卫或者防卫过当。又如,在"刘金胜故意伤害案"(《指导意见》所附典型案例五)中,刘金胜因家庭矛盾打了黄某甲(与刘金胜非婚生育4名子女)两耳光,黄某甲让其兄长黄某乙出面调处。黄某乙、李某某各打了坐在床上的刘金胜一耳光,刘金胜随即从被子下拿出菜刀砍伤黄某乙头部,并拽住见状欲跑的李某某,向其头部连砍3刀。黄某乙、李某某打刘金胜耳光的行为显属发生在一般争吵中的轻微暴力,有别于以给他人身体造成伤害为目的的攻击性不法侵害行为。因此,刘金胜因家庭婚姻情感问题矛盾激化被打了两耳光便径直持刀连砍他人头部的行为,不应当认定为防卫行为。当然,对于上述行为,考虑到事出有因,故在量刑时可以酌情从宽。

其二,《指导意见》第10条还规定:"不法侵害系因行为人的重大过错引发,行为人在可以使用其他手段避免侵害的情况下,仍故意使用足以致人重伤或者死亡的方式还击的,不应认定为防卫行为。"按照上述规定,处理此类涉正当防卫案件,要综合考量前因后果,作出符合法理和情理的准确判断。例如,本夫看到妻子与奸夫一起逛商场,持自行车U型锁砸奸夫,奸夫本可逃跑,但却持匕首将本夫刺死。此种情形下,本夫的加害行为事出有因,且加害对象特定,与一般的故意伤害行为在社会危害性上存在较大不同。如果不考虑事件的起因,认定奸夫的行为属于防卫过当甚至正当防卫,对其只能在10年有期徒刑以下处刑,甚至要宣告无罪,从情理上难以为人民群众所认同。因此,对于行为人在起因方面有重大过错的情形,应当认为其有退避义务,只有在无法避让的情况下才能进行防卫。

(五)关于防卫行为与相互斗殴的界分

正当防卫是制止不法侵害的正当行为,属于"正对不正";而相互斗殴则是互相加害的违法犯罪行为,属于"不正对不正"。显然,二者具有根本不同的属性。但是,正当防卫与相互斗殴都可能造成对方的损害,外在表现具有相似性,要准确区分两者,往往并非易事。司法实践中,个别案件存在"和稀泥""各打五十大板"的现象,只要造成对方轻伤以上后果的就各自按犯罪处理,仅仅将可能具有的防卫因素作为量刑情节酌情考虑。这种处理方法"将复杂问题简单化",看似"简单方便",但模糊了"正"与"不正"之间的界限,混淆了违法阻却事由和酌定量刑情节之间的区别,既不符合正当防卫制度的法律规定和立法精神,也难以取得良好的社会效果。为指导司法实践,《指导意见》专门对正当防卫与相互斗殴的界分这一重点和难点问题作出了规定。

其一,坚持主客观相统一原则和综合判断。《指导意见》第9条规定:"防卫行为与相互斗殴具有外观上的相似性,准确区分两者要坚持主客观相统一原则,通过综合考量案发起因、对冲突升级是否有过错、是否使用或者准备使用凶器、是否采用明显不相当的暴力、是否纠集他人参与打斗等客观情节,准确判断行为人的主观意图和行为性质。"根据上述规定,司法实践中,对正当防卫和相互斗殴进行综合判断的要点包括但不限于以下方面:(1)对引发矛盾是否存在过错;(2)是否先动手,导致冲突升级;(3)是否采用明显不相当的暴力进行回应;(4)是否使用管制刀具或者其他足以致人死伤的凶器;(5)是否纠集他人参与打斗等。通过综合判断,认定行为人具有泄愤、立威等意图或者其他非法目的的,应当认为具有互殴性质;反之,认定行为人是为了防止自身或者他人受到侵害的防卫行为。例如,在"陈天杰正当防卫案"中,陈天杰在其妻子被调戏、其被辱骂的情况下,面对冲上来欲对其殴打的不法侵害人,陈天杰欲还击,但被其妻子和他人拦开。陈天杰在扶被不法侵害人推倒在地的妻子时,多名侵害人先后冲过来对陈天杰拳打脚踢,继而持械殴打陈天杰。打斗中,陈天杰持刀捅刺,致一人死亡、多人受伤。综合上述情况,陈天杰是在其妻子被羞辱、自己被殴打后为维护自己与妻子的尊严、保护自己与妻子的人身安全,防止不法侵害而被动进行的还击,不具有伤害他人的犯罪故意,其行为属于正当防卫而非相互斗殴。

需要特别说明的是,上述判断应当是综合判断,不能简单地依据其中一项就断定是否属于正当防卫。实践中要避免如下两个判断误区:(1)"先动手原则",即先动手的就是不法侵害,后动手的就是正当防卫。经研究认为,这种观点过于绝对。例如,行为人的车位无故被他人堵拦,行为人好言相劝,对方就是不挪,甚至态度蛮横,行为人被逼无奈,情急之下推搡、拉扯甚至拳击对方的,后动手的一方并不必然具有防卫性质。(2)对"打上门"的还击就是正当防卫。一般而言,双方事先约定到特定地点打斗的,是典型的相互斗殴;一方打上门,另一方还击的,通常具有防卫性质,但也不能绝对化。例如,在"江苏常熟何强、曾勇等聚众斗殴案"中,打斗双方"砍刀队"和"菜刀队"都具有涉恶背景,双方在打斗前恶语相向、互有挑衅,致矛盾升级。所谓的"防卫方"在公司内纠集人员、准备菜刀等工具,待人员就位、工具准备完毕后,主动邀约对方上门,随后双方相互持械斗殴。综合上述情况,所谓的"防卫方"主观上并非基于防卫的意图,而是想"以逸待劳",对斗殴的发生持积极态度,应当认定为相互斗殴。

其二,妥当把握因琐事引发打斗所涉及的正当防卫与相互斗殴的界分。实践中,相约斗殴的情形已比较少见,更多的冲突是因琐事临时引发。需要注意的是,并非因琐事发生争执、冲突,引发打斗的,就一定是相互斗殴。此类案件也完全有可能成立正当防卫。例如,《指导意见》第9条规定:"因琐事发生争执,双方均不能保持克制而引发打斗,对于有过错的一方先动手且手段明显过激,或者一方先动手,在对方努力避免冲突的情况下仍继续侵害的,还击一方的行为一般应当认定为防卫行为。"

此外，双方曾因矛盾引发冲突，结束后，一方再次纠缠，另一方反击的，也可能成立正当防卫。此种情形下，前一次冲突仅为后一次打斗的"背景"和"缘由"，并不必然决定后一次打斗的性质。后一次打斗如果符合正当防卫成立条件，应当依法认定。《指导意见》第9条对此作出了明确，规定："双方因琐事发生冲突，冲突结束后，一方又实施不法侵害，对方还击，包括使用工具还击的，一般应当认定为防卫行为。不能仅因行为人事先进行防卫准备，就影响对其防卫意图的认定。"例如，在"武汉摸狗案"(《指导意见》所附典型案例四"杨建伟故意伤害、杨建平正当防卫案")中，彭某某因狗被杨建平摸了一下，与杨建平、杨建伟兄弟发生口角，彭某某扬言要找人报复时，杨建伟回应"那你来打啊"，该回应不能表明杨建伟系与彭某某相约打斗。杨建伟在彭某某出言挑衅，并扬言报复后，准备刀具系出于防卫目的。彭某某带人持械返回现场，冲至杨建伟家门口首先拳击其面部，杨建伟才持刀反击，应当肯定其行为的防卫性质。

五、防卫过当的具体适用

刑法第二十条第二款规定："正当防卫明显超过必要限度造成重大损害的，应当负刑事责任，但是应当减轻或者免除处罚。"防卫过当以符合正当防卫的起因、时间、对象、意图条件为前提，不符合上述4个条件，就不具有"防卫"性质，自然不能成立"防卫过当"；与正当防卫相比，防卫过当只是突破了限度条件，即"明显超过必要限度，造成重大损害"。防卫限度的具体判断是实践中的一个难点。为统一司法适用，《指导意见》第三部分专门对防卫过当问题作了相应规定。

(一)关于防卫过当的认定条件

关于"明显超过必要限度，造成重大损害"是一个要件还是两个要件，存在不同认识。有观点主张应当作为一个要件来把握，但多数观点主张作为两个不同要件来把握。经研究认为，从立法表述分析，"明显超过必要限度"和"造成重大损害"应是两个相互独立的要件，前者是对行为相当性的考察，后者是对结果相当性的考察；从司法实践来看，造成重大损害但未明显超过必要限度的案件比比皆是，明显超过必要限度但未造成重大损害的情况也客观存在。例如，相对弱小的不法侵害人徒手侵害，体格强壮的防卫人持械还击，符合"明显超过必要限度"要件，但只要没有造成重大损害，则不构成防卫过当。比较而言，将"明显超过必要限度"和"造成重大损害"作为两个要件把握更为妥当，更符合为正当防卫适当"松绑"的立法精神。基于此，《指导意见》第11条要求准确把握防卫过当的认定条件，即"根据刑法第二十条第二款的规定，认定防卫过当应当同时具备'明显超过必要限度'和'造成重大损害'两个条件，缺一不可"。

(二)关于"明显超过必要限度"的认定

所谓"明显超过必要限度",简单地讲,就是指防卫行为的强度和力度与不法侵害的强度和力度"相差悬殊"。要防止"唯结果论",避免只要造成不法侵害人重伤、死亡的,就一律认定为明显超过必要限度;而且,在防卫行为与不法侵害之间进行比较时,应当站在防卫人当时的情境之中,从一般人的角度去考察。基于此,《指导意见》第12条明确要求:"防卫是否'明显超过必要限度',应当综合不法侵害的性质、手段、强度、危害程度和防卫的时机、手段、强度、损害后果等情节,考虑双方力量对比,立足防卫人防卫时所处情境,结合社会公众的一般认知作出判断。在判断不法侵害的危害程度时,不仅要考虑已经造成的损害,还要考虑造成进一步损害的紧迫危险性和现实可能性。"例如,在"盛春平正当防卫案"(《指导意见》所附典型案例二)中,多名传销组织人员对盛春平实施人身控制,盛春平多次请求离开被拒。在多名传销人员逼近、成某某意图夺刀的情形下,盛春平持刀挥刺,刺中成某某。成某某出院后未遵医嘱继续进行康复治疗,导致心脏在愈合过程中继续出血,于数日后死亡。考虑案发当场双方力量对比情况,特别是盛春平所面临的不法侵害的严重威胁程度,同时考虑成某某的死亡过程和原因,应当认为盛春平的防卫行为没有明显超过必要限度,符合正当防卫的限度条件,成立正当防卫。

要反对"对等武装论",避免苛求防卫人必须采取与不法侵害基本相当的反击方式和强度,更不能机械地理解为反击行为与不法侵害行为的方式、强度要对等、相同。例如,不法侵害人徒手,防卫人持刀,是否必然明显超过必要限度,不能一概而论,须作综合判断。特别是,要把防卫人作为"常人"而不是"圣人"来看待,不能当"事后诸葛亮",要求防卫人对防卫程度把握得恰到好处、不差分毫。基于此,《指导意见》第12条规定:"不应当苛求防卫人必须采取与不法侵害基本相当的反击方式和强度。通过综合考量,对于防卫行为与不法侵害相差悬殊、明显过激的,应当认定防卫明显超过必要限度。"例如,在"赵宇正当防卫案"(《指导意见》所附典型案例六)中,虽然赵宇的行为造成了不法侵害人重伤二级的后果,但是从行为手段上看,双方都是赤手空拳,赵宇的拉拽行为与不法侵害人的侵害行为基本相当。从行为过程来看,赵宇制止不法侵害的行为是连续的,是自然而然发生的,是当时场景下的本能反应。因此,应当认定赵宇的行为没有"明显超过必要限度"。再如,在"陈某正当防卫案"(最高人民检察院指导性案例第45号)中,陈某的防卫行为致3人重伤,客观上造成了重大损害。但是,陈某被九人围住殴打,其中有人使用了钢管、石块等工具,双方实力相差悬殊,陈某借助水果刀增强防卫能力,在手段强度上合情合理。并且,对方在陈某逃脱时仍持续追打,共同侵害行为没有停止,所以就制止整体不法侵害的实际需要看,陈某持刀挥刺也没有不相适应之处。综合来看,陈某的防卫行为没有"明显超过必要限度"。

需要注意的是,制止不法侵害所"必需"的防卫,是否就属于"必要"的防卫?经研究认为,不宜一概而论。一方面,正如前文所述,对显著轻微的不法侵害采取的严重失衡的制止行为,即使属于保护该细小利益所"必需",也不能认可其为"必要"的防卫行为。另一方面,如强调只能采取"必需"的防卫措施,则给防卫人附加了过多的"退避义务",缩小了正当防卫的成立空间,亦不符合为正当防卫适当"松绑"的政策取向。

(三)关于"造成重大损害"的认定

1979年刑法第十七条第二款规定,"正当防卫超过必要限度造成不应有的危害的",成立防卫过当。由于"不应有的危害"涵义不明,不利于鼓励群众与犯罪作斗争,1997年刑法第二十条第二款将"不应有的危害"修改为"重大损害"。对于"重大损害"的涵义,也存在一定争议,主要涉及轻伤及以下损害应否被涵括的问题。从实践来看,防卫行为造成多人以上轻伤的行为并不常见,而造成个别人轻伤的则明显不宜认定为"重大损害"。基于此,《指导意见》第13条明确规定:"'造成重大损害'是指造成不法侵害人重伤、死亡。造成轻伤及以下损害的,不属于重大损害。防卫行为虽然明显超过必要限度但没有造成重大损害的,不应认定为防卫过当。"例如,在"赵泉华正当防卫案"(《刑事审判参考》第297号案例)中,赵泉华与不法侵害人在舞厅因琐事发生争执。后侵害人多次至赵泉华家,采用踢门等方法寻衅,均因赵泉华避让而未果。某晚,侵害人再次上门,强行踢开赵泉华家上锁的房门闯入其中。赵泉华为制止不法侵害持械朝侵害人挥击,致一人轻伤、一人轻微伤,该防卫行为没有明显超过必要限度造成重大损害,构成正当防卫。

(四)关于防卫过当的刑罚裁量

根据刑法第二十条第二款的规定,防卫过当的应当负刑事责任,但是应当减轻或者免除处罚。"防卫过当"并非独立的罪名,没有配置独立的法定刑。对于防卫过当,首先要确定防卫人所触犯的罪名;在决定减轻处罚还是免除处罚以及减轻处罚的具体幅度时,要综合考虑案件情况,实现罪责刑相适应。基于此,《指导意见》第14条要求:"要综合考虑案件情况,特别是不法侵害人的过错程度、不法侵害的严重程度以及防卫人面对不法侵害的恐慌、紧张等心理,确保刑罚裁量适当、公正。"

处理防卫过当案件时,如果不法侵害具有特殊情节,在刑罚裁量时应作特别考虑,以确保量刑结果为社会公众所认同。基于此,《指导意见》第14条明确要求:"对于因侵害人实施严重贬损他人人格尊严、严重违反伦理道德的不法侵害,或者多次、长期实施不法侵害所引发的防卫过当行为,在量刑时应当充分考虑,以确保案件处理既经得起法律检验,又符合社会公平正义观念。"例如,长期遭丈夫虐待的妻子,在丈夫施暴时将丈夫杀死的,如果认定为防卫过当,在量刑时应当尽量从宽,以符合人民群众的公平正义观念。又如"于欢案",于欢的防卫行为明显超过必要限度并造成多人伤亡的严重后果,超出法律所容许的限度,依法应当承担刑事责任。但是,不法侵害人裸露下体侮辱于欢母亲的行为是引发本案的重要原因,相关行为严重违法、亵渎人伦,在刑罚裁量时应当作为对于欢有利的情节重点考虑。综合考虑全案情节,判处于欢有期徒刑5年,既符合法律规定,也契合社会公平正义观念。

六、特殊防卫的具体适用

刑法第二十条第三款规定:"对正在进行行凶、杀人、抢劫、强奸、绑架以及其他严重危及人身安全的暴力犯罪,采取防卫行为,造成不法侵害人伤亡的,不属于防卫过当,不负刑事责任。"这是关于特殊防卫的法律规定。《指导意见》第四部分专门对特殊防卫的具体适用作了明确规定。

(一)关于"行凶"的理解和把握

"行凶"不是刑法规定的独立罪名,这就使得司法实践中有时难以准确把握其内涵和外延,对具体案件的处理存在不同认识。为统一司法适用,《指导意见》第15条对"行凶"作了例举性的规定。具体而言,下列行为应当认定为"行凶":

一是"使用致命性凶器,严重危及他人人身安全的"。司法实践中,通常表现为行为人持管制刀具、枪支等凶器实施侵害。例如,在"陈月浮正当防卫案"(《指导意见》所附典型案例七)中,不法侵害人无故持菜刀凌晨上门砍伤陈月浮,属于使用致命性凶器实施的严重危及他人人身安全的不法侵害,应当认定为"行凶",对此可以实行特殊防卫。

二是"未使用凶器或者未使用致命性凶器,但是根据不法侵害的人数、打击部位和力度等情况,确已严重危及他人人身安全的"。对此,需要根据案件具体情况准确判断是否达到"确已严重危及他人人身安全"的程度。例如,侵害人针对心脏、颅颈等致命部位实施侵害的,或者多人对一人长时间围殴,已致被害人头破血流仍不罢休的,则可以认定为"行凶"。作出上述规定,旨在提醒办案人员,不能仅因不法侵害人没有使用致命性凶器或者没有使用凶器就简单排除特殊防卫的适用。

同时,《指导意见》第15条还明确:"虽然尚未造成实际损害,但已对人身安全造成严重、紧迫危险的,可以认定为'行凶'。"例如,在"陈天杰正当防卫案"中,有意见认为,从双方关系和起因、不法侵害人选择打击的部位及强度来看,侵害人的行为不属于严重危及人身安全的暴力犯罪。但是,经审理查明,侵害人持械击打的是陈天杰的头部,属于人体的重要部位,在陈天杰戴安全帽的情况下致头部轻微伤,钢管打到安全帽后滑到手臂,致手臂皮内、皮下出血,可见打击力度之大;侵害人喝了酒,气势汹汹,并持足以严重危及他人人身安全的凶器,在场的其他人员都曾阻拦,但阻拦时均被侵害人甩倒。鉴此,应当认为侵害人已对他人人身安全造成严重、紧迫危险,可以实行特殊防卫。

需要强调的是,《指导意见》第15条只是对"行凶"作了例举性规定,未能囊括司法实践的所有情形。对于明文规定以外的情形,要根据上述规定的精神,把握"严重危及人身安全"这一实质要件,作出准确判断。

(二)关于"杀人、抢劫、强奸、绑架"的理解和把握

根据司法实践反映的问题,《指导意见》第16条对特殊防卫起因条件所涉及的"杀人、抢劫、强奸、绑架"的理解和把握问题作了明确,着重强调了两点:

其一,"杀人、抢劫、强奸、绑架"是指具体犯罪行为而非具体罪名,司法实践中要根据行为性质作具体把握。对此,《指导意见》第16条规定:"在实施不法侵害过程中存在杀人、抢劫、强奸、绑架等严重危及人身安全的暴力犯罪行为的,如以暴力手段抢劫枪支、弹药、爆炸物或者以绑架手段拐卖妇女、儿童的,可以实行特殊防卫。"

其二,《指导意见》第16条规定:"有关行为没有严重危及人身安全的,应当适用一般防卫的法律规定。"这主要是考虑,虽是杀人、抢劫、强奸、绑架等行为,但方式不同,紧迫程度有异,如客观上尚未严重危及人身安全,不宜一律主张适用没有限度要求的特殊防卫,否则不符合比例原则,会走上另一个极端,导致防卫权的滥用。例如,没有携带凶器,以"掏钱出来,不然就揍你"的方式进行抢劫的,不宜认为符合特殊防卫的起因条件。

(三)关于"其他严重危及人身安全的暴力犯罪"的理解和把握

根据司法实践反映的问题,《指导意见》第17条对特殊防卫起因条件所涉及的"其他严重危及人身安全的暴力犯罪"的理解和把握问题作了明确。"其他严重危及人身安全的暴力犯罪"应当与杀人、抢劫、强奸、绑架行为的暴力程度相当。这是体系解释的当然要求,也是特殊防卫立法意旨的当然要求。基于此,《指导意见》第17条规定:"刑法第二十条第三款规定的'其他严重危及人身安全的暴力犯罪',应当是与杀人、抢劫、强奸、绑架行为相当,并具有致人重伤

或者死亡的紧迫危险和现实可能的暴力犯罪。"

司法实践中,对"其他严重危及人身安全的暴力犯罪"的认定应当坚持综合判断,审查判断不法侵害是否属于"其他严重危及人身安全的暴力犯罪"时,应当注意从不法侵害是否具有暴力性、是否严重危及人身安全、是否达到犯罪程度等方面作出判断。例如,在人流密集的公共场所驾车冲撞,危害公共安全的,无疑可以认定为"其他严重危及人身安全的暴力犯罪",符合特殊防卫的起因条件。

(四)特殊防卫与一般防卫关系的把握

关于刑法第二十条第三款规定的特殊防卫与第一款规定的一般防卫的关系,存在"提示性规定说"和"法律拟制说"两种不同观点。提示说认为,特殊防卫中的起因条件即"行凶、杀人、抢劫、强奸、绑架以及其他严重危及人身安全的暴力犯罪"本身侵害程度相当严重,此种情形下,被侵害人采取防卫行为,造成不法侵害人伤亡的,本来就应当认为并未明显超过必要限度,法律专门规定,只不过是为了进一步提示办案人员;拟制说认为,对"行凶、杀人、抢劫、强奸、绑架以及其他严重危及人身安全的暴力犯罪"的不法侵害实施防卫,本来也有限度要求,应作具体判断,只是法律基于此类不法侵害的严重性、特殊性,为进一步给正当防卫适当"松绑",特别规定此种情形下"造成不法侵害人伤亡的,不属于防卫过当,不负刑事责任"。无论采取哪种观点,实际均是认为相关行为成立正当防卫,不是防卫过当。因此,在我们看来,两种观点虽然在理论分析的基础上存在差异,但用诸实践,对案件的认定意见通常并无不同。

结合实践情况,对于特殊防卫与一般防卫的区分,关键是要注意,一般防卫也可能致不法侵害人死亡,只要未明显超过必要限度的,仍然成立正当防卫,不负刑事责任。对此,《指导意见》第 18 条明确:"对于不符合特殊防卫起因条件的防卫行为,致不法侵害人伤亡的,如果没有明显超过必要限度,也应当认定为正当防卫,不负刑事责任。"

附2:《〈关于依法适用正当防卫制度的指导意见〉典型案例》
一、汪天佑正当防卫案——正当防卫起因条件的把握
(一)基本案情

被告人汪天佑与汪某某系邻居,双方曾因汪某某家建房产生矛盾,后经调解解决。2017 年 8 月 6 日晚 8 时许,汪某某的女婿燕某某驾车与赵某、杨某某来到汪天佑家北门口,准备质问汪天佑。下车后,燕某某与赵某敲汪天佑家北门,汪天佑因不认识燕某某和赵某,遂询问二人有什么事,但燕某某等始终未表明身份,汪天佑拒绝开门。燕某某、赵某踹开纱门,闯入汪天佑家过道屋。汪天佑被突然开启的纱门打伤右脸,从过道屋西侧橱柜上拿起一铁质摩托车减震器,与燕某某、赵某厮打。汪天佑用摩托车减震器先后将燕某某和赵某头部打伤,致赵某轻伤一级、燕某某轻微伤。其间,汪天佑的妻子电话报警。

(二)处理结果

河北省昌黎县人民法院判决认为:被害人燕某某、赵某等人于天黑时,未经允许,强行踹开纱门闯入被告人汪天佑家过道屋。在本人和家人的人身、财产安全受到不法侵害的情况下,汪天佑为制止不法侵害,将燕某某、赵某打伤,致一人轻伤一级、一人轻微伤的行为属于正当防卫,不负刑事责任。该判决已发生法律效力。

(三)典型意义

根据刑法第二十条第一款的规定,正当防卫的前提是存在不法侵害,这是正当防卫的起因条件。司法适用中,要准确把握正当防卫的起因条件,既要防止对不法侵害作不当限缩,又要防止将以防卫为名行不法侵害之实的违法犯罪行为错误认定为防卫行为。

第一,准确把握不法侵害的范围。不法侵害既包括侵犯生命、健康权利的行为,也包括侵犯人身自由、公私财产等权利的行为;既包括针对本人的不法侵害,也包括危害国家、公共利益或者针对他人的不法侵害。要防止将不法侵害限缩为暴力侵害或者犯罪行为,进而排除对轻微暴力侵害或者非暴力侵害以及违法行为实行正当防卫。对于非法侵入他人住宅等不法侵害,可以实行防卫。本案中,燕某某、赵某与汪天佑并不相识,且不表明身份,天黑时强行踹开纱门闯入汪天佑家,该非法侵入住宅的行为不仅侵害了他人的居住安宁,而且已对他人的人身、财产造成严重威胁,应当认定为"不法侵害",可以进行防卫。因此,汪天佑为制止不法侵害,随手拿起摩托车减震器,在双方厮打过程中将燕某某、赵某打伤,致一人轻伤一级、一人轻微伤的行为属于正当防卫。

第二,妥当认定因琐事引发的防卫行为。实践中,对于因琐事发生争执,引发打斗的案件,判断行为人的行为是否系防卫行为,较之一般案件更为困难,须妥当把握。特别是,不能认为因琐事发生争执、冲突,引发打斗的,就不再存在防卫的空间。双方因琐事发生冲突,冲突结束后,一方又实施不法侵害,对方还击,包括使用工具还击的,一般应当认定为防卫行为。本案中,汪天佑与汪某某系邻居,双方曾因汪某某家建房产生矛盾,但矛盾已经调解解决。此后,汪某某的女婿燕某某驾车与赵某、杨某某来到汪天佑家准备质问纠纷一事,进而实施了非法侵入住宅的行为。综合全案可以发现,汪天佑随手拿起摩托车减震器实施的还击行为,系为制止不法侵害,并无斗殴意图,故最终认定其还击行为属于正当防卫。

二、盛春平正当防卫案——正当防卫时间条件、限度条件的把握

(一) 基本案情

2018年7月30日,传销人员郭某(已判刑)以谈恋爱为名将盛春平骗至杭州市桐庐县。根据以"天津天狮"名义活动的传销组织安排,郭某等人接站后将盛春平诱至传销窝点。盛春平进入室内先在客厅休息,郭某、唐某某(已判刑)、成某某等传销人员多次欲将其骗入卧室,意图通过采取"洗脑"、恐吓、体罚、殴打等"抖新人"措施威逼其加入传销组织,盛春平发觉情况异常予以拒绝。后在多次请求离开被拒并遭唐某某等人逼近时,拿出随身携带的水果刀予以警告,同时提出愿交付随身携带的钱财以求离开,但仍遭拒绝。之后,事先躲藏的传销人员邓某某、郭某某、刘某某(已判刑)等人也先后来到客厅。成某某等人陆续向盛春平逼近,盛春平被逼后退,当成某某上前意图夺刀时,盛春平持刀挥刺,划伤成某某右手腕及左颈,刺中成某某的左侧胸部,致心脏破裂。随后,盛春平放弃随身行李趁乱逃离现场。

当晚,传销人员将成某某送医院治疗。医院对成某某伤口进行处治后,嘱咐其回当地医院进行康复治疗。同年8月4日,成某某出院,未遵医嘱继续进行康复治疗。同年8月11日,成某某在传销窝点突发昏迷经送医抢救无效于当晚死亡。经法医鉴定:成某某系左胸部遭受锐器刺戳作用致心脏破裂,在愈合过程中继续出血,最终引起心包填塞而死亡。

(二) 处理结果

公安机关以盛春平涉嫌故意伤害罪(防卫过当)向检察机关移送审查起诉。浙江省杭州市人民检察院认定盛春平的行为构成正当防卫,作出不起诉决定。

(三) 典型意义

通常认为,成立正当防卫,应当同时符合起因、时间、主观、对象、限度等五个条件。本案在诸多方面,对于正确把握正当防卫的成立条件具有指导和参考意义。

第一,关于正当防卫的起因条件。正当防卫的前提是存在不法侵害。不法侵害既包括侵犯生命、健康权利的行为,也包括侵犯人身自由、公私财产等权利的行为;既包括犯罪行为,也包括违法行为。就本案而言,本案案发开始时和案发过程中盛春平并不知道成某某、郭某等人是传销组织人员,也不了解他们的意图。在整个过程中,盛春平始终不能明确认识到自己陷入的是传销窝点,甚至以为对方要摘自己的器官,其感受到人身安全面临不法侵害是有事实根据的。而且,盛春平进入传销窝点后即被控制,随着成某某、郭某等人行为的持续,盛春平的恐惧感不断增强。盛春平到桐庐是和郭某初次见面,且进入郭某自称的住处

后,盛春平提出上厕所、给家里人打电话,均被制止,此时其已经感觉到了危险。之后一名陌生男子不断劝盛春平进入里面房间,而里面又出来一名陌生男子,盛春平感觉到危险升级,拒绝他们靠近。而后房间内又出来三名陌生男子逼近,对盛春平而言,不断升级的危险不仅客观而且紧迫。盛春平拿出随身携带的刀具警告吓阻不法侵害人无效后,精神紧张状态进一步增强。传销人员不断逼近,成某某上前夺刀。从当时情境看,盛春平面临客观存在且威胁、危害程度不断升级的不法侵害,其行为符合正当防卫的起因条件。

第二,关于正当防卫的时间条件。正当防卫必须是针对正在进行的不法侵害。对于不法侵害已经形成现实、紧迫危险的,应当认定为不法侵害已经开始。本案中,传销组织得知盛春平来杭后,一边指令郭某前去接站诱进,一边准备实施以恐吓、体罚、殴打和长期拘禁等违法犯罪行为为主要内容的"抖新人"措施威逼盛春平加入传销组织,系正在进行的有组织侵害行为。盛春平进入案发现场后,即遭多人逼近实施拘禁,其遂拿出随身携带的水果刀,警告阻吓传销人员放其离开,而传销组织人员反而增加人手进一步逼近,侵害手段不断升级。由此可见,本案中的不法侵害已经开始、正在进行,且危险程度不断升级,符合正当防卫的时间条件。

第三,关于正当防卫的对象条件。正当防卫必须针对不法侵害人进行。对于多人共同实施不法侵害的,既可以针对直接实施不法侵害的人进行防卫,也可以针对在现场共同实施不法侵害的人进行防卫。本案中,一群以"天津天狮"为名义的传销人员有组织地共同实施不法侵害。其中,成某某不仅参与围逼盛春平,而且当盛春平拿出随身携带的刀具警告时,还上前意图夺刀。此时,盛春平对其实施防卫,属于该种情境下一般人的正常反应,完全符合正当防卫的对象条件。

第四,关于正当防卫的限度条件。防卫是否"明显超过必要限度",应当综合不法侵害的性质、手段、强度、危害程度和防卫的时机、手段、强度、损害后果等情节,考虑双方力量对比,立足防卫人防卫时所处情境,结合社会公众的一般认知作出判断。在判断不法侵害的危害程度时,不仅要考虑已经造成的损害,还要考虑造成进一步损害的紧迫危险性和现实可能性。本案中,多名传销组织人员对盛春平实施人身控制,盛春平在多次请求离开被拒并遭唐某某等人逼近时,拿出随身携带的水果刀予以警告,同时提出愿交付随身携带的钱财以求离开,但仍遭拒绝。其后,又有多名传销人员来到客厅。成某某等人陆续向盛春平逼近,并意图夺刀。此种情形下,盛春平持刀挥刺,划伤成某某右手腕及左颈,刺中成某某的左侧胸部,致心脏破裂。成某某受伤后经住院治疗,已经出院,但未遵医嘱继续进行康复治疗,导致心脏在愈合过程中继续出血,最终于出院一周后因心包填塞而死亡。考虑案发当场双方力量对比情况，特别是盛春平所面临的不法侵害的严重程度，同时考虑成某某的死亡过程和原因，应当认为盛春平的防卫行为没有明显超过必要限度，符合正当防卫的限度条件。

三、陈天杰正当防卫案——正当防卫与相互斗殴的界分

（一）基本案情

2014年3月12日晚，被告人陈天杰和其妻子孙某某等水泥工在海南省三亚市某工地加班搅拌、运送混凝土。22时许，被害人周某某、容某甲、容某乙（殁年19岁）和纪某某饮酒后，看到孙某某一人卸混凝土，便言语调戏孙某某。陈天杰推着手推车过来装混凝土时，孙某某将被调戏的情况告诉陈天杰。陈天杰便生气地叫容某乙等人离开，但容某乙等人不予理会。此后，周某某摸了一下孙某某的大腿，陈天杰遂与周某某等人发生争吵。周某某冲上去要打陈天杰，陈天杰也准备反击，孙某某和从不远处跑过来的刘某甲站在中间，将双方架开。周某某从工地上拿起一把铁铲（长约2米，木柄），冲向陈天杰，但被孙某某拦住，周某某就把铁铲扔了，空手冲向陈天杰。孙某某在劝架时被周某某推倒在地，哭了起来，陈天杰准备上前去扶孙某某时，周某某、容某乙和纪某某先后冲过来对陈天杰拳打脚踢，陈天杰边退边用拳脚还击。接着，容某乙、纪某某从地上捡起钢管（长约1米，空心，直径约4厘米）冲上去打陈天杰，在场的孙某某、刘某甲、容某甲都曾阻拦，容某甲阻拦周某某时被挣脱，纪某某被刘某甲抱着，但是一直挣扎往前冲。当纪某某和刘某甲挪动到陈天杰身旁时，纪某某将刘某甲甩倒在地并持钢管朝陈天杰的头部打去。因陈天杰头戴黄色安全帽，钢管顺势滑下打到陈天杰的左上臂。在此过程中，陈天杰半蹲着用左手护住孙某某，右手拿出随身携带的一把折叠式单刃小刀（打开长约15厘米，刀刃长约6厘米）乱挥、乱捅，致容某乙、周某某、纪某某、刘某甲受伤。水泥工刘某乙闻讯拿着一把铲子和其他同事赶到现场，周某某、容某乙和纪某某见状便逃离现场，逃跑时还拿石头、酒瓶等物品对着陈天杰砸过来。容某乙被陈天杰持小刀捅伤后跑到工地的地下室里倒地，后因失血过多死亡。经鉴定，周某某的伤情属于轻伤二级；纪某某、刘某甲、陈天杰的伤情均属于轻微伤。

（二）处理结果

海南省三亚市城郊人民法院一审判决、三亚市中级人民法院二审裁定认为：被害人容某乙等人酒后滋事，调戏被告人陈天杰的妻子，辱骂陈天杰，不听劝阻，使用足以严重危及他人人身安全的凶器殴打陈天杰。陈天杰在被殴打时，持小刀还击，致容某乙死亡、周某某轻伤、纪某某轻微伤，属于正当防卫，依法不负刑事责任。

(三) 典型意义

第一，准确区分正当防卫与相互斗殴。正当防卫与相互斗殴在外观上具有相似性，但性质存在本质差异。对于因琐事发生争执，引发打斗的，在判断行为人的行为是互殴还是防卫时，要综合考量案发的起因、对冲突升级是否有过错、是否使用或者准备使用凶器、是否采用明显不相当的暴力、是否纠集他人参与打斗等客观情节，准确判断行为人的主观意图和行为性质。本案中，陈天杰在其妻子孙某某被调戏、其被辱骂的情况下，面对冲上来欲对其殴打的周某某，陈天杰也欲还击，被孙某某和刘某甲拦开。陈天杰在扶劝架时被推倒在地的孙某某时，周某某、容某乙和纪某某先后冲过来对陈天杰拳打脚踢，继而持械殴打陈天杰。陈天杰持刀捅伤被害人时，正是被容某乙等人持械殴打的紧迫期间。因此，陈天杰是在其妻子被羞辱、自己被打后为维护自己与妻子的尊严、保护自己与妻子的人身安全，防止不法侵害而被动进行的还击，其行为属于防卫而非斗殴。

第二，准确把握特殊防卫的起因条件。本案还涉及特殊防卫适用的相关问题。有观点提出，从双方关系和起因、容某乙等人选择打击的部位及强度看，容某乙等人的行为不属于严重危及人身安全的暴力犯罪。根据刑法规定，不能要求只有在不法侵害已经对人身安全实际造成严重危害时才能进行特殊防卫，在不法侵害足以严重危及人身安全的情况下就可以进行特殊防卫。本案中，容某乙等人持械击打的是陈天杰的头部，是人体的重要部位，在陈天杰戴安全帽的情况下导致头部轻微伤，钢管打到安全帽后滑到手臂，仍致手臂皮内、皮下出血，可见打击力度之大。在当时的情形下，陈天杰只能根据对方的人数、所持的工具来判断自身所面临的处境。容某乙、纪某某、周某某三人都喝了酒，气势汹汹，并持足以严重危及他人重大人身安全的凶器，在场的孙某某、刘某甲都曾阻拦，但孙某某阻拦周某某、刘某甲阻拦纪某某时均被甩倒。而且，陈天杰是半蹲着左手护住其妻孙某某、右手持小刀进行防卫的，这种姿势不是一种主动攻击的姿势，而是一种被动防御的姿势，且手持的是一把刀刃只有6厘米左右的小刀，只要对方不主动靠近攻击就不会被捅刺到。综上，应当认为本案符合特殊防卫的适用条件，陈天杰的防卫行为造成不法侵害人伤亡的，不属于防卫过当，不负刑事责任。

第三，要准确把握正当防卫的对象条件。正当防卫必须针对不法侵害人进行。对于多人共同实施不法侵害的，既可以针对直接实施不法侵害的人进行防卫，也可以针对在现场共同实施不法侵害的人进行防卫。本案中，击打到陈天杰头部的虽然只是纪某某，但容某乙当时也围在陈天杰身边，手持钢管殴打陈天杰，亦属于不法侵害人，陈天杰可对其实行防卫。当时陈天杰被围打，疲于应对，场面混乱。容某乙等人持足以严重危及他人人身安全的凶器主动攻击陈天杰,严重侵犯陈天杰、孙某某的人身权利。此时,陈天杰用小刀刺、划正在对其围殴的容某乙等人,符合正当防卫的对象条件,属于正当防卫。

四、杨建伟故意伤害、杨建平正当防卫案——准备工具防卫与准备工具斗殴的界分

(一)基本案情

被告人杨建伟系被告人杨建平胞弟,住处相邻。2016年2月28日中午1时许,杨建伟、杨建平坐在杨建平家门前聊天,因杨建平摸了经过其身边的一条狼狗而遭到狗的主人彭某某(殁年45岁)指责,兄弟二人与彭某某发生口角。彭某某扬言要找人报复,杨建伟即回应"那你来打啊",后彭某某离开。杨建伟返回住所将一把单刃尖刀、一把折叠刀藏于身上。十分钟后,彭某某返回上述地点,其邀约的黄某、熊某某、王某持洋镐把跟在身后十余米。彭某某手指坐在自家门口的杨建平,杨建平未予理睬。彭某某接着走向杨建伟家门口,击打杨建伟面部一拳,杨建伟即持单刃尖刀刺向彭某某的胸、腹部,黄某、熊某某、王某见状持洋镐把冲过去对杨建伟进行围殴,彭某某从熊某某处夺过洋镐把对杨建伟进行殴打,双方打斗至杨建伟家门外的马路边。熊某某拳击,彭某某、黄某、王某持洋镐把,四人继续围殴杨建伟,致其头部流血倒地。彭某某持洋镐把殴打杨建伟,洋镐把被打断,彭某某失去平衡倒地。杨建平见杨建伟被打倒在地,便从家中取来一把双刃尖刀,冲向刚从地上站起来的彭某某,朝其胸部捅刺。杨建平刺第二刀时,彭某某用左臂抵挡。后彭某某受伤逃离,杨建平持刀追撵并将刀扔向彭某某未中,该刀掉落在地。黄某、熊某某、王某持洋镐把追打杨建平,杨建平捡起该刀边退边还击,杨建伟亦持随身携带的一把折叠刀参与还击。随后黄某、熊某某、王某逃离现场。经法医鉴定,被害人彭某某身有七处刀伤,且其系被他人以单刃锐器刺伤胸腹部造成胃破裂、肝破裂、血气胸致急性失血性休克死亡。另杨建伟、黄某、熊某某均受轻微伤。

(二)处理结果

湖北省武汉市中级人民法院二审判决认为:被告人杨建伟持刀捅刺彭某某等人,属于制止正在进行的不法侵害,其行为具有防卫性质;其防卫行为是造成一人死亡、二人轻微伤的主要原因,明显超过必要限度造成重大损害,依法应负刑事责任,构成故意伤害罪。被告人杨建平为了使他人的人身权利免受正在进行的不法侵害,而采取制止不法侵害的行为,对不法侵害人造成损害,属于正当防卫,不负刑事责任。杨建伟的行为系防卫过当,具有自首情节,依法应当减轻处罚。据此,以故意伤害罪判处被告人杨建伟有期徒刑四年,并宣告被告人杨建平无罪。

(三)典型意义

双方因琐事发生争执、冲突,引发打斗,特别是一方事先准备工具的,究竟是防卫行为还是相互斗殴,准确界分存在一定困难。司法适用中,要注意把握正当防卫的意图条件,准确界分防卫行为与相互斗殴、准备工具防卫与准备工具斗殴,以准确认定正当防卫、防卫过当。

第一,正当防卫必须出于免受不法侵害的正当动机。根据刑法第二十条第一款的规定,正当防卫的意图既包括使本人的人身、财产和其他权利免受不法侵害,也包括使国家、公共利益或者他人的人身、财产和其他权利免受不法侵害。本案中,彭某某返回现场用手指向杨建平,面对挑衅,杨建平未予理会。彭某某与杨建伟发生打斗时,杨建平仍未参与。彭某某等四人持洋镐把围殴杨建伟并将其打倒在地,致其头部流血,双方力量明显悬殊,此时杨建平持刀刺向彭某某。杨建平的行为是为了制止杨建伟正在遭受的严重不法侵害,符合正当防卫的意图条件。彭某某被刺后逃离,黄某等人对杨建伟的攻击并未停止,杨建平继续追赶彭某某的行为应认定为正当防卫。综上,杨建平的行为系正当防卫,不负刑事责任。

第二,妥当界分准备工具防卫与准备工具斗殴。实践中,防卫行为在客观上也可能表现为双方相互打斗,具有互殴的形式与外观。二者界分的关键就在于行为人是具有防卫意图还是斗殴意图。本案中,彭某某与杨建伟兄弟二人并不相识,突发口角,彭某某扬言要找人报复时,杨建伟回应"那你来打啊",该回应不能认定杨建伟系与彭某某相约打斗。行为人为防卫可能发生的不法侵害,准备防卫工具的,不必然影响正当防卫的认定。杨建伟在彭某某出言挑衅,并扬言报复后,准备刀具系出于防卫目的。彭某某带人持械返回现场,冲至杨建伟家门口拳击其面部,杨建伟才持刀刺向彭某某胸腹部,该行为是为了制止正在进行的不法侵害,应当认定为防卫行为。

第三,把握正当防卫的限度条件以准确认定防卫过当。根据刑法第二十条第二款的规定,防卫过当应当同时具备"明显超过必要限度"和"造成重大损害"两个条件,缺一不可。本案中,彭某某空手击打杨建伟面部,杨建伟此时并非面临严重不法侵害,却持刀捅刺彭某某胸、腹部等要害部位,杨建伟的防卫行为明显超过必要限度。杨建伟的防卫行为并非制止彭某某空手击打的不法侵害所必需,从损害后果看,彭某某要害部位多处致命刀伤系杨建伟所致,是其死亡的主要原因,杨建伟的防卫行为明显超过必要限度造成重大损害,属于防卫过当,构成故意伤害罪。具体而言,杨建伟对防卫行为明显超过必要限度造成重大损害主观上持故意,但对于造成死亡结果系过失,故对其防卫过当行为应当以故意伤害致人死亡作出评价。

第四，妥当把握防卫过当的刑罚裁量。根据刑法第二十条第二款的规定，防卫过当应当负刑事责任，但是应当减轻或者免除处罚。要综合考虑案件情况，特别是不法侵害人的过错，以确保刑罚裁量的准确和公正。本案中，杨建伟的防卫行为过当，构成故意伤害罪，对其减轻处罚，应当在三年以上十年以下有期徒刑的幅度内裁量刑罚。杨建伟明知他人报案，仍在案发现场等待，到案后能够如实供述主要犯罪事实，成立自首。综合考虑本案的犯罪事实、性质、情节和危害后果，以故意伤害罪判处杨建伟有期徒刑四年，符合社会公平正义观念，实现了法律效果与社会效果的有机统一。

五、刘金胜故意伤害案——滥用防卫权行为的认定

（一）基本案情

被告人刘金胜与黄某甲非婚生育四名子女。2016 年 10 月 1 日晚 9 时许，被告人刘金胜与黄某甲因家庭、情感问题发生争吵，刘金胜打了黄某甲两耳光。黄某甲来到其兄长黄某乙的水果店，告知黄某乙其被刘金胜打了两耳光，让黄某乙出面调处其与刘金胜分手、孩子抚养等问题。黄某乙于是叫上在水果店聊天的被害人李某某、毛某某、陈某某，由黄某甲带领，于当晚 10 时许来到刘金胜的租住处。黄某乙质问刘金胜，双方发生争吵。黄某乙、李某某各打了坐在床上的刘金胜一耳光，刘金胜随即从被子下拿出一把菜刀砍伤黄某乙头部，黄某乙逃离现场。李某某见状欲跑，刘金胜拽住李某某，持菜刀向李某某头部连砍三刀。毛某某、陈某某、黄某甲随即上前劝阻刘金胜，毛某某、陈某某抱住刘金胜并夺下菜刀后紧随李某某跑下楼报警。经鉴定，黄某乙的伤情属于轻伤一级，李某某的伤情属于轻伤二级。

（二）处理结果

广东省佛山市禅城区人民法院判决认为：正当防卫以存在现实的不法侵害为前提，对轻微不法侵害直接施以暴力予以反击，能否认定为正当防卫，应当结合具体案情评判。黄某乙、李某某各打被告人刘金胜一耳光，显属发生在一般争吵中的轻微暴力。此种情况下，刘金胜径直手持菜刀连砍他人头部，不应认定为防卫行为。综合案件具体情况，以故意伤害罪判处被告人刘金胜有期徒刑一年。该判决已发生法律效力。

（三）典型意义

根据刑法第二十条第一款的规定，正当防卫是针对正在进行的不法侵害，而采取的对不法侵害人造成损害的制止行为。司法适用中，既要依法维护公民的正当防卫权利，也要注意把握界限，防止滥用防卫权，特别是对于针对轻微不法侵害实施致人死伤的还击行为,要根据案件具体情况,准确认定是正当防卫、防卫过当还是一般违法犯罪行为。

第一,注意把握界限,防止权利滥用。本案中,黄某乙、李某某打刘金胜耳光的行为,显属发生在一般争吵中的轻微暴力,有别于以给他人身体造成伤害为目的的攻击性不法侵害行为。因此,刘金胜因家庭婚姻情感问题矛盾激化被打了两耳光便径直手持菜刀连砍他人头部,致人轻伤的行为,没有防卫意图,属于泄愤行为,不应当认定为防卫行为。

第二,注重查明前因后果,分清是非曲直。办理涉正当防卫案件,要根据整体案情,结合社会公众的一般认知,做到依法准确认定。要坚持法理情统一,确保案件的定性处理于法有据、于理应当、于情相容,符合人民群众的公平正义观念。对于因恋爱、婚姻、家庭、邻里纠纷等民间矛盾激化或者因劳动纠纷、管理失当等原因引发的不法侵害,特别是发生在亲友之间的,要求优先选择其他制止手段,而非径直选择致人死伤的还击行为,符合人民群众的公平正义观念,契合我国文化传统。对于相关案件,在认定是否属于正当防卫以及防卫过当时,要综合案件具体情况,特别是被害方有无过错以及过错大小进行判断。本案中,刘金胜与黄某甲因家庭、情感问题发生争吵,刘金胜打了黄某甲两耳光,这是引发后续黄某乙、李某某等实施上门质问争吵行为的直接原因。换言之,本案因家庭琐事引发,且刘金胜具有重大过错。据此,法院对刘金胜致人轻伤的行为,以故意伤害罪判处其有期徒刑一年,契合人民群众公平正义观念,实现了法律效果与社会效果的有机统一。

六、赵宇正当防卫案——"明显超过必要限度"的认定

(一)基本案情

2018年12月26日晚11时许,李某与在此前相识的女青年邹某一起饮酒后,一同到达福州市晋安区某公寓邹某的暂住处,二人在室内发生争吵,随后李某被邹某关在门外。李某强行踹门而入,谩骂殴打邹某,引来邻居围观。暂住在楼上的赵宇闻声下楼查看,见李某把邹某摁在墙上并殴打其头部,即上前制止并从背后拉拽李某,致李某倒地。李某起身后欲殴打赵宇,威胁要叫人"弄死你们",赵宇随即将李某推倒在地,朝李某腹部踩一脚,又拿起凳子欲砸李某,被邹某劝阻住,后赵宇离开现场。经鉴定,李某腹部横结肠破裂,伤情属于重伤二级;邹某面部挫伤,伤情属于轻微伤。

(二)处理结果

公安机关以赵宇涉嫌故意伤害罪立案侦查,侦查终结后,以赵宇涉嫌过失致人重伤罪向检察机关移送审查起诉。福建省福州市晋安区人民检察院认定赵宇

防卫过当,对赵宇作出相对不起诉决定。福州市检察院经审查认定赵宇属于正当防卫,依法指令晋安区人民检察院对赵宇作出绝对不起诉决定。

(三)典型意义

根据刑法第二十条第二款的规定,防卫过当应当同时具备"明显超过必要限度"和"造成重大损害"两个条件,缺一不可。造成重大损害是指造成不法侵害人重伤、死亡,对此不难判断。实践中较难把握的是相关防卫行为是否明显超过必要限度,不少案件处理中存在认识分歧。司法适用中,要注意综合考虑案件具体情况,结合社会公众的一般认知,对防卫行为是否"明显超过必要限度"作出准确判断。

第一,防卫过当仍属于防卫行为,只是明显超过必要限度并造成重大损害。本案中,李某强行踹门进入他人住宅,将邹某摁在墙上殴打其头部,赵宇闻声下楼查看,为了制止李某对邹某以强欺弱,出手相助,拉拽李某。赵宇的行为属于为了使他人的人身权利免受正在进行的不法侵害,而采取的制止不法侵害的行为,符合正当防卫的起因条件、时间条件、对象条件和意图条件等要件,具有防卫性质。

第二,对防卫行为"明显超过必要限度"的判断,应当坚持综合考量原则。防卫是否"明显超过必要限度",应当综合不法侵害的性质、手段、强度、危害程度和防卫的时机、手段、强度、损害后果等情节,考虑双方力量对比,立足防卫人防卫时所处情境,结合社会公众的一般认知作出判断。在判断不法侵害的危害程度时,不仅要考虑已经造成的损害,还要考虑造成进一步损害的紧迫危险性和现实可能性。不应当苛求防卫人必须采取与不法侵害基本相当的反击方式和强度,更不能机械地理解为反击行为与不法侵害行为的方式要对等,强度要精准。防卫行为虽然超过必要限度但并不明显的,不能认定为防卫过当。本案虽然造成了李某重伤二级的后果,但是,从赵宇的行为手段、行为目的、行为过程、行为强度等具体情节来看,没有"明显超过必要限度"。赵宇在阻止、拉拽李某的过程中,致李某倒地,在李某起身后欲殴打赵宇,并用言语威胁的情况下,赵宇随即将李某推倒在地,朝李某腹部踩一脚,导致李某横结肠破裂,属于重伤二级。从行为手段上看,双方都是赤手空拳,赵宇的拉拽行为与李某的不法侵害行为基本相当。从赵宇的行为过程来看,赵宇制止李某的不法侵害行为是连续的,自然而然发生的,是在当时场景下的本能反应。李某倒地后,并未完全被制服,仍然存在起身后继续实施不法侵害的现实可能性。此时,赵宇朝李某腹部踩一脚,其目的是阻止李某继续实施不法侵害,并没有泄愤报复等个人目的,应当认定为正当防卫。

七、陈月浮正当防卫案——特殊防卫的具体适用

(一)基本案情

2009年1月25日凌晨2时许,被害人陈某某酒后来到被告人陈月浮家,用随身携带的一把菜刀敲击陈月浮家铁门,叫陈月浮出来打架。陈月浮的妻子下楼,佯称陈月浮不在家。陈某某继续敲击铁门,陈月浮便下楼打开铁门,陈某某遂用菜刀砍中陈月浮脸部,致陈月浮轻伤。陈某某再次砍向陈月浮时,被陈月浮挡开,菜刀掉在地上,陈月浮上前拳击陈某某的胸部等部位,二人在地上扭打。后陈某某因钝性物体作用胸部致心包、心脏破裂致失血性休克死亡。

(二)处理结果

广东省普宁市人民法院一审判决、揭阳市中级人民法院二审裁定认为:陈某某无故持刀上门砍伤陈月浮,陈月浮为了使本人的人身免受正在进行的不法侵害,对正在进行的危害人身安全的暴力犯罪采取防卫行为,造成不法侵害人陈某某死亡的,不属于防卫过当,不负刑事责任。

(三)典型意义

根据刑法第二十条第三款的规定,对正在进行行凶、杀人、抢劫、强奸、绑架以及其他严重危及人身安全的暴力犯罪,采取防卫行为,造成不法侵害人伤亡的,不属于防卫过当,不负刑事责任。司法适用中,要妥当把握特殊防卫的起因条件,准确理解和把握"行凶"。

第一,根据刑法规定,特殊防卫的起因条件限于正在进行的行凶、杀人、抢劫、强奸、绑架以及其他严重危及人身安全的暴力犯罪。与一般防卫不同,特殊防卫起因条件的实质在于不法侵害系"严重危及人身安全"的暴力犯罪。需要注意的是,行凶、杀人、抢劫、强奸、绑架等不法侵害必须严重危及人身安全且系暴力犯罪,才能适用特殊防卫;相关不法侵害没有严重危及人身安全的,应当适用一般防卫的法律规定。对于相关不法侵害是否严重危及人身安全,应当注意从不法侵害是否具有暴力性、是否严重危及人身安全、是否达到犯罪程度等方面作出判断。本案中,陈某某无故持菜刀凌晨上门砍伤陈月浮,属于使用致命性凶器实施的严重危及他人人身安全的不法侵害,应当认定为"行凶",对此陈月浮可以实行特殊防卫。

第二,刑法第二十条第三款规定的"行凶",可以是使用致命性凶器实施的严重危及他人人身安全的行为,也可以是以其他形式实施的严重危及他人人身安全的行为。不法侵害人的具体故意内容不确定,但根据侵害行为发生的时间、地点及不法侵害人持有凶器判断,暴力侵害行为足以严重危及人身安全的,防卫人可以实行特殊防卫。本案中,陈某某持菜刀砍中陈月浮脸部致其轻伤,陈某某

再次砍向陈月浮时被其挡开,菜刀掉到地上。此时,要求陈月浮被菜刀砍伤后保持高度冷静,在将行凶者打倒之后,还要仔细判断行凶者有没有继续行凶的能力,这对于在黑夜之中高度惊恐的防卫人,是强人所难的。因此,综合考虑案件的具体情况,应当认为在陈某某菜刀掉到地上之后仍然可以实行防卫。

第三,准确理解和把握正当防卫的刑法规定和立法精神,对于符合正当防卫认定条件的,坚决依法认定。实践中,受"人死为大"观念的影响,在处理因防卫致人死亡的案件时,办案机关往往面临外部压力,存有心理顾虑,以致有的情况下将原本属于正当防卫的行为认定为防卫过当,甚至连防卫因素也不予认定。这是极端错误的。作为司法机关,严格依法办案是天职,决不能为了所谓的"息事宁人"牺牲法律原则。否则,既不利于维护法律的尊严,也不利于为全社会树立正确导向,对正当防卫人来说更是有失公正。对于确系正当防卫的案件,应当勇于担当,严格公正司法,坚决依法认定。实践证明,只有依法判决,才能赢得好的效果;只要依法判决,就能赢得好的效果。本案就是例证,依法宣判陈月浮不负刑事责任后,获得了社会公众的普遍肯定,弘扬了社会主义核心价值观,实现了法律效果与社会效果的有机统一。

《最高人民检察院、公安部关于依法妥善办理轻伤害案件的指导意见》(高检发办字〔2022〕167号)**第九条**要求准确区分正当防卫与互殴型故意伤害。(→第二百三十四条评注部分,第1100页)

指导性案例

于欢故意伤害案(指导案例93号,节录)
关键词 刑事 故意伤害罪 非法限制人身自由 正当防卫 防卫过当
裁判要点
1. 对正在进行的非法限制他人人身自由的行为,应当认定为刑法第二十条第一款规定的"不法侵害",可以进行正当防卫。
2. 对非法限制他人人身自由并伴有侮辱、轻微殴打的行为,不应当认定为刑法第二十条第三款规定的"严重危及人身安全的暴力犯罪"。
3. 判断防卫是否过当,应当综合考虑不法侵害的性质、手段、强度、危害程度,以及防卫行为的性质、时机、手段、强度、所处环境和损害后果等情节。对非法限制他人人身自由并伴有侮辱、轻微殴打,且并不十分紧迫的不法侵害,进行防卫致人死亡重伤的,应当认定为刑法第二十条第二款规定的"明显超过必要限度造成重大损害"。
4. 防卫过当案件,如系因被害人实施严重贬损他人人格尊严或者亵渎人伦的不法侵害引发的,量刑时对此应予充分考虑,以确保司法裁判既经得起法律检验,也符合社会公平正义观念。

张那木拉正当防卫案(指导案例144号,节录)

关键词　刑事　正当防卫　特殊防卫　行凶　宣告无罪

裁判要点

1. 对于使用致命性凶器攻击他人要害部位,严重危及他人人身安全的行为,应当认定为刑法第二十条第三款规定的"行凶",可以适用特殊防卫的有关规定。

2. 对于多人共同实施不法侵害,部分不法侵害人已被制伏,但其他不法侵害人仍在继续实施侵害的,仍然可以进行防卫。

陈某正当防卫案(检例第45号,节录)

关键词　未成年人　故意伤害　正当防卫　不批准逮捕

要　旨　在被人殴打、人身权利受到不法侵害的情况下,防卫行为虽然造成了重大损害的客观后果,但是防卫措施并未明显超过必要限度的,不属于防卫过当,依法不负刑事责任。

朱凤山故意伤害(防卫过当)案(检例第46号,节录)

关键词　民间矛盾　故意伤害　防卫过当　二审检察

要　旨　在民间矛盾激化过程中,对正在进行的非法侵入住宅、轻微人身侵害行为,可以进行正当防卫,但防卫行为的强度不具有必要性并致不法侵害人重伤、死亡的,属于明显超过必要限度造成重大损害,应当负刑事责任,但是应当减轻或者免除处罚。

于海明正当防卫案(检例第47号,节录)

关键词　行凶　正当防卫　撤销案件

要　旨　对于犯罪故意的具体内容虽不确定,但足以严重危及人身安全的暴力侵害行为,应当认定为刑法第二十条第三款规定的"行凶"。行凶已经造成严重危及人身安全的紧迫危险,即使没有发生严重的实害后果,也不影响正当防卫的成立。

侯雨秋正当防卫案(检例第48号,节录)

关键词　聚众斗殴　故意伤害　正当防卫　不起诉

要　旨　单方聚众斗殴的,属于不法侵害,没有斗殴故意的一方可以进行正当防卫。单方持械聚众斗殴,对他人的人身安全造成严重危险的,应当认定为刑法第二十条第三款规定的"其他严重危及人身安全的暴力犯罪"。

刑参案例规则提炼

《叶永朝故意杀人案——刑法第二十条第三款规定的正当防卫权应如何理解与适用》(第 40 号案例)、《王长友过失致人死亡案——假想防卫如何认定及处理》(第 127 号案例)、《苏良才故意伤害案——互殴中的故意伤害行为是否具有防卫性质》(第 133 号案例)、《张建国故意伤害案——互殴停止后又为制止他方突然袭击而防卫的行为是否属于正当防卫》(第 138 号案例)、《姜方平非法持有枪支、故意伤害案——被告人对事实性质的辩解不影响如实供述的成立》(第 221 号案例)、《胡咏平故意伤害案——当人身安全受到威胁后便准备防卫工具是否影响防卫性质的认定》(第 224 号案例)、《李小龙等被控故意伤害案——特殊防卫的条件以及对"行凶"的正确理解》(第 261 号案例)、《赵泉华被控故意伤害案——正当防卫仅致不法侵害人轻伤的不负刑事责任》(第 297 号案例)、《范尚秀故意伤害案——对精神病人实施侵害行为的反击能否成立正当防卫》(第 353 号案例)、《周文友故意杀人案——如何理解正当防卫中"正在进行的不法侵害"》(第 363 号案例)、《李明故意伤害案——为预防不法侵害而携带防范性工具能否阻当防卫的成立》(第 433 号案例)、《韩霖故意伤害案——如何认定防卫过当》(第 569 号案例)、《闫子洲故意伤害案——将正在实施盗窃的犯罪分子追打致死的行为如何量刑》(第 600 号案例)、《李英俊故意伤害案——在自家院内搜寻藏匿的不法侵害人时发生打斗,致人死亡的,构成正当防卫》(第 1126 号案例)、《梁锦辉寻衅滋事案——持刀驱离正在违法强拆的人员并造成一人轻微伤的,是否构成寻衅滋事罪》(第 1395 号案例)、《石龙回故意伤害案——在互相打斗过程中,一方为了使前来劝阻的妻子免受不法侵害,造成另一方死亡的如何认定》(第 1456 号案例)所涉规则提炼如下①:

1. 防卫对象的判定规则。 "无刑事责任能力的精神病人实施的侵害行为,也是危害社会的行为,仍属于不法侵害。""一般而言,在遇到无刑事责任能力人的侵害时,如果明知侵害者是无刑事责任能力人并有条件用逃跑等其他方法避免侵害时,则不得实施正当防卫;如果不知道侵害者是无刑事责任能力人,或者不能用逃跑等其他方法避免侵害时,才可以实行正当防卫。"(第 353 号案例)"为了保护本人的财产免受正在进行的不法拆迁行为的侵害,持刀驱离不

---

① 另,鉴于指导案例 144 号发布,《张那木拉故意伤害案——如何准确区分特殊防卫与防卫过当,以及认定行为人属于正当防卫的,法院判决应当如何表述》(第 1436 号案例)所涉规则未予提炼。

法侵害者，其行为属于正当防卫。"（第1395号案例）

2. 防卫时机的判定规则。"对已然开始且正在进行的不法侵害，即便其程度相当轻微，防卫人也有权采取相应的制止措施即防卫行为，此种情形不属于所谓的'事先防卫'。"（第224号案例）不法侵害人持刀行凶被阻止后躲进玉米地，不法侵害并未结束，"被告人搜寻不法侵害人时发生打斗，造成不法侵害人死亡的"，属于正当防卫。（第1126号案例）

3. 防卫限度的判定规则。"'正当防卫不能明显超过必要限度造成重大损害'……实质上包含了两个并列的判断标准：一是防卫措施不能明显超过必要限度……'明显超过'，表明立法强调对防卫人所采取的防卫措施不必过于苛求。二是防卫结果不能造成重大损害。重大损害不等于一般损害。所谓重大损害……应当把握在没有造成不法侵害人人身重大损害，包括重伤以上这一限度内。以上两个标准必须同时具备，才能认定为防卫过当。"（第297号案例）"防卫行为所保护的合法权益与防卫行为所造成的损害后果之间不能悬殊过大，不能为了保护微小权利而造成不法侵害人重伤或者死亡。当然，并非凡是超过必要限度的防卫行为都是过当，只有'明显'超过其必要性并造成重大损害的，才是防卫过当。"（第569号案例）需要注意的是，防卫过当与正当防卫仅仅在限度上存在差别，防卫过当也必须基于"为了使国家、公共利益、本人或者他人的人身、财产和其他权利免受正在进行的不法侵害"的意图要件，"被害人已停止盗窃，如果因对其进行抓捕，为有效阻止其逃跑，而实施了适当、必要且有限的轻微伤害行为是法律允许的，但被告人……不仅用刀将被害人打入水沟，还与他人共同用砖块将被害人砸死，其行为显然已不属于为使他人的财产权利'免受正在进行的不法侵害，而采取的制止不法侵害的行为'，故不能适用刑法关于'防卫过当'的规定对其减轻或者免除处罚"。（第600号案例）

4. 特殊防卫的判定规则。"刑法第二十条第三款是人民群众同严重危害人身安全的犯罪行为作斗争的有力武器……既要保护人民群众依法维护公民合法权利的行为，又要防止坏人假借防卫而犯罪，以体现刑法本条款的立法原意。"特殊防卫适用情形下，"防卫人往往处于被动、孤立、极为危险的境地，在这种情况下，如对防卫人限制过苛，则难以取得制止犯罪，保护公民人身权利不受侵害的效果，亦不利于鼓励人民群众同犯罪行为作斗争"。（第40号案例）"'行凶'不应该是一般的拳脚相加之类的暴力侵害，持械殴打也不一定都是可以实施特殊防卫的'行凶'。"（第261号案例）"对'行凶'行为要注意区分危害的严重性程度。该款规定的'行凶'行为仅指严重危及人身安全的非法伤害行为，如使用凶器暴力行凶，有可能致人重伤的伤害行为。"（第40号案例）

5. 假想防卫的处理规则。"假想防卫有四个基本特征：一是行为人主观上存在着正当防卫意图，以为自己是对不法侵害人实施的正当防卫；二是防卫对象的'不法侵害'在实际上并不存在；三是防卫行为人的'防卫'行为在客观上侵害了未实施不法侵害人的人身或其他权利，具有社会危害性；四是行为人的防卫错误，产生了危害社会的结果。""需要指出的是，假想防卫对并不存在的'不法侵害'或'不法侵害人'，是基于行为人主观想象或推测，但这种主观想象或推测，绝不是脱离实际情形的任意想象，而是需要一定的客观前提，也就是说，假想防卫人在实行假想防卫时，主观上误认为发生了某种实际并不存在的不法侵害，是要有一定合理的根据的。""假想防卫的行为人，在主观上是为了保护自己的合法权益免遭侵害，其行为在客观上造成的危害是由于认识错误所致，其主观上没有犯罪故意，因此，假想防卫中是不可能存在故意犯罪的。"（第127号案例）

6. 互殴与正当防卫的界分规则。"在打架斗殴中，一般情况下，双方都是出于主动的，双方都有侵害对方的故意，双方的行为都是不法侵害行为，因此，双方的行为都不属于正当防卫的范畴。"（第133号案例）"由于互相斗殴的双方主观上都有加害对方的故意，都是不法侵害，所以不存在侵害者和防卫者之分。同时，由于双方都不具有正当防卫的目的，因而无论谁先谁后动手，都不能认定为防卫行为。"（第221号案例）"判断某一行为属于互殴还是正当防卫，可以从行为人主观上的认识因素和意志因素两方面来进行。"（第433号案例）"并非因琐事发生争执、冲突，引发打斗的，就一定是相互斗殴；也不能因为因琐事发生争执、冲突，引发打斗的，就不再存在防卫的空间。""在互相打斗过程中，一方为了使前来劝阻的妻子免受不法侵害，造成另一方死亡的"，构成防卫过当。（第1456号案例）"双方均有侵害对方的非法意图……在对方意图尚未显现，且还未发生危及其人身安全的情况下，即持刀冲上前砍杀对方，事实上属于一种假想防卫和事先防卫的行为……不能认定为正当防卫。"（第363号案例）"互殴停止后又加害对方的，性质就可能发生变化。这可以分为两种情况：一是双方停止斗殴后，一方受他人鼓动或出于报复侵害的目的又突然袭击对方的；二是一方自动放弃斗殴或主动退出斗殴现场，另一方继续殴打对方的。上述两种情况，均是因情况发生变化，互殴转变为一方殴打另一方。被殴打方已从互殴时的侵害者转变为被侵害者……被侵害人出于防卫目的而依法实施的制止不法侵害的行为，依法具有正当防卫的性质。需要指出的是，由双方互殴转变为一方自动放弃斗殴或主动退出斗殴现场，应该具有彻底性，并表现出明显的阶段性，而不包括互殴双方打斗中的此消彼长、强弱转换等情形变化。"（第138号案例）

7. 防范准备行为的定性规则。"行为人为了防范自己的合法权益遭受不法侵害,在侵害发生之前作防范的准备,预先采取必要的防范措施,其目的也是为了防卫。""不能因为其携带管制刀具是违法的,就否定其行为的防卫性质……为预防不法侵害的发生携带防范性刀具,不能阻却其在遭遇不法侵害时运用该刀具实施的防卫行为成立正当防卫。"(第433号案例)"当公民受到人身威胁时,要尽可能向单位领导或公安机关报告,通过组织手段解决矛盾,防వ危害。确有必要作防卫准备时,选择的防卫工具、防卫准备方式要适当,要注意防卫准备行为本身不能触犯法律的禁止性规定,如不能非法持有枪支防身,不能采用私设电网等足以危害公共安全的行为来防范盗窃、非法入侵等等。但是否有报告,是否事先准备防卫工具以及准备什么样的防卫工具,均属于另一个问题,不影响防卫性质的认定。"(第224号案例)

第二十一条 【紧急避险】为了使国家、公共利益、本人或者他人的人身、财产和其他权利免受正在发生的危险,不得已采取的紧急避险行为,造成损害的,不负刑事责任。

紧急避险超过必要限度造成不应有的损害的,应当负刑事责任,但是应当减轻或者免除处罚。

第一款中关于避免本人危险的规定,不适用于职务上、业务上负有特定责任的人。

立法沿革

本条系1997年《刑法》吸收修改1979年《刑法》作出的规定。1979年《刑法》第十八条规定:"为了使公共利益、本人或者他人的人身和其他权利免受正在发生的危险,不得已采取的紧急避险行为,不负刑事责任。""紧急避险超过必要限度造成不应有的危害的,应当负刑事责任;但是应当酌情减轻或者免除处罚。""第一款中关于避免本人危险的规定,不适用于职务上、业务上负有特定责任的人。"1997年《刑法》扩大合法权益保护范围,增列"国家"利益、公民的"财产"权利;明确紧急避险"造成损害的"不负刑事责任,使得表述周延;修改避险过当的处罚原则,由"应当酌情减轻或者免除处罚"调整为"应当减轻或者免除处罚"。

规范性文件

《最高人民法院、最高人民检察院、公安部关于依法惩治妨害公共交通工具安全驾驶违法犯罪行为的指导意见》(公通字〔2019〕1号)"一、**准确认定行为性质,依法从严惩处妨害安全驾驶犯罪**"就驾驶人员遭到妨害安全驾驶行为侵害

时进行紧急避险的认定作了规定。(→参见第一百三十三条之二评注部分,第 538 页)

刑参案例规则提炼

《王仁兴破坏交通设施案——不履行因紧急避险行为引起的作为义务可以构成不作为犯罪》(第 295 号案例)、《赵石山、王海杰、杨建波非法占用农用地案——擅自以村委会名义将村山坡林地承包给村民作为墓地使用的定性》(第 1398 号案例)所涉规则提炼如下:

1. 紧急避险的认定规则。 "在渔船存在翻沉……的危险情况下……为了保护渔船上的人的人身安全及渔船,不得已解开航标船钢缆绳致使航标船漂流……所损害的现实权益仅是为使航标船复位及正常工作,航道管理部门为此用去了人民币 1500 余元,这比……三人的生命权益要小得多……符合紧急避险的要件,属紧急避险行为。"(第 295 案例)

2. 法令行为引发的犯罪行为的定性规则。 "行为虽因执行上级命令而引起,但违反了相关法律规定,仍应对其行为承担相应的刑事责任",但"在量刑时予以酌情从轻"。(第 1398 号案例)

第二节 犯罪的预备、未遂和中止

第二十二条 【犯罪预备】 为了犯罪,准备工具、制造条件的,是犯罪预备。

对于预备犯,可以比照既遂犯从轻、减轻处罚或者免除处罚。

立法沿革

本条系 1997 年《刑法》沿用 1979 年《刑法》第十九条的规定,未作调整。

刑参案例规则提炼

《黄斌等抢劫(预备)案——犯罪预备行为应如何认定及处理》(第 139 号案例)、《张正权等抢劫案——如何正确认定犯罪预备》(第 467 号案例)、《夏洪生抢劫、破坏电力设备案——骗乘出租车欲到目的地抢劫因惟恐被发觉而在中途放弃的,能否认定为抢劫预备阶段的犯罪中止?为逃匿而劫取但事后予以焚毁的机动车辆能否计入抢劫数额》(第 643 号案例)所涉规则提炼如下:

1. 犯罪预备的认定规则。从《刑法》第二十二条第一款的规定来看,"犯罪预备具有以下两个基本特征:一、行为人主观上是为了犯罪,即行为人实施准备工具、制造条件的行为,是为了顺利地实行犯罪,具有犯罪的目的性……二、行为人客观上实施了准备工具或制造条件的行为"。但是,"刑法第二十二条第一款,只是犯罪预备行为的概念,却非预备犯的完整内涵","预备犯还应具有以下两个基本特征:一是尚未着手实行犯罪。是否已经着手实行犯罪,是犯罪预备和犯罪未遂的本质区别……二是未着手实行犯罪是由于行为人意志以外的原因。这是犯罪预备与预备阶段中的犯罪中止的根本区别。"(第139号案例)"骗乘出租车欲到目的地抢劫,因惟恐被发觉而在中途放弃的,应当认定为抢劫预备阶段的犯罪中止。"(第643号案例)此外,"犯意表示与犯罪预备的本质区别在于,犯罪预备是对实行犯罪起促进作用的行为,即准备犯罪工具、制造条件,也就是有实现其犯罪故意的行为;而犯意表示行为只是单纯流露犯意,不是实现犯意的具体行为,没有对法益构成现实威胁"。(第467号案例)

2. 犯罪预备的处理规则。"司法实践中,对那些情节显著轻微危害不大的预备犯,如一些轻罪的预备犯,不予追究,不仅有依据,而且也是必要的。对预备犯是否定罪,如何量刑,是否从轻,是从轻、减轻还是免除处罚,总的来说,要看其预备行为的社会危害性程度。"(第139号案例)此外,"基于禁止重复评价原则,如果同一行为既为抢劫犯罪的预备行为,又为强奸犯罪的预备行为时,不能被抢劫、强奸的犯罪构成所同时评价,也就是说不能同时成立抢劫罪(犯罪预备)和强奸罪(犯罪预备)"。(第467号案例)

第二十三条 【犯罪未遂】已经着手实行犯罪,由于犯罪分子意志以外的原因而未得逞的,是犯罪未遂。

对于未遂犯,可以比照既遂犯从轻或者减轻处罚。

▍立法沿革

本条系1997年《刑法》沿用1979年《刑法》第二十条的规定,未作调整。

▍规范性文件

《最高人民法院、最高人民检察院关于常见犯罪的量刑指导意见(试行)》(法发〔2021〕21号)"三、常见量刑情节的适用"第(四)条对未遂犯量刑情节的适用作了规定。(→参见总则第四章第一节标题评注部分,第225、226页)

指导性案例

王新明合同诈骗案（指导案例62号）

关键词　刑事　合同诈骗　数额犯　既遂　未遂

裁判要点

在数额犯中，犯罪既遂部分与未遂部分分别对应不同法定刑幅度的，应当先决定对未遂部分是否减轻处罚，确定未遂部分对应的法定刑幅度，再与既遂部分对应的法定刑幅度进行比较，选择适用处罚较重的法定刑幅度，并酌情从重处罚；二者在同一量刑幅度的，以犯罪既遂酌情从重处罚。

刑参案例规则提炼

《胡斌、张筠筠等故意杀人、运输毒品（未遂）案——误认尸块为毒品而予以运输的行为应如何定罪》（第37号案例）、《曹成金故意杀人案——间接故意犯罪是否存在未遂形态》（第132号案例）、《王新明合同诈骗案——在数额犯中，行为既遂部分与未遂部分并存且分别构成犯罪的，如何准确量刑》（第1020号案例）所涉规则提炼如下：

1. 间接故意犯罪的未遂否定规则。 "在间接故意中，行为人对危害结果的发生与否是持一种放任态度，当法律上的危害结果发生时，则已成立犯罪既遂，如造成被害人死亡的，应以故意杀人罪定罪处罚；造成被害人受伤（轻伤以上）的，应以故意伤害罪定罪处罚；而没有造成人员伤亡，也是行为人这种放任心理所包含的，而不是什么意志以外的原因所致，无所谓'得逞'与否，犯罪未遂也就无从谈起了。"（第132号案例）

2. 不能犯的定性规则。 "对于不能犯能否予以治罪，应当区分绝对不能犯与相对不能犯两种情形作出处理。""绝对不能犯与相对不能犯的主要区别在于：前者意欲实施的行为与其实际实施的行为是一致的，但因使用的手段与目的之间的因果关系是建立在反科学、超自然的基础上，故该种手段行为在任何情况下都不可能引起危害结果发生，不具有实质的社会危害性；后者所认识到的手段与目的之间的因果联系是真实的、有科学根据的，只是因为行为人一时疏忽致使意欲实施的行为与其实际实施的行为形似而质异，才未能造成犯罪结果。否则，其所使用的手段或工具就能合乎规律地引起危害结果发生，实现其犯罪目的。因此，刑法理论上一般认为，绝对不能犯不构成犯罪，而相对不能犯则构成犯罪未遂。"（第37号案例）

3. 不能犯未遂的处罚规则。 "不能犯未遂并非对社会没有危害，在决定对其是否从轻处罚时，应当区分不同情况处理：其一，对于行为的客观危害性相对较小的,如误把头痛粉当'白粉'(即海洛因)予以出售,因头痛粉对人体健康的危害不大,一般应依法予以从轻或者减轻处罚;其二,对于行为的客观危害性虽比欲犯之罪较小,但也具有较为严重社会危害性的……可以适当予以从轻处罚;其三,对于行为的客观危害性大于欲犯之罪的,如误把海洛因当作麝香进行走私,因走私毒品罪重于欲犯的走私珍贵动物制品罪,即欲犯较轻之罪而实犯较重之罪,虽然应依法认定犯罪未遂,但一般不能予以从轻处罚。"(第37号案例)

4. 数额犯既遂与未遂并存的处理规则。"既未遂并存且分别构成犯罪的应当贯彻择一重处的原则,不能以犯罪总数额或者一概以既遂数额确定法定刑幅度。""对于未遂部分,先进行是否减轻处罚的评价,确定未遂部分对应的法定刑幅度,再与既遂部分比较确定全案适用的法定刑幅度,将未做评价的既遂数额或者未遂数额在量刑时予以考虑。"(第1020号案例)

第二十四条 【犯罪中止】 在犯罪过程中,自动放弃犯罪或者自动有效地防止犯罪结果发生的,是犯罪中止。

对于中止犯,没有造成损害的,应当免除处罚;造成损害的,应当减轻处罚。

▎立法沿革

本条系1997年《刑法》吸收修改1979年《刑法》作出的规定。1979年《刑法》第二十一条规定:"在犯罪过程中,自动中止犯罪或者自动有效地防止犯罪结果发生的,是犯罪中止。""对于中止犯,应当免除或者减轻处罚。"1997年《刑法》将"自动中止犯罪"修改为"自动放弃犯罪",并对处罚原则作了调整,根据是否造成损害予以区别对待。

▎刑参案例规则提炼

《黄土保等故意伤害案——如何认定教唆犯的犯罪中止》(第199号案例)、《王元帅、邵文喜抢劫、故意杀人案——犯罪中止与犯罪未遂的区别》(第242号案例)、《朱高伟强奸、故意杀人案——中止犯罪中的"损害"认定》(第601号案例)、《李官容抢劫、故意杀人案——对既具有自动性又具有被迫性的放弃重复侵害行为,能否认定犯罪中止》(第611号案例)、《韩江维等抢劫、强奸案——指认被害人住址并多次参与蹲守,但此后未参与实施抢劫的,是否属于犯罪中止》(第750号案例)、《刘星抢劫案——在犯罪预备阶段单独停止犯罪,未积极阻止同案犯继续实施犯罪,也未有效防止共同犯罪结果发生的,能否成立犯罪中止》

(第 949 号案例) 所涉规则提炼如下:

1. 共同犯罪中止的认定规则。"构成共同犯罪,各行为人在主观方面必须具有共同的犯罪故意,在客观方面实施了共同的犯罪行为。但这并不等于说各行为人在共同犯罪中的犯罪形态就必然是一致的。"(第 242 号案例)"对于共同实行犯,各共犯人之间按照分工,相互利用,相互配合,共同完成犯罪,其责任原理是'部分实行全部责任',故只有当共同犯罪人均中止犯罪,没有发生犯罪结果时,构成整个共同犯罪的中止。""如果部分人在实行过程中主动停止犯罪,且积极采取措施阻止其他人继续犯罪,但最终未能有效阻止犯罪结果发生的,对主动退出者是否认定犯罪中止,存在争议……目前实践中比较普遍的做法是对主动退出者仍认定为犯罪既遂,但量刑时应当考虑其主动退出并阻止其他共犯人继续完成犯罪的情节,如主动退出者符合从犯特征的,依法认定为从犯,应当从轻处罚。"(第 750 号案例)"在犯罪预备阶段单独停止犯罪,未积极阻止同案犯继续实施犯罪,也未有效防止共同犯罪结果发生的",不能成立犯罪中止。(第 949 号案例)

2. 教唆犯犯罪中止的认定规则。"教唆犯要构成犯罪中止,其在教唆的预备阶段,只要放弃教唆意图即可;而在其已将犯意灌输给他人以后,则需要对被教唆人采取积极的补救措施从而有效地防止犯罪或犯罪结果的发生。具体地说,在被教唆人实施犯罪预备以前,教唆犯只有在劝说被教唆的人放弃犯罪意图的情况下,才能成立中止;在被教唆的人实施犯罪预备时,教唆犯只有在制止被教唆人的犯罪预备的情况下,才能成立中止;在被教唆的人实行犯罪后而犯罪结果尚未发生时,教唆犯只有在制止被教唆的人继续实行犯罪并有效防止犯罪结果发生时,才能成立中止。"(第 199 号案例)

3. 中止犯"损害"的认定规则。"中止犯造成的'损害'是建立在犯罪成立评价前提下的,不能等同于一般意义上的损伤。""作为刑法规定的中止犯中的'损害'概念:从质的方面来说,损害是指犯罪行为对犯罪对象造成的破坏……从量的方面来说,损害是为刑法所评价的达到一定严重社会危害程度的后果,而不是一般意义上的损伤,否则就存在刑法对中止犯的评价比既遂犯还要严苛的可能,违背刑法设置中止犯的初衷。"因此,"故意杀人行为仅给被害人造成轻微伤,其危害尚未达到刑法惩处的严重程度,故不能认定其犯罪中止造成了损害,依照法律规定……应当免除处罚。"(第 601 号案例)

4. 犯罪中止与犯罪未遂的界分规则。"在犯罪未遂中,犯罪未能得逞是由于行为人意志以外的原因,犯罪的实际结果违背行为人的本意,即欲为而不能为。在犯罪中止中,行为人出于自己的意志而主动放弃当时可以继续实施和完成的犯罪,即能为而不为。这是犯罪中止与犯罪未遂的根本区别。"(第242号案例)"如果不是完全自动地放弃重复侵害行为,而是既有自动性,也有被迫性,就应当实事求是,客观分析判断究竟是自动性为主,还是被迫性为主,如果有足够依据判定行为人停止犯罪是以被迫性为主,则可以认定犯罪停止形态为未遂。"(第611号案例)

第三节 共同犯罪

相关规定

《中华人民共和国治安管理处罚法》(修正后自2013年1月1日起施行,节录)

第十七条 共同违反治安管理的,根据违反治安管理行为人在违反治安管理行为中所起的作用,分别处罚。

教唆、胁迫、诱骗他人违反治安管理的,按照其教唆、胁迫、诱骗的行为处罚。

规范性文件

《全国法院毒品案件审判工作会议纪要》(法〔2023〕108号)"四、共同犯罪问题"对毒品共同犯罪的认定和处理作了规定。(→参见分则第六章第七节标题评注部分,第1877页)

第二十五条 【共同犯罪的概念】共同犯罪是指二人以上共同故意犯罪。

二人以上共同过失犯罪,不以共同犯罪论处;应当负刑事责任的,按照他们所犯的罪分别处罚。

立法沿革

本条系1997年《刑法》沿用1979年《刑法》第二十二条的规定,未作调整。

规范性文件

《最高人民法院关于贯彻宽严相济刑事政策的若干意见》(法发〔2010〕9号)第三十条、第三十一条、第三十三条对共同犯罪案件宽严相济刑事政策的把握提出了专门要求。(→参见总则第四章标题评注部分,第196、197页)

《最高人民检察院、公安部关于依法妥善办理轻伤害案件的指导意见》(高检发办字〔2022〕167号)第十条要求准确认定共同犯罪。(→第二百三十四条评

注部分,第1100页)

指导性案例

张某、沈某某等七人抢劫案(检例第19号,节录)

关键词 第二审程序刑事抗诉 未成年人与成年人共同犯罪 分案起诉 累犯

要 旨

1. 办理未成年人与成年人共同犯罪案件,一般应当将未成年人与成年人分案起诉,但对于未成年人系犯罪集团的组织者或者其他共同犯罪中的主犯,或者具有其他不宜分案起诉情形的,可以不分案起诉。

2. 办理未成年人与成年人共同犯罪案件,应当根据未成年人在共同犯罪中的地位、作用,综合考量未成年人实施犯罪行为的动机和目的、犯罪时的年龄、是否属于初犯、偶犯、犯罪后的悔罪表现、个人成长经历和一贯表现等因素,依法从轻或者减轻处罚。

3. 未成年人犯罪不构成累犯。

刑参案例规则提炼[①]

《王国清等抢劫、故意伤害、盗窃案——转化型抢劫罪的法律适用》(第86号案例)、《刘岗、王小军、庄志德金融凭证诈骗案——犯罪故意内容不一致的能否构成共同犯罪》(第168号案例)、《郭玉林等抢劫案——在共同抢劫中,部分行为人引起的致人重伤、死亡后果,其余未在现场的行为人应否对此后果承担责任》(第189号案例)、《宋东亮、陈二永强迫交易、故意伤害案——在共同强迫交易过程中,一人突发持刀重伤他人,对其他参与共同强迫交易的被告人应如何定罪处罚》(第278号案例)、《乌斯曼江、吐尔逊故意伤害案——没有共同犯罪故意不构成共同犯罪》(第347号案例)、《吕卫军、曾鹏龙运输毒品案——如何准确区分共犯与同时犯》(第374号案例)、《于爱银、戴永阳故意杀人案——受杀人犯指使将小孩带离现场能否构成共犯》(第388号案例)、《陈卫国、余建华故

[①] 另,鉴于《最高人民法院关于审理贪污、职务侵占案件如何认定共同犯罪几个问题的解释》(法释〔2000〕15号)发布施行,《陈贵杰等贪污案——银行临时工与外部人员勾结监守自盗应如何定罪》(第29号案例)、《荀兴良等贪污、受贿案——具有两种不同特定身份的人共同实施侵吞企业财产、收受他人财物的行为应如何定罪处罚》(第30号案例)、《高金有盗窃案——外部人员与银行工作人员勾结窃取银行现金的行为如何定性》(第52号案例)所涉规则未予提炼。

第25条

意杀人案——对明显超出共同犯罪故意内容的过限行为应如何确定罪责》(第408号案例)、《王兴佰、韩涛、王永央故意伤害案——共同故意伤害犯罪中如何判定实行过限行为》(第409号案例)、《侯吉辉、匡家荣、何德权抢劫案——在明知他人抢劫的情况下,于暴力行为结束后参与共同搜取被害人财物的行为如何定罪量刑》(第491号案例)、《焦祥根、焦祥林故意杀人案——以欺骗手段诱使他人产生犯意,并创造犯罪条件的,构成共同犯罪》(第633号案例)、《刘正波、刘海平强奸案——欠缺犯意联络和协同行为的同时犯罪,不能认定为共同犯罪》(第658号案例)、《徐国桢等私分国有资产罪案——在仅能由单位构成犯罪的情形下,能否认定非适格主体与单位构成共犯》(第937号案例)、《徐文斌诈骗案——间接正犯是否存在实行行为过限》(第1439号案例)、《徐文斌诈骗案——间接正犯是否存在实行行为过限》(第1513号案例)所涉规则提炼如下:

1. **共同犯罪故意的判定规则**。"各共同犯罪人之间的犯意联络及对行为危害结果的预见是构成共同犯罪故意的实质性内容,而对危害结果的态度却可以有希望或者放任两种不同形式……在共同犯罪故意的认定中,并不要求各共同犯罪人的犯罪故意内容完全一致,也并不要求各共同犯罪人分别独自具备某具体犯罪的主观要件的全部内容,如特定目的等,而只以各共同犯罪人的犯意相互连接,共同形成某一具体犯罪的主观要件整体为满足。实际上,各个共同犯罪人由于其地位、角色的不同,他们的犯罪故意内容往往是有所不同的。"(第168号案例)

2. **非特定主体与特定主体共同犯罪的处理规则**。"非特定的主体不能单独成为特定主体的正犯,但若是和特定的主体一起,就可共同引起符合构成要件的事实。因而,非特定的主体可以成立特定主体所犯之罪的共犯。"因此,"对于非适格主体参与实施私分国有资产行为,只要非适格主体与适格单位共同实施了私分国有资产的行为,就可以成立共同犯罪"。"对于共犯中非适格主体的量刑,一般按照普通主体适用刑罚或者以从犯身份适用刑罚。具体而言,在仅由适格主体实施的犯罪案件中,如果刑法规定对适格主体适用从重的刑罚,对不适格主体的共犯人,只能适用通常之刑罚。"(第937号案例)

3. **事中共犯的认定规则**。"事前虽无抢劫之主观故意,事中亦未实施抢劫之暴力行为,但在被害人死亡,暴力行为结束后之抢劫犯罪的延续阶段……而参与后续的搜取被害人财物之行为,属于事中共犯,应以抢劫罪的共犯定性。"(第491号案例)

4. **实行过限的认定规则**。"实行过限指的是实行犯实施了超出共同犯罪故意的行为,因没有犯罪的共同故意,故未参与实行过限行为的其他共同犯罪人无需就过限行为承担刑事责任。"(第189号案例)"在共同实行犯罪的情形下,判定实行行为过限的基本原则是看其他实行犯对个别实行犯所谓的'过限行为'是否知情……如果其他实行犯知情,除非其有明确、有效的制止行为,则一般认为实行犯之间在实施犯罪当场临时达成了犯意沟通,其他人对实行者的行为予以了默认或支持,个别犯罪人的行为不属于实行过限,其行为造成的危害结果由各实行犯共同承担责任。"(第409号案例)需要注意的是,"非过限行为人对过限行为既无事先的故意,也无事中的明知,不能认定其对过限行为造成的损害结果持有故意,但这并不意味着非过限行为人不需要对损害结果承担责任。"(第1513号案例)以各类具体罪名为例,"暴力伤害或者暴力威胁是实施抢劫犯罪所必不可少的,在共同抢劫犯罪中,即使部分行为人不希望使用暴力或者仅仅使用暴力威胁,但对其他共同犯罪人可能使用暴力应当是有预见并予以认可的,这也是抢劫罪与非暴力性财产犯罪的一个重要不同。因此,要求抢劫犯罪的共同犯罪人共同对其他共同犯罪人使用暴力造成的伤亡后果承担责任,并不违背主、客观相一致原则。"(第189号案例)"但是,盗窃被发现后,被告人……为抗拒抓捕而对抓捕人当场使用暴力,并致一人死亡,二人受伤的行为,由于没有证据证实在被告人……对抓捕人使用暴力之前,三被告人已有被发现后即使用暴力的共同故意;在盗窃行为被发现之后,被告人……和……亦没有对抓捕人使用暴力。虽然被告人……和……利用……的暴力行为暂时逃离现场,但不应对……的暴力行为承担刑事责任……不是抢劫罪的共犯,只对盗窃行为承担刑事责任。"(第86号案例)"虽然……共同犯罪故意是概括的故意,但这一概括的故意却是有限度的,至少不包括杀人的故意。这一故意内容在犯罪行为实施阶段也没有明显转化,仍停留在对被害人'教训'的认识内容上。""……对……实施的持刀杀人行为既缺乏刑法意义上的认识,也没有事中的共同故意杀人行为,不构成故意杀人犯罪的共犯。"(第408号案例)"在共同强迫交易过程中,一人突发持刀重伤他人","持刀重伤被害人的后果,超出了与……在实施强迫交易犯罪活动中所形成的共同犯罪故意,被害人被刺而受重伤的后果只能由实施重伤行为的被告人……承担"。(第278号案例)

5. 共同犯罪与同时犯的界分规则。"构成共同犯罪要求既要在主观上有共同犯罪的故意,又要在客观上有共同犯罪的行为。"(第347号案例)"共同行为有两种表现形式:一是简单共同行为,所有行为主体的行为都符合具体的作为犯罪构成要件行为的基本特征,而组合成共同行为;二是复杂共同行为,行为具有明确的分工,每一行为主体的单独行为并不完全具备完整的行为结构,甚至并不属于犯罪构成要件的行为,但经过组合后,整体的行为不仅能够全面满足具体的行为要件,并且成为危害结果的合一原因的共同行为。"(第388号案例)但是,"分别伙同他人将被害人带走,在不同的时间、空间针对不同的侵害对象采取不同的手段、行为方式,并无协同实施强奸犯罪的意思沟通和具体行为……期间,二被告人虽有电话联络,但仅是相互询问对方的进展情况,并非进行意思沟通,故不能认定双方存在共同实施强奸犯罪的合意",不构成共同犯罪。(第658号案例)"二被告人虽然主观上都有运输毒品的故意,客观上也乘坐同一趟旅客列车运输毒品,但二被告人各自出资购买和运输毒品……彼此间的主观故意和客观行为缺乏内在联系,没有形成统一的犯罪活动整体,对二被告人可作一案处理,但不应认定为共同犯罪。"(第374号案例)

6. 间接正犯的认定规则。"各行为人的犯罪动机是否一致,不影响共同犯罪的成立。""如果被利用者具有刑事责任能力,或者具有犯罪故意,即使被利用者系受到欺骗而实施犯罪行为,但因其具有自由意志,不完全属于犯罪工具,利用者和被利用者之间可以形成共犯关系,不能认定利用者属于间接正犯。"(第633号案例)"间接正犯主要的犯罪形态包括(1)利用没有犯罪意图(过失或不知情)的人来犯罪,如甲医生欲杀害病人丙,将毒针交给不知情的护士乙,乙给丙注射后致丙死亡;(2)利用无刑事责任能力的人犯罪,如利用尚未达到刑事责任年龄的人或精神病人来犯罪,在利用尚未达到刑事责任年龄的人犯罪情形下,间接正犯和教唆犯有交叉。""间接正犯中也存在实行行为过限。"(第1439号案例)

第二十六条 【主犯】组织、领导犯罪集团进行犯罪活动的或者在共同犯罪中起主要作用的,是主犯。

三人以上为共同实施犯罪而组成的较为固定的犯罪组织,是犯罪集团。

对组织、领导犯罪集团的首要分子,按照集团所犯的全部罪行处罚。

对于第三款规定以外的主犯,应当按照其所参与的或者组织、指挥的全部犯罪处罚。

立法沿革

本条系1997年《刑法》吸收修改1979年《刑法》作出的规定。1979年《刑法》第二十三条规定:"组织、领导犯罪集团进行犯罪活动的或者在共同犯罪中起主要作用的,是主犯。""对于主犯,除本法分则已有规定的以外,应当从重处罚。"1997年《刑法》增加了对犯罪集团概念的规定;同时,对主犯的处罚原则作了重大修改,根据主犯种类不同分别规定不同处罚规则,并删去了对主犯从重处罚的规定。

司法解释

《最高人民法院、最高人民检察院、公安部关于当前办理集团犯罪案件中具体应用法律的若干问题的解答》(〔84〕法研字第9号)①

一、怎样办理团伙犯罪的案件?

办理团伙犯罪的重大案件,应当在党的方针政策指导下,依照刑法和《全国人民代表大会常务委员会关于严惩严重危害社会治安的犯罪分子的决定》的有关规定执行。鉴于在刑法和全国人大常委会的有关决定中,只有共同犯罪和犯罪集团的规定,在法律文书中,应当统一使用法律规定的提法。即:

办理团伙犯罪案件,凡其中符合刑事犯罪集团基本特征的,应按犯罪集团处理;不符合犯罪集团基本特征的,就按一般共同犯罪处理,并根据其共同犯罪的事实和情节,该重判的重判,该轻判的轻判。

对犯罪团伙既要坚决打击,又必须打准。不要把三人以上共同犯罪,但罪行较轻,危害较小的案件当作犯罪团伙,进而当作"犯罪集团"来严厉打击。②

二、在办案实践中怎样认定刑事犯罪集团?

刑事犯罪集团一般应具备下列基本特征:(1)人数较多(三人以上),重要成员固定或基本固定。(2)经常纠集一起进行一种或数种严重的刑事犯罪活动。(3)有明显的首要分子。有的首要分子是在纠集过程中形成的,有的首要分子在纠集开始时就是组织者和领导者。(4)有预谋地实施犯罪活动。(5)不论作案次数多少,对社会造成的危害或其具有的危险性都很严重。

刑事犯罪集团的首要分子,是指在该集团中起组织、策划、指挥作用的犯罪分子(见刑法第二十三条、第八十六条)。首要分子可以是一名,也可以不只一名。首要分子应对该集团经过预谋、有共同故意的全部罪行负责。集团的其

---

① 对于本规范性文件,应当根据现行刑法的有关规定作相应理解和把握。——**本评注注**

② 由于犯罪集团的首要分子要按照集团所犯的全部罪行处罚,根据罪责刑相适应原则的要求,对于犯罪集团的认定要慎重,尤需考量所犯罪行的危害程度。例如,对于组织他人在偏僻农村开设线下赌场的案件,赌场的规模较小,但某次赌场散场时看场人员与赌徒发生口角,进而械斗导致赌徒死伤。该案如认定为犯罪集团,不在场的首要分子也应当为故意伤害承担责任,是否符合罪责刑相适应原则和主客观统一原则,实际有探讨空间。——**本评注注**

他成员,应按其地位和作用,分别对其参与实施的具体罪行负责。如果某个成员实施了该集团共同故意犯罪范围以外的其他犯罪,则应由他个人负责。

对单一的犯罪集团,应按其所犯的罪定性;对一个犯罪集团犯多种罪的,应按其主罪定性;犯罪集团成员或一般共同犯罪的共犯,犯数罪的,分别按数罪并罚的原则处罚。

三、为什么对共同犯罪的案件必须坚持全案审判?

办理共同犯罪案件特别是集团犯罪案件,除对其中已逃跑的成员可以另案处理外,一定要把全案的事实查清,然后对应当追究刑事责任的同案人,全案起诉,全案判处。切不要全案事实还没有查清,就急于杀掉首要分子或主犯,或者把案件拆散,分开处理。这样做,不仅可能造成定罪不准,量刑失当,而且会造成死无对证,很容易漏掉同案成员的罪行,甚至漏掉罪犯,难以做到依法"从重从快,一网打尽"。

四、办理犯罪集团和一般共同犯罪中的重大案件,怎样执行党的政策,做到区别对待?

办理上述两类案件,应根据犯罪分子在犯罪活动中的地位、作用及危害大小,依照党的政策和刑法、全国人大常委会有关决定的规定,实行区别对待。

对犯罪集团的首要分子和其他主犯,一般共同犯罪中的重大案件的主犯,应依法从重严惩,其中罪行特别严重、不杀不足以平民愤的,应依法判处死刑。

上述两类案件的从犯,应根据其不同的犯罪情节,比照主犯依法从轻、减轻或者免除刑罚。对于胁从犯,应比照从犯依法减轻处罚或免除处罚。犯罪情节轻微,不需要追究刑事责任的,可以免予起诉或由公安部门作其他处理。

对于同犯罪集团成员有一般来往,而无犯罪行为的人,不要株连。

五、有些犯罪分子参加几起共同犯罪活动,应如何办理这些案件?

对这类案件,应分案判处,不能凑合成一案处理。某罪犯主要参加哪个案件的共同犯罪活动,就列入哪个案件去处理(在该犯参加的其他案件中可注明该犯已另案处理)。

规范性文件

《最高人民法院关于贯彻宽严相济刑事政策的若干意见》(法发〔2010〕9号)第三十条至第三十三条对主犯和共同犯罪其他成员处理的政策把握提出专门要求。(→参见总则第四章标题评注部分,第 196、197 页)

《最高人民法院、最高人民检察院、公安部、司法部关于办理恶势力刑事案件若干问题的意见》(法发〔2019〕10 号)第十一条至第十五条对恶势力犯罪集团的认定和

处理作了规定。(→参见第二百九十四条评注部分,第1536、1537页)

指导性案例

吴强等敲诈勒索、抢劫、故意伤害案(指导性案例187号,节录)
关键词 刑事 犯罪集团 恶势力犯罪集团 公然性
裁判要点 恶势力犯罪集团是符合犯罪集团法定条件的恶势力犯罪组织。恶势力犯罪集团应当具备"为非作恶、欺压百姓"特征,其行为"造成较为恶劣的社会影响",因而实施违法犯罪活动必然具有一定的公然性,且手段应具有较严重的强迫性、压制性。普通犯罪集团实施犯罪活动如仅为牟取不法经济利益,缺乏造成较为恶劣社会影响的意图,在行为方式的公然性、犯罪手段的强迫压制程度等方面与恶势力犯罪集团存在区别,可按犯罪集团处理,但不应认定为恶势力犯罪集团。

刑参案例规则提炼

《张君等抢劫、杀人犯罪集团案——犯罪集团应如何认定,犯罪集团案件是否应全案审判》(第116号案例)、《练永伟等贩卖毒品案——如何区分犯罪集团和普通共同犯罪》(第413号案例)、《范裕榔等诈骗案——公司化运作的犯罪集团中各行为人刑事责任的区分》(第951号案例)、《何上候等人诈骗案——利用传销性质组织实施网络交友诈骗的犯罪数额如何认定》(第1421号案例)所涉规则提炼如下:

1.**犯罪集团与普通共同犯罪的界分规则。**"犯罪集团内部都具有较强的组织性和一定的稳定性,这是犯罪集团成立的必要条件,也是区别一般共同犯罪的主要特征。"(第413号案例)"犯罪集团一般具有以下五个特征:(1)人数较多(三人以上),重要成员固定或基本固定。(2)经常纠集在一起进行一种或数种严重的刑事犯罪活动。(3)有明显的首要分子。有的首要分子是在纠集过程中形成的,有的首要分子在纠集开始时就是组织者和领导者。(4)有预谋地实施犯罪活动。(5)不论作案次数多少,对社会造成的危害或其具有的危险性都很严重。"(第116号案例)

2.**犯罪集团成员的罪责界分规则。**"诈骗集团成员分工协作,共享犯罪利益,均应对集团全部诈骗数额承担刑事责任。""应当综合考虑'职务'等因素认定公司化运作的犯罪集团中的主从犯。"(第951号案例)"在认定集团成员具体的刑事责任时,尤其是犯罪客观方面的犯罪数额时,也应将整个犯罪集团视为一个整体,逐一查实受整个犯罪集团诈骗的被害人情况及被骗财产数额,以此作为集团构成犯罪的依据。在此基础上,再认定各被告人在集团犯罪中的主犯、从犯地位,对各个被告人进行量刑上的个别评价。""同时,为解决个别参与人员参与时间较短、犯罪数额畸高的问题,在司法实践中应当注意以下两点:一是贯彻宽严相济的刑事政策,对于参与时间明显较短的……一般不认定犯罪……二是注意结合参与人员直接实施诈骗行为进行评价。对于未直接实施诈骗(如'公司'行政人员),或直接实施诈骗数额较小、行为较少的参与人员,应当认定为从犯,对其从轻、减轻或者免除处罚。"(第1421号案例)

司法疑难解析

"**有组织犯罪**"的认定。《刑法》第二十六条第二款规定:"三人以上为共同实施犯罪而组成的较为固定的犯罪组织,是犯罪集团。"据此,**本评注认为**,犯罪集团所实施的犯罪,包括组织、领导、参加黑社会性质组织罪和组织、领导、参加恐怖组织罪,应当属于"有组织犯罪";同时,"有组织犯罪"应当是指犯罪组织所实施的犯罪,而不是指在实施犯罪活动中只要有组织、分工行为就属于有组织犯罪。例如,三人起意抢劫,事先安排分工,有一定的组织行为,但并未形成较为固定的犯罪组织,那么,对该起抢劫犯罪就不宜认定为是"有组织犯罪"。此外,对刑法规定的"有组织的暴力性犯罪"等相关表述,亦应作相应理解。

第二十七条　【从犯】在共同犯罪中起次要或者辅助作用的,是从犯。

对于从犯,应当从轻、减轻处罚或者免除处罚。

立法沿革

本条系1997年《刑法》吸收修改1979年《刑法》第二十四条作出的规定,仅对原规定的处罚原则中"比照主犯"的表述予以删去。

规范性文件

《最高人民法院、最高人民检察院关于常见犯罪的量刑指导意见(试行)》(法发〔2021〕21号)"三、常见量刑情节的适用"第(五)条对从犯量刑情节的适用作了规定。(→参见总则第四章第一节标题评注部分,第226页)

第二十八条　【胁从犯】对于被胁迫参加犯罪的,应当按照他的犯罪情节减轻处罚或者免除处罚。

立法沿革

本条系 1997 年《刑法》吸收修改 1979 年《刑法》作出的规定。1979 年《刑法》第二十五条规定:"对于被胁迫、被诱骗参加犯罪的,应当按照他的犯罪情节,比照从犯减轻处罚或者免除处罚。"1997 年《刑法》删去了"被诱骗"的规定,使表述更为准确;同时,对处罚原则作了微调,删去"比照从犯"的规定。

> **第二十九条 【教唆犯】**教唆他人犯罪的,应当按照他在共同犯罪中所起的作用处罚。教唆不满十八周岁的人犯罪的,应当从重处罚。
>
> 如果被教唆的人没有犯被教唆的罪,对于教唆犯,可以从轻或者减轻处罚。

立法沿革

本条系 1997 年《刑法》吸收修改 1979 年《刑法》第二十六条作出的规定,仅将年龄的表述由"岁"调整为"周岁"。

刑参案例规则提炼

《吴学友故意伤害案——被雇佣人实施的行为未达到犯罪的程度又超出授意的范围,对雇佣人应如何定罪处罚》(第 200 号案例)、《王兴佰、韩涛、王永央故意伤害案——共同故意伤害犯罪中如何判定实行过限行为》(第 409 号案例)所涉规则提炼如下:

1. 雇佣犯罪的处理规则。"在刑法意义上,雇佣犯罪的本质无异于教唆他人实施犯罪,可以说是教唆犯罪的一种特殊形式。""对雇佣犯罪中的雇佣者而言,只要其具备了雇佣犯罪的意图,而且实施了雇佣犯罪的行为,不论被雇佣的人有无按其雇佣要求实行了雇佣犯罪行为,或实行到何种程度,一般都应按其所雇佣的犯罪罪名,来对其追究其雇佣犯罪未遂的刑事责任。除非其雇佣犯罪情节显著轻微,可不认为是犯罪,或者是雇佣犯罪情节轻微可不需要判处刑罚。""对被雇佣人超出雇佣范围实施的他种罪行,雇佣人不承担刑事责任。"(第 200 号案例)

2. 教唆犯罪的实行过限判断规则。"在教唆犯罪的情形下,判定实行行为过限的基本原则是看被教唆人的行为是否超出了教唆的范围。""对于教唆故意范围的认定,主要看教唆者的教唆内容是否明确,即教唆犯对被教唆人的实行行为有无明确要求:或正面明确要求用什么犯罪手段达到什么犯罪后果,如明确要求用棍棒打断被害人的一条腿;或从反面明确禁止实行犯采用什么手段,不得达到什么犯罪结果等,如在伤害中不得使用刀具、不得击打被害人头部、不得将被害人打死等。如果教唆内容明确,则以教唆内容为标准判断实行者行为是否过限。如果教唆内容不明确,则属于一种盖然的内容,一般情况下不应认定实行行为过限,除非实行行为显而易见地超出教唆内容。"(第 409 号案例)

第四节 单位犯罪

第三十条 【单位负刑事责任的范围】公司、企业、事业单位、机关、团体实施的危害社会的行为,法律规定为单位犯罪的,应当负刑事责任。

第三十一条 【单位犯罪的处罚原则】单位犯罪的,对单位判处罚金,并对其直接负责的主管人员和其他直接责任人员判处刑罚。本法分则和其他法律另有规定的,依照规定。

立法沿革

本两条系 1997 年《刑法》增设的规定。1979 年《刑法》未规定单位犯罪。但是,1987 年《海关法》第四十七条第四款规定:"企业事业单位、国家机关、社会团体犯走私罪的,由司法机关对其主管人员和直接责任人员依法追究刑事责任;对该单位判处罚金,判处没收走私货物、物品、走私运输工具和违法所得。"这就通过附属刑法的方式首次设置了单位犯罪的规定。《全国人民代表大会常务委员会关于惩治走私罪的补充规定》(自 1988 年 1 月 21 日起施行,已失效)进一步明确了单位走私罪的定罪量刑标准。此后,其他单行刑法也陆续对单位犯罪的刑事责任问题作了规定。据统计,1997 年《刑法》之前单位犯罪达到 50 余种。

相关规定

《中华人民共和国治安管理处罚法》(修正后自 2013 年 1 月 1 日起施行,节录)

第十八条 单位违反治安管理的,对其直接负责的主管人员和其他直接责任人员依照本法的规定处罚。其他法律、行政法规对同一行为规定给予单位处罚的,依照其规定处罚。

立法解释

《全国人民代表大会常务委员会关于〈中华人民共和国刑法〉第三十条的解释》(自 2014 年 4 月 24 日起施行)

全国人民代表大会常务委员会根据司法实践中遇到的情况,讨论了刑法第三十条的含义及公司、企业、事业单位、机关、团体等单位实施刑法规定的危害社会的行为,法律未规定追究单位的刑事责任的,如何适用刑法有关规定的问题,解释如下:

公司、企业、事业单位、机关、团体等单位实施刑法规定的危害社会的行为,刑法分则和其他法律未规定追究单位的刑事责任的,对组织、策划、实施该危害社会行为的人依法追究刑事责任。

现予公告。

司法解释

《最高人民法院关于审理单位犯罪案件具体应用法律有关问题的解释》(法释〔1999〕14 号,自 1999 年 7 月 3 日起施行)

为依法惩治单位犯罪活动,根据刑法的有关规定,现对审理单位犯罪案件具体应用法律的有关问题解释如下:

第一条 刑法第三十条规定的公司、企业、事业单位,既包括国有、集体所有的公司、企业、事业单位,也包括依法设立的合资经营、合作经营企业和具有法人资格的独资、私营等公司、企业、事业单位。

第二条[①] 个人为进行违法犯罪活动而设立的公司、企业、事业单位实施犯罪的,或者公司、企业、事业单位设立后,以实施犯罪为主要活动的,不以单位犯罪论处。

第三条 盗用单位名义实施犯罪,违法所得由实施犯罪的个人私分的,依照刑法有关自然人犯罪的规定定罪处罚。

[①] 对"主要活动"的把握,不应仅仅局限为"数量""次数"等简单的量化指标,还应综合考量犯罪活动的影响、后果等因素,以作出准确认定。参见孙军工:《〈关于审理单位犯罪案件具体应用法律有关问题的解释〉的理解与适用》,载中华人民共和国最高人民法院刑事审判第一、二、三、四、五庭主办:《中国刑事审判指导案例 1》(增订第 3 版),法律出版社 2017 年版,第 675 页。

《最高人民法院关于审理单位犯罪案件对其直接负责的主管人员和其他直接责任人员是否区分主犯、从犯问题的批复》(法释〔2000〕31号,自2000年10月10日起施行)①

湖北省高级人民法院:

你院鄂高法〔1999〕374号《关于单位犯信用证诈骗罪案件中对其"直接负责的主管人员"和"其他直接责任人员"是否划分主从犯问题的请示》收悉。经研究,答复如下:

在审理单位故意犯罪案件时,对其直接负责的主管人员和其他直接责任人员,可不区分主犯、从犯,按照其在单位犯罪中所起的作用判处刑罚。

《最高人民检察院关于涉嫌犯罪单位被撤销、注销、吊销营业执照或者宣告破产的应如何进行追诉问题的批复》(高检发释字〔2002〕4号,自2002年7月15日起施行)②

四川省人民检察院:

你院《关于对已注销的单位原犯罪行为是否应当追诉的请示》(川检发研

---

① 适用本司法解释需要注意:(1)根据具体案件的特殊情况,也不完全排除对直接责任人员区分主从犯。所谓特殊情况,主要是指根据具体案情,如果不区分主、从犯,在对被告人决定刑罚时很难做到罪责刑相适应,如直接负责的主管人员在单位犯罪中所起的作用明显轻于其他直接责任人员,对前者不减轻或者免除处罚无法实现罪刑均衡。(2)在单位之间、单位和自然人之间共同犯罪的情况下,根据具体案情,有的就可以或者应当区分主、从犯,以追究单位和自然人不尽相同的刑事责任。参见祝二军:《〈关于审理单位犯罪案件对其直接负责的主管人员和其他直接责任人员是否区分主犯、从犯问题的批复〉的理解与适用》,载中华人民共和国最高人民法院刑事审判第一、二、三、四、五庭主办:《中国刑事审判指导案例1》(增订第3版),法律出版社2017年版,第677—678页。

② 《最高人民法院关于适用〈中华人民共和国刑事诉讼法〉的解释》(法释〔2021〕1号)第三百四十四条规定:"审判期间,被告单位被吊销营业执照、宣告破产但尚未完成清算、注销登记的,应当继续审理;被告单位被撤销、注销的,对单位犯罪直接负责的主管人员和其他直接责任人员应当继续审理。"与法释〔2012〕21号解释(已失效)第二百八十六条相比,法释〔2021〕1号解释对被告单位在特殊状态下的刑事责任承担问题,区分单位被"撤销、注销"和"吊销营业执照、宣告破产"的情形分别确立不同的处理规则。其原因在于,在被告单位只是被吊销营业执照或者宣告破产但未完成清算、注销登记的情况下,被告单位这一责任主体还是存在的,并未消亡,其可以承担民事责任,同理也可以承担刑事责任,故此时应当对案件继续审理,并对被告单位作出刑事判决。鉴此,对高检发释字〔2002〕4号解释宜应作相似理解和把握。——**本评注注**

〔2001〕25号）收悉。经研究，批复如下：

涉嫌犯罪的单位被撤销、注销、吊销营业执照或者宣告破产的，应当根据刑法关于单位犯罪的相关规定，对实施犯罪行为的该单位直接负责的主管人员和其他直接责任人员追究刑事责任，对该单位不再追诉。

《最高人民检察院关于单位有关人员组织实施盗窃行为如何适用法律问题的批复》（高检发释字〔2002〕5号，自2002年8月13日起施行）

各省、自治区、直辖市人民检察院，军事检察院，新疆生产建设兵团人民检察院：

近来，一些省人民检察院就单位有关人员为谋取单位利益组织实施盗窃行为如何适用法律问题向我院请示。根据刑法有关规定，现批复如下：

单位有关人员为谋取单位利益组织实施盗窃行为，情节严重的，应当依照刑法第二百六十四条的规定以盗窃罪追究直接责任人员的刑事责任。

《最高人民法院关于适用〈中华人民共和国刑事诉讼法〉的解释》（法释〔2021〕1号，自2021年3月1日起施行，节录）

第三百四十条　对应当认定为单位犯罪的案件，人民检察院只作为自然人犯罪起诉的，人民法院应当建议人民检察院对犯罪单位追加起诉。人民检察院仍以自然人犯罪起诉的，人民法院应当依法审理，按照单位犯罪直接负责的主管人员或者其他直接责任人员追究刑事责任，并援引刑法分则关于追究单位犯罪中直接负责的主管人员和其他直接责任人员刑事责任的条款。

第三百四十四条　审判期间，被告单位被吊销营业执照、宣告破产但尚未完成清算、注销登记的，应当继续审理；被告单位被撤销、注销，对单位犯罪直接负责的主管人员和其他直接责任人员应当继续审理。

第三百四十五条　审判期间，被告单位合并、分立的，应当将原单位列为被告单位，并注明合并、分立情况。对被告单位所判处的罚金以其在新单位的财产及收益为限。

规范性文件

《全国法院审理金融犯罪案件工作座谈会纪要》（法〔2001〕8号）"二""（一）关于单位犯罪问题"对单位犯罪认定的有关问题作了规定。（→参见分则第三章第四节标题评注部分，第745、746页）

《最高人民法院、最高人民检察院、海关总署关于办理走私刑事案件适用法律若干问题的意见》（法〔2002〕139号）第十七条至第二十条对单位走私犯罪的有关问题作了规定。（→参见分则第三章第二节标题评注部分，第674—676页）

《最高人民检察院关于办理涉互联网金融犯罪案件有关问题座谈会纪要》（高检诉〔2017〕14号）"三、依法认定单位犯罪及其责任人员""四、综合运用定罪量刑情节"对涉互联网金融单位犯罪认定和处理的有关问题作了规定。（→参见分则第三章第四节标题评注部分，第758、759页）

◆ **指导性案例**

浙江省某县图书馆及赵某、徐某某单位受贿、私分国有资产、贪污案（检例第73号，节录）

关键词 单位犯罪　追加起诉　移送线索

要　旨 人民检察院在对职务犯罪案件审查起诉时，如果认为相关单位亦涉嫌犯罪，且单位犯罪事实清楚、证据确实充分，经与监察机关沟通，可以依法对犯罪单位提起公诉。检察机关在审查起诉中发现遗漏同案犯或犯罪事实的，应当及时与监察机关沟通，依法处理。

◆ **法律适用答复、复函**

《最高人民法院研究室关于企业犯罪后被合并应当如何追究刑事责任问题的答复》（1998年11月18日）

人民检察院起诉时该犯罪企业已被合并到一个新企业的，仍应依法追究原犯罪企业及其直接负责的主管人员和其他直接人员的刑事责任。人民法院审判时，对被告单位应列原犯罪企业名称，但注明已被并入新的企业，对被告单位所判处的罚金数额以其并入新的企业的财产及收益为限。

《最高人民法院研究室关于外国公司、企业、事业单位在我国领域内犯罪如何适用法律问题的答复》（法研〔2003〕153号）

天津市高级人民法院：

你院津高法〔2003〕30号《关于韩国注册企业在我国犯走私普通货物罪能否按单位犯罪处理的请示》收悉。经研究，答复如下：

符合我国法人资格条件的外国公司、企业、事业单位，在我国领域内实施危害社会的行为，依照我国《刑法》构成犯罪的，应当依照我国《刑法》关于单位犯罪的规定追究刑事责任。

个人为在我国领域内进行违法犯罪活动而设立的外国公司、企业、事业单位实施犯罪的，或者外国公司、企业、事业单位设立后在我国领域内以实施违法犯罪为主要活动的，不以单位犯罪论处。

《公安部关于村民委员会可否构成单位犯罪主体问题的批复》（公复字〔2007〕1号）

内蒙古自治区公安厅：

你厅《关于村支书、村主任以村委会的名义实施犯罪可否构成单位犯罪的请示》（内公字〔2006〕164号）收悉。现批复如下：

根据《刑法》第三十条的规定，单位犯罪主体包括公司、企业、事业单位、机关、团体。按照《村民委员会组织法》第二条的规定，村民委员会是村民自我管理、自我教育、自我服务的基层群众性自治组织，不属于《刑法》第三十条列举的范围。因此，对以村民委员会名义实施犯罪的，不应以单位犯罪论，可以依法追究直接负责的主管人员和其他直接责任人员的刑事责任。

刑参案例规则提炼[①]

《北京太子纺织工业有限公司、姚志俊等走私普通货物案——单位走私犯罪在法律文书中如何表述》（第1号案例）、《朱奕骥投机倒把案——承包经理虚开增值税专用发票是否构成单位犯罪》（第3号案例）、《林春华等走私普通货物案——以公司名义进行走私，违法所得归个人所有的，是个人犯罪》（第18号案例）、《河南省三星实业公司集资诈骗案——犯罪后单位被注销如何追究相关人员的刑事责任》（第72号案例）、《张贞练虚开增值税专用发票案——单位犯罪与自然人犯罪的区别如何界定》（第86号案例）、《周云华虚报注册资本案——检察机关以自然人犯罪起诉的单位犯罪案件应如何正确处理》（第102号案例）、《普宁市流沙经济发展公司等单位虚开增值税专用发票案——单位共同虚开增值税专用发票如何定罪处罚》（第232号案例）、《北京匡达制药厂偷税案——如何认定单位犯罪直接负责的主管人员》（第251号案例）、《王红梅、王宏斌、陈一平走私普通货物、虚开增值税专用发票案——以单位名义实施走私犯罪，现有证据只能证实少量违法所得用于单位的经营活动，绝大部分违法所得的

[①] 另，鉴于《赵石山、王海杰、杨建波非法占用农用地案——擅自以村委会名义将村山坡林地承包给村民作为墓地使用的定性》（第1398号案例）主张"村委会有自己的名称、组织机构和场所，有自己的经费，且能够以自己的名义承担相应的责任，符合刑法规定的单位的形式特征和实质特征"，与《公安部关于村民委员会可否构成单位犯罪主体问题的批复》（公复字〔2007〕1号）存在冲突，且与《刘楚荣、刘汉杰、刘立辉诈骗案——当被告人同时具有国家工作人员等多种身份时应如何认定其行为性质以及村民委员会是否属于单位犯罪的适格主体》（第1420号案例）所提出的"刑法第三十条没有规定村民委员会可以作为追诉对象承担刑事责任"不一致，故对所涉该部分规则未予提炼。

去向无法查清的,是单位犯罪还是个人犯罪》(第 336 号案例)、《张俊等走私普通货物案——单位责任人员在实施单位犯罪的同时,其个人又犯与单位犯罪相同之罪的,应数罪并罚》(第 455 号案例)、《邱进特等销售假冒注册商标的商品案——"售假公司"能否成为单位犯罪的主体》(第 676 号案例)、《上海新客派信息技术有限公司、王志强虚开增值税专用发票案——依法成立的一人公司能否成为单位犯罪主体》(第 725 号案例)、《周敏合同诈骗案——如何理解和把握一人公司单位犯罪主体的认定》(第 726 号案例)、《苏州市安派精密电子有限公司、庞美兴、罗正华虚开增值税专用发票案——如何认定单位犯罪中直接负责的主管人员,以及开票单位未到案时能否认定受票单位构成犯罪》(第 1284 号案例)、《刘楚荣、刘汉杰、刘立辉诈骗案——当被告人同时具有国家工作人员等多种身份时应如何认定其行为性质以及村民委员会是否属于单位犯罪的适格主体》(第 1420 号案例)、《杜中亚、李章舵贪污、非法转让土地使用权、诈骗案——法定刑以下判处刑罚案件的相关程序问题》(第 1445 号案例)所涉规则提炼如下:

1. **单位犯罪的主体规则**。"从刑法的实质合理性标准来考察,只有依法成立,取得法人地位,具有独立人格的一人公司,才有可能成为单位犯罪的主体。"(第 725 号案例)"判断具体犯罪行为中的一人公司是否具有独立人格,应当根据以下几项标准:第一,是否具有独立的财产利益……第二,是否具有独立的意志……第三,是否具有公司法所要求的法人治理结构……第四,是否依照章程规定的宗旨运转……第五,是否依照法定的条件和程序成立。"(第 726 号案例)"刑法第三十条没有规定村民委员会可以作为追诉对象承担刑事责任。"(第 1420 号案例)"专门的'售假公司'不能成为单位犯罪的主体。"(第 676 号案例)

2. **单位犯罪的认定规则**。"构成单位犯罪必须符合两个条件:一是经单位全体成员或单位决策机构集体作出的决定,而不是单位中的某个人以个人名义擅自作出的决定;二是非法所得归单位所有。不具备上述两个条件的,不构成单位犯罪。"(第 18 号案例)"以……公司的名义向他人提供增值税专用发票虚开牟利,并将非法所得大部分用于……公司的经营,其行为属单位犯罪。"(第 3 号案例)相反,"虚开增值税专用发票的违法所得并没有归单位所有,而是绝大部分都被……用于个人经商和挥霍……认定……为自然人犯罪是正确的。"(第 86 号案例)需要注意的是,"以单位名义实施走私犯罪,没有证据证实违法所得被实施犯罪的个人占有或者私分的,应当根据有利于被告人的原则,认定为单位走私犯罪。"(第 336 号案例)此外,"由于刑法分则并未规定单位可以成为诈骗罪的主体,根据《全国人民代表大会常务委员会关于〈中华人民共和国刑法〉第三十条的解释》的规定,公司、企业、事业单位、机关、团体等单位实施刑法规定的危害社会的行为,刑法分则和其他法律未规定追究单位的刑事责任的,对组织、策划、实施该危害社会行为的人依法追究刑事责任。""直接组织、策划、实施了相关诈骗行为,应当依法对此承担个人责任,但是在量刑中可以充分考虑单位犯罪的因素。"(第1445号案例)

3. 单位犯罪直接责任人员的认定规则。"直接负责的主管人员应为单位的管理人员,不包括一般工作人员。""单位的管理人员应对单位犯罪直接负责……是否构成犯罪与职务级别、地位高低、权力大小并无必然联系,关键在于该管理人员在单位犯罪中的参与程度是否起到了……'决定、批准、授意、纵容、指挥等'五种重要作用。如果没起到上述重要作用,即便该管理人员是单位的'一把手'、主要负责人,也不应对单位犯罪直接负责。"(第1284号案例)"单位的法定代表人,也即'一把手'……应否承担刑事责任,仍需视其是否具体介入了单位犯罪行为,在单位犯罪过程中是否起到了组织、指挥、决策作用而定。如主持单位领导层集体研究、决定或者依职权个人决定实施单位犯罪的情况下,当属'直接负责的主管人员';反之,在由单位其他领导决定、指挥、组织实施单位犯罪、不在其本人职权分工范围之内、本人并不知情的情况下,则不应以单位犯罪直接负责的主管人员追究其刑事责任。当然,单位的法定代表人因失职行为,依法构成其他犯罪的,另当别论。"(第251号案例)

4. 单位共同犯罪的处理规则。单位共同犯罪中,"各被告单位之间可以区分主从犯,其中直接责任人员的地位相对于单位犯罪具有一定的独立性,根据……情况,可以认定亦构成共同犯罪,区分主从犯。"(第232号案例)

5. 单位犯罪直接责任人员又犯自然人犯罪的处理规则。"单位责任人员在实施单位犯罪的同时,其个人又犯与单位犯罪相同之罪的,应数罪并罚。""被告人承担的单位犯罪罪名与其自然人犯罪罪名虽然相同,但不是同种犯罪,应当对其数罪并罚。"(第455号案例)

6. 单位犯罪的程序规则。"公司被依法注销后,其诉讼能力已经丧失,但不能因此免除有关责任人员的刑事责任。"(第72号案例)"镇政府被依法撤销,不能再作为诉讼主体追究刑事责任,但该单位的主管人员和其他直接责任人员仍应依法追究刑事责任。"(第232号案例)"对检察机关以自然人起诉的单位犯罪案件,如处于一审阶段,人民法院应与检察机关协商,建议检察机关补充起诉。检察机关不予补充起诉的,人民法院只能依法追究被起诉的自然人的责任,而不能直接追究单位的责任。依此精神,二审法院遇到上述情况,也就只能追究被起诉的自然人的刑事责任。对犯罪的单位,可建议检察机关另行起诉。"(第102

号案例)"认定被告人确系单位犯罪直接负责的主管人员或者其他直接责任人员的,判决书中不能径行将有关单位列为被告。但在经审理查明的事实中,必须表述清楚:被告人×××系以单位名义,为单位利益,实施犯罪,且其违法所得归单位所有,故属单位犯罪,被告人承担主管人员或直接责任人员的刑事责任。判决的法律依据,必须引用刑法分则中有关单位犯罪处刑的相应条款,只判处个人。由于检察机关未起诉单位,故而亦不能径判单位罚金刑。"①(第1号案例)

---

① 《最高人民法院关于适用〈中华人民共和国刑事诉讼法〉的解释》(法释〔2021〕1号)第三百四十条对应当认定为单位犯罪的案件,人民检察院只作为自然人犯罪起诉情形的处理作了规定。

第三章

刑　罚

相关规定

《中华人民共和国监狱法》(修正后自 2012 年 10 月 26 日起施行,节录)

第六十九条　有劳动能力的罪犯,必须参加劳动。

第七十条　监狱根据罪犯的个人情况,合理组织劳动,使其矫正恶习,养成劳动习惯,学会生产技能,并为释放后就业创造条件。

第七十一条　监狱对罪犯的劳动时间,参照国家有关劳动工时的规定执行;在季节性生产等特殊情况下,可以调整劳动时间。

罪犯有在法定节日和休息日休息的权利。

第七十二条　监狱对参加劳动的罪犯,应当按照有关规定给予报酬并执行国家有关劳动保护的规定。

第七十三条　罪犯在劳动中致伤、致残或者死亡的,由监狱参照国家劳动保险的有关规定处理。

《中华人民共和国监察法》(自 2018 年 3 月 20 日起施行,节录)

第四十四条第三款　被留置人员涉嫌犯罪移送司法机关后,被依法判处管制、拘役和有期徒刑的,留置一日折抵管制二日,折抵拘役、有期徒刑一日。

《中华人民共和国刑事诉讼法》(修正后自 2018 年 10 月 26 日起施行,节录,全文扫描二维码可见)

第七十六条　指定居所监视居住的期限应当折抵刑期。被判处管制的,监视居住一日折抵刑期一日;被判处拘役、有期徒刑的,监视居住二日折抵刑期一日。

第二百六十四条　罪犯被交付执行刑罚的时候,应当由交付执行的人民法院在判决生效后十日以内将有关的法律文书送达公安机关、监狱或者其他执行机关。

对被判处死刑缓期二年执行、无期徒刑、有期徒刑的罪犯,由公安机关依法将该罪犯送交监狱执行刑罚。对被判处有期徒刑的罪犯,在被交付执行刑罚前,剩余刑期在三个月以下的,由看守所代为执行。对被判处拘役的罪犯,由公安机关执行。

对未成年犯应当在未成年犯管教所执行刑罚。

执行机关应当将罪犯及时收押,并且通知罪犯家属。

判处有期徒刑、拘役的罪犯,执行期满,应当由执行机关发给释放证明书。

《中华人民共和国行政处罚法》(修订后自 2021 年 7 月 15 日起施行,节录)

第三十五条①② 违法行为构成犯罪,人民法院判处拘役或者有期徒刑时,行政机关已经给予当事人行政拘留的,应当依法折抵相应刑期。

违法行为构成犯罪,人民法院判处罚金时,行政机关已经给予当事人罚款的,应当折抵相应罚金;行政机关尚未给予当事人罚款的,不再给予罚款。

司法解释

《最高人民法院关于刑事裁判文书中刑期起止日期如何表述问题的批复》
(法释〔2000〕7 号,自 2000 年 3 月 4 日起施行)

江西省高级人民法院:

你院赣高法〔1999〕第 151 号《关于裁判文书中刑期起止时间如何表述的请示》收悉。经研究,答复如下:

根据刑法第四十一条、第四十四条、第四十七条和《法院刑事诉讼文书样式》(样本)的规定,判处管制、拘役、有期徒刑的,应当在刑事裁判文书中写明刑种、刑期和主刑刑期的起止日期及折抵办法。刑期从判决执行之日起计算。判决执行以前先行羁押的,羁押一日折抵刑期一日(判处管制刑的,羁押一日折抵

---

① 《最高人民法院研究室关于行政拘留日期折抵刑期问题的电话答复》[自 1988 年 2 月 23 日起施行,已被《最高人民法院关于废止部分司法解释(第十三批)的决定》(法释〔2019〕11 号)废止,废止理由为"行政处罚法已规定"]针对湖北省高级人民法院《关于行政拘留日期折抵刑期的请示报告》(鄂法研字〔1988〕3 号)答复如下:"我院 1957 年法研字第 20358 号批复规定:'如果被告人被判处刑罚的犯罪行为和以前受行政拘留处分的行为系同一行为,其被拘留的日期,应予折抵刑期。'这里所说的'同一行为',既可以是判决认定同一性质的全部犯罪行为,也可以是同一性质的部分犯罪行为。只要是以前受行政拘留处分的行为,后又作为犯罪事实的全部或者一部分加以认定,其行政拘留的日期即应予折抵刑期。"**本评注认为**,该司法解释的精神仍然可以适用,即予以折抵的行政拘留日期应当限于同一行为。

② 对于违法行为构成犯罪,人民法院判处拘役或者有期徒刑时,对于此前的司法拘留、罚款,同样应当予以折抵。——**本评注注**

刑期二日),即自××××年××月××日(羁押之日)起至××××年××月××日止。羁押期间取保候审的,刑期的终止日顺延。

《最高人民法院关于撤销缓刑时罪犯在宣告缓刑前羁押的时间能否折抵刑期问题的批复》(法释〔2002〕11号,自2002年4月18日起施行)

各省、自治区、直辖市高级人民法院,解放军军事法院,新疆维吾尔自治区高级人民法院生产建设兵团分院:

最近,有的法院反映,关于在撤销缓刑时罪犯在宣告缓刑前羁押的时间能否折抵刑期的问题不明确。经研究,批复如下:

根据刑法第七十七条的规定,对被宣告缓刑的犯罪分子撤销缓刑执行原判刑罚的,对其在宣告缓刑前羁押的时间应当折抵刑期。

《最高人民法院关于刑事案件终审判决和裁定何时发生法律效力问题的批复》(法释〔2004〕7号,自2004年7月29日起施行)

各省、自治区、直辖市高级人民法院,解放军军事法院,新疆维吾尔自治区高级人民法院生产建设兵团分院:

近来,有的法院反映,关于刑事案件终审判决和裁定何时发生法律效力问题不明确。经研究,批复如下:

根据《中华人民共和国刑事诉讼法》第一百六十三条、第一百九十五条和第二百零八条①规定的精神,终审的判决和裁定自宣告之日起发生法律效力。

《最高人民法院关于人民法院办理接收在台湾地区服刑的大陆居民回大陆服刑案件的规定》(法释〔2016〕11号)第六条对被判刑人被接收回大陆服刑前被实际羁押期间的折抵转换问题作了规定。(→参见第六条评注部分,第6页)

《最高人民法院关于适用〈中华人民共和国刑事诉讼法〉的解释》(法释〔2021〕1号,自2021年3月1日起施行,节录)

第二百零二条第二款② 以年计算的刑期,自本年本月某日至次年同月同日的前一日为一年;次年同月同日不存在的,自本年本月某日至次年同月最后

---

① 分别为现行《刑事诉讼法》第二百零二条、第二百四十二条、第二百五十九条。——**本评注注**

② 具体而言:(1)以年计算的刑期,"自本年本月某日至次年同月同日的前一日为一年",如2016年3月31日至2017年3月30日为一年;"次年同月同日不存在的,自本年本月某日至次年同月最后一日的前一日为一年",如2016年2月29日至2017年2月27日为一年。(2)以月计算的刑期,"自本月某日至下月同日的前一日为一个月",(转下页)

一日的前一日为一年。以月计算的刑期,自本月某日至下月同日的前一日为一个月;刑期起算日为本月最后一日的,至下月最后一日的前一日为一个月;下月同日不存在的,自本月某日至下月最后一日的前一日为一个月;半个月一律按十五日计算。

第四百一十三条第三款　第二审判决、裁定是终审的判决、裁定,自宣告之日起发生法律效力。

◆ 规范性文件

《**药品行政执法与刑事司法衔接工作办法**》(国家药品监督管理局、国家市场监督管理总局、公安部、最高人民法院、最高人民检察院,国药监法〔2022〕41号)第十五条第三款、第四款对罚款、拘留折抵刑罚的有关问题作了规定。(→参见第一百四十一条评注部分,第 612 页)

第一节　刑罚的种类

第三十二条　【刑罚种类】刑罚分为主刑和附加刑。

◆ 立法沿革

本条系 1997 年《刑法》沿用 1979 年《刑法》第二十七条的规定,未作调整。

第三十三条　【主刑种类】主刑的种类如下:
(一)管制;

(接上页)如 4 月 15 日至 5 月 14 日为一个月(30 天),5 月 15 日至 6 月 14 日为一个月(31 天),4 月 30 日至 5 月 29 日为一个月(30 天);"刑期起算日为本月最后一日的,至下月最后一日的前一日为一个月",如 5 月 31 日至 6 月 29 日为一个月(30 天),平年的 1 月 31 日至 2 月 27 日为一个月(28 天),闰年的 1 月 31 日至 2 月 28 日为一个月(29 天);"下月同日不存在的,自本月某日至下月最后一日的前一日为一个月",如平年的 1 月 30 日至 2 月 27 日为一个月(29 天)。参见《刑事诉讼法解释》起草小组编著:《〈最高人民法院关于适用《中华人民共和国刑事诉讼法》的解释〉理解与适用》,人民法院出版社 2021 年版,第 296—297 页。

(二)拘役;
(三)有期徒刑;
(四)无期徒刑;
(五)死刑。

■ 立法沿革

本条系1997年《刑法》沿用1979年《刑法》第二十八条的规定,未作调整。

第三十四条 【附加刑种类】附加刑的种类如下:
(一)罚金;
(二)剥夺政治权利;
(三)没收财产。
附加刑也可以独立适用。

■ 立法沿革

本条系1997年《刑法》沿用1979年《刑法》第二十九条的规定,未作调整。

第三十五条 【驱逐出境】对于犯罪的外国人,可以独立适用或者附加适用驱逐出境。

■ 立法沿革

本条系1997年《刑法》沿用1979年《刑法》第三十条的规定,未作调整。

■ 规范性文件

《最高人民法院、最高人民检察院、公安部、外交部、司法部、财政部关于强制外国人出境的执行办法的规定》(公发〔1992〕18号)
各省、自治区、直辖市高级人民法院、人民检察院、公安厅(局)、人民政府外事办公室、司法厅(局)、财政厅(局):
兹对违法犯罪的外国人强制出境的执行问题,作如下规定:
一、适用范围
有下列情形之一需要强制出境的外国人,均按本规定执行:
(一)依据我国刑法的规定,由人民法院对犯罪的外国人判处独立适用或者

附加适用驱逐出境刑罚的;

(二)依据《中华人民共和国外国人入境出境管理法》的规定,由公安部对违法的外国人处以限期出境或者驱逐出境的;

(三)依据《中华人民共和国外国人入境出境管理法》以及其他有关法律的规定,由公安机关决定遣送出境或者缩短停留期限、取消居留资格的外国人,未在指定的期限内自动离境,需强制出境的;

(四)我国政府已按照国际条约或《中华人民共和国外交特权与豁免条例》的规定,对享有外交或领事特权和豁免的外国人宣布为不受欢迎的人或者不可接受并拒绝承认其外交或领事人员身份,责令限期出境的人,无正当理由逾期不自动出境的。

二、执行机关

执行和监视强制外国人出境的工作,由公安机关依据有关法律文书或者公文进行:

(一)对判处独立适用驱逐出境刑罚的外国人,人民法院应当自该判决生效之日起十五日内,将对该犯的刑事判决书、执行通知书的副本交付所在地省级公安机关,由省级公安机关指定的公安机关执行。

(二)被判处徒刑的外国人,其主刑执行期满后应执行驱逐出境附加刑的,应在主刑刑期届满的一个月前,由原羁押监狱的主管部门将该犯的原判决书、执行通知书副本或者复印本送交所在地省级公安机关,由省级公安机关指定的公安机关执行。

(三)被公安部处以驱逐出境、限期出境的外国人,凭公安部出入境管理处罚裁决书,由当地的公安机关执行。

(四)被公安机关决定遣送出境、缩短停留期限或者取消居留资格的外国人,由当地公安机关凭决定书执行。

被缩短停留期限或者取消居留资格的外国人,也可以由接待单位安排出境,公安机关凭决定书负责监督。

(五)我国政府已按照国际条约或《中华人民共和国外交特权与豁免条例》的规定,对享有外交或领事特权和豁免的外国人宣布为不受欢迎的人或者不可接受并拒绝承认其外交或领事人员身份,责令限期出境的人,无正当理由逾期不自动出境的,凭外交部公文由公安部指定的公安机关负责执行或者监督执行。

三、执行前的准备工作

(一)对被强制出境的外国人持有的准予在我国居留的证件,一律收缴。对护照上的签证应当缩短有效期,加盖不准延期章,或者予以注销。

（二）凡被驱逐出境的外国人，均须列入不准入境者名单，具体办法按照公安部制订的《关于通报不准外籍人入境者名单的具体办法》（〔1989〕公境字87号）执行。对其他强制出境的外国人，需要列入不准入境者名单的，按规定报批。

凡被列入不准入境者名单的外国人，执行的公安机关应当在执行前向其宣布不准入境年限。

（三）对被强制出境的外国人，执行机关必须查验其本人的有效护照或者其他替代护照的身份证件，以及过境国家或者地区的有效签证。

不具备上述签证或者证件的，应事先同其本国驻华使、领馆联系，由使、领馆负责办理。在华有接待单位的，由接待单位同使、领馆联系。没有接待单位的，由公安部出入境管理局或者领馆所在地公安机关同使、领馆联系。在华无使、领馆或者使、领馆不予配合的，应层报外交部或公安部，通过外交途径解决。

对与我毗邻国家的公民从边境口岸或者通道出境的，可以不办理对方的证件或者签证。

（四）被强制出境的外国人应当办妥离境的机票、车票、船票，费用由本人负担。本人负担不了的，也不属于按协议由我有关单位提供旅费的，须由其本国使、领馆负责解决（同使、领馆联系解决的办法，与前项相同）。对使、领馆拒绝承担费用或者在华无使、领馆的，由我国政府承担。

（五）对已被决定强制出境的外国人，事由和日期是否需要通知其驻华使、领馆，可由当地外事部门请示外交部决定。

（六）对有可能引起外交交涉或者纷争的案件，主管机关应及时将有关案情和商定的对外表态的口径等通知当地外事部门。需对外报道的，须经公安部、外交部批准。

四、执行期限

负责具体执行的公安机关、应当按照交付机关确定的期限立即执行。如有特殊情况，需要延期执行的，报省、自治区、直辖市公安厅、局核准。

五、出境口岸

（一）对被强制出境的外国人，其出境的口岸，应事先确定，就近安排。

（二）如果被强制出境的外国人前往与我国接壤的国家，也可以安排从边境口岸出境。

（三）执行机关应当事先与出境口岸公安机关和边防检查站联系，通报被强制出境人员的情况，抵达口岸时间、交通工具班次、出境乘用的航班号、车次、时间，以及其他与协助执行有关的事项。出境口岸公安机关和边防检查站应当协助安排有关出境事项。

（四）出境时间应当尽可能安排在抵达口岸的当天。无法在当天出境的，口岸所在地公安机关应当协助采取必要的监护措施。

六、执行方式及有关事项

（一）被人民法院判决独立适用驱逐出境和被公安部处以驱逐出境的外国人，由公安机关看守所武警和外事民警共同押送；对主刑执行期满后再驱逐出境的外国人由原羁押监狱的管教干警、看守武警和公安机关外事民警共同押送。对上述两类人员押送途中确有必要时，可以使用手铐。对其他被责令出境的外国人，需要押送的，由执行机关派外事民警押送；不需要押送的，可以在离境时派出外事民警，临场监督。

（二）执行人员的数量视具体情况而定，原则上应不少于2人。

（三）押送人员应提高警惕，保障安全，防止发生逃逸、行凶、自杀、自伤等事故。

（四）边防检查站凭对外国人强制出境的执行通知书、决定书或者裁决书以及被强制出境人的护照、证件安排放行。

（五）执行人员要监督被强制出境的外国人登上交通工具并离境后方可离开。从边境通道出境的，要监督其离开我国国境后方可离开。

（六）对被驱逐出境的外国人入出境交通工具等具体情况，应拍照，有条件的也可录像存查。

七、经费

执行强制外国人出境所需的费用（包括押送人员食宿、交通费，以及其本人无力承担费用而驻华使、领馆拒不承担或者在华没有使、领馆的外国人在中国境内的住宿、交通费、临时看押场所的租赁费、国际旅费等），应当按照现行财政体制，由办案地财政部门负责解决。

八、执行强制出境任务的人民警察和工作人员，要仪表庄重、严于职守、讲究文明、遵守外事纪律。

今后有关强制外国人出境的执行工作，统一遵照本规定执行。

《公安机关办理刑事案件程序规定》（公安部令第127号修订发布，自2020年9月1日起施行，节录）

第三百七十一条　对判处独立适用驱逐出境刑罚的外国人，省级公安机关在收到人民法院的刑事判决书、执行通知书的副本后，应当指定该外国人所在地的设区的市一级公安机关执行。

被判处徒刑的外国人,主刑执行期满后应当执行驱逐出境附加刑的,省级公安机关在收到执行监狱的上级主管部门转交的刑事判决书、执行通知书副本或者复印件后,应当通知该外国人所在地的设区的市一级公安机关或者指定有关公安机关执行。

我国政府已按照国际条约或者《中华人民共和国外交特权与豁免条例》的规定,对实施犯罪,但享有外交或者领事特权和豁免权的外国人宣布为不受欢迎的人,或者不可接受并拒绝承认其外交或者领事人员身份,责令限期出境的人,无正当理由逾期不自动出境的,由公安部凭外交部公文指定该外国人所在地的省级公安机关负责执行或者监督执行。

《**最高人民法院、最高人民检察院、公安部、司法部关于办理性侵害未成年人刑事案件的意见**》(高检发〔2023〕4 号)**第十九条**对外国人在中华人民共和国领域内实施强奸、猥亵未成年人等犯罪附加适用驱逐出境作了规定。(→参见第二百三十六条评注部分,第 1116 页)

第三十六条 【赔偿经济损失与民事赔偿优先原则】由于犯罪行为而使被害人遭受经济损失的,对犯罪分子除依法给予刑事处罚外,并应根据情况判处赔偿经济损失。

承担民事赔偿责任的犯罪分子,同时被判处罚金,其财产不足以全部支付的,或者被判处没收财产的,应当先承担对被害人的民事赔偿责任。

立法沿革

本条系 1997 年《刑法》吸收修改 1979 年《刑法》和单行刑法作出的规定。1979 年《刑法》第三十一条规定:"由于犯罪行为而使被害人遭受经济损失的,对犯罪分子除依法给予刑事处分外,并应根据情况判处赔偿经济损失。"《全国人民代表大会常务委员会关于惩治违反公司法的犯罪的决定》(自 1995 年 2 月 28 日起施行,已失效)第十三条第二款规定:"犯本决定规定之罪,被没收违法所得,判处罚金、没收财产、承担民事赔偿责任的,其财产不足以支付时,先承担民事赔偿责任。"1997 年《刑法》吸收上述规定,略加调整。

相关规定

《中华人民共和国民法典》(自 2021 年 1 月 1 日起施行,节录)

第十一条 其他法律对民事关系有特别规定的,依照其规定。

第一百八十七条 民事主体因同一行为应当承担民事责任、行政责任和刑事责任的,承担行政责任或者刑事责任不影响承担民事责任;民事主体的财产不足以支付的,优先用于承担民事责任。

司法解释

《最高人民法院关于审理未成年人刑事案件具体应用法律若干问题的解释》(法释〔2006〕1号)第十九条对未成年被告人民事赔偿责任的承担问题作了规定。(→参见第十七条评注部分,第44、45页)

《最高人民法院关于适用〈中华人民共和国刑事诉讼法〉的解释》(法释〔2021〕1号,自2021年3月1日起施行,节录)

第一百七十五条 被害人因人身权利受到犯罪侵犯或者财物被犯罪分子毁坏而遭受物质损失的,有权在刑事诉讼过程中提起附带民事诉讼;被害人死亡或者丧失行为能力的,其法定代理人、近亲属有权提起附带民事诉讼。

因受到犯罪侵犯,提起附带民事诉讼或者单独提起民事诉讼要求赔偿精神损失的,人民法院一般不予受理。

第一百九十二条 对附带民事诉讼作出判决,应当根据犯罪行为造成的物质损失,结合案件具体情况,确定被告人应当赔偿的数额。

犯罪行为造成被害人人身损害的,应当赔偿医疗费、护理费、交通费等为治疗和康复支付的合理费用,以及因误工减少的收入。造成被害人残疾的,还应当赔偿残疾生活辅助器具费等费用;造成被害人死亡的,还应当赔偿丧葬费等费用。

驾驶机动车致人伤亡或者造成公私财产重大损失,构成犯罪的,依照《中华人民共和国道路交通安全法》第七十六条的规定确定赔偿责任。

附带民事诉讼当事人就民事赔偿问题达成调解、和解协议的,赔偿范围、数额不受第二款、第三款规定的限制。

第二百条 被害人或者其法定代理人、近亲属在刑事诉讼过程中未提起附带民事诉讼,另行提起民事诉讼的,人民法院可以进行调解,或者根据本解释第一百九十二条第二款、第三款的规定作出判决。

第五百二十七条 被判处财产刑,同时又承担附带民事赔偿责任的被执行人,应当先履行民事赔偿责任。

《最高人民法院、最高人民检察院关于办理强奸、猥亵未成年人刑事案件适用法律若干问题的解释》(法释〔2023〕3号)第十四条就对未成年人实施强奸、猥亵等犯罪造成人身损害所涉赔偿问题作了规定。(→参见第二百三十六条评

注部分,第 1113 页)

■ 规范性文件

《最高人民法院、最高人民检察院关于常见犯罪的量刑指导意见(试行)》(法发〔2021〕21号)"三、常见量刑情节的适用"第(十)条至第(十二)条对退赃退赔、赔偿被害人经济损失、刑事和解等量刑情节的适用作了规定。(→参见总则第四章第一节标题评注部分,第 226、227 页)

■ 法律适用答复、复函

《最高人民法院研究室关于交通肇事刑事案件附带民事赔偿范围问题的答复》(法研〔2014〕30号)
湖北省高级人民法院：

你院鄂高法〔2013〕280号《关于交通肇事刑事案件附带民事赔偿范围的请示》收悉,经研究,答复如下:

根据刑事诉讼法第九十九条、第一百零一条和《最高人民法院关于适用〈中华人民共和国刑事诉讼法〉的解释》第一百五十五条①的规定,交通肇事刑事案件的附带民事诉讼当事人未能就民事赔偿问题达成调解、和解协议的,无论附带民事诉讼被告人是否投保机动车第三者强制责任保险,均可将死亡赔偿金、残疾赔偿金纳入判决赔偿的范围。

■ 司法疑难解析

故意驾车杀人犯罪等案件的附民赔偿范围问题。 本评注认为,对于故意驾车杀人等犯罪案件,不宜适用法释〔2021〕1号解释第一百九十二条第三款的特别规定,即不宜依照《道路交通安全法》第七十六条的规定确定赔偿责任,将"两金"(含被抚养人生活费)纳入判赔范围,而宜按照法释〔2021〕1号解释第一百九十二条第一款、第二款、第四款的规定把握此类案件附带民事诉讼的赔偿范围,即达成调解、和解协议的,赔偿范围、数额不受限制;判决赔偿的,不宜将"两金"纳入刑事被告人的赔偿范围,但出于对被害人利益的保护,如涉案机动车有

---

① 现行《刑事诉讼法》为第一百零一条、第一百零三条,《最高人民法院关于适用〈中华人民共和国刑事诉讼法〉的解释》(法释〔2021〕1号)为第一百九十二条。——**本评注注**

交强险，可以让保险公司承担限额范围内的赔偿责任。①

第三十七条 【免予刑事处罚与非刑罚性处置措施】对于犯罪情节轻微不需要判处刑罚的，可以免予刑事处罚，但是可以根据案件的不同情况，予以训诫或者责令具结悔过、赔礼道歉、赔偿损失，或者由主管部门予以行政处罚或者行政处分。

立法沿革

本条系1997年《刑法》吸收修改1979年《刑法》第三十二条作出的规定，仅将原条文中的"免予刑事处分"调整为"免予刑事处罚"，并增加了"行政处罚"的内容。

司法解释

《最高人民法院关于审理未成年人刑事案件具体应用法律若干问题的解释》(法释〔2006〕1号)第十七条对未成年罪犯依照《刑法》第三十七条的规定免

---

① 主要考虑：(1)法释〔2021〕1号解释第一百九十二条第三款之所以对驾驶机动车致人伤亡或者造成公私财产重大损失案件的附带民事赔偿作出特别规定，主要是考虑，此类案件中机动车一般会有交强险、商业险，相关保险赔偿责任中含有"两金"，如按一般刑事案件把握附带民事诉讼的判赔范围，把"两金"排除在赔偿范围之外，则不利于最大限度维护被害人利益。(2)法释〔2021〕1号解释第一百九十二条第三款的本意是针对驾驶机动车过失造成交通事故类案件。如果是故意制造交通事故，就商业险而言，肯定属于保险公司的免责情形；就交强险而言，保险公司也只是承担先行赔付责任，且赔付数额有限。故对故意制造交通事故类案件，如将"两金"纳入判赔范围，通常也不利于调解和解，也会形成"空判"，不符合司法解释原则上不判"两金"，以促进调解和解、尽量避免"空判"的意旨。(3)《最高人民法院关于审理道路交通事故损害赔偿案件适用法律若干问题的解释》[法释〔2012〕19号，根据《最高人民法院关于修改〈最高人民法院关于在民事审判工作中适用《中华人民共和国工会法》若干问题的解释〉等二十七件民事类司法解释的决定》(法释〔2020〕17号)修正，修正后自2021年1月1日起施行]第十五条规定："有下列情形之一导致第三人人身损害，当事人请求保险公司在交强险责任限额范围内予以赔偿，人民法院应予支持；……(三)驾驶人故意制造交通事故的。""保险公司在赔偿范围内向侵权人主张追偿权的，人民法院应予支持。追偿权的诉讼时效期间自保险公司实际赔偿之日起计算。"据此，对于以驾驶机动车方式实施故意杀人或者以危险方法危害公共安全等犯罪案件，如当事人提出请求，可以让保险公司在交强险范围内承担赔付义务，同时让刑事被告人承担附带民事赔偿责任(不含"两金")。

予刑事处罚的情形作了规定。(→参见第十七条评注部分,第44页)

规范性文件

《最高人民法院关于贯彻宽严相济刑事政策的若干意见》(法发〔2010〕9号)第十五条对免予刑事处罚后根据《刑法》第三十七条的规定作进一步处理提出专门要求。(→参见总则第四章标题评注部分,第194、195页)

指导性案例

无锡F警用器材公司虚开增值税专用发票案(检例第81号,节录)

关键词　单位认罪认罚　不起诉　移送行政处罚　合规经营

要　旨　民营企业违规经营触犯刑法情节较轻,认罪认罚的,对单位和直接责任人员依法能不捕的不捕,能不诉的不诉。检察机关应当督促认罪认罚的民营企业合法规范经营。拟对企业作出不起诉处理的,可以通过公开听证听取意见。对被不起诉人(单位)需要给予行政处罚、处分或者需要没收其违法所得的,应当依法提出检察意见,移送有关主管机关处理。

第三十七条之一　【从业禁止】因利用职业便利实施犯罪,或者实施违背职业要求的特定义务的犯罪被判处刑罚的,人民法院可以根据犯罪情况和预防再犯罪的需要,禁止其自刑罚执行完毕之日或者假释之日起从事相关职业,期限为三年至五年。

被禁止从事相关职业的人违反人民法院依照前款规定作出的决定的,由公安机关依法给予处罚;情节严重的,依照本法第三百一十三条的规定定罪处罚。

其他法律、行政法规对其从事相关职业另有禁止或者限制性规定的,从其规定。

立法沿革

本条系2015年11月1日起施行的《刑法修正案(九)》第一条增设的规定。

相关规定

《中华人民共和国反恐怖主义法》(修正后自2018年4月27日起施行,节录)

第三十条　对恐怖活动罪犯和极端主义罪犯被判处徒刑以上刑罚的,监狱、看守所应当在刑满释放前根据其犯罪性质、情节和社会危害程度,服刑期间的表现，释放后对所居住社区的影响等进行社会危险性评估。进行社会危险性评估，应当听取有关基层组织和原办案机关的意见。经评估具有社会危险性的，监狱、看守所应当向罪犯服刑地的中级人民法院提出安置教育建议，并将建议书副本抄送同级人民检察院。

罪犯服刑地的中级人民法院对于确有社会危险性的，应当在罪犯刑满释放前作出责令其在刑满释放后接受安置教育的决定。决定书副本应当抄送同级人民检察院。被决定安置教育的人员对决定不服的，可以向上一级人民法院申请复议。

安置教育由省级人民政府组织实施。安置教育机构应当每年对被安置教育人员进行评估，对于确有悔改表现，不致再危害社会的，应当及时提出解除安置教育的意见，报决定安置教育的中级人民法院作出决定。被安置教育人员有权申请解除安置教育。

人民检察院对安置教育的决定和执行实行监督。

司法解释

《最高人民法院关于〈中华人民共和国刑法修正案（九）〉时间效力问题的解释》（法释〔2015〕19号）第一条对从业禁止规定的时间效力问题作了明确。（→参见第十二条评注部分，第22页）

《最高人民法院、最高人民检察院关于办理强奸、猥亵未成年人刑事案件适用法律若干问题的解释》（法释〔2023〕3号，自2023年6月1日起施行）第十三条规定对于利用职业便利实施强奸、猥亵未成年人等犯罪的，人民法院应当依法适用从业禁止。（→参见第二百三十六条评注部分，第1113页）

规范性文件

《最高人民法院、最高人民检察院、教育部关于落实从业禁止制度的意见》（法发〔2022〕32号，自2022年11月15日起施行，节录）

一、依照《刑法》第三十七条之一的规定，教职员工利用职业便利实施犯罪，或者实施违背职业要求的特定义务的犯罪被判处刑罚的，人民法院可以根据犯罪情况和预防再犯罪的需要，禁止其在一定期限内从事相关职业。其他法律、行政法规对其从事相关职业另有禁止或者限制性规定的，从其规定。《未成年人保护法》、《教师法》属于前款规定的法律，《教师资格条例》属于前款规定的行政法规。

二、依照《未成年人保护法》第六十二条的规定，实施性侵害、虐待、拐卖、暴力伤害等违法犯罪的人员,禁止从事密切接触未成年人的工作。①

依照《教师法》第十四条、《教师资格条例》第十八条规定,受到剥夺政治权利或者故意犯罪受到有期徒刑以上刑罚的,不能取得教师资格;已经取得教师资格的,丧失教师资格,且不能重新取得教师资格。

三、教职员工实施性侵害、虐待、拐卖、暴力伤害等犯罪的,人民法院应当依照《未成年人保护法》第六十二条的规定,判决禁止其从事密切接触未成年人的工作。

教职员工实施前款规定以外的其他犯罪,人民法院可以根据犯罪情况和预防再犯罪的需要,依照《刑法》第三十七条之一第一款的规定,判决禁止其自刑罚执行完毕之日或者假释之日起从事相关职业,期限为三年至五年;或者依照《刑法》第三十八条第二款、第七十二条第二款的规定,对其适用禁止令。

四、对有必要禁止教职员工从事相关职业或者适用禁止令的,人民检察院在提起公诉时,应当提出相应建议。

五、教职员工犯罪的刑事案件,判决生效后,人民法院应当在三十日内将裁判文书送达被告人单位所在地的教育行政部门;必要时,教育行政部门应当将裁判文书转送有关主管部门。

因涉及未成年人隐私等原因,不宜送达裁判文书的,可以送达载明被告人的

---

① 在理解和适用时,有四点需要注意:(1)本款中的性侵害、虐待、暴力伤害犯罪是指实施的犯罪行为,其范围应当包括《刑法》第二百三十六条规定的强奸罪、第二百三十六条之一规定的负有照护职责人员性侵罪、第二百三十七条规定的强制猥亵、侮辱罪、猥亵儿童罪、第三百五十八条规定的组织卖淫罪、强迫卖淫罪、协助组织卖淫罪、第三百五十九条规定的引诱、容留、介绍卖淫罪、引诱幼女卖淫罪、第二百六十条规定的虐待罪、第二百六十条之一规定的虐待被监护、看护人罪、第二百三十二条规定的故意杀人罪、第二百三十三条规定的故意伤害罪等。对于本款规定中的"等",应当做等外理解,但有关犯罪行为在性质、危害、手段等方面,应当与《未成年人保护法》第六十二条所明确列举的性侵害、虐待、拐卖、暴力伤害具有类似性。(2)根据本款规定,对实施性侵害、虐待、拐卖、暴力伤害等犯罪的教职员工判决从业禁止,并不要求其必须利用职业便利实施犯罪或者违背职业要求的特定义务。例如,行为人奸淫幼女构成犯罪,即便奸淫的对象并非自己的学生,也应判决从业禁止。(3)人民法院依据本款作出从业禁止判决时,援引的法律依据应当是《刑法》第三十七条之一第三款和未成年人保护法第六十二条。(4)人民法院依据本款作出从业禁止判决时,其判项的表述应当是"禁止被告人×××从事密切接触未成年人的工作"。在执行过程中,密切接触未成年人的工作应当参照《未成年人保护法》第一百三十条的规定进行把握。参见段农根、周加海、江继海、张济坤:《〈关于落实从业禁止制度的意见〉的理解与适用》,载《人民司法》2022年第34期。

自然情况、罪名及刑期的相关证明材料。

九、本意见所称教职员工，是指在学校、幼儿园等教育机构工作的教师、教育教学辅助人员、行政人员、勤杂人员、安保人员，以及校外培训机构的相关工作人员。

学校、幼儿园等教育机构、校外培训机构的举办者、实际控制人犯罪，参照本意见执行。

十、本意见自2022年11月15日起施行。

刑参案例规则提炼

《于某芳等人销售有毒、有害食品案——如何区分适用禁止令与从业禁止》（第1536号案例）、《姜某起等人生产、销售不符合安全标准的食品案——食品安全法对从业禁止已有相关规定，人民法院是否再裁判宣告从业禁止》（第1541号案例）所涉规则提炼如下：

禁止令与从业禁止的界分规则。 "司法实践中，应注意区分禁止令和从业禁止，避免适用上的混淆。二者既有联系，又有区别。"需要注意的是，"根据刑法第三十七条之一第三款的规定，刑法关于从业禁止的规定，主要是针对其他法律、行政法规对受到刑事处罚的人没有明确禁业规定的情况……相关行政主管部门可以根据食品安全法的规定对行为人作出从业禁止的行政处罚，人民法院无须再作出从业禁止判决。"（第1536号案例）换言之，"法院须在其他法律、行政法规对相关职业没有禁止或限制性规定的情况下才能适用从业禁止。"（第1541号案例）

司法疑难解析

《刑法》第三十七条之一第三款的理解。 《刑法》第三十七条之一第三款规定："其他法律、行政法规对其从事相关职业另有禁止或者限制性规定的，从其规定。"据统计，目前大约有二十几部法律和有关法律问题的决定对受过刑事处罚人员的资格禁止或者限制作了规定，根据所禁止的内容不同，可以大致分为三类：(1)禁止担任一定公职。公务员、警察、检察官、法官、驻外外交人员等特定公职均禁止受过刑事处罚的人员担任。例如，《公务员法》（修订后自2019年6月1日起施行）第二十六条规定："下列人员不得录用为公务员：（一）因犯罪受过刑事处罚的；（二）被开除中国共产党党籍的；（三）被开除公职的；（四）被依法列为失信联合惩戒对象的；（五）有法律规定不得录用为公务员的其他情形的。"(2)禁止从事特定职业。教师、律师、拍卖师、公证员、会计执业人员、执业医师等特定职业禁止或者限制受过刑事处罚的人员从事。例如,《教师法》第十四条规定:"受到剥夺政治权利或者故意犯罪受到有期徒刑以上刑事处罚的,不能取得教师资格;已经取得教师资格的,丧失教师资格。"(3)禁止从事特定活动。例如,《道路交通安全法》第一百零一条规定:"违反道路交通安全法律、法规的规定,发生重大交通事故,构成犯罪的,依法追究刑事责任,并由公安机关交通管理部门吊销机动车驾驶证。造成交通事故后逃逸的,由公安机关交通管理部门吊销机动车驾驶证,且终生不得重新取得机动车驾驶证。"

对于其他法律、行政法规对从事相关职业已有禁止或者限制性规定的,不应再适用从业禁止规定由法院判处,而应依照有关法律、行政法规的规定由相关部门作出处理。可以进一步佐证上述立场的是,"鉴于食品安全法第一百三十五条对受到刑事处罚的人的从业禁止已有相关规定,因此我们倾向于……相关行政主管部门可以根据食品安全法的规定对行为人作出从业禁止的行政处罚。"①故而,《最高人民法院、最高人民检察院关于办理危害食品安全刑事案件适用法律若干问题的解释》)(法释〔2021〕24号)未对从业禁止作出规定。由此可见,刑法关于从业禁止的规定,主要是针对其他法律、行政法规对受到刑事处罚的人没有明确禁业规定的情况,即人民法院判处的从业禁止主要起着补充性的作用。

但是,《最高人民法院会、最高人民检察院、教育部关于落实从业禁止制度的意见》(法发〔2022〕32号)首次明确了符合《刑法》第三十七条之一第三款规定的情形应当由人民法院判处的规则,在第三条第一款规定:"教职员工实施性侵害、虐待、拐卖、暴力伤害等犯罪的,人民法院应当依照《未成年人保护法》第六十二条的规定,判决禁止其从事密切接触未成年人的工作。"该意见的理解与适用进一步指出,虽然"对于人民法院是否可以依照刑法第三十七条之一第三款规定作出从业禁止的判项,前期曾有分歧意见",但经研究认为,"未成年人保护法、教师法属于刑法第三十七条之一第三款款规定的法律,《教师资格条例》属于该款规定的行政法规","《意见》作出了应当判决的有关规定,主要是为了有效落实未成年人保护法第六十二条的规定,体现对未成年人的优先、特殊保护。"②

---

① 参见安翱、高雨、肖凤:《〈关于办理危害食品安全刑事案件适用法律若干问题的解释〉的理解与适用》,载《人民司法》2022年第7期。
② 参见段农根、周加海、江继海、张济坤:《〈关于落实从业禁止制度的意见〉的理解与适用》,载《人民司法》2022年第34期。

综上所述,**本评注主张**,对于法发〔2022〕32号意见第三条第一款的规定应理解为基于未成年人保护的特殊规定,尚不宜将该规则推广至所有刑事案件。

第二节 管 制

> **第三十八条 【管制的期限与执行】** 管制的期限,为三个月以上二年以下。
>
> 判处管制,可以根据犯罪情况,同时禁止犯罪分子在执行期间从事特定活动,进入特定区域、场所,接触特定的人。
>
> 对判处管制的犯罪分子,依法实行社区矫正。
>
> 违反第二款规定的禁止令的,由公安机关依照《中华人民共和国治安管理处罚法》的规定处罚。

▌立法沿革

本条系1997年《刑法》吸收修改1979年《刑法》第三十三条作出的规定,仅对原条文中的"管制由人民法院判决"的表述不再突出强调。

2011年5月1日起施行的《刑法修正案(八)》第二条对本条作了修改,主要涉及如下三个方面:一是规定"对判处管制的犯罪分子,依法实行社区矫正";二是增加了对判处管制的犯罪分子可以同时适用禁止令的规定;三是进一步明确了对判处管制的犯罪分子在管制期间违反禁止令的法律责任。

修正前《刑法》	修正后《刑法》
第三十八条 管制的期限,为三个月以上二年以下。 被判处管制的犯罪分子,~~由公安机关执行~~	第三十八条 管制的期限,为三个月以上二年以下。 判处管制,可以根据犯罪情况,同时禁止犯罪分子在执行期间从事特定活动,进入特定区域、场所,接触特定的人。 对判处管制的犯罪分子,依法实行社区矫正。 违反第二款规定的禁止令的,由公安机关依照《中华人民共和国治安管理处罚法》的规定处罚。

■ 相关规定

《中华人民共和国社区矫正法》(自 2020 年 7 月 1 日起施行,具体条文未收录)

■ 司法解释

《最高人民法院关于〈中华人民共和国刑法修正案(八)〉时间效力问题的解释》(法释〔2011〕9 号)第一条对修正后《刑法》第三十八条关于禁止令规定的时间效力问题作了明确。(→参见第十二条评注部分,第 20 页)

■ 规范性文件

《最高人民法院、最高人民检察院、公安部、司法部关于对判处管制、宣告缓刑的犯罪分子适用禁止令有关问题的规定(试行)》(法发〔2011〕9 号)①

为正确适用《中华人民共和国刑法修正案(八)》,确保管制和缓刑的执行效果,根据刑法和刑事诉讼法的有关规定,现就判处管制、宣告缓刑的犯罪分子适

---

① 本规范性文件第二条对确定禁止令具体内容的原则作了规定,第三、四、五条分别对禁止"从事特定活动""进入特定区域、场所""接触特定的人"的具体理解作了进一步明确。适用中应注意把握以下几点:(1)禁止令应当具有针对性。应当根据犯罪分子的犯罪原因、犯罪性质、犯罪手段、犯罪后的悔罪表现、个人一贯表现等情况,充分考虑与犯罪分子所犯罪行的关联程度,有针对性地决定禁止其在管制执行期间、缓刑考验期限内"从事特定活动,进入特定区域、场所,接触特定的人"的一项或者几项内容。例如,犯罪分子是因长期在网吧上网,形成网瘾,进而走上犯罪道路的,可作出禁止其进入网吧的决定;如果犯罪分子是因为在夜总会、酒吧沾染恶习实施犯罪,则可作出禁止其进入夜总会、酒吧的决定;犯罪分子在犯罪前后有滋扰证人行为的,可作出禁止其接触证人的决定;犯罪分子是在酒后犯罪,且有酗酒习性的,可作出禁止其饮酒的决定,等等。(2)禁止令应当具有可行性。禁止令的内容必须具有可行性,不能根本无从执行,也不能妨害犯罪分子的正常生活。例如,不能作出"禁止进入公共场所"等决定。(3)对于有关法律法规已经明确禁止的内容,不能再通过禁止令的形式予以禁止。例如,根据有关法律规定,任何人均不得吸食毒品,因此,不能作出"禁止吸食毒品"的禁止令;又如,相关法律已经规定,违反道路交通安全法律、法规的规定,发生重大交通事故,构成犯罪的,依法追究刑事责任,并由公安机关交通管理部门吊销机动车驾驶证,因此,对因犯相关罪行被判处管制、宣告缓刑的犯罪分子,也不能作出"禁止驾驶机动车"的禁止令。参见《正确适用禁止令相关规定 确保非监禁刑执行效果——最高人民法院、最高人民检察院、公安部、司法部有关负责人就〈关于对判处管制、宣告缓刑的犯罪分子适用禁止令有关问题的规定(试行)〉答记者问》,载《人民法院报》2011 年 5 月 4 日,第 3 版。

用禁止令的有关问题规定如下：

第一条 对判处管制、宣告缓刑的犯罪分子，人民法院根据犯罪情况，认为从促进犯罪分子教育矫正、有效维护社会秩序的需要出发，确有必要禁止其在管制执行期间、缓刑考验期限内从事特定活动，进入特定区域、场所，接触特定人的，可以根据刑法第三十八条第二款、第七十二条第二款的规定，同时宣告禁止令。

第二条 人民法院宣告禁止令，应当根据犯罪分子的犯罪原因、犯罪性质、犯罪手段、犯罪后的悔罪表现、个人一贯表现等情况，充分考虑与犯罪分子所犯罪行的关联程度，有针对性地决定禁止其在管制执行期间、缓刑考验期限内"从事特定活动，进入特定区域、场所,接触特定的人"的一项或者几项内容。

第三条 人民法院可以根据犯罪情况，禁止判处管制、宣告缓刑的犯罪分子在管制执行期间、缓刑考验期限内从事以下一项或者几项活动：

（一）个人为进行违法犯罪活动而设立公司、企业、事业单位或者在设立公司、企业、事业单位后以实施犯罪为主要活动的，禁止设立公司、企业、事业单位；

（二）实施证券犯罪、贷款犯罪、票据犯罪、信用卡犯罪等金融犯罪的，禁止从事证券交易、申领贷款、使用票据或者申领、使用信用卡等金融活动；

（三）利用从事特定生产经营活动实施犯罪的，禁止从事相关生产经营活动；

（四）附带民事赔偿义务未履行完毕、违法所得未追缴、退赔到位，或者罚金尚未足额缴纳的，禁止从事高消费活动；

（五）其他确有必要禁止从事的活动。

第四条 人民法院可以根据犯罪情况，禁止判处管制、宣告缓刑的犯罪分子在管制执行期间、缓刑考验期限内进入以下一类或者几类区域、场所：

（一）禁止进入夜总会、酒吧、迪厅、网吧等娱乐场所；

（二）未经执行机关批准，禁止进入举办大型群众性活动的场所；①

---

① 鉴于有的犯罪分子系在举办大型群众性活动的场所实施寻衅滋事等犯罪，将"举办大型群众性活动的场所"列为可禁止进入的区域、场所之一，同时考虑到执行机关为促进犯罪分子教育矫正，亦可能组织管制犯、缓刑犯参加大型群众性活动，特别限定在"未经执行机关批准"的情形。根据《大型群众性活动安全管理条例》第二条的规定，大型群众性活动，是指法人或者其他组织面向社会公众举办的每场次预计参加人数达到1000人以上的体育比赛、演唱会、音乐会、展览、展销、游园、灯会、庙会、花会、焰火晚会、人才招聘会、现场开奖的彩票销售等活动，但影剧院、音乐厅、公园、娱乐场所等在其日常业务范围内举办的活动除外。参见胡云腾、周加海、喻海松：《〈关于对判处管制、宣告缓刑的犯罪分子适用禁止令有关问题的规定（试行）〉的理解与适用》，载中华人民共和国最高人民法院刑事审判第一、二、三、四、五庭主办：《中国刑事审判指导案例1》（增订第3版），法律出版社2017年版，第698—699页。

（三）禁止进入中小学校区、幼儿园园区及周边地区①，确因本人就学、居住等原因，经执行机关批准的除外；

（四）其他确有必要禁止进入的区域、场所。

第五条② 人民法院可以根据犯罪情况，禁止判处管制、宣告缓刑的犯罪分子在管制执行期间、缓刑考验期限内接触以下一类或者几类人员：

（一）未经对方同意，禁止接触被害人及其法定代理人、近亲属；

（二）未经对方同意，禁止接触证人及其法定代理人、近亲属；

（三）未经对方同意，禁止接触控告人、批评人、举报人及其法定代理人、近亲属；

（四）禁止接触同案犯；

（五）禁止接触其他可能遭受其侵害、滋扰的人或者可能诱发其再次危害社会的人。

第六条 禁止令的期限，既可以与管制执行、缓刑考验的期限相同，也可以短于管制执行、缓刑考验的期限，但判处管制的，禁止令的期限不得少于三个月，宣告缓刑的，禁止令的期限不得少于二个月。

判处管制的犯罪分子在判决执行以前先行羁押以致管制执行的期限少于三个月的，禁止令的期限不受前款规定的最短期限的限制。

禁止令的执行期限，从管制、缓刑执行之日起计算。

第七条 人民检察院在提起公诉时，对可能判处管制、宣告缓刑的被告人可以提出宣告禁止令的建议。当事人、辩护人、诉讼代理人可以就应否对被告人宣告禁止令提出意见，并说明理由。

---

① 在司法实践中，中小学校区、幼儿园园区的周边地区的范围应把握在中小学校区、幼儿园园区周围 200 米范围内。参见胡云腾、周加海、喻海松：《〈关于对判处管制、宣告缓刑的犯罪分子适用禁止令有关问题的规定（试行）〉的理解与适用》，载中华人民共和国最高人民法院刑事审判第一、二、三、四、五庭主办：《中国刑事审判指导案例 1》（增订第 3 版），法律出版社 2017 年版，第 699 页。

② 考虑到在经被害人、证人、控告人、批评人、举报人等有关人员的同意后，与其接触，一来并不违背有关人员的意愿，二来也可以给犯罪分子创造表达悔过、争取谅解的机会，有利于化解社会矛盾，修复社会关系，特别将相关禁止接触事项限定在"未经对方同意"的情形。该条规定中的"近亲属"，应根据《中华人民共和国刑事诉讼法》的规定把握，即指夫、妻、父、母、子、女、同胞兄弟姊妹。参见胡云腾、周加海、喻海松：《〈关于对判处管制、宣告缓刑的犯罪分子适用禁止令有关问题的规定（试行）〉的理解与适用》，载中华人民共和国最高人民法院刑事审判第一、二、三、四、五庭主办：《中国刑事审判指导案例 1》（增订第 3 版），法律出版社 2017 年版，第 699 页。

公安机关在移送审查起诉时,可以根据犯罪嫌疑人涉嫌犯罪的情况,就应否宣告禁止令及宣告何种禁止令,向人民检察院提出意见。

第八条 人民法院对判处管制、宣告缓刑的被告人宣告禁止令的,应当在裁判文书主文部分单独作为一项予以宣告。

第九条 禁止令由司法行政机关指导管理的社区矫正机构负责执行。

第十条 人民检察院对社区矫正机构执行禁止令的活动实行监督。发现有违反法律规定的情况,应当通知社区矫正机构纠正。

第十一条 判处管制的犯罪分子违反禁止令,或者被宣告缓刑的犯罪分子违反禁止令尚不属情节严重的,由负责执行禁止令的社区矫正机构所在地的公安机关依照《中华人民共和国治安管理处罚法》第六十条的规定处罚。

第十二条 被宣告缓刑的犯罪分子违反禁止令,情节严重的,应当撤销缓刑,执行原判刑罚。原作出缓刑裁判的人民法院应当自收到当地社区矫正机构提出的撤销缓刑建议书之日起一个月内依法作出裁定。人民法院撤销缓刑的裁定一经作出,立即生效。

违反禁止令,具有下列情形之一的,应当认定为"情节严重":

(一)三次以上违反禁止令的;

(二)因违反禁止令被治安管理处罚后,再次违反禁止令的;

(三)违反禁止令,发生较为严重危害后果的;

(四)其他情节严重的情形。

第十三条 被宣告禁止令的犯罪分子被依法减刑时,禁止令的期限可以相应缩短,由人民法院在减刑裁定中确定新的禁止令期限。

《未成年人刑事检察工作指引(试行)》(高检发未检字〔2017〕1号,节录)

第二百一十五条 人民检察院根据未成年被告人的犯罪原因、犯罪性质、犯罪手段、犯罪后的认罪悔罪表现、个人一贯表现等情况,充分考虑与未成年被告人所犯罪行的关联程度,可以有针对性地建议人民法院判处未成年被告人在管制执行期间、缓刑考验期限内适用禁止令:

(一)禁止从事以下一项或者几项活动:

1.因无监护人监管或监护人监管不力,经常夜不归宿的,禁止在未经社区矫正机构批准的情况下在外留宿过夜;

2.因沉迷暴力、色情等网络游戏诱发犯罪的,禁止接触网络游戏;

3.附带民事赔偿义务未履行完毕、违法所得未追缴、退赔到位,或者罚金尚未足额缴纳的,禁止进行高消费活动。高消费的标准可根据当地居民人均收入和支出水平确定;

4. 其他确有必要禁止从事的活动。
(二) 禁止进入以下一类或者几类区域、场所:
1. 因出入未成年人不宜进入的场所导致犯罪的,禁止进入夜总会、歌舞厅、酒吧、迪厅、营业性网吧、游戏机房、溜冰场等场所;
2. 经常以大欺小、以强凌弱进行寻衅滋事,在学校周边实施违法犯罪行为的,禁止进入中小学校区、幼儿园园区及周边地区。确因本人就学、居住等原因的除外;
3. 其他确有必要禁止进入的区域、场所。
(三) 禁止接触以下一类或者几类人员:
1. 因受同案犯不良影响导致犯罪的,禁止除正常工作、学习外接触同案犯;
2. 为保护特定人员,禁止在未经对方同意的情况下接触被害人、证人、控告人、举报人及其近亲属;
3. 禁止接触其他可能遭受其侵害、滋扰的人或者可能诱发其再次危害社会的人。

建议适用禁止令,应当把握好禁止令的针对性、可行性和预防性,并向未成年被告人及其法定代理人阐明适用禁止令的理由,督促法定代理人协助司法机关加强监管,促进未成年被告人接受矫治和回归社会。

《中华人民共和国社区矫正法实施办法》(司发通〔2020〕59号,自2020年7月1日起施行,具体条文未收录)

指导性案例

董某某、宋某某抢劫案(指导案例14号,节录)
关键词 刑事 抢劫罪 未成年人犯罪 禁止令
裁判要点
对判处管制或者宣告缓刑的未成年被告人,可以根据其犯罪的具体情况以及禁止事项与所犯罪行的关联程度,对其适用"禁止令"。对于未成年人因上网诱发犯罪的,可以禁止其在一定期限内进入网吧等特定场所。

司法疑难解析

禁止令的裁判文书格式问题。① 考虑到禁止令在性质上属于管制、缓刑的

---

① 参见《正确适用禁止令相关规定 确保非监禁刑执行效果——最高人民法院、最高人民检察院、公安部、司法部有关负责人就〈关于对判处管制、宣告缓刑的犯罪分子适用禁止令有关问题的规定(试行)〉答记者问》,载《人民法院报》2011年5月4日,第3版。

执行监管措施,《规定》第八条明确规定,宣告禁止令的,应当在裁判文书主文部分单独作为一项予以宣告。对此,要注意把握如下几点:一是宣告禁止令的,不能在裁判文书之外另行制作禁止令文书,而是应当作为裁判文书主文部分的单独一项内容,具体表述应采取以下方式:

"一、被告人×××犯××罪,判处……(写明主刑、附加刑)。(刑期从判决执行之日起计算。判决以前先行羁押的,羁押一日折抵刑期一日,即自××××年××月××日起至××××年××月××日止)。

二、禁止被告人×××在×个月内……(写明禁止从事的活动,进入的区域、场所,接触的人)(禁止令期限从判决生效之日起计算)。"

二是宣告禁止令的,裁判文书应当援引相关法律和司法解释条文,并说明理由。

> **第三十九条 【管制犯的义务与权利】**被判处管制的犯罪分子,在执行期间,应当遵守下列规定:
> (一)遵守法律、行政法规,服从监督;
> (二)未经执行机关批准,不得行使言论、出版、集会、结社、游行、示威自由的权利;
> (三)按照执行机关规定报告自己的活动情况;
> (四)遵守执行机关关于会客的规定;
> (五)离开所居住的市、县或者迁居,应当报经执行机关批准。
> 对于被判处管制的犯罪分子,在劳动中应当同工同酬。

立法沿革

本条系1997年《刑法》吸收修改1979年《刑法》作出的规定。1979年《刑法》第三十四条规定:"被判处管制的犯罪分子,在执行期间,必须遵守下列规定:(一)遵守法律、法令,服从群众监督,积极参加集体劳动生产或者工作;(二)向执行机关定期报告自己的活动情况;(三)迁居或者外出必须报经执行机关批准。""对于被判处管制的犯罪分子,在劳动中应当同工同酬。"1997年《刑法》取消了"积极参加集体劳动生产或者工作"的规定,增加了"未经执行机关批准,不得行使言论、出版、集会、结社、游行、示威自由的权利"和"遵守执行机关关于会客的规定"两项规定;此外,对表述作了调整,如将"法令"修改为"行政法规",将"外出"修改为"离开所居住的市、县"。

相关规定

《中华人民共和国治安管理处罚法》（修正后自2013年1月1日起施行，节录）

第六十条　有下列行为之一的,处五日以上十日以下拘留,并处二百元以上五百元以下罚款：

（四）被依法执行管制、剥夺政治权利或者在缓刑、暂予监外执行中的罪犯或者被依法采取刑事强制措施的人,有违反法律、行政法规或者国务院有关部门的监督管理规定的行为。

司法疑难解析

管制能否自动中止执行问题。罪犯在管制期内犯新罪,因犯新罪被取保候审,在一审判决前被认定管制执行完毕(管制执行机关对取保候审不知情),那么一审判决时,能否根据《刑法》第七十一条对其数罪并罚。对此,司法实践中存在不同认识。上述案件所涉核心问题为管制能否、如何自动中止执行。**本评注主张**：(1)罪犯在管制执行期间又犯新罪未被羁押的,管制从新罪的主刑执行之日①起停止计算。即管制与取保候审、非指定居住的监视居住同时执行,不能中断。② (2)罪犯在管制执行期间又犯新罪被羁押的,管制从羁押之日起停止计

---

① 对此,实践中存在不同观点,如新罪行为时,新罪立案之日,因新罪被采取强制措施之日,一审判决生效之日,新罪执行之日等。**本评注认为**将新罪的主刑执行之日作为前罪没有执行的管制的起始日较为妥当。主要考虑：(1)管制与非羁押性措施同时执行,如果非羁押性措施持续到新的主刑执行之日,自然应当从新判决的主刑执行之日计算前罪没有执行的管制。(2)基于管制的连续执行,避免在新判决执行前出现刑罚真空的考虑。以其他时间点,例如将刑事立案时作为计算前罪没有执行的管制的起始时间,则可能出现犯罪分子在刑事立案后至新罪主刑执行前的期间,既不执行原管制刑(因为前罪所判的管制在立案时已停止执行),也不执行新罪确定的刑罚(因为新判决尚未作出)的情况。(3)基于执行可操作角度的考虑。此类案件都存在新罪判决执行之日,但未必能够查明新罪的行为之时,被告人也可能未被采取刑事强制措施,故将新罪的主刑执行之日作为前罪没有执行的管制的停止计算基准日,较之其他方案,更具有可操作性,也有利于计算标准的统一。

② 管制应当且有必要与非羁押性措施(包括取保候审、非指定居住的监视居住等)同时执行。主要考虑：(1)管制是刑罚措施,理应连续执行。(2)法律未把管制执行期间犯新罪作为停止管制执行的事由。(3)管制是刑罚,不宜参照适用缓刑、假释、暂予监外执行的相关规定,不能仅因犯新罪而撤销管制。(4)管制可以并且有必要与非羁押（转下页）

算。即如果因新罪被逮捕、拘留,管制事实上已无继续执行的客观条件,只能中断执行。

第四十条 【管制期满解除】被判处管制的犯罪分子,管制期满,执行机关应即向本人和其所在单位或者居住地的群众宣布解除管制。

▌立法沿革

本条系 1997 年《刑法》吸收修改 1979 年《刑法》第三十五条作出的规定,仅将原条文中的"有关的群众"调整为"其所在单位或者居住地的群众"。

第四十一条 【管制刑期的计算与折抵】管制的刑期,从判决执行之日起计算;判决执行以前先行羁押的,羁押一日折抵刑期二日。

▌立法沿革

本条系 1997 年《刑法》沿用 1979 年《刑法》第三十六条的规定,未作调整。

▌司法疑难解析

强制戒毒日期能否折抵管制刑期的问题。本评注主张不予折抵。主要考虑:(1)强制隔离戒毒属于行政性的治疗措施,目的是帮助吸毒成瘾人员戒除毒瘾,在法律性质、适用条件等方面,与《刑法》第四十一条规定的"羁押"似有区别,也不属于行政处罚。(2)强制隔离戒毒所针对的吸毒成瘾行为并非犯罪,而管制只能适用于犯罪行为,二者分别适用于不同行为,不存在折抵的前提条件。

(接上页)性措施同时执行。例如,管制与取保候审的性质、目的、程序等有本质区别,管制的内容包括接受社区矫正等义务,与取保候审亦不完全重合,两者完全有同时执行的条件。相反,如不同时执行,可能出现未被取保候审的管制犯不得行使言论、出版、集会、结社、游行、示威自由的权利,被取保候审的管制犯反而可以行使相关权利等失衡现象。(5)《社区矫正法》第四十四条也规定:"社区矫正对象矫正期满或者被赦免的,社区矫正机构应当向社区矫正对象发放解除社区矫正证明书,并通知社区矫正决定机关、所在地的人民检察院、公安机关。"实践中时常出现新罪侦办期间,司法行政机关宣告、证明前罪判处的管制执行完毕的情况。规定管制和非羁押性措施同时执行,可以避免法院判决在事实上否定司法行政机关作出的宣告和出具的证明的法律效力的情况。(6)取保候审等非羁押性措施一般不折抵管制刑期,同时执行不会放纵犯罪。

(3)允许折抵,似与《刑法》第六十九条第二款的精神不完全相符,也可能出现管制被强制隔离戒毒全部折抵,形成被判处管制的强制隔离戒毒人员无须实际执行刑罚的局面。另外,折抵后如何执行管制附加的剥夺政治权利,也需要进一步研究。

第三节 拘 役

第四十二条 【拘役的期限】拘役的期限,为一个月以上六个月以下。

立法沿革

本条系1997年《刑法》吸收修改1979年《刑法》作出的规定。1979年《刑法》第三十七条规定:"拘役的期限,为十五日以上六个月以下。"1997年《刑法》将拘役的最低期限提高到一个月,以与刑事诉讼法将刑事拘留期限提升至三十七天的规定相协调。

第四十三条 【拘役的执行】被判处拘役的犯罪分子,由公安机关就近执行。

在执行期间,被判处拘役的犯罪分子每月可以回家一天至两天;参加劳动的,可以酌量发给报酬。

立法沿革

本条系1997年《刑法》沿用1979年《刑法》第三十八条的规定,未作调整。

规范性文件

《看守所留所执行刑罚罪犯管理办法》(公安部令第128号,修订后自2013年11月23日起施行,节录)

第二条第二款 被判处拘役的成年和未成年罪犯,由看守所执行刑罚。

第五十四条 被判处拘役的罪犯每月可以回家一至二日,由罪犯本人提出申请,管教民警签署意见,经看守所所长审核后,报所属公安机关批准。

第五十五条 被判处拘役的外国籍罪犯提出探亲申请的,看守所应当报设区的市一级以上公安机关审批。设区的市一级以上公安机关作出批准决定的,应当报上一级公安机关备案。

被判处拘役的外国籍罪犯探亲时,不得出境。

第五十六条 对于准许回家的拘役罪犯,看守所应当发给回家证明,并告知应当遵守的相关规定。

罪犯回家时间不能集中使用,不得将刑期末期作为回家时间,变相提前释放罪犯。

第八十一条 看守所对罪犯的劳动时间,参照国家有关劳动工时的规定执行。

罪犯有在法定节日和休息日休息的权利。

第八十二条 看守所对于参加劳动的罪犯,可以酌量发给报酬并执行国家有关劳动保护的规定。

第八十三条 罪犯在劳动中致伤、致残或者死亡的,由看守所参照国家劳动保险的有关规定处理。

■ 法律适用答复、复函

《公安部关于对被判处拘役的罪犯在执行期间回家问题的批复》(公复字〔2001〕2号)

北京市公安局:

你局《关于加拿大籍罪犯罪典华在拘役期间回家问题的请示》(京公法字〔2001〕24号)收悉。现批复如下:

《刑法》第四十三条第二款规定,"在执行期间,被判处拘役的犯罪分子每月可以回家一天至两天"。根据上述规定,是否准许被判处拘役的罪犯回家,应当根据其在服刑期间表现以及准许其回家是否会影响剩余刑期的继续执行等情况综合考虑,由负责执行的拘役所、看守所提出建议,报其所属的县级以上公安机关决定。被判处拘役的外国籍罪犯提出回家申请的,由地方级以上公安机关决定,并由决定机关将有关情况报上级公安机关备案。对于准许回家的,应当发给回家证明,告知其应当按时返回监管场所和不按时返回将要承担的法律责任,并将准许回家的决定送同级人民检察院。被判处拘役的罪犯在决定机关辖区内有固定住处的,可允许其回固定住处,没有固定住处的,可在决定机关为其指定的居所每月与其家人团聚一天至两天。拘役所、看守所根据被判处拘役的罪犯在服刑及回家期间表现,认为不宜继续准许其回家的,应当提出建议,报原决定机关决定。对于被判处拘役的罪犯在回家期间逃跑的,应当按照《刑法》第三百一十六条的规定以脱逃罪追究其刑事责任。

第四十四条 【拘役刑期的计算与折抵】拘役的刑期,从判决执行之日起计算;判决执行以前先行羁押的,羁押一日折抵刑期一日。

立法沿革

本条系 1997 年《刑法》沿用 1979 年《刑法》第三十九条的规定,未作调整。

第四节 有期徒刑、无期徒刑

第四十五条 【有期徒刑的期限】有期徒刑的期限,除本法第五十条、第六十九条规定外,为六个月以上十五年以下。

立法沿革

本条系 1997 年《刑法》吸收修改 1979 年《刑法》第四十条作出的规定,仅增加了"除本法第五十条、第六十九条规定外"的表述。

第四十六条 【有期徒刑与无期徒刑的执行】被判处有期徒刑、无期徒刑的犯罪分子,在监狱或者其他执行场所执行;凡有劳动能力的,都应当参加劳动,接受教育和改造。

立法沿革

本条系 1997 年《刑法》吸收修改 1979 年《刑法》作出的规定。1979 年《刑法》第四十一条规定:"被判处有期徒刑、无期徒刑的犯罪分子,在监狱或者其他劳动改造场所执行;凡有劳动能力的,实行劳动改造。"1997 年《刑法》将"其他劳动改造场所"调整为"其他执行场所",将"凡有劳动能力的,实行劳动改造"调整为"凡有劳动能力的,都应当参加劳动,接受教育和改造"。

司法解释

《最高人民法院关于审理未成年人刑事案件具体应用法律若干问题的解释》(法释〔2006〕1 号)第十三条对未成年人犯罪适用无期徒刑的情形作了规定。(→参见第十七条评注部分,第 43 页)

第四十七条 【有期徒刑刑期的计算与折抵】有期徒刑的刑期,从判决执行之日起计算;判决执行以前先行羁押的,羁押一日折抵刑期一日。

立法沿革

本条系 1997 年《刑法》沿用 1979 年《刑法》第四十二条的规定,未作调整。

相关规定

《中华人民共和国国际刑事司法协助法》(自 2018 年 10 月 26 日起施行,节录)

第三十八条第二款 在押人员在外国被羁押的期限,应当折抵其在中华人民共和国被判处的刑期。

第六十四条第三款 被判刑人回国服刑前被羁押的,羁押一日折抵转换后的刑期一日。

规范性文件

《最高人民法院、最高人民检察院、公安部关于办理电信网络诈骗等刑事案件适用法律若干问题的意见(二)》(法发〔2021〕22 号)第十五条对境外羁押期限折抵刑期的问题作了规定。(→参见第二百六十六条评注部分,第 1298 页)

法律适用答复、复函

《最高人民法院研究室关于对刑罚已执行完毕,由于发现新的证据,又因同一事实被以新的罪名重新起诉的案件,应适用何种程序进行审理等问题的答复》(法研〔2002〕105 号)

安徽省高级人民法院:

你院〔2001〕皖刑终字第 610 号《关于对刑罚已执行完毕的罪犯,又因同一案件被以新的罪名重新起诉,应适用何种程序进行审理及原服完的刑期在新刑中如何计算的请示》(以下简称《请示》)收悉。经研究,答复如下:

你院《请示》中涉及的案件是共同犯罪案件,因此,对于先行判决且刑罚已经执行完毕,由于同案犯归案发现新的证据,又因同一事实被以新的罪名重新起诉的被告人,原判人民法院应当按照审判监督程序撤销原判决、裁定,并将案件移送有管辖权的人民法院,按照第一审程序与其他同案被告人并案审理。

该被告人已经执行完毕的刑罚,由收案的人民法院在对被指控的新罪作出判决时依法折抵,被判处有期徒刑的,原执行完毕的刑期可以折抵刑期。

刑参案例规则提炼

《陈春莲贩卖毒品案——先前被羁押行为与最终定罪行为并非同一行为时,羁押日期可否折抵刑期》(第1280号案例)所涉规则提炼如下：

羁押日期折抵刑期的行为判定规则。"被告人先行羁押时间能否最终折抵刑期,不能一概而论。只有先前被羁押行为与最终定罪行为系同一行为,或者虽然不是同一行为,但二者之间存在密切关联时才可以予以折抵。"(第1280号案例)

司法疑难解析

1.境外羁押期间折抵刑期的问题。随着我国境外追逃力度的不断加大,一些逃往境外的犯罪分子回国接受审判。其中,一些犯罪分子在境外被临时羁押。对此,《最高人民法院、最高人民检察院、公安部关于办理电信网络诈骗犯罪等刑事案件适用法律若干问题的意见(二)》(法发〔2021〕22号)第十五条明确规定:"对境外司法机关抓获并羁押的电信网络诈骗犯罪嫌疑人,在境内接受审判的,境外的羁押期限可以折抵刑期。"这一些规则应当推广到电信网络诈骗以外的所有刑事案件。对此,《国际刑事司法协助法》第三十八条第二款亦规定:"在押人员在外国被羁押的期限,应当折抵其在中华人民共和国被判处的刑期。"需要注意的是,予以折抵的前提是在境外被羁押与在境内接受审判的须为同一事实,如果潜逃境外的行为人因为其他犯罪或者违反所在国法律的其他行为被羁押的,则不应当折抵。

2.疫情防控前置过渡期间折抵刑期的问题。本评注认为,因监所疫情防控,对拟收押的犯罪嫌疑人、被告人,在拘留所、戒毒所等公安机关全面控制的场所进行的前置过渡隔离期限,应当折抵刑期。

第五节 死 刑

规范性文件

《最高人民法院、最高人民检察院、公安部、司法部关于进一步严格依法办案确保办理死刑案件质量的意见》(法发〔2007〕11号,节录)

中央决定改革授权高级人民法院行使部分死刑案件核准权的做法,将死刑案件核准权统一收归最高人民法院行使,并要求严格依照法律程序办案,确保死刑案件的办理质量。2006年10月31日，全国人大常委会通过《关于修改〈中华人民共和国人民法院组织法〉的决定》，决定从2007年1月1日起由最高人民法院统一行使死刑案件核准权。为认真落实中央这一重大决策部署，现就人民法院、人民检察院、公安机关、司法行政机关严格依法办理死刑案件提出如下意见：

一、充分认识确保办理死刑案件质量的重要意义

1. 死刑是剥夺犯罪分子生命的最严厉的刑罚。中央决定将死刑案件核准权统一收归最高人民法院行使，是构建社会主义和谐社会，落实依法治国基本方略，尊重和保障人权的重大举措，有利于维护社会政治稳定，有利于国家法制统一，有利于从制度上保证死刑裁判的慎重和公正，对于保障在全社会实现公平和正义，巩固人民民主专政的政权，全面建设小康社会，具有十分重要的意义。

2. 最高人民法院统一行使死刑案件核准权，对人民法院、人民检察院、公安机关和司法行政机关的工作提出了新的、更高的要求。办案质量是人民法院、人民检察院、公安机关、司法行政机关工作的生命线，死刑案件人命关天，质量问题尤为重要。确保办理死刑案件质量，是中央这一重大决策顺利实施的关键，也是最根本的要求。各级人民法院、人民检察院、公安机关和司法行政机关必须高度重视，统一思想，提高认识，将行动统一到中央决策上来，坚持以邓小平理论和"三个代表"重要思想为指导，全面落实科学发展观，牢固树立社会主义法治理念，依法履行职责，严格执行刑法和刑事诉讼法，切实把好死刑案件的事实关、证据关、程序关、适用法律关，使办理的每一起死刑案件都经得起历史的检验。

二、办理死刑案件应当遵循的原则要求

（一）坚持惩罚犯罪与保障人权相结合

3. 我国目前正处于全面建设小康社会、加快推进社会主义现代化建设的重要战略机遇期，同时又是人民内部矛盾凸显、刑事犯罪高发、对敌斗争复杂的时期，维护社会和谐稳定的任务相当繁重，必须继续坚持"严打"方针，正确运用死刑这一刑罚手段同严重刑事犯罪作斗争，有效遏制犯罪活动猖獗和蔓延势头。同时，要全面落实"国家尊重和保障人权"宪法原则，切实保障犯罪嫌疑人、被告人的合法权益。坚持依法惩罚犯罪和依法保障人权并重，坚持罪刑法定、罪刑相适应、适用刑法人人平等和审判公开、程序法定等基本原则，真正做到有罪依法惩处，无罪不受刑事追究。

（二）坚持保留死刑，严格控制和慎重适用死刑

4. "保留死刑，严格控制死刑"是我国的基本死刑政策。实践证明，这一政策是完全正确的，必须继续贯彻执行。要完整、准确地理解和执行"严打"方

针,依法严厉打击严重刑事犯罪,对极少数罪行极其严重的犯罪分子,坚决依法判处死刑。我国现在还不能废除死刑,但应逐步减少适用,凡是可杀可不杀的,一律不杀。办理死刑案件,必须根据构建社会主义和谐社会和维护社会稳定的要求,严谨审慎,既要保证根据证据正确认定案件事实,杜绝冤错案件的发生,又要保证定罪准确,量刑适当,做到少杀、慎杀。

(三) 坚持程序公正与实体公正并重,保障犯罪嫌疑人、被告人的合法权利

5. 人民法院、人民检察院和公安机关进行刑事诉讼,既要保证案件实体处理的正确性,也要保证刑事诉讼程序本身的正当性和合法性。在侦查、起诉、审判等各个阶段,必须始终坚持依法进行诉讼,坚决克服重实体、轻程序,重打击、轻保护的错误观念,尊重犯罪嫌疑人、被告人的诉讼地位,切实保障犯罪嫌疑人、被告人充分行使辩护权等诉讼权利,避免因剥夺或者限制犯罪嫌疑人、被告人的合法权利而导致冤错案件的发生。

(四) 坚持证据裁判原则,重证据、不轻信口供

6. 办理死刑案件,要坚持重证据、不轻信口供的原则。只有被告人供述,没有其他证据的,不能认定被告人有罪;没有被告人供述,其他证据确实充分的,可以认定被告人有罪。对刑讯逼供取得的犯罪嫌疑人供述、被告人供述和以暴力、威胁等非法方法收集的被害人陈述、证人证言,不能作为定案的根据。对被告人作出有罪判决的案件,必须严格按照刑事诉讼法第一百六十二条的规定,做到"事实清楚,证据确实、充分"。证据不足,不能认定被告人有罪的,应当作出证据不足、指控的犯罪不能成立的无罪判决。

(五) 坚持宽严相济的刑事政策

7. 对死刑案件适用刑罚时,既要防止重罪轻判,也要防止轻罪重判,做到罪刑相当,罚当其罪,重罪重判,轻罪轻判,无罪不罚。对罪行极其严重的被告人必须依法惩处,严厉打击;对具有法律规定"应当"从轻、减轻或者免除处罚情节的被告人,依法从宽处理;对具有法律规定"可以"从轻、减轻或者免除处罚情节的被告人,如果没有其他特殊情节,原则上依法从宽处理;对具有酌定从宽处罚情节的也依法予以考虑。

三、认真履行法定职责,严格依法办理死刑案件(略)

四、人民法院、人民检察院、公安机关依法互相配合和互相制约(略)

五、严格执行办案责任追究制度(略)

《全国法院毒品案件审判工作会议纪要》(法〔2023〕108号)"五、死刑适用问题"对毒品犯罪的死刑适用作了规定。(→参见分则第六章第七节标题评注部分,第1879页)

第四十八条 【死刑、死缓的适用对象及核准程序】死刑只适用于罪行极其严重的犯罪分子。对于应当判处死刑的犯罪分子,如果不是必须立即执行的,可以判处死刑同时宣告缓期二年执行。

死刑除依法由最高人民法院判决的以外,都应当报请最高人民法院核准。死刑缓期执行的,可以由高级人民法院判决或者核准。

立法沿革

本条系1997年《刑法》吸收修改1979年《刑法》作出的规定。1979年《刑法》第四十三条规定:"死刑只适用于罪大恶极的犯罪分子。对于应当判处死刑的犯罪分子,如果不是必须立即执行的,可以判处死刑同时宣告缓期二年执行,实行劳动改造,以观后效。""死刑除依法由最高人民法院判决的以外,都应当报请最高人民法院核准。死刑缓期执行的,可以由高级人民法院判决或者核准。"1997年《刑法》修改了死刑的适用标准,将"罪大恶极"调整为"罪行极其严重";修改了死缓考察的内容,删除了死缓罪犯"实行劳动改造,以观后效"的规定。

司法解释

《最高人民法院关于统一行使死刑案件核准权有关问题的决定》(法释〔2006〕12号,自2007年1月1日起施行)

第十届全国人民代表大会常务委员会第二十四次会议通过了《关于修改〈中华人民共和国人民法院组织法〉的决定》,将人民法院组织法原第十三条修改为第十二条:"死刑除依法由最高人民法院判决的以外,应当报请最高人民法院核准。"修改人民法院组织法的决定自2007年1月1日起施行。根据修改后的人民法院组织法第十二条的规定,现就有关问题决定如下:

(一)自2007年1月1日起,最高人民法院根据全国人民代表大会常务委员会有关决定和人民法院组织法原第十三条的规定发布的关于授权高级人民法院和解放军军事法院核准部分死刑案件的通知(见附件),一律予以废止。

(二)自2007年1月1日起,死刑除依法由最高人民法院判决的以外,各高级人民法院和解放军军事法院依法判处和裁定的,应当报请最高人民法院核准。

(三)2006年12月31日以前,各高级人民法院和解放军军事法院已经核准的死刑立即执行的判决、裁定,依法仍由各高级人民法院、解放军军事法院院长签发执行死刑的命令。

附件:

最高人民法院发布的下列关于授权高级人民法院核准部分死刑案件自本通

知施行之日起予以废止:

一、《最高人民法院关于对几类现行犯授权高级人民法院核准死刑的若干具体规定的通知》(发布日期:1980年3月18日)

二、《最高人民法院关于执行全国人民代表大会常务委员会〈关于死刑案件核准问题的决定〉的几项通知》(发布日期:1981年6月11日)

三、《最高人民法院关于授权高级人民法院核准部分死刑案件的通知》(发布日期:1983年9月7日)

四、《最高人民法院关于授权云南省高级人民法院核准部分毒品犯罪死刑案件的通知》(发布日期:1991年6月6日)

五、《最高人民法院关于授权广东省高级人民法院核准部分毒品犯罪死刑案件的通知》(发布日期:1993年8月18日)

六、《最高人民法院关于授权广西壮族自治区、四川省、甘肃省高级人民法院核准部分毒品犯罪死刑案件的通知》(发布日期:1996年3月19日)

七、《最高人民法院关于授权贵州省高级人民法院核准部分毒品犯罪死刑案件的通知》(发布日期:1997年6月23日)

八、《最高人民法院关于授权高级人民法院和解放军军事法院核准部分死刑案件的通知》(发布日期:1997年9月26日)

规范性文件

《最高人民法院关于贯彻宽严相济刑事政策的若干意见》(法发〔2010〕9号)第二十九条对"保留死刑,严格控制和慎重适用死刑"政策的准确理解和严格执行提出了专门要求。(→参见总则第四章标题评注部分,第196页)

指导性案例

郭明先参加黑社会性质组织、故意杀人、故意伤害案(检例第18号,节录)

关键词　第二审程序刑事抗诉　故意杀人　罪行极其严重　死刑立即执行

要　旨　死刑依法只适用于罪行极其严重的犯罪分子。对故意杀人、故意伤害、绑架、爆炸等涉黑、涉恐、涉暴刑事案件中罪行极其严重,严重危害国家安全和公共安全、严重危害公民生命权,或者严重危害社会秩序的被告人,依法应当判处死刑,人民法院未判处死刑的,人民检察院应当依法提出抗诉。

王某等人故意伤害等犯罪二审抗诉案(检例第178号,节录)

关键词　二审抗诉　恶势力犯罪　胁迫未成年人犯罪　故意伤害致死　赔偿谅解协议的审查

要　旨　检察机关在办案中要加强对未成年人的特殊、优先保护,对于侵害未成年人犯罪手段残忍、情节恶劣、后果严重的,应当依法从严惩处。胁迫未成年人实施毒品犯罪、参加恶势力犯罪集团,采用暴力手段殴打致该未成年人死亡的,属于"罪行极其严重",应当依法适用死刑。对于人民法院以被告方与被害方达成赔偿谅解协议为由,从轻判处的,人民检察院应当对赔偿谅解协议进行实质性审查,全面、准确分析从宽处罚是否合适。虽达成赔偿谅解但并不足以从宽处罚的,人民检察院应当依法提出抗诉,监督纠正确有错误的判决,贯彻罪责刑相适应原则,维护公平正义。

■ 刑参案例规则提炼

《王建辉、王小强等故意杀人、抢劫案——对共同故意杀人致人死亡的多名主犯如何区别量刑》(第 380 号案例)、《闫新华故意杀人、盗窃案——对既具有法定从轻又具有法定从重处罚情节的被告人应当慎用死刑立即执行》(第 393 号案例)、《练永伟等贩卖毒品案——如何区分犯罪集团和普通共同犯罪》(第 413 号案例)、《侯吉辉、匡家荣、何德权抢劫案——在明知他人抢劫的情况下,于暴力行为结束后参与共同搜取被害人财物的行为如何定罪量刑》(第 491 号案例)、《龙世成、吴正跃故意杀人、抢劫案——共同抢劫杀人致一人死亡案件,如何准确区分主犯之间的罪责》(第 634 号案例)、《林明龙强奸案——在死刑案件中,被告人家属积极赔偿,取得被害方谅解,能否作为应当型从轻处罚情节》(第 636 号案例)所涉规则提炼如下:

1. 死刑慎用规则。"对于既具有法定从轻处罚情节,又具有法定从重处罚情节的罪行极其严重的被告人,应当综合衡量影响量刑的各种因素,审慎适用死刑立即执行。"(第 393 号案例)

2. 积极赔偿对死刑适用的影响规则。"犯罪性质和犯罪行为给社会造成的危害程度是决定被告人刑罚的最基本因素,片面夸大积极赔偿或谅解等罪后情节的作用,忽视犯罪性质和犯罪行为本身的社会危害都是不正确的。"本案被告人"可谓屡教不改,主观恶性极深,人身危险性极大。对如此恶劣的犯罪分子,如果仅因被告人家庭有钱赔偿就可以从轻处罚,实质上意味着有钱可以买命,如此不但会严重破坏法律的平等和公正,而且会损害人民法院的司法权威。因此,本案核准被告人……死刑,没有因被告人家属积极赔偿、被害方谅解而对被告人从轻处罚是正确的"。(第 636 号案例)

3. 共同犯罪的死刑适用规则。"基于同一犯罪事实的共犯,其在共同犯罪过程中的具体地位、作用即使在同为主犯的情况下也会存有差异。""在抢劫致人死亡犯罪案件中是否对被告人决定和如何适用死刑,应当重点考量被告人的行为与被害人死亡后果间因果关系的密切程度。"(第491号案例)"在有多个主犯的共同犯罪中,只对起最主要作用的主犯判处死刑立即执行,符合我国少杀、慎杀的死刑政策。"(第380号案例)"共同抢劫杀人致一人死亡的案件,主犯之间的地位、作用看似相当,但根据各人犯罪的具体情节,实际上存在进一步区分罪责大小的必要性和余地。这既是贯彻宽严相济刑事政策的具体要求,也是罪责刑相适应原则的具体体现。不能以分不清主次为由,简单地一律判处死刑。从实践情况看,应综合考虑各被告人在共同犯罪中的具体作用及主观恶性、人身危险性等因素,来准确确定罪责大小。"(第634号案例)"基于人道主义,在司法实践中,对于家庭成员共同犯罪的,可以根据各成员的地位、作用及对社会的危害程度,尽量有所区别,一般情况下不宜全部适用死刑立即执行。"(第413号案例)

第四十九条 【死刑适用对象的限制】犯罪的时候不满十八周岁的人和审判的时候怀孕的妇女,不适用死刑。

审判的时候已满七十五周岁的人,不适用死刑,但以特别残忍手段致人死亡的除外。

立法沿革

本条系1997年《刑法》吸收修改1979年《刑法》作出的规定。1979年《刑法》第四十四条规定:"犯罪的时候不满十八岁的人和审判的时候怀孕的妇女,不适用死刑。已满十六岁不满十八岁的,如果所犯罪行特别严重,可以判处死刑缓期二年执行。"1997年《刑法》删去了对未成年犯可以判处死缓的规定,将年龄的表述由"岁"调整为"周岁"。

2011年5月1日起施行的《刑法修正案(八)》第三条对本条作了修改,增设了第二款。

修正前《刑法》	修正后《刑法》
第四十九条 犯罪的时候不满十八周岁的人和审判的时候怀孕的妇女,不适用死刑。	第四十九条 犯罪的时候不满十八周岁的人和审判的时候怀孕的妇女,不适用死刑。**审判的时候已满七十五周岁的人,不适用死刑,但以特别残忍手段致人死亡的除外。**

司法解释

《最高人民法院研究室关于如何理解"审判的时候怀孕的妇女不适用死刑"问题的电话答复》(自 1991 年 3 月 18 日起施行)①

广东省高级人民法院:

你院〔1990〕粤法刑一文字第 16 号《关于如何理解"审判的时候怀孕的妇女

---

① 本司法解释秉持《最高人民法院关于人民法院审判严重刑事犯罪案件中具体应用法律的若干问题的答复》[〔1983〕法研字第 18 号,已被《最高人民法院关于废止 1980 年 1 月 1 日至 1997 年 6 月 30 日期间发布的部分司法解释和司法解释性质文件(第九批)的决定》(法释〔2013〕2 号)废止,废止理由为"答复依据已被废止,不再适用"]的基本立场,并系统总结概括了此后作出的一系列答复。具体而言:最初,福建、湖南、甘肃、浙江、黑龙江、河南提出:"刑法第四十四条规定:'审判的时候怀孕的妇女,不适用死刑。'刑事诉讼法第一百五十四条规定:执行死刑前,发现罪犯正在怀孕,应当停止执行,并报请核准死刑的上级人民法院依法改判。现在遇到两种情况,应该怎样执行上述规定? 第一种情况是,案件起诉到人民法院前,被告人在关押期间,被人工流产的,可否认为已不是怀孕的妇女了。第二种情况是,法院受理案件时,被告人是怀孕的妇女,准备给做人工流产后,判处死刑。我们认为,根据上述法律规定,无论是在关押期间,或者是在法院审判的时候,对怀孕的妇女,都不应当为了要判处死刑,而对其进行人工流产;已经人工流产的,仍应视同怀孕的妇女,不适用死刑。"最高人民法院在〔83〕法研字第 18 号解释中规定:"同意你们的意见。对于这类案件,应当按照刑法第四十四条和刑事诉讼法第一百五十四条的规定办理,即:人民法院对'审判的时候怀孕的妇女,不适用死刑。'如果人民法院在审判时发现,在羁押受审时已是孕妇的,仍应依照上述法律规定,不适用死刑。"可见,该答复明确将刑法规定的"审判的时候怀孕的妇女"扩大解释为"羁押期间怀孕的妇女"。此后,最高人民法院的相关司法解释和答复秉持〔83〕法研字第 18 号解释的基本立场,并进一步细化相关问题。主要包括:(1)明确对怀孕的妇女不适用死刑包括不适用死缓。《最高人民法院关于人民法院审判严重刑事犯罪案件中具体应用法律的若干问题的答复(二)》[〔83〕法研字第 27 号,已被《最高人民法院关于废止 1980 年 1 月 1 日至 1997 年 6 月 30 日期间发布的部分司法解释和司法解释性质文件(第九批)的决定》(法释〔2013〕2 号)废止,废止理由为"答复依据已被废止,不再适用"]规定,对于审判的时候怀孕的妇女不适用死刑,是指不能判处死刑,既不能判处死刑立即执行,也不能判处死刑缓期二年执行。因为,死刑缓期二年执行是死刑中缓期执行的一种制度,对于怀孕的妇女不适用死刑,包括不能判处死刑缓期二年执行。(2)明确人工流产后羁押的应当视为"羁押期间怀孕的妇女"。1986 年,贵州省高院电话请示:被告人路某甲(女)与被告人路某乙(男)长期通奸,经多次策划于 1985 年 7 月由路某甲将其夫投毒杀死。同年 9 月 2 日破案,公安机关将路某乙拘留,因路某甲已怀孕四个月,根据公安部"怀孕妇女不宜(转下页)

不适用死刑"问题的请示》已收悉。经研究,现答复如下:

在羁押期间已是孕妇的被告人,无论其怀孕是否属于违反国家计划生育政策,也不论其是自然流产或者经人工流产以及流产后移送起诉或审判期间的长短,仍应执行我院〔83〕法研字第18号《关于人民法院审判严重刑事犯罪案件中具体应用法律的若干问题的答复》中对第三个问题的答复:"对于这类案件,应当按照刑法第四十四条和刑事诉讼法第一百五十四条的规定①办理,即:人民法院对'审判的时候怀孕的妇女,不适用死刑'。如果人民法院在审判时发现,在羁押受审时已是孕妇的,仍应依照上述法律规定,不适用死刑。"

《最高人民法院关于对怀孕妇女在羁押期间自然流产审判时是否可以适用死刑问题的批复》(法释〔1998〕18号,自1998年8月13日起施行)
河北省高级人民法院:

你院冀高法〔1998〕40号《关于审判时对怀孕妇女在公安预审羁押期间自然流产,是否适用死刑的请示》收悉。经研究,答复如下:

怀孕妇女因涉嫌犯罪在羁押期间自然流产后,又因同一事实被起诉、交付审判的,应当视为"审判的时候怀孕的妇女",依法不适用死刑。

(接上页)关押"的规定,未对路某甲采取任何强制措施,仍留其在家。同年11月27日,公安机关通知路某甲做了引产手术,并于1986年1月13日将路某逮捕。本案中,被告人在案发后系怀孕妇女,公安机关因被告人怀孕而未予逮捕,在通知她做人工流产后才予逮捕,可否判处死刑? 对此,最高人民法院研究室于1986年6月28日作出电话答复:"对于被告人发案后怀孕的妇女,公安机关因被告人怀孕而未予逮捕,在通知她做人工流产后才予逮捕的,仍应视为属于刑法第四十四条规定的'审判的时候怀孕的妇女,不适用死刑'。"(3)明确在羁押期间自然流产的应当视为"羁押期间怀孕的妇女"。1987年11月24日,最高人民法院针对内蒙古高院《关于被告人在羁押期间自然流产是否仍应视为怀孕妇女的请示》(1987法刑请字13号)作出电话答复:"怀孕妇女在羁押期间自然流产的原因比较复杂,对这种案件的被告人,可否按孕妇对待,尚需与有关部门进一步研究。至于你区最近发生的这一个别案件,为慎重起见,可按孕妇对待,根据刑法第四十四条的精神,参照我院〔83〕法研字第18号《关于人民法院审判严重刑事犯罪案件中具体应用法律的若干问题的答复》对第三个问题的答复,不予判处死刑。"——**本评注注**

① 现行刑法为第四十九条,现行刑事诉讼法为第二百六十二条。——**本评注注**

指导性案例

忻元龙绑架案(检例第2号,节录)

要　旨　对于死刑案件的抗诉,要正确把握适用死刑的条件,严格证明标准,依法履行刑事审判法律监督职责。

刑参案例规则提炼

《**张怡懿、杨珺故意杀人案**——公安机关待犯罪嫌疑人分娩后再采取强制措施的,能否视为审判时怀孕的妇女》(第240号案例)、《**韩雅利贩卖毒品、韩镇平窝藏毒品案**——被告人在羁押期间人工流产后脱逃,多年后又被抓获审判的,能否适用死刑》(第250号案例)、《**胡金亭故意杀人案**——如何理解刑法第四十九条"以特别残忍手段致人死亡"》(第830号案例)、《**尹宝书故意杀人案**——如何理解和适用审判的时候已满75周岁的人一般不判处死刑的法律规定》(第1022号案例)所涉规则提炼如下:

1."审判的时候怀孕的妇女"的认定规则。①　(1)"由于公安机关已明知涉案的嫌疑人怀孕而不对其采取有关强制措施,而是待其分娩后再予拘押……造成这一情形并非因法律所致,而是由于公安机关基于某种原因未能严格依照刑事诉讼法以及公安部的有关规定,及时……采取相关强制措施所致,由此产生的后果也就当然不应由被告人……来承担。况且,即便对……是在其分娩后才采取强制措施,也不能改变……在分娩前就已被公安机关列为犯罪嫌疑人的事实。从有利于被告人的原则出发,人民法院对本案被告人……视为'审判时怀孕的妇女'而不适用死刑是正确的。"②(第240号案例)(2)"怀孕妇女羁押期间做人工流产时脱逃,之后又交付审判的,仍应当视为审判时怀孕的妇女。"(第250号案例)

2.老年人罪犯的死刑适用规则。"死刑复核阶段属于刑法第四十九条第二款规定的'审判的时候'。"(第1022号案例)"实践中,一般认为,出自冷酷坚决的犯意,给被害人的肉体和精神造成特别严重的痛苦、折磨、恐惧的,可视为特

---

①　此外,宫外孕的妇女属于怀孕的妇女。根据法释[1998]18号解释的规定,在羁押期间检出宫外孕后经人工流产,又因同一事实被起诉、交付审判的,应当视为"审判的时候怀孕的妇女",依法不适用死刑。——**本评注注**

②　**本评注认为**,在侦查机关掌握证据指向怀孕妇女有重大作案嫌疑的情况下,在较长时间内未予立案,待其分娩后立案和采取强制措施的,不排除有意规避法律,故仍应认定为"审判的时候怀孕的妇女"。

别残忍手段。"(第1022号案例)① "在具体案件中,对'特别残忍手段'可以综合从以下几个方面理解和认定:(1)杀人手段……(2)行为过程……(3)以其他让社会民众普遍难以接受的手段和方式杀死被害人的。" "对年满七十五周岁的老年人罪犯,是否可以判处无期徒刑,取决于对年满七十五周岁的老年人故意犯罪是否适用从轻或者减轻处罚,而是否从轻或者减轻处罚,应当根据具体犯罪事实和犯罪情节予以综合认定。"(第830号案例)

3. 限定刑事责任能力人的死刑适用规则。"对限定刑事责任能力的精神病犯罪人一般不宜适用死刑,尤其是死刑立即执行,这也是刑法人道主义的基本体现。"(第240号案例)

> 第五十条 【死缓变更】判处死刑缓期执行的,在死刑缓期执行期间,如果没有故意犯罪,二年期满以后,减为无期徒刑;如果确有重大立功表现,二年期满以后,减为二十五年有期徒刑;如果故意犯罪,情节恶劣的,报请最高人民法院核准后执行死刑;对于故意犯罪未执行死刑的,死刑缓期执行的期间重新计算,并报最高人民法院备案。
>
> 对被判处死刑缓期执行的累犯以及因故意杀人、强奸、抢劫、绑架、放火、爆炸、投放危险物质或者有组织的暴力性犯罪被判处死刑缓期执行的犯罪分子,人民法院根据犯罪情节等情况可以同时决定对其限制减刑。

立法沿革

本条系1997年《刑法》吸收修改1979年《刑法》作出的规定。1979年《刑法》第四十六条规定:"判处死刑缓期执行的,在死刑缓期执行期间,如果确有悔改,二年期满以后,减为无期徒刑;如果确有悔改并有立功表现,二年期满以

---

① **本评注认为**,在年满七十五周岁的老年人故意杀人案件中,"特别残忍手段"是适用死刑的唯一法定依据,立法精神是原则上不适用死刑立即执行,对确需适用死刑立即执行的,亦用但书做了严格限定。从立法精神而言,对但书不宜做扩张解释。根据立法文义,"特别残忍手段"的表述未包含后果。在司法实践中,考虑到犯罪对象的特殊性和人类情感,可将杀害无辜未成年人视为"特别残忍手段"加以认定;对"特别残忍手段"的认定,宜结合犯罪手段的异常性、过程性、痛苦性、危害性等方面,着重考虑其是否使被害人在死亡之前忍受肉体和精神上的极大痛苦。对于用多次电击、持刀捅刺要害部位等方式,故意杀害两名被害人的情形,犯罪后果特别严重,但作案手段(电击及持刀杀人)尚系常见、一般手段,而非其他罕见凶残狠毒方法,不属于"特别残忍手段"。

后,减为十五年以上二十年以下有期徒刑;如果抗拒改造情节恶劣、查证属实的,由最高人民法院裁定或者核准,执行死刑。"1997 年《刑法》将死缓罪犯减为无期徒刑的条件,由"确有悔改"调整为"没有故意犯罪",将减为有期徒刑的条件由"确有悔改并有立功表现"调整为"确有重大立功表现",将执行死刑的条件由"抗拒改造情节恶劣、查证属实"调整为"故意犯罪,查证属实"。

2011 年 5 月 1 日起施行的《刑法修正案(八)》第四条对本条作了修改,主要涉及两个方面:一是将确有重大立功表现,二年期满以后,"减为十五年以上二十年以下有期徒刑"调整为"二十五年有期徒刑";二是增设第二款,规定了死缓限制减刑制度。2015 年 11 月 1 日起施行的《刑法修正案(九)》第二条对本条第二款作了修改,将死缓罪犯故意犯罪执行死刑的门槛作了提升,限制为"情节恶劣"的情形,并增加规定报最高人民法院备案的程序。

修正前《刑法》	第一次修正后《刑法》	第二次修正后《刑法》
第五十条 死刑缓期执行的,在死刑缓期执行期间,如果没有故意犯罪,二年期满以后,减为无期徒刑;如果确有重大立功表现,二年期满以后,减为~~十五年以上二十年以下~~有期徒刑;如果故意犯罪,查证属实的,由最高人民法院核准,执行死刑。	第五十条 判处死刑缓期执行的,在死刑缓期执行期间,如果没有故意犯罪,二年期满以后,减为无期徒刑;如果确有重大立功表现,二年期满以后,减为**二十五年**有期徒刑;如果故意犯罪,~~查证属实的~~,由最高人民法院核准于执行死刑。 对被判处死刑缓期执行的累犯以及因故意杀人、强奸、抢劫、绑架、放火、爆炸、投放危险物质或者有组织的暴力性犯罪被判处死刑缓期执行的犯罪分子,人民法院根据犯罪情节等情况可以同时决定对其限制减刑。	第五十条 判处死刑缓期执行的,在死刑缓期执行期间,如果没有故意犯罪,二年期满以后,减为无期徒刑;如果确有重大立功表现,二年期满以后,减为二十五年有期徒刑;如果故意犯罪,**情节恶劣的**,**报请**最高人民法院核准**后**执行死刑;对于故意犯罪未执行死刑的,死刑缓期执行的期间重新计算,并报最高人民法院备案。 对被判处死刑缓期执行的累犯以及因故意杀人、强奸、抢劫、绑架、放火、爆炸、投放危险物质或者有组织的暴力性犯罪被判处死刑缓期执行的犯罪分子,人民法院根据犯罪情节等情况可以同时决定对其限制减刑。

■ **相关规定**

《中华人民共和国刑事诉讼法》(修正后自 2018 年 10 月 26 日起施行,节录)

第二百六十一条第二款 被判处死刑缓期二年执行的罪犯,在死刑缓期执行期间,如果没有故意犯罪,死刑缓期执行期满,应当予以减刑的,由执行机关提出书面意见,报请高级人民法院裁定;如果故意犯罪,情节恶劣,查证属实,应当执行死刑的,由高级人民法院报请最高人民法院核准;对于故意犯罪未执行死刑的,死刑缓期执行的期间重新计算,并报最高人民法院备案。

■ **司法解释**

《最高人民法院关于死刑缓期执行限制减刑案件审理程序若干问题的规定》(法释〔2011〕8 号,自 2011 年 5 月 1 日起施行)

为正确适用《中华人民共和国刑法修正案(八)》关于死刑缓期执行限制减

---

① 本司法解释对《刑法》第五十条第二款规定的可以同时决定限制减刑,理解为由人民法院在判处被告人死刑缓期执行的判决书中一并宣告限制减刑,且中级人民法院、高级人民法院和最高人民法院可以分别决定限制减刑。主要理由是:(1)从立法本意出发,应当把《刑法》第五十条第二款规定的可以同时决定限制减刑,理解为在判处被告人死刑缓期执行的判决书中一并宣告。(2)有利于保障被告人的合法权益。限制减刑的死刑缓期执行比不限制减刑的情形,在实际执行期上一般相差八年左右,直接涉及被告人的重大权益,故最好以判决形式明确宣告。中级人民法院、高级人民法院和最高人民法院均可以分别作出限制减刑的决定。被告人对一审法院作出的限制减刑判决不服的,可以提出上诉;检察机关认为不应当限制减刑,或者认为应当限制减刑而没有限制的,可以提出抗诉;上级法院认为不应当限制减刑的可以撤销,对判处死缓没有限制减刑的抗诉案件可以直接改判限制减刑。这样,也理顺了上下级法院在决定限制减刑问题上的审级关系。(3)能够很好解决判处死刑缓期执行与同时决定限制减刑之间的逻辑关系。限制减刑作为刑罚执行问题,在判决尚未生效时就予以宣告,二者之间似存在矛盾,实际上也可以得到合理解释。因为在判决书中宣告限制减刑,并不等于该项判决内容已经生效,最终是否对被告人限制减刑,须在终局判决作出之后才能确定,并须在判决生效后才能执行。同时,对于死刑缓期执行的不确定问题,虽然存在因死刑缓期执行期间故意犯罪被核准死刑的情况,但这种情况毕竟很少,一旦出现,原作出的限制减刑判决自然无需再执行。参见高贵君、马岩、方文军:《〈关于死刑缓期执行限制减刑案件审理程序若干问题的规定〉的理解与适用》,载中华人民共和国最高人民法院刑事审判第一、二、三、四、五庭主办:《中国刑事审判指导案例 1》(增订第 3 版),法律出版社 2017 年版,第 688—689 页。

刑的规定,根据刑事诉讼法的有关规定,结合审判实践,现就相关案件审理程序的若干问题规定如下:

第一条① 根据刑法第五十条第二款的规定,对被判处死刑缓期执行的累犯以及因故意杀人、强奸、抢劫、绑架、放火、爆炸、投放危险物质或者有组织的暴力性犯罪被判处死刑缓期执行的犯罪分子,人民法院根据犯罪情节、人身危险性等情况,可以在作出裁判的同时决定对其限制减刑。

第二条 被告人对第一审人民法院作出的限制减刑判决不服的,可以提出

---

① 本条在一定程度上体现了适用限制减刑的实体原则。决定限制减刑应遵循的原则如下:(1)罪刑法定原则。《刑法》第五十条第二款对死缓限制减刑规定了三种情形(简称"1+8"),只有对这三种情形的案件,处被告人死刑缓期执行的,才可以考虑限制减刑。对于除此之外的情形,判处被告人死刑缓期执行的,一律不得限制减刑。审判工作中在执行这一规定时,较为突出的问题是,要正确处理因故意伤害罪被判处死刑缓期执行的案件。《刑法》第五十条第二款列举的七种具体犯罪中,没有故意伤害罪,但这是实践中判处死刑或者死刑缓期执行较多的一种犯罪。按照罪刑法定原则,今后,对于犯故意伤害罪被判处死刑缓期执行的,如果被告人系累犯或者故意伤害属于有组织的暴力性犯罪的,可以对被告人同时决定限制减刑。对于不属于这两种情形的故意伤害犯罪,不能同时决定限制减刑。(2)罪刑相适应原则。限制减刑应当仅适用于判处死刑立即执行过重,但判处死刑缓期执行不限制减刑又偏轻的案件。具体而言,在对被告人判处死刑缓期执行时决定是否限制减刑,要综合考虑犯罪的性质、犯罪的起因、动机、目的、手段等情节,犯罪的后果,被告人的主观恶性和人身危险性等因素,全面分析量刑情节,严格依法适用,确保法律效果与社会效果的有机统一。对于判处死刑缓期执行不须限制减刑,就能做到有效制裁犯罪的案件,不应当对被告人限制减刑。工作中遇到对是否需限制减刑把握不准的案件,宜采取保守的做法,不适用限制减刑。(3)有利于严格执行死刑政策的原则。这是在决定是否限制减刑时应遵循的最重要的一条原则。从立法目的看,对判处死刑缓期执行的被告人限制减刑,并不是单纯为了加重死缓刑的严厉性,而是为进一步严格执行死刑政策创造条件。即通过延长部分死缓犯的实际执行期,充分发挥死缓刑的严厉性,改变以往"死刑过重、生刑过轻"的刑罚执行不平衡现象。在司法中必须强调,对死缓犯限制减刑应当以有利于严格执行死刑政策为前提。凡是判处死刑缓期执行不须限制减刑已经符合罪刑相适应原则或者能够实现裁判效果的案件,绝不应当再限制减刑。也就是说,对判处死刑缓期执行的被告人适用限制减刑,针对的是以往应判处死刑立即执行的案件,而不是以往判处死刑缓期执行的案件。参见高贵君、马岩、方文军:《〈关于死刑缓期执行限制减刑案件审理程序若干问题的规定〉的理解与适用》,载中华人民共和国最高人民法院刑事审判第一、二、三、四、五庭主办:《中国刑事审判指导案例1》(增订第3版),法律出版社2017年版,第688—689页。

上诉。被告人的辩护人和近亲属，经被告人同意，也可以提出上诉。

第三条 高级人民法院审理或者复核判处死刑缓期执行并限制减刑的案件，认为原判对被告人判处死刑缓期执行适当，但判决限制减刑不当的，应当改判，撤销限制减刑。

第四条 高级人民法院审理判处死刑缓期执行没有限制减刑的上诉案件，认为原判事实清楚、证据充分，但应当限制减刑的，不得直接改判，也不得发回重新审判。确有必要限制减刑的，应当在第二审判决、裁定生效后，按照审判监督程序重新审判。

高级人民法院复核判处死刑缓期执行没有限制减刑的案件，认为应当限制减刑的，不得以提高审级等方式对被告人限制减刑。

第五条 高级人民法院审理判处死刑的第二审案件，对被告人改判死刑缓期执行的，如果符合刑法第五十条第二款的规定，可以同时决定对其限制减刑。

高级人民法院复核判处死刑后没有上诉、抗诉的案件，认为应当改判死刑缓期执行并限制减刑的，可以提审或者发回重新审判。

第六条 最高人民法院复核死刑案件，认为对被告人可以判处死刑缓期执行并限制减刑的，应当裁定不予核准，并撤销原判，发回重新审判。

一案中两名以上被告人被判处死刑，最高人民法院复核后，对其中部分被告人改判死刑缓期执行的，如果符合刑法第五十条第二款的规定，可以同时决定对其限制减刑。

第七条 人民法院对被判处死刑缓期执行的被告人所作的限制减刑决定，应当在判决书主文部分单独作为一项予以宣告。

第八条 死刑缓期执行限制减刑案件审理程序的其他事项，依照刑事诉讼法和有关司法解释的规定执行。

《最高人民法院关于〈中华人民共和国刑法修正案(八)〉时间效力问题的解释》（法释〔2011〕9号）**第二条**对2011年4月30日之前犯罪，判处死刑缓期执行的，适用刑法规则作了规定。（→参见第十二条评注部分，第20页）

《最高人民法院关于〈中华人民共和国刑法修正案(九)〉时间效力问题的解释》（法释〔2015〕19号）**第二条**对在死刑缓期执行期间，且在2015年10月31日以前故意犯罪的，适用刑法规则作了规定。（→参见第十二条评注部分，第22页）

《最高人民法院关于办理减刑、假释案件具体应用法律的规定》（法释〔2016〕23号）**第三十五条、第三十六条**对死缓罪犯在刑罚执行期间因发现漏罪而数罪并罚如何处理的问题作了规定。（→参见第七十八条评注部分，第322、323页）

规范性文件

第50条

《最高人民法院关于对死刑缓期执行期间故意犯罪未执行死刑案件进行备案的通知》（法〔2016〕318号）①

各省、自治区、直辖市高级人民法院,解放军军事法院,新疆维吾尔自治区高级人民法院生产建设兵团分院:

为正确适用《中华人民共和国刑法修正案（九）》关于"对于故意犯罪未执行死刑的,死刑缓期执行的期间重新计算,并报最高人民法院备案"的规定,规范相关备案程序,确保死刑缓期执行期间故意犯罪未执行死刑案件办案质量,现对死刑缓期执行期间故意犯罪未执行死刑案件报请我院备案的有关事项通知如下:

一、高级人民法院判决、裁定对死刑缓期执行期间故意犯罪不执行死刑的,应当在裁判文书生效后二十日内报我院备案。备案材料报送我院审判监督庭,具体包括:1.关于被告人死刑缓期执行期间故意犯罪未执行死刑一案的报备报告;2.第一、二审（复核审）裁判文书、审理报告;3.被告人被判处死刑缓期执行的原审（复核审）裁判文书、审理报告。

二、中级人民法院判决对死刑缓期执行期间故意犯罪不执行死刑的,不需要再报高级人民法院核准,应当在判决书生效后二十日内报高级人民法院备案。高级人民法院应当依法组成合议庭进行审查。高级人民法院同意不执行死刑的,再报我院备案。报送材料包括:1.关于被告人死刑缓期执行期间故意犯罪未执行死刑案的报备报告;2.第一审判决书、审理报告,高级人民法院审查报告;3.被告人被判处死刑缓期执行的原第一、二审（复核审）裁判文书、审理报告。

三、高级人民法院、中级人民法院判决、裁定对死刑缓期执行期间故意犯罪不执行死刑的,应当及时宣判并交付执行。报备工作不影响上述判决、裁定的生效和执行。对于高级人民法院报我院备案的死刑缓期执行期间故意犯罪未执行死刑案件,我院将对报送材料予以登记存案,以备审查。经审查认为原生效裁判确有错误的,将按照审判监督程序依法予以纠正。

《最高人民法院关于适用〈中华人民共和国刑事诉讼法〉的解释》（法释〔2021〕1号,自2021年3月1日起施行,节录）

第四百九十七条 被判处死刑缓期执行的罪犯,在死刑缓期执行期间犯罪的,应当由罪犯服刑地的中级人民法院依法审判,所作的判决可以上诉、抗诉。

---

① 参见李立众编:《刑法一本通——中华人民共和国刑法总成》(第十六版),法律出版社2022年版,第58—59页。

认定故意犯罪,情节恶劣,应当执行死刑的,在判决、裁定发生法律效力后,应当层报最高人民法院核准执行死刑。

对故意犯罪未执行死刑的,不再报高级人民法院核准,死刑缓期执行的期间重新计算,并层报最高人民法院备案。备案不影响判决、裁定的生效和执行。

最高人民法院经备案审查,认为原判不予执行死刑错误,确需改判的,应当依照审判监督程序予以纠正。

■ 指导性案例

王志才故意杀人案(指导案例4号,节录)

关键词　刑事　故意杀人罪　婚恋纠纷引发　坦白悔罪　死刑缓期执行　限制减刑

裁判要点

因恋爱、婚姻矛盾激化引发的故意杀人案件,被告人犯罪手段残忍,论罪应当判处死刑,但被告人具有坦白悔罪、积极赔偿等从轻处罚情节,同时被害人亲属要求严惩的,人民法院根据案件性质、犯罪情节、危害后果和被告人的主观恶性及人身危险性,可以依法判处被告人死刑,缓期二年执行,同时决定限制减刑,以有效化解社会矛盾,促进社会和谐。

李飞故意杀人案(指导案例12号,节录)

关键词　刑事　故意杀人罪　民间矛盾引发　亲属协助抓捕　累犯　死刑缓期执行　限制减刑

裁判要点

对于因民间矛盾引发的故意杀人案件,被告人犯罪手段残忍,且系累犯,论罪应当判处死刑,但被告人亲属主动协助公安机关将其抓捕归案,并积极赔偿的,人民法院根据案件具体情节,从尽量化解社会矛盾角度考虑,可以依法判处被告人死刑,缓期二年执行,同时决定限制减刑。

■ 刑参案例规则提炼①

《宋江平、平建卫抢劫、盗窃案》——对共同犯罪中判处死刑缓期执行的被告人如何决定限制减刑》(第739号案例)、《陈黎明故意伤害案》——死刑缓期执行期间因有漏罪而被起诉,在漏罪审理期间又故意犯新罪,是否属于死刑缓期执行

---

① 另,鉴于指导案例12号发布,《**李飞故意杀人案**——对民间矛盾激化引发的故意杀人案件如何适用死缓限制减刑》(第737号案例)所涉规则未予提炼。

期间故意犯罪情形》(第775号案例)、《张丽荣脱逃案——死刑缓期执行期间犯脱逃罪的,追诉时效及死缓执行期间的计算问题》(第1278号案例)、《高某某故意伤害案——死刑缓期执行期间故意犯罪案件"情节恶劣"的把握》(第1369号案例)所涉规则提炼如下:

1. 死缓期间犯新罪的处理规则。"死刑缓期执行期间故意犯罪'情节恶劣'的认定,应当根据故意犯罪的动机、手段、造成的危害后果等犯罪情节,并结合罪犯在缓刑执行期间的改造、悔罪表现等,综合作出判断。""死缓罪犯新犯故意犯罪被判处三年有期徒刑以上刑罚或者五年有期徒刑以上刑罚的,可以作为判断'情节恶劣'的重要参考,但不能一概而论。"(第1369号案例)"在死刑缓期执行期间因有漏罪而被起诉,在漏罪审理期间又故意犯新罪,认定属于在死刑缓期执行期间故意犯罪的情形,符合刑法总则关于死刑的相关规定和立法本意。""死刑缓期执行期间因有漏罪而被起诉,在漏罪审理期间又故意犯新罪,并不改变罪犯因前罪被判处死刑缓期执行期间的起算日期。"(第775号案例)"在死刑缓期执行期间,趁羁押场所司法工作人员不备而逃跑,其行为构成脱逃罪,但……已超过追诉期限","死刑缓期执行期间应连续计算,但其脱逃的期间必须予以扣除,并执行《最高人民法院关于办理减刑、假释案件具体应用法律的规定》第十二条,即死刑缓期执行罪犯在缓期执行期间不服从监管抗拒改造,尚未构成犯罪的,在减为无期徒刑后再减刑时应当适当从严"。(第1278号案例)

2. 死缓限制减刑的适用规则。"对判处死刑缓期执行的被告人决定是否限制减刑时,需要遵循以下三项基本原则:一是罪刑法定原则……二是罪刑相适应原则……三是有利于严格执行死刑政策原则。""对共同犯罪中判处死刑缓期执行的被告人,必要时可依法决定限制减刑。"(第739号案例)

司法疑难解析

1. **死缓期间又犯应当判处死刑立即执行之罪的处理。**这无疑属于判决宣告后又犯新罪的情形,依照《刑法》第七十一条的规定,应当"先减后并"。然而,对于死缓执行期间又犯应判处死刑之罪的,由于《刑法》第五十条第一款已作例外规定,不再适用"先减后并"的规定,即无须再数罪并罚。故而,死缓执行期间又故意犯罪的,对新罪应当查证属实,但无需对新罪与原判作数罪并罚,直接适用《刑法》第五十条第一款的规定即可。据此,对于死缓期间又犯应当判处死刑立即执行之罪的,也无须对后罪再判处死刑,而应将又犯应当判处死刑立即执行之罪的情形认定为"情节恶劣",径直适用《刑法》第五十条第一款的规定,报最高人民法院核准后执行死刑。

2. 决定限制减刑的判决书主文部分样式。①《最高人民法院关于死刑缓期执行限制减刑案件审理程序若干问题的规定》(法释〔2011〕8号)第七条规定："人民法院对被判处死刑缓期执行的被告人所作的限制减刑决定,应当在判决书主文部分单独作为一项予以宣告。"在判决书主文部分把限制减刑的决定单独作为一项予以表述,既能使判决主文层次分明,清晰展示法院作出的限制减刑决定,便于当事人了解判决的具体内容,也便于审判工作中操作,特别是当二审法院撤销原判的限制减刑时,很便于文书表述。鉴此,即便对一案中同时判处两名以上被告人死刑缓期执行并限制减刑的,也应对各人的限制减刑判决分别单独表述,不能合并为一项进行概括表述。具体而言：

(1)关于中级人民法院一审判处死刑缓期执行并宣告限制减刑的判决书主文部分。可表述为："一、被告人×××犯××罪,判处死刑,缓期二年执行(写明附加刑)。二、对被告人×××限制减刑。"

(2)关于高级人民法院在二审或者复核程序中撤销限制减刑的判决书主文部分。可表述为："一、维持(核准)×××中级人民法院(××××)×刑初字第××号刑事(附带民事)判决的第×项,即被告人×××犯××罪,判处死刑,缓期二年执行(写明附加刑)。二、撤销×××中级人民法院(××××)×刑初字第××号刑事(附带民事)判决的第×项,即对被告人×××限制减刑。"

(3)关于抗诉案件中改判限制减刑的判决书主文部分。可表述为："一、维持×××中级人民法院(××××)×刑初字第××号刑事(附带民事)判决的第×项,即被告人×××犯××罪,判处死刑,缓期二年执行(写明附加刑)。二、对原审被告人×××限制减刑。"

(4)关于二审死刑案件改判为死刑缓期执行并限制减刑的判决书主文部分。可表述为："一、撤销×××中级人民法院(××××)×刑初字第××号刑事判决的第×项,即被告人×××犯××罪,判处死刑(写明附加刑)。二、上诉人(原审被告人)×××犯××罪,判处死刑,缓期二年执行(写明附加刑)。三、对上诉人(原审被告人)×××限制减刑。"

(5)关于死刑复核程序中对部分被告人改判死刑缓期执行并限制减刑的判决书主文部分。可表述为："一、核准×××高级人民法院(××××)×刑终字第××号

---

① 参见高贵君、马岩、方文军:《〈关于死刑缓期执行限制减刑案件审理程序若干问题的规定〉的理解与适用》,载中华人民共和国最高人民法院刑事审判第一、二、三、四、五庭主办:《中国刑事审判指导案例1》(增订第3版),法律出版社2017年版,第693—694页。

刑事(附带民事)裁定(判决)中维持第一审以××罪判处被告人×××……(写明核准死刑的被告人的具体量刑内容)的部分。二、撤销×××高级人民法院(××××)×刑终字第××号刑事(附带民事)裁定(判决)和×××中级人民法院(××××)×刑初字第××号刑事(附带民事)判决中对被告人×××(写明撤销的被告人定罪量刑的具体内容)的部分。三、被告人×××犯××罪,判处死刑,缓期二年执行(写明附加刑)。四、对被告人×××限制减刑。"

需要说明的是,上述样式针对的都是最普通的情形。对于判决主文部分有其他内容的,可参照《法院刑事诉讼文书样式》作出相应补充、变动。

此外,根据当前制作裁判文书的要求,人民法院决定对被告人限制减刑的,应当在判决书理由部分说明限制减刑的具体理由;二审法院如撤销一审法院作出的限制减刑判决,也应当相应说明撤销的具体理由。

第五十一条　【死缓期间及减为有期徒刑的刑期计算】 死刑缓期执行的期间,从判决确定之日起计算。死刑缓期执行减为有期徒刑的刑期,从死刑缓期执行期满之日起计算。

立法沿革

本条系1997年《刑法》吸收修改1979年《刑法》作出的规定。1979年《刑法》第四十七条规定:"死刑缓期执行的期间,从判决确定之日起计算。死刑缓期执行减为有期徒刑的刑期,从裁定减刑之日起计算。"1997年《刑法》将死刑缓期执行减为有期徒刑的刑期由"从裁定减刑之日起计算"调整为"从死刑缓期执行期满之日起计算",以将死刑缓期执行期满之日与裁定减刑之日间的时间计算在有期徒刑的刑期之内。

第六节　罚　金

第五十二条　【罚金数额的裁量】 判处罚金,应当根据犯罪情节决定罚金数额。

立法沿革

本条系1997年《刑法》沿用1979年《刑法》第四十八条的规定,未作调整。

司法解释

《最高人民法院关于适用财产刑若干问题的规定》(法释〔2000〕45 号,自 2000 年 12 月 19 日起施行)①

为正确理解和执行刑法有关财产刑的规定,现就适用财产刑的若干问题规定如下:

第一条 刑法规定"并处"没收财产或者罚金的犯罪,人民法院在对犯罪分子判处主刑的同时,必须依法判处相应的财产刑;刑法规定"可以并处"没收财产或者罚金的犯罪,人民法院应当根据案件具体情况及犯罪分子的财产状况,决定是否适用财产刑。

第二条 人民法院应当根据犯罪情节,如违法所得数额、造成损失的大小等,并综合考虑犯罪分子缴纳罚金的能力,依法判处罚金。刑法没有明确规定罚金数额标准的,罚金的最低数额不能少于一千元。

对未成年人犯罪应当从轻或者减轻判处罚金,但罚金的最低数额不能少于五百元。

第三条② 依法对犯罪分子所犯数罪分别判处罚金的,应当实行并罚,将所判处的罚金数额相加,执行总和数额。

一人犯数罪依法同时并处罚金和没收财产的,应当合并执行;但并处没收全

---

① 对本司法解释的适用,特别是关于罚金缴纳的相关规定,需要根据经《刑法修正案(九)》修改后《刑法》第五十三条的规定妥当把握。——**本评注注**

② 对于具体到数个财产刑之间如何并罚,尚有不同意见,司法实践中对数个财产刑如何并罚的问题反映也比较多。针对上述情况,经过充分讨论研究,本条对财产刑的并罚问题分三种情况作出规定:(1)对于同时被判处了数个罚金刑的,应当依照并科原则,将所判处的罚金数额相加,决定执行总和数额;(2)对于同时判处了罚金和没收部分财产的,应当依照并科原则决定合并执行;(3)对于同时判处了罚金和没收全部财产的,考虑到被判处这种附加刑的罪犯大多被判处了较重刑罚,如死刑、无期徒刑,没收全部财产以后基本上已经没有再执行罚金刑的可能性,因此,应当依照吸收原则,只决定执行没收全部财产。参见李兵:《〈关于适用财产刑若干问题的规定〉的理解与适用》,载中华人民共和国最高人民法院刑事审判第一、二、三、四、五庭主办:《中国刑事审判指导案例1》(增订第3版),法律出版社 2017 年版,第 704—705 页。从字面上看,本条第二款"并处罚金和没收财产的,应当合并执行"的规定,与修改后《刑法》第六十九条第三款附加刑"种类不同的,分别执行"的规定相冲突。但如后所述(→参见第六十九条评注"司法疑难解析"部分,第 289、290 页),由于财产刑的自身属性,**本评注主张**对没收财产与罚金的分别执行应当区分情况妥当把握。

部财产的,只执行没收财产刑。

第四条 犯罪情节较轻,适用单处罚金不致再危害社会并具有下列情形之一的,可以依法单处罚金:
（一）偶犯或者初犯;
（二）自首或者有立功表现的;
（三）犯罪时不满十八周岁的;
（四）犯罪预备、中止或者未遂的;
（五）被胁迫参加犯罪的;
（六）全部退赃并有悔罪表现的;
（七）其他可以依法单处罚金的情形。

第五条 刑法第五十三条规定的"判决指定的期限"应当在判决书中予以确定;"判决指定的期限"应为从判决发生法律效力第二日起最长不超过三个月。

第六条 刑法第五十三条规定的"由于遭遇不能抗拒的灾祸缴纳确实有困难的",主要是指因遭受火灾、水灾、地震等灾祸而丧失财产;罪犯因患重病、伤残等而丧失劳动能力,或者需要罪犯抚养的近亲属患有重病,需支付巨额医药费等,确实没有财产可供执行的情形。

具有刑法第五十三条规定"可以酌情减少或者免除"事由的,由罪犯本人、亲属或者犯罪单位向负责执行的人民法院提出书面申请,并提供相应的证明材料。人民法院审查以后,根据实际情况,裁定减少或者免除应当缴纳的罚金数额。

第七条 刑法第六十条规定的"没收财产以前犯罪分子所负的正当债务",是指犯罪分子在判决生效前所负他人的合法债务。

第八条 罚金刑的数额应当以人民币为计算单位。

第九条 人民法院认为依法应当判处被告人财产刑的,可以在案件审理过程中,决定扣押或者冻结被告人的财产。

第十条 财产刑由第一审人民法院执行。

犯罪分子的财产在异地的,第一审人民法院可以委托财产所在地人民法院代为执行。

第十一条 自判决指定的期限届满第二日起,人民法院对于没有法定减免事由不缴纳罚金的,应当强制其缴纳。

对于隐藏、转移、变卖、损毁已被扣押、冻结财产情节严重的,依照刑法第三百一十四条的规定追究刑事责任。

《最高人民法院关于审理未成年人刑事案件具体应用法律若干问题的解释》(法释〔2006〕1号)第十五条对未成年罪犯适用罚金规则作了规定。(→参见第十七条评注部分,第43、44页)

《最高人民法院关于刑事裁判涉财产部分执行的若干规定》(法释〔2014〕13号,自2014年11月6日起施行,节录)

第六条 刑事裁判涉财产部分的裁判内容,应当明确、具体。涉案财物或者被害人人数较多,不宜在判决主文中详细列明的,可以概括叙明并另附清单。

判处没收部分财产的,应当明确没收的具体财物或者金额。

判处追缴或者责令退赔的,应当明确追缴或者退赔的金额或财物的名称、数量等相关情况。

第九条① 判处没收财产的,应当执行刑事裁判生效时被执行人合法所有的财产。

执行没收财产或罚金刑,应当参照被扶养人住所地政府公布的上年度当地居民最低生活费标准,保留被执行人及其所扶养家属的生活必需费用。

第十条 对赃款赃物及其收益,人民法院应当一并追缴。

被执行人将赃款赃物投资或者置业,对因此形成的财产及其收益,人民法院应予追缴。

被执行人将赃款赃物与其他合法财产共同投资或者置业,对因此形成的财产中与赃款赃物对应的份额及其收益,人民法院应予追缴。

对于被害人的损失,应当按照刑事裁判认定的实际损失予以发还或者赔偿。

第十一条 被执行人将刑事裁判认定为赃款赃物的涉案财物用于清偿债务、转让或者设置其他权利负担,具有下列情形之一的,人民法院应予追缴:

(一)第三人明知是涉案财物而接受的;

(二)第三人无偿或者以明显低于市场的价格取得涉案财物的;

(三)第三人通过非法债务清偿或者违法犯罪活动取得涉案财物的;

---

① 最高人民法院研究室复函认为:"作为附加刑的没收个人全部财产,应当是没收犯罪分子个人合法所有的全部财产。如相关财产属于违法所得,应通过追缴、退赔程序予以追回;如相关财产确属犯罪分子家属所有或者应有的财产,也不得作为没收对象。在没收财产前,如犯罪分子的财产与其他家庭成员的财产处于共有状态,应当从中分割出属于犯罪分子个人所有的财产后予以没收。"参见《最高人民法院研究室关于如何执行没收个人全部财产问题的研究意见》,载张军主编:《司法研究与指导(总第1辑)》,人民法院出版社2012年版。

（四）第三人通过其他恶意方式取得涉案财物的。

第三人善意取得涉案财物的，执行程序中不予追缴。作为原所有人的被害人对该涉案财物主张权利的，人民法院应当告知其通过诉讼程序处理。

第十三条① 被执行人在执行中同时承担刑事责任、民事责任，其财产不足以支付的，按照下列顺序执行：

（一）人身损害赔偿中的医疗费用；

（二）退赔被害人的损失；

（三）其他民事债务；

（四）罚金；

（五）没收财产。

债权人对执行标的依法享有优先受偿权，其主张优先受偿的，人民法院应当在前款第（一）项规定的医疗费用受偿后，予以支持。

第十五条 执行过程中，案外人或被害人认为刑事裁判中对涉案财物是否属于赃款赃物认定错误或者应予认定而未认定，向执行法院提出书面异议，可以通过裁定补正的，执行机构应当将异议材料移送刑事审判部门处理；无法通过裁定补正的，应当告知异议人通过审判监督程序处理。

规范性文件

《全国法院维护农村稳定刑事审判工作座谈会纪要》（法〔1999〕217号）"三""（四）关于财产刑问题"对审理农村中刑事案件涉及的财产刑适用问题作了规定。（→参见总则第四章标题评注部分，第190、191页）

《全国法院审理金融犯罪案件工作座谈会纪要》（法〔2001〕8号）"二""（五）财产刑的适用"对金融犯罪财产刑适用的有关问题作了规定。（→参见分则第三章第四节标题评注部分，第751、752页）

《最高人民法院、最高人民检察院关于常见犯罪的量刑指导意见（试行）》（法发〔2021〕21号）"二、量刑的基本方法"第（四）条对决定罚金数额的规则作了规定。（→参见总则第四章第一节标题评注部分，第225页）

《全国法院毒品案件审判工作会议纪要》（法〔2023〕108号）"十一、涉案财

---

① 对于本条第一款第四项、第五项规定的"先罚金""后没收财产"的执行顺序，宜限缩理解为"没收部分财产"；对于没收全部财产的，先执行罚金，再没收全部财产，似无实质意义。——本评注注

物处理、财产刑适用问题"对毒品犯罪案件适用罚金作了规定。(→参见分则第六章第七节标题评注部分,第1891页)

《最高人民法院、最高人民检察院、公安部、司法部关于办理醉酒危险驾驶刑事案件的意见》(高检发办字〔2023〕187号)第十五条对醉驾案件罚金数额的裁量规则作了规定。(→参见第一百三十三条评注部分,第531页)

> **第五十三条 【罚金的缴纳】**罚金在判决指定的期限内一次或者分期缴纳。期满不缴纳的,强制缴纳。对于不能全部缴纳罚金的,人民法院在任何时候发现被执行人有可以执行的财产,应当随时追缴。
>
> 由于遭遇不能抗拒的灾祸等原因缴纳确实有困难的,经人民法院裁定,可以延期缴纳、酌情减少或者免除。

立法沿革

本条系1997年《刑法》吸收修改1979年《刑法》作出的规定。1979年《刑法》第四十九条规定:"罚金在判决指定的期限内一次或者分期缴纳。期满不缴纳的,强制缴纳。如果由于遭遇不能抗拒的灾祸缴纳确实有困难的,可以酌情减少或者免除。"1997年《刑法》沿用上述规定,仅增加了"对于不能全部缴纳罚金的,人民法院在任何时候发现被执行人有可以执行的财产,应当随时追缴"的规定。

2015年11月1日起施行的《刑法修正案(九)》第三条对本条作了修改,在减免罚金之外增设延期缴纳的规定,并适当扩大其适用范围。

修正前《刑法》	修正后《刑法》
第五十三条 罚金在判决指定的期限内一次或者分期缴纳。期满不缴纳的,强制缴纳。对于不能全部缴纳罚金的,人民法院在任何时候发现被执行人有可以执行的财产,应当随时追缴。~~如果由于遭遇不能抗拒的灾祸缴纳确实有困难的,可以酌情减少或者免除。~~	第五十三条 罚金在判决指定的期限内一次或者分期缴纳。期满不缴纳的,强制缴纳。对于不能全部缴纳罚金的,人民法院在任何时候发现被执行人有可以执行的财产,应当随时追缴。由于遭遇不能抗拒的灾祸**等原因**缴纳确实有困难的,**经人民法院裁定,**可以**延期缴纳、**酌情减少或者免除。

▎**司法解释**

《最高人民法院关于适用财产刑若干问题的规定》（法释〔2000〕45号）第五条、第六条、第十条、第十一条对罚金缴纳的有关问题作了规定。（→参见第五十二条评注部分，第170页）

《最高人民法院关于刑事裁判涉财产部分执行的若干规定》（法释〔2014〕13号）第九条第二款对执行罚金刑的规则作了规定。（→参见第五十二条评注部分，第171页）

《最高人民法院关于适用〈中华人民共和国刑事诉讼法〉的解释》（法释〔2021〕1号，自2021年3月1日起施行，节录）

第五百二十三条　罚金在判决规定的期限内一次或者分期缴纳。期满无故不缴纳或者未足额缴纳的，人民法院应当强制缴纳。经强制缴纳仍不能全部缴纳的，在任何时候，包括主刑执行完毕后，发现被执行人有可供执行的财产的，应当追缴。

行政机关对被告人就同一事实已经处以罚款的，人民法院判处罚金时应当折抵，扣除行政处罚已执行的部分。

第五百二十四条　因遭遇不能抗拒的灾祸等原因缴纳罚金确有困难，被执行人申请延期缴纳、酌情减少或者免除罚金的，应当提交相关证明材料。人民法院应当在收到申请后一个月以内作出裁定。符合法定条件的，应当准许；不符合条件的，驳回申请。

▎**刑参案例规则提炼**

《法院裁定终结执行被执行人龙金罚金案——刑法第五十三条规定的罚金减免程序如何操作》（第596号案例）所涉规则提炼如下：

罚金减免程序规则。"在……地震中遭受巨大财产损失，确实已经失去履行罚金的经济能力和客观条件，属于法律规定的'遭遇不能抗拒的灾祸缴纳确实有困难的'情形，依法符合减免罚金的提起事由。""罚金刑进入执行程序后，相应的中止、终结等程序问题，由一审法院执行庭统一负责罚金刑的减免更合法、合理、有效。"（第596号案例）

第七节　剥夺政治权利

第五十四条　【剥夺政治权利的含义】 剥夺政治权利是剥夺下列权利：
（一）选举权和被选举权；
（二）言论、出版、集会、结社、游行、示威自由的权利；
（三）担任国家机关职务的权利；
（四）担任国有公司、企业、事业单位和人民团体领导职务的权利。

立法沿革

本条系 1997 年《刑法》吸收修改 1979 年《刑法》作出的规定。1979 年《刑法》第五十条规定："剥夺政治权利是剥夺下列权利：（一）选举权和被选举权；（二）宪法第四十五条规定的各种权利；（三）担任国家机关职务的权利；（四）担任企业、事业单位和人民团体领导职务的权利。"1997 年《刑法》将"宪法第四十五条规定的各种权利"调整为"言论、出版、集会、结社、游行、示威自由的权利"，将"担任企业、事业单位和人民团体领导职务的权利"调整为"担任国有公司、企业、事业单位和人民团体领导职务的权利"。

相关规定

《中华人民共和国全国人民代表大会和地方各级人民代表大会选举法》（修正后自 2020 年 10 月 17 日起施行，节录）

第四条第二款　依照法律被剥夺政治权利的人没有选举权和被选举权。

立法工作机关意见

《全国人大常委会法制工作委员会、最高人民法院、最高人民检察院、公安部、司法部、民政部关于正在服刑的罪犯和被羁押的人的选举权问题的联合通知》（法工委联字〔84〕1 号）

各省、自治区、直辖市高级法院、检察院，公安、司法、民政厅（局）：

全国县、乡两级人民代表大会代表的选举工作，正在逐步展开。在当前严厉打击严重危害社会治安的刑事犯罪活动的情况下，对于过去已判刑、但没有附加剥夺政治权利的严重刑事罪犯和被羁押正在受侦查、起诉、审判的人是否准许行使选举权问题，有些地方提出一些问题和意见，经研究后，现做如下通知，望遵照

执行:

一、1983年3月全国人大常委会通过的《关于县级以下人民代表大会代表直接选举的若干规定》,对于已被判刑的罪犯和被羁押正在受侦查、起诉、审判的人的选举权问题已经作了规定。这一规定是根据宪法关于公民的选举权、被选举权的规定的原则确定的,是适当的,在这次县、乡直接选举工作中,仍应贯彻执行。

二、对这次严厉打击严重危害社会治安的刑事犯罪活动中因反革命案或者严重破坏社会秩序案被羁押正在侦查、起诉、审判的人,应当依照法律规定经人民检察院或者人民法院决定,在被羁押期间停止行使选举权利;其他未经人民检察院或者人民法院决定停止行使选举权利的,应准予行使选举权利。

三、对正在服刑的反革命罪犯和被判处死刑、无期徒刑的其他罪犯,凡是没有附加剥夺政治权利的,应当由人民法院依照审判监督程序,判处附加剥夺政治权利;被判处有期徒刑(包括原判死缓、无期徒刑后减为有期徒刑的)、现正在服刑的故意杀人、强奸、放火、爆炸、投毒、抢劫、流氓、盗窃(重大)等严重破坏社会秩序的罪犯,凡是需要剥夺选举权利的,也可由人民法院依照审判监督程序,判处附加剥夺政治权利。如果原来是第一审生效的案件,应当由上一级人民法院提审;如果原来是第二审生效的案件,应当由第二审人民法院再审。根据刑事诉讼法第一百五十条的规定,依照上述程序所做的判决、裁定,是终审的判决、裁定,不得上诉。

四、今后对于反革命罪犯和判处死刑、无期徒刑的其他罪犯,各级人民法院在审判时,应当依照刑法第五十二条、第五十三条的规定,一律同时判处附加剥夺政治权利;对于严重破坏社会秩序的罪犯,需要剥夺政治权利的,也应依照刑法第五十二条的规定,同时判处附加剥夺政治权利。

五、对准予行使选举权利的被羁押的人和正在服刑的罪犯,经选举委员会和执行羁押、监禁的机关共同决定,可以在原户口所在地参加选举,也可以在劳改场所参加选举;可以在流动票箱投票,也可以委托有选举权的亲属或者其他选民代为投票。

■ **司法解释**

《**最高人民法院关于审理未成年人刑事案件具体应用法律若干问题的解释**》(法释〔2006〕1号)**第十四条**对未成年罪犯适用剥夺政治权利规则作了规定。(→参见第十七条评注部分,第43页)

规范性文件

《最高人民法院、最高人民检察院、公安部、劳动人事部关于被判处管制、剥夺政治权利和宣告缓刑、假释的犯罪分子能否外出经商等问题的通知》(〔86〕高检会(三)字第 2 号)

各省、自治区、直辖市高级人民法院、人民检察院、公安厅(局)、劳动人事厅(局)：

近年来，不少地方对被判处管制、剥夺政治权利和宣告缓刑、假释的犯罪分子在监督改造或考察期间，能否外出经商，能否搞承包或从事其他个体劳动，能否担任国营企事业或乡镇企业的领导职务等问题，屡有请示。对此，现特作如下通知：

一、对被判处管制、剥夺政治权利和宣告缓刑、假释的犯罪分子，公安机关和有关单位要依法对其实行经常性的监督改造或考察。被管制、假释的犯罪分子，不能外出经商；被剥夺政治权利和宣告缓刑的犯罪分子，按现行规定，属于允许经商范围之内的，如外出经商，需事先经公安机关允许。

二、犯罪分子在被管制、剥夺政治权利、缓刑、假释期间，若原所在单位确有特殊情况不能安排工作的，在不影响对其实行监督考察的情况下，经工商管理部门批准，可以在常住户口所在地自谋生计；家在农村的，亦可就地从事或承包一些农副业生产。

三、犯罪分子在被管制、剥夺政治权利、缓刑、假释期间，不能担任国营或集体企事业单位的领导职务。

法律适用答复、复函

《最高人民法院研究室关于剥夺政治权利期间是否可以获准出国定居的电话答复》(1987 年 12 月 1 日)

公安部出入境管理局：

你局来电话询问关于某人被判徒刑六年，剥夺政治权利二年，现刑满出狱，正在执行剥夺政治权利二年期间，申请出国定居，可否批准的问题。经研究，我们的意见是：依照《中华人民共和国公民出境入境管理法》第八条的规定，被判处刑罚正在服刑的，不批准出境。剥夺政治权利虽属附加刑，仍是我国刑法规定的一种刑罚。该人虽已服完主刑，现对他开始执行附加刑，即执行剥夺政治权利二年的刑罚。因此，该人仍在服刑。请你们依照上述法律规定办理。

《最高人民检察院关于被判处管制、剥夺政治权利和宣告缓刑、假释的犯罪分子能否担任中外合资、合作经营企业领导职务问题的答复》(高检发研字〔1991〕4 号)

四川省人民检察院：

你院川检研（1991）18号《关于犯罪分子在被管制、剥夺政治权利、缓刑、假释期间能否担任中外合资经营企业经理、副经理的请示》收悉。经研究，并征求有关部门意见，现答复如下：

最高人民法院、最高人民检察院、公安部、劳动人事部〔86〕高检会（三）字第2号《关于被判处管制、剥夺政治权利和宣告缓刑、假释的犯罪分子能否外出经商等问题的通知》第三条所规定的不能担任领导职务的原则，可适用于中外合资、中外合作企业（包括我方与港、澳、台客商合资、合作企业）。

《司法部监狱管理局关于〈关于罪犯李邦福撰写"怎样办工厂"书稿处理问题的请示〉的复函》（司狱字〔2000〕第121号）①

根据《刑法》第五十四条规定，已被剥夺政治权利的罪犯，在其主刑和剥夺政治权利附加刑执行期间，不得公开发表、出版其所写的稿件和著作。鉴于李邦福系被判处死刑缓期二年执行、剥夺政治权利终身的罪犯，其书稿应当按照法律的规定办理。如果该书稿确属对科学技术有较大价值的，监狱可以在征求李邦福同意后，将其书稿作为资料送交有关部门参考，并综合书稿的学术价值、本人改造的表现，酌情予以奖励。

《司法部监狱管理局关于〈处理未被剥夺政治权利的罪犯向社会发表文学作品的请示〉的批复》（司狱字〔2002〕第081号）②

罪犯是否享有"出版"的权利，关键取决于其是否被判处剥夺政治权利的附加刑。由于罪犯赵志源未被判处剥夺政治权利的附加刑，其"出版"的权利属于《中华人民共和国监狱法》第七条规定的"其他未被剥夺或者限制的权利"，不受限制。因此，同意你局意见，允许该犯投寄其文学作品。至于该犯的作品最终是否出版及出版后所发生的该犯与出版部门的权利义务关系，由出版部门根据国家的有关法律规定处理。

刑参案例规则提炼

《方金青惠投毒案——针对特定的被害人投放毒物致死致伤多人的行为应如何定性及对犯罪的外国人能否附加剥夺政治权利》（第101号案例）所涉规则

---

① 参见李立众编：《刑法一本通——中华人民共和国刑法总成》（第十六版），法律出版社2022年版，第64页。

② 参见李立众编：《刑法一本通——中华人民共和国刑法总成》（第十六版），法律出版社2022年版，第64页。

提炼如下:

对外国人不适用剥夺政治权利的规则。"我国刑法第五十四条规定,剥夺政治权利是剥夺下列权利……上述权利是我国公民依法享有的参与国家管理和政治活动的权利,是宪法赋予中国公民的权利,外国籍被告人并不享有,也就不存在剥夺的问题。"①(第101号案例)

第五十五条 【剥夺政治权利的期限】剥夺政治权利的期限,除本法第五十七条规定外,为一年以上五年以下。

判处管制附加剥夺政治权利的,剥夺政治权利的期限与管制的期限相等,同时执行。

立法沿革

本条系1997年《刑法》沿用1979年《刑法》第五十一条的规定,只调整了援引的条文序号。

司法疑难解析

剥夺政治权利并罚的处理问题。根据《刑法》第六十九条第三款"数罪中有判处附加刑的,附加刑仍须执行,其中附加刑种类相同的,合并执行,种类不同的,分别执行"的规定,数罪均被判处剥夺政治权利的,应当合并执行。实践中面临的问题是,合并执行的剥夺政治权利的期限是否受刑法关于剥夺政治权利期限规定的限制。**本评注主张**可以参照《最高人民法院研究室关于数罪中有判处两个以上剥夺政治权利附加刑的应如何并罚问题的电话答复》[1986年10月20日,已被《最高人民法院关于废止1980年1月1日至1997年6月30日期间发布的部分司法解释和司法解释性质文件(第九批)的决定》(法释〔2013〕2号)废止,废止理由为"刑法已有明确规定"]②的规定处理,即采取不同方法:如

---

① 对于港澳台罪犯则依法可以适用剥夺政治权利。——**本评注注**
② 该答复针对广西壮族自治区高级人民法院电话请示《关于数罪中有判处两个以上剥夺政治权利附加刑的应如何并罚的问题》(1986年9月20日)答复如下:"数罪中有判处两个以上剥夺政治权利附加刑的,应当分别不同情况,采取不同方法处理。如果数罪中有一罪被判处无期徒刑,剥夺政治权利终身的,并罚时应只执行剥夺政治权利终身;如果数罪中有两罪以上都判处有期徒刑并附加剥夺政治权利的,按限制加重的方法,其剥夺政治权利的附加刑,只能在一年以上、五年以下决定应执行的刑期,不能超过五年。"

第56条 果数罪中有一罪被判处无期徒刑,剥夺政治权利终身的,并罚时应只执行剥夺政治权利终身;如果数罪中有两罪以上都判处有期徒刑并附加剥夺政治权利的,按限制加重的方法,其剥夺政治权利的附加刑,只能在一年以上、五年以下决定应执行的刑期,不能超过五年。

第五十六条 【剥夺政治权利的附加、独立适用】对于危害国家安全的犯罪分子应当附加剥夺政治权利;对于故意杀人、强奸、放火、爆炸、投毒、抢劫等严重破坏社会秩序的犯罪分子,可以附加剥夺政治权利。

独立适用剥夺政治权利的,依照本法分则的规定。

■立法沿革

本条系1997年《刑法》吸收修改1979年《刑法》作出的规定。1979年《刑法》第五十二条规定:"对于反革命分子应当附加剥夺政治权利;对于严重破坏社会秩序的犯罪分子,在必要的时候,也可以附加剥夺政治权利。"1997年《刑法》将"反革命分子"调整为"危害国家安全的犯罪分子",将"严重破坏社会秩序的犯罪分子"调整为"故意杀人、强奸、放火、爆炸、投毒、抢劫等严重破坏社会秩序的犯罪分子",并对单独适用剥夺政治权利的问题作了明确。

■司法解释

《最高人民法院关于对故意伤害、盗窃等严重破坏社会秩序的犯罪分子能否附加剥夺政治权利问题的批复》(法释〔1997〕11号,自1998年1月13日起施行)

福建省高级人民法院:

你院《关于对故意伤害、盗窃(重大)等犯罪分子被判处有期徒刑的,能否附加剥夺政治权利的请示》收悉。经研究,答复如下:

根据刑法第五十六条规定,对于故意杀人、强奸、放火、爆炸、投毒、抢劫等严重破坏社会秩序的犯罪分子,可以附加剥夺政治权利。对故意伤害、盗窃等其他严重破坏社会秩序的犯罪,犯罪分子主观恶性较深、犯罪情节恶劣、罪行严重的,也可以依法附加剥夺政治权利。

《最高人民法院、最高人民检察院关于办理组织、利用邪教组织破坏法律实施等刑事案件适用法律若干问题的解释》(法释〔2017〕3号)第十四条对邪教犯罪适用剥夺政治权利的规则作了规定。(→参见第三百条评注部分,第1576页)

司法疑难解析

"投毒"的把握。《刑法修正案（十一）》施行前，刑法总则中第十七条第二款和第五十六条均保留了"投毒"的概念。《刑法修正案（十一）》施行后，后者仍然保留了"投毒"的概念。但从列举的情形看，与"投毒"并列的行为类型都属于《刑法》分则中对应的罪名，"投毒"则对应解释为投放危险物质罪。

第五十七条 【对死刑、无期徒刑罪犯剥夺政治权利的适用】对于被判处死刑、无期徒刑的犯罪分子，应当剥夺政治权利终身。

在死刑缓期执行减为有期徒刑或者无期徒刑减为有期徒刑的时候，应当把附加剥夺政治权利的期限改为三年以上十年以下。

立法沿革

本条系 1997 年《刑法》沿用 1979 年《刑法》第五十三条的规定，未作调整。

第五十八条 【剥夺政治权利的刑期计算、效力与执行】附加剥夺政治权利的刑期，从徒刑、拘役执行完毕之日或者从假释之日起计算；剥夺政治权利的效力当然施用于主刑执行期间。

被剥夺政治权利的犯罪分子，在执行期间，应当遵守法律、行政法规和国务院公安部门有关监督管理的规定，服从监督；不得行使本法第五十四条规定的各项权利。

立法沿革

本条系 1997 年《刑法》吸收修改 1979 年《刑法》作出的规定。1979 年《刑法》第五十四条规定："附加剥夺政治权利的刑期，从徒刑、拘役执行完毕之日或者从假释之日起计算；剥夺政治权利的效力当然施用于主刑执行期间。"1997 年《刑法》沿用上述规定，并增设了被剥夺政治权利的犯罪分子在执行期间的监管规定。

相关规定

《中华人民共和国刑事诉讼法》（修正后自 2018 年 10 月 26 日起施行，节录）

第二百七十条 对被判处剥夺政治权利的罪犯,由公安机关执行。执行期满,应当由执行机关书面通知本人及其所在单位、居住地基层组织。

《中华人民共和国治安管理处罚法》(修正后自2013年1月1日起施行,节录)

第六十条 有下列行为之一的,处五日以上十日以下拘留,并处二百元以上五百元以下罚款:

(四)被依法执行管制、剥夺政治权利或者在缓刑、暂予监外执行中的罪犯或者被依法采取刑事强制措施的人,有违反法律、行政法规或者国务院有关部门的监督管理规定的行为。

规范性文件

《公安机关办理刑事案件程序规定》(公安部令第127号修订发布,自2020年9月1日起施行,节录)

第三百零二条第二款 对被判处剥夺政治权利的罪犯,由罪犯居住地的派出所负责执行。

第三百一十一条 负责执行剥夺政治权利的派出所应当按照人民法院的判决,向罪犯及其所在单位、居住地基层组织宣布其犯罪事实、被剥夺政治权利的期限,以及罪犯在执行期间应当遵守的规定。

第三百一十二条 被剥夺政治权利的罪犯在执行期间应当遵守下列规定:

(一)遵守国家法律、行政法规和公安部制定的有关规定,服从监督管理;

(二)不得享有选举权和被选举权;

(三)不得组织或者参加集会、游行、示威、结社活动;

(四)不得出版、制作、发行书籍、音像制品;

(五)不得接受采访,发表演说;

(六)不得在境内外发表有损国家荣誉、利益或者其他具有社会危害性的言论;

(七)不得担任国家机关职务;

(八)不得担任国有公司、企业、事业单位和人民团体的领导职务。

第三百一十三条 被剥夺政治权利的罪犯违反本规定第三百一十二条的规定,尚未构成新的犯罪的,公安机关依法可以给予治安管理处罚。

第三百一十四条 被剥夺政治权利的罪犯,执行期满,公安机关应当书面通知本人及其所在单位、居住地基层组织。

第八节 没收财产

第五十九条 【没收财产的范围】没收财产是没收犯罪分子个人所有财产的一部或者全部。没收全部财产的,应当对犯罪分子个人及其扶养的家属保留必需的生活费用。

在判处没收财产的时候,不得没收属于犯罪分子家属所有或者应有的财产。

立法沿革

本条系 1997 年《刑法》吸收修改 1979 年《刑法》作出的规定。1979 年《刑法》第五十五条规定:"没收财产是没收犯罪分子个人所有财产的一部或者全部。""在判处没收财产的时候,不得没收属于犯罪分子家属所有或者应有的财产。"1997 年《刑法》沿用上述规定,并增加了"没收全部财产的,应当对犯罪分子个人及其扶养的家属保留必需的生活费用"的规定。

相关规定

《中华人民共和国刑事诉讼法》(修正后自 2018 年 10 月 26 日起施行,节录)

第二百七十二条 没收财产的判决,无论附加适用或者独立适用,都由人民法院执行;在必要的时候,可以会同公安机关执行。

司法解释

《最高人民法院关于适用财产刑若干问题的规定》(法释〔2000〕45 号)第一条对没收财产适用的规则作了规定。(→参见第五十二条评注部分,第 169 页)

《最高人民法院关于刑事裁判涉财产部分执行的若干规定》(法释〔2014〕13 号)第六条、第九条对没收财产适用的规则作了规定。(→参见第五十二条评注部分,第 171 页)

《最高人民法院关于适用〈中华人民共和国刑事诉讼法〉的解释》(法释〔2021〕1 号,自 2021 年 3 月 1 日起施行,节录)

第五百二十五条 判处没收财产的,判决生效后,应当立即执行。

第五百二十六条 执行财产刑,应当参照被扶养人住所地政府公布的上年度当地居民最低生活费标准,保留被执行人及其所扶养人的生活必需费用。

《最高人民法院关于适用财产刑若干问题的规定》(法释〔2000〕45号)第一条对没收财产适用的规则作了规定。(→参见第五十二条评注部分,第169页)

◆ 规范性文件

《全国法院毒品案件审判工作会议纪要》(法〔2023〕108号)"十一、涉案财物处理、财产刑适用问题"对毒品犯罪案件适用没收财产作了规定。(→参见分则第六章第七节标题评注部分,第1891页)

第六十条 【以没收的财产偿还债务】 没收财产以前犯罪分子所负的正当债务,需要以没收的财产偿还的,经债权人请求,应当偿还。

◆ 立法沿革

本条系1997年《刑法》吸收修改1979年《刑法》作出的规定。1979年《刑法》第五十六条规定:"查封财产以前犯罪分子所负的正当债务,需要以没收的财产偿还的,经债权人请求,由人民法院裁定。"1997年《刑法》将"查封财产以前"调整为"没收财产以前",并将"由人民法院裁定"调整为"应当偿还"。

◆ 司法解释

《最高人民法院关于适用财产刑若干问题的规定》(法释〔2000〕45号)第七条对"没收财产以前犯罪分子所负的正当债务"作了界定。(→参见第五十二条评注部分,第170页)

第四章
刑罚的具体运用

规范性文件

《全国法院维护农村稳定刑事审判工作座谈会纪要》（法〔1999〕217号）

为了贯彻党的十五届三中全会作出的《中共中央关于农业和农村工作若干重大问题的决定》（以下简称《决定》），落实1999年8月最高人民法院在上海召开的全国高级法院院长座谈会（以下简称"上海会议"）关于推进人民法院改革、切实把人民法院的工作重点放在基层的精神，进一步探索和开拓刑事审判为农村稳定和农业发展服务的工作思路，最高人民法院于1999年9月8日至10日在山东省济南市召开了全国法院维护农村稳定刑事审判工作座谈会。出席会议的有各省、自治区、直辖市高级人民法院主管刑事审判工作的副院长、刑事审判庭庭长。解放军军事法院和新疆维吾尔自治区高级人民法院生产建设兵团分院也派代表参加会议。最高人民法院副院长刘家琛在座谈会上作了重要讲话。

与会同志总结交流了近年来各地法院审理农村中刑事案件的情况和经验，分析了当前农村治安形势和农村中刑事案件及农民犯罪的特点，认真讨论了当前审理农村几类主要刑事案件和农民犯罪案件应当注意的若干问题；对当前及今后一个时期加强刑事审判工作，维护农村稳定提出了明确要求，现纪要如下：

一

会议认为，农村稳定是巩固工农联盟的政权、维护国家长治久安的坚实基础。农村社会治安稳定、农业发展，是从根本上改变长期以来我国城乡犯罪中农民占大多数的状况的社会条件和物质基础。改革开放以来，我国农村政治稳定、农业稳步发展、农村治安形势总的是平稳的，这是主流。但是在一些地方，还存在影响治安稳定的不容忽视的突出问题。其主要特点表现为：

一是农村社会矛盾复杂化，有的导致群体性械斗和上访事件，有的激化为严重治安犯罪案件；二是非法宗教和邪教组织在一些农村乡镇有重新抬头之势；三是农村金融和市场管理秩序混乱，损害了农民的合法权益，严重影响农村稳定和农业发展;四是农民间因生产生活、邻里纠纷、婚姻家庭等内部矛盾激化为刑事犯罪的情况比较突出。这一状况,如不得到有效控制,长期下去,将导致党和政府在农村依靠的基本队伍结构发生变化,不利于基层政权的巩固与发展;五是一些地方出现的"村霸"、"乡霸"等恶势力及封建宗族势力横行乡里,有的犯罪团伙带有明显的黑社会组织性质,成为威胁农村治安稳定的一大祸端;六是卖淫嫖娼、贩卖、吸食毒品,赌博等社会丑恶现象在一些农村地区发展蔓延,诱发了多种犯罪。以上问题,在广大农村有一定的普遍性,有的还很突出,不仅影响农村的稳定、改革和农业的发展,也与整个社会的稳定息息相关。尤其值得重视是,农村中刑事犯罪案件和农民犯罪案件在我国所有刑事犯罪案件和罪犯中所占比例逐年增加,特别是在杀人、抢劫、盗窃、伤害案件中,农民罪犯占了大部分,所占比例连年上升。在判处死刑的罪犯中,农民罪犯所占的比例近年来也呈上升趋势。

上述情况表明,农村中农民犯罪问题已成为影响我国社会治安稳定的重要因素,并在很大程度上决定着我国治安形势的走向。解决好这一问题实际上也就找到了我国解决犯罪问题的一个重要突破口。认真分析研究这些问题,提出具体对策意见。对于解决农村稳定、全国社会治安问题具有重大意义。

会议认为,涉及农村中犯罪案件、农民犯罪案件的审判工作,直接关系到党在农村工作中的方针、政策能否得到贯彻落实。正确处理好这类案件,不仅仅是审判工作的问题,而且是一个严肃的政治问题。因此,加强对农村中犯罪案件、农民犯罪案件的审判工作,维护农村和整个社会稳定,应当始终是人民法院面临的一项重要而紧迫的政治任务。

二

会议在认真学习《决定》和"上海会议"文件的基础上,结合执行刑法、刑事诉讼法的审判实践,对审理农村中犯罪案件、农民犯罪案件中的一些重要问题进行了研究、讨论。一致认为,对于故意杀人、故意伤害、抢劫、强奸、绑架等严重危害农村社会治安的暴力犯罪以及带有黑社会性质的团伙犯罪,一定要继续坚持从重从快严厉打击的方针。要根据当地社会治安的特点,将经常性"严打"和集中打击、专项斗争结合起来,始终保持"严打"的高压态势,有效地遏制严重刑事犯罪活动蔓延的势头,尽一切努力维护好农村社会治安的稳定。同时,对正确适用法律,处理好农村常见多发案件,全面、正确掌握党的刑事政策,取得了一致意见。

(一)关于故意杀人、故意伤害案件

要准确把握故意杀人犯罪适用死刑的标准。对故意杀人犯罪是否判处死刑，不仅要看是否造成了被害人死亡结果，还要综合考虑案件的全部情况。对于因婚姻家庭、邻里纠纷等民间矛盾激化引发的故意杀人犯罪，适用死刑一定要十分慎重，应当与发生在社会上的严重危害社会治安的其他故意杀人犯罪案件有所区别。对于被害人一方有明显过错或对矛盾激化负有直接责任，或者被告人有法定从轻处罚情节的，一般不应判处死刑立即执行。

要注意严格区分故意杀人罪与故意伤害罪的界限。在直接故意杀人与间接故意杀人案件中，犯罪人的主观恶性程度是不同的，在处刑上也应有所区别。间接故意杀人与故意伤害致人死亡，虽然都造成了死亡后果，但行为人故意的性质和内容是截然不同的。不注意区分犯罪的性质和故意的内容，只要有死亡后果就判处死刑的做法是错误的，这在今后的工作中，应当予以纠正。对于故意伤害致人死亡，手段特别残忍，情节特别恶劣的，才可以判处死刑。

要准确把握故意伤害致人重伤造成"严重残疾"的标准。参照1996年国家技术监督局颁布的《职工工伤与职业病致残程度鉴定标准》（以下简称"工伤标准"），刑法第二百三十四条第二款规定的"严重残疾"是指下列情形之一：被害人身体器官大部缺损、器官明显畸形、身体器官有中等功能障碍、造成严重并发症等。残疾程度可以分为一般残疾（十至七级）、严重残疾（六至三级）、特别严重残疾（二至一级），六级以上视为"严重残疾"。在有关司法解释出台前，可统一参照"工伤标准"确定残疾等级。① 实践中，并不是只要达到"严重残疾"就判处死刑，还要根据伤害致人"严重残疾"的具体情况，综合考虑犯罪情节和危害后果来决定刑罚。故意伤害致重伤造成严重残疾，只有犯罪手段特别残忍，后果特别严重的，才能考虑适用死刑（包括死刑，缓期二年执行）。

（二）关于盗窃案件

要重点打击的是：盗窃农业生产资料和承包经营的山林、果林、渔塘产品等严重影响和破坏农村经济发展的犯罪；盗窃农民生活资料，严重影响农民生活和社会稳定的犯罪；结伙盗窃、盗窃集团和盗、运、销一条龙的犯罪；盗窃铁路、油田、重点工程物资的犯罪等。

对盗窃集团的首要分子、盗窃惯犯、累犯，盗窃活动造成特别严重后果的，要依法从严惩处。对于盗窃牛、马、骡、拖拉机等生产经营工具或者生产资料的，应当依法从重处罚。对盗窃犯罪的初犯、未成年犯，或者确因生活困难而实施盗窃

---

① 根据《最高人民法院、最高人民检察院、公安部等关于发布〈人体损伤程度鉴定标准〉的公告》,《中华人民共和国刑法》及其他法律、法规所涉及的人体损伤程度鉴定，统一适用《人体损伤程度鉴定标准》。——本评注注

犯罪，或积极退赃、赔偿损失的，应当注意体现政策，酌情从轻处罚。其中，具备判处管制、单处罚金或者宣告缓刑条件的，应区分不同情况尽可能适用管制、罚金或者缓刑。

最高人民法院《关于审理盗窃案件具体应用法律若干问题的解释》第四条中"入户盗窃"的"户"，是指家庭及其成员与外界相对隔离的生活场所，包括封闭的院落、为家庭生活租用的房屋、牧民的帐篷以及渔民作为家庭生活场所的渔船等。集生活、经营于一体的处所，在经营时间内一般不视为"户"。

（三）关于农村恶势力犯罪案件

修订后的刑法将原"流氓罪"分解为若干罪名，分别规定了相应的刑罚，更有利于打击此类犯罪，也便于实践中操作。对实施多种原刑法规定的"流氓"行为，构成犯罪的，应按照修订后刑法的罪名分别定罪量刑，按数罪并罚原则处理。对于团伙成员相对固定，以暴力、威胁手段称霸一方，欺压百姓，采取收取"保护费"、代人强行收债、违规强行承包等手段，公然与政府对抗的，应按照黑社会性质组织犯罪处理；其中，又有故意杀人、故意伤害等犯罪行为的，按数罪并罚的规定处罚。

（四）关于破坏农业生产坑农害农案件

对于起诉到法院的坑农害农案件，要及时依法处理。对犯罪分子判处刑罚时，要注意尽最大可能挽回农民群众的损失。被告人积极赔偿损失的，可以考虑适当从轻处罚。被害人提起刑事自诉的，要分别不同情况处理：受害群众较多的，应依靠当地党委，并与有关政法部门协调，尽量通过公诉程序处理；被害人直接向法院起诉并符合自诉案件立案规定的，应当立案并依法审理。对于生产、销售伪劣农药、兽药、化肥、种子罪所造成的损失数额标准，在最高法院作出司法解释前，各高级法院可结合本地具体情况制定参照执行的标准。

（五）关于村民群体械斗案件

处理此类案件要十分注意政策界限。案件经审理并提出处理意见后，要征求当地党委和有关部门的意见。既要严格依法办事，又要做好耐心细致的解释工作，把处理案件与根治械斗发生的原因结合起来，防止发生意外和出现新的矛盾冲突。

要查清事实，分清责任，正确适用刑罚。处理的重点应是械斗的组织者、策划者和实施犯罪的骨干分子。一般来说，械斗的组织者和策划者，应对组织、策划的犯罪承担全部责任；直接实施犯罪行为的，应对其实施的犯罪行为负责。要注意缩小打击面，扩大教育面。对积极参与犯罪的从犯，应当依法从轻或者减轻处罚。其中符合缓刑条件的，应当适用缓刑；对被煽动、欺骗、裹挟而参与械斗,情节较轻,经教育确有悔改表现的,可不按犯罪处理。

要注意做好被害人的工作。对因参与械斗而受伤的被害人,也应指出其行为的违法性质;对因受害造成生产、生活上困难的,要协助有关部门解决好,努力依法做好善后工作,消除对立情绪,根除伺机再度报复的潜在隐患。

(六)关于拐卖妇女、儿童犯罪案件

要从严惩处拐卖妇女、儿童犯罪团伙的首要分子和以拐卖妇女、儿童为常业的"人贩子"。

要严格把握此类案件罪与非罪的界限。对于买卖至亲的案件,要区别对待:以贩卖牟利为目的"收养"子女的,应以拐卖儿童罪处理;对那些迫于生活困难、受重男轻女思想影响而出卖亲生子女或收养子女的,可不作为犯罪处理;对于出卖子女确属情节恶劣的,可按遗弃罪处罚;对于那些确属介绍婚姻,且被介绍的男女双方相互了解对方的基本情况,或者确属介绍收养,并经被收养人父母同意的,尽管介绍的人数较多,从中收取财物较多,也不应作犯罪处理。

三

会议在认真分析了农村中犯罪、农民犯罪的原因和特点的基础上,结合我国农村基层组织的作用和现状,对处理农村中犯罪案件和农民犯罪案件应当把握的政策界限进行了研究;对正确处理以下问题取得了一致意见:

(一)关于正确处理干群关系矛盾引发的刑事案件问题

开庭审理此类案件,一般要深入发案地,认真查清事实,了解案件发生的真实原因,分清双方责任,合情、合理、合法地予以处理。

对利用手中掌握的权力欺压百姓、胡作非为,严重损害群众和集体利益,构成犯罪的,要依法严惩;对只是因工作方法简单粗暴构成犯罪的,要做好工作,取得群众谅解后,酌情予以处理。

对抗拒基层组织正常管理,纯属打击报复农村干部的犯罪分子,一定要依法严惩;对事出有因而构成犯罪的农民被告人,则要体现从宽政策。群体事件中,处罚的应只是构成犯罪的极少数为首者和组织者;对于其他一般参与的群众,要以教育为主,不作犯罪处理。

要充分依靠当地党委和政府,充分征求有关部门对此类案件判决的意见。对当地政府强烈要求判处死刑的案件,要了解有关背景。对于依法应当判处死刑的,不能因为担心被告方人多势众会闹事而不判处死刑;相反,对不应当判处死刑的,也不能因为被害方闹事就判处死刑。要依靠党政部门努力做好法制宣传教育工作,在未做好群众思想工作的情况下,不要急于下判。

(二)关于对农民被告人依法判处缓刑、管制、免予刑事处罚问题

对农民被告人适用刑罚,既要严格遵循罪刑相适应的原则,又要充分考虑到农民犯罪主体的特殊性。要依靠当地党委做好相关部门的工作,依法适当多适用非监禁刑罚。对于已经构成犯罪,但不需要判处刑罚的,或者法律规定有管制刑的,应当依法免予刑事处罚或判处管制刑。对于罪行较轻且认罪态度好,符合宣告缓刑条件的,应当依法适用缓刑。

要努力配合有关部门落实非监禁刑的监管措施。在监管措施落实问题上可以探索多种有效的方式,如在城市应加强与适用缓刑的犯罪人原籍的政府和基层组织联系落实帮教措施;在农村应通过基层组织和被告人亲属、家属、好友做好帮教工作等等。

(三)关于村委会和村党支部成员利用职务便利侵吞集体财产犯罪的定性问题①

为了保证案件的及时审理,在没有司法解释规定之前,对于已起诉到法院的这类案件,原则上以职务侵占罪定罪处罚。

(四)关于财产刑问题

凡法律规定并处罚金或者没收财产的,均应当依法并处,被告人的执行能力不能作为是否判处财产刑的依据。确实无法执行或不能执行的,可以依法执行终结或者减免。对法律规定主刑有死刑、无期徒刑和有期徒刑,同时并处没收财产或罚金的,如决定判处死刑,只能并处没收财产;判处无期徒刑的,可以并处没收财产,也可以并处罚金;判处有期徒刑的,只能并处罚金。

对于法律规定有罚金刑的犯罪,罚金的具体数额应根据犯罪的情节确定。刑法和司法解释有明确规定的,按规定判处;没有规定的,各地可依照法律规定的原则和具体情况,在总结审判经验的基础上统一规定参照执行的数额标准。

对自由刑与罚金刑均可选择适用的案件,如盗窃罪,在决定刑罚时,既要避免以罚金刑代替自由刑,又要克服机械执法只判处自由刑的倾向。对于可执行财产刑且罪行又不严重的初犯、偶犯、从犯等,可单处罚金刑。对于应当并处罚金刑的犯罪,如被告人能积极缴纳罚金,认罪态度较好,且判处的罚金数量较大,自由刑可适当从轻,或考虑宣告缓刑。这符合罪刑相适应原则,因为罚金刑也是刑罚。

---

① 根据此后于 2000 年 4 月 29 日发布的《全国人民代表大会常务委员会关于〈中华人民共和国刑法〉第九十三条第二款的解释》的规定,相关行为还可能构成贪污罪。——**本评注注**

被告人犯数罪的,应避免判处罚金刑的同时,判处没收部分财产。对于判处没收全部财产,同时判处罚金刑的,应决定执行没收全部财产,不再执行罚金刑。①

(五)关于刑事附带民事诉讼问题

人民法院审理附带民事诉讼案件的受案范围,应只限于被害人因人身权利受到犯罪行为侵犯和财物被犯罪行为损毁而遭受的物质损失,不包括因犯罪分子非法占有、处置被害人财产而使其遭受的物质损失。对因犯罪分子非法占有、处置被害人财产而使其遭受的物质损失,应当根据刑法第六十四条的规定处理,即应通过追缴赃款赃物、责令退赔的途径解决。如赃款赃物尚在的,应一律追缴;已被用掉、毁坏或挥霍的,应责令退赔。无法退赔的,在决定刑罚时,应作为酌定从重处罚的情节予以考虑。

关于附带民事诉讼的赔偿范围,在没有司法解释规定之前,应注意把握以下原则:一是要充分运用现有法律规定,在法律许可的范围内最大限度地补偿被害人因被告人的犯罪行为而遭受的物质损失。物质损失应包括已造成的损失,也包括将来必然遭受的损失。二是赔偿只限于犯罪行为直接造成的物质损失,不包括精神损失和间接造成的物质损失。三是要适当考虑被告人的赔偿能力。被告人的赔偿能力包括现在的赔偿能力和将来的赔偿能力,对未成年被告人还应考虑到其监护人的赔偿能力,以避免数额过大的空判引起的负面效应,被告人的民事赔偿情况可作为量刑的酌定情节。四是要切实维护被害人的合法权益。附带民事原告人提出起诉的,对于没有构成犯罪的共同致害人,也要追究其民事赔偿责任。未成年致害人由其法定代表人或者监护人承担赔偿责任。但是,在逃的同案犯不应列为附带民事诉讼的被告人。关于赔偿责任的分担:共同致害人应当承担连带赔偿责任;在学校等单位内部发生犯罪造成受害人损失,在管理上有过错责任的学校等单位有赔偿责任,但不承担连带赔偿责任;交通肇事犯罪的车辆所有人(单位)在犯罪分子无赔偿能力的情况下,承担代为赔偿或者垫付的责任。

(六)关于刑事自诉案件问题

要把好自诉案件的立案关。有的地方为了便于具体操作,制定了具体立案标准,也有的地方实行"立案听证",让合议庭听取有关方面的意见,审查证据材料,决定是否立案。这些做法可以进一步总结,效果好的,可逐步推广。

要注重指导和协助双方当事人自行取证举证。由于广大农民群众法律水平

---

① 由于财产刑的自身属性,本条规定的立场是妥当的。——**本评注注**

尚不高，个人取证有相当难度，一般情况下很难达到法律规定的证据要求。如果因证据不足而简单、轻率地决定对自诉案件不予受理，就有可能使矛盾激化，引发新的刑事案件。因此，对于当事人所举证据不充分的，在指导自诉人取证的基础上，对于确有困难的，人民法院应当依法调查取证。

要正确适用调解。调解应查清事实、分清责任，在双方自愿的基础上依法进行，不能强迫调解，更不能违法调解。

要正确适用强制措施和刑罚。自诉案件经审查初步认定构成犯罪且较为严重的，对有可能逃避刑事责任和民事责任的被告人，要依法及时采取强制措施。对可能判处管制、拘役或者独立适用附加刑或者能及时到案，不致发生社会危险的被告人，不应当决定逮捕。在处刑上，对自诉案件被告人更应当注意尽量依法多适用非监禁刑罚。

《最高人民法院关于贯彻宽严相济刑事政策的若干意见》(法发〔2010〕9号)

宽严相济刑事政策是我国的基本刑事政策，贯穿于刑事立法、刑事司法和刑罚执行的全过程，是惩办与宽大相结合政策在新时期的继承、发展和完善，是司法机关惩罚犯罪，预防犯罪，保护人民，保障人权，正确实施国家法律的指南。为了在刑事审判工作中切实贯彻执行这一政策，特制定本意见。

一、贯彻宽严相济刑事政策的总体要求

1. 贯彻宽严相济刑事政策，要根据犯罪的具体情况，实行区别对待，做到该宽则宽，当严则严，宽严相济，罚当其罪，打击和孤立极少数，教育、感化和挽救大多数，最大限度地减少社会对立面，促进社会和谐稳定，维护国家长治久安。

2. 要正确把握宽与严的关系，切实做到宽严并用。既要注意克服重刑主义思想影响，防止片面从严，也要避免受轻刑化思想影响，一味从宽。

3. 贯彻宽严相济刑事政策，必须坚持严格依法办案，切实贯彻落实罪刑法定原则、罪刑相适应原则和法律面前人人平等原则，依照法律规定准确定罪量刑。从宽和从严都必须依照法律规定进行，做到宽严有据，罚当其罪。

4. 要根据经济社会的发展和治安形势的变化，尤其要根据犯罪情况的变化，在法律规定的范围内，适时调整从宽和从严的对象、范围和力度。要全面、客观把握不同时期不同地区的经济社会状况和社会治安形势，充分考虑人民群众的安全感以及惩治犯罪的实际需要，注重从严打击严重危害国家安全、社会治安和人民群众利益的犯罪。对于犯罪性质尚不严重，情节较轻和社会危害性较小的犯罪，以及被告人认罪、悔罪，从宽处罚更有利于社会和谐稳定的，依法可以从宽处理。

5. 贯彻宽严相济刑事政策,必须严格依法进行,维护法律的统一和权威,确保良好的法律效果。同时,必须充分考虑案件的处理是否有利于赢得广大人民群众的支持和社会稳定,是否有利于瓦解犯罪,化解矛盾,是否有利于罪犯的教育改造和回归社会,是否有利于减少社会对抗,促进社会和谐,争取更好的社会效果。要注意在裁判文书中充分说明裁判理由,尤其是从宽或从严的理由,促使被告人认罪服法,注重教育群众,实现案件裁判法律效果和社会效果的有机统一。

二、准确把握和正确适用依法从"严"的政策要求

6. 宽严相济刑事政策中的从"严",主要是指对于罪行十分严重、社会危害性极大,依法应当判处重刑或死刑的,要坚决地判处重刑或死刑;对于社会危害大或者具有法定、酌定从重处罚情节,以及主观恶性深、人身危险性大的被告人,要依法从严惩处。在审判活动中通过体现依法从"严"的政策要求,有效震慑犯罪分子和社会不稳定分子,达到有效遏制犯罪、预防犯罪的目的。

7. 贯彻宽严相济刑事政策,必须毫不动摇地坚持依法严惩严重刑事犯罪的方针。对于危害国家安全犯罪、恐怖组织犯罪、邪教组织犯罪、黑社会性质组织犯罪、恶势力犯罪、故意危害公共安全犯罪等严重危害国家政权稳固和社会治安的犯罪,故意杀人、故意伤害致人死亡、强奸、绑架、拐卖妇女儿童、抢劫、重大抢夺、重大盗窃等严重暴力犯罪和严重影响人民群众安全感的犯罪,走私、贩卖、运输、制造毒品等毒害人民健康的犯罪,要作为严惩的重点,依法从重处罚。尤其对于极端仇视国家和社会,以不特定人为侵害对象,所犯罪行特别严重的犯罪分子,该重判的要坚决依法重判,该判处死刑的要坚决依法判处死刑。

8. 对于国家工作人员贪污贿赂、滥用职权、失职渎职的严重犯罪,黑恶势力犯罪、重大安全责任事故、制售伪劣食品药品所涉及的国家工作人员职务犯罪,发生在社会保障、征地拆迁、灾后重建、企业改制、医疗、教育、就业等领域严重损害群众利益、社会影响恶劣、群众反映强烈的国家工作人员职务犯罪,发生在经济社会建设重点领域、重点行业的严重商业贿赂犯罪等,要依法从严惩处。

对于国家工作人员职务犯罪和商业贿赂犯罪中性质恶劣、情节严重、涉案范围广、影响面大的,或者案发后隐瞒犯罪事实、毁灭证据、订立攻守同盟、负案潜逃等拒不认罪悔罪的,要坚决依法从严惩处。

对于被告人犯罪所得数额不大,但对国家财产和人民群众利益造成重大损失、社会影响极其恶劣的职务犯罪和商业贿赂犯罪案件,也应依法从严惩处。

要严格掌握职务犯罪法定减轻处罚情节的认定标准与减轻处罚的幅度,严格控制依法减轻处罚后判处三年以下有期徒刑适用缓刑的范围,切实规范职务

犯罪缓刑、免予刑事处罚的适用。

9. 当前和今后一段时期，对于集资诈骗、贷款诈骗、制贩假币以及扰乱、操纵证券、期货市场等严重危害金融秩序的犯罪，生产、销售假药、劣药、有毒有害食品等严重危害食品药品安全的犯罪，走私等严重侵害国家经济利益的犯罪，造成严重后果的重大安全责任事故犯罪，重大环境污染、非法采矿、盗伐林木等各种严重破坏环境资源的犯罪等，要依法从严惩处，维护国家的经济秩序，保护广大人民群众的生命健康安全。

10. 严惩严重刑事犯罪，必须充分考虑被告人的主观恶性和人身危险性。对于事先精心预谋、策划犯罪的被告人，具有惯犯、职业犯等情节的被告人，或者因故意犯罪受过刑事处罚、在缓刑、假释考验期内又犯罪的被告人，要依法严惩，以实现刑罚特殊预防的功能。

11. 要依法从严惩处累犯和毒品再犯。凡是依法构成累犯和毒品再犯的，即使犯罪情节较轻，也要体现从严惩处的精神。尤其是对于前罪为暴力犯罪或被判处重刑的累犯，更要依法从严惩处。

12. 要注重综合运用多种刑罚手段，特别是要重视依法适用财产刑，有效惩治犯罪。对于法律规定有附加财产刑的，要依法适用。对于侵财型和贪利型犯罪，更要注重通过依法适用财产刑使犯罪分子受到经济上的惩罚，剥夺其重新犯罪的能力和条件。要切实加大财产刑的执行力度，确保刑罚的严厉性和惩罚功能得以实现。被告人非法占有、处置被害人财产不能退赃的，在决定刑罚时，应作为重要情节予以考虑，体现从严处罚的精神。

13. 对于刑事案件被告人，要严格依法追究刑事责任，切实做到不枉不纵。要在确保司法公正的前提下，努力提高司法效率。特别是对于那些严重危害社会治安，引起社会关注的刑事案件，要在确保案件质量的前提下，抓紧审理，及时宣判。

三、准确把握和正确适用依法从"宽"的政策要求

14. 宽严相济刑事政策中的从"宽"，主要是指对于情节较轻、社会危害性较小的犯罪，或者罪行虽然严重，但具有法定、酌定从宽处罚情节，以及主观恶性相对较小、人身危险性不大的被告人，可以依法从轻、减轻或者免除处罚；对于具有一定社会危害性，但情节显著轻微危害不大的行为，不作为犯罪处理；对于依法可不监禁的，尽量适用缓刑或者判处管制、单处罚金等非监禁刑。

15. 被告人的行为已经构成犯罪，但犯罪情节轻微，或者未成年人、在校学生实施的较轻犯罪，或者被告人具有犯罪预备、犯罪中止、从犯、胁从犯、防卫过当、避险过当等情节，依法不需要判处刑罚的，可以免予刑事处罚。对免予刑事

处罚的,应当根据刑法第三十七条规定,做好善后、帮教工作或者交由有关部门进行处理,争取更好的社会效果。

16. 对于所犯罪行不重、主观恶性不深、人身危险性较小、有悔改表现、不致再危害社会的犯罪分子,要依法从宽处理。对于其中具备条件的,应当依法适用缓刑或者管制、单处罚金等非监禁刑。同时配合做好社区矫正,加强教育、感化、帮教、挽救工作。

17. 对于自首的被告人,除了罪行极其严重、主观恶性极深、人身危险性极大,或者恶意地利用自首规避法律制裁者以外,一般均应当依法从宽处罚。

对于亲属以不同形式送被告人归案或协助司法机关抓获被告人而认定为自首的,原则上都应当依法从宽处罚;有的虽然不能认定为自首,但考虑到被告人亲属支持司法机关工作,促使被告人到案、认罪、悔罪,在决定对被告人具体处罚时,也应当予以充分考虑。

18. 对于被告人检举揭发他人犯罪构成立功的,一般均应当依法从宽处罚。对于犯罪情节不是十分恶劣,犯罪后果不是十分严重的被告人立功的,从宽处罚的幅度应当更大。

19. 对于较轻犯罪的初犯、偶犯,应当综合考虑其犯罪的动机、手段、情节、后果和犯罪时的主观状态,酌情予以从宽处罚。对于犯罪情节轻微的初犯、偶犯,可以免予刑事处罚;依法应当予以刑事处罚的,也应当尽量适用缓刑或者判处管制、单处罚金等非监禁刑。

20. 对于未成年人犯罪,在具体考虑其实施犯罪的动机和目的、犯罪性质、情节和社会危害程度的同时,还要充分考虑其是否属于初犯、归案后是否悔罪,以及个人成长经历和一贯表现等因素,坚持"教育为主、惩罚为辅"的原则和"教育、感化、挽救"的方针进行处理。对于偶尔盗窃、抢夺、诈骗,数额刚达到较大的标准,案发后能如实交代并积极退赃的,可以认定为情节显著轻微,不作为犯罪处理。对于罪行较轻的,可以依法适当多适用缓刑或者判处管制、单处罚金等非监禁刑;依法可免予刑事处罚的,应当免予刑事处罚。对于犯罪情节严重的未成年人,也应当依照刑法第十七条第三款①的规定予以从轻或者减轻处罚。对于已满十四周岁不满十六周岁的未成年犯罪人,一般不判处无期徒刑。

21. 对于老年人犯罪,要充分考虑其犯罪的动机、目的、情节、后果以及悔罪表现等,并结合其人身危险性和再犯可能性,酌情予以从宽处罚。

22. 对于因恋爱、婚姻、家庭、邻里纠纷等民间矛盾激化引发的犯罪,因劳动

---

① 现行《刑法》为第十七条第四款。——**本评注注**

纠纷、管理失当等原因引发、犯罪动机不属恶劣的犯罪,因被害方过错或者基于义愤引发的或者具有防卫因素的突发性犯罪,应酌情从宽处罚。

23. 被告人案发后对被害人积极进行赔偿,并认罪、悔罪的,依法可以作为酌定量刑情节予以考虑。因婚姻家庭等民间纠纷激化引发的犯罪,被害人及其家属对被告人表示谅解的,应当作为酌定量刑情节予以考虑。犯罪情节轻微,取得被害人谅解的,可以依法从宽处理,不需判处刑罚的,可以免予刑事处罚。

24. 对于刑事被告人,如果采取取保候审、监视居住等非羁押性强制措施足以防止发生社会危险性,且不影响刑事诉讼正常进行的,一般可不采取羁押措施。对人民检察院提起公诉而被告人未被采取逮捕措施的,除存在被告人逃跑、串供、重新犯罪等具有人身危险性或者可能影响刑事诉讼正常进行的情形外,人民法院一般可不决定逮捕被告人。

四、准确把握和正确适用宽严"相济"的政策要求

25. 宽严相济刑事政策中的"相济",主要是指在对各类犯罪依法处罚时,要善于综合运用宽和严两种手段,对不同的犯罪和犯罪分子区别对待,做到严中有宽、宽以济严;宽中有严、严以济宽。

26. 在对严重刑事犯罪依法从严惩处的同时,对被告人具有自首、立功、从犯等法定或酌定从宽处罚情节的,还要注意宽以济严,根据犯罪的具体情况,依法应当或可以从宽的,都应当在量刑上予以充分考虑。

27. 在对较轻刑事犯罪依法从轻处罚的同时,要注意严以济宽,充分考虑被告人是否具有屡教不改、严重滋扰社会、群众反映强烈等酌定从严处罚的情况,对于不从严不足以有效惩戒者,也应当在量刑上有所体现,做到济之以严,使犯罪分子受到应有处罚,切实增强改造效果。

28. 对于被告人同时具有法定、酌定从严和法定、酌定从宽处罚情节的案件,要在全面考察犯罪的事实、性质、情节和对社会危害程度的基础上,结合被告人的主观恶性、人身危险性、社会治安状况等因素,综合作出分析判断,总体从严,或者总体从宽。

29. 要准确理解和严格执行"保留死刑,严格控制和慎重适用死刑"的政策。对于罪行极其严重的犯罪分子,论罪应当判处死刑的,要坚决依法判处死刑。要依法严格控制死刑的适用,统一死刑案件的裁判标准,确保死刑只适用于极少数罪行极其严重的犯罪分子。拟判处死刑的具体案件定罪或者量刑的证据必须确实、充分,得出唯一结论。对于罪行极其严重,但只要是依法可不立即执行的,就不应当判处死刑立即执行。

30. 对于恐怖组织犯罪、邪教组织犯罪、黑社会性质组织犯罪和进行走私、

诈骗、贩毒等犯罪活动的犯罪集团,在处理时要分别情况,区别对待:对犯罪组织或集团中的为首组织、指挥、策划者和骨干分子,要依法从严惩处,该判处重刑或死刑的要坚决判处重刑或死刑;对受欺骗、胁迫参加犯罪组织、犯罪集团或只是一般参加者,在犯罪中起次要、辅助作用的从犯,依法应当从轻或减轻处罚,符合缓刑条件的,可以适用缓刑。

对于群体性事件中发生的杀人、放火、抢劫、伤害等犯罪案件,要注意重点打击其中的组织、指挥、策划者和直接实施犯罪行为的积极参与者;对因被煽动、欺骗、裹胁而参加,情节较轻,经教育确有悔改表现的,应当依法从宽处理。

31. 对于一般共同犯罪案件,应当充分考虑各被告人在共同犯罪中的地位和作用,以及在主观恶性和人身危险性方面的不同,根据事实和证据能分清主从犯的,都应当认定主从犯。有多名主犯的,应在主犯中进一步区分出罪行最为严重者。对于多名被告人共同致死一名被害人的案件,要进一步分清各被告人的作用,准确确定各被告人的罪责,以做到区别对待;不能以分不清主次为由,简单地一律判处重刑。

32. 对于过失犯罪,如安全责任事故犯罪等,主要应当根据犯罪造成危害后果的严重程度、被告人主观罪过的大小以及被告人案发后的表现等,综合掌握处罚的宽严尺度。对于过失犯罪后积极抢救、挽回损失或者有效防止损失进一步扩大的,要依法从宽。对于造成的危害后果虽然不是特别严重,但情节特别恶劣或案发后故意隐瞒案情,甚至逃逸,给及时查明事故原因和迅速组织抢救造成贻误的,则要依法从重处罚。

33. 在共同犯罪案件中,对于主犯或首要分子检举、揭发同案地位、作用较次犯罪分子构成立功的,从轻或者减轻处罚应当从严掌握,如果从轻处罚可能导致全案量刑失衡的,一般不予从轻处罚;如果检举、揭发的是其他犯罪案件中罪行同样严重的犯罪分子,或者协助抓获的是同案中的其他主犯、首要分子的,原则上应予依法从轻或者减轻处罚。对于从犯或犯罪集团中的一般成员立功,特别是协助抓获主犯、首要分子的,应当充分体现政策,依法从轻、减轻或者免除处罚。

34. 对于危害国家安全犯罪、故意危害公共安全犯罪、严重暴力犯罪、涉众型经济犯罪等严重犯罪;恐怖组织犯罪、邪教组织犯罪、黑恶势力犯罪等有组织犯罪的领导者、组织者和骨干分子;毒品犯罪再犯的严重犯罪者;确有执行能力而拒不依法积极主动缴付财产执行财产刑或确有履行能力而不积极主动履行附带民事赔偿责任的,在依法减刑、假释时,应当从严掌握。对累犯减刑时,应当从严掌握。拒不交代真实身份或对减刑、假释材料弄虚作假,不符合减刑、假释条件的,不得减刑、假释。

对于因犯故意杀人、爆炸、抢劫、强奸、绑架等暴力犯罪,致人死亡或严重残疾而被判处死刑缓期二年执行或无期徒刑的罪犯,要严格控制减刑的频度和每次减刑的幅度,要保证其相对较长的实际服刑期限,维护公平正义,确保改造效果。

对于未成年犯、老年犯、残疾罪犯、过失犯、中止犯、胁从犯、积极主动缴付财产执行财产刑或履行民事赔偿责任的罪犯、因防卫过当或避险过当而判处徒刑的罪犯以及其他主观恶性不深、人身危险性不大的罪犯,在依法减刑、假释时,应当根据悔改表现予以从宽掌握。对认罪服法,遵守监规,积极参加学习、劳动,确有悔改表现的,依法予以减刑,减刑的幅度可以适当放宽,间隔的时间可以相应缩短。符合刑法第八十一条第一款规定的假释条件的,应当依法多适用假释。

五、完善贯彻宽严相济刑事政策的工作机制

35. 要注意总结审判经验,积极稳妥地推进量刑规范化工作。要规范法官的自由裁量权,逐步把量刑纳入法庭审理程序,增强量刑的公开性和透明度,充分实现量刑的公正和均衡,不断提高审理刑事案件的质量和效率。

36. 最高人民法院将继续通过总结审判经验,制发典型案例,加强审判指导,并制定关于案例指导制度的规范性文件,推进对贯彻宽严相济刑事政策案例指导制度的不断健全和完善。

37. 要积极探索人民法庭受理轻微刑事案件的工作机制,充分发挥人民法庭便民、利民和受案、审理快捷的优势,进一步促进轻微刑事案件及时审判,确保法律效果和社会效果的有机统一。

38. 要充分发挥刑事简易程序节约司法资源、提高审判效率、促进司法公正的功能,进一步强化简易程序的适用。对于被告人对被指控的基本犯罪事实无异议,并自愿认罪的第一审公诉案件,要依法进一步强化普通程序简化审的适用力度,以保障符合条件的案件都能得到及时高效的审理。

39. 要建立健全符合未成年人特点的刑事案件审理机制,寓教于审,惩教结合,通过科学、人性化的审理方式,更好地实现"教育、感化、挽救"的目的,促使未成年犯罪人早日回归社会。要积极推动有利于未成年犯罪人改造和管理的各项制度建设。对公安部门针对未成年人在缓刑、假释期间违法犯罪情况报送的拟撤销未成年犯罪人的缓刑或假释的报告,要及时审查,并在法定期限内及时做出决定,以真正形成合力,共同做好未成年人犯罪的惩戒和预防工作。

40. 对于刑事自诉案件,要尽可能多做化解矛盾的调解工作,促进双方自行和解。对于经过司法机关做工作,被告人认罪悔过,愿意赔偿被害人损失,取得被害人谅解,从而达成和解协议的,可以由自诉人撤回起诉,或者对被告人依法从轻或免予刑事处罚。对于可公诉、也可自诉的刑事案件,检察机关提起公诉的,人民法院应当依法进行审理,依法定罪处罚。对民间纠纷引发的轻伤害等轻微刑事案件,诉至法院后当事人自行和解的,应当予以准许并记录在案。人民法院也可以在不违反法律规定的前提下,对此类案件尝试做一些促进和解的工作。

41. 要尽可能把握一切有利于附带民事诉讼调解结案的积极因素,多做促进当事人双方和解的办法析理工作,以更好地落实宽严相济刑事政策,努力做到案结事了。要充分发挥被告人、被害人所在单位、社区基层组织、辩护人、诉讼代理人和近亲属在附带民事诉讼调解工作中的积极作用,协调各方共同做好促进调解工作,尽可能通过调解达成民事赔偿协议并以此取得被害人及其家属对被告人的谅解,化解矛盾,促进社会和谐。

42. 对于因受到犯罪行为侵害、无法及时获得有效赔偿、存在特殊生活困难的被害人及其亲属,由有关方面给予适当的资金救助,有利于化解矛盾纠纷,促进社会和谐稳定。各地法院要结合当地实际,在党委、政府的统筹协调和具体指导下,落实好、执行好刑事被害人救助制度,确保此项工作顺利开展,取得实效。

43. 对减刑、假释案件,要采取开庭审理与书面审理相结合的方式。对于职务犯罪案件,尤其是原为县处级以上领导干部罪犯的减刑、假释案件,要一律开庭审理。对于故意杀人、抢劫、故意伤害等严重危害社会治安的暴力犯罪分子,有组织犯罪案件中的首要分子和其他主犯以及其他重大、有影响案件罪犯的减刑、假释,原则上也要开庭审理。书面审理的案件,拟裁定减刑、假释的,要在羁押场所公示拟减刑、假释人员名单,接受其他在押罪犯的广泛监督。

44. 要完善对刑事审判人员贯彻宽严相济刑事政策的监督机制,防止宽严失当、枉法裁判、以权谋私。要改进审判考核考评指标体系,完善错案认定标准和错案责任追究制度,完善法官考核机制。要切实改变单纯以改判率、发回重审率的高低来衡量刑事审判工作质量和法官业绩的做法。要探索建立既能体现审判规律、符合法官职业特点,又能准确反映法官综合素质和司法能力的考评体制,对法官审理刑事案件质量,落实宽严相济刑事政策,实现刑事审判法律效果和社会效果有机统一进行全面、科学的考核。

45. 各级人民法院要加强与公安机关、国家安全机关、人民检察院、司法行政机关等部门的联系和协调,建立经常性的工作协调机制,共同研究贯彻宽严相济刑事政策的工作措施,及时解决工作中出现的具体问题。要根据"分工负责、相互配合、相互制约"的法律原则,加强与公安机关、人民检察院的工作联系,既各司其职,又进一步形成合力,不断提高司法公信,维护司法权威。要在律师辩护代理、法律援助、监狱提请减刑假释、开展社区矫正等方面加强与司法行政机关的沟通和协调,促进宽严相济刑事政策的有效实施。

附:为配合做好《最高人民法院关于贯彻宽严相济刑事政策的若干意见》(以下简称《意见》)的发布工作,便于全国各级人民法院的审判人员认真学习和深刻领会,切实贯彻好《意见》精神,最高人民法院各刑事审判庭和审判监督庭结合各自负责的专项工作,围绕工作实际,分别撰写了专题文章,具体阐释《意见》所体现的政策精神,明确在贯彻《意见》过程中应注意的突出问题。

附1:《准确把握和正确适用依法从严政策》(最高人民法院刑一庭,2010年3月24日)

《最高人民法院关于贯彻宽严相济刑事政策的若干意见》(以下简称《意见》)指出:"贯彻宽严相济刑事政策,要根据犯罪的具体情况,实行区别对待,做到该宽则宽,当严则严,宽严相济,罚当其罪";"要全面客观把握不同时期不同地区的经济社会状况和社会治安形势,充分考虑人民群众的安全感以及惩治犯罪的实际需要,注重从严打击严重危害国家安全、社会治安和人民群众利益的犯罪。"这就给我们明确了宽严相济刑事政策下的依法从严要求。在审判活动中这一要求,对于罪行极其严重、社会危害性极大的犯罪分子依法判处重刑直至死刑,对于社会危害性大或者具有从重处罚情节、主观恶性深、人身危险性大的犯罪分子依法从严惩处,可以有效地震慑犯罪分子和社会不稳定分子,达到有效遏制和预防犯罪的目的。人民法院必须在党的领导下,根据新形势对刑事审判工作的新要求,根据人民群众对社会稳定的新期待,准确把握依法从严的政策要求,严惩严重刑事犯罪,维护社会和谐稳定。

一、从严惩处是宽严相济刑事政策的应有内容

贯彻宽严相济刑事政策,不仅要注重依法从宽的一面,还要注重依法从严的一面。依法从严是宽严相济刑事政策的题中应有之义。从一定程度上说,严是基础,是前提。没有惩罚,就谈不上宽大。正如《意见》指出的:"既要克服重刑主义思想影响,防止片面从严,也要避免轻刑化思想影响,防止一味从宽。"

从严惩处严重刑事犯罪是社会治安形势的要求,是广大人民群众的期待。当前,我国仍处在社会转型期、矛盾凸显期、犯罪高发期,社会治安形势依然严峻。特别是严重刑事犯罪猖獗,严重危害人民群众生命财产安全,严重影响人民群众安全感,广大群众对此反应强烈。要遏制严重犯罪高发的势头,必须有严的一手。该严不严,该重不重,就起不到对犯罪的震慑作用,就会引起人民群众的不满,就不利于社会治安的根本好转。正如邓小平同志指出的那样:"搞得不疼不痒,不得人心。"因此,人民法院必须全面贯彻宽严相济刑事政策,既要有对较

轻犯罪和具有从宽情节的犯罪分子从宽的一面,又要有对较重犯罪和具有从重情节的犯罪分子从严的一面,做到宽严并用,罚当其罪。

从严惩处要坚持审时度势的原则。《意见》指出:"要根据经济社会发展和治安形势的变化,根据犯罪情况的变化,在法律规定的范围内,适时调整从严的对象、范围和力度。"犯罪情况和社会治安情况不是一成不变的,而是随着经济社会的发展不断变化的。人民法院要根据犯罪和社会治安情况的变化,及时调整从严惩处的犯罪类型,适时调整从严惩处的幅度。要因地制宜、因时制宜,因人而异、因案而异,什么时期犯罪严重就在什么时期从严,什么地方犯罪严重就在什么地方从严,什么类型犯罪活动猖獗就严惩什么犯罪。在从严的力度上,也要根据犯罪形势的变化做出调整。在犯罪爆发增长时期,从严的力度要更大;在犯罪相对平稳时期,从严的力度要相对稳定。

从严惩处要坚持依法从严的原则。《意见》指出:"从宽和从严都必须依照法律规定进行,做到宽严有据,罚当其罪。"罪刑法定、罪刑相适应是刑法的基本原则,办理任何刑事案件包括严重刑事犯罪案件都必须严格遵守。从严惩处不是无限度的,不是越严越好、越重越好,而是有标准、有限度的。这个标准就是罪刑法定和罪刑相适应的刑法基本原则,就是刑法总则和分则中关于量刑情节和具体犯罪定罪量刑的规定,就是有关司法解释关于具体适用法律问题的规定。不能为了从严而突破法律的幅度和界限,任意或变相加重被告人的刑罚,否则,既不可能实现良好的法律效果,也不可能实现良好的社会效果。

二、准确把握从严惩处的重点

从严惩处不是对一切犯罪、一切犯罪分子都从严,而是要考虑社会治安形势,考虑人民群众的安全感以及惩治犯罪的实际需要。按照《意见》的要求,要"注重从严打击严重危害国家安全、社会治安和人民群众利益的犯罪"。当前,从严惩处的重点主要包括以下几个方面:

一是依法严惩严重危害国家政权稳固和社会治安的犯罪、严重暴力犯罪和严重影响人民群众安全感的犯罪、严重危害人民群众健康的犯罪。国家安全、社会稳定是经济发展的基础,是广大人民群众的根本利益所在。因此,对于危害国家安全犯罪、恐怖组织犯罪、邪教组织犯罪、黑恶势力犯罪、故意危害公共安全犯罪等必须从严惩处。尤其对于极端仇视国家和社会,以不特定人为侵害对象,危害后果特别严重的犯罪分子,要坚决严惩直至判处死刑。严重暴力犯罪、重大侵财犯罪、毒品犯罪严重危害人民群众的生命、健康和财产安全,一直是司法机关打击的重点。当前,要严厉惩处故意杀人、故意伤害致人死亡的犯罪,保护公民的生命安全;严厉惩处强奸、拐卖妇女儿童的犯罪,保护妇女儿童的人身安全;严厉惩处抢劫、绑架、重大抢夺、重大盗窃犯罪，保护公民人身、财产安全；严厉惩处走私、贩卖、运输、制造毒品犯罪，保护公民身体健康。

二是依法严惩严重职务犯罪和严重商业贿赂犯罪。严重职务犯罪侵害了公务人员职务的廉洁性、合法性，侵犯了公民的合法权利，损害了群众的切身利益，严重影响党和政府在人民群众中的威信和形象，必须依法严惩。当前，对于国家工作人员贪污贿赂犯罪以及充当黑恶势力保护伞、失职渎职造成重大安全责任事故、食品药品安全事故的，侵占挪用社会保险、保障基金、灾后重建经费的，对于利用企业改制侵吞国有资产或造成国有资产流失的，对于医疗、教育、就业等领域的严重商业贿赂犯罪等，要依法从严惩处。要严格职务犯罪减轻处罚、缓刑、免刑的条件和标准，规范减轻处罚、缓刑、免刑的适用，特别是对那些造成国家财产和人民群众利益重大损失、社会影响极其恶劣的职务犯罪和商业贿赂犯罪，一般不宜适用缓刑、免予刑事处罚，以防止造成不良社会效果。

三是依法严惩严重经济犯罪，维护市场经济秩序，保障国家经济安全和金融安全。当前和今后一段时期，要依法严惩严重危害金融秩序的犯罪，主要是集资诈骗、贷款诈骗、制贩假币以及扰乱、操纵证券期货市场等犯罪，维护金融秩序；要严惩严重危害食品、药品安全的犯罪，主要是生产、销售假药劣药、有毒有害食品的犯罪，保护人民群众的身体健康；要严惩走私犯罪、重大安全责任事故犯罪、严重破坏环境资源犯罪，保护国家重大经济利益及生产秩序，保护自然资源环境。

三、准确把握从严案件的量刑

对犯罪的从严惩处主要体现在对犯罪分子的量刑上。要根据案件的事实和法律的规定，对于罪行、情节严重的犯罪体现从严的精神。《意见》指出："严惩严重刑事犯罪，必须充分考虑被告人的主观恶性和人身危险性"；"要注重综合运用多种刑罚手段，特别是要重视依法适用财产刑，有效惩治犯罪。"

一是要充分考虑犯罪行为的社会危害性，对于犯罪造成国家利益和人民群众生命、健康、财产重大损失的，要依法从重量刑。同时，要充分考虑案件的法定或酌定从重处罚情节。对于被告人有法定或酌定从重处罚情节的，如共同犯罪中的主犯、集团犯罪中的组织、策划、指挥者和骨干分子等，要依法从重处罚。

二是要充分考虑被告人的主观恶性、人身危险性对量刑的影响。主观恶性的大小是犯罪分子应负刑事责任的重要根据。对于主观恶性大的犯罪分子，如犯罪情节恶劣、犯罪手段残忍、犯罪动机卑劣的，特别是对于事先精心预谋、策划犯罪的被告人，要依法从严惩处。人身危险性的大小是对犯罪分子进行特殊预防的重要依据，对于惯犯、职业犯、累犯、再犯、在缓刑假释考验期内又犯罪等人身危险性特别大的犯罪分子,也要依法从严惩处。

三是对于罪行极其严重的犯罪分子,要坚决地适用重刑直至死刑,以震慑犯罪、伸张正义、鼓舞人民群众与严重犯罪行为作斗争。死刑是对罪行极其严重的犯罪分子的一种最严厉的刑罚方法,虽然我国采取严格控制、慎重适用死刑的方针,但是基于犯罪的客观形势和人民群众的要求,我们仍然保留死刑并适度使用,不仅震慑了犯罪,也满足了群众的正义要求,社会效果是好的。因此,人民法院对于那些罪行极其严重、人身危险性极大的犯罪分子,依法应当判处死刑立即执行的,要毫不手软,坚决判处。

四是对严重犯罪分子不仅可以判处死刑、徒刑,还要依法适用财产刑,如没收财产、罚金等刑罚。对侵财型和贪利型犯罪,要依法没收犯罪分子的犯罪所得,以剥夺犯罪分子重新犯罪的能力和条件。要把犯罪分子的退赃情况作为对其量刑轻重的重要依据,对于拒不退赃的,要依法从重处罚,对于赃款被挥霍客观上不能退赃的,也要适度从严。

四、切实提高从严案件的审判质量和效率

质量是刑事审判工作的生命。从严惩处涉及到被告人的生命、自由、财产的严厉剥夺,更要弄清、搞准,做到不枉不纵。既要打得严、打得狠,又要打得稳、打得准,否则就可能造成冤假错案,影响司法机关的形象和司法公信力。因此,必须切实提高案件的审判质量,严把案件事实关、证据关、程序关和法律适用关。特别是对判处死刑的案件,要做到事实清楚,证据确实、充分,排除一切合理怀疑,真正做到"杀者不疑,疑者不杀",把每个案件都办成经得起历史和实践检验的"铁案"。要注重裁判文书说理,尤其是从严的理由,以促使被告人认罪服法,减少涉诉上访,取得社会公众的认同和支持。

要不断提高审判效率。严重刑事犯罪造成社会秩序的严重破坏,引起人民群众的极度不安,必须迅速审判。对于那些严重危害社会治安、引起社会普遍关注的刑事案件,要在保证司法公正和办案质量的前提下,抓紧审理,在法律规定的期限内及时宣判,防止延迟耽搁和久拖不决。要根据情况选择一些依法从严、及时审结的案件进行充分的宣传报道,以震慑犯罪、教育群众、鼓舞民心,最大程度地实现法律效果和社会效果的有机统一。

附2:《宽严相济在经济犯罪和职务犯罪案件审判中的具体贯彻》(最高人民法院刑二庭,2010年4月7日)

最高人民法院于2009年2月8日发布的《关于贯彻宽严相济刑事政策的若干意见》(以下称《意见》),对宽严相济刑事政策的基本内涵作出了科学阐释,对宽严相济刑事政策的贯彻落实提出了明确要求,是新形势下刑事审判工作的

一个纲领性文件,对于人民法院正确适用法律,充分发挥审判职能作用,最大限度地预防和减少犯罪、化解社会矛盾、维护社会和谐稳定,具有重要的实践指导意义。《意见》内涵深刻、内容丰富,为深入理解和正确适用本《意见》,现结合审判工作实际,就《意见》有关经济犯罪和职务犯罪案件审判工作中贯彻宽严相济刑事政策的规定说明如下:

一、宽严相济刑事政策在经济犯罪案件审判中的具体贯彻

(一)关于从严惩处的案件范围。根据《意见》第9条规定,发生在经济领域、需依法从严惩处的主要是指下列严重犯罪:以高利率或高回报为诱饵,针对社会公众实施的非法集资、非法证券、传销、地下"六合彩"等涉众型犯罪;制售假冒伪劣、有毒、有害食品、药品等损害群众切身利益的犯罪;制售伪劣农药、兽药、化肥、种子等坑农害农的犯罪;制贩假币、操纵证券期货市场、金融诈骗等严重危害金融秩序的犯罪;走私、逃税、骗税、虚开增值税专用发票等严重侵害国家经济利益的犯罪;重大环境污染、非法采矿、盗伐林木等各种严重破坏环境资源的犯罪。

(二)关于政策法律界限。对于当前金融危机背景下的经济违法行为,应当根据《意见》第4条规定的"审时度势"原则、第5条规定的"两个效果相统一"原则以及第14条、第23条规定的从宽要求,审慎分析判断其社会危害性,从有利于保障经济增长、维护社会稳定的角度依法准确定罪量刑。以非法集资案件为例说明如下:一是要准确界定非法集资与民间借贷、商业交易的政策法律界限。未经社会公开宣传,在单位职工或者亲友内部针对特定对象筹集资金的,一般可以不作为非法集资。二是要准确把握非法集资罪与非罪的界限。资金主要用于生产经营及相关活动,行为人有还款意愿,能够及时清退集资款项,情节轻微,社会危害不大的,可以免予刑事处罚或者不作为犯罪处理。此外,对于"边缘案"、"踩线案"、罪与非罪界限一时难以划清的案件,要从有利于促进企业生存发展、有利于保障员工生计、有利于维护社会和谐稳定的高度,依法妥善处理,可定可不定的,原则上不按犯罪处理。特别对于涉及企业、公司法定代表人、技术人员因政策界限不明而实施的轻微违法犯罪,更要依法慎重处理。

(三)关于刑罚适用。(1)根据《意见》第6条关于从严处理的原则性规定以及第29条关于死刑适用政策的规定,对于数额特别巨大、情节特别恶劣、危害后果特别严重的经济犯罪,要依法从严惩处,对于罪行极其严重的经济犯罪分子,依法应当判处死刑的,要坚决适用死刑;对假币犯罪累犯、惯犯、涉案假币数额巨大或者全部流入社会的犯罪分子,应当依法从重判处;对于伪造货币集团的首要分子、骨干分子,伪造假币数额特别巨大或者有其他特别严重情节,罪行极

其严重的犯罪分子,应当判处死刑的,要坚决依法判处死刑;对数额特别巨大、肆意挥霍集资资金或者归案后拒不交代赃款去向,造成特别重大经济损失或者致使被害人自杀身亡等严重后果的集资诈骗犯罪分子,应当依法从重判处;对造成严重疾患、伤亡后果或者以婴幼儿、危重病人为对象,社会影响恶劣的制售有毒有害食品、假药劣药犯罪分子,应当依法从重判处。(2)根据《意见》第25条规定的宽严"相济"要求,应当区分犯罪行为的具体情形区别对待。以走私犯罪为例,对海上偷运走私、绕关走私等未向海关报关的走私与价格瞒骗走私,走私特殊物品与走私普通货物、物品在具体量刑时都应当有所区别;对进口走私象牙等珍贵动物制品犯罪在量刑时应当酌情考虑出口国家的法律规定以及行为人的主观认识因素。(3)要切实执行《意见》第12条有关"对于侵财型和贪利型犯罪,更要注重通过依法适用财产刑使犯罪分子受到经济上的惩罚"的规定,以最大限度地挽回国家和人民利益的损失,安抚受害群众。同时,此类犯罪的目的就是获得非法利益,有针对性地加大经济制裁,特别是执行的力度,以有效地剥夺犯罪分子重新犯罪的条件,发挥刑罚的预防犯罪功能。

二、宽严相济刑事政策在职务犯罪案件审判中的具体贯彻

(一)关于从严惩处的案件范围。保持惩治腐败的高压态势,依法从严惩治腐败,是我国惩治和预防腐败工作的一项长期政策。根据《意见》第8条第1款规定,当前要特别注意严肃惩处以下职务犯罪:发生在领导机关和领导干部中滥用职权、贪污贿赂、腐化堕落、失职渎职等职务犯罪;工程建设、土地出让、产权交易、医药购销、政府采购、资源开发和经销、金融等多发易发领域的商业贿赂犯罪;在扩内需、保增长、灾后恢复重建等专项工作中发生的贪污贿赂、挪用公款、渎职等职务犯罪;黑恶势力犯罪、重大安全生产事故、重大食品安全等群体性事件背后的行贿受贿、徇私舞弊、滥用职权、玩忽职守等职务犯罪;贪污、挪用、侵占农业投资专项资金等职务犯罪。

(二)关于政策法律界限。在坚持依法从严惩处职务犯罪的同时,同样需要根据《意见》第14条、第25条的规定,体现宽严"相济",做到严中有宽、宽以济严。以贿赂犯罪为例说明如下:(1)对于收受财物后于案发前退还或上交所收财物的,应当区分情况做出不同处理:收受请托人财物后及时退还或者上交的,因其受贿故意不能确定,同时为了感化、教育潜在受贿犯罪分子,故不宜以受贿处理;受贿后因自身或者与其受贿有关联的人、事被查处,为掩饰犯罪而退还或者上交的,因受贿行为既已完毕,且无主动悔罪之意思,故不影响受贿罪的认定。(2)对于行业、领域内带有一定普遍性、涉案人员众多的案件,要注意区别对待,防止因打击面过宽导致不良的社会效果。特别是对于普通医生的商业贿

赂犯罪问题,更要注意运用多种手段治理应对。对收受回扣数额大的;明知药品伪劣,但为收受回扣而要求医院予以采购的;为收受回扣而给病人大量开药或者使用不对症药品,造成严重后果的;收受回扣造成其他严重影响的等情形,应依法追究刑事责任。(3)对于性质恶劣、情节严重、涉案范围广、影响面大的商业贿赂犯罪案件,特别是对于顶风作案的,或者案发后隐瞒犯罪事实、毁灭证据、订立攻守同盟、负案潜逃等企图逃避法律追究的,应当依照《意见》第8条第2款的规定依法从严惩处的同时,对于在自查自纠中主动向单位、行业主管(监管)部门讲清问题、积极退赃的,或者检举、揭发他人犯罪行为,有自首、立功情节的,应当依照《意见》有关规定依法从轻、减轻或者免予处罚。

(三)关于自首、立功等量刑情节的运用。自首、立功是法定的从宽情节。实践中要注意依照《意见》第17条、第18条等规定,结合"两高"《关于办理职务犯罪案件认定自首、立功等量刑情节若干问题的意见》的规定,做好职务犯罪案件审判工作中宽严相济刑事政策与法律规定的有机结合,具体如下:(1)要严格掌握自首、立功等量刑情节的法定标准和认定程序,确保自首、立功等量刑情节认定的严肃性和规范性。(2)对于具有自首情节的犯罪分子,应当根据犯罪事实并结合自动投案的动机、阶段、客观环境,交代犯罪事实的完整性、稳定性以及悔罪表现等具体情节,依法决定是否从轻、减轻或者免除处罚以及从轻、减轻处罚的幅度。(3)对于具有立功情节的犯罪分子,应当根据犯罪事实并结合立功表现所起作用的大小、所破获案件的罪行轻重、所抓获犯罪嫌疑人可能判处的法定刑以及立功的时机等具体情节,依法决定是否从轻、减轻或者免除处罚以及从轻、减轻处罚的幅度。(4)对于犯罪分子依法不成立自首,但主动交代犯罪事实的,应当视其主动交代的犯罪事实情况及对证据收集的作用大小、酌情从轻处罚。(5)赃款赃物追回的,应当注意区分贪污、受贿等不同性质的犯罪以及犯罪分子在追赃中的具体表现,决定是否从轻处罚以及从轻处罚的幅度。

(四)关于缓刑等非监禁刑的适用。在依照《意见》第14条、第15条、第16条规定适用缓刑等非监禁刑时,应当充分考虑到当前职务犯罪案件缓刑等非监禁刑适用比例偏高的实际情况,以及职务犯罪案件适用非监禁刑所需要的社会民意基础和过多适用非监禁刑可能带来的社会负面影响。贪污、受贿犯罪分子具有下列情形之一的,一般不得适用缓刑:致使国家、集体和人民利益遭受重大损失或者影响恶劣的;不退赃或者退赃不积极,无悔罪表现的;犯罪动机、手段等情节恶劣,或者将赃款用于非法经营、走私、赌博、行贿等违法犯罪活动的;属于共同犯罪中情节严重的主犯,或者犯有数罪的;曾因职务、经济违法犯罪行为受过行政处分或者刑事处罚的;犯罪涉及的财物属于救灾、抢险、防汛、防疫、优抚、扶贫、移民、救济、捐助、社会保险、教育、征地、拆迁等专项款项和物资的。渎职犯罪分子具有下列情形之一的,一般不适用缓刑:(1)依法减轻处罚后判处三年有期徒刑以下刑罚的;(2)渎职犯罪造成特别恶劣影响的;(3)渎职行为同时构成其他犯罪,以渎职犯罪一罪处理或者实行数罪并罚的。

附3:《在审理故意杀人、伤害及黑社会性质组织犯罪案件中切实贯彻宽严相济刑事政策》(最高人民法院刑三庭,2010年4月14日)

2010年2月8日印发的《最高人民法院关于贯彻宽严相济刑事政策的若干意见》(以下简称《意见》),对于有效打击犯罪,增强人民群众安全感,减少社会对立面,促进社会和谐稳定,维护国家长治久安具有重要意义,是人民法院刑事审判工作的重要指南。现结合审判实践,就故意杀人、伤害及黑社会性质组织犯罪案件审判中如何贯彻《意见》的精神作简要阐释。

一、在三类案件中贯彻宽严相济刑事政策的总体要求

在故意杀人、伤害及黑社会性质组织犯罪案件的审判中贯彻宽严相济刑事政策,要落实《意见》第1条规定:根据犯罪的具体情况,实行区别对待,做到该宽则宽,当严则严,宽严相济,罚当其罪。落实这个总体要求,要注意把握以下几点:

1. 正确把握宽与严的对象。故意杀人和故意伤害犯罪的发案率高,社会危害大,是各级法院刑事审判工作的重点。黑社会性质组织犯罪在我国自二十世纪八十年代末出现以来,长时间保持快速发展势头,严厉打击黑社会性质组织犯罪,是法院刑事审判在当前乃至今后相当长一段时期内的重要任务。因此,对这三类犯罪总体上应坚持从严惩处的方针。但是在具体案件的处理上,也要分别案件的性质、情节和行为人的主观恶性、人身危险性等情况,把握宽严的范围。在确定从宽与从严的对象时,还应当注意审时度势,对经济社会的发展和治安形势的变化作出准确判断,为构建社会主义和谐社会的目标服务。

2. 坚持严格依法办案。三类案件的审判中,无论是从宽还是从严,都必须严格依照法律规定进行,做到宽严有据,罚当其罪,不能为追求打击效果,突破法律界限。比如在黑社会性质组织犯罪的审理中,黑社会性质组织的认定必须符合法律和立法解释规定的标准,既不能降格处理,也不能拔高认定。

3. 注重法律效果与社会效果的统一。严格依法办案,确保良好法律效果的同时,还应当充分考虑案件的处理是否有利于赢得人民群众的支持和社会稳定,是否有利于瓦解犯罪,化解矛盾,是否有利于罪犯的教育改造和回归社会,是否有利于减少社会对抗,促进社会和谐,争取更好的社会效果。比如在刑罚执行过程中,对于故意杀人、伤害犯罪及黑社会性质组织犯罪的领导者、组织者和骨干成员就应当从严掌握减刑、假释的适用,其他主观恶性不深、人身危险性不大的罪犯则可以从宽把握。

二、故意杀人、伤害案件审判中宽严相济的把握

1. 注意区分两类不同性质的案件。故意杀人、故意伤害侵犯的是人的生命和身体健康,社会危害大,直接影响到人民群众的安全感,《意见》第7条将故意杀人、故意伤害致人死亡犯罪作为严惩的重点是十分必要的。但是,实践中的故意杀人、伤害案件复杂多样,处理时要注意分别案件的不同性质,做到区别对待。

实践中,故意杀人、伤害案件从性质上通常可分为两类:一类是严重危害社会治安、严重影响人民群众安全感的案件,如极端仇视国家和社会,以不特定人为行凶对象的;一类是因婚姻家庭、邻里纠纷等民间矛盾激化引发的案件。对于前者应当作为严惩的重点,依法判处被告人重刑直至判处死刑。对于后者处理时应注意体现从严的精神,在判处重刑尤其是适用死刑时应特别慎重,除犯罪情节特别恶劣、犯罪后果特别严重、人身危险性极大的被告人外,一般不应当判处死刑。对于被害人在起因上存在过错,或者是被告人案发后积极赔偿,真诚悔罪,取得被害人或其家属谅解的,应依法从宽处罚,对同时有法定从轻、减轻处罚情节的,应考虑在无期徒刑以下裁量刑罚。同时应重视此类案件中的附带民事调解工作,努力化解双方矛盾,实现积极的"案结事了",增进社会和谐,达成法律效果与社会效果的有机统一。《意见》第23条是对此审判经验的总结。

此外,实践中一些致人死亡的犯罪是故意杀人还是故意伤害往往难以区分,在认定时除从作案工具、打击的部位、力度等方面进行判断外,也要注意考虑犯罪的起因等因素。对于民间纠纷引发的案件,如果难以区分是故意杀人还是故意伤害时,一般可考虑定故意伤害罪。

2. 充分考虑各种犯罪情节。犯罪情节包括犯罪的动机、手段、对象、场所及造成的后果等,不同的犯罪情节反映不同的社会危害性。犯罪情节多属酌定量刑情节,法律往往未作明确的规定,但犯罪情节是适用刑罚的基础,是具体案件决定从严或从宽处罚的基本依据,需要在案件审理中进行仔细甄别,以准确判断犯罪的社会危害性。有的案件犯罪动机特别卑劣,比如为了铲除政治对手而雇凶杀人的,也有一些人犯罪是出于义愤,甚至是"大义灭亲"、"为民除害"的动机杀人。有的案件犯罪手段特别残忍,比如采取放火、泼硫酸等方法把人活活烧死的故意杀人行为。犯罪后果也可以分为一般、严重和特别严重几档。在实际中一般认为故意杀人、故意伤害一人死亡的为后果严重,致二人以上死亡的为犯罪后果特别严重。特定的犯罪对象和场所也反映社会危害性的不同,如针对妇女、

儿童等弱势群体或在公共场所实施的杀人、伤害，就具有较大的社会危害性。以上犯罪动机卑劣，或者犯罪手段残忍，或者犯罪后果严重，或者针对妇女、儿童等弱势群体作案等情节恶劣的，又无其他法定或酌定从轻情节应当依法从重判处。如果犯罪情节一般，被告人真诚悔罪，或有立功、自首等法定从轻情节的，一般应考虑从宽处罚。

实践中，故意杀人、伤害案件的被告人既有法定或酌定的从宽情节，又有法定或酌定从严情节的情形比较常见，此时，就应当根据《意见》第 28 条，在全面考察犯罪的事实、性质、情节和对社会危害程度的基础上，结合被告人的主观恶性、人身危险性、社会治安状况等因素，综合作出分析判断。

3. 充分考虑主观恶性和人身危险性。《意见》第 10 条、第 16 条明确了被告人的主观恶性和人身危险性是从严和从宽的重要依据，在适用刑罚时必须充分考虑。主观恶性是被告人对自己行为及社会危害性所抱的心理态度，在一定程度上反映了被告人的改造可能性。一般来说，经过精心策划的、有长时间计划的杀人、伤害，显示被告人的主观恶性深；激情犯罪，临时起意的犯罪，因被害人的过错行为引发的犯罪，显示的主观恶性较小。对主观恶性深的被告人要从严惩处，主观恶性较小的被告人则可考虑适用较轻的刑罚。

人身危险性即再犯可能性，可从被告人有无前科、平时表现及悔罪情况等方面综合判断。人身危险性大的被告人，要依法从重处罚。如累犯中前罪系暴力犯罪，或者曾因暴力犯罪被判重刑后又犯故意杀人、故意伤害致人死亡的；平时横行乡里，寻衅滋事杀人、伤害致人死亡的，应依法从重判处。人身危险性小的被告人，应依法体现从宽精神。如被告人平时表现较好，激情犯罪，系初犯、偶犯的；被告人杀人或伤人后有抢救被害人行为的，在量刑时应该酌情予以从宽处罚。

未成年人及老年人的故意杀人、伤害犯罪与一般人犯罪相比，主观恶性和人身危险性等方面有一定特殊性，在处理时应当依据《意见》的第 20 条、第 21 条考虑从宽。对犯故意杀人、伤害罪的未成年人，要坚持"教育为主，惩罚为辅"的原则和"教育、感化、挽救"的方针进行处罚。对于情节较轻、后果不重的伤害案件，可以依法适用缓刑、或者判处管制、单处罚金等非监禁刑。对于情节严重的未成年人，也应当从轻或减轻处罚。对于已满十四周岁不满十六周岁的未成年人，一般不判处无期徒刑。对于七十周岁以上的老年人犯故意杀人、伤害罪的，由于其已没有再犯罪的可能，在综合考虑其犯罪情节和主观恶性、人身危险性的基础上，一般也应酌情从宽处罚。

4. 严格控制和慎重适用死刑。故意杀人和故意伤害犯罪在判处死刑的案件中所占比例最高,审判中要按照《意见》第29条的规定,准确理解和严格执行"保留死刑,严格控制和慎重适用死刑"的死刑政策,坚持统一的死刑适用标准,确保死刑只适用于极少数罪行极其严重的犯罪分子;坚持严格的证据标准,确保把每一起判处死刑的案件都办成铁案。对于罪行极其严重,但只要有法定、酌定从轻情节,依法可不立即执行的,就不应当判处死刑立即执行。

对于自首的故意杀人、故意伤害致人死亡的被告人,除犯罪情节特别恶劣,犯罪后果特别严重的,一般不应考虑判处死刑立即执行。对亲属送被告人归案或协助抓获被告人的,也应视为自首,原则上应当从宽处罚。对具有立功表现的故意杀人、故意伤害致死的被告人,一般也应当体现从宽,可考虑不判处死刑立即执行。但如果犯罪情节特别恶劣,犯罪后果特别严重的,即使有立功情节,也可以不予从轻处罚。

共同犯罪中,多名被告人共同致死一名被害人的,原则上只判处一人死刑。处理时,根据案件的事实和证据能分清主从犯的,都应当认定主从犯;有多名主犯的,应当在主犯中进一步区分出罪行最为严重者和较为严重者,不能以分不清主次为由,简单地一律判处死刑。

三、黑社会性质组织犯罪案件审判中宽严相济的把握

1. 准确认定黑社会性质组织。黑社会性质组织犯罪由于其严重的社会危害性,在打击处理上不能等其坐大后进行,要坚持"严打"的方针,坚持"打早打小"的策略。但黑社会性质组织的认定,必须严格依照刑法和《全国人民代表大会常务委员会关于〈中华人民共和国刑法〉第二百九十四条第一款的解释》的规定,从组织特征、经济特征、行为特征和非法控制特征四个方面进行分析。认定黑社会性质组织犯罪四个特征必须同时具备。当然,实践中许多黑社会性质组织并不是四个特征都很明显,在具体认定时,应根据立法本意,认真审查、分析黑社会性质组织四个特征相互间的内在联系,准确评价涉案犯罪组织所造成的社会危害。既要防止将已具备黑社会性质组织四个特征的案件"降格"处理,也不能因为强调严厉打击将不具备四个特征的犯罪团伙"拔高"认定为黑社会性质组织。在黑社会性质组织犯罪的审判中贯彻宽严相济刑事政策,要始终坚持严格依法办案,坚持法定标准,这是《意见》的基本要求。

2. 区别对待黑社会性质组织的不同成员。《意见》第30条明确了黑社会性质组织中不同成员的处理原则:分别情况,区别对待。对于组织者、领导者应依法从严惩处,其承担责任的犯罪不限于自己组织、策划、指挥和实施的犯罪,而应对组织所犯的全部罪行承担责任。实践中,一些黑社会性质组织的组织者、领导者,只是以其直接实施的犯罪起诉、审判,实际上是轻纵了他们的罪行。要在区分组织犯罪和组织成员犯罪的基础上,合理划定组织者、领导者的责任范围,做到不枉不纵。同时,还要注意责任范围和责任程度的区别,不能简单认为组织者、领导者就是具体犯罪中责任最重的主犯。对于组织成员实施的黑社会性质组织犯罪,组织者、领导者只是事后知晓,甚至根本不知晓,其就只应负有一般的责任,直接实施的成员无疑应负最重的责任。

对于积极参加者,应根据其在具体犯罪中的地位、作用,确定其应承担的刑事责任。确属黑社会性质组织骨干成员的,应依法从严处罚。对犯罪情节较轻的其他参加人员以及初犯、偶犯、未成年犯,则要依法从轻、减轻处罚。对于参加黑社会性质的组织,没有实施其他违法犯罪活动的,或者受蒙蔽、胁迫参加黑社会性质的组织,情节轻微的,则可以不作为犯罪处理。

此外,在处理黑社会性质组织成员间的检举、揭发问题上,既要考虑线索本身的价值,也要考虑检举、揭发者在黑社会性质组织犯罪中的地位、作用,防止出现全案量刑失衡的现象。组织者、领导者检举揭发与该黑社会性质组织及其违法犯罪活动有关联的其他犯罪线索,即使依法构成立功或者重大立功,在考虑是否从轻量刑时也应从严予以掌握。积极参加者、其他参加者配合司法机关查办案件,有提供线索、帮助收集证据或者其他协助行为,并对侦破黑社会性质组织犯罪案件起到一定作用的,即使依法不能认定立功,一般也应酌情对其从轻处罚。

附 4:《加强附带民事调解 努力化解社会矛盾》(最高人民法院刑四庭,2010年 4 月 21 日)

刑事附带民事调解是我国刑事诉讼制度的重要组成部分,是人民法院行使审判权的重要方式。多年的司法实践表明,在刑事案件中做好附带民事调解工作,对于化解社会矛盾、促进社会和谐具有只是简单作出裁判结果所无法替代的独特优势和重要作用。尽管短期内个案调解需要投入的人力、物力较多,但从长远来看,有效、负责的调解能够确保案结事了,不至引发新的矛盾纠纷,总体上降低了司法成本,最大限度地减少了不和谐因素。《最高人民法院关于贯彻落实宽严相济刑事政策的若干意见》第 41 条提出:"要尽可能把握一切有利于附带民事诉讼调解结案的积极因素,多做促进当事人双方和解的辨法析理工作,以更好地落实宽严相济刑事政策,努力做到案结事了。要充分发挥被告人、被害人所在单位、社区基层组织、辩护人、诉讼代理人和近亲属在附带民事诉讼调解工作中的积极作用,协调各方共同做好促进调解工作,尽可能通过调解达成民事赔偿协议并以此取得被害人及其家属对被告人的谅解,化解矛盾,促进社会和谐。"在当前人民内部矛盾凸显、刑事犯罪高发的形势下,人民法院要克服案件多、调解难、压力大等困难,切实重视附带民事调解工作,努力推进社会矛盾化解。

一、积极探索附带民事调解的方式方法

与单纯民事案件的调解不同,附带民事调解具有更多复杂的因素,更需要讲究方式方法。一是把握调解时机,将一审作为调解的基础和关键环节,并将调解贯穿于刑事案件的整个审理过程。要尽可能争取在一审达成协议,把矛盾化解在基层。一审期间没有明显效果的,二审期间应加大调解力度,做更多更细致的工作。二是立足于有效化解矛盾,耐心细致地做好思想疏导和法律、政策的宣传解释,尽力化解"心结",缓和双方对立关系,消除可能导致"案结事难了"的不稳定因素。要把调解作为审理附带民事诉讼案件的必经程序,同时,对于刑事自诉案件,尽可能多做化解矛盾的调解工作,促进双方自行和解;对民间纠纷引发的轻伤害等轻微刑事案件,也可以在不违反法律规定的前提下,尝试做一些促进和解的工作。对于经过做工作,被告人认罪悔过,愿意赔偿被害人损失,取得被害人谅解,从而达成和解协议的,可以对被告人依法从宽处理。三是在查明事实、辨明责任的基础上开展调解。调解前首先应当查明被告人犯罪的事实、情节,被害人所遭受的经济损失和被告人的经济状况,并充分了解案件发生的背景,辨明被害人对引发本案有无责任及责任大小等,依法确定被告人的责任,准确界定被害人的权利,统筹兼顾双方当事人的合法权益。四是调动一切可以调动的力量参与调解,包括律师、相关职能部门、基层组织以及当事人的亲友、单位、社区等,以理服人,以情动人,综合运用法律、政策、经济等手段和教育、协商、疏导等办法,形成做好调解疏导工作的良好氛围和合力。

二、着力提高刑事法官的调解能力

正确裁判的能力是高水平的司法能力,善于调解的能力也是高水平的司法能力。调解要求法官不仅精通法律知识,准确适用法律,还要具有化解矛盾纠纷、善于做群众工作的能力。法官仅仅懂得刑事法律是远远不够的,如果没有做好刑事审判工作新的司法理念,不能正确分析刑事案件发生的起因,矛盾纠纷的演化、性质和特点,不善于把握刑事与民事相互间的法律关系,没有为人民群众排忧解难的责任感和善于做好工作的方式、方法,就不可能做好民事调解工作,不可能实现案件的最佳裁判效果。刑事法官应当深入社会,了解生活,不断完善调解艺术,创新调解方法,提高诉讼调解的司法能力,既要通过积极、负责的调解工作,有效化解矛盾纠纷,使个案得到妥善处理,又要宣传国家法律和宽严相济政策,有意识地引导民众法治意识的提高和法治理念进步。各级人民法院也要总结调解经验,加大培训力度,为刑事法官提高诉讼调解的司法能力和水平创造条件。

三、健全和完善调解促进机制和配套制度

不断完善调解促进机制,一是,在绩效考核方面,对调解结案的法官应当给予激励、鼓励的评价。要把调解结案作为评判法官审判能力和审判效果的一个重要指标,通过嘉奖激励机制,充分调动法官调解结案的积极性。二是,要把法官裁判结案后当事人申诉、上访的情况作为对法官绩效考核、评价的重要因素,促进法官不断增强司法能力,更加重视、投入更大精力做好矛盾化解工作,争取"案结事了",避免出现"依法裁判"后非但未能定纷止争、化解矛盾,反而激化冲突,以致引发挑战司法权威的闹访、缠诉等问题。

健全和完善调解配套制度,积极探索安抚被害方情绪的新举措。如用足用好现有法律规定,根据当事人的申请或依职权及时采取财产保全措施,为解决赔偿问题奠定基础;对于被告人案发后积极赔偿,并认罪、悔罪的,依法作为酌定量刑情节予以考虑,以增强被告人履行赔偿义务的积极性,尽量弥补被害方经济损失;对于刑罚执行,可以建议监管机关对被告人的减刑从严控制,以满足被害方报应的情感需求;落实刑事被害人救助工作,对于因受到犯罪行为侵害、无法及时获得有效赔偿、存在特殊生活困难的被害人及其亲属,给予适当的资金救助等。

附5:《在毒品案件审判工作中切实贯彻宽严相济刑事政策》(最高人民法院刑五庭,2010年4月28日)

2月8日,最高人民法院印发了《关于贯彻宽严相济刑事政策的若干意见》(以下简称《意见》),对人民法院在刑事审判工作中贯彻宽严相济刑事政策提出了具体要求。毒品案件在刑事案件中占有较大比重,适用包括死刑在内的重刑的比例也较高,切实贯彻好宽严相济刑事政策对于依法严惩严重毒品犯罪,遏制毒品犯罪的高发态势,同时发挥刑罚的教育改造作用,具有重要的现实意义。本文结合当前毒品案件审判工作的实际,就如何贯彻宽严相济刑事政策略作阐述。

一、突出打击重点,依法严惩严重毒品犯罪

依法严惩严重犯罪是宽严相济刑事政策中"严"的题中之义,也是贯彻罪刑均衡原则,发挥刑罚威慑作用的必然要求。毒品犯罪危害公民身心健康,颓废社会风气,并容易引发盗窃、抢劫、杀人等犯罪,危害很大。其中,走私、制造毒品系源头性犯罪,贩卖、运输毒品造成毒品的传播、扩散,故《意见》第7条把这四种毒品犯罪行为均列为严惩的重点。长期以来,人民法院坚持依法严厉打击严重毒品犯罪,对一批罪行严重的犯罪分子判处了重刑至死刑,较好地发挥了刑罚遏制毒品犯罪的作用。尤其是2007年最高人民法院统一行使死刑核准权后,通过严把案件事实关、证据关、程序关和法律适用关,更加严格地执行死刑政策,毒品

案件的死刑适用更加慎重和公正。

《意见》第11条提出："要依法从严惩处累犯和毒品再犯。凡是依法构成累犯和毒品再犯的，即使犯罪情节较轻，也要体现从严惩处的精神。尤其是对于前罪为暴力犯罪或被判处重刑的累犯，更要依法从严惩处。"之所以作出这种强调，是因为具有累犯和毒品再犯情节的犯罪分子曾受刑罚的惩罚、教育，却不思悔改，仍再次实施犯罪行为，充分表明其主观恶性深，人身危险性大，难以改造，有的甚至不堪改造，故要充分发挥刑罚的惩罚功能，以实现对此类犯罪分子的特殊预防。对此，最高人民法院2008年印发的《全国部分法院审理毒品犯罪案件工作座谈会纪要》也作了规定，即"审理毒品犯罪案件，应当切实贯彻宽严相济的刑事政策，突出毒品犯罪的打击重点。必须依法严惩毒枭、职业毒犯、再犯、累犯、惯犯、主犯等主观恶性深、人身危险性大、危害严重的毒品犯罪分子……对于其中罪行极其严重依法应当判处死刑的，必须坚决依法判处死刑。"①实践中，对于毒品数量达到实际掌握的死刑数量标准，并具有毒品再犯、累犯、职业犯、惯犯、主犯等情节的被告人，通常判处死刑，以体现法律的严惩立场。

在此方面，要特别需要重视对毒枭、职业毒犯、主犯立功问题的处理。《意见》第33条提出，在共同犯罪案件中，对于主犯或首要分子检举、揭发同案中地位、作用较次的犯罪分子构成立功的，从轻或者减轻处罚应当从严掌握，如果从轻处罚可能导致全案量刑失衡的，一般不予从轻处罚；如果检举、揭发的是其他犯罪案件中罪行同样严重的犯罪分子，或者协助抓获的是同案中的其他主犯、首要分子的，原则上应予依法从轻或者减轻处罚。实践中，应以功是否足以抵罪作为立功是否从宽处罚的标准，即应结合被告人罪行的严重程度、立功大小综合考虑。对于毒枭等严重毒品犯罪分子立功的，如果其检举、揭发的是其他犯罪案件中罪行同样严重的犯罪分子，或者协助抓获的是同案中的其他首要分子、主犯，功足以抵罪的，原则上可以从轻或者减轻处罚；如果协助抓获的只是同案中

---

① 该会议纪要已被废止。《全国法院毒品案件审判工作会议纪要》（法〔2023〕108号）规定："要毫不动摇地坚持依法从严惩处毒品犯罪的方针，突出打击重点，依法严惩走私、制造和大宗贩卖毒品等源头性犯罪，依法严惩毒品犯罪集团首要分子、职业毒犯、累犯、毒品再犯等犯罪分子，依法严惩具有武装掩护毒品犯罪、以暴力抗拒查缉情节严重、参与有组织的国际贩毒活动等严重情节的犯罪分子，对其中罪行极其严重、依法应当判处死刑的，坚决依法判处，充分发挥死刑对于预防和惩治毒品犯罪的重要作用。"——本评注注

的从犯或者马仔,功不足以抵罪,或者从轻处罚后全案处刑明显失衡的,不予从轻处罚。同时,对于同监犯将本人或者他人尚未被司法机关掌握的犯罪事实告知被告人,由被告人检举揭发的,如经查证属实,虽可认定立功,但是否从宽处罚以及从宽幅度的大小,应与通常的立功有所区别。对于通过非法手段或者非法途径获取他人犯罪信息,由被告人检举揭发的,不能认定为立功,也不能作为酌情从轻处罚情节。这样把握可以对罪行严重的毒品犯罪分子更有力地体现宽严相济刑事政策"严"的要求。

二、坚持区别对待,充分考虑从宽处罚情节

宽严相济刑事政策的核心是区别对待。对于情节较轻、社会危害性较小的犯罪,或者罪行虽重,但具有法定、酌定从宽处罚情节的被告人,应依法或者酌情予以从宽处罚。毒品犯罪的整体危害虽大,但具体犯罪也有轻重之别,不能不加区别地一律予以从严惩处,对其中罪行相对较轻的,或者具有法定、酌定从宽处罚情节的,应在量刑时充分考虑,以发挥刑罚的教育改造作用。

《意见》第17、18和19条分别提出,对于具有自首或者立功情节的被告人,一般均应当依法从宽处罚;对于较轻犯罪的初犯、偶犯,应当综合考虑其犯罪的动机、手段、情节、后果和犯罪时的主观状态,酌情予以从宽处罚。毒品案件的审判要充分贯彻这些原则性规定。例如,对于毒品数量达到实际掌握的死刑数量标准,但犯罪情节较轻,或者具有法定、酌定从宽处罚情节,符合下列情形之一的,可以不判处被告人死刑立即执行:(1)具有自首、立功等法定从宽处罚情节的;(2)已查获的毒品数量未达到实际掌握的死刑数量标准,到案后坦白尚未被司法机关掌握的其他毒品犯罪,累计数量超过实际掌握的死刑数量标准的;(3)经鉴定毒品含量极低,掺假之后的数量才达到实际掌握的死刑数量标准的,或者有证据表明可能大量掺假但因故不能鉴定的;(4)因特情引诱毒品数量才达到实际掌握的死刑数量标准的;(5)以贩养吸的被告人,被查获的毒品数量刚达到实际掌握的死刑数量标准的;(6)毒品数量刚达到实际掌握的死刑数量标准,确属初次犯罪即被查获,未造成严重危害后果的;等等。

此方面要特别重视对运输毒品罪的处理。刑法把运输毒品罪同走私、贩卖、制造毒品罪并列规定,并配置了相同法定刑,但实践中运输毒品犯罪的情况较为复杂。部分被告人系受指使、雇佣的贫民、边民或者无业人员,只是为赚取少量运费而为他人运输毒品,他们不是毒品的所有者、买家或者卖家,与幕后的指使、雇佣者相比,在毒品犯罪中处于从属和被支配地位,所起作用和主观恶性相对较小,社会危害性也相对较小,故量刑时应与走私、贩卖、制造毒品和具有严重情节的运输毒品犯罪分子有所区别。即,在运输毒品案件中要重点打击指使、雇佣他人运输毒品的犯罪分子和接应、接货的毒品所有者、买家或者卖家。对于运输毒品犯罪集团首要分子、组织、指使、雇佣他人运输毒品的主犯或者毒枭、职业毒犯、毒品再犯,以及具有武装掩护、暴力抗拒检查、拘留或者逮捕、参与有组织的国际毒品犯罪、以运输毒品为业、多次运输毒品或者其他严重情节的,应当依法从严惩处。但是,对有证据证明被告人确属受人指使、雇佣而运输毒品,又系初犯、偶犯的,可以从轻处罚,即使毒品数量超过实际掌握的死刑数量标准,也可以不判处死刑立即执行。这是深入贯彻宽严相济刑事政策"宽"的精神,进一步坚持区别对待的体现。

三、把握量刑平衡,稳妥实现宽严"相济"

宽严相济刑事政策中"宽"与"严"是辨证统一、相辅相成的关系,二者相互依存,相互补充,共同促进。"相济"不是"宽"和"严"的简单相加,而是一种交融关系,追求的是法律效果与社会效果的有机统一。在毒品案件的审判中实现宽严"相济",既要把握好个案之间的量刑平衡,也要把握好多被告人案件特别是共同犯罪案件的量刑平衡。

个案之间的量刑平衡意味着重罪重判,轻罪轻判,罚当其罪。这是罪刑均衡原则的基本要求。由于毒品数量是量刑的重要情节,在判断个案的量刑平衡问题上容易陷入"唯数量论"的误区。要特别重视的是,毒品数量并非量刑的唯一情节。对被告人量刑时,尤其是在考虑是否适用死刑时,应当综合考虑毒品数量、犯罪情节、危害后果、被告人的主观恶性、人身危险性以及当地禁毒形势等各种因素,予以区别对待。有的案件中毒品数量虽大,但被告人因具有法定从宽处罚情节而可能不判处死刑,有的案件中毒品数量较小,但超过了实际掌握的死刑数量标准,被告人也不具有法定或者酌定从宽处罚情节,故仍可能被判处死刑。这种处理不仅不违背宽严相济刑事政策,而恰恰是该政策的要求和体现。

对于多被告人犯罪特别是共同犯罪案件,根据宽严"相济"的具体要求,要注重正确区分主从犯并根据被告人罪责的大小确定刑罚。《意见》第31条提出,对于一般共同犯罪案件,应当充分考虑各被告人在共同犯罪中的地位和作用,以及在主观恶性和人身危险性方面的不同,根据事实和证据能分清主从犯的,都应当认定主从犯;有多名主犯的,应在主犯中进一步区分出罪行最为严重者。具体到毒品共同犯罪案件,首先,对能分清主从犯的,不能因为涉案毒品数量巨大,就不分主从犯而将被告人均认定为主犯或者实际上都按主犯处罚,一律判处重刑甚至死刑。要根据《意见》第30条的规定,依法从严惩处毒品犯罪组织或集团中的为首组织、指挥、策划者和骨干分子,该判处重刑或死刑的要坚决判处;但对受欺骗、胁迫参加犯罪组织、犯罪集团或只是一般参加者,在犯罪中起次要、辅助作用的从犯,应依法从轻或减轻处罚。其次,对于共同犯罪中有多个主犯的,处罚上也应做到区别对待,要全面考察各主犯在共同犯罪中实际发挥作用的差别,主观恶性和人身危险性方面的差异,对罪责更重的主犯判处更重的刑罚。如果共同犯罪中毒品数量刚达到实际掌握的死刑数量标准,但各共同犯罪人作用相当,或者责任大小难以区分的,可以不判处死刑立即执行。同时,从人道主义考虑,对于家庭成员共同实施毒品犯罪,毒品数量达到实际掌握的死刑数量标准,其中起主要作用的被告人已被判处死刑立即执行的,对其他罪行相对较轻的被告人可以不判处死刑立即执行。

附6:《在减刑、假释工作中贯彻宽严相济刑事政策》(最高人民法院审监庭,2010年5月5日)

宽严相济刑事政策是我国基本刑事政策,贯穿于刑事立法、刑事司法和刑罚执行的全过程。减刑、假释作为一种刑罚执行变更制度,是人民法院审判工作的重要组成部分,是贯彻宽严相济刑事政策"宽"的一面的重要切入点,是以"宽"济"严"的重要渠道。各级人民法院审理减刑、假释案件,务必要以宽严相济刑事政策为指导,充分发挥减刑、假释制度的积极功能,确保刑罚的执行效果。《最高人民法院关于贯彻宽严相济刑事政策的若干意见》(以下简称《意见》)第34条、第43条对减刑、假释审理工作如何贯彻宽严相济刑事政策作了规定,明确了"一个原则",体现了"三项新的精神",具有非常重要的指导意义和实践价值。各级人民法院要认真组织学习,将《意见》的精神不折不扣地贯彻到减刑、假释案件审理的全过程,力争实现减刑、假释审理工作的进一步发展。

一、明确了区别对待的原则

区别对待是宽严相济刑事政策的基础。在减刑、假释工作中贯彻宽严相济刑事政策,实行区别对待原则,是指以刑罚个别化原则为指导,从不同罪犯的犯罪和改造的实际情况出发,针对不同罪犯的不同情况,依法采取宽严不同的减刑、假释政策,确保在兼顾一般预防的前提下充分发挥刑罚的特殊预防功能,获取最佳的刑罚执行效果。为了实现刑罚的惩治功能,有效的预防犯罪,对具有严重社会危害性和人身危险性的犯罪分子,如犯有危害国家安全犯罪、故意危害公共安全犯罪、严重暴力犯罪、涉众型经济犯罪等严重犯罪的犯罪分子,恐怖组织犯罪、邪教组织犯罪、黑恶势力犯罪等有组织犯罪的领导者、组织者和骨干分子,毒品犯罪再犯的严重犯罪者,要"当严则严",在减刑、假释的条件,减刑的起始时间,减刑的幅度和减刑的频度等方面从严把握。另一方面,考虑到未成年罪犯可塑性较强,老年犯、残疾罪犯的再犯可能性较小,以及过失犯、中止犯、胁从犯、防卫过当或避险过当罪犯的主观恶性和人身危险性不大,在依法对他们进行减刑、假释时,要根据悔罪表现,在减刑、假释的条件,减刑的起始时间,减刑的幅度和减刑的频度等方面"该宽则宽"。

二、体现了三项新的精神

一是体现了减刑、假释与财产刑执行和民事赔偿责任履行情况挂钩的精神。当前,大部分法院在审理减刑、假释案件时,基本上不考虑罪犯财产刑执行和民事赔偿责任履行的情况。这种执(履)行与不执(履)行、执(履)行多与执(履)行少与减刑、假释不挂钩的局面,会形成错误的财产刑执行导向机制,加剧财产刑"空判"现象,进而损坏宽严相济刑事政策的落实。为了体现刑罚执行的严肃性和完整性,调动罪犯执行财产刑的积极性,《意见》将财产刑执行和附带民事赔偿责任履行情况作为"该宽则宽、当严则严"的重要参考依据,规定:"确有执行能力而拒不依法积极主动缴付财产执行财产刑或确有履行能力而不积极主动履行附带民事赔偿责任的,在依法减刑、假释时,应当从严掌握;积极主动缴付财产执行财产刑或履行民事赔偿责任的罪犯,在依法减刑、假释时,应根据悔改表现予以从宽掌握。"

二是体现了保证因暴力犯罪被判处死缓和无期徒刑罪犯较长服刑期限的精神。在"严格控制和限制死刑"的政策指导下,人民法院对一些故意杀人、爆炸、抢劫、强奸、绑架致人死亡或严重残疾的暴力犯罪的罪犯判处了死刑缓期执行或者无期徒刑。在我国的司法实践中,死缓犯的实际执行期限一般不会超过二十年,有的甚至只有十三四年,无期徒刑罪犯一般服刑十五年左右即可出狱,有的只有十一二年。这种"死刑过重,生刑过轻"的不平衡现象,不仅使得死刑缓期执行和无期徒刑应有的严厉性在实践中得不到保证,而且难以保证罪犯的改造效果。为了维护公平正义,确保罪犯的改造效果,《意见》体现了要保证因暴力犯罪被判处死缓和无期徒刑罪犯较长服刑期限的精神,规定:"对于因故意杀人、爆炸、抢劫、强奸、绑架等暴力犯罪,致人死亡或严重残疾而被判处死刑缓期两年执行或无期徒刑的罪犯,严格控制减刑的频度和每次减刑的幅度,保证其相对较长的实际服刑期限。"

三是体现了程序公正的精神。程序是制约减刑、假释裁量权滥用的有效手段,是确保宽严相济刑事政策落到实处的重要保障。树立程序公正意识,构建程序公正机制是规范减刑、假释案件审理的必由之路。实践证明,对减刑、假释案件实行程序公正机制,具有非常积极的作用,不仅可以避免人民群众对减刑、假释审理工作"暗箱操作"的怀疑,增强人民群众对司法公正的信心,而且可以使人民法院在审理减刑、假释案件时听取多方面意见,使减刑、假释裁定最大程度地接近正义。因此,《意见》对减刑、假释的程序公正机制作了明确的规定。但是，由于面临案多人少的矛盾，要求所有减刑、假释案件一律实行开庭审理，目前尚不具备条件。因此，构建程序公正机制，必须要选好适用范围，才能取得预期的效果。针对实践中职务犯罪罪犯的减刑、假释，较之于普通罪犯，存在减刑幅度偏大、间隔时间偏短、减刑频率偏快、假释比例偏高等问题，《意见》要求对于职务犯罪案件，尤其是原为县处级以上领导干部罪犯的减刑、假释案件，要一律开庭审理。对于故意杀人、抢劫、故意伤害等严重危害社会治安的暴力犯罪分子，有组织犯罪案件的首要分子和其他主犯以及其他重大、有影响案件罪犯的减刑、假释，原则上也要开庭审理。对于由于条件所限，不能开庭审理的减刑、假释案件，要在羁押场所公示，接受其他在押罪犯的监督，确保司法权最大限度地在阳光下运行。

三、贯彻《意见》精神时要注意的几个突出问题

一是要注意全面审查，防止"唯分是举、以分折刑"。贯彻宽严相济的刑事政策，依法审理是前提，宽严有据是根本。要防止"想宽就宽、想严就严"的错误倾向，要做到宽严都有足够的事实和法律依据。目前，一些人民法院审理减刑、假释案件依然主要以百分考核的分数作为唯一的标准。我们认为，百分考核的分数不能全面准确反映出罪犯的思想改造情况，无法全面反映罪犯的社会危害性和人身危险性，不符合宽严相济刑事政策的精神。各级人民法院要坚决摒弃"唯分是举"的错误做法，要树立全面审查的原则，既要将罪犯的改造表现作为宽严相济的重要根据，也要充分考虑罪犯的原判犯罪性质、情节、主观恶性、犯罪原因、原判刑罚情况、人身危险性、罪前社会表现、年龄、身体状况以及被害人意见等因素。只有这样，才能做到宽严有理，宽严有据。

二是要注意具体情况具体分析，力求宽严皆当，宽严有效。宽严"相济"是宽严相济刑事政策的精髓。贯彻宽严相济的刑事政策，要在"相济"上下工夫。要准确把握宽严相济刑事政策的精神，做到统筹兼顾、协调运用，不能只讲"宽"而忽视"严"，也不能只讲"严"而忽视"宽"。要理性认识犯罪现象，正确把握犯罪规律，科学判断当前和今后一个时期社会治安的态势，充分考虑人民群众的社会安全感，具体情况具体分析，做到严中有宽、宽以济严，宽中有严、严以济宽，防止片面化和绝对化。对具有严重社会危害性和人身危险性罪犯从严掌握的同时，也要注意宽的一面，要给出路、给希望，鼓励其悔过自新、积极改造，实现刑罚的教育和矫治功能。对于未成年罪犯、老病残罪犯等主观恶性不深、人身危险性不大的罪犯从宽掌握的同时，也要体现严的一面，防止一味从宽，以体现刑罚的惩罚和警示功能。

三是要注意因地制宜，充分发挥假释的制度优势。假释是落实宽严相济刑

事政策的一项重要制度。相对于减刑而言,假释在维持原判稳定性、促使罪犯自我改造和顺利回归社会、降低行刑成本方面具有一定的优势。但是,当前大部分人民法院假释的适用率不高,远远低于减刑适用率。针对这一情况,《意见》规定,符合刑法第八十一条第一款规定的假释条件的,应当依法多适用假释。在贯彻该意见时,首先,要克服害怕承担风险的心理。只要严格依照法定程序和正当程序审理假释案件,注意听取各方面的意见,正确行使裁量权,依法公正地进行裁决,严格遵守廉政规则和审判纪律,办案人员就不应当承担责任。其次,要正确把握假释的条件,综合考察原判犯罪的性质、情节、社会危害性等各种因素,具体分析,准确把握。此外,还要注重完善假释后的监管措施。最后,有必要指出的是,《意见》所说的依法"多"适用假释,不是对法律规定的假释条件的放宽,而是针对过去没有很好地发挥假释功能,假释适用比例过小的现象提出的要求。

《最高人民检察院关于在检察工作中贯彻宽严相济刑事司法政策的若干意见》(高检发研字〔2007〕2号,节录)

为了在检察工作中全面贯彻宽严相济的刑事司法政策,更好地为构建社会主义和谐社会服务,根据刑法、刑事诉讼法及有关规定,结合检察工作实际,提出以下意见。

一、检察机关贯彻宽严相济刑事司法政策的指导思想和原则

1.检察机关贯彻宽严相济的刑事司法政策,必须坚持以邓小平理论、"三个代表"重要思想和科学发展观为指导,牢固树立社会主义法治理念和正确的稳定观,把促进社会和谐作为检验检察工作的重要标准,充分履行法律监督职能,有效地遏制、预防和减少犯罪,最大限度地增加和谐因素,最大限度地减少不和谐因素,为构建社会主义和谐社会提供有力的司法保障。

2.宽严相济是我们党和国家的重要刑事司法政策,是检察机关正确执行国家法律的重要指针。检察机关贯彻宽严相济的刑事司法政策,就是要根据社会治安形势和犯罪分子的不同情况,在依法履行法律监督职能中实行区别对待,注重宽与严的有机统一,该严则严,当宽则宽,宽严互补,宽严有度,对严重犯罪依法从严打击,对轻微犯罪依法从宽处理,对严重犯罪中的从宽情节和轻微犯罪中的从严情节也要依法分别予以宽严体现,对犯罪的实体处理和适用诉讼程序都要体现宽严相济的精神。

3.检察机关要按照构建社会主义和谐社会的要求,认识和把握宽严相济刑事司法政策在新的形势下对检察工作的重要指导意义,在对严重犯罪依法严厉打击的同时,对犯罪分子依法能争取的尽量争取,能挽救的尽量挽救,能从宽处理的尽量从宽处理,最大限度地化消极因素为积极因素,为构建社会主义和谐社

会服务。

4. 检察机关贯彻宽严相济的刑事司法政策应当坚持以下原则：

——全面把握。宽严相济刑事司法政策中的宽与严是一个有机统一的整体，二者相辅相成。必须全面理解，全面把握，全面落实。既要防止只讲严而忽视宽，又要防止只讲宽而忽视严，防止一个倾向掩盖另一个倾向。

——区别对待。宽严相济刑事司法政策的核心是区别对待。应当综合考虑犯罪的社会危害性（包括犯罪侵害的客体、情节、手段、后果等）、犯罪人的主观恶性（包括犯罪时的主观方面、犯罪后的态度、平时表现等）以及案件的社会影响，根据不同时期、不同地区犯罪与社会治安的形势，具体情况具体分析，依法予以从宽或者从严处理。

——严格依法。贯彻宽严相济的刑事司法政策，必须坚持罪刑法定、罪刑相适应、法律面前人人平等原则，实现政策指导与严格执法的有机统一，宽要有节，严要有度，宽和严都必须严格依照法律，在法律范围内进行，做到宽严合法，于法有据。

——注重效果。贯彻宽严相济的刑事司法政策，应当做到惩治犯罪与保障人权的有机统一，法律效果与社会效果的有机统一，保护犯罪嫌疑人、被告人的合法权利与保护被害人的合法权益的有机统一，特殊预防与一般预防的有机统一，执法办案与化解矛盾的有机统一，以有利于维护稳定，化解矛盾，减少对抗，促进和谐。

二、在履行法律监督职能中全面贯彻宽严相济刑事司法政策

5. 依法严厉打击严重危害社会治安的犯罪和严重破坏市场经济秩序等犯罪。"严打"是宽严相济刑事司法政策的重要内容和有机组成部分，是贯彻宽严相济刑事司法政策的重要体现，必须坚定不移地坚持。必须依法从重从快打击黑社会性质组织犯罪、恐怖犯罪、毒品犯罪以及杀人、爆炸、抢劫、强奸、绑架、投放危险物质等严重危害社会治安的刑事犯罪，依法严厉惩治严重破坏金融秩序、侵犯知识产权、制售严重危害人身安全和人体健康的伪劣商品等严重破坏社会主义市场经济秩序的犯罪，依法打击重大环境污染等破坏环境资源犯罪。该批捕的要坚决批捕，该起诉的要坚决起诉，及时、准确、有力地予以打击。

6. 依法严肃查处贪污贿赂、渎职侵权等国家工作人员职务犯罪。（略）

7. 严格把握"有逮捕必要"的逮捕条件，慎重适用逮捕措施。逮捕是最严厉的刑事强制措施，能用其他强制措施的尽量使用其他强制措施。审查批捕要严格依据法律规定，在把握事实证据条件、可能判处刑罚条件的同时，注重对"有逮捕必要"条件的正确理解和把握。具体可以综合考虑以下因素：一是主体是

否属于未成年人或者在校学生、老年人、严重疾病患者、盲聋哑人、初犯、从犯或者怀孕、哺乳自己婴儿的妇女等;二是法定刑是否属于较轻的刑罚;三是情节是否具有中止、未遂、自首、立功等法定从轻、减轻或者免除处罚等情形;四是主观方面是否具有过失、受骗、被胁迫等;五是犯罪后是否具有认罪、悔罪表现,是否具有重新危害社会或者串供、毁证、妨碍作证等妨害诉讼进行的可能;六是犯罪嫌疑人是否属于流窜作案、有无固定住址及帮教、管教条件;七是案件基本证据是否已经收集固定、是否有翻供翻证的可能等。对于罪行严重、主观恶性较大、人身危险性大或者有串供、毁证、妨碍作证等妨害诉讼顺利进行可能,符合逮捕条件的,应当批准逮捕。对于不采取强制措施或者采取其他强制措施不致于妨害诉讼顺利进行的,应当不予批捕。对于可捕可不捕的坚决不捕。

8. 正确把握起诉和不起诉条件,依法适用不起诉。在审查起诉工作中,严格依法掌握起诉条件,充分考虑起诉的必要性,可诉可不诉的不诉。对于初犯、从犯、预备犯、中止犯、防卫过当、避险过当、未成年人犯罪、老年人犯罪以及亲友、邻里、同学同事等纠纷引发的案件,符合不起诉条件的,可以依法适用不起诉,并可以根据案件的不同情况,对被不起诉人予以训诫或者责令具结悔过、赔礼道歉、赔偿损失。确需提起公诉的,可以依法向人民法院提出从宽处理、适用缓刑等量刑方面的意见。

9. 突出立案监督的重点。完善立案监督机制,将监督的重点放在严重犯罪或者社会影响恶劣以及违法立案造成严重后果的案件上,加强对侦查机关落实立案监督情况的跟踪监督,确保违法立案案件及时得到纠正。

10. 在抗诉工作中正确贯彻宽严相济的刑事司法政策。既要重视对有罪判无罪、量刑畸轻的案件及时提出抗诉,又要重视对无罪判有罪、量刑畸重的案件及时提出抗诉。对于被告人认罪并积极赔偿损失、被害人谅解的案件、未成年人犯罪案件以及具有法定从轻、减轻情节的案件,人民法院处罚偏轻的,一般不提出抗诉。对于第一审宣判后人民检察院在法定期限内未提出抗诉,或者判决、裁定发生法律效力后六个月内未提出抗诉的案件,没有发现新的事实或者证据的,一般也不得为加重被告人刑罚而依照审判监督程序提出抗诉。

11. 对未成年人犯罪案件依法从宽处理。办理未成年人犯罪案件,应当坚持"教育、感化、挽救"的方针和"教育为主、惩罚为辅"的原则。要对未成年犯罪嫌疑人的情况进行调查,了解未成年人的性格特点、家庭情况、社会交往、成长经历以及有无帮教条件等情况,除主观恶性大、社会危害严重的以外,根据案件具体情况,可捕可不捕的不捕,可诉可不诉的不诉。对确需提起公诉的未成年被告人,应当根据情况依法向人民法院提出从宽处理、适用缓刑等量刑方面的意见。

12. 对因人民内部矛盾引发的轻微刑事案件依法从宽处理。对因亲友、邻里及同学同事之间纠纷引发的轻微刑事案件,要本着"冤家宜解不宜结"的精神,着重从化解矛盾、解决纠纷的角度正确处理。对于轻微刑事案件中犯罪嫌疑人认罪悔过、赔礼道歉、积极赔偿损失并得到被害人谅解或者双方达成和解并切实履行,社会危害性不大的,可以依法不予逮捕或者不起诉。确需提起公诉的,可以依法向人民法院提出从宽处理的意见。对属于被害人可以提起自诉的轻微刑事案件,由公安机关立案侦查并提请批捕、移送起诉的,人民检察院可以促使双方当事人在民事赔偿和精神抚慰方面和解,及时化解矛盾,依法从宽处理。

13. 对轻微犯罪中的初犯、偶犯依法从宽处理。对于初次实施轻微犯罪、主观恶性小的犯罪嫌疑人,特别是对因生活无着偶然发生的盗窃等轻微犯罪,犯罪嫌疑人人身危险性不大的,一般可以不予逮捕;符合法定条件的,可以依法不起诉。确需提起公诉的,可以依法向人民法院提出从宽处理的意见。

14. 正确处理群体性事件中的犯罪案件。处理群体性事件中的犯罪案件,应当坚持惩治少数,争取、团结、教育大多数的原则。对极少数插手群体性事件,策划、组织、指挥闹事的严重犯罪分子以及进行打砸抢等犯罪活动的首要分子或者骨干分子,要依法严厉打击。对一般参与者,要慎重适用强制措施和提起公诉;确需提起公诉的,可以依法向人民法院提出从宽处理的意见。

三、建立健全贯彻宽严相济刑事司法政策的检察工作机制和办案方式(略)
四、转变观念,加强指导,保障正确贯彻落实宽严相济刑事司法政策(略)

第一节 量 刑

规范性文件

《最高人民法院、最高人民检察院、公安部、国家安全部、司法部关于规范量刑程序若干问题的意见》(法发〔2020〕38号,自2020年11月6日起施行,具体条文未收录)

《最高人民法院、最高人民检察院关于常见犯罪的量刑指导意见(试行)》(法发〔2021〕21号,自2021年7月1日起施行)

为进一步规范量刑活动,落实宽严相济刑事政策和认罪认罚从宽制度,增强量刑公开性,实现量刑公正,根据刑法、刑事诉讼法和有关司法解释等规定,结合司法实践,制定本指导意见。

一、量刑的指导原则

（一）量刑应当以事实为根据，以法律为准绳，根据犯罪的事实、性质、情节和对于社会的危害程度，决定判处的刑罚。

（二）量刑既要考虑被告人所犯罪行的轻重，又要考虑被告人应负刑事责任的大小，做到罪责刑相适应，实现惩罚和预防犯罪的目的。

（三）量刑应当贯彻宽严相济的刑事政策，做到该宽则宽，当严则严，宽严相济，罚当其罪，确保裁判政治效果、法律效果和社会效果的统一。

（四）量刑要客观、全面把握不同时期不同地区的经济社会发展和治安形势的变化，确保刑法任务的实现；对于同一地区同一时期案情相似的案件，所判处的刑罚应当基本均衡。

二、量刑的基本方法

量刑时，应当以定性分析为主，定量分析为辅，依次确定量刑起点、基准刑和宣告刑。

（一）量刑步骤

1. 根据基本犯罪构成事实在相应的法定刑幅度内确定量刑起点。

2. 根据其他影响犯罪构成的犯罪数额、犯罪次数、犯罪后果等犯罪事实，在量刑起点的基础上增加刑罚量确定基准刑。

3. 根据量刑情节调节基准刑，并综合考虑全案情况，依法确定宣告刑。

（二）调节基准刑的方法

1. 具有单个量刑情节的，根据量刑情节的调节比例直接调节基准刑。

2. 具有多个量刑情节的，一般根据各个量刑情节的调节比例，采用同向相加、逆向相减的方法调节基准刑；具有未成年人犯罪、老年人犯罪、限制行为能力的精神病人犯罪、又聋又哑的人或者盲人犯罪、防卫过当、避险过当、犯罪预备、犯罪未遂、犯罪中止、从犯、胁从犯和教唆犯等量刑情节的，先适用该量刑情节对基准刑进行调节，在此基础上，再适用其他量刑情节进行调节。

3. 被告人犯数罪，同时具有适用于个罪的立功、累犯等量刑情节的，先适用该量刑情节调节个罪的基准刑，确定个罪所应判处的刑罚，再依法实行数罪并罚，决定执行的刑罚。

（三）确定宣告刑的方法

1. 量刑情节对基准刑的调节结果在法定刑幅度内，且罪责刑相适应的，可以直接确定为宣告刑；具有应当减轻处罚情节的，应当依法在法定最低刑以下确定宣告刑。

2. 量刑情节对基准刑的调节结果在法定最低刑以下，具有法定减轻处罚情节,且罪责刑相适应的,可以直接确定为宣告刑;只有从轻处罚情节的,可以依法确定法定最低刑为宣告刑;但是根据案件的特殊情况,经最高人民法院核准,也可以在法定刑以下判处刑罚。

3. 量刑情节对基准刑的调节结果在法定最高刑以上的,可以依法确定法定最高刑为宣告刑。

4. 综合考虑全案情况,独任审判员或合议庭可以在20%的幅度内对调节结果进行调整,确定宣告刑。当调节后的结果仍不符合罪责刑相适应原则的,应当提交审判委员会讨论,依法确定宣告刑。

5. 综合全案犯罪事实和量刑情节,依法应当判处无期徒刑以上刑罚、拘役、管制或者单处附加刑、缓刑、免予刑事处罚的,应当依法适用。

(四)判处罚金刑,应当以犯罪情节为根据,并综合考虑被告人缴纳罚金的能力,依法决定罚金数额。

(五)适用缓刑,应当综合考虑被告人的犯罪情节、悔罪表现、再犯罪的危险以及宣告缓刑对所居住社区的影响,依法作出决定。

三、常见量刑情节的适用

量刑时应当充分考虑各种法定和酌定量刑情节,根据案件的全部犯罪事实以及量刑情节的不同情形,依法确定量刑情节的适用及其调节比例。对黑恶势力犯罪、严重暴力犯罪、毒品犯罪、性侵未成年人犯罪等危害严重的犯罪,在确定从宽的幅度时,应当从严掌握;对犯罪情节较轻的犯罪,应当充分体现从宽。具体确定各个量刑情节的调节比例时,应当综合平衡调节幅度与实际增减刑罚量的关系,确保罪责刑相适应。

(一)对于未成年人犯罪,综合考虑未成年人对犯罪的认知能力、实施犯罪行为的动机和目的、犯罪时的年龄、是否初犯、偶犯、悔罪表现、个人成长经历和一贯表现等情况,应当予以从宽处罚。

1. 已满十二周岁不满十六周岁的未成年人犯罪,减少基准刑的30%—60%;
2. 已满十六周岁不满十八周岁的未成年人犯罪,减少基准刑的10%—50%。

(二)对于已满七十五周岁的老年人故意犯罪,综合考虑犯罪的性质、情节、后果等情况,可以减少基准刑的40%以下;过失犯罪的,减少基准刑的20%—50%。

(三)对于又聋又哑的人或者盲人犯罪,综合考虑犯罪性质、情节、后果以及聋哑人或者盲人犯罪时的控制能力等情况,可以减少基准刑的50%以下;犯罪较轻的,可以减少基准刑的50%以上或者依法免除处罚。

(四)对于未遂犯,综合考虑犯罪行为的实行程度、造成损害的大小、犯罪未得逞的原因等情况,可以比照既遂犯减少基准刑的50%以下。

(五)对于从犯,综合考虑其在共同犯罪中的地位、作用等情况,应当予以从宽处罚,减少基准刑的20%—50%;犯罪较轻的,减少基准刑的50%以上或者依法免除处罚。

(六)对于自首情节,综合考虑自首的动机、时间、方式、罪行轻重、如实供述罪行的程度以及悔罪表现等情况,可以减少基准刑的40%以下;犯罪较轻的,可以减少基准刑的40%以上或者依法免除处罚。恶意利用自首规避法律制裁等不足以从宽处罚的除外。

(七)对于坦白情节,综合考虑如实供述罪行的阶段、程度、罪行轻重以及悔罪表现等情况,确定从宽的幅度。

1.如实供述自己罪行的,可以减少基准刑的20%以下;

2.如实供述司法机关尚未掌握的同种较重罪行的,可以减少基准刑的10%—30%;

3.因如实供述自己罪行,避免特别严重后果发生的,可以减少基准刑的30%—50%。

(八)对于当庭自愿认罪的,根据犯罪的性质、罪行的轻重、认罪程度以及悔罪表现等情况,可以减少基准刑的10%以下。依法认定自首、坦白的除外。

(九)对于立功情节,综合考虑立功的大小、次数、内容、来源、效果以及罪行轻重等情况,确定从宽的幅度。

1.一般立功的,可以减少基准刑的20%以下;

2.重大立功的,可以减少基准刑的20%—50%;犯罪较轻的,减少基准刑的50%以上或者依法免除处罚。

(十)对于退赃、退赔的,综合考虑犯罪性质,退赃、退赔行为对损害结果所能弥补的程度,退赃、退赔的数额及主动程度等情况,可以减少基准刑的30%以下;对抢劫等严重危害社会治安犯罪的,应当从严掌握。

(十一)对于积极赔偿被害人经济损失并取得谅解的,综合考虑犯罪性质、赔偿数额、赔偿能力以及认罪悔罪表现等情况,可以减少基准刑的40%以下;积极赔偿但没有取得谅解的,可以减少基准刑的30%以下;尽管没有赔偿,但取得谅解的,可以减少基准刑的20%以下。对抢劫、强奸等严重危害社会治安犯罪的,应当从严掌握。

(十二)对于当事人根据刑事诉讼法第二百八十八条达成刑事和解协议的,综合考虑犯罪性质、赔偿数额、赔礼道歉以及真诚悔罪等情况,可以减少基准刑的50%以下;犯罪较轻的,可以减少基准刑的50%以上或者依法免除处罚。

（十三）对于被告人在羁押期间表现好的，可以减少基准刑的10%以下。

（十四）对于被告人认罪认罚的，综合考虑犯罪的性质、罪行的轻重、认罪认罚的阶段、程度、价值、悔罪表现等情况，可以减少基准刑的30%以下；具有自首、重大坦白、退赃退赔、赔偿谅解、刑事和解等情节的，可以减少基准刑的60%以下，犯罪较轻的，可以减少基准刑的60%以上或者依法免除处罚。认罪认罚与自首、坦白、当庭自愿认罪、退赃退赔、赔偿谅解、刑事和解、羁押期间表现好等量刑情节不作重复评价。

（十五）对于累犯，综合考虑前后罪的性质、刑罚执行完毕或赦免以后至再犯罪时间的长短以及前后罪罪行轻重等情况，应当增加基准刑的10%—40%，一般不少于3个月。

（十六）对于有前科的，综合考虑前科的性质、时间间隔长短、次数、处罚轻重等情况，可以增加基准刑的10%以下。前科犯罪为过失犯罪和未成年人犯罪的除外。

（十七）对于犯罪对象为未成年人、老年人、残疾人、孕妇等弱势人员，综合考虑犯罪的性质、犯罪的严重程度等情况，可以增加基准刑的20%以下。

（十八）对于在重大自然灾害、预防、控制突发传染病疫情等灾害期间故意犯罪的，根据案件的具体情况，可以增加基准刑的20%以下。

四、常见犯罪的量刑

（→本部分参见分则相应条文评注部分）

五、附则

（一）本指导意见规范上列二十三种犯罪判处有期徒刑的案件。其他判处有期徒刑的案件，可以参照量刑的指导原则、基本方法和常见量刑情节的适用规范量刑。

（二）各省、自治区、直辖市高级人民法院、人民检察院应当结合当地实际，共同制定实施细则。

（三）本指导意见自2021年7月1日起实施。最高人民法院2017年3月9日《关于实施修订后的〈关于常见犯罪的量刑指导意见〉的通知》（法发〔2017〕7号）同时废止。

《人民检察院办理认罪认罚案件开展量刑建议工作的指导意见》（2021年12月3日，具体条文未收录）

第六十一条　【量刑的一般原则】对于犯罪分子决定刑罚的时候，应当根据犯罪的事实、犯罪的性质、情节和对于社会的危害程度，依照本法的有关规定判处。

立法沿革

本条系1997年《刑法》沿用1979年《刑法》第五十七条的规定,未作调整。

刑参案例规则提炼

《阎留普、黄芬故意杀人案——被告人同时具备多种法定从轻、减轻、免除处罚情节和其他酌定情节的如何具体量刑》(第58号案例)、《吴晴兰非法出售珍贵、濒危野生动物案——"犯意诱发型"案件如何处理》(第604号案例)、《黄志坚故意杀人案——逆向情节并存时如何把握量刑的一般原则以及因民间纠纷激化行凶杀人,既具有杀死纠纷一方成年人、杀死、杀伤无辜儿童等从重处罚情节,又具有自首等从轻处罚情节的,如何准确把握量刑尺度》(第994号案例)所涉规则提炼如下:

1. 多种情节并存的量刑规则。"对于被告人同时具备两个以上的量刑情节,如被告人同时具备一个法定可以从轻处罚情节、一个法定应当从轻处罚情节和一个法定应当减轻处罚情节,或者还有酌定从轻情节时,如何具体决定刑罚,比较难以准确裁量,没有也不可能有一个具体把握的原则,只能综合案件的具体情况,综合考虑案件的各种因素,慎重作出决定。"(第58号案例)

2. 逆向情节并存的量刑规则。对于"从宽情节与从严情节逆向并存的案件","应当以综合比较的方法对本案并存的逆向情节加以分析,最终确定应当判处的刑罚"。(第994号案例)

3. 诱惑侦查的处理规则。"对于'犯意诱发型'的诱惑侦查,由于其实质上是借诱惑侦查之名行制造犯罪之实,一般情况下不应允许。法院在审理此类案件时,对被告人定罪应当慎重,一般情况下不应认定被告人有罪或者应对被告人免予刑事处罚。""'机会提供型'诱惑侦查中,已有证据显示被诱惑者具有重大犯罪嫌疑或犯罪意图,侦查人员的诱惑行为只是强化了被诱惑者固有的犯罪意图或者加重了其犯罪情节(如增加了犯罪次数或者犯罪数量),只要符合法律规定的条件,可以采用。法院在审理此类案件时,应当认定被告人有罪,但在量刑时,应结合具体案情,对因诱惑因素而加重的犯罪情节部分在量刑时应予以考虑,一般不应判处最重之刑。"(第604号案例)

第六十二条 【从重处罚与从轻处罚】 犯罪分子具有本法规定的从重处罚、从轻处罚情节的,应当在法定刑的限度以内判处刑罚。

立法沿革

本条系 1997 年《刑法》沿用 1979 年《刑法》第五十八条的规定，未作调整。

第六十三条 【减轻处罚】犯罪分子具有本法规定的减轻处罚情节的，应当在法定刑以下判处刑罚；本法规定有数个量刑幅度的，应当在法定量刑幅度的下一个量刑幅度内判处刑罚。

犯罪分子虽然不具有本法规定的减轻处罚情节，但是根据案件的特殊情况，经最高人民法院核准，也可以在法定刑以下判处刑罚。

立法沿革

本条系 1997 年《刑法》吸收修改 1979 年《刑法》作出的规定。1979 年《刑法》第五十九条规定："犯罪分子具有本法规定的减轻处罚情节的，应当在法定刑以下判处刑罚。""犯罪分子虽然不具有本法规定的减轻处罚情节，如果根据案件的具体情况，判处法定刑的最低刑还是过重的，经人民法院审判委员会决定，也可以在法定刑以下判处刑罚。"1997 年《刑法》将在法定刑以下判处刑罚的权力由"经人民法院审判委员会决定"调整为"经最高人民法院核准"；同时，将"根据案件的具体情况"调整为"根据案件的特殊情况"，并删去了"判处法定刑的最低刑还是过重的"规定。

2011 年 5 月 1 日起施行的《刑法修正案（八）》第五条对本条作了修改，增加了"本法规定有数个量刑幅度的，应当在法定量刑幅度的下一个量刑幅度内判处刑罚"的规定。

修正前《刑法》	修正后《刑法》
第六十三条　犯罪分子具有本法规定的减轻处罚情节的，应当在法定刑以下判处刑罚。 犯罪分子虽然不具有本法规定的减轻处罚情节，但是根据案件的特殊情况，经最高人民法院核准，也可以在法定刑以下判处刑罚。	第六十三条　犯罪分子具有本法规定的减轻处罚情节的，应当在法定刑以下判处刑罚；**本法规定有数个量刑幅度的，应当在法定量刑幅度的下一个量刑幅度内判处刑罚**。 犯罪分子虽然不具有本法规定的减轻处罚情节，但是根据案件的特殊情况，经最高人民法院核准，也可以在法定刑以下判处刑罚。

司法解释

《最高人民法院关于适用刑法时间效力规定若干问题的解释》(法释[1997]5号)第二条对1997年9月30日以前犯罪,不具有法定减轻处罚情节,但需要在法定刑以下判处刑罚的适用刑法条文规则作了规定。(→参见第十二条评注部分,第17页)

法律适用答复、复函

《最高人民法院研究室关于如何理解"在法定刑以下判处刑罚"问题的答复》(法研[2012]67号)

广东省高级人民法院:

你院粤高法[2012]120号《关于对具有减轻处罚情节的案件在法定刑以下判处刑罚问题的请示》收悉。经研究,答复如下:

刑法第六十三条第一款规定的"在法定刑以下判处刑罚",是指在法定量刑幅度的最低刑以下判处刑罚。刑法分则中规定的"处十年以上有期徒刑、无期徒刑或者死刑",是一个量刑幅度,而不是"十年以上有期徒刑"、"无期徒刑"和"死刑"三个量刑幅度。

刑参案例规则提炼

《李小平等人故意伤害案——对不具有法定减轻处罚情节的犯罪分子应如何适用刑罚》(第114号案例)、《程乃伟绑架案——特殊情况下减轻处罚的适用》(第182号案例)、《王宇走私珍贵动物制品案——〈刑法修正案(八)〉实施后刑法第六十三条第二款的适用》(第772号案例)、《刘某贪污案——适用减轻处罚情节能否减至免予刑事处罚》(第786号案例)、《朱胜虎等非法经营案——如何依据法定情节对定金刑减轻适用》(第829号案例)、《王海旺非法经营案——特殊情况下减轻处罚的理解与适用》(第1237号案例)、《王某碗、王某甲、王某兵掩饰、隐瞒犯罪所得案——掩饰、隐瞒犯罪所得罪中情节加重"次数"的认定及量刑平衡》(第1518号案例)所涉规则提炼如下:

1. **刑法总则规定不得直接作为减轻处罚依据的规则。**"罪责刑相适应原则系刑法总则规定,其效力当然适用于分则各个条款……但该原则不是法定减轻处罚的量刑情节,不可在个案中直接援用对行为人减轻处罚。"(第1518号案例)

2. **减轻处罚的适用规则。**"最高人民法院研究室1994年2月5日下发的《关于适用刑法第五十九条第二款减轻处罚能否判处刑法分则条文没有规定的刑罚问题的答复》(以下简称《答复》)……作了如下明确答复,'在法定刑以下判处刑罚,包括判处刑法分则条文没有规定的不同种的刑罚'。""在没有规范性文件明确提出相反的意见之前,《答复》确立的原则至今依然可以适用。""以战时自伤案件为例……如果与具体罪行对应的法定量刑幅度是'三年以下有期徒刑',在适用减轻处罚情节时,可以对被告人判处拘役或者管制;如果与具体罪行对应的法定量刑幅度中最低的法定刑已是最低刑种,即没有再适用减轻处罚的空间的,则可以直接适用刑法第三十七条免予刑事处罚的规定,不必以适用减轻处罚情节的方式判处免予刑事处罚。"(第786号案例)

3. 罚金刑减轻处罚的适用规则。"罚金刑可以依据法定减轻处罚情节而减轻适用。""判处自由刑和罚金刑的依据并不完全相同,判处自由刑的依据因素不可能包括犯罪分子的经济状况,但判处罚金刑却要考虑这一因素。""鉴于量刑情节的调节结果理应在裁判文书中明确表述,对罚金刑受量刑情节调节的结果也应当进行表述,特别是在自由刑与罚金刑不同时从轻、减轻处罚时更应当表述清楚……"(第829号案例)

4. 法定刑以下判处刑罚的适用规则。《刑法》第六十三条第二款规定的"案件的特殊情况","主要是指案件的处理具有特殊性,一般应是指涉及政治、外交、统战、民族、宗教等国家利益的特殊需要"。(第114号案例)"但是从司法实践的实际情况来看,确有一些案件在法定刑以内判处明显过重,不能做到罪刑相适应……作为极'特殊情况',对极个别的在法定最低刑内判处确实明显地罪刑不相适应的案件,也可以适用刑法第六十三条的规定,但一定要从严掌握,绝不能滥用。"(第182号案例)"案件是否具有法定刑以下判处刑法的特殊情况,通常并不取决于某一个情节,而是多个情节综合认定的结果。"(第1237号案例)在《刑法修正案(八)》施行之后,在法定刑以下判处刑罚的,"必要时在法定量刑幅度的下两个量刑幅度判处刑罚有其必要性和合理性"。(第772号案例)换言之,"不受在法定量刑幅度的下一个量刑幅度内判处刑罚这一原则的限制"。(第786号案例)

■ 司法疑难解析

1. 减轻处罚时附加刑一并减轻的问题。本评注认为,减轻处罚的,适用减轻后的量刑幅度内的附加刑。减轻后的量刑幅度未规定附加刑的,不适用附加刑。主要考虑:《刑法》第六十三条第一款规定:"犯罪分子具有本法规定的减轻处罚情节的,应当在法定刑以下判处刑罚。"当刑法分则所规定的某一量刑幅度既有主刑也有附加刑时,附加刑无疑也属于"法定刑"的组成部分。当犯罪分子具有减轻处罚情节,需要在法定刑以下判处刑罚时,显然既要在主刑适用上体现减轻,也要在附加刑适用上体现减轻。如果减轻后的量刑幅度未规定附加刑的,不再适用附加刑。

2. 跨档减轻处罚的问题。关于《刑法》第六十三条第一款"本法规定有数个量刑幅度的,应当在法定量刑幅度的下一个量刑幅度内判处刑罚"的规定,**本评注主张**对适用情形作适当限缩解释,即限于只有一个减轻处罚情节的情形。对于具有两个减轻处罚情节的情形,或者所适用的情节是"可以减轻或者免除处罚"的,则可以视情跨档减轻处罚。特别是,在后者情形下,如果不允许跨档减轻处罚,但允许免除处罚,逻辑上似不周延,且难以实现罪刑均衡。当然,个案中跨档减轻处罚的,要尽量与控辩双方做好解释说理工作,最大限度实现息诉服判、案结事了。

> **第六十四条 【犯罪物品的处理】**犯罪分子违法所得的一切财物,应当予以追缴或者责令退赔;对被害人的合法财产,应当及时返还;违禁品和供犯罪所用的本人财物,应当予以没收。没收的财物和罚金,一律上缴国库,不得挪用和自行处理。

◆ 立法沿革

本条系 1997 年《刑法》吸收修改 1979 年《刑法》作出的规定。1979 年《刑法》第六十条规定:"犯罪分子违法所得的一切财物,应当予以追缴或者责令退赔;违禁品和供犯罪所用的本人财物,应当予以没收。"1997 年《刑法》增设了对被害人的合法财产及时返还和对罚没财物一律上缴国库的规定。

◆ 司法解释

《最高人民法院关于被告人亲属主动为被告人退缴赃款应如何处理的批复》[法(研)复(1987)32 号]

广东省高级人民法院:

你院(1986)粤法刑经文字第 42 号《关于被告人亲属主动为被告人退缴赃款法院应如何处理的请示报告》收悉。经研究,答复如下:

一、被告人是成年人,其违法所得都由自己挥霍,无法追缴的,应责令被告人退赔,其家属没有代为退赔的义务。

被告人在家庭共同财产中有其个人应有部分的,只能在其个人应有部分的范围内,责令被告人退赔。

二、如果被告人的违法所得有一部分用于家庭日常生活，对这部分违法所得，被告人和家属均有退赔义务。

三、如果被告人对责令其本人退赔的违法所得已无实际上的退赔能力，但其亲属应被告人的请求，或者主动提出并征得被告人同意，自愿代被告人退赔部分或者全部违法所得的，法院也可考虑其具体情况，收下其亲属自愿代被告人退赔的款项，并视为被告人主动退赔的款项。

四、属于以上三种情况，已作了退赔的，均可视为被告人退赃较好，可以依法适用从宽处罚。

五、如果被告人的罪行应当判处死刑，并必须执行，属于以上第一、二两种情况的，法院可以接收退赔的款项；属于以上第三种情况的，其亲属自愿代为退赔的款项，法院不应接收。

《最高人民法院关于刑事裁判涉财产部分执行的若干规定》（法释〔2014〕13号）第六条、第十条、第十一条对追缴或者责令退赔作了规定。（→参见第五十二条评注部分，第171页）

《最高人民法院关于适用〈中华人民共和国刑事诉讼法〉的解释》（法释〔2021〕1号，自2021年3月1日起施行，节录）

第一百七十六条　被告人非法占有、处置被害人财产的，应当依法予以追缴或者责令退赔。被害人提起附带民事诉讼的，人民法院不予受理。追缴、退赔的情况，可以作为量刑情节考虑。

第二百七十九条　法庭审理过程中，应当对查封、扣押、冻结财物及其孳息的权属、来源等情况，是否属于违法所得或者依法应当追缴的其他涉案财物进行调查，由公诉人说明情况、出示证据、提出处理建议，并听取被告人、辩护人等诉讼参与人的意见。

案外人对查封、扣押、冻结的财物及其孳息提出权属异议的，人民法院应当听取案外人的意见；必要时，可以通知案外人出庭。

经审查，不能确认查封、扣押、冻结的财物及其孳息属于违法所得或者依法应当追缴的其他涉案财物的，不得没收。

第四百三十八条　对被害人的合法财产，权属明确的，应当依法及时返还，但须经拍照、鉴定、估价，并在案卷中注明返还的理由，将原物照片、清单和被害人的领取手续附卷备查；权属不明的，应当在人民法院判决、裁定生效后，按比例返还被害人，但已获退赔的部分应予扣除。

第四百四十三条　被告人将依法应当追缴的涉案财物用于投资或者置业

的,对因此形成的财产及其收益,应当追缴。

被告人将依法应当追缴的涉案财物与其他合法财产共同用于投资或者置业的,对因此形成的财产中与涉案财物对应的份额及其收益,应当追缴。

第四百四十四条 对查封、扣押、冻结的财物及其孳息,应当在判决书中写明名称、金额、数量、存放地点及其处理方式等。涉案财物较多,不宜在判决主文中详细列明的,可以附清单。

判决追缴违法所得或者责令退赔的,应当写明追缴、退赔的金额或者财物的名称、数量等情况;已经发还的,应当在判决书中写明。

第四百四十五条 查封、扣押、冻结的财物及其孳息,经审查,确属违法所得或者依法应当追缴的其他涉案财物的,应当判决返还被害人,或者没收上缴国库,但法律另有规定的除外。

对判决时尚未追缴到案或者尚未足额退赔的违法所得,应当判决继续追缴或者责令退赔。

判决返还被害人的涉案财物,应当通知被害人认领;无人认领的,应当公告通知;公告满一年无人认领的,应当上缴国库;上缴国库后有人认领,经查证属实的,应当申请退库予以返还;原物已经拍卖、变卖的,应当返还价款。

对侵犯国有财产的案件,被害单位已经终止且没有权利义务继受人,或者损失已经被核销的,查封、扣押、冻结的财物及其孳息应当上缴国库。

第四百四十六条 第二审期间,发现第一审判决未对随案移送的涉案财物及其孳息作出处理的,可以裁定撤销原判,发回原审人民法院重新审判,由原审人民法院依法对涉案财物及其孳息一并作出处理。

判决生效后,发现原判未对随案移送的涉案财物及其孳息作出处理的,由原审人民法院依法对涉案财物及其孳息另行作出处理。

规范性文件

《最高人民法院、最高人民检察院关于常见犯罪的量刑指导意见(试行)》(法发〔2021〕21号)"三、常见量刑情节的适用"第(十)条对退赃、退赔量刑情节的适用作了规定。(→参见本章第一节标题评注部分,第226页)

《最高人民法院、最高人民检察院、公安部关于刑事案件涉扶贫领域财物依法快速返还的若干规定》(高检发〔2020〕12号,自2020年7月24日起施行)

第一条 为规范扶贫领域涉案财物快速返还工作,提高扶贫资金使用效能,促进国家惠民利民政策落实,根据《中华人民共和国刑法》《中华人民共和国刑事诉讼法》等法律和有关规定,制定本规定。

第二条 本规定所称涉案财物,是指办案机关办理有关刑事案件过程中,查封、扣押、冻结的与扶贫有关的财物及孳息,以及由上述财物转化而来的财产。

第三条 对于同时符合下列条件的涉案财物,应当依法快速返还有关个人、单位或组织:

(一)犯罪事实清楚,证据确实充分;

(二)涉案财物权属关系已经查明;

(三)有明确的权益被侵害的个人、单位或组织;

(四)返还涉案财物不损害其他被害人或者利害关系人的利益;

(五)不影响诉讼正常进行或者案件公正处理;

(六)犯罪嫌疑人、被告人以及利害关系人对涉案财物快速返还没有异议。

第四条 人民法院、人民检察院、公安机关办理有关扶贫领域刑事案件,应当依法积极追缴涉案财物,对于本办案环节具备快速返还条件的,应当及时快速返还。

第五条 人民法院、人民检察院、公安机关对追缴到案的涉案财物,应当及时调查、审查权属关系。

对于权属关系未查明的,人民法院可以通知人民检察院,由人民检察院通知前一办案环节补充查证,或者由人民检察院自行补充侦查。

第六条 公安机关办理涉扶贫领域财物刑事案件期间,可以就涉案财物处理等问题听取人民检察院意见,人民检察院应当提出相关意见。

第七条 人民法院、人民检察院、公安机关认为涉案财物符合快速返还条件的,应当在作出返还决定五个工作日内返还有关个人、单位或组织。

办案机关返还涉案财物时,应当制作返还财物清单,注明返还理由,由接受个人、单位或组织在返还财物清单上签名或者盖章,并将清单、照片附卷。

第八条 公安机关、人民检察院在侦查阶段、审查起诉阶段返还涉案财物的,在案件移送人民检察院、人民法院时,应当将返还财物清单随案移送,说明返还的理由并附相关证据材料。

未快速返还而随案移送的涉案财物,移送机关应当列明权属情况、提出处理建议并附相关证据材料。

第九条 对涉案财物中易损毁、灭失、变质等不宜长期保存的物品,易贬值的汽车等物品,市场价格波动大的债券、股票、基金份额等财产,有效期即将届满的汇票、本票、支票等,经权利人同意或者申请,并经人民法院、人民检察院、公安机关主要负责人批准,可以及时依法出售、变现或者先行变卖、拍卖。所得款项依照本规定快速返还,或者按照有关规定处理。

第十条 人民法院、人民检察院应当跟踪了解有关单位和村(居)民委员会等组织对返还涉案财物管理发放情况,跟进开展普法宣传教育,对于管理环节存在漏洞的,要及时提出司法建议、检察建议,确保扶贫款物依法正确使用。

第十一条 发现快速返还存在错误的,应当由决定快速返还的机关及时纠正,依法追回返还财物;侵犯财产权的,依据《中华人民共和国国家赔偿法》第十八条及有关规定处理。

第十二条 本规定自印发之日起施行。

■指导性案例

史广振等组织、领导、参加黑社会性质组织案(指导案例188号,节录)

关键词 刑事诉讼 组织、领导、参加黑社会性质组织罪 涉案财物权属 案外人

裁判要点 在涉黑社会性质组织犯罪案件审理中,应当对查封、扣押、冻结财物及其孳息的权属进行调查,案外人对查封、扣押、冻结财物及其孳息提出权属异议的,人民法院应当听取其意见,确有必要的,人民法院可以通知其出庭,以查明相关财物权属。

■法律适用答复、复函

《**最高人民法院关于适用刑法第六十四条有关问题的批复**》(法〔2013〕229号)

河南省高级人民法院:

你院关于刑法第六十四条法律适用问题的请示收悉。经研究,批复如下:

根据刑法第六十四条和《最高人民法院关于适用〈中华人民共和国刑事诉讼法〉的解释》第一百三十八条、第一百三十九条①的规定,被告人非法占有、处置被害人财产的,应当依法予以追缴或者责令退赔。据此,追缴或者责令退赔的具体内容,应当在判决主文中写明;其中,判决前已经发还被害人的财产,应当注明。被害人提起附带民事诉讼,或者另行提起民事诉讼请求返还被非法占有、处置的财产的,人民法院不予受理。

---

① 法释〔2021〕1号解释为第一百七十五条、第一百七十六条。——**本评注注**

刑参案例规则提炼

《杨德林滥用职权、受贿案——滥用职权造成恶劣社会影响的及供犯罪所用的本人财物如何认定,受贿既、未遂并存的如何处罚》(第1089号案例)、《郗菲菲、李超、蒋超超、林恺盗窃案——"供犯罪所用的本人财物"的司法认定》(第1302号案例)、《罗建升等人组织、领导、参加黑社会性质组织案——黑恶势力犯罪案件中如何依法处置涉案财物》(第1425号案例)、《王甲受贿案——收受情人款项的性质认定》(第1464号案例)、《王某某、徐某某走私国家禁止进出口的货物案——犯罪工具与合法财产混同,可以按比例没收》(第1510号案例)所涉规则提炼如下:

1. "供犯罪所用的本人财物"的认定规则。"'供犯罪所用的本人财物'应是与犯罪有经常性或密切性联系,对犯罪事实具有重要作用的财物。""对于专门用于犯罪的财物应认定为'供犯罪所用的本人财物'没有争议。对于非专门用于犯罪的财物,可以从以下两个方面去判断:第一,财物与犯罪应该存在直接或者密切联系……第二,被告人有将财物用于犯罪的主观认识。""没收的财物应为本人所有且予以没收对第三人的合法权利不会构成损害。"而且,"应坚持相当性原则衡量拟没收财物的价值是否与犯罪的危害性相当"。(第1302号案例)"当犯罪工具与合法财产混同时,可以考虑通过没收一定比例钱款的方式进行处理,一般适用于涉案财物被第三人善意取得、涉案财物由多人共同共有且不可分割或者附有他物权等情形。"(第1510号案例)

2. 受贿犯罪中"供犯罪所用的本人财物"的认定规则。"在'交易型'受贿、'投资型'受贿、'委托理财型'受贿犯罪中……受贿人支付的对价,应……结合具体的个案实际审慎判断,属于'供犯罪所用的本人财物'的,亦应依法没收。"(第1089号案例)

3. 受贿案件的涉案财物处理规则。"刑法第六十四条规定,犯罪分子违法所得的一切财物,应当予以追缴或者责令退赔。具体到受贿案件中,对于涉案财物,把握的原则是不能使犯罪人从违法犯罪中获利,对于犯罪分子违法所得及其收益,应当一并追缴。""第一,对于违法所得,一般应当追缴原物。""第二,对于受贿款的增值部分应当一并追缴。""第三,对于被告人财物贬值的,被告人以其他财物折抵,可以允许,并视情作为被告人积极退赃的一种表现。""第四,对被告人判处财产刑的,可以查封、扣押的在案财物进行折抵。""第五,对于其他查封、扣押的在案财物,应当依法返还给被告人及其亲属。"(第1464号案例)

4. 黑恶势力犯罪的涉案财物处置规则。"法院在涉黑恶刑事案件财产处置时,应当贯彻以下几个原则:一是从严处置原则。确立以摧毁犯罪分子经济基础为目标的量刑原则,注重补偿性和惩罚性刑法手段的运用,突出违法所得的全面追缴及财产刑的判罚,不让犯罪分子通过犯罪获益,并剥夺其再犯的经济能力……二是依法处置原则。对财产刑的适用应结合被告人在黑恶势力组织中的地位、作用,所参与实施违法犯罪活动的次数、性质、地位、作用、违法所得额及造成损失数额等情节依法判处,对罚金的判处还应综合考虑被告人的缴纳能力。同时,严格区分财产来源、性质、权属,对有证据证明是被告人或其家庭成员的合法财产的,仅能将属于被告人的部分用于执行财产性判项,剩余部分应发还被告人或其家属。三是平衡处置原则。对被告人判罚的财产刑应尽量与其主刑相适应,兼顾各被告人之间的平衡,同时结合具体案情决定财产刑,避免财产刑数额的畸高畸低。"(第 1425 号案例)

第二节 累 犯

第六十五条 【一般累犯】 被判处有期徒刑以上刑罚的犯罪分子,刑罚执行完毕或者赦免以后,在五年以内再犯应当判处有期徒刑以上刑罚之罪的,是累犯,应当从重处罚,但是过失犯罪和不满十八周岁的人犯罪的除外。

前款规定的期限,对于被假释的犯罪分子,从假释期满之日起计算。

立法沿革

本条系 1997 年《刑法》吸收修改 1979 年《刑法》作出的规定。1979 年《刑法》第六十一条规定:"被判处有期徒刑以上刑罚的犯罪分子,刑罚执行完毕或者赦免以后,在三年以内再犯应当判处有期徒刑以上刑罚之罪的,是累犯,应当从重处罚;但是过失犯罪除外。""前款规定的期限,对于被假释的犯罪分子,从假释期满之日起计算。" 1997 年《刑法》将构成累犯条件中后罪时间间隔由"在三年以内"调整为"在五年以内"。

2011 年 5 月 1 日起施行的《刑法修正案(八)》第六条对本条作了修改,增加了不满十八周岁的人犯罪不构成累犯的规定。

修正前《刑法》	修正后《刑法》
第六十五条 被判处有期徒刑以上刑罚的犯罪分子，刑罚执行完毕或者赦免以后，在五年以内再犯应当判处有期徒刑以上刑罚之罪的，是累犯，应当从重处罚，但是过失犯罪除外。 前款规定的期限，对于被假释的犯罪分子，从假释期满之日起计算。	第六十五条 被判处有期徒刑以上刑罚的犯罪分子，刑罚执行完毕或者赦免以后，在五年以内再犯应当判处有期徒刑以上刑罚之罪的，是累犯，应当从重处罚，但是过失犯罪和**不满十八周岁的人犯罪**的除外。 前款规定的期限，对于被假释的犯罪分子，从假释期满之日起计算。

司法解释

《最高人民法院关于适用刑法时间效力规定若干问题的解释》（法释〔1997〕5 号）第三条对前罪和后罪涉及跨越 1997 年《刑法》施行前后情形的案件处理规则作了规定。（→参见第十二条评注部分，第 16、17 页）

《最高人民法院关于〈中华人民共和国刑法修正案（八）〉时间效力问题的解释》（法释〔2011〕9 号）第三条第一款对修正后《刑法》第六十五条的适用规则作了规定。（→参见第十二条评注部分，第 20、21 页）

《最高人民检察院关于认定累犯如何确定刑罚执行完毕以后"五年以内"起始日期的批复》（高检发释字〔2018〕2 号，自 2018 年 12 月 30 日起施行）①

北京市人民检察院：

你院《关于认定累犯如何确定刑罚执行完毕以后五年以内起始日期的请示》收悉。经研究，批复如下：

刑法第六十五条第一款规定的"刑罚执行完毕"，是指刑罚执行到期应予释放之日。认定累犯，确定刑罚执行完毕以后"五年以内"的起始日期，应当从刑满释放之日起计算。

《最高人民法院、最高人民检察院关于缓刑犯在考验期满后五年内再犯应当判处有期徒刑以上刑罚之罪应否认定为累犯问题的批复》（高检发释字〔2020〕1 号，自 2020 年 1 月 20 日起施行）

---

① 此外，《刑法》第六十五条第一款规定的"刑罚执行完毕"，是指有期徒刑以上刑罚执行完毕。换言之，即使管制或者罚金刑等附加刑尚未执行完毕，也不影响累犯的起算时间。参见王爱立主编：《中华人民共和国刑法条文说明、立法理由及相关规定》，北京大学出版社 2021 年版，第 64—65 页。

各省、自治区、直辖市高级人民法院、人民检察院，解放军军事法院、军事检察院，新疆维吾尔自治区高级人民法院生产建设兵团分院、新疆生产建设兵团人民检察院：

近来，部分省、自治区、直辖市高级人民法院、人民检察院请示缓刑犯在考验期满后五年内再犯应当判处有期徒刑以上刑罚之罪应否认定为累犯的问题。经研究，批复如下：

被判处有期徒刑宣告缓刑的犯罪分子，在缓刑考验期满后五年内再犯应当判处有期徒刑以上刑罚之罪的，因前罪判处的有期徒刑并未执行，不具备刑法第六十五条规定的"刑罚执行完毕"的要件，故不应认定为累犯，但可作为对新罪确定刑罚的酌定从重情节予以考虑。

■规范性文件

《最高人民法院关于贯彻宽严相济刑事政策的若干意见》(法发〔2010〕9号)第十一条对依法从严惩处累犯提出专门要求。(→参见总则第四章标题评注部分，第194页)

《最高人民法院关于审理抢劫刑事案件适用法律若干问题的指导意见》(法发〔2016〕2号)"六、累犯等情节的适用"对抢劫犯罪中累犯情节的适用规则作了规定。(→参见第二百六十三条评注部分，第1239、1240页)

《最高人民法院、最高人民检察院关于常见犯罪的量刑指导意见(试行)》(法发〔2021〕21号)"三、常见量刑情节的适用"第(十五)条对累犯量刑情节的适用作了规定。(→参见本章第一节标题评注部分，第227页)

《全国法院毒品案件审判工作会议纪要》(法〔2023〕108号)"九、累犯、毒品再犯问题"对累犯的认定作了规定。(→参见分则第六章第七节标题评注部分，第1890页)

■法律适用答复、复函

《最高人民法院研究室关于适用刑法第六十五条第一款有关问题的答复》
(法研〔2013〕84号)

北京市高级人民法院：

你院《关于适用刑法第六十五条第一款有关问题的请示》(京高法〔2013〕19号)收悉。经研究，答复如下：

行为人在十八周岁前后实施数罪或者数个行为，如果其已满十八周岁以后的犯罪为故意犯罪且被判处或者明显应当被判处有期徒刑以上刑罚，在刑罚执行完毕或者赦免后五年内,又故意再犯应当判处有期徒刑以上刑罚之罪的,应当认定为累犯。

刑参案例规则提炼

《买买提盗窃案——如何理解累犯制度、数罪并罚制度中的"刑罚执行完毕"》(第122号案例)、《丁立军强奸、抢劫、盗窃案——在假释考验期间直至期满后连续实施犯罪是否应撤销假释并构成累犯》(第202号案例)、《南昌洙、南昌男盗窃案——对累犯"再犯应当判处有期徒刑以上刑罚之罪"要件的理解》(第273号案例)、《周崇敏贩卖毒品案——二审裁判文书生效后,发现被告人在因一审判处的有期徒刑届满被取保候审期间又犯新罪的,在对新罪进行审判时不应认定该被告人构成累犯》(第1068号案例)、《石加肆盗窃案——前罪原审判决被撤销后的刑罚适用若干问题》(第1082号案例)、《钟某抢劫案——被告人前次犯罪跨越十八周岁且被判处有期徒刑在刑罚执行完毕后五年内再犯应当判处有期徒刑以上刑罚之罪的,是否构成累犯》(第1173号案例)所涉规则提炼如下:

1. "刑罚执行完毕"的认定规则。"刑法第六十五条中规定的'刑罚'应当理解为是指'有期徒刑以上刑罚',不能扩大理解为包括'主刑和附加刑'。"(第122号案例)需要注意的是,"前罪所判处的刑罚在二审阶段因羁押期届满而被取保候审,从时间节点来看,其犯本罪在前罪二审裁判文书生效前,而前罪判处的刑罚此时因判决尚未生效而未进入执行程序,故不属于刑罚执行完毕后再犯罪,不符合累犯的构成条件"。(第1068号案例)而且,实践中,对"刑罚执行完毕"应当坚持实质判断的立场。"被告人前罪的原审判决虽然已经实际执行完毕,但该'执行完毕'是建立在原审判决的基础上的。鉴于原'刑罚执行完毕'的基础——原审刑事判决已经被撤销,随之而来的是被告人必须执行再审判决确定的增量刑罚。在增量刑罚尚未执行完毕的情况下,不应认定为前罪'刑罚执行完毕'。因此,被告人的本次犯罪行为实施于前罪尚未执行完毕的期间内,不符合累犯构成的时间要件,不应认定为累犯。"①(第1082号案例)

---

① 本问题在司法实践中具有一定普遍性,可以概括为累犯与数罪并罚的择一适用规则。前罪被减刑释放后,在五年以内再犯应当判处有期徒刑以上刑罚之罪,但在对后罪审判之时,前罪的减刑裁定被撤销并恢复执行刑罚的,应否认定为累犯,往往存在不同认识。**本评注赞同**刑参第1082号案例所持立场,即认定累犯的前提是前罪的刑罚执行完毕,在后罪审判之时由于前罪的减刑裁定已经撤销并恢复执行刑罚,表明前罪的刑罚实质并未执行完毕。按照实质判断的立场,对此种情形应当不认定累犯,而是依照《刑法》第七十一条的规定,将把前罪没有执行的刑罚和后罪所判处的刑罚,予以并罚。——**本评注注**

2. "再犯应当判处有期徒刑以上刑罚之罪"的认定规则。"'应当判处有期徒刑以上之罪'必须是依法应予追究刑事责任之罪,否则,累犯法律制度将无从适用,从重处罚的规定也将无从落实。被告人……刑满释放后所实施的第一起盗窃行为,由于已经过了追诉时效,依法不应再追究其刑事责任,不能认定为'再犯应当判处有期徒刑以上之罪'。"(第273号案例)

3. 假释期满前犯罪的处理规则。"被告人在假释考验期间直至期满后连续犯罪的,应撤销假释,数罪并罚。""假释考验期满前后又犯新罪……犯罪分子因犯新罪被撤销假释后,其前罪的余刑仍须执行,而不是前罪的'刑罚已经执行完毕'。因此,其整个的连续犯罪就缺乏构成累犯的前提条件。"(第202号案例)

4. 未成年人犯罪不构成累犯规定的适用规则。"对于在十八周岁前后实施数罪或持续性的犯罪行为(包括连续犯、继续犯等情形),其中,十八周岁后实施的故意犯罪不是应当判处有期徒刑以上刑罚的,不构成累犯;十八周岁后实施的故意犯罪处于可能判处有期徒刑与拘役、管制、单处罚金等刑罚的临界点的,在前罪判处的刑罚执行完毕或者赦免以后五年内,再故意犯应当判处有期徒刑以上刑罚之罪的行为人,一般不认定为累犯。"(第1173号案例)

司法疑难解析

"在五年以内再犯应当判处有期徒刑以上刑罚之罪"的认定。被判处有期徒刑以上刑罚的犯罪分子,刑罚执行完毕或者赦免以后再犯数个应当判处有期徒刑刑罚以上之罪,部分犯罪在五年以内,部分犯罪在五年以外。对此应当如何处理,司法实务存在不同认识。对此,主张将五年以外所犯新罪亦认定为累犯,主要依据是累犯系针对人身危险性的评价,而五年以外所犯新罪当然可以体现其人身危险性。**本评注主张**只将五年以内所涉犯罪认定为累犯。主要考虑:(1)根据《刑法》第六十五条的规定,累犯的后罪限于五年以内所犯新罪,对于五年以外所犯新罪认定为累犯,于法无据。(2)累犯虽然主要是评价人身危险性,但对人的评价正是建立在对行为评价的基础之上,而所涉行为应受到刑法条文明确规定的限制。(3)对于所涉情形,只将五年之内的犯罪认定为累犯,在量刑操作上并不存在障碍。根据《最高人民法院、最高人民检察院关于常见犯罪的量刑指导意见(试行)》(法发〔2021〕21号)的规定,"被告人犯数罪,同时具有适用于个罪的立功、累犯等量刑情节,先适用该量刑情节调节个罪的基准刑,确定个罪所应判处的刑罚,再依法实行数罪并罚,决定执行的刑罚"。据此,具体操作之中,应先针对构成累犯的个罪根据累犯情节确定所应判处的刑罚,再依法进行数罪并罚。

第六十六条　【特殊累犯】危害国家安全犯罪、恐怖活动犯罪、黑社会性质的组织犯罪的犯罪分子，在刑罚执行完毕或者赦免以后，在任何时候再犯上述任一类罪的，都以累犯论处。

立法沿革

本条系1997年《刑法》吸收修改1979年《刑法》作出的规定。1979年《刑法》第六十二条规定："刑罚执行完毕或者赦免以后的反革命分子，在任何时候再犯反革命罪的，都以累犯论处。"1997年《刑法》将"反革命分子""反革命罪"分别调整为"危害国家安全的犯罪分子""危害国家安全罪"。

2011年5月1日起施行的《刑法修正案（八）》第七条对本条作了修改，增加了恐怖活动犯罪、黑社会性质的组织犯罪的犯罪分子构成特别累犯的规定。

修正前《刑法》	修正后《刑法》
第六十六条　危害国家安全的犯罪分子在刑罚执行完毕或者赦免以后，在任何时候再犯**危害国家安全罪**的，都以累犯论处。	第六十六条　危害国家安全**犯罪、恐怖活动犯罪、黑社会性质的组织犯罪**的犯罪分子，在刑罚执行完毕或者赦免以后，在任何时候再犯**上述任一类**罪的，都以累犯论处。

司法解释

《最高人民法院关于〈中华人民共和国刑法修正案（八）〉时间效力问题的解释》（法释〔2011〕9号）第三条第二款、第三款对修正后《刑法》第六十六条适用的时间效力问题作了规定。（→参见第十二条评注部分，第21页）

司法疑难解析

未成年人是否构成特殊累犯。在《刑法修正案（八）》增加未成年人犯罪不构成累犯的规定后，关于未成年人是否构成特殊累犯，司法实践中存在不同认识。**本评注赞同未成年人不构成特殊累犯的观点。**具体而言：未成年人不构成累犯属于对未成年人的特别规定，而《刑法》第六十五条和第六十六条分别系一般规定与专门规定，基于未成年人的身心特点，既然不能构成一般累犯，也不应构成特殊累犯。①

---

① 参见王爱立主编：《中华人民共和国刑法条文说明、立法理由及相关规定》，北京大学出版社2021年版，第188页。

第三节 自首和立功

相关规定

《中华人民共和国刑事诉讼法》(修正后自 2018 年 10 月 26 日起施行,节录)

第一百八十二条 犯罪嫌疑人自愿如实供述涉嫌犯罪的事实,有重大立功或者案件涉及国家重大利益的,经最高人民检察院核准,公安机关可以撤销案件,人民检察院可以作出不起诉决定,也可以对涉嫌数罪中的一项或者多项不起诉。

根据前款规定不起诉或者撤销案件的,人民检察院、公安机关应当及时对查封、扣押、冻结的财物及其孳息作出处理。

司法解释

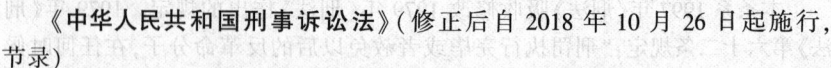

《最高人民法院关于处理自首和立功具体应用法律若干问题的解释》(法释〔1998〕8号,自 1998 年 5 月 9 日起施行)

为正确认定自首和立功,对具有自首或者立功表现的犯罪分子依法适用刑罚,现就具体应用法律的若干问题解释如下:

第一条 根据刑法第六十七条第一款的规定,犯罪以后自动投案,如实供述自己的罪行的,是自首。

(一)自动投案,是指犯罪事实或者犯罪嫌疑人未被司法机关发觉,或者虽被发觉,但犯罪嫌疑人尚未受到讯问、未被采取强制措施时,主动、直接向公安机关、人民检察院或者人民法院投案。

犯罪嫌疑人向其所在单位、城乡基层组织或者其他有关负责人员投案的;犯罪嫌疑人因病、伤或者为了减轻犯罪后果,委托他人先代为投案,或者先以信电投案的;罪行未被司法机关发觉,仅因形迹可疑被有关组织或者司法机关盘问、教育后,主动交代自己的罪行的;犯罪后逃跑,在被通缉、追捕过程中,主动投案的;经查实确已准备去投案,或者正在投案途中,被公安机关捕获的,应当视为自动投案。

并非出于犯罪嫌疑人主动,而是经亲友规劝、陪同投案的;公安机关通知犯罪嫌疑人的亲友,或者亲友主动报案后,将犯罪嫌疑人送去投案的,也应当视为自动投案。① 犯罪嫌疑人自动投案后又逃跑的,不能认定为自首。

(二)如实供述自己的罪行,是指犯罪嫌疑人自动投案后,如实交代自己的主要犯罪事实。

犯有数罪的犯罪嫌疑人仅如实供述所犯数罪中部分犯罪的,只对如实供述部分犯罪的行为,认定为自首。

共同犯罪案件中的犯罪嫌疑人,除如实供述自己的罪行,还应当供述所知的同案犯,主犯则应当供述所知其他同案犯的共同犯罪事实,才能认定为自首。

犯罪嫌疑人自动投案并如实供述自己的罪行后又翻供的,不能认定为自首,但在一审判决前又能如实供述的,应当认定为自首。

第二条　根据刑法第六十七条第二款的规定,被采取强制措施的犯罪嫌疑人、被告人和已宣判的罪犯,如实供述司法机关尚未掌握的罪行,与司法机关已掌握的或者判决确定的罪行属不同种罪行的,以自首论。

第三条　根据刑法第六十七条第一款的规定,对于自首的犯罪分子,可以从轻或者减轻处罚;对于犯罪较轻的,可以免除处罚。具体确定从轻、减轻还是免除处罚,应当根据犯罪轻重,并考虑自首的具体情节。

第四条　被采取强制措施的犯罪嫌疑人、被告人和已宣判的罪犯,如实供述司法机关尚未掌握的罪行,与司法机关已掌握的或者判决确定的罪行属同种罪行的,可以酌情从轻处罚;如实供述的同种罪行较重的,一般应当从轻处罚。

---

① 《最高人民法院关于处理自首和立功若干具体问题的意见》(法发〔2010〕60号)"一、关于'自动投案'的具体认定"规定:"犯罪嫌疑人被亲友采用捆绑等手段送到司法机关,或者在亲友带领侦查人员前来抓捕时无拒捕行为,并如实供认犯罪事实的,虽然不能认定为自动投案,但可以参照法律对自首的有关规定酌情从轻处罚。"两相比较可以发现,"送子归案"认定为"自动投案"已为法发〔2010〕60号规范性文件作出限缩规定。"经反复斟酌后认为,犯罪嫌疑人被亲友采用捆绑等手段送到司法机关,或者在不明知的情况下被亲友带领侦查人员前来抓获的,由于犯罪嫌疑人并无投案的主动性和自愿性,完全是被动归案,将此认定为自动投案既不符合自首的本质特征,也违背了主客观相统一的刑法原则,而且破坏了人们对自首的一般理念。因此,上述情形不宜认定为自动投案。"参见周峰、薛淑兰、孟伟:《〈关于处理自首和立功若干具体问题的意见〉的理解与适用》,载中华人民共和国最高人民法院刑事审判第一、二、三、四、五庭主办:《中国刑事审判指导案例1》(增订第3版),法律出版社2017年版,第764页。

第五条① 根据刑法第六十八条第一款的规定,犯罪分子到案后有检举、揭发他人犯罪行为,包括共同犯罪案件中的犯罪分子揭发同案犯共同犯罪以外的其他犯罪,经查证属实;提供侦破其他案件的重要线索,经查证属实;阻止他人犯罪活动;协助司法机关抓捕其他犯罪嫌疑人(包括同案犯);具有其他有利于国家和社会的突出表现的,应当认定为有立功表现。

第六条 共同犯罪案件的犯罪分子到案后,揭发同案犯共同犯罪事实的,可以酌情予以从轻处罚。

第七条 根据刑法第六十八条第一款的规定,犯罪分子有检举、揭发他人重大犯罪行为,经查证属实;提供侦破其他重大案件的重要线索,经查证属实;阻止他人重大犯罪活动;协助司法机关抓捕其他重大犯罪嫌疑人(包括同案犯);对国家和社会有其他重大贡献等表现的,应当认定为有重大立功表现。

前款所称"重大犯罪"、"重大案件"、"重大犯罪嫌疑人"的标准,一般是指犯罪嫌疑人、被告人可能被判处无期徒刑以上刑罚或者案件在本省、自治区、直辖市或者全国范围内有较大影响等情形。

◆ 规范性文件

《最高人民法院、最高人民检察院关于办理职务犯罪案件认定自首、立功等量刑情节若干问题的意见》(法发[2009]13号)

为依法惩处贪污贿赂、渎职等职务犯罪,根据刑法和相关司法解释的规定,结合办案工作实际,现就办理职务犯罪案件有关自首、立功等量刑情节的认定和处理问题,提出如下意见:

一、关于自首的认定和处理

根据刑法第六十七条第一款的规定,成立自首需同时具备自动投案和如实供述自己的罪行两个要件。犯罪事实或者犯罪分子未被办案机关掌握,或者虽

---

① 需要注意的是,本条在《刑法》第六十八条第一款规定的基础上增加了"到案后"的限定条件;第七条关于重大立功表现的规定未作明确限定,但基于体系解释的原理,似应作同把握。大体而言,立功制度意在便利侦破案件,节约司法资源。同时,为了防止立功制度的滥用,适当限制立功的时间,限定立功情节与所处理案件的关联,也是必要的。基于此,**本评注认为**,限定在"到案后"整体是妥当的;但是,具体适用不宜作过于机械的理解,无论行为人是因为何种原因到案,无论是否采取刑事强制措施,均可以理解为"到案",只要与所处理的案件具有关联即可。例如,行为人被采取强制戒毒措施,期间揭发他人犯罪行为,查证属实;在强制戒毒期间发现行为人的漏罪的,在处理漏罪时自然应当考虑这一立功情节,而不能以行为人在到案前立功为由而在漏罪处理时不予以认定。

被掌握,但犯罪分子尚未受到调查谈话、讯问,或者未被宣布采取调查措施或者强制措施时,向办案机关投案的,是自动投案。在此期间如实交代自己的主要犯罪事实的,应当认定为自首。

犯罪分子向所在单位等办案机关以外的单位、组织或者有关负责人员投案的,应当视为自动投案。

没有自动投案,在办案机关调查谈话、讯问、采取调查措施或者强制措施期间,犯罪分子如实交代办案机关已掌握的线索所针对的事实的,不能认定为自首。

没有自动投案,但具有以下情形之一的,以自首论:(1)犯罪分子如实交代办案机关未掌握的罪行,与办案机关已掌握的罪行属不同种罪行的;(2)办案机关所掌握线索针对的犯罪事实不成立,在此范围外犯罪分子交代同种罪行的。

单位犯罪案件中,单位集体决定或者单位负责人决定而自动投案,如实交代单位犯罪事实的,或者单位直接负责的主管人员自动投案,如实交代单位犯罪事实的,应当认定为单位自首。单位自首的,直接负责的主管人员和直接责任人员未自动投案,但如实交代自己知道的犯罪事实的,可以视为自首;拒不交代自己知道的犯罪事实或者逃避法律追究的,不应当认定为自首。单位没有自首,直接责任人员自动投案并如实交代自己知道的犯罪事实的,对该直接责任人员应当认定为自首。①

---

① 准确理解本规定,关键在于把握四个要点:(1)单位可以成立自首;(2)区分单位自首与个人自首、检举、揭发的关键在于投案人代表的是单位还是个人;(3)单位自首的效果可及于个人,但需以个人如实交代其掌握的罪行为条件;(4)个人自首的成立不以单位自首为条件,但个人自首的效果不能及于单位。此外,讨论中有意见提出,应对单位直接负责的主管人员的自首认定为单位自首的情形加以必要限制,即:只有在单位法定代表人、负责人不知情的情况下实施单位犯罪的,直接负责的主管人员自动投案并如实交代才能构成单位自首。经研究,单位直接负责的主管人员一般也是单位的负责人,其个人意志也代表单位的意志,其个人决定实施的犯罪一般均作单位犯罪处理,故将其未经单位法定代表人以及其他负责人同意,或者在单位法定代表人以及其他负责人不知情的情况下的自首视同为单位自首,是妥当的,且这样规定也有利于鼓励单位直接负责的主管人员自首,防止"铁板一块"。同时,单位自首并不意味着单位法定代表人或者其他负责人当然成立自首,根据本款规定确定的原则,单位法定代表人或者其他负责人拒不交代自己知道的犯罪事实或逃避法律追究的,同样不能认定为自首。本规定体现了刑事司法的一般原则和宽严相济政策的要求,故未采纳。参见刘为波:《〈关于办理职务犯罪案件认定自首、立功等量刑情节若干问题的意见〉的理解与适用》,载中华人民共和国最高人民法院刑事审判第一、二、三、四、五庭主办:《中国刑事审判指导案例6》(增订第3版),法律出版社2017年版,第381页。

对于具有自首情节的犯罪分子,办案机关移送案件时应当予以说明并移交相关证据材料。

对于具有自首情节的犯罪分子,应当根据犯罪的事实、性质、情节和对于社会的危害程度,结合自动投案的动机、阶段、客观环境,交代犯罪事实的完整性、稳定性以及悔罪表现等具体情节,依法决定是否从轻、减轻或者免除处罚以及从轻、减轻处罚的幅度。

二、关于立功的认定和处理

立功必须是犯罪分子本人实施的行为。为使犯罪分子得到从轻处理,犯罪分子的亲友直接向有关机关揭发他人犯罪行为,提供侦破其他案件的重要线索,或者协助司法机关抓捕其他犯罪嫌疑人的,不应当认定为犯罪分子的立功表现。①

据以立功的他人犯罪材料应当指明具体犯罪事实;据以立功的线索或者协助行为对于侦破案件或者抓捕犯罪嫌疑人要有实际作用。犯罪分子揭发他人犯罪行为时没有指明具体犯罪事实的;揭发的犯罪事实与查实的犯罪事实不具有关联性的;提供的线索或者协助行为对于其他案件的侦破或者其他犯罪嫌疑人的抓捕不具有实际作用的,不能认定为立功表现。

犯罪分子揭发他人犯罪行为,提供侦破其他案件重要线索的,必须经查证属实,才能认定为立功。审查是否构成立功,不仅要审查办案机关的说明材料,还要审查有关事实和证据以及与案件定性处罚相关的法律文书,如立案决定书、逮捕决定书、侦查终结报告、起诉意见书、起诉书或者判决书等。

据以立功的线索、材料来源有下列情形之一的,不能认定为立功:(1)本人通过非法手段或者非法途径获取的;(2)本人因原担任的查禁犯罪等职务获取的;(3)他人违反监管规定向犯罪分子提供的;(4)负有查禁犯罪活动职责的国

---

① 理解本规定应注意两点:(1)强调"直接"二字,意在说明亲友的协助行为与犯罪分子本人并无实质性联系。如犯罪分子本人掌握了他人的犯罪行为、其他案件线索,或者其他犯罪嫌疑人的藏匿地点,因客观原因藉由其亲友帮助得以将其他案件侦破或者将其他犯罪嫌疑人抓捕的,则另当别论。(2)犯罪分子的亲友应犯罪分子的要求直接向有关机关揭发他人犯罪行为,提供侦破其他案件的重要线索,或者协助司法机关抓捕其他犯罪嫌疑人的,客观上起到了积极作用,而且在一定程度上也体现了犯罪分子的主观意愿,虽不成立立功,但在量刑时可以结合案件具体情况适当考虑。参见刘为波:《〈关于办理职务犯罪案件认定自首、立功等量刑情节若干问题的意见〉的理解与适用》,载中华人民共和国最高人民法院刑事审判第一、二、三、四、五庭主办:《中国刑事审判指导案例6》(增订第3版),法律出版社2017年版,第381—382页。

家机关工作人员或者其他国家工作人员利用职务便利提供的。①

犯罪分子检举、揭发他人犯罪,提供侦破其他案件的重要线索,阻止他人的犯罪活动,或者协助司法机关抓捕的其他犯罪嫌疑人,犯罪嫌疑人、被告人依法可能被判处无期徒刑以上刑罚的,应当认定为有重大立功表现。其中,可能被判处无期徒刑以上刑罚,是指根据犯罪行为的事实、情节可能判处无期徒刑以上刑罚。案件已经判决的,以实际判处的刑罚为准。但是,根据犯罪行为的事实、情节应当判处无期徒刑以上刑罚,因被判刑人有法定情节经依法从轻、减轻处罚后判处有期徒刑的,应当认定为重大立功。②

对于具有立功情节的犯罪分子,应当根据犯罪的事实、性质、情节和对于社会的危害程度,结合立功表现所起作用的大小、所破获案件的罪行轻重、所抓获犯罪嫌疑人可能判处的法定刑以及立功的时机等具体情节,依法决定是否从轻、减轻或者免除处罚以及从轻、减轻处罚的幅度。

三、关于如实交代犯罪事实的认定和处理③

犯罪分子依法不成立自首,但如实交代犯罪事实,有下列情形之一的,可以酌情从轻处罚:(1)办案机关掌握部分犯罪事实,犯罪分子交代了同种其他犯罪事实的;(2)办案机关掌握的证据不充分,犯罪分子如实交代有助于收集定案证据的。

---

① 讨论中,有意见提出,来源不正当的应一概不认定为立功。经研究,"不正当"一词过于模糊,内涵外延难以界定,而且,不正当手段是否一概作为排除立功认定的事由,需作进一步研究,比如在押人员之间的"买功"行为,是否属于不正当手段以及是否一概不应认定为立功,均存疑问,故未采纳。参见刘为波:《〈关于办理职务犯罪案件认定自首、立功等量刑情节若干问题的意见〉的理解与适用》,载中华人民共和国最高人民法院刑事审判第一、二、三、四、五庭主办:《中国刑事审判指导案例6》(增订第3版),法律出版社2017年版,第382页。

② 需要注意的问题有二:(1)"可能被判处无期徒刑以上刑罚",是指根据立功行为实施时就已经存在的案件的主客观事实、情节,依法可能被判处无期徒刑以上刑罚。(2)案件已经判决的,除因被判刑人在立功行为实施后形成新的量刑情节经依法从轻、减轻处罚后判处有期徒刑之外,应当以实际判处的刑罚为准。参见刘为波:《〈关于办理职务犯罪案件认定自首、立功等量刑情节若干问题的意见〉的理解与适用》,载中华人民共和国最高人民法院刑事审判第一、二、三、四、五庭主办:《中国刑事审判指导案例6》(增订第3版),法律出版社2017年版,第383页。

③ 本条的适用,应根据经《刑法修正案(八)》修正后的《刑法》第六十七条第三款关于坦白从宽处理的规定妥当把握。——**本评注注**

犯罪分子如实交代犯罪事实,有下列情形之一的,一般应当从轻处罚:(1)办案机关仅掌握小部分犯罪事实,犯罪分子交代了大部分未被掌握的同种犯罪事实的;(2)如实交代对于定案证据的收集有重要作用的。

四、关于赃款赃物追缴等情形的处理

贪污案件中赃款赃物全部或者大部分追缴的,一般应当考虑从轻处罚。

受贿案件中赃款赃物全部或者大部分追缴的,视具体情况可以酌定从轻处罚。

犯罪分子及其亲友主动退赃或者在办案机关追缴赃款赃物过程中积极配合的,在量刑时应当与办案机关查办案件过程中依职权追缴赃款赃物的有所区别。

职务犯罪案件立案后,犯罪分子及其亲友自行挽回的经济损失,司法机关或者犯罪分子所在单位及其上级主管部门挽回的经济损失,或者因客观原因减少的经济损失,不予扣减,但可以作为酌情从轻处罚的情节。

《最高人民法院关于处理自首和立功若干具体问题的意见》(法发[2010]60号)

为规范司法实践中对自首和立功制度的运用,更好地贯彻落实宽严相济刑事政策,根据刑法、刑事诉讼法和最高人民法院《关于处理自首和立功具体应用法律若干问题的解释》(以下简称《解释》)等规定,对自首和立功若干具体问题提出如下处理意见:

一、关于"自动投案"的具体认定

《解释》第一条第(一)项规定七种应当视为自动投案的情形,体现了犯罪嫌疑人投案的主动性和自愿性。根据《解释》第一条第(一)项的规定,犯罪嫌疑人具有以下情形之一的,也应当视为自动投案:1.犯罪后主动报案,虽未表明自己是作案人,但没有逃离现场,在司法机关询问时交代自己罪行的;2.明知他人报案而在现场等待,抓捕时无拒捕行为,供认犯罪事实的;①3.在司法机关未确定犯罪嫌疑人,尚在一般性排查询问时主动交代自己罪行的;4.因特定违法行为被采取劳动教养、行政拘留、司法拘留、强制隔离戒毒等行政、司法强制措施期间,主动向执行机关交代尚未被掌握的犯罪行为的;5.其他符合立法本意,应当

---

① 这是指"能逃而不逃",体现了主动、自愿将自己交付法律制裁的意图,对控制犯罪嫌疑人有一定意义,故应当认定为自动投案。但是,如果犯罪嫌疑人系因受伤、醉酒、被群众包围等客观因素而未能逃跑,或者滞留现场是寻找作案机会、继续作案而非等待抓捕,则不能认定为自动投案。参见周峰、薛淑兰、孟伟:《〈关于处理自首和立功若干具体问题的意见〉的理解与适用》,载中华人民共和国最高人民法院刑事审判第一、二、三、四、五庭主办:《中国刑事审判指导案例1》(增订第3版),法律出版社2017年版,第765页。

视为自动投案的情形。

罪行未被有关部门、司法机关发觉,仅因形迹可疑被盘问、教育后,主动交代了犯罪事实的,应当视为自动投案,但有关部门、司法机关在其身上、随身携带的物品、驾乘的交通工具等处发现与犯罪有关的物品的,不能认定为自动投案。

交通肇事后保护现场、抢救伤者,并向公安机关报告的,应认定为自动投案,构成自首的,因上述行为同时系犯罪嫌疑人的法定义务,对其是否从宽、从宽幅度要适当从严掌握。交通肇事逃逸后自动投案,如实供述自己罪行的,应认定为自首,但应依法以较重法定刑为基准,视情决定对其是否从宽处罚以及从宽处罚的幅度。

犯罪嫌疑人被亲友采用捆绑等手段送到司法机关,或者在亲友带领侦查人员前来抓捕时无拒捕行为,并如实供认犯罪事实的,虽然不能认定为自动投案,但可以参照法律对自首的有关规定酌情从轻处罚。

二、关于"如实供述自己的罪行"的具体认定①

《解释》第一条第(二)项规定如实供述自己的罪行,除供述自己的主要犯罪

---

① 需要注意的问题有三:(1)关于不如实供述身份等情况。以不如实供述身份是否影响定罪量刑为标准,如果犯罪嫌疑人供述的身份等情况与真实情况虽有差别,但不影响定罪量刑的,如真实年龄为22岁,但谎称为19岁,可认定为"如实供述自己的罪行";如果犯罪嫌疑人自动投案后隐瞒自己的真实身份等情况,如冒用他人姓名企图隐瞒前科情况,影响对其定罪量刑的,则不能认定为"如实供述自己的罪行"。司法实践中可能还会出现隐瞒身份的其他情形,可以根据隐瞒的内容是否影响定罪量刑为标准进行分析判断。(2)关于"主要犯罪事实"的认定。主要犯罪事实首先包括定罪事实,自不待言,而对于量刑事实,则应区分已如实供述与未如实供述部分的严重程度,决定是否认定为如实供述自己的主要犯罪事实。这一标准不仅可以适用于犯罪嫌疑人多次实施同种罪行的情形,在犯罪嫌疑人仅实施一次犯罪行为的情形下也可以参照适用。如,犯罪嫌疑人开枪将被害人打死后投案,谎称系枪支走火致死,由于嫌疑人隐瞒了持枪杀人这一对定罪量刑具有决定性影响的犯罪情节,因此,不能认定为如实供述主要犯罪事实。在共同犯罪的场合下,犯罪嫌疑人投案后推、揽责,隐瞒重大犯罪情节的,也不能认定为如实供述主要犯罪事实。如,犯罪嫌疑人结伙入户抢劫,其直接致死一人,劫得财物数千元,但其自动投案后仅如实交代参与抢劫的基本事实,隐瞒了自己直接致死被害人的关键事实。在此情形下,犯罪嫌疑人虽然如实供述了参与抢劫的事实,但未如实供述直接致人死亡这一更严重的犯罪情节,故不能认定为如实供述主要犯罪事实。(3)对"如实供述主要犯罪事实"和"如实供述身份"的认定采用了不同的标准。只要如实供述的犯罪事实对量刑的影响大于所隐瞒的事实,就可以认定为"如实供述主要犯罪事实",而只要隐瞒的身份情况对量刑有影响,就不能认定为"如实供述自己的罪行"。例如,犯罪嫌(转下页)

事实外,还应包括姓名、年龄、职业、住址、前科等情况。犯罪嫌疑人供述的身份等情况与真实情况虽有差别,但不影响定罪量刑的,应认定为如实供述自己的罪行。犯罪嫌疑人自动投案后隐瞒自己的真实身份等情况,影响对其定罪量刑的,不能认定为如实供述自己的罪行。

犯罪嫌疑人多次实施同种罪行的,应当综合考虑已交代的犯罪事实与未交代的犯罪事实的危害程度,决定是否认定为如实供述主要犯罪事实。虽然投案后没有交代全部犯罪事实,但如实交代的犯罪情节重于未交代的犯罪情节,或者如实交代的犯罪数额多于未交代的犯罪数额,一般应认定为如实供述自己的主要犯罪事实。无法区分已交代的与未交代的犯罪情节的严重程度,或者已交代的犯罪数额与未交代的犯罪数额相当,一般不认定为如实供述自己的主要犯罪事实。

犯罪嫌疑人自动投案时虽然没有交代自己的主要犯罪事实,但在司法机关掌握其主要犯罪事实之前主动交代的,应认定为如实供述自己的罪行。

三、关于"司法机关还未掌握的本人其他罪行"和"不同种罪行"的具体认定

犯罪嫌疑人、被告人在被采取强制措施期间,向司法机关主动如实供述本人的其他罪行,该罪行能否认定为司法机关已掌握,应根据不同情形区别对待。如果该罪行已被通缉,一般应以司法机关是否在通缉令发布范围内作出判断,不在通缉令发布范围内的,应认定为还未掌握,在通缉令发布范围内的,应视为已掌握;如果该罪行已录入全国公安信息网络在逃人员信息数据库,应视为已掌握。如果该罪行未被通缉、也未录入全国公安信息网络在逃人员信息数据库,应以该司法机关是否已实际掌握该罪行为标准。

犯罪嫌疑人、被告人在被采取强制措施期间如实供述本人其他罪行,该罪行与司法机关已掌握的罪行属同种罪行还是不同种罪行,一般应以罪名区分。虽然如实供述的其他罪行的罪名与司法机关已掌握犯罪的罪名不同,但如实供述

(接上页)疑人实施一般抢劫犯罪三起,三起抢劫的犯罪情节大致相当,自动投案后如实交代了两起,可认定为自首;若其自动投案后如实交代了三起,但为隐瞒其盗窃前科而不如实供述身份,则不能认定为自首。在这里,虽然其隐瞒的一起抢劫罪行对量刑的影响可能要大于盗窃前科,但如前所述,不如实供述身份对司法实践的危害很大,既可能导致冤假错案的发生,又浪费诉讼资源,影响诉讼效率,故对不如实供述身份的情形规定了较为不利的法律后果。参见周峰、薛淑兰、孟伟:《〈关于处理自首和立功若干具体问题的意见〉的理解与适用》,载中华人民共和国最高人民法院刑事审判第一、二、三、四、五庭主办:《中国刑事审判指导案例1》(增订第3版),法律出版社2017年版,第767页。

的其他犯罪与司法机关已掌握的犯罪属选择性罪名或者在法律、事实上密切关联,如因受贿被采取强制措施后,又交代因受贿为他人谋取利益行为,构成滥用职权罪的,应认定为同种罪行。①

四、关于立功线索来源的具体认定②

犯罪分子通过贿买、暴力、胁迫等非法手段,或者被羁押后与律师、亲友会见过程中违反监管规定,获取他人犯罪线索并"检举揭发"的,不能认定为有立功表现。

犯罪分子将本人以往查办犯罪职务活动中掌握的,或者从负有查办犯罪、监管职责的国家工作人员处获取的他人犯罪线索予以检举揭发的,不能认定为有立功表现。

犯罪分子亲友为使犯罪分子"立功",向司法机关提供他人犯罪线索、协助抓捕犯罪嫌疑人的,不能认定为犯罪分子有立功表现。

五、关于"协助抓捕其他犯罪嫌疑人"的具体认定

犯罪分子具有下列行为之一,使司法机关抓获其他犯罪嫌疑人的,属于《解释》第五条规定的"协助司法机关抓捕其他犯罪嫌疑人":1.按照司法机关的安排,以打电话、发信息等方式将其他犯罪嫌疑人(包括同案犯)约至指定地点的;

---

① 对于同种罪行作如此相对较窄的把握是否妥当,司法实务之中尚有不同认识。有观点认为,如此处理,不利于充分发挥自首制度的功能,并建议对本条所规定的"在法律、事实上密切关联"的情形作严格限制,避免范围过大。**本评注认为**,从规范性文件完善的角度而言,上述规定不无道理;但立足现行规定,司法实践还应严格适用。基于此,对于国家工作人员在退休前收受贿赂,在退休后利用向其他国家工作人员的方式为人牟取利益并继续收受贿赂的行为,退休前的受贿与退休后的利用影响力受贿在时间上具有连贯性和重合性,宜认定为"在事实上密切关联"。

② 参照本条规定的精神,犯罪分子检举揭发对合犯罪行为的,也不能认定为立功。所谓对合犯,或称对向犯,一般认为是指实施行为者双方互为实现特定犯罪构成的必要条件,或者说互为实施犯罪的对方,如行贿与受贿、拐卖妇女与收买被拐卖的妇女、出售毒品与购买毒品,等等。以行贿与受贿为例,行贿人交代受贿人的,只能认定为如实供述其行贿犯罪事实,而不能同时认定为揭发他人受贿犯罪,因为这是行贿人如实供述自己罪行的必然内容,而且,这一犯罪线索是行贿人通过贿赂的非法手段获取的,在线索来源上具有不正当性,故不能认定为立功。当然,如果行贿人检举揭发的是受贿人的其他受贿犯罪,则可以认定为立功。参见周峰、薛淑兰、孟伟:《〈关于处理自首和立功若干具体问题的意见〉的理解与适用》,载中华人民共和国最高人民法院刑事审判第一、二、三、四、五庭主办:《中国刑事审判指导案例1》(增订第3版),法律出版社2017年版,第769页。

2.按照司法机关的安排,当场指认、辨认其他犯罪嫌疑人(包括同案犯)的;3.带领侦查人员抓获其他犯罪嫌疑人(包括同案犯)的;4.提供司法机关尚未掌握的其他案件犯罪嫌疑人的联络方式、藏匿地址的,等等。

犯罪分子提供同案犯姓名、住址、体貌特征等基本情况,或者提供犯罪前、犯罪中掌握、使用的同案犯联络方式、藏匿地址,司法机关据此抓捕同案犯的,不能认定为协助司法机关抓捕同案犯。

六、关于立功线索的查证程序和具体认定

被告人在一、二审审理期间检举揭发他人犯罪行为或者提供侦破其他案件的重要线索,人民法院经审查认为该线索内容具体、指向明确的,应及时移交有关人民检察院或者公安机关依法处理。

侦查机关出具材料,表明在三个月内还不能查证并抓获被检举揭发的人,或者不能查实的,人民法院审理案件可不再等待查证结果。

被告人检举揭发他人犯罪行为或者提供侦破其他案件的重要线索经查证不属实,又重复提供同一线索,且没有提出新的证据材料的,可以不再查证。根据被告人检举揭发破获的他人犯罪案件,如果已有审判结果,应当依据判决确认的事实认定是否查证属实;如果被检举揭发的他人犯罪案件尚未进入审判程序,可以依据侦查机关提供的书面查证情况认定是否查证属实。检举揭发的线索经查确有犯罪发生,或者确定了犯罪嫌疑人,可能构成重大立功,只是未能将犯罪嫌疑人抓获归案的,对可能判处死刑的被告人一般要留有余地,对其他被告人原则上应酌情从轻处罚。

被告人检举揭发或者协助抓获的人的行为构成犯罪,但因法定事由不追究刑事责任、不起诉、终止审理的,不影响对被告人立功表现的认定;被告人检举揭发或者协助抓获的人的行为应判处无期徒刑以上刑罚,但因具有法定、酌定从宽情节,宣告刑为有期徒刑或者更轻刑罚的,不影响对被告人重大立功表现的认定。

七、关于自首、立功证据材料的审查

人民法院审查的自首证据材料,应当包括被告人投案经过、有罪供述以及能够证明其投案情况的其他材料。投案经过的内容一般应包括被告人投案时间、地点、方式等。证据材料应加盖接受被告人投案的单位的印章,并有接受人员签名。

人民法院审查的立功证据材料,一般应包括被告人检举揭发材料及证明其来源的材料、司法机关的调查核实材料、被检举揭发人的供述等。被检举揭发案件已立案、侦破,被检举揭发人被采取强制措施、公诉或者审判的,还应审查相关的法律文书。证据材料应加盖接收被告人检举揭发材料的单位的印章,并有接收人员签名。

人民法院经审查认为证明被告人自首、立功的材料不规范、不全面的,应当由检察机关、侦查机关予以完善或者提供补充材料。

上述证据材料在被告人被指控的犯罪一、二审审理时已形成的,应当经庭审质证。

八、关于对自首、立功的被告人的处罚

对具有自首、立功情节的被告人是否从宽处罚、从宽处罚的幅度,应当考虑其犯罪事实、犯罪性质、犯罪情节、危害后果、社会影响、被告人的主观恶性和人身危险性等。自首的还应考虑投案的主动性、供述的及时性和稳定性等。立功的还应考虑检举揭发罪行的轻重、被检举揭发的人可能或者已经被判处的刑罚、提供的线索对侦破案件或者协助抓捕其他犯罪嫌疑人所起作用的大小等。

具有自首或者立功情节的,一般应依法从轻、减轻处罚;犯罪情节较轻的,可以免除处罚。类似情况下,对具有自首情节的被告人的从宽幅度要适当宽于具有立功情节的被告人。

虽然具有自首或者立功情节,但犯罪情节特别恶劣、犯罪后果特别严重、被告人主观恶性深、人身危险性大,或者在犯罪前即为规避法律、逃避处罚而准备自首、立功的,可以不从宽处罚。

对于被告人具有自首、立功情节,同时又有累犯、毒品再犯等法定从重处罚情节的,既要考虑自首、立功的具体情节,又要考虑被告人的主观恶性、人身危险性等因素,综合分析判断,确定从宽或者从严处罚。累犯的前罪为非暴力犯罪的,一般可以从宽处罚,前罪为暴力犯罪或者前、后罪为同类犯罪的,可以不从宽处罚。

在共同犯罪案件中,对具有自首、立功情节的被告人的处罚,应注意共同犯罪人以及首要分子、主犯、从犯之间的量刑平衡。犯罪集团的首要分子、共同犯罪的主犯检举揭发或者协助司法机关抓捕同案地位、作用较次的犯罪分子的,从宽处罚与否应当从严掌握,如果从轻处罚可能导致全案量刑失衡的,一般不从轻处罚;如果检举揭发或者协助司法机关抓捕的是其他案件中罪行同样严重的犯罪分子,一般应依法从宽处罚。对于犯罪集团的一般成员、共同犯罪的从犯立功的,特别是协助抓捕首要分子、主犯的,应当充分体现政策,依法从宽处罚。

《最高人民法院、最高人民检察院、公安部、司法部关于跨省异地执行刑罚的黑恶势力罪犯坦白检举构成自首立功若干问题的意见》(2019年10月21日)

各省、自治区、直辖市高级人民法院、人民检察院、公安厅(局)、司法厅(局),新

疆维吾尔自治区高级人民法院生产建设兵团分院、新疆生产建设兵团人民检察院、公安局、司法局、监狱管理局:

为认真贯彻落实中央开展扫黑除恶专项斗争的部署要求,根据刑法、刑事诉讼法和有关司法解释、规范性文件的规定,现对办理跨省异地执行刑罚的黑恶势力罪犯坦白交代本人犯罪和检举揭发他人犯罪案件提出如下意见:

一、总体工作要求

1. 人民法院、人民检察院、公安机关、监狱要充分认识黑恶势力犯罪的严重社会危害,在办理案件中加强沟通协调,促使黑恶势力罪犯坦白交代本人犯罪和检举揭发他人犯罪,进一步巩固和扩大扫黑除恶专项斗争成果。

2. 人民法院、人民检察院、公安机关、监狱在办理跨省异地执行刑罚的黑恶势力罪犯坦白、检举构成自首、立功案件中,应当贯彻宽严相济刑事政策,充分发挥职能作用,坚持依法办案,快办快结,保持密切配合,形成合力,实现政治效果、法律效果和社会效果的统一。

二、排查和移送案件线索

3. 监狱应当依法从严管理跨省异地执行刑罚的黑恶势力罪犯,积极开展黑恶势力犯罪线索排查,加大政策宣讲力度,教育引导罪犯坦白交代司法机关还未掌握的本人其他犯罪行为,鼓励罪犯检举揭发他人犯罪行为。

4. 跨省异地执行刑罚的黑恶势力罪犯检举揭发他人犯罪行为、提供重要线索,或者协助司法机关抓捕其他犯罪嫌疑人的,各部门在办案中应当采取必要措施,保护罪犯及其近亲属人身和财产安全。

5. 跨省异地执行刑罚的黑恶势力罪犯坦白、检举的,监狱应当就基本犯罪事实、涉案人员和作案时间、地点等情况对罪犯进行询问,形成书面材料后报省级监狱管理机关。省级监狱管理机关根据案件性质移送原办案侦查机关所在地省级公安机关、人民检察院或者其他省级主管部门。

6. 原办案侦查机关所在地省级公安机关、人民检察院收到监狱管理机关移送的案件线索材料后,应当进行初步审查。经审查认为属于公安机关或者人民检察院管辖的,应当按照有关管辖的规定处理。经审查认为不属于公安机关或者人民检察院管辖的,应当及时退回移送的省级监狱管理机关,并书面说明理由。

三、办理案件程序

7. 办案侦查机关收到罪犯坦白、检举案件线索或者材料后,应当及时进行核实。依法不予立案的,应当说明理由,并将不予立案通知书送达罪犯服刑监狱。依法决定立案的,应当在立案后十日内,将立案情况书面告知罪犯服刑监狱。依法决定撤销案件的,应当将案件撤销情况书面告知罪犯服刑监狱。

8. 人民检察院审查起诉跨省异地执行刑罚的黑恶势力罪犯坦白、检举案件,依法决定不起诉的,应当在作出不起诉决定后十日内将有关情况书面告知罪犯服刑监狱。

9. 人民法院审理跨省异地执行刑罚的黑恶势力罪犯坦白案件,可以依法适用简易程序、速裁程序。有条件的地区,可以通过远程视频方式开庭审理。判决生效后十日内,人民法院应当向办案侦查机关和罪犯服刑监狱发出裁判文书。

10. 跨省异地执行刑罚的黑恶势力罪犯在服刑期间,检举揭发他人犯罪、提供重要线索,或者协助司法机关抓捕其他犯罪嫌疑人的,办案侦查机关应当在人民法院判决生效后十日内根据人民法院判决对罪犯是否构成立功或重大立功提出书面意见,与案件相关材料一并送交监狱。

11. 跨省异地执行刑罚的黑恶势力罪犯在原审判决生效前,检举揭发他人犯罪活动、提供重要线索,或者协助司法机关抓捕其他犯罪嫌疑人的,在原审判决生效后才被查证属实的,参照本意见第10条情形办理。

12. 跨省异地执行刑罚的黑恶势力罪犯检举揭发他人犯罪,构成立功或者重大立功的,监狱依法向人民法院提请减刑。对于检举他人犯罪行为基本属实,但未构成立功或者重大立功的,监狱可以根据有关规定给予日常考核奖励或者物质奖励。

13. 公安机关、人民检察院、人民法院认为需要提审跨省异地执行刑罚的黑恶势力罪犯的,提审人员应当持工作证等有效证件和县级以上公安机关、人民检察院、人民法院出具的介绍信等证明材料到罪犯服刑监狱进行提审。

14. 公安机关、人民检察院、人民法院认为需要将异地执行刑罚的黑恶势力罪犯跨省解回侦查、起诉、审判的,办案地省级公安机关、人民检察院、人民法院应当先将解回公函及相关材料送监狱所在地省级公安机关、人民检察院、人民法院审核。经审核确认无误的,监狱所在地省级公安机关、人民检察院、人民法院应当出具确认公函,与解回公函及材料一并转送监狱所在地省级监狱管理机关审批。监狱所在地省级监狱管理机关应当在收到上述材料后三日内作出是否批准的书面决定。批准将罪犯解回侦查、起诉、审判的,办案地公安机关、人民检察院、人民法院应当派员到监狱办理罪犯离监手续。案件办理结束后,除将罪犯依法执行死刑外,应当将罪犯押解回原服刑监狱继续服刑。

15. 本意见所称"办案侦查机关",是指依法对案件行使侦查权的公安机关、人民检察院。

《全国法院毒品案件审判工作会议纪要》(法〔2023〕108号)"八、自首、立功问题"对毒品犯罪自首、立功的认定作了规定。(→参见分则第六章第七节标题评注部分,第1888页)

> **第六十七条　【自首与坦白】**犯罪以后自动投案,如实供述自己的罪行的,是自首。对于自首的犯罪分子,可以从轻或者减轻处罚。其中,犯罪较轻的,可以免除处罚。
>
> 被采取强制措施的犯罪嫌疑人、被告人和正在服刑的罪犯,如实供述司法机关还未掌握的本人其他罪行的,以自首论。
>
> 犯罪嫌疑人虽不具有前两款规定的自首情节,但是如实供述自己罪行的,可以从轻处罚;因其如实供述自己罪行,避免特别严重后果发生的,可以减轻处罚。

立法沿革

本条系1997年《刑法》吸收修改1979年《刑法》作出的规定。1979年《刑法》第六十三条规定:"犯罪以后自首的,可以从轻处罚。其中,犯罪较轻的,可以减轻或者免除处罚;犯罪较重的,如果有立功表现,也可以减轻或者免除处罚。"1997年《刑法》规定了一般自首的概念,加大了对自首的从宽幅度,并增加了余罪自首的规定。

2011年5月1日起施行的《刑法修正案(八)》第八条对本条作了修改,增加了第三款关于坦白的规定。

修正前《刑法》	修正后《刑法》
第六十七条　犯罪以后自动投案,如实供述自己的罪行的,是自首。对于自首的犯罪分子,可以从轻或者减轻处罚。其中,犯罪较轻的,可以免除处罚。 被采取强制措施的犯罪嫌疑人、被告人和正在服刑的罪犯,如实供述司法机关还未掌握的本人其他罪行的,以自首论。	第六十七条　犯罪以后自动投案,如实供述自己的罪行的,是自首。对于自首的犯罪分子,可以从轻或者减轻处罚。其中,犯罪较轻的,可以免除处罚。 被采取强制措施的犯罪嫌疑人、被告人和正在服刑的罪犯,如实供述司法机关还未掌握的本人其他罪行的,以自首论。 犯罪嫌疑人虽不具有前两款规定的自首情节,但是如实供述自己罪行的,可以从轻处罚;因其如实供述自己罪行,避免特别严重后果发生的,可以减轻处罚。

相关规定

《**中华人民共和国刑事诉讼法**》(修正后自2018年10月26日起施行,节录)

第十五条 犯罪嫌疑人、被告人自愿如实供述自己的罪行,承认指控的犯罪事实,愿意接受处罚的,可以依法从宽处理。

《**纪检监察机关处理主动投案问题的规定(试行)**》(中纪办发〔2019〕11号,自2019年7月11日起施行)

第一条 为规范纪检监察机关在监督检查、审查调查中对主动投案的认定和处理,根据《中国共产党纪律处分条例》《中国共产党纪律检查机关监督执纪工作规则》等党内法规和《中华人民共和国监察法》等法律法规,结合工作实际,制定本规定。

第二条 本规定所称主动投案,是指:

(一)党员、监察对象的涉嫌违纪或者职务违法、职务犯罪问题,未被纪检监察机关掌握,或者虽被掌握,但尚未受到纪检监察机关的审查调查谈话、讯问或者尚未被采取留置措施时,主动向纪检监察机关投案;

(二)涉案人员的涉嫌行贿犯罪或者共同职务违法、职务犯罪问题,未被纪检监察机关掌握,或者虽被掌握,但尚未受到纪检监察机关的询问、审查调查谈话、讯问或者尚未被采取留置措施时,主动向纪检监察机关投案。

第三条 本规定中的主动投案既包括涉嫌违纪或者职务违法人员向纪检监察机关投案的情形,也包括《中华人民共和国监察法》第三十一条规定的涉嫌职务犯罪人员向监察机关自动投案的情形。

第四条 有关人员主动向其所在党组织、单位或者有关负责人员投案,向有关巡视巡察机构投案,以及向公安机关、人民检察院、人民法院投案,视为主动投案。

第五条 有关人员具有以下情形之一的,应当视为主动投案:

(一)在初步核实阶段,尚未受到纪检监察机关谈话时主动投案的;

(二)在纪检监察机关谈话函询过程中,主动交代纪检监察机关未掌握的涉嫌违纪或者职务违法、职务犯罪问题的;

(三)因伤病等客观原因无法前往投案,先委托他人代为表达主动投案意愿,或者以书信、网络、电话、传真等方式表达主动投案意愿,后本人到纪检监察机关接受处理的;

(四)涉嫌严重职务违法或者职务犯罪潜逃后又主动投案,包括在被通缉、抓捕过程中主动投案的;

（五）经查实确已准备去投案，或者正在投案途中，被有关机关抓获的；

（六）虽非完全出于本人主动，但经他人规劝、陪同投案的；

（七）其他应当视为主动投案的情形。

第六条 涉嫌职务违法、职务犯罪的单位集体研究决定或者单位负责人决定而主动投案，或者单位直接负责的主管人员主动投案的，应当认定该单位主动投案单位主动投案的案件，需要追究相关人员责任的，参与集体研究并同意投案的人员、决定投案的单位负责人以及投案的单位直接负责的主管人员均应当认定为主动投案。

单位没有主动投案，直接责任人员主动投案的，该直接责任人员应当认定为个人主动投案。

第七条 纪检监察机关对有关人员进行初核谈话、审查调查谈话、讯问期间，或者采取留置措施后，有关人员主动交代纪检监察机关未掌握的本人涉嫌违纪或者职务违法、职务犯罪问题的，不认定为主动投案，但可以依规依纪依法从轻或者减轻处理。

主动投案后又有潜逃等逃避审查调查行为的，不认定为主动投案。

第八条 纪检监察机关的信访举报、监督检查、审查调查等部门，根据职责分工接待主动投案人员。纪检监察机关领导班子成员、巡视巡察机构也可以接待直接向其主动投案的人员。

第九条 有关人员向纪检监察机关信访举报、监督检查、审查调查等部门主动投案的，上述部门应当立即安排两名以上工作人员接待，核实其身份信息，简要了解拟交代的问题、投案事由等，做好简要记录，并向本纪检监察机关相关负责人报告。

有关人员向巡视巡察机构主动投案的，有关巡视巡察机构按照前款的规定接待，向巡视巡察工作领导小组报告后通知有关纪检监察机关。

有关人员向纪检监察机关以外的组织、单位或者有关负责人员主动投案，有关组织、单位或者有关负责人员与纪检监察机关信访举报部门联系，信访举报部门按照第一款的规定接待，报本纪检监察机关相关负责人批准，及时通知相关部门后将主动投案人接管带回。

第十条 信访举报部门接待主动投案人后，认为其交代的问题属于本纪检监察机关管辖的，报本纪检监察机关相关负责人批准后，通知相关部门将主动投案人接管。

信访举报部门认为主动投案人交代的问题不属于本纪检监察机关管辖的，按照下列情形办理：

（一）属于上级纪检监察机关管辖的，报本纪检监察机关主要负责人批准后，逐级向上级纪检监察机关信访举报部门报告，根据上级纪检监察机关的意见办理；

（二）属于下级纪检监察机关管辖的，应当报本纪检监察机关相关负责人审批后，及时通知下级纪检监察机关信访举报部门在二十四小时内将主动投案人接管，如认为由本机关管辖更为适宜的，报主要负责人批准后，可以通知本机关相关部门将主动投案人接管；

（三）属于其他纪检监察机关管辖的，应当报本纪检监察机关相关负责人审批后，及时通知相关纪检监察机关信访举报部门在二十四小时内将主动投案人接管。

信访举报部门认为主动投案人交代的问题不属于纪检监察机关管辖的，应当及时通知有管辖权的机关将主动投案人接管。

相关纪检监察机关或者其他机关将主动投案人接管之前，由接待的纪检监察机关保障主动投案人的安全。

第十一条　相关监督检查、审查调查部门根据职责分工安排人员与主动投案人开展谈话的，应当由两名以上工作人员在具备安全保障条件的场所进行，并形成谈话笔录。如有必要，可以由主动投案人另行写出书面说明。谈话过程原则上应当全程同步录音录像。

纪检监察机关领导班子成员接待主动投案人的，由该领导班子成员带领相关部门工作人员见面接谈后，将该主动投案人交由相关部门按前款规定的程序办理。

第十二条　接谈部门综合分析主动投案人涉嫌违纪或者职务违法、职务犯罪的性质、数额、情节及其身体精神状况、串供、逃跑、安全风险等因素，按照以下情形提出处置建议并履行相应的审批程序：

（一）主动投案人交代的涉嫌违纪问题情节轻微，不需要给予纪律处分或者可能给予轻处分的，对其进行批评教育后由其自行离开；

（二）主动投案人交代的涉嫌违纪或者职务违法、职务犯罪问题需要进一步核实，但情节较轻，主动投案人离开后不至于发生逃跑、自杀、串供或者伪造、隐匿、毁灭证据等情形的，安排"走读式"谈话；

（三）主动投案人交代的涉嫌违纪或者职务违法、职务犯罪问题严重，存在安全等风险不适宜离开的，应当采取留置措施；

（四）主动投案人还涉嫌其他机关管辖的违法犯罪的，可以协调有关机关对其采取强制措施。

第十三条　纪检监察机关应当制定快速采取留置措施的工作预案，需要尽快对主动投案人依法采取留置措施的，承办部门应当立即办理立案、留置相关手续。

情况紧急的，可以先以电话、内网邮件、传真等方式报批后采取留置措施，并在三个工作日内补办相关正式书面手续。

立案、留置须报中央批准的，应当在与主动投案人谈话的同时，以书面形式正式报批。

第十四条 本规定适用于各级纪检监察机关和纪检监察机构。

第十五条 本规定自印发之日起施行。

司法解释

《最高人民法院关于适用刑法时间效力规定若干问题的解释》(法释〔1997〕5号)第四条对行为人于1997年9月30日以前犯罪构成自首的适用刑法条文规则作了规定。(→参见第十二条评注部分，第17页)

《最高人民法院关于处理自首和立功具体应用法律若干问题的解释》(法释〔1998〕8号)第一条至第四条对自首的相关法律适用问题作了规定。(→参见本节标题评注部分，第244、245页)

《最高人民法院关于被告人对行为性质的辩解是否影响自首成立问题的批复》(法释〔2004〕2号，自2004年4月1日起施行)

广西壮族自治区高级人民法院：

你院2003年6月10日《关于被告人对事实性质的辩解是否影响投案自首的成立的请示》收悉。经研究，答复如下：

根据刑法第六十七条第一款和最高人民法院《关于处理自首和立功具体应用法律若干问题的解释》第一条的规定，犯罪以后自动投案，如实供述自己的罪行的，是自首。被告人对行为性质的辩解不影响自首的成立。

《最高人民法院关于〈中华人民共和国刑法修正案(八)〉时间效力问题的解释》(法释〔2011〕9号)第四条对修正后《刑法》第六十七条第三款适用的时间效力问题作了规定。(→参见第十二条评注部分，第21页)

《最高人民法院、最高人民检察院关于办理行贿刑事案件具体应用法律若干问题的解释》(法释〔2012〕22号)第八条对行贿人被追诉后如实供述自己罪行的处理规则作了规定。(→参见第三百八十九条、第三百九十条评注部分，第2159页)

《最高人民法院关于适用〈中华人民共和国刑事诉讼法〉的解释》(法释〔2021〕1号，自2021年3月1日起施行，节录)

第三百五十五条 对认罪认罚案件，人民法院一般应当对被告人从轻处罚；

符合非监禁刑适用条件的,应当适用非监禁刑;具有法定减轻处罚情节的,可以减轻处罚。

对认罪认罚案件,应当根据被告人认罪认罚的阶段早晚以及认罪认罚的主动性、稳定性、彻底性等,在从宽幅度上体现差异。

共同犯罪案件,部分被告人认罪认罚的,可以依法对该部分被告人从宽处罚,但应当注意全案的量刑平衡。

规范性文件

《最高人民法院、最高人民检察院、海关总署关于办理走私刑事案件适用法律若干问题的意见》(法〔2002〕139号)第二十一条对单位走私犯罪案件的自首认定问题作了规定。(→参见分则第三章第二节标题评注部分,第676页)

《最高人民法院、最高人民检察院关于办理职务犯罪案件认定自首、立功等量刑情节若干问题的意见》(法发〔2009〕13号)"一、关于自首的认定和处理""三、关于如实交代犯罪事实的认定和处理"对职务犯罪案件自首的认定和处理作了规定。(→参见本节标题评注部分,第246、249页)

《最高人民法院关于审理故意杀人、故意伤害案件正确适用死刑问题的指导意见》(2009年8月3日)"五、关于被告人有自首、立功情节的死刑适用"对审理故意杀人、故意伤害案件所涉自首、立功情节的把握作了规定。(→参见第二百三十二条评注部分,第1074页)

《最高人民法院关于贯彻宽严相济刑事政策的若干意见》(法发〔2010〕9号)第十七条对自首被告人的从宽处罚提出了专门要求。(→参见总则第四章标题评注部分,第195页)

《最高人民法院关于处理自首和立功若干具体问题的意见》(法发〔2010〕60号)"一、关于'自动投案'的具体认定"至"三、关于'司法机关还未掌握的本人其他罪行'和'不同种罪行'的具体认定"及"七、关于自首、立功证据材料的审查""八、关于对自首、立功的被告人的处罚"对自首有关问题作了规定。(→参见本节标题评注部分,第250页)

《最高人民法院、最高人民检察院、公安部、司法部关于跨省异地执行刑罚的黑恶势力罪犯坦白检举构成自首立功若干问题的意见》(2019年10月21日)对黑恶势力罪犯坦白构成自首有关问题作了规定。(→参见本节标题评注部分,第255页)

《最高人民法院、最高人民检察院、公安部、国家安全部、司法部关于适用认罪认罚从宽制度的指导意见》(高检发〔2019〕13号,节录)

9.从宽幅度的把握。办理认罪认罚案件,应当区别认罪认罚的不同诉讼阶段、对查明案件事实的价值和意义、是否确有悔罪表现,以及罪行严重程度等,综合考量确定从宽的限度和幅度。在刑罚评价上,主动认罪优于被动认罪,早认罪优于晚认罪,彻底认罪优于不彻底认罪,稳定认罪优于不稳定认罪。

认罪认罚的从宽幅度一般应当大于仅有坦白,或者虽认罪但不认罚的从宽幅度。对犯罪嫌疑人、被告人具有自首、坦白情节,同时认罪认罚的,应当在法定刑幅度内给予相对更大的从宽幅度。认罪认罚与自首、坦白不作重复评价。

对罪行较轻、人身危险性较小的,特别是初犯、偶犯,从宽幅度可以大一些;罪行较重、人身危险性较大的,以及累犯、再犯,从宽幅度应当从严把握。

《最高人民法院、最高人民检察院关于常见犯罪的量刑指导意见(试行)》(法发〔2021〕21号)"三、常见量刑情节的适用"第(六)条至第(八)条对自首、坦白、当庭自愿认罪等量刑情节的适用作了规定。(→参见本章第一节标题评注部分,第226页)

《最高人民法院、最高人民检察院、公安部、司法部关于办理醉酒危险驾驶刑事案件的意见》(高检发办字〔2023〕187号)第十七条对醉驾案件自动投案的认定规则作了规定。(→参见第一百三十三条评注部分,第531页)

■ 法律适用答复、复函

《最高人民法院研究室关于自动投案法律适用问题的答复》(法研〔2013〕10号)

江苏省高级人民法院:

你院《关于自动投案法律适用问题的请示报告》收悉。经研究,答复如下:

对于行为人原不具有自动投案情节,在被取保候审期间逃跑后主动归案的情形,不能认定为自动投案。

■ 刑参案例规则提炼①

《张栓厚故意杀人案——犯罪后由亲属送司法机关归案并在一审宣判前如

---

① 另,鉴于《刑法修正案(八)》增设的《刑法》第六十七条第三款对坦白作出规定,《余永恒受贿案——被告人被采取强制措施后交代司法机关尚未掌握的同种犯罪应如何掌握具体处刑》(第32号案例)所涉规则未予提炼;鉴于《最高人民法院关于处理自首和立功若干具体问题的意见》(法发〔2010〕60号)"一、关于'自动投案'的具体认(转下页)

实供述罪行的应认定为自首》(第 41 号案例)、《**庄保金抢劫案**——犯罪嫌疑人一经传唤即如实供认犯罪事实的可否认定为自首》(第 59 号案例)、《**姚伟林、刘宗培、庄晓华非法制造注册商标标识案**——举报同案犯并如实交代自己参与共同犯罪事实的应否认定为自首》(第 66 号案例)、《**王洪斌故意杀人案**——到公安机关报假案与自动投案的区别应如何把握》(第 80 号案例)、《**杨永保等走私毒品案**——仅因形迹可疑被公安机关盘问后即如实交代罪行的应认定为自首》(第 82 号案例)、《**王国清等抢劫、故意伤害、盗窃案**——转化型抢劫罪的法律适用》(第 86 号案例)、《**张敏贩卖毒品案**——如何正确认定非法持有毒品罪》(第 108 号案例)、《**明安华抢劫案**——子女进入父母居室内抢劫的能否认定为"入户抢劫"》(第 134 号案例)、《**陈德福走私普通货物案**——犯罪单位的自首如何认定》(第 151 号案例)、《**刘某诉江某故意伤害案**——自诉案件中的自首情节如何认定》(第 172 号案例)、《**郭玉林等抢劫案**——在共同抢劫中,部分行为人引起的致人重伤、死亡后果,其余未在现场的行为人应否对此后果承担责任》(第 189 号案例)、《**姜方平非法持有枪支、故意伤害案**——被告人对事实性质的辩解不影响如实供述的成立》(第 221 号案例)、《**杜祖斌、周起才抢劫案**——自动投案

(接上页)定"明确规定"犯罪嫌疑人被亲友采用捆绑等手段送到司法机关,或者在亲友带领侦查人员前来抓捕时无拒捕行为,并如实供认犯罪事实的,虽然不能认定为自动投案,但可以参照法律对自首的有关规定酌情从轻处罚",《**张义洋故意杀人案**——犯罪嫌疑人的亲属报案后,由于客观原因没能将犯罪嫌疑人送去投案,但予以看守并带领公安人员将其抓获的,能否视为自动投案》(第 241 号案例)、《**孙传龙故意杀人案**——亲友带领公安人员抓获犯罪嫌疑人能否认定自首》(第 369 号案例)、《**袁翌琳故意杀人案**——对亲属报警并协助公安机关抓获被告人行为的认定》(第 700 号案例)所涉规则未予提炼;《**周元军故意杀人案**——不明知自己已被公安机关实际控制而投案的,不认定为自首,但可酌情从轻处罚》(第 701 号案例)提出"在犯罪嫌疑人被取保候审后脱保,监视居住后潜逃,或者羁押期间脱逃……只要其实施了投案行为,就应当认为其是在尚未被采取'强制措施'前的自动投案",与法研〔2013〕10 号答复主张"对于行为人原不具有自动投案情节,在被取保候审期间逃跑后主动归案的情形,不能认定为自动投案"的立场不一致,故对所涉规则未予提炼;《**陈国策故意伤害案**——实施犯罪行为后滞留犯罪现场等候警方处理的行为能否认定自动投案》(第 394 号案例)提出"在实施犯罪过程中报警,实施犯罪行为后滞留犯罪现场等候警方处理,并在警方讯问后如实供述罪行的,应当认定为自首",《**翁见武故意杀人案**——被告人报警后又继续实施犯罪行为的,是否构成自首》(第 522 号案例)针对"报警后,不是放弃犯罪等待公安机关的处理,而是再次持刀把被害人砍杀致死"的行为,主张认定为自动投案,构成自首,与刑参 831 号案例所持立场不一致,**本评注倾向**后者,故对第 394 号案例、第 522 号案例所涉规则未予提炼。

第67条

后没有如实供述同案犯是否构成自首》(第255号案例)、《王春明盗窃案——犯罪嫌疑人被公安机关传唤到案后,如实供述自己的罪行的,能否认定为自首》(第354号案例)、《董保卫、李志林等盗窃、收购赃物案——投案动机和目的是否影响自首成立》(第381号案例)、《何荣华强奸、盗窃案——如何理解"如实供述司法机关还未掌握的本人其他罪行"》(第411号案例)、《周建龙盗窃案——向被害人投案的行为是否认定为自首》(第437号案例)、《杜益忠故意伤害致人死亡案——共同故意伤害致人死亡案件中,被告人如实供认公安机关没有掌握的其致人死亡的关键情节,是否可以酌情从轻处罚》(第459号案例)、《田成志集资诈骗案——亲属提供线索抓获犯罪嫌疑人的能否认定自首》(第464号案例)、《刘兵故意杀人案——如何认定自动投案中的"形迹可疑"》(第465号案例)、《沈利潮抢劫案——行政拘留期间交代犯罪行为的能否认定自首》(第468号案例)、《赵春昌故意杀人案——如何认定"经查实确已准备去投案"的自首》(第476号案例)、《王秋明故意伤害案——被告人在案发后电话报警的行为是否成立自首》(第525号案例)、《闫光富故意杀人案——犯罪嫌疑人在公安机关通知后到案,但在公安机关掌握部分证据后始供述的,不能认定为自首》(第565号案例)、《彭佳升贩卖、运输毒品案——因运输毒品被抓获后又如实供述司法机关未掌握的贩卖毒品罪行不构成自首》(第593号案例)、《张东生故意杀人案——被告人具备自首要件,其亲属不配合抓捕的不影响自首的成立》(第598号案例)、《熊华君故意伤害案——现场待捕型自首的认定条件》(第698号案例)、《吕志明故意杀人、强奸、放火案——如何认定"送亲归案"情形下的自动投案》(第699号案例)、《张某等抢劫、盗窃案——接受公安人员盘问时,当场被搜出与犯罪有关的物品后,才交代犯罪事实的,不视为自动投案》(第702号案例)、《蒋文正爆炸、敲诈勒索案——余罪自首中如何认定"不同种罪行"和"司法机关已掌握的罪行"》(第703号案例)、《刘长华抢劫案——如何判断行为人是属于"形迹可疑"还是"犯罪嫌疑"》(第704号案例)、《李吉林故意杀人案——如实供述杀人罪行后,又翻供称被害人先实施严重伤害行为的,能否认定为对主要犯罪事实的翻供》(第705号案例)、《吴江、李晓光挪用公款案——职务犯罪中自首及协助抓捕型重大立功的认定》(第709号案例)、《张春亭故意杀人、盗窃案——交代司法机关尚未掌握的案发起因构成其他犯罪,是否属于自首》(第718号案例)、《汪某故意杀人、敲诈勒索案——如实供述的罪行与司法机关已经掌握的罪行在事实上密切关联的,不构成自首》(第747号案例)、《刘某、姚某挪用公款案——如何认定职务犯罪案件中的自首及把握办案机关掌握的线索范围》(第755号案例)、《徐凤抢劫案——公安机关确定犯罪嫌疑人并以其他名

第三节 自首和立功 267

义通知其到案后,如实供述犯罪事实,但一审判决前翻供的,不认定为自首》(第776号案例)、《**尚娟盗窃案**——明知他人报案而留在现场,抓捕时亦无拒捕行为,且如实供认犯罪事实的,是否构成自首》(第780号案例)、《**赵新正故意杀人案**——如何认定"已准备去投案"和"正在投案途中"》(第811号案例)、《**李国仁故意杀人案**——杀人后主动报警表示投案,等待抓捕期间又实施犯罪的,能否认定为自首》(第831号案例)、《**杨金凤、赵琪等诈骗案**——自动投案的行为发生在犯罪嫌疑人被办案机关控制之后的是否成立自首》(第880号案例)、《**黄建忠危险驾驶案**——如何认定醉驾型危险驾驶犯罪案件中的自首以及如何根据具体的自首情形决定对被告人的从宽处罚程度》(第897号案例)、《**喻春等故意杀人案**——在共同犯罪案件中如何认定"如实供述主要犯罪事实"》(第926号案例)、《**冯维达、周峰故意杀人案**——行为人对其主观心态的辩解是否影响自首的成立》(第943号案例)、《**张芳元故意杀人案**——如何区分"形迹可疑人"与"犯罪嫌疑人"》(第944号案例)、《**孟令廷故意杀人、故意伤害案**——主动如实供述本人真实身份及所犯不同种余罪的,能否认定为自首》(第965号案例)、《**杜周兵强奸、强制猥亵妇女、猥亵儿童案**——行为人因涉嫌强制猥亵妇女到案后如实供述司法机关尚未掌握的猥亵儿童事实的,不构成自首》(第985号案例)、《**杨治山内幕交易案**——如何理解内幕交易犯罪案件中的"自动投案"和"如实供述主要罪行"》(第1019号案例)、《**杨文博非法持有毒品案**——因形迹可疑被盘查时发现持有可疑物品,在被带至公安机关接受调查时如实供述了非法持有毒品事实的,是否成立自首》(第1037号案例)、《**黄光故意杀人、诈骗案**——打电话报警但未承认自己实施犯罪行为的是否认定为自首以及如何审查判断经鉴定属于被害人真实签名的保证书等书证的真实性》(第1044号案例)、《**台州市黄岩恒光金属加工有限公司、周正友污染环境案**——如何认定行政主管部门与公安机关联合执法案件中的自动投案》(第1050号案例)、《**韩永仁故意伤害案**——"明知他人报案而在现场等待"情形的具体认定》(第1059号案例)、《**徐勇故意杀人案**——关于自首情节中"确已准备去投案"的认定》(第1078号案例)、《**吴某强奸、故意伤害案**——行为人在取保候审期间犯新罪而逃跑,被公安机关依法网络通缉后又自动投案并如实供述罪行的,是否认定全案构成自首》(第1081号案例)、《**周某非法持有毒品案**——非法持有毒品者主动向公安机关上交毒品的,如何量刑》(第1084号案例)、《**孟庆宝故意杀人案**——作案后逃往他处自杀被救起后主动交待罪行的,能否成立自首》(第1212号案例)、《**王宪梓故意杀人案**——亲属主动报案并带领民警抓获被告人的如何量刑》(第1223号案例)、《**许涛故意杀人案**——自动投案后将性质恶劣的故意杀人行为编

第67条

造为相约自杀,能否成立自首》(第1244号案例)、《**潘平盗窃案**——取保候审期间脱逃又主动投案并如实供述罪行,能否认定为自首》(第1303号案例)、《**赛黎华、王翼龙贩卖毒品,赛黎华非法持有毒品案**——如何认定特殊自首中的同种罪行》(第1348号案例)、《**赵迎锋故意杀人案**——如何准确把握自首制度适用中"送亲投案"和"现场等待"等问题》(第1455号案例)所涉规则提炼如下。

1."自动投案"的认定规则。自动投案要求投案的主动性和自愿性,即系"主动将自己置于办案机关的合法控制下,接受审查与裁判的行为"。打电话报警,但"报警时并未称其投毒,且自始至终没有告知或者提示医生三人系因服用大茶药而中毒,致被害人……因抢救无效而死亡"。"报警与公安机关将……作为犯罪嫌疑人采取强制措施之间没有关联性……缺乏自动投案的要件。"(第1044号案例)"行为人虽然向被害人承认作案,但其主观上却并不愿意经由被害人移送司法机关从而接受审查和裁判,自然不能以自动投案论处,不能认定为自首。"(第437号案例)"报假案,编造虚假情况,欺骗司法机关,则不属于自动投案。""报假案而不是自动投案、且到案后开始阶段不如实供述自己罪行,对其不能认定为自首。"(第80号案例)"犯罪后到公安机关了解案情不属于自动投案。"(第134号案例)"犯罪嫌疑人主动报警表示投案,在等待抓捕期间又实施犯罪","说明其在打电话表示投案后,主观上并未彻底放弃和终止继续犯罪的意图,缺乏自愿将自己置于司法机关的控制之下接受审查和裁判的主观意愿,不具备自首的本质特征,不属于自动投案"。(第831号案例)"犯罪嫌疑人被公安机关口头或电话传唤后直接到案,并如实供述自己的罪行,应当认定为自首。"(第354号案例)"被取保候审期间逃跑,后又主动投案的行为","已严重妨碍了刑事诉讼活动的正常进行,浪费了司法诉讼资源,其行为不符合自首的立法本意"。(第1081号案例)而且,"将取保候审期间逃跑后又投案的情形认定为'自动投案',与刑事诉讼法的相关规定不协调","有悖刑事强制措施的立法目的"。(第1303号案例)此外,"对到达现场的公安人员承认被害人受伤是其所为,可视为投案""投案后未如实供述罪行,不构成自首",但"被告人杀人后有抢救被害人的表现,具有酌定从轻处罚的情节"。(第41号案例)"在内幕交易案件中,由于系先由证券监管部门调查,故行为人一般均是先向证券监管部门投案,如果行为人预留联系方式,并在预留地址自愿等候有关部门处理,比照'明知他人报案而在现场等待'的规定,应当认定行为人系主动投案。行为人在自愿等候有关部门处理过程中,被公安抓获到案不影响自动投案的认定。"(第1019号案例)还需要注意的是,"实践中,犯罪嫌疑人作案后有自杀行为的,一般不认定为自首。但是否一概不予认定还需结合具体案情进行具体分析。对于投案前有自杀行为,自动投案或者打电话投案后再无自杀行为,此后如实供述自己罪行的,可以认定为自首"。(第1455号案例)杀死女友殉情,"自杀未果,因疼痛难忍,才用手机拨打'110'报警","可视为自动投案,但与单纯为了接受审判或意图减轻犯罪后果的自动投案有所区别"。(第705号案例)

2. "形迹可疑"与"犯罪嫌疑"的界分规则。"因形迹可疑受到公安人员盘问,如实供述了自己的罪行,应认定其自首;如果……是被作为犯罪嫌疑人被侦查机关讯问,供认了犯罪事实的,就不应认定其自首。"(第59号案例)具体而言,"判断行为人是否属于'形迹可疑',关键就是看司法机关能否依凭现有证据特别是客观性证据在行为人与具体案件之间建立起直接、明确、紧密的联系,依据当时证据行为人作案的可能性已经大大提高,达到了被确定为'犯罪嫌疑人'的程度"。(第465号案例)换言之,"行为人如实供述罪行之前司法机关是否已经掌握足以合理怀疑行为人实施某种犯罪的证据或者线索,从而在行为人与具体案件之间建立起直接、明确的联系,是区分'形迹可疑'与'犯罪嫌疑'的关键"。(第944号案例)"如果侦查人员从行为人身上或住处查获赃物、作案工具等客观性的证据,或者现场目击证人直接指认行为人系作案人,由于已有一定证据指向行为人,其具有较其他排查对象更高的作案嫌疑,便成为犯罪嫌疑人,而不仅仅是形迹可疑。而对于侦查机关来说,案件的侦查程度已经可以对行为人采取强制措施。"(第704号案例)"在机场接受的是例行安全检查,其携带毒品的罪行尚未被公安机关发觉,仅因形迹可疑受到盘问,即如实交代了体内藏毒的罪行。这种情形……应当视为自动投案。"(第82号案例)"因形迹可疑被公安人员盘问时并未交代犯罪事实,直至犯罪证据被公安人员发现、掌握后才供述,已不属于'形迹可疑'",不能视为自动投案。(第702号案例)"因形迹可疑被盘查时发现随身携带的挎包内藏有可疑物品,在被带至公安机关接受调查时,如实供述了非法持有毒品事实的",不能视为自动投案。(第1037号案例)"对于畏罪自杀被救起后向不知晓具体案情的公安人员主动供述犯罪事实的行为,是否认定为自首,应当按照形迹可疑型自首的……构成要件,综合考虑……等予以客观认定,而不能……一概地排除适用自首制度。"(第1212号案例)与之不同,"犯罪嫌疑人接到公安机关调查通知后到案,但未供述犯罪事实,在公安机关掌握了部分证据后始予供述的","此时交代所犯罪行,显然不属于因形迹可疑而自动投案,不能认定为自首"。(第565号案例)"接到吸毒人员定期尿检的通知后,自行前往公安机关,并主动如实供述其抢劫的犯罪事实,但在一审判决前翻供的",不认定为自首。(第755号案例)"犯罪嫌疑人投案的行为只有发生在其'被办案机关控制'之前,才能认定为自首中的'自动投案'。"

第67条

"犯罪嫌疑人被司法机关控制后,经允许脱离控制,又按指令自行到案并如实供述犯罪事实的",不成立自首。(第880号案例)此外,"环保部门是污染环境罪的办案机关之一,环保部门在进行调查谈话时已经初步掌握了本案的犯罪事实,其接受谈话的行为不能认定自动投案。案件移送到公安机关后,被告人再主动投案,更不能认定为自动投案"。(第1050号案例)

3. 投案动机的处理规则。"投案动机和目的不影响自首成立。"(第381号案例)"行为人自动投案的动机多种多样,有的是真诚悔罪,有的是畏惧惩罚,有的是出于无奈,有的抱着其他想法,甚至有的还想钻法律的空子。投案的动机虽各有不同,但是都不影响自首的成立,只是司法机关在裁量决定对自首者是否从宽处罚以及从宽处罚幅度时考虑的因素"。(第66号案例)此外,对于具备自首条件的被告人而言,"当其家人不配合公安人员工作时……虽没有任何劝阻言行,但不影响自动投案成立,其投案后能如实交代自己的犯罪事实,应当认定具有自首情节"。(第598号案例)

4. 电话投案的处理规则。"在作案后打'110'向公安机关报案,并等候公安人员将其抓获归案的行为,属于自动投案。"(第255号案例)"实施犯罪后,主动电话报警时并未明确供述其主要犯罪事实或在公安人员到达后仍未主动供述主要犯罪事实,在公安机关通过调查工作已将其列为犯罪嫌疑人后才如实供述罪行的,不能成立自首。"(第525号案例)

5. 现场待捕的处理规则。"认定现场待捕型自首还应该具备以下四个条件:1. 现场待捕的非被动性……2. 对于他人报案的明知性……3. 被抓捕时行为的服从性……4. 供认犯罪事实的彻底性。"(第698号案例)"'明知他人报案而在现场等待'成立自首必须是犯罪嫌疑人能逃而不逃。"具体而言,"应当依据客观条件进行认定……对客观上不具备逃走条件的犯罪嫌疑人,即使存在投案的主动性、自愿性,也不应认定为自首。如对实施盗窃后被人发现报警,不论是因害怕被追究刑事责任还是为了争取从轻处罚,只要留在现场等待的,都应当视为自动投案;而对实施盗窃后被人发现报警并包围,而留在现场被抓获的,就不应视为自动投案。因为后一种情形中,犯罪嫌疑人客观上逃不掉,故不属于'能逃而不逃'的情形"。"'现场'不限于作案现场。在作案现场以外的其他场合,如果犯罪嫌疑人明知他人报案,而自愿等待抓捕,且无拒捕行为,如实供述罪行的,同样体现了犯罪嫌疑人的主动性和自愿性,也应当认定为自首。"(第780号案例)"认定'现场'的具体范围根据个案情况而有所不同,但范围不宜过大,且犯罪嫌疑人没有藏匿等行为,侦查人员到达犯罪现场后即可发现,或者通过简单排查、走访、询问便能找到犯罪嫌疑人,方可视为'现场等待'。"(第1455号案例)"虽然没有在现场看到他人报案,但结合案发现场情况,其有合理依据判断会有人及时报案,客观上有足够时间、条件逃跑而未逃跑,符合立法本意,应视为自动投案的情形。"①(第 1059 号案例)

6. 行政拘留期间自首的处理规则。"在侦查机关掌握了一定犯罪证据并将其确定为犯罪嫌疑人的情况下,以其他行政违法行为将其行政拘留……在行政拘留期间被动交代犯罪事实的行为不能认定为自首。"但是,"如果行政拘留仅仅是针对特定的行政违法行为,行为人在被行政拘留期间,主动交代侦查机关尚未掌握的犯罪事实,或者交代侦查机关尚未掌握的其他非同种犯罪事实,符合自首条件的,应当认定为自首"。(第 476 号案例)

7. "经查实确已准备去投案"型自首的认定规则。"总体上讲,'准备投案'不能仅是犯罪嫌疑人的一种纯心理活动,必须有一定的言语或行为表现来进行佐证。至于是否必须要有行为表示,则要看当时的具体情况,如果仅有愿意投案的言语表示,而时间和条件又允许,却在没有正当理由的情况下一直无任何去投案的行为迹象,就难以认定属于准备投案。"(第 476 号案例)"具体而言,可以从以下几个方面认定被告人是否"确已准备去投案":(一)必须有准备投案的客观行为……(二)准备行为必须是与投案相关的必要行为……(三)准备行为必须能够清楚地反映投案意愿……(四)投案意愿必须具有连续性……被告人的投案意愿必须具有连续性,产生投案意愿、准备投案之后又改变初衷的,或者犹豫不决的,一般不能认定为准备投案……(五)准备投案必须有相应的证据加以证明。"据此,"酒后作案,准备回家与亲属告别后再去投案,但回家后即醉倒,最终被公安人员抓获","根据已查明的事实、证据认定……的行为属于'经查实确已准备去投案',并结合其如实供述罪行,而依法认定为自首,是正确的"。(第 1078 号案例)"'确已准备'与'确曾准备'有本质的区别。""在司法实践中有必要严格区分'确曾准备'与'确已准备'。从时间进程分析,'确曾准备'阻断了投案的自动性,因而不能认定为自动投案。"(第 811 号案例)

8. "送亲归案"型自首的认定规则。"将'送亲归案'认定为自动投案的重要

---

① 实践中,行为人作案后虽离开现场,跑到八百多米外的烟酒店,并让店主报案(没有告知报案人自己杀人的犯罪事实,而是假装成受害者),在警方十多分钟后赶到报案现场期间,一直未离开报案现场;警方对其抓捕时,也无拒捕行为。**本评注倾向**为认定自首,认为上述情形与"明知他人报案而在现场等待,抓捕时无拒捕行为"似无实质差异,主动投案有躲避他人追打的动机,但这似并不足以影响其系自动投案的认定,而是可在对其决定是否从宽、如何从宽时予以考虑。

前提条件是……犯罪嫌疑人的亲友明知犯罪嫌疑人实施了犯罪行为,仍然主动联系有关机关或人员,亲自'陪首'或者'送首',目的是将犯罪嫌疑人有效地置于司法机关的控制之下,使犯罪嫌疑人承担相应的法律后果。如果亲友并不明知犯罪嫌疑人实施了犯罪行为,亲友主动与司法机关联系的目的并不是让犯罪嫌疑人接受司法机关的处理,而是为了撇清犯罪嫌疑,则不应认定为自动投案。"(第699号案例)"相对于'送亲投案'而言,亲友协助公安机关抓捕犯罪嫌疑人与捆绑送嫌疑人归案则明显不同,该两种情形虽然在一定程度上节约了司法资源,但无论哪一种情形,犯罪嫌疑人均缺乏自愿将自己置于司法机关控制之下接受审查这个核心要件,因此不能视为自动投案。"(第1455号案例)"亲属主动报案并带领公安人员抓获被告人,被告人并非自动投案,不构成自首。""亲属主动报案并带领公安人员抓获被告人的,可据此对被告人从轻处罚"。(第1223号案例)此外,"对于由犯罪嫌疑人亲属提供线索,由侦查机关实施抓捕将犯罪嫌疑人抓获的情况是否应当认定为'自动投案'从而构成自首……不能一概而论,需要根据具体情况进行判断"。即使没有认定自首,也要"在量刑时……根据案件的具体情况酌情从轻处罚"。(第464号案例)

9. 如实供述"主要犯罪事实"的认定规则。"司法实践中,'主要犯罪事实'一般理解为是指对行为性质有决定意义以及对量刑有重大影响的事实、情节。"(第703号案例)"主要犯罪事实既包括定罪事实,也包括量刑事实。对于犯罪事实是否属于主要犯罪事实的认定,除了要看该犯罪事实是否属于犯罪构成事实,还要看该犯罪事实是否对量刑产生重要影响。"(第926号案例)"在抢劫罪中,行为人实施持刀伤害被害人行为的这一事实应当认定为主要犯罪事实。因为,抢劫罪侵犯的是双重客体,持刀伤害致使被害人死亡不仅是作为一个重要的量刑情节而存在的,同时,也是构成抢劫罪的一个不可或缺的暴力要件,对于定罪量刑均具有十分重要的意义,与犯罪事实的细节不可同日而语。"(第189号案例)"犯罪构成事实是主要犯罪事实……行为人主观心态作为犯罪主观要件事实,当然属于'主要犯罪事实'。因此,行为人自动投案后是否如实供述犯罪主观心态,必然影响自首的认定。"(第943号案例)"主动投案并供认杀死……的事实,但掩饰案发原因,隐瞒真实作案动机,将性质恶劣的故意杀人行为虚构为与……相约自杀,该情节对其定罪量刑具有重大影响,不应认定其具有自首情节。"(第1244号案例)"在内幕交易犯罪案件中,根据刑法第一百八十条的规定,行为人的如实供述内容,应当包括:行为人的主体身份;所购买的相关股票名称、数量;行为人获悉内幕信息等相关情况。"(第1019号案例)"对影响其定罪量刑的重要情节的翻供,应当认定为对案件主要犯罪事实的翻供。"(第703号案例)如实供述杀人罪行后,又翻供称被害人先捅其两刀,"是对影响其定罪量刑的重要情节的翻供,应当认定为对案件主要犯罪事实的翻供"。(第705号案例)如实供述主要犯罪事实,"一审判决前虚假翻供,在一审判决时还未恢复如实供述的,不论其之后的供述真假,均不能认定为自首"。(第776号案例)此外,共同故意伤害致人死亡案件中,"如实供认公安机关没有掌握的致人死亡的关键情节,且其家属积极赔偿了附带民事诉讼原告人的经济损失,可以酌情从轻处罚"。(第459号案例)

10. **对行为性质的辩解的处理。**"对行为性质的辩解,不能认定为翻供。""一般来说,投案自首、如实供述犯罪事实确实体现了被告人的悔罪心理,但是,悔罪表现与被告人行使辩解权是一个问题的两个方面……被告人悔罪与行使辩解权同属行使刑事诉讼权利的范畴。两项权利之间并不互相排斥。如果以被告人行使了辩解权就认为其无悔罪表现,无疑是对被告人诉讼权利的变相剥夺。"(第221号案例)

11. **余罪自首中"还未掌握"罪行的认定规则。**"一般是指司法机关还未有一定的客观线索、证据合理怀疑被采取强制措施的犯罪嫌疑人、被告人和正在服刑的罪犯还犯有其他罪行。同时,这里的尚未掌握的'司法机关'也不能简单理解,即不仅仅是指正在侦查、起诉、审判的司法机关,也包括其他司法机关。""如果犯罪嫌疑人、被告人的所犯余罪尚未被查明、通缉,或者虽已被通缉,但通缉资料不全面,内容不明确,现行犯罪的侦查、起诉和审判的司法机关并不掌握或者很难、几乎不可能通过比对查证等方式在当时掌握该犯罪嫌疑人的所犯余罪的,则此时的'司法机关'仅指直接办案机关。"(第411号案例)"在被抓获后如实供述了300多克海洛因藏匿在其暂住地,但这时的公安人员已搜缴到了毒品",属于"被采取强制措施后,主动交代司法机关已掌握的同种犯罪事实",不能认定为余罪自首。(第108号案例)

12. **余罪自首中"同种罪行"的判定规则。**"同种罪行主要包括三种:第一,相同罪名的罪行;第二,选择性罪名的罪行;第三,法律上、事实上存在密切关联的罪行。"(第1348号案例)"属于司法机关已掌握的罪行或者判决确定的罪行构成相同罪名的,不成立自首。当然,如果司法机关已掌握的罪行经查不实,则应当以判决确定的罪名,来认定是否构成余罪自首。"(第703号案例)"选择性罪名的犯罪构成是一种法定的特别犯罪构成。不能简单地以触犯了不同的具体罪名,来确定是否属于同种罪行还是不同种罪行。根据我国刑法及司法解释的上述规定,本案中被告人……如实供述司法机关尚未掌握的贩卖不同宗毒品的罪行,与司法机关已经掌握的运输毒品的罪行属于同种罪行,故不能以自首论。"(第593号案例)"强制猥亵妇女罪与猥亵儿童罪罪名不同,也不属于选择性罪名,但是两种犯罪在法律上、事实上均具有密切关联,可以视为同种罪行。"(第985号案例)"认定的关键是这两个罪行在法律、事实上是否具有密切关联。""法律上密切关联是指已掌握的犯罪的构成要件中包含着易于构成其他犯罪的情形。如因受贿被采取强制措施后,又交代因受贿为他人谋取利益的行为而构成的滥用职权罪。""事实上密切关联,是指已掌握的犯罪与未掌握的犯罪之间存在手段与目的等关系,且易结合发生的情形。如因持枪杀人被采取强制措施后,又交代其盗窃或私自制造枪支的行为。"就所涉案件而言,"盗窃罪是故意杀人罪的前因,两者之间具有一定的因果联系。但是……实施的盗窃犯罪与故意杀人犯罪是相对独立的两个犯罪,盗窃犯罪并不必然导致故意杀人犯罪的发生,类似案件在司法实践中也并不多见。司法机关掌握其故意杀人犯罪并不必然能够推断或知晓其曾实施盗窃犯罪。两者不符合……'在法律、事实上密切关联'的情形,应当认定为不同种罪行"。(第718号案例)与之不同,"涉及人身、财产的犯罪,如在敲诈勒索、绑架、故意杀人、抢劫、故意伤害、交通肇事等案件中,被害人的人身,其随身携带财物的下落,作案工具的来源、去向等事实,均是与行为人实施的犯罪行为紧密关联的事实。在对供述司法机关已掌握的犯罪事实过程中,供述上述事实的,即使实施上述事实的行为单独构成另一犯罪,也不构成自首"。(第747号案例)"杀人潜逃后使用化名,后又因犯新罪被采取强制措施期间,向司法机关主动交代真实身份及所犯故意杀人罪的",由于其因前罪已被公安机关上网通缉,故对前罪不能认定为自首。(第965号案例)

13. 醉驾型危险驾驶案件自首的认定和从宽规则。"在得知对方当事人报警后,在人身未受到控制情况下选择了未逃离现场,自愿留在现场等候警方处理,属于典型的'能逃而不逃'情形,应当认定为'自动投案'。""在公安人员到来后,主动交代其在驾车前饮酒的事实,并配合公安人员对其进行呼气酒精含量测试和抽取血样,应当认定其如实供述自己的罪行。""被告人主动报警的,一般应当从轻处罚,其中没有发生交通事故的,或者只造成轻微财产损失,没有人员伤亡的,可以不作为犯罪处理或者免除处罚。"(第897号案例)

14. 职务犯罪的自首认定规则。"职务犯罪案件中,被告人须在纪律监察部门对其采取明确的调查措施前投案方能构成自动投案,在此前提下符合自首其他构成要件的,依法应认定为自首。"(第709号案例)"在未接到办案机关任何调查、谈话通知的情况下,主动到集团公司纪委投案,属于自动投案,且投案后如实供述了犯罪事实,符合自首的两个条件。"此外,"职务犯罪案件中'办案机关掌握的线索',不限于直接查证犯罪事实的线索,还包括与查证犯罪事实有关联

的线索"。(第755号案例)

15. 持有型犯罪的自首认定规则。"持有型犯罪在犯罪形态方面的特点是一经持有即达成既遂,即行为人实施持有行为、犯罪进入实行阶段后,持有状态即形成,持有犯罪便已达成既遂形态。""主动上交所藏毒品时,其非法持有毒品已有一定的时间,非法持有毒品犯罪已构成既遂,不宜认定构成犯罪中止,应当以自首论处。"(第1084号案例)

16. 共同犯罪的自首认定规则。"向公安机关举报同案犯的共同犯罪事实,且查证属实,不属于有立功表现,但被告人在举报同案犯时如实供述自己参与共同犯罪的事实,应当认定有自首情节并可依法从轻处罚。"(第66号案例)"共同犯罪人自首时,除了交代自己所犯的罪行外,还需交代其所知的同案犯实施的共同犯罪事实。"(第926号案例)"共同犯罪人自动投案后,没有供述与其共同实施犯罪行为的同案犯的,不属于'如实供述自己的罪行',不能认定为自首。"(第255号案例)而且,"如果犯罪嫌疑人如实供述的时间节点是在其他同案犯已作相关供述之后,其是被迫而作出如实供述的,那么其在实质上就不具有主动交付于司法机关监管的意愿,不符合自首制度设立的初衷,故不能认定构成自首"。(第926号案例)

17. 数罪的自首认定规则。①"在一人犯数罪且只对其中一罪有自首的情况下,自首从轻的效力仅及于自首之罪。"(第86号案例)

18. 自诉案件的自首认定规则。"只要符合自首成立的法定条件,无论是公诉案件还是自诉案件,都应当认定为自首,不能因自诉案件的犯罪事实和犯罪嫌疑人容易被司法机关发现和掌握,就不适用刑法关于自首的规定。"(第172号案例)

19. 犯罪单位的自首认定规则。"自首作为一项总则性的规定与制度,同样应当适用于单位犯罪。""认定犯罪单位的自首,关键要看该自首行为是否出于犯罪单位的意志以及投案人是否代表犯罪单位。""对构成自首的犯罪单位,在决定其应处的罚金刑时……一般可根据案件的具体情节判处较轻的罚金刑。"(第151号案例)

---

① **本评注认为**,对于一人犯数罪且只对其中一罪有自首的情况下,可以认定其中一罪成立自首,但对基于自首的从宽幅度可以裁量处理。实际上,《刑法》第六十七条第一款"可以从轻或者减轻处罚"的规定,赋予司法实践根据案件具体情况裁量处理的空间。极端情形之下,行为人仅对一罪自首,从而使得其他犯罪成为漏罪,此后行为人在前罪服刑完毕之后再对漏罪自首的,亦可对漏罪成立自首。但此种情形之下,对漏罪的自首,则显然不宜"从轻或者减轻处罚"。

司法疑难解析

1. 自首后保持沉默的处理。自动投案、如实供述犯罪事实后,一直保持沉默。庭上,公诉人提出"若再不开口就认定为翻供",被告人仍然保持沉默。基于自首旨在使犯罪人置于国家审判之下和节约司法资源的考虑,**本评注倾向**对上述情形不认定为自首。

2. 坦白的认定问题。目前司法解释、规范性文件对坦白未作专门规定。对坦白的认定,**本评注主张**:(1)坦白自然不具备自动投案的要件,但也不应依据自首之中的如实供述予以认定。自首之中的如实供述限于司法机关未掌握的罪行,而坦白的罪行只能限于司法机关已掌握的罪名,对于被动到案情形下对司法机关未掌握罪行的如实供述,应当成立余罪自首。(2)原则上而言,对于坦白应当要求主动性,即主动供述司法机关已掌握的罪行。但从实践来看,通常只要实质认罪,基本上可以认定为坦白。相反,对于未作实质认罪的,不应认定为坦白。例如,坦白定罪事实,但对量刑事实未坦白的案件,如供述醉驾,但不承认故意闯卡的情节(辩解没看见),由于系量刑的重要情节,宜不认定坦白。(3)坦白通常发生在侦查阶段,但不能排除审查起诉阶段亦可以成立坦白。一方面,《刑法》第六十七条第三款的表述是"犯罪嫌疑人",似无充足理由将审查起诉阶段的犯罪嫌疑人排除在外。另一方面,从实践来看,对于侦查终结并移送审查起诉的"零口供"案件,如果犯罪嫌疑人在审查起诉阶段如实供述,对于进一步印证相关证据材料、查实赃款去向等具有实质作用,亦宜认定为坦白。

第六十八条 【立功】犯罪分子有揭发他人犯罪行为,查证属实的,或者提供重要线索,从而得以侦破其他案件等立功表现的,可以从轻或者减轻处罚;有重大立功表现的,可以减轻或者免除处罚。

立法沿革

本条系1997年《刑法》增设的规定。1979年《刑法》未规定独立的立功制度,但有一些散见的关于"立功表现"的规定,单行刑法也针毒品犯罪、间谍犯罪等特定犯罪规定了立功制度。

2011年5月1日起施行的《刑法修正案(八)》第九条对本条作了修改,删去了第二款"犯罪后自首又有重大立功表现的,应当减轻或者免除处罚"的规定。

修正前《刑法》	修正后《刑法》
第六十八条 犯罪分子有揭发他人犯罪行为,查证属实的,或者提供重要线索,从而得以侦破其他案件等立功表现的,可以从轻或者减轻处罚;有重大立功表现的,可以减轻或者免除处罚。 ~~犯罪后自首又有重大立功表现的,应当减轻或者免除处罚。~~	第六十八条 犯罪分子有揭发他人犯罪行为,查证属实的,或者提供重要线索,从而得以侦破其他案件等立功表现的,可以从轻或者减轻处罚;有重大立功表现的,可以减轻或者免除处罚。

相关规定

《中华人民共和国反间谍法》(修订后自 2023 年 7 月 1 日起施行,节录)

第五十五条 实施间谍行为,有自首或者立功表现的,可以从轻、减轻或者免除处罚;有重大立功表现的,给予奖励。①

在境外受胁迫或者受诱骗参加间谍组织、敌对组织,从事危害中华人民共和国国家安全的活动,及时向中华人民共和国驻外机构如实说明情况,或者入境后直接或者通过所在单位及时向国家安全机关如实说明情况,并有悔改表现的,可以不予追究。

《中华人民共和国反间谍法实施细则》(国务院令第 692 号,自 2017 年 11 月 22 日起施行,节录)

第二十条 下列情形属于《反间谍法》第二十七条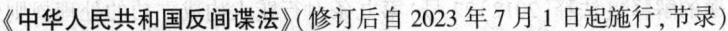所称"立功表现":
(一)揭发、检举危害国家安全的其他犯罪分子,情况属实的;
(二)提供重要线索、证据,使危害国家安全的行为得以发现和制止的;
(三)协助国家安全机关、司法机关捕获其他危害国家安全的犯罪分子的;
(四)对协助国家安全机关维护国家安全有重要作用的其他行为。

"重大立功表现",是指在前款所列立功表现的范围内对国家安全工作有特别重要作用的。

司法解释

《最高人民法院关于适用刑法时间效力规定若干问题的解释》(法释〔1997〕5 号)第五条对行为人于 1997 年 9 月 30 日以前犯罪构成立功的适用刑法条文规

---

① 本款与《刑法》第六十八条之间的关系问题,似可作进一步研究。——本评注注
② 修订后《反间谍法》第五十五条。——本评注注

则作了规定。(→参见第十二条评注部分,第17页)

《最高人民法院关于处理自首和立功具体应用法律若干问题的解释》(法释〔1998〕8号)第五条至第七条对立功有关法律适用问题作了规定。(→参见本节标题评注部分,第246页)

《最高人民法院关于〈中华人民共和国刑法修正案(八)〉时间效力问题的解释》(法释〔2011〕9号)第五条对修正前《刑法》第六十八条的时间效力作了规定。(→参见第十二条评注部分,第21页)

《最高人民法院、最高人民检察院关于办理行贿刑事案件具体应用法律若干问题的解释》(法释〔2012〕22号)第九条对行贿人构成立功的处理规则作了规定。(→参见第三百八十九条、第三百九十条评注部分,第2159页)

规范性文件

《最高人民法院、最高人民检察院关于办理职务犯罪案件认定自首、立功等量刑情节若干问题的意见》(法发〔2009〕13号)"二、关于立功的认定和处理"对职务犯罪案件立功的认定和处理提出了意见。(→参见本节标题评注部分,第248页)

《最高人民法院关于审理故意杀人、故意伤害案件正确适用死刑问题的指导意见》(2009年8月3日)"五、关于被告人有自首、立功情节的死刑适用"对审理故意杀人、故意伤害案件所涉自首、立功情节的把握作了规定。(→参见第二百三十二条评注部分,第1074页)

《最高人民法院关于贯彻宽严相济刑事政策的若干意见》(法发〔2010〕9号)第十八条、第三十三条对检举揭发他人犯罪构成立功的从宽处罚提出了专门要求。(→参见总则第四章标题评注部分,第195、197页)

《最高人民法院关于处理自首和立功若干具体问题的意见》(法发〔2010〕60号)"四、关于立功线索来源的具体认定"至"八、关于对自首、立功的被告人的处罚"对立功有关问题作了规定。(→参见本节标题评注部分,第253—255页)

《最高人民法院、最高人民检察院、公安部、司法部关于跨省异地执行刑罚的黑恶势力罪犯坦白检举构成自首立功若干问题的意见》(2019年10月21日)对黑恶势力罪犯检举构成立功有关问题作了规定。(→参见本节标题评注部分,第255页)

《最高人民法院、最高人民检察院关于常见犯罪的量刑指导意见(试行)》(法发〔2021〕21号)"三、常见量刑情节的适用"第(九)条对自首、坦白、立功量

刑情节的适用作了规定。(→参见本章第一节标题评注部分,第226页)

法律适用答复、复函

《最高人民法院研究室关于带领被害方抓捕同案犯能否认定为有立功表现的复函》(法研[2010]2号)①
最高人民检察院法律政策研究室:
你室征求意见函收悉。经研究,同意你室答复意见,即共同犯罪嫌疑人带领被害方抓捕同案犯的行为,在同案犯被抓捕并被扭送司法机关的情况下,可以认定为有立功表现。

刑参案例规则提炼②

《**谢茂强等强奸、奸淫幼女案**——行为人既实施了强奸妇女的行为又实施了奸淫幼女的行为应如何定罪》(第178号案例)、《**蔡勇、李光等故意伤害、窝藏案**——被窝藏人主动供述他人窝藏犯罪的不能认定为立功》(第223号案例)、《**梁延兵等贩卖、运输毒品案**——如何认定被告人协助公安机关抓获同案犯构成立功问题》(第249号案例)、《**刘群、李国才抢劫、诈骗案**——对有重大立功表现的犯罪分子一般不应适用死刑立即执行》(第289号案例)、《**陆骅、茅顺君、石国伟抢劫案**——带领侦查人员抓捕同案犯未果后电话劝说自首的是否属于有立功表现》(第331号案例)、《**梁国雄、周观杰等贩卖毒品案**——为贩卖毒品者交接毒品行为的定性及自首、立功的认定问题》(第373号案例)、《**田嫣、崔永林等贩卖毒品案**——犯罪分子亲属代为立功的能否作为从轻处罚的依据》(第414号案例)、《**陈佳嵊等贩卖、运输毒品案**——协助司法机关稳住被监控的犯罪嫌疑人是否构成立功》(第438号案例)、《**吴灵玉等抢劫、盗窃、窝藏案**——揭发型立功中"他人犯罪行为"的认定》(第499号案例)、《**马良波、魏正芝贩卖毒品案**——被告人提供的在逃犯的藏匿地点与被告人亲属协助公安机关抓获该人的实际地点不一致的,能否认定为立功》(第539号案例)、《**张**

---

① 主要考虑:(1)共同犯罪嫌疑人带领被害方抓捕同案犯的行为有利于案件的及时侦破,认定为立功符合立法本意。(2)共同犯罪嫌疑人带领被害方抓捕同案犯,同案犯被抓捕并被扭送司法机关的,属于"协助司法机关抓捕其他犯罪嫌疑人"。参见刘涛:《最高人民法院研究室关于带领被害方抓捕同案犯能否认定为有立功表现问题的研究意见》,载张军主编:《司法研究与指导(总第1辑)》,人民法院出版社2012年版。
② 另,鉴于刑法相关规定的调整,《**金铁万、李光石贩卖毒品案**——对于有立功表现的毒品犯罪分子应如何适用刑罚》(第27号案例)所涉规则未予提炼。

第
68
条

树林等走私、贩卖、运输毒品案——对有重大立功表现但罪行极其严重的被告人如何量刑》(第 540 号案例)、《吴乃亲贩卖毒品案——罪行极其严重,虽有重大立功,但功不抵罪,不予从轻处罚》(第 541 号案例)、《汪光斌受贿案——没有利用查禁犯罪职责获取的线索可以构成立功》(第 607 号案例)、《张令、樊业勇抢劫、盗窃案——协助抓获盗窃同案犯,该同案犯因抢劫罪被判处死缓,能否认定为重大立功》(第 614 号案例)、《王志勤贪污、受贿案——余罪自首的证据要求与证据审查》(第 695 号案例)、《王奕发、刘演平敲诈勒索案——"协助司法机关抓捕其他犯罪嫌疑人"立功情节的具体认定》(第 706 号案例)、《沈同贵受贿案——阻止他人犯罪活动,他人因未达刑事责任年龄而未被追究刑事责任的,行为人的阻止行为仍构成立功》(第 707 号案例)、《霍海龙等虚开用于抵扣税款发票案——劝说、陪同同案犯自首的,可认定为立功》(第 708 号案例)、《吴江、李晓光挪用公款案——职务犯罪中自首及协助抓捕型重大立功的认定》(第 709 号案例)、《石敬伟偷税、贪污案——被羁押期间将他人串供字条交给监管人员,对进一步查证他人犯罪起了一定的协助作用,虽不认定为立功,但可酌情从轻处罚》(第 710 号案例)、《胡国栋抢劫案——自首后主动交代获悉的同案犯的关押场所并予以指认的,构成立功》(第 711 号案例)、《刘伟等抢劫案——带领公安人员抓捕同案犯,未指认同案犯及其住处的,不认定为立功》(第 712 号案例)、《冯绍龙等强奸案——被告人亲属协助公安机关抓获其他犯罪嫌疑人的,不认定为立功》(第 713 号案例)、《杨彦玲故意杀人案——如实供述自己所参与的对合型犯罪中对方的犯罪行为,不构成立功》(第 714 号案例)、《韩传记等抢劫案——提供同案犯的藏匿地点,但对抓捕同案犯未起到实质作用的,是否构成立功》(第 720 号案例)、《魏光强等走私运输毒品案——提供线索并协助查获大量案外毒品,但无法查明毒品持有人的,是否构成立功》(第 753 号案例)、《胡俊波走私、贩卖、运输毒品,走私武器、弹药案——毒品犯罪案件中如何具体认定立功情节以及如何把握基于立功情节对被告人从轻处罚的界限》(第 801 号案例)、《康文清贩卖毒品案——案发前,行为人检举揭发他人违法行为,公安机关根据该线索查获系行为人自己实施犯罪的,是否构成立功》(第 934 号案例)、《刘凯受贿案——因受贿案发后又主动交代用受贿款向他人行贿事实,使其他贿赂案件得以侦破的,是否构成立功》(第 1020 号案例)、《李梦杰、刘辉贩卖毒品案——立功等从轻处罚事实的认定是适用严格证明标准还是优势证明标准》(第 1035 号案例)、《朱莎菲贩卖毒品案——被告人协助公安机关抓获同案犯,但同案犯未被作为犯罪处理的,能否认定被告人构成立功》(第 1036 号案例)、《李虎、李善东等故意伤害案——故意隐瞒自己参与共同犯罪的事实而以"证人"身份按照司法机关安排指认同案犯的行为是否构成立功》(第1125号案例)、《曹显深、杨永旭、张剑等故意伤害案——被告人投案后,委托家属动员同案人投案的能否认定为立功》(第1170号案例)、《刘哲骏等诈骗案——积极救助同监室自杀人员的能否认定为立功》(第1216号案例)、《张才文等抢劫、盗窃案——检举本人与他人共同盗窃中他人超出犯意致人死亡的行为是否构成立功》(第1225号案例)、《张杰、曲建宇等故意杀人案——虽然现场指认同案犯,但对抓捕未起到实际作用的,不构成立功》(第1259号案例)、《江彬、余志灵、陈浩保险诈骗、诈骗案——带领侦查人员抓捕同案犯,但并未当场抓获的,能否认定有立功表现》(第1365号案例)、《李久刚集资诈骗案——按照司法机关的安排,以打电话、发信息等方式向同案犯转达司法机关投案通知不构成立功》(第1479号案例)、《金楚等组织卖淫案——在取保候审期间,行为人主动约购毒品并予以"检举揭发",能否认定为有立功表现》(第1504号案例)所涉规则提炼如下:

1."揭发他人犯罪行为"的认定规则。"'揭发他人犯罪行为',应当理解为与本人的违法犯罪行为无关的他人犯罪行为。""具体应把握以下两个方面:一是犯罪分子本人实施的犯罪行为与其揭发的他人犯罪行为之间不得存在关联性,否则不属于揭发他人犯罪行为……对偶犯相互揭发相对方的犯罪行为不能认定为立功表现……二是犯罪分子揭发的他人犯罪行为与本人实施的犯罪行为之间,不能存在因果关系,否则也不能认定为揭发他人犯罪行为……揭发连累犯不能认定为立功。"(第223号案例)"检举同伙超出犯意致人死亡的行为,属于与共同盗窃犯罪事实密切关联的行为,因而属于应当如实供述的内容……仅构成坦白,而不构成立功。"(第1225号案例)"对合型犯罪分为三种情形:一是双方的罪名与法定刑相同,如重婚罪;二是双方的罪名与法定刑都不相同,如行贿罪和受贿罪、拐卖妇女罪与收买被拐卖的妇女罪;三是只处罚一方的行为(片面的对合犯),如贩卖淫秽物品牟利罪,只处罚贩卖者,不处罚购买者。""如实供述自己所参与的对合型犯罪中对方的犯罪行为,系其法定义务",不成立立功。(第714号案例)但是,"对于窝藏犯罪而言,窝藏人主观上仅需明知对方系'犯罪的人'即可,无须对被窝藏人的具体犯罪行为具有明确的认识"。因此,窝藏人揭发被窝藏人具体抢劫犯罪行为的,"超出了如实供述的范围,应当认定为立功"。(第499号案例)"案发前,行为人自愿置于有关机关和个人控制之下,并提供线索检举、揭发他人违法线索,公安机关根据该线索查获系行为人自己实施犯罪行为的,不能构成立功。"(第934号案例)主动交代向他人行贿事实,司法机关由此破获其他贿赂案件,"公诉机关已因其在行贿事实案发前如实供述行贿事实而对该事实不起诉,其提供的他人收受其贿赂的线索,属于对行贿事实如实供述,不应再被重复评价为立功"。(第1020号案例)"在取保候审期间,为获得立功认定而主动约购毒品并予以'检举揭发'的行为,不宜认定为有立功表现。"(第1504号案例)此外,"对于被检举者的犯罪行为是否'查证属实'的认定,不宜一概要求依据相应的刑事判决……从有利于被告人和便宜诉讼进程的角度考虑,可以由审理检举人的人民法院根据现有证据认定被检举人是否构成犯罪以及可能判处的刑罚,并据此认定检举人是否构成立功。"(第1036号案例)

2. **协助抓捕型立功的认定规则。**"立功是一种'将功赎罪'的刑罚奖励制度。""犯罪分子'到案后'才能构成立功","协助司法机关抓捕同案犯时,司法机关尚未掌握其涉案……协助司法机关抓捕同案犯的行为并非在'到案后'实施,其行为不构成立功"。(第1125号案例)协助抓捕型立功的实质在于,"如果没有被告人的协助,公安机关难以抓获同案犯;正是由于有了被告人的协助,才使公安机关得以抓获同案犯"。(第249号案例)"审查判断协助抓捕行为是否构成立功,关键是审查该协助行为对司法机关抓捕其他犯罪嫌疑人是否确实起到了作用,如通过诱捕,抓获其他犯罪嫌疑人,或者带领公安人员抓捕其他犯罪嫌疑人,并当场指认其他犯罪嫌疑人的,就属于起到了协助作用,应认定为立功。反之,被诱捕的同案犯没有上钩;带领公安人员抓捕其他犯罪嫌疑人,没有抓到,公安机关通过其他途径抓获的其他犯罪嫌疑人,则属于没有起到协助抓捕作用,不应认定为立功。"(第712号案例)"对于协助行为,不仅要从形式上或者类型上进行把握,还要从实质上对协助作用的有无和大小进行'量'的把握,而不宜不加区分,简单援引相关规范性文件规定的协助行为类型一律认为立功。协助行为没有实际作用的,不构成立功。""如果没有被告人的协助,公安机关难以抓获其他犯罪嫌疑人,正是有了被告人的协助,公安机关才能抓获",则属于协助行为起到了实际作用,可以构成立功。(第1259号案例)"带领侦查人员抓捕同案犯,当场未抓获",但公安机关根据其提供的线索于次日抓获的,其协助行为对抓捕具有决定性作用,应当认定为有立功。(第1365号案例)"被告人按照司法机关的安排,仅以打电话、发信息等方式向同案犯转达司法机关投案通告(通知),没有劝说等其他行为,同案犯基于自由意志的选择投案的,被告人的行为不构成协助抓捕型立功。"(第1479号案例)需要注意的是,"不能简单地认为'未带领公安人员前去抓捕'就不属于协助司法机关抓获同案犯"。(第249号案例)"司法实践中,对于向司法机关提供同案犯的藏匿地点、电话号码等线索的,一般需以进一步实施了带领司法人员抓获同案犯的行为为认定立功的条件;如果所提供的线索十分清楚没有必要'带捉',且司法机关据此抓获了同案犯的,亦可以认定为具有立功表现。"(第331号案例)"不但如实供述了同案犯的基本情况,而且在被采取强制措施接受讯问的同时,通过电话指引侦查人员到……住处将其抓获,与其本人带领侦查人员抓获……的行为性质和效果无异",可以认定为有立功表现。(第709号案例)"已归案的犯罪分子为使司法机关顺利抓捕被监控的其他犯罪嫌疑人,协助司法机关稳住该犯罪嫌疑人,其行为对司法机关顺利抓捕被监控的其他犯罪嫌疑人起到了协助作用,应当认定为立功。"(第438号案例)"带领公安人员抓捕同案犯未果后,电话劝说同案犯自首的",可以认定为有立功表现。(第331号案例)此外,"被告人亲属代为立功的,因被告人未亲自实施立功行为,不具备亲历性,认定其立功缺乏正当性依据,不能认定被告人立功成为应有之义"。(第713号案例)"如果被告人将准确的线索转给亲属,由亲属根据该线索抓获犯罪嫌疑人,或者亲属协助公安机关根据该线索将犯罪嫌疑人抓获,可认定被告人立功。但是,如果被告人告知亲属的线索并不准确,亲属是根据其他线索将犯罪嫌疑人抓获并扭送公安机关,或被告人将不准确的线索提供给公安机关,公安机关是根据被告人亲属提供的其他线索抓获了犯罪嫌疑人,在这些情形下,虽然被告人也有提供线索的行为,但因该行为对抓获犯罪嫌疑人没有产生实际作用,故不能认定被告人构成立功。"(第539号案例)"被告人投案以后,委托亲属动员在逃的同案犯投案自首",不能认定为立功。(第1170号案例)当然,被告人亲属代为立功后,对被告人可以从轻处罚,但需具备一定条件,即"(1)被告人亲属的立功结果是基于被告人提供的线索或者相关信息……(2)被告人及其亲属在获取线索来源及亲属在代为立功过程中,不能通过非法手段或有违法行为"。(第713号案例)

3. 提供同案犯信息认定立功的规则。"如果被告人只是提供了同案犯的姓名、住址、体貌特征等基本情况,或者提供了其与同案犯用于联系作案的电话号码、谋议地点,而没有当场辨认、指认同案犯,或者没有按照司法机关的安排将同案犯约至指定地点,或者没有带领侦查人员抓获同案犯的……是不能认定为'协助司法机关抓捕同案犯'的。"(第706号案例)"被告人自首时交代了同案犯的罪行和基本信息,又提供了司法机关无法通过正常工作程序掌握的有关同案犯的线索,而司法机关正是通过该线索将同案犯抓获归案的,那么,不论被告人是否带领公安机关前往现场抓捕,都应当认定其行为对司法机关抓获同案犯起到了必要的协助作用,构成立功。""判断被告人提供的同案犯信息是否属于司法机关通过正常工作程序能够掌握的范围,应当立足于已然事实。"(第711号案例)"认定被告人提供同案犯的藏匿线索是否构成立功,可以从以下几个方面进行把握:第一,被告人提供的同案犯的藏匿信息应当真实、具体,而不是虚假或者漫无边际的……第二，被告人提供的线索对抓获同案犯起到了实质作用……第三，被告人提供的信息事先不为有关机关所掌握或者有关机关按照正常工作程序无法掌握……第四，有同案犯被抓获的实际结果……这四个方面是一个有机统一的整体，必须同时满足才能认定被告人有立功表现。"（第 720 号案例）①

4. 阻止他人犯罪活动型立功的认定规则。"'阻止他人犯罪活动'中的'犯罪活动'，是指具有社会危害性，具备某种犯罪构成客观要件的外在表现形式的行为。""'犯罪活动'不等同于'犯罪'，不要求该'犯罪活动'完全符合犯罪主客体和主客观构成要件，也不要求该行为的社会危害性必然达到刑事违法性和应受刑罚惩罚性的严重程度。""'阻止'不但要求有'阻'的行为，还要求有'止'的效果，即他人的犯罪活动停止，或者在特定时空内不再继续，或者法益受侵犯的状态或结果及时得到控制或消除。""'他人'既包括自然人，也包括单位。""如果是在共同犯罪中阻止共同犯罪，在我国刑法中这属于共同犯罪形态的问题，不属于立功适用的范畴。"（第 707 号案例）

5. 其他类型立功的认定规则。"劝说并陪同同案犯自首的行为……属于具有其他有利于国家和社会的突出表现的，可认定其属于刑法上的立功。"（第 708 号案例）"提供线索协助公安机关缴获数量巨大的毒品，虽未能查获该批毒品的持有人，但毕竟使数量巨大的毒品及时被缴获，没有流入社会……应当认定为'具有其他有利于国家和社会的突出表现'，构成重大立功。"（第 753 号案例）协助抓捕同案犯未果，但"及时提供……的住址和活动情况，使得公安人员从……的住处查获已被……控制的 2710 克海洛因和 4900 克咖啡因，使已经卖出的毒品全部被追回，防止了这部分毒品流入社会后危害人类"，应当认定为具有重大立功情节。（第 373 号案例）"救助意欲自杀人员的行为，属于'具有其他有利于国家和社会的突出表现'，应构成立功。"（第 1216 号案例）与之不同，"向管教人

---

① 司法实践中，被告人提供同案犯犯罪使用的手机号以外的手机号，对于抓获同案犯发挥重要作用的，**本评注倾向**认定为立功。主要考虑：(1)被告人向公安机关提供的手机号是其同案犯于案发之后才开始使用的，系犯罪之后的新联络方式，并非二人犯罪前、犯罪中掌握使用，且公安机关是根据所提供的手机号码查明了同案犯的身份，并将其抓获归案，符合法发〔2010〕60 号意见"五、关于'协助抓捕其他犯罪嫌疑人'的具体认定"规定的"提供司法机关尚未掌握的其他案件犯罪嫌疑人的联络方式、藏匿地点""使司法机关抓获其他犯罪嫌疑人的"的情形。(2)虽然公安机关已掌握本案除被告人之外还有其他犯罪嫌疑人，但如果被告人拒不配合提供或者隐瞒其手机中存有其同案犯联系方式的情况，公安机关的抓捕工作仍将存在一定障碍，因此，似可以通过将此类情形认定立功予以"鼓励"。

员提供他人串供字条的行为,是有利于国家和社会的行为,但未达到'突出表现'的程度,故不属于'具有其他有利于国家和社会的突出表现'的情形",不宜据此认定为立功,但可以酌情从轻处罚。(第 710 号案例)

6. 重大立功的认定规则。"主客观相统一原则是贯穿我国刑事立法和司法总的基本原则,立功制度也必须坚持这一总的原则。""'立功不问主观'的经验法则"并不可取。"如果根据当时犯罪分子揭发的犯罪事实或者侦查机关已经掌握的犯罪事实不能确定为重大犯罪嫌疑人,而是根据抓捕之后查明的其他犯罪事实才确定其为重大犯罪嫌疑人的,不属于……'重大犯罪嫌疑人'",可以成立立功但不成立重大立功。(第 614 号案例)同理,"被告人检举他人较轻的罪行,审查中司法机关又发现被检举人另有重大罪行的,被告人的检举行为不构成重大立功"。(第 178 号案例)"认定被告人检举揭发他人犯罪行为是否构成重大立功表现,应当以其所检举、揭发的他人具体犯罪行为在实际上是否可能被判处无期徒刑以上刑罚为标准,而不是指所揭发犯罪事实的量刑幅度中有无期徒刑这一刑种,也不是指被揭发人的实际宣告刑。"(第 695 号案例)

7. 特定职责人员立功的认定规则。"在担任看守所副所长期间获得的立功线索,只要线索来源不是基于职务获取,可依法认定为立功。"(第 607 号案例)

8. 立功的刑罚裁量规则。"对被告人的立功行为是否从宽处罚,应当根据'功是否足以抵罪'的情况而定。"(第 801 号案例)"对有立功表现的犯罪分子是否从宽处罚,应结合犯罪分子所犯罪行及全案情节进行综合考虑。对于犯罪分子虽然有立功和重大立功表现,但罪行极其严重的,也可不予从轻处罚。"(第 540 号案例)"对于毒枭等严重毒品犯罪分子立功的,从轻或者减轻处罚应当从严掌握。"(第 541 号案例)"虽然刑法条文没有明确对有重大立功表现的可以从轻处罚,但如果对有重大立功表现的不予减轻或者免除处罚,一般也要考虑予以从轻处罚。""对有重大立功表现的犯罪分子一般不应适用死刑立即执行。"①

---

① 最高人民法院刑事审判第四庭于 2017 年 2 月 28 日召开审判长联席会议,对具有重大立功表现,又不宜减轻或者免除处罚时,能否从轻处罚的问题进行了研究,认为:(1)在一般情况下,犯罪分子具有重大立功表现,又不宜减轻或者免除处罚时,可以给予从轻处罚。(2)在法律文书中如何表述的问题。可以表述为:被告人虽然具有重大立功表现,但根据本案的具体情况(具体案件应说明什么具体情况),不宜减轻处罚或者免除处罚,但可以从轻处罚。参见最高人民法院刑四庭:《被告人具有重大立功表现,不宜减轻或者免除处罚时,可否从轻处罚》,载最高人民法院刑事审判第一、二、三、四、五庭编:《刑事审判参考(总第 125 辑)》,法律出版社 2020 年版,第 194—196 页。

（第289号案例）此外,"亲友'代为立功'作为一种对社会有益的行为,应当给予一定的鼓励和奖励,考虑到被告人亲友系出于帮助被告人减轻罪责的动机才'代为立功'的,虽然不能认定为被告人有立功表现作为法定从轻情节,但将亲友'代为立功'作为酌定从轻情节在量刑时予以适当考虑,是符合我国刑事政策精神的"。（第414号案例）

9. **立功认定的证据规则**。"立功等从轻处罚事实的认定可以采用自由证明,而非一律适用最严格证明。""立功等从轻处罚事实的认定可以适用优势证明标准。"（第1035号案例）

司法疑难解析

1. **立功情节能否转化适用的问题**。"判决前立功、判决后查实"的情况,在实践中比较多见,重要原因是查证工作进展缓慢,难以在审理期限内完成。对此,法发〔2010〕60号意见"六、关于立功线索的查证程序和具体认定"规定:"侦查机关出具材料,表明在三个月内还不能查证并抓获被检举揭发的人,或者不能查实的,人民法院审理案件可不再等待查证结果。"对于所涉立功,应当通过审判监督程序还是亦可以在减刑程序中加以体现,实践中存在不同认识。**本评注认为**,减刑所涉及的立功,只能是刑罚执行期间的立功,对此刑法有明文规定。故而,对于上述立功,确有必要的,只能通过审判监督程序作出改判加以体现。顺带提及的是,罪犯在服刑期间构成立功的,只能作为依法减刑的条件予以考虑,也不能作为对其漏罪追诉的量刑情节处理。

2. **举报他人对自己的犯罪不应认定为"揭发他人犯罪行为"**。司法实践中,被告人检举揭发他人对自己实施的犯罪,能否认定为"揭发他人犯罪行为",尚存在不同认识。**本评注认为**,"他人犯罪行为"宜限定为与被告人没有直接关联的犯罪,对于被告人参与的共同犯罪、对合犯罪应当予以排除;同理,对于被告人系被害人的犯罪也宜排除在外。二者都属于应当如实供述或者陈述的有关内容,不应当成立立功。

3. **对实施犯罪引诱行为并协助公安机关抓捕的不宜认定为立功**。司法实践中,被告人主动联系他人购买毒品,进而协助公安机关抓捕对方的,是否认定为立功,存在不同认识。**本评注认为**,上述情形不能排除存在犯意引诱的可能,不符合立功认定的价值取向,对认定为立功应当持慎重态度。

第四节 数罪并罚

第六十九条 【数罪并罚的一般原则】判决宣告以前一人犯数罪的,除判处死刑和无期徒刑的以外,应当在总和刑期以下、数刑中最高刑期以上,酌情决定执行的刑期,但是管制最高不能超过三年,拘役最高不能超过一年,有期徒刑总和刑期不满三十五年的,最高不能超过二十年,总和刑期在三十五年以上的,最高不能超过二十五年。

数罪中有判处有期徒刑和拘役的,执行有期徒刑。数罪中有判处有期徒刑和管制,或者拘役和管制的,有期徒刑、拘役执行完毕后,管制仍须执行。

数罪中有判处附加刑的,附加刑仍须执行,其中附加刑种类相同的,合并执行,种类不同的,分别执行。

立法沿革

本条系1997年《刑法》沿用1979年《刑法》第六十四条的规定,仅对标点作了微调。

2011年5月1日起施行的《刑法修正案(八)》第十条对本条作了修改,调整了数罪并罚后有期徒刑决定执行刑期的上限,并增加规定了附加刑的并罚规则。

2015年11月1日起施行的《刑法修正案(九)》第四条对本条作了修改,增设了第二款关于有期徒刑、拘役、管制并罚规则的规定。

修正前《刑法》	第一次修正后《刑法》	第二次修正后《刑法》
第六十九条 判决宣告以前一人犯数罪的,除判处死刑和无期徒刑的以外,应当在总和刑期以下、数刑中最高刑期以上,酌情决定执行的刑期,但是管制最高不能超过三年,拘役最高不能超过一年,有期徒刑最高不能超过二十年。	第六十九条 判决宣告以前一人犯数罪的,除判处死刑和无期徒刑的以外,应当在总和刑期以下、数刑中最高刑期以上,酌情决定执行的刑期,但是管制最高不能超过三年,拘役最高不能超过一年,有期徒刑**总和刑期不满三十五年的**,最高不	第六十九条 判决宣告以前一人犯数罪的,除判处死刑和无期徒刑的以外,应当在总和刑期以下、数刑中最高刑期以上,酌情决定执行的刑期,但是管制最高不能超过三年,拘役最高不能超过一年,有期徒刑总和刑期不满三十五年的,最高不能超过二十年,总和刑期在

(续表)

修正前《刑法》	第一次修正后《刑法》	第二次修正后《刑法》
如果数罪中有判处附加刑的,附加刑仍须执行。	能超过二十年,总和刑期在三十五年以上的,最高不能超过二十五年。 数罪中有判处附加刑的,附加刑仍须执行,其中附加刑种类相同的,合并执行,种类不同的,分别执行。	三十五年以上的,最高不能超过二十五年。 数罪中有判处有期徒刑和拘役的,执行有期徒刑。数罪中有判处有期徒刑和管制,或者拘役和管制的,有期徒刑、拘役执行完毕后,管制仍须执行。 数罪中有判处附加刑的,附加刑仍须执行,其中附加刑种类相同的,合并执行,种类不同的,分别执行。

◆ 相关规定

《中华人民共和国治安管理处罚法》(修正后自2013年1月1日起施行,节录)

第十六条 有两种以上违反治安管理行为的,分别决定,合并执行。行政拘留处罚合并执行的,最长不超过二十日。

◆ 司法解释

《最高人民法院关于〈中华人民共和国刑法修正案(八)〉时间效力问题的解释》(法释〔2011〕9号)第六条对数罪并罚的时间效力问题作了规定。(→参见第十二条评注部分,第21页)

《最高人民法院关于〈中华人民共和国刑法修正案(九)〉时间效力问题的解释》(法释〔2015〕19号)第三条对有期徒刑、拘役、管制数罪并罚规定的时间效力问题作了明确。(→参见第十二条评注部分,第22页)

◆ 刑参案例规则提炼[①]

《代海业盗窃案——缓刑考验期内犯新罪如何数罪并罚》(第648号案例)、

[①] 另,鉴于《刑法修正案(九)》对有期徒刑、拘役并罚规则作了规定,刑参第900号案例所涉有期徒刑与拘役并罚相关规则未予提炼。

《吴升旭危险驾驶案——在判处有期徒刑缓刑考验期内又犯危险驾驶罪的如何处理以及有期徒刑与拘役如何并罚》(第900号案例)、《包武伟危险驾驶案——被判处缓刑后在上诉期内又犯新罪的法律适用》(第1073号案例)、《董元寻衅滋事案——在缓刑考验期间犯新罪但在新罪判决前缓刑已被撤销的,新罪判决仍应援引刑法第七十七条》(第1460号)所涉规则提炼如下:

1. **判处缓刑后在上诉期内又犯新罪的处理规则**。"从判决确定之日始至缓刑考验期满之日止,行为人在此期间内又犯新罪抑或违反相关规定并达到情节严重的程度,再或者被发现判决宣告前还有漏罪时,应当被撤销缓刑。""对行为人在缓刑判决宣告后至生效前又犯新罪的情形……应当撤销缓刑,并实行数罪并罚。"(第1073号案例)

2. **缓刑考验期内犯新罪的处理规则**。"缓刑考验期间不同于刑罚执行期间。"(第648号案例)在判处有期徒刑缓刑考验期内又犯新罪的,"应当撤销缓刑,对……罪作出判决,与前罪所判处的刑罚,依照刑法第六十九条关于数罪并罚的规定,决定执行的刑罚"。(第900号案例)"在缓刑考验期间犯新罪,本质上属于刑法第七十七条调整的范围。缓刑考验期间不存在刑罚执行的问题,通过缓刑考验期的法律后果是原判的刑罚就不再执行,并公开予以宣告。""在新罪判决前,前罪判处缓刑部分已经司法行政机关建议予以撤销,但这并未超出刑法第七十七条的调整范围……仍应适用刑法第七十七条的规定予以数罪并罚。"(第1460号)此外,缓刑所涉犯罪"被先行羁押的时间,应当在数罪并罚决定执行的刑罚之后依照刑法第四十七条的规定予以折抵"。(第648号案例)

司法疑难解析

1. **种类相同的附加刑的并罚操作**。**本评注主张**:(1)数罪中有判处两个以上剥夺政治权利附加刑的,其中有剥夺政治权利终身的,应决定只执行剥夺政治权利终身;其中均为剥夺政治权利有限期限的,应当按照并科原则,决定执行的剥夺政治权利期限,但是最高不能超过法定最长期限。(2)数罪中有判处两个以上没收财产附加刑的,其中有没收全部财产的,应当决定只执行没收全部财产;其中均为没收部分财产的,应当按照并科原则,决定执行的没收财产数额。(3)对犯数罪的外国人,可以独立适用或者附加适用驱逐出境,但不得重复判处两个以上驱逐出境。

2. **种类不同的附加刑的并罚操作**。**本评注主张**,数罪中有判处两个以上种类不同的附加刑的,应当区分不同情况,采取不同的方法分别执行。数罪中有被判处罚金的,也有被判处没收财产的,其中没收财产系没收全部财产的,应当决定只执行没收全部财产;其中没收财产系没收部分财产的,应当按照先罚金后没收财产的原则,分别执行。

第七十条 【判决宣告后发现漏罪的并罚】判决宣告以后,刑罚执行完毕以前,发现被判刑的犯罪分子在判决宣告以前还有其他罪没有判决的,应当对新发现的罪作出判决,把前后两个判决所判处的刑罚,依照本法第六十九条的规定,决定执行的刑罚。已经执行的刑期,应当计算在新判决决定的刑期以内。

▌立法沿革

本条系1997年《刑法》沿用1979年《刑法》第六十五条的规定,仅对个别文字和引用的条文序号作了调整。

▌司法解释

《最高人民法院关于判决宣告后又发现被判刑的犯罪分子的同种漏罪是否实行数罪并罚问题的批复》(法复〔1993〕3号)①

江西省高级人民法院:

你院赣高法〔1992〕39号《关于判决宣告后又发现被判刑的犯罪分子的同种漏罪是否按数罪并罚处理的请示》收悉。经研究,答复如下:

---

① 司法实践反映,本司法解释要求二审法院发现被告人有同种漏罪没有判决的,一律发回一审人民法院重新审判,出发点在于避免被告人因为分案处理在刑罚裁量上遭致不利后果,但是规定过于绝对,一些案件中不具有可操作性。司法实践反映突出的主要有两种情形:一是被告人被判处无期徒刑、死刑的,分案审理对其刑罚裁量并无实质不利的;二是一些案件无法与人民检察院在并案审理上协调一致的。前一种情形分案处理也似无不妥,后一种情形只能分案处理。基于此,《最高人民法院关于适用〈中华人民共和国刑事诉讼法〉的解释》(法释〔2021〕1号)在上述规定的基础上,根据司法实践反映的问题作了相应调整。具体而言,第二十四条规定:"人民法院发现被告人还有其他犯罪被起诉的,可以并案审理;涉及同种犯罪的,一般应当并案审理。""人民法院发现被告人还有其他犯罪被审查起诉、立案侦查、立案调查的,可以参照前款规定协商人民检察院、公安机关、监察机关并案处理,但可能造成审判过分迟延的除外。""根据前两款规定并案处理的案件,由最初受理地的人民法院审判。必要时,可以由主要犯罪地的人民法院审判。"第二十五条规定:"第二审人民法院在审理过程中,发现被告人还有其他犯罪没有判决的,参照前条规定处理。第二审人民法院决定并案审理的,应当发回第一审人民法院,由第一审人民法院作出处理。"鉴此,对本司法解释的适用应当结合法释〔2021〕1号解释的相关规定作妥当把握。——本评注注

人民法院的判决宣告并已发生法律效力以后，刑罚还没有执行完毕以前，发现被判刑的犯罪分子在判决宣告以前还有其他罪没有判决的，不论新发现的罪与原判决的罪是否属于同种罪，都应当依照刑法第六十五条的规定实行数罪并罚。但如果在第一审人民法院的判决宣告以后，被告人提出上诉或者人民检察院提出抗诉，判决尚未发生法律效力的，第二审人民法院在审理期间，发现原审被告人在第一审判决宣告以前还有同种漏罪没有判决的，第二审人民法院应当依照刑事诉讼法第一百三十六条第（三）项的规定，裁定撤销原判，发回原审人民法院重新审判，第一审人民法院重新审判时，不适用刑法关于数罪并罚的规定。

《最高人民法院关于办理减刑、假释案件具体应用法律的规定》（法释〔2016〕23号）第三十四条至第三十七条对罪犯被裁定减刑后，刑罚执行期间因发现漏罪而数罪并罚如何处理的问题作了规定。（→参见第七十八条评注部分，第322、323页）

规范性文件①

法律适用答复、复函②

《最高人民法院研究室关于罪犯在刑罚执行期间的发明创造能否按照重大

---

① 鉴于法释〔2016〕23号解释发布施行，《最高人民法院关于罪犯因漏罪、新罪数罪并罚时原减刑裁定应如何处理的意见》（法〔2012〕44号）未予收录（所持立法与该司法解释略有出入），相关问题可依据法释〔2016〕23号解释第三十三条、第三十四条的规定处理。该规范性文件针对各省、自治区、直辖市高级人民法院，解放军军事法院，新疆维吾尔自治区高级人民法院生产建设兵团分院提出："近期，我院接到一些地方高级人民法院关于判决宣告以后，刑罚执行完毕以前，罪犯因漏罪或者又犯新罪数罪并罚时，原减刑裁定应如何处理的请示。为统一法律适用，经研究，提出如下意见：罪犯被裁定减刑后，因被发现漏罪或者又犯新罪而依法进行数罪并罚时，经减刑裁定减去的刑期不计入已经执行的刑期。在此后对因漏罪数罪并罚的罪犯依法减刑，决定减刑的频次、幅度时，应当对其原经减刑裁定减去的刑期酌予考虑。"
② 另，鉴于法释〔2016〕23号解释发布施行，《最高人民法院关于刘文占减刑一案的答复》（〔2006〕刑监他字第7号）未予收录（所持立法与该司法解释略有出入），相关问题可依据法释〔2016〕23号解释第三十四条的规定处理。该答复针对河北省高级人民法院提出："你院〔1999〕冀刑执字第486号减刑裁定，没有法定程序、法定理由撤销。""罪犯刘文占犯盗窃罪被判处无期徒刑，减为有期徒刑十八年之后，发现其在判决宣告之前犯有强奸罪、抢劫罪。沧州市中级人民法院作出新的判决，对刘文占以强奸罪、抢劫罪分别定罪量刑，数罪并罚，决定对罪犯刘文占执行无期徒刑是正确的。""现监狱报请为罪犯刘文占减刑，你院在计算刑期时，应将罪犯刘文占第一次减为有期徒刑十八年之后至漏罪判决之间已经执行的刑期予以扣除。"

第70条

立功表现作为对其漏罪审判时的量刑情节问题的答复》（法研〔2011〕79号）

青海省高级人民法院：

你院〔2010〕青刑终字第62号《关于被告人在刑罚执行期间的发明创造能否按照重大立功表现作为对其漏罪审判时的量刑情节问题的请示》收悉。经研究，答复如下：

罪犯在服刑期间的发明创造构成立功或者重大立功的，可以作为依法减刑的条件予以考虑，但不能作为追诉漏罪的法定量刑情节考虑。

刑参案例规则提炼①

《**沈青鼠**、**王威盗窃案**——刑罚执行期间发现漏罪，判决作出时原判刑罚已经执行完毕的情况如何处理》（第1027号案例）、《**王雲盗窃案**——刑罚执行期间发现漏罪，判决作出时原判刑罚已执行完毕的情况如何处理》（第1028号案例）、《**陈菊玲非法进行节育手术案**——判决宣告前犯有同种数罪但被分案起诉后罪判决时能否与前罪并罚》（第1191号案例）、《**朱韩英**、**郭东云诈骗案**——刑罚执行完毕后对以前未能依法并案处理的犯罪行为如何裁判》（第1217号案例）所涉规则提炼如下：

1."发现"漏罪的认定规则。"'发现'是指侦查机关对犯罪事实立案侦查，并有相关证据证明服刑犯实施了犯罪事实，即将服刑犯明确为犯罪嫌疑人。""'发现'的主体通常是侦查机关，自诉案件中也可以是人民法院。"（第1027号案例）

2.同种数罪分案起诉的处理规则。"判决宣告以前犯同种数罪的，一般应并案按照一罪处理，不实行并罚。""在审理过程中，法院发现被告人犯有同种数罪但被人为分案处理的，可以建议检察机关并案起诉；检察机关不予并案处理的，应仅就起诉的犯罪事实作出裁判，在审理后起诉的犯罪事实时，可以适用刑法第七十条关于漏罪并罚的规定。""对人为分案处理的同种数罪实行并罚时，决定执行的刑罚应当与并案以一罪处理时所应判处的刑罚基本相当，不得加

---

① 另，鉴于法释〔2016〕23号解释第三十五条对死缓罪犯因漏罪并罚的处理规则作了明确规定，《**范昌平抢劫**、**盗窃案**——死刑缓期执行期间发现漏罪被判决后仍决定执行死刑缓期二年执行的是否需要重新核准》（第402号案例）所涉规则未予提炼；鉴于法释〔2016〕23号解释第三十七条对被判处无期徒刑的罪犯在减为有期徒刑后因发现漏罪的处理规则作了明确规定，《**岳德飞盗窃案**——无期徒刑减为有期徒刑后在执行期间发现漏罪，应当如何处理》（第1370号案例）所涉规则未予提炼。

重被告人的处罚。"(第 1191 号案例)

3. 刑罚执行完毕后发现漏罪的处理规则。"在刑罚执行完毕后发现漏罪,不适用刑法第七十条、第七十一条规定的数罪并罚制度,而应对漏罪单独定罪量刑。"(第 1217 号案例)但是,"刑罚执行期间发现漏罪,判决作出时原判刑罚已执行完毕的应当适用漏罪数罪并罚"。(第 1027 号案例)换言之,"在判决宣告以后、刑罚执行完毕以前,发现漏罪,无论漏罪判决作出时前罪原判刑罚是否已执行完毕,均应依法实行数罪并罚"。(第 1028 号案例)

司法疑难解析

1. 数罪并罚判决宣告后刑罚执行完毕前发现漏罪的并罚。数罪并罚判决宣告以后,刑罚执行完毕以前,发现被判刑的犯罪分子在判决宣告以前还有其他罪没有判决的,应当如何并罚?对此问题,存在不同看法。**本评注主张**,应当对漏罪判处刑罚,并将其与原数罪并罚判决决定执行的刑罚进行并罚,依照相应的规则决定执行的刑罚。主要考虑如下:(1)原判决依照《刑法》第六十九条的规定对判决宣告以前一人犯数罪的情形进行并罚,决定执行的刑罚,并无不当。而主张将漏罪与原判决对数罪的宣告刑进行并罚、而非决定执行的刑罚,无疑是对已生效的原判决的否定,对于维护生效裁判的稳定性不利。(2)从实证的角度,很难说将漏罪宣告的刑罚与原判数罪并罚决定执行的刑罚并罚会出现轻纵犯罪的结果。诚然,此种并罚可能导致总和刑期降低,如出现司法者滥用法律的情况,不排除极少数情况下可能出现轻纵犯罪的情况。但是,任何规则都不可能是完美的,都需要司法者的妥当把握。

2. 判决宣告后刑罚执行完毕前发现数种漏罪的并罚。判决宣告以后,刑法执行完毕以前,发现被判刑的犯罪分子在判决宣告以前还有其他数个罪没有判决的,如何进行并罚,存在不同认识。**本评注主张**以一次并罚的方式对判决宣告以后刑罚执行完毕以前发现数种漏罪的情况进行处理。主要考虑如下:(1)根据《刑法》第七十条的规定,对于判决宣告以后刑罚执行完毕以前发现漏罪的情形,"应当对新发现的罪作出判决,把前后两个判决所判处的刑罚,依照本法第六十九条的规定,决定执行的刑罚"。从整个操作过程来看,宜认为法律要求进行一次并罚,而非两次并罚。(2)便于司法实践操作。按照本评注的主张,只需要进行一次并罚,且更能兼顾司法实践的复杂情况,自由裁量的幅度较大,罪责刑相适应原则能够得以充分贯彻体现。

第七十一条 【判决宣告后又犯新罪的并罚】判决宣告以后,刑罚执行完毕以前,被判刑的犯罪分子又犯罪的,应当对新犯的罪作出判决,把前罪没有执行的刑罚和后罪所判处的刑罚,依照本法第六十九条的规定,决定执行的刑罚。

立法沿革

本条系1997年《刑法》沿用1979年《刑法》第六十六条的规定,仅对个别文字和引用的条文序号作了调整。

立法工作机关意见

《全国人大常委会法制工作委员会关于对被告人在罚金刑执行完毕前又犯新罪的罚金应否与未执行完毕的罚金适用数罪并罚问题的答复意见》(法工办复〔2017〕2号)

最高人民检察院办公厅:

你厅《关于对被告人在罚金刑执行完毕前又犯新罪的罚金应否与未执行完毕的罚金适用数罪并罚问题征求意见的函》(高检办字〔2017〕281号)收悉。经研究,答复如下:

刑法第七十一条中的"刑罚执行完毕以前"应是指主刑执行完毕以前。如果被告人主刑已执行完毕,只是罚金尚未执行完毕的,根据刑法第五十三条的规定,人民法院在任何时候发现有可以执行的财产,应当随时追缴。因此,被告人前罪主刑已执行完毕,罚金尚未执行完毕的,应当由人民法院继续执行尚未执行完毕的罚金,不必与新罪判处的罚金数罪并罚。

司法解释

《最高人民法院研究室关于对再审改判前因犯新罪被加刑的罪犯再审时如何确定执行的刑罚问题的电话答复》(1989年5月24日)

湖北省高级人民法院:

你院鄂法研(1988)33号《关于对再审改判前因犯新罪被加刑的罪犯再审时应如何确定执行的刑罚问题的请示报告》①收悉。经研究,答复如下:

---

① 《湖北省高级人民法院关于对再审改判前因犯新罪被加刑的罪犯再审时应如何确定执行的刑罚问题的请示报告》[鄂法研(1988)33号]提出:"我省法院在审判实践中,经常碰到对再审改判前因犯新罪被加刑的罪犯在再审时难以确定其执行的刑罚的(转下页)

原则上同意你院意见,即对于再审改判前因犯新罪被加刑的罪犯,在对其前罪再审时,应当将罪犯犯新罪时的判决中关于前罪与新罪并罚的内容撤销,并把经再审改判后的前罪没有执行完的刑罚和新罪已判处的刑罚,按照刑法第六十六条的规定①依法数罪并罚。关于原前罪与新罪并罚的判决由哪个法院撤销,应视具体情况确定:如果再审法院是对新罪作出判决的法院的上级法院,或者是对新罪作出判决的同一法院,可以由再审法院撤销;否则,应由对新罪作出判决的法院撤销。对于前罪经再审改判为无罪或者免于刑事处分的,其已执行的刑期可以折抵新罪的刑期。执行本答复中遇有新的情况或问题,请及时报告我们。

《最高人民法院关于在执行附加刑剥夺政治权利期间犯新罪应如何处理的批复》(法释〔2009〕10号,自2009年6月10日起施行)②

上海市高级人民法院:

你院《关于被告人在执行附加刑剥夺政治权利期间重新犯罪适用法律问题的请示》(沪高法〔2008〕24号)收悉。经研究,批复如下:

一、对判处有期徒刑并处剥夺政治权利的罪犯,主刑已执行完毕,在执行附加刑剥夺政治权利期间又犯新罪,如果所犯新罪无须附加剥夺政治权利的,依照刑法第七十一条的规定数罪并罚。

二、前罪尚未执行完毕的附加刑剥夺政治权利的刑期从新罪的主刑有期徒

(接上页)问题。我们认为,对再审改判前因犯新罪被加刑的,再审时应按刑法第六十六条的规定,将前罪经再审改判而未执行完的刑罚同后罪所判处的刑罚合并,依照数罪并罚的原则,决定执行的刑罚。""但上述作法中存在两个问题:一是对罪犯犯新罪时的判决中关于新罪与前罪并罚的内容是否撤销?同哪几个法院撤销?二是对前罪再审改判无罪或者免于刑事处分的,其已执行的刑期是否应当折抵新罪的刑期?我们认为,对同一犯罪事实不能有两个相互矛盾的发生法律效力的判决并立,再审改判时,对罪犯犯新罪进行判处的判决中关于新罪与前罪并罚的内容应当撤销。如果再审法院与对新罪作出判决的是同一法院,或者再审法院是对新罪作出判决法院的上级法院,上述内容由再审法院撤销;若不是,则由对新罪作出判决的法院撤销为宜,前罪经再审改判为无罪或免予刑事处分的,其已执行的刑期与新罪判处的刑罚虽然所依据的不是同一事实,但考虑到罪犯是不应受到的限制自由,因而将原已执行的刑期折抵新罪的刑期比较合理。"

① 现行《刑法》为第七十一条。——**本评注注**
② 本司法解释在《刑法》第七十一条"刑罚执行完毕"的判断标准上似与法工办复〔2017〕2号答复意见所持立场似不完全一致,二者之间应当如何协调,似可再作研究。——**本评注注**

刑执行之日起停止计算,并依照刑法第五十八条规定从新罪的主刑有期徒刑执行完毕之日或者假释之日起继续计算;附加刑剥夺政治权利的效力施用于新罪的主刑执行期间。

三、对判处有期徒刑的罪犯,主刑已执行完毕,在执行附加刑剥夺政治权利期间又犯新罪,如果所犯新罪也剥夺政治权利的,依照刑法第五十五条、第五十七条、第七十一条的规定并罚。

《最高人民法院关于办理减刑、假释案件具体应用法律的规定》(法释〔2016〕23号)第三十三条对裁定减刑后,刑罚执行期间犯新罪而数罪并罚的有关问题作了规定。(→参见第七十八条评注部分,第322页)

▌法律适用答复、复函

《最高人民法院研究室关于罪犯在保外就医期间又犯罪,事隔一段时间后被抓获,对前罪的余刑,应当如何计算的请示的答复》(1993年1月28日)
北京市高级人民法院:
你院京高法(1992)244号《关于罪犯保外就医期间又犯罪,事隔一段时间后抓获,对前罪的余刑,应当如何计算的请示》收悉。经研究,我们认为:罪犯在保外就医期间又犯罪,应当依照刑法第六十六条①的规定,对前罪没有执行完的刑罚和后罪判处的刑罚,按刑法第六十四条②规定,决定执行的刑罚,对于前罪余刑的计算应从新罪判决确定之日计算。

▌刑参案例规则提炼③

《吴孔成盗窃案——保外就医期间重新犯罪的如何计算前罪未执行的刑罚》(第493号案例)、《田友兵敲诈勒索案——暂予监外执行期满后发现在暂予

---

① 现行《刑法》为第七十一条。——本评注注
② 现行《刑法》为第六十九条。——本评注注
③ 另,鉴于《买买提盗窃案——如何理解累犯制度、数罪并罚制度中的"刑罚执行完毕"》(第122号案例)关于罚金刑未执行完毕又犯新罪的应当对罚金进行并罚的主张、《王斌盗窃案——前罪判决因漏判附加剥夺政治权利被再审纠正的,数罪并罚时剩余剥夺政治权利刑期应如何计算》(第1418号案例)关于主刑执行完毕、剥夺政治权利期间犯新罪应当数罪并罚的主张,与《全国人大常委会法制工作委员会关于对被告人在罚金刑执行完毕前又犯新罪的罚金应否与未执行完毕的罚金适用数罪并罚问题的答复意见》(法工办复〔2017〕2号)所持立场不一致,所涉规则未予提炼;鉴于《最高人民法院关于办理减刑、假释案件具体应用法律的规定》(法释〔2016〕23号)第三十三条对罪犯(转下页)

监外执行期间犯新罪的,不应当数罪并罚》(第797号案例)、《**石加肆盗窃案**——前罪原审判决被撤销后的刑罚适用若干问题》(第1082号案例)、《**潘光荣、赖铭有抢劫案**——保外就医期限届满后未归监又重新犯罪的应如何计算余刑》(第1127号案例)所涉规则提炼如下:

1. "刑罚执行完毕"的实质判断规则。"因被告人自己隐瞒个人信息而导致法院对前罪再审并增加了刑罚量的情况下,增量刑罚尚未执行完毕的,不能认定为前罪刑罚执行完毕。"此种情形下,"刑罚执行中又犯罪的应当坚持'先减后并'的数罪并罚原则"。(第1082号案例)"暂予监外执行期间犯新罪,暂予监外执行并不当然中止。""暂予监外执行期间犯新罪,但新罪是在暂予监外执行期限届满后才被发现的……无须进行数罪并罚,对被告人……所犯……罪单独定罪处罚。"(第797号案例)

2. 保外就医期间重新犯罪的处理规则。"在保外就医期间重新犯罪,对其应及时收监,适用刑法第七十一条,以'先减后并'的刑期计算原则来进行数罪并罚。"关于"前罪没有执行的刑罚","应以犯罪之日为起算未执行刑期的时点"。(第493号案例)此外,对于保外就医期限届满后未归监又重新犯罪的,"1994年6月18日《最高人民法院研究室关于服刑罪犯保外就医期限届满后未归监又重新犯罪应如何计算前罪余刑问题的答复》(以下简称《答复》)曾作出明确的规定:'服刑罪犯经批准保外就医应计人执行期,保外就医期限届满后未归监的时间不得计人执行期;又重新犯罪的,其前罪的余刑应从保外就医期限届满第二日起计算至前罪刑满之日为止。'该《答复》虽然已于2013年1月18日被废止,但在本案的处理中仍可以参照《答复》的精神"。(第1127号案例)

(接上页)被裁定减刑后刑罚执行期间因故意犯罪被数罪并罚情形下原减刑裁定的效力作了规定,《**朱林森等盗窃案**——罪犯在假释期间又犯新罪,数罪并罚时原减刑裁定如何处理》(第1011号案例)所涉规则未予提炼;鉴于《最高人民法院关于在执行附加刑剥夺政治权利期间犯新罪应如何处理的批复》(法释〔2009〕10号)发布施行,《**焦军盗窃案**——剥夺政治权利执行期间重新犯罪如何计算未执行完毕的剥夺政治权利的刑期》(第442号案例)所涉规则未予提炼。此外,《**沙学民容留他人吸毒案**——在暂予监外执行期间犯新罪被抓获,应如何计算前罪余刑》(第1085号案例)提出"应以被告人被抓获之日作为计算前罪剩余刑期的界点",如果被抓获之日与犯新罪之日重合则无问题,如果并非重合,则与刑参第493号案例之间不一致。**本评注倾向**后者,故对第1085号案例所涉规则未予提炼。

司法疑难解析

1. 判决宣告后刑罚执行完毕前又犯数种新罪的数罪并罚。司法实践中存在判决宣告以后,刑罚执行完毕以前再犯数种新罪的情况,如何"先减后并",实践中存在认识分歧。**本评注主张一次数罪并罚的计算方式。**

2. 缓刑考验期内漏罪与新罪系同种数罪的处理。本评注主张,宜将新犯的罪和新发现的罪作为一罪进行判罚,然后依据《刑法》第六十九条的规定,与前罪所判处的刑罚进行并罚。

3. 刑罚执行期间再犯新罪予以并罚应避免罪刑失衡。根据《刑法》第七十一条的规定,对于判决宣告以后,刑罚执行完毕以前,被判刑的犯罪分子又犯罪的,应当先减后并,"依照本法第六十九条的规定,决定执行的刑罚"。据此,对上述情形应当受《刑法》第六十九条第一款关于"有期徒刑总和刑期不满三十五年的,最高不能超过二十年,总和刑期在三十五年以上的,最高不能超过二十五年"规定的限制。但是,司法实践中个别极端情形下易出现罪刑失衡现象。例如,甲因犯故意杀人罪被判处无期徒刑,服刑四年后被裁定减为有期徒刑二十二年。此后,甲在集体劳动时暴力袭击管教民警,构成袭警罪。本案之中,前罪尚未执行的刑罚为二十一年,如果对新罪判处有期徒刑,由于总和刑期未超过三十五年,只能决定执行二十年有期徒刑,明显有违罪刑均衡原则的要求。**本评注认为**,长远而言,应当通过立法修改的方式堵塞漏洞;立足当下,应当考虑通过妥当裁量实现罪刑均衡,如对新罪判处拘役,依照《刑法》第六十九条第二款的规定,应当决定执行前罪剩余的刑期,相对更为妥当。

第五节　缓　刑

规范性文件

《全国法院毒品案件审判工作会议纪要》(法〔2023〕108号)"十二、缓刑适用及减刑、假释问题"对毒品犯罪的缓刑适用作了规定。(→参见分则第六章第七节标题评注部分,第1892页)

第七十二条　【缓刑的对象、条件】对于被判处拘役、三年以下有期徒刑的犯罪分子,同时符合下列条件的,可以宣告缓刑,对其中不满十八周岁的人、

怀孕的妇女和已满七十五周岁的人,应当宣告缓刑:

（一）犯罪情节较轻；

（二）有悔罪表现；

（三）没有再犯罪的危险；

（四）宣告缓刑对所居住社区没有重大不良影响。

宣告缓刑,可以根据犯罪情况,同时禁止犯罪分子在缓刑考验期限内从事特定活动,进入特定区域、场所,接触特定的人。

被宣告缓刑的犯罪分子,如果被判处附加刑,附加刑仍须执行。

立法沿革

本条系 1997 年《刑法》沿用 1979 年《刑法》第六十七条的规定,仅对个别表述作了微调,将"认为适用缓刑确实不致再危害社会"调整为"适用缓刑确实不致再危害社会"。

2011 年 5 月 1 日起施行的《刑法修正案（八）》第十一条对本条作了修改,主要涉及三个方面:一是对适用缓刑的条件作了调整;二是明确对符合缓刑适用条件的不满十八周岁的人、怀孕的妇女和已满七十五周岁的人,应当宣告缓刑;三是增加对宣告缓刑的犯罪分子适用禁止令的规定。

修正前《刑法》	修正后《刑法》
第七十二条　对于被判处拘役、三年以下有期徒刑的犯罪分子,~~根据犯罪分子的犯罪情节和悔罪表现,~~~~适用缓刑确实不致再危害社会的,~~可以宣告缓刑。 被宣告缓刑的犯罪分子,如果被判处附加刑,附加刑仍须执行。	第七十二条　对于被判处拘役、三年以下有期徒刑的犯罪分子,同时符合下列条件的,可以宣告缓刑,对其中不满十八周岁的人、怀孕的妇女和已满七十五周岁的人,应当宣告缓刑: （一）犯罪情节较轻； （二）有悔罪表现； （三）没有再犯罪的危险； （四）宣告缓刑对所居住社区没有重大不良影响。 宣告缓刑,可以根据犯罪情况,同时禁止犯罪分子在缓刑考验期限内从事特定活动,进入特定区域、场所,接触特定的人。 被宣告缓刑的犯罪分子,如果被判处附加刑,附加刑仍须执行。

司法解释

《最高人民法院关于审理未成年人刑事案件具体应用法律若干问题的解释》(法释〔2006〕1号)第十六条对未成年罪犯适用缓刑规则作了规定。(→参见第十七条评注部分,第45页)

《最高人民法院关于〈中华人民共和国刑法修正案(八)〉时间效力问题的解释》(法释〔2011〕9号)第一条对禁止令适用的时间效力问题作了规定。(→参见第十二条评注部分,第20页)

《最高人民法院、最高人民检察院关于办理强奸、猥亵未成年人刑事案件适用法律若干问题的解释》(法释〔2023〕3号,自2023年6月1日起施行)第十二条规定对强奸未成年人的成年被告人判处刑罚时一般不适用缓刑,并对禁止令的适用作了明确。(→参见第二百三十六条评注部分,第1113页)

规范性文件

《最高人民法院、最高人民检察院、公安部、司法部关于对判处管制、宣告缓刑的犯罪分子适用禁止令有关问题的规定(试行)》(法发〔2011〕9号)对宣告缓刑的犯罪分子适用禁止令的有关问题作了明确。(→参见第三十八条评注部分,第137页)

《最高人民法院、最高人民检察院关于办理职务犯罪案件严格适用缓刑、免予刑事处罚若干问题的意见》(法发〔2012〕17号)对办理职务犯罪案件适用缓刑有关问题作了规定。(→参见分则第八章标题评注部分,第2118页)

《最高人民法院、最高人民检察院、公安部、司法部关于对因犯罪在大陆受审的台湾居民依法适用缓刑实行社区矫正有关问题的意见》(法发〔2016〕33号,自2017年1月1日起施行)

为维护因犯罪在大陆受审的台湾居民的合法权益,保障缓刑的依法适用和执行,根据《中华人民共和国刑法》《中华人民共和国刑事诉讼法》和《社区矫正实施办法》[①]等有关规定,结合工作实际,制定本意见。

第一条 对因犯罪被判处拘役、三年以下有期徒刑的台湾居民,如果其犯罪情节较轻、有悔罪表现、没有再犯罪的危险且宣告缓刑对所居住社区没有重大不

[①] 已废止,现为《中华人民共和国社区矫正法实施办法》(司发通〔2020〕59号)。——本评注注

良影响的,人民法院可以宣告缓刑,对其中不满十八周岁的人、怀孕的妇女和已满七十五周岁的人,应当宣告缓刑。

第二条 人民检察院建议对被告人宣告缓刑的,应当说明依据和理由。

被告人及其法定代理人、辩护人提出宣告缓刑的请求,应当说明理由,必要时需提交经过台湾地区公证机关公证的被告人在台湾地区无犯罪记录证明等相关材料。

第三条 公安机关、人民检察院、人民法院需要委托司法行政机关调查评估宣告缓刑对社区影响的,可以委托犯罪嫌疑人、被告人在大陆居住地的县级司法行政机关,也可以委托适合协助社区矫正的下列单位或者人员所在地的县级司法行政机关:

(一)犯罪嫌疑人、被告人在大陆的工作单位或者就读学校;

(二)台湾同胞投资企业协会、台湾同胞投资企业;

(三)其他愿意且有能力协助社区矫正的单位或者人员。

已经建立涉台社区矫正专门机构的地方,可以委托该机构所在地的县级司法行政机关调查评估。

根据前两款规定仍无法确定接受委托的调查评估机关的,可以委托办理案件的公安机关、人民检察院、人民法院所在地的县级司法行政机关。

第四条 司法行政机关收到委托后,一般应当在十个工作日内向委托机关提交调查评估报告;对提交调查评估报告的时间另有规定的,从其规定。

司法行政机关开展调查评估,可以请当地台湾同胞投资企业协会、台湾同胞投资企业以及犯罪嫌疑人、被告人在大陆的监护人、亲友等协助提供有关材料。

第五条 人民法院对被告人宣告缓刑时,应当核实其居住地或者本意见第三条规定的有关单位、人员所在地,书面告知被告人应当自判决、裁定生效后十日内到社区矫正执行地的县级司法行政机关报到,以及逾期报到的法律后果。

缓刑判决、裁定生效后,人民法院应当在十日内将判决书、裁定书、执行通知书等法律文书送达社区矫正执行地的县级司法行政机关,同时抄送该地县级人民检察院和公安机关。

第六条 对被告人宣告缓刑的,人民法院应当及时作出不准出境决定书,同时依照有关规定办理边控手续。

实施边控的期限为缓刑考验期限。

第七条 对缓刑犯的社区矫正,由其在大陆居住地的司法行政机关负责指导管理、组织实施;在大陆没有居住地的,由本意见第三条规定的有关司法行政机关负责。

第八条　为缓刑犯确定的社区矫正小组可以吸收下列人员参与：
（一）当地台湾同胞投资企业协会、台湾同胞投资企业的代表；
（二）在大陆居住或者工作的台湾同胞；
（三）缓刑犯在大陆的亲友；
（四）其他愿意且有能力参与社区矫正工作的人员。

第九条　根据社区矫正需要，司法行政机关可以会同相关部门，协调台湾同胞投资企业协会、台湾同胞投资企业等，为缓刑犯提供工作岗位、技能培训等帮助。

第十条　对于符合条件的缓刑犯，可以依据《海峡两岸共同打击犯罪及司法互助协议》，移交台湾地区执行。

第十一条　对因犯罪在大陆受审、执行刑罚的台湾居民判处管制、裁定假释、决定或者批准暂予监外执行，实行社区矫正的，可以参照适用本意见的有关规定。

第十二条　本意见自2017年1月1日起施行。

《未成年人刑事检察工作指引（试行）》（高检发未检字〔2017〕1号，节录）

第二百一十四条　对于具有下列情形之一，依法可能判处拘役、三年以下有期徒刑，有悔罪表现，宣告缓刑对所居住社区没有重大不良影响，具备有效监护条件或者社会帮教措施，适用缓刑确实不致再危害社会的未成年被告人，人民检察院应当建议人民法院适用缓刑：
（一）犯罪情节较轻，未造成严重后果的；
（二）主观恶性不大的初犯或者胁从犯、从犯；
（三）被害人同意和解或者被害人有明显过错的；
（四）其他可以适用缓刑的情形。

人民检察院提出对未成年被告人适用缓刑建议的，应当将未成年被告人能够获得有效监护、帮教的书面材料于判决前移送人民法院。

第二百一十五条　人民检察院根据未成年被告人的犯罪原因、犯罪性质、犯罪手段、犯罪后的认罪悔罪表现、个人一贯表现等情况，充分考虑与未成年被告人所犯罪行的关联程度，可以有针对性地建议人民法院判处未成年被告人在管制执行期间、缓刑考验期限内适用禁止令：
（一）禁止从事以下一项或者几项活动：
1.因无监护人监管或监护人监管不力，经常夜不归宿的，禁止在未经社区矫正机构批准的情况下在外留宿过夜；
2.因沉迷暴力、色情等网络游戏诱发犯罪的，禁止接触网络游戏；
3.附带民事赔偿义务未履行完毕、违法所得未追缴、退赔到位，或者罚金尚未足额缴纳的，禁止进行高消费活动。高消费的标准可根据当地居民人均收入

和支出水平确定;

4. 其他确有必要禁止从事的活动。

(二)禁止进入以下一类或者几类区域、场所:

1. 因出入未成年人不宜进入的场所导致犯罪的,禁止进入夜总会、歌舞厅、酒吧、迪厅、营业性网吧、游戏机房、溜冰场等场所;

2. 经常以大欺小、以强凌弱进行寻衅滋事,在学校周边实施违法犯罪行为的,禁止进入中小学校区、幼儿园园区及周边地区。确因本人就学、居住等原因的除外;

3. 其他确有必要禁止进入的区域、场所。

(三)禁止接触以下一类或者几类人员:

1. 因受同案犯不良影响导致犯罪的,禁止除正常工作、学习外接触同案犯;

2. 为保护特定人员,禁止在未经对方同意的情况下接触被害人、证人、控告人、举报人及其近亲属;

3. 禁止接触其他可能遭受其侵害、滋扰的人或者可能诱发其再次危害社会的人。

建议适用禁止令,应当把握好禁止令的针对性、可行性和预防性,并向未成年被告人及其法定代理人阐明适用禁止令的理由,督促法定代理人协助司法机关加强监管,促进未成年被告人接受矫治和回归社会。

《最高人民法院、最高人民检察院关于常见犯罪的量刑指导意见(试行)》(法发〔2021〕21 号)"二、量刑的基本方法"第(五)条对适用缓刑的规则作了规定。(→参见总则第四章第一节标题评注部分,第 225 页)

《最高人民法院、最高人民检察院、公安部、司法部关于办理醉酒危险驾驶刑事案件的意见》(高检发办字〔2023〕187 号)第十四条对醉驾案件缓刑适用的问题作了规定。(→参见第一百三十三条评注部分,第 530、531 页)

法律适用答复、复函

《最高人民检察院法律政策研究室关于对数罪并罚决定执行刑期为三年以下有期徒刑的犯罪分子能否适用缓刑问题的复函》(〔1998〕高检研发第 16 号)

山东省人民检察院研究室:

你院鲁检发研字〔1998〕第 10 号《关于对数罪并罚决定执行刑期三年以下的犯罪分子能否适用缓刑的请示》收悉,经研究,答复如下:

根据刑法第七十二条的规定,可以适用缓刑的对象是被判处拘役、三年以下有期徒刑的犯罪分子;条件是根据犯罪分子的犯罪情节和悔罪表现,适用缓刑确实不致再危害社会。对于判决宣告以前犯数罪的犯罪分子,只要判决执行的刑罚为拘役、三年以下有期徒刑,且符合根据犯罪分子的犯罪情节和悔罪表现,适用缓刑确实不致再危害社会的案件,依法可以适用缓刑。

■刑参案例规则提炼■

《谭永艮非法持有枪支案》——作为情节加重犯适用条件的"情节严重"与缓刑适用条件中的"犯罪情节较轻"在适用时是否相矛盾》(第 1003 号案例)、《毛肖东等非法吸收公众存款案——非法吸收公众存款罪从轻处罚的适用》(第 1188 号案例)、《朱韩英、郭东云诈骗案——刑罚执行完毕后对以前未能依法并案处理的犯罪行为如何裁判》(第 1217 号案例)所涉规则提炼如下:

1. 情节加重犯适用缓刑规则。"认定缓刑适用条件的'犯罪情节较轻'所考虑的因素通常比认定情节加重犯所考虑的因素更为广泛,不能认为情节加重犯就必然是一种具有严重社会危害性的犯罪行为,就必然不符合缓刑适用条件。"(第 1003 号案例)同理,"不能认为凡具有刑法分则规定的'情节严重'者,即不属于刑法第七十二条规定'犯罪情节较轻',而当然地将其排除在缓刑适用范围之外。若此,则可能得出凡具有严重情节依法定刑得处三年有期徒刑者,一律不能适用缓刑的不当结论"。(第 1188 号案例)

2. 调查评估对缓刑适用的影响规则。"人民法院量刑时,应当科学、客观地对待司法行政机关的'社区矫正调查评估'。""虽然司法局建议对被告人不适用社区矫正,但人民法院可以根据案件的实际情况和被告人的悔罪表现决定适用缓刑。"(第 1217 号案例)

第七十三条 【缓刑考验期限】拘役的缓刑考验期限为原判刑期以上一年以下,但是不能少于二个月。

有期徒刑的缓刑考验期限为原判刑期以上五年以下,但是不能少于一年。

缓刑考验期限,从判决确定之日起计算。

■立法沿革

本条系 1997 年《刑法》吸收修改 1979 年《刑法》第六十八条作出的规定,仅将拘役缓刑考验期的下限由"一个月"调整为"二个月"。

■司法疑难解析

审前羁押期限能否折抵缓刑考验期限的问题。刑法规定的缓刑考验期限,不是刑罚执行期限,故而,判决前先行羁押的期限不能折抵考验期限。无论判决确定前是否羁押、羁押多长时间,缓刑考验期限只能从判决确定之日起计算。实践中,由于审前羁押期限不能折抵缓刑考验期限,可能导致与《刑法》第四十一条、第四十四条、第四十七条等"刑期折抵条款"不平衡、不协调,甚至产生"判缓刑比判实刑对被告人更为不利"的问题。例如,判处拘役三个月,缓刑六个月,实际羁押期限为四个半月,如何执行缓刑,就困扰司法实践。有意见甚至认为上述情形下不应当判处缓刑。**本评注主张**,《刑法》第六十一条规定:"对于犯罪分子决定刑罚的时候,应当根据犯罪的事实、犯罪的性质、情节和对于社会的危害程度,依照本法的有关规定判处。"该条并未把"审前羁押期限"作为量刑依据。如果人民法院经审查认定,本案被告人确实应当判处拘役三个月,缓刑六个月,则不宜迁就审前羁押的期限,而应当严格依据法律和案件事实进行刑罚裁量。当然,在司法实践中,要通过降低审前羁押率,及时变更强制措施,有效避免上述情况的出现。

第七十四条　【不适用缓刑的对象】 对于累犯和犯罪集团的首要分子,不适用缓刑。

立法沿革

本条系 1997 年《刑法》吸收修改 1979 年《刑法》作出的规定。1979 年《刑法》第六十九条规定:"对于反革命犯和累犯,不适用缓刑。"1997 年《刑法》将不适用缓刑的对象限缩为累犯。

2011 年 5 月 1 日起施行的《刑法修正案(八)》第十二条对本条作了修改,增加了犯罪集团的首要分子不适用缓刑的规定。

修正前《刑法》	修正后《刑法》
第七十四条　对于累犯,不适用缓刑。	第七十四条　对于累犯**和犯罪集团的首要分子**,不适用缓刑。

第七十五条　【缓刑犯应遵守的规定】 被宣告缓刑的犯罪分子,应当遵守下列规定:
(一)遵守法律、行政法规,服从监督;
(二)按照考察机关的规定报告自己的活动情况;
(三)遵守考察机关关于会客的规定;
(四)离开所居住的市、县或者迁居,应当报经考察机关批准。

立法沿革

本条系 1997 年《刑法》增设的规定。

第七十六条 【缓刑的考验及其积极后果】对宣告缓刑的犯罪分子,在缓刑考验期限内,依法实行社区矫正,如果没有本法第七十七条规定的情形,缓刑考验期满,原判的刑罚就不再执行,并公开予以宣告。

立法沿革

本条系 1997 年《刑法》吸收修改 1979 年《刑法》作出的规定。1979 年《刑法》第七十条规定:"被宣告缓刑的犯罪分子,在缓刑考验期限内,由公安机关交所在单位或者基层组织予以考察,如果没有再犯新罪,缓刑考验期满,原判的刑罚就不再执行……"1997 年《刑法》将缓刑犯的考察机关调整为公安机关,并规定所在单位或者基层组织予以配合;同时,规定对缓刑考验期满原判刑罚不再执行的"公开予以宣告"。

2011 年 5 月 1 日起施行的《刑法修正案(八)》第十三条对本条作了修改,将"由公安机关考察,所在单位或者基层组织予以配合"调整为"依法实行社区矫正"。

修正前《刑法》	修正后《刑法》
第七十六条 被宣告缓刑的犯罪分子,在缓刑考验期限内,~~由公安机关考察,所在单位或者基层组织予以配合~~,如果没有本法第七十七条规定的情形,缓刑考验期满,原判的刑罚就不再执行,并公开予以宣告。	第七十六条 对宣告缓刑的犯罪分子,在缓刑考验期限内,**依法实行社区矫正**,如果没有本法第七十七条规定的情形,缓刑考验期满,原判的刑罚就不再执行,并公开予以宣告。

相关规定

《中华人民共和国社区矫正法》(自 2020 年 7 月 1 日起施行,具体条文未收录)

规范性文件

《中华人民共和国社区矫正法实施办法》(司发通〔2020〕59 号,自 2020 年 7 月 1 日起施行,具体条文未收录)

第七十七条 【缓刑考验不合格的后果】被宣告缓刑的犯罪分子,在缓刑考验期限内犯新罪或者发现判决宣告以前还有其他罪没有判决的,应当撤销缓刑,对新犯的罪或者新发现的罪作出判决,把前罪和后罪所判处的刑罚,依照本法第六十九条的规定,决定执行的刑罚。

被宣告缓刑的犯罪分子,在缓刑考验期限内,违反法律、行政法规或者国务院有关部门关于缓刑的监督管理规定,或者违反人民法院判决中的禁止令,情节严重的,应当撤销缓刑,执行原判刑罚。

立法沿革

本条系 1997 年《刑法》吸收修改 1979 年《刑法》作出的规定。1979 年《刑法》第七十条规定:"被宣告缓刑的犯罪分子,在缓刑考验期限内……如果再犯新罪,撤销缓刑,把前罪和后罪所判处的刑罚,依照本法第六十四条的规定,决定执行的刑罚。" 1997 年《刑法》扩充了缓刑的撤销事由,增加规定了缓刑考验期限内发现漏罪和缓刑考验期限内违反监督管理规定且情节严重的两种情形,并细化了缓刑撤销的具体操作规定。

2011 年 5 月 1 日起施行的《刑法修正案(八)》第十四条对本条第二款作了修改,将"国务院公安部门有关缓刑的监督管理规定"调整为"国务院有关部门关于缓刑的监督管理规定",并在撤销缓刑的情形中增加了"违反人民法院判决中的禁止令"的规定。

修正前《刑法》	修正后《刑法》
第七十七条 被宣告缓刑的犯罪分子,在缓刑考验期限内犯新罪或者发现判决宣告以前还有其他罪没有判决的,应当撤销缓刑,对新犯的罪或者新发现的罪作出判决,把前罪和后罪所判处的刑罚,依照本法第六十九条的规定,决定执行的刑罚。 被宣告缓刑的犯罪分子,在缓刑考验期限内,违反法律、行政法规或者国务院公安部门有关缓刑的监督管理规定,情节严重的,应当撤销缓刑,执行原判刑罚。	**第七十七条** 被宣告缓刑的犯罪分子,在缓刑考验期限内犯新罪或者发现判决宣告以前还有其他罪没有判决的,应当撤销缓刑,对新犯的罪或者新发现的罪作出判决,把前罪和后罪所判处的刑罚,依照本法第六十九条的规定,决定执行的刑罚。 被宣告缓刑的犯罪分子,在缓刑考验期限内,违反法律、行政法规或者国务院**有关部门关于缓刑的监督管理规定,或者违反人民法院判决中的禁止令**,情节严重的,应当撤销缓刑,执行原判刑罚。

相关规定

《中华人民共和国治安管理处罚法》（修正后自2013年1月1日起施行，节录）

第六十条 有下列行为之一的，处五日以上十日以下拘留，并处二百元以上五百元以下罚款：

（四）被依法执行管制、剥夺政治权利或者在缓刑、暂予监外执行中的罪犯或者被依法采取刑事强制措施的人，有违反法律、行政法规或者国务院有关部门的监督管理规定的行为。

《中华人民共和国社区矫正法》（自2020年7月1日起施行，节录）

第四十五条 社区矫正对象被裁定撤销缓刑、假释，被决定收监执行，或者社区矫正对象死亡的，社区矫正终止。

第四十六条 社区矫正对象具有刑法规定的撤销缓刑、假释情形的，应当由人民法院撤销缓刑、假释。

对于在考验期限内犯新罪或者发现判决宣告以前还有其他罪没有判决的，应当由审理该案件的人民法院撤销缓刑、假释，并书面通知原审人民法院和执行地社区矫正机构。

对于有第二款规定以外的其他需要撤销缓刑、假释情形的，社区矫正机构应当向原审人民法院或者执行地人民法院提出撤销缓刑、假释建议，并将建议书抄送人民检察院。社区矫正机构提出撤销缓刑、假释建议时，应当说明理由，并提供有关证据材料。

第四十七条 被提请撤销缓刑、假释的社区矫正对象可能逃跑或者可能发生社会危险的，社区矫正机构可以在提出撤销缓刑、假释建议的同时，提请人民法院决定对其予以逮捕。

人民法院应当在四十八小时内作出是否逮捕的决定。决定逮捕的，由公安机关执行。逮捕后的羁押期限不得超过三十日。

第四十八条 人民法院应当在收到社区矫正机构撤销缓刑、假释建议书后三十日内作出裁定，将裁定书送达社区矫正机构和公安机关，并抄送人民检察院。

人民法院拟撤销缓刑、假释的，应当听取社区矫正对象的申辩及其委托的律师的意见。

人民法院裁定撤销缓刑、假释的，公安机关应当及时将社区矫正对象送交监狱或者看守所执行。执行以前被逮捕的，羁押一日折抵刑期一日。

人民法院裁定不予撤销缓刑、假释的,对被逮捕的社区矫正对象,公安机关应当立即予以释放。

第五十九条 社区矫正对象在社区矫正期间有违反监督管理规定行为的,由公安机关依照《中华人民共和国治安管理处罚法》的规定给予处罚;具有撤销缓刑、假释或者暂予监外执行收监情形的,应当依法作出处理。

司法解释

《最高人民法院关于适用刑法时间效力规定若干问题的解释》(法释〔1997〕5号)第六条对1997年9月30日以前犯罪被宣告缓刑的犯罪分子撤销缓刑的有关问题作了规定。(→参见第十二条评注部分,第16页)

《最高人民法院关于撤销缓刑时罪犯在宣告缓刑前羁押的时间能否折抵刑期问题的批复》(法释〔2002〕11号,自2002年4月18日起施行)
各省、自治区、直辖市高级人民法院,解放军军事法院,新疆维吾尔自治区高级人民法院生产建设兵团分院:
最近,有的法院反映,关于在撤销缓刑时罪犯在宣告缓刑前羁押的时间能否折抵刑期的问题不明确。经研究,批复如下:
根据刑法第七十七条的规定,对被宣告缓刑的犯罪分子撤销缓刑执行原判刑罚的,对其在宣告缓刑前羁押的时间应当折抵刑期。

《最高人民法院关于适用〈中华人民共和国刑事诉讼法〉的解释》(法释〔2021〕1号,自2021年3月1日起施行,节录)
第五百四十二条 罪犯在缓刑、假释考验期限内犯新罪或者被发现在判决宣告前还有其他罪没有判决,应当撤销缓刑、假释的,由审判新罪的人民法院撤销原判决、裁定宣告的缓刑、假释,并书面通知原审人民法院和执行机关。

第五百四十三条 人民法院收到社区矫正机构的撤销缓刑建议书后,经审查,确认罪犯在缓刑考验期限内具有下列情形之一的,应当作出撤销缓刑的裁定:
(一)违反禁止令,情节严重的;
(二)无正当理由不按规定时间报到或者接受社区矫正期间脱离监管,超过一个月的;
(三)因违反监督管理规定受到治安管理处罚,仍不改正的;
(四)受到执行机关二次警告,仍不改正的;
(五)违反法律、行政法规和监督管理规定,情节严重的其他情形。
人民法院收到社区矫正机构的撤销假释建议书后,经审查,确认罪犯在假释考验期限内具有前款第二项、第四项规定情形之一,或者有其他违反监督管理规定的行为,尚未构成新的犯罪的,应当作出撤销假释的裁定。

◢ 规范性文件

《最高人民法院、最高人民检察院、公安部、司法部关于对判处管制、宣告缓刑的犯罪分子适用禁止令有关问题的规定(试行)》(法发〔2011〕9号)第十二条对宣告缓刑的犯罪分子违反禁止令,情节严重的处理规则作了规定。(→参见第三十八条评注部分,第140页)

《中华人民共和国社区矫正法实施办法》(司发通〔2020〕59号,自2020年7月1日起施行,节录)

第四十六条 社区矫正对象在缓刑考验期内,有下列情形之一的,由执行地同级社区矫正机构提出撤销缓刑建议:

(一)违反禁止令,情节严重的;

(二)无正当理由不按规定时间报到或者接受社区矫正期间脱离监管,超过一个月的;

(三)因违反监督管理规定受到治安管理处罚,仍不改正的;

(四)受到社区矫正机构两次警告,仍不改正的;

(五)其他违反有关法律、行政法规和监督管理规定,情节严重的情形。

社区矫正机构一般向原审人民法院提出撤销缓刑建议。如果原审人民法院与执行地同级社区矫正机构不在同一省、自治区、直辖市的,可以向执行地人民法院提出建议,执行地人民法院作出裁定的,裁定书同时抄送原审人民法院。

社区矫正机构撤销缓刑建议书和人民法院的裁定书副本同时抄送社区矫正执行地同级人民检察院。

◢ 指导性案例

社区矫正对象孙某某撤销缓刑监督案(检例第131号,节录)

关键词 社区矫正监督 违反规定外出 出境 调查核实 撤销缓刑

要 旨 人民检察院应当加强对社区矫正机构监督管理和教育帮扶社区矫正对象等社区矫正工作的法律监督,保证社区矫正活动依法进行。人民检察院开展社区矫正法律监督,应当综合运用查阅档案、调查询问、信息核查等多种方式,查明社区矫正中是否存在违法情形,精准提出监督意见。对宣告缓刑的社区矫正对象违反法律、行政法规和监督管理规定的,应当结合违法违规的客观事实和主观情节,准确认定是否属于"情节严重"应予撤销缓刑情形。对符合撤销缓刑情形但社区矫正机构未依法向人民法院提出撤销缓刑建议的,人民检察院应当向社区矫正机构提出纠正意见;对社区矫正工作中存在普遍性、倾向性违法问题或者有重大隐患的,人民检察院应当提出检察建议。

刑参案例规则提炼

《王园被撤销缓刑案——撤销缓刑案件的管辖、审理和羁押时间折抵》(第238号案例)、《徐通等盗窃案——先前宣告的数个缓刑均符合撤销条件的,审判新罪的人民法院可以同时撤销缓刑》(第515号案例)、《尹乐、李文颐非国家工作人员受贿案——被告人在缓刑考验期内与行贿人达成贿赂合意,在缓刑执行期满后收取财物的,能否认定"在缓刑考验期内犯新罪"》(第1266号案例)、《董军立故意毁坏财物案——后罪的预备行为发生在前罪的缓刑考验期内、实行行为发生在缓刑考验期满后,应否撤销缓刑将前后罪并罚》(第1424号案例)所涉规则提炼如下:

1. "在缓刑考验期内犯新罪"的认定规则。"被告人在缓刑考验期内与行贿人达成贿赂合意,在缓刑执行期满后收取财物的,可以认定'在缓刑考验期内犯新罪'。"(第1266号案例)"所犯新罪的实行行为虽然发生在其前罪缓刑考验期满后,但犯罪预备行为发生在前罪缓刑考验期限内。应当将犯罪预备行为与实行行为作为一个完整的犯罪过程来理解,而不能只考察犯罪实行行为的时间。因此,虽然其前罪所判处缓刑考验期已满,社区矫正已被解除,但其所犯新罪仍属在缓刑考验期内发生,故应当依法撤销前罪的缓刑,与所犯新罪实行并罚。"(第1424号案例)①

2. 撤销缓刑后先行羁押期间的折抵规则。"被宣告缓刑的犯罪分子在缓刑考验期内因再犯新罪或者发现漏罪依法被撤销缓刑的……将因前罪被先行羁押的时间和因新罪被先行羁押的时间一并从最后宣告的刑罚中予以折抵扣除。""被宣告缓刑的犯罪分子在缓刑考验期内因违反法律、行政法规或者国务院公安部门有关缓刑监督管理规定,情节严重被依法撤销缓刑的,一般只应将因前罪被先行羁押的时间从撤销缓刑执行原判刑期中予以折抵扣除。缓刑犯在缓刑考

---

① 实践中可能还存在极端情况:被宣告缓刑的犯罪分子,在缓刑考验期限内犯新罪或者发现判决宣告以前还有其他罪没有判决,但所涉新罪或者漏罪已过追诉时效期限。对此应当如何处理,存在不同认识。**本评注认为**,对于已过追诉时效期限的新罪或者漏罪自然不应当追究刑事责任,但对被宣告缓刑的犯罪分子而言,其在缓刑考验期限内犯新罪或者发现漏罪,则系客观事实,无法也不应影响这一认定,故对其仍然应当撤销缓刑。

验期内因违反法律、行政法规或者国务院公安部门有关缓刑监督管理规定,情节严重而被依法采取行政强制措施或行政处罚而羁押的时间,由于针对的是另一个行为,因此,不能从撤销缓刑后实际执行的刑期中予以折抵。"①(第238号案例)

3. 被宣告数个缓刑的撤销规则。"被告人……不具备适用缓刑的条件,之前存在的两次缓刑宣告均符合法律规定的撤销条件,均应予撤销,撤销后应根据刑法第六十九条的规定实行数罪并罚。"(第515号案例)

4. 缓刑撤销的程序规则。"缓刑是有条件地不执行所判刑罚的制度……在被告人根本违背缓刑适用条件时,法律为司法机关预设了一条便捷的救济途径,即直接撤销缓刑,而无须启动审判监督程序。"而且,"作为审判新罪的法院有权直接撤销缓刑,有利于实现公正前提下高效率的价值目标"。(第515号案例)

司法疑难解析

1. 缓刑考验期满后才发现判决宣告以前还有漏罪的处理。《刑法》第七十七条第一款关于撤销缓刑情形的表述为"在缓刑考验期限内犯新罪或者发现判决宣告以前还有其他罪没有判决的",具体为两种情形:在缓刑考验期限内犯新罪,在缓刑考验期限内发现判决宣告以前还有其他罪没有判决的。据此,**本评注主张**,对于在缓刑考验期满后发现判决宣告以前还有其他罪没有判决的,不能撤销缓刑,只应对新罪单独定罪处罚。② 与之不同,对于在缓刑考验期限内犯新罪,不论新罪何时发现,均应当撤销缓刑,数罪并罚。

2. 缓刑考验期满后才发现被告人缓刑判决生效前曾犯新罪的处理问题。本评注主张:(1)缓刑考验期满后发现被告人缓刑判决生效前曾犯新罪的,不能成为撤销缓刑的情形。依照《刑法》第七十七条规定,被宣告缓刑的犯罪分子,在缓刑考验期内犯新罪或者发现判决宣告以前还有其他罪没有判决的,应当撤销缓刑。缓刑考验期从判决发生法律效力之日起计算,被告人在缓刑考

---

① 顺带提及的是,**本评注认为**,被宣告缓刑的犯罪分子,除依法被撤销缓刑的外,在缓刑考验期内因涉嫌犯罪被采取非羁押性刑事强制措施期间,不中止缓刑考验期的考察,不影响对缓刑考验期的计算;适用强制措施期间,视为已经进行了社区矫正。

② 而且,实践中漏罪的情形较为复杂,有些情况下系行为人隐瞒造成,有些则可能是案发在异地,由于办案机关沟通不畅所致。对此由行为人承担不利后果,可能也有失公允。基于此,宜作有利于被告人的解释,将缓刑考验期满后才发现判决宣告以前还有漏罪排除在撤销缓刑的情形之外。

验期开始之前犯新罪,虽然比在缓刑考验期内犯新罪的社会危害性更大,但是其不属于《刑法》第七十七条规定的撤销缓刑的情形,故按照严格解释的原则,缓刑考验期满后发现被告人缓刑判决生效前曾犯新罪的,撤销其前罪的缓刑缺乏法律依据。(2)缓刑考验期满后发现被告人缓刑判决生效前曾犯新罪的,如果所犯新罪没有超过追诉时效的,应当单独作出判决,原判刑罚不再执行。

3. 缓刑判决生效后对判决效力待定期间实施的违法行为如何处理的问题。缓刑判决生效后,社区矫正机构发现判决效力待定期间行为人实施了违法行为,能否撤销缓刑,存在不同看法。其中,有意见主张可以按照刑事诉讼法有关违反刑事强制措施义务的规定作出相应处理(如没收保证金等)。**本评注主张可以参照适用《刑法》第七十七条第二款的规定作出处理。**主要考虑:(1)根据"举轻以明重"的法理,被告人在缓刑判决后生效前实施了违法行为,其主观恶性较判决生效后社区矫正时实施违法行为的主观恶性更大。虽然法律没有明确规定,但如果在判决生效后发现其违法行为,情节严重的,可以参照《刑法》第七十七条第二款的规定,给予撤销缓刑的处理,即由社区矫正机构依法向法院提请撤销缓刑;如果属一般违法行为,可以由社区矫正机构给予警告,或者提请公安机关给予治安管理处罚。(2)缓刑判决生效后,社区矫正机构发现判决效力待定期间被告人实施了违法行为,此时已经交付执行,强制措施已经解除,再按照刑事诉讼法有关违反强制措施义务的规定处理似有"程序倒流"之嫌,且不具有可操作性。

4. 缓刑考验期内犯新罪或者发现漏罪能否再次适用缓刑的问题。根据《刑法》第七十七条第一款的规定,被宣告缓刑的犯罪分子,在缓刑考验期限内犯新罪或者发现判决宣告以前还有其他罪没有判决的,应当撤销缓刑,对新犯的罪或者新发现的罪作出判决,予以数罪并罚。**本评注认为**,数罪并罚之后,一般不宜再次适用缓刑;特别是,对于犯新罪的情形,再次适用缓刑更应慎之又慎。主要考虑:根据《刑法》第七十七条第二款的规定,被宣告缓刑的犯罪分子,在缓刑考验期限内,违反法律、行政法规或者国务院有关部门关于缓刑的监督管理规定,或者违反人民法院判决中的禁止令,情节严重的,应当撤销缓刑,执行原判刑罚。在缓刑考验期内犯新罪或者发现漏罪,社会危害明显大于前者,基于举轻以明重的法理,一般也应排斥再次适用缓刑。否则,有违罪刑均衡原则的要求。

第六节 减 刑

第七十八条 【减刑条件与限度】被判处管制、拘役、有期徒刑、无期徒刑的犯罪分子,在执行期间,如果认真遵守监规,接受教育改造,确有悔改表现的,或者有立功表现的,可以减刑;有下列重大立功表现之一的,应当减刑:

(一)阻止他人重大犯罪活动的;
(二)检举监狱内外重大犯罪活动,经查证属实的;
(三)有发明创造或者重大技术革新的;
(四)在日常生产、生活中舍己救人的;
(五)在抗御自然灾害或者排除重大事故中,有突出表现的;
(六)对国家和社会有其他重大贡献的。

减刑以后实际执行的刑期不能少于下列期限:
(一)判处管制、拘役、有期徒刑的,不能少于原判刑期的二分之一;
(二)判处无期徒刑的,不能少于十三年;
(三)人民法院依照本法第五十条第二款规定限制减刑的死刑缓期执行的犯罪分子,缓期执行期满后依法减为无期徒刑的,不能少于二十五年,缓期执行期满后依法减为二十五年有期徒刑的,不能少于二十年。

立法沿革

本条系1997年《刑法》吸收修改1979年《刑法》作出的规定。1979年《刑法》第七十一条规定:"被判处管制、拘役、有期徒刑、无期徒刑的犯罪分子,在执行期间,如果确有悔改或者立功表现,可以减刑。但是经过一次或者几次减刑以后实际执行的刑期,判处管制、拘役、有期徒刑的,不能少于原判刑期的二分之一;判处无期徒刑的,不能少于十年。"1997年《刑法》将减刑的实质条件从"确有悔改或者立功表现"细化为"认真遵守监规,接受教育改造,确有悔改表现的,或者有立功表现";增加了有重大立功表现应当减刑的规定,并细化了重大立功的情形;对减刑限度的规定未作实质修改,但对表述作了微调。

2011年5月1日起施行的《刑法修正案(八)》第十五条对本条第二款作了修改,将被判处无期徒刑的犯罪分子的最低实际执行刑期由十年提升至十三年,并明确了死缓限制减刑的犯罪分子的最低实际执行刑期。

修正前《刑法》	修正后《刑法》
第七十八条 被判处管制、拘役、有期徒刑、无期徒刑的犯罪分子,在执行期间,如果认真遵守监规,接受教育改造,确有悔改表现的,或者有立功表现的,可以减刑;有下列重大立功表现之一的,应当减刑: (一)阻止他人重大犯罪活动的; (二)检举监狱内外重大犯罪活动,经查证属实的; (三)有发明创造或者重大技术革新的; (四)在日常生产、生活中舍己救人的; (五)在抗御自然灾害或者排除重大事故中,有突出表现的; (六)对国家和社会有其他重大贡献的。 减刑以后实际执行的刑期,判处管制、拘役、有期徒刑的,不能少于原判刑期的二分之一;判处无期徒刑的,不能少于十年。	第七十八条 被判处管制、拘役、有期徒刑、无期徒刑的犯罪分子,在执行期间,如果认真遵守监规,接受教育改造,确有悔改表现的,或者有立功表现的,可以减刑;有下列重大立功表现之一的,应当减刑: (一)阻止他人重大犯罪活动的; (二)检举监狱内外重大犯罪活动,经查证属实的; (三)有发明创造或者重大技术革新的; (四)在日常生产、生活中舍己救人的; (五)在抗御自然灾害或者排除重大事故中,有突出表现的; (六)对国家和社会有其他重大贡献的。 减刑以后实际执行的刑期**不能少于下列期限:** (一)判处管制、拘役、有期徒刑的,不能少于原判刑期的二分之一; (二)判处无期徒刑的,不能少于十三年; (三)人民法院依照本法第五十条第二款规定限制减刑的死刑缓期执行的犯罪分子,缓期执行期满后依法减为无期徒刑的,不能少于二十五年,缓期执行期满后依法减为二十五年有期徒刑的,不能少于二十年。

司法解释

《最高人民法院关于审理未成年人刑事案件具体应用法律若干问题的解释》(法释〔2006〕1号)**第十八条**对未成年罪犯减刑规则作了规定。(→参见第十七条评注部分,第44页)

《最高人民法院关于〈中华人民共和国刑法修正案(八)〉时间效力问题的解释》(法释〔2011〕9号)**第七条**对2011年4月30日以前犯罪的案件减刑应当适用的刑法条文作了明确。(→参见第十二条评注部分,第21页)

《最高人民法院关于办理减刑、假释案件具体应用法律的规定》(法释

〔2016〕23号,自2017年1月1日起施行)①

为确保依法公正办理减刑、假释案件,依据《中华人民共和国刑法》《中华人民共和国刑事诉讼法》《中华人民共和国监狱法》和其他法律规定,结合司法实践,制定本规定。

第一条 减刑、假释是激励罪犯改造的刑罚制度,减刑、假释的适用应当贯彻宽严相济刑事政策,最大限度地发挥刑罚的功能,实现刑罚的目的。

第二条 对于罪犯符合刑法第七十八条第一款规定"可以减刑"条件的案件,在办理时应当综合考察罪犯犯罪的性质和具体情节、社会危害程度、原判刑罚及生效裁判中财产性判项的履行情况、交付执行后的一贯表现等因素。

第三条 "确有悔改表现"是指同时具备以下条件:
(一)认罪悔罪;
(二)遵守法律法规及监规,接受教育改造;
(三)积极参加思想、文化、职业技术教育;
(四)积极参加劳动,努力完成劳动任务。

对职务犯罪、破坏金融管理秩序和金融诈骗犯罪、组织(领导、参加、包庇、纵容)黑社会性质组织犯罪等罪犯,不积极退赃、协助追缴赃款赃物、赔偿损失,或者服刑期间利用个人影响力和社会关系等不正当手段意图获得减刑、假释的,不认定其"确有悔改表现"。

罪犯在刑罚执行期间的申诉权利应当依法保护,对其正当申诉不能不加分析地认为是不认罪悔罪。

第四条 具有下列情形之一的,可以认定为有"立功表现":
(一)阻止他人实施犯罪活动的;
(二)检举、揭发监狱内外犯罪活动,或者提供重要的破案线索,经查证属实的;
(三)协助司法机关抓捕其他犯罪嫌疑人的;
(四)在生产、科研中进行技术革新,成绩突出的;
(五)在抗御自然灾害或者排除重大事故中,表现积极的;
(六)对国家和社会有其他较大贡献的。

第(四)项、第(六)项中的技术革新或者其他较大贡献应当由罪犯在刑罚执

---

① 对依照刑法分则第八章贪污贿赂罪判处刑罚的原具有国家工作人员身份的罪犯的减刑、假释,应当结合法释〔2019〕6号解释的有关规定准确把握;不一致的,以法释〔2019〕6号解释为准。——**本评注注**

行期间独立或者为主完成,并经省级主管部门确认的。

第五条 具有下列情形之一的,应当认定为有"重大立功表现":

(一)阻止他人实施重大犯罪活动的;

(二)检举监狱内外重大犯罪活动,经查证属实的;

(三)协助司法机关抓捕其他重大犯罪嫌疑人的;

(四)有发明创造或者重大技术革新的;

(五)在日常生产、生活中舍己救人的;

(六)在抗御自然灾害或者排除重大事故中,有突出表现的;

(七)对国家和社会有其他重大贡献的。

第(四)项中的发明创造或者重大技术革新应当是罪犯在刑罚执行期间独立或者为主完成并经国家主管部门确认的发明专利,且不包括实用新型专利和外观设计专利;第(七)项中的其他重大贡献应当由罪犯在刑罚执行期间独立或者为主完成,并经国家主管部门确认。

第六条 被判处有期徒刑的罪犯减刑起始时间为:不满五年有期徒刑的,应当执行一年以上方可减刑;五年以上不满十年有期徒刑的,应当执行一年六个月以上方可减刑;十年以上有期徒刑的,应当执行二年以上方可减刑。有期徒刑减刑的起始时间自判决执行之日起计算。

确有悔改表现或者有立功表现的,一次减刑不超过九个月有期徒刑;确有悔改表现并有立功表现的,一次减刑不超过一年有期徒刑;有重大立功表现的,一次减刑不超过一年六个月有期徒刑;确有悔改表现并有重大立功表现的,一次减刑不超过二年有期徒刑。

被判处不满十年有期徒刑的罪犯,两次减刑间隔时间不得少于一年;被判处十年以上有期徒刑的罪犯,两次减刑间隔时间不得少于一年六个月。减刑间隔时间不得低于上次减刑减去的刑期。

罪犯有重大立功表现的,可以不受上述减刑起始时间和间隔时间的限制。

第七条 对符合减刑条件的职务犯罪罪犯,破坏金融管理秩序和金融诈骗犯罪罪犯,组织、领导、参加、包庇、纵容黑社会性质组织犯罪罪犯,危害国家安全犯罪罪犯,恐怖活动犯罪罪犯,毒品犯罪集团的首要分子及毒品再犯,累犯,确有履行能力而不履行或者不全部履行生效裁判中财产性判项的罪犯,被判处十年以下有期徒刑的,执行二年以上方可减刑,减刑幅度应当比照本规定第六条从严掌握,一次减刑不超过一年有期徒刑,两次减刑之间应当间隔一年以上。

对被判处十年以上有期徒刑的前款罪犯,以及因故意杀人、强奸、抢劫、绑架、放火、爆炸、投放危险物质或者有组织的暴力性犯罪被判处十年以上有期徒刑的罪犯，数罪并罚且其中两罪以上被判处十年以上有期徒刑的罪犯，执行二年以上方可减刑，减刑幅度应当比照本规定第六条从严掌握，一次减刑不超过一年有期徒刑，两次减刑之间应当间隔一年六个月以上。

罪犯有重大立功表现的，可以不受上述减刑起始时间和间隔时间的限制。

第八条 被判处无期徒刑的罪犯在刑罚执行期间，符合减刑条件的，执行二年以上，可以减刑。减刑幅度为：确有悔改表现或者有立功表现的，可以减为二十二年有期徒刑；确有悔改表现并有立功表现的，可以减为二十一年以上二十二年以下有期徒刑；有重大立功表现的，可以减为二十年以上二十一年以下有期徒刑；确有悔改表现并有重大立功表现的，可以减为十九年以上二十年以下有期徒刑。无期徒刑罪犯减为有期徒刑后再减刑时，减刑幅度依照本规定第六条的规定执行。两次减刑间隔时间不得少于二年。

罪犯有重大立功表现的，可以不受上述减刑起始时间和间隔时间的限制。

第九条 对被判处无期徒刑的职务犯罪罪犯，破坏金融管理秩序和金融诈骗犯罪罪犯，组织、领导、参加、包庇、纵容黑社会性质组织犯罪罪犯，危害国家安全犯罪罪犯，恐怖活动犯罪罪犯，毒品犯罪集团的首要分子及毒品再犯，累犯以及因故意杀人、强奸、抢劫、绑架、放火、爆炸、投放危险物质或者有组织的暴力性犯罪的罪犯，确有履行能力而不履行或者不全部履行生效裁判中财产性判项的罪犯，数罪并罚被判处无期徒刑的罪犯，符合减刑条件的，执行三年以上方可减刑，减刑幅度应当比照本规定第八条从严掌握，减刑后的刑期最低不得少于二十年有期徒刑；减为有期徒刑后再减刑时，减刑幅度比照本规定第六条从严掌握，一次不超过一年有期徒刑，两次减刑之间应当间隔二年以上。

罪犯有重大立功表现的，可以不受上述减刑起始时间和间隔时间的限制。

第十条 被判处死刑缓期执行的罪犯减为无期徒刑后，符合减刑条件的，执行三年以上方可减刑。减刑幅度为：确有悔改表现或者有立功表现的，可以减为二十五年有期徒刑；确有悔改表现并有立功表现的，可以减为二十四年以上二十五年以下有期徒刑；有重大立功表现的，可以减为二十三年以上二十四年以下有期徒刑；确有悔改表现并有重大立功表现的，可以减为二十二年以上二十三年以下有期徒刑。

被判处死刑缓期执行的罪犯减为有期徒刑后再减刑时，比照本规定第八条的规定办理。

第十一条 对被判处死刑缓期执行的职务犯罪罪犯，破坏金融管理秩序和金融诈骗犯罪罪犯，组织、领导、参加、包庇、纵容黑社会性质组织犯罪罪犯，危害国家安全犯罪罪犯，恐怖活动犯罪罪犯，毒品犯罪集团的首要分子及毒品再犯、累犯以及因故意杀人、强奸、抢劫、绑架、放火、爆炸、投放危险物质或者有组织的暴力性犯罪的罪犯,确有履行能力而不履行或者不全部履行生效裁判中财产性判项的罪犯,数罪并罚被判处死刑缓期执行的罪犯,减为无期徒刑后,符合减刑条件的,执行三年以上方可减刑,一般减为二十五年有期徒刑,有立功表现或者重大立功表现的,可以比照本规定第十条减为二十三年以上二十五年以下有期徒刑;减为有期徒刑后再减刑时,减刑幅度比照本规定第六条从严掌握,一次不超过一年有期徒刑,两次减刑之间应当间隔二年以上。

第十二条 被判处死刑缓期执行的罪犯经过一次或者几次减刑后,其实际执行的刑期不得少于十五年,死刑缓期执行期间不包括在内。

死刑缓期执行罪犯在缓期执行期间不服从监管、抗拒改造,尚未构成犯罪的,在减为无期徒刑后再减刑时应当适当从严。

第十三条 被限制减刑的死刑缓期执行罪犯,减为无期徒刑后,符合减刑条件的,执行五年以上方可减刑。减刑间隔时间和减刑幅度依照本规定第十一条的规定执行。

第十四条 被限制减刑的死刑缓期执行罪犯,减为有期徒刑后再减刑时,一次减刑不超过六个月有期徒刑,两次减刑间隔时间不得少于二年。有重大立功表现的,间隔时间可以适当缩短,但一次减刑不超过一年有期徒刑。

第十五条 对被判处终身监禁的罪犯,在死刑缓期执行期满依法减为无期徒刑的裁定中,应当明确终身监禁,不得再减刑或者假释。

第十六条 被判处管制、拘役的罪犯,以及判决生效后剩余刑期不满二年有期徒刑的罪犯,符合减刑条件的,可以酌情减刑,减刑起始时间可以适当缩短,但实际执行的刑期不得少于原判刑期的二分之一。

第十七条 被判处有期徒刑罪犯减刑时,对附加剥夺政治权利的期限可以酌减。酌减后剥夺政治权利的期限,不得少于一年。

被判处死刑缓期执行、无期徒刑的罪犯减为有期徒刑时,应当将附加剥夺政治权利的期限减为七年以上十年以下,经过一次或者几次减刑后,最终剥夺政治权利的期限不得少于三年。

第十八条 被判处拘役或者三年以下有期徒刑,并宣告缓刑的罪犯,一般不适用减刑。

前款规定的罪犯在缓刑考验期内有重大立功表现的,可以参照刑法第七十八条的规定予以减刑,同时应当依法缩减其缓刑考验期。缩减后,拘役的缓刑考验期限不得少于二个月,有期徒刑的缓刑考验期限不得少于一年。

第十九条 对在报请减刑前的服刑期间不满十八周岁,且所犯罪行不属于刑法第八十一条第二款规定情形的罪犯，认罪悔罪，遵守法律法规及监规，积极参加学习、劳动，应当视为确有悔改表现。

对上述罪犯减刑时，减刑幅度可以适当放宽，或者减刑起始时间、间隔时间可以适当缩短，但放宽的幅度和缩短的时间不得超过本规定中相应幅度、时间的三分之一。

第二十条　老年罪犯、患严重疾病罪犯或者身体残疾罪犯减刑时，应当主要考察其认罪悔罪的实际表现。

对基本丧失劳动能力、生活难以自理的上述罪犯减刑时，减刑幅度可以适当放宽，或者减刑起始时间、间隔时间可以适当缩短，但放宽的幅度和缩短的时间不得超过本规定中相应幅度、时间的三分之一。

第二十一条　被判处有期徒刑、无期徒刑的罪犯在刑罚执行期间又故意犯罪，新罪被判处有期徒刑的，自新罪判决确定之日起三年内不予减刑；新罪被判处无期徒刑的，自新罪判决确定之日起四年内不予减刑。

罪犯在死刑缓期执行期间又故意犯罪，未被执行死刑的，死刑缓期执行的期间重新计算，减为无期徒刑后，五年内不予减刑。

被判处死刑缓期执行罪犯减刑后，在刑罚执行期间又故意犯罪的，依照第一款规定处理。

第二十二条　办理假释案件，认定"没有再犯罪的危险"，除符合刑法第八十一条规定的情形外，还应当根据犯罪的具体情节、原判刑罚情况，在刑罚执行中的一贯表现，罪犯的年龄、身体状况、性格特征，假释后生活来源以及监管条件等因素综合考虑。

第二十三条　被判处有期徒刑的罪犯假释时，执行原判刑期二分之一的时间，应当从判决执行之日起计算，判决执行以前先行羁押的，羁押一日折抵刑期一日。

被判处无期徒刑的罪犯假释时，刑法中关于实际执行刑期不得少于十三年的时间，应当从判决生效之日起计算。判决生效以前先行羁押的时间不予折抵。

被判处死刑缓期执行的罪犯减为无期徒刑或者有期徒刑后，实际执行十五年以上，方可假释，该实际执行时间应当从死刑缓期执行期满之日起计算。死刑缓期执行期间不包括在内，判决确定以前先行羁押的时间不予折抵。

第二十四条　刑法第八十一条第一款规定的"特殊情况"，是指有国家政治、国防、外交等方面特殊需要的情况。

第二十五条　对累犯以及因故意杀人、强奸、抢劫、绑架、放火、爆炸、投放危险物质或者有组织的暴力性犯罪被判处十年以上有期徒刑、无期徒刑的罪犯，不得假释。

因前款情形和犯罪被判处死刑缓期执行的罪犯，被减为无期徒刑、有期徒刑后，也不得假释。

第二十六条 对下列罪犯适用假释时可以依法从宽掌握：

（一）过失犯罪的罪犯、中止犯罪的罪犯、被胁迫参加犯罪的罪犯；

（二）因防卫过当或者紧急避险过当而被判处有期徒刑以上刑罚的罪犯；

（三）犯罪时未满十八周岁的罪犯；

（四）基本丧失劳动能力、生活难以自理，假释后生活确有着落的老年罪犯、患严重疾病罪犯或者身体残疾罪犯；

（五）服刑期间改造表现特别突出的罪犯；

（六）具有其他可以从宽假释情形的罪犯。

罪犯既符合法定减刑条件，又符合法定假释条件的，可以优先适用假释。

第二十七条 对于生效裁判中有财产性判项，罪犯确有履行能力而不履行或者不全部履行的，不予假释。

第二十八条 罪犯减刑后又假释的，间隔时间不得少于一年；对一次减去一年以上有期徒刑后，决定假释的，间隔时间不得少于一年六个月。

罪犯减刑后余刑不足二年，决定假释的，可以适当缩短间隔时间。

第二十九条 罪犯在假释考验期内违反法律、行政法规或者国务院有关部门关于假释的监督管理规定的，作出假释裁定的人民法院，应当在收到报请机关或者检察机关撤销假释建议书后及时审查，作出是否撤销假释的裁定，并送达报请机关，同时抄送人民检察院、公安机关和原刑罚执行机关。

罪犯在逃的，撤销假释裁定书可以作为对罪犯进行追捕的依据。

第三十条 依照刑法第八十六条规定被撤销假释的罪犯，一般不得再假释。但依照该条第二款被撤销假释的罪犯，如果罪犯对漏罪曾作如实供述但原判未予认定，或者漏罪系其自首，符合假释条件的，可以再假释。

被撤销假释的罪犯，收监后符合减刑条件的，可以减刑，但减刑起始时间自收监之日起计算。

第三十一条 年满八十周岁、身患疾病或者生活难以自理、没有再犯罪危险的罪犯，既符合减刑条件，又符合假释条件的，优先适用假释；不符合假释条件的，参照本规定第二十条有关的规定从宽处理。

第三十二条① 人民法院按照审判监督程序重新审理的案件,裁定维持原判决、裁定的,原减刑、假释裁定继续有效。

再审裁判改变原判决、裁定的,原减刑、假释裁定自动失效,执行机关应当及时报请有管辖权的人民法院重新作出是否减刑、假释的裁定。重新作出减刑裁定时,不受本规定有关减刑起始时间、间隔时间和减刑幅度的限制。重新裁定时应综合考虑各方面因素,减刑幅度不得超过原裁定减去的刑期总和。

再审改判为死刑缓期执行或者无期徒刑的,在新判决减为有期徒刑之时,原判决已经实际执行的刑期一并扣减。

再审裁判宣告无罪的,原减刑、假释裁定自动失效。

第三十三条 罪犯被裁定减刑后,刑罚执行期间因故意犯罪而数罪并罚时,经减刑裁定减去的刑期不计入已经执行的刑期。原判死刑缓期执行减为无期徒刑、有期徒刑,或者无期徒刑减为有期徒刑的裁定继续有效。

第三十四条 罪犯被裁定减刑后,刑罚执行期间因发现漏罪而数罪并罚的,原减刑裁定自动失效。如漏罪系罪犯主动交代的,对其原减去的刑期,由执行机关报请有管辖权的人民法院重新作出减刑裁定,予以确认;如漏罪系有关机关发现或者他人检举揭发的,由执行机关报请有管辖权的人民法院,在原减刑裁定减去的刑期总和之内,酌情重新裁定。

第三十五条 被判处死刑缓期执行的罪犯,在死刑缓期执行期内被发现漏罪,依据刑法第七十条规定数罪并罚,决定执行死刑缓期执行的,死刑缓期执行期间自新判决确定之日起计算,已经执行的死刑缓期执行期间计入新判决的死刑缓期执行期间内,但漏罪被判处死刑缓期执行的除外。

第三十六条 被判处死刑缓期执行的罪犯,在死刑缓期执行期满后被发现漏罪,依据刑法第七十条规定数罪并罚,决定执行死刑缓期执行的,交付执行时对罪犯实际执行无期徒刑,死缓考验期不再执行,但漏罪被判处死刑缓期执行的除外。

在无期徒刑减为有期徒刑时,前罪死刑缓期执行减为无期徒刑之日起至新

---

① 与之相关,有关部门就原判有期徒刑的罪犯被再审改判无期徒刑应如何计算实际执行刑期问题征求最高人民法院研究室意见。最高人民法院研究室复函认为:"原判有期徒刑的罪犯经再审改判为无期徒刑的,无期徒刑的执行期间从再审判决确定之日起计算。但是,改判前原判确定之日起已经执行的刑期,在决定假释时应当计算为无期徒刑实际执行的刑期。"参见喻海松:《最高人民法院研究室关于原判有期徒刑的罪犯被再审改判无期徒刑应如何计算实际执行刑期问题的研究意见》,载张军主编:《司法研究与指导(总第2辑)》,人民法院出版社2012年版。

判决生效之日止已经实际执行的刑期,应当计算在减刑裁定决定执行的刑期以内。

原减刑裁定减去的刑期依照本规定第三十四条处理。

第三十七条 被判处无期徒刑的罪犯在减为有期徒刑后因发现漏罪,依据刑法第七十条规定数罪并罚,决定执行无期徒刑的,前罪无期徒刑生效之日起至新判决生效之日止已经实际执行的刑期,应当在新判决的无期徒刑减为有期徒刑时,在减刑裁定决定执行的刑期内扣减。

无期徒刑罪犯减为有期徒刑后因发现漏罪判处三年有期徒刑以下刑罚,数罪并罚决定执行无期徒刑的,在新判决生效后执行一年以上,符合减刑条件的,可以减为有期徒刑,减刑幅度依照本规定第八条、第九条的规定执行。

原减刑裁定减去的刑期依照本规定第三十四条处理。

第三十八条 人民法院作出的刑事判决、裁定发生法律效力后,在依照刑事诉讼法第二百五十三条、第二百五十四条的规定将罪犯交付执行刑罚时,如果生效裁判中有财产性判项,人民法院应当将反映财产性判项执行、履行情况的有关材料一并随案移送刑罚执行机关。罪犯在服刑期间本人履行或者其亲属代为履行生效裁判中财产性判项的,应当及时向刑罚执行机关报告。刑罚执行机关报请减刑时应随案移送以上材料。

人民法院办理减刑、假释案件时,可以向原一审人民法院核实罪犯履行财产性判项的情况。原一审人民法院应当出具相关证明。

刑罚执行期间,负责办理减刑、假释案件的人民法院可以协助原一审人民法院执行生效裁判中的财产性判项。

第三十九条 本规定所称"老年罪犯",是指报请减刑、假释时年满六十五周岁的罪犯。

本规定所称"患严重疾病罪犯",是指因患有重病,久治不愈,而不能正常生活、学习、劳动的罪犯。

本规定所称"身体残疾罪犯",是指因身体有肢体或者器官残缺、功能不全或者丧失功能,而基本丧失生活、学习、劳动能力的罪犯,但是罪犯犯罪后自伤致残的除外。

对刑罚执行机关提供的证明罪犯患有严重疾病或者有身体残疾的证明文件,人民法院应当审查,必要时可以委托有关单位重新诊断、鉴定。

第四十条 本规定所称"判决执行之日",是指罪犯实际送交刑罚执行机关之日。

本规定所称"减刑间隔时间",是指前一次减刑裁定送达之日起至本次减刑报请之日止的期间。

第四十一条 本规定所称"财产性判项"是指判决罪犯承担的附带民事赔偿义务判项,以及追缴、责令退赔、罚金、没收财产等判项。

第四十二条 本规定自2017年1月1日起施行。以前发布的司法解释与本规定不一致的,以本规定为准。

《最高人民法院关于办理减刑、假释案件具体应用法律的补充规定》(法释〔2019〕6号,自2019年6月1日起施行)

为准确把握宽严相济刑事政策,严格执行《最高人民法院关于办理减刑、假释案件具体应用法律的规定》,现对《中华人民共和国刑法修正案(九)》施行后,依照刑法分则第八章贪污贿赂罪判处刑罚的原具有国家工作人员身份的罪犯的减刑、假释补充规定如下:

第一条 对拒不认罪悔罪的,或者确有履行能力而不履行或者不全部履行生效裁判中财产性判项的,不予假释,一般不予减刑。

第二条 被判处十年以上有期徒刑,符合减刑条件的,执行三年以上方可减刑;被判处不满十年有期徒刑,符合减刑条件的,执行二年以上方可减刑。

确有悔改表现或者有立功表现的,一次减刑不超过六个月有期徒刑;确有悔改表现并有立功表现的,一次减刑不超过九个月有期徒刑;有重大立功表现的,一次减刑不超过一年有期徒刑。

被判处十年以上有期徒刑的,两次减刑之间应当间隔二年以上;被判处不满十年有期徒刑的,两次减刑之间应当间隔一年六个月以上。

第三条 被判处无期徒刑,符合减刑条件的,执行四年以上方可减刑。

确有悔改表现或者有立功表现的,可以减为二十三年有期徒刑;确有悔改表现并有立功表现的,可以减为二十二年以上二十三年以下有期徒刑;有重大立功表现的,可减为二十一年以上二十二年以下有期徒刑。

无期徒刑减为有期徒刑后再减刑时,减刑幅度比照本规定第二条的规定执行。两次减刑之间应当间隔二年以上。

第四条 被判处死刑缓期执行的,减为无期徒刑后,符合减刑条件的,执行四年以上方可减刑。

确有悔改表现或者有立功表现的,可以减为二十五年有期徒刑;确有悔改表现并有立功表现的,可以减为二十四年六个月以上二十五年以下有期徒刑;有重大立功表现的,可以减为二十四年以上二十四年六个月以下有期徒刑。

减为有期徒刑后再减刑时,减刑幅度比照本规定第二条的规定执行。两次减刑之间应当间隔二年以上。

第五条 罪犯有重大立功表现的,减刑时可以不受上述起始时间和间隔时间的限制。

第六条 对本规定所指贪污贿赂罪犯适用假释时,应当从严掌握。

第七条 本规定自 2019 年 6 月 1 日起施行。此前发布的司法解释与本规定不一致的,以本规定为准。

《最高人民法院关于适用〈中华人民共和国刑事诉讼法〉的解释》(法释〔2021〕1号,自 2021 年 3 月 1 日起施行,节录)

第五百三十六条① 审理减刑、假释案件,对罪犯积极履行刑事裁判涉财产部分、附带民事裁判确定的义务的,可以认定有悔改表现,在减刑、假释时从宽掌握;对确有履行能力而不履行或者不全部履行的,在减刑、假释时从严掌握。

规范性文件

《最高人民法院关于贯彻宽严相济刑事政策的若干意见》(法发〔2010〕9号)第三十四条对在减刑工作中贯彻宽严相济刑事政策提出了专门要求。(→参见总则第四章标题评注部分,第 197、198 页)

《中共中央政法委关于严格规范减刑、假释、暂予监外执行切实防止司法腐败的意见》(中政委〔2014〕5 号)

为严格规范减刑、假释、暂予监外执行,切实防止徇私舞弊、权钱交易等腐败行为,坚决杜绝社会反映强烈的"有权人"、"有钱人"被判刑后减刑快、假释及暂予监外执行比例高、实际服刑时间偏短等现象,确保司法公正,提高司法公信力,根据法律规定和刑事政策精神,结合实际,现提出如下意见。

一、从严把握减刑、假释、暂予监外执行的实体条件

1. 对职务犯罪、破坏金融管理秩序和金融诈骗犯罪、组织(领导、参加、包庇、纵容)黑社会性质组织犯罪等罪犯(以下简称三类罪犯)减刑、假释,必须从严把握法律规定的"确有悔改表现"、"立功表现"、"重大立功表现"的标准。

对三类罪犯"确有悔改表现"的认定,不仅应当考察其是否认罪悔罪,认真遵守法律法规及监规、接受教育改造,积极参加思想、文化、职业技术教育,积极参加劳动、努力完成劳动任务,而且应当考察其是否通过主动退赃、积极协助追缴境外赃款赃物、主动赔偿损失等方式,积极消除犯罪行为所产生的社会影响。

---

① 本条规定系综合法释〔2016〕23 号解释、法释〔2019〕6 号解释关于财产性判项履行情况对减刑、假释影响的规定而作出的概括性规定,表述虽有完善,但并无实质修改。——**本评注注**

对服刑期间利用个人影响力和社会关系等不正当手段企图获得减刑、假释机会的，不认定其"确有悔改表现"。

对三类罪犯拟按法律规定的"在生产、科研中进行技术革新，成绩突出"或者"对国家和社会有其他贡献"认定为"立功表现"的，该技术革新或者其他贡献必须是该罪犯在服刑期间独立完成，并经省级主管部门确认。

对三类罪犯拟按法律规定的"有发明创造或者重大技术革新"认定为"重大立功表现"的，该发明创造或者重大技术革新必须是该罪犯在服刑期间独立完成并经国家主管部门确认的发明专利，且不包括实用新型专利和外观设计专利；拟按法律规定的"对国家和社会有其他重大贡献"认定为"重大立功表现"的，该重大贡献必须是该罪犯在服刑期间独立完成并经国家主管部门确认的劳动成果。

2. 对三类罪犯与其他罪犯的计分考核应当平等、平衡。在三类罪犯计分考核项目和标准的设计上，不仅应当考虑对其他罪犯教育改造的普遍性要求，而且应当考虑对三类罪犯教育改造的特殊性要求，防止三类罪犯在考核中比其他罪犯容易得分。进一步限制、规范三类罪犯的加分项目，严格控制加分总量。对利用个人影响力和社会关系、提供虚假证明材料、贿赂等不正当手段企图获得加分的，不但不能加分，还要扣分。司法部应当根据上述要求，抓紧修改罪犯的计分考核办法。

3. 对依法可以减刑的三类罪犯，必须从严把握减刑的起始时间、间隔时间和幅度。被判处十年以下有期徒刑的，执行二年以上方可减刑，一次减刑不超过一年有期徒刑，两次减刑之间应当间隔一年以上。被判处十年以上有期徒刑的，执行二年以上方可减刑，一次减刑不超过一年有期徒刑，两次减刑之间应当间隔一年六个月以上。被判处无期徒刑的，执行三年以上方可减刑，可以减为二十年以上二十二年以下有期徒刑；减为有期徒刑后，一次减刑不超过一年有期徒刑，两次减刑之间应当间隔二年以上。死刑缓期执行罪犯减为无期徒刑后，执行三年以上方可减刑，可以减为二十五年有期徒刑；减为有期徒刑后，一次减刑不超过一年有期徒刑，两次减刑之间应当间隔二年以上。

确有阻止或检举他人重大犯罪活动、舍己救人、发明创造或者重大技术革新、在抗御自然灾害或者排除重大事故中表现突出等重大立功表现的，可以不受上述减刑起始时间和间隔时间的限制。

4. 对三类罪犯适用保外就医，必须从严把握严重疾病范围和条件。虽然患有高血压、糖尿病、心脏病等疾病，但经诊断在短期内不致危及生命的，或者不积极配合刑罚执行机关安排的治疗的，或者适用保外就医可能有社会危险性的，或者自伤自残的，一律不得保外就医。

5. 从 2014 年 1 月开始,以省、自治区、直辖市和新疆生产建设兵团为单位,各地职务犯罪罪犯减刑、假释、暂予监外执行的比例,不得明显高于其他罪犯的相应比例。中央政法相关单位应当积极指导和督促本系统落实相关比例要求。

二、完善减刑、假释、暂予监外执行的程序规定

6. 对三类罪犯的计分考核、行政奖励、立功表现等信息,应当在罪犯服刑场所及时公开;拟提请减刑、假释的,一律提前予以公示。拟提请暂予监外执行的,除病情严重必须立即保外就医的,应当提前予以公示。减刑、假释裁定书及暂予监外执行决定书,一律上网公开。

7. 对三类罪犯中因重大立功而提请减刑、假释的案件,原县处级以上职务犯罪罪犯的减刑、假释案件,组织(领导、包庇、纵容)黑社会性质组织罪犯的减刑、假释案件,原判死刑缓期执行、无期徒刑的破坏金融管理秩序和金融诈骗犯罪罪犯的减刑、假释案件,一律开庭审理。

8. 健全检察机关对减刑、假释、暂予监外执行的同步监督制度。刑罚执行机关在决定提请减刑、假释、暂予监外执行前,审判机关在作出暂予监外执行决定前,应当征求检察机关意见。审判机关开庭审理减刑、假释案件,检察机关应当派员出庭并发表检察意见。刑罚执行机关、审判机关对检察机关提出的不同意见未予采纳的,应当予以回复或者在裁定书、决定书中说明理由。检察机关可以向有关单位和人员调查核实情况,调阅复制案卷材料、重新组织对病残罪犯的诊断鉴别,并依法作出处理。

9. 推进刑罚执行机关、审判机关、检察机关减刑、假释网上协同办案平台建设,对执法办案和考核奖惩中的重要事项、重点环节,实行网上录入、信息共享、"全程留痕",从制度和技术上确保监督到位。

10. 对原厅局级以上职务犯罪罪犯减刑、假释、暂予监外执行的,裁定、决定或者批准后十日内,由省级政法机关向相应中央政法机关逐案报请备案审查。对原县处级职务犯罪罪犯减刑、假释、暂予监外执行的,裁定、决定或者批准后十日内,由地市级政法机关向相应省级政法机关逐案报请备案审查(省级政法机关裁定、决定或者批准的除外)。中央和省级政法机关对报请备案审查的减刑、假释、暂予监外执行案件,应当认真审查,发现问题的,立即责令下级政法机关依法纠正。

三、强化减刑、假释、暂予监外执行各个环节的责任

11. 对减刑、假释、暂予监外执行各个环节的承办人、批准人等执法司法人员,实行"谁承办谁负责、谁主管谁负责、谁签字谁负责"制度,执法司法人员在

职责范围内对执法办案质量终身负责。其中,执法司法人员因故意或者重大过失造成减刑、假释、暂予监外执行案件在认定事实或者适用法律上确有错误的,由该直接责任人员承担责任;经主管人员批准或者许可的,由该主管人员和有关直接责任人员承担责任;减刑、假释、暂予监外执行多个环节共同造成案件在认定事实或者适用法律上确有错误的,根据具体违法或过错情况分别追究责任;有关单位、部门集体讨论决定的减刑、假释、暂予监外执行案件确有错误的,由各相关单位、部门负责人承担责任。

12. 审判机关应当建立专门审理减刑、假释、暂予监外执行案件的审判庭。检察机关应当加强派驻监管场所检察室建设,明确派驻检察室人员配备标准,落实同步监督。刑罚执行机关应当充实机构人员,为实现减刑、假释、暂予监外执行逐人逐案依法常态化办理提供保障。

四、从严惩处减刑、假释、暂予监外执行中的腐败行为

13. 检察机关对减刑、假释、暂予监外执行中有关执法司法人员涉嫌违法犯罪的举报、控告和相关线索,应当依法严查,并根据情况,向有关单位提出纠正违法或者不当的建议,或者建议更换办案人,并对涉嫌违法犯罪的,建议依纪予以纪律处分或者依法追究刑事责任。

14. 对执法司法人员在减刑、假释、暂予监外执行中捏造事实、伪造材料、收受财物或者接受吃请的,一律清除出执法司法队伍;徇私舞弊、权钱交易、失职渎职构成犯罪的,一律依法从重追究刑事责任,且原则上不适用缓刑或者免予刑事处罚。

15. 对非执法司法单位和个人,为罪犯减刑、假释、暂予监外执行出具虚假病情诊断证明等材料,违法违规提供便利条件的,或者在罪犯减刑、假释、暂予监外执行中搞权钱交易的,执法司法机关应当建议主管部门依法依纪追究责任,并有针对性地加强管理、堵塞漏洞;对构成犯罪的,依法追究刑事责任。

16. 对任何单位和个人干预减刑、假释、暂予监外执行,或者施加压力要求执法司法人员违法违规办理减刑、假释、暂予监外执行的,执法司法机关及其工作人员应当坚决抵制,并向其上级机关报告。有关机关应当依法严肃追究有关单位和个人的违纪违法责任。

17. 最高人民法院、最高人民检察院、公安部、国家安全部、司法部根据本意见,对相关司法解释、部门规章或者规范性文件相应作出修改,并建立健全相关监督检查制度,确保本意见切实得到执行。

《司法部关于切实加强监狱、强制戒毒所违禁物品管理的若干规定》(司发〔2015〕6号,节录)

一、罪犯私藏使用违禁物品的,属于违反《刑法》和《监狱法》中"认真遵守监

规,接受教育改造,确有悔改表现"等规定的行为,三年内不得提请减刑、假释;罪犯有重大立功表现依法应当减刑的,依照有关规定执行。戒毒人员私藏使用违禁物品的,属于违反《禁毒法》第四十七条第二款规定的行为,不得提请提前解除强制隔离戒毒。对涉嫌犯罪的罪犯、戒毒人员,移送司法机关依法追究刑事责任。

《最高人民检察院、中国残疾人联合会关于在检察工作中切实维护残疾人合法权益的意见》(高检会〔2015〕11号,自2015年11月30日起施行,节录)

十四、人民检察院发现看守所、监狱等监管机关在羁押管理和教育改造残疾在押人员等活动中有违法行为的,应当依法提出纠正意见;发现看守所、监狱等监管场所没有对残疾在押人员在生活、医疗上给予相应照顾,没有采取适当保护措施的,应当通过检察建议等方式督促监管机关改正。

对残疾罪犯开展减刑、假释、暂予监外执行检察工作,可以依法适当从宽掌握,但是,反复故意实施犯罪的残疾罪犯除外。

《最高人民法院、最高人民检察院、公安部、司法部关于办理性侵害未成年人刑事案件的意见》(高检发〔2023〕4号)第二十条规定对性侵害未成年人的成年犯罪分子严格把握减刑的适用条件。(→参见第二百三十六条评注部分,第1116页)

《全国法院毒品案件审判工作会议纪要》(法〔2023〕108号)"十二、缓刑适用及减刑、假释问题"对毒品犯罪案件的减刑问题作了规定。(→参见分则第六章第七节标题评注部分,第1892页)

■ **指导性案例**

宣告缓刑罪犯蔡某等12人减刑监督案(检例第70号,节录)

关键词　缓刑罪犯减刑　持续跟进监督　地方规范性文件法律效力　最终裁定纠正违法意见

要　旨　对于判处拘役或者三年以下有期徒刑并宣告缓刑的罪犯,在缓刑考验期内确有悔改表现或者有一般立功表现,一般不适用减刑。在缓刑考验期内有重大立功表现的,可以参照刑法第七十八条的规定予以减刑。人民法院对宣告缓刑罪犯裁定减刑适用法律错误的,人民检察院应当依法提出纠正意见。人民法院裁定维持原减刑裁定的,人民检察院应当继续予以监督。

社区矫正对象王某减刑监督案(检例第133号,节录)

关键词　社区矫正监督　见义勇为　重大立功　减刑监督　检察听证

要　旨　人民检察院开展社区矫正法律监督工作,应当坚持客观公正立场,既监督纠正社区矫正中的违法行为,又依法维护社区矫正对象合法权益。发现宣告缓刑的社区矫正对象有见义勇为、抢险救灾等突出表现的,应当监督相关部门审查确定是否属于重大立功情形,是否符合减刑条件。对有重大社会影响的减刑监督案件,人民检察院可以召开听证会,围绕社区矫正对象是否符合重大立功等重点内容进行听证,结合原判罪名情节、社区矫正期间表现等依法提出检察建议。

第七十九条 【减刑程序】对于犯罪分子的减刑,由执行机关向中级以上人民法院提出减刑建议书。人民法院应当组成合议庭进行审理,对确有悔改或者立功事实的,裁定予以减刑。非经法定程序不得减刑。

立法沿革

本条系1997年《刑法》增设的规定。

相关规定

《中华人民共和国社区矫正法》(自2020年7月1日起施行,节录)

第三十三条 社区矫正对象符合刑法规定的减刑条件的,社区矫正机构应当向社区矫正执行地的中级以上人民法院提出减刑建议,并将减刑建议书抄送同级人民检察院。

人民法院应当在收到社区矫正机构的减刑建议书后三十日内作出裁定,并将裁定书送达社区矫正机构,同时抄送人民检察院、公安机关。

司法解释

《最高人民法院研究室关于对无期徒刑犯减刑后原审法院发现原判决确有错误予以改判,原减刑裁定应如何适用法律条款予以撤销问题的答复》(1994年11月7日)①

---

① 《最高人民法院关于办理减刑、假释案件具体应用法律的规定》(法释〔2016〕23号)(→参见第七十八条评注部分,第293页)第三十二条第二款规定:"再审裁判改变原判决、裁定的,原减刑、假释裁定自动失效,执行机关应当及时报请有管辖权的人民法院重新作出是否减刑、假释的裁定。重新作出减刑裁定时,不受本规定有关减刑起始时间、间隔时间和减刑幅度的限制。重新裁定时应综合考虑各方面因素,减刑幅度不得超过原裁定减去的刑期总和。"虽然本司法解释仍被列入继续有效的司法解释,但根据"新解释优于旧解释"的时间效力规则,应当认为本司法解释与其不一致的,不再适用。——**本评注注**

江西省高级人民法院：

你院赣高法〔1994〕110号《关于撤销减刑裁定应当如何适用法律条款的请示》①收悉。经研究，答复如下：

被判处无期徒刑的罪犯由服刑地的高级人民法院依法裁定减刑后，原审人民法院发现原判决确有错误并依照审判监督程序改判为有期徒刑的，应当依照我院法（研）复〔1989〕2号批复撤销原减刑裁定。鉴于原减刑裁定是在无期徒刑基础上的减刑，既然原判无期徒刑已被认定为错判，那么原减刑裁定在认定事实和适用法律上亦应视为确有错误。由此，由罪犯服刑地的高级人民法院根据刑事诉讼法第一百四十九条第一款的规定，按照审判监督程序撤销原减刑裁定是适宜的。

《最高人民法院关于减刑、假释案件审理程序的规定》（法释〔2014〕5号，自2014年6月1日起施行）

为进一步规范减刑、假释案件的审理程序，确保减刑、假释案件审理的合法、公正，根据《中华人民共和国刑法》《中华人民共和国刑事诉讼法》有关规定，结合减刑、假释案件审理工作实际，制定本规定。

第一条 对减刑、假释案件，应当按照下列情形分别处理：

（一）对被判处死刑缓期执行的罪犯的减刑，由罪犯服刑地的高级人民法院在收到同级监狱管理机关审核同意的减刑建议书后一个月内作出裁定；

---

① 《江西省高级人民法院关于撤销减刑裁定应当如何适用法律条款的请示》（赣高法〔1994〕110号）提出："最高人民法院：本院曾以（88）赣法研二字第3号请示报告向你院请示'关于对无期徒刑犯减刑后又改判原减刑裁定应否撤销'的问题，你院1989年1月3日以法（研）复（1989）8号批复对此问题作出了答复。我们在执行上述批复的过程中，对此类情况下撤销减刑裁定应当如何适用法律条款有不同认识。一种意见认为，被判处无期徒刑的罪犯经依法裁定减刑后，发现原审判决确有错误依法改判为有期徒刑，应当撤销原减刑裁定。撤销减刑裁定的原因是原减刑的基础已不存在，可以视为原减刑裁定认定事实有误。因此，撤销减刑的裁定书应当适用刑事诉讼法第一百四十九条的规定。另一种意见认为，因原判无期徒刑确有错误被改判为有期徒刑而撤销减刑裁定，并非原减刑有错误。司法机关根据罪犯在服刑中的表现作出的减刑裁定本身没有错误，之所以要撤销减刑裁定，是因为原刑罚已经改判，该减刑裁定不具有实际意义了，但撤销减刑裁定不属于适用审判监督程序的范畴，不必在撤销减刑裁定书中引用刑事诉讼法第一百四十九条，目前刑事诉讼法对此类情况的撤销减刑裁定未作规定，今后修改法律时应予规定。对撤销减刑裁定如何适用法律条款的问题我们把握不准，特向你院请示。望予批复。"

第79条

(二) 对被判处无期徒刑的罪犯的减刑、假释，由罪犯服刑地的高级人民法院在收到同级监狱管理机关审核同意的减刑、假释建议书后一个月内作出裁定，案情复杂或者情况特殊的，可以延长一个月；

(三) 对被判处有期徒刑和被减为有期徒刑的罪犯的减刑、假释，由罪犯服刑地的中级人民法院在收到执行机关提出的减刑、假释建议书后一个月内作出裁定，案情复杂或者情况特殊的，可以延长一个月；

(四) 对被判处拘役、管制的罪犯的减刑，由罪犯服刑地中级人民法院在收到同级执行机关审核同意的减刑、假释建议书后一个月内作出裁定。

对暂予监外执行罪犯的减刑，应当根据情况，分别适用前款的有关规定。

第二条　人民法院受理减刑、假释案件，应当审查执行机关移送的下列材料：

(一) 减刑或者假释建议书；

(二) 终审法院裁判文书、执行通知书、历次减刑裁定书的复印件；

(三) 罪犯确有悔改或者立功、重大立功表现的具体事实的书面证明材料；

(四) 罪犯评审鉴定表、奖惩审批表等；

(五) 其他根据案件审理需要应予移送的材料。

报请假释的，应当附有社区矫正机构或者基层组织关于罪犯假释后对所居住社区影响的调查评估报告。

人民检察院对报请减刑、假释案件提出检察意见的，执行机关应当一并移送受理减刑、假释案件的人民法院。

经审查，材料齐备的，应当立案；材料不齐的，应当通知执行机关在三日内补送，逾期未补送的，不予立案。

第三条　人民法院审理减刑、假释案件，应当在立案后五日内将执行机关报请减刑、假释的建议书等材料依法向社会公示。

公示内容应当包括罪犯的个人情况、原判认定的罪名和刑期、罪犯历次减刑情况、执行机关的建议及依据。

公示应当写明公示期限和提出意见的方式。公示期限为五日。

第四条　人民法院审理减刑、假释案件，应当依法由审判员或者由审判员和人民陪审员组成合议庭进行。

第五条　人民法院审理减刑、假释案件，除应当审查罪犯在执行期间的一贯表现外，还应当综合考虑犯罪的具体情节、原判刑罚情况、财产刑执行情况、附带民事裁判履行情况、罪犯退赃退赔等情况。

人民法院审理假释案件，除应当审查第一款所列情形外，还应当综合考虑罪犯的年龄、身体状况、性格特征、假释后生活来源以及监管条件等影响再犯罪的因素。

执行机关以罪犯有立功表现或重大立功表现为由提出减刑的,应当审查立功或重大立功表现是否属实。涉及发明创造、技术革新或者其他贡献的,应当审查该成果是否系罪犯在执行期间独立完成,并经有关主管机关确认。

第六条　人民法院审理减刑、假释案件,可以采取开庭审理或者书面审理的方式。但下列减刑、假释案件,应当开庭审理:

（一）因罪犯有重大立功表现报请减刑的;

（二）报请减刑的起始时间、间隔时间或者减刑幅度不符合司法解释一般规定的;

（三）公示期间收到不同意见的;

（四）人民检察院有异议的;

（五）被报请减刑、假释罪犯系职务犯罪罪犯,组织(领导、参加、包庇、纵容)黑社会性质组织犯罪罪犯,破坏金融管理秩序和金融诈骗犯罪罪犯及其他在社会上有重大影响或社会关注度高的;

（六）人民法院认为其他应当开庭审理的。

第七条　人民法院开庭审理减刑、假释案件,应当通知人民检察院、执行机关及被报请减刑、假释罪犯参加庭审。

人民法院根据需要,可以通知证明罪犯确有悔改表现或者立功、重大立功表现的证人,公示期间提出不同意见的人,以及鉴定人、翻译人员等其他人员参加庭审。

第八条　开庭审理应当在罪犯刑罚执行场所或者人民法院确定的场所进行。有条件的人民法院可以采取视频开庭的方式进行。

在社区执行刑罚的罪犯因重大立功被报请减刑的,可以在罪犯服刑地或者居住地开庭审理。

第九条　人民法院对于决定开庭审理的减刑、假释案件,应当在开庭三日前将开庭的时间、地点通知人民检察院、执行机关、被报请减刑、假释罪犯和有必要参加庭审的其他人员,并于开庭三日前进行公告。

第十条　减刑、假释案件的开庭审理由审判长主持,应当按照以下程序进行:

（一）审判长宣布开庭,核实被报请减刑、假释罪犯的基本情况;

（二）审判长宣布合议庭组成人员、检察人员、执行机关代表及其他庭审参加人;

(三)执行机关代表宣读减刑、假释建议书,并说明主要理由;

(四)检察人员发表检察意见;

(五)法庭对被报请减刑、假释罪犯确有悔改表现或立功表现、重大立功表现的事实以及其他影响减刑、假释的情况进行调查核实;

(六)被报请减刑、假释罪犯作最后陈述;

(七)审判长对庭审情况进行总结并宣布休庭评议。

第十一条 庭审过程中,合议庭人员对报请理由有疑问的,可以向被报请减刑、假释罪犯、证人、执行机关代表、检察人员提问。

庭审过程中,检察人员对报请理由有疑问的,在经审判长许可后,可以出示证据,申请证人到庭,向被报请减刑、假释罪犯及证人提问并发表意见。被报请减刑、假释罪犯对报请理由有疑问的,在经审判长许可后,可以出示证据,申请证人到庭,向证人提问并发表意见。

第十二条 庭审过程中,合议庭对证据有疑问需要进行调查核实,或者检察人员、执行机关代表提出申请的,可以宣布休庭。

第十三条 人民法院开庭审理减刑、假释案件,能够当庭宣判的应当当庭宣判;不能当庭宣判的,可以择期宣判。

第十四条 人民法院书面审理减刑、假释案件,可以就被报请减刑、假释罪犯是否符合减刑、假释条件进行调查核实或听取有关方面意见。

第十五条 人民法院书面审理减刑案件,可以提讯被报请减刑罪犯;书面审理假释案件,应当提讯被报请假释罪犯。

第十六条 人民法院审理减刑、假释案件,应当按照下列情形分别处理:

(一)被报请减刑、假释罪犯符合法律规定的减刑、假释条件的,作出予以减刑、假释的裁定;

(二)被报请减刑的罪犯符合法律规定的减刑条件,但执行机关报请的减刑幅度不适当的,对减刑幅度作出相应调整后作出予以减刑的裁定;

(三)被报请减刑、假释罪犯不符合法律规定的减刑、假释条件的,作出不予减刑、假释的裁定。

在人民法院作出减刑、假释裁定前,执行机关书面申请撤回减刑、假释建议的,是否准许,由人民法院决定。

第十七条 减刑、假释裁定书应当写明罪犯原判和历次减刑情况,确有悔改表现或者立功、重大立功表现的事实和理由,以及减刑、假释的法律依据。

裁定减刑的,应当注明刑期的起止时间;裁定假释的,应当注明假释考验期的起止时间。

裁定调整减刑幅度或者不予减刑、假释的,应当在裁定书中说明理由。

第十八条　人民法院作出减刑、假释裁定后,应当在七日内送达报请减刑、假释的执行机关、同级人民检察院以及罪犯本人。作出假释裁定的,还应当送达社区矫正机构或者基层组织。

第十九条　减刑、假释裁定书应当通过互联网依法向社会公布。

第二十条　人民检察院认为人民法院减刑、假释裁定不当,在法定期限内提出书面纠正意见的,人民法院应当在收到纠正意见后另行组成合议庭审理,并在一个月内作出裁定。

第二十一条　人民法院发现本院已经生效的减刑、假释裁定确有错误的,应当依法重新组成合议庭进行审理并作出裁定;上级人民法院发现下级人民法院已经生效的减刑、假释裁定确有错误的,应当指令下级人民法院另行组成合议庭审理,也可以自行依法组成合议庭进行审理并作出裁定。

第二十二条　最高人民法院以前发布的司法解释和规范性文件,与本规定不一致的,以本规定为准。

规范性文件

《最高人民法院、最高人民检察院、公安部、司法部关于加强减刑、假释案件实质化审理的意见》(法发〔2021〕31号,节录)

减刑、假释制度是我国刑罚执行制度的重要组成部分。依照我国法律规定,减刑、假释案件由刑罚执行机关提出建议书,报请人民法院审理裁定,人民检察院依法进行监督。为严格规范减刑、假释工作,确保案件审理公平、公正,现就加强减刑、假释案件实质化审理提出如下意见。

一、准确把握减刑、假释案件实质化审理的基本要求

1.坚持全面依法审查。审理减刑、假释案件应当全面审查刑罚执行机关报送的材料,既要注重审查罪犯交付执行后的一贯表现,同时也要注重审查罪犯犯罪的性质、具体情节、社会危害程度、原判刑罚及生效裁判中财产性判项的履行情况等,依法作出公平、公正的裁定,切实防止将考核分数作为减刑、假释的唯一依据。

2.坚持主客观改造表现并重。审理减刑、假释案件既要注重审查罪犯劳动改造、监管改造等客观方面的表现,也要注重审查罪犯思想改造等主观方面的表现,综合判断罪犯是否确有悔改表现。

3.坚持严格审查证据材料。审理减刑、假释案件应当充分发挥审判职能作用,坚持以审判为中心,严格审查各项证据材料。认定罪犯是否符合减刑、假释

法定条件,应当有相应证据予以证明;对于没有证据证实或者证据不确实、不充分的,不得裁定减刑、假释。

4. 坚持区别对待。审理减刑、假释案件应当切实贯彻宽严相济刑事政策,具体案件具体分析,区分不同情形,依法作出裁定,最大限度地发挥刑罚的功能,实现刑罚的目的。

二、严格审查减刑、假释案件的实体条件

5. 严格审查罪犯服刑期间改造表现的考核材料。对于罪犯的计分考核材料,应当认真审查考核分数的来源及其合理性等,如果存在考核分数与考核期不对应、加扣分与奖惩不对应、奖惩缺少相应事实和依据等情况,应当要求刑罚执行机关在规定期限内作出说明或者补充。对于在规定期限内不能作出合理解释的考核材料,不作为认定罪犯确有悔改表现的依据。

对于罪犯的认罪悔罪书、自我鉴定等自书材料,要结合罪犯的文化程度认真进行审查,对于无特殊原因非本人书写或者自书材料内容虚假的,不认定罪犯确有悔改表现。

对于罪犯存在违反监规纪律行为的,应当根据行为性质、情节等具体情况,综合分析判断罪犯的改造表现。罪犯服刑期间因违反监规纪律被处以警告、记过或者禁闭处罚的,可以根据案件具体情况,认定罪犯是否确有悔改表现。

6. 严格审查罪犯立功、重大立功的证据材料,准确把握认定条件。对于检举、揭发监狱内外犯罪活动,或者提供重要破案线索的,应当注重审查线索的来源。对于揭发线索来源存疑的,应当进一步核查,如果查明线索系通过贿买、暴力、威胁或者违反监规等非法手段获取的,不认定罪犯具有立功或者重大立功表现。

对于技术革新、发明创造,应当注重审查罪犯是否具备该技术革新、发明创造的专业能力和条件,对于罪犯明显不具备相应专业能力及条件、不能说明技术革新或者发明创造原理及过程的,不认定罪犯具有立功或者重大立功表现。

对于阻止他人实施犯罪活动,协助司法机关抓捕其他犯罪嫌疑人,在日常生产、生活中舍己救人,在抗御自然灾害或者排除重大事故中有积极或者突出表现的,除应当审查有关部门出具的证明材料外,还应当注重审查能够证明上述行为的其他证据材料,对于罪犯明显不具备实施上述行为能力和条件的,不认定罪犯具有立功或者重大立功表现。

严格把握"较大贡献"或者"重大贡献"的认定条件。该"较大贡献"或者"重大贡献",是指对国家、社会具有积极影响,而非仅对个别人员、单位有贡献和帮助。对于罪犯在警示教育活动中现身说法的,不认定罪犯具有立功或者重大立功表现。

7. 严格审查罪犯履行财产性判项的能力。罪犯未履行或者未全部履行财产性判项,具有下列情形之一的,不认定罪犯确有悔改表现:

(1)拒不交代赃款、赃物去向;

(2)隐瞒、藏匿、转移财产;

(3)有可供履行的财产拒不履行。

对于前款罪犯,无特殊原因狱内消费明显超出规定额度标准的,一般不认定罪犯确有悔改表现。

8. 严格审查反映罪犯是否有再犯罪危险的材料。对于报请假释的罪犯,应当认真审查刑罚执行机关提供的反映罪犯服刑期间现实表现和生理、心理状况的材料,并认真审查司法行政机关或者有关社会组织出具的罪犯假释后对所居住社区影响的材料,同时结合罪犯犯罪的性质、具体情节、社会危害程度、原判刑罚及生效裁判中财产性判项的履行情况等,综合判断罪犯假释后是否具有再犯罪危险性。

9. 严格审查罪犯身份信息、患有严重疾病或者身体有残疾的证据材料。对于上述证据材料有疑问的,可以委托有关单位重新调查、诊断、鉴定。对原判适用《中华人民共和国刑事诉讼法》第一百六十条第二款规定判处刑罚的罪犯,在刑罚执行期间不真心悔罪,仍不讲真实姓名、住址,且无法调查核实清楚的,除具有重大立功表现等特殊情形外,一律不予减刑、假释。

10. 严格把握罪犯减刑后的实际服刑刑期。正确理解法律和司法解释规定的最低服刑期限,严格控制减刑起始时间、间隔时间及减刑幅度,并根据罪犯前期减刑情况和效果,对其后续减刑予以总体掌握。死刑缓期执行、无期徒刑罪犯减为有期徒刑后再减刑时,在减刑间隔时间及减刑幅度上,应当从严把握。

三、切实强化减刑、假释案件办理程序机制(略)

四、大力加强减刑、假释案件监督指导及工作保障(略)

第八十条 【无期徒刑减刑的刑期计算】无期徒刑减为有期徒刑的刑期,从裁定减刑之日起计算。

立法沿革

本条系1997年《刑法》沿用1979年《刑法》第七十二条的规定,未作调整。

第七节 假　释

>   **第八十一条**　【假释的适用条件】被判处有期徒刑的犯罪分子，执行原判刑期二分之一以上，被判处无期徒刑的犯罪分子，实际执行十三年以上，如果认真遵守监规，接受教育改造，确有悔改表现，没有再犯罪的危险的，可以假释。如果有特殊情况，经最高人民法院核准，可以不受上述执行刑期的限制。
>
>   对累犯以及因故意杀人、强奸、抢劫、绑架、放火、爆炸、投放危险物质或者有组织的暴力性犯罪被判处十年以上有期徒刑、无期徒刑的犯罪分子，不得假释。
>
>   对犯罪分子决定假释时，应当考虑其假释后对所居住社区的影响。

▎立法沿革

本条系1997年《刑法》吸收修改1979年《刑法》作出的规定。1979年《刑法》第七十三条规定："被判处有期徒刑的犯罪分子，执行原判刑期二分之一以上，被判处无期徒刑的犯罪分子，实际执行十年以上，如果确有悔改表现，不致再危害社会，可以假释。如果有特殊情节，可以不受上述执行刑期的限制。"1997年《刑法》修改了假释的条件，增设了不得假释的规定；完善了特殊情节假释的程序，增加了"经最高人民法院核准"的规定。

2011年5月1日起施行的《刑法修正案（八）》第十六条对本条作了修改，主要涉及两个方面：一是将被判处无期徒刑的犯罪分子假释前实际执行的刑期，由十年以上提升至十三年以上；二是完善了假释的条件，明确要求考虑假释后对所居住社区的影响，并修改了不得假释的人的范围。

修正前《刑法》	修正后《刑法》
第八十一条　被判处有期徒刑的犯罪分子，执行原判刑期二分之一以上，被判处无期徒刑的犯罪分子，实际执行十年以上，如果认真遵守监规，接受教育改造，确有悔改表现，假释后不致再危害社会的，可以假释。如果有特殊情况，经最高人民	第八十一条　被判处有期徒刑的犯罪分子，执行原判刑期二分之一以上，被判处无期徒刑的犯罪分子，实际执行**十三年**以上，如果认真遵守监规，接受教育改造，确有悔改表现，**没有再犯罪的危险**的，可以假释。如果有特殊情况，经最高人民法院核

（续表）

修正前《刑法》	修正后《刑法》
民法院核准，可以不受上述执行刑期的限制。 　　对累犯以及因杀人、爆炸、抢劫、强奸、绑架等暴力性犯罪被判处十年以上有期徒刑、无期徒刑的犯罪分子，不得假释。	准，可以不受上述执行刑期的限制。 　　对累犯以及因**故意**杀人、强奸、抢劫、绑架、**放火**、爆炸、**投放危险物质**或者有组织的暴力性犯罪被判处十年以上有期徒刑、无期徒刑的犯罪分子，不得假释。 　　**对犯罪分子决定假释时，应当考虑其假释后对所居住社区的影响。**

司法解释

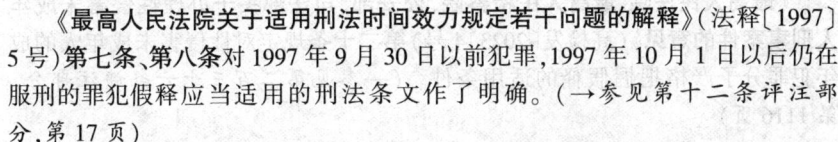

　　《最高人民法院关于适用刑法时间效力规定若干问题的解释》（法释〔1997〕5号）第七条、第八条对1997年9月30日以前犯罪，1997年10月1日以后仍在服刑的罪犯假释应当适用的刑法条文作了明确。（→参见第十二条评注部分，第17页）

　　《最高人民法院关于审理未成年人刑事案件具体应用法律若干问题的解释》（法释〔2006〕1号）第十八条对未成年罪犯假释规则作了规定。（→参见第十七条评注部分，第44页）

　　《最高人民法院关于〈中华人民共和国刑法修正案（八）〉时间效力问题的解释》（法释〔2011〕9号）第七条、第八条对2011年4月30日以前犯罪的案件假释应当适用的刑法条文作了明确。（→参见第十二条评注部分，第21页）

　　《最高人民法院关于办理减刑、假释案件具体应用法律的规定》（法释〔2016〕23号）第一条、第三条、第二十二条至第三十二条对办理假释案件适用法律的有关问题作了规定。（→参见第七十八条评注部分，第315页）

　　《最高人民法院关于办理减刑、假释案件具体应用法律的补充规定》（法释〔2019〕6号）第一条、第六条对《刑法修正案（九）》施行后，依照刑法分则第八章贪污贿赂罪判处刑罚的原具有国家工作人员身份的罪犯的假释作了补充规定。（→参见第七十八条评注部分，第324、325页）

　　《最高人民法院关于适用〈中华人民共和国刑事诉讼法〉的解释》（法释〔2021〕1号，自2021年3月1日起施行，节录）

　　第四百二十条　报请最高人民法院核准因罪犯具有特殊情况，不受执行刑期限制的假释案件，应当按照下列情形分别处理：

（一）中级人民法院依法作出假释裁定后，应当报请高级人民法院复核。高级人民法院同意的，应当书面报请最高人民法院核准；不同意的，应当裁定撤销中级人民法院的假释裁定；

（二）高级人民法院依法作出假释裁定的，应当报请最高人民法院核准。

第四百二十一条 报请最高人民法院核准因罪犯具有特殊情况，不受执行刑期限制的假释案件，应当报送报请核准的报告、罪犯具有特殊情况的报告、假释裁定书各五份，以及全部案卷。

第四百二十二条 对因罪犯具有特殊情况，不受执行刑期限制的假释案件，最高人民法院予以核准的，应当作出核准裁定书；不予核准的，应当作出不核准裁定书，并撤销原裁定。

《最高人民法院、最高人民检察院、公安部、司法部关于办理性侵害未成年人刑事案件的意见》(高检发〔2023〕4号)第二十条规定对性侵害未成年人的成年犯罪分子严格把握假释的适用条件。(→参见第二百三十六条评注部分，第1116页)

规范性文件

《最高人民法院关于贯彻宽严相济刑事政策的若干意见》(法发〔2010〕9号)第三十四条对在假释工作中贯彻宽严相济刑事政策提出了专门要求。(→参见总则第四章标题评注部分，第197、198页)

《全国法院毒品案件审判工作会议纪要》(法〔2023〕108号)"十二、缓刑适用及减刑、假释问题"对毒品犯罪案件的假释问题作了规定。(→参见分则第六章第七节标题评注部分，第1892页)

指导性案例

罪犯康某假释监督案(检例第71号，节录)

关键词　未成年罪犯　假释适用　帮教

要　旨　人民检察院办理未成年罪犯减刑、假释监督案件，应当比照成年罪犯依法适当从宽把握假释条件。对既符合法定减刑条件又符合法定假释条件的，可以建议刑罚执行机关优先适用假释。审查未成年罪犯是否符合假释条件时，应当结合犯罪的具体情节、原判刑罚情况、刑罚执行中的表现、家庭帮教能力和条件等因素综合认定。

罪犯向某假释监督案(检例第195号，节录)

关键词　大数据监督模型　线索发现　再犯罪危险指标量化评估　优先适

用假释"派驻+巡回"检察机制

要　旨　人民检察院办理假释监督案件可以充分运用大数据等手段进行审查,对既符合减刑又符合假释条件的案件,监狱未优先提请假释的,应依法监督监狱优先提请假释。可以对"再犯罪的危险"进行指标量化评估,增强判断的客观性、科学性。对罪犯再犯罪危险的量化评估应以证据为中心,提升假释监督案件的实质化审查水平。注重发挥"派驻+巡回"检察机制优势,充分运用巡回检察成果,以"巡回切入、派驻跟进"的方式,依法推进假释制度适用。

罪犯杨某某假释监督案(检例第196号,节录)

关键词　禁止适用假释范围　能动履职　再犯罪的危险　抚养未成年子女

要　旨　人民检察院在日常监督履职中发现罪犯符合假释法定条件而未被提请假释的,应当依法建议刑罚执行机关启动假释提请程序。要准确把握禁止适用假释的罪犯范围,对于故意杀人罪等严重暴力犯罪罪犯,没有被判处十年以上有期徒刑、无期徒刑且不是累犯的,不属于禁止适用假释的情形,可在综合判断其主观恶性、服刑期间现实表现等基础上,对于符合假释条件的,依法提出适用假释意见。注重贯彻宽严相济刑事政策,对有未成年子女确需本人抚养且配偶正在服刑等特殊情况的罪犯,可以依法提出从宽适用假释的建议。

罪犯刘某某假释监督案(检例第197号,节录)

关键词　单位犯罪　直接负责的主管人员假释　财产性判项履行　调查核实　公开听证

要　旨　人民检察院办理涉及单位犯罪罪犯的假释监督案件,应分别审查罪犯个人和涉罪单位的财产性判项履行情况。对于罪犯个人财产性判项全部履行,涉罪单位财产性判项虽未履行或未全部履行,但不能归责于罪犯个人原因的,一般不影响对罪犯的假释。除实质化审查单位犯罪的罪犯原判刑罚、犯罪情节、刑罚执行中的表现等因素外,还应重点调查核实罪犯假释后对单位财产性判项履行的实际影响,实现假释案件办理"三个效果"有机统一。

罪犯邹某某假释监督案(检例第198号,节录)

关键词　假释刑期条件　执行原判刑期二分之一　先行羁押　折抵刑期

要　旨　人民检察院应当准确把握假释罪犯的服刑期限条件,被判处有期徒刑的罪犯"执行原判刑期二分之一以上"的期限,包括罪犯在监狱中服刑刑期和罪犯判决执行前先行羁押期限。注重通过个案办理,推动司法行政机关及时调整不符合法律规定和立法原意的相关规定,保障法律统一正确实施。

罪犯唐某假释监督案(检例第 199 号,节录)

关 键 词　毒品犯罪　虚假证明材料　悔改表现　不适用假释

要　旨　人民检察院要加强对再犯罪危险性高的罪犯,如毒品犯罪罪犯等假释适用条件的审查把关。要深入开展调查核实工作,注重实质化审查,准确认定涉毒罪犯是否确有悔改表现和有无再犯罪危险。罪犯采取不正当手段获取虚假证明材料意图获得假释的,表明主观上未能真诚悔罪,不能认定其确有悔改表现。在办理假释监督案件过程中,发现违纪违法等问题线索的,应依法移送相关机关办理,延伸监督效果。

法律适用答复、复函

《最高人民法院研究室关于假释时间效力法律适用问题的答复》(法研〔2011〕97 号)对经《刑法修正案(八)》修正前《刑法》第八十一条第二款规定的"暴力性犯罪"的范围作了规定。(→参见第十二条评注部分,第 29 页)

第八十二条　【假释的程序】对于犯罪分子的假释,依照本法第七十九条规定的程序进行。非经法定程序不得假释。

立法沿革

本条系 1997 年《刑法》增设的规定。

司法解释

《最高人民法院关于减刑、假释案件审理程序的规定》(法释〔2014〕5 号)对假释案件的审理程序作了规定。(→参见第七十九条评注部分,第 331 页)

规范性文件

《最高人民法院、最高人民检察院、公安部、司法部关于加强减刑、假释案件实质化审理的意见》(法发〔2021〕31 号)对加强减刑、假释案件实质化审理有关问题作了规定。(→参见第七十九条评注部分,第 335 页)

第八十三条　【假释的考验期限】有期徒刑的假释考验期限,为没有执行完毕的刑期;无期徒刑的假释考验期限为十年。

假释考验期限,从假释之日起计算。

立法沿革

本条系 1997 年《刑法》沿用 1979 年《刑法》第七十四条的规定,未作调整。

第八十四条 【假释犯应遵守的规定】被宣告假释的犯罪分子,应当遵守下列规定:
（一）遵守法律、行政法规,服从监督;
（二）按照监督机关的规定报告自己的活动情况;
（三）遵守监督机关关于会客的规定;
（四）离开所居住的市、县或者迁居,应当报经监督机关批准。

立法沿革

本条系 1997 年《刑法》增设的规定。

第八十五条 【假释考验及其积极后果】对假释的犯罪分子,在假释考验期限内,依法实行社区矫正,如果没有本法第八十六条规定的情形,假释考验期满,就认为原判刑罚已经执行完毕,并公开予以宣告。

立法沿革

本条系 1997 年《刑法》吸收修改 1979 年《刑法》作出的规定。1979 年《刑法》第七十五条规定:"被假释的犯罪分子,在假释考验期限内,由公安机关予以监督,如果没有再犯新罪,就认为原判刑罚已经执行完毕……"1997 年《刑法》增加了"并公开予以宣告"的规定。

2011 年 5 月 1 日起施行的《刑法修正案(八)》第十七条对本条作了修改,将"由公安机关予以监督"调整为"依法实行社区矫正"。

修正前《刑法》	修正后《刑法》
第八十五条 被假释的犯罪分子,在假释考验期限内,~~由公安机关予以监督~~,如果没有本法第八十六条规定的情形,假释考验期满,就认为原判刑罚已经执行完毕,并公开予以宣告。	第八十五条 对假释的犯罪分子,在假释考验期限内,**依法实行社区矫正**,如果没有本法第八十六条规定的情形,假释考验期满,就认为原判刑罚已经执行完毕,并公开予以宣告。

相关规定

《中华人民共和国社区矫正法》(自2020年7月1日起施行,具体条文未收录)

规范性文件

《中华人民共和国社区矫正法实施办法》(司发通〔2020〕59号,自2020年7月1日起施行,具体条文未收录)

第八十六条 【假释的撤销及其处理】被假释的犯罪分子,在假释考验期限内犯新罪,应当撤销假释,依照本法第七十一条的规定实行数罪并罚。

在假释考验期限内,发现被假释的犯罪分子在判决宣告以前还有其他罪没有判决的,应当撤销假释,依照本法第七十条的规定实行数罪并罚。

被假释的犯罪分子,在假释考验期限内,有违反法律、行政法规或者国务院有关部门关于假释的监督管理规定的行为,尚未构成新的犯罪的,应当依照法定程序撤销假释,收监执行未执行完毕的刑罚。

立法沿革

本条系1997年《刑法》吸收修改1979年《刑法》作出的规定。1979年《刑法》第七十五条规定:"被假释的犯罪分子……如果再犯新罪,撤销假释,把前罪没有执行的刑罚和后罪所判处的刑罚,依照本法第六十四条的规定,决定执行的刑罚。"1997年《刑法》增加在假释考验期内发现漏罪应当撤销假释、数罪并罚的规定,并增加对假释考验期内违反监督管理规定、尚未构成新罪的应当撤销假释的规定。

2011年5月1日起施行的《刑法修正案(八)》第十八条对本条第三款作了修改,将"国务院公安部门"调整为"国务院有关部门"。

修正前《刑法》	修正后《刑法》
第八十六条 被假释的犯罪分子,在假释考验期限内犯新罪,应当撤销假释,依照本法第七十一条的规定实行数罪并罚。 在假释考验期限内,发现被假释的犯罪分子在判决宣告以前还有其他罪没有判决	第八十六条 被假释的犯罪分子,在假释考验期限内犯新罪,应当撤销假释,依照本法第七十一条的规定实行数罪并罚。 在假释考验期限内,发现被假释的犯罪分子在判决宣告以前还有其他罪没有判决

(续表)

修正前《刑法》	修正后《刑法》
的,应当撤销假释,依照本法第七十条的规定实行数罪并罚。 被假释的犯罪分子,在假释考验期限内,有违反法律、行政法规或者国务院公安部门有关假释的监督管理规定的行为,尚未构成新的犯罪的,应当依照法定程序撤销假释,收监执行未执行完毕的刑罚。	的,应当撤销假释,依照本法第七十条的规定实行数罪并罚。 被假释的犯罪分子,在假释考验期限内,有违反法律、行政法规或者国务院**有关**部门关于假释的监督管理规定的行为,尚未构成新的犯罪的,应当依照法定程序撤销假释,收监执行未执行完毕的刑罚。

司法解释

《最高人民法院关于适用刑法时间效力规定若干问题的解释》(法释〔1997〕5号)**第九条**对1997年9月30日以前被假释的犯罪分子,在1997年10月1日以后的假释考验期内撤销假释应当适用的刑法条文了明确。(→参见第十二条评注部分,第17页)

《最高人民法院关于办理减刑、假释案件具体应用法律的规定》(法释〔2016〕23号)**第二十九条、第三十条**对撤销假释的有关问题作了规定。(→参见第七十八条评注部分,第321页)

《最高人民法院关于适用〈中华人民共和国刑事诉讼法〉的解释》(法释〔2021〕1号,自2021年3月1日起施行,节录)

第五百四十二条 罪犯在缓刑、假释考验期限内犯新罪或者被发现在判决宣告前还有其他罪没有判决,应当撤销缓刑、假释的,由审判新罪的人民法院撤销原判决、裁定宣告的缓刑、假释,并书面通知原审人民法院和执行机关。

第五百四十三条 人民法院收到社区矫正机构的撤销缓刑建议书后,经审查,确认罪犯在缓刑考验期限内具有下列情形之一的,应当作出撤销缓刑的裁定:

(一)违反禁止令,情节严重的;

(二)无正当理由不按规定时间报到或者接受社区矫正期间脱离监管,超过一个月的;

(三)因违反监督管理规定受到治安管理处罚,仍不改正的;

(四)受到执行机关二次警告,仍不改正的;

(五)违反法律、行政法规和监督管理规定,情节严重的其他情形。

人民法院收到社区矫正机构的撤销假释建议书后,经审查,确认罪犯在假释考验期限内具有前款第二项、第四项规定情形之一,或者有其他违反监督管理规定的行为,尚未构成新的犯罪的,应当作出撤销假释的裁定。

规范性文件

《最高人民法院、最高人民检察院、公安部、司法部关于监狱办理刑事案件有关问题的规定》(司发通〔2014〕80号,节录)

三、罪犯在监狱内犯罪,假释期间被发现的,由审判新罪的人民法院撤销假释,并书面通知原裁定假释的人民法院和社区矫正机构。撤销假释的决定作出前,根据案件情况需要逮捕的,由人民检察院或者人民法院批准或者决定逮捕,公安机关执行逮捕,并将被逮捕人送监狱所在地看守所羁押,同时通知社区矫正机构。

刑满释放后被发现,需要逮捕的,由监狱提请人民检察院审查批准逮捕,公安机关执行逮捕后,将被逮捕人送监狱所在地看守所羁押。

《中华人民共和国社区矫正法实施办法》(司发通〔2020〕59号,节录)

第四十七条　社区矫正对象在假释考验期内,有下列情形之一的,由执行地同级社区矫正机构提出撤销假释建议:①

(一)无正当理由不按规定时间报到或者接受社区矫正期间脱离监管,超过一个月的;

(二)受到社区矫正机构两次警告,仍不改正的;

(三)其他违反有关法律、行政法规和监督管理规定,尚未构成新的犯罪的。

社区矫正机构一般向原审人民法院提出撤销假释建议。如果原审人民法院与执行地同级社区矫正机构不在同一省、自治区、直辖市的,可以向执行地人民法院提出建议,执行地人民法院作出裁定的,裁定书同时抄送原审人民

---

① 从《刑法》第八十六条第三款和第七十七条第二款的规定来看,撤销缓刑、假释的条件明显不同,前者为"有违反法律、行政法规或者国务院有关部门关于假释的监督管理规定的行为,尚未构成新的犯罪的",后者为"违反法律、行政法规或者国务院有关部门关于缓刑的监督管理规定,或者违反人民法院判决中的禁止令,情节严重的"。为了准确反映法律规定,《社区矫正法实施办法》第四十六条、第四十七条区分缓刑、假释分别规定了撤销的不同条件。**本评注认为**,刑法虽然没有将"情节严重"规定为撤销假释的条件,但并不意味着只要在假释考验期限内有违反监督管理规定的行为,不问情节轻重,一律撤销假释,仍应当根据具体情况综合考量,对于情节明显较轻的可不撤销假释。——**本评注注**

法院。

　　社区矫正机构撤销假释的建议书和人民法院的裁定书副本同时抄送社区矫正执行地同级人民检察院、公安机关、罪犯原服刑或者接收其档案的监狱。

法律适用答复、复函

　　《最高人民检察院监所检察厅关于对江苏省人民检察院监所检察处〈关于如何理解和确定刑法第八十六条第三款"未执行完毕的刑罚"的请示〉的答复意见》（〔1999〕高检监发第29号）
江苏省人民检察院监所检察处：

　　你处《于如何理解和确定刑法第八十六条第三款"未执行完毕的刑罚"的请示》收悉。我厅经研究并征求最高人民法院有关部门的意见，认为罪犯陈健被撤销假释后，应根据刑法第八十六条第三款的规定，收监执行从假释之日起未执行完毕的剩余刑期。

刑参案例规则提炼

　　《沈超故意杀人、抢劫案——前罪符合犯罪记录封存条件，在假释考验期限内犯新罪应如何处理》（第1300号案例）所涉规则提炼如下：
　　犯罪记录封存案件的罪犯在假释考验期内犯新罪的处理规则。"犯罪记录封存并非犯罪记录消灭，并不排斥在封存后的刑事诉讼中对已封存的犯罪记录进行法律评价。"前罪符合犯罪记录封存条件，在假释考验期限内犯新罪的，"应对其撤销假释，依法数罪并罚"。（第1300号案例）

第八节　时　效

　　第八十七条　【追诉期限】犯罪经过下列期限不再追诉：
　　（一）法定最高刑为不满五年有期徒刑的，经过五年；

---

① 参见李立众编：《刑法一本通——中华人民共和国刑法总成》（第十六版），法律出版社2022年版，第130页。

(二)法定最高刑为五年以上不满十年有期徒刑的,经过十年;

(三)法定最高刑为十年以上有期徒刑的,经过十五年;

(四)法定最高刑为无期徒刑、死刑的,经过二十年。如果二十年以后认为必须追诉的,须报请最高人民检察院核准。

立法沿革

本条系 1997 年《刑法》沿用 1979 年《刑法》第七十六条的规定,未作调整。

司法解释

《最高人民法院、最高人民检察院关于不再追诉去台人员在中华人民共和国成立前的犯罪行为的公告》(1988 年 3 月 14 日)

台湾同胞来祖国大陆探亲旅游的日益增多。这对于促进海峡两岸的"三通"和实现祖国和平统一大业将起到积极的作用。为此,对去台人员中在中华人民共和国成立前在大陆犯有罪行的,根据《中华人民共和国刑法》第七十六条①关于对犯罪追诉时效的规定的精神,决定对其当时所犯罪行不再追诉。

来祖国大陆的台湾同胞应遵守国家的法律,其探亲、旅游、贸易、投资等正当活动,均受法律保护。

《最高人民法院、最高人民检察院关于不再追诉去台人员在中华人民共和国成立后当地人民政权建立前的犯罪行为的公告》(〔89〕高检会(研)字第 12 号)

最高人民法院、最高人民检察院 1988 年 3 月 14 日《关于不再追诉去台人员在中华人民共和国成立前的犯罪行为的公告》发布以后,引起各方面的积极反响。为了进一步发展祖国大陆与台湾地区的经济、文化交流和人员往来,促进祖国和平统一大业,现根据《中华人民共和国刑法》的规定,再次公告如下:

一、对去台人员在中华人民共和国成立后,犯罪地方人民政权建立前所犯历史罪行,不再追诉。

二、去台人员在中华人民共和国成立后、犯罪地方人民政权建立前犯有罪行,并连续或继续到当地人民政权建立后的,追诉期限从犯罪行为终了之日起计算。凡符合《中华人民共和国刑法》第七十六条②规定的,不再追诉。其中法定最高刑为无期徒刑、死刑的,经过二十年,也不再追诉。如果认为必须追诉的,由

---

① 现行《刑法》为第八十七条。——**本评注注**

② 现行《刑法》为第八十七条。——**本评注注**

最高人民检察院核准。

三、对于去海外其他地方的人员在中华人民共和国成立前,或者在中华人民共和国成立后、犯罪地方人民政权建立前所犯的罪行,分别按照最高人民法院、最高人民检察院《关于不再追诉去台人员在中华人民共和国成立前的犯罪行为的公告》精神和本公告第一条、第二条的规定办理。

规范性文件

《最高人民检察院关于办理核准追诉案件若干问题的规定》(高检发侦监〔2012〕21号)①

第一条 为了规范办理核准追诉案件工作,依法打击严重犯罪,保障国家利益和社会公共利益以及公民合法权利,根据《中华人民共和国刑法》、《中华人民共和国刑事诉讼法》等有关规定,结合工作实际,制定本规定。

第二条 办理核准追诉案件应当严格依法、从严控制。

第三条 法定最高刑为无期徒刑、死刑的犯罪,已过二十年追诉期限的,不再追诉。如果认为必须追诉的,须报请最高人民检察院核准。

第四条 须报请最高人民检察院核准追诉的案件在核准之前,侦查机关可以依法对犯罪嫌疑人采取强制措施。

侦查机关报请核准追诉并提请逮捕犯罪嫌疑人,人民检察院经审查认为必须追诉而且符合法定逮捕条件的,可以依法批准逮捕,同时要求侦查机关在报请核准追诉期间不停止对案件的侦查。

未经最高人民检察院核准,不得对案件提起公诉。

第五条 报请核准追诉的案件应当同时符合下列条件:

(一)有证据证明存在犯罪事实,且犯罪事实是犯罪嫌疑人实施的;

(二)涉嫌犯罪的行为应当适用的法定量刑幅度的最高刑为无期徒刑或者死刑的;

(三)涉嫌犯罪的性质、情节和后果特别严重,虽然已过二十年追诉期限,但社会危害性和影响依然存在,不追诉会严重影响社会稳定或者产生其他严重后果,而必须追诉的;

(四)犯罪嫌疑人能够及时到案接受追诉的。

---

① 《人民检察院刑事诉讼规则》(高检发释字〔2019〕4号)第十章第六节"核准追诉"部分吸收了高检发侦监〔2012〕21号的条文(未作实质修改),但鉴于后者仍然继续有效,且更为全面,本评注收录后者。

第六条　侦查机关报请核准追诉的案件,由同级人民检察院受理并层报最高人民检察院审查决定。

第七条　人民检察院对侦查机关移送的报请核准追诉的案件,应当审查是否移送下列材料:

(一)报请核准追诉案件意见书;

(二)证明犯罪事实的证据材料;

(三)关于发案、立案、侦查、采取强制措施和犯罪嫌疑人是否重新犯罪等有关情况的书面说明及相关法律文书;

(四)被害方、案发地群众、基层组织等的意见和反映。

材料齐备的,应当受理案件;材料不齐备的,应当要求侦查机关补充移送。

第八条　地方各级人民检察院对侦查机关报请核准追诉的案件,应当及时进行审查并开展必要的调查,经检察委员会审议提出是否同意核准追诉的意见,在受理案件后十日之内制作《报请核准追诉案件报告书》,连同案件材料一并层报最高人民检察院。

第九条　最高人民检察院收到省级人民检察院报送的《报请核准追诉案件报告书》及案件材料后,应当及时审查,必要时派人到案发地了解案件有关情况。经检察长批准或者检察委员会审议,应当在受理案件后一个月之内作出是否核准追诉的决定,特殊情况下可以延长十五日,并制作《核准追诉决定书》或者《不予核准追诉决定书》,逐级下达最初受理案件的人民检察院,送达报请核准追诉的侦查机关。

第十条　对已经批准逮捕的案件,侦查羁押期限届满不能做出是否核准追诉决定的,应当依法对犯罪嫌疑人变更强制措施或者延长侦查羁押期限。

第十一条　最高人民检察院决定核准追诉的案件,最初受理案件的人民检察院应当监督侦查机关及时开展侦查取证。

最高人民检察院决定不予核准追诉,侦查机关未及时撤销案件的,同级人民检察院应当予以监督纠正。犯罪嫌疑人在押的,应当立即释放。

第十二条　人民检察院直接立案侦查的案件报请最高人民检察院核准追诉的,参照本规定办理。

第十三条　本规定自发布之日起施行。

▍指导性案例

马世龙(抢劫)核准追诉案(检例第20号,节录)

关键词　核准追诉　后果严重　影响恶劣

要　旨　故意杀人、抢劫、强奸、绑架、爆炸等严重危害社会治安的犯罪,经过二十年追诉期限,仍然严重影响人民群众安全感,被害方、案发地群众、基层组织等强烈要求追究犯罪嫌疑人刑事责任,不追诉可能影响社会稳定或者产生其他严重后果的,对犯罪嫌疑人应当追诉。

　　丁国山等(故意伤害)核准追诉案(检例第21号,节录)
　　关键词　核准追诉　情节恶劣　无悔罪表现
　　要　旨　涉嫌犯罪情节恶劣、后果严重,并且犯罪后积极逃避侦查,经过二十年追诉期限,犯罪嫌疑人没有明显悔罪表现,也未通过赔礼道歉、赔偿损失等获得被害方谅解,犯罪造成的社会影响没有消失,不追诉可能影响社会稳定或者产生其他严重后果的,对犯罪嫌疑人应当追诉。

法律适用答复、复函

　　《最高人民法院关于被告人林少钦受贿请示一案的答复》(〔2016〕最高法刑他5934号)
　　福建省高级人民法院:
　　你院闽高法〔2016〕250号《关于立案追诉后因法律司法解释修改导致追诉时效发生变化的案件法律适用问题的请示》收悉。经研究,答复如下:
　　追诉时效是依照法律规定对犯罪分子追究刑事责任的期限,在追诉时效期限内,司法机关应当依法追究犯罪分子刑事责任。对于法院正在审理的贪污贿赂案件,应当依据司法机关立案侦查时的法律规定认定追诉时效。依据立案侦查时的法律规定未过时效,且已经进入诉讼程序的案件,在新的法律规定生效后应当继续审理。

刑参案例规则提炼

　　《沈某挪用资金案——追诉时效也应适用从旧兼从轻原则》(第174号案例)、**《朱晓志交通肇事案——超过1979年刑法规定的追诉时效但根据新刑法又应当追诉的应如何处理》**(第175号案例)、**《杨伟故意伤害案——如何确定犯罪行为对应的法定最高刑及追诉期限》**(第745号案例)、**《林少钦受贿案——新的司法解释降低受贿行为对应的法定刑幅度后,已经立案侦查并进入诉讼程序的受贿案件是否重新计算诉讼时效》**(第1296号案例)、**《黄耀宏等二十九人参加黑社会性质组织案——对脱离黑社会性质组织成员的追诉期限如何确定》**(第1502号案例)所涉规则提炼如下:
　　1.追诉期限的确定规则。"'……处十年以上有期徒刑、无期徒刑或者死刑。'其中,十年以上有期徒刑、无期徒刑、死刑就是同一量刑幅度内的三个量刑档次，而非三个量刑幅度"，应当按照法定刑幅度确定法定最高刑；而且，"对犯罪行为对应的法定刑的确定不应计入从轻、减轻、免除处罚情节，即不应根据实际可能判处的刑期确定法定最高刑"。（第745号案例）"追诉时效制度具有独立的程序价值，追诉行为开始后不再受追诉时效的限制。""以刑事立案作为追诉行为的起点符合我国法律规定。"（第1296号案例）

2. 共同犯罪追诉期限的确定规则。"对于共同犯罪，确定从犯追诉期限时所适用的法律条款与确定主犯追诉期限所适用的法律条款应当同一。不论从犯的参与程度，即使从犯有从轻、减轻情节，其追诉期限与主犯的追诉期限应当一致，这是共同犯罪追诉的一体性以及保证诉讼程序完整性的要求。"但是，"对于集团犯罪，由于刑法对一般参与者与首要分子明确规定了不同的量刑幅度，所以应在甄别身份后确定法定最高刑"。（第745号案例）①

3. 追诉期限的时间效力规则。"刑法第十二条第一款规定的从旧兼从轻原则，其实质是要求在对被告人追究刑事责任时应采取有利于被告人的原则。这绝不是仅体现在定罪量刑方面，而应体现在决定被告人刑事责任有无、罪行轻重的各个方面，如追诉时效、自首、立功、累犯、减刑、假释等。"因此，应当按照从旧兼从轻原则确定被告人应当适用的法定刑，并在此基础上确定追诉期限。（第174号案例）特别是，"犯罪行为发生在新刑法实施以前且超过1979年刑法规定的追诉时效的，不应追究刑事责任"。（第175号案例）

4. 核准追诉必要性的判定规则。"最高检察机关核准工作本质上并非对追诉期限程序行例外程序，而是以刑法谦抑原则为基础，对犯罪行为进行社会危害性的实体判断。"（第1502号案例）

司法疑难解析

关联犯罪的核准追诉。司法实践中，对于行为人犯一罪的情形，核准追诉自然针对该特定罪名，并无疑义。但是，对于行为人犯数罪的案件，且数罪之间存在关联的，如何核准追诉就会存在争议。例如，行为人强奸后，为灭口杀

---

① 刑法对共同犯罪追诉时效未作特别规定，对此实践中存在两种意见：一种意见认为共同犯罪案件应当一体确定追诉时效，另一种意见认为追诉时效期限应对"对人不对案"。**本评注赞同**刑第745号案例所持立场，认为共同犯罪案件原则上应当一体确定追诉时效。主要考虑：共同犯罪案件，宜一体确定追诉时效，确保同案被告人的追诉时效一致。否则，如出现部分共同犯罪人超过追诉期限，部分未超过追诉期限，似让人难以理解，也不利于案件查办。

害被害人的,构成强奸罪和故意杀人罪。就强奸罪而言,符合基本犯罪构成,法定最高刑为十年有期徒刑;就故意杀人罪而言,法定最高刑为死刑。根据《刑法》第八十七条第四项的规定,应当就故意杀人罪报请最高人民检察院核准追诉。基于方便司法实务操作的考虑,**本评注主张**对关联犯罪一体核准追诉,即将该案所关联的强奸罪亦报请追诉,以便于准确评价行为的整体社会危害性。

> **第八十八条 【追诉期限的延长】**在人民检察院、公安机关、国家安全机关立案侦查或者在人民法院受理案件以后,逃避侦查或者审判的,不受追诉期限的限制。
>
> 被害人在追诉期限内提出控告,人民法院、人民检察院、公安机关应当立案而不予立案的,不受追诉期限的限制。

▍立法沿革

本条系 1997 年《刑法》吸收修改 1979 年《刑法》作出的规定。1979 年《刑法》第七十七条规定:"在人民法院、人民检察院、公安机关采取强制措施以后,逃避侦查或者审判的,不受追诉期限的限制。"1997 年《刑法》增加了"国家安全机关"的规定,将无限期追诉的条件由"采取强制措施以后,逃避侦查或者审判"调整为"立案侦查或者在人民法院受理案件以后,逃避侦查或者审判",并增加第二款关于被害人控告导致无限期追诉的规定。

▍立法工作机关意见

《全国人民代表大会常务委员会法制工作委员会对刑法追诉时效制度有关规定如何理解适用的答复意见》(法工办发〔2014〕277 号)①

最高人民检察院办公厅:

你厅对刑法追诉时效制度有关规定如何理解适用征求意见的函(高检办字〔2014〕107 号)收悉。经研究,答复如下:

一、关于1979年刑法第七十七条规定的"采取强制措施"如何理解的问题

1979年刑法第七十七条规定,在人民法院、人民检察院、公安机关采取强制措施以后,逃避侦查或者审判的,不受追诉时效的限制。该条规定的"采取强制

---

① 参见李立众编:《刑法一本通——中华人民共和国刑法总成》(第十六版),法律出版社 2022 年版,第 133 页。

措施"包括已经批准对犯罪嫌疑人采取强制措施,但因犯罪嫌疑人逃匿,致使强制措施不能执行的情况。①

二、关于1997年刑法生效前的案件,被害人家属于刑法生效后提出控告,公安机关应当立案而不立案,是否适用刑法第八十八条第二款的规定

1997年刑法修订后的刑法第十二条第一款规定:中华人民共和国成立以后本法施行以前的行为,如果当时的法律不认为是犯罪的,适用当时的法律;如果当时的法律认为是犯罪的,依照本法总则第四章第八节的规定应当追诉的,按照当时的法律追究刑事责任,但是如果本法不认为是犯罪或者处刑较轻的,适用本法。根据上述规定,对1997年前发生的行为,被害人及其家属在1997年后刑法规定的时效内提出控告的,应当适用刑法第八十八条第二款的规定,不受追诉时效的限制。

司法解释

《最高人民法院关于适用刑法时间效力规定若干问题的解释》(法释〔1997〕5号)第一条对行为人于1997年9月30日以前实施的犯罪行为适用修订前的《刑法》第七十七条的规则作了规定。(→参见第十二条评注部分,第16页)

---

① 《最高人民检察院关于刑法第七十七条有关采取强制措施的规定应如何适用的批复》〔高检发研字〔1992〕4号,已被《最高人民检察院关于废止部分司法解释和规范性文件的决定》(高检发释字〔2002〕2号)废止,废止理由为"该批复中的相关内容已在刑法第88条、第89条中作出明确规定"〕针对河南省人民检察院《关于刑法第七十七条应如何理解的请示》(豫检研字〔1992〕第4号)批复:"刑法第七十七条有关在人民法院、人民检察院、公安机关采取强制措施以后,逃避侦查或者审判的,不受追诉时限的限制的规定,既适用于已经执行强制措施后逃避侦查或者审判的,也适用于人民法院、人民检察院、公安机关决定(批准)采取强制措施后,由于犯罪分子逃避而无法执行,以及犯罪分子在逃,经决定(批准)逮捕并发布通缉令后拒不到案的。人民检察院对符合上述情况的犯罪分子,应当依法追诉。"《最高人民法院研究室关于1979年刑法第七十七条规定的"采取强制措施"有关问题的答复》(法研〔2018〕90号)针对《吉林省高级人民法院关于对追诉时限相关问题的请示》(2018年9月5日)答复如下:"1979年刑法第七十七条规定:'在人民法院、人民检察院、公安机关采取强制措施以后,逃避侦查或者审判的,不受追诉期限的限制。'该条规定的'采取强制措施',包括已经批准、决定对犯罪嫌疑人、被告人采取强制措施,但因犯罪嫌疑人、被告人逃匿,致使强制措施不能实际执行的情形。"可见,相关立场是一致的。

指导性案例

杨菊云(故意杀人)不核准追诉案(检例第22号,节录)①
关键词　不予核准追诉　家庭矛盾　被害人谅解
要　旨
1. 因婚姻家庭等民间矛盾激化引发的犯罪,经过二十年追诉期限,犯罪嫌疑人没有再犯罪危险性,被害人及其家属对犯罪嫌疑人表示谅解,不追诉有利于化解社会矛盾、恢复正常社会秩序,同时不会影响社会稳定或者产生其他严重后果的,对犯罪嫌疑人可以不再追诉。

2. 须报请最高人民检察院核准追诉的案件,侦查机关在核准之前可以依法对犯罪嫌疑人采取强制措施。侦查机关报请核准追诉并提请逮捕犯罪嫌疑人,人民检察院经审查认为必须追诉而且符合法定逮捕条件的,可以依法批准逮捕。

蔡金星、陈国辉等(抢劫)不核准追诉案(检例第23号,节录)②
关键词　不予核准追诉　悔罪表现　共同犯罪
要　旨
1. 涉嫌犯罪已过二十年追诉期限,犯罪嫌疑人没有再犯罪危险性,并且通过赔礼道歉、赔偿损失等方式积极消除犯罪影响,被害方对犯罪嫌疑人表示谅

---

① 本指导性案例与法工办发〔2014〕277号答复意见、法研〔2019〕52号复函不完全一致。本案发生于1989年9月2日,追诉期限为二十年;公安机关于1989年9月26日立案侦查,但未对杨菊云采取强制措施。按照法工办发〔2014〕277号答复意见、法研〔2019〕52号复函所持立场,本案在1997年《刑法》生效前,由于未对犯罪嫌疑人采取强制措施,应当受追诉期限的限制;但在1997年《刑法》生效之时,本案未超过二十年的追诉期限,在1997年《刑法》施行后应当适用《刑法》第八十八条的规定,不受追诉时效的限制。——本评注注

② 本指导性案例与法工办发〔2014〕277号答复意见、法研〔2019〕52号复函不完全一致。本案发生于1991年3月12日,追诉期限为二十年;1991年3月12日被害人到公安机关报案,公安机关于1991年4月18日对核准追诉的犯罪嫌疑人以外的犯罪嫌疑人进行通缉(相关措施以刑事立案为前提)。按照法工办发〔2014〕277号答复意见、法研〔2019〕52号复函所持立场,本案在1997年《刑法》生效前,由于未对犯罪嫌疑人采取强制措施,应当受追诉期限的限制;但在1997年《刑法》生效之时,本案未超过二十年的追诉期限,在1997年《刑法》施行后应当适用《刑法》第八十八条的规定,不受追诉时效的限制。——本评注注

解,犯罪破坏的社会秩序明显恢复,不追诉不会影响社会稳定或者产生其他严重后果的,对犯罪嫌疑人可以不再追诉。

2.1997年9月30日以前实施的共同犯罪,已被司法机关采取强制措施的犯罪嫌疑人逃避侦查或者审判的,不受追诉期限限制。司法机关在追诉期限内未发现或者未采取强制措施的犯罪嫌疑人,应当受追诉期限限制;涉嫌犯罪应当适用的法定量刑幅度的最高刑为无期徒刑、死刑,犯罪行为发生二十年以后认为必须追诉的,须报请最高人民检察院核准。

法律适用答复、复函

《公安部关于刑事追诉期限有关问题的批复》(公复字〔2000〕11号)①
陕西省公安厅:
你厅《关于刑事追诉期限有关问题的请示》(陕公法发〔2000〕29号)收悉。现批复如下:

根据从旧兼从轻原则,对1997年9月30日以前实施的犯罪行为,追诉期限问题应当适用1979年刑法第七十七条的规定,即在人民法院、人民检察院、公安机关采取强制措施以后逃避侦查或者审判的,不受追诉期限的限制。

《最高人民法院研究室关于如何理解和适用1997年刑法第十二条第一款规定有关问题征求意见的复函》(法研〔2019〕52号)②
最高人民检察院法律政策研究室:

贵室《关于如何理解和适用1997年刑法第十二条第一款规定有关问题征求意见的函》(高检办字〔2018〕235号)收悉。经研究,提出如下意见:

一、1997年刑法施行以前实施的犯罪行为,1997年刑法施行以后仍在追诉时效期限内,具有"在人民检察院、公安机关、国家安全机关立案侦查或者在人民法院受理案件以后,逃避侦查或者审判"或者"被害人在追诉期限内提出控告,人民法院、人民检察院、公安机关应当立案而不予立案"情形的,适用1997年刑法第八十八条的规定,不受追诉期限的限制。

二、1997年刑法施行以前实施的犯罪行为,1997年刑法施行时已超过追诉期限的,是否追究行为人的刑事责任,应当适用1979年刑法第七十七条的规定。

---

① 对本批复,应当结合法工办发〔2014〕277号答复意见、法研〔2019〕52号复函所持立场加以把握,即理解为1997年《刑法》生效之时已超过追诉期限的情形。——**本评注注**
② 参见李立众编:《刑法一本通——中华人民共和国刑法总成》(第十六版),法律出版社2022年版,第134页。

刑参案例规则提炼①

《林捷波故意伤害案——被害人在追诉期限内提出控告,公安机关应当立案而未立案的案件,是否受追诉时效的限制》(第945号案例)、《张丽荣脱逃案——死刑缓期执行期间犯脱逃罪的,追诉时效及死缓执行期间的计算问题》(第1278号案例)、《黄耀宏等二十九人参加黑社会性质组织案——对脱离黑社会性质组织成员的追诉期限如何确定》(第1502号案例)所涉规则提炼如下:

无限期追诉的适用规则。"被害人在追诉时效内提出控告,法、检、公应当立案而不予立案,不受追诉时效的限制。"(第945号案例)"根据刑法关于追诉期限的规定和相关立法精神,以及扫黑除恶专项斗争的实践要求,通常认为:只要被害人在追诉期限内提出存在黑社会性质组织的控告,公安机关应立案而未立案侦查,对黑社会性质组织成员追诉不受追诉期限限制;对已脱离涉黑组织的成员,至被害人控告时未过追诉期限的,对其追诉亦不受追诉期限限制。"(第1502号案例)"在死刑缓期执行期间,趁羁押场所司法工作人员不备而逃跑,其行为构成脱逃罪,但因没有对……正式立案侦查……其脱逃犯罪行为已超过追诉期限,不应追究刑事责任。"(第1278号案例)

司法疑难解析

1. "依照本法总则第四章第八节的规定应当追诉"的理解。1997年《刑法》第十二条第一款规定:"中华人民共和国成立以后本法施行以前的行为,如果当时的法律不认为是犯罪的,适用当时的法律;如果当时的法律认为是犯罪的,依照本法总则第四章第八节的规定应当追诉的,按照当时的法律追究刑事责任,但是如果本法不认为是犯罪或者处刑较轻的,适用本法。"该款规定对刑事实体法的适用确立了从旧兼从轻原则,但其中"依照本法总则第四章第八节的规定应当追诉的"规定应当如何理解,一直存在争议,影响到追诉时效制度的适用。

1979年《刑法》和1997年《刑法》均规定了追诉期限延长(即不受追诉期限限制)的情形,但适用条件不同。1979年《刑法》第七十七条规定:"在人民法院、

---

① 另,《袁明祥、王汉恩故意杀人案——如何理解"被采取强制措施以后,逃避侦查或者审判的,不受追诉期限的限制"》(第1200号案例)提出:对于1997年《刑法》施行前(本案具体为1993年)实施的追诉期限为二十年的犯罪,犯罪行为是否超过追诉期限,判断的法律依据应为1979年《刑法》第七十六条、第七十七条;共同犯罪中,应当对各被告人的追诉时效分别评价判断。鉴于所涉规则与法工办发〔2014〕277号答复意见、法研〔2019〕52号复函有出入,且与本评注所持立场不一致,故未予提炼。

人民检察院、公安机关采取强制措施以后,逃避侦查或者审判的,不受追诉期限的限制";1997年《刑法》第八十八条则规定:"在人民检察院、公安机关、国家安全机关立案侦查或者在人民法院受理案件以后,逃避侦查或者审判的,不受追诉期限的限制。""被害人在追诉期限内提出控告,人民法院、人民检察院、公安机关应当立案而不予立案的,不受追诉期限的限制。"整体而言,1979年《刑法》第七十七条的规定比1997年《刑法》第八十八条的规定,对行为人更为有利。

根据从旧兼从轻原则的要求,《最高人民法院关于适用刑法时间效力规定若干问题的解释》(法释〔1997〕5号)第一条规定:"对于行为人1997年9月30日以前实施的犯罪行为,在人民检察院、公安机关、国家安全机关立案侦查或者在人民法院受理案件以后,行为人逃避侦查或者审判,超过追诉期限或者被害人在追诉期限内提出控告,人民法院、人民检察院、公安机关应当立案而不予立案,超过追诉期限的,是否追究行为人的刑事责任,适用修订前的刑法第七十七条的规定。"据此,对于1997年《刑法》施行以前实施的犯罪行为,1997年《刑法》施行时已超过追诉期限的,是否追究行为人的刑事责任,应当适用1979年《刑法》第七十七条而非1997年《刑法》第八十八条的规定,即不能依据此后施行的1997年《刑法》关于追诉期限的规定再行追究刑事责任。否则,既是不利于被告人的溯及既往,也超出了一般人的预期,明显不妥当。对此没有疑义,实践中一直照此操作。

然而,对于1997年《刑法》施行以前实施的犯罪行为,1997年《刑法》施行后仍在追诉期限内,究竟应当适用1979年《刑法》第七十七条的规定还是1997年《刑法》第八十八条的规定,实践中存在两种不同观点:第一种观点认为应当坚持从旧兼从轻原则。对于1997年《刑法》施行前发生的犯罪行为,1997年《刑法》施行时仍在追诉期限内的,应当适用对被告人更为有利的1979年《刑法》第七十七条的规定。第二种观点认为应当坚持从新原则。1997年《刑法》第十二条第一款的表述为"依照本法总则第四章第八节的规定应当追诉的",可以认为在追诉期限上应当采取从新原则,即对于1997年《刑法》施行前发生的犯罪行为,1997年《刑法》施行时仍在追诉期限内的,应当适用1997年《刑法》第八十八条的规定。

本评注倾向第二种观点(即法工办发〔2014〕277号答复意见、法研〔2019〕52号复函所持立场),认为对于1997年《刑法》施行以前实施的犯罪行为,1997年《刑法》施行以后仍在追诉期限内,1997年《刑法》施行后追诉期限内有立案侦查相关活动或者被害人提出控告的,应当适用1997年《刑法》第八十八条的规定,不受追诉期限的限制。主要考虑:(1)符合1997年《刑法》第十二条关于溯及力的规定。1997年《刑法》第十二条明确规定,对于"本法施行以前的行为""如果当时的法律认为是犯罪的,依照本法总则第四章第八节的规定应当追诉的,按照当时的法律追究刑事责任,但是如果本法不认为是犯罪或者处刑较轻的,适用本法"。可以明显看出,对于追诉期限的规定,1997年《刑法》第十二条采用的是从新原则,即对于1997年《刑法》施行后未过追诉期限的案件,应当依据1997年《刑法》总则第四章第八节的规定决定是否追诉。(2)符合刑法追诉期限制度的立法精神。设立追诉时效制度,明确对犯罪分子追究刑事责任的有效期限,对于超过期限的案件不再追究犯罪分子的刑事责任,旨在平衡惩治犯罪与维护社会关系稳定。基于此,在追诉期限制度的司法适用中,也应当注意平衡这一关系。1997年《刑法》施行以前实施的犯罪行为,1997年《刑法》施行时仍在追诉期限内,1997年《刑法》施行后追诉期限内有立案侦查相关活动或者被害人提出控告的,说明相关社会关系并未得到修复和平稳,在具体考量时应当着重顾及追诉犯罪的现实需要。如前所述,1997年《刑法》关于追诉期限的规定更加有利于追诉犯罪。因此,对于此种情形适用1997年《刑法》的相关规定更为妥当。(3)实际上未作不利于被告人的溯及既往。在刑事实体法领域,不作不利于被告人的溯及既往,是为了保障被告人只受当时法律的约束,不因事后的新法而被追责或者加重责任。而就追诉期限制度而言,被告人的行为的实体法评价性质未发生改变,无论依据旧法还是新法均构成犯罪,且在新法施行时依据旧法未超过追诉期限,此时结合新法确定的追诉期限的特殊规定依法追诉,只是让被告人承担其本应承担的罪责,并未加重其责任。

2.《刑法》第八十八条有关规定的理解。由于《刑法》制定在前,《监察法》制定在后,《刑法》第八十八条第一款采用了"侦查"的表述。**本评注认为**,在《监察法》施行之后,对于此处的"侦查",应当理解为包括侦查和监察调查在内,对于"人民检察院、公安机关、国家安全机关"亦应理解为包括其他侦查主体(如国家安全机关、军队保卫部门、中国海警局、监狱)和监察机关在内。同理,对于《刑法》第八十八条第二款规定的接受控告后"应当立案而不予立案"的主体,也不应字面意义理解为"人民法院、人民检察院、公安机关",而应当包括其他侦查主体和监察机关在内。

3.对人立案还是对事立案。讨论共同犯罪案件的追诉期限,还存在对人立案还是对事立案的争议。**本评注认为**,在能够查清行为人的情形下,原则上追诉期限所涉的立案可以以对人立案为判断标准;但实践情况十分复杂,如案发后根本无法查清具体行为人,又如有人顶罪导致对人立案错误,故特殊情形下应当允许对事立案。

4."逃避侦查或者审判"的把握。本评注认为,追诉时效制度的设立,既督促办案机关积极行使职权,又保障犯罪嫌疑人、被告人的权利。在办案机关积极行使侦查、审查起诉、审判职权的情况下,案件一经立案便进入办案期限,一般不再考虑追诉期限;但是,在办案机关怠于行使职权且犯罪嫌疑人、被告人没有逃避侦查的情况下,应当受追诉期限的限制。否则,会导致犯罪嫌疑人、被告人一直处于被追诉的状态,不利于人权保障。基于此,原则上对《刑法》第八十八条第一款规定的"逃避侦查或者审判"可以作虚化理解;但是,特定情形下,相关机关怠于行使职权,导致案件长时间未作处理的,则可以依据行为人未"逃避侦查或者审判"主张超过追诉期限。例如,被告人被一审判处一两年的短期自由刑,二审法院发回重审后,被告人被取保候审,一审法院逾二十多年未开庭审理。此种情形下,被告人未被追究刑事责任的主要原因在于人民法院怠于行使审判权。本案被告人在被取保候审后,未逃避审判,不存在追诉时效中断的情形。在法院怠于行使审判权的情况下,在二十多年后再对被告人启动重审程序,似有不妥,宜以未"逃避侦查或者审判"为由主张超过追诉期限。

5."被害人在追诉期限内提出控告"的认定。本评注认为,《刑法》第八十八条第二款关于无限追诉的规定,旨在平衡被害人权益保护和被告人权利保障之间的关系。基于此,对于无具体被害人的案件,如果有关行政执法机关将案件移送公安机关,公安机关应当立案而不予立案的,基于罪刑法定原则的要求,似不宜依据《刑法》第八十八条第二款的规定认为不受追诉期限的限制。

第八十九条 【追诉期限的计算】追诉期限从犯罪之日起计算;犯罪行为有连续或者继续状态的,从犯罪行为终了之日起计算。

在追诉期限以内又犯罪的,前罪追诉的期限从犯后罪之日起计算。

立法沿革

本条系 1997 年《刑法》沿用 1979 年《刑法》第七十八条的规定,未作调整。

司法解释

《最高人民法院关于挪用公款犯罪如何计算追诉期限问题的批复》(法释〔2003〕16 号,自 2003 年 10 月 10 日起施行)

天津市高级人民法院:

你院津高法〔2002〕4 号《关于挪用公款犯罪如何计算追诉期限问题的请示》收悉。经研究,答复如下:

根据刑法第八十九条、第三百八十四条的规定,挪用公款归个人使用,进行非法活动的,或者挪用公款数额较大、进行营利活动的,犯罪的追诉期限从挪用行为实施完毕之日起计算;挪用公款数额较大、超过三个月未还的,犯罪的追诉期限从挪用公款罪成立之日起计算。挪用公款行为有连续状态的,犯罪的追诉期限应当从最后一次挪用行为实施完毕之日或者犯罪成立之日起计算。

《最高人民法院、最高人民检察院关于办理渎职刑事案件适用法律若干问题的解释(一)》(法释〔2012〕18号)第六条对以危害结果为条件的渎职犯罪的追诉期限的计算作了规定。(→参见分则第九章标题评注部分,第2174页)

■ 规范性文件

《全国法院审理经济犯罪案件工作座谈会纪要》(法〔2003〕167号)"六、关于渎职罪""(二)玩忽职守罪的追诉时效"对玩忽职守罪的追诉时效问题作了规定。(→参见分则第八章标题评注部分,第2109页)

■ 法律适用答复、复函

《最高人民法院研究室关于重婚案件的被告人长期外逃法院能否中止审理和是否受追诉时效限制问题的电话答复》(1989年8月16日)
陕西省高级人民法院:
　　你院陕高法研〔1989〕35号《关于重婚案件的被告人长期外逃法院能否中止审理和是否受追诉时效限制问题的请示》①收悉。经研究,答复如下:

① 《陕西省高级人民法院关于重婚案件的被告人长期外逃法院能否中止审理和是否受追诉时效限制问题的请示》(陕高法研〔1989〕35号)提出:"西安市中级人民法院就自诉人胡应亭诉焦有枝、赵炳信重婚一案能否中止审理及追诉时效问题请示我院。该案的案情是:自诉人胡应亭(男,47岁,镇安县人)1969年同焦有枝(女,40岁,镇安县人)结婚,1983年胡应亭因拐卖人口罪被判刑劳改后,焦有枝曾提出离婚诉讼,因故未离。后焦有枝与赵炳信(男,40岁,长安县人)在长安县斗门乡骗得申请结婚登记介绍信一张,于1983年12月29日在长安县引镇乡登记结婚。此后二人长期在外流窜。胡应亭于1985年以赵炳信、焦有枝犯重婚罪向长安县法院起诉。长安县人民法院经审查,根据刑法第一百八十条之规定,认为赵炳信、焦有枝的行为均构成重婚罪,决定对赵炳信依法逮捕,对焦有枝取保候审。但赵炳信一直在外流窜不归,下落不明,逮捕无法实施。焦有枝也在取保候审后逃跑不归。致长期不能结案,自诉人胡应亭又坚持不撤诉。这种情况的案件在其他法院也有。对这种情况的案件能否中止审理? 经查最高人民法院法(研)复〔1988〕29号《关于刑事案件取保候审的被告人在法院审理期间潜逃应宣告中止(转下页)

同意你院意见，即胡应亭诉焦有枝、赵炳信重婚一案，在人民法院对焦有枝采取取保候审的强制措施后，焦有枝潜逃并和赵炳信一直在外流窜，下落不明的情况下，可参照最高人民法院法（研）复〔1988〕29号《关于刑事案件取保候审的被告人在法院审理期间潜逃应宣告中止审理的批复》的规定，中止审理，俟被告人追捕归案后，再恢复审理。关于追诉时效问题，根据刑法第七十七条的规定，对焦有枝追究刑事责任不受追诉期限的限制。对于赵炳信，只要他同焦有枝的非法婚姻关系不解除，他们的重婚犯罪行为就处于一种继续状态，根据刑法第七十八条的规定，人民法院随时可以对他追究刑事责任。此外，如果公安机关已对赵炳信发布了通缉令，也可以根据刑法第七十七条的规定，对他追究刑事责任，不受追诉期限的限制。

《最高人民法院刑事审判第二庭关于国有公司人员滥用职权犯罪追诉期限等问题的答复》（2005年1月13日）

公安部经济犯罪侦查局：

你局公经〔2004〕1914号《关于对一案件法律适用问题征求意见的函》收悉。经研究，答复如下：

一、对于本案行为人的行为应适用1999年12月25日《中华人民共和国刑法修正案（二）》的规定，以国有公司失职罪或滥用职权罪追究其刑事责任。

二、国有公司人员滥用职权或失职罪的追诉期限应从损失结果发生之日起计算。就本案而言，追诉期限应以法律意义上的损失发生为标准，即以人民法院民事终审判决之日起计算。

刑参案例规则提炼

《林世元等受贿、玩忽职守案——玩忽职守罪适用法律时效应如何理解》（第46号案例）、《张玉良、方俊强非法买卖枪支案——对于发生在1997年10月

（接上页）审理的批复》规定：'刑事案件取保候审的被告人在法院审理期间潜逃，人民法院应决定中止审理，俟被告人追捕归案后，再恢复审理。'我们意见，对这种情况的案件，也可参照上述最高法院批复的规定中止审理，俟被告人追捕归案后，再恢复审理。关于追诉时效问题，我们意见，根据刑法第七十七条'在人民法院、人民检察院、公安机关采取强制措施以后，逃避侦查或者审判的，不受追诉期限的限制'的规定，除对被告人焦有枝追究刑事责任不受追诉期限的限制外，被告人赵炳信在决定逮捕之前已在外流窜，可以由受理法院通知执行逮捕的公安机关发布通缉令缉拿，通缉令发布即可视为对其采取了强制措施，对其追究刑事责任亦可不受追诉时效期限的限制。以上意见妥否，请予批示。"

1日以前的非法买卖枪支行为应当如何适用法律及该罪追诉时效的起算时间节点》(第1116号案例)、《**沈某某滥用职权案**——滥用职权罪追诉时效期限的起算点应如何认定》(第1134号案例)所涉规则提炼如下：

  1. 追诉期限的起算规则。"追诉时效应从犯罪行为完成之日起计算。""追诉时效制度关注的是犯罪行为，考虑的是行为人在该次犯罪之后遵纪守法的表现，所以，对于追诉时效的计算而言，有意义的仅仅是行为人在犯罪后的表现，至于犯罪结果何时出现，并不影响诉讼时效的起算。"①(第1116号案例)

  2. 滥用职权罪追诉时效的确定规则。②"玩忽职守罪是不作为犯罪，适用结果发生时的法律追究行为人的刑事责任，符合适用行为时法的法律适用原则。""玩忽职守罪是过失犯罪，应当适用结果发生时即犯罪成立时的法律。"(第46号案例)"滥用职权罪属于状态犯，而非继续犯……追诉期限仍应从滥用职权行为造成的侵害结果发生之日起算，而不能以侵害结果终了之日起算。"(第1134号案例)

司法疑难解析

  1. 犯罪行为有"连续"状态的理解。本评注认为，《刑法》第八十九条第一款规定的犯罪行为有"连续"状态应当限于前行为尚在追诉期限内的行为。对于行为人基于同一或者概括犯意实施多个行为，前行为已过追诉期限的，则不应依照《刑法》第八十九条第一款的规定从后行为终了之日起计算追诉期限。

  2. 在追诉期限以内"又犯罪"的理解。本评注认为，《刑法》第八十九条第二款规定的"又犯罪"是指所涉行为构成犯罪的情形，而不包括实施刑法分则规

---

① 需要注意的是，这里的犯罪结果实际上是犯罪成立之后的结果，与玩忽职守等以结果为成立要件的犯罪并不相同。后者恰恰应当以犯罪结果出现为追诉时效的起算点。——**本评注注**

② 此外，"冒名顶替类案件中，招生考试机构、学校等单位的工作人员在招考录取、办理考生学籍档案等工作中滥用职权、徇私舞弊或者玩忽职守，符合《刑法》有关规定的，应根据案件具体情况区分行为人的身份和工作性质，分别以滥用职权罪、玩忽职守罪、招收学生徇私舞弊罪或者国有事业单位人员滥用职权罪、国有事业单位人员失职罪定罪处罚；对于以'造成恶劣社会影响'作为入罪情形的渎职类案件，追诉时效不宜从媒体披露后出现'恶劣社会影响'之日起计算追诉期限"。参见《受招生办委托行使招生职责的高中工作人员滥用职权导致他人被冒名顶替上大学的行为定性及相关追诉时效问题》(编号011)，载最高人民法院刑事审判第二庭编：《职务犯罪审判指导》(第1辑)，法律出版社2022年版。

定的行为类型但尚未构成犯罪的违法行为。

3.司法工作人员玩忽职守行为追诉时效的认定。最高人民法院刑事审判第二庭工作会议讨论认为：①(1)"玩忽职守行为不属于《刑法》第八十九条规定的'犯罪行为有连续或者继续状态的'情形……玩忽职守属于状态犯，即犯罪行为已经结束，只是犯罪行为造成的不法状态仍在持续，因而对于玩忽职守犯罪的追诉期限不能从犯罪的不法状态终了之日起计算，而应当从犯罪成立之日起计算。"(2)"玩忽职守犯罪属于结果犯，以符合犯罪构成的后果发生作为犯罪构成要件。因而，该罪的追诉期限应当从玩忽职守造成的侵害结果发生之日起计算。"(3)"网络舆情是案件社会影响的表现形式之一，也是衡量案件社会危害性的因素，应当引起司法者足够的重视。但是如果将事发几十年后舆情扩大结果也作为犯罪的构罪要件，既不符合刑罚归责的主客观相一致原则，也会引发类似案件司法认定不统一问题，如同类案件有舆情的予以追诉，没有舆情的不予以追诉；又如，轻罪案件予以追诉，重罪案件反而因为过了追诉时效不予以追诉。因而在处理案件中应当全面考虑行为手段、情节、危害后果，区分情况进行认定，不宜'一刀切'将'引发新闻媒体广泛关注'作为判断的标准。"

---

① 参见《司法工作人员玩忽职守行为追诉时效的认定问题》，载最高人民法院刑事审判第二庭编：《职务犯罪审判指导》(第1辑)，法律出版社2022年版。

第五章

其他规定

第九十条 【民族自治地方刑法适用的变通】民族自治地方不能全部适用本法规定的,可以由自治区或者省的人民代表大会根据当地民族的政治、经济、文化的特点和本法规定的基本原则,制定变通或者补充的规定,报请全国人民代表大会常务委员会批准施行。

立法沿革

本条系 1997 年《刑法》沿用 1979 年《刑法》第八十条的规定,仅将原条文中的"国家权力机关"调整为"人民代表大会"。

第九十一条 【公共财产的范围】本法所称公共财产,是指下列财产:
(一)国有财产;
(二)劳动群众集体所有的财产;
(三)用于扶贫和其他公益事业的社会捐助或者专项基金的财产。
在国家机关、国有公司、企业、集体企业和人民团体管理、使用或者运输中的私人财产,以公共财产论。

立法沿革

本条系 1997 年《刑法》吸收修改 1979 年《刑法》作出的规定。1979 年《刑法》第八十一条规定:"本法所说的公共财产是指下列财产:(一)全民所有的财产;(二)劳动群众集体所有的财产。""在国家、人民公社、合作社、合营企业和人民团体管理、使用或者运输中的私人财产,以公共财产论。"1997 年《刑法》将"全民所有的财产"调整为"国有财产",将"国家、人民公社、合作社、合营企业"调整为"国家机关、国有公司、企业、集体企业",并将"用于扶贫和其他公益事业的社会捐助或者专项基金的财产"增加规定为公共财产。

第九十二条 【公民私人所有财产的范围】本法所称公民私人所有的财产,是指下列财产:

(一)公民的合法收入、储蓄、房屋和其他生活资料;

(二)依法归个人、家庭所有的生产资料;

(三)个体户和私营企业的合法财产;

(四)依法归个人所有的股份、股票、债券和其他财产。

立法沿革

本条系 1997 年《刑法》吸收修改 1979 年《刑法》作出的规定。1979 年《刑法》第八十二条规定:"本法所说的公民私人所有的合法财产是指下列财产:(一)公民的合法收入、储蓄、房屋和其他生活资料;(二)依法归个人、家庭所有或者使用的自留地、自留畜、自留树等生产资料。"1997 年《刑法》增加了"个体户和私营企业的合法财产""依法归个人所有的股份、股票、债券和其他财产"的规定;同时,对表述作了调整,将"公民私人所有的合法财产"简化为"公民私人所有的财产",并删去了"自留地、自留畜、自留树"的例举表述。

立法工作机关意见

《全国人大常委会法制工作委员会对〈关于公司人员利用职务上的便利采取欺骗等手段非法占有股东股权的行为如何定性处理的批复〉的意见》(法工委发函〔2005〕105 号)

最高人民检察院:

你院法律政策研究室 2005 年 8 月 26 日来函收悉。经研究,答复如下:

据刑法第九十二条的规定,股份属于财产。采用各种非法手段侵吞、占有他人依法享有的股份,构成犯罪的,适用刑法有关非法侵犯他人财产的犯罪规定。

第九十三条 【国家工作人员的范围】本法所称国家工作人员,是指国家机关中从事公务的人员。

国有公司、企业、事业单位、人民团体中从事公务的人员和国家机关、国有公司、企业、事业单位委派到非国有公司、企业、事业单位、社会团体从事公务的人员,以及其他依照法律从事公务的人员,以国家工作人员论。

立法沿革

本条系 1997 年《刑法》吸收修改 1979 年《刑法》和单行刑法作出的规定。1979 年《刑法》第八十三条规定："本法所说的国家工作人员是指一切国家机关、企业、事业单位和其他依照法律从事公务的人员。"《全国人民代表大会常务委员会关于严惩严重破坏经济的罪犯的决定》(自 1982 年 4 月 1 日起施行,已失效)第一条第二款规定："本决定所称国家工作人员,包括在国家各级权力机关、各级行政机关、各级司法机关、军队、国营企业、国家事业机构中工作的人员,以及其他各种依照法律从事公务的人员。"1997 年《刑法》区分"国家机关中从事公务的人员"和"以国家工作人员论"两种情形,对"国家工作人员"的范围作了界定。

立法解释

《全国人民代表大会常务委员会关于〈中华人民共和国刑法〉第九十三条第二款的解释》(修正后自 2009 年 8 月 27 日起施行)[①]

全国人民代表大会常务委员会讨论了村民委员会等村基层组织人员在从事哪些工作时属于刑法第九十三条第二款规定的"其他依照法律从事公务的人员",解释如下:

村民委员会等村基层组织人员[②]协助人民政府从事下列行政管理工作时,属于刑法第九十三条第二款规定的"其他依照法律从事公务的人员":

(一) 救灾、抢险、防汛、优抚、扶贫、移民、救济款物的管理;

(二) 社会捐助公益事业款物的管理;

[①] 考虑到目前司法机关反映比较突出、亟待解决的是村民委员会等农村基层组织人员在从事哪些工作时属于"依照法律从事公务的人员",立法解释只对这一问题作出规定,并不是对"依照法律从事公务的人员"的全部范围作规定。参见黄太云:《〈关于《中华人民共和国刑法》第九十三条第二款的解释〉的理解与适用》,载中华人民共和国最高人民法院刑事审判第一、二、三、四、五庭主办:《中国刑事审判指导案例 1》(增订第 3 版),法律出版社 2017 年版,第 811 页。

[②] "村民委员会等村基层组织人员"主要是指村党支部、村委会和村经联社、经济合作社、农工商联合企业等掌管村经济活动的组织的人员。参见黄太云:《〈关于《中华人民共和国刑法》第九十三条第二款的解释〉的理解与适用》,载中华人民共和国最高人民法院刑事审判第一、二、三、四、五庭主办:《中国刑事审判指导案例 1》(增订第 3 版),法律出版社 2017 年版,第 812 页。

（三）国有土地的经营和管理；

（四）土地征收、征用补偿费用的管理；

（五）代征、代缴税款；

（六）有关计划生育、户籍、征兵工作；

（七）协助人民政府从事的其他行政管理工作。

村民委员会等村基层组织人员从事前款规定的公务，利用职务上的便利，非法占有公共财物、挪用公款、索取他人财物或者非法收受他人财物，构成犯罪的，适用刑法第三百八十二条和第三百八十三条贪污罪、第三百八十四条挪用公款罪、第三百八十五条和第三百八十六条受贿罪的规定。

现予公告。

司法解释

《最高人民法院关于在国有资本控股、参股的股份有限公司中从事管理工作的人员利用职务便利非法占有本公司财物如何定罪问题的批复》（法释〔2001〕17号，自2001年5月26日起施行）①

重庆市高级人民法院：

你院渝高法明传〔2000〕38号《关于在股份有限公司中从事管理工作的人员

---

① 需要注意的是：(1)关于股份有限公司的性质。无论采取什么方式设立公司，无论发起人或者其他认股人的性质是国有、集体、私营、个人，甚至是外国公司、企业、其他组织、个人，公司一经设立，就具有完全的、独立的性质。该性质不同于任何发起人或者认股人，包括参股、认股、控股的国有公司、企业的性质。(2)关于股份有限公司财物的性质。公司的法人财产不同于任何出资者的财产，公司法人财产的性质不由任何出资的性质所决定，属于独立的公司法人财产。有意见提出，可以股东在公司中持有股份的多少或者出资数量的大小来决定是否控股，进而决定公司的性质和公司财产的性质。我们认为，这是不科学的。因为股东对一个股份有限公司是否控股，关键看该公司具体的股权结构：有的公司股东占有50%以上的股权才能控股，但公众公司即上市的股份有限公司可能只需要30%的股份就能控股，有的甚至只需要10%或不到10%的股份就可以控股。而且，即使是国有资产控股，也还有大量的非国有股份，以国有资产的控股来决定股份有限公司的国有性质以及公司财产的国有性质是不科学的。参见祝二军：《〈关于在国有资本控股、参股的股份有限公司中从事管理工作的人员利用职务便利非法占有本公司财物如何定罪问题的批复〉的理解与适用》，载中华人民共和国最高人民法院刑事审判第一、二、三、四、五庭主办：《中国刑事审判指导案例6》（增订第3版），法律出版社2017年版，第343—344页。

侵占本公司财物如何定性的请示》收悉。经研究，答复如下：

在国有资本控股、参股的股份有限公司中从事管理工作的人员，除受国家机关、国有公司、企业、事业单位委派从事公务的以外，不属于国家工作人员。对其利用职务上的便利，将本单位财物非法占为己有，数额较大的，应当依照刑法第二百七十一条第一款的规定，以职务侵占罪定罪处罚。

规范性文件

《最高人民检察院关于贯彻执行全国人民代表大会常务委员会关于〈中华人民共和国刑法〉第九十三条第二款的解释的通知》（高检发研字〔2000〕12号）

各省、自治区、直辖市人民检察院，军事检察院，新疆生产建设兵团人民检察院：

第九届全国人民代表大会常务委员会第十五次会议于2000年4月29日通过了《全国人民代表大会常务委员会关于〈中华人民共和国刑法〉第九十三条第二款的解释》（以下简称《解释》）。为认真贯彻执行《解释》，现就有关工作通知如下：

一、各级检察机关要认真学习《解释》和刑法的有关规定，深刻领会《解释》的精神，充分认识检察机关依法查处村民委员会等村基层组织人员贪污、受贿、挪用公款犯罪案件对于维护农村社会稳定、惩治腐败、保障农村经济发展的重要意义。

二、根据《解释》，检察机关对村民委员会等村基层组织人员协助人民政府从事《解释》所规定的行政管理工作中发生的利用职务上的便利，非法占有公共财物、挪用公款、索取他人财物或者非法收受他人财物，构成犯罪的案件，应直接受理，分别适用刑法第三百八十二条、第三百八十三条、第三百八十四条和第三百八十五条、第三百八十六条的规定，以涉嫌贪污罪、挪用公款罪、受贿罪立案侦查。

三、各级检察机关在依法查处村民委员会等村基层组织人员贪污、受贿、挪用公款犯罪案件过程中，要根据《解释》和其他有关法律的规定，严格把握界限，准确认定村民委员会等村基层组织人员的职务活动是否属于协助人民政府从事《解释》所规定的行政管理工作，并正确把握刑法第三百八十二条、第三百八十三条贪污罪、第三百八十四条挪用公款罪和第三百八十五条、第三百八十六条受贿罪的构成要件。对村民委员会等村基层组织人员从事属于村民自治范围的经营、管理活动不能适用《解释》的规定。

四、各级检察机关在依法查处村民委员会等村基层组织人员涉嫌贪污、受贿、挪用公款犯罪案件过程中，要注意维护农村社会的稳定，注重办案的法律效果与社会效果的统一。对疑难、复杂、社会影响大的案件，下级检察机关要及时向上级检察机关请示。上级检察机关要认真及时研究,加强指导,以准确适用法律,保证办案质量。

五、各省级检察院对执行《解释》和本通知过程中遇到的新情况、新问题,要及时报告最高人民检察院。

《全国法院审理经济犯罪案件工作座谈会纪要》(法〔2003〕167号)"一、关于贪污贿赂犯罪和渎职犯罪的主体"对《刑法》第九十三条的适用作了规定。(→参见分则第八章标题评注部分,第2101页)

《最高人民法院、最高人民检察院关于办理国家出资企业中职务犯罪案件具体应用法律若干问题的意见》(法发〔2010〕49号)"六、关于国家出资企业中国家工作人员的认定"对国家出资企业中国家工作人员认定的有关问题作了规定。(→参见分则第八章标题评注部分,第2116页)

法律适用答复、复函

《最高人民检察院对〈关于中国证监会主体认定的请示〉的答复函》(高检发法字〔2000〕7号)

北京市人民检察院:

你院京检字(2000)41号《关于中国证监会主体认定的请示》收悉,经我院发函向中央机构编制委员会办公室查询核定,中央机构编制委员会办公室已作出正式复函,答复如下:"中国证券监督管理委员会为国务院直属事业单位,是全国证券期货市场的主管部门。其主要职责是统一管理证券期货市场,按规定对证券期货监管机构实行垂直领导,所以,它是具有行政职责的事业单位。据此,北京证券监督管理委员会干部应视同为国家机关工作人员。"请你们按中编办答复意见办。

《最高人民检察院对〈关于中国保险监督管理委员会主体认定的请示〉的答复函》(高检发法字〔2000〕17号)①

北京市人民检察院:

你院《关于中国保险监督管理委员会主体认定的请示》(京检字法〔2000〕1号)收悉。经我院函请中央机构编制委员会办公室核定,中编办答复如下:中国保险监督管理委员会为国务院直属事业单位,是全国商业保险的主管部门,根据

---

① 目前,中国保险监督管理委员会不复存在,其职责由国家金融监督管理总局承担。——本评注注

国务院授权履行行政管理职能,依法对全国保险市场实行集中统一的监督管理,对中国保险监督管理委员会的派出机构实行垂直领导。所以,对于中国保险监督管理委员会可参照对国家机关的办法进行管理。据此,中国保险监督管理委员会干部应视同国家机关工作人员。

《最高人民检察院关于〈全国人民代表大会常务委员会关于〈中华人民共和国刑法〉第九十三条第二款的解释〉的时间效力的批复》(高检发研字〔2000〕15号)

天津市人民检察院:

你院"关于《全国人民代表大会常务委员会关于〈中华人民共和国刑法〉第九十三条第二款的解释》的实施时间问题的请示"收悉。经研究,批复如下:

《全国人民代表大会常务委员会关于〈中华人民共和国刑法〉第九十三条第二款的解释》是对刑法第九十三条第二款关于"其他依照法律从事公务的人员"规定的进一步明确,并不是对刑法的修改。因此,该《解释》的效力适用于修订刑法的施行日期,其溯及力适用修订刑法第12条的规定。

《最高人民法院研究室关于国家工作人员在农村合作基金会兼职从事管理工作如何认定身份问题的答复》[法(研)明传〔2000〕12号]①

四川省高级人民法院:

你院川高法〔2000〕105号《关于具有国家工作人员身份的人员在农村基金会兼职从事管理活动应如何认定犯罪主体身份问题的请示》收悉。经研究,答复如下:

国家工作人员自行到农村合作基金会兼职从事管理工作的,因其兼职工作与国家工作人员身份无关,应认定为农村合作基金会一般从业人员;国家机关、国有公司、企业、事业单位委派到农村合作基金会兼职从事管理工作的人员,以国家工作人员论。

---

① 《最高人民法院关于农村合作基金会从业人员犯罪如何定性问题的批复》[法释〔2000〕10号,已被《最高人民法院关于废止部分司法解释(第十三批)的决定》(法释〔2019〕11号)废止,废止理由为"农村合作基金会已被国务院取消,不再适用"]针对《四川省高级人民法院关于农村合作基金会从业人员犯罪如何定性的请示》(川高法〔1999〕376号)答复称:"农村合作基金会从业人员,除具有金融机构现职工作人员身份的以外,不属于金融机构工作人员,对其实施的犯罪行为,应当依照刑法的有关规定定罪处罚。"

《最高人民检察院关于佛教协会工作人员能否构成受贿罪或者公司、企业人员受贿罪主体问题的答复》（〔2003〕高检研发第2号）①

浙江省人民检察院研究室：

你室《关于佛教协会工作人员能否构成受贿罪或公司、企业人员受贿罪主体的请示》（检研请〔2002〕9号）收悉。经研究，答复如下：

佛教协会属于社会团体，其工作人员除符合刑法第九十三条第二款的规定属于受委托从事公务的人员外，既不属于国家工作人员，也不属于公司、企业人员。根据刑法的规定，对非受委托从事公务的佛教协会的工作人员利用职务之便收受他人财物，为他人谋取利益的行为，不能按受贿罪或者公司、企业人员受贿罪追究刑事责任。

《最高人民检察院法律政策研究室关于集体性质的乡镇卫生院院长利用职务之便收受他人财物的行为如何适用法律问题的答复》（〔2003〕高检研发第9号）

山东省人民检察院研究室：

你院《关于工人身份的乡镇卫生院院长利用职务之便收受贿赂如何适用法律问题的请示》（鲁检发研字〔2001〕第10号）收悉。经研究，答复如下：

经过乡镇政府或者主管行政机关任命的乡镇卫生院院长，在依法从事本区域卫生工作的管理与业务技术指导，承担医疗预防保健服务工作等公务活动时，属于刑法第九十三条第二款规定的其他依照法律从事公务的人员。对其利用职务上的便利，索取他人财物的，或者非法收受他人财物，为他人谋取利益的，应当依照刑法第三百八十五条、第三百八十六条的规定，以受贿罪追究刑事责任。

《最高人民检察院法律政策研究室关于国家机关、国有公司、企业委派到非国有公司、企业从事公务但尚未依照规定程序获取该单位职务的人员是否适用刑法第九十三条第二款问题的答复》（〔2004〕高检研发第17号）

重庆市人民检察院法律政策研究室：

你院《关于受委派的国家工作人员未按法定程序取得非国有公司职务是

---

① 本答复作出的时间为2003年，当时《刑法》第一百六十三条的主体限于"公司、企业的工作人员"。2006年6月29日起施行的《刑法修正案（六）》第七条对《刑法》第一百六十三条作了修改，将犯罪主体扩充到公司、企业以外的其他单位的工作人员。基于修正后刑法的规定，佛教协会的工作人员当然可以成为《刑法》第一百六十三条规定的非国家工作人员受贿罪的适格主体。——本评注注

适用刑法第九十三条第二款以国家工作人员论的请示》[渝检(研)〔2003〕6号]收悉。经研究，答复如下：

对于国家机关、国有公司、企业委派到非国有公司、企业从事公务但尚未依照规定程序获取该单位职务的人员，涉嫌职务犯罪的，可以依照刑法第九十三条第二款关于"国家机关、国有公司、企业委派到非国有公司、企业、事业单位、社会团体从事公务的人员"，"以国家工作人员论"的规定追究刑事责任。

《最高人民法院研究室关于对行为人通过伪造国家机关公文、证件担任国家工作人员职务并利用职务上的便利侵占本单位财物、收受贿赂、挪用本单位资金等行为如何适用法律问题的答复》(法研〔2004〕38号)

北京市高级人民法院：

你院〔2004〕15号《关于通过伪造国家机关公文、证件担任国家工作人员职务后利用职务便利侵占本单位财物、收受贿赂、挪用本单位资金的行为如何定性的请示》收悉。经研究，答复如下：

行为人通过伪造国家机关公文、证件担任国家工作人员职务以后，又利用职务上的便利实施侵占本单位财物、收受贿赂、挪用本单位资金等行为，构成犯罪的，应当分别以伪造国家机关公文、证件罪和相应的贪污罪、受贿罪、挪用公款罪等追究刑事责任，实行数罪并罚。

刑参案例规则提炼

《宾四春、郭利、戴自立贪污案——如何认定村民委员会等村基层组织成员为依照法律从事公务的人员》(第136号案例)、《曹军受贿案——对于依照公司法规定产生的公司负责人能否认定为受国有单位委派从事公务的人员》(第335号案例)、《钱政德受贿案——在国家机关设立的非常设性工作机构中从事公务的非正式在编人员是否属于国家工作人员》(第399号案例)、《刘某挪用公款案——国有公司长期聘用的管理人员是国有公司中从事公务的人员还是受国有公司委托管理、经营国有财产的人员》(第406号案例)、《方俊受贿案——国家工作人员以"劳务报酬"为名收受请托人财物的应认定为受贿》(第407号案例)、《王铮贪污、挪用公款案——已办理退休手续依然从事公务的国家工作人员仍构成挪用公款罪主体》(第422号案例)、《顾荣忠挪用公款、贪污案——由国有公司负责人口头提名、非国有公司聘任的管理人员能否以国家工作人员论》(第446号案例)、《马平华挪用公款案——国有企业改制过程中，原国企中国家工作人员的主体身份如何认定》(第510号案例)、《廖常伦贪污、受贿案——村民小组长在特定情形下属于"其他依照法律从事公务的人员"》(第594

号案例)、《张留群受贿案——村民组组长依法从事公务的认定》(第 595 号案例)、《钱银元贪污、职务侵占案——如何理解村基层组织人员协助人民政府从事"国有土地的经营和管理"》(第 642 号案例)、《黄明惠贪污案——利用受国家税务机关委托行使代收税款的便利侵吞税款的行为,如何定罪处罚》(第 692 号案例)、《曹建亮等职务侵占案——村干部侵吞土地补偿费的如何定性》(第 872 号案例)、《陈凯旋受贿案——省农村信用合作社联合社委派到市、县、乡、镇农村信用合作社、农村信用合作联社的人员是否属于"以国家工作人员论"的范围》(第 935 号案例)、《宋涛非国家工作人员受贿案——如何认定国有控股企业中一般中层管理干部的国家工作人员身份》(第 959 号案例)、《高世银非国家工作人员受贿案——村民委员会主任在村自行修建道路中收受他人贿赂的如何定性》(第 960 号案例)、《李培光贪污、挪用公款案——如何审查认定国家出资企业中国家工作人员的身份》(第 1016 号案例)、《卫建峰受贿案——如何认定公司改制后国家工作人员的身份》(第 1018 号案例)、《王海洋非国家工作人员受贿、挪用资金案——如何认定国家出资企业中工作人员的主体身份》(第 1055 号案例)、《赵玉生、张书安职务侵占案——村民小组组长将集体土地征用补偿费据为己有的行为应当如何定性》(第 1138 号案例)、《朱思亮非国家工作人员受贿案——如何认定"受委派从事公务"》(第 1233 号案例)、《刘楚荣、刘汉杰、刘立辉诈骗案——当被告人同时具有国家工作人员等多种身份时应如何认定其行为性质以及村民委员会是否属于单位犯罪的适格主体》(第 1420 号案例)所涉规则提炼如下:

1."**国家机关中从事公务的人员**"**的认定规则**。"地方人民政府设立的行使特定管理职能的非常设性机构,是地方人民政府的组成部分,亦属于国家行政机关。""只要是在国家机关中从事公务,即使是非正式在编人员,亦属于刑法第九十三条第一款规定的'国家工作人员'。"(第 399 号案例)

2."**国有公司、企业、事业单位、人民团体中从事公务的人员**"**的认定规则**。"只要在国有事业单位中从事公务,无论是否属于正式在编人员,均应认定为国家工作人员。"(第 407 号案例)"国有公司长期聘用的管理人员属于刑法第九十三条第二款规定的国有公司中从事公务的人员。"(第 406 号案例)"……在国有企业改制前是该企业的主要负责人,具备国家工作人员身份,在企业改制过程中是领导小组成员,初次改制后是国家控股企业的管理者并在改制后的公司中持有个人股份","……在此阶段的身份实质还兼有在国有资本控股的股份有限公司中受国有公司委派管理、经营国有资产的职责,应以国家工作人员论"。(第 510 号案例)此外,"对处于离退休阶段的人员是否属于国家工作人员的认定,应从实际出发,从单纯以身份本身来判断主体性质的标准转变为以职权和职责为主,兼顾身份作为判断主体性质的标准,强调职权和职责对于主体性质的关键性。具体而言,应以行为人实际交接工作的时间为准,认定其是否具有国家工作人员相应的职权和应履行相应的职责,确定其行为是否属于'从事公务'"。(第 422 号案例)

3."受委派从事公务"的认定规则。"受国有公司委派到非国有公司从事公务的人员的认定关键要把握好'受委派'和'从事公务'两个特征。""'委派'在形式上可以不拘一格,如任命、指派、提名、推荐、认可、同意、批准等均可,无论是书面委任文件还是口头提名,只要是有证据证明属上述委派形式之一即可,这是与我国现阶段有关国家工作人员身份来源变动多样性的实际情况相符合的。"(第 446 号案例)"从刑法第九十三条第二款的立法目的看,'受委派从事公务'人员作为国家工作人员认定主要是保护国有资产。受委派人员是否属于从事公务,与接受委派的公司是否包含国有资产具有直接关联。国有资产所在,即是受委派人员的公务所在。一般情况下,只有非国有公司中有国有资产,才存在委派;若无国有资产,既无委派必要,亦无委派可能。"(第 1233 号案例)"刑法意义上的国有公司仅限于国有独资公司,这也是长期刑事司法实践中一贯掌握的标准。"在坚持国有公司、企业既定外延的基础上,司法实践对国家出资企业中"以国家工作人员论"的范围有所突破和扩大。(第 1055 号案例)办理国家出资企业中职务犯罪案件,"判断……是否具有国家工作人员身份,可以从以下两个方面展开分析:(一)形式要件:经国家出资企业中负有管理、监督国有资产职责的组织批准或者研究决定……(二)实质要件:代表负有管理、监督国有资产职责的组织在国有控股、参股公司及其分支机构中从事组织、领导、监督、经营、管理工作……"(第 959 号案例)"从形式要件分析,认定国家出资企业中的国家工作人员一般要求行为人的职务系经党政联席会等形式批准、任命。"(第 1016 号案例)"在认定国家工作人员身份时,不仅要审查'受委派'这一形式要件,还要审查行为人所从事的工作性质是否属于'从事公务'这一实质要件。""……不是国家出资企业,被告人……的管理活动不具有公务性质,依法不属于国家工作人员,其行为应当构成非国家工作人员受贿罪。"(第 935 号案例)"实践中,一般做法是,行为人的身份如果符合形式要件,即经国家出资企业中负有管理、监督国有资产职责的组织批准或者研究决定,即使从事的是公司性的公务,也应以国家工作人员从事公务论。""如果行为人的身份不符合形式要件,但从事本质上属于国家性的公务……这种情况较少,如果出现,原则上也应以国家工作人员从事公务论。""……职权的变动并未经负有管理、监督国有资产职责的组织批准或者研究决定,其所从事的工作也并非代表上述组织在国家出资企业中从事公务,因此不能认定其为国家工作人员。"(第959号案例)"……在国家出资企业中作为高层管理人员,所任职务系经国家出资企业中负有管理、监督国有资产职责的组织研究决定,从事组织、领导、监督、经营、管理的工作,应当认定为国家工作人员。"(第1018号案例)"被告人……任职本公司西客站交通枢纽项目部商务经理是经本公司总经理办公会研究决定任命,并非经国家出资企业中负有管理、监督国有资产职责的组织批准或者研究决定任命",不属于国家工作人员。(第1055号案例)此外,"投资主体委派有限责任公司经理与股东选(推)举公司执行董事兼经理是两个不同的程序,不能因为有限责任公司经理须经过股东会的选举程序而否认其受国有单位委派从事公务的性质"。(第335号案例)

4."其他依照法律从事公务的人员"的认定规则。①"村党支部成员在协助人民政府履行……七类行政管理工作时,也属于'其他依照法律从事公务的人员'。"(第136号案例)"村民小组组长在从事特定公务时,与村委会成员一样,可以……以国家工作人员论;但在处理集体自治事务时,则不能以国家工作人员论。"(第1138号案例)"对农村基层组织组成人员,不能简单地从外在身份来判断其是否为国家工作人员,而应当主要从其是否'依照法律从事公务'这一国家工作人员的本质属性来进行判断。"(第594号案例)具体而言,"将集体土地出租给用地单位并收取租金,后该土地收归国有,村委将拥有使用权的该宗土地继续出租,并增收租金,其行为始终属于从事村务性质",不属于协助人民政府从事"国有土地的经营和管理"工作。(第642号案例)"如果村干部是在协助政府进行土地征收补偿费用的管理阶段,侵吞了土地征收补偿费用……构成犯罪的,应当以贪污罪论处;如果村干部并非在协助人民政府对土地征收补偿费用进行管理,此时,村干部并不具有从事协助政府进行行政管理的职权,并非从事公务,意味着其没有侵犯国家工作人员的职务廉洁性,在这个阶段,即使侵吞了土地征收补偿费用,也不能以贪污罪论处。"(第872号案例)"在村农民集体土地上进行的公共建设项目,县、镇政府虽然有经费补贴,但该工程建设仍属村

---

① 此外,"村委会等基层组织人员利用的职务便利同时包括协助政府从事行政管理工作和管理基层组织集体自治事务的因素,在难以具体确定其性质的情况下,难以判断主体是否属于《中华人民共和国刑法》第九十三条第二款规定的'其他依照法律从事公务的人员'时,可以从有利于被告人的角度认定处罚较轻的罪名"。参见《村委会等基层组织人员利用职务便利收受贿赂行为的定性》(编号001),载最高人民法院刑事审判第二庭编:《职务犯罪审判指导》(第1辑),法律出版社2022年版。

民自治范畴的行为,而非政府行为。""……组织实施……工程,是具体履行村民委员会对村集体事务的自我管理、自我服务职责,不属于'其他依照法律从事公务的人员'。"(第960号案例)"代表村民小组对外出租属村民组集体所有的房屋及收取租金的行为不属于依法从事公务。"(第595号案例)此外,"受税务机关委托代为行使征收税款的权力,属于刑法第九十三条第二款规定的'其他依照法律从事公务的人员'。"(第692号案例)需要注意的是,"由于村民委员会等村基层组织成员不是国家工作人员,也不享有国家工作人员的待遇,因此,对其适用刑法第九十三条第二款应当严格掌握,慎重对待。如果在处理具体案件时……在对主体的认定存在难以确定的疑问时,一般应当认定为利用管理村公共事物的职务便利,因为他们本身毕竟是村民委员会等村基层组织成员,而并非政府公务人员"。(第136号案例)"当被告人同时具有国家工作人员等多种身份时,应当以其实施犯罪行为时所利用的具体身份来认定其行为性质。"(第1420号案例)

第九十四条 【司法工作人员的范围】本法所称司法工作人员,是指有侦查、检察、审判、监管职责的工作人员。

立法沿革

本条系1997年《刑法》吸收修改1979年《刑法》作出的规定。1979年《刑法》第八十四条规定:"本法所说的司法工作人员是指有侦讯、检察、审判、监管人犯职务的人员。"1997年《刑法》将"本法所说"调整为"本法所称",将"侦讯"调整为"侦查",将"监管人犯职务"调整为"监管职责"。

第九十五条 【重伤的含义】本法所称重伤,是指有下列情形之一的伤害:
(一)使人肢体残废或者毁人容貌的;
(二)使人丧失听觉、视觉或者其他器官机能的;
(三)其他对于人身健康有重大伤害的。

立法沿革

本条系1997年《刑法》沿用1979年《刑法》第八十五条的规定,仅将原条文中的"本法所说"调整为"本法所称"。

司法解释

《最高人民法院、最高人民检察院关于办理组织、强迫、引诱、容留、介绍卖淫刑事案件适用法律若干问题的解释》(法释〔2017〕13号)第十二条第二款对《刑法》第九十五条第三项"其他对于人身健康有重大伤害"所指的"重伤"作了规定。(→参见第三百五十八条评注部分,第2028页)

规范性文件

《人体损伤程度鉴定标准》(自2014年1月1日起施行,具体条文未收录)

《最高人民法院关于执行〈人体损伤程度鉴定标准〉有关问题的通知》(法〔2014〕3号)

各省、自治区、直辖市高级人民法院,解放军军事法院,新疆维吾尔自治区高级人民法院生产建设兵团分院:

《最高人民法院、最高人民检察院、公安部、国家安全部、司法部关于发布〈人体损伤程度鉴定标准〉的公告》已于2013年8月30日发布,《人体损伤程度鉴定标准》(以下简称《损伤标准》)自2014年1月1日起施行。《人体重伤鉴定标准》(司发〔1990〕070号)、《人体轻伤鉴定标准(试行)》(法(司)发〔1990〕6号)和《人体轻微伤的鉴定》(GA/T146-1996)同时废止。为正确适用《损伤标准》,做好涉人体损伤案件审判工作,现就执行《损伤标准》有关问题通知如下:

一、致人损伤的行为发生在2014年1月1日之前,尚未审判或者正在审判的案件,需要进行损伤程度鉴定的,适用原鉴定标准。但按照《损伤标准》不构成损伤或者损伤程度较轻的,适用《损伤标准》。

二、致人损伤的行为发生在2014年1月1日之后,需要进行损伤程度鉴定的,适用《损伤标准》。

三、2014年1月1日前已发生法律效力的判决、裁定,按照当时的法律和司法解释,认定事实和适用法律没有错误的,不再变动。当事人及其法定代理人、近亲属以《损伤程度》的相关规定发生变更为由申请再审的,人民法院不予受理。

四、对于正在审理案件需要进行损伤程度鉴定的,司法技术部门应做好前期技术审核工作,在对外委托时应明确向鉴定机构提出适用标准。

五、各级人民法院应认真组织开展《损伤标准》学习培训,在执行过程中发现问题,应及时报告请示最高人民法院。

特此通知。

第九十六条 【违反国家规定的含义】本法所称违反国家规定,是指违反全国人民代表大会及其常务委员会制定的法律和决定,国务院制定的行政法规、规定的行政措施、发布的决定和命令。

立法沿革

本条系1997年《刑法》增设的规定。

规范性文件

《最高人民法院关于准确理解和适用刑法中"国家规定"的有关问题的通知》(法发〔2011〕155号)
全国地方各级人民法院、各级军事法院、各铁路运输中级法院和基层法院,新疆生产建设兵团各级法院:

日前,国务院法制办就国务院办公厅文件的有关规定是否可以认定为刑法中的"国家规定"予以统一、规范。为切实做好相关刑事案件审判工作,准确把握刑法有关条文规定的"违反国家规定"的认定标准,依法惩治犯罪,统一法律适用,现就有关问题通知如下:

一、根据刑法第九十六条的规定,刑法中的"国家规定"是指,全国人民代表大会及其常务委员会制定的法律和决定,国务院制定的行政法规、规定的行政措施、发布的决定和命令。其中,"国务院规定的行政措施"应当由国务院决定,通常以行政法规或者国务院制发文件的形式加以规定。以国务院办公厅名义制发的文件,符合以下条件的,亦应视为刑法中的"国家规定":(1)有明确的法律依据或者同相关行政法规不相抵触;(2)经国务院常务会议讨论通过或者经国务院批准;(3)在国务院公报上公开发布。

二、各级人民法院在刑事审判工作中,对有关案件所涉及的"违反国家规定"的认定,要依照相关法律、行政法规及司法解释的规定准确把握。对于规定不明确的,要按照本通知的要求审慎认定。对于违反地方性法规、部门规章的行为,不得认定为"违反国家规定"。对被告人的行为是否"违反国家规定"存在争议的,应当作为法律适用问题,逐级向最高人民法院请示。

三、各级人民法院审理非法经营犯罪案件,要依法严格把握刑法第二百二十五条第(四)项的适用范围。对被告人的行为是否属于刑法第二百二十五条第(四)项规定的"其它严重扰乱市场秩序的非法经营行为",有关司法解释①未

---

① 本评注认为,此处的"司法解释"应作实质理解,即范围为"司法解释、规范性文件",但不包括法律适用答复、复函。

作明确规定的,应当作为法律适用问题,逐级向最高人民法院请示。

第九十七条 【首要分子的范围】本法所称首要分子,是指在犯罪集团或者聚众犯罪中起组织、策划、指挥作用的犯罪分子。

立法沿革

本条系1997年《刑法》沿用1979年《刑法》第八十六条的规定,仅将原条文中的"本法所说"调整为"本法所称"。

第九十八条 【告诉才处理的含义】本法所称告诉才处理,是指被害人告诉才处理。如果被害人因受强制、威吓无法告诉的,人民检察院和被害人的近亲属也可以告诉。

立法沿革

本条系1997年《刑法》沿用1979年《刑法》第八十七条的规定,仅将原条文中的"本法所说"调整为"本法所称"。

司法解释

《最高人民法院关于适用〈中华人民共和国刑事诉讼法〉的解释》(法释〔2021〕1号,自2021年3月1日起施行,节录)

第一条 人民法院直接受理的自诉案件包括:

(一)告诉才处理的案件:

1. 侮辱、诽谤案(刑法第二百四十六条规定的,但严重危害社会秩序和国家利益的除外);

2. 暴力干涉婚姻自由案(刑法第二百五十七条第一款规定的);

3. 虐待案(刑法第二百六十条第一款规定的,但被害人没有能力告诉或者因受到强制、威吓无法告诉的除外);

4. 侵占案(刑法第二百七十条规定的)。

第九十九条 【以上、以下、以内的界定】本法所称以上、以下、以内,包括本数。

立法沿革

本条系 1997 年《刑法》沿用 1979 年《刑法》第八十八条的规定,仅将原条文中的将"本法所说"调整为"本法所称",将"都连本数在内"调整为"包括本数"。

第一百条 【前科报告制度】依法受过刑事处罚的人,在入伍、就业的时候,应当如实向有关单位报告自己曾受过刑事处罚,不得隐瞒。

犯罪的时候不满十八周岁被判处五年有期徒刑以下刑罚的人,免除前款规定的报告义务。

立法沿革

本条系 1997 年《刑法》增设的规定。

2011 年 5 月 1 日起施行的《刑法修正案(八)》第十九条对本条作了修改,增加了本条第二款,免除了未成年罪犯特定情形下的前科报告义务。

修正前《刑法》	修正后《刑法》
第一百条 依法受过刑事处罚的人,在入伍、就业的时候,应当如实向有关单位报告自己曾受过刑事处罚,不得隐瞒。	第一百条 依法受过刑事处罚的人,在入伍、就业的时候,应当如实向有关单位报告自己曾受过刑事处罚,不得隐瞒。 犯罪的时候不满十八周岁被判处五年有期徒刑以下刑罚的人,免除前款规定的报告义务。

相关规定

《中华人民共和国刑事诉讼法》(修正后自 2018 年 10 月 26 日起施行,节录)

第二百八十六条 犯罪的时候不满十八周岁,被判处五年有期徒刑以下刑罚的,应当对相关犯罪记录予以封存。

犯罪记录被封存的,不得向任何单位和个人提供,但司法机关为办案需要或者有关单位根据国家规定进行查询的除外。依法进行查询的单位,应当对被封存的犯罪记录的情况予以保密。

《中华人民共和国预防未成年人犯罪法》(修订后自 2021 年 6 月 1 日起施行,节录)

第五十九条 未成年人的犯罪记录依法被封存的,公安机关、人民检察院、人民法院和司法行政部门不得向任何单位或者个人提供,但司法机关因办案需要或者有关单位根据国家有关规定进行查询的除外。依法进行查询的单位和个人应当对相关记录信息予以保密。

未成年人接受专门矫治教育、专门教育的记录,以及被行政处罚、采取刑事强制措施和不起诉的记录,适用前款规定。

规范性文件

《最高人民法院、最高人民检察院、公安部、国家安全部、司法部关于建立犯罪人员犯罪记录制度的意见》(法发〔2012〕10 号,具体条文未收录)

《公安机关办理犯罪记录查询工作规定》(公安部,公通字〔2021〕19 号,自 2021 年 12 月 31 日起施行,节录)

第二条 本规定所称的犯罪记录,是指我国国家专门机关对犯罪人员的客观记载。除人民法院生效裁判文书确认有罪外,其他情况均应当视为无罪。

有关人员涉嫌犯罪,但人民法院尚未作出生效判决、裁定,或者人民检察院作出不起诉决定,或者办案单位撤销案件、撤回起诉、对其终止侦查的,属于无犯罪记录人员。

第四条 个人可以查询本人犯罪记录,也可以委托他人代为查询,受托人应当具有完全民事行为能力。

单位可以查询本单位在职人员或者拟招录人员的犯罪记录,但应当符合法律、行政法规关于从业禁止的规定。

行政机关实施行政许可、授予职业资格,公证处办理犯罪记录公证时,可以依法查询相关人员的犯罪记录。有关查询程序参照单位查询的相关规定。

第九条 对于个人查询,未发现申请人有犯罪记录的,应当出具《无犯罪记录证明》;发现申请人有犯罪记录,应当出具《不予出具无犯罪记录证明通知书》。

对于单位查询,查询结果以《查询告知函》的形式告知查询单位。

第十条 查询结果的反馈,应当符合《中华人民共和国刑事诉讼法》关于未成年人犯罪记录封存的规定。

对于个人查询,申请人有犯罪记录,但犯罪的时候不满十八周岁,被判处五年有期徒刑以下刑罚的,受理单位应当出具《无犯罪记录证明》。

对于单位查询,被查询对象有犯罪记录,但犯罪的时候不满十八周岁,被判处五年有期徒刑以下刑罚的,受理单位应当出具《查询告知函》,并载明查询对象无犯罪记录。法律另有规定的,从其规定。

《最高人民法院、最高人民检察院、公安部、司法部关于未成年人犯罪记录封存的实施办法》(高检发办字〔2022〕71号,自2022年5月30日起施行,节录)

第四条 犯罪的时候不满十八周岁,被判处五年有期徒刑以下刑罚以及免予刑事处罚的未成年人犯罪记录,应当依法予以封存。

对在年满十八周岁前后实施数个行为,构成一罪或者一并处理的数罪,主要犯罪行为是在年满十八岁周岁前实施的,被判处或者决定执行五年有期徒刑以下刑罚以及免予刑事处罚的未成年人犯罪记录,应当对全案依法予以封存。

第十八条 对被封存犯罪记录的未成年人,符合下列条件之一的,封存机关应当对其犯罪记录解除封存:

(一)在未成年时实施新的犯罪,且新罪与封存记录之罪数罪并罚后被决定执行刑罚超过五年有期徒刑的;

(二)发现未成年时实施的漏罪,且漏罪与封存记录之罪数罪并罚后被决定执行刑罚超过五年有期徒刑的;

(三)经审判监督程序改判五年有期徒刑以上刑罚的。

被封存犯罪记录的未成年人,成年后又故意犯罪的,人民法院应当在裁判文书中载明其之前的犯罪记录。

司法疑难解析

未成年人犯罪记录封存的属性。本评注认为,《刑法修正案(八)》增设的《刑法》第一百条第二款免除了未成年人特定犯罪的前科报告义务,即对犯罪记录"封存"但非"消灭"。这是对未成年人利益最大化原则的体现,旨在促使未成年罪犯及时改过自新、更好融入社会,避免重归正途的未成年人在入伍、升学、就业等活动中被歧视。对于被封存犯罪记录的解除封存情形,《最高人民法院、最高人民检察院、公安部、司法部关于未成年人犯罪记录封存的实施办法》(高检发办字〔2022〕71号)第十八条作了规定,并明确被封存犯罪记录的未成年人,成年后又故意犯罪的,人民法院应当在裁判文书中载明其之前的犯罪记录。

第一百零一条 【总则的效力】本法总则适用于其他有刑罚规定的法律,但是其他法律有特别规定的除外。

立法沿革

本条系 1997 年《刑法》沿用 1979 年《刑法》第八十九条的规定,仅删去了原条文中"法令"的表述。

第二编 分则

司法解释

《最高人民法院、最高人民检察院、公安部、国家计委关于统一赃物估价工作的通知》（法发〔1994〕9号）①

各省、自治区、直辖市高级人民法院、人民检察院、公安厅（局）、物价局（委员会）：

为了进一步做好赃物估价工作，统一估价原则和估价标准，正确办理刑事案件，现就赃物估价工作的有关事项通知如下：

一、人民法院、人民检察院、公安机关在办理刑事案件过程中，对于价格不明或者价格难以确定的赃物应当估价。案件移送时，应附《赃物估价鉴定结论书》。

二、国家计委及地方各级政府物价管理部门是赃物估价的主管部门，其设立的价格事务所是指定的赃物估价机构。

三、人民法院、人民检察院、公安机关在办案中需要对赃物估价时，应当出具估价委托书，委托案件管辖地的同级物价管理部门设立的价格事务所进行估价。估价委托书一般应当载明赃物的品名、牌号、规格、数量、来源、购置时间，以及违法犯罪获得赃物的时间、地点等有关情况。

四、价格事务所应当参照最高人民法院、最高人民检察院1992年12月11日《关于办理盗窃案件具体应用法律的若干问题的解释》第三条的规定估价。价格事务所应当在接受估价委托后七日内作出估价鉴定结论，但另有约定的除外。

五、价格事务所对赃物估价后，应当出具统一制作的《赃物估价鉴定结论书》，由估价工作人员签名并加盖价格事务所印章。

六、委托估价的机关应当对《赃物估价鉴定结论书》进行审查。如果对同级

---

① 目前，"估价"已调整为"价格认证"。——**本评注注**

价格事务所出具的《赃物估价鉴定结论书》提出异议,可退回价格事务所重新鉴定或者委托上一级价格事务所复核。经审查,确认无误的赃物估价鉴定结论,才能作为定案的根据。国家计委指定的直属价格事务所是赃物估价的最终复核裁定机构。

七、赃物估价是一项严肃的工作。各级政府价格主管部门及其价格事务所应积极配合人民法院、人民检察院、公安机关认真做好这项工作。一些尚未组建价格事务所的地区,赃物估价工作暂由物价管理部门承担。

八、关于赃物估价的具体规定和办法,另行制定。

本通知自下达之日起执行。

规范性文件

《最高人民法院关于在经济犯罪审判中参照适用〈最高人民检察院、公安部关于公安机关管辖的刑事案件立案追诉标准的规定(二)〉的通知》(法发〔2010〕22号)

全国地方各级人民法院、各级军事法院、各铁路运输中级法院和基层法院,新疆生产建设兵团各级法院:

今年5月18日,最高人民检察院、公安部印发了《最高人民检察院、公安部关于公安机关管辖的刑事案件立案追诉标准的规定(二)》(以下简称《标准二》)。《标准二》规定了公安机关经济犯罪侦查部门管辖的86种刑事案件的立案追诉标准。[①] 为切实做好经济犯罪审判工作,及时、准确打击经济犯罪,有效维护市场经济秩序,现就人民法院在审理经济犯罪案件中参照适用《标准二》的有关问题通知如下:

一、最高人民法院对相关经济犯罪的定罪量刑标准没有规定的,人民法院在审理经济犯罪案件时,可以参照适用《标准二》的规定。

二、各级人民法院在参照适用《标准二》的过程中,如认为《标准二》的有关规定不能适应案件审理需要的,要结合案件具体情况和本地实际,依法审慎稳妥处理好案件的法律适用和政策把握,争取更好的社会效果。

三、最高人民法院将在进一步总结审判经验的基础上,对审判实践中亟需的相关经济犯罪定罪量刑标准作出具体规定。在此之前,拟通过有关工作会议、司法文件、公布典型案例等方式,对人民法院经济犯罪案件审判工作加强指导,以

[①] 该立案追诉标准现为《最高人民检察院、公安部关于公安机关管辖的刑事案件立案追诉标准的规定(二)》(公通字〔2022〕12号),涉及78种刑事案件。——**本评注注**

不断提高经济犯罪案件审判水平,更好地服务经济社会发展和依法惩处经济犯罪工作的需要。

立案追诉标准

《狱内刑事案件立案标准》(司法部令第 64 号,自 2001 年 3 月 9 日起施行)①

第一条 为了及时打击狱内在押罪犯的又犯罪活动,确保监狱的安全稳定,根据中华人民共和国《刑法》、《刑事诉讼法》、《监狱法》的有关规定,针对狱内又犯罪活动的特点,制定本标准。

第二条 监狱发现罪犯有下列犯罪情形的,应当立案侦查:

(一)煽动分裂国家、破坏国家统一的(煽动分裂国家案)。

(二)以造谣、诽谤或其他方式煽动颠覆国家政权、推翻社会主义制度的(煽动颠覆国家政权案)。

(三)故意放火破坏监狱监管设施、生产设施、生活设施,危害监狱安全的(放火案)。

(四)爆炸破坏监狱监管设施、生产设施、生活设施,危害监狱安全的(爆炸案)。

(五)投毒破坏生活设施,危害监狱安全的(投毒案)。

(六)非法制造、储存或藏匿枪支的(非法制造、储存枪支案)。

(七)以各种手段窃取枪支、弹药、爆炸物的(盗窃枪支、弹药、爆炸物案)。

(八)抢夺枪支、弹药、爆炸物的(抢夺枪支、弹药、爆炸物案)。

(九)故意非法剥夺他人生命的(故意杀人案)。

(十)过失致人死亡的(过失致人死亡案)。

(十一)故意伤害他人身体的(故意伤害案)。

(十二)过失伤害他人致人重伤的(过失致人重伤案)。

(十三)以暴力、胁迫或者其他手段强奸妇女的(强奸案)。

(十四)奸淫不满 14 周岁幼女的(奸淫幼女案)。

(十五)以暴力、胁迫或其他方法强制猥亵妇女或者侮辱妇女的(强制猥亵、侮辱妇女案)。

(十六)煽动民族分裂、民族歧视,情节严重的(煽动民族仇恨、民族歧

---

① 本立案标准的适用,应当结合此后刑法修正和所发布的司法解释、规范性文件作妥当把握。——本评注注

视案)。

(十七)盗窃公私财物,数额在500元至2000元以上的;盗窃数额不足500元至2000元,但一年内盗窃三次以上的(盗窃案)。

(十八)诈骗公私财物,数额在500元至2000元以上的(诈骗案)。

(十九)抢夺公私财物,数额在500元至2000元以上的(抢夺案)。

(二十)敲诈勒索他人财物,数额在500元至2000元以上的(敲诈勒索案)。

(二十一)由于泄愤报复或者其他个人目的,毁坏机器设备、残害耕畜或者以其他方法破坏生产经营的(破坏生产经营案)。

(二十二)聚众斗殴,情节严重的。聚众斗殴,致人重伤、死亡的,依照故意伤害罪、故意杀人罪论处(聚众斗殴案)。

(二十三)有下列破坏监管秩序行为之一,情节严重的:①殴打监管人员的;②组织其他被监管人员破坏监管秩序的;③聚众闹事,扰乱正常监管秩序的;④殴打、体罚或者指使他人殴打、体罚其他被监管人的(破坏监管秩序案)。

(二十四)狱内在押罪犯以各种方式逃离监狱警戒区域的(脱逃案)。

(二十五)罪犯使用各种暴力手段,聚众逃跑的(暴动越狱案)。

(二十六)罪犯组织、策划、指挥其他罪犯集体逃跑的,或者积极参加集体逃跑的(组织越狱案)。

(二十七)罪犯在服刑期间明知是毒品而非法销售或者以贩卖为目的而非法收买毒品的(贩卖毒品案)。

(二十八)非法持有鸦片200克以上、海洛因或者甲基苯丙胺10克以上或者其他毒品数量较大的(非法持有毒品案)。

(二十九)为牟取不正当利益,向监狱警察赠送财物,价值人民币2000元以上的(行贿案)。

(三十)以语言、文字、动作或者其他手段,向他人传授实施犯罪的具体经验、技能的(传授犯罪方法案)。

(三十一)其他需要立案侦查的案件。

第三条 情节、后果严重的下列案件,列为重大案件:

(一)组织从事危害国家安全活动的犯罪集团,情节严重的。

(二)放火、决水、爆炸、投毒或以其他危险方法危害监狱安全,造成人员伤亡或者直接经济损失5000元至30000元。

(三)非法制造、储存枪支、弹药、爆炸物的。

(四)故意杀人致死或致重伤的。

(五)故意伤害他人致死的。

（六）强奸妇女既遂，或者奸淫幼女的。

（七）以挟持人质等暴力手段脱逃，造成人员重伤的。

（八）煽动民族仇恨、民族歧视，情节特别严重的。

（九）盗窃、诈骗、抢夺、敲诈勒索，数额在5000元至30000元的。

（十）十人以上聚众斗殴或者聚众斗殴致三名以上罪犯重伤的。

（十一）破坏监管秩序，情节恶劣、后果严重的。

（十二）罪犯三人以上集体脱逃的。

（十三）尚未减刑的死缓犯、无期徒刑犯脱逃的；剩余执行刑期15年以上的罪犯脱逃的；其他被列为重要案犯的罪犯脱逃的。

（十四）暴动越狱的。

（十五）贩卖鸦片200元以上不满1000克、海洛因或者甲基苯丙胺10克以上不满50克或者其他毒品数量较大的。

（十六）非法持有鸦片1000克以上、海洛因或甲基苯丙胺50克以上或者其他毒品数量较大的。

（十七）省、自治区、直辖市司法厅（局）认为需要列为重大案件的。

第四条 情节恶劣、后果特别严重的下列案件，列为特别重大案件：

（一）组织从事危害国家安全活动的犯罪集团，或进行其他危害国家安全的犯罪活动，影响恶劣，情节特别严重的。

（二）案件中一次杀死二名以上罪犯，或者重伤四名以上罪犯，或者杀害监狱警察、武装警察、工人及其家属的。

（三）暴动越狱，造成死亡一人以上，或者重伤三人以上的，或者影响恶劣的。

（四）盗窃、抢夺、抢劫枪支弹药的。

（五）放火、爆炸、投毒，致死二人以上或者造成直接经济损失30000元以上的。

（六）盗窃、诈骗、抢夺、敲诈勒索、故意毁坏公私财物，数额在30000元以上的。

（七）强奸妇女，致人重伤、死亡或者其他严重后果的，或者轮奸妇女的。

（八）挟持人质，造成人质死亡的。

（九）贩卖鸦片1000克以上、海洛因或者甲基苯丙胺50克以上或者其他毒品数量大的。

（十）司法部认为需要列为特别重大案件的。

第五条 本规定中的公私财物价值数额、直接经济损失数额以及毒品数量,可在规定的数额、数量幅度内,执行本省(自治区、直辖市)高级人民法院确定的标准。

第六条 本标准由司法部解释。

第七条 本标准自发布之日起施行。司法部于1987年发布的《司法部关于狱内案件立案标准的规定(试行)》同日废止。

《最高人民检察院、公安部关于公安机关管辖的刑事案件立案追诉标准的规定(一)》[公通字〔2008〕36号,经《最高人民检察院、公安部关于公安机关管辖的刑事案件立案追诉标准的规定(一)的补充规定》(公通字〔2017〕12号)修正,节录]

一、危害公共安全案

(→本部分参见分则第二章相应条文评注部分)

二、破坏社会主义市场经济秩序案

(→本部分参见分则第三章相应条文评注部分)

三、侵犯公民人身权利、民主权利案

(→本部分参见分则第四章相应条文评注部分)

四、侵犯财产案

(→本部分参见分则第五章相应条文评注部分)

五、妨害社会管理秩序案

(→本部分参见分则第六章相应条文评注部分)

六、危害国防利益案

(→本部分参见分则第七章相应条文评注部分)

附 则

第一百条 本规定中的立案追诉标准,除法律、司法解释另有规定的以外,适用于相关的单位犯罪。

第一百零一条 本规定中的"以上",包括本数。

第一百零二条 本规定自印发之日起施行。

《最高人民检察院、公安部关于公安机关管辖的刑事案件立案追诉标准的规定(二)》(公通字〔2022〕12号,自2022年5月15日施行,节录)

(→正文部分参见分则相应条文评注部分)

附 则

第七十九条 本规定中的"货币"是指在境内外正在流通的以下货币:

(一)人民币(含普通纪念币、贵金属纪念币)、港元、澳门元、新台币;

(二)其他国家及地区的法定货币。

贵金属纪念币的面额以中国人民银行授权中国金币总公司的初始发售价格为准。

第八十条 本规定中的"多次",是指三次以上。

第八十一条 本规定中的"虽未达到上述数额标准",是指接近上述数额标准且已达到该数额的百分之八十以上的。

第八十二条 对于预备犯、未遂犯、中止犯,需要追究刑事责任的,应予立案追诉。

第八十三条 本规定中的立案追诉标准,除法律、司法解释、本规定中另有规定的以外,适用于相应的单位犯罪。

第八十四条 本规定中的"以上",包括本数。

第八十五条 本规定自 2022 年 5 月 15 日施行。《最高人民检察院、公安部关于公安机关管辖的刑事案件立案追诉标准的规定(二)》(公通字〔2010〕23 号)和《最高人民检察院、公安部关于公安机关管辖的刑事案件立案追诉标准的规定(二)的补充规定》(公通字〔2011〕47 号)同时废止。

第一章

危害国家安全罪

全国人大常委会决定

《全国人民代表大会常务委员会关于维护互联网安全的决定》(修正后自2009年8月27日起施行,节录)

二、为了维护国家安全和社会稳定,对有下列行为之一,构成犯罪的,依照刑法有关规定追究刑事责任:

(一)利用互联网造谣、诽谤或者发表、传播其他有害信息,煽动颠覆国家政权、推翻社会主义制度,或者煽动分裂国家、破坏国家统一;

(二)通过互联网窃取、泄露国家秘密、情报或者军事秘密;

第一百零二条 【背叛国家罪】勾结外国,危害中华人民共和国的主权、领土完整和安全的,处无期徒刑或者十年以上有期徒刑。

与境外机构、组织、个人相勾结,犯前款罪的,依照前款的规定处罚。

立法沿革

本条系1997年《刑法》吸收修改1979年《刑法》作出的规定。1979年《刑法》第九十一条规定:"勾结外国,阴谋危害祖国的主权、领土完整和安全的,处无期徒刑或者十年以上有期徒刑。"1997年《刑法》删去"阴谋"二字,将"祖国"修改为"中华人民共和国",使表述更为准确;同时,增加规定与境外机构、组织、个人相勾结实施本罪的,应当按照本罪的规定处罚。

第一百零三条 【分裂国家罪】组织、策划、实施分裂国家、破坏国家统一的,对首要分子或者罪行重大的,处无期徒刑或者十年以上有期徒刑;对积极参加的,处三年以上十年以下有期徒刑;对其他参加的,处三年以下有期徒刑、拘役、管制或者剥夺政治权利。

【煽动分裂国家罪】煽动分裂国家、破坏国家统一的,处五年以下有期徒刑、拘役、管制或者剥夺政治权利;首要分子或者罪行重大的,处五年以上有期徒刑。

立法沿革

本条系1997年《刑法》吸收修改1979年《刑法》作出的规定。1979年《刑法》第九十二条规定:"阴谋颠覆政府、分裂国家的,处无期徒刑或者十年以上有期徒刑。"1997年《刑法》将颠覆政府与分裂国家的犯罪行为分开予以规定,并将分裂国家罪排在仅次于背叛国家罪之后,以加大对分裂国家、破坏国家统一的犯罪行为的惩治;删去"阴谋"二字,并对其他罪状作了调整,以使表述更为准确;对分裂国家犯罪区分"首要分子或者罪行重大的""积极参加的""其他参加的"分别量刑,并对煽动分裂国家、破坏国家统一的犯罪行为单独规定刑罚,以实现罪责刑相适应。

司法解释

《最高人民法院关于审理非法出版物刑事案件具体应用法律若干问题的解释》(法释〔1998〕30号)第一条对出版、印刷、复制、发行、传播载有煽动分裂国家、破坏国家统一内容的出版物适用《刑法》第一百零三条第二款作了指引性规定。(→参见第二百一十七条评注部分,第980页)

《最高人民法院、最高人民检察院关于办理妨害预防、控制突发传染病疫情等灾害的刑事案件具体应用法律若干问题的解释》(法释〔2003〕8号)第十条第二款对利用突发传染病疫情等灾害,制造、传播谣言,煽动分裂国家适用《刑法》第一百零三条第二款作了指引性规定。(→参见第一百一十四条评注部分,第415页)

《最高人民法院、最高人民检察院关于办理组织、利用邪教组织破坏法律实施等刑事案件适用法律若干问题的解释》(法释〔2017〕3号)第十条对组织、利用邪教组织破坏国家法律、行政法规实施过程中,又有煽动分裂国家等犯罪行为的罪数处断规则作了规定。(→参见第三百条评注部分,第1576页)

规范性文件

《最高人民法院、最高人民检察院、公安部、司法部关于依法惩治妨害新型冠状病毒感染肺炎疫情防控违法犯罪的意见》(法发〔2020〕7号)"二、准确适用法律,依法严惩妨害疫情防控的各类违法犯罪"第(六)条就利用新型冠状病毒感染肺炎疫情,制造、传播谣言,煽动分裂国家、破坏国家统一行为的定性和政策

把握作了指引性规定。(→参见第三百三十条评注部分,第1712页)

第一百零四条 【武装叛乱、暴乱罪】组织、策划、实施武装叛乱或者武装暴乱的,对首要分子或者罪行重大的,处无期徒刑或者十年以上有期徒刑;对积极参加的,处三年以上十年以下有期徒刑;对其他参加的,处三年以下有期徒刑、拘役、管制或者剥夺政治权利。

策动、胁迫、勾引、收买国家机关工作人员、武装部队人员、人民警察、民兵进行武装叛乱或者武装暴乱的,依照前款的规定从重处罚。

✎ 立法沿革

本条系1997年《刑法》吸收修改1979年《刑法》作出的规定。1979年《刑法》第九十三条规定:"策动、勾引、收买国家工作人员、武装部队、人民警察、民兵投敌叛变或者叛乱的,处无期徒刑或者十年以上有期徒刑。"第九十五条规定:"持械聚众叛乱的首要分子或者其他罪恶重大的,处无期徒刑或者十年以上有期徒刑;其他积极参加的,处三年以上十年以下有期徒刑。"1997年《刑法》将上述两条合并为一条,增加规定组织、策划、实施武装叛乱或者武装暴乱的犯罪,并将1979年《刑法》第九十三条规定的策动叛乱罪的内容作为本条的第二款,并规定了从重处罚的原则;将"投敌叛变或者叛乱""持械聚众叛乱"修改为"武装叛乱或者武装暴乱",以适应情况变化和实际斗争的需要。

第一百零五条 【颠覆国家政权罪】组织、策划、实施颠覆国家政权、推翻社会主义制度的,对首要分子或者罪行重大的,处无期徒刑或者十年以上有期徒刑;对积极参加的,处三年以上十年以下有期徒刑;对其他参加的,处三年以下有期徒刑、拘役、管制或者剥夺政治权利。

【煽动颠覆国家政权罪】以造谣、诽谤或者其他方式煽动颠覆国家政权、推翻社会主义制度的,处五年以下有期徒刑、拘役、管制或者剥夺政治权利;首要分子或者罪行重大的,处五年以上有期徒刑。

✎ 立法沿革

本条系1997年《刑法》吸收修改1979年《刑法》作出的规定。1979年《刑法》第九十二条规定:"阴谋颠覆政府、分裂国家的,处无期徒刑或者十年以上有期徒刑。"1997年《刑法》将分裂国家的犯罪行为分离出去(单独在第一百零三条作了规定),以使本条的规定只限于颠覆国家政权、推翻社会主义制度的犯罪;对罪状作了调整,删去"阴谋"二字,将"颠覆政府"修改为"颠覆国家政权、推翻社会主义制度",以使表述更为准确;对分裂国家犯罪区分"首要分子或者罪行重大的""积极参加的""其他参加的"分别量刑,并对煽动颠覆国家政权的犯罪行为(系吸收分解 1979 年《刑法》第一百零二条规定的宣传煽动罪)单独规定刑罚,以实现罪责刑相适应。

司法解释

《最高人民法院关于审理非法出版物刑事案件具体应用法律若干问题的解释》(法释〔1998〕30 号)第一条对出版、印刷、复制、发行、传播载有煽动颠覆国家政权、推翻社会主义制度内容的出版物适用《刑法》第一百零五条第二款作了指引性规定。(→参见第二百一十七条评注部分,第 980 页)

《最高人民法院、最高人民检察院关于办理妨害预防、控制突发传染病疫情等灾害的刑事案件具体应用法律若干问题的解释》(法释〔2003〕8 号)第十条第二款对利用突发传染病疫情等灾害,制造、传播谣言,煽动颠覆国家政权适用《刑法》第一百零五条第二款作了指引性规定。(→参见第一百一十四条评注部分,第 415 页)

《最高人民法院、最高人民检察院关于办理组织、利用邪教组织破坏法律实施等刑事案件适用法律若干问题的解释》(法释〔2017〕3 号,自 2017 年 2 月 1 日起施行)第十条对组织、利用邪教组织破坏国家法律、行政法规实施过程中,又有煽动颠覆国家政权等犯罪行为的罪数处断规则作了规定。(→参见第三百条评注部分,第 1576 页)

规范性文件

《最高人民法院、最高人民检察院、公安部、司法部关于依法惩治妨害新型冠状病毒感染肺炎疫情防控违法犯罪的意见》(法发〔2020〕7 号)"二、准确适用法律,依法严惩妨害疫情防控的各类违法犯罪"第(六)条就利用新型冠状病毒感染肺炎疫情,制造、传播谣言,煽动颠覆国家政权、推翻社会主义制度行为的定性和政策把握作了指引性规定。(→参见第三百三十条评注部分,第 1712 页)

第一百零六条 【与境外勾结的从重处罚】与境外机构、组织、个人相勾结,实施本章第一百零三条、第一百零四条、第一百零五条规定之罪的,依照各该条的规定从重处罚。

立法沿革

本条系 1997 年《刑法》增设的规定。

第一百零七条 【资助危害国家安全犯罪活动罪】境内外机构、组织或者个人资助实施本章第一百零二条、第一百零三条、第一百零四条、第一百零五条规定之罪的,对直接责任人员,处五年以下有期徒刑、拘役、管制或者剥夺政治权利;情节严重的,处五年以上有期徒刑。

立法沿革

本条系 1997 年《刑法》增设的规定。之所以将资助行为限定为资助实施本章第一百零二条规定的背叛国家罪、第一百零三条规定的分裂国家罪和煽动分裂国家罪、第一百零四条规定的武装叛乱、暴乱罪、第一百零五条规定的颠覆国家政权罪和煽动颠覆国家政权罪的范围,主要是因为该几类犯罪对国家安全的危害最大。

2011 年 5 月 1 日起施行的《刑法修正案(八)》第二十条对本条作了修改,删去资助对象的限制性规定,不再限于"境内组织或者个人"。

修正前《刑法》	修正后《刑法》
第一百零七条 【资助危害国家安全犯罪活动罪】境内外机构、组织或者个人资助境内组织或者个人实施本章第一百零二条、第一百零三条、第一百零四条、第一百零五条规定之罪的,对直接责任人员,处五年以下有期徒刑、拘役、管制或者剥夺政治权利;情节严重的,处五年以上有期徒刑。	第一百零七条 【资助危害国家安全犯罪活动罪】境内外机构、组织或者个人资助实施本章第一百零二条、第一百零三条、第一百零四条、第一百零五条规定之罪的,对直接责任人员,处五年以下有期徒刑、拘役、管制或者剥夺政治权利;情节严重的,处五年以上有期徒刑。

第一百零八条 【投敌叛变罪】投敌叛变的,处三年以上十年以下有期徒刑;情节严重或者带领武装部队人员、人民警察、民兵投敌叛变的,处十年以上有期徒刑或者无期徒刑。

立法沿革

本条系 1997 年《刑法》吸收修改 1979 年《刑法》作出的规定。1979 年《刑法》第九十四条规定:"投敌叛变的,处三年以上十年以下有期徒刑;情节严重的或者率众投敌叛变的,处十年以上有期徒刑或者无期徒刑。""率领武装部队、人民警察、民兵投敌叛变的,处无期徒刑或者十年以上有期徒刑。"1997 年《刑法》将 1979 年《刑法》第九十四条第二款的行为合并到第一款之中,并删去"率众投敌叛变"的规定,将其交由"情节严重"加以把握。

第一百零九条 【叛逃罪】国家机关工作人员在履行公务期间,擅离岗位,叛逃境外或者在境外叛逃的,处五年以下有期徒刑、拘役、管制或者剥夺政治权利;情节严重的,处五年以上十年以下有期徒刑。

掌握国家秘密的国家工作人员叛逃境外或者在境外叛逃的,依照前款的规定从重处罚。

立法沿革

本条系 1997 年《刑法》增设的规定。

2011 年 5 月 1 日起施行的《刑法修正案(八)》第二十一条对本条作了修改,主要涉及两个方面:一是删去国家机关工作人员叛逃,须危害中华人民共和国国家安全才能构成犯罪的规定;二是对掌握国家秘密的国家工作人员构成叛逃罪的要件作了修改,删去"在履行公务期间,擅离岗位"的限定条件。

修正前《刑法》	修正后《刑法》
第一百零九条 【叛逃罪】国家机关工作人员在履行公务期间,擅离岗位,叛逃境外或者在境外叛逃,危害中华人民共和国国家安全,处五年以下有期徒刑、拘役、管制或者剥夺政治权利;情节严重的,处五年以上十年以下有期徒刑。 掌握国家秘密的国家工作人员把前款罪的,依照前款的规定从重处罚。	第一百零九条 【叛逃罪】国家机关工作人员在履行公务期间,擅离岗位,叛逃境外或者在境外叛逃的,处五年以下有期徒刑、拘役、管制或者剥夺政治权利;情节严重的,处五年以上十年以下有期徒刑。 掌握国家秘密的国家工作人员**叛逃境外或者在境外叛逃**的,依照前款的规定从重处罚。

司法疑难解析

《刑法修正案(八)》删去"危害中华人民共和国国家安全"表述的理解。需要注意的是,"之所以作上述修改,是因为国家机关工作人员在履行公务期间,擅离岗位,叛逃境外或者在境外叛逃的行为,本身就已构成对国家安全的危害,不需要再规定危害国家安全的要件"。① 由此,不应当认为在《刑法修正案(八)》之后,叛逃罪的成立不需要危害国家安全的要件。**本评注认为**,对出于危害国家安全以外的动机,擅离岗位,非法出境或者在境外不归,但未实施危害国家安全行为的,不应成立叛逃罪。

> **第一百一十条 【间谍罪】**有下列间谍行为之一,危害国家安全的,处十年以上有期徒刑或者无期徒刑;情节较轻的,处三年以上十年以下有期徒刑:
> (一)参加间谍组织或者接受间谍组织及其代理人的任务的;
> (二)为敌人指示轰击目标的。

立法沿革

本条系 1997 年《刑法》吸收修改 1979 年《刑法》作出的规定。1979 年《刑法》第九十七条规定:"进行下列间谍或者资敌行为之一的,处十年以上有期徒刑或者无期徒刑;情节较轻的,处三年以上十年以下有期徒刑:(一)为敌人窃取、刺探、提供情报的;(二)供给敌人武器军火或者其他军用物资的;(三)参加特务、间谍组织或者接受敌人派遣任务的。"1997 年《刑法》将资敌和为境外窃取、刺探、收买、非法提供国家秘密、情报的犯罪行为分离出去(单独规定在第一百一十二条和第一百一十一条),以使本条的规定仅限于间谍罪,并将 1979 年《刑法》第一百条规定的反革命破坏罪中"为敌人指示轰击目标的"行为纳入本条;同时,对罪状作了调整,不再使用"特务"的表述,将其包容于"间谍"概念之中,将"参加特务、间谍组织或者接受敌人派遣任务"修改为"参加间谍组织或者接受间谍组织及其代理人的任务"。

相关规定

《中华人民共和国反间谍法》(修订后自 2023 年 7 月 1 日起施行,节录)
第四条 本法所称间谍行为,是指下列行为:

---

① 王爱立主编:《中华人民共和国刑法条文说明、立法理由及相关规定》,北京大学出版社 2021 年版,第 312 页。

（一）间谍组织及其代理人实施或者指使、资助他人实施，或者境内外机构、组织、个人与其相勾结实施的危害中华人民共和国国家安全的活动；

（二）参加间谍组织或者接受间谍组织及其代理人的任务，或者投靠间谍组织及其代理人；

（三）间谍组织及其代理人以外的其他境外机构、组织、个人实施或者指使、资助他人实施，或者境内机构、组织、个人与其相勾结实施的窃取、刺探、收买、非法提供国家秘密、情报以及其他关系国家安全和利益的文件、数据、资料、物品，或者策动、引诱、胁迫、收买国家工作人员叛变的活动；

（四）间谍组织及其代理人实施或者指使、资助他人实施，或者境内外机构、组织、个人与其相勾结实施针对国家机关、涉密单位或者关键信息基础设施等的网络攻击、侵入、干扰、控制、破坏等活动；

（五）为敌人指示攻击目标；

（六）进行其他间谍活动。

间谍组织及其代理人在中华人民共和国领域内，或者利用中华人民共和国的公民、组织或者其他条件，从事针对第三国的间谍活动，危害中华人民共和国国家安全的，适用本法。

第十条 境外机构、组织、个人实施或者指使、资助他人实施的，或者境内机构、组织、个人与境外机构、组织、个人相勾结实施的危害中华人民共和国国家安全的间谍行为，都必须受到法律追究。

第三十八条 对违反本法规定，涉嫌犯罪，需要对有关事项是否属于国家秘密或者情报进行鉴定以及需要对危害后果进行评估的，由国家保密部门或者省、自治区、直辖市保密部门按照程序在一定期限内进行鉴定和组织评估。

第五十三条 实施间谍行为，构成犯罪的，依法追究刑事责任。

第五十五条 实施间谍行为，有自首或者立功表现的，可以从轻、减轻或者免除处罚；有重大立功表现的，给予奖励。

在境外受胁迫或者受诱骗参加间谍组织、敌对组织，从事危害中华人民共和国国家安全的活动，及时向中华人民共和国驻外机构如实说明情况，或者入境后直接或者通过所在单位及时向国家安全机关如实说明情况，并有悔改表现的，可以不予追究。

《中华人民共和国反间谍法实施细则》（国务院令第692号，自2017年11月22日起施行，节录）

第三条 《反间谍法》所称"境外机构、组织"包括境外机构、组织在中华人民共和国境内设立的分支（代表）机构和分支组织；所称"境外个人"包括居住在中华人民共和国境内不具有中华人民共和国国籍的人。

第四条 《反间谍法》所称"间谍组织代理人",是指接受间谍组织或者其成员的指使、委托、资助,进行或者授意、指使他人进行危害中华人民共和国国家安全活动的人。

间谍组织和间谍组织代理人由国务院国家安全主管部门确认。

第六条 《反间谍法》所称"资助"实施危害中华人民共和国国家安全的间谍行为,是指境内外机构、组织、个人的下列行为:

(一)向实施间谍行为的组织、个人提供经费、场所和物资的;

(二)向组织、个人提供用于实施间谍行为的经费、场所和物资的。

第七条 《反间谍法》所称"勾结"实施危害中华人民共和国国家安全的间谍行为,是指境内外组织、个人的下列行为:

(一)与境外机构、组织、个人共同策划或者进行危害国家安全的间谍活动的;

(二)接受境外机构、组织、个人的资助或者指使,进行危害国家安全的间谍活动的;

(三)与境外机构、组织、个人建立联系,取得支持、帮助,进行危害国家安全的间谍活动的。

第二十条 下列情形属于《反间谍法》第二十七条①所称"立功表现":

(一)揭发、检举危害国家安全的其他犯罪分子,情况属实的;

(二)提供重要线索、证据,使危害国家安全的行为得以发现和制止的;

(三)协助国家安全机关、司法机关捕获其他危害国家安全的犯罪分子的;

(四)对协助国家安全机关维护国家安全有重要作用的其他行为。

"重大立功表现",是指在前款所列立功表现的范围内对国家安全工作有特别重要作用的。

第一百一十一条 【为境外窃取、刺探、收买、非法提供国家秘密、情报罪】为境外的机构、组织、人员窃取、刺探、收买、非法提供国家秘密或者情报的,处五年以上十年以下有期徒刑;情节特别严重的,处十年以上有期徒刑或者无期徒刑;情节较轻的,处五年以下有期徒刑、拘役、管制或者剥夺政治权利。

---

① 修订后的《反间谍法》第五十五条。——本评注注

立法沿革

本条系 1997 年《刑法》吸收修改 1979 年《刑法》和单行刑法作出的规定。1979 年《刑法》第九十七条关于间谍罪的规定中包含"为敌人窃取、刺探、提供情报的"行为。《全国人民代表大会常务委员会关于惩治泄露国家秘密犯罪的补充规定》(自 1988 年 9 月 5 日起施行,已失效)对刑法补充规定:"为境外的机构、组织、人员窃取、刺探、收买、非法提供国家秘密的,处五年以上十年以下有期徒刑;情节较轻的,处五年以下有期徒刑、拘役或者剥夺政治权利;情节特别严重的,处十年以上有期徒刑、无期徒刑或者死刑,并处剥夺政治权利。"1997 年《刑法》将上述内容吸收,并增加了"窃取、刺探、收买、非法提供情报"的行为。

司法解释

《最高人民法院关于审理为境外窃取、刺探、收买、非法提供国家秘密、情报案件具体应用法律若干问题的解释》(法释〔2001〕4 号,自 2001 年 1 月 22 日起施行)

为依法惩治为境外的机构、组织、人员窃取、刺探、收买、非法提供国家秘密、情报犯罪活动,维护国家安全和利益,根据刑法有关规定,现就审理这类案件具体应用法律的若干问题解释如下:

第一条① 刑法第一百一十一条规定的"国家秘密",是指《中华人民共和国保守国家秘密法》第二条、第八条②以及《中华人民共和国保守国家秘密法实施办法》第四条③确定的事项。

---

① 《刑法》第一百一十一条规定的"情报"有两个特征:(1)关系我国的安全和利益;(2)尚未公开或者依照有关规定不应公开。"尚未公开"是指单位内部的资料没有对外公开,比如没有标明密级但上有"内部使用、严禁外传"之类文字的文件、统计资料、电话本等等;"不应公开"是指依照有关规定不应公开,如有关部门规定,"文革"材料不能向境外提供等。特别是,"有人提出,对已经公开的资料进行分析、综合、研究后的信息,例如收集某一地区中级法院门前公告栏里的死刑数字进行汇总后得出的死刑总数向国外提供的,是否属于情报?经研究认为,按照情报的定义,该种信息不能属于情报"。参见祝二军:《〈关于审理为境外窃取、刺探、收买、非法提供国家秘密、情报案件具体应用法律若干问题的解释〉的理解与适用》,载中华人民共和国最高人民法院刑事审判第一、二、三、四、五庭主办:《中国刑事审判指导案例2》(增订第 3 版),法律出版社 2017 年版,第 12 页。
② 现为《保守国家秘密法》(2010 年 4 月 29 日修订后自 2010 年 10 月 1 日起施行)第九条。——**本评注注**
③ 《保守国家秘密法实施条例》(国务院令第 646 号)施行后,《国家秘密法实施办法》同时废止。——**本评注注**

刑法第一百一十一条规定的"情报",是指关系国家安全和利益、尚未公开或者依照有关规定不应公开的事项。

对为境外机构、组织、人员窃取、刺探、收买、非法提供国家秘密之外的情报的行为,以为境外窃取、刺探、收买、非法提供情报罪定罪处罚。

第二条 为境外窃取、刺探、收买、非法提供国家秘密或者情报,具有下列情形之一的,属于"情节特别严重",处十年以上有期徒刑、无期徒刑,可以并处没收财产:

(一)为境外窃取、刺探、收买、非法提供绝密级国家秘密的;

(二)为境外窃取、刺探、收买、非法提供三项以上机密级国家秘密的;

(三)为境外窃取、刺探、收买、非法提供国家秘密或者情报,对国家安全和利益造成其他特别严重损害的。

实施前款行为,对国家和人民危害特别严重、情节特别恶劣的,可以判处死刑,并处没收财产。

第三条 为境外窃取、刺探、收买、非法提供国家秘密或者情报,具有下列情形之一的,处五年以上十年以下有期徒刑,可以并处没收财产:

(一)为境外窃取、刺探、收买、非法提供机密级国家秘密的;

(二)为境外窃取、刺探、收买、非法提供三项以上秘密级国家秘密的;

(三)为境外窃取、刺探、收买、非法提供国家秘密或者情报,对国家安全和利益造成其他严重损害的。

第四条 为境外窃取、刺探、收买、非法提供秘密级国家秘密或者情报,属于"情节较轻",处五年以下有期徒刑、拘役、管制或者剥夺政治权利,可以并处没收财产。

第五条① 行为人知道或者应当知道没有标明密级的事项关系国家安全和

---

① 凡是属于国家秘密的事项,应该标明绝密、机密、秘密等级。但是,实践中有些事项无法标明密级,例如有关的会议、活动、场所等事项。对此等事项,由产生该事项的机关、单位负责通知接触范围内的人员。就是说,这些人员知道或者应当知道没有标明密级的事项属于国家秘密,其为境外窃取、刺探、收买、非法提供的,也应当依照《刑法》第一百一十一条的规定定罪处罚。但是,按照本解释前几条的规定,无法推定出这种结果,所以,本条作出了规定。当然,一般公民因不知情而将没有标明密级的事项向国外提供的,其不具有知道或者应当知道这些事项属于国家秘密的责任和义务,因此不追究其为境外非法提供国家秘密罪的刑事责任。参见祝二军:《〈关于审理为境外窃取、刺探、收买、非法提供国家秘密、情报案件具体应用法律若干问题的解释〉的理解与适用》,载中华人民共和国最高人民法院刑事审判第一、二、三、四、五庭主办:《中国刑事审判指导案例2》(增订第3版),法律出版社2017年版,第13页。

利益,而为境外窃取、刺探、收买、非法提供的,依照刑法第一百一十一条的规定以为境外窃取、刺探、收买、非法提供国家秘密罪定罪处罚。

第六条① 通过互联网将国家秘密或者情报非法发送给境外的机构、组织、个人的,依照刑法第一百一十一条的规定定罪处罚;将国家秘密通过互联网予以发布,情节严重的,依照刑法第三百九十八条的规定定罪处罚。

第七条 审理为境外窃取、刺探、收买、非法提供国家秘密案件,需要对有关事项是否属于国家秘密以及属于何种密级进行鉴定的,由国家保密工作部门或者省、自治区、直辖市保密工作部门鉴定。

◼ 规范性文件

《最高人民法院、国家保密局关于执行〈关于审理为境外窃取、刺探、收买、非法提供国家秘密、情报案件具体应用法律若干问题的解释〉有关问题的通知》
(法发〔2001〕117号)

省、自治区、直辖市高级人民法院,解放军军事法院,新疆维吾尔自治区高级人民法院生产建设兵团分院;各省、自治区、直辖市保密局:

为正确执行最高人民法院法释〔2001〕4号《关于审理为境外窃取、刺探、收买、非法提供国家秘密、情报案件具体应用法律若干问题的解释》,审理好涉及情报的刑事案件,现就有关情报的鉴定问题通知如下:

人民法院审理为境外窃取、刺探、收买、非法提供情报案件,需要对有关事项是否属于情报进行鉴定的,由国家保密工作部门或者省、自治区、直辖市保密工作部门鉴定。

《人民法院、保密行政管理部门办理侵犯国家秘密案件若干问题的规定》
(保发〔2020〕2号,自2020年3月11日起施行)

第一条 为保守国家秘密,维护国家安全和利益,加强人民法院、保密行政管理部门办理侵犯国家秘密案件的协调配合,根据《中华人民共和国刑法》《中

---

① 当然,如果有证据证明,行为人事先与境外的机构、组织、个人约定,行为人通过互联网发布国家秘密或者情报后,由境外的机构、组织、个人通过互联网获悉的,说明行为人具有为境外的机构、组织、个人非法提供国家秘密或者情报的主观故意和客观行为,就应当以为境外非法提供国家秘密、情报罪追究刑事责任。参见祝二军:《〈关于审理为境外窃取、刺探、收买、非法提供国家秘密、情报案件具体应用法律若干问题的解释〉的理解与适用》,载中华人民共和国最高人民法院刑事审判第一、二、三、四、五庭主办:《中国刑事审判指导案例2》(增订第3版),法律出版社2017年版,第13页。

华人民共和国刑事诉讼法》、《中华人民共和国保守国家秘密法》等法律法规，制定本规定。

第二条 人民法院、保密行政管理部门办理《中华人民共和国刑法》第一百零九条第二款、第一百一十条、第一百一十一条、第二百八十二条、第三百九十八条、第四百三十一条、第四百三十二条规定的侵犯国家秘密案件，适用本规定。

第三条 人民法院审理侵犯国家秘密案件，需要对有关事项是否属于国家秘密以及属于何种密级或者是否属于情报进行鉴定的，应当由有关机关依据《密级鉴定工作规定》向国家保密行政管理部门或者省、自治区、直辖市保密行政管理部门提起。

第四条 保密行政管理部门对于疑难、复杂的侵犯国家秘密案件，可以商请同级人民法院就专业性法律问题提出咨询或者参考意见。人民法院应当予以支持。

人民法院审理侵犯国家秘密案件，可以商请作出密级鉴定的保密行政管理部门就鉴定依据、危害评估等问题提出咨询或者参考意见。保密行政管理部门应当予以支持。

第五条 最高人民法院应当在每年1月31日前，将人民法院上一年度审结生效的侵犯国家秘密案件情况书面通报国家保密局，并提供裁判文书。因特殊情况不能提供裁判文书的，应当在通报中作出说明。

人民法院审理本规定第二条规定以外的其他案件，发现有未处理涉嫌违反保密法律法规行为的，应当及时将有关情况通报同级或者有管辖权的保密行政管理部门。

第六条 人民法院与保密行政管理部门应当加强沟通协作，适时相互通报办理侵犯国家秘密案件有关情况，会商案件办理中遇到的法律政策问题，研究阶段性工作重点和措施。

第七条 人民法院与保密行政管理部门应当加强信息沟通和共享。双方分别确定具体牵头部门及联络人员，开展经常性的信息互通、多方位合作，依法加大对侵犯国家秘密案件的查处力度。

第八条 本规定由国家保密局会同最高人民法院负责解释，自印发之日起施行。

《人民检察院、保密行政管理部门办理案件若干问题的规定》（保发〔2020〕3号）

第一条 为保守国家秘密，维护国家安全和利益，加强人民检察院、保密行政管理部门办理案件的协调配合，根据《中华人民共和国刑法》、《中华人民共和国刑事诉讼法》、《中华人民共和国保守国家秘密法》等法律法规,制定本规定。

第二条　人民检察院、保密行政管理部门办理《中华人民共和国刑法》第一百零九条第二款、第一百一十条、第一百一十一条、第二百八十二条、第三百九十八条、第四百三十一条、第四百三十二条规定的侵犯国家秘密案件,适用本规定。

第三条　人民检察院办理侵犯国家秘密案件,认为需要追究刑事责任的,应当在作出起诉决定的同时,将案件基本情况通报同级保密行政管理部门;认为符合刑事诉讼法规定不起诉情形的,应当在作出不起诉决定的同时,将不起诉决定书抄送同级保密行政管理部门。

对涉及国家安全的重大案件,因高度敏感不宜按照常规方式通报的,可以采用适当方式处理。

最高人民检察院应当在每年1月31日前,将检察机关上一年度办理的侵犯国家秘密案件情况书面通报国家保密局。

第四条　人民检察院办理侵犯国家秘密案件,需要对有关事项是否属于国家秘密以及属于何种密级或者是否属于情报进行鉴定的,应当依据《密级鉴定工作规定》向国家保密行政管理部门或者省、自治区、直辖市保密行政管理部门提起。

第五条　保密行政管理部门对于疑难、复杂的侵犯国家秘密案件,可以商请同级人民检察院就专业性法律问题提出咨询或者参考意见。人民检察院应当予以支持。

人民检察院办理侵犯国家秘密案件,可以商请作出密级鉴定的保密行政管理部门就鉴定依据、危害评估等问题提出咨询或者参考意见。保密行政管理部门应当予以支持。

第六条　人民检察院办理侵犯国家秘密案件,可以依据《人民检察院检察建议工作规定》向相关主管部门或者涉案机关、单位等提出改进工作、完善治理的检察建议。

人民检察院向相关主管部门或者涉案机关、单位提出检察建议的,应当同时抄送同级保密行政管理部门。人民检察院、保密行政管理部门按照各自职责共同督促、指导被建议单位落实检察建议。

第七条　人民检察院与保密行政管理部门应当加强沟通协作,适时相互通报办理侵犯国家秘密案件的有关情况,会商案件办理中遇到的法律政策问题,研究阶段性工作重点和措施。

第八条　人民检察院与保密行政管理部门应当加强信息沟通和共享。双方分别确定具体牵头部门及联络人员,开展经常性的信息互通、多方位合作,依法加大对侵犯国家秘密案件的查处力度。

第九条 本规定由国家保密局会同最高人民检察院负责解释,自印发之日起施行。本规定施行后,《人民检察院、保密行政管理部门查办泄密案件若干问题的规定》(国保发〔2016〕42号)同时废止。

第一百一十二条 【资敌罪】 战时供给敌人武器装备、军用物资资敌的,处十年以上有期徒刑或者无期徒刑;情节较轻的,处三年以上十年以下有期徒刑。

▋立法沿革

本条系1997年《刑法》吸收修改1979年《刑法》作出的规定。1979年《刑法》第九十七条关于间谍罪的规定中包含"供给敌人武器军火或者其他军用物资的"行为。1997年《刑法》增加了"战时"的限制条件,以更加符合实际情况。

第一百一十三条 【本章之罪死刑、没收财产的适用】 本章上述危害国家安全罪行中,除第一百零三条第二款、第一百零五条、第一百零七条、第一百零九条外,对国家和人民危害特别严重、情节特别恶劣的,可以判处死刑。

犯本章之罪的,可以并处没收财产。

▋立法沿革

本条系1997年《刑法》吸收修改1979年《刑法》作出的规定。1979年《刑法》第一百零三条规定:"本章上述反革命罪行中,除第九十八条、第九十九条、第一百零二条外,对国家和人民危害特别严重、情节特别恶劣的,可以判处死刑。"第一百零四条规定:"犯本章之罪的,可以并处没收财产。"1997年《刑法》将1979年《刑法》第一百零三条、第一百零四条合并为一条,并对适用死刑的罪名范围作了个别调整,以更加符合惩治危害国家安全犯罪的实际需要。

第二章

危害公共安全罪

> 规范性文件

《最高人民法院关于充分发挥审判职能作用切实维护公共安全的若干意见》(法发〔2015〕12号)

为充分发挥人民法院职能作用,切实维护公共安全,保障人民群众合法权益,营造和谐稳定的社会环境,提出以下意见。

一、提高思想认识,切实增强维护公共安全的责任感和使命感(略)

二、依法严惩严重刑事犯罪,有效维护社会稳定

3.依法严惩暴力恐怖犯罪活动。暴力恐怖犯罪严重危害广大人民群众的生命财产安全,严重危害社会和谐稳定。对暴力恐怖犯罪活动,要坚持严打方针不动摇,对首要分子、骨干成员、罪行重大者,该判处重刑乃至死刑的应当依法判处;要立足打早打小打苗头,对已经构成犯罪的一律依法追究刑事责任,对因被及时发现、采取预防措施而没有造成实际损害的暴恐分子,只要符合犯罪构成条件的,该依法重判的也要依法重判;要注意区别对待,对自动投案、检举揭发,特别是主动交代、协助抓捕幕后指使的,要体现政策依法从宽处理。要通过依法裁判,树立法治威严,坚决打掉暴恐分子的嚣张气焰,有效维护人民权益和社会安宁。

4.依法严惩严重危害社会治安犯罪。依法严惩故意杀人、故意伤害、抢劫、绑架、爆炸等严重暴力犯罪,严惩盗窃、抢夺、诈骗等多发侵财性犯罪,切实增强人民群众安全感。依法严惩黑恶势力犯罪,坚决打掉其赖以生存、坐大的保护伞和经济基础,有效维护社会秩序。依法惩治组织、利用邪教破坏国家法律实施,进行杀人、强奸、诈骗的犯罪,努力消除邪教危害。依法严惩拐卖妇女、儿童和性侵儿童犯罪,加大对收买被拐卖的妇女、儿童犯罪的惩治力度,强化对妇女、儿童的司法保护。依法严惩毒品犯罪以及因吸毒诱发的故意杀人、故意伤害、抢劫、盗窃、以危险方法危害公共安全等次生犯罪,坚决遏制毒品蔓延势头。

5.强化涉众型犯罪案件的审判工作。针对社会公众实施的非法吸收公众存款、集资诈骗、电信诈骗、操纵证券、期货市场及组织、领导传销等涉众型犯罪,影

响面广、危害性大、关注度高,要精心组织好相关案件的审判工作。要加大对此类犯罪的惩治力度,对犯罪数额特别巨大、犯罪情节特别恶劣、危害后果特别严重的,依法判处重刑。要高度重视犯罪分子的违法所得追缴和涉案财物的依法处置工作,最大限度维护人民群众的合法权益,稳定社会秩序。要强化司法公开力度,及时披露有关信息,回应社会关切。

三、依法惩治危害安全生产犯罪,促进安全生产形势根本好转

6.加大对危害安全生产犯罪的惩治力度。坚持发展是第一要务,安全是第一保障。针对近年来非法、违法生产,忽视生产安全的现象十分突出,造成群死群伤的重特大生产安全责任事故屡有发生的严峻形势,充分发挥刑罚的惩罚和预防功能,加大对各类危害安全生产犯罪的惩治力度,用严肃、严格、严厉的责任追究和法律惩罚,推动安全生产责任制的有效落实,促进安全生产形势根本好转,确保人民生命财产安全。

7.准确把握打击重点。结合当前形势并针对犯罪原因,既要重点惩治发生在危险化学品、民爆器材、烟花爆竹、电梯、煤矿、非煤矿山、油气运送管道、建筑施工、消防、粉尘涉爆等重点行业领域企业,以及港口、码头、人员密集场所等重点部位的危害安全生产犯罪,更要从严惩治发生在这些犯罪背后的国家机关工作人员贪污贿赂和渎职犯罪。既要依法追究直接造成损害的从事生产、作业的责任人员,更要依法从严惩治对生产、作业负有组织、指挥或者管理职责的负责人、管理人、实际控制人、投资人。既要加大对各类安全生产犯罪的惩治力度,更要从严惩治因安全生产条件不符合国家规定被处罚而又违规生产,关闭或者故意破坏安全警示设备,事故发生后不积极抢救人员或者毁灭、伪造、隐藏影响事故调查证据,通过行贿非法获取相关生产经营资质等情节的危害安全生产的犯罪。

8.依法妥善审理与重大责任事故有关的赔偿案件。对当事人因重大责任事故遭受人身、财产损失而提起诉讼要求赔偿的,应当依法及时受理,保障当事人诉权。对两人以上实施危及他人人身、财产安全的行为,其中一人或者数人的行为造成他人损害,能够确定具体责任人的,由责任人承担赔偿责任,不能确定具体责任人的,由行为人承担连带责任。被告人因重大责任事故既承担刑事、行政责任,又承担民事责任的,其财产应当优先承担民事责任。原告因重大责任事故遭受损失而无法及时履行赡养、抚养等义务,申请先予执行的,应当依法支持。

四、做好涉民生案件审判工作,切实保障人民群众合法权益

9.妥善审理涉农案件。依法严惩针对农村留守老人、妇女、儿童实施的抢劫、盗窃、强奸、猥亵、拐卖等犯罪,确保农村社会秩序稳定和农民生命财产安全。依法严惩向农村地区贩卖毒品犯罪,坚决遏制毒品向农村地区蔓延的势头。依法严惩生产、销售伪劣农药、化肥、种子以及其他农用物资等坑农、害农犯罪,保证农业生产顺利进行。依法审理、执行好涉及"三农"的民事、行政案件,切实维护农民合法权益。

10. 依法惩治危害食品药品安全犯罪。食品药品安全形势不容乐观,重大、恶性食品药品安全犯罪案件时有发生,党中央高度关注,人民群众反映强烈。要以"零容忍"的态度,坚持最严厉的处罚、最严肃的问责,依法严惩生产、销售有毒、有害食品、不符合卫生标准的食品,以及生产、销售假药、劣药等犯罪。要充分认识此类犯罪的严重社会危害,严格缓刑、免刑等非监禁刑的适用。要采取有效措施依法追缴违法犯罪所得,充分适用财产刑,坚决让犯罪分子在经济上无利可图、得不偿失。要依法适用禁止令,有效防范犯罪分子再次危害社会。

11. 强化生态环境司法保护。保护生态环境,建设美丽中国,事关广大人民群众的生命健康,事关中华民族的永续发展,是实现中华民族伟大复兴中国梦的重要内容。全面加强环境资源审判工作,扎实推进生态环境建设,回应民众关切,增进人民福祉。依法惩治污染环境、乱砍滥伐、非法猎杀野生动物、乱采滥挖矿产等破坏环境资源犯罪。依法公正审理环境侵权案件,落实全面赔偿规定,探索建立环境修复、惩罚性赔偿等制度,依法严肃追究违法者的法律责任。充分保障环境公益诉讼原告诉权,及时受理、依法审理环境公益诉讼案件;会同检察机关积极稳妥地开展检察机关提起公益诉讼的试点工作,有效维护国家利益和社会公共利益。

12. 从严惩治危害民生的职务犯罪。对于制售伪劣食品药品、破坏环境资源所涉及的国家工作人员渎职犯罪,发生在社会保障、征地拆迁、灾后重建、企业改制、医疗、教育、就业等领域严重损害群众利益、社会影响恶劣、群众反映强烈的国家工作人员贪污贿赂犯罪、渎职犯罪,发生在事关民生和公共安全的重点领域、重点行业的严重商业贿赂犯罪等,要依法从严惩处。

五、依法惩治信息网络犯罪,维护社会秩序

13. 依法惩治利用网络实施的各类犯罪。网络空间是现实社会的延伸,网络秩序是公共秩序的有机组成部分。要针对近年来利用信息网络实施的各类违法犯罪活动日益突出,危害十分严重的实际,坚决依法打击网上造谣、传谣行为,惩治利用网络实施的盗窃、诈骗、敲诈勒索、寻衅滋事、贩卖毒品、传播淫秽信息等犯罪,切实维护网络秩序,净化网络空间,决不允许网络成为法外之地。

14. 依法惩治网络攻击破坏犯罪。信息时代,网络已深度融入经济社会的各个方面,网络安全已成为公共安全的重要组成部分,与广大人民群众的信息安全、财产安全乃至人身安全密切相关。要依法打击非法侵入、破坏计算机信息系统以及制作、销售、使用"伪基站"设备等犯罪活动,从严惩治针对基础信息网络、重要行业和领域的重要信息系统、军事网络、重要政务网络、用户数量众多的商业网络的攻击破坏活动,从严惩治利用攻击破坏非法获取国家秘密、商业秘密、公民个人信息等犯罪活动。

六、积极参与社会治安综合治理,促进健全公共安全体系

15.积极参与社会治安防控体系建设。按照系统治理、依法治理、综合治理、源头治理的总体思路,扎实做好审判环节的社会治安综合治理工作。积极参与禁毒、打拐、打黑除恶、治爆缉枪、打击"两抢一盗"等专项整治活动。充分运用传统媒体和微信、微博、新闻客户端等新媒体,通过公开审判、以案说法、发布典型案例等形式,强化法制宣传,震慑违法犯罪。加强未成年人刑事审判工作,会同有关部门做好刑满释放人员、社区矫正对象等特殊人群的帮教管理,预防再次犯罪,消除社会治安隐患。

16.加强司法建议、司法调研工作。针对审判执行工作中发现的管理漏洞、治安隐患,要及时向有关单位或职能部门提出完善规章制度、强化日常管控、加强源头治理的意见和建议,推动公共安全体系的健全完善。不断加强人民法院信息化建设,推进信息技术与审判业务深度融合,充分利用信息技术手段和审判信息大数据,强化司法统计和调研工作,准确研判公共安全形势,为建立健全公共安全形势分析制度,及时消除公共安全隐患提供决策参考。

17.做好人民法院自身安全工作。人民法院安全工作事关涉诉群众和法院干警的切身利益,是公共安全的重要组成部分。要始终坚持司法为民,切实改进工作作风,强化司法便民利民,决不允许因自身工作问题引发群体性、突发性和个人极端事件。要不断提高安全防范意识,认真汲取各类公共安全事件的教训,深入研判法院安全工作面临的新情况、新问题,严格落实安全管理各项制度,健全完善法院安全人防、物防、技防网络,确保人民法院人员安全、场所安全、信息安全。

《最高人民法院、最高人民检察院、公安部、司法部关于办理醉酒危险驾驶刑事案件的意见》(高检发办字〔2023〕187号)第十六条对醉驾同时构成交通肇事罪、过失以危险方法危害公共安全罪、以危险方法危害公共安全罪等其他犯罪的处理规则作了规定。(→参见第一百三十三条之一评注部分,第531页)

第一百一十四条 【放火罪】【决水罪】【爆炸罪】【投放危险物质罪】【以危险方法危害公共安全罪】放火、决水、爆炸以及投放毒害性、放射性、传染病病原体等物质或者以其他危险方法危害公共安全,尚未造成严重后果的,处三年以上十年以下有期徒刑。

立法沿革

本条系 1997 年《刑法》吸收修改 1979 年《刑法》作出的规定。1979 年《刑法》第一百零五条规定:"放火、决水、爆炸或者以其他危险方法破坏工厂、矿场、油田、港口、河流、水源、仓库、住宅、森林、农场、谷场、牧场、重要管道、公共建筑物或者其他公私财产,危害公共安全,尚未造成严重后果的,处三年以上十年以下有期徒刑。" 1997 年《刑法》基本沿用上述规定,仅在行为方式中增加了"投毒"。

2001 年 12 月 29 日起施行的《刑法修正案(三)》第一条对本条作了修改,将"投毒"修改为"投放毒害性、放射性、传染病病原体等物质",并删去具体犯罪对象的规定。

修正前《刑法》	修正后《刑法》
第一百一十四条 【放火罪】【决水罪】【爆炸罪】【投毒罪】【以危险方法危害公共安全罪】放火、决水、爆炸、投毒或者以其他危险方法破坏工厂、矿场、油田、港口、河流、水源、仓库、住宅、森林、农场、谷场、牧场、重要管道、公共建筑物或者其他公私财产,危害公共安全,尚未造成严重后果的,处三年以上十年以下有期徒刑。	第一百一十四条 【放火罪】【决水罪】【爆炸罪】【投放危险物质罪】【以危险方法危害公共安全罪】放火、决水、爆炸**以及投放毒害性、放射性、传染病病原体等物质**或者以其他危险方法危害公共安全,尚未造成严重后果的,处三年以上十年以下有期徒刑。

司法解释

《最高人民法院、最高人民检察院关于办理妨害预防、控制突发传染病疫情等灾害的刑事案件具体应用法律若干问题的解释》(法释〔2003〕8 号,自 2003 年 5 月 15 日起施行)①

为依法惩治妨害预防、控制突发传染病疫情等灾害的犯罪活动,保障预防、

---

① 对本司法解释的适用,特别是第一条第二款,需要综合考量。对于拒绝执行卫生防疫机构等依照传染病防治法规定提出的预防、控制措施,造成新冠肺炎传播的行为,应当适用妨害传染病防治罪。其背后所蕴含的法理是,妨害传染病防治罪危害公共卫生,实际上也是一种危害公共安全的行为,其与过失以危险方法危害公共安全罪,实际上是法条竞合关系,应当按照特别法优于一般法的适用原则,优先适用妨害传染病防治罪。参见《依法惩治妨害疫情防控违法犯罪 切实保障人民群众生命健康安全——最高人民法院研究室主任姜启波、最高人民检察院法律政策研究室主任高景峰联合答记者问》,载《人民法院报》2020 年 2 月 28 日,第 3 版。

控制突发传染病疫情等灾害工作的顺利进行，切实维护人民群众的身体健康和生命安全，根据《中华人民共和国刑法》等有关法律规定，现就办理相关刑事案件具体应用法律的若干问题解释如下：

第一条　故意传播突发传染病病原体，危害公共安全的，依照刑法第一百一十四条、第一百一十五条第一款的规定，按照以危险方法危害公共安全罪定罪处罚。

患有突发传染病或者疑似突发传染病而拒绝接受检疫、强制隔离或者治疗，过失造成传染病传播，情节严重，危害公共安全的，依照刑法第一百一十五条第二款的规定，按照过失以危险方法危害公共安全罪定罪处罚。

第二条　在预防、控制突发传染病疫情等灾害期间，生产、销售伪劣的防治、防护产品、物资，或者生产、销售用于防治传染病的假药、劣药，构成犯罪的，分别依照刑法第一百四十条、第一百四十一条、第一百四十二条的规定，以生产、销售伪劣产品罪，生产、销售假药罪或者生产、销售劣药罪定罪，依法从重处罚。

第三条　在预防、控制突发传染病疫情等灾害期间，生产用于防治传染病的不符合保障人体健康的国家标准、行业标准的医疗器械、医用卫生材料，或者销售明知是用于防治传染病的不符合保障人体健康的国家标准、行业标准的医疗器械、医用卫生材料，不具有防护、救治功能，足以严重危害人体健康的，依照刑法第一百四十五条的规定，以生产、销售不符合标准的医用器材罪定罪，依法从重处罚。

医疗机构或者个人，知道或者应当知道系前款规定的不符合保障人体健康的国家标准、行业标准的医疗器械、医用卫生材料而购买并有偿使用的，以销售不符合标准的医用器材罪定罪，依法从重处罚。

第四条　国有公司、企业、事业单位的工作人员，在预防、控制突发传染病疫情等灾害的工作中，由于严重不负责任或者滥用职权，造成国有公司、企业破产或者严重损失，致使国家利益遭受重大损失的，依照刑法第一百六十八条的规定，以国有公司、企业、事业单位人员失职罪或者国有公司、企业、事业单位人员滥用职权罪定罪处罚。

第五条　广告主、广告经营者、广告发布者违反国家规定，假借预防、控制突发传染病疫情等灾害的名义，利用广告对所推销的商品或者服务作虚假宣传，致使多人上当受骗，违法所得数额较大或者有其他严重情节的，依照刑法第二百二十二条的规定，以虚假广告罪定罪处罚。

第六条　违反国家在预防、控制突发传染病疫情等灾害期间有关市场经营、价格管理等规定，哄抬物价、牟取暴利，严重扰乱市场秩序，违法所得数额较大或者有其他严重情节的,依照刑法第二百二十五条第(四)项的规定,以非法经营罪定罪,依法从重处罚。

第七条 在预防、控制突发传染病疫情等灾害期间,假借研制、生产或者销售用于预防、控制突发传染病疫情等灾害用品的名义,诈骗公私财物数额较大的,依照刑法有关诈骗罪的规定定罪,依法从重处罚。

第八条 以暴力、威胁方法阻碍国家机关工作人员、红十字会工作人员依法履行为防治突发传染病疫情等灾害而采取的防疫、检疫、强制隔离、隔离治疗等预防、控制措施的,依照刑法第二百七十七条第一款、第三款的规定,以妨害公务罪定罪处罚。

第九条 在预防、控制突发传染病疫情等灾害期间,聚众"打砸抢",致人伤残、死亡的,依照刑法第二百八十九条、第二百三十四条、第二百三十二条的规定,以故意伤害罪或者故意杀人罪定罪,依法从重处罚。对毁坏或者抢走公私财物的首要分子,依照刑法第二百八十九条、第二百六十三条的规定,以抢劫罪定罪,依法从重处罚。

第十条 编造与突发传染病疫情等灾害有关的恐怖信息,或者明知是编造的此类恐怖信息而故意传播,严重扰乱社会秩序的,依照刑法第二百九十一条之一的规定,以编造、故意传播虚假恐怖信息罪定罪处罚。

利用突发传染病疫情等灾害,制造、传播谣言,煽动分裂国家、破坏国家统一,或者煽动颠覆国家政权、推翻社会主义制度的,依照刑法第一百零三条第二款、第一百零五条第二款的规定,以煽动分裂国家罪或者煽动颠覆国家政权罪定罪处罚。

第十一条 在预防、控制突发传染病疫情等灾害期间,强拿硬要或者任意损毁、占用公私财物情节严重,或者在公共场所起哄闹事,造成公共场所秩序严重混乱的,依照刑法第二百九十三条的规定,以寻衅滋事罪定罪,依法从重处罚。

第十二条 未取得医师执业资格非法行医,具有造成突发传染病病人、病原携带者、疑似突发传染病病人贻误诊治或者造成交叉感染等严重情节的,依照刑法第三百三十六条第一款的规定,以非法行医罪定罪,依法从重处罚。

第十三条 违反传染病防治法等国家有关规定,向土地、水体、大气排放、倾倒或者处置含传染病病原体的废物、有毒物质或者其他危险废物,造成突发传染病传播等重大环境污染事故,致使公私财产遭受重大损失或者人身伤亡的严重后果的,依照刑法第三百三十八条的规定,以重大环境污染事故罪定罪处罚。

第十四条　贪污、侵占用于预防、控制突发传染病疫情等灾害的款物或者挪用归个人使用，构成犯罪的，分别依照刑法第三百八十二条、第三百八十三条、第二百七十一条、第三百八十四条、第二百七十二条的规定，以贪污罪、职务侵占罪、挪用公款罪、挪用资金罪定罪，依法从重处罚。

挪用用于预防、控制突发传染病疫情等灾害的救灾、优抚、救济等款物，构成犯罪的，对直接责任人员，依照刑法第二百七十三条的规定，以挪用特定款物罪定罪处罚。

第十五条　在预防、控制突发传染病疫情等灾害的工作中，负有组织、协调、指挥、灾害调查、控制、医疗救治、信息传递、交通运输、物资保障等职责的国家机关工作人员，滥用职权或者玩忽职守，致使公共财产、国家和人民利益遭受重大损失的，依照刑法第三百九十七条的规定，以滥用职权罪或者玩忽职守罪定罪处罚。

第十六条　在预防、控制突发传染病疫情等灾害期间，从事传染病防治的政府卫生行政部门的工作人员，或者在受政府卫生行政部门委托代表政府卫生行政部门行使职权的组织中从事公务的人员，或者虽未列入政府卫生行政部门人员编制但在政府卫生行政部门从事公务的人员，在代表政府卫生行政部门行使职权时，严重不负责任，导致传染病传播或者流行，情节严重，依照刑法第四百零九条的规定，以传染病防治失职罪定罪处罚。

在国家对突发传染病疫情等灾害采取预防、控制措施后，具有下列情形之一的，属于刑法第四百零九条规定的"情节严重"：

（一）对发生突发传染病疫情等灾害的地区或者突发传染病病人、病原携带者、疑似突发传染病病人，未按照预防、控制突发传染病疫情等灾害工作规范的要求做好防疫、检疫、隔离、防护、救治等工作，或者采取的预防、控制措施不当，造成传染范围扩大或者疫情、灾情加重的；

（二）隐瞒、缓报、谎报或者授意、指使、强令他人隐瞒、缓报、谎报疫情、灾情，造成传染范围扩大或者疫情、灾情加重的；

（三）拒不执行突发传染病疫情等灾害应急处理指挥机构的决定、命令，造成传染范围扩大或者疫情、灾情加重的；

（四）具有其他严重情节的。

第十七条　人民法院、人民检察院办理有关妨害预防、控制突发传染病疫情等灾害的刑事案件，对于有自首、立功等悔罪表现的，依法从轻、减轻、免除处罚或者依法作出不起诉决定。

第十八条　本解释所称"突发传染病疫情等灾害"，是指突然发生，造成或者可能造成社会公众健康严重损害的重大传染病疫情、群体性不明原因疾病以及其他严重影响公众健康的灾害。

《最高人民法院、最高人民检察院关于办理组织、利用邪教组织破坏法律实施等刑事案件适用法律若干问题的解释》(法释〔2017〕3号)第十二条对邪教组织人员以自焚、自爆或者其他危险方法危害公共安全的适用《刑法》第一百一十四条、第一百一十五条作了指引性规定。(→参见第三百条评注部分,第1576页)

■ 规范性文件

《公安部关于公安机关处置信访活动中违法犯罪行为适用法律的指导意见》(公通字〔2013〕25号)"二、对危害公共安全违法犯罪行为的处理"第一条、第四条对相关案件适用《刑法》第一百一十四条作了指引性规定。(→参见第二百九十条评注部分,第1454页)

《最高人民法院、最高人民检察院、公安部、司法部、生态环境部关于办理环境污染刑事案件有关问题座谈会纪要》(高检会〔2019〕3号)"6.关于投放危险物质罪的适用"就对环境污染行为适用投放危险物质罪的政策把握、考量因素、具体情形等作了规定。(→参见第三百三十八条评注部分,第1745页)

《最高人民法院、最高人民检察院、公安部、司法部关于依法严厉打击传播艾滋病病毒等违法犯罪行为的指导意见》(公通字〔2019〕23号)"二、准确认定行为性质"第(八)条对采用危险方法,意图使不特定多数人感染艾滋病病毒,危害公共安全的行为适用以危险方法危害公共安全罪作了指引性规定。(→参见第二百三十四条评注部分,第1095页)

《最高人民法院、最高人民检察院、公安部关于依法惩治妨害公共交通工具安全驾驶违法犯罪行为的指导意见》(公通字〔2019〕1号)"一、准确认定行为性质,依法从严惩处妨害安全驾驶犯罪"第(一)条至第(三)条对妨害安全驾驶适用《刑法》第一百一十四条的情形作了规定。(→参见第一百三十三条之二评注部分,第538页)

《最高人民法院关于依法妥善审理高空抛物、坠物案件的意见》(法发〔2019〕25号)"二、依法惩处构成犯罪的高空抛物、坠物行为,切实维护人民群众生命财产安全"对高空抛物适用《刑法》第一百一十四条的情形作了规定。(→参见第二百九十一条之二评注部分,第1474页)

《最高人民法院、最高人民检察院、公安部关于依法惩治袭警违法犯罪行为的指导意见》(公通字〔2019〕32号)第二条对袭警适用《刑法》第一百一十四条定罪,并酌情从重处罚作了规定。(→参见第二百七十七条评注部分,第1365页)

《最高人民法院、最高人民检察院、公安部关于办理涉窨井盖相关刑事案件的指导意见》(高检发〔2020〕3号)第二条对涉窨井盖刑事案件适用《刑法》第一百一十四条的规定作了指引性规定。(→参见第一百一十七条评注部分,第432页)

《最高人民法院、最高人民检察院、公安部、工业和信息化部、住房和城乡建设部、交通运输部、应急管理部、国家铁路局、中国民用航空局、国家邮政局关于依法惩治涉枪支、弹药、爆炸物、易燃易爆危险物品犯罪的意见》(法发〔2021〕35号)第八条对《刑法》第一百一十四条的适用作了规定。(→参见第一百二十五条评注部分,第487页)

刑参案例规则提炼[①]

《王征宇故意杀人案——驾车致人死亡的行为如何定罪》(第9号案例)、《于光平爆炸案——危害后果严重但受害人有明显过错的案件如何适用刑罚》(第24号案例)、《方金青惠投毒案——针对特定的被害人投放毒物致死致伤多人的行为应如何定性及对犯罪的外国人能否附加剥夺政治权利》(第101号案例)、《赖贵勇爆炸案——以报复特定人为目的而实施的不计危害后果的爆炸行为如何定性》(第137号案例)、《王新生等放火案——以诈骗保险金为目的放火烧毁投保汽车的行为如何定罪》(第150号案例)、《叶朝红等放火案——以盗窃为目的放火烧毁货物列车的行为应如何定罪》(第239号案例)、《陈美娟投放危险物质案——介入因素与刑法因果关系的认定》(第276号案例)、《古计明、方振华投放危险物质案——在危害公共安全罪中,没有造成一人以上死亡或多人以上重伤后果的,一般可不判处死刑立即执行》(第358号案例)、《胡斌交通肇事案——超速驾车撞死人行道内行人的如何定罪量刑》(第588号案例)、《田军

[①] 另,鉴于相关行为发生在1997年《刑法》施行前,对《李某等投毒案——毒死耕牛后再出售有毒牛肉的案件应如何定性》(第17号案例)所涉规则未予提炼;鉴于相关案例已作为典型案例发布,《孙伟铭以危险方法危害公共安全案——醉酒驾车连续冲撞致多人伤亡,如何定罪处罚》(第586号案例)、《黎景全以危险方法危害公共安全案——在醉酒驾驶发生严重事故的案件中如何区别交通肇事罪与以危险方法危害公共安全罪以及确保量刑适当》(第906号案例)所涉规则未予提炼。

祥等以危险方法危害公共安全、妨害公务案——如何区别对待犯罪后为逃避法律制裁引发与醉驾引发的以危险方法危害公共安全案件的量刑》(第 856 号案例)、《杜军交通肇事案——对酒后驾驶造成重大伤亡的案件,如何区分交通肇事罪与以危险方法危害公共安全罪》(第 907 号案例)、《任寒青以危险方法危害公共安全案——对为逃避酒驾检查而驾车冲撞警察和他人车辆的行为如何定性》(第 909 号案例)、《黄世华以危险方法危害公共安全案——如何理解危害公共安全犯罪中的"不特定多数人"以及如何把握醉驾案件中以危险方法危害公共安全罪的死刑适用标准》(第 910 号案例)、《孙福成以危险方法危害公共安全案——对醉酒驾驶机动车构成以危险方法危害公共安全罪的处罚,如何贯彻体现宽严相济刑事政策》(第 911 号案例)、《叶丹以危险方法危害公共安全案——因吸毒长期处于精神障碍状态,在病情缓解期再次吸毒并驾驶机动车,致使发生交通事故的,如何认定行为人的刑事责任能力以及主观罪过》(第 917 号案例)、《郑小教以危险方法危害公共安全案——如何理解以危险方法危害公共安全罪中的"不特定多数人"》(第 1072 号案例)、《杨某某、杜某某放火案——刑法上因果关系的认定》(第 1117 号案例)、《阎某以危险方法危害公共安全案——在家中释放天然气用以自杀,但引发室内室外数次爆炸的,如何认定因果关系》(第 1198 号案例)、《金复生以危险方法危害公共安全、故意杀人案——不同犯意支配下实施的连续行为定性及现场待捕型自首的认定》(第 1236 号案例)、《李彬交通肇事案——如何认定醉驾致人死亡案件中行为人的主观心态》(第 1271 号案例)、《支玖龙以危险方法危害公共安全案——故意驾车冲撞疫情防控站的行为定性》(第 1314 号案例)、《陈俊伟放火案——醉酒后点燃停放在居民住宅旁电动车的行为定性》(第 1448 号案例)、《孙惠中以危险方法危害公共安全案——认罪认罚案件中指控罪名与审理认定罪名不一致时的处理》(第 1449 号案例)、《于某以危险方法危害公共安全案——为报复同事向所在单位饮用水中投放兽用激素类药物的行为如何定罪处罚》(第 1506 号案例)所涉规则提炼如下:

1. 危害公共安全的判定规则。①"公共安全不等同于公共场所的安全……公共安全的核心在于'多数',而不论是封闭的场所还是开放的公共场所,即使

---

① 最高人民法院研究室复函认为:"醉酒后在公共场所持刀连续捅刺,致多人死伤的行为,宜定性为故意杀人罪(故意伤害罪被吸收)。"喻海松:《最高人民法院研究室关于醉酒后在公共场所持刀连续捅刺,致多人死伤行为如何定性问题的研究意见》,载张军主编:《司法研究与指导(总第 2 辑)》,人民法院出版社 2012 年版。

是在相对封闭的场所发生了多数人的损害后果,也有可能属于侵犯公共安全的行为。""司法实践中,一般有两种情况会认定为'不特定多数人',从而构成危害公共安全犯罪:第一种情形是行为针对的对象是不特定的,且行为人事先也没有预料到具体的危害后果;第二种情形是行为人针对的对象是相对特定的,但实际造成的后果是行为人没有预料的,不能控制的。"(第1072号案例)"不能将危害公共安全犯罪中的'不特定多数人'理解为没有特定的侵犯对象或者目标。""在行为人具有特定侵犯对象或者目标的犯罪中……不能仅以行为人的主观认识为标准,而应当采取客观主义的立场,即犯罪行为一经实施,不论行为人主观上是否针对特定的对象,只要在一定条件下造成了众多人员伤亡或者公私财产的广泛损失,或者形成对公众人身、财产安全的重大威胁,就应当认定其构成危害公共安全犯罪。"(第910号案例)"综合……两次驾车冲撞的速度、距离及方向,现场人员数量及分布……驾车冲撞前后及过程中的言语行为,该行为给二被害人造成的身体损伤及给公共财产造成的实际损失等,可以判断……驾车冲撞行为在暴力程度、危险程度等方面与爆炸、放火等危害公共安全的犯罪行为具有相当性,对周围十多名防疫工作人员、群众的生命健康及重大公私财物造成了具体的现实危险,已经严重危害到公共安全。"(第1314号案例)与之不同,"高速驾车冲闯关卡的目的是为逃避公安人员的检查,而不是为危害不特定多数人的人身、健康或公私财产的安全……驾车冲撞执行公务的人员,针对的对象是特定的个人,并非不特定多数人",构成故意杀人罪。(第9号案例)

2. 放火罪的适用规则。"以放火方法实施的犯罪行为是否构成放火罪,关键看放火行为客观上是否足以危害公共安全及主观上是否具有放火的故意。"(第1448号案例)"以杀害特定少数人为目的而实施放火行为,对这类案件的定性,关键在于准确判断行为人所实施的以放火为手段的杀人行为,是否危及不特定或多数人的生命、健康或者重大公私财产安全。如果行为人所实施的放火行为,除了可能造成其意图杀害的特定少数人的伤亡结果外,还可能危害到其他人的生命、健康和重大财产安全,说明行为人主观上具有放任危害公共安全结果发生的心态,其行为构成放火罪。"(第1117号案例)"如果行为人实施的放火的方法,本身没有危害公共安全,也不可能危及公共安全,就只能属于故意毁坏财物行为,反之,如果已危害或足以危及公共安全,就只能是放火罪。判断行为人的放火行为,是否足以危及公共安全,就要结合放火的地点以及放火时周围的具体环境等因素来分析。"(第150号案例)"虽以盗窃为目的,但……采用的手段行为却符合放火罪的特征,根据牵连犯择一重罪处罚的原则,故应认定为放火罪。"(第239号案例)

3. 爆炸罪的适用规则。"如果行为人以爆炸为手段来杀害特定的人,而不危及公共安全的,其行为构成故意杀人罪;如果行为人以爆炸为手段来杀害特定的人,而结果却危及或足以危及公共安全的,且对其危害公共安全的后果持追求或放任的态度,其行为构成爆炸罪。"(第137号案例)"对……明知手榴弹爆炸的危害后果,却仍拧开手榴弹的后盖,持弹威胁他人,放任危害后果发生的行为……以爆炸罪(间接故意)定罪是正确的。"(第24号案例)

4. 投放危险物质罪的适用规则。"在刑法学意义上,危险物质仅指刑法明确规定的对人体或动物生命健康具有直接危害的毒害性、放射性和传染病病原体等物质。""兽用地塞米松不属于投放危险物质犯罪中的危险物质,行为人向不特定人员的饮用水中投放兽用地塞米松的行为属于危害公共安全犯罪中的危险方法。"(第1506号案例)"对一些以杀害特定少数人为目的而实施投放危险物质行为的案件的定性常常会产生争议……对这类案件的定性,关键在于要对下列事实形成准确判断,即行为人所实施的投放危险物质行为,是否具有同时威胁或危害其他不特定人生命、健康或者财产安全,即危害公共安全的危险性质。"(第276号案例)"在实践中,当某人投放毒物目的在于剥夺特定人的生命而不危及公共安全时,应认定为故意杀人罪。"(第101号案例)出于泄愤的动机,为了报复被害人,利用铱射线工业探伤机对被害人进行长期照射,致其重伤,"当其开机照射被害人……时,不可避免地将照射与被害人……相邻办公室的工作人员及到医院就诊的病人……犯罪行为侵害了社会的公共安全……构成投放危险物质罪"。(第358号案例)

5. 交通肇事所涉以危险方法危害公共安全罪的适用规则。"在司法实践中可大体遵循以下标准区分交通肇事罪和以危险方法危害公共安全罪:(1)仅有一次碰撞行为的,除非有充分的证据证明行为人对危害结果的发生持希望或放任态度,否则不能认定其具有危害公共安全的直接或间接故意,只能认定为过失,以交通肇事罪论处……(2)有两次以上碰撞行为的,说明行为人出于逃逸等目的,将他人的生命置于高度危险之中,其本人已没有能力对这种危险进行有效控制,但依然不管不顾,为逃脱罪责放任危害结果的发生,一般可认定具有危害公共安全的间接故意,可以以危险方法危害公共安全罪论处。"(第1271号案例)但是,"仅发生一次冲撞行为还是有二次或者二次以上冲撞行为,只是体现行为人对危害后果所持意志状态的一个方面,不能将此作为划分交通肇事罪与以危险方法危害公共安全罪的唯一标准。对于仅发生一次冲撞行为的情形,并非绝对排除构成以危险方法危害公共安全罪的可能。对于具有以下情形之一,确有证据证实行为人明知酒后驾车可能发生交通事故,仍执意驾车,导致一次冲撞发生重大伤亡的,仍然可能依法构成以危险方法危害公共安全罪:(1)行为人曾有酒后驾车交通肇事经历的;(2)在车辆密集的繁华地段故意实施超速50%以上驾驶、违反交通信号灯驾驶、逆向行驶等严重威胁道路交通安全的行为;(3)驾车前遭到他人竭力劝阻,仍执意醉驾的;等等。这些情节一定程度上反映出行为人对危害后果可能持放任心态"。(第907号案例)"在城市主要道路上严重超速驾驶,但在驾车过程中未违反交通信号灯指令,遇红灯时能够停车,只是因为没有注意观察前方路面情况而撞上在人行横道上行走的被害人……其当晚驾车除了违反交通法规超速行驶外还是能够基本遵守交通规则的。""发现撞人后,立即踩刹车并下车查看……伤势情况,随即拨打了120急救电话以及122报警电话,并留在现场等候处理。这一系列行为反映了……肇事时主观上不希望交通事故的发生,也没有放任交通事故发生的表现,对被害人……死亡其内心是持否定和排斥态度的,应当属于过失的心态……不能构成以危险方法危害公共安全罪"。(第588号案例)"在此类案件中,决定对被告人的刑罚时,要综合考虑此类犯罪的性质、被告人的犯罪情节、危害后果及其主观恶性、人身危险性等因素。"(第911号案例)"对醉酒驾车构成以危险方法危害公共安全罪的案件,如果造成的后果特别严重,行为人的主观恶性很深,人身危险性极大的,也可以依法适用死刑。"(第910号案例)"在无驾驶资质和运营资格的情况下,驾驶大型工程车辆严重超载运营,被交通运输管理机关依法查扣车辆后本应停止违法运营行为,但其伙同他人采用暴力威胁手段将被查扣的工程车强行开走,为逃避稽查又置公共安全于不顾,不仅驾车连续撞击警车,而且在车流、人流较为密集的城镇路段强行占道超车,与对向正常行驶的小客车相撞,致三死四伤","虽然本案与前述醉驾引发的以危险方法危害公共安全案件均属于间接故意犯罪,且造成的实害后果相近,但犯罪情节、行为人的主观恶性和人身危险性……均有显著差异",故依法判处其死刑立即执行。(第856号案例)此外,"明知自己吸毒后会陷于精神障碍,可能实施危害社会的行为,而不顾可能发生的危险吸毒,造成多车相撞的交通事故,其对该危害结果持间接故意心态。本案虽未造成严重后果,但……行为已对公共安全造成具体的危险,其行为构成以危险方法危害公共安全罪"。(第917号案例)"为斗气泄愤,在车流、人流密集的交通主干道路上,置不特定多数人的生命及财产安全于不顾,驾驶机动车先后实施危险变道、别车逼停、与他车追逐以及殴打正在操控车辆的驾驶员等行为,已达到危害公共安全的严重程度,应以以危险方法危害公共安全罪定罪处罚。"(第1449号案例)

6. **因果关系的证明规则。**"因天然气泄漏引发爆炸的案件比较罕见,证实此类犯罪的证据体系也与抢劫、故意杀人等常见犯罪明显不同,审理时既要全面审查、判断证实行为人实施故意释放天然气行为的相关证据是否确实充分,也要综合运用在案证据排除由其他因素引发爆炸的可能性,同时还要对有关疑问作出科学、合理的解释,最终得出唯一的结论。"(第1198号案例)

7. **罪数的处断。**"为逃避酒驾检查,冲撞依法执行公务的警察和他人车辆,冲撞后又严重违章危险驾驶,致道路设施损坏的刑事案件……符合妨害公务罪、故意伤害罪和以危险方法危害公共安全罪等数个罪名的构成特征,应当以以危险方法危害公共安全罪定罪处罚。"(第909号案例)但是,"对不同犯意支配下实施的连续行为,应综合考量行为发生、发展至结束的全过程,按照主客观相统一原则予以准确评价"。(第1236号案例)

第一百一十五条 【放火罪】【决水罪】【爆炸罪】【投放危险物质罪】【以危险方法危害公共安全罪】放火、决水、爆炸以及投放毒害性、放射性、传染病病原体等物质或者以其他危险方法致人重伤、死亡或者使公私财产遭受重大损失的,处十年以上有期徒刑、无期徒刑或者死刑。

【失火罪】【过失决水罪】【过失爆炸罪】【过失投放危险物质罪】【过失以危险方法危害公共安全罪】过失犯前款罪的,处三年以上七年以下有期徒刑;情节较轻的,处三年以下有期徒刑或者拘役。

立法沿革

本条系1997年《刑法》吸收修改1979年《刑法》作出的规定。1979年《刑法》第一百零六条规定:"放火、决水、爆炸、投毒或者以其他危险方法致人重伤、死亡或者使公私财产遭受重大损失的,处十年以上有期徒刑、无期徒刑或者死刑。""过失犯前款罪的,处七年以下有期徒刑或者拘役。"1997年《刑法》对相关过失犯罪的法定刑作了调整。

2001年12月29日起施行的《刑法修正案(三)》第二条对本条作了修改,将"投毒"修改为"投放毒害性、放射性、传染病病原体等物质"。

修正前《刑法》	修正后《刑法》
第一百一十五条 【放火罪】【决水罪】【爆炸罪】【投毒罪】【以危险方法危害公共安全罪】放火、决水、爆炸、投毒或者以其他危险方法致人重伤、死亡或者使公私财产遭受重大损失的，处十年以上有期徒刑、无期徒刑或者死刑。 【失火罪】【过失决水罪】【过失爆炸罪】【过失投毒罪】【过失以危险方法危害公共安全罪】过失犯前款罪的，处三年以上七年以下有期徒刑；情节较轻的，处三年以下有期徒刑或者拘役。	第一百一十五条 【放火罪】【决水罪】【爆炸罪】【投放危险物质罪】【以危险方法危害公共安全罪】放火、决水、爆炸以及投放毒害性、放射性、传染病病原体等物质或者以其他危险方法致人重伤、死亡或者使公私财产遭受重大损失的，处十年以上有期徒刑、无期徒刑或者死刑。 【失火罪】【过失决水罪】【过失爆炸罪】【过失投放危险物质罪】【过失以危险方法危害公共安全罪】过失犯前款罪的，处三年以上七年以下有期徒刑；情节较轻的，处三年以下有期徒刑或者拘役。

司法解释

《最高人民法院、最高人民检察院关于办理妨害预防、控制突发传染病疫情等灾害的刑事案件具体应用法律若干问题的解释》（法释〔2003〕8号）第一条第一款对故意传播突发传染病病原体，危害公共安全的行为适用《刑法》第一百一十五条第一款的规定作了指引性规定。（→参见第一百一十四条评注部分，第414页）

规范性文件

《最高人民法院关于醉酒驾车犯罪法律适用问题的意见》（法发〔2009〕47号）

为依法严肃处理醉酒驾车犯罪案件，统一法律适用标准，充分发挥刑罚惩治和预防犯罪的功能，有效遏制酒后和醉酒驾车犯罪的多发、高发态势，切实维护广大人民群众的生命健康安全，有必要对醉酒驾车犯罪法律适用问题作出统一规范。

一、准确适用法律，依法严惩醉酒驾车犯罪①

刑法规定，醉酒的人犯罪，应当负刑事责任。行为人明知酒后驾车违法、醉

---

① 醉酒驾车犯罪，一般情况下，大致分为两种情形：一种情形是醉酒驾车肇事后，立即停止行驶，即所谓一次碰撞；另一种情形是醉酒驾车肇事后，继续驾车行驶，以致再次肇事，造成更为严重的后果，即所谓二次碰撞。这两种情形下，行为人主观上对危害结果的发生所持的心态并不相同。在一次碰撞情形下，除非有充分的证据证明行为（转下页）

酒驾车会危害公共安全,却无视法律醉酒驾车,特别是在肇事后继续驾车冲撞,造成重大伤亡,说明行为人主观上对持续发生的危害结果持放任态度,具有危害公共安全的故意。对此类醉酒驾车造成重大伤亡的,应依法以以危险方法危害公共安全罪定罪。

2009年9月8日公布的两起醉酒驾车犯罪案件中,被告人黎景全和被告人孙伟铭都是在严重醉酒状态下驾车肇事,连续冲撞,造成重大伤亡。其中,黎景全驾车肇事后,不顾伤者及劝阻他的众多村民的安危,继续驾车行驶,致2人死亡,1人轻伤;孙伟铭长期无证驾驶,多次违反交通法规,在醉酒驾车与其他车辆追尾后,为逃逸继续驾车超限速行驶,先后与4辆正常行驶的轿车相撞,造成4人死亡、1人重伤。被告人黎景全和被告人孙伟铭在醉酒驾车发生交通事故后,继续驾车冲撞行驶,其主观上对他人伤亡的危害结果明显持放任态度,具有危害公共安全的故意。二被告人的行为均已构成以危险方法危害公共安全罪。

二、贯彻宽严相济刑事政策,适当裁量刑罚

根据刑法第一百一十五条第一款的规定,醉酒驾车,放任危害结果发生,造成重大伤亡事故,构成以危险方法危害公共安全罪的,应处以十年以上有期徒刑、无期徒刑或者死刑。具体决定对被告人的刑罚时,要综合考虑此类犯罪的性质、被告人的犯罪情节、危害后果及其主观恶性、人身危险性。一般情况下,醉酒驾车构成本罪的,行为人在主观上并不希望、也不追求危害结果的发生,属于间接故意犯罪,行为的主观恶性与以制造事端为目的而恶意驾车撞人并造成重大

(接上页)人对危害结果的发生持希望或放任态度,否则,难以认定其主观上具有危害公共安全的直接故意或间接故意,只能认定行为人主观上是过失,以交通肇事罪论处。在二次碰撞情形下,行为人醉酒驾车发生一次碰撞后,足以认识到其醉酒驾车行为具有高度的危险性,会对他人的生命安全造成伤害,然而,其对此漠然置之,不顾道路上行驶的其他车辆及行人的安全,出于逃逸等目的,仍然继续驾车行驶,以致再次肇事,冲撞车辆或行人,造成更为严重的后果。此种情形之下,行为人将他人的生命置于高度危险之中,其本人已经没有能力对这种危险予以控制,危险随时随地都会发生,却依然不管不顾,置之不理。这种情形明显反映出行为人完全不计自己醉酒驾车行为的后果,对他人伤亡的危害结果持放任态度,主观上具有危害公共安全的间接故意,应定以危险方法危害公共安全罪。因此,此类醉酒驾车造成重大伤亡的,行为人主观上对持续发生的危害结果持放任态度,具有危害公共安全的故意,应依法按照以危险方法危害公共安全罪定罪。参见高贵君、韩维中、王飞:《〈关于醉酒驾车犯罪法律适用问题的意见〉的理解与适用》,载中华人民共和国最高人民法院刑事审判第一、二、三、四、五庭主办:《中国刑事审判指导案例2》(增订第3版),法律出版社2017年版,第327页。

伤亡后果的直接故意犯罪有所不同,因此,在决定刑罚时,也应当有所区别。此外,醉酒状态下驾车,行为人的辨认和控制能力实际有所减弱,量刑时也应酌情考虑。

被告人黎景全和被告人孙伟铭醉酒驾车犯罪案件,依法没有适用死刑,而是分别判处无期徒刑,主要考虑到二被告人均系间接故意犯罪,与直接故意犯罪相比,主观恶性不是很深,人身危险性不是很大;犯罪时驾驶车辆的控制能力有所减弱;归案后认罪、悔罪态度较好,积极赔偿被害方的经济损失,一定程度上获得了被害方的谅解。广东省高级人民法院和四川省高级人民法院的终审裁判对二被告人的量刑是适当的。

三、统一法律适用,充分发挥司法审判职能作用

为依法严肃处理醉酒驾车犯罪案件,遏制酒后和醉酒驾车对公共安全造成的严重危害,警示、教育潜在违规驾驶人员,今后,对醉酒驾车,放任危害结果的发生,造成重大伤亡的,一律按照本意见规定,并参照附发的典型案例,依法以危险方法危害公共安全罪定罪量刑。

为维护生效裁判的既判力,稳定社会关系,对于此前已经处理过的将特定情形的醉酒驾车认定为交通肇事罪的案件,应维持终审裁判,不再变动。

本意见执行中有任何情况和问题,请及时层报最高人民法院。

附件:有关醉酒驾车犯罪案例
一、被告人黎景全以危险方法危害公共安全案

被告人黎景全,男,汉族,1964年4月30日生于广东省佛山市,初中文化,佛山市个体运输司机。1981年12月11日因犯抢劫罪、故意伤害罪被判处有期徒刑四年六个月。2006年9月17日因本案被刑事拘留,同月28日被逮捕。

2006年9月16日18时50分许,被告人黎景全大量饮酒后,驾车牌号为粤A1J374的面包车由南向北行驶至广东省佛山市南海区盐步碧华村新路治安亭附近路段时,从后面将骑自行车的被害人李洁霞及其搭乘的儿子陈柏宇撞倒,致陈柏宇轻伤。撞人后,黎景全继续开车前行,撞坏治安亭前的铁闸及旁边的柱子,又掉头由北往南向穗盐路方向快速行驶,车轮被卡在路边花地上。被害人梁锡全(系黎景全的好友)及其他村民上前救助伤者并劝阻黎景全,黎景全加大油门驾车冲出花地,碾过李洁霞后撞倒梁锡全,致李洁霞、梁锡全死亡。黎景全驾车驶出路面外被治安队员及民警抓获。经检验,黎景全案发时血液中检出乙醇成分,含量为369.9毫克/100毫升。

被告人黎景全在医院被约束至酒醒后,对作案具体过程无记忆,当得知自己撞死二人、撞伤一人时,十分懊悔。虽然其收入微薄,家庭生活困难,但仍多次表

示要积极赔偿被害人亲属的经济损失。

广东省佛山市人民检察院指控被告人黎景全犯以危险方法危害公共安全罪，向佛山市中级人民法院提起公诉。佛山市中级人民法院于2007年2月7日以(2007)佛刑一初字第1号刑事附带民事判决，认定被告人黎景全犯以危险方法危害公共安全罪，判处死刑，剥夺政治权利终身。宣判后，黎景全提出上诉。广东省高级人民法院于2008年9月17日以(2007)粤高法刑一终字第131号刑事裁定，驳回上诉，维持原判，并依法上报最高人民法院核准。

最高人民法院复核认为，被告人黎景全酒后驾车撞倒他人后，仍继续驾驶、冲撞人群，其行为已构成以危险方法危害公共安全罪，黎景全醉酒驾车撞人，致二人死亡、一人轻伤，犯罪情节恶劣，后果特别严重，应依法惩处。鉴于黎景全是在严重醉酒状态下犯罪，属间接故意犯罪，与蓄意危害公共安全的直接故意犯罪有所不同；且其归案后认罪、悔罪态度较好，依法可不判处死刑。第一审判决、第二审裁定认为的事实清楚，证据确实、充分，定罪准确，审判程序合法，但量刑不当。依照《中华人民共和国刑事诉讼法》第一百九十九条和最高人民法院《关于复核死刑案件若干问题的规定》第四条的规定，裁定不核准被告人黎景全死刑，撤销广东省高级人民法院(2007)粤高法刑一终字第131号刑事裁定，发回广东省高级人民法院重新审判。

广东省高级人民法院重审期间，与佛山市中级人民法院一同做了大量民事调解工作。被告人黎景全的亲属倾其所有，筹集15万元赔偿给被害方。

广东省高级人民法院审理认为，被告人黎景全醉酒驾车撞倒李洁霞所骑自行车后，尚知道驾驶车辆掉头行驶；在车轮被路边花地卡住的情况下，知道将车辆驾驶回路面，说明其案发时具有辨认和控制能力。黎景全撞人后，置被撞人员于不顾，也不顾在车前对其进行劝阻和救助伤者的众多村民，仍继续驾车企图离开现场，撞向已倒地的李洁霞和救助群众梁锡全，致二人死亡，说明其主观上对在场人员伤亡的危害结果持放任态度，具有危害公共安全的间接故意。因此，其行为已构成以危险方法危害公共安全罪。黎景全犯罪的情节恶劣，后果严重。但鉴于黎景全系间接故意犯罪，与蓄意危害公共安全的直接故意犯罪相比，主观恶性不是很深，人身危险性不是很大；犯罪时处于严重醉酒状态，辨认和控制能力有所减弱；归案后认罪、悔罪态度较好，积极赔偿了被害方的经济损失，依法可从轻处罚。据此，于2009年9月8日作出(2007)粤高法刑一终字第131-1号刑事判决，认定被告人黎景全犯以危险方法危害公共安全罪，判处无期徒刑，剥夺政治权利终身。

二、被告人孙伟铭以危险方法危害公共安全案

被告人孙伟铭，男，汉族，1979年5月9日出生于西藏自治区，高中文化，成都奔腾电子信息技术有限公司员工。2008年12月15日被刑事拘留，同月26日被逮捕。

2008年5月，被告人孙伟铭购买一辆车牌号为川A43K66的别克轿车。之后，孙伟铭在未取得驾驶证的情况下长期驾驶该车，并多次违反交通法规。同年12月14日中午，孙伟铭与其父母为亲属祝寿，大量饮酒。当日17时许，孙伟铭驾驶其别克轿车行至四川省成都市成龙路"蓝谷地"路口时，从后面撞向与其同向行驶的车牌号为川A9T332的一辆比亚迪轿车尾部。肇事后，孙伟铭继续驾车超限速行驶，行至成龙路"卓锦城"路段时，越过中心黄色双实线，先后与对面车道正常行驶的车牌号分别为川AUZ872的长安奔奔轿车、川AK1769的长安奥拓轿车、川AVD241的福特蒙迪欧轿车、川AMC337的奇瑞QQ轿车等4辆轿车相撞，造成车牌号为川AUZ872的长安奔奔轿车上的张景全、尹国辉夫妇和金亚民、张成秀夫妇死亡，代玉秀重伤，以及公私财产损失5万余元。经鉴定，孙伟铭驾驶的车辆碰撞前瞬间的行驶速度为134—138公里/小时；孙伟铭案发时血液中的乙醇含量为135.8毫克/100毫升。案发后，孙伟铭的亲属赔偿被害人经济损失11.4万元。

四川省成都市人民检察院指控被告人孙伟铭犯以危险方法危害公共安全罪，向成都市中级人民法院提起公诉。成都市中级人民法院于2009年7月22日以(2009)成刑初字第158号刑事判决，认定被告人孙伟铭犯以危险方法危害公共安全罪，判处死刑，剥夺政治权利终身。宣判后，孙伟铭提出上诉。

四川省高级人民法院审理期间，被告人孙伟铭之父孙林表示愿意代为赔偿被害人的经济损失，社会各界人士也积极捐款帮助赔偿。经法院主持调解，孙林代表孙伟铭与被害方达成民事赔偿协议，并在身患重病、家庭经济并不宽裕的情况下，积极筹款赔偿了被害方经济损失，取得被害方一定程度的谅解。

四川省高级人民法院审理认为，被告人孙伟铭无视交通法规和公共安全，在未取得驾驶证的情况下，长期驾驶机动车辆，多次违反交通法规，且在醉酒驾车发生交通事故后，继续驾车超限速行驶，冲撞多辆车辆，造成数人伤亡的严重后果，说明其主观上对危害结果的发生持放任态度，具有危害公共安全的间接故意，其行为已构成以危险方法危害公共安全罪。孙伟铭犯罪情节恶劣，后果严重。但鉴于孙伟铭是间接故意犯罪，不希望、也不积极追求危害后果发生，与直接故意驾车撞击车辆、行人的犯罪相比，主观恶性不是很深，人身危险性不是很大；犯罪时处于严重醉酒状态，其对自己行为的辨认和控制能力有所减弱；案发

后,真诚悔罪,并通过亲属积极筹款赔偿被害方的经济损失,依法可从轻处罚。据此,四川省高级人民法院于2009年9月8日作出(2009)川刑终字第690号刑事判决,认定被告人孙伟铭犯以危险方法危害公共安全罪,判处无期徒刑,剥夺政治权利终身。

《公安部关于公安机关处置信访活动中违法犯罪行为适用法律的指导意见》(公通字〔2013〕25号)"二、对危害公共安全违法犯罪行为的处理"对相关案件适用《刑法》第一百一十五条第一款的规定作了指引性规定。(→参见第二百九十条评注部分,第1454页)

《最高人民法院、最高人民检察院、公安部关于依法惩治妨害公共交通工具安全驾驶违法犯罪行为的指导意见》(公通字〔2019〕1号)"一、准确认定行为性质,依法从严惩处妨害安全驾驶犯罪"第(一)条至第(三)条对妨害安全驾驶适用《刑法》第一百一十五条第一款规定的情形作了规定。(→参见第一百三十三条之二评注部分,第538页)

《最高人民法院、最高人民检察院、公安部、司法部关于依法严厉打击传播艾滋病病毒等违法犯罪行为的指导意见》(公通字〔2019〕23号)"二、准确认定行为性质"第(八)条对采用危险方法,意图使不特定多数人感染艾滋病病毒,致人重伤、死亡或者使公私财产遭受重大损失的行为适用《刑法》第一百一十五条第一款作了指引性规定。(→参见二百三十四条评注部分,第1095页)

《最高人民法院关于依法妥善审理高空抛物、坠物案件的意见》(法发〔2019〕25号)"二、依法惩处构成犯罪的高空抛物、坠物行为,切实维护人民群众生命财产安全"对高空抛物适用《刑法》第一百一十五条第一款规定的情形作了规定。(→参见第二百九十一条之二评注部分,第1474页)

《最高人民法院、最高人民检察院、公安部关于办理涉窨井盖相关刑事案件的指导意见》(高检发〔2020〕3号)第二条对涉窨井盖刑事案件适用《刑法》第一百一十五条的规定作了指引性规定。(→参见第一百一十七条评注部分,第432页)

《最高人民法院、最高人民检察院、公安部、工业和信息化部、住房和城乡建设部、交通运输部、应急管理部、国家铁路局、中国民用航空局、国家邮政局关于依法惩治涉枪支、弹药、爆炸物、易燃易爆危险物品犯罪的意见》(法发〔2021〕35号)第八条对《刑法》第一百一十五条第一款的适用作了规定。(→参见第一百二十五条评注部分,第487页)

立案追诉标准

《最高人民检察院、公安部关于公安机关管辖的刑事案件立案追诉标准的规定(一)》(节录)

第一条 [失火案(刑法第一百一十五条第二款)]过失引起火灾,涉嫌下列情形之一的,应予立案追诉:

(一)造成死亡一人以上,或者重伤三人以上的;
(二)造成公共财产或者他人财产直接经济损失五十万元以上的;
(三)造成十户以上家庭的房屋以及其他基本生活资料烧毁的;
(四)造成森林火灾,过火有林地面积二公顷以上,或者过火疏林地、灌木林地、未成林地、苗圃地面积四公顷以上的;
(五)其他造成严重后果的情形。

本条和本规定第十五条规定的"有林地"、"疏林地"、"灌木林地"、"未成林地"、"苗圃地",按照国家林业主管部门的有关规定确定。

(→附则参见分则标题评注部分,第392页)

刑参案例规则提炼

《许小渠过失以危险方法危害公共安全案——食品销售人员对亚硝酸盐未尽妥善保管义务导致亚硝酸盐混入食品中出售,致人伤亡的行为如何定性》(第1041号案例)所涉规则提炼如下:

过失以危险方法危害公共安全罪的适用规则。"对亚硝酸盐未尽到妥善保管义务,将其遗留在食品销售区域的行为……发生在食品销售流通领域,对社会公共安全造成了潜在的和现实的威胁,该行为构成刑法上的'其他危险方法'。该行为危害到不特定多数人的生命健康,并最终导致一死一轻微伤的严重后果,符合过失以危险方法危害公共安全罪的构成要件。"(第1041号案例)

第一百一十六条 【破坏交通工具罪】 破坏火车、汽车、电车、船只、航空器,足以使火车、汽车、电车、船只、航空器发生倾覆、毁坏危险,尚未造成严重后果的,处三年以上十年以下有期徒刑。

立法沿革

本条系1997年《刑法》沿用1979年《刑法》第一百零七条的规定,仅将"飞机"改为"航空器"。

第一百一十七条 【破坏交通设施罪】破坏轨道、桥梁、隧道、公路、机场、航道、灯塔、标志或者进行其他破坏活动,足以使火车、汽车、电车、船只、航空器发生倾覆、毁坏危险,尚未造成严重后果的,处三年以上十年以下有期徒刑。

立法沿革

本条系 1997 年《刑法》沿用 1979 年《刑法》第一百零八条的规定,仅将"飞机"改为"航空器"。

相关规定

《中华人民共和国治安管理处罚法》(修正后自 2013 年 1 月 1 日起施行,节录)

第三十三条 有下列行为之一的,处十日以上十五日以下拘留:

(一)盗窃、损毁油气管道设施、电力电信设施、广播电视设施、水利防汛工程设施或者水文监测、测量、气象测报、环境监测、地质监测、地震监测等公共设施的;

第三十四条第一款 盗窃、损坏、擅自移动使用中的航空设施,或者强行进入航空器驾驶舱的,处十日以上十五日以下拘留。

第三十五条 有下列行为之一的,处五日以上十日以下拘留,可以并处五百元以下罚款;情节较轻的,处五日以下拘留或者五百元以下罚款:

(一)盗窃、损毁或者擅自移动铁路设施、设备、机车车辆配件或者安全标志的;

(二)在铁路线路上放置障碍物,或者故意向列车投掷物品的;

(三)在铁路线路、桥梁、涵洞处挖掘坑穴、采石取沙的;

(四)在铁路线路上私设道口或者平交过道的。

规范性文件

《最高人民法院、最高人民检察院、公安部关于办理涉窨井盖相关刑事案件的指导意见》(高检发〔2020〕3 号)

近年来,因盗窃、破坏窨井盖等行为导致人员伤亡事故多发,严重危害公共安全和人民群众生命财产安全,社会反映强烈。要充分认识此类行为的社会危害性、运用刑罚手段依法惩治的必要性,完善刑事责任追究机制,维护人民群众"脚底下的安全",推动窨井盖问题的综合治理。为依法惩治涉窨井盖相关犯罪,切实维护公共安全和人民群众合法权益,提升办案质效,根据《中华人民共和国刑法》等法律规定,提出以下意见。

一、盗窃、破坏正在使用中的社会机动车通行道路上的窨井盖,足以使汽车、电车发生倾覆、毁坏危险,尚未造成严重后果的,依照刑法第一百一十七条的规定,以破坏交通设施罪定罪处罚;造成严重后果的,依照刑法第一百一十九条第一款的规定处罚。

过失造成严重后果的,依照刑法第一百一十九条第二款的规定,以过失损坏交通设施罪定罪处罚。

二、盗窃、破坏人员密集往来的非机动车道、人行道以及车站、码头、公园、广场、学校、商业中心、厂区、社区、院落等生产生活、人员聚集场所的窨井盖,足以危害公共安全,尚未造成严重后果的,依照刑法第一百一十四条的规定,以以危险方法危害公共安全罪定罪处罚;致人重伤、死亡或者使公私财产遭受重大损失的,依照刑法第一百一十五条第一款的规定处罚。

过失致人重伤、死亡或者使公私财产遭受重大损失的,依照刑法第一百一十五条第二款的规定,以过失以危险方法危害公共安全罪定罪处罚。

三、对于本意见第一条、第二条规定以外的其他场所的窨井盖,明知会造成人员伤亡后果而实施盗窃、破坏行为,致人受伤或者死亡的,依照刑法第二百三十四条、第二百三十二条的规定,分别以故意伤害罪、故意杀人罪定罪处罚。

过失致人重伤或者死亡的,依照刑法第二百三十五条、第二百三十三条的规定,分别以过失致人重伤罪、过失致人死亡罪定罪处罚。

四、盗窃本意见第一条、第二条规定以外的其他场所的窨井盖,且不属于本意见第三条规定的情形,数额较大,或者多次盗窃的,依照刑法第二百六十四条的规定,以盗窃罪定罪处罚。

故意毁坏本意见第一条、第二条规定以外的其他场所的窨井盖,且不属于本意见第三条规定的情形,数额较大或者有其他严重情节的,依照刑法第二百七十五条的规定,以故意毁坏财物罪定罪处罚。

五、在生产、作业中违反有关安全管理的规定,擅自移动窨井盖或者未做好安全防护措施等,发生重大伤亡事故或者造成其他严重后果的,依照刑法第一百三十四条第一款的规定,以重大责任事故罪定罪处罚。

窨井盖建设、设计、施工、工程监理单位违反国家规定,降低工程质量标准,造成重大安全事故的,依照刑法第一百三十七条的规定,以工程重大安全事故罪定罪处罚。

六、生产不符合保障人身、财产安全的国家标准、行业标准的窨井盖,或者销售明知是不符合保障人身、财产安全的国家标准、行业标准的窨井盖,造成严重后果的,依照刑法第一百四十六条的规定,以生产、销售不符合安全标准的产品罪定罪处罚。

七、知道或者应当知道是盗窃所得的窨井盖及其产生的收益而予以窝藏、转移、收购、代为销售或者以其他方法掩饰、隐瞒的，依照刑法第三百一十二条和《最高人民法院关于审理掩饰、隐瞒犯罪所得、犯罪所得收益刑事案件适用法律若干问题的解释》的规定，以掩饰、隐瞒犯罪所得、犯罪所得收益罪定罪处罚。

八、在窨井盖采购、施工、验收、使用、检查过程中负有决定、管理、监督等职责的国家机关工作人员玩忽职守或者滥用职权，致使公共财产、国家和人民利益遭受重大损失的，依照刑法第三百九十七条的规定，分别以玩忽职守罪、滥用职权罪定罪处罚。

九、在依照法律、法规规定行使窨井盖行政管理职权的公司、企业、事业单位中从事公务的人员以及在受国家机关委托代表国家机关行使窨井盖行政管理职权的组织中从事公务的人员，玩忽职守或者滥用职权，致使公共财产、国家和人民利益遭受重大损失的，依照刑法第三百九十七条和《全国人民代表大会常务委员会关于〈中华人民共和国刑法〉第九章渎职罪主体适用问题的解释》的规定，分别以玩忽职守罪、滥用职权罪定罪处罚。

十、对窨井盖负有管理职责的其他公司、企业、事业单位的工作人员，严重不负责任，导致人员坠井等事故，致人重伤或者死亡，符合刑法第二百三十五条、第二百三十三条规定的，分别以过失致人重伤罪、过失致人死亡罪定罪处罚。

十一、国家机关工作人员利用职务上的便利，收受他人财物，为他人谋取与窨井盖相关利益，同时构成受贿罪和刑法分则第九章规定的渎职犯罪的，除刑法另有规定外，以受贿罪和渎职犯罪数罪并罚。

十二、本意见所称的"窨井盖"，包括城市、城乡结合部和乡村等地的窨井盖以及其他井盖。

《最高人民法院、最高人民检察院、公安部、司法部关于依法惩治妨害新型冠状病毒感染肺炎疫情防控违法犯罪的意见》（法发〔2020〕7号）"二、准确适用法律，依法严惩妨害疫情防控的各类违法犯罪"第（八）条对疫情防控期间破坏交通设施的行为定性和政策把握作了规定。（→参见第三百三十条评注部分，第1713页）

■ 刑参案例规则提炼

《王仁兴破坏交通设施案——不履行因紧急避险行为引起的作为义务可以构成不作为犯罪》（第295案例）所涉规则提炼如下：

不履行因紧急避险行为引发的作为义务构成破坏交通设施罪的认定规则。"行为人因实施紧急避险行为造成交通设施被损坏,在紧急避险结束后,行为人有义务采取积极的救济措施消除危险,如果行为人有条件能够履行而不履行,应构成不作为的破坏交通设施罪。"(第295案例)

第一百一十八条 【破坏电力设备罪】【破坏易燃易爆设备罪】破坏电力、燃气或者其他易燃易爆设备,危害公共安全,尚未造成严重后果的,处三年以上十年以下有期徒刑。

◀ 立法沿革 ▶

本条系1997年《刑法》沿用1979年《刑法》第一百零九条的规定,仅将"煤气"改为"燃气"。

◀ 司法解释 ▶

《最高人民法院、最高人民检察院关于办理盗窃油气、破坏油气设备等刑事案件具体应用法律若干问题的解释》(法释〔2007〕3号,自2007年1月19日起施行)

为维护油气的生产、运输安全,依法惩治盗窃油气、破坏油气设备等犯罪,根据刑法有关规定,现就办理这类刑事案件具体应用法律的若干问题解释如下:

第一条 在实施盗窃油气等行为过程中,采用切割、打孔、撬砸、拆卸、开关等手段破坏正在使用的油气设备的,属于刑法第一百一十八条规定的"破坏燃气或者其他易燃易爆设备"的行为;危害公共安全,尚未造成严重后果的,依照刑法第一百一十八条的规定定罪处罚。

第二条① 实施本解释第一条规定的行为,具有下列情形之一的,属于刑

---

① 本条第一项对人员轻伤、重伤或者死亡的单项数量作了规定,如果案件中出现了轻伤、重伤单项虽然达不到规定的人数,但是轻重伤合计的人数明显超过了单项人数的情况,例如在实践中遇到"造成一人重伤并且同时有五人轻伤",或者"造成二人重伤并且三人轻伤的",等等。这些情形的危害性与本条第一项规定的情形大体相当,虽然不符合本条第一项规定的情形,但可以适用本条第四项规定的情形解决此类问题。参见李洪江:《〈关于办理盗窃油气、破坏油气设备等刑事案件具体应用法律若干问题的解释〉的理解与适用》,载中华人民共和国最高人民法院刑事审判第一、二、三、四、至五庭主办:《中国刑事审判指导案例2》(增订第3版),法律出版社2017年版,第273页。

第一百一十九条第一款规定的"造成严重后果",依照刑法第一百一十九条第一款的规定定罪处罚:

（一）造成一人以上死亡、三人以上重伤或者十人以上轻伤的；

（二）造成井喷或者重大环境污染事故的；

（三）造成直接经济损失数额在五十万元以上的；

（四）造成其他严重后果的。

第三条 盗窃油气或者正在使用的油气设备,构成犯罪,但未危害公共安全的,依照刑法第二百六十四条的规定,以盗窃罪定罪处罚。

盗窃油气,数额巨大但尚未运离现场的,以盗窃未遂定罪处罚。

为他人盗窃油气而偷开油气井、油气管道等油气设备阀门排放油气或者提供其他帮助的,以盗窃罪的共犯定罪处罚。

第四条 盗窃油气同时构成盗窃罪和破坏易燃易爆设备罪的,依照刑法处罚较重的规定定罪处罚。

第五条 明知是盗窃犯罪所得的油气或者油气设备,而予以窝藏、转移、收购、加工、代为销售或者以其他方法掩饰、隐瞒的,依照刑法第三百一十二条的规定定罪处罚。

实施前款规定的犯罪行为,事前通谋的,以盗窃犯罪的共犯定罪处罚。

第六条 违反矿产资源法的规定,非法开采或者破坏性开采石油、天然气资源的,依照刑法第三百四十三条以及《最高人民法院关于审理非法采矿、破坏性采矿刑事案件具体应用法律若干问题的解释》的规定追究刑事责任。

第七条 国家机关工作人员滥用职权或者玩忽职守,实施下列行为之一,致使公共财产、国家和人民利益遭受重大损失的,依照刑法第三百九十七条的规定,以滥用职权罪或者玩忽职守罪定罪处罚：

（一）超越职权范围,批准发放石油、天然气勘查、开采、加工、经营等许可证的；

（二）违反国家规定,给不符合法定条件的单位、个人发放石油、天然气勘查、开采、加工、经营等许可证的；

（三）违反《石油天然气管道保护条例》①等国家规定,在油气设备安全保护范围内批准建设项目的；

（四）对发现或者经举报查实的未经依法批准、许可擅自从事石油、天然气勘查、开采、加工、经营等违法活动不予查封、取缔的。

---

① 《石油天然气管道保护法》自 2010 年 10 月 1 日起施行,《石油天然气管道保护条例》于 2011 年 1 月 8 日被废止。——本评注注

第八条 本解释所称的"油气",是指石油、天然气。其中,石油包括原油、成品油;天然气包括煤层气。

本解释所称"油气设备",是指用于石油、天然气生产、储存、运输等易燃易爆设备。

《最高人民法院关于审理破坏电力设备刑事案件具体应用法律若干问题的解释》(法释〔2007〕15号,自2007年8月21日起施行)

为维护公共安全,依法惩治破坏电力设备等犯罪活动,根据刑法有关规定,现就审理这类刑事案件具体应用法律的若干问题解释如下:

第一条① 破坏电力设备,具有下列情形之一的,属于刑法第一百一十九条第一款规定的"造成严重后果",以破坏电力设备罪判处十年以上有期徒刑、无期徒刑或者死刑:

(一)造成一人以上死亡、三人以上重伤或者十人以上轻伤的;

(二)造成一万以上用户电力供应中断六小时以上,致使生产、生活受到严重影响的;

(三)造成直接经济损失一百万元以上的;

(四)造成其他危害公共安全严重后果的。

第二条 过失损坏电力设备,造成本解释第一条规定的严重后果的,依照刑法第一百一十九条第二款的规定,以过失损坏电力设备罪判处三年以上七年以下有期徒刑;情节较轻的,处三年以下有期徒刑或者拘役。

第三条 盗窃电力设备,危害公共安全,但不构成盗窃罪的,以破坏电力设备罪定罪处罚;同时构成盗窃罪和破坏电力设备罪的,依照刑法处罚较重的规定定罪处罚。

盗窃电力设备,没有危及公共安全,但应当追究刑事责任的,可以根据案件的不同情况,按照盗窃罪等犯罪处理。

---

① 列举难以穷尽所有情形,而司法实践又非常复杂,经常会有一些个别情形出现,造成了比较严重的后果,但不符合前面所列的几种情形,比如破坏电力设备,造成二人重伤同时造成八人轻伤的,虽然尚未达到本条第一项的标准,既未达到重伤三人,也未达到轻伤十人,也不符合其他情形,但综合比较,其危害性已足以和第一项相当,此时可依照兜底项处理。需要指出,兜底条款中的"其他危害公共安全严重后果",不能随意解释和适用,其情形具有的危害性应当与前三项所列情形的危害性大体相当,即也是危害公共安全造成严重后果的,才能适用本项兜底条款。参见李洪江:《〈关于审理破坏电力设备刑事案件具体应用法律若干问题的解释〉的理解与适用》,载中华人民共和国最高人民法院刑事审判第一、二、三、四、五庭主办:《中国刑事审判指导案例2》(增订第3版),法律出版社2017年版,第276页。

第四条① 本解释所称电力设备,是指处于运行、应急等使用中的电力设备;已经通电使用,只是由于枯水季节或电力不足等原因暂停使用的电力设备;已经交付使用但尚未通电的电力设备。不包括尚未安装完毕,或者已经安装完毕但尚未交付使用的电力设备。

本解释中直接经济损失的计算范围,包括电量损失金额,被毁损设备材料的购置、更换、修复费用,以及因停电给用户造成的直接经济损失等。

规范性文件

《最高人民法院、最高人民检察院、公安部关于办理盗窃油气、破坏油气设备等刑事案件适用法律若干问题的意见》(法发〔2018〕18号)

为依法惩治盗窃油气、破坏油气设备等犯罪,维护公共安全、能源安全和生态安全,根据《中华人民共和国刑法》《中华人民共和国刑事诉讼法》和《最高人民法院、最高人民检察院关于办理盗窃油气、破坏油气设备等刑事案件具体应用法律若干问题的解释》等法律、司法解释的规定,结合工作实际,制定本意见。

一、关于危害公共安全的认定

在实施盗窃油气等行为过程中,破坏正在使用的油气设备,具有下列情形之一的,应当认定为刑法第一百一十八条规定的"危害公共安全":

(一)采用切割、打孔、撬砸、拆卸手段的,但是明显未危害公共安全的除外;

(二)采用开、关等手段,足以引发火灾、爆炸等危险的。

二、关于盗窃油气未遂的刑事责任②

着手实施盗窃油气行为,由于意志以外的原因未得逞,具有下列情形之一

---

① 关于电力设备的范围,涉及有争议的问题之一就是电力设备是否等同于电力设施问题。破坏电力设备罪是危害公共安全的犯罪,本质要求破坏电力设备的行为能够危害公共安全,而有些电力设施,主要是一些辅助设施即使遭到破坏,也不可能对公共安全造成任何影响。相比刑法中的电力设备而言,《电力设施保护条例》中的电力设施的范围还是过于广泛了。因此,本司法解释没有采纳将电力设备等同于电力设施的观点,还是依照刑法采取"电力设备"的表述。参见李洪江:《〈关于审理破坏电力设备刑事案件具体应用法律若干问题的解释〉的理解与适用》,载中华人民共和国最高人民法院刑事审判第一、二、三、四、五庭主办:《中国刑事审判指导案例2》(增订第3版),法律出版社2017年版,第277页。

② 有观点认为,盗窃油气人员在盗窃油气的过程中当场被抓获的,已经从油气设备中盗出的油气应属于盗窃既遂。经慎重研究,本规范性文件没有采纳这种观点。主要考虑:其一,这种观点与法释〔2007〕3号解释的基本立场不一致,脱离油气设备但尚未运离现场的油气,很难被理解为已经失控。作此理解后,可能会导致盗窃油气未遂的认(转下页)

的，以盗窃罪（未遂）追究刑事责任：

（一）以数额巨大的油气为盗窃目标的；

（二）已将油气装入包装物或者运输工具，达到"数额较大"标准三倍以上的；

（三）携带盗油卡子、手摇钻、电钻、电焊枪等切割、打孔、撬砸、拆卸工具的；

（四）其他情节严重的情形。

三、关于共犯的认定

在共同盗窃油气、破坏油气设备等犯罪中，实际控制、为主出资或者组织、策划、纠集、雇佣、指使他人参与犯罪的，应当依法认定为主犯；对于其他人员，在共同犯罪中起主要作用的，也应当依法认定为主犯。

在输油输气管道投入使用前擅自安装阀门，在管道投入使用后将该阀门提供给他人盗窃油气的，以盗窃罪、破坏易燃易爆设备罪等有关犯罪的共同犯罪论处。

四、关于内外勾结盗窃油气行为的处理

行为人与油气企业人员勾结共同盗窃油气，没有利用油气企业人员职务便利，仅仅是利用其易于接近油气设备、熟悉环境等方便条件的，以盗窃罪的共同犯罪论处。

实施上述行为，同时构成破坏易燃易爆设备罪的，依照处罚较重的规定定罪处罚。

五、关于窝藏、转移、收购、加工、代为销售被盗油气行为的处理

明知是犯罪所得的油气而予以窝藏、转移、收购、加工、代为销售或者以其他方式掩饰、隐瞒，符合刑法第三百一十二条规定的，以掩饰、隐瞒犯罪所得罪追究刑事责任。

"明知"的认定，应当结合行为人的认知能力、所得报酬、运输工具、运输路线、收购价格、收购形式、加工方式、销售地点、仓储条件等因素综合考虑。

实施第一款规定的犯罪行为，事前通谋的，以盗窃罪、破坏易燃易爆设备罪等有关犯罪的共同犯罪论处。

（接上页）定与其他盗窃未遂的认定存在不一致。其二，当前对油气设备的防范设施已经比较完善，除了传统的实体防范、巡逻防范外，更重要的是技术防范。对于虽然没有围墙、金属栅栏等实体防范措施，但是一旦有盗窃油气行为，摄像头等设备能即时发现并随即采取控制措施的，也不好理解为已经失控。其三，实践中盗窃油气的行为样态比较复杂，如果一律将正在盗窃、尚未运离现场的行为均视为盗窃既遂，难免造成扩大刑事打击面，或者导致打击不准的问题。参见郝方昉：《〈关于办理盗窃油气、破坏油气设备等刑事案件适用法律若干问题的意见〉的理解与适用》，载中华人民共和国最高人民法院刑事审判第一、二、三、四、五庭主办：《刑事审判参考（总第115集）》，法律出版社2019年版，第156页。

六、关于直接经济损失的认定

《最高人民法院、最高人民检察院关于办理盗窃油气、破坏油气设备等刑事案件具体应用法律若干问题的解释》第二条第三项规定的"直接经济损失"包括因实施盗窃油气等行为直接造成的油气损失以及采取抢修堵漏等措施所产生的费用。

对于直接经济损失数额,综合油气企业提供的证据材料、犯罪嫌疑人、被告人及其辩护人所提辩解、辩护意见等认定;难以确定的,依据价格认证机构出具的报告,结合其他证据认定。

油气企业提供的证据材料,应当有工作人员签名和企业公章。

七、关于专门性问题的认定

对于油气的质量、标准等专门性问题,综合油气企业提供的证据材料、犯罪嫌疑人、被告人及其辩护人所提辩解、辩护意见等认定;难以确定的,依据司法鉴定机构出具的鉴定意见或者国务院公安部门指定的机构出具的报告,结合其他证据认定。

油气企业提供的证据材料,应当有工作人员签名和企业公章。

▍刑参案例规则提炼

《彭定安破坏电力设备案——盗割铁路电气化接触网回流线的行为如何定性》(第219号案例)、《冯留民破坏电力设备、盗窃案——结合司法解释看破坏电力设备罪与盗窃罪的竞合》(第504号案例)、《杨辉、石磊等破坏电力设备案——盗窃电力设备过程中,以暴力手段控制无抓捕意图的过往群众的不构成抢劫罪》(第575号案例)、《夏洪生抢劫、破坏电力设备案——骗乘出租车欲到目的地抢劫因惟恐被发觉而在中途放弃的,能否认定为抢劫预备阶段的犯罪中止,为逃匿而劫取但事后予以焚毁的机动车辆能否计入抢劫数额》(第643号案例)所涉规则提炼如下:

1. 危害公共安全的判定规则。 "作为铁路电气化设施的组成部分的接触网,是电气化铁路交通设施的附属设施,在犯罪对象上应认定为交通设施,而非电力设备。""本案被告人盗割的正在使用中的铁路电气化接触网回流线,是保障电气化铁路交通运行安全的附属设施之一,关系到铁路交通安全。因此,其行为不仅侵犯了公共财产所有权,更主要的是直接威胁到了铁路交通安全⋯⋯"(第219号案例)"一般认为,如果盗割的是正在使用中的高压输电线路备用线,或者用于医疗、交通、抢险、生产、养殖等领域的正在使用中的电路,往往会危害公共安全,而对于一般生活用电、景观照明等用电线路则要视其损害的范围及时间,以及是否造成了严重后果而定。"(第504号案例)

2. 竞合处断规则。"盗割接触网回流线,既构成盗窃罪,又构成破坏交通设施罪,系想象竞合犯,按照择一重罪处罚的原则……追究其刑事责任。"(第 219 号案例)"盗割正在使用中的光铝线的行为构成了破坏电力设备罪与盗窃罪的想象竞合,应以破坏电力设备罪追究刑事责任。"(第 504 号案例)"以破坏性手段盗窃正在使用中的变压器内铜芯的行为,应以破坏电力设备罪定罪处罚。"(第 643 号案例)此外,"盗窃电力设备过程中,为抗拒抓捕而实施暴力或以暴力相威胁的,可以转化为抢劫罪……对行为人应在破坏电力设备罪和抢劫罪中择一重罪处罚"。(第 575 号案例)

> **第一百一十九条 【破坏交通工具罪】【破坏交通设施罪】【破坏电力设备罪】【破坏易燃易爆设备罪】** 破坏交通工具、交通设施、电力设备、燃气设备、易燃易爆设备,造成严重后果的,处十年以上有期徒刑、无期徒刑或者死刑。
>
> **【过失损坏交通工具罪】【过失损坏交通设施罪】【过失损坏电力设备罪】【过失损坏易燃易爆设备罪】** 过失犯前款罪的,处三年以上七年以下有期徒刑;情节较轻的,处三年以下有期徒刑或者拘役。

立法沿革

本条系 1997 年《刑法》吸收修改 1979 年《刑法》作出的规定。1979 年《刑法》第一百一十条规定:"破坏交通工具、交通设备、电力煤气设备、易燃易爆设备造成严重后果的,处十年以上有期徒刑、无期徒刑或者死刑。""过失犯前款罪的,处七年以下有期徒刑或者拘役。"1997 年《刑法》将"电力煤气设备"修改为"电力设备、燃气设备",并对相关过失犯罪的法定刑作了调整。

司法解释

《最高人民法院、最高人民检察院关于办理盗窃油气、破坏油气设备等刑事案件具体应用法律若干问题的解释》(法释〔2007〕3 号)第二条对实施盗窃油气等行为构成破坏易燃易爆设备罪"造成严重后果"的情形作了规定。(→参见第一百一十八条评注部分,第 434 页)

《最高人民法院关于审理破坏电力设备刑事案件具体应用法律若干问题的解释》(法释〔2007〕15 号)第一条、第二条对破坏电力设备造成严重后果和过失破坏电力设备的定罪量刑标准作了规定。(→参见第一百一十八条评注部分,第 436 页)

规范性文件

《最高人民法院、最高人民检察院、公安部关于办理涉窨井盖相关刑事案件的指导意见》(高检发〔2020〕3号)第一条对涉窨井盖刑事案件适用《刑法》第一百一十九条作了指引性规定。(→参见第一百一十七条评注部分,第432页)

第一百二十条 【组织、领导、参加恐怖组织罪】组织、领导恐怖活动组织的,处十年以上有期徒刑或者无期徒刑,并处没收财产;积极参加的,处三年以上十年以下有期徒刑,并处罚金;其他参加的,处三年以下有期徒刑、拘役、管制或者剥夺政治权利,可以并处罚金。

犯前款罪并实施杀人、爆炸、绑架等犯罪的,依照数罪并罚的规定处罚。

立法沿革

本条系1997年《刑法》增设的规定。

2001年12月29日起施行的《刑法修正案(三)》第三条对本条第一款作了第一次修改,将组织、领导恐怖活动组织犯罪的法定刑由"三年以上十年以下有期徒刑"提升至"十年以上有期徒刑或者无期徒刑"。

2015年11月1日起施行的《刑法修正案(九)》第五条对本条作了第二次修改,增设了财产刑。

修正前《刑法》	第一次修正后《刑法》	第二次修正后《刑法》
第一百二十条 【组织、领导、参加恐怖组织罪】组织、领导和积极参加恐怖活动组织的,处三年以上十年以下有期徒刑;其他参加的,处三年以下有期徒刑、拘役或者管制。 犯前款罪并实施杀人、爆炸、绑架等犯罪的,依照数罪并罚的规定处罚。	第一百二十条 【组织、领导、参加恐怖组织罪】组织、领导恐怖活动组织的,**处十年以上有期徒刑或者无期徒刑**;积极参加的,处三年以上十年以下有期徒刑;其他参加的,处三年以下有期徒刑、拘役、管制或者**剥夺政治权利**。 犯前款罪并实施杀人、爆炸、绑架等犯罪的,依照数罪并罚的规定处罚。	第一百二十条 【组织、领导、参加恐怖组织罪】组织、领导恐怖活动组织的,处十年以上有期徒刑或者无期徒刑,**并处没收财产**;积极参加的,处三年以上十年以下有期徒刑,**并处罚金**;其他参加的,处三年以下有期徒刑、拘役、管制或者剥夺政治权利,**可以并处罚金**。 犯前款罪并实施杀人、爆炸、绑架等犯罪的,依照数罪并罚的规定处罚。

相关规定

《中华人民共和国反恐怖主义法》(修正后自 2018 年 4 月 27 日起施行,节录)

第三条 本法所称恐怖主义,是指通过暴力、破坏、恐吓等手段,制造社会恐慌、危害公共安全、侵犯人身财产,或者胁迫国家机关、国际组织,以实现其政治、意识形态等目的的主张和行为。

本法所称恐怖活动,是指恐怖主义性质的下列行为:

(一)组织、策划、准备实施、实施造成或者意图造成人员伤亡、重大财产损失、公共设施损坏、社会秩序混乱等严重社会危害的活动的;

(二)宣扬恐怖主义,煽动实施恐怖活动,或者非法持有宣扬恐怖主义的物品,强制他人在公共场所穿戴宣扬恐怖主义的服饰、标志的;

(三)组织、领导、参加恐怖活动组织的;

(四)为恐怖活动组织、恐怖活动人员、实施恐怖活动或者恐怖活动培训提供信息、资金、物资、劳务、技术、场所等支持、协助、便利的;

(五)其他恐怖活动。

本法所称恐怖活动组织,是指三人以上为实施恐怖活动而组成的犯罪组织。

本法所称恐怖活动人员,是指实施恐怖活动的人和恐怖活动组织的成员。

本法所称恐怖事件,是指正在发生或者已经发生的造成或者可能造成重大社会危害的恐怖活动。

第三十条 对恐怖活动罪犯和极端主义罪犯被判处徒刑以上刑罚的,监狱、看守所应当在刑满释放前根据其犯罪性质、情节和社会危害程度,服刑期间的表现,释放后对所居住社区的影响等进行社会危险性评估。进行社会危险性评估,应当听取有关基层组织和原办案机关的意见。经评估具有社会危险性的,监狱、看守所应当向罪犯服刑地的中级人民法院提出安置教育建议,并将建议书副本抄送同级人民检察院。

罪犯服刑地的中级人民法院对于确有社会危险性的,应当在罪犯刑满释放前作出责令其在刑满释放后接受安置教育的决定。决定书副本应当抄送同级人民检察院。被决定安置教育的人员对决定不服的,可以向上一级人民法院申请复议。

安置教育由省级人民政府组织实施。安置教育机构应当每年对被安置教育人员进行评估,对于确有悔改表现,不致再危害社会的,应当及时提出解除安置教育的意见,报决定安置教育的中级人民法院作出决定。被安置教育人员有权申请解除安置教育。

人民检察院对安置教育的决定和执行实行监督。

■ **规范性文件**

《最高人民法院关于充分发挥审判职能作用切实维护公共安全的若干意见》(法发〔2015〕12号)**第三条**对依法严惩暴力恐怖犯罪活动的政策要求作了规定。(→参见本章标题评注部分,第409页)

《最高人民法院、最高人民检察院、公安部、司法部关于办理恐怖活动和极端主义犯罪案件适用法律若干问题的意见》(高检会〔2018〕1号)

为了依法惩治恐怖活动和极端主义犯罪,维护国家安全、社会稳定,保障人民群众生命财产安全,根据《中华人民共和国刑法》《中华人民共和国刑事诉讼法》《中华人民共和国反恐怖主义法》等法律规定,结合司法实践,制定本意见。

一、准确认定犯罪

(一)具有下列情形之一的,应当认定为刑法第一百二十条规定的"组织、领导恐怖活动组织",以组织、领导恐怖组织罪定罪处罚:

1. 发起、建立恐怖活动组织的;
2. 恐怖活动组织成立后,对组织及其日常运行负责决策、指挥、管理的;
3. 恐怖活动组织成立后,组织、策划、指挥该组织成员进行恐怖活动的;
4. 其他组织、领导恐怖活动组织的情形。

具有下列情形之一的,应当认定为刑法第一百二十条规定的"积极参加",以参加恐怖组织罪定罪处罚:

1. 纠集他人共同参加恐怖活动组织的;
2. 多次参加恐怖活动组织的;
3. 曾因参加恐怖活动组织、实施恐怖活动被追究刑事责任或者二年内受过行政处罚,又参加恐怖活动组织的;
4. 在恐怖活动组织中实施恐怖活动且作用突出的;
5. 在恐怖活动组织中积极协助组织、领导者实施组织、领导行为的;
6. 其他积极参加恐怖活动组织的情形。

参加恐怖活动组织,但不具有前两款规定情形的,应当认定为刑法第一百二十条规定的"其他参加",以参加恐怖组织罪定罪处罚。

犯刑法第一百二十条规定的犯罪,又实施杀人、放火、爆炸、绑架、抢劫等犯罪的,依照数罪并罚的规定定罪处罚。

(二)具有下列情形之一的,依照刑法第一百二十条之一的规定,以帮助恐怖活动罪定罪处罚:

1. 以募捐、变卖房产、转移资金等方式为恐怖活动组织、实施恐怖活动的个人、恐怖活动培训筹集、提供经费，或者提供器材、设备、交通工具、武器装备等物资，或者提供其他物质便利的；

2. 以宣传、招收、介绍、输送等方式为恐怖活动组织、实施恐怖活动、恐怖活动培训招募人员的；

3. 以帮助非法出入境，或者为非法出入境提供中介服务、中转运送、停留住宿、伪造身份证明材料等便利，或者充当向导、帮助探查偷越国（边）境路线等方式，为恐怖活动组织、实施恐怖活动、恐怖活动培训运送人员的；

4. 其他资助恐怖活动组织、实施恐怖活动的个人、恐怖活动培训，或者为恐怖活动组织、实施恐怖活动、恐怖活动培训招募、运送人员的情形。

实施恐怖活动的个人，包括已经实施恐怖活动的个人，也包括准备实施、正在实施恐怖活动的个人。包括在我国领域内实施恐怖活动的个人，也包括在我国领域外实施恐怖活动的个人。包括我国公民，也包括外国公民和无国籍人。

帮助恐怖活动罪的主观故意，应当根据案件具体情况，结合行为人的具体行为、认知能力、一贯表现和职业等综合认定。

明知是恐怖活动犯罪所得及其产生的收益，为掩饰、隐瞒其来源和性质，而提供资金账户，协助将财产转换为现金、金融票据、有价证券，通过转账或者其他结算方式协助资金转移，协助将资金汇往境外的，以洗钱罪定罪处罚。事先通谋的，以相关恐怖活动犯罪的共同犯罪论处。

（三）具有下列情形之一的，依照刑法第一百二十条之二的规定，以准备实施恐怖活动罪定罪处罚：

1. 为实施恐怖活动制造、购买、储存、运输凶器，易燃易爆、易制爆品，腐蚀性、放射性、传染性、毒害性物品等危险物品，或者其他工具的；

2. 以当面传授、开办培训班、组建训练营、开办论坛、组织收听收看音频视频资料等方式，或者利用网站、网页、论坛、博客、微博客、网盘、即时通信、通讯群组、聊天室等网络平台、网络应用服务组织恐怖活动培训的，或者积极参加恐怖活动心理体能培训，传授、学习犯罪技能方法或者进行恐怖活动训练的；

3. 为实施恐怖活动，通过拨打电话、发送短信、电子邮件等方式，或者利用网站、网页、论坛、博客、微博客、网盘、即时通信、通讯群组、聊天室等网络平台、网络应用服务与境外恐怖活动组织、人员联络的；

4. 为实施恐怖活动出入境或者组织、策划、煽动、拉拢他人出入境的；

5. 为实施恐怖活动进行策划或者其他准备的情形。

（四）实施下列行为之一，宣扬恐怖主义、极端主义或者煽动实施恐怖活动

的,依照刑法第一百二十条之三的规定,以宣扬恐怖主义、极端主义、煽动实施恐怖活动罪定罪处罚:

1. 编写、出版、印刷、复制、发行、散发、播放载有宣扬恐怖主义、极端主义内容的图书、报刊、文稿、图片或者音频视频资料的;

2. 设计、生产、制作、销售、租赁、运输、托运、寄递、散发、展示带有宣扬恐怖主义、极端主义内容的标识、标志、服饰、旗帜、徽章、器物、纪念品等物品的;

3. 利用网站、网页、论坛、博客、微博客、网盘、即时通信、通讯群组、聊天室等网络平台、网络应用服务等登载、张贴、复制、发送、播放、演示载有恐怖主义、极端主义内容的图书、报刊、文稿、图片或者音频视频资料的;

4. 网站、网页、论坛、博客、微博客、网盘、即时通信、通讯群组、聊天室等网络平台、网络应用服务的建立、开办、经营、管理者,明知他人利用网络平台、网络应用服务散布、宣扬恐怖主义、极端主义内容,经相关行政主管部门处罚后仍允许或者放任他人发布的;

5. 利用教经、讲经、解经、学经、婚礼、葬礼、纪念、聚会和文体活动等宣扬恐怖主义、极端主义、煽动实施恐怖活动的;

6. 其他宣扬恐怖主义、极端主义、煽动实施恐怖活动的行为。

(五) 利用极端主义,实施下列行为之一的,依照刑法第一百二十条之四的规定,以利用极端主义破坏法律实施罪定罪处罚:

1. 煽动、胁迫群众以宗教仪式取代结婚、离婚登记,或者干涉婚姻自由的;

2. 煽动、胁迫群众破坏国家法律确立的司法制度实施的;

3. 煽动、胁迫群众干涉未成年人接受义务教育,或者破坏学校教育制度、国家教育考试制度等国家法律规定的教育制度的;

4. 煽动、胁迫群众抵制人民政府依法管理,或者阻碍国家机关工作人员依法执行职务的;

5. 煽动、胁迫群众损毁居民身份证、居民户口簿等国家法定证件以及人民币的;

6. 煽动、胁迫群众驱赶其他民族、有其他信仰的人员离开居住地,或者干涉他人生活和生产经营的;

7. 其他煽动、胁迫群众破坏国家法律制度实施的行为。

(六) 具有下列情形之一的,依照刑法第一百二十条之五的规定,以强制穿戴宣扬恐怖主义、极端主义服饰、标志罪定罪处罚:

1. 以暴力、胁迫等方式强制他人在公共场所穿着、佩戴宣扬恐怖主义、极端主义服饰的;

2. 以暴力、胁迫等方式强制他人在公共场所穿着、佩戴含有恐怖主义、极端主义的文字、符号、图形、口号、徽章的服饰、标志的;

3. 其他强制他人穿戴宣扬恐怖主义、极端主义服饰、标志的情形。

(七)明知是载有宣扬恐怖主义、极端主义内容的图书、报刊、文稿、图片、音频视频资料、服饰、标志或者其他物品而非法持有,达到下列数量标准之一的,依照刑法第一百二十条之六的规定,以非法持有宣扬恐怖主义、极端主义物品罪定罪处罚:

1. 图书、刊物二十册以上,或者电子图书、刊物五册以上的;

2. 报纸一百份(张)以上,或者电子报纸二十份(张)以上的;

3. 文稿、图片一百篇(张)以上,或者电子文稿、图片二十篇(张)以上,或者电子文档五十万字符以上的;

4. 录音带、录像带等音像制品二十个以上,或者电子音频视频资料五个以上,或者电子音频视频资料二十分钟以上的;

5. 服饰、标志二十件以上的。

非法持有宣扬恐怖主义、极端主义的物品,虽未达到前款规定的数量标准,但具有多次持有,持有多类物品,造成严重后果或者恶劣社会影响,曾因实施恐怖活动、极端主义违法犯罪被追究刑事责任或者二年内受过行政处罚等情形之一的,也可以定罪处罚。

多次非法持有宣扬恐怖主义、极端主义的物品,未经处理的,数量应当累计计算。非法持有宣扬恐怖主义、极端主义的物品,涉及不同种类或者形式的,可以根据本条规定的不同数量标准的相应比例折算后累计计算。

非法持有宣扬恐怖主义、极端主义物品罪主观故意中的"明知",应当根据案件具体情况,以行为人实施的客观行为为基础,结合其一贯表现,具体行为、程度、手段、事后态度,以及年龄、认知和受教育程度、所从事的职业等综合审查判断。

具有下列情形之一,行为人不能做出合理解释的,可以认定其"明知",但有证据证明确属被蒙骗的除外:

1. 曾因实施恐怖活动、极端主义违法犯罪被追究刑事责任,或者二年内受过行政处罚,或者被责令改正后又实施的;

2. 在执法人员检查时,有逃跑、丢弃携带物品或者逃避、抗拒检查等行为,在其携带、藏匿或者丢弃的物品中查获宣扬恐怖主义、极端主义的物品的;

3. 采用伪装、隐匿、暗语、手势、代号等隐蔽方式制作、散发、持有宣扬恐怖主义、极端主义的物品的;

4. 以虚假身份、地址或者其他虚假方式办理托运、寄递手续,在托运、寄递的物品中查获宣扬恐怖主义、极端主义的物品的;

5. 有其他证据足以证明行为人应当知道的情形。

(八)犯刑法第一百二十条规定的犯罪,同时构成刑法第一百二十条之一至之六规定的犯罪的,依照处罚较重的规定定罪处罚。

犯刑法第一百二十条之一至之六规定的犯罪,同时构成其他犯罪的,依照处罚较重的规定定罪处罚。

(九)恐怖主义、极端主义,恐怖活动,恐怖活动组织,根据《中华人民共和国反恐怖主义法》等法律法规认定。

二、正确适用程序

(一)组织、领导、参加恐怖组织罪,帮助恐怖活动罪,准备实施恐怖活动罪,宣扬恐怖主义、煽动实施恐怖活动罪,强制穿戴宣扬恐怖主义服饰、标志罪,非法持有宣扬恐怖主义物品罪的第一审刑事案件由中级人民法院管辖;宣扬极端主义罪,利用极端主义破坏法律实施罪,强制穿戴宣扬极端主义服饰、标志罪,非法持有宣扬极端主义物品罪的第一审刑事案件由基层人民法院管辖。高级人民法院可以根据级别管辖的规定,结合本地区社会治安状况、案件数量等情况,决定实行相对集中管辖,指定辖区内特定的中级人民法院集中审理恐怖活动和极端主义犯罪第一审刑事案件,或者指定辖区内特定的基层人民法院集中审理极端主义犯罪第一审刑事案件,并将指定法院名单报最高人民法院备案。

(二)国家反恐怖主义工作领导机构对恐怖活动组织和恐怖活动人员作出认定并予以公告的,人民法院可以在办案中根据公告直接认定。国家反恐怖主义工作领导机构没有公告的,人民法院应当严格依照《中华人民共和国反恐怖主义法》有关恐怖活动组织和恐怖活动人员的定义认定,必要时,可以商地市级以上公安机关出具意见作为参考。

(三)宣扬恐怖主义、极端主义的图书、音频视频资料,服饰、标志或者其他物品的认定,应当根据《中华人民共和国反恐怖主义法》有关恐怖主义、极端主义的规定,从其记载的内容、外观特征等分析判断。公安机关应当对涉案物品全面审查并逐一标注或者摘录,提出审请意见,与扣押、移交物品清单及涉案物品原件一并移送人民检察院审查。人民检察院、人民法院可以结合在案证据、案件情况、办案经验等综合审查判断。

(四)恐怖活动和极端主义犯罪案件初查过程中收集提取的电子数据,以及通过网络在线提取的电子数据,可以作为证据使用。对于原始存储介质位于境外或者远程计算机信息系统上的恐怖活动和极端主义犯罪电子数据,可以通过网络在线提取。必要时，可以对远程计算机信息系统进行网络远程勘验。立案后，经设区的市一级以上公安机关负责人批准，可以采取技术侦查措施。对于恐怖活动和极端主义犯罪电子数据量大或者提取时间长等需要冻结的，经县级以上公安机关负责人或者检察长批准，可以进行冻结。对于电子数据涉及的专门性问题难以确定的，由具备资格的司法鉴定机构出具鉴定意见，或者由公安部指定的机构出具报告。

三、完善工作机制

（一）人民法院、人民检察院和公安机关办理恐怖活动和极端主义犯罪案件，应当互相配合、互相制约，确保法律有效执行。对于主要犯罪事实、关键证据和法律适用等可能产生分歧或者重大、疑难、复杂的恐怖活动和极端主义犯罪案件，公安机关商请听取有管辖权的人民检察院意见和建议的，人民检察院可以提出意见和建议。

（二）恐怖活动和极端主义犯罪案件一般由犯罪地公安机关管辖，犯罪嫌疑人居住地公安机关管辖更为适宜的，也可以由犯罪嫌疑人居住地公安机关管辖。移送案件应当一案一卷，将案件卷宗、提取物证和扣押物品等全部随案移交。移送案件的公安机关应当指派专人配合接收案件的公安机关开展后续案件办理工作。

（三）人民法院、人民检察院和公安机关办理恐怖活动和极端主义犯罪案件，应当坚持对涉案人员区别对待，实行教育转化。对被教唆、胁迫、引诱参与恐怖活动、极端主义活动，或者参与恐怖活动、极端主义活动情节轻微，尚不构成犯罪的人员，公安机关应当组织有关部门、村民委员会、居民委员会、所在单位、就读学校、家庭和监护人对其进行帮教。对被判处有期徒刑以上刑罚的恐怖活动罪犯和极端主义罪犯，服刑地的中级人民法院应当根据其社会危险性评估结果和安置教育建议，在其刑满释放前作出是否安置教育的决定。人民检察院依法对安置教育进行监督，对于实施安置教育过程中存在违法行为的，应当及时提出纠正意见或者检察建议。

▎刑参案例规则提炼

《依斯坎达尔·艾海提等组织、领导、参加恐怖组织，故意杀人案——如何把握恐怖活动组织成员的罪责认定及暴恐犯罪的死刑适用》（第 1220 号案例）所涉规则提炼如下：

恐怖活动组织成员罪责的判定规则。"应当客观、正确对待恐怖活动组织成员地位与其应当承担的刑事责任的关系，不能为了判处重刑或者因为组织者、领导者已死亡或在逃而将积极参加者拔高认定为组织者、领导者；同时，即便只是积极参加者,如果在实施杀人、放火、爆炸等恐怖活动时行为积极、作用突出,而相关恐怖活动造成严重后果,仍可根据其实施的恐怖活动的行为性质以故意杀人罪、放火罪、爆炸罪等罪名依法判处重刑乃至死刑。"(第1220号案例)

第一百二十条之一 【帮助恐怖活动罪】资助恐怖活动组织、实施恐怖活动的个人的,或者资助恐怖活动培训的,处五年以下有期徒刑、拘役、管制或者剥夺政治权利,并处罚金;情节严重的,处五年以上有期徒刑,并处罚金或者没收财产。

为恐怖活动组织、实施恐怖活动或者恐怖活动培训招募、运送人员的,依照前款的规定处罚。

单位犯前两款罪的,对单位判处罚金,并对其直接负责的主管人员和其他直接责任人员,依照第一款的规定处罚。

立法沿革

本条系2001年12月29日起施行的《刑法修正案(三)》第四条增设。2015年11月1日起施行的《刑法修正案(九)》第六条对本条作了修改,主要涉及如下三个方面:一是将资助恐怖活动培训增设为第一款规定的罪状;二是增加一款作为第二款,规定为恐怖活动组织、实施恐怖活动或者恐怖活动培训招募、运送人员的,依照第一款的规定处罚;三是作了相应的文字修改。修改后,罪名由"资助恐怖活动罪"调整为"帮助恐怖活动罪"。

修正前《刑法》	修正后《刑法》
第一百二十条之一 【资助恐怖活动罪】资助恐怖活动组织或者实施恐怖活动的个人的,处五年以下有期徒刑、拘役、管制或者剥夺政治权利,并处罚金;情节严重的,处五年以上有期徒刑,并处罚金或者没收财产。 单位犯前款罪的,对单位判处罚金,并对其直接负责的主管人员和其他直接责任人员,依照前款的规定处罚。	第一百二十条之一 【帮助恐怖活动罪】资助恐怖活动组织、实施恐怖活动的个人的,或者**资助恐怖活动培训的**,处五年以下有期徒刑、拘役、管制或者剥夺政治权利,并处罚金;情节严重的,处五年以上有期徒刑,并处罚金或者没收财产。 **为恐怖活动组织、实施恐怖活动或者恐怖活动培训招募、运送人员的,依照前款的规定处罚。** 单位犯前**两**款罪的,对单位判处罚金,并对其直接负责的主管人员和其他直接责任人员,依照**第一**款的规定处罚。

司法解释

《最高人民法院关于审理洗钱等刑事案件具体应用法律若干问题的解释》(法释〔2009〕15号)第五条对《刑法》第一百二十条之一规定的"资助""实施恐怖活动的个人"作了界定。(→参见第一百九十一条评注部分,第874页)

《最高人民法院、最高人民检察院关于办理非法从事资金支付结算业务、非法买卖外汇刑事案件适用法律若干问题的解释》(法释〔2019〕1号)第五条对非法从事资金支付结算业务或者非法买卖外汇,同时构成帮助恐怖活动罪与其他犯罪的处断规则作了指引性规定。(→参见第二百二十五条评注部分,第1027页)

规范性文件

《最高人民法院、最高人民检察院、公安部、司法部关于办理恐怖活动和极端主义犯罪案件适用法律若干问题的意见》(高检会〔2018〕1号)"一、准确认定犯罪"第(二)条对帮助恐怖活动罪的适用作了规定。(→参见第一百二十条评注部分,第443页)

立案追诉标准

《最高人民检察院、公安部关于公安机关管辖的刑事案件立案追诉标准的规定(二)》(公通字〔2022〕12号,节录)

第一条 〔帮助恐怖活动案(刑法第一百二十条之一第一款)〕资助恐怖活动组织、实施恐怖活动的个人的,或者资助恐怖活动培训的,应予立案追诉。

(→附则参见分则标题评注部分,第392页)

第一百二十条之二 【准备实施恐怖活动罪】有下列情形之一的,处五年以下有期徒刑、拘役、管制或者剥夺政治权利,并处罚金;情节严重的,处五年以上有期徒刑,并处罚金或者没收财产:

(一)为实施恐怖活动准备凶器、危险物品或者其他工具的;

(二)组织恐怖活动培训或者积极参加恐怖活动培训的;

(三)为实施恐怖活动与境外恐怖活动组织或者人员联络的;

(四)为实施恐怖活动进行策划或者其他准备的。

有前款行为,同时构成其他犯罪的,依照处罚较重的规定定罪处罚。

立法沿革

本条系 2015 年 11 月 1 日起施行的《刑法修正案(九)》第七条增设。

规范性文件

《最高人民法院、最高人民检察院、公安部、司法部关于办理恐怖活动和极端主义犯罪案件适用法律若干问题的意见》(高检会〔2018〕1 号)"一、准确认定犯罪"第(三)条对准备实施恐怖活动罪的适用作了规定。(→参见第一百二十条评注部分,第 444 页)

第一百二十条之三 【宣扬恐怖主义、极端主义、煽动实施恐怖活动罪】

以制作、散发宣扬恐怖主义、极端主义的图书、音频视频资料或者其他物品,或者通过讲授、发布信息等方式宣扬恐怖主义、极端主义的,或者煽动实施恐怖活动的,处五年以下有期徒刑、拘役、管制或者剥夺政治权利,并处罚金;情节严重的,处五年以上有期徒刑,并处罚金或者没收财产。

立法沿革

本条系 2015 年 11 月 1 日起施行的《刑法修正案(九)》第七条增设。

相关规定

《中华人民共和国反恐怖主义法》(修正后自 2018 年 4 月 27 日起施行,节录)

第八十条 参与下列活动之一,情节轻微,尚不构成犯罪的,由公安机关处十日以上十五日以下拘留,可以并处一万元以下罚款:

(一)宣扬恐怖主义、极端主义或者煽动实施恐怖活动、极端主义活动的;

(二)制作、传播、非法持有宣扬恐怖主义、极端主义的物品的;

(三)强制他人在公共场所穿戴宣扬恐怖主义、极端主义的服饰、标志的;

(四)为宣扬恐怖主义、极端主义或者实施恐怖主义、极端主义活动提供信息、资金、物资、劳务、技术、场所等支持、协助、便利的。

规范性文件

《最高人民法院、最高人民检察院、公安部、司法部关于办理恐怖活动和极端主义犯罪案件适用法律若干问题的意见》(高检会〔2018〕1 号)"一、准确认定

犯罪"第(四)条对宣扬恐怖主义、极端主义、煽动实施恐怖活动罪的适用作了规定。(→参见第一百二十条评注部分,第444页)

第一百二十条之四 【利用极端主义破坏法律实施罪】利用极端主义煽动、胁迫群众破坏国家法律确立的婚姻、司法、教育、社会管理等制度实施的,处三年以下有期徒刑、拘役或者管制,并处罚金;情节严重的,处三年以上七年以下有期徒刑,并处罚金;情节特别严重的,处七年以上有期徒刑,并处罚金或者没收财产。

立法沿革

本条系2015年11月1日起施行的《刑法修正案(九)》第七条增设。

相关规定

《中华人民共和国反恐怖主义法》(修正后自2018年4月27日起施行,节录)

第八十一条 利用极端主义,实施下列行为之一,情节轻微,尚不构成犯罪的,由公安机关处五日以上十五日以下拘留,可以并处一万元以下罚款:

(一)强迫他人参加宗教活动,或者强迫他人向宗教活动场所、宗教教职人员提供财物或者劳务的;

(二)以恐吓、骚扰等方式驱赶其他民族或者有其他信仰的人员离开居住地的;

(三)以恐吓、骚扰等方式干涉他人与其他民族或者有其他信仰的人员交往、共同生活的;

(四)以恐吓、骚扰等方式干涉他人生活习俗、方式和生产经营的;

(五)阻碍国家机关工作人员依法执行职务的;

(六)歪曲、诋毁国家政策、法律、行政法规,煽动、教唆抵制人民政府依法管理的;

(七)煽动、胁迫群众损毁或者故意损毁居民身份证、户口簿等国家法定证件以及人民币的;

(八)煽动、胁迫他人以宗教仪式取代结婚、离婚登记的;

(九)煽动、胁迫未成年人不接受义务教育的;

(十)其他利用极端主义破坏国家法律制度实施的。

规范性文件

《最高人民法院、最高人民检察院、公安部、司法部关于办理恐怖活动和极端主义犯罪案件适用法律若干问题的意见》(高检会〔2018〕1号)"一、准确认定犯罪"第(五)条对利用极端主义破坏法律实施罪的适用作了规定。(→参见第一百二十条评注部分,第445页)

第一百二十条之五 【强制穿戴宣扬恐怖主义、极端主义服饰、标志罪】

以暴力、胁迫等方式强制他人在公共场所穿着、佩戴宣扬恐怖主义、极端主义服饰、标志的,处三年以下有期徒刑、拘役或者管制,并处罚金。

立法沿革

本条系2015年11月1日起施行的《刑法修正案(九)》第七条增设。

相关规定

《中华人民共和国反恐怖主义法》(修正后自2018年4月27日起施行,节录)

第八十条　参与下列活动之一,情节轻微,尚不构成犯罪的,由公安机关处十日以上十五日以下拘留,可以并处一万元以下罚款:

(一)宣扬恐怖主义、极端主义或者煽动实施恐怖活动、极端主义活动的;

(二)制作、传播、非法持有宣扬恐怖主义、极端主义的物品的;

(三)强制他人在公共场所穿戴宣扬恐怖主义、极端主义的服饰、标志的;

(四)为宣扬恐怖主义、极端主义或者实施恐怖主义、极端主义活动提供信息、资金、物资、劳务、技术、场所等支持、协助、便利的。

规范性文件

《最高人民法院、最高人民检察院、公安部、司法部关于办理恐怖活动和极端主义犯罪案件适用法律若干问题的意见》(高检会〔2018〕1号)"一、准确认定犯罪"第(六)条对强制穿戴宣扬恐怖主义、极端主义服饰、标志罪的适用作了规定。(→参见第一百二十条评注部分,第445页)

第一百二十条之六 【非法持有宣扬恐怖主义、极端主义物品罪】

明知是宣扬恐怖主义、极端主义的图书、音频视频资料或者其他物品而非法持有,情节严重的,处三年以下有期徒刑、拘役或者管制,并处或者单处罚金。

立法沿革

本条系 2015 年 11 月 1 日起施行的《刑法修正案(九)》第七条增设。

相关规定

《中华人民共和国反恐怖主义法》(修正后自 2018 年 4 月 27 日起施行,节录)

第八十条 参与下列活动之一,情节轻微,尚不构成犯罪的,由公安机关处十日以上十五日以下拘留,可以并处一万元以下罚款:

(一)宣扬恐怖主义、极端主义或者煽动实施恐怖活动、极端主义活动的;

(二)制作、传播、非法持有宣扬恐怖主义、极端主义的物品的;

(三)强制他人在公共场所穿戴宣扬恐怖主义、极端主义的服饰、标志的;

(四)为宣扬恐怖主义、极端主义或者实施恐怖主义、极端主义活动提供信息、资金、物资、劳务、技术、场所等支持、协助、便利的。

规范性文件

《最高人民法院、最高人民检察院、公安部、司法部关于办理恐怖活动和极端主义犯罪案件适用法律若干问题的意见》(高检会〔2018〕1 号)"一、准确认定犯罪"第(七)条对非法持有宣扬恐怖主义、极端主义物品罪的适用作了规定。(→参见第一百二十条评注部分,第 446 页)

第一百二十一条 【劫持航空器罪】以暴力、胁迫或者其他方法劫持航空器的,处十年以上有期徒刑或者无期徒刑;致人重伤、死亡或者使航空器遭受严重破坏的,处死刑。

立法沿革

本条系 1997 年《刑法》吸收修改单行刑法作出的规定。《全国人民代表大会常务委员会关于惩治劫持航空器犯罪分子的决定》(自 1992 年 12 月 28 日起施行,已失效)规定:"以暴力、胁迫或者其他方法劫持航空器的,处十年以上有期徒刑或者无期徒刑;致人重伤、死亡或者使航空器遭受严重破坏或者情节特别严重的,处死刑;情节较轻的,处五年以上十年以下有期徒刑。"1997 年《刑法》对法定刑作了调整。

第一百二十二条 【劫持船只、汽车罪】以暴力、胁迫或者其他方法劫持船只、汽车的,处五年以上十年以下有期徒刑;造成严重后果的,处十年以上有期徒刑或者无期徒刑。

立法沿革

本条系 1997 年《刑法》增设的规定。

第一百二十三条 【暴力危及飞行安全罪】对飞行中的航空器上的人员使用暴力,危及飞行安全,尚未造成严重后果的,处五年以下有期徒刑或者拘役;造成严重后果的,处五年以上有期徒刑。

立法沿革

本条系 1997 年《刑法》吸收修改附属刑法作出的规定。《民用航空法》(自 1996 年 3 月 1 日起施行)第一百九十二条规定:"对飞行中的民用航空器上的人员使用暴力,危及飞行安全,尚未造成严重后果的,依照刑法第一百零五条的规定追究刑事责任;造成严重后果的,依照刑法第一百零六条的规定追究刑事责任。"此处"刑法第一百零五条的规定"是指 1979 年《刑法》关于放火、决水、爆炸或者以危险方法危害公共安全犯罪的规定。1997 年《刑法》将"民用航空器"修改为"航空器",并对暴力危及飞行安全犯罪配置了独立的法定刑。

第一百二十四条 【破坏广播电视设施、公用电信设施罪】破坏广播电视设施、公用电信设施,危害公共安全的,处三年以上七年以下有期徒刑;造成严重后果的,处七年以上有期徒刑。

【过失损坏广播电视设施、公用电信设施罪】过失犯前款罪的,处三年以上七年以下有期徒刑;情节较轻的,处三年以下有期徒刑或者拘役。

立法沿革

本条系 1997 年《刑法》吸收修改 1979 年《刑法》作出的规定。1979 年《刑法》第一百一十一条规定:"破坏广播电台、电报、电话或者其他通讯设备,危害公共安全的,处七年以下有期徒刑或者拘役;造成严重后果的,处七年以上有期徒刑。""过失犯前款罪的,处七年以下有期徒刑或者拘役。"

1997年《刑法》将"广播电台、电报、电话或者其他通讯设备"修改为"广播电视设施、公用电信设施",并对过失损坏广播电视设施、公用电信设施罪的法定刑作了调整。

相关规定

《中华人民共和国治安管理处罚法》(修正后自2013年1月1日起施行,节录)

第三十三条　有下列行为之一的,处十日以上十五日以下拘留:

(一)盗窃、损毁油气管道设施、电力电信设施、广播电视设施、水利防汛工程设施或者水文监测、测量、气象测报、环境监测、地质监测、地震监测等公共设施的;

司法解释

《最高人民法院关于审理破坏公用电信设施刑事案件具体应用法律若干问题的解释》(法释〔2004〕21号,自2005年1月11日起施行)

为维护公用电信设施的安全和通讯管理秩序,依法惩治破坏公用电信设施犯罪活动,根据刑法有关规定,现就审理这类刑事案件具体应用法律的若干问题解释如下:

第一条　采用截断通信线路、损毁通信设备或者删除、修改、增加电信网计算机信息系统中存储、处理或者传输的数据和应用程序等手段,故意破坏正在使用的公用电信设施,具有下列情形之一的,属于刑法第一百二十四条规定的"危害公共安全",依照刑法第一百二十四条第一款规定,以破坏公用电信设施罪处三年以上七年以下有期徒刑:

(一)造成火警、匪警、医疗急救、交通事故报警、救灾、抢险、防汛等通信中断或者严重障碍,并因此贻误救助、救治、救灾、抢险等,致使人员死亡一人、重伤三人以上或者造成财产损失三十万元以上的;

(二)造成二千以上不满一万用户通信中断一小时以上,或者一万以上用户通信中断不满一小时的;

(三)在一个本地网范围内,网间通信全阻、关口局至某一局向全部中断或网间某一业务全部中断不满二小时或者直接影响范围不满五万(用户×小时)的;

(四)造成网间通信严重障碍,一日内累计二小时以上不满十二小时的;

(五)其他危害公共安全的情形。

第二条　实施本解释第一条规定的行为，具有下列情形之一的，属于刑法第一百二十四条第一款规定的"严重后果"，以破坏公用电信设施罪处七年以上有期徒刑：

（一）造成火警、匪警、医疗急救、交通事故报警、救灾、抢险、防汛等通信中断或者严重障碍，并因此贻误救助、救治、救灾、抢险等，致使人员死亡二人以上、重伤六人以上或者造成财产损失六十万元以上的；

（二）造成一万以上用户通信中断一小时以上的；

（三）在一个本地网范围内，网间通信全阻、关口局至某一局向全部中断或网间某一业务全部中断二小时以上或者直接影响范围五万（用户×小时）以上的；

（四）造成网间通信严重障碍，一日内累计十二小时以上的；

（五）造成其他严重后果的。

第三条　故意破坏正在使用的公用电信设施尚未危害公共安全，或者故意毁坏尚未投入使用的公用电信设施，造成财物损失，构成犯罪的，依照刑法第二百七十五条规定，以故意毁坏财物罪定罪处罚。

盗窃公用电信设施价值数额不大，但是构成危害公共安全犯罪的，依照刑法第一百二十四条的规定定罪处罚；盗窃公用电信设施同时构成盗窃罪和破坏公用电信设施罪的，依照处罚较重的规定定罪处罚。

第四条　指使、组织、教唆他人实施本解释规定的故意犯罪行为的，按照共犯定罪处罚。

第五条　本解释中规定的公用电信设施的范围、用户数、通信中断和严重障碍的标准和时间长度，依据国家电信行业主管部门的有关规定确定。

《最高人民法院关于审理危害军事通信刑事案件具体应用法律若干问题的解释》（法释〔2007〕13号）第六条对危害军事通信，同时构成《刑法》第一百二十四条和其他条文规定犯罪的处断规则作了指引性规定。（→参见第三百六十九条评注部分，第2072页）

《最高人民法院关于审理破坏广播电视设施等刑事案件具体应用法律若干问题的解释》（法释〔2011〕13号，自2011年6月13日起施行）

为依法惩治破坏广播电视设施等犯罪活动，维护广播电视设施运行安全，根据刑法有关规定，现就审理这类刑事案件具体应用法律的若干问题解释如下：

第一条① 采取拆卸、毁坏设备，剪割缆线，删除、修改、增加广播电视设备系统中存储、处理、传输的数据和应用程序，非法占用频率等手段，破坏正在使用的广播电视设施，具有下列情形之一的，依照刑法第一百二十四条第一款的规定，以破坏广播电视设施罪处三年以上七年以下有期徒刑：

（一）造成救灾、抢险、防汛和灾害预警等重大公共信息无法发布的；

（二）造成县级、地市（设区的市）级广播电视台中直接关系节目播出的设施无法使用，信号无法播出的；

---

① 需要注意的问题有二：(1)破坏广播电视设施行为的认定。本司法解释采用列举加概括的方式，明确了破坏广播电视设施行为的种类，具体包括：拆卸、毁坏设备，剪割缆线，删除、修改、增加广播电视设备系统中存储、处理、传输的数据和应用程序，非法占用频率等。关于非法占用频率，有意见认为，刑法规定的破坏广播电视设施罪应当以对设施的实质性破坏为必要条件，仅仅是外部的干扰，在干扰因素消除后，设施如能正常运行，不能理解为刑法中的"破坏"，对于以上行为，可以扰乱无线电通讯管理秩序罪论处，或者根据非法节目内容的性质处理。经研究认为，当前利用高科技手段非法占用频率插播节目的现象增多，多由敌对势力实施，且绝大多数节目内容为非法，尽管此类行为没有对广电设施造成现实的物质性损坏，但是影响了正常节目的播放和设施功能的正常发挥，危害着国家的政治文化安全，根据广电设施的功能特点，应将此类行为认定为"破坏行为"，予以惩治。鉴此，将"非法占用频率"明确为破坏广电设施的一种行为。(2)"危害公共安全"的认定。有意见认为，破坏广播电视设施而致信号无法播出或者传输的，一般情况下不会直接危害不特定多数人的生命、健康安全，且当前广播电视节目多是娱乐性节目，将其认定为"危害公共安全"似不妥。经反复深入研究，没有采纳这一意见，主要理由为：其一，广播电视是传播信息的工具，设施遭到破坏而危害公共安全也是由于信息的无法传播而造成的，破坏设施一般不能直接致他人死亡、伤害，这是由广播电视设施的功能特点决定的。其二，当今信息的重要性不言而喻，广播电视已成为人们获取信息的重要平台，在维护社会稳定安宁方面的作用也越来越大。当设施遭到破坏而无法正常传输信息时，人们正常的生产生活秩序就会被打乱，社会的稳定与安全就会受到影响，设施无法使用的时间越长，危害性就越大。其三，从收集到的大量案例看，此类犯罪都表现为对设施的破坏而致信号无法传输，破坏程度有所差异，但直接致他人死亡、重伤的几乎没有。如果不将破坏设施导致信号无法传输的情形认定为"危害公共安全"，那么绝大多数此类案件无法处理，设施无法得到有效保护。其四，法释〔2004〕21号解释也采用了类似的解释思路和方法。参见周海洋：《〈关于审理破坏广播电视设施等刑事案件具体应用法律若干问题的解释〉的理解与适用》，载中华人民共和国最高人民法院刑事审判第一、二、三、四、五庭主办：《中国刑事审判指导案例2》(增订第3版)，法律出版社2017年版，第290—292页。

(三)造成省级以上广播电视传输网内的设施无法使用,地市(设区的市)级广播电视传输网内的设施无法使用三小时以上,县级广播电视传输网内的设施无法使用十二小时以上,信号无法传输的;

(四)其他危害公共安全的情形。

第二条 实施本解释第一条规定的行为,具有下列情形之一的,应当认定为刑法第一百二十四条第一款规定的"造成严重后果",以破坏广播电视设施罪处七年以上有期徒刑:

(一)造成救灾、抢险、防汛和灾害预警等重大公共信息无法发布,因此贻误排除险情或者疏导群众,致使一人以上死亡、三人以上重伤或者财产损失五十万元以上,或者引起严重社会恐慌、社会秩序混乱的;

(二)造成省级以上广播电视台中直接关系节目播出的设施无法使用,信号无法播出的;

(三)造成省级以上广播电视传输网内的设施无法使用三小时以上,地市(设区的市)级广播电视传输网内的设施无法使用十二小时以上,县级广播电视传输网内的设施无法使用四十八小时以上,信号无法传输的;

(四)造成其他严重后果的。

第三条 过失损坏正在使用的广播电视设施,造成本解释第二条规定的严重后果的,依照刑法第一百二十四条第二款的规定,以过失损坏广播电视设施罪处三年以上七年以下有期徒刑;情节较轻的,处三年以下有期徒刑或者拘役。

过失损坏广播电视设施构成犯罪,但能主动向有关部门报告,积极赔偿损失或者修复被损坏设施的,可以酌情从宽处罚。

第四条 建设、施工单位的管理人员、施工人员,在建设、施工过程中,违反广播电视设施保护规定,故意或者过失损毁正在使用的广播电视设施,构成犯罪的,以破坏广播电视设施罪或者过失损坏广播电视设施罪定罪处罚。其定罪量刑标准适用本解释第一至三条的规定。

第五条 盗窃正在使用的广播电视设施,尚未构成盗窃罪,但具有本解释第一条、第二条规定情形的,以破坏广播电视设施罪定罪处罚;同时构成盗窃罪和破坏广播电视设施罪的,依照处罚较重的规定定罪处罚。

第六条 破坏正在使用的广播电视设施未危及公共安全,或者故意毁坏尚未投入使用的广播电视设施,造成财物损失数额较大或者有其他严重情节的,以故意毁坏财物罪定罪处罚。

第七条 实施破坏广播电视设施犯罪,并利用广播电视设施实施煽动分裂国家、煽动颠覆国家政权、煽动民族仇恨、民族歧视或者宣扬邪教等行为,同时构成其他犯罪的,依照处罚较重的规定定罪处罚。

第八条 本解释所称广播电视台中直接关系节目播出的设施、广播电视传输网内的设施,参照国家广播电视行政主管部门和其他相关部门的有关规定确定。

规范性文件

《最高人民法院、最高人民检察院、工业和信息化部、公安部公用电信设施损坏经济损失计算方法》(工信部联电管〔2014〕372号,具体条文未收录)

> **第一百二十五条** 【非法制造、买卖、运输、邮寄、储存枪支、弹药、爆炸物罪】非法制造、买卖、运输、邮寄、储存枪支、弹药、爆炸物的,处三年以上十年以下有期徒刑;情节严重的,处十年以上有期徒刑、无期徒刑或者死刑。
> 【非法制造、买卖、运输、储存危险物质罪】非法制造、买卖、运输、储存毒害性、放射性、传染病病原体等物质,危害公共安全的,依照前款的规定处罚。
> 单位犯前两款罪的,对单位判处罚金,并对其直接负责的主管人员和其他直接责任人员,依照第一款的规定处罚。

立法沿革

本条系1997年《刑法》吸收修改1979年《刑法》作出的规定。1979年《刑法》第一百一十二条规定:"非法制造、买卖、运输枪支、弹药的……处七年以下有期徒刑;情节严重的,处七年以上有期徒刑或者无期徒刑。"《全国人民代表大会常务委员会关于严惩严重危害社会治安的犯罪分子的决定》(自1983年9月2日起施行,已失效)对"非法制造、买卖、运输……枪支、弹药、爆炸物,情节特别严重的,或者造成严重后果的"规定"可以在刑法规定的最高刑以上处刑,直至判处死刑"。1997年《刑法》增加规定"邮寄""储存"作为行为手段,调整非法制造、买卖、运输、邮寄、储存枪支、弹药、爆炸物犯罪的法定刑,增设非法买卖、运输核材料犯罪,并增加单位犯罪的规定。

2001年12月29日起施行的《刑法修正案(三)》第五条对本条第二款作了修改,将"非法买卖、运输核材料"调整为"非法制造、买卖、运输、储存危险物质"。修正后,罪名由"非法买卖、运输核材料罪"调整为"非法制造、买卖、运输、储存危险物质罪"。

修正前《刑法》	修正后《刑法》
第一百二十五条 【非法制造、买卖、运输、邮寄、储存枪支、弹药、爆炸物罪】非法制造、买卖、运输、邮寄、储存枪支、弹药、爆炸物的,处三年以上十年以下有期徒刑;情节严重的,处十年以上有期徒刑、无期徒刑或者死刑。 【非法买卖、运输核材料罪】非法买卖、运输核材料的,依照前款的规定处罚。 单位犯前两款罪的,对单位判处罚金,并对其直接负责的主管人员和其他直接责任人员,依照第一款的规定处罚。	第一百二十五条 【非法制造、买卖、运输、邮寄、储存枪支、弹药、爆炸物罪】非法制造、买卖、运输、邮寄、储存枪支、弹药、爆炸物的,处三年以上十年以下有期徒刑;情节严重的,处十年以上有期徒刑、无期徒刑或者死刑。 【非法制造、买卖、运输、储存危险物质罪】非法制造、买卖、运输、储存毒害性、放射性、传染病病原体等物质,危害公共安全的,依照前款的规定处罚。 单位犯前两款罪的,对单位判处罚金,并对其直接负责的主管人员和其他直接责任人员,依照第一款的规定处罚。

相关规定

《**中华人民共和国治安管理处罚法**》(修正后自 2013 年 1 月 1 日起施行,节录)

第三十条 违反国家规定,制造、买卖、储存、运输、邮寄、携带、使用、提供、处置爆炸性、毒害性、放射性、腐蚀性物质或者传染病病原体等危险物质的,处十日以上十五日以下拘留;情节较轻的,处五日以上十日以下拘留。

《**中华人民共和国枪支管理法**》(第二次修正后自 2015 年 4 月 24 日起施行,节录)

第四条 国务院公安部门主管全国的枪支管理工作。县级以上地方各级人民政府公安机关主管本行政区域内的枪支管理工作。上级人民政府公安机关监督下级人民政府公安机关的枪支管理工作。

第四十六条 本法所称枪支,是指以火药或者压缩气体等为动力,利用管状器具发射金属弹丸或者其他物质,足以致人伤亡或者丧失知觉的各种枪支。

第四十八条 制造、配售、运输枪支的主要零部件和用于枪支的弹药,适用本法的有关规定。

《**国务院办公厅关于进一步加强民用爆炸物品安全管理的通知**》(国办发〔2002〕52 号,节录)

各省、自治区、直辖市人民政府,国务院各部委、各直属机构:

一段时间以来,涉及民用爆炸物品的刑事案件和安全生产事故多有发生,危及生产安全和公共安全,给国家财产、人民群众生命财产造成严重损失,对社会稳定带来极大危害。针对目前民用爆炸物品安全管理中存在的问题,急需采取相应的管理措施。经国务院同意,现就有关问题通知如下:

一、将硝酸铵、氯酸钾纳入民用爆炸物品管理

硝酸铵是制造民用炸药的主要原料,又是一种农用化肥,极易被私自炒成炸药,严重危害公共安全。氯酸钾被烟花爆竹生产者违规添入烟火剂生产烟花爆竹,经常引发重大爆炸事故。为了从源头上杜绝用硝酸铵私炒炸药的违法行为,防止烟花爆竹爆炸事故的发生,必须对硝酸铵、氯酸钾严控严管。自本通知发布之日起,硝酸铵、氯酸钾列入《民用爆炸物品品名表》,其销售、购买和使用纳入民用爆炸物品管理。禁止将硝酸铵作为化肥销售。禁止使用氯酸钾配置烟火剂生产烟花爆竹。同时,暂停进口硝酸铵、氯酸钾。

鉴于某些农作物对硝态氮肥的需要,允许将硝酸铵作改性处理(制成复合肥或者混合肥),使之失去爆炸性并且不可还原后作为化肥销售、使用。改性处理后的硝态氮肥,要符合有关部门制定的新的产品标准。经贸部门要抓紧组织有关化肥生产企业落实农用硝酸铵的改性工作,将农用硝酸铵改性纳入技改范围,并给予必要的国债贴息支持。各级经贸、安全生产监督管理部门以及有关地方人民政府要从严清理硝酸铵、氯酸钾生产厂(点)。生产硝酸铵化肥的生产厂(点)在没有落实农用硝酸铵改性措施前,一律暂停生产。不再批准设立新的硝酸铵化肥生产厂(点)。对生产、经营企业目前库存的硝酸铵化肥,县级以上地方人民政府要及时组织经贸、供销、民爆器材生产流通主管部门、安全生产监督管理部门调查摸底,统一有偿转让给民爆器材生产企业。

今后,硝酸铵只允许销售给民爆器材定点生产企业和制药、制冷剂等生产企业及有关的教学、科研单位。氯酸钾只允许销售给制药、印染等生产企业及有关的教学、科研单位。严禁将硝酸铵、氯酸钾出售或者以其他方式转让给个人和其他单位。购买硝酸铵、氯酸钾必须经所在地省级或者设区的市级人民政府民爆器材生产流通主管部门批准(民用炸药定点生产企业仍可实行购销合同鉴证做法),凭批准文件向所在地的县级人民政府公安机关申领《爆炸物品购买证》。硝酸铵、氯酸钾的生产、经营企业出售硝酸铵、氯酸钾,必须收验《爆炸物品购买证》或者经过鉴证的购销合同,严格按照购买证或者经过鉴证的购销合同上载明的品种、数量销售。对无证或者无合同销售、购买硝酸铵、氯酸钾的,或者将硝酸铵、氯酸钾销售给个人的,由公安机关依照《民用爆炸物品管理条例》的有关规定,没收涉案硝酸铵、氯酸钾,并依法给予其他处罚;情节严重、构成犯罪的,按照《刑法》第125条的规定,依法追究刑事责任。

二、严格执行雷管编码打号制度

对雷管实行编码打号,是落实民用爆炸物品安全管理措施、预防和打击涉爆违法犯罪活动的重要手段。雷管生产企业必须按照公安部、国防科工委确定的雷管编码规则及技术要求,对雷管逐枚编码打号。自本通知发布之日起,没有编码打号的雷管不得出厂。对库存的未编码打号雷管,民爆器材生产、经营、使用单位不得销售、使用。有条件补号的可以补号后销售、使用;没有条件补号的,要有组织地予以销毁。民爆器材生产流通主管部门和公安机关要进一步督促生产企业抓紧完成雷管编码打号的试生产,完善编码打号工序的安全质量管理,严格按照规定的刻痕深度编码打号,确保雷管编码打号清晰,易于识读登记。所有雷管生产企业为实行雷管编码打号对生产线进行的改造,必须在2002年12月31日前通过由所在地省级人民政府民爆器材生产流通主管部门组织的验收。对民爆器材生产、经营企业违反上述规定生产、销售、使用未编码打号的雷管的,由公安机关依照《民用爆炸物品管理条例》的有关规定,没收无号雷管并依法给予其他处罚;情节严重、构成犯罪的,按照《刑法》第125条的规定,依法追究刑事责任。

三、实行民爆器材的销售、购买、使用流向监控制度(略)

《公安部关于对彩弹枪按照枪支进行管理的通知》(公治〔2002〕82号)

各省、自治区、直辖市公安厅、局,新疆生产建设兵团公安局:

彩弹枪射击运动,是一项利用彩弹枪进行对抗射击的娱乐活动。目前彩弹枪正逐步向小口径化方向发展,所发射的彩弹也由软质向硬质转化,且初速越来越快,威力越来越大,近距离射击可对人体构成伤害。为加强对彩弹枪的管理,特通知如下:

彩弹枪的结构符合《中华人民共和国枪支管理法》第四十六条有关枪支定义规定的要件,且其发射彩弹时枪口动能平均值达到93焦耳,已超过国家军用标准规定的对人体致伤动能的标准(78焦耳)。各地要按照《中华人民共和国枪支管理法》的有关规定对彩弹枪进行管理,以维护社会治安秩序,保障公共安全。

《公安部关于涉弩违法犯罪行为的处理及性能鉴定问题的批复》(公复字〔2006〕2号)

天津市公安局:

你局《关于对弩的法律适用及性能鉴定问题的请示》(津公法指〔2006〕14号)收悉。现批复如下:

一、弩是一种具有一定杀伤能力的运动器材,但其结构和性能不符合《中华人民共和国枪支管理法》对枪支的定义，不属于枪支范畴。因此，不能按照《最高人民法院关于审理非法制造、买卖、运输枪支、弹药、爆炸物等刑事案件具体应用法律若干问题的解释》（法释〔2001〕15号）追究刑事责任，仍应按照《公安部、国家工商行政管理局关于加强弩管理的通知》（公治〔1999〕1646号）的规定，对非法制造、销售、运输、持有弩的登记收缴，消除社会治安隐患。

二、对弩的鉴定工作，不能参照公安部《公安机关涉案枪支弹药性能鉴定工作规定》（公通字〔2001〕68号）①进行。鉴于目前社会上非法制造、销售、运输、持有的弩均为制式产品，不存在非制式弩的情况，因此不需要进行技术鉴定。

《公安部关于对以气体等为动力发射金属弹丸或者其他物质的仿真枪认定问题的批复》（公复字〔2006〕5号）
天津市公安局：
你局《关于将以气体为动力发射金属弹丸仿真枪纳入制式枪支管理的请示》（津公治〔2006〕382号）收悉。现批复如下：
依据《中华人民共和国枪支管理法》第四十六条的规定，利用气瓶、弹簧、电机等形成压缩气体为动力、发射金属弹丸或者其他物质并具有杀伤力的"仿真枪"，具备制式气枪的本质特征，应认定为枪支，并按气枪进行管制处理。对非法制造、买卖、运输、储存、邮寄、持有、携带和走私此类枪支的，应当依照《中华人民共和国枪支管理法》、《中华人民共和国刑法》、《中华人民共和国治安管理处罚法》的有关规定。追究当事人的法律责任。对不具有杀伤力但符合仿真枪认定规定的，应认定为仿真枪；对非法制造、销售此类仿真枪的，应当依照《中华人民共和国枪支管理法》的有关规定，予以处罚。

《仿真枪认定标准》（公通字〔2008〕8号）
一、凡符合以下条件之一的，可以认定为仿真枪：
1、符合《中华人民共和国枪支管理法》规定的枪支构成要件，所发射金属弹丸或其他物质的枪口比动能小于1.8焦耳/平方厘米（不含本数）、大于0.16焦耳/平方厘米（不含本数）的；
2、具备枪支外形特征，并且具有与制式枪支材质和功能相似的枪管、枪机、机匣或者击发等机构之一的；
3、外形、颜色与制式枪支相同或者近似，并且外形长度尺寸介于相应制式枪支全枪长度尺寸的二分之一与一倍之间的。

---

① 现行为《公安机关涉案枪支弹药鉴定工作规定》（公通字〔2019〕30号）。——本评注注

二、枪口比动能的计算,按照《枪支致伤力的法庭科学鉴定判据》规定的计算方法执行。

三、术语解释

1、制式枪支:国内制造的制式枪支是指已完成定型试验,并且经军队或国家有关主管部门批准投入装备、使用(含外贸出口)的各类枪支。国外制造的制式枪支是指制造商已完成定型试验,并且装备、使用或投入市场销售的各类枪支。

2、全枪长:是指从枪管口部至枪托或枪机框(适用于无枪托的枪支)底部的长度。

《公安机关涉案枪支弹药鉴定工作规定》(公通字〔2019〕30号)

为规范涉案枪支、弹药的鉴定工作,确保鉴定意见合法、准确、公正,根据《中华人民共和国刑事诉讼法》《中华人民共和国枪支管理法》和有关法律法规,制定本规定。

一、鉴定范围

公安机关在依法办理案件中需要鉴定涉案枪支、弹药及其散件的,适用本规定。

本规定所称枪支,是指符合《中华人民共和国枪支管理法》第四十六条之规定,以火药或者压缩气体等为动力,利用管状器具发射金属弹丸或者其他物质,足以致人伤亡或者丧失知觉的各种枪支。枪支一般应具备枪身、枪管、击发机构、发射机构等。

本规定所称弹药,一般应具备弹头(弹丸)、弹壳、底火、发射药四部分结构。气枪弹虽不具备上述结构,但属于本规定所称弹药。

本规定所称枪支散件,是指专门用于组成枪支的主要零部件。

本规定所称弹药散件,是指组成弹药的弹头、弹壳、底火等。

本规定所称制式枪支、弹药,是指按照国家标准或者公安部、军队下达的战术技术指标要求,经国家有关部门或者军队批准定型,由合法企业生产的各类枪支、弹药,以及境外合法企业制造的枪支、弹药和历史遗留的各类旧杂式枪支、弹药。

本规定所称非制式枪支、弹药,是指未经有关部门批准定型或者不符合国家标准的各类枪支、弹药,包括自制、改制的枪支、弹药和枪支、弹药生产企业研制工作中的中间产品。

二、鉴定机关

涉案枪支、弹药的鉴定工作由地(市)级及以上公安机关鉴定机构负责。

三、鉴定标准

(一)制式枪支、弹药及其散件的鉴定标准

与制式枪支、弹药及其散件的实物或者资料相符,或者具备制式枪支、弹药及其散件特征的,应认定为枪支、弹药及其散件。

制式枪支、弹药,无论能否击发,均应认定为枪支、弹药。

(二)非制式枪支、弹药及其散件的鉴定标准

1、以火药为动力的非制式枪支、弹药的鉴定标准

对以火药为动力的非制式枪支,能发射制式或者非制式弹药的,应认定为枪支。对火铳类枪支,其枪管、传火孔贯通,且能实现发射功能的,应认定为枪支。

对以火药为动力的非制式枪支,因缺少个别零件或者锈蚀不能完成击发动作,经加装相关零件或者除锈后具备发射功能的,应认定为枪支。

对以火药为动力的非制式弹药,具备弹药组成结构,且各部分具备相应功能或者能够发射的,应认定为弹药。

2、以压缩气体等为动力的非制式枪支、弹药的鉴定标准

对以压缩气体等为动力的非制式枪支,所发射弹丸的枪口比动能大于等于1.8焦耳/平方厘米的,应认定为枪支。因缺少个别零件或者锈蚀不能完成击发动作,经加装相关零件或者除锈后具备发射功能,且枪口比动能大于等于1.8焦耳/平方厘米的,应认定为枪支。

对非制式气枪弹,与境内外生产的制式气枪弹外形、规格相符或者相近的,应认定为气枪弹。

3、非制式枪支、弹药散件的鉴定标准

对非制式枪支散件,与制式或者非制式枪支散件的实物、资料相符或者相近,或者具备枪支散件相同功能的,应认定为枪支散件。

对非制式弹药散件,与制式弹药散件的实物、资料相符或者相近的,应认定为弹药散件。

四、附则

(一)对同一类型的枪支、弹药及其散件,因数量较大等原因无法进行全部检验的,可按照有关规定进行抽样检验。

(二)涉案枪支、弹药的鉴定程序,按照《公安机关鉴定规则》执行。

《公安部关于仿真枪认定标准有关问题的批复》(公复字〔2011〕1号)

北京市公安局:

你局《关于仿真枪认定标准有关问题的请示》(京公治字〔2010〕)收悉。现批复如下:

一、关于仿真枪与制式枪支的比例问题

公安部《仿真枪认定标准》第一条第三项规定的"外形长度尺寸介于相应制式枪支全枪长度尺寸的二分之一与一倍之间",其中的"一倍"是指比相应制式

枪支全枪长度尺寸长出一倍;其中的二分之一与一倍均不包含本数。

二、关于仿真枪仿制式枪支年代问题

鉴于转轮手枪等一些手动、半自动枪械均属于第一次世界大战以前就已问世的产品。因此,制式枪支的概念不能以第一次世界大战来划定,仍应当按照《仿真枪认定标准》的有关规定执行。但绳枪、燧发枪等古代前装枪不属于制式枪支的范畴。

《公安部关于对空包弹管理有关问题的批复》(公复字〔2011〕3号)

北京市公安局:

你局《关于将空包弹纳入治安管理的请示》(京公治字〔2011〕235号)收悉。现批复如下:

空包弹是一种能够被枪支击发的无弹头特种枪弹。鉴于空包弹易被犯罪分子改制成枪弹,并且发射时其枪口冲击波在一定距离内,仍能够对人员造成伤害。因此,应当依据《中华人民共和国枪支管理法》将空包弹纳入枪支弹药管理范畴。其中,对中国人民解放军、武装警察部队需要配备使用的各类空包弹,纳入军队、武警部队装备枪支弹药管理范畴予以管理;对公务用枪配备单位需要使用的各类空包弹,纳入公务用枪管理范畴予以管理;对民用枪支配置、影视制作等单位需要配置使用的各类空包弹,纳入民用枪支弹药管理范畴予以管理。

对于射钉弹、发令弹的口径与制式枪支口径相同的,应当作为民用枪支弹药进行管理;口径与制式枪支口径不同的,对制造企业应当作为民用爆炸物品使用单位进行管理,其销售、购买应当实行实名登记管理。

《民用爆炸物品安全管理条例》(国务院令第466号,修订后自2014年7月29日起施行,节录)

第二条 民用爆炸物品的生产、销售、购买、进出口、运输、爆破作业和储存以及硝酸铵的销售、购买,适用本条例。

本条例所称民用爆炸物品,是指用于非军事目的、列入民用爆炸物品品名表的各类火药、炸药及其制品和雷管、导火索等点火、起爆器材。

民用爆炸物品品名表,由国务院民用爆炸物品行业主管部门会同国务院公安部门制订、公布。

《民用爆炸物品品名表》(调整后自2022年5月23日起施行,具体条文未收录)

司法解释

《最高人民法院关于审理非法制造、买卖、运输枪支、弹药、爆炸物等刑事案件具体应用法律若干问题的解释》[法释〔2001〕15号,经《最高人民法院关于修改〈关于审理非法制造、买卖、运输枪支、弹药、爆炸物等刑事案件具体应用法律若干问题的解释〉的决定》(法释〔2009〕18号)修正,修正后自2010年1月1日起施行]

为依法严惩非法制造、买卖、运输枪支、弹药、爆炸物等犯罪活动,根据刑法有关规定,现就审理这类案件具体应用法律的若干问题解释如下:

第一条 个人或者单位非法制造、买卖、运输、邮寄、储存枪支、弹药、爆炸物,具有下列情形之一的,依照刑法第一百二十五条第一款的规定,以非法制造、买卖、运输、邮寄、储存枪支、弹药、爆炸物罪定罪处罚:

(一)非法制造、买卖、运输、邮寄、储存军用枪支一支以上的;

(二)非法制造、买卖、运输、邮寄、储存以火药为动力发射枪弹的非军用枪支一支以上或者以压缩气体等为动力的其他非军用枪支二支以上的;

(三)非法制造、买卖、运输、邮寄、储存军用子弹十发以上、气枪铅弹五百发以上或者其他非军用子弹一百发以上的;

(四)非法制造、买卖、运输、邮寄、储存手榴弹一枚以上的;

(五)非法制造、买卖、运输、邮寄、储存爆炸装置的;

(六)非法制造、买卖、运输、邮寄、储存炸药、发射药、黑火药一千克以上或者烟火药三千克以上,雷管三十枚以上或者导火索、导爆索三十米以上的;

(七)具有生产爆炸物品资格的单位不按照规定的品种制造,或者具有销售、使用爆炸物品资格的单位超过限额买卖炸药、发射药、黑火药十千克以上或者烟火药三十千克以上,雷管三百枚以上或者导火索、导爆索三百米以上的;

(八)多次非法制造、买卖、运输、邮寄、储存弹药、爆炸物的;

(九)虽未达到上述最低数量标准,但具有造成严重后果等其他恶劣情节的。

介绍买卖枪支、弹药、爆炸物的,以买卖枪支、弹药、爆炸物罪的共犯论处。

第二条 非法制造、买卖、运输、邮寄、储存枪支、弹药、爆炸物,具有下列情形之一的,属于刑法第一百二十五条第一款规定的"情节严重":

(一)非法制造、买卖、运输、邮寄、储存枪支、弹药、爆炸物的数量达到本解释第一条第(一)、(二)、(三)、(六)、(七)项规定的最低数量标准五倍以上的;

(二)非法制造、买卖、运输、邮寄、储存手榴弹三枚以上的;

(三)非法制造、买卖、运输、邮寄、储存爆炸装置,危害严重的;

(四)达到本解释第一条规定的最低数量标准,并具有造成严重后果等其他恶劣情节的。

第三条 依法被指定或者确定的枪支制造、销售企业,实施刑法第一百二十六条规定的行为,具有下列情形之一的,以违规制造、销售枪支罪定罪处罚:

(一)违规制造枪支五支以上的;

(二)违规销售枪支二支以上的;

(三)虽未达到上述最低数量标准,但具有造成严重后果等其他恶劣情节的。

具有下列情形之一的,属于刑法第一百二十六条规定的"情节严重":

(一)违规制造枪支二十支以上的;

(二)违规销售枪支十支以上的;

(三)达到本条第一款规定的最低数量标准,并具有造成严重后果等其他恶劣情节的。

具有下列情形之一的,属于刑法第一百二十六条规定的"情节特别严重":

(一)违规制造枪支五十支以上的;

(二)违规销售枪支三十支以上的;

(三)达到本条第二款规定的最低数量标准,并具有造成严重后果等其他恶劣情节的。

第四条 盗窃、抢夺枪支、弹药、爆炸物,具有下列情形之一的,依照刑法第一百二十七条第一款的规定,以盗窃、抢夺枪支、弹药、爆炸物罪定罪处罚:

(一)盗窃、抢夺以火药为动力的发射枪弹非军用枪支一支以上或者以压缩气体等为动力的其他非军用枪支二支以上的;

(二)盗窃、抢夺军用子弹十发以上、气枪铅弹五百发以上或者其他非军用子弹一百发以上的;

(三)盗窃、抢夺爆炸装置的;

(四)盗窃、抢夺炸药、发射药、黑火药一千克以上或者烟火药三千克以上、雷管三十枚以上或者导火索、导爆索三十米以上的;

(五)虽未达到上述最低数量标准,但具有造成严重后果等其他恶劣情节的。

具有下列情形之一的,属于刑法第一百二十七条第一款规定的"情节严重":

(一)盗窃、抢夺枪支、弹药、爆炸物的数量达到本条第一款规定的最低数量标准五倍以上的;

(二)盗窃、抢夺军用枪支的;

(三)盗窃、抢夺手榴弹的;

（四）盗窃、抢夺爆炸装置，危害严重的；

（五）达到本条第一款规定的最低数量标准，并具有造成严重后果等其他恶劣情节的。

第五条 具有下列情形之一的，依照刑法第一百二十八条第一款的规定，以非法持有、私藏枪支、弹药罪定罪处罚：

（一）非法持有、私藏军用枪支一支的；

（二）非法持有、私藏以火药为动力发射枪弹的非军用枪支一支或者以压缩气体等为动力的其他非军用枪支二支以上的；

（三）非法持有、私藏军用子弹二十发以上，气枪铅弹一千发以上或者其他非军用子弹二百发以上的；

（四）非法持有、私藏手榴弹一枚以上的；

（五）非法持有、私藏的弹药造成人员伤亡、财产损失的。

具有下列情形之一的，属于刑法第一百二十八条第一款规定的"情节严重"：

（一）非法持有、私藏军用枪支二支以上的；

（二）非法持有、私藏以火药为动力发射枪弹的非军用枪支二支以上或者以压缩气体等为动力的其他非军用枪支五支以上的；

（三）非法持有、私藏军用子弹一百发以上，气枪铅弹五千发以上或者其他非军用子弹一千发以上的；

（四）非法持有、私藏手榴弹三枚以上的；

（五）达到本条第一款规定的最低数量标准，并具有造成严重后果等其他恶劣情节的。

第六条 非法携带枪支、弹药、爆炸物进入公共场所或者公共交通工具，危及公共安全，具有下列情形之一的，属于刑法第一百三十条规定的"情节严重"：

（一）携带枪支或者手榴弹的；

（二）携带爆炸装置的；

（三）携带炸药、发射药、黑火药五百克以上或者烟火药一千克以上、雷管二十枚以上或者导火索、导爆索二十米以上的；

（四）携带的弹药、爆炸物在公共场所或者公共交通工具上发生爆炸或者燃烧，尚未造成严重后果的；

（五）具有其他严重情节的。

行为人非法携带本条第一款第（三）项规定的爆炸物进入公共场所或者公共交通工具，虽未达到上述数量标准，但拒不交出的，依照刑法第一百三十条的规定定罪处罚;携带的数量达到最低数量标准,能够主动、全部交出的,可不以犯罪论处。

第七条① 非法制造、买卖、运输、邮寄、储存、盗窃、抢夺、持有、私藏、携带成套枪支散件的,以相应数量的枪支计;非成套枪支散件以每三十件为一成套枪支散件计。

第八条 刑法第一百二十五条第一款规定的"非法储存",是指明知是他人非法制造、买卖、运输、邮寄的枪支、弹药而为其存放的行为,或者非法存放爆炸物的行为。②

刑法第一百二十八条第一款规定的"非法持有",是指不符合配备、配置枪支、

---

① 《最高人民法院关于办理非法制造、买卖、运输非军用枪支、弹药刑事案件适用法律问题的解释》(法发〔1995〕20号)曾经使用了"枪支主要零部件"的概念并规定了相应的数量标准。从实践的情况看,由于对枪支主要零部件的含义和种类没有明确界定,以致在处理具体案件时经常发生争议。而且,《枪支管理法》没有"枪支主要零部件"的提法。鉴此,法释〔2001〕15号解释没有继续采用"枪支主要零部件"的规定。参见《〈关于审理非法制造、买卖、运输枪支、弹药、爆炸物等刑事案件具体应用法律若干问题的解释〉的理解与适用》,载中华人民共和国最高人民法院刑事审判第一、二、三、四、五庭主办:《中国刑事审判指导案例2》(增订第3版),法律出版社2017年版,第303页。从当前司法实践来看,涉枪案件呈现专业化、链条化特征,越来越多的不法分子采用化整为零、分工合作方式实施犯罪,具体表现是,犯罪对象不再是整支的枪支,而是枪支散件。**本评注认为**,在处理具体涉及枪支散件案件时要注意:(1)枪支散件包括两种,一种是只能用于制造枪支的专用散件,另一种是也可作为民用、具有通用散件性质的零部件。对于后者,必须有充分、确实的证据证实行为人有非法制造、买卖枪支散件的主观故意,否则,不能认定为枪支散件,对行为人也不能按照枪支犯罪论处。(2)考虑到目前我国的枪支认定标准较低,法释〔2018〕8号解释发布后,对枪支散件,确实应该考虑可能制造的枪支的致伤力大小等因素。对于可能制造的枪支的致伤力明显不大的,应当按照上述精神,结合案件具体情况,综合评估社会危害性,恰当定罪量刑。

② 《最高人民法院关于审理非法制造、买卖、运输枪支、弹药、爆炸物等刑事案件具体应用法律若干问题的解释》(法释〔2001〕15号)第八条第一款规定:"刑法第一百二十五条第一款规定的'非法储存',是指明知是他人非法制造、买卖、运输、邮寄的枪支、弹药、爆炸物而为其存放的行为。"从实践来看,"将'非法储存'的爆炸物仅限定为他人非法制造、买卖、运输、邮寄的爆炸物,没有包括行为人非法储存的他人实施抢劫、抢夺、盗窃等犯罪而得到的爆炸物以及来源不明的爆炸物,造成实践中对非法存放这些爆炸物的行为无法定罪处罚。而爆炸物的危险性在于其自身,而不在于获得的途径,仅从爆炸物的获得途径上加以区分不科学,容易出现处罚上的漏洞,进而危害公共安全。"鉴此,法释〔2009〕18号修改决定将该款调整为:"刑法第一百二十五条第一款规定的'非法储存',(转下页)

弹药条件的人员,违反枪支管理法律、法规的规定,擅自持有枪支、弹药的行为。

刑法第一百二十八条第一款规定的"私藏",是指依法配备、配置枪支、弹药的人员,在配备、配置枪支、弹药的条件消除后,违反枪支管理法律、法规的规定,私自藏匿所配备、配置的枪支、弹药且拒不交出的行为。

第九条①② 因筑路、建房、打井、整修宅基地和土地等正常生产、生活需要,以及因从事合法的生产经营活动而非法制造、买卖、运输、邮寄、储存爆炸物,数量达到本解释第一条规定标准,没有造成严重社会危害,并确有悔改表现的,可依法从轻处罚;情节轻微的,可以免除处罚。

具有前款情形,数量虽达到本解释第二条规定标准的,也可以不认定为刑法第一百二十五条第一款规定的"情节严重"。

(接上页)是指明知是他人非法制造、买卖、运输、邮寄的枪支、弹药而为其存放的行为,或者非法存放爆炸物的行为。"作此调整,"把非法存放通过各种途径获得的爆炸物都囊括进来,既堵塞了在打击非法储存爆炸物犯罪方面的漏洞,又继续坚持了《解释》确定的非法储存枪支、弹药罪和非法持有、私藏枪支、弹药罪的区分标准"。参见周海洋:《〈关于修改《关于审理非法制造、买卖、运输枪支、弹药、爆炸物等刑事案件具体应用法律若干问题的解释》的决定〉的理解与适用》,载《人民司法》2010年第1期。

① 规定因正常生产、生活需要和合法的生产经营活动而实施涉爆犯罪,数量虽然达到处十年以上有期徒刑、无期徒刑或者死刑的标准,但可以不认定为情节严重,这是否意味着司法解释对减轻处罚情节作出规定?经研究认为,这并非减轻处罚,而是此类犯罪行为没有达到情节严重,所以不能按照情节严重处罚。由于现实情况的复杂性,一些因正常生产、生活和合法的生产经营活动而实施的非法涉爆行为并没有造成严重的社会危害,其社会危害性决定了不能在十年以上有期徒刑、无期徒刑或者死刑的幅度内判处刑罚。一般而言,司法解释不宜直接规定哪些情节具有减轻处罚功能,但有权规定哪些情节属于情节严重,哪些情节不属于情节严重。根据这一规定,对于那些数量虽达到本司法解释第二条规定的标准,但如果具有上述特定情形的行为,不认定为情节严重,人民法院就可以在第一个法定刑幅度内量刑,这样就有效地解决了此前需要减轻处罚才能解决的难题。参见周海洋:《〈关于修改《关于审理非法制造、买卖、运输枪支、弹药、爆炸物等刑事案件具体应用法律若干问题的解释》的决定〉的理解与适用》,载《人民司法》2010年第1期。

② 本条将适用范围限定为"从事合法的生产经营活动"等情况,目的在于从严打击非法采挖矿产资源等非法生产经营活动。按照这一精神,合法成立的生产经营单位,将购得的民用爆炸物品全部用于煤炭开采,如果无证据证实涉案民用爆炸物品在此次事故中发生爆炸、造成严重社会危害,且相关被告人确有悔改表现,可以不认定为"情节严重"。——本评注注

在公共场所、居民区等人员集中区域非法制造、买卖、运输、邮寄、储存爆炸物,或者因非法制造、买卖、运输、邮寄、储存爆炸物三年内受到两次以上行政处罚又实施上述行为,数量达到本解释规定标准的,不适用前两款量刑的规定。

第十条 实施非法制造、买卖、运输、邮寄、储存、盗窃、抢夺、持有、私藏其他弹药、爆炸物品等行为,参照本解释有关条文规定的定罪量刑标准处罚。

《最高人民法院、最高人民检察院关于办理非法制造、买卖、运输、储存毒鼠强等禁用剧毒化学品刑事案件具体应用法律若干问题的解释》(法释〔2003〕14号,自2003年10月1日起施行)①

为依法惩治非法制造、买卖、运输、储存毒鼠强等禁用剧毒化学品的犯罪活动,维护公共安全,根据刑法有关规定,现就办理这类刑事案件具体应用法律的

---

① 需要注意的问题有二:(1)关于禁用剧毒化学品的范围。"禁用剧毒化学品",从字面上看,涵盖范围比较广。在起草过程中,有关部门建议把所有剧毒化学品、至少把在不同情况下禁止使用的剧毒化学品囊括进来,本司法解释初稿也曾考虑了这种意见。但是,由于剧毒化学品之间毒性差别很大,成人致死量有的不到1毫克,有的高至3克,所以很难对其制定一个统一的定罪量刑标准。而本司法解释列举的"禁用剧毒化学品"只有5种,其毒性大体相当,非法制造、买卖、运输、储存这些剧毒化学品行为的社会危害性也相当,对其制定统一的定罪量刑标准在司法实践中可行性较强。同时,实践中常见多发的这类案件,绝大多数涉及的也是这5种剧毒化学品,涉及其他剧毒化学品的很少,司法实践迫切需要解决的也是涉及这5种剧毒化学品案件的定罪量刑标准问题。因此,本司法解释将"禁用剧毒化学品"的范围限定为毒鼠强、氟乙酰胺、氟乙酸钠、毒鼠硅、甘氟等5种剧毒化学品。(2)关于非法制造、买卖、运输、储存禁用剧毒化学品犯罪定罪量刑的数量标准。数量标准是起草过程中的一个重点,也是难点,各方意见差别很大。有单位主张以30克为起点,并且不区分原粉和饵料。还有单位主张不以数量为标准,只要有制造、买卖等行为就构成本罪。考虑到犯罪是违法和危害社会的统一,为了避免打击面过宽,本司法解释将非法制造、买卖、运输、储存剧毒化学品原粉、原液、制剂50克以上、饵料2千克以上的,作为追究刑事责任即判处三年以上十年以下有期徒刑的起点数量标准;数量分别达到500克以上或者20千克以上的,作为判处十年有期徒刑、无期徒刑、死刑的起点数量标准。主要理由:第一,毒鼠强等禁用剧毒化学品的成人致死量极低,原粉仅需5毫克,50克毒鼠强原粉从理论上讲可致死1万人。非法制造、买卖、运输、储存禁用剧毒化学品行为的社会危害性极大,对此必须严厉处罚。第二,一般来说,毒鼠强原粉与饵料的掺拌比例为1:5000。也就是说,50克毒鼠强原粉可以拌成250千克饵料,500克毒鼠强原粉可以拌成2500千克饵料。市场上常见的是10克一包的饵料,2千克饵料相当于200包饵料的重量。但是,实践中这种比例不是绝对的,操作起来有可能变化,本司法解释没有过分强调这个比例。第三,实践中查处的毒鼠强等禁用剧毒化学品的原(转下页)

若干问题解释如下：
第一条① 非法制造、买卖、运输、储存毒鼠强等禁用剧毒化学品，危害公共

(接上页)粉、原液、制剂相对较少，大多是诸如拌有毒鼠强等禁用剧毒化学品的饵料。第四，对于禁用剧毒化学品的原粉、原液、制剂或者饵料不需要进行定量鉴定，对其规定不同的数量标准比较可行。因为鉴定部门比较容易对混合物中是否含有某种剧毒化学品进行定性鉴定，而很难对混合物中含有多少剧毒化学品进行定量鉴定。定量鉴定一般在省级药检机构才能进行，且鉴定费用高昂。本司法解释综合考虑上述情形和司法实践的现实需要，规定了不同的数量标准。参见祝二军：《〈关于办理非法制造、买卖、运输、储存毒鼠强等禁用剧毒化学品刑事案件具体应用法律若干问题的解释〉的理解与适用》，载中华人民共和国最高人民法院刑事审判第一、二、三、四、五庭主办：《中国刑事审判指导案例2》(增订第3版)，法律出版社2017年版，第314—316页。

① **本评注认为**，对于甲向无证商贩乙购买老鼠药，而后投毒致人死亡的行为，不宜认为乙符合本条第二项的规定，进而适用非法买卖危险物质罪。主要考虑：(1)根据第一百二十五条第一款规定，非法制造、买卖、运输、邮寄、储存枪支、弹药、爆炸物的，处三年以上十年以下有期徒刑；情节严重的，处十年以上有期徒刑、无期徒刑或者死刑。第二款规定，非法制造、买卖、运输、储存毒害性、放射性、传染病病原体等物质，危害公共安全的，依照前款的规定处罚。虽然两款行为都属于危险犯，但第二款有行为"危害公共安全的"条件限制，入罪标准应高于第一款行为，实践中应当依法严格把握。(2)本条第二项规定"在非法制造、买卖、运输、储存过程中致人重伤、死亡或者造成公私财产损失10万元以上的"，系对造成实际危害后果的情形认定犯罪的入罪标准，强调行为"过程中"，即是强调行为的当场性。这对于制造、运输、储存"过程中"容易理解且不易发生分歧，对于买卖"过程中"易产生不同理解和看法。对此，首先应遵循罪刑法定原则且不能做不利于被告人的扩大解释；其次因刑法及本解释将四类行为并列，故在理解与适用时标准应统一，对买卖"过程中"也要强调当场性。在购买人购买剧毒化学品并离开买卖现场后，剧毒化学品可能危害公共安全的法律后果已经转移由购买人承担，如果此时出现危害公共安全的后果理应由购买人承担相应刑事责任，而不应当再追究出售人的刑事责任，否则，就存在继续追究运输、储存直至制造所有环节相应人员刑事责任的问题，显然不符合主客观相一致的刑法适用原则(出售人明知购买人购买剧毒化学品准备用于实施犯罪的情形除外)。(3)就本司法解释而言，"在起草过程中，有一种意见提出将非法制造、买卖、运输、储存禁用剧毒化学品被他人用于实施犯罪活动的情形，作为危害后果的标准之一。考虑到这种情形在实践中比较复杂，而且不符合主客观相一致的刑法适用原则，所以最终没有采纳"。参见祝二军：《〈关于办理非法制造、买卖、运输、储存毒鼠强等禁用剧毒化学品刑事案件具体应用法律若干问题的解释〉的理解与适用》，载中华人民共和国最高人民法院刑事审判第一、二、三、四、五庭主办：《中国刑事审判指导案例2》(增订第3版)，法律出版社2017年版，第316页。

安全,具有下列情形之一的,依照刑法第一百二十五条的规定,以非法制造、买卖、运输、储存危险物质罪,处三年以上十年以下有期徒刑:

(一)非法制造、买卖、运输、储存原粉、原液、原药制剂50克以上,或者饵料2千克以上的;

(二)在非法制造、买卖、运输、储存过程中致人重伤、死亡或者造成公私财产损失10万元以上的。

第二条 非法制造、买卖、运输、储存毒鼠强等禁用剧毒化学品,具有下列情形之一的,属于刑法第一百二十五条规定的"情节严重",处十年以上有期徒刑、无期徒刑或者死刑:

(一)非法制造、买卖、运输、储存原粉、原液、制剂500克以上,或者饵料20千克以上的;

(二)在非法制造、买卖、运输、储存过程中致3人以上重伤、死亡,或者造成公私财产损失20万元以上的;

(三)非法制造、买卖、运输、储存原粉、原药、制剂50克以上不满500克,或者饵料2千克以上不满20千克,并具有其他严重情节的。

第三条 单位非法制造、买卖、运输、储存毒鼠强等禁用剧毒化学品的,依照本解释第一条、第二条规定的定罪量刑标准执行。

第四条 对非法制造、买卖、运输、储存毒鼠强等禁用剧毒化学品行为负有查处职责的国家机关工作人员,滥用职权或者玩忽职守,致使公共财产、国家和人民利益遭受重大损失的,依照刑法第三百九十七条的规定,以滥用职权罪或者玩忽职守罪追究刑事责任。

第五条 本解释施行以前,确因生产、生活需要而非法制造、买卖、运输、储存毒鼠强等禁用剧毒化学品饵料自用,没有造成严重社会危害的,可以依照刑法第十三条的规定,不作为犯罪处理。

本解释施行以后,确因生产、生活需要而非法制造、买卖、运输、储存毒鼠强等禁用剧毒化学品饵料自用,构成犯罪,但没有造成严重社会危害,经教育确有悔改表现的,可以依法从轻、减轻或者免除处罚。

第六条 本解释所称"毒鼠强等禁用剧毒化学品",是指国家明令禁止的毒鼠强、氟乙酰胺、氟乙酸钠、毒鼠硅、甘氟(见附表)。

序号	通用名称	中文名称 化学名	中文名称 别名	英文名称 化学名（英文）	英文名称 别名（英文）	子式	CAS号
1	毒鼠强	2,6－二硫－1,3,5,7－四氮三环[3,3,1,1,3,7]癸烷-2,2,6,6－四氧化物	四亚甲基二砜四胺	2,6-dithia-1,3,5,7-tetrazatricyclo［3,3,1,1,3,7］decane-2,2,6,6-tetraoxide	tetramine	$C_4H_9N_4O_4S_2$	80-12-6
2	氟乙酰胺	氟乙酰胺	敌蚜胺	Fluoroacetamide	Fluorakil 100	C_2H_4FNO	640-19-7
3	氟乙酸钠	氟乙酸钠	一氟乙酸钠	Sodium monofluoroacetate	Compound 1080	$C_2H_2FNaO_2$	62-74-8
4	毒鼠硅	1－(对氯苯基)－2,8,9－三氧－5氮－1－硅双环(3,3,3)十二烷	氯硅宁、硅灭鼠	1－(p－chloropenyl)－2,8,9-trioxo-5-nitrigen-1-silicon-dicyclo(3,3,3) undencane	RS-150, silatrane	$C_{12}H_6ClNO_3Si$	29025-67-0
5	甘氟	1,3－二氟内醇-2和1－氯－3氟丙醇－2混合物	伏鼠酸、鼠甘伏	1,3－difluorhydrine of glycerin and 2－chlorofluorhydrine of glycerin	Glyfuor Gliftor	$C_3H_6F_{20}$, $C_3H_6C_1FO$	

《最高人民法院、最高人民检察院关于涉以压缩气体为动力的枪支、气枪铅弹刑事案件定罪量刑问题的批复》（法释[2018]8号，自2018年3月30日起施行）

各省、自治区、直辖市高级人民法院、人民检察院，解放军军事法院、军事检察院，新疆维吾尔自治区高级人民法院生产建设兵团分院、新疆生产建设兵团人民检察院：

近来，部分高级人民法院、省级人民检察院就如何对非法制造、买卖、运输、邮寄、储存、持有、私藏、走私以压缩气体为动力的枪支、气枪铅弹（用铅、铅合金或者其他金属加工的气枪铅弹①）行为定罪量刑的问题②提出请示。经研究，批复

---

① 除气枪铅弹外，用其他金属加工的气枪弹与气枪铅弹可能具有大致相当的致伤力。因此，为避免司法实践中对"气枪铅弹"作机械把握，本司法解释明确气枪铅弹是指"用铅、铅合金或者其他金属加工的气枪铅弹"。参见最高人民法院研究室刑事处：《〈关于涉以压缩气体为动力的枪支、气枪铅弹刑事案件定罪量刑问题的批复〉的理解与适用》，载中华人民共和国最高人民法院刑事审判第一、二、三、四、五庭主办：《刑事审判参考（总第114集）》，法律出版社2019年版，第135页。

② 《枪支管理法》对"枪支"作了定义性规定，明确"本法所称枪支，是指以火药（转下页）

如下：①

一、对于非法制造、买卖、运输、邮寄、储存、持有、私藏、走私以压缩气体为动力且枪口比动能较低②的枪支的行为，在决定是否追究刑事责任以及如何裁量

(接上页)或者压缩气体为动力，利用管状器具发射金属弹丸或者其他物质，足以致人伤亡或者丧失知觉的各种枪支"。同时，该法规定枪支管理工作由公安机关主管。由于《枪支管理法》只是明确了枪支的性能特征，实践中办理相关案件，一直按照有关部门制定的枪支鉴定标准认定是否属于枪支。法释〔2001〕15号解释是与公安部发布的《公安机关涉案枪支弹药性能鉴定工作规定》（公通字〔2001〕68号）确立的射击干燥松木板的枪支鉴定标准相衔接的，而射击干燥松木板标准对应的枪口比动能在16焦耳/平方厘米左右。基于严控枪支的需要，公安部于2007年发布了《枪支致伤力的法庭科学鉴定判据》（GA/T 718-2007，该标准为推荐标准），将枪支认定标准修改为枪口比动能1.8焦耳/平方厘米。于2010年发布的《公安机关涉案枪支弹药性能鉴定工作规定》（公通字〔2010〕67号）明确，对不能发射制式弹药的非制式枪支，"枪口比动能大于等于1.8焦耳/平方厘米时，一律认定为枪支"。在枪支标准作出上述调整后，涉枪案件呈现出复杂性、多样性的特征。特别是，一些涉以压缩气体为动力且枪口比动能较低的枪支的案件，涉案枪支的致伤力较低，社会危害性相对较小，在追究刑事责任和定罪量刑时唯枪支数量论，悖离一般人的认知，违背罪责刑相适应原则。此外，据实践反映，气枪铅弹案件唯数量论，也会出现刑事打击范围过大和量刑畸重的不合理现象。参见最高人民法院研究室刑事处：《〈关于涉以压缩气体为动力的枪支、气枪铅弹刑事案件定罪量刑问题的批复〉的理解与适用》，载中华人民共和国最高人民法院刑事审判第一、二、三、四、五庭主办：《刑事审判参考（总第114集）》，法律出版社2019年版，第135页。

① 司法实践中对于涉"火柴枪"等其他致伤力较低的枪支的案件的处理，同样存在类似的问题。鉴于相关问题尚待进一步总结司法经验，本司法解释未作明确规定。但是，处理具体案件时，可以根据本司法解释的精神，在决定是否追究刑事责任以及如何裁量刑罚时，综合评估社会危害性，坚持主客观相统一，实现罪责刑相适应。参见最高人民法院研究室刑事处：《〈关于涉以压缩气体为动力的枪支、气枪铅弹刑事案件定罪量刑问题的批复〉的理解与适用》，载中华人民共和国最高人民法院刑事审判第一、二、三、四、五庭主办：《刑事审判参考（总第114集）》，法律出版社2019年版，第130—131页。

② 需要注意的是，起草过程中，对于是否应当明确"枪口比动能较低"的具体数值，存在不同认识。经慎重研究认为，涉以压缩气体为动力的枪支的案件情况非常复杂，在决定是否追究刑事责任以及如何裁量刑罚时，需要考虑枪口比动能这一重要因素，但更须根据案件情况综合考量。在此背景下，如对"枪口比动能较低"的具体数值作出规定，恐会导致对具体案件的处理陷入"一刀切"的困境，不符合本司法解释所确立的综合考量精神。例如，涉案枪支的枪口比动能虽然较低，但是易于通过改制提升致伤力，社会危害性大，如受制于"枪口比动能较低"的具体数值，可能难以依法严惩；相反，涉案枪（转下页）

刑罚时,不仅应当考虑涉案枪支的数量,而且应当充分考虑涉案枪支的外观、材质、发射物、购买场所和渠道、价格①、用途、致伤力大小、是否易于通过改制提升致伤力②,以及行为人的主观认知、动机目的、一贯表现、违法所得、是否规避调

(接上页)支的枪口比动能虽然达到一定数值,比如达到11焦耳/平方厘米,但综合考虑购买场所和渠道、价格、用途等因素,综合评估认为社会危害性不大的,若受制于"枪口比动能较低"的具体数值,可能出现处理过苛、处罚过严的问题。基于上述考虑,最终未对"枪口比动能较低"的具体数值作出明确,司法实践中,应当根据案件具体情况,在综合考虑其他相关情节的基础上,妥当把握"枪口比动能较低"的认定。参见最高人民法院研究室刑事处:《〈关于涉以压缩气体为动力的枪支、气枪铅弹刑事案件定罪量刑问题的批复〉的理解与适用》,载中华人民共和国最高人民法院刑事审判第一、二、三、四、五庭主办:《刑事审判参考(总第114集)》,法律出版社2019年版,第134—135页。

本评注认为,为了便于具体案件处理中判断所涉枪支是否系"枪口比动能较低",公安机关涉案枪支鉴定意见应当注明枪支的比动能具体数值,而不应笼统标注是否超过1.8焦耳/平方厘米。

① 这主要是考虑到实践中一些以压缩气体为动力且枪口比动能较低的枪支,虽然经鉴定枪口比动能达到了枪支认定标准,但是从其外观看一般人明显不会认识到系枪支(如玩具枪),材质通常不同于一般枪支(如使用材质较差的塑料),发射物明显致伤力较小(如发射BB弹),就购买场所和渠道而言一般人认为购买不到枪支的地方(如玩具市场),就价格而言一般人认为不可能是枪支的对价(如仅花费了几十元钱)。对于上述情形,在决定是否追究刑事责任以及如何裁量刑罚时,就应当根据相应情节作出特别考虑。参见最高人民法院研究室刑事处:《〈关于涉以压缩气体为动力的枪支、气枪铅弹刑事案件定罪量刑问题的批复〉的理解与适用》,载中华人民共和国最高人民法院刑事审判第一、二、三、四、五庭主办:《刑事审判参考(总第114集)》,法律出版社2019年版,第133页。

② 以压缩气体为动力的枪支的枪口比动能区间较大,且由于发射物不同,枪支致伤力存在明显差异。因此,在办理具体案件时,应当要求公安机关做好涉案枪支的鉴定工作,涉案枪支的鉴定意见要载明枪支的数量、发射物、枪口比动能的具体数值等情况,以便判断其致伤力大小。此外,此类枪支中的部分枪支,其本身致伤力不大,但易于通过改制达到较大致伤力,具有更大的社会危害性。对于是否易于通过改制提升致伤力,应当由公诉机关予以证明,必要时可以通过鉴定人、有专门知识的人出庭作证的方式作进一步判断。参见最高人民法院研究室刑事处:《〈关于涉以压缩气体为动力的枪支、气枪铅弹刑事案件定罪量刑问题的批复〉的理解与适用》,载中华人民共和国最高人民法院刑事审判第一、二、三、四、五庭主办:《刑事审判参考(总第114集)》,法律出版社2019年版,第133—134页。

查等情节①,综合评估社会危害性,坚持主客观相统一,确保罪责刑相适应。

二、对于非法制造、买卖、运输、邮寄、储存、持有、私藏、走私气枪铅弹的行为,在决定是否追究刑事责任以及如何裁量刑罚时,应当综合考虑气枪铅弹的数量、用途以及行为人的动机目的、一贯表现、违法所得、是否规避调查等情节,综合评估社会危害性,确保罪责刑相适应。

规范性文件

《公安部关于加强爆炸案件和爆炸物品丢失被盗案件倒查责任追究工作的通知》(公明发[2000]1186号,节录)
各省、自治区、直辖市公安厅、局,新疆生产建设兵团公安局:

自去年开展涉爆专项斗争以来,各地公安机关普遍加大了对爆炸案件和爆炸物品丢失被盗案件涉案爆炸物品来源、流向的倒查力度,严肃追究了一批管理、监

---

① 这主要侧重从行为人角度对社会危害性进行考量。特别是,要坚持主客观相统一,防止"客观归罪",即只要涉案枪支经鉴定认定为枪支即追究刑事责任,而对行为人主观上是否明知涉案物品系枪支置之不顾。根据主客观相统一原则的要求,对于此类案件的处理,要根据在案证据对行为人主观明知作出准确认定,对于不能认定行为人主观上明知涉案物品系枪支的,不认定为犯罪。例如,赵某某、朱某某夫妇在集贸市场内销售"玩具枪",公安机关从其作为玩具出售的枪状物中起获43支,经鉴定均为以弹簧为动力转化为压缩气体发射球形弹丸,其中有18支符合枪支标准。在本案的审查起诉阶段,检察机关认为,对赵某某、朱某某夫妇在集贸市场内销售"玩具枪"的行为,没有充分的证据证明其主观上明知出售的物品系枪支并具有非法买卖枪支的故意,故依法作出存疑不起诉处理。该案的处理,正是从主观明知方面作了准确判断,体现了主客观相统一原则的基本要求。此外,对行为人的动机目的、违法所得的考量,主要考虑以牟利或者实施其他违法犯罪为目的,非法制造、买卖、运输、邮寄、储存、持有、私藏、走私枪支的行为,社会危害性较大。相反,对于以收藏、娱乐为目的,非法购买、持有以压缩气体为动力、枪口比动能较低且不属于易于通过改制提升致伤力的枪支的,社会危害性相对较小,应当依法从宽处罚;如果行为人系初犯,确有悔改表现,没有造成严重后果的,可以依法不起诉或者免予刑事处罚;情节显著轻微危害不大的,不以犯罪论处;确有必要判处刑罚的,可以非法持有枪支罪(而非"非法买卖枪支罪")依法从宽处罚。对行为人是否规避调查的考量,主要考虑行为人是否采用伪装、隐藏等有意规避有关部门调查的方式实施上述涉枪违法犯罪的行为。参见最高人民法院研究室刑事处《〈关于涉以压缩气体为动力的枪支、气枪铅弹刑事案件定罪量刑问题的批复〉的理解与适用》,载中华人民共和国最高人民法院刑事审判第一、二、三、四、五庭主办:《刑事审判参考(总第114集)》,法律出版社2019年版,第133—134页。

督失职责任人员的责任,对震慑违法犯罪分子的嚣张气焰,强化爆炸物品安全管理发挥了重要作用。但是,当前爆炸物品安全管理的形势依然十分严峻,一些重特大爆炸案件特别是爆炸袭警案件屡有发生,严重影响社会治安稳定。为严厉打击涉爆犯罪,进一步落实爆炸物品安全管理责任,现就有关工作通知如下:

三、充分运用法律武器,依法从严追究涉案责任人员的责任。在依法严惩作案犯罪分子的同时,要根据倒查结果区别不同情况,依法从严追究涉案责任人员的责任。对故意向作案犯罪分子提供爆炸物品的,依照《刑法》有关规定,以共同犯罪论处;对非法制造、买卖、运输、储存爆炸物品的,依照《刑法》第125条的规定,追究责任人的刑事责任,属于单位犯罪的,一并追究单位主管负责人的刑事责任;对因安全管理制度不落实、仓储设施不符合安全要求、守卫看护人员擅离职守等导致爆炸物品被私拿、私藏或丢失、被盗,或者非法转借、转送等被犯罪分子获取作案的,依照《刑法》第136条的规定,追究责任人的刑事责任;凡有上述行为尚不够刑事处罚的,按照《民用爆炸物品管理条例》和《治安管理处罚条例》等有关规定予以行政处罚,并建议涉案责任单位给予主管负责人和直接责任人相应的行政处分。对因监管、收缴工作失职或乱审批、乱发证导致爆炸物品被犯罪分子获取制造重大爆炸案件的,依照《刑法》第397条的规定,移送检察机关追究责任民警和有关领导的刑事责任,尚不够刑事处罚的,依照《人民警察法》等有关规定给予直至撤职、开除的行政处分或予以辞退;对检查和督促整改隐患不力导致发生爆炸物品丢失被盗的,依照《人民警察法》等有关规定,给予责任民警和有关领导行政处分。

《最高人民法院对执行〈关于审理非法制造、买卖、运输枪支、弹药、爆炸物等刑事案件具体应用法律若干问题的解释〉有关问题的通知》(法〔2001〕129号)①

各省、自治区、直辖市高级人民法院,解放军军事法院,新疆维吾尔自治区高级人民法院生产建设兵团分院:

我院《关于审理非法制造、买卖、运输枪支、弹药、爆炸物等刑事案件具体应用法律若干问题的解释》(以下简称《解释》)公布施行后,地方各级人民法院陆续审理了一批非法制造、买卖、运输枪支、弹药、爆炸物等案件,对于推动"治爆

---

① 本规范性文件已被《最高人民法院关于废止1997年7月1日至2011年12月31日期间发布的部分司法解释和司法解释性质文件(第十批)的决定》(法释〔2013〕7号)废止,但鉴于与之相关的法〔2003〕8号规范性文件未被明确废止,故仍予以收录。——**本评注注**

缉枪"专项斗争的深入进行,维护社会治安秩序,发挥了积极作用。鉴于此类案件的社会影响较大,为准确适用法律,依法严厉打击涉枪涉爆犯罪活动,现就审理这类案件适用《解释》的有关问题通知如下:

一、对于《解释》施行前,行为人因生产、生活所需非法制造、买卖、运输枪支、弹药、爆炸物没有造成严重社会危害,经教育确有悔改表现的,可以依照刑法第十三条的规定,不作为犯罪处理。

二、对于《解释》施行后发生的非法制造、买卖、运输枪支、弹药、爆炸物等行为,构成犯罪的,依照刑法和《解释》的有关规定定罪处罚。行为人确因生产、生活所需而非法制造、买卖、运输枪支、弹药、爆炸物,没有造成严重社会危害,经教育确有悔改表现的,可依法免除或者从轻处罚。

以上通知,请认真遵照执行。执行中如有问题,请及时报告我院。

《最高人民法院关于处理涉枪、涉爆申诉案件有关问题的通知》(法〔2003〕8号)
各省、自治区、直辖市高级人民法院,解放军军事法院,新疆维吾尔自治区高级人民法院生产建设兵团分院:

我院于2001年9月17日发出《对执行〈关于审理非法制造、买卖、运输枪支、弹药、爆炸物等刑事案件具体应用法律若干问题的解释〉有关问题的通知》(以下简称《通知》)后,一些高级人民法院向我院请示,对于符合《通知》的要求,但是已经依照我院于2001年5月16日公布的《关于审理非法制造、买卖、运输枪支、弹药、爆炸物等刑事案件具体应用法律若干问题的解释》(以下简称《解释》)作出生效裁判的案件,当事人提出申诉,人民法院能否根据《通知》精神再审改判等问题。为准确适用法律和司法解释,现就有关问题通知如下:

《解释》公布后,人民法院经审理并已作出生效裁判的非法制造、买卖、运输枪支、弹药、爆炸物等刑事案件,当事人依法提出申诉,经审查认为生效裁判不符合《通知》规定的,人民法院可以根据案件的具体情况,按照审判监督程序重新审理,并依照《通知》规定的精神予以改判。

《最高人民法院、最高人民检察院、公安部、国家安全监管总局关于依法加强对涉嫌犯罪的非法生产经营烟花爆竹行为刑事责任追究的通知》(安监总管三〔2012〕116号)①

---

① 本评注认为,对本规范性文件的适用,需要结合法释〔2001〕15号解释、特别是法释〔2009〕18号修改决定的精神加以把握,妥当处理相关案件的刑事追究和刑罚裁量。特别是,在一些烟花爆竹生产集中区域,由于历史原因,相关案件可能多发,对其予以刑事追究必须慎之又慎。

近年来,一些地区非法生产、经营烟花爆竹问题十分突出,由此引发的事故时有发生,给人民群众生命财产安全造成严重危害。为依法严惩非法生产、经营烟花爆竹违法犯罪行为,现就依法加强对涉嫌犯罪的非法生产、经营烟花爆竹行为刑事责任追究有关要求通知如下:

一、非法生产、经营烟花爆竹及相关行为涉及非法制造、买卖、运输、邮寄、储存黑火药、烟火药,构成非法制造、买卖、运输、邮寄、储存爆炸物罪的,应当依照刑法第一百二十五条的规定定罪处罚;非法生产、经营烟花爆竹及相关行为涉及生产、销售伪劣产品或不符合安全标准产品,构成生产、销售伪劣产品罪或生产、销售不符合安全标准产品罪的,应当依照刑法第一百四十条、第一百四十六条的规定定罪处罚;非法生产、经营烟花爆竹及相关行为构成非法经营罪的,应当依照刑法第二百二十五条的规定定罪处罚。上述非法生产经营烟花爆竹行为的定罪量刑和立案追诉标准,分别按照《最高人民法院关于审理非法制造、买卖、运输枪支、弹药、爆炸物等刑事案件具体应用法律若干问题的解释》(法释〔2009〕18号)、《最高人民法院、最高人民检察院关于办理生产、销售伪劣商品刑事案件具体应用法律若干问题的解释》(法释〔2001〕10号)、《最高人民检察院、公安部关于公安机关管辖的刑事案件立案追诉标准的规定(一)》(公通字〔2008〕36号)、《最高人民检察院、公安部关于公安机关管辖的刑事案件立案追诉标准的规定(二)》(公通字〔2010〕23号)①等有关规定执行。

二、各相关行政执法部门在查处非法生产、经营烟花爆竹行为过程中,发现涉嫌犯罪,依法需要追究刑事责任的,应当依照《行政执法机关移送涉嫌犯罪案件的规定》(国务院令第310号)向公安机关移送,并配合公安机关做好立案侦查工作。公安机关应当依法对相关行政执法部门移送的涉嫌犯罪案件进行审查,认为有犯罪事实,需要追究刑事责任的,应当依法立案,并书面通知移送案件的部门;认为不需要追究刑事责任的,应当说明理由,并书面通知移送案件的部门。公安机关在治安管理工作中,发现非法生产、经营烟花爆竹行为涉嫌犯罪的,应当依法立案侦查。

三、检察机关对于公安机关提请批准逮捕、移送审查起诉的上述涉嫌犯罪的案件,对符合逮捕和提起公诉法定条件的,要依法予以批捕、起诉;要加强对移送、立案案件的监督,对应当移送而不移送、应当立案而不立案的,要及时监督。人民法院对于起诉到法院的上述涉嫌犯罪的案件,要按照宽严相济的政策,依法

---

① 该立案追诉标准现为《最高人民检察院、公安部关于公安机关管辖的刑事案件立案追诉标准的规定(二)》(公通字〔2022〕12号)。——本评注注

从快审判,对同时构成多项犯罪或屡次违法犯罪的,要从重处罚;上级人民法院要加强对下级人民法院审判工作的指导,保障依法及时审判。要坚持"以事实为根据,以法律为准绳"的原则,严把案件的事实关、证据关、程序关和适用法律关,切实做到事实清楚,证据确凿,定性准确,量刑适当。人民法院、人民检察院、公安机关、安全生产监督管理部门要积极沟通、相互配合,充分发挥联动机制功能,加大对相关犯罪案件查处、审判情况的宣传,充分发挥刑事审判和处罚的震慑作用,教育群众自觉抵制、检举揭发相关违法犯罪活动。

《最高人民法院、最高人民检察院、公安部关于依法收缴非法枪爆等物品严厉打击涉枪涉爆等违法犯罪的通告》(2021年5月14日)

为保护人民群众生命财产安全,维护国家安全和社会大局持续稳定,动员社会各界和广大人民群众积极参与打击整治枪爆违法犯罪专项行动,全面收缴流散社会的各类非法枪支、弹药、爆炸物品、仿真枪、弩等物品,依法严厉打击违反枪支、弹药、爆炸物品、仿真枪、弩管理的违法犯罪活动,全力维护社会治安大局稳定,根据《中华人民共和国刑法》《中华人民共和国枪支管理法》《中华人民共和国治安管理处罚法》和《民用爆炸物品安全管理条例》等有关规定,特通告如下:

一、严禁非法制造、买卖、运输、邮寄、储存枪支、弹药、爆炸物品、弩;严禁非法持有、私藏枪支、弹药;严禁非法使用、私藏爆炸物品;严禁盗窃、抢夺、抢劫、走私枪支、弹药、爆炸物品、弩;严禁非法携带枪支、弹药、爆炸物品、弩进入公共场所或者公共交通工具;严禁通过互联网等渠道违法违规制作、复制、发布、传播含有枪支、弹药、爆炸物品、弩的信息;严禁制造、销售仿真枪。

二、凡违反上述规定的,必须立即停止违法犯罪行为并投案自首,将非法枪支、弹药、爆炸物品、仿真枪、弩上交当地公安机关。

三、凡在本通告公布之日起至2021年9月30日前投案自首或者主动交出上述非法物品,构成犯罪的,可以依法从轻、减轻处罚或者免除处罚;构成违反治安管理行为的,依法减轻处罚或者不予处罚。逾期不投案自首、不交出非法物品的,依法从严惩处。

四、犯罪人员有检举、揭发他人涉枪涉爆涉弩等违法犯罪行为,经查证属实的,或者提供重要线索,从而得以侦破其他涉枪涉爆涉弩等案件等立功表现的,可以依法从轻或者减轻处罚;有重大立功表现的,可以依法减轻或者免除处罚。违法人员检举、揭发他人涉枪涉爆涉弩等违法犯罪行为,有立功表现的,依法减轻处罚或者不予处罚。

五、凡枪支、弹药、爆炸物品、弩被抢、被盗或者丢失的,应当及时报告当地公安机关。不及时报告的,依法追究有关责任单位和人员法律责任;公民发现遗弃的枪支、弹药、仿真枪、弩、爆炸物品或者疑似爆炸物品的,应当立即报告当地公安机关。

六、鼓励、保护广大人民群众积极举报涉枪支、弹药、爆炸物品、仿真枪、弩等违法犯罪活动、提供违法犯罪活动线索,动员、规劝在逃涉枪涉爆涉弩等案件犯罪人员投案自首。凡举报有功的,按有关规定给予奖励,公安机关将依法保护举报人的个人信息及安全。对窝藏、包庇涉枪涉爆涉弩等违法犯罪分子,帮助违法犯罪分子毁灭、伪造证据的,依法追究法律责任。对威胁、报复举报人、控告人的,依法从严追究法律责任。

七、严禁使用枪支、弹药、爆炸物品、仿真枪、弩等从事非法娱乐游艺活动。玩具制造企业不得生产、销售外形、颜色与制式枪支相同或者相似,或者枪口比动能大于 0.16 焦耳/平方厘米的玩具枪。广大人民群众在购买玩具枪时要选择正规企业生产的产品,不要购买无生产厂家、无许可证号、无产品标志、来源不明的玩具枪,不要购买仿真枪、火柴枪、水弹枪和仿真手雷、炸弹等易于造成危害的物品。

八、①本通告所称枪支包括:军用枪、猎枪、射击运动枪、麻醉注射枪、气枪、彩弹枪、火药枪等各类制式枪支、非制式枪支及枪支零部件;弹药包括:以上各类枪支使用的制式、非制式弹丸;弩是指以机械外力助推箭的发射装置。爆炸物品包括:炸药、雷管、导火索、导爆索、震源弹、黑火药、烟火药、手榴弹、地雷等各类爆炸物品以及列入易爆危险化学品名录,可用于制造爆炸物品的危险化学品。

本通告自发布之日起实施。

《最高人民法院、最高人民检察院、公安部、司法部关于依法严厉打击传播艾滋病病毒等违法犯罪行为的指导意见》(公通字〔2019〕23 号)"二、准确认定行为性质"第(九)条对非法买卖含有艾滋病病毒的血液,危害公共安全的行为

---

① 本规范性文件所涉问题不限于刑事案件的处理,更涉及相关行政管理,故对爆炸物的界定范围较为宽泛。但是,这一界定宜否直接用于相关刑事案件的办理,似可再作论证。特别是,将"爆炸物"的外延界定为"爆炸物品"+"列入易爆危险化学品名录,可用于制造爆炸物品的危险化学品"。对此,《民用爆炸物品安全管理条例》第二条第二款、第三款规定:"本条例所称民用爆炸物品,是指用于非军事目的、列入民用爆炸物品品名表的各类火药、炸药及其制品和雷管、导火索等点火、起爆器材。""民用爆炸物品品名表,由国务院民用爆炸物品行业主管部门会同国务院公安部门制订、公布。"两相比较可以发现,本条关于爆炸物的范围明显较大。对于易制爆危险化学品直接认定为爆炸物还需慎重,实践之中宜依据相关法律法规对易制爆化学品的制造成品的性质作出准确认定。据此,对于当前司法实践之中存在一定争议的涉二氧化碳加热管案件,似不宜直接以加热管所装粉末包含高氯酸钾等易制爆化学品径直认定为爆炸物,而应对涉案加热管的属性再作判断。——**本评注注**

适用非法买卖危险物质罪作了指引性规定。(→参见二百三十四条评注部分,第1095页)

《最高人民法院、最高人民检察院、公安部、工业和信息化部、住房和城乡建设部、交通运输部、应急管理部、国家铁路局、中国民用航空局、国家邮政局关于依法惩治涉枪支、弹药、爆炸物、易燃易爆危险物品犯罪的意见》(法发〔2021〕35号,自2021年12月31日起施行,节录)

为依法惩治涉枪支、弹药、爆炸物、易燃易爆危险物品犯罪,维护公共安全,保护人民群众生命财产安全,根据《中华人民共和国刑法》《中华人民共和国刑事诉讼法》《中华人民共和国安全生产法》《行政执法机关移送涉嫌犯罪案件的规定》等法律、行政法规和相关司法解释的规定,结合工作实际,制定本意见。

一、总体要求

1. 严禁非法制造、买卖、运输、邮寄、储存、持有、私藏、走私枪支、弹药、爆炸物;严禁未经批准和许可擅自生产、储存、使用、经营、运输易燃易爆危险物品;严禁违反安全管理规定生产、储存、使用、经营、运输易燃易爆危险物品。依法严厉打击涉枪支、弹药、爆炸物、易燃易爆危险物品违法犯罪。

2. 人民法院、人民检察院、公安机关、有关行政执法机关应当充分认识涉枪支、弹药、爆炸物、易燃易爆危险物品违法犯罪的社会危害性,坚持人民至上、生命至上,统筹发展和安全,充分发挥工作职能,依法严惩涉枪支、弹药、爆炸物、易燃易爆危险物品违法犯罪,为经济社会发展提供坚实安全保障,不断增强人民群众获得感、幸福感、安全感。

3. 人民法院、人民检察院、公安机关、有关行政执法机关应当按照法定职责分工负责、配合协作,加强沟通协调,在履行职责过程中发现涉嫌枪支、弹药、爆炸物、易燃易爆危险物品犯罪的,应当及时相互通报情况,共同进行防范和惩治,维护社会治安大局稳定。

二、正确认定犯罪

4. 非法制造、买卖、运输、邮寄、储存、盗窃、抢夺、抢劫、持有、私藏、走私枪支、弹药、爆炸物,并利用该枪支、弹药、爆炸物实施故意杀人、故意伤害、抢劫、绑架等犯罪的,依照数罪并罚的规定处罚。①

---

① 需要注意的有二:(1)关于牵连犯的处罚原则,理论上有多种观点。经研究认为,就本条所涉情形而言,行为人先后实施了两个独立的行为,分别侵害了枪支、弹药、爆炸物管理制度和他人人身、财产权利两个不同的法益,以涉枪支、弹药、爆炸物犯罪罪名和侵害人身权利、财产权利犯罪罪名数罪并罚,才符合罪责刑相适应原则要求。(转下页)

5. 违反危险化学品安全管理规定，未经依法批准或者许可擅自从事易燃易爆危险物品道路运输活动，或者实施其他违反危险化学品安全管理规定通过道路运输易燃易爆危险物品的行为，危及公共安全的，依照刑法第一百三十三条之一第一款第四项的规定，以危险驾驶罪定罪处罚。①

在易燃易爆危险物品生产、经营、储存等高度危险的生产作业活动中违反有关安全管理的规定，有下列情形之一，具有发生重大伤亡事故或者其他严重后果的现实危险的，②依照刑法第一百三十四条之一第三项的规定，以危险作业罪定罪处罚：

（1）委托无资质企业或者个人储存易燃易爆危险物品的；

（2）在储存的普通货物中夹带易燃易爆危险物品的；

（3）将易燃易爆危险物品谎报或者匿报为普通货物申报、储存的；

（4）其他涉及安全生产的事项未经依法批准或者许可，擅自从事易燃易爆危险物品生产、经营、储存等活动的情形。

实施前两款行为，同时构成刑法第一百三十条规定之罪等其他犯罪的，依照

（接上页）（2）行为人无论持采用合法手段获取的枪支，还是持采用非法手段获取的枪支实施抢劫，均属于刑法规定的持枪抢劫。对于行为人采用非法手段获取枪支的行为和利用该枪支实施抢劫的行为，如果仅以抢劫罪一罪论处，则不能对行为人采用非法手段获取枪支行为的不法要素进行评价，存在评价不足的问题。故而，对此分别认定为涉枪支犯罪罪名和抢劫罪，予以数罪并罚，才能充分评价行为人所实施行为的所有不法要素，不违反禁止重复评价原则。参见滕伟、王军强、李加玺：《〈关于依法惩治涉枪支、弹药、爆炸物、易燃易爆危险物品犯罪的意见〉的理解与适用》，载《人民司法》2022年第16期。

① 对于本款和第八条所涉非法从事易燃易爆危险化学品或者其他易燃易爆危险物品运输行为的定性，起草过程中存在不同认识。经认真反复研究，认为所涉行为不符合危险作业罪和非法运输危险物质罪的构成要件，而应当根据案件具体情况，选择适用危险驾驶罪或者以危险方法危害公共安全罪。参见滕伟、王军强、李加玺：《〈关于依法惩治涉枪支、弹药、爆炸物、易燃易爆危险物品犯罪的意见〉的理解与适用》，载《人民司法》2022年第16期。

② 根据已有的实际案例来看，如果行为人未经许可擅自从事易燃易爆危险物品生产、经营、储存等活动，并因此引发安全事故，但因为及时采取了有效制止措施、及时开展抢救，或者因为其他客观原因，最终未造成重大伤亡或者其他严重后果，这种情况下，说明该非法违法行为客观上具有导致发生重大伤亡事故或者其他严重后果的高度危险性，可以认定为具有发生重大伤亡事故或者其他严重后果的现实危险，进而对行为人以危险作业罪定罪处罚。参见滕伟、王军强、李加玺：《〈关于依法惩治涉枪支、弹药、爆炸物、易燃易爆危险物品犯罪的意见〉的理解与适用》，载《人民司法》2022年第16期。

处罚较重的规定定罪处罚;导致发生重大伤亡事故或者其他严重后果,符合刑法第一百三十四条、第一百三十五条、第一百三十六条等规定的,依照各该条的规定定罪从重处罚。

6. 在易燃易爆危险物品生产、储存、运输、使用中违反有关安全管理的规定,实施本意见第5条前两款规定以外的其他行为,导致发生重大事故,造成严重后果,符合刑法第一百三十六条等规定的,以危险物品肇事罪等罪名定罪处罚。

7. 实施刑法第一百三十六条规定等行为,向负有安全生产监督管理职责的部门不报、谎报或者迟报相关情况的,从重处罚;同时构成刑法第一百三十九条之一规定之罪的,依照数罪并罚的规定处罚。①

8. ②在水路、铁路、航空易燃易爆危险物品运输生产作业活动中违反有关安全管理的规定,有下列情形之一,明知存在重大事故隐患而不排除,足以危害公共安全的,依照刑法第一百一十四条的规定,以以危险方法危害公共安全罪定罪处罚;致人重伤、死亡或者使公私财产遭受重大损失的,依照刑法第一百一十五条第一款的规定处罚:

---

① 在事故发生后不报、谎报或者迟报事故情况的行为同时构成不报、谎报安全事故罪的,该不报、谎报、迟报行为直接侵害了国家的事故调查报告制度,不属于不可罚的事后行为,应当以不报、谎报安全事故罪和危险物品肇事罪或者重大责任事故罪、重大劳动安全事故罪等罪名数罪并罚。但是,行为人实施危险作业行为,因而发生重大伤亡事故或者造成其他严重后果,同时符合危险作业罪和危险物品肇事罪等结果犯罪名构成要件的,根据禁止重复评价原则,不宜以危险作业罪和危险物品肇事罪等结果犯罪名数罪并罚,但应当择一重罪从重处断(第5条第3款和第6条)。参见滕伟、王军强、李加玺:《〈关于依法惩治涉枪支、弹药、爆炸物、易燃易爆危险物品犯罪的意见〉的理解与适用》,载《人民司法》2022年第16期。

② 非法从事水路、铁路、航空易燃易爆危险物品运输生产作业活动的,不符合危险驾驶罪的构成要件。由于水路、铁路、航空运输方式的特殊性,一旦在水路、铁路、航空运输过程中发生事故,救援难度极大,极易造成重大人身伤亡和巨额财产损失。基于此,本条第一款规定对所涉情形适用以危险方法危害公共安全罪。需要注意的是,以危险方法危害公共安全罪是重罪,本条第一款将本罪的适用范围严格限定在水路、铁路、航空易燃易爆危险物品运输生产作业活动过程中,实践中不能随意扩大适用范围。对于水路、铁路、航空旅客个人在随身携带或者托运的行李物品中夹带少量易燃易爆危险物品,危及公共安全,情节严重的,可以根据本条第二款认定为非法携带危险物品危及公共安全罪,不宜以危险方法危害公共安全罪定罪处罚。参见滕伟、王军强、李加玺:《〈关于依法惩治涉枪支、弹药、爆炸物、易燃易爆危险物品犯罪的意见〉的理解与适用》,载《人民司法》2022年第16期。

(1) 未经依法批准或者许可，擅自从事易燃易爆危险物品运输的；
(2) 委托无资质企业或者个人承运易燃易爆危险物品的；
(3) 在托运的普通货物中夹带易燃易爆危险物品的；
(4) 将易燃易爆危险物品谎报或者匿报为普通货物托运的；
(5) 其他在水路、铁路、航空易燃易爆危险物品运输活动中违反有关安全管理规定的情形。

非法携带易燃易爆危险物品进入水路、铁路、航空公共交通工具或者有关公共场所，危及公共安全，情节严重的，依照刑法第一百三十条的规定，以非法携带危险物品危及公共安全罪定罪处罚。

9. 通过邮件、快件夹带易燃易爆危险物品，或者将易燃易爆危险物品谎报为普通物品交寄，符合本意见第 5 条至第 8 条规定的，依照各该条的规定定罪处罚。

三、准确把握刑事政策

10. 对于非法制造、买卖、运输、邮寄、储存、持有、私藏、走私枪支、弹药，以及非法制造、买卖、运输、邮寄、储存爆炸物的行为，应当依照刑法和《最高人民法院关于审理非法制造、买卖、运输枪支、弹药、爆炸物等刑事案件具体应用法律若干问题的解释》《最高人民法院、最高人民检察院关于办理走私刑事案件适用法律若干问题的解释》等规定，从严追究刑事责任。

11. 对于非法制造、买卖、运输、邮寄、储存、持有、私藏、走私以压缩气体为动力且枪口比动能较低的枪支以及气枪铅弹的行为，应当依照刑法和《最高人民法院、最高人民检察院关于涉以压缩气体为动力的枪支、气枪铅弹刑事案件定罪量刑问题的批复》的规定，综合考虑案件情节，综合评估社会危害性，坚持主客观相统一，决定是否追究刑事责任以及如何裁量刑罚，确保罪责刑相适应。

12. 利用信息网络非法买卖枪支、弹药、爆炸物、易燃易爆危险物品，或者利用寄递渠道非法运输枪支、弹药、爆炸物、易燃易爆危险物品，依法构成犯罪的，从严追究刑事责任。

13. 确因正常生产、生活需要，以及因从事合法的生产经营活动而非法生产、储存、使用、经营、运输易燃易爆危险物品，依法构成犯罪，没有造成严重社会危害，并确有悔改表现的，可以从轻处罚。

14. 将非法枪支、弹药、爆炸物主动上交公安机关，或者将未经依法批准或者许可生产、储存、使用、经营、运输的易燃易爆危险物品主动上交行政执法机关处置的，可以从轻处罚；未造成实际危害后果，犯罪情节轻微不需要判处刑罚的，可以依法不起诉或者免予刑事处罚；成立自首的，可以依法从轻、减轻或者免除处罚。

有揭发他人涉枪支、弹药、爆炸物、易燃易爆危险物品犯罪行为，查证属实的，或者提供重要线索，从而得以侦破其他涉枪支、弹药、爆炸物、易燃易爆危险物品案件等立功表现的，可以依法从轻或者减轻处罚；有重大立功表现的，可以依法减轻或者免除处罚。

四、加强行政执法与刑事司法衔接

20. 有关行政执法机关在行政执法和查办涉枪支、弹药、爆炸物、易燃易爆危险物品案件过程中收集的物证、书证、视听资料、电子数据以及对事故进行调查形成的报告，在刑事诉讼中可以作为证据使用。

21. 有关行政执法机关对应当向公安机关移送的涉嫌枪支、弹药、爆炸物、易燃易爆危险物品犯罪案件，不得以行政处罚代替案件移送。

有关行政执法机关向公安机关移送涉嫌枪支、弹药、爆炸物、易燃易爆危险物品犯罪案件的，已经作出的警告、责令停产停业、暂扣或者吊销许可证、暂扣或者吊销执照的行政处罚决定，不停止执行。

22. 人民法院对涉枪支、弹药、爆炸物、易燃易爆危险物品犯罪案件被告人判处罚金、有期徒刑或者拘役的，有关行政执法机关已经依法给予的罚款、行政拘留，应当依法折抵相应罚金或者刑期。有关行政执法机关尚未给予罚款的，不再给予罚款。

对于人民检察院依法决定不起诉或者人民法院依法免予刑事处罚的案件，需要给予行政处罚的，由有关行政执法机关依法给予行政处罚。

五、其他问题

23. 本意见所称易燃易爆危险物品，是指具有爆炸、易燃性质的危险化学品、危险货物等，具体范围依照相关法律、行政法规、部门规章和国家标准确定。依照有关规定属于爆炸物的除外。①

24. 本意见所称有关行政执法机关，包括民用爆炸物品行业主管部门、燃气管理部门、交通运输主管部门、应急管理部门、铁路监管部门、民用航空主管部门

---

① 易燃易爆危险物品包括以下几种：第一，易燃易爆危险化学品，具体范围可以根据《危险化学品目录》确定；第二，易燃易爆危险货物，具体范围可以根据《危险货物品名表》确定；第三，其他易燃易爆危险物品，如具有明显爆炸性、易燃性的危险废物等。需要注意的是，易燃易爆危险物品的外延较为广泛，部分种类的爆炸物也可能包括在内。对于属于爆炸物范畴的易燃易爆危险物品，应当直接适用刑法中有关爆炸物的罪名定罪处罚，不再按照易燃易爆危险物品处理。参见滕伟、王军强、李加玺：《关于依法惩治涉枪支、弹药、爆炸物、易燃易爆危险物品犯罪的意见》的理解与适用》，载《人民司法》2022年第16期。

和邮政管理部门等。

25.本意见自2021年12月31日起施行。

《最高人民法院、最高人民检察院、公安部、商务部、国家市场监督管理总局、中央军委后勤保障部、中央军委装备发展部、中央军委训练管理部、中央军委国防动员部关于军地共同加强部队训练场未爆弹药安全风险防控的意见》(军训〔2022〕181号,节录)

(十三)打击违法犯罪。非法进入训练场、不听制止的,破坏训练场围墙、围网等周界防护设施的,依照军事设施保护法的有关规定处罚,符合刑法第三百六十九条第一款、第三百七十一条规定的,分别以破坏军事设施罪、聚众冲击军事禁区罪、聚众扰乱军事管理区秩序罪定罪处罚。挖捡、非法买卖未爆弹药,符合刑法第一百二十七条第一款、第一百二十五条第一款规定的,分别以盗窃弹药、爆炸物罪和非法买卖弹药、爆炸物罪定罪处罚。非法买卖未爆弹药拆解的炮弹引信、火炸药,符合刑法第一百二十五条第一款规定的,以非法买卖弹药、爆炸物罪定罪处罚。非法进入训练场挖捡炮弹残片,符合刑法第二百六十四条规定的,以盗窃罪定罪处罚。因敲击、拆解未爆弹药等行为引发爆炸,符合刑法第一百十五条第二款、第二百三十三条、第二百三十五条规定的,分别以过失爆炸罪、过失致人死亡罪、过失致人重伤罪定罪处罚。明知是非法拆解的未爆弹药或者非法挖捡的炮弹残片及其所产生的收益而窝藏、转移、代为销售或者以其他方法掩饰、隐瞒,符合刑法第三百一十二条规定的,以掩饰、隐瞒犯罪所得、犯罪所得收益罪定罪处罚。有非法挖捡买卖行为,经教育后确有悔改表现,上交未爆弹药、炮弹残片或者销售炮弹残片违法所得的,可以依法从宽处理;情节显著轻微危害不大不构成犯罪、构成违反治安管理行为的,依法给予治安管理处罚。

立案追诉标准

《最高人民检察院、公安部关于公安机关管辖的刑事案件立案追诉标准的规定(一)》(节录)

第二条 [非法制造、买卖、运输、储存危险物质案(刑法第一百二十五条第二款)]非法制造、买卖、运输、储存毒害性、放射性、传染病病原体等物质,危害公共安全,涉嫌下列情形之一的,应予立案追诉:

(一)造成人员重伤或者死亡的;

(二)造成直接经济损失十万元以上的;

(三)非法制造、买卖、运输、储存毒鼠强、氟乙酰胺、氟乙酰钠、毒鼠硅、甘氟原粉、原液、制剂五十克以上,或者饵料二千克以上的;

（四）造成急性中毒、放射性疾病或者造成传染病流行、暴发的；

（五）造成严重环境污染的；

（六）造成毒害性、放射性、传染病病原体等危险物质丢失、被盗、被抢或者被他人利用进行违法犯罪活动的；

（七）其他危害公共安全的情形。

(→附则参见分则标题评注部分，第392页)

指导性案例

王召成等非法买卖、储存危险物质案（指导案例13号，节录）

关键词　刑事　非法买卖、储存危险物质　毒害性物质

裁判要点

1.国家严格监督管理的氰化钠等剧毒化学品，易致人中毒或者死亡，对人体、环境具有极大的毒害性和危险性，属于刑法第一百二十五条第二款规定的"毒害性"物质。①

2."非法买卖"毒害性物质，是指违反法律和国家主管部门规定，未经有关主管部门批准许可，擅自购买或者出售毒害性物质的行为，并不需要兼有买进和卖出的行为。

---

① 此外，最高人民法院研究室复函认为："磷化铝片剂属于刑法中规定的毒害性物质，但是结合磷化铝在粮食储存中被广泛使用以及案件的具体情况，可以对被告人从宽处理。"参见周海洋：《最高人民法院研究室关于磷化铝是否属于刑法规定的毒害性物质的研究意见》，载张军主编：《司法研究与指导（总第1辑）》，人民法院出版社2012年版。以此出发，**本评注进一步认为：**(1)《最高人民法院、最高人民检察院关于办理非法制造、买卖、运输、储存毒鼠强等禁用剧毒化学品刑事案件具体应用法律若干问题的解释》（法释〔2003〕14号）所列"毒鼠强等禁用剧毒化学品"（毒鼠强、氟乙酰胺、氟乙酸钠、毒鼠硅、甘氟）仅为例举规定，对其他符合毒害性特性的化学品亦可认定为"毒害性物质"。但是，对于《刑法》第一百二十五条第二款规定的"毒害性、放射性、传染病病原体等物质"（危险物质）的认定，整体应持审慎立场。特别是，对于未列入《危险化学品目录》等相关名录的剧毒化学品、尤其是高毒化学品等物质，作上述认定更应慎重。(2)根据《刑法》第一百二十五条第二款的规定，非法制造、买卖、运输、储存危险物质罪的入罪要件为"危害公共安全"。据此，即使所涉物质被认定为危险物质，亦应进一步判断所涉行为是否危害公共安全。(3)非法经营罪的对象应当是国家允许经营的物品，而剧毒化学品、高毒化学品等物质系国家禁止经营的物品，实际被排斥在市场经济活动之外。故而，对于非法生产、买卖高毒化学品、剧毒化学品等物质的行为，如不能构成非法制造、买卖、运输、储存危险物质罪，亦不宜转而适用非法经营罪。

法律适用答复、复函[①]

《最高人民法院关于九七刑法实施后发生的非法买卖枪支案件,审理时新的司法解释尚未作出,是否可以参照1995年9月20日最高人民法院〈关于办理非法制造、买卖、运输非军用枪支、弹药刑事案件适用法律问题的解释〉的规定审理案件请示的复函》（〔2003〕刑立他字第8号）

安徽省高级人民法院：

你院〔2003〕皖刑监字第1号《关于九七刑法实施后发生的非法买卖枪支案件,审理时新的司法解释尚未作出,是否可以参照1995年9月20日最高人民法院〈关于办理非法制造、买卖、运输非军用枪支、弹药刑事案件适用法律问题的解释〉的规定审理案件的请示报告》收悉。经研究,答复如下：

原审被告人侯磊非法买卖枪支的行为发生在修订后的《刑法》实施以后,而该案审理时《最高人民法院关于审理非法制造、买卖、运输枪支、弹药、爆炸物等刑事案件具体应用法律若干问题的解释》尚未颁布,因此,依照我院法发〔1997〕3号《关于认真学习宣传贯彻修订的〈中华人民共和国刑法〉的通知》的精神,该案应参照1995年9月20日最高人民法院法发〔1995〕20号《关于办理非法制造、买卖、运输非军用枪支、弹药刑事案件适用法律问题的解释》的规定办理。

《最高人民检察院法律政策研究室关于非法制造、买卖、运输、储存以火药为动力发射弹药的大口径武器的行为如何适用法律问题的答复》（〔2004〕高检研发第18号）

河北省人民检察院法律政策研究室：

你室《关于私自制造大口径以火药为动力发射弹药的武器应如何认定的请示》收悉。经研究,答复如下：

对于非法制造、买卖、运输、储存以火药为动力发射弹药的大口径武器的行为,应当依照刑法第一百二十五条第一款的规定,以非法制造、买卖、运输、储存枪支罪追究刑事责任。

《最高人民法院研究室关于生产烟花爆竹配制烟火药行为是否构成非法制造、买卖爆炸物罪的答复》（法研〔2009〕85号）[②]

---

① 另,鉴于法释〔2018〕8号解释发布,《最高人民法院研究室关于非法买卖气枪铅弹行为是否构成犯罪的研究意见》未予收录。

② 参见李立众编：《刑法一本通——中华人民共和国刑法总成》（第十六版）,法律出版社2022年版,第178页。

四川省高级人民法院：

你院《关于被告人配制烟火药用于生产烟花爆竹是否构成非法制造、买卖爆炸物罪的请示》（川高法〔2009〕183号）收悉。经研究，答复如下：

同意你院审委会讨论中的第二种意见，即用于生产烟花爆竹的烟火药属于爆炸物。2006年1月21日颁布实施的《烟花爆竹安全管理条例》是为了对烟花爆竹实行更规范的管理，保障人民群众生命财产安全，而不是否定烟花爆竹及有关原材料——黑火药、烟火药的爆炸物特性。2006年11月9日颁布的《民用爆炸物品品名表》是与《中华人民共和国民用爆炸物品安全管理条例》相对应的，《中华人民共和国民用爆炸物品安全管理条例》既规范一般的民用爆炸物，也规范爆破器材，爆破器材一般使用黑火药，而不使用烟火药，所以，品名表没有列举烟火药，但是不能认为烟火药不是爆炸物。在某些情况下，烟火药比黑火药更敏感，易爆性更强。

你们将1984年的《民用爆炸物管理条例》理解为由2006年颁布的《民用爆炸物品安全管理条例》和《烟花爆竹安全管理条例》共同取代的观点是有道理的。烟花爆竹具有爆炸性、危险性，这是一般人都能够认识和了解的。但是，由于烟花爆竹的普遍被接受性、娱乐性、爆炸力被分散性等特点，将烟花爆竹认定为爆炸物会扩大打击面，也与普通民众的认识观念、传统习俗不符，因此，最高法院的司法解释没有将烟花爆竹认定为爆炸物。但是，黑火药、烟火药则不同，一方面，黑火药、烟火药的爆炸力强，对公共安全的危害性大；另一方面，将黑火药、烟火药认定为爆炸物有利于从源头上打击非法制造、销售烟花爆竹的非法行为，从根本上保障人民群众生命财产安全。因此，司法解释没有将烟花爆竹认定为爆炸物，而是将制造烟花爆竹用的黑火药、烟火药认定为爆炸物。

鉴于此类案件的特殊性，如果被告人配制烟火药的行为没有造成严重的社会危害，数量不大，经教育确有悔改表现，可以根据有关规定和法律确定的程序，对被告人从轻、减轻或者免除处罚。

《公安部关于枪支主要零部件管理有关问题的批复》（公治〔2014〕110号）

江苏省公安厅：

你厅《关于民用枪支主要零部件和散件界定问题的请示》（苏公通〔2013〕399号）收悉。现批复如下：

枪支主要零部件是指组成枪支的主要零件和部件，其中，枪支主要零件是指对枪支性能具有较大影响而且不可拆分的单个制件，如枪管、击针、扳机等；枪支部件是指由若干枪支零件组成具有一定功能的集合体，如击发机构部件、枪机部件等。《最高人民法院关于审理非法制造、买卖、运输枪支、弹药、爆炸物等刑事案件具体应用法律若干问题的解释》(法释〔2009〕18号)中的枪支散件和《公安机关涉案枪支弹药性能鉴定工作规定》(公通字〔2010〕67号)①中的枪支专用散件等同于枪支主要零件。

枪支主要零部件的生产加工应当委托具有枪支制造资质的企业进行。对枪支主要零部件的鉴定工作,应当按照《公安机关涉案枪支弹药性能鉴定工作规定》进行,对国外生产的枪支或者自制枪支的主要零部件,可以采取判别是否具有枪支零部件主要性能特征的方式进行鉴定。

附件:枪支主要零件及性能特征明细表

附件:

枪支主要零件及性能特征明细表

序号	零件名称	主要性能特征	备注
1	枪管	枪管分为线膛和滑膛两种类型,枪管的主要特征:1.线膛枪管具有右旋膛线。2.滑膛枪管具有容纳子弹的弹膛。3.枪管内孔直径具有符合4.5、5.56、5.6、5.8、6.7.62、9、11、11.43、18.4毫米等常用制式枪支口径标准尺寸特征	
2	套筒(手枪)	具有完成后座、复进和装填子弹功能的枪支零件。	
3	套筒座(手枪)	具有固定并确定套筒运动轨迹。安放枪管、枪击部件、击发机构、击错、保险机构和弹匣等枪支零部件功能的枪支零件。	其中,枪管、击锤为零件,其余为部件。
4	机匣(猎枪、运动步枪等)	具有连接枪管、枪击部件、击发机构、击锤、保险机构和弹匣等枪支零部件。并确定枪击部件后作、复进运动轨迹功能的枪支军件。	其中,枪管、击锤为军件,其余为部件。
5	枪机	具有安放击针、拉壳钩、击针簧,并能完成推弹入膛、闭锁枪膛和击发枪弹功能的枪支零件。	
6	枪检	具有完成推弹入膛、闭锁枪膛和击发枪弹功能的枪支零件。	

---

① 现行为《公安机关涉案枪支弹药鉴定工作规定》(公通字〔2019〕30号)。——**本评注注**

（续表）

序号	零件名称	主要性能特征	备注
7	复进簧	用于推动枪击进行复进运动的枪支零件	
8	复进簧导杆	用于固定复进费的枪支零件	
9	击针	用于打击枪弹底火的枪支零件	
10	击针簧	赋予击针打击底火能量的枪支零件	
11	击锤	用于打击击针击发枪弹的枪支零件	
12	击锤簧	为击锤打击击针提供能量的枪支零件	
13	扳机	控制击锤打击击针的枪支零件	
14	扳机赞	为板机复位提供能量的枪支零件	
15	阻铁	枪击后座到位后，控制枪击位置的枪支零件	
16	阻铁赞	为阻铁复位提供能量的枪支零件	
17	弹匣	容纳子弹的枪支部件	
18	弹匣壳体	组成弹匣的枪支零件	
19	托弹板	组成弹匣的枪支零件	
20	托弹簧	组成弹匣的枪支零件	
21	弹匣卡笋	控制弹匣位置的枪支零件	
22	准星	为枪支提供瞄准功能的枪支零件	
23	照门	为枪支提供瞄准功能的枪支零件	
24	准星座	用于安放准星的枪支零件	
25	导轨（皮卡汀尼导轨）	用于在枪支上连接瞄准镜和战术灯等枪支附件的枪支零件	
26	握把	用于握持枪支的枪支零件	
27	握把护板	封闭枪支握把的枪支零件	
28	机匣盖	封闭枪支机匣的枪支零件	
29	活塞	用于推动枪击后座、复进运动的枪支零件	
30	气室	气枪中用于储存高压气体的枪支零件	
31	气门	气枪中用于控制气室完成击发的枪支零件	

(续表)

序号	零件名称	主要性能特征	备注
32	气瓶	气枪中用于储存高压气体的枪支零件	
33	泵体	气枪中用于压缩形成高压气体的枪支部件	
34	护木	用于防止枪管灼伤的枪支零件	
35	枪托	使枪支能够抵肩射击的枪支零件	

▎刑参案例规则提炼①

《庄木根、刘平平、郑斌非法买卖枪支、贩卖毒品案——非法买卖枪支时以毒品冲抵部分价款行为如何定性》(第463号案例)、《吴芝桥非法制造、买卖枪支、弹药案——如何认定非法制造、买卖枪支、弹药罪的"情节严重"》(第631号案例)、《周某某非法经营案——非法经营烟花爆竹制品行为的定性》(第1336号案例)、《徐昌勇、江兴平非法经营案——非法经营弩和氯化琥珀胆碱行为性

---

① 另,鉴于法释〔2009〕18号修改决定对因正常生产、生活需要或者因从事合法的生产经营活动,而非法制造、买卖、运输、邮寄、储存爆炸物行为确立的从宽处理规则,《徐钦朋非法买卖爆炸物案——确因生产、生活所需非法买卖爆炸物的,应当如何适用刑罚》(第360号案例)、《吴传贵等非法制造、买卖爆炸物案——非法制造、买卖大量炸药,炸药在买方存储中发生爆炸的,应当如何量刑》(第361号案例)所涉规则未予提炼;鉴于王召成等非法买卖、储存危险物质案(指导案例13号)发布,《王召成等非法买卖、储存危险物质案——非法买卖、储存危险物质中"危险物质"的认定》(第759号案例)所涉规则未予提炼;鉴于法释〔2018〕8号解释发布,《戴永光走私弹药、非法持有枪支案——走私气枪铅弹构成犯罪,量刑标准是否应当有别于一般的走私非军用子弹》(第940号案例)、《王挺等走私武器、弹药,非法买卖枪支、弹药,非法持有枪支、弹药案——因个人爱好,以收藏为目的购买枪支、弹药的行为如何定性》(第1075号案例)所涉规则未予提炼。此外,就刑参第1075号案例而言,如前所述,对于以收藏、娱乐为目的,非法购买、持有以压缩气体为动力、枪口比动能较低且不属于易于通过改制提升致伤力的枪支的,社会危害性相对较小,确有必要追究刑事责任的,也宜适用非法持有枪支罪。参见最高人民法院研究室事处:《关于涉以压缩气体为动力的枪支、气枪铅弹刑事案件定罪量刑问题的批复》的理解与适用》,载中华人民共和国最高人民法院刑事审判第一、二、三、四、五庭主办:《刑事审判参考》(总第114集)》,法律出版社2019年版,第133—134页。**本评注认为**,对于收藏、娱乐目的的购买行为,由于所涉物品"到此为止",不再继续流转,认定为"买卖"似应慎重。

质的认定》(第 1482 号案例)、《刘某魁、孙某梅等人非法买卖枪支案——对枪口比动能较低的涉气枪案件可不认定"情节严重",无须报请核准在法定刑以下判处刑罚》(第 1507 号案例)所涉规则提炼如下:

1. **非法经营烟花爆竹制品行为的定性规则**。"不能将烟花爆竹制品直接认定为刑法意义上的爆炸物。""以出口烟花爆竹为目的买卖烟花爆竹制品,不构成非法买卖爆炸物罪。"非法经营烟花爆竹制品行为,可以视情认定为《刑法》第二百二十五条第四项规定的"其他严重扰乱市场秩序的非法经营行为"。实践中,"一般以非法经营数额、违法所得数额、实施非法经营行为的次数、实施非法经营行为的后果和影响等作为'情节严重'的考量标准"。① (第 1336 号案例)

2. **非法买卖枪支时以毒品冲抵部分价款行为的罪数处断规则**。"以毒品冲抵部分买卖枪支价款作为其实施非法买卖枪支犯罪的方法行为……不能构成牵连犯,而应以贩卖毒品罪与非法买卖枪支罪实行数罪并罚。"(第 463 号案例)

3. **非法制造、买卖枪支、弹药罪"情节严重"的认定规则**。根据司法解释的规定,"认定非法制造、买卖枪支、弹药罪是否达到'情节严重'的程度,有单纯数量标准和数量加情节标准两种"。"数量加情节标准是数量达到入罪标准而尚未达到五倍以上,但具有造成严重后果等其他恶劣情节的,也构成'情节严重'……在实践中,'其他恶劣情节'包括:枪支弹药流散到社会后是否造成人身伤亡的结果;是否针对妇女、儿童等特定对象犯罪;非法制造、买卖的枪支、弹药是否被他人用于犯罪活动;是否出于自己实施犯罪的目的或者意图为犯罪分子提供枪支、弹药而非法制造、买卖枪支、弹药等等。"(第 631 号案例)

4. **非法经营氯化琥珀胆碱行为的定性规则**。"发生在 2015 年 5 月 1 日新版《危险化学品名录》施行后的非法买卖、运输、储存氯化琥珀胆碱的行为……应当以非法制造、买卖、运输、储存危险物质罪追究刑事责任。"(第 1482 号案例)②

---

① 如果适用《刑法》第二百二十五条第四项的规定,根据《最高人民法院关于准确理解和适用刑法中"国家规定"的有关问题的通知》(法发〔2011〕155 号)的规定,似应作为法律适用问题,逐级向最高人民法院请示。——**本评注注**

② 此外,刑参第 1482 号案例还提出"对于未经许可经营弩的行为,情节严重的,可依照刑法第二百二十五条第四项的规定追究刑事责任""发生在 2015 年 5 月 1 日前的非法经营氯化琥珀胆碱的行为,违反了国家关于药品管理的法律和行政法规,触犯了刑法第二百二十五条第一项的规定,应当以非法经营罪追究刑事责任"。这既然涉及与《公安部关于涉弩违法犯罪行为的处理及性能鉴定问题的批复》(公复字〔2006〕2 号)的协调,又涉及非法经营罪刑事规制范围的妥当设置等具体问题,尚须作进一步斟酌,故对所涉规则未予提炼。——**本评注注**

5. 枪口比动能较低的涉气枪案件的程序规则。就《最高人民法院、最高人民检察院关于涉以压缩气体为动力的枪支、气枪铅弹刑事案件定罪量刑问题的批复》(法释〔2018〕8 号)而言,"《批复》对枪口比动能较低的涉以压缩气体为动力的枪支、气枪铅弹案件确定了'数量+情节'标准,实质性修改了……对此类案件的唯数量标准,故可直接适用《批复》不认定'情节严重',不需要适用在法定刑以下判处刑罚核准程序层报最高人民法院"。① (第 1507 号案例)

> **第一百二十六条 【违规制造、销售枪支罪】**依法被指定、确定的枪支制造企业、销售企业,违反枪支管理规定,有下列行为之一的,对单位判处罚金,并对其直接负责的主管人员和其他直接责任人员,处五年以下有期徒刑;情节严重的,处五年以上十年以下有期徒刑;情节特别严重的,处十年以上有期徒刑或者无期徒刑:
> (一)以非法销售为目的,超过限额或者不按照规定的品种制造、配售枪支的;
> (二)以非法销售为目的,制造无号、重号、假号的枪支的;
> (三)非法销售枪支或者在境内销售为出口制造的枪支的。

▍立法沿革

本条系 1997 年《刑法》吸收修改附属刑法作出的规定。1996 年《枪支管理法》第四十条规定:"依法被指定、确定的枪支制造企业、销售企业,违反本法规定,有下列行为之一的,对单位判处罚金,并对其直接负责的主管人员和其他直接责任人员依照刑法第一百一十二条的规定追究刑事责任;公安机关可以责令其停业整顿或者吊销其枪支制造许可证件、枪支配售许可证件:(一)超过限额或者不按照规定的品种制造、配售枪支的;(二)制造无号、重号、假号的枪支的;(三)私自销售枪支或者在境内销售为出口制造的枪支的。"此处规定的"刑法第一百一十二条的规定"是指 1979 年《刑法》关于非法制造、买卖、运输枪支、弹药犯罪的规定。1997 年《刑法》增加了"以非法销售为目的"的限制,并独立规定了法定刑。

---

① 申言之,对于犯罪数量达到法释〔2001〕15 号解释规定的"情节严重"情形的案件,可以在裁判文书中直接援引《最高人民法院、最高人民检察院关于涉以压缩气体为动力的枪支、气枪铅弹刑事案件定罪量刑问题的批复》判处有期徒刑十年以下刑罚,无须逐级报请最高人民法院核准。——**本评注注**

司法解释

《最高人民法院关于审理非法制造、买卖、运输枪支、弹药、爆炸物等刑事案件具体应用法律若干问题的解释》第三条对违规制造、销售枪支罪的定罪量刑标准作了规定。(→参见第一百二十五条评注部分,第469页)

立案追诉标准

《最高人民检察院、公安部关于公安机关管辖的刑事案件立案追诉标准的规定(一)》第三条关于违规制造、销售枪支案立案追诉标准的规定与法释〔2009〕18号解释一致。

司法疑难解析

依法被指定、确定的弹药销售单位非法销售弹药行为的定性。具有民用枪支、弹药配售资质的公司,违反枪支管理法,在购买人没有出具配购证和运输许可证的情况下,只核对购买人出示的警官证或介绍信,多次向多人销售猎枪子弹,对其定性存在不同认识。本评注认为,根据《刑法》第一百二十六条的规定,违规制造、销售枪支罪的对象是枪支,不包括弹药在内。因此,依法被指定、确定的弹药销售单位,违反枪支管理规定,非法销售弹药的行为,不符合《刑法》第一百二十六条的规定,但完全符合《刑法》第一百二十五条的规定,依法应当以非法买卖弹药罪定罪处罚。当然,对相关案件,在定罪量刑时宜结合违规程度、销售数量、销售对象、弹药流向等因素,妥当判断对公共安全的危险程度,综合评估社会危害性,坚持主客观相统一,确保罪责刑相适应。

第一百二十七条 【盗窃、抢夺枪支、弹药、爆炸物、危险物质罪】盗窃、抢夺枪支、弹药、爆炸物的,或者盗窃、抢夺毒害性、放射性、传染病病原体等物质,危害公共安全的,处三年以上十年以下有期徒刑;情节严重的,处十年以上有期徒刑、无期徒刑或者死刑。

【抢劫枪支、弹药、爆炸物、危险物质罪】【盗窃、抢夺枪支、弹药、爆炸物、危险物质罪】抢劫枪支、弹药、爆炸物的,或者抢劫毒害性、放射性、传染病病原体等物质,危害公共安全的,或者盗窃、抢夺国家机关、军警人员、民兵的枪支、弹药、爆炸物的,处十年以上有期徒刑、无期徒刑或者死刑。

立法沿革

本条系 1997 年《刑法》吸收修改 1979 年《刑法》和单行刑法作出的规定。1979 年《刑法》第一百一十二条规定:"……盗窃、抢夺国家机关、军警人员、民兵的枪支、弹药的,处七年以下有期徒刑;情节严重的,处七年以上有期徒刑或者无期徒刑。"《全国人民代表大会常务委员会关于严惩严重危害社会治安的犯罪分子的决定》(自 1983 年 9 月 2 日起施行,已失效)对"……盗窃、抢夺枪支、弹药、爆炸物,情节特别严重的,或者造成严重后果的"规定"可以在刑法规定的最高刑以上处刑,直至判处死刑"。1997 年《刑法》将盗窃、抢夺枪支、弹药、爆炸物犯罪独立成条,在行为方式上增加规定了"抢劫",并调整了法定刑配置。

2001 年 12 月 29 日起施行的《刑法修正案(三)》第六条对本条作了修改,将危险物质增加规定为犯罪对象。

修正前《刑法》	修正后《刑法》
第一百二十七条 【盗窃、抢夺枪支、弹药、爆炸物罪】盗窃、抢夺枪支、弹药、爆炸物的,处三年以上十年以下有期徒刑;情节严重的,处十年以上有期徒刑、无期徒刑或者死刑。 【抢劫枪支、弹药、爆炸物罪】抢劫枪支、弹药、爆炸物或者盗窃、抢夺国家机关、军警人员、民兵的枪支、弹药、爆炸物的,处十年以上有期徒刑、无期徒刑或者死刑。	第一百二十七条 【盗窃、抢夺枪支、弹药、爆炸物、危险物质罪】盗窃、抢夺枪支、弹药、爆炸物的,或者盗窃、抢夺毒害性、放射性、传染病病原体等物质,危害公共安全的,处三年以上十年以下有期徒刑;情节严重的,处十年以上有期徒刑、无期徒刑或者死刑。 【抢劫枪支、弹药、爆炸物、危险物质罪】【盗窃、抢夺枪支、弹药、爆炸物罪】抢劫枪支、弹药、爆炸物的,或者抢劫毒害性、放射性、传染病病原体等物质,危害公共安全的,或者盗窃、抢夺国家机关、军警人员、民兵的枪支、弹药、爆炸物的,处十年以上有期徒刑、无期徒刑或者死刑。

司法解释

《最高人民法院关于审理非法制造、买卖、运输枪支、弹药、爆炸物等刑事案件具体应用法律若干问题的解释》第四条对盗窃、抢夺枪支、弹药、爆炸物罪的定罪量刑标准作了规定。(→参见第一百二十五条评注部分,第 469 页)

规范性文件

《最高人民法院、最高人民检察院、公安部关于依法惩治袭警违法犯罪行为的指导意见》(公通字〔2019〕32 号)第四条对抢劫、抢夺民警枪支适用《刑法》第

一百二十七条第二款作了指引性规定。(→参见第二百七十七条评注部分,第1366页)

《最高人民法院、最高人民检察院、公安部、商务部、国家市场监督管理总局、中央军委后勤保障部、中央军委装备发展部、中央军委训练管理部、中央军委国防动员部关于军地共同加强部队训练场未爆弹药安全风险防控的意见》(军训〔2022〕181号)"(十三)打击违法犯罪"对适用《刑法》第一百二十七条作了指引性规定。(→参见第一百二十五条评注部分,第490页)

第一百二十八条　【非法持有、私藏枪支、弹药罪】违反枪支管理规定,非法持有、私藏枪支、弹药的,处三年以下有期徒刑、拘役或者管制;情节严重的,处三年以上七年以下有期徒刑。

【非法出租、出借枪支罪】依法配备公务用枪的人员,非法出租、出借枪支的,依照前款的规定处罚。

【非法出租、出借枪支罪】依法配置枪支的人员,非法出租、出借枪支,造成严重后果的,依照第一款的规定处罚。

单位犯第二款、第三款罪的,对单位判处罚金,并对其直接负责的主管人员和其他直接责任人员,依照第一款的规定处罚。

立法沿革

本条系1997年《刑法》吸收修改1979年《刑法》和附属刑法作出的规定。1979年《刑法》第一百六十三条规定:"违反枪支管理规定,私藏枪支、弹药,拒不交出的,处二年以下有期徒刑或者拘役。"1996年《枪支管理法》第四十一条第一款规定:"违反本法规定,非法持有、私藏枪支的,依照刑法第一百六十三条的规定追究刑事责任。"第四十三条第一款至第四款规定:"违反枪支管理规定,出租、出借公务用枪的,比照刑法第一百八十七条的规定处罚。""单位有前款行为的,对其直接负责的主管人员和其他直接责任人员依照前款规定处罚。""配置民用枪支的单位,违反枪支管理规定,出租、出借枪支,造成严重后果或者有其他严重情节的,对其直接负责的主管人员和其他直接责任人员比照刑法第一百八十七条的规定处罚。""配置民用枪支的个人,违反枪支管理规定,出租、出借枪支,造成严重后果的,比照刑法第一百六十三条的规定处罚。"此处规定的"刑法第一百八十七条的规定"是指1979年《刑法》关于玩忽职守罪的规定。1997年《刑法》吸收上述规定,并作了修改整合。

相关规定

《公安机关公务用枪管理规定》(自 2015 年 5 月 1 日起施行,具体条文未收录)

司法解释

《最高人民检察院关于将公务用枪用作借债质押的行为如何适用法律问题的批复》(高检发释字〔1998〕4 号,自 1998 年 11 月 3 日起施行)

重庆市人民检察院:

你院渝检(研)〔1998〕8 号《关于将公务用枪用作借债抵押的行为是否构成犯罪及适用法律的请示》收悉。经研究,批复如下:

依法配备公务用枪的人员,违反法律规定,将公务用枪用作借债质押物,使枪支处于非依法持枪人的控制、使用之下,严重危害公共安全,是刑法第一百二十八条第二款所规定的非法出借枪支行为的一种形式,应以非法出借枪支罪追究刑事责任;对接受枪支质押的人员,构成犯罪的,根据刑法第一百二十八条第一款的规定,应以非法持有枪支罪追究其刑事责任。

《最高人民法院关于审理非法制造、买卖、运输枪支、弹药、爆炸物等刑事案件具体应用法律若干问题的解释》第五条、第八条对非法持有、私藏枪支、弹药罪的定罪量刑标准和有关术语作了规定。(→参见第一百二十五条评注部分,第 470、471 页)

立案追诉标准

《最高人民检察院、公安部关于公安机关管辖的刑事案件立案追诉标准的规定(一)》(节录)

第五条 [非法出租、出借枪支案(刑法第一百二十八条第二、三、四款)]依法配备公务用枪的人员或单位,非法将枪支出租、出借给未取得公务用枪配备资格的人员或单位,或者将公务用枪用作借债质押物的,应予立案追诉。

依法配备公务用枪的人员或单位,非法将枪支出租、出借给具有公务用枪配备资格的人员或单位,以及依法配置民用枪支的人员或单位,非法出租、出借民用枪支,涉嫌下列情形之一的,应予立案追诉:

(一)造成人员轻伤以上伤亡事故的;

(二)造成枪支丢失、被盗、被抢的;

(三)枪支被他人利用进行违法犯罪活动的;

(四)其他造成严重后果的情形。

(→附则参见分则标题评注部分,第392页)

另,第四条关于非法持有、私藏枪支、弹药案立案追诉标准的规定与法释〔2009〕18号解释一致。

◆ 刑参案例规则提炼

《姜杰受贿案——逢年过节收受下级单位"慰问金"的行为如何定性》(第218号案例)、《姜方平非法持有枪支、故意伤害案——被告人对事实性质的辩解不影响如实供述的成立》(第221号案例)、《郭继东私藏枪支弹药宣告无罪案——如何理解私藏枪支弹药罪中"配备、配置枪支的条件消除"》(第359号案例)、《叶燕兵非法持有枪支案——邀约非法持枪者携枪帮忙能否构成非法持有枪支罪的共犯》(第644号案例)所涉规则提炼如下:

1. 非法持有枪支罪共犯的认定规则。"被告人……因介入他人纠纷而邀约本已构成非法持有枪支罪的被告人……携枪帮忙,其行为构成非法持有枪支罪的共同犯罪。"(第644号案例)

2. 私藏枪支、弹药罪与非法持有枪支、弹药罪的界分规则。"两者之间的区别也是明显的,主要是主体资格不同。"(第221号案例)"构成私藏枪支、弹药罪,主体需为依法配备、配置枪支、弹药的人员;主观方面需具有私自藏匿所配备、配置的枪支、弹药的故意;客观方面需表现为行为人在配备、配置枪支、弹药的条件消除后,违反枪支管理法律、法规的规定,私自藏匿所配备、配置的枪支、弹药且拒不交出的行为。"(第218号案例)需要注意的是,"配备枪支条件的消除应当是指出现法律、法规规定的情形,经相关部门审查,取消其配枪资格,收回其持枪证件。""若将用后及时交回作为条件消除理解的话,那么按照枪支使用管理的规定,执行任务结束后将枪支交回,即为配备、配置枪支条件消除,再接受任务时需要重新具备配备、配置枪支的条件,这种理解显然不符合法律、法规的规定。"(第359号案例)

第一百二十九条 【丢失枪支不报罪】依法配备公务用枪的人员,丢失枪支不及时报告,造成严重后果的,处三年以下有期徒刑或者拘役。

◆ 立法沿革

本条系1997年《刑法》吸收修改附属刑法作出的规定。1996年《枪支管理法》第四十四条第一款第四项规定,"枪支被盗、被抢或者丢失,不及时报告的",由公安机关对个人或者单位负有直接责任的主管人员和其他直接责任人员处警告或者十五日以下拘留;构成犯罪的,依法追究刑事责任。1997年《刑法》吸收修改上述规定,单独配置了法定刑。

相关规定

《**中华人民共和国治安管理处罚法**》(修正后自2013年1月1日起施行,节录)

第三十一条 爆炸性、毒害性、放射性、腐蚀性物质或者传染病病原体等危险物质被盗、被抢或者丢失,未按规定报告的,处五日以下拘留;故意隐瞒不报的,处五日以上十日以下拘留。

立案追诉标准

《**最高人民检察院、公安部关于公安机关管辖的刑事案件立案追诉标准的规定(一)**》(节录)

第六条 [丢失枪支不报案(刑法第一百二十九条)]依法配备公务用枪的人员,丢失枪支不及时报告,涉嫌下列情形之一的,应予立案追诉:

(一)丢失的枪支被他人使用造成人员轻伤以上伤亡事故的;

(二)丢失的枪支被他人利用进行违法犯罪活动的;

(三)其他造成严重后果的情形。

(→附则参见分则标题评注部分,第392页)

第一百三十条 【非法携带枪支、弹药、管制刀具、危险物品危及公共安全罪】非法携带枪支、弹药、管制刀具或者爆炸性、易燃性、放射性、毒害性、腐蚀性物品,进入公共场所或者公共交通工具,危及公共安全,情节严重的,处三年以下有期徒刑、拘役或者管制。

立法沿革

本条系1997年《刑法》吸收修改附属刑法作出的规定。1990年《铁路法》第六十条第二款规定:"携带炸药、雷管或者非法携带枪支子弹、管制刀具进站上车的,比照刑法第一百六十三条的规定追究刑事责任。"此处规定的"刑法第一百六十三条"是指1979年《刑法》关于私藏枪支、弹药罪的规定。1997年《刑法》以上述规定为基础,作了调整修改。

相关规定

《中华人民共和国治安管理处罚法》(修正后自 2013 年 1 月 1 日起施行,节录)

第三十二条 非法携带枪支、弹药或者弩、匕首等国家规定的管制器具的,处五日以下拘留,可以并处五百元以下罚款;情节较轻的,处警告或者二百元以下罚款。

非法携带枪支、弹药或者弩、匕首等国家规定的管制器具进入公共场所或者公共交通工具的,处五日以上十日以下拘留,可以并处五百元以下罚款。

《中华人民共和国铁路法》(第二次修正后自 2015 年 4 月 24 日起施行,节录)

第六十条 违反本法规定,携带危险品进站上车或者以非危险品品名托运危险品,导致发生重大事故的,依照刑法有关规定追究刑事责任。企业事业单位、国家机关、社会团体犯本款罪的,处以罚金,对其主管人员和直接责任人员依法追究刑事责任。

携带炸药、雷管或者非法携带枪支子弹、管制刀具进站上车的,依照刑法有关规定追究刑事责任。

《中华人民共和国民用航空法》(第六次修正后自 2021 年 4 月 29 日起施行,节录)

第一百九十三条 违反本法规定,隐匿携带炸药、雷管或者其他危险品乘坐民用航空器,或者以非危险品品名托运危险品的,依照刑法有关规定追究刑事责任。

企业事业单位犯前款罪的,判处罚金,并对直接负责的主管人员和其他直接责任人员依照前款规定追究刑事责任。

隐匿携带枪支子弹、管制刀具乘坐民用航空器的,依照刑法有关规定追究刑事责任。

《管制刀具认定标准》(公通字〔2007〕2 号)

一、凡符合下列标准之一的,可以认定为管制刀具:

1、匕首:带有刀柄、刀格和血槽,刀尖角度小于 60 度的单刃、双刃或多刃尖刀(见图一)。

图一

2、三棱刮刀：具有三个刀刃的机械加工用刀具(见图二)。

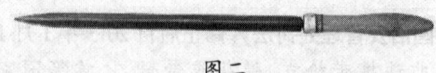

图二

3、带有自锁装置的弹簧刀(跳刀)：刀身展开或弹出后，可被刀柄内的弹簧或卡锁固定自锁的折叠刀具(见图三)。

图三

4、其他相类似的单刃、双刃、三棱尖刀：刀尖角度小于60度，刀身长度超过150毫米的各类单刃、双刃和多刃刀具(见图四)。

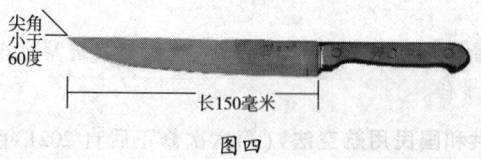

图四

5、其他刀尖角度大于60度，刀身长度超过220毫米的各类单刃、双刃和多刃刀具(见图五)。

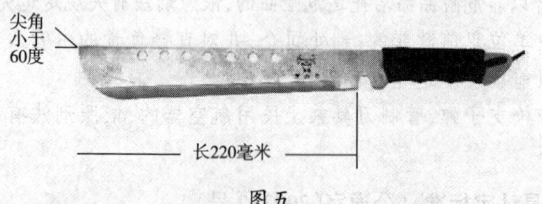

图五

二、未开刀刀刃且刀尖倒角半径R大于2.5毫米的各类武术、工艺、礼品等刀具不属于管制刀具范畴。

三、少数民族使用的藏刀、腰刀、靴刀、马刀等刀具的管制范围认定标准，由少数民族自治区(自治州、自治县)人民政府公安机关参照本标准制定。

四、述语说明：

1、刀柄：是指刀上被用来握持的部分(见图六)。

2、刀格(挡手)：是指刀上用来隔离刀柄与刀身的部分(见图六)。

3、刀身：是指刀上用来完成切、削、刺等功能的部分(见图六)。

4、血槽:是指刀身上的专用刻槽(见图六)。

5、刀尖角度:是指刀刃与刀背(或另一侧刀刃)上距离刀尖顶点10毫米的点与刀尖顶点形成的角度(见图六)。

6、刀刃(刃口):是指刀身上用来切、削、砍的一边,一般情况下刃口厚度小于0.5毫米(见图六)。

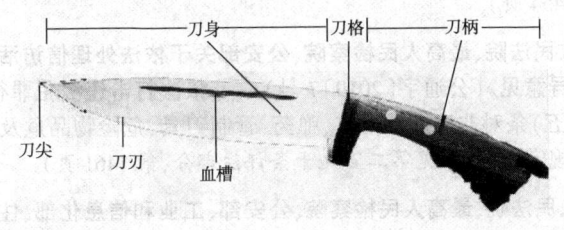

图六

7、刀尖倒角:是指刀尖部所具有的圆弧度(见图七)。

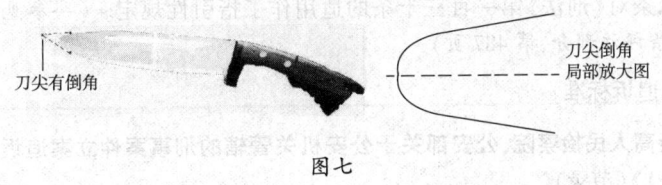

图七

《公安部关于将陶瓷类刀具纳入管制刀具管理问题的批复》(公复字〔2010〕1号)

北京市公安局:

你局《关于将陶瓷类刀具纳入管制刀具管理范围的请示》(京公治字〔2010〕282号)收悉。现批复如下:

陶瓷类刀具具有超高硬度、超高耐磨、刃口锋利等特点,其技术特性已达到或超过了部分金属刀具的性能,对符合《管制刀具认定标准》(公通字〔2007〕2号)规定的刀具类型、刀刃长度和刀尖角度等条件的陶瓷类刀具,应当作为管制刀具管理。

司法解释

《最高人民法院关于审理非法制造、买卖、运输枪支、弹药、爆炸物等刑事案件具体应用法律若干问题的解释》第六条对非法携带枪支、弹药、管制刀具、危险物品危及公共安全罪的定罪量刑标准作了规定。(→参见第一百二十五条评注部分,第470页)

规范性文件

《公安部关于公安机关处置信访活动中违法犯罪行为适用法律的指导意见》（公通字〔2013〕25号）"二、对危害公共安全违法犯罪行为的处理"第三条对相关案件适用《刑法》第一百三十条作了指引性规定。（→参见第二百九十条评注部分，第1454页）

《最高人民法院、最高人民检察院、公安部关于依法处理信访活动中违法犯罪行为的指导意见》（公通字〔2019〕7号）"一、依法打击违法犯罪行为，明确法律底线"第（五）条对非法携带枪支、弹药、管制刀具、危险物品危及公共安全罪的适用作了规定。（→参见第二百九十条评注部分，第1461页）

《最高人民法院、最高人民检察院、公安部、工业和信息化部、住房和城乡建设部、交通运输部、应急管理部、国家铁路局、中国民用航空局、国家邮政局关于依法惩治涉枪支、弹药、爆炸物、易燃易爆危险物品犯罪的意见》（法发〔2021〕35号）第八条对《刑法》第一百三十条的适用作了指引性规定。（→参见第一百二十五条评注部分，第487页）

立案追诉标准

《最高人民检察院、公安部关于公安机关管辖的刑事案件立案追诉标准的规定（一）》（节录）

第七条 ［非法携带枪支、弹药、管制刀具、危险物品危及公共安全案（刑法第一百三十条）］非法携带枪支、弹药、管制刀具或者爆炸性、易燃性、放射性、毒害性、腐蚀性物品，进入公共场所或者公共交通工具，危及公共安全，涉嫌下列情形之一的，应予立案追诉：①

（一）携带枪支一支以上或者手榴弹、炸弹、地雷、手雷等具有杀伤性弹药一枚以上的；

（二）携带爆炸装置一套以上的；

（三）携带炸药、发射药、黑火药五百克以上或者烟火药一千克以上、雷管二十枚以上或者导火索、导爆索二十米以上，或者虽未达到上述数量标准，但拒不交出的；

（四）携带的弹药、爆炸物在公共场所或者公共交通工具上发生爆炸或者燃烧，尚未造成严重后果的；

---

① 本立案追诉标准与法释〔2009〕18号解释基本一致，主要是第六项针对非法携带危险物品危及公共安全案的立案追诉标准作了补充。

（五）携带管制刀具二十把以上，或者虽未达到上述数量标准，但拒不交出，或者用来进行违法活动尚未构成其他犯罪的；

（六）携带的爆炸性、易燃性、放射性、毒害性、腐蚀性物品在公共场所或者公共交通工具上发生泄漏、遗洒，尚未造成严重后果的；

（七）其他情节严重的情形。

（→附则参见分则标题评注部分，第392页）

法律适用答复、复函

《公安部关于对少数民族人员佩带刀具乘坐火车如何处理问题的批复》（公复字〔2001〕6号）

四川省公安厅：

你厅《关于少数民族佩带刀具乘坐火车如何处理的请示》（川公明发〔2001〕323号）收悉。现批复如下：

根据国务院批准、公安部发布的《对部分刀具实行管制的暂行规定》〔〔83〕公发（治）31号〕的规定，管制刀具是指匕首、三棱刀（包括机械加工用的三棱刮刀）、带有自锁装置的弹簧刀（跳刀）以及其他相类似的单刃、双刃、三棱尖刀。任何人不得非法制造、销售、携带和私自保存管制刀具。少数民族人员只能在民族自治地区佩带、销售和使用藏刀、腰刀、靴刀等民族刀具；在非民族自治地区，只要少数民族人员所携带的刀具属于管制刀具范围，公安机关就应当严格按照相应规定予以管理。凡公安工作中涉及的此类有关少数民族的政策、法律规定，各级公安机关应当积极采取多种形式广泛宣传，特别是要加大在车站等人员稠密的公共场所及公共交通工具上的宣传力度。

少数民族人员违反《中华人民共和国铁路法》和《铁路运输安全保护条例》①携带管制刀具进入车站、乘坐火车的，由公安机关依法予以没收，但在本少数民族自治地区携带具有特别纪念意义或者比较珍贵的民族刀具进入车站的，可以由携带人交其亲友带回或者交由车站派出所暂时保存并出具相应手续，携带人返回时领回；对不服从管理，构成违反治安管理行为的，依法予以治安处罚；构成犯罪的，依法追究其刑事责任。

---

① 《铁路安全管理条例》（国务院令第639号）施行后，《铁路运输安全保护条例》同时废止。——本评注注

刑参案例规则提炼[①]

第一百三十一条 【重大飞行事故罪】航空人员违反规章制度,致使发生重大飞行事故,造成严重后果的,处三年以下有期徒刑或者拘役;造成飞机坠毁或者人员死亡的,处三年以上七年以下有期徒刑。

立法沿革

本条系 1997 年《刑法》吸收修改附属刑法作出的规定。1995 年《民用航空法》第一百九十九条规定:"航空人员玩忽职守,或者违反规章制度,导致发生重大飞行事故,造成严重后果的,分别依照、比照刑法第一百八十七条或者第一百一十四条的规定追究刑事责任。"此处规定的"刑法第一百八十七条或者第一百一十四条的规定"是指 1979 年《刑法》关于玩忽职守罪、重大责任事故罪的规定。1997 年《刑法》以上述规定为基础,作了调整修改,并独立配置法定刑。

第一百三十二条 【铁路运营安全事故罪】铁路职工违反规章制度,致使发生铁路运营安全事故,造成严重后果的,处三年以下有期徒刑或者拘役;造成特别严重后果的,处三年以上七年以下有期徒刑。

立法沿革

本条系 1997 年《刑法》吸收修改附属刑法作出的规定。1990 年《铁路法》第七十一条规定:"铁路职工玩忽职守、违反规章制度造成铁路运营事故……情节严重、构成犯罪的,依照刑法有关规定追究刑事责任。"1997 年《刑法》以上述规定为基础,作了调整修改,并独立配置法定刑。

司法解释

《最高人民法院、最高人民检察院关于办理危害生产安全刑事案件适用法

[①] 鉴于《最高人民法院关于修改〈关于审理非法制造、买卖、运输枪支、弹药、爆炸物等刑事案件具体应用法律若干问题的解释〉的决定》(法释〔2009〕18 号)对《刑法》第一百二十五条第一款规定的"非法储存"爆炸物的界定不再区分获得途径,对**孔德明非法携带危险物品危及公共安全罪**——如何区分非法运输、储存爆炸物罪和非法携带危险物品危及公共安全罪》(第 368 号案例)所涉规则未予提炼。

律若干问题的解释》(法释〔2015〕22号)第六条、第七条、第十二条、第十三条对铁路运营安全事故罪的定罪量刑标准和有关问题作了规定。(→参见第一百三十四条评注部分,第543、545页)

第一百三十三条 【交通肇事罪】违反交通运输管理法规,因而发生重大事故,致人重伤、死亡或者使公私财产遭受重大损失的,处三年以下有期徒刑或者拘役;交通运输肇事后逃逸或者有其他特别恶劣情节的,处三年以上七年以下有期徒刑;因逃逸致人死亡的,处七年以上有期徒刑。

立法沿革

本条系1997年《刑法》吸收修改1979年《刑法》作出的规定。1979年《刑法》第一百一十三条规定:"从事交通运输的人员违反规章制度,因而发生重大事故,致人重伤、死亡或者使公私财产遭受重大损失的,处三年以下有期徒刑或者拘役;情节特别恶劣的,处三年以上七年以下有期徒刑。""非交通运输人员犯前款罪的,依照前款规定处罚。"1997年《刑法》将犯罪情节具体化,提升了法定刑,并将犯罪主体规定为一般主体,删去非交通运输人员构成交通肇事罪的规定。

相关规定

《中华人民共和国道路交通安全法》(第三次修正后自2021年4月29日起施行,节录)

第一百零一条 违反道路交通安全法律、法规的规定,发生重大交通事故,构成犯罪的,依法追究刑事责任,并由公安机关交通管理部门吊销机动车驾驶证。

造成交通事故后逃逸的,由公安机关交通管理部门吊销机动车驾驶证,且终生不得重新取得机动车驾驶证。

司法解释

《最高人民法院关于审理交通肇事刑事案件具体应用法律若干问题的解释》(法释〔2000〕33号,自2000年11月21日起施行)

为依法惩处交通肇事犯罪活动,根据刑法有关规定,现将审理交通肇事刑事案件具体应用法律的若干问题解释如下:

第一条① 从事交通运输人员或者非交通运输人员,违反交通运输管理法规发生重大交通事故,在分清事故责任的基础上,对于构成犯罪的,依照刑法第一百三十三条的规定定罪处罚。

① 交通事故责任分为全部责任、主要责任、同等责任和次要责任。具体而言,公安机关交通管理部门应当根据交通事故当事人的行为对发生交通事故所起的作用以及过错的严重程度,确定当事人的责任程度。在本司法解释论证过程中,有意见认为,由于缺乏统一的定责标准,在认定事故责任方面存在着随意性较大、定责失衡等问题,建议在认定交通肇事罪问题上,可否不以交通部门出具的责任认定意见为依据。诚然,认定交通肇事罪的焦点问题集中在事故认定和分清责任上,比较特殊也很复杂。但是,如果不以此为前提,则无法判定交通肇事行为人与肇事后果间的因果关系,更无法确定其应当承担行政责任还是刑事责任。有关事故责任认定方面的统一执法标准虽然仍需国家有关主管部门进一步规范,但在目前条件下,还应坚持以事故责任为认定交通肇事罪的前提条件。此外,"两高"于1987年8月12日发布的《关于严格依法处理道路交通肇事案件的通知》(已失效)中也有类似表述,本司法解释延续了相关规定。参见孙军工:《正确适用法律严惩交通肇事犯罪——〈关于审理交通肇事刑事案件具体应用法律若干问题的解释〉的理解与适用》,载《人民司法》2000年第12期。**本评注认为**,交管部门出具的责任认定意见具有刑事证据材料的属性,经查证属实的,可以作为认定交通肇事责任的依据。主要考虑:第一,认定交通肇事罪的焦点问题集中在事故的认定和责任的分析上,比较特殊也很复杂。如果不以交管部门出具的责任认定意见为前提,则无法判断交通肇事行为人与肇事后果之间的复杂因果关系,也无法确定其应承担行政责任还是刑事责任。因此,以交管部门的责任认定意见为前提和依据具有实践必要性和合理性。第二,《刑事诉讼法》第五十四条第二款规定:"行政机关在行政执法和查办案件过程中收集的物证、书证、视听资料、电子数据等证据材料,在刑事诉讼中可以作为证据使用。"交管部门依据有关法律规定,在处理交通事故的过程中对责任的认定意见,无疑属于证据材料。这类证据材料应当依据《刑事诉讼法》第五十四条第二款的规定,认定其具有刑事证据资格。因此,交管部门出具的责任认定意见原则上可以作为确定行为人是否构成交通肇事罪和构成交通肇事罪后责任大小的证据。但是,证据材料只有经过查证属实的,才能作为定案的根据。总之,除有相反证据外,判定交通肇事责任原则上应当以交管部门出具的责任认定意见为依据,以其为认定交通肇事罪的前提条件。例如,根据《道路交通安全法实施条例》第九十二条第一款"发生交通事故后当事人逃逸的,逃逸的当事人承担全部责任"的规定,交警部门出具的责任认定可能是逃逸方负有全部责任,但如果根据现场的摄像头等证据审查发现逃逸方实际对事故的发生负有次要责任,在事故发生后由于对责任判断产生认识错误而逃逸的,此种情况下则不应当采信交警部门出具的责任认定,而应当依据查明的事实作出认定,无论如何都不能对逃逸方以交通肇事罪追究刑事责任。

第二条① 交通肇事具有下列情形之一的,处三年以下有期徒刑或者拘役:
(一)死亡一人或者重伤三人以上,负事故全部或者主要责任的;
(二)死亡三人以上,负事故同等责任的;
(三)造成公共财产或者他人财产直接损失,负事故全部或者主要责任,无能力赔偿数额在三十万元以上的。

交通肇事致一人以上重伤,负事故全部或者主要责任,并具有下列情形之一的,以交通肇事罪定罪处罚:
(一)酒后、吸食毒品后驾驶机动车辆的;
(二)无驾驶资格驾驶机动车辆的;
(三)明知是安全装置不全或者安全机件失灵的机动车辆而驾驶的;
(四)明知是无牌证或者已报废的机动车辆而驾驶的;
(五)严重超载驾驶的;
(六)为逃避法律追究逃离事故现场的。

第三条② "交通运输肇事后逃逸",是指行为人具有本解释第二条第一款

---

① 《刑法》第一百三十三条规定,发生重大交通事故,造成公私财产遭受重大损失的,依法追究刑事责任。对于"公私财产"是否包括肇事者个人财产问题,在有些情况下,就成为区分罪与非罪的界限。有的案件中,肇事者造成的公共财产及他人的财产损失数额不大,但自身遭受的财产损失惨重(比如名贵车肇事与低档车俱毁)。有种意见认为,在上述情况下如果仅认定公共财产及他人的财产损失,数额不大,则不构成交通肇事罪;如果将其自身财产一并计入损失数额,就可能符合定罪条件。因此,本着从严惩处这类犯罪的需要,应当将肇事人的个人财产损失一并计入损失数额。但是,交通肇事罪的危害在于对公共财产、他人人身及其财产造成的损失,其自身的财产损失应当视为肇事人为自己的违章行为承担的经济责任,而不应将其作为承担刑事责任的条件。因此,本条关于"造成公共财产或者他人财产直接损失"承担刑事责任的规定,是符合立法本意的。参见孙军工:《正确适用法律 严惩交通肇事犯罪——〈关于审理交通肇事刑事案件具体应用法律若干问题的解释〉的理解与适用》,载《人民司法》2000年第12期。

② "逃跑"没有时间和场所的限定。在论证过程中,有种意见认为交通肇事后逃逸,应当理解为"逃离事故现场"的行为,实践中大多也是这种情况。但是,据交管部门提供的情况,有的肇事人并未在肇事后立即逃离现场(有的是不可能逃跑),而是在将伤者送至医院后或者等待交管部门处理的时候逃跑,类似的情形也有很多。如果仅将逃逸界定为逃离现场,那么性质同样恶劣的逃避法律追究的行为就得不到严惩,可能会影响对这类犯罪行为的打击力度。因此,只要是在肇事后为逃避法律追究而逃跑的行为,都应视为"交通肇事后逃逸"。参见孙军工:《正确适用法律 严惩交通肇事犯罪——〈关于审理交通肇事刑事案件具体应用法律若干问题的解释〉的理解与适用》,载《人民司法》2000年第12期。

规定和第二款第(一)至(五)项规定的情形之一,在发生交通事故后,为逃避法律追究而逃跑的行为。

第四条 交通肇事具有下列情形之一的,属于"有其他特别恶劣情节",处三年以上七年以下有期徒刑:

(一)死亡二人以上或者重伤五人以上,负事故全部或者主要责任的;

(二)死亡六人以上,负事故同等责任的;

(三)造成公共财产或者他人财产直接损失,负事故全部或者主要责任,无能力赔偿数额在六十万元以上的。

第五条① "因逃逸致人死亡",是指行为人在交通肇事后为逃避法律追究而逃跑,致使被害人因得不到救助而死亡的情形。

交通肇事后,单位主管人员、机动车辆所有人、承包人或者乘车人指使肇事人逃逸,致使被害人因得不到救助而死亡的,以交通肇事罪的共犯论处。

第六条 行为人在交通肇事后为逃避法律追究,将被害人带离事故现场后隐藏或者遗弃,致使被害人无法得到救助而死亡或者严重残疾的,应当分别依照刑法第二百三十二条、第二百三十四条第二款的规定,以故意杀人罪或者故意伤害罪定罪处罚。

第七条 单位主管人员、机动车辆所有人或者机动车辆承包人指使、强令他人违章驾驶造成重大交通事故,具有本解释第二条规定情形之一的,以交通肇事罪定罪处罚。

第八条 在实行公共交通管理的范围内发生重大交通事故的,依照刑法第一百三十三条和本解释的有关规定办理。

在公共交通管理的范围外,驾驶机动车辆或者使用其他交通工具致人伤亡或者致使公共财产或者他人财产遭受重大损失,构成犯罪的,分别依照刑法第一百三十四条、第一百三十五条、第二百三十三条等规定定罪处罚。

---

① 关于本条第二款,在论证过程中,有种意见认为,交通肇事罪是过失犯罪,以共犯来处理指使逃逸的人显然有违共犯理论。不可否认,司机肇事引发交通事故是过失的,对肇事行为不存在按照共犯处罚的问题。但是,鉴于《刑法》第一百三十三条将这种故意实施的行为规定为交通肇事罪加重处罚的情节,而且在肇事后逃逸的问题上,肇事人主观上是故意的,其他人指使其逃逸,具有共同的故意,而且逃逸行为与被害人死亡具有因果关系,符合共犯的构成条件。参见孙军工:《正确适用法律 严惩交通肇事犯罪——〈关于审理交通肇事刑事案件具体应用法律若干问题的解释〉的理解与适用》,载《人民司法》2000年第12期。

第九条 各省、自治区、直辖市高级人民法院可以根据本地实际情况,在三十万元至六十万元、六十万元至一百万元的幅度内,确定本地区执行本解释第二条第一款第(三)项、第四条第(三)项的起点数额标准,并报最高人民法院备案。

规范性文件

《最高人民法院关于处理自首和立功若干具体问题的意见》(法发〔2010〕60号)"一、关于'自动投案'的具体认定"对交通肇事案件自首的成立条件和政策把握作了规定。(→参见第总则第四章第三节标题评注部分,第250页)

《最高人民法院、最高人民检察院关于常见犯罪的量刑指导意见(试行)》(法发〔2021〕21号,节录)
四、常见犯罪的量刑
(一)交通肇事罪
1. 构成交通肇事罪的,根据下列情形在相应的幅度内确定量刑起点:
(1)致人重伤、死亡或者使公私财产遭受重大损失的,在二年以下有期徒刑、拘役幅度内确定量刑起点。
(2)交通运输肇事后逃逸或者有其他特别恶劣情节的,在三年至五年有期徒刑幅度内确定量刑起点。
(3)因逃逸致一人死亡的,在七年至十年有期徒刑幅度内确定量刑起点。
2. 在量刑起点的基础上,根据事故责任、致人重伤、死亡的人数或者财产损失的数额以及逃逸等其他影响犯罪构成的犯罪事实增加刑罚量,确定基准刑。
3. 构成交通肇事罪的,综合考虑事故责任、危害后果、赔偿谅解等犯罪事实、量刑情节,以及被告人的主观恶性、人身危险性、认罪悔罪表现等因素,决定缓刑的适用。
(→前三部分和第五部分参见总则第四章第一节标题评注部分,第225、227页)

《最高人民法院、最高人民检察院、公安部关于依法办理"碰瓷"违法犯罪案件的指导意见》(公通字〔2020〕12号)第六条对"碰瓷"案件适用交通肇事罪作了指引性规定。(→参见第二百六十六条评注部分,第1292页)

法律适用答复、复函[①]

《最高人民法院研究室关于遇害者下落不明的水上交通肇事案件应如何适用法律问题的电话答复》(1992年10月30日)[②]

四川省高级人民法院：

你院川高法研〔1992〕15号《关于遇害者下落不明的水上交通肇事案件应如何适用法律的请示》[③]收悉。经研究，同意你院的倾向性意见，即在水上交通肇

---

① 此外，最高人民法院研究室复函认为："行为人严重超载与事故发生之间如有因果关系，行为人的行为已符合交通肇事罪的构成，但考虑到本案发生具有一定的偶发性，如通过民事赔偿能够化解矛盾，被害方不坚持追诉，也可不追究行为人的刑事责任。如行为人严重超载与事故发生之间不能认定存在因果关系，则应认定为意外事件。"参见刘涛等：《最高人民法院研究室关于对运输货车自行滑坡造成他人死亡如何定性处理问题的研究意见》，载张军主编：《司法研究与指导（总第2辑）》，人民法院出版社2012年版。

② 可以进一步讨论的问题是，宣告死亡是否可以作为刑事案件中认定被害人死亡的证据。对此，**本评注主张**区分情况：(1)普通类型的"宣告死亡"。通常情况下，民事诉讼程序中的"宣告死亡"不能直接作为刑事案件中认定被害人死亡的证据。主要考虑：民事诉讼和刑事诉讼的采信规则是不同的，所要解决的问题也不一样。我国所确立的宣告死亡制度隶属于民事诉讼的非诉程序，其目的是解决民事方面的财产与身份关系，这种"死亡"仅是民事法律事实，还不是刑事诉讼中所要求的确定的法律事实。因此，通常情况下，民事中的宣告死亡不能直接作为刑事诉讼定案的依据。(2)"经有关机关证明该公民不可能生存"的宣告死亡。2017年修正的《民事诉讼法》第一百八十五条规定"因意外事故下落不明，经有关机关证明该公民不可能生存的，宣告死亡的公告期间为三个月"。此条款证明的程度需达到"不可能生存"的地步，可以推断出有关机关作出证明时所适用的证据采信规则，已经超越了民事领域一般的高度盖然性的规则，需要达到确实的程度，即"不可能生存"，排除掉生存的可能性。这与刑事领域证据采信规则相契合。在这样的证据采信规则之下，可以考虑将"有关机关证明"这一类型的"宣告死亡"与普通类型的因一般原因失踪一定期限的"宣告死亡"区分开来，因为对被宣告死亡人而言，二者背后所援引的证据标准已经属于不同的层次：对于前一类型，被宣告死亡者生还的可能性基本为零；对于后一类型，被宣告死亡者生还的可能性还较大。

③ 《四川省高级人民法院关于遇害者下落不明的水上交通肇事案件应如何适用法律的请示》（川高法研〔1992〕15号）提出："最近，泸州市中级人民法院就遇害者下落不明的水上交通肇事案件如何适用法律的问题，请示我院答复。我们在讨论中，提出了两种意见：第一种意见认为，根据刑法第一百一十三条规定，交通肇事必须是造成重伤、死（转下页）

事案件中,如有遇害者下落不明的,不能推定其已经死亡,而应根据被告人的行为造成被害人下落不明的案件事实,依照刑法定罪处刑,民事诉讼应另行提起,并经过宣告失踪人死亡程序后,根据法律和事实处理赔偿等民事纠纷。

《最高人民法院研究室关于纵容他人醉酒驾驶造成重大交通事故定性问题的复函》(法研〔2011〕29号)①

最高人民检察院法律政策研究室:

贵室《关于纵容他人醉酒驾驶造成重大交通事故能否构成交通肇事罪征求意见的函》(高检研函字〔2011〕5号)收悉。经研究并征求我院各刑事审判庭意见,我室认为,对"纵容他人在道路上醉酒驾驶机动车造成重大交通事故"的,不宜以交通肇事罪追究刑事责任。主要考虑:将机动车交由醉酒者驾驶与指使、强令他人违章驾驶相比,行为人的主观故意明显不同,以交通肇事罪追究将机动车交由醉酒者驾驶的人的刑事责任,不符合共同犯罪原理,当事人之间对危害后果不存在共同罪过。

▰刑参案例规则提炼②

《梁应金、周守金等交通肇事案——肇事交通工具的单位主管人员能否构

(接上页)亡和公私财产重大损失的,才能定罪处刑,因此对水上交通肇事遇害者下落不明的,可以根据案件发生的具体情况,判断遇害者不可能生存的,可直接认定遇害者已经死亡,对被告人以交通肇事定罪判刑,并可同时提起附带民事诉讼。第二种意见认为,刑事判决认定死亡只能是实际发生的死亡结果,对水上交通肇事案件的遇害者下落不明的,不能推定其已经死亡,只能根据被告人的行为造成受害人下落不明的这一事实,以交通肇事定罪处刑,民事诉讼应另行提起,并经过宣告死亡程序后处理赔偿等民事权益纠纷。我们倾向于第二种意见。"

① 参见刘涛等:《最高人民法院研究室关于纵容他人醉酒驾驶造成重大交通事故定性问题的研究意见》,载张军主编:《司法研究与指导(总第2辑)》,人民法院出版社2012年版。

② 另,《赵双江故意杀人、赵文齐交通肇事案——车辆所有人在交通肇事后将被害人隐藏致使被害人无法得到救助而死亡的,如何定性》(第1169号案例)提出"由于被害人……的死亡主要是由于交通肇事所致……即便得到及时救助,也基本没有被救活的可能性",故行为人藏匿被害人的行为并不必然造成被害人死亡结果的发生,"只是实施了法律拟制的'故意杀人'行为,但依法仍应构成故意杀人罪……在量刑上酌予考虑",与刑参第220号案例在因果关系的要求方面不一致,似也不符合法释〔2000〕33号解释第六条"致使被害人无法得到救助而死亡或者严重残疾"的规定,故对所涉该部分规则未予提炼。

成交通肇事罪》(第84号案例)、《周立杰交通肇事案——如何认定交通肇事后逃逸》(第176号案例)、《倪庆国交通肇事案——如何准确把握"交通肇事后将被害人带离事故现场后遗弃,致使被害人无法得到救助而死亡"的情形》(第220号案例)、《李满英过失致人死亡案——驾驶交通工具在非公共交通范围内撞人死亡的应如何定罪》(第243号案例)、《钱竹平交通肇事案——交通肇事逃逸致人死亡的司法认定》(第342号案例)、《孙贤玉交通肇事案——交通肇事逃离现场后又投案自首的行为能否认定为"肇事逃逸"》(第415号案例)、《韩正连故意杀人案——如何认定交通肇事转化为故意杀人的主观故意》(第439号案例)、《俞耀交通肇事案——交通肇事逃逸后以贿买的方式指使他人冒名顶罪、作伪证的行为,如何定性》(第681号案例)、《谭继伟交通肇事案——交通肇事后报警并留在现场等候处理,应认定为自动投案》(第696号案例)、《王友彬交通肇事案——交通肇事后逃逸又自动投案的构成自首,应在逃逸情节的法定刑幅度内视情决定是否从轻处罚》(第697号案例)、《刘本露交通肇事案——交通肇事后,行为人因受伤在医院治疗,公安机关向其询问案情时,拒不交代肇事经过,并虚构身份信息,后逃离医院的行为,是否应当认定为"交通肇事后逃逸"》(第788号案例)、《龚某交通肇事案——"交通肇事后逃逸"情节的认定》(第857号案例)、《马国旺交通肇事案——对致人重伤交通肇事案件中的逃逸行为如何评价》(第858号案例)、《李启铭交通肇事案——校园道路是否属于道路交通安全法规定的"道路"以及如何在舆论压力和理性判罚之间寻求最佳审判效果》(第890号案例)、《郑帮巧危险驾驶案——醉酒驾驶机动车致使本人重伤的是否构成交通肇事罪》(第898号案例)、《陆华故意杀人案——在醉酒驾驶致人死亡的案件中如何区分交通肇事罪与(间接)故意杀人罪》(第908号案例)、《张文明故意杀人案——如何运用间接证据认定交通肇事者将被害人带离事故现场后遗弃并致使被害人死亡的事实以及如何结合在案证据审查被告人提出的新辩解是否成立》(第912号案例)、《张超泽交通肇事案——吸毒后驾驶机动车致使发生交通事故的行为如何定性以及是否属于刑法第一百三十三条规定的"其他特别恶劣情节"》(第916号案例)、《李中海故意杀人案——如何认定交通肇事逃逸案件中的间接故意杀人犯罪》(第923号案例)、《邵大平交通肇事案——交通肇事撞伤他人后逃离现场,致被害人被后续车辆碾压致死的如何定性》(第1118号案例)、《赵双江故意杀人、赵文齐交通肇事案——车辆所有人在交通肇事后将被害人隐藏致使被害人无法得到救助而死亡的,如何定性》(第1169号案例)、《胡伦霞交通肇事案——行人引起的交通肇事案件的司法认定》(第1297号案例)、《汪庆樟交通肇事案——肇事者交通事故后滞留现场不履行救助义务,在二次事故发生后,隐瞒身份并离开现场,可以构成因逃逸致人死亡》(第 1364 号案例)、《王爱华、陈玉华交通肇事案——车主指使驾驶人员逃逸致被害人遭连环辗轧死亡的刑事责任认定》(第 1450 号案例)、《曹某交通肇事案——施工单位整修路段时未按规定履行安全警示义务,致使路段仍然具有公共通行功能的,该路段仍属于"道路"》(第 1508 号案例)所涉规则提炼如下:

1. 交通肇事罪的时空范围把握规则。"允许社会车辆通行的校园道路属于《中华人民共和国道路交通安全法》……规定的'道路'……醉驾肇事的行为构成交通肇事罪。"(第 890 号案例)但是,"一般而言,机关、企事业单位、厂矿、学校、封闭的住宅小区等内部道路均不属于公共交通管理范围",不能适用交通肇事罪。对此,"原则上讲,一般应首先考虑以过失致人死亡罪追究刑事责任,如该行为同时又符合重大责任事故罪或重大劳动安全事故罪的构成要件,则应按特别法条优于普通法条的适用原则,以重大责任事故罪或重大劳动安全事故罪等罪名追究刑事责任"。(第 243 号案例)"虽经公安机关批准在事发路段非机动车道进行道路施工,但未按规定使用安全护栏、设置警示标志、指派人员看护,使路段实质上成了一个兼具开放施工与公共交通双重属性的特殊区域,交通参与者可以随意驶入事发区域。所以,应当认定本起事故发生在公共交通管理范围内……"(第 1508 号案例)

2. 交通肇事罪主体范围把握规则。"被告人……作为'榕建'号客船所有人的法定代表人,对'榕建'号客船的营运安全具有管理职责……将不具备适航条件的'榕建'号投入运营,实质上是指使……违章驾驶。""参照《最高人民法院关于审理交通肇事刑事案件具体应用法律若干问题的解释》第七条'单位主管人员、机动车辆所有人或者机动车辆承包人指使、强令他人违章驾驶造成重大交通事故',以交通肇事罪定罪处罚的规定,被告人……的行为,完全符合交通肇事罪的构成要件,应当以交通肇事罪追究其刑事责任。"(第 84 号案例)此外,"行人可以成为交通肇事罪的主体"。(第 1297 号案例)

3. "致一人以上重伤"的认定规则。"对《解释》中'致一人以上重伤'中的'人'应当作不包括本人的限缩解释。"(第 898 号案例)

4. 事故责任的司法认定规则。"可以依据《道路交通事故认定书》,结合其他证据,分清事故责任,判定被告人……承担刑事责任。"(第 1297 号案例)

5. "交通肇事后逃逸"的适用规则。"成立'交通肇事后逃逸'必须同时具备以下要件:1. 行为人的交通肇事行为具有《解释》第二条第一款规定和第二条第二款第(一)至第(五)项规定的情形之一,也即是行为人的交通肇事行为首先必须已构成交通肇事罪的基本犯……2. 行为人必须是基于为逃避法律追究的目的而逃跑……肇事后运送伤者去医院抢救,在未来得及及时报案前就在途中或医院被抓获的,一般应认定为无逃避法律追究目的,但若是在将伤者送到医院后又偷偷离开的,有报案条件和可能而不予报案事后被抓获的,就应当认定为具有逃避法律追究的目的。同样,在基于临时躲避被害人亲属加害的情况下,如确无条件和可能及时报案即被抓获的,应认定为不具有逃避法律追究的目的,不属于肇事后逃逸;反之,在临时躲避情形消失后,在有报案条件及可能的情况下,仍不予报案而继续逃避的,其性质又转化为肇事后逃逸,同样应当认定为具有逃避法律追究的目的。"(第176号案例)"认定'交通运输肇事后逃逸',应当定位于为'逃避法律追究而逃跑',且'逃跑'并不限于'当即从现场逃跑'。"(第1169号案例)"具体而言,是指行为人交通肇事后,在接受事故处理机关首次处理前,故意逃离事故现场或相关场所,使自身不受被害方、群众或事故处理人员控制的行为。"(第697号案例)"有的肇事者因在事故中受伤而没有现场逃跑的条件,却在治疗中见机逃离……有的肇事者将伤者送到医院抢救后发现伤势严重或者死亡,则留下假名、假电话后失踪……只要是在交通肇事后为逃避法律追究而逃离的行为,都应当认定为'交通肇事后逃逸'。"(第788号案例)而且,"在事故现场躲藏、在现场却谎称不是肇事者或者虽在现场但指使、同意他人冒名顶替等情形,其最终目的是隐瞒肇事者身份、逃避法律的追究,仍然可以构成'逃逸'。"(第1364号案例)相关情形还可能构成数罪。例如,就在交通肇事致人死亡逃逸后,以贿买的方式指使他人冒名顶罪、作伪证的行为而言,"为了逃避法律追究所实施的逃离现场的行为应依据《解释》第三条的规定认定为交通肇事中的'逃逸',以贿买方式指使他人顶罪、作伪证的行为应依据刑法第三百零七条第一款的规定,认定为妨害作证罪",而不应作为交通肇事罪中的一个量刑情节来处理。(第681号案例)但是,"如果肇事者已经履行道路交通安全法规定的肇事者必须履行的法定义务,接受公安机关处理后,在侦查、起诉、审判阶段逃离,或者经传唤不到案,取保候审或者监视居住期间逃跑,行为人只是违背刑事诉讼法规定的法定义务,不能认定为'肇事后逃逸'"。(第857号案例)此外,要避免重复评价,"有多个违反交通运输管理法规的行为,如无证驾驶、违章停车、肇事后逃逸……在认定……是否负有事故责任时……逃逸行为并未作为认定依据……则应当将逃逸作为加重处罚情节对待"。(第858号案例)就主体而言,车主"为逃避法律追究,在交通肇事后仍指使驾驶人员逃逸,应构成交通肇事逃逸"。(第1450号案例)

6. 交通肇事自首的成立与"交通肇事后逃逸"的认定规则。"司法实践中,以下几类交通肇事后报警,并在现场等候处理的行为,均应认定为自首:

(1)交通肇事后,立即报警,保护现场、抢救伤员和财产,归案后又如实供述自己罪行的;(2)交通肇事后,委托他人代为报警,自己忙于保护现场、抢救伤员和财产,归案后又如实供述自己罪行的;(3)交通肇事后,明知他人已经报警,自己在现场等候交警部门处理,归案后又如实供述自己罪行的。""行为人在交通肇事后自首,且通过亲属积极赔偿被害方的经济损失,取得被害方谅解的,一般应予从宽处罚。"(第696号案例)需要注意的是,交通肇事逃离现场后,"在亲属的劝说陪同下投案自首,其行为符合《最高人民法院关于处理自首和立功具体应用法律若干问题的解释》的有关规定,虽然因时隔一天,不能算'立即投案',更不能否定'逃逸'情节,但这并不妨碍对其自首情节的认定"。(第415号案例)"行为人交通肇事后逃逸,后又自动投案、如实供述罪行的,构成自首,但应以'交通肇事后逃逸'的法定刑为基准,视情决定对其自首是否从轻处罚。"(第697号案例)

7. **"因逃逸致人死亡"的认定规则**。"刑法规定的'因逃逸致人死亡'不以逃逸前的交通肇事行为构成交通肇事罪为必要条件。"(第1118号案例)"认定'因逃逸致人死亡'中'逃逸'的关键是有救助能力而不履行救助义务。"(第1364号案例)具体适用中,"第一,'因逃逸致人死亡'的认定必须以逃逸行为的存在为前提。""第二,在客观上,逃逸行为与死亡结果之间应当具有因果关系……如果从被害人的伤情看,及时送往医院也不能避免被害人死亡的,或者被害人死亡结果的最终发生并非肇事者逃逸行为所致,那么,不能认定肇事者的逃逸行为与被害人死亡结果之间具有因果关系,不能认定为'因逃逸致人死亡'……""第三,司法解释所规定的'救助'没有特定的指向,因此应该理解为既可以是肇事者的救助,也可以是其他人的救助。及时的'救助'是确定逃逸与死亡之间是否存在刑法上的因果关系的一个中介。"(第342号案例)"违章驾驶车辆导致被害人死亡的行为已经构成了交通肇事罪,在不能确定其逃离现场时被害人是否死亡的情况下,不宜认定'逃逸致人死亡',但可认定其交通肇事后逃逸。"(第1450号案例)

8. **"其他特别恶劣情节"的认定规则**。"对于吸食毒品后驾驶机动车发生重大交通事故的行为,应当结合具体案情进行定性分析。""对交通事故的发生在意志状态上系反对、否定态度,即罪过形式为过失,其行为构成交通肇事罪。""吸毒后驾驶机动车交通肇事造成特别严重后果的,属于刑法第一百三十三条规定的'其他特别恶劣情节'。"(第916号案例)

9. **交通肇事罪与故意杀人罪的界分规则**。(1)逃逸构成不作为故意杀人罪的适用。"在司法实践中,如何正确区分交通肇事案件中逃逸者的罪过形式系过于自信的过失还是间接故意杀人,直接影响到逃逸者行为的定性。""先前的交通肇事行为虽是出于过失,但当其明知被害人在凌晨时分因自己驾车肇事导致受伤摔倒在交通干线的机动车道上无法动弹,存在被后续车辆碾压致死的高度危险时,仍未采取任何救助措施或者防范措施,而是选择了自行逃逸。在此情况下……属于典型的放任危害结果发生的情形,其罪过形式属于间接故意",最终导致被害人死亡的,应当构成故意杀人罪。(第923号案例)"在二次碰撞事故中,认定行为人的逃逸行为构成不作为的故意杀人罪应当慎重……不作为行为与结果之间的关系,至少应达到相当的程度。如对溺水者负有救助义务的人不作为,其行为与死亡结果之间就具有相当因果关系,即被害人死亡的概率非常高,生还具有异常性。"(第1118号案例)(2)肇事后驾车拖拽被害人行为的定性。"区分交通肇事罪和故意杀人罪的要点之一在于判断行为人实施了交通肇事一个行为还是交通肇事和故意杀人两个行为(将交通工具作为故意杀人的工具,实施了一个杀人行为的除外)。""在实施交通肇事行为后,为逃避法律追究,明知有异物被拖拽于汽车底下,继续驾车行驶可能会导致被害人死亡结果的发生,而继续驾车逃逸,放任这种危害结果的发生,并最终导致被害人死亡,其后行为属于间接故意杀人,其行为构成故意杀人罪。同时,根据后行为吸收先行为、重行为吸收轻行为的刑法原理,可以对……以一罪论处。"(第908号案例)

10. 交通肇事罪转化为故意杀人罪的规则。"以故意杀人罪或者故意伤害罪追究刑事责任的交通肇事案件应当同时符合以下条件:1.行为人必须有在交通肇事后将被害人带离事故现场后予以隐藏或者遗弃的行为……2.行为人实施上述行为的主观目的是为了逃避法律追究……3.被害人最终死亡或者造成严重残疾,且该结果系因被隐藏或者遗弃而无法得到救助所致。"(第220号案例)"车辆所有人在交通肇事后将被害人隐藏致使被害人无法得到救助而死亡的,应当以故意杀人罪论处。"(第1169号案例)"其承担的刑事责任不再是交通肇事的结果加重犯的责任,而是因其先行行为造成他人死亡危险状态构成的不作为的刑事责任。"(第439号案例)"没有相应的直接证据,但基于在案的间接证据,能够证明……在交通肇事后确有移动、遗弃被害人的行为。在这种情况下,不应完全依照被告人的辩解进行定罪量刑,应当以故意杀人罪定罪处罚。"(第912号案例)

第一百三十三条之一 【危险驾驶罪】在道路上驾驶机动车,有下列情形之一的,处拘役,并处罚金:
(一)追逐竞驶,情节恶劣的;
(二)醉酒驾驶机动车的;
(三)从事校车业务或者旅客运输,严重超过额定乘员载客,或者严重超过规定时速行驶的;
(四)违反危险化学品安全管理规定运输危险化学品,危及公共安全的。
机动车所有人、管理人对前款第三项、第四项行为负有直接责任的,依照前款的规定处罚。
有前两款行为,同时构成其他犯罪的,依照处罚较重的规定定罪处罚。

■ 立法沿革

本条系 2011 年 5 月 1 日起施行的《刑法修正案(八)》第二十二条增设。2015 年 11 月 1 日起施行的《刑法修正案(九)》第八条对本条作了修改,主要涉及如下两个方面:一是增设行为方式,将"从事校车业务或者旅客运输,严重超过额定乘员载客,或者严重超过规定时速行驶的""违反危险化学品安全管理规定运输危险化学品,危及公共安全的"规定为危险驾驶犯罪行为;二是明确机动车所有人、管理人对危险驾驶行为负有直接责任的,依照危险驾驶罪的规定追究刑事责任。

修正前《刑法》	修正后《刑法》
第一百三十三条之一 【危险驾驶罪】在道路上驾驶机动车追逐竞驶,情节恶劣的,~~或者在道路上~~醉酒驾驶机动车的,处拘役,并处罚金。 有前款行为,同时构成其他犯罪的,依照处罚较重的规定定罪处罚。	**第一百三十三条之一** 【危险驾驶罪】在道路上驾驶机动车,**有下列情形之一的**,处拘役,并处罚金: (一)追逐竞驶,情节恶劣的; (二)醉酒驾驶机动车的; (三)从事校车业务或者旅客运输,严重超过额定乘员载客,或者严重超过规定时速行驶的; (四)违反危险化学品安全管理规定运输危险化学品,危及公共安全的。 机动车所有人、管理人对前款第三项、第四项行为负有直接责任的,依照前款的规定处罚。 有前**两**款行为,同时构成其他犯罪的,依照处罚较重的规定定罪处罚。

相关规定

《中华人民共和国道路交通安全法》(第三次修正后自 2021 年 4 月 29 日起施行,节录)

第九十一条　饮酒后驾驶机动车的,处暂扣六个月机动车驾驶证,并处一千元以上二千元以下罚款。因饮酒后驾驶机动车被处罚,再次饮酒后驾驶机动车的,处十日以下拘留,并处一千元以上二千元以下罚款,吊销机动车驾驶证。

醉酒驾驶机动车的,由公安机关交通管理部门约束至酒醒,吊销机动车驾驶证,依法追究刑事责任;五年内不得重新取得机动车驾驶证。

饮酒后驾驶营运机动车的,处十五日拘留,并处五千元罚款,吊销机动车驾驶证,五年内不得重新取得机动车驾驶证。

醉酒驾驶营运机动车的,由公安机关交通管理部门约束至酒醒,吊销机动车驾驶证,依法追究刑事责任;十年内不得重新取得机动车驾驶证,重新取得机动车驾驶证后,不得驾驶营运机动车。

饮酒后或者醉酒驾驶机动车发生重大交通事故,构成犯罪的,依法追究刑事责任,并由公安机关交通管理部门吊销机动车驾驶证,终生不得重新取得机动车驾驶证。

第九十二条　公路客运车辆载客超过额定乘员的,处二百元以上五百元以下罚款;超过额定乘员百分之二十或者违反规定载货的,处五百元以上二千元以下罚款。

货运机动车超过核定载质量的,处二百元以上五百元以下罚款;超过核定载质量百分之三十或者违反规定载客的,处五百元以上二千元以下罚款。

有前两款行为的,由公安机关交通管理部门扣留机动车至违法状态消除。

运输单位的车辆有本条第一款、第二款规定的情形,经处罚不改的,对直接负责的主管人员处二千元以上五千元以下罚款。

第九十九条　有下列行为之一的,由公安机关交通管理部门处二百元以上二千元以下罚款:

(一)未取得机动车驾驶证、机动车驾驶证被吊销或者机动车驾驶证被暂扣期间驾驶机动车的;

(二)将机动车交由未取得机动车驾驶证或者机动车驾驶证被吊销、暂扣的人驾驶的;

(三)造成交通事故后逃逸,尚不构成犯罪的;

(四)机动车行驶超过规定时速百分之五十的;

(五)强迫机动车驾驶人违反道路交通安全法律、法规和机动车安全驾驶要求驾驶机动车,造成交通事故,尚不构成犯罪的;

（六）违反交通管制的规定强行通行，不听劝阻的；

（七）故意损毁、移动、涂改交通设施，造成危害后果，尚不构成犯罪的；

（八）非法拦截、扣留机动车辆，不听劝阻，造成交通严重阻塞或者较大财产损失的。

行为人有前款第二项、第四项情形之一的，可以并处吊销机动车驾驶证；有第一项、第三项、第五项至第八项情形之一的，可以并处十五日以下拘留。

第一百一十九条　本法中下列用语的含义：

（一）"道路"，是指公路、城市道路和虽在单位管辖范围但允许社会机动车通行的地方，包括广场、公共停车场等用于公众通行的场所。

（二）"车辆"，是指机动车和非机动车。

（三）"机动车"，是指以动力装置驱动或者牵引，上道路行驶的供人员乘用或者用于运送物品以及进行工程专项作业的轮式车辆。

（四）"非机动车"，是指以人力或者畜力驱动，上道路行驶的交通工具，以及虽有动力装置驱动但设计最高时速、空车质量、外形尺寸符合有关国家标准的残疾人机动轮椅车、电动自行车等交通工具。

（五）"交通事故"，是指车辆在道路上因过错或者意外造成的人身伤亡或者财产损失的事件。

规范性文件

《**公安部关于公安机关办理醉酒驾驶机动车犯罪案件的指导意见**》（公交管〔2011〕190号，具体条文未收录）

《**司法部司法鉴定管理局关于车辆驾驶人员血液中酒精含量测定适用标准有关意见的函**》（司鉴函〔2018〕5号）

各省、自治区、直辖市司法厅（局）司法鉴定管理局（处）：

根据国家标准《车辆驾驶人员血液、呼气酒精含量阈值与检验（GB19522-2010）》（国家质检总局、国家标准委2011年1月14日发布，2011年7月1日起实施）和《关于批准发布GB19522-2010〈车辆驾驶人员血液、呼气酒精含量阈值与检验〉国家标准第1号修改单的公告》（国家标准委2017年2月28日印发）的规定，车辆驾驶人员血液中酒精含量检验方法按照GA/T1073或者GA/T842的规定，强制执行。

《生物样品血液、尿液中乙醇、甲醇、正丙醇、乙醛、丙酮、异丙醇和正丁醇的顶空-气相色谱检验方法》(GA/T1073-2013)①和《血液中乙醇的测定 顶空气相色谱法》(SF/ZJD0107001-2016)均为司法部司法鉴定科学研究院(原司法部司法鉴定科学技术研究所)起草制定,在对人体血液中酒精含量进行测定时,两种方法具有同一性。

司法鉴定机构接受委托对车辆驾驶人员血液中酒精含量进行检测,是司法鉴定机构服务诉讼和行政执法活动的一项重要职责任务。为正确适用标准,保障诉讼和行政执法活动顺利进行,司法鉴定机构对车辆驾驶人员血液中酒精含量进行检测时,应当按照国家标准GB19522的要求,采用GA/T1073或者GA/T842的规定。

请各地及时将本意见传达至各相关司法鉴定机构,认真贯彻执行。

《最高人民法院、最高人民检察院关于常见犯罪的量刑指导意见(试行)》(法发〔2021〕21号,节录)

四、常见犯罪的量刑

(二)危险驾驶罪

1. 构成危险驾驶罪的,依法在一个月至六个月拘役幅度内确定宣告刑。

2. 构成危险驾驶罪的,根据危险驾驶行为、实际损害后果等犯罪情节,综合考虑被告人缴纳罚金的能力,决定罚金数额。

3. 构成危险驾驶罪的,综合考虑危险驾驶行为、危害后果等犯罪事实、量刑情节,以及被告人主观恶性、人身危险性、认罪悔罪表现等因素,决定缓刑的适用。

(→前三部分和第五部分参见总则第四章第一节标题评注部分,第225、227页)

《最高人民法院、最高人民检察院、公安部、工业和信息化部、住房和城乡建设部、交通运输部、应急管理部、国家铁路局、中国民用航空局、国家邮政局关于依法惩治涉枪支、弹药、爆炸物、易燃易爆危险物品犯罪的意见》(法发〔2021〕35号)第五条对《刑法》第一百三十三条之一第一款第四项的适用作了指引性规定。(→参见第一百二十五条评注部分,第486页)

《最高人民法院、最高人民检察院、公安部、司法部关于办理醉酒危险驾驶刑事案件的意见》(高检发办字〔2023〕187号,自2023年12月28日起施行)

为维护人民群众生命财产安全和道路交通安全,依法惩治醉酒危险驾驶(以下简称醉驾)违法犯罪,根据刑法、刑事诉讼法等有关规定,结合执法司法实践,制定本意见。

---

① 在GA/T1073-2013标准的基础上,制定了《血液、尿液中乙醇、甲醇、正丙醇、丙酮、异丙醇和正丁醇检验》(GB/T 42430-2023)。该标准自2024年3月1日起实施。——本评注注

一、总体要求

第一条 人民法院、人民检察院、公安机关办理醉驾案件,应当坚持分工负责,互相配合,互相制约,坚持正确适用法律,坚持证据裁判原则,严格执法,公正司法,提高办案效率,实现政治效果、法律效果和社会效果的有机统一。人民检察院依法对醉驾案件办理活动实行法律监督。

第二条 人民法院、人民检察院、公安机关办理醉驾案件,应当全面准确贯彻宽严相济刑事政策,根据案件的具体情节,实行区别对待,做到该宽则宽,当严则严,罚当其罪。

第三条 人民法院、人民检察院、公安机关和司法行政机关应当坚持惩治与预防相结合,采取多种方式强化综合治理、诉源治理,从源头上预防和减少酒后驾驶行为发生。

二、立案与侦查

第四条 在道路上驾驶机动车,经呼气酒精含量检测,显示血液酒精含量达到 80 毫克/100 毫升以上的,公安机关应当依照刑事诉讼法和本意见的规定决定是否立案。对情节显著轻微、危害不大,不认为是犯罪的,不予立案。

公安机关应当及时提取犯罪嫌疑人血液样本送检。认定犯罪嫌疑人是否醉酒,主要以血液酒精含量鉴定意见作为依据。

犯罪嫌疑人经呼气酒精含量检测,显示血液酒精含量达到 80 毫克/100 毫升以上,在提取血液样本前脱逃或者找人顶替的,可以以呼气酒精含量检测结果作为认定其醉酒的依据。

犯罪嫌疑人在公安机关依法检查时或者发生道路交通事故后,为逃避法律追究,在呼气酒精含量检测或者提取血液样本前故意饮酒的,可以以查获后血液酒精含量鉴定意见作为认定其醉酒的依据。

第五条 醉驾案件中"道路""机动车"的认定适用道路交通安全法有关"道路""机动车"的规定。①

---

① 相关法规并未明确规定超标车属于机动车,有关部门也未将超标车作为机动车进行管理,在此情况下,公众普遍认为超标车不属于机动车,醉酒驾驶超标车的行为人不具有危险驾驶机动车的违法性认识。因此,尽管醉酒驾驶超标车存在较大安全隐患,但在相关法规未明确规定超标车属于机动车的情况下,不宜对醉酒驾驶超标车的行为以危险驾驶罪定罪处罚。参见高贵君、马岩、方文军、曾琳:《〈关于办理醉酒驾驶机动车刑事案件适用法律若干问题的意见〉的理解与适用》,载中华人民共和国最高人民法院刑事审判第一、二、三、四、五庭主办:《中国刑事审判指导案例2》(增订第3版),法律出版社2017年版,第332页。

对机关、企事业单位、厂矿、校园、居民小区等单位管辖范围内的路段是否认定为"道路",应当以其是否具有"公共性"、是否"允许社会机动车通行"作为判断标准。只允许单位内部机动车、特定来访机动车通行的,可以不认定为"道路"。

第六条 对醉驾犯罪嫌疑人、被告人,根据案件具体情况,可以依法予以拘留或者取保候审。具有下列情形之一的,一般予以取保候审:
(一)因本人受伤需要救治的;
(二)患有严重疾病,不适宜羁押的;
(三)系怀孕或者正在哺乳自己婴儿的妇女;
(四)系生活不能自理的人的唯一扶养人;
(五)其他需要取保候审的情形。

对符合取保候审条件,但犯罪嫌疑人、被告人不能提出保证人,也不交纳保证金的,可以监视居住。对违反取保候审、监视居住规定的犯罪嫌疑人、被告人,情节严重的,可以予以逮捕。

第七条 办理醉驾案件,应当收集以下证据:
(一)证明犯罪嫌疑人情况的证据材料,主要包括人口信息查询记录或者户籍证明等身份证明;驾驶证、驾驶人信息查询记录;犯罪前科记录、曾因饮酒后驾驶机动车被查获或者行政处罚记录、本次交通违法行政处罚决定书等;
(二)证明醉酒检测鉴定情况的证据材料,主要包括呼气酒精含量检测结果、呼气酒精含量检测仪标定证书、血液样本提取笔录、鉴定委托书或者鉴定机构接收检材登记材料、血液酒精含量鉴定意见、鉴定意见通知书等;
(三)证明机动车情况的证据材料,主要包括机动车行驶证、机动车信息查询记录、机动车照片等;
(四)证明现场执法情况的照片,主要包括现场检查机动车、呼气酒精含量检测、提取与封装血液样本等环节的照片,并应当保存相关环节的录音录像资料;
(五)犯罪嫌疑人供述和辩解。

根据案件具体情况,还应当收集以下证据:
(一)犯罪嫌疑人是否饮酒、驾驶机动车有争议的,应当收集同车人员、现场目击证人或者共同饮酒人员等证人证言、饮酒场所及行驶路段监控记录等;
(二)道路属性有争议的,应当收集相关管理人员、业主等知情人员证言、管理单位或者有关部门出具的证明等;
(三)发生交通事故的,应当收集交通事故认定书、事故路段监控记录、人体损伤程度等鉴定意见、被害人陈述等；

（四）可能构成自首的，应当收集犯罪嫌疑人到案经过等材料；

（五）其他确有必要收集的证据材料。

第八条 对犯罪嫌疑人血液样本提取、封装、保管、送检、鉴定等程序，按照公安部、司法部有关道路交通安全违法行为处理程序、鉴定规则等规定执行。

公安机关提取、封装血液样本过程应当全程录音录像。血液样本提取、封装应当做好标记和编号，由提取人、封装人、犯罪嫌疑人在血液样本提取笔录上签字。犯罪嫌疑人拒绝签字的，应当注明。提取的血液样本应当及时送往鉴定机构进行血液酒精含量鉴定。因特殊原因不能及时送检的，应当按照有关规范和技术标准保管检材并在五个工作日内送检。

鉴定机构应当对血液样品制备和仪器检测过程进行录音录像。鉴定机构应当在收到送检血液样本后三个工作日内，按照有关规范和技术标准进行鉴定并出具血液酒精含量鉴定意见，通知或者送交委托单位。

血液酒精含量鉴定意见作为证据使用的，办案单位应当自收到血液酒精含量鉴定意见之日起五个工作日内，书面通知犯罪嫌疑人、被告人、被害人或者其法定代理人。

第九条 具有下列情形之一，经补正或者作出合理解释的，血液酒精含量鉴定意见可以作为定案的依据；不能补正或者作出合理解释的，应当予以排除：

（一）血液样本提取、封装、保管不规范的；

（二）未按规定的时间和程序送检、出具鉴定意见的；

（三）鉴定过程未按规定同步录音录像的；

（四）存在其他瑕疵或者不规范的取证行为的。

三、刑事追究

第十条 醉驾具有下列情形之一，尚不构成其他犯罪的，从重处理：

（一）造成交通事故且负事故全部或者主要责任的；

（二）造成交通事故后逃逸的；

（三）未取得机动车驾驶证驾驶汽车的；

（四）严重超员、超载、超速驾驶的；

（五）服用国家规定管制的精神药品或者麻醉药品后驾驶的；

（六）驾驶机动车从事客运活动且载有乘客的；

（七）驾驶机动车从事校车业务且载有师生的；

（八）在高速公路上驾驶的；

（九）驾驶重型载货汽车的；

（十）运输危险化学品、危险货物的；
（十一）逃避、阻碍公安机关依法检查的；
（十二）实施威胁、打击报复、引诱、贿买证人、鉴定人等人员或者毁灭、伪造证据等妨害司法行为的；
（十三）二年内曾因饮酒后驾驶机动车被查获或者受过行政处罚的；
（十四）五年内曾因危险驾驶行为被判决有罪或者作相对不起诉的；
（十五）其他需要从重处理的情形。

第十一条 醉驾具有下列情形之一的，从宽处理：
（一）自首、坦白、立功的；
（二）自愿认罪认罚的；
（三）造成交通事故，赔偿损失或者取得谅解的；
（四）其他需要从宽处理的情形。

第十二条 醉驾具有下列情形之一，且不具有本意见第十条规定情形的，可以认定为情节显著轻微、危害不大，依照刑法第十三条、刑事诉讼法第十六条的规定处理：
（一）血液酒精含量不满150毫克/100毫升的；
（二）出于急救伤病人员等紧急情况驾驶机动车，且不构成紧急避险的；
（三）在居民小区、停车场等场所因挪车、停车入位等短距离驾驶机动车的；
（四）由他人驾驶至居民小区、停车场等场所短距离接替驾驶停放机动车的，或者为了交由他人驾驶，自居民小区、停车场等场所短距离驶出的；
（五）其他情节显著轻微的情形。

醉酒后出于急救伤病人员等紧急情况，不得已驾驶机动车，构成紧急避险的，依照刑法第二十一条的规定处理。

第十三条 对公安机关移送审查起诉的醉驾案件，人民检察院综合考虑犯罪嫌疑人驾驶的动机和目的、醉酒程度、机动车类型、道路情况、行驶时间、速度、距离以及认罪悔罪表现等因素，认为属于犯罪情节轻微的，依照刑法第三十七条、刑事诉讼法第一百七十七条第二款的规定处理。

第十四条 对符合刑法第七十二条规定的醉驾被告人，依法宣告缓刑。具有下列情形之一的，一般不适用缓刑：
（一）造成交通事故致他人轻微伤或者轻伤，且负事故全部或者主要责任的；
（二）造成交通事故且负事故全部或者主要责任，未赔偿损失的；
（三）造成交通事故后逃逸的；

（四）未取得机动车驾驶证驾驶汽车的；
（五）血液酒精含量超过180毫克/100毫升的；
（六）服用国家规定管制的精神药品或者麻醉药品后驾驶的；
（七）采取暴力手段抗拒公安机关依法检查，或者实施妨害司法行为的；
（八）五年内曾因饮酒后驾驶机动车被查获或者受过行政处罚的；
（九）曾因危险驾驶行为被判决有罪或者作相对不起诉的；
（十）其他情节恶劣的情形。

第十五条 对被告人判处罚金，应当根据醉驾行为、实际损害后果等犯罪情节，综合考虑被告人缴纳罚金的能力，确定与主刑相适应的罚金数额。起刑点一般不应低于道路交通安全法规定的饮酒后驾驶机动车相应情形的罚款数额；每增加一个月拘役，增加一千元至五千元罚金。

第十六条 醉驾同时构成交通肇事罪、过失以危险方法危害公共安全罪、以危险方法危害公共安全罪等其他犯罪的，依照处罚较重的规定定罪，依法从严追究刑事责任。

醉酒驾驶机动车，以暴力、威胁方法阻碍公安机关依法检查，又构成妨害公务罪、袭警罪等其他犯罪的，依照数罪并罚的规定处罚。

第十七条 犯罪嫌疑人醉驾被现场查获后，经允许离开，再经公安机关通知到案或者主动到案，不认定为自动投案；造成交通事故后保护现场、抢救伤者，向公安机关报告并配合调查的，应当认定为自动投案。

第十八条 根据本意见第十二条第一款、第十三条、第十四条处理的案件，可以将犯罪嫌疑人、被告人自愿接受安全驾驶教育、从事交通志愿服务、社区公益服务等情况作为作出相关处理的考量因素。

第十九条 对犯罪嫌疑人、被告人决定不起诉或者免予刑事处罚的，可以根据案件的不同情况，予以训诫或者责令具结悔过、赔礼道歉、赔偿损失，需要给予行政处罚、处分的，移送有关主管机关处理。

第二十条 醉驾属于严重的饮酒后驾驶机动车行为。血液酒精含量达到80毫克/100毫升以上，公安机关应当在决定不予立案、撤销案件或者移送审查起诉前，给予行为人吊销机动车驾驶证行政处罚。根据本意见第十二条第一款处理的案件，公安机关还应当按照道路交通安全法规定的饮酒后驾驶机动车相应情形，给予行为人罚款、行政拘留的行政处罚。

人民法院、人民检察院依据本意见第十二条第一款、第十三条处理的案件，对被不起诉人、被告人需要予以行政处罚的，应当提出检察意见或者司法建议，移送公安机关依照前款规定处理。公安机关应当将处理情况通报人民法院、人民检察院。

四、快速办理

第二十一条 人民法院、人民检察院、公安机关和司法行政机关应当加强协作配合,在遵循法定程序、保障当事人权利的前提下,因地制宜建立健全醉驾案件快速办理机制,简化办案流程,缩短办案期限,实现醉驾案件优质高效办理。

第二十二条 符合下列条件的醉驾案件,一般应当适用快速办理机制:
(一)现场查获,未造成交通事故的;
(二)事实清楚,证据确实、充分,法律适用没有争议的;
(三)犯罪嫌疑人、被告人自愿认罪认罚的;
(四)不具有刑事诉讼法第二百二十三条规定情形的。

第二十三条 适用快速办理机制办理的醉驾案件,人民法院、人民检察院、公安机关一般应当在立案侦查之日起三十日内完成侦查、起诉、审判工作。

第二十四条 在侦查或者审查起诉阶段采取取保候审措施的,案件移送至审查起诉或者审判阶段时,取保候审期限尚未届满且符合取保候审条件的,受案机关可以不再重新作出取保候审决定,由公安机关继续执行原取保候审措施。

第二十五条 对醉驾被告人拟提出缓刑量刑建议或者宣告缓刑的,一般可以不进行调查评估。确有必要的,应当及时委托社区矫正机构或者有关社会组织进行调查评估。受委托方应当及时向委托机关提供调查评估结果。

第二十六条 适用简易程序、速裁程序的醉驾案件,人民法院、人民检察院、公安机关和司法行政机关可以采取合并式、要素式、表格式等方式简化文书。

具备条件的地区,可以通过一体化的网上办案平台流转、送达电子卷宗、法律文书等,实现案件线上办理。

五、综合治理

第二十七条 人民法院、人民检察院、公安机关和司法行政机关应当积极落实普法责任制,加强道路交通安全法治宣传教育,广泛开展普法进机关、进乡村、进社区、进学校、进企业、进单位、进网络工作,引导社会公众培养规则意识,养成守法习惯。

第二十八条 人民法院、人民检察院、公安机关和司法行政机关应当充分运用司法建议、检察建议、提示函等机制,督促有关部门、企事业单位,加强本单位人员教育管理,加大驾驶培训环节安全驾驶教育,规范代驾行业发展,加强餐饮、娱乐等涉酒场所管理,加大警示提醒力度。

第二十九条 公安机关、司法行政机关应当根据醉驾服刑人员、社区矫正对象的具体情况,制定有针对性的教育改造、矫正方案,实现分类管理、个别化教育,增强其悔罪意识、法治观念,帮助其成为守法公民。

六、附则

第三十条 本意见自 2023 年 12 月 28 日起施行。《最高人民法院、最高人民检察院、公安部关于办理醉酒驾驶机动车刑事案件适用法律若干问题的意见》(法发〔2013〕15 号)同时废止。

指导性案例

张某某、金某危险驾驶案(指导案例 32 号,节录)

关键词 刑事 危险驾驶罪 追逐竞驶 情节恶劣

裁判要点

1. 机动车驾驶人员出于竞技、追求刺激、斗气或者其他动机,在道路上曲折穿行、快速追赶行驶的,属于《中华人民共和国刑法》第一百三十三条之一规定的"追逐竞驶"。

2. 追逐竞驶虽未造成人员伤亡或财产损失,但综合考虑超过限速、闯红灯、强行超车、抗拒交通执法等严重违反道路交通安全法的行为,足以威胁他人生命、财产安全的,属于危险驾驶罪中"情节恶劣"的情形。

立案追诉标准

《公安部严重超员、严重超速危险驾驶刑事案件立案标准(试行)》(公传发〔2015〕708 号)①

第一条 在道路上驾驶机动车从事校车业务或者公路客运、旅游客运、包车客运,有下列严重超过额定乘员载客情形之一的,可以立案侦查:

(一)驾驶大型载客汽车,载客超过额定乘员 50% 以上或者超过额定乘员 15 人以上的;

(二)驾驶中型载客汽车,载客超过额定乘员 80% 以上或者超过额定乘员 10 人以上的;

(三)驾驶小型、微型载客汽车,载客超过额定乘员 100% 以上或者超过额定

---

① 参见李立众编:《刑法一本通——中华人民共和国刑法总成》(第十六版),法律出版社 2022 年版,第 194 页。**本评注认为**,在目前对相关定罪量刑标准未见司法解释、联合规范性文件明确规定的前提下,适用本规范性文件追究刑事责任,尚需根据案件具体情况作综合考量。

乘员7人以上的。

第二条 在道路上驾驶机动车从事校车业务或者公路客运、旅游客运、包车客运，有下列严重超过规定时速行驶情形之一的，可以立案侦查：

（一）在高速公路、城市快速路上行驶，超过规定时速50%以上，且行驶时速达到90公里以上的；

（二）在高速公路、城市快速路以外的道路上行驶，超过规定时速100%以上，且行驶时速达到60公里以上的；

（三）通过铁路道口、急弯路、窄路、窄桥或者在冰雪、泥泞的道路上行驶，或者掉头、转弯、下陡坡，以及遇雾、雨、雪、沙尘、冰雹等低能见度气象条件时，超过规定时速50%以上，且行驶时速达到30公里以上的；

（四）通过傍山险路、连续下坡、连续急弯等事故易发路段，超过规定时速50%以上，且行驶时速达到30公里以上的。

第三条 机动车所有人、管理人强迫、指使机动车驾驶人实施本标准第一条、第二条所列行为或者有其他负有直接责任情形的，可以立案侦查。

▋国家标准

《车辆驾驶人员血液、呼气酒精含量阈值与检验》[GB 19522-2010，根据《关于批准发布 GB 19522-2010〈车辆驾驶人员血液、呼气酒精含量阈值与检验〉国家标准第1号修改单的公告》（中华人民共和国国家标准管理委员会公告 2017年第3号）修正，具体条文未收录]

《道路交通执法人体血液采集技术规范》（GA/T1556-2019，具体条文未收录）

▋刑参案例规则提炼①

《林某危险驾驶案——醉酒驾驶超标电动自行车的，是否构成危险驾驶罪》

① 另，鉴于《最高人民法院、最高人民检察院、公安部、司法部关于办理醉酒危险驾驶刑事案件的意见》（高检发办字[2023]187号）对在居民小区、停车场等场所挪车、停车入位等短距离驾驶机动车行为的处理、情节轻微的认定、缓刑适用等作了明确规定，《廖开田危险驾驶案——在小区道路醉驾是否构成危险驾驶罪》（第891号案例）所涉规则不予提炼；《唐浩彬危险驾驶案——醉酒后在道路上挪动车位的行为是否构成危险驾驶罪》（第893号案例）、《吴晓明危险驾驶案——如何认定醉酒型危险驾驶案件中的犯罪情节轻微》（第894号案例）、**《魏海涛危险驾驶案**——在醉酒型危险驾驶案件中如何把握缓刑适用标准》（第895号案例）所涉规则未予提炼；鉴于**本评注认为乡间小道醉驾对公共**（转下页）

（第 892 号案例）、《罗代智危险驾驶案——如何把握醉驾型危险驾驶犯罪案件中的量刑情节》(第 896 号案例)、《郑帮巧危险驾驶案——醉酒驾驶机动车致使本人重伤的是否构成交通肇事罪》(第 898 号案例)、《于岗危险驾驶、妨害公务案——醉酒驾驶并抗拒检查的是应当从一重处还是数罪并罚》(第 899 号案例)、《王树宝危险驾驶案——对未当场查获被告人醉酒驾驶机动车且系"零口供"的案件，如何通过证据审查定案》(第 901 号案例)、《孔某危险驾驶案——醉驾逃逸后找人"顶包"并指使他人提供虚假证言，导致无法及时检验血液酒精含量的案件如何处理》(第 902 号案例)、《孟令悟危险驾驶案——对涉嫌犯危险驾驶罪的犯罪嫌疑人、被告人能否直接采取逮捕强制措施以及判决文书如何表述刑期起止日期》(第 903 号案例)、《彭建伟危险驾驶案——追逐竞驶造成交通事故尚不构成交通肇事罪的，是构成危险驾驶罪还是以危险方法危害公共安全罪》(第 905 号案例)、《徐光明危险驾驶案——已将无证驾驶机动车和使用伪造的机动车号牌等违法行为作为危险驾驶罪的量刑情节予以考虑，基于前述违法行为所处行政拘留的期间，能否折抵刑期》(第 914 号案例)《杨某危险驾驶案——醉酒驾驶仅致本人受伤的如何处理》(第 915 号案例)、《孙林海危险驾驶案——行为人拒绝配合交警进行酒精检测情形下的司法认定》(第 958 号案例)所涉规则提炼如下：

1. **醉酒驾驶超标电动自行车案件的处理规则。**"不宜将超标电动自行车认定为'机动车'，在道路上醉酒驾驶超标电动自行车的，不构成危险驾驶罪。"(第 892 号案例)

2. **醉驾致伤本人的处理规则。**"危险驾驶仅造成本人伤害或者财产损失的，也宜将这一后果视为行为人为自己犯罪行为付出的代价，而不宜作为从重处罚情节。""在具体把握处罚幅度时，应当……避免单纯将行为人本人受伤作为判断其醉驾情节轻微与否的主要因素。"(第 915 号案例)"醉酒驾驶无牌照的二轮摩托车，搭载他人并发生交通事故致他人轻伤，本应适用从重处罚原则"，但是，被告人"刚刚成年不久，又因其醉驾行为受了重伤，给其家庭已添加重大负担，如果再施以严厉的刑罚，有违刑罚人道、谦抑之精神，故可对其酌情从宽处罚，判处缓刑更为妥当"。(第 898 号案例)

(接上页) 安全的危险程度低，构成危险驾驶罪似有探讨空间，《谢忠德危险驾驶案——对危险驾驶罪罪状中的"道路"如何理解》(第 760 号案例)；鉴于张某某、金某危险驾驶案(指导案例 32 号)发布，《张纪伟、金鑫危险驾驶案——如何认定刑法第一百三十三条之一规定的追逐竞驶情节恶劣》(第 904 号案例)所涉规则未予提炼。

3. 醉驾型危险驾驶案件的罪数处断规则。"醉酒驾驶并抗拒检查,符合数罪构成要件的,应当数罪并罚。"(第 899 号案例)"醉酒驾驶机动车发生交通事故后逃逸,为逃避法律追究,找人'顶包',并指使他人作伪证,导致公安机关无法及时进行血液酒精含量检验,妨碍了对其醉酒驾驶机动车追究法律责任的正常办案程序,也导致多名证人因提供虚假证言被行政处罚,侵害了司法机关正常的诉讼活动和公民依法作证,其行为构成妨害作证罪,应当与其所犯危险驾驶罪数罪并罚。"(第 902 号案例)

4. 醉驾型危险驾驶案件的证据认定规则。"血液酒精含量检验鉴定意见属于认定行为人是否处于醉酒状态的关键证据:对于行为人拒绝配合交警进行酒精检测的情形,司法认定时应当通过简化、减低对侦查人员的证明要求,从而将因行为人原因导致的不利后果归由其本人承担。"(第 958 号案例)"行为人酒后在道路上驾驶机动车,因逃逸而无法及时检验其驾驶时的血液酒精含量,但根据其他间接证据能够认定其驾车时已处于醉酒状态的,可以认定其行为构成危险驾驶罪。"(第 902 号案例)"对于未被当场查获的被告人'零口供'的危险驾驶案件:除了通过审查判断直接证据、间接证据外,还应结合现有证据对被告人的无罪辩解进行综合分析判断,从而进一步加强内心确信。"(第 901 号案例)

5. 醉驾型危险驾驶案件的量刑规则。"在道路上醉酒驾驶机动车的情况较为复杂,不同情形的醉驾,对公共安全的危险程度以及所反映出的行为人的主观恶性、人身危险性有较大差别。在处理醉驾型危险驾驶案件时,应当全面审查醉驾的具体情节,做到区别对待,宽严相济,罚当其罪。"(第 896 号案例)

6. 危险驾驶罪与以危险方法危害公共安全罪的界分规则。"关于危险驾驶罪与以危险方法危害公共安全罪的辨析,主要注意把握以下两个方面:(一)要看行为人对追逐竞驶造成的交通事故后果是持过于自信的过失意志还是持希望或者放任的意志……(二)要看追逐竞驶的行为是否达到与放火、决水、爆炸、投放危险物质等行为相当的危险程度……""交通肇事罪轻于以危险方法危害公共安全罪,如果对追逐竞驶造成交通事故的行为认定不构成交通肇事罪,但认定构成以危险方法危害公共安全罪,从举轻以明重的角度分析,在定罪逻辑上难以自圆其说。"(第 905 号案例)

7. 危险驾驶罪的刑期计算规则。"因无证驾驶、使用伪造的机动车号牌已被行政拘留 20 日……无证驾驶、使用伪造的机动车号牌等行为与醉驾行为均以驾驶行为为基础,系'同一行为',可以作为危险驾驶罪的量刑情节,其被行政拘留的 20 日应当折抵危险驾驶罪的刑期。"(第 914 号案例)就一审判决而言,"在危险驾驶案件的判决书中表述刑期起止日期时,应当区分羁押和未被羁押两种情形:1. 作出判决时,被告人被取保候审或者监视居住的,判决执行之日不能确定,刑期的起止日期也不能确定,判决结果的刑期部分可表述为,'刑期从判决执行之日起计算,判决执行前先行羁押的,羁押一日折抵刑期一日(未采取拘留措施的,略去加着重号部分)',并将'即自××××年××月××日起至××××年××月××日止'略去。待判决生效后,将罪犯交付执行机关执行之日即为刑期开始日期,再根据先行羁押日期计算折抵后的刑期终止日期,填写在执行通知书中……2. 作出判决时,被告人因违反取保候审、监视居住的规定被逮捕的……判决结果的刑期部分应当写明'刑期从判决执行之日起计算,判决执行前先行羁押的,羁押一日折抵刑期一日,即自××××年××月××日(羁押之日)起至××××年××月××日止'"。(第 903 号案例)

第一百三十三条之二 【妨害安全驾驶罪】对行驶中的公共交通工具的驾驶人员使用暴力或者抢控驾驶操纵装置,干扰公共交通工具正常行驶,危及公共安全的,处一年以下有期徒刑、拘役或者管制,并处或者单处罚金。

前款规定的驾驶人员在行驶的公共交通工具上擅离职守,与他人互殴或者殴打他人,危及公共安全的,依照前款的规定处罚。

有前两款行为,同时构成其他犯罪的,依照处罚较重的规定定罪处罚。

立法沿革

本条系 2021 年 3 月 1 日起施行的《刑法修正案(十一)》第二条增设。

规范性文件

《最高人民法院、最高人民检察院、公安部关于依法惩治妨害公共交通工具安全驾驶违法犯罪行为的指导意见》(公通字〔2019〕1 号)①

近期,一些地方接连发生在公共交通工具上妨害安全驾驶的行为。有的乘客仅因琐事纷争,对正在驾驶公共交通工具的驾驶人员实施暴力干扰行为,造成重大人员伤亡、财产损失,严重危害公共安全,社会反响强烈。为依法惩治妨害

---

① 对本规范性文件的适用,需要根据《刑法修正案(十一)》增设的妨害安全驾驶罪作综合考量。具体而言,对于妨害安全驾驶,危及公共安全,尚未造成严重后果的,适用妨害安全驾驶罪,一般不宜再适用以危险方法危害公共安全罪或者其他罪名;对于致人重伤、死亡或者使公私财产遭受重大损失的,可以视情适用以危险方法危害公共安全罪。——**本评注注**

公共交通工具安全驾驶违法犯罪行为,维护公共交通安全秩序,保护人民群众生命财产安全,根据有关法律规定,制定本意见。

一、准确认定行为性质,依法从严惩处妨害安全驾驶犯罪

(一)乘客在公共交通工具行驶过程中,抢夺方向盘、变速杆等操纵装置,殴打、拉拽驾驶人员,或者有其他妨害安全驾驶行为,危害公共安全,尚未造成严重后果的,依照刑法第一百一十四条的规定,以以危险方法危害公共安全罪定罪处罚;致人重伤、死亡或者使公私财产遭受重大损失的,依照刑法第一百一十五条第一款的规定,以以危险方法危害公共安全罪定罪处罚。

实施前款规定的行为,具有以下情形之一的,从重处罚:

1. 在夜间行驶或者恶劣天气条件下行驶的公共交通工具上实施的;

2. 在临水、临崖、急弯、陡坡、高速公路、高架道路、桥隧路段及其他易发生危险的路段实施的;

3. 在人员、车辆密集路段实施的;

4. 在实际载客10人以上或者时速60公里以上的公共交通工具上实施的;

5. 经他人劝告、阻拦后仍然继续实施的;

6. 持械袭击驾驶人员的;

7. 其他严重妨害安全驾驶的行为。

实施上述行为,即使尚未造成严重后果,一般也不得适用缓刑。

(二)乘客在公共交通工具行驶过程中,随意殴打其他乘客,追逐、辱骂他人,或者起哄闹事,妨害公共交通工具运营秩序,符合刑法第二百九十三条规定的,以寻衅滋事罪定罪处罚;妨害公共交通工具安全行驶,危害公共安全的,依照刑法第一百一十四条、第一百一十五条第一款的规定,以以危险方法危害公共安全罪定罪处罚。

(三)驾驶人员在公共交通工具行驶过程中,与乘客发生纷争后违规操作或者擅离职守,与乘客厮打、互殴,危害公共安全,尚未造成严重后果的,依照刑法第一百一十四条的规定,以以危险方法危害公共安全罪定罪处罚;致人重伤、死亡或者使公私财产遭受重大损失的,依照刑法第一百一十五条第一款的规定,以以危险方法危害公共安全罪定罪处罚。

(四)对正在进行的妨害安全驾驶的违法犯罪行为,乘客等人员有权采取措施予以制止。制止行为造成违法犯罪行为人损害,符合法定条件的,应当认定为正当防卫。

(五)正在驾驶公共交通工具的驾驶人员遭到妨害安全驾驶行为侵害时,为避免公共交通工具倾覆或者人员伤亡等危害后果发生,采取紧急制动或者躲避措施,造成公共交通工具、交通设施损坏或者人身损害,符合法定条件的,应当认

定为紧急避险。

（六）以暴力、威胁方法阻碍国家机关工作人员依法处置妨害安全驾驶违法犯罪行为、维护公共交通秩序的，依照刑法第二百七十七条的规定，以妨害公务罪定罪处罚；暴力袭击正在依法执行职务的人民警察的，从重处罚。

（七）本意见所称公共交通工具，是指公共汽车、公路客运车，大、中型出租车等车辆。

二、加强协作配合，有效维护公共交通安全秩序

妨害公共交通工具安全驾驶行为具有高度危险性，极易诱发重大交通事故，造成重大人身伤亡、财产损失，严重威胁公共安全。各级人民法院、人民检察院和公安机关要高度重视妨害安全驾驶行为的现实危害，深刻认识维护公共交通秩序对于保障人民群众生命财产安全与社会和谐稳定的重大意义，准确认定行为性质，依法从严惩处，充分发挥刑罚的震慑、教育作用，预防、减少妨害安全驾驶不法行为发生。

公安机关接到妨害安全驾驶相关警情后要及时处警，采取果断措施予以处置；要妥善保护事发现场，全面收集、提取证据，特别是注意收集行车记录仪、道路监控等视听资料。人民检察院应当对公安机关的立案、侦查活动进行监督；对于公安机关提请批准逮捕、移送审查起诉的案件，符合逮捕、起诉条件的，应当依法予以批捕、起诉。人民法院应当及时公开、公正审判。对于妨害安全驾驶行为构成犯罪的，严格依法追究刑事责任；尚不构成犯罪但构成违反治安管理行为的，依法给予治安管理处罚。

在办理案件过程中，人民法院、人民检察院和公安机关要综合考虑公共交通工具行驶速度、通行路段情况、载客情况、妨害安全驾驶行为的严重程度及对公共交通安全的危害大小、行为人认罪悔罪表现等因素，全面准确评判，充分彰显强化保障公共交通安全的价值导向。

三、强化宣传警示教育，提升公众交通安全意识

人民法院、人民检察院、公安机关要积极回应人民群众关切，对于社会影响大、舆论关注度高的重大案件，在依法办案的同时要视情向社会公众发布案件进展情况。要广泛拓展传播渠道，尤其是充分运用微信公众号、微博等网络新媒体，及时通报案件信息、澄清事实真相，借助焦点案事件向全社会传递公安和司法机关坚决惩治妨害安全驾驶违法犯罪的坚定决心，提升公众的安全意识、规则意识和法治意识。

办案单位要切实贯彻"谁执法、谁普法"的普法责任制，以各种有效形式开展以案释法，选择妨害安全驾驶犯罪的典型案例进行庭审直播，或者邀请专家学者、办案人员进行解读，阐明妨害安全驾驶行为的违法性、危害性。要坚持弘扬

社会正气，选择及时制止妨害安全驾驶行为的见义勇为事例进行褒扬，向全社会广泛宣传制止妨害安全驾驶行为的正当性、必要性。

各地各相关部门要认真贯彻执行。执行中遇有问题，请及时上报。

◀ 刑参案例规则提炼① ▶

《吴鑫霞妨害安全驾驶案——在公共交通工具行驶过程中抢夺方向盘等妨害安全驾驶行为的性质认定》（第1476号案例）所涉规则提炼如下：

妨害安全驾驶罪与以危险方法危害公共安全罪的界分规则。"对于抢夺方向盘等妨害安全驾驶的行为，是构成以危险方法危害公共安全罪还是妨害安全驾驶罪，应对照刑法规范规定的犯罪构成要件，结合案件具体因素，如公共交通工具的行驶速度、通行路段情况、载客数量、妨害行为本身的严重程度、对公共交通安全的危害大小等，全面分析、权衡和认定……对于在行驶中的公共交通工具上发生的因司乘纠纷引发的互殴、厮打等妨害安全驾驶行为，一般不宜再适用刑法第一百一十四条规定的以危险方法危害公共安全罪……对于个别情况下，行为人妨害公共交通工具安全驾驶的行为，造成了不特定多数人生命财产安全的具体危险甚至实害后果，最高判处一年有期徒刑明显偏轻，符合刑法第一百一十四条规定的，可以按照以危险方法危害公共安全罪追究刑事责任。"（第1476号案例）

◀ 司法疑难解析 ▶

"危及公共安全"的判断。根据《刑法》第一百三十三条之二的规定，妨害安全驾驶罪的入罪要件为"危及公共安全"。**本评注认为**，妨害公共交通工具安全驾驶的行为或者驾驶人员擅离职守与他人发生斗殴或者殴打他人，行为本身通常具有极高的危险性，在实践中可以进一步结合行为发生的时间、位置，交通工具行驶的线路，行为人妨害驾驶行为的严重程度，行为发生后对公共交通工具行驶状态造成的影响，一旦发生事故可能造成的损害后果等综合作出判断。对于其中确实尚未危及公共安全的，依法不能作为犯罪处理。

---

① 鉴于《刑法修正案（十一）》增设妨害安全驾驶罪，《陆某某、张某某以危险方法危害公共安全、交通肇事案——公交车司机离开驾驶岗位与乘客斗殴引发交通事故的如何定性》（第197号案例）、《张维文、冯太平以危险方法危害公共安全案——在公交车行驶过程中驾乘人员互殴行为如何定性》（第1283号案例）所涉规则未予提炼。

> **第一百三十四条　【重大责任事故罪】**在生产、作业中违反有关安全管理的规定，因而发生重大伤亡事故或者造成其他严重后果的，处三年以下有期徒刑或者拘役；情节特别恶劣的，处三年以上七年以下有期徒刑。
>
> **【强令、组织他人违章冒险作业罪】**强令他人违章冒险作业，或者明知存在重大事故隐患而不排除，仍冒险组织作业，因而发生重大伤亡事故或者造成其他严重后果的，处五年以下有期徒刑或者拘役；情节特别恶劣的，处五年以上有期徒刑。

立法沿革

本条系1997年《刑法》吸收修改1979年《刑法》作出的规定。1979年《刑法》第一百一十四条规定："工厂、矿山、林场、建筑企业或者其他企业、事业单位的职工，由于不服管理、违反规章制度，或者强令工人违章冒险作业，因而发生重大伤亡事故，造成严重后果的，处三年以下有期徒刑或者拘役；情节特别恶劣的，处三年以上七年以下有期徒刑。"1997年《刑法》将"发生重大伤亡事故"和"造成其他严重后果"并列为入罪要件。

2006年6月29日起施行的《刑法修正案（六）》第一条对本条作了第一次修改，主要涉及如下两方面：一是将犯罪主体由原来的企业、事业单位的职工扩大到从事生产、作业的一切人员；二是增加了强令违章冒险作业罪，与一般的违章生产、作业区分开来，并提升了法定刑。

2021年3月1日起施行的《刑法修正案（十一）》第三条对本条作了第二次修改，在第二款增列"明知存在重大事故隐患而不排除，仍冒险组织作业"的行为方式。修改后，罪名由"强令违章冒险作业罪"调整为"强令、组织他人违章冒险作业罪"。

修正前《刑法》	第一次修正后《刑法》	第二次修正后《刑法》
第一百三十四条　【重大责任事故罪】~~工厂、矿山、林场、建筑企业或者其他企业、事业单位的职工，由于不服管理、违反规章制度，或者~~强令工人违章冒险作业，因而发生重大伤亡事故或者其他严重后果的，处三年以下有期徒刑或者	第一百三十四条　【重大责任事故罪】在生产、作业中违反有关安全管理的规定，因而发生重大伤亡事故或者造成其他严重后果的，处三年以下有期徒刑或者拘役；情节特别恶劣的，处三年以上七年以下有期徒刑。	第一百三十四条　【重大责任事故罪】在生产、作业中违反有关安全管理的规定，因而发生重大伤亡事故或者造成其他严重后果的，处三年以下有期徒刑或者拘役；情节特别恶劣的，处三年以上七年以下有期徒刑。

（续表）

修正前《刑法》	第一次修正后《刑法》	第二次修正后《刑法》
者拘役；情节特别恶劣的，处三年以上七年以下有期徒刑。	【强令违章冒险作业罪】强令他人违章冒险作业，因而发生重大伤亡事故或者造成其他严重后果的，处五年以下有期徒刑或者拘役；情节特别恶劣的，处五年以上有期徒刑。	【强令、组织他人违章冒险作业罪】强令他人违章冒险作业，或者明知存在重大事故隐患而不排除，仍冒险组织作业，因而发生重大伤亡事故或者造成其他严重后果的，处五年以下有期徒刑或者拘役；情节特别恶劣的，处五年以上有期徒刑。

司法解释

《最高人民法院、最高人民检察院关于办理危害生产安全刑事案件适用法律若干问题的解释》(法释〔2015〕22号，自2015年12月16日起施行)①

为依法惩治危害生产安全犯罪，根据刑法有关规定，现就办理此类刑事案件适用法律的若干问题解释如下：

第一条 刑法第一百三十四条第一款规定的犯罪主体，包括对生产、作业负有组织、指挥或者管理职责的负责人、管理人员、实际控制人、投资人等人员，以及直接从事生产、作业的人员。

第二条 刑法第一百三十四条第二款规定的犯罪主体，包括对生产、作业负有组织、指挥或者管理职责的负责人、管理人员、实际控制人、投资人等人员。

第三条 刑法第一百三十五条规定的"直接负责的主管人员和其他直接责任人员"，是指对安全生产设施或者安全生产条件不符合国家规定负有直接责任的生产经营单位负责人、管理人员、实际控制人、投资人，以及其他对安全生产设施或者安全生产条件负有管理、维护职责的人员。

第四条 刑法第一百三十九条之一规定的"负有报告职责的人员"，是指负有组织、指挥或者管理职责的负责人、管理人员、实际控制人、投资人，以及其他负有报告职责的人员。

第五条 明知存在事故隐患、继续作业存在危险，仍然违反有关安全管理的规定，实施下列行为之一的，应当认定为刑法第一百三十四条第二款规定的"强

---

① 对本司法解释的适用，特别是第五条关于"强令他人违章冒险作业"的界定，需要根据经《刑法修正案(十一)》修改后的《刑法》第一百三十四条作综合考量。——**本评注注**

令他人违章冒险作业":

（一）利用组织、指挥、管理职权，强制他人违章作业的；

（二）采取威逼、胁迫、恐吓等手段，强制他人违章作业的；

（三）故意掩盖事故隐患，组织他人违章作业的；①

（四）其他强令他人违章作业的行为。

第六条 实施刑法第一百三十二条、第一百三十四条第一款、第一百三十五条、第一百三十五条之一、第一百三十六条、第一百三十九条规定的行为，因而发生安全事故，具有下列情形之一的，应当认定为"造成严重后果"或者"发生重大伤亡事故或者造成其他严重后果"，对相关责任人员，处三年以下有期徒刑或者拘役：

（一）造成死亡一人以上，或者重伤三人以上的；

（二）造成直接经济损失一百万元以上的；

（三）其他造成严重后果或者重大安全事故的情形。

实施刑法第一百三十四条第二款规定的行为，因而发生安全事故，具有本条第一款规定情形的，应当认定为"发生重大伤亡事故或者造成其他严重后果"，对相关责任人员，处五年以下有期徒刑或者拘役。

实施刑法第一百三十七条规定的行为，因而发生安全事故，具有本条第一款规定情形的，应当认定为"造成重大安全事故"，对直接责任人员，处五年以下有期徒刑或者拘役，并处罚金。

实施刑法第一百三十八条规定的行为，因而发生安全事故，具有本条第一款第一项规定情形的，应当认定为"发生重大伤亡事故"，对直接责任人员，处三年以下有期徒刑或者拘役。

第七条 实施刑法第一百三十二条、第一百三十四条第一款、第一百三十五条、第一百三十五条之一、第一百三十六条、第一百三十九条规定的行为，因而发生安全事故，具有下列情形之一的，对相关责任人员，处三年以上七年以下有期徒刑：

（一）造成死亡三人以上或者重伤十人以上，负事故主要责任的；

---

① 在《刑法修正案（十一）》施行后，对本项情形不宜再认定为强令违章冒险作业行为，在存在重大事故隐患的情况下，应以组织他人违章冒险作业罪定罪处罚。对此，法释〔2022〕19号解释第一条第二款明确：明知存在重大事故隐患，仍然违反有关安全管理的规定，不排除或者故意掩盖重大事故隐患，组织他人作业的，属于组织他人违章冒险作业。参见滕伟、叶邵生、李加玺：《〈关于办理危害生产安全刑事案件适用法律若干问题的解释（二）〉的理解与适用》，载《中国应用法学》2022年第6期。

（二）造成直接经济损失五百万元以上，负事故主要责任的；

（三）其他造成特别严重后果、情节特别恶劣或者后果特别严重的情形。

实施刑法第一百三十四条第二款规定的行为，因而发生安全事故，具有本条第一款规定情形的，对相关责任人员，处五年以上有期徒刑。

实施刑法第一百三十七条规定的行为，因而发生安全事故，具有本条第一款规定情形的，对直接责任人员，处五年以上十年以下有期徒刑，并处罚金。

实施刑法第一百三十八条规定的行为，因而发生安全事故，具有下列情形之一的，对直接责任人员，处三年以上七年以下有期徒刑：

（一）造成死亡三人以上或者重伤十人以上，负事故主要责任的；

（二）具有本解释第六条第一款第一项规定情形，同时造成直接经济损失五百万元以上并负事故主要责任的，或者同时造成恶劣社会影响的。

第八条 在安全事故发生后，负有报告职责的人员不报或者谎报事故情况，贻误事故抢救，具有下列情形之一的，应当认定为刑法第一百三十九条之一规定的"情节严重"：

（一）导致事故后果扩大，增加死亡一人以上，或者增加重伤三人以上，或者增加直接经济损失一百万元以上的；

（二）实施下列行为之一，致使不能及时有效开展事故抢救的：

1. 决定不报、迟报、谎报事故情况或者指使、串通有关人员不报、迟报、谎报事故情况的；

2. 在事故抢救期间擅离职守或者逃匿的；

3. 伪造、破坏事故现场，或者转移、藏匿、毁灭遇难人员尸体，或者转移、藏匿受伤人员的；

4. 毁灭、伪造、隐匿与事故有关的图纸、记录、计算机数据等资料以及其他证据的；

（三）其他情节严重的情形。

具有下列情形之一的，应当认定为刑法第一百三十九条之一规定的"情节特别严重"：

（一）导致事故后果扩大，增加死亡三人以上，或者增加重伤十人以上，或者增加直接经济损失五百万元以上的；

（二）采用暴力、胁迫、命令等方式阻止他人报告事故情况，导致事故后果扩大的；

（三）其他情节特别严重的情形。

第九条 在安全事故发生后，与负有报告职责的人员串通，不报或者谎报事故情况,贻误事故抢救,情节严重的,依照刑法第一百三十九条之一的规定,以共犯论处。

第十条 在安全事故发生后,直接负责的主管人员和其他直接责任人员故意阻挠开展抢救,导致人员死亡或者重伤,或者为了逃避法律追究,对被害人进行隐藏、遗弃,致使被害人因无法得到救助而死亡或者重度残疾的,分别依照刑法第二百三十二条、第二百三十四条的规定,以故意杀人罪或者故意伤害罪定罪处罚。

第十一条 生产不符合保障人身、财产安全的国家标准、行业标准的安全设备,或者明知安全设备不符合保障人身、财产安全的国家标准、行业标准而进行销售,致使发生安全事故,造成严重后果的,依照刑法第一百四十六条的规定,以生产、销售不符合安全标准的产品罪定罪处罚。

第十二条 实施刑法第一百三十二条、第一百三十四条至第一百三十九条之一规定的犯罪行为,具有下列情形之一的,从重处罚:

(一)未依法取得安全许可证件或者安全许可证件过期、被暂扣、吊销、注销后从事生产经营活动的;

(二)关闭、破坏必要的安全监控和报警设备的;

(三)已经发现事故隐患,经有关部门或者个人提出后,仍不采取措施的;

(四)一年内曾因危害生产安全违法犯罪活动受过行政处罚或者刑事处罚的;

(五)采取弄虚作假、行贿等手段,故意逃避、阻挠负有安全监督管理职责的部门实施监督检查的;

(六)安全事故发生后转移财产意图逃避承担责任的;

(七)其他从重处罚的情形。

实施前款第五项规定的行为,同时构成刑法第三百八十九条规定的犯罪的,依照数罪并罚的规定处罚。

第十三条 实施刑法第一百三十二条、第一百三十四条至第一百三十九条之一规定的犯罪行为,在安全事故发生后积极组织、参与事故抢救,或者积极配合调查、主动赔偿损失的,可以酌情从轻处罚。

第十四条 国家工作人员违反规定投资入股生产经营,构成本解释规定的有关犯罪的,或者国家工作人员的贪污、受贿犯罪行为与安全事故发生存在关联性的,从重处罚;同时构成贪污、受贿犯罪和危害生产安全犯罪的,依照数罪并罚的规定处罚。

第十五条 国家机关工作人员在履行安全监督管理职责时滥用职权、玩忽职守,致使公共财产、国家和人民利益遭受重大损失的,或者徇私舞弊,对发现的刑事案件依法应当移交司法机关追究刑事责任而不移交，情节严重的，分别依照刑法第三百九十七条、第四百零二条的规定，以滥用职权罪、玩忽职守罪或者徇私舞弊不移交刑事案件罪定罪处罚。

公司、企业、事业单位的工作人员在依法或者受委托行使安全监督管理职责时滥用职权或者玩忽职守，构成犯罪的，应当依照《全国人民代表大会常务委员会关于〈中华人民共和国刑法〉第九章渎职罪主体适用问题的解释》的规定，适用渎职罪的规定追究刑事责任。

第十六条　对于实施危害生产安全犯罪适用缓刑的犯罪分子，可以根据犯罪情况，禁止其在缓刑考验期限内从事与安全生产相关联的特定活动；对于被判处刑罚的犯罪分子，可以根据犯罪情况和预防再犯罪的需要，禁止其自刑罚执行完毕之日或者假释之日起三年至五年内从事与安全生产相关的职业。

第十七条　本解释自 2015 年 12 月 16 日起施行。本解释施行后，《最高人民法院、最高人民检察院关于办理危害矿山生产安全刑事案件具体应用法律若干问题的解释》（法释〔2007〕5 号）同时废止。最高人民法院、最高人民检察院此前发布的司法解释和规范性文件与本解释不一致的，以本解释为准。

《最高人民法院、最高人民检察院关于办理危害生产安全刑事案件适用法律若干问题的解释（二）》（法释〔2022〕19 号，自 2022 年 12 月 19 日起施行）

为依法惩治危害生产安全犯罪，维护公共安全，保护人民群众生命安全和公私财产安全，根据《中华人民共和国刑法》《中华人民共和国刑事诉讼法》和《中华人民共和国安全生产法》等规定，现就办理危害生产安全刑事案件适用法律的若干问题解释如下：

第一条　明知存在事故隐患，继续作业存在危险，仍然违反有关安全管理的规定，有下列情形之一的，属于刑法第一百三十四条第二款规定的"强令他人违章冒险作业"：

（一）以威逼、胁迫、恐吓等手段，强制他人违章作业的；

（二）利用组织、指挥、管理职权，强制他人违章作业的；

（三）其他强令他人违章冒险作业的情形。

明知存在重大事故隐患，仍然违反有关安全管理的规定，不排除或者故意掩盖重大事故隐患，组织他人作业的，属于刑法第一百三十四条第二款规定的"冒险组织作业"。

第二条　刑法第一百三十四条之一规定的犯罪主体，包括对生产、作业负有组织、指挥或者管理职责的负责人、管理人员、实际控制人、投资人等人员，以及直接从事生产、作业的人员。①

第三条② 因存在重大事故隐患被依法责令停产停业、停止施工、停止使用有关设备、设施、场所或者立即采取排除危险的整改措施,有下列情形之一的,属于刑法第一百三十四条之一第二项规定的"拒不执行":

(一)无正当理由故意不执行各级人民政府或者负有安全生产监督管理职责的部门依法作出的上述行政决定、命令的;

(二)虚构重大事故隐患已经排除的事实,规避、干扰执行各级人民政府或者负有安全生产监督管理职责的部门依法作出的上述行政决定、命令的;

(三)以行贿等不正当手段,规避、干扰执行各级人民政府或者负有安全生产监督管理职责的部门依法作出的上述行政决定、命令的。

有前款第三项行为,同时构成刑法第三百八十九条行贿罪、第三百九十三条单位行贿罪等犯罪的,依照数罪并罚的规定处罚。

认定是否属于"拒不执行",应当综合考虑行政决定、命令是否具有法律、行政法规等依据,行政决定、命令的内容和期限要求是否明确、合理,行为人是否具有按照要求执行的能力等因素进行判断。

第四条 刑法第一百三十四条第二款和第一百三十四条之一第二项规定的

---

① 危险作业罪的犯罪主体范围原则上应与重大责任事故罪相同。另外,《刑法》第一百三十四条之一规定的三种行为方式中,第二种和第三种行为方式一般情况下仅能由对生产作业活动负有组织、指挥、管理职责的人员实施,但第一种行为方式"关闭、破坏直接关系生产安全的监控、报警、防护、救生设备、设施,或者篡改、隐瞒、销毁其相关数据、信息的"行为,负有组织、指挥、管理职责的人员和一线生产作业人员均可实施。基于上述考虑,本条明确了危险作业罪的主体范围。参见滕伟、叶邵生、李加玺:《〈关于办理危害生产安全刑事案件适用法律若干问题的解释(二)〉的理解与适用》,载《中国应用法学》2022年第6期。

② 需要注意的问题有二:(1)根据当然解释的要求,行为人在收到安全生产监管部门作出的行政决定、命令后,故意弄虚作假虚构重大事故隐患已经排除的事实,或者采取行贿等不正当手段,使安全生产监管部门解除处罚决定或者整改措施,规避、干扰有关行政决定、命令的执行的,与无正当理由故意不执行行为并无实质上的区别,而且社会危害性更加严重,认定为"拒不执行"符合刑法规定的目的。本条第一款明确列举可认定为"拒不执行"的行为方式。(2)危险作业罪属于刑法理论上的行政犯,认定构成犯罪需要满足双重违法性要求,以行为违反行政法律法规的规定为前提,但不能将所有违反行政法律法规的行为都认定为犯罪。基于此,本条第三款有利于合理确定危险作业罪的适用范围,也可以进一步督促安全生产监管部门规范履行安全生产监管职责。参见滕伟、叶邵生、李加玺:《〈关于办理危害生产安全刑事案件适用法律若干问题的解释(二)〉的理解与适用》,载《中国应用法学》2022年第6期。

"重大事故隐患",依照法律、行政法规、部门规章、强制性标准以及有关行政规范性文件进行认定。

刑法第一百三十四条之一第三项规定的"危险物品",依照安全生产法第一百一十七条的规定确定。

对于是否属于"重大事故隐患"或者"危险物品"难以确定的,可以依据司法鉴定机构出具的鉴定意见、地市级以上负有安全生产监督管理职责的部门或者其指定的机构出具的意见,结合其他证据综合审查,依法作出认定。

第五条 在生产、作业中违反有关安全管理的规定,有刑法第一百三十四条之一规定情形之一,因而发生重大伤亡事故或者造成其他严重后果,构成刑法第一百三十四条、第一百三十五条至第一百三十九条等规定的重大责任事故罪、重大劳动安全事故罪、危险物品肇事罪、工程重大安全事故罪等犯罪的,依照该规定定罪处罚。①

第六条 承担安全评价职责的中介组织的人员提供的证明文件有下列情形之一的,属于刑法第二百二十九条第一款规定的"虚假证明文件":

(一)故意伪造的;

(二)在周边环境、主要建(构)筑物、工艺、装置、设备设施等重要内容上弄虚作假,导致与评价期间实际情况不符,影响评价结论的;

(三)隐瞒生产经营单位重大事故隐患及整改落实情况、主要灾害等级等情况,影响评价结论的;

(四)伪造、篡改生产经营单位相关信息、数据、技术报告或者结论等内容,影响评价结论的;

---

① 需要注意的问题有二:(1)危险作业罪与重大责任事故罪等结果犯罪名之间总体上属于基本犯与结果加重犯的关系,不构成想象竞合犯。(2)实践中适用本条规定,需要注意处理好与法释〔2015〕22号解释有关规定条文的关系。法释〔2015〕22号解释第十二条第一款规定了构成危害生产安全犯罪情况下的多种从重处罚的情形,该条第一款规定的部分情形,如未经许可违法违规从事生产经营活动,关闭、破坏必要的安全监控和报警设备等行为,属于《刑法》第一百三十四条之一规定的危险作业行为。根据本条和法释〔2015〕22号解释第十二条第一款的规定,行为人实施属于《刑法》第一百三十四条之一和法释〔2015〕22号解释第十二条第一款规定范围内的危险作业行为,导致发生重大伤亡事故或者其他严重后果,构成重大责任事故罪等结果犯罪名的,应当以重大责任事故罪等结果犯罪名定罪处罚,同时还应体现法释〔2015〕22号解释第十二条第一款的规定精神,在量刑时酌情从重处罚。参见滕伟、叶邵生、李加玺:《〈关于办理危害生产安全刑事案件适用法律若干问题的解释(二)〉的理解与适用》,载《中国应用法学》2022年第6期。

（五）故意采用存疑的第三方证明材料、监测检验报告，影响评价结论的；

（六）有其他弄虚作假行为，影响评价结论的情形。

生产经营单位提供虚假材料、影响评价结论，承担安全评价职责的中介组织的人员对评价结论与实际情况不符无主观故意的，不属于刑法第二百二十九条第一款规定的"故意提供虚假证明文件"。①

有本条第二款情形，承担安全评价职责的中介组织的人员严重不负责任，导致出具的证明文件有重大失实，造成严重后果的，依照刑法第二百二十九条第三款的规定追究刑事责任。

第七条 承担安全评价职责的中介组织的人员故意提供虚假证明文件，有下列情形之一的，属于刑法第二百二十九条第一款规定的"情节严重"：

（一）造成死亡一人以上或者重伤三人以上安全事故的；

（二）造成直接经济损失五十万元以上安全事故的；

（三）违法所得数额十万元以上的；

（四）两年内因故意提供虚假证明文件受过两次以上行政处罚，又故意提供虚假证明文件的；

（五）其他情节严重的情形。

在涉及公共安全的重大工程、项目中提供虚假的安全评价文件，有下列情形之一的，属于刑法第二百二十九条第一款第三项规定的"致使公共财产、国家和人民利益遭受特别重大损失"：

（一）造成死亡三人以上或者重伤十人以上安全事故的；

（二）造成直接经济损失五百万元以上安全事故的；

（三）其他致使公共财产、国家和人民利益遭受特别重大损失的情形。

承担安全评价职责的中介组织的人员有刑法第二百二十九条第一款行为，在裁量刑罚时，应当考虑其行为手段、主观过错程度、对安全事故的发生所起

---

① 对安全评价中介组织负有监管职责的有关行政主管部门提出，现阶段在部分刑事案件中，一定程度上存在对安全评价中介组织人员的刑事责任认定范围过广、处罚范围过大等问题，实践中，造成安全评价中介组织出具的证明文件与实际情况不符的原因很多、情况较为复杂，建议在司法解释中作出限制性规定，防止刑事打击面过广。经研究认为，上述意见需要引起重视，对安全评价中介组织人员犯罪既要依法严惩，又要坚持实事求是，正确认定刑事责任，确保罚当其罪，不能将生产经营单位单方面蓄意弄虚作假导致证明文件失实失真的责任简单归咎于安全评价中介组织人员。基于此，本款作了专门规定。参见滕伟、叶邵生、李加玺：《〈关于办理危害生产安全刑事案件适用法律若干问题的解释（二）〉的理解与适用》，载《中国应用法学》2022年第6期。

作用大小及其获利情况、一贯表现等因素，综合评估社会危害性，依法裁量刑罚，确保罪责刑相适应。

第八条 承担安全评价职责的中介组织的人员，严重不负责任，出具的证明文件有重大失实，有下列情形之一的，属于刑法第二百二十九条第三款规定的"造成严重后果"：

（一）造成死亡一人以上或者重伤三人以上安全事故的；

（二）造成直接经济损失一百万元以上安全事故的；

（三）其他造成严重后果的情形。

第九条 承担安全评价职责的中介组织犯刑法第二百二十九条规定之罪的，对该中介组织判处罚金，并对其直接负责的主管人员和其他直接责任人员，依照本解释第七条、第八条的规定处罚。

第十条 有刑法第一百三十四条之一行为，积极配合公安机关或者负有安全生产监督管理职责的部门采取措施排除事故隐患，确有悔改表现，认罪认罚的，可以依法从宽处罚；犯罪情节轻微不需要判处刑罚的，可以不起诉或者免予刑事处罚；情节显著轻微危害不大的，不作为犯罪处理。

第十一条 有本解释规定的行为，被不起诉或者免予刑事处罚，需要给予行政处罚、政务处分或者其他处分的，依法移送有关主管机关处理。

第十二条 本解释自2022年12月19日起施行。最高人民法院、最高人民检察院此前发布的司法解释与本解释不一致的，以本解释为准。

规范性文件

《最高人民法院关于进一步加强危害生产安全刑事案件审判工作的意见》
（法发〔2011〕20号）①

为依法惩治危害生产安全犯罪，促进全国安全生产形势持续稳定好转，保护人民群众生命财产安全，现就进一步加强危害生产安全刑事案件审判工作，制定如下意见。

一、高度重视危害生产安全刑事案件审判工作

1、充分发挥刑事审判职能作用，依法惩治危害生产安全犯罪，是人民法院为大局服务、为人民司法的必然要求。安全生产关系到人民群众生命财产安全，事

---

① 本规范性文件所提及的《关于办理危害矿山生产安全刑事案件具体应用法律若干问题的解释》〔法释〔2007〕5号，已为《最高人民法院、最高人民检察院关于办理危害生产安全刑事案件适用法律若干问题的解释》（法释〔2015〕22号）第十七条废止〕相关条文，宜根据法释〔2015〕22号解释的规定作相应理解。——**本评注注**

关改革、发展和稳定的大局。当前,全国安全生产状况呈现总体稳定、持续好转的发展态势,但形势依然严峻,企业安全生产基础依然薄弱;非法、违法生产,忽视生产安全的现象仍然十分突出;重特大生产安全责任事故时有发生,个别地方和行业重特大责任事故上升。一些重特大生产安全责任事故举国关注,相关案件处理不好,不仅起不到应有的警示作用,不利于生产安全责任事故的防范,也损害党和国家形象,影响社会和谐稳定。各级人民法院要从政治和全局的高度,充分认识审理好危害生产安全刑事案件的重要意义,切实增强工作责任感,严格依法、积极稳妥地审理相关案件,进一步发挥刑事审判工作在创造良好安全生产环境、促进经济平稳较快发展方面的积极作用。

2、采取有力措施解决存在的问题,切实加强危害生产安全刑事案件审判工作。近年来,各级人民法院依法审理危害生产安全刑事案件,一批严重危害生产安全的犯罪分子及相关职务犯罪分子受到法律制裁,对全国安全生产形势持续稳定好转发挥了积极促进作用。2010年,监察部、国家安全生产监督管理总局会同最高人民法院等部门对部分省市重特大生产安全事故责任追究落实情况开展了专项检查。从检查的情况来看,审判工作总体情况是好的,但仍有个别案件在法律适用或者宽严相济刑事政策具体把握上存在问题,需要切实加强指导。各级人民法院要高度重视,确保相关案件审判工作取得良好的法律效果和社会效果。

二、危害生产安全刑事案件审判工作的原则

3、严格依法,从严惩处。对严重危害生产安全犯罪,尤其是相关职务犯罪,必须始终坚持严格依法、从严惩处。对于人民群众广泛关注、社会反映强烈的案件要及时审结,回应人民群众关切,维护社会和谐稳定。

4、区分责任,均衡量刑。危害生产安全犯罪,往往涉案人员较多,犯罪主体复杂,既包括直接从事生产、作业的人员,也包括对生产、作业负有组织、指挥或者管理职责的负责人、管理人员、实际控制人、投资人等,有的还涉及国家机关工作人员渎职犯罪。对相关责任人的处理,要根据事故原因、危害后果、主体职责、过错大小等因素,综合考虑全案,正确划分责任,做到罪责刑相适应。

5、主体平等,确保公正。审理危害生产安全刑事案件,对于所有责任主体,都必须严格落实法律面前人人平等的刑法原则,确保刑罚适用公正,确保裁判效果良好。

三、正确确定责任

6、审理危害生产安全刑事案件,政府或相关职能部门依法对事故原因、损失大小、责任划分作出的调查认定,经庭审质证后,结合其他证据,可作为责任认定的依据。

7、认定相关人员是否违反有关安全管理规定,应当根据相关法律、行政法规,参照地方性法规、规章及国家标准、行业标准,必要时可参考公认的惯例和生产经营单位制定的安全生产规章制度、操作规程。

8、多个原因行为导致生产安全事故发生的,在区分直接原因与间接原因的同时,应当根据原因行为在引发事故中所具作用的大小,分清主要原因与次要原因,确认主要责任和次要责任,合理确定罪责。

一般情况下,对生产、作业负有组织、指挥或者管理职责的负责人、管理人员、实际控制人、投资人,违反有关安全生产管理规定,对重大生产安全事故的发生起决定性、关键性作用的,应当承担主要责任。

对于直接从事生产、作业的人员违反安全管理规定,发生重大生产安全事故的,要综合考虑行为人的从业资格、从业时间、接受安全生产教育培训情况、现场条件、是否受到他人强令作业、生产经营单位执行安全生产规章制度的情况等因素认定责任,不能将直接责任简单等同于主要责任。

对于负有安全生产管理、监督职责的工作人员,应根据其岗位职责、履职依据、履职时间等,综合考察工作职责、监管条件、履职能力、履职情况等,合理确定罪责。

四、准确适用法律

9、严格把握危害生产安全犯罪与以其他危险方法危害公共安全罪的界限,不应将生产经营中违章违规的故意不加区别地视为对危害后果发生的故意。

10、以行贿方式逃避安全生产监督管理,或者非法、违法生产、作业,导致发生重大生产安全事故,构成数罪的,依照数罪并罚的规定处罚。

违反安全生产管理规定,非法采矿、破坏性采矿或排放、倾倒、处置有害物质严重污染环境,造成重大伤亡事故或者其他严重后果,同时构成危害生产安全犯罪和破坏环境资源保护犯罪的,依照数罪并罚的规定处罚。

11、安全事故发生后,负有报告职责的国家工作人员不报或者谎报事故情况,贻误事故抢救,情节严重,构成不报、谎报安全事故罪,同时构成职务犯罪或其他危害生产安全犯罪的,依照数罪并罚的规定处罚。

12、非矿山生产安全事故中,认定"直接负责的主管人员和其他直接责任人员"、"负有报告职责的人员"的主体资格,认定构成"重大伤亡事故或者其他严重后果"、"情节特别恶劣",不报、谎报事故情况,贻误事故抢救,"情节严重"、"情节特别严重"等,可参照最高人民法院、最高人民检察院《关于办理危害矿山生产安全刑事案件具体应用法律若干问题的解释》的相关规定。

五、准确把握宽严相济刑事政策

13、审理危害生产安全刑事案件,应综合考虑生产安全事故所造成的伤亡人数、经济损失、环境污染、社会影响、事故原因与被告人职责的关联程度、被告人主观过错大小、事故发生后被告人的施救表现、履行赔偿责任情况等,正确适用刑罚,确保裁判法律效果和社会效果相统一。

14、造成《关于办理危害矿山生产安全刑事案件具体应用法律若干问题的解释》第四条规定的"重大伤亡事故或者其他严重后果",同时具有下列情形之一的,也可以认定为刑法第一百三十四条、第一百三十五条规定的"情节特别恶劣":

（一）非法、违法生产的；

（二）无基本劳动安全设施或未向生产、作业人员提供必要的劳动防护用品,生产、作业人员劳动安全无保障的；

（三）曾因安全生产设施或者安全生产条件不符合国家规定,被监督管理部门处罚或责令改正,一年内再次违规生产致使发生重大生产安全事故的；

（四）关闭、故意破坏必要安全警示设备的；

（五）已发现事故隐患,未采取有效措施,导致发生重大事故的；

（六）事故发生后不积极抢救人员,或者毁灭、伪造、隐藏影响事故调查的证据,或者转移财产逃避责任的；

（七）其他特别恶劣的情节。

15、相关犯罪中,具有以下情形之一的,依法从重处罚：

（一）国家工作人员违反规定投资入股生产经营企业,构成危害生产安全犯罪的；

（二）贪污贿赂行为与事故发生存在关联性的；

（三）国家工作人员的职务犯罪与事故存在直接因果关系的；

（四）以行贿方式逃避安全生产监督管理,或者非法、违法生产、作业的；

（五）生产安全事故发生后,负有报告职责的国家工作人员不报或者谎报事故情况,贻误事故抢救,尚未构成不报、谎报安全事故罪的；

（六）事故发生后,采取转移、藏匿、毁灭遇难人员尸体,或者毁灭、伪造、隐藏影响事故调查的证据,或者转移财产,逃避责任的；

（七）曾因安全生产设施或者安全生产条件不符合国家规定,被监督管理部门处罚或责令改正,一年内再次违规生产致使发生重大生产安全事故的。

16、对于事故发生后,积极施救,努力挽回事故损失,有效避免损失扩大；积极配合调查,赔偿受害人损失的,可依法从宽处罚。

六、依法正确适用缓刑和减刑、假释

17、对于危害后果较轻,在责任事故中不负主要责任,符合法律有关缓刑适用条件的,可以依法适用缓刑,但应注意根据案件具体情况,区别对待,严格控制,避免适用不当造成的负面影响。

18.对于具有下列情形的被告人,原则上不适用缓刑:

(一)具有本意见第14条、第15条所规定的情形的;

(二)数罪并罚的。

19.宣告缓刑,可以根据犯罪情况,同时禁止犯罪分子在缓刑考验期限内从事与安全生产有关的特定活动。

20.办理与危害生产安全犯罪相关的减刑、假释案件,要严格执行刑法、刑事诉讼法和有关司法解释规定。是否决定减刑、假释,既要看罪犯服刑期间的悔改表现,还要充分考虑原判认定的犯罪事实、性质、情节、社会危害程度等情况。

七、加强组织领导,注意协调配合

21.对于重大、敏感案件,合议庭成员要充分做好庭审前期准备工作,全面、客观掌握案情,确保案件开庭审理稳妥顺利、依法公正。

22.审理危害生产安全刑事案件,涉及专业技术问题的,应有相关权威部门出具的咨询意见或者司法鉴定意见;可以依法邀请具有相关专业知识的人民陪审员参加合议庭。

23.对于审判工作中发现的安全生产事故背后的渎职、贪污贿赂等违法犯罪线索,应当依法移送有关部门处理。对于情节轻微,免予刑事处罚的被告人,人民法院可建议有关部门依法给予行政处罚或纪律处分。

24.被告人具有国家工作人员身份的,案件审结后,人民法院应当及时将生效的裁判文书送达行政监察机关和其他相关部门。

25.对于造成重大伤亡后果的案件,要充分运用财产保全等法定措施,切实维护被害人依法获得赔偿的权利。对于被告人没有赔偿能力的案件,应当依靠地方党委和政府做好善后安抚工作。

26.积极参与安全生产综合治理工作。对于审判中发现的安全生产管理方面的突出问题,应当发出司法建议,促使有关部门强化安全生产意识和制度建设,完善事故预防机制,杜绝同类事故发生。

27.重视做好宣传工作。对于社会关注的典型案件,要重视做好审判情况的宣传报道,规范裁判信息发布,及时回应社会的关切,充分发挥重大、典型案件的教育警示作用。

28.各级人民法院要在依法履行审判职责的同时,及时总结审判经验,深入开展调查研究,推动审判工作水平不断提高。上级法院要以辖区内发生的重大生产安全责任事故案件为重点,加强对下级法院危害生产安全刑事案件审判工作的监督和指导,适时检查此类案件的审判情况,提出有针对性的指导意见。

《最高人民法院关于充分发挥审判职能作用切实维护公共安全的若干意见》(法发〔2015〕12号)第七条、第八条对依法严惩危害安全生产犯罪的政策要求及相关问题作了规定。(→参见本章标题评注部分,第410页)

《最高人民法院关于依法妥善审理高空抛物、坠物案件的意见》(法发〔2019〕25号)"二、**依法惩处构成犯罪的高空抛物、坠物行为,切实维护人民群众生命财产安全**"对高空抛物适用《刑法》第一百三十四条第一款作了指引性规定。(→参见第二百九十一条之二评注部分,第1474页)

《最高人民法院、最高人民检察院、公安部关于办理涉窨井盖相关刑事案件的指导意见》(高检发〔2020〕3号)第五条对涉窨井盖刑事案件适用《刑法》第一百三十四条第一款作了指引性规定。(→参见第一百一十七条评注部分,第432页)

《应急管理部、公安部、最高人民法院、最高人民检察院安全生产行政执法与刑事司法衔接工作办法》(应急〔2019〕54号,自2019年4月16日起施行,节录)①

第一章 总 则

第二条 本办法适用于应急管理部门、公安机关、人民法院、人民检察院办理的涉嫌安全生产犯罪案件。

应急管理部门查处违法行为时发现的涉嫌其他犯罪案件,参照本办法办理。

本办法所称应急管理部门,包括煤矿安全监察机构、消防机构。

属于《中华人民共和国监察法》规定的公职人员在行使公权力过程中发生的依法由监察机关负责调查的涉嫌安全生产犯罪案件,不适用本办法,应当依法及时移送监察机关处理。

第三条② 涉嫌安全生产犯罪案件主要包括下列案件:

---

① 对本规范性文件的适用,需要结合经《刑法修正案(十一)》修改后刑法关于安全生产犯罪的规定作妥当把握。——**本评注注**
② 从广义上讲,安全生产犯罪既包括个人故意破坏生产经营设备、故意干扰生产、作业进程或者直接故意危害生产、作业人员人身安全的犯罪,也包括因过失导致发生生产安全事故的犯罪。根据现行法律规定,对于个人故意实施的直接破坏生产、作业活动或者危害生产、作业人员人身安全的犯罪行为,应由公安机关直接立案侦查,一般不涉及行政执法与刑事司法的衔接问题。本条对安全生产犯罪案件涉及的主要罪名作出了列举式规定,明确了应适用本规范性文件的安全生产犯罪案件的范围。参见李加玺:《建立衔接协作工作机制 依法严惩安全生产犯罪——〈安全生产行政执法与刑事司法衔接工作办法〉相关问题解读》,载最高人民法院刑事审判第一、二、三、四、五庭编:《刑事审判参考(总第125辑)》,法律出版社2020年版,第189—190页。

(一)重大责任事故案件;
(二)强令违章冒险作业案件;
(三)重大劳动安全事故案件;
(四)危险物品肇事案件;
(五)消防责任事故、失火案件;
(六)不报、谎报安全事故案件;
(七)非法采矿,非法制造、买卖、储存爆炸物,非法经营,伪造、变造、买卖国家机关公文、证件、印章等涉嫌安全生产的其他犯罪案件。

第二章 日常执法中的案件移送与法律监督(略)

第三章 事故调查中的案件移送与法律监督(略)

第四章 证据的收集与使用

第二十四条 在查处违法行为的过程中,有关应急管理部门应当全面收集、妥善保存证据材料。对容易灭失的痕迹、物证,应当采取措施提取、固定;对查获的涉案物品,如实填写涉案物品清单,并按照国家有关规定予以处理;对需要进行检验、鉴定的涉案物品,由法定检验、鉴定机构进行检验、鉴定,并出具检验报告或者鉴定意见。

在事故调查的过程中,有关部门根据有关法律法规的规定或者事故调查组的安排,按照前款规定收集、保存相关的证据材料。

第二十五条 在查处违法行为或者事故调查的过程中依法收集制作的物证、书证、视听资料、电子数据、检验报告、鉴定意见、勘验笔录、检查笔录等证据材料以及经依法批复的事故调查报告,在刑事诉讼中可以作为证据使用。

事故调查组依照有关规定提交的事故调查报告应当由其成员签名。没有签名的,应当予以补正或者作出合理解释。

第二十六条 当事人及其辩护人、诉讼代理人对检验报告、鉴定意见、勘验笔录、检查笔录等提出异议,申请重新检验、鉴定、勘验或者检查的,应当说明理由。人民法院经审理认为有必要的,应当同意。人民法院同意重新鉴定申请的,应当及时委托鉴定,并将鉴定意见告知人民检察院、当事人及其辩护人、诉讼代理人;也可以由公安机关自行或者委托相关机构重新进行检验、鉴定、勘验、检查等。

第五章 协作机制

第二十八条 应急管理部门对重大疑难复杂案件,可以就刑事案件立案追诉标准、证据的固定和保全等问题咨询公安机关、人民检察院;公安机关、人民检察院可以就案件办理中的专业性问题咨询应急管理部门。受咨询的机关应当及时答复;书面咨询的,应当在7日内书面答复。

第二十九条 人民法院应当在有关案件的判决、裁定生效后，按照规定及时将判决书、裁定书在互联网公布。适用职业禁止措施的，应当在判决、裁定生效后10日内将判决书、裁定书送达罪犯居住地的县级应急管理部门和公安机关，同时抄送罪犯居住地的县级人民检察院。具有国家工作人员身份的，应当将判决书、裁定书送达罪犯原所在单位。

第六章　附则（略）

立案追诉标准

《最高人民检察院、公安部关于公安机关管辖的刑事案件立案追诉标准的规定（一）》第八条、第九条关于《刑法》第一百三十四条立案追诉标准的规定与法释〔2015〕22号解释第六条不一致，应当以后者为准。

指导性案例

余某某等人重大劳动安全事故、重大责任事故案（检例第94号，节录）

关键词　重大劳动安全事故罪　重大责任事故罪　关联案件办理　追诉漏罪漏犯　检察建议

要　旨　办理危害生产安全刑事案件，要根据案发原因及涉案人员的职责和行为，准确适用重大责任事故罪和重大劳动安全事故罪。要全面审查案件事实证据，依法追诉漏罪漏犯，准确认定责任主体和相关人员责任，并及时移交职务违法犯罪线索。针对事故中暴露出的相关单位安全管理漏洞和监管问题，要及时制发检察建议，督促落实整改。

宋某某等人重大责任事故案（检例第95号，节录）

关键词　事故调查报告　证据审查　责任划分　不起诉　追诉漏犯

要　旨　对相关部门出具的安全生产事故调查报告，要综合全案证据进行审查，准确认定案件事实和相关人员责任。要正确区分相关涉案人员的责任和追责方式，发现漏犯及时追诉，对不符合起诉条件的，依法作出不起诉处理。

黄某某等人重大责任事故、谎报安全事故案（检例第96号，节录）

关键词　谎报安全事故罪　引导侦查取证　污染处置　化解社会矛盾

要　旨　检察机关要充分运用行政执法和刑事司法衔接工作机制，通过积极履职，加强对线索移送和立案的法律监督。认定谎报安全事故罪，要重点审查谎报行为与贻误事故抢救结果之间的因果关系。对同时构成重大责任事故罪和谎报安全事故罪的，应当数罪并罚。应注重督促涉事单位或有关部门及时赔偿被害人损失，有效化解社会矛盾。安全生产事故涉及生态环境污染等公益损害的,刑事检察部门要和公益诉讼检察部门加强协作配合,督促协同行政监管部门,统筹运用法律、行政、经济等手段严格落实企业主体责任,修复受损公益,防控安全风险。

夏某某等人重大责任事故案(检例第97号,节录)

关 键 词 重大责任事故罪　交通肇事罪　捕后引导侦查　审判监督

要　　旨 内河运输中发生的船舶交通事故,相关责任人员可能同时涉嫌交通肇事罪和重大责任事故罪,要根据运输活动是否具有营运性质以及相关人员的具体职责和行为,准确适用罪名。重大责任事故往往涉案人员较多,因果关系复杂,要准确认定涉案单位投资人、管理人员及相关国家工作人员等涉案人员的刑事责任。

■ 刑参案例规则提炼

《张某重大责任事故案——受让具有合法证照的网吧后未变更登记的不属于非法经营》(第1509号案例)所涉规则提炼如下:

重大责任事故罪的适用规则。"企业经营者违反道路交通安全等安全管理法规对生产、作业活动作出管理安排,导致发生伤亡事故后果的,应当构成重大责任事故罪。""网吧经营活动中接送上网人员发生事故后果的,可以构成重大责任事故罪。"(第1509号案例)

第134条之一

第一百三十四条之一　【危险作业罪】在生产、作业中违反有关安全管理的规定,有下列情形之一,具有发生重大伤亡事故或者其他严重后果的现实危险的,处一年以下有期徒刑、拘役或者管制:

(一)关闭、破坏直接关系生产安全的监控、报警、防护、救生设备、设施,或者篡改、隐瞒、销毁其相关数据、信息的;

(二)因存在重大事故隐患被依法责令停产停业、停止施工、停止使用有关设备、设施、场所或者立即采取排除危险的整改措施,而拒不执行的;

(三)涉及安全生产的事项未经依法批准或者许可,擅自从事矿山开采、金属冶炼、建筑施工,以及危险物品生产、经营、储存等高度危险的生产作业活动的。

■ 立法沿革

本条系2021年3月1日起施行的《刑法修正案(十一)》第四条增设。

司法解释

《最高人民法院、最高人民检察院关于办理危害生产安全刑事案件适用法律若干问题的解释(二)》(法释〔2022〕19号)第二条至第五条、第十条对危险作业罪的构成要件、处断标准、从宽处理等作了规定。

规范性文件

《最高人民法院、最高人民检察院、公安部、工业和信息化部、住房和城乡建设部、交通运输部、应急管理部、国家铁路局、中国民用航空局、国家邮政局关于依法惩治涉枪支、弹药、爆炸物、易燃易爆危险物品犯罪的意见》(法发〔2021〕35号)第五条对危险作业罪的适用作了规定。(→参见第一百二十五条评注部分,第486页)

典型案例①

高某海等危险作业案(人民法院、检察机关依法惩治危害生产安全犯罪典型案例,2022年12月15日)提出:"根据《危险化学品目录(2015版)》规定,汽油属于危险化学品。根据《危险化学品安全管理条例》第33条的规定,国家对危险化学品经营实行许可制度,未经许可,任何单位和个人不得经营危险化学品。销售、储存汽油均应取得相应证照,操作人员应当经过专业培训、规范操作,储存汽油应当具备相应条件。司法机关在办理具体案件过程中,对于行为人在未经专业培训、无经营资质、无专业设备、无安全储存条件、无应急处理能力情况下,在居民楼附近擅自从事危险物品生产、经营、储存等高度危险的生产作业活动,并由于不规范操作造成行为人本人重度烧伤、周围物品烧毁的后果的,综合考虑其行为方式、案发地点及危害后果,可以认定为刑法第134条之一危险作业罪中'具有发生重大伤亡事故或者其他严重后果的现实危险'。同时,应当注意区别对待,对于其他为行为人提供便利条件、参与分装赚取差价的人员,综合考虑其在共同犯罪中所起作用以及认罪认罚等情节,可以依法作出不起诉决定,体现宽严相济刑事政策。"**本评注认为**,本案例针对实践中争议较大的非法经营危化品(汽油)行为的定性明确了罪名适用规则,即适用危险作业罪而非非法经营罪。

---

① 《人民法院、检察机关依法惩治危害生产安全犯罪典型案例》,载《人民法院报》2022年12月16日第4版。

李某远危险作业案（人民法院、检察机关依法惩治危害生产安全犯罪典型案例，2022年12月15日）提出："根据刑法第134条之一规定，危险作业罪中'具有发生重大伤亡事故或者其他严重后果的现实危险'，是指客观存在的、紧迫的危险，这种危险未及时消除、持续存在，将可能随时导致发生重大伤亡事故或者其他严重后果。司法实践中，是否属于'具有发生重大伤亡事故或者其他严重后果的现实危险'，应当结合行业属性、行为对象、现场环境、违规行为严重程度、纠正整改措施的及时性和有效性等具体因素，进行综合判断。司法机关在办理具体案件过程中要准确把握立法原意，对于行为人关闭、破坏直接关系生产安全的监控、报警、防护、救生设备、设施，已经出现重大险情，或者发生了'小事故'，由于偶然性的客观原因而未造成重大严重后果的情形，可以认定为'具有发生重大伤亡事故或者其他严重后果的现实危险'。"

赵某宽、赵某龙危险作业不起诉案（人民法院、检察机关依法惩治危害生产安全犯罪典型案例，2022年12月15日）提出："司法机关在办理具体案件过程中，对于涉及安全生产的事项未经依法批准或者许可，擅自从事矿山开采、金属冶炼、建筑施工等生产作业活动，已经发生安全事故，因开展有效救援尚未造成重大严重后果的情形，可以认定为刑法第134条之一危险作业罪中'具有发生重大伤亡事故或者其他严重后果的现实危险'。办案中，司法机关应当依法适用认罪认罚从宽制度，全面准确规范落实少捕慎诉慎押刑事司法政策，对于犯罪情节轻微不需要判处刑罚的危险作业犯罪，可以作出不起诉决定。同时，应当注意与应急管理、自然资源等部门加强行刑双向衔接，督促集中排查整治涉案企业风险隐患，推动溯源治理，实现'治罪'与'治理'并重。"

司法疑难解析

"现实危险"的判定。[①] 根据《刑法》第一百三十四条之一的规定，"具有发生重大伤亡事故或者其他严重后果的现实危险"是危险作业罪的前提要件。考虑到对"具有发生重大伤亡事故或者其他严重后果的现实危险"的认定问题比较复杂，还需要进一步总结司法实践经验，法释〔2022〕19号解释未作规定，先通

[①] 《依法惩治危害生产安全犯罪 切实保障人民生命财产安全——最高法、最高检相关部门负责人就〈关于办理危害生产安全刑事案件适用法律若干问题的解释（二）〉答记者问》，载《人民法院报》2022年12月16日第3版。此外，关于司法实践中危化品经营、矿山开采等较为常见的生产作业活动中"具有发生重大伤亡事故或者其他严重后果的现实危险"的具体判断标准，还可以参考"典型案例"部分。

过制发典型案例等形式加强指导,待时机成熟时再上升为司法解释规定。具体适用之中,可以从以下几个方面对"现实危险"加以把握和判断:

一要注意遵循立法原意。从危险作业罪的立法背景和意图看,本罪属于具体危险犯,而不是行为犯。实践中,要严格把握入罪条件,即需要具有"现实危险",将那种特别危险、极易导致结果发生的重大隐患行为列入犯罪,而不能将一般的、数量众多的其他违反安全生产管理规定的行为纳入刑事制裁,避免行政违法和刑事犯罪界限不清,防止架空安全生产法律法规的适用。同时,认定"现实危险"还要考虑到企业生产经营的实际情况,在强化企业安全生产主体责任、保障安全生产的同时,避免对企业的生产经营造成过度负担和对正常生产经营的不当干扰。

二要注意把握综合判断原则。从司法办案实际和发布典型案例的情况看,"现实危险"主要是指已经出现了重大险情,或者出现了"冒顶""渗漏"等"小事故",虽然最终没有发生重大严重后果,但之所以没有发生,有的是因为被及时制止了,有的是因为开展了有效救援,有的完全是因为偶然性的客观原因,对这种"千钧一发"的危险才能认定为具有"现实危险"。对于"现实危险",应当结合行业属性、行为对象、现场环境、违规行为严重程度、纠正整改措施的及时性和有效性等各方面因素,根据案件具体情况综合分析判断,必要时可以征求应急管理等负有安全生产监督管理职责的部门的意见,结合其他证据综合审查,依法作出认定。

三要注意把握实质判断原则。"现实危险"应当具有实质上的社会危害性和应受刑罚性。换言之,这种"现实危险"是客观存在的、紧迫的、具体的、明确的危险,有的甚至已经发生了带有征兆性、预警性的安全事故,如果不能及时消除、持续存在,将可能随时导致发生重大伤亡事故或者其他严重后果。比如,实践中的以下几类情形:一是关闭、破坏直接关系生产安全的监控、报警、防护、救生设备、设施,或者篡改、隐瞒、销毁其相关数据、信息,致使重大事故隐患被掩盖、造成重大险情,或者直接影响事故现场人员逃生自救、事故应急救援的;二是因存在重大事故隐患被依法责令停产停业、停止施工、停止使用有关设备、设施、场所或者立即采取排除危险的整改措施,而拒不执行,造成重大险情的;三是涉及安全生产的事项未经依法批准或者许可,擅自从事矿山开采、金属冶炼、建筑施工,以及危险物品生产、经营、储存等高度危险的生产作业活动,生产作业场所或者安全设施、设备、工艺存在重大事故隐患,造成重大险情的,可以考虑认定为具有"现实危险"。

第一百三十五条 【重大劳动安全事故罪】安全生产设施或者安全生产条件不符合国家规定,因而发生重大伤亡事故或者造成其他严重后果的,对直接负责的主管人员和其他直接责任人员,处三年以下有期徒刑或者拘役;情节特别恶劣的,处三年以上七年以下有期徒刑。

立法沿革

本条系1997年《刑法》吸收修改附属刑法的规定。1994年《劳动法》第九十二条规定:"用人单位的劳动安全设施和劳动卫生条件不符合国家规定或者未向劳动者提供必要的劳动防护用品和劳动保护设施的……对事故隐患不采取措施,致使发生重大事故,造成劳动者生命和财产损失的,对责任人员比照刑法第一百八十七条的规定追究刑事责任。"此处规定的"刑法第一百八十七条"是指1979年《刑法》关于玩忽职守罪的规定。1997年《刑法》吸收修改上述规定,将其独立规定为犯罪。

2006年6月29日起施行的《刑法修正案(六)》第二条对本条作了修改,主要涉及如下四个方面:一是删去关于犯罪主体的限定;二是将"不符合国家规定"的对象范围由"安全生产设施"扩大至"安全生产条件";三是删去"经有关部门或者单位职工提出后,对事故隐患仍不采取措施"的前提条件;四是将"直接责任人员"修改为"直接负责的主管人员和其他直接责任人员"。

修正前《刑法》	修正后《刑法》
第一百三十五条 【重大劳动安全事故罪】~~工厂、矿山、林场、建筑企业或者其他企业、事业单位的~~劳动安全设施不符合国家规定,~~经有关部门或者单位职工提出后,对事故隐患仍不采取措施,~~因而发生重大伤亡事故或者造成其他严重后果的,对直接责任人员,处三年以下有期徒刑或者拘役;情节特别恶劣的,处三年以上七年以下有期徒刑。	第一百三十五条 【重大劳动安全事故罪】安全生产设施**或者安全生产条件**不符合国家规定,因而发生重大伤亡事故或者造成其他严重后果的,对**直接负责的主管人员和其他**直接责任人员,处三年以下有期徒刑或者拘役;情节特别恶劣的,处三年以上七年以下有期徒刑。

司法解释

《最高人民法院、最高人民检察院关于办理危害生产安全刑事案件适用法律若干问题的解释》(法释〔2015〕22号)第三条、第六条、第七条、第十二条、第十三条对重大劳动安全事故罪的定罪量刑标准和有关问题作了规定。(→参见

第一百三十四条评注部分,第 542、543、545 页)

立案追诉标准

《最高人民检察院、公安部关于公安机关管辖的刑事案件立案追诉标准的规定(一)》第十条关于《刑法》第一百三十五条立案追诉标准的规定与法释〔2015〕22 号解释第六条不一致,应当以后者为准。

法律适用答复、复函

《最高人民法院研究室关于被告人阮某重大劳动安全事故案有关法律适用问题的答复》(法研〔2009〕228 号)

陕西省高级人民法院:

你院陕高法〔2009〕288 号《关于被告人阮某重大劳动安全事故案有关法律适用问题的请示》收悉。经研究,答复如下:

用人单位违反职业病防治法的规定,职业病危害预防设施不符合国家规定,因而发生重大伤亡事故或者造成其他严重后果的,对直接负责的主管人员和其他直接责任人员,可以依照刑法第一百三十五条的规定,以重大劳动安全事故罪定罪处罚。

刑参案例规则提炼

《尚知国等重大劳动安全事故案——重大劳动安全事故罪与重大责任事故罪出现竞合时应如何处理》(第 505 号案例)所涉规则提炼如下:

重大劳动安全事故罪与重大责任事故罪的竞合处理规则。"在完全是由于安全生产设施或者安全生产条件不符合国家规定的情况下进行生产、作业,因而发生重大伤亡事故或者造成其他严重后果的情况下,应当以重大劳动安全事故罪定罪量刑。"(第 505 号案例)

第一百三十五条之一 【大型群众性活动重大安全事故罪】举办大型群众性活动违反安全管理规定,因而发生重大伤亡事故或者造成其他严重后果的,对直接负责的主管人员和其他直接责任人员,处三年以下有期徒刑或者拘役;情节特别恶劣的,处三年以上七年以下有期徒刑。

立法沿革

本条系 2006 年 6 月 29 日起施行的《刑法修正案(六)》第三条增设。

相关规定

《中华人民共和国治安管理处罚法》(修正后自2013年1月1日起施行,节录)

第三十八条 举办文化、体育等大型群众性活动,违反有关规定,有发生安全事故危险的,责令停止活动,立即疏散。对组织者处五日以上十日以下拘留,并处二百元以上五百元以下罚款;情节较轻的,处五日以下拘留或者五百元以下罚款。

第三十九条 旅馆、饭店、影剧院、娱乐场、运动场、展览馆或者其他供社会公众活动的场所的经营管理人员,违反安全规定,致使该场所有发生安全事故危险,经公安机关责令改正,拒不改正的,处五日以下拘留。

司法解释

《最高人民法院、最高人民检察院关于办理危害生产安全刑事案件适用法律若干问题的解释》(法释〔2015〕22号)第六条、第七条、第十二条、第十三条、第十四条对大型群众性活动重大安全事故罪的定罪量刑标准和有关问题作了规定。(→参见第一百三十四条评注部分,第543、545页)

立案追诉标准

《最高人民检察院、公安部关于公安机关管辖的刑事案件立案追诉标准的规定(一)》第十一条关于《刑法》第一百三十五条之一立案追诉标准的规定与法释〔2015〕22号解释第六条不一致,应当以后者为准。

第一百三十六条 【危险物品肇事罪】违反爆炸性、易燃性、放射性、毒害性、腐蚀性物品的管理规定,在生产、储存、运输、使用中发生重大事故,造成严重后果的,处三年以下有期徒刑或者拘役;后果特别严重的,处三年以上七年以下有期徒刑。

立法沿革

本条系1997年《刑法》沿用1979年《刑法》第一百一十五条的规定,未作调整。

司法解释

《最高人民法院、最高人民检察院关于办理危害生产安全刑事案件适用法律若干问题的解释》(法释〔2015〕22号)第六条、第七条、第十二条、第十三条、

第十四条对危险物品肇事罪的定罪量刑标准和有关问题作了规定。(→参见第一百三十四条评注部分,第543、545页)

规范性文件

《公安部关于加强爆炸案件和爆炸物品丢失被盗案件倒查责任追究工作的通知》(公明发〔2000〕1186号)第三条对适用《刑法》第一百三十六条作了指引性规定。(→参见第一百二十五条评注部分,第480页)

《公安部、中央社会治安综合治理委员会办公室、民政部等关于进一步加强和改进出租房屋管理工作有关问题的通知》(公通字〔2004〕83号,节录)

三、依法加强对出租房屋的管理。各部门要加大工作力度,规范房屋租赁活动。对房主违反出租房屋管理规定的行为,按照下列规定严肃查处:

(一)符合出租条件但未办理租赁登记备案手续的,由房地产管理部门责令补办手续。

(二)不符合出租条件而出租的,由房地产管理部门依法给予处罚。

(三)办理房屋租赁登记备案后未到房屋所在地公安派出所签订治安责任保证书,经通知拒不改正的,由公安部门依照《租赁房屋治安管理规定》第九条第(一)项的规定予以处罚。

(四)将房屋出租给无合法有效证件人员的,由公安部门依照《租赁房屋治安管理规定》第九条第(二)项的规定予以处罚。

(五)明知承租人违反爆炸、剧毒、易燃、放射性等危险物品管理规定,利用出租房屋生产、销售、储存、使用危险物品,不及时制止、报告,尚未造成严重后果的,由公安部门依照《租赁房屋治安管理规定》第九条第(三)项的规定予以处罚;构成犯罪的,依照《中华人民共和国刑法》第一百三十六条的规定追究刑事责任。

(六)明知是赃物而窝藏的,由公安部门依照《中华人民共和国治安管理处罚条例》第二十四条第(一)项的规定予以处罚;构成犯罪的,依照《中华人民共和国刑法》第三百一十二条的规定追究刑事责任。

(七)违反消防安全规定,占用防火间距的,由公安消防机构依照《中华人民共和国消防法》第四十八条第(二)项的规定予以处罚。

(八)出租房屋有重大火灾隐患,经公安部门通知不加改正的,由公安部门依照《中华人民共和国治安管理处罚条例》第二十六条第(八)项的规定予以处罚。

(九)不按照规定为暂住人员申报暂住户口登记的,由公安部门依照《中华人民共和国治安管理处罚条例》第二十九条第(五)项的规定予以处罚。

（十）介绍或者容留卖淫的，由公安部门依照《中华人民共和国治安管理处罚条例》第三十条的规定予以处罚；构成犯罪的，依照《中华人民共和国刑法》第三百五十九条的规定追究刑事责任。

（十一）为他人进行赌博活动提供出租房屋的，由公安部门依照《中华人民共和国治安管理处罚条例》第三十二条第（一）项的规定予以处罚；构成犯罪的，依照《中华人民共和国刑法》第三百零三条的规定追究刑事责任。

（十二）为他人制作、贩卖淫秽图书、光盘或者其他淫秽物品提供出租房屋的，由公安部门依照《中华人民共和国治安管理处罚条例》第三十二条第（二）项的规定予以处罚；构成犯罪的，依照《中华人民共和国刑法》第三百六十三条的规定追究刑事责任。

（十三）明知是有犯罪行为的人而为其提供出租房屋，帮助其逃避或者为其作假证明的，由公安部门依照《中华人民共和国刑法》第三百一十条的规定追究刑事责任。

（十四）有税收违法行为的，由税务部门依法给予处罚。

《最高人民法院、最高人民检察院、公安部、工业和信息化部、住房和城乡建设部、交通运输部、应急管理部、国家铁路局、中国民用航空局、国家邮政局关于依法惩治涉枪支、弹药、爆炸物、易燃易爆危险物品犯罪的意见》（法发〔2021〕35号）第五条至第七条、第九条对《刑法》第一百三十六条的适用以及罪数处断作了规定。（→参见第一百二十五条评注部分，第486—487、488页）

立案追诉标准

《最高人民检察院、公安部关于公安机关管辖的刑事案件立案追诉标准的规定（一）》第十二条关于《刑法》第一百三十六条立案追诉标准的规定与法释〔2015〕22号解释第六条不一致，应当以后者为准。

第一百三十七条　【工程重大安全事故罪】建设单位、设计单位、施工单位、工程监理单位违反国家规定，降低工程质量标准，造成重大安全事故的，对直接责任人员，处五年以下有期徒刑或者拘役，并处罚金；后果特别严重的，处五年以上十年以下有期徒刑，并处罚金。

立法沿革

本条系1997年《刑法》增设的规定。

司法解释

《最高人民法院、最高人民检察院关于办理危害生产安全刑事案件适用法律若干问题的解释》(法释〔2015〕22号)第六条、第七条、第十二条、第十三条、第十四条对工程重大安全事故罪的定罪量刑标准和有关问题作了规定。(→参见第一百三十四条评注部分,第543、545页)

规范性文件

《最高人民法院、最高人民检察院、公安部关于办理涉窨井盖相关刑事案件的指导意见》(高检发〔2020〕3号)第五条对涉窨井盖刑事案件适用《刑法》第一百三十七条作了指引性规定。(→参见第一百一十七条评注部分,第432页)

立案追诉标准

《最高人民检察院、公安部关于公安机关管辖的刑事案件立案追诉标准的规定(一)》第十三条关于《刑法》第一百三十七条立案追诉标准的规定与法释〔2015〕22号解释第六条不一致,应当以后者为准。

第一百三十八条　【教育设施重大安全事故罪】明知校舍或者教育教学设施有危险,而不采取措施或者不及时报告,致使发生重大伤亡事故的,对直接责任人员,处三年以下有期徒刑或者拘役;后果特别严重的,处三年以上七年以下有期徒刑。

立法沿革

本条系1997年《刑法》吸收修改单行刑法作出的规定。1995年《教育法》第七十三条规定:"明知校舍或者教育教学设施有危险,而不采取措施,造成人员伤亡或者重大财产损失的,对直接负责的主管人员和其他直接责任人员,依法追究刑事责任。"1997年《刑法》吸收上述规定并作了修改完善,将相关行为独立入罪。

司法解释

《最高人民法院、最高人民检察院关于办理危害生产安全刑事案件适用法律若干问题的解释》(法释〔2015〕22号)第六条、第七条、第十二条、第十三条、第十四条对教育设施重大安全事故罪的定罪量刑标准和有关问题作了规定。

(→参见第一百三十四条评注部分,第543、545页)

立案追诉标准

《最高人民检察院、公安部关于公安机关管辖的刑事案件立案追诉标准的规定(一)》第十四条关于《刑法》第一百三十八条立案追诉标准的规定与法释〔2015〕22号解释第六条不一致,应当以后者为准。

第一百三十九条 【消防责任事故罪】违反消防管理法规,经消防监督机构通知采取改正措施而拒绝执行,造成严重后果的,对直接责任人员,处三年以下有期徒刑或者拘役;后果特别严重的,处三年以上七年以下有期徒刑。

立法沿革

本条系1997年《刑法》增设的规定。

司法解释

《最高人民法院、最高人民检察院关于办理危害生产安全刑事案件适用法律若干问题的解释》(法释〔2015〕22号)第六条、第七条、第十二条、第十三条、第十四条对消防责任事故罪的定罪量刑标准和有关问题作了规定。(→参见第一百三十四条评注部分,第543、545页)

立案追诉标准

《最高人民检察院、公安部关于公安机关管辖的刑事案件立案追诉标准的规定(一)》第十五条关于《刑法》第一百三十九条立案追诉标准的规定与法释〔2015〕22号解释第六条不一致,应当以后者为准。

第一百三十九条之一 【不报、谎报安全事故罪】在安全事故发生后,负有报告职责的人员不报或者谎报事故情况,贻误事故抢救,情节严重的,处三年以下有期徒刑或者拘役;情节特别严重的,处三年以上七年以下有期徒刑。

立法沿革

本条系2006年6月29日起施行的《刑法修正案(六)》第四条增设。

司法解释

《最高人民法院、最高人民检察院关于办理危害生产安全刑事案件适用法律若干问题的解释》(法释〔2015〕22号)第四条、第八条、第九条、第十条对不报、谎报安全事故罪的定罪量刑标准和有关问题作了规定。(→参见第一百三十四条评注部分,第542、544、545页)

规范性文件

《最高人民法院关于进一步加强危害生产安全刑事案件审判工作的意见》(法发〔2011〕20号)第十一条对负有报告职责的国家工作人员不报或者谎报事故情况,贻误事故抢救,情节严重,构成不报、谎报安全事故罪,同时构成职务犯罪或其他危害生产安全犯罪的情形应当数罪并罚作了明确。(→参见第一百三十四条评注部分,第552页)

立案追诉标准

《最高人民检察院、公安部关于公安机关管辖的刑事案件立案追诉标准的规定(一)》第十五条之一关于《刑法》第一百三十九条之一立案追诉标准的规定与法释〔2015〕22号解释第四条、第八条一致。

指导性案例

黄某某等人重大责任事故、谎报安全事故案(检例第96号)(参见第一百三十四条评注部分,第557页)

第三章
破坏社会主义市场经济秩序罪

司法解释

《最高人民法院关于在审理经济纠纷案件中涉及经济犯罪嫌疑若干问题的规定》[法释〔1998〕7号,根据《最高人民法院关于修改〈最高人民法院关于在民事审判工作中适用《中华人民共和国工会法》若干问题的解释〉等二十七件民事类司法解释的决定》(法释〔2020〕17号)修正,修正后自2021年1月1日起施行]

根据《中华人民共和国民法典》《中华人民共和国刑法》《中华人民共和国民事诉讼法》《中华人民共和国刑事诉讼法》等有关规定,对审理经济纠纷案件中涉及经济犯罪嫌疑问题作以下规定:

第一条 同一自然人、法人或非法人组织因不同的法律事实,分别涉及经济纠纷和经济犯罪嫌疑的,经济纠纷案件和经济犯罪嫌疑案件应当分开审理。

第二条 单位直接负责的主管人员和其他直接责任人员,以为单位骗取财物为目的,采取欺骗手段对外签订经济合同,骗取的财物被该单位占有、使用或处分构成犯罪的,除依法追究有关人员的刑事责任,责令该单位返还骗取的财物外,如给被害人造成经济损失的,单位应当承担赔偿责任。

第三条 单位直接负责的主管人员和其他直接责任人员,以该单位的名义对外签订经济合同,将取得的财物部分或全部占为己有构成犯罪的,除依法追究行为人的刑事责任外,该单位对行为人因签订、履行该经济合同造成的后果,依法应当承担民事责任。

第四条 个人借用单位的业务介绍信、合同专用章或者盖有公章的空白合同书,以出借单位名义签订经济合同,骗取财物归个人占有、使用、处分或者进行其他犯罪活动,给对方造成经济损失构成犯罪的,除依法追究借用人的刑事责任外,出借业务介绍信、合同专用章或者盖有公章的空白合同书的单位,依法应当承担赔偿责任。但是,有证据证明被害人明知签订合同对方当事人是借用行为,仍与之签订合同的除外。

第五条 行为人盗窃、盗用单位的公章、业务介绍信、盖有公章的空白合同书,或者私刻单位的公章签订经济合同,骗取财物归个人占有、使用、处分或者进行其他犯罪活动构成犯罪的,单位对行为人该犯罪行为所造成的经济损失不承担民事责任。

行为人私刻单位公章或者擅自使用单位公章、业务介绍信、盖有公章的空白合同书以签订经济合同的方法进行的犯罪行为,单位有明显过错,且该过错行为与被害人的经济损失之间具有因果关系的,单位对该犯罪行为所造成的经济损失,依法应当承担赔偿责任。

第六条 企业承包、租赁经营合同期满后,企业按规定办理了企业法定代表人的变更登记,而企业法人未采取有效措施收回其公章、业务介绍信、盖有公章的空白合同书,或者没有及时采取措施通知相对人,致原企业承包人、租赁人得以用原承包、租赁企业的名义签订经济合同,骗取财物占为己有构成犯罪的,该企业对被害人的经济损失,依法应当承担赔偿责任。但是,原承包人、承租人利用擅自保留的公章、业务介绍信、盖有公章的空白合同书以原承包、租赁企业的名义签订经济合同,骗取财物占为己有构成犯罪的,企业一般不承担民事责任。

单位聘用的人员被解聘后,或者受单位委托保管公章的人员被解除委托后,单位未及时收回其公章,行为人擅自利用保留的原单位公章签订经济合同,骗取财物占为己有构成犯罪,如给被害人造成经济损失的,单位应当承担赔偿责任。

第七条 单位直接负责的主管人员和其他直接责任人员,将单位进行走私或其他犯罪活动所得财物以签订经济合同的方法予以销售,买方明知或者应当知道的,如因此造成经济损失,其损失由买方自负。但是,如果买方不知该经济合同的标的物是犯罪行为所得财物而购买的,卖方对买方所造成的经济损失应当承担民事责任。

第八条 根据《中华人民共和国刑事诉讼法》第一百零一条第一款的规定,被害人或其法定代理人、近亲属对本规定第二条因单位犯罪行为造成经济损失的,对第四条、第五条第一款、第六条应当承担刑事责任的被告人未能返还财物而遭受经济损失提起附带民事诉讼的,受理刑事案件的人民法院应当依法一并审理。被害人或其法定代理人、近亲属因被害人遭受经济损失也有权对单位另行提起民事诉讼。若被害人或其法定代理人、近亲属另行提起民事诉讼的,有管辖权的人民法院应当依法受理。

第九条 被害人请求保护其民事权利的诉讼时效在公安机关、检察机关查处经济犯罪嫌疑期间中断。如果公安机关决定撤销涉嫌经济犯罪案件或者检察机关决定不起诉的,诉讼时效从撤销案件或决定不起诉之次日起重新计算。

第十条 人民法院在审理经济纠纷案件中,发现与本案有牵连,但与本案不是同一法律关系的经济犯罪嫌疑线索、材料,应将犯罪嫌疑线索、材料移送有关公安机关或检察机关查处,经济纠纷案件继续审理。

第十一条 人民法院作为经济纠纷受理的案件,经审理认为不属经济纠纷案件而有经济犯罪嫌疑的,应当裁定驳回起诉,将有关材料移送公安机关或检察机关。

第十二条 人民法院已立案审理的经济纠纷案件,公安机关或检察机关认为有经济犯罪嫌疑,并说明理由附有关材料函告受理该案的人民法院的,有关人民法院应当认真审查。经过审查,认为确有经济犯罪嫌疑的,应当将案件移送公安机关或检察机关,并书面通知当事人,退还案件受理费;如认为确属经济纠纷案件的,应当依法继续审理,并将结果函告有关公安机关或检察机关。

▎规范性文件

《最高人民法院关于充分发挥审判职能作用切实加强产权司法保护的意见》(法发〔2016〕27号,节录)

产权制度是社会主义市场经济的基石,保护产权是坚持社会主义基本经济制度的必然要求。党的十八大以来,以习近平同志为核心的党中央高度重视产权保护工作。党的十八届三中、四中、五中全会明确提出,国家保护各种所有制经济产权和合法利益,强调要健全以公平为核心原则的产权保护制度,推进产权保护法治化。2016年11月4日,中共中央、国务院印发《关于完善产权保护制度依法保护产权的意见》,对完善产权保护制度、推进产权保护法治化有关工作进行了全面部署。为充分发挥审判职能作用,切实加强产权司法保护,增强人民群众财产财富安全感,促进经济社会持续健康发展,制定如下意见。

一、坚持产权司法保护的基本原则

1. 坚持平等保护。坚持各种所有制经济权利平等、机会平等、规则平等,对各类产权主体的诉讼地位和法律适用一视同仁,确保公有制经济和非公有制经济财产权不可侵犯。注重对非公有制产权的平等保护。妥善审理各类涉外案件,平等保护中外当事人的诉讼权利和实体权益。

2. 坚持全面保护。既要保护物权、债权、股权,也要保护知识产权及其他各种无形财产权。通过刑事、民事、行政等各种审判及执行活动,依法明确产权归属,制裁各类侵犯产权的违法犯罪行为,特别是利用公权力侵犯私有产权的违法犯罪行为。

3. 坚持依法保护。结合各个时期经济发展的形势和政策,准确把握立法精神,严格公正司法,妥善处理涉及产权保护的各类案件。结合案件审判和司法调研,促进社会主义市场经济法律制度不断健全,推动完善产权保护制度。

二、准确把握、严格执行产权保护的司法政策

4. 依法惩治各类侵犯产权犯罪,平等保护各种所有制经济产权。依法惩治侵吞、瓜分、贱卖国有、集体资产的犯罪,促进资产监督管理制度不断健全。加大对非公有财产的刑法保护力度,依法惩治侵犯非公有制企业产权以及侵犯非公有制经济投资者、管理者、从业人员财产权益的犯罪。对非法占有、处置、毁坏财产的,不论是公有财产还是私有财产,均依法及时追缴发还被害人,或者责令退赔。

5. 客观看待企业经营的不规范问题,对定罪依据不足的依法宣告无罪。对改革开放以来各类企业特别是民营企业因经营不规范所引发的问题,要以历史和发展的眼光客观看待,严格遵循罪刑法定、疑罪从无、从旧兼从轻等原则,依法公正处理。对虽属违法违规、但不构成犯罪,或者罪与非罪不清的,应当宣告无罪。对在生产、经营、融资等活动中的经济行为,除法律、行政法规明确禁止的,不得以犯罪论处。

6. 严格区分经济纠纷与刑事犯罪,坚决防止把经济纠纷当作犯罪处理。充分考虑非公有制经济特点,严格把握刑事犯罪的认定标准,严格区分正当融资与非法集资、合同纠纷与合同诈骗、民营企业参与国有企业兼并重组中涉及的经济纠纷与恶意侵占国有资产等的界限,坚决防止把经济纠纷认定为刑事犯罪,坚决防止利用刑事手段干预经济纠纷。对于各类经济纠纷,特别是民营企业与国有企业之间的纠纷,不论实际损失多大,都要始终坚持依法办案,排除各种干扰,确保公正审判。

7. 依法慎用强制措施和查封、扣押、冻结措施,最大限度降低对企业正常生产经营活动的不利影响。对涉案企业和人员,应当综合考虑行为性质、危害程度以及配合诉讼的态度等情况,依法慎重决定是否适用强制措施和查封、扣押、冻结措施。在刑事审判中,对已被逮捕的被告人,符合取保候审、监视居住条件的,应当变更强制措施。在刑事、民事、行政审判中,确需采取查封、扣押、冻结措施的,除依法需责令关闭的企业外,在条件允许的情况下可以为企业预留必要的流动资金和往来账户。不得查封、扣押、冻结与案件无关的财产。

8. 严格规范涉案财产的处置,依法维护涉案企业和人员的合法权益。严格区分违法所得和合法财产,对于经过审理不能确认为违法所得的,不得判决追缴或者责令退赔。严格区分个人财产和企业法人财产,处理股东、企业经营管理者

等自然人犯罪不得任意牵连企业法人财产,处理企业犯罪不得任意牵连股东、企业经营管理者个人合法财产。严格区分涉案人员个人财产和家庭成员财产,处理涉案人员犯罪不得牵连其家庭成员合法财产。按照公开公正和规范高效的要求,严格执行、不断完善涉案财物保管、鉴定、估价、拍卖、变卖制度。

11. 依法制裁知识产权违法犯罪,加大知识产权保护力度。按照"司法主导、严格保护、分类施策、比例协调"的知识产权司法保护基本政策,加大保护力度,推进知识产权强国建设。积极参与相关法律修订工作,推动完善知识产权侵权损害赔偿制度。适时发布司法解释和指导性案例,通过排除侵权证据妨碍、合理分配当事人的举证责任等途径,依法推进惩罚性赔偿制度的适用。依法审理商标侵权,加强品牌商誉保护。依法审理反不正当竞争纠纷案件,破除行业垄断和市场分割。依法惩治知识产权犯罪,加大对链条式、产业化知识产权犯罪惩治力度。

12. 依法处理历史形成的产权申诉案件,坚决落实有错必纠的要求。建立专门工作机制,抓紧甄别纠正一批社会反映强烈的产权纠纷申诉案件。对涉及重大财产处置的产权纠纷申诉案件、民营企业和投资人犯罪的申诉案件,经审查确属事实不清、证据不足、适用法律错误的,依法及时予以纠正并赔偿当事人损失。严格落实司法责任制,对存在违法审判情形的依法依纪严肃追究,同时完善审判管理,从源头上、制度上有效防范冤错案件的发生。

三、加强产权司法保护的机制建设(略)

《最高人民法院关于依法妥善处理历史形成的产权案件工作实施意见》(法发〔2016〕28号,节录)

13. 准确把握罪与非罪的法律政策界限。严格区分经济纠纷与经济犯罪特别是合同纠纷与合同诈骗的界限、企业正当融资与非法集资的界限、民营企业参与国有企业兼并重组中涉及的经济纠纷与恶意侵占国有资产的界限。准确把握经济违法行为入刑标准,准确认定经济纠纷和经济犯罪的性质,坚决纠正将经济纠纷当作犯罪处理的错误生效裁判。对于在生产、经营、融资等活动中的经济行为,当时法律、行政法规没有明确禁止而以犯罪论处的,或者虽属违法违规但不构成犯罪而以犯罪论处的,均应依法纠正。

14. 坚决纠正以刑事执法介入民事纠纷而导致的错案。对于以刑事手段迫使当事人作出意思表示,导致生效民事裁判错误的,要坚决予以纠正。对于涉及犯罪的民营企业投资人,在当事人被采取强制措施或服刑期间,依法保障其行使财产权利等民事权利。对民营企业投资人因被限制人身自由而严重影响行使民事诉讼权利,被解除人身自由限制后,针对民事案件事实提供了新的证据,可能推翻生效裁判的,人民法院应当依职权调查核实;符合再审条件的,应当依法启动再审。

15.依法妥善处理因产权混同引发的申诉案件。在甄别和再审产权案件时,要严格区分个人财产和企业法人财产,对股东、企业经营管理者等自然人违法的案件,要注意审查在处置其个人财产时是否存在随意牵连企业法人财产的问题;对企业违法的案件,在处置企业法人财产时是否存在随意牵连股东、企业经营管理者个人合法财产的问题。要严格区分违法所得和合法财产、涉案人员个人财产和家庭成员财产,要注意审查在处置违法所得时是否存在牵连合法财产和涉案人员家庭成员合法财产的问题,以及是否存在违法处理涉案财物的问题,尤其要注意审查是否侵害了当事人及其近亲属、股东、债权人等相关方的合法权益。对确属因生效裁判错误而损害当事人财产权的,要依法纠正并赔偿当事人损失。

17.依法妥善处理涉案财产处置申诉案件。对于因错误实施保全措施、错误采取执行措施、错误处置执行标的物,致使当事人或利害关系人、案外人等财产权利受到侵害的,应当及时解除或变更强制措施、执行回转、返还财产。执行过程中,对执行标的异议所作裁定不服的,当事人、案外人可以通过执行异议之诉或者审判监督程序等法定途径予以救济;造成损害的,受害人有权依照法律规定申请国家赔偿。

《最高人民检察院关于充分履行检察职能加强产权司法保护的意见》(2017年1月6日,节录)

党的十八大以来,以习近平同志为核心的党中央高度重视产权保护,提出加强对各种所有制组织和自然人财产权的保护。为深入贯彻党的十八大、十八届三中、四中、五中、六中全会精神和习近平总书记系列重要讲话精神,落实《关于完善产权保护制度依法保护产权的意见》和中央经济工作会议的部署要求,充分履行检察职能,加强产权司法保护,提出如下意见:

一、深刻认识产权制度重要意义,明确产权保护的总体要求

1.充分认识加强产权司法保护的重要意义。依法保护产权是完善中国特色社会主义市场经济体制的内在要求,是坚持稳中求进工作总基调,促进经济转型升级、全面深化改革、全面建成小康社会的客观需要。各级检察机关要把思想和行动统一到党中央重要决策、部署和要求上来,牢固树立和贯彻落实新发展理念,主动适应经济发展新常态,切实把防控风险、服务发展摆在更加突出位置,为保护企业和个人合法产权、促进经济平稳健康发展和社会和谐稳定提供优质的司法服务。

2. 严格落实加强产权司法保护的总体要求。各级检察机关要坚持依法保护原则,充分发挥惩治、预防、监督、教育、保护等检察职能,加强对产权的司法保护。坚持平等保护原则,平等保护各种所有制组织和自然人的财产权,确保各类产权主体的诉讼地位和诉讼权利平等、法律适用和法律责任平等、法律保护和法律服务平等。坚持全面保护原则,全面保护物权、债权、股权、知识产权等各种类型的财产权,切实维护产权主体的合法权益。

二、准确把握法律政策界限,规范改进司法行为,注重产权司法保护实效

3. 严格把握产权案件罪与非罪的界限标准。各级检察机关办理有关产权刑事案件,要严格区分经济纠纷与经济犯罪的界限,企业正当融资与非法集资的界限,民营企业参与国有企业兼并重组中涉及的产权纠纷与恶意侵占国有资产的界限,执行和利用国家政策谋发展中的偏差与钻改革空子实施犯罪的界限。坚持主客观相一致原则,避免客观归罪。对民营企业生产、经营、融资等经济行为,除法律、行政法规明确禁止外,不以违法犯罪对待。对于正在办理的涉产权刑事案件,法律和司法解释规定不明确、法律界限不明、罪与非罪界限不清的,不作为犯罪处理。

4. 依法妥善处理历史形成的产权案件。以发展眼光客观看待和依法妥善处理改革开放以来各类企业,特别是民营企业经营发展过程中存在的不规范问题。办案中坚持罪刑法定、法不溯及既往、从旧兼从轻、疑罪从无原则,对于确属事实不清、证据不足、适用法律错误的错案冤案,坚决予以纠正。对于没有犯罪事实或者具有《刑事诉讼法》第十五条规定的情形之一的,或者犯罪情节轻微不需要判处刑罚的,或者经过补充侦查仍达不到起诉证据标准的,依法不起诉。对于构成犯罪但认罪认罚的,依法从宽处理。对于历史形成的产权案件,社会反映强烈、当事人长期申诉的,要抓紧组织力量进行甄别,对确属错案冤案的,坚决依法纠正并赔偿当事人的损失。

5. 规范自身司法行为,改进办案方式方法,最大程度减少对产权主体合法权益和正常经济活动的损害及影响。严禁以刑事手段插手经济纠纷。严禁使用当事人的交通通讯工具、办公设备,或者以办案为名到发案单位吃、拿、卡、要、报。严禁干预涉案企业正常生产经营活动。慎重选择办案时机和方式,慎重使用搜查、查封、扣押、冻结、拘留、逮捕等强制性措施。对于涉嫌犯罪的各类产权主体主动配合调查,认罪态度好,犯罪情节较轻,且没有社会危险性的,一律不采取拘留、逮捕、指定居所监视居住等强制措施;对于不涉案的款物、账户,包括企业生产经营资料、涉案人员近亲属的合法财产等,一律不查封、扣押、冻结。对于涉及企业和投资、生产、经营者、科技创新人员犯罪的举报,经查证失实的,及时澄清事实。

三、依法履行刑事检察职能,加大惩治侵犯产权犯罪力度

6.加强审查逮捕、起诉工作,确保依法、准确、及时、有效打击侵犯产权犯罪。依法惩治破坏市场经济秩序、侵犯各类产权主体财产权的犯罪,突出打击非法吸收公众存款、集资诈骗、组织领导传销等涉众型经济犯罪,以商业贿赂、金融诈骗、虚假诉讼、强迫交易等不法手段破坏公平市场营商环境的犯罪,以及通过内幕交易、利用未公开信息交易、操纵证券期货市场等手段,严重损害公众投资者特别是中小投资者权益的犯罪。依法惩治侵犯知识产权和制售假冒伪劣商品犯罪,突出打击链条式、产业化侵犯知识产权犯罪,以及具有反复侵权、恶意侵权、网络侵权、有组织侵权等恶劣情节的犯罪,加大对涉外知识产权犯罪打击力度。对利用公权力严重侵害私有产权,勾结黑恶势力在特定经济领域形成非法控制,受害者人数众多,引发群体性事件等严重侵犯产权的犯罪案件,要实行挂牌督办,第一时间介入侦查,引导侦查机关全面收集固定证据,确保办案效率和质量。

7.正确适用法律和刑事政策,提升审查逮捕、起诉工作质量。准确理解和适用法律,贯彻宽严相济刑事政策,严把事实关、证据关、程序关和法律适用关。细化涉产权犯罪案件审查逮捕质量标准,严格审查是否具备社会危险性条件,对构成犯罪但无社会危险性的一般不批准逮捕。建立涉产权犯罪案件审查逮捕质量分析评查制度,对逮捕后撤案、不起诉、判无罪和公安机关提请复议复核、当事人提出申诉的案件实时监控、及时分析,有针对性地改进工作。严格依法把握起诉条件,从经济安全、公共利益、市场秩序等方面准确认定社会危害性,综合考虑政策调整、经营不善、市场风险等市场主体意志以外的因素,对符合不起诉条件的,依法适用不起诉。保障涉案当事人及其委托人的诉讼权利,尊重犯罪嫌疑人、被告人的诉讼地位和人格尊严,保障律师依法履行职责。进一步推进刑事速裁程序、认罪认罚从宽制度的试点工作,对于轻微案件简化诉讼程序,加快诉讼进程,切实维护各类产权主体的合法权益。

四、加强侦查预防工作,依法惩治侵犯产权职务犯罪

9.严肃查办侵犯产权的职务犯罪。重点惩治利用国有产权所有者和代理人关系不明晰,国有企业财务、采购、营销、投资等方面内部监督制度不健全实施的贪污、受贿、挪用公款、私分国有资产等犯罪,以及通过内部人控制、关联交易、利益输送、利益交换等方式,以市场行为掩盖非法目的,导致国有资产严重流失的犯罪。重点惩治发生在金融、土地、财税、能源、资源等重要领域行政审批、管理过程中侵犯产权的失职渎职犯罪。重点惩治发生在国有资产、集体资产清产核

资、登记、保管、使用、处置过程中的职务犯罪,以及利用农村产权流转交易侵犯农村集体产权、侵犯农民权益的职务犯罪。

10. 严格规范涉案财产处置的法律程序,最大限度降低对产权主体正常生产经营活动的不利影响。对于涉案企业和人员正在投入生产运营或者正在用于科技创新、产品研发的设备、资金和技术资料等,能够采取非强制性措施即可达到保障诉讼目的的,不使用强制性措施。加强查封、扣押、冻结涉案财产甄别审查工作,最大限度缩短甄别审查期限,确保合法财产不受牵连。办案中要注意听取有关行业主管、监管部门的意见,对争议大的案件及时向上级检察机关请示报告。

五、强化刑事诉讼监督,保障涉案产权主体的合法权益

12. 加强立案监督和侦查活动监督。加强对刑事立案活动的监督,重点监督侦查机关以刑事手段插手经济纠纷、选择性执法等妨害产权平等保护的问题,加大对该立不立、不该立乱立等执法不严、司法不公问题的监督纠正力度。加强对侦查活动的监督,贯彻落实非法证据排除等办案制度,坚决纠正刑讯逼供、非法取证、漏捕漏诉、滥用强制措施、查封扣押冻结财物不当等侦查违法行为。对于因涉嫌犯罪被逮捕的各种所有制组织的投资者、生产者、经营者、专业技术人员等,切实履行好羁押必要性审查职责,发现不需要继续羁押的,应当依法予以释放或者变更强制措施。

13. 加强刑事审判和刑事执行监督。加强对刑事审判活动的监督,重点监督判决、裁定在认定事实、采信证据、适用法律方面确有错误的案件,做到敢于监督、善于监督、依法监督和规范监督,对符合法定条件的案件依法提出抗诉。加强对刑事执行活动的监督,重点监督涉产权案件生效判决、裁定的执行活动,发现人民法院执行财产刑过程中,存在应当执行而不执行,不应当执行而执行,非法处置被执行人或者案外人财产等侵犯产权违法情形的,应当依法提出纠正意见,确保财产刑执行到位。依法保障各类产权主体在服刑期间的申诉权,防止其因申诉而被限制或者剥夺依法获得减刑的权利。对于犯罪的民营企业投资人,依法保障其在服刑期间行使财产权利等民事权利。

六、加强民事行政检察工作,形成多元化产权保护格局(略)

七、加强控告申诉检察工作,依法化解产权纠纷引发的社会矛盾

16. 畅通诉求表达渠道,依法受理历史形成产权案件的申诉,做到有错必纠。打造"信、访、网、电"四位一体的诉求表达体系,为产权人寻求法律咨询、权利救济提供更加便捷高效的服务。对社会反映强烈的涉及产权的刑事申诉案件,依法导入法律程序,按照诉求性质、案件管辖和法律程序及时审查办理。凡是违反法律政策侵犯产权、不利于经济发展的决定、判决、裁定,要依法监督纠正。

八、加强组织领导和协调配合,确保产权保护措施落到实处(略)

《最高人民检察院、公安部关于公安机关办理经济犯罪案件的若干规定》(公通字〔2017〕25号,具体条文未收录)

《最高人民法院关于充分发挥审判职能作用为企业家创新创业营造良好法治环境的通知》(法〔2018〕1号,节录)

二、依法保护企业家的人身自由和财产权利。严格执行刑事法律和司法解释,坚决防止利用刑事手段干预经济纠纷。坚持罪刑法定原则,对企业家在生产、经营、融资活动中的创新创业行为,只要不违反刑事法律的规定,不得以犯罪论处。严格非法经营罪、合同诈骗罪的构成要件,防止随意扩大适用。对于在合同签订、履行过程中产生的民事争议,如无确实充分的证据证明符合犯罪构成的,不得作为刑事案件处理。严格区分企业家违法所得和合法财产,没有充分证据证明为违法所得的,不得判决追缴或者责令退赔。严格区分企业家个人财产和企业法人财产,在处理企业犯罪时不得牵连企业家个人合法财产和家庭成员财产。

《最高人民法院关于优化法治环境 促进民营经济发展壮大的指导意见》(法发〔2023〕15号,节录)

为深入贯彻落实《中共中央、国务院关于促进民营经济发展壮大的意见》,充分发挥人民法院职能作用,全面强化民营经济发展法治保障,持续优化民营经济发展法治环境,结合人民法院审判执行工作实际,提出如下意见。

一、总体要求(略)

二、依法保护民营企业产权和企业家合法权益

1. 加强对民营企业产权和企业家合法财产权的保护。依法认定财产权属,加强对民营经济主体的物权、债权、股权、知识产权等合法财产权益的保护。研究制订司法解释,依法加大对民营企业工作人员职务侵占、挪用资金、行贿受贿、背信等腐败行为的惩处力度,加大追赃挽损力度。强化涉企产权案件申诉、再审工作,健全冤错案件有效防范和依法甄别纠正机制。民营企业和企业家因国家机关及其工作人员行使职权侵害其合法权益,依据国家赔偿法申请国家赔偿的,人民法院依法予以支持。

2. 依法保障民营企业和企业家人格权。加强对民营企业名誉权和企业家人身自由、人格尊严以及个人信息、隐私权等人格权益的司法保护,充分发挥人格权侵害禁令制度功能,及时制止侵害人格权的违法行为。依法惩治故意误导公

众、刻意吸引眼球的极端言论行为,推动营造有利于民营经济发展的舆论环境、法治环境。对利用互联网、自媒体、出版物等传播渠道,以侮辱、诽谤或者其他方式对民营企业和企业家进行诋毁、贬损和丑化等侵犯名誉权行为,应当依法判令侵权行为人承担相应的民事责任;因名誉权受到侵害致使企业生产、经营、销售等遭受实际损失的,应当依法判令行为人承担赔偿责任;因编造、传播虚假信息或者误导性信息扰乱企业发行的股票、债券市场交易秩序,给投资者造成损失的,应当依法判令行为人承担赔偿责任。构成犯罪的,依法追究刑事责任。

3. 严格区分经济纠纷与违法犯罪。严格落实罪刑法定、疑罪从无等刑法原则,全面贯彻宽严相济刑事政策,该严则严,当宽则宽。依法认定民营企业正当融资与非法集资、合同纠纷与合同诈骗、参与兼并重组与恶意侵占国有资产等罪与非罪的界限,严格区分经济纠纷、行政违法与刑事犯罪,坚决防止和纠正利用行政或者刑事手段干预经济纠纷,坚决防止和纠正地方保护主义,坚决防止和纠正把经济纠纷认定为刑事犯罪、把民事责任认定为刑事责任。

严格规范采取刑事强制措施的法律程序,切实保障民营企业家的诉讼权利。对被告人采取限制或剥夺人身自由的强制措施时,应当综合考虑被诉犯罪事实、被告人主观恶性、悔罪表现等情况、可能判处的刑罚和有无再危害社会的危险等因素;措施不当的,人民法院应当依法及时撤销或者变更。对涉案财产采取强制措施时,应当加强财产甄别,严格区分违法所得与合法财产、涉案人员个人财产与家庭成员财产等,对与案件无关的财物,应当依法及时解除;对于经营性涉案财物,在保证案件审理的情况下,一般应当允许有关当事人继续合理使用,最大限度减少因案件办理对企业正常办公和生产经营的影响;对于依法不应交由涉案企业保管使用的财物,查封扣押部门要采取合理的保管保值措施,防止财产价值贬损。

4. 深入推进涉案企业合规改革。坚持治罪与治理并重,对于依法可判处缓刑、免于刑事处罚的民营企业,与检察机关共同做好涉案企业刑事合规改革,充分利用第三方合规监管机制,确保合规整改落到实处,从源头预防和减少企业重新违法犯罪。积极延伸司法职能,在民商事、行政、执行过程中引导企业守法合规经营,强化防范法律风险、商业风险意识,推进民营企业在法治轨道上健康发展。

5. 健全涉案财物追缴处置机制。对于被告人的合法财产以及与犯罪活动无关的财产及其孳息,符合返还条件的,应当及时返还。涉案财物已被用于清偿合法债务、转让或者设置其他权利负担,善意案外人通过正常的市场交易、支付了合理对价,并实际取得相应权利的,不得追缴或者没收。对于通过违法犯罪活动聚敛、获取的财产形成的投资权益，应当对该投资权益依法进行处置，不得直接追缴投入的财产。

进一步畅通权益救济渠道，被告人或案外人对查封、扣押、冻结的财物及其孳息提出权属异议的，人民法院应当听取意见，必要时可以通知案外人出庭。被告人或案外人以生效裁判侵害其合法财产权益或对是否属于赃款赃物认定错误为由提出申诉的，人民法院应当及时受理审查，确有错误的，应予纠正。

三、维护统一公平诚信的市场竞争环境

8. 保护民营企业创新创造。完善算法、商业方法、文化创意等知识产权司法保护规则，促进新经济新业态健康发展。加强民营企业科研人员和科创成果司法保护，依法保护民营企业及其科研人员合法权益，激发原始创新活力和创造潜能。依法运用行为保全等临时措施，积极适用举证妨碍排除规则，保障民营企业和企业家依法维权。依法严惩侵犯知识产权犯罪，正确把握民事纠纷和刑事犯罪界限，对于当事人存在一定合作基础、主观恶性不大的案件，依法稳慎确定案件性质。

10. 依法遏制恶意"维权"行为。既要依法保护消费者维权行为，发挥公众和舆论监督作用，助力提升食品药品安全治理水平，又要完善对恶意中伤生产经营者、扰乱正常市场秩序行为的认定和惩处制度。对当事人一方通过私藏食品、私放过期食品、伪造或者抹去标签内容等方式恶意制造企业违法生产经营食品、药品虚假事实，恶意举报、恶意索赔，敲诈勒索等构成违法犯罪的，依法予以严惩。

11. 依法严厉惩治虚假诉讼。充分利用信息技术手段，加强对虚假诉讼的甄别、审查和惩治，依法打击通过虚假诉讼逃废债、侵害民营企业和企业家合法权益的行为。当事人一方恶意利用诉讼打击竞争企业，破坏企业和企业家商誉信誉，谋取不正当利益的，依法驳回其诉讼请求；对方反诉请求损害赔偿的，依法予以支持。依法加大虚假诉讼的违法犯罪成本，对虚假诉讼的参与人，依法采取罚款、拘留等民事强制措施，构成犯罪的，依法追究刑事责任。

四、运用法治方式促进民营企业发展和治理（略）

五、持续提升司法审判保障质效

22. 公正高效办理民刑行交叉案件。不断完善人民法院内部工作机制，统一法律适用，妥善办理涉民营企业的民商事纠纷、行政违法和刑事犯罪交叉案件。积极推动建立和完善人民法院与公安机关、检察机关之间沟通协调机制，解决多头查封、重复查封、相互掣肘等问题，促进案件公正高效办理。

依法受理刑民交叉案件，健全刑事案件线索移送工作机制。如刑事案件与民事案件非"同一事实",民事案件与刑事案件应分别审理;民事案件无需以刑事案件裁判结果为依据的,不得以刑事案件正在侦查或者尚未审结为由拖延民事诉讼;如果民事案件必须以刑事案件的审理结果为依据,在中止诉讼期间,应当加强工作交流,共同推进案件审理进展,及时有效保护民营经济主体合法权益。

六、加强组织实施(略)

《最高人民法院关于为广州南沙深化面向世界的粤港澳全面合作提供司法服务和保障的意见》(法发〔2023〕16号,节录)

为深入贯彻落实党的二十大精神,全面贯彻落实党中央关于推进粤港澳大湾区建设的战略部署,准确实施国务院《广州南沙深化面向世界的粤港澳全面合作总体方案》,充分发挥司法服务保障职能,促进广州南沙在粤港澳大湾区建设中发挥引领带动作用,结合人民法院工作实际,制定以下意见。

一、总体要求(略)

二、服务保障科技创新产业合作基地建设

6.加强产权平等保护。坚持各类市场主体诉讼地位平等、法律适用平等、法律责任平等,依法平等保护各类市场主体合法权益,持续助力优化法治化营商环境。严格区分经济纠纷、行政违法与刑事犯罪,坚决防止将经济纠纷当作犯罪处理。严格规范涉案财产的处置,严格区分违法所得与合法财产、个人财产与企业财产、涉案人员个人财产和家庭成员财产,依法维护涉案企业、人员及其家庭成员的合法权益。完善涉企产权案件申诉、重审等机制,健全涉产权冤错案件有效防范纠正机制。

三、推动建设高水平对外开放门户(略)

四、支持促进规则衔接机制对接(略)

五、助力打造高质量城市发展标杆

18.强化民生权益司法保障。依法惩治刑事犯罪,加大电信网络、投资、贸易、金融等领域跨境犯罪打击力度,营造安全稳定的社会环境。加强教育、就业、医疗、住房、社保等民生领域司法保护,妥善处理引进人才、港澳居民因择业择居等产生的纠纷,依法维护港澳居民在内地就业创业、学习生活权益。依法审理跨境婚姻家事案件,注重保护未成年子女合法权益,有效化解矛盾纠纷,增进社会和谐。

六、完善组织保障机制(略)

《最高人民检察院关于全面履行检察职能推动民营经济发展壮大的意见》
(高检发〔2023〕9号,节录)

为深入学习贯彻习近平新时代中国特色社会主义思想,全面贯彻习近平经济思想和习近平法治思想,贯彻落实党的二十大精神和《中共中央 国务院关于促进民营经济发展壮大的意见》(以下简称《意见》),现就充分发挥检察职能作用,服务和保障民营经济发展壮大,以检察工作现代化更好服务中国式现代化提出以下意见。

一、提高政治站位,增强服务保障民营经济发展壮大的责任感和使命感

2.坚持依法平等保护原则。全面贯彻落实使各种所有制经济依法平等使用生产要素、公平参与市场竞争、同等受到法律保护的要求,坚持对各类市场主体、各类所有制企业一视同仁对待、依法平等保护,确保其诉讼地位平等、诉讼权利平等、法律保护平等,全面保护各类所有制企业产权和企业家人身权、财产权,不得因主体不同而区别对待或者选择性执法司法。要立足法律监督职能,合力营造权利平等、机会平等、规则平等的发展环境,充分激发民营经济生机活力。

3.坚持宽严相济刑事政策。办理涉民营企业刑事案件,要做到依法该严则严、当宽则宽、宽严相济、罚当其罪,切实防止片面注重"严"或者片面强调"宽"的倾向。对认罪认罚、主观恶性不大、犯罪情节轻微的涉民营企业刑事案件依法从宽处理的同时,依法从严打击主观恶性大、严重侵害国家、集体和他人利益、破坏市场环境的犯罪。要注意结合形势发展变化,全面准确把握涉民营企业刑事案件中从严和从宽的政策导向。

二、全面履行检察职能,更好为民营经济发展壮大提供法治保障

5.持续做优刑事检察,依法惩治影响民营经济健康发展的相关犯罪。重点打击侵犯民营企业合法权益的非法高利放贷、欺行霸市、强买强卖等涉黑恶犯罪,依法惩治金融诈骗、合同诈骗、串通投标等扰乱市场秩序犯罪,维护公平竞争市场环境。依法惩治国家工作人员利用市场准入、金融监管、招商引资、项目审批、土地征用、财税补贴等职务便利实施的索贿受贿犯罪,坚决打击各类商业贿赂的行为,推进受贿行贿一起查,推动全面构建亲清政商关系。加大检察侦查工作力度,依法侦办司法工作人员滥用职权、徇私枉法、枉法裁判等损害民营企业合法权益的职务犯罪案件。

6.坚持标本兼治,依法惩治和预防民营企业内部人员侵害企业合法权益犯罪。依法惩治民营企业内部人员,特别是民营企业高管、财务、采购、销售、技术等关键岗位人员实施的职务侵占、挪用资金、非国家工作人员受贿以及背信损害上市公司利益等侵害企业利益犯罪。注意结合案件办理,帮助民营企业去疴除弊、完善内部治理,营造诚信廉洁的企业文化氛围。及时出台相关司法解释,对司法实践中办理民营企业内部人员相关犯罪案件的法律适用、定罪量刑标准、法定从宽从严情形的认定、此罪与彼罪的界限以及宽严相济刑事政策的把握等问题予以明确,统一司法标准。

10.加强知识产权检察综合履职,推动完善知识产权保护体系。建立健全知识产权刑事、民事、行政、公益诉讼检察综合履职机制,推动构建知识产权大保护格局。依法打击影响企业创新发展的侵犯企业知识产权犯罪,加大对民营中小微企业原始创新保护力度,加强商业秘密保护,服务保障高水平科技自立自强。加强涉民营企业知识产权民事、行政诉讼监督。聚焦人民群众反映强烈、社会舆论关注的侵权假冒多发领域,加大对假冒注册商标、专利等侵犯知识产权犯罪的打击力度。

三、完善法律监督方式方法,促进优化民营经济发展环境(略)

四、准确把握法律政策界限,确保实现"三个效果"有机统一

18.严格区分罪与非罪的界限。对民营企业生产、经营、融资过程中涉嫌违法犯罪的,要从经济安全、公共利益、市场秩序等方面全面、准确、合理认定社会危害性,综合考虑政策调整、经营不善、市场风险等市场主体意志以外的因素。要严格区分经济纠纷与经济犯罪的界限、行政违法与刑事犯罪的界限、改革探索出现偏差与钻改革空子实施犯罪的界限、合法经营收入与违法犯罪所得的界限、正当融资行为与违法犯罪的界限、单位犯罪与个人犯罪的界限、不正当经济活动与违法犯罪的界限。对于法律政策界限不明,罪与非罪、罪与错界限不清的,要加强研究分析,注意听取有关方面的意见,依法慎重妥善处理。

19.严格把握涉生产经营类犯罪的认定标准。要准确认定合同诈骗罪主客观方面,既要严格审查行为人是否具有虚构事实、隐瞒真相的行为,是否属于刑法规定的法定情形,又要注重从项目真实性、履约能力、履约行为表现、未履约原因等因素判断行为人主观上是否具有非法占有目的。要依法准确适用非法经营罪,对民营企业的经营行为,法律和司法解释没有作出明确禁止性规定的,应当作为法律适用问题,逐级向最高人民检察院请示。对民营企业为开展正常经营活动而给付"回扣""好处费"行为,既要在法律允许范围内讲政策、给出路,又要防止片面强调保护企业经营而放纵犯罪。

20.准确把握民营企业多发犯罪的认定标准。针对司法实践中民营企业常见多发的非法集资类、贷款类、涉税类等犯罪,要依照法律和司法解释规定,坚持罪刑法定原则、主客观相一致原则和罪责刑相适应原则,注重实质判断和全面判断,综合考虑企业的实际生产经营状况、行为人主观上是否具有非法占有目的、

客观上是否造成重大损失以及资金流向、行为手段是否异常等因素,客观评价行为的社会危害性和刑罚必要性,准确定性处理。

五、加强组织领导,提升服务保障民营经济高质量发展能力水平(略)

第一节 生产、销售伪劣商品罪

■ 规范性文件

《最高人民法院关于依法惩处生产销售伪劣食品、药品等严重破坏市场经济秩序犯罪的通知》(法〔2004〕118号,节录)

一、提高认识,把审理生产、销售伪劣食品、药品等破坏市场经济秩序犯罪案件的工作切实抓紧抓好(略)

二、突出重点,依法惩处严重破坏社会主义市场经济秩序的犯罪分子

各级法院要坚定不移地贯彻依法从严惩处的方针,对严重破坏社会主义市场经济秩序的犯罪分子严格依照刑法的规定定罪判刑。当前,要重点打击生产销售有毒有害食品以及不符合卫生标准的食品的犯罪;生产销售假药、劣药以及不符合卫生标准的医用器械犯罪;生产销售伪劣农药、兽药、化肥、种子的犯罪;生产销售不符合安全标准的产品以及其他伪劣产品的犯罪;强迫卖血、非法组织卖血和非法采集、制作、供应血液及血液制品犯罪;假冒注册商标、销售侵权复制品以及伪造、擅自制造他人注册商标标识等侵犯知识产权犯罪。对起诉到法院的走私、偷税、抗税、骗税、合同诈骗、金融诈骗、非法传销和变相传销等严重破坏市场经济秩序的犯罪分子,要继续依法从严惩处。各地法院要根据实际确定打击重点,注重实效。要把犯罪数额巨大、情节恶劣、危害严重、群众反映强烈,给国家和人民利益造成重大损失的案件,特别是有国家工作人员参与或者包庇纵容的案件,作为大案要案,抓紧及时审理,依法从严判处。依法应当重判的,要坚决重判。在依法适用主刑的同时,必须充分适用财产刑。法律规定应当并处罚金或者没收财产的,要坚决判处罚金或者没收财产;法律规定可以并处罚金或者没收财产的,一般也要判处罚金或者没收财产。对犯罪分子违法所得的财物要依法追缴或者责令退赔;对其用于犯罪的本人财物要依法予以没收。

三、依法妥善处理涉及众多受害人的案件

对于涉及大量受害群众的案件,在审理过程中一定要注意严格依法办事,妥善慎重处理;做好群众工作,确保社会稳定。被害人对涉嫌生产销售伪劣商品和

侵犯知识产权等犯罪案件,直接向人民法院起诉的,人民法院应当依法立案并审理;如果属于严重危害社会秩序和国家利益或者受害群众较多的,应当依靠当地党委并与有关部门及时协调,依法通过公诉案件审理程序处理。要重视刑事附带民事诉讼的审理。注意最大限度依法挽回受害人和受害单位的损失。被告人和被告单位积极、主动赔偿受害人和受害单位损失的,可以酌情、适当从轻处罚。

四、通过审判活动积极参与市场经济秩序的综合治理(略)

《最高人民法院关于进一步加大力度,依法严惩危害食品安全及相关职务犯罪的通知》(2011年5月27日,节录)

各级人民法院要准确适用法律,依法严惩犯罪分子。《刑法修正案(八)》对危害食品安全及相关职务犯罪作了修改完善,各级人民法院要认真研究疑难案件的法律适用问题,准确适用罪名。被告人实施危害食品安全的行为同时构成危害食品安全犯罪和生产、销售伪劣产品、侵犯知识产权、非法经营等犯罪的,依照处罚较重的规定定罪处罚。要综合考虑犯罪分子的主观恶性、犯罪手段、犯罪数额、危害后果、恶劣影响等因素,依法准确裁量刑罚。对于致人死亡或者有其他特别严重情节,罪当判处死刑的,要坚决依法判处死刑。要加大财产刑的判处力度,用足、用好罚金、没收财产等刑罚手段,剥夺犯罪分子再次犯罪的能力。要从严把握对危害食品安全的犯罪分子及相关职务犯罪分子适用缓免刑的条件。对依法必须适用缓刑的犯罪分子,可以同时宣告禁止令,禁止其在缓刑考验期内从事与食品生产、销售等有关的活动。

要从严惩处涉及食品安全的职务犯罪。对于包庇、纵容危害食品安全违法犯罪活动的腐败分子,以及在食品安全监管和查处危害食品安全违法犯罪活动中收受贿赂、玩忽职守、滥用职权、徇私枉法、不履行法定职责的国家工作人员,构成犯罪的,应当依法从重处罚。2011年4月30日以前实施食品安全监管渎职行为,依法构成滥用职权罪、玩忽职守罪或其他渎职犯罪,在5月1日以后审理的,适用修正前刑法的规定定罪处罚。5月1日以后实施食品安全监管渎职行为,未导致发生重大食品安全事故或者造成其他严重后果,不构成食品监管渎职罪,但符合其他渎职犯罪构成要件的,依照刑法相关规定对其定罪处罚。

上级人民法院要加强审判指导,确保审判效果良好。对于社会影响大、关注度高的案件,必要时要挂牌督办,确保案件正确适用法律,准确定罪量刑。对在同一条生产销售链上的犯罪分子,既要严格依据法律规定对其量刑,又要在法律规定的幅度内体现严惩源头犯罪的精神。

第一百四十条 【生产、销售伪劣产品罪】生产者、销售者在产品中掺杂、掺假,以假充真,以次充好或者以不合格产品冒充合格产品,销售金额五万元以上不满二十万元的,处二年以下有期徒刑或者拘役,并处或者单处销售金额百分之五十以上二倍以下罚金;销售金额二十万元以上不满五十万元的,处二年以上七年以下有期徒刑,并处销售金额百分之五十以上二倍以下罚金;销售金额五十万元以上不满二百万元的,处七年以上有期徒刑,并处销售金额百分之五十以上二倍以下罚金;销售金额二百万元以上的,处十五年有期徒刑或者无期徒刑,并处销售金额百分之五十以上二倍以下罚金或者没收财产。

立法沿革

本条系 1997 年《刑法》吸收修改单行刑法作出的规定。1979 年《刑法》对生产、销售伪劣产品行为没有规定专门犯罪,实践中以投机倒把罪定罪处罚。《全国人民代表大会常务委员会关于惩治生产、销售伪劣商品犯罪的决定》(自 1993 年 9 月 1 日起施行)第一条规定:"生产者、销售者在产品中掺杂、掺假,以假充真,以次充好或者不合格产品冒充合格产品,违法所得数额二万元以上不满十万元的,处二年以下有期徒刑或者拘役,可以并处罚金,情节较轻的,可以给予行政处罚;违法所得数额十万元以上不满三十万元的,处二年以上七年以下有期徒刑,并处罚金;违法所得数额三十万元以上不满一百万元的,处七年以上有期徒刑,并处罚金或者没收财产;违法所得数额一百万元以上的,处十五年有期徒刑或者无期徒刑,并处没收财产。"1997 年《刑法》吸收上述规定,将"违法所得"修改为"销售金额",对定罪量刑的数额标准作了相应调整。

全国人大常委会决定

《全国人民代表大会常务委员会关于维护互联网安全的决定》(修正后自 2009 年 8 月 27 日起施行,节录)

三、为了维护社会主义市场经济秩序和社会管理秩序,对有下列行为之一,构成犯罪的,依照刑法有关规定追究刑事责任:

(一)利用互联网销售伪劣产品或者对商品、服务作虚假宣传;

(→全文参见第二百八十五条评注部分,第 1399 页)

相关规定

《中华人民共和国产品质量法》(第三次修正后自 2018 年 12 月 29 日起施行,节录)

第二十六条 生产者应当对其生产的产品质量负责。

产品质量应当符合下列要求：

（一）不存在危及人身、财产安全的不合理的危险，有保障人体健康和人身、财产安全的国家标准、行业标准的，应当符合该标准；

（二）具备产品应当具备的使用性能，但是，对产品存在使用性能的瑕疵作出说明的除外；

（三）符合在产品或者其包装上注明采用的产品标准，符合以产品说明、实物样品等方式表明的质量状况。

司法解释

《最高人民法院、最高人民检察院关于办理生产、销售伪劣商品刑事案件具体应用法律若干问题的解释》（法释[2001]10号，自2001年4月10日起施行）

为依法惩治生产、销售伪劣商品犯罪活动，根据刑法有关规定，现就办理这类案件具体应用法律的若干问题解释如下：

第一条① 是否冒充了刑法第一百四十条规定的"在产品中掺杂、掺假"，是

---

① 需要注意的问题有三：(1)关于"在产品中掺杂、掺假"。从字面上看，所有在产品中掺入杂质或者异物的行为，都可以称之为"在产品中掺杂、掺假"，但这样解释，诸如在一吨大米中掺入一把沙子等情节显著轻微的行为也就被包括进去。显然覆盖面太过宽泛。从立法本意考虑，刑法打击的重点应该是该种行为的结果，即"致使产品不符合质量要求，降低、失去应有的使用性能"。其中，产品的质量要求有些由法律、法规规定，有些由国家标准、行业标准规定，有些由产品或其包装上注明采用的产品标准以及以产品说明、实物样品等方式表明。(2)关于"以假充真"。以假充真本质上是以不具有某种使用性能的产品冒充具有该种使用性能的产品的行为。例如，以萝卜冒充人参，以土豆冒充天麻等。有意见认为，假冒他人的品牌、产地、厂名、厂址的行为，也属于"以假充真"，情节严重，构成犯罪，也应该依照《刑法》第一百四十条的规定追究刑事责任。经研究认为，第一，刑法规定了侵犯注册商标和注册商标标识的犯罪，而没有规定侵犯品牌、产地、厂名、厂址的犯罪，产品质量法也没有规定对侵犯品牌、产地、厂名、厂址的行为"构成犯罪的，依法追究刑事责任"。就是说，立法者认为侵犯品牌、产地、厂名、厂址行为的社会危害性没有侵犯注册商标和注册商标标识的社会危害性大，尚不足以动用刑法惩处。第二，如果将侵犯品牌、产地、厂名、厂址的行为解释为"以假充真"，以生产、销售伪劣商品犯罪对这种行为判处的刑罚，将远远高于对侵犯注册商标和注册商标标识犯罪判处的刑罚，造成量刑上的轻重失衡，与立法本意不符。第三，根据刑法有关规定，对于假冒他人注册商标构成犯罪的行为，如果假冒产品的质量合格，应认定为侵犯注册商标的犯罪；如果假冒产品的质量不合格，则应当认定为属于生产、销售伪劣商品中的"以次充（转下页）

指在产品中掺入杂质或者异物,致使产品质量不符合国家法律、法规或者产品明示质量标准规定的质量要求,降低、失去应有使用性能的行为。

刑法第一百四十条规定的"以假充真",是指以不具有某种使用性能的产品冒充具有该种使用性能的产品的行为。

刑法第一百四十条规定的"以次充好",是指以低等级、低档次产品冒充高等级、高档次产品,或者以残次、废旧零配件组合、拼装后冒充正品或者新产品的行为。

刑法第一百四十条规定的"不合格产品",是指不符合《中华人民共和国产品质量法》第二十六条第二款规定的质量要求的产品。

对本条规定的上述行为难以确定的,应当委托法律、行政法规规定的产品质量检验机构进行鉴定。

第二条 刑法第一百四十条、第一百四十九条规定的"销售金额",是指生产者、销售者出售伪劣产品后所得和应得的全部违法收入。

伪劣产品尚未销售,货值金额达到刑法第一百四十条规定的销售金额三倍以上的,以生产、销售伪劣产品罪(未遂)定罪处罚。

货值金额以违法生产、销售的伪劣产品的标价计算;没有标价的,按照同类合格产品的市场中间价格计算。货值金额难以确定的,按照国家计划委员会、最高人民法院、最高人民检察院、公安部1997年4月22日联合发布的《扣押、追缴、没收物品估价管理办法》的规定,委托指定的估价机构确定。①

多次实施生产、销售伪劣产品行为,未经处理的,伪劣产品的销售金额或者货值金额累计计算。

第三条② 经省级以上药品监督管理部门设置或者确定的药品检验机构鉴

(接上页)好",而不是"以假充真"。(3)关于"不合格产品"。有意见提出,对不合格的产品要作出必要的区分,有瑕疵的次等品只要标明情况也是可以销售的,只有在卖的时候才能知道合格产品,因此,应将在仓库中查获的不合格产品与在销售环节查获的不合格产品区别开。经研究认为,次等品根据规定只要标明质量状况是可以销售的,只有冒充没有瑕疵的产品时才是"不合格产品"。如果在仓库中查获,其尚未"冒充",自然不属于伪劣产品。但是如果已经实施了"冒充"的行为,则属于不合格产品。参见熊选国、祝二军:《〈关于办理生产、销售伪劣商品刑事案件具体应用法律若干问题的解释〉的理解与适用》,载中华人民共和国最高人民法院刑事审判第一、二、三、四、五庭主办:《中国刑事审判指导案例3》(增订第3版),法律出版社2017年版,第716—717页。

① 目前应当是由价格认证机构作出价格认证。——**本评注注**
② 本条针对的是《刑法修正案(八)》修改前《刑法》第一百四十一条规定的定罪量刑标准,实际上已被废止。——**本评注注**

定,生产、销售的假药具有下列情形之一的,应认定为刑法第一百四十一条规定的"足以严重危害人体健康":

(一)含有超标准的有毒有害物质的;
(二)不含所标明的有效成份,可能贻误诊治的;
(三)所标明的适应症或者功能主治超出规定范围,可能造成贻误诊治的;
(四)缺乏所标明的急救必需的有效成份的。

生产、销售的假药被使用后,造成轻伤、重伤或者其他严重后果的,应认定为"对人体健康造成严重危害"。

生产、销售的假药被使用后,致人严重残疾,三人以上重伤、十人以上轻伤或者造成其他特别严重后果的,应认定为"对人体健康造成特别严重危害"。

第四条① 经省级以上卫生行政部门确定的机构鉴定,食品中含有可能导致严重食物中毒事故或者其他严重食源性疾患的超标准的有害细菌或者其他污染物的,应认定为刑法第一百四十三条规定的"足以造成严重食物中毒事故或者其他严重食源性疾患"。

生产、销售不符合卫生标准的食品被食用后,造成轻伤、重伤或者其他严重后果的,应认定为"对人体健康造成严重危害"。

生产、销售不符合卫生标准的食品被食用后,致人死亡、严重残疾、三人以上重伤、十人以上轻伤或者造成其他特别严重后果的。应认定为"后果特别严重"。

第五条 生产、销售的有毒、有害食品被食用后,造成轻伤、重伤或者其他严重后果的,应认定为刑法第一百四十四条规定的"对人体健康造成严重危害"。

生产、销售的有毒、有害食品被食用后,致人严重残疾、三人以上重伤、十人以上轻伤或者造成其他特别严重后果的,应认定为"对人体健康造成特别严重危害"。

第六条② 生产、销售不符合标准的医疗器械、医用卫生材料,致人轻伤或者其他严重后果的,应认定为刑法第一百四十五条规定的"对人体健康造成严重危害"。

生产、销售不符合标准的医疗器械、医用卫生材料,造成感染病毒性肝炎等难以治愈的疾病、一人以上重伤、三人以上轻伤或者其他严重后果的,应认定

---

① 本条已为法释〔2021〕24号解释吸收和调整。——**本评注**
② 《刑法修正案(四)》将《刑法》第一百四十五条由结果犯调整为危险犯,并对定罪量刑标准作了相应调整。对本条的适用应该结合修改后刑法的规定相应妥当把握。——**本评注**

"后果特别严重"。

生产、销售不符合标准的医疗器械、医用卫生材料,致人死亡、严重残疾、感染艾滋病、三人以上重伤、十人以上轻伤或者造成其他特别严重后果的,应认定为"情节特别恶劣"。

医疗机构或者个人,知道或者应当知道是不符合保障人体健康的国家标准、行业标准的医疗器械、医用卫生材料而购买、使用,对人体健康造成严重危害的,以销售不符合标准的医用器材罪定罪处罚。

没有国家标准、行业标准的医疗器械,注册产品标准可视为"保障人体健康的行业标准"。

第七条 刑法第一百四十七条规定的生产、销售伪劣农药、兽药、化肥、种子罪中"使生产遭受较大损失",一般以二万元为起点;"重大损失",一般以十万元为起点;"特别重大损失",一般以五十万元为起点。

第八条 国家机关工作人员徇私舞弊,对生产、销售伪劣商品犯罪不履行法律规定的查处职责,具有下列情形之一的,属于刑法第四百一十四条规定的"情节严重":

(一)放纵生产、销售假药或者有毒、有害食品犯罪行为的;

(二)放纵依法可能判处二年有期徒刑以上刑罚的生产、销售、伪劣商品犯罪行为的;

(三)对三个以上有生产、销售伪劣商品犯罪行为的单位或者个人不履行追究职责的;

(四)致使国家和人民利益遭受重大损失或者造成恶劣影响的。

第九条 知道或者应当知道他人实施生产、销售伪劣商品犯罪,而为其提供贷款、资金、账号、发票、证明、许可证件,或者提供生产、经营场所或者运输、仓储、保管、邮寄等便利条件,或者提供制假生产技术的,以生产、销售伪劣商品犯罪的共犯论处。

第十条 实施生产、销售伪劣商品犯罪,同时构成侵犯知识产权、非法经营等其他犯罪的,依照处罚较重的规定定罪处罚。

第十一条 实施刑法第一百四十条至第一百四十八条规定的犯罪,又以暴力、威胁方法抗拒查处,构成其他犯罪的,依照数罪并罚的规定处罚。

第十二条 国家机关工作人员参与生产、销售伪劣商品犯罪的,从重处罚。

《最高人民法院、最高人民检察院关于办理妨害预防、控制突发传染病疫情等灾害的刑事案件具体应用法律若干问题的解释》(法释〔2003〕8号)第二条对在预防、控制突发传染病疫情等灾害期间,生产、销售伪劣的防治、防护产品、物

资适用《刑法》第一百四十条作了指引性规定。(→参见第一百一十四条评注部分,第 414 页)

《最高人民法院、最高人民检察院关于办理非法生产、销售烟草专卖品等刑事案件具体应用法律若干问题的解释》(法释〔2010〕7 号,自 2010 年 3 月 26 日起施行)

为维护社会主义市场经济秩序,依法惩治非法生产、销售烟草专卖品等犯罪,根据刑法有关规定,现就办理这类刑事案件具体应用法律的若干问题解释如下:

第一条① 生产、销售伪劣卷烟、雪茄烟等烟草专卖品,销售金额在五万元以上的,依照刑法第一百四十条的规定,以生产、销售伪劣产品罪定罪处罚。

未经卷烟、雪茄烟等烟草专卖品注册商标所有人许可,在卷烟、雪茄烟等烟草专卖品上使用与其注册商标相同的商标,情节严重的,依照刑法第二百一十

---

① 需要注意的问题有二:(1)在征求意见过程中,有意见认为,《烟草专卖法》明确规定没有烟草专卖品准运证或者超过准运证规定的数量托运或者自运烟草专卖品的,由烟草专卖行政机关予以行政处罚,也就是说,没有准运证不能运输烟草专卖品,这种行为同样违反《刑法》第二百二十五条的规定,应当认定为非法经营罪。对此,另一种意见认为,烟草专卖品与毒品等违禁品不同,运输烟草的情况比较复杂,对没有烟草专卖品准运证运输烟草的行为一律依照《刑法》第二百二十五条非法经营罪处罚似不太妥当。经研究,采纳了后一种意见,认为《烟草专卖法》虽然规定没有烟草专卖品准运证不能运输,但是,这种运输行为毕竟和《刑法》第二百二十五条"未经许可,经营法律、行政法规规定的专营、专卖物品……"有所不同。但是,虽然该款内容没有包括准运证的问题,但不意味着没有烟草专卖品准运证而运输的行为一律不以犯罪处理,对于明知是非法生产、销售的烟草专卖品而提供运输等便利条件的,按照本司法解释第六条的规定,以共犯追究刑事责任。(2)关于超范围经营的行为是否按照犯罪处理的问题,即有经营许可证件,但是违反了相关法规经营合格的烟草专卖品的行为是否按照非法经营罪处理。经研究认为,有许可证但超范围或者不按照规定的进货渠道进货的行为,虽然违反了有关行政法规,但是对社会的危害性不大,不宜按照犯罪处理,给予行政处罚即可。参见李晓:《〈关于办理非法生产、销售烟草专卖品等刑事案件具体应用法律若干问题的解释〉的理解与适用》,载中华人民共和国最高人民法院刑事审判第一、二、三、四、五庭主办:《中国刑事审判指导案例 3》(增订第 3 版),法律出版社 2017 年版,第 1006 页。同理,**本评注认为**,对于超越许可证地域范围经营烟草专卖品及持烟草零售许可证从事烟草专卖品批发、经营予供出口的烟草专卖品等行为,基于刑法谦抑原则的要求,一般不宜纳入刑事规制范围;同样,对于持有烟草专卖零售许可证经营走私烟的行为,适用非法经营罪追究刑事责任,也应持谨慎态度。

三条的规定,以假冒注册商标罪定罪处罚。

销售明知是假冒他人注册商标的卷烟、雪茄烟等烟草专卖品,销售金额较大的,依照刑法第二百一十四条的规定,以销售假冒注册商标的商品罪定罪处罚。

伪造、擅自制造他人卷烟、雪茄烟注册商标标识或者销售伪造、擅自制造的卷烟、雪茄烟注册商标标识,情节严重的,依照刑法第二百一十五条的规定,以非法制造、销售非法制造的注册商标标识罪定罪处罚。

违反国家烟草专卖管理法律法规,未经烟草专卖行政主管部门许可,无烟草专卖生产企业许可证、烟草专卖批发企业许可证、特种烟草专卖经营企业许可证、烟草专卖零售许可证等许可证明,非法经营烟草专卖品,情节严重的,依照刑法第二百二十五条的规定,以非法经营罪定罪处罚。

第二条 伪劣卷烟、雪茄烟等烟草专卖品尚未销售,货值金额达到刑法第一百四十条规定的销售金额定罪起点数额标准的三倍以上的,或者销售金额未达到五万元,但与未销售货值金额合计达到十五万元以上的,以生产、销售伪劣产品罪(未遂)定罪处罚。

销售金额和未销售货值金额分别达到不同的法定刑幅度或者均达到同一法定刑幅度的,在处罚较重的法定刑幅度内酌情从重处罚。

查获的未销售的伪劣卷烟、雪茄烟,能够查清销售价格的,按照实际销售价格计算。无法查清实际销售价格,有品牌的,按照该品牌卷烟、雪茄烟的查获地省级烟草专卖行政主管部门出具的零售价格计算;无品牌的,按照查获地省级烟草专卖行政主管部门出具的上年度卷烟平均零售价格计算。

第三条 非法经营烟草专卖品,具有下列情形之一的,应当认定为刑法第二百二十五条规定的"情节严重":

(一)非法经营数额在五万元以上的,或者违法所得数额在二万元以上的;

(二)非法经营卷烟二十万支以上的;

(三)曾因非法经营烟草专卖品三年内受过二次以上行政处罚,又非法经营烟草专卖品且数额在三万元以上的。

具有下列情形之一的,应当认定为刑法第二百二十五条规定的"情节特别严重":

(一)非法经营数额在二十五万元以上,或者违法所得数额在十万元以上的;

(二)非法经营卷烟一百万支以上的。

第四条 非法经营烟草专卖品,能够查清销售或者购买价格的,按照其销售或者购买的价格计算非法经营数额。无法查清销售或者购买价格的,按照下列方法计算非法经营数额：

（一）查获的卷烟、雪茄烟的价格，有品牌的，按照该品牌卷烟、雪茄烟的查获地省级烟草专卖行政主管部门出具的零售价格计算；无品牌的，按照查获地省级烟草专卖行政主管部门出具的上年度卷烟平均零售价格计算；

（二）查获的复烤烟叶、烟叶的价格按照查获地省级烟草专卖行政主管部门出具的上年度烤烟调拨平均基准价格计算；

（三）烟丝的价格按照第（二）项规定价格计算标准的一点五倍计算；

（四）卷烟辅料的价格，有品牌的，按照该品牌辅料的查获地省级烟草专卖行政主管部门出具的价格计算；无品牌的，按照查获地省级烟草专卖行政主管部门出具的上年度烟草行业生产卷烟所需该类卷烟辅料的平均价格计算；

（五）非法生产、销售、购买烟草专用机械的价格按照国务院烟草专卖主管部门下发的全国烟草专用机械产品指导价格目录进行计算；目录中没有该烟草专用机械的，按照省级以上烟草专卖行政主管部门出具的目录中同类烟草专用机械的平均价格计算。

第五条　行为人实施非法生产、销售烟草专卖品犯罪，同时构成生产、销售伪劣产品罪、侵犯知识产权犯罪、非法经营罪的，依照处罚较重的规定定罪处罚。

第六条　明知他人实施本解释第一条所列犯罪，而为其提供贷款、资金、账号、发票、证明、许可证件，或者提供生产、经营场所、设备、运输、仓储、保管、邮寄、代理进出口等便利条件，或者提供生产技术、卷烟配方的，应当按照共犯追究刑事责任。

第七条　办理非法生产、销售烟草专卖品等刑事案件，需要对伪劣烟草专卖品鉴定的，应当委托国务院产品质量监督管理部门和省、自治区、直辖市人民政府产品质量监督管理部门指定的烟草质量检测机构进行。

第八条　以暴力、威胁方法阻碍烟草专卖执法人员依法执行职务，构成犯罪的，以妨害公务罪追究刑事责任。

煽动群众暴力抗拒烟草专卖法律实施，构成犯罪的，以煽动暴力抗拒法律实施罪追究刑事责任。

第九条　本解释所称"烟草专卖品"，是指卷烟、雪茄烟、烟丝、复烤烟叶、烟叶、卷烟纸、滤嘴棒、烟用丝束、烟草专用机械。

本解释所称"卷烟辅料"，是指卷烟纸、滤嘴棒、烟用丝束。

本解释所称"烟草专用机械"，是指由国务院烟草专卖行政主管部门烟草专用机械名录所公布的，在卷烟、雪茄烟、烟丝、复烤烟叶、烟叶、卷烟纸、滤嘴棒、烟用丝束的生产加工过程中，能够完成一项或者多项特定加工工序，可以独立操作的机械设备。

本解释所称"同类烟草专用机械",是指在卷烟、雪茄烟、烟丝、复烤烟叶、烟叶、卷烟纸、滤嘴棒、烟用丝束的生产加工过程中,能够完成相同加工工序的机械设备。

第十条 以前发布的有关规定与本解释不一致的,以本解释为准。

《最高人民法院、最高人民检察院关于办理危害食品安全刑事案件适用法律若干问题的解释》(法释〔2021〕24号)第十五条对生产、销售不符合食品安全标准的食品添加剂,用于食品的包装材料、容器、洗涤剂、消毒剂,或者用于食品生产经营的工具、设备等行为适用《刑法》第一百四十条作了指引性规定。(→参见第一百四十三条评注部分,第626页)

《最高人民检察院关于废止〈最高人民检察院关于办理非法经营食盐刑事案件具体应用法律若干问题的解释〉的决定》(高检发释字〔2020〕2号,自2020年4月1日起施行)

为适应盐业体制改革,保证国家法律统一正确适用,根据《食盐专营办法》(国务院令696号)的规定,结合检察工作实际,最高人民检察院决定废止《最高人民检察院关于办理非法经营食盐刑事案件具体应用法律若干问题的解释》(高检发释字〔2002〕6号)。

该解释废止后,对以非碘盐充当碘盐或者以工业用盐等非食盐充当食盐等危害食盐安全的行为,人民检察院可以依据《最高人民法院、最高人民检察院关于办理生产、销售伪劣商品刑事案件具体应用法律若干问题的解释》(法释〔2001〕10号)、《最高人民法院、最高人民检察院关于办理危害食品安全刑事案件适用法律若干问题的解释》(法释〔2013〕12号)①的规定,分别不同情况,以生产、销售伪劣产品罪,或者生产、销售不符合安全标准的食品罪,或者生产、销售有毒、有害食品罪追究刑事责任。

▶ **规范性文件**

《最高人民法院关于审理生产、销售伪劣商品刑事案件有关鉴定问题的通知》(法〔2001〕70号)
各省、自治区、直辖市高级人民法院,解放军军事法院,新疆维吾尔自治区高级人

---

① 该司法解释已被废止,现行有效司法解释为《最高人民法院、最高人民检察院关于办理危害食品安全刑事案件适用法律若干问题的解释》(法释〔2021〕24号)。(→参见第一百四十三条评注部分,第621页)

民法院生产建设兵团分院：

自全国开展整顿和规范市场经济秩序工作以来，各地人民法院陆续受理了一批生产、销售伪劣产品、假冒商标和非法经营等严重破坏社会主义市场经济秩序的犯罪案件。此类案件中涉及的生产、销售的产品，有的纯属伪劣产品，有的则只是侵犯知识产权的产品。由于涉案产品是否"以假充真"、"以次充好"、"以不合格产品冒充合格产品"，直接影响到对被告人的定罪及处刑，为准确适用刑法和《最高人民法院、最高人民检察院关于办理生产、销售伪劣商品刑事案件具体应用法律若干问题的解释》（以下简称《解释》），严惩假冒伪劣商品犯罪，不放纵和轻纵犯罪分子，现就审理生产、销售伪劣商品、假冒商标和非法经营等严重破坏社会主义市场经济秩序的犯罪案件中可能涉及的假冒伪劣商品的有关鉴定问题通知如下：

一、对于提起公诉的生产、销售伪劣产品、假冒商标、非法经营等严重破坏社会主义市场经济秩序的犯罪案件，所涉生产、销售的产品是否属于"以假充真"、"以次充好"、"以不合格产品冒充合格产品"难以确定的，应当根据《解释》第一条第五款的规定，由公诉机关委托法律、行政法规规定的产品质量检验机构进行鉴定。

二、①根据《解释》第三条和第四条的规定，人民法院受理的生产、销售假药犯罪案件和生产、销售不符合卫生标准的食品犯罪案件，均需有"省级以上药品监督管理部门设置或者确定的药品检验机构"和"省级以上卫生行政部门确定的机构"出具的鉴定结论。

三、经鉴定确系伪劣商品，被告人的行为既构成生产、销售伪劣产品罪，又构成生产、销售假药罪或者生产、销售不符合卫生标准的食品罪②，或者同时构成侵犯知识产权、非法经营等其他犯罪的，根据刑法第一百四十九条第二款和《解释》第十条的规定，应当依照处罚较重的规定定罪处罚。

《最高人民法院、最高人民检察院、公安部、国家烟草专卖局关于办理假冒伪劣烟草制品等刑事案件适用法律问题座谈会纪要》（商检会〔2003〕4号）③

生产、销售假冒伪劣烟草制品等犯罪行为严重破坏国家烟草专卖制度，扰乱

---

① 本条已为法释〔2014〕14号解释第十四条（现行司法解释为高检发释字〔2022〕1号解释第十九条）所调整。——本评注注

② 罪名调整为"生产、销售不符合安全标准的食品罪"。——本评注注

③ 本纪要第三条关于非法经营烟草制品行为适用非法经营罪的定罪量刑标准已为法释〔2010〕7号解释第三条所修改，第一条、第十条规定也实际被法释〔2010〕7号解释第二条、第七条所修改。——本评注注

社会主义市场经济秩序,侵害消费者合法权益。2001年以来,公安部、国家烟草专卖局联合开展了卷烟打假专项行动,取得了显著成效。同时,在查处生产、销售假冒伪劣烟草制品等犯罪案件过程中也遇到了一些适用法律方面的问题。为此,最高人民法院、最高人民检察院、公安部、国家烟草专卖局于2003年8月4日至6日在昆明召开了办理假冒伪劣烟草制品等刑事案件适用法律问题座谈会。最高人民法院、最高人民检察院、公安部、国家烟草专卖局以及部分省、自治区、直辖市法院、检察院、公安厅(局)、烟草专卖局等单位的有关人员参加了会议。全国人大常委会工委刑法室应邀派员参加了会议。与会人员在总结办案经验的基础上,根据法律和司法解释的有关规定,就办理假冒伪劣烟草制品等刑事案件中一些带有普遍性的具体适用法律问题进行了广泛讨论并形成了共识。纪要如下:

一、关于生产、销售伪劣烟草制品行为适用法律问题

(一)关于生产伪劣烟草制品尚未销售或者尚未完全销售行为定罪量刑问题

根据刑法第一百四十条的规定,生产、销售伪劣烟草制品,销售金额在五万元以上的,构成生产、销售伪劣产品罪。

根据《最高人民法院、最高人民检察院关于办理生产、销售伪劣商品刑事案件具体应用法律若干问题的解释》的有关规定,销售金额是指生产者、销售者出售伪劣烟草制品后所得和应得的全部违法收入。伪劣烟草制品尚未销售,货值金额达到刑法第一百四十条规定的销售金额三倍(十五万元)以上的,以生产、销售伪劣产品罪(未遂)定罪处罚。货值金额以违法生产、销售的伪劣产品的标价计算;没有标价的,按照同类合格产品的市场中间价格计算。货值金额难以确定的,按照国家计划委员会、最高人民法院、最高人民检察院、公安部1997年4月22日联合发布的《扣押、追缴、没收物品估价管理办法》的规定,委托指定的估价机构确定。

伪劣烟草制品尚未销售,货值金额分别达到十五万元以上不满二十万元、二十万元以上不满五十万元、五十万元以上不满二百万元、二百万元以上的,分别依照刑法第一百四十条规定的各量刑档次定罪处罚。

伪劣烟草制品的销售金额不满五万元,但与尚未销售的伪劣烟草制品的货值金额合计达到十五万元以上的,以生产、销售伪劣产品罪(未遂)定罪处罚。

生产伪劣烟草制品尚未销售,无法计算货值金额,有下列情形之一的,以生产、销售伪劣产品罪(未遂)定罪处罚:

1、生产伪劣烟用烟丝数量在1000公斤以上的;

2、生产伪劣烟用烟叶数量在1500公斤以上的。

(二)关于非法生产、拼装、销售烟草专用机械行为定罪处罚问题

非法生产、拼装、销售烟草专用机械行为,依照刑法第一百四十条的规定,以生产、销售伪劣产品罪追究刑事责任。

二、关于销售明知是假冒烟用注册商标的烟草制品行为中的"明知"问题

根据刑法第二百一十四条的规定,销售明知是假冒烟用注册商标的烟草制品,销售金额较大的,构成销售假冒注册商标的商品罪。

"明知",是指知道或应当知道。有下列情形之一的,可以认定为"明知":

1、以明显低于市场价格进货的;

2、以明显低于市场价格销售的;

3、销售假冒烟用注册商标的烟草制品被发现后转移、销毁物证或者提供虚假证明、虚假情况的;

4、其他可以认定为明知的情形。

三、关于非法经营烟草制品行为适用法律问题

未经烟草专卖行政主管部门许可,无生产许可证、批发许可证、零售许可证,而生产、批发、零售烟草制品,具有下列情形之一的,依照刑法第二百二十五条的规定定罪处罚:

1、个人非法经营数额在五万元以上的,或者违法所得数额在一万元以上的;

2、单位非法经营数额在五十万元以上的,或者违法所得数额在十万元以上的;

3、曾因非法经营烟草制品行为受过二次以上行政处罚又非法经营的,非法经营数额在二万元以上的。

四、关于共犯问题

知道或者应当知道他人实施本《纪要》第一条至第三条规定的犯罪行为,仍实施下列行为之一的,应认定为共犯,依法追究刑事责任:

1、直接参与生产、销售假冒伪劣烟草制品或者销售假冒烟用注册商标的烟草制品或者直接参与非法经营烟草制品并在其中起主要作用的;

2、提供房屋、场地、设备、车辆、贷款、资金、账号、发票、证明、技术等设施和条件,用于帮助生产、销售、储存、运输假冒伪劣烟草制品、非法经营烟草制品的;

3、运输假冒伪劣烟草制品的。

上述人员中有检举他人犯罪经查证属实,或者提供重要线索,有立功表现的,可以从轻或减轻处罚;有重大立功表现的,可以减轻或者免除处罚。

五、国家机关工作人员参与实施本《纪要》第一条至第三条规定的犯罪行为的处罚问题

根据《最高人民法院、最高人民检察院关于办理生产、销售伪劣商品刑事案

件具体应用法律若干问题的解释》的规定,国家机关工作人员参与实施本《纪要》第一条至第三条规定的犯罪行为的,从重处罚。

六、关于一罪与数罪问题

行为人的犯罪行为同时构成生产、销售伪劣产品罪、销售假冒注册商标的商品罪、非法经营罪等的,依照处罚较重的规定定罪处罚。

七、关于窝藏、转移非法制售的烟草制品行为的定罪处罚问题

明知是非法制售的烟草制品而予以窝藏、转移的,依照刑法第三百一十二条的规定,以窝藏、转移赃物罪①定罪处罚。

八、关于以暴力、威胁方法阻碍烟草专卖执法人员依法执行职务行为的定罪处罚问题

以暴力、威胁方法阻碍烟草专卖执法人员依法执行职务的,依照刑法第二百七十七条的规定,以妨害公务罪定罪处罚。

九、关于煽动群众暴力抗拒烟草专卖法律实施行为的定罪处罚问题

煽动群众暴力抗拒烟草专卖法律实施的,依照刑法第二百七十八条的规定,以煽动暴力抗拒法律实施罪定罪处罚。

十、关于鉴定问题

假冒伪劣烟草制品的鉴定工作,由国家烟草专卖行政主管部门授权的省级以上烟草产品质量监督检验机构,按照国家烟草专卖局制定的假冒伪劣卷烟鉴别检验管理办法和假冒伪劣卷烟鉴别检验规程等有关规定进行。

假冒伪劣烟草专用机械的鉴定由国家质量监督部门,或其委托的国家烟草质量监督检验中心,根据烟草行业的有关技术标准进行。

十一、关于烟草制品、卷烟的范围

本纪要所称烟草制品指卷烟、雪茄烟、烟丝、复烤烟叶、烟叶、卷烟纸、滤嘴棒、烟用丝束。

本纪要所称卷烟包括散支烟和成品烟。

《最高人民法院、最高人民检察院、公安部、国家安全监管总局关于依法加强对涉嫌犯罪的非法生产经营烟花爆竹行为刑事责任追究的通知》(安监总管三〔2012〕116号)第一条对非法生产、经营烟花爆竹及相关行为适用刑法第一百四十条作了指引性规定。(→参见第一百二十五条评注部分,第482页)

《最高人民法院、最高人民检察院、海关总署打击非设关地成品油走私专题

---

① 罪名已调整为"掩饰、隐瞒犯罪所得罪"。——本评注注

研讨会会议纪要》(署缉发〔2019〕210号)"**一、关于定罪处罚**"对办理非设关地走私成品油刑事案件适用《刑法》第一百四十条作了指引性规定。(→参见第一百五十三条评注部分,第689页)

《最高人民法院、最高人民检察院、公安部、司法部关于依法惩治妨害新型冠状病毒感染肺炎疫情防控违法犯罪的意见》(法发〔2020〕7号)"**二、准确适用法律,依法严惩妨害疫情防控的各类违法犯罪**"第(三)条就在疫情防控期间,生产、销售伪劣的防治、防护产品、物资适用《刑法》第一百四十条作了指引性规定。(→参见第三百三十条评注部分,第1712页)

《最高人民检察院关于充分发挥检察职能服务保障"六稳""六保"的意见》(自2020年7月22日起施行,节录)

3.依法保护企业正常生产经营活动。……四是严格把握涉企业生产经营、创新创业的新类型案件的法律政策界限。对于企业创新产品与现有国家标准难以对应的,应当深入调查,进行实质性评估,加强请示报告,准确认定产品属性和质量,防止简单化"对号入座",以生产、销售伪劣产品定罪处罚。

▎立案追诉标准

《最高人民检察院、公安部关于公安机关管辖的刑事案件立案追诉标准的规定(一)》第十六条关于《刑法》第一百四十条立案追诉标准的规定与法释〔2001〕10号解释第一条、第二条一致。

▎指导性案例

刘远鹏涉嫌生产、销售"伪劣产品"(不起诉)案(检例第85号,节录)
关键词　民营企业　创新产品　强制标准　听证　不起诉
要　旨　检察机关办理涉企案件,应当注意保护企业创新发展。对涉及创新的争议案件,可以通过听证方式开展审查。对专业性问题,应当加强与行业主管部门沟通,充分听取行业意见和专家意见,促进完善相关行业领域标准。

▎刑参案例规则提炼

《王洪成生产、销售伪劣产品案——对于生产、销售不具有生产者、销售者所许诺的使用性能的新产品的行为如何适用法律》(第8号案例)、**韩俊杰、付安生、韩军生生产伪劣产品案——为他人加工伪劣产品的行为如何定罪处罚》**(第143号案例)、《朱海林、周汝胜、谢从军非法经营案——未经许可生产摩托车以及以燃油助力车名义销售摩托车的行为如何定性》(第1210号案例)、《方永胜销售伪劣产品案——利用疫情销售"三无"口罩的罪名适用和"伪劣产品"标准的认定》(第1315号案例)、《徐云、桑林华等非法经营案——仅凭产品系非法入境、印制张贴虚假内容标签等行为不能推定系伪劣产品》(第1453号案例)所涉规则提炼如下:

1. 伪劣产品的认定规则。"开发的'新产品',没有国际标准、国家标准、行业标准、地方标准可供执行,当然应执行企业标准。根据企业标准生产、销售的产品,应当具备其许诺的使用性能。否则,就是不合格产品。"(第8号案例)"'三无'产品并不必然等同于销售伪劣产品罪中的'伪劣产品'。在判断被告人销售的货物是否属于'伪劣产品'时,应当严格按照罪刑法定原则的要求,结合相关法律和司法解释的规定进行认定。""疫情防控期间,以出售非医用口罩的名义销售'三无'劣质口罩的,应认定为销售伪劣产品罪。"①(第1315号案例)"假冒燃油助力车名义销售的摩托车","属性上为摩托车,符合国家关于摩托车的技术规范和安全标准的规定",不属于"伪劣产品"。(第1210号案例)"在无法对产品质量进行实质性检测的情况下,仅凭非法入境、印制张贴虚假内容标签等行为,不能推定产品系伪劣产品。"(第1453号案例)

---

① 对于涉案口罩是否属于"伪劣产品",要依据相关标准作出判断。根据《产品质量法》《标准化法》等法律法规的规定,对于相关伪劣产品的认定,原则上应当优先以强制性标准或者产品注明的质量标准为依据。因此,如果涉案口罩注明了国家标准、行业标准,或者注明的质量标准高于国家标准、行业标准,应当按照其明示的标准判断是否属于合格产品。如果涉案口罩未注明质量标准,或者注明的质量标准低于国家标准、行业标准的,则应当按照国家标准、行业标准判断其是否属于合格产品。比如,医用防护口罩、医用外科口罩,在没有注明高于国家标准、行业标准的质量标准的情形下,一般可以分别按照国家标准GB19083-2010(医用防护口罩)、行业标准YY 0469-2011(医用外科口罩)进行判断。需要注意的是,有地方对涉案口罩一律按照国家标准GB2626-2006(呼吸防护用品自吸过滤式防颗粒物呼吸器)进行鉴定,只要对颗粒物的过滤率达不到该标准中的最低标准KN90的,均认定为"伪劣产品"。这有所不妥。涉案口罩是否属于伪劣产品的司法认定,应当根据口罩的种类、用途等不同情况适用相应的标准。根据法律和有关司法解释的精神,对于涉案口罩标明种类的,应当按照标明的种类选择适用的判断标准;如果涉案口罩未标明种类或者是"三无"产品,则应当综合考虑其包装、宣传、价格、销售对象等情况,作出妥当认定,进而选择适用相应标准进行判断。参见《依法惩治妨害疫情防控违法犯罪 切实保障人民群众生命健康安全——最高人民法院研究室主任姜启波、最高人民检察院法律政策研究室主任高景峰联合答记者问(二)》,载《检察日报》2020年3月25日,第4版。

2.为他人加工伪劣产品行为的处理规则。"为他人加工伪劣产品的行为构成生产、销售伪劣产品犯罪。"(第143号案例)

> **第一百四十一条 【生产、销售、提供假药罪】**生产、销售假药的,处三年以下有期徒刑或者拘役,并处罚金;对人体健康造成严重危害或者有其他严重情节的,处三年以上十年以下有期徒刑,并处罚金;致人死亡或者有其他特别严重情节的,处十年以上有期徒刑、无期徒刑或者死刑,并处罚金或者没收财产。
>
> 药品使用单位的人员明知是假药而提供给他人使用的,依照前款的规定处罚。

◆ 立法沿革

本条系1997年《刑法》吸收修改单行刑法作出的规定。1979年《刑法》第一百六十四条规定:"以营利为目的,制造、贩卖假药危害人民健康的,处二年以下有期徒刑、拘役或者管制,可以并处或者单处罚金;造成严重后果的,处二年以上七年以下有期徒刑,可以并处罚金。"《全国人民代表大会常务委员会关于惩治生产、销售伪劣商品犯罪的决定》(自1993年9月1日起施行)第二条第一款、第三款对1979年《刑法》第一百六十四条的规定作了修改补充,规定:"生产、销售假药,足以危害人体健康的,处三年以下有期徒刑或者拘役,并处罚金;对人体健康造成严重危害的,处三年以上十年以下有期徒刑,并处罚金;致人死亡或者对人体健康造成其他特别严重危害的,处十年以上有期徒刑、无期徒刑或者死刑,并处罚金或者没收财产。""本条所称假药,是指依照《中华人民共和国药品管理法》的规定属于假药和按假药处理的药品、非药品……"1997年《刑法》对上述规定作了修改补充,主要涉及如下两个方面:一是将"足以危害人体健康"修改为"足以严重危害人体健康",以与第二档的规定相协调;二是增加单处罚金的规定,并将罚金的数额标准作了调整。

2011年5月1日起施行的《刑法修正案(八)》第二十三条对本条作了第一次修改,主要涉及如下几个方面:一是将生产、销售假药罪由具体危险犯调整为抽象危险犯;二是在加重处罚情节中增加"有其他严重情节"和"特别严重情节"的规定;三是取消单处罚金的规定,并删去罚金刑的具体数额。

2021年3月1日起施行的《刑法修正案(十一)》第五条对本条作了第二次修改,主要涉及如下两个方面:一是删去假药范围的规定;二是增加提供假药犯罪的规定。修改后,罪名由"生产、销售假药罪"调整为"生产、销售、提供假药罪"。

修正前《刑法》	第一次修正后《刑法》	第二次修正后《刑法》
第一百四十一条 【生产、销售假药罪】生产、销售假药，~~足以严重危害人体健康的~~，处三年以下有期徒刑或者拘役，并处 ~~或者单处销售金额百分之五十以上二倍以下罚金~~；对人体健康造成严重危害的，处三年以上十年以下有期徒刑，并处 ~~销售金额百分之五十以上二倍以下罚金~~；致人死亡或者~~对人体健康造成特别严重危害的~~，处十年以上有期徒刑、无期徒刑或者死刑，并处 ~~销售金额百分之五十以上二倍以下罚金或者没收财产~~。 本条所称假药，是指依照《中华人民共和国药品管理法》的规定属于假药和按假药处理的药品、非药品。	第一百四十一条 【生产、销售假药罪】生产、销售假药的，处三年以下有期徒刑或者拘役，并处罚金；对人体健康造成严重危害**或者有其他严重情节**的，处三年以上十年以下有期徒刑，并处罚金；致人死亡或者**有其他特别严重情节**的，处十年以上有期徒刑、无期徒刑或者死刑，并处罚金或者没收财产。 ~~本条所称假药，是指依照《中华人民共和国药品管理法》的规定属于假药和按假药处理的药品、非药品。~~	第一百四十一条 【生产、销售、**提供**假药罪】生产、销售**假**药的，处三年以下有期徒刑或者拘役，并处罚金；对人体健康造成严重危害或者有其他严重情节的，处三年以上十年以下有期徒刑，并处罚金；致人死亡或者有其他特别严重情节的，处十年以上有期徒刑、无期徒刑或者死刑，并处罚金或者没收财产。 **药品使用单位的人员明知是假药而提供给他人使用的，依照前款的规定处罚。**

相关规定

《中华人民共和国药品管理法》(第二次修订后自 2019 年 12 月 1 日起施行，节录)①

第九十八条第二款　有下列情形之一的，为假药：

(一)药品所含成份与国家药品标准规定的成份不符；

(二)以非药品冒充药品或者以他种药品冒充此种药品；

---

① 修订后的《药品管理法》按照药品功效，明确了假药的范围。《药品管理法》修订前后对于假药范围的规定有较大差异。根据修订后《药品管理法》第九十八条第二款的规定，认定为假药的只有四种情形，其他未纳入假药认定情形的"按假药论处"的，不再认定为假药，不再以生产、销售、提供假药罪定罪处罚。鉴此，在办理危害药品安全刑事案件过程中，对于刑法规定的生产、销售、提供假药罪的构成要件，要结合修订后《药品管理法》的规定予以准确把握。对于刑法中假药的认定，要严格按照修订后《药品管理法》的规定，以药品功效作为判断标准。——**本评注注**

(三)变质的药品;
(四)药品所标明的适应症或者功能主治超出规定范围。

司法解释

《最高人民法院、最高人民检察院关于办理妨害预防、控制突发传染病疫情等灾害的刑事案件具体应用法律若干问题的解释》(法释〔2003〕8号)第二条对在预防、控制突发传染病疫情等灾害期间,生产、销售用于防治传染病的假药适用《刑法》第一百四十一条作了指引性规定。(→参见第一百一十四条评注部分,第414页)

《最高人民法院、最高人民检察院关于办理危害药品安全刑事案件适用法律若干问题的解释》(高检发释字〔2022〕1号,自2022年3月6日起施行)

为依法惩治危害药品安全犯罪,保障人民群众生命健康,维护药品管理秩序,根据《中华人民共和国刑法》《中华人民共和国刑事诉讼法》及《中华人民共和国药品管理法》等有关规定,现就办理此类刑事案件适用法律的若干问题解释如下:

第一条 生产、销售、提供假药,具有下列情形之一的,应当酌情从重处罚:
(一)涉案药品以孕产妇、儿童或者危重病人为主要使用对象的;
(二)涉案药品属于麻醉药品、精神药品、医疗用毒性药品、放射性药品、生物制品①,或者以药品类易制毒化学品冒充其他药品的;
(三)涉案药品属于注射剂药品、急救药品的;
(四)涉案药品系用于应对自然灾害、事故灾难、公共卫生事件、社会安全事件等突发事件的;
(五)药品使用单位及其工作人员生产、销售假药的;
(六)其他应当酌情从重处罚的情形。

第二条 生产、销售、提供假药,具有下列情形之一的,应当认定为刑法第一百四十一条规定的"对人体健康造成严重危害":
(一)造成轻伤或者重伤的;
(二)造成轻度残疾或者中度残疾的;
(三)造成器官组织损伤导致一般功能障碍或者严重功能障碍的;
(四)其他对人体健康造成严重危害的情形。

---

① 《中华人民共和国药品管理法实施条例》第三十八条有"疫苗类制品、血液制品、用于血源筛查的体外诊断试剂以及国务院药品监督管理部门规定的其他生物制品"的表述。——本评注注

第三条 生产、销售、提供假药，具有下列情形之一的，应当认定为刑法第一百四十一条规定的"其他严重情节"：

（一）引发较大突发公共卫生事件的；

（二）生产、销售、提供假药的金额二十万元以上不满五十万元的；

（三）生产、销售、提供假药的金额十万元以上不满二十万元，并具有本解释第一条规定情形之一的；

（四）根据生产、销售、提供的时间、数量、假药种类、对人体健康危害程度等，应当认定为情节严重的。①

第四条 生产、销售、提供假药，具有下列情形之一的，应当认定为刑法第一百四十一条规定的"其他特别严重情节"：

（一）致人重度残疾以上的；

（二）造成三人以上重伤、中度残疾或者器官组织损伤导致严重功能障碍的；

（三）造成五人以上轻度残疾或者器官组织损伤导致一般功能障碍的；

（四）造成十人以上轻伤的；

（五）引发重大、特别重大突发公共卫生事件的；

（六）生产、销售、提供假药的金额五十万元以上的；

（七）生产、销售、提供假药的金额二十万元以上不满五十万元，并具有本解释第一条规定情形之一的；

（八）根据生产、销售、提供的时间、数量、假药种类、对人体健康危害程度等，应当认定为情节特别严重的。

第五条 生产、销售、提供劣药，具有本解释第一条规定情形之一的，应当酌情从重处罚。

生产、销售、提供劣药，具有本解释第二条规定情形之一的，应当认定为刑法第一百四十二条规定的"对人体健康造成严重危害"。

生产、销售、提供劣药，致人死亡，或者具有本解释第四条第一项至第五项规定情形之一的，应当认定为刑法第一百四十二条规定的"后果特别严重"。

第六条 以生产、销售、提供假药、劣药为目的，合成、精制、提取、储存、加工炮制药品原料，或者在将药品原料、辅料、包装材料制成成品过程中，进行配料、混合、制剂、储存、包装的，应当认定为刑法第一百四十一条、第一百四十二条规

---

① 需要提及的是，如果生产、销售、提供假药，延误诊治，虽未造成死亡、伤害等结果，但致人病情恶化、重度恶化的，可视情认定为"其他严重情节"或者"其他特别严重情节"。参见周加海、喻海松、李静：《〈关于办理危害药品安全刑事案件适用法律若干问题的解释〉的理解与适用》，载《人民司法》2022年第10期。

定的"生产"。①

药品使用单位及其工作人员明知是假药、劣药而有偿提供给他人使用的,应当认定为刑法第一百四十一条、第一百四十二条规定的"销售";无偿提供给他人使用的,应当认定为刑法第一百四十一条、第一百四十二条规定的"提供"。

第七条 实施妨害药品管理的行为,具有下列情形之一的,应当认定为刑法第一百四十二条之一规定的"足以严重危害人体健康":

(一)生产、销售国务院药品监督管理部门禁止使用的药品,综合生产、销售的时间、数量、禁止使用原因等情节,认为具有严重危害人体健康的现实危险的;②

(二)未取得药品相关批准证明文件生产药品或者明知是上述药品而销售,涉案药品属于本解释第一条第一项至第三项规定情形的;

(三)未取得药品相关批准证明文件生产药品或者明知是上述药品而销售,涉案药品的适应症、功能主治或者成分不明的;

(四)未取得药品相关批准证明文件生产药品或者明知是上述药品而销售,涉案药品没有国家药品标准,且无核准的药品质量标准,但检出化学药成分的;

(五)未取得药品相关批准证明文件进口药品或者明知是上述药品而销售,涉案药品在境外也未合法上市的;

(六)在药物非临床研究或者药物临床试验过程中故意使用虚假试验用药品,或者瞒报与药物临床试验用药品相关的严重不良事件的;

(七)故意损毁原始药物非临床研究数据或者药物临床试验数据,或者编造受试动物信息、受试者信息、主要试验过程记录、研究数据、检测数据等药物非临床研究数据或者药物临床试验数据,影响药品的安全性、有效性和质量可控性的;

(八)编造生产、检验记录,影响药品的安全性、有效性和质量可控性的;

---

① 对于印制包装材料、标签、说明书的行为,如果是生产行为人同时实施的附随行为,应当一并纳入"生产"予以评价;如果属于其他人为生产药品者实施的行为,则属于帮助行为,应当根据《解释》第九条关于共同犯罪的规定予以处理。参见周加海、喻海松、李静:《〈关于办理危害药品安全刑事案件适用法律若干问题的解释〉的理解与适用》,载《人民司法》2022年第10期。

② 所谓"禁止使用原因",主要是指《药品管理法》第六十七条"禁止进口疗效不确切、不良反应大或者因其他原因危害人体健康的药品"的规定所涉情形。之所以要求综合"生产、销售的时间、数量等情节",主要是考虑此类药品此前经过批准生产,与自始未经批准的药品在对人体健康的危害程度方面尚有差异。参见周加海、喻海松、李静:《〈关于办理危害药品安全刑事案件适用法律若干问题的解释〉的理解与适用》,载《人民司法》2022年第10期。

(九)其他足以严重危害人体健康的情形。①

对于涉案药品是否在境外合法上市,应当根据境外药品监督管理部门或者权利人的证明等证据,结合犯罪嫌疑人、被告人及其辩护人提供的证据材料综合审查,依法作出认定。

对于"足以严重危害人体健康"难以确定的,根据地市级以上药品监督管理部门出具的认定意见,结合其他证据作出认定。

第八条 实施妨害药品管理的行为,具有本解释第二条规定情形之一的,应当认定为刑法第一百四十二条之一规定的"对人体健康造成严重危害"。

实施妨害药品管理的行为,足以严重危害人体健康,并具有下列情形之一的,应当认定为刑法第一百四十二条之一规定的"有其他严重情节":

(一)生产、销售国务院药品监督管理部门禁止使用的药品,生产、销售的金额五十万元以上的;

(二)未取得药品相关批准证明文件生产、进口药品或者明知是上述药品而销售,生产、销售的金额五十万元以上的;

(三)药品申请注册中提供虚假的证明、数据、资料、样品或者采取其他欺骗手段,造成严重后果的;

(四)编造生产、检验记录,造成严重后果的;

(五)造成恶劣社会影响或者具有其他严重情节的情形。

实施刑法第一百四十二条之一规定的行为,同时又构成生产、销售、提供假药罪、生产、销售、提供劣药罪或者其他犯罪的,依照处罚较重的规定定罪处罚。

第九条 明知他人实施危害药品安全犯罪,而有下列情形之一的,以共同犯罪论处:

(一)提供资金、贷款、账号、发票、证明、许可证件的;

(二)提供生产、经营场所、设备或者运输、储存、保管、邮寄、销售渠道等便利条件的;

(三)提供生产技术或者原料、辅料、包装材料、标签、说明书的;

(四)提供虚假药物非临床研究报告、药物临床试验报告及相关材料的;

---

① 实践中,对于未经批准进口使人形成瘾癖的麻醉药品、精神药品或者明知是上述药品而销售,特别是面向未成年人销售,即使不构成毒品犯罪的,也可以根据案件情况考虑是否属于妨害药品管理罪规定的"其他足以严重危害人体健康的情形"。参见周加海、喻海松、李静:《〈关于办理危害药品安全刑事案件适用法律若干问题的解释〉的理解与适用》,载《人民司法》2022年第10期。

（五）提供广告宣传的；

（六）提供其他帮助的。

第十条 办理生产、销售、提供假药、生产、销售、提供劣药、妨害药品管理等刑事案件，应当结合行为人的从业经历、认知能力、药品质量、进货渠道和价格、销售渠道和价格以及生产、销售方式等事实综合判断认定行为人的主观故意。具有下列情形之一的，可以认定行为人有实施相关犯罪的主观故意，但有证据证明确实不具有故意的除外：

（一）药品价格明显异于市场价格的；

（二）向不具有资质的生产者、销售者购买药品，且不能提供合法有效的来历证明的；

（三）逃避、抗拒监督检查的；

（四）转移、隐匿、销毁涉案药品、进销货记录的；

（五）曾因实施危害药品安全违法犯罪行为受过处罚，又实施同类行为的；

（六）其他足以认定行为人主观故意的情形。

第十一条 以提供给他人生产、销售、提供药品为目的，违反国家规定，生产、销售不符合药用要求的原料、辅料，符合刑法第一百四十条规定的，以生产、销售伪劣产品罪从重处罚；同时构成其他犯罪的，依照处罚较重的规定定罪处罚。

第十二条 广告主、广告经营者、广告发布者违反国家规定，利用广告对药品作虚假宣传，情节严重的，依照刑法第二百二十二条的规定，以虚假广告罪定罪处罚。

第十三条① 明知系利用医保骗保购买的药品而非法收购、销售，金额五万元以上的，应当依照刑法第三百一十二条的规定，以掩饰、隐瞒犯罪所得罪定罪处罚；指使、教唆、授意他人利用医保骗保购买药品，进而非法收购、销售，符合刑

---

① 鉴于医保骗保案件情况复杂，本条第二款专门明确了此类案件的处理政策：(1)"对于利用医保骗保购买药品的行为人是否追究刑事责任，应当综合考虑骗取医保基金的数额、手段、认罪悔罪态度等案件具体情节，依法妥当决定"，即重点惩治医保骗保犯罪的组织者、职业骗保人和利用职务职业便利骗取医保基金的行为人；对于虽实施骗保行为，数额达到诈骗入罪标准，但具有系初犯、偶犯、受人指使、认罪悔罪、本人也是病患者等情节，经综合考量认为犯罪情节轻微的，可以依法不起诉或者免予刑事处罚；情节显著轻微、危害不大的，不作为犯罪处理。(2)"利用医保骗保购买药品的行为人是否被追究刑事责任，不影响对非法收购、销售有关药品的行为人定罪处罚"，即要重点惩治倒卖医保骗保药品"中间商"，斩断"回流药"的产业链。对此需要说明两点：其一，传统上，一般认为帮助犯，包括共同犯罪中的帮助犯和事后帮助犯，罪责往往要相对轻于实行犯。但从医保骗保类案件情况看，倒卖医保骗保药品的"中间商"往往罪责更为严重，表（转下页）

法第二百六十六条规定的,以诈骗罪定罪处罚。

对于利用医保骗保购买药品的行为人是否追究刑事责任,应当综合骗取医保基金的数额、手段、认罪悔罪态度等案件具体情节,依法妥当决定。利用医保骗保购买药品的行为人是否被追究刑事责任,不影响对非法收购、销售有关药品的行为人定罪处罚。

对于第一款规定的主观明知,应当根据药品标志、收购渠道、价格、规模及药品追溯信息等综合认定。

第十四条 负有药品安全监督管理职责的国家机关工作人员,滥用职权或者玩忽职守,构成药品监管渎职罪,同时构成商检徇私舞弊罪、商检失职罪等其他渎职犯罪的,依照处罚较重的规定定罪处罚。

负有药品安全监督管理职责的国家机关工作人员滥用职权或者玩忽职守,不构成药品监管渎职罪,但构成前款规定的其他渎职犯罪的,依照该其他犯罪定罪处罚。

负有药品安全监督管理职责的国家机关工作人员与他人共谋,利用其职务便利帮助他人实施危害药品安全犯罪行为,同时构成渎职犯罪和危害药品安全犯罪共犯的,依照处罚较重的规定定罪从重处罚。

第十五条 对于犯生产、销售、提供假药罪、生产、销售、提供劣药罪、妨害药品管理罪的,应当结合被告人的犯罪数额、违法所得,综合考虑被告人缴纳罚金的能力,依法判处罚金。罚金一般应当在生产、销售、提供的药品金额二倍以上;共同犯罪的,对各共同犯罪人合计判处的罚金一般应当在生产、销售、提供的药

(接上页)现在,他们往往是"一对多"地从医保人员手中收购骗保药品;不少是以此为业;涉案数额往往特别巨大;是"回流药"形成产业、市场的关键因素。将其作为打击重点,完全符合罪责刑相适应的刑法基本原则和宽严相济刑事政策,因此,《解释》第十三条第二款作出了上述规定。其二,综合看来,《解释》第十三条第一款和第二款规定,在一定程度上系对《刑法》第三百一十二条所规定的"犯罪"作了更符合实际的解释,即不要求必须绝对查明上游行为已符合有关犯罪的入罪标准,只要非法收购、销售的金额累计在五万元以上即可(既收购又销售的,金额应以高者计)。这是因为,倒卖骗保药品的中间商,往往是"一对多"地从医保人员手中收购药品,其累计的危害重大;从实践看,要查明其上游行为人是否已达到诈骗罪的入罪标准,往往非常困难,也无必要;特别规定非法收购、销售的药品金额在五万元以上才以掩饰、隐瞒犯罪所得罪论处,已有适当控制刑事打击面的考虑,不会形成上下游行为"罪刑倒挂"的问题。这样的规定有先例可循。参见周加海、喻海松、李静:《〈关于办理危害药品安全刑事案件适用法律若干问题的解释〉的理解与适用》,载《人民司法》2022 年第 10 期。

品金额二倍以上。

第十六条 对于犯生产、销售、提供假药罪、生产、销售、提供劣药罪、妨害药品管理罪的,应当依照刑法规定的条件,严格缓刑、免予刑事处罚的适用。对于被判处刑罚的,可以根据犯罪情况和预防再犯罪的需要,依法宣告职业禁止或者禁止令。《中华人民共和国药品管理法》等法律、行政法规另有规定的,从其规定。

对于被不起诉或者免予刑事处罚的行为人,需要给予行政处罚、政务处分或者其他处分的,依法移送有关主管机关处理。

第十七条 单位犯生产、销售、提供假药罪、生产、销售、提供劣药罪、妨害药品管理罪的,对单位判处罚金,并对直接负责的主管人员和其他直接责任人员,依照本解释规定的自然人犯罪的定罪量刑标准处罚。

单位犯罪的,对被告单位及其直接负责的主管人员、其他直接责任人员合计判处的罚金一般应当在生产、销售、提供的药品金额二倍以上。

第十八条① 根据民间传统配方私自加工药品或者销售上述药品,数量不大,且未造成他人伤害后果或者延误诊治的,或者不以营利为目的实施带有自救、互助性质的生产、进口、销售药品的行为,不应当认定为犯罪。

对于是否属于民间传统配方难以确定的,根据地市级以上药品监督管理部门或者有关部门出具的认定意见,结合其他证据作出认定。

第十九条② 刑法第一百四十一条、第一百四十二条规定的"假药""劣药",依照《中华人民共和国药品管理法》的规定认定。

---

① 司法实践中应当注意的是,"民间传统配方"的表述虽然相沿成习,但无明确界定。实践中,可以参考"中医药传统知识"的界定,即"基于中华民族长期实践积累、世代传承发展、具有现实或者潜在价值的中医药理论、技术和标志符号,包括但不限于中医药古籍经典名方、单验方、诊疗技术、中药炮制技术、制剂方法、养生方法等",以将其与"黑窝点"界分开来。参见周加海、喻海松、李静:《〈关于办理危害药品安全刑事案件适用法律若干问题的解释〉的理解与适用》,载《人民司法》2022年第10期。
② 对于依据《药品管理法》第九十八条第二款第二项规定的"以他种药品冒充此种药品"认定为假药的情形,通常是指以不具有特定功能主治的他种药品冒充此种药品的行为,如以感冒药冒充治疗高血压的药品。与之不同,对于以功能主治相同的他种药品冒充此种药品的,如药品成分、质量并无问题,不应认定属于"以他种药品冒充此种药品",符合假冒注册商标罪等侵犯知识产权犯罪的,可按相应犯罪论处。参见周加海、喻海松、李静:《〈关于办理危害药品安全刑事案件适用法律若干问题的解释〉的理解与适用》,载《人民司法》2022年第10期。

对于《中华人民共和国药品管理法》第九十八条第二款第二项、第四项及第三款第三项至第六项规定的假药、劣药，能够根据现场查获的原料、包装，结合犯罪嫌疑人、被告人供述等证据材料作出判断的，可以由地市级以上药品监督管理部门出具认定意见。对于依据《中华人民共和国药品管理法》第九十八条第二款、第三款的其他规定认定假药、劣药，或者是否属于第九十八条第二款第二项、第三款第六项规定的假药、劣药存在争议的，应当由省级以上药品监督管理部门设置或者确定的药品检验机构进行检验，出具质量检验结论。司法机关根据认定意见、检验结论，结合其他证据作出认定。

第二十条　对于生产、提供药品的金额，以药品的货值金额计算；销售药品的金额，以所得和可得的全部违法收入计算。

第二十一条① 本解释自2022年3月6日起施行。本解释公布施行后，《最高人民法院、最高人民检察院关于办理危害药品安全刑事案件适用法律若干问题的解释》（法释〔2014〕14号）、《最高人民法院、最高人民检察院关于办理药品、医疗器械注册申请材料造假刑事案件适用法律若干问题的解释》（法释〔2017〕15号）同时废止。

规范性文件

《最高人民法院、最高人民检察院、公安部、司法部关于依法惩治妨害新型冠状病毒感染肺炎疫情防控违法犯罪的意见》（法发〔2020〕7号）"二、准确适用法律，依法严惩妨害疫情防控的各类违法犯罪"第（三）条就在疫情防控期间，生产、销售伪劣的防治、防护产品、物资适用《刑法》第一百四十一条作了指引性规定。（→参见第三百三十条评注部分，第1712页）

《药品行政执法与刑事司法衔接工作办法的通知》（国家药品监督管理局、国家市场监督管理总局、公安部、最高人民法院、最高人民检察院，国药监法〔2022〕41号，自2023年2月1日起施行，节录）

---

① 司法实践中应当注意的是，对于为药品注册、申请造假提供相关证明材料或者帮助的行为，不应再适用提供虚假证明文件罪，以防止形成罪刑倒挂；符合妨害药品管理罪共同犯罪的，以共犯论处。而对于医疗器械注册申请材料造假的，由于妨害药品管理罪未涉及相关行为类型，如果相关行为符合《刑法》第二百二十九条关于提供虚假证明文件罪规定的，也应当注意量刑平衡的问题，原则上只应适用"处五年以下有期徒刑或者拘役，并处罚金"的量刑档次。参见周加海、喻海松、李静：《〈关于办理危害药品安全刑事案件适用法律若干问题的解释〉的理解与适用》，载《人民司法》2022年第10期。

第十五条第三款、第四款 已经作出罚款行政处罚并已全部或者部分执行的,人民法院在判处罚金时,在罚金数额范围内对已经执行的罚款进行折抵。

违法行为构成犯罪,人民法院判处拘役或者有期徒刑时,公安机关已经给予当事人行政拘留并执行完毕的,应当依法折抵相应刑期。

第二十条 多次实施危害药品安全违法犯罪行为,未经处理,且依法应当追诉的,涉案产品的销售金额或者货值金额累计计算。

第二十六条 对于《中华人民共和国药品管理法》第九十八条第二款第二项、第四项及第三款第三项至第六项规定的假药、劣药,能够根据在案证据材料作出判断的,可以由地市级以上药品监管部门出具认定意见。

对于依据《中华人民共和国药品管理法》第九十八条第二款、第三款的其他规定认定假药、劣药,或者是否属于第九十八条第二款第二项、第三款第六项规定的假药、劣药存在争议的,应当由省级以上药品监管部门设置或者确定的药品检验机构进行检验,出具质量检验结论。

对于《中华人民共和国刑法》第一百四十二条之一规定的"足以严重危害人体健康"难以确定的,根据地市级以上药品监管部门出具的认定意见,结合其他证据作出认定。

对于是否属于民间传统配方难以确定的,根据地市级以上药品监管部门或者有关部门出具的认定意见,结合其他证据作出认定。

第二十七条 药品、医疗器械、化妆品的检验检测,按照《中华人民共和国药品管理法》及其实施条例、《医疗器械监督管理条例》《化妆品监督管理条例》等有关规定执行。必要时,检验机构可以使用经国务院药品监督管理部门批准的补充检验项目和检验方法进行检验,出具检验结论。

第二十八条 药品监管部门依据检验检测报告、结合专家意见等相关材料得出认定意见的,应当包括认定依据、理由、结论。按照以下格式出具结论:

(一)假药案件,结论中应当写明"经认定,……为假药";

(二)劣药案件,结论中应当写明"经认定,……为劣药";

(三)妨害药品管理案件,对属于难以确定"足以严重危害人体健康"的,结论中应当写明"经认定,当事人实施……的行为,足以严重危害人体健康";

(四)生产、销售不符合保障人体健康的国家标准、行业标准的医疗器械案件,结论中应当写明"经认定,涉案医疗器械……不符合……标准,结合本案其他情形,足以严重危害人体健康";

(五)生产、销售不符合卫生标准的化妆品案件,结论中应当写明"经认定,涉案化妆品……不符合……标准或者化妆品安全技术规范"。

其他案件也应当写明认定涉嫌犯罪应具备的结论性意见。

立案追诉标准

《最高人民检察院、公安部关于公安机关管辖的刑事案件立案追诉标准的规定(一)》第十七条关于《刑法》第一百四十一条立案追诉标准的规定与高检发释字〔2022〕1号解释第六条、第九条、第十九条不完全一致,应当以后者为准。

法律适用答复、复函

《最高人民检察院法律政策研究室对〈关于具有药品经营资质的企业通过非法渠道从私人手中购进药品后销售的如何适用法律问题的请示〉的答复》(高检研〔2015〕19号)

北京市人民检察院法律政策研究室:

你院《关于具有药品经营资质的企业通过非法渠道从私人手中购进药品后销售的如何适用法律问题的请示》(京检字〔2015〕76号)收悉。经研究,答复如下:

司法机关应当根据《中华人民共和国药品管理法》的有关规定,对具有药品经营资质的企业通过非法渠道从私人手中购销的药品的性质进行认定,区分不同情况,分别定性处理:一是对于经认定属于假药、劣药,且达到"两高"《关于办理危害药品安全刑事案件适用法律若干问题的解释》(以下称《药品解释》)①规定的销售假药罪、销售劣药罪的定罪量刑标准的,应当以销售假药罪、销售劣药罪依法追究刑事责任。二是对于经认定属于劣药,但尚未达到《药品解释》规定的销售劣药罪的定罪量刑标准的,可以依据刑法第一百四十九条、第一百四十条的规定,以销售伪劣产品罪追究刑事责任。三是对于无法认定属于假药、劣药的,可以由药品监督管理部门依照《中华人民共和国药品管理法》的规定给予行政处罚,不宜以非法经营罪追究刑事责任。

刑参案例规则提炼②

《杨智勇销售假药案——联系制作假药销售网站的行为是否构成生产、销售假药罪的共犯》(第1074号案例)、《王明等销售假药案——未及销售的假药

---

① 现行司法解释为《最高人民法院、最高人民检察院关于办理危害药品安全刑事案件适用法律若干问题的解释》(高检发释字〔2022〕1号)。
② 另,鉴于刑法关于药品犯罪的规定作了较大幅度调整,《**熊漓斌等生产、销售假药案**——生产、销售假药进行诈骗的行为如何定性》(第115号案例)、《**鞠春香、张志明等生产、销售伪劣产品案**——生产、销售假药行为的定罪量刑》(第165号案例)、《**王**(转下页)

应否计入销售金额及其犯罪形态的认定》(第 1415 号案例)所涉规则提炼如下:

1. 假药犯罪的数额计算规则。"为销售而购入、存储假药的行为,属于销售实行行为,现场查获的假药应当计入销售金额。""销售假药罪既遂与否应以假药是否进入交易环节为准。如果因行为人意志以外的原因而未进行实质性的交易行为,则构成犯罪未遂。"(第 1415 号案例)

2. 假药犯罪的共犯认定规则。"明知……产品系假药,仍负责联系制作销售宣传网站,帮助销售假药……构成销售假药罪的共同犯罪。"(第 1074 号案例)

第一百四十二条　【生产、销售、提供劣药罪】生产、销售劣药,对人体健康造成严重危害的,处三年以上十年以下有期徒刑,并处罚金;后果特别严重的,处十年以上有期徒刑或者无期徒刑,并处罚金或者没收财产。

药品使用单位的人员明知是劣药而提供给他人使用的,依照前款的规定处罚。

立法沿革

本条系 1997 年《刑法》吸收修改单行刑法作出的规定。1979 年《刑法》没有规定生产、销售劣药的犯罪。《全国人民代表大会常务委员会关于惩治生产、销售伪劣商品犯罪的决定》(自 1993 年 9 月 1 日起施行)第二条第二款、第三款规定:"生产、销售劣药,对人体健康造成严重危害的,处三年以上十年以下有期徒刑,并处罚金;后果特别严重的,处十年以上有期徒刑或者无期徒刑,并处罚金或者没收财产。""……本条所称劣药,是指依照《中华人民共和国药品管理法》的规定属于劣药的药品。"1997 年《刑法》对罚金的数额作了具体规定和调整。

2021 年 3 月 1 日起施行的《刑法修正案(十一)》第六条对本条作了修改,主要涉及如下三个方面:一是将比例罚金刑调整为不定额罚金刑;二是删去劣药范围的规定;三是增加提供劣药犯罪的规定。修改后,罪名由"生产、销售劣药罪"调整为"生产、销售、提供劣药罪"。

(接上页)**桂平以危险方法危害公共安全、销售伪劣产品、虚报注册资本案**——向药品生产企业销售假冒的药品辅料的行为如何定性》(第 503 号案例)、《**薛治煌非法经营联邦止咳露案**——非法经营药品犯罪案件中情节特别严重的认定》(第 632 号案例)、《**王后平非法经营案**——挂靠具有经营资质的企业从事药品经营且不建立真实购销记录的,如何定性》(第 864 号案例)所涉规则未予提炼。

修正前《刑法》	修正后《刑法》
第一百四十二条 【生产、销售劣药罪】生产、销售劣药,对人体健康造成严重危害的,处三年以上十年以下有期徒刑,并处~~销售金额百分之五十以上二倍以下罚金~~;后果特别严重的,处十年以上有期徒刑或者无期徒刑,并处~~销售金额百分之五十以上二倍以下罚金~~或者没收财产。 ~~本条所称劣药,是指依照《中华人民共和国药品管理法》的规定属于劣药的药品。~~	第一百四十二条 【生产、销售、提供劣药罪】生产、销售劣药,对人体健康造成严重危害的,处三年以上十年以下有期徒刑,并处罚金;后果特别严重的,处十年以上有期徒刑或者无期徒刑,并处罚金或者没收财产。 药品使用单位的人员明知是劣药而提供给他人使用的,依照前款的规定处罚。

相关规定

《中华人民共和国药品管理法》(第二次修订后自 2019 年 12 月 1 日起施行,节录)①

第九十八条第三款 有下列情形之一的,为劣药:
(一)药品成份的含量不符合国家药品标准;
(二)被污染的药品;
(三)未标明或者更改有效期的药品;
(四)未注明或者更改产品批号的药品;
(五)超过有效期的药品;
(六)擅自添加防腐剂、辅料的药品;
(七)其他不符合药品标准的药品。

司法解释

《最高人民法院、最高人民检察院关于办理妨害预防、控制突发传染病疫情等灾害的刑事案件具体应用法律若干问题的解释》(法释〔2003〕8 号)第二条对在预防、控制突发传染病疫情等灾害期间,生产、销售用于防治传染病的劣药适

---

① 修订后《药品管理法》按照药品功效,明确了劣药的范围。《药品管理法》修订前后对于劣药范围的规定有较大差异。经比较可以看出,根据修订后《药品管理法》第九十八条第三款的规定,认定为劣药的只有七种情形,而修订前《药品管理法》第四十九条第三款第四项规定的"直接接触药品的包装材料和容器未经批准的"药品等情形,不再认定为劣药,不再适用生产、销售、提供劣药罪。鉴此,在审理危害药品安全刑事案件过程中,对于刑法规定的生产、销售、提供劣药罪的构成要件,要根据修订后《药品管理法》的规定予以准确把握,以药品功效作为判断标准。——本评注注

用《刑法》第一百四十二条作了指引性规定。(→参见第一百一十四条评注部分,第414页)

《最高人民法院、最高人民检察院关于办理危害药品安全刑事案件适用法律若干问题的解释》(高检发释字〔2022〕1号)第一条、第二条、第四条至第六条对《刑法》第一百四十二条的定罪量刑标准作了规定。(→参见第一百四十一条评注部分,第604—605页)

规范性文件

《最高人民法院、最高人民检察院、公安部、司法部关于依法惩治妨害新型冠状病毒感染肺炎疫情防控违法犯罪的意见》(法发〔2020〕7号)"二、准确适用法律,依法严惩妨害疫情防控的各类违法犯罪"第(三)条就在疫情防控期间,生产、销售伪劣的防治、防护产品、物资适用《刑法》第一百四十二条作了指引性规定。(→参见第三百三十条评注部分,第1712页)

《药品行政执法与刑事司法衔接工作办法的通知》(国家药品监督管理局、国家市场监督管理总局、公安部、最高人民法院、最高人民检察院,国药监法〔2022〕41号)第二十条、第二十六条、第二十八条对办理劣药刑事案件所涉金额累计、认定等问题作了规定。(→参见第一百四十一条评注部分,第612页)

立案追诉标准

《最高人民检察院、公安部关于公安机关管辖的刑事案件立案追诉标准的规定(一)》第十八条关于《刑法》第一百四十二条立案追诉标准的规定与高检发释字〔2022〕1号解释第五条不完全一致,应当以后者为准。

第一百四十二条之一 【妨害药品管理罪】 违反药品管理法规,有下列情形之一,足以严重危害人体健康的,处三年以下有期徒刑或者拘役,并处或者单处罚金;对人体健康造成严重危害或者有其他严重情节的,处三年以上七年以下有期徒刑,并处罚金:

(一)生产、销售国务院药品监督管理部门禁止使用的药品的;

(二)未取得药品相关批准证明文件生产、进口药品或者明知是上述药品而销售的;

(三)药品申请注册中提供虚假的证明、数据、资料、样品或者采取其他欺骗手段的;

(四)编造生产、检验记录的。

有前款行为,同时又构成本法第一百四十一条、第一百四十二条规定之罪或者其他犯罪的,依照处罚较重的规定定罪处罚。

立法沿革

本条系 2021 年 3 月 1 日起施行的《刑法修正案(十一)》第七条增设的规定。

相关规定

《中华人民共和国药品管理法》(第二次修订后自 2019 年 12 月 1 日起施行,节录)

第一百二十三条 提供虚假的证明、数据、资料、样品或者采取其他手段骗取临床试验许可、药品生产许可、药品经营许可、医疗机构制剂许可或者药品注册等许可的,撤销相关许可,十年内不受理其相应申请,并处五十万元以上五百万元以下的罚款;情节严重的,对法定代表人、主要负责人、直接负责的主管人员和其他责任人员,处二万元以上二十万元以下的罚款,十年内禁止从事药品生产经营活动,并可以由公安机关处五日以上十五日以下的拘留。

第一百二十四条 违反本法规定,有下列行为之一的,没收违法生产、进口、销售的药品和违法所得以及专门用于违法生产的原料、辅料、包装材料和生产设备,责令停产停业整顿,并处违法生产、进口、销售的药品货值金额十五倍以上三十倍以下的罚款;货值金额不足十万元的,按十万元计算;情节严重的,吊销药品批准证明文件直至吊销药品生产许可证、药品经营许可证或者医疗机构制剂许可证,对法定代表人、主要负责人、直接负责的主管人员和其他责任人员,没收违法行为发生期间自本单位所获收入,并处所获收入百分之三十以上三倍以下的罚款,十年直至终身禁止从事药品生产经营活动,并可以由公安机关处五日以上十五日以下的拘留:

(一)未取得药品批准证明文件生产、进口药品;

(二)使用采取欺骗手段取得的药品批准证明文件生产、进口药品;

(三)使用未经审评审批的原料药生产药品;

(四)应当检验而未经检验即销售药品;

(五)生产、销售国务院药品监督管理部门禁止使用的药品;

(六)编造生产、检验记录;

(七)未经批准在药品生产过程中进行重大变更。

销售前款第一项至第三项规定的药品，或者药品使用单位使用前款第一项至第五项规定的药品的，依照前款规定处罚；情节严重的，药品使用单位的法定代表人、主要负责人、直接负责的主管人员和其他责任人员有医疗卫生人员执业证书的，还应当吊销执业证书。

未经批准进口少量境外已合法上市的药品，情节较轻的，可以依法减轻或者免予处罚。

司法解释

《最高人民法院、最高人民检察院关于办理危害药品安全刑事案件适用法律若干问题的解释》(高检发释字〔2022〕1号)第七条、第八条对妨害药品管理罪的定罪量刑标准作了规定。(→参见第一百四十一条评注部分，第606—607页)

规范性文件

《药品行政执法与刑事司法衔接工作办法的通知》(国家药品监督管理局、国家市场监督管理总局、公安部、最高人民法院、最高人民检察院，国药监法〔2022〕41号)第二十条、第二十六条、第二十八条对妨害药品管理刑事案件所涉金额累计、认定等问题作了规定。(→参见第一百四十一条评注部分，第612页)

《全国法院毒品案件审判工作会议纪要》(法〔2023〕108号)"二、罪名认定问题""(三)关于涉麻醉药品、精神药品行为"对妨害药品管理罪的适用作了规定。(→参见分则第六章第七节标题评注部分，第1871页)

刑参案例规则提炼

《蒋礼先、陈艳辉等妨害药品管理案——刑法修正案(十一)公布前实施的未取得药品相关批准证明文件生产、进口、销售药品等行为的定性》(第1492号案例)、《上海赛诺克医药科技有限公司、张奇能等妨害药品管理案——妨害药品管理罪中药品以及"足以严重危害人体健康"的认定》(第1493号案例)所涉规则提炼如下：

1. 药品的认定规则。"根据药品管理法的规定，某种物质具备药品的自然属性，能够用于预防、治疗、诊断人的疾病，具有明确适用症或功能主治，虽未取得药品注册证书或批准证明文件，其仍属于法律意义上的药品。"(第1493号案例)

2. 妨害药品管理罪的适用规则。"无论有无药品经营许可证，只要未取得药品相关批准证明文件生产、进口药品或者明知是上述药品而销售，足以严重危害人体健康的,即构成妨害药品管理罪,但对于无药品经营许可证、经营'真药'和经营未取得药品相关批准证明文件生产、进口的药品,是否同时构成非法经营罪,目前法律依据不充分。"此外,"刑法修正案(十一)施行后审理实施于修订前的未取得药品相关批准证明文件生产、进口或明知而销售药品的行为,足以严重危害人体健康的,应以妨害药品管理罪定罪处罚"。(第1492号案例)

司法疑难解析

妨害药品管理行为转化适用其他罪名的问题。对于未取得药品相关批准证明文件生产、进口药品或者明知是上述药品而销售的行为,如果未达到"足以严重危害人体健康"程度的,自然不构成妨害药品管理罪。但是,能否转而适用非法经营罪,则存在不同认识。**本评注认为**,如果允许所涉情形再行适用处罚更重的其他罪名,不仅会造成罪刑失衡,也会导致通过刑法修正案增设妨害药品管理罪的立法目的落空,无法合理划定妨害药品管理罪的界限范围。至少应当认为,对于未取得药品相关批准证明文件生产、进口药品或者明知是上述药品而销售的行为,能否依据《刑法》第二百二十五条第四项的规定适用非法经营罪,属于《最高人民法院关于准确理解和适用刑法中"国家规定"的有关问题的通知》(法发〔2011〕155号)所规定的"有关司法解释未作明确规定的"情形,应当作为法律适用问题,逐级向最高人民法院请示。

此外,上述情形能否根据《刑法》第一百四十九条的规定转化适用生产、销售伪劣产品罪,也存在不同认识。需要注意的是,一方面,就妨害药品管理罪而言,所列产品应为"足以严重危害人体健康的"药品,故相关案件所涉药品亦不属于《刑法》第一百四十二条之一所列产品。故而,所涉情形不符合刑法转化适用规定的前提。另一方面,即使允许转化适用生产、销售伪劣产品罪,也应当要求所涉药品符合伪劣产品的认定条件。通常而言,涉案药品只是妨害药品管理,不能认定为假药、劣药(否则,就适用假劣药犯罪的规定,无需在此讨论),如果未达到"足以严重危害人体健康"的程度,也难以认定伪劣产品,故所涉情形也不符合生产、销售伪劣产品罪的构成要件。

第一百四十三条 【生产、销售不符合安全标准的食品罪】生产、销售不符合食品安全标准的食品,足以造成严重食物中毒事故或者其他严重食源性疾病的,处三年以下有期徒刑或者拘役,并处罚金;对人体健康造成严重危害或者有其他严重情节的,处三年以上七年以下有期徒刑,并处罚金;后果特别严重的,处七年以上有期徒刑或者无期徒刑,并处罚金或者没收财产。

立法沿革

本条系 1997 年《刑法》吸收修改单行刑法作出的规定。1979 年《刑法》没有规定生产、销售劣质食品的犯罪。《全国人民代表大会常务委员会关于惩治生产、销售伪劣商品犯罪的决定》(自 1993 年 9 月 1 日起施行)第三条第一款规定:"生产、销售不符合卫生标准的食品,造成严重食物中毒事故或者其他严重食源性疾患,对人体健康造成严重危害的,处七年以下有期徒刑,并处罚金;后果特别严重的,处七年以上有期徒刑或者无期徒刑,并处罚金或者没收财产。"1997 年《刑法》对上述规定作了调整,主要涉及如下几个方面:一是由结果犯调整为危险犯;二是调整了刑罚档次,对罚金数额作了具体规定。

2011 年 5 月 1 日起施行的《刑法修正案(八)》第二十四条对本条作了修改,主要涉及如下几个方面:一是将"卫生标准"修改为"食品安全标准",将"食源性疾患"调整为"食源性疾病";二是在加重处罚情节中增加"其他严重情节"的规定;三是取消单处罚金的规定,并删去罚金刑的具体数额。

修正前《刑法》	修正后《刑法》
第一百四十三条 【生产、销售不符合**卫生标准的食品**罪】生产、销售不符合**卫生**标准的食品,足以造成严重食物中毒事故或者其他严重食源性**疾患**的,处三年以下有期徒刑或者拘役,**或者单处销售金额百分之五十以上二倍以下罚金**;对人体健康造成严重危害的,处三年以上七年以下有期徒刑,并处**销售金额百分之五十以上二倍以下罚金**;后果特别严重的,处七年以上有期徒刑或者无期徒刑,并处**销售金额百分之五十以上二倍以下罚金**或者没收财产。	第一百四十三条 【生产、销售不符合**安全标准的食品**罪】生产、销售不符合**食品安全**标准的食品,足以造成严重食物中毒事故或者其他严重食源性**疾病**的,处三年以下有期徒刑或者拘役,并处罚金;对人体健康造成严重危害**或者有其他严重情节**的,处三年以上七年以下有期徒刑,并处罚金;后果特别严重的,处七年以上有期徒刑或者无期徒刑,并处罚金或者没收财产。

相关规定

《中华人民共和国食品安全法》(第二次修正后自 2021 年 4 月 29 日起施行,节录)

第一百五十条 本法下列用语的含义:

食品,指各种供人食用或者饮用的成品和原料以及按照传统既是食品又是中药材的物品,但是不包括以治疗为目的的物品。

食品安全,指食品无毒、无害,符合应当有的营养要求,对人体健康不造成任何急性、亚急性或者慢性危害。

......

食源性疾病，指食品中致病因素进入人体引起的感染性、中毒性等疾病，包括食物中毒。

......

司法解释

《最高人民法院关于审理走私、非法经营、非法使用兴奋剂刑事案件适用法律若干问题的解释》（法释〔2019〕16号）第五条对生产、销售含有兴奋剂目录所列物质的食品适用《刑法》第一百四十三条作了指引性规定。（→参见第三百五十五条之一评注部分，第1971页）

《最高人民检察院关于废止〈最高人民检察院关于办理非法经营食盐刑事案件具体应用法律若干问题的解释〉的决定》（高检发释字〔2020〕2号）对以非碘盐充当碘盐或者以工业用盐等非食盐充当食盐等危害食盐安全的行为适用《刑法》第一百四十三条作了指引性规定。（→参见第一百四十条评注部分，第595页）

《最高人民法院、最高人民检察院关于办理危害食品安全刑事案件适用法律若干问题的解释》（法释〔2021〕24号，自2022年1月1日起施行）

为依法惩治危害食品安全犯罪，保障人民群众身体健康、生命安全，根据《中华人民共和国刑法》《中华人民共和国刑事诉讼法》的有关规定，对办理此类刑事案件适用法律的若干问题解释如下：

第一条① 生产、销售不符合食品安全标准的食品，具有下列情形之一

---

① 本条第三项的"防控疾病"是指人类可能患有的疾病，包括人畜共患疾病，但不包括非洲猪瘟等人类不会患有的疾病。此外，一些基层执法部门建议以倍比数的方式明确第一项"严重超出"和第四项"严重不符合"的认定标准，部分地方制定了地方标准。征求意见过程中，有意见提出建议将农药残留、兽药残留及铅、汞、镉、铬、砷、锑超过食品安全标准三倍以上的认定为"严重超出"。经研究认为，该标准的制定不仅是法律问题，更是科学问题。鉴于食品中涉及的物质种类繁多，不同物质标准制定过程中考虑的因素多样，且超出标准后的危害差异性悬殊，如农药就有高毒、中毒、低毒和微毒之分，故难以在司法解释中"一刀切"地以倍比数的方式加以解决。参见安翱、高雨、肖凤：《〈关于办理危害食品安全刑事案件适用法律若干问题的解释〉的理解与适用》，载《人民司法》2022年第7期。

的,应当认定为刑法第一百四十三条规定的"足以造成严重食物中毒事故或者其他严重食源性疾病":

(一)含有严重超出标准限量的致病性微生物、农药残留、兽药残留、生物毒素、重金属等污染物质以及其他严重危害人体健康的物质的;

(二)属于病死、死因不明或者检验检疫不合格的畜、禽、兽、水产动物肉类及其制品的;

(三)属于国家为防控疾病等特殊需要明令禁止生产、销售的;

(四)特殊医学用途配方食品、专供婴幼儿的主辅食品营养成分严重不符合食品安全标准的;

(五)其他足以造成严重食物中毒事故或者严重食源性疾病的情形。

第二条 生产、销售不符合食品安全标准的食品,具有下列情形之一的,应当认定为刑法第一百四十三条规定的"对人体健康造成严重危害":

(一)造成轻伤以上伤害的;

(二)造成轻度残疾或者中度残疾的;

(三)造成器官组织损伤导致一般功能障碍或者严重功能障碍的;

(四)造成十人以上严重食物中毒或者其他严重食源性疾病的;

(五)其他对人体健康造成严重危害的情形。

第三条 生产、销售不符合食品安全标准的食品,具有下列情形之一的,应当认定为刑法第一百四十三条规定的"其他严重情节":

(一)生产、销售金额二十万元以上的;

(二)生产、销售金额十万元以上不满二十万元,不符合食品安全标准的食品数量较大或者生产、销售持续时间六个月以上①的;

(三)生产、销售金额十万元以上不满二十万元,属于特殊医学用途配方食品、专供婴幼儿的主辅食品的;

(四)生产、销售金额十万元以上不满二十万元,且在中小学校园、托幼机构、养老机构及周边面向未成年人、老年人销售的;

---

① 《最高人民法院、最高人民检察院关于办理危害食品安全刑事案件适用法律若干问题的解释》(法释〔2013〕12号)第三条第二项的对应表述是:"生产、销售持续时间较长"。**本评注认为**,可以将二者之间作实质等同,即前后没有明显变化。据此,在法释〔2013〕12号解释施行期间生产、销售持续时间六个月以上的,即可以认为"持续时间较长",进而认定为《刑法》第一百四十三条规定的"其他严重情节"。换言之,无论依据新旧解释,二者对此的规定并无实质差异。

（五）生产、销售金额十万元以上不满二十万元，曾因危害食品安全犯罪受过刑事处罚或者二年内因危害食品安全违法行为受过行政处罚的；

（六）其他情节严重的情形。

第四条 生产、销售不符合食品安全标准的食品，具有下列情形之一的，应当认定为刑法第一百四十三条规定的"后果特别严重"：

（一）致人死亡的；

（二）造成重度残疾以上的；

（三）造成三人以上重伤、中度残疾或者器官组织损伤导致严重功能障碍的；

（四）造成十人以上轻伤、五人以上轻度残疾或者器官组织损伤导致一般功能障碍的；

（五）造成三十人以上严重食物中毒或者其他严重食源性疾病的；

（六）其他特别严重的后果。

第五条① 在食品生产、销售、运输、贮存等过程中，违反食品安全标准，超限量或者超范围滥用食品添加剂，足以造成严重食物中毒事故或者其他严重食源性疾病的，依照刑法第一百四十三条的规定以生产、销售不符合安全标准的食品罪定罪处罚。

在食用农产品种植、养殖、销售、运输、贮存等过程中，违反食品安全标准，超限量或者超范围滥用添加剂、农药、兽药等，足以造成严重食物中毒事故或者其

---

① 司法实践中需要注意的是：(1)本条第一款在适用过程中应注意把握食品滥用添加行为与食品非法添加行为的区别，特别是要注意"超范围滥用食品添加剂"与"掺入有毒、有害的非食品原料"的区分，避免将仅在部分食品中禁止使用的食品添加剂视为有毒、有害的非食品原料，进而混淆生产、销售不符合安全标准的食品罪与生产、销售有毒、有害食品罪。(2)第二款在适用时也存在同样的问题，应注意"超范围滥用农药、兽药"与"使用禁用农药、食品动物中禁止使用的药品及其他化合物等有毒、有害的非食品原料"的区分，避免将仅在部分食用农产品中禁止使用的农药、兽药认定为有毒、有害的非食品原料，进而混淆生产、销售不符合安全标准的食品罪与生产、销售有毒、有害食品罪。例如，根据农业农村部公告的禁限用农药名录，克百威禁止在蔬菜、瓜果、茶叶、菌类、中草药材上使用，但可在水稻、花生、大豆等食品农产品上使用，故在蔬菜、瓜果上使用克百威属于超范围滥用农药，应依照生产、销售不符合安全标准的食品罪处理。对于超范围滥用克百威等农药的，如果农药残留量超出标准限量的，可以生产、销售不符合安全标准的食品罪定罪处罚，既坚持了罪刑法定原则，避免定罪标准不统一，也能够实现对此类具有较高食品安全风险的犯罪予以从严惩处的效果。参见安翱、高雨、肖凤：《〈关于办理危害食品安全刑事案件适用法律若干问题的解释〉的理解与适用》，载《人民司法》2022年第7期。

他严重食源性疾病的,适用前款的规定定罪处罚。

第六条 生产、销售有毒、有害食品,具有本解释第二条规定情形之一的,应当认定为刑法第一百四十四条规定的"对人体健康造成严重危害"。

第七条 生产、销售有毒、有害食品,具有下列情形之一的,应当认定为刑法第一百四十四条规定的"其他严重情节":

(一)生产、销售金额二十万元以上不满五十万元的;

(二)生产、销售金额十万元以上不满二十万元,有毒、有害食品数量较大或者生产、销售持续时间六个月以上①的;

(三)生产、销售金额十万元以上不满二十万元,属于特殊医学用途配方食品、专供婴幼儿的主辅食品的;

(四)生产、销售金额十万元以上不满二十万元,且在中小学校园、托幼机构、养老机构及周边面向未成年人、老年人销售的;

(五)生产、销售金额十万元以上不满二十万元,曾因危害食品安全犯罪受过刑事处罚或者二年内因危害食品安全违法行为受过行政处罚的;

(六)有毒、有害的非食品原料毒害性强或者含量高的;

(七)其他情节严重的情形。

第八条 生产、销售有毒、有害食品,生产、销售金额五十万元以上,或者具有本解释第四条第二项至第六项规定的情形之一的,应当认定为刑法第一百四十四条规定的"其他特别严重情节"。

第九条② 下列物质应当认定为刑法第一百四十四条规定的"有毒、有害的非食品原料":

---

① 与本解释第三条的相同,《最高人民法院、最高人民检察院关于办理危害食品安全刑事案件适用法律若干问题的解释》(法释〔2013〕12号)第六条第二项的对应表述亦为"生产、销售持续时间较长"。**本评注亦认为**,可以将二者之间作实质等同,即前后没有明显变化。

② 本条第一项和第二项增加了"因危害人体健康"被禁用的限制性规定,强调对该两项的禁用物质要进行有毒、有害的实质性判断,避免将禁用物质完全等同于有毒、有害的非食品原料。在此特别强调的是,有毒、有害的非食品原料要求在食品、食用农产品以及食用农产品生产、种植、养殖、销售、运输、贮存等环节均被禁止添加、使用,如果仅在部分食品、食用农产品中被禁止添加、使用,或者仅在部分环节被禁止添加、使用,均不能认定为有毒、有害的非食品原料。同时,在禁用物质毒害性不明时,根据本解释第二十四条的规定,可以依据鉴定意见、检验报告、相关行政主管部门组织出具的书面意见,结合其他证据作出认定。参见安翱、高雨、肖凤:《〈关于办理危害食品安全刑事案件适用法律若干问题的解释〉的理解与适用》,载《人民司法》2022年第7期。

（一）因危害人体健康，被法律、法规禁止在食品生产经营活动中添加、使用的物质；

（二）因危害人体健康，被国务院有关部门列入《食品中可能违法添加的非食用物质名单》《保健食品中可能非法添加的物质名单》和国务院有关部门公告的禁用农药、《食品动物中禁止使用的药品及其他化合物清单》等名单上的物质；

（三）其他有毒、有害的物质。

第十条 刑法第一百四十四条规定的"明知"，应当综合行为人的认知能力、食品质量、进货或者销售的渠道及价格等主、客观因素进行认定。

具有下列情形之一的，可以认定为刑法第一百四十四条规定的"明知"，但存在相反证据并经查证属实的除外：

（一）长期从事相关食品、食用农产品生产、种植、养殖、销售、运输、贮存行业，不依法履行保障食品安全义务的；

（二）没有合法有效的购货凭证，且不能提供或者拒不提供销售的相关食品来源的；

（三）以明显低于市场价格进货或者销售且无合理原因的；

（四）在有关部门发出禁令或者食品安全预警的情况下继续销售的；

（五）因实施危害食品安全行为受过行政处罚或者刑事处罚，又实施同种行为的；

（六）其他足以认定行为人明知的情形。

第十一条 在食品生产、销售、运输、贮存等过程中，掺入有毒、有害的非食品原料，或者使用有毒、有害的非食品原料生产食品的，依照刑法第一百四十四条的规定以生产、销售有毒、有害食品罪定罪处罚。

在食用农产品种植、养殖、销售、运输、贮存等过程中，使用禁用农药、食品动物中禁止使用的药品及其他化合物等有毒、有害的非食品原料，适用前款的规定定罪处罚。

在保健食品或者其他食品中非法添加国家禁用药物等有毒、有害的非食品原料的，适用第一款的规定定罪处罚。

第十二条 在食品生产、销售、运输、贮存等过程中，使用不符合食品安全标准的食品包装材料、容器、洗涤剂、消毒剂，或者用于食品生产经营的工具、设备等，造成食品被污染，符合刑法第一百四十三条、第一百四十四条规定的，以生产、销售不符合安全标准的食品罪或者生产、销售有毒、有害食品罪定罪处罚。

第十三条 生产、销售不符合食品安全标准的食品，有毒、有害食品，符合刑法第一百四十三条、第一百四十四条规定的，以生产、销售不符合安全标准的食品罪或者生产、销售有毒、有害食品罪定罪处罚。同时构成其他犯罪的，依照处罚较重的规定定罪处罚。

生产、销售不符合食品安全标准的食品,无证据证明足以造成严重食物中毒事故或者其他严重食源性疾病,不构成生产、销售不符合安全标准的食品罪,但构成生产、销售伪劣产品罪,妨害动植物防疫、检疫罪等其他犯罪的,依照该其他犯罪定罪处罚。

第十四条 明知他人生产、销售不符合食品安全标准的食品,有毒、有害食品,具有下列情形之一的,以生产、销售不符合安全标准的食品罪或者生产、销售有毒、有害食品罪的共犯论处:

(一)提供资金、贷款、账号、发票、证明、许可证件的;

(二)提供生产、经营场所或者运输、贮存、保管、邮寄、销售渠道等便利条件的;

(三)提供生产技术或者食品原料、食品添加剂、食品相关产品或者有毒、有害的非食品原料的;

(四)提供广告宣传的;

(五)提供其他帮助行为的。

第十五条 生产、销售不符合食品安全标准的食品添加剂,用于食品的包装材料、容器、洗涤剂、消毒剂,或者用于食品生产经营的工具、设备等,符合刑法第一百四十条规定的,以生产、销售伪劣产品罪定罪处罚。

生产、销售用超过保质期的食品原料、超过保质期的食品、回收食品作为原料的食品,或者以更改生产日期、保质期、改换包装等方式销售超过保质期的食品、回收食品,适用前款的规定定罪处罚。①

---

① 具体适用时,需要注意把握以下两点:(1)关于回收食品的界定。根据《食品安全法实施条例》第二十九条的规定,食品安全法所称回收食品,是指已经售出,因违反法律、法规、食品安全标准或者超过保质期等原因,被召回或者退回的食品,不包括依照《食品安全法》第六十三条第三款的规定可以继续销售的食品。《食品安全法》第六十三条第三款规定,对因标签、标志或者说明书不符合食品安全标准而被召回的食品,食品生产者在采取补救措施且能保证食品安全的情况下可以继续销售;销售时应当向消费者明示补救措施。(2)关于标注虚假生产日期、保质期行为的定性处理。标注虚假生产日期、保质期的行为也被食品安全法明令禁止。实施此类行为是否按照犯罪处理,需要严格把握所销售的食品是否超过保质期,对于采用标注虚假生产日期、保质期方式销售超过保质期的食品的,可依照本解释第十五条第二款的规定处理;对于虽标注虚假生产日期、保质期,但销售时食品尚未超过保质期的,可由相关行政主管部门依法予以行政处罚。参见安翱、高雨、肖凤:《〈关于办理危害食品安全刑事案件适用法律若干问题的解释〉的理解与适用》,载《人民司法》2022年第7期。

实施前两款行为,同时构成生产、销售不符合安全标准的食品罪,生产、销售不符合安全标准的产品罪等其他犯罪的,依照处罚较重的规定定罪处罚。

第十六条 以提供给他人生产、销售食品为目的,违反国家规定,生产、销售国家禁止用于食品生产、销售的非食品原料,情节严重的,依照刑法第二百二十五条的规定以非法经营罪定罪处罚。

以提供给他人生产、销售食用农产品为目的,违反国家规定,生产、销售国家禁用农药、食品动物中禁止使用的药品及其他化合物等有毒、有害的非食品原料,或者生产、销售添加上述有毒、有害的非食品原料的农药、兽药、饲料、饲料添加剂、饲料原料,情节严重的,依照前款的规定定罪处罚。

第十七条 违反国家规定,私设生猪屠宰厂(场),从事生猪屠宰、销售等经营活动,情节严重的,依照刑法第二百二十五条的规定以非法经营罪定罪处罚。

在畜禽屠宰相关环节,对畜禽使用食品动物中禁止使用的药品及其他化合物等有毒、有害的非食品原料,依照刑法第一百四十四条的规定以生产、销售有毒、有害食品罪定罪处罚;对畜禽注水或者注入其他物质,足以造成严重食物中毒事故或者其他严重食源性疾病的,依照刑法第一百四十三条的规定以生产、销售不符合安全标准的食品罪定罪处罚;虽不足以造成严重食物中毒事故或者其他严重食源性疾病,但符合刑法第一百四十条规定的,以生产、销售伪劣产品罪定罪处罚。①

---

① 对于仅查明有注水行为的,要区分不同情况,准确适用法律:(1)对于使用盐酸克仑特罗、沙丁胺醇等禁用药物的,以生产、销售有毒、有害食品罪定罪处罚。(2)对于使用允许使用的兽药的,如果肉品中兽药残留量超标,足以造成严重食物中毒事故或者其他严重食源性疾病的,以生产、销售不符合安全标准的食品罪定罪处罚;如果肉品中兽药残留量不超标,或者所注入的兽药未规定最大残留限量,但销售金额在五万元以上的,以生产、销售伪劣产品罪定罪处罚。司法实践中,较为常见多发的是在屠宰相关环节对畜禽注入阿托品和肾上腺素。鉴于阿托品和肾上腺素均属允许使用的兽药,不是禁用药物,故不能以生产、销售有毒、有害食品罪定罪处罚。且阿托品和肾上腺素均未规定兽药最大残留量,此类案件又通常从肉品中检不出药物残留,难以认定足以造成严重食物中毒事故或者其他严重食源性疾病,故也难以以生产、销售不符合安全标准的食品罪定罪处罚。实施此类行为,销售金额在五万元以上的,应以生产、销售伪劣产品罪定罪处罚。(3)对于不法分子使用自己购买或者配置的化学物质,如果可以证明属于其他有毒、有害物质的,以生产、销售有毒、有害食品罪定罪处罚;如果难以证明毒害性,但销售金额在五万元以上的,可以生产、销售伪劣产品罪定罪处罚。鉴于畜禽注药或者注入(转下页)

第十八条 实施本解释规定的非法经营行为,非法经营数额在十万元以上,或者违法所得数额在五万元以上的,应当认定为刑法第二百二十五条规定的"情节严重";非法经营数额在五十万元以上,或者违法所得数额在二十五万元以上的,应当认定为刑法第二百二十五条规定的"情节特别严重"。

实施本解释规定的非法经营行为,同时构成生产、销售伪劣产品罪,生产、销售不符合安全标准的食品罪,生产、销售有毒、有害食品罪,生产、销售伪劣农药、兽药罪等其他犯罪的,依照处罚较重的规定定罪处罚。

第十九条 违反国家规定,利用广告对保健食品或者其他食品作虚假宣传,符合刑法第二百二十二条规定的,以虚假广告罪定罪处罚;以非法占有为目的,利用销售保健食品或者其他食品诈骗财物,符合刑法第二百六十六条规定的,以诈骗罪定罪处罚。同时构成生产、销售伪劣产品罪等其他犯罪的,依照处罚较重的规定定罪处罚。

第二十条 负有食品安全监督管理职责的国家机关工作人员,滥用职权或者玩忽职守,构成食品监管渎职罪,同时构成徇私舞弊不移交刑事案件罪、商检徇私舞弊罪、动植物检疫徇私舞弊罪、放纵制售伪劣商品犯罪行为罪等其他渎职犯罪的,依照处罚较重的规定定罪处罚。

负有食品安全监督管理职责的国家机关工作人员滥用职权或者玩忽职守,不构成食品监管渎职罪,但构成前款规定的其他渎职犯罪的,依照该其他犯罪定罪处罚。

负有食品安全监督管理职责的国家机关工作人员与他人共谋,利用其职务行为帮助他人实施危害食品安全犯罪行为,同时构成渎职犯罪和危害食品安全犯罪共犯的,依照处罚较重的规定定罪从重处罚。

(接上页)其他化学物质后,由于药物代谢等原因,往往难以从肉品中检出药物残留,进而造成取证难、鉴定难、定性难,笔者认为,在屠宰相关环节只要证明有注药行为,注药后的肉品可认定为不合格产品,销售金额在五万元以上的,即可以生产、销售伪劣产品罪定罪处罚。这既满足打击此类犯罪的现实需要,也体现了罪责刑相适应的原则。(4)仅查明有注水行为的,对于注入污水,致肉品微生物等污染物超标,足以造成严重食物中毒事故或者其他严重食源性疾病的,以生产、销售不符合安全标准的食品罪定罪处罚;对于肉品污染物未超标,但含水量超标,且销售金额在五万元以上的,以生产、销售伪劣产品罪定罪处罚;对于污染物和含水量均不超标的,不宜认定为犯罪,应由行政主管部门依法作出行政处罚。参见安翱、高雨、肖凤:《〈关于办理危害食品安全刑事案件适用法律若干问题的解释〉的理解与适用》,载《人民司法》2022年第7期。

第二十一条① 犯生产、销售不符合安全标准的食品罪，生产、销售有毒、有害食品罪，一般应当依法判处生产、销售金额二倍以上的罚金。

共同犯罪的，对各共同犯罪人合计判处的罚金一般应当在生产、销售金额的二倍以上。

第二十二条 对实施本解释规定之犯罪的犯罪分子，应当依照刑法规定的条件，严格适用缓刑、免予刑事处罚。对于依法适用缓刑的，可以根据犯罪情况，同时宣告禁止令。

对于被不起诉或者免予刑事处罚的行为人，需要给予行政处罚、政务处分或者其他处分的，依法移送有关主管机关处理。

第二十三条 单位实施本解释规定的犯罪的，对单位判处罚金，并对直接负责的主管人员和其他直接责任人员，依照本解释规定的定罪量刑标准处罚。

第二十四条 "足以造成严重食物中毒事故或者其他严重食源性疾病""有毒、有害的非食品原料"等专门性问题难以确定的，司法机关可以依据鉴定意见、检验报告、地市级以上相关行政主管部门组织出具的书面意见，结合其他证据作出认定。必要时，专门性问题由省级以上相关行政主管部门组织出具书面意见。

第二十五条 本解释所称"二年内"，以第一次违法行为受到行政处罚的生效之日与又实施相应行为之日的时间间隔计算确定。

第二十六条 本解释自2022年1月1日起施行。本解释公布实施后，《最高人民法院、最高人民检察院关于办理危害食品安全刑事案件适用法律若干问题的解释》（法释〔2013〕12号）同时废止；之前发布的司法解释与本解释不一致的，以本解释为准。

立案追诉标准

《最高人民检察院、公安部关于公安机关管辖的刑事案件立案追诉标准的规定（一）》第十九条关于《刑法》第一百四十三条立案追诉标准的规定与法释〔2021〕24号解释第一条、第五条不完全一致，应当以后者为准。

---

① 本条对共同犯罪人合计判处相应标准以上的罚金的原则，同样适用于本司法解释规定的其他犯罪（如生产、销售伪劣产品罪）。参见《**赵某军生产、销售伪劣产品案**——对待宰生猪注入肾上腺素、阿托品和生水后屠宰销售的行为定性及罚金适用》（第1532号案例）。

刑参案例规则提炼

《邹某智生产、销售不符合安全标准的食品案——非法销售河豚鱼及其制品的行为定性》(第1526号案例)、《王某贞走私国家禁止进出口的货物、物品案——直接向走私人非法收购并销售来自境外疫区的肉类、肉类制品的行为定性》(第1529号案例)、《朱某生产、销售不符合安全标准食品案——餐饮服务提供者制售添加亚硝酸盐腊肉制品行为的定性》(第1535号案例)所涉规则提炼如下:

1. 生产、销售不符合安全标准的食品罪的适用规则。"非法销售的河豚鱼属于'国家为防控疾病等特殊需要明令禁止生产经营的食品'。""对非法销售国家为防控疾病等特殊需要明令禁止生产、销售的食品的行为……不宜一概入罪处理。"具体而言,"销售的河豚鱼河豚毒素严重超出标准限量,应当认定为'足以造成严重食物中毒事故或者其他严重食源性疾病'。"(第1526号案例)"餐饮服务提供者添加亚硝酸盐加工食物的行为,本质上属于超范围滥用食品添加剂",应当适用生产、销售不符合安全标准的食品罪,但宜"审慎把握超范围滥用食品添加剂行为的入罪门槛"。(第1535号案例)

2. 罪数处断规则。"直接向走私人非法收购并销售来自境外疫区的肉类、肉类制品的","行为人同时构成走私禁止进出口的货物、物品罪以及生产、销售不符合安全标准的食品罪,应择一重罪处理"。(第1529号案例)

第一百四十四条 【生产、销售有毒、有害食品罪】在生产、销售的食品中掺入有毒、有害的非食品原料的,或者销售明知掺有有毒、有害的非食品原料的食品的,处五年以下有期徒刑,并处罚金;对人体健康造成严重危害或者有其他严重情节的,处五年以上十年以下有期徒刑,并处罚金;致人死亡或者有其他特别严重情节的,依照本法第一百四十一条的规定处罚。

立法沿革

本条系1997年《刑法》吸收修改单行刑法作出的规定。1979年《刑法》没有规定生产、销售有毒有害食品的犯罪。《全国人民代表大会常务委员会关于惩治生产、销售伪劣商品犯罪的决定》(自1993年9月1日起施行)第三条第二款规定:"在生产、销售的食品中掺入有毒、有害的非食品原料的,处五年以下有期徒刑或者拘役,可以并处或者单处罚金;造成严重食物中毒事故或者其他严重食源性疾患,对人体健康造成严重危害的,处五年以上十年以下有期徒刑,并处金;致人死亡或者对人体健康造成其他特别严重危害的,处十年以上有期徒刑、无期徒刑或者死刑,并处罚金或者没收财产。"1997年《刑法》对上述规定作了调整,主要涉及如下几个方面:一是由将"销售明知掺有有毒、有害的非食品原料的食品的"行为规定为犯罪;二是将"可以并处或者单处"罚金调整为"并处或者单处"罚金,并调整罚金的具体数额标准;三是对"致人死亡或者有其他特别严重情节的",由"处十年以上有期徒刑、无期徒刑或者死刑,并处罚金或者没收财产"调整为"依照本法第一百四十一条的规定处罚"。

2011年5月1日起施行的《刑法修正案(八)》第二十五条对本条作了修改,主要涉及如下几个方面:一是对加重处罚情节作了调整;二是取消单处罚金和拘役的规定,并删去罚金刑的具体数额。

修正前《刑法》	修正后《刑法》
第一百四十四条 【**生产、销售有毒、有害食品罪**】在生产、销售的食品中掺入有毒、有害的非食品原料的,或者销售明知掺有有毒、有害的非食品原料的食品的,处五年以下有期徒刑~~或者拘役~~,并处~~或者单处销售金额百分之五十以上二倍以下罚金~~;~~造成严重食物中毒事故或者其他严重食源性疾患~~,对人体健康造成严重危害的,处五年以上十年以下有期徒刑,并处~~销售金额百分之五十以上二倍以下罚金~~;致人死亡或者~~对人体健康造成特别严重危害~~的,依照本法第一百四十一条的规定处罚。	**第一百四十四条** 【**生产、销售有毒、有害食品罪**】在生产、销售的食品中掺入有毒、有害的非食品原料的,或者销售明知掺有有毒、有害的非食品原料的食品的,处五年以下有期徒刑,并处罚金;对人体健康造成严重危害**或者有其他严重情节的**,处五年以上十年以下有期徒刑,并处罚金;致人死亡或者**有其他特别严重情节的**,依照本法第一百四十一条的规定处罚。

相关规定

《食品中可能违法添加的非食用物质和易滥用的食品添加剂名单(第1—5批汇总)》(全国打击违法添加非食用物质和滥用食品添加剂专项整治领导小组,2011年4月19日)

为进一步打击在食品生产、流通、餐饮服务中违法添加非食用物质和滥用食品添加剂的行为,保障消费者健康,全国打击违法添加非食用物质和滥用食品添加剂专项整治领导小组自2008年以来陆续发布了五批《食品中可能违法添加的非食用物质和易滥用的食品添加剂名单》。为方便查询,现将五批名单汇总发布(见表一、表二)。

表一　食品中可能违法添加的非食用物质名单

序号	名称	可能添加的食品品种	检测方法
1	吊白块	腐竹、粉丝、面粉、竹笋	GB/T 21126-2007 小麦粉与大米粉及其制品中甲醛次硫酸氢钠含量的测定；卫生部《关于印发面粉、油脂中过氧化苯甲酰测定等检验方法的通知》（卫监发〔2001〕159号）附件2 食品中甲醛次硫酸氢钠的测定方法
2	苏丹红	辣椒粉、含辣椒类的食品（辣椒酱、辣味调味品）	GB/T 19681-2005 食品中苏丹红染料的检测方法高效液相色谱法
3	王金黄、块黄	腐皮	
4	蛋白精、三聚氰胺	乳及乳制品	GB/T 22388-2008 原料乳与乳制品中三聚氰胺检测方法 GB/T 22400-2008 原料乳中三聚氰胺快速检测液相色谱法
5	硼酸与硼砂	腐竹、肉丸、凉粉、凉皮、面条、饺子皮	无
6	硫氰酸钠	乳及乳制品	无
7	玫瑰红B	调味品	无
8	美术绿	茶叶	无
9	碱性嫩黄	豆制品	无
10	工业用甲醛	海参、鱿鱼等干水产品、血豆腐	SC/T 3025-2006 水产品中甲醛的测定
11	工业用火碱	海参、鱿鱼等干水产品、生鲜乳	无
12	一氧化碳	金枪鱼、三文鱼	无
13	硫化钠	味精	无
14	工业硫磺	白砂糖、辣椒、蜜饯、银耳、龙眼、胡萝卜、姜等	无
15	工业染料	小米、玉米粉、熟肉制品等	无

(续表)

序号	名称	可能添加的食品品种	检测方法
16	罂粟壳	火锅底料及小吃类	参照上海市食品药品检验所自建方法
17	革皮水解物	乳与乳制品 含乳饮料	乳与乳制品中动物水解蛋白鉴定-L(-)-羟脯氨酸含量测定(检测方法由中国检验检疫科学院食品安全所提供。该方法仅适用于生鲜乳、纯牛奶、奶粉 联系方式:Wkzhong@21cn.com)
18	溴酸钾	小麦粉	GB/T 20188-2006 小麦粉中溴酸盐的测定 离子色谱法
19	β-内酰胺酶(金玉兰酶制剂)	乳与乳制品	液相色谱法(检测方法由中国检验检疫科学院食品安全所提供。联系方式:Wkzhong@21cn.com)
20	富马酸二甲酯	糕点	气相色谱法(检测方法由中国疾病预防控制中心营养与食品安全所提供
21	废弃食用油脂	食用油脂	无
22	工业用矿物油	陈化大米	无
23	工业明胶	冰淇淋、肉皮冻等	无
24	工业酒精	勾兑假酒	无
25	敌敌畏	火腿、鱼干、咸鱼等制品	GB T5009.20-2003 食品中有机磷农药残留的测定
26	毛发水	酱油等	无
27	工业用乙酸	勾兑食醋	GB/T5009.41-2003 食醋卫生标准的分析方法
28	肾上腺素受体激动剂类药物(盐酸克伦特罗,莱克多巴胺等)	猪肉、牛羊肉及肝脏等	GB-T22286-2008 动物源性食品中多种β-受体激动剂残留量的测定,液相色谱串联质谱法
29	硝基呋喃类药物	猪肉、禽肉、动物性水产品	GB/T 21311-2007 动物源性食品中硝基呋喃类药物代谢物残留量检测方法,高效液相色谱-串联质谱法

(续表)

序号	名称	可能添加的食品品种	检测方法
30	玉米赤霉醇	牛羊肉及肝脏、牛奶	GB/T 21982-2008 动物源食品中玉米赤霉醇、β-玉米赤霉醇、α-玉米赤霉烯醇、β-玉米赤霉烯醇、玉米赤霉酮和赤霉烯酮残留量检测方法,液相色谱-质谱/质谱法
31	抗生素残渣	猪肉	无,需要研制动物性食品中测定万古霉素的液相色谱-串联质谱法
32	镇静剂	猪肉	参考 GB/T 20763-2006 猪肾和肌肉组织中乙酰丙嗪、氯丙嗪、氟哌啶醇、丙酰二甲氨基丙吩噻嗪、甲苯噻嗪、阿扎哌垄阿扎哌醇、咔唑心安残留量的测定,液相色谱-串联质谱法 无,需要研制动物性食品中测定安定的液相色谱-串联质谱法
33	荧光增白物质	双孢蘑菇、金针菇、白灵菇、面粉	蘑菇样品可通过照射进行定性检测 面粉样品无检测方法
34	工业氯化镁	木耳	无
35	磷化铝	木耳	无
36	馅料原料漂白剂	焙烤食品	无,需要研制馅料原料中二氧化硫脲的测定方法
37	酸性橙Ⅱ	黄鱼、鲍汁、腌卤肉制品、红壳瓜子、辣椒面和豆瓣酱	无,需要研制食品中酸性橙Ⅱ的测定方法。参照江苏省疾控创建的鲍汁中酸性橙Ⅱ的高效液相色谱-串联质谱法 (说明:水洗方法可作为补充,如果脱色,可怀疑是违法添加了色素)
38	氯霉素	生食水产品、肉制品、猪肠衣、蜂蜜	GB/T 22338-2008 动物源性食品中氯霉素类药物残留量测定
39	喹诺酮类	麻辣烫类食品	无,需要研制麻辣烫类食品中喹诺酮类抗生素的测定方法
40	水玻璃	面制品	无

(续表)

序号	名称	可能添加的食品品种	检测方法
41	孔雀石绿	鱼类	GB20361-2006水产品中孔雀石绿和结晶紫残留量的测定,高效液相色谱荧光检测法(建议研制水产品中孔雀石绿和结晶紫残留量测定的液相色谱-串联质谱法)
42	乌洛托品	腐竹、米线等	无,需要研制食品中六亚甲基四胺的测定方法
43	五氯酚钠	河蟹	SC/T 3030-2006水产品中五氯苯酚及其钠盐残留量的测定 气相色谱法
44	喹乙醇	水产养殖饲料	水产品中喹乙醇代谢物残留量的测定 高效液相色谱法(农业部1077号公告-5-2008);水产品中喹乙醇残留量的测定 液相色谱法(SC/T 3019-2004)
45	碱性黄	大黄鱼	无
46	磺胺二甲嘧啶	叉烧肉类	GB20759-2006畜禽肉中十六种磺胺类药物残留量的测定 液相色谱-串联质谱法
47	敌百虫	腌制食品	GB/T5009.20-2003食品中有机磷农药残留量的测定

表二 食品中可能滥用的食品添加剂品种名单

序号	食品品种	可能易滥用的添加剂品种	检测方法
1	渍菜(泡菜等)、葡萄酒	着色剂(胭脂红、柠檬黄、诱惑红、日落黄)等	GB/T 5009.35-2003食品中合成着色剂的测定 GB/T 5009.141-2003食品中诱惑红的测定
2	水果冻、蛋白冻类	着色剂、防腐剂、酸度调节剂(己二酸等)	
3	腌菜	着色剂、防腐剂、甜味剂(糖精钠、甜蜜素等)	

(续表)

序号	食品品种	可能易滥用的添加剂品种	检测方法
4	面点、月饼	乳化剂(蔗糖脂肪酸酯等、乙酰化单甘脂肪酸酯等)、防腐剂、着色剂、甜味剂	
5	面条、饺子皮	面粉处理剂	
6	糕点	膨松剂(硫酸铝钾、硫酸铝铵等)、水分保持剂磷酸盐类(磷酸钙、焦磷酸二氢二钠等)、增稠剂(黄原胶、黄蜀葵胶等)、甜味剂(糖精钠、甜蜜素等)	GB/T 5009.182-2003 面制食品中铝的测定
7	馒头	漂白剂(硫磺)	
8	油条	膨松剂(硫酸铝钾、硫酸铝铵)	
9	肉制品和卤制熟食、腌肉料和嫩肉粉类产品	护色剂(硝酸盐、亚硝酸盐)	GB/T 5009.33-2003 食品中亚硝酸盐、硝酸盐的测定
10	小麦粉	二氧化钛、硫酸铝钾	
11	小麦粉	滑石粉	GB 21913-2008 食品中滑石粉的测定
12	臭豆腐	硫酸亚铁	
13	乳制品(除干酪外)	山梨酸	GB/T21703-2008《乳与乳制品中苯甲酸和山梨酸的测定方法》
14	乳制品(除干酪外)	纳他霉素	参照 GB/T 21915-2008《食品中纳他霉素的测定方法》
15	蔬菜干制品	硫酸铜	无
16	"酒类"(配制酒除外)	甜蜜素	
17	"酒类"	安赛蜜	
18	面制品和膨化食品	硫酸铝钾、硫酸铝铵	
19	鲜瘦肉	胭脂红	GB/T 5009.35-2003 食品中合成着色剂的测定

(续表)

序号	食品品种	可能易滥用的添加剂品种	检测方法
20	大黄鱼、小黄鱼	柠檬黄	GB/T 5009.35-2003 食品中合成着色剂的测定
21	陈粮、米粉等	焦亚硫酸钠	GB5009.34-2003 食品中亚硫酸盐的测定
22	烤鱼片、冷冻虾、烤虾、鱼干、鱿鱼丝、蟹肉、鱼糜等	亚硫酸钠	GB/T 5009.34-2003 食品中亚硫酸盐的测定

注：滥用食品添加剂的行为包括超量使用或超范围使用食品添加剂的行为。

《食品中可能违法添加的非食用物质和易滥用的食品添加剂名单（第六批）》（卫生部公告 2011 年第 16 号，2011 年 6 月 1 日）

为打击在食品及食品添加剂生产中违法添加非食用物质的行为，保障消费者身体健康，卫生部制定了《食品中可能违法添加的非食用物质和易滥用的食品添加剂名单（第六批）》，现公告如下：

食品中可能违法添加的非食用物质和易滥用的食品添加剂名单（第六批）

名称	可能添加的食品品种	检验方法
邻苯二甲酸酯类物质，主要包括： 邻苯二甲酸二(2-乙基)己酯(DEHP)、 邻苯二甲酸二异壬酯(DINP)、 邻苯二甲酸二苯酯、 邻苯二甲酸二甲酯(DMP)、 邻苯二甲酸二乙酯(DEP)、 邻苯二甲酸二丁酯(DBP)、 邻苯二甲酸二戊酯(DPP)、 邻苯二甲酸二己酯(DHXP)、 邻苯二甲酸二壬酯(DNP)、 邻苯二甲酸二异丁酯(DIBP)、 邻苯二甲酸二环己酯(DCHP)、 邻苯二甲酸二正辛酯(DNOP)、 邻苯二甲酸丁基苄基酯(BBP)、 邻苯二甲酸二(2-甲氧基)乙酯(DMEP)、 邻苯二甲酸二(2-乙氧基)乙酯(DEEP)、 邻苯二甲酸二(2-丁氧基)乙酯(DBEP)、 邻苯二甲酸二(4-甲基-2-戊基)酯(BMPP)等。	乳化剂类食品添加剂、使用乳化剂的其他类食品添加剂或食品等。	GB/T 21911 食品中邻苯二甲酸酯的测定

特此公告。

《保健食品中可能非法添加的物质名单(第一批)》(食药监办保化〔2012〕33号,2012年3月16日)

各省、自治区、直辖市食品药品监督管理局(药品监督管理局):

贯彻落实国务院食品安全委员会办公室《关于进一步加强保健食品质量安全监管工作的通知》(食安办〔2011〕37号)要求,严厉打击保健食品生产中非法添加物质的违法违规行为,保障消费者健康,国家局组织制定了《保健食品中可能非法添加的物质名单(第一批)》,现予以印发。

该名单未涵盖行业内存在的所有非法添加物质,各级食品药品监督管理部门在监督检查中要注意收集名单之外的非法添加物质情况,汇总后报送国家局。

附件:保健食品中可能非法添加的物质名单(第一批)

附件:

保健食品中可能非法添加的物质名单(第一批)

序号	保健功能	可能非法添加物质名称	检测依据
1	声称减肥功能产品	西布曲明、麻黄碱、芬氟拉明	国家食品药品监督管理局药品检验补充检验方法和检验项目批准件2006004
2	声称辅助降血糖(调节血糖)功能产品	甲苯磺丁脲、格列苯脲、格列齐特、格列吡嗪、格列喹酮、格列美脲、马来酸罗格列酮、瑞格列奈、盐酸吡格列酮、盐酸二甲双胍、盐酸苯乙双胍	国家食品药品监督管理局药品检验补充检验方法和检验项目批准件2009029
3	声称缓解体力疲劳(抗疲劳)功能产品	那红地那非、红地那非、伐地那非、羟基豪莫西地那非、西地那非、豪莫西地那非、氨基他打拉非、他达拉非、硫代艾地那非、伪伐地那非和那莫西地那非等PDE5型(磷酸二酯酶5型)抑制剂	国家食品药品监督管理局药品检验补充检验方法和检验项目批准件2008016,2009030
4	声称增强免疫力(调节免疫)功能产品	那红地那非、红地那非、伐地那非、羟基豪莫西地那非、西地那非、豪莫西地那非、氨基他打拉非、他达拉非、硫代艾地那非、伪伐地那非和那莫西地那非等PDE5型(磷酸二酯酶5型)抑制剂	国家食品药品监督管理局药品检验补充检验方法和检验项目批准件2008016,2009030

(续表)

序号	保健功能	可能非法添加物质名称	检测依据
5	声称改善睡眠功能产品	地西泮、硝西泮、氯硝西泮、氯氮卓、奥沙西泮、马来酸咪哒唑仑、劳拉西泮、艾司唑仑、阿普唑仑、三唑仑、巴比妥、苯巴比妥、异戊巴比妥、司可巴比妥、氯美扎酮	国家食品药品监督管理局药品检验补充检验方法和检验项目批准件 2009024
6	声称辅助降血压(调节血脂)功能产品	阿替洛尔、盐酸可乐定、氢氯噻嗪、卡托普利、哌唑嗪、利血平、硝苯地平	国家食品药品监督管理局药品检验补充检验方法和检验项目批准件 2009032

《食品动物中禁止使用的药品及其他化合物清单》(农业农村部公告第250号,2019年12月27日)

为进一步规范养殖用药行为,保障动物源性食品安全,根据《兽药管理条例》有关规定,我部修订了食品动物中禁止使用的药品及其他化合物清单,现予以发布,自发布之日起施行。食品动物中禁止使用的药品及其他化合物以本清单为准,原农业部公告第193号、235号、560号等文件中的相关内容同时废止。

附件:食品动物中禁止使用的药品及其他化合物清单

食品动物中禁止使用的药品及其他化合物清单

序号	药品及其他化合物名称
1	酒石酸锑钾(Antimony potassium tartrate)
2	β-兴奋剂(β-agonists)类及其盐、酯
3	汞制剂:氯化亚汞(甘汞)(Calomel)、醋酸汞(Mercurous acetate)、硝酸亚汞(Mercurous nitrate)、吡啶基醋酸汞(Pyridyl mercurous acetate)
4	毒杀芬(氯化烯)(Camahechlor)
5	卡巴氧(Carbadox)及其盐、酯
6	呋喃丹(克百威)(Carbofuran)
7	氯霉素(Chloramphenicol)及其盐、酯
8	杀虫脒(克死螨)(Chlordimeform)
9	氨苯砜(Dapsone)

(续表)

序号	药品及其他化合物名称
10	硝基呋喃类：呋喃西林（Furacilinum）、呋喃妥因（Furadantin）、呋喃它酮（Furaltadone）、呋喃唑酮（Furazolidone）、呋喃苯烯酸钠（Nifurstyrenate sodium）
11	林丹（Lindane）
12	孔雀石绿（Malachite green）
13	类固醇激素：醋酸美仑孕酮（Melengestrol Acetate）、甲基睾丸酮（Methyltestosterone）、群勃龙（去甲雄三烯醇酮）（Trenbolone）、玉米赤霉醇（Zeranal）
14	安眠酮（Methaqualone）
15	硝呋烯腙（Nitrovin）
16	五氯酚酸钠（Pentachlorophenol sodium）
17	硝基咪唑类：洛硝达唑（Ronidazole）、替硝唑（Tinidazole）
18	硝基酚钠（Sodium nitrophenolate）
19	己二烯雌酚（Dienoestrol）、己烯雌酚（Diethylstilbestrol）、己烷雌酚（Hexoestrol）及其盐、酯
20	锥虫砷胺（Tryparsamile）
21	万古霉素（Vancomycin）及其盐、酯

司法解释

《最高人民法院、最高人民检察院关于办理非法生产、销售、使用禁止在饲料和动物饮用水中使用的药品等刑事案件具体应用法律若干问题的解释》（法释〔2002〕26号，自2002年8月23日起施行）

为依法惩治非法生产、销售、使用盐酸克仑特罗（Clenbuterol Hydrochloride，俗称"瘦肉精"）等禁止在饲料和动物饮用水中使用的药品等犯罪活动，维护社会主义市场经济秩序，保护公民身体健康，根据刑法有关规定，现就办理这类刑事案件具体应用法律的若干问题解释如下：

第一条　未取得药品生产、经营许可证件和批准文号，非法生产、销售盐酸克仑特罗等禁止在饲料和动物饮用水中使用的药品，扰乱药品市场秩序，情节严重的，依照刑法第二百二十五条第（一）项的规定，以非法经营罪追究刑事责任。

第二条　在生产、销售的饲料中添加盐酸克仑特罗等禁止在饲料和动物饮用水中使用的药品，或者销售明知是添加有该类药品的饲料，情节严重的，依照刑法第二百二十五条第(四)项的规定,以非法经营罪追究刑事责任。

第三条① 使用盐酸克仑特罗等禁止在饲料和动物饮用水中使用的药品或者含有该类药品的饲料养殖供人食用的动物,或者销售明知是使用该类药品或者含有该类药品的饲料养殖的供人食用的动物的,依照刑法第一百四十四条的规定,以生产、销售有毒、有害食品罪追究刑事责任。

第四条 明知是使用盐酸克仑特罗等禁止在饲料和动物饮用水中使用的药品或者含有该类药品的饲料养殖的供人食用的动物,而提供屠宰等加工服务,或者销售其制品的,依照刑法第一百四十四条的规定,以生产、销售有毒、有害食品罪追究刑事责任。

第五条 实施本解释规定的行为,同时触犯刑法规定的两种以上犯罪的,依照处罚较重的规定追究刑事责任。

第六条② 禁止在饲料和动物饮用水中使用的药品,依照国家有关部门公告的禁止在饲料和动物饮用水中使用的药物品种目录确定。

---

① 需要注意的问题有二:(1)本条使用了"供人食用的动物"。如果采用所列方式养殖、销售动物,有证据证明目的在于观赏或者科学试验,则不能依照《刑法》第一百四十四条的规定追究刑事责任。(2)有意见提出,根据我国《食品卫生法》的规定,食品的生产不包括养殖业和种植业,养殖的生猪不应当属于食品,只有猪肉才属于食品。经研究认为,刑法中的概念与其他法律以及行政法规中的概念并非绝对一一对应的关系,有的在内涵和外延上完全一致,有的则有差别,必须具体情况具体分析。例如,刑法中"单位"的概念与其他法律、行政法规中"单位"的概念就有所不同。就食品来说,《食品卫生法》之所以作如此规定,意在表明国务院卫生行政主管部门与农业行政主管部门之间管理范围的不同,而不是说养殖业和种植业生产的不是食品。否则,养殖业、种植业生产的瓜果蔬菜、鱼虾龟鳖都不称作食品,既违背人们的饮食习惯,又不合情理,实践中也行不通。参见祝二军:《关于办理非法生产、销售、使用禁止在饲料和动物饮用水中使用的药品等刑事案件具体应用法律若干问题的解释〉的理解与适用》,载中华人民共和国最高人民法院刑事审判第一、二、三、四、五庭主办:《中国刑事审判指导案例3》(增订第3版),法律出版社2017年版,第734—735页。
② 本司法解释在附件中具体规定了《禁止在饲料和动物饮用水中使用的药品品种目录》。需要注意的是,目录是作为司法解释的附件规定的,司法实践中不能完全局限于该目录。即便非法生产、销售、使用的违禁药品属于国家有关部门其他公告禁止的,对相关行为人也应当依照本解释追究刑事责任。参见祝二军:《关于办理非法生产、销售、使用禁止在饲料和动物饮用水中使用的药品等刑事案件具体应用法律若干问题的解释〉的理解与适用》,载中华人民共和国最高人民法院刑事审判第一、二、三、四、五庭主办:《中国刑事审判指导案例3》(增订第3版),法律出版社2017年版,第734—735页。

附：农业部、卫生部、国家药品监督管理局公告的《禁止在饲料和动物饮用水中使用的药物品种目录》

一、肾上腺素受体激动剂

1、盐酸克仑特罗（Clenbuterol Hydrochloride）：中华人民共和国药典（以下简称药典）2000年二部P605。β2肾上腺素受体激动药。

2、沙丁胺醇（Salbutamol）：药典2000年二部P316。β2肾上腺素受体激动药。

3、硫酸沙丁胺醇（Salbutamol Sulfate）：药典2000年二部P870。β2肾上腺素受体激动药。

4、莱克多巴胺（Ractopamine）：一种β兴奋剂，美国食品和药物管理局（FDA）已批准，中国未批准。

5、盐酸多巴胺（Dopamine Hydrochloride）：药典2000年二部P591。多巴胺受体激动药。

6、西巴特罗（Cimaterol）：美国氰胺公司开发的产品，一种β兴奋剂，FDA未批准。

7、硫酸特布他林（Terbutaline Sulfate）：药典2000年二部P890。β2肾上腺受体激动药。

二、性激素

8、己烯雌酚（Diethylstibestrol）：药典2000年二部P42。雌激素类药。

9、雌二醇（Estradiol）：药典2000年二部P1005。雌激素类药。

10、戊酸雌二醇（Estradiol Valcrate）：药典2000年二部P124。雌激素类药。

11、苯甲酸雌二醇（Estradiol Benzoate）：药典2000年二部P369。雌激素类药。中华人民共和国兽药典（以下简称兽药典）2000年版一部P109。雌激素类药。用于发情不明显动物的催情及胎衣滞留、死胎的排除。

12、氯烯雌醚（Chlorotrianisene）药典2000年二部P919。

13、炔诺醇（Ethinylestradiol）药典2000年二部P422。

14、炔诺醚（Quinestrol）药典2000年二部P424。

15、醋酸氯地孕酮（Chlormadinone acetate）药典2000年二部P1037。

16、左炔诺孕酮（Levonorgestrel）药典2000年二部P107。

17、炔诺酮（Norethisterone）药典2000年二部P420。

18、绒毛膜促性腺激素（绒促性素）（Chorionic Conadotrophin）：药典2000年二部P534。促性腺激素药。兽药典2000年版一部P146。激素类药。用于性功能障碍、习惯性流产及卵巢囊肿等。

19、促卵泡生长激素(尿促性素主要含卵泡刺激 FSHT 和黄体生成素 LH)(Menotropins):药典 2000 年二部 P321。促性腺激素类药。

三、蛋白同化激素

20、碘化酪蛋白(Iodinated Casein):蛋白同化激素类,为甲状腺素的前驱物质,具有类似甲状腺素的生理作用。

21、苯丙酸诺龙及苯丙酸诺龙注射液(Nandrolone phenylpro pionate)药典 2000 年二部 P365。

四、精神药品

22、(盐酸)氯丙嗪(Chlorpromazine Hydrochloride):药典 2000 年二部 P676。抗精神病药。兽药典 2000 年版一部 P177。镇静药。用于强化麻醉以及使动物安静等。

23、盐酸异丙嗪(Promethazine Hydrochloride):药典 2000 年二部 P602。抗组胺药。兽药典 2000 年版一部 P164。抗组胺药。用于变态反应性疾病,如荨麻疹、血清病等。

24、安定(地西泮)(Diazepam):药典 2000 年二部 P214。抗焦虑药、抗惊厥药。兽药典 2000 年版一部 P61。镇静药、抗惊厥药。

25、苯巴比妥(Phenobarbital):药典 2000 年二部 P362。镇静催眠药、抗惊厥药。兽药典 2000 年版一部 P103。巴比妥类药。缓解脑炎、破伤风、士的宁中毒所致的惊厥。

26、苯巴比妥钠(Phenobarbital Sodium)。兽药典 2000 年版一部 P105。巴比妥类药。缓解脑炎、破伤风、士的宁中毒所致的惊厥。

27、巴比妥(Barbital):兽药典 2000 年版一部 P27。中枢抑制和增强解热镇痛。

28、异戊巴比妥(Amobarbital):药典 2000 年二部 P252。催眠药、抗惊厥药。

29、异戊巴比妥钠(Amobarbital Sodium):兽药典 2000 年版一部 P82。巴比妥类药。用于小动物的镇静、抗惊厥和麻醉。

30、利血平(Reserpine):药典 2000 年二部 P304。抗高血压药。

31、艾司唑仑(Estazolam)。

32、甲丙氨脂(Mcprobamate)。

33、咪达唑仑(Midazolam)。

34、硝西泮(Nitrazepam)。

35、奥沙西泮(Oxazcpam)。

36、匹莫林(Pemoline)。

37、三唑仑(Triazolam)。
38、唑吡旦(Zolpidem)。
39、其他国家管制的精神药品。
五、各种抗生素滤渣
40、抗生素滤渣:该类物质是抗生素类产品生产过程中产生的工业三废,因含有微量抗生素成份,在饲料和饲养过程中使用后对动物有一定的促生长作用。但对养殖业的危害很大,一是容易引起耐药性,二是由于未做安全性试验,存在各种安全隐患。

《最高人民法院关于审理走私、非法经营、非法使用兴奋剂刑事案件适用法律若干问题的解释》(法释〔2019〕16号)第五条对生产、销售含有兴奋剂目录所列物质的食品适用《刑法》第一百四十四条作了指引性规定。(→参见第三百五十五条之一评注部分,第1971页)

《最高人民法院、最高人民检察院关于办理危害食品安全刑事案件适用法律若干问题的解释》(法释〔2021〕24号)第二条、第六条至第十四条、第十七条、第二十一条至第二十五条对生产、销售有毒、有害食品罪的定罪量刑标准和有关问题作了规定。(→参见第一百四十三条评注部分,第622、624—626、627、629页)

■ **规范性文件**

第144条

《最高人民法院、最高人民检察院、公安部关于依法严惩"地沟油"犯罪活动的通知》(公通字〔2012〕1号)
各省、自治区、直辖市高级人民法院、人民检察院、公安厅(局),解放军军事法院、军事检察院,新疆维吾尔自治区高级人民法院生产建设兵团分院,新疆生产建设兵团人民检察院、公安局:

为依法严惩"地沟油"犯罪活动,切实保障人民群众的生命健康安全,根据刑法和有关司法解释的规定,现就有关事项通知如下:

一、依法严惩"地沟油"犯罪,切实维护人民群众食品安全

"地沟油"犯罪,是指用餐厨垃圾、废弃油脂、各类肉及肉制品加工废弃物等非食品原料,生产、加工"食用油",以及明知是利用"地沟油"生产、加工的油脂而作为食用油销售的行为。"地沟油"犯罪严重危害人民群众身体健康和生命安全,严重影响国家形象,损害党和政府的公信力。各级公安机关、检察机关、人民法院要认真贯彻《刑法修正案(八)》对危害食品安全犯罪从严打击的精神,依法严惩"地沟油"犯罪,坚决打击"地沟油"进入食用领域的各种犯罪行为,坚决保护人民群众切身利益。对于涉及多地区的"地沟油"犯罪案件,各地公安机关、检察机关、人民法院要在案件管辖、调查取证等方面通力合作,形成打击合力,切实维护人民群众食品安全。

二、准确理解法律规定,严格区分犯罪界限

(一)对于利用"地沟油"生产"食用油"的,依照刑法第144条生产有毒、有害食品罪的规定追究刑事责任。

(二)明知是利用"地沟油"生产的"食用油"而予以销售的,依照刑法第144条销售有毒、有害食品罪的规定追究刑事责任。认定是否"明知",应当结合犯罪嫌疑人、被告人的认知能力,犯罪嫌疑人、被告人及其同案人的供述和辩解,证人证言,产品质量,进货渠道及进货价格、销售渠道及销售价格等主、客观因素予以综合判断。

(三)对于利用"地沟油"生产的"食用油",已经销售出去没有实物,但是有证据证明系已被查实生产、销售有毒、有害食品犯罪事实的上线提供的,依照刑法第144条销售有毒、有害食品罪的规定追究刑事责任。

(四)虽无法查明"食用油"是否系利用"地沟油"生产、加工,但犯罪嫌疑人、被告人明知该"食用油"来源可疑而予以销售的,应分别情形处理:经鉴定,检出有毒、有害成分的,依照刑法第144条销售有毒、有害食品罪的规定追究刑事责任;属于不符合安全标准的食品的,依照刑法第143条销售不符合安全标准的食品罪追究刑事责任;属于以假充真、以次充好、以不合格产品冒充合格产品或者假冒注册商标,构成犯罪的,依照刑法第140条销售伪劣产品罪或者第213条假冒注册商标罪、第214条销售假冒注册商标的商品罪追究刑事责任。

(五)知道或应当知道他人实施以上第(一)、(二)、(三)款犯罪行为,而为其掏捞、加工、贩运"地沟油",或者提供贷款、资金、账号、发票、证明、许可证件,或者提供技术、生产、经营场所、运输、仓储、保管等便利条件的,依照本条第(一)、(二)、(三)款犯罪的共犯论处。

(六)对违反有关规定,掏捞、加工、贩运"地沟油",没有证据证明用于生产"食用油"的,交由行政部门处理。

(七)对于国家工作人员在食用油安全监管和查处"地沟油"违法犯罪活动中滥用职权、玩忽职守、徇私枉法,构成犯罪的,依照刑法有关规定追究刑事责任。

三、准确把握宽严相济刑事政策在食品安全领域的适用

在对"地沟油"犯罪定罪量刑时,要充分考虑犯罪数额、犯罪分子主观恶性及其犯罪手段,犯罪行为对人民群众生命安全和身体健康的危害,对市场经济秩序的破坏程度,恶劣影响等。对于具有累犯、前科、共同犯罪的主犯、集团犯罪的首要分子等情节,以及犯罪数额巨大、情节恶劣、危害严重,群众反映强烈,给国

家和人民利益造成重大损失的犯罪分子,依法严惩,罪当判处死刑的,要坚决依法判处死刑。对在同一条生产销售链上的犯罪分子,要在法定刑幅度内体现严惩源头犯罪的精神,确保生产环节与销售环节量刑的整体平衡。对于明知是"地沟油"而非法销售的公司、企业,要依法从严追究有关单位和直接责任人员的责任。对于具有自首、立功、从犯等法定情节的犯罪分子,可以依法从宽处理。要严格把握适用缓刑、免予刑事处罚的条件。对依法必须适用缓刑的,一般同时宣告禁止令,禁止其在缓刑考验期内从事与食品生产、销售等有关的活动。

各地执行情况,请及时上报。

立案追诉标准

《最高人民检察院、公安部关于公安机关管辖的刑事案件立案追诉标准的规定(一)》第二十条关于《刑法》第一百四十四条立案追诉标准的规定与法释〔2021〕24 号解释不完全一致,应以后者为准。

指导性案例

北京阳光一佰生物技术开发有限公司、习文有等生产、销售有毒、有害食品案(指导案例 70 号,节录)

关键词 刑事 生产、销售有毒、有害食品罪 有毒有害的非食品原料

裁判要点

行为人在食品生产经营中添加的虽然不是国务院有关部门公布的《食品中可能违法添加的非食用物质名单》和《保健食品中可能非法添加的物质名单》中的物质,但如果该物质与上述名单中所列物质具有同等属性,并且根据检验报告和专家意见等相关材料能够确定该物质对人体具有同等危害的,应当认定为《中华人民共和国刑法》第一百四十四条规定的"有毒、有害的非食品原料"。

柳立国等人生产、销售有毒、有害食品,生产、销售伪劣产品案(检例第 12 号,节录)

关键词 生产、销售有毒、有害食品罪 生产、销售伪劣产品罪

要 旨 明知对方是食用油经销者,仍将用餐厨废弃油(俗称"地沟油")加工而成的劣质油脂销售给对方,导致劣质油脂流入食用油市场供人食用的,构成生产、销售有毒、有害食品罪;明知油脂经销者向饲料生产企业和药品生产企业等单位销售豆油等食用油,仍将用餐厨废弃油加工而成的劣质油脂销售给对方,导致劣质油脂流向饲料生产企业和药品生产企业等单位的,构成生产、销售伪劣产品罪。

徐孝伦等人生产、销售有害食品案(检例第13号,节录)

关键词　生产、销售有害食品罪

要　旨　在食品加工过程中,使用有毒、有害的非食品原料加工食品并出售的,应当认定为生产、销售有毒、有害食品罪;明知是他人使用有毒、有害的非食品原料加工出的食品仍然购买并出售的,应当认定为销售有毒、有害食品罪。

孙建亮等人生产、销售有毒、有害食品案(检例第14号,节录)

关键词　生产、销售有毒、有害食品罪　共犯

要　旨　明知盐酸克伦特罗(俗称"瘦肉精")是国家禁止在饲料和动物饮用水中使用的药品,而用以养殖供人食用的动物并出售的,应当认定为生产、销售有毒、有害食品罪。明知盐酸克伦特罗是国家禁止在饲料和动物饮用水中使用的药品,而买卖和代买盐酸克伦特罗片,供他人用以养殖供人食用的动物的,应当认定为生产、销售有毒、有害食品罪的共犯。

刑参案例规则提炼

《林烈群、何华平等销售有害食品案——以工业用猪油冒充食用猪油予以销售致人死亡的行为如何定性》(第94号案例)、《俞亚春生产、销售有毒、有害食品案——销售以"瘦肉精"饲养的肉猪致多人中毒的行为如何定罪处罚》(第166号案例)、《王岳超等生产、销售有毒、有害食品案——生产、销售有毒、有害食品罪与相关罪名的辨析及办理生产、销售有毒、有害食品犯罪案件时对行为人主观"明知"的认定》(第715号案例)、《张联新、郑荷芹生产、销售有毒、有害食品,李阿明、何金友生产有毒、有害食品,王一超等销售有毒、有害食品案——"新型地沟油"的司法认定与法律适用》(第1004号案例)、《田井伟、谭亚琼生产、销售不符合安全标准的食品案——在生产、销售的食品中超限量加入食品添加剂并造成严重后果的行为如何定性》(第1205号案例)、《邓文均、符纯宣生产、销售有毒、有害食品案——在食品加工中使用"口水油"并销售的,应认定为生产、销售有毒、有害食品罪》(第1335号案例)、《周某峰生产、销售有毒、有害食品案——在豆芽制发过程中添加兽用抗菌药行为如何定性》(第1525号案例)、《吴某凤等人销售有毒、有害食品案——将添加西布曲明等非食品原料的减肥产品作为"赠品"捆绑其他物品出售行为的定性及销售数额的认定》(第1527号案例)、《吴某、何某兵生产、销售有毒、有害食品案——循环加工、提炼并使用、销售"口水油"的行为定性》(第1528号案例)、《钟某本销售有毒、有害食品案——伪劣保健食品与假药劣药的区分》(第1531号案例)、《赵某军生产、销售伪劣产品案——对待宰生猪注入肾上腺素、阿托品和生水后屠宰销售的行为

定性及罚金适用》(第 1532 号案例)、《海宁市国凯食品有限公司、国某校生产、销售伪劣产品案——将溶剂残留超标的浸出菜籽油冠以压榨菜籽油之名销售行为的定性》(第 1533 号案例)、《荆某、张某等人生产、销售有毒、有害食品案——生产、销售有毒、有害食品罪中生产者和销售者主观明知的认定》(第 1534 号案例)、《李某博等人生产、销售有毒、有害食品案——如何准确认定涉案产品系假药还是有毒、有害食品》(第 1537 号案例)、《邱某其、邱某森、邱某后盗窃和销售有毒、有害食品案——使用有毒物质偷盗他人土狗,后将含有有毒物质的土狗销售给他人牟利的行为定性》(第 1539 号案例)、《纪某奖生产、销售有毒、有害食品案——有毒、有害非食品原料的认定及危害食品安全犯罪刑事附带民事公益诉讼中惩罚性赔偿的适用》(第 1540 号案例)、《上海嘉外国际贸易有限公司及刘某刚销售伪劣产品案——如何准确认定对外销售时间、保质期计算时间及单位犯罪》(第 1542 号案例)所涉规则提炼如下:

第144条

1. **生产、销售不符合安全标准的食品罪与生产、销售有毒、有害食品罪的界分规则。**"两罪区分的关键在于行为人在食品中加入的添加剂是否属于禁止作为食品添加剂使用的有毒、有害物质。""在食品中添加的亚硝酸钠不属于'有毒有害的非食品原料',故……的行为不构成生产、销售有毒、有害食品罪。""在生产、销售的食品中加入国家允许使用的食品添加剂,但超出允许使用的范围或超过允许的最大使用量或残留量,有危害食品安全的现实风险或造成严重后果的,构成生产、销售不符合安全标准的食品罪。"(第 1205 号案例)"对于有毒、有害非食品原料的认定,大致分为直接认定和综合性认定。直接认定即第九条规定中列明的参照法律、法规禁止添加、使用或国务院有关部门列入《食品中可能违法添加的非食用物质名单》《保健食品中可能非法添加的物质名单》《食品动物中禁止使用的药品及其他化合物清单》等名单上的物质等,不必须以毒害性鉴定意见、检验报告为前提……而综合性认定则是在实践中囿于司法解释或有关行政法律、法规不可能对所有有毒、有害物质——列明的情况下,主要对新型的混合型有毒、有害物质,尚未有专门性文件确定其定性的……司法机关可以根据鉴定意见、检验报告、地市级以上相关行政主管部门组织出具的书面意见,结合其他证据作出认定。必要时,专门性问题由省级以上相关行政主管部门组织出具书面意见。实践中,司法机关还应结合非食品原料的性质、含量、毒害属性、质量标准等因素综合予以考虑"(第 1540 号案例)"利用含有淋巴的花油、含有伤肉的膘肉碎、'肚下塌'等猪肉加工废弃物生产、加工食用油,应当认定为'掺入有毒、有害非食品原料'。"(第 1004 号案例)"以工业用猪油冒充食用猪油予以销售致人死亡的行为",构成销售有害食品罪。(第 94 号案例)"以销售牟利为目的,使用'瘦肉精'饲养肉猪,销售后致多人中毒",对其应当以生产、销售有毒食品罪定罪处罚。(第166号案例)"'口水油'中积聚大量的有毒有害物质,属于废弃食用油脂,能够认定为有毒有害的非食品原料,使用'口水油'加工食品并用于出售,构成生产、销售有毒、有害食品罪。"(第1335号案例、第1528号案例)"国家层面并未对豆芽属于加工食品还是食用农产品进行统一认定,而是将认定权限下放到各省。""恩诺沙星系兽药,无论豆芽被认定为食品还是食用农产品,均属于禁止在食品和食用植物中添加、使用的'非食品原料',且毒害性明确,因此,恩诺沙星被用于食品、食用植物的生产、种植、销售、运输、贮存等环节时,可以被认定为'有毒、有害的非食品原料'。"(第1525号案例)"西布曲明、酚酞、西地那非均因危害人体健康而被列入在食品中可能非法添加的物质名单,属于有毒、有害的非食品原料。被告人……等人销售添加含有西布曲明、酚酞、西地那非成分的非药品减肥食品,应按照销售有毒、有害食品罪定罪处罚。""被告人以'赠品'的形式销售有毒有害食品,系以合法手段掩盖非法目的,所谓的'主产品'属于犯罪成本,应以销售总额认定被告人的犯罪数额。"(第1527号案例)

2.生产、销售有毒、有害食品罪与生产、销售伪劣产品罪的界分规则。"肾上腺素、阿托品可以作为兽医处方药使用,并非'有毒、有害的非食品原料',但注药注水后立即屠宰、销售的猪肉产品属于不合格产品,销售金额较大的,应认定为生产、销售伪劣产品罪。"(第1532号案例)"将溶剂残留超标的浸出菜籽油冠以压榨菜籽油之名销售的",应当适用生产、销售伪劣产品罪。(第1533号案例)根据司法解释的规定,"生产、销售用超过保质期的食品原料、超过保质期的食品、回收食品作为原料的食品,或者以更改生产日期、保质期、改换包装等方式销售超过保质期的食品、回收食品,符合刑法第一百四十条规定的,以生产、销售伪劣产品罪定罪处罚。"就涉案食品为奶粉的案件而言,"涉案奶粉对外销售时间一般应以奶粉交付日为准","保质期的计算应以销售者在食品上的标示为准"。(第1542号案例)

3.生产、销售有毒、有害食品罪与其他犯罪的界分规则。"保健食品属于食品的范畴……因危害人体健康,被国务院有关部门列入《保健食品中可能非法添加的物质名单》上的物质,应当认定为'有毒、有害的非食品原料'……在保健食品中加入上述物质的,应以生产、销售有毒、有害食品罪定罪处罚。"(第1531号案例)"涉案产品外包装盒上、说明书上均标有保健食品标识;虽然相关物品在诊所中销售,但诊所、药店在日常经营中同样可以销售钙片、维生素等保健食品;本案另有多名购买者证称购买的是'保健品',相关诊所人员也证称相关产品是'修复胰岛的保健食品'。因此,应当将相关产品认定为保健食品。被告人……等人在涉案产品中添加保健食品中禁止添加的格列苯脲等有毒、有害物质,对其应以生产、销售有毒、有害食品罪定罪处罚。"(第1537号案例)此外,"以危险方法危害公共安全罪与生产、销售有毒、有害食品罪多有交叉,难以准确认定。在司法实践中,两者的关系通常被认为是一般与特殊的关系,在具体认定时一般是根据特别法优于普通法的原则,以生产、销售有毒、有害食品罪定罪。"(第715号案例)"以非法占有为目的,使用含有琥珀胆碱的注射器盗杀多名被害人养的土狗的行为构成盗窃罪,之后将含有有毒物质的土狗销售给他人牟利的行为,又构成销售有毒、有害食品罪,应当数罪并罚。"(第1539号案例)

4. 生产、销售有毒、有害食品罪主观明知的认定规则。"对于从生产现场查获有毒、有害的非食品原料,行为人不能作出合理解释的,可以认定行为人具有掺入行为或者对掺入行为明知。对于未能查获生产现场而仅在销售领域查获了成品的,则需要从以下几个方面考虑生产者是否具有掺入行为或对掺入是否明知:(1)行为人生产者的从业经历和背景……(2)行为人在生产各个环节中的作用,是否具备掺入的客观条件和主观动机……(3)生产流程是否规范……""销售者接触的是成品,可从以下几方面考虑行为人是否明知所销售食品掺有有毒、有害的非食品原料:(1)进货渠道是否正常,有无合法有效的购货凭证,价格是否明显偏低;(2)对涉案食品有无生产日期、生产厂家、卫生检验合格证是否明知;(3)基于其知识经验是否知道食品中可能含有有毒、有害的非食品原料;(4)是否在有关部门发出禁令或者食品安全预警的情况下继续销售;(5)是否因实施危害食品安全行为受过行政处罚或刑事处罚又实施同种行为。"(第1534号案例)为减少本公司的经济损失,在退回的全脂甜炼乳存在三聚氰胺超标的情况下,决定将上述退回的熊猫牌全脂甜炼乳按比例添加回炉生产炼奶酱并批量生产销售,"'明知'的认定不应当仅仅指'是否明知召回的乳制品三聚氰胺是否超标',还包括是否明知召回乳制品在未经合理处理和严密检测的情况下就对外销售,将会导致危害他人生命健康等危害结果。"(第715号案例)

第一百四十五条 【生产、销售不符合标准的医用器材罪】生产不符合保障人体健康的国家标准、行业标准的医疗器械、医用卫生材料,或者销售明知是不符合保障人体健康的国家标准、行业标准的医疗器械、医用卫生材料,足以严重危害人体健康的,处三年以下有期徒刑或者拘役,并处销售金额百分之五十以上二倍以下罚金;对人体健康造成严重危害的,处三年以上十年以下有期徒刑,并处销售金额百分之五十以上二倍以下罚金;后果特别严重的,处十年以上有期徒刑或者无期徒刑,并处销售金额百分之五十以上二倍以下罚金或者没收财产。

立法沿革

本条系1997年《刑法》吸收修改单行刑法作出的规定。1979年《刑法》没有规定生产、销售不符合标准的医用器材的犯罪。《全国人民代表大会常务委员会关于惩治生产、销售伪劣商品犯罪的决定》(自1993年9月1日起施行)第四条规定:"生产不符合保障人体健康的国家标准、行业标准的医疗器械、医用卫生材料,或者销售明知是不符合保障人体健康的国家标准、行业标准的医疗器械、医用卫生材料,对人体健康造成严重危害的,处五年以下有期徒刑,并处罚金;后果特别严重的,处五年以上十年以下有期徒刑,并处罚金,其中情节特别恶劣的,处十年以上有期徒刑或者无期徒刑,并处罚金或者没收财产。"1997年《刑法》对罚金的数额作了具体规定和调整。

2002年12月28日起施行的《刑法修正案(四)》第一条对本条作了修改,主要涉及如下几个方面:一是由结果犯调整为危险犯;二是调整法定刑,就"对人体健康造成严重危害的"情形加重处罚。

修正前《刑法》	修正后《刑法》
第一百四十五条 【生产、销售不符合标准的卫生器材罪】生产不符合保障人体健康的国家标准、行业标准的医疗器械、医用卫生材料,或者销售明知是不符合保障人体健康的国家标准、行业标准的医疗器械、医用卫生材料,对人体健康造成严重危害的,处五年以下有期徒刑,并处销售金额百分之五十以上二倍以下罚金;后果特别严重的,处五年以上十年以下有期徒刑,并处销售金额百分之五十以上二倍以下罚金;其中情节特别恶劣的,处十年以上有期徒刑或者无期徒刑,并处销售金额百分之五十以上二倍以下罚金或者没收财产。	第一百四十五条 【生产、销售不符合标准的医用器材罪】生产不符合保障人体健康的国家标准、行业标准的医疗器械、医用卫生材料,或者销售明知是不符合保障人体健康的国家标准、行业标准的医疗器械、医用卫生材料,**足以严重危害**人体健康的,处三年以下有期徒刑**或者拘役**,并处销售金额百分之五十以上二倍以下罚金;对**人体健康造成严重危害**的,处三年以上十年以下有期徒刑,并处销售金额百分之五十以上二倍以下罚金;后果特别严重的,处十年以上有期徒刑或者无期徒刑,并处销售金额百分之五十以上二倍以下罚金或者没收财产。

司法解释

《最高人民法院、最高人民检察院关于办理生产、销售伪劣商品刑事案件具体应用法律若干问题的解释》(法释〔2001〕10号)第六条对《刑法》第一百四十五条的定罪量刑标准作了规定。(→参见第一百四十条评注部分,第590页)

《最高人民法院、最高人民检察院关于办理妨害预防、控制突发传染病疫情等灾害的刑事案件具体应用法律若干问题的解释》（法释〔2003〕8号）第三条对在预防、控制突发传染病疫情等灾害期间相关行为适用第一百四十五条作了指引性规定。（→参见第一百一十四条评注部分，第414页）

规范性文件

《最高人民法院、最高人民检察院、公安部、司法部关于依法惩治妨害新型冠状病毒感染肺炎疫情防控违法犯罪的意见》（法发〔2020〕7号）"二、准确适用法律，依法严惩妨害疫情防控的各类违法犯罪"第（三）条就在疫情防控期间，生产、销售不符合标准的医用器材适用《刑法》第一百四十五条作了指引性规定。（→参见第三百三十条评注部分，第1712页）

立案追诉标准

《最高人民检察院、公安部关于公安机关管辖的刑事案件立案追诉标准的规定（一）》（节录）

第二十一条 [生产、销售不符合标准的医用器材案（刑法第一百四十五条）] 生产不符合保障人体健康的国家标准、行业标准的医疗器械、医用卫生材料，或者销售明知是不符合保障人体健康的国家标准、行业标准的医疗器械、医用卫生材料，涉嫌下列情形之一的，应予立案追诉：

（一）进入人体的医疗器械的材料中含有超过标准的有毒有害物质的；

（二）进入人体的医疗器械的有效性指标不符合标准要求，导致治疗、替代、调节、补偿功能部分或者全部丧失，可能造成贻误诊治或者人体严重损伤的；

（三）用于诊断、监护、治疗的有源医疗器械的安全指标不符合强制性标准要求，可能对人体构成伤害或者潜在危害的；

（四）用于诊断、监护、治疗的有源医疗器械的主要性能指标不合格，可能造成贻误诊治或者人体严重损伤的；

（五）未经批准，擅自增加功能或者适用范围，可能造成贻误诊治或者人体严重损伤的；

（六）其他足以严重危害人体健康或者对人体健康造成严重危害的情形。

医疗机构或者个人知道或者应当知道是不符合保障人体健康的国家标准、行业标准的医疗器械、医用卫生材料而购买并有偿使用的，视为本条规定的"销售"。

（→附则参见分则标题评注部分，第392页）

刑参案例规则提炼

《**王丽莉、陈鹏销售伪劣产品案**——疫情防控期间以"三无产品"冒充"KN95"口罩进行销售行为的认定》(第1316号案例)所涉规则提炼如下:

生产销售伪劣口罩适用生产、销售不符合标准的医用器材罪的规则。① "只有医用防护口罩、外科口罩、医用口罩(一次性使用医用口罩),才属于销售不符合标准的医用器材犯罪中的医用器材。对于N95或者KN95的口罩,应针对案件证据情况具体分析。如假冒的N95或者KN95的口罩从执行标准等方面确属于医用产品的,可根据案件具体情况认定构成生产、销售不符合标准的医用器材罪。反之,如无明确标示或标注为防尘口罩的,则可能构成生产、销售伪劣产品罪。"(第1316号案例)

第一百四十六条 【生产、销售不符合安全标准的产品罪】 生产不符合保障人身、财产安全的国家标准、行业标准的电器、压力容器、易燃易爆产品或者其他不符合保障人身、财产安全的国家标准、行业标准的产品,或者销售明知是以上不符合保障人身、财产安全的国家标准、行业标准的产品,造成严重后果的,处五年以下有期徒刑,并处销售金额百分之五十以上二倍以下罚金;后果特别严重的,处五年以上有期徒刑,并处销售金额百分之五十以上二倍以下罚金。

① 生产、销售不符合标准的医用口罩构成生产、销售不符合标准的医用器材罪,需要满足"足以严重危害人体健康"的入罪要件。对于是否"足以严重危害人体健康",应当从是否具有防护、救治功能,是否可能造成贻误诊治,是否可能造成人体严重损伤,是否可能对人体健康造成严重危害等方面,结合医疗器械的功能、使用方式和适用范围等,综合判断。所谓"综合判断",不能"只看一点,不及其余",如果把涉案口罩防护功能不达标就直接认定为"足以严重危害人体健康",可能导致这一构成要件被人为虚置,不当扩大本罪的适用范围。从一线办案部门总结的经验来看,如果涉案不符合标准的医用防护口罩、医用外科口罩、一次性使用医用口罩主要销往医疗机构,供医护人员使用,由于医护人员的特殊工作环境,通常可以认为上述不符合标准的口罩"足以严重危害人体健康"。而如果涉案不符合标准的一次性使用医用口罩销往非疫情高发地区供群众日常使用,则一般难以满足"足以严重危害人体健康"的要件。实践中,对于相关涉案医用口罩尚无确实、充分证据证明"足以严重危害人体健康",适用生产、销售不符合标准的医用器材罪存在障碍或者争议,但是销售金额五万元以上,或者货值金额十五万元以上的,根据刑法和相关司法解释的规定,可以依照生产、销售伪劣产品罪定罪处罚;符合假冒注册商标、非法经营罪等其他犯罪构成的,也可以相关犯罪论处。参见孙航:《依法惩治妨害疫情防控违法犯罪 切实保障人民群众生命健康安全——最高人民法院研究室主任姜启波、最高人民检察院法律政策研究室主任高景峰联合答记者问(二)》,载《检察日报》2020年3月25日,第4版。

立法沿革

本条系1997年《刑法》吸收修改单行刑法作出的规定。1979年《刑法》没有规定生产、销售不符合安全标准的产品罪的犯罪。《全国人民代表大会常务委员会关于惩治生产、销售伪劣商品犯罪的决定》(自1993年9月1日起施行)第五条规定:"生产不符合保障人身、财产安全的国家标准、行业标准的电器、压力容器、易燃易爆产品或者其他不符合保障人身、财产安全的国家标准、行业标准的产品,或者销售明知是以上不符合保障人身、财产安全的国家标准、行业标准的产品,造成严重后果的,处五年以下有期徒刑或者拘役,并处罚金;后果特别严重的,处五年以上有期徒刑,并处罚金。"1997年《刑法》删去拘役,并对罚金的数额作了具体规定。

司法解释

《最高人民法院、最高人民检察院关于办理危害生产安全刑事案件适用法律若干问题的解释》(法释〔2015〕22号)第十一条对生产、销售不符合保障人身、财产安全的国家标准、行业标准的安全设备适用《刑法》第一百四十六条作了指引性规定。(→参见第一百三十四条评注部分,第545页)

规范性文件

《最高人民法院、最高人民检察院、公安部关于办理涉窨井盖相关刑事案件的指导意见》(高检发〔2020〕3号)第六条对涉窨井盖刑事案件适用《刑法》第一百四十六条作了指引性规定。(→参见第一百一十七条评注部分,第432页)

立案追诉标准

《最高人民检察院、公安部关于公安机关管辖的刑事案件立案追诉标准的规定(一)》(节录)

第二十二条 [生产、销售不符合安全标准的产品案(刑法第一百四十六条)]生产不符合保障人身、财产安全的国家标准、行业标准的电器、压力容器、易燃易爆或者其他不符合保障人身、财产安全的国家标准、行业标准的产品,或者销售明知是以上不符合保障人身、财产安全的国家标准、行业标准的产品,涉嫌下列情形之一的,应予立案追诉:

(一)造成人员重伤或者死亡的;

(二)造成直接经济损失十万元以上的;

(三)其他造成严重后果的情形。

(→附则参见分则标题评注部分,第392页)

刑参案例规则提炼

《刘泽均、王远凯等生产、销售不符合安全标准的产品案——不符合安全标准的产品如何具体界定》(第47号案例)所涉规则提炼如下:

生产、销售不符合安全标准的产品案的对象范围规则。"生产、销售不符合安全标准的产品罪的犯罪对象是不符合保障人身、财产安全的国家标准、行业标准的伪劣产品。生产、销售伪劣产品罪的犯罪对象则不涉及人身、财产安全。""生产、销售的大桥主拱钢管,并不是普通的产品,而是用于虹桥主体,涉及人身、财产安全的产品,其不符合特定的安全标准,造成严重后果,构成犯罪的,应依照《刑法》第一百四十六条的规定定罪处罚。"(第47号案例)

第一百四十七条 【生产、销售伪劣农药、兽药、化肥、种子罪】生产假农药、假兽药、假化肥,销售明知是假的或者失去使用效能的农药、兽药、化肥、种子,或者生产者、销售者以不合格的农药、兽药、化肥、种子冒充合格的农药、兽药、化肥、种子,使生产遭受较大损失的,处三年以下有期徒刑或者拘役,并处或者单处销售金额百分之五十以上二倍以下罚金;使生产遭受重大损失的,处三年以上七年以下有期徒刑,并处销售金额百分之五十以上二倍以下罚金;使生产遭受特别重大损失的,处七年以上有期徒刑或者无期徒刑,并处销售金额百分之五十以上二倍以下罚金或者没收财产。

立法沿革

本条系1997年《刑法》吸收修改单行刑法作出的规定。1979年《刑法》没有规定生产、销售伪劣农用生产资料的犯罪。《全国人民代表大会常务委员会关于惩治生产、销售伪劣商品犯罪的决定》(自1993年9月1日起施行)第六条补充规定:"生产假农药、假兽药、假化肥,销售明知是假的或者是失去使用效能的农药、兽药、化肥、种子,或者生产者、销售者以不合格的农药、兽药、化肥、种子冒充合格的农药、兽药、化肥、种子,使生产遭受较大损失的,处三年以下有期徒刑或者拘役,可以并处或者单处罚金;使生产遭受重大损失的,处三年以上七年以下有期徒刑,并处罚金;使生产遭受特别重大损失的,处七年以上有期徒刑或者无期徒刑,并处罚金或者没收财产。"1997年《刑法》对罚金的数额作了具体规定和调整。

司法解释

《最高人民法院、最高人民检察院关于办理生产、销售伪劣商品刑事案件具体应用法律若干问题的解释》(法释〔2001〕10号)第七条对《刑法》第一百四十七条的定罪量刑标准作了规定。(→参见第一百四十条评注部分,第591页)

规范性文件

《最高人民法院关于进一步加强涉种子刑事审判工作的指导意见》(法〔2022〕66号,节录)

为深入贯彻落实中央关于种业振兴决策部署,依法惩治涉种子犯罪,全面净化种业市场,维护国家种源安全,加快种业振兴,根据有关法律规定,制定本意见。

一、切实提高政治站位,深刻认识进一步加强涉种子刑事审判工作的重要意义。(略)

二、充分发挥刑事审判职能作用,坚持依法从严惩处的基本要求。(略)

三、准确适用法律,依法严惩种子制假售假犯罪。对销售明知是假的或者失去使用效能的种子,或者生产者、销售者以不合格的种子冒充合格的种子,使生产遭受较大损失的,依照刑法第一百四十七条的规定以生产、销售伪劣种子罪定罪处罚。

对实施生产、销售伪劣种子行为,因无法认定使生产遭受较大损失等原因,不构成生产、销售伪劣种子罪,但是销售金额在五万元以上的,依照刑法第一百四十条的规定以生产、销售伪劣产品罪定罪处罚。同时构成假冒注册商标罪等其他犯罪的,依照处罚较重的规定定罪处罚。

四、立足现有罪名,依法严惩种子套牌侵权相关犯罪。假冒品种权以及未经许可或者超出委托规模生产、繁殖授权品种种子对外销售等种子套牌侵权行为,经常伴随假冒注册商标、侵犯商业秘密等其他犯罪行为。审理此类案件时要把握这一特点,立足刑法现有规定,通过依法适用与种子套牌侵权密切相关的假冒注册商标罪,销售假冒注册商标的商品罪,非法制造、销售非法制造的注册商标标识罪,侵犯商业秘密罪,为境外窃取、刺探、收买、非法提供商业秘密罪等罪名,实现对种子套牌侵权行为的依法惩处。同时,应当将种子套牌侵权行为作为从重处罚情节,加大对此类犯罪的惩处力度。

五、保护种质资源,依法严惩破坏种质资源犯罪。非法采集或者采伐天然种质资源,符合刑法第三百四十四条规定的,以危害国家重点保护植物罪定罪处罚。

在种质资源库、种质资源保护区或者种质资源保护地实施上述行为的,应当酌情从重处罚。

六、贯彻落实宽严相济的刑事政策,确保裁判效果。实施涉种子犯罪,具有下列情形之一的,应当酌情从重处罚:针对稻、小麦、玉米、棉花、大豆等主要农作物种子实施的,曾因涉种子犯罪受过刑事处罚的,二年内曾因涉种子违法行为受过行政处罚的,其他应当酌情从重处罚的情形。

对受雇佣或者受委托参与种子生产、繁殖的,要综合考虑社会危害程度、在共同犯罪中的地位作用、认罪悔罪表现等情节,准确适用刑罚。犯罪情节轻微的,可以依法免予刑事处罚;情节显著轻微危害不大的,不以犯罪论处。

七、依法解决鉴定难问题,准确认定伪劣种子。对是否属于假的、失去使用效能的或者不合格的种子,或者使生产遭受的损失难以确定的,可以依据具有法定资质的种子质量检验机构出具的鉴定意见、检验报告,农业农村、林业和草原主管部门出具的书面意见,农业农村主管部门所属的种子管理机构组织出具的田间现场鉴定书等,结合其他证据作出认定。

八、坚持多措并举,健全完善工作机制。(略)

立案追诉标准

《最高人民检察院、公安部关于公安机关管辖的刑事案件立案追诉标准的规定(一)》第二十三条关于《刑法》第一百四十七条立案追诉标准的规定与法释〔2001〕10号解释第七条一致。

指导性案例

王敏生产、销售伪劣种子案(检例第61号,节录)

关键词　生产、销售伪劣种子罪　假种子　农业生产损失认定

要　旨　以同一科属的此品种种子冒充彼品种种子,属于刑法上的"假种子"。行为人对假种子进行小包装分装销售,使农业生产遭受较大损失的,应当以生产、销售伪劣种子罪追究刑事责任。

南京百分百公司等生产、销售伪劣农药案(检例第62号,节录)

关键词　生产、销售伪劣农药罪　借证生产农药　田间试验

要　旨

1. 未取得农药登记证的企业或者个人,借用他人农药登记证、生产许可证、质量标准证等许可证明文件生产、销售农药,使生产遭受较大损失的,以生产、销售伪劣农药罪追究刑事责任。

2. 对于使用伪劣农药造成的农业生产损失,可采取田间试验的方法确定受损原因,并以农作物绝收折损面积、受害地区前三年该类农作物的平均亩产量和平均销售价格为基准,综合计算认定损失金额。

刑参案例规则提炼

《李云平销售伪劣种子案——生产、销售伪劣种子犯罪的法律适用》(第 109 号案例)所涉规则提炼如下:

生产、销售伪劣种子罪的适用规则。"关于假种子和劣种子的认定",应当依据《种子法》的相关规定认定。"生产、销售伪劣种子,构成生产、销售伪劣种子罪,以'使生产遭受较大损失'为条件。没有使生产遭受较大损失的,不能以生产、销售伪劣种子罪定罪处罚,但生产、销售伪劣种子,销售金额在五万元以上的,可按照生产、销售伪劣产品罪定罪处罚;销售金额在五万元以上,并且使生产遭受较大损失的,既构成生产、销售伪劣产品罪,又构成生产、销售伪劣种子罪的,属于法条竞合,择一重罪定罪处罚,不实行数罪并罚。"(第 109 号案例)

第一百四十八条 【生产、销售不符合卫生标准的化妆品罪】生产不符合卫生标准的化妆品,或者销售明知是不符合卫生标准的化妆品,造成严重后果的,处三年以下有期徒刑或者拘役,并处或者单处销售金额百分之五十以上二倍以下罚金。

立法沿革

本条系 1997 年《刑法》吸收修改单行刑法作出的规定。1979 年《刑法》没有规定生产、销售不符合卫生标准的化妆品的犯罪。《全国人民代表大会常务委员会关于惩治生产、销售伪劣商品犯罪的决定》(自 1993 年 9 月 1 日起施行)第七条规定:"生产不符合卫生标准的化妆品,或者销售明知是不符合卫生标准的化妆品,造成严重后果的,处三年以下有期徒刑或者拘役,可以并处或者单处罚金。"1997 年《刑法》对罚金的数额作了具体规定。

规范性文件

《药品行政执法与刑事司法衔接工作办法的通知》(国家药品监督管理局、国家市场监督管理总局、公安部、最高人民法院、最高人民检察院,国药监法〔2022〕41 号)第二十条、第二十六条、第二十八条对办理不符合卫生标准的化妆品刑事案件所涉金额累计、认定等问题作了规定。(→参见第一百四十一条评注部分,第 612 页)

立案追诉标准

《最高人民检察院、公安部关于公安机关管辖的刑事案件立案追诉标准的

规定(一)》(节录)

第二十四条 [生产、销售不符合卫生标准的化妆品案(刑法第一百四十八条)]生产不符合卫生标准的化妆品,或者销售明知是不符合卫生标准的化妆品,涉嫌下列情形之一的,应予立案追诉:

(一)造成他人容貌毁损或者皮肤严重损伤的;

(二)造成他人器官组织损伤导致严重功能障碍的;

(三)致使他人精神失常或者自杀、自残造成重伤、死亡的;

(四)其他造成严重后果的情形。

(→附则参见分则标题评注部分,第392页)

第一百四十九条 【竞合的适用】生产、销售本节第一百四十一条至第一百四十八条所列产品,不构成各该条规定的犯罪,但是销售金额在五万元以上的,依照本节第一百四十条的规定定罪处罚。

生产、销售本节第一百四十一条至第一百四十八条所列产品,构成各该条规定的犯罪,同时又构成本节第一百四十条规定之罪的,依照处罚较重的规定定罪处罚。

立法沿革

本条系1997年《刑法》吸收修改单行刑法作出的规定。《全国人民代表大会常务委员会关于惩治生产、销售伪劣商品犯罪的决定》(自1993年9月1日起施行)第八条规定:"生产、销售本决定第二条至第七条所列产品,不构成各该条规定的犯罪,但是违法所得数额在二万元以上的,依照本决定第一条的规定处罚。生产、销售本决定第二条至第七条所列产品,构成各该条规定的犯罪,同时又构成本决定第一条规定的犯罪的,依照处刑较重的规定处罚。"1997年《刑法》将"违法所得数额在二万元以上"调整为"销售金额在五万元以上",并对表述作了相应调整。

第一百五十条 【单位犯本节之罪的处罚】单位犯本节第一百四十条至第一百四十八条规定之罪的,对单位判处罚金,并对其直接负责的主管人员和其他直接责任人员,依照各该条的规定处罚。

立法沿革

本条系1997年《刑法》吸收修改单行刑法作出的规定。《全国人民代表大会常务委员会关于惩治生产、销售伪劣商品犯罪的决定》(自1993年9月1日起施行)第九条规定:"企业事业单位犯本决定第二条至第七条罪的,对单位判处罚金,并对直接负责的主管人员和其他直接责任人员依照各该条的规定追究刑事责任。企业事业单位犯本决定第一条罪的,对单位判处罚金,情节恶劣的,并对直接负责的主管人员和其他直接责任人员依照本决定第一条的规定追究刑事责任。"1997年《刑法》不再区分单位犯生产、销售伪劣产品罪与其他伪劣商品犯罪,统一设置单位犯罪的规定。

第二节 走私罪

司法解释

《最高人民法院、最高人民检察院关于办理走私刑事案件适用法律若干问题的解释》(法释〔2014〕10号,自2014年9月10日起施行)①

为依法惩治走私犯罪活动,根据刑法有关规定,现就办理走私刑事案件适用法律的若干问题解释如下:

第一条 走私武器、弹药,具有下列情形之一的,可以认定为刑法第一百五十一条第一款规定的"情节较轻":

(一)走私以压缩气体等非火药为动力发射枪弹的枪支二支以上不满五支的;

(二)走私气枪铅弹五百发以上不满二千五百发,或者其他子弹十发以上不满五十发的;

(三)未达到上述数量标准,但属于犯罪集团的首要分子,使用特种车辆从事走私活动,或者走私的武器、弹药被用于实施犯罪等情形的;

(四)走私各种口径在六十毫米以下常规炮弹、手榴弹或者枪榴弹等分别或者合计不满五枚的。

具有下列情形之一的,依照刑法第一百五十一条第一款的规定处七年以上有期徒刑,并处罚金或者没收财产:

---

① 对于走私以压缩气体为动力且枪口比动能较低的枪支的案件,不适用本司法解释关于走私武器罪的定罪量刑标准,而应当适用《最高人民法院、最高人民检察院关于涉以压缩气体为动力的枪支、气枪铅弹刑事案件定罪量刑问题的批复》(法释〔2018〕8号)确定的综合评估社会危害性规则。——**本评注注**

（一）走私以火药为动力发射枪弹的枪支一支，或者以压缩气体等非火药为动力发射枪弹的枪支五支以上不满十支的；

（二）走私第一款第二项规定的弹药，数量在该项规定的最高数量以上不满最高数量五倍的；

（三）走私各种口径在六十毫米以下常规炮弹、手榴弹或者枪榴弹等分别或者合计达到五枚以上不满十枚，或者各种口径超过六十毫米以上常规炮弹合计不满五枚的；

（四）达到第一款第一、二、四项规定的数量标准，且属于犯罪集团的首要分子，使用特种车辆从事走私活动，或者走私的武器、弹药被用于实施犯罪等情形的。

具有下列情形之一的，应当认定为刑法第一百五十一条第一款规定的"情节特别严重"：

（一）走私第二款第一项规定的枪支，数量超过该项规定的数量标准的；

（二）走私第一款第二项规定的弹药，数量在该项规定的最高数量标准五倍以上的；

（三）走私第二款第三项规定的弹药，数量超过该项规定的数量标准，或者走私具有巨大杀伤力的非常规炮弹一枚以上的；

（四）达到第二款第一项至第三项规定的数量标准，且属于犯罪集团的首要分子，使用特种车辆从事走私活动，或者走私的武器、弹药被用于实施犯罪等情形的。

走私其他武器、弹药，构成犯罪的，参照本条各款规定的标准处罚。

第二条 刑法第一百五十一条第一款规定的"武器、弹药"的种类，参照《中华人民共和国进口税则》及《中华人民共和国禁止进出境物品表》的有关规定确定。

第三条 走私枪支散件，构成犯罪的，依照刑法第一百五十一条第一款的规定，以走私武器罪定罪处罚。成套枪支散件以相应数量的枪支计，非成套枪支散件以每三十件为一套枪支散件计。

第四条 走私各种弹药的弹头、弹壳，构成犯罪的，依照刑法第一百五十一条第一款的规定，以走私弹药罪定罪处罚。具体的定罪量刑标准，按照本解释第一条规定的数量标准的五倍执行。

走私报废或者无法组装并使用的各种弹药的弹头、弹壳，构成犯罪的，依照刑法第一百五十三条的规定，以走私普通货物、物品罪定罪处罚；属于废物的，依照刑法第一百五十二条第二款的规定，以走私废物罪定罪处罚。

弹头、弹壳是否属于前款规定的"报废或者无法组装并使用"或者"废物",由国家有关技术部门进行鉴定。

第五条 走私国家禁止或者限制进出口的仿真枪、管制刀具,构成犯罪的,依照刑法第一百五十一条第三款的规定,以走私国家禁止进出口的货物、物品罪定罪处罚。具体的定罪量刑标准,适用本解释第十一条第一款第六、七项和第二款的规定。

走私的仿真枪经鉴定为枪支,构成犯罪的,依照刑法第一百五十一条第一款的规定,以走私武器罪定罪处罚。不以牟利或者从事违法犯罪活动为目的,且无其他严重情节的,可以依法从轻处罚;情节轻微不需要判处刑罚的,可以免予刑事处罚。

第六条 走私伪造的货币,数额在二千元以上不满二万元,或者数量在二百张(枚)以上不满二千张(枚)的,可以认定为刑法第一百五十一条第一款规定的"情节较轻"。

具有下列情形之一的,依照刑法第一百五十一条第一款的规定处七年以上有期徒刑,并处罚金或者没收财产:

(一)走私数额在二万元以上不满二十万元,或者数量在二千张(枚)以上不满二万张(枚)的;

(二)走私数额或者数量达到第一款规定的标准,且具有走私的伪造货币流入市场等情节的。

具有下列情形之一的,应当认定为刑法第一百五十一条第一款规定的"情节特别严重":

(一)走私数额在二十万元以上,或者数量在二万张(枚)以上的;

(二)走私数额或者数量达到第二款第一项规定的标准,且属于犯罪集团的首要分子,使用特种车辆从事走私活动,或者走私的伪造货币流入市场等情形的。

第七条 刑法第一百五十一条第一款规定的"货币",包括正在流通的人民币和境外货币。伪造的境外货币数额,折合成人民币计算。

第八条① 走私国家禁止出口的三级文物二件以下的,可以认定为刑法第一百五十一条第二款规定的"情节较轻"。

具有下列情形之一的,依照刑法第一百五十一条第二款的规定处五年以上十年以下有期徒刑,并处罚金:

(一)走私国家禁止出口的二级文物不满三件,或者三级文物三件以上不满

---

① 本条关于走私文物定罪量刑标准的规定与《最高人民法院、最高人民检察院关于办理妨害文物管理等刑事案件适用法律若干问题的解释》(法释〔2015〕23号)第一条的规定不一致,应当以后者为准。(→参见分则第六章第四节评注部分,第1682页)

九件的;

(二)走私国家禁止出口的三级文物不满三件,且具有造成文物严重毁损或者无法追回等情节的。

具有下列情形之一的,应当认定为刑法第一百五十一条第二款规定的"情节特别严重":

(一)走私国家禁止出口的一级文物一件以上,或者二级文物三件以上,或者三级文物九件以上的;

(二)走私国家禁止出口的文物达到第二款第一项规定的数量标准,且属于犯罪集团的首要分子,使用特种车辆从事走私活动,或者造成文物严重毁损、无法追回等情形的。

第九条① 走私国家一、二级保护动物未达到本解释附表中(一)规定的数量标准,或者走私珍贵动物制品数额不满二十万元的,可以认定为刑法第一百五十一条第二款规定的"情节较轻"。

具有下列情形之一的,依照刑法第一百五十一条第二款的规定处五年以上十年以下有期徒刑,并处罚金:

(一)走私国家一、二级保护动物达到本解释附表中(一)规定的数量标准的;

(二)走私珍贵动物制品数额在二十万元以上不满一百万元的;

(三)走私国家一、二级保护动物未达到本解释附表中(一)规定的数量标准,但具有造成该珍贵动物死亡或者无法追回等情节的。

具有下列情形之一的,应当认定为刑法第一百五十一条第二款规定的"情节特别严重":

(一)走私国家一、二级保护动物达到本解释附表中(二)规定的数量标准的;

(二)走私珍贵动物制品数额在一百万元以上的;

(三)走私国家一、二级保护动物达到本解释附表中(一)规定的数量标准,且属于犯罪集团的首要分子,使用特种车辆从事走私活动,或者造成该珍贵

---

① 《最高人民法院、最高人民检察院关于办理破坏野生动物资源刑事案件适用法律若干问题的解释》(法释〔2022〕12号)第一条、第二条对本条及第十条作了调整。需要注意的是,实践反映,法释〔2014〕10号第九条第四款适用效果良好。考虑到该款规定的主要内容可为法释〔2022〕12号解释第二条第三款所涵盖,故未再作规定,实践中可以继续沿用相关做法。参见周加海、喻海松、李振华:《〈关于办理破坏野生动物资源刑事案件适用法律若干问题的解释〉的理解与适用》,载《人民司法》2022年第13期。**另**,根据新解释优于旧解释的原则,本解释附表不再适用。

动物死亡、无法追回等情形的。

不以牟利为目的,为留作纪念而走私珍贵动物制品进境,数额不满十万元的,可以免予刑事处罚;情节显著轻微的,不作为犯罪处理。

第十条 刑法第一百五十一条第二款规定的"珍贵动物",包括列入《国家重点保护野生动物名录》中的国家一、二级保护野生动物,《濒危野生动植物种国际贸易公约》附录Ⅰ、附录Ⅱ中的野生动物,以及驯养繁殖的上述动物。

走私本解释附表中未规定的珍贵动物的,参照附表中规定的同属或者同科动物的数量标准执行。

走私本解释附表中未规定珍贵动物的制品的,按照《最高人民法院、最高人民检察院、国家林业局、公安部、海关总署关于破坏野生动物资源刑事案件中涉及的CITES附录Ⅰ和附录Ⅱ所列陆生野生动物制品价值核定问题的通知》(林濒发〔2012〕239号)的有关规定核定价值。

第十一条 走私国家禁止进出口的货物、物品,具有下列情形之一的,依照刑法第一百五十一条第三款的规定处五年以下有期徒刑或者拘役,并处或者单处罚金:

(一)走私国家一级保护野生植物五株以上不满二十五株,国家二级保护野生植物十株以上不满五十株,或者珍稀植物、珍稀植物制品数额在二十万元以上不满一百万元的;

(二)走私重点保护古生物化石或者未命名的古生物化石不满十件,或者一般保护古生物化石十件以上不满五十件的;

(三)走私禁止进出口的有毒物质一吨以上不满五吨,或者数额在二万元以上不满十万元的;

(四)走私来自境外疫区的动植物及其产品五吨以上不满二十五吨,或者数额在五万元以上不满二十五万元的;

(五)走私木炭、硅砂等妨害环境、资源保护的货物、物品十吨以上不满五十吨,或者数额在十万元以上不满五十万元的;

(六)走私旧机动车、切割车、旧机电产品或者其他禁止进出口的货物、物品二十吨以上不满一百吨,或者数额在二十万元以上不满一百万元的;

(七)数量或者数额未达到本款第一项至第六项规定的标准,但属于犯罪集团的首要分子,使用特种车辆从事走私活动,造成环境严重污染,或者引起甲类传染病传播、重大动植物疫情等情形的。

具有下列情形之一的,应当认定为刑法第一百五十一条第三款规定的"情节严重":

(一)走私数量或者数额超过前款第一项至第六项规定的标准的;

(二)达到前款第一项至第六项规定的标准,且属于犯罪集团的首要分子,使用特种车辆从事走私活动,造成环境严重污染,或者引起甲类传染病传播、重大动植物疫情等情形的。

第十二条 刑法第一百五十一条第三款规定的"珍稀植物",包括列入《国家重点保护野生植物名录》《国家重点保护野生药材物种名录》《国家珍贵树种名录》中的国家一、二级保护野生植物、国家重点保护的野生药材、珍贵树木,《濒危野生动植物种国际贸易公约》附录Ⅰ、附录Ⅱ中的野生植物,以及人工培育的上述植物。

本解释规定的"古生物化石",按照《古生物化石保护条例》的规定予以认定。走私具有科学价值的古脊椎动物化石、古人类化石,构成犯罪的,依照刑法第一百五十一条第二款的规定,以走私文物罪定罪处罚。

第十三条 以牟利或者传播为目的,走私淫秽物品,达到下列数量之一的,可以认定为刑法第一百五十二条第一款规定的"情节较轻":

(一)走私淫秽录像带、影碟五十盘(张)以上不满一百盘(张)的;

(二)走私淫秽录音带、音碟一百盘(张)以上不满二百盘(张)的;

(三)走私淫秽扑克、书刊、画册一百副(册)以上不满二百副(册)的;

(四)走私淫秽照片、画片五百张以上不满一千张的;

(五)走私其他淫秽物品相当于上述数量的。

走私淫秽物品在前款规定的最高数量以上不满最高数量五倍的,依照刑法第一百五十二条第一款的规定处三年以上十年以下有期徒刑,并处罚金。

走私淫秽物品在第一款规定的最高数量五倍以上,或者在第一款规定的最高数量以上不满五倍,但属于犯罪集团的首要分子,使用特种车辆从事走私活动等情形的,应当认定为刑法第一百五十二条第一款规定的"情节严重"。

第十四条 走私国家禁止进口的废物或者国家限制进口的可用作原料的废物,具有下列情形之一的,应当认定为刑法第一百五十二条第二款规定的"情节严重":

(一)走私国家禁止进口的危险性固体废物、液态废物分别或者合计达到一吨以上不满五吨的;

(二)走私国家禁止进口的非危险性固体废物、液态废物分别或者合计达到五吨以上不满二十五吨的;

(三)走私国家限制进口的可用作原料的固体废物、液态废物分别或者合计达到二十吨以上不满一百吨的;

(四)未达到上述数量标准,但属于犯罪集团的首要分子,使用特种车辆从事走私活动,或者造成环境严重污染等情形的。

具有下列情形之一的,应当认定为刑法第一百五十二条第二款规定的"情

节特别严重":

(一)走私数量超过前款规定的标准的;

(二)达到前款规定的标准,且属于犯罪集团的首要分子,使用特种车辆从事走私活动,或者造成环境严重污染等情形的;

(三)未达到前款规定的标准,但造成环境严重污染且后果特别严重的。

走私置于容器中的气态废物,构成犯罪的,参照前两款规定的标准处罚。

第十五条 国家限制进口的可用作原料的废物的具体种类,参照国家有关部门的规定确定。

第十六条 走私普通货物、物品,偷逃应缴税额在十万元以上不满五十万元的,应当认定为刑法第一百五十三条第一款规定的"偷逃应缴税额较大";偷逃应缴税额在五十万元以上不满二百五十万元的,应当认定为"偷逃应缴税额巨大";偷逃应缴税额在二百五十万元以上的,应当认定为"偷逃应缴税额特别巨大"。

走私普通货物、物品,具有下列情形之一,偷逃应缴税额在三十万元以上不满五十万元的,应当认定为刑法第一百五十三条第一款规定的"其他严重情节";偷逃应缴税额在一百五十万元以上不满二百五十万元的,应当认定为"其他特别严重情节":

(一)犯罪集团的首要分子;

(二)使用特种车辆从事走私活动的;

(三)为实施走私犯罪,向国家机关工作人员行贿的;

(四)教唆、利用未成年人、孕妇等特殊人群走私的;

(五)聚众阻挠缉私的。

第十七条 刑法第一百五十三条第一款规定的"一年内曾因走私被给予二次行政处罚后又走私"中的"一年内",以因走私第一次受到行政处罚的生效之日与"又走私"行为实施之日的时间间隔计算确定;"被给予二次行政处罚"的走私行为,包括走私普通货物、物品以及其他货物、物品;"又走私"行为仅指走私普通货物、物品。

第十八条 刑法第一百五十三条规定的"应缴税额",包括进出口货物、物品应当缴纳的进出口关税和进口环节海关代征税的税额。应缴税额以走私行为实施时的税则、税率、汇率和完税价格计算;多次走私的,以每次走私行为实施时的税则、税率、汇率和完税价格逐票计算;走私行为实施时间不能确定的,以案发时的税则、税率、汇率和完税价格计算。

刑法第一百五十三条第三款规定的"多次走私未经处理",包括未经行政处理和刑事处理。

第十九条 刑法第一百五十四条规定的"保税货物",是指经海关批准,未办理纳税手续进境,在境内储存、加工、装配后应予复运出境的货物,包括通过加工贸易、补偿贸易等方式进口的货物,以及在保税仓库、保税工厂、保税区或者免税商店内等储存、加工、寄售的货物。

第二十条 直接向走私人非法收购走私进口的货物、物品,在内海、领海、界河、界湖运输、收购、贩卖国家禁止进出口的物品,或者没有合法证明,在内海、领海、界河、界湖运输、收购、贩卖国家限制进出口的货物、物品,构成犯罪的,应当按照走私货物、物品的种类,分别依照刑法第一百五十一条、第一百五十二条、第一百五十三条、第三百四十七条、第三百五十条的规定定罪处罚。

刑法第一百五十五条第二项规定的"内海",包括内河的入海口水域。

第二十一条① 未经许可进出口国家限制进出口的货物、物品,构成犯罪的,应当依照刑法第一百五十一条、第一百五十二条的规定,以走私国家禁止进出口的货物、物品罪等罪名定罪处罚;偷逃应缴税额,同时又构成走私普通货物、物品罪的,依照处罚较重的规定定罪处罚。

取得许可,但超过许可数量进出口国家限制进出口的货物、物品,构成犯罪的,依照刑法第一百五十三条的规定,以走私普通货物、物品罪定罪处罚。

租用、借用或者使用购买的他人许可证,进出口国家限制进出口的货物、物品的,适用本条第一款的规定定罪处罚。

第二十二条 在走私的货物、物品中藏匿刑法第一百五十一条、第一百五十二条、第三百四十七条、第三百五十条规定的货物、物品,构成犯罪的,以实际走私的货物、物品定罪处罚;构成数罪的,实行数罪并罚。

---

① 禁止进出口的货物、物品包括绝对禁止和相对禁止两种,刑法规定的禁止进出口不限于绝对禁止的情形。例如,针对部分驯养繁殖的野生动植物及其制品在经国务院行政主管部门批准并取得证明书的情况下可以合法进出口的问题,全国人大常委会法工委刑法室在函复有关单位的意见中明确指出:"刑法第一百五十一条规定的走私国家禁止进出口的珍贵动物、珍稀植物及其制品的行为,是指走私未经国家有关部门批准,并取得相应进出口证明的珍贵动物、珍稀植物及其制品的行为。"参见裴显鼎等:《〈关于办理走私刑事案件适用法律若干问题的解释〉的理解与适用》,载中华人民共和国最高人民法院刑事审判第一、二、三、四、五庭主办:《中国刑事审判指导案例3》(增订第3版),法律出版社2017年版,第778页。

第二十三条①② 实施走私犯罪,具有下列情形之一的,应当认定为犯罪既遂:

---

① 需要注意的问题有三:(1)监管现场查获情形的既未遂认定。适用本条第一项规定需要注意以下两点:一是适用范围。该规定适用于各种形式的走私犯罪,不以通关走私为限。海关监管现场包括多种场所,既可能是通关场所,也可能是绕关场所,不管是通关走私还是绕关走私,凡是在海关监管现场被查获的,均按犯罪既遂处理。二是海关监管现场的理解。实践中有种意见认为,海关监管现场即为海关监管区,主要指的是海关查验关口和海关专设的监管货场,只有在海关监管区被查获的才可以认定为走私既遂。经研究认为,该理解存在局限性,也不符合海关执法工作的实际情况。根据海关法的规定,海关在海关监管区、海关附近沿海沿边规定地区以及海关监管区和海关附近沿海沿边规定地区以外的其他地区均可以行使相关调查权力。可见,海关有权执法的地域空间并不限于海关监管区,在有权执法的地域行使执法权力时查获走私犯罪,均应认定为在海关监管现场被查获。(2)虚假申报通关走私的既未遂认定。适用本条第二项规定需要注意以下两点:一是行为人的申报行为独立于海关的查验行为,对申报行为是否实施完毕的判断不受是否进入查验环节以及查验是否通过的影响。查验行为属于不受行为人控制的海关监管活动,报关行为实施完毕,在法律上即可视同为行为人的走私行为已经实施完毕。二是申报行为实施完毕标准与海关监管现场被查获标准并行不悖。在通关走私当中,实施申报行为与海关监管现场被查获的时间不具有同步性和必然的先后顺序。申报行为尚未实施完毕即在海关监管现场被查获,只要根据相关证据足以认定构成走私犯罪的,同样应认定为走私既遂。(3)后续走私的既未遂认定。适用本条第三项规定需要注意以下三点:一是是否实际牟利不影响既未遂的认定。《刑法》第一百五十四条规定的"销售牟利"的落脚点在于销售而非牟利,牟利系后续走私犯罪的主观目的要件而非客观要件,牟利目的实现与否不影响后续走私犯罪既未遂的认定。二是销售行为需要客观实施,但不要求销售行为实施完毕,销售行为是后续走私犯罪的一个重要客观行为。同时,本着与前述其他走私犯罪未遂标准相协调的要求,走私犯罪的既遂,不要求销售行为实行完毕或者完成货物、物品的交付。在销售过程中被查获的,也应认定为犯罪既遂。三是尚未实施销售行为但申请核销行为已经实施完毕的,以犯罪既遂论处。较之于销售行为,申请核销行为对于后续走私犯罪的完成更具实质性意义,与前述虚假申报通关走私的道理相同,尚未着手销售但已经申请核销的,同样应认定为既遂,而不以实际骗取核销为条件。参见裴显鼎等:《〈关于办理走私刑事案件适用法律若干问题的解释〉的理解与适用》,载中华人民共和国最高人民法院刑事审判第一、二、三、四、五庭主办:《中国刑事审判指导案例3》(增订第3版),法律出版社2017年版,第780—782页。
② 值得进一步研究的是,《刑法》第一百五十五条规定的准走私,由于其对象为走私进境的物品,故只要运输、收购、贩卖等行为完成,即应当认为对走私犯罪的法益构成实质侵害,成立犯罪既遂。——**本评注注**

（一）在海关监管现场被查获的；

（二）以虚假申报方式走私，申报行为实施完毕的；

（三）以保税货物或者特定减税、免税进口的货物、物品为对象走私，在境内销售的，或者申请核销行为实施完毕的。

第二十四条 单位犯刑法第一百五十一条、第一百五十二条规定之罪，依照本解释规定的标准定罪处罚。

单位犯走私普通货物、物品罪，偷逃应缴税额在二十万元以上不满一百万元的，应当依照刑法第一百五十三条第二款的规定，对单位判处罚金，并对其直接负责的主管人员和其他直接责任人员，处三年以下有期徒刑或者拘役；偷逃应缴税额在一百万元以上不满五百万元的，应当认定为"情节严重"；偷逃应缴税额在五百万元以上的，应当认定为"情节特别严重"。

第二十五条 本解释发布实施后，《最高人民法院关于审理走私刑事案件具体应用法律若干问题的解释》（法释〔2000〕30号）、《最高人民法院关于审理走私刑事案件具体应用法律若干问题的解释（二）》（法释〔2006〕9号）同时废止。之前发布的司法解释与本解释不一致的，以本解释为准。

规范性文件

《最高人民法院、最高人民检察院、海关总署关于办理走私刑事案件适用法律若干问题的意见》（法〔2002〕139号）

为研究解决近年来公安、司法机关在办理走私刑事案件中遇到的新情况、新问题，最高人民法院、最高人民检察院、海关总署共同开展了调查研究，根据修订后的刑法及有关司法解释的规定，在总结侦查、批捕、起诉、审判工作经验的基础上，就办理走私刑事案件的程序、证据以及法律适用等问题提出如下意见：

一、关于走私犯罪案件的管辖问题

根据刑事诉讼法的规定，走私犯罪案件由犯罪地的走私犯罪侦查机关立案侦查。走私犯罪案件复杂，环节多，其犯罪地可能涉及多个犯罪行为发生地，包括货物、物品的进口（境）地、出口（境）地、报关地、核销地等。如果发生刑法第一百五十四条、第一百五十五条规定的走私犯罪行为的，走私货物、物品的销售地、运输地、收购地和贩卖地均属于犯罪行为的发生地。对有多个走私犯罪行为发生地的，由最初受理的走私犯罪侦查机关或者由主要犯罪地的走私犯罪侦查机关管辖。对管辖有争议的，由共同的上级走私犯罪侦查机关指定管辖。

对发生在海（水）上的走私犯罪案件由该辖区的走私犯罪侦查机关管辖，但对走私船舶有跨辖区连续追缉情形的，由缉获走私船舶的走私犯罪侦查机关管辖。

人民检察院受理走私犯罪侦查机关提请批准逮捕、移送审查起诉的走私犯罪案件，人民法院审理人民检察院提起公诉的走私犯罪案件，按照《最高人民法院、最高人民检察院、公安部、司法部、海关总署关于走私犯罪侦查机关办理走私犯罪案件适用刑事诉讼程序若干问题的通知》（署侦〔1998〕742号）的有关规定执行。

二、关于电子数据证据的收集、保全问题

走私犯罪侦查机关对于能够证明走私犯罪案件真实情况的电子邮件、电子合同、电子帐册、单位内部的电子信息资料等电子数据应当作为刑事证据予以收集、保全。

侦查人员应当对提取、复制电子数据的过程制作有关文字说明，记明案由、对象、内容、提取、复制的时间、地点，电子数据的规格、类别、文件格式等，并由提取、复制电子数据的制作人、电子数据的持有人和能够证明提取、复制过程的见证人签名或者盖章，附所提取、复制的电子数据一并随案移送。

电子数据的持有人不在案或者拒绝签字的，侦查人员应当记明情况；有条件的可将提取、复制有关电子数据的过程拍照或者录像。

三、关于办理走私普通货物、物品刑事案件偷逃应缴税额的核定问题

在办理走私普通货物、物品刑事案件中，对走私行为人涉嫌偷逃应缴税额的核定，应当由走私犯罪案件管辖地的海关出具《涉嫌走私的货物、物品偷逃税款海关核定证明书》（以下简称《核定证明书》）。海关出具的《核定证明书》，经走私犯罪侦查机关、人民检察院、人民法院审查确认，可以作为办案的依据和定罪量刑的证据。

走私犯罪侦查机关、人民检察院和人民法院对《核定证明书》提出异议或者因核定偷逃税额的事实发生变化，认为需要补充核定或者重新核定的，可以要求原出具《核定证明书》的海关补充核定或者重新核定。

走私犯罪嫌疑人、被告人或者辩护人对《核定证明书》有异议，向走私犯罪侦查机关、人民检察院或者人民法院提出重新核定申请的，经走私犯罪侦查机关、人民检察院或者人民法院同意，可以重新核定。重新核定应当另行指派专人进行。

四、关于走私犯罪嫌疑人的逮捕条件

对走私犯罪嫌疑人提请逮捕和审查批准逮捕，应当依照刑事诉讼法第六十条规定的逮捕条件来办理。一般按照下列标准掌握：

（一）有证据证明有走私犯罪事实

1、有证据证明发生了走私犯罪事实

有证据证明发生了走私犯罪事实，须同时满足下列两项条件：

（1）有证据证明发生了违反国家法律、法规，逃避海关监管的行为；

(2)查扣的或者有证据证明的走私货物、物品的数量、价值或者偷逃税额达到刑法及相关司法解释规定的起刑点。

2、有证据证明走私犯罪事实系犯罪嫌疑人实施的

有下列情形之一,可认为走私犯罪事实系犯罪嫌疑人实施的:

(1)现场查获犯罪嫌疑人实施走私犯罪的;

(2)视听资料显示犯罪嫌疑人实施走私犯罪的;

(3)犯罪嫌疑人供认的;

(4)有证人证言指证的;

(5)有同案的犯罪嫌疑人供述的;

(6)其他证据能够证明犯罪嫌疑人实施走私犯罪的。

3、证明犯罪嫌疑人实施走私犯罪行为的证据已经查证属实的

符合下列证据规格要求之一,属于证明犯罪嫌疑人实施走私犯罪行为的证据已经查证属实的:

(1)现场查获犯罪嫌疑人实施犯罪,有现场勘查笔录、留置盘问记录、海关扣留查问笔录或者海关查验(检查)记录等证据证实的;

(2)犯罪嫌疑人的供述有其他证据能够印证的;

(3)证人证言能够相互印证的;

(4)证人证言或者同案犯供述能够与其他证据相互印证的;

(5)证明犯罪嫌疑人实施走私犯罪的其他证据已经查证属实的。

(二)可能判处有期徒刑以上的刑罚

是指根据刑法第一百五十一条、第一百五十二条、第一百五十三条、第三百四十七条、第三百五十条等规定和《最高人民法院关于审理走私刑事案件具体应用法律若干问题的解释》等有关司法解释的规定,结合已查明的走私犯罪事实,对走私犯罪嫌疑人可能判处有期徒刑以上的刑罚。

(三)采取取保候审、监视居住等方法,尚不足以防止发生社会危险性而有逮捕必要的

主要是指:走私犯罪嫌疑人可能逃跑、自杀、串供、干扰证人作证以及伪造、毁灭证据等妨碍刑事诉讼活动的正常进行的,或者存在行凶报复、继续作案可能的。

五、关于走私犯罪嫌疑人、被告人主观故意的认定问题

行为人明知自己的行为违反国家法律法规,逃避海关监管,偷逃进出境货物、物品的应缴税额,或者逃避国家有关进出境的禁止性管理,并且希望或者放任危害结果发生的,应认定为具有走私的主观故意。

走私主观故意中的"明知"是指行为人知道或者应当知道所从事的行为是走私行为。具有下列情形之一的,可以认定为"明知",但有证据证明确属被蒙骗的除外:

(一)逃避海关监管,运输、携带、邮寄国家禁止进出境的货物、物品的;

(二)用特制的设备或者运输工具走私货物、物品的;

(三)未经海关同意,在非设关的码头、海(河)岸、陆路边境等地点,运输(驳载)、收购或者贩卖非法进出境货物、物品的;

(四)提供虚假的合同、发票、证明等商业单证委托他人办理通关手续的;

(五)以明显低于货物正常进(出)口的应缴税额委托他人代理进(出)口业务的;

(六)曾因同一种走私行为受过刑事处罚或者行政处罚的;

(七)其他有证据证明的情形。

六、关于行为人对其走私的具体对象不明确的案件的处理问题

走私犯罪嫌疑人主观上具有走私犯罪故意,但对其走私的具体对象不明确的,不影响走私犯罪构成,应当根据实际的走私对象定罪处罚。但是,确有证据证明行为人因受蒙骗而对走私对象发生认识错误的,可以从轻处罚。

七、关于走私珍贵动物制品行为的处罚问题

走私珍贵动物制品的,应当根据刑法第一百五十一条第二、四、五款和《最高人民法院关于审理走私刑事案件具体应用法律若干问题的解释》(以下简称《解释》)第四条的有关规定予以处罚,但同时具有下列情形,情节较轻的,一般不以犯罪论处:

(一)珍贵动物制品购买地允许交易;

(二)入境人员为留作纪念或者作为礼品而携带珍贵动物制品进境,不具有牟利目的的。

同时具有上述两种情形,达到《解释》第四条第三款规定的量刑标准的,一般处五年以下有期徒刑,并处罚金;达到《解释》第四条第四款规定的量刑标准的,一般处五年以上有期徒刑,并处罚金。

八、关于走私旧汽车、切割车等货物、物品的行为的定罪问题

走私刑法第一百五十一条、第一百五十二条、第三百四十七条、第三百五十条规定的货物、物品以外的,已被国家明令禁止进出口的货物、物品,例如旧汽车、切割车、侵犯知识产权的货物、来自疫区的动植物及其产品等,应当依照刑法第一百五十三条的规定,以走私普通货物、物品罪追究刑事责任。

九、关于利用购买的加工贸易登记手册、特定减免税批文等涉税单证进口货

物行为的定性处理问题

加工贸易登记手册、特定减免税批文等涉税单证是海关根据国家法律法规以及有关政策性规定，给予特定企业用于保税货物经营管理和减免税优惠待遇的凭证。利用购买的加工贸易登记手册、特定减免税批文等涉税单证进口货物，实质是将一般贸易货物伪报为加工贸易保税货物或者特定减免税货物进口，以达到偷逃应缴税款的目的，应当适用刑法第一百五十三条以走私普通货物、物品罪定罪处罚。如果行为人与走私分子通谋出售上述涉税单证，或者在出卖批文后又以提供印章、向海关伪报保税货物、特定减免税货物等方式帮助买方办理进口通关手续的，对卖方依照刑法第一百五十六条以走私罪共犯定罪处罚。买卖上述涉税单证情节严重尚未进口货物的，依照刑法第二百八十条的规定定罪处罚。

十、关于在加工贸易活动中骗取海关核销行为的认定问题

在加工贸易经营活动中，以假出口、假结转或者利用虚假单证等方式骗取海关核销，致使保税货物、物品脱离海关监管，造成国家税款流失，情节严重的，依照刑法第一百五十三条的规定，以走私普通货物、物品罪追究刑事责任。但有证据证明因不可抗力原因导致保税货物脱离海关监管，经营人无法办理正常手续而骗取海关核销的，不认定为走私犯罪。

十一、关于伪报价格走私犯罪案件中实际成交价格的认定问题

走私犯罪案件中的伪报价格行为，是指犯罪嫌疑人、被告人在进出口货物、物品时，向海关申报进口或者出口的货物、物品的价格低于或者高于进出口货物的实际成交价格。

对实际成交价格的认定，在无法提取真、伪两套合同、发票等单证的情况下，可以根据犯罪嫌疑人、被告人的付汇渠道、资金流向、会计账册、境内外收发货人的真实交易方式，以及其他能够证明进出口货物实际成交价格的证据材料综合认定。

十二、关于出售走私货物已缴纳的增值税应否从走私偷逃应缴税额中扣除的问题

走私犯罪嫌疑人为出售走私货物而开具增值税专用发票并缴纳增值税，是其走私行为既遂后在流通领域获违法所得的一种手段，属于非法开具增值税专用发票。对走私犯罪嫌疑人因出售走私货物而实际缴纳走私货物增值税的，在核定走私货物偷逃应缴税额时，不应当将其已缴纳的增值税额从其走私偷逃应缴税额中扣除。

十三、关于刑法第一百五十四条规定的"销售牟利"的理解问题

刑法第一百五十四条第(一)、(二)项规定的"销售牟利",是指行为人主观上为了牟取非法利益而擅自销售海关监管的保税货物、特定减免税货物。该种行为是否构成犯罪,应当根据偷逃的应缴税额是否达到刑法第一百五十三条及相关司法解释规定的数额标准予以认定。实际获利与否或者获利多少并不影响其定罪。

十四、关于海上走私犯罪案件如何追究运输人的刑事责任问题

对刑法第一百五十五条第(二)项规定的实施海上走私犯罪行为的运输人、收购人或者贩卖人应当追究刑事责任。对运输人,一般追究运输工具的负责人或者主要责任人的刑事责任,但对于事先通谋的、集资走私的、或者使用特殊的走私运输工具从事走私犯罪活动的,可以追究其他参与人员的刑事责任。

十五、关于刑法第一百五十六条规定的"与走私罪犯通谋"的理解问题

通谋是指犯罪行为人之间事先或者事中形成的共同的走私故意。下列情形可以认定为通谋:

(一)对明知他人从事走私活动而同意为其提供贷款、资金、账号、发票、证明、海关单证,提供运输、保管、邮寄或者其他方便的;

(二)多次为同一走私犯罪分子的走私行为提供前项帮助的。

十六、关于放纵走私罪的认定问题[①]

依照刑法第四百一十一条的规定,负有特定监管义务的海关工作人员徇私舞弊,利用职权,放任、纵容走私犯罪行为,情节严重的,构成放纵走私罪。放纵走私行为,一般是消极的不作为。如果海关工作人员与走私分子通谋,在放纵走私过程中以积极的行为配合走私分子逃避海关监管或者在放纵走私之后分得赃款的,应以共同走私犯罪追究刑事责任。

海关工作人员收受贿赂又放纵走私的,应以受贿罪和放纵走私罪数罪并罚。

十七、关于单位走私犯罪案件诉讼代表人的确定及其相关问题

单位走私犯罪案件的诉讼代表人,应当是单位的法定代表人或者主要负责人。单位的法定代表人或者主要负责人被依法追究刑事责任或者因其他原因无

[①] 《最高人民法院、最高人民检察院关于办理渎职刑事案件适用法律若干问题的解释(一)》(法释〔2012〕18号)第四条在本条规定的基础上作了必要的调整和完善。司法实践应当统一适用法释〔2012〕18号解释的相关规定。参见刘为波等:《〈关于办理渎职刑事案件适用法律若干问题的解释(一)〉的理解与适用》,载中华人民共和国最高人民法院刑事审判第一、二、三、四、五庭主办:《中国刑事审判指导案例6》(增订第3版),法律出版社2017年版,第660页。

法参与刑事诉讼的,人民检察院应当另行确定被告单位的其他负责人作为诉讼代表人参加诉讼。

接到出庭通知的被告单位的诉讼代表人应当出庭应诉。拒不出庭的,人民法院在必要的时候,可以拘传到庭。

对直接负责的主管人员和其他直接责任人员均无法归案的单位走私犯罪案件,只要单位走私犯罪的事实清楚、证据确实充分,且能够确定诉讼代表人代表单位参与刑事诉讼活动的,可以先行追究该单位的刑事责任。

被告单位没有合适人选作为诉讼代表人出庭的,因不具备追究该单位刑事责任的诉讼条件,可按照单位犯罪的条款先行追究单位犯罪中直接负责的主管人员或者其他直接责任人员的刑事责任。人民法院在对单位犯罪中直接负责的主管人员或者直接责任人员进行判决时,对于扣押、冻结的走私货物、物品、违法所得以及属于犯罪单位所有的走私犯罪工具,应当一并判决予以追缴、没收。

十八、关于单位走私犯罪及其直接负责的主管人员和直接责任人员的认定问题

具备下列特征的,可以认定为单位走私犯罪:(1)以单位的名义实施走私犯罪,即由单位集体研究决定,或者由单位的负责人或者被授权的其他人员决定、同意;(2)为单位谋取不正当利益或者违法所得大部分归单位所有。

依照《最高人民法院关于审理单位犯罪案件具体应用法律有关问题的解释》第二条的规定,个人为进行违法犯罪活动而设立的公司、企业、事业单位实施犯罪的,或者个人设立公司、企业、事业单位后,以实施犯罪为主要活动的,不以单位犯罪论处。单位是否以实施犯罪为主要活动,应根据单位实施走私行为的次数、频度、持续时间、单位进行合法经营的状况等因素综合考虑认定。

根据单位人员在单位走私犯罪活动中所发挥的不同作用,对其直接负责的主管人员和其他直接责任人员,可以确定为一人或者数人。对于受单位领导指派而积极参与实施走私犯罪行为的人员,如果其行为在走私犯罪的主要环节起重要作用的,可以认定为单位犯罪的直接责任人员。

十九、关于单位走私犯罪后发生分立、合并或者其他资产重组情形以及单位被依法注销、宣告破产等情况下,如何追究刑事责任的问题

单位走私犯罪后,单位发生分立、合并或者其他资产重组等情况的,只要承受该单位权利义务的单位存在,应当追究单位走私犯罪的刑事责任。走私单位发生分立、合并或者其他资产重组后,原单位名称发生更改的,仍以原单位(名称)作为被告单位。承受原单位权利义务的单位法定代表人或者负责人为诉讼代表人。

单位走私犯罪后,发生分立、合并或者其他资产重组情形,以及被依法注销、宣告破产等情况的,无论承受该单位权利义务的单位是否存在,均应追究原单位直接负责的主管人员和其他直接责任人员的刑事责任。

人民法院对原走私单位判处罚金的,应当将承受原单位权利义务的单位作为被执行人。罚金超出新单位所承受的财产的,可在执行中予以减除。

二十、关于单位与个人共同走私普通货物、物品案件的处理问题①

单位和个人(不包括单位直接负责的主管人员和其他直接责任人员)共同走私的,单位和个人均应对共同走私所偷逃应缴税额负责。

对单位和个人共同走私偷逃应缴税额为5万元以上不满25万元的,应当根据其在案件中所起的作用,区分不同情况做出处理。单位起主要作用的,对单位和个人均不追究刑事责任,由海关予以行政处理;个人起主要作用的,对个人依照刑法有关规定追究刑事责任,对单位由海关予以行政处理。无法认定单位或个人起主要作用的,对个人和单位分别按个人犯罪和单位犯罪的标准处理。

单位和个人共同走私偷逃应缴税额超过25万元且能区分主、从犯的,应当按照刑法关于主、从犯的有关规定,对从犯从轻、减轻处罚或者免除处罚。

二十一、关于单位走私犯罪案件自首的认定问题

在办理单位走私犯罪案件中,对单位集体决定自首的,或者单位直接负责的主管人员自首的,应当认定单位自首。认定单位自首后,如实交代主要犯罪事实的单位负责的其他主管人员和其他直接责任人员,可视为自首,但对拒不交代主要犯罪事实或逃避法律追究的人员,不以自首论。

二十二、关于共同走私犯罪案件如何判处罚金刑问题

审理共同走私犯罪案件时,对各共同犯罪人判处罚金的总额应掌握在共同走私行为偷逃应缴税额的一倍以上五倍以下。

二十三、关于走私货物、物品、走私违法所得以及走私犯罪工具的处理问题

在办理走私犯罪案件过程中,对发现的走私货物、物品、走私违法所得以及属于走私犯罪分子所有的犯罪工具,走私犯罪侦查机关应当及时追缴,依法予以查扣、冻结。在移送审查起诉时应当将扣押物品文件清单、冻结存款证明文件等材料随案移送,对于扣押的危险品或者鲜活、易腐、易失效、易贬值等不宜长期保存的货物、物品,已经依法先行变卖、拍卖的,应当随案移送变卖、拍卖物品清单

---

① 对于本条规定的定罪量刑标准,《最高人民法院、最高人民检察院关于办理走私刑事案件适用法律若干问题的解释》(法释〔2014〕10号)第十六条、第二十四条已作调整。——本评注注

以及原物的照片或者录像资料;人民检察院在提起公诉时应当将上述扣押物品文件清单、冻结存款证明和变卖、拍卖物品清单一并移送;人民法院在判决走私罪案件时,应当对随案清单、证明文件中载明的款、物审查确认并依法判决予以追缴、没收;海关根据人民法院的判决和海关法的有关规定予以处理,上缴中央国库。

二十四、关于走私货物、物品无法扣押或者不便扣押情况下走私违法所得的追缴问题

在办理走私普通货物、物品犯罪案件中,对于走私货物、物品因流入国内市场或者投入使用,致使走私货物、物品无法扣押或者不便扣押的,应当按照走私货物、物品的进出口完税价格认定违法所得予以追缴;走私货物、物品实际销售价格高于进出口完税价格的,应当按照实际销售价格认定违法所得予以追缴。

《最高人民法院关于严格执行有关走私案件涉案财物处理规定的通知》(法〔2006〕114号)

各省、自治区、直辖市高级人民法院,解放军军事法院,新疆维吾尔自治区高级人民法院生产建设兵团分院:

日前,据海关总署反映,有的地方法院在审理走私刑事案件中有不判或部分判决涉案赃款赃物的现象。对人民法院没有判决追缴、没收的涉案财物,海关多以行政处罚的方式予以没收或收缴,从而导致行政诉讼等不良后果。为严肃规范执法,现就有关规定重申如下:

关于刑事案件赃款赃物的处理问题,相关法律、司法解释已经规定的很明确。《海关法》第九十二条规定,"海关依法扣留的货物、物品、运输工具,在人民法院判决或者海关处罚决定作出之前,不得处理";"人民法院判决没收或者海关决定没收的走私货物、物品、违法所得、走私运输工具、特制设备,由海关依法统一处理,所得价款和海关决定处以的罚款,全部上缴中央国库。"《最高人民法院、最高人民检察院、海关总署关于办理走私刑事案件适用法律若干问题的意见》第二十三条规定,"人民法院在判决走私罪案件时,应当对随案清单、证明文件中载明的款、物审查确认并依法判决予以追缴、没收;海关根据人民法院的判决和海关法的有关规定予以处理,上缴中央国库。"

据此,地方各级人民法院在审理走私犯罪案件时,对涉案的款、物等,应当严格遵循并切实执行上述法律、司法解释的规定,依法作出追缴、没收的判决。对于在审理走私犯罪案件中遇到的新情况、新问题,要加强与海关等相关部门的联系和协调,对于遇到的适用法律的新问题,应当及时报告最高人民法院。

《最高人民法院、最高人民检察院、海关总署、公安部、中国海警局关于打击粤港澳海上跨境走私犯罪适用法律若干问题的指导意见》（署缉发〔2021〕141号）

近一时期来，粤港澳海上跨境走私冻品等犯罪频发，严重破坏海关监管秩序和正常贸易秩序。走私冻品存在疫情传播风险，严重危害公共卫生安全和食品安全。走私犯罪分子为实施犯罪或逃避追缉，采取暴力抗拒执法，驾驶改装船舶高速行驶冲撞等方式，严重威胁海上正常航行安全。为严厉打击粤港澳海上跨境走私，现就当前比较突出的法律适用问题提出以下指导意见：

一、非设关地走私进口未取得国家检验检疫准入证书的冻品，应认定为国家禁止进口的货物，构成犯罪的，按走私国家禁止进出口的货物罪定罪处罚。其中，对走私来自境外疫区的冻品，依据《最高人民法院、最高人民检察院关于办理走私刑事案件适用法律若干问题的解释》（法释〔2014〕10号，以下简称《解释》）第十一条第一款第四项和第二款规定定罪处罚。对走私来自境外非疫区的冻品，或者无法查明是否来自境外疫区的冻品，依据《解释》第十一条第一款第六项和第二款规定定罪处罚。

二、走私犯罪分子在实施走私犯罪或者逃避追缉过程中，实施碰撞、挤别、抛撒障碍物、超高速行驶、强光照射驾驶人员等危险行为，危害公共安全的，以走私罪和以危险方法危害公共安全罪数罪并罚。以暴力、威胁方法抗拒缉私执法，以走私罪和袭警罪或者妨害公务罪数罪并罚。武装掩护走私的，依照刑法第一百五十一条第一款规定从重处罚。

三、犯罪嫌疑人真实姓名、住址无法查清的，按其绰号或者自报的姓名、住址认定，并在法律文书中注明。

犯罪嫌疑人的国籍、身份，根据其入境时的有效证件认定；拥有两国以上护照的，以其入境时所持的护照认定其国籍。

犯罪嫌疑人国籍不明的，可以通过出入境管理部门协助查明，或者以有关国家驻华使、领馆出具的证明认定；确实无法查明国籍的，以无国籍人员对待。

四、对用于运输走私冻品等货物的船舶、车辆，按照以下原则处置：

（一）对"三无"船舶，无法提供有效证书的船舶、车辆，依法予以没收、收缴或者移交主管机关依法处置；

（二）对走私犯罪分子自有的船舶、车辆或者假挂靠、长期不作登记、虚假登记等实为走私分子所有的船舶、车辆，作为犯罪工具依法没收；

（三）对所有人明知或者应当知道他人实施走私冻品等犯罪而出租、出借的船舶、车辆，依法予以没收。

具有下列情形之一的,可以认定船舶、车辆出租人、出借人明知或者应当知道他人实施违法犯罪,但有证据证明确属被蒙骗或者有其他相反证据的除外:

(一)出租人、出借人未经有关部门批准,擅自将船舶改装为可运载冻品等货物用的船舶,或者进行伪装的;

(二)出租人、出借人默许实际承运人将船舶改装为可运载冻品等货物用船舶,或者进行伪装的;

(三)因出租、出借船舶、车辆用于走私受过行政处罚,又出租、出借给同一走私人或者同一走私团伙使用的;

(四)出租人、出借人拒不提供真实的实际承运人信息,或者提供虚假的实际承运人信息的;

(五)其他可以认定明知或者应当知道的情形。

是否属于"三无"船舶,按照《"三无"船舶联合认定办法》(署缉发〔2021〕88号印发)规定认定。

五、对查封、扣押的未取得国家检验检疫准入证书的冻品,走私犯罪事实已基本查清的,在做好拍照、录像、称量、勘验、检查等证据固定工作和保留样本后,依照《罚没走私冻品处置办法(试行)》(署缉发〔2015〕289号印发)和《海关总署 财政部关于查获走私冻品由地方归口处置的通知》(署财函〔2019〕300号)规定,先行移交有关部门作无害化处理。

六、办理粤港澳海上以外其他地区非设关地走私刑事案件,可以参照本意见的精神依法处理。

《最高人民法院关于完整准确全面贯彻新发展理念为积极稳妥推进碳达峰碳中和提供司法服务的意见》(法发〔2023〕5号)第七条提出对违法使用受控消耗臭氧层物质,走私木炭、硅砂等构成犯罪的,依法追究刑事责任。(→参见第三百三十八条评注部分,第1750页)

第一百五十一条 【走私武器、弹药罪】【走私核材料罪】【走私假币罪】 走私武器、弹药、核材料或者伪造的货币的,处七年以上有期徒刑,并处罚金或者没收财产;情节特别严重的,处无期徒刑,并处没收财产;情节较轻的,处三年以上七年以下有期徒刑,并处罚金。

【走私文物罪】【走私贵重金属罪】【走私珍贵动物、珍贵动物制品罪】 走私国家禁止出口的文物、黄金、白银和其他贵重金属或者国家禁止进出口的珍贵动物及其制品的,处五年以上十年以下有期徒刑,并处罚金;情节特别严重的,处十年以上有期徒刑或者无期徒刑,并处没收财产;情节较轻的,处五年以下有期徒刑,并处罚金。

【走私国家禁止进出口的货物、物品罪】走私珍稀植物及其制品等国家禁止进出口的其他货物、物品的,处五年以下有期徒刑或者拘役,并处或者单处罚金;情节严重的,处五年以上有期徒刑,并处罚金。

单位犯本条规定之罪的,对单位判处罚金,并对其直接负责的主管人员和其他直接责任人员,依照本条各款的规定处罚。

立法沿革

本条系1997年《刑法》吸收修改单行刑法作出的规定。1979年《刑法》没有依照走私对象的不同区分规定走私犯罪,而是对走私罪作了笼统规定,第一百一十六条规定:"违反海关法规,进行走私,情节严重的,除按照海关法规没收走私物品并且可以罚款外,处三年以下有期徒刑或者拘役,可以并处没收财产。"第一百一十八条规定:"以走私、投机倒把为常业的,走私、投机倒把数额巨大的或者走私、投机倒把集团的首要分子,处三年以上十年以下有期徒刑,可以并处没收财产。"第一百一十九条规定:"国家工作人员利用职务上的便利,犯走私、投机倒把罪的,从重处罚。"《全国人民代表大会常务委员会关于严惩严重破坏经济的罪犯的决定》(自1982年4月1日起施行)对走私罪的法定刑作了修改,规定"情节特别严重的,处十年以上有期徒刑、无期徒刑或者死刑,可以并处没收财产"。《全国人民代表大会常务委员会关于惩治走私罪的补充规定》(自1988年1月21日起施行)第一条、第二条规定:"走私鸦片等毒品、武器、弹药或者伪造货币的,处七年以上有期徒刑,并处罚金或者没收财产;情节特别严重的,处无期徒刑或者死刑,并处没收财产;情节较轻的,处七年以下有期徒刑,并处罚金。""走私国家禁止出口的文物、珍贵动物及其制品、黄金、白银或者其他贵重金属的,处五年以上有期徒刑,并处罚金或者没收财产;情节特别严重的,处无期徒刑或者死刑,并处没收财产;情节较轻的,处五年以下有期徒刑,并处罚金。"1997年《刑法》对上述规定作了如下调整:一是将走私毒品罪单独规定在"妨害社会管理秩序罪"一章中;二是增加规定了走私核材料罪;三是增设"走私国家禁止进出口的珍稀植物及其制品"的规定;四是对具有特别严重情形的走私犯罪的处刑单设条款。

2009年2月28日起施行的《刑法修正案(七)》第一条对本条作了第一次修改,增加走私"国家禁止进出口的其他货物、物品"的规定。

2011年5月1日起施行的《刑法修正案(八)》第二十六条对本条作了第

二次修改,取消走私文物罪、走私贵重金属罪、走私珍贵动物、珍贵动物制品罪的死刑规定,并对法定刑规定作了相应调整。

2015年11月1日起施行的《刑法修正案(九)》第九条对本条作了第三次修改,取消了走私武器、弹药罪、走私核材料罪、走私假币罪的死刑规定。

修正前《刑法》	第一次修正后《刑法》	第二次修正后《刑法》	第三次修正后《刑法》
第一百五十一条【走私武器、弹药罪】【走私核材料罪】【走私假币罪】走私武器、弹药、核材料或者伪造的货币的,处七年以上有期徒刑,并处罚金或者没收财产;情节较轻的,处三年以上七年以下有期徒刑,并处罚金。【走私文物罪】【走私贵重金属罪】【走私珍贵动物、珍贵动物制品罪】走私国家禁止出口的文物、黄金、白银和其他贵重金属或者国家禁止进出口的珍贵动物及其制品的,处五年以上有期徒刑,并处罚金;情节较轻的,处五年以下有期徒刑,并处罚金。	第一百五十一条【走私武器、弹药罪】【走私核材料罪】【走私假币罪】走私武器、弹药、核材料或者伪造的货币的,处七年以上有期徒刑,并处罚金或者没收财产;情节较轻的,处三年以上七年以下有期徒刑,并处罚金。【走私文物罪】【走私贵重金属罪】【走私珍贵动物、珍贵动物制品罪】走私国家禁止出口的文物、黄金、白银和其他贵重金属或者国家禁止进出口的珍贵动物及其制品的,处五年以上有期徒刑,并处罚金;情节较轻的,处五年以下有期徒刑,并处罚金。	第一百五十一条【走私武器、弹药罪】【走私核材料罪】【走私假币罪】走私武器、弹药、核材料或者伪造的货币的,处七年以上有期徒刑,并处罚金或者没收财产;**情节特别严重的,处无期徒刑或者死刑,并处没收财产**;情节较轻的,处三年以上七年以下有期徒刑,并处罚金。【走私文物罪】【走私贵重金属罪】【走私珍贵动物、珍贵动物制品罪】走私国家禁止出口的文物、黄金、白银和其他贵重金属或者国家禁止进出口的珍贵动物及其制品的,处五年以上十年以下有期徒刑,并处罚金;**情节特别严重的,处十年以上有期徒刑或者无期徒刑,并**	第一百五十一条【走私武器、弹药罪】【走私核材料罪】【走私假币罪】走私武器、弹药、核材料或者伪造的货币的,处七年以上有期徒刑,并处罚金或者没收财产;情节特别严重的,处无期徒刑,并处没收财产;情节较轻的,处三年以上七年以下有期徒刑,并处罚金。【走私文物罪】【走私贵重金属罪】【走私珍贵动物、珍贵动物制品罪】走私国家禁止出口的文物、黄金、白银和其他贵重金属或者国家禁止进出口的珍贵动物及其制品的,处五年以上十年以下有期徒刑,并处罚金;情节特别严重的,处十年以上有期徒刑或者无期徒刑,并处没收财产;情节较轻的,处五年以下有期徒刑,并处罚金。

(续表)

修正前《刑法》	第一次修正后《刑法》	第二次修正后《刑法》	第三次修正后《刑法》
【走私珍稀植物、珍稀植物制品罪】走私国家禁止进出口的珍稀植物及其制品的，处五年以下有期徒刑，并处或者单处罚金；情节严重的，处五年以上有期徒刑，并处罚金。 犯第一款、第二款罪，情节特别严重的，处无期徒刑或者死刑，并处没收财产。 单位犯本条规定之罪的，对单位判处罚金，并对其直接负责的主管人员和其他直接责任人员，依照本条各款的规定处罚。	【走私珍稀植物、珍稀植物制品罪】走私珍稀植物及其制品等国家禁止进出口的其他货物、物品的，处五年以下有期徒刑或者拘役，并处或者单处罚金；情节严重的，处五年以上有期徒刑，并处罚金。 ~~犯第一款、第二款罪，情节特别严重的，处无期徒刑或者死刑，并处没收财产。~~ 单位犯本条规定之罪的，对单位判处罚金，并对其直接负责的主管人员和其他直接责任人员，依照本条各款的规定处罚。	处没收财产；情节较轻的，处五年以下有期徒刑，并处罚金。 【走私国家禁止进出口的货物、物品罪】走私珍稀植物及其制品等国家禁止进出口的货物、物品的，处五年以下有期徒刑或者拘役，并处或者单处罚金；情节严重的，处五年以上有期徒刑，并处罚金。 单位犯本条规定之罪的，对单位判处罚金，并对其直接负责的主管人员和其他直接责任人员，依照本条各款的规定处罚。	【走私国家禁止进出口的货物、物品罪】走私珍稀植物及其制品等国家禁止进出口的其他货物、物品的，处五年以下有期徒刑或者拘役，并处或者单处罚金；情节严重的，处五年以上有期徒刑，并处罚金。 单位犯本条规定之罪的，对单位判处罚金，并对其直接负责的主管人员和其他直接责任人员，依照本条各款的规定处罚。

相关规定

《濒危野生动植物种国际贸易公约》（具体条文未收录）

立法解释

《全国人民代表大会常务委员会关于〈中华人民共和国刑法〉有关文物的规定适用于具有科学价值的古脊椎动物化石、古人类化石的解释》（自2005年12月29日起施行）

全国人民代表大会常务委员会根据司法实践中遇到的情况，讨论了关于走私、盗窃、损毁、倒卖或者非法转让具有科学价值的古脊椎动物化石、古人类化石的行为适用刑法有关规定的问题，解释如下：

刑法有关文物的规定,适用于具有科学价值的古脊椎动物化石、古人类化石。现予公告。

司法解释

《最高人民法院、最高人民检察院关于办理走私刑事案件适用法律若干问题的解释》(法释〔2014〕10号)第一条至第十二条、第二十一条至第二十四条对《刑法》第一百五十一条的定罪量刑标准和有关法律适用问题作了规定。(→参见本节标题评注部分,第660—665、667—669页)

《最高人民法院、最高人民检察院关于办理妨害文物管理等刑事案件适用法律若干问题的解释》(法释〔2015〕23号)第一条、第十一条至第十七条对走私文物罪的对象和定罪量刑标准等问题作了规定。(→参见分则第六章第四节标题评注部分,第1682、1686—1688页)

《最高人民法院关于审理走私、非法经营、非法使用兴奋剂刑事案件适用法律若干问题的解释》(法释〔2019〕16号)第一条对走私兴奋剂行为适用《刑法》第一百五十一条第三款的规定所涉问题作了明确。(→参见第三百五十五条之一评注部分,第1971页)

《最高人民法院、最高人民检察院关于办理破坏野生动物资源刑事案件适用法律若干问题的解释》(法释〔2022〕12号)第一条、第二条对走私珍贵动物、珍贵动物制品罪的对象和定罪量刑标准作了规定。(→参见第三百四十一条评注部分,第1971页)

规范性文件

《最高人民法院、最高人民检察院、海关总署、公安部、中国海警局关于打击粤港澳海上跨境走私犯罪适用法律若干问题的指导意见》(署缉发〔2021〕141号)第一条、第二条对适用《刑法》第一百五十一条作了规定。(→参见本节标题评注部分,第678页)

立案追诉标准

《最高人民检察院、公安部关于公安机关管辖的刑事案件立案追诉标准的规定(二)》(公通字〔2022〕12号,节录)

第二条① 〔走私假币案(刑法第一百五十一条第一款)〕走私伪造的货币,涉嫌下列情形之一的,应予立案追诉:

(一)总面额在二千元以上或者币量在二百张(枚)以上的;

(二)总面额在一千元以上或者币量在一百张(枚)以上,二年内因走私假币受过行政处罚,又走私假币的;

(三)其他走私假币应予追究刑事责任的情形。

(→附则参见分则标题评注部分,第392页)

刑参案例规则提炼②

《蘘口义则走私文物案——走私古脊椎动物、古人类化石的行为应以走私文物罪定罪处罚,走私古脊椎动物、古人类化石以外的其他古生物化石的行为不能以走私文物罪定罪处罚》(第416号案例)所涉规则提炼如下:

走私古生物化石行为的定性规则。"古生物化石不是文物,能否视同为文物,与文物受同样的刑法保护,应当依据有关法律的规定予以确定。""走私古生物化石的行为能否构成走私文物罪,关键要看古生物化石的种类。依据文物保护法的规定,只有走私古脊椎动物化石或古人类化石才能以走私文物罪定罪处罚,而走私其他古生物化石,即便这些古生物化石可能更为珍贵,科学研究价值可能更高,也不能以走私文物罪定罪处罚。"(第416号案例)

第一百五十二条 【走私淫秽物品罪】以牟利或者传播为目的,走私淫秽的影片、录像带、录音带、图片、书刊或者其他淫秽物品的,处三年以上十年以下有期徒刑,并处罚金;情节严重的,处十年以上有期徒刑或者无期徒刑,并处罚金或者没收财产;情节较轻的,处三年以下有期徒刑、拘役或者管制,并处罚金。

---

① 本条在法释〔2014〕10号解释第六条第一款的基础上,增加了基于前科情形的立案追诉标准。鉴此,司法适用中宜综合判断。——本评注注

② 另,鉴于法释〔2018〕8号解释对走私气枪铅弹行为的定罪量刑规则作了专门规定,《戴永光走私弹药、非法持有枪支案——走私气枪铅弹构成犯罪,量刑标准是否应当有别于一般的走私非军用子弹》(第940号案例)所涉规则未予提炼;本评注认为,根据《全国人民代表大会常务委员会关于〈中华人民共和国刑法〉有关文物的规定适用于具有科学价值的古脊椎动物化石、古人类化石的解释》的规定,对于走私具有科学价值的古脊椎动物化石、古人类化石的行为,无论涉案化石是否与人类活动有关,均应当适用走私文物罪,故对《朱丽清走私国家禁止出口的物品案——走私年代久远且与人类活动无关的古脊椎动物化石的行为如何定性》(第744号案例)所涉规则未予提炼。

【走私废物罪】逃避海关监管将境外固体废物、液态废物和气态废物运输进境,情节严重的,处五年以下有期徒刑,并处或者单处罚金;情节特别严重的,处五年以上有期徒刑,并处罚金。

单位犯前两款罪的,对单位判处罚金,并对其直接负责的主管人员和其他直接责任人员,依照前两款的规定处罚。

立法沿革

本条系1997年《刑法》沿用《全国人民代表大会常务委员会关于惩治走私罪的补充规定》(自1988年1月21日起施行)第三条的规定,仅对法定刑增加规定管制。

2002年12月28日起施行的《刑法修正案(四)》第二条对本条作了修改,将原第一百五十五条第三项"逃避海关监管将境外固体废物、液体废物和气态废物运输进境"的规定移至本条第二款,增加走私废物罪的规定。

修正前《刑法》	修正后《刑法》
第一百五十二条 【走私淫秽物品罪】以牟利或者传播为目的,走私淫秽的影片、录像带、录音带、图片、书刊或者其他淫秽物品的,处三年以上十年以下有期徒刑,并处罚金;情节严重的,处十年以上有期徒刑或者无期徒刑,并处罚金或者没收财产;情节较轻的,处三年以下有期徒刑、拘役或者管制,并处罚金。 单位犯前款罪的,对单位判处罚金,并对其直接负责的主管人员和其他直接责任人员,依照前款的规定处罚。	第一百五十二条 【走私淫秽物品罪】以牟利或者传播为目的,走私淫秽的影片、录像带、录音带、图片、书刊或者其他淫秽物品的,处三年以上十年以下有期徒刑,并处罚金;情节严重的,处十年以上有期徒刑或者无期徒刑,并处罚金或者没收财产;情节较轻的,处三年以下有期徒刑、拘役或者管制,并处罚金。 【走私废物罪】逃避海关监管将境外固体废物、液态废物和气态废物运输进境,情节严重的,处五年以下有期徒刑,并处或单处罚金;情节特别严重的,处五年以上有期徒刑,并处罚金。 单位犯前**两**款罪的,对单位判处罚金,并对其直接负责的主管人员和其他直接责任人员,依照前**两**款的规定处罚。

司法解释

《最高人民法院、最高人民检察院关于办理走私刑事案件适用法律若干问题的解释》(法释〔2014〕10号)第十三条至第十五条对《刑法》第一百五十二条的定罪量刑标准和有关问题作了规定。(→参见本节标题评注部分,第665—666页)

立案追诉标准

《最高人民检察院、公安部关于公安机关管辖的刑事案件立案追诉标准的规定(一)》(公通字〔2008〕36号,节录)

第二十五条① [走私淫秽物品案(刑法第一百五十二条第一款)]以牟利或者传播为目的,走私淫秽的影片、录像带、录音带、图片、书刊或者其他通过文字、声音、形象等形式表现淫秽内容的影碟、音碟、电子出版物等物品,涉嫌下列情形之一的,应予立案追诉:

(一)走私淫秽录像带、影碟五十盘(张)以上的;
(二)走私淫秽录音带、音碟一百盘(张)以上的;
(三)走私淫秽扑克、书刊、画册一百副(册)以上的;
(四)走私淫秽照片、画片五百张以上的;
(五)走私其他淫秽物品相当于上述数量的;
(六)走私淫秽物品数量虽未达到本条第(一)项至第(四)项规定标准,但分别达到其中两项以上标准的百分之五十以上的。

(→附则参见分则标题评注部分,第392页)

刑参案例规则提炼

《佛山市格利华经贸有限公司、王炽东、李伟雄走私废物案——利用他人许可证进口可用作原料的固体废物行为的认定》(第1434号案例)所涉规则提炼如下:

利用他人许可证进口可用作原料的固体废物的处理规则。"虽非'不具备环评资质的单位或个人'或者'相关持证企业',但其作为报关代理人,在明知他人无许可证的情况下,借用他人许可证并制作虚假报关单证,为他人走私进口国家限制进口可用作原料的固体废物,系走私废物犯罪的共犯。"(第1434号案例)

第一百五十三条 【走私普通货物、物品罪】走私本法第一百五十一条、第一百五十二条、第三百四十七条规定以外的货物、物品的,根据情节轻重,分别依照下列规定处罚:

(一)走私货物、物品偷逃应缴税额较大或者一年内曾因走私被给予二次行政处罚后又走私的,处三年以下有期徒刑或者拘役,并处偷逃应缴税额一倍

---

① 法释〔2014〕10号解释第十三条并未吸收本条第六项的规定。鉴此,司法实践宜慎重适用本条第六项的规定。——**本评注注**

以上五倍以下罚金。

（二）走私货物、物品偷逃应缴税额巨大或者有其他严重情节的,处三年以上十年以下有期徒刑,并处偷逃应缴税额一倍以上五倍以下罚金。

（三）走私货物、物品偷逃应缴税额特别巨大或者有其他特别严重情节的,处十年以上有期徒刑或者无期徒刑,并处偷逃应缴税额一倍以上五倍以下罚金或者没收财产。

单位犯前款罪的,对单位判处罚金,并对其直接负责的主管人员和其他直接责任人员,处三年以下有期徒刑或者拘役;情节严重的,处三年以上十年以下有期徒刑;情节特别严重的,处十年以上有期徒刑。

对多次走私未经处理的,按照累计走私货物、物品的偷逃应缴税额处罚。

立法沿革

本条系1997年《刑法》吸收修改单行刑法作出的规定。《全国人民代表大会常务委员会关于惩治走私罪的补充规定》（自1988年1月21日起施行）第四条规定:"走私本规定第一条至第三条规定以外的货物、物品的,根据情节轻重,分别依照下列规定处罚:(1)走私货物、物品价额在五十万元以上的,处十年以上有期徒刑或者无期徒刑,并处罚金或者没收财产;情节特别严重的,处死刑,并处没收财产。(2)走私货物、物品价额在十五万元以上不满五十万元的,处七年以上有期徒刑,并处罚金或者没收财产;情节特别严重的,处无期徒刑,并处没收财产。(3)走私货物、物品价额在五万元以上不满十五万元的,处三年以上十年以下有期徒刑,并处罚金。(4)走私货物、物品价额在二万元以上不满五万元的,处三年以下有期徒刑或者拘役,并处罚金;情节较轻的,或者价额不满二万元的,由海关没收走私货物、物品和违法所得,可以并处罚款。""二人以上共同走私的,按照个人走私货物、物品的价额及其在犯罪中的作用,分别处罚。对走私集团的首要分子,按照集团走私货物、物品的总价额处罚;对其他共同走私犯罪中的主犯,情节严重的,按照共同走私货物、物品的总价额处罚。""对多次走私未经处理的,按照累计走私货物、物品的价额处罚。"第五条第二款规定:"企业事业单位、机关、团体走私本规定第一条至第三条规定以外的货物、物品,价额在三十万元以上的,判处罚金,并对其直接负责的主管人员和其他直接责任人员,处五年以下有期徒刑或者拘役;情节特别严重,使国家利益遭受重大损失的,处五年以上十年以下有期徒刑……"1997年《刑法》将定罪量刑标准由"走私货物、物品的价额"调整为"走私货物、物品偷逃应缴税额",相应调整数额标准,并对法定刑作了调整。

2011年5月1日起施行的《刑法修正案（八）》第二十七条对本条作了修

改,主要涉及如下几个方面:一是取消走私普通货物、物品罪的死刑规定;二是将"一年内曾因走私被给予二次行政处罚后又走私的"行为规定为犯罪;三是将定罪量刑标准由确定数额调整为相对数额,并调整整合量刑档次和排序。

修正前《刑法》	修正后《刑法》
第一百五十三条 【走私普通货物、物品罪】走私本法第一百五十一条、第一百五十二条、第三百四十七条规定以外的货物、物品的,根据情节轻重,分别依照下列规定处罚: (一)走私货物、物品偷逃应缴税额~~在五十万元以上的~~,处十年以上有期徒刑或者无期徒刑,并处偷逃应缴税额一倍以上五倍以下罚金或者没收财产~~,情节特别严重的,依照本法第一百五十一条第四款的规定处罚~~。 (二)走私货物、物品偷逃应缴税额~~在十五万元以上不满五十万元的~~,处三年以上十年以下有期徒刑,并处偷逃应缴税额一倍以上五倍以下罚金~~,情节特别严重的,处十年以上有期徒刑或者无期徒刑,并处偷逃应缴税额一倍以上五倍以下罚金或者没收财产~~。 (三)走私货物、物品偷逃应缴税额~~在五万元以上不满十五万元的~~,处三年以下有期徒刑或者拘役,并处偷逃应缴税额一倍以上五倍以下罚金。 单位犯前款罪的,对单位判处罚金,并对其直接负责的主管人员和其他直接责任人员,处三年以下有期徒刑或者拘役;情节严重的,处三年以上十年以下有期徒刑;情节特别严重的,处十年以上有期徒刑。 对多次走私未经处理的,按照累计走私货物、物品的偷逃应缴税额处罚。	**第一百五十三条** 【走私普通货物、物品罪】走私本法第一百五十一条、第一百五十二条、第三百四十七条规定以外的货物、物品的,根据情节轻重,分别依照下列规定处罚: (一)走私货物、物品偷逃应缴税额**较大或者一年内曾因走私被给予二次行政处罚后又走私**的,处三年以下有期徒刑或者拘役,并处偷逃应缴税额一倍以上五倍以下罚金。 (二)走私货物、物品偷逃应缴税额**巨大或者有其他严重情节**的,处三年以上十年以下有期徒刑,并处偷逃应缴税额一倍以上五倍以下罚金。 (三)走私货物、物品偷逃应缴税额**特别巨大或者有其他特别严重情节**的,处十年以上有期徒刑或者无期徒刑,并处偷逃应缴税额一倍以上五倍以下罚金或者没收财产。 单位犯前款罪的,对单位判处罚金,并对其直接负责的主管人员和其他直接责任人员,处三年以下有期徒刑或者拘役;情节严重的,处三年以上十年以下有期徒刑;情节特别严重的,处十年以上有期徒刑。 对多次走私未经处理的,按照累计走私货物、物品的偷逃应缴税额处罚。

司法解释

《最高人民法院、最高人民检察院关于办理走私刑事案件适用法律若干问题的解释》(法释〔2014〕10号)第十六条至第十八条、第二十四条对走私普通货物、物品罪的定罪量刑标准和有关问题作了规定。(→参见本节标题评注部分,第666—667、669页)

《最高人民法院关于审理走私、非法经营、非法使用兴奋剂刑事案件适用法律若干问题的解释》(法释〔2019〕16号)第一条对走私兴奋剂行为适用《刑法》第一百五十一条第三款作了规定。(→参见第三百五十五条之一评注部分,第1971页)

规范性文件[1]

《最高人民法院、最高人民检察院、海关总署关于办理走私刑事案件适用法律若干问题的意见》(法〔2002〕139号)第三条、第八条、第九条、第十条、第二十条对《刑法》第一百五十三条的适用作了规定。(→参见本节标题评注部分,第670、672、673、676页)

《最高人民法院、最高人民检察院、海关总署打击非设关地成品油走私专题研讨会会议纪要》(署缉发〔2019〕210号)

近一时期,我国东南沿海、西南陆路边境等非设关地成品油走私活动猖獗,严重破坏国家进出境监管秩序,给社会公共安全和环境保护带来重大隐患。2019年3月27日,最高人民法院、最高人民检察院、海关总署在江苏省南京市召开打击非设关地成品油走私专题研讨会,最高人民法院刑五庭、最高人民检察院第四检察厅、海关总署缉私局及部分地方人民法院、人民检察院和海关缉私部门有关同志参加会议。会议分析了当前非设关地成品油走私的严峻形势,总结交流了办理非设关地成品油走私刑事案件的经验,研究探讨了办案中的疑难问题,对人民法院、人民检察院、海关缉私部门依法严厉打击非设关地成品油走私犯罪、正确适用法律办理案件达成共识。现纪要如下:

一、关于定罪处罚[2]

走私成品油,构成犯罪的,依照刑法第一百五十三条的规定,以走私普通货

---

[1] 另,鉴于法释〔2014〕10号解释发布施行,《最高人民法院关于审理走私犯罪案件适用法律有关问题的通知》(法〔2011〕163号)未予收录。
[2] 需要注意的问题有二:(1)关于走私成品油行为性质的认定。经研究认为,单纯以经营许可为由认为成品油属于国家限制进出口货物、物品的依据不充分;"红油"不属于《刑法》第一百五十一条第三款规定的"国家禁止进出口的其他货物、物品"。(2)关于非法经营走私入境成品油行为性质的认定。对于未取得成品油经营许可证的情况下从事成品油销售、仓储、运输等经营行为,按照非法经营罪处理应慎重。理由是:首先,成品油不属于《刑法》第二百二十五条第(一)项规定的"法律、行政法规规定的专营、专卖物品或者其他限制买卖的物品"。其次,对于无证经营成品油的行为不加区分地按非法经营罪处理,存在打击面过大的问题。最后,对于无证经营成品油的行为入罪,应严格遵循最高人民法院的有关规定。考虑到实践中无证经营成品油的行为差别较大,是否按照(转下页)

物罪定罪处罚。

对不构成走私共犯的收购人,直接向走私人购买走私的成品油,数额较大的,依照刑法第一百五十五条第(一)项的规定,以走私罪论处;向非直接走私人购买走私的成品油的,根据其主观故意,分别依照刑法第一百九十一条规定的洗钱罪或者第三百一十二条规定的掩饰、隐瞒犯罪所得、犯罪所得收益罪定罪处罚。

在办理非设关地走私成品油刑事案件中,发现行为人在销售的成品油中掺杂、掺假,以假充真,以次充好或者以不合格油品冒充合格油品,构成犯罪的,依照刑法第一百四十条的规定,对该行为以生产、销售伪劣产品罪定罪处罚。

行为人与他人事先通谋或者明知他人从事走私成品油犯罪活动,而在我国专属经济区或者公海向其贩卖、过驳成品油的,应当按照走私犯罪的共犯追究刑事责任。

明知他人从事走私成品油犯罪活动而为其提供资金、贷款、账号、发票、证明、许可文件,或者提供运输、仓储等其他便利条件的,应当按照走私犯罪的共犯追究刑事责任。

对成品油走私共同犯罪或者犯罪集团中的主要出资者、组织者,应当认定为主犯;对受雇用的联络员、船长等管理人员,可以认定为从犯,如其在走私犯罪中起重要作用的,应当认定为主犯;对其他参与人员,如船员、司机、

(接上页)犯罪处理,应结合具体案情综合考量,只能对"情节严重"的非法经营行为定罪处罚。要避免将一般的行政违法行为当作刑事犯罪处理,以犯罪论处的非法经营行为应当具有相当的社会危害性和刑事处罚的必要性。并且,判断被告人的行为是否属于《刑法》第二百二十五条第四项规定的"严重扰乱市场秩序的非法经营行为",需要有法律、司法解释的明确规定。有关法律、司法解释未作明确规定的,应当作为法律适用问题,按照最高人民法院有关通知的规定,逐级报最高人民法院请示。参见郭慧、王珅、阎丽等:《〈打击非设关地成品油走私专题研讨会会议纪要〉的理解与适用》,载中华人民共和国最高人民法院刑事审判第一、二、三、四、五庭主办:《刑事审判参考(总第124集)》,法律出版社2020年版,第193—201页。基于此,《最高人民法院刑事审判第二庭关于对未经行政许可审批经营成品油批发业务是否构成非法经营罪的意见》(〔2008〕刑二函字第108号)未予收录。该函提出:"在未取得合法有效的《成品油批发经营批准证书》的情况下,进行成品油批发经营业务,属于违反国家规定,未经许可经营法律、行政法规规定限制买卖的物品的行为。对于扰乱市场秩序,情节严重的,可以非法经营罪追究刑事责任。"参见李立众编:《刑法一本通——中华人民共和国刑法总成》(第十六版),法律出版社2022年版,第430页。

"黑引水"、盯梢望风人员等，不以其职业、身份判断是否追究刑事责任，应当按照其在走私活动中的实际地位、作用、涉案金额、参与次数等确定是否追究刑事责任。

对在非设关地走私成品油的犯罪嫌疑人、被告人，人民检察院、人民法院应当依法严格把握不起诉、缓刑适用条件。

二、关于主观故意的认定

行为人没有合法证明，逃避监管，在非设关地运输、贩卖、收购、接卸成品油，有下列情形之一的，综合其他在案证据，可以认定具有走私犯罪故意，但有证据证明确属被蒙骗或者有其他相反证据的除外：

（一）使用"三无"船舶、虚假船名船舶、非法改装的船舶，或者使用虚假号牌车辆、非法改装、伪装的车辆的；

（二）虚假记录船舶航海日志、轮机日志，进出港未申报或者进行虚假申报的；

（三）故意关闭或者删除船载 AIS 系统、GPS 及其他导航系统存储数据，销毁手机存储数据，或者销毁成品油交易、运输单证的；

（四）在明显不合理的隐蔽时间、偏僻地点过驳成品油的；

（五）使用无实名登记或者无法定位的手机卡、卫星电话卡等通讯工具的；

（六）使用暗号、信物进行联络、接头的；

（七）交易价格明显低于同类商品国内合规市场同期价格水平且无法作出合理解释的；

（八）使用控制的他人名下银行账户收付成品油交易款项的；

（九）逃避、抗拒执法机关检查，或者事前制定逃避执法机关检查预案的；

（十）其他可以认定具有走私犯罪故意情形的。

三、关于犯罪数额的认定

非设关地成品油走私活动属于非法的贸易活动，计核非设关地成品油走私刑事案件的偷逃应缴税额，一律按照成品油的普通税率核定，不适用最惠国税率或者暂定税率。

查获部分走私成品油的，可以按照被查获的走私成品油标准核定应缴税额；全案没有查获成品油的，可以结合其他在案证据综合认定走私成品油的种类和数量，核定应缴税额。

办理非设关地成品油走私犯罪案件，除主要犯罪嫌疑人以外，对集团犯罪、共同犯罪中的其他犯罪嫌疑人，无法准确核定其参与走私的具体偷逃应缴税额的，可以结合在案相关证据，根据其参与走私的涉案金额、次数或者在走私活动中的地位、作用等情节决定是否追究刑事责任。

四、关于证据的收集

办理非设关地成品油走私犯罪案件，应当注意收集、提取以下证据：

（一）反映涉案地点的位置、环境，涉案船舶、车辆、油品的特征、数量、属性等的证据；

（二）涉案船舶的航次航图、航海日志、GPS、AIS轨迹、卫星电话及其通话记录；

（三）涉案人员的手机号码及其通话记录、手机短信、微信聊天记录，涉案人员通过微信、支付宝、银行卡等方式收付款的资金交易记录；

（四）成品油取样、计量过程的照片、视听资料；

（五）跟踪守候、监控拍摄的照片、视听资料；

（六）其他应当收集、提取的证据。

依照法律规定采取技术侦查措施收集的物证、书证、视听资料、电子数据等证据材料对定罪量刑有重大影响的，应当随案移送，并移送批准采取技术侦查措施的法律文书和侦查办案部门对证据内容的说明材料。对视听资料中涉及的绰号、暗语、俗语、方言等，侦查机关应当结合犯罪嫌疑人的供述、证人证言等证据说明其内容。

确因客观条件的限制无法逐一收集船员、司机、收购人等人员证言的，可结合已收集的言词证据和物证、书证、视听资料、电子数据等证据，综合认定犯罪事实。

五、关于涉案货物、财产及运输工具的处置

对查封、扣押的涉案成品油及易贬值、不易保管的涉案船舶、车辆，权利人明确的，经其本人书面同意或者申请，依法履行审批程序，并固定证据和留存样本后，可以依法先行变卖、拍卖，变卖、拍卖所得价款暂予保存，待诉讼终结后一并依法处理。

有证据证明依法应当追缴、没收的涉案财产被他人善意取得或者与其他合法财产混合且不可分割的，应当追缴、没收其他等值财产。

侦查机关查封、扣押的财物经审查后应当返还的，应当通知原主认领。无人认领的，应当公告通知，公告满三个月无人认领的，依法拍卖、变卖后所得价款上缴国库；上缴国库后有人认领，经查证属实的，应当申请退库予以返还。

对用于运输走私成品油的船舶、车辆，按照以下原则处置：

（一）对"三无"船舶、无法提供有效证书的船舶、车辆，依法予以没收、收缴或者移交主管机关依法处置；

(二)对走私犯罪分子自有的船舶、车辆或者假挂靠、长期不作登记、虚假登记等实为走私分子所有的船舶、车辆,作为犯罪工具依法没收;

(三)对所有人明知他人实施走私犯罪而出租、出借的船舶、车辆,依法予以没收。

具有下列情形之一的,可以认定船舶、车辆出租人、出借人明知他人实施违法犯罪,但有证据证明确属被蒙骗或者有其他相反证据的除外:

(一)出租人、出借人未经有关部门批准,擅自将船舶、车辆改装为可装载油料用的船舶、车辆,或者进行伪装的;

(二)出租人、出借人默许实际承租人将船舶、车辆改装为可装载油料用船舶、车辆,或者进行伪装的;

(三)因出租、出借船舶、车辆用于走私受过行政处罚,又出租、出借给同一走私人或者同一走私团伙使用的;

(四)出租人、出借人拒不提供真实的实际承运人信息,或者提供虚假的实际承运人信息的;

(五)其他可以认定明知的情形。

六、关于办案协作

为有效遏制非设关地成品油走私犯罪活动,各级海关缉私部门、人民检察院和人民法院要进一步加强办案协作,依法及时开展侦查、批捕、起诉和审判工作。要强化人民检察院提前介入机制,并加大对非设关地重大成品油走私案件联合挂牌督办力度。要强化案件信息沟通,积极发挥典型案例指引作用,保证执法司法标准的统一性和均衡性。

七、其他问题

本纪要中的成品油是指汽油、煤油、柴油以及其他具有相同用途的乙醇汽油和生物柴油等替代燃料(包括添加染色剂的"红油""白油""蓝油"等)。

办理非设关地走私白糖、冻品等刑事案件的相关问题,可以参照本纪要的精神依法处理。

《最高人民检察院第四检察厅关于办理涉走私平行进口车刑事案件有关问题的指导意见》(高检四厅〔2021〕13号)

近来,部分地方反映,在办理低报价格走私平行进口车刑事案件过程中,对于主观故意的认定和法律适用等问题存在分歧。为准确把握罪与非罪的界限,规范执法行为,统一执法标准,根据有关法律法规,经共同研究,提出以下指导意见:

一、关于进口平行车低报价格走私行为的认定

1. 行为人在进口平行进口车过程中,应当依法如实向海关申报进口货物的成交价格,并按照海关的规定提供有关确定完税价格等所需的材料。行为人违反海关法律法规,逃避海关监管,故意以低于成交价格的价格向海关申报,偷逃应缴税款,数额达到入罪标准的,以走私普通货物罪追究刑事责任。

二、关于完税价格的认定

2. 办案机关应当查明进口车商向境外卖方实付、应付的各种费用,准确认定进口车辆的完税价格。

3. 完税价格应包括进口货物的成交价格、货物运抵中华人民共和国境内输入地点起卸前的运输及其相关费用、保险费。进口货物的完税价格,由海关以该货物的成交价格为基础,根据《中华人民共和国海关审定进出口货物完税价格办法》审查确定。

行为人在进口平行进口车过程中,为完成交易,向境外卖方支付的加价款(俗称贸款、帽款、冒款),应计入完税价格。

4. 行为人在交易过程中支付了自有资金、获得了货物的所有权,并承担了货物的风险和收益,其在交易中的地位应认定为卖方,不属于法律意义上的中间人或代理人。进口车商向其支付的费用不属于购货佣金,应计入完税价格。

5. 对于进口车商支付给中间人、代理人的佣金,是否计入完税价格,应以该中间人或代理人在交易中承担的实际地位和作用作为判断标准,而不能简单地以合同标示的名称作为唯一判断标准。具体可以从以下几方面综合考察:

(一)购车款项的实际支出;

(二)货物交付前灭失、毁损的风险承担;

(三)不支付该笔费用是否能够完成交易。

三、关于低报价格主观故意的认定

6. 行为人在进口平行进口车过程中,有下列行为之一的,可以认定为故意低报价格:

(一)伪造货物交易合同,或采取分签合同、篡改合同价格、支付方式条款等方式低报价格的;

(二)通过第三方支付货款,或利用"地下钱庄"等非法方式支付货款,或利用预付款、后期余款付款等方式,隐瞒加价款的;

(三)综合记账单、差额款支付记录、通讯聊天记录等客观性证据,可以认定行为人隐瞒实际成交价格的;

（四）综合犯罪嫌疑人供述、证人证言等证据材料，可以认定行为人故意低报价格的。

7. 行为人在进口平行进口车过程中低报价格，有下列情形之一的，可以认定具有走私的主观故意，但有其他相反证据的除外：

（一）曾因低报价格等违规进口平行进口车行为受过行政、刑事处罚的；

（二）曾从事平行进口车业务，因当地其他相同经营模式的平行进口车商低报价格走私被查处而转移到其他地方继续从事平行进口车业务的；

（三）曾具有海关相关行业从业经历，或具有国际贸易、海关、报关等专门知识的；

（四）其他可以认定具有走私犯罪故意的情形。

8. 对于平行进口车商向海关申报货物成交价格时，既有高于实际成交价格申报情况，又有低于实际成交价格申报情况的，认定其是否具有走私犯罪的主观故意，应结合在案其他证据综合认定。

行为人在进口平行进口车过程中，在报关单中虽未如实填写成交价格，而是以"车窗纸价+运费、保险"向海关申报但在随附单据中列明了货物进口的各项实际费用的，不宜直接认定为低报价格走私行为而追究刑事责任。

四、关于宽严相济刑事政策的把握

9. 处理涉平行进口车走私案件，要充分体现宽严相济刑事政策，贯彻落实《最高人民检察院关于充分发挥检察职能服务保障"六稳""六保"的意见》，适用认罪认罚从宽制度，以实现三个效果的有机统一。

■ 刑参案例规则提炼

《宋世璋被控走私普通货物案——在代理转口贸易中未如实报关的行为不构成走私罪》（第267号案例）、《王红梅、王宏斌、陈一平走私普通货物、虚开增值税专用发票案——以单位名义实施走私犯罪，现有证据只能证实少量违法所得用于单位的经营活动，绝大部分违法所得的去向无法查清，是单位犯罪还是个人犯罪》（第336号案例）、《林永杰、卢志强走私普通货物案——走私仿真枪犯罪案件中的有关鉴定和计税依据问题》（第423号案例）、《岑张耀等走私珍贵动物、马忠明非法收购珍贵野生动物、赵应明等非法运输珍贵野生动物案——具有走私的故意，但对走私的具体对象认识不明确如何定罪处罚》（第616号案例）、《程瑞洁等走私废物案——走私的废物中混有普通货物的，如何定罪处罚》（第773号案例）、《应志敏、陆毅走私废物、走私普通货物案——在走私犯罪案件中，如何认定行为人对夹藏物品是否具有走私的故意以及对走私对象中夹藏的物品确实不明知的,是否适用相关规范性文件中根据实际走私对象定罪处罚的规定》(第 840 号案例)、《**广州顺亨汽车配件贸易有限公司等走私普通货物案**——在刑事案件中如何审查电子数据的证据资格以及如何认定走私共同犯罪中主、从犯》(第 873 号案例)、《**舟山市某远洋渔业有限公司、李某某走私普通货物案**——冒用远洋渔业项目确认的船舶名义,将自捕水产品作为不征税货物报关入境的行为如何定性》(第 1119 号案例)、《**吕丽玲走私普通物品案**——携带贵金属纪念币入境的行为如何定性》(第 1199 号案例)所涉规则提炼如下:

1. 走私普通货物、物品罪的罪名选择适用规则。"货物"与进出境"物品"的区别包括两个方面:"一是实质要件,即货物在进出境环节或进出境目的上属于贸易性质,物品在进出境环节或进出境目的上属于非贸易性质;二是形式要件,即货物应当签有合同或协议,物品则不存在合同或协议。"(第 1199 号案例)

2. 在代理转口贸易中不如实报关的行为的定性规则。"行为人为进行转口贸易,将普通货物暂时转运进境,其行为在表面上虽采用了不如实报关的手段逃避海关监管,但由于在客观上没有偷逃税款,亦不会给国家造成关税损失,因此,不应以走私普通货物罪论处。"(第 267 号案例)

3. 走私仿真枪犯罪案件的处理规则。"仿真枪的枪形物品定性鉴定应该以公安部门作出的鉴定结论为准。""在刑法中,走私武器、弹药罪中的'武器'的概念、种类和范围与我国海关确定商品归类所依据的标准中的'武器'是不同的两个范畴。"(第 423 号案例)

4. 非法捕捞并冒名报关入境逃避税款行为的定性规则。"在公海内非法捕捞,应由行政部门对其处以没收渔获物和违法所得,可以并处罚款的行政处罚,即被告单位运回的自捕水产品应被没收。""虽然该自捕水产品应被行政部门罚没,但就海关征管环节而言……应对其按照普通货物征收进口关税和进口环节增值税。""至于该自捕水产品实质上的应然归属,则不对海关的征税行为产生认定及合法性上的障碍……需要指出的是,被告单位的行政违法行为在未被行政机关发现并加以处罚的情况下,又冒名将非法捕捞的水产品用形式合法的手段报关入境,达到偷逃税款目的的行为,使后者独立构成走私普通货物罪,该非法自捕水产品仅是被告单位实施犯罪的物质载体,后者的构罪不受前者行政违法行为的影响。行政机关可对被告单位在公海上的违法捕捞行为另行处理。"因此,"在农业部审批的远洋渔业项目期满后,继续捕捞并将自捕水产品运

回,冒用已获得农业部远洋渔业项目确认的船舶名义申报免税入境",构成走私普通货物罪。(第1119号案例)

5. 携带贵金属纪念币入境的行为的定性规则。"作为人民币的一个特殊种类,贵金属纪念币还演变成了一种艺术品、收藏品和投资品,其面额只是象征法定货币的符号,不反映其真实价值,其实际价值远高于币面价值。故可以将贵金属纪念币区别于普通的人民币,作为走私普通货物、物品罪的对象。""行为人如果逃避海关监管,携带纪念币入境,偷逃应缴税额较大的,其行为构成走私普通物品罪。""进口贵金属纪念币需缴纳的关税均为零",但进出口时偷逃其他税款的行为亦可认定为走私罪。"本案中的纪念币体现更多的是一种商品属性,那么就应该以纪念币的市场价格来作为计核偷逃税款的基础。"(第1199号案例)

6. 走私犯罪的主观故意判定规则。"在办案中还应当具体分析案情,从行为人本身的情况,如实践经验、业务技术水平、智力水平、专业知识、生活习惯等以及行为的时间、地点、环境、行为手段、行为对象等综合判断其是否'明知'。"(第616号案例)"在走私犯罪案件中,行为人的主观故意内容,不能简单以走私过程中查获的物品种类进行认定,而应当根据相关合同约定、夹藏物品的归属主体及所占体积、行为人所收报酬等情况综合认定行为人对夹藏物品是否具有走私的故意。""对走私对象中夹藏物品确实不明知的,不应按照实际走私的对象定罪处罚,即对夹藏物品不构成走私犯罪。"(第840号案例)"行为人主观上具有走私的犯罪故意,但对走私的具体对象认识不明确的,可称为'概括的主观故意',此种故意支配下的走私行为应当以实际走私对象来定罪。"(第616号案例)"行为人受他人雇用实施走私犯罪,且知道走私货物、物品的性质,但因受蒙骗而不知走私的货物、物品中混有其他特殊货物、物品的,应当根据其主观上认识的走私货物、物品的性质来定罪处罚。"(第773号案例)

7. 走私普通货物、物品共同犯罪的处理规则。关于被告单位之间主、从犯的认定,"可以根据各个环节被告单位对走私犯罪所起的作用大小,结合各单位的分工特点,进行认定"。关于单位主要负责人、单位内部一般员工主、从犯的认定,"第一,单位主要负责人主、从犯的认定。对于此类人员,原则上比照所在单位在共同犯罪中的地位和作用追究相关责任。同时,虽然所在单位被认定为从犯,但个人在共同犯罪中单位较高或者所起实际作用较大的,也可以按照主犯追究刑事责任;同理,虽然所在单位被认定为主犯,但个人在共同犯罪中地位较低或者所起作用较小的,也可以按照从犯追究刑事责任……第二,单位内部一般员工主、从犯的认定。对协助犯罪单位进行走私犯罪活动的单位普通员工,对走私普通货物没有决策权,只领取固定工资,不参与非法利益分配的,按照宽严相济刑事政策,均可以认定为从犯,且从宽量刑的幅度一般大于单位负责人被认定为从犯的情形"。(第873号案例)

8. 走私犯罪的罪数处断规则。"走私犯罪行为完成后,行为人再以走私货物让人虚开增值税专用发票以抵扣税款的行为,由于不具有同一犯罪目的,因而不构成牵连犯罪。""基于将移动电信设备等货物走私入境的犯罪目的,而向海关人员行贿的行为,与该走私普通货物的行为,构成牵连犯罪。不实行数罪并罚。"(第336号案例)"行为人在走私的普通货物、物品中藏匿刑法规定的特殊货物、物品的,以实际走私的货物、物品定罪处罚;构成数罪的,应予并罚。"(第773号案例)

> **第一百五十四条 【走私普通货物、物品罪】** 下列走私行为,根据本节规定构成犯罪的,依照本法第一百五十三条的规定定罪处罚:
> (一)未经海关许可并且未补缴应缴税额,擅自将批准进口的来料加工、来件装配、补偿贸易的原材料、零件、制成品、设备等保税货物,在境内销售牟利的;
> (二)未经海关许可并且未补缴应缴税额,擅自将特定减税、免税进口的货物、物品,在境内销售牟利的。

▌立法沿革

本条系1997年《刑法》吸收修改单行刑法作出的规定。《全国人民代表大会常务委员会关于惩治走私罪的补充规定》(自1988年1月21日起施行)第六条第一款规定:"下列走私行为,根据本规定构成犯罪的,依照第四条、第五条的规定处罚:(1)未经海关许可并且未补缴关税,擅自将批准进口的来料加工、来件装配、补偿贸易的原材料、零件、制成品、设备等保税货物,在境内销售牟利的。(2)假借捐赠名义进口货物、物品的,或者未经海关许可并且未补缴关税,擅自将捐赠进口的货物、物品或者其他特定减税、免税进口的货物、物品,在境内销售牟利的。"1997年《刑法》将入罪标准由"价额"调整为"应缴税额",并删去假借捐赠走私的规定。

相关规定

《中华人民共和国海关法》(第六次修正后自 2021 年 4 月 29 日起施行,节录)

第一百条　本法下列用语的含义:

……

保税货物,是指经海关批准未办理纳税手续进境,在境内储存、加工、装配后复运出境的货物。

……

司法解释

《最高人民检察院关于擅自销售进料加工保税货物的行为法律适用问题的解释》(高检发释字[2000]3 号,自 2000 年 10 月 16 日起施行)①

为依法办理走私犯罪案件,根据海关法等法律的有关规定,对擅自销售进料加工保税货物的行为法律适用问题解释如下:

保税货物是指经海关批准未办理纳税手续进境,在境内储存、加工、装配后复运出境的货物。经海关批准进口的进料加工的货物属于保税货物。未经海关许可并且未补缴应缴税额,擅自将批准进口的进料加工的原材料、零件、制成品、设备等保税货物,在境内销售牟利,偷逃应缴税额在五万元以上的,依照刑法第一百五十四条、第一百五十三条的规定,以走私普通货物、物品罪追究刑事责任。

《最高人民法院、最高人民检察院关于办理走私刑事案件适用法律若干问题的解释》(法释[2014]10 号)第十九条对《刑法》第一百五十四条规定的"保税货物"作了界定。(→参见本节标题评注部分,第 667 页)

规范性文件

《最高人民法院、最高人民检察院、海关总署关于办理走私刑事案件适用法律若干问题的意见》(法[2002]139 号)第十三条对《刑法》第一百五十四条规定的"销售牟利"的认定作了规定。(→参见本节标题评注部分,第 673 页)

---

① 本司法解释所规定的"偷逃应缴税额在五万元以上"的标准,与法释[2014]10 号解释不一致,应当以后者为准。——本评注注

刑参案例规则提炼

《上海华源伊龙实业发展公司等走私普通货物案——擅自将"进料加工"的保税货物在境内销售牟利行为的定性》（第268号案例）所涉规则提炼如下：

擅自将"进料加工"的保税货物在境内销售牟利行为的定性规则。"刑法第一百五十四条第（一）项虽未对保税货物是否包括进料加工的保税货物作出明确规定，但根据擅自在境内销售进料加工的保税货物的行为性质、社会危害及相关司法解释，偷逃税款达到法定数额的，亦应以走私普通货物罪追究相关单位及责任人员的刑事责任。"（第268号案例）

第一百五十五条 【准走私】下列行为，以走私罪论处，依照本节的有关规定处罚：

（一）直接向走私人非法收购国家禁止进口物品的，或者直接向走私人非法收购走私进口的其他货物、物品，数额较大的；

（二）在内海、领海、界河、界湖运输、收购、贩卖国家禁止进出口物品的，或者运输、收购、贩卖国家限制进出口货物、物品，数额较大，没有合法证明的。

立法沿革

本条系1997年《刑法》吸收修改单行刑法作出的规定。《全国人民代表大会常务委员会关于惩治走私罪的补充规定》（自1988年1月21日起施行）第七条第一款规定："下列行为，以走私罪论处，依照本规定的有关规定处罚：（1）直接向走私人非法收购国家禁止进口物品的，或者直接向走私人非法收购走私进口的其他货物、物品，数额较大的。（2）在内海、领海运输、收购、贩卖国家禁止进出口物品的，或者运输、收购、贩卖国家限制进出口货物、物品，数额较大，没有合法证明的。"1997年《刑法》增加第三项"逃避海关监管将境外固体废物运输进境的"规定。

2002年12月28日起施行的《刑法修正案（四）》第三条对本条作了修改，将第三项规定移入第一百五十二条第二款，规定单独的走私废物罪。

修正前《刑法》	修正后《刑法》
第一百五十五条 【准走私】下列行为,以走私罪论处,依照本节的有关规定处罚: (一)直接向走私人非法收购国家禁止进口物品的,或者直接向走私人非法收购走私进口的其他货物、物品,数额较大的; (二)在内海、领海运输、收购、贩卖国家禁止进出口物品的,或者运输、收购、贩卖国家限制进出口货物、物品,数额较大,没有合法证明的; ~~(三)逃避海关监管将境外固体废物运输进境的。~~	第一百五十五条 【准走私】下列行为,以走私罪论处,依照本节的有关规定处罚: (一)直接向走私人非法收购国家禁止进口物品的,或者直接向走私人非法收购走私进口的其他货物、物品,数额较大的; (二)在内海、领海、**界河**、**界湖**运输、收购、贩卖国家禁止进出口物品的,或者运输、收购、贩卖国家限制进出口货物、物品,数额较大,没有合法证明的。

司法解释

《最高人民法院、最高人民检察院关于办理走私刑事案件适用法律若干问题的解释》(法释〔2014〕10号)第二十条对《刑法》第一百五十五条适用的有关问题作了规定。(→参见本节标题评注部分,第667页)

规范性文件

《最高人民法院、最高人民检察院、海关总署关于办理走私刑事案件适用法律若干问题的意见》(法〔2002〕139号)第十四条对《刑法》第一百五十五条第二项的适用作了规定。(→参见本节标题评注部分,第674页)

《最高人民法院、最高人民检察院、海关总署打击非设关地成品油走私专题研讨会会议纪要》(署缉发〔2019〕210号)"一、关于定罪处罚"对直接向走私者购买走私的成品油行为适用《刑法》第一百五十五条第一项作了规定。(→参见第一百五十三条评注部分,第689页)

第一百五十六条 【走私罪的共犯】与走私罪犯通谋,为其提供贷款、资金、帐号、发票、证明,或者为其提供运输、保管、邮寄或者其他方便的,以走私罪的共犯论处。

立法沿革

本条系1997年《刑法》沿用《全国人民代表大会常务委员会关于惩治走私

罪的补充规定》(自1988年1月21日起施行)第八条的规定,未作调整。

规范性文件

《最高人民法院、最高人民检察院、海关总署关于办理走私刑事案件适用法律若干问题的意见》(法〔2002〕139号)第十五条对《刑法》第一百五十六条规定的"与走私罪犯通谋"的认定作了规定。(→参见本节标题评注部分,第674页)

《最高人民法院、最高人民检察院、海关总署打击非设关地成品油走私专题研讨会会议纪要》(署缉发〔2019〕210号)"一、关于定罪处罚"对走私成品油犯罪适用走私罪的共犯追究刑事责任作了规定。(→参见第一百五十三条评注部分,第689页)

第一百五十七条　【武装掩护走私、抗拒缉私的规定】武装掩护走私的,依照本法第一百五十一条第一款的规定从重处罚。

以暴力、威胁方法抗拒缉私的,以走私罪和本法第二百七十七条规定的阻碍国家机关工作人员依法执行职务罪,依照数罪并罚的规定处罚。

立法沿革

本条系1997年《刑法》沿用《全国人民代表大会常务委员会关于惩治走私罪的补充规定》(自1988年1月21日起施行)第十条的规定,仅对援引的条文序号作了调整。

2011年5月1日起施行的《刑法修正案(八)》第二十八条对本条作了修改,将第一款的援引条款序号作了调整。

修正前《刑法》	修正后《刑法》
第一百五十七条　【武装掩护走私、抗拒缉私的处罚规定】武装掩护走私的,依照本法第一百五十一条第一款、第四款的规定从重处罚。 以暴力、威胁方法抗拒缉私的,以走私罪和本法第二百七十七条规定的阻碍国家机关工作人员依法执行职务罪,依照数罪并罚的规定处罚。	第一百五十七条　【武装掩护走私、抗拒缉私的规定】武装掩护走私的,依照本法第一百五十一条第一款的规定从重处罚。 以暴力、威胁方法抗拒缉私的,以走私罪和本法第二百七十七条规定的阻碍国家机关工作人员依法执行职务罪,依照数罪并罚的规定处罚。

第三节 妨害对公司、企业的管理秩序罪

司法解释

《最高人民法院关于如何认定国有控股、参股股份有限公司中的国有公司、企业人员的解释》(法释〔2005〕10号,自2005年8月11日起施行)

为准确认定刑法分则第三章第三节中的国有公司、企业人员,现对国有控股、参股的股份有限公司中的国有公司、企业人员解释如下:

国有公司、企业委派到国有控股、参股公司从事公务的人员,以国有公司、企业人员论。

《最高人民法院、最高人民检察院关于办理贪污贿赂刑事案件适用法律若干问题的解释》(法释〔2016〕9号)第十七条对受贿罪和本节规定的渎职犯罪的罪数处断作了规定。(→参见分则第八章标题评注部分,第2092页)

> 第一百五十八条 【虚报注册资本罪】申请公司登记使用虚假证明文件或者采取其他欺诈手段虚报注册资本,欺骗公司登记主管部门,取得公司登记,虚报注册资本数额巨大、后果严重或者有其他严重情节的,处三年以下有期徒刑或者拘役,并处或者单处虚报注册资本金额百分之一以上百分之五以下罚金。
>
> 单位犯前款罪的,对单位判处罚金,并对其直接负责的主管人员和其他直接责任人员,处三年以下有期徒刑或者拘役。

第158条

立法沿革

本条系1997年《刑法》吸收修改单行刑法作出的规定。1979年《刑法》没有虚报注册资本骗取公司登记的犯罪。《全国人民代表大会常务委员会关于惩治违反公司法的犯罪的决定》(自1995年2月28日起施行)第一条规定:"申请公司登记的人使用虚假证明文件或者采取其他欺诈手段虚报注册资本,欺骗公司登记主管部门,取得公司登记,虚报注册资本数额巨大、后果严重或者有其他严重情节的,处三年以下有期徒刑或者拘役,可以并处虚报注册资本金额百分之十以下罚金。""申请公司登记的单位犯前款罪的,对单位判处虚报注册资本金额百分之十以下罚金,并对直接负责的主管人员和其他直接责任人员,依照前款

的规定,处三年以下有期徒刑或者拘役。"1997 年《刑法》增加单处罚金的规定,并对单位判处罚金的取消具体数额的规定。

立法解释

《全国人民代表大会常务委员会关于〈中华人民共和国刑法〉第一百五十八条、第一百五十九条的解释》(自 2014 年 4 月 24 日起施行)

全国人民代表大会常务委员会讨论了公司法修改后刑法第一百五十八条、第一百五十九条对实行注册资本实缴登记制、认缴登记制的公司的适用范围问题,解释如下:

刑法第一百五十八条、第一百五十九条的规定,只适用于依法实行注册资本实缴登记制的公司。

现予公告。

相关规定

《国务院关于印发注册资本登记制度改革方案的通知》(国发〔2014〕7号,具体条文未收录)

规范性文件

《最高人民检察院、公安部关于严格依法办理虚报注册资本和虚假出资抽逃出资刑事案件的通知》(公经〔2014〕247 号,节录)

各省、自治区、直辖市人民检察院,公安厅、局,新疆生产建设兵团人民检察院、公安局:

2013 年 12 月 28 日,第十二届全国人民代表大会常务委员会第六次会议通过了关于修改《中华人民共和国公司法》的决定,自 2014 年 3 月 1 日起施行。2014 年 4 月 24 日,第十二届全国人民代表大会常务委员会第八次会议通过了《全国人大常委会关于刑法第一百五十八条、第一百五十九条的解释》。为了正确执行新修改的公司法和全国人大常委会立法解释,现就严格依法办理虚报注册资本和虚假出资、抽逃出资刑事案件的有关要求通知如下:

一、充分认识公司法修改对案件办理工作的影响。新修改的公司法主要涉及三个方面①:一是将注册资本实缴登记制改为认缴登记制,除对公司注册资本

---

① 2023 年 12 月 29 日第二次修订的《公司法》(自 2024 年 7 月 1 日起施行)第四十七条规定:"有限责任公司的注册资本为在公司登记机关登记的全体股东认缴的出资额。全体股东认缴的出资额由股东按照公司章程的规定自公司成立之日起五年内缴足。"法律、行政法规以及国务院决定对有限责任公司注册资本实缴、注册资本最低限〔转下页〕

实缴有另行规定的以外,取消了公司法定出资期限的规定,采取公司股东(发起人)自主约定认缴出资额、出资方式、出资期限等并记载于公司章程的规定。二是放宽注册资本登记条件,除对公司注册资本最低限额有另行规定的以外,取消了公司最低注册资本限制、公司设立时股东(发起人)的首次出资比例以及货币出资比例限制。三是简化登记事项和登记文件,有限责任公司股东认缴出资额、公司实收资本不再作为登记事项,公司登记时不需要提交验资报告。全国人大常委会立法解释规定:"刑法第一百五十八条、第一百五十九条的规定,只适用于依法实行注册资本实缴登记制的公司。"新修改的公司法和上述立法解释,必将对公安机关、检察机关办理虚报注册资本和虚假出资、抽逃出资刑事案件产生重大影响。各级公安机关、检察机关要充分认识新修改的公司法和全国人大常委会立法解释的重要意义,深刻领会其精神实质,力争在案件办理工作中准确适用,并及时了解掌握本地区虚报注册资本和虚假出资、抽逃出资案件新情况、新问题以及其他相关犯罪态势,进一步提高办理虚报注册资本和虚假出资、抽逃出资刑事案件的能力和水平。

二、严格把握罪与非罪的界限。根据新修改的公司法和全国人大常委会立法解释,自 2014 年 3 月 1 日起,除依法实行注册资本实缴登记制的公司[参见《国务院关于印发注册资本登记制度改革方案的通知》(国发[2014]7 号)]以外,对申请公司登记的单位和个人不得以虚报注册资本罪追究刑事责任;对公司股东、发起人不得以虚假出资、抽逃出资罪追究刑事责任。对依法实行注册资本实缴登记制的公司涉嫌虚报注册资本和虚假出资、抽逃出资犯罪的,各级公安机关、检察机关依照刑法和《立案追诉标准(二)》的相关规定追究刑事责任时,应当认真研究行为性质和危害后果,确保执法办案的法律效果和社会效果。

三、依法妥善处理跨时限案件。各级公安机关、检察机关对发生在 2014 年 3 月 1 日以前尚未处理或者正在处理的虚报注册资本和虚假出资、抽逃出资刑事案件,应当按照刑法第十二条规定的精神处理:除依法实行注册资本实缴登记制的公司以外,依照新修改的公司法不再符合犯罪构成要件的案件,公安机关已经立案侦查的,应当撤销案件;检察机关已经批准逮捕的,应当撤销批准逮捕决定,并监督公安机关撤销案件;检察机关审查起诉的,应当作出不起诉决定;检察机关已经起诉的,应当撤回起诉并作出不起诉决定;检察机关已经抗诉的,应当撤回抗诉。

(接上页)额、股东出资期限另有规定的,从其规定。"同时,该法将实缴出资信息作为公司强制公示事项,再配套规定了催缴出资、股东失权以及出资加速到期等制度,并加大了对违反实缴出资相关法律责任的行政处罚力度。

四、进一步加强工作联系和沟通。(略)

立案追诉标准

《最高人民检察院、公安部关于公安机关管辖的刑事案件立案追诉标准的规定(二)》(公通字〔2022〕12号,节录)

第三条 〔虚报注册资本案(刑法第一百五十八条)〕申请公司登记使用虚假证明文件或者采取其他欺诈手段虚报注册资本,欺骗公司登记主管部门,取得公司登记,涉嫌下列情形之一的,应予立案追诉:

(一)法定注册资本最低限额在六百万元以下,虚报数额占其应缴出资数额百分之六十以上的;

(二)法定注册资本最低限额超过六百万元,虚报数额占其应缴出资数额百分之三十以上的;

(三)造成投资者或者其他债权人直接经济损失累计数额在五十万元以上的;

(四)虽未达到上述数额标准,但具有下列情形之一的:

1. 二年内因虚报注册资本受过二次以上行政处罚,又虚报注册资本的;

2. 向公司登记主管人员行贿的;

3. 为进行违法活动而注册的。

(五)其他后果严重或者有其他严重情节的情形。

本条只适用于依法实行注册资本实缴登记制的公司。

(→附则参见分则标题评注部分,第392页)

法律适用答复、复函

《公安部办公厅关于若干经济犯罪案件如何统计涉案总价值、挽回经济损失数额的批复》(公经〔2008〕214号)**第一条**对虚报注册资本案的涉案价值和挽回经济损失额的计算规则作了规定。(→参见分则第三章第六节标题评注部分,第911页)

刑参案例规则提炼①

① 鉴于《全国人民代表大会常务委员会关于〈中华人民共和国刑法〉第一百五十八条、第一百五十九条的解释》发布施行,**管桦虚报注册资本案——虚报注册资本构成犯罪的标准如何掌握**(第70号案例)、**薛玉泉虚报注册资本案——开具银行进账单虚报注册资本的行为如何定性**(第130号案例)、**卜毅冰虚报注册资本案——委托中介公司代办公司登记,约定由中介公司代为垫资,资金由中介公司实际控制,并于公司登记前取出的,如何定性**(第774号案例)所涉规则未予提炼。

第一百五十九条 【虚假出资、抽逃出资罪】公司发起人、股东违反公司法的规定未交付货币、实物或者未转移财产权，虚假出资，或者在公司成立后又抽逃其出资，数额巨大、后果严重或者有其他严重情节的，处五年以下有期徒刑或者拘役，并处或者单处虚假出资金额或者抽逃出资金额百分之二以上百分之十以下罚金。

单位犯前款罪的，对单位判处罚金，并对其直接负责的主管人员和其他直接责任人员，处五年以下有期徒刑或者拘役。

立法沿革

本条系1997年《刑法》吸收修改单行刑法作出的规定。1979年《刑法》没有规定虚假出资、抽逃出资的犯罪。《全国人民代表大会常务委员会关于惩治违反公司法的犯罪的决定》（自1995年2月28日起施行）第二条规定："公司发起人、股东违反公司法的规定未交付货币、实物或者未转移财产权，虚假出资，或者在公司成立后又抽逃其出资，数额巨大、后果严重或者有其他严重情节的，处五年以下有期徒刑或者拘役，可以并处虚假出资金额或者抽逃出资金额百分之十以下罚金。""单位犯前款罪的，对单位判处虚假出资金额或者抽逃出资金额百分之十以下罚金，并对直接负责的主管人员和其他直接责任人员，依照前款的规定，处五年以下有期徒刑或者拘役。"1997年《刑法》增加单处罚金的规定，对自然人犯罪调整罚金刑的具体数额，并对单位判处罚金的取消具体数额的规定。

立法解释

《全国人民代表大会常务委员会关于〈中华人民共和国刑法〉第一百五十八条、第一百五十九条的解释》（自2014年4月24日起施行）

全国人民代表大会常务委员会讨论了公司法修改后刑法第一百五十八条、第一百五十九条对实行注册资本实缴登记制、认缴登记制的公司的适用范围问题，解释如下：

刑法第一百五十八条、第一百五十九条的规定，只适用于依法实行注册资本实缴登记制的公司。

现予公告。

立案追诉标准

《最高人民检察院、公安部关于公安机关管辖的刑事案件立案追诉标准的规定（二）》（公通字〔2022〕12号，节录）

第四条 〔虚假出资、抽逃出资案(刑法第一百五十九条)〕公司发起人、股东违反公司法的规定未交付货币、实物或者未转移财产权,虚假出资,或者在公司成立后又抽逃其出资,涉嫌下列情形之一的,应予立案追诉:

(一)法定注册资本最低限额在六百万元以下,虚假出资、抽逃出资数额占其应缴出资数额百分之六十以上的;

(二)法定注册资本最低限额超过六百万元,虚假出资、抽逃出资数额占其应缴出资数额百分之三十以上的;

(三)造成公司、股东、债权人的直接经济损失累计数额在五十万元以上的;

(四)虽未达到上述数额标准,但具有下列情形之一的:

1. 致使公司资不抵债或者无法正常经营的;
2. 公司发起人、股东合谋虚假出资、抽逃出资的;
3. 二年内因虚假出资、抽逃出资受过二次以上行政处罚,又虚假出资、抽逃出资的;
4. 利用虚假出资、抽逃出资所得资金进行违法活动的。

(五)其他后果严重或者有其他严重情节的情形。

本条只适用于依法实行注册资本实缴登记制的公司。

(→附则参见分则标题评注部分,第392页)

第一百六十条 【欺诈发行证券罪】在招股说明书、认股书、公司、企业债券募集办法等发行文件中隐瞒重要事实或者编造重大虚假内容,发行股票或者公司、企业债券、存托凭证或者国务院依法认定的其他证券,数额巨大、后果严重或者有其他严重情节的,处五年以下有期徒刑或者拘役,并处或者单处罚金;数额特别巨大、后果特别严重或者有其他特别严重情节的,处五年以上有期徒刑,并处罚金。

控股股东、实际控制人组织、指使实施前款行为的,处五年以下有期徒刑或者拘役,并处或者单处非法募集资金金额百分之二十以上一倍以下罚金;数额特别巨大、后果特别严重或者有其他特别严重情节的,处五年以上有期徒刑,并处非法募集资金金额百分之二十以上一倍以下罚金。

单位犯前两款罪的,对单位判处非法募集资金金额百分之二十以上一倍以下罚金,并对其直接负责的主管人员和其他直接责任人员,照第一款的规定处罚。

立法沿革

本条系1997年《刑法》吸收修改单行刑法作出的规定。1979年《刑法》没有规定欺诈发行股票、债券的犯罪。《全国人民代表大会常务委员会关于惩治违反公司法的犯罪的决定》(自1995年2月28日起施行)第三条规定:"制作虚假的招股说明书、认股书、公司债券募集办法发行股票或者公司债券,数额巨大、后果严重或者有其他严重情节的,处五年以下有期徒刑或者拘役,可以并处非法募集资金金额百分之五以下罚金。""单位犯前款罪的,对单位判处非法募集资金金额百分之五以下罚金,并对直接负责的主管人员和其他直接责任人员,依照前款的规定,处五年以下有期徒刑或者拘役。"1997年《刑法》主要作了如下修改:一是将"制作虚假的招股说明书、认股书、公司债券募集办法发行股票或者公司债券"调整为"在招股说明书、认股书、公司、企业债券募集办法中隐瞒重要事实或者编造重大虚假内容,发行股票或者公司、企业债券";二是增加单处罚金的规定,对自然人犯罪调整罚金刑的具体数额,并对单位判处罚金的取消具体数额的规定。

2021年3月1日起施行的《刑法修正案(十一)》第八条对本条作了修改,主要涉及如下六个方面:一是增加"等发行文件"的规定;二是增加"存托凭证或者国务院依法认定的其他证券"的规定;三是对控股股东、实际控制人组织、指使实施欺诈发行行为增加一款专门规定;四是提升刑罚,将法定最高刑提高至十五年有期徒刑;五是完善罚金刑;六是修改单位犯罪的规定。修改后,罪名由"欺诈发行股票、债券罪"调整为"欺诈发行证券罪"。

修正前《刑法》	修正后《刑法》
第一百六十条　【欺诈发行股票、债券罪】在招股说明书、认股书、公司、企业债券募集办法中隐瞒重要事实或者编造重大虚假内容,发行股票或者公司、企业债券,数额巨大、后果严重或者有其他严重情节的,处五年以下有期徒刑或者拘役,并处或者单处~~非法募集资金金额百分之一以上百分之五以下~~罚金。 单位犯前款罪的,对单位判处罚金,并对其直接负责的主管人员和其他直接责任人员,~~处五年以下有期徒刑或者拘役~~。	**第一百六十条　【欺诈发行证券罪】**在招股说明书、认股书、公司、企业债券募集办法**等发行文件中**隐瞒重要事实或者编造重大虚假内容,发行股票或者公司、企业债券,**存托凭证或者国务院依法认定的其他证券**,数额巨大、后果严重或者有其他严重情节的,处五年以下有期徒刑或者拘役,并处或者单处罚金;**数额特别巨大、后果特别严重或者有其他特别严重情节的,处五年以上有期徒刑,并处罚金**。 **控股股东、实际控制人组织、指使实施前款行为的,处五年以下有期徒刑或者拘役,并处或者单处非法募集资金金额百分之二十以上一倍以下罚金;数额特别巨大、后果特别严重或者有其他特别严重情节的,处五年以上有期徒刑,并处非法募集资金金额百分之二十以上一倍以下罚金。**

(续表)

修正前《刑法》	修正后《刑法》
	单位犯前**两款罪**的,对单位判处**非法募集资金金额百分之二十以上一倍以下**罚金,并对其直接负责的主管人员和其他直接责任人员,**依照第一款的规定处罚**。

▌立案追诉标准

《最高人民检察院、公安部关于公安机关管辖的刑事案件立案追诉标准的规定(二)》(公通字〔2022〕12号,节录)

第五条 〔欺诈发行证券案(刑法第一百六十条)〕在招股说明书、认股书、公司、企业债券募集办法等发行文件中隐瞒重要事实或者编造重大虚假内容,发行股票或者公司、企业债券、存托凭证或者国务院依法认定的其他证券,涉嫌下列情形之一的,应予立案追诉:

(一)非法募集资金金额在一千万元以上的;

(二)虚增或者虚减资产达到当期资产总额百分之三十以上的;

(三)虚增或者虚减营业收入达到当期营业收入总额百分之三十以上的;

(四)虚增或者虚减利润达到当期利润总额百分之三十以上的;

(五)隐瞒或者编造的重大诉讼、仲裁、担保、关联交易或者其他重大事项所涉及的数额或者连续十二个月的累计数额达到最近一期披露的净资产百分之五十以上的;

(六)造成投资者直接经济损失数额累计在一百万元以上的;

(七)为欺诈发行证券而伪造、变造国家机关公文、有效证明文件或者相关凭证、单据的;

(八)为欺诈发行证券向负有金融监督管理职责的单位或者人员行贿的;

(九)募集的资金全部或者主要用于违法犯罪活动的;

(十)其他后果严重或者有其他严重情节的情形。

(→附则参见分则标题评注部分,第392页)

▌刑参案例规则提炼

《**江苏北极皓天科技有限公司、杨佳业欺诈发行债券案**——如何把握欺诈发行债券罪的构成要件》(第1387号案例)、《**丹东欣泰电气股份有限公司及温德乙、刘明胜欺诈发行股票、违规披露重要信息案——上市公司在申请上市前后连续财务造假的行为如何认定》(第1435号案例)①所涉规则提炼如下:

1. 欺诈发行私募债券行为的处理规则。"私募债券是指以特定的少数投资者为对象发行的债券,发行手续简单,一般不能公开上市交易。但究其本质,私募债券仍然符合'依照法定程序发行、约定在一定期限还本付息'的公司债券的基本特征,因此理应属于欺诈发行债券罪的规制对象。""结果数额是行为人实际募集的数额,除案发前归还以外,往往也是投资人实际遭受损失的数额,因此应当将结果数额作为欺诈发行债券罪的发行数额进行定罪量刑。"(第1387号案例)

2. 上市公司在申请上市前后连续财务造假行为的处理规则。"欺诈发行股票行为与违规披露重要信息行为发生在公司上市前后两个阶段。前一阶段……通过虚构财务数据,使公司成功上市并发行股票,股票数额巨大,其所侵犯的是国家关于股票发行的管理制度;后一阶段是……上市后,多次违规披露虚假的财务会计报告,最终导致公司发行的股票被终止上市交易,严重损害股东和他人的利益,其所破坏的是上市公司关于信息披露的管理制度。前后两个阶段的犯罪行为所侵犯的法益和所造成的社会危害均不相同,只有认定两罪,才能全面、客观评价其所犯罪行,真正体现罪责刑相适应原则。"(第1435号案例)

司法疑难解析

欺诈发行的"证券"范围。修正前的《刑法》第一百六十条仅规定了"股票或者公司、企业债券",《刑法修正案(十一)》增加规定了"存托凭证或者国务院依法认定的其他证券"。该规定扩展了本罪的规制范围,实现了与《证券法》的有序对接。具体而言,本罪中欺诈发行的"证券"包括:(1)股票。(2)公司、企业债券。(3)存托凭证,是指"存托人受基础证券发行人委托,以基础证券发行人发行上市的证券为基础,在本国(或地区)证券市场发行并流通转让的具有股权性质的证券"。②《国务院办公厅转发证监会关于开展创新企业境内发行股票或存托凭证试点若干意见的通知》(国办发〔2018〕21号)将存托凭证纳入证券范畴。(4)国务院依法认定的其他证券。考虑到证券市场的创新发展,该项作为兜底,授权国务院依法认定其他证券品种,为将来的新的证券品种适用本条预留空间。

---

① 现罪名已调整为"欺诈发行证券罪"。——**本评注注**
② 参见郭锋等:《中华人民共和国证券法制度精义与条文评注》,中国法制出版社2020年版,第35页。

第一百六十一条 【违规披露、不披露重要信息罪】依法负有信息披露义务的公司、企业向股东和社会公众提供虚假的或者隐瞒重要事实的财务会计报告,或者对依法应当披露的其他重要信息不按照规定披露,严重损害股东或者其他人利益,或者有其他严重情节的,对其直接负责的主管人员和其他直接责任人员,处五年以下有期徒刑或者拘役,并处或者单处罚金;情节特别严重的,处五年以上十年以下有期徒刑,并处罚金。

前款规定的公司、企业的控股股东、实际控制人实施或者组织、指使实施前款行为的,或者隐瞒相关事项导致前款规定的情形发生的,依照前款的规定处罚。

犯前款罪的控股股东、实际控制人是单位的,对单位判处罚金,并对其直接负责的主管人员和其他直接责任人员,依照第一款的规定处罚。

立法沿革

本条系 1997 年《刑法》吸收修改单行刑法作出的规定。1979 年《刑法》没有规定违规披露、不披露重要信息的犯罪。《全国人民代表大会常务委员会关于惩治违反公司法的犯罪的决定》(自 1995 年 2 月 28 日起施行)第四条规定:"公司向股东和社会公众提供虚假的或者隐瞒重要事实的财务会计报告,严重损害股东或者其他人利益的,对直接负责的主管人员和其他直接责任人员,处三年以下有期徒刑或者拘役,可以并处二十万元以下罚金。"1997 年《刑法》增加单处罚金的规定,并对罚金数额作了调整。

2006 年 6 月 29 日起施行的《刑法修正案(六)》第五条对本条作了第一次修改,主要涉及如下几个方面:一是扩充犯罪主体;二是增加规定"对依法应当披露的其他重要信息不按照规定披露"的行为方式;三是增加规定"有其他严重情节"的入罪标准。修改后,罪名由"提供虚假财会报告罪"调整为"违规披露、不披露重要信息罪"。

2021 年 3 月 1 日起施行的《刑法修正案(十一)》第九条对本条作了第二次修改,主要涉及如下两个方面:一是提升刑罚,将"三年以下有期徒刑或者拘役,并处或者单处二万元以上二十万元以下罚金"修改为两档刑罚,即"五年以下有期徒刑或者拘役,并处或者单处罚金""五年以上十年以下有期徒刑,并处罚金";二是增加第二款、第三款,针对控股股东、实际控制人实施或者组织、指使违规披露、不披露重要信息的行为作了明确规定。

修正前《刑法》	第一次修正后《刑法》	第二次修正后《刑法》
第一百六十一条 【提供虚假财会报告罪】公司向股东和社会公众提供虚假的或者隐瞒重要事实的财务会计报告,严重损害股东或者其他人利益的,对其直接负责的主管人员和其他直接责任人员,处三年以下有期徒刑或者拘役,并处或者单处二万元以上二十万元以下罚金。	第一百六十一条 【违规披露、不披露重要信息罪】 依法负有信息披露义务的公司、企业向股东和社会公众提供虚假的或者隐瞒重要事实的财务会计报告,或者对依法应当披露的其他重要信息不按照规定披露,严重损害股东或者其他人利益,或者有其他严重情节的,对其直接负责的主管人员和其他直接责任人员,处三年以下有期徒刑或者拘役,并处或者单处~~二万元以上二十万元以下~~罚金。	第一百六十一条 【违规披露、不披露重要信息罪】 依法负有信息披露义务的公司、企业向股东和社会公众提供虚假的或者隐瞒重要事实的财务会计报告,或者对依法应当披露的其他重要信息不按照规定披露,严重损害股东或者其他人利益,或者有其他严重情节的,对其直接负责的主管人员和其他直接责任人员,处五年以下有期徒刑或者拘役,并处或者单处罚金;情节特别严重的,处五年以上十年以下有期徒刑,并处罚金。 前款规定的公司、企业的控股股东、实际控制人实施或者组织、指使实施前款行为的,或者隐瞒相关事项导致前款规定的情形发生的,依照前款的规定处罚。 犯前款罪的控股股东、实际控制人是单位的,对单位判处罚金,并对其直接负责的主管人员和其他直接责任人员,依照第一款的规定处罚。

相关规定

《中华人民共和国证券法》(第二次修订后自 2020 年 3 月 1 日起施行,节录)

第八十条 发生可能对上市公司、股票在国务院批准的其他全国性证券交易场所交易的公司的股票交易价格产生较大影响的重大事件,投资者尚未得知时,公司应当立即将有关该重大事件的情况向国务院证券监督管理机构和证券交易场所报送临时报告,并予公告,说明事件的起因、目前的状态和可能产生的法律后果。

前款所称重大事件包括：

（一）公司的经营方针和经营范围的重大变化；

（二）公司的重大投资行为，公司在一年内购买、出售重大资产超过公司资产总额百分之三十，或者公司营业用主要资产的抵押、质押、出售或者报废一次超过该资产的百分之三十；

（三）公司订立重要合同、提供重大担保或者从事关联交易，可能对公司的资产、负债、权益和经营成果产生重要影响；

（四）公司发生重大债务和未能清偿到期重大债务的违约情况；

（五）公司发生重大亏损或者重大损失；

（六）公司生产经营的外部条件发生的重大变化；

（七）公司的董事、三分之一以上监事或者经理发生变动，董事长或者经理无法履行职责；

（八）持有公司百分之五以上股份的股东或者实际控制人持有股份或者控制公司的情况发生较大变化，公司的实际控制人及其控制的其他企业从事与公司相同或者相似业务的情况发生较大变化；

（九）公司分配股利、增资的计划，公司股权结构的重要变化，公司减资、合并、分立、解散及申请破产的决定，或者依法进入破产程序、被责令关闭；

（十）涉及公司的重大诉讼、仲裁，股东大会、董事会决议被依法撤销或者宣告无效；

（十一）公司涉嫌犯罪被依法立案调查，公司的控股股东、实际控制人、董事、监事、高级管理人员涉嫌犯罪被依法采取强制措施；

（十二）国务院证券监督管理机构规定的其他事项。

公司的控股股东或者实际控制人对重大事件的发生、进展产生较大影响的，应当及时将其知悉的有关情况书面告知公司，并配合公司履行信息披露义务。

第八十一条 发生可能对上市交易公司债券的交易价格产生较大影响的重大事件，投资者尚未得知时，公司应当立即将有关该重大事件的情况向国务院证券监督管理机构和证券交易场所报送临时报告，并予公告，说明事件的起因、目前的状态和可能产生的法律后果。

前款所称重大事件包括：

（一）公司股权结构或者生产经营状况发生重大变化；

（二）公司债券信用评级发生变化；

第三节 妨害对公司、企业的管理秩序罪

(三)公司重大资产抵押、质押、出售、转让、报废;

(四)公司发生未能清偿到期债务的情况;

(五)公司新增借款或者对外提供担保超过上年末净资产的百分之二十;

(六)公司放弃债权或者财产超过上年末净资产的百分之十;

(七)公司发生超过上年末净资产百分之十的重大损失;

(八)公司分配股利,作出减资、合并、分立、解散及申请破产的决定,或者依法进入破产程序、被责令关闭;

(九)涉及公司的重大诉讼、仲裁;

(十)公司涉嫌犯罪被依法立案调查,公司的控股股东、实际控制人、董事、监事、高级管理人员涉嫌犯罪被依法采取强制措施;

(十一)国务院证券监督管理机构规定的其他事项。

第八十六条 依法披露的信息,应当在证券交易场所的网站和符合国务院证券监督管理机构规定条件的媒体发布,同时将其置备于公司住所、证券交易场所,供社会公众查阅。

第一百九十七条 信息披露义务人未按照本法规定报送有关报告或者履行信息披露义务的,责令改正,给予警告,并处以五十万元以上五百万元以下的罚款;对直接负责的主管人员和其他直接责任人员给予警告,并处以二十万元以上二百万元以下的罚款。发行人的控股股东、实际控制人组织、指使从事上述违法行为,或者隐瞒相关事项导致发生上述情形的,处以五十万元以上五百万元以下的罚款;对直接负责的主管人员和其他直接责任人员,处以二十万元以上二百万元以下的罚款。

信息披露义务人报送的报告或者披露的信息有虚假记载、误导性陈述或者重大遗漏的,责令改正,给予警告,并处以一百万元以上一千万元以下的罚款;对直接负责的主管人员和其他直接责任人员给予警告,并处以五十万元以上五百万元以下的罚款。发行人的控股股东、实际控制人组织、指使从事上述违法行为,或者隐瞒相关事项导致发生上述情形的,处以一百万元以上一千万元以下的罚款;对直接负责的主管人员和其他直接责任人员,处以五十万元以上五百万元以下的罚款。

立案追诉标准

《最高人民检察院、公安部关于公安机关管辖的刑事案件立案追诉标准的规定(二)》(公通字[2022]12号,节录)

第六条 〔违规披露、不披露重要信息案(刑法第一百六十一条)〕依法负有

信息披露义务的公司、企业向股东和社会公众提供虚假的或者隐瞒重要事实的财务会计报告,或者对依法应当披露的其他重要信息不按照规定披露,涉嫌下列情形之一的,应予立案追诉:

(一)造成股东、债权人或者其他人直接经济损失数额累计在一百万元以上的;

(二)虚增或者虚减资产达到当期披露的资产总额百分之三十以上的;

(三)虚增或者虚减营业收入达到当期披露的营业收入总额百分之三十以上的;

(四)虚增或者虚减利润达到当期披露的利润总额百分之三十以上的;

(五)未按照规定披露的重大诉讼、仲裁、担保、关联交易或者其他重大事项所涉及的数额或者连续十二个月的累计数额达到最近一期披露的净资产百分之五十以上的;

(六)致使不符合发行条件的公司、企业骗取发行核准或者注册并且上市交易的;

(七)致使公司、企业发行的股票或者公司、企业债券、存托凭证或者国务院依法认定的其他证券被终止上市交易的;

(八)在公司财务会计报告中将亏损披露为盈利,或者将盈利披露为亏损的;

(九)多次提供虚假的或者隐瞒重要事实的财务会计报告,或者多次对依法应当披露的其他重要信息不按照规定披露的;

(十)其他严重损害股东、债权人或者其他人利益,或者有其他严重情节的情形。

(→附则参见分则标题评注部分,第392页)

指导性案例

博元投资股份有限公司、余蒂妮等人违规披露、不披露重要信息案(检例第66号,节录)

关键词　违规披露、不披露重要信息　犯罪与刑罚

要　旨　刑法规定违规披露、不披露重要信息罪只处罚单位直接负责的主管人员和其他直接责任人员,不处罚单位。公安机关以本罪将单位移送起诉的,检察机关应当对单位直接负责的主管人员及其他直接责任人员提起公诉,对单位依法作出不起诉决定。对单位需要给予行政处罚的,检察机关应当提出检

察意见,移送证券监督管理部门依法处理。①

法律适用答复、复函②

《公安部经济犯罪侦查局关于如何认定湖北××股份有限公司涉嫌提供虚假财会报告罪的批复》(公经〔2002〕549号)

湖北省公安厅经侦总队:

你总队今年1月31日《关于如何认定提供虚假财会报告罪的犯罪后果的请示》收悉。经征求最高人民检察院研究室同意,现批复如下:

一、关于直接经济损失的认定。如湖北××股份有限公司(现湖北××生态农业股份有限公司)涉嫌提供虚假财会报告是中国证监会和公安机关对该公司进行调查的主要原因,则"提供虚假财会报告"应认定为该公司股票下跌的直接原因,由此引起的该公司股票两次连续3天的下跌应计算为股东的经济损失。经济损失数额应包括该公司股票市值两次连续3天缩水的总额,即所有股东的整体损失。

---

① 《刑法》第三十一条规定:"单位犯罪的,对单位判处罚金,并对其直接负责的主管人员和其他直接责任人员判处刑罚。本法分则和其他法律另有规定的,依照规定。"可见,对于单位犯罪,"双罚"是原则,但是也有例外。根据《刑法》第一百六十一条第一款的规定,违规披露、不披露重要信息罪的主体是单位,但不处罚单位,只处罚直接负责的主管人员和其他直接责任人员。不能因为规定了"单罚"就否定其属于单位犯罪的本质。换言之,根据《刑法》第一百六十一条第一款的规定,违规披露、不披露重要信息罪是单位犯罪,但承担刑事责任的方式是对直接负责的主管人员和其他直接责任人员判处刑罚,对单位免予追究刑事责任。根据《刑事诉讼法》第十六条的规定,对于免予追究刑事责任的情形,不追究刑事责任,已经追究的,应当撤销案件,或者不起诉,或者终止审理,或者宣告无罪。据此,对违规披露、不披露重要信息罪,公安机关以本罪将单位移送起诉的,检察机关应当对单位依法作出不起诉决定。更须注意的是,刑事诉讼始于侦查,在公安机关侦查阶段即不应以本罪对单位立案,而应当对单位直接负责的主管人员及其他直接责任人员立案,以避免出现后续由检察机关对单位作出不起诉决定的情形。根据《刑法》规定,类似对单位犯罪只处罚单位直接负责的主管人员和其他直接责任人员,不处罚单位的,还有第一百六十二条的妨害清算罪、第一百六十二条之二的虚假破产罪、第一百八十五条之一第二款的违法运用资金罪等,对其刑事追究程序均应作此处理。——本评注注

② 虽然在《刑法修正案(六)》之后,《刑法》第一百六十一条的罪名由"提供虚假财会报告罪"调整为"违规披露、不披露重要信息罪",但本两个法律适用答复仍然具有一定参考价值,特别是对于认定"严重损害股东或者其他人利益"这一要件。——本评注注

二、对该公司股票临时停牌的认定。今年1月21日、22日,该公司因"重大事项"未公告,其股票被上海证券交易所临时停牌。如果"重大事项"的主要内容是该公司涉嫌提供虚假财会报告,该公司股票被临时停牌符合最高人民检察院、公安部《关于经济犯罪案件追诉标准的规定》第五条规定的情形。

《公安部经济犯罪侦查局关于认定烟台××电子信息产业股份有限公司涉嫌提供虚假财会报告罪犯罪结果的批复》（公经〔2006〕697号）
山东省公安厅经侦总队：

你总队今年5月29日《关于认定烟台××电子信息产业股份有限公司涉嫌提供虚假财会报告罪犯罪结果的请示》收悉。关于犯罪结果的认定,经征询最高人民法院刑二庭和最高人民检察院研究室同意,现批复如下：

烟台××电子信息产业股份有限公司因提供虚假财会报告被中国证监会调查后,该公司在2001年9月8日发布的风险提示报告、2002年4月17日及19日发布的较大会计差错报告,是导致该股在2001年9月8日、10日及2002年4月17日至22日连续数日股价大幅下跌的直接原因,在此期间该股市值缩小数额应计算为提供虚假财会报告给股东造成的经济损失,应认定为犯罪结果。

刑参案例规则提炼

《董博等提供虚假财会报告案——提供虚假财会报告罪中直接责任人员的认定》（第285号案例）、《于在青违规不披露重要信息案——依法负有披露义务的公司、企业对依法应披露的重要信息不按规定披露,对直接负责的主管人员如何处理以及上市公司直接负责的主管人员违规向不具有清偿能力的控股股东提供担保的行为,如何定性》（第824号案例）所涉规则提炼如下：

违规披露、不披露重要信息罪的认定规则。就提供虚假财务会计报告而言,"承担刑事责任的直接负责的主管人员和其他直接责任人员,既包括对公司财务会计报告的真实性、可靠性负有直接责任的公司董事长、董事、总经理、经理、监事,同时还包括直接参与虚假财务会计报告制作的工作人员"。（第285号案例）"违规披露、不披露重要信息罪虽然是单位犯罪,但与一般的单位犯罪不同,本罪实行单罚制。""依法负有披露义务的公司、企业对依法应披露的重要信息不按规定披露,对直接负责的主管人员以违规不披露重要信息罪论处。"（第824号案例）

第一百六十二条 【妨害清算罪】公司、企业进行清算时,隐匿财产,对资产负债表或者财产清单作虚伪记载或者在未清偿债务前分配公司、企业财产,严重损害债权人或者其他人利益的,对其直接负责的主管人员和其他直接责任人员,处五年以下有期徒刑或者拘役,并处或者单处二万元以上二十万元以下罚金。

立法沿革

本条系1997年《刑法》吸收修改单行刑法作出的规定。1979年《刑法》没有规定违规披露、不披露重要信息的犯罪。《全国人民代表大会常务委员会关于惩治违反公司法的犯罪的决定》(自1995年2月28日起施行)第五条规定:"公司进行清算时,隐匿财产,对资产负债表或者财产清单作虚伪记载或者在未清偿债务前分配公司财产,严重损害债权人或者其他人利益的,对直接负责的主管人员和其他直接责任人员,处五年以下有期徒刑或者拘役,可以并处二十万元以下罚金。"1997年《刑法》将犯罪主体由"公司"调整为"公司、企业",将"公司财产"相应调整为"公司、企业财产",将"可以并处二十万元以下罚金"调整为"并处或者单处二万元以上二十万元以下罚金"。

立案追诉标准

《最高人民检察院、公安部关于公安机关管辖的刑事案件立案追诉标准的规定(二)》(公通字〔2022〕12号,节录)

第七条 〔妨害清算案(刑法第一百六十二条)〕公司、企业进行清算时,隐匿财产,对资产负债表或者财产清单作虚伪记载或者在未清偿债务前分配公司、企业财产,涉嫌下列情形之一的,应予立案追诉:

(一)隐匿财产价值在五十万元以上的;

(二)对资产负债表或者财产清单作虚伪记载涉及金额在五十万元以上的;

(三)在未清偿债务前分配公司、企业财产价值在五十万元以上的;

(四)造成债权人或者其他人直接经济损失数额累计在十万元以上的;

(五)虽未达到上述数额标准,但应清偿的职工的工资、社会保险费用和法定补偿金得不到及时清偿,造成恶劣社会影响的;

(六)其他严重损害债权人或者其他人利益的情形。

(→附则参见分则标题评注部分,第392页)

刑参案例规则提炼

《沈卫国等挪用资金、妨害清算案——妨害清算罪的具体认定》(第269号案例)所涉规则提炼如下：

妨害清算罪的认定规则。 不具有法人资格的分支机构可以成为妨害清算罪的犯罪主体。"妨害清算的具体行为方式有三，即隐匿财产、对资产负债表或者财产清单作虚伪记载及在公司、企业清偿债务前分配公司、企业财产。其中，'隐匿财产'，是指将公司、企业等单位的资金、工具、设备、产品、货物等各种财物予以转移、隐藏的行为；'对资产负债表或者财产清单作虚伪记载'，是指在制作资产负债表或者财产清单时，故意采取隐瞒或者欺骗等方法，对资产负债表或财产清单进行虚报，以达到逃避公司、企业债务的目的，既包括采用少报、低报的手段，故意隐瞒或者缩小公司、企业的实际财产，也包括采取夸大的手段，多报公司、企业的实际资产，如对公司、企业的厂房、设备、产品的实际价值高估高报，用以抵消或偿还债务等；'在未清偿债务前分配公司、企业财产'，是指违反法律规定，在依程序清偿债务之前，擅自分配公司、企业财产。"此外，"公司、企业是否进入清算阶段，应从清算事由、清算组织、清算内容及清算目的等方面加以具体判别"。(第269号案例)

第一百六十二条之一　【隐匿、故意销毁会计凭证、会计帐簿、财务会计报告罪】 隐匿或者故意销毁依法应当保存的会计凭证、会计帐簿、财务会计报告，情节严重的，处五年以下有期徒刑或者拘役，并处或者单处二万元以上二十万元以下罚金。

单位犯前款罪的，对单位判处罚金，并对其直接负责的主管人员和其他直接责任人员，依照前款的规定处罚。

立法沿革

本条系1999年12月25日起施行的《刑法修正案》第一条增设的规定。

立法工作机关意见

《全国人民代表大会常务委员会法制工作委员会关于对"隐匿、销毁会计凭证、会计账簿、财务会计报告构成犯罪的主体范围"问题的答复意见》(法工委复字〔2002〕3号)

审计署：

你署2001年11月22日来函（审函〔2001〕126号）收悉，经研究，现答复如下：

根据全国人大常委会1999年12月25日刑法修正案第一条的规定，任何单位和个人在办理会计事务时对依法应当保存的会计凭证、会计账簿、财务会计报告，进行隐匿、销毁，情节严重的，构成犯罪，应当依法追究其刑事责任。

根据刑事诉讼法第十八条关于刑事案件侦查管辖的规定，除法律规定的特定案件由人民检察院立案侦查以外，其他刑事案件的侦查应由公安机关进行。隐匿、毁会计凭证、会计账簿、财务会计报告，构成犯罪的，应当由公安机关立案侦查。

立案追诉标准

《最高人民检察院、公安部关于公安机关管辖的刑事案件立案追诉标准的规定（二）》（公通字〔2022〕12号，节录）

第八条　〔隐匿、故意销毁会计凭证、会计帐簿、财务会计报告案（刑法第一百六十二条之一）〕隐匿或者故意销毁依法应当保存的会计凭证、会计帐簿、财务会计报告，涉嫌下列情形之一的，应予立案追诉：

（一）隐匿、故意销毁的会计凭证、会计帐簿、财务会计报告涉及金额在五十万元以上的；

（二）依法应当向监察机关、司法机关、行政机关、有关主管部门等提供而隐匿、故意销毁或者拒不交出会计凭证、会计帐簿、财务会计报告的；

（三）其他情节严重的情形。

（→附则参见分则标题评注部分，第392页）

法律适用答复、复函

《公安部经济犯罪侦查局关于对隐匿、销毁会计资料罪有关问题请示的答复》（公经〔2002〕1605号）

山东省公安厅经侦总队：

你总队《关于对荣××、张××隐匿、销毁会计资料案有关问题的请示》（鲁公经〔2002〕770号）收悉。经研究，现答复如下，供参考：

一、根据2002年全国人大法制工作委员会对国家审计署有关请示的答复（法工委复字（2002）3号）：隐匿、销毁会计凭证、会计账簿、财务会计报告，涉嫌犯罪的，应当由公安机关立案侦查。

二、①根据会计法、审计法、海关法、公司法、企业法、刑事诉讼法等有关法律法规的规定,下列单位(人员)在执行公务中有权要求会计机构或会计人员提供会计资料:1.依法实施监督检查的财政、审计、税务、人民银行、证券监管、保险监管、监察、党的纪律检查机关等监督检查机关(部门);2.办理相关刑事案件的公安、司法机关;3.上级主管部门、人民政府及其授权机构;4.股东(大)会、董事会、监事会、职能监督部门或单位领导人、会计主管人员等;5.法律法规规定的其他部门。

刑参案例规则提炼

《林垦、金敏隐匿会计凭证、会计账簿、财务会计报告,非法持有枪支、弹药案——未实施对抗监管部门监督检查的"隐匿"行为是否构成隐匿会计凭证、会计账簿、财务会计报告罪》(第 1206 号案例)所涉规则提炼如下:

隐匿会计凭证、会计账簿、财务会计报告的认定规则。"隐匿会计凭证、会计账簿、财务报告罪属于行政犯"而非自然犯,刑法规定的该罪中的"隐匿"宜参照有关行政法来理解。"会计法规定的隐匿会计凭证、会计账簿、财务报告的目的,应该成为评价某一隐匿行为是否能够进入刑事处罚领域的依据。因而,评价某一行为是否构成隐匿会计凭证、会计账簿、财务报告罪,首先需要判断行为人所实施的隐匿行为是否为了逃避有关监督检查部门依法实施的监督检查。"(第 1206 号案例)

司法疑难解析

"隐匿"会计凭证、会计帐簿、财务会计报告的认定。《会计法》第三十五条规定:"各单位必须依照有关法律、行政法规的规定,接受有关监督检查部门依法实施的监督检查,如实提供会计凭证、会计帐簿、财务会计报告和其他会计资料以及有关情况,不得拒绝、隐匿、谎报。"基于隐匿会计凭证、会计帐簿、财务会计报告罪的行政犯属性,宜对其罪状把握与前置法保持一致,即"所谓隐匿,是指有关机关要求其提供会计凭证、会计帐簿、财务会计报告,以便监督检查其会计工作,查找犯罪证据时,故意转移、隐藏应当保存的会计凭证、会计帐簿、财务会计报告的行为。"②对此,刑参第 1206 号案例的裁判规则亦持此立场。

---

① 当然,对于本条所列的主体均有权要求会计机构或会计人员提供会计资料,但所涉匿行为能否认定为《刑法》第一百六十二条之一规定的"隐匿"会计凭证、会计帐簿、财务会计报告,还需要具体分析。(→参见本条司法疑难解析部分,第 722 页)
② 王爱立主编:《中华人民共和国刑法条文说明、立法理由及相关规定》,北京大学出版社 2021 年版,第 559 页。

第一百六十二条之二 【虚假破产罪】公司、企业通过隐匿财产、承担虚构的债务或者以其他方法转移、处分财产,实施虚假破产,严重损害债权人或者其他人利益的,对其直接负责的主管人员和其他直接责任人员,处五年以下有期徒刑或者拘役,并处或者单处二万元以上二十万元以下罚金。

立法沿革

本条系 2006 年 6 月 29 日起施行的《刑法修正案(六)》第六条增设的规定。

立案追诉标准

《最高人民检察院、公安部关于公安机关管辖的刑事案件立案追诉标准的规定(二)》(公通字〔2022〕12 号,节录)

第九条 〔虚假破产案(刑法第一百六十二条之二)〕公司、企业通过隐匿财产、承担虚构的债务或者以其他方法转移、处分财产,实施虚假破产,涉嫌下列情形之一的,应予立案追诉:

(一)隐匿财产价值在五十万元以上的;

(二)承担虚构的债务涉及金额在五十万元以上的;

(三)以其他方法转移、处分财产价值在五十万元以上的;

(四)造成债权人或者其他人直接经济损失数额累计在十万元以上的;

(五)虽未达到上述数额标准,但应清偿的职工的工资、社会保险费用和法定补偿金得不到及时清偿,造成恶劣社会影响的;

(六)其他严重损害债权人或者其他人利益的情形。

(→附则参见分则标题评注部分,第 392 页)

第一百六十三条 【非国家工作人员受贿罪】公司、企业或者其他单位的工作人员,利用职务上的便利,索取他人财物或者非法收受他人财物,为他人谋取利益,数额较大的,处三年以下有期徒刑或者拘役,并处罚金;数额巨大或者有其他严重情节的,处三年以上十年以下有期徒刑,并处罚金;数额特别巨大或者有其他特别严重情节的,处十年以上有期徒刑或者无期徒刑,并处罚金。

公司、企业或者其他单位的工作人员在经济往来中,利用职务上的便利,违反国家规定,收受各种名义的回扣、手续费,归个人所有的,依照前款的规定处罚。

> 国有公司、企业或者其他国有单位中从事公务的人员和国有公司、企业或者其他国有单位委派到非国有公司、企业以及其他单位从事公务的人员有前两款行为的,依照本法第三百八十五条、第三百八十六条的规定定罪处罚。

立法沿革

本条系1997年《刑法》吸收修改单行刑法作出的规定。1979年《刑法》没有规定公司、企业人员受贿的犯罪。《全国人民代表大会常务委员会关于惩治违反公司法的犯罪的决定》(自1995年2月38日起施行)第九条规定:"公司董事、监事或者职工利用职务上的便利,索取或者收受贿赂,数额较大的,处五年以下有期徒刑或者拘役;数额巨大的,处五年以上有期徒刑,可以并处没收财产。"第十二条规定:"国家工作人员犯本决定第九条、第十条、第十一条规定之罪的,依照《关于惩治贪污罪贿赂罪的补充规定》的规定处罚。"1997年《刑法》对上述规定作了调整,形成公司、企业人员受贿罪的规定。

2006年6月29日起施行的《刑法修正案(六)》第七条对本条作了第一次修改,将犯罪主体扩充到公司、企业以外的其他单位的工作人员。修改后,罪名由"公司、企业人员受贿罪"调整为"非国家工作人员受贿罪"。

2021年3月1日起施行的《刑法修正案(十一)》第十条对本条作了第二次修改,主要涉及如下两个方面:一是提升非国家工作人员受贿罪的法定刑,将法定最高刑提高至无期徒刑,增加罚金刑;二是调整刑罚档次配置,与贪污贿赂罪的规定基本平衡。

修正前《刑法》	第一次修正后《刑法》	第二次修正后《刑法》
第一百六十三条 【公司、企业人员受贿罪】公司、企业的工作人员利用职务上的便利,索取他人财物或者非法收受他人财物,为他人谋取利益,数额较大的,处五年以下有期徒刑或者拘役;数额巨大的,处五年以上有期徒刑,可以并处没收财产。 公司、企业的工作人员在经济往来中,违反国家规定,	第一百六十三条 【非国家工作人员受贿罪】公司、企业或者其他单位的工作人员利用职务上的便利,索取他人财物或者非法收受他人财物,为他人谋取利益,数额较大的,处五年以下有期徒刑或者拘役;数额巨大的,处五年以上有期徒刑,可并处没收财产。 公司、企业或者其他单位的工作人员在经济往来中,	第一百六十三条 【非国家工作人员受贿罪】公司、企业或者其他单位的工作人员,利用职务上的便利,索取他人财物或者非法收受他人财物,为他人谋取利益,数额较大的,处三年以下有期徒刑或者拘役,并处罚金;数额巨大或者有其他严重情节的,处三年以上十年以下有期徒刑,并处罚金;数额特别巨大或者有其

(续表)

修正前《刑法》	第一次修正后《刑法》	第二次修正后《刑法》
收受各种名义的回扣、手续费，归个人所有的，依照前款的规定处罚。 国有公司、企业中从事公务的人员和国有公司、企业委派到非国有公司、企业从事公务的人员有前两款行为的，依照本法第三百八十五条、第三百八十六条的规定定罪处罚。	**利用职务上的便利**，违反国家规定，收受各种名义的回扣、手续费，归个人所有的，依照前款的规定处罚。 国有公司、企业**或者其他国有单位**中从事公务的人员和国有公司、企业**或者其他国有单位**委派到非国有公司、企业**以及其他单位**从事公务的人员有前两款行为的，依照本法第三百八十五条、第三百八十六条的规定定罪处罚。	他特别严重情节的，处十年以上有期徒刑或者无期徒刑，并处罚金。 公司、企业或者其他单位的工作人员在经济往来中，利用职务上的便利，违反国家规定，收受各种名义的回扣、手续费，归个人所有的，依照前款的规定处罚。 国有公司、企业或者其他国有单位中从事公务的人员和国有公司、企业或者其他国有单位委派到非国有公司、企业以及其他单位从事公务的人员有前两款行为的，依照本法第三百八十五条、第三百八十六条的规定定罪处罚。

司法解释

《最高人民法院、最高人民检察院关于办理贪污贿赂刑事案件适用法律若干问题的解释》(法释〔2016〕9号)第十一条第一款规定了非国家工作人员受贿罪的定罪量刑标准。(→参见分则第八章标题评注部分，第2090页)

规范性文件

《最高人民检察院依法严肃处理足球"黑哨"腐败问题的通知》(2002年2月25日，节录)[1]

　　根据目前我国足球行业管理体制现状和体育法等有关规定，对于足球裁判的受贿行为，可以依照刑法第一百六十三条的规定，以公司、企业人员受贿罪[2]依法批捕、提起公诉；对于国家工作人员涉嫌贿赂犯罪的案件，应当依法立案侦查、提起公诉，追究刑事责任；对于其他相关的犯罪行为，应根据案件的具体

---

[1] 参见李立众编：《刑法一本通——中华人民共和国刑法总成》(第十六版)，法律出版社2022年版，第283页。
[2] 现行罪名为"非国家工作人员受贿罪"。——本评注注

情况,确定适用刑法问题。

《最高人民法院、最高人民检察院关于办理商业贿赂刑事案件适用法律若干问题的意见》(法发〔2008〕33号)

为依法惩治商业贿赂犯罪,根据刑法有关规定,结合办案工作实际,现就办理商业贿赂刑事案件适用法律的若干问题,提出如下意见:

一、①商业贿赂犯罪涉及刑法规定的以下八种罪名:(1)非国家工作人员受贿罪(刑法第一百六十三条);(2)对非国家工作人员行贿罪(刑法第一百六十四条);(3)受贿罪(刑法第三百八十五条);(4)单位受贿罪(刑法第三百八十七条);(5)行贿罪(刑法第三百八十九条);(6)对单位行贿罪(刑法第三百九十一条);(7)介绍贿赂罪(刑法第三百九十二条);(8)单位行贿罪(刑法第三百九十三条)。

二、刑法第一百六十三条、第一百六十四条规定的"其他单位",既包括事业单位、社会团体、村民委员会、居民委员会、村民小组等常设性的组织,也包括为组织体育赛事、文艺演出或者其他正当活动而成立的组委会、筹委会、工程承包队等非常设性的组织。

三、刑法第一百六十三条、第一百六十四条规定的"公司、企业或者其他单位的工作人员",包括国有公司、企业以及其他国有单位中的非国家工作人员。

四②、医疗机构中的国家工作人员,在药品、医疗器械、医用卫生材料等医药产品采购活动中,利用职务上的便利,索取销售方财物,或者非法收受销售方财物,为销售方谋取利益,构成犯罪的,依照刑法第三百八十五条的规定,以受贿罪定罪处罚。

医疗机构中的非国家工作人员,有前款行为,数额较大的,依照刑法第一百六十三条的规定,以非国家工作人员受贿罪定罪处罚。

医疗机构中的医务人员,利用开处方的职务便利,以各种名义非法收受药品、医疗器械、医用卫生材料等医药产品销售方财物,为医药产品销售方谋取利益,数额较

---

① 根据现行刑法,商业贿赂犯罪还应涉及对外国公职人员、国际公共组织官员行贿罪(第一百六十四条第二款)、利用影响力受贿罪(第三百八十八条之一)、对有影响力的人行贿罪(第三百九十条之一)。——**本评注注**

② 应当注意的是,这里的处方行为,不包括科室主任在接受医药产品销售方请托向院里推荐或者建议采购该医药产品的行为。这种行为对国有医院的科室主任而言,属于从事公务的行为。对非国有医院而言,除认定为国家工作人员的外,均应按非国家工作人员受贿罪处理。参见逄锦温:《〈关于办理商业贿赂刑事案件适用法律若干问题的意见〉的理解与适用》,载中华人民共和国最高人民法院刑事审判一、二、三、四、五庭主办:《中国刑事审判指导案例6》(增订第3版),法律出版社2017年版,第464页。

第三节 妨害对公司、企业的管理秩序罪

大的,依照刑法第一百六十三条的规定,以非国家工作人员受贿罪定罪处罚。

五、学校及其他教育机构中的国家工作人员,在教材、教具、校服或者其他物品的采购等活动中,利用职务上的便利,索取销售方财物,或者非法收受销售方财物,为销售方谋取利益,构成犯罪的,依照刑法第三百八十五条的规定,以受贿罪定罪处罚。

学校及其他教育机构中的非国家工作人员,有前款行为,数额较大的,依照刑法第一百六十三条的规定,以非国家工作人员受贿罪定罪处罚。

学校及其他教育机构中的教师,利用教学活动的职务便利,以各种名义非法收受教材、教具、校服或者其他物品销售方财物,为教材、教具、校服或者其他物品销售方谋取利益,数额较大的,依照刑法第一百六十三条的规定,以非国家工作人员受贿罪定罪处罚。

六、依法组建的评标委员会、竞争性谈判采购中谈判小组、询价采购中询价小组的组成人员,在招标、政府采购等事项的评标或者采购活动中,索取他人财物或者非法收受他人财物,为他人谋取利益,数额较大的,依照刑法第一百六十三条的规定,以非国家工作人员受贿罪定罪处罚。

依法组建的评标委员会、竞争性谈判采购中谈判小组、询价采购中询价小组中国家机关或者其他国有单位的代表有前款行为的,依照刑法第三百八十五条的规定,以受贿罪定罪处罚。

七、商业贿赂中的财物,既包括金钱和实物,也包括可以用金钱计算数额的财产性利益,如提供房屋装修、含有金额的会员卡、代币卡(券)、旅游费用等。具体数额以实际支付的资费为准。

八、收受银行卡的,不论受贿人是否实际取出或者消费,卡内的存款数额一般应全额认定为受贿数额。使用银行卡透支的,如果由给予银行卡的一方承担还款责任,透支数额也应当认定为受贿数额。

九、在行贿犯罪中,"谋取不正当利益",是指行贿人谋取违反法律、法规、规章或者政策规定的利益,或者要求对方违反法律、法规、规章、政策、行业规范的规定提供帮助或者方便条件。

在招标投标、政府采购等商业活动中,违背公平原则,给予相关人员财物以谋取竞争优势的,属于"谋取不正当利益"。

十、办理商业贿赂犯罪案件,要注意区分贿赂与馈赠的界限。主要应当结合以下因素全面分析、综合判断:(1)发生财物往来的背景,如双方是否存在亲友关系及历史上交往的情形和程度;(2)往来财物的价值;(3)财物往来的缘由、时机和方式,提供财物方对于接受方有无职务上的请托;(4)接受方是否利用职务上的便利为提供方谋取利益。

十一、非国家工作人员与国家工作人员通谋,共同收受他人财物,构成共同犯罪的,根据双方利用职务便利的具体情形分别定罪追究刑事责任:

(1)利用国家工作人员的职务便利为他人谋取利益的,以受贿罪追究刑事责任。

(2)利用非国家工作人员的职务便利为他人谋取利益的,以非国家工作人员受贿罪追究刑事责任。

(3)分别利用各自的职务便利为他人谋取利益的,按照主犯的犯罪性质追究刑事责任,不能分清主从犯的,可以受贿罪追究刑事责任。

立案追诉标准

《最高人民检察院、公安部关于公安机关管辖的刑事案件立案追诉标准的规定(二)》(公通字〔2022〕12号,节录)

第十条① 〔非国家工作人员受贿案(刑法第一百六十三条)〕公司、企业或者其他单位的工作人员利用职务上的便利,索取他人财物或者非法收受他人财物,为他人谋取利益,或者在经济往来中,利用职务上的便利,违反国家规定,收受各种名义的回扣、手续费,归个人所有,数额在三万元以上的,应予立案追诉。

(→附则参见分则标题评注部分,第392页)

法律适用答复、复函

《最高人民检察院法律政策研究室关于在房屋拆迁过程中利用职务便利索取贿赂如何定性的批复》(2003年5月14日)

国有资本控股的上海杨房拆迁综合服务有限公司受建设单位委托对政府决策改造的地块进行拆迁,是依据法律规定进行市场运作的企业行为而非受政府委托的管理职能行为。犯罪嫌疑人沈某作为国有资本控股公司的一般工作人员,既不属于国有公司中从事公务的人员,也不是受委派在非国有公司中从事公务的人员。其利用在房屋拆迁过程中的职务便利索取贿赂,应依法认定为公司、企业人员受贿罪③。

---

① 本条关于非国家工作人员受贿罪立案追诉标准的规定与法释〔2016〕9号解释第十一条第一款不一致,系根据经《刑法修正案(十一)》修改后《刑法》第一百六十三条的规定作出。——**本评注注**

② 参见李立众编:《刑法一本通——中华人民共和国刑法总成》(第十六版),法律出版社2022年版,第283页。

③ 现行罪名为"非国家工作人员受贿罪"。——**本评注注**

刑参案例规则提炼

《杨志华企业人员受贿案——筹建中的企业工作人员利用职务便利为他人谋取利益非法收受、索取财物的能否以企业人员受贿罪定罪处罚》(第320号案例)所涉规则提炼如下：

筹建中的企业工作人员利用职务便利为他人谋取利益非法收受、索取财物行为的定性规则。"筹建中的公司、企业工作人员利用职务上的便利，为请托人谋取利益，非法收受、索取请托人财物的"，应当以非国家工作人员受贿罪定罪处罚。（第320号案例）

司法疑难解析[①]

非国家工作人员受贿罪定罪标准的把握。需要注意的是，实践中对于具体刑罚的把握，应当注意准确理解立法精神，1997年修订增设《刑法》第一百六十三条和《刑法修正案（十一）》调整该条规定的法定刑，都是为了以刑法手段平等保护非公有制经济产权。在办理非公有制企业等单位中的贿赂犯罪时，要区分不同情况，把握好法律和政策界限，当严则严、当宽则宽。如对于建立了规范的法人治理结构，由职业经理人经营的企业，与股东兼任经营者的小型企业或者家族企业，在刑事政策掌握上应当有所区别。[②]

第一百六十四条 【对非国家工作人员行贿罪】 为谋取不正当利益，给予公司、企业或者其他单位的工作人员以财物，数额较大的，处三年以下有期徒刑或者拘役，并处罚金；数额巨大的，处三年以上十年以下有期徒刑，并处罚金。

【对外国公职人员、国际公共组织官员行贿罪】 为谋取不正当商业利益，给予外国公职人员或者国际公共组织官员以财物的，依照前款的规定处罚。

单位犯前两款罪的，对单位判处罚金，并对其直接负责的主管人员和其他直接责任人员，依照第一款的规定处罚。

行贿人在被追诉前主动交待行贿行为的，可以减轻处罚或者免除处罚。

---

① 另，向非国家工作人员介绍贿赂行为的定性，可参考《最高人民法院研究室关于向非国家工作人员介绍贿赂行为如何定性问题的研究意见》(→参见第三百九十二条评注部分，第2164页)。

② 参见王爱立主编：《中华人民共和国刑法条文说明、立法理由及相关规定》，北京大学出版社2021年版，第567页。

立法沿革

本条系 1997 年《刑法》增设的规定。

2006 年 6 月 29 日起施行的《刑法修正案(六)》第八条对本条作了第一次修改,增加了对公司、企业以外的其他单位非国家工作人员行贿犯罪的规定。修改后,罪名由"对公司、企业人员行贿罪"调整为"对非国家工作人员行贿罪"。

2011 年 5 月 1 日起施行的《刑法修正案(八)》第二十九条对本条作了第二次修改,增加了对外国公职人员、国际公共组织官员行贿犯罪的规定。

2015 年 11 月 1 日起施行的《刑法修正案(九)》第十条对本条作了第三次修改,对基本情节增加罚金刑的规定。

修正前《刑法》	第一次修正后《刑法》	第二次修正后《刑法》	第三次修正后《刑法》
第一百六十四条【对公司、企业人员行贿罪】为谋取不正当利益,给予公司、企业的工作人员以财物,数额较大的,处三年以下有期徒刑或者拘役;数额巨大的,处三年以上十年以下有期徒刑,并处罚金。 单位犯前款罪的,对单位判处罚金,并对其直接负责的主管人员和其他直接责任人员,依照前款的规定处罚。 行贿人在被追诉前主动交待行贿行为的,可以减轻处罚或者免除处罚。	第一百六十四条【对非国家工作人员行贿罪】为谋取不正当利益,给予公司、企业或者其他单位的工作人员以财物,数额较大的,处三年以下有期徒刑或者拘役;数额巨大的,处三年以上十年以下有期徒刑,并处罚金。 单位犯前款罪的,对单位判处罚金,并对其直接负责的主管人员和其他直接责任人员,依照前款的规定处罚。 行贿人在被追诉前主动交待行贿行为的,可以减轻处罚或者免除处罚。	第一百六十四条【对非国家工作人员行贿罪】为谋取不正当利益,给予公司、企业或者其他单位的工作人员以财物,数额较大的,处三年以下有期徒刑或者拘役;数额巨大的,处三年以上十年以下有期徒刑,并处罚金。 【对外国公职人员、国际公共组织官员行贿罪】为谋取不正当商业利益,给予外国公职人员或者国际公共组织官员以财物的,依照前款的规定处罚。 单位犯前两款罪的,对单位判处罚金,并对其直接负责的主管人员和其他直接责任人员,依照第一款的规定处罚。 行贿人在被追诉前主动交待行贿行为的,可以减轻处罚或者免除处罚。	第一百六十四条【对非国家工作人员行贿罪】为谋取不正当利益,给予公司、企业或者其他单位的工作人员以财物,数额较大的,处三年以下有期徒刑或者拘役,**并处罚金**;数额巨大的,处三年以上十年以下有期徒刑,并处罚金。 【对外国公职人员、国际公共组织官员行贿罪】为谋取不正当商业利益,给予外国公职人员或者国际公共组织官员以财物的,依照前款的规定处罚。 单位犯前两款罪的,对单位判处罚金,并对其直接负责的主管人员和其他直接责任人员,依照第一款的规定处罚。 行贿人在被追诉前主动交待行贿行为的,可以减轻处罚或者免除处罚。

相关规定

《中华人民共和国反不正当竞争法》(第二次修正后自2019年4月23日起施行,节录)

第七条 经营者不得采用财物或者其他手段贿赂下列单位或者个人,以谋取交易机会或者竞争优势:

(一)交易相对方的工作人员;

(二)受交易相对方委托办理相关事务的单位或者个人;

(三)利用职权或者影响力影响交易的单位或者个人。

经营者在交易活动中,可以以明示方式向交易相对方支付折扣,或者向中间人支付佣金。经营者向交易相对方支付折扣、向中间人支付佣金的,应当如实入账。接受折扣、佣金的经营者也应当如实入账。

经营者的工作人员进行贿赂的,应当认定为经营者的行为;但是,经营者有证据证明该工作人员的行为与为经营者谋取交易机会或者竞争优势无关的除外。

司法解释

《最高人民法院、最高人民检察院关于办理贪污贿赂刑事案件适用法律若干问题的解释》(法释〔2016〕9号)第十一条第三款规定了对非国家工作人员行贿罪的定罪量刑标准。(→参见分则第八章标题评注部分,第2090页)

立案追诉标准

《最高人民检察院、公安部关于公安机关管辖的刑事案件立案追诉标准的规定(二)》(公通字〔2022〕12号,节录)

第十一条① 〔对非国家工作人员行贿案(刑法第一百六十四条第一款)〕为谋取不正当利益,给予公司、企业或者其他单位的工作人员以财物,个人行贿数额在三万元以上的,单位行贿数额在二十万元以上的,应予立案追诉。

第十二条 〔对外国公职人员、国际公共组织官员行贿案(刑法第一百六十四条第二款)〕为谋取不正当商业利益,给予外国公职人员或者国际公共组织官员以财物,个人行贿数额在三万元以上的,单位行贿数额在二十万元以上

---

① 本条关于对非国家工作人员行贿罪立案追诉标准的规定与法释〔2016〕9号解释第十一条第三款不一致,系根据《刑法修正案(十一)》平等保护非公有制经济的立法精神作出(虽然《刑法修正案(十一)》未对《刑法》第一百六十四条作出修改)。——本评注注

的,应予立案追诉。

(→附则参见分则标题评注部分,第 392 页)

法律适用答复、复函

《公安部经济犯罪侦查局关于对××商业贿赂案如何定性的批复》(公经〔2002〕1299号)①

江苏省公安厅经侦总队:

你总队《关于对××商业贿赂案如何定性的请示》(苏公经〔2002〕146号)收悉。经征询最高人民检察院侦查监督厅的意见,现批复如下:

认定对公司、企业人员行贿案②的必要条件是为获取不正当利益。不正当利益是指获取的利益违反法律、法规、国家政策、规章制度。在推销药品过程中,采用宴请、送礼券、现金和实物等手段,扩大药品的市场销量,由此获取的利益违反了《中华人民共和国反不正当竞争法》第八条和第二十二条的规定③,属于不正当利益。

刑参案例规则提炼

《张建军、刘祥伟对非国家工作人员行贿案——在国有建设用地使用权挂牌出让过程中串通竞买的行为应如何定性》(第1136号案例)所涉规则提炼如下:

对非国家工作人员行贿罪的认定规则。"在国有建设用地使用权挂牌出让过程中,通过贿赂指使参与竞买的其他人放弃竞买、串通报价,最终使请托人竞买成功的",构成对非国家工作人员行贿罪。(第1136号案例)

第一百六十五条 【非法经营同类营业罪】 国有公司、企业的董事、监事、高级管理人员,利用职务便利,自己经营或者为他人经营与其所任职公司、企业同类的营业,获取非法利益,数额巨大的,处三年以下有期徒刑或者拘役,并处或者单处罚金;数额特别巨大的,处三年以上七年以下有期徒刑,并处罚金。

其他公司、企业的董事、监事、高级管理人员违反法律、行政法规规定,实施前款行为,致使公司、企业利益遭受重大损失的,依照前款的规定处罚。

---

① 参见何帆编著:《刑法注释书》(第二版),中国民主法制出版社2021年版,第361页。
② 罪名已调整为"对非国家工作人员行贿罪"。——本评注注
③ 现行《反不正当竞争法》为第七条、第十九条。按照第七条的表述,即"谋取交易机会或者竞争优势"。——本评注注

立法沿革

本条系 1997 年《刑法》增设的规定。

2024 年 3 月 1 日起施行的《刑法修正案(十二)》第一条对《刑法》第一百六十五条作了修改,扩充主体范围,并增加第二款规定,将非法经营同类营业罪由国有公司、企业扩展到民营企业。

修正前《刑法》	修正后《刑法》
第一百六十五条 【非法经营同类营业罪】国有公司、企业的董事、经理利用职务便利,自己经营或者为他人经营与其所任职公司、企业同类的营业,获取非法利益,数额巨大的,处三年以下有期徒刑或者拘役,并处或者单处罚金;数额特别巨大的,处三年以上七年以下有期徒刑,并处罚金。	第一百六十五条 【非法经营同类营业罪】国有公司、企业的董事、**监事、高级管理人员**,利用职务便利,自己经营或者为他人经营与其所任职公司、企业同类的营业,获取非法利益,数额巨大的,处三年以下有期徒刑或者拘役,并处或者单处罚金;数额特别巨大的,处三年以上七年以下有期徒刑,并处罚金。 **其他公司、企业的董事、监事、高级管理人员违反法律、行政法规规定,实施前款行为,致使公司、企业利益遭受重大损失的,依照前款的规定处罚。**

刑参案例规则提炼

《杨文康非法经营同类营业案——非法经营同类营业罪与为亲友非法牟利罪之区分》(第 187 号案例)、《吴小军非法经营同类营业、对非国家工作人员行贿案——非法经营同类营业罪的主体范围及对"同类营业"的准确理解》(第 1298 号案例)所涉规则提炼如下:

1. 非法经营同类营业罪的**主体规则**。"非法经营同类营业罪的主体是特殊主体,即国有公司、企业的董事、经理。""国有公司、企业的部门经理等中层管理人员,一般不构成非法经营同类营业罪的主体。"(第 187 号案例)"非法经营同类营业罪中的'国有公司、企业'不限于国有独资公司、企业。"(第 1298 号案例)

2. "**同类营业**"的判定规则。①"'同类营业'并非'同种营业'。"实践中,应当从竞业禁止规则的实质层面加以把握判断,即是否影响所在企业的交易机会。

---

① 需要注意的是,非法经营同类营业罪属于行政犯,对于相关术语的界定不宜明显有违相关行政法律法规的规定。特别是,《公司法》第一百八十二条规定:"董事、监事、高级管理人员,直接或者间接与本公司订立合同或者进行交易,应当就与订立合同或者(转下页)

(第1298号案例)

3.非法经营同类营业罪与为亲友非法牟利罪的界分规则。"有的国有公司、企业的董事、经理利用职务便利,将本单位盈利业务交由其亲友的公司、企业,自己也参与经营,从中获取巨大的非法利益并给国家利益造成了重大损失,对此,应当根据具体情况择一罪定罪处罚。两罪构成要件不同,一为获利,一为造成损失。如只具一项,则以具备者定罪;如两项行为都具备,可以定非法经营同类营业罪。"(第187号案例)

第一百六十六条　【为亲友非法牟利罪】 国有公司、企业、事业单位的工作人员,利用职务便利,有下列情形之一,致使国家利益遭受重大损失的,处三年以下有期徒刑或者拘役,并处或者单处罚金;致使国家利益遭受特别重大损失的,处三年以上七年以下有期徒刑,并处罚金:

(一)将本单位的盈利业务交由自己的亲友进行经营的;

(二)以明显高于市场的价格从自己的亲友经营管理的单位采购商品、接受服务或者以明显低于市场的价格向自己的亲友经营管理的单位销售商品、提供服务的;

(三)从自己的亲友经营管理的单位采购、接受不合格商品、服务的。

其他公司、企业的工作人员违反法律、行政法规规定,实施前款行为,致使公司、企业利益遭受重大损失的,依照前款的规定处罚。

(接上页)进行交易有关的事项向董事会或者股东会报告,并按照公司章程的规定经董事会或者股东会议通过。""董事、监事、高级管理人员的近亲属,董事、监事、高级管理人员或者其近亲属直接或者间接控制的企业,以及与董事、监事、高级管理人员有其他关联关系的关联人,与公司订立合同或者进行交易,适用前款规定。"第一百八十四条规定:"董事、监事、高级管理人员未向董事会或者股东会报告,并按照公司章程的规定经董事会或者股东会决议通过,不得自营或者为他人经营与其任职公司同类的业务。"可见,相关法律已经明确区分了"与本公司订立合同或者进行交易"与"经营与其任职公司同类的业务",适用刑法时似不宜再将二者混为一谈。非法经营同类营业罪源于公司的董事、监事、高级管理人员对竞业禁止义务的违反,而与所在公司订立合同或者交易的行为并未违反这一义务,而是违反了其他义务。在《公司法》已经将"与本公司订立合同或者进行交易"与"经营与其任职公司同类的业务"明确区分的前提下,刑法只将后者规定为犯罪,似应认为立法已有特殊考虑。据此,对于国有公司的董事、监事、高级管理人员利用职务便利向其所任职的汽车公司供应原料的行为,似难以解释为"与其所任职公司、企业同类的营业"。——**本评注注**

第三节 妨害对公司、企业的管理秩序罪

■ 立法沿革

本条系1997年《刑法》增设的规定。

2024年3月1日起施行的《刑法修正案(十二)》第二条对《刑法》第一百六十六条作了修改,完善相关表述,并增加第二款规定,将为亲友非法牟利罪由国有公司、企业扩展到民营企业。

修正前《刑法》	修正后《刑法》
第一百六十六条 【为亲友非法牟利罪】国有公司、企业、事业单位的工作人员,利用职务便利,有下列情形之一,使国家利益遭受重大损失的,处三年以下有期徒刑或者拘役,并处或者单处罚金;致使国家利益遭受特别重大损失的,处三年以上七年以下有期徒刑,并处罚金: (一)将本单位的盈利业务交由自己的亲友进行经营的; (二)以明显高于市场的价格向自己的亲友经营管理的单位采购商品或者以明显低于市场的价格向自己的亲友经营管理的单位销售商品的; (三)向自己的亲友经营管理的单位采购不合格商品的。	第一百六十六条 【为亲友非法牟利罪】国有公司、企业、事业单位的工作人员,利用职务便利,有下列情形之一,**致**使国家利益遭受重大损失的,处三年以下有期徒刑或者拘役,并处或者单处罚金;致使国家利益遭受特别重大损失的,处三年以上七年以下有期徒刑,并处罚金: (一)将本单位的盈利业务交由自己的亲友进行经营的; (二)以明显高于市场的价格**从**自己的亲友经营管理的单位采购商品、**接受服务**或者以明显低于市场的价格向自己的亲友经营管理的单位销售商品、**提供服务**的; (三)**从**自己的亲友经营管理的单位采购、**接受**不合格商品、**服务**的。 **其他公司、企业的工作人员违反法律、行政法规规定,实施前款行为,致使公司、企业利益遭受重大损失的,依照前款的规定处罚。**

■ 刑参案例规则提炼

《刘晓宇为亲友非法牟利案——如何认定为亲友非法牟利罪》(第1494号案例)所涉规则提炼如下:

1. 为亲友非法牟利罪的主体认定规则。"虽然刑法上的国有公司、企业是指国有独资公司、企业,但不能把国有公司、企业人员看成刑法上的'国有公司、企业'与'人员'两个词语的简单拼接,得出国有公司、企业人员仅限于国有独资公司、企业工作人员的结论。""国有控股公司中从事公务的人员属于国有公司人员。"(第1494号案例)

2.利用职务便利的认定规则。"通过下属单位负责人的职权,安排以明显高于市场的价格购买商品,属于利用职务上的便利。"(第1494号案例)

3.为亲友非法牟利罪与贪污罪的界分规则。"推荐、建议……向自己控制的公司高价购买大米不同于典型的贪污行为,不宜认定为贪污罪。""不仅自己实际获利,其主观上也有为亲友牟利的意图,客观上其亲友也有可能从中获利,以为亲友非法牟利罪进行处罚更为合理。"(第1494号案例)

第一百六十七条 【签订、履行合同失职被骗罪】国有公司、企业、事业单位直接负责的主管人员,在签订、履行合同过程中,因严重不负责任被诈骗,致使国家利益遭受重大损失的,处三年以下有期徒刑或者拘役;致使国家利益遭受特别重大损失的,处三年以上七年以下有期徒刑。

立法沿革

本条系1997年《刑法》增设的规定。1979年《刑法》施行期间,对此类行为可以按照玩忽职守罪追究刑事责任。

单行刑法

《全国人民代表大会常务委员会关于惩治骗购外汇、逃汇和非法买卖外汇犯罪的决定》(自1998年12月29日起施行)

七、金融机构、从事对外贸易经营活动的公司、企业的工作人员严重不负责任,造成大量外汇被骗购或者逃汇,致使国家利益遭受重大损失的,依照刑法第一百六十七条的规定定罪处罚。

(→全文参见第一百九十条之后"骗购外汇罪"评注部分,第865页)

刑参案例规则提炼

《高原、梁汉钊信用证诈骗,签订、履行合同失职被骗案——如何理解签订、履行合同失职被骗罪的客观要件》(第270号案例)所涉规则提炼如下:

1.签订、履行合同失职被骗罪的主体规则。本罪的主体为国有公司、企业、事业单位直接负责的主管人员。"对这里的直接负责的主管人员的理解,应当把握以下两点:一是须有管理人员之身份,行使实际管理职权;二是对合同的签订、履行负有直接责任。其中,前者不限于单位的法定代表人,单位的分管副职领导、部门、分支机构的负责人等均属管理人员;后者的着眼点在于对合同的签订与履行有无法律及职务上的责任,不在于是否具体参与合同的签订与履行,尤其是不履行或者不正确履行职责的渎职等过失犯罪中,不要求具有决定、批准、授意等参与合同的签订、履行行为。"(第270号案例)

2. 签订、履行合同失职被骗罪客观要件的认定规则。就"在签订、履行合同过程中,严重不负责任被诈骗"而言,"诈骗行为需以构成犯罪为充足,不能将一般的民事欺诈行为理解为这里的诈骗行为,但无需以合同对方已经被人民法院判决构成诈骗犯罪作为认定本案当事人构成签订、履行合同失职被骗罪的前提,在程序上仅需认定对方当事人的行为已经涉嫌构成诈骗犯罪即可"[1]。(第270号案例)

第一百六十八条 【国有公司、企业、事业单位人员失职罪】【国有公司、企业、事业单位人员滥用职权罪】国有公司、企业的工作人员,由于严重不负责任或者滥用职权,造成国有公司、企业破产或者严重损失,致使国家利益遭受重大损失的,处三年以下有期徒刑或者拘役;致使国家利益遭受特别重大损失的,处三年以上七年以下有期徒刑。

国有事业单位的工作人员有前款行为,致使国家利益遭受重大损失的,依照前款的规定处罚。

国有公司、企业、事业单位的工作人员,徇私舞弊,犯前两款罪的,依照第一款的规定从重处罚。

▶ 立法沿革

本条系1997年《刑法》增设的规定。

1999年12月25日起施行的《刑法修正案》第二条对本条作了修改,主要涉及如下几个方面:一是将主体由"国有公司、企业直接负责的主管人员"调整为"国有公司、企业的工作人员";二是将"徇私舞弊,造成国有公司、企业破产或者严重亏损"调整为"由于严重不负责任或者滥用职权,造成国有公司、企业破产或者严重损失",三是增加加重犯的法定刑;四是增设国有事业单位人员失职和滥用职权犯罪的规定;五是增加规定对国有公司、企业、事业单位的工作人员,徇私舞弊,实施相关犯罪的行为从重处罚。

---

[1] 对此,《最高人民法院刑二庭审判长会议纪要关于签订、履行合同失职被骗犯罪是否以对方当事人的行为构成诈骗犯罪为要件的意见》持相同立场。(→参见第四百零六条评注部分,第2205页)

修正前《刑法》	修正后《刑法》
第一百六十八条 【徇私舞弊造成破产、亏损罪】国有公司、企业直接负责的主管人员，徇私舞弊，造成国有公司、企业破产或者严重亏损，致使国家利益遭受重大损失的，处三年以下有期徒刑或者拘役。	第一百六十八条 【国有公司、企业、事业单位人员失职罪】【国有公司、企业、事业单位人员滥用职权罪】国有公司、企业的工作人员，由于严重不负责任或者滥用职权，造成国有公司、企业破产或者严重损失，致使国家利益遭受重大损失的，处三年以下有期徒刑或者拘役；致使国家利益遭受特别重大损失的，处三年以上七年以下有期徒刑。 国有事业单位的工作人员有前款行为，致使国家利益遭受重大损失的，依照前款的规定处罚。 国有公司、企业、事业单位的工作人员，徇私舞弊，犯前两款罪的，依照第一款的规定从重处罚。

▎司法解释

《最高人民法院关于审理扰乱电信市场管理秩序案件具体应用法律若干问题的解释》(法释〔2000〕12号)第六条对国有电信企业的工作人员失职或者滥用职权适用《刑法》第一百六十八条作了指引性规定。(→参见第二百二十五条评注部分，第1024页)

《最高人民法院、最高人民检察院关于办理妨害预防、控制突发传染病疫情等灾害的刑事案件具体应用法律若干问题的解释》(法释〔2003〕8号)第四条对国有公司、企业、事业单位的工作人员在预防、控制突发传染病疫情等灾害的工作中失职或者滥用职权适用《刑法》第一百六十八条作了指引性规定。(→参见第一百一十四条评注部分，第414页)

▎规范性文件

《最高人民法院、最高人民检察院关于办理国家出资企业中职务犯罪案件具体应用法律若干问题的意见》(法发〔2010〕49号)"四、关于国家工作人员在企业改制过程中的渎职行为的处理"对国家出资企业中的国家工作人员在公司、企业改制或者国有资产处理过程中失职或者滥用职权适用《刑法》第一百

六十八条作了指引性规定。(→参见分则第八章标题评注部分,第2114页)

指导性案例

桑某受贿、国有公司人员滥用职权、利用未公开信息交易案(检例第188号,节录)

关键词 受贿罪　国有公司人员滥用职权罪　利用未公开信息交易罪　股权收益权　损失认定

要　旨 检察机关在办理投融资领域受贿犯罪案件时,要准确认定利益输送行为的性质,着重审查投融资的背景、投融资方式、融资需求的真实性、行为人是否需要承担风险、风险与所获收益是否相符等证据。在办理国有公司人员滥用职权犯罪案件时,要客观认定行为造成公共财产损失的范围,对于国有公司应得而未获得的预期收益,可以认定为损失数额。在办理利用未公开信息交易犯罪案件时,对于内幕信息、未公开信息的范围、趋同性交易盈利数额等关键要件的认定,要调取证券监督管理部门、证券交易所等专业机构出具的认定意见,综合全案证据审查判断。

法律适用答复、复函

《最高人民检察院法律政策研究室关于中国农业发展银行及其分支机构的工作人员法律适用问题的答复》([2002]高检研发第16号)

湖北省人民检察院法律政策研究室:

你院关于中国农业发展银行工作人员法律适用问题的请示(鄂检文[2001]50号)收悉。经研究,答复如下:

中国农业发展银行及其分支机构的工作人员严重不负责任或者滥用职权,构成犯罪的,应当依照刑法第一百六十八条的规定追究刑事责任。

《公安部经济犯罪侦查局关于能否对章××进行立案侦查的批复》(公经[2002]446号)

江苏省公安厅经侦总队:

你总队《关于能否对章××进行立案侦查的请示》(苏公经[2002]71号)收悉。经研究,批复如下:

国有企业人员失职罪的追诉标准,应按失职行为造成的直接经济损失计算,案发后司法机关追回的赃款和犯罪嫌疑人主动退回的赃款数额,只是量刑情

---

① 参见何帆编著:《刑法注释书》(第二版),中国民主法制出版社2021年版,第367页。

节,不影响定罪。如果按照上述标准计算,符合追诉标准的,应予立案侦查。

《公安部经济犯罪侦查局关于对国有控股、参股的金融部门及其分支机构有关人员失职或者滥用职权可否适用刑法第一百六十八条的批复》(公经〔2012〕269号)①

国有控股或参股的公司、企业,不属于刑法规定中的国有公司、企业,但国有控股、参股公司、企业的工作人员在一定条件下可以适用刑法第一百六十八条的规定。

> **第一百六十九条 【徇私舞弊低价折股、出售公司、企业资产罪】**国有公司、企业或者其上级主管部门直接负责的主管人员,徇私舞弊,将国有资产低价折股或者低价出售,致使国家利益遭受重大损失的,处三年以下有期徒刑或者拘役;致使国家利益遭受特别重大损失的,处三年以上七年以下有期徒刑。
>
> 其他公司、企业直接负责的主管人员,徇私舞弊,将公司、企业资产低价折股或者低价出售,致使公司、企业利益遭受重大损失的,依照前款的规定处罚。

立法沿革

本条系1997年《刑法》增设的规定。

2024年3月1日起施行的《刑法修正案(十二)》第三条对《刑法》第一百六十九条作了修改,增加第二款规定,将徇私舞弊低价折股、出售公司、企业资产犯罪的适用范围由国有资产扩展至包括民营企业在内。

修正前《刑法》	修正后《刑法》
第一百六十九条 【徇私舞弊低价折股、出售国有资产罪】国有公司、企业或者其上级主管部门直接负责的主管人员,徇私舞弊,将国有资产低价折股或者低价出售,致使国家利益遭受重大损失的,处三年以下有期徒刑或者拘役;致使国家利益遭受特别重大损失的,处三年以上七年以下有期徒刑。	第一百六十九条 【徇私舞弊低价折股、出售公司、企业资产罪】国有公司、企业或者其上级主管部门直接负责的主管人员,徇私舞弊,将国有资产低价折股或者低价出售,致使国家利益遭受重大损失的,处三年以下有期徒刑或者拘役;致使国家利益遭受特别重大损失的,处三年以上七年以下有期徒刑。 其他公司、企业直接负责的主管人员,徇私舞弊,将公司、企业资产低价折股或者低价出售,致使公司、企业利益遭受重大损失的,依照前款的规定处罚。

---

① 参见何帆编著:《刑法注释书》(第二版),中国民主法制出版社2021年版,第367页。

第三节 妨害对公司、企业的管理秩序罪

▶ 规范性文件

《最高人民法院、最高人民检察院关于办理国家出资企业中职务犯罪案件具体应用法律若干问题的意见》（法发〔2010〕49号）"四、关于国家工作人员在企业改制过程中的渎职行为的处理"对国家出资企业中的国家工作人员在公司、企业改制或者国有资产处置过程中徇私舞弊低价折股、出售国有资产适用《刑法》第一百六十九条作了指引性规定。（→参见分则第八章标题评注部分，第2114页）

第一百六十九条之一 【背信损害上市公司利益罪】上市公司的董事、监事、高级管理人员违背对公司的忠实义务，利用职务便利，操纵上市公司从事下列行为之一，致使上市公司利益遭受重大损失的，处三年以下有期徒刑或者拘役，并处或者单处罚金；致使上市公司利益遭受特别重大损失的，处三年以上七年以下有期徒刑，并处罚金：

（一）无偿向其他单位或者个人提供资金、商品、服务或者其他资产的；

（二）以明显不公平的条件，提供或者接受资金、商品、服务或者其他资产的；

（三）向明显不具有清偿能力的单位或者个人提供资金、商品、服务或者其他资产的；

（四）为明显不具有清偿能力的单位或者个人提供担保，或者无正当理由为其他单位或者个人提供担保的；

（五）无正当理由放弃债权、承担债务的；

（六）采用其他方式损害上市公司利益的。

上市公司的控股股东或者实际控制人，指使上市公司董事、监事、高级管理人员实施前款行为的，依照前款的规定处罚。

犯前款罪的上市公司的控股股东或者实际控制人是单位的，对单位判处罚金，并对其直接负责的主管人员和其他直接责任人员，依照第一款的规定处罚。

▶ 立法沿革

本条系2006年6月29日起施行的《刑法修正案（六）》第九条增设的规定。

立案追诉标准

《最高人民检察院、公安部关于公安机关管辖的刑事案件立案追诉标准的规定(二)》(公通字〔2022〕12号,节录)

第十三条 〔背信损害上市公司利益案(刑法第一百第一百六十九条之一)〕上市公司的董事、监事、高级管理人员违背对公司的忠实义务,利用职务便利,操纵上市公司从事损害上市公司利益的行为,以及上市公司的控股股东或者实际控制人,指使上市公司董事、监事、高级管理人员实施损害上市公司利益的行为,涉嫌下列情形之一的,应予立案追诉:

(一)无偿向其他单位或者个人提供资金、商品、服务或者其他资产,致使上市公司直接经济损失数额在一百五十万元以上的;

(二)以明显不公平的条件,提供或者接受资金、商品、服务或者其他资产,致使上市公司直接经济损失数额在一百五十万元以上的;

(三)向明显不具有清偿能力的单位或者个人提供资金、商品、服务或者其他资产,致使上市公司直接经济损失数额在一百五十万元以上的;

(四)为明显不具有清偿能力的单位或者个人提供担保,或者无正当理由为其他单位或者个人提供担保,致使上市公司直接经济损失数额在一百五十万元以上的;

(五)无正当理由放弃债权、承担债务,致使上市公司直接经济损失数额在一百五十万元以上的;

(六)致使公司、企业发行的股票或者公司、企业债券、存托凭证或者国务院依法认定的其他证券被终止上市交易的;

(七)其他致使上市公司利益遭受重大损失的情形。

(→附则参见分则标题评注部分,第392页)

刑参案例规则提炼

《于在青违规不披露重要信息案——依法负有披露义务的公司、企业对依法应披露的重要信息不按规定披露的,对直接负责的主管人员如何处理以及上市公司直接负责的主管人员违规向不具有清偿能力的控股股东提供担保的行为,如何定性》(第824号案例)所涉规则提炼如下:

背信损害上市公司利益罪入罪要件的把握规则。"上市公司直接负责的主管人员违规向不具有清偿能力的控股股东提供担保,未造成实际损失的,不构成背信损害上市公司利益罪。"(第824号案例)

第四节　破坏金融管理秩序罪

规范性文件

《全国法院审理金融犯罪案件工作座谈会纪要》(法〔2001〕8号)

　　为进一步加强人民法院对金融犯罪案件的审判工作,正确理解和适用刑法对金融犯罪的有关规定,更加准确有力地依法打击各种金融犯罪,最高人民法院于2000年9月20日至22日在湖南省长沙市召开了全国法院审理金融犯罪案件工作座谈会。各省、自治区、直辖市高级人民法院和解放军军事法院主管刑事审判工作的副院长、刑事审判庭庭长以及中国人民银行的代表参加了座谈会。最高人民法院副院长刘家琛在座谈会上做了重要讲话。

　　座谈会总结交流了全国法院审理金融犯罪案件工作的情况和经验,研究讨论了刑法修订以来审理金融犯罪案件中遇到的有关具体适用法律的若干问题,对当前和今后一个时期人民法院审理金融犯罪案件工作提出了明确的要求和意见。纪要如下:

一

　　座谈会认为,金融是现代经济的核心。随着改革开放的不断深入和社会主义市场经济体制的建立、完善,我国金融体制也发生了重大变革,金融业务大大扩展且日益多元化、国际化,各种现代化的金融手段和信用工具被普遍应用,金融已经广泛深刻地介入我国经济并在其中发挥着越来越重要的作用,成为国民经济的"血液循环系统",是市场资源配置关系的主要形式和国家宏观调控经济的重要手段。金融的安全、有序、高效、稳健运行,对于经济发展、国家安全以及社会稳定至关重要。如果金融不稳定,势必会危及经济和社会的稳定,影响改革和发展的进程。保持金融的稳定和安全,必须加强金融法制建设,依法强化金融监管,规范金融秩序,依法打击金融领域内的各种违法犯罪活动。

　　近年来,人民法院充分发挥刑事审判职能,依法严惩了一大批严重破坏金融管理秩序和金融诈骗的犯罪分子,为保障金融安全,防范和化解金融风险,发挥了重要作用。但是,金融犯罪的情况仍然是严重的。从法院受理案件的情况看,金融犯罪的数量在逐年增加;涉案金额越来越大;金融机构工作人员作案和内外勾结共同作案的现象突出;单位犯罪和跨国(境)、跨区域作案增多;犯罪手段趋向专业化、智能化,新类型犯罪不断出现;犯罪分子作案后大肆挥霍、转移赃款或携款外逃的情况时有发生,危害后果越来越严重。金融犯罪严重破坏社会主义市场经济秩序,扰乱金融管理秩序,危害国家信用制度,侵害公私财产权益,造成国家金融资产大量流失,有的地方还由此引发了局部性的金融风波和群体性事件,直接影响了社会稳定。必须清醒地看到,目前,我国经济体制中长期存在的一些矛盾和困难已经或正在向金融领域转移并积聚,从即将到来的新世纪开始,我国将进入加快推进现代化的新的发展阶段,随着经济的快速发展、改革的不断深化以及对外开放的进一步扩大,我国金融业在获得更大发展机遇的同时,也面临着维护金融稳定更加严峻的形势。依法打击各种金融犯罪是人民法院刑事审判工作一项长期的重要任务。

座谈会认为,人民法院审理金融犯罪案件工作过去虽已取得了很大成绩,但由于修订后的刑法增加了不少金融犯罪的新罪名,审判实践中遇到了大量新情况和新问题,如何进一步提高适用法律的水平,依法审理好不断增多的金融犯罪案件,仍然是各级法院面临的新的课题;各级法院特别是法院的领导,一定要进一步提高打击金融犯罪对于维护金融秩序、防范金融风险、确保国家金融安全,对于保障改革、促进发展和维护稳定重要意义的认识,把审理金融犯罪案件作为当前和今后很长时期内刑事审判工作的重点,切实加强领导和指导,提高审判业务水平,加大审判工作力度,以更好地适应改革开放和现代化建设的新形势对人民法院刑事审判工作的要求。为此,必须做好以下几方面的工作:

首先,金融犯罪是严重破坏社会主义市场经济秩序的犯罪,审理金融犯罪案件要继续贯彻依法从严惩处严重经济犯罪分子的方针。修订后的刑法和全国人大常委会的有关决定,对危害严重的金融犯罪规定了更加严厉的刑罚,体现了对金融犯罪从严惩处的精神,为人民法院审判各种金融犯罪案件提供了有力的法律依据。各级法院要坚决贯彻立法精神,严格依法惩处破坏金融管理秩序和金融诈骗的犯罪单位和犯罪个人。

第二,进一步加强审理金融犯罪案件工作,促进金融制度的健全与完善。各级法院要切实加强对金融犯罪案件审判工作的组织领导,调整充实审判力量,确保起诉到法院的破坏金融管理秩序和金融诈骗犯罪案件依法及时审结。对于针对金融机构的抢劫、盗窃和发生在金融领域的贪污、侵占、挪用、受贿等其他刑事犯罪案件,也要抓紧依法审理,及时宣判。对于各种专项斗争中破获的金融犯罪案件,要集中力量抓紧审理,依法从严惩处。可选择典型案件到案发当地和案发单位公开宣判,并通过各种新闻媒体广泛宣传,形成对金融违法犯罪的强大威慑力,教育广大干部群众增强金融法制观念,维护金融安全,促进金融制度的不断健全与完善。

第三,要加强学习培训,不断提高审判水平。审理金融犯罪案件,是一项政策性很强的工作,而且涉及很多金融方面的专业知识。各级法院要重视对刑事法官的业务学习和培训,采取请进来、走出去等灵活多样的形式,组织刑事审判人员认真学习银行法、证券法、票据法、保险法等金融法律和公司法、担保法、会计法、审计法等相关法律,学习有关金融政策法规以及一些基本业务知识,以确保正确理解和适用刑法,处理好金融犯罪案件。

第四,要结合审判工作加强调查研究。金融犯罪案件比较复杂,新情况、新问题多,审理难度大,加强调查研究工作尤为必要。各级法院都要结合审理金融犯罪,有针对性地开展调查研究。对办案中发现的管理制度方面存在的漏洞和隐患,要及时提出司法建议。最高法院和高级法院要进一步加强对下级法院的工作指导,及时研究解决实践中遇到的适用法律上的新问题,需要通过制定司法解释加以明确的,要及时逐级报请最高法院研究。

二

座谈会重点研究讨论了人民法院审理金融犯罪案件中遇到的一些有关适用法律问题。与会同志认为,对于修订后的刑法实施过程中遇到的具体适用法律问题,在最高法院相应的新的司法解释出台前,原有司法解释与现行刑法不相冲突的仍然可以参照执行。对于法律和司法解释没有具体规定或规定不够明确,司法实践中又亟需解决的一些问题,与会同志结合审判实践进行了深入的探讨,并形成了一致意见:

(一)关于单位犯罪问题①

根据刑法和《最高人民法院关于审理单位犯罪案件具体应用法律有关问题

---

① 需要注意的问题有二:(1)认定单位犯罪必须同时具备两个条件:一是以单位名义实施犯罪;二是违法所得归单位所有。所谓"以单位名义实施犯罪",一般是指犯罪行为是由单位的决策机构按照单位的决策程序决定实施的,有的是明示,如公开讲明以上情况;有的是默示,如以公函、署单位印章实施犯罪活动等。据此将盗用、冒用单位名义实施的犯罪行为,或者单位内部成员实施的与职务活动无关的犯罪行为排除在单位犯罪之外。所谓"违法所得归单位所有",是指因犯罪活动所产生的非法收益归单位所有。对于以单位名义实施犯罪,但犯罪所得直接由实施犯罪的个人获得或者所有的,不能认定为单位犯罪。(2)之所以认为单位的分支机构或者内设机构、部门可以成为单位犯罪的主体,主要有以下考虑:第一,我国刑法没有采用法人犯罪的概念,刑法中规定的"单位"外延大于法人。是否具有法人资格不是区分单位犯罪还是个人犯罪的标准,不能据此将单位的分支机构或者内设机构、部门实施的犯罪排除在单位犯罪之外。第二,既然不能把是否具有法人资格作为区分单位犯罪还是个人犯罪的标准,也就不能把是否具有独立的财产、能否独立承担民事责任这些法人成立的条件,作为认定单位犯罪的依据。参见杨万明、郭清国:《〈全国法院审理金融犯罪案件工作座谈会纪要〉的理解与适用》,载中华人民共和国最高人民法院刑事审判第一、二、三、四、五庭主办:《中国刑事审判指导案例1》(增订第3版),法律出版社2017年版,第682—683页。

的解释》的规定,以单位名义实施犯罪,违法所得归单位所有的,是单位犯罪。

1. 单位的分支机构或者内设机构、部门实施犯罪行为的处理。以单位的分支机构或者内设机构、部门的名义实施犯罪,违法所得亦归分支机构或者内设机构、部门所有的,应认定为单位犯罪。不能因为单位的分支机构或者内设机构、部门没有可供执行罚金的财产,就不将其认定为单位犯罪,而按照个人犯罪处理。

2. 单位犯罪直接负责的主管人员和其他直接责任人员的认定:直接负责的主管人员,是在单位实施的犯罪中起决定、批准、授意、纵容、指挥等作用的人员,一般是单位的主管负责人,包括法定代表人。其他直接责任人员,是在单位犯罪中具体实施犯罪并起较大作用的人员,既可以是单位的经营管理人员,也可以是单位的职工,包括聘任、雇佣的人员。应当注意的是,在单位犯罪中,对于受单位领导指派或奉命而参与实施了一定犯罪行为的人员,一般不宜作为直接责任人员追究刑事责任。对单位犯罪中的直接负责的主管人员和其他直接责任人员,应根据其在单位犯罪中的地位、作用和犯罪情节,分别处以相应的刑罚,主管人员与直接责任人员,在个案中,不是当然的主、从犯关系,有的案件,主管人员与直接责任人员在实施犯罪行为的主从关系不明显的,可不分主、从犯。但具体案件可以分清主、从犯,且不分清主、从犯,在同一法定刑档次、幅度内量刑无法做到罪刑相适应的,应当分清主、从犯,依法处罚。

3. 对未作为单位犯罪起诉的单位犯罪案件的处理。对于应当认定为单位犯罪的案件,检察机关只作为自然人犯罪案件起诉的,人民法院应及时与检察机关协商,建议检察机关对犯罪单位补充起诉。如检察机关不补充起诉的,人民法院仍应依法审理,对被起诉的自然人根据指控的犯罪事实、证据及庭审查明的事实,依法按单位犯罪中的直接负责的主管人员或者其他直接责任人员追究刑事责任,并应引用刑罚分则关于单位犯罪追究直接负责的主管人员和其他直接责任人员刑事责任的有关条款。

4. 单位共同犯罪的处理。两个以上单位以共同故意实施的犯罪,应根据各单位在共同犯罪中的地位、作用大小,确定犯罪单位。

(二)关于破坏金融管理秩序罪

1. 非金融机构非法从事金融活动案件的处理

1998年7月13日,国务院发布了《非法金融机构和非法金融业务活动取缔办法》。1998年8月11日,国务院办公厅转发了中国人民银行整顿乱集资、乱批设金融机构和乱办金融业务实施方案,对整顿金融"三乱"工作的政策措施等问题做出了规定。各地根据整顿金融"三乱"工作实施方案的规定,对于未经中国人民银行批准,但是根据地方政府或有关部门文件设立并从事或变相从事金融业务的各类基金会、互助会、储金会等机构和组织,由各地人民政府和各有关部门限期进行清理整顿。超过实施方案规定期限继续从事非法金融业务活动的,依法予以取缔;情节严重、构成犯罪的,依法追究刑事责任。因此,上述非法从事金融活动的机构和组织只要在实施方案规定期限之前停止非法金融业务活动的,对有关单位和责任人员,不应以擅自设立金融机构罪处理;对其以前从事的非法金融活动,一般也不作犯罪处理;这些机构和组织的人员利用职务实施的个人犯罪,如贪污罪、职务侵占罪、挪用公款罪、挪用资金罪等,应当根据具体案情分别依法定罪处罚。

2. 关于假币犯罪

假币犯罪的认定。假币犯罪是一种严重破坏金融管理秩序的犯罪。只要有证据证明行为人实施了出售、购买、运输、使用假币行为,且数额较大,就构成犯罪。伪造货币的,只要实施了伪造行为,不论是否完成全部印制工序,即构成伪造货币罪;对于尚未制造出成品,无法计算伪造、销售假币面额的,或者制造、销售用于伪造货币的版样的,不认定犯罪数额,依据犯罪情节决定刑罚。明知是伪造的货币而持有,数额较大,根据现有证据不能认定行为人是为了进行其他假币犯罪的,以持有假币罪定罪处罚;如果有证据证明其持有的假币已构成其他假币犯罪的,应当以其他假币犯罪定罪处罚。

假币犯罪罪名的确定。假币犯罪案件中犯罪分子实施数个相关行为的,在确定罪名时应把握以下原则:

(1)对同一宗假币实施了法律规定为选择性罪名的行为,应根据行为人所实施的数个行为,按相关罪名刑法规定的排列顺序并列确定罪名,数额不累计计算,不实行数罪并罚。

(2)对不同宗假币实施法律规定为选择性罪名的行为,并列确定罪名,数额按全部假币面额累计计算,不实行数罪并罚。

(3)对同一宗假币实施了刑法没有规定为选择性罪名的数个犯罪行为,择一重罪从重处罚。如伪造货币或者购买假币后使用的,以伪造货币罪或购买假币罪定罪,从重处罚。

(4)对不同宗假币实施了刑法没有规定为选择性罪名的数个犯罪行为,分别定罪,数罪并罚。

出售假币被查获部分的处理。在出售假币时被抓获的,除现场查获的假币应认定为出售假币的犯罪数额外,现场之外在行为人住所或者其他藏匿地查获的假币,亦应认定为出售假币的犯罪数额。但有证据证实后者是行为人有实施其他假币犯罪的除外。

制造或者出售伪造的台币行为的处理。对于伪造台币的,应当以伪造货币罪定罪处罚;出售伪造的台币的,应当以出售假币罪定罪处罚。

3. 用账外客户资金非法拆借、发放贷款行为的认定和处罚

银行或者其他金融机构及其工作人员以牟利为目的,采取吸收客户资金不入账的方式,将客户资金用于非法拆借、发放贷款,造成重大损失的,构成用账外客户资金非法拆借、发放贷款罪。以牟利为目的,是指金融机构及其工作人员为本单位或者个人牟利,不具有这种目的,不构成该罪。这里的"牟利",一般是指谋取用账外客户资金非法拆借、发放贷款所产生的非法收益,如利息、差价等。对于用款人为取得贷款而支付的回扣、手续费等,应根据具体情况分别处理:银行或者其他金融机构用账外客户资金非法拆借、发放贷款,收取的回扣、手续费等,应认定为"牟利";银行或者其他金融机构的工作人员利用职务上的便利,用账外客户资金非法拆借、发放贷款,收取回扣、手续费等,数额较小的,以"牟利"论处;银行或者其他金融机构的工作人员将用款人支付给单位的回扣、手续费秘密占为己有,数额较大的,以贪污罪定罪处罚;银行或者其他金融机构的工作人员利用职务便利,用账外客户资金非法拆借、发放贷款,索取用款人的财物,或者非法收受其他财物,或者收取回扣、手续费等,数额较大的,以受贿罪定罪处罚。吸收客户资金不入账,是指不记入金融机构的法定存款账目,以逃避国家金融监管,至于是否记入法定账目以外设立的账目,不影响该罪成立。

审理银行或者其他金融机构及其工作人员用账外客户资金非法拆借、发放贷款案件,要注意将用账外客户资金非法拆借、发放贷款的行为与挪用公款罪和挪用资金罪区别开来。对于利用职务上的便利,挪用已经记入金融机构法定存款账户的客户资金归个人使用的,或者吸收客户资金不入账,却给客户开具银行存单,客户也认为将款已存入银行,该款却被行为人以个人名义借贷给他人的,均应认定为挪用公款罪或者挪用资金罪。

4. 破坏金融管理秩序相关犯罪数额和情节的认定

最高人民法院先后颁行了《关于审理伪造货币等案件具体应用法律若干问题的解释》、《关于审理走私刑事案件具体应用法律若干问题的解释》,对伪造货币、走私、出售、购买、运输假币等犯罪的定罪处刑标准以及相关适用法律问题作出了明确规定。为正确执行刑法,在其他有关的司法解释出台之前,对假币犯罪以外的破坏金融管理秩序犯罪的数额和情节,可参照以下标准掌握:

关于非法吸收公众存款罪。非法吸收或者变相吸收公众存款的,要从非法吸收公众存款的数额、范围以及给存款人造成的损失等方面来判定扰乱金融秩

序造成危害的程度。根据司法实践,具有下列情形之一的,可以按非法吸收公众存款罪定罪处罚:

(1)个人非法吸收或者变相吸收公众存款20万元以上的,单位非法吸收或者变相吸收公众存款100万元以上的;

(2)个人非法吸收或者变相吸收公众存款30户以上的,单位非法吸收或者变相吸收公众存款150户以上的;

(3)个人非法吸收或者变相吸收公众存款给存款人造成损失10万元以上的,单位非法吸收或者变相吸收公众存款给存款人造成损失50万元以上的,或者造成其他严重后果的:个人非法吸收或者变相吸收公众存款100万元以上,单位非法吸收或者变相吸收公众存款500万元以上的,可以认定为"数额巨大"。

关于违法向关系人发放贷款罪。银行或者其他金融机构工作人员违反法律、行政法规规定,向关系人发放信用贷款或者发放担保贷款的条件优于其他借款人同类贷款条件,造成10—30万元以上损失的,可以认定为"造成较大损失";造成50—100万元以上损失的,可以认定为"造成重大损失"。

关于违法发放贷款罪。银行或者其他金融机构工作人员违反法律、行政法规规定,向关系人以外的其他人发放贷款,造成50—100万元以上损失的,可以认定为"造成重大损失";造成300—500万元以上损失的,可以认定为"造成特别重大损失"。

关于用账外客户资金非法拆借、发放贷款罪。对于银行或者其他金融机构工作人员以牟利为目的,采取吸收客户资金不入账的方式,将资金用于非法拆借、发放贷款,造成50—100万元以上损失的,可以认定为"造成重大损失.";造成300—500万元以上损失的,可以认定为"造成特别重大损失"。

对于单位实施违法发放贷款和用账外客户资金非法拆借、发放贷款造成损失构成犯罪的数额标准,可按个人实施上述犯罪的数额标准二至四倍掌握。

由于各地经济发展不平衡,各省、自治区、直辖市高级人民法院可参照上述数额标准或幅度,根据本地的具体情况,确定在本地区掌握的具体标准。

(三)关于金融诈骗罪

1. 金融诈骗罪中非法占有目的的认定

金融诈骗犯罪都是以非法占有为目的的犯罪。在司法实践中,认定是否具有非法占有为目的,应当坚持主客观相一致的原则,既要避免单纯根据损失结果客观归罪,也不能仅凭被告人自己的供述,而应当根据案件具体情况具体分析。根据司法实践,对于行为人通过诈骗的方法非法获取资金,造成数额较大资金不能归还,并具有下列情形之一的,可以认定为具有非法占有的目的:

(1)明知没有归还能力而大量骗取资金的;
(2)非法获取资金后逃跑的;
(3)肆意挥霍骗取资金的;
(4)使用骗取的资金进行违法犯罪活动的;
(5)抽逃、转移资金、隐匿财产,以逃避返还资金的;
(6)隐匿、销毁账目,或者搞假破产、假倒闭,以逃避返还资金的;
(7)其他非法占有资金、拒不返还的行为。但是,在处理具体案件的时候,对于有证据证明行为人不具有非法占有目的的,不能单纯以财产不能归还就按金融诈骗罪处罚。

2.贷款诈骗罪的认定和处理。贷款诈骗犯罪是目前案发较多的金融诈骗犯罪之一。审理贷款诈骗犯罪案件,应当注意以下两个问题:

一是单位不能构成贷款诈骗罪。根据刑法第三十条和第一百九十三条的规定,单位不构成贷款诈骗罪。对于单位实施的贷款诈骗行为,不能以贷款诈骗罪定罪处罚,也不能以贷款诈骗罪追究直接负责的主管人员和其他直接责任人员的刑事责任。① 但是,在司法实践中,对于单位十分明显地以非法占有为目的,利用签订、履行借款合同诈骗银行或其他金融机构贷款,符合刑法第二百二十四条规定的合同诈骗罪构成要件的,应当以合同诈骗罪定罪处罚。

二是要严格区分贷款诈骗与贷款纠纷的界限。对于合法取得贷款后,没有按规定的用途使用贷款,到期没有归还贷款的,不能以贷款诈骗罪定罪处罚;对于确有证据证明行为人不具有非法占有的目的,因不具备贷款的条件而采取了欺骗手段获取贷款,案发时有能力履行还贷义务,或者案发时不能归还贷款是因为意志以外的原因,如因经营不善、被骗、市场风险等,不应以贷款诈骗罪定罪处罚。

3.集资诈骗罪的认定和处理:集资诈骗罪和欺诈发行股票、债券罪②、非法吸收公众存款罪在客观上均表现为向社会公众非法募集资金。区别的关键在于行为人是否具有非法占有的目的。对于以非法占有为目的而非法集资,或者在

---

① 《全国人民代表大会常务委员会关于〈中华人民共和国刑法〉第三十条的解释》(自2014年4月24日起施行)规定:"公司、企业、事业单位、机关、团体等单位实施刑法规定的危害社会的行为,刑法分则和其他法律未规定追究单位的刑事责任的,对组织、策划、实施该危害社会行为的人依法追究刑事责任。"据此,对此处规定应根据该立法解释作妥当把握。——**本评注注**
② 罪名已调整为"欺诈发行证券罪"。——**本评注注**

非法集资过程中产生了非法占有他人资金的故意,均构成集资诈骗罪。但是,在处理具体案件时要注意以下两点:一是不能仅凭较大数额的非法集资款不能返还的结果,推定行为人具有非法占有的目的;二是行为人将大部分资金用于投资或生产经营活动,而将少量资金用于个人消费或挥霍的,不应仅以此便认定具有非法占有的目的。

4. 金融诈骗犯罪定罪量刑的数额标准和犯罪数额的计算。金融诈骗的数额不仅是定罪的重要标准,也是量刑的主要依据。在没有新的司法解释之前,可参照1996年《最高人民法院关于审理诈骗案件具体应用法律的若干问题的解释》①的规定执行。在具体认定金融诈骗犯罪的数额时,应当以行为人实际骗取的数额计算。对于行为人为实施金融诈骗活动而支付的中介费、手续费、回扣等,或者用于行贿、赠与等费用,均应计入金融诈骗的犯罪数额。但应当将案发前已归还的数额扣除。

(四)死刑的适用

刑法对危害特别严重的金融诈骗犯罪规定了死刑。人民法院应当运用这一法律武器,有力地打击金融诈骗犯罪。对于罪行极其严重、依法该判死刑的犯罪分子,一定要坚决判处死刑。但需要强调的是,金融诈骗犯罪的数额特别巨大不是判处死刑的惟一标准,只有诈骗"数额特别巨大并且给国家和人民利益造成特别重大损失"的犯罪分子,才能依法选择适用死刑。对于犯罪数额特别巨大,但追缴、退赔后,挽回了损失或者损失不大的,一般不应当判处死刑立即执行;对具有法定从轻、减轻处罚情节的,一般不应当判处死刑。

(五)财产刑的适用

金融犯罪是图利型犯罪,惩罚和预防此类犯罪,应当注重同时从经济上制裁犯罪分子。刑法对金融犯罪都规定了财产刑,人民法院应当严格依法判处。罚金的数额,应当根据被告人的犯罪情节,在法律规定的数额幅度内确定。对于具有从轻、减轻或者免除处罚情节的被告人,对于本应并处的罚金刑原则上也应当从轻、减轻或者免除。

单位金融犯罪中直接负责的主管人员和其他直接责任人员,是否适用罚金

---

① 本司法解释已被《最高人民法院关于废止1980年1月1日至1997年6月30日期间发布的部分司法解释和司法解释性质文件(第九批)的决定》(法释〔2013〕2号)废止,废止理由为"依据已被修改,刑法及相关司法解释已有明确规定"。关于诈骗犯罪现行有效的司法解释为《最高人民法院、最高人民检察院关于办理诈骗刑事案件具体应用法律若干问题的解释》(法释〔2011〕7号)。——**本评注注**

刑,应当根据刑法的具体规定。刑法分则条文规定有罚金刑,并规定对单位犯罪中直接负责的主管人员和其他直接责任人员依照自然人犯罪条款处罚的,应当判处罚金刑,但是对直接负责的主管人员和其他直接责任人员判处罚金的数额,应当低于对单位判处罚金的数额;刑法分则条文明确规定对单位犯罪中直接负责的主管人员和其他直接责任人员只判处自由刑的,不能附加判处罚金刑。

《最高人民检察院关于办理涉互联网金融犯罪案件有关问题座谈会纪要》（高检诉〔2017〕14号）

互联网金融是金融与互联网相互融合形成的新型金融业务模式。发展互联网金融,对加快实施创新驱动发展战略、推进供给侧结构性改革、促进经济转型升级具有积极作用。但是,在互联网金融快速发展过程中,部分机构、业态偏离了正确方向,有些甚至打着"金融创新"的幌子进行非法集资、金融诈骗等违法犯罪活动,严重扰乱了金融管理秩序,侵害了人民群众合法权益。2016年4月,国务院部署开展了互联网金融风险专项整治工作,集中整治违法违规行为,防范和化解互联网金融风险。各级检察机关积极参与专项整治工作,依法办理进入检察环节的涉互联网金融犯罪案件。针对办案中遇到的新情况、新问题,高检院公诉厅先后在昆明、上海、福州召开座谈会,对办理涉互联网金融犯罪案件中遇到的有关行为性质、法律适用、证据审查、追诉范围等问题进行了深入研究。纪要如下：

一、办理涉互联网金融犯罪案件的基本要求

促进和保障互联网金融规范健康发展,是检察机关服务经济社会发展的重要内容。各地检察机关公诉部门应当充分认识防范和化解互联网金融风险的重要性、紧迫性和复杂性,立足检察职能,积极参与互联网金融风险专项整治工作,有效预防、依法惩治涉互联网金融犯罪,切实维护人民群众合法权益,维护国家金融安全。

1. 准确认识互联网金融的本质。互联网金融的本质仍然是金融,其潜在的风险与传统金融没有区别,甚至还可能因互联网的作用而被放大。要依据现有的金融管理法律规定,依法准确判断各类金融活动、金融业态的法律性质,准确界定金融创新和金融违法犯罪的界限。在办理涉互联网金融犯罪案件时,判断是否符合"违反国家规定""未经有关国家主管部门批准"等要件时,应当以现行刑事法律和金融管理法律法规为依据。对各种类型互联网金融活动,要深入剖析行为实质并据此判断其性质,从而准确区分罪与非罪、此罪与彼罪、罪轻与罪重、打击与保护的界限,不能机械地被所谓"互联网金融创新"表象所迷惑。

2. 妥善把握刑事追诉的范围和边界。涉互联网金融犯罪案件涉案人员众多,要按照区别对待的原则分类处理,综合运用刑事追诉和非刑事手段处置和化解风险,打击少数、教育挽救大多数。要坚持主客观相统一的原则,根据犯罪嫌疑人在犯罪活动中的地位作用、涉案数额、危害结果、主观过错等主客观情节,综合判断责任轻重及刑事追诉的必要性,做到罪责适应、罚当其罪。对犯罪情节严重、主观恶性大、在犯罪中起主要作用的人员,特别是核心管理层人员和骨干人员,依法从严打击;对犯罪情节相对较轻、主观恶性较小、在犯罪中起次要作用的人员依法从宽处理。

3. 注重案件统筹协调推进。涉互联网金融犯罪跨区域特征明显,各地检察机关公诉部门要按照"统一办案协调、统一案件指挥、统一资产处置、分别侦查诉讼、分别落实维稳"(下称"三统两分")的要求分别处理好辖区内案件,加强横向、纵向联系,在上级检察机关特别是省级检察院的指导下统一协调推进办案工作,确保辖区内案件处理结果相对平衡统一。跨区县案件由地市级检察院统筹协调,跨地市案件由省级检察院统一协调,跨省案件由高检院公诉厅统一协调。各级检察机关公诉部门要加强与公安机关、地方金融办等相关单位以及检察机关内部侦监、控申等部门的联系,建立健全案件信息通报机制,及时掌握重大案件的立案、侦查、批捕、信访等情况,适时开展提前介入侦查等工作,并及时上报上级检察院。省级检察院公诉部门要发挥工作主动性,主动掌握社会影响大的案件情况,研究制定工作方案,统筹协调解决办案中遇到的问题,重大、疑难、复杂问题要及时向高检院报告。

4. 坚持司法办案"三个效果"有机统一。涉互联网金融犯罪影响广泛,社会各界特别是投资人群体十分关注案件处理。各级检察机关公诉部门要从有利于全案依法妥善处置的角度出发,切实做好提前介入侦查引导取证、审查起诉、出庭公诉等各个阶段的工作,依法妥善处理重大敏感问题,不能机械司法、就案办案。同时,要把办案工作与保障投资人合法权益紧密结合起来,同步做好释法说理、风险防控、追赃挽损、维护稳定等工作,努力实现司法办案的法律效果、社会效果、政治效果有机统一。

二、准确界定涉互联网金融行为法律性质

5. 互联网金融涉及 P2P 网络借贷、股权众筹、第三方支付、互联网保险以及通过互联网开展资产管理及跨界从事金融业务等多个金融领域,行为方式多样,所涉法律关系复杂。违法犯罪行为隐蔽性、迷惑性强,波及面广,社会影响大,要根据犯罪行为的实质特征和社会危害,准确界定行为的法律性质和刑法适用的罪名。

(一)非法吸收公众存款行为的认定

6. 涉互联网金融活动在未经有关部门依法批准的情形下,公开宣传并向不特定公众吸收资金,承诺在一定期限内还本付息的,应当依法追究刑事责任。其中,应重点审查互联网金融活动相关主体是否存在归集资金、沉淀资金,致使投资人资金存在被挪用、侵占等重大风险等情形。

7.互联网金融的本质是金融,判断其是否属于"未经有关部门依法批准",即行为是否具有非法性的主要法律依据是《商业银行法》、《非法金融机构和非法金融业务活动取缔办法》(国务院令第247号)等现行有效的金融管理法律规定。

8.对以下网络借贷领域的非法吸收公众资金的行为,应当以非法吸收公众存款罪分别追究相关行为主体的刑事责任:

(1)中介机构以提供信息中介服务为名,实际从事直接或间接归集资金、甚至自融或变相自融等行为,应当依法追究中介机构的刑事责任。特别要注意识别变相自融行为,如中介机构通过拆分融资项目期限、实行债权转让等方式为自己吸收资金的,应当认定为非法吸收公众存款。

(2)中介机构与借款人存在以下情形之一的,应当依法追究刑事责任:①中介机构与借款人合谋或者明知借款人存在违规情形,仍为其非法吸收公众存款提供服务的;中介机构与借款人合谋,采取向出借人提供信用担保、通过电子渠道以外的物理场所开展借贷业务等违规方式向社会公众吸收资金的;②双方合谋通过拆分融资项目期限、实行债权转让等方式为借款人吸收资金的。在对中介机构、借款人进行追诉时,应根据各自在非法集资中的地位、作用确定其刑事责任。中介机构虽然没有直接吸收资金,但是通过大肆组织借款人开展非法集资并从中收取费用数额巨大、情节严重的,可以认定为主犯。

(3)借款人故意隐瞒事实,违反规定,以自己名义或借用他人名义利用多个网络借贷平台发布借款信息,借款总额超过规定的最高限额,或将吸收资金用于明确禁止的投资股票、场外配资、期货合约等高风险行业,造成重大损失和社会影响的,应当依法追究借款人的刑事责任。对于借款人将借款主要用于正常的生产经营活动,能够及时清退所吸收资金,不作为犯罪处理。

9.在非法吸收公众存款罪中,原则上认定主观故意并不要求以明知法律的禁止性规定为要件。特别是具备一定涉金融活动相关从业经历、专业背景或在犯罪活动中担任一定管理职务的犯罪嫌疑人,应当知晓相关金融法律管理规定,如果有证据证明其实际从事的行为应当批准而未经批准,行为在客观上具有非法性,原则上就可以认定其具有非法吸收公众存款的主观故意。在证明犯罪嫌疑人的主观故意时,可以收集运用犯罪嫌疑人的任职情况、职业经历、专业背景、培训经历、此前任职单位或者本人因从事同类行为受到处罚情况等证据,证明犯罪嫌疑人提出的"不知道相关行为被法律所禁止,故不具有非法吸收公众存款的主观故意"等辩解不能成立。除此之外,还可以收集运用以下证据进一步印证犯罪嫌疑人知道或应当知道其所从事行为具有非法性,比如犯罪嫌疑人故意规避法律以逃避监管的相关证据:自己或要求下属与投资人签订虚假的亲友关系确认书,频繁更换宣传用语逃避监管,实际推介内容与宣传用语、实际经营状况不一致,刻意向投资人夸大公司兑付能力,在培训课程中传授或接受规避法律的方法,等等。

10. 对于无相关职业经历、专业背景,且从业时间短暂,在单位犯罪中层级较低,纯属执行单位领导指令的犯罪嫌疑人提出辩解的,如确实无其他证据证明其具有主观故意的,可以不作为犯罪处理。另外,实践中还存在犯罪嫌疑人提出因信赖行政主管部门出具的相关意见而陷入错误认识的辩解。如果上述辩解确有证据证明,不应作为犯罪处理,但应当对行政主管部门出具的相关意见及其出具过程进行查证,如存在以下情形之一,仍应认定犯罪嫌疑人具有非法吸收公众存款的主观故意:

(1)行政主管部门出具意见所涉及的行为与犯罪嫌疑人实际从事的行为不一致的;

(2)行政主管部门出具的意见未对是否存在非法吸收公众存款问题进行合法性审查,仅对其他合法性问题进行审查的;

(3)犯罪嫌疑人在行政主管部门出具意见时故意隐瞒事实、弄虚作假的;

(4)犯罪嫌疑人与出具意见的行政主管部门的工作人员存在利益输送行为的;

(5)犯罪嫌疑人存在其他影响和干扰行政主管部门出具意见公正性的情形的。

对于犯罪嫌疑人提出因信赖专家学者、律师等专业人士、主流新闻媒体宣传或有关行政主管部门工作人员的个人意见而陷入错误认识的辩解,不能作为犯罪嫌疑人判断自身行为合法性的根据和排除主观故意的理由。

11. 负责或从事吸收资金行为的犯罪嫌疑人非法吸收公众存款金额,根据其实际参与吸收的全部金额认定。但以下金额不应计入该犯罪嫌疑人的吸收金额:

(1)犯罪嫌疑人自身及其近亲属所投资的资金金额;

(2)记录在犯罪嫌疑人名下,但其未实际参与吸收且未从中收取任何形式好处的资金。

吸收金额经过司法会计鉴定的,可以将前述不计入部分直接扣除。但是,前述两项所涉金额仍应计入相对应的上一级负责人及所在单位的吸收金额。

12. 投资人在每期投资结束后,利用投资账户中的资金(包括每期投资结束后归还的本金、利息)进行反复投资的金额应当累计计算,但对反复投资的数额应当作出说明。对负责或从事行政管理、财务会计、技术服务等辅助工作的犯罪嫌疑人,应当按照其参与的犯罪事实,结合其在犯罪中的地位和作用,依法确定刑事责任范围。

13. 确定犯罪嫌疑人的吸收金额时,应当重点审查、运用以下证据:
(1)涉案主体自身的服务器或第三方服务器上存储的交易记录等电子数据;
(2)会计账簿和会计凭证;
(3)银行账户交易记录、POS机支付记录;
(4)资金收付凭证、书面合同等书证。仅凭投资人报案数据不能认定吸收金额。

(二)集资诈骗行为的认定

14. 以非法占有为目的,使用诈骗方法非法集资,是集资诈骗罪的本质特征。是否具有非法占有目的,是区分非法吸收公众存款罪和集资诈骗罪的关键要件,对此要重点围绕融资项目真实性、资金去向、归还能力等事实进行综合判断。犯罪嫌疑人存在以下情形之一的,原则上可以认定具有非法占有目的:
(1)大部分资金未用于生产经营活动,或名义上投入生产经营但又通过各种方式抽逃转移资金的;
(2)资金使用成本过高,生产经营活动的盈利能力不具有支付全部本息的现实可能性的;
(3)对资金使用的决策极度不负责任或肆意挥霍造成资金缺口较大的;
(4)归还本息主要通过借新还旧来实现的;
(5)其他依照有关司法解释可以认定为非法占有目的的情形。

15. 对于共同犯罪或单位犯罪案件中,不同层级的犯罪嫌疑人之间存在犯罪目的发生转化或者犯罪目的明显不同的,应当根据犯罪嫌疑人的犯罪目的分别认定。
(1)注意区分犯罪目的发生转变的时间节点。犯罪嫌疑人在初始阶段仅具有非法吸收公众存款的故意,不具有非法占有目的,但在发生经营失败、资金链断裂等问题后,明知没有归还能力仍然继续吸收公众存款的,这一时间节点之后的行为应当认定为集资诈骗罪,此前的行为应当认定为非法吸收公众存款罪。
(2)注意区分犯罪嫌疑人的犯罪目的的差异。在共同犯罪或单位犯罪中,犯罪嫌疑人由于层级、职责分工、获取收益方式、对全部犯罪事实的知情程度等不同,其犯罪目的也存在不同。在非法集资犯罪中,有的犯罪嫌疑人具有非法占有的目的,有的则不具有非法占有目的,对此,应当分别认定为集资诈骗罪和非法吸收公众存款罪。

16. 证明主观上是否具有非法占有目的,可以重点收集、运用以下客观证据:

(1) 与实施集资诈骗整体行为模式相关的证据:投资合同、宣传资料、培训内容等;

(2) 与资金使用相关的证据:资金往来记录、会计账簿和会计凭证、资金使用成本(包括利息和佣金)等、资金决策使用过程、资金主要用途、财产转移情况等;

(3) 与归还能力相关的证据:吸收资金所投资项目内容、投资实际经营情况、盈利能力、归还本息资金的主要来源、负债情况、是否存在虚构业绩等虚假宣传行为等;

(4) 其他涉及欺诈等方面的证据:虚构融资项目进行宣传、隐瞒资金实际用途、隐匿销毁账簿,等等。司法会计鉴定机构对相关数据进行鉴定时,办案部门可以根据查证犯罪事实的需要提出重点鉴定的项目,保证司法会计鉴定意见与待证的构成要件事实之间的关联性。

17. 集资诈骗的数额,应当以犯罪嫌疑人实际骗取的金额计算。犯罪嫌疑人为吸收公众资金制造还本付息的假象,在诈骗的同时对部分投资人还本付息的,集资诈骗的金额以案发时实际未兑付的金额计算。① 案发后,犯罪嫌疑人主动退还集资款项的,不能从集资诈骗的金额中扣除,但可以作为量刑情节考虑。

(三) 非法经营资金支付结算行为的认定

18. 支付结算业务(也称支付业务)是商业银行或者支付机构在收付款人之间提供的货币资金转移服务。非银行机构从事支付结算业务,应当经中国人民银行批准取得《支付业务许可证》,成为支付机构。未取得支付业务许可从事该业务的行为,违反《非法金融机构和非法金融业务活动取缔办法》第四条第一款第(三)、(四)项的规定,破坏了支付结算业务许可制度,危害支付市场秩序和安全,情节严重的,适用刑法第二百二十五条第(三)项,以非法经营罪追究刑事责任。具体情形:

(1) 未取得支付业务许可经营基于客户支付账户的网络支付业务。无证网络支付机构为客户非法开立支付账户,客户先把资金支付到该支付账户,再由无证机构根据订单信息从支付账户平台将资金结算到收款人银行账户。

---

① 《最高人民法院关于审理非法集资刑事案件具体应用法律若干问题的解释》(法释〔2010〕18号,经法释〔2022〕5号解释修正)第八条第三款规定:"……行为人为实施集资诈骗活动而支付的利息,除本金未归还可予折抵本金以外,应当计入诈骗数额。"(→参见第一百七十六条评注部分,第793页)

(2)未取得支付业务许可经营多用途预付卡业务。无证发卡机构非法发行可跨地区、跨行业、跨法人使用的多用途预付卡,聚集大量的预付卡销售资金,并根据客户订单信息向商户划转结算资金。

19. 在具体办案时,要深入剖析相关行为是否具备资金支付结算的实质特征,准确区分支付工具的正常商业流转与提供支付结算服务、区分单用途预付卡与多用途预付卡业务,充分考虑具体行为与"地下钱庄"等同类犯罪在社会危害方面的相当性以及刑事处罚的必要性,严格把握入罪和出罪标准。

三、依法认定单位犯罪及其责任人员

20. 涉互联网金融犯罪案件多以单位形式组织实施,所涉单位数量众多、层级复杂,其中还包括大量分支机构和关联单位,集团化特征明显。有的涉互联网金融犯罪案件中分支机构遍布全国,既有具备法人资格的,又有不具备法人资格的;既有受总公司直接领导的,又有受总公司的下属单位领导的。公安机关在立案时做法不一,有的对单位立案,有的不对单位立案,有的被立案的单位不具有独立法人资格,有的仅对最上层的单位立案而不对分支机构立案。对此,检察机关公诉部门在审查起诉时,应当从能够全面揭示犯罪行为基本特征、全面覆盖犯罪活动、准确界定区分各层级人员的地位作用、有利于有力指控犯罪、有利于追缴违法所得等方面依法具体把握,确定是否以单位犯罪追究。

21. 涉互联网金融犯罪所涉罪名中,刑法规定应当追究单位刑事责任的,对同时具备以下情形且具有独立法人资格的单位,可以以单位犯罪追究:

(1)犯罪活动经单位决策实施;

(2)单位的员工主要按照单位的决策实施具体犯罪活动;

(3)违法所得归单位所有,经单位决策使用,收益亦归单位所有。但是,单位设立后专门从事违法犯罪活动的,应当以自然人犯罪追究刑事责任。

22. 对参与涉互联网金融犯罪,但不具有独立法人资格的分支机构,是否追究其刑事责任,可以区分两种情形处理:

(1)全部或部分违法所得归分支机构所有并支配,分支机构作为单位犯罪主体追究刑事责任;

(2)违法所得完全归分支机构上级单位所有并支配的,不能对分支机构作为单位犯罪主体追究刑事责任,而是应当对分支机构的上级单位(符合单位犯罪主体资格)追究刑事责任。

23. 分支机构认定为单位犯罪主体的,该分支机构相关涉案人员应当作为该分支机构的"直接负责的主管人员"或者"其他直接责任人员"追究刑事责任。仅将分支机构的上级单位认定为单位犯罪主体的,该分支机构相关涉案人员可

以作为该上级单位的"其他直接责任人员"追究刑事责任。

24.对符合追诉条件的分支机构(包括具有独立法人资格的和不具有独立法人资格)及其所属单位,公安机关均没有作为犯罪嫌疑单位移送审查起诉,仅将其所属单位的上级单位作为犯罪嫌疑单位移送审查起诉的,对相关分支机构涉案人员可以区分以下情形处理:

(1)有证据证明被立案的上级单位(比如总公司)在业务、财务、人事等方面对下属单位及其分支机构进行实际控制,下属单位及其分支机构涉案人员可以作为被移送审查起诉的上级单位的"其他直接责任人员"追究刑事责任。在证明实际控制关系时,应当收集、运用公司决策、管理、考核等相关文件,OA 系统等电子数据,资金往来记录等证据。对不同地区同一单位的分支机构涉案人员起诉时,证明实际控制关系的证据体系、证明标准应基本一致。

(2)据现有证据无法证明被立案的上级单位与下属单位及其分支机构之间存在实际控制关系的,对符合单位犯罪构成要件的下属单位或分支机构应当补充起诉,下属单位及其分支机构已不具备补充起诉条件的,可以将下属单位及其分支机构的涉案犯罪嫌疑人直接起诉。

四、综合运用定罪量刑情节

25.在办理跨区域涉互联网金融犯罪案件时,在追诉标准、追诉范围以及量刑建议等方面应当注意统一平衡。对于同一单位在多个地区分别设立分支机构的,在同一省(自治区、直辖市)范围内应当保持基本一致。分支机构所涉犯罪嫌疑人与上级单位主要犯罪嫌疑人之间应当保持适度平衡,防止出现责任轻重"倒挂"的现象。

26.单位犯罪中,直接负责的主管人员和其他直接责任人员在涉互联网金融犯罪案件中的地位、作用存在明显差别的,可以区分主犯和从犯。对起组织领导作用的总公司的直接负责的主管人员和发挥主要作用的其他直接责任人员,可以认定为全案的主犯,其他人员可以认定为从犯。

27.最大限度减少投资人的实际损失是办理涉互联网金融犯罪案件特别是非法集资案件的重要工作。在决定是否起诉、提出量刑建议时,要重视对是否具有认罪认罚、主动退赃退赔等情节的考察。分支机构涉案人员积极配合调查、主动退还违法所得、真诚认罪悔罪的,应当依法提出从轻、减轻处罚的量刑建议。其中,对情节轻微、可以免予刑事处罚的,或者情节显著轻微、危害不大、不认为是犯罪的,应当依法作出不起诉决定。对被不起诉人需要给予行政处罚或者没收违法所得的,应当向行政主管部门提出检察意见。

五、证据的收集、审查与运用

28. 涉互联网金融犯罪案件证据种类复杂、数量庞大、且分散于各地,收集、审查、运用证据的难度大。各地检察机关公诉部门要紧紧围绕证据的真实性、合法性、关联性,引导公安机关依法全面收集固定证据,加强证据的审查、运用,确保案件事实经得起法律的检验。

29. 对于重大、疑难、复杂涉互联网金融犯罪案件,检察机关公诉部门要依法提前介入侦查,围绕指控犯罪的需要积极引导公安机关全面收集固定证据,必要时与公安机关共同会商,提出完善侦查思路、侦查提纲的意见建议。加强对侦查取证合法性的监督,对应当依法排除的非法证据坚决予以排除,对应当补正或作出合理解释的及时提出意见。

30. 电子数据在涉互联网金融犯罪案件的证据体系中地位重要,对于指控证实相关犯罪事实具有重要作用。随着互联网技术的不断发展,电子数据的形式、载体出现了许多新的变化,对电子数据的勘验、提取、审查等提出了更高要求,处理不当会对电子数据的真实性、合法性造成不可逆转的损害。检察机关公诉部门要严格执行《最高人民法院、最高人民检察院、公安部关于办理刑事案件收集提取和审查判断电子数据问题的若干规定》(法发〔2016〕22号),加强对电子数据收集、提取程序和技术标准的审查,确保电子数据的真实性、合法性。对云存储电子数据等新类型电子数据进行提取、审查时,要高度重视程序合法性、数据完整性等问题,必要时主动征求相关领域专家意见,在提取前会同公安机关、云存储服务提供商制定科学合法的提取方案,确保万无一失。

31. 落实"三统两分"要求,健全证据交换共享机制,协调推进跨区域案件办理。对涉及主案犯罪嫌疑人的证据,一般由主案侦办地办案机构负责收集,其他地区提供协助。其他地区办案机构需要主案侦办地提供证据材料的,应当向主案侦办地办案机构提出证据需求,由主案侦办地办案机构收集并依法移送。无法移送证据原件的,应当在移送复制件的同时,按照相关规定作出说明。各地检察机关公诉部门之间要加强协作,加强与公安机关的协调,督促本地公安机关与其他地区公安机关做好证据交换共享相关工作。案件进入审查起诉阶段后,检察机关公诉部门可以根据案件需要,直接向其他地区检察机关调取证据,其他地区检察机关公诉部门应积极协助。此外,各地检察机关在办理案件过程中发现对其他地区案件办理有重要作用的证据,应当及时采取措施并通知相应检察机关,做好依法移送工作。

六、投资人合法权益的保护

32. 涉互联网金融犯罪案件投资人诉求复杂多样,矛盾化解和维护稳定工作任务艰巨繁重,各地检察机关公诉部门在办案过程中要求坚持刑事追诉和权益保障并重。根据《刑事诉讼法》等相关法律规定,依法保证互联网金融活动中投资人的合法权益,坚持把追赃挽损等工作贯穿到侦查、起诉、审判等各个环节,配合公安、法院等部门,最大限度减少投资人的实际损失,加强与本案控申部门、公安机关的联系沟通,及时掌握涉案动态信息,认真开展办案风险评估预警工作,周密制定处置预案,并落实责任到位,避免因部门之间衔接不畅,处置不当造成工作被动。发现重大风险隐患的,及时向有关部门通报情况,必要时逐级上报高检院。

随着互联网金融的发展,涉及互联网金融犯罪中的新情况、新问题还将不断出现。各地检察机关公诉部门要按照会议纪要的精神,结合各地办案工作实际,依法办理涉互联网金融犯罪案件;在办好案件的同时,要不断总结办案经验,加强对重大疑难复杂问题的研究,努力提高办理涉互联网金融犯罪案件的能力和水平,为促进互联网金融规范发展,保障经济社会大局稳定作出积极贡献。在办案过程中遇到疑难问题的,要及时层报高检院公诉厅。

《最高人民检察院关于充分发挥检察职能作用依法服务保障金融高质量发展的意见》(高检发〔2023〕14号,节录)

为深入学习贯彻习近平新时代中国特色社会主义思想,全面贯彻习近平法治思想、习近平经济思想,认真贯彻党的二十大精神和中央金融工作会议精神,落实《中共中央关于加强新时代检察机关法律监督工作的意见》,现就充分发挥检察职能作用,依法服务保障金融高质量发展,以检察工作现代化助力推进金融强国建设提出以下意见。

一、提高政治站位,增强服务保障金融高质量发展的责任感和使命感(略)

二、高质效履行检察职能,依法惩治和预防金融违法犯罪

(一)依法从严惩治严重危害金融安全的犯罪。保持对非法吸收公众存款、集资诈骗、组织领导传销活动等涉众型金融犯罪的高压态势,持续加大对涉伪私募、伪金交所、养老、私募基金、虚拟货币、预售卡等领域非法集资犯罪惩治力度。依法惩治骗取贷款、金融诈骗等骗取金融机构资金犯罪,加大对金融机构实际控制人、大股东以及内部人员非法套取金融机构资金犯罪的惩治力度。配合有关部门妥善处置化解涉房地产等重点领域信贷风险,依法及时处置中小金融机构风险。持续加大洗钱犯罪追诉力度,依法惩治地下钱庄、非法支付结算、非法买卖外汇等非法经营犯罪。树立全链条追诉意识,加大对金融犯罪链条上资金、技术、中介等关联人员的追诉力度。

(二)依法从严打击证券犯罪。依法严厉打击上市公司欺诈发行、违规信息披露等财务造假犯罪,全链条追诉挪用资金、职务侵占、背信损害上市公司利益等关联犯罪,服务保障以信息披露为核心的股票发行注册制。依法严惩内幕交

易、操纵市场、利用未公开信息交易等严重破坏资本市场交易秩序的犯罪。加大对金融机构、上市公司控股股东、实际控制人、董事、监事、高级管理人员等关键岗位人员违法犯罪的追责力度。从严惩处第三方中介机构涉虚假证明文件类犯罪,压实第三方中介机构的专业把关责任。依法稳慎办理涉上市公司退市刑事案件,最大限度保障相关人员合法权益。

(三)坚决惩治金融腐败犯罪。保持金融领域反腐败高压态势,惩治金融领域新型腐败和隐性腐败,坚持"受贿行贿一起查",一体推进惩治金融腐败和防控金融风险。严厉惩治金融领域监督、管理、审批等环节通过利益输送、权钱交易实施的贪污贿赂犯罪,金融监管部门工作人员玩忽职守、滥用职权等渎职犯罪。加大对金融监管人员和国有金融机构高级管理人员监守自盗、与不法分子内外勾结的职务犯罪的惩治力度。

三、完善惩治和预防金融违法犯罪体制机制,助力防范化解金融风险(略)

四、坚持治罪与治理相结合,优化金融生态(略)

五、加强对金融检察工作的组织领导,为高质效履职提供有力的组织保障(略)

法律适用答复、复函①

《公安部办公厅关于若干经济犯罪案件如何统计涉案总价值、挽回经济损失数额的批复》(公经〔2008〕214号)第三条对假币相关案件的涉案价值和挽回经济损失额的计算规则作了规定。(→参见分则第三章第六节标题评注部

---

① 鉴于小额贷款公司的性质在法律政策层面尚无定论,《公安部经济犯罪侦查局关于小额贷款公司是否属于金融机构的批复》(公经金融〔2011〕153号)未予收录。该批复针对山西省公安厅经侦总队《关于在侦办骗取贷款案和贷款诈骗案中"小额贷款公司"是否属于"金融机构"的请示》(晋公经〔2011〕195号),经研究并征求中国人民银行有关部门的意见,批复如下:"根据《中华人民共和国商业银行法》《非法金融机构和非法金融业务取缔办法》等法律、行政法规的规定,我国境内(不含港、澳、台地区)的金融机构必须是由金融监督管理机构批准设立并监管、领取金融业务牌照、从事特许金融业务活动的机构。根据《中国银行业监督管理委员会、中国人民银行关于小额贷款公司试点的指导意见》(银监发〔2008〕23号),小额贷款公司是由自然人、企业法人与其他社会组织依照《中华人民共和国公司法》投资设立、不吸收公众存款,经营小额贷款业务的有限责任公司或股份有限公司,省级人民政府承担小额贷款公司风险处置责任,并明确一个主管部门(金融办或相关机构)负责对小额贷款公司的监督管理。因此,从现行金融法律规定来看,小额贷款公司属于非持牌的工商企业,目前不宜界定为金融机构。"参见何帆编著:《刑法注释书》(第二版),中国民主法制出版社2021年版,第370页。

分,第911页)

> 第一百七十条 【伪造货币罪】伪造货币的,处三年以上十年以下有期徒刑,并处罚金;有下列情形之一的,处十年以上有期徒刑或者无期徒刑,并处罚金或者没收财产:
> (一)伪造货币集团的首要分子;
> (二)伪造货币数额特别巨大的;
> (三)有其他特别严重情节的。

立法沿革

本条系1997年《刑法》沿用《全国人民代表大会常务委员会关于惩治破坏金融秩序犯罪的决定》(自1995年6月30日起施行)第一条的规定,仅针对加重情节增加规定罚金,并对标点作了微调。1979年《刑法》第一百二十二条规定:"伪造国家货币或者贩运伪造的国家货币的,处三年以上七年以下有期徒刑,可以并处罚金或者没收财产。""犯前款罪的首要分子或者情节特别严重的,处七年以上有期徒刑或者无期徒刑,可以并处没收财产。"

2015年11月1日起施行的《刑法修正案(九)》第十一条对本条作了修改,取消死刑的规定,并删去罚金数额的具体规定。

修正前《刑法》	修正后《刑法》
第一百七十条 【伪造货币罪】伪造货币的,处三年以上十年以下有期徒刑,并处~~五万元以上五十万元以下~~罚金;有下列情形之一的,处十年以上有期徒刑~~、无期徒刑或者死刑~~,并处~~五万元以上五十万元以下~~罚金或者没收财产: (一)伪造货币集团的首要分子; (二)伪造货币数额特别巨大的; (三)有其他特别严重情节的。	第一百七十条 【伪造货币罪】伪造货币的,处三年以上十年以下有期徒刑,并处罚金;有下列情形之一的,处十年以上有期徒刑或者无期徒刑,并处罚金或者没收财产: (一)伪造货币集团的首要分子; (二)伪造货币数额特别巨大的; (三)有其他特别严重情节的。

司法解释

《最高人民法院关于审理伪造货币等案件具体应用法律若干问题的解释》

(法释〔2000〕26号,自2000年9月14日起施行)①

为依法惩治伪造货币、出售、购买、运输假币等犯罪活动,根据刑法的有关规定,现就审理这类案件具体应用法律的若干问题解释如下:

第一条 伪造货币的总面额在二千元以上不满三万元或者币量在二百张(枚)以上不足三千张(枚)的,依照刑法第一百七十条的规定,处三年以上十年以下有期徒刑,并处五万元以上五十万元以下罚金。

伪造货币的总面额在三万元以上的,属于"伪造货币数额特别巨大"。

行为人制造货币版样或者与他人事前通谋,为他人伪造货币提供版样的,依照刑法第一百七十条的规定定罪处罚。

第二条 行为人购买假币后使用,构成犯罪的,依照刑法第一百七十一条的规定,以购买假币罪定罪,从重处罚。

行为人出售、运输假币构成犯罪,同时有使用假币行为的,依照刑法第一百七十一条、第一百七十二条的规定,实行数罪并罚。

第三条 出售、购买假币或者明知是假币而运输,总面额在四千元以上不满五万元的,属于"数额较大";总面额在五万元以上不满二十万元的,属于"数额巨大";总面额在二十万元以上的,属于"数额特别巨大",依照刑法第一百七十一条第一款的规定定罪处罚。

第四条 银行或者其他金融机构的工作人员购买假币或者利用职务上的便利,以假币换取货币,总面额在四千元以上不满五万元或者币量在四百张(枚)以上不足五千张(枚)的,处三年以上十年以下有期徒刑,并处二万元以上二十万元以下罚金;总面额在五万元以上或者币量在五千张(枚)以上或者有其他严重情节的,处十年以上有期徒刑或者无期徒刑,并处二万元以上二十万元以下罚金或者没收财产;总面额不满人民币四千元或者币量不足四百张(枚)或者具有其他情节较轻情形的,处三年以下有期徒刑或者拘役,并处或者单处一万元以上十万元以下罚金。

第五条 明知是假币而持有、使用,总面额在四千元以上不满五万元的,属于"数额较大";总面额在五万元以上不满二十万元的,属于"数额巨大";总面额在二十万元以上的,属于"数额特别巨大",依照刑法第一百七十二条的规定定罪处罚。

---

① 对本司法解释的适用,需要结合经《刑法修正案(九)》修正后《刑法》的一百七十条及相关条文的规定妥当把握。而且,本司法解释的部分规定,特别是第七条,已为法释〔2010〕14号解释所修改,应注意将两个司法解释结合起来把握。——**本评注注**

第六条 变造货币的总面额在二千元以上不满三万元的,属于"数额较大";总面额在三万元以上的,属于"数额巨大",依照刑法第一百七十三条的规定定罪处罚。

第七条 本解释所称"货币"是指可在国内市场流通或者兑换的人民币和境外货币。

货币面额应当以人民币计算,其他币种以案发时国家外汇管理机关公布的外汇牌价折算成人民币。

《最高人民法院关于审理伪造货币等案件具体应用法律若干问题的解释(二)》(法释〔2010〕14 号,自 2010 年 11 月 3 日起施行)

为依法惩治伪造货币、变造货币等犯罪活动,根据刑法有关规定和近一个时期的司法实践,就审理此类刑事案件具体应用法律的若干问题解释如下:

第一条① 仿照真货币的图案、形状、色彩等特征非法制造假币,冒充真币

---

① 需要注意的问题有二:(1)在具体认定伪造货币行为时,应注意以下几个问题:第一,伪造货币是否应以"仿照真货币"为前提条件。起草过程中有意见认为,不应将"仿照真货币"作为伪造货币的必要条件,制造生活中不存在的货币如一张面额为 200 元的人民币同样是伪造货币,没有货币发行权的人制造足以让人信以为真的货币,即应认定为伪造货币行为,而以仿造真币设限,会不当缩小伪造货币的范围,不利于对伪造货币犯罪的打击。本司法解释坚持伪造货币须以"仿照真货币"为前提条件,主要考虑是:从字面而言,"伪"相对于"真"而存在,在真实货币不存在的情况下,难言伪造货币;从行为实质而言,伪造货币罪不仅侵犯了货币发行权,同时还侵犯了货币的公共信用和流通秩序,不以真实的货币为样本,仅凭行为人主观臆想而制造出来的"货币"(臆造币),由于国家根本没有发行过这种货币,故不存在破坏货币的公共信用和流通秩序的可能;从行为方式而言,臆造币的使用与伪造币的使用方式有所不同,后者侧重于伪造币的"正常"使用,前者侧重于虚构事实,骗取他人钱财。所以,对于非法制造臆造币的行为,以诈骗罪处理更为妥当。第二,如何把握伪造货币的外观特征。实践中,由于技术、设备、材料等主客观条件的差异,伪造币的逼真度参差不齐,有的足以乱真,甚至可通过普通验钞机具,有的则制作粗糙,质量低劣,与真币差别较大。起草过程中对于成立伪造货币罪是否应以伪造币具有相当的逼真度为条件形成了两种不同意见:肯定意见认为,伪造的货币必须在外形上与法定货币极为近似,使一般人依照通常收受货币的习惯,不易辨别,而当作真币加以收受,才能认定为伪造货币罪;否定意见认为,假币逼真度的高低不影响本罪构成,只要行为人实施了伪造货币行为,即可构成本罪,不要求假币与真币完全同一。经研究,能否成立伪造货币,关键在于是否仿照真币,只要在图案、形状、色彩等方面具备了真币的基本要素的,即可成立伪造货币。至于实际伪造出来的假币的外观效果和(转下页)

的行为,应当认定为刑法第一百七十条规定的"伪造货币"。

(接上页)逼真程度如何,不应成为伪造货币的定罪要件,既不能因为伪造货币尚未制成成品,也不能因为做工粗糙而否认行为人实施了或者正在实施伪造货币行为,所以,本司法解释未对伪造币的外观特征进行限定。第三,伪造货币是否应以"冒充真币"为要件。起草过程中有意见建议删去冒充国家货币这一要件。本司法解释对此要件予以保留,并将其修改为冒充真币,主要是出于以下两点考虑:首先,冒充真币是仿照真币这一前提件的逻辑延伸,冒充真币与仿照真币共同构成伪造货币行为的两个方面。明确这一点,有助于进一步区分伪造货币与非法制造臆造币两者的界限。其次,冒充真币与伪造货币的主观目的特征直接相关。对于伪造货币的目的要件,理论上存在三种不同意见:第一种意见认为存在主观故意即可构成本罪,具体出于什么目的不影响本罪的认定;第二种意见根据早期《妨害国家货币治罪条例》的规定认为本罪应以营利为目的;第三种意见借鉴国外立法规定认为本罪应以意图流通或者行使为目的。其中第三种意见处于通说地位,并为司法实践所长期采用。明确冒充真币要件,实际上间接说明了伪造货币应以意图流通或者使用为其目的要件。据此,伪造后不以"真币"使用为目的,为炫耀画技或者供鉴赏、教学、科研使用而不进入流通领域的,不属于伪造货币行为。(2)在具体认定变造货币行为时,需要注意以下两点:第一,变造货币行为方式的理解。本条列举了剪贴、挖补、揭层、涂改、移位、重印六种变造货币的行为方式。其中,剪贴变造又称拼凑变造,是指对真币进行裁剪后重新粘贴、通过增加货币张数实现增值的行为。根据四分之三以上票面实物形态的残缺币可兑换全额、二分之一以上票面实物形态的残缺币可兑换半额的残缺币兑换办法,实践中的拼凑变造主要表现为将真币裁剪下不多于四分之一的票面,在确保其原有价值不变的基础上,对裁剪下的票面进行粘贴,故剪贴变造币通常由四个四分之一或者五个五分之一的票面组成。挖补变造是指对票面局部图案或者材料挖走后采取一定方式进行补全的变造行为。比如,将票面上的光变油墨挖走后通过手写、印刷等方式重新补全。揭层变造主要是指对真币进行一定的处理之后一揭为二,再用白纸等方式进行粘贴的变造行为。涂改变造主要是指对同颜色、同图案、同票幅而面额不同的真币涂改其票面金额的变造行为。此外,实践中还存在涂改年号或者冠字号等的变造行为,比如,今年年初某公安机关查获的冠字号码为ET30410601—ET30410700的100张第四套人民币(1980版)50元纸币变造币,即为第四套人民币(1990版)50元纸币涂改而成,正面冠字号码开头字母"E"和背面"1980"字样均有涂改痕迹。移位变造是指将真币的关键性部位移至其他票面的变造行为,相当于挖补变造的反向行为。重印变造是对真币局部或者全部图案通过化学手段等进行脱胎换骨,其纸张质地以及水印、安全线等主要防伪特征都是真的,但金额以至图案却是假的。重印变造主要发生在旧版美元上,因为美元不同面额钞票的规格、色调等非常相似。第二,变造货币不以"升值"为条件。起草过程中在"升值"还是"改变价值"的问题上存在分歧。一种意见主张变造货币必须以"升值"为要件,其主要理由是:用于取材的真币,在一部分被取走后,剩(转下页)

对真货币采用剪贴、挖补、揭层、涂改、移位、重印等方法加工处理,改变真币形态、价值的行为,应当认定为刑法第一百七十三条规定的"变造货币"。

第二条 同时采用伪造和变造手段,制造真伪拼凑货币的行为,依照刑法第一百七十条的规定,以伪造货币罪定罪处罚。

第三条① 以正在流通的境外货币为对象的假币犯罪,依照刑法第一百

(接上页)余的部分仍然是真币,按照《中国人民银行残缺、污损人民币兑换办法》在现实中尚可能以全额、半额兑换,应属于被毁损的人民币,只有改变了形态并得以升值的部分才属于变造范畴。多数意见认为,变造货币不应以"升值"为条件,把50元变为10元同样是变造。经研究,实践中变造货币的情况较为复杂,除剪贴拼凑之外,还有挖补、涂改等方式,此类行为虽未必在面额上有所升值、张数上有所增加,但明显不属于毁损币,应当纳入变造币范畴。而且,变造货币的行为特征在于改变真币形态,危害实质在于侵害货币的公共信用,多数变造货币行为的动机固然是为了非法牟利,但不排除存在牟利之外的其他动机如报复社会等。主张"升值"论者的一个重要考虑是变造货币犯罪数额的准确计算问题。对此,主张"改变价值"论者同样不会对仅仅剪开但未粘贴拼凑形成完整货币的残损部分计入变造货币的数额;至于粘贴拼凑形成完整货币的,理应按其实际形成的变造币总数计算,而无减去用于取材的真币数量的道理,比如将4张100元的真币裁剪后重新组合粘贴成5张100元的变造币,变造币的数额应为500元而非实际升值的100元。综上,"升值"不仅没有必要,反而容易引起误解,故《解释二》将1994年解释规定中的"升值"修改为改变价值。参见刘为波:《〈关于审理伪造货币等案件具体应用法律若干问题的解释(二)〉的理解与适用》,载中华人民共和国最高人民法院刑事审判第一、二、三、四、五庭主办:《中国刑事审判指导案例3》(增订第3版),法律出版社2017年版,第860页。

① 本条第一款对法释〔2000〕26号解释第七条第一款规定进行了修改,规定凡是现行流通的境外货币均属于假币犯罪的对象,而不论其境内是否可以兑换。此外,适用本条第二款需要注意:(1)境外假币犯罪的数额应当统一折算成人民币。坚持以人民币计算的原则,主要是为了统一计算标准,方便司法操作而作出的技术性规定。因为,司法解释不可能一一明确各种境外货币犯罪的数额标准,同时这样规定可以较好地解决兼有本外币的假币犯罪的数额认定问题。(2)外汇价格的确定。①国内有外汇价格的,以国内价格为准。目前国家发布汇率牌价的有美元、日元、欧元、港币、英镑五种,此外,一些商业银行会自行发布一些汇率,连同上述五种在内,现有牌价的境外货币共约20余种。②国内没有相应外汇价格的境外货币,通过国际外汇市场以美元为中介进行套算。国际外汇市场的汇率可以通过上网等途径24小时查询,故不存在操作上的问题。③国家外汇管理局已经不再发布汇率,当前发布汇率的是中国外汇交易中心,故本司法解释作了相 (转下页)

七十条至第一百七十三条的规定定罪处罚。

假境外货币犯罪的数额,按照案发当日中国外汇交易中心或者中国人民银行授权机构公布的人民币对该货币的中间价折合成人民币计算。中国外汇交易中心或者中国人民银行授权机构未公布汇率中间价的境外货币,按照案发当日境内银行人民币对该货币的中间价折算成人民币,或者该货币在境内银行、国际外汇市场对美元汇率,与人民币对美元汇率中间价进行套算。

第四条① 以中国人民银行发行的普通纪念币和贵金属纪念币为对象的假币犯罪,依照刑法第一百七十条至第一百七十三条的规定定罪处罚。

假普通纪念币犯罪的数额,以面额计算;假贵金属纪念币犯罪的数额,以贵金属纪念币的初始发售价格计算。

第五条② 以使用为目的,伪造停止流通的货币,或者使用伪造的停止流通

(接上页)应修改,而关于"中国人民银行授权机构"的规定,主要是出于前瞻性的考虑,不排除将来中国人民银行有可能指定其他机构公布汇率。(3)外汇价格的计算基准。外汇应以"行为当日"还是"案发当日"的外汇价格折算,讨论中存在不同意见。一种意见主张应当以"行为当日"的外汇价格进行折算,认为以"行为当日"的外汇价格进行折算,可以相对准确地认定涉案假币的数额,避免因"行为当日"与"案发当日"之间的时间差所可能导致的外汇价格的差异而影响犯罪数额认定上的准确性。经研究,以"行为当日"的外汇价格进行折算确实更为准确,但是考虑到实践中往往由于各种原因对"行为当日"难以作出准确判定,而且一些假币犯罪具有阶段性特征,同时考虑到通常情况下一段时期内外汇价格相对稳定,"行为当日"与"案发当日"之间的时间差可能导致的外汇牌价的差异,对认定犯罪数额的影响一般不大,为方便实践操作,本司法解释采取了"案发当日"的计算基准。参见刘为波:《〈关于审理伪造货币等案件具体应用法律若干问题的解释(二)〉的理解与适用》,载中华人民共和国最高人民法院刑事审判第一、二、三、四、五庭主办:《中国刑事审判指导案例3》(增订第3版),法律出版社2017年版,第860页。

① **本评注认为**,本条第二款的规定可以在处理其他相关案件之中参考借鉴。例如,对于利用职务便利,以面额价格非法购买普通纪念币的行为,对相关犯罪数额可以考虑以行为时的发售价格与面额之间的差价作为计算基准。

② 具体适用本条规定时,需要注意以下几点:(1)只有以使用为目的的伪造停止流通币的行为才构成诈骗罪。使用目的是指意图流入市场,进而骗取他人财物。使用包括直接使用和间接使用,伪造停止流通币之后出售给他人使用的应当认定为以使用为目的,即便他人明知系伪造的停止流通币。(2)以使用为目的伪造停止流通币,尚未使用的,不影响诈骗罪的定罪。起草过程中有意见认为,伪造但未使用的行为,尚不具备诈骗罪的基本构成要件,此种行为应以诈骗预备处理。经研究,此种行为不宜按诈骗预备处理,可以视具体情况按诈骗未遂处理。首先,就伪造的危害性而言,并不亚于使用,对之(转下页)

的货币的,依照刑法第二百六十六条的规定,以诈骗罪定罪处罚。

第六条 此前发布的司法解释与本解释不一致的,以本解释为准。

规范性文件

《全国法院审理金融犯罪案件工作座谈会纪要》(法〔2001〕8号)"二""(二)关于破坏金融管理秩序罪""2.关于假币犯罪"对伪造货币罪的有关法律适用问题作了规定。(→参见本节标题评注部分,第747页)

《最高人民法院、最高人民检察院、公安部关于严厉打击假币犯罪活动的通知》(公通字〔2009〕45号,节录)

一、统一思想,提高认识。(略)

二、密切配合,强化合力。(略)

三、严格依法,从严惩处。各地公安司法机关办理假币犯罪案件要始终坚持依法严惩的原则,坚决杜绝以罚代刑、以拘代刑、重罪轻判、降格处理,充分发挥

(接上页)以未遂处理,可以保持量刑的基本均衡;其次,实践中的假币犯罪多为团伙性犯罪,伪造、运输、使用各个环节紧密相连,将此类诈骗的"着手"前移至伪造环节,符合此类假币犯罪的特点。(3)关于停止流通币的理解。起草过程中有意见提出停止流通币的内涵是否确定,实践中是否存在决定停止流通后仍然在事实上进行流通或者依法可以兑换的可能,并指出,如果某一货币在决定停止流通后仍可在事实上流通或者依法兑换的,则应以假币犯罪而非诈骗罪定罪处罚。经研究,停止某一货币流通,由中国人民银行报经国务院批准后决定并向社会公告。在决定停止流通某一货币之前,通常会有一个5年以上的市场稀释期,在此期间,银行只收不付;在公告决定停止流通之后,通常会有一个半年期的兑换时间,在兑换期结束次日起停止流通。停止流通币不再具有货币的功能,不得进入流通领域,通常也不再兑换。在历次停止流通公告中,目前只有第二套纸分币在停止流通后仍可到指定机构进行兑换,其主要原因是该币市场保有量较大,短期内兑付有难度。所以,我国停止货币流通的程序严格,准备充分,停止流通币的性质清楚、内涵确定,对此类伪造、使用行为以诈骗罪定罪处罚,具有法律和事实依据。此外,根据本条规定的精神,还可以得出以下几点结论:(1)变造或者使用变造的停止流通币的行为同样应以诈骗罪论处;(2)已经公告决定停止流通但尚未至停止流通之日,因货币仍具流通功能,故期间实施的犯罪应以假币犯罪论处;(3)以已届停止流通之日但仍可兑换的货币为对象实施的犯罪,因货币不再具有流通功能,故应以诈骗罪论处;(4)仿照现行流通币对停止流通币进行加工处理,改变其形态并冒充现行流通币的,因其材质不再属于法律意义上的货币,故应认定为伪造行为而非变造行为。参见刘为波:《〈关于审理伪造货币等案件具体应用法律若干问题的解释(二)〉的理解与适用》,载中华人民共和国最高人民法院刑事审判第一、二、三、四、五庭主办:《中国刑事审判指导案例3》(增订第3版),法律出版社2017年版,第863页。

刑罚的震慑力。公安机关对于涉嫌假币犯罪的,必须依法立案,认真查证;对有证据证明有犯罪事实,可能判处徒刑以上刑罚的犯罪嫌疑人,要尽快提请批准逮捕并抓紧侦办,及时移送审查起诉。检察机关对于公安机关提请批准逮捕、移送审查起诉的假币犯罪案件,符合批捕、起诉条件的,要依法尽快予以批捕、起诉。共同犯罪案件中虽然有同案犯在逃,但对于有证据证明有犯罪事实的已抓获的犯罪嫌疑人,要依法批捕、起诉;对于确实需要补充侦查的案件,要制作具体、详细的补充侦查提纲。人民法院对于假币犯罪要依法从严惩处,对于假币犯罪累犯、惯犯、涉案假币数额巨大或者全部流入社会的犯罪分子,要坚决重判;对于伪造货币集团的首要分子、骨干分子,伪造货币数额特别巨大或有其他特别严重情节,罪行极其严重的犯罪分子,应当判处死刑的,要坚决依法判处死刑。① 上级法院要加强对下级法院审判工作的指导,保障依法及时正确审判假币犯罪案件。

四、强化宣传,营造声势。(略)

立案追诉标准

《最高人民检察院、公安部关于公安机关管辖的刑事案件立案追诉标准的规定(二)》(公通字〔2022〕12号,节录)

第十四条② 〔伪造货币案(刑法第一百七十条)〕伪造货币,涉嫌下列情形之一的,应予立案追诉:

(一)总面额在二千元以上或者币量在二百张(枚)以上的;

(二)总面额在一千元以上或者币量在一百张(枚)以上,二年内因伪造货币受过行政处罚,又伪造货币的;

(三)制造货币版样或为他人伪造货币提供版样的;

(四)其他伪造货币应予追究刑事责任的情形。

(→附则参见分则标题评注部分,第392页)

指导性案例

郭四记、徐维伦等人伪造货币案(检例第176号,节录)

关键词 伪造货币 网络犯罪 共同犯罪 主犯 全链条惩治

要 旨 行为人为直接实施伪造货币人员提供专门用于伪造货币的技术或者物资的,应当认定其具有伪造货币的共同犯罪故意。通过网络积极宣传、主动

---

① 《刑法修正案(九)》取消了伪造货币罪的死刑。——**本评注注**

② 本条在法释〔2000〕26号、法释〔2010〕14号解释的基础上,增加了基于前科情形的立案追诉标准。鉴此,司法适用中宜综合判断。——**本评注注**

为直接实施伪造货币人员提供伪造货币的关键技术、物资等,或者明知他人有伪造货币意图,仍积极提供专门从事伪造货币相关技术、物资等,应当认定其在共同伪造货币犯罪中起主要作用,系主犯,对其实际参与的伪造货币犯罪总额负责。对于通过网络联络、分工负责、共同实施伪造货币犯罪案件,检察机关应当注重对伪造货币犯罪全链条依法追诉。

法律适用答复、复函

《**公安部经济犯罪侦查局关于制造、销售用于伪造货币的版样的行为如何定性问题的批复**》(公经〔2003〕660号)

广东省公安厅经侦总队:

你总队《关于对买卖假币胶片行为定性问题的请示》(广公(经)字〔2003〕439号)收悉。经研究并征询最高人民检察院、最高人民法院有关部门的意见,现批复如下:

根据《最高人民法院关于审理伪造货币等案件具体应用法律若干问题的解释》(法释〔2000〕26号)以及《全国法院审理金融犯罪案件工作座谈会纪要》的有关规定,对制造、销售用于伪造货币的版样的行为以伪造货币罪定罪处罚。

《**公安部经济犯罪侦查局关于伪造缅甸货币行为定性问题的批复**》(公经〔2004〕493号)

云南省公安厅经侦总队:

你总队《关于我省公安机关查获一起伪造假缅币案件适用法律有关问题的请示》(云公传发〔2004〕30号)收悉。经研究并商最高人民法院刑二庭、最高人民检察院侦查监督厅和国家外汇管理局综合司同意,现批复如下:

鉴于缅甸货币在中缅边境地区可以与人民币兑换,伪造缅甸货币的行为应以伪造货币罪定罪处罚。

《**公安部经济犯罪侦查局关于对制贩假贵金属纪念币行为性质认定问题的批复**》(公经〔2007〕2548号)

北京市公安局经济犯罪侦查处:

你处《关于对赵××等贩卖假奥运会纪念币案件性质进行认定的请示》(经侦办字〔2007〕310号)收悉,经商最高人民法院刑二庭、最高人民检察院侦查监督厅和中国人民银行条法司研究同意,现批复如下:

根据《中华人民共和国人民币管理条例》规定,贵金属纪念币是人民币的有机组成部分,是国家法定货币。制版假贵金属纪念币的行为,应以《中华人民共和国刑法》第一百七十条、第一百七十一条等规定的伪造货币罪,出售、购买、运输假货币罪等罪定罪处罚。其犯罪数额认定应以中国人民银行授权中国金币总公司初始发售价格为依据标准。

《最高人民法院研究室关于对外国残损、变形硬币进行加工修复是否属于"变造货币"征求意见的复函》(法研〔2012〕57号)
公安部经济犯罪侦查局：

贵部办公厅《关于对外国残损、变形硬币进行加工修复是否属于"变造货币"征求意见的函》(公经〔2012〕131号)收悉。经研究,提出如下意见：

对从废旧金属、洋垃圾中分拣的外国残损、变形硬币进行加工修复行为所涉情形较为复杂,应当区分情况处理：对其中内芯、外圈分离的硬币进行重新拼装,加工修复的,可以认定为"变造货币"；对分拣出的外国硬币进行清洗、挑选,或者对扭曲变形的外国硬币进行敲打、压平,不应认定为"变造货币"。

■ 刑参案例规则提炼

《杨吉茂伪造货币案——伪造美元的行为应如何适用法律》(第23号案例)所涉规则提炼如下：

1. 伪造货币罪的对象规则。"本罪的对象是'货币',不仅包括我国的国家货币即人民币,也包括外币在内。这里所说的'外币'是广义的,是指境外正在流通使用的货币。既包括可在中国兑换的外国货币如美元、英镑、马克等,也包括港、澳、台地区的货币,还包括不可在中国兑换的外国货币。""伪造了货币所属国未发行过的面值100万元和1万元的美元,也不应视为犯罪,因为没有这样的真币,也就不存在这样的假币。""不管是成品还是半成品,均应视为犯罪行为……但可根据案件具体情况,作为量刑情节予以考虑。"(第23号案例)

2. 伪造货币罪"其他特别严重情节"的认定规则。"关于伪造货币中的'其他特别严重情节',司法实践中一般认为,是指：(1)以暴力抗拒检查、拘留、逮捕,情节严重的；(2)以机械印刷的方法伪造货币的；(3)金融、财政人员利用工作之便伪造货币的；(4)因伪造货币受过刑罚处罚后,又实施伪造货币行为的；(5)伪造货币投放市场后,严重扰乱市场秩序的等。"(第23号案例)

---

① 参见喻海松：《最高人民法院研究室关于对外国残损、变形硬币进行加工修复是否属于"变造货币"问题的研究意见》,载张军主编：《司法研究与指导(总第2辑)》,人民法院出版社2012年版。

第一百七十一条 【出售、购买、运输假币罪】 出售、购买伪造的货币或者明知是伪造的货币而运输,数额较大的,处三年以下有期徒刑或者拘役,并处二万元以上二十万元以下罚金;数额巨大的,处三年以上十年以下有期徒刑,并处五万元以上五十万元以下罚金;数额特别巨大的,处十年以上有期徒刑或者无期徒刑,并处五万元以上五十万元以下罚金或者没收财产。

【金融工作人员购买假币、以假币换取货币罪】 银行或者其他金融机构的工作人员购买伪造的货币或者利用职务上的便利,以伪造的货币换取货币的,处三年以上十年以下有期徒刑,并处二万元以上二十万元以下罚金;数额巨大或者有其他严重情节的,处十年以上有期徒刑或者无期徒刑,并处二万元以上二十万元以下罚金或者没收财产;情节较轻的,处三年以下有期徒刑或者拘役,并处或者单处一万元以上十万元以下罚金。

伪造货币并出售或者运输伪造的货币的,依照本法第一百七十条的规定定罪从重处罚。

立法沿革

本条系 1997 年《刑法》沿用《全国人民代表大会常务委员会关于惩治破坏金融秩序犯罪的决定》(自 1995 年 6 月 30 日起施行)第二条的规定,仅针对"处十年以上有期徒刑或者无期徒刑"的量刑档次增加了罚金刑,并对援引的法条序号作了调整。

司法解释

《最高人民法院关于审理伪造货币等案件具体应用法律若干问题的解释》(法释〔2000〕26 号)第二条至第四条对《刑法》第一百七十一条的定罪量刑标准和有关法律适用问题作了规定。(→参见第一百七十条评注部分,第 764 页)

立案追诉标准

《最高人民检察院、公安部关于公安机关管辖的刑事案件立案追诉标准的规定(二)》(公通字〔2022〕12 号,节录)

第十五条① 〔出售、购买、运输假币案(刑法第一百七十一条第一款)〕出售、购买伪造的货币或者明知是伪造的货币而运输,涉嫌下列情形之一的,应予

---

① 本条在法释〔2000〕26 号解释的基础上,增加了币量等情形的立案追诉标准。鉴此,特别是各种币的面额差异较大,司法适用中宜综合判断。——**本评注注**

立案追诉:

(一)总面额在四千元以上或者币量在四百张(枚)以上的;

(二)总面额在二千元以上或者币量在二百张(枚)以上,二年内因出售、购买、运输假币受过行政处罚,又出售、购买、运输假币的;

(三)其他出售、购买、运输假币应予追究刑事责任的情形。

在出售假币时被抓获的,除现场查获的假币应认定为出售假币的数额外,现场之外在行为人住所或者其他藏匿地查获的假币,也应认定为出售假币的数额。①

第十六条 〔金融工作人员购买假币、以假币换取货币案(刑法第一百七十一条第二款)〕银行或者其他金融机构的工作人员购买伪造的货币或者利用职务上的便利,以伪造的货币换取货币,总面额在二千元以上或者币量在二百张(枚)以上的,应予立案追诉。

(→附则参见分则标题评注部分,第392页)

第一百七十二条 【持有、使用假币罪】明知是伪造的货币而持有、使用,数额较大的,处三年以下有期徒刑或者拘役,并处或者单处一万元以上十万元以下罚金;数额巨大的,处三年以上十年以下有期徒刑,并处二万元以上二十万元以下罚金;数额特别巨大的,处十年以上有期徒刑,并处五万元以上五十万元以下罚金或者没收财产。

▌立法沿革

本条系1997年《刑法》沿用《全国人民代表大会常务委员会关于惩治破坏金融秩序犯罪的决定》(自1995年6月30日起施行)第四条的规定,仅增加单处罚金的规定。

▌司法解释

《最高人民法院关于审理伪造货币等案件具体应用法律若干问题的解释》

---

① 《全国法院审理金融犯罪案件工作座谈会纪要》(法〔2001〕8号)"二""(二)关于**破坏金融管理秩序罪**""2.**关于假币犯罪**"规定:"在出售假币时被抓获的,除现场查获的假币应认定为出售假币的犯罪数额外,现场之外在行为人住所或者其他藏匿地查获的假币,亦应认定为出售假币的犯罪数额。但有证据证实后者是行为人有实施其他假币犯罪的除外。"(→参见本节标题评注部分,第747页)

(法释〔2000〕26号)第五条对持有、使用假币罪的定罪量刑标准作了规定。(→参见第一百七十条评注部分,第764页)

■ 立案追诉标准

《最高人民检察院、公安部关于公安机关管辖的刑事案件立案追诉标准的规定(二)》(公通字〔2022〕12号,节录)

第十七条① 〔持有、使用假币案(刑法第一百七十二条)〕明知是伪造的货币而持有、使用,涉嫌下列情形之一的,应予立案追诉:
(一)总面额在四千元以上或者币量在四百张(枚)以上的;
(二)总面额在二千元以上或者币量在二百张(枚)以上,二年内因持有、使用假币受过行政处罚,又持有、使用假币的;
(三)其他持有、使用假币应予追究刑事责任的情形。
(→附则参见分则标题评注部分,第392页)

■ 刑参案例规则提炼

《张顺发持有、使用假币案——购买并使用假币行为应以购买假币罪从重处罚》(第188号案例)所涉规则提炼如下:

购买假币后持有、使用行为的处理规则。"购买假币后持有、使用的行为应以购买假币罪定罪,从重处罚。""购买假币后使用的,不能将使用的'数额'仅仅理解为业已使用的假币数额,还应包括准备使用但因各种原因未使用出去的假币数额。"(第188号案例)

第一百七十三条 【变造货币罪】变造货币,数额较大的,处三年以下有期徒刑或者拘役,并处或者单处一万元以上十万元以下罚金;数额巨大的,处三年以上十年以下有期徒刑,并处二万元以上二十万元以下罚金。

■ 立法沿革

本条系1997年《刑法》沿用《全国人民代表大会常务委员会关于惩治破坏金融秩序犯罪的决定》(自1995年6月30日起施行)第五条的规定,仅增加单处罚金的规定。

---

① 本条在法释〔2000〕26号解释的基础上,增加了币量等情形的立案追诉标准。鉴此,特别是各种币的面额差异较大,司法适用中宜综合判断。——**本评注注**

司法解释

《最高人民法院关于审理伪造货币等案件具体应用法律若干问题的解释》(法释〔2000〕26号)第六条对变造货币罪的定罪量刑标准作了规定。(→参见第一百七十条评注部分,第765页)

《最高人民法院关于审理伪造货币等案件具体应用法律若干问题的解释(二)》(法释〔2010〕14号)第一条第二款对"变造货币"的认定作了规定。(→参见第一百七十条评注部分,第767页)

立案追诉标准

《最高人民检察院、公安部关于公安机关管辖的刑事案件立案追诉标准的规定(二)》(公通字〔2022〕12号,节录)

第十八条① 〔变造货币案(刑法第一百七十三条)〕变造货币,涉嫌下列情形之一的,应予立案追诉:

(一)总面额在二千元以上或者币量在二百张(枚)以上的;

(二)总面额在一千元以上或者币量在一百张(枚)以上,二年内因变造货币受过行政处罚,又变造货币的;

(三)其他变造货币应予追究刑事责任的情形。

(→附则参见分则标题评注部分,第392页)

法律适用答复、复函

《公安部经济犯罪侦查局关于马党权变造货币案中变造货币数额认定问题的批复》(公经〔2003〕1329号)

江西省公安厅经侦总队:

你总队《关于马党权变造货币一案有关司法解释的请示》(赣公传发〔2003〕569号)收悉。经研究,现批复如下:

犯罪嫌疑人以货币为基本材料,采用挖补、撕揭、拼凑等方法,改变货币的外在形态,变造货币的数额应以实际变造出的货币的票面数额计算,包括被因挖补、撕揭而改变了外在形态的货币,但已灭失的货币除外。

---

① 本条在法释〔2000〕26号解释的基础上,增加了币量等情形的立案追诉标准。鉴此,特别是各种币的面额差异较大,司法适用中宜综合判断。——本评注

第一百七十四条 【擅自设立金融机构罪】未经国家有关主管部门批准,擅自设立商业银行、证券交易所、期货交易所、证券公司、期货经纪公司、保险公司或者其他金融机构的,处三年以下有期徒刑或者拘役,并处或者单处二万元以上二十万元以下罚金;情节严重的,处三年以上十年以下有期徒刑,并处五万元以上五十万元以下罚金。

【伪造、变造、转让金融机构经营许可证、批准文件罪】伪造、变造、转让商业银行、证券交易所、期货交易所、证券公司、期货经纪公司、保险公司或者其他金融机构的经营许可证或者批准文件的,依照前款的规定处罚。

单位犯前两款罪的,对单位判处罚金,并对其直接负责的主管人员和其他直接责任人员,依照第一款的规定处罚。

立法沿革

本条系1997年《刑法》沿用《全国人民代表大会常务委员会关于惩治破坏金融秩序犯罪的决定》(自1995年6月30日起施行)第六条的规定,未作调整。

1999年12月25日起施行的《刑法修正案》第三条对本条作了修改,对犯罪对象作了具体明确和扩大。

修正前《刑法》	修正后《刑法》
第一百七十四条 【擅自设立金融机构罪】未经**中国人民银行**批准,擅自设立商业银行或者其他金融机构的,处三年以下有期徒刑或者拘役,并处或者单处二万元以上二十万元以下罚金;情节严重的,处三年以上十年以下有期徒刑,并处五万元以上五十万元以下罚金。 【伪造、变造、转让金融机构经营许可证罪】伪造、变造、转让商业银行或者其他金融机构经营许可证的,依照前款的规定处罚。 单位犯前两款罪的,对单位判处罚金,并对其直接负责的主管人员和其他直接责任人员,依照第一款的规定处罚。	第一百七十四条 【擅自设立金融机构罪】未经**国家有关主管部门**批准,擅自设立商业银行、**证券交易所、期货交易所、证券公司、期货经纪公司、保险公司**或者其他金融机构的,处三年以下有期徒刑或者拘役,并处或者单处二万元以上二十万元以下罚金;情节严重的,处三年以上十年以下有期徒刑,并处五万元以上五十万元以下罚金。 【伪造、变造、转让金融机构经营许可证、**批准文件**罪】伪造、变造、转让商业银行、**证券交易所、期货交易所、证券公司、期货经纪公司、保险公司**或者其他金融机构的经营许可证**或者批准文件**的,依照前款的规定处罚。 单位犯前两款罪的,对单位判处罚金,并对其直接负责的主管人员和其他直接责任人员,依照第一款的规定处罚。

立案追诉标准

《最高人民检察院、公安部关于公安机关管辖的刑事案件立案追诉标准的规定(二)》(公通字〔2022〕12号,节录)

第十九条 [擅自设立金融机构案(刑法第一百七十四条第一款)]未经国家有关主管部门批准,擅自设立金融机构,涉嫌下列情形之一的,应予立案追诉:

(一)擅自设立商业银行、证券交易所、期货交易所、证券公司、期货公司、保险公司或者其他金融机构的;

(二)擅自设立金融机构筹备组织的。

第二十条 [伪造、变造、转让金融机构经营许可证、批准文件案(刑法第一百七十四条第二款)]伪造、变造、转让商业银行、证券交易所、期货交易所、证券公司、期货公司、保险公司或者其他金融机构的经营许可证或者批准文件的,应予立案追诉。

(→附则参见分则标题评注部分,第392页)

刑参案例规则提炼

《张军、张小琴非法经营案——擅自设立金融机构罪、非法经营罪的认定》(第828号案例)所涉规则提炼如下:

擅自设立金融机构罪的认定规则。 "该罪是指没有取得经营金融业务主体资格的单位或者个人擅自设立金融机构的行为,对于已经取得经营金融业务主体资格的金融机构,如部分商业银行、期货经纪公司为了拓展业务,未向主管机关申报,擅自扩建业务网点、增设分支机构,或者虽向主管机关申报,但主管机关尚未批准就擅自设立分支机构进行营业活动,虽然表面上符合'未经国家有关主管机关批准'的要件,但由于已经取得了经营金融业务的主体资格,故与那些没有主体资格的单位或者个人擅自设立金融机构的社会危害有本质不同,一般不以该罪论处。""未经审批开展为他人提供押车贷款服务,牟取高额利息的行为,""并不具备刑法第一百七十四条规定的金融机构的形式要件和实质要件,尚未达到足以威胁金融安全、破坏金融秩序的危害程度,故不能以擅自设立金融机构罪论处。"(第828号案例)

司法疑难解析

银行工作人员自制金融许可证并替换遗失、毁损的金融许可证行为的定性。 银行在金融机构许可证遗失或者破损后,银行工作人员制作高仿金融许可证以替换遗失、破损的金融许可证,并悬挂于营业场所内,对此如何定性存在不同认识。**本评注认为**不宜认定为伪造、变造金融机构经营许可证罪。主要考虑：(1)伪造、变造金融机构经营许可证罪设置在《刑法》分则第三章"破坏社会主义市场经济秩序罪"第四节"破坏金融管理秩序罪"之中，伪造、变造国家机关公文、证件、印章罪设置在《刑法》分则第六章"妨害社会管理秩序罪"第一节"扰乱公共秩序罪"之中，所保护的客体是金融管理秩序或者社会公共秩序。上述行为主要是违反了《中国银行业监督管理委员会金融许可证管理办法》规定的金融许可证的更换手续，与金融管理秩序、社会公共秩序似无必然关系。(2)伪造、变造金融机构经营许可证罪与擅自设立金融机构罪均系《刑法》第一百七十四条规定的罪名，相关行为也同时规定在《商业银行法》第八十一条之中，故伪造、变造金融机构经营许可证的犯罪行为，通常表现为擅自设立金融机构罪等的"手段""预备"行为，具有使自己或者他人非法经营金融业务的目的。上述行为明显不具有上述情形，似难以满足上述条件。

> **第一百七十五条 【高利转贷罪】**以转贷牟利为目的，套取金融机构信贷资金高利转贷他人，违法所得数额较大的，处三年以下有期徒刑或者拘役，并处违法所得一倍以上五倍以下罚金；数额巨大的，处三年以上七年以下有期徒刑，并处违法所得一倍以上五倍以下罚金。
>
> 单位犯前款罪的，对单位判处罚金，并对其直接负责的主管人员和其他直接责任人员，处三年以下有期徒刑或者拘役。

立法沿革

本条系 1997 年《刑法》增设的规定。

立案追诉标准

《最高人民检察院、公安部关于公安机关管辖的刑事案件立案追诉标准的规定(二)》(公通字〔2022〕12 号，节录)

第二十一条 〔高利转贷案(刑法第一百七十五条)〕以转贷牟利为目的，套取金融机构信贷资金高利转贷他人，违法所得数额在五十万元以上的，应予立案追诉。

(→附则参见分则标题评注部分，第 392 页)

刑参案例规则提炼

《姚凯高利转贷案——套取银行的承兑汇票是否属于套取银行信贷资金》

(第487号案例)所涉规则提炼如下:

1. 套取银行的承兑汇票行为的定性规则。"被告人以转贷牟利为目的,编造虚假交易关系并出具虚假购销合同取得银行承兑汇票的,属于刑法第一百七十五条规定的'套取金融机构信贷资金'的行为。"(第487号案例)

2."高利"的判定规则。"尽管在刑法和司法解释中均无对'高利'未作规定,但鉴于该罪是以转贷牟利为目的,因此只要转贷的利率高于银行的利率就应当属于'高利',不必要求转贷利率必须达到一定的倍数。"(第487号案例)

司法疑难解析

高利转贷罪的认定。本评注认为,对于行为人收取保证金后,通过其控制的证券账户申请融资,提供他人用于炒股,赚取利差的行为,不宜以高利转贷罪定罪处罚。主要考虑:(1)高利转贷罪所涉"金融机构信贷资金"一般为银行贷款。《证券公司融资融券业务管理办法》(中国证券监督管理委员会令第117号)第二条第二款中规定:"本办法所称融资融券业务,是指向客户出借资金供其买入证券或者出借证券供其卖出,并收取担保物的经营活动。"可见,融资资金具有专款专用且到期后一般有还款保证的特点,与信贷资金有所不同。(2)高利转贷罪的一个重要特征是有"套取"贷款的行为,对金融机构而言即是骗取贷款,且未将贷款用于获取时言明的用途。目前看来,相关行为似不符合"套取"贷款的行为特征。

第一百七十五条之一 【骗取贷款、票据承兑、金融票证罪】以欺骗手段取得银行或者其他金融机构贷款、票据承兑、信用证、保函等,给银行或者其他金融机构造成重大损失的,处三年以下有期徒刑或者拘役,并处或者单处罚金;给银行或者其他金融机构造成特别重大损失或者有其他特别严重情节的,处三年以上七年以下有期徒刑,并处罚金。

单位犯前款罪的,对单位判处罚金,并对其直接负责的主管人员和其他直接责任人员,依照前款的规定处罚。

立法沿革

本条系2006年6月29日起施行的《刑法修正案(六)》第十条增设的规定。

2021年3月1日起施行的《刑法修正案(十一)》第十一条对本条作了修改,对入罪门槛删去"其他严重情节"的规定。

修正前《刑法》	修正后《刑法》
第一百七十五条之一 【骗取贷款、票据承兑、金融票证罪】以欺骗手段取得银行或者其他金融机构贷款、票据承兑、信用证、保函等,给银行或者其他金融机构造成重大损失或者有其他严重情节的,处三年以下有期徒刑或者拘役,并处或者单处罚金;给银行或者其他金融机构造成特别重大损失或者有其他特别严重情节的,处三年以上七年以下有期徒刑,并处罚金。 单位犯前款罪的,对单位判处罚金,并对其直接负责的主管人员和其他直接责任人员,依照前款的规定处罚。	第一百七十五条之一 【骗取贷款、票据承兑、金融票证罪】以欺骗手段取得银行或者其他金融机构贷款、票据承兑、信用证、保函等,给银行或者其他金融机构造成重大损失的,处三年以下有期徒刑或者拘役,并处或者单处罚金;给银行或者其他金融机构造成特别重大损失或者有其他特别严重情节的,处三年以上七年以下有期徒刑,并处罚金。 单位犯前款罪的,对单位判处罚金,并对其直接负责的主管人员和其他直接责任人员,依照前款的规定处罚。

立案追诉标准

《最高人民检察院、公安部关于公安机关管辖的刑事案件立案追诉标准的规定(二)》(公通字〔2022〕12号,节录)

第二十二条 〔骗取贷款、票据承兑、金融票证案(刑法第一百七十五条之一)〕以欺骗手段取得银行或者其他金融机构贷款、票据承兑、信用证、保函等,给银行或者其他金融机构造成直接经济损失数额在五十万元以上的,应予立案追诉。

(→附则参见分则标题评注部分,第392页)

法律适用答复、复函

《最高人民法院刑事审判第二庭关于针对骗取贷款、票据承兑、金融票罪和违法发放贷款罪立案追诉标准的意见》(2009年6月24日,节录)[1]
公安部经济犯罪侦查局:

贵局《关于针对骗取贷款、票据承兑、金融票罪和违法发放贷款罪立案追诉标准的有关问题征求意见的函》收悉。经研究,提出以下意见:

……

---

[1] 参见李立众编:《刑法—本通——中华人民共和国刑法总成》(第十六版),法律出版社2022年版,第299页。

根据《贷款通则》第三十四条的规定，不良贷款是指呆账贷款、呆滞贷款、逾期贷款。《贷款风险分类指导原则》第三条规定，贷款分为正常、关注、次级、可疑和损失五类，后三类合称为不良贷款。① 因此，不良贷款根据不同的标准划分为不同级别，各个级别的风险程度也有差别，不宜一概以金融机构出具的"形成不良贷款"的结论来认定"造成重大损失"。例如达到"次级"的贷款，虽然借款人的还款能力出现明显问题，依靠其正常经营收入已无法保证足额偿还本息，但若有他人为之提供担保的，银行仍然可以通过民事诉讼实现债权。因此，"不良贷款"不等于"经济损失"，亦不能将"形成不良贷款数额"等同于"重大经济损失数额"。

……

以上意见供参考。

《最高人民检察院公诉厅关于对骗取贷款罪等犯罪立案追诉标准有关问题的回复意见》(2009年6月30日，节录)②

公安部经济犯罪侦查局：

你局《关于针对骗取贷款、票据承兑、金融票罪和违法发放贷款罪立案追诉标准的有关问题征求意见的函》收悉。经研究，提出以下意见：

……

二、关于给银行或者其他金融机构"造成重大损失"的认定问题。如果银行或者其他金融机构仅仅出具"形成不良贷款数额"的结论，不宜认定为"重大经济损失数额"。根据目前国有商业银行、股份制商业银行实行的贷款五级分类制，商业贷款分为正常、关注、次级、可疑、损失五类，其中后三类称为不良贷款，因此不良贷款尽管"不良"但不一定形成了既成的损失，不宜把形成不良贷款数额等同于"重大经济数损失数额"。

以上意见供参考。

---

① 《贷款分类指导原则》已废止。《贷款风险分类指引》(银监发〔2007〕54号)第五条第一款规定："商业银行应按照本指引，至少将贷款划分为正常、关注、次级、可疑和损失五类，后三类合称为不良贷款。"——**本评注注**

② 参见李立众编：《刑法一本通——中华人民共和国刑法总成》(第十六版)，法律出版社2022年版，第299页。

《最高人民法院关于被告人陈岩骗取贷款请示一案的批复》[(2011)刑他字第53号]①

广东省高级人民法院：

你院粤高法〔2011〕第111号《关于被告人陈岩骗取贷款一案的请示》收悉。经研究，答复如下：

一、骗取贷款罪，虽不要求行为人具有非法占有目的，但应以危害金融安全为要件。被告人陈岩虽然采用欺骗手段从银行获取贷款的数额特别巨大，但其提供了足额真实抵押，未给银行造成损失，不会危及金融安全。因此，陈岩的行为不属于刑法第一百七十五条之一规定的"有其他严重情节"②，不构成犯罪。

二、关于如何正确理解和执行最高人民检察院、公安部《关于公安机关管辖的刑事案件立案追诉标准的规定(二)》的相关规定，请按照最高人民法院法发〔2010〕22号《关于在经济犯罪审判中参照适用〈最高人民检察院、公安部关于公安机关管辖的刑事案件立案追诉标准的规定(二)〉的通知》的要求执行。

刑参案例规则提炼③

司法疑难解析

1. 关于骗取贷款罪入罪条件。(1)修正后《刑法》第一百七十五条之一规定必须"给银行或者其他金融机构造成重大损失的"。在重大损失的认定上，应限定于直接经济损失。直接经济损失必须是对于信贷资金实际已经发生的损失，且损失的数额仅限于信贷资金的本金，对于信贷资金预期利息等间接损失不应认定在内，以防止因金融机构报案早晚对犯罪认定造成影响。(2)《刑法修正案(十一)》删除了骗取贷款罪中"情节严重"的入罪标准要件，对以往在司法实践中存在的一些争议情形不作为犯罪处理：第一，对于金融资产安全的危险已经消除，未造成实际损害的，不再作为犯罪处理。这类情形主要是实践中有些行为人"以新还旧""以贷还贷"的情况，之前的贷款或者融资借款已经归还，没有造成经济损失的，不应作为犯罪处理。如果行为人在

---

① 参见刘志伟编：《刑法规范总整理》(第十二版)，法律出版社2021年版，第500页。
② 虽然《刑法修正案(十一)》第十一条对《刑法》第一百七十五条之一删去入罪门槛"其他严重情节"的规定，但本复函仍然具有重要参考价值。——本评注注
③ 鉴于小额贷款公司的性质在法律政策层面尚无定论，《江树昌骗取贷款案》——骗取小额贷款公司贷款的行为是否构成骗取贷款罪》(第962号案例)提出"小额贷款公司系依法设立的经营小额贷款金融业务的其他非银行金融机构"，似须再作研究，故对所涉规则未予提炼。

多次骗取贷款后,"以新还旧""以贷还贷"应以最后造成实际损失的数额为准。第二,不会对金融资产安全产生危险、实际损害的行为。这类情形主要是针对行为人贷款、票据承兑或者出具金融票证等融资过程中虽然手续具有瑕疵,但不影响资金安全的行为,此种情形不应认定为犯罪。如行为人虽然具有骗取贷款的行为,但具有足额的真实、有效担保,即使贷款没有收回,通过担保追偿仍然可以追回资金,不会造成损失。第三,虽然对金融资产安全造成了一定的危险,但实际损失是否发生尚处于不确定状态的。这类情况主要是行为人具有骗取贷款的行为,但贷款尚未到期,行为人的经营状况明显恶化,已经不具有偿还能力,因实际损失尚未发生,金融贷款还未到期,仍然存在可以按时偿还的可能性,也不宜作为犯罪处理。①

2. 关于骗取贷款罪升档量刑情节的把握。《刑法修正案(十一)》颁布前,骗取贷款罪基本犯罪形态包括给银行或者其他金融机构造成重大损失和情节严重两种形态,加重形态包括给银行或者其他金融机构造成特别重大损失或者有其他特别严重情节两种形态。在《刑法修正案(十一)》研拟过程中,也有观点提出,既然《刑法修正案(十一)》已将情节严重删除,不再作为骗取贷款罪的入罪条件,那么在加重情节中也对应删除"其他特别严重情节",以确保罪责刑相适应。但立法工作机关最后未采纳相关建议,在加重处罚情节中保持了"其他特别严重情节"的规定。为避免刑事处罚的不平衡,防止以情节因素单独入罪,在加重情节的理解和把握上,原则上以构成基本犯为前提,即以造成重大损失为前提,再具有其他情节的,可认定为"其他特别严重情节"。本罪中"其他特别严重情节"一般表现为侵犯本罪法益之外,还侵犯了其他法益的行为或者反映行为违法性的其他情节。在司法实践中常见的类型包括:在骗取贷款过程中伪造相关的公文、证件的;在扶贫救灾等特定领域内骗取贷款的;骗取贷款等从事违法犯罪活动的。另外,不宜对多次实施骗取贷款行为直接认定为"其他特别严重情节",加重处罚。骗取贷款罪中每一次骗取行为都不一定对信贷资金的安全构成威胁,次数并不反映直接违反信贷资金的安全性。多次骗取贷款造成损失

---

① 需要注意的是,对于重大损失认定并不要求必须以穷尽一切法律手段为前提。对于判断时点和标准不能过于拘泥,如行为人采取欺骗手段骗取贷款,不能按期归还资金,也没有提供有效担保,就可以认定为给银行等金融机构造成重大损失,而不能要求银行等在采取诉讼等法律手段追偿行为人房产等财产不能清偿之后,才判定其遭到重大损失。对于后期在判决前通过法律手段获得清偿的,可酌定从宽处罚。参见王爱立主编:《中华人民共和国刑法条文说明、立法理由及相关规定》,北京大学出版社2021年版,第617页。

的，应对造成的损失累积计算，因此"多次"不宜作为评价性要素。但在一些特殊情形下，如具有欺骗手段特别严重或者涉嫌数额极其巨大，给国家金融安全造成特别重大风险，没有造成实际损失的，也可以认定为"其他特别严重情节"依法追究刑事责任。①

3. 与骗取贷款相关联的银行工作人员责任认定。有的银行等金融机构的工作人员在贷款等过程中，为了完成自己的考核业绩或者因收受贿赂等原因出于私情私利动机，明知行为人在申请贷款等行为过程中提供了虚假的材料，仍然为其申报，甚至是主动出主意、想办法，以便在形式上符合申请的要求。在这种情形下，银行等金融机构工作人员的行为如何认定，可以根据案件具体情况予以妥当处理。需要注意的是，对于银行贷款经办人员或者具有决策、审批权限的人员参与其中，甚至帮助、指使贷款申请人编造材料的行为，除非银行工作人员接受贷款申请人的贿赂或者与贷款申请人构成共同犯罪，否则对贷款申请人认定为骗取贷款罪要特别慎重。因为此种情形下银行工作人员代表银行从事相关业务，其对造假实际上是明知的，不存在被骗的问题，自然不能构成骗取贷款罪。

第一百七十六条　【非法吸收公众存款罪】非法吸收公众存款或者变相吸收公众存款，扰乱金融秩序的，处三年以下有期徒刑或者拘役，并处或者单处罚金；数额巨大或者有其他严重情节的，处三年以上十年以下有期徒刑，并处罚金；数额特别巨大或者有其他特别严重情节的，处十年以上有期徒刑，并处罚金。

单位犯前款罪的，对单位判处罚金，并对其直接负责的主管人员和其他直接责任人员，依照前款的规定处罚。

有前两款行为，在提起公诉前积极退赃退赔，减少损害结果发生的，可以从轻或者减轻处罚。

立法沿革

本条系1997年《刑法》沿用《全国人民代表大会常务委员会关于惩治破坏金融秩序犯罪的决定》（自1995年6月30日起施行）第七条的规定，仅将"对直

---

① 参见王爱立主编：《中华人民共和国刑法条文说明、立法理由及相关规定》，北京大学出版社2021年版，第617页。

接负责的主管人员和其他直接责任人员"调整为"对其直接负责的主管人员和其他直接责任人员"。

2021年3月1日起施行的《刑法修正案(十一)》第十二条对本条作了修改,主要涉及如下两个方面:一是将法定最高刑由十年有期徒刑提升至十五年有期徒刑,并删去罚金具体数额的规定;二是增加在提起公诉前积极退赃退赔,减少损害结果发生的,可以从轻或者减轻处罚的规定。

修正前《刑法》	修正后《刑法》
第一百七十六条 【非法吸收公众存款罪】非法吸收公众存款或者变相吸收公众存款,扰乱金融秩序的,处三年以下有期徒刑或者拘役,并处或者单处~~二万元以上二十万元以下~~罚金;数额巨大或者有其他严重情节的,处三年以上十年以下有期徒刑,并处~~五万元以上五十万元以下~~罚金。 单位犯前款罪的,对单位判处罚金,并对其直接负责的主管人员和其他直接责任人员,依照前款的规定处罚。	**第一百七十六条** 【非法吸收公众存款罪】非法吸收公众存款或者变相吸收公众存款,扰乱金融秩序的,处三年以下有期徒刑或者拘役,并处或者单处罚金;数额巨大或者有其他严重情节的,处三年以上十年以下有期徒刑,并处罚金;**数额特别巨大或者有其他特别严重情节的,处十年以上有期徒刑,并处罚金**。 单位犯前款罪的,对单位判处罚金,并对其直接负责的主管人员和其他直接责任人员,依照前款的规定处罚。 **有前两款行为,在提起公诉前积极退赃退赔,减少损害结果发生的,可以从轻或者减轻处罚**。

司法解释

《最高人民法院关于审理非法集资刑事案件具体应用法律若干问题的解释》[法释〔2010〕18号,根据《最高人民法院关于修改〈最高人民法院关于审理非法集资刑事案件具体应用法律若干问题的解释〉的决定》(法释〔2022〕5号)修正,修正后自2022年3月1日起施行]

为依法惩治非法吸收公众存款、集资诈骗等非法集资犯罪活动,根据刑法有关规定,现就审理此类刑事案件具体应用法律的若干问题解释如下:

第一条① 违反国家金融管理法律规定,向社会公众(包括单位和个人)吸

---

① 准确理解该四个特征要件,需注意以下几点:(1)非法性特征。非法性特征是指违反国家金融管理法律规定吸收资金,具体表现为未经有关部门依法批准吸收资金和借用合法经营的形式吸收资金两种。其中,国家金融管理法律规定包含3个层面的内容:一是金融管理法律规定不是单指某一个具体的法律,而是一个法律体系;二是非法集(转下页)

收资金的行为,同时具备下列四个条件的,除刑法另有规定的以外,应当认定为刑法第一百七十六条规定的"非法吸收公众存款或者变相吸收公众存款":

(接上页)资违反的是融资管理法律规定,而不能是其他法律规定;三是只有融资管理法律规定明确禁止的吸收资金行为才有违法性。未经有关部门依法批准主要表现为以下4种情形:一是未经有关部门批准;二是骗取批准欺诈发行;三是具有主体资格,但具体业务未经批准;四是具有主体资格,但经营行为违法。借用合法经营的形式吸收资金的具体表现形式多种多样,实践中应当注意结合《最高人民法院关于审理非法集资刑事案件具体应用法律若干问题的解释》(以下简称《解释》)第2条以及《中国人民银行关于进一步打击非法集资等活动的通知》等关于非法集资行为方式的规定,根据非法集资的行为实质进行具体认定。(2)公开性特征。公开性特征是指通过媒体、推介会、传单、手机短信等途径向社会公开宣传。首先,公开宣传是公开性的实质,而具体宣传途径可以多种多样。《解释》仅列举了通过媒体、推介会、传单、手机短信几种公开宣传途径,主要是考虑到实践中这几个途径比较典型。但这只是例示性的规定,宣传途径并不以此为限,实践中常见的宣传途径还有标语、横幅、宣传册、宣传画、讲座、论坛、研讨会等形式。起草过程中有意见提出,实践中还大量存在口口相传、以人传人的现象,有必要在《解释》中特别指出。经研究,口口相传是否属于公开宣传,能否将口口相传的效果归责于集资人,需要根据主客观相一致的原则进行具体分析,区别对待,故《解释》未对此专门作出规定。对于通过口口相传进行宣传的行为,实践中可以结合集资人对此是否知情、态度如何,有无具体参与、是否设法加以阻止等主客观因素,认定是否符合公开性特征要件。其次,公开宣传不限于虚假宣传。实践中的非法集资活动通常会以实体公司的名义进行虚假宣传,蒙骗群众。但是,非法集资的本质在于违反规定向社会公众吸收资金,即使未采取欺骗手段进行虚假宣传,但因其风险控制和承担能力有限,且缺乏有力的内外部监管,社会公众的利益难以得到切实保障,法律仍有干预之必要。故此,尽管非法集资往往都有欺骗性,但欺骗性不属于非法集资的必备要件。(3)利诱性特征。利诱性特征是指集资人向集资群众承诺在一定期限内以货币、实物、股权等方式还本付息或者给付回报。利诱性特征包含有偿性和承诺性两个方面内容。首先,非法集资是有偿集资,对于非经济领域的公益性集资,不宜纳入非法集资的范畴;其次,非法集资具有承诺性,即不是现时给付回报,而是承诺将来给付回报。回报的方式,既包括固定回报,也包括非固定回报;给付回报的形式,除货币之外,还有实物、消费、股权等形式;具体给付回报名义,除较为常见的利息、分红之外,还有所谓的工资、奖金、销售提成等。(4)社会性特征。社会性特征是指向社会公众即社会不特定对象吸收资金。社会性是非法集资的本质特征,禁止非法集资的重要目的在于保护公众投资者的利益。社会性特征包含两个层面的内容:广泛性和不特定性。对于社会性特征的具体认定,除结合上述公开性特征进行分析之外,还需要注意从以下两个方面进行具体判断:一是集资参与人的抗风险能力。生活中有很多种划分人群的标准,比如年龄、性别、职业、肤色、党派、宗教信仰等,但这(转下页)

（一）未经有关部门依法许可或者借用合法经营的形式吸收资金；
（二）通过网络、媒体、推介会、传单、手机信息等途径向社会公开宣传；
（三）承诺在一定期限内以货币、实物、股权等方式还本付息或者给付回报；
（四）向社会公众即社会不特定对象吸收资金。

未向社会公开宣传，在亲友或者单位内部针对特定对象吸收资金的，不属于非法吸收或者变相吸收公众存款。

第二条① 实施下列行为之一，符合本解释第一条第一款规定的条件的，应

(接上页)些分类标准与非法集资中的社会公众的认定并无关系。法律干预非法集资的主要原因是社会公众缺乏投资知识，且难以承受损失风险。集资对象是否特定，应当以此为基础进行分析判断。二是集资行为的社会辐射力。对象是否特定，既要求集资人的主观意图是特定的，通常还要求其具体实施的行为是可控的。如果集资人所实施行为的辐射面连集资人自己都难以预料、控制，或者在蔓延至社会后听之任之，不设法加以阻止的，同样应当认定为向社会不特定对象进行非法集资。此外，《解释》起草过程中有意见指出，一些集资行为的对象既有不特定的自然人，又有公司、企业等单位，社会公众是否包括公司、企业等单位，实践中存在理解分歧。经研究，这里的社会公众不宜作为一个日常生活用语来理解。在法律上，自然人和单位均属于民商事行为的主体，具有平等的法律地位，单位同样可以成为非法集资的对象，以单位为对象的集资同样应当计入集资数额，故《解释》明确，社会公众包括单位和个人。参见刘为波：《〈关于审理非法集资刑事案件具体应用法律若干问题的解释〉的理解与适用》，载中华人民共和国最高人民法院刑事审判第一、二、三、四、五庭主办：《中国刑事审判指导案例3》(增订第3版)，法律出版社2017年版，第868—870页。

① 准确理解和适用本条规定，需要注意以下几点：(1)上述列举的诸种情形重在揭示非法吸收公众存款的行为方式，在表述上未必全面完整，实践当中，仍需根据本司法解释第一条关于非法集资的概念和四个特征要件进行具体认定。为此，特别强调，"实施下列行为之一，符合本解释第一条第一款规定的条件的"，才应当依法以非法吸收公众存款罪定罪处罚。(2)吸收公众存款行为属于融资行为。生产经营、商品交易活动也向社会公开出售商品获取资金，但购买者支付价款即可获得商品或者服务，合同法、产品质量法以及消费者权益保护法对此即可提供充分保护。融投资行为则不同，资金提供者以获取未来收益为目的，并无实质意义的商品或者服务作为对价，加之信息不对称等因素，蕴藏着巨大的风险，所以法律从信息披露、准入条件、审批程序等方面规定了诸多监管措施。区分界定正常经营活动与变相吸收公众存款行为，必须由此入手，关键在于两个方面：一是有无真实的商品或者服务内容；二是是否以未来的回报为目的。基于此，本条第四项对不具有销售商品、提供服务的真实内容或者不以销售商品、提供服务为主要目的予以特别强调。(3)非法吸收公众存款罪属于破坏金融管理秩序犯罪，非法吸收公众存(转下页)

当依照刑法第一百七十六条的规定,以非法吸收公众存款罪定罪处罚:

(一)不具有房产销售的真实内容或者不以房产销售为主要目的,以返本销售、售后包租、约定回购、销售房产份额等方式非法吸收资金的;

(二)以转让林权并代为管护等方式非法吸收资金的;

(三)以代种植(养殖)、租种植(养殖)、联合种植(养殖)等方式非法吸收资金的;

(四)不具有销售商品、提供服务的真实内容或者不以销售商品、提供服务为主要目的,以商品回购、寄存代售等方式非法吸收资金的;

(五)不具有发行股票、债券的真实内容,以虚假转让股权、发售虚构债券等方式非法吸收资金的;

(六)不具有募集基金的真实内容,以假借境外基金、发售虚构基金等方式非法吸收资金的;

(七)不具有销售保险的真实内容,以假冒保险公司、伪造保险单据等方式非法吸收资金的;

(八)以网络借贷、投资入股、虚拟币交易等方式非法吸收资金的;

(九)以委托理财、融资租赁等方式非法吸收资金的;

(十)以提供"养老服务"、投资"养老项目"、销售"老年产品"等方式非法吸

(接上页)款罪的认定依据必须是融资管理法律规定,而不能是其他法律规定。对于其他法律规定的违反,在一定情况下对于判断是否违反融资管理规定具有一定的参考意义,但不能以对其他法律规定的违法性判断替代融资管理规定的违法性判断。例如,《商品房销售管理办法》规定,商品房预售实行预售许可制度;房地产开发企业不得采取返本销售或者变相返本销售的方式销售商品房,不得采取售后包租或者变相售后包租的方式销售未竣工商品房;商品住宅按套销售,不得分割拆零销售。但是,违反这些规定的房产销售行为并不直接意味着就是非法集资,只有实质上实施了向社会公众融资的行为,而又未依法履行相关融资法律程序的,才具有非法集资所要求的非法性。(4)为了防止挂一漏万,《解释》规定了一个兜底条款,即关于其他非法吸收资金的行为的规定。需要强调指出的是,并非所有的融资行为均受融资管理法律规定调控,只有融资管理法律规定明确禁止的吸收资金行为才有违法性,实践中应注意避免不当地扩大理解。比如,民间借贷、私募基金等虽然也体现为吸收资金,并且往往也约定回报,但不属于公开地向社会公众吸收资金,因而并不违法。即便约定高额利息,也只是超出规定部分的利息不受法律保护而已,不能据此将之认定为非法集资。参见刘为波:《〈关于审理非法集资刑事案件具体应用法律若干问题的解释〉的理解与适用》,载中华人民共和国最高人民法院刑事审判第一、二、三、四、五庭主办:《中国刑事审判指导案例3》(增订第3版),法律出版社2017年版,第870—871页。

收资金的；

（十一）利用民间"会""社"等组织非法吸收资金的；

（十二）其他非法吸收资金的行为。

第三条 非法吸收或者变相吸收公众存款，具有下列情形之一的，应当依法追究刑事责任：

（一）非法吸收或者变相吸收公众存款数额在100万元以上的；

（二）非法吸收或者变相吸收公众存款对象150人以上的；

（三）非法吸收或者变相吸收公众存款，给存款人造成直接经济损失数额在50万元以上的。

非法吸收或者变相吸收公众存款数额在50万元以上或者给存款人造成直接经济损失数额在25万元以上，同时具有下列情节之一的，应当依法追究刑事责任：

（一）曾因非法集资受过刑事追究的；

（二）二年内曾因非法集资受过行政处罚的；

（三）造成恶劣社会影响或者其他严重后果的。

第四条 非法吸收或者变相吸收公众存款，具有下列情形之一的，应当认定为刑法第一百七十六条规定的"数额巨大或者有其他严重情节"：

（一）非法吸收或者变相吸收公众存款数额在500万元以上的；

（二）非法吸收或者变相吸收公众存款对象500人以上的；

（三）非法吸收或者变相吸收公众存款，给存款人造成直接经济损失数额在250万元以上的。

非法吸收或者变相吸收公众存款数额在250万元以上或者给存款人造成直接经济损失数额在150万元以上，同时具有本解释第三条第二款第三项情节的，应当认定为"其他严重情节"。

第五条 非法吸收或者变相吸收公众存款，具有下列情形之一的，应当认定为刑法第一百七十六条规定的"数额特别巨大或者有其他特别严重情节"：

（一）非法吸收或者变相吸收公众存款数额在5000万元以上的；

（二）非法吸收或者变相吸收公众存款对象5000人以上的；

（三）非法吸收或者变相吸收公众存款，给存款人造成直接经济损失数额在2500万元以上的。

非法吸收或者变相吸收公众存款数额在2500万元以上或者给存款人造成直接经济损失数额在1500万元以上，同时具有本解释第三条第二款第三项情节的，应当认定为"其他特别严重情节"。

第六条 非法吸收或者变相吸收公众存款的数额，以行为人所吸收的资金全额计算。在提起公诉前积极退赃退赔,减少损害结果发生的,可以从轻或者减轻处罚;在提起公诉后退赃退赔的,可以作为量刑情节酌情考虑。

非法吸收或者变相吸收公众存款,主要用于正常的生产经营活动,能够在提起公诉前清退所吸收资金,可以免予刑事处罚;情节显著轻微危害不大的,不作为犯罪处理。

对依法不需要追究刑事责任或者免予刑事处罚的,应当依法将案件移送有关行政机关。

第七条① 以非法占有为目的,使用诈骗方法实施本解释第二条规定所列

---

① 适用本条规定时,应注意以下几个问题:(1)非法占有目的的认定原则。认定是否具有非法占有目的,应当坚持主客观相一致的原则,既要避免以诈骗方法的认定替代非法占有目的的认定,又要避免单纯根据损失结果客观归罪,同时也不能仅凭行为人自己的供述,而是应当根据案件具体情况具体分析。对于因经营不善、市场风险等意志以外的原因,造成较大数额的集资款不能返还的,不应当认定为集资诈骗罪;对于行为人使用诈骗方法非法集资,具有本司法解释规定情形之一,致使数额较大集资款不能返还或者逃避返还,即使行为人不予供认的,也可以认定为集资诈骗罪。(2)对明知没有归还能力的理解。鉴于实践中反映《全国法院审理金融犯罪案件工作座谈会纪要》中规定的明知没有归还能力不易掌握,本条第二款第一项实际上是对明知没有归还能力的具体化。对于本项规定中的生产经营活动与筹集资金规模明显不成比例,起草过程中有意见指出该表述不够明确,操作上仍有困难,建议修改为仅将少量资金(或者小部分资金)用于生产经营活动。经研究,实践中的情况较为复杂,修改建议的表述较为具体,便于实践操作,但过于绝对;现在的表述稍显原则,但将集资规模与生产规模联系起来,通过比例关系进行分析判断更具科学性和包容性。此外,另有意见提出,将后期所集资金主要用于支付前期本金和高额回报的情形,可以直接推定为以非法占有为目的。经研究,"以新还旧""以后还前"确实可以初步认定最终不具有归还能力,但其不具有归还能力的根本原因不在于是否支付本息,而是没有具体的生产经营活动,对此,完全可以适用本项规定认定为以非法占有为目的。同时,支付本息是非法集资的一个基本特征,在一定意义上,按期支付本金和高额回报反而有可能说明行为人主观上没有非法占有目的。为了防止不必要的误解,故未采纳。(3)对肆意挥霍的理解。首先,这里有一个度的把握问题。行为人将大部分资金用于投资或生产经营活动,而将少量资金用于个人消费或挥霍的,不应仅以此认定具有非法占有的目的。这也是本条强调"肆意"二字的本意所在。其次,挥霍通常指的是消费性支出。实践中存在一些挥霍性投资的情形,对此需要具体情况具体分析。如行为人仅将投资行为作为对外宣传等行骗手段,投资行为纯属消耗性,行为人也不指望从该投资行为获取收益的,可以视为挥霍。(4)对携带集资款逃匿的理解。首先,逃匿包含逃跑和藏匿双重蕴义。以往司法文件中均表述为逃跑,本条现修改为逃匿,(转下页)

第176条

行为的,应当依照刑法第一百九十二条的规定,以集资诈骗罪定罪处罚。

使用诈骗方法非法集资,具有下列情形之一的,可以认定为"以非法占有为目的":

(一)集资后不用于生产经营活动或者用于生产经营活动与筹集资金规模明显不成比例,致使集资款不能返还的;

(二)肆意挥霍集资款,致使集资款不能返还的;

(三)携带集资款逃匿的;

(四)将集资款用于违法犯罪活动的;

(五)抽逃、转移资金、隐匿财产,逃避返还资金的;

(六)隐匿、销毁账目,或者搞假破产、假倒闭,逃避返还资金的;

(七)拒不交代资金去向,逃避返还资金的;

(八)其他可以认定非法占有目的的情形。

集资诈骗罪中的非法占有目的,应当区分情形进行具体认定。行为人部分

(接上页)意在突出行为人逃避刑事追究的一面,避免不加区分地将各种逃跑的情形一概作集资诈骗处理。其次,逃匿必须与携款联系起来进行综合分析。逃匿可能出于躲债、筹资等多种原因,只有携款潜逃的,才足以说明行为人具有拒绝返还集资款的主观目的。

(5)对将集资款用于违法犯罪活动的理解。起草过程中有意见指出,用于违法犯罪活动与非法占有目的没有必然联系,建议删去。经研究,将用于违法犯罪活动作为认定非法占有目的的一种情形,主要是基于政策考虑所作出的一种法律上的拟制,以体现从严打击的需要,故未采纳。此外,有意见建议增加从事高风险行业的情形,与用于违法犯罪活动一并规定。经研究认为,风险高低取决于多方面因素,不宜泛泛而谈,故未采纳。

(6)对拒不交代资金去向的理解。鉴于实践中行为人拒不交代资金去向的情形较为突出,此种情形已经明显反映出非法占有的主观故意,为了从严打击此类犯罪分子,尽可能地挽回集资群众的经济损失,故增加规定了这一情形。此外,考虑到非法集资犯罪活动往往时间较长,犯罪分子在非法集资之初不一定具有非法占有目的;非法集资犯罪活动参与实施人员众多,部分共犯不一定具有非法占有目的的犯意联络,为避免客观归罪,本条第三款作了专门规定。对于非法占有目的产生于非法集资过程当中的,应当只对非法占有目的支配下实施的非法集资犯罪以集资诈骗罪处理,对于之前实施的行为,应以其他非法集资犯罪处理,实行数罪并罚;对于共同非法集资犯罪案件,应当只对具有非法占有目的的犯罪人以集资诈骗罪处理;对于不具有非法占有目的的犯意联络的犯罪人,应对其参与实施的全部事实以其他非法集资犯罪处理。参见刘为波:《〈关于审理非法集资刑事案件具体应用法律若干问题的解释〉的理解与适用》,载中华人民共和国最高人民法院刑事审判第一、二、三、四、五庭主办:《中国刑事审判指导案例3》(增订第3版),法律出版社2017年版,第872—873页。

非法集资行为具有非法占有目的的,对该部分非法集资行为所涉集资款以集资诈骗罪定罪处罚;非法集资共同犯罪中部分行为人具有非法占有目的,其他行为人没有非法占有集资款的共同故意和行为的,对具有非法占有目的的行为人以集资诈骗罪定罪处罚。

第八条① 集资诈骗数额在 10 万元以上的,应当认定为"数额较大";数额在 100 万元以上的,应当认定为"数额巨大"。

集资诈骗数额在 50 万元以上,同时具有本解释第三条第二款第三项情节的,应当认定为刑法第一百九十二条规定的"其他严重情节"。

集资诈骗的数额以行为人实际骗取的数额计算,在案发前已归还的数额应予扣除。行为人为实施集资诈骗活动而支付的广告费、中介费、手续费、回扣,或者用于行贿、赠与等费用,不予扣除。行为人为实施集资诈骗活动而支付的利息,除本金未归还可予折抵本金以外,应当计入诈骗数额。

第九条 犯非法吸收公众存款罪,判处三年以下有期徒刑或者拘役,并处或者单处罚金的,处五万元以上一百万元以下罚金;判处三年以上十年以下有期徒刑的,并处十万元以上五百万元以下罚金;判处十年以上有期徒刑的,并处五十万元以上罚金。

犯集资诈骗罪,判处三年以上七年以下有期徒刑的,并处十万元以上五百万

---

① 具体适用本规定,需注意以下两个问题:(1)对诈骗数额的理解。一种意见认为诈骗数额是指犯罪行为获取的全部数额;另一种意见认为诈骗数额包括犯罪行为所指向的数额。经研究认为,该两种意见均存在偏颇。集资诈骗罪属于目的犯,应当从非法占有目的的实现的角度来认定诈骗数额。司法实践中,非法集资的规模或者非法集资的标的数额可以作为量刑情节适当予以考虑,但是,诈骗数额应以行为人实际骗取的数额计算。据此,集资诈骗犯罪当中已返还部分不应计入诈骗数额。(2)利息的计算。起草过程中对于计算诈骗数额时利息是否扣除及如何扣除存在不同意见。经研究,与返还本金不同,支付利息本质上属于对其实际骗取资金的处分,而且,利息是否计入诈骗数额还涉及赃款的认定、追缴以及其他受害人的公平受偿问题,故原则上应当计入诈骗数额。同时规定本金未归还可予折抵本金,主要是出于实践可操作性和避免矛盾激化的考虑。因为,集资诈骗案发后能够追回的案款毕竟有限,很难要求本金尚未得到偿付的集资群众先将利息退出后再按比例统一偿付。而且,实践中支付本金时往往已经扣除了利息部分,比如,名义上支付了 100 万元的本金,扣除高息 20 万元,仅实际支付 80 万元,对此实事求是地认定本金 80 万元更为可取。参见刘为波:《〈关于审理非法集资刑事案件具体应用法律若干问题的解释〉的理解与适用》,载中华人民共和国最高人民法院刑事审判第一、二、三、四、五庭主办:《中国刑事审判指导案例 3》(增订第 3 版),法律出版社 2017 年版,第 873—874 页。

元以下罚金;判处七年以上有期徒刑或者无期徒刑的,并处五十万元以上罚金或者没收财产。

第十条 未经国家有关主管部门批准,向社会不特定对象发行、以转让股权等方式变相发行股票或者公司、企业债券,或者向特定对象发行、变相发行股票或者公司、企业债券累计超过200人的,应当认定为刑法第一百七十九条规定的"擅自发行股票或者公司、企业债券"。构成犯罪的,以擅自发行股票、公司、企业债券罪定罪处罚。

第十一条① 违反国家规定,未经依法核准擅自发行基金份额募集基金,情节严重的,依照刑法第二百二十五条的规定,以非法经营罪定罪处罚。

第十二条② 广告经营者、广告发布者违反国家规定,利用广告为非法集资

---

① 此外,起草过程中还对中介机构非法经营证券业务的定性处理问题进行了研究,形成了以下倾向性意见:中介机构违反国家规定代理买卖非上市公司股票,情节严重的,依照《刑法》第二百二十五条的规定,以非法经营罪定罪处罚;非上市公司和中介机构共谋擅自发行股票,同时构成《刑法》第一百七十九条和第二百二十五条规定的犯罪的,以处罚较重的犯罪的共犯论处。鉴于该问题在讨论当中意见分歧较大,且不属于本司法解释重点解决问题,故未作规定。司法实践中遇到此类问题,可以参照《最高人民法院、最高人民检察院、公安部、中国证券监督管理委员会关于整治非法证券活动有关问题的通知》的相关规定依法处理。参见刘为波:《〈关于审理非法集资刑事案件具体应用法律若干问题的解释〉的理解与适用》,载中华人民共和国最高人民法院刑事审判第一、二、三、四、五庭主办:《中国刑事审判指导案例3》(增订第3版),法律出版社2017年版,第874—875页。

② 起草过程中还讨论了广告代言人的刑事处罚问题。一种意见认为,从立法精神、实践需要以及国外做法来看,均应将广告代言人纳入虚假广告罪的犯罪主体范围。经研究,基于当前法律规定,将广告代言人解释为虚假广告罪的犯罪主体尚有立法障碍,理由如下:(1)对于虚假广告罪的犯罪主体,刑法采取的是列明式规定,仅限于广告主、广告经营者和广告发布者。(2)虚假广告罪属于行政犯,成立虚假广告罪应以行政违法为前提。广告法仅规定了社会团体或者其他组织在虚假广告中向消费者推荐商品或服务应承担民事连带责任,在行政违法尚不成立的前提下,直接将之作为刑事犯罪予以打击,不符合行政犯的一般理论。(3)即便通过司法解释将广告代言人纳入虚假广告罪的主体范围,还将面临诸多实践操作问题。比如,虚假广告罪为故意犯罪,要求行为人具有主观明知,对此,实践中主要是根据行为人的法定注意义务来进行判断或者推定。而对于广告代言人的注意义务的内容、范围和程度等,当前还没有相关行政管理法律规定,在行为人辩称自己不具有主观明知的情况下,司法机关将很难证明。当然,广告代言人不属于虚假广告罪的主体,不意味着广告代言人在任何情况下均不构成犯罪,对于符合本条第二款规定情形的,完全可以非法集资犯罪的共犯论处。参见刘为波:《〈关于审理非法集资刑事案件具体应用法律若干问题的解释〉的理解与适用》,载中华人民共和国最高人民法院刑事审判第一、二、三、四、五庭主办:《中国刑事审判指导案例3》(增订第3版),法律出版社2017年版,第876—877页。

活动相关的商品或者服务作虚假宣传,具有下列情形之一的,依照刑法第二百二十二条的规定,以虚假广告罪定罪处罚:

(一)违法所得数额在10万元以上的;

(二)造成严重危害后果或者恶劣社会影响的;

(三)二年内利用广告作虚假宣传,受过行政处罚二次以上的;

(四)其他情节严重的情形。

明知他人从事欺诈发行证券、非法吸收公众存款、擅自发行股票、公司、企业债券、集资诈骗或者组织、领导传销活动等集资犯罪活动,为其提供广告等宣传的,以相关犯罪的共犯论处。

第十三条 通过传销手段向社会公众非法吸收资金,构成非法吸收公众存款罪或者集资诈骗罪,同时又构成组织、领导传销活动罪的,依照处罚较重的规定定罪处罚。

第十四条 单位实施非法吸收公众存款、集资诈骗犯罪的,依照本解释规定的相应自然人犯罪的定罪量刑标准,对单位判处罚金,并对其直接负责的主管人员和其他直接责任人员定罪处罚。

第十五条① 此前发布的司法解释与本解释不一致的,以本解释为准。

规范性文件

《最高人民法院关于非法集资刑事案件性质认定问题的通知》(法〔2011〕262号)

各省、自治区、直辖市高级人民法院,解放军军事法院,新疆维吾尔自治区高级人民法院生产建设兵团分院:

---

① 《刑法修正案(十一)》对非法吸收公众存款罪、集资诈骗罪刑法条文作了重大修改,并从2021年3月1日起施行。修改后《解释》对非法吸收公众存款罪、集资诈骗罪的定罪量刑标准作了调整和修改,并从2022年3月1日起施行。由于刑法、司法解释对非法吸收公众存款罪、集资诈骗罪的定罪量刑标准均作了修改,对非法吸收公众存款罪、集资诈骗罪的定罪量刑产生重大影响,对于《刑法修正案(十一)》施行前发生的行为,修改后《解释》施行后尚未处理或者正在处理的案件,应当根据修改后《解释》确定的定罪量刑标准,按照从旧兼从轻的原则确定适用的刑法。需要注意的是,对于《刑法修正案(十一)》施行前发生的行为,被告人具有积极退赃退赔情节的,按照有利于被告人的原则,应当依照《刑法修正案(十一)》的规定适用。参见《依法惩治非法集资犯罪 维护国家金融安全稳定——最高人民法院刑三庭相关负责人就非法集资刑事司法解释答记者问》,载《人民法院报》2022年2月25日第3版。

为依法、准确、及时审理非法集资刑事案件,现就非法集资性质认定的有关问题通知如下:

一、行政部门对于非法集资的性质认定,不是非法集资案件进入刑事程序的必经程序。行政部门未对非法集资作出性质认定的,不影响非法集资刑事案件的审判。

二、人民法院应当依照刑法和最高人民法院《关于审理非法集资刑事案件具体应用法律若干问题的解释》等有关规定认定案件事实的性质,并认定相关行为是否构成犯罪。

三、对于案情复杂、性质认定疑难的案件,人民法院可以在有关部门关于是否符合行业技术标准的行政认定意见的基础上,根据案件事实和法律规定作出性质认定。

四、非法集资刑事案件的审判工作涉及领域广、专业性强,人民法院在审理此类案件当中要注意加强与有关行政主(监)管部门以及公安机关、人民检察院的配合。审判工作中遇到重大问题难以解决的,请及时报告最高人民法院。

《最高人民法院、最高人民检察院、公安部关于办理非法集资刑事案件适用法律若干问题的意见》(公通字〔2014〕16号)

各省、自治区、直辖市高级人民法院,人民检察院,公安厅、局,解放军军事法院、军事检察院,新疆维吾尔自治区高级人民法院生产建设兵团分院,新疆生产建设兵团人民检察院、公安局:

为解决近年来公安机关、人民检察院、人民法院在办理非法集资刑事案件中遇到的问题,依法惩治非法吸收公众存款、集资诈骗等犯罪,根据刑法、刑事诉讼法的规定,结合司法实践,现就办理非法集资刑事案件适用法律问题提出以下意见:

一、关于行政认定的问题

行政部门对于非法集资的性质认定,不是非法集资刑事案件进入刑事诉讼程序的必经程序。行政部门未对非法集资作出性质认定的,不影响非法集资刑事案件的侦查、起诉和审判。

公安机关、人民检察院、人民法院应当依法认定案件事实的性质,对于案情复杂、性质认定疑难的案件,可参考有关部门的认定意见,根据案件事实和法律规定作出性质认定。

二、关于"向社会公开宣传"的认定问题

《最高人民法院关于审理非法集资刑事案件具体应用法律若干问题的解

释》第一条第一款第二项中的"向社会公开宣传",包括以各种途径向社会公众传播吸收资金的信息,以及明知吸收资金的信息向社会公众扩散而予以放任等情形。

三、关于"社会公众"的认定问题

下列情形不属于《最高人民法院关于审理非法集资刑事案件具体应用法律若干问题的解释》第一条第二款规定的"针对特定对象吸收资金"的行为,应当认定为向社会公众吸收资金:

(一)在向亲友或者单位内部人员吸收资金的过程中,明知亲友或者单位内部人员向不特定对象吸收资金而予以放任的;

(二)以吸收资金为目的,将社会人员吸收为单位内部人员,并向其吸收资金的。

四、关于共同犯罪的处理问题

为他人向社会公众非法吸收资金提供帮助,从中收取代理费、好处费、返点费、佣金、提成等费用,构成非法集资共同犯罪的,应当依法追究刑事责任。能够及时退缴上述费用的,可依法从轻处罚;其中情节轻微的,可以免除处罚;情节显著轻微、危害不大的,不作为犯罪处理。

五、关于涉案财物的追缴和处置问题

向社会公众非法吸收的资金属于违法所得。以吸收的资金向集资参与人支付的利息、分红等回报,以及向帮助吸收资金人员支付的代理费、好处费、返点费、佣金、提成等费用,应当依法追缴。集资参与人本金尚未归还的,所支付的回报可予折抵本金。

将非法吸收的资金及其转换财物用于清偿债务或者转让给他人,有下列情形之一的,应当依法追缴:

(一)他人明知是上述资金及财物而收取的;

(二)他人无偿取得上述资金及财物的;

(三)他人以明显低于市场的价格取得上述资金及财物的;

(四)他人取得上述资金及财物系源于非法债务或者违法犯罪活动的;

(五)其他依法应当追缴的情形。

查封、扣押、冻结的易贬值及保管、养护成本较高的涉案财物,可以在诉讼终结前依照有关规定变卖、拍卖。所得价款由查封、扣押、冻结机关予以保管,待诉讼终结后一并处理。

查封、扣押、冻结的涉案财物,一般应在诉讼终结后,返还集资参与人。涉案财物不足全部返还的,按照集资参与人的集资额比例返还。

六、关于证据的收集问题

办理非法集资刑事案件中,确因客观条件的限制无法逐一收集集资参与人的言词证据的,可结合已收集的集资参与人的言词证据和依法收集并查证属实的书面合同、银行账户交易记录、会计凭证及会计账簿、资金收付凭证、审计报告、互联网电子数据等证据,综合认定非法集资对象人数和吸收资金数额等犯罪事实。

七、关于涉及民事案件的处理问题

对于公安机关、人民检察院、人民法院正在侦查、起诉、审理的非法集资刑事案件,有关单位或者个人就同一事实向人民法院提起民事诉讼或者申请执行涉案财物的,人民法院应当不予受理,并将有关材料移送公安机关或者检察机关。

人民法院在审理民事案件或者执行过程中,发现有非法集资犯罪嫌疑的,应当裁定驳回起诉或者中止执行,并及时将有关材料移送公安机关或者检察机关。

公安机关、人民检察院、人民法院在侦查、起诉、审理非法集资刑事案件中,发现与人民法院正在审理的民事案件属同一事实,或者被申请执行的财物属于涉案财物的,应当及时通报相关人民法院。人民法院经审查认为确属涉嫌犯罪的,依照前款规定处理。

八、关于跨区域案件的处理问题

跨区域非法集资刑事案件,在查清犯罪事实的基础上,可以由不同地区的公安机关、人民检察院、人民法院分别处理。

对于分别处理的跨区域非法集资刑事案件,应当按照统一制定的方案处置涉案财物。

国家机关工作人员违反规定处置涉案财物,构成渎职等犯罪的,应当依法追究刑事责任。

《最高人民检察院关于办理涉互联网金融犯罪案件有关问题座谈会纪要》(高检诉〔2017〕14号)第六条至第十三条对互联网金融领域非法吸收公众存款罪的适用作了规定。(→参见本节标题评注部分,第753—756页)

《最高人民法院、最高人民检察院、公安部关于办理非法集资刑事案件若干问题的意见》(高检会〔2019〕2号)

为依法惩治非法吸收公众存款、集资诈骗等非法集资犯罪活动,维护国家金融管理秩序,保护公民、法人和其他组织合法权益,根据刑法、刑事诉讼法等法律规定,结合司法实践,现就办理非法吸收公众存款、集资诈骗等非法集资刑事案件有关问题提出以下意见：

一、关于非法集资的"非法性"认定依据问题

人民法院、人民检察院、公安机关认定非法集资的"非法性"，应当以国家金融管理法律法规作为依据。对于国家金融管理法律法规仅作原则性规定的，可以根据法律规定的精神并参考中国人民银行、中国银行保险监督管理委员会、中国证券监督管理委员会等行政主管部门依照国家金融管理法律法规制定的部门规章或者国家有关金融管理的规定、办法、实施细则等规范性文件的规定予以认定。

二、关于单位犯罪的认定问题

单位实施非法集资犯罪活动，全部或者大部分违法所得归单位所有的，应当认定为单位犯罪。

个人为进行非法集资犯罪活动而设立的单位实施犯罪的，或者单位设立后，以实施非法集资犯罪活动为主要活动的，不以单位犯罪论处，对单位中组织、策划、实施非法集资犯罪活动的人员应当以自然人犯罪依法追究刑事责任。

判断单位是否以实施非法集资犯罪活动为主要活动，应当根据单位实施非法集资的次数、频度、持续时间、资金规模、资金流向、投入人力物力情况、单位进行正当经营的状况以及犯罪活动的影响、后果等因素综合考虑认定。

三、关于涉案下属单位的处理问题

办理非法集资刑事案件中，人民法院、人民检察院、公安机关应当全面查清涉案单位，包括上级单位（总公司、母公司）和下属单位（分公司、子公司）的主体资格、层级、关系、地位、作用、资金流向等，区分情况依法作出处理。

上级单位已被认定为单位犯罪，下属单位实施非法集资犯罪活动，且全部或者大部分违法所得归下属单位所有的，对该下属单位也应当认定为单位犯罪。上级单位和下属单位构成共同犯罪的，应当根据犯罪单位的地位、作用，确定犯罪单位的刑事责任。

上级单位已被认定为单位犯罪，下属单位实施非法集资犯罪活动，但全部或者大部分违法所得归上级单位所有的，对下属单位不单独认定为单位犯罪。下属单位中涉嫌犯罪的人员，可以作为上级单位的其他直接责任人员依法追究刑事责任。

上级单位未被认定为单位犯罪，下属单位被认定为单位犯罪的，对上级单位中组织、策划、实施非法集资犯罪的人员，一般可以与下属单位按照自然人与单位共同犯罪处理。

上级单位与下属单位均未被认定为单位犯罪的，一般以上级单位与下属

单位中承担组织、领导、管理、协调职责的主管人员和发挥主要作用的人员作为主犯，以其他积极参加非法集资犯罪的人员作为从犯，按照自然人共同犯罪处理。

四、关于主观故意的认定问题

认定犯罪嫌疑人、被告人是否具有非法吸收公众存款的犯罪故意，应当依据犯罪嫌疑人、被告人的任职情况、职业经历、专业背景、培训经历、本人因同类行为受到行政处罚或者刑事追究情况以及吸收资金方式、宣传推广、合同资料、业务流程等证据，结合其供述，进行综合分析判断。

犯罪嫌疑人、被告人使用诈骗方法非法集资，符合《最高人民法院关于审理非法集资刑事案件具体应用法律若干问题的解释》第四条①规定的，可以认定为集资诈骗罪中"以非法占有为目的"。

办案机关在办理非法集资刑事案件中，应当根据案件具体情况注意收集运用涉及犯罪嫌疑人、被告人的以下证据：是否使用虚假身份信息对外开展业务；是否虚假订立合同、协议；是否虚假宣传，明显超出经营范围或者夸大经营、投资、服务项目及盈利能力；是否吸收资金后隐匿、销毁合同、协议、账目；是否传授或者接受规避法律、逃避监管的方法，等等。

五、关于犯罪数额的认定问题

非法吸收或者变相吸收公众存款构成犯罪，具有下列情形之一的，向亲友或者单位内部人员吸收的资金应当与向不特定对象吸收的资金一并计入犯罪数额：

（一）在向亲友或者单位内部人员吸收资金的过程中，明知亲友或者单位内部人员向不特定对象吸收资金而予以放任的；

（二）以吸收资金为目的，将社会人员吸收为单位内部人员，并向其吸收资金的；

（三）向社会公开宣传，同时向不特定对象、亲友或者单位内部人员吸收资金的。

非法吸收或者变相吸收公众存款的数额，以行为人所吸收的资金全额计算。集资参与人收回本金或者获得回报后又重复投资的数额不予扣除，但可以作为量刑情节酌情考虑。

---

① 经《最高人民法院关于修改〈最高人民法院关于审理非法集资刑事案件具体应用法律若干问题的解释〉的决定》（法释〔2022〕5号）修正后为第七条。——本评注注

六、关于宽严相济刑事政策把握问题

办理非法集资刑事案件,应当贯彻宽严相济刑事政策,依法合理把握追究刑事责任的范围,综合运用刑事手段和行政手段处置和化解风险,做到惩处少数、教育挽救大多数。要根据行为人的客观行为、主观恶性、犯罪情节及其地位、作用、层级、职务等情况,综合判断行为人的责任轻重和刑事追究的必要性,按照区别对待原则分类处理涉案人员,做到罚当其罪、罪责刑相适应。

重点惩处非法集资犯罪活动的组织者、领导者和管理人员,包括单位犯罪中的上级单位(总公司、母公司)的核心层、管理层和骨干人员,下属单位(分公司、子公司)的管理层和骨干人员,以及其他发挥主要作用的人员。

对于涉案人员积极配合调查、主动退赃退赔、真诚认罪悔罪的,可以依法从轻处罚;其中情节轻微的,可以免除处罚;情节显著轻微、危害不大的,不作为犯罪处理。①

七、关于管辖问题

跨区域非法集资刑事案件按照《国务院关于进一步做好防范和处置非法集资工作的意见》(国发〔2015〕59号)确定的工作原则办理。如果合并侦查、诉讼更为适宜的,可以合并办理。

办理跨区域非法集资刑事案件,如果多个公安机关都有权立案侦查的,一般由主要犯罪地公安机关作为案件主办地,对主要犯罪嫌疑人立案侦查和移送审查起诉;由其他犯罪地公安机关作为案件分办地根据案件具体情况,对本地区犯罪嫌疑人立案侦查和移送审查起诉。

管辖不明或者有争议的,按照有利于查清犯罪事实、有利于诉讼的原则,由其共同的上级公安机关协调确定或者指定有关公安机关作为案件主办地立案侦查。需要提请批准逮捕、移送审查起诉、提起公诉的,由分别立案侦查的公安机关所在地的人民检察院、人民法院受理。

对于重大、疑难、复杂的跨区域非法集资刑事案件,公安机关应当在协调确定或者指定案件主办地立案侦查的同时,通报同级人民检察院、人民法院。人民检察院、人民法院参照前款规定,确定主要犯罪地作为案件主办地,其他犯罪地作为案件分办地,由所在地的人民检察院、人民法院负责起诉、审判。

本条规定的"主要犯罪地",包括非法集资活动的主要组织、策划、实施

---

① 《刑法修正案(十一)》增设《刑法》第一百七十六条第三款,规定:"有前两款行为,在提起公诉前积极退赃退赔,减少损害结果发生的,可以从轻或者减轻处罚。"——**本评注注**

地、集资行为人的注册地、主要营业地、主要办事机构所在地、集资参与人的主要所在地等。

八、关于办案工作机制问题

案件主办地和其他涉案地办案机关应当密切沟通协调，协同推进侦查、起诉、审判、资产处置工作，配合有关部门最大限度追赃挽损。

案件主办地办案机关应当统一负责主要犯罪嫌疑人、被告人涉嫌非法集资全部犯罪事实的立案侦查、起诉、审判，防止遗漏犯罪事实；并应就全案处理政策、追诉主要犯罪嫌疑人、被告人的证据要求及诉讼时限、追赃挽损、资产处置等工作要求，向其他涉案地办案机关进行通报。其他涉案地办案机关应当对本地区犯罪嫌疑人、被告人涉嫌非法集资的犯罪事实及时立案侦查、起诉、审判，积极协助主办地处置涉案资产。

案件主办地和其他涉案地办案机关应当建立和完善证据交换共享机制。对涉及主要犯罪嫌疑人、被告人的证据，一般由案件主办地办案机关负责收集，其他涉案地提供协助。案件主办地办案机关应当及时通报接收涉及主要犯罪嫌疑人、被告人的证据材料的程序及要求。其他涉案地办案机关需要案件主办地提供证据材料的，应当向案件主办地办案机关提出证据需求，由案件主办地收集并依法移送。无法移送证据原件的，应当在移送复制件的同时，按照相关规定作出说明。

九、关于涉案财物追缴处置问题

办理跨区域非法集资刑事案件，案件主办地办案机关应当及时归集涉案财物，为统一资产处置做好基础性工作。其他涉案地办案机关应当及时查明涉案财物，明确其来源、去向、用途、流转情况，依法办理查封、扣押、冻结手续，并制作详细清单，对扣押款项应当设立明细账，在扣押后立即存入办案机关唯一合规账户，并将有关情况提供案件主办地办案机关。

人民法院、人民检察院、公安机关应当严格依照刑事诉讼法和相关司法解释的规定，依法移送、审查、处理查封、扣押、冻结的涉案财物。对审判时尚未追缴到案或者尚未足额退赔的违法所得，人民法院应当判决继续追缴或者责令退赔，并由人民法院负责执行，处置非法集资职能部门、人民检察院、公安机关等应当予以配合。

人民法院对涉案财物依法作出判决后，有关地方和部门应当在处置非法集资职能部门统筹协调下，切实履行协作义务，综合运用多种手段，做好涉案财物清运、财产变现、资金归集、资金清退等工作，确保最大限度减少实际损失。

根据有关规定，查封、扣押、冻结的涉案财物，一般应在诉讼终结后返还集资参与人。涉案财物不足全部返还的,按照集资参与人的集资额比例返还。退赔集资参与人的损失一般优先于其他民事债务以及罚金、没收财产的执行。

十、关于集资参与人权利保障问题

集资参与人,是指向非法集资活动投入资金的单位和个人,为非法集资活动提供帮助并获取经济利益的单位和个人除外。

人民法院、人民检察院、公安机关应当通过及时公布案件进展、涉案资产处置情况等方式,依法保障集资参与人的合法权利。集资参与人可以推选代表人向人民法院提出相关意见和建议;推选不出代表人的,人民法院可以指定代表人。人民法院可以视案件情况决定集资参与人代表人参加或者旁听庭审,对集资参与人提起附带民事诉讼等请求不予受理。

十一、关于行政执法与刑事司法衔接问题

处置非法集资职能部门或者有关行政主管部门,在调查非法集资行为或者行政执法过程中,认为案情重大、疑难、复杂的,可以商请公安机关就追诉标准、证据固定等问题提出咨询或者参考意见;发现非法集资行为涉嫌犯罪的,应当按照《行政执法机关移送涉嫌犯罪案件的规定》等规定,履行相关手续,在规定的期限内将案件移送公安机关。

人民法院、人民检察院、公安机关在办理非法集资刑事案件过程中,可商请处置非法集资职能部门或者有关行政主管部门指派专业人员配合开展工作,协助查阅、复制有关专业资料,就案件涉及的专业问题出具认定意见。涉及需要行政处理的事项,应当及时移交处置非法集资职能部门或者有关行政主管部门依法处理。

十二、关于国家工作人员相关法律责任问题

国家工作人员具有下列行为之一,构成犯罪的,应当依法追究刑事责任:

(一)明知单位和个人所申请机构或者业务涉嫌非法集资,仍为其办理行政许可或者注册手续的;

(二)明知所主管、监管的单位有涉嫌非法集资行为,未依法及时处理或者移送处置非法集资职能部门的;

(三)查处非法集资过程中滥用职权、玩忽职守、徇私舞弊的;

(四)徇私舞弊不向司法机关移交非法集资刑事案件的;

(五)其他通过职务行为或者利用职务影响,支持、帮助、纵容非法集资的。

《最高人民法院、最高人民检察院关于常见犯罪的量刑指导意见(试行)》
(法发〔2021〕21号,节录)

四、常见犯罪的量刑

（三）非法吸收公众存款罪

1. 构成非法吸收公众存款罪的，根据下列情形在相应的幅度内确定量刑起点：

（1）犯罪情节一般的，在一年以下有期徒刑、拘役幅度内确定量刑起点。

（2）达到数额巨大起点或者有其他严重情节的，在三年至四年有期徒刑幅度内确定量刑起点。

（3）达到数额特别巨大起点或者有其他特别严重情节的，在十年至十二年有期徒刑幅度内确定量刑起点。

2. 在量刑起点的基础上，根据非法吸收存款数额等其他影响犯罪构成的犯罪事实增加刑罚量，确定基准刑。

3. 对于在提起公诉前积极退赃退赔，减少损害结果发生的，可以减少基准刑的40%以下；犯罪较轻的，可以减少基准刑的40%以上或者依法免除处罚。

4. 构成非法吸收公众存款罪的，根据非法吸收公众存款数额、存款人人数、给存款人造成的直接经济损失数额等犯罪情节，综合考虑被告人缴纳罚金的能力，决定罚金数额。

5. 构成非法吸收公众存款罪的，综合考虑非法吸收存款数额、存款人人数、给存款人造成的直接经济损失数额、清退资金数额等犯罪事实、量刑情节，以及被告人主观恶性、人身危险性、认罪悔罪表现等因素，决定缓刑的适用。

（→前三部分和第五部分参见总则第四章第一节标题评注部分，第223、227页）

立案追诉标准

《最高人民检察院、公安部关于公安机关管辖的刑事案件立案追诉标准的规定(二)》(公通字〔2022〕12号)第二十三条关于非法吸收公众存款案立案追诉标准的规定与法释〔2010〕18号解释(经法释〔2022〕5号解释修正)第三条一致。

指导性案例

杨卫国等人非法吸收公众存款案(检例第64号，节录)

关键词 非法吸收公众存款 网络借贷 资金池

要 旨 单位或个人假借开展网络借贷信息中介业务之名，未经依法批准，归集不特定公众的资金设立资金池，控制、支配资金池中的资金，并承诺还本付息的，构成非法吸收公众存款罪。

法律适用答复、复函①

《最高人民法院刑事审判第二庭关于以投资林业为名向社会吸收资金行为定性的答复意见》(2004年9月4日)②

在现有的刑事立法框架内,在刑事司法上将非法集资视同为变相吸存,以非法吸收公众存款罪定罪处罚,是必要的,也是可行的。国务院《非法金融机构和非法金融业务活动取缔办法》以及中国人民银行《关于取缔非法金融机构和非法金融业务活动有关问题的通知》中,对非法吸存、变相吸存、非法集资的规定,除了具体手法有所不同,三者并无实质性分别。刑法未对非法集资专门规定罪名,在以往的司法实践中,以非法占有为目的的非法吸存是以集资诈骗罪定罪处罚的。对于不具有非法占有目的的非法集资行为也有按非法吸收公众存款罪定罪处罚的先例。但是,对于此类以投资某些项目为名向社会公众非法吸收资金案件的违法性把握上应当慎重,除未经国家金融主管部门批准外,只有所涉及的项目及经营方式也违反了行政审批的有关规定,才作为犯罪论处。

对于此类行为,如果主观上存在非法占有目的,客观上实施了诈骗行为,则应以集资诈骗罪定罪处罚。

刑参案例规则提炼

《高远非法吸收公众存款案——利用经济互助会非法集资的行为如何定性》(第56号案例)、《惠庆祥等非法吸收公众存款案——如何认定非法变相吸

---

① 鉴于《最高人民法院研究室关于认定非法吸收公众存款罪主体问题的复函》(法研〔2001〕71号)系针对特定情形,不宜作为一般规则适用,故未予收录。该复函提出:"金融机构及其工作人员不能构成非法吸收公众存款罪的犯罪主体。对于银行或者其他金融机构工作人员以牟利为目的,采用吸收客户资金不入账并将基金用于非法拆借、发放贷款,构成犯罪的,依照刑法有关规定定罪处罚。"参见李立众编:《刑法一本通——中华人民共和国刑法总成》(第十五版),法律出版社2021年版,第276页。对此,有论者明确提出:"未经有关部门依法批准主要表现为以下4种情形:一是未经有关部门批准;二是骗取批准欺诈发行;三是具有主体资格,但具体业务未经批准;四是具有主体资格,但经营行为违法。"刘为波:《〈关于审理非法集资刑事案件具体应用法律若干问题的解释〉的理解与适用》,载《人民司法》2011年第5期。故而,金融机构及其工作人员完全可以成为非法吸收公众存款罪的犯罪主体。

② 参见李立众编:《刑法一本通——中华人民共和国刑法总成》(第十六版),法律出版社2022年版,第303页。

收公众存款》(第488号案例)、《毛肖东等非法吸收公众存款案——非法吸收公众存款罪从轻处罚的适用》(第1188号案例)所涉规则提炼如下:

1. **非法变相吸收公众存款的认定规则**。"变相吸收公众存款的行为与非法吸收公众存款的行为在非法性特征和对象特征以及承诺的义务等方面均是相同的,所不同的是非法吸收公众存款是以直接的名义吸收存款,表现在其出具存款凭证,并承诺在一定期限内还本付息;而变相吸收公众存款则不以直接吸收存款的名义出现,而以成立资金互助会或以投资、集资入股等名义,但承诺履行的义务与吸收公众存款性质相同。这里的承诺的义务与吸收公众存款的性质相同,即都是承诺在一定期限内还本付息,从而达到吸收公众存款的目的。实践中,行为人以变相方式吸收存款的具体手段层出不穷、花样繁多。"(第488号案例)"以'经济互助会'为名,利用高额利息作诱饵,采取'会书'等手段'邀会'、'放会'的非法集资行为","行为的目的并非是为了非法占有他人财物,侵犯其所有权,因此,其行为的实质是非法吸收公众存款,而非集资诈骗。"(第56号案例)

2. **非法吸收公众存款罪的刑罚裁量规则**。司法解释对非法吸收或者变相吸收公众存款,主要用于生产经营活动,能够及时清退所吸收资金的情形规定可以从宽处理。上述情形"包括犯罪数额巨大的情形"在内。"本案并没有完全清退所吸收资金……但本案实际上已基本具备'主要用于生产经营所需'和'积极清退所吸资金'两个关键条件,可以适用……从轻处罚原则。"(第1188号案例)

第一百七十七条 【伪造、变造金融票证罪】有下列情形之一,伪造、变造金融票证的,处五年以下有期徒刑或者拘役,并处或者单处二万元以上二十万元以下罚金;情节严重的,处五年以上十年以下有期徒刑,并处五万元以上五十万元以下罚金;情节特别严重的,处十年以上有期徒刑或者无期徒刑,并处五万元以上五十万元以下罚金或者没收财产:

(一)伪造、变造汇票、本票、支票的;

(二)伪造、变造委托收款凭证、汇款凭证、银行存单等其他银行结算凭证的;

(三)伪造、变造信用证或者附随的单据、文件的;

(四)伪造信用卡的。

单位犯前款罪的,对单位判处罚金,并对其直接负责的主管人员和其他直接责任人员,依照前款的规定处罚。

立法沿革

本条系 1997 年《刑法》沿用《全国人民代表大会常务委员会关于惩治破坏金融秩序犯罪的决定》(自 1995 年 6 月 30 日起施行)第十一条的规定,但对第一档法定刑增加单处罚金,对第三档法定刑增加并处罚金,并在"对直接负责的主管人员和其他责任人员"之中增加"其"。

司法解释

《最高人民法院、最高人民检察院关于办理妨害信用卡管理刑事案件具体应用法律若干问题的解释》第一条对伪造信用卡适用《刑法》第一百七十七条所涉的定罪量刑标准和有关问题作了规定。(→参见第一百九十六条评注部分,第 897 页)

立案追诉标准

《最高人民检察院、公安部关于公安机关管辖的刑事案件立案追诉标准的规定(二)》(公通字〔2022〕12 号,节录)

第二十四条 〔伪造、变造金融票证案(刑法第一百七十七条)〕伪造、变造金融票证,涉嫌下列情形之一的,应予立案追诉:

(一)伪造、变造汇票、本票、支票,或者伪造、变造委托收款凭证、汇款凭证、银行存单等其他银行结算凭证,或者伪造、变造信用证或者附随的单据、文件,总面额在一万元以上或者数量在十张以上的;

(二)伪造信用卡一张以上,或者伪造空白信用卡十张以上的。

(→附则参见分则标题评注部分,第 392 页)

法律适用答复、复函①

《公安部经济犯罪侦查局关于单位定期存款开户证实书性质的批复》(公经

---

① 另,《最高人民检察院法律政策研究室关于对居间贩卖假金融票证行为如何认定问题的意见》(2001 年 12 月 27 日)与法研〔2002〕21 号复函所持立场完全不一致,**本评注倾向后者**,故对前者未予收录。该意见提出:"对居间贩卖假金融票证的行为,首先应当考虑该行为是否构成伪造、变造金融票证或者金融诈骗犯罪的共犯;如果不能认定为共同犯罪,也不能构成其他犯罪,而只能以非法经营罪追究刑事责任的,应当依照《最高人民检察院、公安部关于经济犯罪案件追诉标准的规定》有关非法经营罪的规定办理,而不宜对此再掌握不同的追诉标准。"参见李立众:《刑法一本通——中华人民共和国刑法总成》(第十五版),法律出版社 2021 年版,第 286 页。

〔2000〕1329号）①

江苏省公安厅经侦总队：

你总队《关于"单位定期存款开户证实书"是否属于银行结算凭证的请示》（苏公经侦〔2000〕426号）收悉。经商中国人民银行有关部门，现批复如下：

"单位定期存款开户证实书"是接受存款的金融机构向存款单位开具的人民币定期存款权利凭证，其性质上是一种金融凭证，它与存单同样起到存款证明作用，只是不能作为质押的权利凭证。

《最高人民法院研究室关于对贩卖假金融票证行为如何适用法律问题的复函》（法研〔2002〕21号）②

明知是伪造、变造的金融票证而贩卖，或者明知他人实施金融诈骗行为而为其提供伪造、变造的金融票证的，以伪造、变造金融票证罪或者金融诈骗犯罪的共犯论处。

《中国人民银行办公厅关于银行现金解款单、对账单、银行询证函性质认定事宜的复函》（厅便函〔2003〕8号）③

一、现金解款单是客户到银行办理现金缴纳业务的专用凭证，也是银行和客户凭以记账的依据，它证明银行和客户之间发生了资金收付关系，代表相互间债权、债务关系的建立。因此，它应纳入《中华人民共和国刑法》第一百七十七条第二项所指的金融票证范畴。

二、对账单是银行与客户之间账务往来记录的事后辅助核查证明，没有固定的格式和要素，不属于银行结算凭证，也不属于《中华人民共和国刑法》第一百七十七条第二项所指的金融票证。

三、银行询证函是银行向有关询证部门证实单位或个人资金状况和信誉的证明文件，它应属于资信证明，不属于金融票证，不属于《中华人民共和国刑法》第一百七十七条第二项所指的金融票证。

《中国人民银行办公厅关于单位取款凭条性质认定问题的意见》（银办函〔2003〕192号）

公安部办公厅：

你部经济犯罪侦查局《关于征求对单位取款凭条性质认定意见的函》（公经

---

① 参见何帆编著：《刑法注释书》（第二版），中国民主法制出版社2021年版，第430页。
② 参见李立众编：《刑法一本通——中华人民共和国刑法总成》（第十六版），法律出版社2022年版，第313页。
③ 参见冯江编著：《刑法全细厚》（第六版）中国法制出版社2021年版，第590—591页。

〔2003〕428号）收悉。现提出如下意见：

根据《支付结算办法》（银发〔1997〕393号）的有关规定，银行结算凭证是办理支付结算的工具，是银行、单位和个人凭以记载账务的会计凭证，是记载经济业务和明确经济责任的一种书面证明。单位取款凭条，是存款人开户银行根据存款人委托，从其账户中将款项支付给指定收款人的一种书面证明，应属银行结算凭证。

《公安部经济犯罪侦查局关于银行现金缴款单是否属于金融票证的批复》（公经〔2006〕2697号）①
山东省公安厅经侦总队：

你总队《关于银行现金缴款单是否属于金融票证的请示》（鲁公经〔2006〕702号）收悉。经研究，并征求中国人民银行条法司意见，现批复如下：

现金缴款单是客户到银行办理现金缴款业务的专用凭证，证明银行与客户之间发生了资金收付关系，应为银行结算凭证的一种，属于金融票证的范畴。

《公安部经济犯罪侦查局关于伪造银行履约保函的行为是否构成伪造、变造金融票证罪的批复》（公经〔2006〕2769号）②
浙江省公安厅经侦总队：

你总队《关于伪造银行履约保函的行为是否构成伪造、变造金融票证罪的请示》（浙公经〔2006〕448号）收悉。经研究并征求中国人民银行条法司意见，现批复如下：

银行履约保函是保函的一种，属于刑法第一百八十八条所列的金融票证的范畴。但只有在经济活动中具有给付货币和资金清算作用，并表明银行与客户之间已受理或已办结相关支付结算业务的凭据，才能认定为银行结算凭证。因此，刑法第一百七十七条"伪造、变造金融票证罪"规定的金融票证种类中并未包括银行履约保函。

《公安部经济犯罪侦查局关于对伪造、变造金额凭证罪法律适用问题的批复》（公经〔2007〕1900号）③
福建省公安厅经侦总队：

你总队《关于对伪造变造金额凭证罪名中有关问题的请示》（闽公经〔2007〕

---

① 参见何帆编著：《刑法注释书》（第二版），中国民主法制出版社2021年版，第395页。
② 参见何帆编著：《刑法注释书》（第二版），中国民主法制出版社2021年版，第395—396页。
③ 参见何帆编著：《刑法注释书》（第二版），中国民主法制出版社2021年版，第396页。

158号)收悉。经征求最高人民检察院侦查监督厅和中国人民银行条法司意见,现批复如下:

一、刑法意义上的伪造、变造金融票证行为,其核心是对金融票证的物理性状进行改变。本案中犯罪嫌疑人先将资金存入××信用分社取得存单,再假称存单丢失,通过办理存单挂失手续将存款提现的方法取得已挂失的存单,犯罪嫌疑人的行为不属于刑法规定的伪造、变造金融票证的范畴。

二、银行质押凭证止付通知书不属于刑法第一百七十七条中的金融票证。

《公安部经济犯罪侦查局关于银行进账单、支票存根联、支付系统专用凭证、转账贷方传票是否属于银行结算凭证的批复》(公经金融〔2008〕116号)①
广东省公安厅经济犯罪侦查局:

你局《关于银行进账单、支票存根联、支付系统专用凭证、转账贷方传票是否属于银行结算凭证的请示》[广公(经)字〔2008〕878号]收悉。经研究,并征求中国人民银行意见,银行进账单、支付系统专用凭证、转账贷方传票属于银行结算凭证,而支票存根联是出票人自行留存、用于核对账务的内部凭证,不属于银行结算凭证。

《公安部经济犯罪侦查局关于银行现金缴纳单和进账单是否属于银行结算凭证的批复》(公经金融〔2009〕96号)②
河南省公安厅经侦总队:

你总队《关于对银行现金缴纳单和进账单性质认定的请示》(豫公经〔2009〕7号)收悉。经研究,并根据中国人民银行前期就此问题的复函,银行现金缴纳单、进账单均属于《刑法》第一百七十七条所指的银行结算凭证。

《公安部经济犯罪侦查局关于"12·24"票据诈骗案件有关法律问题的批复》(公经金融〔2012〕182号)③

涉案的商业承兑汇票(不可撤销)保证函、不可撤销的还款担保函属于银行履约保函的一种。根据我局2006年12月1日《关于伪造银行履约保函的行为是否构成伪造、变造金融票证罪的批复》(公经〔2006〕2769号),银行履约保函是保函的一种,属于《刑法》第一百八十八条所列的金融票证的范畴。但只有在

---

① 参见何帆编著:《刑法注释书》(第二版),中国民主法制出版社2021年版,第396页。
② 参见何帆编著:《刑法注释书》(第二版),中国民主法制出版社2021年版,第396页。
③ 参见何帆编著:《刑法注释书》(第二版),中国民主法制出版社2021年版,第430—431页。

经济活动中具有给付货币和资金清算作用,并表明银行与客户之间已受理或已办结相关支付结算业务的凭证,才能认定为银行结算凭证。因此,《刑法》第一百七十七条"伪造、变造金融票证罪"规定的金融票证种类并未包括银行履约保函。

《公安部经济犯罪侦查局关于网上银行电子回单是否属于金融票证的批复》(公经金融〔2013〕69号)

山东省公安厅经侦总队:

你总队《关于网上银行电子回单是否属于金融票证的请示》(鲁公经〔2013〕528号)收悉。我局经认真研究,并征求人民银行条法司意见后,批复如下:

根据《支付结算办法》(银发〔1997〕393号,以下简称《办法》)的规定,结算凭证是办理支付结算的工具,是办理支付结算和现金收付的重要依据,未按《办法》规定填写的结算凭证,银行有权不予受理。因而,结算凭证一般可理解为银行在办理支付结算活动中所使用的,据以执行客户支付指令、办理资金划转的凭证。根据《电子支付指引(第一号)》(中国人民银行公告〔2005〕第23号)第五条、第十九条和《办法》第一百七十四条的规定电子支付指令与纸质支付凭证具有同等效力,而网上银行电子回单(包括纸质形式)可理解为银行对电子支付指令进行确认后,向客户提供的用以证明银行受理了相关业务的单证,并非办理支付结算业务和资金划转的依据,也不能证明有关的货币给付或资金清算已经完成。综上,网上银行电子回单(包括纸质形式)不属于结算凭证,也不属于金融票证。

《中国人民银行条法司关于网上银行电子回单是否属于金融票证的复函》(人银法〔2013〕425号)

公安部经侦局:

你局转来的《关于征求网上银行电子回单是否属于金融票证的函》收悉。经研究,我司提出意见如下:

一、根据《中华人民共和国立法法》的规定,只有全国人民代表大会常务委员会具有对法律的立法解释权,我司无权对《中华人民共和国刑法》(以下简称《刑法》)第一百七十七条中"金融票证"的范畴直接进行界定。

二、我司从金融业务角度对该问题的理解如下,仅供参考:

《刑法》第一百七十七条第一款已明确列举出来的金融票证类型不包括网上银行电子回单(包括纸质形式);对第一款第(二)项中"其他银行结算凭证"的内涵和外延,《刑法》及相关司法解释中并无明确界定。根据《支付结算办法》(银发〔1997〕393号,以下简称《办法》)的规定,结算凭证是办理支付结算的工具,是办理支付结算和现金收付的重要依据,直接关系到支付结算的准确、及时和安全,未按《办法》规定填写的结算凭证,银行有权不予受理。因而,结算凭证一般可理解为银行在办理支付结算活动中所使用的,据以执行客户支付指令、办理资金划转的凭证。

根据《电子支付指引(第一号)》(中国人民银行公告〔2005〕第23号)第五条、第十九条和《办法》第一百七十四条的规定,电子支付指令与纸质支付凭证具有同等效力,而网上银行电子回单(包括纸质形式)可理解为银行对电子支付指令进行确认后向客户提供的用以证明银行受理了相关业务的单证,并非办理支付结算业务和资金划转的依据,也不能证明有关的货币给付或资金清算已经完成。

综上,网上银行电子回单(包括纸质形式)不属于结算凭证,也不属于金融票证。

> **第一百七十七条之一** 【妨害信用卡管理罪】有下列情形之一,妨害信用卡管理的,处三年以下有期徒刑或者拘役,并处或者单处一万元以上十万元以下罚金;数量巨大或者有其他严重情节的,处三年以上十年以下有期徒刑,并处二万元以上二十万元以下罚金:
>
> (一)明知是伪造的信用卡而持有、运输的,或者明知是伪造的空白信用卡而持有、运输,数量较大的;
>
> (二)非法持有他人信用卡,数量较大的;
>
> (三)使用虚假的身份证明骗领信用卡的;
>
> (四)出售、购买、为他人提供伪造的信用卡或者以虚假的身份证明骗领的信用卡的。
>
> 【窃取、收买、非法提供信用卡信息罪】窃取、收买或者非法提供他人信用卡信息资料的,依照前款规定处罚。
>
> 银行或者其他金融机构的工作人员利用职务上的便利,犯第二款罪的,从重处罚。

立法沿革

本条系2005年2月28日起施行的《刑法修正案(五)》第一条增设的规定。

司法解释

《最高人民法院、最高人民检察院关于办理妨害信用卡管理刑事案件具体应用法律若干问题的解释》第二条、第三条对《刑法》第一百七十七条之一的定

罪量刑标准和有关问题作了规定。（→参见第一百九十六条评注部分，第896页）

规范性文件

《最高人民法院、最高人民检察院、公安部关于办理电信网络诈骗等刑事案件适用法律若干问题的意见》（法发〔2016〕32号）"三、全面惩处管理犯罪"对电信网络诈骗所涉妨害信用卡管理罪的适用作了指引性规定。（→参见第二百六十六条评注部分，第1282页）

《最高人民法院刑事审判第三庭、最高人民检察院第四检察厅、公安部刑事侦查局关于"断卡"行动中有关法律适用问题的会议纪要》（2022年3月22日）第七条、第八条对"两卡"案件中非法交易信用卡和收购、出售、出租信用卡"四件套"行为的罪名适用作了规定。（→参见第二百八十七条之二评注部分，第1439、1440页）

立案追诉标准

《最高人民检察院、公安部关于公安机关管辖的刑事案件立案追诉标准的规定（二）》（公通字〔2022〕12号，节录）

第二十五条 〔妨害信用卡管理案（刑法第一百七十七条之一第一款）〕妨害信用卡管理，涉嫌下列情形之一的，应予立案追诉：

（一）明知是伪造的信用卡而持有、运输的；

（二）明知是伪造的空白信用卡而持有、运输，数量累计在十张以上的；

（三）非法持有他人信用卡，数量累计在五张以上的；

（四）使用虚假的身份证明骗领信用卡的；

（五）出售、购买、为他人提供伪造的信用卡或者以虚假的身份证明骗领的信用卡的。

违背他人意愿，使用其居民身份证、军官证、士兵证、港澳居民往来内地通行证、台湾居民来往大陆通行证、护照等身份证明申领信用卡的，或者使用伪造、变造的身份证明申领信用卡的，应当认定为"使用虚假的身份证明骗领信用卡"。

（→附则参见分则标题评注部分，第392页）

另，第二十六条关于窃取、收买、非法提供信用卡信息罪的立案追诉标准与法释〔2009〕19号解释第三条一致。

法律适用答复、复函

《公安部经济犯罪侦查局关于对以虚假的工作单位证明及收入证明骗领信用卡是否可以认定为妨害信用卡管理罪请示的批复》(公经金融〔2008〕107号)

山东省公安厅经侦总队:

你总队《关于以虚假的工作单位证明及收入证明骗领信用卡是否可以认定为妨害信用卡管理罪的请示》(鲁公经〔2008〕335号)收悉。经研究,并征求人民银行意见,以虚假的工作单位证明及收入证明骗领信用卡不能认定为妨害信用卡管理罪。

刑参案例规则提炼

> 第一百七十八条 【伪造、变造国家有价证券罪】伪造、变造国库券或者国家发行的其他有价证券,数额较大的,处三年以下有期徒刑或者拘役,并处或者单处二万元以上二十万元以下罚金;数额巨大的,处三年以上十年以下有期徒刑,并处五万元以上五十万元以下罚金;数额特别巨大的,处十年以上有期徒刑或者无期徒刑,并处五万元以上五十万元以下罚金或者没收财产。
>
> 【伪造、变造股票、公司、企业债券罪】伪造、变造股票或者公司、企业债券,数额较大的,处三年以下有期徒刑或者拘役,并处或者单处一万元以上十万元以下罚金;数额巨大的,处三年以上十年以下有期徒刑,并处二万元以上二十万元以下罚金。
>
> 单位犯前两款罪的,对单位判处罚金,并对其直接负责的主管人员和其他直接责任人员,依照前两款的规定处罚。

立法沿革

本条系1997年《刑法》吸收修改1979年《刑法》的规定。1979年《刑法》第一百二十三条规定:"伪造支票、股票或者其他有价证券的,处七年以下有期徒刑,可以并处罚金。"1997年《刑法》对行为方式增加规定"变造",完善法定刑配置,并增加伪造、变造股票、公司、企业债券的犯罪;同时,对上述两罪增加单位犯罪的规定。

 鉴于主要涉及新旧法律调整情况且对当前案件意义有限,《张炯、李培骏妨害信用卡管理案——刑法修正案(五)第一条的适用》(第386号案例)所涉规则未予提炼。

第四节 破坏金融管理秩序罪

▎立案追诉标准

《最高人民检察院、公安部关于公安机关管辖的刑事案件立案追诉标准的规定(二)》(公通字〔2022〕12号,节录)

第二十七条 〔伪造、变造国家有价证券案(刑法第一百七十八条第一款)〕伪造、变造国库券或者国家发行的其他有价证券,总面额在二千元以上的,应予立案追诉。

第二十八条 〔伪造、变造股票、公司、企业债券案(刑法第一百七十八条第二款)〕伪造、变造股票或者公司、企业债券,总面额在三万元以上的,应予立案追诉。

(→附则参见分则标题评注部分,第392页)

第一百七十九条 【擅自发行股票、公司、企业债券罪】未经国家有关主管部门批准,擅自发行股票或者公司、企业债券,数额巨大、后果严重或者有其他严重情节的,处五年以下有期徒刑或者拘役,并处或者单处非法募集资金金额百分之一以上百分之五以下罚金。

单位犯前款罪的,对单位判处罚金,并对其直接负责的主管人员和其他直接责任人员,处五年以下有期徒刑或者拘役。

▎立法沿革

本条系1997年《刑法》吸收修改单行刑法作出的规定。《全国人民代表大会常务委员会关于惩治违反公司法的犯罪的决定》(自1995年2月28日起施行)第七条规定:"未经公司法规定的有关主管部门批准,擅自发行股票、公司债券,数额巨大、后果严重或者有其他严重情节的,处五年以下有期徒刑或者拘役,可以并处非法募集资金金额百分之五以下罚金。""单位犯前款罪的,对单位判处非法募集资金金额百分之五以下罚金,并对直接负责的主管人员,依照前款的规定,处五年以下有期徒刑或者拘役。"1997年《刑法》对罪状表述和法定刑配置作了修改,并对表述作了调整。

▎相关规定

《中华人民共和国证券法》(第二次修订后自2020年3月1日起施行,节录)

第九条 公开发行证券,必须符合法律、行政法规规定的条件,并依法报经国务院证券监督管理机构或者国务院授权的部门注册。未经依法注册,任何单位和个人不得公开发行证券。证券发行注册制的具体范围、实施步骤,由国务院规定。

有下列情形之一的,为公开发行:

(一)向不特定对象发行证券;

(二)向特定对象发行证券累计超过二百人,但依法实施员工持股计划的员工人数不计算在内;

(三)法律、行政法规规定的其他发行行为。

非公开发行证券,不得采用广告、公开劝诱和变相公开方式。

第一百八十条 违反本法第九条的规定,擅自公开或者变相公开发行证券的,责令停止发行,退还所募资金并加算银行同期存款利息,处以非法所募资金金额百分之五以上百分之五十以下的罚款;对擅自公开或者变相公开发行证券设立的公司,由依法履行监督管理职责的机构或者部门会同县级以上地方人民政府予以取缔。对直接负责的主管人员和其他直接责任人员给予警告,并处以五十万元以上五百万元以下的罚款。

《国务院办公厅关于严厉打击非法发行股票和非法经营证券业务有关问题的通知》(国办发〔2006〕99号,节录)

三、明确政策界限,依法进行监管

(一)严禁擅自公开发行股票。向不特定对象发行股票或向特定对象发行股票后股东累计超过200人的,为公开发行,应依法报经证监会核准。未经核准擅自发行的,属于非法发行股票。

(二)严禁变相公开发行股票。向特定对象发行股票后股东累计不超过200人的,为非公开发行。非公开发行股票及其股权转让,不得采用广告、公告、广播、电话、传真、信函、推介会、说明会、网络、短信、公开劝诱等公开方式或变相公开方式向社会公众发行。严禁任何公司股东自行或委托他人以公开方式向社会公众转让股票。向特定对象转让股票,未依法报经证监会核准的,转让后,公司股东累计不得超过200人。

(三)严禁非法经营证券业务。股票承销、经纪(代理买卖)、证券投资咨询等证券业务由证监会依法批准设立的证券机构经营,未经证监会批准,其他任何机构和个人不得经营证券业务。

违反上述三项规定的,应坚决予以取缔,并依法追究法律责任。

证监会要根据公司法和证券法有关规定,尽快研究制订有关公开发行股票但不在证券交易所上市的股份有限公司(以下简称非上市公众公司)管理规定,明确非上市公众公司设立和发行的条件、发行审核程序、登记托管及转让规则等,将非上市公众公司监管纳入法制轨道。

司法解释

《最高人民法院关于审理非法集资刑事案件具体应用法律若干问题的解释》[法释〔2010〕18号,根据《最高人民法院关于修改〈最高人民法院关于审理非法集资刑事案件具体应用法律若干问题的解释〉的决定》(法释〔2022〕5号)修正]**第十条**对《刑法》第一百七十九条规定的"擅自发行股票或者公司、企业债券"的认定作了规定。(→参见第一百七十六条评注部分,第794页)

规范性文件

《最高人民法院、最高人民检察院、公安部、中国证券监督管理委员会关于整治非法证券活动有关问题的通知》(证监发〔2008〕1号,节录)

一、统一思想,高度重视非法证券类案件办理工作(略)

二、明确法律政策界限,依法打击非法证券活动

(一)关于公司及其股东向社会公众擅自转让股票行为的性质认定。《证券法》第十条第三款规定:"非公开发行证券,不得采用广告、公开劝诱和变相公开方式。"国办发99号文规定:"严禁任何公司股东自行或委托他人以公开方式向社会公众转让股票。向特定对象转让股票,未依法报经证监会核准的,转让后,公司股东累计不得超过200人。"公司、公司股东违反上述规定,擅自向社会公众转让股票,应当追究其擅自发行股票的责任。公司与其股东合谋,实施上述行为的,公司与其股东共同承担责任。

(二)关于擅自发行证券的责任追究。未经依法核准,擅自发行证券,涉嫌犯罪的,依照《刑法》第一百七十九条之规定,以擅自发行股票、公司、企业债券罪追究刑事责任。未经依法核准,以发行证券为幌子,实施非法证券活动,涉嫌犯罪的,依照《刑法》第一百七十六条、第一百九十二条等规定,以非法吸收公众存款罪、集资诈骗罪等罪名追究刑事责任。未构成犯罪的,依照《证券法》和有关法律的规定给予行政处罚。

(三)关于非法经营证券业务的责任追究。任何单位和个人经营证券业务,必须经证监会批准。未经批准的,属于非法经营证券业务,应予以取缔;涉嫌犯罪的,依照《刑法》第二百二十五条之规定,以非法经营罪追究刑事责任。对于中介机构非法代理买卖非上市公司股票,涉嫌犯罪的,应当依照《刑法》第二百二十五条之规定,以非法经营罪追究刑事责任;所代理的非上市公司涉嫌擅自发行股票,构成犯罪的,应当依照《刑法》第一百七十九条之规定,以擅自发行

股票罪追究刑事责任。非上市公司和中介机构共谋擅自发行股票,构成犯罪的,以擅自发行股票罪的共犯论处。未构成犯罪的,依照《证券法》和有关法律的规定给予行政处罚。

(四)关于非法证券活动性质的认定。非法证券活动是否涉嫌犯罪,由公安机关、司法机关认定。公安机关、司法机关认为需要有关行政主管机关进行性质认定的,行政主管机关应当出具认定意见。对因案情复杂、意见分歧,需要进行协调的,协调小组应当根据办案部门的要求,组织有关单位进行研究解决。

(五)关于修订后的《证券法》与修订前的《证券法》中针对擅自发行股票和非法经营证券业务规定的衔接。修订后的《证券法》与修订前的《证券法》针对擅自发行股票和非法经营证券业务的规定是一致的,是相互衔接的,因此在修订后的《证券法》实施之前发生的擅自发行股票和非法经营证券业务行为,也应予以追究。

(六)关于非法证券活动受害人的救济途径。根据1998年3月25日《国务院办公厅转发证监会关于清理整顿场外非法股票交易方案的通知》(国办发[1998]10号)的规定,最高人民法院于1998年12月4日发布了《关于中止审理、中止执行涉及场外非法股票交易经济纠纷案件的通知》(法[1998]145号),目的是为配合国家当时解决STAQ、NET交易系统发生的问题,而非针对目前非法证券活动所产生的纠纷。如果非法证券活动构成犯罪,被害人应当通过公安、司法机关刑事追赃程序追偿;如果非法证券活动仅是一般违法行为而没有构成犯罪,当事人符合民事诉讼法规定的起诉条件的,可以通过民事诉讼程序请求赔偿。

三、加强协作配合,提高办案效率(略)

立案追诉标准

《最高人民检察院、公安部关于公安机关管辖的刑事案件立案追诉标准的规定(二)》(公通字[2022]12号,节录)

第二十九条 〔擅自发行股票、公司、企业债券案(刑法第一百七十九条)〕未经国家有关主管部门批准或者注册,擅自发行股票或者公司、企业债券,涉嫌下列情形之一的,应予立案追诉:

(一)非法募集资金金额在一百万元以上的;

(二)造成投资者直接经济损失数额累计在五十万元以上的;

(三)募集的资金全部或者主要用于违法犯罪活动的;

(四)其他后果严重或者有其他严重情节的情形。

本条规定的"擅自发行股票或者公司、企业债券",是指向社会不特定对象发行、以转让股权等方式变相发行股票或者公司、企业债券,或者向特定对象发行、变相发行股票或者公司、企业债券累计超过二百人的行为。

(→附则参见分则标题评注部分,第392页)

法律适用答复、复函

《公安部经济犯罪侦查局关于对四川××、陕西××等公司代理转让未上市公司股权行为定性的批复》(公经〔2006〕1789号)

四川省公安厅经侦总队:

你总队《关于对陕西×投资管理有限责任公司等代理未上市公司股权向社会不特定公众转让的行为定性的请示》(公厅经发〔2006〕108号)收悉,经研究,并征求中国证监会法律部的意见,现批复如下:

一、四川××公司南充分公司、陕西×公司及南充德阳分公司代理未上市公司股票向不特定社会公众转让的行为,属于《证券法》规定的证券业务。根据《证券法》第一百九十七条规定,未经中国证监会批准,其行为构成非法经营证券业务。如其非法经营数额达到刑事追诉标准,则涉嫌构成《刑法》第二百二十五条规定的非法经营罪。

二、"甲"、"乙"、"丙"、"丁"四家未上市公司通过其他公司向社会不特定公众转让股权的行为,属于未经中国证监会批准,擅自公开发行证券或变相公开发行证券,构成《证券法》第一百八十八条规定的擅自公开发行证券或变相公开发行证券的行为。如其非法发行数额达到刑事追诉标准则涉嫌构成《刑法》第一百七十九条规定的擅自发行股票罪。

三、西安××股权托管服务有限公司的行为,如其不提供股票转让交易服务,仅办理股东名册变更登记,则不属于非法经营证券业务。但如其提供股票转让交易服务,则构成《证券法》第一百九十六条规定的非法开设证券交易场所的行为。

四、陕西××公司的行为构成非法经营证券业务及非法开设证券交易场所的行为。

第一百八十条 【内幕交易、泄露内幕信息罪】证券、期货交易内幕信息的知情人员或者非法获取证券、期货交易内幕信息的人员,在涉及证券的发行,证券、期货交易或者其他对证券、期货交易价格有重大影响的信息尚未公开前,买入或者卖出该证券,或者从事与该内幕信息有关的期货交易,或者泄露该信息,或者明示、暗示他人从事上述交易活动,情节严重的,处五年以下有期徒刑或者拘役,并处或者单处违法所得一倍以上五倍以下罚金;情节特别严重的,处五年以上十年以下有期徒刑,并处违法所得一倍以上五倍以下罚金。

单位犯前款罪的,对单位判处罚金,并对其直接负责的主管人员和其他直接责任人员,处五年以下有期徒刑或者拘役。

内幕信息、知情人员的范围,依照法律、行政法规的规定确定。

【利用未公开信息交易罪】证券交易所、期货交易所、证券公司、期货经纪公司、基金管理公司、商业银行、保险公司等金融机构的从业人员以及有关监管部门或者行业协会的工作人员,利用因职务便利获取的内幕信息以外的其他未公开的信息,违反规定,从事与该信息相关的证券、期货交易活动,或者明示、暗示他人从事相关交易活动,情节严重的,依照第一款的规定处罚。

立法沿革

本条系1997年《刑法》增设的规定。

1999年12月25日起施行的《刑法修正案》第四条对本条作了第一次修改,增加了期货犯罪的有关规定。

2009年2月28日起施行的《刑法修正案(七)》第二条对本条作了第二次修改,对第一款的罪状作了调整,并在第四款增加规定了利用未公开信息交易的犯罪。

修正前《刑法》	第一次修正后《刑法》	第二次修正后《刑法》
第一百八十条 【内幕交易、泄露内幕信息罪】证券交易内幕信息的知情人员或者非法获取证券交易内幕信息的人员,在涉及证券的发行、交易或者其他对证券的价格有重大影响的信息尚未公开前,买入或者卖出该证券,或者泄露该信息,情节严重的,处五年以下有期徒刑或者拘役,并处或者单处违法所得一倍以上五倍以下罚金;情节特别严重的,处五年以上十年以下有期徒刑,并处违法所得一倍以上五倍以下罚金	第一百八十条 【内幕交易、泄露内幕信息罪】证券、**期货**交易内幕信息的知情人员或者非法获取证券、**期货**交易内幕信息的人员,在涉及证券的发行,**证券、期货交易**或者其他对证券、**期货交易**价格有重大影响的信息尚未公开前,买入或者卖出该证券,**或者从事与该内幕信息有关的期货交易**,或者泄露该信息,情节严重的,处五年以下有期徒刑或者拘役,并处或者单处违法所得一倍以上五倍以下	第一百八十条 【内幕交易、泄露内幕信息罪】证券、期货交易内幕信息的知情人员或者非法获取证券、期货交易内幕信息的人员,在涉及证券的发行、证券、期货交易或者其他对证券、期货交易价格有重大影响的信息尚未公开前,买入或者卖出该证券,或者从事与该内幕信息有关的期货交易,或者泄露该信息,**或者明示、暗示他人从事上述交易活动**,情节严重的,处五年以下有期徒刑或者拘役,并处或者单处违法所得一倍以

(续表)

修正前《刑法》	第一次修正后《刑法》	第二次修正后《刑法》
单位犯前款罪的,对单位判处罚金,并对其直接负责的主管人员和其他直接责任人员,处五年以下有期徒刑或者拘役。 内幕信息的范围,依照法律、行政法规的规定确定。 知情人员的范围,依照法律、行政法规的规定确定。	下罚金;情节特别严重的,处五年以上十年以下有期徒刑,并处违法所得一倍以上五倍以下罚金。 单位犯前款罪的,对单位判处罚金,并对其直接负责的主管人员和其他直接责任人员,处五年以下有期徒刑或者拘役。 内幕信息、知情人员的范围,依照法律、行政法规的规定确定。	上五倍以下罚金;情节特别严重的,处五年以上十年以下有期徒刑,并处违法所得一倍以上五倍以下罚金。 单位犯前款罪的,对单位判处罚金,并对其直接负责的主管人员和其他直接责任人员,处五年以下有期徒刑或者拘役。 内幕信息、知情人员的范围,依照法律、行政法规的规定确定。 【利用未公开信息交易罪】证券交易所、期货交易所、证券公司、期货经纪公司、基金管理公司、商业银行、保险公司等金融机构的从业人员以及有关监管部门或者行业协会的工作人员,利用因职务便利获取的内幕信息以外的其他未公开的信息,违反规定,从事与该信息相关的证券、期货交易活动,或者明示、暗示他人从事相关交易活动,情节严重的,依照第一款的规定处罚。

相关规定

《中华人民共和国证券法》(第二次修订后自2020年3月1日起施行,节录)

第五十一条 证券交易内幕信息的知情人包括:

(一)发行人及其董事、监事、高级管理人员;

(二)持有公司百分之五以上股份的股东及其董事、监事、高级管理人员,公司的实际控制人及其董事、监事、高级管理人员;

(三)发行人控股或者实际控制的公司及其董事、监事、高级管理人员;

（四）由于所任公司职务或者因与公司业务往来可以获取公司有关内幕信息的人员；

（五）上市公司收购人或者重大资产交易方及其控股股东、实际控制人、董事、监事和高级管理人员；

（六）因职务、工作可以获取内幕信息的证券交易场所、证券公司、证券登记结算机构、证券服务机构的有关人员；

（七）因职责、工作可以获取内幕信息的证券监督管理机构工作人员；

（八）因法定职责对证券的发行、交易或者对上市公司及其收购、重大资产交易进行管理可以获取内幕信息的有关主管部门、监管机构的工作人员；

（九）国务院证券监督管理机构规定的可以获取内幕信息的其他人员。

第五十二条 证券交易活动中，涉及发行人的经营、财务或者对该发行人证券的市场价格有重大影响的尚未公开的信息，为内幕信息。

本法第八十条第二款、第八十一条第二款所列重大事件属于内幕信息。

第八十条 发生可能对上市公司、股票在国务院批准的其他全国性证券交易场所交易的公司的股票交易价格产生较大影响的重大事件，投资者尚未得知的，公司应当立即将有关该重大事件的情况向国务院证券监督管理机构和证券交易场所报送临时报告，并予公告，说明事件的起因、目前的状态和可能产生的法律后果。

前款所称重大事件包括：

（一）公司的经营方针和经营范围的重大变化；

（二）公司的重大投资行为，公司在一年内购买、出售重大资产超过公司资产总额百分之三十，或者公司营业用主要资产的抵押、质押、出售或者报废一次超过该资产的百分之三十；

（三）公司订立重要合同、提供重大担保或者从事关联交易，可能对公司的资产、负债、权益和经营成果产生重要影响；

（四）公司发生重大债务和未能清偿到期重大债务的违约情况；

（五）公司发生重大亏损或者重大损失；

（六）公司生产经营的外部条件发生的重大变化；

（七）公司的董事、三分之一以上监事或者经理发生变动，董事长或者经理无法履行职责；

（八）持有公司百分之五以上股份的股东或者实际控制人持有股份或者控制公司的情况发生较大变化，公司的实际控制人及其控制的其他企业从事与公司相同或者相似业务的情况发生较大变化；

（九）公司分配股利、增资的计划，公司股权结构的重要变化，公司减资、合

并、分立、解散及申请破产的决定,或者依法进入破产程序、被责令关闭;

(十)涉及公司的重大诉讼、仲裁、股东大会、董事会决议被依法撤销或者宣告无效;

(十一)公司涉嫌犯罪被依法立案调查,公司的控股股东、实际控制人、董事、监事、高级管理人员涉嫌犯罪被依法采取强制措施;

(十二)国务院证券监督管理机构规定的其他事项。

公司的控股股东或者实际控制人对重大事件的发生、进展产生较大影响的,应当及时将其知悉的有关情况书面告知公司,并配合公司履行信息披露义务。

第八十一条 发生可能对上市交易公司债券的交易价格产生较大影响的重大事件,投资者尚未得知时,公司应当立即将有关该重大事件的情况向国务院证券监督管理机构和证券交易场所报送临时报告,并予公告,说明事件的起因、目前的状态和可能产生的法律后果。

前款所称重大事件包括:

(一)公司股权结构或者生产经营状况发生重大变化;

(二)公司债券信用评级发生变化;

(三)公司重大资产抵押、质押、出售、转让、报废;

(四)公司发生未能清偿到期债务的情况;

(五)公司新增借款或者对外提供担保超过上年末净资产的百分之二十;

(六)公司放弃债权或者财产超过上年末净资产的百分之十;

(七)公司发生超过上年末净资产百分之十的重大损失;

(八)公司分配股利,作出减资、合并、分立、解散及申请破产的决定,或者依法进入破产程序、被责令关闭;

(九)涉及公司的重大诉讼、仲裁;

(十)公司涉嫌犯罪被依法立案调查,公司的控股股东、实际控制人、董事、监事、高级管理人员涉嫌犯罪被依法采取强制措施;

(十一)国务院证券监督管理机构规定的其他事项。

《中华人民共和国期货和衍生品法》(自2022年8月1日起施行,节录)

第三条第一款 本法所称期货交易,是指以期货合约或者标准化期权合约为交易标的的交易活动。

第十四条 本法所称内幕信息,是指可能对期货交易或者衍生品交易的交易价格产生重大影响的尚未公开的信息。

期货交易的内幕信息包括:

(一)国务院期货监督管理机构以及其他相关部门正在制定或者尚未发布

的对期货交易价格可能产生重大影响的政策、信息或者数据;

(二)期货交易场所、期货结算机构作出的可能对期货交易价格产生重大影响的决定;

(三)期货交易场所会员、交易者的资金和交易动向;

(四)相关市场中的重大异常交易信息;

(五)国务院期货监督管理机构规定的对期货交易价格有重大影响的其他信息。

第十五条 本法所称内幕信息的知情人,是指由于经营地位、管理地位、监督地位或者职务便利等,能够接触或者获得内幕信息的单位和个人。

期货交易的内幕信息的知情人包括:

(一)期货经营机构、期货交易场所、期货结算机构、期货服务机构的有关人员;

(二)国务院期货监督管理机构和其他有关部门的工作人员;

(三)国务院期货监督管理机构规定的可以获取内幕信息的其他单位和个人。

司法解释

《最高人民法院、最高人民检察院关于办理内幕交易、泄露内幕信息刑事案件具体应用法律若干问题的解释》(法释〔2012〕6号,自2012年6月1日起施行)①

为维护证券、期货市场管理秩序,依法惩治证券、期货犯罪,根据刑法有关规定,现就办理内幕交易、泄露内幕信息刑事案件具体应用法律的若干问题解释如下:

第一条 下列人员应当认定为刑法第一百八十条第一款规定的"证券、期货交易内幕信息的知情人员":

(一)证券法第七十四条②规定的人员;

(二)期货交易管理条例第八十五条第十二项③规定的人员。

第二条 具有下列行为的人员应当认定为刑法第一百八十条第一款规定的"非法获取证券、期货交易内幕信息的人员":

---

① 对本司法解释的适用,需要结合此后修改的《证券法》《期货交易管理条例》等规定妥当把握。——本评注注

② 现为第五十一条。——本评注注

③ 现为《期货和衍生品法》第十五条。——本评注注

（一）利用窃取、骗取、套取、窃听、利诱、刺探或者私下交易等手段获取内幕信息的；

（二）内幕信息知情人员的近亲属或者其他与内幕信息知情人员关系密切的人员，在内幕信息敏感期内，从事或者明示、暗示他人从事，或者泄露内幕信息导致他人从事与该内幕信息有关的证券、期货交易，相关交易行为明显异常，且无正当理由或者正当信息来源的；

（三）在内幕信息敏感期内，与内幕信息知情人员联络、接触，从事或者明示、暗示他人从事，或者泄露内幕信息导致他人从事与该内幕信息有关的证券、期货交易，相关交易行为明显异常，且无正当理由或者正当信息来源的。

第三条　本解释第二条第二项、第三项规定的"相关交易行为明显异常"，要综合以下情形，从时间吻合程度、交易背离程度和利益关联程度等方面予以认定：

（一）开户、销户、激活资金账户或者指定交易（托管）、撤销指定交易（转托管）的时间与该内幕信息形成、变化、公开时间基本一致的；

（二）资金变化与该内幕信息形成、变化、公开时间基本一致的；

（三）买入或者卖出与内幕信息有关的证券、期货合约时间与内幕信息的形成、变化和公开时间基本一致的；

（四）买入或者卖出与内幕信息有关的证券、期货合约时间与获悉内幕信息的时间基本一致的；

（五）买入或者卖出证券、期货合约行为明显与平时交易习惯不同的；

（六）买入或者卖出证券、期货合约行为，或者集中持有证券、期货合约行为与该证券、期货公开信息反映的基本面明显背离的；

（七）账户交易资金进出与该内幕信息知情人员或者非法获取人员有关联或者利害关系的；

（八）其他交易行为明显异常情形。

第四条　具有下列情形之一的，不属于刑法第一百八十条第一款规定的从事与内幕信息有关的证券、期货交易：

（一）持有或者通过协议、其他安排与他人共同持有上市公司百分之五以上股份的自然人、法人或者其他组织收购该上市公司股份的；

（二）按照事先订立的书面合同、指令、计划从事相关证券、期货交易的；

（三）依据已被他人披露的信息而交易的；

（四）交易具有其他正当理由或者正当信息来源的。

第五条　本解释所称"内幕信息敏感期"是指内幕信息自形成至公开的期间。

证券法第六十七条第二款①所列"重大事件"的发生时间,第七十五条②规定的"计划""方案"以及期货交易管理条例第八十五条第十一项③规定的"政策""决定"等的形成时间,应当认定为内幕信息的形成之时。

影响内幕信息形成的动议、筹划、决策或者执行人员,其动议、筹划、决策或者执行初始时间,应当认定为内幕信息的形成之时。

内幕信息的公开,是指内幕信息在国务院证券、期货监督管理机构指定的报刊、网站等媒体披露。

第六条 在内幕信息敏感期内从事或者明示、暗示他人从事或者泄露内幕信息导致他人从事与该内幕信息有关的证券、期货交易,具有下列情形之一的,应当认定为刑法第一百八十条第一款规定的"情节严重":

(一)证券交易成交额在五十万元以上的;
(二)期货交易占用保证金数额在三十万元以上的;
(三)获利或者避免损失数额在十五万元以上的;
(四)三次以上的;
(五)具有其他严重情节的。

第七条 在内幕信息敏感期内从事或者明示、暗示他人从事或者泄露内幕信息导致他人从事与该内幕信息有关的证券、期货交易,具有下列情形之一的,应当认定为刑法第一百八十条第一款规定的"情节特别严重":

(一)证券交易成交额在二百五十万元以上的;
(二)期货交易占用保证金数额在一百五十万元以上的;
(三)获利或者避免损失数额在七十五万元以上的;
(四)具有其他特别严重情节的。

第八条 二次以上实施内幕交易或者泄露内幕信息行为,未经行政处理或者刑事处理的,应当对相关交易数额依法累计计算。

第九条 同一案件中,成交额、占用保证金额、获利或者避免损失额分别构成情节严重、情节特别严重的,按照处罚较重的数额定罪处罚。

构成共同犯罪的,按照共同犯罪行为人的成交总额、占用保证金总额、获利或者避免损失总额定罪处罚,但判处各被告人罚金的总额应掌握在获利或者避免损失总额的一倍以上五倍以下。

---

① 现为第八十条第二款、第八十一条第二款。——本评注注
② 现为第八十条。——本评注注
③ 现为《期货和衍生品法》第十四条。——本评注注

第十条　刑法第一百八十条第一款规定的"违法所得"，是指通过内幕交易行为所获利益或者避免的损失。

内幕信息的泄露人员或者内幕交易的明示、暗示人员未实际从事内幕交易的，其罚金数额按照因泄露而获悉内幕信息人员或者被明示、暗示人员从事内幕交易的违法所得计算。

第十一条　单位实施刑法第一百八十条第一款规定的行为，具有本解释第六条规定情形之一的，按照刑法第一百八十条第二款的规定定罪处罚。

《最高人民法院、最高人民检察院关于办理利用未公开信息交易刑事案件适用法律若干问题的解释》（法释〔2019〕10号，自2019年7月1日起施行）

为依法惩治证券、期货犯罪，维护证券、期货市场管理秩序，促进证券、期货市场稳定健康发展，保护投资者合法权益，根据《中华人民共和国刑法》《中华人民共和国刑事诉讼法》的规定，现就办理利用未公开信息交易刑事案件适用法律的若干问题解释如下：

第一条　刑法第一百八十条第四款规定的"内幕信息以外的其他未公开的信息"，包括下列信息：

（一）证券、期货的投资决策、交易执行信息；

（二）证券持仓数量及变化、资金数量及变化、交易动向信息；

（三）其他可能影响证券、期货交易活动的信息。

第二条　内幕信息以外的其他未公开的信息难以认定的，司法机关可以在有关行政主(监)管部门的认定意见的基础上，根据案件事实和法律规定作出认定。

第三条　刑法第一百八十条第四款规定的"违反规定"，是指违反法律、行政法规、部门规章、全国性行业规范有关证券、期货未公开信息保护的规定，以及行为人所在的金融机构有关信息保密、禁止交易、禁止利益输送等规定。

第四条　刑法第一百八十条第四款规定的行为人"明示、暗示他人从事相关交易活动"，应当综合以下方面进行认定：

（一）行为人具有获取未公开信息的职务便利；

（二）行为人获取未公开信息的初始时间与他人从事相关交易活动的初始时间具有关联性；

（三）行为人与他人之间具有亲友关系、利益关联、交易终端关联等关联关系；

（四）他人从事相关交易的证券、期货品种、交易时间与未公开信息所涉证券、期货品种、交易时间等方面基本一致；

（五）他人从事的相关交易活动明显不具有符合交易习惯、专业判断等正当理由；

（六）行为人对明示、暗示他人从事相关交易活动没有合理解释。

第五条 利用未公开信息交易，具有下列情形之一的，应当认定为刑法第一百八十条第四款规定的"情节严重"：

（一）违法所得数额在一百万元以上的；

（二）二年内三次以上利用未公开信息交易的；

（三）明示、暗示三人以上从事相关交易活动的。

第六条 利用未公开信息交易，违法所得数额在五十万元以上，或者证券交易成交额在五百万元以上，或者期货交易占用保证金数额在一百万元以上，具有下列情形之一的，应当认定为刑法第一百八十条第四款规定的"情节严重"：

（一）以出售或者变相出售未公开信息等方式，明示、暗示他人从事相关交易活动的；

（二）因证券、期货犯罪行为受过刑事追究的；

（三）二年内因证券、期货违法行为受过行政处罚的；

（四）造成恶劣社会影响或者其他严重后果的。

第七条 刑法第一百八十条第四款规定的"依照第一款的规定处罚"，包括该条第一款关于"情节特别严重"的规定。

利用未公开信息交易，违法所得数额在一千万元以上的，应当认定为"情节特别严重"。

违法所得数额在五百万元以上，或者证券交易成交额在五千万元以上，或者期货交易占用保证金数额在一千万元以上，具有本解释第六条规定的四种情形之一的，应当认定为"情节特别严重"。

第八条 二次以上利用未公开信息交易，依法应予行政处理或者刑事处理而未经处理的，相关交易数额或者违法所得数额累计计算。

第九条 本解释所称"违法所得"，是指行为人利用未公开信息从事与该信息相关的证券、期货交易活动所获利益或者避免的损失。

行为人明示、暗示他人利用未公开信息从事相关交易活动，被明示、暗示人员从事相关交易活动所获利益或者避免的损失，应当认定为"违法所得"。

第十条 行为人未实际从事与未公开信息相关的证券、期货交易活动的，其罚金数额按照被明示、暗示人员从事相关交易活动的违法所得计算。

第十一条 符合本解释第五条、第六条规定的标准，行为人如实供述犯罪事实,认罪悔罪,并积极配合调查,退缴违法所得的,可以从轻处罚;其中犯罪情节轻微的,可以依法不起诉或者免予刑事处罚。

符合刑事诉讼法规定的认罪认罚从宽适用范围和条件的,依照刑事诉讼法的规定处理。

第十二条① 本解释自2019年7月1日起施行。

规范性文件

《最高人民法院、最高人民检察院、公安部、中国证监会关于办理证券期货违法犯罪案件工作若干问题的意见》(证监发〔2011〕30号)

为加强办理证券期货违法犯罪案件工作,完善行政执法与刑事司法的衔接机制,进一步依法有效惩治证券期货违法犯罪,提出如下意见:

一、证券监管机构依据行政机关移送涉嫌犯罪案件的有关规定,在办理可能移送公安机关查处的证券期货违法案件过程中,经履行批准程序,可商请公安机关协助查询、复制被调查对象的户籍、出入境信息等资料,对有关涉案人员按照相关规定采取边控、报备措施。证券监管机构向公安机关提出请求时,应当明确协助办理的具体事项,提供案件情况及相关材料。

二、证券监管机构办理证券期货违法案件,案情重大、复杂、疑难的,可商请公安机关就案件性质、证据等问题提出参考意见;对有证据表明可能涉嫌犯罪的行为人可能逃匿或者销毁证据的,证券监管机构应当及时通知公安机关;涉嫌犯罪的,公安机关应当及时立案侦查。

三、证券监管机构与公安机关建立和完善协调会商机制。证券监管机构依据行政机关移送涉嫌犯罪案件的有关规定,在向公安机关移送重大、复杂、疑难的涉嫌证券期货犯罪案件前,应当启动协调会商机制,就行为性质认定、案件罪名适用、案件管辖等问题进行会商。

---

① 《最高人民检察院、公安部关于公安机关管辖的刑事案件立案追诉标准的规定(二)》(公通字〔2010〕23号)规定的立案追诉标准与本司法解释规定的"情节严重"的入罪标准不一致的,应当按照从旧兼从轻的原则处理。对于本司法解释施行前已经办结(包括已经行政处理)的案件,如果按照当时的法律和司法解释,在认定事实和适用法律上没有错误的,不再变动。参见姜永义、陈学勇、王尚明:《〈关于办理利用未公开信息交易刑事案件适用法律若干问题的解释〉的理解与适用》,载最高人民法院刑事审判第一、二、三、四、五庭编:《刑事审判参考(总第125辑)》,法律出版社2020年版,第179页。**本评注认为**,立案追诉标准与司法解释的效力位阶不同,但基于从旧兼从轻原则背后根基"不知不为罪"考虑,上述主张是妥当的。

四、公安机关、人民检察院和人民法院在办理涉嫌证券期货犯罪案件过程中,可商请证券监管机构指派专业人员配合开展工作,协助查阅、复制有关专业资料。证券监管机构可以根据司法机关办案需要,依法就案件涉及的证券期货专业问题向司法机关出具认定意见。

五、司法机关对证券监管机构随案移送的物证、书证、鉴定结论、视听资料、现场笔录等证据要及时审查,作出是否立案的决定;随案移送的证据,经法定程序查证属实的,可作为定案的根据。

六、证券监管机构依据行政机关移送涉嫌犯罪案件的有关规定向公安机关移交证据,应当制作证据移交清单,双方经办人员应当签字确认,加盖公章,相关证据随证据移交清单一并移交。

七、对涉众型证券期货犯罪案件,在已收集的证据能够充分证明基本犯罪事实的前提下,公安机关可在被调查对象范围内按一定比例收集和调取书证、被害人陈述、证人证言等相关证据。

八、以证券交易所、期货交易所、证券登记结算机构、期货保证金监控机构以及证券公司、期货公司留存的证券期货委托记录和交易记录、登记存管结算资料等电子数据作为证据的,数据提供单位应以电子光盘或者其他载体记录相关原始数据,并说明制作方法、制作时间及制作人等信息,并由复制件制作人和原始电子数据持有人签名或盖章。

九、发行人、上市公司或者其他信息披露义务人在证券监管机构指定的信息披露媒体、信息披露义务人或证券交易所网站发布的信息披露公告,其打印件或据此制作的电子光盘,经核对无误后,说明其来源、制作人、制作时间、制作地点等的,可作为刑事证据使用,但有其他证据证明打印件或光盘内容与公告信息不一致的除外。

十、涉嫌证券期货犯罪的第一审案件,由中级人民法院管辖,同级人民检察院负责提起公诉,地(市)级以上公安机关负责立案侦查。

《最高人民法院、最高人民检察院关于贯彻执行〈关于办理证券期货违法犯罪案件工作若干问题的意见〉有关问题的通知》(法发〔2012〕8号,节录)

一、《意见》第十条中的"证券期货犯罪",是指刑法第一百六十条、第一百六十一条、第一百六十九条之一、第一百七十八条第二款、第一百七十九条、第一百八十条、第一百八十一条、第一百八十二条、第一百八十五条之一第一款规定的犯罪。

二、2012年1月1日以后,证券期货犯罪的第一审案件,适用《意见》第十条的规定,由中级人民法院管辖,同级人民检察院负责提起公诉。

三、2011年12月31日以前已经提起公诉的证券期货犯罪案件,不适用《意见》第十条关于级别管辖的规定。

《中共中央办公厅、国务院办公厅关于依法从严打击证券违法活动的意见》
(2021年7月6日,节录)

打击证券违法活动是维护资本市场秩序、有效发挥资本市场枢纽功能的重要保障。党的十八大以来,各有关方面认真贯彻党中央、国务院决策部署,扎实推进资本市场执法司法体系建设,依法打击资本市场违法活动,维护投资者合法权益,取得积极成效。同时,在经济金融环境深刻变化、资本市场改革开放不断深化背景下,资本市场违法行为仍较为突出,案件查处难度加大,相关执法司法等工作面临新形势新挑战。为进一步推动资本市场高质量发展,现就依法从严打击证券违法活动提出如下意见。

一、总体要求(略)

二、完善资本市场违法犯罪法律责任制度体系

(四)完善证券立法机制。充分运用法律修正、法律解释、授权决定等形式,提高证券领域立法效率,增强法律供给及时性。

(五)加大刑事惩戒力度。贯彻实施刑法修正案(十一),同步修改有关刑事案件立案追诉标准,完善相关刑事司法解释和司法政策。

(六)完善行政法律制度。(略)

(七)健全民事赔偿制度。(略)

(八)强化市场约束机制。(略)

三、建立健全依法从严打击证券违法活动的执法司法体制机制

(九)建立打击资本市场违法活动协调工作机制。成立打击资本市场违法活动协调工作小组,加大对重大案件的协调力度,完善信息共享机制,推进重要规则制定,协调解决重大问题。

(十)完善证券案件侦查体制机制。进一步发挥公安部证券犯罪侦查局派驻中国证监会的体制优势,完善线索研判、数据共享、情报导侦、协同办案等方面的行政刑事执法协作机制。进一步优化公安部证券犯罪侦查编制资源配置,加强一线侦查力量建设。

(十一)完善证券案件检察体制机制。根据案件数量、人员配备等情况,研究在检察机关内部组建金融犯罪办案团队。探索在中国证监会建立派驻检察的工作机制,通过参与案件线索会商研判、开展犯罪预防等,加强最高人民检察院与中国证监会、公安部的协同配合。加强证券领域检察队伍专业化建设。涉嫌重大犯罪案件移送公安机关时,同步抄送检察机关。

（十二）完善证券案件审判体制机制。充分利用现有审判资源，加强北京、深圳等证券交易场所所在地金融审判工作力量建设，探索统筹证券期货领域刑事、行政、民事案件的管辖和审理。深化金融审判专业化改革，加强金融审判队伍专业化建设。落实由中级法院和同级检察院办理证券犯罪第一审案件的级别管辖。加大行政处罚、司法判决的执行力度。建立专家咨询制度和专业人士担任人民陪审员的专门机制。

（十三）加强办案、审判基地建设。在证券交易场所、期货交易所所在地等部分地市的公安机关、检察机关、审判机关设立证券犯罪办案、审判基地。加强对证券犯罪办案基地的案件投放，并由对应的检察院、法院分别负责提起公诉、审判，通过犯罪地管辖或者指定管辖等方式，依法对证券犯罪案件适当集中管辖。

（十四）强化地方属地责任。加强中国证监会与地方政府及有关部门之间的信息互通和执法合作，研究建立资本市场重大违法案件内部通报制度，有效防范和约束办案中可能遇到的地方保护等阻力和干扰，推动高效查办案件。在坚持金融管理主要是中央事权前提下，强化属地风险处置责任。地方政府要规范各类区域性交易场所，依法打击各种非法证券期货活动，做好区域内金融风险防范处置工作，维护社会稳定。

四、强化重大证券违法犯罪案件惩治和重点领域执法

（十五）依法严厉查处大案要案。坚持分类监管、精准打击，全面提升证券违法大案要案查处质量和效率。依法从严从快从重查处欺诈发行、虚假陈述、操纵市场、内幕交易、利用未公开信息交易以及编造、传播虚假信息等重大违法案件。对资金占用、违规担保等严重侵害上市公司利益的行为，要依法严肃清查追偿，限期整改。加大对证券发行人控股股东、实际控制人、董事、监事、高级管理人员等有关责任人证券违法行为的追责力度。加强对中介机构的监管，存在证券违法行为的，依法严肃追究机构及其从业人员责任，对参与、协助财务造假等违法行为依法从重处罚。加快推进相关案件调查、处罚、移送等工作。依法严格控制缓刑适用。

（十六）依法严厉打击非法证券活动。加强市场监管、公安等部门与中国证监会的协同配合，完善跨部门协作机制，坚决取缔非法证券经营机构，坚决清理非法证券业务，坚决打击非法证券投资咨询等活动。加强场外配资监测，依法坚决打击规模化、体系化场外配资活动。严格核查证券投资资金来源合法性，严控杠杆率。加强涉地方交易场所案件的行政处置与司法审判工作衔接，有效防范区域性金融风险。

（十七）加强债券市场统一执法。强化对债券市场各类违法行为的统一执法，重点打击欺诈发行债券、信息披露造假、中介机构未勤勉尽责等违法行为。不断优化债券市场监管协作机制。

（十八）强化私募违法行为的法律责任。加大对私募领域非法集资、私募基金管理人及其从业人员侵占或挪用基金财产等行为的刑事打击力度。加快制定私募投资基金管理暂行条例，对创业投资企业和创业投资管理企业实行差异化监管和行业自律。

五、进一步加强跨境监管执法司法协作（略）

六、着力提升证券执法司法能力和专业化水平（略）

七、加强资本市场信用体系建设（略）

八、加强组织保障和监督问责（略）

立案追诉标准

《最高人民检察院、公安部关于公安机关管辖的刑事案件立案追诉标准的规定（二）》（公通字〔2022〕12号，节录）

第三十条① 〔内幕交易、泄露内幕信息案（刑法第一百八十条第一款）〕证券、期货交易内幕信息的知情人员、单位或者非法获取证券、期货交易内幕信息的人员、单位，在涉及证券的发行，证券、期货交易或者其他对证券、期货交易价格有重大影响的信息尚未公开前，买入或者卖出该证券，或者从事与该内幕信息有关的期货交易，或者泄露该信息，或者明示、暗示他人从事上述交易活动，涉嫌下列情形之一的，应予立案追诉：

（一）获利或者避免损失数额在五十万元以上的；

（二）证券交易成交额在二百万元以上的；

（三）期货交易占用保证金数额在一百万元以上的；

（四）二年内三次以上实施内幕交易、泄露内幕信息行为的；

（五）明示、暗示三人以上从事与内幕信息相关的证券、期货交易活动的；

（六）具有其他严重情节的。

内幕交易获利或者避免损失数额在二十五万元以上，或者证券交易成交额在一百万元以上，或者期货交易占用保证金数额在五十万元以上，同时涉嫌下列

---

① 本条关于内幕交易、泄露内幕信息罪立案追诉标准的规定与法释〔2012〕6号解释第六条—的规定不一致，入罪门槛作了提升，可以更好适应司法实践情况。——**本评注注**

情形之一的,应予立案追诉:

(一)证券法规定的证券交易内幕信息的知情人实施或者与他人共同实施内幕交易行为的;

(二)以出售或者变相出售内幕信息等方式,明示、暗示他人从事与该内幕信息相关的交易活动的;

(三)因证券、期货犯罪行为受过刑事追究的;

(四)二年内因证券、期货违法行为受过行政处罚的;

(五)造成其他严重后果的。

(→附则参见分则标题评注部分,第392页)

另,《三十一条》关于利用未公开信息交易罪立案追诉标准的规定与法释[2019]10号解释第五条、第六条实质一致。

指导性案例

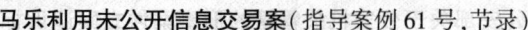

马乐利用未公开信息交易案(指导案例61号,节录)

关键词 刑事 利用未公开信息交易罪 援引法定刑 情节特别严重

裁判要点

刑法第一百八十条第四款规定的利用未公开信息交易罪援引法定刑的情形,应当是对第一款内幕交易、泄露内幕信息罪全部法定刑的引用,即利用未公开信息交易罪应有"情节严重""情节特别严重"两种情形和两个量刑档次。

马乐利用未公开信息交易案(检例第24号,节录)

关键词 适用法律错误 刑事抗诉 援引法定刑 情节特别严重

要 旨 刑法第一百八十条第四款利用未公开信息交易罪为援引法定刑的情形,应当是对第一款法定刑的全部援引。其中,"情节严重"是入罪标准,在处罚上应当依照本条第一款内幕交易、泄露内幕信息罪的全部法定刑处罚,即区分不同情形分别依照第一款规定的"情节严重"和"情节特别严重"两个量刑档次处罚。

王鹏等人利用未公开信息交易案(检例第65号,节录)

关键词 利用未公开信息交易 间接证据 证明方法

要 旨 具有获取未公开信息职务便利条件的金融机构从业人员及其近亲属从事相关证券交易行为明显异常,且与未公开信息相关交易高度趋同,即使其拒不供述未公开信息传递过程等犯罪事实,但其他证据之间相互印证,能够形成证明利用未公开信息犯罪的完整证明体系,足以排除其他可能的,可以依法认定犯罪事实。

法律适用答复、复函

《公安部经济犯罪侦查局关于转证监会〈关于韩×等人涉嫌利用未公开信息交易案有关问题的认定函〉的通知》(公证券〔2010〕86号)①

一、本案涉及的"未公开信息"是指韩×担任××基金管理公司××证券投资基金(以下简称××基金)经理期间,因管理该基金而掌握的有关投资决策、交易等方面的重要信息,包括××基金投资股票的名称、数量、价格、盈利预期以及投资(买卖)时点等。

二、本案有关证券交易账户利用"未公开信息"所进行的股票交易与××基金投资的关联性是指涉案账户和××基金在股票交易品种及交易时机上的关联,即涉嫌账户先于或同步于××基金买入或卖出同一只股票。

刑参案例规则提炼

《李启红等内幕交易、泄露内幕信息案——如何确定内幕信息价格敏感期、建议他人买卖与内幕信息有关的证券行为如何定性以及如何区分洗钱罪与掩饰、隐瞒犯罪所得罪》(第735号案例)、《肖时庆受贿、内幕交易案——因获取让壳信息而指使他人购买让壳公司股票,后借壳公司改变的,是否影响内幕信息的认定》(第756号案例)、《杜兰库、刘乃华内幕交易,刘乃华泄露内幕信息案——内幕信息、内幕信息的知情人员和非法获取人员的认定以及相关法律适用问题的把握》(第757号案例)、《赵丽梅等内幕交易案——内幕信息知情人员的近亲属或者与其关系密切的人被动获悉内幕信息的,能否认定为"非法获取证券交易内幕信息的人员"》(第758号案例)、《王文芳泄露内幕信息、徐双全内幕交易案——对利好型内幕信息公开后继续持股未卖的,内幕交易的违法所得如何认定》(第918号案例)、《李旭利利用未公开信息交易案——利用未公开信息交易罪司法认定中的证据和法律问题》(第941号案例)、《朱东海非法获取计算机信息系统数据、非法控制计算机信息系统、内幕交易案——非法侵入计算机系统获取内幕信息后又实施内幕交易,应如何定罪》(第1501号案例)所涉规则提炼如下:

1.内幕信息的判定规则。"内幕信息必须是真实的,但对真实性的认定应当坚持二元标准。(1)对于最终公开的内幕信息,应当以相对真实为认定标准。所谓'相对真实',是指相对于国务院证券监管机构指定的报刊、媒体首次公开

---

① 参见何帆编著:《刑法注释书》(第二版),中国民主法制出版社2021年版,第411页。

的信息是真实的,只要信息与指定报刊、媒体首次公开的信息基本一致,就应当认定信息具有真实性。至于指定报刊、媒体公开的信息是否准确或者是否失实在所不问……(2)对于因谈判失败或者公司高管人员故意违规不予披露等因素而最终未在指定报刊、媒体公开的内幕信息,应当以客观真实为认定标准。""因获取出壳重组信息而指使他人购买让壳公司股票,后借壳公司改变的,不影响内幕信息的认定。"(第756号案例)"内幕信息主要有两大特征:一是重要性;二是秘密性。重要性是指该信息本身对一般投资人的投资判断具有重大影响,足以使特定公司的证券、期货交易价格发生变动。秘密性是指该信息尚未公开,尚未被证券期货市场的投资者所知悉。在司法实践中,一般是将证券法……规定的'重大事件'、'计划'、'方案'等正式形成的时间认定为内幕信息形成之时。然而,对于影响内幕信息形成的决策者、筹划者、推动者或执行者,其决意、筹划、推动或者执行行为往往影响内幕信息的形成,足以影响证券期货交易价格。因此,上述人员决意、决策、动议或执行之时应认定为内幕信息形成之时。"(第735号案例)

2. 内幕交易、泄露内幕信息罪犯罪主体的认定规则。"对于具有专业知识的人员,不论其是否是利用专业知识掌握的内幕信息的内容,原则上只要其判断时依据了因其职务或工作获取的信息,就应当认定为内幕信息的知情人员。"(第757号案例)"内幕信息知情人员的近亲属或者与其关系密切的人被动获悉内幕信息的应当认定为'非法获取证券交易内幕信息的人员'。"(第758号案例)"内幕信息知情人员建议他人买卖与内幕信息有关的证券,但没有获利的行为,构成内幕交易罪。"(第735号案例)

3. 促使行为人作出交易决定的关键因素的判断规则。"在具体案件中,基于对内幕信息的确信而从事有关证券、期货交易的行为人往往会辩解其是基于专业知识的研判而作出交易决定的。对于这一辩解的真伪,要结合具体案情,准确分析促使行为人作出交易决定的因素中有无内幕信息的影响。""此外,对于既利用了专业知识判断,又利用了获取的内幕信息而从事有关的证券、期货交易的行为……具体把握的原则如下:1. 对于具有专业知识的人员,即使是利用专业知识掌握了内幕信息的内容,只要其进行专业知识判断时依据其利用职务或工作便利获取的信息,也应当认定为内幕信息的知情人员。2. 对于具有专业知识的人员,如果其通过非法手段获取了内幕信息,同时在此过程中也通过其专业知识加强了其判断,或者是先通过专业知识预判出重组对象,后通过获取内幕信息加强了对其预判的确信,原则上只要其从事与内幕信息有关的证券、期货交易,情节严重的,就应当追

究内幕交易的刑事责任。"（第756号案例）

4. 内幕交易违法所得的认定规则。① "根据内幕信息对内幕交易的影响，可以将内幕信息分为利好型内幕信息和利空型内幕信息。以股票买卖为例，内幕信息知情人员进行内幕交易，其必然是在掌握利好信息时买入股票以谋取股票上涨的利益，也必然是在掌握利空信息时卖出股票以避免股票下跌的损失。""实践中，利好型内幕信息可能在复牌后兑现，也可能因为某种原因并未兑现，在这两种情况下对违法所得的认定需要区别对待。""实践中，内幕交易不仅包括在利好型信息公开前买入股票等待获利，也包括在利空型信息公开前卖出股票规避损失。""值得注意的是，如果行为人在知悉利空型内幕信息之前即已持有股票，对于在内幕信息公开前尚未抛售的部分属于继续持有，不存在需要核定规避风险的利益，即不属于内幕交易的归责范围，不能作为违法所得认定。"（第918号案例）

5. 利用未公开信息交易罪的认定规则。"构成利用未公开信息交易罪并不以'先买先卖'同时具备为要件。""相关基金公司对涉案股票的买入行为是否影响涉案股票的价格及行为人是否实际获利，均非决定利用未公开信息交易犯罪是否构成的因素。"（第941号案例）

6. 内幕交易罪升档量刑标准的适用规则。《最高人民法院、最高人民检察院关于办理利用未公开信息交易刑事案件适用法律若干问题的规定》（法释〔2019〕10号）"旨在解决司法实践中对于利用未公开信息交易罪中是否存在

---

① 本评注赞同这一规则。关于如何认定内幕交易的违法所得，学界和实务界素有较多争议。实际获利标准和复牌日收盘价标准均有不够完善之处，需要区分不同情况具体讨论。就利好型内幕信息因重组失败而未兑现，且实际交易价格高于复牌日收盘价而言，宜以复牌日收盘价作为核算内幕交易违法所得的基准价格。主要考虑：(1) 利好型内幕信息因重组失败而未兑现，因此并不会对复牌后的股价产生直接影响，虽然行为人购买该股票与内幕信息有关，但后续的股价变化与内幕信息之间没有因果关系。行为人在复牌后因重组失败，内幕信息未兑现，是选择抛售还是继续持有，完全取决于其个人的判断和决策，故其选择继续持股不能归因于内幕信息，复牌后的获利与内幕信息之间的因果关系应该已经中断，即复牌后的获利主要取决于市场供求因素和个人投资决策因素，而非取决于内幕信息因素。(2) 事实上，利好型内幕信息未兑现在股市属于个别情况，不能机械地参照一般标准即实际获利标准。因为一般标准是以利好型内幕信息兑现为依据的，实际获利与内幕信息显然存在因果关系。在内幕信息未兑现的情况下，对违法所得的认定标准存在分歧，应当按照存疑有利于被告人的原则，就低认定违法所得数额。

'情节特别严重'的争议",而非对《最高人民法院、最高人民检察院关于办理内幕交易、泄露内幕信息刑事案件具体应用法律若干问题的解释》(法释〔2012〕6号)的内容进行改变。换言之,后者"至今依然有效"。(第1501号案例)

7. 中国证监会相关认定意见的证据资格规则。"中国证监会应司法机关的需要,基于其专业知识、经验的把握而出具的认定意见,可以作为刑事诉讼证据使用。"(第756号案例)

第一百八十一条 【编造并传播证券、期货交易虚假信息罪】编造并且传播影响证券、期货交易的虚假信息,扰乱证券、期货交易市场,造成严重后果的,处五年以下有期徒刑或者拘役,并处或者单处一万元以上十万元以下罚金。

【诱骗投资者买卖证券、期货合约罪】证券交易所、期货交易所、证券公司、期货经纪公司的从业人员,证券业协会、期货业协会或者证券期货监督管理部门的工作人员,故意提供虚假信息或者伪造、变造、销毁交易记录,诱骗投资者买卖证券、期货合约,造成严重后果的,处五年以下有期徒刑或者拘役,并处或者单处一万元以上十万元以下罚金;情节特别恶劣的,处五年以上十年以下有期徒刑,并处二万元以上二十万元以下罚金。

单位犯前两款罪的,对单位判处罚金,并对其直接负责的主管人员和其他直接责任人员,处五年以下有期徒刑或者拘役。

立法沿革

本条系1997年《刑法》增设的规定。

1999年12月25日起施行的《刑法修正案》第五条对本条作了修改,增加期货犯罪的有关规定。

修正前《刑法》	修正后《刑法》
第一百八十一条 【编造并传播证券交易虚假信息罪】编造并且传播影响证券交易的虚假信息,扰乱证券交易市场,造成严重后果的,处五年以下有期徒刑或者拘役,并处或者单处一万元以上十万元以下罚金。	第一百八十一条 【编造并传播证券、期货交易虚假信息罪】编造并且传播影响证券、**期货**交易的虚假信息,扰乱证券、期货交易市场,造成严重后果的,处五年以下有期徒刑或者拘役,并处或者单处一万元以上十万元以下罚金。

修正前《刑法》	修正后《刑法》
【诱骗投资者买卖证券罪】证券交易所、证券公司的从业人员,证券业协会或者证券管理部门的工作人员,故意提供虚假信息或者伪造、变造、销毁交易记录,诱骗投资者买卖证券,造成严重后果的,处五年以下有期徒刑或者拘役,并处或者单处一万元以上十万元以下罚金;情节特别恶劣的,处五年以上十年以下有期徒刑,并处二万元以上二十万元以下罚金。 单位犯前两款罪的,对单位判处罚金,并对其直接负责的主管人员和其他直接责任人员,处五年以下有期徒刑或者拘役。	【诱骗投资者买卖证券、**期货合约罪**】证券交易所、**期货交易所**、证券公司、**期货经纪公司**的从业人员,证券业协会、**期货业协会**或者证券**期货监督**管理部门的工作人员,故意提供虚假信息或者伪造、变造、销毁交易记录,诱骗投资者买卖证券、**期货合约**,造成严重后果的,处五年以下有期徒刑或者拘役,并处或者单处一万元以上十万元以下罚金;情节特别恶劣的,处五年以上十年以下有期徒刑,并处二万元以上二十万元以下罚金。 单位犯前两款罪的,对单位判处罚金,并对其直接负责的主管人员和其他直接责任人员,处五年以下有期徒刑或者拘役。

全国人大常委会决定

《全国人民代表大会常务委员会关于维护互联网安全的决定》(修正后自2009年8月27日起施行,节录)

三、为了维护社会主义市场经济秩序和社会管理秩序,对有下列行为之一,构成犯罪的,依照刑法有关规定追究刑事责任:

(四)利用互联网编造并传播影响证券、期货交易或者其他扰乱金融秩序的虚假信息;

(→全文参见第二百八十五条评注部分,第1399页)

立案追诉标准

《最高人民检察院、公安部关于公安机关管辖的刑事案件立案追诉标准的规定(二)》(公通字〔2022〕12号,节录)

第三十二条 〔编造并传播证券、期货交易虚假信息案(刑法第一百八十一条第一款)〕编造并且传播影响证券、期货交易的虚假信息,扰乱证券、期货交易市场,涉嫌下列情形之一的,应予立案追诉:

(一)获利或者避免损失数额在五万元以上的;

(二)造成投资者直接经济损失数额在五十万元以上的;

(三)虽未达到上述数额标准,但多次编造并且传播影响证券、期货交易的虚假信息的;

(四)致使交易价格或者交易量异常波动的;

(五)造成其他严重后果的。

第三十三条 〔诱骗投资者买卖证券、期货合约案(刑法第一百八十一条第二款)〕证券交易所、期货交易所、证券公司、期货公司的从业人员,证券业协会、期货业协会或者证券期货监督管理部门的工作人员,故意提供虚假信息或者伪造、变造、销毁交易记录,诱骗投资者买卖证券、期货合约,涉嫌下列情形之一的,应予立案追诉:

(一)获利或者避免损失数额在五万元以上的;

(二)造成投资者直接经济损失数额在五十万元以上的;

(三)虽未达到上述数额标准,但多次诱骗投资者买卖证券、期货合约的;

(四)致使交易价格或者交易量异常波动的;

(五)造成其他严重后果的。

(→附则参见分则标题评注部分,第392页)

第一百八十二条 【操纵证券、期货市场罪】有下列情形之一,操纵证券、期货市场,影响证券、期货交易价格或者证券、期货交易量,情节严重的,处五年以下有期徒刑或者拘役,并处或者单处罚金;情节特别严重的,处五年以上十年以下有期徒刑,并处罚金:

(一)单独或者合谋,集中资金优势、持股或者持仓优势或者利用信息优势联合或者连续买卖的;

(二)与他人串通,以事先约定的时间、价格和方式相互进行证券、期货交易的;

(三)在自己实际控制的帐户之间进行证券交易,或者以自己为交易对象,自买自卖期货合约的;

(四)不以成交为目的,频繁或者大量申报买入、卖出证券、期货合约并撤销申报的;

(五)利用虚假或者不确定的重大信息,诱导投资者进行证券、期货交易的;

(六)对证券、证券发行人、期货交易标的公开作出评价、预测或者投资建议,同时进行反向证券交易或者相关期货交易的;

(七)以其他方法操纵证券、期货市场的。

单位犯前款罪的,对单位判处罚金,并对其直接负责的主管人员和其他直接责任人员,依照前款的规定处罚。

立法沿革

本条系1997年《刑法》增设的规定。

1999年12月25日起施行的《刑法修正案》第六条对本条作了第一次修改,增加期货犯罪的有关规定。

2006年6月29日起施行的《刑法修正案(六)》第十一条对本条作了第二次修改,对罪状和法定刑作了调整。修改后,罪名由"操纵证券、期货交易价格罪"调整为"操纵证券、期货市场罪"。

2021年3月1日起施行的《刑法修正案(十一)》第十三条对本条作了第三次修改,主要涉及如下两个方面:一是完善罪状表述,将原来分散在各项中规定的"操纵证券、期货交易价格或者证券、期货交易量"的入罪条件作统一规定;二是将"虚假申报操纵""蛊惑交易操纵""抢帽子交易操纵"三种操纵证券、期货市场的方式明确规定为犯罪。

修正前《刑法》	第一次修正后《刑法》	第二次修正后《刑法》	第三次修正后《刑法》
第一百八十二条【操纵证券交易价格罪】有下列情形之一,操纵证券交易价格,获取不正当利益或者转嫁风险,情节严重的,处五年以下有期徒刑或者拘役,并处或者单处违法所得一倍以上五倍以下罚金:	第一百八十二条【操纵证券、期货交易价格罪】有下列情形之一,操纵证券、期货交易价格,获取不正当利益或者转嫁风险,情节严重的,处五年以下有期徒刑或者拘役,并处或者单处违法所得一倍以上五倍以下罚金:	第一百八十二条【操纵证券、期货市场罪】有下列情形之一,操纵证券、期货市场,情节严重的,处五年以下有期徒刑或者拘役,并处或者单处罚金;情节特别严重的,处五年以上十年以下有期徒刑,并处罚金:	第一百八十二条【操纵证券、期货市场罪】有下列情形之一,操纵证券、期货市场,影响证券、期货交易价格或者证券、期货交易量,情节严重的,处五年以下有期徒刑或者拘役,并处或者单处罚金;情节特别严重的,处五年以上

(续表)

修正前《刑法》	第一次修正后《刑法》	第二次修正后《刑法》	第三次修正后《刑法》
（一）单独或者合谋，集中资金优势、持股优势或者利用信息优势联合或者连续买卖，操纵证券交易价格的； （二）与他人串通，以事先约定的时间、价格和方式相互进行证券交易或者相互买卖并不持有的证券，影响证券交易价格或者证券交易量的； （三）以自己为交易对象，进行不转移证券所有权的自买自卖，影响证券交易价格或者证券交易量的； （四）以其他方法操纵证券交易价格的。 单位犯前款罪的，对单位判处罚金，并对其直接负责的主管人员和其他直接责任人员，处五年以下有期徒刑或者拘役。	（一）单独或者合谋，集中资金优势、持股**或者持仓**优势或者利用信息优势联合或者连续买卖，操纵证券、**期货**交易价格的； （二）与他人串通，以事先约定的时间、价格和方式相互进行证券、**期货**交易，~~或者相互买卖并不持有的证券~~，影响证券、**期货**交易价格或者**期货交易量**的； （三）以自己为交易对象，~~进行不转移证券所有权的~~自买自卖，**或者以自己为交易对象，自买自卖期货合约**，影响证券、**期货**交易价格或者**期货交易量**的； （四）以其他方法操纵证券、**期货价格**的。 单位犯前款罪的，对单位判处罚金，并对其直接负责的主管人员和其他直接责任人员，~~处五年以下有期徒刑或者拘役~~。	（一）单独或者合谋，集中资金优势、持股或持仓优势或者利用信息优势联合或者连续买卖，~~操纵证券、期货交易价格~~**或者证券、期货交易量**的； （二）与他人串通，以事先约定的时间、价格和方式相互进行证券、期货交易，~~影响证券、期货交易价格或者证券、期货交易量~~的； （三）**在自己实际控制的账户之间进行证券交易，或者**以自己为交易对象，自买自卖期货合约，~~影响证券、期货交易价格或者证券、期货交易量~~的； （四）以其他方法操纵证券、期货**市场**的。 单位犯前款罪的，对单位判处罚金，并对其直接负责的主管人员和其他直接责任人员，**依照前款的规定处罚**。	十年以下有期徒刑，并处罚金： （一）单独或者合谋，集中资金优势、持股或者持仓优势或者利用信息优势联合或者连续买卖的； （二）与他人串通，以事先约定的时间、价格和方式相互进行证券、期货交易的； （三）在自己实际控制的帐户之间进行证券交易，或者自己为交易对象，自买自卖期货合约的； （四）不以成交为目的，频繁或者大量申报买入、卖出证券、期货合约并撤销申报的； （五）利用虚假或者不确定的重大信息，诱导投资者进行证券、期货交易的； （六）对证券、证券发行人、期货交易标的公开作出评价、预测或者投资建议，同时进行反向证券交易或者相关期货交易的； （七）以其他方法操纵证券、期货市场的。

(续表)

修正前《刑法》	第一次修正后《刑法》	第二次修正后《刑法》	第三次修正后《刑法》
			单位犯前款罪的,对单位判处罚金,并对其直接负责的主管人员和其他直接责任人员,依照前款的规定处罚。

司法解释

《最高人民法院 最高人民检察院关于办理操纵证券、期货市场刑事案件适用法律若干问题的解释》(法释〔2019〕9号,自2019年7月1日起施行)①

为依法惩治证券、期货犯罪,维护证券、期货市场管理秩序,促进证券、期货市场稳定健康发展,保护投资者合法权益,根据《中华人民共和国刑法》《中华人民共和国刑事诉讼法》的规定,现就办理操纵证券、期货市场刑事案件适用法律的若干问题解释如下:

第一条 行为人具有下列情形之一的,可以认定为刑法第一百八十二条第一款第四项规定的"以其他方法操纵证券、期货市场":

(一)利用虚假或者不确定的重大信息,诱导投资者作出投资决策,影响证券、期货交易价格或者证券、期货交易量,并进行相关交易或者谋取相关利益的;

(二)通过对证券及其发行人、上市公司、期货交易标的公开作出评价、预测或者投资建议,误导投资者作出投资决策,影响证券、期货交易价格或者证券、期货交易量,并进行与其评价、预测、投资建议方向相反的证券交易或者相关期货交易的;

(三)通过策划、实施资产收购或者重组、投资新业务、股权转让、上市公司收购等虚假重大事项,误导投资者作出投资决策,影响证券交易价格或者证券交易量,并进行相关交易或者谋取相关利益的;

(四)通过控制发行人、上市公司信息的生成或者控制信息披露的内容、时点、节奏,误导投资者作出投资决策,影响证券交易价格或者证券交易量,并进行相关交易或者谋取相关利益的;

---

① 本司法解释的适用,特别是第一条具体情形的认定,需要根据经《刑法修正案(十一)》修正后的《刑法》第一百八十二条的规定妥当把握。——**本评注注**

（五）不以成交为目的，频繁申报、撤单或者大额申报、撤单，误导投资者作出投资决策，影响证券、期货交易价格或者证券、期货交易量，并进行与申报相反的交易或者谋取相关利益的；

（六）通过囤积现货，影响特定期货品种市场行情，并进行相关期货交易的；

（七）以其他方法操纵证券、期货市场的。

第二条 操纵证券、期货市场，具有下列情形之一的，应当认定为刑法第一百八十二条第一款规定的"情节严重"：

（一）持有或者实际控制证券的流通股份数量达到该证券的实际流通股份总量百分之十以上，实施刑法第一百八十二条第一款第一项操纵证券市场行为，连续十个交易日的累计成交量达到同期该证券总成交量百分之二十以上的；

（二）实施刑法第一百八十二条第一款第二项、第三项操纵证券市场行为，连续十个交易日的累计成交量达到同期该证券总成交量百分之二十以上的；

（三）实施本解释第一条第一项至第四项操纵证券市场行为，证券交易成交额在一千万元以上的；

（四）实施刑法第一百八十二条第一款第一项及本解释第一条第六项操纵期货市场行为，实际控制的账户合并持仓连续十个交易日的最高值超过期货交易所限仓标准的二倍，累计成交量达到同期该期货合约总成交量百分之二十以上，且期货交易占用保证金数额在五百万元以上的；

（五）实施刑法第一百八十二条第一款第二项、第三项及本解释第一条第一项、第二项操纵期货市场行为，实际控制的账户连续十个交易日的累计成交量达到同期该期货合约总成交量百分之二十以上，且期货交易占用保证金数额在五百万元以上的；

（六）实施本解释第一条第五项操纵证券、期货市场行为，当日累计撤回申报量达到同期该证券、期货合约总申报量百分之五十以上，且证券撤回申报额在一千万元以上、撤回申报的期货合约占用保证金数额在五百万元以上的；

（七）实施操纵证券、期货市场行为，违法所得数额在一百万元以上的。

第三条 操纵证券、期货市场，违法所得数额在五十万元以上，具有下列情形之一的，应当认定为刑法第一百八十二条第一款规定的"情节严重"：

（一）发行人、上市公司及其董事、监事、高级管理人员、控股股东或者实际控制人实施操纵证券、期货市场行为的；

（二）收购人、重大资产重组的交易对方及其董事、监事、高级管理人员、控股股东或者实际控制人实施操纵证券、期货市场行为的；

（三）行为人明知操纵证券、期货市场行为被有关部门调查，仍继续实施的；

（四）因操纵证券、期货市场行为受过刑事追究的；
（五）二年内因操纵证券、期货市场行为受过行政处罚的；
（六）在市场出现重大异常波动等特定时段操纵证券、期货市场的；
（七）造成恶劣社会影响或者其他严重后果的。

第四条 具有下列情形之一的，应当认定为刑法第一百八十二条第一款规定的"情节特别严重"：

（一）持有或者实际控制证券的流通股份数量达到该证券的实际流通股份总量百分之十以上，实施刑法第一百八十二条第一款第一项操纵证券市场行为，连续十个交易日的累计成交量达到同期该证券总成交量百分之五十以上的；

（二）实施刑法第一百八十二条第一款第二项、第三项操纵证券市场行为，连续十个交易日的累计成交量达到同期该证券总成交量百分之五十以上的；

（三）实施本解释第一条第一项至第四项操纵证券市场行为，证券交易成交额在五千万元以上的；

（四）实施刑法第一百八十二条第一款第一项及本解释第一条第六项操纵期货市场行为，实际控制的账户合并持仓连续十个交易日的最高值超过期货交易所限仓标准的五倍，累计成交量达到同期该期货合约总成交量百分之五十以上，且期货交易占用保证金数额在二千五百万元以上的；

（五）实施刑法第一百八十二条第一款第二项、第三项及本解释第一条第一项、第二项操纵期货市场行为，实际控制的账户连续十个交易日的累计成交量达到同期该期货合约总成交量百分之五十以上，且期货交易占用保证金数额在二千五百万元以上的；

（六）实施操纵证券、期货市场行为，违法所得数额在一千万元以上的。

实施操纵证券、期货市场行为，违法所得数额在五百万元以上，并具有本解释第三条规定的七种情形之一的，应当认定为"情节特别严重"。

第五条 下列账户应当认定为刑法第一百八十二条中规定的"自己实际控制的账户"：

（一）行为人以自己名义开户并使用的实名账户；

（二）行为人向账户转入或者从账户转出资金，并承担实际损益的他人账户；

（三）行为人通过第一项、第二项以外的方式管理、支配或者使用的他人账户；

（四）行为人通过投资关系、协议等方式对账户内资产行使交易决策权的他人账户；

(五)其他有证据证明行为人具有交易决策权的账户。

有证据证明行为人对前款第一项至第三项账户内资产没有交易决策权的除外。

第六条 二次以上实施操纵证券、期货市场行为,依法应予行政处理或者刑事处理而未经处理的,相关交易数额或者违法所得数额累计计算。

第七条 符合本解释第二条、第三条规定的标准,行为人如实供述犯罪事实,认罪悔罪,并积极配合调查,退缴违法所得的,可以从轻处罚;其中犯罪情节轻微的,可以依法不起诉或者免予刑事处罚。

符合刑事诉讼法规定的认罪认罚从宽适用范围和条件的,依照刑事诉讼法的规定处理。

第八条 单位实施刑法第一百八十二条第一款行为的,依照本解释规定的定罪量刑标准,对其直接负责的主管人员和其他直接责任人员定罪处罚,并对单位判处罚金。

第九条 本解释所称"违法所得",是指通过操纵证券、期货市场所获利益或者避免的损失。

本解释所称"连续十个交易日",是指证券、期货市场开市交易的连续十个交易日,并非指行为人连续交易的十个交易日。

第十条 对于在全国中小企业股份转让系统中实施操纵证券市场行为,社会危害性大,严重破坏公平公正的市场秩序的,比照本解释的规定执行,但本解释第二条第一项、第二项和第四条第一项、第二项除外。

第十一条① 本解释自 2019 年 7 月 1 日起施行。

立案追诉标准

《最高人民检察院、公安部关于公安机关管辖的刑事案件立案追诉标准的规定(二)》(公通字〔2022〕12 号)第三十四条关于操纵证券、期货市场罪立案追

---

① 《最高人民检察院、公安部关于公安机关管辖的刑事案件立案追诉标准的规定(二)》(公通字〔2010〕23 号)规定的立案追诉标准与本司法解释规定的"情节严重"的入罪标准不一致的,应当按照从旧兼从轻的原则处理。对于本司法解释施行前已经办结(包括已经行政处理)的案件,如果按照当时的法律和司法解释,在认定事实和适用法律上没有错误的,不再变动。参见姜永义、陈学勇、朱宏伟:《〈关于办理操纵证券、期货市场刑事案件适用法律若干问题的解释〉的理解与适用》,载最高人民法院刑事审判第一、二、三、四、五庭编:《刑事审判参考(总第 125 辑)》,法律出版社 2020 年版,第 162 页。

诉标准的规定与法释〔2019〕9号解释第二条、第三条实质一致。

指导性案例

朱炜明操纵证券市场案(检例第39号,节录)

关键词 操纵证券市场 "抢帽子"交易 公开荐股

要　旨 证券公司、证券咨询机构、专业中介机构及其工作人员违背从业禁止规定,买卖或者持有证券,并在对相关证券作出公开评价、预测或者投资建议后,通过预期的市场波动反向操作,谋取利益,情节严重的,以操纵证券市场罪追究其刑事责任。

刑参案例规则提炼

《赵喆操纵证券交易价格案——非法侵入计算机信息系统抬高股票价格获利的行为如何处理》(第48号案例)所涉规则提炼如下:

操纵证券交易价格罪与其他犯罪的界分规则。"非法入侵证券公司的计算机信息系统,修改系统存储数据,人为地操纵股票价格,扰乱股市交易秩序,造成他人巨大经济损失,属于情节严重,依法构成操纵证券交易价格罪。"(第48号案例)

司法疑难解析

"抢帽子"操纵入罪标准的把握。《最高人民检察院、公安部关于公安机关管辖的刑事案件立案追诉标准的规定(二)》(公通字〔2010〕23号)第三十九条第七项规定"证券公司、证券投资咨询机构、专业中介机构或者从业人员,违背有关从业禁止的规定,买卖或者持有相关证券,通过对证券或者其发行人、上市公司公开作出评价、预测或者投资建议,在该证券的交易中谋取利益,情节严重的",应予立案追诉。据此,对"抢帽子"操纵限定了主体范围,只有证券公司、证券投资咨询机构、专业中介机构或者从业人员可以构成"抢帽子"操纵犯罪。但当前实践中,随着自媒体技术发展,一些荐股"黑嘴"并不具有特定主体身份,其行为恶性和危害后果则如出一辙,因此,法释〔2019〕9号解释第一条第二项并未对"抢帽子"操纵限定主体,《刑法修正案(十一)》也没有作此限定。从实践来看,对于发生在2010年《立案追诉标准(二)》出台之后、法释〔2019〕9号解释施行之前的行为,行为人不具有特定主体身份的,应否追究刑事责任,存在不同认识。**本评注认为**:(1)立案追诉标准虽然不是司法解释而是规范性文件,但对于刑事侦查和审查起诉具有拘束力,在刑事审判中也可以参照适用。故而,如果在法释〔2019〕9号解释出台前,依据刑法和立案追诉标准认为相关"抢帽子"操纵证券市场行为不构成犯罪,并无不妥。(2)刑法溯及力问题的理论根基是"不知不为罪"。在新的司法解释出台后,如果新的司法解释严于行为时的相关规定,行为人由于无法预知自己行为的不利后果,不能对行为人适用新的司法解释。立案追诉标准将"抢帽子"操纵证券市场行为的主体明确为特殊主体(证券公司、证券投资咨询机构、专业中介机构或者从业人员),而法释〔2019〕9号解释将"抢帽子"操纵证券市场行为的主体明确为一般主体。基于溯及力原理,不宜对行为人适用新的司法解释。

第一百八十三条　【保险工作人员骗取保险金的处理】保险公司的工作人员利用职务上的便利,故意编造未曾发生的保险事故进行虚假理赔,骗取保险金归自己所有的,依照本法第二百七十一条的规定定罪处罚。

国有保险公司工作人员和国有保险公司委派到非国有保险公司从事公务的人员有前款行为的,依照本法第三百八十二条、第三百八十三条的规定定罪处罚。

立法沿革

本条系1997年《刑法》吸收修改单行刑法作出的规定。《全国人民代表大会常务委员会关于惩治破坏金融秩序犯罪的决定》(自1995年6月30日起施行)第十七条规定:"保险公司的工作人员利用职务上的便利,故意编造未曾发生的保险事故进行虚假理赔,骗取保险金的,分别依照全国人民代表大会常务委员会《关于惩治贪污罪贿赂罪的补充规定》和《关于惩治违反公司法的犯罪的决定》的有关规定处罚。"1997年《刑法》对上述规定的表述作了相应调整,对职务侵占罪、贪污罪的适用作了提示性规定。

第一百八十四条　【金融工作人员受贿的处理】银行或者其他金融机构的工作人员在金融业务活动中索取他人财物或者非法收受他人财物,为他人谋取利益的,或者违反国家规定,收受各种名义的回扣、手续费,归个人所有的,依照本法第一百六十三条的规定定罪处罚。

国有金融机构工作人员和国有金融机构委派到非国有金融机构从事公务的人员有前款行为的,依照本法第三百八十五条、第三百八十六条的规定定罪处罚。

立法沿革

本条系 1997 年《刑法》吸收修改单行刑法作出的规定。《全国人民代表大会常务委员会关于惩治破坏金融秩序犯罪的决定》(自 1995 年 6 月 30 日起施行)第十八条规定:"银行或者其他金融机构的工作人员在金融业务活动中索取、收受贿赂,或者违反国家规定收受各种名义的回扣、手续费的,分别依照全国人民代表大会常务委员会《关于惩治贪污罪贿赂罪的补充规定》和《关于惩治违反公司法的犯罪的决定》的有关规定处罚。"1997 年《刑法》对上述规定的表述作了相应调整,对非国家工作人员受贿罪、受贿罪的适用作了提示性规定。

第一百八十五条 【金融工作人员挪用资金的处理】商业银行、证券交易所、期货交易所、证券公司、期货经纪公司、保险公司或者其他金融机构的工作人员利用职务上的便利,挪用本单位或者客户资金的,依照本法第二百七十二条的规定定罪处罚。

国有商业银行、证券交易所、期货交易所、证券公司、期货经纪公司、保险公司或者其他国有金融机构的工作人员和国有商业银行、证券交易所、期货交易所、证券公司、期货经纪公司、保险公司或者其他国有金融机构委派到前款规定中的非国有机构从事公务的人员有前款行为的,依照本法第三百八十四条的规定定罪处罚。

立法沿革

本条系 1997 年《刑法》吸收修改单行刑法作出的规定。《全国人民代表大会常务委员会关于惩治破坏金融秩序犯罪的决定》(自 1995 年 6 月 30 日起施行)第十九条规定:"银行或者其他金融机构的工作人员利用职务上的便利,挪用单位或者客户资金的,分别依照全国人民代表大会常务委员会《关于惩治贪污罪贿赂罪的补充规定》和《关于惩治违反公司法的犯罪的决定》的有关规定处罚。"1997 年《刑法》对上述规定的表述作了相应调整,对挪用资金罪、挪用公款罪的适用作了提示性规定。

1999 年 12 月 25 日起施行的《刑法修正案》第七条对本条作了修改,对犯罪主体作了进一步明确。

修正前《刑法》	修正后《刑法》
第一百八十五条 【挪用资金罪】银行或者其他金融机构的工作人员利用职务上的便利，挪用本单位或者客户资金的，依照本法第二百七十二条的规定定罪处罚。 【挪用公款罪】国有金融机构工作人员和国有金融机构委派到非国有金融机构从事公务的人员有前款行为的，依照本法第三百八十四条的规定定罪处罚。	第一百八十五条 【金融工作人员挪用资金的处理】商业银行、证券交易所、期货交易所、证券公司、期货经纪公司、保险公司或者其他金融机构的工作人员利用职务上的便利，挪用本单位或者客户资金的，**依照本法第二百七十二条的规定定罪处罚**。 **国有商业银行、证券交易所、期货交易所、证券公司、期货经纪公司、保险公司或者其他**国有金融机构的工作人员和**国有商业银行、证券交易所、期货交易所、证券公司、期货经纪公司、保险公司或者其他**国有金融机构委派到**前款规定中**的非国有机构从事公务的人员有前款行为的，依照本法第三百八十四条的规定定罪处罚。

第一百八十五条之一 【背信运用受托财产罪】商业银行、证券交易所、期货交易所、证券公司、期货经纪公司、保险公司或者其他金融机构，违背受托义务，擅自运用客户资金或者其他委托、信托的财产，情节严重的，对单位判处罚金，并对其直接负责的主管人员和其他直接责任人员，处三年以下有期徒刑或者拘役，并处三万元以上三十万元以下罚金；情节特别严重的，处三年以上十年以下有期徒刑，并处五万元以上五十万元以下罚金。

【违法运用资金罪】社会保障基金管理机构、住房公积金管理机构等公众资金管理机构，以及保险公司、保险资产管理公司、证券投资基金管理公司，违反国家规定运用资金的，对其直接负责的主管人员和其他直接责任人员，依照前款的规定处罚。

立法沿革

本条系 2006 年 6 月 29 日起施行的《刑法修正案（六）》第十二条增设的规定。

立案追诉标准

《最高人民检察院、公安部关于公安机关管辖的刑事案件立案追诉标准的规定（二）》（公通字〔2022〕12号，节录）

第三十五条 〔背信运用受托财产案（刑法第一百八十五条之一第一款）〕商业银行、证券交易所、期货交易所、证券公司、期货公司、保险公司或者其他金融机构，违背受托义务，擅自运用客户资金或者其他委托、信托的财产，涉嫌下列情形之一的，应予立案追诉：

（一）擅自运用客户资金或者其他委托、信托的财产数额在三十万元以上的；

（二）虽未达到上述数额标准，但多次擅自运用客户资金或者其他委托、信托的财产，或者擅自运用多个客户资金或者其他委托、信托的财产的；

（三）其他情节严重的情形。

第三十六条 〔违法运用资金案（刑法第一百八十五条之一第二款）〕社会保障基金管理机构、住房公积金管理机构等公众资金管理机构，以及保险公司、保险资产管理公司、证券投资基金管理公司，违反国家规定运用资金，涉嫌下列情形之一的，应予立案追诉：

（一）违反国家规定运用资金数额在三十万元以上的；

（二）虽未达到上述数额标准，但多次违反国家规定运用资金的；

（三）其他情节严重的情形。

（→附则参见分则标题评注部分，第392页）

刑参案例规则提炼

《兴证期货大连营业部背信运用受托财产案——背信运用受托财产罪的法律适用》（第1388号案例）所涉规则提炼如下：

背信运用受托财产罪与其他犯罪的界分规则。"背信运用受托财产罪与挪用资金罪、挪用公款罪有时容易产生混淆。实践中可以从以下方面进行区分：首先是主体不同，如果挪用客户资金的行为是有关人员按领导指令，以单位名义、为单位利益实施的，则应视情形以背信运用受托财产罪论处……其次，挪用资金、公款等行为指向的资金为公司或国家所有，而背信运用受托财产行为其指向的资金为客户所有，因此，以金融机构名义签订合同后，工作人员以单位名义背信运用受托财产，违法所得归单位所有的，金融机构亦应当承担相应的刑事责任。"（第1388号案例）

第一百八十六条 【违法发放贷款罪】银行或者其他金融机构的工作人员违反国家规定发放贷款,数额巨大或者造成重大损失的,处五年以下有期徒刑或者拘役,并处一万元以上十万元以下罚金;数额特别巨大或者造成特别重大损失的,处五年以上有期徒刑,并处二万元以上二十万元以下罚金。

银行或者其他金融机构的工作人员违反国家规定,向关系人发放贷款的,依照前款的规定从重处罚。

单位犯前两款罪的,对单位判处罚金,并对其直接负责的主管人员和其他直接责任人员,依照前两款的规定处罚。

关系人的范围,依照《中华人民共和国商业银行法》和有关金融法规确定。

立法沿革

本条系1997年《刑法》吸收修改单行刑法作出的规定。《全国人民代表大会常务委员会关于惩治破坏金融秩序犯罪的决定》(自1995年6月30日起施行)第九条规定:"银行或者其他金融机构的工作人员违反法律、行政法规规定,向关系人发放信用贷款或者发放担保贷款的条件优于其他借款人同类贷款的条件,造成较大损失的,处五年以下有期徒刑或者拘役,并处一万元以上十万元以下罚金;造成重大损失的,处五年以上有期徒刑,并处二万元以上二十万元以下罚金。""银行或者其他金融机构的工作人员违反法律、行政法规规定,玩忽职守或者滥用职权,向关系人以外的其他人发放贷款,造成重大损失的,处五年以下有期徒刑或者拘役,并处一万元以上十万元以下罚金;造成特别重大损失的,处五年以上有期徒刑,并处二万元以上二十万元以下罚金。""单位犯前两款罪的,对单位判处罚金,并对直接负责的主管人员和其他直接责任人员,依照前两款的规定处罚。"1997年《刑法》对罪状作了修改完善,并增加第四款关于关系人范围的规定。

2006年6月29日起施行的《刑法修正案(六)》第十三条对本条作了修改,主要涉及如下几个方面:一是将"法律、行政法规规定"调整为"国家规定";二是删去原第一款中"向关系人发放信用贷款或者发放担保贷款的条件优于其他借款人同类贷款的条件"的规定;三是在第一款的两档法定刑中分别增设"数额巨大""数额特别巨大"的情节;四是删去原第二款中"向关系人以外的其他人发放贷款"的规定,并将本款对有独立的犯罪修改为从重处罚的情节。修改后,罪名由"违法向关系人发放贷款罪"和"违法发放贷款罪"整合为统一的"违法发放贷款罪"。

修正前《刑法》	修正后《刑法》
第一百八十六条 【违法向关系人发放贷款罪】银行或者其他金融机构的工作人员违反~~法律、行政法规~~规定,~~向关系人发放信用贷款或者发放担保贷款的条件优于其他借款人同类贷款的条件,造成~~较大损失的,处五年以下有期徒刑或者拘役,并处一万元以上十万元以下罚金;造成重大损失的,处五年以上有期徒刑,并处二万元以上二十万元以下罚金。 【违法发放贷款罪】银行或者其他金融机构的工作人员违反~~法律、行政法规规~~定,向关系人以外的~~其他人~~发放贷款,~~造成重大损失的,处五年以下有期徒刑或者拘役,并处一万元以上十万元以下罚金;造成特别重大损失的,处五年以上有期徒刑,并处二万元以上二十万元以下罚金~~。 单位犯前两款罪的,对单位判处罚金,并对其直接负责的主管人员和其他直接责任人员,依照前两款的规定处罚。 关系人的范围,依照《中华人民共和国商业银行法》和有关金融法规确定。	第一百八十六条 【违法发放贷款罪】银行或者其他金融机构的工作人员违反**国家**规定发放贷款,**数额巨大或者**造成**重大**损失的,处五年以下有期徒刑或者拘役,并处一万元以上十万元以下罚金;**数额特别巨大或者**造成**特别重大**损失的,处五年以上有期徒刑,并处二万元以上二十万元以下罚金。 银行或者其他金融机构的工作人员违反**国家**规定,向关系人发放贷款的,**依照前款的规定从重处罚。** 单位犯前两款罪的,对单位判处罚金,并对其直接负责的主管人员和其他直接责任人员,依照前两款的规定处罚。 关系人的范围,依照《中华人民共和国商业银行法》和有关金融法规确定。

相关规定

《中华人民共和国商业银行法》(第二次修正后自 2015 年 10 月 1 日起施行,节录)

第四十条 商业银行不得向关系人发放信用贷款;向关系人发放担保贷款的条件不得优于其他借款人同类贷款的条件。

前款所称关系人是指:

(一)商业银行的董事、监事、管理人员、信贷业务人员及其近亲属;

(二)前项所列人员投资或者担任高级管理职务的公司、企业和其他经济组织。

立案追诉标准

《最高人民检察院、公安部关于公安机关管辖的刑事案件立案追诉标准的规定(二)》(公通字〔2022〕12 号,节录)

第三十七条 〔违法发放贷款案(刑法第一百八十六条)〕银行或者其他金融机构及其工作人员违反国家规定发放贷款,涉嫌下列情形之一的,应予立案追诉：

（一）违法发放贷款，数额在二百万元以上的；

（二）违法发放贷款，造成直接经济损失数额在五十万元以上的。

（→附则参见分则标题评注部分，第392页）

法律适用答复、复函

《公安部经济犯罪侦查局关于以信用卡透支协议的形式进行借款可否视为贷款问题的批复》（公经〔2001〕1021号）

山东省公安厅经侦总队：

你总队《关于在办理刘安才等人非法吸收公众存款、违法发放贷款案过程中遇到的几个问题的请示》（鲁公经〔2001〕301号）收悉，根据中国人民银行条法司1998年6月8日就此类问题函复最高人民检察院刑事检察厅的意见，现答复如下：

根据中国人民银行《信用卡业务管理办法》的规定，信用卡只能在规定的限额内透支。信用卡超限额透支的金额，属于贷款性质。若该行为造成了重大损失，符合违法发放贷款罪的构成要件，则构成违法发放贷款罪。

《最高人民法院刑事审判第二庭关于对银行工作人员违规票据贴现行为如何适用法律问题的函》（〔2006〕刑二函字第42号，节录）[①]

根据我国法律规定，票据贴现属于贷款的一种类型。违规票据贴现行为是否构成违法发放贷款罪，应当根据案件事实和刑法规定综合评判加以认定。

《公安部经济犯罪侦查局关于对违法发放贷款案件中损失认定问题的批复》（公经〔2007〕1458号）

福建省公安厅经侦总队：

你总队《关于违法发放贷款案件中损失认定问题的请示》（闽公经〔2007〕157号）已收悉。经研究，现批复如下：

[①] 参见李立众编：《刑法一本通——中华人民共和国刑法总成》（第十六版），法律出版社2022年版，第340页。《公安部经济犯罪侦查局关于对中国银行××支行行长潘×等人行为如何适用法律问题的通知》（公经〔2006〕1655号）提出："依据中国人民银行颁布的《贷款通则》，票据贴现应属贷款种类之一。违反法律、法规规定，制作贴现凭证，办理贴现业务，致使所贴现的资金无法追回，造成重大损失的，涉嫌违法发放贷款罪。"参见何帆编：《刑法注释书》（第二版），中国民主法制出版社2021年版，第427页。**据本评注推测**，两者应系针对同一案件所涉法律适用问题。

在案件侦办过程中,如有证据证明犯罪嫌疑人实施了违法、违规发放贷款的行为,只要发生贷款已无法收回的情况且达到追诉标准的,就应视为《刑法》第一百八十六条所规定的造成损失。案中提及的未到期贷款及其利息,如确定不能追回,应视为犯罪损失。

《最高人民法院刑事审判第二庭关于针对骗取贷款、票据承兑、金融票证罪和违法发放贷款罪立案追诉标准的意见》(2009年6月24日)对违法发放贷款罪立案追诉标准的有关问题作了规定。(→参见第一百七十五条之一评注部分,第781页)

《最高人民检察院侦查监督厅关于对郭某某涉嫌违法发放贷款犯罪性质认定的回复意见》([2010]高检侦监函32号)[1]

银监会制定的《流动资金贷款管理暂行办法》和《个人贷款管理暂行办法》是对《中华人民共和国商业银行法》有关规定的细化,可以作为认定案件性质的依据。

《公安部经济犯罪侦查局关于对郭××涉嫌违法放贷犯罪性质认定请示的批复》(公经金融[2011]4号)[2]

根据2004年7月16日银监会发布的《商业银行授信工作尽职指引》第十五条、第十六条、第二十七条、第二十八条、第二十九条、第五十一条的规定,我们认为,郭××作为原中国银行工作人员,在审查××化工有限公司贷款过程中,未按规定履行对该公司的贷款资料和担保单位的担保能力进行全面核实和实地审核的尽职调查义务即发放贷款,致使××化工有限公司利用虚假的贷款资料和伪造的担保合同取得贷款,并给银行造成巨额损失,其行为违反了国家有关规定涉嫌违法发放贷款犯罪。

刑参案例规则提炼

《刘顺新等违法发放贷款案——在发放贷款案件中挪用资金罪和违法发放贷款罪的区分》(第825号案例)所涉规则提炼如下:

违法发放贷款罪与挪用资金罪的界分规则。"如果行为人挪用的单位资金没有归自然人使用,或者行为人没有以个人名义将资金挪用给其他单位使用,就

---

[1] 参见李立众编:《刑法一本通——中华人民共和国刑法总成》(第十六版),法律出版社2022年版,第341页。
[2] 参见何帆编著:《刑法注释书》(第二版),中国民主法制出版社2021年版,第427—428页。

不构成挪用资金罪ућ"违反国家规定发放贷款的,构成违法发放贷款罪。(第825号案例)

> **第一百八十七条 【吸收客户资金不入账罪】**①银行或者其他金融机构的工作人员吸收客户资金不入帐,数额巨大或者造成重大损失的,处五年以下有期徒刑或者拘役,并处二万元以上二十万元以下罚金;数额特别巨大或者造成特别重大损失的,处五年以上有期徒刑,并处五万元以上五十万元以下罚金。
>
> 单位犯前款罪的,对单位判处罚金,并对其直接负责的主管人员和其他直接责任人员,依照前款的规定处罚。

立法沿革

本条系1997年《刑法》增设的规定。

2006年6月29日起施行的《刑法修正案(六)》第十四条对本条作了修改,删去"以牟利为目的"的主观要件和"将资金用于非法拆借、发放贷款"的客观要件,在两档法定刑中分别增加规定"数额巨大""数额特别巨大"的情节。修改后,罪名由"用账外客户资金非法拆借、发放贷款罪"调整为"吸收客户资金不入账罪"。

修正前《刑法》	修正后《刑法》
第一百八十七条 【用帐外客户资金非法拆借、发放贷款罪】银行或者其他金融机构的工作人员~~以牟利为目的,采取~~吸收客户资金不入帐~~的方式,将资金用于非法拆借、发放贷款~~,造成重大损失的,处五年以下有期徒刑或者拘役,并处二万元以上二十万元以下罚金;造成特别重大损失的,处五年以上有期徒刑,并处五万元以上五十万元以下罚金。 单位犯前款罪的,对单位判处罚金,并对其直接负责的主管人员和其他直接责任人员,依照前款的规定处罚。	第一百八十七条 【吸收客户资金不入账罪】银行或者其他金融机构的工作人员吸收客户资金不入帐,**数额巨大或者造成**重大损失的,处五年以下有期徒刑或者拘役,并处二万元以上二十万元以下罚金;**数额特别巨大或者**造成特别重大损失的,处五年以上有期徒刑,并处五万元以上五十万元以下罚金。 单位犯前款罪的,对单位判处罚金,并对其直接负责的主管人员和其他直接责任人员,依照前款的规定处罚。

---

① 需要提及的是,本条的法条用字是"帐",但罪名用字为"账"。基于罪名司法确定这一实然模式,**本评注主张**将罪名表述为"吸收客户资金不入账罪"。当然,无论采用"账"还是"帐","单纯以'罪名用字存在错误'为由的上诉、抗诉,都不应得到支持"。参见李立众编:《刑法一本通——中华人民共和国刑法总成》(第十六版),法律出版社2022年版,第342页。

规范性文件

《全国法院审理金融犯罪案件工作座谈会纪要》(法〔2001〕8号)"二""(二)关于破坏金融管理秩序罪""3.用账外客户资金非法拆借、发放贷款行为的认定和处罚"对吸收客户资金不入账罪的有关法律适用问题作了规定。(→参见本节标题评注部分,第748页)

立案追诉标准

《最高人民检察院、公安部关于公安机关管辖的刑事案件立案追诉标准的规定(二)》(公通字〔2022〕12号,节录)

第三十八条 〔吸收客户资金不入帐案(刑法第一百八十七条)〕银行或者其他金融机构及其工作人员吸收客户资金不入帐,涉嫌下列情形之一的,应予立案追诉:

(一)吸收客户资金不入帐,数额在二百万元以上的;

(二)吸收客户资金不入帐,造成直接经济损失数额在五十万元以上的。

(→附则参见分则标题评注部分,第392页)

法律适用答复、复函

《最高人民检察院法律政策研究室对〈关于征求吸收客户资金不入账犯罪法律适用问题的函〉的回复意见》(高检研函字〔2010〕74号,节录)①

保险费属于刑法第一百八十七条规定的客户资金,保险公司及其工作人员收到保险费不入账,数额巨大或者造成重大损失的,应按吸收客户资金不入账罪追究刑事责任。

第一百八十八条 【违规出具金融票证罪】银行或者其他金融机构的工作人员违反规定,为他人出具信用证或者其他保函、票据、存单、资信证明,情节严重的,处五年以下有期徒刑或者拘役;情节特别严重的,处五年以上有期徒刑。

单位犯前款罪的,对单位判处罚金,并对其直接负责的主管人员和其他直接责任人员,依照前款的规定处罚。

---

① 参见李立众编:《刑法一本通——中华人民共和国刑法总成》(第十五版),法律出版社2021年版,第308页。《公安部经济犯罪侦查局关于对吸收客户资金不入账犯罪法律适用问题的的批复》(公经金融〔2010〕272号)持相同立场。参见何帆等编著:《刑法注释书》(第二版),中国民主法制出版社2021年版,第428—429页。**据本评注推测**,两者应系针对同一案件所涉法律适用问题。

立法沿革

本条系 1997 年《刑法》增设的规定。

2006 年 6 月 29 日起施行的《刑法修正案（六）》第十五条对本条作了修改，由结果犯调整为情节犯。

修正前《刑法》	修正后《刑法》
第一百八十八条 【非法出具金融票证罪】银行或者其他金融机构的工作人员违反规定，为他人出具信用证或者其他保函、票据、存单、资信证明，造成较大损失的，处五年以下有期徒刑或者拘役；造成重大损失的，处五年以上有期徒刑。 单位犯前款罪的，对单位判处罚金，并对其直接负责的主管人员和其他直接责任人员，依照前款的规定处罚。	第一百八十八条 【违规出具金融票证罪】银行或者其他金融机构的工作人员违反规定，为他人出具信用证或者其他保函、票据、存单、资信证明，**情节严重**的，处五年以下有期徒刑或者拘役；**情节特别严重**的，处五年以上有期徒刑。 单位犯前款罪的，对单位判处罚金，并对其直接负责的主管人员和其他直接责任人员，依照前款的规定处罚。

立案追诉标准

《最高人民检察院、公安部关于公安机关管辖的刑事案件立案追诉标准的规定（二）》（公通字〔2022〕12号，节录）

第三十九条 〔违规出具金融票证案（刑法第一百八十八条）〕银行或者其他金融机构及其工作人员违反规定，为他人出具信用证或者其他保函、票据、存单、资信证明，涉嫌下列情形之一的，应予立案追诉：

（一）违反规定为他人出具信用证或者其他保函、票据、存单、资信证明，数额在二百万元以上的；

（二）违反规定为他人出具信用证或者其他保函、票据、存单、资信证明，造成直接经济损失数额在五十万元以上的；

（三）多次违规出具信用证或者其他保函、票据、存单、资信证明的；

（四）接受贿赂违规出具信用证或者其他保函、票据、存单、资信证明的；

（五）其他情节严重的情形。

（→附则参见分则标题评注部分，第392页）

指导性案例

宋某某违规出具金融票证、违法发放贷款、非国家工作人员受贿案（检例第

190号,节录)

关键词 违规出具金融票证　违法发放贷款　非国家工作人员受贿责任主体

要　旨　集体经济组织中行使公权力的人员是否属于国家工作人员,应当依据该集体经济组织股权结构、是否从事公务等要素审查判断。银行或其他金融机构工作人员违反规定,不正当履行职权或超越职权出具信用证或者保函、票据、存单、资信证明,情节严重的,构成违规出具金融票证罪。

法律适用答复、复函

《最高人民检察院审查批捕厅对〈公安部经济犯罪侦查局关于对银行非法出具金融票证和造成损失征求意见的函〉的复函》(1999年10月10日)①

同意你局关于"承诺书"具有担保性质应视为"保函"的意见。根据《商业银行法》第三条第十项②的规定,工商银行可提供担保。《刑法》第一百八十八条规定的犯罪必须是银行工作人员违反"规定"的行为,因为乌某某的身份是工商银行分理处主任,其行为人违反了当地工商银行关于担保的哪些"规定",贵局告当地公安机关就此问题向当地工商银行查证。

《最高人民法院刑事审判第一庭关于银行内部机构的工作人员以本部门与他人合办的公司为受益人开具信用证是否属于"为他人出具信用证"问题的复函》(2000年6月27日)③

刑法第一百八十八条非法出具金融票证罪④规定的"为他人出具信用证"中的"他人",是指银行或者其他金融机构以外的个人或者单位。银行内部机构的工作人员以本部门与他人合办的公司为受益人,违反规定开具信用证,属于为他人非法出具信用证。

---

① 参见李立众编:《刑法一本通——中华人民共和国刑法总成》(第十六版),法律出版社2022年版,第343页。
② 现为第三条第十一项。——**本评注注**
③ 参见李立众编:《刑法一本通——中华人民共和国刑法总成》(第十六版),法律出版社2022年版,第343—344页。《公安部经济犯罪侦查局关于认定"5·15"案件性质的答复》(公经[2000]722号)持相同立场。参见何帆编著:《刑法注释书》(第二版),中国民主法制出版社2021年版,第430页。**据本评注推测**,两者应系针对同一案件所涉法律适用问题。
④ 罪名已调整为"违规出具金融票证罪"。——**本评注注**

《中国人民银行办公厅关于银行预付款保函认定事宜的复函》（银办函〔2002〕315号）

公安部办公厅：

你厅《关于协助认定银行〈预付款保函〉是否属于金融票证的函》（公经〔2002〕502号）收悉，现函复如下：

《中华人民共和国刑法》第一百八十八条和《最高人民法院关于执行〈中华人民共和国刑法〉确定罪名的规定》明确，非法出具信用证或者其他保函、票据、存单、资信证明，构成犯罪的，属于非法出具金融票证罪。预付款保函是银行保函的一种形式，属于刑法意义上的金融票证。

《公安部关于对涉嫌非法出具金融票证犯罪案件涉及的部分法律问题的批复》（公经〔2003〕88号）①

四川省公安厅：

你厅《关于"4.20"案等案件涉及的部分法律问题的请示》（公厅经发〔2002〕97号）收悉。现批复如下：

一、关于损失的认定问题

对于借款人有下列情形之一，其借款不能归还的，应认定为损失：

（一）法院宣布借款人破产，已清算完毕的；

（二）借款人被依法撤销、关闭、解散，并终止法人资格的；

（三）借款人虽未被依法终止法人资格，但生产经营活动已停止，借款人已名存实亡的；

（四）借款人的经营活动虽未停止，但公司、企业已亏损严重，资不抵债的；

（五）其他应认定为损失的情形。

关于损失的认定时间，应分为定罪损失和量刑损失两种情形来考虑：定罪损失是立案损失、成罪损失，应以公安机关立案时为标准；量刑损失是法院审理案件时的实际损失，以确定最终量刑幅度。

二、关于用资人行为的定性问题

在金融机构及其工作人员非法出具金融票证等破坏金融管理秩序犯罪活动中，用资人的行为能否被认定为金融诈骗犯罪，首先应当考察其主观上是否有非法占有的故意。对此，可参照最高人民法院2001年1月21日印发的《全国法院审理金融犯罪案件工作座谈会纪要》（法〔2001〕8号）中的有关内容，即对于行

---

① 罪名已调整为"违规出具金融票证罪"。——本评注注

为人通过诈骗的方法非法获取资金,造成数额较大资金不能归还,并具有下列情形之一的,可以认定为具有非法占有的目的:

(一)明知没有归还能力而大量骗取资金的;

(二)非法获取资金后逃跑的;

(三)肆意挥霍骗取资金的;

(四)使用骗取的资金进行违法犯罪活动的;

(五)抽逃、转移资金、隐匿财产,以逃避返还资金的;

(六)隐匿、销毁账目,或者拒不说明资金去向,或者搞假破产、假倒闭,以逃避返还资金的;

(七)其他非法占有资金、拒不返还的行为。

《公安部经济犯罪侦查局关于民间借贷合同加盖金融机构公章能否视为保函有关问题的批复》(公经金融[2009]295号)①

银行保函是指银行应委托人的申请而向受益人开立的有担保性质的书面承诺文件,一旦委托人未按其与受益人签订的合同的约定偿还债务或履行约定义务时,由银行按照与委托人签订的《保函委托书》履行担保责任。而本案中,犯罪嫌疑人杨××违反规定,利用其担任中国建设银行郑州市××支行行长便利,私自在河南××纸业股份有限公司向辛××个人借款1360万元的民间借贷合同上加盖本行印章,由于单纯公章加章本身不具有保函的形式要件,不能视为保函。同时,对杨××的行为应按照主客观相统一的原则,查明其是否存在职务犯罪等情况。

《公安部经济犯罪侦查局关于"12·24"票据诈骗案件有关法律问题的批复》(公经金融[2012]182号)提出银行履约保函属于《刑法》第一百八十八条所列的金融票证的范畴。(→参见第一百七十七条评注部分,第810页)

司法疑难解析

违规出具金融票证罪中"出具"票据的认定。本评注认为,根据《刑法》第一百八十八条和第一百八十九条的规定,《刑法》第一百八十八条中的违规出具票据应理解为《票据法》上规定的出票行为。对于非法承兑等其他票据行为,可以结合具体案件情况分别适用《刑法》第一百八十九条对违法票据承兑、付款、保证罪,第一百七十五条高利转贷罪,第一百七十五条之一骗取贷款、票据承兑、金融票证罪等规定处理。

---

① 参见何帆编著:《刑法注释书》(第二版),中国民主法制出版社2021年版,第430页。

第一百八十九条 【对违法票据承兑、付款、保证罪】银行或者其他金融机构的工作人员在票据业务中,对违反票据法规定的票据予以承兑、付款或者保证,造成重大损失的,处五年以下有期徒刑或者拘役;造成特别重大损失的,处五年以上有期徒刑。

单位犯前款罪的,对单位判处罚金,并对其直接负责的主管人员和其他直接责任人员,依照前款的规定处罚。

立法沿革

本条系1997年《刑法》增设的规定。

立案追诉标准

《最高人民检察院、公安部关于公安机关管辖的刑事案件立案追诉标准的规定(二)》(公通字〔2022〕12号,节录)

第四十条 〔对违法票据承兑、付款、保证案(刑法第一百八十九条)〕银行或者其他金融机构及其工作人员在票据业务中,对违反票据法规定的票据予以承兑、付款或者保证,造成直接经济损失数额在五十万元以上的,应予立案追诉。

(→附则参见分则标题评注部分,第392—393页)

第一百九十条 【逃汇罪】公司、企业或者其他单位,违反国家规定,擅自将外汇存放境外,或者将境内的外汇非法转移到境外,数额较大的,对单位判处逃汇数额百分之五以上百分之三十以下罚金,并对其直接负责的主管人员和其他直接责任人员处五年以下有期徒刑或者拘役;数额巨大或者有其他严重情节的,对单位判处逃汇数额百分之五以上百分之三十以下罚金,并对其直接负责的主管人员和其他直接责任人员处五年以上有期徒刑。

立法沿革

本条系1997年《刑法》吸收修改单行刑法作出的规定。1979年《刑法》没有规定逃汇犯罪,实践中按照投机倒把罪处理。《全国人民代表大会常务委员会关于惩治走私罪的补充规定》(自1988年1月21日起施行)第九条规定:"全民所有制、集体所有制企业事业单位、机关、团体违反外汇管理法规,在境外取得的外汇,应该调回境内而不调回,或者不存入国家指定的银行,或者把境内的外汇非法转移到境外,或者把国家拨给的外汇非法出售牟利……情节严重的,除依照外汇管理法规强制收兑外汇、没收违法所得外,判处罚金,并对其直接负责的主管人员和其他直接责任人员,处五年以下有期徒刑或者拘役。""企业事业单位、机关、团体或者个人非法倒买倒卖外汇牟利,情节严重的,按照投机倒把罪处罚。"1997年《刑法》对上述规定作了修改,形成逃汇罪的规定。

《全国人民代表大会常务委员会关于惩治骗购外汇、逃汇和非法买卖外汇犯罪的决定》(自1998年12月29日起施行)第一条对本条作了修改,扩大犯罪主体,提高法定刑,并对罚金数额作了明确规定。

修正前《刑法》	修正后《刑法》
第一百九十条 【逃汇罪】国有公司、企业或者其他国有单位,违反国家规定,擅自将外汇存放境外,或者将境内的外汇非法转移到境外,情节严重的,对单位判处罚金,并对其直接负责的主管人员和其他直接责任人员,处五年以下有期徒刑或者拘役。	第一百九十条 【逃汇罪】公司、企业或者其他单位,违反国家规定,擅自将外汇存放境外,或者将境内的外汇非法转移到境外,**数额较大**的,对单位判处逃汇数额百分之五以上百分之三十以下罚金,并对其直接负责的主管人员和其他直接责任人员处五年以下有期徒刑或者拘役;**数额巨大或者有其他严重情节**的,对单位判处逃汇数额百分之五以上百分之三十以下罚金,并对其直接负责的主管人员和其他直接责任人员处五年以上有期徒刑。

单行刑法

《全国人民代表大会常务委员会关于惩治骗购外汇、逃汇和非法买卖外汇犯罪的决定》(自1998年12月29日起施行,节录)

五、海关、外汇管理部门以及金融机构、从事对外贸易经营活动的公司、企业或者其他单位的工作人员与骗购外汇或者逃汇的行为人通谋,为其提供购买外汇的有关凭证或者其他便利的,或者明知是伪造、变造的凭证和单据而售汇、付汇的,以共犯论,依照本决定从重处罚。

(→全文参见第一百九十条之后"骗购外汇罪"评注部分,第865页)

立案追诉标准

《最高人民检察院、公安部关于公安机关管辖的刑事案件立案追诉标准的规定(二)》(公通字〔2022〕12号,节录)

第四十一条 〔逃汇案(刑法第一百九十条)〕公司、企业或者其他单位,违反国家规定,擅自将外汇存放境外,或者将境内的外汇非法转移到境外,单笔在二百万美元以上或者累计数额在五百万美元以上的,应予立案追诉。
(→附则参见分则标题评注部分,第392页)

《全国人民代表大会常务委员会关于惩治骗购外汇、逃汇和非法买卖外汇犯罪的决定》第一条① 【骗购外汇罪】有下列情形之一,骗购外汇,数额较大的,处五年以下有期徒刑或者拘役,并处骗购外汇数额百分之五以上百分之三十以下罚金;数额巨大或者有其他严重情节的,处五年以上十年以下有期徒刑,并处骗购外汇数额百分之五以上百分之三十以下罚金;数额特别巨大或者有其他特别严重情节的,处十年以上有期徒刑或者无期徒刑,并处骗购外汇数额百分之五以上百分之三十以下罚金或者没收财产:

(一)使用伪造、变造的海关签发的报关单、进口证明、外汇管理部门核准件等凭证和单据的;

(二)重复使用海关签发的报关单、进口证明、外汇管理部门核准件等凭证和单据的;

(三)以其他方式骗购外汇的。

伪造、变造海关签发的报关单、进口证明、外汇管理部门核准件等凭证和单据,并用于骗购外汇的,依照前款的规定从重处罚。

明知用于骗购外汇而提供人民币资金的,以共犯论处。

单位犯前三款罪的,对单位依照第一款的规定判处罚金,并对其直接负责的主管人员和其他直接责任人员,处五年以下有期徒刑或者拘役;数额巨大或者有其他严重情节的,处五年以上十年以下有期徒刑;数额特别巨大或者有其他特别严重情节的,处十年以上有期徒刑或者无期徒刑。

---

① 在《刑法修正案(十一)》制定过程中,考虑到1997年刑法的修改主要采取了修正案的方式,没有将修正案内容放入刑法作重新公布,全国人民代表大会宪法和法律委员会建议,在《刑法修正案(十一)》通过后,"由法制工作委员会根据全国人大常委会通过的刑法修正案、刑法修改的决定等,对刑法作相应的修正,并编辑公布1997年修订的刑法原文、全国人大常委会有关刑法修改的决定、历次刑法修正案和修正后的刑法文本,并在常务委员会公报上刊登"。参见《全国人民代表大会宪法和法律委员会关于〈中华人民共和国刑法修正案(十一)(草案)〉审议结果的报告》,载中国人大网(http://www.npc.gov.cn),2021年4月15日访问。但是,编辑公布的修正后刑法文本仍未将《全国人民代表大会常务委员会关于惩治骗购外汇、逃汇和非法买卖外汇犯罪的决定》增设的骗购外汇罪纳入刑法典。参见《中华人民共和国全国人民代表大会常务委员会公报》2021年特刊。因此,本条在刑法典之中的位置,系基于当前理论和实务的通行认识加以设置。——**本评注注**

立法沿革

本条系《全国人民代表大会常务委员会关于惩治骗购外汇、逃汇和非法买卖外汇犯罪的决定》(自1998年12月29日起施行)第一条增设的规定。

全国人大常委会决定

《全国人民代表大会常务委员会关于惩治骗购外汇、逃汇和非法买卖外汇犯罪的决定》(自1998年12月29日起施行)

为了惩治骗购外汇、逃汇和非法买卖外汇的犯罪行为,维护国家外汇管理秩序,对刑法作如下补充修改:

一、有下列情形之一,骗购外汇,数额较大的,处五年以下有期徒刑或者拘役,并处骗购外汇数额百分之五以上百分之三十以下罚金;数额巨大或者有其他严重情节的,处五年以上十年以下有期徒刑,并处骗购外汇数额百分之五以上百分之三十以下罚金;数额特别巨大或者有其他特别严重情节的,处十年以上有期徒刑或者无期徒刑,并处骗购外汇数额百分之五以上百分之三十以下罚金或者没收财产:

(一)使用伪造、变造的海关签发的报关单、进口证明、外汇管理部门核准件等凭证和单据的;

(二)重复使用海关签发的报关单、进口证明、外汇管理部门核准件等凭证和单据的;

(三)以其他方式骗购外汇的。

伪造、变造海关签发的报关单、进口证明、外汇管理部门核准件等凭证和单据,并用于骗购外汇的,依照前款的规定从重处罚。

明知用于骗购外汇而提供人民币资金的,以共犯论处。

单位犯前三款罪的,对单位依照第一款的规定判处罚金,并对其直接负责的主管人员和其他直接责任人员,处五年以下有期徒刑或者拘役;数额巨大或者有其他严重情节的,处五年以上十年以下有期徒刑;数额特别巨大或者有其他特别严重情节的,处十年以上有期徒刑或者无期徒刑。

二、买卖伪造、变造的海关签发的报关单、进口证明、外汇管理部门核准件等凭证和单据或者国家机关的其他公文、证件、印章的,依照刑法第二百八十条的规定定罪处罚。

三、将刑法第一百九十条修改为:公司、企业或者其他单位,违反国家规定,擅自将外汇存放境外,或者将境内的外汇非法转移到境外,数额较大的,对单位判处逃汇数额百分之五以上百分之三十以下罚金,并对其直接负责的主管人员和其他直接责任人员,处五年以下有期徒刑或者拘役;数额巨大或者有其他严重情节的,对单位判处逃汇数额百分之五以上百分之三十以下罚金,并对其直接负责的主管人员和其他直接责任人员,处五年以上有期徒刑。

四、在国家规定的交易场所以外非法买卖外汇,扰乱市场秩序,情节严重的,依照刑法第二百二十五条的规定定罪处罚。

单位犯前款罪的,依照刑法第二百三十一条的规定处罚。

五、海关、外汇管理部门以及金融机构、从事对外贸易经营活动的公司、企业或者其他单位的工作人员与骗购外汇或者逃汇的行为人通谋,为其提供购买外汇的有关凭证或者其他便利的,或者明知是伪造、变造的凭证和单据而售汇、付汇的,以共犯论,依照本决定从重处罚。

六、海关、外汇管理部门的工作人员严重不负责任,造成大量外汇被骗购或者逃汇,致使国家利益遭受重大损失的,依照刑法第三百九十七条的规定定罪处罚。

七、金融机构、从事对外贸易经营活动的公司、企业的工作人员严重不负责任,造成大量外汇被骗购或者逃汇,致使国家利益遭受重大损失的,依照刑法第一百六十七条的规定定罪处罚。

八、犯本决定规定之罪,依法被追缴、没收的财物和罚金,一律上缴国库。

九、本决定自公布之日起施行。

规范性文件

《最高人民法院、最高人民检察院、公安部办理骗汇、逃汇犯罪案件联席会议纪要》(公通字〔1999〕39号)

中央部署开展打击骗汇犯罪专项斗争以来,在国务院和中央政法委的统一领导和组织协调下,各级公安机关和人民检察院迅速行动起来,在全国范围内对骗汇犯罪开展了全面打击行动。1998年8月28日最高人民法院《关于审理骗购外汇、非法买卖外汇刑事案件具体应用法律若干问题的解释》发布,对司法机关运用法律武器准确、及时打击犯罪发挥了重要作用。但是,一些地方在办理此类案件过程中,在案件管辖、适用法律及政策把握等方面遇到一些问题,需要予以明确。为了进一步贯彻中央从重从快严厉打击骗汇犯罪的指示精神,准确适用法律,保障专项斗争深入开展,争取尽快起诉、宣判一批骗汇犯罪案件,打击和震慑骗汇犯罪活动,1999年3月16日,中央政法委、最高人民法院、最高人民检察院、公安部、中国人民银行、国家外汇管理局、解放军军事法院、军事检察院、总政保卫部等有关部门在北京昌平召开联席会议,共同研究解决打击骗汇犯罪斗争中出现的各种问题。会议纪要如下：

一、各级公安机关、人民检察院、人民法院和军队保卫、检、法部门在办理骗汇案件过程中，要从维护国家外汇管理秩序和国家经济安全的高度认识打击骗汇、逃汇犯罪专项斗争的重大意义，坚决贯彻党中央、国务院部署，积极参加专项斗争，各司其职，互相配合，加强协调，加快办案进度。

二、全国人大常委会《关于惩治骗购外汇、逃汇和非法买卖外汇犯罪的决定》（以下简称《决定》）公布施行后发生的犯罪行为，应当依照《决定》办理；对于《决定》公布施行前发生的公布后尚未处理或者正在处理的行为，依照修订后的刑法第十二条第一款规定的原则办理。

最高人民法院1998年8月28日发布的《关于审理骗购外汇、非法买卖外汇刑事案件具体应用法律若干问题的解释》（以下简称《解释》），是对具体应用修订后的刑法有关问题的司法解释，适用于依照修订后的刑法判处的案件。各执法部门对于《解释》应当准确理解，严格执行。

《解释》第四条规定："公司、企业或者其他单位，违反有关外贸代理业务的规定，采用非法手段、或者明知是伪造、变造的凭证、商业单据，为他人向外汇指定银行骗购外汇，数额在五百万美元以上或者违法所得五十万元人民币以上的，按照刑法第二百二十五条第（三）项的规定定罪处罚；居间介绍骗购外汇一百万美元以上或者违法所得十万元人民币以上的，按照刑法第二百二十五条第（三）项的规定定罪处罚。"上述所称"采用非法手段"，是指有国家批准的进出口经营权的外贸代理企业在经营代理进口业务时，不按国家经济主管部门有关规定履行职责，放任被代理方自带客户、自带货源、自带汇票、自行报关，在不见进口产品、不见供货货主、不见外商的情况下代理进口业务，或者采取法律、行政法规和部门规章禁止的其他手段代理进口业务。

认定《解释》第四条所称的"明知"，要结合案件的具体情节予以综合考虑，不能仅仅因为行为人不供述就不予认定。报关行为先于签订外贸代理协议的，或者委托方提供的购汇凭证明显与真实凭证、商业单据不符的，应当认定为明知。

《解释》第四条所称"居间介绍骗购外汇"，是指收取他人人民币、以虚假购汇凭证委托外贸公司、企业骗购外汇，获取非法收益的行为。

三、公安机关侦查骗汇、逃汇犯罪案件中涉及人民检察院管辖的贪污贿赂、渎职犯罪案件的，应当将贪污贿赂、渎职犯罪案件材料移送有管辖权的人民检察院审查。对管辖交叉的案件，可以分别立案，共同工作。如果涉嫌主罪属于公安机关管辖，由公安机关为主侦查，人民检察院予以配合；如果涉嫌主罪属于人民检察院管辖,由人民检察院为主侦查,公安机关予以配合。双方意见有较大分歧的,要协商解决,并及时向当地党委、政法委和上级主管机关请示。

四、公安机关侦查骗汇、逃汇犯罪案件,要及时全面收集和固定犯罪证据,抓紧缉捕犯罪分子。人民检察院和人民法院对正在办理的骗汇、逃汇犯罪案件,只要基本犯罪事实清楚,基本证据确实充分,应当及时依法起诉、审判。主犯在逃或者骗购外汇所需人民币资金的来源无法彻底查清,但证明在案的其他犯罪嫌疑人实施犯罪的基本证据确实充分的,为在法定时限内结案,可以对在案的其他犯罪嫌疑人先行处理。对于已收集到外汇指定银行汇出凭证和境外收汇银行收款凭证等证据,能够证明所骗购外汇确已汇至港澳台地区或国外的,应视为骗购外汇既遂。

五、坚持"惩办与宽大相结合"的政策。对骗购外汇共同犯罪的主犯,或者参与伪造、变造购汇凭证的骗汇人员,以及与骗购外汇的犯罪分子相勾结的国家工作人员,要从严惩处。对具有自首、立功或者其他法定从轻、减轻情节的,依法从轻、减轻处理。

六、各地在办理骗汇、逃汇犯罪案件中遇到的有关问题以及侦查、起诉、审判的信息要及时向各自上级主管机关报告。上级机关要加强对案件的督办、检查和指导协调工作。

《最高人民检察院关于认真贯彻执行〈全国人大常委会关于惩治骗购外汇、逃汇和非法买卖外汇犯罪的决定〉的通知》(高检会〔1999〕3号)

各省、自治区、直辖市人民检察院,军事检察院:

《全国人民代表大会常务委员会关于惩治骗购外汇、逃汇和非法买卖外汇犯罪的决定》(以下简称《决定》)已由第九届全国人民代表大会常务委员会第六次会议于1998年12月29日通过,并于同日公布施行。为保证《决定》的正确贯彻实施,依法严惩骗购外汇、逃汇和非法买卖外汇的犯罪活动,特通知如下:

一、《决定》是针对当前我国骗购外汇、逃汇和非法买卖外汇犯罪活动猖獗的现状,为制止外汇资金非法外流,维护国家外汇管理秩序,对刑法所作的重要补充修改,对于加强外汇管理,保护国家经济安全具有十分重要的意义。各级人民检察院要提高对《决定》重要性的认识,组织检察干警认真学习,全面、深刻领会立法精神,掌握具体条款和有关外汇管理、金融等方面的法律规定,充分发挥法律监督职能作用,依法严厉打击骗购外汇、逃汇和非法买卖外汇的犯罪活动。

二、切实履行检察职责,严格依照《决定》加强对骗购外汇、逃汇和非法买卖外汇犯罪活动的打击力度。《决定》新增设了骗汇罪，扩大了逃汇罪的犯罪主体范围，对于其他破坏外汇管理秩序的犯罪行为如何定罪处罚作了进一步明确。各级人民检察院要严格依照《决定》的规定，做好各项检察工作。要重视对单位骗汇、逃汇和非法买卖外汇犯罪的检察工作，注意追究单位直接负责的主管人员和其他直接责任人员的刑事责任。要与公安机关、人民法院密切配合，积极参加打击骗汇犯罪专项斗争，坚持对重大骗汇、逃汇和非法买卖外汇案件的侦查适时介入，快批捕、快起诉，配合人民法院快审判。要督促和协助公安机关加大追逃力度，尽快缉拿逃犯。对全国重点骗汇大案，只要基本犯罪事实清楚，基本证据确实充分，就应当及时提起公诉。要依法运用刑事诉讼法赋予的立案监督、侦查监督、审判监督手段，监督有关部门严格执法，坚决纠正和防止有案不立、有罪不究、以罚代刑、久侦不结、重罪轻判的现象。对于海关、外汇管理部门的工作人员严重不负责任，造成大量外汇被骗购或者逃汇，致使国家利益遭受重大损失的，要依法坚决查办。

三、对于《决定》公布施行后发生的犯罪行为，应当依照《决定》办理；对于《决定》公布施行前发生的行为，按照刑法第十二条规定的原则办理。

四、各级人民检察院在贯彻执行《决定》中，要加强调查研究，不断积累和总结经验，注意研究《决定》规定的各种犯罪的特点、规律及其对策；对在执行《决定》中遇到的问题，要及时层报最高人民检察院。

立案追诉标准

《最高人民检察院、公安部关于公安机关管辖的刑事案件立案追诉标准的规定(二)》(公通字〔2022〕12号，节录)

第四十二条　〔骗购外汇案(《全国人民代表大会常务委员会关于惩治骗购外汇、逃汇和非法买卖外汇犯罪的决定》第一条)〕骗购外汇，数额在五十万美元以上的，应予立案追诉。

（→附则参见分则标题评注部分，第392页）

刑参案例规则提炼①

---

① 鉴于法律修改调整，《刘振杰骗购国家外汇额度案——倒卖骗购的外汇额度行为如何定罪》(第2号案例)、《王建军等非法经营案——骗购国家外汇的犯罪行为如何适用法律》(第34号案例)所涉规则未予提炼。

第一百九十一条 【洗钱罪】为掩饰、隐瞒毒品犯罪、黑社会性质的组织犯罪、恐怖活动犯罪、走私犯罪、贪污贿赂犯罪、破坏金融管理秩序犯罪、金融诈骗犯罪的所得及其产生的收益的来源和性质,有下列行为之一的,没收实施以上犯罪的所得及其产生的收益,处五年以下有期徒刑或者拘役,并处或者单处罚金;情节严重的,处五年以上十年以下有期徒刑,并处罚金:
(一)提供资金帐户的;
(二)将财产转换为现金、金融票据、有价证券的;
(三)通过转帐或者其他支付结算方式转移资金的;
(四)跨境转移资产的;
(五)以其他方法掩饰、隐瞒犯罪所得及其收益的来源和性质的。
单位犯前款罪的,对单位判处罚金,并对其直接负责的主管人员和其他直接责任人员,依照前款的规定处罚。

立法沿革

本条系1997年《刑法》增设的规定。

2001年12月29日起施行的《刑法修正案(三)》第七条对本条作了第一次修改,扩大上游犯罪的范围,并针对单位犯罪中直接责任人员的处罚增加规定加重法定刑。

2006年6月29日起施行的《刑法修正案(六)》第十六条对本条作了第二次修改,再次扩大上游犯罪的范围,并取消"犯罪的违法所得"中的"违法"二字,在原第一款第(二)项"协助将财产转换为现金或者金融票据"的规定中增加"有价证券"。

2021年3月1日起施行的《刑法修正案(十一)》第十四条对本条作了第三次修改,主要涉及如下六个方面:一是对行为人"明知"上游犯罪的规定和"为掩饰、隐瞒其来源和性质"的行为目的在表述上一并作了修改完善;二是删去本条第一款第(二)项至第(四)项规定的"协助",将"自洗钱"行为规定为犯罪;三是在本条第一款第(三)项规定中增加以"支付"方式转移资金的犯罪行为,以加大对"地下钱庄"的惩处;四是将本条第一款第(四)项规定的"将资金汇往境外"修改为"跨境转移资产";五是将比例罚金刑调整为不定额罚金刑;六是对单位犯罪中直接责任人员的处罚增加规定罚金刑。

第四节 破坏金融管理秩序罪

修正前《刑法》	第一次修正后《刑法》	第二次修正后《刑法》	第三次修正后《刑法》
第一百九十一条【洗钱罪】明知是毒品犯罪、黑社会性质的组织犯罪、走私犯罪的违法所得及其产生的收益，为掩饰、隐瞒其来源和性质，有下列行为之一的，没收实施以上犯罪的违法所得及其产生的收益，处五年以下有期徒刑或者拘役，并处或者单处洗钱数额百分之五以上百分之二十以下罚金；情节严重的，处五年以上十年以下有期徒刑，并处洗钱数额百分之五以上百分之二十以下罚金： （一）提供资金帐户的； （二）协助将财产转换为现金或者金融票据的； （三）通过转帐或者其他结算方式协助资金转移的； （四）协助将资金汇往境外的；	第一百九十一条【洗钱罪】明知是毒品犯罪、黑社会性质的组织犯罪、**恐怖活动犯罪**、走私犯罪的违法所得及其产生的收益，为掩饰、隐瞒其来源和性质，有下列行为之一的，没收实施以上犯罪的违法所得及其产生的收益，处五年以下有期徒刑或者拘役，并处或者单处洗钱数额百分之五以上百分之二十以下罚金；情节严重的，处五年以上十年以下有期徒刑，并处洗钱数额百分之五以上百分之二十以下罚金： （一）提供资金帐户的； （二）协助将财产转换为现金或者金融票据的； （三）通过转帐或者其他结算方式协助资金转移的； （四）协助将资金汇往境外的；	第一百九十一条【洗钱罪】~~明知是~~毒品犯罪、黑社会性质的组织犯罪、恐怖活动犯罪、走私犯罪、**贪污贿赂犯罪、破坏金融管理秩序犯罪、金融诈骗犯罪**的所得及其产生的收益~~，为掩饰、隐瞒其来源和性质~~，有下列行为之一的，没收实施以上犯罪的所得及其产生的收益，处五年以下有期徒刑或者拘役，并处或者单处~~洗钱数额百分之五以上百分之二十以下罚金~~；情节严重的，处五年以上十年以下有期徒刑，并处~~洗钱数额百分之五以上百分之二十以下罚金~~： （一）提供资金帐户的； （二）~~协助~~将财产转换为现金、金融票据、**有价证券**的； （三）通过转帐或者其他结算方式~~协助资金转移~~的；	第一百九十一条【洗钱罪】**为掩饰、隐瞒**毒品犯罪、黑社会性质的组织犯罪、恐怖活动犯罪、走私犯罪、贪污贿赂犯罪、破坏金融管理秩序犯罪、金融诈骗犯罪的所得及其产生的收益**的**来源和性质，有下列行为之一的，没收实施以上犯罪的所得及其产生的收益，处五年以下有期徒刑或者拘役，并处或者单处罚金；情节严重的，处五年以上十年以下有期徒刑，并处罚金： （一）提供资金帐户的； （二）将财产转换为现金、金融票据、有价证券的； （三）通过转帐或者其他**支付**结算方式**转移**资金的； （四）**跨境转移资产**的； （五）以其他方法掩饰、隐瞒犯罪所得及其收益的来源和性质的。

(续表)

修正前《刑法》	第一次修正后《刑法》	第二次修正后《刑法》	第三次修正后《刑法》
(五)以其他方法掩饰、隐瞒犯罪的违法所得及其收益的性质和来源的。 单位犯前款罪的,对单位判处罚金,并对其直接负责的主管人员和其他直接责任人员,处五年以下有期徒刑或者拘役。	(五)以其他方法掩饰、隐瞒犯罪~~的违法~~所得及其收益的来源和性质的。 单位犯前款罪的,对单位判处罚金,并对其直接负责的主管人员和其他直接责任人员,处五年以下有期徒刑或者拘役;情节严重的,处五年以上十年以下有期徒刑。	(四)~~协助将资金汇往境外的~~; (五)以其他方法掩饰、隐瞒犯罪所得及其收益的来源和性质的。 单位犯前款罪的,对单位判处罚金,并对其直接负责的主管人员和其他直接责任人员,处五年以下有期徒刑或者拘役;情节严重的,~~处五年以上十年以下有期徒刑~~。	单位犯前款罪的,对单位判处罚金,并对其直接负责的主管人员和其他直接责任人员,依照前款的规定处罚。

司法解释

《最高人民法院关于审理洗钱等刑事案件具体应用法律若干问题的解释》(法释〔2009〕15号,自2009年11月11日起施行)①

为依法惩治洗钱,掩饰、隐瞒犯罪所得、犯罪所得收益,资助恐怖活动等犯罪活动,根据刑法有关规定,现就审理此类刑事案件具体应用法律的若干问题解释如下:

第一条 刑法第一百九十一条、第三百一十二条规定的"明知",应当结合被告人的认知能力,接触他人犯罪所得及其收益的情况,犯罪所得及其收益的种类、数额,犯罪所得及其收益的转换、转移方式以及被告人的供述等主、客观因素进行认定。

具有下列情形之一的,可以认定被告人明知系犯罪所得及其收益,但有证据证明确实不知道的除外:

---

① 本司法解释的适用,需要根据经《刑法修正案(十一)》修正后《刑法》第一百九十一条的规定妥当把握。——**本评注注**

（一）知道他人从事犯罪活动，协助转换或者转移财物的；

（二）没有正当理由，通过非法途径协助转换或者转移财物的；

（三）没有正当理由，以明显低于市场的价格收购财物的；

（四）没有正当理由，协助转换或者转移财物，收取明显高于市场的"手续费"的；

（五）没有正当理由，协助他人将巨额现金散存于多个银行账户或者在不同银行账户之间频繁划转的；

（六）协助近亲属或者其他关系密切的人转换或者转移与其职业或者财产状况明显不符的财物的；

（七）其他可以认定行为人明知的情形。

被告人将刑法第一百九十一条规定的某一上游犯罪的犯罪所得及其收益误认为刑法第一百九十一条规定的上游犯罪范围内的其他犯罪所得及其收益的，不影响刑法第一百九十一条规定的"明知"的认定。

第二条 具有下列情形之一的，可以认定为刑法第一百九十一条第一款第（五）项规定的"以其他方法掩饰、隐瞒犯罪所得及其收益的来源和性质"：

（一）通过典当、租赁、买卖、投资等方式，协助转移、转换犯罪所得及其收益的；

（二）通过与商场、饭店、娱乐场所等现金密集型场所的经营收入相混合的方式，协助转移、转换犯罪所得及其收益的；

（三）通过虚构交易、虚设债权债务、虚假担保、虚报收入等方式，协助将犯罪所得及其收益转换为"合法"财物的；

（四）通过买卖彩票、奖券等方式，协助转换犯罪所得及其收益的；

（五）通过赌博方式，协助将犯罪所得及其收益转换为赌博收益的；

（六）协助将犯罪所得及其收益携带、运输或者邮寄出入境的；

（七）通过前述规定以外的方式协助转移、转换犯罪所得及其收益的。

第三条 明知是犯罪所得及其产生的收益而予以掩饰、隐瞒，构成刑法第三百一十二条规定的犯罪，同时又构成刑法第一百九十一条或者第三百四十九条规定的犯罪的，依照处罚较重的规定定罪处罚。

第四条 刑法第一百九十一条、第三百一十二条、第三百四十九条规定的犯罪，应当以上游犯罪事实成立为认定前提。上游犯罪尚未依法裁判，但查证属实的，不影响刑法第一百九十一条、第三百一十二条、第三百四十九条规定的犯罪的审判。

上游犯罪事实可以确认，因行为人死亡等原因依法不予追究刑事责任的，不影响刑法第一百九十一条、第三百一十二条、第三百四十九条规定的犯罪的认定。

上游犯罪事实可以确认,依法以其他罪名定罪处罚的,不影响刑法第一百九十一条、第三百一十二条、第三百四十九条规定的犯罪的认定。

本条所称"上游犯罪",是指产生刑法第一百九十一条、第三百一十二条、第三百四十九条规定的犯罪所得及其收益的各种犯罪行为。

第五条 刑法第一百二十条之一规定的"资助",是指为恐怖活动组织或者实施恐怖活动的个人筹集、提供经费、物资或者提供场所以及其他物质便利的行为。

刑法第一百二十条之一规定的"实施恐怖活动的个人",包括预谋实施、准备实施和实际实施恐怖活动的个人。

规范性文件

《最高人民法院、最高人民检察院、公安部、司法部关于办理恐怖活动和极端主义犯罪案件适用法律若干问题的意见》(高检会〔2018〕1号)"一、准确认定犯罪"第(二)条对洗钱罪的适用作了规定。(→参见第一百二十条评注部分,第443页)

《最高人民法院、最高人民检察院、公安部关于办理洗钱刑事案件若干问题的意见》(法发〔2020〕41号,节录)①

为依法惩治洗钱犯罪活动,维护金融管理秩序和国家经济金融安全,根据刑法、刑事诉讼法及有关司法解释等规定,现就办理洗钱刑事案件若干问题提出如下意见。

一、办理洗钱刑事案件的总体要求(略)

二、依法准确认定洗钱犯罪

4.刑法第一百九十一条规定的洗钱罪与刑法第三百一十二条规定的掩饰、隐瞒犯罪所得、犯罪所得收益罪是刑法特别规定与一般规定的关系。掩饰、隐瞒犯罪所得、犯罪所得收益罪包含传统的窝藏犯罪和普通的洗钱犯罪,洗钱罪是针对毒品犯罪、黑社会性质的组织犯罪、恐怖活动犯罪、走私犯罪、贪污贿赂犯罪、破坏金融管理秩序犯罪、金融诈骗犯罪等严重犯罪而为其洗钱的行为所作的特

---

① 参见李立众编:《刑法一本通——中华人民共和国刑法总成》(第十六版),法律出版社2022年版,第350—352页。**本评注认为**,对本规范性文件的适用,需要根据经《刑法修正案(十一)》修正后《刑法》第一百九十一条的规定妥当把握。

别规定。同时符合刑法第一百九十一条和第三百一十二条规定的，优先适用第一百九十一条特别规定。

5. 刑法第一百九十一条规定的"黑社会性质的组织犯罪所得及其产生的收益"，是指黑社会性质组织及其成员实施的各种犯罪所得及其产生的收益，包括黑社会性质组织的形成、发展过程中，该组织及组织成员通过违法犯罪活动或其他不正当手段聚敛的全部财物、财产性权益及其孳息、收益。

6. 主观上认识到是刑法第一百九十一条规定的上游犯罪的所得及其产生的收益，并实施该条第一款规定的洗钱行为的，可以认定其具有掩饰、隐瞒犯罪所得及其收益的来源和性质的目的，但有证据证明不是为掩饰、隐瞒犯罪所得及其收益的来源和性质的除外。

7. 刑法第一百九十一条规定的洗钱罪，应当以上游犯罪事实成立为认定前提。上游犯罪是否既遂，不影响洗钱罪的认定。上游犯罪尚未依法裁判，但查证属实的，不影响洗钱罪的认定。

上游犯罪事实经查证属实，因行为人死亡、未达到刑事责任年龄等原因依法不予追究刑事责任的，不影响洗钱罪的认定。

8. 主观上认识到是刑法第一百九十一条规定的上游犯罪的所得及其产生的收益，包括知道或者应当知道。其中："知道"是指根据犯罪嫌疑人、被告人的供述、证人证言等证据，可以直接证明犯罪嫌疑人、被告人知悉、了解其所掩饰、隐瞒的是刑法第一百九十一条规定的上游犯罪的所得及其产生的收益；"应当知道"是指结合查证的主、客观证据，可以证明犯罪嫌疑人、被告人知悉、了解其所掩饰、隐瞒的是刑法第一百九十一条规定的上游犯罪的所得及其产生的收益。

认定主观认知，应当结合犯罪嫌疑人、被告人的身份背景、职业经历、认知能力及其所接触、接收的信息，与上游犯罪嫌疑人、被告人的亲属关系、上下级关系、交往情况、了解程度、信任程度，接触、接收他人犯罪所得及其收益的情况，犯罪所得及其收益的种类、数额，犯罪所得及其收益的转换、转移方式，交易行为、资金账户的异常情况，以及犯罪嫌疑人、被告人的供述及证人证言等主、客观因素，进行综合分析判断。对于犯罪嫌疑人、被告人的供述和辩解，要结合全案证据进行审查判断。

9. 主观上认识到是刑法第一百九十一条规定的上游犯罪的所得及其产生的收益，是指对上游犯罪客观事实的认识，而非对行为性质的认识。将某一上游犯罪的所得及其产生的收益认为是该条规定的其他上游犯罪的所得及其产生的收益的，不影响主观认知的认定。

10. 实施刑法第一百九十一条规定的洗钱行为,构成洗钱罪的同时,又构成刑法第三百四十九条规定的窝藏、转移、隐瞒毒赃罪,刑法第一百二十条之一规定的帮助恐怖活动罪,或者刑法第二百二十五条规定的非法经营罪的,依照处罚较重的规定定罪处罚。法律和司法解释另有规定的除外。

具有刑法第一百九十一条规定的上游犯罪的犯罪事实,又具有为其他不是同一事实的上游犯罪洗钱的犯罪事实的,分别以上游犯罪、洗钱罪定罪处罚,依法实行数罪并罚。

三、依法从严惩处洗钱犯罪

11. 行为人主观上认识到是刑法第一百九十一条规定的七类上游犯罪的所得及其产生的收益,并实施该条第一款规定的洗钱行为,从而掩饰、隐瞒犯罪所得及其收益的来源和性质,构成犯罪的,应依法以洗钱罪定罪处罚。

12. 洗钱数额在十万元以上的,或者洗钱数额在五万元以上,且具有下列情形之一的,可以认定为"情节严重":

(1)多次实施洗钱行为的;

(2)曾因洗钱行为受过刑事追究的;

(3)拒不交代涉案资金去向或者拒不配合追缴工作,致使赃款无法追缴的;

(4)造成重大损失或者其他严重后果的。

二次以上实施洗钱犯罪行为,依法应予刑事处理而未经处理的,洗钱数额累计计算。

13. 地下钱庄实施洗钱犯罪的,或者金融机构及其从业人员实施洗钱犯罪的,可以依法从重处罚。

14. 单位实施洗钱犯罪行为的,与自然人犯罪的定罪量刑标准相同,对单位判处罚金,并依法对其直接负责的主管人员和其他直接责任人员定罪处罚。

15. 要依法用足用好财产刑,从经济上最大限度制裁洗钱犯罪分子。对洗钱犯罪判处罚金,应当根据被告人的犯罪情节,在法律规定的数额幅度内决定罚金数额,充分体现从重处罚的政策精神。对于自然人洗钱犯罪"情节严重"的,一般可并处洗钱数额百分之十以上百分之二十以下罚金。对单位犯罪,一般可判处洗钱数额百分之十以上罚金。

16. 对于行为人如实供述犯罪事实,认罪悔罪,并如实交代涉案资金去向,积极配合调查和追缴工作,符合刑事诉讼法规定的认罪认罚从宽适用范围和条件的,可以依法从宽处理。

17. 要从严掌握洗钱犯罪的缓刑适用。适用缓刑,应当综合考虑犯罪情节、悔罪表现、再犯罪的危险以及宣告缓刑对所居住社区的影响,依法作出决定。对于地下钱庄犯罪分子,以洗钱为业,多次实施洗钱行为,或者拒不交代涉案资金去向的,一般不适用缓刑。

四、强化洗钱刑事案件证据的收集、审查和运用

18.人民法院、人民检察院、公安机关在办理毒品犯罪、黑社会性质的组织犯罪、恐怖活动犯罪、走私犯罪、贪污贿赂犯罪、破坏金融管理秩序犯罪、金融诈骗犯罪案件过程中,要以"追踪资金"为重点,深挖洗钱犯罪线索,依法惩治洗钱犯罪和上游犯罪。进一步加大对涉地下钱庄洗钱犯罪的惩治力度,在办理地下钱庄犯罪案件中,深挖洗钱犯罪和上游犯罪线索,坚决遏制职业化、专业化、组织化的洗钱犯罪活动。

19.公安机关要加强对洗钱刑事案件的侦查取证工作,深入查明犯罪事实。对刑法第一百九十一条规定的上游犯罪开展"一案双查",发现涉嫌洗钱犯罪的,依法立案侦查。在侦查工作中,紧紧围绕洗钱犯罪的犯罪构成事实,就行为人主观上是否认识到是洗钱罪的上游犯罪的所得及其产生的收益,是否具有掩饰、隐瞒犯罪所得及其收益的来源和性质的目的,以及实施的具体洗钱行为等进行调查取证,及时收集固定证据,依法移送起诉。对跨境、跨区域或重大、复杂的洗钱刑事案件,及时与人民检察院沟通,必要时可以商请人民检察院适时介入侦查活动,提供指导。

20.人民检察院要积极履行在刑事诉讼中指控证明犯罪的主导责任,加强对洗钱刑事案件证据的审查,对审查发现可能影响洗钱罪认定的事实证据问题,要引导公安机关按照洗钱罪的构成要件及时补充侦查、完善证据。要注重从上游犯罪的事实证据中挖掘、发现洗钱犯罪线索,办理刑法第一百九十一条规定的上游犯罪案件时,同步审查是否涉嫌洗钱罪,审查发现洗钱犯罪线索的,及时要求公安机关开展侦查,引导侦查人员收集完善证据,会同相关部门加大对洗钱犯罪的查处力度。

21.人民法院要强化对洗钱刑事案件证据的审查、判断,综合运用证据,就行为人主观上是否认识到是洗钱罪的七类上游犯罪的所得及其产生的收益,是否通过实施洗钱行为掩饰、隐瞒犯罪所得及其收益的来源和性质等犯罪事实进行审查、认定,确保案件事实清楚,证据确实、充分。同时要注重从上游犯罪的事实证据中挖掘洗钱犯罪线索,发现洗钱犯罪线索或者新的洗钱犯罪事实的,应当及时将有关材料移送公安机关,或者建议人民检察院补充、追加或者变更起诉。

22.公安机关对人民法院、人民检察院、监察机关、中国人民银行等相关部门移送的洗钱犯罪线索,要及时进行调查,对涉嫌洗钱、犯罪的要及时立案侦查,必要时可请相关部门予以协助并提供相关证据材料。人民检察院要加强刑事立案监督、侦查活动监督工作,督促公安机关利用反洗钱工具和措施进行追踪、监测,对洗钱犯罪行为及时依法追诉。

23.人民法院、人民检察院、公安机关办理洗钱刑事案件,应当依法查询、查封、扣押、冻结全部涉案财产。对于依法查封、扣押、冻结的涉案财产,应当全面收集、审查证明其来源、性质、用途、权属及价值大小等有关证据。

对于涉及洗钱犯罪及其上游犯罪的违法所得及其产生的收益,应当依法追缴、没收。依法应当追缴、没收的财产无法找到、价值灭失或者与其他合法财产混合且不可分割的,可以追缴、没收洗钱犯罪行为人的其他等值财产。人民法院可以依法判决责令行为人以其他等值财产在违法所得范围内退赔。

对于依法查封、扣押、冻结的涉案财产,有证据证明确属被害人合法财产,或者确与行为人及其犯罪活动无关的,应予返还。

五、合力预防和惩治洗钱犯罪(略)

▣ 立案追诉标准

《最高人民检察院、公安部关于公安机关管辖的刑事案件立案追诉标准的规定(二)》(公通字〔2022〕12号,节录)

第四十三条 〔洗钱案(刑法第一百九十一条)〕为掩饰、隐瞒毒品犯罪、黑社会性质的组织犯罪、恐怖活动犯罪、走私犯罪、贪污贿赂犯罪、破坏金融管理秩序犯罪、金融诈骗犯罪的所得及其产生的收益的来源和性质,涉嫌下列情形之一的,应予立案追诉:

(一)提供资金帐户的;
(二)将财产转换为现金、金融票据、有价证券的;
(三)通过转帐或者其他支付结算方式转移资金的;
(四)跨境转移资产的;
(五)以其他方法掩饰、隐瞒犯罪所得及其收益的来源和性质的。

(→附则参见分则标题评注部分,第392页)

▣ 刑参案例规则提炼

《汪照洗钱案——洗钱罪主观明知要件的理解与认定》(第286号案例)、**《潘儒民、祝素贞、李大明、龚媛洗钱案——上游犯罪行为人尚未定罪判刑的如何认定洗钱罪》**(第471号案例)、**《姜某掩饰、隐瞒犯罪所得案——如何区分掩饰、隐瞒犯罪所得罪与洗钱罪》**(第1103号案例)、**《刘军、杨丽敏洗钱案——如何正确适用洗钱罪》**(第1477号案例)所涉规则提炼如下:

1. 洗钱罪主观明知要件的认定规则。"《刑法修正案(十一)》……虽然删除了原刑法第一百九十一条有关'明知'的规定,但根据主客观相一致的原则,认定为他人实施洗钱犯罪的,在主观上仍然应当认识到是刑法第一百九十一条规定的上游犯罪的所得及其产生的收益。"(第1477号案例)"明知不以确知为限,既可以是确定性认识,也可以是可能性认识,被告人……对于……所涉资金系毒赃存在可能性认识,应认定其具有主观明知。"(第286号案例)

2. 洗钱罪"情节严重"的认定规则。"判断行为人的洗钱行为是否属于'情节严重',一方面应当根据行为人的主观恶性、犯罪对象、上游犯罪的社会危害性、洗钱手段、持续时间、次数、金额等多方面因素进行综合考量。"此外,"应区分进账与出账,对于同一笔进账,无论其后续是否多次转换,都只将进账的部分计算一次洗钱金额"。(第1477号案例)

3. 洗钱罪与上游犯罪共犯的界分规则。"是否通谋是区分洗钱行为人是与上游犯罪行为人成立共犯还是单独成立洗钱罪的关键;如果洗钱行为人事前与其上游犯罪行为人有通谋,事后实施了洗钱行为的,成立上游犯罪的共犯;如果事前并无通谋,仅仅是事后实施了洗钱行为的,则只构成洗钱罪。"(第471号案例)"洗钱行为人事前与上游犯罪的犯罪分子就上游犯罪有通谋,事后又实施了洗钱或掩饰、隐瞒毒赃及其收益,或窝藏、转移、隐瞒毒赃等犯罪行为的,则应构成上游毒品犯罪的共同犯罪,而不再单独构成掩饰、隐瞒犯罪所得、犯罪所得收益罪,或是窝藏、转移、隐瞒毒赃罪等下游犯罪。"(第1477号案例)

4. 洗钱罪与其他犯罪的界分规则。"洗钱罪与掩饰、隐瞒犯罪所得、犯罪所得收益罪的区分并不仅仅以上游犯罪的范围为准,还应当兼顾犯罪客体及行为方式、主观明知内容等因素综合判断。"(第1103号案例)"刑法之所以将洗钱罪独立出来单列在破坏金融管理秩序罪中,并设置了相较于掩饰、隐瞒犯罪所得、犯罪所得收益罪、窝藏、转移、隐瞒毒赃罪更高的法定刑,主要是从保障国家金融安全的实际需要出发,规制某些特定的通常可能存在巨大犯罪所得的严重犯罪而为其洗钱的行为。同时,考虑到在诸如恐怖活动犯罪、毒品犯罪、走私犯罪中,洗钱行为对于上游犯罪规模的扩张和犯罪的持续发生有着比普通犯罪更大的促进作用,社会危害性也更大,从而作出特别规定。而窝藏、转移、隐瞒毒赃罪相对于掩饰、隐瞒犯罪所得、犯罪所得收益罪而言是一种特殊的赃物犯罪,两者是特别法与一般法的关系。当行为人窝藏、转移、隐瞒的对象是毒赃这一特定对象时,应优先认定为窝藏、转移、隐瞒毒赃罪而不再认定为掩饰、隐瞒犯罪所得、犯罪所得收益罪。但是如果行为人的行为同时触犯洗钱罪时,则属于想象竞合的情形,应依照处罚较重的规定处罚。"(第1477号案例)"区分洗钱罪与掩饰、隐瞒犯罪所得、犯罪所得收益罪还应当注意的一点是,并非所有为刑法第一百九十一条规定的犯罪掩饰、隐瞒犯罪所得的,都构成洗钱罪……如果行为人所实施的掩饰、隐瞒行为并未侵犯国家的金融监管秩序,例如行为人明知某一贵重物品系他人受贿所得,仍帮助他人窝藏、转移该物品,以逃避司法机关的查处,该行为主要侵害了司法机关的查处活动,并未侵害国家的金融监管秩序,因此不能认定符合刑法第一百九十一条规定的第五种行为方式,而是属于刑法第三百一十二条所规定的窝藏、转移赃物行为,应当认定为掩饰、隐瞒犯罪所得罪,而非洗钱罪。"(第471号案例)"明知系他人受贿犯罪所得的现金而藏匿在别墅房中,后又交给他人转移……只是对其丈夫受贿所得的现金、银行卡等实施了物理意义上的窝藏、转移行为,行为的实质在于掩饰、隐瞒犯罪所得的实物本身,而非掩饰、隐瞒犯罪所得的性质和来源,不涉及资金形式的转换或转移,如将现金转换为他人名下的银行卡等,故……仍应限定在掩饰、隐瞒犯罪所得罪这一普通赃物犯罪的范畴里。"(第1103号案例)此外,"洗钱罪与隐瞒毒赃罪的根本区别在于前者所隐瞒的系毒赃的非法性质和来源,后者所隐瞒的系毒赃本身,被告人……协助实施的投资及虚构经营亏损等活动,意在将毒赃的非法性质和来源予以合法化,究其行为实质而言,属于洗钱,而非隐瞒毒赃"。(第286号案例)

5. 洗钱罪的刑事程序规则。"上游犯罪行为人虽未定罪判刑,洗钱行为的证据确实、充分的,可以认定洗钱罪。"(第471号案例)"对于洗钱案件,在侦查阶段、审查起诉阶段、审判阶段,均需将行为人洗钱的具体数额作为认定构成该罪的关键事实予以查明并提供或根据充分的证据予以证实。"(第1477号案例)

▎司法疑难解析

1. 洗钱罪故意的判断。 经《刑法修正案(十一)》修正后《刑法》第一百九十一条洗钱罪删去"明知"规定。**本评注认为**,洗钱罪为故意犯罪,必须要求明知是犯罪的违法所得及其产生的收益,仍为其洗钱的才构成犯罪。《刑法修正案(十一)》的相关修改,仅是基于表述简练的考虑,并无其他旨意。

2. 上下游犯罪的处罚平衡。 "自洗钱"行为入罪后,上下游行为可能会面临处罚不平衡的问题,主要表现为洗钱罪上游行为不构成犯罪,而下游行为反而可能构成洗钱罪。因为洗钱犯罪的上游行为如走私犯罪、贪污贿赂犯罪、破坏金融管理秩序犯罪、金融诈骗犯罪等对于犯罪成立原则上要求具备特定的数额或者情节,现行司法解释对于洗钱罪的定罪标准并未明确,而依照《最高人民检察院、公安部关于公安机关管辖的刑事案件立案追诉标准的规定(二)》对洗钱立案标准的规定,实施洗钱行为即应立案追诉。因此,如果适用追诉标准可能就会导致上游行为不构成犯罪,下游行为构成洗钱犯罪,明显违背罪刑均衡的原则。**本评注认为**,针对这类问题在实践中要注意把握:(1)正确认识立案追诉标准只是参照适用,不具有司法解释的性质。如果相关标准不能适应案件审理需要的,要结合案件具体情况和本地实际,依法审慎稳妥处理好案件的法律适用和政策把握,争取更好的社会效果。(2)在入罪门槛上,原则上应把握在"一对一"上下游行为中,只有上游行为构成犯罪的,方能认定下游行为构成洗钱罪,否则会导致处罚的不平衡。这里的上游行为构成犯罪是指规范意义上的构成犯罪,即按照刑法规定达到了犯罪的程度,而并不是指上游犯罪经过审判属于已经宣告判决的犯罪,故上游犯罪行为人不到案的不影响洗钱犯罪的认定。特殊情况下,如在"多对一"的上下游行为中,行为人实施了多个上游违法行为,虽然单个行为均不构成犯罪,但是数额累计计算较大的,下游洗钱行为也可能会构成洗钱罪。(3)在具体量刑幅度的把握上,洗钱犯罪的刑罚原则上不应重于上游犯罪的刑罚,以防止形成刑罚的"倒挂"现象。洗钱犯罪作为下游犯罪,其行为对象是由上游犯罪衍生而来的,二者的社会危害性也是紧密相连的,因此其犯罪成立与否原则上取决于上游犯罪的社会危害性程度,处罚也不宜超过上游犯罪。

第五节　金融诈骗罪

规范性文件

《全国法院审理金融犯罪案件工作座谈会纪要》(法〔2001〕8号)"二""(三)关于金融诈骗罪"中"1.金融诈骗罪中非法占有目的的认定"和"4.金融诈骗犯罪定罪量刑的数额标准和犯罪数额的计算"对金融诈骗罪有关法律适用共性问题作了规定。(→参见分则第三章第四节标题评注部分,第749、751页)

法律适用答复、复函

《公安部关于对涉嫌非法出具金融票证犯罪案件涉及的部分法律问题的批复》(公经〔2003〕88号)"二、关于用资人行为的定性问题"对金融诈骗犯罪非法占有目的的认定作了明确规定。(→参见第一百八十八条评注部分,第860页)

第一百九十二条 【集资诈骗罪】以非法占有为目的,使用诈骗方法非法集资,数额较大的,处三年以上七年以下有期徒刑,并处罚金;数额巨大或者有其他严重情节的,处七年以上有期徒刑或者无期徒刑,并处罚金或者没收财产。

单位犯前款罪的,对单位判处罚金,并对其直接负责的主管人员和其他直接责任人员,依照前款的规定处罚。

立法沿革

本条系1997年《刑法》吸收修改单行刑法作出的规定。《全国人民代表大会常务委员会关于惩治破坏金融秩序犯罪的决定》(自1995年6月30日起施行)第八条规定:"以非法占有为目的,使用诈骗方法非法集资的,处三年以下有期徒刑或者拘役,并处二万元以上二十万元以下罚金;数额巨大或者有其他严重情节的,处三年以上十年以下有期徒刑,并处五万元以上五十万元以下罚金;数额特别巨大或者有其他特别严重情节的,处十年以上有期徒刑、无期徒刑或者死刑,并处没收财产。""单位犯前款罪的,对单位判处罚金,并对直接负责的主管人员和其他直接责任人员,依照前款的规定处罚。"1997年《刑法》对入罪标准增加"数额较大"的规定,并对法定刑作了调整;将死刑和单位犯罪的规定与其他金融诈骗犯罪的相关规定合并;在"对直接负责的主管人员和其他直接责任人员"的表述中增加"其"。

2021年3月1日起施行的《刑法修正案(十一)》第十五条对本条作了修改,主要涉及如下两个方面:一是调整法定刑配置规定,将原来的三档调整为两档,并将比例罚金刑调整为不定额罚金刑;二是增加第二款,对单位犯罪的处罚作出专门规定,不再与其他金额诈骗罪的单位犯罪统一规定在第二百条。①

修正前《刑法》	修正后《刑法》
第一百九十二条 【集资诈骗罪】以非法占有为目的,使用诈骗方法非法集资,数额较大的,处五年以下有期徒刑或者拘役,并处二万元以上二十万元以下罚金;数额巨大或者有其他严重情节的,处五年以上十年以下有期徒刑,并处五万元	第一百九十二条 【集资诈骗罪】以非法占有为目的,使用诈骗方法非法集资,数额较大的,处三年以上七年以下有期徒刑,并处罚金;数额巨大或者有其他严重情节的,处七年以上有期徒刑或者无期徒刑,并处罚金或者没收财产。

---

① 此前,2015年11月1日起施行的《刑法修正案(九)》第十二条删去《刑法》第一百九十九条,实际系取消集资诈骗罪的死刑规定。

(续表)

修正前《刑法》	修正后《刑法》
~~以上五十万元以下罚金;数额特别巨大或者有其他特别严重情节的,~~处十年以上有期徒刑或者无期徒刑,并处~~五万元以上五十万元以下罚金或者没收财产。~~	单位犯前款罪的,对单位判处罚金,并对其直接负责的主管人员和其他直接责任人员,依照前款的规定处罚。

司法解释

《最高人民法院关于审理非法集资刑事案件具体应用法律若干问题的解释》[法释〔2010〕18号,根据《最高人民法院关于修改〈最高人民法院关于审理非法集资刑事案件具体应用法律若干问题的解释〉的决定》(法释〔2022〕5号)修正]第二条、第七条、第八条对集资诈骗罪的非法占有目的之认定和定罪量刑标准作了规定。(→参见第一百七十六条评注部分,第788—790、791—793页)

规范性文件

《全国法院审理金融犯罪案件工作座谈会纪要》(法〔2001〕8号)"二""(三)关于金融诈骗罪"中"3.集资诈骗罪的认定和处理"对集资诈骗罪的认定和处理作了规定。(→参见分则第三章第四节标题评注部分,第750页)

《最高人民检察院关于办理涉互联网金融犯罪案件有关问题座谈会纪要》(高检诉〔2017〕14号)第十四条至第十七条对涉互联网集资诈骗罪的有关问题作了规定。(→参见分则第三章第四节标题评注部分,第756—757页)

《最高人民法院、最高人民检察院、公安部关于办理非法集资刑事案件若干问题的意见》(高检会〔2019〕2号)"四、关于主观故意的认定问题"对集资诈骗罪非法占有目的的认定作了规定。(→参见第一百七十六条评注部分,第800页)

《最高人民法院、最高人民检察院关于常见犯罪的量刑指导意见(试行)》(法发〔2021〕21号,节录)

四、常见犯罪的量刑

(四)集资诈骗罪

1.构成集资诈骗罪的,根据下列情形在相应的幅度内确定量刑起点:

(1)达到数额较大起点的,在三年至四年有期徒刑幅度内确定量刑起点。

(2)达到数额巨大起点或者有其他严重情节的,在七年至九年有期徒刑幅度内确定量刑起点。依法应当判处无期徒刑的除外。

2.在量刑起点的基础上,根据集资诈骗数额等其他影响犯罪构成的犯罪事实增加刑罚量,确定基准刑。

3.构成集资诈骗罪的,根据犯罪数额、危害后果等犯罪情节,综合考虑被告人缴纳罚金的能力,决定罚金数额。

4.构成集资诈骗罪的,综合考虑犯罪数额、诈骗对象、危害后果、退赃退赔等犯罪事实、量刑情节,以及被告人主观恶性、人身危险性、认罪悔罪表现等因素,决定缓刑的适用。

(→前三部分和第五部分内容参见总则第四章第一节标题评注部分,第223、227页)

立案追诉标准

《最高人民检察院、公安部关于公安机关管辖的刑事案件立案追诉标准的规定(二)》(公通字〔2022〕12号)第四十四条关于集资诈骗罪立案追诉标准的规定与《最高人民法院关于审理非法集资刑事案件具体应用法律若干问题的解释》法释〔2010〕18号,经法释〔2022〕5号解释修正)第八条一致。

指导性案例

周辉集资诈骗案(检例第40号,节录)

关键词 集资诈骗 非法占有目的 网络借贷信息中介机构

要　旨 网络借贷信息中介机构或其控制人,利用网络借贷平台发布虚假信息,非法建立资金池募集资金,所得资金大部分未用于生产经营活动,主要用于借新还旧和个人挥霍,无法归还所募资金数额巨大,应认定为具有非法占有目的,以集资诈骗罪追究刑事责任。

张业强等人非法集资案(检例第175号,节录)

关键词 私募基金 非法集资 非法占有目的 证据审查

要　旨 违反私募基金管理有关规定,以发行销售私募基金形式公开宣传,向社会公众吸收资金,并承诺还本付息的,属于变相非法集资。向私募基金投资者隐瞒未将募集资金用于约定项目的事实,虚构投资项目经营情况,应当认定为使用诈骗方法。非法集资人虽然将部分集资款投入生产经营活动,但投资随意,明知经营活动盈利能力不具有支付本息的现实可能性,仍然向社会公众大规模吸收资金,还本付息主要通过募新还旧实现,致使集资款不能返还,应当认定其具有非法占有目的。在共同犯罪或者单位犯罪中,应当根据非法集资人是否具有非法占有目的,认定其构成集资诈骗罪还是非法吸收公众存款罪。检察机关应当围绕私募基金宣传推介方式、收益分配规则、投资人信息、资金实际去向等重点判断非法集资人是否具有非法占有目的,针对性开展指控证明工作。

刑参案例规则提炼

《巨如集团、胡立勇集资诈骗案——以私募基金之名实施非法集资的行为如何认定》(第 1478 号案例)所涉规则提炼如下:

以私募基金之名实施非法集资行为的判断规则。"首先应当审查涉案'私募'是否合法合规;如果存在违法违规行为,则应当进一步分析判断该违法违规行为是否影响产品的私募基金性质,进一步审查涉案'私募'是否具备非法集资的'四性',从而决定是否以非法集资犯罪论处,在此基础上准确定罪量刑。"(第 1478 号案例)

第一百九十三条 【贷款诈骗罪】 有下列情形之一,以非法占有为目的,诈骗银行或者其他金融机构的贷款,数额较大的,处五年以下有期徒刑或者拘役,并处二万元以上二十万元以下罚金;数额巨大或者有其他严重情节的,处五年以上十年以下有期徒刑,并处五万元以上五十万元以下罚金;数额特别巨大或者有其他特别严重情节的,处十年以上有期徒刑或者无期徒刑,并处五万元以上五十万元以下罚金或者没收财产:

(一)编造引进资金、项目等虚假理由的;
(二)使用虚假的经济合同的;
(三)使用虚假的证明文件的;
(四)使用虚假的产权证明作担保或者超出抵押物价值重复担保的;
(五)以其他方法诈骗贷款的。

立法沿革

本条系 1997 年《刑法》沿用《全国人民代表大会常务委员会关于惩治破坏金融秩序犯罪的决定》(自 1995 年 6 月 30 日起施行)第十条的规定,但在第四项增加"或者超出抵押物价值重复担保"的规定,并在第三档法定刑增加并处罚金的规定。

规范性文件

《全国法院审理金融犯罪案件工作座谈会纪要》(法〔2001〕8 号)"二""(三)关于金融诈骗罪"中"2.贷款诈骗罪的认定和处理"对贷款诈骗罪的认定

和处理作了规定。(→参见分则第三章第四节标题评注部分,第750页)

《最高人民检察院关于充分发挥检察职能服务保障"六稳""六保"的意见》(2020年7月22日,节录)

3. 依法保护企业正常生产经营活动。……二是依法慎重处理贷款类犯罪案件。在办理骗取贷款等犯罪案件时,充分考虑企业"融资难""融资贵"的实际情况,注意从借款人采取的欺骗手段是否属于明显虚构事实或者隐瞒真相,是否与银行工作人员合谋、受其指使,是否非法影响银行放贷决策、危及信贷资金安全,是否造成重大损失等方面,合理判断其行为危害性,不苛求企业等借款人。对于借款人因生产经营需要,在贷款过程中虽有违规行为,但未造成实际损失的,一般不作为犯罪处理。对于借款人采取欺骗手段获取贷款,虽给银行造成损失,但证据不足以认定借款人有非法占有目的的,不能以贷款诈骗罪定性处理。

立案追诉标准

《最高人民检察院、公安部关于公安机关管辖的刑事案件立案追诉标准的规定(二)》(公通字〔2022〕12号,节录)

第四十五条 〔贷款诈骗案(刑法第一百九十三条)〕以非法占有为目的,诈骗银行或者其他金融机构的贷款,数额在五万元以上的,应予立案追诉。

(→附则参见分则标题评注部分,第392页)

法律适用答复、复函

《中国人民银行办公厅关于进出口押汇垫款认定事宜的复函》(银办函〔2002〕377号)

公安部办公厅:

你厅《关于请协助认定押汇垫款能否视为贷款性质的函》(公经〔2002〕576号)收悉。现函复如下:

进、出口押汇属于贸易融资业务。进口押汇是银行根据客户要求在进口结算业务中给予客户资金融通的业务活动。出口押汇是银行凭出口商提供的出口单据向出口商融通资金的业务活动。押汇垫款是贸易项下融资的一种方式,其性质应属于贷款。

《公安部办公厅关于若干经济犯罪案件如何统计涉案总价值、挽回经济损失数额的批复》(公经〔2008〕214号)第二条、第五条对贷款诈骗案的涉案价值和挽回经济损失额的计算规则作了规定。(→参见分则第三章第六节标题评注部分,第911、912页)

刑参案例规则提炼①

《郭建升被控贷款诈骗案——贷款诈骗罪中的"以非法占有为目的"应如何把握》(第 88 号案例)、《吴晓丽贷款诈骗案——如何区分贷款诈骗罪和贷款纠纷》(第 95 号案例)、《潘勇、王伟职务侵占、虚报注册资本、贷款诈骗案——以非法侵占物进行抵押贷款、逾期不还贷行为的定性》(第 192 号案例)、《张福顺贷款诈骗案——贷款诈骗罪与贷款民事欺诈行为的区分》(第 306 号案例)、《陈恒国骗取贷款案——如何认定骗取贷款案件中行为人是否具有非法占有目的》(第 963 号案例)、《钢浓公司、武建钢骗取贷款、诈骗案——使用虚假资料获取银行贷款的,如何认定行为人的非法占有目的》(第 1208 号案例)所涉规则提炼如下:

1.贷款诈骗罪与骗取贷款罪及贷款纠纷的界分规则。"要准确区分贷款诈骗与贷款纠纷的界限。特别应当注意的是……对于合法取得贷款后,没有按规定的用途使用贷款,到期没有归还贷款的,不能以贷款诈骗罪定罪处罚;对于确有证据证明行为人不具有非法占有目的,因不具备贷款的条件而采取了欺骗手段获取贷款,案发时有能力履行还贷义务,或者案发时不能归还贷款是因为意志以外的原因,如因经营不善、被骗、市场风险等,不应以贷款诈骗罪定罪处罚。"(第 88 号案例)"判断行为人主观上具有非法占有贷款的目的,必须同时具备以下客观事实:其一,行为人是通过欺诈的手段来取得贷款的;其二,行为人到期没有归还贷款;其三,行为人贷款时即明知不具有归还能力或者贷款后实施了某种特定行为,如携款逃跑、肆意挥霍贷款,抽逃、转移资金、隐匿财产以逃避返还贷款,等等。只有在借款人同时具备上述三个条件时,才能认定借款人在主观上具有非法占有贷款的目的。若借款人所实施的行为欠缺上述条件之一的,一般不能认定其主观上具有非法占有的目的。"(第 95 号案例)"不能单纯以行为人使用欺诈手段实际获取了贷款或者贷款到期不能归还,就认定行为人主观上具有非法占有贷款的目的,而应坚持主客观相一致的原则,具体情况具体分析,在对行为人贷款时的履约能力、取得贷款的手段、贷款的使用去向、贷款无法归还的原因等方面及相关客观事实进行综合分析的基础上,判断行为人是否具有非法占有贷款的目的,以准确界定是贷款欺诈行为还是贷款诈骗犯罪。"(第 306 号案例)"虽然……有使用虚假资料骗取贷款的欺诈行为,但无充分证据证实……

---

① 另,鉴于法律修改幅度较大,并且对现行案件处理借鉴意义不大,《陈玉泉、邹臻荣贷款诈骗案——对于 1997 年刑法施行前单位实施的贷款诈骗行为应如何处理》(第 103 号案例)所涉规则未予提炼。

对骗取的资金具有非法占有目的。法院依法以骗取贷款罪追究……的刑事责任,定性是准确的。"(第 1208 号案例)"值得注意的是,骗取贷款罪与贷款诈骗罪可能相互转化,甚至导致案件性质从刑事转化为民事,民事转化为刑事。如行为人最初的动机是非法占有贷款,但在取得贷款以后将贷款用于正常的生产经营活动或者受到其他良好因素的影响,其当初的意图发生了变化,贷款期满即归还贷款。这种情形达到追究刑事责任数额标准或者情节标准的,构成骗取贷款罪,未达到刑事责任数额标准的,属于民事欺诈性质。反之,行为人取得贷款之前没有非法占有的意图,但在取得贷款后,客观行为表现出其主观上不愿归还贷款的情形,贷款期满后不予归还,达到数额较大的,则构成贷款诈骗罪。"(第 963 号案例)

2. **以非法侵占物进行抵押贷款、逾期不还贷行为的定性规则。**"在贷款行为中提供了'真实的'抵押担保,虽隐瞒了抵押物的非法性质,但银行方并不会因之遭受实际的经济损失……不应也不宜……追究其贷款诈骗的刑事责任。"(第 192 号案例)

第一百九十四条 【票据诈骗罪】有下列情形之一,进行金融票据诈骗活动,数额较大的,处五年以下有期徒刑或者拘役,并处二万元以上二十万元以下罚金;数额巨大或者有其他严重情节的,处五年以上十年以下有期徒刑,并处五万元以上五十万元以下罚金;数额特别巨大或者有其他特别严重情节的,处十年以上有期徒刑或者无期徒刑,并处五万元以上五十万元以下罚金或者没收财产:

(一)明知是伪造、变造的汇票、本票、支票而使用的;
(二)明知是作废的汇票、本票、支票而使用的;
(三)冒用他人的汇票、本票、支票的;
(四)签发空头支票或者与其预留印鉴不符的支票,骗取财物的;
(五)汇票、本票的出票人签发无资金保证的汇票、本票或者在出票时作虚假记载,骗取财物的。

【金融凭证诈骗罪】使用伪造、变造的委托收款凭证、汇款凭证、银行存单等其他银行结算凭证的,依照前款的规定处罚。

立法沿革

本条系 1997 年《刑法》吸收修改单行刑法作出的规定。《全国人民代表大会常务委员会关于惩治破坏金融秩序犯罪的决定》(自 1995 年 6 月 30 日起施行)第十二条规定:"有下列情形之一,进行金融票据诈骗活动,数额较大的,处五年以下有期徒刑或者拘役,并处二万元以上二十万元以下罚金;数额巨大或者有其他严重情节的,处五年以上十年以下有期徒刑,并处五万元以上五十万元以下罚金;数额特别巨大或者有其他特别严重情节的,处十年以上有期徒刑、无期徒刑或者死刑,并处没收财产:(一)明知是伪造、变造的汇票、本票、支票而使用的;(二)明知是作废的汇票、本票、支票而使用的;(三)冒用他人的汇票、本票、支票的;(四)签发空头支票或者与其预留印鉴不符的支票,骗取财物的;(五)汇票、本票的出票人签发无资金保证的汇票、本票或者在出票时作虚假记载,骗取财物的。""使用伪造、变造的委托收款凭证、汇款凭证、银行存单等其他银行结算凭证的,依照前款的规定处罚。""单位犯前两款罪的,对单位判处罚金,并对直接负责的主管人员和其他直接责任人员,依照第一款的规定处罚。"1997 年《刑法》在第三档增设并处罚金的规定,并将死刑和单位犯罪的规定与其他金融诈骗犯罪的相关规定合并;同时,在"对直接负责的主管人员和其他直接责任人员"的表述中增加"其"。

立案追诉标准

《最高人民检察院、公安部关于公安机关管辖的刑事案件立案追诉标准的规定(二)》(公通字〔2022〕12 号,节录)

第四十六条 〔票据诈骗案(刑法第一百九十四条第一款)〕进行金融票据诈骗活动,数额在五万元以上的,应予立案追诉。

第四十七条 〔金融凭证诈骗案(刑法第一百九十四条第二款)〕使用伪造、变造的委托收款凭证、汇款凭证、银行存单等其他银行结算凭证进行诈骗活动,数额在五万元以上的,应予立案追诉。

(→附则参见分则标题评注部分,第 392 页)

刑参案例规则提炼

《曹娅莎金融凭证诈骗案——使用变造的金融凭证进行诈骗的行为如何适用法律》(第 4 号案例)、《朱成芳等金融凭证诈骗、贷款诈骗案——使用伪造的银行存单作抵押骗取银行贷款的行为如何定性》(第 33 号案例)、《王昌和变造金融票证案——涂改、变造存折后再进行金融凭证诈骗的行为如何定性》(第 71 号案例)、《季某票据诈骗、合同诈骗案——骗取货物后以空头支票付款的行为如何定罪》(第 93 号案例)、《姚建林票据诈骗案——票据诈骗罪是否属于以非法占有为目的的犯罪》(第145号案例)、《刘岗、王小军、庄志德金融凭证诈骗案——犯罪故意内容不一致的能否构成共同犯罪》(第168号案例)、《周大伟票据诈骗(未遂)案——盗取空白现金支票伪造后使用的应如何定性》(第277号案例)、《田亚平诈骗案——银行出纳员用自制"高额利率定单",对外虚构单位内部有高额利率存款的事实,将吸存的亲朋好友的现金占为已有的行为如何定性》(第301号案例)、《李兰香票据诈骗案——利用保管他公司工商登记、经营证章的便利条件,以他公司名义申领、签发支票并非法占有他公司财物行为的定性》(第307号案例)、《王世清票据诈骗、刘耀挪用资金案——勾结银行工作人员使用已贴现的真实票据质押贷款的行为如何处理》(第387号案例)、《张北海等人贷款诈骗、金融凭证诈骗案——伪造企业网上银行转账授权书骗取资金的行为如何定罪处罚》(第424号案例)、《李路军金融凭证诈骗案——金融机构工作人员利用工作之便,以换折方式支取储户资金的行为构成盗窃罪还是金融凭证诈骗罪》(第425号案例)、《颜强票据诈骗案——城市信用社工作人员,采取欺骗手段取得客户印鉴后,以现金支票的形式将客户账户内的资金取出非法占有的行为如何定性》(第861号案例)所涉规则提炼如下:

1. 票据诈骗罪主观方面的判定规则。"作为侵犯财产罪的票据诈骗罪,是从传统的诈骗罪中分离出来的,与诈骗罪相同,以非法占有为目的是构成本罪的必要条件。"(第145号案例)

2. 票据诈骗罪的适用规则。"以非法占有为目的,使用已经贴现的真实票据质押贷款的行为,属于刑法第一百九十四条第一款第(三)项规定的'冒用他人的汇票'进行诈骗活动,应当以票据诈骗罪定罪处罚。"(第387号案例)"城市信用社工作人员,采取欺骗手段取得客户印鉴后,以现金支票的形式将客户账户内的资金取出非法占有的行为",构成票据诈骗罪。(第861号案例)此外,诈骗"采取'签发空头支票'支付货款的手段实施的。其签发空头支票是在骗取财物之前还是之后,不应当影响票据诈骗罪的成立"。(第93号案例)

3. 金融凭证诈骗罪与诈骗罪的界分规则。"本案所谓的'高额利率定单'虽然盖有银行的公章和会计、出纳的私章,但因是……私自制作的虚假单据,银行并不存在这样的定单格式,故此定单不属于伪造或变造的银行存单,更谈不上使用伪造、变造的银行存单问题。所以……的行为也不构成金融凭证诈骗罪。""自制虚假的'高额利率定单',偷盖储蓄业务专用章和同班人员印鉴等行为,是为了让亲朋好友相信银行确有高额利率存款的事实,以达到取得亲朋好友资金的目的,这些都是骗取财物所采取的手段,完全符合诈骗罪的客观要件构成。"(第301号案例)

4. 罪数处断规则。"刑法第一百九十四条第二款已规定，使用伪造、变造的委托收款凭证、汇款凭证、银行存单等其他银行结算凭证的，以金融凭证诈骗罪定罪处罚。这里所说的使用伪造、变造金融凭证，当然包括使用者本人伪造、变造金融凭证的情况在内。尽管伪造、变造的行为也可单独构成伪造、变造金融票证罪，但刑法第一百九十四条第二款的规定，已从立法上排除了伪造、变造金融凭证罪的适用。"（第 71 号案例）"变造银行存单并使用的，应以金融凭证诈骗罪定罪处罚，不实行数罪并罚。"（第 168 号案例）"采用变造银行存单、伪造汇票中资金转让内容的手段诈骗存款单位钱款的行为，已构成金融凭证诈骗罪。"（第 4 号案例）"使用伪造的银行存单作抵押骗取贷款的行为，应以金融凭证诈骗罪认定、处罚。"（第 33 号案例）"网上银行企业客户账户查询、转账授权书属于金融凭证。由此，被告人……伪造企业网上银行转账授权书骗取资金的行为，应构成金融凭证诈骗罪。"（第 424 号案例）"金融机构工作人员利用工作之便，以偷换储户存折的方式支取存款的行为，构成金融凭证诈骗罪。"（第 425 号案例）此外，"盗取空白现金支票伪造后予以使用的"，"理论上应以伪造金融票证罪和盗窃罪（未遂）二罪来评价"。"至于对被告人的盗窃未遂行为是否需要定罪处罚"，可以根据具体情况再作探讨。（第 277 号案例）"在委托事项完成后，利用保管……公司工商登记、经营证章的便利条件，以该公司名义申领、签发支票进而非法占有该公司财物的行为"，"实际上同时触犯了伪造金融票证罪和票据诈骗罪两个罪名，但因两者存在手段和目的之间的牵连关系，按照牵连犯的一般适用原则，本案应以票据诈骗罪一罪处理"。（第 307 号案例）

第一百九十五条 【信用证诈骗罪】有下列情形之一，进行信用证诈骗活动的，处五年以下有期徒刑或者拘役，并处二万元以上二十万元以下罚金；数额巨大或者有其他严重情节的，处五年以上十年以下有期徒刑，并处五万元以上五十万元以下罚金；数额特别巨大或者有其他特别严重情节的，处十年以上有期徒刑或者无期徒刑，并处五万元以上五十万元以下罚金或者没收财产：

（一）使用伪造、变造的信用证或者附随的单据、文件的；
（二）使用作废的信用证的；
（三）骗取信用证的；
（四）以其他方法进行信用证诈骗活动的。

立法沿革

本条系1997年《刑法》吸收修改单行刑法作出的规定。《全国人民代表大会常务委员会关于惩治破坏金融秩序犯罪的决定》(自1995年6月30日起施行)第十三条规定:"有下列情形之一,进行信用证诈骗活动的,处五年以下有期徒刑或者拘役,并处二万元以上二十万元以下罚金;数额巨大或者有其他严重情节的,处五年以上十年以下有期徒刑,并处五万元以上五十万元以下罚金;数额特别巨大或者有其他特别严重情节的,处十年以上有期徒刑、无期徒刑或者死刑,并处没收财产:(一)使用伪造、变造的信用证或者附随的单据、文件的;(二)使用作废的信用证的;(三)骗取信用证的;(四)以其他方法进行信用证诈骗活动的。""单位犯前款罪的,对单位判处罚金,并对直接负责的主管人员和其他直接责任人员,依照前款的规定处罚。"1997年《刑法》在第三档增设并处罚金的规定,并将死刑和单位犯罪的规定与其他金融诈骗犯罪的相关规定合并;同时,在"对直接负责的主管人员和其他直接责任人员"的表述中增加"其"。

立案追诉标准

《最高人民检察院、公安部关于公安机关管辖的刑事案件立案追诉标准的规定(二)》(公通字〔2022〕12号,节录)

第四十八条 〔信用证诈骗案(刑法第一百九十五条)〕进行信用证诈骗活动,涉嫌下列情形之一的,应予立案追诉:

(一)使用伪造、变造的信用证或者附随的单据、文件的;

(二)使用作废的信用证的;

(三)骗取信用证的;

(四)以其他方法进行信用证诈骗活动的。

(→附则参见分则标题评注部分,第392页)

法律适用答复、复函

《最高人民法院关于对信用证诈骗案件有关问题的复函》(法函〔2003〕60号)

中国银行业监督管理委员会、公安部:

一、在办理信用证诈骗案件中,是否必须查明虚假议付单据、文件来源和议付

---

① 参见李立众编:《刑法一本通——中华人民共和国刑法总成》(第十六版),法律出版社2022年版,第361页。

款项的最终流向不能一概而论,应当视案件的证据情况决定。对属于认定行为人主观上"是否明知"以及"是否具有非法占有目的"必不可少的证据,则应当查清。

二、关于委托境外执法部门协助提供的证人证言可否作为证据使用的问题。根据刑事诉讼法第十七条①的规定,依照刑事司法协助的内容委托境外执法机构询问证人的情况可以作为证据使用。但如果境外执法部门所取得的证言上加盖有"不得作呈堂证供"的印章,应当经过适当形式的转换后使用。

第一百九十六条　【信用卡诈骗罪】有下列情形之一,进行信用卡诈骗活动,数额较大的,处五年以下有期徒刑或者拘役,并处二万元以上二十万元以下罚金;数额巨大或者有其他严重情节的,处五年以上十年以下有期徒刑,并处五万元以上五十万元以下罚金;数额特别巨大或者有其他特别严重情节的,处十年以上有期徒刑或者无期徒刑,并处五万元以上五十万元以下罚金或者没收财产:

（一）使用伪造的信用卡,或者使用以虚假的身份证明骗领的信用卡的;
（二）使用作废的信用卡的;
（三）冒用他人信用卡的;
（四）恶意透支的。

前款所称恶意透支,是指持卡人以非法占有为目的,超过规定限额或者规定期限透支,并且经发卡银行催收后仍不归还的行为。

盗窃信用卡并使用的,依照本法第二百六十四条的规定定罪处罚。

立法沿革

本条系1997年《刑法》吸收修改单行刑法作出的规定。《全国人民代表大会常务委员会关于惩治破坏金融秩序犯罪的决定》(自1995年6月30日起施行)第十四条规定:"有下列情形之一,进行信用卡诈骗活动,数额较大的,处五年以下有期徒刑或者拘役,并处二万元以上二十万元以下罚金;数额巨大或者有其他严重情节的,处五年以上十年以下有期徒刑,并处五万元以上五十万元以下罚金;数额特别巨大或者有其他特别严重情节的,处十年以上有期徒刑或者无期徒刑,并处没收财产:(一)使用伪造的信用卡的;(二)使用作废的信用卡的;(三)冒用他人信用卡的;(四)恶意透支的。""盗窃信用卡并使用的,依照刑法关

---
① 现行刑事诉讼法为第十八条。——本评注注

于盗窃罪的规定处罚。"1997年《刑法》在第三档刑增加并处罚金的规定,增设第二款对"恶意透支"作了界定,并明确对盗窃信用卡并使用的行为依照盗窃罪的规定定罪处罚。

2005年2月28日起施行的《刑法修正案(五)》第二条对本条作了修改,在第一款第(一)项增加规定"或者使用以虚假的身份证明骗领的信用卡的"。

修正前《刑法》	修正后《刑法》
第一百九十六条 【信用卡诈骗罪】有下列情形之一,进行信用卡诈骗活动,数额较大的,处五年以下有期徒刑或者拘役,并处二万元以上二十万元以下罚金;数额巨大或者有其他严重情节的,处五年以上十年以下有期徒刑,并处五万元以上五十万元以下罚金;数额特别巨大或者有其他特别严重情节的,处十年以上有期徒刑或无期徒刑,并处五万元以上五十万元以下罚金或者没收财产: (一)使用伪造的信用卡的; (二)使用作废的信用卡的; (三)冒用他人信用卡的; (四)恶意透支的。 前款所称恶意透支,是指持卡人以非法占有为目的,超过规定限额或者规定期限透支,并且经发卡银行催收后仍不归还的行为。 盗窃信用卡并使用的,依照本法第二百六十四条的规定定罪处罚。	第一百九十六条 【信用卡诈骗罪】有下列情形之一,进行信用卡诈骗活动,数额较大的,处五年以下有期徒刑或者拘役,并处二万元以上二十万元以下罚金;数额巨大或者有其他严重情节的,处五年以上十年以下有期徒刑,并处五万元以上五十万元以下罚金;数额特别巨大或者有其他特别严重情节的,处十年以上有期徒刑或者无期徒刑,并处五万元以上五十万元以下罚金或者没收财产: (一)使用伪造的信用卡,**或者使用以虚假的身份证明骗领的信用卡**的; (二)使用作废的信用卡的; (三)冒用他人信用卡的; (四)恶意透支的。 前款所称恶意透支,是指持卡人以非法占有为目的,超过规定限额或者规定期限透支,并且经发卡银行催收后仍不归还的行为。 盗窃信用卡并使用的,依照本法第二百六十四条的规定定罪处罚。

■ 立法解释

《全国人民代表大会常务委员会关于〈中华人民共和国刑法〉有关信用卡规定的解释》(自2004年12月29日起施行)

全国人民代表大会常务委员会根据司法实践中遇到的情况,讨论了刑法规定的"信用卡"的含义问题,解释如下:

刑法规定的"信用卡",是指由商业银行或者其他金融机构发行的具有消费支付、信用贷款、转帐结算、存取现金等全部功能或者部分功能的电子支付卡。

现予公告。

司法解释

《最高人民检察院关于拾得他人信用卡并在自动柜员机(ATM机)上使用的行为如何定性问题的批复》(高检发释字〔2008〕1号,自2008年5月7日起施行)

浙江省人民检察院:

你院《关于拾得他人信用卡并在ATM机上使用的行为应如何定性的请示》(浙检研〔2007〕227号)收悉。经研究,批复如下:

拾得他人信用卡并在自动柜员机(ATM机)上使用的行为,属于刑法第一百九十六条第一款第(三)项规定的"冒用他人信用卡"的情形,构成犯罪的,以信用卡诈骗罪追究刑事责任。

《最高人民法院、最高人民检察院关于办理妨害信用卡管理刑事案件具体应用法律若干问题的解释》(法释〔2009〕19号,经《最高人民法院、最高人民检察院关于修改〈关于办理妨害信用卡管理刑事案件具体应用法律若干问题的解释〉的决定》(法释〔2018〕19号)修正,修正后自2018年12月1日起施行)

为依法惩治妨害信用卡管理犯罪活动,维护信用卡管理秩序和持卡人合法权益,根据《中华人民共和国刑法》规定,现就办理这类刑事案件具体应用法律的若干问题解释如下:

第一条 复制他人信用卡、将他人信用卡信息资料写入磁条介质、芯片或者以其他方法伪造信用卡一张以上的,应当认定为刑法第一百七十七条第一款第四项规定的"伪造信用卡",以伪造金融票证罪定罪处罚。

伪造空白信用卡十张以上的,应当认定为刑法第一百七十七条第一款第四项规定的"伪造信用卡",以伪造金融票证罪定罪处罚。

伪造信用卡,有下列情形之一的,应当认定为刑法第一百七十七条规定的"情节严重":

(一)伪造信用卡五张以上不满二十五张的;

(二)伪造的信用卡内存款余额、透支额度单独或者合计数额在二十万元以上不满一百万元的;

(三)伪造空白信用卡五十张以上不满二百五十张的;

(四)其他情节严重的情形。

伪造信用卡,有下列情形之一的,应当认定为刑法第一百七十七条规定的"情节特别严重":

(一)伪造信用卡二十五张以上的;
(二)伪造的信用卡内存款余额、透支额度单独或者合计数额在一百万元以上的;
(三)伪造空白信用卡二百五十张以上的;
(四)其他情节特别严重的情形。

本条所称"信用卡内存款余额、透支额度",以信用卡被伪造后发卡行记录的最高存款余额、可透支额度计算。

第二条 明知是伪造的空白信用卡而持有、运输十张以上不满一百张的,应当认定为刑法第一百七十七条之一第一款第一项规定的"数量较大";非法持有他人信用卡五张以上不满五十张的,应当认定为刑法第一百七十七条之一第一款第二项规定的"数量较大"。

有下列情形之一的,应当认定为刑法第一百七十七条之一第一款规定的"数量巨大":

(一)明知是伪造的信用卡而持有、运输十张以上的;
(二)明知是伪造的空白信用卡而持有、运输一百张以上的;
(三)非法持有他人信用卡五十张以上的;
(四)使用虚假的身份证明骗领信用卡十张以上的;
(五)出售、购买、为他人提供伪造的信用卡或者以虚假的身份证明骗领的信用卡十张以上的。

违背他人意愿,使用其居民身份证、军官证、士兵证、港澳居民往来内地通行证、台湾居民来往大陆通行证、护照等身份证明申领信用卡的,或者使用伪造、变造的身份证明申领信用卡的,应当认定为刑法第一百七十七条之一第一款第三项规定的"使用虚假的身份证明骗领信用卡"。

第三条 窃取、收买、非法提供他人信用卡信息资料,足以伪造可进行交易的信用卡,或者足以使他人以信用卡持卡人名义进行交易,涉及信用卡一张以上不满五张的,依照刑法第一百七十七条之一第二款的规定,以窃取、收买、非法提供信用卡信息罪定罪处罚;涉及信用卡五张以上的,应当认定为刑法第一百七十七条之一第一款规定的"数量巨大"。

第四条 为信用卡申请人制作、提供虚假的财产状况、收入、职务等资信证明材料,涉及伪造、变造、买卖国家机关公文、证件、印章,或者涉及伪造公司、企业、事业单位、人民团体印章,应当追究刑事责任的,依照刑法第二百八十条的规定,分别以伪造、变造、买卖国家机关公文、证件、印章罪和伪造公司、企业、事业单位、人民团体印章罪定罪处罚。

承担资产评估、验资、验证、会计、审计、法律服务等职责的中介组织或其人员,为信用卡申请人提供虚假的财产状况、收入、职务等资信证明材料,应当追究刑事责任的,依照刑法第二百二十九条的规定,分别以提供虚假证明文件罪和出具证明文件重大失实罪定罪处罚。

第五条① 使用伪造的信用卡、以虚假的身份证明骗领的信用卡、作废的信用卡或者冒用他人信用卡,进行信用卡诈骗活动,数额在五千元以上不满五万元的,应当认定为刑法第一百九十六条规定的"数额较大";数额在五万元以上不满五十万元的,应当认定为刑法第一百九十六条规定的"数额巨大";数额在五十万元以上的,应当认定为刑法第一百九十六条规定的"数额特别巨大"。

刑法第一百九十六条第一款第三项所称"冒用他人信用卡",包括以下情形:

(一)拾得他人信用卡并使用的;

(二)骗取他人信用卡并使用的;

(三)窃取、收买、骗取或者以其他非法方式获取他人信用卡信息资料,并通过互联网、通讯终端等使用的;

(四)其他冒用他人信用卡的情形。

第六条 持卡人以非法占有为目的,超过规定限额或者规定期限透支,经发卡银行两次有效催收后超过三个月仍不归还的,应当认定为刑法第一百九十六条规定的"恶意透支"。

对于是否以非法占有为目的,应当综合持卡人信用记录、还款能力和意愿、申领和透支信用卡的状况、透支资金的用途、透支后的表现、未按规定还款的原因等情节作出判断。不得单纯依据持卡人未按规定还款的事实认定非法占有目的。

具有以下情形之一的,应当认定为刑法第一百九十六条第二款规定的"以非法占有为目的",但有证据证明持卡人确实不具有非法占有目的的除外:

(一)明知没有还款能力而大量透支,无法归还的;

---

① 通过本条第二款对"冒用他人信用卡"所列举情形可以看出,对"冒用"的认定,重在考察"使用"信用卡时是否假冒他人名义。不论行为人是通过合法还是非法手段取得信用卡信息资料,只要其假冒他人名义非法使用这些信息资料,就应当认定为"冒用他人信用卡"。例如,行为人与被害人相互熟悉,行为人应被害人要求陪同办理银行卡,因被害人不熟悉办卡流程,全程由行为人代办(因被害人的手机号不是实名制,被害人将银行卡的联系方式预留为行为人的手机号)。办理完银行卡后,行为人将被害人的银行卡绑定在自己的微信账户上,并将卡内资金转出用于消费。对于本案,**本评注倾向于**认定为信用卡诈骗罪。

(二)使用虚假资信证明申领信用卡后透支,无法归还的;

(三)透支后通过逃匿、改变联系方式等手段,逃避银行催收的;

(四)抽逃、转移资金,隐匿财产,逃避还款的;

(五)使用透支的资金进行犯罪活动的;

(六)其他非法占有资金,拒不归还的情形。

第七条① 催收同时符合下列条件的,应当认定为本解释第六条规定的"有效催收":

(一)在透支超过规定限额或者规定期限后进行;

(二)催收应当采用能够确认持卡人收悉的方式,但持卡人故意逃避催收的除外;

(三)两次催收至少间隔三十日;

(四)符合催收的有关规定或者约定。

对于是否属于有效催收,应当根据发卡银行提供的电话录音、信息送达记录、信函送达回执、电子邮件送达记录、持卡人或者其家属签字以及其他催收原始证据材料作出判断。

发卡银行提供的相关证据材料,应当有银行工作人员签名和银行公章。

第八条 恶意透支,数额在五万元以上不满五十万元的,应当认定为刑法第一百九十六条规定的"数额较大";数额在五十万元以上不满五百万元的,应当认定为刑法第一百九十六条规定的"数额巨大";数额在五百万元以上的,应当

---

① 对于持卡人与实际透支人不一致时的催收对象及相关问题,实践中存在不同认识。经研究认为,上述问题主要系实践操作问题,司法解释未予涉及。具体操作中,可以根据实际透支人获得信用卡的不同方式分别作出处理:(1)违背持卡人真实意愿情形的处理。以拾得、骗取、窃取、收买甚至抢劫、盗窃等方式获取他人信用卡后恶意透支,根据刑法和司法解释的有关规定,可以盗窃罪、信用卡诈骗罪(冒用他人信用卡)等规定定罪处罚,不需要催收。(2)未违背持卡人的真实意愿情形的处理。持卡人明知甚至与实际透支人共谋,共同使用自己的信用卡恶意透支的,对持卡人进行催收即可。因为在此种情形下,持卡人与实际透支人一般存在某种关联,且双方违反了《中国人民银行银行卡业务管理办法》(银发〔1999〕17号)第二十八条"银行卡及其账户只限经发卡银行批准的持卡人本人使用,不得出租和转借"的规定。需要特别强调,此处只是明确催收对象是持卡人,但是否构成恶意透支型信用卡诈骗罪,以及追究的刑事责任具体主体,还需要根据案件具体情况作出判断。参见耿磊:《〈关于办理妨害信用卡管理刑事案件具体应用法律若干问题的解释〉的理解与适用》,载中华人民共和国最高人民法院刑事审判第一、二、三、四、五庭主办:《刑事审判参考(总第115集)》,法律出版社2019年版,第118页。

认定为刑法第一百九十六条规定的"数额特别巨大"。

第九条 恶意透支的数额,是指公安机关刑事立案时尚未归还的实际透支的本金数额,不包括利息、复利、滞纳金、手续费等发卡银行收取的费用。归还或者支付的数额,应当认定为归还实际透支的本金。

检察机关在审查起诉、提起公诉时,应当根据发卡银行提供的交易明细、分类账单(透支账单、还款账单)等证据材料,结合犯罪嫌疑人、被告人及其辩护人所提辩解、辩护意见及相关证据材料,审查认定恶意透支的数额;恶意透支的数额难以确定的,应当依据司法会计、审计报告,结合其他证据材料审查认定。人民法院在审判过程中,应当在对上述证据材料查证属实的基础上,对恶意透支的数额作出认定。

发卡银行提供的相关证据材料,应当有银行工作人员签名和银行公章。

第十条 恶意透支数额较大,在提起公诉前全部归还或者具有其他情节轻微情形的,可以不起诉;在一审判决前全部归还或者具有其他情节轻微情形的,可以免予刑事处罚。但是,曾因信用卡诈骗受过两次以上处罚的除外。

第十一条 发卡银行违规以信用卡透支形式变相发放贷款,持卡人未按规定归还的,不适用刑法第一百九十六条'恶意透支'的规定。构成其他犯罪的,以其他犯罪论处。

第十二条 违反国家规定,使用销售点终端机具(POS机)等方法,以虚构交易、虚开价格、现金退货等方式向信用卡持卡人直接支付现金,情节严重的,应当依据刑法第二百二十五条的规定,以非法经营罪定罪处罚。

实施前款行为,数额在一百万元以上的,或者造成金融机构资金二十万元以上逾期未还的,或者造成金融机构经济损失十万元以上的,应当认定为刑法第二百二十五条规定的"情节严重";数额在五百万元以上的,或者造成金融机构资金一百万元以上逾期未还的,或者造成金融机构经济损失五十万元以上的,应当认定为刑法第二百二十五条规定的"情节特别严重"。

持卡人以非法占有为目的,采用上述方式恶意透支,应当追究刑事责任的,依照刑法第一百九十六条的规定,以信用卡诈骗罪定罪处罚。

第十三条 单位实施本解释规定的行为,适用本解释规定的相应自然人犯罪的定罪量刑标准。

规范性文件

《最高人民法院、最高人民检察院、公安部关于信用卡诈骗犯罪管辖有关问题的通知》(公通字〔2011〕29号)

各省、自治区、直辖市高级人民法院、人民检察院、公安厅、局，新疆维吾尔自治区高级人民法院生产建设兵团分院、新疆生产建设兵团人民检察院、公安局：

近年来，信用卡诈骗流窜作案逐年增多，受害人在甲地申领的信用卡，被犯罪嫌疑人在乙地盗取了信用卡信息，并在丙地被提现或消费。犯罪嫌疑人企图通过空间的转换逃避刑事打击。为及时有效打击此类犯罪，现就有关案件管辖问题通知如下：

对以窃取、收买等手段非法获取他人信用卡信息资料后在异地使用的信用卡诈骗犯罪案件，持卡人信用卡申领地的公安机关、人民检察院、人民法院可以依法立案侦查、起诉、审判。

《最高人民法院、最高人民检察院关于常见犯罪的量刑指导意见（试行）》
（法发〔2021〕21号，节录）

四、常见犯罪的量刑

（五）信用卡诈骗罪

1. 构成信用卡诈骗罪的，根据下列情形在相应的幅度内确定量刑起点：

（1）达到数额较大起点的，在二年以下有期徒刑、拘役幅度内确定量刑起点。

（2）达到数额巨大起点或者有其他严重情节的，在五年至六年有期徒刑幅度内确定量刑起点。

（3）达到数额特别巨大起点或有其他特别严重情节的，在十年至十二年有期徒刑幅度内确定量刑起点。依法应当判处无期徒刑的除外。

2. 在量刑起点的基础上，根据信用卡诈骗数额等其他影响犯罪构成的犯罪事实增加刑罚量，确定基准刑。

3. 构成信用卡诈骗罪的，根据诈骗手段、犯罪数额、危害后果等犯罪情节，综合考虑被告人缴纳罚金的能力，决定罚金数额。

4. 构成信用卡诈骗罪的，综合考虑诈骗手段、犯罪数额、危害后果、退赃退赔等犯罪事实、量刑情节，以及被告人主观恶性、人身危险性、认罪悔罪表现等因素，决定缓刑的适用。

（→前三部分和第五部分参见总则第四章第一节标题评注部分，第223、227页）

■ **立案追诉标准**

《最高人民检察院、公安部关于公安机关管辖的刑事案件立案追诉标准的规定（二）》（公通字〔2022〕12号）**第四十九条**关于信用卡诈骗罪立案追诉标准的规定与法释〔2009〕19号解释（经法释〔2018〕19号解释修正）第五条、第六条、第八条、第十条一致。

法律适用答复、复函[①]

《最高人民法院关于被告人余××利用他人遗忘在ATM机内已输好密码的信用卡取款的行为如何定性请示一案的批复》（〔2017〕最高法刑他3371号）

福建省高级人民法院：

你院《关于被告人余××利用他人遗忘在ATM机内已输好密码的信用卡取款的行为如何定性的请示报告》收悉。经研究，批复如下：

被告人余××利用他人遗忘在ATM机内已输好密码的信用卡取款的行为倾向于认定为信用卡诈骗罪。

刑参案例规则提炼

《张国涛信用卡诈骗案——如何认定信用卡诈骗罪中的信用卡》（第472号案例）、《陈自渝信用卡诈骗案——恶意透支型信用卡诈骗案件中对透支本金产生的费用如何处理》（第841号案例）、《王立军等信用卡诈骗案——窃取他人开卡邮件并激活信用卡使用的行为如何定性》（第874号案例）、《梁保权、梁博艺信用卡诈骗案——透支信用卡用于经营活动导致无法归还的是否构成信用卡诈骗罪》（第1120号案例）、《潘安信用卡诈骗案——行为人利用他人遗忘在ATM机内已输好密码的信用卡取款行为的定性问题》（第1389号案例）所涉规则提炼如下：

1. 信用卡的认定规则。"金融机构发行的具有消费支付、信用贷款、转账结算、存取现金等全部功能或者部分功能的电子支付卡均属于刑法意义上的信用卡。""银行借记卡也属于刑法意义上的信用卡。"（第472号案例）

2. 信用诈骗罪的对象规则。"在恶意透支型信用卡诈骗罪中，行为人犯罪时所指向的对象只是透支的本金部分，至于后来透支本金所产生的各种费用并不是其犯罪时意图占有的部分。""对于透支本金所产生的复利、滞纳金等间接损失，应当通过民事救济途径解决。"（第841号案例）

3. 窃取他人开卡邮件并激活信用卡使用行为的定性规则。"虽然采用秘密手段窃取他人信用卡，但该卡并未激活，尚不具备信用卡具有的消费、提取现金等支付功能，实际上等同于作废、无效的卡片。被告人真正取得财物是通过激活信用卡并冒用的行为，故应当以信用卡诈骗罪论处。"（第874号案例）

[①] 另，鉴于法释〔2009〕19号解释已作修改并吸收相关内容，《最高人民法院研究室关于信用卡犯罪法律适用若干问题的复函》（法研〔2010〕105号）未予收录。

4. 恶意透支型信用卡诈骗罪的适用规则。"将涉案资金用于合法经营,后因客观原因导致无法归还透支款,主观上没有非法占有透支款的目的,不属于恶意透支信用卡的行为,不构成信用卡诈骗罪。""恶意透支被停卡后至催收后未满3个月期间所偿还款项应视为偿还本金且应从犯罪数额中予以扣除。"(第1120号案例)

5. 利用他人遗忘在 ATM 机内已输好密码的信用卡取款行为的定性规则。上述行为符合信用卡诈骗罪的构成要件。①(第1389号案例)

① 本评注赞同上述立场,认为利用他人遗忘在 ATM 机内已经输好密码的信用卡取款的行为宜以信用卡诈骗罪定罪处罚。主要考虑:(1)关于机器能否被骗的问题,讨论范围应当限于传统诈骗罪而不应拓展至信用卡诈骗罪等专门诈骗罪。横向比较来看,德国、日本等国刑法规定了"使用计算机诈骗罪",都是基于使用计算机实施的诈骗活动不同于传统意义上的"诈骗",在此领域无须再行讨论机器能否被骗的问题。(2)信用卡诈骗罪更能全面评价行为人的行为,信用卡只限于持卡人或其授权的人使用,未经持卡人授权而冒用他人信用卡,并非法获取钱款,不仅侵犯了他人财产权,还妨害了信用卡管理秩序。(3)对于盗窃信用卡并使用的行为、劫取信用卡并使用的行为,考虑到获取信用卡的先行为盗窃、劫取,其危害性要高于使用信用卡的后行为,也即盗窃、抢劫这类严重危及人身、财产安全行为的危害性,要高于妨害信用卡管理秩序行为的危害性,所以刑法对先行为进行否定性评价。正是基于此,《刑法》第一百九十六条第三款和有关规范性文件作了相应规定。在此基础上,《刑法》第一百九十六条第一款和法释〔2009〕19号解释第五条明确将伪造、骗领、拾得、骗取信用卡并使用及使用作废的信用卡,以及窃取、收买、骗取或者以其他非法方式获取他人信用卡信息资料,并通过互联网、通讯终端等使用的行为,均纳入信用卡诈骗罪规制的范围。究其原因,就在于获取信用卡的行为本身并没有侵害到较大的法益。基于此,对于利用他人遗忘在 ATM 机内已经输好密码的信用卡取款的行为适用信用卡诈骗罪,应当也符合上述逻辑。(4)《最高人民法院关于银行储蓄卡密码被泄露导致存款被他人骗取引起的储蓄合同纠纷应否作为民事案件受理问题的批复》(法释〔2005〕7号)规定:"因银行储蓄卡密码被泄露,他人伪造银行储蓄卡骗取存款人银行存款,存款人依其与银行订立的储蓄合同提起民事诉讼的,人民法院应当依法受理。"该批复为储户(持卡人)提供了一条简便、快捷、易行的司法救济途径。一些实际判例证明,在银行不能证明自身无过错的情况下,法院可能会判令发卡银行全额赔偿储户(持卡人)的资金损失。认定信用卡诈骗罪的直接被害人为发卡银行,有利于发卡银行与持卡人之间的民事法律关系实现协调。相反,如果此类案件定盗窃罪,认定被害人为持卡人,将与民事纠纷的处理不协调。(5)对此类行为适用信用卡诈骗罪,对于取款数额不满五千元的行为,可以适用治安管理处罚法。考虑到此类行为的偶发性,以及持卡人自身过错,较之蓄谋犯罪,此类行为的社会危害性相对较小。对于取款数额不满五千元的行为,不纳入刑法的规制范围,并非放纵犯罪。基于此,可以考虑纳入治安管理处(转下页)

第一百九十七条 【有价证券诈骗罪】使用伪造、变造的国库券或者国家发行的其他有价证券,进行诈骗活动,数额较大的,处五年以下有期徒刑或者拘役,并处二万元以上二十万元以下罚金;数额巨大或者有其他严重情节的,处五年以上十年以下有期徒刑,并处五万元以上五十万元以下罚金;数额特别巨大或者有其他特别严重情节的,处十年以上有期徒刑或者无期徒刑,并处五万元以上五十万元以下罚金或者没收财产。

立法沿革

本条系1997年《刑法》增设的规定。

立案追诉标准

《最高人民检察院、公安部关于公安机关管辖的刑事案件立案追诉标准的规定(二)》(公通字〔2022〕12号,节录)

第五十条 〔有价证券诈骗案(刑法第一百九十七条)〕使用伪造、变造的国库券或者国家发行的其他有价证券进行诈骗活动,数额在五万元以上的,应予立案追诉。

(→附则参见分则标题评注部分,第392页)

第一百九十八条 【保险诈骗罪】有下列情形之一,进行保险诈骗活动,数额较大的,处五年以下有期徒刑或者拘役,并处一万元以上十万元以下罚金;数额巨大或者有其他严重情节的,处五年以上十年以下有期徒刑,并处二万元以上二十万元以下罚金;数额特别巨大或者有其他特别严重情节的,处十年以上有期徒刑,并处二万元以上二十万元以下罚金或者没收财产:

(一)投保人故意虚构保险标的,骗取保险金的;

(二)投保人、被保险人或者受益人对发生的保险事故编造虚假的原因或者夸大损失的程度,骗取保险金的;

(接上页)罚法的规制范畴。尽管《治安管理处罚法》对此类冒用他人信用卡实施诈骗的行为没有明确规定,但可以考虑适用《治安管理处罚法》第四十九条,即"盗窃、诈骗、哄抢、抢夺、敲诈勒索或者故意损毁公私财物的,处五日以上十日以下拘留,可以并处五百元以下罚款;情节较重的,处十日以上十五日以下拘留,可以并处一千元以下罚款。"这样既考虑到行为的社会危害性不大,保持刑法使用的谦抑性,也能实现治安管理处罚与刑罚的衔接,不失为一种较好的社会治理手段。

(三)投保人、被保险人或者受益人编造未曾发生的保险事故,骗取保险金的;

(四)投保人、被保险人故意造成财产损失的保险事故,骗取保险金的;

(五)投保人、受益人故意造成被保险人死亡、伤残或者疾病,骗取保险金的。

有前款第四项、第五项所列行为,同时构成其他犯罪的,依照数罪并罚的规定处罚。

单位犯第一款罪的,对单位判处罚金,并对其直接负责的主管人员和其他直接责任人员,处五年以下有期徒刑或者拘役;数额巨大或者有其他严重情节的,处五年以上十年以下有期徒刑;数额特别巨大或者有其他特别严重情节的,处十年以上有期徒刑。

保险事故的鉴定人、证明人、财产评估人故意提供虚假的证明文件,为他人诈骗提供条件的,以保险诈骗的共犯论处。

▎立法沿革

本条系1997年《刑法》吸收修改单行刑法作出的规定。《全国人民代表大会常务委员会关于惩治破坏金融秩序犯罪的决定》(自1995年6月30日起施行)第十六条规定:"有下列情形之一,进行保险诈骗活动,数额较大的,处五年以下有期徒刑或者拘役,并处一万元以上十万元以下罚金;数额巨大或者有其他严重情节的,处五年以上十年以下有期徒刑,并处二万元以上二十万元以下罚金;数额特别巨大或者有其他特别严重情节的,处十年以上有期徒刑,并处没收财产:(一)投保人故意虚构保险标的,骗取保险金的;(二)投保人、被保险人或者受益人对发生的保险事故编造虚假的原因或者夸大损失的程度,骗取保险金的;(三)投保人、被保险人或者受益人编造未曾发生的保险事故,骗取保险金的;(四)投保人、被保险人故意造成财产损失的保险事故,骗取保险金的;(五)投保人、受益人故意造成被保险人死亡、伤残或者疾病,骗取保险金的。""有前款第(四)项、第(五)项所列行为,同时构成其他犯罪的,依照刑法数罪并罚的规定处罚。""保险事故的鉴定人、证明人、财产评估人故意提供虚假的证明文件,为他人诈骗提供条件的,以保险诈骗的共犯论处。""单位犯第一款罪的,对单位判处罚金,并对直接负责的主管人员和其他直接责任人员,依照第一款的规定处罚。"1997年《刑法》对条款顺序作了调整,在第三档刑增加附加刑的规定,并对单位犯罪的直接责任人员规定独立的法定刑。

立案追诉标准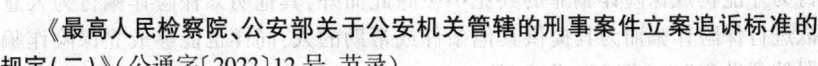

《最高人民检察院、公安部关于公安机关管辖的刑事案件立案追诉标准的规定(二)》(公通字[2022]12号,节录)

第五十一条 〔保险诈骗案(刑法第一百九十八条)〕进行保险诈骗活动,数额在五万元以上的,应予立案追诉。

(→附则参见分则标题评注部分,第392页)

法律适用答复、复函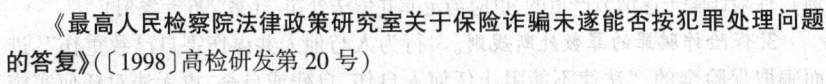

《最高人民检察院法律政策研究室关于保险诈骗未遂能否按犯罪处理问题的答复》([1998]高检研发第20号)

河南省人民检察院:

你院《关于保险诈骗未遂能否按犯罪处理的请示》(豫检捕[1998]11号)收悉。经研究,并经高检院领导同意,答复如下:

行为人已经着手实施保险诈骗行为,但由于其意志以外的原因未能获得保险赔偿的,是诈骗未遂,情节严重的,应依法追究刑事责任。

刑参案例规则提炼①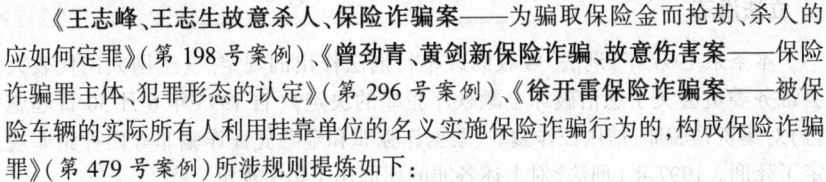

《王志峰、王志生故意杀人、保险诈骗案——为骗取保险金而抢劫、杀人的应如何定罪》(第198号案例)、《曾劲青、黄剑新保险诈骗、故意伤害案——保险诈骗罪主体、犯罪形态的认定》(第296号案例)、《徐开雷保险诈骗案——被保险车辆的实际所有人利用挂靠单位的名义实施保险诈骗行为的,构成保险诈骗罪》(第479号案例)所涉规则提炼如下:

1. 保险诈骗罪的主体规则。"作为被保险车辆的实际所有人和骗保资金的实际获取人,利用挂靠单位的名义实施的保险诈骗行为,符合保险诈骗罪的主体要件,应当认定为构成保险诈骗罪。"(第479号案例)此外,需要注意的是,"刑法第一百九十八条第四款规定,保险事故的鉴定人、证明人、财产评估人故意为保险诈骗行为人提供虚假的证明文件,为其进行保险诈骗提供条件的,以保险诈骗罪的共犯论处。该条实质是一项提示性规定,即提示司法者,对上述主体的上述行为,应当以保险诈骗罪的共犯论处,而不能以其他罪

---

① 另,刑参第198号案例还提出被保险人杀死他人,制造被保险人意外被烧死的假象,以便编造未曾发生的保险事故骗取保险金的行为不能与保险诈骗罪数罪并罚,与本评注所持立场不一致,故对所涉该部分规则未予提炼。

如提供虚假证明文件罪等论处。该条规定并不意味着,只有上述主体的上述行为才能构成保险诈骗罪的共犯……除此而外,其他明知保险诈骗行为人意欲进行保险诈骗而为其提供其他条件或帮助的人,同样也能够成立保险诈骗罪的帮助犯。"(第296号案例)

2. 保险诈骗罪预备、未遂的判定规则。"只有行为人开始向保险公司虚构保险事故,申请赔付保险金时,才可能对保险诈骗罪的所保护法益造成实际的威胁。当行为人自行制造已发生保险事故的假象,但尚未来得及据此向保险公司申请赔付前,实质上仍是在为保险诈骗作准备,还谈不上保险诈骗罪的着手。"(第198号案例)"保险诈骗未遂情节严重的,也应当定罪并依法处罚。"(第296号案例)

3. 保险诈骗罪的罪数处断规则。"行为人与他人共谋伤害自己致重伤",进而骗取保险金的,"法律不能阻止任何人自伤、自残或自杀,更无法对任何实施自伤、自残或自杀行为的人设定并追究其刑事责任(除非法对特别的人有特别的规定如军人战时自伤、自残以逃避义务的)",故"对被告人……不能以故意伤害罪追究刑事责任并与其保险诈骗罪实行并罚"。(第296号案例)

第一百九十九条 (删去)

立法沿革

本条系1997年《刑法》吸收修改单行刑法作出的规定。《全国人民代表大会常务委员会关于惩治破坏金融秩序犯罪的决定》(自1995年6月30日起施行)对集资诈骗罪、信用证诈骗罪、票据诈骗罪和金融凭证诈骗罪等四种犯罪规定了死刑。1997年《刑法》对上述各罪的死刑作了集中规定。

2011年5月1日起施行的《刑法修正案(八)》第三十条对本条作了修改,取消信用证诈骗罪、票据诈骗罪和金融凭证诈骗罪的死刑规定。2015年11月1日起施行的《刑法修正案(九)》第十二条删去了本条,即取消集资诈骗罪的死刑规定。

修正前《刑法》	第一次修正后《刑法》	第二次修正后《刑法》
第一百九十九条 【部分金融诈骗罪的死刑规定】犯本节第一百九十二条、第一百九十四条、第一百九十五条规定之罪,数额特别巨大并且给国家和人民利益造成特别重大损失的,处无期徒刑或者死刑,并处没收财产。	第一百九十九条 【部分金融诈骗罪的死刑规定】犯本节第一百九十二条规定之罪,数额特别巨大并且给国家和人民利益造成特别重大损失的,处无期徒刑或者死刑,并处没收财产。	第一百九十九条 (删去)

第二百条 【单位犯本节之罪的处罚】单位犯本节第一百九十四条、第一百九十五条规定之罪的,对单位判处罚金,并对其直接负责的主管人员和其他直接责任人员,处五年以下有期徒刑或者拘役,可以并处罚金;数额巨大或者有其他严重情节的,处五年以上十年以下有期徒刑,并处罚金;数额特别巨大或者有其他特别严重情节的,处十年以上有期徒刑或者无期徒刑,并处罚金。

立法沿革

本条系1997年《刑法》增设的规定。《全国人民代表大会常务委员会关于惩治破坏金融秩序犯罪的决定》(自1995年6月30日起施行)对金融诈骗罪的单位犯罪作了分散规定。1997年《刑法》予以整合,对集资诈骗罪、信用证诈骗罪、票据诈骗罪和金融凭证诈骗罪等四种犯罪的单位犯罪作了集中规定。

2011年5月1日起施行的《刑法修正案(八)》第三十一条对本条作了修改,增加罚金刑的规定。

2021年3月1日起施行的《刑法修正案(十一)》第十六条对本条作了第二次修改,删去本条关于单位犯第一百九十二条犯罪的规定,将相关内容单独规定在第一百九十二条第二款。

修正前《刑法》	第一次修正后《刑法》	第二次修正后《刑法》
第二百条 【单位犯金融诈骗罪的处罚规定】单位犯本节第一百九十二条、第一百九十四条、第一百九十五条规定之罪的,对单位判处罚金,并对其直接负责的主管人员和其他直接责任人员,处五年以下有期徒刑或者拘役;数额巨大或者有其他严重情节的,处五年以上十年以下有期徒刑;数额特别巨大或者有其他特别严重情节的,处十年以上有期徒刑或者无期徒刑。	第二百条 【单位犯金融诈骗罪的处罚规定】单位犯本节~~第一百九十二条、~~第一百九十四条、第一百九十五条规定之罪的,对单位判处罚金,并对其直接负责的主管人员和其他直接责任人员,处五年以下有期徒刑或者拘役,**可以并处罚金**;数额巨大或者有其他严重情节的,处五年以上十年以下有期徒刑,**并处罚金**;数额特别巨大或者有其他特别严重情节的,处十年以上有期徒刑或者无期徒刑,**并处罚金**。	第二百条 【单位犯本节之罪的处罚】单位犯本节第一百九十四条、第一百九十五条规定之罪的,对单位判处罚金,并对其直接负责的主管人员和其他直接责任人员,处五年以下有期徒刑或者拘役,可以并处罚金;数额巨大或者有其他严重情节的,处五年以上十年以下有期徒刑,并处罚金;数额特别巨大或者有其他特别严重情节的,处十年以上有期徒刑或者无期徒刑,并处罚金。

第六节　危害税收征管罪

司法解释

《最高人民法院关于适用〈全国人民代表大会常务委员会关于惩治虚开、伪造和非法出售增值税专用发票犯罪的决定〉的若干问题的解释》（法发〔1996〕30号）①

为正确执行《全国人民代表大会常务委员会关于惩治虚开、伪造和非法出售增值税专用发票犯罪的决定》（以下简称《决定》），依法惩治虚开、伪造和非法出售增值税专用发票和其他发票犯罪，现就适用《决定》的若干具体问题解释如下：

一、根据《决定》第一条规定，虚开增值税专用发票的，构成虚开增值税专用发票罪。

具有下列行为之一的，属于"虚开增值税专用发票"：(1)没有货物购销或者没有提供或接受应税劳务而为他人、为自己、让他人为自己、介绍他人开具增值税专用发票；(2)有货物购销或者提供或接受了应税劳务但为他人、为自己、让他人为自己、介绍他人开具数量或者金额不实的增值税专用发票；(3)进行了实际经营活动，但让他人为自己代开增值税专用发票。

虚开税款数额1万元以上的或者虚开增值税专用发票致使国家税款被骗取5000元以上的，应当依法定罪处罚。

虚开税款数额10万元以上的，属于"虚开的税款数额较大"；具有下列情形之一的，属于"有其他严重情节"：(1)因虚开增值税专用发票致使国家税款被骗取5万元以上的；(2)具有其他严重情节的。

虚开税款数额50万元以上的，属于"虚开的税款数额巨大"；具有下列情形之一的，属于"有其他特别严重情节"：(1)因虚开增值税专用发票致使国家税款被骗取30万元以上的；(2)虚开的税款数额接近巨大并有其他严重情节的；(3)具有其他特别严重情节的。

利用虚开的增值税专用发票实际抵扣税款或者骗取出口退税100万元以上

---

① 虽然本司法解释没有被明确废止，但在1997年《刑法》施行后实际处于参照适用的地位。而且，基于当前形势发展情况，不少定罪量刑标准也不宜继续参照适用。总之，对相关案件应当根据具体情况妥当处理。——**本评注注**

的,属于"骗取国家税款数额特别巨大";造成国家税款损失50万元以上并且在侦查终结前仍无法追回的,属于"给国家利益造成特别重大损失"。利用虚开的增值税专用发票骗取国家税款数额特别巨大、给国家利益造成特别重大损失,为"情节特别严重"的基本内容。

虚开增值税专用发票犯罪分子与骗取税款犯罪分子均应当对虚开的税款数额和实际骗取的国家税款数额承担刑事责任。

利用虚开的增值税专用发票抵扣税款或者骗取出口退税的,应当依照《决定》第一条的规定定罪处罚;以其他手段骗取国家税款的,仍应依照《全国人民代表大会常务委员会关于惩治偷税、抗税犯罪的补充规定》的有关规定定罪处罚。

二、根据《决定》第二条规定,伪造或者出售伪造的增值税专用发票的,构成伪造、出售伪造的增值税专用发票罪。

伪造或者出售伪造的增值税专用发票25份以上或者票面额(百元版以每份100元,千元版以每份1000元,万元版以每份1万元计算,以此类推。下同)累计10万元以上的应当依法定罪处罚。

伪造或者出售伪造的增值税专用发票100份以上或者票面额累计50万元以上的,属于"数量较大";具有下列情形之一的,属于"有其他严重情节":(1)违法所得数额在1万元以上的;(2)伪造并出售伪造的增值税专用发票60份以上或者票面额累计30万元以上的;(3)造成严重后果或者具有其他严重情节的。

伪造或者出售伪造的增值税专用发票500份以上或者票面额累计250万元以上的,属于"数量巨大";具有下列情形之一的,属于"有其他特别严重情节":(1)违法所得数额在5万元以上的;(2)伪造并出售伪造的增值税专用发票300份以上或者票面额累计200万元以上的;(3)伪造或者出售伪造的增值税专用发票接近"数量巨大"并有其他严重情节的;(4)造成特别严重后果或者具有其他特别严重情节的。

伪造并出售伪造的增值税专用发票1000份以上或者票面额累计1000万元以上的,属于"伪造并出售伪造的增值税专用发票数量特别巨大";具有下列情形之一的,属于"情节特别严重":(1)违法所得数额在5万元以上的;(2)因伪造、出售伪造的增值税专用发票致使国家税款被骗取100万元以上的;(3)给国家税款造成实际损失50万元以上的;(4)具有其他特别严重情节的。对于伪造并出售伪造的增值税专用发票数量达到特别巨大,又具有特别严重情节,严重破坏经济秩序的,应当依照《决定》第二条第二款的规定处罚。

伪造并出售同一宗增值税专用发票的,数量或者票面额不重复计算。

变造增值税专用发票的,按照伪造增值税专用发票行为处理。

三、根据《决定》第三条规定,非法出售增值税专用发票的,构成非法出售增值税专用发票罪。

非法出售增值税专用发票案件的定罪量刑数量标准按照本解释第二条第二、三、四款的规定执行。

四、根据《决定》第四条规定,非法购买增值税专用发票或者购买伪造的增值税专用发票的,构成非法购买增值税专用发票、伪造的增值税专用发票罪。

非法购买增值税专用发票或者购买伪造的增值税专用发票25份以上或者票面额累计10万元以上的,应当依法定罪处罚。

非法购买真、伪两种增值税专用发票的,数量累计计算,不实行数罪并罚。

五、根据《决定》第五条规定,虚开用于骗取出口退税、抵扣税款的其他发票的,构成虚开专用发票罪,依照《决定》第一条的规定处罚。

"用于骗取出口退税、抵扣税款的其他发票"是指可以用于申请出口退税、抵扣税款的非增值税专用发票,如运输发票、废旧物品收购发票、农业产品收购发票等。

六、根据《决定》第六条规定,伪造、擅自制造或者出售伪造、擅自制造的可以用于骗取出口退税、抵扣税款的其他发票的,构成非法制造专用发票罪或出售非法制造的专用发票罪。

伪造、擅自制造或者出售伪造、擅自制造的可以用于骗取出口退税、抵扣税款的其他发票50份以上的,应当依法定罪处罚;伪造、擅自制造或者出售伪造、擅自制造的可以用于骗取出口退税、抵扣税款的其他发票200份以上的,属于"数量巨大";伪造、擅自制造或者出售伪造、擅自制造的可以用于骗取出口退税、抵扣税款的其他发票1000份以上的,属于"数量特别巨大"。

七、盗窃增值税专用发票或者可以用于骗取出口退税、抵扣税款的其他发票25份以上,或者其他发票50份以上的;诈骗增值税专用发票或者可以用于骗取出口退税、抵扣税款的其他发票50份以上,或者其他发票100份以上的,依照刑法第一百五十一条的规定处罚。

盗窃增值税专用发票或者可以用于骗取出口退税、抵扣税款的其他发票250份以上,或者其他发票500份以上的;诈骗增值税专用发票或者可以用于骗取出口退税、抵扣税款的其他发票500份以上,或者其他发票1000份以上的,依照刑法第一百五十二条的规定处罚。

盗窃增值税专用发票或者其他发票情节特别严重的,依照《全国人民代表大会常务委员会关于严惩严重破坏经济的罪犯的决定》第一条第(一)项的规定处罚。

盗窃、诈骗增值税专用发票或者其他发票后,又实施《决定》规定的虚开、出售等犯罪的,按照其中的重罪定罪处罚,不实行数罪并罚。

法律适用答复、复函

《公安部办公厅关于若干经济犯罪案件如何统计涉案总价值、挽回经济损失数额的批复》(公经〔2008〕214号)

云南省公安厅警令部:

《云南省公安厅警令部关于经济犯罪案件如何统计涉案金额、挽回经济损失数等有关问题的请示》(云公警令〔2008〕22号)收悉。经研究,批复如下:

一、虚报注册资本案按照虚报数额统计涉案总价值;虚假出资、抽逃出资案按照虚假或抽逃的出资数额统计涉案总价值。

二、贷款诈骗案按照诈骗的贷款数额统计涉案总价值。

三、走私假币案、伪造货币案、出售、购买、运输假币案、金融工作人员购买假币、以假币换取货币案、持有、使用假币案、变造货币案,按照已经查证属实的伪造、变造的货币的面值统计涉案总价值。

伪造、变造的外国货币以及香港、澳门、台湾地区货币的面值,按照立案时国家外汇管理机关公布的外汇牌价折算成人民币后统计。

四、危害税收征管案按照以下方法统计涉案总价值:

(一)偷税案按照偷税数额统计涉案总价值。

(二)抗税案按照拒缴税款统计涉案总价值。

(三)逃避追缴欠税案按照欠缴税款额统计涉案总价值。

(四)骗取出口退税案按照骗取税款额统计涉案总价值。

(五)虚开增值税专用发票、用于骗取出口退税、抵扣税款发票案按照价税合计额统计涉案总价值。

(六)伪造、出售伪造的增值税专用发票案、非法出售增值税专用发票案、非法购买增值税专用发票、购买伪造的增值税专用发票案,发票已经填开或打印金额的,按照价税合计额统计涉案总价值;发票未填开或打印金额的,不统计涉案总价值。

(七)非法制造、出售非法制造的用于骗取出口退税、抵扣税款发票案、非法出售用于骗取出口退税、抵扣税款发票案,发票已经填开或打印、印刷金额的,按照票面金额统计涉案总价值;票面既有价款额又有税款额的,按照价税合计额统计涉案总价值;发票未填开或打印、印刷金额的,不统计涉案总价值。

（八）非法制造、出售非法制造的发票案、非法出售发票案，发票已经填开或打印、印刷金额的，按照票面金额统计涉案总价值；发票未填开或打印、印刷金额的，不统计涉案总价值。

五、挽回经济损失额按照实际追缴的赃款以及赃物折价统计。

第二百零一条 【逃税罪】纳税人采取欺骗、隐瞒手段进行虚假纳税申报或者不申报，逃避缴纳税款数额较大并且占应纳税额百分之十以上的，处三年以下有期徒刑或者拘役，并处罚金；数额巨大并且占应纳税额百分之三十以上的，处三年以上七年以下有期徒刑，并处罚金。

扣缴义务人采取前款所列手段，不缴或者少缴已扣、已收税款，数额较大的，依照前款的规定处罚。

对多次实施前两款行为，未经处理的，按照累计数额计算。

有第一款行为，经税务机关依法下达追缴通知后，补缴应纳税款，缴纳滞纳金，已受行政处罚的，不予追究刑事责任；但是，五年内因逃避缴纳税款受过刑事处罚或者被税务机关给予二次以上行政处罚的除外。

立法沿革

本条系 1997 年《刑法》吸收修改单行刑法作出的规定。1979 年《刑法》第一百二十一条规定："违反税收法规，偷税、抗税，情节严重的，除按照税收法规补税并且可以罚款外，对直接责任人员，处三年以下有期徒刑或者拘役。"《全国人民代表大会常务委员会关于惩治偷税、抗税犯罪的补充规定》（自 1992 年 9 月 4 日起施行，2009 年 6 月 27 日被废止）第一条规定："纳税人采取伪造、变造、隐匿、擅自销毁帐簿、记帐凭证，在帐簿上多列支出或者不列、少列收入，或者进行虚假的纳税申报的手段，不缴或者少缴应纳税款的，是偷税。偷税数额占应纳税额的百分之十以上并且偷税数额在一万元以上的，或者因偷税被税务机关给予二次行政处罚又偷税的，处三年以下有期徒刑或者拘役，并处偷税数额五倍以下的罚金；偷税数额占应纳税额的百分之三十以上并且偷税数额在十万元以上的，处三年以上七年以下有期徒刑，并处偷税数额五倍以下的罚金。""扣缴义务人采取前款所列手段，不缴或者少缴已扣、已收税款，数额占应缴税额的百分之十以上并且数额在一万元以上的，依照前款规定处罚。""对多次犯有前两款规定的违法行为未经处罚的，按照累计数额计算。" 1997 年《刑法》增加规定"经税务机关通知申报而拒不申报"的具体行为规定，并对罚金的数额作了进一步明确。

第六节 危害税收征管罪

2009年2月28日起施行的《刑法修正案(七)》第三条对本条作了修改,将具体数额标准修改为"数额较大""数额巨大",并简化罪状;同时,对逃税构成犯罪不予追究刑事责任作出特殊规定。修改后,罪名由"偷税罪"调整为"逃税罪"。

修正前《刑法》	修正后《刑法》
第二百零一条 【偷税罪】纳税人采取~~伪造、变造、隐匿、擅自销毁帐簿、记帐凭证,在帐簿上多列支出或者不列、少列收入,经税务机关通知申报而拒不申报或者进行虚假的~~纳税申报~~的手段,不缴或者少缴应纳税款,偷税~~数额占应纳税额的百分之十以上~~不满百分之三十并且偷税数额在一万元以上不满十万元的,或者因偷税被税务机关给予二次行政处罚又偷税~~的,处三年以下有期徒刑或者拘役,并处~~偷税数额一倍以上五倍以下罚金;偷税~~数额占应纳税额的百分之三十以上~~并且偷税数额在十万元以上~~的,处三年以上七年以下有期徒刑,并处~~偷税数额一倍以上五倍以下~~罚金。 扣缴义务人采取前款所列手段,不缴或者少缴已扣、已收税款,数额~~占应纳税额的百分之十以上并且数额在一万元以上~~的,依照前款的规定处罚。 对多次犯有前两款行为,未经处理的,按照累计数额计算。	第二百零一条 【逃税罪】纳税人采取欺骗、隐瞒手段进行虚假纳税申报**或者不申报**,逃避缴纳税款数额**较大并且**占应纳税额百分之十以上的,处三年以下有期徒刑或者拘役,并处罚金;数额**巨大并且**占应纳税额百分之三十以上的,处三年以上七年以下有期徒刑,并处罚金。 扣缴义务人采取前款所列手段,不缴或者少缴已扣、已收税款,数额**较大**的,依照前款的规定处罚。 对多次实施前两款行为,未经处理的,按照累计数额计算。 有第一款行为,经税务机关依法下达追缴通知后,补缴应纳税款,缴纳滞纳金,已受行政处罚的,不予追究刑事责任;但是,五年内因逃避缴纳税款受过刑事处罚或者被税务机关给予二次以上行政处罚的除外。

▶ 相关规定

《中华人民共和国税收征收管理法》(第三次修正后自2015年4月24日起施行,节录)

第四条 法律、行政法规规定负有纳税义务的单位和个人为纳税人。

法律、行政法规规定负有代扣代缴、代收代缴税款义务的单位和个人为扣缴义务人。

纳税人、扣缴义务人必须依照法律、行政法规的规定缴纳税款、代扣代缴、代收代缴税款。

司法解释

《最高人民法院关于审理偷税抗税刑事案件具体应用法律若干问题的解释》(法释〔2002〕33号,自2002年11月7日起施行)①

为依法惩处偷税、抗税犯罪活动,根据刑法的有关规定,现就审理偷税、抗税刑事案件具体应用法律的若干问题解释如下:

第一条 纳税人实施下列行为之一,不缴或者少缴应纳税款,偷税数额占应纳税额的百分之十以上且偷税数额在一万元以上的,依照刑法第二百零一条第一款的规定定罪处罚:

(一)伪造、变造、隐匿、擅自销毁帐簿、记帐凭证;

(二)在帐簿上多列支出或者不列、少列收入;

(三)经税务机关通知申报而拒不申报纳税;

(四)进行虚假纳税申报;

(五)缴纳税款后,以假报出口或者其他欺骗手段,骗取所缴纳的税款。

扣缴义务人实施前款行为之一,不缴或者少缴已扣、已收税款,数额在一万元以上且占应缴税额百分之十以上的,依照刑法第二百零一条第一款的规定定罪处罚。扣缴义务人书面承诺代纳税人支付税款的,应当认定扣缴义务人"已扣、已收税款"。

实施本条第一款、第二款规定的行为,偷税数额在五万元以下,纳税人或者扣缴义务人在公安机关立案侦查以前已经足额补缴应纳税款和滞纳金,犯罪情节轻微,不需要判处刑罚的,可以免予刑事处罚。

第二条 纳税人伪造、变造、隐匿、擅自销毁用于记帐的发票等原始凭证的行为,应当认定为刑法第二百零一条第一款规定的伪造、变造、隐匿、擅自销毁记帐凭证的行为。

具有下列情形之一的,应当认定为刑法第二百零一条第一款规定的"经税务机关通知申报":

(一)纳税人、扣缴义务人已经依法办理税务登记或者扣缴税款登记的;

(二)依法不需要办理税务登记的纳税人,经税务机关依法书面通知其申报的;

(三)尚未依法办理税务登记、扣缴税款登记的纳税人、扣缴义务人,经税务

---

① 根据经《刑法修正案(七)》修正后《刑法》第二百零一条的规定,本司法解释关于《刑法》第二百零一条的规定基本处于实际失效状况。——本评注注

机关依法书面通知其申报的。

刑法第二百零一条第一款规定的"虚假的纳税申报",是指纳税人或者扣缴义务人向税务机关报送虚假的纳税申报表、财务报表、代扣代缴、代收代缴税款报告表或者其他纳税申报资料,如提供虚假申请,编造减税、免税、抵税、先征收后退还税款等虚假资料等。

刑法第二百零一条第三款规定的"未经处理",是指纳税人或者扣缴义务人在五年内多次实施偷税行为,但每次偷税数额均未达到刑法第二百零一条规定的构成犯罪的数额标准,且未受行政处罚的情形。

纳税人、扣缴义务人因同一偷税犯罪行为受到行政处罚,又被移送起诉的,人民法院应当依法受理。依法定罪并判处罚金的,行政罚款折抵罚金。

第三条 偷税数额,是指在确定的纳税期间,不缴或者少缴各税种税款的总额。

偷税数额占应纳税额的百分比,是指一个纳税年度中的各税种偷税总额与该纳税年度应纳税总额的比例。不按纳税年度确定纳税期的其他纳税人,偷税数额占应纳税额的百分比,按照行为人最后一次偷税行为发生之日前一年中各税种偷税总额与该年纳税总额的比例确定。纳税义务存续期间不足一个纳税年度的,偷税数额占应纳税额的百分比,按照各税种偷税总额与实际发生纳税义务期间应当缴纳税款总额的比例确定。

偷税行为跨越若干个纳税年度,只要其中一个纳税年度的偷税数额及百分比达到刑法第二百零一条第一款规定的标准,即构成偷税罪。各纳税年度的偷税数额应当累计计算,偷税百分比应当按照最高的百分比确定。

第四条 两年内因偷税受过二次行政处罚,又偷税且数额在一万元以上的,应当以偷税罪定罪处罚。

第五条 实施抗税行为具有下列情形之一的,属于刑法第二百零二条规定的"情节严重":

(一)聚众抗税的首要分子;
(二)抗税数额在十万元以上的;
(三)多次抗税的;
(四)故意伤害致人轻伤的;
(五)具有其他严重情节。

第六条 实施抗税行为致人重伤、死亡,构成故意伤害罪、故意杀人罪,分别依照刑法第二百三十四条第二款、第二百三十二条的规定定罪处罚。

与纳税人或者扣缴义务人共同实施抗税行为的,以抗税罪的共犯依法处罚。

立案追诉标准

《最高人民检察院、公安部关于公安机关管辖的刑事案件立案追诉标准的规定(二)》(公通字〔2022〕12号,节录)

第五十二条 〔逃税案(刑法第二百零一条)〕逃避缴纳税款,涉嫌下列情形之一的,应予立案追诉:

(一)纳税人采取欺骗、隐瞒手段进行虚假纳税申报或者不申报,逃避缴纳税款,数额在十万元以上并且占各税种应纳税总额百分之十以上,经税务机关依法下达追缴通知后,不补缴应纳税款、不缴纳滞纳金或者不接受行政处罚的;

(二)纳税人五年内因逃避缴纳税款受过刑事处罚或者被税务机关给予二次以上行政处罚,又逃避缴纳税款,数额在十万元以上并且占各税种应纳税总额百分之十以上的;

(三)扣缴义务人采取欺骗、隐瞒手段,不缴或者少缴已扣、已收税款,数额在十万元以上的。

纳税人在公安机关立案后再补缴应纳税款、缴纳滞纳金或者接受行政处罚的,不影响刑事责任的追究。

(→附则参见分则标题评注部分,第392页)

法律适用答复、复函

《公安部关于如何理解〈刑法〉第二百零一条规定的"应纳税额"问题的批复》(公复字〔1999〕4号)

河北省公安厅:

你厅《关于青县磷肥厂涉嫌偷税案有关问题的请示》(冀公刑〔1999〕函字240号)收悉。现就如何理解《刑法》第二百零一条规定的"应纳税额"问题批复如下:

《刑法》第二百零一条规定的"应纳税额"是指某一法定纳税期限或者税务机关依法核定的纳税期间内应纳税额的总和。偷税行为涉及两个以上税种的,只要其中一个税种的偷税数额、比例达到法定标准的,即构成偷税罪,其他税种的偷税数额累计计算。

《公安部经济犯罪侦查局关于挂靠单位和个人是否符合偷税犯罪主体特征请示的答复》(公经〔2003〕819号)①

---

① 参见何帆编著:《刑法注释书》(第2版),中国民主法制出版社2021年版,第461—462页。

广东省公安厅经侦总队：

你总队《关于挂靠单位和个人是否符合偷税犯罪主体特征的请示》[广公(经)〔2003〕731号]收悉。我局认真研究认为，所附案例不具有针对性，经与你总队沟通，决定现就承包、挂靠两种经营形式纳税人认定的原则性问题答复如下：

虽然税法没有明确规定挂靠和承包两种经营形式的纳税主体，但是，税法的立法精神与原则以及其他有关规定已对该两种经营形式的纳税主体作了原则性的规定。

1. 偷税犯罪主体是特殊主体，即必须是纳税人或者扣缴义务人。纳税人，是税法中规定的直接负有纳税义务的单位和个人。每一种税都有关于纳税义务的规定，通过规定纳税义务落实税收任务和法律责任。一般分为两种：一是自然人，依法享有民事权利，并承担民事义务的公民个人；二是法人，依法成立，能够独立地支配财产，并能以自己的名义享有民事权利和承担民事义务的社会组织。所具备的资格条件：依法成立，有一定的财产和资金，有自己的名称、组织或机构；能够独立承担民事上的财产义务以及能以自己的名义参加民事活动和诉讼。扣缴义务人是指根据税法规定负有代扣代缴义务的单位和个人。不具有纳税义务或扣缴义务的单位和个人不能独立构成偷税罪①主体。

2. 如果纳税企业单位改变经营方式，其全部或部分被个人、其他企业、单位实行承租经营的，确定其纳税人视情况处理：

(1) 凡承租经营后，未改变被承租企业名称，未变更工商登记，仍以被承租企业名义对外从事生产经营活动，不论被承租企业与承租方如何分配经营成果，均以被承租企业为纳税义务人。

(2) 承租经营后，承租方重新办理工商登记，并以承租方的名义对外从事生产经营活动，以重新办理工商登记的企业、单位为纳税义务人。

(3) 承租经营后，承租方虽然重新办理工商登记，但是，仍然以被承租方的名义从事生产经营活动，且资金往来均以被承租方的名义进行，则要看承租双方是否有协议规定，如果有，按照协议规定确定纳税义务人；如果没有，则以被承租方为纳税义务人。如果承租方以被承租方名义从事生产经营活动，但是没有得到被承租方的认可，则有实际获得生产经营活动收益方为纳税义务人。

3. 如果单位和个人以挂靠他单位的形式从事生产经营活动，确定其纳税人的原则同承租经营形式，视情况处理：

---

① 现罪名调整为"逃税罪"。——本评注注

(1)凡挂靠方,未改变被挂靠企业名称,未办理工商登记,仍以被挂靠单位名义对外从事生产经营活动,不论挂靠双方如何分配经营成果,均以被挂靠方为纳税义务人。

(2)挂靠方办理工商登记,并以挂靠方的名义对外从事生产经营活动,以办理工商登记的挂靠方为纳税义务人。

(3)挂靠方虽办理工商登记,但仍以被挂靠方的名义从事生产经营活动,且资金往来均以被挂靠方的名义进行,则要看挂靠双方是否有协议规定,如果有,按协议规定确定纳税义务人;如果没有,则以被挂靠方为纳税义务人。如果挂靠方以被挂靠方名义从事生产经营活动,但没有得到被挂靠方的认可,则有实际获得生产经营活动收益方为纳税义务人。

4.营业税法规定:建筑安装企业实行分包或转包的,以总承包人为扣缴义务人。非跨省工程的分包或转包,由扣缴人在工程所在地代扣代缴;跨省工程的分包或转包,由扣缴人向被扣缴人机构所在地税务机关交纳。

《公安部经济犯罪侦查局关于对两种涉税违法行为适用法律问题的批复》（公经[2003]1449号）①
广东省公安厅经侦总队:

你总队广公(经)字[2003]1188号《关于持有非法制造的发票行为如何适用法律的请示》和广公(经)字[2003]1191号《关于使用伪造擅自制造的普通发票如何适用法律的请示》收悉。经研究并征求最高人民法院研究室意见,现批复如下:

1.行为人没有实施其他违法犯罪行为,仅仅持有非法制造的发票的行为,不宜按照犯罪处理。

2.行为人使用非法制造的发票的行为,应视具体情况而定:如果行为人不知道是非法制造的发票,主观上也没有偷逃税款的目的,即使客观上使用了该发票,也不宜按照犯罪处理;如果行为人明知是非法制造的发票而使用,且偷逃税款达到了法定数额、比例要求,根据刑法第二百零一条和最高人民法院《关于审理偷税抗税刑事案件具体应用法律若干问题的解释》第二条的规定,应当以偷税罪②追究刑事责任。

---

① 参见李立众编:《刑法一本通——中华人民共和国刑法总成》(第十六版),法律出版社2022年版,第370页。
② 现罪名调整为"逃税罪"。——本评注注

《公安部经济犯罪侦查局关于偷逃契税能否定性为偷税问题的批复》（公经〔2005〕1040号）①

吉林省公安厅经侦总队：

你总队《关于偷逃契税能否定性为偷税犯罪的请示》（吉公经侦〔2005〕12号）收悉。经研究，并征求国家税务总局的意见，批复如下：

纳税人采取刑法第二百零一条所列举的手段，不缴或者少缴契税，达到偷税罪追诉标准的，应以涉嫌偷税罪②定罪论处。

《公安部经济犯罪侦查局关于应纳税总额是否包括海关等部门征收的其他税种问题的批复》（公经〔2006〕1829号）③

广东省公安厅经侦总队：

你总队《关于应纳税总额是否包括海关等部门征收的其他税种问题的请示》收悉。经研究，并征求国家税务总局和最高人民法院研究室的意见，现对请示问题批复如下：

《刑法》第二百零一条所规定的应纳税款及应纳税额不包含海关关税及海关代征增值税。《最高人民法院关于审理偷税抗税刑事案件具体应用法律若干问题的解释》第一条、第三条中"应纳税总额"不包含《刑法》第一百五十三条规定的"偷逃应缴税额"部分在内。

《公安部关于对未依法办理税务登记的纳税人能否成为偷税犯罪主体问题的批复》（公复字〔2007〕3号）

甘肃省公安厅：

你厅《关于无证经营的行为能否构成偷税主体的请示》（甘公（法）发〔2007〕17号）收悉。现批复如下：

根据《中华人民共和国税收征收管理法》第四条、第三十七条的规定，未按照规定办理税务登记的从事生产、经营的纳税人以及临时从事经营的纳税人，可以构成偷税罪的犯罪主体。其行为触犯《中华人民共和国刑法》第二百零一条规定的，公安机关应当以偷税罪立案侦查，依法追究刑事责任。

2002年1月23日公安部《关于无证经营的行为人能否成为偷税主体问题

---

① 参见何帆编著：《刑法注释书》，中国民主法制出版社2021年版，第462页。
② 现罪名调整为"逃税罪"。——本评注注
③ 参见李立众编：《刑法一本通——中华人民共和国刑法总成》（第十六版），法律出版社2022年版，第371页。

的批复》(公复字[2002]1号)①不再适用。

《公安部经济犯罪侦查局关于地方政府擅自制定的税收优惠不能作为纳税人不缴少缴税款依据的批复》(公经[2007]1459号)②

黑龙江省公安厅经侦总队：

你总队《关于政府决定享受定税优惠政策的纳税人能否构成偷税犯罪的请示》(黑公经[2007]94号)收悉，经研究，并征求国家税务总局稽查局意见，现批复如下：

根据《中华人民共和国税收征收管理法》第三十三条的规定，"减税、免税的申请须经法律、行政法规规定的减税、免税审查批准机关审批。地方各级人民政府、各级人民政府主管部门、单位和个人违反法律行政法规规定，擅自作出的减税、免税决定无效，税务机关不得执行，并向上级税务机关报告"。因此，黑龙江省佳木斯市东风区政府于2003年10月以"常务会议纪要"的方式作出的给予黑龙江××路桥建筑有限责任公司2003年至2005年定额征税1000万元的税收优惠规定无效，对征纳双方不具有约束力，不能作为纳税人不按国家税收法律法规缴纳税款的依据。因此如果其行为触犯《刑法》第二百零一条规定的，公安机关应当以涉嫌偷税罪③追究其刑事责任。

《最高人民法院研究室关于税收通用完税证和车辆购置税完税证是否属于发票问题的回函》(法研[2010]140号)

公安部经济犯罪侦查局：

贵局公经财税[2010]102号《关于对两种完税证是否属于发票及属于何种发票问题征求意见的函》收悉。经研究，提供以下意见供参考：

完税证是税务机关或代征机关在收取税金时给纳税人开具的纳税证明，是证明纳税人缴纳税款情况的凭证。发票是指单位和个人在购销商品、提供或接受服务以及从事其他经营活动过程中，提供给对方的收付款的书面证明，是财务

---

① 该批复针对黑龙江省公安厅《关于无证经营的行为人能否成为偷税罪主体的请示》(黑公传发[2002]36号)，经征求最高人民法院意见，批复如下："根据《中华人民共和国税收征管法》第四条、第二十五条的规定，未取得营业执照从事经营的单位和个人是纳税人，可以构成偷税罪的犯罪主体。其行为为触犯《刑法》第二百零一条规定的，公安机关应当以偷税罪立案侦查，依法追究其刑事责任。"

② 参见李立众编：《刑法一本通——中华人民共和国刑法总成》(第十六版)，法律出版社2022年版，第371页。

③ 现罪名调整为"逃税罪"。——本评注注

收支的法定凭证,是会计核算的原始依据。完税证与发票性质有所不同,完税证一般不能被认定为发票。

根据《全国人民代表大会常务委员会关于〈中华人民共和国刑法〉有关出口退税、抵扣税款的其他发票规定的解释》,如果完税证具有出口退税、抵扣税款功能,则属于刑法中规定的出口退税、抵扣税款的其他发票。据此,税收通用完税证和车辆购置税完税证在具有出口退税、抵扣税款功能时,属于刑法中规定的出口退税、抵扣税款的其他发票;否则,不属于一般意义上的发票。

对伪造税务机关征税专用章,非法制造税收通用完税证和车辆购置税完税证对外出售的,视情可以伪造国家机关印章罪论处;对非法购买上述两种伪造的完税证,逃避缴纳税款的,视情可以逃税罪论处。

▌典型案例

湖北某某环境工程有限公司、李某明逃税案[人民法院充分发挥审判职能作用保护产权和企业家合法权益典型案例(第三批),2021年5月]提出:"本案未经行政处置程序而直接追究湖北某某环境工程有限公司及李某明个人的刑事责任,不符合《刑法修正案(七)》的相关规定。"**本评注认为**,这就澄清了关于《刑法》第二百零一条第四款规定的行政处置程序的性质争议,即司法实务中宜将其理解为必经程序而非选择性程序。

▌刑参案例规则提炼

《樟树市大京九加油城、黄春发等偷税案——行为人购进货物时应当取得增值税专用发票而未索要,销售货物后没有按照增值税征管规定纳税,从而偷逃应纳税款的,在计算偷税数额时,应当减除按照增值税征管规定可以申报抵扣的税额》①(第447号案例)、《湖北洁达环境工程有限公司、李某某逃税案——对行为人初次逃税行为不予追究刑事责任的法律适用》(第1511号案例)所涉规则提炼如下:

1. 逃税数额的计算规则。"行为人购进货物时应当索要增值税专用发票而未索要,在账外销售货物后没有按照增值税征管规定纳税的,在计算偷税数额时,应当减除按照增值税征管规定可以申报抵扣的税额。"(第447号案例)

2. 对行为人初次逃税行为不予追究刑事责任的适用规则。"对于刑法修正

---

① 现罪名已调整为"逃税罪"。——本评注注

案(七)施行前实施且未经行政处罚、施行后审判的逃税行为,在符合立法精神的情况下,应当适用刑法第二百零一条第四款对逃税初犯不予追究刑事责任的特别条款。"(第 1511 号案例)

司法疑难解析

违法所得应否纳税的问题。 违法所得能否征税,法律、行政法规无明确规定,税收实务与理论素有争论,社会上多有不同看法,如在刑法上承认违法所得应纳税,可能产生卖淫、抢劫等违法犯罪分子同时构成逃税罪的尴尬现象。**本评注主张持谨慎态度。** 据此,对于违章建筑出售等案件,认为行为人负纳税义务进而认定属于逃税罪中的"纳税人",似须慎重;特别是在违法所得被没收(未实际执行)、所建房屋被认定为违章建筑并拆除的情况下,尤须谨慎。

第二百零二条 【抗税罪】以暴力、威胁方法拒不缴纳税款的,处三年以下有期徒刑或者拘役,并处拒缴税款一倍以上五倍以下罚金;情节严重的,处三年以上七年以下有期徒刑,并处拒缴税款一倍以上五倍以下罚金。

立法沿革

本条系 1997 年《刑法》沿用《全国人民代表大会常务委员会关于惩治偷税、抗税犯罪的补充规定》(自 1992 年 9 月 4 日起施行,2009 年 6 月 27 日被废止)第六条第一款的规定,但对罚金的数额由"拒缴税款五倍以下"调整为"拒缴税款一倍以上五倍以下"。1979 年《刑法》第一百二十一条将偷税罪与抗税罪规定在同一个条文。

司法解释

《最高人民法院关于审理偷税抗税刑事案件具体应用法律若干问题的解释》(法释〔2002〕33 号)第五条、第六条对抗税罪"情节严重"的情形和罪数处断及共犯认定规则作了规定。(→参见第二百零一条评注部分,第 915 页)

立案追诉标准

《最高人民检察院、公安部关于公安机关管辖的刑事案件立案追诉标准的规定(二)》(公通字〔2022〕12 号,节录)

第五十三条 〔抗税案(刑法第二百零二条)〕以暴力、威胁方法拒不缴纳税款,涉嫌下列情形之一的,应予立案追诉:

(一)造成税务工作人员轻微伤以上的;

(二)以给税务工作人员及其亲友的生命、健康、财产等造成损害为威胁,抗拒缴纳税款的;

(三)聚众抗拒缴纳税款的;

(四)以其他暴力、威胁方法拒不缴纳税款的。

(→附则参见分则标题评注部分,第392页)

第二百零三条 【逃避追缴欠税罪】纳税人欠缴应纳税款,采取转移或者隐匿财产的手段,致使税务机关无法追缴欠缴的税款,数额在一万元以上不满十万元的,处三年以下有期徒刑或者拘役,并处或者单处欠缴税款一倍以上五倍以下罚金;数额在十万元以上的,处三年以上七年以下有期徒刑,并处欠缴税款一倍以上五倍以下罚金。

立法沿革

本条系1997年《刑法》沿用《全国人民代表大会常务委员会关于惩治偷税、抗税犯罪的补充规定》(自1992年9月4日起施行,2009年6月27日被废止)第二条的规定,但将第一档刑由"并处欠缴税款五倍以下的罚金"调整为"并处或者单处欠缴税款一倍以上五倍以下罚金",并将第二档刑由"欠缴税款五倍以下的罚金"调整为"欠缴税款一倍以上五倍以下罚金"。

立案追诉标准

《最高人民检察院、公安部关于公安机关管辖的刑事案件立案追诉标准的规定(二)》(公通字〔2022〕12号,节录)

第五十四条 〔逃避追缴欠税案(刑法第二百零三条)〕纳税人欠缴应纳税款,采取转移或者隐匿财产的手段,致使税务机关无法追缴欠缴的税款,数额在一万元以上的,应予立案追诉。

(→附则参见分则标题评注部分,第392页)

第二百零四条 【骗取出口退税罪】以假报出口或者其他欺骗手段,骗取国家出口退税款,数额较大的,处五年以下有期徒刑或者拘役,并处骗取税款一倍以上五倍以下罚金;数额巨大或者有其他严重情节的,处五年以上十年以下有期徒刑,并处骗取税款一倍以上五倍以下罚金;数额特别巨大或者有其他特别严重情节的,处十年以上有期徒刑或者无期徒刑,并处骗取税款一倍以上五倍以下罚金或者没收财产。

纳税人缴纳税款后,采取前款规定的欺骗方法,骗取所缴纳的税款的,依照本法第二百零一条的规定定罪处罚;骗取税款超过所缴纳的税款部分,依照前款的规定处罚。

▎立法沿革

本条系1997年《刑法》吸收修改单行刑法作出的规定。《全国人民代表大会常务委员会关于惩治偷税、抗税犯罪的补充规定》(自1992年9月4日起施行,2009年6月27日被废止)第五条规定:"企业事业单位采取对所生产或者经营的商品假报出口等欺骗手段,骗取国家出口退税款,数额在一万元以上的,处骗取税款五倍以下的罚金,并对负有直接责任的主管人员和其他直接责任人员,处三年以下有期徒刑或者拘役。""前款规定以外的单位或者个人骗取国家出口退税款的,按照诈骗罪追究刑事责任,并处骗取税款五倍以下的罚金;单位犯本款罪的,除处以罚金外,对负有直接责任的主管人员和其他直接责任人员,按照诈骗罪追究刑事责任。"1997年《刑法》将第一款规定的"企业事业单位采取对所生产或者经营的商品假报出口等欺骗手段"调整为"以假报出口或者其他欺骗手段",将单位犯罪和自然人犯罪合并为一条,将特殊主体修改为一般主体;同时,对刑罚作了调整,并根据骗取国家出口税款的不同情形分别规定刑罚。

▎司法解释

《最高人民法院关于审理骗取出口退税刑事案件具体应用法律若干问题的解释》(法释〔2002〕30号,自2002年9月23日起施行)

为依法惩治骗取出口退税犯罪活动,根据《中华人民共和国刑法》的有关规定,现就审理骗取出口退税刑事案件具体应用法律的若干问题解释如下:

第一条 刑法第二百零四条规定的"假报出口",是指以虚构已税货物出口事实为目的,具有下列情形之一的行为:

(一)伪造或者签订虚假的买卖合同;

(二)以伪造、变造或者其他非法手段取得出口货物报关单、出口收汇核销单、出口货物专用缴款书等有关出口退税单据、凭证;

(三)虚开、伪造、非法购买增值税专用发票或者其他可以用于出口退税的发票;

（四）其他虚构已税货物出口事实的行为。

第二条 具有下列情形之一的,应当认定为刑法第二百零四条规定的"其他欺骗手段":

（一）骗取出口货物退税资格的;

（二）将未纳税或者免税货物作为已税货物出口的;

（三）虽有货物出口,但虚构该出口货物的品名、数量、单价等要素,骗取未实际纳税部分出口退税款的;

（四）以其他手段骗取出口退税款的。

第三条 骗取国家出口退税款五万元以上的,为刑法第二百零四条规定的"数额较大";骗取国家出口退税款五十万元以上的,为刑法第二百零四条规定的"数额巨大";骗取国家出口退税款二百五十万元以上的,为刑法第二百零四条规定的"数额特别巨大"。

第四条 具有下列情形之一的,属于刑法第二百零四条规定的"其他严重情节":

（一）造成国家税款损失三十万元以上并且在第一审判决宣告前无法追回的;

（二）因骗取国家出口退税行为受过行政处罚,两年内又骗取国家出口退税款数额在三十万元以上的;

（三）情节严重的其他情形。

第五条 具有下列情形之一的,属于刑法第二百零四条规定的"其他特别严重情节":

（一）造成国家税款损失一百五十万元以上并且在第一审判决宣告前无法追回的;

（二）因骗取国家出口退税行为受过行政处罚,两年内又骗取国家出口退税款数额在一百五十万元以上的;

（三）情节特别严重的其他情形。

第六条① 有进出口经营权的公司、企业,明知他人意欲骗取国家出口退税款,仍违反国家有关进出口经营的规定,允许他人自带客户、自带货源、自带汇票

---

① "四自三不见"("在不见出口商品、不见供货货主、不见外商的情况下,允许或者放任他人自带客户、自带货源、自带汇票、自行报关"),是国家明令禁止的做法,但是某些有进口经营权的企业为图省事采用这一做法的情况也较为常见。为避免打击过大,本条根据主客观相统一原则的要求,没有将采取"四自三不见"的做法实际骗取了出口退税款的行为一律入罪。参见孙军工:《〈关于审理骗取出口退税刑事案件具体应用法律若（转下页）

并自行报关,骗取国家出口退税款的,依照刑法第二百零四条第一款、第二百一十一条的规定定罪处罚。

第七条 实施骗取国家出口退税行为,没有实际取得出口退税款的,可以比照既遂犯从轻或者减轻处罚。

第八条 国家工作人员参与实施骗取出口退税犯罪活动的,依照刑法第二百零四条第一款的规定从重处罚。

第九条 实施骗取出口退税犯罪,同时构成虚开增值税专用发票罪等其他犯罪的,依照刑法处罚较重的规定定罪处罚。

▌立案追诉标准

《最高人民检察院、公安部关于公安机关管辖的刑事案件立案追诉标准的规定(二)》(公通字〔2022〕12号,节录)

第五十五条① 〔骗取出口退税案(刑法第二百零四条)〕以假报出口或者其他欺骗手段,骗取国家出口退税款,数额在十万元以上的,应予立案追诉。

(→附则参见分则标题评注部分,第392页)

▌刑参案例规则提炼

《中国包装进出口陕西公司、侯万万骗取出口退税案——"明知他人意欲骗取出口退税款"的司法认定》(第287号案例)、《杨康林、曹培强等骗取出口退税案——如何认定明知他人具有骗取国家出口退税款的主观故意》(第329号案例)所涉规则提炼如下:

明知他人具有骗取国家出口退税款的主观故意的认定规则。② "一些有进出口经营权的公司、企业,为了获取出口代理费,在'四自三不见'(自带客户、自带货源、自带汇票、自行报关和不见进口产品、不见供货货主、不见外商)的情况下,不管他人提供的出口退税凭证真伪,与无出口经营权的公司、企业或者个人签订代理出口合同。""有进出口经营权的公司明知他人可能骗取国家出口退税款,在

(接上页)干问题的解释》的理解与适用》,载中华人民共和国最高人民法院刑事审判第一、二、三、四、五庭主办:《中国刑事审判指导案例》(增订第3版),法律出版社2017年版,第948页。

① 本条关于骗取出口退税罪立案追诉标准的规定与法释〔2002〕30号解释的规定不一致,入罪门槛作了提升,可以更好适应司法实践情况。——本评注注

② 如前所述,对所涉情形不能一律入罪,而应当根据主客观相统一原则的要求作妥当判断。——本评注注

'四自三不见'的情况下代理出口业务,致使国家税款被骗的,应当认定为具有骗取国家出口退税款的主观故意。"(第329号案例)"不管其出于何种动机,至少在主观上具有放任他人实施骗取出口退税行为的故意。"(第287号案例)

第二百零五条 【虚开增值税专用发票、用于骗取出口退税、抵扣税款发票罪】虚开增值税专用发票或者虚开用于骗取出口退税、抵扣税款的其他发票,处三年以下有期徒刑或者拘役,并处二万元以上二十万元以下罚金;虚开的税款数额较大或者有其他严重情节的,处三年以上十年以下有期徒刑,并处五万元以上五十万元以下罚金;虚开的税款数额巨大或者有其他特别严重情节的,处十年以上有期徒刑或者无期徒刑,并处五万元以上五十万元以下罚金或者没收财产。

单位犯本条规定之罪的,对单位判处罚金,并对其直接负责的主管人员和其他直接责任人员,处三年以下有期徒刑或者拘役;虚开的税款数额较大或者有其他严重情节的,处三年以上十年以下有期徒刑;虚开的税款数额巨大或者有其他特别严重情节的,处十年以上有期徒刑或者无期徒刑。

虚开增值税专用发票或者虚开用于骗取出口退税、抵扣税款的其他发票,是指有为他人虚开、为自己虚开、让他人为自己虚开、介绍他人虚开行为之一的。

立法沿革

本条系1997年《刑法》吸收修改单行刑法作出的规定。《全国人民代表大会常务委员会关于惩治虚开、伪造和非法出售增值税专用发票犯罪的决定》(自1995年10月30日起施行)第一条规定:"虚开增值税专用发票的,处三年以下有期徒刑或者拘役,并处二万元以上二十万元以下罚金;虚开的税款数额较大或者有其他严重情节的,处三年以上十年以下有期徒刑,并处五万元以上五十万元以下罚金;虚开的税款数额巨大或者有其他特别严重情节的,处十年以上有期徒刑或者无期徒刑,并处没收财产。""有前款行为骗取国家税款,数额特别巨大、情节特别严重、给国家利益造成特别重大损失的,处无期徒刑或者死刑,并处没收财产。""虚开增值税专用发票的犯罪集团的首要分子,分别依照前两款的规定从重处罚。""虚开增值税专用发票是指有为他人虚开、为自己虚开、让他人为自己虚开、介绍他人虚开增值税专用发票行为之一的。"第五条规定:"虚开用于骗取出口退税、抵扣税款的其他发票的,依照本决定第一条的规定处罚。""虚开用于骗取出口退税、抵扣税款的其他发票是指有为他人虚开、为自己虚开、让他人为自己虚开、介绍他人虚开用于骗取出口退税、抵扣税款的其他发票行为之一的。"1997年《刑法》将上述两条规定合并;同时,在第三档刑没收财产前增加规定"并处五万元以上五十万元以下罚金",并增设单位犯罪的规定。

2011年5月1日起施行的《刑法修正案(八)》第二十二条对本条作了修改,删去第二款,取消死刑规定。

修正前《刑法》	修正后《刑法》
第二百零五条 【虚开增值税专用发票、用于骗取出口退税、抵扣税款发票罪】虚开增值税专用发票或者虚开用于骗取出口退税、抵扣税款的其他发票的,处三年以下有期徒刑或者拘役,并处二万元以上二十万元以下罚金;虚开的税款数额较大或者有其他严重情节的,处三年以上十年以下有期徒刑,并处五万元以上五十万元以下罚金;虚开的税款数额巨大或者有其他特别严重情节的,处十年以上有期徒刑或者无期徒刑,并处五万元以上五十万元以下罚金或者没收财产。 ~~有前款行为骗取国家税款,数额特别巨大,情节特别严重,给国家利益造成特别重大损失的,处无期徒刑或者死刑,并处没收财产。~~ 单位犯本条规定之罪,对单位判处罚金,并对其直接负责的主管人员和其他直接责任人员,处三年以下有期徒刑或者拘役;虚开的税款数额较大或者有其他严重情节的,处三年以上十年以下有期徒刑;虚开的税款数额巨大或者有其他特别严重情节的,处十年以上有期徒刑或者无期徒刑。 虚开增值税专用发票或者虚开用于骗取出口退税、抵扣税款的其他发票,是指有为他人虚开、为自己虚开、让他人为自己虚开、介绍他人虚开行为之一的。	第二百零五条 【虚开增值税专用发票、用于骗取出口退税、抵扣税款发票罪】虚开增值税专用发票或者虚开用于骗取出口退税、抵扣税款的其他发票的,处三年以下有期徒刑或者拘役,并处二万元以上二十万元以下罚金;虚开的税款数额较大或者有其他严重情节的,处三年以上十年以下有期徒刑,并处五万元以上五十万元以下罚金;虚开的税款数额巨大或者有其他特别严重情节的,处十年以上有期徒刑或者无期徒刑,并处五万元以上五十万元以下罚金或者没收财产。 单位犯本条规定之罪,对单位判处罚金,并对其直接负责的主管人员和其他直接责任人员,处三年以下有期徒刑或者拘役;虚开的税款数额较大或者有其他严重情节的,处三年以上十年以下有期徒刑;虚开的税款数额巨大或者有其他特别严重情节的,处十年以上有期徒刑或者无期徒刑。 虚开增值税专用发票或者虚开用于骗取出口退税、抵扣税款的其他发票,是指有为他人虚开、为自己虚开、让他人为自己虚开、介绍他人虚开行为之一的。

■ 立法解释

《全国人民代表大会常务委员会关于〈中华人民共和国刑法〉有关出口退税、抵扣税款的其他发票规定的解释》(自2005年12月29日起施行)

全国人民代表大会常务委员会根据司法实践中遇到的情况,讨论了刑法规

定的"出口退税、抵扣税款的其他发票"的含义问题,解释如下:

刑法规定的"出口退税、抵扣税款的其他发票",是指除增值税专用发票以外的,具有出口退税、抵扣税款功能的收付款凭证或者完税凭证。

现予公告。

规范性文件

《国家税务总局关于纳税人取得虚开的增值税专用发票处理问题的通知》
(国税发〔1997〕134号)

各省、自治区、直辖市和计划单列市国家税务局:

最近,一些地区国家税务局询问,对纳税人取得虚开的增值税专用发票(以下简称专用发票)如何处理。经研究,现明确如下:

一、受票方利用他人虚开的专用发票,向税务机关申报抵扣税款进行偷税的,应当依照《中华人民共和国税收征收管理法》及有关规定追缴税款,处以偷税数额五倍以下的罚款;进项税金大于销项税金的,还应当调减其留抵的进项税额。利用虚开的专用发票进行骗取出口退税的,应当依法追缴税款,处以骗税数额五倍以下的罚款。

二、在货物交易中,购货方从销售方取得第三方开具的专用发票,或者从销货地以外的地区取得专用发票,向税务机关申报抵押税款或者申请出口退税的,应当按偷税、骗取出口退税处理,依照《中华人民共和国税收征收管理法》及有关规定追缴税款,处以偷税、骗取数额五倍以下的罚款。

三、纳税人以上述第一条、第二条所列的方式取得专用发票未申报抵扣税款,或者未申请出口退税的,应当依照《中华人民共和国发票管理办法》及有关规定,按所取得专用发票的份数,分别处以一万元以下的罚款;但知道或者应当知道取得的是虚开的专用发票,或者让他人为自己提供虚开的专用发票的,应当从重处罚。

四、利用虚开的专用发票进行偷税、骗税,构成犯罪的,税务机关依法进行追缴税款等行政处理,并移送司法机关追究刑事责任。

《国家税务总局关于〈国家税务总局关于纳税人取得虚开的增值税专用发票处理问题的通知〉的补充通知》(国税发〔2000〕182号)

为了严格贯彻执行《国家税务总局关于纳税人取得虚开的增值税专用发票处理问题的通知》(国税发〔1997〕134号,以下简称134号文件),严厉打击虚开增值税专用发票活动,保护纳税人的合法权益,现对有关问题进一步明确如下:

有下列情形之一的,无论购货方(受票方)与销售方是否进行了实际的交易,增值税专用发票所注明的数量、金额与实际交易是否相符,购货方向税务机关申请抵扣进项税款或者出口退税的,对其均应按偷税或者骗取出口退税处理。

一、购货方取得的增值税专用发票所注明的销售方名称、印章与其进行实际交易的销售方不符的,即134号文件第二条规定的"购货方从销售方取得第三方开具的专用发票"的情况。

二、购货方取得的增值税专用发票为销售方所在省(自治区、直辖市和计划单列市)以外地区的,即134号文件第二条规定的"从销货地以外的地区取得专用发票"的情况。

三、其他有证据表明购货方明知取得的增值税专用发票系销售方以非法手段获得的,即134号文件第一条规定的"受票方利用他人虚开的专用发票,向税务机关申报抵扣税款进行偷税"的情况。

《国家税务总局关于纳税人善意取得虚开的增值税专用发票处理问题的通知》(国税发〔2000〕187号,自2000年11月16日起施行)

各省、自治区、直辖市和计划单列市国家税务局、地方税务局:

近接一些地区反映,在购货方(受票方)不知道取得的增值税专用发票(以下简称专用发票)是销售方虚开的情况下,对购货方应当如何处理的问题不够明确。经研究,现明确如下:

购货方与销售方存在真实的交易,销售方使用的是其所在省(自治区、直辖市和计划单列市)的专用发票,专用发票注明的销售方名称、印章、货物数量、金额及税额等全部内容与实际相符,且没有证据表明购货方知道销售方提供的专用发票是以非法手段获得的,对购货方不以偷税或者骗取出口退税论处。但应按有关规定不予抵扣进项税款或者不予出口退税;购货方已经抵扣的进项税款或者取得的出口退税,应依法追缴。

购货方能够重新从销售方取得防伪税控系统开出的合法、有效专用发票的,或者取得手工开出的合法、有效专用发票且取得了销售方所在地税务机关已经或者正在依法对销售方虚开专用发票行为进行查处证据的,购货方所在地税务机关应依法准予抵扣进项税款或者出口退税。

如有证据表明购货方在进项税款得到抵扣、或者获得出口退税前知道该专用发票是销售方以非法手段获得的,对购货方应按《国家税务总局关于纳税人取得虚开的增值税专用发票处理问题的通知》(国税发〔1997〕134号)和《国家税务总局关于〈国家税务总局关于纳税人取得虚开的增值税专用发票处理问题的通知〉的补充通知》(国税发〔2000〕182号)的规定处理。

《最高人民法院关于虚开增值税专用发票定罪量刑标准有关问题的通知》

(法〔2018〕226号)①

各省、自治区、直辖市高级人民法院,解放军军事法院,新疆维吾尔自治区高级人民法院生产建设兵团分院:

　　为正确适用刑法第二百零五条关于虚开增值税专用发票罪的有关规定,确保罪责刑相适应,现就有关问题通知如下:

　　一、自本通知下发之日起,人民法院在审判工作中不再参照执行《最高人民法院关于适用〈全国人民代表大会常务委员会关于惩治虚开、伪造和非法出售增值税专用发票犯罪的决定〉的若干问题的解释》(法发〔1996〕30号)第一条规定的虚开增值税专用发票罪的定罪量刑标准。

　　二、在新的司法解释颁行前,对虚开增值税专用发票刑事案件定罪量刑的数额标准,可以参照《最高人民法院关于审理骗取出口退税刑事案件具体应用法律若干问题的解释》(法释〔2002〕30号)第三条的规定执行,即虚开的税款数额在五万元以上的,以虚开增值税专用发票罪处三年以下有期徒刑或者拘役,并处二万元以上二十万元以下罚金;虚开的税款数额在五十万元以上的,认定为刑法第二百零五条规定的"数额较大";虚开的税款数额在二百五十万元以上的,认定为刑法第二百零五条规定的"数额巨大"。

　　以上通知,请遵照执行。执行中发现的新情况、新问题,请及时报告我院。

《最高人民检察院关于充分发挥检察职能服务保障"六稳""六保"的意见》(2020年7月22日,节录)

　　6.依法维护有利于对外开放的法治化营商环境。……三是依法慎重处理企业涉税案件。注意把握一般涉税违法行为与以骗取国家税款为目的的涉税犯罪的界限,对于有实际生产经营活动的企业为虚增业绩、融资、贷款等非骗税目的且没有造成税款损失的虚开增值税专用发票行为,不以虚开增值税专用发票罪

第205条

---

① 本通知实际系对《最高人民法院研究室关于如何适用法发〔1996〕30号解释数额标准问题的电话答复》(法研〔2014〕179号)的进一步固化。该电话答复针对西藏自治区高级人民法院《关于如何适用法发〔1996〕30号解释数额标准问题的请示》(藏高法〔2014〕118号)答复如下:"原则同意你院第二种意见,即为了贯彻罪刑相当原则,对虚开增值税专用发票案件的量刑数额标准,可以不再参照适用1996年《最高人民法院关于适用〈全国人民代表大会常务委员会关于惩治虚开、伪造和非法出售增值税专用发票犯罪的决定〉的若干问题的解释》。在新的司法解释制定前,对于虚开增值税专用发票案件的定罪量刑标准,可以参照《最高人民法院关于审理骗取出口退税刑事案件具体应用法律若干问题的解释》的有关规定执行。"

定性处理,依法作出不起诉决定的,移送税务机关给予行政处罚。

立案追诉标准

《最高人民检察院、公安部关于公安机关管辖的刑事案件立案追诉标准的规定(二)》(公通字〔2022〕12号,节录)

第五十六条① 〔虚开增值税专用发票、用于骗取出口退税、抵扣税款发票案(刑法第二百零五条)〕虚开增值税专用发票或者虚开用于骗取出口退税、抵扣税款的其他发票,虚开的税款数额在十万元以上或者造成国家税款损失数额在五万元以上的,应予立案追诉。

(→附则参见分则标题评注部分,第392页)

法律适用答复、复函

《最高人民法院关于对〈审计署关于咨询虚开增值税专用发票罪问题的函〉的复函》(法函〔2001〕66号)

国家审计署:

你署审函〔2001〕75号《审计署关于咨询虚开增值税专用发票罪问题的函》收悉。经研究,现提出以下意见供参考:

地方税务机关实施"高开低征"或者"开大征小"等违规开具增值税专用发票的行为,不属于刑法第二百零五条规定的虚开增值税专用发票的犯罪行为,造成国家税款重大损失的,对有关主管部门的国家机关工作人员,应当根据刑法有关渎职罪的规定追究刑事责任。

《最高人民法院关于湖北汽车商场虚开增值税专用发票一案的批复》(刑他字〔2001〕36号)②

本案被告单位和被告人虽然实施了虚开增值税专用发票的行为,但主观上不具有偷骗税款的目的,客观上亦未造成国家税收损失,其行为不符合刑法规定的虚开增值税专用发票罪的构成,不构成犯罪。

《最高人民法院研究室关于对三种涉税行为法律适用问题意见的复函》(法

---

① 本条关于虚开增值税专用发票、用于骗取出口退税、抵扣税款发票罪立案追诉标准的规定与法〔2018〕226号通知不一致,入罪门槛作了提升,可以更好适应司法实践情况。——本评注注

② 参见李立众编:《刑法一本通——中华人民共和国刑法总成》(第十五版),法律出版社2021年版,第333页。

研〔2003〕15号）①

行为人购买非法制造的用于抵扣税款的其他发票又虚开的行为，根据刑法第二百零五条的规定，构成犯罪的，以虚开用于抵扣税款发票罪追究刑事责任。

行为人使用非法制造的发票的行为，应当具体情形具体分析。如果行为人不知道是非法制造的发票，主观上也没有偷逃税款的目的，即使客观上使用了该发票，也不能按照犯罪来处理。如果行为人明知是非法制作的发票而使用，且偷逃税款达到了法定数额、比例要求，根据刑法第二百零一条和我国《关于审理偷税抗税刑事案件具体应用法律若干问题的解释》第二条的规定，应以偷税罪②追究刑事责任。

《最高人民检察院法律政策研究室关于税务机关工作人员通过企业以"高开低征"的方法代开增值税专用发票的行为如何适用法律问题的答复》（高检研发〔2004〕6号）

江苏省人民检察院法律政策研究室：

你室《关于税务机关通过企业代开增值税专用发票以"高开低征"的方法吸引税源的行为是否构成犯罪的请示》（苏检研请字〔2003〕第4号）收悉。经研究，答复如下：

税务机关及其工作人员将不具备条件的小规模纳税人虚报为一般纳税人，并让其采用"高开低征"的方法为他人代开增值税专用发票的行为，属于虚开增值税专用发票。对于造成国家税款损失，构成犯罪的，应当依照刑法第二百零五条的规定追究刑事责任。

《最高人民法院刑事审判第二庭对〈关于征求对国税函〔2002〕893号文件适用暨××公司案定性问题意见的函〉的复函》（〔2008〕刑二函字第92号）③

---

① 参见李立众编：《刑法一本通——中华人民共和国刑法总成》（第十五版），法律出版社2021年版，第333页。
② 罪名已调整为"逃税罪"。——**本评注注**
③ 《最高人民检察院公诉厅〈关于征求对国税函〔2002〕893号文件适用暨××公司案定性问题意见的函〉的回复函》（2008年11月7日）提出："废旧物资回收经营行业符合国税函〔2002〕893号文件规定经营方式的应按该文件处理，但不符合该文的情形是否认定为虚开，不可一概而论，应根据具体情况依法处理。建议公安机关核实××公司是否存在实际经营业务，如果确系'开票公司'，××公司为甲钢厂的开票行为倾向认定为虚开。"参见李立众编：《刑法一本通——中华人民共和国刑法总成》（第十六版），法律出版社2022年版，第377页。**据本评注推测**，两者应系针对同一案件所涉法律适用问题。

关于国税函〔2002〕893号文件①的法律效力问题，同意你局意见，即符合国税函〔2002〕893号文件的行为不宜以虚开犯罪处理。

该案能否适用国税函〔2002〕893号文件，关键在于××公司是否属于实际从事废旧物资经营的单位。如果能够证实××公司确实系没有实际经营业务的开票公司，则不符合国税函〔2002〕893号文件规定的实质主体要件，不适用国税函〔2002〕893号文件。其行为构成犯罪的，依照刑法及相关司法解释的有关规定处理。

《最高人民法院研究室关于如何认定以"挂靠"有关公司名义实施经营活动并让有关公司为自己虚开增值税专用发票行为的性质征求意见的复函》（法研〔2015〕58号）

公安部经济犯罪侦查局：

贵局《关于如何认定以"挂靠"有关公司名义实施经营活动并让有关公司为自己虚开增值税专用发票行为的性质的函》（公经财税〔2015〕40号）收悉，经研究，现提出如下意见：

一、挂靠方以挂靠形式向受票方实际销售货物，被挂靠方向受票方开具增值税专用发票的，不属于刑法第二百零五条规定的"虚开增值税专用发票"。

主要考虑：（1）由挂靠方适用被挂靠方的经营资格进行经营活动，并向挂靠方支付挂靠费的经营方式在实践中客观存在，且带有一定普遍性。相关法律并未明确禁止以挂靠形式从事经营活动。（2）虚开增值税专用发票罪是行政犯，对相关入罪要件的判断，应当依据、参照相关行政法规、部门规章等，而根据《国家税务总局关于纳税人对外开具增值税专用发票有关问题的公告》（国家税

---

① 《国家税务总局关于废旧物资回收经营业务有关税收问题的批复》（国税函〔2002〕893号）针对福建省国家税务局《关于部分废旧物资回收经营业务政策处理问题的请示》（闽国税发〔2002〕184号）批复如下："一、关于开具增值税专用发票的定性问题。废旧物资收购人员（非本单位人员）在社会上收购废旧物资，直接运送到购货方（生产厂家），废旧物资经营单位根据上述双方实际发生的业务，向废旧物资收购人员开具废旧物资收购凭证，在财务上作购进处理，同时向购货方开具增值税专用发票或普通发票，在财务上作销售处理，将购货方支付的购货款以现金方式转付给废旧物资收购人员。鉴于此种经营方式是由目前废旧物资行业的经营特点决定的，且废旧物资经营单位在开具增值税专用发票时确实收取了同等金额的货款，并确有同等数量的货物销售，因此，废旧物资经营单位开具增值税专用发票的行为不违背有关税收规定，不应定性为虚开。""二、关于税款损失额的确定问题。鉴于废旧物资经营单位按照税收规定享受增值税先征后返70%的优惠政策，因此应将增值税不能返还的30%部分确定为税款损失额。"

务总局公告2014年第39号),挂靠方以挂靠形式向受票方实际销售货物,被挂靠方向受票方开具增值税专用发票的,不属于虚开。

二、行为人利用他人的名义从事经营活动,并以他人名义开具增值税专用发票的,即便行为人与该他人之间不存在挂靠关系,但如行为人进行了实际的经营活动,主观上并无骗取抵扣税款的故意,客观上也未造成国家增值税款损失的,不宜认定为刑法第二百零五条规定的"虚开增值税专用发票";符合逃税罪等其他犯罪构成条件的,可以其他犯罪论处。

主要考虑:(1)虚开增值税发票罪的危害实质在于通过虚开行为骗取抵扣税款,对于有实际交易存在的代开行为,如行为人主观上并无骗取的扣税款的故意,客观上未造成国家增值税款损失的,不宜以虚开增值税专用发票罪论处。虚开增值税专用发票罪的法定最高刑为无期徒刑,系严重犯罪,如将该罪理解为行为犯,只要虚开增值税专用发票,侵犯增值税专用发票管理秩序的,即构成犯罪并要判处重刑,也不符合量刑责相适应原则。(2)1996年10月17日《关于适用〈全国人民代表大会常务委员会关于惩治虚开、伪造和非法出售增值税专用发票犯罪的决定〉的若干问题的解释》虽然未被废止,但该解释制定于1997年刑法施行前,根据我院《关于认真学习宣传贯彻修订的〈中华人民共和国刑法〉的通知》(法发〔1997〕3号)第五条"修订的刑法实施后,对已明令废止的全国人大常委会有关决定和补充规定,最高人民法院原作出的有关司法解释不再适用,但是如果修订的刑法有关条文实质内容没有变化的,人民法院在刑事审判工作中,在没有新的司法解释前,可参照执行。其他对于与修订的刑法规定相抵触的司法解释,不再适用"的规定,应当根据现行刑法第二百零五条关于虚开增值税专用发票罪的规定,合理选择该解释中可以继续参照适用的条文。其中,该解释中关于"进行了实际经营活动,但让他人为自己代开增值税专用发票"也属于虚开的规定,与虚开增值税专用发票罪的规定不符,不应继续适用;如继续适用该解释的上述规定,则对于挂靠代开案件也要以犯罪论处,显然有失妥当。(3)《刑事审判参考》曾刊登"芦才兴虚开抵扣税款发票案"。该案例提出,虚开可以用于抵扣税款的发票冲减营业额偷逃税款的行为。主观上明知所虚开的运输发票均不用于抵扣税款,客观上使用虚开发票冲减营业额的方法偷逃应纳税款,其行为不符合虚开用于抵扣税款发票罪的构成要件,属于偷税行为。2001年福建高院请示的泉州市松苑绵涤实业有限公司等虚开增值税专用发票案,被告单位不以抵扣税款为目的,而是为了显示公司实力以达到在与外商谈判中处于有利地位的目的而虚开增值税发票。我院答复认为该公司的行为不构成犯罪。

刑参案例规则提炼

《芦才兴虚开抵扣税款发票案——虚开可以用于抵扣税款的发票冲减营业额偷逃税款的行为如何定性》（第110号案例）、《何涛虚开增值税专用发票案——虚开增值税专用发票给国家造成的经济损失如何计算》（第119号案例）、《吴彩森、郭家春等虚开增值税专用发票案——税务机关利用代管监开的增值税专用发票"高开低征"的行为如何定罪处罚》（第231号案例）、《王小禹、鞠井田虚开增值税专用发票案——介绍他人开具、让他人为自己开具无真实货物购销的增值税专用发票的行为如何定罪量刑》（第1209号案例）、《苏州市安派精密电子有限公司、庞美兴、罗正华虚开增值税专用发票案——如何认定单位犯罪中直接负责的主管人员，以及开票单位未到案时能否认定受票单位构成犯罪》（第1284号案例）所涉规则提炼如下：

1. **虚开增值税专用发票罪的主观目的规则**。① "刑法第二百零五条规定的虚开用于抵扣税款发票罪中的'抵扣税款'具有特定含义，行为人虚开可以抵扣税款的发票，如其主观意图不是用于抵扣税款，客观上也没有去抵扣税款，而是为了其他目的去使用虚开的发票，则不能以虚开抵扣税款发票罪定性。被告人……采用虚开运输发票的手段，达到偷逃税款的主观目的，其所虚开的运输发票均未用于抵扣税款，因此其行为不符合虚开用于抵扣税款发票罪的构成要件，应构成偷税罪。"②（第110号案例）"税务机关为完成本单位的税收征缴任务和为本单位谋取不正当利益，利用代管监开的增值税专用发票高开低征的行为"，"具有放任受票人利用虚开的增值税专用发票抵扣税款或者骗取税款的故意"，构成虚开增值税专用发票罪。（第231号案例）"介绍他人开具、让他人为自己开具无真实货物购销的增值税专用发票的行为构成虚开增值税专用发票罪。"（第1209号案例）

2. **虚开增值税专用发票给国家造成的经济损失的计算规则**。"既然进项税额是购货方在购进货物或接受应税劳务后，所支付或负担的增值税额，其抵扣税

---

① 本评注认为，构成虚开增值税专用发票罪，行为人主观上要具有骗取国家税款的目的，客观上要造成国家增值税款损失。对于不具有骗取目的、不损害国家税款安全的虚开行为，不宜认定构成本罪。例如，虚开增值税发票是为了处理借贷关系，而非骗取国家税款，由于没有货物买卖事实，商品未实际流转、未产生增值，不存在计税依据，故各行为人无纳税义务，虚开行为不会对国家税收产生危害。因此，不宜认定构成虚开增值税专用发票罪。

② 现罪名已调整为"逃税罪"。——本评注注

款时,税务机关依法应当将其支付或者负担的销项税额从中扣除。""已向国家缴纳的税款应从给国家利益造成的损失中扣除。"(第 119 号案例)

3. 开票单位未到案时认定虚开增值税专用发票罪的规则。"虚开增值税专用发票罪常表现为'无货虚开'……证明'无货'是办理该类案件的关键所在。""由于货物交易存在于上下家单位之间,要证实'无货',一般需要开票单位和受票单位的相关负责人都到案,双方供词一致,再以银行账户交易记录等证据证实资金走账和回流等情况佐证,确定'无货'属实,方可认定。"但是,"开票单位未到案的,可依证据认定受票单位构成虚开增值税专用发票罪"。(第 1284 号案例)

第二百零五条之一　【虚开发票罪】虚开本法第二百零五条规定以外的其他发票,情节严重的,处二年以下有期徒刑、拘役或者管制,并处罚金;情节特别严重的,处二年以上七年以下有期徒刑,并处罚金。

单位犯前款罪的,对单位判处罚金,并对其直接负责的主管人员和其他直接责任人员,依照前款的规定处罚。

立法沿革

本条系 2011 年 5 月 1 日起施行的《刑法修正案(八)》第三十三条增设的规定。

立案追诉标准

《最高人民检察院、公安部关于公安机关管辖的刑事案件立案追诉标准的规定(二)》(公通字〔2022〕12 号,节录)

第五十七条　〔虚开发票案(刑法第二百零五条之一)〕虚开刑法第二百零五条规定以外的其他发票,涉嫌下列情形之一的,应予立案追诉:

(一)虚开发票金额累计在五十万元以上的;

(二)虚开发票一百份以上且票面金额在三十万元以上的;

(三)五年内因虚开发票受过刑事处罚或者二次以上行政处罚,又虚开发票,数额达到第一、二项标准百分之六十以上的。

(→附则参见分则标题评注部分,第 392 页)

> **第二百零六条 【伪造、出售伪造的增值税专用发票罪】**伪造或者出售伪造的增值税专用发票的,处三年以下有期徒刑、拘役或者管制,并处二万元以上二十万元以下罚金;数量较大或者有其他严重情节的,处三年以上十年以下有期徒刑,并处五万元以上五十万元以下罚金;数量巨大或者有其他特别严重情节的,处十年以上有期徒刑或者无期徒刑,并处五万元以上五十万元以下罚金或者没收财产。
>
> 单位犯本条规定之罪的,对单位判处罚金,并对其直接负责的主管人员和其他直接责任人员,处三年以下有期徒刑、拘役或者管制;数量较大或者有其他严重情节的,处三年以上十年以下有期徒刑;数量巨大或者有其他特别严重情节的,处十年以上有期徒刑或者无期徒刑。

立法沿革

本条系1997年《刑法》吸收修改单行刑法作出的规定。《全国人民代表大会常务委员会关于惩治虚开、伪造和非法出售增值税专用发票犯罪的决定》(自1995年10月30日起施行)第二条规定:"伪造或者出售伪造的增值税专用发票的,处三年以下有期徒刑或者拘役,并处二万元以上二十万元以下罚金;数量较大或者有其他严重情节的,处三年以上十年以下有期徒刑,并处五万元以上五十万元以下罚金;数量巨大或者有其他特别严重情节的,处十年以上有期徒刑或者无期徒刑,并处没收财产。""伪造并出售伪造的增值税专用发票,数量特别巨大、情节特别严重、严重破坏经济秩序的,处无期徒刑或者死刑,并处没收财产。""伪造、出售伪造的增值税专用发票的犯罪集团的首要分子,分别依照前两款的规定从重处罚。"1997年《刑法》吸收第一款和第二款规定,增加管制刑,并在第三档刑中没收财产前增加规定"并处五万元以上五十万元以下罚金";同时,增加单位犯罪的规定。

2011年5月1日起施行的《刑法修正案(八)》第三十四条对本条作了修改,删去第二款,即取消了死刑的规定。

修正前《刑法》	修正后《刑法》
第二百零六条 【伪造、出售伪造的增值税专用发票罪】伪造或者出售伪造的增值税专用发票的,处三年以下有期徒刑、拘役或者管制,并处二万元以上二十万元以下罚金;数量	第二百零六条 【伪造、出售伪造的增值税专用发票罪】伪造或者出售伪造的增值税专用发票的,处三年以下有期徒刑、拘役或者管制,并处二万元以上

(续表)

修正前《刑法》	修正后《刑法》
较大或者有其他严重情节的,处三年以上十年以下有期徒刑,并处五万元以上五十万元以下罚金;数量巨大或者有其他特别严重情节的,处十年以上有期徒刑或者无期徒刑,并处五万元以上五十万元以下罚金或者没收财产。 ~~伪造并出售伪造的增值税专用发票,数量特别巨大,情节特别严重,严重破坏经济秩序的,处无期徒刑或者死刑,并处没收财产。~~ 单位犯本条规定之罪的,对单位判处罚金,并对其直接负责的主管人员和其他直接责任人员,处三年以下有期徒刑、拘役或者管制;数量较大或者有其他严重情节的,处三年以上十年以下有期徒刑;数量巨大或者有其他特别严重情节的,处十年以上有期徒刑或者无期徒刑。	二十万元以下罚金;数量较大或者有其他严重情节的,处三年以上十年以下有期徒刑,并处五万元以上五十万元以下罚金;数量巨大或者有其他特别严重情节的,处十年以上有期徒刑或者无期徒刑,并处五万元以上五十万元以下罚金或者没收财产。 单位犯本条规定之罪的,对单位判处罚金,并对其直接负责的主管人员和其他直接责任人员,处三年以下有期徒刑、拘役或者管制;数量较大或者有其他严重情节的,处三年以上十年以下有期徒刑;数量巨大或者有其他特别严重情节的,处十年以上有期徒刑或者无期徒刑。

立案追诉标准

《最高人民检察院、公安部关于公安机关管辖的刑事案件立案追诉标准的规定(二)》(公通字〔2022〕12号,节录)

第五十八条① 〔伪造、出售伪造的增值税专用发票案(刑法第二百零六条)〕伪造或者出售伪造的增值税专用发票,涉嫌下列情形之一的,应予立案追诉:

(一)票面税额累计在十万元以上的;

(二)伪造或者出售伪造的增值税专用发票十份以上且票面税额在六万元以上的;

(三)非法获利数额在一万元以上的。

---

① 与《最高人民法院关于适用〈全国人民代表大会常务委员会关于惩治虚开、伪造和非法出售增值税专用发票犯罪的决定〉的若干问题的解释》(法发〔1996〕30号)(→参见本节标题评注部分,第908页)第二条相比,本条对入罪标准作了降低和扩展。鉴此,在最高人民法院发布新的司法解释之前,对本条规定的适用应持慎重态度,宜根据案件具体情况妥当把握。——**本评注注**

(→附则参见分则标题评注部分,第 392 页)

▎刑参案例规则提炼

《曾珠玉等伪造增值税专用发票案——购买伪造的增值税专用发票又出售的行为如何定罪处罚》(第 252 号案例)所涉规则提炼如下:

购买伪造的增值税专用发票又出售行为的处理规则。"非法购买伪造的增值税专用发票又出售的行为,应以出售伪造的增值税专用发票罪定罪处罚。"此外,"非法出售用于伪造增值税专用发票以及普通发票的印刷模版等印制工具的行为,成立伪造增值税专用发票、非法制造发票罪的共犯"。"对于制造、销售伪造增值税专用发票(普通发票)的印刷模版等印制工具的行为,应以伪造增值税专用发票(普通发票)罪定罪处罚。"(第 252 号案例)

第二百零七条 【非法出售增值税专用发票罪】非法出售增值税专用发票的,处三年以下有期徒刑、拘役或者管制,并处二万元以上二十万元以下罚金;数量较大的,处三年以上十年以下有期徒刑,并处五万元以上五十万元以下罚金;数量巨大的,处十年以上有期徒刑或者无期徒刑,并处五万元以上五十万元以下罚金或者没收财产。

▎立法沿革

本条系 1997 年《刑法》沿用《全国人民代表大会常务委员会关于惩治虚开、伪造和非法出售增值税专用发票犯罪的决定》(自 1995 年 10 月 30 日起施行)第三条的规定,但在第一档刑中增设管制,在第三档刑中增设"并处五万元以上五十万元以下罚金"的规定。

▎立案追诉标准

《最高人民检察院、公安部关于公安机关管辖的刑事案件立案追诉标准的规定(二)》(公通字〔2022〕12 号,节录)

第五十九条 〔非法出售增值税专用发票案(刑法第二百零七条)〕非法出售增值税专用发票,涉嫌下列情形之一的,应予立案追诉:

(一)票面税额累计在十万元以上的;

(二)非法出售增值税专用发票十份以上且票面税额在六万元以上的;

(三)非法获利数额在一万元以上的。

(→附则参见分则标题评注部分,第 392 页)

刑参案例规则提炼

《邓冬蓉非法出售增值税专用发票案——非法出售增值税专用发票份数和票面额分别达到不同的量刑档次的如何量刑》(第337号案例)所涉规则提炼如下：

非法出售增值税专用发票罪的量刑规则。"对于非法出售增值税专用发票的份数和票面额分别达到不同的量刑档次的，应适用处罚较重的规定进行量刑。"(第337号案例)

第二百零八条　【非法购买增值税专用发票、购买伪造的增值税专用发票罪】非法购买增值税专用发票或者购买伪造的增值税专用发票的，处五年以下有期徒刑或者拘役，并处或者单处二万元以上二十万元以下罚金。

非法购买增值税专用发票或者购买伪造的增值税专用发票又虚开或者出售的，分别依照本法第二百零五条、第二百零六条、第二百零七条的规定定罪处罚。

立法沿革

本条系1997年《刑法》沿用《全国人民代表大会常务委员会关于惩治虚开、伪造和非法出售增值税专用发票犯罪的决定》(自1995年10月30日起施行)第四条的规定，但将"依照……处罚"调整为"依照……定罪处罚"，并调整援引的法条序号。

立案追诉标准

《最高人民检察院、公安部关于公安机关管辖的刑事案件立案追诉标准的规定(二)》(公通字〔2022〕12号，节录)

第六十条　〔非法购买增值税专用发票、购买伪造的增值税专用发票案(刑法第二百零八条第一款)〕非法购买增值税专用发票或者购买伪造的增值税专用发票，涉嫌下列情形之一的，应予立案追诉：

(一)非法购买增值税专用发票或者购买伪造的增值税专用发票二十份以上且票面税额在十万元以上的；

(二)票面税额累计在二十万元以上的。

(→附则参见分则标题评注部分，第392页)

法律适用答复、复函

《公安部经济犯罪侦查局关于对购买非法制造的用于抵扣税款的其他发票又虚开的行为适用法律问题的批复》(公经〔2003〕1448号)①

江苏省公安厅经侦总队：

你总队《关于对购买非法制造的用于抵扣税款的其他发票又虚开的行为应如何适用法律的请示》(苏公经〔2003〕333号)收悉。经研究并征求最高人民法院研究室的意见，现批复如下：

行为人购买非法制造的用于抵扣税款的其他发票又虚开的行为，根据刑法第二百零五条的规定，构成犯罪的，以虚开用于抵扣税款发票罪追究刑事责任。因此，犯罪嫌疑人彭××购买非法制造的运输业发票后又虚开的行为，已经构成犯罪，应以虚开用于抵扣税款发票罪追究其刑事责任。

第二百零九条 【非法制造、出售非法制造的用于骗取出口退税、抵扣税款发票罪】伪造、擅自制造或者出售伪造、擅自制造的可以用于骗取出口退税、抵扣税款的其他发票的，处三年以下有期徒刑、拘役或者管制，并处二万元以上二十万元以下罚金；数量巨大的，处三年以上七年以下有期徒刑，并处五万元以上五十万元以下罚金；数量特别巨大的，处七年以上有期徒刑，并处五万元以上五十万元以下罚金或者没收财产。

【非法制造、出售非法制造的发票罪】伪造、擅自制造或者出售伪造、擅自制造的前款规定以外的其他发票的，处二年以下有期徒刑、拘役或者管制，并处或者单处一万元以上五万元以下罚金；情节严重的，处二年以上七年以下有期徒刑，并处五万元以上五十万元以下罚金。

【非法出售用于骗取出口退税、抵扣税款发票罪】非法出售可以用于骗取出口退税、抵扣税款的其他发票的，依照第一款的规定处罚。

【非法出售发票罪】非法出售第三款规定以外的其他发票的，依照第二款的规定处罚。

立法沿革

本条系 1997 年《刑法》吸收修改单行刑法作出的规定。《全国人民代表大

---

① 参见李立众编：《刑法一本通——中华人民共和国刑法总成》(第十六版)，法律出版社 2022 年版，第 380 页。

会常务委员会关于惩治虚开、伪造和非法出售增值税专用发票犯罪的决定》（自1995年10月30日起施行）第六条规定："伪造、擅自制造或者出售伪造、擅自制造的可以用于骗取出口退税、抵扣税款的其他发票的，处三年以下有期徒刑或者拘役，并处二万元以上二十万元以下罚金；数量巨大的，处三年以上七年以下有期徒刑，并处五万元以上五十万元以下罚金；数量特别巨大的，处七年以上有期徒刑，并处没收财产。""伪造、擅自制造或者出售伪造、擅自制造的前款规定以外的其他发票的，比照刑法第一百二十四条的规定处罚。""非法出售可以用于骗取出口退税、抵扣税款的其他发票的，依照第一款的规定处罚。""非法出售前款规定以外的其他发票的，比照刑法第一百二十四条的规定处罚。"此处《刑法》第一百二十四条的规定"是指1979年《刑法》关于伪造有价票证罪的规定。1997年《刑法》对法定刑作了调整，对第一款和第二款规定的第一档刑分别增设管制，对第一款规定的第三档刑增设"并处五万元以上五十万元以下罚金"的规定，并将有关"比照处罚"的规定调整为单独定罪处罚。

立法解释

《全国人民代表大会常务委员会关于〈中华人民共和国刑法〉有关出口退税、抵扣税款的其他发票规定的解释》（自2005年12月29日起施行）

全国人民代表大会常务委员会根据司法实践中遇到的情况，讨论了刑法规定的"出口退税、抵扣税款的其他发票"的含义问题，解释如下：

刑法规定的"出口退税、抵扣税款的其他发票"，是指除增值税专用发票以外的，具有出口退税、抵扣税款功能的收付款凭证或者完税凭证。

现予公告。

立法工作机关意见

《全国人民代表大会常务委员会法制工作委员会刑法室关于对变造、出售变造普通发票行为的定性问题的意见》（刑发〔2005〕1号）

公安部经济犯罪侦查局：

你局2004年10月10日（公经〔2004〕1507号）来函收悉，经研究，交换意见如下：

同意你局的意见，即：刑法第二百零九条第二款规定的"伪造、擅自制造，或者出售伪造、擅自制造的前款规定以外的其他发票"的行为，包括变造、出售变造的普通发票的行为。

规范性文件

《最高人民法院、最高人民检察院、公安部、国家工商行政管理局关于依法查处盗窃、抢劫机动车案件的规定》(公通字〔1998〕31号)第六条对非法出售机动车有关发票的行为,伪造、擅自制造或者出售伪造、擅自制造的机动车有关发票的行为适用《刑法》第二百零九条作了指引性规定。(→参见第三百一十二条评注部分,第1637页)

《最高人民法院、最高人民检察院、公安部关于严厉打击发票违法犯罪活动的通知》(公通字〔2010〕28号,节录)

二、加强协作配合,形成打击合力。在办理发票犯罪案件中,各级公安机关、人民检察院、人民法院要加强协调配合,及时沟通情况,形成打击合力,提高工作成效。公安机关要主动加强与检察机关的沟通,重大案件商请检察机关提前介入;对依法应当由公安机关补充侦查的,要根据检察机关的补充侦查提纲尽快补充侦查。检察机关对公安机关立案侦查的发票犯罪案件,要根据办案工作的需要适时介入,参加对重大案件的讨论,对案件的法律适用和证据的收集、固定等提出意见和建议。人民法院对于重大发票犯罪案件,要加强审理力量,依法快审快结。

发票犯罪案件由犯罪地的公安机关管辖。发票犯罪案件中的犯罪地,包括伪造地、非法制造地、出售地、购买地,也包括运输假发票的途经地。几个公安机关都有管辖权的,由最初受理的公安机关管辖。必要时,可以由主要犯罪地的公安机关管辖。如果由犯罪嫌疑人居住地的公安机关管辖更为适宜,可以由犯罪嫌疑人居住地的公安机关管辖。发票犯罪案件中的犯罪嫌疑人居住地,包括犯罪嫌疑人经常居住地、户籍所在地,也包括其临时居住地。对管辖有争议或者情况特殊的,可以由共同的上级公安机关指定管辖。如需人民检察院、人民法院指定管辖的,公安机关要及时提出相关建议。经审查需要指定管辖的,人民检察院、人民法院要依法指定管辖。普通发票的真伪鉴定,参照国家税务总局《关于普通发票真伪鉴定问题的通知》(国税函〔2008〕948号)的规定执行。

立案追诉标准

《最高人民检察院、公安部关于公安机关管辖的刑事案件立案追诉标准的规定(二)》(公通字〔2022〕12号,节录)

第六十一条 〔非法制造、出售非法制造的用于骗取出口退税、抵扣税款发票案(刑法第二百零九条第一款)〕伪造、擅自制造或者出售伪造、擅自制造的用于骗取出口退税、抵扣税款的其他发票,涉嫌下列情形之一的,应予立案追诉:

(一)票面可以退税、抵扣税额累计在十万元以上的;
(二)伪造、擅自制造或者出售伪造、擅自制造的发票十份以上且票面可以退税、抵扣税额在六万元以上的;
(三)非法获利数额在一万元以上的。

第六十二条 〔非法制造、出售非法制造的发票案(刑法第二百零九条第二款)〕伪造、擅自制造或者出售伪造、擅自制造的不具有骗取出口退税、抵扣税款功能的其他发票,涉嫌下列情形之一的,应予立案追诉:

(一)伪造、擅自制造或者出售伪造、擅自制造的不具有骗取出口退税、抵扣税款功能的其他发票一百份以上且票面金额累计在三十万元以上的;
(二)票面金额累计在五十万元以上的;
(三)非法获利数额在一万元以上的。

第六十三条 〔非法出售用于骗取出口退税、抵扣税款发票案(刑法第二百零九条第三款)〕非法出售可以用于骗取出口退税、抵扣税款的其他发票,涉嫌下列情形之一的,应予立案追诉:

(一)票面可以退税、抵扣税额累计在十万元以上的;
(二)非法出售用于骗取出口退税、抵扣税款的其他发票十份以上且票面可以退税、抵扣税额在六万元以上的;
(三)非法获利数额在一万元以上的。

第六十四条 〔非法出售发票案(刑法第二百零九条第四款)〕非法出售增值税专用发票、用于骗取出口退税、抵扣税款的其他发票以外的发票,涉嫌下列情形之一的,应予立案追诉:

(一)非法出售增值税专用发票、用于骗取出口退税、抵扣税款的其他发票以外的发票一百份以上且票面金额累计在三十万元以上的;
(二)票面金额累计在五十万元以上的;
(三)非法获利数额在一万元以上的。

(→附则参见分则标题评注部分,第392页)

法律适用答复、复函

《公安部法制局关于对非法制造当场处罚罚款定额收据行为如何处理的意见的函》(公法[2004]195号)①

---

① 参见李立众编:《刑法一本通——中华人民共和国刑法总成》(第十六版),法律出版社2022年版,第383页。

根据《中华人民共和国发票管理办法》第三条规定，发票是指在购销商品、提供或者接受服务以及从事其他经营活动中，开具、收取的收付款凭证。当场处罚罚款收据是行政执法机关按照《行政处罚法》的规定，实施行政处罚需要当场收缴罚款而使用的罚款票据，不属于发票。对于非法印制当场处罚罚款收据的，不能以非法制造发票罪追究刑事责任。上述行为构成其他犯罪的，应当根据所触犯的罪名追究刑事责任；不构成犯罪的，交由有关主管行政机关依法处理。

《公安部经济犯罪侦查局关于对非法出售过期普通发票行为定性问题的批复》（公经〔2007〕2290号）①

江西省公安厅经侦总队：

你总队《关于使用过期税务发票作如何定性的请示》（赣公经〔2007〕30号）已收悉。经征求最高人民法院刑二庭、国家税务总局稽查局的意见，现批复如下：

非法出售过期普通发票，属于《中华人民共和国发票管理办法》第三十八条规定的"私自倒卖发票"的行为。非法出售过期普通发票，达到刑事追诉标准的，公安机关应当按照《中华人民共和国刑法》第二百零九条第四款的规定，依法追究其刑事责任。

《公安部经济犯罪侦查局关于交通工具意外伤害保险单认定问题的批复》（公经财税〔2010〕31号，节录）②

保险行业开具发票方式是在提供保险单之外另行开具单独的保险业务发票。交通工具意外伤害保险单，虽然包含了缴纳保费的内容，但就其印制监制、主要用途和管理方式而言，仍然是作为保险单使用，不应认定为发票。

《公安部经济犯罪侦查局关于××公司私自印制的客运车票是否属于假发票问题的批复》（公经财税〔2010〕55号，节录）③

××运输有限责任公司私自印刷的客运车票，不具备全国统一发票的发票监制章、发票代码、发票号码等发票基本要素，不属于发票范畴，不能认定为假发票。

《最高人民法院刑事审判第二庭关于航空运输代理机构虚开、销售虚假航

---

① 参见李立众编：《刑法一本通——中华人民共和国刑法总成》（第十六版），法律出版社2022年版，第383页。
② 参见何帆编著：《刑法注释书》（第2版），中国民主法制出版社2021年版，第473页。
③ 参见何帆编著：《刑法注释书》（第2版），中国民主法制出版社2021年版，第474页。

空行程单的行为如何定性问题的复函》(〔2010〕刑二函字第82号)①

航空票务代理机构购买非法印制的空白航空行程单并出售的,或者购买非法印刷的空白航空行程单后,为他人虚开并收取手续费的,其行为符合刑法第二百零九条第二款的规定,构成犯罪的,可按照出售非法制造的发票罪追究相关机构和人员的刑事责任。

航空票务代理机构的主管人员或直接责任人员与他人相互勾结,为他人利用虚开的航空行程单贪污、侵占等犯罪行为提供帮助的,以相应犯罪的共犯论处。

航空票务代理机构购买非法印制的空白航空行程单后,在非法印制的航空行程单上按真实票价额填开后出具给乘机者的,或者应乘机者的要求,在非法印制的航空行程单上填开虚增的票价额后出具给乘机者的,属于适用不符合规定的发票的行为,可由税务机关予以行政处罚。

《公安部经济犯罪侦查局关于两种完税凭证不属于发票问题的批复》(公经〔2010〕356号)②

《中华人民共和国税收通用完税证》和《车辆购置税完税证明》不具备发票的功能,不属于发票。

《公安部经济犯罪侦查局关于对江西省高速公路联网收费专用收据定性问题的批复》(公经财税〔2013〕43号)③

伪造的财政性专用收据不具备发票监制章、发票代码、发票号码等发票基本要素,不属于假发票。

▍刑参案例规则提炼

《管怀霞、高松祥出售非法制造的发票案——如何认定出售非法制造的发票罪的"情节严重"》(第826号案例)所涉规则提炼如下:

出售非法制造的发票罪"情节严重"的认定规则。"在没有司法解释对该罪'情节严重'的认定明确标准的情况下,不能仅根据出售发票的份数这一标

---

① 参见李立众编:《刑法一本通——中华人民共和国刑法总成》(第十五版),法律出版社2021年版,第340页。《公安部经济犯罪侦查局关于航空运输代理机构虚开、销售虚假航空行程单行为如何定性问题的批复》(公经〔2010〕137号)持相同立场。参见何帆编著:《刑法注释书》(第2版),中国民主法制出版社2021年版,第473—474页。**据本评注推测,两者应系针对同一案件所涉法律适用问题。**
② 参见何帆编著:《刑法注释书》(第2版),中国民主法制出版社2021年版,第473页。
③ 参见何帆编著:《刑法注释书》(第2版),中国民主法制出版社2021年版,第474页。

准,作出对行为人不利的认定,要结合累计金额、违法所得等因素综合认定。"(第826号案例)

第二百一十条 【盗窃、骗取增值税专用发票或者相关发票的处理】 盗窃增值税专用发票或者可以用于骗取出口退税、抵扣税款的其他发票的,依照本法第二百六十四条的规定定罪处罚。

使用欺骗手段骗取增值税专用发票或者可以用于骗取出口退税、抵扣税款的其他发票的,依照本法第二百六十六条的规定定罪处罚。

立法沿革

本条系1997年《刑法》吸收修改单行刑法作出的规定。《全国人民代表大会常务委员会关于惩治虚开、伪造和非法出售增值税专用发票犯罪的决定》(自1995年10月30日起施行)第七条规定:"盗窃增值税专用发票或者其他发票的,依照刑法关于盗窃罪的规定处罚。""使用欺骗手段骗取增值税专用发票或者其他发票的,依照刑法关于诈骗罪的规定处罚。"1997年《刑法》将"其他发票"限定为"可以用于骗取出口退税、抵扣税款的其他发票",并将"依照……处罚"调整为"依照……定罪处罚"。

第二百一十条之一 【持有伪造的发票罪】 明知是伪造的发票而持有,数量较大的,处二年以下有期徒刑、拘役或者管制,并处罚金;数量巨大的,处二年以上七年以下有期徒刑,并处罚金。

单位犯前款罪的,对单位判处罚金,并对其直接负责的主管人员和其他直接责任人员,依照前款的规定处罚。

立法沿革

本条系2011年5月1日起施行的《刑法修正案(八)》第三十五条增设的规定。

规范性文件

《国家税务总局关于普通发票真伪鉴定问题的通知》(国税函〔2008〕948号)

各省、自治区、直辖市和计划单列市国家税务局、地方税务局:

近一段时间,有税务机关反映,在实施打击制售假发票和非法代开发票专项整治行动中,需要对查获的假发票进行真伪鉴定。根据《中华人民共和国发票管理办法实施细则》第34条的规定:"发票真伪由税务机关鉴定",执行中一般都是由发票监制税务机关负责发票真伪的鉴定。为了更好地开展相关工作,现就有关问题明确如下:

一、普通发票的真伪鉴定由鉴定受理税务机关负责;受理税务机关鉴定有困难的,可以提请发票监制税务机关协助鉴定。

二、在伪造、变造现场查获的假发票,由当地税务机关负责鉴定。

《最高人民法院、最高人民检察院、公安部关于严厉打击发票违法犯罪活动的通知》(公通字〔2010〕28号)第二条明确对普通发票的真伪鉴定,参照国家税务总局《关于普通发票真伪鉴定问题的通知》(国税函〔2008〕948号)的规定执行。(→参见第二百零九条评注部分,第944页)

立案追诉标准

《最高人民检察院、公安部关于公安机关管辖的刑事案件立案追诉标准的规定(二)》(公通字〔2022〕12号,节录)

第六十五条 〔持有伪造的发票案(刑法第二百一十条之一)〕明知是伪造的发票而持有,涉嫌下列情形之一的,应予立案追诉:

(一)持有伪造的增值税专用发票或者可以用于骗取出口退税、抵扣税款的其他发票五十份以上且票面税额累计在二十五万元以上的;

(二)持有伪造的增值税专用发票或者可以用于骗取出口退税、抵扣税款的其他发票票面税额累计在五十万元以上的;

(三)持有伪造的第一项规定以外的其他发票一百份以上且票面金额在五十万元以上的;

(四)持有伪造的第一项规定以外的其他发票票面金额累计在一百万元以上的。

(→附则参见分则标题评注部分,第392页)

第二百一十一条 【单位犯本节之罪的处罚】单位犯本节第二百零一条、第二百零三条、第二百零四条、第二百零七条、第二百零八条、第二百零九条规定之罪的,对单位判处罚金,并对其直接负责的主管人员和其他直接责任人员,依照各该条的规定处罚。

立法沿革

本条系 1997 年《刑法》增设的规定。《全国人民代表大会常务委员会关于惩治偷税、抗税犯罪的补充规定》(自 1992 年 9 月 4 日起施行,2009 年 6 月 27 日被废止)第三条和《全国人民代表大会常务委员会关于惩治虚开、伪造和非法出售增值税专用发票犯罪的决定》(自 1995 年 10 月 30 日起施行)第十条均有单位犯罪主体的集中规定。1997 年《刑法》予以整合,形成对税收单位犯罪的相对集中规定。

第二百一十二条 【优先追缴税款、出口退税款】 犯本节第二百零一条至第二百零五条规定之罪,被判处罚金、没收财产的,在执行前,应当先由税务机关追缴税款和所骗取的出口退税款。

立法沿革

本条系 1997 年《刑法》增设的规定。

第七节 侵犯知识产权罪

全国人大常委会决定

《全国人民代表大会常务委员会关于维护互联网安全的决定》(修正后自 2009 年 8 月 27 日起施行,节录)

三、为了维护社会主义市场经济秩序和社会管理秩序,对有下列行为之一,构成犯罪的,依照刑法有关规定追究刑事责任:

(三)利用互联网侵犯他人知识产权;

(→全文参见第二百八十五条评注部分,第 1400 页)

司法解释

《最高人民法院、最高人民检察院关于办理侵犯知识产权刑事案件具体应用法律若干问题的解释》(法释〔2004〕19 号,自 2004 年 12 月 22 日起施行)

---

① 本司法解释第五条第一款第二项、第二款第二项关于侵犯著作权罪定罪量刑标准的规定已为法释〔2007〕6 号解释第一条所修改;第七条关于侵犯商业秘密罪(转下页)

为依法惩治侵犯知识产权犯罪活动,维护社会主义市场经济秩序,根据刑法有关规定,现就办理侵犯知识产权刑事案件具体应用法律的若干问题解释如下:

第一条① 未经注册商标所有人许可,在同一种商品上使用与其注册商标相同的商标,具有下列情形之一的,属于刑法第二百一十三条规定的"情节严重",应当以假冒注册商标罪判处三年以下有期徒刑或者拘役,并处或者单处罚金:

(一)非法经营数额在五万元以上或者违法所得数额在三万元以上的;

(二)假冒两种以上注册商标,非法经营数额在三万元以上或者违法所得数额在二万元以上的;

(三)其他情节严重的情形。

具有下列情形之一的,属于刑法第二百一十三条规定的"情节特别严重",应当以假冒注册商标罪判处三年以上七年以下有期徒刑,并处罚金:

(一)非法经营数额在二十五万元以上或者违法所得数额在十五万元以上的;

(二)假冒两种以上注册商标,非法经营数额在十五万元以上或者违法所得数额在十万元以上的;

(三)其他情节特别严重的情形。

第二条② 销售明知是假冒注册商标的商品,销售金额在五万元以上的,属于刑法第二百一十四条规定的"数额较大",应当以销售假冒注册商标的商品罪判处三年以下有期徒刑或者拘役,并处或者单处罚金。

销售金额在二十五万元以上的,属于刑法第二百一十四条规定的"数额巨大",应当以销售假冒注册商标的商品罪判处三年以上七年以下有期徒刑,并处罚金。

(接上页)定罪量刑标准的规定已为法释〔2020〕10号解释第四条所修改;第八条关于"相同的商标"的认定已为法释〔2020〕10号解释第一条所修改。此外,本司法解释的适用,应当根据经《刑法修正案(十一)》修正后《刑法》关于侵犯知识产权犯罪的相关规定妥当把握。——本评注注

① 《刑法修正案(十一)》对本罪的法定刑作了调整。——本评注注

② 《刑法修正案(十一)》已将本罪的定罪量刑标准由"销售金额"调整为"违法所得"。——本评注注

第三条① 伪造、擅自制造他人注册商标标识或者销售伪造、擅自制造的注册商标标识,具有下列情形之一的,属于刑法第二百一十五条规定的"情节严重",应当以非法制造、销售非法制造的注册商标标识罪判处三年以下有期徒刑、拘役或者管制,并处或者单处罚金:

(一)伪造、擅自制造或者销售伪造、擅自制造的注册商标标识数量在二万件以上,或者非法经营数额在五万元以上,或者违法所得数额在三万元以上的;

(二)伪造、擅自制造或者销售伪造、擅自制造两种以上注册商标标识数量在一万件以上,或者非法经营数额在三万元以上,或者违法所得数额在二万元以上的;

(三)其他情节严重的情形。

具有下列情形之一的,属于刑法第二百一十五条规定的"情节特别严重",应当以非法制造、销售非法制造的注册商标标识罪判处三年以上七年以下有期徒刑,并处罚金:

(一)伪造、擅自制造或者销售伪造、擅自制造的注册商标标识数量在十万件以上,或者非法经营数额在二十五万元以上,或者违法所得数额在十五万元以上的;

(二)伪造、擅自制造或者销售伪造、擅自制造两种以上注册商标标识数量在五万件以上,或者非法经营数额在十五万元以上,或者违法所得数额在十万元以上的;

(三)其他情节特别严重的情形。

第四条 假冒他人专利,具有下列情形之一的,属于刑法第二百一十六条规定的"情节严重",应当以假冒专利罪判处三年以下有期徒刑或者拘役,并处或者单处罚金:

(一)非法经营数额在二十万元以上或者违法所得数额在十万元以上的;

(二)给专利权人造成直接经济损失五十万元以上的;

(三)假冒两项以上他人专利,非法经营数额在十万元以上或者违法所得数额在五万元以上的;

(四)其他情节严重的情形。

第五条② 以营利为目的,实施刑法第二百一十七条所列侵犯著作权行为

---

① 《刑法修正案(十一)》对本罪的法定刑作了调整。——**本评注注**
② 《刑法修正案(十一)》对本罪的法定刑作了调整。——**本评注注**

之一,违法所得数额在三万元以上的,属于"违法所得数额较大";具有下列情形之一的,属于"有其他严重情节",应当以侵犯著作权罪判处三年以下有期徒刑或者拘役,并处或者单处罚金:

(一)非法经营数额在五万元以上的;

(二)未经著作权人许可,复制发行其文字作品、音乐、电影、电视、录像作品、计算机软件及其他作品,复制品数量合计在一千张(份)以上的;

(三)其他严重情节的情形。

以营利为目的,实施刑法第二百一十七条所列侵犯著作权行为之一,违法所得数额在十五万元以上的,属于"违法所得数额巨大";具有下列情形之一的,属于"有其他特别严重情节",应当以侵犯著作权罪判处三年以上七年以下有期徒刑,并处罚金:

(一)非法经营数额在二十五万元以上的;

(二)未经著作权人许可,复制发行其文字作品、音乐、电影、电视、录像作品、计算机软件及其他作品,复制品数量合计在五千张(份)以上的;

(三)其他特别严重情节的情形。

第六条① 以营利为目的,实施刑法第二百一十八条规定的行为,违法所得数额在十万元以上的,属于"违法所得数额巨大",应当以销售侵权复制品罪判处三年以下有期徒刑或者拘役,并处或者单处罚金。

第七条 实施刑法第二百一十九条规定的行为之一,给商业秘密的权利人造成损失数额在五十万元以上的,属于"给商业秘密的权利人造成重大损失",应当以侵犯商业秘密罪判处三年以下有期徒刑或者拘役,并处或者单处罚金。

给商业秘密的权利人造成损失数额在二百五十万元以上的,属于刑法第二百一十九条规定的"造成特别严重后果",应当以侵犯商业秘密罪判处三年以上七年以下有期徒刑,并处罚金。

第八条 刑法第二百一十三条规定的"相同的商标",是指与被假冒的注册商标完全相同,或者与被假冒的注册商标在视觉上基本无差别、足以对公众产生误导的商标。

刑法第二百一十三条规定的"使用",是指将注册商标或者假冒的注册商标用于商品、商品包装或者容器以及产品说明书、商品交易文书,或者将注册商标或者假冒的注册商标用于广告宣传、展览以及其他商业活动等行为。

---

① 《刑法修正案(十一)》对本罪的法定刑作了调整。——**本评注注**

第九条 刑法第二百一十四条规定的"销售金额",是指销售假冒注册商标的商品后所得和应得的全部违法收入。

具有下列情形之一的,应当认定为属于刑法第二百一十四条规定的"明知":

(一)知道自己销售的商品上的注册商标被涂改、调换或者覆盖的;

(二)因销售假冒注册商标的商品受到过行政处罚或者承担过民事责任、又销售同一种假冒注册商标的商品的;

(三)伪造、涂改商标注册人授权文件或者知道该文件被伪造、涂改的;

(四)其他知道或者应当知道是假冒注册商标的商品的情形。

第十条 实施下列行为之一的,属于刑法第二百一十六条规定的"假冒他人专利"的行为:

(一)未经许可,在其制造或者销售的产品、产品的包装上标注他人专利号的;

(二)未经许可,在广告或者其他宣传材料中使用他人的专利号,使人将所涉及的技术误认为是他人专利技术的;

(三)未经许可,在合同中使用他人的专利号,使人将合同涉及的技术误认为是他人专利技术的;

(四)伪造或者变造他人的专利证书、专利文件或者专利申请文件的。

第十一条 以刊登收费广告等方式直接或者间接收取费用的情形,属于刑法第二百一十七条规定的"以营利为目的"。

刑法第二百一十七条规定的"未经著作权人许可",是指没有得到著作权人授权或者伪造、涂改著作权人授权许可文件或者超出授权许可范围的情形。

通过信息网络向公众传播他人文字作品、音乐、电影、电视、录像作品、计算机软件及其他作品的行为,应当视为刑法第二百一十七条规定的"复制发行"。

第十二条 本解释所称"非法经营数额",是指行为人在实施侵犯知识产权行为过程中,制造、储存、运输、销售侵权产品的价值。已销售的侵权产品的价值,按照实际销售的价格计算。制造、储存、运输和未销售的侵权产品的价值,按照标价或者已经查清的侵权产品的实际销售平均价格计算。侵权产品没有标价或者无法查清其实际销售价格的,按照被侵权产品的市场中间价格计算。

多次实施侵犯知识产权行为,未经行政处理或者刑事处罚的,非法经营数额、违法所得数额或者销售金额累计计算。

本解释第三条所规定的"件",是指标有完整商标图样的一份标识。

第十三条 实施刑法第二百一十三条规定的假冒注册商标犯罪,又销售该假冒注册商标的商品,构成犯罪的,应当依照刑法第二百一十三条的规定,以假冒注册商标罪定罪处罚。

实施刑法第二百一十三条规定的假冒注册商标犯罪,又销售明知是他人的假冒注册商标的商品,构成犯罪的,应当实行数罪并罚。

第十四条 实施刑法第二百一十七条规定的侵犯著作权犯罪,又销售该侵权复制品,构成犯罪的,应当依照刑法第二百一十七条的规定,以侵犯著作权罪定罪处罚。

实施刑法第二百一十七条规定的侵犯著作权犯罪,又销售明知是他人的侵权复制品,构成犯罪的,应当实行数罪并罚。

第十五条 单位实施刑法第二百一十三条至第二百一十九条规定的行为,按照本解释规定的相应个人犯罪的定罪量刑标准的三倍定罪量刑。

第十六条 明知他人实施侵犯知识产权犯罪,而为其提供贷款、资金、账号、发票、证明、许可证件,或者提供生产、经营场所或者运输、储存、代理进出口等便利条件、帮助的,以侵犯知识产权犯罪的共犯论处。

第十七条 以前发布的有关侵犯知识产权犯罪的司法解释,与本解释相抵触的,自本解释施行后不再适用。

《最高人民法院、最高人民检察院关于办理侵犯知识产权刑事案件具体应用法律若干问题的解释(二)》(法释〔2007〕6号,自2007年4月5日起施行)[①]

为维护社会主义市场经济秩序,依法惩治侵犯知识产权犯罪活动,根据刑法、刑事诉讼法有关规定,现就办理侵犯知识产权刑事案件具体应用法律的若干问题解释如下:

第一条 以营利为目的,未经著作权人许可,复制发行其文字作品、音乐、电影、电视、录像作品、计算机软件及其他作品,复制品数量合计在五百张(份)以上的,属于刑法第二百一十七条规定的"有其他严重情节";复制品数量在二千五百张(份)以上的,属于刑法第二百一十七条规定的"有其他特别严重情节"。

第二条 刑法第二百一十七条侵犯著作权罪中的"复制发行",包括复制、发行或者既复制又发行的行为。

[①] 本司法解释的适用,应当根据经《刑法修正案(十一)》修正后《刑法》关于侵犯知识产权犯罪的相关规定妥当把握。——**本评注注**

侵权产品的持有人通过广告、征订等方式推销侵权产品的,属于刑法第二百一十七条规定的"发行"。

非法出版、复制、发行他人作品,侵犯著作权构成犯罪的,按照侵犯著作权罪定罪处罚。

第三条 侵犯知识产权犯罪,符合刑法规定的缓刑条件的,依法适用缓刑。有下列情形之一的,一般不适用缓刑:

(一)因侵犯知识产权被刑事处罚或者行政处罚后,再次侵犯知识产权构成犯罪的;

(二)不具有悔罪表现的;

(三)拒不交出违法所得的;

(四)其他不宜适用缓刑的情形。

第四条 对于侵犯知识产权犯罪的,人民法院应当综合考虑犯罪的违法所得、非法经营数额、给权利人造成的损失、社会危害性等情节,依法判处罚金。罚金数额一般在违法所得的一倍以上五倍以下,或者按照非法经营数额的50%以上一倍以下确定。

第五条 被害人有证据证明的侵犯知识产权刑事案件,直接向人民法院起诉的,人民法院应当依法受理;严重危害社会秩序和国家利益的侵犯知识产权刑事案件,由人民检察院依法提起公诉。

第六条 单位实施刑法第二百一十三条至第二百一十九条规定的行为,按照《最高人民法院、最高人民检察院关于办理侵犯知识产权刑事案件具体应用法律若干问题的解释》和本解释规定的相应个人犯罪的定罪量刑标准定罪处罚。

第七条 以前发布的司法解释与本解释不一致的,以本解释为准。

《最高人民法院、最高人民检察院关于办理侵犯知识产权刑事案件具体应用法律若干问题的解释(三)》(法释〔2020〕10号,自2020年9月14日起施行)①

为依法惩治侵犯知识产权犯罪,维护社会主义市场经济秩序,根据《中华人民共和国刑法》《中华人民共和国刑事诉讼法》等有关规定,现就办理侵犯知识产权刑事案件具体应用法律的若干问题解释如下:

---

① 本司法解释的适用,应当根据经《刑法修正案(十一)》修正后《刑法》关于侵犯知识产权犯罪的相关规定妥当把握。——**本评注注**

第七节 侵犯知识产权罪

第一条① 具有下列情形之一的,可以认定为刑法第二百一十三条规定的"与其注册商标相同的商标":

（一）改变注册商标的字体、字母大小写或者文字横竖排列,与注册商标之间基本无差别的;

（二）改变注册商标的文字、字母、数字等之间的间距,与注册商标之间基本无差别的;

（三）改变注册商标颜色,不影响体现注册商标显著特征的;

（四）在注册商标上仅增加商品通用名称、型号等缺乏显著特征要素,不影响体现注册商标显著特征的;

（五）与立体注册商标的三维标志及平面要素基本无差别的;

（六）其他与注册商标基本无差别、足以对公众产生误导的商标。

---

① 本条在法释〔2004〕19号解释、法发〔2011〕3号意见的基础上进行了调整和补充,强调既要严厉打击假冒注册商标行为,又要防止突破"相同商标"的标准,将近似商标纳入刑法规制范围。(1)对法发〔2011〕3号意见第六条的规定进行了调整。一是将第六条第一项中的"仅有细微差别"、第二项中的"不影响体现注册商标显著特征"均表述为"与注册商标之间基本无差别",与法释〔2004〕19号解释第八条的规定保持一致,统一认定标准。二是根据新情况和司法需要,对第六条第三项、第四项进行了调整。鉴于司法实践中对颜色组合商标,如改变注册商标颜色,可能会改变注册商标的显著特征,不宜一律认定为相同商标,故在第三项中增加"不影响体现注册商标显著特征"的限定条件;鉴于商标法规定了声音商标,因此第四项兜底条款删除了"在视觉上"这个限定条件。(2)对在注册商标上增加内容的情形及立体商标如何认定相同商标进行了明确。在注册商标上增加内容易突破"相同商标"的界限,本着从严认定原则,《解释》从两个方面限制:一是增加的内容仅限于描述商品通用名称、型号等缺乏显著特征要素的文字,二是增加的内容不能影响体现注册商标的显著特征。司法实践中,对于增加并非缺乏显著特征要素的,一般情况下,应当认为影响了体现注册商标显著特征,不宜认定为相同商标;对于在注册商标上增加商品通用名称、型号等缺乏显著特征要素的,还要对是否影响注册商标的显著特征进行判断,继而认定是否属于相同商标。本项未明确规定增加商品的图形的情形,主要考虑在具体案件中,增加商品的图形往往会影响注册商标的显著特征。因此,对于在注册商标上增加商品的图形的案件,认定相同商标应当慎重。判断立体商标是否构成相同商标,应当全面考虑立体商标的三维标志和平面要素,平面要素亦应当与立体注册商标的平面要素基本无差别。参见林广海、许常海:《〈关于办理侵犯知识产权刑事案件具体应用法律若干问题的解释(三)〉的理解与适用》,载最高人民法院刑事审判第一、二、三、四、五庭编:《刑事审判参考(总第128辑)》,人民法院出版社2021年版,第188—189页。

第二条 在刑法第二百一十七条规定的作品、录音制品上以通常方式署名的自然人、法人或者非法人组织,应当推定为著作权人或者录音制作者,且该作品、录音制品上存在着相应权利,但有相反证明的除外。

在涉案作品、录音制品种类众多且权利人分散的案件中,有证据证明涉案复制品系非法出版、复制发行,且出版者、复制发行者不能提供获得著作权人、录音制作者许可的相关证据材料的,可以认定为刑法第二百一十七条规定的"未经著作权人许可""未经录音制作者许可"。但是,有证据证明权利人放弃权利、涉案作品的著作权或者录音制品的有关权利不受我国著作权法保护、权利保护期限已经届满的除外。

第三条① 采取非法复制、未经授权或者超越授权使用计算机信息系统等方式窃取商业秘密的,应当认定为刑法第二百一十九条第一款第一项规定的"盗窃"。

以贿赂、欺诈、电子侵入等方式获取权利人的商业秘密的,应当认定为刑法第二百一十九条第一款第一项规定的"其他不正当手段"。

---

① 适用本条应当注意:一是《刑法》第二百一十九条第一款第一项规定的"以盗窃、利诱、胁迫或者其他不正当手段获取权利人的商业秘密",规制的是不正当获取行为本身,故其他不正当手段的性质应当与盗窃、利诱、胁迫相当,行为本身即是不法行为。二是认定"以不正当手段获取商业秘密"的前提是,行为人此前并不掌握、知悉或者持有该项商业秘密,以区别于《刑法》第二百一十九条第一款第三项规定的违约侵犯商业秘密的行为。行为人合法正当获取商业秘密后违反保密义务侵犯商业秘密,属于《刑法》第二百一十九条第一款第三项规定的行为,而不属于该条款第一项规定的情形。例如,商业秘密权利人的员工参与了商业秘密研发或者因日常工作使用而知悉该项商业秘密,获取行为是合法正当的,其违反保密协议擅自复制商业秘密的行为,不属于《刑法》第二百一十九条第一款第一项规定的"不正当手段"的情形。再如,商业秘密权利人的合同相对方依据合同或者在签订合同过程中知悉了权利人的商业秘密,后违反有关保守商业秘密的要求而披露、使用或者允许他人使用商业秘密的,也不应当认定为"以不正当手段获取权利人的商业秘密"。参见林广海、许常海:《〈关于办理侵犯知识产权刑事案件具体应用法律若干问题的解释(三)〉的理解与适用》,载最高人民法院刑事审判第一、二、三、四、五庭编:《刑事审判参考(总第128辑)》,人民法院出版社2021年版,第190—191页。

第四条① 实施刑法第二百一十九条规定的行为,具有下列情形之一的,应当认定为"给商业秘密的权利人造成重大损失":

(一)给商业秘密的权利人造成损失数额或者因侵犯商业秘密违法所得数额在三十万元以上的;

(二)直接导致商业秘密的权利人因重大经营困难而破产、倒闭的;

(三)造成商业秘密的权利人其他重大损失的。

给商业秘密的权利人造成损失数额或者因侵犯商业秘密违法所得数额在二百五十万元以上的,应当认定为刑法第二百一十九条规定的"造成特别严重后果"。

第五条② 实施刑法第二百一十九条规定的行为造成的损失数额或者违法所得数额,可以按照下列方式认定:

(一)以不正当手段获取权利人的商业秘密,尚未披露、使用或者允许他人使用的,损失数额可以根据该项商业秘密的合理许可使用费确定;

(二)以不正当手段获取权利人的商业秘密后,披露、使用或者允许他人使用的,损失数额可以根据权利人因被侵权造成销售利润的损失确定,但该损失数额低于商业秘密合理许可使用费的,根据合理许可使用费确定;

---

① 本条充分听取了各方意见,根据司法实践需要,一是降低了入罪标准,将入罪数额从"五十万元以上"调整至"三十万元以上"。二是扩充入罪情形,将因侵犯商业秘密违法所得数额、因侵犯商业秘密导致权利人破产、倒闭等情形纳入重大损失认定范围。适用本条款应当注意:一是给权利人造成的损失数额和违法所得数额应当根据本司法解释第五条的规定具体认定,给权利人造成重大损失和违法所得是并列的两种入罪标准,相关数额不能累加计算;二是权利人因重大经营困难而破产、倒闭的后果与侵犯商业秘密行为之间必须具有直接的因果关系。参见林广海、许常海:《〈关于办理侵犯知识产权刑事案件具体应用法律若干问题的解释(三)〉的理解与适用》,载最高人民法院刑事审判第一、二、三、四、五庭编:《刑事审判参考(总第128辑)》,人民法院出版社2021年版,第191页。

② 总的来说,对给权利人造成重大损失的认定,应当以商业秘密实际使用造成权利人销售利润的损失为一般标准,以商业秘密的合理许可使用费、商业秘密的商业价值为特殊标准,且只适用于《解释》明文规定的情形。参见林广海、许常海:《〈关于办理侵犯知识产权刑事案件具体应用法律若干问题的解释(三)〉的理解与适用》,载最高人民法院刑事审判第一、二、三、四、五庭编:《刑事审判参考(总第128辑)》,人民法院出版社2021年版,第194页。

（三）违反约定、权利人有关保守商业秘密的要求，披露、使用或者允许他人使用其所掌握的商业秘密的，损失数额可以根据权利人因被侵权造成销售利润的损失确定；

（四）明知商业秘密是不正当手段获取或者是违反约定、权利人有关保守商业秘密的要求披露、使用、允许使用，仍获取、使用或者披露的，损失数额可以根据权利人因被侵权造成销售利润的损失确定；

（五）因侵犯商业秘密行为导致商业秘密已为公众所知悉或者灭失的，损失数额可以根据该项商业秘密的商业价值确定。商业秘密的商业价值，可以根据该项商业秘密的研究开发成本、实施该项商业秘密的收益综合确定；

（六）因披露或者允许他人使用商业秘密而获得的财物或者其他财产性利益，应当认定为违法所得。

前款第二项、第三项、第四项规定的权利人因被侵权造成销售利润的损失，可以根据权利人因被侵权造成销售量减少的总数乘以权利人每件产品的合理利润确定；销售量减少的总数无法确定的，可以根据侵权产品销售量乘以权利人每件产品的合理利润确定；权利人因被侵权造成销售量减少的总数和每件产品的合理利润均无法确定的，可以根据侵权产品销售量乘以每件侵权产品的合理利润确定。商业秘密系用于服务等其他经营活动的，损失数额可以根据权利人因被侵权而减少的合理利润确定。

商业秘密的权利人为减轻对商业运营、商业计划的损失或者重新恢复计算机信息系统安全、其他系统安全而支出的补救费用，应当计入给商业秘密的权利人造成的损失。

第六条 在刑事诉讼程序中，当事人、辩护人、诉讼代理人或者案外人书面申请对有关商业秘密或者其他需要保密的商业信息的证据、材料采取保密措施的，应当根据案件情况采取组织诉讼参与人签署保密承诺书等必要的保密措施。

违反前款有关保密措施的要求或者法律法规规定的保密义务的，依法承担相应责任。擅自披露、使用或者允许他人使用在刑事诉讼程序中接触、获取的商业秘密，符合刑法第二百一十九条规定的，依法追究刑事责任。

第七条 除特殊情况外，假冒注册商标的商品、非法制造的注册商标标识、侵犯著作权的复制品，主要用于制造假冒注册商标的商品、注册商标标识或者侵权复制品的材料和工具，应当依法予以没收和销毁。

上述物品需要作为民事、行政案件的证据使用的，经权利人申请，可以在民事、行政案件终结后或者采取取样、拍照等方式对证据固定后予以销毁。

第八条 具有下列情形之一的，可以酌情从重处罚，一般不适用缓刑：

（一）主要以侵犯知识产权为业的；
（二）因侵犯知识产权被行政处罚后再次侵犯知识产权构成犯罪的；
（三）在重大自然灾害、事故灾难、公共卫生事件期间，假冒抢险救灾、防疫物资等商品的注册商标的；
（四）拒不交出违法所得的。

第九条 具有下列情形之一的，可以酌情从轻处罚：
（一）认罪认罚的；
（二）取得权利人谅解的；
（三）具有悔罪表现的；
（四）以不正当手段获取权利人的商业秘密后尚未披露、使用或者允许他人使用的。

第十条 对于侵犯知识产权犯罪的，应当综合考虑犯罪违法所得数额、非法经营数额、给权利人造成的损失数额、侵权假冒物品数量及社会危害性等情节，依法判处罚金。

罚金数额一般在违法所得数额的一倍以上五倍以下确定。违法所得数额无法查清的，罚金数额一般按照非法经营数额的百分之五十以上一倍以下确定。违法所得数额和非法经营数额均无法查清，判处三年以下有期徒刑、拘役、管制或者单处罚金的，一般在三万元以上一百万元以下确定罚金数额；判处三年以上有期徒刑的，一般在十五万元以上五百万元以下确定罚金数额。

第十一条 本解释发布施行后，之前发布的司法解释和规范性文件与本解释不一致的，以本解释为准。

第十二条 本解释自 2020 年 9 月 14 日起施行。

规范性文件

《最高人民法院关于进一步加强知识产权司法保护工作的通知》（法〔2004〕200 号，节录）

二、突出重点，加大力度，依法从严惩制假售假、侵犯知识产权的犯罪行为。假冒商标、盗版侵权等侵犯知识产权犯罪行为，严重破坏社会主义市场经济运行规则和竞争秩序，直接损害知识产权权利人的合法权益，也损害广大消费者的合法权益，特别是食品、药品、农资等领域的假冒侵权行为，严重危及国计民生。各级法院要进一步加大对各种侵犯知识产权犯罪的刑事惩处力度，根据专项行动的部署，结合本地区实际，把那些严重危害人民生命健康和切身利益，严重影响市场秩序和经济发展，当地群众反映强烈的突出犯罪，确定为打击的重点,坚决依法从严惩处。要把犯罪数额巨大、情节恶劣、给国家和人民利益造成重大损失,特别是有国家工作人员参与或者包庇纵容的案件,作为大案要案,抓紧及时审理,依法从严判处,依法应当重判的,坚决予以重判。要注重产品质量鉴定,准确适用刑事法律,对于既假冒他人注册商标及其标识,又属于生产销售伪劣产品的,要依照刑法规定处罚较重的罪名定罪处罚。要善于运用多种刑罚手段同侵犯知识产权犯罪作斗争,在依法适用主刑的同时,要高度重视财产刑的适用,法律规定应当并处罚金或者没收财产的,要坚决判处罚金或者没收财产;法律规定可以并处罚金或者没收财产的,一般也要判处罚金或者没收财产;犯罪分子违法所得的财物要依法追缴或者责令退赔,对其用于犯罪的本人财物要依法予以没收。要切实保障被害人的刑事自诉权利,依法做好侵犯知识产权等刑事自诉案件的受理、调解和审判工作,被害人直接向人民法院起诉的知识产权等刑事案件,符合自诉条件的,人民法院应当依法受理;对于其中证据不足、可由公安机关受理的,或者认为对被告人可能判处三年有期徒刑以上刑罚的,应当移送公安机关立案侦查。

《最高人民法院、最高人民检察院、公安部关于办理侵犯知识产权刑事案件适用法律若干问题的意见》(法发〔2011〕3号)①

为解决近年来公安机关、人民检察院、人民法院在办理侵犯知识产权刑事案件中遇到的新情况、新问题,依法惩治侵犯知识产权犯罪活动,维护社会主义市场经济秩序,根据刑法、刑事诉讼法及有关司法解释的规定,结合侦查、起诉、审判实践,制定本意见。

一、关于侵犯知识产权犯罪案件的管辖问题

侵犯知识产权犯罪案件由犯罪地公安机关立案侦查。必要时,可以由犯罪嫌疑人居住地公安机关立案侦查。侵犯知识产权犯罪案件的犯罪地,包括侵权产品制造地、储存地、运输地、销售地,传播侵权作品、销售侵权产品的网站服务器所在地、网络接入地、网站建立者或者管理者所在地,侵权作品上传者所在地,权利人受到实际侵害的犯罪结果发生地。对有多个侵犯知识产权犯罪地的,由最初受理的公安机关或者主要犯罪地公安机关管辖。多个侵犯知识产权犯罪地的公安机关对管辖有争议的,由共同的上级公安机关指定管辖,需要提请批准逮捕、移送审查起诉、提起公诉的,由该公安机关所在地的同级人民检察院、

---

① 本意见第六条关于"与其注册商标相同的商标"的认定,已被法释〔2020〕10号解释第一条修改。此外,本司法解释的适用,应当根据经《刑法修正案(十一)》修正后《刑法》关于侵犯知识产权犯罪的相关规定妥当把握。——**本评注注**

人民法院受理。

对于不同犯罪嫌疑人、犯罪团伙跨地区实施的涉及同一批侵权产品的制造、储存、运输、销售等侵犯知识产权犯罪行为，符合并案处理要求的，有关公安机关可以一并立案侦查，需要提请批准逮捕、移送审查起诉、提起公诉的，由该公安机关所在地的同级人民检察院、人民法院受理。

二、关于办理侵犯知识产权刑事案件中行政执法部门收集、调取证据的效力问题

行政执法部门依法收集、调取、制作的物证、书证、视听资料、检验报告、鉴定结论、勘验笔录、现场笔录，经公安机关、人民检察院审查，人民法院庭审质证确认，可以作为刑事证据使用。

行政执法部门制作的证人证言、当事人陈述等调查笔录，公安机关认为有必要作为刑事证据使用的，应当依法重新收集、制作。

三、关于办理侵犯知识产权刑事案件的抽样取证问题和委托鉴定问题

公安机关在办理侵犯知识产权刑事案件时，可以根据工作需要抽样取证，或者商请同级行政执法部门、有关检验机构协助抽样取证。法律、法规对抽样机构或者抽样方法有规定的，应当委托规定的机构并按照规定方法抽取样品。

公安机关、人民检察院、人民法院在办理侵犯知识产权刑事案件时，对于需要鉴定的事项，应当委托国家认可的有鉴定资质的鉴定机构进行鉴定。

公安机关、人民检察院、人民法院应当对鉴定结论进行审查，听取权利人、犯罪嫌疑人、被告人对鉴定结论的意见，可以要求鉴定机构作出相应说明。

四、关于侵犯知识产权犯罪自诉案件的证据收集问题

人民法院依法受理侵犯知识产权刑事自诉案件，对于当事人因客观原因不能取得的证据，在提起自诉时能够提供有关线索，申请人民法院调取的，人民法院应当依法调取。

五、关于刑法第二百一十三条规定的"同一种商品"的认定问题

名称相同的商品以及名称不同但指同一事物的商品，可以认定为"同一种商品"。"名称"是指国家工商行政管理总局商标局在商标注册工作中对商品使用的名称，通常即《商标注册用商品和服务国际分类》中规定的商品名称。"名称不同但指同一事物的商品"是指在功能、用途、主要原料、消费对象、销售渠道等方面相同或者基本相同，相关公众一般认为是同一种事物的商品。

认定"同一种商品"，应当在权利人注册商标核定使用的商品和行为人实际生产销售的商品之间进行比较。

六、关于刑法第二百一十三条规定的"与其注册商标相同的商标"的认定问题

具有下列情形之一,可以认定为"与其注册商标相同的商标":

(一)改变注册商标的字体、字母大小或者文字横竖排列,与注册商标之间仅有细微差别的;

(二)改变注册商标的文字、字母、数字等之间的间距,不影响体现注册商标显著特征的;

(三)改变注册商标颜色的;

(四)其他与注册商标在视觉上基本无差别、足以对公众产生误导的商标。

七、关于尚未附着或者尚未全部附着假冒注册商标标识的侵权产品价值是否计入非法经营数额的问题

在计算制造、储存、运输和未销售的假冒注册商标侵权产品价值时,对已经制作完成但尚未附着(含加贴)或者尚未全部附着(含加贴)假冒注册商标标识的产品,如果有确实、充分证据证明该产品将假冒他人注册商标,其价值计入非法经营数额。

八、关于销售假冒注册商标的商品犯罪案件中尚未销售或者部分销售情形的定罪量刑问题

销售明知是假冒注册商标的商品,具有下列情形之一的,依照刑法第二百一十四条的规定,以销售假冒注册商标的商品罪(未遂)定罪处罚:

(一)假冒注册商标的商品尚未销售,货值金额在十五万元以上的;

(二)假冒注册商标的商品部分销售,已销售金额不满五万元,但与尚未销售的假冒注册商标的商品的货值金额合计在十五万元以上的。

假冒注册商标的商品尚未销售,货值金额分别达到十五万元以上不满二十五万元、二十五万元以上的,分别依照刑法第二百一十四条规定的各法定刑幅度定罪处罚。

销售金额和未销售货值金额分别达到不同的法定刑幅度或者均达到同一法定刑幅度的,在处罚较重的法定刑或者同一法定刑幅度内酌情从重处罚。

九、关于销售他人非法制造的注册商标标识犯罪案件中尚未销售或者部分销售情形的定罪问题

销售他人伪造、擅自制造的注册商标标识,具有下列情形之一的,依照刑法第二百一十五条的规定,以销售非法制造的注册商标标识罪(未遂)定罪处罚:

(一)尚未销售他人伪造、擅自制造的注册商标标识数量在六万件以上的;

(二)尚未销售他人伪造、擅自制造的两种以上注册商标标识数量在三万件以上的;

(三)部分销售他人伪造、擅自制造的注册商标标识,已销售标识数量不满二万件,但与尚未销售标识数量合计在六万件以上的;

(四)部分销售他人伪造、擅自制造的两种以上注册商标标识,已销售标识数量不满一万件,但与尚未销售标识数量合计在三万件以上的。

十、关于侵犯著作权犯罪案件"以营利为目的"的认定问题

除销售外,具有下列情形之一的,可以认定为"以营利为目的":

(一)以在他人作品中刊登收费广告、捆绑第三方作品等方式直接或者间接收取费用的;

(二)通过信息网络传播他人作品,或者利用他人上传的侵权作品,在网站或者网页上提供刊登收费广告服务,直接或者间接收取费用的;

(三)以会员制方式通过信息网络传播他人作品,收取会员注册费或者其他费用的;

(四)其他利用他人作品牟利的情形。

十一、关于侵犯著作权犯罪案件"未经著作权人许可"的认定问题

"未经著作权人许可"一般应当依据著作权人或者其授权的代理人、著作权集体管理组织、国家著作权行政管理部门指定的著作权认证机构出具的涉案作品版权认证文书,或者证明出版者、复制发行者伪造、涂改授权许可文件或者超出授权许可范围的证据,结合其他证据综合予以认定。

在涉案作品种类众多且权利人分散的案件中,上述证据确实难以一一取得,但有证据证明涉案复制品系非法出版、复制发行的,且出版者、复制发行者不能提供获得著作权人许可的相关证明材料的,可以认定为"未经著作权人许可"。但是,有证据证明权利人放弃权利、涉案作品的著作权不受我国著作权法保护,或者著作权保护期限已经届满的除外。

十二、关于刑法第二百一十七条规定的"发行"的认定及相关问题

"发行",包括总发行、批发、零售、通过信息网络传播以及出租、展销等活动。

非法出版、复制、发行他人作品,侵犯著作权构成犯罪的,按照侵犯著作权罪定罪处罚,不认定为非法经营罪等其他犯罪。

十三、关于通过信息网络传播侵权作品行为的定罪处罚标准问题

以营利为目的,未经著作权人许可,通过信息网络向公众传播他人文字作品、音乐、电影、电视、美术、摄影、录像作品、录音录像制品、计算机软件及其他作

品,具有下列情形之一的,属于刑法第二百一十七条规定的"其他严重情节":

(一)非法经营数额在五万元以上的;

(二)传播他人作品的数量合计在五百件(部)以上的;

(三)传播他人作品的实际被点击数达到五万次以上的;

(四)以会员制方式传播他人作品,注册会员达到一千人以上的;

(五)数额或者数量虽未达到第(一)项至第(四)项规定标准,但分别达到其中两项以上标准一半以上的;

(六)其他严重情节的情形。

实施前款规定的行为,数额或者数量达到前款第(一)项至第(五)项规定标准五倍以上的,属于刑法第二百一十七条规定的"其他特别严重情节"。

十四、关于多次实施侵犯知识产权行为累计计算数额问题

依照最高人民法院、最高人民检察院《关于办理侵犯知识产权刑事案件具体应用法律若干问题的解释》第十二条第二款的规定,多次实施侵犯知识产权行为,未经行政处理或者刑事处罚的,非法经营数额、违法所得数额或者销售金额累计计算。

二年内多次实施侵犯知识产权违法行为,未经行政处理,累计数额构成犯罪的,应当依法定罪处罚。实施侵犯知识产权犯罪行为的追诉期限,适用刑法的有关规定,不受前述二年的限制。

十五、关于为他人实施侵犯知识产权犯罪提供原材料、机械设备等行为的定性问题

明知他人实施侵犯知识产权犯罪,而为其提供生产、制造侵权产品的主要原材料、辅助材料、半成品、包装材料、机械设备、标签标识、生产技术、配方等帮助,或者提供互联网接入、服务器托管、网络存储空间、通讯传输通道、代收费、费用结算等服务的,以侵犯知识产权犯罪的共犯论处。

十六、关于侵犯知识产权犯罪竞合的处理问题

行为人实施侵犯知识产权犯罪,同时构成生产、销售伪劣商品犯罪的,依照侵犯知识产权犯罪与生产、销售伪劣商品犯罪中处罚较重的规定定罪处罚。

《全国打击侵犯知识产权和制售假冒伪劣商品工作领导小组办公室、中央宣传部、最高人民法院、最高人民检察院、公安部、生态环境部、文化和旅游部、海关总署、国家市场监督管理总局关于加强侵权假冒商品销毁工作的意见》(打假办发〔2020〕3号,具体条文未收录)

《最高人民法院关于依法加大知识产权侵权行为惩治力度的意见》(法发

〔2020〕33号,节录)

为公正审理案件,依法加大对知识产权侵权行为的惩治力度,有效阻遏侵权行为,营造良好的法治化营商环境,结合知识产权审判实际,制定如下意见。

一、加强适用保全措施(略)

二、依法判决停止侵权(略)

三、依法加大赔偿力度(略)

四、加大刑事打击力度

14.通过网络销售实施侵犯知识产权犯罪的非法经营数额、违法所得数额,应当综合考虑网络销售电子数据、银行账户往来记录、送货单、物流公司电脑系统记录、证人证言、被告人供述等证据认定。

15.对于主要以侵犯知识产权为业、在特定期间假冒抢险救灾、防疫物资等商品的注册商标以及因侵犯知识产权受到行政处罚后再次侵犯知识产权构成犯罪的情形,依法从重处罚,一般不适用缓刑。

16.依法严格追缴违法所得,加强罚金刑的适用,剥夺犯罪分子再次侵犯知识产权的能力和条件。

《最高人民法院关于进一步加强涉种子刑事审判工作的指导意见》(法〔2022〕66号)**第四条**对种子套牌侵权相关犯罪的罪名适用作了指引性规定。(→参见第一百四十七条评注部分,第656页)

《国家知识产权局、最高人民法院、最高人民检察院、公安部、国家市场监督管理总局关于加强知识产权鉴定工作衔接的意见》(国知发保字〔2022〕43号,节录)①

一、知识产权鉴定是指鉴定人运用科学技术或者专门知识对涉及知识产权行政和司法保护中的专业性技术问题进行鉴别和判断,并提供鉴定意见的活动。

二、知识产权鉴定主要用于协助解决专利、商标、地理标志、商业秘密、集成电路布图设计等各类知识产权争议中的专业性技术问题。

三、知识产权鉴定意见经查证属实,程序合法,才能作为认定案件事实的根据。

---

① 《最高人民法院关于适用〈中华人民共和国刑事诉讼法〉的解释》(法释〔2021〕1号)第一百条第一款规定:"因无鉴定机构,或者根据法律、司法解释的规定,指派、聘请有专门知识的人就案件的专门性问题出具的报告,可以作为证据使用。"据此,就刑事司法领域而言,本意见所称"知识产权鉴定意见",实际系涉知识产权专门性问题的报告。——本评注注

七、国家知识产权局、最高人民法院、最高人民检察院、公安部、国家市场监督管理总局共同推动知识产权鉴定专业化、规范化建设,开展知识产权鉴定程序、技术标准和操作规范方面的沟通协作,构建知识产权鉴定机构遴选荐用机制,建立知识产权鉴定机构名录库,实现名录库动态调整。将通过贯彻知识产权鉴定标准的鉴定机构纳入名录库并予以公开,供相关行政机关、司法机关、仲裁调解组织等选择使用。开展知识产权鉴定机构互荐共享工作,建立对知识产权鉴定机构和鉴定人员从业情况的互相反馈机制,共同推进知识产权鉴定工作的规范化和法制化。

八、引导行业自律组织加强诚信体系建设,强化自律管理,建立执业活动投诉处理制度,完善行业激励惩戒机制。对存在严重不负责任给当事人合法权益造成重大损失、经人民法院依法通知拒不出庭作证、故意作虚假鉴定等严重失信行为的知识产权鉴定人、鉴定机构,相关部门可实施联合惩戒。构成犯罪的,依法追究刑事责任。

《**最高人民法院关于加强中医药知识产权司法保护的意见**》(法发〔2022〕34号,节录)

11. 加大对侵犯中医药知识产权行为惩治力度。……加大刑事打击力度,依法惩治侵犯中医药知识产权犯罪行为,充分发挥刑罚威慑、预防和矫正功能。

第二百一十三条 【假冒注册商标罪】未经注册商标所有人许可,在同一种商品、服务上使用与其注册商标相同的商标,情节严重的,处三年以下有期徒刑,并处或者单处罚金;情节特别严重的,处三年以上十年以下有期徒刑,并处罚金。

立法沿革

本条系 1997 年《刑法》吸收修改单行刑法作出的规定。1979 年《刑法》第一百二十七条规定:"违反商标管理法规,工商企业假冒其他企业已经注册的商标,对直接责任人员,处三年以下有期徒刑、拘役或者罚金。"《全国人民代表大会常务委员会关于惩治假冒注册商标犯罪的补充规定》(自 1993 年 7 月 1 日起施行)第一条第一款规定:"未经注册商标所有人许可,在同一种商品上使用与其注册商标相同的商标,违法所得数额较大或者有其他严重情节的,处三年以下有期徒刑或者拘役,可以并处或者单处罚金;违法所得数额巨大的,处三年以上七年以下有期徒刑,并处罚金。"1997 年《刑法》将上述规定由数额犯调整为情节犯,并删去"可以并处或者单处罚金"中的"可以"。

2021年3月1日起施行的《刑法修正案(十一)》第十七条对本条作了修改,主要涉及如下两个方面:一是将假冒注册服务商标的行为规定为犯罪;二是提升法定刑,将第一档刑罚的法定最低刑由拘役提高至有期徒刑,将第二档刑罚的法定最高刑由七年有期徒刑提高至十年有期徒刑。

修正前《刑法》	修正后《刑法》
第二百一十三条 【假冒注册商标罪】未经注册商标所有人许可,在同一种商品上使用与其注册商标相同的商标,情节严重的,处三年以下有期徒刑或者拘役,并处或者单处罚金;情节特别严重的,处三年以上七年以下有期徒刑,并处罚金。	第二百一十三条 【假冒注册商标罪】未经注册商标所有人许可,在同一种商品、**服务**上使用与其注册商标相同的商标,情节严重的,处三年以下有期徒刑,并处或者单处罚金;情节特别严重的,处三年以上十年以下有期徒刑,并处罚金。

▶ **相关规定**

《中华人民共和国商标法》(第四次修正后自2019年11月1日起施行,节录)

第三条 经商标局核准注册的商标为注册商标,包括商品商标、服务商标和集体商标、证明商标;商标注册人享有商标专用权,受法律保护。

本法所称集体商标,是指以团体、协会或者其他组织名义注册,供该组织成员在商事活动中使用,以表明使用者在该组织中的成员资格的标志。

本法所称证明商标,是指由对某种商品或者服务具有监督能力的组织所控制,而由该组织以外的单位或者个人使用于其商品或者服务,用以证明该商品或者服务的原产地、原料、制造方法、质量或者其他特定品质的标志。

集体商标、证明商标注册和管理的特殊事项,由国务院工商行政管理部门规定。

▶ **司法解释**

《最高人民法院、最高人民检察院关于办理侵犯知识产权刑事案件具体应用法律若干问题的解释》(法释〔2004〕19号)第一条、第八条、第十二条、第十三条、第十六条对假冒注册商标罪的定罪量刑标准和术语界定、罪数处断规则作了规定。(→参见本节标题评注部分,第951、953、954、955页)

《最高人民法院、最高人民检察院关于办理非法生产、销售烟草专卖品等刑事案件具体应用法律若干问题的解释》(法释〔2010〕7号)第一条第二款对烟草

专卖品案件适用假冒注册商标罪作了指引性规定。(→参见第一百四十条评注部分,第592页)

《最高人民法院、最高人民检察院关于办理侵犯知识产权刑事案件具体应用法律若干问题的解释(三)》(法释〔2020〕10号)第一条对《刑法》第二百一十三条规定的"与其注册商标相同的商标"的认定作了规定。(→参见本节标题评注部分,第957页)

规范性文件

《最高人民法院、最高人民检察院、公安部关于办理侵犯知识产权刑事案件适用法律若干问题的意见》(法发〔2011〕3号)第五条至第七条对假冒注册商标罪的"同一种商品"的认定、非法经营数额计算等问题作了规定。(→参见本节标题评注部分,第963—964页)

指导性案例

郭明升、郭明锋、孙淑标假冒注册商标案(指导案例87号,节录)

关键词　刑事　假冒注册商标罪　非法经营数额　网络销售　刷信誉

裁判要点

假冒注册商标犯罪的非法经营数额、违法所得数额,应当综合被告人供述、证人证言、被害人陈述、网络销售电子数据、被告人银行账户往来记录、送货单、快递公司电脑系统记录、被告人等所作记账等证据认定。被告人辩解称网络销售记录存在刷信誉的不真实交易,但无证据证实的,对其辩解不予采纳。

丁某某、林某某等人假冒注册商标立案监督案(检例第93号,节录)

关键词　制假售假　假冒注册商标　监督立案　关联案件管辖

要　旨　检察机关在办理售假犯罪案件时,应当注意审查发现制假犯罪事实,强化对人民群众切身利益和企业知识产权的保护力度。对于公安机关未立案侦查的制假犯罪与已立案侦查的售假犯罪不属于共同犯罪的,应当按照立案监督程序,监督公安机关立案侦查。对于跨地域实施的关联制假售假犯罪,检察机关可以建议公安机关并案管辖。

姚常龙等五人假冒注册商标案(检例第101号,节录)

关键词　假冒注册商标　境内制造境外销售　共同犯罪

要　旨　凡在我国合法注册且在有效期内的商标,商标所有人享有的商标专用权依法受我国法律保护。未经商标所有人许可,无论假冒商品是否销往境外,情节严重构成犯罪的,依法应予追诉。判断侵犯注册商标犯罪案件是否构成共同犯罪,应重点审查假冒商品生产者和销售者之间的意思联络情况、对假冒违法性的认知程度、对销售价格与正品价格差价的认知情况等因素综合判断。

法律适用答复、复函

《公安部经济犯罪侦查局关于重点商标是否等同于驰名商标问题的批复》(公经〔2002〕108号)①

江苏省公安厅经侦总队:

你总队苏公经〔2001〕669号《关于认定"邦迪"注册商标有关性质的请示》收悉。经商国家工商总局商标局,现批复如下:

驰名商标并不等同于重点商标。驰名商标是由国家工商总局商标局依据法律而认定的商标;重点商标是由国家工商总局商标局根据工作需要,对一些有较高知名度且遭受跨省(市、区)严重侵权而确定的予以特别保护的商标。

《最高人民检察院侦查监督厅关于对〈关于就一起涉嫌假冒注册商标案征求意见的函〉的答复函》(〔2009〕高检侦监函字12号)②

集体商标也属于注册商标,应属于刑法保护范围。关于××醋业有限公司的行为是否触犯刑法第二百一十三条至第二百一十五条的规定,要看其侵权的情节是否严重,是否达到追诉的数额。

《最高人民法院刑事审判第二庭关于集体商标是否属于我国刑法的保护范围问题的复函》(〔2009〕刑二函字第28号)

公安部经济犯罪侦查局:

贵局公经知产(2009)29号《关于就一起涉嫌假冒注册商标案征求意见的函》收悉。经研究,答复如下:

一、我国《商标法》第三条规定:"经商标局核准注册的商标为注册商标,包括商品商标、服务商标和集体商标、证明商标;商标注册人享有商标专用权,受法律保护。"因此,刑法第二百一十三条至第二百一十五条所规定的"注册商标"应当涵盖"集体商标"。

二、商标标识中注明了自己的注册商标的同时,又使用了他人注册为集体商标的地理名称,可以认定为刑法规定的"相同的商标"。根据贵局提供的材

---

① 参见何帆编著:《刑法注释书》(第2版),中国民主法制出版社2021年版,第484页。
② 参见李立众编:《刑法一本通——中华人民共和国刑法总成》(第十五版),法律出版社2021年版,第348页。

料,山西省××公司在其生产的食用醋的商标上用大号字体在显著位置上清晰地标明"镇江香(陈)醋",说明其已经使用了与江苏省镇江市醋业协会所注册的"镇江香(陈)醋"集体商标相同的商标。而且,山西省××公司还在其商标标识上注明了江苏省镇江市丹阳市某香醋厂的厂名厂址和 QS 标志,也说明其实施假冒注册"镇江香(陈)醋"集体商标的行为。

综上,山西省××公司的行为涉嫌触犯刑法第二百一十三条至二百一十五条的规定。

《公安部经济犯罪侦查局关于对假冒"××××"商标案的批复》(公经〔2012〕164号)①

在办理侵犯商标权刑事案件中,对于犯罪嫌疑人所使用的商标是否与注册商标相同等问题,行政主管部门的认定意见不是刑事认定的必经程序,公安司法机关可依照刑法、商标法等法律、法规和司法解释的规定,并综合具体案件事实和各方面的证据进行认定。必要时,公安司法机关可以就相关专业性问题咨询有关主管部门的意见。对于确实需要进行鉴定的事项,应当委托国家认可的有鉴定资质的鉴定机构进行鉴定。

刑参案例规则提炼

《孙国强等假冒注册商标案——如何认定假冒注册商标罪中的同一种商品》(第674号案例)、《李清假冒注册商标案——假冒注册商标后又销售该假冒商品,但销售价格无法查清的,如何认定非法经营数额》(第859号案例)所涉规则提炼如下:

1. 假冒注册商标罪中的同一种商品的判定规则。"未列入权利人注册商标核定使用范围内的商品,不应当被认定为假冒注册商标罪中的同一种商品。"(第674号案例)

2. 非法经营数额的计算规则。"当言词证据与物证能够相互印证,证明尚未附着或加贴假冒注册商标标识的产品将附着或加贴相关商标标识的,应当将产品价值计入非法经营数额。"(第674号案例)假冒注册商标后又销售该假冒商品,销售价格无法查清,"侦查机关扣押……的电脑中虽然没有其实际销售商品的价格记录,但……在将不同批次不同款式的假冒注册商标的商品照片放在不同价格名称的文件夹中的做法,基本反映出……主观上出售假冒注册商标的商品的出售价格。故以……电脑主机中记载的不同批次不同款式假冒注册商标的商品上标注

---

① 参见何帆编著:《刑法注释书》(第2版),中国民主法制出版社2021年版,第484页。

的平均价格认定非法经营数额,更符合本案实际。"(第859号案例)

> **第二百一十四条 【销售假冒注册商标的商品罪】**销售明知是假冒注册商标的商品,违法所得数额较大或者有其他严重情节的,处三年以下有期徒刑,并处或者单处罚金;违法所得数额巨大或者有其他特别严重情节的,处三年以上十年以下有期徒刑,并处罚金。

立法沿革

本条系1997年《刑法》吸收修改单行刑法作出的规定。《全国人民代表大会常务委员会关于惩治假冒注册商标犯罪的补充规定》(自1993年7月1日起施行)第一条第二款规定:"销售明知是假冒注册商标的商品,违法所得数额较大的,处三年以下有期徒刑或者拘役,可以并处或者单处罚金;违法所得数额巨大的,处三年以上七年以下有期徒刑,并处罚金。"1997年《刑法》将定罪量刑标准由情节调整为销售金额,并删去"可以并处或者单处罚金"中的"可以"。

2021年3月1日起施行的《刑法修正案(十一)》第十八条对本条作了修改,主要涉及如下两个方面:一是将定罪量刑标准由"销售金额数额较大""销售金额数额巨大"分别调整为"违法所得数额较大或者有其他严重情节""违法所得数额巨大或者有其他特别严重情节";二是提升法定刑,将第一档刑罚的法定最低刑由拘役提高至有期徒刑,将第二档刑罚的法定最高刑由七年有期徒刑提高至十年有期徒刑。

修正前《刑法》	修正后《刑法》
第二百一十四条 【销售假冒注册商标的商品罪】销售明知是假冒注册商标的商品,销售金额数额较大的,处三年以下有期徒刑或者拘役,并处或者单处罚金;销售金额数额巨大的,处三年以上七年以下有期徒刑,并处罚金。	**第二百一十四条 【销售假冒注册商标的商品罪】**销售明知是假冒注册商标的商品,**违法所得数额较大或者有其他严重情节**的,处三年以下有期徒刑或者单处罚金;**违法所得数额巨大或者有其他特别严重情节**的,处三年以上十年以下有期徒刑,并处罚金。

司法解释

《最高人民法院、最高人民检察院关于办理侵犯知识产权刑事案件具体应用法律若干问题的解释》(法释〔2004〕19号)第九条第二款对《刑法》第二百一十四条中"明知"的认定等问题作了规定。(→参见本节标题评注部分,第954页)①

《最高人民法院、最高人民检察院关于办理非法生产、销售烟草专卖品等刑事案件具体应用法律若干问题的解释》(法释〔2010〕7号)第一条第三款对烟草专卖品案件适用销售假冒注册商标的商品罪作了指引性规定。(→参见第一百四十条评注部分,第593页)

◆ 规范性文件

《最高人民法院、最高人民检察院、公安部、国家烟草专卖局关于办理假冒伪劣烟草制品等刑事案件适用法律问题座谈会纪要》(商检会〔2003〕4号)第二条、第四条对烟草专卖品案件适用销售假冒注册商标的商品罪所涉及的主观明知认定、共犯认定等问题作了规定。(→参见第一百四十条评注部分,第598页)

《最高人民法院、最高人民检察院、公安部关于办理侵犯知识产权刑事案件适用法律若干问题的意见》(法发〔2011〕3号)第八条对销售假冒注册商标的商品罪的定罪量刑标准和既未遂处断规则等问题作了规定。(→参见本节标题评注部分,第964页)

◆ 指导性案例

邓秋城、双善食品(厦门)有限公司等销售假冒注册商标的商品案(检例第98号,节录)

关键词 销售假冒注册商标的商品 食品安全 上下游犯罪 公益诉讼

要 旨 办理侵犯注册商标类犯罪案件,应注意结合被告人销售假冒商品数量、扩散范围、非法获利数额及在上下游犯罪中的地位、作用等因素,综合判断犯罪行为的社会危害性,确保罪责刑相适应。在认定犯罪的主观明知时,不仅考虑被告人供述,还应综合考虑交易场所、交易时间、交易价格等客观行为,坚持主客观相一致。对侵害众多消费者利益的情形,可以建议相关社会组织或自行提起公益诉讼。

---

① 另,第二条依据销售金额设定的定罪量刑标准、第九条关于"销售数额"的界定,与经《刑法修正案(十一)》修正后《刑法》第二百一十四条的规定不一致,似不应继续适用。——本评注注

广州卡门实业有限公司涉嫌销售假冒注册商标的商品立案监督案(检例第99号,节录)

关键词 在先使用 听证 监督撤案 民营企业保护

要 旨 在办理注册商标类犯罪的立案监督案件时,对符合商标法规定的正当合理使用情形而未侵犯注册商标专用权的,应依法监督公安机关撤销案件,以保护涉案企业合法权益。必要时可组织听证,增强办案透明度和监督公信力。

刑参案例规则提炼①

《陈建明等销售伪劣产品案——销售假冒他人注册商标的产品行为如何定性》(第118号案例)、《朱某销售假冒注册商标的商品案——假冒注册商标的商品尚未销售就被查获的能否以销售假冒注册商标的商品罪追究刑事责任》(第131号案例)、《杨昌君销售假冒注册商标的商品案——如何区分销售假冒注册商标的商品罪与销售伪劣产品罪,以及如何认定"以假卖假"尚未销售情形下假冒注册商商品的销售金额、非法经营数额和犯罪停止形态》(第677号案例)、《顾娟、张立峰销售假冒注册商标的商品案——商标权利人出具商品真伪鉴定意见的证据属性及其审查》(第860号案例)、《白升余销售假冒注册商标的商品案——防疫期间销售冒牌口罩的行为认定问题》(第1317号案例)所涉规则提炼如下:

1. "明知是假冒注册商标的商品"的判定规则。"'明知'不仅可以根据被告人明确的供述进行认定,也可以根据客观的事实进行推定……'明知'不仅包括对事实的确知,还应当包括对一种高度可能性的认识。""适用推定判断行为人的主观心理态度时,必须综合考虑,全面分析,以行为人实施的活动为基础,综合考虑事前、事中以及事后的各种主客观因素进行整体判断,从行为人的行为过程、行为环节着手,综合所有事实,排除其他可能。同时,应当允许行为人反证。如果有确实充分的证据证明行为人是因为被欺骗或者事后才知道其销售的是假

---

① 另,鉴于《刑法修正案(十一)》将销售假冒注册商标罪的定罪量刑标准由"销售金额"调整为"违法所得",《戴恩辉销售假冒注册商标的商品案——销售假冒注册商标的商品罪的认定标准》(第57号案例)、《杨永胜销售假冒注册商标的商品案——销售假冒注册商标的商品未遂的是否作为犯罪处理》(第456号案例)、《刘某销售假冒注册商标的商品案——销售假冒注册商标的商品未遂的应依何标准进行处罚》(第576号案例)、《田龙泉、胡智慧销售假冒注册商标的商品案——如何结合证据准确认定实际销售平均价格》(第675号案例)、《王译辉销售假冒注册商标的商品案——如何计算假冒注册商标的商品的货值金额》(第920号案例)所涉规则未予提炼。

冒注册商标的商品,则不能认定为'明知'。"(第1317号案例)

2. 销售假冒注册商标的商品罪(未遂)的处理规则。"以销售为目的购进假冒注册商标的商品后还未进行销售就被查获的,可按照销售假冒注册商标的商品罪(未遂)追究刑事责任。"(第131号案例)"假冒注册商标的商品尚未销售即被查获,销售金额无法确定,但不能据此认为该种行为不能入罪。"(第677号案例)

3. 商标权利人出具商品真伪鉴定意见的审查规则。"商标权利人在侵犯商标权刑事犯罪案件中,处于被害人地位,其就假冒商品或者商标所作的真伪辨别属于被害人陈述而非鉴定意见,无须鉴定资质的要求。"(第860号案例)

4. 销售假冒注册商标的商品罪与销售伪劣产品罪的界分规则。"销售假冒注册商标的产品的行为具体构成何罪,关键在于所销售商品的质量是否合格;销售质量合格的假冒注册商标的商品,应当以销售假冒注册商标的商品罪定罪处罚;销售质量不合格的假冒注册商标的商品,则应按法条竞合情况下'择一重处'的处罚原则选择销售假冒注册商标的商品罪或者销售伪劣产品罪定罪处罚。"(第118号案例)"销售冒牌口罩的行为同时触犯销售假冒注册商标的商品罪、销售伪劣产品罪等罪名的,应择一重罪处罚。"(第1317号案例)

第二百一十五条 【非法制造、销售非法制造的注册商标标识罪】伪造、擅自制造他人注册商标标识或者销售伪造、擅自制造的注册商标标识,情节严重的,处三年以下有期徒刑,并处或者单处罚金;情节特别严重的,处三年以上十年以下有期徒刑,并处罚金。

立法沿革

本条系1997年《刑法》吸收修改单行刑法作出的规定。《全国人民代表大会常务委员会关于惩治假冒注册商标犯罪的补充规定》(自1993年7月1日起施行)第二条规定:"伪造、擅自制造他人注册商标标识或者销售伪造、擅自制造的注册商标标识,违法所得数额较大或者有其他严重情节的,依照第一条第一款的规定处罚。"1997年《刑法》以"情节严重""情节特别严重"作为定罪量刑标准,并将援引法定刑调整为独立法定刑。

2021年3月1日起施行的《刑法修正案(十一)》第十九条对本条作了修改,提升法定刑,将第一档刑罚的法定最低刑由管制提高至有期徒刑,将第二档刑罚的法定最高刑由七年有期徒刑提高至十年有期徒刑。

修正前《刑法》	修正后《刑法》
第二百一十五条 【非法制造、销售非法制造的注册商标标识罪】伪造、擅自制造他人注册商标标识或者销售伪造、擅自制造的注册商标标识,情节严重的,处三年以下有期徒刑、拘役或者管制,并处或者单处罚金;情节特别严重的,处三年以上七年以下有期徒刑,并处罚金。	第二百一十五条 【非法制造、销售非法制造的注册商标标识罪】伪造、擅自制造他人注册商标标识或者销售伪造、擅自制造的注册商标标识,情节严重的,处三年以下有期徒刑,并处或者单处罚金;情节特别严重的,处三年以上十年以下有期徒刑,并处罚金。

司法解释

《最高人民法院、最高人民检察院关于办理侵犯知识产权刑事案件具体应用法律若干问题的解释》(法释〔2004〕19号)第三条对非法制造、销售非法制造的注册商标标识罪的定罪量刑标准作了规定。(→参见本节标题评注部分,第952页)

《最高人民法院、最高人民检察院关于办理非法生产、销售烟草专卖品等刑事案件具体应用法律若干问题的解释》(法释〔2010〕7号)第一条第四款对烟草专卖品案件适用非法制造、销售非法制造的注册商标标识罪作了指引性规定。(→参见第一百四十条评注部分,第593页)

规范性文件

《最高人民法院、最高人民检察院、公安部关于办理侵犯知识产权刑事案件适用法律若干问题的意见》(法发〔2011〕3号)第九条对销售他人非法制造的注册商标标识犯罪案件中尚未销售或者部分销售情形的定罪问题作了规定。(→参见本节标题评注部分,第964页)

刑参案例规则提炼

《王化新、唐文涛非法制造注册商标标识案——如何认定非法制造注册商标标识罪》(第111号案例)、《王学保非法制造注册商标标识案——将回收的空旧酒瓶、包装物与购买的假冒注册商标标识进行组装的行为,如何定性》(第678号案例)所涉规则提炼如下:

伪造他人注册商标标识的判定规则。"带有商标的酒瓶、包装物属于商标标识。""将酒瓶、包装物与购买的假冒注册商标标识进行组装是侵犯注册商标标识的行为。虽然该行为并未对带有注册商标标识的空瓶本身实施任何行为,但因为假冒和侵犯他人注册商标(包括商标标识)行为的本质特征是,'利用他人注册商标声誉,以生产的商品冒充商标注册人的商品,使一般消费者对商品来源产生误认,具有不同程度的欺骗性',故该行为仍侵犯了他人注册商标标识。"基于此,"将回收的空旧酒瓶、包装物与购买的假冒注册商标标识进行组装的行为构成非法制造注册商标标识罪"。(第 678 号案例)"非法制造……牌电池包装盒的行为,属于伪造他人注册商标标识的行为。"(第 111 号案例)

第二百一十六条　【假冒专利罪】假冒他人专利,情节严重的,处三年以下有期徒刑或者拘役,并处或者单处罚金。

▅ 立法沿革

本条系 1997 年《刑法》吸收修改附属刑法作出的规定。1984 年《专利法》第六十三条规定:"假冒他人专利……情节严重的,对直接责任的人员比照刑法第一百二十七条的规定追究刑事责任。"此处的"刑法第一百二十七条的规定"是指 1979 年《刑法》规定的假冒注册商标罪。1997 年《刑法》对假冒专利罪配置独立法定刑。

▅ 司法解释

《最高人民法院、最高人民检察院关于办理侵犯知识产权刑事案件具体应用法律若干问题的解释》(法释〔2004〕19 号)第四条、第十条对假冒专利罪的定罪量刑标准和行为方式等问题作了规定。(→参见本节标题评注部分,第 952、954 页)

第二百一十七条　【侵犯著作权罪】以营利为目的,有下列侵犯著作权或者与著作权有关的权利的情形之一,违法所得数额较大或者有其他严重情节的,处三年以下有期徒刑,并处或者单处罚金;违法所得数额巨大或者有其他特别严重情节的,处三年以上十年以下有期徒刑,并处罚金:

(一)未经著作权人许可,复制发行、通过信息网络向公众传播其文字作品、音乐、美术、视听作品、计算机软件及法律、行政法规规定的其他作品的;

(二)出版他人享有专有出版权的图书的;

(三)未经录音录像制作者许可,复制发行、通过信息网络向公众传播其制作的录音录像的;

(四)未经表演者许可,复制发行录有其表演的录音录像制品,或者通过信息网络向公众传播其表演的;

(五)制作、出售假冒他人署名的美术作品的;

(六)未经著作权人或者与著作权有关的权利人许可,故意避开或者破坏权利人为其作品、录音录像制品等采取的保护著作权或者与著作权有关的权利的技术措施的。

■ 立法沿革

本条系1997年《刑法》沿用《全国人民代表大会常务委员会关于惩治侵犯著作权的犯罪的决定》(自1994年7月5日起施行)第一条的规定,仅将第一档刑"处三年以下有期徒刑、拘役,单处或者并处罚金"调整为"处三年以下有期徒刑或者拘役,并处或者单处罚金"。

2021年3月1日起施行的《刑法修正案(十一)》第二十条对本条作了修改,主要涉及如下两个方面:一是与著作权法相衔接,增加与著作权有关的权利的表述,完善了作品的类型,在犯罪情形中增加了侵犯表演者权利,以及避开或者突破技术保护措施的两种侵权行为方式,并增加通过信息网络向公众传播作品、录音录像制品、表演的规定;二是提升法定刑,将第一档刑罚的法定最低刑由拘役提高至有期徒刑,将第二档刑罚的法定最高刑由七年有期徒刑提高至十年有期徒刑。

修正前《刑法》	修正后《刑法》
第二百一十七条 【侵犯著作权罪】以营利为目的,有下列侵犯著作权情形之一,违法所得数额较大或者有其他严重情节的,处三年以下有期徒刑~~或者拘役~~,并处或者单处罚金;违法所得数额巨大或者有其他特别严重情节的,处三年以上~~七年~~以下有期徒刑,并处罚金: (一)未经著作权人许可,复制发行其文字作品、音乐、~~电影、电视~~、~~录像~~作品、计算机软件及其他作品的; (二)出版他人享有专有出版权的图书的; (三)未经录音录像制作者许可,复制发行其制作的录音录像的; (四)制作、出售假冒他人署名的美术作品的。	**第二百一十七条 【侵犯著作权罪】**以营利为目的,有下列侵犯著作权**或者与著作权有关的权利的**情形之一,违法所得数额较大或者有其他严重情节的,处三年以下有期徒刑,并处或者单处罚金;违法所得数额巨大或者有其他特别严重情节的,处三年以上**十年**以下有期徒刑,并处罚金: (一)未经著作权人许可,复制发行、**通过信息网络向公众传播**其文字作品、音乐、**美术、视听**作品、计算机软件及**法律、行政法规规定的**其他作品的; (二)出版他人享有专有出版权的图书的; (三)未经录音录像制作者许可,复制发行、**通过信息网络向公众传播**其制作的录音录像的; (四)**未经表演者许可,复制发行录有其表演的录音录像制品,或者通过信息网络向公**

修正前《刑法》	修正后《刑法》
	众传播其表演的； （五）制作、出售假冒他人署名的美术作品的； （六）未经著作权人或者与著作权有关的权利人许可，故意避开或者破坏权利人为其作品、录音录像制品等采取的保护著作权或者与著作权有关的权利的技术措施的。

司法解释

《最高人民法院关于审理非法出版物刑事案件具体应用法律若干问题的解释》（法释〔1998〕30号，自1998年12月23日起施行）①

为依法惩治非法出版物犯罪活动，根据刑法的有关规定，现对审理非法出版物刑事案件具体应用法律的若干问题解释如下：

第一条 明知出版物中载有煽动分裂国家、破坏国家统一或者煽动颠覆国家政权、推翻社会主义制度的内容，而予以出版、印刷、复制、发行、传播的，依照刑法第一百零三条第二款或者第一百零五条第二款的规定，以煽动分裂国家罪或者煽动颠覆国家政权罪定罪处罚。

第二条 以营利为目的，实施刑法第二百一十七条所列侵犯著作权行为之一，个人违法所得数额在五万元以上，单位违法所得数额在二十万元以上的，属于"违法所得数额较大"；具有下列情形之一的，属于"有其他严重情节"：

（一）因侵犯著作权曾经两次以上被追究行政责任或者民事责任，两年内又实施刑法第二百一十七条所列侵犯著作权行为之一的；

（二）个人非法经营数额在二十万元以上，单位非法经营数额在一百万元以上的；

（三）造成其他严重后果的。

以营利为目的，实施刑法第二百一十七条所列侵犯著作权行为之一，个人违法所得数额在二十万元以上，单位违法所得数额在一百万元以上的，属于"违法

---

① 本司法解释第二条关于侵犯著作权罪定罪量刑标准的规定、第四条关于销售侵权复制品罪定罪量刑标准的规定，已为法释〔2004〕19号解释第五条、第六条所修改。——本评注注

所得数额巨大";具有下列情形之一的,属于"有其他特别严重情节":

(一)个人非法经营数额在一百万元以上,单位非法经营数额在五百万元以上的;

(二)造成其他特别严重后果的。

第三条 刑法第二百一十七条第(一)项中规定的"复制发行",是指行为人以营利为目的,未经著作权人许可而实施的复制、发行或者既复制又发行其文字作品、音乐、电影、电视、录像作品、计算机软件及其他作品的行为。

第四条 以营利为目的,实施刑法第二百一十八条规定的行为,个人违法所得数额在十万元以上,单位违法所得数额在五十万元以上的,依照刑法第二百一十八条的规定,以销售侵权复制品罪定罪处罚。

第五条 实施刑法第二百一十七条规定的侵犯著作权行为,又销售该侵权复制品,违法所得数额巨大的,只定侵犯著作权罪,不实行数罪并罚。

实施刑法第二百一十七条规定的侵犯著作权的犯罪行为,又明知是他人的侵权复制品而予以销售,构成犯罪的,应当实行数罪并罚。

第六条 在出版物中公然侮辱他人或者捏造事实诽谤他人,情节严重的,依照刑法第二百四十六条的规定,分别以侮辱罪或者诽谤罪定罪处罚。

第七条 出版刊载歧视、侮辱少数民族内容的作品,情节恶劣,造成严重后果的,依照刑法第二百五十条的规定,以出版歧视、侮辱少数民族作品罪定罪处罚。

第八条 以牟利为目的,实施刑法第三百六十三条第一款规定的行为,具有下列情形之一的,以制作、复制、出版、贩卖、传播淫秽物品牟利罪定罪处罚:

(一)制作、复制、出版淫秽影碟、软件、录像带五十至一百张(盒)以上,淫秽音碟、录音带一百至二百张(盒)以上,淫秽扑克、书刊、画册一百至二百副(册)以上,淫秽照片、画片五百至一千张以上的;

(二)贩卖淫秽影碟、软件、录像带一百至二百张(盒)以上,淫秽音碟、录音带二百至四百张(盒)以上,淫秽扑克、书刊、画册二百至四百副(册)以上,淫秽照片、画片一千至二千张以上的;

(三)向他人传播淫秽物品达二百至五百人次以上,或者组织播放淫秽影、像达十至二十场次以上的;

(四)制作、复制、出版、贩卖、传播淫秽物品,获利五千至一万元以上的。

以牟利为目的,实施刑法第三百六十三条第一款规定的行为,具有下列情形之一的,应当认定为制作、复制、出版、贩卖、传播淫秽物品牟利罪"情节严重":

(一)制作、复制、出版淫秽影碟、软件、录像带二百五十至五百张(盒)以上,淫秽音碟、录音带五百至一千张(盒)以上,淫秽扑克、书刊、画册五百至一千副(册)以上,淫秽照片、画片二千五百至五千张以上的;

(二)贩卖淫秽影碟、软件、录像带五百至一千张(盒)以上,淫秽音碟、录音带一千至二千张(盒)以上,淫秽扑克、书刊、画册一千至二千副(册)以上,淫秽照片、画片五千至一万张以上的;

(三)向他人传播淫秽物品达一千至二千人次以上,或者组织播放淫秽影、像达五十至一百场次以上的;

(四)制作、复制、出版、贩卖、传播淫秽物品,获利三万至五万元以上的。

以牟利为目的,实施刑法第三百六十三条第一款规定的行为,其数量(数额)达到前款规定的数量(数额)五倍以上的,应当认定为制作、复制、出版、贩卖、传播淫秽物品牟利罪"情节特别严重"。

第九条 为他人提供书号、刊号,出版淫秽书刊的,依照刑法第三百六十三条第二款的规定,以为他人提供书号出版淫秽书刊罪定罪处罚。

为他人提供版号,出版淫秽音像制品的,依照前款规定定罪处罚。

明知他人用于出版淫秽书刊而提供书号、刊号的,依照刑法第三百六十三条第一款的规定,以出版淫秽物品牟利罪定罪处罚。

第十条 向他人传播淫秽的书刊、影片、音像、图片等出版物达三百至六百人次以上或者造成恶劣社会影响的,属于"情节严重",依照刑法第三百六十四条第一款的规定,以传播淫秽物品罪定罪处罚。

组织播放淫秽的电影、录像等音像制品达十五至三十场次以上或者造成恶劣社会影响的,依照刑法第三百六十四条第二款的规定,以组织播放淫秽音像制品罪定罪处罚。

第十一条① 违反国家规定,出版、印刷、复制、发行本解释第一条至第十条规定以外的其他严重危害社会秩序和扰乱市场秩序的非法出版物,情节严重的,依照刑法第二百二十五条第(三)项②的规定,以非法经营罪定罪处罚。

第十二条 个人实施本解释第十一条规定的行为,具有下列情形之一的,属于非法经营行为"情节严重":

---

① 本条主要是针对非法经营内容上有问题的非法出版物的行为。参见孙军工:《〈关于审理非法出版物刑事案件具体应用法律若干问题的解释〉的理解与适用》,载中华人民共和国最高人民法院刑事审判第一、二、三、四、五庭主办:《中国刑事审判指导案例3》(增订第3版),法律出版社2017年版,第993页。

② 现为《刑法》第二百二十五条第四项。——本评注注

(一)经营数额在五万元至十万元以上的;
(二)违法所得数额在二万元至三万元以上的;
(三)经营报纸五千份或者期刊五千本或者图书二千册或者音像制品、电子出版物五百张(盒)以上的。
具有下列情形之一的,属于非法经营行为"情节特别严重":
(一)经营数额在十五万元至三十万元以上的;
(二)违法所得数额在五万元至十万元以上的;
(三)经营报纸一万五千份或者期刊一万五千本或者图书五千册或者音像制品、电子出版物一千五百张(盒)以上的。

第十三条 单位实施本解释第十一条规定的行为,具有下列情形之一的,属于非法经营行为"情节严重":
(一)经营数额在十五万元至三十万元以上的;
(二)违法所得数额在五万元至十万元以上的;
(三)经营报纸一万五千份或者期刊一万五千本或者图书五千册或者音像制品、电子出版物一千五百张(盒)以上的。
具有下列情形之一的,属于非法经营行为"情节特别严重":
(一)经营数额在五十万元至一百万元以上的;
(二)违法所得数额在十五万元至三十万元以上的;
(三)经营报纸五万份或者期刊五万本或者图书一万五千册或者音像制品、电子出版物五千张(盒)以上的。

第十四条 实施本解释第十一条规定的行为,经营数额、违法所得数额或者经营数量接近非法经营行为"情节严重"、"情节特别严重"的数额、数量起点标准,并具有下列情形之一的,可以认定为非法经营行为"情节严重"、"情节特别严重":
(一)两年内因出版、印刷、复制、发行非法出版物受过行政处罚两次以上的;
(二)因出版、印刷、复制、发行非法出版物造成恶劣社会影响或者其他严重后果的。

第十五条① 非法从事出版物的出版、印刷、复制、发行业务,严重扰乱市场

---

① 需要特别强调的是,只有对非法从事出版物的出版、印刷、复制、发行业务,严重扰乱市场秩序,情节特别严重,构成犯罪的行为,才可以定罪处罚。对于虽然非法从(转下页)

秩序,情节特别严重,构成犯罪的,可以依照刑法第二百二十五条第(三)项①的规定,以非法经营罪定罪处罚。

第十六条 出版单位与他人事前通谋,向其出售、出租或者以其他形式转让该出版单位的名称、书号、刊号、版号,他人实施本解释第二条、第四条、第八条、第九条、第十条、第十一条规定的行为,构成犯罪的,对该出版单位应当以共犯论处。

第十七条 本解释所称"经营数额",是指以非法出版物的定价数额乘以行为人经营的非法出版物数量所得的数额。

本解释所称"违法所得数额",是指获利数额。

非法出版物没有定价或者以境外货币定价的,其单价数额应当按照行为人实际出售的价格认定。

第十八条 各省、自治区、直辖市高级人民法院可以根据本地的情况和社会治安状况,在本解释第八条、第十条、第十二条、第十三条规定的有关数额、数量标准的幅度内,确定本地执行的具体标准,并报最高人民法院备案。

《最高人民法院、最高人民检察院关于办理侵犯知识产权刑事案件具体应用法律若干问题的解释》(法释〔2004〕19号)第五条、第十一条、第十四条对侵犯著作权罪的定罪量刑标准和术语界定、罪数处断等问题作了规定。(→参见本节标题评注部分,第952、854、955页)

《最高人民法院、最高人民检察院关于办理侵犯著作权刑事案件中涉及录音录像制品有关问题的批复》(法释〔2005〕12号,自2005年10月18日起施行)

各省、自治区、直辖市高级人民法院、人民检察院,解放军军事法院、军事检察院,新疆维吾尔自治区高级人民法院生产建设兵团分院、新疆生产建设兵团人民检察院:

《最高人民法院、最高人民检察院关于办理侵犯知识产权刑事案件具体应

(接上页)事出版物的出版、印刷、复制、发行业务,但没有严重扰乱市场秩序,情节一般,不构成犯罪的行为,不能定罪处罚,应由有关行政主管部门给予行政处罚。至于"严重扰乱市场秩序""情节特别严重"以及"构成犯罪"的标准,鉴于非法出版活动的特殊性,本司法解释未作详细规定,实践中应当根据案件的具体情况而定,从严掌握。参见孙军工:《〈关于审理非法出版物刑事案件具体应用法律若干问题的解释〉的理解与适用》,载中华人民共和国最高人民法院刑事审判第一、二、三、四、五庭主办:《中国刑事审判指导案例3》(增订第3版),法律出版社2017年版,第994页。

① 现为《刑法》第二百二十五条第四项。——**本评注注**

用法律若干问题的解释》发布以后,部分高级人民法院、省级人民检察院就关于办理侵犯著作权刑事案件中涉及录音录像制品的有关问题提出请示。经研究,批复如下:

以营利为目的,未经录音录像制作者许可,复制发行其制作的录音录像制品的行为,复制品的数量标准分别适用《最高人民法院、最高人民检察院关于办理侵犯知识产权刑事案件具体应用法律若干问题的解释》第五条第一款第(二)项、第二款第(二)项的规定。

未经录音录像制作者许可,通过信息网络传播其制作的录音录像制品的行为,应当视为刑法第二百一十七条第(三)项规定的"复制发行"。

《最高人民法院、最高人民检察院关于办理侵犯知识产权刑事案件具体应用法律若干问题的解释(二)》(法释〔2007〕6号)第一条、第二条对侵犯著作权罪的定罪量刑标准和术语界定有关问题作了规定。(→参见本节标题评注部分,第955—956页)

《最高人民法院、最高人民检察院关于办理侵犯知识产权刑事案件具体应用法律若干问题的解释(三)》(法释〔2020〕10号)第二条对侵犯著作权罪的著作权认定规则作了规定。(→参见本节标题评注部分,第958页)

规范性文件

《最高人民法院、最高人民检察院、公安部关于办理侵犯知识产权刑事案件适用法律若干问题的意见》(法发〔2011〕3号)第十条至第十三条对侵犯著作权罪的主观目的认定、前提要件判断等问题作了规定。(→参见本节标题评注部分,第965—966页)

立案追诉标准

《最高人民检察院、公安部关于公安机关管辖的刑事案件立案追诉标准的规定(一)》(节录)

第二十六条 [侵犯著作权案(刑法第二百一十七条)]以营利为目的,未经著作权人许可,复制发行其文字作品、音乐、电影、电视、录像作品、计算机软件及其他作品,或者出版他人享有专有出版权的图书,或者未经录音录像制作者许可,复制发行其制作的录音录像,或者制作、出售假冒他人署名的美术作品,涉嫌下列情形之一的,应予立案追诉:

(一)违法所得数额三万元以上的;

(二)非法经营数额五万元以上的;

（三）未经著作权人许可，复制发行其文字作品、音乐、电影、电视、录像作品、计算机软件及其他作品，复制品数量合计五百张(份)以上的；

（四）未经录音录像制作者许可，复制发行其制作的录音录像制品，复制品数量合计五百张(份)以上的；

（五）其他情节严重的情形。

以刊登收费广告等方式直接或者间接收取费用的情形，属于本条规定的"以营利为目的"。

本条规定的"未经著作权人许可"，是指没有得到著作权人授权或者伪造、涂改著作权人授权许可文件或者超出授权许可范围的情形。

本条规定的"复制发行"，包括复制、发行或者既复制又发行的行为。

通过信息网络向公众传播他人文字作品、音乐、电影、电视、录像作品、计算机软件及其他作品，或者通过信息网络传播他人制作的录音录像制品的行为，应当视为本条规定的"复制发行"。

侵权产品的持有人通过广告、征订等方式推销侵权产品的，属于本条规定的"发行"。

本条规定的"非法经营数额"，是指行为人在实施侵犯知识产权行为过程中，制造、储存、运输、销售侵权产品的价值。已销售的侵权产品的价值，按照实际销售的价格计算。制造、储存、运输和未销售的侵权产品的价值，按照标价或者已经查清的侵权产品的实际销售平均价格计算。侵权产品没有标价或者无法查清其实际销售价格的，按照被侵权产品的市场中间价格计算。

（→附则参见分则标题评注部分，第392页）

指导性案例

陈力等八人侵犯著作权案（检例第100号，节录）

关键词 网络侵犯视听作品著作权　未经著作权人许可　引导侦查　电子数据

要　旨 办理网络侵犯视听作品著作权犯罪案件，应注意及时提取、固定和保全相关电子数据，并围绕客观性、合法性、关联性要求对电子数据进行全面审查。对涉及众多作品的案件，在认定"未经著作权人许可"时，应围绕涉案复制品是否系非法出版、复制发行且被告人能否提供获得著作权人许可的相关证明材料进行审查。

梁永平、王正航等十五人侵犯著作权案（检例第193号，节录）

关键词　知识产权保护　侵犯著作权罪　信息网络传播　"避风港规则"适用　实质性相似　分层分类处理

要　旨　办理网络侵犯著作权刑事案件，应当准确理解把握"避风港规则"

适用条件,通过审查网络服务提供者是否明知侵权,认定其无罪辩解是否成立。涉案侵权视听作品数量较大的,可通过鉴定机构抽样鉴定的方式,结合权利人鉴别意见,综合认定作品是否构成实质性相似。对于涉案人员众多的网络知识产权案件,应根据涉案人员在案件中的地位、作用、参与程度以及主观恶性等因素,按照宽严相济刑事政策分层分类处理。

上海某公司、许林、陶伟侵犯著作权案(检例第194号,节录)

关键词 知识产权保护 侵犯著作权罪 计算机软件 二进制代码 复制发行 避免"二次侵害"

要 旨 通过反向工程获取芯片中二进制代码后,未经许可以复制二进制代码方式制售权利人芯片的,应认定为复制发行计算机软件行为,违法所得数额较大或有其他严重情节的,以侵犯著作权罪追究刑事责任。对于以复制二进制代码方式制售权利人芯片的,应以二进制代码作为比对客体,综合全案证据认定计算机软件是否构成实质性相似。办案中应完善涉商业秘密证据的取证、鉴定、审查、质证方法,避免知识产权遭受"二次侵害"。

法律适用答复、复函

《公安部关于对侵犯著作权案件中尚未印制完成的侵权复制品如何计算非法经营数额问题的批复》(公复字〔2003〕2号)

辽宁省公安厅:

你厅《关于侵犯著作权案件中的半成品书籍如何计算非法经营数额的请示》(辽公传发〔2003〕257号)收悉。现批复如下:

根据《最高人民法院关于审理非法出版物刑事案件具体应用法律若干问题的解释》(法释〔1998〕30号)第17条的规定,侵犯著作权案件,应以非法出版物的定价数额乘以行为人经营的非法出版物数量所得的数额计算其经营数额。因此,对于行为人尚未印制完成侵权复制品的,应当以侵权复制品的定价数额乘以承印数量所得的数额计算其经营数额。但由于上述行为属于犯罪未遂,对于需要追究刑事责任的,公安机关应当在起诉意见书中予以说明。

《最高人民法院刑事审判第二庭关于〈关于就网上影视复制品数量计算等问题征求意见的函〉的复函》(〔2010〕刑二函字第115号)①

---

① 2010年10月25日最高人民检察院侦查监督厅、公诉厅答复函亦对公经知产〔2010〕86号函持赞成态度。参见李立众编:《刑法一本通——中华人民共和国刑法总成》(第十六版),法律出版社2022年版,第401页。

公安部经济犯罪侦查局：

贵局公经知产〔2010〕86号《关于就网上影视复制品数量计算等问题征求意见的函》①收悉。经研究，我庭无不同意见。

刑参案例规则提炼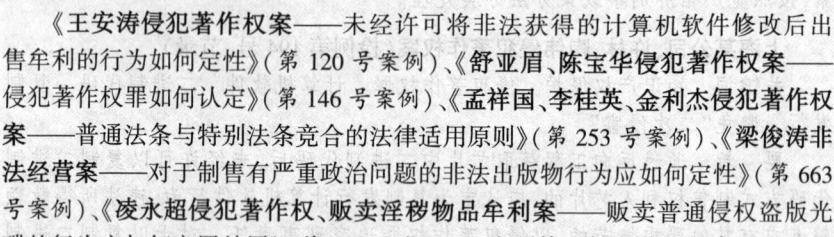

《王安涛侵犯著作权案——未经许可将非法获得的计算机软件修改后出售牟利的行为如何定性》（第120号案例）、《舒亚眉、陈宝华侵犯著作权案——侵犯著作权罪如何认定》（第146号案例）、《孟祥国、李桂英、金利杰侵犯著作权案——普通法条与特别法条竞合的法律适用原则》（第253号案例）、《梁俊涛非法经营案——对于制售有严重政治问题的非法出版物行为应如何定性》（第663号案例）、《凌永超侵犯著作权、贩卖淫秽物品牟利案——贩卖普通侵权盗版光碟的行为应如何定罪处罚》（第679号案例）、《张顺等人侵犯著作权案——销售

---

① 《公安部经济犯罪侦查局关于就网上影视复制品数量计算等问题征求意见的函》（公经知产〔2010〕86号）提出："根据最高法、最高检《关于办理侵犯知识产权刑事案件具体应用法律若干问题的解释（二）》（法释〔2007〕6号）、《关于办理侵犯著作权刑事案件中涉及录音录像制品有关问题的批复》（法释〔2005〕12号）等有关规定，以营利为目的，未经著作权人许可，通过信息网络向公众提供他人影视作品下载或在线观看，侵权影视作品数量在五百份以上的，以侵犯著作权罪定罪处罚。其中，包含一部及以上电影，或一集及以上电视剧的一个视频文件视为一份。""根据最高法、最高检《关于办理侵犯知识产权刑事案件具体应用法律若干问题的解释》（法释〔2004〕19号）等有关规定，通过信息网络向公众提供侵权影视作品下载或在线观看，以刊登收费广告等方式直接或间接收取的费用，应当计入违法所得数额、非法经营数额等犯罪数额。""有关广告在侵权影视作品及非侵权作品中均有刊登的，或刊登广告的网页上同时提供侵权影视作品和其他非侵权作品的，应当根据广告刊登方式、刊登位置、收费方式等因素合理确定其犯罪数额。无法查清的，可以参照有关广告费乘以广告在侵权影视作品中播放、显示的次数占全部广告播放、显示的次数的比例所得之积计算；或者参照有关广告费用乘以侵权影视作品的实际被点击次数占有关作品、网页实际被点击总次数的比例所得之积计算。上述方法均无法计算的，对于以播放影视作品为主的视频网站，可以按照有关广告费用乘以侵权影视作品占网站所有影视作品的比例所得之积计算。"参见李立众编：《刑法一本通——中华人民共和国刑法总成》（第十五版），法律出版社2021年版，第358页。

① 另，鉴于《刑法修正案（十一）》增设的《刑法》第二百一十七条第六项成为网络外挂案件适用法律依据，《谈文明等非法经营案——擅自制作网游外挂出售牟利如何定性》（第473号案例）《余刚等侵犯著作权案——复制部分实质性相同的计算机程序文件并加入自行编写的脚本文件形成新的外挂程序后运用的行为是否属于刑法意义上的"复制发行"以及仅销售"复制"侵权软件衍生的游戏金币的，如何认定犯罪》（第942号案例）所涉规则未予提炼。需要注意的是，刑参第473号案例和第942号案例对外挂程序的定性亦不一致。

他人享有专有出版权的图书是否构成侵犯著作权罪》(第 680 号案例)、《马智中、王现平非法经营案——非法出版物未经装订以及无法查明定价或者销售价格的情况下,如何认定册数和经营数额》(第 1211 号案例)所涉规则提炼如下:

1. 侵犯著作权罪的适用规则。"未经著作权人许可,将其计算机软件修改后销售牟利的行为,构成侵犯著作权罪。"(第 120 号案例)"以营利为目的,未经著作权人许可,复制发行其电视作品,违法所得数额较大的,构成侵犯著作权罪。"(第 146 号案例)"贩卖普通侵权盗版光碟的行为应当认定为侵犯著作权罪,不能认定为非法经营罪或者销售侵权复制品罪。"(第 679 号案例)"以营利为目的,共同盗印他人享有专有出版权图书的行为,应当以侵犯著作权罪定罪处罚。"(第 253 号案例)但是,"'具有立法、行政、司法性质的文件'……没有著作权人"。"相关机构授权……出版社享有专有的出版权,其他任何组织和个人不得擅自出版。""销售……他人享有专有出版权的图书,不构成侵犯著作权罪。"(第 680 号案例)

2. 非法出版物中非法经营罪的适用规则。"复制、销售的书籍中包含攻击我国基本政治制度、诋毁党和国家领导人、煽动民族分裂、挑动社会对立等严重政治问题的内容,根据我国法律规定,这些作品不享有著作权,因此不能以侵犯著作权犯罪来定罪处罚。而这些书籍的内容又达不到足以煽动分裂国家或煽动颠覆国家政权的严重程度……所复制、销售的书籍就应属于其他严重危害社会秩序和扰乱市场秩序的非法出版物,应该定性为非法经营罪。"(第 663 号案例)"非法出版物虽未装订,但已完成印刷,在内容和形式上能够独立区分,可以认定为刑法意义上的'册'",即依据页码连贯、内容完整的出版物散页折算成"册"。"非法出版物没有装订且无法查明册数、定价或者销售价格的,可以散页的鉴定价格为依据计算非法经营数额。"(第 1211 号案例)

司法疑难解析

网络外挂程序案件的定性。①"外挂"的英文是"Plug-in""Add-on",原本是

---

① 有关部门就制作、销售网络游戏外挂程序如何处理问题征求最高人民法院研究室意见。最高人民法院研究室复函提出:"对于制作、销售网络游戏外挂程序的行为,要全面综合判断行为的社会危害性,秉持刑法的谦抑性,慎用刑事制裁手段。对于社会危险性严重、确需追究刑事责任的制作、销售互联网游戏外挂程序行为,也应妥善选择适用罪名。对制作、销售网络游戏外挂程序的行为应以侵犯著作权罪定罪处罚,不宜适用非法经营罪、破坏计算机信息系统罪等其他罪名。"参见喻海松:《最高人民法院研究室关于制作、销售网络游戏外挂程序如何处理问题的研究意见》,载张军主编:《司法研究与指导(总第 2 辑)》,人民法院出版社 2012 年版。

指一种增强功能的软件,目前主要用来指代对网络游戏和其他程序作弊的程序。需要提及的是,网络外挂程序不限于针对网络游戏的外挂程序,还可能针对其他程序,如实践中业已出现的即时通讯软件外挂程序、针对售票网站的抢票外挂程序等。网络外挂程序是针对网络游戏或者其他程序,通过对客户端程序或者客户端和服务器之间的通信协议分析研制的作弊程序,其实质在于破坏相关程序的技术保护措施以施加影响。《刑法修正案(十一)》对《刑法》第二百一十七条作出修改完善,将"未经著作权人或者与著作权有关的权利人许可,故意避开或者破坏权利人为其作品、录音录像制品等采取的保护著作权或者与著作权有关的权利的技术措施的"行为明确列为侵犯著作权罪的客观行为方式之一。**本评注认为:**(1)相关程序实际上是作弊程序,无论是对客户端施加影响的外挂,还是通过作用封包数据施加影响的外挂,运行的基本原理均为通过破坏相应技术保护措施实现作弊目的,"突破技术保护措施"是本质属性。基于此,认定网络外挂程序"破坏权利人为其作品……采取的保护著作权或者与著作权有关的权利的技术措施",似属当然结论。在此基础上,相关网络外挂程序属于"侵权复制品",也系自然推论。因此,依据《刑法》第二百一十七条第六项的规定,对网络外挂程序案件的罪名适用宜以侵犯著作权罪为基本罪名;对于其中单纯的销售行为,可以考虑适用销售侵权复制品罪。(2)网络外挂程序的危害,主要是破坏了相关程序的运行规则,影响了开发运行者的预期经济利益,虽然也属于破坏经济秩序,但多系间接破坏。而且,一些网络外挂程序的制售,实际上也是具有一定需求的。例如,网络游戏玩家使用外挂程序实际相当普遍,甚至存在"不外挂,无游戏"的口号。虽然不能说"法不责众",但对此类具有一定普遍性的行为启动刑事追究,应当全面综合判断行为的法益侵害程度,秉持刑法谦抑和慎用。为使这一立场真正落地,对于此类行为适用侵犯著作权罪应当另行制定较一般侵犯著作权行为更高的定罪量刑标准。而且,《刑法》第二百一十七条第六项的行为较前五项行为的法益侵害程度明显有异,另行确定定罪量刑标准也在情理之中,更是罪责刑相适应这一刑法基本原则的必然要求。

第218条

第二百一十八条 【销售侵权复制品罪】以营利为目的,销售明知是本法第二百一十七条规定的侵权复制品,违法所得数额巨大或者有其他严重情节的,处五年以下有期徒刑,并处或者单处罚金。

立法沿革

本条系 1997 年《刑法》吸收修改单行刑法作出的规定。《全国人民代表大会常务委员会关于惩治侵犯著作权的犯罪的决定》(自 1994 年 7 月 5 日起施行)第二条规定:"以营利为目的,销售明知是第一条规定的侵权复制品,违法所得数额较大的,处二年以下有期徒刑、拘役,单处或者并处罚金;违法所得数额巨大的,处二年以上五年以下有期徒刑,并处罚金。"1997 年《刑法》将入罪标准由"违法所得数额较大"调整为"违法所得数额巨大",并对法定刑作了调整,将两档刑调整为一档刑。

2021 年 3 月 1 日起施行的《刑法修正案(十一)》第二十一条对本条作了修改,主要涉及如下两个方面:一是将入罪门槛由"违法所得数额巨大"修改为"违法所得数额巨大或者有其他严重情节";二是提升法定刑,由"三年以下有期徒刑或者拘役,并处或者单处罚金"调整为"五年以下有期徒刑,并处或者单处罚金"。

修正前《刑法》	修正后《刑法》
第二百一十八条 【销售侵权复制品罪】以营利为目的,销售明知是本法第二百一十七条规定的侵权复制品,违法所得数额巨大的,处~~三~~年以下有期徒刑~~或者拘役~~,并处或者单处罚金。	第二百一十八条 【销售侵权复制品罪】以营利为目的,销售明知是本法第二百一十七条规定的侵权复制品,违法所得数额巨大**或者有其他严重情节**的,处**五**年以下有期徒刑,并处或者单处罚金。

司法解释

《最高人民法院、最高人民检察院关于办理侵犯知识产权刑事案件具体应用法律若干问题的解释》(法释〔2004〕19 号)第六条、第八条对销售侵权复制品罪的定罪量刑标准和罪数处断规则作了规定。(→参见本节标题评注部分,第 953 页)

立案追诉标准

《最高人民检察院、公安部关于公安机关管辖的刑事案件立案追诉标准的规定(一)》(节录)

第二十七条① [销售侵权复制品案(刑法第二百一十八条)]以营利为目

---

① 本条在法释〔2004〕19 号解释第六条的基础上,增加了货值金额的立案追诉标准,适用中宜妥当把握。——**本评注注**

的,销售明知是刑法第二百一十七条规定的侵权复制品,涉嫌下列情形之一的,应予立案追诉:

(一)违法所得数额十万元以上的;

(二)违法所得数额虽未达到上述数额标准,但尚未销售的侵权复制品货值金额达到三十万元以上的。

(→附则参见分则标题评注部分,第392页)

第二百一十九条 【侵犯商业秘密罪】有下列侵犯商业秘密行为之一,情节严重的,处三年以下有期徒刑,并处或者单处罚金;情节特别严重的,处三年以上十年以下有期徒刑,并处罚金:

(一)以盗窃、贿赂、欺诈、胁迫、电子侵入或者其他不正当手段获取权利人的商业秘密的;

(二)披露、使用或者允许他人使用以前项手段获取的权利人的商业秘密的;

(三)违反保密义务或者违反权利人有关保守商业秘密的要求,披露、使用或者允许他人使用其所掌握的商业秘密的。

明知前款所列行为,获取、披露、使用或者允许他人使用该商业秘密的,以侵犯商业秘密论。

本条所称权利人,是指商业秘密的所有人和经商业秘密所有人许可的商业秘密使用人。

■ 立法沿革

本条系1997年《刑法》增设的规定。

2021年3月1日起施行的《刑法修正案(十一)》第二十二条对本条作了修改,主要涉及如下四个方面:一是与反不正当竞争法关于商业秘密条文的修改相衔接,对有关侵权行为方式作了完善;二是将第二款中的"明知或者应知"调整为"明知",以与其他罪名的表述相统一;三是删去原第三款关于商业秘密的定义规定;四是提升法定刑,修改了入罪门槛和法定刑升档标准,并对刑罚作了提高。

修正前《刑法》	修正后《刑法》
第二百一十九条 【侵犯商业秘密罪】有下列侵犯商业秘密行为之一，~~给商业秘密的权利人造成重大损失的~~，处三年以下有期徒刑~~或者拘役~~，并处或者单处罚金；~~造成特别严重后果的~~，处三年以上七年以下有期徒刑，并处罚金： （一）以盗窃、~~利诱~~、胁迫或者其他不正当手段获取权利人的商业秘密的； （二）披露、使用或者允许他人使用以前项手段获取的权利人的商业秘密的； （三）违反~~约定~~或者违反权利人有关保守商业秘密的要求，披露、使用或者允许他人使用其所掌握的商业秘密的。 明知~~或者应知~~前款所列行为，获取、使用或者披露他人~~的~~商业秘密的，以侵犯商业秘密论。 ~~本条所称商业秘密，是指不为公众所知悉，能为权利人带来经济利益，具有实用性并经权利人采取保密措施的技术信息和经营信息。~~ 本条所称权利人，是指商业秘密的所有人和经商业秘密所有人许可的商业秘密使用人。	第二百一十九条 【侵犯商业秘密罪】有下列侵犯商业秘密行为之一，**情节严重**的，处三年以下有期徒刑，并处或者单处罚金；**情节特别严重**的，处三年以上十年以下有期徒刑，并处罚金： （一）以盗窃、**贿赂**、**欺诈**、胁迫、**电子侵入**或者其他不正当手段获取权利人的商业秘密的； （二）披露、使用或者允许他人使用以前项手段获取的权利人的商业秘密的； （三）违反**保密义务**或者违反权利人有关保守商业秘密的要求，披露、使用或者允许他人使用其所掌握的商业秘密的。 明知前款所列行为，获取、披露、使用或者**允许他人使用该**商业秘密的，以侵犯商业秘密论。 本条所称权利人，是指商业秘密的所有人和经商业秘密所有人许可的商业秘密使用人。

相关规定

《中华人民共和国反不正当竞争法》(第二次修正后自 2019 年 4 月 23 日起施行，节录)

第九条 经营者不得实施下列侵犯商业秘密的行为：

（一）以盗窃、贿赂、欺诈、胁迫、电子侵入或者其他不正当手段获取权利人的商业秘密；

（二）披露、使用或者允许他人使用以前项手段获取的权利人的商业秘密；

（三）违反保密义务或者违反权利人有关保守商业秘密的要求，披露、使用或者允许他人使用其所掌握的商业秘密；

（四）教唆、引诱、帮助他人违反保密义务或者违反权利人有关保守商业秘密的要求，获取、披露、使用或者允许他人使用权利人的商业秘密。

经营者以外的其他自然人、法人和非法人组织实施前款所列违法行为的，视为侵犯商业秘密。

第三人明知或者应知商业秘密权利人的员工、前员工或者其他单位、个人实施本条第一款所列违法行为，仍获取、披露、使用或者允许他人使用该商业秘密的，视为侵犯商业秘密。

本法所称的商业秘密，是指不为公众所知悉、具有商业价值并经权利人采取相应保密措施的技术信息、经营信息等商业信息。

司法解释

《最高人民法院关于审理侵犯商业秘密民事案件适用法律若干问题的规定》(法释[2020]7号，自2020年9月12日起施行，具体条文未收录)

《最高人民法院、最高人民检察院关于办理侵犯知识产权刑事案件具体应用法律若干问题的解释(三)》(法释[2020]10号)第三条至第六条对侵犯商业秘密罪的有关问题作了规定。(→参见本节标题评注部分，第958—960页)

立案追诉标准

《最高人民检察院、公安部关于修改侵犯商业秘密刑事案件立案追诉标准的决定》(高检发[2020]15号)关于侵犯商业秘密罪立案追诉标准的规定与法释[2020]10号解释第四条、第五条的规定一致。

指导性案例

金义盈侵犯商业秘密案(检例第102号，节录)

关键词　侵犯商业秘密　司法鉴定　专家辅助办案　证据链

要　旨　办理侵犯商业秘密犯罪案件，被告人作无罪辩解的，既要注意审查商业秘密的成立及侵犯商业秘密的证据，又要依法排除被告人取得商业秘密的合法来源，形成指控犯罪的证据链。对鉴定意见的审查，必要时可聘请或指派有专门知识的人辅助办案。

刑参案例规则提炼①

---

① 另，鉴于法释[2020]10号解释第五条对侵犯商业秘密行为造成损失数额的计算方法作出新规定，《**昌达公司侵犯商业秘密案**——侵犯商业秘密罪行为所造成的经济损失数额如何认定》(第67号案例)、《**李宁侵犯商业秘密案**——如何认定侵犯商业秘密罪中的经营信息与重大损失》(第519号案例)、《**伊特克斯公司、郭书周等侵犯商业秘密案**——如何理解和把握侵犯商业秘密刑事案件中"重大损失"的计算依据、方法及对象》(第1003号案例)所涉规则未予提炼。

《项军、孙晓斌侵犯商业秘密案——非法披露计算机软件源代码的行为是否属于侵犯商业秘密》(第233号案例)、《杨俊杰、周智平侵犯商业秘密案——自诉案件中如何认定侵犯商业秘密罪的主要构成要件》(第609号案例)所涉规则提炼如下:

1.侵犯商业秘密罪客观行为的认定规则。"源代码一旦被公开,软件的核心技术即泄露,从而会失去应有的商业价值。因此,源代码作为一种技术信息,当属商业秘密范畴。""违反约定义务披露计算机软件源代码的行为"属于侵犯商业秘密。(第233号案例)

2.商业秘密所涉技术信息的认定规则。商业秘密以不为公众所知悉为前提要件,主张"对商业秘密区分公知技术与非公知技术"是不妥的。"涂料配方,应作为一个整体认定为商业秘密加以法律保护。"(第609号案例)

第二百一十九条之一 【为境外窃取、刺探、收买、非法提供商业秘密罪】为境外的机构、组织、人员窃取、刺探、收买、非法提供商业秘密的,处五年以下有期徒刑,并处或者单处罚金;情节严重的,处五年以上有期徒刑,并处罚金。

◆立法沿革◆

本条系2021年3月1日起施行的《刑法修正案(十一)》第二十三条增设的规定。

第二百二十条 【单位犯本节之罪的处罚】单位犯本节第二百一十三条至第二百一十九条之一规定之罪的,对单位判处罚金,并对其直接负责的主管人员和其他直接责任人员,依照本节各该条的规定处罚。

◆立法沿革◆

本条系1997年《刑法》增设的规定。《全国人民代表大会常务委员会关于惩治假冒注册商标犯罪的补充规定》(自1993年7月1日起施行)和《全国人民代表大会常务委员会关于惩治侵犯著作权的犯罪的决定》(自1994年7月5日起施行)均有单位犯罪主体的规定,1997年《刑法》予以整合,形成关于单位侵犯知识产权犯罪的集中规定。

2021年3月1日起施行的《刑法修正案(十一)》第二十四条对本条作了修

改,对第二百一十九条之一规定的为境外窃取、刺探、收买、非法提供商业秘密罪增加单位犯罪的规定。

修正前《刑法》	修正后《刑法》
第二百二十条 【单位犯侵犯知识产权罪的处罚规定】单位犯本节第二百一十三条至第二百一十九条规定之罪的,对单位判处罚金,并对其直接负责的主管人员和其他直接责任人员,依照本节各该条的规定处罚。	第二百二十条 【单位犯本节之罪的处罚】单位犯本节第二百一十三条至第二百一十九条之一规定之罪的,对单位判处罚金,并对其直接负责的主管人员和其他直接责任人员,依照本节各该条的规定处罚。

司法解释

《最高人民法院、最高人民检察院关于办理侵犯知识产权刑事案件具体应用法律若干问题的解释(二)》(法释〔2007〕6号)第六条明确单位实施侵犯知识产权犯罪适用与相应自然人犯罪的统一定罪量刑标准。(→参见本节标题评注部分,第956页)

第八节 扰乱市场秩序罪

第二百二十一条 【损害商业信誉、商品声誉罪】 捏造并散布虚伪事实,损害他人的商业信誉、商品声誉,给他人造成重大损失或者有其他严重情节的,处二年以下有期徒刑或者拘役,并处或者单处罚金。

立法沿革

本条系1997年《刑法》增设的规定。

全国人大常委会决定

《全国人民代表大会常务委员会关于维护互联网安全的决定》(修正后自2009年8月27日起施行,节录)

三、为了维护社会主义市场经济秩序和社会管理秩序,对有下列行为之一,构成犯罪的,依照刑法有关规定追究刑事责任:

(二)利用互联网损害他人商业信誉和商品声誉;

(→全文参见第二百八十五条评注部分,第1399页)

司法解释

《最高人民法院、最高人民检察院关于办理利用信息网络实施诽谤等刑事案件适用法律若干问题的解释》(法释〔2013〕21号)第九条对利用信息网络实施诽谤、寻衅滋事、敲诈勒索、非法经营犯罪,同时又构成损害商业信誉、商品声誉罪的罪数处断规则作了规定。(→参见第二百四十六条评注部分,第1170页)

立案追诉标准

《最高人民检察院、公安部关于公安机关管辖的刑事案件立案追诉标准的规定(二)》(公通字〔2022〕12号,节录)

第六十六条 〔损害商业信誉、商品声誉案(刑法第二百二十一条)〕捏造并散布虚伪事实,损害他人的商业信誉、商品声誉,涉嫌下列情形之一的,应予立案追诉:

(一)给他人造成直接经济损失数额在五十万元以上的;

(二)虽未达到上述数额标准,但造成公司、企业等单位停业、停产六个月以上,或者破产的;

(三)其他给他人造成重大损失或者有其他严重情节的情形。

(→附则参见分则标题评注部分,第392页)

刑参案例规则提炼

《王宗达损害商业信誉、商品声誉案——损害商业信誉、商品声誉罪中的"重大损失"如何认定》(第85号案例)、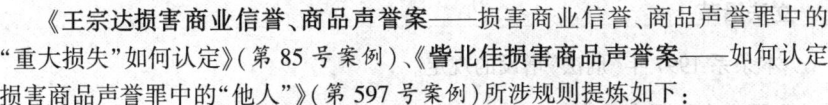《誉北佳损害商品声誉案——如何认定损害商品声誉罪中的"他人"》(第597号案例)所涉规则提炼如下:

1. 损害商业信誉、商品声誉罪的对象规则。"一方面,损害商业信誉、商品声誉罪侵害的对象应具有一定归属性,即侵害的商业信誉、商品声誉必须是他人拥有的,侵害自己所有的商业信誉、商品声誉不构成本罪。这里的他人包括所有的市场主体,即从事市场活动的个人、个体工商户、个人合伙、公司、企业在内的生产者、经营者,既包括某个具体的生产者、经营者,也包括某一类商品的生产者和经营者。另一方面,损害商业信誉、商品声誉罪侵害的对象必须具备一定指向性。这是从侵害行为的证据角度而言的,即侵害行为必须有明确的指向,或是某个具体的生产者、经营者,或是某类商品的生产者、经营者。如果行为人没有针对特定生产者、经营者的商业信誉、商品声誉或者说社会公众无法确定行为人所指向的具体对象,由于被侵害方不能认定,则不能构成本罪。"(第597号案例)

2. 损害商业信誉、商品声誉罪客观方面的认定规则。"损害商业信誉、商品声誉罪中的'捏造虚伪事实'既可包括无中生有,凭空编造全部虚假事实的情形,也包括添油加醋,恶意歪曲、夸大事实或编造部分虚假事实的情形。""损害商业信誉、商品声誉罪中的'重大损失',一般是直接经济损失,但间接经济损失也是应当考虑的量刑情节。"(第85号案例)

  3. 损害商业信誉、商品声誉罪选择性罪名的适用规则。"所谓商业信誉,是指生产、经营者因从事商业活动,参与市场竞争,而在社会上所获得的肯定性的评价和赞誉,包括社会公众对该生产、经营者的资信状况、商业道德、技术水平、经济实力、履约能力等方面的积极评价。所谓商品声誉,是指商品因其价格、质量、性能、效用等的可信赖程度,在社会上尤其是在消费者中获得的好的评价和赞誉。"(第597号案例)"一般情况下,损害商品声誉的行为通常都会损害企业的商业信誉,而损害商业信誉的行为不一定会损害商品声誉。因此,在处理损害商业信誉、商品声誉案件时,应根据案件具体事实具体认定被告人的行为侵犯的是商业信誉,还是商品声誉,抑或是商业信誉和商品声誉,确定相应的罪名。"(第85号案例)

第二百二十二条 【虚假广告罪】广告主、广告经营者、广告发布者违反国家规定,利用广告对商品或者服务作虚假宣传,情节严重的,处二年以下有期徒刑或者拘役,并处或者单处罚金。

立法沿革

  本条系1997年《刑法》增设的规定。

全国人大常委会决定

  《全国人民代表大会常务委员会关于维护互联网安全的决定》(修正后自2009年8月27日起施行,节录)

  三、为了维护社会主义市场经济秩序和社会管理秩序,对有下列行为之一,构成犯罪的,依照刑法有关规定追究刑事责任:

  (一)利用互联网销售伪劣产品或者对商品、服务作虚假宣传;

  (→全文参见第二百八十五条评注部分,第1399页)

司法解释

  《最高人民法院、最高人民检察院关于办理妨害预防、控制突发传染病疫情等灾害的刑事案件具体应用法律若干问题的解释》(法释〔2003〕8号)第五条对假借预防、控制传染病疫情等灾害的名义,利用广告作虚假宣传适用虚假广告罪作了指引性规定。(→参见第一百一十四条评注部分,第141页)

《最高人民法院关于审理非法集资刑事案件具体应用法律若干问题的解释》[法释〔2010〕18号,根据《最高人民法院关于修改〈最高人民法院关于审理非法集资刑事案件具体应用法律若干问题的解释〉的决定》(法释〔2022〕5号)修正]第十二条对非法集资活动所涉虚假广告罪的定罪量刑标准及共犯认定等问题作了规定。(→参见第一百七十六条评注部分,第794页)

《最高人民法院、最高人民检察院关于办理危害食品安全刑事案件适用法律若干问题的解释》(法释〔2021〕24号)第十九条对利用广告对保健食品或者其他食品作虚假宣传适用虚假广告罪等作了指引性规定。(→参见第一百四十三条评注部分,第628页)

《最高人民法院、最高人民检察院关于办理危害药品安全刑事案件适用法律若干问题的解释》(高检发释字〔2022〕1号)第十二条对利用广告对药品作虚假宣传适用虚假广告罪作了指引性规定。(→参见第一百四十一条评注部分,第608页)

规范性文件

《最高人民检察院关于认真执行〈中华人民共和国广告法〉的通知》(高检发研字〔1995〕第1号)

各省、自治区、直辖市人民检察院、军事检察院:

第八届全国人民代表大会常务委员会第十次会议通过的《中华人民共和国广告法》(以下简称《广告法》),将于2月1日起施行。为保证该法的正确贯彻实施,特通知如下:

一、《广告法》的颁布实施,对加强广告活动的管理,规范广告主、广告经营者和广告发布者的行为,促进广告业的健康发展,保护社会公众的合法权益,维护社会主义市场经济秩序,具有十分重要的意义。各级人民检察院要组织广大检察干警认真学习,提高对该法重要性的认识,准确领会立法精神和具体条款的涵义,特别要注意掌握对广告活动管理的法律规定,并密切结合检察工作实际,做好贯彻执行工作,保证其正确实施。

二、各级人民检察院要切实履行职责,加强对《广告法》中所规定的犯罪案件的检察工作,以保护消费者的合法权益。要严肃查处利用广告对商品或者服务作虚假宣传,构成犯罪的案件;发布广告违反《广告法》第七条第二款规定,构成犯罪的案件;伪造、变造或者转让广告审查决定文件,情节严重构成犯罪的案件。各级人民检察院要充分发挥法律监督职能,对广告监督管理机关和广告审查机关的工作人员在广告监督和审查中玩忽职守、滥用职权、徇私舞弊、情节严重构成犯罪的,一经发现要及时立案,依法追究刑事责任。

三、各级人民检察院在办理违反《广告法》的刑事案件中,要注意根据案件情况,分清广告主、广告经营者和广告发布者各自的责任。对广告经营者或广告发布者明知广告的行为是违反《广告法》的行为构成犯罪的,在追究法人(单位)刑事责任的同时,对其直接负责的主管人员和其他直接责任人员要依法追究刑事责任。

四、各级人民检察院在贯彻执行《广告法》中要注意调查研究,不断总结积累经验,对执行该法中遇到的问题要及时层报最高人民检察院。

《最高人民法院、最高人民检察院、公安部、司法部关于依法惩治妨害新型冠状病毒感染肺炎疫情防控违法犯罪的意见》(法发〔2020〕7号)"**二、准确适用法律,依法严惩妨害疫情防控的各类违法犯罪**"第(五)条对假借疫情防控的名义利用广告作虚假宣传适用虚假广告罪作了指引性规定。(→参见第三百三十条评注部分,第1712页)

▶ 立案追诉标准

《最高人民检察院、公安部关于公安机关管辖的刑事案件立案追诉标准的规定(二)》(公通字〔2022〕12号,节录)

第六十七条 〔虚假广告案(刑法第二百二十二条)〕广告主、广告经营者、广告发布者违反国家规定,利用广告对商品或者服务作虚假宣传,涉嫌下列情形之一的,应予立案追诉:

(一)违法所得数额在十万元以上的;

(二)假借预防、控制突发事件、传染病防治的名义,利用广告作虚假宣传,致使多人上当受骗,违法所得数额在三万元以上的;

(三)利用广告对食品、药品作虚假宣传,违法所得数额在三万元以上的;

(四)虽未达到上述数额标准,但二年内因利用广告作虚假宣传受过二次以上行政处罚,又利用广告作虚假宣传的;

(五)造成严重危害后果或者恶劣社会影响的;

(六)其他情节严重的情形。

(→附则参见分则标题评注部分,第392—393页)

第二百二十三条 【串通投标罪】投标人相互串通投标报价,损害招标人或者其他投标人利益,情节严重的,处三年以下有期徒刑或者拘役,并处或者单处罚金。

投标人与招标人串通投标,损害国家、集体、公民的合法利益的,依照前款的规定处罚。

立法沿革

本条系1997年《刑法》增设的规定。

立案追诉标准

《最高人民检察院、公安部关于公安机关管辖的刑事案件立案追诉标准的规定(二)》(公通字〔2022〕12号,节录)

第六十八条 〔串通投标案(刑法第二百二十三条)〕投标人相互串通投标报价,或者投标人与招标人串通投标,涉嫌下列情形之一的,应予立案追诉:

(一)损害招标人、投标人或者国家、集体、公民的合法利益,造成直接经济损失数额在五十万元以上的;

(二)违法所得数额在二十万元以上的;

(三)中标项目金额在四百万元以上的;

(四)采取威胁、欺骗或者贿赂等非法手段的;

(五)虽未达到上述数额标准,但二年内因串通投标受过二次以上行政处罚,又串通投标的;

(六)其他情节严重的情形。

(→附则参见分则标题评注部分,第392页)

指导性案例

许某某、包某某串通投标立案监督案(检例第90号,节录)

关 键 词 串通拍卖　串通投标　竞拍国有资产　罪刑法定　监督撤案

要　　旨　刑法规定了串通投标罪,但未规定串通拍卖行为构成犯罪。对于串通拍卖行为,不能以串通投标罪予以追诉。公安机关对串通竞拍国有资产行为以涉嫌串通投标罪刑事立案的,检察机关应当通过立案监督,依法通知公安机关撤销案件。

刑参案例规则提炼

《**张建军、刘祥伟对非国家工作人员行贿案**——在国有建设用地使用权挂牌出让过程中串通竞买的行为应如何定性》(第 1136 号案例)、《**黄正田、许敬杰等串通投标案**——串通拍卖与串通投标是不同的法律概念,不宜将串通拍卖行为以传统投标罪论处》(第 1251 号案例)所涉规则提炼如下:

串通投标罪的适用范围规则。"挂牌出让……在适用范围、操作程序、出让人否决权等方面与招投标程序有显著的区别。因此,挂牌竞买与招投标无论是在字面上还是实质程序上均存在差别,不能等同。""挂牌竞买显然不能等同于招投标","刑法第二百二十三条的规定显然将串通投标罪限定在招投标领域"。(第 1136 号案例)"拍卖法和招标投标法对拍卖行为与招标投标行为分别进行了规制","立法上对两者分别作出规定,对串通投标设定了刑事责任,对串通拍卖则没有,故不宜以串通投标罪对串通拍卖行为定罪处罚"。(第 1251 号案例)

第二百二十四条 【合同诈骗罪】有下列情形之一,以非法占有为目的,在签订、履行合同过程中,骗取对方当事人财物,数额较大的,处三年以下有期徒刑或者拘役,并处或者单处罚金;数额巨大或者有其他严重情节的,处三年以上十年以下有期徒刑,并处罚金;数额特别巨大或者有其他特别严重情节的,处十年以上有期徒刑或者无期徒刑,并处罚金或者没收财产:

(一)以虚构的单位或者冒用他人名义签订合同的;
(二)以伪造、变造、作废的票据或者其他虚假的产权证明作担保的;
(三)没有实际履行能力,以先履行小额合同或者部分履行合同的方法,诱骗对方当事人继续签订和履行合同的;
(四)收受对方当事人给付的货物、货款、预付款或者担保财产后逃匿的;
(五)以其他方法骗取对方当事人财物的。

立法沿革

本条系 1997 年《刑法》增设的规定。

规范性文件

《**最高人民检察院办公厅关于对合同诈骗、侵犯知识产权等经济犯罪案件依法正确适用逮捕措施的通知**》(高检办发〔2002〕14 号,节录)

二、要严格区分经济犯罪与经济纠纷的界限。经济犯罪案件具有案情较复杂,犯罪与经济纠纷往往相互交织在一起,罪与非罪的界限不易区分的特点。认定经济犯罪,必须严格依照刑法规定的犯罪基本特征和犯罪构成要件,从行为的社会危害性、刑事违法性、应受惩罚性几个方面综合考虑。各级检察机关在审查批捕工作中,要严格区分经济犯罪与经济纠纷的界限,尤其要注意区分合同诈骗罪与合同违约、债务纠纷的界限,以及商业秘密与进入公知领域的技术信息、经营信息的界限,做到慎重稳妥,不枉不纵,依法打击犯罪者,保护无辜者,实现法律效果和社会效果的统一。不能把履行合同中发生的经济纠纷作为犯罪处理;对于造成本地企业利益受到损害的行为,要具体分析,不能一概作为犯罪处理,防止滥用逮捕权。对于合同和知识产权纠纷中,当事双方主体真实有效,行为客观存在,罪与非罪难以辨别,当事人可以行使民事诉讼权利的,更要慎用逮捕权。

《最高人民法院关于充分发挥审判职能作用切实加强产权司法保护的意见》(法发〔2016〕27号,节录)

5. 客观看待企业经营的不规范问题,对定罪依据不足的依法宣告无罪。对改革开放以来各类企业特别是民营企业因经营不规范所引发的问题,要以历史和发展的眼光客观看待,严格遵循罪刑法定、疑罪从无、从旧兼从轻原则,依法公正处理。对虽属违法违规、但不构成犯罪,或者罪与非罪不清的,应当宣告无罪。对在生产、经营、融资等活动中的经济行为,除法律、行政法规明确禁止的,不得以犯罪论处。

6. 严格区分经济纠纷与刑事犯罪,坚决防止把经济纠纷当作犯罪处理。充分考虑非公有制经济特点,严格把握刑事犯罪的认定标准,严格区分正当融资与非法集资、合同纠纷与合同诈骗、民营企业参与国有企业兼并重组中涉及的经济纠纷与恶意侵占国有资产等的界限,坚决防止把经济纠纷认定为刑事犯罪,坚决防止利用刑事手段干预经济纠纷。对于各类经济纠纷,特别是民营企业与国有企业之间的纠纷,不论实际损失多大,都要始终坚持依法办案,排除各种干扰,确保公正审判。

7. 依法慎用强制措施和查封、扣押、冻结措施,最大限度降低对企业正常生产经营活动的不利影响。对涉案企业和人员,应当综合考虑行为性质、危害程度以及配合诉讼的态度等情况,依法慎重决定是否适用强制措施和查封、扣押、冻结措施。在刑事审判中,对已被逮捕的被告人,符合取保候审、监视居住条件的,应当变更强制措施。在刑事、民事、行政审判中,确需采取查封、扣押、冻结措施的,除依法需责令关闭的企业外,在条件允许的情况下可以为企业预留必要的流动资金和往来账户。不得查封、扣押、冻结与案件无关的财产。

8.严格规范涉案财产的处置,依法维护涉案企业和人员的合法权益。严格区分违法所得和合法财产,对于经过审理不能确认为违法所得的,不得判决追缴或者责令退赔。严格区分个人财产和企业法人财产,处理股东、企业经营管理者等自然人犯罪不得任意牵连企业法人财产,处理企业犯罪不得任意牵连股东、企业经营管理者个人合法财产。严格区分涉案人员个人财产和家庭成员财产,处理涉案人员犯罪不得牵连其家庭成员合法财产。按照公开公正和规范高效的要求,严格执行、不断完善涉案财物保管、鉴定、估价、拍卖、变卖制度。

《最高人民法院关于依法妥善处理历史形成的产权案件工作实施意见》(法发〔2016〕28号,节录)

13.准确把握罪与非罪的法律政策界限。严格区分经济纠纷与经济犯罪特别是合同纠纷与合同诈骗的界限、企业正当融资与非法集资的界限、民营企业参与国有企业兼并重组中涉及的经济纠纷与恶意侵占国有资产的界限。准确把握经济违法行为入刑标准,准确认定经济纠纷和经济犯罪的性质,坚决纠正将经济纠纷当作犯罪处理的错误生效裁判。对于在生产、经营、融资等活动中的经济行为,当时法律、行政法规没有明确禁止而以犯罪论处的,或者虽属违法违规但不构成犯罪而以犯罪论处的,均应依法纠正。

《最高人民法院关于充分发挥审判职能作用为企业家创新创业营造良好法治环境的通知》(法〔2018〕1号,节录)

二、依法保护企业家的人身自由和财产权利。严格执行刑事法律和司法解释,坚决防止利用刑事手段干预经济纠纷。坚持罪刑法定原则,对企业家在生产、经营、融资活动中的创新创业行为,只要不违反刑事法律的规定,不得以犯罪论处。严格非法经营罪、合同诈骗罪的构成要件,防止随意扩大适用。对于在合同签订、履行过程中产生的民事争议,如无确实充分的证据证明符合犯罪构成的,不得作为刑事案件处理。严格区分企业家违法所得和合法财产,没有充分证据证明为违法所得的,不得判决追缴或者责令退赔。严格区分企业家个人财产和企业法人财产,在处理企业犯罪时不得牵连企业家个人合法财产和家庭成员财产。

《最高人民法院、最高人民检察院关于常见犯罪的量刑指导意见(试行)》(法发〔2021〕21号,节录)

四、常见犯罪的量刑

(六)合同诈骗罪

1.构成合同诈骗罪的,根据下列情形在相应的幅度内确定量刑起点:

(1)达到数额较大起点的,在一年以下有期徒刑、拘役幅度内确定量刑起点。

(2)达到数额巨大起点或者有其他严重情节的,在三年至四年有期徒刑幅度内确定量刑起点。

(3)达到数额特别巨大起点或者有其他特别严重情节的,在十年至十二年有期徒刑幅度内确定量刑起点。依法应当判处无期徒刑的除外。

2.在量刑起点的基础上,根据合同诈骗数额等其他影响犯罪构成的犯罪事实增加刑罚量,确定基准刑。

3.构成合同诈骗罪的,根据诈骗手段、犯罪数额、损失数额、危害后果等犯罪情节,综合考虑被告人缴纳罚金的能力,决定罚金数额。

4.构成合同诈骗罪的,综合考虑诈骗手段、犯罪数额、危害后果、退赃退赔等犯罪事实、量刑情节,以及被告人主观恶性、人身危险性、认罪悔罪表现等因素,决定缓刑的适用。

(→前三部分和第五部分参见总则第四章第一节标题评注部分,第223页)

立案追诉标准

《最高人民检察院、公安部关于公安机关管辖的刑事案件立案追诉标准的规定(二)》(公通字〔2022〕12号,节录)

第六十九条 〔合同诈骗案(刑法第二百二十四条)〕以非法占有为目的,在签订、履行合同过程中,骗取对方当事人财物,数额在二万元以上的,应予立案追诉。

(→附则参见分则标题评注部分,第392页)

指导性案例

温某某合同诈骗立案监督案(检例第91号,节录)

关键词 合同诈骗 合同欺诈 不应当立案而立案 侦查环节"挂案"监督撤案

要 旨 检察机关办理涉企业合同诈骗犯罪案件,应当严格区分合同诈骗与民事违约行为的界限。要注意审查涉案企业在签订、履行合同过程中是否具有非法占有目的和虚构事实、隐瞒真相的行为,准确认定是否具有诈骗故意。发现公安机关对企业之间的合同纠纷以合同诈骗进行刑事立案的,应当依法监督撤销案件。对于立案后久侦不结的"挂案",检察机关应当向公安机关提出纠正意见。

刑参案例规则提炼[①]

《程庆合同诈骗案——通过欺骗手段兼并企业后恶意处分企业财产的行为如何定性》(第211号案例)、《黄志奋合同诈骗案——如何认定诈骗犯罪中的非法占有目的》(第271号案例)、《宋德明合同诈骗案——如何理解合同诈骗罪中的"合同"》(第308号案例)、《秦文虚报注册资本、合同诈骗案——骗取他人担保申请贷款的是贷款诈骗还是合同诈骗》(第352号案例)、《王贺军合同诈骗案——以签订虚假的工程施工合同为诱饵骗取钱财的行为是诈骗罪还是合同诈骗罪》(第403号案例)、《罗扬非法处置查封的财产案——明知房产被依法查封而隐瞒事实将房产卖与他人并收取预付款的行为如何定性》(第428号案例)、《宗爽合同诈骗案——以签订出国"聘请顾问协议书"为名骗取他人钱财的行为如何定性》(第457号案例)、《谭某合同诈骗案——业务员冒用公司名义与他人签订合同违规收取货款的行为如何定性》(第577号案例)、《曹戈合同诈骗案——伪造购销合同,通过与金融机构签订承兑合同,将获取的银行资金用于偿还其他个人债务,后因合同到期无力偿还银行债务而逃匿,致使反担保人遭受巨额财产损失的行为,如何定性》(第645号案例)、《刘恺基合同诈骗案——如何认定合同诈骗犯罪中行为人具有非法占有目的》(第646号案例)、《杨永承合同诈骗案——以公司代理人的身份,通过骗取方式将收取的公司货款据为己有,是构成诈骗罪、职务侵占罪还是挪用资金罪》(第716号案例)、《张海岩等合同诈骗案——承运过程中承运人将承运货物暗中调包的行为如何定性》(第807号案例)、《吴某合同诈骗案——挂靠轮船公司的个体船主,在履行承运合同过程中采用以次充好的方式骗取收货方收货并向货主足额支付货款及运费,该行为如何定性》(第808号案例)、《郭松飞合同诈骗案——通过网络交易平台诱骗二手车卖家过户车辆并出具收款凭据的行为如何定性》(第875号案例)、《周有文、陈巧芳合同诈骗案——通过支付预付款获得他人房产后以抵押方式向第三人借款的,既有欺骗卖房人的行为,也有欺骗抵押权人的行为,应当如何认定

[①] 另,鉴于法律修改调整,《龙鹏武、龙雄武诈骗案——利用欺骗方法兼并后又利用职务便利将被兼并单位财物占为己有的行为如何定性》(第53号案例)、《俞辉合同诈骗案——刑法修订后审理的实施于刑法修订前的单位贷款诈骗案件如何处理》(第169号案例)、《马汝方等贷款诈骗、违法发放贷款、挪用资金案——单位与自然人共同实施贷款诈骗行为的罪名适用》(第305号案例)所涉规则未予提炼;鉴于相关政策调整,《陈景雷等合同诈骗案——以适格农民名义低价购买农机出售而骗取国家农机购置补贴款的行为如何定性》(第1056号案例)所涉规则未予提炼。

被害人》(第876号案例)、《王立强合同诈骗案——如何准确对一房二卖的行为进行刑民界分》(第961号案例)、《葛玉友等诈骗案——在买卖过程中,行为人采取秘密的欺骗手段,致使被害人对所处分财物的真实重量产生错误认识,并进而处分财物的行为如何定性》(第1048号案例)、《嵇世勇诈骗案——对假冒国际标准集装箱偷逃高速公路通行费的行为应当如何定性》(第1083号案例)、《吴剑、张加路、刘凯诈骗案——"网络关键词"诈骗犯罪中签订合同行为对案件性质的影响》(第1264号案例)、《高淑华、孙里海合同诈骗案——签订合同并收取对方的保证金后挪作他用是否可以认定具有非法占有目的》(第1299号案例)、《于典等合同诈骗案——组织网络水军批量人工点击广告的,属于对广告推广合作合同的虚假履行,构成合同诈骗罪》(第1480号案例)、《黄某正等合同诈骗案——对合同整体履行不存在根本影响的欺诈行为如何定性》(第1512号案例)所涉规则提炼如下:

1. 合同诈骗罪中的"合同"认定规则。①"合同诈骗罪的关键特征是利用签订、履行合同扰乱市场经济秩序。""合同诈骗罪中的'合同'必须是能够体现一定的市场秩序,体现财产转移或者交易关系,为行为人带来财产利益的合同。"(第807号案例)"承运合同是市场经济中较为常见的一种要式合同,本案被告人事先签订合同,并在履行合同过程中实施了诈骗活动,不但侵害了他人财物的所有权,而且严重扰乱了正常的市场经济秩序。因此,行为人系出于非法占有他人财物的目的,利用签订、履行合同实施诈骗犯罪活动,应当按照合同诈骗罪定罪处罚。"(第808号案例)但是,"在界定合同诈骗罪的合同范围时,不应拘泥于合同的形式,在有证据证明确实存在合同关系的情况下,即便是口头合同,只要发生在生产经营领域,侵犯了市场秩序的,同样应以合同诈骗罪定罪处罚。当然,在日常生活中利用口头合同进行诈骗的,因不具有合同诈骗的双重侵犯客体,则不能以合同诈骗罪定罪处罚"。(第308号案例)"虽然本案的书面合同材料不全,但综合从合同关系、交易环境以及法益侵害等方面分析,应当认定……构成合同诈骗罪。一是……与……之间存在合同关系……二是……的诈骗行为发生在经济活动之中……三是……的诈骗行为不仅侵犯了他人的财产权利,同时破坏了市场交易秩序。"(第875号案例)"尽管合同诈骗罪中的'合同'

第224条

---

① 本评注认为,合同诈骗罪惯常涉及平等主体之间因交易行为而形成的合同。对于利用与政府签订的财政优惠协议骗取财政资金等类似行为,虽然也涉及合同,但所涉合同不属于典型的合同,具有单边性特征,协议一方可以单方变更。对于涉及此类合同的诈骗行为,不宜适用合同诈骗罪,符合诈骗罪构成的,可以适用诈骗罪。

包括口头合同在内,但是一般来说,行为人如果想利用合同来进行诈骗,通常会与对方签订正式的书面合同,以此来获取对方的信任,进而骗取对方的财物。然而,本案被告人与……公司并没有签订形式上更有约束力的书面合同,在交易时采取的是'一手交钱、一手交货'即钱货两清的方式,合同的签订与否在本案中并不重要",故认定为诈骗罪。(第1048号案例)"具有一定合同形式的诈骗行为层出不穷,但不是只要与合同有一定关联,就必须认定行为性质属合同诈骗","使用假冒国际标准集装箱偷逃高速公路过路费的行为构成诈骗罪"。(第1083号案例)"虽然被告人与被害人之间签订了收购合同,但该合同只是整个诈骗犯罪的一个环节,不能涵盖被告人的全部犯罪行为,因此不能认定为合同诈骗罪,而应以诈骗罪论处。"(第1264号案例)"承运人预谋非法占有被承运货物,在履行承运合同过程中偷偷将承运货物调包的行为",构成合同诈骗罪。(第807号案例)"没有利用签订、履行合同的手段骗取他人财物的,不构成合同诈骗罪。"(第403号案例)"以欺骗方法对集体企业实施'兼并',恶意处分被兼并企业的财产并据为己有,其行为符合合同诈骗罪的特征,应以合同诈骗罪定罪处罚。"(第211号案例)"以签订出国'聘请顾问协议书'的名义骗取他人钱款的行为,构成合同诈骗罪。"(第457号案例)"擅自使用失效公章与客户签订购销合同,明知无法完全履行合同,仍以部分履行合同以及不断拉大煤气正常定价与合同买卖价之间距离的方法,诱骗交易相对方继续签订、履行合同,从而骗取对方的货款,数额特别巨大,完全符合刑法第二百二十四条规定的合同诈骗罪的构成要件。"(第577号案例)

2.非法占有目的判定规则。"没有非法占有目的,单纯骗用他人财物的行为不构成合同诈骗罪。"(第428号案例)"用于实际经营行为,不能归还系客观原因所致,故对该部分不宜认定被告人主观上具有非法占有目的。"(第271号案例)"一般而言,对行为人是否具有非法占有之目的,可以从以下几个方面进行分析:(1)行为人是否具有签订、履行合同的条件,是否创造虚假条件;(2)行为人在签订合同时有无履约能力;(3)行为人在签订和履行合同过程中有无诈骗行为;(4)行为人在签订合同后有无履行合同的实际行为;(5)行为人对取得财物的处置情况,是否有挥霍、挪用及携款潜逃等行为。"(第646号案例)"司法实践中,一房二卖的行为,究竟是属于民法调整范围,认定为民事欺诈,还是应当纳入刑法规制范围,以合同诈骗罪定罪处罚,存在不同认识……对一房二卖的行为定性,关键在于行为人主观上是否具有非法占有的目的。"(第961号案例)由于项目真实存在,且资产负债问题并不突出,通过民事途径可以进行救济,签订合同并"收取他人支付的保证金后挪作他用的行为不能认定为具有非法占有目

的,其行为不构成合同诈骗罪"。(第1299号案例)

3. 合同诈骗罪的被害人确定规则。"通过支付预付款获得他人房产后以抵押方式获得第三人借款的,既有欺骗卖房人的行为,也有欺骗抵押权人的行为","本案被害人仅应认定为最初的卖房人即原房主,因为被告人根本不是为了买房,被害人损失的房屋余款从一开始就注定无法追回,而抵押权人的债权因为有经房产部门登记过的房屋抵押手续,该抵押权是受法律保护的,故其债权的实现有保障"。(第876号案例)"行为人组织网络水军批量人工点击广告,本质上属于带有欺骗性的无效恶意点击,不是对广告推广合作合同的正常履行,因此从平台处收取广告费的,构成合同诈骗罪。""广告推广平台与被告人构成合同关系,是合同诈骗罪的受害人。"(第1480号案例)

4. 合同履行过程中的部分欺诈行为的定性规则。"在合同履行过程中,部分行为存在欺诈的,是作为合同诈骗罪论处,还是视为民事欺诈行为,应从合同履行的整体情况综合判断。"关于《刑法》第二百二十四条兜底项的适用,"应作严格的限制解释,其他的行为性质和危害程度应与前面的四种情形具有相当性,防止不当扩大罪名适用范围。"(第1512号案例)

5. 合同诈骗罪的既未遂判定和数额计算规则。"通过网络交易平台诱骗二手车卖家过户车辆并出具收款凭据的","被骗车辆已过户但未交付的犯罪停止形态应当认定为未遂","牌照竞买价格不应计入犯罪数额"。(第875号案例)

6. 合同诈骗罪与其他犯罪的界分规则。"通过向银行贷款的方式骗取担保人财产的行为,表面上看是骗取银行贷款,实际上侵害的是担保人的财产权益,犯罪对象并非银行贷款而是担保合同一方当事人的财产,对此种行为应以合同诈骗罪论处。"(第352号案例)"伪造购销合同,通过与金融机构签订承兑合同获取银行资金用于偿还其他个人债务,因合同到期无力偿还银行债务而逃匿,致使反担保人遭受巨额财产损失的行为","构成合同诈骗罪,但不构成票据诈骗罪,也不构成骗取票据承兑罪"。(第645号案例)"以公司代理人的身份,通过骗取方式将收取的公司货款据为己有",行为人"仅系……公司临时一次性授权的、仅负责……工程空调配件的跟踪及业务洽谈的代理人……在……公司并无职务,不属于该公司的工作人员,其身份不符合职务侵占罪、挪用资金罪的主体特征,不能认定其行为构成职侵占罪、挪用资金罪",而是构成合同诈骗罪。(第716号案例)

> 第二百二十四条之一 【组织、领导传销活动罪】组织、领导以推销商品、提供服务等经营活动为名,要求参加者以缴纳费用或者购买商品、服务等方式获得加入资格,并按照一定顺序组成层级,直接或者间接以发展人员的数量作为计酬或者返利依据,引诱、胁迫参加者继续发展他人参加,骗取财物,扰乱经济社会秩序的传销活动的,处五年以下有期徒刑或者拘役,并处罚金;情节严重的,处五年以上有期徒刑,并处罚金。

立法沿革

本条系 2009 年 2 月 28 日起施行的《刑法修正案(七)》第四条增设的规定。

规范性文件

《最高人民法院、最高人民检察院、公安部关于办理组织领导传销活动刑事案件适用法律若干问题的意见》(公通字[2013]37 号)

各省、自治区、直辖市高级人民法院,人民检察院,公安厅、局,解放军军事法院、军事检察院,新疆维吾尔自治区高级人民法院生产建设兵团分院,新疆生产建设兵团人民检察院、公安局:

为解决近年来公安机关、人民检察院、人民法院在办理组织、领导传销活动刑事案件中遇到的问题,依法惩治组织、领导传销活动犯罪,根据刑法、刑事诉讼法的规定,结合司法实践,现就办理组织、领导传销活动刑事案件适用法律问题提出以下意见:

一、关于传销组织层级及人数的认定问题

以推销商品、提供服务等经营活动为名,要求参加者以缴纳费用或者购买商品、服务等方式获得加入资格,并按照一定顺序组成层级,直接或者间接以发展人员的数量作为计酬或者返利依据,引诱、胁迫参加者继续发展他人参加,骗取财物,扰乱经济社会秩序的传销组织,其组织内部参与传销活动人员在三十人以上且层级在三级以上的,应当对组织者、领导者追究刑事责任。

组织、领导多个传销组织,单个或者多个组织中的层级已达三级以上的,可将在各个组织中发展的人数合并计算。

组织者、领导者形式上脱离原传销组织后,继续从原传销组织获取报酬或者返利的,原传销组织在其脱离后发展人员的层级数和人数,应当计算为其发展的层级数和人数。

办理组织、领导传销活动刑事案件中,确因客观条件的限制无法逐一收集参与传销活动人员的言词证据的,可以结合依法收集并查证属实的缴纳、支付费用及计酬、返利记录、视听资料、传销人员关系图、银行账户交易记录、互联网电子数据、鉴定意见等证据,综合认定参与传销的人数、层级数等犯罪事实。

二、关于传销活动有关人员的认定和处理问题

下列人员可以认定为传销活动的组织者、领导者:

(一)在传销活动中起发起、策划、操纵作用的人员;

(二)在传销活动中承担管理、协调等职责的人员;

(三)在传销活动中承担宣传、培训等职责的人员;

(四)曾因组织、领导传销活动受过刑事处罚,或者一年以内因组织、领导传销活动受过行政处罚,又直接或者间接发展参与传销活动人员在十五人以上且层级在三级以上的人员;

(五)其他对传销活动的实施、传销组织的建立、扩大等起关键作用的人员。

以单位名义实施组织、领导传销活动犯罪的,对于受单位指派,仅从事劳务性工作的人员,一般不予追究刑事责任。

三、关于"骗取财物"的认定问题

传销活动的组织者、领导者采取编造、歪曲国家政策、虚构、夸大经营、投资、服务项目及盈利前景、掩饰计酬、返利真实来源或者其他欺诈手段,实施刑法第二百二十四条之一规定的行为,从参与传销活动人员缴纳的费用或者购买商品、服务的费用中非法获利的,应当认定为骗取财物。参与传销活动人员是否认为被骗,不影响骗取财物的认定。

四、关于"情节严重"的认定问题

对符合本意见第一条第一款规定的传销组织的组织者、领导者,具有下列情形之一的,应当认定为刑法第二百二十四条之一规定的"情节严重":

(一)组织、领导的参与传销活动人员累计达一百二十人以上的;

(二)直接或者间接收取参与传销活动人员缴纳的传销资金数额累计达二百五十万元以上的;

(三)曾因组织、领导传销活动受过刑事处罚,或者一年以内因组织、领导传销活动受过行政处罚,又直接或者间接发展参与传销活动人员累计达六十人以上的;

(四)造成参与传销活动人员精神失常、自杀等严重后果的;

(五)造成其他严重后果或者恶劣社会影响的。

五、关于"团队计酬"行为的处理问题

传销活动的组织者或者领导者通过发展人员,要求传销活动的被发展人员发展其他人员加入,形成上下线关系,并以下线的销售业绩为依据计算和给付上

线报酬,牟取非法利益的,是"团队计酬"式传销活动。

以销售商品为目的、以销售业绩为计酬依据的单纯的"团队计酬"式传销活动,不作为犯罪处理。形式上采取"团队计酬"方式,但实质上属于"以发展人员的数量作为计酬或者返利依据"的传销活动,应当依照刑法第二百二十四条之一的规定,以组织、领导传销活动罪定罪处罚。

六、关于罪名的适用问题

以非法占有为目的,组织、领导传销活动,同时构成组织、领导传销活动罪和集资诈骗罪的,依照处罚较重的规定定罪处罚。

犯组织、领导传销活动罪,并实施故意伤害、非法拘禁、敲诈勒索、妨害公务、聚众扰乱社会秩序、聚众冲击国家机关、聚众扰乱公共场所秩序、交通秩序等行为,构成犯罪的,依照数罪并罚的规定处罚。

七、其他问题

本意见所称"以上"、"以内",包括本数。

本意见所称"层级"和"级",系指组织者、领导者与参与传销活动人员之间的上下线关系层次,而非组织者、领导者在传销组织中的身份等级。

对传销组织内部人数和层级数的计算,以及对组织者、领导者直接或者间接发展参与传销活动人员人数和层级数的计算,包括组织者、领导者本人及其本层级在内。

立案追诉标准

《最高人民检察院、公安部关于公安机关管辖的刑事案件立案追诉标准的规定(二)》(公通字〔2022〕12号)第七十条关于组织、领导传销活动罪立案追诉标准的规定与公通字〔2013〕37号意见第一条、第二条一致。

指导性案例

叶经生等组织、领导传销活动案(检例第41号,节录)

关键词　组织、领导传销活动　网络传销　骗取财物

要　旨　组织者或者经营者利用网络发展会员,要求被发展人员以缴纳或者变相缴纳"入门费"为条件,获得提成和发展下线的资格。通过发展人员组成层级关系,并以直接或者间接发展的人员数量作为计酬或者返利的依据,引诱被发展人员继续发展他人参加,骗取财物,扰乱经济社会秩序的,以组织、领导传销活动罪追究刑事责任。

法律适用答复、复函

《最高人民检察院法律政策研究室关于1998年4月18日以前的传销或者变相传销行为如何处理的答复》(〔2003〕高检研发7号)

湖南省人民检察院研究室:

你院《关于1998年4月18日以前情节严重或特别严重的非法传销行为是否以非法经营罪定罪处罚问题的请示》(湘检发公请字〔2002〕02号)收悉。经研究,答复如下:

对1998年4月18日国务院发布《关于禁止传销经营活动的通知》以前的传销或者变相传销行为,不宜以非法经营罪追究刑事责任。行为人在传销或者变相传销活动中实施销售假冒伪劣产品、诈骗、非法集资、虚报注册资本、偷税等行为,构成犯罪的,应当依照刑法的相关规定追究刑事责任。

刑参案例规则提炼①

《袁鹰、欧阳湘、李巍集资诈骗案——非法传销过程中携传销款潜逃的行为如何处理》(第167号案例)、《危甫才组织、领导传销活动案——如何认定组织、领导传销活动罪》(第717号案例)、《王艳组织、领导传销活动案——在传销案件中如何认定组织、领导传销活动主体及罪名如何适用》(第842号案例)所涉规则提炼如下:

1. 组织、领导传销活动罪的组织、领导行为认定规则。"对本罪的组织者应当作限制解释……在传销组织中,其组织者是指策划、纠集他人实施传销犯罪的人,即那些在传销活动前期筹备和后期发展壮大中起主要作用,同时获取实际利益的骨干成员……""传销组织的领导者主要是指在传销组织的层级结构中居于最核心的,对传销组织的正常运转起关键作用的极少数成员。对领导者的身份,应当从负责管理的范围、在营销网络中的层级、涉案金额等三个方面综合认定。"(第842号案例)此外,"对于参与传销活动的一般人员应当如何处理,有的观点认为,应以非法经营罪定罪处罚。我们认为,这种主张不符合立法精神,容易造成打击面过大,激化矛盾"。(第717号案例)

2. 组织、领导传销活动罪的客观方面认定规则。"该罪在客观方面有三个

---

① 另,鉴于法律调整,《李柏庭非法经营案——如何区分有奖销售与以变相传销方式实施的非法经营罪》(第234号案例)、《曾国坚等非法经营案——组织、领导传销活动尚未达到组织、领导传销活动罪立案追诉标准,但经营数额或者违法所得数额达到非法经营罪立案追诉标准的,能否以非法经营罪定罪处罚》(第865号案例)所涉规则未予提炼。

特征:(1)'经营'形式上具有欺骗性。传销组织所宣传的'经营'活动,实际上是以'经营'为幌子,有的传销组织甚至没有任何实际经营活动,根本不可能保持传销组织的运转,其许诺或者支付给成员的回报,来自成员缴纳的入门费。由于人员不可能无限增加,资金链必然断裂,传销组织人员不断增加的过程实际上也是风险不断积累和放大的过程……(2)计酬方式上,直接或者间接以发展人员的数量作为计酬或者返利依据……(3)组织结构上具有等级性。"(第717号案例)

3.传销与单层次直销的界分规则。"它与传销具有本质的区别,主要表现在以下几个方面:(1)是否以销售产品为企业营运的基础……(2)是否收取高额入门费……(3)是否拥有经营场所……(4)是否遵循价值规律分配报酬……(5)是否具有完善的售后服务保障制度……(6)是否实行制度化的人员管理。"(第842号案例)

4.非法传销过程中携传销款潜逃行为的定性规则。"对于非法传销过程中,携传销款潜逃的行为,应以诈骗罪或者合同诈骗罪定罪量刑。"(第167号案例)

第二百二十五条 【非法经营罪】违反国家规定,有下列非法经营行为之一,扰乱市场秩序,情节严重的,处五年以下有期徒刑或者拘役,并处或者单处违法所得一倍以上五倍以下罚金;情节特别严重的,处五年以上有期徒刑,并处违法所得一倍以上五倍以下罚金或者没收财产:

(一)未经许可经营法律、行政法规规定的专营、专卖物品或者其他限制买卖的物品的;

(二)买卖进出口许可证、进出口原产地证明以及其他法律、行政法规规定的经营许可证或者批准文件的;

(三)未经国家有关主管部门批准非法经营证券、期货、保险业务的,或者非法从事资金支付结算业务的;

(四)其他严重扰乱市场秩序的非法经营行为。

立法沿革

本条系1997年《刑法》增设的规定。1979年《刑法》第一百一十七条规定:"违反金融、外汇、金银、工商管理法规,投机倒把,情节严重的,处三年以下有期徒刑或者拘役,可以并处、单处罚金或者没收财产。"第一百一十八条规定:"以走私、投机倒把为常业的,走私、投机倒把数额巨大的或者走私、投机倒把集团的首要分子,处三年以上十年以下有期徒刑,可以并处没收财产。"1997年《刑法》

取消投机倒把罪,并将原投机倒把罪所包括的犯罪行为作了具体分解规定,本条就是其中之一。

1999年12月25日起施行的《刑法修正案》第八条对本条作了第一次修改,增设第三项规定"未经国家有关主管部门批准,非法经营证券、期货或者保险业务的"。

2009年2月28日起施行的《刑法修正案(七)》第五条对本条作了第二次修改,将第三项规定调整为"未经国家有关主管部门批准非法经营证券、期货、保险业务的,或者非法从事资金支付结算业务的"。

修正前《刑法》	第一次修正后《刑法》	第二次修正后《刑法》
第二百二十五条 【非法经营罪】违反国家规定,有下列非法经营行为之一,扰乱市场秩序,情节严重的,处五年以下有期徒刑或者拘役,并处或者单处违法所得一倍以上五倍以下罚金;情节特别严重的,处五年以上有期徒刑,并处违法所得一倍以上五倍以下罚金或者没收财产: (一)未经许可经营法律、行政法规规定的专营、专卖物品或者其他限制买卖的物品的; (二)买卖进出口许可证、进出口原产地证明以及其他法律、行政法规规定的经营许可证或者批准文件的; (三)其他严重扰乱市场秩序的非法经营行为。	第二百二十五条 【非法经营罪】违反国家规定,有下列非法经营行为之一,扰乱市场秩序,情节严重的,处五年以下有期徒刑或者拘役,并处或者单处违法所得一倍以上五倍以下罚金;情节特别严重的,处五年以上有期徒刑,并处违法所得一倍以上五倍以下罚金或者没收财产: (一)未经许可经营法律、行政法规规定的专营、专卖物品或者其他限制买卖的物品的; (二)买卖进出口许可证、进出口原产地证明以及其他法律、行政法规规定的经营许可证或者批准文件的; (三)**未经国家有关主管部门批准,非法经营证券、期货或者保险业务的;** (四)其他严重扰乱市场秩序的非法经营行为。	第二百二十五条 【非法经营罪】违反国家规定,有下列非法经营行为之一,扰乱市场秩序,情节严重的,处五年以下有期徒刑或者拘役,并处或者单处违法所得一倍以上五倍以下罚金;情节特别严重的,处五年以上有期徒刑,并处违法所得一倍以上五倍以下罚金或者没收财产: (一)未经许可经营法律、行政法规规定的专营、专卖物品或者其他限制买卖的物品的; (二)买卖进出口许可证、进出口原产地证明以及其他法律、行政法规规定的经营许可证或者批准文件的; (三)未经国家有关主管部门批准非法经营证券、期货、保险业务的,**或者非法从事资金支付结算业务的;** (四)其他严重扰乱市场秩序的非法经营行为。

单行刑法

《全国人民代表大会常务委员会关于惩治骗购外汇、逃汇和非法买卖外汇犯罪的决定》(自 1998 年 12 月 29 日起施行,节录)

四、在国家规定的交易场所以外非法买卖外汇,扰乱市场秩序,情节严重的,依照刑法第二百二十五条的规定定罪处罚。

单位犯前款罪的,依照刑法第二百三十一条的规定处罚。

(→全文参见第一百九十条之后"骗购外汇罪"评注部分,第 865 页)

相关规定

《金融违法行为处罚办法》(国务院令第 260 号,自 1999 年 2 月 22 日起施行,节录)

第十八条 金融机构不得违反国家规定从事证券、期货或者其他衍生金融工具交易,不得为证券、期货或者其他衍生金融工具交易提供信贷资金或者担保,不得违反国家规定从事非自用不动产、股权、实业等投资活动。

金融机构违反前款规定的,给予警告,没收违法所得,并处违法所得 1 倍以上 5 倍以下的罚款,没有违法所得的,处 10 万元以上 50 万元以下的罚款;对该金融机构直接负责的高级管理人员给予开除的纪律处分,对其他直接负责的主管人员和直接责任人员给予撤职直至开除的纪律处分;情节严重的,责令该金融机构停业整顿或者吊销经营金融业务许可证;构成非法经营罪、违法发放贷款罪或者其他罪的,依法追究刑事责任。

《电影管理条例》(国务院令第 342 号,自 2002 年 2 月 1 日起施行,节录)

第五十五条 违反本条例规定,擅自设立电影片的制片、发行、放映单位,或者擅自从事电影制片、进口、发行、放映活动的,由工商行政管理部门予以取缔;依照刑法关于非法经营罪的规定,依法追究刑事责任;尚不够刑事处罚的,没收违法经营的电影片和违法所得以及进行违法经营活动的专用工具、设备;违法所得 5 万元以上的,并处违法所得 5 倍以上 10 倍以下的罚款;没有违法所得或者违法所得不足 5 万元的,并处 20 万元以上 50 万元以下的罚款。

《中华人民共和国货物进出口管理条例》(国务院令第 332 号,自 2002 年 1 月 1 日起施行,节录)

第六十六条 伪造、变造或者买卖货物进出口配额证明、批准文件、许可证或者自动进口许可证明的,依照刑法关于非法经营罪或者伪造、变造、买卖国家机关公文、证件、印章罪的规定,依法追究刑事责任;尚不够刑事处罚的,依照海关法的有关规定处罚；国务院外经贸主管部门并可以撤销其对外贸易经营许可。

第六十八条 违反本条例第五十一条规定，擅自从事实行国营贸易管理或者指定经营管理的货物进出口贸易，扰乱市场秩序，情节严重的，依照刑法关于非法经营罪的规定，依法追究刑事责任；尚不够刑事处罚的，由工商行政管理机关依法给予行政处罚；国务院外经贸主管部门并可以暂停直至撤销其对外贸易经营许可。

《**中华人民共和国生物两用品及相关设备和技术出口管制条例**》(国务院令第365号，自2002年12月1日起施行，节录)

第十八条 未经许可擅自出口生物两用品及相关设备和技术的，或者擅自超出许可的范围出口生物两用品及相关设备和技术的，依照刑法关于走私罪、非法经营罪、泄露国家秘密罪或者其他罪的规定，依法追究刑事责任；尚不够刑事处罚的，区别不同情况，依照海关法的有关规定处罚，或者由国务院外经贸主管部门给予警告，没收违法所得，处5万元以上25万元以下的罚款；国务院外经贸主管部门并可以暂停直至撤销其对外贸易经营许可。

第十九条 伪造、变造或者买卖生物两用品及相关设备和技术出口许可证件的，依照刑法关于非法经营罪或者伪造、变造、买卖国家机关公文、证件、印章罪的规定，依法追究刑事责任；尚不够刑事处罚的，依照海关法的有关规定处罚；国务院外经贸主管部门并可以撤销其对外贸易经营许可。

《**军品出口管理条例**》(国务院、中央军委令第234号发布，修订后自2002年11月15日起施行，节录)

第二十五条 军品贸易公司违反本条例第二十二条第(四)项、第(五)项规定，触犯刑律的，依照刑法关于非法经营罪，伪造、变造、买卖国家机关公文、证件、印章罪或者其他罪的规定，依法追究刑事责任；尚不够刑事处罚的，由国家军品出口主管部门予以警告，没收违法所得，并处违法所得1倍以上3倍以下的罚款，没有违法所得或者违法所得不足10万元的，处10万元以上30万元以下的罚款，暂停直至撤销其军品出口经营权。

军品贸易公司违反本条例第二十二条第(一)项、第(二)项、第(三)项规定或者其他法律、行政法规规定的，由国家有关主管部门依照有关法律和行政法规的规定予以处罚，国家军品出口主管部门并可以暂停直至撤销其军品出口经营权；触犯刑律的，依照刑法有关规定，依法追究刑事责任。

第二十六条 违反本条例第二十条规定的，由国家军品出口主管部门取缔非法活动;触犯刑律的,依照刑法关于非法经营罪或者其他罪的规定,依法追究刑事责任;尚不够刑事处罚的,由国家军品出口主管部门予以警告,没收违法所得,并处违法所得1倍以上5倍以下的罚款,没有违法所得或者违法所得不足10万元的,处10万元以上50万元以下的罚款。

《特种设备安全监察条例》(国务院令第373号公布,修订后自2009年5月1日起施行,节录)

第七十二条 未经许可,擅自从事压力容器设计活动的,由特种设备安全监督管理部门予以取缔,处5万元以上20万元以下罚款;有违法所得的,没收违法所得;触犯刑律的,对负有责任的主管人员和其他直接责任人员依照刑法关于非法经营罪或者其他罪的规定,依法追究刑事责任。

第七十三条 锅炉、气瓶、氧舱和客运索道、大型游乐设施以及高耗能特种设备的设计文件,未经国务院特种设备安全监督管理部门核准的检验检测机构鉴定,擅自用于制造的,由特种设备安全监督管理部门责令改正,没收非法制造的产品,处5万元以上20万元以下罚款;触犯刑律的,对负有责任的主管人员和其他直接责任人员依照刑法关于生产、销售伪劣产品罪、非法经营罪或者其他罪的规定,依法追究刑事责任。

第七十五条 未经许可,擅自从事锅炉、压力容器、电梯、起重机械、客运索道、大型游乐设施、场(厂)内专用机动车辆及其安全附件、安全保护装置的制造、安装、改造以及压力管道元件的制造活动的,由特种设备安全监督管理部门予以取缔,没收非法制造的产品,已经实施安装、改造的,责令恢复原状或者责令限期由取得许可的单位重新安装、改造,处10万元以上50万元以下罚款;触犯刑律的,对负有责任的主管人员和其他直接责任人员依照刑法关于生产、销售伪劣产品罪、非法经营罪、重大责任事故罪或者其他罪的规定,依法追究刑事责任。

第七十七条 未经许可,擅自从事锅炉、压力容器、电梯、起重机械、客运索道、大型游乐设施、场(厂)内专用机动车辆的维修或者日常维护保养的,由特种设备安全监督管理部门予以取缔,处1万元以上5万元以下罚款;有违法所得的,没收违法所得;触犯刑律的,对负有责任的主管人员和其他直接责任人员依照刑法关于非法经营罪、重大责任事故罪或者其他罪的规定,依法追究刑事责任。

第八十条 未经许可,擅自从事移动式压力容器或者气瓶充装活动的,由特种设备安全监督管理部门予以取缔,没收违法充装的气瓶,处10万元以上50万元以下罚款;有违法所得的,没收违法所得;触犯刑律的,对负有责任的主管人员和其他直接责任人员依照刑法关于非法经营罪或者其他罪的规定,依法追究刑事责任。

移动式压力容器、气瓶充装单位未按照安全技术规范的要求进行充装活动的,由特种设备安全监督管理部门责令改正,处2万元以上10万元以下罚款;情节严重的,撤销其充装资格。

第九十一条　未经核准,擅自从事本条例所规定的监督检验、定期检验、型式试验以及无损检测等检验检测活动的,由特种设备安全监督管理部门予以取缔,处5万元以上20万元以下罚款;有违法所得的,没收违法所得;触犯刑律的,对负有责任的主管人员和其他直接责任人员依照刑法关于非法经营罪或者其他罪的规定,依法追究刑事责任。

《中华人民共和国烟草专卖法》(第三次修正后自2015年4月24日起施行,节录)

第三十五条　倒卖烟草专卖品,构成犯罪的,依法追究刑事责任;情节轻微,不构成犯罪的,由工商行政管理部门没收倒卖的烟草专卖品和违法所得,可以并处罚款。

烟草专卖行政主管部门和烟草公司工作人员利用职务上的便利犯前款罪的,依法从重处罚。

《退耕还林条例》(国务院令第367号公布,修订后自2016年2月6日起施行,节录)

第五十九条　采用不正当手段垄断种苗市场,或者哄抬种苗价格的,依照刑法关于非法经营罪、强迫交易罪或者其他罪的规定,依法追究刑事责任;尚不够刑事处罚的,由工商行政管理机关依照反不正当竞争法的规定处理;反不正当竞争法未作规定的,由工商行政管理机关处以非法经营额2倍以上5倍以下的罚款。

《中华人民共和国外资保险公司管理条例》(国务院令第336号公布,第三次修订后自2019年9月30日起施行,节录)

第三十一条　违反本条例规定,擅自设立外资保险公司或者非法从事保险业务活动的,由国务院保险监督管理机构予以取缔;依照刑法关于擅自设立金融机构罪、非法经营罪或者其他罪的规定,依法追究刑事责任;尚不够刑事处罚的,由国务院保险监督管理机构没收违法所得,并处违法所得1倍以上5倍以下的罚款,没有违法所得或者违法所得不足20万元的,处20万元以上100万元以下的罚款。

第三十二条　外资保险公司违反本条例规定,超出核定的业务范围、业务地域范围或者服务对象范围从事保险业务活动的,依照刑法关于非法经营罪或者其他罪的规定,依法追究刑事责任;尚不够刑事处罚的,由国务院保险监督管理机构责令改正,责令退还收取的保险费,没收违法所得,并处违法所得1倍以上5倍以下的罚款,没有违法所得或者违法所得不足10万元的,处10万元以上50万元以下的罚款;逾期不改正或者造成严重后果的,责令限期停业或者吊销经营保险业务许可证。

《出版管理条例》(国务院令第343号公布,第五次修订后自2020年11月29日起施行,节录)

第六十一条　未经批准,擅自设立出版物的出版、印刷或者复制、进口单位,或者擅自从事出版物的出版、印刷或者复制、进口、发行业务,假冒出版单位名称或者伪造、假冒报纸、期刊名称出版出版物的,由出版行政主管部门、工商行政管理部门依照法定职权予以取缔;依照刑法关于非法经营罪的规定,依法追究刑事责任;尚不够刑事处罚的,没收出版物、违法所得和从事违法活动的专用工具、设备,违法经营额1万元以上的,并处违法经营额5倍以上10倍以下的罚款,违法经营额不足1万元的,可以处5万元以下的罚款;侵犯他人合法权益的,依法承担民事责任。

《音像制品管理条例》(国务院令第341号公布,第四次修订自2020年11月29日起施行,节录)

第三十九条　未经批准,擅自设立音像制品出版、进口单位,擅自从事音像制品出版、制作、复制业务或者进口、批发、零售经营活动的,由出版行政主管部门、工商行政管理部门依照法定职权予以取缔;依照刑法关于非法经营罪的规定,依法追究刑事责任;尚不够刑事处罚的,没收违法经营的音像制品和违法所得以及进行违法活动的专用工具、设备;违法经营额1万元以上的,并处违法经营额5倍以上10倍以下的罚款;违法经营额不足1万元的,可以处5万元以下的罚款。

《中华人民共和国技术进出口管理条例》(国务院令第331号公布,第三次修订后自2020年11月29日起施行,节录)

第四十三条　进口或者出口属于禁止进出口的技术的,或者未经许可擅自进口或者出口属于限制进出口的技术的,依照刑法关于走私罪、非法经营罪、泄露国家秘密罪或者其他罪的规定,依法追究刑事责任;尚不够刑事处罚的,区别不同情况,依照海关法的有关规定处罚,或者由国务院外经贸主管部门给予警告,没收违法所得,处违法所得1倍以上5倍以下的罚款;国务院外经贸主管部门并可以撤销其对外贸易经营许可。

第四十四条 擅自超出许可的范围进口或者出口属于限制进出口的技术的,依照刑法关于非法经营罪或者其他罪的规定,依法追究刑事责任;尚不够刑事处罚的,区别不同情况,依照海关法的有关规定处罚,或者由国务院外经贸主管部门给予警告,没收违法所得,处违法所得1倍以上3倍以下的罚款;国务院外经贸主管部门并可以暂停直至撤销其对外贸易经营许可。

第四十五条 伪造、变造或者买卖技术进出口许可证或者技术进出口合同登记证的,依照刑法关于非法经营罪或者伪造、变造、买卖国家机关公文、证件、印章罪的规定,依法追究刑事责任;尚不够刑事处罚的,依照海关法的有关规定处罚;国务院外经贸主管部门并可以撤销其对外贸易经营许可。

《**互联网上网服务营业场所管理条例**》(国务院令第363号公布,第四次修订后自2022年5月1日起施行,节录)

第二十七条 违反本条例的规定,擅自从事互联网上网服务经营活动的,由文化行政部门或者由文化行政部门会同公安机关依法予以取缔,查封其从事违法经营活动的场所,扣押从事违法经营活动的专用工具、设备;触犯刑律的,依照刑法关于非法经营罪的规定,依法追究刑事责任;尚不够刑事处罚的,由文化行政部门没收违法所得及其从事违法经营活动的专用工具、设备;违法经营额1万元以上的,并处违法经营额5倍以上10倍以下的罚款;违法经营额不足1万元的,并处1万元以上5万元以下的罚款。

《**中华人民共和国国际海运条例**》(国务院令第335号公布,第四次修订后自2023年7月20日起施行,节录)

第四十一条 非法从事进出中国港口的国际海上运输经营活动以及与国际海上运输相关的辅助性经营活动,扰乱国际海上运输市场秩序的,依照刑法关于非法经营罪的规定,依法追究刑事责任。

司法解释

《**最高人民法院关于审理骗购外汇、非法买卖外汇刑事案件具体应用法律若干问题的解释**》(法释〔1998〕20号,自1998年9月1日起施行)①

为依法惩处骗购外汇、非法买卖外汇的犯罪行为,根据刑法的有关规定,现

---

① 本司法解释部分条文,特别是第三条,已为法释〔2019〕1号解释所修改。具体适用时,需要将两部司法解释结合考虑。——**本评注注**

对审理骗购外汇、非法买卖外汇案件具体应用法律的若干问题解释如下：

第一条 以进行走私、逃汇、洗钱、骗税等犯罪活动为目的，使用虚假、无效的凭证、商业单据或者采取其他手段向外汇指定银行骗购外汇的，应当分别按照刑法分则第三章第二节、第一百九十条、第一百九十一条和第二百零四条等规定定罪处罚。

非国有公司、企业或者其他单位，与国有公司、企业或者其他国有单位勾结逃汇的，以逃汇罪的共犯处罚。

第二条 伪造、变造、买卖海关签发的报关单、进口证明、外汇管理机关的核准件等凭证或者购买伪造、变造的上述凭证的，按照刑法第二百八十条第一款的规定定罪处罚。

第三条 在外汇指定银行和中国外汇交易中心及其分中心以外买卖外汇，扰乱金融市场秩序，具有下列情形之一的，按照刑法第二百二十五条第（三）项的规定定罪处罚：

（一）非法买卖外汇二十万美元以上的；

（二）违法所得五万元人民币以上的。

第四条 公司、企业或者其他单位，违反有关外贸代理业务的规定，采用非法手段，或者明知是伪造、变造的凭证、商业单据，为他人向外汇指定银行骗购外汇，数额在五百万美元以上或者违法所得五十万元人民币以上的，按照刑法第二百二十五条第（三）项①的规定定罪处罚。

居间介绍骗购外汇一百万美元以上或者违法所得十万元人民币以上的，按照刑法第二百二十五条第（三）项②的规定定罪处罚。

第五条 海关、银行、外汇管理机关工作人员与骗购外汇的行为人通谋，为其提供购买外汇的有关凭证，或者明知是伪造、变造的凭证和商业单据而出售外汇，构成犯罪的，按照刑法的有关规定从重处罚。

第六条 实施本解释规定的行为，同时触犯二个以上罪名的，择一重罪从重处罚。

第七条 根据刑法第六十四条规定，骗购外汇、非法买卖外汇的，其违法所得予以追缴，用于骗购外汇、非法买卖外汇的资金予以没收，上缴国库。

第八条 骗购、非法买卖不同币种的外汇的，以案发时国家外汇管理机关制定的统一折算率折合后依照本解释处罚。

---

① 现为《刑法》第二百二十五条第四项。——**本评注注**
② 现为《刑法》第二百二十五条第四项。——**本评注注**

《最高人民法院关于审理非法出版物刑事案件具体应用法律若干问题的解释》(法释〔1998〕30号)第十一条至第十五条对非法出版物犯罪适用非法经营罪的定罪量刑标准及有关问题作了规定。(→参见第二百一十七条评注部分,第982—984页)

《最高人民法院关于审理扰乱电信市场管理秩序案件具体应用法律若干问题的解释》(法释〔2000〕12号,自2000年5月24日起施行)

为依法惩处扰乱电信市场管理秩序的犯罪活动,根据刑法的有关规定,现就审理这类案件具体应用法律的若干问题解释如下:

第一条 违反国家规定,采取租用国际专线、私设转接设备或者其他方法,擅自经营国际电信业务或者涉港澳台电信业务进行营利活动,扰乱电信市场管理秩序,情节严重的,依照刑法第二百二十五条第(四)项的规定,以非法经营罪定罪处罚。

第二条 实施本解释第一条规定的行为,具有下列情形之一的,属于非法经营行为"情节严重":

(一)经营去话业务数额在一百万元以上的;

(二)经营来话业务造成电信资费损失数额在一百万元以上的。

具有下列情形之一的,属于非法经营行为"情节特别严重":

(一)经营去话业务数额在五百万元以上的;

(二)经营来话业务造成电信资费损失数额在五百万元以上的。

第三条 实施本解释第一条规定的行为,经营数额或者造成电信资费损失数额接近非法经营行为"情节严重"、"情节特别严重"的数额起点标准,并具有下列情形之一的,可以分别认定为非法经营行为"情节严重"、"情节特别严重":

(一)两年内因非法经营国际电信业务或者涉港澳台电信业务行为受过行政处罚两次以上的;

(二)因非法经营国际电信业务或者涉港澳台电信业务行为造成其他严重后果的。

第四条 单位实施本解释第一条规定的行为构成犯罪的,对单位判处罚金,并对其直接负责的主管人员和其他直接责任人员,依照本解释第二条、第三条的规定处罚。

第五条 违反国家规定,擅自设置、使用无线电台(站),或者擅自占用频率,非法经营国际电信业务或者涉港澳台电信业务进行营利活动,同时构成非法经营罪和刑法第二百八十八条规定的扰乱无线电通讯管理秩序罪的,依照处罚较重的规定定罪处罚。

第六条 国有电信企业的工作人员,由于严重不负责任或者滥用职权,造成国有电信企业破产或者严重损失,致使国家利益遭受重大损失的,依照刑法第一百六十八条的规定定罪处罚。

第七条 将电信卡非法充值后使用,造成电信资费损失数额较大的,依照刑法第二百六十四条的规定,以盗窃罪定罪处罚。

第八条 盗用他人公共信息网络上网账号、密码上网,造成他人电信资费损失数额较大的,依照刑法第二百六十四条的规定,以盗窃罪定罪处罚。

第九条 以虚假、冒用的身份证件办理入网手续并使用移动电话,造成电信资费损失数额较大的,依照刑法第二百六十六条的规定,以诈骗罪定罪处罚。

第十条 本解释所称"经营去话业务数额",是指以行为人非法经营国际电信业务或者涉港澳台电信业务的总时长(分钟数)乘以行为人每分钟收取的用户使用费所得的数额。

本解释所称"电信资费损失数额",是指以行为人非法经营国际电信业务或者涉港澳台电信业务的总时长(分钟数)乘以在合法电信业务中我国应当得到的每分钟国际结算价格所得的数额。

《最高人民检察院关于非法经营国际或港澳台地区电信业务行为法律适用问题的批复》(高检发释字〔2002〕1号,自2002年2月11日起施行)

福建省人民检察院:

你院《关于如何适用刑法第二百二十五条第(四)项规定的请示》(闽检〔2000〕65号)收悉。经研究,批复如下:

违反《中华人民共和国电信条例》规定,采取租用电信国际专线、私设转接设备或者其他方法,擅自经营国际或者香港特别行政区、澳门特别行政区和台湾地区电信业务进行营利活动,扰乱电信市场管理秩序,情节严重的,应当依照《刑法》第二百二十五条第(四)项的规定,以非法经营罪追究刑事责任。

《最高人民法院、最高人民检察院关于办理非法生产、销售、使用禁止在饲料和动物饮用水中使用的药品等刑事案件具体应用法律若干问题的解释》(法释〔2002〕26号)第一条、第二条对非法生产、销售盐酸克仑特罗等禁止在饲料和动物饮用水中使用的药品和在生产、销售的饲料中添加盐酸克仑特罗等禁止在饲料和动物饮用水中使用的药品或者销售明知是添加有该类药品的饲料适用非法经营罪作了规定。(→参见第一百四十四条评注部分,第640—641页)

《最高人民法院、最高人民检察院关于办理妨害预防、控制突发传染病疫情等灾害的刑事案件具体应用法律若干问题的解释》(法释〔2003〕8号)第六条对在预防、控制突发传染病疫情等灾害期间，哄抬物价、牟取暴利适用非法经营罪作了规定。(→参见第一百一十四条评注部分，第414页)

《最高人民法院、最高人民检察院关于办理赌博刑事案件具体应用法律若干问题的解释》(法释〔2005〕3号)第六条对擅自发行、销售彩票适用非法经营罪作了规定。(→参见第三百零三条评注部分，第1585页)

《最高人民法院、最高人民检察院关于办理妨害信用卡管理刑事案件具体应用法律若干问题的解释》第十二条对POS机套现适用非法经营罪的定性及定罪量刑标准作了规定。(→参见第一百九十六条评注部分，第899页)

《最高人民法院、最高人民检察院关于办理非法生产、销售烟草专卖品等刑事案件具体应用法律若干问题的解释》(法释〔2010〕7号)第一条第五款、第三条、第四条对非法经营烟草专卖品适用非法经营罪的定罪量刑标准、非法经营数额认定等问题作了规定。(→参见第一百四十条评注部分，第593—594页)

《最高人民法院关于审理非法集资刑事案件具体应用法律若干问题的解释》〔法释〔2010〕18号，根据《最高人民法院关于修改〈最高人民法院关于审理非法集资刑事案件具体应用法律若干问题的解释〉的决定》(法释〔2022〕5号)修正〕第十一条对擅自发行基金份额募集基金适用非法经营罪作了规定。(→参见第一百七十六条评注部分，第794页)

《最高人民法院、最高人民检察院关于办理利用信息网络实施诽谤等刑事案件适用法律若干问题的解释》(法释〔2013〕21号)第七条对通过信息网络有偿提供删除信息服务或者发布虚假信息等服务适用非法经营罪的定罪量刑标准作了规定。(→参见第二百四十六条评注部分，第1168页)

《最高人民法院、最高人民检察院关于办理扰乱无线电通讯管理秩序等刑事案件适用法律若干问题的解释》(法释〔2017〕11号)第四条对非法生产、销售"黑广播""伪基站"、无线电干扰器等无线电设备行为适用非法经营罪的定罪量刑标准作了规定。(→参见第二百八十八条评注部分，第1448页)

《最高人民法院、最高人民检察院关于办理非法从事资金支付结算业务、非法买卖外汇刑事案件适用法律若干问题的解释》(法释〔2019〕1号，自2019年2月1日起施行)

为依法惩治非法从事资金支付结算业务、非法买卖外汇犯罪活动，维护金融市场秩序，根据《中华人民共和国刑法》《中华人民共和国刑事诉讼法》的规

定,现就办理非法从事资金支付结算业务、非法买卖外汇刑事案件适用法律的若干问题解释如下:

第一条 违反国家规定,具有下列情形之一的,属于刑法第二百二十五条第三项规定的"非法从事资金支付结算业务":

(一)使用受理终端或者网络支付接口等方法,以虚构交易、虚开价格、交易退款等非法方式向指定付款方支付货币资金的;

(二)非法为他人提供单位银行结算账户套现或者单位银行结算账户转个人账户服务的;

(三)非法为他人提供支票套现服务的;

(四)其他非法从事资金支付结算业务的情形。

第二条 违反国家规定,实施倒买倒卖外汇或者变相买卖外汇等非法买卖外汇行为,扰乱金融市场秩序,情节严重的,依照刑法第二百二十五条第四项的规定,以非法经营罪定罪处罚。

第三条 非法从事资金支付结算业务或者非法买卖外汇,具有下列情形之一的,应当认定为非法经营行为"情节严重":

(一)非法经营数额在五百万元以上的;

(二)违法所得数额在十万元以上的。

非法经营数额在二百五十万元以上,或者违法所得数额在五万元以上,且具有下列情形之一的,可以认定为非法经营行为"情节严重":

(一)曾因非法从事资金支付结算业务或者非法买卖外汇犯罪行为受过刑事追究的;

(二)二年内因非法从事资金支付结算业务或者非法买卖外汇违法行为受过行政处罚的;

(三)拒不交代涉案资金去向或者拒不配合追缴工作,致使赃款无法追缴的;

(四)造成其他严重后果的。

第四条 非法从事资金支付结算业务或者非法买卖外汇,具有下列情形之一的,应当认定为非法经营行为"情节特别严重":

(一)非法经营数额在二千五百万元以上的;

(二)违法所得数额在五十万元以上的。

非法经营数额在一千二百五十万元以上,或者违法所得数额在二十五万元以上,且具有本解释第三条第二款规定的四种情形之一的,可以认定为非法经营行为"情节特别严重"。

第五条 非法从事资金支付结算业务或者非法买卖外汇,构成非法经营罪,同时又构成刑法第一百二十条之一规定的帮助恐怖活动罪或者第一百九十一条规定的洗钱罪的,依照处罚较重的规定定罪处罚。

第六条 二次以上非法从事资金支付结算业务或者非法买卖外汇,依法应予行政处理或者刑事处理而未经处理的,非法经营数额或者违法所得数额累计计算。

同一案件中,非法经营数额、违法所得数额分别构成情节严重、情节特别严重的,按照处罚较重的数额定罪处罚。

第七条 非法从事资金支付结算业务或者非法买卖外汇违法所得数额难以确定的,按非法经营数额的千分之一认定违法所得数额,依法并处或者单处违法所得一倍以上五倍以下罚金。

第八条 符合本解释第三条规定的标准,行为人如实供述犯罪事实,认罪悔罪,并积极配合调查,退缴违法所得的,可以从轻处罚;其中犯罪情节轻微的,可以依法不起诉或者免予刑事处罚。

符合刑事诉讼法规定的认罪认罚从宽适用范围和条件的,依照刑事诉讼法的规定处理。

第九条 单位实施本解释第一条、第二条规定的非法从事资金支付结算业务、非法买卖外汇行为,依照本解释规定的定罪量刑标准,对单位判处罚金,并对其直接负责的主管人员和其他直接责任人员定罪处罚。

第十条 非法从事资金支付结算业务、非法买卖外汇刑事案件中的犯罪地,包括犯罪嫌疑人、被告人用于犯罪活动的账户开立地、资金接收地、资金过渡账户开立地、资金账户操作地,以及资金交易对手资金交付和汇出地等。

第十一条 涉及外汇的犯罪数额,按照案发当日中国外汇交易中心或者中国人民银行授权机构公布的人民币对该货币的中间价折合成人民币计算。中国外汇交易中心或者中国人民银行授权机构未公布汇率中间价的境外货币,按照案发当日境内银行人民币对该货币的中间价折算成人民币,或者该货币在境内银行、国际外汇市场对美元汇率,与人民币对美元汇率中间价进行套算。

第十二条① 本解释自 2019 年 2 月 1 日起施行。《最高人民法院关于审理

---

① 本司法解释第三条对非法买卖外汇的定罪标准作了新的规定,故《最高人民法院关于审理骗购外汇、非法买卖外汇刑事案件具体应用法律若干问题的解释》(法释〔1998〕20号)第三条规定的定罪处罚标准不再适用。参见姜永义、陈学勇、陈新旺:《〈关于办理非法从事资金支付结算业务、非法买卖外汇刑事案件适用法律若干问题的解释〉(转下页)

骗购外汇、非法买卖外汇刑事案件具体应用法律若干问题的解释》（法释〔1998〕20号）与本解释不一致的，以本解释为准。

《最高人民法院关于审理走私、非法经营、非法使用兴奋剂刑事案件适用法律若干问题的解释》（法释〔2019〕16号）第二条对非法经营兴奋剂适用非法经营罪作了规定。（→参见第三百五十五条之一评注部分，第1971页）

《最高人民法院、最高人民检察院关于办理危害食品安全刑事案件适用法律若干问题的解释》（法释〔2021〕24号）第十六条至第十八条对危害食品安全犯罪适用非法经营罪作了规定。（→参见第一百四十三条评注部分，第627—628页）

《最高人民法院、最高人民检察院关于办理环境污染刑事案件适用法律若干问题的解释》（法释〔2023〕7号）第七条对非法经营危险废物行为的罪数处断及相关问题作了规定。（→参见第三百三十八条评注部分，第1739页）

规范性文件

《最高人民法院、最高人民检察院、公安部办理骗汇、逃汇犯罪案件联席会议纪要》（公通字〔1999〕39号）第二条对为他人向外汇指定银行骗购外汇适用非法经营罪的有关问题作了规定。（→参见第一百九十条之后"骗购外汇罪"评注部分，第867页）

《最高人民法院、最高人民检察院、公安部办理非法经营国际电信业务犯罪案件联席会议纪要》（公通字〔2002〕29号）

非法经营国际电信业务，不仅扰乱国际电信市场的管理秩序，造成国家电信资费的巨大损失，而且严重危害国家信息安全。

2000年5月12日最高人民法院《关于审理扰乱电信市场管理秩序案件具体应用法律若干问题的解释》（以下简称《解释》）、2001年4月18日最高人民检察院、公安部《关于经济犯罪案件追诉标准的规定》、2002年2月6日最高人民

（接上页）的理解与适用》，载《人民法院报》2020年2月27日，第5—6版。有待进一步研究的是，其他司法解释关于非法资金支付结算的定罪量刑标准是否继续有效。例如，《最高人民法院、最高人民检察院关于办理妨害信用卡管理刑事案件具体应用法律若干问题的解释》第十二条关于POS机套现适用非法经营罪的定罪量刑标准，是否需要作相应调整。**本评注认为**，虽然从本条规定来看，所涉及的效力问题明确限于法释〔1998〕20号解释，但本司法解释大幅提升入罪门槛和升档量刑标准，而POS机套现亦属于非法资金支付结算的形式之一，从定罪量刑平衡的角度考虑，至少对POS机套现案件的定罪量刑要根据本司法解释的规定作特别考虑。

检察院《关于非法经营国际或港澳台地区电信业务行为法律适用问题的批复》先后发布实施,为公安、司法机关运用法律武器准确、及时打击此类犯罪发挥了重要作用。自 2002 年 9 月 17 日开始,各级公安机关在全国范围内开展了打击非法经营国际电信业务的专项行动。由于非法经营国际电信业务犯罪活动的情况比较复杂,专业性、技术性很强,犯罪手段不断翻新,出现了一些新情况、新问题,如电信运营商与其他企业或个人互相勾结,共同实施非法经营行为;非法经营行为人使用新的技术手段进行犯罪等。为准确、统一适用法律,保障专项行动的深入开展,依法查处非法经营国际电信业务的犯罪活动,2002 年 11 月 20 日,最高人民法院、最高人民检察院、公安部、信息产业部等部门在北京召开联席会议,共同研究打击非法经营国际电信业务犯罪工作中的法律适用问题,对有些问题取得了一致认识。会议纪要如下:

一、各级公安机关、人民检察院、人民法院在办理非法经营国际电信业务犯罪案件中,要从维护国家信息安全、维护电信市场管理秩序和保障国家电信收入的高度认识打击非法经营国际电信业务犯罪活动的重要意义,积极参加专项行动,各司其职,相互配合,加强协调,加快办案进度。

二、《解释》第一条规定:"违反国家规定,采取租用国际专线、私设转接设备或者其他方法,擅自经营国际电信业务或者涉港澳台电信业务进行营利活动,扰乱电信市场管理秩序,情节严重的,依照刑法第二百二十五条第(四)项的规定,以非法经营罪定罪处罚。"对于未取得国际电信业务(含涉港澳台电信业务,下同)经营许可证而经营,或被终止国际电信业务经营资格后继续经营,应认定为"擅自经营国际电信业务或者涉港澳台电信业务";情节严重的,应按上述规定以非法经营罪追究刑事责任。

《解释》第一条所称"其他方法",是指在边境地区私自架设跨境通信线路;利用互联网跨境传送 IP 话音并设立转接设备,将国际话务转接至我境内公用电话网或转接至其他国家或地区;在境内以租用、托管、代维等方式设立转接平台;私自设置国际通信出入口等方法。

三、获得国际电信业务经营许可的经营者(含涉港澳台电信业务经营者)明知他人非法从事国际电信业务,仍违反国家规定,采取出租、合作、授权等手段,为他人提供经营和技术条件,利用现有设备或另设国际话务转接设备并从中营利,情节严重的,应以非法经营罪的共犯追究刑事责任。

四、公安机关侦查非法经营国际电信业务犯罪案件,要及时全面收集和固定犯罪证据,抓紧缉捕犯罪嫌疑人。人民检察院、人民法院对正在办理的非法经营国际电信业务犯罪案件,只要基本犯罪事实清楚,基本证据确实、充分,应当依法及时起诉、审判。主犯在逃,但在案的其他犯罪嫌疑人、被告人实施犯罪的基本证据确实充分的,可以依法先行处理。

五、坚持"惩办与宽大相结合"的刑事政策。对非法经营国际电信业务共同犯罪的主犯,以及与犯罪分子相勾结的国家工作人员,应依法从严惩处。对具有自首、立功或者其他法定从轻、减轻情节的,应依法从轻、减轻处理。

六、各地在办理非法经营国际电信业务犯罪案件中遇到的有关问题,以及侦查、起诉、审判的信息要及时向各自上级主管机关报告。上级机关要加强对案件的督办、检查、指导和协调工作。

《中国民用航空总局、国家发展计划委员会、公安部、国家税务总局、国家工商行政管理总局关于坚决打击暗扣销售和非法经营销售国内机票行为规范航空运输市场秩序的通知》(民航财发〔2002〕101号)

各省、自治区、直辖市计委、物价局、公安厅(局)、国家税务局、地方税务局、工商行政管理局,民航各地区管理局:

近来,一些地区暗扣销售和非法经营销售民航国内航班机票问题比较突出。这种行为严重损害了航空运输企业和旅客的合法权益,扰乱了航空运输市场秩序,滋生腐败现象,甚至影响航空安全。为整顿国内航空运输市场秩序,规范航空运输企业及其销售代理人经营行为,维护国家法律法规严肃性,国务院有关职能部门决定坚决打击暗扣销售和非法经营销售国内机票的行为。现通知如下:

一、准确界定暗扣销售和非法经营销售国内机票的行为

(一)暗扣销售国内机票的行为

暗扣销售国内机票是指航空公司或其销售代理人非法以低于经民航总局批准并公布的价格销售国内机票的行为。主要表现为:

1、实收票款低于票面标示的价格;

2、以现金、有价证券、支付凭证、代金(代币)券等形式给予购票人回扣或事后返还等。不包括经民航总局批准航空公司实施常旅客计划给予的里程券奖励等。

(二)非法经营销售国内机票是指未经民航行业主管部门和工商行政管理部门批准登记,销售、代售国内机票的行为。

二、依法打击暗扣销售和非法经营销售国内机票的行为

接本通知后,各地价格、公安、税务、工商、民航行政管理机关应当根据各自的职责,依法对暗扣销售和非法经营销售国内机票行为进行治理。

(一)依法打击暗扣销售国内机票的行为

各地价格主管部门对航空公司、销售代理人暗扣销售国内机票的行为,按照

违反《中华人民共和国价格法》第十二条的规定,依照该法第三十九条的规定查处。

各地税务机关对航空公司、销售代理人暗扣销售国内机票的行为,按照现行税收法律、法规和规章的规定查处。有偷税行为的,依照《中华人民共和国税收征收管理法》的规定处理。

各地工商行政管理机关对航空公司、销售代理人暗扣销售国内机票的行为,按照《中华人民共和国反不正当竞争法》和国家工商行政管理总局《关于禁止商业贿赂行为暂行规定》的有关规定进行查处。

民航行政管理机关对航空公司、销售代理人暗扣销售机票的行为,按照违反《民用航空运输销售代理业管理规定》第二十五条的规定,依照该规定第三十一条的规定查处。

(二)依法打击非法经营销售国内机票的行为

各地公安机关对非法经营销售国内机票涉嫌犯罪的行为,按照《中华人民共和国刑法》第二百二十五条第(一)款的规定查处。

各地工商行政管理机关对非法经营销售国内机票的行为,按照现行工商行政管理的有关法律、法规的规定查处。

民航行政管理机关对非法经营销售国内机票的行为,按照违反《民用航空运输销售代理业管理规定》第二十六条的规定,依照该规定第三十一条规定查处。

(三)民航行政监察机关要积极参与整顿和规范民航运输销售市场秩序的工作,依照相应法律、法规和有关规定,严肃查处在销售活动中违规折扣、索要好处、内外勾结非法经营销售国内机票的行为。

三、严格执行国内机票销售价格及代理手续费的有关规定

各航空公司及其销售代理人必须严格执行国内航空运输价格政策和有关规定。严格按规定标准支付销售代理手续费,支付的销售代理手续费必须取得销售代理人开具的发票。严禁向销售代理人超标准支付代理手续费,或以销售奖励等方式变相提高代理手续费标准;严禁以"净价结算"方式向销售代理人提供国内机票。对违反上述规定,扰乱航空运输市场秩序的行为,由各级价格主管部门、税务机关、工商行政管理机关、民航行政管理机关依据相关法律、法规和规章查处。

四、认真组织实施,加强舆论监督

打击暗扣销售和非法经营销售国内机票工作由各有关部门按各自职责分工组织实施,同时有关部门要做好统一协调工作。各地、各部门要按照本通知要

求,结合实际作出部署。问题比较突出的地区,要实行联合执法检查打击。要把此项工作作为一项经常性的任务,持续不断地加强监管。各行政执法单位在执行中遇到的问题,要及时向本系统上级机关报告,重大问题应抄报民航总局和各主管部门。

在治理过程中应充分发挥舆论监督的作用。要通过电视、报刊、广播、互联网等宣传工具,广泛宣传打击暗扣销售和非法经营销售国内机票行为的重要意义。对情节严重、影响较大的案件要公开曝光。各地、各部门要向社会公布投诉、举报电话,发动社会各界举报各种暗扣销售、非法经营销售国内机票的违法行为并认真处理。要注意为投诉、举报人保密。

各行政执法部门要严格依法行政。在检查、立案、处罚过程中,要严格履行法定程序,做到事实清楚,适用法律法规准确,处罚适当。凡滥用职权、徇私舞弊、玩忽职守的,要依法追究责任。

《最高人民法院、最高人民检察院、公安部、国家烟草专卖局关于办理假冒伪劣烟草制品等刑事案件适用法律问题座谈会纪要》(商检会〔2003〕4号)第四条、第六条对烟草专卖品案件适用非法经营罪所涉及的共犯认定、罪数处断等问题作了规定。(→参见第一百四十条评注部分,第598、599页)

《最高人民法院、最高人民检察院、公安部关于依法开展打击淫秽色情网站专项行动有关工作的通知》(公通字〔2004〕53号)第二条对违反国家规定,擅自设立互联网上网服务营业场所,或者擅自从事互联网上网服务经营活动适用非法经营罪作了规定。(→参见第三百六十三条评注部分,第2051页)

《最高人民法院、最高人民检察院、公安部、中国证券监督管理委员会关于整治非法证券活动有关问题的通知》(证监发〔2008〕1号)"二、明确法律政策界限,依法打击非法证券活动"第(三)条对非法经营证券业务适用非法经营罪作了规定。(→参见第一百七十九条评注部分,第817页)

《最高人民法院关于准确理解和适用刑法中"国家规定"的有关问题的通知》(法发〔2011〕155号)第三条对《刑法》第二百二十五条第四项的适用规则作了规定。(→参见第九十六条评注部分,第379页)

《最高人民法院、最高人民检察院、公安部、国家安全监管总局关于依法加强对涉嫌犯罪的非法生产经营烟花爆竹行为刑事责任追究的通知》(安监总管三〔2012〕116号)对非法生产、经营烟花爆竹及相关行为适用非法经营罪作了规定。(→参见第一百二十五条评注部分,第481页)

《公安部禁毒局关于非法滥用、买卖复方曲马多片处理意见的通知》(公禁毒传发〔2012〕188号)①

2007年10月11日国家食品药品监督管理局、公安部、卫生部联合公布的《麻醉药品和精神药品品种目录》(2007年版)没有将复方曲马多片列为二类精神药品,仅将曲马多片及可能存在的盐和单方制剂列入管制。因此,目前尚不能将复方曲马多片按精神药品管理,也不宜将非法买卖复方曲马多片按照贩卖毒品罪或者非法提供麻醉药品、精神药品罪立案追诉;对非法滥用复方曲马多片的行为,也不宜按照吸毒行为处理。但是,如果个人非法买卖复方曲马多片,非法经营数额在五万元以上,或者违法所得数额在一万元以上的;或者单位非法经营数额在五十万元以上,或者违法所得数额在十万元以上的;或者虽未达到上述数额标准,两年内因同样非法经营行为受过两次以上行政处罚,又进行同样非法经营行为的,则可以按照《最高人民检察院、公安部关于公安机关管辖的刑事案件立案追诉标准的规定(二)》第七十九条"非法经营案"立案追诉。对于个人设置的门诊部、诊所等医疗机构非法买卖复方曲马多片尚达不到刑事立案追诉标准的,但是在购进药品环节、开具处方等环节存在违规问题,建议你总队可将此案通报本地卫生行政、药监部门,由相关部门依法按照《药品管理法》《执业医师法》《药品管理法实施条例》《医疗机构管理办法》等相关法律规定依法予以行政处罚。

《最高人民法院、最高人民检察院、公安部、农业部、食品药品监管总局关于进一步加强麻黄草管理严厉打击非法买卖麻黄草等违法犯罪活动的通知》(公通字〔2013〕16号)"三、依法查处非法采挖、买卖麻黄草等犯罪行为"第(四)条对违反国家规定采挖、销售、收购麻黄草适用非法经营罪作了规定。(→参见第三百五十条评注部分,第1961页)

《最高人民法院、最高人民检察院、公安部关于办理利用赌博机开设赌场案件适用法律若干问题的意见》(公通字〔2014〕17号)第四条对非法生产、销售赌博机适用非法经营罪的定罪量刑标准作了规定。(→参见第三百零三条评注部分,第1952页)

《最高人民法院、最高人民检察院、公安部、国家新闻出版广电总局关于依法严厉打击非法电视网络接收设备违法犯罪活动的通知》(新广电发〔2015

---

① 参见李立众编:《刑法一本通——中华人民共和国刑法总成》(第十六版),法律出版社2022年版,第445—446页。

229号)

一、充分认识当前严厉打击非法电视网络接收设备违法犯罪活动的重要意义(略)

二、正确把握法律政策界限,依法严厉打击非法电视网络接收设备违法犯罪活动

各级公安、检察、审判机关和新闻出版广电行政主管部门要高度重视查办非法电视网络接收设备违法犯罪案件,正确把握法律政策界限,严格执行法律法规的有关规定,坚决依法严厉打击非法电视网络接收设备违法犯罪活动。非法电视网络接收设备主要包括三类:"电视棒"等网络共享设备;非法互联网电视接收设备,包括但不限于内置含有非法电视、非法广播等非法内容的定向接收软件或硬件模块的机顶盒、电视机、投影仪、显示器;用于收看非法电视、收听非法广播的网络软件、移动互联网客户端软件和互联网电视客户端软件。根据刑法和司法解释的规定,违反国家规定,从事生产、销售非法电视网络接收设备(含软件),以及为非法广播电视接收软件提供下载服务、为非法广播电视节目频道接收提供链接服务等营利性活动,扰乱市场秩序,个人非法经营数额在五万元以上或违法所得数额在一万元以上,单位非法经营数额在五十万元以上或违法所得数额在十万元以上,按照非法经营罪追究刑事责任。对于利用生产、销售、安装非法电视网络接收设备传播淫秽色情节目、实施危害国家安全等行为的,根据其行为的性质,依法追究刑事责任。对非法电视网络接收设备犯罪行为,涉及数个罪名的,按照相关原则,择一重罪处罚或数罪并罚。在追究犯罪分子刑事责任的同时,还要依法追缴违法所得,没收其犯罪所用的本人财物。对于实施上述行为尚不构成犯罪的,由新闻出版广电等相关行政主管部门依法给予行政处罚;构成违反治安管理行为的,依法给予治安管理处罚。

三、加强协作配合,切实增强打击非法电视网络接收设备违法犯罪活动的工作合力(略)

《最高人民检察院关于办理涉互联网金融犯罪案件有关问题座谈会纪要》(高检诉〔2017〕14号)第十八条、第十九条对非法经营资金支付结算行为认定的有关问题作了规定。(→参见分则第三章第四节标题评注部分,第757、758页)

《最高人民法院、最高人民检察院、公安部、司法部关于办理非法放贷刑事案件若干问题的意见》(法发〔2019〕24号)

为依法惩治非法放贷犯罪活动,切实维护国家金融市场秩序与社会和谐稳定,有效防范因非法放贷诱发涉黑涉恶以及其他违法犯罪活动,保护公民、法人

和其他组织合法权益,根据刑法、刑事诉讼法及有关司法解释、规范性文件的规定,现对办理非法放贷刑事案件若干问题提出如下意见:

一、违反国家规定,未经监管部门批准,或者超越经营范围,以营利为目的,经常性地向社会不特定对象发放贷款,扰乱金融市场秩序,情节严重的,依照刑法第二百二十五条第(四)项的规定,以非法经营罪定罪处罚。

前款规定中的"经常性地向社会不特定对象发放贷款",是指 2 年内向不特定多人(包括单位和个人)以借款或其他名义出借资金 10 次以上。

贷款到期后延长还款期限的,发放贷款次数按照 1 次计算。

二①、以超过 36%的实际年利率实施符合本意见第一条规定的非法放贷行为,具有下列情形之一的,属于刑法第二百二十五条规定的"情节严重",但单次非法放贷行为实际年利率未超过 36%的,定罪量刑时不得计入:

(一)个人非法放贷数额累计在 200 万元以上的,单位非法放贷数额累计在 1000 万元以上的;

(二)个人违法所得数额累计在 80 万元以上的,单位违法所得数额累计在 400 万元以上的;

(三)个人非法放贷对象累计在 50 人以上的,单位非法放贷对象累计在 150 人以上的;

(四)造成借款人或者其近亲属自杀、死亡或者精神失常等严重后果的。

具有下列情形之一的,属于刑法第二百二十五条规定的"情节特别严重":

(一)个人非法放贷数额累计在 1000 万元以上的,单位非法放贷数额累计在 5000 万元以上的;

---

① 关于本条第一款但书的规定,需要重点把握。例如,行为人 2 年内共向不特定多人以借款名义出借资金 10 次,但其中只有 9 次实际年利率超过 36%,还有 1 次未超过,则其行为不符合"以超过 36%的实际年利率实施符合本意见第一条规定的非法放贷行为"的标准,不能以非法经营罪定罪处罚。又如,行为人(个人)2 年内共向不特定多人以借款名义出借资金 15 次,其中单次放贷行为实际年利率超过 36%的有 11 次,非法放贷数额共计 210 万元;未超过 36%的有 4 次,非法放贷数额共计 900 万元。按照本规范性文件的规定,只能根据其中 11 次高利放贷行为及其相应的非法放贷数额 210 万元定罪量刑,该行为人非法放贷构成非法经营罪,但属于"情节严重",而非"情节特别严重",应在五年以下有期徒刑或者拘役,并处或者单处违法所得一倍以上五倍以下罚金的法定刑幅度内量刑。参见朱和庆、周川、李梦龙:《〈关于办理非法放贷刑事案件若干问题的意见〉的理解与适用》,载中华人民共和国最高人民法院刑事审判第一、二、三、四、五庭主办:《刑事审判参考(总第 123 集)》,法律出版社 2020 年版,第 160—161 页。

(二)个人违法所得数额累计在400万元以上的,单位违法所得数额累计在2000万元以上的;

(三)个人非法放贷对象累计在250人以上的,单位非法放贷对象累计在750人以上的;

(四)造成多名借款人或者其近亲属自杀、死亡或者精神失常等特别严重后果的。

三、非法放贷数额、违法所得数额、非法放贷对象数量接近本意见第二条规定的"情节严重""情节特别严重"的数额、数量起点标准,并具有下列情形之一的,可以分别认定为"情节严重""情节特别严重":

(一)2年内因实施非法放贷行为受过行政处罚2次以上的;

(二)以超过72%的实际年利率实施非法放贷行为10次以上的。

前款规定中的"接近",一般应当掌握在相应数额、数量标准的80%以上。

四、仅向亲友、单位内部人员等特定对象出借资金,不得适用本意见第一条的规定定罪处罚。但具有下列情形之一的,定罪量刑时应当与向不特定对象非法放贷的行为一并处理:

(一)通过亲友、单位内部人员等特定对象向不特定对象发放贷款的;

(二)以发放贷款为目的,将社会人员吸收为单位内部人员,并向其发放贷款的;

(三)向社会公开宣传,同时向不特定多人和亲友、单位内部人员等特定对象发放贷款的。

五、非法放贷数额应当以实际出借给借款人的本金金额认定。非法放贷行为人以介绍费、咨询费、管理费、逾期利息、违约金等名义和以从本金中预先扣除等方式收取利息,相关数额在计算实际年利率时均应计入。

非法放贷行为人实际收取的除本金之外的全部财物,均应计入违法所得。

非法放贷行为未经处理的,非法放贷次数和数额、违法所得数额、非法放贷对象数量等应当累计计算。

六、为从事非法放贷活动,实施擅自设立金融机构、套取金融机构资金高利转贷、骗取贷款、非法吸收公众存款等行为,构成犯罪的,应当择一重罪处罚。

为强行索要因非法放贷而产生的债务,实施故意杀人、故意伤害、非法拘禁、故意毁坏财物、寻衅滋事等行为,构成犯罪的,应当数罪并罚。

纠集、指使、雇佣他人采用滋扰、纠缠、哄闹、聚众造势等手段强行索要债务,尚不单独构成犯罪,但实施非法放贷行为已构成非法经营罪的,应当按照非法经营罪的规定酌情从重处罚。

以上规定的情形,刑法、司法解释另有规定的除外。①

七、有组织地非法放贷,同时又有其他违法犯罪活动,符合黑社会性质组织或者恶势力、恶势力犯罪集团认定标准的,应当分别按照黑社会性质组织或者恶势力、恶势力犯罪集团侦查、起诉、审判。

黑恶势力非法放贷的,据以认定"情节严重""情节特别严重"的非法放贷数额、违法所得数额、非法放贷对象数量起点标准,可以分别按照本意见第二条规定中相应数额、数量标准的50%确定;同时具有本意见第三条第一款规定情形的,可以分别按照相应数额、数量标准的40%确定。

八②、本意见自2019年10月21日起施行。对于本意见施行前发生的非法放贷行为,依照最高人民法院《关于准确理解和适用刑法中"国家规定"的有关问题的通知》(法发〔2011〕155号)的规定办理。

《最高人民法院、最高人民检察院、公安部、司法部、生态环境部关于办理环境污染刑事案件有关问题座谈会纪要》(高检会〔2019〕3号)第五条对环境污染

---

① 对于索要债务行为的定性,需要根据经《刑法修正案(十一)》增设的催收非法债务罪妥当把握。——**本评注注**

② 《最高人民法院关于被告人何伟光、张勇泉等非法经营案的批复》(〔2012〕刑他字第136号)针对广东省高级人民法院《关于被告人何伟光、张勇泉等以发放高利贷为业的行为是否构成非法经营罪的请示》(〔2011〕粤高法刑二他字第16号)提出:"被告人何伟光、张勇泉等人发放高利贷的行为具有一定的社会危害性,但此类行为是否属于刑法第二百二十五条规定的'其他严重扰乱市场秩序的非法经营行为',相关立法解释和司法解释尚无明确规定,故对何伟光、张勇泉等人的行为不宜以非法经营罪定罪处罚。"该批复虽然是最高人民法院对个案的批复,但是长期以来在司法实践中已然起到了重要的指导作用,为类似案件的处理提供了规范和指引。为此,本条明确,对于本规范性文件施行前发生的非法放贷行为,仍依照《最高人民法院关于准确理解和适用刑法中"国家规定"的有关问题的通知》的规定办理。在司法实践中需重把握以下方面:(1)为贯彻罪刑法定原则,办案机关应当准确理解和把握时间效力问题,对于本规范性文件施行前发生的非法放贷行为,在实体处理上要注意与《最高人民法院关于被告人何伟光、张勇泉等非法经营案的批复》精神保持一致。(2)行为人非法发放贷款在本规范性文件施行前,收回本息在本规范性文件施行后的,应当认定为"**本意见施行前发生的非法放贷行为**"。(3)行为人在本规范性文件施行之前、之后均有非法放贷行为的,只能对施行后的行为适用本规范性文件相关规定定罪处罚。参见朱和庆、周川、李梦龙:《〈关于办理非法放贷刑事案件若干问题的意见〉的理解与适用》,载中华人民共和国最高人民法院刑事审判第一、二、三、四、五庭办:《刑事审判参考(总第123集)》,法律出版社2020年版,第160—161页。

犯罪适用非法经营罪的有关问题作了规定。(→参见第三百三十八条评注部分,第1745页)

《最高人民法院、最高人民检察院、公安部、司法部关于依法惩治妨害新型冠状病毒感染肺炎疫情防控违法犯罪的意见》(法发〔2020〕7号)"二、准确适用法律,依法严惩妨害疫情防控的各类违法犯罪"第(四)条就在疫情防控期间,哄抬物价犯罪适用非法经营罪作了规定。(→参见第三百三十条评注部分,第1712页)

《国家市场监督管理总局办公厅、公安部办公厅关于新冠肺炎疫情防控期间加强价格行政执法与刑事司法衔接工作的通知》(市监竞争〔2020〕13号,节录)

为深入贯彻落实习近平总书记关于新冠肺炎疫情防控工作的重要批示指示精神,依法从重从快严厉打击价格领域的违法犯罪行为,加强价格行政执法与刑事司法衔接,维护市场价格秩序和社会治安稳定,现就新冠肺炎疫情防控期间加强价格行政执法与刑事司法衔接工作通知如下:

二、市场监管部门在查处价格违法案件过程中,发现利用疫情捏造、散布涨价信息、恶意囤积、哄抬价格,有下列情形之一的,应当将案件移送公安机关:

(一)个人非法经营数额在五万元以上,或者违法所得数额在一万元以上的;

(二)单位非法经营数额在五十万元以上,或者违法所得数额在十万元以上的;

(三)其他情节严重的情形。

十一、国家有关部门宣布疫情结束后,本通知自动停止实施。

立案追诉标准

《最高人民检察院、公安部关于公安机关管辖的刑事案件立案追诉标准的规定(二)》(公通字〔2022〕12号)第七十一条关于非法经营罪立案追诉标准的规定与相关司法解释一致。

指导性案例

王力军非法经营再审改判无罪案(指导案例97号,节录)①

---

① 陈化粮,是指根据相关规定,不宜直接作为口粮食用的粮食。基于本指导性案例,《最高人民检察院侦查监督厅对非法倒卖陈化粮行为定性的意见》(〔2003〕高检侦监发第4号)未予收录。该意见提出:"犯罪嫌疑人刘某某、向某某违反国家规定,非法倒卖陈化粮,违法所得数额巨大,其行为符合刑法第二百二十五条的规定,应以非法经营(转下页)

关键词 刑事 非法经营罪 严重扰乱市场秩序 社会危害性 刑事违法性 刑事处罚必要性

裁判要点

1. 对于刑法第二百二十五条第四项规定的"其他严重扰乱市场秩序的非法经营行为"的适用，应当根据相关行为是否具有与刑法第二百二十五条前三项规定的非法经营行为相当的社会危害性、刑事违法性和刑事处罚必要性进行判断。

2. 判断违反行政管理有关规定的经营行为是否构成非法经营罪，应当考虑该经营行为是否属于严重扰乱市场秩序。对于虽然违反行政管理有关规定，但尚未严重扰乱市场秩序的经营行为，不应当认定为非法经营罪。

孙旭东非法经营案（检例第177号，节录）

关键词 非法经营罪 POS机套现 违反国家规定 自行侦查

要 旨 对于为恶意透支的信用卡持卡人非法套现的行为，应当根据其与信用卡持卡人有无犯意联络、是否具有非法占有目的等，区分非法经营罪与信用卡诈骗罪。经二次退回补充侦查仍未达到起诉条件，但根据已查清的事实认为犯罪嫌疑人仍然有遗漏犯罪重大嫌疑的，检察机关依法可以自行侦查。应当结合相关类型犯罪的特点，对在案证据、需要补充的证据和可能的侦查方向进行分析研判，明确自行侦查的可行性和路径。检察机关办理信用卡诈骗案件时发现涉及上下游非法经营金融业务等犯罪线索的，应当通过履行立案监督等职责，依法追诉遗漏犯罪嫌疑人和遗漏犯罪事实。

法律适用答复、复函①

《公安部办公厅关于销售印有本·拉登头像的商品如何处理问题的答复》
（公办〔2001〕162号）

（接上页）罪追究刑事责任。"参见李立众编：《刑法一本通——中华人民共和国刑法总成》（第十五版），法律出版社2021年版，第379页。

① 另，鉴于此前对非法放贷行为是否构成非法经营罪存在较大争议，且法发〔2019〕24号规范性文件对此作了明确，《公安部关于涂××等人从事非法金融业务行为性质认定问题的批复》（公经〔2003〕385号）未予收录。该批复提出："涂××等人或假借中国农业银行武汉市××支行及未经批准成立的武汉市××区工商联互助基金会之名，或用武汉市××贸易有限责任公司或个人的名义，以武汉市××贸易有限责任公司或个人资金，向他人非法发放高息贷款的行为，属于从事非法金融业务活动。1998年6月国务院发布施行的《非法金融机构和非法金融业务活动取缔办法》第二十二条规定：'设立金融机构或者（转下页）

新疆维吾尔自治区公安厅：

你厅《关于对批发和销售印有"本·拉登"头像图案的食品及其他小商品如何进行处理的请示》（新公办〔2001〕162号）收悉。现答复如下：

一、根据国务院《出版管理条例》、《音像制品管理条例》、《印刷业管理条例》等行政法规的规定，任何出版物、音像制品或其他物品不得含有渲染暴力或者法律、行政法规禁止的其他内容。对于制作、销售印有本·拉登头像的出版物、音像制品、食品及其他物品的行为，依法应由工商行政管理、新闻出版等主管部门查处。公安机关一经发现销售印有本·拉登头像的出版物、音像制品、食品及其他物品的情况，应当及时通知有关主管部门，并报告当地党委、政府，建议责成有关主管部门依法严肃查处，避免影响当地社会政治稳定和治安稳定。

二、根据《刑法》第225条和《最高人民法院关于审理非法出版物刑事案件具体应用法律若干问题的解释》（法释〔1998〕30号）的规定，个人或单位违反国家规定，出版、印刷、复制、发行印有本·拉登头像的音像制品、电子出版物500或1500张（盒）以上的，或者经营数额在5万元或15万元以上的，公安机关可以涉嫌非法经营罪立案侦查。

三、公安机关对出版、销售印有本·拉登头像的出版物、音像制品的行为以涉嫌非法经营罪立案查处的，应当事先与人民检察院、人民法院进行沟通，必要时提请当地政法委协调。

《公安部经济犯罪侦查局关于对既涉嫌非法经营又涉嫌偷税的经济犯罪案件如何适用法律的请示的批复》（公经〔2001〕253号）

（接上页）从事非法金融业务活动，构成犯罪的，依法追究刑事责任.'涂××等人从事非法金融业务活动，数额巨大，其行为属于刑法第二百二十五条第（四）项所规定的'其他严重扰乱市场秩序的非法经营行为'，应以涉嫌非法经营罪立案侦查。"参见何帆编著：《刑法注释书》（第2版），中国民主法制出版社2021年版，第545—546页。另，《最高人民法院刑事审判第二庭关于涂××等人从事非法金融业务行为性质认定问题的复函》（2003年1月13日）应系针对同一案件所涉法律适用问题的复函。该复函提出："涂××向他人非法发放高息贷款的行为，属于从事非法金融活动。根据国务院《非法金融机构和非法金融业务活动取缔办法》第二十二条的规定，'设立非法金融机构或者从事非法金融业务活动，构成犯罪的，依法追究刑事责任'，涂××的行为属于《中华人民共和国刑法》第二百二十五条第（四）项所列的'其他严重扰乱市场秩序的非法经营行为'。"参见李立众编：《刑法一本通——中华人民共和国刑法总成》（第十六版），法律出版社2022年版，第436页。

辽宁省公安厅经济犯罪侦查总队：

你总队《关于对既涉嫌非法经营又涉嫌偷税的经济犯罪案件如何适用法律的请示》收悉，经商最高人民法院研究室，现答复如下：

行为人在实施非法经营犯罪过程中，又涉嫌偷税构成犯罪的，应以处罚较重的犯罪依法追究刑事责任，不实行数罪并罚。

《最高人民检察院法律政策研究室关于非法经营行为界定有关问题的复函》（〔2002〕高检研发第 24 号）

文化部文化市场司：

你部《关于非法经营界定有关问题的函》(文市函〔2002〕1449 号)收悉。经研究，提出以下意见，供参考：

一、关于经营违法音像制品行为的处理问题。对于经营违法音像制品行为，构成犯罪的，应当根据案件的具体情况，分别依照最高人民法院《关于审理非法出版物刑事案件具体应用法律若干问题的解释》和最高人民检察院、公安部《关于经济犯罪案件追诉标准的规定》①等相关规定办理。

二、关于非法经营行为的界定问题，同意你部的意见，即：只要行为人明知是违法音像制品而进行经营即属于非法经营行为，其是否具有音像制品合法经营资格并不影响非法经营行为的认定；非法经营行为包括一系列环节，经营者购进违法音像制品并存放于仓库等场所的行为属于经营行为的中间环节，对此也可以认定为是非法经营行为。

《公安部经济犯罪侦查局关于打击非法经营销售国内机票有关问题的批复》（公经〔2002〕928 号）

北京市公安局经侦处：

你处经侦办字〔2002〕167 号《我处在执行"关于坚决打击暗扣销售和非法经营销售国内机票行为规范航空运输市场秩序的通知"中几个问题的请示》收悉。经商民航总局运输司，现答复如下：

一、《关于坚决打击暗扣销售和非法经营销售国内机票行为规范航空运输市场秩序的通知》(民航财发〔2002〕101 号)中的"国内机票"、"民航国内航班机票"是指"国内航空公司的国内航线机票"。

二、根据 1993 年 8 月 3 日经国务院批准发布施行的《民用航空运输销售代理业管理规定》(民航总局第 37 号令)第三十三条的规定，非法代理销售国内航

---

① 该规定已被废止。——本评注注

空公司国际航线机票属于非法经营行为,情节严重的,应当根据刑法第二百二十五条的规定,以非法经营罪立案侦查。

三、非法经营销售国内航线机票和国际航线机票应予追诉的标准,应当根据2001年4月18日最高人民检察院、公安部《关于经济犯罪案件追诉标准的规定》第七十条第五款的规定执行。

《公安部关于对侵犯著作权案件中尚未印制完成的侵权复制品如何计算非法经营数额问题的批复》(公复字〔2003〕2号)对侵犯著作权案件适用非法经营罪所涉非法经营数额的计算规则作了规定。(→参见第二百一十七条评注部分,第987页)

《最高人民法院研究室关于非法经营黄金案件移送起诉期间国务院出台〈国务院关于取消第二批行政审批项目和改变一批行政审批项目管理方式的决定〉如何适用法律问题的答复》(法研〔2005〕80号)①

国务院〔2003〕5号文件发布后,个人收购、销售黄金的行为,不构成非法经营罪。对于该文件发布前个人收购、销售黄金的行为,应按照《中华人民共和国刑法》第十二条的规定处理。

《公安部经济犯罪侦查局关于对四川××、陕西××等公司代理转让未上市公司股权行为定性的批复》(公经〔2006〕1789号)②

四川××公司南充分公司、陕西××公司及南充、德阳分公司代理未上市公司股票向不特定社会公众转让的行为,属于证券法规定的证券业务。根据证券法第一百七十九条的规定,未经中国证监会批准,其行为构成非法经营证券业务。如其非法经营数额达到刑事追诉标准,则涉嫌构成刑法第二百二十五条规定的非法经营罪。

《公安部经济犯罪侦查局关于对新疆××公司使用配额许可证行为性质的批复》(公经〔2006〕2115号)③

新疆自治区公安厅经侦处:

你处2006年6月6日《关于请求对新疆××公司使用配额许可证行为作出认定的请示》(新公五〔2006〕103号)收悉。经研究并征求商务部主管部门意

---

① 参见李立众编:《刑法一本通——中华人民共和国刑法总成》(第十六版),法律出版社2022年版,第429页。
② 参见何帆编著:《刑法注释书》(第2版),中国民主法制出版社2021年版,第545页。
③ 参见何帆编著:《刑法注释书》(第2版),中国民主法制出版社2021年版,第547—548页。

见,答复如下:

2004年4月26日,新疆××国际经贸股份有限公司(以下简称新疆××公司)与山西省大同市煤焦化有限公司签订了出口10000吨焦炭的供货协议,之后新疆××公司又与××国际贸易股份有限公司签订了合作出口协议书及此后为履行上述两协议而进行的有关商品交易行为和通关、外汇收汇核销等手续,符合国家有关法律法规的规定,也是我国对外贸易企业从事出口经营的惯常做法,即不构成倒卖或变相倒卖出口配额许可证的行为。

《最高人民法院关于被告人缪绿伟非法经营一案的批复》(〔2008〕刑他字第86号)①

《盐业管理条例》第二十条虽然规定盐的批发业务由各级盐业公司统一经营,但并无相应法律责任的规定。1995年国家计委、国家经贸委下发的《关于改进工业盐供销和价格管理办法的通知》明确取消了工业盐准运证和准运章制度,工业盐已不再属于国家限制买卖的物品。因此,被告人缪绿伟经营工业盐的行为不构成非法经营犯罪。

《公安部经济犯罪侦查局关于刘××等人利用银行账户为他人转移资金行为定性问题的批复》(公经〔2008〕164号)②

江西省公安厅:

你厅《关于刘××等人利用银行账户为他人转移资金行为定性问题的请示》(赣公文〔2008〕29号)收悉。经商中国银行业监督管理委员会,现批复如下:

根据国务院1998年7月13日发布实施的《非法金融机构和非法金融业务活动取缔办法》第四条规定,刘××等犯罪嫌疑人未经国务院银行业监督管理机构及其派出机构批准,以营利为目的,大量使用虚假身份或冒用他人身份,注册成立无经营地址、无从业人员、无经营活动的"三无公司",在银行开立单位基本账户并开通网上银行业务,在没有真实交易的情况下接受性质不明的巨额资金,获取大量非法利益,该行为属于非法办理结算业务。刘××等犯罪嫌疑人的行为应认定为从事非法金融活动,并依法追究刑事责任。

《公安部经济犯罪侦查局关于对艾××等人有关行为定性问题的批复》(公经

---

① 参见李立众编:《刑法一本通——中华人民共和国刑法总成》(第十五版),法律出版社2021年版,第379页。
② 参见何帆编著:《刑法注释书》(第2版),中国民主法制出版社2021年版,第546页。

反洗钱〔2008〕585号〕①
江苏省公安厅经侦总队：

你总队《关于协调外汇管理部门对艾××等人非法买卖外汇行为进行认定的请示》（苏公经〔2008〕368号）收悉。经商国家外汇管理局，现批复如下：

根据《外汇管理条例》（国务院第532号令）第四十五条规定，艾××等人将委托人的外汇资金假借外商投资的名义汇入境内，骗取银行结汇后，按照委托人要求支付给指定的境内收款人，并依据汇入外汇资金数额向委托人收取报酬的行为，属于非法买卖外汇违法犯罪行为，应依法追究刑事责任。

《公安部经济犯罪侦查局关于顾××等人有关行为性质认定意见的批复》（公经反洗钱〔2009〕188号）②

犯罪嫌疑人顾××等人为获取非法利益，注册成立空壳公司并在银行开立基本账户，在无任何实际贸易背景的情况下，专门从事为他人提供支票套现服务并收取手续费，非法获利数额巨大，其行为严重扰乱正常的金融管理秩序，根据《非法金融机构和非法金融业务活动取缔办法》（国务院令第247号）第四条第四项的规定，顾××等犯罪嫌疑人的行为可以认定为其他非法金融业务活动。

《公安部经济犯罪侦查局关于对倒卖银行承兑汇票行为性质认定意见的批复》（公经金融〔2009〕253号）
河北、安徽省公安厅经侦总队：

你们《关于对赵某某个人买卖银行承兑汇票的行为如何定性的请示》〔冀公（经）〔2009〕408号〕、《关于李某等人倒卖银行承兑汇票行为定性问题的请示》（皖公经侦〔2009〕255号）收悉，经我局认真研究，并征求中国银行业监督管理委员会意见，现批复如下：

此类与他人串通注册成立空壳公司，伪造贸易合同，虚构贸易背景，从银行开出多份银行承兑汇票转手倒卖，及从他人手中购买银行承兑汇票进行倒卖，从中获利的行为，数额巨大，严重扰乱正常的票据管理秩序，可以认定为刑法修正案（七）第五条规定的"非法从事资金支付结算业务"的活动。

《公安部经济犯罪侦查局关于南京××公司从事非法票据贴现业务认定意见

---

① 参见何帆编著：《刑法注释书》（第2版），中国民主法制出版社2021年版，第546—547页。
② 参见何帆编著：《刑法注释书》（第2版），中国民主法制出版社2021年版，第547页。

的批复》（公经金融〔2009〕315号）①

犯罪嫌疑人王××等人注册成立多家空壳公司，并雇人寻找需要贴现票据的企业，通过伪造购销合同和增值税发票等，以上述空壳公司的名义通过银行为企业进行票据贴现，收取手续费的行为，数额巨大，严重扰乱正常的票据管理秩序，可以认定为刑法修正案（七）第五条规定的"非法从事资金支付结算业务"的活动。

《公安部经济犯罪侦查局关于对闻××等人有关行为定性问题的批复》（公经〔2010〕84号）②

犯罪嫌疑人闻××等人按照新加坡"××快递汇款公司"（以下简称××公司）授意，在境内私设××公司办事处，由××公司在新加坡收取客户新加坡元，后指示闻××等人按照约定汇率在境内将相应人民币汇入指定的账户（或现金交易）。根据《中华人民共和国外汇管理条例》（国务院第532号令）第四十五条规定及相关证据，闻××等人的行为属于非法买卖外汇行为。

《公安部经济犯罪侦查局关于对徐×等人经营银行承兑汇票贴现业务定性问题的批复》（公经金融〔2010〕135号）

浙江省公安厅经侦总队：

你总队《关于对徐等人经营银行承兑汇票贴现业务的行为如何定性的请示》（浙公经〔2010〕324号）收悉。经研究，现批复如下：

经征求中国银行业监督管理委员会意见，对此类多次虚构贸易背景，从事倒卖银行承兑汇票活动，从中获利的行为，数额巨大，严重扰乱正常的票据管理秩序，可以认定为刑法修正案（七）第五条规定的"非法从事资金支付结算业务"的活动。

《最高人民法院关于被告人李明华非法经营请示一案的批复》（〔2011〕刑他字第21号）

江苏省高级人民法院：

你院（2010）苏刑二他字第0065号《关于被告人李明华非法经营一案的请示》收悉。经研究，答复如下：

被告人李明华持有烟草专卖零售许可证，但多次实施批发业务，而且从非指定烟草专卖部门进货的行为，属于超范围和地域经营的情形，不宜按照非法经营罪处理，应由相关主管部门进行处理。

---

① 参见何帆编著：《刑法注释书》（第2版），中国民主法制出版社2021年版，第547页。
② 参见何帆编著：《刑法注释书》（第2版），中国民主法制出版社2021年版，第547页。

《最高人民检察院法律政策研究室关于买卖银行承兑汇票行为如何适用法律问题的答复意见》(高检研函字〔2013〕58号)

福建省人民检察院法律政策研究室：

你院《关于买卖银行承兑汇票行为如何适用法律问题的请示》(闽检〔2013〕25号)收悉。经研究认为，根据票据行为的无因性以及票据法关于汇票可背书转让的规定，汇票买卖行为不同于支付结算行为，将二者等同可能会造成司法实践的混乱。实践中，买卖银行承兑汇票的情况比较复杂，对于单纯买卖银行承兑汇票的行为不宜以非法经营罪追究刑事责任。

请示所涉及的案件，建议根据案件的具体情况依法处理。

《公安部经济犯罪侦查局关于利用转账支票为他人套现行为性质认定的批复》(公经〔2014〕172号)①

行为人在无真实贸易背景的情况下，为牟取不法利益，利用空壳公司账户等手段协助他人套取巨额现金的行为，违反了《人民银行结算账户管理办法》(中国人民银行令〔2013〕第5号)第三十九条的规定，属于《中华人民共和国现金管理条例》第二十一条第五项和第八项规定的"用转账凭证套换现金""利用账户替其他单位和个人套取现金"的违规情形，扰乱了市场秩序，具有明显的社会危害性，其行为构成非法从事资金支付结算业务。

▎刑参案例规则提炼②

《高秋生、林适应等非法经营案——运输假冒台湾产香烟的行为如何定性》

---

① 参见何帆编著：《刑法注释书》（第2版），中国民主法制出版社2021年版，第547页。
② 另，鉴于法律调整和相关政策变化，《**王作武非法经营案**——印刷、发行宣扬邪教内容的出版物应如何适用法律》（第73号案例）、《**胡廷蛟、唐洪文等生产、销售伪劣产品案**——如何认定非法经营专营、专卖物品扰乱市场秩序"情节严重"》（第144号案例）、《**古展群等非法经营案**——如何认定非法买卖、运输盐酸氯胺酮注射液行为的性质》（第448号案例）所涉规则未予提炼。《**张虹飚等非法经营案**——利用POS终端机非法套现的行为定性以及非法经营犯罪数额的认定》（第863号案例）提出"行为人为自己或者实际控制的信用卡套取现金，情节严重的，均构成非法经营罪，且套现数额均应计入非法经营犯罪数额"，与本评注主张POS机套现宜限定为经营行为，即为他人信用卡套现的立场不一致，故对所涉规则未予提炼。此外，对于行为人向信用卡内存入资金，提升信用卡可用额度，而后利用信用卡预授权交易计算规则漏洞超额套现的，**本评注主张以实际套取的资金数额作为非法经营数额**。主要考虑：根据信用卡交易结算规则，对于事先存入信用卡内的资金，行为人有权随时取现。该取现行为并非透支，不会危及金融资（转下页）

(第212号案例)、《高国华非法经营案——非法从事外汇按金交易的行为如何处理》(第330号案例)、《郭金元、肖东梅非法经营案——被行政处罚过的非法经营数额应否计入犯罪数额》(第378号案例)、《陈宗纬、王文泽、郑淳中非法经营案——超越经营范围向社会公众代理转让非上市股份有限公司的股权是否构成犯罪》(第489号案例)、《周新桥等非法经营案——刑法修正案颁布实施前未经国家有关主管部门批准,非法经营期货业务的行为是否构成非法经营罪》(第564号案例)、《刘溪、聂明湛、原维达非法经营案——以现货投资名义非法代理境外黄金合约买卖的行为,如何定性》(第727号案例)、《张军、张小琴非法经营案——擅自设立金融机构罪、非法经营罪的认定》(第828号案例)、《于润龙非法经营案——未经许可从事非法经营行为,但审理期间相关行政审批项目被取消,如何定性》(第862号案例)、《钟小云非法经营案——未经许可经营现货黄金延期交收业务的行为如何定性》(第1021号案例)、《王丹、沈玮婷非法经营、虚报注册资本案——不具备证券从业资格的公司与具备资格的公司合作开

(接上页)金安全。因此,即使行为人通过虚拟交易方式将该部分资金取出,也不能将该部分资金计入其非法经营的数额。《翁士喜非法经营案——未经许可在城区违法搭建商铺并以招商为名收取租金的行为如何定性》(第1042号案例)提出"违反国家规定,违章搭建商铺并对外招租,扰乱市场秩序,情节严重,其行为构成非法经营罪"、《欧敏、关树锦非法从事长途大巴客运经营案——未取得道路运输经营许可擅自从事长途大巴客运经营的行为如何定性》(第1121号案例)提出"对于未经许可擅自从事非法客运经营的行为,情节严重的、应当按照非法经营罪追究刑事责任"、《喻江、李强非法从事出租汽车经营活动案——未取得道路运输经营许可集合社会车辆对不特定的旅客招揽生意、拉客,从事出租汽车经营的行为如何定性》(第1122号案例)提出"未取得道路运输经营许可,集合社会车辆对不特定的旅客招揽生意、拉客,擅自从事出租汽车经营的行为……构成非法经营罪",本评注不赞同上述立场,故对所涉规则未予提炼。**本评注认为**,对于未取得燃气经营许可证经营燃气、未取得道路客运经营许可从事客运经营的行为,单纯从法律规定看,分别违反了《城镇燃气管理条例》(国务院令第583号)、《道路运输条例》(国务院令第406号)等"国家规定",属于非法经营行为。但是考虑两种行为的形成原因及实践情况的复杂性,对相关行为的入罪似应慎重。上述行为的滋生与蔓延,在一定程度上与当前公共服务滞后于社会发展,而有关经营资质的申请门槛、成本过高有关。例如,城市中"黑出租"的出现,与公共交通服务不完善、正规出租车行业"份子钱"过高不无关系。而且,相关行为未能得到有效制止,在一定程度上也与行政管理、行政执法不到位、不及时有关。例如,违法经营燃气的行为,容易被发现,如能依法及时取缔,没收非法经营的设备设施,行为人往往难以恢复经营,同样能收到效果。刑法是"**最后手段**",应当慎用。对上述行为,确需追究刑事责任的,宜限定为通过行政处罚仍然无法有效制止、造成严重后果等情形。

第225条

展证券咨询业务,是否构成非法经营罪》(第1043号案例)、《**李彦生、胡文龙非法经营案**——如何认定刑法中的"国家规定",经营有偿讨债业务宜否认定为刑法第二百二十五条第四项规定的"其他严重扰乱市场秩序的非法经营行为"》(第1077号案例)、《**朱海林、周汝胜、谢从军非法经营案**——未经许可生产摩托车以及以燃油助力车名义销售摩托车的行为如何定性》(第1210号案例)、《**徐波等人非法经营案**——未经许可经营原油期货业务,并向客户提供反向提示操作的行为如何定性》(第1238号案例)、《**曾海涵非法经营案**——开采、加工、销售稀土矿产品的行为是否构成非法经营罪的认定和把握》(第1253号案例)、《**上海万晖特工贸有限公司**、**谢世全非法经营案**——疫情防控期间"哄抬物价"行为的认定及入罪标准》(第1318号案例)、《**周某某非法经营案**——非法经营烟花爆竹行为的定性》(第1336号案例)、《**周长兵非法经营宣告无罪案**——未经许可经营保安服务业的行为是否构成非法经营罪以及如何把握"不以单位犯罪论处"的情形》(第1337号案例)、《**满鑫、孙保锋非法经营案**——第四方支付平台为赌博等违法犯罪网站提供资金转移服务的行为定性》(第1481号案例)、《**侯增喜非法经营案**——在特定路段带领货车司机逃避检查,出售"通行卡"的行为应如何定性》(第1483号案例)、《**张某重大责任事故案**——受让具有合法证照的网吧后未变更登记的不属于非法经营》(第1509号案例)、《**上海谷润贸易有限公司、上海睿钧工贸有限公司、倪某钢非法经营案**——将工业用牛羊油销售给食用油生产企业的行为定性》(第1530号案例)所涉规则提炼如下:

第225条

1. **违反国家规定的判定规则**。相关文件"虽然系'经报请国务院同意',但从制发主体以及发布形式来看,均与……关于'国家规定'范围的规定不符,不属于刑法第九十六条中的'国家规定'"。故而,"认定被告人……经营有偿讨债业务违反'国家规定'的依据不足"。(第1077号案例)"按照当时的法律,构成非法经营罪,但在一审法院审理时,国务院……取消了人民银行关于黄金管理经营许可制度,导致刑法第二百二十五条第一项所依据的行政法规《金银管理条例》发生了变化。由于相关行政法规发生重大变化,按照新的规定,个人经营黄金的行为不属于'未经许可经营法律、行政法规规定的专营、专卖物品或者其他限制买卖的物品'的行为",故不构成非法经营罪。(第862号案例)

2. **非法经营专营、专卖物品或者其他限制买卖的物品的认定规则**。"非法经营假冒台湾产香烟,情节严重的,构成非法经营罪。"(第212号案例)"基于稀土矿产品销售在国内未实行严格管控的实际情况考虑,对稀土矿产品销售行为以非法经营罪追究刑事责任应持审慎态度。"(第1253号案例)

3. **非法经营证券、期货、保险业务的认定规则**。"从实质的解释论出发,应将代理转让非上市公司股权的行为认定为刑法第二百二十五条……规定的'经营证券业务'。""被告人非法经营证券业务,情节特别严重,应认定构成非法经营罪。"(第489号案例)"以培训经纪人和举办股民培训班的方法,招揽客户经营香港恒生指数期货业务和国内商品期货业务的行为",属于非法经营行为。(第564号案例)"刑法第二百二十五条第三款规定的证券业务的具体内容包括证券咨询业务","采取与有资格经营证券咨询业务的公司合作的方式不能规避应当接受证券业主管机构批准和监管的义务","未经批准开展证券咨询业务达到情节严重程度的才构成非法经营罪"。(第1043号案例)"以介绍现货黄金投资为名义,未经批准招揽国内客户参与境外市场的黄金合约买卖","行为本质是为了获取期货风险利润,符合变相期货交易的特征",构成非法经营罪。(第727号案例)"现货黄金延期交收业务属于实质上的变相黄金期货交易,应当认定为刑法规制的非法经营行为。"(第1021号案例)"未经许可经营原油期货业务,并向客户提供反向提示操作的行为",应认定为变相从事期货业务,构成非法经营罪。(第1238号案例)

4. 非法从事资金支付结算业务的认定规则。"未经国家主管部门批准,运营第四方支付平台,整合微信、支付宝二维码等收付款媒介,非法进行资金流转,属于非法从事资金支付结算业务,构成非法经营罪。同时亦构成帮助信息网络犯罪活动罪,依法择一重罪以非法经营罪论断。"(第1481号案例)

5. 其他非法经营的认定规则。"外汇按金交易是我国法律禁止的一种'在国家规定的交易场所以外非法买卖外汇'行为。""非法从事外汇按金交易,扰乱市场秩序,情节严重的,应当以非法经营罪定罪处罚。""由于外汇按金交易是一种远期外汇买卖方式,只要交付了部分的按金(保证金),就可以进行交易",故"未交付全部交易现金,亦没有实际占有非法获利款,不影响非法经营罪的成立"。(第330号案例)"无证生产摩托车的行为构成非法经营罪……以摩托车冒充燃油助力车销售的行为不构成犯罪。"(第1210号案例)"为非法牟利,向大量从事货物运输行业的车队、公司出售印有联系方式的'保通行联系卡',通过为运营车辆提供周边道路行政执法的信息,帮助逃避处罚提供通行便利,获取非法收益……上述服务以非法牟利为目的,本身不可能取得经营许可证且为法律所禁止,形成一定规模后严重扰乱运输行业市场秩序,构成非法经营罪,应予刑事制裁。"(第1483号案例)"将进口工业用牛羊油销售给食用油生产企业的",应当适用非法经营罪。(第1530号案例)"受让具有合法证照的网吧而继续经营,虽然未办理证照变更登记,但不属于'擅自从事互联网经营活动',不构成非法经营罪。"(第1509号案例)

6. 非法经营"情节严重"的判定规则。"未经审批开展为他人提供押车贷款服务，牟取高额利息的行为"，"二被告人的非法经营额仅为13万元，非法所得不满2万元"，"经营规模看，二被告人仅同二名当事人进行了押车贷款业务，没有实际牵涉社会不特定多数人，并未造成严重扰乱当地金融秩序的结果"，尚未达到情节严重的程度，不构成非法经营罪。（第828号案例）"未经许可从事保安服务业务……属于非法经营行为，但鉴于保安服务行业的特殊性，对情节严重的认定不能参照普通非法经营5万元的认定标准，而应……以100万元作为'情节严重'的认定标准。"（第1337号案例）"利用疫情'哄抬物价'等行为依法可以构成非法经营罪。""判断'哄抬物价'行为的罪与非罪，可以从以下几个方面进行把握：首先，应当考虑物品价格上涨的幅度……其次，应当考虑非法经营数额和违法所得数额……最后，应当综合考虑行为的社会危害性。"①（第1318号

---

① 根据《最高人民法院、最高人民检察院、公安部、司法部关于依法惩治妨害新型冠状病毒感染肺炎疫情防控违法犯罪的意见》（法发〔2020〕7号）的规定，囤积居奇、哄抬物价类非法经营案件的入罪标准是"违法所得数额较大或者有其他严重情节"。由于司法实践中情况比较复杂，难以简单地以经营数额、获利数额等作出"一刀切"的量化规定，因此对于是否达到入罪标准，仍然需要综合把握，即综合经营者经营成本变化、涨价幅度、经营数额、获利数额、社会影响等情况，同时考虑人民群众的公平正义观念，作出妥当判断。具体办案中，要着重把握以下三个方面：(1)准确判断行为方式。囤积居奇、哄抬物价类非法经营案件实质上是严重扰乱市场秩序的行为，故对其客观行为方式的考察是评价社会危害性程度的重要方面。例如，行为人捏造、散布涨价信息，扰乱市场价格秩序，或者大量囤积市场供应紧张、价格异常波动的防护用品、药品或者其他涉及民生的物品，哄抬物价的，就较一般的单纯哄抬物价行为社会危害性更大，对前者更应当进行刑事惩治。又如，行为人哄抬物价，经价格主管部门告诫甚至行政处罚后继续实施相关行为的，社会危害性也更大，更加具有刑事惩治的必要。这些实际上都是认定相关非法经营案件客观行为方式和情节严重程度的重要因素。(2)充分考虑非法经营和违法所得数额。此类案件表现为在经营活动中囤积居奇、哄抬物价，且要求"牟取暴利"，故非法经营数额本身的大小，特别是违法所得数额，是评判行为社会危害程度的重要因素。对于是否"牟取暴利"，既要考虑国家有关部门和地方政府关于市场经营、价格管理等规定，又要坚持一般人的认知标准，确保认定结果符合人民群众的公平正义观念。对于虽然超出有关价格管理规定，但幅度不大，违法所得不多，对疫情防控没有重大影响、未造成严重后果的，不应当纳入刑事处罚范围，可以由有关部门予以行政处罚。相反，对于利用物资紧俏的"商机"，坐地起价，牟取暴利的，则应当依法追究刑事责任。(3)综合考虑疫情防控差异情况。办理囤积居奇、哄抬物价类非法经营案件，要考虑各地疫情防控的差异情况、不同物资的紧缺程度，做到精准发力，避免简单"一刀切"。各地面临的疫情形势和防控（转下页）

7. 非法经营罪数额认定规则。"非法经营数额是判断行为人非法经营情节是否严重、行为是否构成非法经营罪的重要依据。""依照我国刑法和行政处罚法的相关规定,业经行政处罚过的非法经营数额应否计入犯罪数额,再予追究刑事责任,不能一概而论。对于行政机关未超越职权范围予以行政处罚的非法经营数额,不得累计计算作犯罪数额。对于行政机关超越职权范围'以罚代刑'处置的非法经营数额,应当作为未经处理的犯罪数额予以重新计算。"(第378号案例)

司法疑难解析

1.《刑法》第二百二十五条第一项与第四项的关系。《刑法》第二百二十五条第一项、第四项的规定分别为"未经许可经营法律、行政法规规定的专营、专卖物品或者其他限制买卖的物品的""其他严重扰乱市场秩序的非法经营行为"。**本评注认为**,由于第一项规定限于"法律、行政法规"而未涉及其他国家规定,这就意味着立法对专营、专卖、限制买卖制度的刑法保护限定在"法律、行政法规规定的专营、专卖物品或者其他限制买卖的物品"的范围内。对于无证经营非法律、行政法规规定的专营、专卖物品或者其他限制买卖物品的行为,不能转而适用第四项的规定,否则将使得第一项有关"法律、行政法规"的限定失去意义,不符合立法精神。

2. **非法经营案件的既未遂问题。**关于非法经营罪是否存在未遂问题,实践中存在不同认识。**本评注认为**,非法经营罪存在未遂。对于非法经营案件既未遂的区分,宜根据相关行为是否对经营秩序造成实际危害,结合案件具体情况作出认定。

3. **关于非法提供互联网端口接入服务行为的定性。本评注认为**,对非法提供互联网端口接入服务的行为不宜以非法经营罪追究刑事责任。主要考虑:

(接上页)任务差异较大,同样的哄抬物价行为在疫情风险等级不同地区的社会危害性是不一样的,在办案中要有所体现。在疫情风险等级较高的地区,特别是对市场供应紧张的物资囤积居奇、哄抬价格,社会危害性较大,有必要予以刑事处罚。相反,在疫情风险等级较低的地区,随着相关物资市场供应紧张程度缓解,对于哄抬物价的行为要尽量给行政处罚留有足够空间,确保刑罚的审慎适用,即使要给予刑罚处罚也可以酌情从轻处罚。参见徐日丹:《依法惩治妨害疫情防控违法犯罪切实保障人民群众生命健康安全——最高人民法院研究室主任姜启波、最高人民检察院法律政策研究室主任高景峰联合答记者问(二)》,载《检察日报》2020年3月25日,第3版。

(1)非法提供互联网接入端口服务的行为不属于《互联网上网服务营业管理场所管理条例》(国务院令第710号)的调整范围,不能适用其第二十七条"违反本条例的规定,擅自从事互联网上网服务经营活动……触犯刑律的,依照刑法关于非法经营罪的规定,依法追究刑事责任"的规定。(2)《电信条例》(国务院令第666号)第七条第三款规定:"未取得电信业务经营许可证,任何组织或者个人不得从事电信业务经营活动。"非法提供互联网端口接入服务属于未经许可,擅自经营电信业务的行为。需要注意的是,对于擅自经营电信业务的行为,《电信条例》只明确规定应当承担相应的行政责任,而对其他一些违反规定的行为,则明确规定"构成犯罪的,依法追究刑事责任"。鉴此,对非法提供互联网端口接入服务的行为,以非法经营罪追究刑事责任,有违体系解释原理,不符合罪刑法定原则。

4. 非法经营罪中"违法所得"的数额计算。最高人民法院研究室复函认为:"非法经营罪中的'违法所得',是指获利数额,即以行为人违法生产、销售商品或者提供服务所获得的全部收入(即非法经营数额),扣除其直接用于经营活动的合理支出部分后剩余的数额。"①主要理由:(1)对非法经营罪中违法所得数额的认定,我国司法、行政机关主张"获利说"原则。比如,《最高人民法院关于审理生产、销售伪劣产品刑事案件如何认定"违法所得数额"的批复》[法复〔1995〕3号,已被《最高人民法院关于废止1980年1月1日至1997年6月30日期间发布的部分司法解释和司法解释性质文件(第九批)的决定》(法释〔2013〕2号)废止]针对《湖北省高级人民法院关于对全国人大常委会〈关于惩治生产、销售伪劣商品犯罪的决定〉中"违法所得"理解的请示》(鄂高法〔1995〕94号)批复:"全国人民代表大会常务委员会《关于惩治生产、销售伪劣商品犯罪的决定》规定的'违法所得数额',是指生产、销售伪劣产品获利的数额。"《最高人民法院关于审理非法出版物刑事案件具体应用法律若干问题的解释》(法释〔1998〕30号)第十七条第二款也规定:"本解释所称'违法所得数额',是指获利数额。"而且,国家工商行政管理总局《工商行政管理机关行政处罚案件违法所得认定办法》(国家工商行政管理总局令第37号)第二条第一款也明确规定:"工商行政管理机关认定违法所得的基本原则是:以当事人违法生产、销售商品或者提供服务所获得的全部收入扣除当事人直接用于经营活动的适当的合理支出,为违法所得。"当然,尽管我国适用"获利说"原则,但同时也有例外,即对一些社会危害大或违

---

① 《最高人民法院研究室关于非法经营罪中"违法所得"认定问题的研究意见》,载江必新主编:《司法研究与指导(总第3辑)》,人民法院出版社2013年版。

法成本难以计算的违法犯罪行为,可以其销售收入为违法所得。但是,这种例外,应当有法律、司法解释的明确规定。(2)刑法及有关司法解释是在不同意义上使用"非法经营数额"和"违法所得数额"这两个概念的。《最高人民检察院、公安部关于公安机关管辖的刑事案件立案追诉标准的规定(二)》(公通字〔2010〕23号)也对这两个概念作了区别,如其第七十九条明确规定,"非法经营证券、期货、保险业务,数额在三十万元以上的"或者"违法所得数额在五万元以上的",应予立案追诉。① 如将"违法所得数额"混同于"非法经营数额",势必会引发认识混乱,并影响对相关案件的正确处理。尤其是在公通字〔2010〕23号规定对非法经营证券业务行为中"违法所得数额"和"非法经营数额"作了明确区分的情况下,若仍以"如果要求扣减经营成本,不仅难以调查取证和正确计算违法所得的具体数额,也影响办案效率,不利于及时有效地惩处非法经营证券业务行为"为由,将非法经营数额认定为违法所得数额,那显然是不当的。

第二百二十六条 【强迫交易罪】以暴力、威胁手段,实施下列行为之一,情节严重的,处三年以下有期徒刑或者拘役,并处或者单处罚金;情节特别严重的,处三年以上七年以下有期徒刑,并处罚金:

(一)强买强卖商品的;
(二)强迫他人提供或者接受服务的;
(三)强迫他人参与或者退出投标、拍卖的;
(四)强迫他人转让或者收购公司、企业的股份、债券或者其他资产的;
(五)强迫他人参与或者退出特定的经营活动的。

立法沿革

本条系 1997 年《刑法》增设的规定,系从原投机倒把罪中分离出来的强买强卖犯罪。

2011 年 5 月 1 日起施行的《刑法修正案(八)》第三十六条对本条作了修改,增加三种新的犯罪行为,并将法定最高刑由三年提升到七年。

---

① 公通字〔2022〕12 号规定第七十一条将该立案追诉标准调整为"非法经营证券、期货、保险业务,数额在一百万元以上,或者违法所得数额在十万元以上的"。

修正前《刑法》	修正后《刑法》
第二百二十六条 【强迫交易罪】以暴力、威胁手段强买强卖商品，强迫他人提供服务或者强迫他人接受服务，情节严重的，处三年以下有期徒刑或者拘役，并处或者单处罚金。	第二百二十六条 【强迫交易罪】以暴力、威胁手段，**实施下列行为之一**，情节严重的，处三年以下有期徒刑或者拘役，并处或者单处罚金；**情节特别严重的**，处三年以上七年以下有期徒刑，并处罚金： （一）强买强卖商品的； （二）强迫他人提供或者接受服务的； （三）强迫他人参与或者退出投标、拍卖的； （四）强迫他人转让或者收购公司、企业的股份、债券或者其他资产的； （五）强迫他人参与或者退出特定的经营活动的。

司法解释

《最高人民检察院关于强迫借贷行为适用法律问题的批复》（高检发释字〔2014〕1号，自2014年4月17日起施行）①

广东省人民检察院：

你院《关于强迫借贷案件法律适用的请示》（粤检发研字〔2014〕9号）收悉。经研究，批复如下：

以暴力、胁迫手段强迫他人借贷，属于刑法第二百二十六条第二项规定的"强迫他人提供或者接受服务"，情节严重的，以强迫交易罪追究刑事责任；同时构成故意伤害罪等其他犯罪的，依照处罚较重的规定定罪处罚。以非法占有为目的，以借贷为名采用暴力、胁迫手段获取他人财物，符合刑法第二百六十三条

---

① 本司法解释起草过程中曾就强迫借贷行为如何适用法律问题征求最高人民法院研究室意见。最高人民法院复函认为："采用暴力、威胁手段强迫他人借贷的，可以认定为刑法第二百二十六条第二项规定的'强迫他人提供或者接受服务'，情节严重的，以强迫交易罪论处；但是，以非法占有为目的，采用暴力、胁迫、要挟等手段强迫他人借贷，符合刑法第二百六十三条或者第二百七十四条规定的，以抢劫罪或者敲诈勒索罪论处。"参见喻海松：《最高人民法院研究室关于强迫借贷行为如何适用法律问题的研究意见》，载《司法研究与指导（总第5辑）》，人民法院出版社2014年版。可见，虽然本司法解释未采取联发形式，但"两高"对相关问题所持立场一致。——**本评注注**

或者第二百七十四条规定的,以抢劫罪或者敲诈勒索罪追究刑事责任。

规范性文件

《最高人民法院、最高人民检察院、公安部、司法部关于办理黑恶势力犯罪案件若干问题的指导意见》(法发〔2018〕1号)第十七条对黑恶势力犯罪适用强迫交易罪和主犯的认定作了规定。(→参见第二百九十四条评注部分,第1525页)

《最高人民法院、最高人民检察院、公安部、司法部关于办理实施"软暴力"的刑事案件若干问题的意见》(法发〔2019〕15号)第五条、第十一条对采用"软暴力"手段实施强迫交易罪的有关问题作了规定。(→参见第二百九十四条评注部分,第1544、1545页)

《最高人民法院、最高人民检察院、公安部、司法部关于办理利用信息网络实施黑恶势力犯罪刑事案件若干问题的意见》(法发〔2019〕28号)第五条对利用信息网络威胁他人,强迫交易的行为适用强迫交易罪作了指引性规定。(→参见第二百九十四条评注部分,第1550页)

立案追诉标准

《最高人民检察院、公安部关于公安机关管辖的刑事案件立案追诉标准的规定(一)》(节录)

第二十八条 [强迫交易案(刑法第二百二十六条)]以暴力、威胁手段强买强卖商品,强迫他人提供服务或者接受服务,涉嫌下列情形之一的,应予立案追诉:

(一)造成被害人轻微伤的;

(二)造成直接经济损失二千元以上的;

(三)强迫交易三次以上或者强迫三人以上交易的;

(四)强迫交易数额一万元以上,或者违法所得数额二千元以上的;

(五)强迫他人购买伪劣商品数额五千元以上,或者违法所得数额一千元以上的;

(六)其他情节严重的情形。

以暴力、威胁手段强迫他人参与或者退出投标、拍卖,强迫他人转让或者收购公司、企业的股份、债券或者其他资产,强迫他人参与或者退出特定的经营活动,具有多次实施、手段恶劣、造成严重后果或者恶劣社会影响等情形之一的,应予立案追诉。

(→附则参见分则标题评注部分,第392页)

刑参案例规则提炼

《**郑小平、邹小虎抢劫案**——以暴力、威胁手段强迫他人提供贷款的行为如何定性》(第 112 号案例)、《**李洪生强迫交易案**——使用暴力强行向他人当场"借款"并致人轻伤的如何定罪处罚》(第 520 号案例)、《**蔡苏卫等抢劫案**——以借钱为名劫取财物使用后归还并付利息的行为如何定性》(第 749 号案例)所涉规则提炼如下:

强迫借贷行为的定性。"以暴力、威胁的方法强迫他人提供贷款,其行为特征与刑法规定的抢劫罪、敲诈勒索罪的某些客观方面特征相似,但是,从主观方面看……没有证据证实是为了非法占有贷款或者勒索财物",不能以抢劫罪或者敲诈勒索罪定罪处罚。"强迫金融机构工作人员贷款的行为,是扰乱市场秩序的行为,情节严重的,应以强迫交易罪定罪处罚。"(第 112 号案例)"行为人强迫对方进行交易,往往可能以不公平的对价买卖商品、提供或者接受服务,但这种对价的不公平程度应当有限度,不能与正常市场情况反差过于悬殊。如果采取暴力、胁迫手段,以交易为名行侵犯他人财产之实的,则应认定为抢劫罪或者敲诈勒索罪。"(第 520 号案例)以借钱为名劫取财物使用后归还并付利息的行为,由于行为人"此前在澳门赌博已经输了几千万元,根本没有归还巨额借款的经济能力……对最终不能归还借款已有心理预期,只是如果侥幸赌博赢利就归还借款并偿付利息","最后归还'借款'并偿付利息只是犯罪既遂后的行为",故应当以抢劫罪定罪处罚。(第 749 号案例)

第二百二十七条 【伪造、倒卖伪造的有价票证罪】伪造或者倒卖伪造的车票、船票、邮票或者其他有价票证,数额较大的,处二年以下有期徒刑、拘役或者管制,并处或者单处票证价额一倍以上五倍以下罚金;数额巨大的,处二年以上七年以下有期徒刑,并处票证价额一倍以上五倍以下罚金。

【倒卖车票、船票罪】倒卖车票、船票,情节严重的,处三年以下有期徒刑、拘役或者管制,并处或者单处票证价额一倍以上五倍以下罚金。

立法沿革

本条系 1997 年《刑法》吸收修改 1979 年《刑法》作出的规定。1979 年《刑法》第一百二十四条规定:"以营利为目的,伪造车票、船票、邮票、税票、货票的,处二年以下有期徒刑、拘役或者罚金;情节严重的,处二年以上七年以下有期徒刑,可以并处罚金。"1997 年《刑法》对上述规定作了修改,主要涉及如下几个方面:一是对伪造的对象作了调整,删去"以营利为目的"的主观要件,并将该罪由情节犯调整为数额犯,并完善法定刑;二是增加倒卖真票证和倒卖伪造的票证的犯罪。

相关规定

《中华人民共和国治安管理处罚法》(修正后自2013年1月1日起施行,节录)

第五十二条 有下列行为之一的,处十日以上十五日以下拘留,可以并处一千元以下罚款;情节较轻的,处五日以上十日以下拘留,可以并处五百元以下罚款:

(三)伪造、变造、倒卖车票、船票、航空客票、文艺演出票、体育比赛入场券或者其他有价票证、凭证的;

司法解释

《最高人民法院关于审理倒卖车票刑事案件有关问题的解释》(法释〔1999〕17号,自1999年9月14日起施行)①

为依法惩处倒卖车票的犯罪活动,根据刑法的有关规定,现就审理倒卖车票刑事案件的有关问题解释如下:

第一条 高价、变价、变相加价倒卖车票或者倒卖坐席、卧铺签字号及订购车票凭证,票面数额在五千元以上,或者非法获利数额在二千元以上的,构成刑法第二百二十七条第二款规定的"倒卖车票情节严重"。

第二条 对于铁路职工倒卖车票或者与其他人员勾结倒卖车票;组织倒卖车票的首要分子;曾因倒卖车票受过治安处罚两次以上或者被劳动教养一次以上,两年内又倒卖车票,构成倒卖车票罪的,依法从重处罚。

《最高人民法院关于对变造、倒卖变造邮票行为如何适用法律问题的解释》(法释〔2000〕41号,自2000年12月9日起施行)

为了正确适用刑法,现对审理变造、倒卖变造邮票案件如何适用法律问题解释如下:

对变造或者倒卖变造的邮票数额较大的,应当依照刑法第二百二十七条第一款的规定定罪处罚。

---

① 本司法解释施行迄今已逾二十年,对相关定罪量刑标准似应根据经济社会发展情况作妥当把握。——本评注注

立案追诉标准

《最高人民检察院、公安部关于公安机关管辖的刑事案件立案追诉标准的规定(一)》(节录)

第二十九条 [伪造、倒卖伪造的有价票证案(刑法第二百二十七条第一款)]伪造或者倒卖伪造的车票、船票、邮票或者其他有价票证,涉嫌下列情形之一的,应予立案追诉:

(一)车票、船票票面数额累计二千元以上,或者数量累计五十张以上的;
(二)邮票票面数额累计五千元以上,或者数量累计一千枚以上的;
(三)其他有价票证价额累计五千元以上,或者数量累计一百张以上的;
(四)非法获利累计一千元以上的;
(五)其他数额较大的情形。

(→附则参见分则标题评注部分,第392页)

另,第三十条关于倒卖车票、船票罪立案追诉标准的规定与法释[1999]17号解释第一条一致。

法律适用答复、复函

《最高人民检察院关于非法制作、出售、使用IC电话卡行为如何适用法律问题的答复》([2003]高检研发第10号)

辽宁省人民检察院研究室:

你院《关于非法制作、出售IC电话卡的行为如何认定的请示》(辽检发研字[2002]8号收悉。经研究,答复如下:

非法制作或者出售非法制作的IC电话卡,数额较大的,应当依照刑法第二百二十七条第一款的规定,以伪造、倒卖伪造的有价票证罪追究刑事责任,犯罪数额可以根据销售数额认定;明知是非法制作的IC电话卡而使用或者购买并使用,造成电信资费损失数额较大的,应当依照刑法第二百六十四条的规定,以盗窃罪追究刑事责任。

刑参案例规则提炼

《赵志刚伪造有价票证案——伪造洗澡票的行为如何定性》(第170号案例)、《董佳、岑炯等伪造有价票证、职务侵占案——以假充真侵占门票收入款行为的定性》(第213号案例)、《刘建场、李向华倒卖车票案——以出售牟利为目的购买大量车票尚未售出的行为如何处理》(第379号案例)、《王珂伪造、倒卖伪造的有价票证、蔡明喜倒卖伪造的有价票证案——刑法第二百二十七条中的

"其他有价票证"如何认定》(第426号案例)所涉规则提炼如下：

1. **"其他有价票证"的认定规则。**《刑法》第二百一十七条第一款规定的"其他有价票证"，通常而言，"应当是与'车票、船票、邮票'具有同一属性的有价票证"。(第170号案例)其他有价票证，"应当理解为由有关国家机关、公司、企业、事业单位依法印制，并向社会公众发放、销售，具有一定票面金额，可以在一定范围内流通或者使用，能够证明持票人享有要求发票人或者受票人支付一定数额的财物或者提供特定服务的权利，或者能够证明其已履行了相关法律义务的书面凭证。在具体认定时，应从有价票证制作发行的有权性、票面的有价性、流通使用的公共性及权利内容的凭证性等方面来加以把握，诸如机票、演出(电影、球赛等)、旅游景点、博物馆的门票(入场券)等均属有价票证"。(第213号案例)"经工商部门核准登记的营业性公共浴池的洗澡票……尽管其在发行、使用范围上具有地域性，但从性质上讲，与车票、船票、邮票等具有相同的属性，应当属于刑法规定的'其他有价票证'。"(第170号案例)"发票、金融票证、有价证券等因刑法另有专门规定，故不在此列；过期作废或者使用过的票证因不再具有流通或者使用功能，也不应认定为刑法第二百二十七条规定的有价票证。"(第213号案例)但是，"'其他有价票证'，不要求具备与所列举的'车票、船票、邮票'完全相同的特征"，"只要乘车证及其他证件本质上是'有价'的，符合有价票证的本质特征，就可以认定为有价票证。"至于'票证价额'不好确定的问题，属于实践操作问题，不应成为否定乘车证及其他凭证属于'有价票证'的理由。"(第426号案例)

2. **伪造、倒卖伪造的有价票证罪的定罪量刑规则。**关于《刑法》第二百二十七条第一款规定的伪造有价票证"数额较大"的认定，通常而言，"这里的'数额'是指有价票证载明的价额"。(第170号案例)但是，"刑法第二百二十七条关于伪造、倒卖伪造的有价票证罪的规定，以'数额'作为定罪和判处主刑的标准，以'票证价额'作为判处罚金刑的依据。这里的'数额'和'票证价额'的含义是不同的，前者的范围要大于后者"。而且，"有价票证的情况非常复杂，比如本案这种铁路乘车证，与车票、船票、邮票相比，一个重大区别就是没有票面价额"。司法机关具体办案时，"对于有票面价额的有价票证，可以票面数额、非法所得数额等作为定罪量刑的依据……对于无票面价额的有价票证，可以结合伪造或者倒卖伪造有价票证的张数，给国家、企业、公民个人等造成的损失，非法所得数额，伪造、倒卖伪造相关证件、证明文件的数量等综合认定"。(第426号案例)

3. **以假充真侵占门票收入款行为的定性规则。**"以非法占有为目的，利用职务上的便利出售伪造的观光券行为，构成职务侵占罪。"(第213号案例)

4. 倒卖车票既遂行为的认定规则。"以出售牟利为目的购买车票的行为符合倒卖车票罪的客观特征,情节严重的,应认定齐备倒卖车票罪的犯罪构成要件,以犯罪既遂处理,但在量刑上应当有所区别。"(第379号案例)

司法疑难解析

1. 铁路实名制购票制度下新型倒卖车票案件的定性。从2012年起,铁路在全国实行火车票售票实名制,在一定程度上遏制了传统的倒卖铁路车票违法犯罪活动。铁路实名制购票制度下依托互联网技术的新型倒卖车票形式出现。新型倒票形式可以大致划分为两大类:(1)代订代购铁路车票,即以营利为目的,收集他人身份信息,为他人代订代购火车票,并根据车票紧俏程度收取数额不等的费用。此类倒票形式,以"佛山小夫妻"案①为代表。当前,多数意见认为,代订代购车票的行为属于民事代理行为,不宜以倒卖车票罪论处。(2)冒用他人身份信息囤积车票并加价、变相加价出售的行为。当前亟须讨论的就是此类倒票行为。**本评注认为**,以营利为目的,冒用他人身份信息囤积实名制车票,情节严重的,应当以倒卖车票罪定罪处罚。传统倒卖车票行为,一般都具有囤积车票的特征,即行为人先取得车票,再寻找有需求的旅客群众,然后加价或变相加价卖出。售票实名制实施后,代订代购车票由于针对的是特定对象,确实不同于传统的倒票行为,其究竟是民事代理行为还是倒卖车票,尚须作进一步研究。但是,冒用他人身份信息囤积车票并加价、变相加价出售,虽然形式上有了变化,但就实质特征而言,同传统倒卖铁路车票一样,属于囤积车票后针对不特定人出售,应当认定为倒卖车票。此类行为具有明显的社会危害性,扰乱正常铁路售票秩序,损害广大旅客的利益;而且,冒用旅客身份信息,侵犯他人的身份信息安全,还可能衍生其他违法犯罪。②

第227条

---

① 2013年1月10日,钟某某、叶某夫妻通过www.12306.cn网站,以每张收取5元或10元的费用,帮助他人订购火车票,被警方以倒卖车票罪刑事拘留。此事经媒体报道后引起社会轩然大波,1月23日在押12天后二人被取保候审,后警方决定对二人处以行政拘留12天的处罚,并解除取保候审。

② 此外,在当前车票实名制和网络售票的新形势下,对于《刑法》第二百二十七条规定的"车票"不宜作拘泥于形式的理解,而应当从倒卖车票所要求的"囤积"进而影响他人正常购票这一实质特征加以把握。车票代售点在无实际旅客购票或者预订车票的情况下,利用售票系统"挂票"功能及可以高频次快速点击的"外挂"软件,长时间控制相关车次一定数量的车票,导致他人无法正常购买,实质上实现了扣票"囤积"的效果。利用上述方法事先扣票,并在寻找到购票者后再行购票,加价出售进行牟利的行为,扰乱了正常的售票秩序,应当认定为倒卖车票行为,可以视情节适用倒卖车票罪。

2. 铁路实名制购票制度下新型倒卖车票案件的既遂认定标准。本评注认为,以营利为目的,冒用他人身份信息囤积实名制车票,只要已支付票款,无论车票是否实际售出,均可以认定为倒卖车票罪既遂。冒用他人身份信息囤积车票构成倒卖车票罪既遂不以实际售出车票为要件。①

3. 倒卖国际机票行为的定性。对于倒卖国际机票的行为能否适用非法经营罪,司法实践中存在不同认识。**本评注认为,倒卖国际机票的行为不宜适用非法经营罪。**主要考虑:(1)《刑法》第二百二十七条第二款规定了倒卖车票、船票,对象仅限于"车票、船票",未包括机票在内。根据罪刑法定原则和罪责刑相适应原则,对于倒卖国际机票的行为,在不能适用《刑法》第二百二十七条第二款的规定(法定最高刑为三年有期徒刑)的情形下,似不宜转而适用《刑法》第二百二十五条的规定(法定最高刑为十五年有期徒刑)。(2)对于倒卖国际机票的行为适用非法经营罪,前提是"违反国家规定"。目前看来,关于国际机票价格管理,并无相关规定。有观点可能认为高价倒卖国际机票违反《价格法》第十四条,但是,根据《民用航空法》第九十七条"国内航空运输的运价管理办法,由国务院民用航空主管部门会同国务院物价主管部门制定,报国务院批准后执行""国际航空运输运价的制定按照中华人民共和国政府与外国政府签订的协定、协议的规定执行;没有协定、协议的,参照国际航空运输市场价格确定"的规定,国际航空运价与国内航空运价确定机制不同,国际机票价格是否完全适用《价格法》的有关规定,似不明确。(3)在行政主管机关对国际机票价格未进行实际管理的情况下,宜慎用刑罚手段惩治倒卖国际机票的行为。

---

① 主要考虑:(1)倒卖车票罪侵犯的客体是正常铁路售票秩序。行为人冒用他人身份信息囤积铁路车票的,无论是否实际售出,均长时间控制住票源,影响他人的正常订购,扰乱正常的铁路售票秩序,应当认为其符合倒卖车票罪的构成要件,属于犯罪既遂。(2)从体系解释的角度而言,《刑法》中规定的其他倒卖犯罪,如倒卖文物罪,无论是出售,还是为出售而收购、运输的行为,均可以认定为倒卖既遂。因此,对于倒卖车票,也不应将既遂限制为实际售出所囤积的车票的行为。(3)从司法实践来看,要求认定倒卖车票既遂同时具备囤积和实际售出,则对于囤积阶段即案发的行为无法认定为既遂,不利于对此类行为的打击。(4)这符合司法实践的一贯立场。例如,刑参第379号案例所涉规则明确提出,以出售牟利为目的购买车票的行为符合倒卖车票罪的客观特征,情节严重的,应当以倒卖车票罪既遂处理。

第二百二十八条 【非法转让、倒卖土地使用权罪】以牟利为目的,违反土地管理法规,非法转让、倒卖土地使用权,情节严重的,处三年以下有期徒刑或者拘役,并处或者单处非法转让、倒卖土地使用权价额百分之五以上百分之二十以下罚金;情节特别严重的,处三年以上七年以下有期徒刑,并处非法转让、倒卖土地使用权价额百分之五以上百分之二十以下罚金。

◆ 立法沿革

本条系1997年《刑法》增设的规定。在1979年《刑法》施行期间,对此类行为多按投机倒把罪追究刑事责任。

◆ 立法解释

《全国人民代表大会常务委员会关于〈中华人民共和国刑法〉第二百二十八条、第三百四十二条、第四百一十条的解释》(修正后自2009年8月27日起施行)

全国人民代表大会常务委员会讨论了刑法第二百二十八条、第三百四十二条、第四百一十条规定的"违反土地管理法规"和第四百一十条规定的"非法批准征收、征用、占用土地"的含义问题,解释如下:

刑法第二百二十八条、第三百四十二条、第四百一十条规定的"违反土地管理法规",是指违反土地管理法、森林法、草原法等法律以及有关行政法规中关于土地管理的规定。

刑法第四百一十条规定的"非法批准征收、征用、占用土地",是指非法批准征收、征用、占用耕地、林地等农用地以及其他土地。

现予公告。

◆ 司法解释

《最高人民法院关于审理破坏土地资源刑事案件具体应用法律若干问题的解释》(法释〔2000〕14号)第一条、第二条、第八条对非法转让、倒卖土地使用权罪的定罪量刑标准作了规定。(→参见第三百四十二条评注部分,第1796、1798页)

◆ 立案追诉标准

《最高人民检察院、公安部关于公安机关管辖的刑事案件立案追诉标准的规定(二)》(公通字〔2022〕12号)第七十二条关于非法转让、倒卖土地使用权罪立案追诉标准的规定与法释〔2000〕14号解释第一条实质一致。

法律适用答复、复函

《公安部经济犯罪侦查局关于对程××的行为是否涉嫌非法转让倒卖土地使用权犯罪的批复》（公经法〔2008〕29号）①

山东省公安厅经侦总队：

你总队《关于程的××行为是否涉嫌非法转让、倒卖土地使用权犯罪的请示》（鲁公经〔2006〕213号）收悉。经与有关部门共同研究，现批复如下：

据你总队提供的材料，程××的行为是否涉嫌非法转让、倒卖土地使用权，关键是看甲公司和乙公司于2000年2月1日签订的合同的性质。从合同约定的权利义务关系以及合同的实际履行情况来看，所谓"买断"指的不是该土地的土地用权，而是对该地块的开发经营收益权即双方通过合作开发、销售房地产取得收益。从该块国有土地转移的过程看，是经人民政府批准将原划拨给××集团的土地使用权收回后出让给乙公司，而并非出让给甲公司后再转让给乙公司。因此，该合同的性质不是土地使用权买卖性质。

综上，从你总队提供的材料看，程××的行为不能认定为非法转让倒卖土地使用权。

刑参案例规则提炼

《王志芳非法转让土地使用权案——农民转让自有宅基地的行为是否构成非法转让土地使用权罪》（第1252号案例）、《青岛瑞驰投资有限公司、栾钢先非法转让土地使用权案——在土地开发经营过程中，开发商以股权转让方式实现土地使用权流转行为的定性》（第1451号案例）所涉规则提炼如下：

1. 农民转让自有宅基地行为的定性规则。 "参照最高人民法院关于涉农村宅基地刑事案件的批复精神，对于转让自有宅基地的行为不宜按犯罪处理。"（第1252号案例）

2. 以股权转让方式实现土地使用权流转行为的定性规则。 "公司股权转让与土地使用权转让具有不同的法律性质，为两个独立的法律关系。现行法律法规并无强制性规定禁止以转让公司股权形式实现土地使用权或房地产项目转让的目的，且本案中公司股东虽然发生了变化，但作为土地使用权持有主体的公司没有改变，也没有发现因股权转让而造成当地土地使用权市场秩序被严重扰乱

---

① 参见李立众编：《刑法一本通——中华人民共和国刑法总成》（第十六版），法律出版社2022年版，第454页。

的后果,故被告单位及被告人依法不构成非法转让、倒卖土地使用权罪。"(第1451号案例)

司法疑难解析

非法转让、倒卖土地使用权罪中"非法获利"的认定。《最高人民法院关于审理破坏土地资源刑事案件具体应用法律若干问题的解释》(法释〔2000〕14号)第一条、第二条针对非法转让、倒卖土地使用权罪,设置了"非法获利五十万元以上""非法获利一百万元以上"的定罪量刑标准。对于非法获利数额的认定,实践中有两种观点:一种观点主张以合同约定的土地使用权交易价额为准,其中,案发时实际交付被告人的,以既遂论,尚未实际交付的,以未遂论;另一种观点主张无需考虑合同约定的土地使用权交易价额,只需将以上既遂部分认定为非法获利。本评注倾向认为:(1)宜以合同约定的交易价额为准,即非法获利数额包括所得和可得的全部收入;(2)根据"非法获利"的通常认知,应当扣除行为人为非法转让、倒卖土地使用权而支出的成本,如平整土地等为实现倒卖、转让而支出的费用。

第二百二十九条 【提供虚假证明文件罪】承担资产评估、验资、验证、会计、审计、法律服务、保荐、安全评价、环境影响评价、环境监测等职责的中介组织的人员故意提供虚假证明文件,情节严重的,处五年以下有期徒刑或者拘役,并处罚金;有下列情形之一的,处五年以上十年以下有期徒刑,并处罚金:

(一)提供与证券发行相关的虚假的资产评估、会计、审计、法律服务、保荐等证明文件,情节特别严重的;

(二)提供与重大资产交易相关的虚假的资产评估、会计、审计等证明文件,情节特别严重的;

(三)在涉及公共安全的重大工程、项目中提供虚假的安全评价、环境影响评价等证明文件,致使公共财产、国家和人民利益遭受特别重大损失的。

有前款行为,同时索取他人财物或者非法收受他人财物构成犯罪的,依照处罚较重的规定定罪处罚。

【出具证明文件重大失实罪】第一款规定的人员,严重不负责任,出具的证明文件有重大失实,造成严重后果的,处三年以下有期徒刑或者拘役,并处或者单处罚金。

立法沿革

本条系1997年《刑法》增设的规定。

2021年3月1日起施行的《刑法修正案（十一）》第二十五条对本条作了修改，主要涉及如下三个方面：一是增加列举中介组织，明确本条适用范围，对从事保荐、安全评价、环境影响评价、环境监测职责的中介组织的人员适用本条作了明确；二是增加一档刑罚"处五年以上十年以下有期徒刑，并处罚金"，并对所涉情形作了明确列举；三是调整对中介组织人员受贿以提供虚假证明文件的处罚，将"处五年以上十年以下有期徒刑，并处罚金"修改为"依照处罚较重的规定定罪处罚"。

修正前《刑法》	修正后《刑法》
第二百二十九条 【提供虚假证明文件罪】承担资产评估、验资、验证、会计、审计、法律服务等职责的中介组织的人员故意提供虚假证明文件，情节严重的，处五年以下有期徒刑或者拘役，并处罚金。 前款规定的人员，索取他人财物或者非法收受他人财物，犯前款罪的，处五年以上十年以下有期徒刑，并处罚金。 【出具证明文件重大失实罪】第一款规定的人员，严重不负责任，出具的证明文件有重大失实，造成严重后果的，处三年以下有期徒刑或者拘役，并处或者单处罚金。	第二百二十九条 【提供虚假证明文件罪】承担资产评估、验资、验证、会计、审计、法律服务、**保荐**、**安全评价**、**环境影响评价**、**环境监测**等职责的中介组织的人员故意提供虚假证明文件，情节严重的，处五年以下有期徒刑或者拘役，并处罚金；有下列情形之一的，处五年以上十年以下有期徒刑，并处罚金： （一）提供与证券发行相关的虚假的资产评估、会计、审计、法律服务、保荐等证明文件，情节特别严重的； （二）提供与重大资产交易相关的虚假的资产评估、会计、审计等证明文件，情节特别严重的； （三）在涉及公共安全的重大工程、项目中提供虚假的安全评价、环境影响评价等证明文件，致使公共财产、国家和人民利益遭受特别重大损失的。 有前款行为，同时索取他人财物或者非法收受他人财物**构成犯罪的，依照处罚较重的规定定罪处罚**。 【出具证明文件重大失实罪】第一款规定的人员，严重不负责任，出具的证明文件有重大失实，造成严重后果的，处三年以下有期徒刑或者拘役，并处或者单处罚金。

司法解释

《最高人民检察院关于公证员出具公证书有重大失实行为如何适用法律问题的批复》(高检发释字〔2009〕1号，自2009年1月15日起施行)

甘肃省人民检察院：

你院《关于公证员出具证明文件重大失实是否构成犯罪的请示》(甘检发研〔2008〕17号)收悉。经研究，批复如下：

《中华人民共和国公证法》施行以后，公证员在履行公证职责过程中，严重不负责任，出具的公证书有重大失实，造成严重后果的，依照刑法第二百二十九条第三款的规定，以出具证明文件重大失实罪追究刑事责任。

《最高人民法院、最高人民检察院关于办理妨害信用卡管理刑事案件具体应用法律若干问题的解释》(法释〔2018〕19号)第四条第二款对为信用卡申请人提供虚假资信证明材料适用《刑法》第二百二十九条作了指引性规定。(→参见第一百九十六条评注部分，第896页)

《最高人民检察院关于地质工程勘测院和其他履行勘测职责的单位及其工作人员能否成为刑法第二百二十九条规定的有关犯罪主体的批复》(高检发释字〔2015〕4号，自2015年11月12日起施行)

重庆市人民检察院：

你院渝检(研)〔2015〕8号《关于地质工程勘测院能否成为刑法第二百二十九条的有关犯罪主体的请示》收悉。经研究，批复如下：

地质工程勘测院和其他履行勘测职责的单位及其工作人员在履行勘察、勘查、测绘职责过程中，故意提供虚假工程地质勘察报告等证明文件，情节严重的，依照刑法第二百二十九条第一款和第二百三十一条的规定，以提供虚假证明文件罪追究刑事责任；地质工程勘测院和其他履行勘测职责的单位及其工作人员在履行勘察、勘查、测绘职责过程中，严重不负责任，出具的工程地质勘察报告等证明文件有重大失实，造成严重后果的，依照刑法第二百二十九条第三款和第二百三十一条的规定，以出具证明文件重大失实罪追究刑事责任。

《最高人民法院、最高人民检察院关于办理危害生产安全刑事案件适用法律若干问题的解释(二)》(法释〔2022〕19号)第六条至第九条对《刑法》第二百二十九条的定罪量刑标准和有关法律适用问题作了规定。

《最高人民法院、最高人民检察院关于办理环境污染刑事案件适用法律若干问题的解释》(法释〔2023〕7号)第十条对承担环境影响评价、环境监测、温室气体排放检验检测、排放报告编制或者核查等职责的中介组织的人员故意提供虚假证明文件适用《刑法》第二百二十九条的定罪量刑标准。(→参见第三百三十八条评注部分,第1740页)

立案追诉标准

《最高人民检察院、公安部关于公安机关管辖的刑事案件立案追诉标准的规定(二)》(公通字〔2022〕12号,节录)

第七十三条 〔提供虚假证明文件案(刑法第二百二十九条第一款)〕承担资产评估、验资、验证、会计、审计、法律服务、保荐、安全评价、环境影响评价、环境监测等职责的中介组织的人员故意提供虚假证明文件,涉嫌下列情形之一的,应予立案追诉:①

(一)给国家、公众或者其他投资者造成直接经济损失数额在五十万元以上的;

(二)违法所得数额在十万元以上的;

(三)虚假证明文件虚构数额在一百万元以上且占实际数额百分之三十以上的;

(四)虽未达到上述数额标准,但二年内因提供虚假证明文件受过二次以上行政处罚,又提供虚假证明文件的;

(五)其他情节严重的情形。

第七十四条 〔出具证明文件重大失实案(刑法第二百二十九条第三款)〕承担资产评估、验资、验证、会计、审计、法律服务、保荐、安全评价、环境影响评价、环境监测等职责的中介组织的人员严重不负责任,出具的证明文件有重大失实,涉嫌下列情形之一的,应予立案追诉:

(一)给国家、公众或者其他投资者造成直接经济损失数额在一百万元以上的;

(二)其他造成严重后果的情形。

(→附则参见分则标题评注部分,第392页)

---

① 对于承担环境影响评价、环境监测、温室气体排放检验检测、排放报告编制或者核查等职责的中介组织的人员故意提供虚假证明文件的入罪门槛,《最高人民法院、最高人民检察院关于办理环境污染刑事案件适用法律若干问题的解释》(法释〔2023〕7号)第十条作了专门规定,且未完全采纳立案追诉标准的规定。鉴此,对所涉情形应当以法释〔2023〕7号解释第十条的规定为准。——本评注注

第二百三十条 【逃避商检罪】违反进出口商品检验法的规定,逃避商品检验,将必须经商检机构检验的进口商品未报经检验而擅自销售、使用,或者将必须经商检机构检验的出口商品未报经检验合格而擅自出口,情节严重的,处三年以下有期徒刑或者拘役,并处或者单处罚金。

立法沿革

本条系 1997 年《刑法》增设的规定。

立案追诉标准

《最高人民检察院、公安部关于公安机关管辖的刑事案件立案追诉标准的规定(二)》(公通字〔2022〕12 号,节录)

第七十五条 〔逃避商检案(刑法第二百三十条)〕违反进出口商品检验法的规定,逃避商品检验,将必须经商检机构检验的进口商品未报经检验而擅自销售、使用,或者将必须经商检机构检验的出口商品未报经检验合格而擅自出口,涉嫌下列情形之一的,应予立案追诉:

(一)给国家、单位或者个人造成直接经济损失数额在五十万元以上的;
(二)逃避商检的进出口货物货值金额在三百万元以上的;
(三)导致病疫流行、灾害事故的;
(四)多次逃避商检的;
(五)引起国际经济贸易纠纷,严重影响国家对外贸易关系,或者严重损害国家声誉的;
(六)其他情节严重的情形。

(→附则参见分则标题评注部分,第 392 页)

第二百三十一条 【单位犯本节之罪的处罚】单位犯本节第二百二十一条至第二百三十条规定之罪的,对单位判处罚金,并对其直接负责的主管人员和其他直接责任人员,依照本节各该条的规定处罚。

立法沿革

本条系 1997 年《刑法》增设的规定。

第四章

侵犯公民人身权利、民主权利罪

第二百三十二条 【故意杀人罪】 故意杀人的,处死刑、无期徒刑或者十年以上有期徒刑;情节较轻的,处三年以上十年以下有期徒刑。

立法沿革

本条系 1997 年《刑法》沿用 1979 年《刑法》第一百三十二条的规定,未作调整。

司法解释

《最高人民法院关于审理交通肇事刑事案件具体应用法律若干问题的解释》(法释〔2000〕33 号)第六条对交通肇事转化适用故意杀人罪或者故意伤害罪的规则作了规定。(→参见第一百三十三条评注部分,第 514 页)

《最高人民法院、最高人民检察院关于办理危害生产安全刑事案件适用法律若干问题的解释》(法释〔2015〕22 号)第十条对在安全事故发生后相关行为适用故意杀人罪或者故意伤害罪作了规定。(→参见第一百三十四条评注部分,第 545 页)

《最高人民法院、最高人民检察院关于办理组织、利用邪教组织破坏法律实施等刑事案件适用法律若干问题的解释》(法释〔2017〕3 号)第十一条对组织、利用邪教组织,制造、散布迷信邪说,组织、策划、煽动、胁迫、教唆、帮助其成员或者他人实施自杀、自伤的行为适用故意杀人罪或者故意伤害罪作了规定。(→参见第三百条评注部分,第 1576 页)

《最高人民法院、最高人民检察院关于办理强奸、猥亵未成年人刑事案件适用法律若干问题的解释》(法释〔2023〕3 号)第十条规定实施猥亵未成年人犯罪,造成被害人轻伤以上后果,同时构成故意伤害罪、故意杀人罪的,依照处罚较重的规定定罪处罚。(→参见第二百三十六条评注部分,第 1112 页)

规范性文件

《全国法院维护农村稳定刑事审判工作座谈会纪要》(法〔1999〕217号)"二""(一)关于故意杀人、故意伤害案件"对故意杀人罪的适用作了规定。(→参见总则第四章标题评注部分,第186页)

《最高人民法院关于审理故意杀人、故意伤害案件正确适用死刑问题的指导意见》(2009年8月3日)

一、关于故意杀人、故意伤害犯罪死刑适用的基本要求

故意杀人、故意伤害(指致人死亡或者以特别残忍的手段致人重伤造成严重残疾的)犯罪是非法剥夺他人生命和健康权利的严重犯罪。对罪行极其严重的故意杀人、故意伤害犯罪分子依法适用死刑,是贯彻执行"保留死刑,严格控制和慎重适用死刑"刑事政策的重要方面。

"保留死刑,严格控制和慎重适用死刑"是我国一贯的刑事政策,必须保证这一重要刑事政策适用的连续性和稳定性;要以最严格的标准和最审慎的态度,确保死刑只适用于极少数罪行极其严重的犯罪分子,保证更有力、更准确地依法惩治严重刑事犯罪。

要更加注重贯彻宽严相济的基本刑事政策。注意区分案件的不同情况,区别对待,做到当严则严,该宽则宽,宽严相济,罚当其罪。对于犯罪动机特别卑劣、犯罪情节特别恶劣、犯罪后果特别严重等严重危害社会治安和影响人民群众安全感的故意杀人、故意伤害案件,要依法从严惩处。对因婚姻家庭、邻里纠纷等民间矛盾引发的案件,要慎重适用死刑。

要严格依法量刑,注重办案效果。对故意杀人、故意伤害犯罪案件是否适用死刑,要严格依照法律规定,坚持罪刑法定、罪刑相适应等刑法基本原则,综合考虑案件的性质,犯罪的起因、动机、目的、手段等情节,犯罪的后果,被告人的主观恶性和人身危险性等因素,全面分析影响量刑的轻、重情节,根据被告人的罪责,并考虑涉案当地的社会治安状况和犯罪行为对人民群众安全感的影响,严格依法适用,确保死刑裁判法律效果和社会效果的有机统一。

二、关于故意杀人罪的死刑适用

对于故意杀人犯罪案件是否适用死刑,要综合分析,区别对待,依法慎重决定。

一是要注意区分案件性质。对下列严重危害社会治安和严重影响人民群众安全感的犯罪,应当体现从严惩处的原则,依法判处被告人重刑直至死刑立即执行。如:暴力恐怖犯罪、黑社会性质组织犯罪、恶势力犯罪以及其他严重暴力犯

罪中故意杀人的首要分子;雇凶杀人的;冒充军警、执法人员杀人的,等等。但是,对于其中具有法定从轻处罚情节的,也要注意依法从宽处罚。

对于因婚姻家庭、邻里纠纷以及山林、水流、田地纠纷等民间矛盾激化引发的故意杀人案件,在适用死刑时要特别慎重。如:被害人一方有明显过错或者对矛盾激化负有直接责任的;被告人有法定从轻处罚情节的;被告人积极赔偿被害人经济损失、真诚悔罪的;被害方谅解的,等等,除犯罪情节特别恶劣、犯罪后果特别严重、人身危险性极大的被告人外,一般可考虑不判处死刑立即执行。

二是要注重区分犯罪情节。对于犯罪情节特别恶劣,又无从轻处罚情节的被告人,可以依法判处死刑立即执行。如:暴力抗法而杀害执法人员的;以特别残忍的手段杀人的;持枪杀人的;实施其他犯罪后杀人灭口的;杀人后为掩盖罪行或者出于其他卑劣动机分尸、碎尸、焚尸灭迹的,等等。

三是要注重区分犯罪后果。故意杀人罪的直接后果主要是致人死亡,但也要考虑对社会治安的影响等其他后果。对于被害人有明显过错,或者有其他从轻情节可以对被告人从宽处罚的,即使造成了死亡的后果,一般也可不判处死刑立即执行。故意杀人未遂的,一般不判处被告人死刑。对于防卫过当致人死亡的,应当减轻或者免除处罚。虽不构成防卫过当,但带有防卫性质的故意杀人,即使造成了被害人死亡的结果,也不判处被告人死刑。

四是注重区分被告人的主观恶性及人身危险性。要从被告人的犯罪动机、犯罪预谋、犯罪过程中的具体情节以及被害人的过错等方面综合判断被告人的主观恶性。在直接故意杀人与间接故意杀人案件中,被告人的主观恶性程度是不同的,在处刑上也应有所区别。

对于犯罪动机卑劣而预谋杀人的,或者性情残暴动辄肆意杀人的被告人,可以依法判处死刑立即执行。对于坦白主要犯罪事实并对定案证据的收集有重要作用的;犯罪后自动归案但尚不构成自首的;被告人亲属协助司法机关抓获被告人后,被告人对自己的罪行供认不讳的;被告人及其亲属积极赔偿被害方经济损失并取得被害方谅解的;刚满18周岁或已满70周岁以上的人犯罪且情节不是特别恶劣的,等等,一般可不判处死刑立即执行。

要从被告人有无前科及平时表现、犯罪后的悔罪情况等方面综合判断被告人的人身危险性。对于累犯中前罪系暴力犯罪,或者曾因暴力犯罪被判重刑后又犯故意杀人罪的;杀人后毫无悔罪表现的,等等,如果没有法定从轻处罚情节,一般可依法判处死刑立即执行。对于犯罪后积极抢救被害人、减轻危害后果或者防止危害后果扩大的;虽具有累犯等法定从重处罚情节,但前罪较轻,或者同时具有自首等法定、酌定从轻情节,经综合考虑不是必须判处死刑立即执行的,等等,一般可不判处被告人死刑立即执行。

三、关于故意伤害罪的死刑适用

相对于故意杀人犯罪而言,故意伤害犯罪的社会危害性和被告人的主观恶性程度不同,适用死刑应当比故意杀人犯罪更加慎重,标准更加严格。只有对于犯罪后果特别严重、手段特别残忍、情节特别恶劣的被告人,才可以适用死刑立即执行。

对故意伤害致人死亡的被告人决定是否适用死刑立即执行时,要将严重危害社会治安的案件与民间纠纷引发的案件有所区别;将手段特别残忍、情节特别恶劣的与手段、情节一般的有所区别;将预谋犯罪与激情犯罪有所区别,等等。

对于下列故意伤害致人死亡的被告人,如果没有从轻情节,可以适用死刑立即执行。如:暴力恐怖犯罪、黑社会性质组织犯罪、恶势力犯罪以及其他严重暴力犯罪中故意伤害他人的首要分子;起组织、策划作用或者为主实施伤害行为罪行最严重的主犯;聚众"打砸抢"伤害致人死亡的首要分子;动机卑劣而预谋伤害致人死亡的,等等。

对于故意伤害致人死亡的被告人,如果具有下列情形,一般不判处死刑立即执行。如:因婚姻家庭、邻里纠纷以及山林、水流、田地纠纷等民间矛盾激化引发的;被害人有过错,或者对引发案件负有直接责任的;犯罪手段、情节一般的;被告人犯罪后积极救治被害人,或者积极赔偿被害方经济损失并真诚悔罪的;被告人作案时刚满18周岁或已满70周岁以上,且情节不是特别恶劣的;其他经综合考虑所有量刑情节可不判处死刑立即执行的,等等。

以特别残忍手段致人重伤造成严重残疾的故意伤害案件,适用死刑时应当更加严格把握,并不是只要达到"严重残疾"的程度就必须判处被告人死刑。要根据致人"严重残疾"的具体情况,综合考虑犯罪情节和"严重残疾"的程度等情况,慎重决定。

故意伤害案件中"严重残疾"的标准,在有关司法解释出台前,可参照1996年国家技术监督局颁布的《职工工伤与职业病致残程度鉴定标准》确定残疾等级。① 即"严重残疾"是指下列情形之一:被害人身体器官大部缺损、器官明显畸形、身体器官有中等功能障碍、造成严重并发症等。残疾程度可以分为一般残疾(十至七级)、严重残疾(六至三级)、特别严重残疾(二至一级),六级以上为"严

---

① 根据《最高人民法院、最高人民检察院、公安部等关于发布〈人体损伤程度鉴定标准〉的公告》,刑法及其他法律、法规所涉及的人体损伤程度鉴定,统一适用《人体损伤程度鉴定标准》。——本评注注

重残疾"。

对于以特别残忍手段造成被害人重伤致特别严重残疾的被告人,可以适用死刑立即执行。但对于那些使用硫酸等化学物质严重毁容,或者采取砍掉手脚等极其残忍手段致使被害人承受极度肉体、精神痛苦的,虽未达到特别严重残疾的程度,但犯罪情节特别恶劣,造成被害人四级以上严重残疾程度的,也可以适用死刑立即执行。

四、关于故意杀人、故意伤害共同犯罪的死刑适用

对于故意杀人、故意伤害共同犯罪案件的死刑适用,要充分考虑各被告人在共同犯罪中的地位和作用、犯罪后果、被告人的主观恶性和人身危险性等情况,正确认定各被告人的罪责并适用刑罚。一案中有多名主犯的,要在主犯中区分出罪责最为严重者和较为严重者。

对于共同致一人死亡,依法应当判处被告人死刑立即执行的,原则上只判处一名被告人死刑立即执行。罪行极其严重的主犯因有立功、自首等法定从轻处罚情节而依法不判处死刑立即执行的,也不能对罪行相对较轻的主犯判处死刑立即执行。

对于被告人地位、作用相当,罪责相对分散,或者罪责确实难以分清的,一般不判处被告人死刑立即执行。确需判处被告人死刑立即执行的,要充分考虑被告人在主观恶性和人身危险性等方面的不同,审慎决定。

对于家庭成员共同犯罪案件,适用死刑要特别慎重,应尽量避免判处同一家庭两名以上成员死刑立即执行。

对于有同案犯在逃的案件,要分清罪责,慎重决定对在案的被告人判处死刑立即执行。

雇凶犯罪作为一种共同犯罪,其社会危害性比一般共同犯罪更大,应当依法从严惩处。雇凶者作为犯罪的"造意者",其对案件的发生负有直接和更主要的责任,只有依法严惩雇凶者,才能有效遏制犯罪。但在具体量刑时,也要根据案件的不同情况,区别对待。

对于雇凶者与受雇者共同直接实施故意杀人、故意伤害犯罪行为的,应认定雇凶者为罪行最严重的主犯;雇凶者没有直接实施故意杀人、故意伤害犯罪行为,但参与了共同犯罪的策划,实施了具体组织、指挥行为的,对雇凶者也应认定为罪行最严重的主犯;雇凶者只是笼统提出犯意,没有实施具体组织、指挥行为,积极实施犯罪行为的受雇者可认定为罪行最严重的主犯;雇凶者雇佣未成年人实施故意杀人、故意伤害犯罪的,雇凶者为罪行最严重的主犯;对于多名受雇者地位、作用相当,责任相对分散,或者责任难以分清的,雇凶者应对全案负

责,应认定雇凶者为罪行最严重的主犯。

受雇者明显超出雇凶者授意范围,实施故意杀人、故意伤害犯罪,因行为过限,造成更严重危害后果的,应当以实际实施的行为承担刑事责任。

对于雇凶杀人、伤害只致一人死亡的案件,一般不宜同时判处雇凶者与受雇者死刑立即执行。对于案情特别重大,后果特别严重,确需判处两名以上被告人死刑立即执行的,要严格区分多名受雇者的地位、作用,根据其罪责和犯罪情节,一般可对雇凶者和其中罪行最严重的受雇者判处死刑立即执行。

五、关于被告人有自首、立功情节的死刑适用

自首和立功是刑法明确规定的、司法实践中适用较多的两种法定从轻或减轻处罚情节。对于具备这两种情节之一的,一般都应依法从轻处罚。对于具有自首、立功情节,同时又有累犯、前科等法定、酌定从重处罚情节的,要综合分析从重因素和从轻因素哪方面更突出一些,依法体现宽严相济的基本刑事政策。

对于被告人未自首,但被告人亲属协助抓获被告人,或者提供被告人犯罪的主要证据对定案起到重要作用等情况的,应作为酌定从宽情节,予以充分考虑。

对于具有犯罪后果特别严重、犯罪动机特别卑劣或者被告人为规避法律而自首等情形的,对被告人是否从轻处罚,要从严掌握。

对于罪该判处死刑的被告人具有立功表现的,是否从轻处罚,应当以该立功是否足以抵罪为标准。被告人确有重大立功表现的,一般应当考虑从轻处罚;被告人有一般立功表现,经综合考虑足以从轻的,也可以考虑对被告人从轻处罚;被告人亲属为使被告人得到从轻处罚,检举、揭发他人犯罪或者协助司法机关抓捕其他犯罪嫌疑人的,虽不能视为被告人立功,也可以作为酌定从宽情节考虑。对于黑社会性质组织犯罪的首要分子、犯罪集团的首要分子等,犯罪主体的特殊性决定了其有可能掌握他人较多的犯罪线索,即使其检举揭发与其犯罪有关联的人或事构成重大立功的,从轻处罚也要从严掌握。如果被告人罪行极其严重,只有一般立功表现,经综合考虑不足以从轻的,可不予从轻处罚。

六、正确把握民事赔偿与死刑适用的关系

对于因婚姻家庭、邻里纠纷等民间矛盾激化引发、侵害对象特定的故意杀人、故意伤害案件,如果被告人积极履行赔偿义务,获得被害方的谅解或者没有强烈社会反响的,可以依法从宽判处。对于那些严重危害社会治安的故意杀人、故意伤害案件,被告人积极赔偿,得到被害方谅解,依法从宽判处应当特别慎重。

要特别重视对故意杀人、故意伤害死刑案件的民事调解工作。一、二审法院要进一步加大调解力度,尽可能地促使当事人在一审达成调解协议。一审调解

不成的，二审法院仍然要做更多更细致的工作，将调解工作贯穿案件审理始终，避免因民事部分没有妥善处理而影响量刑、出现上访闹访。对于依法可以不判处被告人死刑的案件，要最大限度地促成双方当事人达成赔偿协议，取得被害方谅解。对于具有法定从轻情节，被害人有明显过错等依法不应当判处被告人死刑的案件，也不能因为被害方不接受赔偿或达不成调解协议而判处被告人死刑。对于因具有赔偿好等情节而不判处死刑的，裁判文书中应注意从被告人积极认罪、真诚悔罪、获得被害方谅解等角度充分阐释裁判理由，争取更好的社会效果。

要注意依法保护被害方的合法权益。被告人的犯罪行为造成被害人经济损失的，要依法判决被告人承担民事赔偿责任，不能因为判处被告人死刑而该赔的不赔。对于那些因被告人没有赔偿能力而得不到赔偿的，要通过国家救助制度，解决被害方因被告人的犯罪行为造成的暂时的生活、医疗困难，安抚被害人及其亲属，促进社会和谐。

七、正确对待被害方的诉求

要正确对待和慎重处理被害方反映强烈的案件。有的案件，无论一、二审法院是否判处被告人死刑，都可能会有当事人及其亲属对裁判结果不满，并通过上访闹访等各种途径给法院施加压力，严重影响社会和谐稳定。各级法院对此要引起高度重视，着力化解矛盾，避免因工作上的失误造成当事人自伤自残的后果，甚至引发群体性事件。

被害方对犯罪的社会危害性体会最深刻、感受最具体，这种感受、体会也是犯罪社会危害性的重要反映。但是，由于被害方与案件有利害关系，他们表达的诉求和意愿往往带有一定的感情色彩和情绪化的因素。对被害方的意愿既要充分地理解、尊重和考虑，又不能简单地把被害方的意愿等同于民意，要注意区分情况，慎重处理。对于被害方合法合理的诉求，要依法保护；对于超出法律规定的要求，要注意做好说服解释工作，尤其是对于依法不应当判处死刑的，不能因为被害方反应激烈就判处死刑。要注意工作方法和策略，着力化解矛盾，引导被害方采取理性合法的形式表达诉求，以维护法律权威、确保社会稳定。

要充分依靠当地党委和政府，认真做好当事人及其亲属的工作，妥善处理上访事件。在严格依法独立公正办案的同时，要把案件处理与解决纠纷、化解矛盾结合起来。对于因判处死刑或者不判处死刑，或者因民事部分处理不当而引发的缠讼、上访和群体性事件，要依靠党委，争取政府和有关部门的支持，耐心细致地做好教育、疏导、制止工作，最大程度地实现"案结事了"，最大程度地实现法律效果和社会效果的有机统一。

《最高人民法院、最高人民检察院、公安部、司法部关于依法办理家庭暴力犯罪案件的意见》(法发[2015]4号,节录)

发生在家庭成员之间,以及具有监护、扶养、寄养、同居等关系的共同生活人员之间的家庭暴力犯罪,严重侵害公民人身权利,破坏家庭关系,影响社会和谐稳定。人民法院、人民检察院、公安机关、司法行政机关应当严格履行职责,充分运用法律,积极预防和有效惩治各种家庭暴力犯罪,切实保障人权,维护社会秩序。为此,根据刑法、刑事诉讼法、婚姻法、未成年人保护法、老年人权益保障法、妇女权益保障法等法律,结合司法实践经验,制定本意见。

一、基本原则

1. 依法及时、有效干预。针对家庭暴力持续反复发生,不断恶化升级的特点,人民法院、人民检察院、公安机关、司法行政机关对已发现的家庭暴力,应当依法采取及时、有效的措施,进行妥善处理,不能以家庭暴力发生在家庭成员之间,或者属于家务事为由而置之不理,互相推诿。

2. 保护被害人安全和隐私。办理家庭暴力犯罪案件,应当首先保护被害人的安全。通过对被害人进行紧急救治、临时安置,以及对施暴人采取刑事强制措施、判处刑罚、宣告禁止令等措施,制止家庭暴力并防止再次发生,消除家庭暴力的现实侵害和潜在危险。对与案件有关的个人隐私,应当保密,但法律有特别规定的除外。

3. 尊重被害人意愿。办理家庭暴力犯罪案件,既要严格依法进行,也要尊重被害人的意愿。在立案、采取刑事强制措施、提起公诉、判处刑罚、减刑、假释时,应当充分听取被害人意见,在法律规定的范围内作出合情、合理的处理。对法律规定可以调解、和解的案件,应当在当事人双方自愿的基础上进行调解、和解。

4. 对未成年人、老年人、残疾人、孕妇、哺乳期妇女、重病患者特殊保护。办理家庭暴力犯罪案件,应当根据法律规定和案件情况,通过代为告诉、法律援助等措施,加大对未成年人、老年人、残疾人、孕妇、哺乳期妇女、重病患者的司法保护力度,切实保障他们的合法权益。

二、案件受理(略)

三、定罪处罚

16. 依法准确定罪处罚。对故意杀人、故意伤害、强奸、猥亵儿童、非法拘禁、侮辱、暴力干涉婚姻自由、虐待、遗弃等侵害公民人身权利的家庭暴力犯罪,应当根据犯罪的事实、犯罪的性质、情节和对社会的危害程度,严格依照刑法的有关规定判处。对于同一行为同时触犯多个罪名的,依照处罚较重的规定定罪处罚。

17.①依法惩处虐待犯罪。采取殴打、冻饿、强迫过度劳动、限制人身自由、

---

① 需要注意的问题有二:(1)关于虐待罪的入罪标准。结合司法实践经验,对虐待行为情节恶劣的情形进行了细化,规定以下四种情形可以认定为情节恶劣,以虐待罪定罪处罚:第一,虐待持续时间较长、次数较多的。起草过程中有意见提出,应当对虐待持续时间和次数进一步明确,但考虑到生活中虐待情形多种多样,有的持续时间长但次数并不多,有的持续时间短但次数却很频繁,不宜对时间和次数作绝对化规定,故最终没有采纳该种意见,只是将虐待时间和次数明确提出以作为入罪考量因素之一。但是应当指出,虐待时间和次数是反映虐待严重程度的重要体现,对于长达半年的隔三差五的虐待行为,显然应当认定为情节恶劣。第二,虐待手段残忍的。调研发现,生活中将被害人吊起来毒打,或者是采取针扎、烟头烫、开水浇等残忍手段实施虐待的并不少见。这类虐待行为严重悖离亲情伦理,往往造成极其恶劣的社会影响,应当依法惩处。第三,虐待造成被害人轻微伤或者患较严重疾病的。调研发现,一些虐待行为造成了被害人轻微伤,因未达到轻伤程度,无法以故意伤害罪论处,也没有以虐待罪处罚。事实上,依照《人体损伤程度鉴定标准》,虐待即使是造成轻微伤程度的损害后果,如外伤后听力减退、眼球损伤影响视力、肋软骨骨折、外伤性先兆流产等,危害也并非不严重,具有犯罪化处理的必要。同时,考虑到虐待罪的法定刑比故意伤害罪要低,以轻微伤作为入罪标准,与故意伤害罪以轻伤作为入罪标准,两罪的危害后果与法定刑设置能够大致匹配,合理衔接。至于虐待造成被害人患较严重疾病的规定,同样是基于从严处理该类虐待行为的需要。如长期逼迫被害人住在潮湿场所,造成被害人患严重风湿疾病、行走困难的。"较严重疾病"属于开放性用语,外延比较广泛,难以一一列举,具体认定时,一般可以从是否对被害人身体外观或器官功能造成较大影响、是否反复发作难以治愈、是否对生命健康具有较大危险、是否需要立即住院治疗等方面进行把握。第四,对未成年人、老年人、残疾人、孕妇、哺乳期妇女、重病患者实施较为严重的虐待行为的。认定较为严重的虐待行为,仍然需要从虐待的情节、手段、后果等方面综合判断,适当低于对其他家庭成员实施虐待构成犯罪的程度要求,这也是对未成年人等群体进行特殊保护原则的体现。此外,具体适用虐待罪时还需要注意以下两点:第一,多数情形下的虐待表现出经常性、一贯性的特征,但虐待并不限于经常性、一贯性的行为。如虐待手段残忍,或者虐待造成被害人轻微伤的,即使只实施了一次虐待,也有可能构成虐待罪。换言之,虐待罪不以虐待行为的经常性、一贯性为入罪要件。第二,应当准确区分虐待犯罪与因教育方法简单粗暴而打骂、体罚子女行为的界限。一般可以从起因上是否为了教育子女,主观上是出于虐待还是体罚的故意,手段上是否明显超过正常管教、约束的限度,后果上是否造成较为严重的身体损害等方面进行判断。(2)关于遗弃罪的入罪标准。对遗弃罪所要求的情节恶劣也进行了细化,规定以下四种情形可以认定为情节恶劣,以遗弃罪定罪处罚:第一,对被害人长期不予照顾、不提供生活来源的,表现为采取不作为方式遗弃家庭成员。如一(转下页)

恐吓、侮辱、谩骂等手段,对家庭成员的身体和精神进行摧残、折磨,是实践中较为多发的虐待性质的家庭暴力。根据司法实践,具有虐待持续时间较长、次数较多;虐待手段残忍;虐待造成被害人轻微伤或者患较严重疾病;对未成年人、老年人、残疾人、孕妇、哺乳期妇女、重病患者实施较为严重的虐待行为等情形,属于刑法第二百六十条第一款规定的虐待"情节恶劣",应当依法以虐待罪定罪处罚。

准确区分虐待犯罪致人重伤、死亡与故意伤害、故意杀人犯罪致人重伤、死亡的界限,要根据被告人的主观故意、所实施的暴力手段与方式、是否立即或者直接造成被害人伤亡后果等进行综合判断。对于被告人主观上不具有侵害被害人健康或者剥夺被害人生命的故意,而是出于追求被害人肉体和精神上的痛苦,长期或者多次实施虐待行为,逐渐造成被害人身体损害,过失导致被害人重伤或者死亡的;或者因虐待致使被害人不堪忍受而自残、自杀,导致重伤或者死亡的,属于刑法第二百六十条第二款规定的虐待"致使被害人重伤、死亡",应当以虐待罪定罪处罚。对于被告人虽然实施家庭暴力呈现出经常性、持续性、反复性的特点,但其主观上具有希望或者放任被害人重伤或者死亡的故意,持凶器实施暴力,暴力手段残忍,暴力程度较强,直接或者立即造成被害人重伤或者死亡的,应当以故意伤害罪或者故意杀人罪定罪处罚。

依法惩处遗弃犯罪。负有扶养义务且有扶养能力的人,拒绝扶养年幼、年老、患病或者其他没有独立生活能力的家庭成员,是危害严重的遗弃性质的家庭暴力。根据司法实践,具有对被害人长期不予照顾、不提供生活来源;驱赶、逼迫被害人离家,致使被害人流离失所或者生存困难;遗弃患严重疾病或者生活不能自理的被害人;遗弃致使被害人身体严重损害或者造成其他严重后果等情形,属

(接上页)些单亲父母不愿意抚养子女,便将子女推给其他亲属,自己长期不管不问,对子女不进行任何的生活照料。第二,驱赶、逼迫被害人离家,致使被害人流离失所或者生存困难的,表现为采取作为方式遗弃家庭成员。如一些子女将年迈体弱的父母赶出家门,致使父母露宿街头,靠捡拾垃圾和他人救济为生。第三,遗弃患严重疾病或者生活不能自理的被害人。这类情形是针对遗弃对象作出的规定。患严重疾病或者生活不能自理的被害人,对扶养人的依赖程度更高,一旦被遗弃,将面临生命健康的重大危险,故对这类情形有必要定罪处罚。第四,遗弃致使被害人身体遭受严重损害或者造成其他严重后果。这类情形是针对遗弃后果作出的规定,其中"身体遭受严重损害或者造成其他严重后果",一般指造成被害人轻伤以上,患严重疾病,或者饿死、冻伤等情形。参见杨万明、薛淑兰、唐俊杰:《〈关于依法办理家庭暴力犯罪案件的意见〉的理解与适用》,载中华人民共和国最高人民法院刑事审判第一、二、三、四、五庭主办:《中国刑事审判指导案例2》(增订第3版),法律出版社2017年版,第813页。

于刑法第二百六十一条规定的遗弃"情节恶劣",应当依法以遗弃罪定罪处罚。

准确区分遗弃罪与故意杀人罪的界限,要根据被告人的主观故意、所实施行为的时间与地点、是否立即造成被害人死亡,以及被害人对被告人的依赖程度等进行综合判断。对于只是为了逃避扶养义务,并不希望或者放任被害人死亡,将生活不能自理的被害人弃置在福利院、医院、派出所等单位或者广场、车站等行人较多的场所,希望被害人得到他人救助的,一般以遗弃罪定罪处罚。对于希望或者放任被害人死亡,不履行必要的扶养义务,致使被害人因缺乏生活照料而死亡,或者将生活不能自理的被害人带至荒山野岭等人迹罕至的场所扔弃,使被害人难以得到他人救助的,应当以故意杀人罪定罪处罚。

18.切实贯彻宽严相济刑事政策。对于实施家庭暴力构成犯罪的,应当根据罪刑法定、罪刑相适应原则,兼顾维护家庭稳定、尊重被害人意愿等因素综合考虑,宽严并用,区别对待。根据司法实践,对于实施家庭暴力手段残忍或者造成严重后果;出于恶意侵占财产等卑劣动机实施家庭暴力;因酗酒、吸毒、赌博等恶习而长期或者多次实施家庭暴力;曾因实施家庭暴力受到刑事处罚、行政处罚;或者具有其他恶劣情形的,可以酌情从重处罚。对于实施家庭暴力犯罪情节较轻,或者被告人真诚悔罪,获得被害人谅解,从轻处罚有利于被扶养人的,可以酌情从轻处罚;对于情节轻微不需要判处刑罚的,人民检察院可以不起诉,人民法院可以判处免予刑事处罚。

对于实施家庭暴力情节显著轻微危害不大不构成犯罪的,应当撤销案件、不起诉,或者宣告无罪。

人民法院、人民检察院、公安机关应当充分运用训诫、责令施暴人保证不再实施家庭暴力,或者向被害人赔礼道歉、赔偿损失等非刑罚处罚措施,加强对施暴人的教育与惩戒。

19.准确认定对家庭暴力的正当防卫。为了使本人或者他人的人身权利免受不法侵害,对正在进行的家庭暴力采取制止行为,只要符合刑法规定的条件,就应当依法认定为正当防卫,不负刑事责任。防卫行为造成施暴人重伤、死亡,且明显超过必要限度,属于防卫过当,应当负刑事责任,但是应当减轻或者免除处罚。

认定防卫行为是否"明显超过必要限度",应当以足以制止并使防卫人免受家庭暴力不法侵害的需要为标准,根据施暴人正在实施家庭暴力的严重程度、手段的残忍程度、防卫人所处的环境、面临的危险程度、采取的制止暴力的手段、造成施暴人重大损害的程度,以及既往家庭暴力的严重程度等进行综合判断。

20.①充分考虑案件中的防卫因素和过错责任。对于长期遭受家庭暴力后,在激愤、恐惧状态下为了防止再次遭受家庭暴力,或者为了摆脱家庭暴力而故意杀害、伤害施暴人,被告人的行为具有防卫因素,施暴人在案件起因上具有明显过错或者直接责任的,可以酌情从宽处罚。对于因遭受严重家庭暴力,身体、精神受到重大损害而故意杀害施暴人;或者因不堪忍受长期家庭暴力而故意杀害施暴人,犯罪情节不是特别恶劣,手段不是特别残忍的,可以认定为刑法第二百三十二条规定的故意杀人"情节较轻"。在服刑期间确有悔改表现的,可以根据其家庭情况,依法放宽减刑的幅度,缩短减刑的起始时间与间隔时间;符合假释条件的,应当假释。被杀害施暴人的近亲属表示谅解的,在量刑、减刑、假释时应当予以充分考虑。

四、其他措施

21.充分运用禁止令措施。人民法院对实施家庭暴力构成犯罪被判处管制或者宣告缓刑的犯罪分子,为了确保被害人及其子女和特定亲属的人身安全,可以依照刑法第三十八条第二款、第七十二条第二款的规定,同时禁止犯罪分子再次实施家庭暴力,侵扰被害人的生活、工作、学习,进行酗酒、赌博等活动;经被害人申请且有必要的,禁止接近被害人及其未成年子女。

22.告知申请撤销施暴人的监护资格。(略)

23.充分运用人身安全保护措施。人民法院为了保护被害人的人身安全,避免其再次受到家庭暴力的侵害,可以根据申请,依照民事诉讼法等法律的相关规定,作出禁止施暴人再次实施家庭暴力、禁止接近被害人、迁出被害人的住所等

---

① 起草过程中有意见提出,鉴于家庭暴力具有持续反复发生、不断恶化升级的特点,而且家庭暴力被害人在体力等方面往往处于弱势,不得不在家庭暴力实施之时放弃防卫,转而选择在某一次家庭暴力行为已经停止、新的家庭暴力行为还没有实施之际,趁施暴人不备或者处于困倦状态时突然反击,将施暴人致伤、致残甚至致死,以此剥夺施暴人继续侵害的能力,保全自己的人身安全,只要没有超过正当防卫的必要限度,也应当认定为正当防卫。对于该种意见,经研究认为,澳大利亚等国确有相关判例认定上述情形属于正当防卫,但我国刑法关于正当防卫的时间要件非常明确,必须针对正在进行的不法侵害,而上述情形毕竟是在家庭暴力间歇期间实施,超出了刑法关于正当防卫的时间要求,而且实务中认定家庭暴力必然将要发生确实存在较大难度,故最终没有采纳该种意见,而是将上述情形作为重要的酌定从宽处罚情节。参见杨万明、薛淑兰、唐俊杰:《〈关于依法办理家庭暴力犯罪案件的意见〉的理解与适用》,载中华人民共和国最高人民法院刑事审判第一、二、三、四、五庭主办:《中国刑事审判指导案例2》(增订第3版),法律出版社2017年版,第813页。

内容的裁定。对于施暴人违反裁定的行为，如对被害人进行威胁、恐吓、殴打、伤害、杀害，或者未经被害人同意拒不迁出住所的，人民法院可以根据情节轻重予以罚款、拘留；构成犯罪的，应当依法追究刑事责任。

24. 充分运用社区矫正措施。社区矫正机构对因实施家庭暴力构成犯罪被判处管制、宣告缓刑、假释或者暂予监外执行的犯罪分子，应当依法开展家庭暴力行为矫治，通过制定有针对性的监管、教育和帮助措施，矫正犯罪分子的施暴心理和行为恶习。

25. 加强反家庭暴力宣传教育。（略）

《最高人民法院、最高人民检察院、公安部关于依法惩治袭警违法犯罪行为的指导意见》（公通字〔2019〕32号）第三条、第六条对袭警适用故意伤害罪、故意杀人罪作了指引性规定。（→参见第二百七十七条评注部分，第1365、1366页）

《最高人民法院、最高人民检察院、公安部关于办理涉窨井盖相关刑事案件的指导意见》（高检发〔2020〕3号）第三条对涉窨井盖刑事案件适用故意伤害罪、故意杀人罪作了指引性规定。（→参见第一百一十七条评注部分，第432页）

《最高人民法院、最高人民检察院、公安部关于依法办理"碰瓷"违法犯罪案件的指导意见》（公通字〔2020〕12号）第七条对"碰瓷"案件适用故意杀人罪、故意伤害罪、过失致人死亡罪、过失致人重伤罪作了指引性规定。（→参见第二百六十六条评注部分，第1292页）

刑参案例规则提炼

《王勇故意杀人案——被害人有严重过错的杀人案件应如何处理》（第19号案例）、《宋有福、许朝相故意杀人案——农村邻里纠纷引发的故意不明确的侵犯人身权利案件如何定性》（第35号案例）、《刘加奎故意杀人案——因民间矛盾激化引发且被害人有一定过错的案件如何适用死刑》（第43号案例）、《杨政锋利用交通工具故意杀人案——驾车故意挤占车道致使追赶车辆车毁人亡的行为如何定性》（第50号案例）、《梁小红故意杀人案——对故意杀人后为掩盖罪行而写信勒索钱财并恐吓他人的行为应如何定性》（第105号案例）、《官其明故意杀人案——如何判定行为人的犯罪故意》（第344号案例）、《贾淑芳故意杀人案——在被害方有明显过错的杀人案件中对被告人一般不应判处死刑立即执行》（第362号案例）、《吴江故意杀人案——如何处理因恋爱矛盾激化引发的故意杀人犯罪》（第474号案例）、《颜克于等故意杀人案——"见死不救"能否构成犯罪》（第475号案例）、《张俊杰故意杀人案——同事间纠纷引发的杀人案件应慎用死刑》(第511号案例)、《胡忠、胡学飞、童峰峰故意杀人案——如何确定雇凶者与受雇者的罪责》(第555号案例)、《刘宝利故意杀人案——如何认定被害人过错》(第556号案例)、《姚国英故意杀人案——因长期遭受虐待和家庭暴力而杀夫能否认定为故意杀人罪中的"情节较轻",对此类故意杀人犯能否适用缓刑》(第647号案例)、《覃玉顺强奸、故意杀人案——对罪行极其严重的故意杀人未遂犯,能否适用死刑立即执行》(第657号案例)、《刘祖枝故意杀人案——提供农药由丈夫自行服下后未采取任何救助措施,导致丈夫中毒身亡的,如何定罪处罚》(第746号案例)、《张某故意杀人案——如何在近亲属之间的杀人犯罪案件中贯彻宽严相济刑事政策和体现罪责刑相适应》(第761号案例)、《邓明建故意杀人案——对直系亲属间帮助自杀的行为如何定性处罚》(第810号案例)、《乐燕故意杀人案——具有抚养义务的人,因防止婴幼儿外出将婴幼儿留置在与外界完全隔绝的房间,为了满足其他欲求而放任婴幼儿死亡危险的,如何定罪处罚》(第992号案例)、《万道龙等故意杀人案——拒不履行扶养义务,将出生不久的女婴遗弃在获救希望渺茫的深山野林的,如何定性》(第993号案例)、《孙连义故意杀人案——如何把握投毒案件中的证据确实、充分标准以及投毒后造成目标之外他人死亡发生的,如何定性》(第1005号案例)、《李万华故意杀人、盗窃案——对无法排除其他人作案可能的案件能否核准死刑》(第1024号案例)、《张静故意杀人案——玩"危险游戏"致人死亡案件中行为人主观心态的认定》(第1045号案例)、《吴某某、郑某某故意杀人案——被告人因本人及家人长期遭受被害人家庭暴力而不堪忍受,在被害人再次实施家庭暴力时杀害被害人,能否认定为故意杀人罪情节较轻的情形》(第1124号案例)、《郭光伟、李涛抢劫案——共同致一人死亡的案件中,如何认定罪责最严重的主犯》(第1224号案例)、《被告人胡方权故意杀人、非法拘禁案——对严重危害社会治安和影响人民群众安全感的犯罪,应慎重把握被告人亲属代为赔偿情节对被告人量刑的影响》(第1239号案例)、《张士禄故意杀人案——对于依法可以不核准死刑但被害方强烈要求核准死刑的案件如何裁判》(第1240号案例)、《张保林故意杀人案——民间矛盾引发的死刑案件中,如何做好民事调解工作化解矛盾》(第1241号案例)、《张志明故意杀人案——概括故意下实施的连续行为可认定为一罪》(第1243号案例)、《陈锦国故意杀人案——对暴力抗拒行政执法致死案件,如何判定被害人是否有过错》(第1254号案例)、《白云江、谭蓓蓓故意杀人、抢劫、强奸案——共同故意杀人犯罪中各被告人地位、作用的区分》(第1256号案例)、《崔小虎故意杀人案——被告人始终供述伙同他人作案,且在案证据不排除他人参与共同犯罪的,能否对其适用死刑》(第1257号案例)、《张洁清故意杀人案——故意杀人犯罪事实清楚,但不能排除其行为具有防卫性质的,能否适用死刑》(第1258号案例)、《陈君宏故意杀人案——船舶碰撞发生船只倾覆、船员落水的后果,肇事责任人能够救助而不救助,逃离现场致使落水船员死亡的能否认定为故意杀人罪》(第1285号案例)、《余正希故意伤害案——被害人过错的认定标准》(第1368号案例)、《叶得利、孙鹏辉故意杀人、孙鹏辉窝藏案——网络雇凶杀人案件中罪责最为严重主犯的认定及死刑适用》(第1454号案例)、《许铁贤故意杀人案——先行行为导致他人生命危险,阻止救助,其行为构成故意杀人罪》(第1484号案例)所涉规则提炼如下:

1. **故意杀人"情节较轻"的判定规则**。理论界和实务界通常将以下情形视为"情节较轻":(1)防卫过当的故意杀人,指正当防卫超过必要限度而故意将不法侵害者杀死的情形。(2)义愤杀人,指行为人或者其近亲属受被害人的虐待、侮辱或迫害,因不能忍受,为摆脱所受的虐待、侮辱、迫害而实施故意杀人的行为。(3)激情杀人,即本无杀人故意,因被害人的严重过错,在被害人的刺激、挑逗下而失去理智,当场实施故意杀人的行为。(4)受嘱托帮助他人自杀,即基于被害人的请求、自愿帮助其自杀的行为。(5)生父母溺婴,即父母出于无力抚养、怜悯等不太恶劣的主观动机而将亲生婴儿杀死的行为。"受虐杀夫的犯罪行为,从杀人原因和审判效果两方面分析,应当认定被害人存在严重过错,该类杀人行为属于故意杀人罪中的'情节较轻'情形。"(第647号案例)"对于激情杀人或者义愤杀人等情形,能否认定为'情节较轻',通常要考虑以下几个因素:一是被告人的主观恶性,包括被害人在案发起因上是否有重大过错、被告人犯罪动机是否卑劣等;二是杀人手段属于一般还是残忍,如以特别残忍手段杀人,则通常不宜认定为情节较轻;三是犯罪后果是否严重,如导致二人以上死亡的严重后果,通常不能认定为情节较轻;四是被害方及社会公众特别是当地群众对被告人行为作出的社会评价。"此外,"需要注意以下两点:第一,对此类案件,并非……本人受到严重虐待才可认定为情节较轻……第二,对于涉及严重家庭暴力的故意杀人案件,卑亲属杀害尊亲属并不是认定情节较轻的障碍。"(第1124号案例)

2. **故意杀人后行为的定性规则**。杀害过程中,在被害人昏迷后,将被害人"丢弃于水沟中,并不是杀人行为的中止,而是在他主观上认为王刚已死亡的情况下实施的抛'尸'行为,这并不改变其杀人的性质"。(第105号案例)

3. **主观故意的认定规则**。"要考虑一般人(合理的人)的情况,以一般人(合理的人)能否认识为标准作出基础性的判断,然后根据行为人的具体情况进行修正。""本案中,被告人……用手捂被害人口鼻和掐被害人的脖子的行为,必然会使被害人窒息并导致被害人死亡,这是生活的常识,社会的一般人都能预见。被告人……作为心智健全、具有完全刑事责任能力的成年人,与常人无异,也必然能预见到该结果。"(第344号案例)"出于玩乐、追求刺激的心态与被害人相约进行具有一定人身危险性的游戏,但在游戏过程中不顾被害人激烈挣扎、呼救等异常反应,仍继续进行游戏,放任被害人死亡结果的发生,其行为构成(间接)故意杀人罪。"(第1045号案例)间接故意与过于自信的过失,"二者区分的关键在于是否违背行为人的意愿"。行为人对他人的死亡持无所谓、放任态度的,应当认定为(间接)故意杀人罪。(第1005号案例)

4. **不作为故意杀人的判定规则**。"因故追打被害人……的过程中导致……落入珠江,在明知……面临生命危险的情况下,不仅没有采取救助措施,反而伙同他人阻吓……靠岸自救及他人施救,最终发生了……溺水死亡的结果,其行为构成故意杀人罪。"(第1484号案例)"在一般情况下,'见死不救'只是道德谴责的对象,不属于刑法评价的范畴;但在特殊情况下,'见死不救'也会成为刑法评价的对象,'见死不救'者亦要承担刑事责任。特殊情况指的是,当'见死'者负有法律上防止他人死亡的义务时,有能力防止他人死亡结果的发生,却不采取措施防止他人死亡结果的发生,以至于他人死亡的,应当承担刑事责任,其实质就是刑法理论上的不作为犯罪。""因怀疑……偷窃自行车而殴打","……自己跳入河中溺水死亡,三被告人未采取救助措施即'见死不救'",构成故意杀人罪。(第475号案例)"与车辆肇事不同,船舶碰撞一旦造成船员落水,船员的生命当即处于现实危险境地,肇事方不予救助的'逃逸行为'使落水船员失去获救的机会,放任了落水船员死亡后果的发生,认定为故意杀人罪符合刑法理论及相关司法解释的规定。"(第1285号案例)

5. **帮助杀人行为的定性规则**。"如果帮助者主观上明知他人有强烈的自杀倾向,客观上仍通过言行进一步强化他人自杀的决意,并提供自杀工具或者帮助他人完成自杀行为的,应当认定帮助行为与他人死亡后果之间具有刑法上的因果关系,对帮助者应当以故意杀人罪追究刑事责任。"(第746号案例)"帮助自杀的行为虽然系在……的请求下实施,但由于其侵害的生命权超过了被害人承诺可处分的范围,故不能排除其行为的刑事违法性,仍然构成犯罪。"(第810号案例)

6. **杀害近亲属案件的处理规则**。"作案手段十分残忍,犯罪意志十分坚决,危害后果十分严重,以一般故意杀人犯罪论,应当判处……死刑立即执行。然而,本案具有诸多特殊之处:犯罪发生在近亲属之间;诱发案件发生的原因较为复杂;被害人存在一定过错;被告人犯罪时刚满十九周岁,刚过可以判处死刑的年龄;其社会危害性、对社会公众安全感的影响均与严重危害社会治安犯罪有所不同。对于上述特殊情况,要客观、全面、综合把握,以贯彻落实宽严相济刑事政策,科学体现罪责刑相适应原则。"(第761号案例)

7. 因民间矛盾激化引发的故意杀人案件的处理规则。"因邻里纠纷引起的杀人案件,虽然也属于危害严重的案件,但同那些因劫财、奸情等杀人的案件还是有区别的","造成被害人死亡的……还不能简单地仅从造成被害人死亡后果上考虑判处……死刑立即执行,还要综合考虑案件的全部情况"。(第35号案例)"对因恋爱矛盾激化引发的故意杀人案件,可以参照因婚姻家庭矛盾激化引发的故意杀人案件予以处理",适用死刑时要特别慎重。"对于因恋爱矛盾引发的故意杀人案件适用死刑标准的考量因素,主要有以下两个方面:一是产生矛盾的原因是否可以归责于被害人,即被害人一方是否有明显过错或对矛盾激化负有直接责任……二是行为人是否具有法定或酌定从轻处罚的情节。"(第474号案例)"民间纠纷,包括但不限于邻里纠纷,也包括那些因为工作、生活等矛盾引起的纠纷;也不限于农村的民间纠纷,城市中发生的民间纠纷也可以适用。"(第511号案例)"因民间矛盾激化引发且被害人有一定过错的案件",一般不应当判处死刑立即执行。(第43号案例)

8. 被害人过错的认定规则。"刑法意义上的被害人过错,是指被害人出于主观上的过错实施了错误或不当的行为,且该行为违背了法律或者社会公序良俗、伦理规范等,侵犯了被告人的合法权益或其他正当利益,客观上激发了犯罪行为的发生。"(第1368号案例)"被害人过错需要具备的条件主要有:1. 过错方系被害人,被告人的犯罪行为针对的必须是有过错行为的被害人。2. 被害人必须出于故意……单纯的过失行为或者不可归咎于被害人的其他行为,不能认定为被害人过错。3. 被害人须实施了较为严重的违背社会伦理或违反法律的行为……4. 被害人的过错行为须侵犯了被告人的合法权利或者正当利益。'合法权利'是法律明确规定予以保护的利益,'正当利益'一般是指法律虽未明文规定,但根据社会伦理为公众赞许或认可的利益……5. 被害人的过错行为须引起被告人实施了犯罪行为或者激化了加害行为的危害程度。""确认被害人过错时,不仅要分析是否具备以上五点,还应当全面考察案件的来龙去脉、发案背景,具体情况具体分析,不可简单套用。"(第556号案例)对暴力抗拒行政执法的故意杀人、妨害案件,需要在查清案件起因的基础上,准确分析被害人有无过错。具体而言,"可以从以下几方面分析被害人有无过错问题。(一)行政管理的目的与动机是否正当……(二)行政强制程序是否规范……(三)暴力抗法行为是否具有防卫因素"。(第1254号案例)"被害人对引发犯罪有过错,属于对被告人酌定从轻处罚情节。在处理具体案件时,是否从轻处罚,要根据案件的具体情况确定。"(第19号案例)"在被害方有明显过错的杀人案件中对被告人一般不应判处死刑立即执行。"(第362号案例)

9. **共同杀人、伤害案件的处理规则。**"实践中,应从雇凶者和受雇者在共同犯罪中的地位和作用着手,准确认定罪责最为严重者。"(第1454号案例)"在雇凶杀人、伤害致一人死亡的案件中,一般不宜同时判处雇凶者与受雇者死刑立即执行,应根据雇凶犯罪的不同情况,准确认定罪责最严重的主犯。""一般而言,下列情形也可以认定雇凶者是罪责最严重的主犯:(1)雇凶者不仅雇用他人犯罪,而且与受雇者共同直接实施;(2)雇凶者虽没有直接实施犯罪,但参与了共同犯罪的策划,实施了具体组织、指挥行为的;(3)雇凶者雇用未成年人实施犯罪的;(4)多名受雇者地位作用相当,责任相对分散或者责任难以分清,雇凶者应对全案负责,应认定雇凶者为罪责最严重的主犯。""一般而言,下列情形可以认定受雇者是罪责最严重的主犯:(1)雇凶者只是笼统提出犯意,没有实施组织、指挥行为,而系受雇者积极主动实施杀人、伤害行为的;(2)受雇者明显超出雇凶者授意范围实施故意杀人、故意伤害犯罪,因行为过限造成更严重危害后果的。"(第1224号案例)"雇凶者与受雇者在个案中的罪责大小不能简单地一概而论,应当结合案情具体分析。""雇凶犯罪不外乎有两种形式:一是'只动口不动手'的情形,二是'既动口又动手'的情形。一般而言,对于'只动口不动手'的雇凶者,虽然从直接造成危害结果角度考虑,其作用一般比实施犯罪行为的受雇者要小,但作为这一罪行的始作俑者,是引发整个犯罪的根源和幕后主使,从这一角度看,其主观恶性要比实行犯更大,地位作用也比受雇者更重要,因此,并不能因为'只动口不动手'而简单减轻雇凶者的罪责;对于'既动口又动手'的雇凶者,其既是犯意提起者,又是行为实施者,一般而言,其罪责显然要比受雇者重。"(第555号案例)

10. **故意杀人罪与其他犯罪的界分规则。**"为逃避交管部门的检查,阻挡追赶的交警超车,用挤占车道的办法将被害人……驾驶的小汽车逼向路边与树木相撞,同时造成车辆毁损、人员伤亡两种后果","行为时针对的只是追赶的小汽车,使之无法超车,以逃避处罚,因而不符合破坏交通工具罪侵害的客体必须是公共安全的要求。被告人的行为对象是特定的,行为的危害后果也是特定的,故不能以破坏交通工具罪定罪处罚",而是构成故意杀人罪。(第50号案例)"区分遗弃罪与以遗弃方式的故意杀人罪的关键点在于:行为人实施遗弃行为时,其是否考虑并给予了被害人获得救助的机会。如果是,则可以遗弃罪定罪;否则,应当以故意杀人罪来定罪。"因此,"拒不履行扶养义务,将出生不久的女婴遗弃在获救希望渺茫的深山野林的",构成故意杀人罪。(第993号案例)"具有抚养义务的人,因防止婴幼儿外出将婴幼儿留在与外界完全隔绝的房间,为了满足其他欲求而放任婴幼儿死亡危险的,应当以故意杀人罪定性。"(第922号案例)

11.故意杀人罪的罪数处断规则。"在短时间内持刀连续刺、扎两名被害人,致一人死亡、一人轻伤……虽导致两种危害结果,但宜认定为故意杀人罪一罪,轻伤结果可作为量刑情节考虑。"(第1243号案例)

12.故意杀人案件的死刑适用规则。"在共同故意杀人犯罪中,有两名以上主犯的,应进一步细分其地位、作用。""如果仅致一人死亡又依法应当判处死刑的,原则上不能同时判处两名被告人死刑。"(第1256号案例)"决定对雇凶者是否适用死刑时应以案中情节为主兼顾案外情节。"(第1454号案例)"被告人始终供述伙同他人作案,且在案证据不能排除他人参与共同犯罪",不宜判处死刑立即执行。(第1257号案例)"被告人故意杀人的事实清楚,但在案证据不能排除其行为存在防卫性质的可能","以本案部分事实不清、证据尚不够确实、充分为由,依法作出不核准……死刑的刑事裁定"。(第1258号案例)"在死刑复核过程中发现新的证据,无法排除第三人作案可能,且全案主要依靠言词证据定案,没有力的客观性证据的,应当认定证据无法达到死刑案件的标准,不予核准死刑。"(第1024号案例)"犯罪未遂只是'可以'并非'应当'比照既遂犯从轻或者减轻处罚……虽然故意杀人未遂,但其作案动机卑劣,犯罪手段极其残忍,情节极其恶劣,对被害人……的身心造成了极大伤害,当地群众强烈要求严惩,应以故意杀人罪判处死刑。"(第657号案例)"对严重危害社会治安和影响人民群众安全感的犯罪,被告人亲属代为赔偿,被害人亲属表示接受,予以谅解",经综合考量从严和从宽情节,认为尚不足以对被告人从轻处罚,故依法核准被告人的死刑。(第1239号案例)"对因民间矛盾激化引发,被害方在案发前负有一定责任,但被害方要求判处死刑的情绪特别激烈的案件","对依法可不判处死刑立即执行的案件,应当妥善处理被害方要求严惩的意愿与严格控制和慎重适用死刑政策之间的关系","绝不能作出违反法律政策的判决"。(第1240号案例)"审理民间矛盾引发的故意杀人案件,要根据案件具体情况,有的放矢做好民事调解工作,达到法律效果和社会效果的统一。"(第1241号案例)

第二百三十三条 【过失致人死亡罪】过失致人死亡的,处三年以上七年以下有期徒刑;情节较轻的,处三年以下有期徒刑。本法另有规定的,依照规定。

立法沿革

本条系 1997 年《刑法》吸收修改 1979 年《刑法》作出的规定。1979 年《刑法》第一百三十三条规定:"过失杀人的,处五年以下有期徒刑;情节特别恶劣的,处五年以上有期徒刑。本法另有规定的,依照规定。"1997 年《刑法》对罪状作了修改,并调整法定刑。

司法解释

《最高人民法院关于审理交通肇事刑事案件具体应用法律若干问题的解释》(法释〔2000〕33 号)第八条第二款对公共交通管理的范围外交通工具肇事适用过失致人死亡罪作了规定。(→参见第一百三十三条评注部分,第 514 页)

规范性文件

《最高人民法院、最高人民检察院、公安部关于办理涉窨井盖相关刑事案件的指导意见》(高检发〔2020〕3 号)第三条、第十条对涉窨井盖刑事案件适用过失致人重伤罪、过失致人死亡罪作了指引性规定。(→参见第一百一十七条评注部分,第 432、433 页)

《最高人民法院、最高人民检察院、公安部关于依法办理"碰瓷"违法犯罪案件的指导意见》(公通字〔2020〕12 号)第七条对"碰瓷"案件适用故意杀人罪、故意伤害罪、过失致人死亡罪、过失致人重伤罪作了指引性规定。(→参见第二百六十六条评注部分,第 1292 页)

刑参案例规则提炼

《洪志宁故意伤害案——故意伤害行为导致被害人心脏病发作猝死的如何量刑》(第 389 号案例)、《蒋勇、李刚过失致人死亡案——如何区分共同间接故意杀人与过失致人死亡》(第 450 号案例)、《陈玲、程刚故意伤害案——父母为教育孩子而将孩子殴打致死的如何定罪量刑》(第 567 号案例)、《肖某过失致人死亡案——对家长体罚子女致子女死亡的行为如何定罪处罚》(第 996 号案例)、《都某过失致人死亡案——实施一般殴打导致特异体质被害人死亡的行为如何定性》(第 1079 号案例)、《张润博过失致人死亡案——轻微暴力致人死亡案件如何定性》(第 1080 号案例)所涉规则提炼如下:

1. 过于自信的过失致人死亡与间接故意杀人的界分规则。"关键仍然是查清行为人主观上对于造成他人死亡结果的心理态度,即希望避免还是持放任态度。遇到这类案件时,应着重从以下两方面审查:一是搞清双方关系,双方是否有明显矛盾,矛盾是否达到了行为人希望对方死亡的程度,这是确定行为人是否存在造成对方死亡结果的主观故意问题的关键;二是根据案发时的现场情况,结合行为人感知能力及当时状况,判断当时是否确实存在可能避免死亡结果发生的主客观条件,这种客观条件的存在是否明显,是判断行为人对避免死亡结果发生的主客观条件是否过于自信的重要依据。"(第450号案例)

2. 轻微暴力导致特异体质被害人死亡行为的处理规则。①"在一般争执和殴打致人死亡案件中,被告人的行为并未直接造成被害人轻伤以上的后果,而是因被害人原有病症发作等复杂因素导致死亡,因果关系方面具有'多因一果'的特征,死亡结果具有某种程度的偶发性,对此种情形以过失致人死亡罪定罪处罚更能获得社会认同。"(第1079号案例)"从实践来看,多数拳打脚踢等轻微殴打行为致人死亡的案件中,被告人的行为并未直接造成被害人轻伤以上的后果,而是多因被害人倒地磕碰或者原有病症发作等复杂原因导致死亡,类似于民间的'失手打死人'情形,将此认定过失致人死亡罪,更易为社会公众接受。""值得注意的是,轻微暴力致人死亡的案件较为复杂……还有行为人意图摆脱被害人控制或拉扯而实施的强力甩手、转身等防御行为造成他人倒地磕碰或引起原有病症发作死亡的情况。一般而言,后者的危险性较小,有的属于本能之举,亦可能不以犯罪论处,除非争执发生在马路边、行进的公共交通工具中等极易摔倒磕碰的场合或者对年老体弱者及幼童等特殊对象实施。此外,虽然是采用拳打脚踢掌推等徒手方式殴打被害人,但打击没有节制或者当时场所特殊而具有高度危险性的,如长时间殴打,或者在楼梯口、车辆穿行的马路边猛推、追赶被害人的,在一定情况下也可以认定行为人具有伤害故意。"(第1080号案例)"被告人主观上具有伤害他人身体的故意,客观上实施了伤害他人的行为,虽然致人死亡

---

① 本评注认为,对于殴打行为并未造成被害人轻伤及以上程度的损伤,仅系被害人死亡的诱发因素,而被害人的自身疾病系其死亡的直接原因的案件,究竟是认定故意伤害罪还是过失致人死亡罪,应当在综合考察打击的方式、部位、强度、对象、持续时间等因素基础上,判断行为人的行为是否可能造成轻伤以上的伤害后果。尽管客观上未造成轻伤以上的伤害后果,但存在这样的现实可能的,也应当以故意伤害罪论处。例如,行为人先后使用现场地面的电缆线及拳脚攻击对方,击打年逾五十岁的被害人的头、面部及胸部等部位,致被害人倒地后仍骑在被害人身上继续殴打,导致被害人送医后经抢救无效死亡。行为人的殴打行为并未造成被害人轻伤及以上程度的损伤,仅系引发被害人死亡的诱发因素,被害人的自身疾病系其死亡的直接原因。综合案件情况来看,被告人对被害人实施了较长时间、无节制、力度较轻的殴打行为,故本案在定性上适用故意伤害罪似无明显不妥。

的后果超出其本人主观意愿,但符合故意伤害致人死亡的构成要件。"(第389号案例)

3. **家长体罚子女致子女死亡行为的处理规则**。"对于家长体罚致子女死亡的案件……应从以下几方面,在考察客观行为的基础上,结合动机和案发后的表现来分析研判被告人的主观意图,最终准确定性。首先,考察客观行为特征……其次,查明案发起因及家庭环境……最后,分析案发后行为。""在综合前述三方面予以判断的基础上,尤其要注重对实行行为特征的考察,此系定性的最重要因素……对出于恶意动机而以较大强度暴力殴打子女,导致子女伤亡的,无疑应认定为故意伤害罪甚至故意杀人罪。对于因管教目的实施体罚,发现子女伤亡后积极施救的,虽然从情理上分析,一般可反映出行为人不追求故意伤害的结果,但不能一概对具有类似情节的均认定为过失致人死亡罪,还应结合客观行为分情况处理:(1)在行为人动机无恶意,造成伤亡后果后悔罪救助的前提下,若体罚子女的手段毫无节制,大大超出了年幼子女所能承受的程度,足以造成重伤或死亡后果的,就不排除认定行为人主观上对伤害结果具有间接故意,从而认定为故意伤害罪……(2)在无恶意动机且案后悔罪救助的前提下,如果体罚子女只是一般的轻微殴打行为,本不足以导致轻伤以上后果,但由于被害人自身隐性体质问题或者其他偶然因素介入导致重伤或死亡的情况下(如被害人患有心脏疾病受激下致心功能衰竭,或掌推被害人跌倒后磕碰石块),若行为人对此并不明知,则一般应认定为过失致人死亡;即使行为人知道被害人有疾病,但若之前曾有过轻微的打骂行为并未造成被害人身体伤害,而案发时类似的行为却发生了伤亡后果(如被害人该段时间感染心肌炎,行为人的强烈呵斥或轻微击打导致其心梗死亡),则无法认定行为人具有追求和放任危害结果发生的意图,通常也认为构成过失致人死亡。"(第996号案例)"系教子过程中一时冲动,当场使用暴力,失手将孩子打死,其主观上具有伤害故意,客观上实施了伤害致死的行为,故应以故意伤害罪追究……被告人的刑事责任。""在教育子女过程中的暴力行为造成犯罪的,量刑时应充分考虑其动机、对象、后果等方面的特殊性。"(第567号案例)

4. **共同过失致人死亡案件的处理规则**。对于共同过失犯罪案件,"按照我国现行刑法规定,不能以共同犯罪论处,只能对他们分别定罪处罚"。因此,对于共同过失致人死亡案件,"根据两被告人各自的过失行为对于被害人死亡结果的责任程度,分别对二人以过失致人死亡罪定罪处罚是恰当的"。(第450号案例)

第四章 侵犯公民人身权利、民主权利罪 1091

第二百三十四条 【故意伤害罪】故意伤害他人身体的,处三年以下有期徒刑、拘役或者管制。

犯前款罪,致人重伤的,处三年以上十年以下有期徒刑;致人死亡或者以特别残忍手段致人重伤造成严重残疾的,处十年以上有期徒刑、无期徒刑或者死刑。本法另有规定的,依照规定。

立法沿革

本条系1997年《刑法》吸收1979年《刑法》作出修改后的规定。1979年《刑法》第一百三十四条规定:"故意伤害他人身体的,处三年以下有期徒刑或者拘役。""犯前款罪,致人重伤的,处三年以上七年以下有期徒刑;致人死亡的,处七年以上有期徒刑或者无期徒刑。本法另有规定的,依照规定。"《全国人民代表大会常务委员会关于严惩严重危害社会治安的犯罪分子的决定》(1983年9月2日起施行)对"故意伤害他人身体,致人重伤或者死亡,情节恶劣的,或者对检举、揭发、拘捕犯罪分子和制止犯罪行为的国家工作人员和公民行凶伤害的"规定"可以在刑法规定的最高刑以上处刑,直至判处死刑"。1997年《刑法》对故意伤害罪的法定刑作了调整,限制故意伤害罪的死刑适用。

相关规定

《中华人民共和国治安管理处罚法》(修正后自2013年1月1日起施行,节录)

第四十三条 殴打他人的,或者故意伤害他人身体的,处五日以上十日以下拘留,并处二百元以上五百元以下罚款;情节较轻的,处五日以下拘留或者五百元以下罚款。

有下列情形之一的,处十日以上十五日以下拘留,并处五百元以上一千元以下罚款:

(一)结伙殴打、伤害他人的;

(二)殴打、伤害残疾人、孕妇、不满十四周岁的人或者六十周岁以上的人的;

(三)多次殴打、伤害他人或者一次殴打、伤害多人的。

司法解释

《最高人民法院、最高人民检察院关于办理危害生产安全刑事案件适用法律若干问题的解释》(法释〔2015〕22号)第十条对在安全事故发生后相关行为

适用故意杀人罪或者故意伤害罪作了规定。(→参见第一百三十四条评注部分,第545页)

《最高人民法院、最高人民检察院关于办理组织、利用邪教组织破坏法律实施等刑事案件适用法律若干问题的解释》(法释〔2017〕3号)第十一条对组织、利用邪教组织,制造、散布迷信邪说,组织、策划、煽动、胁迫、教唆、帮助其成员或者他人实施自杀、自伤的行为适用故意杀人罪或者故意伤害罪作了规定。(→参见第三百条评注部分,第1576页)

《最高人民法院、最高人民检察院关于办理组织、强迫、引诱、容留、介绍卖淫刑事案件适用法律若干问题的解释》(法释〔2017〕13号)第十二条对致使他人感染艾滋病病毒的行为规定适用故意伤害罪作了规定。(→参见第三百五十八条评注部分,第2028页)

《最高人民法院、最高人民检察院关于办理强奸、猥亵未成年人刑事案件适用法律若干问题的解释》(法释〔2023〕3号)第十条规定实施猥亵未成年人犯罪,造成被害人轻伤以上后果,同时构成故意伤害罪、故意杀人罪的,依照处罚较重的规定定罪处罚。(→参见第二百三十六条评注部分,第1112页)

规范性文件

《全国法院维护农村稳定刑事审判工作座谈会纪要》(法〔1999〕217号)"二""(一)关于故意杀人、故意伤害案件"对故意杀人罪与故意伤害罪的界分作了规定。(→参见总则第四章标题评注部分,第186页)

《公安机关办理伤害案件规定》(公通字〔2005〕98号,节录)

第二十九条 根据《中华人民共和国刑法》第十三条及《中华人民共和国刑事诉讼法》第十五条第一项①规定,对故意伤害他人致轻伤,情节显著轻微、危害不大,不认为是犯罪的,以及被害人伤情达不到轻伤的,应当依法予以治安管理处罚。

第三十条 对于因民间纠纷引起的殴打他人或者故意伤害他人身体的行为,情节较轻尚不够刑事处罚,具有下列情形之一的,经双方当事人同意,公安机关可以依法调解处理:

(一)亲友、邻里或者同事之间因琐事发生纠纷,双方均有过错的;

(二)未成年人、在校学生殴打他人或者故意伤害他人身体的;

---

① 现为第十六条第一项。——本评注注

(三)行为人的侵害行为系由被害人事前的过错行为引起的；
(四)其他适用调解处理更易化解矛盾的。
第三十一条 有下列情形之一的，不得调解处理：
(一)雇凶伤害他人的；
(二)涉及黑社会性质组织的；
(三)寻衅滋事的；
(四)聚众斗殴的；
(五)累犯；
(六)多次伤害他人身体的；
(七)其他不宜调解处理的。

《最高人民法院关于审理故意杀人、故意伤害案件正确适用死刑问题的指导意见》(2009年8月3日)"一、关于故意杀人、故意伤害犯罪死刑适用的基本要求""三、关于故意伤害罪的死刑适用""四、关于故意杀人、故意伤害共同犯罪的死刑适用""六、正确把握民事赔偿与死刑适用的关系""七、正确对待被害方的诉求"对故意伤害罪的死刑适用作了规定。(→参见第二百三十二条评注部分，第1070、1072、1073、1074、1075页)

《公安部关于公安机关处置信访活动中违法犯罪行为适用法律的指导意见》(公通字〔2013〕25号)"三、对侵犯人身权利、财产权利违法犯罪行为的处理"第一条对故意伤害罪的适用作了规定。(→参见第二百九十条评注部分，第1454页)

《最高人民法院、最高人民检察院、公安部、司法部关于依法严厉打击传播艾滋病病毒等违法犯罪行为的指导意见》(公通字〔2019〕23号)
各省、自治区、直辖市高级人民法院、人民检察院、公安厅(局)、司法厅(局)，解放军军事法院、军事检察院，新疆维吾尔自治区高级人民法院生产建设兵团分院，新疆生产建设兵团人民检察院、公安局、司法局、监狱管理局：

近期，个别地方发生假冒或者利用艾滋病病毒感染者或者病人身份，以谎称含有或者含有艾滋病病毒的血液为工具实施违法犯罪的案件。为依法严厉打击，有效震慑此类违法犯罪行为，维护社会治安，根据有关法律法规，制定本指导意见。

一、依法严厉打击

艾滋病是一种传染性强、死亡率高的传染病。极少数违法犯罪分子利用群众对艾滋病的恐惧心理，假冒或者利用艾滋病病毒感染者或者病人身份，以谎称含有或者含有艾滋病病毒的血液为工具,追逐、拦截、恐吓他人,实施敲诈勒索、寻衅滋事等违法犯罪;有的虚构事实、编造谣言,利用信息网络炫耀致人感染的情况,公然兜售声称含有艾滋病病毒的血液,或者传授致人感染艾滋病病毒的犯罪方法;有的明知是编造的虚假信息,在信息网络上散布,或者组织、指使人员在信息网络上散布,起哄闹事,造成社会公众恐慌,扰乱社会秩序;甚至有极个别艾滋病病毒感染者或者病人明知自己感染艾滋病病毒或者患有艾滋病,违法失德,自暴自弃,实施违法犯罪,对他人生命健康造成严重损害。此类违法犯罪性质恶劣、影响极坏,人民法院、人民检察院、公安机关、司法行政机关要从维护社会治安的大局出发,依法严厉惩治,切实维护人民群众的安全感和生命健康权。

二、准确认定行为性质

(一)故意伤害罪。明知自己感染艾滋病病毒或者患有艾滋病而卖淫、嫖娼或者故意不采取防范措施与他人发生性关系,致人感染艾滋病病毒的,依照刑法第二百三十四条第二款的规定,以故意伤害罪定罪处罚。

故意采取针刺等方法,致人感染艾滋病病毒的,依照刑法第二百三十四条第二款的规定,以故意伤害罪定罪处罚;未致人感染艾滋病病毒,但造成他人身体轻伤以上伤害的,依照刑法第二百三十四条的规定,以故意伤害罪定罪处罚。

明知他人感染艾滋病病毒或者患有艾滋病而隐瞒情况,介绍与其他人发生性关系,致人感染艾滋病病毒的,以故意伤害罪的共犯论处。

告知对方自己感染艾滋病病毒或者患有艾滋病,或者对方明知他人感染艾滋病病毒或者患有艾滋病,双方仍自愿发生性关系的,不作为犯罪处理。

(二)传播性病罪。明知自己感染艾滋病病毒或者患有艾滋病而卖淫、嫖娼,未致人感染艾滋病病毒的,依照刑法第三百六十条的规定,以传播性病罪定罪,并从重处罚。

明知他人感染艾滋病病毒或者患有艾滋病,介绍其卖淫,同时构成介绍卖淫罪、故意伤害罪的,依照处罚较重的规定定罪处罚。

(三)寻衅滋事罪。假冒或者利用艾滋病病毒感染者或者病人身份,以谎称含有或者含有艾滋病病毒的血液为工具,追逐、拦截、恐吓他人,情节恶劣,破坏社会秩序的,依照刑法第二百九十三条第一款第二项的规定,以寻衅滋事罪定罪处罚。

编造致人感染艾滋病病毒等虚假信息,或者明知是编造的虚假信息,在信息网络上散布,或者组织、指使人员在信息网络上散布,起哄闹事,造成公共秩序严重混乱的,依照刑法第二百九十三条第一款第四项的规定,以寻衅滋事罪定罪处罚。

对前款中"明知"的认定,应当结合行为人的主观认知、行为表现、案件的具体情节等综合分析,准确认定。对无确实、充分的证据证明主观明知的,不得以犯罪论处。

(四)敲诈勒索罪。假冒或者利用艾滋病病毒感染者或者病人身份,以谎称含有或者含有艾滋病病毒的血液为工具,敲诈勒索公私财物数额较大或者多次敲诈勒索的,依照刑法第二百七十四条的规定,以敲诈勒索罪定罪处罚。

(五)诈骗罪。出售谎称含有艾滋病病毒的血液,骗取他人财物,数额较大的,依照刑法第二百六十六条的规定,以诈骗罪定罪处罚。

(六)抢劫罪。假冒或者利用艾滋病病毒感染者或者病人身份,以谎称含有或者含有艾滋病病毒的血液为工具,以暴力、胁迫或者其他方法抢劫公私财物的,依照刑法第二百六十三条的规定,以抢劫罪定罪处罚。

(七)传授犯罪方法罪。通过语言、文字、动作或者其他方式传授能够致人感染艾滋病病毒的具体方法的,依照刑法第二百九十五条的规定,以传授犯罪方法罪定罪处罚。

(八)以危险方法危害公共安全罪。采用危险方法,意图使不特定多数人感染艾滋病病毒,危害公共安全,尚未造成严重后果的,依照刑法第一百一十四条的规定,以以危险方法危害公共安全罪定罪处罚;致人重伤、死亡或者使公私财产遭受重大损失的,依照刑法第一百一十五条的规定定罪处罚。

(九)非法买卖危险物质罪。非法买卖含有艾滋病病毒的血液,危害公共安全的,依照刑法第一百二十五条第二款的规定,以非法买卖危险物质罪定罪处罚。

(十)非法采集、供应血液罪。非法采集、供应血液,含有艾滋病病毒的,依照刑法第三百三十四条第一款的规定,以非法采集、供应血液罪定罪处罚。

(十一)非法利用信息网络罪。设立网站、通讯群组,用于销售谎称含有或者含有艾滋病病毒的血液等违法犯罪活动,情节严重的,依照刑法第二百八十七条之一的规定,以非法利用信息网络罪定罪处罚。

(十二)治安管理处罚或者其他行政处罚。实施本条第一项至第十一项规定的行为,不构成犯罪,依法不起诉或者免予刑事处罚的,依法予以治安管理处罚或者其他行政处罚。

三、依法收集证据查明案件事实

公安机关要依法、及时,全面收集固定证据,确保证据真实性、合法性。突出以下取证重点:

(一)查明违法犯罪嫌疑人明知自己感染艾滋病病毒或者患有艾滋病的情

况。通过调查违法犯罪嫌疑人背景、患病状况、含有艾滋病病毒的血液来源等，查明其明知自己感染艾滋病病毒或者患有艾滋病的情况。特别要调取违法犯罪嫌疑人被医院或者其他医疗机构诊断感染艾滋病病毒或者患有艾滋病的有关证据，询问被害人获取违法犯罪嫌疑人事后告知其患病情况的陈述，收集违法犯罪嫌疑人亲属、朋友有关患病、就医等方面的证人证言等。

（二）查明发生性关系的情况。鉴于发生性行为情况比较隐蔽，办案中应当加大收集取证力度。对发生性行为后即报案报警的，应当及时提取痕迹物证。对发生性行为距报案报警时间较长的，应当多方收集证据，形成证据链，例如及时讯问犯罪嫌疑人、询问被害人、被害人家属等人，查明犯罪嫌疑人、被害人进出案发场所的时间、持续时长，查明犯罪嫌疑人、被害人联系情况，事后犯罪嫌疑人向他人炫耀情况等。

（三）查明非法采集供应血液情况，及时讯问犯罪嫌疑人获取对非法采集供应血液过程、使用器械工具的供述。收集工商登记营业执照等书证，查明犯罪嫌疑人未经国家主管部门批准或者超过批准的业务范围采集供应血液的情况。及时对非法采集供应的血液进行艾滋病病毒抗体检测，查明是否含有艾滋病病毒。询问被害人获取其使用非法供应血液的时间、地点、经过等陈述。调查非法采集供应血液过程的中间介绍人、血液供应者以及其他参与人员，查明是否参与共同犯罪。

（四）收集提取电子数据。勘验检查与违法犯罪嫌疑人发布信息有关的信息网络平台、网络存储设备、社交网络等，及时收集固定违法犯罪嫌疑人在信息网络发布炫耀传播艾滋病、出售谎称含有或者含有艾滋病病毒的血液、传授传播艾滋病病毒的犯罪方法、向被害人发送嘲讽威胁等信息等。

（五）查明危害结果。及时收集被害人事后就医、诊断证明、病历等情况，对其进行艾滋病病毒抗体检测，查明其是否已经感染艾滋病病毒，及时询问被害人，及时鉴定其伤害情况，查明其财产损失情况等。收集固定编造、传播的虚假信息在信息网络上被转发、评论，报道，造成公共秩序严重混乱的相关证据。

四、健全完善工作机制

（一）依法及时立案侦查。公安机关发现炫耀传播艾滋病，出售谎称含有或者含有艾滋病病毒的血液、传授传播艾滋病犯罪方法等信息，或者接到相关报案报警的，要及时依法立案侦查。

（二）注重办案安全。公安机关接到报警，对违法犯罪嫌疑人可能是艾滋病病毒感染者或者病人的，或者违法犯罪嫌疑人自称感染艾滋病病毒或者患有艾滋病的，应当提醒、保障处警民警携带必要的防护装备。需要羁押时，办案机关应当在送押时将有关情况告知监管场所。要加强培训,提高有关工作人员对艾滋病的认识,增强在履行审判、提讯、审讯、关押等职能时的自我保护能力和防范能力,避免发生被抓伤、挠伤、咬伤等艾滋病病毒职业暴露。一旦发生艾滋病病毒职业暴露的,要及时送医救治。

(三)强化沟通协调。人民法院、人民检察院、公安机关、司法行政机关要加强沟通协调,确保案件顺利起诉、审判、送监执行。有确实、充分的证据证明致人感染艾滋病病毒的,应当认定为刑法第九十五条第三项"其他对于人身健康有重大伤害"规定的"重伤",无需另行证明艾滋病病毒的具体危害。监管场所应当及时依法收押违法犯罪的艾滋病病毒感染者或者病人,并根据艾滋病防治工作需要,确定专门监管场所或者在监管场所(医疗机构)内划定专门区域,对其进行管理、治疗,并定期健康检查,及时掌握其病情变化情况。

(四)加强宣传教育。人民法院、人民检察院、公安机关、司法行政机关要落实"谁执法谁普法"普法责任制,选择典型案例,以类释法,宣传有关艾滋病防治的法律知识,加大警示教育,震慑违法犯罪分子,充分展示严惩此类犯罪、维护人民群众安全和生命健康的决心。对查明系假冒艾滋病病毒感染者或者病人、谎称含有艾滋病病毒的,要及时公布案件真相,以正视听,尽快平息事态,消除社会恐慌。

五、依法保护艾滋病病毒感染者和病人的合法权益

人民法院、人民检察院、公安机关、司法行政机关要依法保护艾滋病病毒感染者和病人的合法权益,不得歧视艾滋病病毒感染者和病人。要依法保护艾滋病病毒感染者和病人的个人信息;未经本人或者其监护人同意,任何单位或者个人不得公开艾滋病病毒感染者和病人的个人信息,以及其他可能推断出其具体身份的信息。对感染艾滋病病毒的被害人、解除监管出狱、出所、宣告社区矫正的艾滋病病毒感染者和病人,要按照有关规定将有关信息报送监管场所所在地、其户籍地或者居住地疾病预防控制机构,配合卫生健康部门做好抗病毒治疗、医学随访等工作。

《最高人民法院、最高人民检察院、公安部关于依法惩治袭警违法犯罪行为的指导意见》(公通字〔2019〕32号)第三条、第六条对袭警适用故意伤害罪、故意杀人罪作了指引性规定。(→参见第二百七十七条评注部分,第1365、1366页)

《最高人民法院、最高人民检察院、公安部关于办理涉窨井盖相关刑事案件的指导意见》(高检发〔2020〕3号)第三条对涉窨井盖刑事案件适用故意伤害罪、故意杀人罪作了指引性规定。(→参见第一百一十七条评注部分,第432页)

《最高人民法院、最高人民检察院关于常见犯罪的量刑指导意见(试行)》(法发〔2021〕21号,节录)

四、常见犯罪的量刑

（七）故意伤害罪

1. 构成故意伤害罪的，根据下列情形在相应的幅度内确定量刑起点：

（1）故意伤害致一人轻伤的，在二年以下有期徒刑、拘役幅度内确定量刑起点。

（2）故意伤害致一人重伤的，在三年至五年有期徒刑幅度内确定量刑起点。

（3）以特别残忍手段故意伤害致一人重伤，造成六级严重残疾的，在十年至十三年有期徒刑幅度内确定量刑起点。依法应当判处无期徒刑以上刑罚的除外。

2. 在量刑起点的基础上，根据伤害后果、伤残等级、手段残忍程度等其他影响犯罪构成的犯罪事实增加刑罚量，确定基准刑。

故意伤害致人轻伤的，伤残程度可以在确定量刑起点时考虑，或者作为调节基准刑的量刑情节。

3. 构成故意伤害罪的，综合考虑故意伤害的起因、手段、危害后果、赔偿谅解等犯罪事实、量刑情节，以及被告人的主观恶性、人身危险性、认罪悔罪表现等因素，决定缓刑的适用。

（→前三部分和第五部分参见总则第四章第一节标题评注部分，第224、227页）

《最高人民检察院、公安部关于依法妥善办理轻伤害案件的指导意见》（高检发办字〔2022〕167号）

为全面贯彻习近平法治思想，践行以人民为中心的发展思想，落实宽严相济刑事政策，提升轻伤害案件办案质效，有效化解社会矛盾，促进社会和谐稳定，实现办案政治效果，法律效果和社会效果的统一，根据《中华人民共和国刑法》《中华人民共和国刑事诉讼法》等有关规定，制定本意见。

一、基本要求

（一）坚持严格依法办案。人民检察院、公安机关要严格遵循证据裁判原则，全面、细致收集、固定、审查、判断证据，在查清事实、厘清原委的基础上依法办理案件，要坚持"犯罪事实清楚，证据确实、充分"的证明标准，正确理解与适用法律，准确把握罪与非罪、此罪与彼罪的界限，慎重把握逮捕、起诉条件。

（二）注重矛盾化解、诉源治理。轻伤害案件常见多发，如果处理不当，容易埋下问题隐患或者激化矛盾。人民检察院、公安机关办理轻伤害案件，要依法用足用好认罪认罚从宽制度、刑事和解制度和司法救助制度，把化解矛盾、修复社会关系作为履职办案的重要任务。要充分借助当事人所在单位、社会组织、基层组织、调解组织等第三方力量，不断创新工作机制和方法，促进矛盾纠纷解决以及当事人和解协议的有效履行。

（三）落实宽严相济刑事政策。人民检察院、公安机关要以宽严相济刑事政策为指导，对因婚恋、家庭、亲友、邻里、同学、同事等民间矛盾纠纷或者偶发事件引发的轻伤害案件，结合个案具体情况把握好法理情的统一，依法少捕慎诉慎押；对主观恶性大、情节恶劣的轻伤害案件，应当依法从严惩处，当捕即捕、当诉则诉。

二、依法全面调查取证、审查案件

（四）坚持全面调查取证。公安机关应当注重加强现场调查走访，及时、全面、规范收集、固定证据。建立以物证、勘验笔录、检查笔录、视听资料等客观性较强的证据为核心的证据体系，避免过于依赖言词证据定案，对适用刑事和解和认罪认罚从宽的案件，也应当全面调查取证，查明事实。

（五）坚持全面审查案件。人民检察院应当注重对案发背景、案发起因、当事人的关系、案发时当事人的行为、伤害手段、部位、后果、当事人事后态度等方面进行全面审查，综合运用鉴定意见、有专门知识的人的意见等，准确认定事实，辨明是非曲直。

（六）对鉴定意见进行实质性审查。人民检察院、公安机关要注重审查检材与其他证据是否相互印证，文书形式、鉴定人资质、检验程序是否规范合法，鉴定依据、方法是否准确，损伤是否因既往伤病所致，是否及时就医，以及论证分析是否科学严谨，鉴定意见是否明确等。需要对鉴定意见等技术性证据材料进行专门审查的，可以按照有关规定送交检察、侦查技术人员或者其他有专门知识的人进行审查并出具审查意见。

对同一鉴定事项存在两份以上结论不同的鉴定意见或者当事人对鉴定结论有不同意见时，人民检察院、公安机关要注意对分歧点进行重点审查分析，听取当事人、鉴定人、有专门知识的人的意见，开展相关调查取证，综合全案证据决定是否采信。必要时，可以依法进行补充鉴定或者重新鉴定。

（七）准确区分罪与非罪。对被害人出现伤害后果的，人民检察院、公安机关判断犯罪嫌疑人是否构成故意伤害罪时，应当在全面审查案件事实、证据的基础上，根据双方的主观方面和客观行为准确认定，避免"唯结果论""谁受伤谁有理"。如果犯罪嫌疑人只是与被害人发生轻微推搡、拉扯的，或者为摆脱被害人拉扯或者控制而实施甩手、后退等应急、防御行为的，不宜认定为刑法意义上的故意伤害行为。

（八）准确区分寻衅滋事罪与故意伤害罪。对出现被害人轻伤后果的案件，人民检察院、公安机关要全面分析案件性质，查明案件发生起因、犯罪嫌疑人的动机、是否有涉黑涉恶或者其他严重情节等，依法准确定性，不能简单化办案，一概机械认定为故意伤害罪。犯罪嫌疑人无事生非、借故生非，随意殴打他人的，属于"寻衅滋事"，构成犯罪的，应当以寻衅滋事罪依法从严惩处。

（九）准确区分正当防卫与互殴型故意伤害。人民检察院、公安机关要坚持主客观相统一的原则，综合考察案发起因、对冲突升级是否有过错、是否使用或者准备使用凶器、是否采用明显不相当的暴力、是否纠集他人参与打斗等客观情节，准确判断犯罪嫌疑人的主观意图和行为性质。因琐事发生争执，双方均不能保持克制而引发打斗，对于过错的一方先动手且手段明显过激，或者一方先动手，在对方努力避免冲突的情况下仍继续侵害，还击一方造成对方伤害的，一般应当认定为正当防卫。故意挑拨对方实施不法侵害，借机伤害对方的，一般不认定为正当防卫。

（十）准确认定共同犯罪。二人以上对同一被害人共同故意实施伤害行为，无论是否能够证明伤害结果具体由哪一犯罪嫌疑人的行为造成的，均应当按照共同犯罪认定处理，并根据各犯罪嫌疑人在共同犯罪中的地位、作用、情节等追究刑事责任。

犯罪嫌疑人对被害人实施伤害时，对虽然在场但并无伤害故意和伤害行为的人员，不能认定为共同犯罪。

对虽然有一定参与但犯罪情节轻微，依照刑法规定不需要判处刑罚或者免除刑罚的，可以依法作出不起诉处理。对情节显著轻微、危害不大，不认为是犯罪的，应当撤销案件，或者作出不起诉处理。

三、积极促进矛盾化解

（十一）充分适用刑事和解制度。对于轻伤害案件，符合刑事和解条件的，人民检察院、公安机关可以建议当事人进行和解，并告知相应的权利义务，必要时可以提供法律咨询，积极促进当事人自愿和解。

当事人双方达成和解并已实际履行的，应当依法从宽处理，符合不起诉条件的，应当作出不起诉决定。被害人事后反悔要求追究犯罪嫌疑人刑事责任或者不同意对犯罪嫌疑人从宽处理的，人民检察院、公安机关应当调查了解原因，认为被害人理由正当的，应当依法保障被害人的合法权益；对和解系自愿、合法的，应当维持已作出的从宽处理决定。

人民检察院、公安机关开展刑事和解工作的相关证据和材料，应当随案移送。

（十二）充分适用认罪认罚从宽制度。人民检察院、公安机关应当向犯罪嫌疑人、被害人告知认罪认罚从宽制度，通过释明认罪认罚从宽制度的法律规定，鼓励犯罪嫌疑人认罪认罚、赔偿损失、赔礼道歉，促成当事人矛盾化解，并依法予以从宽处理。

（十三）积极开展国家司法救助。人民检察院、公安机关对于符合国家司法救助条件的被害人，应当及时开展国家司法救助。在解决被害人因该案遭受损伤而面临的生活急迫困难的同时,促进矛盾化解。

(十四)充分发挥矛盾纠纷多元化解工作机制作用。对符合刑事和解条件的,人民检察院、公安机关要充分利用检调、公调对接机制,依托调解组织、社会组织、基层组织、当事人所在单位及同事、亲友、律师等单位、个人,促进矛盾化解、纠纷解决。

(十五)注重通过不起诉释法说理修复社会关系。人民检察院宣布不起诉决定,一般应当在人民检察院的宣告室等场所进行。根据案件的具体情况,也可以到当事人所在村、社区、单位等场所宣布,并邀请社区、单位有关人员参加。宣布不起诉决定时,应当就案件事实、法律责任、不起诉依据、理由等释法说理。

对于犯罪嫌疑人系未成年人的刑事案件,应当以不公开方式宣布不起诉决定,并结合案件具体情况对未成年犯罪嫌疑人予以训诫和教育。

四、规范落实少捕慎诉慎押刑事司法政策

(十六)依法准确把握逮捕标准。轻伤害案件中,犯罪嫌疑人具有认罪认罚,且没有其他犯罪嫌疑;与被害人已达成和解协议并履行赔偿义务;系未成年人或者在校学生,本人确有悔罪表现等情形,人民检察院、公安机关经审查认为犯罪嫌疑人不具有社会危险性的,公安机关可以不再提请批准逮捕,人民检察院可以作出不批捕的决定。

犯罪嫌疑人因其伤害行为致使当事人双方矛盾进一步激化,可能实施新的犯罪或者具有其他严重社会危险性情形的,人民检察院可以依法批准逮捕。

(十七)依法准确适用不起诉。对于犯罪事实清楚,证据确实、充分,犯罪嫌疑人具有本意见第十六条第一款规定情形之一,依照刑法规定不需要判处刑罚或者免除刑罚的,可以依法作出不起诉决定。

对犯罪嫌疑人自愿认罪认罚,愿意积极赔偿,并提供了担保,但因被害人赔偿请求明显不合理,未能达成和解谅解的,一般不影响对符合条件的犯罪嫌疑人依法作出不起诉决定。

(十八)落实不起诉后非刑罚责任。人民检察院决定不起诉的轻伤害案件,可以根据案件的不同情况,对被不起诉人予以训诫或者责令具结悔过、赔礼道歉、赔偿损失,被不起诉人在不起诉前已被刑事拘留、逮捕的,或者当事人双方已经和解并承担了民事赔偿责任的,人民检察院作出不起诉决定后,一般不再提出行政拘留的检察意见。

(十九)依法开展羁押必要性审查。对于已经批准逮捕的犯罪嫌疑人,如果犯罪嫌疑人认罪认罚,当事人达成刑事和解,没有继续羁押必要的,人民检察院应当依法释放、变更强制措施或者建议公安机关、人民法院释放、变更强制措施。

（二十）对情节恶劣的轻伤害案件依法从严处理。对于虽然属于轻伤害案件，但犯罪嫌疑人涉黑涉恶的、雇凶伤害他人的、在被采取强制措施或者刑罚执行期间伤害他人的，犯罪动机、手段恶劣的，伤害多人的、多次伤害他人的，伤害未成年人、老年人、孕妇、残疾人及医护人员等特定职业人员的，以及具有累犯等其他恶劣情节的，应当依法从严惩处。

五、健全完善工作机制

（二十一）注重发挥侦查监督与协作配合机制的作用。办理轻伤害案件，人民检察院、公安机关要发挥侦查监督与协作配合办公室的作用，加强案件会商与协作配合，确保案件定性、法律适用准确；把矛盾化解贯穿侦查、起诉全过程，促进当事人达成刑事和解，协同落实少捕慎诉慎押刑事司法政策；共同开展类案总结分析，剖析案发原因，促进犯罪预防，同时要注意查找案件办理中存在的问题，强化监督制约，提高办案质量和效果。

对于不批捕、不起诉的犯罪嫌疑人，人民检察院、公安机关要加强协作配合，并与其所在单位、现居住地村（居）委会等进行沟通，共同做好风险防范工作。

（二十二）以公开听证促进案件公正处理。对于事实认定、法律适用、案件处理等方面存在较大争议，或者有重大社会影响，需要当面听取当事人和邻里、律师等其他相关人员意见的案件，人民检察院拟作出不起诉决定的，可以组织听证，把事理、情理、法理讲清说透，实现案结事了人和。对其他拟作不起诉的，也要坚持"应听尽听"。

办理审查逮捕、审查延长侦查羁押期限、羁押必要性审查案件的听证，按照《人民检察院羁押听证办法》相关规定执行。

六、附则

（二十三）本意见所称轻伤害案件，是指根据《中华人民共和国刑法》第二百三十四条第一款的规定，故意伤害他人身体，致人损伤程度达到《人体损伤程度鉴定标准》轻伤标准的案件。

（二十四）本意见自发布之日起施行。

刑参案例规则提炼

《罗靖故意伤害案——掌推他人致其头部碰撞造成死亡应如何定罪量刑》

---

① 另，鉴于1997年《刑法》对故意伤害罪的量刑标准作了调整，《夏侯青辉等故意伤害案——对刑法修订前发生，刑法修订后交付审判的故意伤害致人重伤造成"植物人"的案件，应如何适用刑罚》（第279号案例）所涉规则未予提炼。

(第226号案例)、《赵金明等故意伤害案——持刀追砍致使他人泅水逃避导致溺水死亡的如何定罪》(第434号案例)、《韩宜过失致人死亡案——无充分证据证实伤害行为与伤害后果有因果关系的,不能认定成立故意伤害罪》(第440号案例)、《索和平故意伤害案——故意伤害致死尊亲属的如何量刑》(第524号案例)、《杨春过失致人死亡案——如何区分过失致人死亡罪与故意伤害罪(致死)》(第635号案例)、《季忠兵过失致人死亡案——特殊环境下被告人致人死亡,如何评价被告人的主观罪过》(第812号案例)、《杨道计等故意伤害案——仅有被害人家属证言证实被害人死亡的,能否认定被害人死亡,如何认定伤害行为与死亡结果之间的因果关系》(第813号案例)、《李某故意伤害案——如何通过主观认识要素区分故意伤害罪与故意杀人罪》(第832号案例)、《郭春故意杀人案——如何认定故意杀人未遂情形下行为人的主观心态》(第964号案例)、《刘宏伟故意伤害案——故意伤害致人死亡且被告人有多次前科的,如何正确适用死刑》(第1273号案例)、《刘传林故意杀人案——对采用灌、泼硫酸方式故意伤害他人的如何把握死刑适用标准》(第1287号案例)所涉规则提炼如下:

1. 故意伤害罪与故意杀人罪的界分规则。"认识到其实施的是会伤害他人身体健康的行为,本应预见到其行为可能会导致被害人死亡,但因疏忽大意而未预见,从而导致被害人死亡结果的出现……构成故意伤害罪的结果加重犯。"(第832号案例)"故意伤害罪与故意杀人罪(未遂或中止)的……区别在于两者故意的内容不同。故意伤害罪的行为人主观上仅追求损害他人身体健康的结果发生,而并不希望甚至排斥死亡结果发生;故意杀人罪的行为人实施侵害行为时则积极追求或者放任死亡结果发生。""从性质上看,犯罪未遂中'意志以外的原因'应当与行为人完成犯罪的愿望相矛盾,本案被告人在其认定被害人已死亡、不可能再被'救活'的情况下,才停止其加害行为并逃离现场","被害人被'有效施救'这一介入因素一经成为现实,被告人故意杀人的行为就无法达到既遂,这正是犯罪未遂成立的应有之义","应当按照故意杀人罪(未遂)的罪责定罪量刑"。(第964号案例)

2. 故意伤害罪致人死亡与过失致人死亡罪的界分规则。"二罪难以区分的主要原因在于行为人对被害人死亡的结果均出于过失,被害人死亡结果的发生均是违背行为人意志的,行为人并不希望发生这样的危害后果。"(第635号案例)"故意伤害致死可以表现为复杂罪过形式,即行为人具有伤害的故意和致人死亡的过失两种罪过形式。"(第226号案例)"故意伤害(致人死亡)罪与过失致人死亡罪最大的区别在于行为人是否存在伤害的故意。"(第812号案例)"故意伤害致人死亡的行为人在实施伤害行为时有伤害他人身体健康的故意;而过失致人死亡的行为人在实施行为时既没有希望或放任他人死亡的故意,也没有伤害他人身体的故意。因此,要区别是故意伤害致人死亡还是过失致人死亡,关键是要查明行为人主观上有无伤害他人身体健康的主观故意。"(第440号案例)对此,应当"对案件的起因、行为的对象和条件、行为的方式、行为的结果以及行为人对结果的事后态度进行全面考察"。(第635号案例)"被告人在推打被害人时具有伤害的故意,但因此导致被害人头撞门框,进而跌倒死亡却是过失的。在这种复杂罪过形式中,虽然故意罪过引起的危害结果轻于过失罪过引起的危害结果,但综合整个犯罪构成来看,故意罪过是主要的,过失罪过是次要的,因此,只能根据故意罪过确定其为故意犯罪。因此,对本案被告人应以故意伤害(致死)罪定罪量刑。"(第226号案例)

3. **故意伤害行为与死亡之间因果关系的判定**。对于多因一果案件,"应当审查,行为人的行为是否系危害结果发生的真正原因之一,如果是,还要查明该行为是主要原因还是次要原因,以确定行为人的刑事责任大小。"认定伤害后果的主要原因特别是伤害部位后,要进一步考察伤害是否系行为人的伤害行为所致。"无充分证据证实伤害行为与伤害后果有因果关系的,不能认定成立故意伤害罪。"(第440号案例)持刀追砍致使他人泅水逃避导致溺水死亡的,"被害人……泅水逃避的行为,是一种在当时特定条件下正常的自救行为","应该认定……等人持刀追砍行为与被害人溺水身亡的结果之间存在刑法中的因果关系"。(第434号案例)"在介入了其他因素而导致被害人死亡结果发生的场合,要判断某种结果是否由行为人的行为所造成,应当综合考虑行为人的行为导致结果发生的可能性大小、介入因素异常性大小、介入因素对结果发生作用的大小等。""在现有证据条件下难以判断……介入因素是否切断了伤害行为对其死亡结果的原因力,故难以确定伤害行为与死亡结果之间的因果关系",则不能认定为故意伤害致死。(第813号案例)

4. **故意伤害致死尊亲属的案件的处理规则**。"殴打长辈严重悖反人伦情理,已造成恶劣社会影响,加之其犯罪情节恶劣、后果严重,又无法定从轻或减轻处罚情节,并不同于一般的因家庭纠纷引发、案件双方均有一定过错、案发后双方均有悔错的暴力案件,不具备可以从宽处罚的条件。""对待故意伤害致死尊亲属的案件,在把握死刑适用标准上一定要慎重,既要准确理解法律规定和刑事政策,也要充分考虑个案的情节和各方面的因素,力求判决结果达到法律效果与社会效果的有机统一。"(第524号案例)

5. **故意伤害案件的死刑适用规则**。"对故意伤害致人死亡的案件,犯罪手段特别残忍,情节特别恶劣的,才可以考虑判处被告人死刑。""被告人的前科反映出的人身危险性,是量刑时需要予以考虑的情节。被告人构成累犯,应当依法从重处罚,尤其构成累犯的前罪是暴力性犯罪或者严重的非暴力性犯罪的,说明其人身危险性较大,对死刑适用的影响更大……有前科不能当然成为适用死刑的理由,不能简单因被告人有前科就对原本可以不适用死刑的犯罪'升格'适用死刑。"(第1273号案例)"对于以特别残忍手段造成被害人重伤致特别严重残疾的被告人,可以适用死刑立即执行。"本案"采用灌、泼硫酸方式进行故意伤害","是以特别残忍手段造成被害人死亡和特别严重残疾的案件……罪行极其严重,故依法核准……死刑"。(第1287号案例)

第二百三十四条之一 【组织出卖人体器官罪】组织他人出卖人体器官的,处五年以下有期徒刑,并处罚金;情节严重的,处五年以上有期徒刑,并处罚金或者没收财产。

未经本人同意摘取其器官,或者摘取不满十八周岁的人的器官,或者强迫、欺骗他人捐献器官的,依照本法第二百三十四条、第二百三十二条的规定定罪处罚。

违背本人生前意愿摘取其尸体器官,或者本人生前未表示同意,违反国家规定,违背其近亲属意愿摘取其尸体器官的,依照本法第三百零二条的规定定罪处罚。

■ 立法沿革

本条系2011年5月1日起施行的《刑法修正案(八)》第三十七条增设的规定。

■ 相关规定

《**人体器官捐献和移植条例**》(国务院令第767号,自2024年5月1日起施行,节录)

第六条 任何组织或者个人不得以任何形式买卖人体器官,不得从事与买卖人体器官有关的活动。

第三十六条 违反本条例规定,有下列情形之一,构成犯罪的,依法追究刑事责任:

(一)组织他人出卖人体器官;

(二)未经本人同意获取其活体器官,或者获取未满十八周岁公民的活体器官,或者强迫、欺骗他人捐献活体器官;

（三）违背本人生前意愿获取其遗体器官，或者本人生前未表示同意捐献其遗体器官，违反国家规定，违背其配偶、成年子女、父母意愿获取其遗体器官。

医务人员有前款所列情形被依法追究刑事责任的，由原执业注册部门吊销其执业证书，终身禁止其从事医疗卫生服务。

■ 刑参案例规则提炼

《王海涛等组织出卖人体器官案——组织出卖人体器官罪既、未遂以及情节严重如何认定》（第929号案例）所涉规则提炼如下：

1.组织出卖人体器官罪既遂的认定标准。"组织出卖人体器官罪是行为犯，行为人只要实施了组织他人出卖人体器官的行为，即可构成本罪，不应以损害结果的发生作为认定既遂的标准。"（第929号案例）

2.组织出卖人体器官罪"情节严重"的认定标准。对此，"不仅要综合犯罪动机、目的、行为、手段、客观损害等进行判断，而且要根据本罪侵害复杂客体的实际，结合针对侵犯公民人身权利罪、危害公共卫生罪等犯罪的法律以及相关司法解释的规定和精神进行判断"。（第929号案例）

第二百三十五条　【过失致人重伤罪】过失伤害他人致人重伤的，处三年以下有期徒刑或者拘役。本法另有规定的，依照规定。

■ 立法沿革

本条系1997年《刑法》吸收1979年《刑法》作出修改后的规定。1979年《刑法》第一百三十五条规定："过失伤害他人致人重伤的，处二年以下有期徒刑或者拘役；情节特别恶劣的，处二年以上七年以下有期徒刑。本法另有规定的，依照规定。"1997年《刑法》对过失致人重伤罪的法定刑作了调整。

第二百三十六条　【强奸罪】以暴力、胁迫或者其他手段强奸妇女的，处三年以上十年以下有期徒刑。

奸淫不满十四周岁的幼女的，以强奸论，从重处罚。

强奸妇女、奸淫幼女，有下列情形之一的，处十年以上有期徒刑、无期徒刑或者死刑：

（一）强奸妇女、奸淫幼女情节恶劣的；

（二）强奸妇女、奸淫幼女多人的；

（三）在公共场所当众强奸妇女、奸淫幼女的；
（四）二人以上轮奸的；
（五）奸淫不满十周岁的幼女或者造成幼女伤害的；
（六）致使被害人重伤、死亡或者造成其他严重后果的。

立法沿革

本条系1997年《刑法》吸收1979年《刑法》作出修改后的规定。1979年《刑法》第一百三十九条规定："以暴力、胁迫或者其他手段强奸妇女的，处三年以上十年以下有期徒刑。""奸淫不满十四岁幼女的，以强奸论，从重处罚。""犯前两款罪，情节特别严重的或者致人重伤、死亡的，处十年以上有期徒刑、无期徒刑或者死刑。""二人以上犯强奸罪而共同轮奸的，从重处罚。"1997年《刑法》对强奸罪的情节严重的情形予以具体化，并对表述调整。

2021年3月1日起施行的《刑法修正案（十一）》第二十六条对本条作了修改，主要涉及如下两个方面：一是将第三款第三项"在公共场所当众强奸妇女的"修改为"在公共场所当众强奸妇女、奸淫幼女的"；二是在第三款中增加一项作为第五项，规定"奸淫不满十周岁的幼女或者造成幼女伤害的"。

修正前《刑法》	修正后《刑法》
第二百三十六条【强奸罪】以暴力、胁迫或者其他手段强奸妇女的，处三年以上十年以下有期徒刑。 奸淫不满十四周岁的幼女的，以强奸论，从重处罚。 强奸妇女、奸淫幼女，有下列情形之一的，处十年以上有期徒刑、无期徒刑或者死刑： （一）强奸妇女、奸淫幼女情节恶劣的； （二）强奸妇女、奸淫幼女多人的； （三）在公共场所当众强奸妇女的； （四）二人以上轮奸的； （五）致使被害人重伤、死亡或者造成其他严重后果的。	第二百三十六条【强奸罪】以暴力、胁迫或者其他手段强奸妇女的，处三年以上十年以下有期徒刑。 奸淫不满十四周岁的幼女的，以强奸论，从重处罚。 强奸妇女、奸淫幼女，有下列情形之一的，处十年以上有期徒刑、无期徒刑或者死刑： （一）强奸妇女、奸淫幼女情节恶劣的； （二）强奸妇女、奸淫幼女多人的； （三）在公共场所当众强奸妇女、**奸淫幼女**； （四）二人以上轮奸的； （五）**奸淫不满十周岁的幼女或者造成幼女伤害的**； （六）致使被害人重伤、死亡或者造成其他严重后果的。

司法解释

《最高人民法院关于审理未成年人刑事案件具体应用法律若干问题的解释》（法释〔2006〕1号）第六条明确已满十四周岁不满十六周岁的人偶尔与幼女发生性行为，情节轻微、未造成严重后果的，不认为是犯罪。（→参见第十七条评注部分，第 页）

《最高人民法院、最高人民检察院关于办理强奸、猥亵未成年人刑事案件适用法律若干问题的解释》（法释〔2023〕3号，自2023年6月1日起施行）

为依法惩处强奸、猥亵未成年人犯罪，保护未成年人合法权益，根据《中华人民共和国刑法》等法律规定，现就办理此类刑事案件适用法律的若干问题解释如下：

第一条① 奸淫幼女的，依照刑法第二百三十六条第二款的规定从重处罚。具有下列情形之一的，应当适用较重的从重处罚幅度：

（一）负有特殊职责的人员实施奸淫的；

（二）采用暴力、胁迫等手段实施奸淫的；

（三）侵入住宅或者学生集体宿舍实施奸淫的；

（四）对农村留守女童、严重残疾或者精神发育迟滞的被害人实施奸淫的；

（五）利用其他未成年人诱骗、介绍、胁迫被害人的；

（六）曾因强奸、猥亵犯罪被判处刑罚的。

强奸已满十四周岁的未成年女性，具有前款第一项、第三项至第六项规定的情形之一，或者致使被害人轻伤、患梅毒、淋病等严重性病的，依照刑法第二百

---

① 需要注意的问题有三：(1)量刑时更要体现依法严惩。例如，奸淫幼女一人一次，根据刑法规定，并适用《最高人民法院、最高人民检察院关于常见犯罪的量刑指导意见（试行）》（法发〔2021〕21号），可能以四年或者五年有期徒刑为量刑起点，而对于具有上述所列情形之一的，则可依法判处高于四年或者五年有期徒刑的刑罚，也就是在从重幅度的把握上更加体现从严惩处。(2)鉴于本解释第八条将侵入隐私部位实施猥亵的情形规定为"猥亵情节恶劣"，应处五年以上有期徒刑，对根据本条第一款确定适用"较重的从重处罚幅度"时，也应注意量刑平衡。(3)本条只是对实践中常见多发、相对较严重的情形予以列举，不能据此认为，对没有规定的其他较严重情形，就不应从严惩处。例如，国家工作人员即使对未成年人并不负有监护、教育、救助等特殊职责，但其奸淫幼女的，相较于普通主体实施的，危害、影响往往也更恶劣，同样应依法严惩。参见何莉、赵俊甫：《〈最高人民法院、最高人民检察院关于办理强奸、猥亵未成年人刑事案件适用法律若干问题的解释〉的理解与适用》，载《中国应用法学》2023年第3期。

三十六条第一款的规定定罪,从重处罚。

第二条① 强奸已满十四周岁的未成年女性或者奸淫幼女,具有下列情形之一的,应当认定为刑法第二百三十六条第三款第一项规定的"强奸妇女、奸淫

---

① 需要注意的问题有六:(1)第二项旨在严惩强奸、奸淫过程中严重摧残、凌辱被害人的恶劣行为。该类情形并非指单纯为了控制被害人而施加暴力的行为,而是指额外增加被害人身体及精神痛苦的变态行为。例如,长时间实施殴打、折磨,迫使被害人吞食尿液,棍棒侵入隐私部位等严重危及被害人身心健康、严重贬损人格尊严的变态行为。该类行为对被害人造成严重身体、精神痛苦与伤害,结合奸淫情节,足以加重处罚。至于"严重摧残、凌辱"中"严重"的表述,旨在提示司法人员从确保罪责相适应的角度,根据案情结合常情常理进行判断。(2)第三项旨在严惩使被害人沦为"性奴"的行为。该类行为既侵犯被害人性自主权,又侵犯其人身自由、身心健康,危害严重。鉴于非法拘禁、诱骗吸毒与奸淫行为有牵连关系,以强奸罪一罪加重处罚,更有利于从严惩处犯罪。需要指出的是,鉴于加重法定刑的严厉性,对其中的"非法拘禁",应从持续时间等情节考察足以构成非法拘禁罪的情形,且行为人是出于奸淫目的而持续控制被害人。如果实际拘禁时间虽然短暂,但行为人控制被害人的具体情形足以反映其意图长期拘禁被害人以便奸淫的,例如,事先挖好地窖、购置铁笼等予以拘禁,也应认定为本项规定的"非法拘禁",依法予以加重处罚。(3)第五项旨在严惩长期强奸未成年女性的行为。"长期强奸、奸淫"是指在相对长的时间段内频繁强奸、奸淫的情形,侧重点在于强奸、奸淫次数多、频繁,不在于"多次强奸、奸淫"是否跨越了较长时间段,如半年或者一年。起草过程中,有少数意见认为,建议明确多久为"长期"以便司法适用,但多数意见认为,是否加重处罚不能简单考虑时间长短的因素,目前该项指引便于司法实践中结合案情合理把握强奸、奸淫行为的实质危害性。(4)第七项旨在严惩强奸并拍摄影像资料以此胁迫被害人或者加以扩散的行为。该项后半项限定为"致使影像资料向多人传播,暴露被害人个人信息",主要考虑:如果影像资料只是某个身体隐私部位,也没有暴露相关个体身份信息,尚不足以使他人将特定隐私部位与被害人关联起来的,危害性就未达到需要加重处罚的程度。(5)起草过程中,对是否将"奸淫幼女致使怀孕"的情形解释为"情节恶劣"或者《刑法》第二百三十六条第三款第五项规定的"造成幼女伤害",存在较大分歧意见。一种意见认为,实践中存在幼女与男性青少年在恋爱、交友过程中"自愿"发生性关系导致怀孕的情形,如果简单规定"怀孕"就加重判处十年以上有期徒刑,可能罪刑失衡。鉴于相关情况复杂,分歧意见大,本条对此暂未作规定,司法实践中可结合考虑犯罪主体、手段、奸淫次数及对被害人身心健康的影响等其中一项或者多项因素,判断致使幼女怀孕是否符合第八项规定的"其他情节恶劣的情形"。(6)本条所列情形对应的法定刑起点即十年有期徒刑,故解释设置的条件相对审慎。对只具有本条所列情形中部分情节、尚不足以加重处罚的,也应体现从严惩处。例如,特殊职责人员奸淫幼女,但未达多次的,或者对强奸过程拍摄被害人隐私影像资料,但未向多人扩散的,等等。参见何莉、赵俊甫:《〈最(转下页)

幼女情节恶劣":

(一)负有特殊职责的人员多次实施强奸、奸淫的;

(二)有严重摧残、凌辱行为的;

(三)非法拘禁或者利用毒品诱骗、控制被害人的;

(四)多次利用其他未成年人诱骗、介绍、胁迫被害人的;

(五)长期实施强奸、奸淫的;

(六)奸淫精神发育迟滞的被害人致使怀孕的;

(七)对强奸、奸淫过程或者被害人身体隐私部位制作视频、照片等影像资料,以此胁迫对被害人实施强奸、奸淫,或者致使影像资料向多人传播,暴露被害人身份的;

(八)其他情节恶劣的情形。

第三条 奸淫幼女,具有下列情形之一的,应当认定为刑法第二百三十六条第三款第五项规定的"造成幼女伤害":

(一)致使幼女轻伤的;

(二)致使幼女患梅毒、淋病等严重性病的;

(三)对幼女身心健康造成其他伤害的情形。①

第四条 强奸已满十四周岁的未成年女性或者奸淫幼女,致使其感染艾滋病病毒的,应当认定为刑法第二百三十六条第三款第六项规定的"致使被害人重伤"。

第五条 对已满十四周岁不满十六周岁的未成年女性负有特殊职责的人员,与该未成年女性发生性关系,具有下列情形之一的,应当认定为刑法第二百

(接上页)高人民法院、最高人民检察院关于办理强奸、猥亵未成年人刑事案件适用法律若干问题的解释〉的理解与适用》,载《中国应用法学》2023年第3期。

① 需要注意的问题有三:(1)本项规定的对幼女身心健康造成其他伤害,包括身体和精神心理的伤害。创伤应急障碍、抑郁症等精神心理伤害往往是强奸案件中幼女被害人所遭受的一种主要伤害,但鉴于精神心理伤害的鉴定及其与性侵害行为之间因果关系的判定更复杂和特殊,目前明确列举的条件尚不成熟,故仅作提示性规定,传递更加重视被害人精神心理健康的导向,具体留待实践把握。(2)《最高人民法院、最高人民检察院、公安部、司法部关于办理性侵害未成年人刑事案件的意见》(高检发〔2023〕4号)明确规定,应当全面收集能够证实未成年人被性侵害后心理状况或者行为表现的证据,未成年被害人出现心理创伤、精神抑郁或者自杀、自残等伤害后果的,应当及时检查、鉴定。(3)关于本解释第七条第三项的具体认定,可参照本项考虑的因素综合判断。参见何莉、赵俊甫:《〈最高人民法院、最高人民检察院关于办理强奸、猥亵未成年人刑事案件适用法律若干问题的解释〉的理解与适用》,载《中国应用法学》2023年第3期。

三十六条之一规定的"情节恶劣":

(一)长期发生性关系的;

(二)与多名被害人发生性关系的;

(三)致使被害人感染艾滋病病毒或者患梅毒、淋病等严重性病的;

(四)对发生性关系的过程或者被害人身体隐私部位制作视频、照片等影像资料,致使影像资料向多人传播,暴露被害人身份的;

(五)其他情节恶劣的情形。

第六条 对已满十四周岁的未成年女性负有特殊职责的人员,利用优势地位或者被害人孤立无援的境地,迫使被害人与其发生性关系的,依照刑法第二百三十六条的规定,以强奸罪定罪处罚。①

第七条 猥亵儿童,具有下列情形之一的,应当认定为刑法第二百三十七条第三款第三项规定的"造成儿童伤害或者其他严重后果":

(一)致使儿童轻伤以上的;

(二)致使儿童自残、自杀的;

(三)对儿童身心健康造成其他伤害或者严重后果的情形。

第八条 猥亵儿童,具有下列情形之一的,应当认定为刑法第二百三十七条第三款第四项规定的"猥亵手段恶劣或者有其他恶劣情节":

(一)以生殖器侵入肛门、口腔或者以生殖器以外的身体部位、物品侵入被害人生殖器、肛门等方式实施猥亵的;

(二)有严重摧残、凌辱行为的;

(三)对猥亵过程或者被害人身体隐私部位制作视频、照片等影像资料,以此胁迫对被害人实施猥亵,或者致使影像资料向多人传播,暴露被害人身份的;

(四)采取其他恶劣手段实施猥亵或者有其他恶劣情节的情形。

---

① 对于特殊职责人员利用对未成年人的优势地位或者未成年人处于孤立无援的境地,迫使被害人发生性关系的,实质是违背被害人意志的非自愿行为,对行为人不能认定为负有照护职责人员性侵罪,而应当以强奸罪定罪处罚。这种特殊关系型强奸,主要是利用人身支配关系压制女性反抗的非暴力胁迫。例如,父母威胁不给生活费甚至以赶出家门威胁、医生威胁不给予恰当治疗、老师威胁不予考试通过、教练威胁不给予上场比赛机会等,迫使未成年女性与其发生性关系的,应当认定为违背被害人意志,构成强奸罪。参见何莉、赵俊甫:《〈最高人民法院、最高人民检察院关于办理强奸、猥亵未成年人刑事案件适用法律若干问题的解释〉的理解与适用》,载《中国应用法学》2023年第3期。

第九条① 胁迫、诱骗未成年人通过网络视频聊天或者发送视频、照片等方式,暴露身体隐私部位或者实施淫秽行为,符合刑法第二百三十七条规定的,以强制猥亵罪或者猥亵儿童罪定罪处罚。

胁迫、诱骗未成年人通过网络直播方式实施前款行为,同时符合刑法第二百三十七条、第三百六十五条的规定,构成强制猥亵罪、猥亵儿童罪、组织淫秽表演罪的,依照处罚较重的规定定罪处罚。

第十条 实施猥亵未成年人犯罪,造成被害人轻伤以上后果,同时符合刑法第二百三十四条或者第二百三十二条的规定,构成故意伤害罪、故意杀人罪

---

① 需要注意的问题有二:(1)本条第一款针对的是猥亵儿童与猥亵已满十四周岁不满十八周岁的未成年人的两种情形,这两种情形对构成猥亵犯罪涉及的犯罪对象、是否要求违背被害人意志有不同要求,故适用时需分别判断构成猥亵儿童罪还是强制猥亵罪,不能简单地认为诱骗十五六岁的未成年人裸聊、发裸照的,就必然属于"强制"猥亵,仍需根据在案证据,结合考虑未成年人身心特点,判断所采取的手段是否能达到违背未成年人意志的程度。(2)起草过程中,有意见建议明确,与多名未成年人裸聊或者多次裸聊、索要裸照的,是否能适用《刑法》第二百三十七条第三款的规定,加重处罚。鉴于信息网络空间的非接触性特点,危害程度与现实空间实施的猥亵相比,情形更复杂,本解释对此未作明确。同时考虑的其他因素是,在现实物理空间中实施猥亵,既可能构成犯罪,也可能只构成治安违法,在信息网络空间实施索要裸照、裸聊等行为,如果确属情节显著轻微的,也存在以治安管理处罚的问题,但针对未成年人实施猥亵的,不论是在物理现实空间还是信息网络空间实施,在把握情节是否"显著轻微"、认定罪与非罪时,都应当体现对未成年人的特殊、优先保护,符合条件的即应依法定罪处罚。对在现实生活中,隔着衣裤抚摸儿童胸、臀部等"咸猪手"行为,如果手段明显较轻,持续时间短暂,情节显著轻微,但综合考虑针对多名儿童实施或者多次实施等情节,应以猥亵儿童罪论处的,是否同时适用"猥亵儿童多人或者多次"的加重情节判处五年以上有期徒刑,存在争议。例如,有的案件中,被告人在小学校门口趁放学人多拥挤,趁小学生不备,用手接连短暂触碰多名学生臀部或者胸部,随即逃离现场。对类似情形如何把握,经征询相关部门意见,多数认为,对猥亵儿童行为,既要旗帜鲜明彰显从严惩处,该定罪的必须依法定罪,同时也不能违背罪责刑相适应原则,对加重情节仍应审慎判断、适用,确保"罪"与"罚"相当。故对在信息网络空间实施非接触式猥亵行为的,应当结合实施猥亵的具体方式、被害人人数、次数、对被害人身心影响程度、被告人有无性侵害犯罪前科劣迹等因素,综合判断是否属于猥亵"情节恶劣",对其中被害人人数或者次数等某一项因素特别突出的,也可以考虑认定为"情节恶劣"。参见何莉、赵俊甫:《〈最高人民法院、最高人民检察院关于办理强奸、猥亵未成年人刑事案件适用法律若干问题的解释〉的理解与适用》,载《中国应用法学》2023年第3期。

的,依照处罚较重的规定定罪处罚。

第十一条 强奸、猥亵未成年人的成年被告人认罪认罚的,是否从宽处罚及从宽幅度应当从严把握。

第十二条 对强奸未成年人的成年被告人判处刑罚时,一般不适用缓刑。

对于判处刑罚同时宣告缓刑的,可以根据犯罪情况,同时宣告禁止令,禁止犯罪分子在缓刑考验期限内从事与未成年人有关的工作、活动,禁止其进入中小学校、幼儿园及其他未成年人集中的场所。确因本人就学、居住等原因,经执行机关批准的除外。

第十三条 对于利用职业便利实施强奸、猥亵未成年人等犯罪的,人民法院应当依法适用从业禁止。

第十四条 对未成年人实施强奸、猥亵等犯罪造成人身损害的,应当赔偿医疗费、护理费、交通费、营养费、住院伙食补助费等为治疗和康复支付的合理费用,以及因误工减少的收入。

根据鉴定意见、医疗诊断书等证明需要对未成年人进行精神心理治疗和康复,所需的相关费用,应当认定为前款规定的合理费用。

第十五条 本解释规定的"负有特殊职责的人员",是指对未成年人负有监护、收养、看护、教育、医疗等职责的人员,包括与未成年人具有共同生活关系且事实上负有照顾、保护等职责的人员。①

第十六条 本解释自 2023 年 6 月 1 日起施行。

规范性文件

《最高人民法院、最高人民检察院关于常见犯罪的量刑指导意见(试行)》
(法发〔2021〕21 号,节录)

---

① 将"因同居等形成对未成年人事实上(非法律意义上)有特殊照护职责的人员"(如继父或者一方的同居男/女友)明确为"负有特殊职责人员",以体现从严惩处。本条后半段要求"共同生活"且必须"负有照护职责",是因为如果只是在一起生活,但双方没有基于照护形成的不平等关系,就无特殊性可言,不能据此对双方自愿发生性关系的行为人罪或者加重处罚。比如,同在一个家庭中的哥哥与已满十四周岁的未成年妹妹自愿发生性关系;或者只是偶尔一两次短暂受托看护未成年人,没有稳定的共同生活关系,就不宜认定为刑法和司法解释中规定的"特殊职责人员"。参见何莉、赵俊甫:《〈最高人民法院、最高人民检察院关于办理强奸、猥亵未成年人刑事案件适用法律若干问题的解释〉的理解与适用》,载《中国应用法学》2023 年第 3 期。

四、常见犯罪的量刑

(八)强奸罪

1. 构成强奸罪的,根据下列情形在相应的幅度内确定量刑起点:

(1)强奸妇女一人的,在三年至六年有期徒刑幅度内确定量刑起点。

奸淫幼女一人的,在四年至七年有期徒刑幅度内确定量刑起点。

(2)有下列情形之一的,在十年至十三年有期徒刑幅度内确定量刑起点:强奸妇女、奸淫幼女情节恶劣的;强奸妇女、奸淫幼女三人的;在公共场所当众强奸妇女、奸淫幼女的;二人以上轮奸妇女的;奸淫不满十周岁的幼女或者造成幼女伤害的;强奸致被害人重伤或者造成其他严重后果的。依法应当判处无期徒刑以上刑罚的除外。

2. 在量刑起点的基础上,根据强奸妇女、奸淫幼女情节恶劣程度、强奸人数、致人伤害后果等其他影响犯罪构成的犯罪事实增加刑罚量,确定基准刑。

强奸多人多次的,以强奸人数作为增加刑罚量的事实,强奸次数作为调节基准刑的量刑情节。

3. 构成强奸罪的,综合考虑强奸的手段、危害后果等犯罪事实、量刑情节,以及被告人的主观恶性、人身危险性、认罪悔罪表现等因素,从严把握缓刑的适用。

(→前三部分和第五部分参见总则第四章第一节标题评注部分,第224、227页)

《最高人民检察院关于贯彻实施新修订〈中华人民共和国妇女权益保障法〉切实保障妇女权益的通知》(高检发办字〔2023〕31号)"二、全面贯彻实施《妇女权益保障法》有关规定""(四)依法从严惩处侵犯妇女权益犯罪"要求依法从严惩处强奸,强制猥亵、侮辱等性侵犯罪,对性侵未成年人犯罪更要依法严惩。(→参见第二百四十六条评注部分,第1178页)

《最高人民法院、最高人民检察院、公安部、司法部关于办理性侵害未成年人刑事案件的意见》(高检发〔2023〕4号,自2023年6月1日起施行,节录)

为深入贯彻习近平法治思想,依法惩治性侵害未成年人犯罪,规范办理性侵害未成年人刑事案件,加强未成年人司法保护,根据《中华人民共和国刑法》《中华人民共和国刑事诉讼法》《中华人民共和国未成年人保护法》等相关法律规定,结合司法实际,制定本意见。

一、总则

第一条 本意见所称性侵害未成年人犯罪,包括《中华人民共和国刑法》第二百三十六条、第二百三十六条之一、第二百三十七条、第三百五十八条、第三百五十九条规定的针对未成年人实施的强奸罪,负有照护职责人员性侵罪,强制猥亵、侮辱罪,猥亵儿童罪,组织卖淫罪,强迫卖淫罪,协助组织卖淫罪,引诱、容留、介绍卖淫罪,引诱幼女卖淫罪等。

第二条 办理性侵害未成年人刑事案件,应当坚持以下原则:

(一)依法从严惩处性侵害未成年人犯罪;

(二)坚持最有利于未成年人原则,充分考虑未成年人身心发育尚未成熟、易受伤害等特点,切实保障未成年人的合法权益;

(三)坚持双向保护原则,对于未成年人实施性侵害未成年人犯罪的,在依法保护未成年被害人的合法权益时,也要依法保护未成年犯罪嫌疑人、未成年被告人的合法权益。

二、案件办理

第十七条 知道或者应当知道对方是不满十四周岁的幼女,而实施奸淫等性侵害行为的,应当认定行为人"明知"对方是幼女。

对不满十二周岁的被害人实施奸淫等性侵害行为的,应当认定行为人"明知"对方是幼女。

对已满十二周岁不满十四周岁的被害人,从其身体发育状况、言谈举止、衣着特征、生活作息规律等观察可能是幼女,而实施奸淫等性侵害行为的,应当认定行为人"明知"对方是幼女。

第十八条 在校园、游泳馆、儿童游乐场、学生集体宿舍等公共场所对未成年人实施强奸、猥亵犯罪,只要有其他多人在场,不论在场人员是否实际看到,均可以依照刑法第二百三十六条第三款、第二百三十七条的规定,认定为在公共场所"当众"强奸、猥亵。①

第十九条 外国人在中华人民共和国领域内实施强奸、猥亵未成年人等犯罪的,在依法判处刑罚时,可以附加适用驱逐出境。对于尚不构成犯罪但构成违

---

① 需要注意的问题有二:(1)本条将学生集体宿舍也认定为公共场所,主要考虑学生宿舍虽人员范围相对固定,但具有一定的涉众性。一些案件中,教师在学生集体宿舍对未成年人实施性侵害,影响恶劣,对被害学生和周围同学均造成严重的心理伤害和影响,认定公共场所性侵符合公众普遍的理解和认知。也有意见提出该条对"当众"的理解适用是否过于宽泛,担心对一些手段轻微或极其隐蔽的猥亵行为量刑过重。事实上,《刑法修正案(十一)》已经通过"情节恶劣"等限定条件对"公共场所当众"猥亵儿童等行为在加重处罚上进行限定,对于一些情节轻微的猥亵犯罪,尚未达到"情节恶劣"程度的,适用《刑法》第二百三十七条规定,不会造成量刑不适当。参见那艳芳、李峰、李薇:(转下页)

反治安管理行为的,或者有性侵害未成年人犯罪记录不适宜在境内继续停留居留的,公安机关可以依法适用限期出境或者驱逐出境。①

第二十条 对性侵害未成年人的成年犯罪分子严格把握减刑、假释、暂予监外执行的适用条件。纳入社区矫正的,应当严管严控。

三、证据收集与审查判断(略)

四、未成年被害人保护与救助(略)

五、其他(略)

六、附则

第四十条 本意见自 2023 年 6 月 1 日起施行。本意见施行后,《最高人民法院 最高人民检察院 公安部 司法部关于依法惩治性侵害未成年人犯罪的意见》(法发〔2013〕12 号)同时废止。

指导性案例

齐某强奸、猥亵儿童案(检例第 42 号,节录)

关键词 强奸罪 猥亵儿童罪 情节恶劣 公共场所当众

要 旨

1. 性侵未成年人犯罪案件中,被害人陈述稳定自然,对于细节的描述符合正常记忆认知、表达能力,被告人辩解没有证据支持,结合生活经验对全案证据进行审查,能够形成完整证明体系的,可以认定案件事实。

(接上页)《"两高两部"〈关于办理性侵害未成年人刑事案件的意见〉的理解与适用》,载《人民检察》2023 年第 15 期。(2)认定为当众实施性侵害犯罪虽不要求其他在场的多人实际看到,但基于"当众"概念的一般含义及具有"当众"情节处罚的严厉性,从空间上来讲,其他在场的多人一般要在行为人实施犯罪地点视力所及的范围之内,也就是说,性侵害行为处于其他在场人员随时可能发现、可以发现的状况。参见周峰、薛淑兰、赵俊甫、肖凤:《〈关于依法惩治性侵害未成年人犯罪的意见〉的理解与适用》,载中华人民共和国最高人民法院刑事审判第一、二、三、四、五庭主办:《中国刑事审判指导案例 2》(增订第 3 版),法律出版社 2017 年版,第 808 页。

① 本条扩大了驱逐出境的适用情形,规定"有性侵害未成年人犯罪记录不适宜在境内继续停留居留的,公安机关可以依法适用限期出境或者驱逐出境"。上述调整,一方面考虑了近年来频繁出现的外籍教师性侵未成年学生的情况;另一方面也与未成年人保护法关于从业禁止等规定衔接呼应,旨在强化对未成年人的特殊、优先保护。参见那艳芳、李峰、李薇:《"两高两部"〈关于办理性侵害未成年人刑事案件的意见〉的理解与适用》,载《人民检察》2023 年第 15 期。

2. 奸淫幼女具有《最高人民法院、最高人民检察院、公安部、司法部关于依法惩治性侵害未成年人犯罪的意见》规定的从严处罚情节,社会危害性与刑法第二百三十六条第三款第二至四项规定的情形相当的,可以认定为该款第一项规定的"情节恶劣"。①

3. 行为人在教室、集体宿舍等场所实施猥亵行为,只要当时有多人在场,即使在场人员未实际看到,也应当认定犯罪行为是在"公共场所当众"实施。

阻断性侵犯罪未成年被害人感染艾滋病风险综合司法保护案(检例第172号,节录)

关键词 奸淫幼女 情节恶劣 认罪认罚 艾滋病暴露后预防 检察建议

要　旨　检察机关办理性侵害未成年人案件,在受邀介入侦查时,应当及时协同做好取证和未成年被害人保护救助工作。对于遭受艾滋病病人或感染者性侵的未成年被害人,应当立即开展艾滋病暴露后预防并进行心理干预、司法救助,最大限度降低犯罪给其造成的危害后果和长期影响。行为人明知自己系艾滋病病人或感染者,奸淫幼女,造成艾滋病传播重大现实风险的,应当认定为奸淫幼女"情节恶劣"。对于犯罪情节恶劣,社会危害严重,主观恶性大的成年人性侵害未成年人案件,即使认罪认罚也不足以从宽处罚的,依法不予从宽。发现类案风险和社会治理漏洞,应当积极推动风险防控和相关领域制度完善。

▶ **刑参案例规则提炼** ◀

《**白俊峰强奸案**——丈夫强奸妻子的行为应如何定罪》(第20号案例)、《**王卫明强奸案**——丈夫可否成为强奸罪的主体》(第51号案例)、《**张烨等强奸、强制猥亵妇女案**——如何认定共同犯罪的中止》(第128号案例)、《**曹占宝强奸案**——如何理解强奸"致使被害人重伤、死亡或者造成其他严重后果"以及能否对此提起附带民事诉讼》(第228号案例)、《**李尧强奸案**——与未满刑事责任年龄的人轮流奸淫同一幼女的是否成立轮奸》(第280号案例)、《**唐胜海、杨勇强奸案**——轮奸案件中一人强奸既遂一人未遂的应如何处理》(第281号案例)、

---

① 《最高人民法院 最高人民检察院 公安部 司法部关于依法惩治性侵害未成年人犯罪的意见》(法发〔2013〕12号)已经废止。《最高人民法院、最高人民检察院关于办理强奸、猥亵未成年人刑事案件适用法律若干问题的解释》(法释〔2023〕3号)第一条至第四条对奸淫幼女罪的升档量刑标准作了专门规定。据此,应当依据法释〔2023〕3号的规定作妥当把握。——**本评注注**

《滕开林、董洪元强奸案——通奸后帮助他人强奸是否构成共犯》(第395号案例)、《谭荣财、罗进东强奸、抢劫、盗窃案——强迫他人性交、猥亵供其观看的行为如何定性》(第495号案例)、《陆振泉强奸案——如何认定强奸致被害人重伤、死亡或者造成其他严重后果》(第514号案例)、《张甲、张乙强奸案——共谋轮奸,一人得逞,未得逞的人是否构成强奸既遂？如何区分该类犯罪案件中的主、从犯地位》(第790号案例)、《苑建民、李佳等绑架、强奸案——行为人实施强奸行为完毕离开现场后,其他帮助犯起意并对同一被害人实施轮奸行为的,能否认定该行为人构成轮奸》(第792号案例)、《韦风强奸、故意杀人案——被害人因躲避强奸在逃离过程中失足落水,行为人未实施救助,导致被害人溺水死亡的事实是认定为强奸罪的加重情节还是单独认定为故意杀人罪》(第834号案例)、《王鑫等强奸、寻衅滋事、故意伤害、抢劫案——轮奸幼女的,是否同时适用轮奸加重处罚和奸淫幼女从重处罚情节；对具有多种量刑情节的被告人应当如何规范量刑；若无抗诉,因程序违法被发回重审的,能否加重对被告人的处罚》(第843号案例)、《李振国强奸案——采取足以致人伤亡的暴力手段实施强奸,并最终导致被害人死亡的,是以强奸罪一罪论处还是以强奸罪、故意杀人罪数罪并罚》(第946号案例)、《何某强奸案——奸淫幼女案件中如何判断行为人"应当知道"被害人系幼女》(第978号案例)、《卓智成等强奸案——行为人明知他人系采取暴力、胁迫手段迫使被害人表面"同意"与其发生性关系的,如何定性,以及指使他人物色幼女供其奸淫后给付金钱财物的行为如何定性》(第979号案例)、《谈朝贵强奸案——如何界定"共同家庭生活关系"以及与幼女有共同家庭生活关系的人多次奸淫幼女致其怀孕,是否属于奸淫幼女"情节恶劣"》(第980号案例)、《刘某强奸案——对未成年人与幼女正常交往过程中自愿发生性关系案件的政策把握与缓刑适用》(第981号案例)、《王某强奸案——因欲实施强奸导致被害人落水,被告人不实施救助,致使被害人溺水死亡的,被告人是构成故意杀人罪还是以"强奸致使被害人死亡"论处》(第982号案例)、《李明明强奸案——共同犯罪人未经共谋在不同地点先后强奸同一被害人的是否构成轮奸以及如何认定强奸罪中的"情节恶劣"》(第983号案例)、《淡某甲强奸、猥亵儿童案——如何准确把握奸幼型强奸罪的死刑适用标准》(第985号案例)、《孟某等强奸案——被害人无明显反抗行为或意思表示时,如何认定强奸罪中的"违背妇女意志"》(第1061号案例)、《秦磊强奸、猥亵儿童案——性侵未成年人犯罪案件中证据的采信以及相关量刑情节的认定》(第1437号案例)、《张某某强奸案——长期多次强奸年幼继女致其感染艾滋病病毒,应否适用死刑》(第1486号)、《魏某某强奸案——对于性

侵害未成年人犯罪案件,依法从宽时要从严掌握幅度并慎用缓刑》(第1495号)所涉规则提炼如下:

1."违背妇女意志"的认定。"不能简单地以被害妇女当时有无反抗意思表示,作为认定其是否同意的唯一条件。对妇女未作反抗或者反抗表示不明显的,要通观全案,具体分析,综合认定。一般而言,可以从以下三个方面来分析判断被告人的行为是否'违背妇女意志':(一)案发时被害妇女的认知能力……(二)案发时被害妇女的反抗能力……(三)被害人未作明确意思表示的客观原因……"(第1061号案例)"行为人明知他人系采取暴力、胁迫手段迫使被害人表面'同意'与其发生性关系的,视为行为人违背被害人意志发生性关系。"(第979号案例)

2.以"其他手段"强奸的认定。"所谓'其他手段',一般认为应当包括以下情形:(1)采用药物麻醉、醉酒等类似手段,使被害妇女不知抗拒或无法抗拒后,再予以奸淫的;(2)利用被害妇女自身处于醉酒、昏迷、熟睡、患重病等不知抗拒或无法抗拒的状态,乘机予以奸淫的;(3)利用被害妇女愚昧无知,采用假冒治病或以邪教组织、迷信等方法骗奸该妇女的等。"(第281号案例)

3."强奸妇女、奸淫幼女情节恶劣"的认定。根据《刑法》第二百三十六条第三款的规定,强奸妇女、奸淫幼女情节恶劣的,处十年以上有期徒刑、无期徒刑或者死刑。对此,"实践中可以从以下几个方面来把握:(1)选择特定犯罪对象实施强奸,被害人不具有一般人的反抗能力或者反抗能力极弱,如强奸无辨认能力的精神病人,强奸行动不便的孕妇,强奸身患重病、无法抵抗的患者;(2)在公共场所公然劫持被害人后实施强奸,对抗社会意图明显;(3)采用残忍的暴力手段或者在强奸过程中以十分下流的手段肆意踩躏等损害被害人身心健康的方式实施强奸,如强奸被害人过程中施以凌辱、虐待等;(4)长期多次对同一被害人进行强奸,即行为人在某段相较长时期内连续多次反复强奸同一人,通常有'霸占'被害人为自己性工具的意图;(5)其他具有相当危害程度的情形,如……对未成年人负有特殊职责的人员、与未成年人有共同家庭生活关系的人员、国家工作人员利用职务便利强奸未成年人,造成未成年被害人轻伤、怀孕、感染性病等后果;等等。"(第983号案例)"利用教师身份多次奸淫不满十二周岁的幼女,属于'奸淫幼女情节恶劣'。"(第1437号案例)

4."二人以上轮奸"的认定。根据《刑法》第二百三十六条第三款的规定,二人以上轮奸的,处十年以上有期徒刑、无期徒刑或者死刑。(1)"认定是否属于'轮奸',不应以二人以上的行为是否构成共同强奸犯罪为必要,而是看是否具有共同的奸淫行为。"故而,与未满刑事责任年龄的人轮流奸淫的可以成立轮奸。(第280号案例)(2)就轮奸而言,"各行为人与被害人发生性关系,均违背被害人意愿"。因此,二被告人共同预谋,通奸后利用捉奸帮助他人强奸,"二人的行为都是共同强奸犯罪的组成部分,只是存在共同犯罪分工的不同,不影响强奸共同犯罪的成立";但是,"不具备轮奸中每个行为人与被害人发生性关系均违背女方意愿的条件……不能认定为轮奸"。(第395号案例)(3)"只要各共同犯罪人具有轮流奸淫同一妇女的共同故意,对该妇女进行不间断的控制,即使二人或者多人前后实施奸淫时间间隔相对较长,甚至不在同一地点实施奸淫行为,其犯罪的社会危害性、主观恶性、人身危险性程度同被害人在同一地点、同一时间段受到多人强奸的犯罪情形是相当的,被害人所遭受的痛苦和恐惧亦是相当的,故应视为与同一地点轮奸情形无异。"(第983号案例)行为人实施强奸行为完毕离开现场后,其他帮助犯起意并对同一被害人实施轮奸行为的,"不具有犯意联络和协同行为,即不具有轮奸被害人的共同故意",不成立轮奸。但是,"为……实施强奸提供帮助的行为,已经构成强奸罪的共犯,之后又单独实施强奸行为,完全符合轮奸的认定条件。"(第792号案例)(4)①"在共同强奸犯罪过程中,随着主犯……完成强奸行为,已经

第236条

① 本评注认为:(1)轮奸存在未遂形态。这一判断主要基于如下几点考虑:①近年来,刑法理论和实践均已认为加重犯罪构成也存在未遂。如有关规范性文件对抢劫罪的部分加重处罚情节的既遂、未遂作了明确规定。轮奸属于加重处罚情节,亦可存在既遂与未遂的区分。②承认轮奸也存在未遂形态是贯彻罪责刑相适应原则的要求。如果认为轮奸只有成立不成立之分,那么,对于二人以上意图共同轮流奸淫但故未能得逞的行为,就只能按强奸罪基本犯的未遂处理,亦即在"三年以上十年以下有期徒刑"量刑档次的基础上"可以比照既遂犯从轻或者减轻处罚";而若承认轮奸未遂,则对上述情形应在"十年以上有期徒刑、无期徒刑或者死刑"量刑档次的基础上"可以比照既遂犯从轻或者减轻处罚"。二者的量刑有不小差距,按后者量刑才能体现轮奸与一般强奸的区别,才符合罪责刑相适应原则的要求。③认为二人以上奸淫得逞才能认定轮奸,实际上是混淆了轮奸成立与轮奸既遂。轮奸是指二人以上共同故意实施轮流奸淫行为。只要有轮奸的故意,开始实施甚至预备实施轮奸行为的,就已成立轮奸。以二人以上奸淫得逞作为认定轮奸,适用轮奸之加重处罚情节的条件,不当限缩了轮奸的成立范围,不符合罪责刑相适应原则的要求。(2)应以二人以上奸淫得逞作为轮奸既遂的认定条件。着手实施轮奸,但无人奸淫得逞的,属于轮奸未遂;仅有一人奸淫得逞的,也属于轮奸未遂。主要考虑:①之所以将轮奸规定为加重法定刑情节之一,处以十年以上有期徒刑、无期徒刑或者死刑,是因为轮奸使被害人在短时间内受到两次以上性侵害,危害特别严重。因此,以二人以上奸淫得逞作为轮奸既遂的认定条件,方符合立法精神以及罪责刑相适(转下页)

成立犯罪既遂,作为从犯的……也随之承担既遂犯的责任。"(第128号案例)"对轮奸中一人以上强奸既遂,一人以上未遂的情形,由于各行为人均实施了轮奸行为,故首先应对各被告人以强奸罪定罪并按轮奸情节予以处罚。其次……按照强奸罪中认定既未遂的一般原理,即只要实行犯强奸既遂的,对其他共犯……都应按强奸既遂论。当然……对帮助犯、从犯一般应当依法给予从宽处罚,而对个人奸淫未得逞的共同实行犯也可以酌定从轻处罚。"(第281号案例)在轮奸案件中对强奸行为未得逞的,"是否认定为从犯,应当结合案件实际情况,综合未得逞者在案件中的分工、地位、作用、实际参与程度等多方面因素予以全面分析,不应仅仅从其是否完成自身的强奸行为进行片面认定。"(第790号案例)(5)"对轮奸幼女的行为应同时适用轮奸加重处罚和奸淫幼女从重处罚情节。"(第843号案例)

5. "致使被害人重伤、死亡或者造成其他严重后果"的认定。 根据《刑法》第二百三十六条第三款的规定,强奸妇女、奸淫幼女,致使被害人重伤、死亡或者造成其他严重后果,处十年以上有期徒刑、无期徒刑或者死刑。"'强奸致被害人重伤、死亡'只包含两种情形:一种是指行为人采取的暴力、胁迫等方法行为,直

(接上页)应原则的要求;如仅有一人奸淫得逞,即认定轮奸既遂,处十年有期徒刑以上刑罚,失之过重。②以二人以上奸淫得逞作为轮奸既遂的认定标准,也更符合社会公众对轮奸的通常理解。如果只有一人奸淫得逞,在公众看来,恐怕不会说被害人"被轮奸了"。(3)二人以上轮奸,只有一人奸淫得逞的,各被告人均属于强奸罪基本构成既遂与轮奸未遂的竞合,宜择一重罪处断;对被告人量刑时,应当综合考虑其在共同犯罪中的地位、作用情况。主要考虑:①轮奸是强奸共同犯罪的一种形式,基于共同犯罪的一般原理,只要一人奸淫既遂的,各被告人均构成强奸既遂。但是,如前所述,轮奸的既遂应当以二人以上奸淫得逞作为认定条件,故此种情形属于轮奸未遂。承认强奸罪基本构成既遂可以与轮奸未遂竞合,进而可以适用择一重罪处断原则,才能使最终量刑更符合罪责刑相适应原则的要求。如果对上述情形只以强奸罪基本构成既遂论处,则会导致量刑倒挂:如二人以上轮奸,均未奸淫得逞的,应以轮奸未遂论,在十年以上有期徒刑、无期徒刑或者死刑量刑档次基础上从轻或者减轻处罚;二人以上轮奸,有一人奸淫得逞的,如只以强奸罪基本构成既遂论,不考虑轮奸未遂,一律在三年以上十年以下有期徒刑量刑档次量刑,明显存在轻重倒挂问题。②从国外立法规定来看,不少国家针对加重处罚情节规定了独立的罪名,据此,加重处罚情节未遂与基本犯既遂可以竞合,我国刑法虽然未将轮奸规定为独立罪名,但可以借鉴上述做法,为贯彻罪责刑相适应原则,也有必要借鉴上述做法。③对此种情形如适用轮奸未遂处罚的,可以考虑在裁判说理部分说明各被告人构成轮奸未遂,并在具体裁量刑罚时予以体现,但由于轮奸不是单独的罪名,故在判项部分直接表述被告人犯强奸罪即可,无须括注是未遂。

接导致了被害人重伤或死亡,如通过勒脖子的方法强奸,致使被害人因窒息而死亡,或者以殴打的方法强奸,致使被害人身体严重受损而死亡等;另一种是指行为人的性交行为即目的行为直接导致被害人重伤或死亡,如强奸直接导致被害人性器官受损、死亡等。"(第514号案例)"对于强奸犯出于报复、灭口等动机,在实施强奸的过程中,杀死或者伤害被害妇女、幼女的,应分别定为强奸罪、故意杀人罪或者故意伤害罪,按数罪并罚惩处。"(第982号案例)"所谓因强奸'造成其他严重后果',除包括因强奸妇女或者奸淫幼女引起被害人自杀或者精神失常这两种常见的情形外,结合目前的司法实践看,还应包括因强奸妇女或者奸淫幼女造成被害人怀孕分娩或堕胎等其他严重危害被害妇女或幼女身心健康的严重后果。"(第228号案例)其中,"奸淫幼女造成幼女怀孕,确实会给被害人造成很大的身心创伤,影响幼女的健康成长。但同时还要看到,怀孕系强奸的附随后果,且发现怀孕的阶段及采取干预措施的不同,对被害人身心伤害大小存在很大差异,严重程度也有很大区别"。"因司法实践的复杂性,'奸淫幼女致其怀孕'在何种情况下属于'情节恶劣',应当根据社会常识、常情,综合考虑犯罪主体、犯罪对象、犯罪地点、犯罪手段、犯罪后果等诸多因素,准确判断,以确保罪责刑相适应。"(第980号案例)

6. 罪数的处断。(1)"为达到奸淫被害人的目的采取足以致死被害人的暴力手段,其实施的暴力行为系强奸罪的手段行为,故其行为构成强奸(致人死亡)罪一罪。"(第946号案例)(2)"为寻求精神刺激,在同一时间内强迫他人对同一犯罪对象实施性交和猥亵行为供其观看的行为,应当依照吸收犯的处理原则,在强奸罪和强制猥亵妇女罪中择一重罪处罚。""如果行为人实施强制猥亵妇女行为与强奸行为的时间间隔较长,已经超过生理上二行为自然延续过程的,或者强奸对象与强制猥亵对象不是同一人的,则强奸行为与强制猥亵行为之间就不再具备吸收关系,不符合吸收犯的成立要件,不能再按照吸收犯的处理原则择一重罪处罚,而应当依照强奸罪和强制猥亵妇女罪对其实行数罪并罚。"(第495号案例)"前一阶段……共同实施奸淫……行为,此行为符合强奸罪的犯罪构成,共同构成强奸罪。后一阶段即在……中途外出回到客房后……又着手……实施猥亵行为,以发泄其性欲……成立强制猥亵罪……共同强奸行为完成后,另起犯意猥亵被害人,就不能被先前的强奸行为所包容吸纳,当然此猥亵行为更不是强奸行为的必然延伸,二者之间不存在吸收或者牵连关系。所以,对被告人的行为应当定两罪,而不是定强奸一罪。"(第128号案例)(3)对于"被害人因躲避强奸在逃离过程中失足落水,行为人未实施救助,导致被害人溺水死亡的","在已经构成强奸罪(未遂)的情形下,还存在不作为的故意杀人行为,应当

以强奸罪(未遂)和故意杀人罪两罪并罚"。(第834号案例)

7. 刑罚的裁量。"判断奸幼型强奸案件是否达到'罪行极其严重'的死刑适用标准,应当依照刑法、司法解释的相关规定并结合司法审判经验,根据具体案件的事实、犯罪性质、情节和社会危害程度,着重从侵害对象、侵害人数、侵害次数或者持续时间、作案手段、危害后果等方面综合分析判断。"(第985号案例)"长期多次强奸未满12周岁的继女……造成……感染艾滋病病毒受重伤,且强奸情节恶劣,社会危害性大,罪行极其严重……的行为严重挑战了社会伦理道德底线,应依法从重处罚并适用死刑。"(第1486号)"2021年1月10日,最高人民法院在全国高级法院院长会议上明确将强奸罪作为严重危害社会治安、群众反映强烈的案件,要求法院不得主动开展调解……""对于认罪认罚、达成谅解的性侵害未成年人犯罪案件,可以适度依法从宽……但是,鉴于此类犯罪的严重社会危害性,在适用认罪认罚从宽制度时,应当依法审慎确定适用范围与从宽幅度。"整体而言,"从严掌握性侵害未成年人犯罪案件的从宽幅度并慎用缓刑,通过'宽中有严、严以济宽'实现犯罪预防的刑罚目的"。(第1495号)

8. 婚内强奸案件的处理。"在一般情况下,丈夫不能成为强奸罪的主体。""但是,夫妻同居义务是从自愿结婚行为推定出来的伦理义务,不是法律规定的强制性义务。因此,不区别具体情况,对于所有的婚内强奸行为一概不以犯罪论处也是不科学的。"(第51号案例)"如果是非法婚姻关系或者已经进入离婚诉讼程序,婚姻关系实际已处于不确定中,丈夫违背妻子的意志,采用暴力手段,强行与其发生性关系,从刑法理论上讲是可以构成强奸罪的。但是,实践中认定此类强奸罪,与普通强奸案件有很大不同,应当特别慎重。"(第20号案例)

9. 奸淫幼女案件的处理。(1)主观明知的认定。"通常而言,认定行为人是否'应当知道'被害人系不满十四周岁的幼女,应当考虑行为人和一般人的认知能力水平,结合行为人作案时存在的各种客观情况,进行综合分析判断。""与已满十二周岁不满十四周岁的被害人发生性关系案件中,对行为人辩解'不明知'被害人是幼女的例外情况应当从严把握。"(第978号案例)(2)案件处理的政策界限。"司法机关在处理青少年之间自愿发生性关系问题上,一直坚持适度介入、慎重干预的刑事政策。""成年犯罪分子强奸幼女,包括强行与幼女发生性关系和基于幼女自愿与幼女发生性关系,一般情况下不适用缓刑,特殊情形例外。""对于未成年人与年龄相当的幼女在正常交往恋爱过程中,因懵懂无知,一时冲动,自愿发生性关系,没有对幼女身心造成严重伤害的,如果构成强奸罪,确属情节较轻,有悔罪表现,没有再犯罪危险,宣告缓刑对所居住社区没有重大不良影响的,一般可以宣告缓刑。"(第981号案例)

第二百三十六条之一 【负有照护职责人员性侵罪】对已满十四周岁不满十六周岁的未成年女性负有监护、收养、看护、教育、医疗等特殊职责的人员,与该未成年女性发生性关系的,处三年以下有期徒刑;情节恶劣的,处三年以上十年以下有期徒刑。

有前款行为,同时又构成本法第二百三十六条规定之罪的,依照处罚较重的规定定罪处罚。

立法沿革

本条系2021年3月1日起施行的《刑法修正案(十一)》第二十七条增设的规定。

司法解释

《最高人民法院、最高人民检察院关于办理强奸、猥亵未成年人刑事案件适用法律若干问题的解释》(法释〔2023〕3号,自2023年6月1日起施行)第五条、第六条、第十五条对负有照护职责人员性侵罪的定罪量刑标准、罪名界分、术语界定等问题作了规定。(→参见第二百三十六条评注部分,第1110、1111、1113页)

第二百三十七条 【强制猥亵、侮辱罪】以暴力、胁迫或者其他方法强制猥亵他人或者侮辱妇女的,处五年以下有期徒刑或者拘役。

聚众或者在公共场所当众犯前款罪的,或者有其他恶劣情节的,处五年以上有期徒刑。

【猥亵儿童罪】猥亵儿童的,处五年以下有期徒刑;有下列情形之一的,处五年以上有期徒刑:

(一)猥亵儿童多人或者多次的;

(二)聚众猥亵儿童的,或者在公共场所当众猥亵儿童,情节恶劣的;

(三)造成儿童伤害或者其他严重后果的;

(四)猥亵手段恶劣或者有其他恶劣情节的。

第四章　侵犯公民人身权利、民主权利罪　1125

立法沿革

本条系1997年《刑法》分解1979年《刑法》规定的"流氓罪"作出的规定。1979年《刑法》第一百六十条规定："聚众斗殴,寻衅滋事,侮辱妇女或者进行其他流氓活动,破坏公共秩序,情节恶劣的,处七年以下有期徒刑、拘役或者管制。""流氓集团的首要分子,处七年以上有期徒刑。"《全国人民代表大会常务委员会关于严惩严重危害社会治安的犯罪分子的决定》(1983年9月2日起施行)对"流氓犯罪集团的首要分子或者携带凶器进行流氓犯罪活动,情节严重的,或者进行流氓犯罪活动危害特别严重的"规定"可以在刑法规定的最高刑以上处刑,直至判处死刑"。1997年《刑法》对"流氓罪"作了分解,本条规定的犯罪就属于分解后的犯罪之一。

2015年11月1日起施行的《刑法修正案(九)》第十三条对本条第二款作了第一次修改,主要涉及如下两个方面:一是将猥亵妇女改为猥亵他人;二是增加规定了加重处罚的情形,加大了对猥亵犯罪的惩治力度。

2021年3月1日起施行的《刑法修正案(十一)》第二十八条对本条作了第二次修改,对猥亵儿童"情节恶劣"作了列举式规定,进一步细化猥亵儿童罪从重处罚的规定。

修正前《刑法》	第一次修正后《刑法》	第二次修正后《刑法》
第二百三十七条　【强制猥亵、侮辱妇女罪】以暴力、胁迫或者其他方法强制猥亵~~妇女~~或者侮辱妇女的,处五年以下有期徒刑或者拘役。 聚众或者在公共场所当众犯前款罪的,处五年以上有期徒刑。 【猥亵儿童罪】猥亵儿童的,依照前两款的规定从重处罚。	第二百三十七条　【强制猥亵、侮辱罪】以暴力、胁迫或者其他方法强制猥亵**他人**或者侮辱妇女的,处五年以下有期徒刑或者拘役。 聚众或者在公共场所当众犯前款罪的,**或者有其他恶劣情节的**,处五年以上有期徒刑。 【猥亵儿童罪】猥亵儿童的,~~依照前两款的规定从重处罚~~。	第二百三十七条　【强制猥亵、侮辱罪】以暴力、胁迫或者其他方法强制猥亵他人或者侮辱妇女的,处五年以下有期徒刑或者拘役。 聚众或者在公共场所当众犯前款罪的,或者有其他恶劣情节的,处五年以上有期徒刑。 【猥亵儿童罪】猥亵儿童的,**处五年以下有期徒刑;有下列情形之一的,处五年以上有期徒刑:** (一)猥亵儿童多人或者多次的; (二)聚众猥亵儿童的,或者在公共场所当众猥亵儿童,情节恶劣的;

第237条

(续表)

修正前《刑法》	第一次修正后《刑法》	第二次修正后《刑法》
		(三)造成儿童伤害或者其他严重后果的; (四)猥亵手段恶劣或者有其他恶劣情节的。

相关规定

《**中华人民共和国治安管理处罚法**》(修正后自 2013 年 1 月 1 日起施行,节录)

第四十四条　猥亵他人的,或者在公共场所故意裸露身体,情节恶劣的,处五日以上十日以下拘留;猥亵智力残疾人、精神病人、不满十四周岁的人或者有其他严重情节的,处十日以上十五日以下拘留。

司法解释

《**最高人民法院、最高人民检察院关于办理强奸、猥亵未成年人刑事案件适用法律若干问题的解释**》(法释〔2023〕3 号)第七条至第十一条、第十三条至第十五条对猥亵儿童罪的定罪量刑标准、行为定性、罪数处断及刑罚裁量等问题作了规定。(→参见第二百三十六条评注部分,第 1111—1113 页)

规范性文件

《**最高人民检察院关于贯彻实施新修订〈中华人民共和国妇女权益保障法〉切实保障妇女权益的通知**》(高检发办字〔2023〕31 号)"二、全面贯彻实施《妇女权益保障法》有关规定""(四)依法从严惩处侵犯妇女权益犯罪"要求依法从严惩处强奸,强制猥亵、侮辱等性侵犯罪,对性侵未成年人犯罪更要依法严惩。(→参见第二百四十六条评注部分,第 1178 页)

指导性案例

齐某强奸、猥亵儿童案(检例第 42 号)(→参见第二百三十六条评注部分,第 1117 页)

骆某猥亵儿童案(检例第 43 号,节录)

关　键　词　猥亵儿童罪　网络猥亵　犯罪既遂

要　　　旨　行为人以满足性刺激为目的,以诱骗、强迫或者其他方法要求儿童拍摄裸体、敏感部位照片、视频等供其观看,严重侵害儿童人格尊严和心理健康的,构成猥亵儿童罪。

刑参案例规则提炼

《**王晓鹏强制猥亵妇女、猥亵儿童案**——如何界分正常医疗检查与猥亵犯罪行为以及强制猥亵对象中既包括已满14周岁女性又包括未满14周岁女童的,对所犯数罪是否并罚》(第987号案例)、《**吴茂东猥亵儿童案**——如何认定"猥亵"和界分猥亵犯罪行为与猥亵违法行为以及在教室讲台实施的猥亵是否属于"在公共场所当众猥亵"》(第989号案例)、《**于书祥猥亵儿童案**——从罪刑相适应的角度准确认定"在公共场所当众猥亵"》(第1260号案例)、《**秦磊强奸、猥亵儿童案**——性侵未成年人犯罪案件中证据的采信以及相关量刑情节的认定》(第1437号案例)所涉规则提炼如下:

1. **正常医疗检查与猥亵犯罪的界分规则。**"主要从行为人的主观和客观两个方面进行甄别。""关于犯罪主观方面……可以通过对该'医疗检查'行为是否明显超越职责范围、是否系医疗诊治所必需的检查手段等因素,来分析行为人的主观故意。""关于犯罪客观方面,又需要注意考察以下两个方面的因素:(1)是否使用了强制或者欺骗等不正当手段……(2)是否明显超越了职责范围、是否系诊疗所必需。"(第987号案例)

2. **猥亵一般违法行为与犯罪行为的界分规则。**"需要着重考虑以下几个方面的因素:(1)猥亵行为侵害的身体部位所代表的的性象征意义明显与否;(2)猥亵行为是否伴随暴力、胁迫等强制手段;(3)猥亵行为持续时间的长短;(4)其他能反映猥亵行为对被害人身心伤害大小,对普通公民性的羞耻心冒犯程度大小的情节;(5)行为人是否具有前科劣迹以及其他反映行为人主观恶性、人身危险性大小的情节。考虑上述某一项或者某几项因素,如果猥亵行为情节轻微,危害不大,可以不以犯罪论处。为体现对儿童的特殊保护,对猥亵行为严重程度的判断,与针对妇女实施的强制猥亵行为,也可以有所不同,针对儿童实施的,入罪标准的门槛可适当降低一些。"(第989号案例)

3. **猥亵犯罪加重情节的认定规则。**根据《刑法》第二百三十七条第二款的规定,在公共场所当众实施猥亵的,处五年以上有期徒刑。"将被害人叫到讲台上对被害人进行猥亵,虽然利用了课桌等物体的遮挡,手段相对隐蔽,但此种猥亵行为处于教室内其他学生随时可能发现、可以发现的状况……因此,法院认定被告人属于在公共场所当众实施猥亵是正确的。"(第989号案例)"利用夜间查寝的机会在有十余名女生居住的集体宿舍实施猥亵儿童的行为,属于'在公共场所当众'猥亵。"（第1437号案例）但是，"如果将那些相对轻微的当众猥亵行为作为加重情节对被告人判处五年以上有期徒刑，就会罪刑失衡，也有违社会一般人的法感情……对那些手段、情节、危害一般、介于违法和犯罪之间的猥亵行为样态，宜突出'在公共场所当众猥亵'对考量行为是否值得入罪进行刑事处罚方面的影响，避免越过'猥亵'本身是否构成犯罪的基础判断，而简单化地因形式上属于当众实施猥亵，即对被告人升格加重处罚"。（第1260号案例）

4. 猥亵犯罪的罪数处断规则。"强制猥亵对象中既包括已满14周岁的妇女又包括未满14周岁女童的，对所犯数罪应当并罚。"（第987号案例）

司法疑难解析

1. 《刑法》第二百三十七条的罪名选择。"强制猥亵、侮辱罪"为选择性罪名，对于以暴力、胁迫或者其他方法强制侮辱妇女的，**本评注主张**将罪名确定为"强制侮辱罪"。

2. 猥亵对象跨越十四周岁案件的处理。对于行为人多次实施强制猥亵行为，被害人年龄跨越十四周岁年龄段的，究竟应当以强制猥亵罪、猥亵儿童罪数罪并罚，还是以强制猥亵罪一罪处断，存在不同认识。**本评注倾向**后一种方案，即以强制猥亵罪处断，且可以根据多次猥亵、部分行为时被害人系儿童等情节认定为"有其他恶劣情节"。主要考虑：其一，行为人基于概括的犯罪故意，认定为一罪更为符合主客观相统一原则，不宜认定为数罪。其二，以强制猥亵罪一罪处断，必要时适用加重量刑情节，较之数罪并罚可以加大刑罚力度，更加符合罪责刑相适应原则的要求。其三，行为人猥亵的对象在年满十四周岁后不再属于儿童，如适用猥亵儿童罪，不符合"猥亵儿童多次"的加重量刑情节，故以猥亵儿童罪处断、特别是升档量刑，可能在逻辑上存在一定障碍。

第二百三十八条 【非法拘禁罪】非法拘禁他人或者以其他方法非法剥夺他人人身自由的，处三年以下有期徒刑、拘役、管制或者剥夺政治权利。具有殴打、侮辱情节的，从重处罚。

犯前款罪，致人重伤的，处三年以上十年以下有期徒刑；致人死亡的，处十年以上有期徒刑。使用暴力致人伤残、死亡的，依照本法第二百三十四条、第二百三十二条的规定定罪处罚。

为索取债务非法扣押、拘禁他人的，依照前两款的规定处罚。

国家机关工作人员利用职权犯前三款罪的，依照前三款的规定从重处罚。

立法沿革

本条系 1997 年《刑法》吸收 1979 年《刑法》作出修改后的规定。1979 年《刑法》第一百四十三条规定:"严禁非法拘禁他人,或者以其他方法非法剥夺他人人身自由。违者处三年以下有期徒刑、拘役或者剥夺政治权利。具有殴打、侮辱情节的,从重处罚。""犯前款罪,致人重伤的,处三年以上十年以下有期徒刑;致人死亡的,处七年以上有期徒刑。"1997 年《刑法》根据司法实践反映的犯罪竞合、罪数处断等问题,对上述规定作了修改调整。

司法解释

《最高人民法院关于对为索取法律不予保护的债务非法拘禁他人行为如何定罪问题的解释》(法释〔2000〕19 号,自 2000 年 7 月 19 日起施行)①

为了正确适用刑法,现就为索取高利贷、赌债等法律不予保护的债务,非法拘禁他人行为如何定罪问题解释如下:

行为人为索取高利贷、赌债等法律不予保护的债务,非法扣押、拘禁他人的,依照刑法第二百三十八条的规定定罪处罚。

《最高人民检察院关于渎职侵权犯罪案件立案标准的规定》(高检发释字〔2006〕2 号,自 2006 年 7 月 26 日起施行,节录)

二、国家机关工作人员利用职权实施的侵犯公民人身权利、民主权利犯罪案件

(一)国家机关工作人员利用职权实施的非法拘禁案(第二百三十八条)

非法拘禁罪是指以拘禁或者其他方法非法剥夺他人人身自由的行为。

国家机关工作人员利用职权非法拘禁,涉嫌下列情形之一的,应予立案:

1、非法剥夺他人人身自由 24 小时以上的;

2、非法剥夺他人人身自由,并使用械具或者捆绑等恶劣手段,或者实施殴打、侮辱、虐待行为的;

---

① 在司法实践中应当注意,行为人为索取明显超出债务数额的财物而非法扣押、拘禁他人的,因其行为带有"借机勒索"的性质,可以依照《刑法》第二百三十九条第一款规定的绑架罪定罪处罚。参见李兵:《〈关于对为索取法律不予保护的债务非法拘禁他人行为如何定罪问题的解释〉的理解与适用》,载中华人民共和国最高人民法院刑事审判第一、二、三、四、五庭主办:《中国刑事审判指导案例 2》(增订第 3 版),法律出版社 2017 年版,第 813 页。

3. 非法拘禁,造成被拘禁人轻伤、重伤、死亡的;

4. 非法拘禁,情节严重,导致被拘禁人自杀、自残造成重伤、死亡,或者精神失常的;

5. 非法拘禁3人次以上的;

6. 司法工作人员对明知是没有违法犯罪事实的人而非法拘禁的;

7. 其他非法拘禁应予追究刑事责任的情形。

(→第三部分参见分则第九章标题评注部分,第2170页)

规范性文件

《最高人民法院、最高人民检察院、公安部、司法部、国家卫生和计划生育委员会关于依法惩处涉医违法犯罪维护正常医疗秩序的意见》(法发〔2014〕5号)"二、严格依法惩处涉医违法犯罪"对非法限制医务人员人身自由适用非法拘禁罪作了指引性规定。(→参见第二百九十三条评注部分,第1484页)

《最高人民法院、最高人民检察院、公安部、司法部关于办理黑恶势力犯罪案件若干问题的指导意见》(法发〔2018〕1号)"四、依法惩处利用'软暴力'实施的犯罪"对黑恶势力拘禁他人适用非法拘禁罪的有关问题作了规定。(→参见第二百九十四条评注部分,第1525页)

《最高人民法院、最高人民检察院、公安部、司法部关于办理实施"软暴力"的刑事案件若干问题的意见》(法发〔2019〕15号)第六条对《刑法》第二百三十八条规定的"以其他方法非法剥夺他人人身自由"的认定及相关问题作了规定。(→参见第二百九十四条评注部分,第1544页)

《最高人民法院、最高人民检察院、公安部、司法部关于依法惩治妨害新型冠状病毒感染肺炎疫情防控违法犯罪的意见》(法发〔2020〕7号)"二、准确适用法律,依法严惩妨害疫情防控的各类违法犯罪"第(二)条就非法限制医务人员人身自由适用非法拘禁罪作了指引性规定。(→参见第三百三十条评注部分,第1711页)

《最高人民法院、最高人民检察院、公安部关于依法办理"碰瓷"违法犯罪案件的指导意见》(公通字〔2020〕12号)第八条对"碰瓷"案件适用非法拘禁罪、非法搜查罪作了指引性规定。(→参见第二百六十六条评注部分,第1292页)

《最高人民法院、最高人民检察院关于常见犯罪的量刑指导意见(试行)》(法发〔2021〕21号,节录)

四、常见犯罪的量刑

(九) 非法拘禁罪

1. 构成非法拘禁罪的,根据下列情形在相应的幅度内确定量刑起点:

(1) 犯罪情节一般的,在一年以下有期徒刑、拘役幅度内确定量刑起点。

(2) 致一人重伤的,在三年至五年有期徒刑幅度内确定量刑起点。

(3) 致一人死亡的,在十年至十三年有期徒刑幅度内确定量刑起点。

2. 在量刑起点的基础上,根据非法拘禁人数、拘禁时间、致人伤亡后果等其他影响犯罪构成的犯罪事实增加刑罚量,确定基准刑。

非法拘禁多人多次的,以非法拘禁人数作为增加刑罚量的事实,非法拘禁次数作为调节基准刑的量刑情节。

3. 有下列情节之一的,增加基准刑的10%—20%:

(1) 具有殴打、侮辱情节的;

(2) 国家机关工作人员利用职权非法扣押、拘禁他人的。

4. 构成非法拘禁罪的,综合考虑非法拘禁的起因、时间、危害后果等犯罪事实、量刑情节,以及被告人的主观恶性、人身危险性、认罪悔罪表现等因素,决定缓刑的适用。

(→前三部分和第五部分参见总则第四章第一节标题评注部分,第244、227页)

刑参案例规则提炼

《孟铁保等赌博、绑架、敲诈勒索、故意伤害、非法拘禁案——扣押、拘禁他人强索赌债的行为如何定罪处罚》(第74号案例)、《章浩等绑架案——基于索债目的帮助他人实施绑架行为的应如何定罪》(第156号案例)、《颜通市等绑架案——给付定金方违约后为索回定金而非法扣押对方当事人子女的行为如何定罪》(第157号案例)、《田磊等绑架案——为索取债务劫持他人并致人死亡的行为如何定性》(第180号案例)、《辜正平非法拘禁案——为逼人还贷款非法关押借款人以外的第三人的行为应如何定性》(第181号案例)、《雷小飞等非法拘禁案——"索债型"扣押、拘禁案件的定性》(第263号案例)、《胡经杰、邓明才非法拘禁案——为寻找他人而挟持人质的行为构成何罪》(第435号案例)、《李彬、袁南京、胡海珍等绑架、非法拘禁、敲诈勒索案——帮人"讨债"参与绑架,与人质谈好"报酬"后将其释放,事后索要"报酬"的如何定罪处罚》(第571号案例)、《徐强等非法拘禁案——以剥夺他人人身自由的方式索回赌资的行为如何定性、公诉机关指控轻罪名,法院是否可以改变为重罪名以及一审法院将公诉机关指控的轻罪名变更为重罪名的,二审对此如何处理》

（第948号案例）、《贾斌非法拘禁案——抱走年幼继女向欲离婚的妻子索要所支出的抚养费、彩礼费的行为，如何定性》（第997号案例）、《罗灵伟、蒋鼎非法拘禁案——无法查清被害人是否存在债务的情况下，如何认定行为人为索取债务而非法拘禁他人的行为性质》（第1008号案例）、《郑师武非法拘禁案——吸毒致幻挟持他人，不具有真实的绑架犯罪目的，不应认定构成绑架罪》（第1172号案例）、《宋某胜等故意伤害、故意毁坏财物案——事出有因非法拘禁他人向其亲属索取赔偿金的行为性质如何认定》（第1276号案例）所涉规则提炼如下：

1. 索债型非法拘禁罪与勒索型绑架罪的界分。（1）"两罪的关键区别在于行为人的犯罪目的不同：勒索型绑架罪是以勒索财物为目的，而索债型非法拘禁罪则是以索还自己的债权为目的。""在索债型非法拘禁罪中，行为人向被拘禁人方索取财物的数额一般都是以实际存在的合法的或者虽不受法律保护但客观存在的赌债、高利贷等的债权债务数额为限。而在勒索型绑架罪中，勒索财物的数额则不可能有什么限制，勒索多少完全取决于绑架人的任意。"需要注意的是，不能认为"索债型非法拘禁罪的对象就只能是与行为人有债权债务关系的当事人本人"。（第157号案例）"刑法第二百三十八条第三款规定'为索取债务非法扣押、拘禁他人'以非法拘禁罪论处，这里立法用的是'他人'，并未明确限定为债务人本人。可见，'他人'当然可以包括债务人以外而又与债务人具有某种利害关系的人。"（第181号案例）抱走年幼继女向欲离婚的妻子索要所支出的抚养费、彩礼费的，"主观上是为解决其与妻子的离婚纠纷，索要的财物属于离婚纠纷范畴，故不属于绑架罪中以勒索财物为目的的情形，符合'索债型'非法拘禁罪的特点，应当以非法拘禁罪定罪处罚"。（第997号案例）而且，对于原债务数额难以确定的，"如果行为人主观上认为确实存在债务或者确认债务为某一数额，即使有证据证明行为人对债务或数额的认识是基于某种错误，行为人也是在'索要债务'的主观认识之下实施扣押、拘禁被害人的行为，而不存在'勒索他人财物的目的'，因此应以非法拘禁罪定罪处罚"。（第263号案例）此外，"无法查清被害人是否存在债务的情况下，应当从被告人的真实故意出发，认定行为人是否为索取债务而非法拘禁他人。""如果被告人确实认为被害人存在侵吞账款的，从有利于被告人和坚持主客观相统一原则出发，应当认定被告人是为索取债务而非法拘禁他人。"（第1008号案例）"误以为索要债务而实施了帮助他人绑架人质的行为，主观上没有绑架的犯罪故意，应当以非法拘禁罪定罪处罚。"（第571号案例）"非法扣押、拘禁……的目的只是索回已支付的赌资，且索要财物的数额未超出已支付的赌资，主观上不具有非法占有他人财物的故意,不具备索财型绑架罪的主观方面要件,不宜以绑架罪定罪处罚,宜认定为非法拘禁罪。"(第948号案例)(2)"即便行为人与被害人之间存在真实的合法的债权债务关系,如果行为人在扣押被害人之后索取了远远超出债权债务额的财物时,这就说明了行为人的犯罪目的已不再局限于索取债务了,同时又具备了勒索财物的目的,对此……应以绑架罪定罪量刑。"(第157号案例)"如果索要的数额超过原债务的数额不大,或者虽然索要的数额超过原债务的数额较大,但超出的部分是用于弥补讨债费用或由此带来的其他损失,行为人认为这些费用和损失应由被害人承担,其主要目的仍是索债,而不是勒索财物……如果索要数额大大超过原债务,当被害人拿出与原债务数额相近的财物后,行为人主动停止索要其他财物,这在客观上可以证明行为人并不具备勒索他人财物的目的,也不宜定绑架罪,而应定非法拘禁罪。"(第263号案例)就勒索法律不予保护的债务而言,"只有行为人勒索的钱财明显大于被害人所欠的法律不予保护的债务,行为的性质已经超出为索取'债务'而非法限制他人人身自由的范围,实质上成为以非法拘禁、扣押人质为手段勒索他人钱财时,才能以绑架罪定罪处罚"。"人民法院在处理具体案件时,一般应当综合考虑被告人实际索要钱物的绝对数额是否巨大;索要超出'债务'本身的钱物数额与债务本身的数额差额是否巨大;索要数额虽然特别巨大,当实际得到的与所欠'债务'数额相当,是否将所扣押的人放走等实际情况,依法认定。"(第74号案例)

2. 非法拘禁罪与人质型绑架罪的界分。"在理解具体犯罪构成要件的时候不仅要看罪状,而且要注意法定刑。因为法定刑的设置,往往与犯罪的本质,即罪质相联系……要对绑架罪的客观行为进行严格解释,将其缩小到与典型的可以判处十年有期徒刑到死刑那种行为的危害程度相匹配的范围。""非法拘禁罪与绑架他人作为人质的绑架罪在犯罪构成上近似……在界定两罪的区别时,我们要相当谨慎地分析被告人与被害人的关系、被告人所提出的要求实现之难易、被告人对被害人剥夺自由行为的恶劣程度、对第三人及解救方的对抗程度等,综合多方面因素、情节来分析认定。现实生活中,诸如因无知、愚昧、一时冲动扣留岳母要求媳妇回家、扣押女友的父母迫使女友同意继续谈恋爱等,一般情形下不具有与绑架罪严厉刑罚相当的否定评价程度,不能认定为绑架罪。"(第435号案例)"因吸毒致幻实施的挟持他人的行为,并不具有实施绑架犯罪的真实目的,不构成绑架罪而构成非法拘禁罪。"(第1172号案例)"事出有因将他人非法拘禁,后向其家人索要赔偿金的行为应定性为非法拘禁罪。"(第1276号案例)"基于索债目的帮助他人实施绑架行为的,构成非法拘禁罪,而非绑架罪。"(第156号案例)

3. 非法拘禁罪加重情节与非法拘禁"使用暴力致人伤残、死亡"的界分。根据《刑法》第二百三十八条第二款的规定,非法拘禁,致人重伤的,处三年以上十年以下有期徒刑;致人死亡的,处十年以上有期徒刑。使用暴力致人伤残、死亡的,转化适用故意伤害罪、故意杀人罪。"两者的不同在于后者强调的是使用暴力,且伤残、死亡的结果应当是由暴力行为造成的,即暴力与伤残、死亡结果存在着直接、必然的因果关系。在非法拘禁中,行为人如果没有使用暴力而致人重伤、死亡的,或者虽然使用了一定程度的暴力,但该暴力根本不足以致人重伤、死亡,或者说重伤、死亡的结果不是因为暴力造成,而是其他因素造成的,就不是'使用暴力致人伤残、死亡',而是非法拘禁'致人重伤、死亡'。"(第180号案例)

第二百三十九条 【绑架罪】以勒索财物为目的绑架他人的,或者绑架他人作为人质的,处十年以上有期徒刑或者无期徒刑,并处罚金或者没收财产;情节较轻的,处五年以上十年以下有期徒刑,并处罚金。

犯前款罪,杀害被绑架人的,或者故意伤害被绑架人,致人重伤、死亡的,处无期徒刑或者死刑,并处没收财产。

以勒索财物为目的偷盗婴幼儿的,依照前两款的规定处罚。

■ 立法沿革

本条系1997年《刑法》吸收单行刑法作出修改后的规定。1991年《全国人民代表大会常务委员会关于严惩拐卖、绑架妇女、儿童的犯罪分子的决定》(自1991年9月4日起施行)第二条规定:"以出卖为目的,使用暴力、胁迫或者麻醉方法绑架妇女、儿童的,处十年以上有期徒刑或者无期徒刑,并处一万元以下罚金或者没收财产;情节特别严重的,处死刑,并处没收财产。""以出卖或者勒索财物为目的,偷盗婴幼儿的,依照本条第一款的规定处罚。""以勒索财物为目的绑架他人的,依照本条第一款的规定处罚。"1997年《刑法》以上述规定为基础,对绑架罪的罪状作了完善。

2009年2月28日起施行的《刑法修正案(七)》第六条对本条作了修改,增加了一档刑罚,对"情节较轻的"规定"处五年以上十年以下有期徒刑,并处罚金"。2015年11月1日起施行的《刑法修正案(九)》第十四条对本条第二款作了修改,取消绝对死刑的规定。

第四章 侵犯公民人身权利、民主权利罪

修正前《刑法》	第一次修正后《刑法》	第二次修正后《刑法》
第二百三十九条【绑架罪】以勒索财物为目的绑架他人的，或者绑架他人作为人质的，处十年以上有期徒刑或者无期徒刑，并处罚金或者没收财产；致使被绑架人死亡或者杀害被绑架人的，处死刑，并处没收财产。 以勒索财物为目的偷盗婴幼儿的，依照前款的规定处罚。	**第二百三十九条**【绑架罪】以勒索财物为目的绑架他人的，或者绑架他人作为人质的，处十年以上有期徒刑或者无期徒刑，并处罚金或者没收财产；**情节较轻的，处五年以上十年以下有期徒刑，并处罚金**。 犯前款罪，致使被绑架人死亡或者杀害被绑架人的，处死刑，并处没收财产。 以勒索财物为目的偷盗婴幼儿的，依照前两款的规定处罚。	**第二百三十九条**【绑架罪】以勒索财物为目的绑架他人的，或者绑架他人作为人质的，处十年以上有期徒刑或者无期徒刑，并处罚金或者没收财产；情节较轻的，处五年以上十年以下有期徒刑，并处罚金。 犯前款罪，杀害被绑架人的，或者**故意伤害**被绑架人，致人**重伤**、死亡的，处无期徒刑**或者死刑**，并处没收财产。 以勒索财物为目的偷盗婴幼儿的，依照前两款的规定处罚。

▎司法解释

《最高人民法院研究室关于对在绑架勒索犯罪过程中对同一受害人又有抢劫行为应如何定罪问题的答复》（1995年5月30日）对在绑架犯罪过程中抢劫财物行为的罪数处断规则作了规定。（→参见第二百六十三条评注部分，第 页）

▎规范性文件

《最高人民法院关于审理抢劫、抢夺刑事案件适用法律若干问题的意见》（法发〔2005〕8号）"九、关于抢劫罪与相似犯罪的界限"第三条对抢劫罪与绑架罪的界限作了规定。（→参见第二百六十三条评注部分，第1234页）

▎法律适用答复、复函

《最高人民法院关于对在绑架过程中以暴力、胁迫等手段当场劫取被害人财物的行为如何适用法律问题的答复》（法函〔2001〕68号）

福建省高级人民法院：

你院闽高法〔2001〕128号《关于在绑架过程中实施暴力或以暴力相威胁当场劫取被害人财物的行为如何适用法律问题的请示》收悉。经研究，答复如下：

行为人在绑架过程中，又以暴力、胁迫等手段当场劫取被害人财物，构成犯罪的，择一重罪处罚。

《最高人民检察院关于相对刑事责任年龄的人承担刑事责任范围有关问题的答复》（〔2003〕高检研发第 13 号）规定相对刑事责任年龄的人绑架后杀害被绑架人的，其罪名应认定为绑架罪。（→参见第十七条评注部分，第 48 页）

刑参案例规则提炼①

《俞志刚绑架案——绑架犯罪人绑架他人后自动放弃继续犯罪的如何处理》(第 496 号案例)、《白宇良、肖益军绑架案——绑架罪未完成形态的区分》(第 570 号案例)、《孙家洪、濮剑鸣等绑架、抢劫、故意杀人案——在绑架案件中，能否仅依据行为人对被害人实施了人身控制行为就认定其具有"以勒索财物为目的"以及绑架罪中的"情节较轻"是否包括未遂情节》(第 947 号案例)所涉规则提炼如下：

1．"以勒索财物为目的"的认定规则。②就勒索型绑架罪而言，"在绑架案件中，不能仅依据行为人对被害人实施了人身控制行为就认定其'以勒索财物

---

① 另，鉴于《刑法修正案（九）》已对修改前《刑法》第二百三十九条规定的"致使被绑架人死亡或者杀害被绑架人"的法定刑配置作出调整，取消绝对死刑，《吴德桥绑架案——在绑架中对被绑架人实施伤害致人重伤的应如何定罪量刑》(第 183 号案例)、《王建平绑架案——杀害被绑架人未遂的，是否属于刑法第二百三十九条第一款规定的"杀害被绑架人的"情形》(第 299 号案例)、《张兴等绑架案——绑架犯罪案件中，非因被告人的故意、过失行为导致被害人死亡的，能否认定为"致使被绑架人死亡"》(第 794 号案例)、《牛旭旭、张延明、郭华涛等人绑架案——对多人共同致死一人的严重暴力犯罪案件，如何准确把握宽严相济刑事政策和死刑政策》(第 1275 号案例)所涉规则未予提炼。顺带提及的是，囿于修改前《刑法》第二百三十九条对"致使被绑架人死亡或者杀害被绑架人"的绝对死刑配置，前三个案例旨在合理解释"致使被绑架人死亡或者杀害被绑架人"的涵义。而且，第 183 号案例和第 299 号案例所提出的规则不完全一致：第 183 号案例"吴德桥绑架案"的裁判理由认为，所谓"杀害被绑架人"是指故意杀死被绑架人，即所说的"杀害"，不仅要有故意杀人的行为，还要有死亡的后果，不宜将这里的"杀害"理解为仅有故意杀人的行为即可；第 299 号案例"王建平绑架案"的裁判理由认为，《刑法》第二百三十九条规定的"杀害被绑架人"应当包括杀害被绑架人未遂的情况。

② 被告人杨某、王某某为了勒索财物绑架被害人，而后逼迫被害人以出车祸为由向其亲友索要财物，财物到手后杀死被害人。对于被告人的行为应定绑架罪还是以抢劫罪和故意杀人罪数罪并罚，审理过程中有意见分歧。有关部门就该案定罪问题，向最高人民法院研究室征求意见。最高人民法院研究室复函认为："构成绑架罪，无需以行为人自行或者通过被绑架人向被绑架人的亲友明确告知绑架事实为要件，只要以勒索财物为目的绑架他人的，均应以绑架罪论处。"参见《最高人民法院研究室关于第三方受到勒索是否属于绑架罪构成要件问题的研究意见》，载张军主编：《司法研究与指导（总第 2 辑）》，人民法院出版社 2012 年版。

目的',还相应要求行为人向第三人提出了勒索财物的意思表示或者具有证明行为人该目的存在的其他证据"。(第947号案例)

2. 绑架罪停止形态的把握规则。(1)着手的把握。"只要实施了劫持人质行为,就属于犯罪已经着手。劫持的方式,一般表现为使用暴力、胁迫以及其他剥夺自由的手段。凡是为以暴力、胁迫等手段剥夺被害人人身自由服务、创造条件的行为,均属于绑架罪犯罪预备行为。"(第570号案例)(2)既遂的认定。对于绑架罪既遂的认定,应当采用"单一行为说","只要行为人以勒索财物或其他非法目的,实施了绑架并控制他人的行为,即属犯罪既遂"。"绑架人质的行为一经完成,就构成犯罪既遂,之后主动放弃继续犯罪并释放人质的行为,属于犯罪既遂后的补救措施。"(第496号案例)

3. 绑架案件特殊情形的处理规则。"刑法总则规定的犯罪预备、未遂、中止等从轻减轻情节基于刑事立法模式以及禁止重复评价的原则,不应适用绑架罪'情节较轻'条款。"(第947号案例)"被告人自动放弃获取赎金、将被害人安全送回,对其可经法定程序报最高人民法院核准在法定刑以下判处刑罚。"(第496号案例)

第二百四十条 【拐卖妇女、儿童罪】拐卖妇女、儿童的,处五年以上十年以下有期徒刑,并处罚金;有下列情形之一的,处十年以上有期徒刑或者无期徒刑,并处罚金或者没收财产;情节特别严重的,处死刑,并处没收财产:

(一)拐卖妇女、儿童集团的首要分子;

(二)拐卖妇女、儿童三人以上的;

(三)奸淫被拐卖的妇女的;

(四)诱骗、强迫被拐卖的妇女卖淫或者将被拐卖的妇女卖给他人迫使其卖淫的;

(五)以出卖为目的,使用暴力、胁迫或者麻醉方法绑架妇女、儿童的;

(六)以出卖为目的,偷盗婴幼儿的;

(七)造成被拐卖的妇女、儿童或者其亲属重伤、死亡或者其他严重后果的;

(八)将妇女、儿童卖往境外的。

拐卖妇女、儿童是指以出卖为目的,有拐骗、绑架、收买、贩卖、接送、中转妇女、儿童的行为之一的。

立法沿革

本条系 1997 年《刑法》吸收单行刑法作出修改后的规定。1979 年《刑法》第一百四十一条规定:"拐卖人口的,处五年以下有期徒刑;情节严重的,处五年以上有期徒刑。"《全国人民代表大会常务委员会关于严惩严重危害社会治安的犯罪分子的决定》(1983 年 9 月 2 日起施行)对"拐卖人口集团的首要分子,或者拐卖人口情节特别严重的"规定"可以在刑法规定的最高刑以上处刑,直至判处死刑"。《全国人民代表大会常务委员会关于严惩拐卖、绑架妇女、儿童的犯罪分子的决定》(自 1991 年 9 月 4 日起施行)第一条规定:"拐卖妇女、儿童的,处五年以上十年以下有期徒刑,并处一万元以下罚金;有下列情形之一的,处十年以上有期徒刑或者无期徒刑,并处一万元以下罚金或者没收财产;情节特别严重的,处死刑,并处没收财产:(一)拐卖妇女、儿童集团的首要分子;(二)拐卖妇女、儿童三人以上的;(三)奸淫被拐卖的妇女的;(四)诱骗、强迫被拐卖的妇女卖淫或者将被拐卖的妇女卖给他人迫使其卖淫的;(五)造成被拐卖的妇女、儿童或者其亲属重伤、死亡或者其他严重后果的;(六)将妇女、儿童卖往境外的。""拐卖妇女、儿童是指以出卖为目的,有拐骗、收买、贩卖、接送、中转妇女、儿童的行为之一的。"第二条规定:"以出卖为目的,使用暴力、胁迫或者麻醉方法绑架妇女、儿童的,处十年以上有期徒刑或者无期徒刑,并处一万元以下罚金或者没收财产;情节特别严重的,处死刑,并处没收财产。""以出卖或者勒索财物为目的,偷盗婴幼儿的,依照本条第一款的规定处罚。""以勒索财物为目的绑架他人的,依照本条第一款的规定处罚。"1997 年《刑法》吸收上述规定,对拐卖妇女、儿童罪作出修改。

司法解释

《最高人民法院关于审理拐卖妇女案件适用法律有关问题的解释》(法释〔2000〕1 号,自 2000 年 1 月 25 日起施行)

为依法惩治拐卖妇女的犯罪行为,根据刑法和刑事诉讼法的有关规定,现就审理拐卖妇女案件具体适用法律的有关问题解释如下:

第一条 刑法第二百四十条规定的拐卖妇女罪中的"妇女",既包括具有中国国籍的妇女,也包括具有外国国籍和无国籍的妇女。被拐卖的外国妇女没有身份证明的,不影响对犯罪分子的定罪处罚。

第二条 外国人或者无国籍人拐卖外国妇女到我国境内被查获的,应当根据刑法第六条的规定,适用我国刑法定罪处罚。

第三条 对于外国籍被告人身份无法查明或者其国籍国拒绝提供有关身份证明，人民检察院根据刑事诉讼法第一百二十八条第二款的规定①起诉的案件，人民法院应当依法受理。

《最高人民法院关于审理拐卖妇女儿童犯罪案件具体应用法律若干问题的解释》（法释[2016]28号，自2017年1月1日起施行）

为依法惩治拐卖妇女、儿童犯罪，切实保障妇女、儿童的合法权益，维护家庭和谐与社会稳定，根据刑法有关规定，结合司法实践，现就审理此类案件具体应用法律的若干问题解释如下：

第一条 对婴幼儿采取欺骗、利诱等手段使其脱离监护人或者看护人的，视为刑法第二百四十条第一款第（六）项规定的"偷盗婴幼儿"。

第二条 医疗机构、社会福利机构等单位的工作人员以非法获利为目的，将所诊疗、护理、抚养的儿童出卖给他人的，以拐卖儿童罪论处。

第三条② 以介绍婚姻为名，采取非法扣押身份证件、限制人身自由等方式，或者利用妇女人地生疏、语言不通、孤立无援等境况，违背妇女意志，将其卖给他人的，应当以拐卖妇女罪追究刑事责任。

以介绍婚姻为名，与被介绍妇女串通骗取他人钱财，数额较大的，应当以诈骗罪追究刑事责任。

---

① 现行《刑事诉讼法》为第一百六十条第二款。——本评注注
② 适用本条第一款，应注意准确判断是否违背妇女意志。实践中行为方式各异，情形复杂，特别是对于妇女处于孤立无援等脆弱境况，行为人实施"介绍婚姻"行为并索要他人（通常是男方）数额较大钱财的，被害妇女可能会作出表面"同意"的意思表示。对类似案件，要综合考察被害妇女的陈述、证人证言等证据，结合常理常情，分析行为人是否有意利用被害人的脆弱境况，使被害人不得不屈从行为人的要求，而"同意"与他人结婚；对行为人而言，是基于男女双方自愿及地位平等，为促成婚姻的缔结而居间介绍、联系，还是明知妇女非自愿但仍将妇女作为非法获利的筹码，也影响对其行为性质罪与非罪的认定。对妇女本有结婚意愿，在中介人员介绍、撮合下与男方见面、相识后，因对男方条件不满，而不愿与男方结婚或者生活，行为人以已经支付了女方及近亲属彩礼、支出了办理签证手续费用等为由，威胁妇女被迫同意，行为人在事前或事后索取、收受钱财的，也属违背妇女意志将其卖给他人，构成拐卖妇女罪。总之，在办理相关案件时，要注意认真甄别因介绍婚姻引发的民事纠纷与拐卖妇女犯罪的界限，做到不枉不纵。参见杜国强、冉容、赵俊甫：《〈关于审理拐卖妇女儿童犯罪案件具体应用法律若干问题的解释〉的理解与适用》，载中华人民共和国最高人民法院刑事审判第一、二、三、四、五庭主办：《刑事审判参考（总第108集）》，法律出版社2017年版，第147—148页。

第四条 在国家机关工作人员排查来历不明儿童或者进行解救时,将所收买的儿童藏匿、转移或者实施其他妨碍解救行为,经说服教育仍不配合的,属于刑法第二百四十一条第六款规定的"阻碍对其进行解救"。

第五条 收买被拐卖的妇女,业已形成稳定的婚姻家庭关系,解救时被买妇女自愿继续留在当地共同生活的,可以视为"按照被买妇女的意愿,不阻碍其返回原居住地"。

第六条 收买被拐卖的妇女、儿童后又组织、强迫卖淫或者组织乞讨、进行违反治安管理活动等构成其他犯罪的,依照数罪并罚的规定处罚。

第七条 收买被拐卖的妇女、儿童,又以暴力、威胁方法阻碍国家机关工作人员解救被收买的妇女、儿童,或者聚众阻碍国家机关工作人员解救被收买的妇女、儿童,构成妨害公务罪、聚众阻碍解救被收买的妇女、儿童罪的,依照数罪并罚的规定处罚。

第八条① 出于结婚目的收买被拐卖的妇女,或者出于抚养目的收买被拐卖的儿童,涉及多名家庭成员、亲友参与的,对其中起主要作用的人员应当依法追究刑事责任。

第九条 刑法第二百四十条、第二百四十一条规定的儿童,是指不满十四周岁的人。其中,不满一周岁的为婴儿,一周岁以上不满六周岁的为幼儿。

规范性文件

《全国法院维护农村稳定刑事审判工作座谈会纪要》(法〔1999〕217号)"二""(六)关于拐卖妇女、儿童犯罪案件"对审理拐卖妇女、儿童犯罪案件的政策把握问题作了规定。(→参见总则第四章标题评注部分,第189页)

《公安部关于打击拐卖妇女儿童犯罪适用法律和政策有关问题的意见》(公

---

① 根据本条的规定,可以不追究刑事责任的对象是在收买犯罪中起次要作用的参与人员。如果行为人在收买被拐卖妇女、儿童的环节虽不起主要作用,但积极参与殴打、拘禁被拐卖的妇女、儿童,甚至实施或者协助实施强奸、摧残等严重损害被拐卖的妇女、儿童身心健康行为的,亦应依法追究刑事责任,构成数罪的,还应依法予以并罚,切实保障妇女、儿童合法权益不受侵犯。参见杜国强、冉容、赵俊甫:《〈关于审理拐卖妇女儿童犯罪案件具体应用法律若干问题的解释〉的理解与适用》,载中华人民共和国最高人民法院刑事审判第一、二、三、四、五庭主办:《刑事审判参考(总第108集)》,法律出版社2017年版,第147—148页。

通字〔2000〕25号)①

一、关于立案、管辖问题

(一)对发现的拐卖妇女、儿童案件,拐出地(即妇女、儿童被拐骗地)、拐入地或者中转地公安机关应当立案管辖。两个以上公安机关都有管辖权的,由最先立案的公安机关侦查。必要时,可以由主要犯罪地或者主要犯罪嫌疑人居住地公安机关管辖。有关公安机关不得相互推诿。对管辖有争议的案件,应报请争议双方共同的上一级公安机关指定管辖。

铁路、交通、民航公安机关按照《公安机关办理刑事案件程序规定》第20条的规定立案侦查拐卖妇女、儿童案件。在运输途中查获的拐卖妇女、儿童案件,可以直接移送拐出地公安机关处理。

(二)对于公民报案、控告、举报的与拐卖妇女、儿童有关的犯罪嫌疑人、犯罪线索或者材料,扭送的犯罪嫌疑人,或者犯罪嫌疑人自首的,公安机关都应当接受。对于接受的案件或者发现的犯罪线索,应当迅速进行审查。对于需要采取解救被拐卖的妇女、儿童等紧急措施的,应当先采取紧急措施。

(三)经过审查,认为有犯罪事实,需要追究刑事责任的,应当区别情况,作出如下处理:

1、属于本公安机关管辖的案件,应当及时立案侦查。

2、属于其他公安机关管辖的案件,应当在二十四小时内移送有管辖权的公安机关办理。

3、不属于公安机关管辖的案件,如属于人民检察院管辖的不解救被拐卖、绑架妇女、儿童案和阻碍解救被拐卖、绑架妇女、儿童案等,属于人民法院管辖的重婚案等,应当及时将案件材料和有关证据送交有管辖权的人民检察院、人民法院,并告知报案人、控告人、举报人到人民检察院、人民法院报案、控告、举报或者起诉。

二、关于拐卖妇女、儿童犯罪

(一)要正确认定拐卖妇女、儿童罪。凡是拐卖妇女、儿童的,不论是哪个环节,只要是以出卖为目的,有拐骗、绑架、收买、贩卖、接送、中转妇女、儿童的行为之一的,均以拐卖妇女、儿童罪立案侦查。

---

① 对本规范性文件的适用,需要结合此后刑法修改情况和相关司法解释、规范性文件的规定妥当把握。例如,《刑法修正案(九)》将收买被拐卖的妇女、儿童"可以不追究刑事责任"的规定调整为"可以从轻处罚"或者"可以从轻或者减轻处罚",对收买被拐卖的妇女、儿童的行为一律作出犯罪评价。——本评注注

(二)在办理拐卖妇女、儿童案件中,不论拐卖人数多少,是否获利,只要实施拐卖妇女、儿童行为的,均应当以拐卖妇女、儿童罪立案侦查。

(三)明知是拐卖妇女、儿童的犯罪分子而事先通谋,为其拐卖行为提供资助或者其他便利条件的,应当以拐卖妇女、儿童罪的共犯立案侦查。

(四)对拐卖过程中奸淫被拐卖妇女的;诱骗、强迫被拐卖的妇女卖淫或者将被拐卖的妇女卖给他人迫使其卖淫的;以出卖为目的使用暴力、胁迫、麻醉等方法绑架妇女、儿童的;以出卖为目的,偷盗婴幼儿的;造成被拐卖的妇女、儿童或其亲属重伤、死亡或者其他严重后果的,均以拐卖妇女、儿童罪立案侦查。

(五)教唆他人实施拐卖妇女、儿童犯罪的,以拐卖妇女、儿童罪的共犯立案侦查。向他人传授拐卖妇女、儿童的犯罪方法的,以传授犯罪方法罪立案侦查。明知是拐卖妇女、儿童的犯罪分子,而在其实施犯罪后为其提供隐藏处所、财物,帮助其逃匿或者作假证明包庇的,以窝藏、包庇罪立案侦查。

(六)出卖亲生子女的,由公安机关依法没收非法所得,并处以罚款;以营利为目的,出卖不满十四周岁子女,情节恶劣的,以拐卖儿童罪立案侦查。

(七)出卖十四周岁以上女性亲属或者其他不满十四周岁亲属的,以拐卖妇女、儿童罪立案侦查。

(八)借收养名义拐卖儿童的,出卖捡拾的儿童的,均以拐卖儿童罪立案侦查。

(九)以勒索财物为目的,偷盗婴幼儿的,以绑架罪立案侦查。

(十)犯组织他人偷越国(边)境罪,对被组织的妇女、儿童有拐卖犯罪行为的,以组织他人偷越国(边)境罪和拐卖妇女、儿童罪立案侦查。

(十一)非以出卖为目的,拐骗不满十四周岁的未成年人脱离家庭或者监护人的,以拐骗儿童罪立案侦查。

(十二)教唆被拐卖、拐骗、收买的未成年人实施盗窃、诈骗等犯罪行为的,应当以盗窃罪、诈骗罪等犯罪的共犯立案侦查。

办案中,要正确区分罪与非罪、罪与罪的界限,特别是拐卖妇女罪与介绍婚姻收取钱物行为、拐卖儿童罪与收养中介行为、拐卖儿童罪与拐骗儿童罪,以及绑架儿童罪①与拐卖儿童罪的界限,防止扩大打击面或者放纵犯罪。

三、关于收买被拐卖的妇女、儿童犯罪

(一)收买被拐卖的妇女、儿童的,以收买被拐卖的妇女、儿童罪立案侦查。

(二)收买被拐卖的妇女、儿童,并有下列犯罪行为的,同时以收买被拐卖的

---

① 应为绑架儿童犯罪。——本评注注

妇女、儿童罪和下列罪名立案侦查：

1、违背被拐卖妇女的意志，强行与其发生性关系的，以强奸罪立案侦查。

2、明知收买的妇女是精神病患者（间歇性精神病患者在发病期间）或者痴呆者（程度严重的）而与其发生性关系的，以强奸罪立案侦查。

3、与收买的不满十四周岁的幼女发生性关系的，不论被害人是否同意，均以奸淫幼女罪①立案侦查。

4、非法剥夺、限制被拐卖的妇女、儿童人身自由的，或者对其实施伤害、侮辱、猥亵等犯罪行为的，以非法拘禁罪，或者伤害罪、侮辱罪、强制猥亵妇女罪②、猥亵儿童罪等犯罪立案侦查。

5、明知被拐卖的妇女是现役军人的妻子而与之同居或者结婚的，以破坏军婚罪立案侦查。

（三）收买被拐卖的妇女、儿童后又出卖的，以拐卖妇女、儿童罪立案侦查。

（四）凡是帮助买主实施强奸、伤害、非法拘禁被拐卖的妇女、儿童等犯罪行为的，应当分别以强奸罪、伤害罪、非法拘禁罪等犯罪的共犯立案侦查。

（五）收买被拐卖的妇女、儿童，按照被妇女的意愿，不阻碍其返回原居住地的，对被买儿童没有虐待行为，不阻碍对其进行解救的，可以不追究刑事责任。

四、关于自首和立功

（一）要采取多种形式，广泛宣传刑法关于自首、立功等从宽处理的刑事政策。各地可选择一些因主动投案自首或者有立功表现而给予从轻、减轻、免除处罚的典型案件，公开宣传报道，敦促在逃的犯罪分子尽快投案自首，坦白交待罪行，检举、揭发他人的犯罪行为，提供破案线索，争取立功表现。

（二）要做好对犯罪分子家属、亲友的政策宣传工作，动员他们规劝、陪同有拐卖妇女、儿童犯罪行为的亲友投案自首，或者将犯罪嫌疑人送往司法机关投案。对窝藏、包庇犯罪分子、阻碍解救、妨害公务，构成犯罪的，要依法追究刑事责任。

（三）对于投案自首、坦白交待罪行、有立功表现的犯罪嫌疑人，公安机关在移送人民检察院审查起诉时应当依法提出从轻、减轻、免除处罚的意见。

五、关于解救工作

（一）解救妇女、儿童工作由拐入地公安机关负责。对于拐出地公安机关主动派工作组到拐入地进行解救的，也要以拐入地公安机关为主开展工作。对解

---

① 罪名已调整为"强奸罪"。——本评注注
② 罪名已调整为"强制猥亵罪"。——本评注注

救的被拐卖妇女,由其户口所在地公安机关负责接回;对解救的被拐卖儿童,由其父母或者其他监护人户口所在地公安机关负责接回。拐出地、拐入地、中转地公安机关应当积极协作配合,坚决杜绝地方保护主义。

(二)要充分依靠当地党委、政府的支持,做好对基层干部和群众的法制宣传和说服教育工作,注意方式、方法,慎用警械、武器,避免激化矛盾,防止出现围攻执法人员、聚众阻碍解救等突发事件。

以暴力、威胁方法阻碍国家机关工作人员解救被收买的妇女、儿童的,以妨害公务罪立案侦查。对聚众阻碍国家机关工作人员解救被收买的妇女、儿童的首要分子,以聚众阻碍解救被收买的妇女、儿童罪立案侦查。其他使用暴力、威胁方法的参与者,以妨害公务罪立案侦查。阻碍解救被收买的妇女、儿童,没有使用暴力、威胁方法的,依照《中华人民共和国治安管理处罚条例》的有关规定处罚。

(三)对于被拐卖的未成年女性、现役军人配偶、受到买主摧残虐待的、被强迫卖淫或从事其他色情服务的妇女,以及本人要求解救的妇女,要立即解救。

对于自愿继续留在现住地生活的成年女性,应当尊重本人意愿,愿在现住地结婚且符合法定结婚条件的,应当依法办理结婚登记手续。被拐卖妇女与买主所生子女的抚养问题,可由双方协商解决或者由人民法院裁决。

(四)对于遭受摧残虐待的、被强迫乞讨或从事违法犯罪活动的,以及本人要求解救的被拐卖儿童,应当立即解救。

对于被解救的儿童,暂时无法查明其父母或者其他监护人的,依法交由民政部门收容抚养。

对于被解救的儿童,如买主对该儿童既没有虐待行为又不阻碍解救,其父母又自愿送养,双方符合收养和送养条件的,可依法办理收养手续。

(五)任何个人或者组织不得向被拐卖的妇女、儿童及其家属索要收买妇女、儿童的费用和生活费用;已经索取的,应当予以返还。

(六)被解救的妇女、儿童户口所在地公安机关应当协助民政等有关部门妥善安置其生产和生活。

六、关于不解救或者阻碍解救被拐卖的妇女、儿童等渎职犯罪

对被拐卖的妇女、儿童负有解救职责的国家机关工作人员不履行解救职责,或者袒护、纵容甚至支持买卖妇女、儿童,为买卖妇女、儿童人员通风报信,或者以其他方法阻碍解救工作的,要依法处理:

(一)对被拐卖的妇女、儿童负有解救职责的公安、司法等国家机关工作人员接到被拐卖的妇女、儿童及其家属的解救要求或者接到其他人的举报,而对被拐卖的妇女、儿童不进行解救的,要交由其主管部门进行党纪、政纪、警纪处分;构成犯罪的,应当以不解救被拐卖妇女、儿童罪移送人民检察院追究刑事责任。

(二)对被拐卖的妇女、儿童负有解救职责的公安、司法等国家机关工作人员利用职务阻碍解救被拐卖的妇女、儿童,构成犯罪的,应当以阻碍解救被拐卖妇女、儿童罪移送人民检察院追究刑事责任。

(三)行政执法人员徇私情、私利,伪造材料,隐瞒情况,弄虚作假,对依法应当移交司法机关追究刑事责任的拐卖妇女、儿童犯罪案件不移交司法机关处理,构成犯罪的,以徇私舞弊不移交刑事案件罪移送人民检察院追究刑事责任。

(四)有查禁拐卖妇女、儿童犯罪活动职责的国家机关工作人员,向拐卖妇女、儿童的犯罪分子通风报信、提供便利,帮助犯罪分子逃避处罚,构成犯罪的,以帮助犯罪分子逃避处罚罪移送人民检察院追究刑事责任。

七、关于严格执法、文明办案

(一)各级公安机关必须严格依照《刑法》《刑事诉讼法》和《公安机关办理刑事案件程序规定》以及其他有关规定,严格执法,文明办案,防止滥用强制措施、超期羁押,严禁刑讯逼供和以威胁、引诱、欺骗以及其他非法的方法收集证据。

(二)依法保障律师在侦查阶段参与刑事诉讼活动,保障犯罪嫌疑人聘请律师提供法律帮助的权利。对于律师提出会见犯罪嫌疑人的,公安机关应当依法及时安排会见,不得借故阻碍、拖延。

(三)对犯罪分子违法所得的一切财物及其产生的孳息,应当依法追缴。对依法扣押的犯罪工具及犯罪嫌疑人的财物及其孳息,应当妥为保管,不得挪用、毁损和自行处理。对作为证据使用的实物,应当随案移送;对不宜移送的,应当将其清单、照片或者其他证明文件随案移送,待人民法院作出生效判决后,由扣押的公安机关按照人民法院的通知,上缴国库或者返还受害人。

(四)认真做好办案协作工作。需要异地公安机关协助调查、执行强制措施的,要及时向有关地区公安机关提出协作请求。接受请求的公安机关应当及时予以协作配合,并尽快回复。对不履行办案协作职责造成严重后果的,对直接负责的主管人员和其他直接责任人员,应当给予行政处分;构成犯罪的,依法追究刑事责任。对在逃的拐卖妇女、儿童的犯罪分子,有关公安机关应密切配合,及时通缉,追捕归案。

八、关于办理涉外案件

(一)外国人或者无国籍人拐卖外国妇女、儿童到我国境内被查获的,应当适用我国刑法,以拐卖妇女、儿童罪立案侦查。

（二）拐卖妇女犯罪中的"妇女"，既包括具有中国国籍的妇女，也包括具有外国国籍和无国籍的妇女。被拐卖的外国妇女没有身份证明的，不影响对犯罪分子的立案侦查。

（三）对外国人依法作出取保候审、监视居住决定或者执行拘留、逮捕后，由有关省、自治区、直辖市公安厅、局在规定的期限内，将外国人的有关情况、涉嫌犯罪的主要事实、已采取的强制措施及其法律依据，通知该外国人所属国家的驻华使、领馆，同时报告公安部。

（四）对于外国籍犯罪嫌疑人身份无法查明或者其国籍国拒绝提供有关身份证明的，也可以按其自报的姓名依法提请人民检察院批准逮捕、移送审查起诉。

（五）对非法入出我国国境、非法滞留的外国人，应当依照《中华人民共和国外国人入境出境管理法》①及其实施细则进行处罚；情节严重，构成犯罪的，依法追究刑事责任。

九、关于法制宣传工作

各地公安机关要与司法行政、宣传、广播电视、民政、妇联、共青团等有关部门和组织密切配合，利用广播、电视、报刊、网络等媒体，结合打击人贩子、处理买主、解救被拐卖的妇女、儿童的典型案例，大张旗鼓地开展法制宣传教育活动。要大力宣传党和政府打击拐卖妇女、儿童犯罪的态度和决心，宣传拐卖妇女、儿童犯罪的严重危害，宣传国家禁止买卖妇女、儿童和惩处人贩子、买主的法律规定，宣传专项斗争中涌现出的不怕牺牲、不辞劳苦打击人贩子、解救被拐卖的妇女、儿童的英雄模范事迹，形成宣传攻势，提高广大人民群众的法制观念，教育群众自觉守法。特别是在拐卖妇女、儿童以及收买被拐卖的妇女、儿童情况较严重的地区，要深入村村户户进行法制宣传教育，真正做到家喻户晓、人人皆知。要以案说法，使广大干部和群众能够认识到拐卖妇女、儿童，收买被拐卖的妇女、儿童，阻碍解救被拐卖的妇女、儿童都是违法犯罪行为，都要受到法律制裁。在不通广播、电视的贫困、边远地区，要采取印发宣传材料、召开座谈会等多种形式进行宣传。

要广泛发动社会各界以及基层干部、群众，积极投入"打拐"专项斗争，主动配合、协助有关部门做好解救被拐卖妇女、儿童的工作，号召群众检举、揭发拐卖、收买妇女、儿童的犯罪行为，自觉同拐卖妇女、儿童犯罪活动作斗争。各地公

---

① 《出境入境管理法》于 2013 年 7 月 1 日起施行后，《外国人入境出境管理法》同时废止。——本评注注

安机关要设立"打拐"热线电话,接受群众举报,对提供重要犯罪线索、协助抓获重大犯罪嫌疑人的人员,要给予奖励。

《最高人民法院、最高人民检察院、公安部、民政部、司法部、全国妇联关于打击拐卖妇女儿童犯罪有关问题的通知》(公通字〔2000〕26号)

各省、自治区、直辖市高级人民法院,人民检察院,公安厅、局,民政厅、局,司法厅、局,妇联:

近年来,一些地方拐卖妇女、儿童犯罪活动猖獗,并呈发展蔓延之势,犯罪团伙组织日趋严密,犯罪手段更加隐蔽、狡猾、残忍,盗抢儿童、强迫被拐卖的妇女卖淫的案件突出,因拐卖妇女、儿童引起的伤害、杀人、强奸等恶性案件逐年增多,危害日益严重。拐卖妇女、儿童犯罪严重侵犯被拐卖的妇女、儿童的人身权利,致使许多家庭骨肉分离、家破人亡,并由此引发一系列社会问题,直接影响社会稳定。为有效遏制此类犯罪的上升势头,切实保护妇女、儿童的合法权益,维护社会稳定,今年上半年将在全国范围内开展"打击人贩子、解救被拐卖妇女儿童"专项斗争(以下简称"打拐"专项斗争)。为搞好这次"打拐"专项斗争,依法惩处拐卖妇女、儿童的犯罪分子,解救被拐卖的妇女、儿童,现就有关问题通知如下:

一、切实提高对开展"打拐"专项斗争重要性的认识,加强组织领导和协作配合。开展"打拐"专项斗争,是贯彻全心全意为人民服务的宗旨,保护公民合法权益,解除人民群众疾苦的一项"民心工程"、"爱心工程"。做好这项工作,有利于提高党和政府在人民群众中的威信,树立良好的形象。各级政法机关及有关部门和组织一定要充分认识拐卖妇女、儿童犯罪的严重性和危害性,充分认识开展"打拐"专项斗争的重大意义,将这项工作作为维护社会稳定的大事来抓。有关部门和组织要高度重视,切实加强组织领导,充分发挥本部门的职能作用,协同作战,坚决杜绝地方保护主义。公安机关、人民检察院、人民法院要依法及时侦查、逮捕、起诉、审判拐卖妇女、儿童的犯罪分子,解救被拐卖的妇女、儿童;司法行政机关要做好宣传教育、协查、收监和法律援助工作;民政部门要做好对被拐卖妇女和儿童的救济工作,及查找不到父母的儿童的收养工作;妇联等组织要维护妇女、儿童的合法权益,协助有关部门做好宣传、解救、安置工作。各有关部门、组织应当加强联系和沟通,相互支持,密切配合,共同做好打击人贩子、解救被拐卖的妇女、儿童的各项工作,确保"打拐"专项斗争取得预期效果。

二、大力敦促犯罪分子投案自首,坦白交待罪行,揭发犯罪,争取从宽处理。要采取多种形式,广泛宣传刑法关于自首、立功等从宽处理的刑事政策。各地还可选择一些因主动投案自首或者有立功表现而给予从轻、减轻、免除处罚的典型案件,公开宣传报道,敦促在逃的犯罪分子尽快投案自首,坦白交待罪行,检举、揭发他人的犯罪行为,提供破案线索,争取从宽处理。要做好对犯罪分子家属、亲友的政策宣传工作,动员他们规劝、陪同有拐卖妇女、儿童犯罪行为的亲友投案自首,或者将犯罪嫌疑人送往司法机关投案。对窝藏、包庇犯罪分子、阻碍解救、妨害公务,构成犯罪的,要依法追究刑事责任。监狱、看守所等监管部门要对在押人员加大宣传攻势,鼓励坦白、检举、揭发拐卖妇女、儿童犯罪行为。对于投案自首、坦白交待罪行、有立功表现的犯罪嫌疑人、被告人,司法机关应当切实落实刑事政策,依法从轻、减轻处罚。对于自首的犯罪分子,犯罪较轻的,可以免除处罚;对有重大立功表现的犯罪分子,可以减轻或者免除处罚;对犯罪后自首又有重大立功表现的,应当减轻或者免除处罚。

三、深入开展法制宣传教育,广泛发动群众参与"打拐"专项斗争,防止发生阻碍解救事件。各级公安机关和司法行政机关要组织专门班子,制定宣传计划,充分利用广播、电视、报刊、网络等媒体和"148"法律服务热线等渠道,结合打击人贩子、处理买主、解救被拐卖的妇女、儿童的典型案例,大张旗鼓地开展宣传教育活动。要大力宣传党和政府打击拐卖妇女、儿童犯罪的态度和决心,宣传拐卖妇女、儿童犯罪的严重危害,宣传国家禁止买卖妇女、儿童和惩处人贩子、买主的法律规定,宣传"打拐"专项斗争中涌现出的不怕牺牲、不辞劳苦打击人贩子、解救被拐卖的妇女、儿童的英雄模范事迹,形成宣传攻势,提高广大人民群众的法制观念,教育群众自觉守法。特别是在拐卖妇女、儿童以及收买被拐卖的妇女、儿童情况较严重的地区,要深入村村户户进行法制宣传教育,真正做到家喻户晓、人人皆知。要以案说法,使广大干部和群众能够认识到拐卖妇女、儿童,收买被拐卖的妇女、儿童,阻碍解救被拐卖的妇女、儿童都是违法犯罪行为,要受到法律制裁。在不通广播、电视的贫困、边远地区,要采取印发宣传材料、召开座谈会等多种形式进行宣传。

要广泛发动社会各界以及基层干部、群众,积极投入"打拐"专项斗争,主动配合、协助有关部门做好解救被拐卖妇女、儿童的工作,号召群众检举、揭发拐卖、收买妇女、儿童的犯罪行为,自觉同拐卖妇女、儿童犯罪活动作斗争。各地公安机关要设立"打拐"热线电话,接受群众举报,对提供重要犯罪线索、协助抓获重大犯罪嫌疑人的人员,要给予奖励。

四、正确适用法律,依法严厉打击拐卖妇女、儿童的犯罪活动。这次"打拐"专项斗争的重点是打击拐卖妇女、儿童的人贩子。凡是拐卖妇女、儿童的,不论是哪个环节,只要是以出卖为目的,有拐骗、绑架、收买、贩卖、接送、中转、窝藏妇女、儿童的行为之一的,不论拐卖人数多少,是否获利,均应以拐卖妇女、儿童罪追究刑事责任。对收买被拐卖的妇女、儿童的,以及阻碍解救被拐卖妇女、儿童构成犯罪的,也要依法惩处。出卖亲生子女的,由公安机关依法没收非法所得,并处以罚款;以营利为目的,出卖不满十四周岁子女,情节恶劣的,借收养名义拐卖儿童的,以及出卖捡拾的儿童的,均应以拐卖儿童罪追究刑事责任。出卖十四周岁以上女性亲属或者其他不满十四周岁亲属的,以拐卖妇女、儿童罪追究刑事责任。

办案中,要正确区分罪与非罪、罪与罪的界限,特别是拐卖妇女罪与介绍婚姻收取钱物行为、拐卖儿童罪与收养中介行为、拐卖儿童罪与拐骗儿童罪,以及绑架儿童罪与拐卖儿童罪的界限,防止扩大打击面或者放纵犯罪。

五、各级政法机关和有关部门应当密切配合,形成合力,共同打好"打拐"专项斗争。公安机关应当组织专门力量,扎扎实实地做好侦查工作,全力侦破拐卖妇女、儿童犯罪案件,抓捕犯罪嫌疑人,并切实做好证据的收集工作,为起诉和审判打下坚实基础;人民检察院对公安机关提请逮捕和移送审查起诉的犯罪嫌疑人,应当依法及时批捕和提起公诉;人民法院对人民检察院提起公诉的案件,应当依法及时审判;监狱应当做好对罪犯收监执行和在押、在逃罪犯的协查工作。民政部门、妇联在工作中发现犯罪线索或者犯罪嫌疑人的,应当及时移交司法机关依法处理。

各级政法机关要全力以赴,提高办案效率,加快办案进度,力争在"打拐"专项斗争中逮捕一批、起诉一批、审判一批拐卖妇女、儿童的犯罪嫌疑人和被告人,震慑犯罪。人民检察院对公安机关侦查终结、移送审查起诉的案件,人民法院对人民检察院提起公诉的案件,应当坚持基本事实清楚,基本证据确凿的原则,及时起诉、审判,防止久拖不决。同时要严格遵守法律规定的诉讼程序和时限要求,依法办案,严禁刑讯逼供,防止滥用强制措施,超期羁押。

拐入地、拐出地或中转地公安机关立案侦查的拐卖妇女、儿童案件,应当向同级人民检察院提请批准逮捕、移送审查起诉。对于有多次倒卖情形的拐卖妇女、儿童案件,无论行为人是第几道贩子,只要其犯罪行为已经查证属实的,就应当及时起诉、审判。对于其他犯罪线索,公安机关应当组织力量继续进行侦查。对同案犯在逃的,已抓获的犯罪嫌疑人、被告人的犯罪事实已经查清,并有确实、充分证据的,应当及时起诉、审判。一人犯数罪的,对其中主要罪行或某一罪行事实清楚,证据确实充分,而其他罪行一时难以查清的,可先对其已查清的主要罪行或某一罪行作出处理。

六、切实做好解救和善后安置工作,保护被拐卖妇女、儿童的合法权益。解救被拐卖的妇女、儿童,是人民政府和政法机关的重要职责。公安、司法行政、民政、妇联等有关部门和组织要明确责任，各司其职，相互配合，通力合作。解救工作要充分依靠当地党委、政府的支持，做好对基层干部和群众的说服教育工作，注意方式、方法，慎用警械、武器，避免激化矛盾，防止出现围攻执法人员、聚众阻碍解救等突发事件。

对于被拐卖的未成年女性、现役军人配偶、遭受摧残虐待、被强迫卖淫或者从事其他色情服务的妇女，以及本人要求解救的妇女，要立即解救。对于自愿继续留在现住地生活的成年女性，应尊重本人意愿，愿在现住地结婚且符合法定结婚条件的，应依法办理结婚登记手续。被拐卖妇女与买主所生子女的抚养问题，可由双方协商解决或由人民法院裁决。对于遭受摧残虐待的、被强迫乞讨或从事违法犯罪活动的，以及本人要求解救的被拐卖儿童，应当立即解救。对于解救的被拐卖儿童，由其父母或者其他监护人户口所在地公安机关负责接回。

公安、民政、妇联等有关部门和组织应当密切配合，做好被解救妇女、儿童的善后安置工作。任何单位和个人不得歧视被拐卖的妇女、儿童。对被解救回的未成年人，其父母及其他监护人应当接收并认真履行抚养义务。拒绝接收、拒不履行抚养义务，构成犯罪的，以遗弃罪追究刑事责任。

七、进一步开展综合治理，预防拐卖妇女、儿童犯罪发生。各级政法机关和有关部门要通过"打拐"专项斗争，及时发现问题，总结经验教训，动员全社会的力量，开展群防群治，长抓不懈，从根本上预防拐卖妇女、儿童犯罪的发生。公安、民政等有关部门要严格执行户口管理、暂住人口、流动人口登记、婚姻登记、收养登记等各项法律、法规和规章制度，堵塞漏洞。妇联等组织要积极维护妇女、儿童的合法权益，对妇女进行宣传教育，帮助她们提高自身素质，不断增强防拐防骗意识和自我保护能力。

各地接到本通知后，应当立即部署贯彻执行。执行中遇到的问题，请及时分别报告最高人民法院、最高人民检察院、公安部、民政部、司法部、全国妇联。

《最高人民法院、最高人民检察院、公安部、司法部关于依法惩治拐卖妇女儿童犯罪的意见》（法发〔2010〕7号）①

为加大对妇女、儿童合法权益的司法保护力度，贯彻落实《中国反对拐卖妇女儿童行动计划（2008—2012）》，根据刑法、刑事诉讼法等相关法律及司法解释

---

① 对本规范性文件的适用，需要结合此后刑法修改情况和相关司法解释、规范性文件的规定妥当把握。例如，《刑法修正案（九）》将收买被拐卖的妇女、儿童"可以不追究刑事责任"的规定调整为"可以从轻处罚"或者"可以从轻或者减轻处罚"，对收买被拐卖的妇女、儿童的行为一律作出犯罪评价。——**本评注注**

的规定,最高人民法院、最高人民检察院、公安部、司法部就依法惩治拐卖妇女、儿童犯罪提出如下意见:

一、总体要求(略)

二、管辖(略)

三、立案(略)

四、证据(略)

五、定性

14.犯罪嫌疑人、被告人参与拐卖妇女、儿童犯罪活动的多个环节,只有部分环节的犯罪事实查证清楚、证据确实、充分的,可以对该环节的犯罪事实依法予以认定。

15.以出卖为目的强抢儿童,或者捡拾儿童后予以出卖,符合刑法第二百四十条第二款规定的,应当以拐卖儿童罪论处。

以抚养为目的偷盗婴幼儿或者拐骗儿童,之后予以出卖的,以拐卖儿童罪论处。

16.以非法获利为目的,出卖亲生子女的,应当以拐卖妇女、儿童罪论处。

17.要严格区分借送养之名出卖亲生子女与民间送养行为的界限。区分的关键在于行为人是否具有非法获利的目的。应当通过审查将子女"送"人的背景和原因、有无收取钱财及收取钱财的多少、对方是否具有抚养目的及有无抚养能力等事实,综合判断行为人是否具有非法获利的目的。

具有下列情形之一的,可以认定属于出卖亲生子女,应当以拐卖妇女、儿童罪论处:

(1)将生育作为非法获利手段,生育后即出卖子女的;

(2)明知对方不具有抚养目的,或者根本不考虑对方是否具有抚养目的,为收取钱财将子女"送"给他人的;

(3)为收取明显不属于"营养费"、"感谢费"的巨额钱财将子女"送"给他人的;

(4)其他足以反映行为人具有非法获利目的的"送养"行为的。

不是出于非法获利目的,而是迫于生活困难,或者受重男轻女思想影响,私自将没有独立生活能力的子女送给他人抚养,包括收取少量"营养费"、"感谢费"的,属于民间送养行为,不能以拐卖妇女、儿童罪论处。对私自送养导致子女身心健康受到严重损害,或者具有其他恶劣情节,符合遗弃罪特征的,可以遗弃罪论处;情节显著轻微危害不大的,可由公安机关依法予以行政处罚。

18.将妇女拐卖给有关场所,致使被拐卖的妇女被迫卖淫或者从事其他色情服务的,以拐卖妇女罪论处。

有关场所的经营管理人员事前与拐卖妇女的犯罪人通谋的,对该经营管理人员以拐卖妇女罪的共犯论处;同时构成拐卖妇女罪和组织卖淫罪的,择一重罪论处。

19.医疗机构、社会福利机构等单位的工作人员以非法获利为目的,将所诊疗、护理、抚养的儿童贩卖给他人的,以拐卖儿童罪论处。

20.明知是被拐卖的妇女、儿童而收买,具有下列情形之一的,以收买被拐卖的妇女、儿童罪论处;同时构成其他犯罪的,依照数罪并罚的规定处罚:

(1)收买被拐卖的妇女后,违背被收买妇女的意愿,阻碍其返回原居住地的;

(2)阻碍对被收买妇女、儿童进行解救的;

(3)非法剥夺、限制被收买妇女、儿童的人身自由,情节严重,或者对被收买妇女、儿童有强奸、伤害、侮辱、虐待等行为的;

(4)所收买的妇女、儿童被解救后又再次收买,或者收买多名被拐卖的妇女、儿童的;

(5)组织、诱骗、强迫被收买的妇女、儿童从事乞讨、苦役,或者盗窃、传销、卖淫等违法犯罪活动的;

(6)造成被收买妇女、儿童或者其亲属重伤、死亡以及其他严重后果的;

(7)具有其他严重情节的。

被追诉前主动向公安机关报案或者向有关单位反映,愿意让被收买妇女返回原居住地,或者将被收买儿童送回其家庭,或者将被收买妇女、儿童交给公安、民政、妇联等机关、组织,没有其他严重情节的,可以不追究刑事责任。

六、共同犯罪

21.明知他人拐卖妇女、儿童,仍然向其提供被拐卖妇女、儿童的健康证明、出生证明或者其他帮助的,以拐卖妇女、儿童罪的共犯论处。

明知他人收买被拐卖的妇女、儿童,仍然向其提供被收买妇女、儿童的户籍证明、出生证明或者其他帮助的,以收买被拐卖的妇女、儿童罪的共犯论处,但是,收买人未被追究刑事责任的除外。

认定是否"明知",应当根据证人证言、犯罪嫌疑人、被告人及其同案人供述和辩解,结合提供帮助的人次,以及是否明显违反相关规章制度、工作流程等,予以综合判断。

22.明知他人系拐卖儿童的"人贩子",仍然利用从事诊疗、福利救助等工作的便利或者了解被拐卖方情况的条件,居间介绍的,以拐卖儿童罪的共犯论处。

23. 对于拐卖妇女、儿童犯罪的共犯,应当根据各被告人在共同犯罪中的分工、地位、作用,参与拐卖的人数、次数,以及分赃数额等,准确区分主从犯。

对于组织、领导、指挥拐卖妇女、儿童的某一个或者某几个犯罪环节,或者积极参与实施拐骗、绑架、收买、贩卖、接送、中转妇女、儿童等犯罪行为,起主要作用的,应当认定为主犯。

对于仅提供被拐卖妇女、儿童信息或者相关证明文件,或者进行居间介绍,起辅助或者次要作用,没有获利或者获利较少的,一般可认定为从犯。

对于各被告人在共同犯罪中的地位、作用区别不明显的,可以不区分主从犯。

七、一罪与数罪

24. 拐卖妇女、儿童,又奸淫被拐卖的妇女、儿童,或者诱骗、强迫被拐卖的妇女、儿童卖淫的,以拐卖妇女、儿童罪处罚。

25. 拐卖妇女、儿童,又对被拐卖的妇女、儿童实施故意杀害、伤害、猥亵、侮辱等行为,构成其他犯罪的,依照数罪并罚的规定处罚。

26. 拐卖妇女、儿童或者收买被拐卖的妇女、儿童,又组织、教唆被拐卖、收买的妇女、儿童进行犯罪的,以拐卖妇女、儿童罪或者收买被拐卖的妇女、儿童罪与其所组织、教唆的罪数罪并罚。

27. 拐卖妇女、儿童或者收买被拐卖的妇女、儿童,又组织、教唆被拐卖、收买的未成年妇女、儿童进行盗窃、诈骗、抢夺、敲诈勒索等违反治安管理活动的,以拐卖妇女、儿童罪或者收买被拐卖的妇女、儿童罪与组织未成年人进行违反治安管理活动罪数罪并罚。

八、刑罚适用

28. 对于拐卖妇女、儿童犯罪集团的首要分子,情节严重的主犯,累犯,偷盗婴幼儿、强抢儿童情节严重,将妇女、儿童卖往境外情节严重,拐卖妇女、儿童多人多次,造成伤亡后果,或者具有其他严重情节的,依法从重处罚;情节特别严重的,依法判处死刑。

拐卖妇女、儿童,并对被拐卖的妇女、儿童实施故意杀害、伤害、猥亵、侮辱等行为,数罪并罚决定执行的刑罚应当依法体现从严。

29. 对于拐卖妇女、儿童的犯罪分子,应当注重依法适用财产刑,并切实加大执行力度,以强化刑罚的特殊预防与一般预防效果。

30. 犯收买被拐卖的妇女、儿童罪,对被收买妇女、儿童实施违法犯罪活动或者将其作为牟利工具的,处罚时应当依法体现从严。

收买被拐卖的妇女、儿童,对被收买妇女、儿童没有实施摧残、虐待行为或者与其已形成稳定的婚姻家庭关系，但仍应依法追究刑事责任的，一般应当从轻处罚；符合缓刑条件的，可以依法适用缓刑。

收买被拐卖的妇女、儿童，犯罪情节轻微的，可以依法免予刑事处罚。

31.多名家庭成员或者亲友共同参与出卖亲生子女，或者"买人为妻"、"买人为子"构成收买被拐卖的妇女、儿童罪的，一般应当在综合考察犯意提起、各行为人在犯罪中所起作用等情节的基础上，依法追究其中罪责较重者的刑事责任。对于其他情节显著轻微危害不大，不认为是犯罪的，依法不追究刑事责任；必要时可以由公安机关予以行政处罚。

32.具有从犯、自首、立功等法定从宽处罚情节的，依法从轻、减轻或者免除处罚。

对被拐卖的妇女、儿童没有实施摧残、虐待等违法犯罪行为，或者能够协助解救被拐卖的妇女、儿童，或者具有其他酌定从宽处罚情节的，可以依法酌情从轻处罚。

33.同时具有从严和从宽处罚情节的，要在综合考察拐卖妇女、儿童的手段、拐卖妇女、儿童或者收买被拐卖妇女、儿童的人次、危害后果以及被告人主观恶性、人身危险性等因素的基础上，结合当地此类犯罪发案情况和社会治安状况，决定对被告人总体从严或者从宽处罚。

九、涉外犯罪（略）

《最高人民检察院关于贯彻实施新修订〈中华人民共和国妇女权益保障法〉切实保障妇女权益的通知》（高检发办字〔2023〕31号）"二、全面贯彻实施《妇女权益保障法》有关规定""（四）依法从严惩处侵犯妇女权益犯罪"要求依法从严惩处拐卖妇女儿童犯罪。（→参见第二百四十六条评注部分，第1178页）

法律适用答复、复函

《最高人民检察院法律政策研究室关于以出卖为目的的倒卖外国妇女的行为是否构成拐卖妇女罪的答复》（〔1998〕高检研发第21号）

吉林省人民检察院研究室：

你院吉检发研字〔1998〕4号《关于以出卖为目的倒卖外国妇女的行为是否构成拐卖妇女罪的请示》收悉。经研究，现答复如下：

刑法第二百四十条明确规定："拐卖妇女、儿童是以出卖为目的，有拐骗、绑架、收买、贩卖、接送、中转妇女、儿童的行为之一的。"其中作为"收买"对象的妇女、儿童并不要求必须是"被拐骗、绑架的妇女、儿童"。因此，以出卖为目的，收买、贩卖外国妇女，从中牟取非法利益的，应以拐卖妇女罪追究刑事责任。但确属为他人介绍婚姻收取介绍费,而非以出卖为目的的,不能追究刑事责任。"

刑参案例规则提炼

《张世林拐卖妇女案——拐卖两性人能否构成拐卖妇女罪》(第 77 号案例)、《李邦祥拐卖妇女案——应收买的被拐卖的妇女要求将其再转卖他人的如何定罪处罚》(第 229 号案例)、《吕锦城、黄高生故意杀人、拐卖儿童案——拐卖儿童过程中杀害被拐卖儿童亲属的行为,如何定性》(第 728 号案例)、《武亚军、关倩倩拐卖儿童案——出卖亲生子女构成拐卖儿童罪,具备特殊情况的,可在法定刑以下判处刑罚》(第 781 号案例)、《刘友祝拐卖妇女案——为无民事行为能力妇女介绍对象收取费用的行为如何定性》(第 791 号案例)、《王献光、刘永贵拐卖儿童案——出卖亲生子女的行为如何定性》(第 835 号案例)、《孙如珍、卢康涛拐卖儿童案——如何把握出卖亲生子女行为罪与非罪的界限以及如何区分居间介绍收养儿童和以非法获利为目的拐卖儿童》(第 930 号案例)、《郑明寿拐卖儿童案——如何理解偷盗型拐卖儿童罪中的"以出卖为目的"和"偷盗婴幼儿"中的"偷盗"》(第 1000 号案例)所涉规则提炼如下:

1. 拐卖以男性为主的两性人行为的定性规则。"刑法中拐卖妇女罪的犯罪对象必须是妇女。""对于行为人因对犯罪对象的认识错误,误将两性人视为妇女而予以拐卖的,属于刑法理论上的对象不能犯未遂……应以拐卖妇女(未遂)罪追究行为人的刑事责任。"(第 77 号案例)

2. 以牟利为目的实施的拐卖妇女犯罪与介绍婚姻收取财物行为的界分规则。"通常情况下,拐卖妇女犯罪的行为人都是通过欺骗或者强制等方式事先控制妇女的人身自由,然后将被拐妇女出卖给他人。""相比之下,通常的介绍婚姻行为并不具有出卖妇女的目的,而仅仅是居间联系促成男女双方结成婚姻。婚姻介绍者必须考虑男女双方是否同意该桩婚姻。婚姻介绍者通常需要接受男女一方或者双方的委托,或者取得男女双方的同意。如果男女一方不同意就无法促成婚姻,故不存在对妇女的人身控制问题,更不存在出卖妇女的问题。"实践中,需要注意把握以下几个方面的问题,"犯罪行为人以拐卖妇女为目的,实施拐卖妇女的行为即构成拐卖妇女罪";"明知系被拐卖的妇女仍然为其介绍婚姻收取费用的行为,构成拐卖妇女罪的共犯";"获取财物价值的大小并不影响拐卖妇女罪的成立"。(第 791 号案例)

3. 应收买的被拐卖的妇女要求将其再转卖他人行为的处理规则。"收买被拐卖的妇女又出卖的,应以拐卖妇女罪一罪论处,而不实行数罪并罚。""应收买的被拐卖妇女的要求将其再转卖给他人的行为,虽然应当定罪处罚,但在具体量

刑上也应当考虑到被害人自愿等因素,对被告人从宽处罚。"(第229号案例)

4. 出卖亲生子女行为的处理规则。"在送养亲生子女是否构成拐卖儿童罪的问题上应当从严把握犯罪构成条件,对不具有明显非法获利目的,送养子女事出有因的,一般不宜认定为拐卖儿童罪。"(第930号案例)"对私自送养子女行为定性时,应当重点考虑两方面的因素:一是出卖人是否具有非法获利的目的;二是收养人的实际收养能力即出卖人对此的认知情况。如具备第一个因素,就可能构成拐卖儿童罪,基本排除遗弃罪的适用。如不具备第一个因素,就应对第二个因素进行分析,明知对方不具备收养能力而草率送养,或者送养后得知对方无收养能力而放任损害结果发生的,均可构成遗弃罪。"(第835号案例)"对于将亲生子女送给他人并收取一定数额钱财的行为,实践中一定要结合各种因素综合判断。如果认定行为人非法获利目的的证据存疑,应当按照存疑有利于被告人的原则,根据案件具体情况,或者认定为遗弃罪,或者作无罪处理。"(第781号案例)但是,"如果居间介绍者在介绍过程中直接参与交易并从中获利,其实施的拐卖儿童行为具有相对独立性,即使送养方与收养方都不构成犯罪,介绍者也可能构成拐卖儿童罪。"(第930号案例)"对于出卖亲生子女的案件,应当考虑行为人出卖亲生子女的动机,子女被卖出后是否受到摧残、虐待以及是否得到解救等因素,合理确定量刑幅度。如果主观动机、客观情节并非十分恶劣的,一般可以酌情从轻处罚。对于那些一方面具有生活困难、未婚先育等特殊情节,但同时又有充分证据证实系为了非法获利而将子女作为商品出卖的行为人,如果根据案件具体情况,参酌社会一般人的道德伦理观念,考虑被解救儿童仍需由原家庭哺育抚养照顾等因素,在处罚上即便判处法定最低刑仍显过重的,可以在法定刑以下判处刑罚,依法层报最高人民法院核准。"(第781号案例)

5. 拐卖妇女、儿童罪加重情节的认定规则。(1)"造成被拐卖的妇女、儿童或者其亲属重伤、死亡或者其他严重后果"的认定。"'造成被拐卖的妇女、儿童或者其亲属重伤、死亡或者其他严重后果',应当是指犯罪分子的拐卖犯罪的手段行为直接致使被害人伤亡以及拐卖犯罪行为间接引起被害人伤亡的情况。在这种情况下,被告人主观上并非以被害人伤亡的结果为目的。如果对被拐卖人进行故意杀害、伤害,或者为进行拐卖犯罪排除妨碍,对被拐卖人亲属进行杀害、伤害的,应当以故意杀人罪或者故意伤害罪与拐卖妇女、儿童罪实行并罚。"(第728号案例)(2)"以出卖为目的,偷盗婴幼儿"的认定。"'以出卖为目的'仅指行为人的主观方面,不要求有实际的出卖行为。""'偷盗婴幼儿'是指以暴力、胁迫或者麻醉以外的平和方法控制婴幼儿的行为,即'偷盗'的外延不仅包括秘密窃取,还包括欺骗、利诱等其他手段。""通过欺骗、利诱婴幼儿家长或者其他监护人进而拐走婴幼儿的不在此范围。"(第1000号案例)

6. 拐卖儿童罪既遂的认定规则。"应根据不同情况具体分析,通常只要使被害人转移至行为人或者第三人的实力支配范围内为既遂,但是,出卖捡拾的儿童,出卖亲生子女的,收买被拐卖的儿童后才产生出卖意进而出卖儿童的,应当以出卖了被害人为既遂。"(第835号案例)

> **第二百四十一条** 【收买被拐卖的妇女、儿童罪】收买被拐卖的妇女、儿童的,处三年以下有期徒刑、拘役或者管制。
>
> 收买被拐卖的妇女,强行与其发生性关系的,依照本法第二百三十六条的规定定罪处罚。
>
> 收买被拐卖的妇女、儿童,非法剥夺、限制其人身自由或者有伤害、侮辱等犯罪行为的,依照本法的有关规定定罪处罚。
>
> 收买被拐卖的妇女、儿童,并有第二款、第三款规定的犯罪行为的,依照数罪并罚的规定处罚。
>
> 收买被拐卖的妇女、儿童又出卖的,依照本法第二百四十条的规定定罪处罚。
>
> 收买被拐卖的妇女、儿童,对被买儿童没有虐待行为,不阻碍对其进行解救的,可以从轻处罚;按照被买妇女的意愿,不阻碍其返回原居住地的,可以从轻或者减轻处罚。

立法沿革

本条系1997年《刑法》吸收单行刑法作出修改后的规定。1979年《刑法》未规定收买被拐卖的妇女、儿童犯罪。《全国人民代表大会常务委员会关于严惩拐卖、绑架妇女、儿童的犯罪分子的决定》(自1991年9月4日起施行)第三条规定:"……收买被拐卖、绑架的妇女、儿童的,处三年以下有期徒刑、拘役或者管制。""收买被拐卖、绑架的妇女,强行与其发生性关系的,依照刑法关于强奸罪的规定处罚。""收买被拐卖、绑架的妇女、儿童,非法剥夺、限制其人身自由或者有伤害、侮辱、虐待等犯罪行为的,依照刑法的有关规定处罚。""收买被拐卖、绑架的妇女、儿童,并有本条第二款、第三款规定的犯罪行为的,依照刑法关于数罪并罚的规定处罚。""收买被拐卖、绑架的妇女、儿童又出卖的,依照本决定第一条的规定处罚。""收买被拐卖、绑架的妇女、儿童,按照被买妇女的意愿,不阻碍其返回原居住地的,对被买儿童没有虐待行为,不阻碍对其进行解救的,可以不追究刑事责任。"1997年《刑法》吸收上述规定,仅作了文字调整。

2015年11月1日起施行的《刑法修正案(九)》第十七条对本条作了修改,将收买被拐卖的妇女、儿童"可以不追究刑事责任"的规定调整为"可以从轻处罚"或者"可以从轻或者减轻处罚",对收买被拐卖的妇女、儿童的行为一律作出犯罪评价,以切实加大对这类行为的打击力度。

修正前《刑法》	修正后《刑法》
第二百四十一条第六款 收买被拐卖的妇女、儿童,按照被买妇女的意愿,不阻碍其返回原居住地的,对被买儿童没有虐待行为,不阻碍对其进行解救的,可以不追究刑事责任。	第二百四十一条第六款 收买被拐卖的妇女、儿童,对被买儿童没有虐待行为,不阻碍对其进行解救的,可以**从轻处罚**;按照被买妇女的意愿,不阻碍其返回原居住地的,**可以从轻或者减轻处罚**。

司法解释

《最高人民法院关于审理拐卖妇女儿童犯罪案件具体应用法律若干问题的解释》(法释〔2016〕28号)第四条至第八条对收买被拐卖的妇女、儿童罪适用法律有关问题作了规定。(→参见第二百四十条评注部分,第　页)

规范性文件

《最高人民法院、最高人民检察院、公安部、司法部关于依法惩治拐卖妇女儿童犯罪的意见》(法发〔2010〕7号)第二十条、第三十条、第三十一条就依法惩治收买被拐卖的妇女、儿童犯罪提出相关意见。(→参见第二百四十条评注部分,第1152、1153、1154页)

《公安部关于打击拐卖妇女儿童犯罪适用法律和政策有关问题的意见》(公通字〔2000〕25号)"一、关于立案、管辖问题""三、关于收买被拐卖的妇女、儿童犯罪"等部分就收买被拐卖的妇女、儿童犯罪适用法律和政策的有关问题提出了相关意见。(→参见第二百四十条评注部分,第1141、1142页)

《公安部关于认真做好已获解救的妇女儿童落户工作的通知》(公治〔2000〕249号,具体条文未收录)

《最高人民检察院关于贯彻实施新修订〈中华人民共和国妇女权益保障法〉切实保障妇女权益的通知》(高检发办字〔2023〕31号)"二、全面贯彻实施《妇女权益保障法》有关规定""(四)依法从严惩处侵犯妇女权益犯罪"要求依法从严惩处收买妇女儿童犯罪,以及收买后发生的强奸、故意伤害、非法拘禁、侮辱、虐待等犯罪。(→参见第二百四十六条评注部分,第1178页)

刑参案例规则提炼

《龚绍吴收买被拐卖的妇女、儿童,强迫卖淫案——收买被拐卖的妇女、儿童后,又强迫其卖淫的,如何定罪处罚》(第991号案例)所涉规则提炼如下:

收买被拐卖的妇女、儿童后强迫其卖淫行为的处理。"收买被拐妇女、儿童与强迫其卖淫之间,存在手段与目的的牵连关系,但其行为分别侵犯了妇女、儿童独立人格尊严和不受非法买卖的权利,以及被害人的性自主权和社会良好风尚,已经构成数罪……应当……予以并罚。"(第991号案例)

第二百四十二条 【妨害公务罪】以暴力、威胁方法阻碍国家机关工作人员解救被收买的妇女、儿童的,依照本法第二百七十七条的规定定罪处罚。

【聚众阻碍解救被收买的妇女、儿童罪】聚众阻碍国家机关工作人员解救被收买的妇女、儿童的首要分子,处五年以下有期徒刑或者拘役;其他参与者使用暴力、威胁方法的,依照前款的规定处罚。

立法沿革

本条系1997年《刑法》吸收单行刑法作出修改后的规定。1979年《刑法》未规定聚众阻碍解救被收买的妇女、儿童犯罪。《全国人民代表大会常务委员会关于严惩拐卖、绑架妇女、儿童的犯罪分子的决定》(自1991年9月4日起施行)第四条第二款、第三款规定:"以暴力、威胁方法阻碍国家工作人员解救被收买的妇女、儿童的,依照刑法第一百五十七条的规定处罚……""聚众阻碍国家工作人员解救被收买的妇女、儿童的首要分子,处五年以下有期徒刑或者拘役;其他参与者,依照本条第二款的规定处罚。"1997年《刑法》吸收上述规定,仅作了文字调整。

第二百四十三条 【诬告陷害罪】捏造事实诬告陷害他人,意图使他人受刑事追究,情节严重的,处三年以下有期徒刑、拘役或者管制;造成严重后果的,处三年以上十年以下有期徒刑。

国家机关工作人员犯前款罪的,从重处罚。

不是有意诬陷,而是错告,或者检举失实的,不适用前两款的规定。

立法沿革

本条系1997年《刑法》吸收1979年《刑法》作出修改后的规定。1979年《刑法》第一百三十八条规定:"严禁用任何方法、手段诬告陷害干部、群众。凡捏造事实诬告陷害他人(包括犯人)的,参照所诬陷的罪行的性质、情节、后果和量刑标准给予刑事处分。国家工作人员犯诬陷罪的,从重处罚。""不是有意诬陷,而是错告,或者检举失实的,不适用前款规定。"1997年《刑法》取消了"诬告反坐"的特殊规定,对诬告陷害罪单独配置法定刑。

刑参案例规则提炼

《金某伪证案——被害人在向司法机关报案时故意夸大犯罪事实并指使他人作伪证的行为如何定罪处刑》(第98号案例)所涉规则提炼如下:

诬告陷害罪的认定规则。"诬告陷害罪的成立,客观方面要求行为人捏造完整的犯罪事实并作虚假告发,主观方面要求行为人意图使无刑事责任的人受到刑事责任的追究。""客观上并未捏造完整的犯罪事实,只是夸大了已有犯罪事实的部分情节,主观方面并未想使无罪的人受到有罪追究,只是想使有罪的人受到更重的惩罚,因此……不构成诬告陷害罪。"(第98号案例)

第二百四十四条 【强迫劳动罪】以暴力、威胁或者限制人身自由的方法强迫他人劳动的,处三年以下有期徒刑或者拘役,并处罚金;情节严重的,处三年以上十年以下有期徒刑,并处罚金。

明知他人实施前款行为,为其招募、运送人员或者有其他协助强迫他人劳动行为的,依照前款的规定处罚。

单位犯前两款罪的,对单位判处罚金,并对其直接负责的主管人员和其他直接责任人员,依照第一款的规定处罚。

立法沿革

本条系1997年《刑法》吸收有关附属刑法作出修改后的规定。1994年《劳动法》第九十六条规定:"用人单位有下列行为之一……构成犯罪的,对责任人员依法追究刑事责任:(一)以暴力、威胁或者非法限制人身自由的手段强迫劳动的……"1997年《刑法》以上述规定为基础,规定了强迫职工劳动罪。

2011年5月1日起施行的《刑法修正案(八)》第三十八条对本条作了修改,将犯罪主体由用人单位扩大到包括单位和个人在内的一般主体,将犯罪对象由"职工"修改为"他人",完善犯罪行为的规定,加重法定刑,并将为强迫劳动的单位和个人招募、运送人员或者有以其他手段协助强迫劳动的行为规定为犯罪。修改后,罪名由"强迫职工劳动罪"调整为"强迫劳动罪"。

修正前《刑法》	修正后《刑法》
第二百四十四条 【强迫职工劳动罪】<s>用人单位违反劳动管理法规,以限制人身自由方法强迫职工劳动,情节严重的,对直接责任人员</s>,处三年以下有期徒刑或者拘役,并处<s>或者单处</s>罚金。	第二百四十四条 【强迫劳动罪】以暴力、威胁或者限制人身自由的方法强迫他人劳动的,处三年以下有期徒刑或者拘役,并处罚金;情节严重的,处三年以上十年以下有期徒刑,并处罚金。 明知他人实施前款行为,为其招募、运送人员或者有其他协助强迫他人劳动行为的,依照前款的规定处罚。 单位犯前两款罪的,对单位判处罚金,并对其直接负责的主管人员和其他直接责任人员,依照第一款的规定处罚。

◆ 相关规定

《中华人民共和国劳动法》(第二次修正后自 2018 年 12 月 29 日起施行,节录)

第九十六条 用人单位有下列行为之一,由公安机关对责任人员处以十五日以下拘留、罚款或者警告;构成犯罪的,对责任人员依法追究刑事责任:

(一)以暴力、威胁或者非法限制人身自由的手段强迫劳动的;

(二)侮辱、体罚、殴打、非法搜查和拘禁劳动者的。

◆ 立案追诉标准

《最高人民检察院、公安部关于公安机关管辖的刑事案件立案追诉标准的规定(一)》(节录)

第三十一条 [强迫劳动案(刑法第 244 条)]以暴力、威胁或者限制人身自由的方法强迫他人劳动的,应予立案追诉。

明知他人以暴力、威胁或者限制人身自由的方法强迫他人劳动,为其招募、运送人员或者有其他协助强迫他人劳动行为的,应予立案追诉。

(→附则参见分则标题评注部分,第 392 页)

◆ 刑参案例规则提炼

《朱斌等强迫劳动案——强迫劳动罪与非罪的认定》(第 867 号案例)所涉

规则提炼如下:

1. 强迫劳动犯罪行为与行政违法行为的界分。"对于具有以下情形之一的强迫劳动行为,一般应当予以刑罚处罚:(1)强迫3人以上劳动的,或者虽未达到3人,但强迫劳动持续时间长的;(2)强迫未成年人、严重残疾人、精神智力障碍达到限制民事行为能力程度的人或者其他处于特别脆弱状况的人劳动的;(3)采取殴打、多次体罚虐待、严重威胁、非法限制人身自由等正常人通常无法抗拒、难以抗拒的方式强迫劳动的;(4)从强迫他人劳动中获利数额较大的,数额较大的标准似可参考盗窃罪数额较大的标准确定。""对于那些偶尔强迫他人劳动、持续时间短、被强迫的人数较少、强迫程度较轻、被强迫者虽然不情愿但尚有选择自由的行为,可以不予刑事追究,而通过民事或者行政手段予以处理。"(第867号案例)

2. 强迫劳动犯罪"情节严重"的认定。"根据强迫劳动罪的罪状及实践中此类案件审理情况,目前可以结合如下一项或者几项情形,对强迫劳动罪的情节严重进行认定:(1)被强迫劳动者人数在10人以上的;(2)被强迫劳动者属于未成年人、严重残疾人、精神智力障碍达到限制民事行为能力程度的人或者其他处于特别脆弱状况的人,且人数在3人以上的;(3)以非人道的恶劣手段对他人进行摧残、精神折磨,强迫其劳动的;(4)强迫他人在爆炸性、易燃性、放射性、毒害性等危险环境下从事劳动或从事常人难以忍受的超强度体力劳动的;(5)因强迫劳动造成被害人自残、自杀、精神失常等严重后果,但尚不构成故意杀人罪、故意伤害罪等其他严重犯罪的;(6)强迫劳动持续时间较长的;(7)因强迫劳动被劳动行政部门、公安机关处理、处罚过,又实施强迫劳动构成犯罪的;(8)强迫他人无偿劳动,或所支付的报酬与他人劳动付出明显不成比例,行为人从中获利数额巨大的,数额巨大的标准似可参考盗窃罪数额巨大的标准确定;(9)其他能够反映行为人主观恶性深、动机卑劣以及强迫程度高、对被害人身心伤害大的情节。"(第867号案例)

3. 强迫劳动案件的罪数处断。"行为人以限制人身自由的方法强迫他人劳动的,限制人身自由属于强迫劳动的手段行为,对行为人仍应以强迫劳动罪一罪定罪处罚;行为人强迫劳动本身已构成强迫劳动罪,又在日常工作中,实施暴力导致被害人人身严重伤害、死亡的,则分别构成强迫劳动罪和故意伤害罪、故意杀人罪,应当实行数罪并罚。"(第867号案例)

◆ 司法疑难解析

"劳动"的涵义。本评注主张,强迫劳动罪之中的"劳动"应限于合法的劳动,对于强迫从事非法活动的,不宜适用强迫劳动罪,可以按照相应的手段行为处断。例如,营利性陪侍违反相关法规,违背社会公序良俗,不应纳入"劳动"的范畴,对强迫他人从事陪侍活动的,可以依照手段行为以非法拘禁罪等相应犯罪论处。

第二百四十四条之一 【雇用童工从事危重劳动罪】违反劳动管理法规,雇用未满十六周岁的未成年人从事超强度体力劳动的,或者从事高空、井下作业的,或者在爆炸性、易燃性、放射性、毒害性等危险环境下从事劳动,情节严重的,对直接责任人员,处三年以下有期徒刑或者拘役,并处罚金;情节特别严重的,处三年以上七年以下有期徒刑,并处罚金。

有前款行为,造成事故,又构成其他犯罪的,依照数罪并罚的规定处罚。

立法沿革

本条系2002年12月28日起施行的《刑法修正案(四)》第四条增设的规定。

立案追诉标准

《最高人民检察院、公安部关于公安机关管辖的刑事案件立案追诉标准的规定(一)》(节录)

第三十二条 [雇用童工从事危重劳动案(刑法第二百四十四条之一)]违反劳动管理法规,雇用未满十六周岁的未成年人从事国家规定的第四级体力劳动强度的劳动,或者从事高空、井下劳动,或者在爆炸性、易燃性、放射性、毒害性等危险环境下从事劳动,涉嫌下列情形之一的,应予立案追诉:

(一)造成未满十六周岁的未成年人伤亡或者对其身体健康造成严重危害的;

(二)雇用未满十六周岁的未成年人三人以上的;

(三)以强迫、欺骗等手段雇用未满十六周岁的未成年人从事危重劳动的;

(四)其他情节严重的情形。

(→附则参见分则标题评注部分,第392页)

第二百四十五条 【非法搜查罪】【非法侵入住宅罪】非法搜查他人身体、住宅,或者非法侵入他人住宅的,处三年以下有期徒刑或者拘役。

司法工作人员滥用职权,犯前款罪的,从重处罚。

立法沿革

本条系1997年《刑法》吸收1979年《刑法》作出修改后的规定。1979年《刑法》第一百四十四条规定:"非法管制他人,或者非法搜查他人身体、住宅,或者非法侵入他人住宅的,处三年以下有期徒刑或者拘役。"1997年《刑法》修改了非法搜查罪、非法侵入住宅罪的罪状,并针对司法工作人员滥用职权非法搜查、非法侵入住宅的行为,专门规定从重处罚。

司法解释

《最高人民检察院关于渎职侵权犯罪案件立案标准的规定》(高检发释字〔2006〕2号,节录)

二、国家机关工作人员利用职权实施的侵犯公民人身权利、民主权利犯罪案件

(二)国家机关工作人员利用职权实施的非法搜查案(第二百四十五条)

非法搜查罪是指非法搜查他人身体、住宅的行为。

国家机关工作人员利用职权非法搜查,涉嫌下列情形之一的,应予立案:

1、非法搜查他人身体、住宅,并实施殴打、侮辱等行为的;

2、非法搜查,情节严重,导致被搜查人或者其近亲属自杀、自残造成重伤、死亡,或者精神失常的;

3、非法搜查,造成财物严重损坏的;

4、非法搜查3人(户)次以上的;

5、司法工作人员对明知是与涉嫌犯罪无关的人身、住宅非法搜查的;

6、其他非法搜查应予追究刑事责任的情形。

(→第三部分参见分则第九章标题评注部分,第2170页)

第二百四十六条 【侮辱罪】【诽谤罪】 以暴力或者其他方法公然侮辱他人或者捏造事实诽谤他人,情节严重的,处三年以下有期徒刑、拘役、管制或者剥夺政治权利。

前款罪,告诉的才处理,但是严重危害社会秩序和国家利益的除外。

通过信息网络实施第一款规定的行为,被害人向人民法院告诉,但提供证据确有困难的,人民法院可以要求公安机关提供协助。

立法沿革

本条系1997年《刑法》吸收1979年《刑法》作出修改后的规定。1979年《刑法》第一百四十五条规定:"以暴力或者其他方法,包括用'大字报'、'小字报',公然侮辱他人或者捏造事实诽谤他人,情节严重的,处三年以下有期徒刑、

拘役或者剥夺政治权利。""前款罪,告诉的才处理。但是严重危害社会秩序和国家利益的除外。"1997年《刑法》对侮辱罪、诽谤罪的罪状作了重新界定,并对法定刑作了微调。

2015年11月1日起施行的《刑法修正案(九)》第十六条增设本条第三款。

修正前《刑法》	修正后《刑法》
第二百四十六条 【侮辱罪】【诽谤罪】 以暴力或者其他方法公然侮辱他人或者捏造事实诽谤他人,情节严重的,处三年以下有期徒刑、拘役、管制或者剥夺政治权利。 前款罪,告诉的才处理,但是严重危害社会秩序和国家利益的除外。	第二百四十六条 【侮辱罪】【诽谤罪】 以暴力或者其他方法公然侮辱他人或者捏造事实诽谤他人,情节严重的,处三年以下有期徒刑、拘役、管制或者剥夺政治权利。 前款罪,告诉的才处理,但是严重危害社会秩序和国家利益的除外。 通过信息网络实施第一款规定的行为,被害人向人民法院告诉,但提供证据确有困难的,人民法院可以要求公安机关提供协助。

全国人大常委会决定

《全国人民代表大会常务委员会关于维护互联网安全的决定》(修正后自2009年8月27日起施行,节录)

四、为了保护个人、法人和其他组织的人身、财产等合法权利,对有下列行为之一,构成犯罪的,依照刑法有关规定追究刑事责任:

(一)利用互联网侮辱他人或者捏造事实诽谤他人;

(→全文参见第二百八十五条评注部分,第1399页)

司法解释

《最高人民法院关于审理非法出版物刑事案件具体应用法律若干问题的解释》(法释[1998]30号)第六条对在出版物中公然侮辱他人或者捏造事实诽谤他人,情节严重的行为适用侮辱罪、诽谤罪作了指引性规定。(→参见第二百一十七条评注部分,第981页)

《最高人民法院、最高人民检察院关于办理利用信息网络实施诽谤等刑事案件适用法律若干问题的解释》(法释[2013]21号,自2013年9月10日起施行)

为保护公民、法人和其他组织的合法权益,维护社会秩序,根据《中华人民共和国刑法》《全国人民代表大会常务委员会关于维护互联网安全的决定》等规定，对办理利用信息网络实施诽谤、寻衅滋事、敲诈勒索、非法经营等刑事案件适用法律的若干问题解释如下：

第一条① 具有下列情形之一的，应当认定为刑法第二百四十六条第一款规定的"捏造事实诽谤他人"：

（一）捏造损害他人名誉的事实，在信息网络上散布，或者组织、指使人员在信息网络上散布的；

（二）将信息网络上涉及他人的原始信息内容篡改为损害他人名誉的事实，在信息网络上散布，或者组织、指使人员在信息网络上散布的；

明知是捏造的损害他人名誉的事实，在信息网络上散布，情节恶劣的，以"捏造事实诽谤他人"论。

第二条② 利用信息网络诽谤他人，具有下列情形之一的，应当认定为刑法第二百四十六条第一款规定的"情节严重"：

（一）同一诽谤信息实际被点击、浏览次数达到五千次以上，或者被转发次数达到五百次以上的；

（二）造成被害人或者其近亲属精神失常、自残、自杀等严重后果的；

（三）二年内曾因诽谤受过行政处罚，又诽谤他人的；

---

① 本条第二款不仅要求行为人明知是捏造的损害他人名誉的事实，而且要求达到情节恶劣的程度，才能以捏造事实诽谤他人论。主要考虑：对于恶意传谣者与造谣者也要区别对待。恶意传谣者不是捏造事实诽谤他人的源头，判定其行为性质，也应当注意考察具体情节的恶劣程度。需要说明的是，"情节恶劣"不同于诽谤罪入罪标准的"情节严重"，它指的是恶意传谣者明知是捏造的事实而在信息网络上传播行为的恶劣程度，如行为人的动机卑劣、散布的诽谤信息内容恶毒，或者行为人长期诽谤他人等。参见最高人民法院刑事审判第三庭：《〈关于办理利用信息网络实施诽谤等刑事案件适用法律若干问题的解释〉的理解与适用》，载中华人民共和国最高人民法院刑事审判第一、二、三、四、五庭主办：《中国刑事审判指导案例2》（增订第3版），法律出版社2017年版，第832页。

② 本条第一项规定的数量标准，是指同一诽谤信息实际被点击、浏览或者被转发次数。这就意味着，在计算具体数量时，应当扣除被害人自己点击、浏览或者转发的次数，也应当扣除网站管理人员为维护网站而点击等的次数。此外，还应扣除其他故意虚增而点击等，导致统计失真的次数。参见最高人民法院刑事审判第三庭：《〈关于办理利用信息网络实施诽谤等刑事案件适用法律若干问题的解释〉的理解与适用》，载中华人民共和国最高人民法院刑事审判第一、二、三、四、五庭主办：《中国刑事审判指导案例2》（增订第3版），法律出版社2017年版，第832页。

（四）其他情节严重的情形。

第三条① 利用信息网络诽谤他人，具有下列情形之一的，应当认定为刑法第二百四十六条第二款规定的"严重危害社会秩序和国家利益"：

（一）引发群体性事件的；

（二）引发公共秩序混乱的；

（三）引发民族、宗教冲突的；

（四）诽谤多人，造成恶劣社会影响的；

（五）损害国家形象，严重危害国家利益的；

（六）造成恶劣国际影响的；

---

① 需要注意的问题有二：(1)"严重危害社会秩序和国家利益"的认定。关于"引发群体性事件的"情形。行为人捏造事实诽谤他人，进而引发了群体性事件，显然属于已经对社会秩序造成了实际的危害。关于"引发公共秩序混乱的"情形，主要是指妨害国家的公共管理活动，引发生产秩序、生活秩序、学习秩序、工作秩序等公共秩序的混乱。关于"引发民族、宗教冲突的"情形，民族、宗教问题关系到国家统一、社会稳定、经济社会发展，属于非常重要的国家利益。如果行为人实施诽谤犯罪涉及民族、宗教问题，进而引发民族、宗教冲突，破坏民族团结、宗教政策的，属于对国家利益造成了严重危害。关于"诽谤多人，造成恶劣社会影响的"情形，主要是考虑到行为人不间断地恶意诽谤多人，不仅侵犯了各个被害人的名誉权，实际上也已经严重危害了社会秩序。如果对此也适用自诉程序，需要多个被害人分别提起自诉且需要并案处理，不利于切实保护被害人的合法权益。关于"损害国家形象，严重危害国家利益的"情形。行为人通过诽谤特定的对象，抹黑我国的政治制度，损害我国的国家形象，涉及国家利益，社会危害性大。关于"造成恶劣国际影响的"情形，主要是指诽谤外国元首和政府首脑等，引发外事交涉、外交抗议等情形。(2)广大网民利用信息网络进行"网络反腐"，对反腐倡廉工作发挥了积极的作用。一些腐败案件最先就是在网络上曝光，引起有关部门的高度重视，随后得到了及时的处理。对于广大网民通过信息网络检举、揭发他人违法违纪行为的，有关部门应当认真对待，负责任地核实，及时公布调查结果。即使检举、揭发的部分内容失实，只要不是故意捏造事实诽谤他人的，或者不ущ明知是捏造的损害他人名誉的事实而在信息网络上散布的，就不应以诽谤罪追究刑事责任。但是，对于那些打着"网络反腐"的幌子，恶意捏造事实诽谤他人的行为，尤其是有组织地大肆诽谤他人的行为，事实清楚、证据确实充分，构成犯罪的，就应依法追究刑事责任。司法机关要严格依法办案，严格入罪标准，防止误伤那些积极进行舆论监督、但部分举报内容失实的举报者。参见最高人民法院刑事审判第三庭：《〈关于办理利用信息网络实施诽谤等刑事案件适用法律若干问题的解释〉的理解与适用》，载中华人民共和国最高人民法院刑事审判第一、二、三、四、五庭主办：《中国刑事审判指导案例2》（增订第3版），法律出版社2017年版，第832—833页。

第246条

(七)其他严重危害社会秩序和国家利益的情形。

第四条 一年内多次实施利用信息网络诽谤他人行为未经处理,诽谤信息实际被点击、浏览、转发次数累计计算构成犯罪的,应当依法定罪处罚。

第五条① 利用信息网络辱骂、恐吓他人,情节恶劣,破坏社会秩序的,依照刑法第二百九十三条第一款(二)项的规定,以寻衅滋事罪定罪处罚。

编造虚假信息,或者明知是编造的虚假信息,在信息网络上散布,或者组织、指使人员在信息网络上散布,起哄闹事,造成公共秩序严重混乱的,依照刑法第二百九十三条第一款(四)项的规定,以寻衅滋事罪定罪处罚。

第六条 以在信息网络上发布、删除等方式处理网络信息为由,威胁、要挟他人,索取公私财物,数额较大,或者多次实施上述行为的,依照刑法第二百七十四条的规定,以敲诈勒索罪定罪处罚。

第七条② 违反国家规定,以营利为目的,通过信息网络有偿提供删除信息服务,或者明知是虚假信息,通过信息网络有偿提供发布信息等服务,扰乱市场秩序,具有下列情形之一的,属于非法经营行为"情节严重",依照刑法第二百

---

① 需要注意的问题有二:(1)利用信息网络辱骂、恐吓他人的认定及处理。要严格入罪标准,辱骂、恐吓行为必须达到情节恶劣的程度,同时对社会秩序造成了现实的破坏。对于一些网民在网络上发泄不满,辱骂他人的,要重在教育,强化管理,一般不要轻易适用本款规定按犯罪处理。(2)在信息网络上编造、散布虚假信息,起哄闹事的认定。实践中需要把握以下两点:一是该款规定的"虚假信息",不是针对特定的自然人而捏造的虚假事实,而是针对不特定的自然人或者单位、公共事件而编造的虚假信息。如果针对特定的自然人,捏造损害其名誉的虚假事实,并在网络上散布的,应当适用本司法解释第一条的规定处理。二是"造成公共秩序严重混乱",主要是指导致现实社会公共秩序严重混乱。网络空间是现实社会的组成部分,行为人在信息网络上散布虚假信息,起哄闹事,在导致网络秩序混乱的同时,往往会导致现实社会公共秩序的混乱,甚至引发群体性事件等。对此以寻衅滋事罪定罪处罚,于法有据。参见最高人民法院刑事审判第三庭:《〈关于办理利用信息网络实施诽谤等刑事案件适用法律若干问题的解释〉的理解与适用》,载中华人民共和国最高人民法院刑事审判第一、二、三、四、五庭主办:《中国刑事审判指导案例2》(增订第3版),法律出版社2017年版,第833—834页。

② 需要注意的问题有三:(1)"违反国家规定"的理解。认定行为人"违反国家规定"的依据,主要是指违反全国人大常委会《关于维护互联网安全的决定》和国务院《互联网信息服务管理办法》的相关规定。依照《关于维护互联网安全的决定》的规定,利用互联网实施该决定第一条、第二条、第三条、第四条所列行为以外的其他行为,构成犯罪的,依照刑法有关规定追究刑事责任。依照《互联网信息服务管理办法》,国家对经营性互联网信息服务实行许可制度,对非经营性互联网信息服务实行备案制度,未取得国家(转下页)

二十五条第(四)项的规定,以非法经营罪定罪处罚:

(一)个人非法经营数额在五万元以上,或者违法所得数额在二万元以上的;

(二)单位非法经营数额在十五万元以上,或者违法所得数额在五万元以上的。

实施前款规定的行为,数额达到前款规定的数额五倍以上的,应当认定为刑法第二百二十五条规定的"情节特别严重"。

(接上页)有关部门的许可,不得从事互联网有偿信息服务。当前,一些"网络公关公司"以营利为目的提供非法删帖服务,或者明知是虚假信息而提供发布信息等服务,扰乱了信息网络服务市场管理秩序,属于未经国家许可,"通过互联网向上网用户有偿提供信息或者网页制作等服务活动"中"等服务活动"的情形。(2)"以营利为目的"的认定。当前,一些"网络公关公司""营销公司"通过在信息网络上进行信息炒作、发布不实信息等方式,吸引公众关注,进而牟取非法利益。这种以营利为目的,通过信息网络向他人有偿提供删除信息服务,或者明知是虚假信息,通过信息网络有偿提供发布信息等服务的行为,实际上是为诽谤、敲诈勒索、寻衅滋事等违法犯罪提供了传播虚假信息的手段、平台,扩大了信息网络上虚假信息的影响范围。不仅扰乱网络秩序,而且破坏了市场管理秩序,是当前信息网络上种种乱象的重要推手,具有较大的社会危害性,应当以非法经营罪定罪处罚。对于个别网民并非专门从事经营活动,只是偶尔一两次帮助他人发帖,并收取一定费用的,即使数额达到了本司法解释规定的标准,一般也不宜认定为以营利为目的。(3)利用信息网络实施非法经营犯罪的行为方式。本条规定了利用信息网络实施非法经营犯罪的两种行为方式:一是通过信息网络有偿提供删除信息服务;二是明知是虚假信息,通过信息网络有偿提供发布信息等服务。对于通过信息网络向他人有偿提供删除信息服务的,不要求行为人明知所删除的信息为虚假信息。当前一些"网络公关公司"的主要业务是删帖业务,但删除的信息中有相当一部分是广大网民发布的真实信息。国家依法保护网络用户合法的信息交流活动,这属于信息网络服务市场管理秩序的重要组成部分。行为人以营利为目的,有偿删除信息网络用户发布的真实信息,其行为既侵犯了广大网民的合法权益,也破坏了信息网络服务市场管理秩序,应当以非法经营罪定罪处罚。对于通过信息网络向他人有偿提供发布信息等服务的,本条明确规定,必须以行为人明知所发布的信息是虚假信息为前提。如果行为人通过信息网络有偿提供发布信息服务,但发布的信息是真实的,即使收取了一定数额的费用,也不应认定为非法经营罪。参见最高人民法院刑事审判第三庭:《〈关于办理利用信息网络实施诽谤等刑事案件适用法律若干问题的解释〉的理解与适用》,载中华人民共和国最高人民法院刑事审判第一、二、三、四、五庭主办:《中国刑事审判指导案例2》(增订第3版),法律出版社2017年版,第834—835页。

第八条 明知他人利用信息网络实施诽谤、寻衅滋事、敲诈勒索、非法经营等犯罪,为其提供资金、场所、技术支持等帮助的,以共同犯罪论处。

第九条 利用信息网络实施诽谤、寻衅滋事、敲诈勒索、非法经营犯罪,同时又构成刑法第二百二十一条规定的损害商业信誉、商品声誉罪,第二百七十八条规定的煽动暴力抗拒法律实施罪,第二百九十一条之一规定的编造、故意传播虚假恐怖信息罪等犯罪的,依照处罚较重的规定定罪处罚。

第十条 本解释所称信息网络,包括以计算机、电视机、固定电话机、移动电话机等电子设备为终端的计算机互联网、广播电视网、固定通信网、移动通信网等信息网络,以及向公众开放的局域网络。

《最高人民法院关于〈中华人民共和国刑法修正案(九)〉时间效力问题的解释》(法释〔2015〕19号)第四条对《刑法》第二百四十六条第三款的时间效力问题作了明确。(→参见第十二条评注部分,第22页)

规范性文件

《公安部关于严格依法办理侮辱诽谤案件的通知》(公通字〔2009〕6号)

各省、自治区、直辖市公安厅、局,新疆生产建设兵团公安局:

多年来,各级公安机关依照《刑法》、《治安管理处罚法》的有关规定,查处了一批侮辱、诽谤案件,为保护公民的人格尊严和名誉,维护社会治安秩序作出了贡献。但是,少数地方公安机关在办理侮辱、诽谤案件过程中,不能严格、准确依法办案,引起了新闻媒体和社会各界的广泛关注,产生了不良的社会影响,损害了公安机关形象和执法公信力。为严格依法办理侮辱、诽谤案件,规范执法行为,提高办案质量,保护公民合法权益,现就有关问题通知如下:

一、切实提高对严格依法办理侮辱、诽谤案件重要意义的认识。一些地方公安机关不能正确办理侮辱、诽谤案件,直接原因是对有关法律理解不当、定性不准,深层次的原因是对新形势下人民内部矛盾缺乏清醒的认识。各级公安机关要清醒地认识到,随着国家民主法制建设的不断推进,人民群众的法制意识和政治参与意识不断增强,一些群众从不同角度提出批评、建议,是行使民主权利的表现。部分群众对一些社会消极现象发牢骚、吐怨气,甚至发表一些偏激言论,在所难免。如果将群众的批评、牢骚以及一些偏激言论视作侮辱、诽谤,使用刑罚或治安处罚的方式解决,不仅于法无据,而且可能激化矛盾,甚至被别有用心的人利用,借机攻击我国的社会制度和司法制度,影响党和政府的形象。各级公安机关要从维护社会和谐稳定的大局出发,深刻认识严格准确、依法办理好侮辱、诽谤案件的重要意义,始终坚持党的事业至上、人民利益至上、宪法法律至上,按照"最大限度地增加和谐因素,最大限度地减少不和谐因素"的要求,切实做到严格、公正、文明执法,努力化解矛盾,避免因执法不当而引发新的不安定因素。

二、准确把握侮辱、诽谤公诉案件的管辖范围及基本要件。根据《刑法》第二百四十六条的规定,侮辱、诽谤案件一般属于自诉案件,应当由公民个人自行向人民法院提起诉讼,只有在侮辱、诽谤行为"严重危害社会秩序和国家利益"时,公安机关才能按照公诉程序立案侦查。公安机关在依照公诉程序办理侮辱、诽谤刑事案件时,必须准确把握犯罪构成要件。对于不具备"严重危害社会秩序和国家利益"这一基本要件的,公安机关不得作为公诉案件管辖。对于具有下列情形之一的侮辱、诽谤行为,应当认定为"严重危害社会秩序和国家利益",以侮辱罪、诽谤罪立案侦查,作为公诉案件办理:(一)因侮辱、诽谤行为导致群体性事件,严重影响社会秩序的;(二)因侮辱、诽谤外交使节、来访的外国国家元首、政府首脑等人员,造成恶劣国际影响的;(三)因侮辱、诽谤行为给国家利益造成严重危害的其他情形。公安机关在接到公民对侮辱、诽谤行为的报案、控告或者举报后,首先要认真审查,判明是否属于公安机关管辖。对于符合上述情形,但通过公诉可能对国家利益和国家形象造成更大损害的,可以通过其他方式予以处理。对于经过审查认为不属于上述情形但涉嫌犯罪的侮辱、诽谤案件,公安机关应当问明情况,制作笔录,并将案件材料移交有管辖权的人民法院,同时向当事人说明此类案件依照法律规定属于自诉案件,不属公安机关管辖,告知其到人民法院自行提起诉讼。公安机关在立案前的审查过程中,不得对有关人员和财产采取强制性措施。对于不构成犯罪但违反《治安管理处罚法》的,要通过治安调解,最大限度地化解矛盾和纠纷;对于调解不成的,应依法给予治安管理处罚。公安机关在办理侮辱、诽谤案件时,要深入细致,辨法析理,努力争取让违法犯罪行为人和被侵害人心悦诚服地接受处理结果,化消极因素为积极因素,取得法律效果和社会效果的统一。

三、切实加强对办理侮辱、诽谤案件的执法监督。对于侮辱、诽谤案件,公安机关经过审查,认为具有严重危害社会秩序和国家利益的情形,需要追究刑事责任的,应当报经上一级公安机关同意后立案侦查;立案后需要采取强制措施的,应当在采取强制措施前报经上一级公安机关同意。对于可能引起较大社会影响的侮辱、诽谤治安案件,在作出行政拘留处罚决定前,应当报经上一级公安机关同意。对于不按照规定报告上级公安机关,或者不服从上级公安机关命令,违反规定对应当自诉的和不构成犯罪的侮辱、诽谤案件立案侦查的,要严肃追究有关责任人员和主管人员的相应责任。

四、高度重视办理侮辱、诽谤案件的舆论引导。公安机关办理侮辱、诽谤案件，在准确把握法律界限，严格依法办案的同时，要保持高度的政治敏感性。对可能引起社会炒作的，要提前做好应对准备。舆论引导要注意把握好时机，信息发布要做到准确、权威，避免引发不安定因素，影响案件正确处理。

各地接到本通知后，要认真贯彻落实，并立即向党委、政府汇报，争取党委、政府的理解和支持。执行中遇到的问题，请及时报部。

《最高人民检察院关于严格依法办理诽谤刑事案件有关问题的通知》（高检发侦监字〔2010〕18号）

近年来，一些地方人民检察院办理了一批诽谤刑事案件……办理此类案件主要存在以下问题：一是有的没有准确把握诽谤罪与非罪的界限，错误把群众对个别领导干部的批评、指责及一般性侵权行为当作诽谤犯罪处理；二是有的没有区分自诉案件与公诉案件的界限，把属于告诉才处理的自诉案件作为公诉案件办理，予以批捕、起诉；三是在有关部门对案件进行协调时，检察人员既不坚持依法办案也不向上级人民检察院报告，按照错误的协调意见批捕、起诉。

为深入推进社会矛盾化解、社会管理创新、公正廉洁执法三项重点工作，切实维护公民的民主权利和人身权益，确保依法准确办理诽谤刑事案件，现就有关问题通知如下：

一、要准确把握诽谤案件罪与非罪的界限

随着我国经济社会和民主法制建设的发展，人民群众民主意识、监督意识、维权意识不断增强，特别是网络媒体的日益普及与发展，公众表达意见的渠道更加广泛，人们通过一定形式和渠道对涉及公共利益的事项进行议论更加快捷，其中包括对一些领导干部的公开评论、批评、指责。在这些现象之中，绝大多数属于行使言论自由权利、民主权利、进行舆论监督，个别的可能涉嫌侵犯他人名誉权。这就需要检察机关在办案中认真研究和正确区分正当批评与侵犯名誉权、批评失实与恶意捏造事实进行诽谤之间的法律界限，依法、审慎地作出处理决定。对于公安机关提请批捕、移送审查起诉的诽谤案件，检察机关要全面审查案件事实、证据，严格依照法定条件区分罪与非罪的界限，特别是不能把群众对个别领导干部工作能力、工作作风、工作效果的批评、指责乃至过激言论认定为诽谤犯罪，依法保护公民的言论自由和批评建议权。

二、要严格区分诽谤案件自诉与公诉的界限

根据刑法第246条第2款的规定，诽谤犯罪案件原则上属于告诉才处理的自诉案件，只有严重危害社会秩序和国家利益的情形，才属于公诉案件。人民检察院对于公安机关提请批捕或者移送审查起诉的诽谤案件，不仅要审查是否涉嫌诽谤犯罪,更要严格审查是否属于可以公诉的情形。经审查认为涉嫌犯罪的诽谤行为没有严重危害社会秩序或者国家利益,依法应当适用自诉程序的,对于提请批准逮捕的案件,应当退回公安机关或者依法作出不批准逮捕的决定,并向公安机关说明理由;对于移送审查起诉的案件,应当退回公安机关,并向公安机关说明理由。

三、建立批捕、起诉诽谤犯罪案件报上一级人民检察院审批的制度

为严格依法办理诽谤刑事案件,确保办案质量和效果,从本通知下发之日起,今后一段时间内,实行批捕、起诉诽谤犯罪案件报上一级人民检察院审批制度。地方各级人民检察院对公安机关提请批捕的诽谤犯罪案件,经审查认为不构成犯罪,或者不属于公诉案件,或者没有逮捕必要的,应当依法作出不批准逮捕的决定,或者退回公安机关。认为涉嫌诽谤犯罪且属于公诉情形并有逮捕必要,拟作出批准逮捕决定的,应当在审查逮捕期限届满3日前,将《审查逮捕案件意见书》连同相关证据材料报上一级人民检察院审批……

四、要严格落实协调案件的报告制度

有关部门对诽谤案件进行协调时,检察人员要本着对党和人民负责、对案件事实和证据负责、对法律负责的精神,坚持原则,依据事实、证据和法律发表意见。意见不被采纳的,要及时向上一级人民检察院报告。明知案件不符合批捕、起诉条件而不提出意见或者经协调后不及时向上级人民检察院报告,错误批捕、起诉的,要按照"谁决定谁负责,谁办案谁负责"的原则,严肃追究有关人员的执法过错责任。

《最高人民法院、最高人民检察院、公安部关于依法惩治网络暴力违法犯罪的指导意见》(法发〔2023〕14号,节录)

为依法惩治网络暴力违法犯罪活动,有效维护公民人格权益和网络秩序,根据刑法、刑事诉讼法、民法典、民事诉讼法、个人信息保护法、治安管理处罚法及《最高人民法院、最高人民检察院关于办理利用信息网络实施诽谤等刑事案件适用法律若干问题的解释》等法律、司法解释规定,结合执法司法实践,制定本意见。

一、充分认识网络暴力的社会危害,依法维护公民权益和网络秩序

1.在信息网络上针对个人肆意发布谩骂侮辱、造谣诽谤、侵犯隐私等信息的网络暴力行为,贬损他人人格,损害他人名誉,有的造成了他人"社会性死亡"甚至精神失常、自杀等严重后果;扰乱网络秩序,破坏网络生态,致使网络空间戾气横行,严重影响社会公众安全感。与传统违法犯罪不同,网络暴力往往针对素不相识的陌生人实施,受害人在确认侵害人、收集证据等方面存在现实困难,维权成本极高。人民法院、人民检察院、公安机关要充分认识网络暴力的社会危害，坚持严惩立场，依法能动履职，为受害人提供有效法律救济，维护公民合法权益，维护公众安全感，维护网络秩序。

二、准确适用法律，依法严惩网络暴力违法犯罪

2. 依法惩治网络诽谤行为。在信息网络上制造、散布谣言，贬损他人人格、损害他人名誉，情节严重，符合刑法第二百四十六条规定的，以诽谤罪定罪处罚。

3. 依法惩治网络侮辱行为。在信息网络上采取肆意谩骂、恶意诋毁、披露隐私等方式，公然侮辱他人，情节严重，符合刑法第二百四十六条规定的，以侮辱罪定罪处罚。①

4. 依法惩治侵犯公民个人信息行为。组织"人肉搜索"，违法收集并向不特定多数人发布公民个人信息，情节严重，符合刑法第二百五十三条之一规定的，以侵犯公民个人信息罪定罪处罚；依照刑法和司法解释规定，同时构成其他犯罪的，依照处罚较重的规定定罪处罚。

5. 依法惩治借网络暴力事件实施的恶意营销炒作行为。基于蹭炒热度、推广引流等目的，利用互联网用户公众账号等推送、传播有关网络暴力违法犯罪的信息，符合刑法第二百八十七条之一规定的，以非法利用信息网络罪定罪处罚；依照刑法和司法解释规定，同时构成其他犯罪的，依照处罚较重的规定定罪处罚。

6. 依法惩治拒不履行信息网络安全管理义务行为。网络服务提供者对于所发现的有关网络暴力违法犯罪的信息不依法履行信息网络安全管理义务，经监管部门责令采取改正措施而拒不改正，致使违法信息大量传播或者有其他严重情节，符合刑法第二百八十六条之一规定的，以拒不履行信息网络安全管理义务罪定罪处罚；依照刑法和司法解释规定，同时构成其他犯罪的，依照处罚较重的规定定罪处罚。

7. 依法惩治网络暴力违法行为。实施网络侮辱、诽谤等网络暴力行为，尚不

---

① 需要注意的是，实践中，对于网络侮辱行为是否达到"情节严重"的程度，应当根据侮辱信息的具体情形、传播范围，以及行为手段、造成危害后果等因素，综合评价对被害人社会评价、人格尊严的损害程度，依法准确作出认定。特别是，考虑到手机等移动网络终端的广泛普及，以及当前互联网海量信息的实际情况，单纯依据相关信息的被点击、浏览次数或者被转发次数入罪应当特别慎重，以切实贯彻罪责刑相适应原则，确保案件办理取得良好效果。参见周加海、喻海松、李振华：《〈关于依法惩治网络暴力违法犯罪的指导意见〉的理解与适用》，载《中国应用法学》2023年第5期。

构成犯罪,符合治安管理处罚法等规定的,依法予以行政处罚。

8.依法严惩网络暴力违法犯罪。对网络暴力违法犯罪,应当体现从严惩治精神,让人民群众充分感受到公平正义。坚持严格执法司法,对于网络暴力违法犯罪,依法严肃追究,切实矫正"法不责众"的错误倾向。要重点打击恶意发起者、组织者、恶意推波助澜者以及屡教不改者。实施网络暴力违法犯罪,具有下列情形之一的,依法从重处罚:

(1)针对未成年人、残疾人实施的;
(2)组织"水军"、"打手"或者其他人员实施的;
(3)编造"涉性"话题侵害他人人格尊严的;
(4)利用"深度合成"等生成式人工智能技术发布违法信息的;
(5)网络服务提供者发起、组织的。

9.依法支持民事维权。针对他人实施网络暴力行为,侵犯他人名誉权、隐私权等人格权,受害人请求行为人承担民事责任的,人民法院依法予以支持。

10.准确把握违法犯罪行为的认定标准。通过信息网络检举、揭发他人犯罪或者违法违纪行为,只要不是故意捏造事实或者明知是捏造的事实而故意散布的,不应当认定为诽谤违法犯罪。针对他人言行发表评论、提出批评,即使观点有所偏颇、言论有些偏激,只要不是肆意谩骂、恶意诋毁的,不应当认定为侮辱违法犯罪。①

三、畅通诉讼程序,及时提供有效法律救济

11.落实公安机关协助取证的法律规定。根据刑法第二百四十六条第三款的规定,对于被害人就网络侮辱、诽谤提起自诉的案件,人民法院经审查认为被害人提供证据确有困难的,可以要求公安机关提供协助。公安机关应当根据人民法院要求和案件具体情况,及时查明行为主体,收集相关侮辱、诽谤信息传播扩散情况及造成的影响等证据材料。网络服务提供者应当依法为公安机关取证提供必要的技术支持和协助。经公安机关协助取证,达到自诉案件受理条件的,人民法院应当决定立案;无法收集相关证据材料的,公安机关应当书面向人

---

① 为确保网络暴力治理工作取得良好效果,切实防止不当干预网民正当权利,需要依法妥当把握网络暴力行为的认定标准,特别是准确把握网络暴力与表达自由、舆论监督的界限。参见周加海、喻海松、李振华:《〈关于依法惩治网络暴力违法犯罪的指导意见〉的理解与适用》,载《中国应用法学》2023年第5期。

民法院说明情况。①

12. 准确把握侮辱罪、诽谤罪的公诉条件。根据刑法第二百四十六条第二款的规定,实施侮辱、诽谤犯罪,严重危害社会秩序和国家利益的,应当依法提起公诉。对于网络侮辱、诽谤是否严重危害社会秩序,应当综合侵害对象、动机目的、行为方式、信息传播范围、危害后果等因素作出判定。

实施网络侮辱、诽谤行为,具有下列情形之一的,应当认定为刑法第二百四十六条第二款规定的"严重危害社会秩序":

(1)造成被害人或者其近亲属精神失常、自杀等严重后果,社会影响恶劣的;

(2)随意以普通公众为侵害对象,相关信息在网络上大范围传播,引发大量低俗、恶意评论,严重破坏网络秩序,社会影响恶劣的;②

(3)侮辱、诽谤多人或者多次散布侮辱、诽谤信息,社会影响恶劣的;

(4)组织、指使人员在多个网络平台大量散布侮辱、诽谤信息,社会影响恶

---

① 需要注意的问题有二:(1)避免将人民法院受理侮辱、诽谤刑事案件的条件与自诉人提起自诉的条件混同。《最高人民法院关于适用〈中华人民共和国刑事诉讼法〉的解释》(法释〔2021〕1号)第三百一十六条规定"有明确的被告人"和"有证明被告人犯罪事实的证据"是人民法院受理自诉案件的条件,但并非自诉人提起自诉的条件,即不能因为确定不了被告人或者缺乏证据而将自诉人挡在刑事自诉程序之外。受制于网络侮辱、诽谤的现实情况,被害人一般能够提供相关网络视频、网页截图等证明网络暴力事实的初步证据材料,但是对于实施网络侮辱、诽谤行为人的真实身份信息,以及相关网暴信息具体转载、阅读数量等证据材料,被害人往往无法完全自行提供。依照传统自诉案件的条件,上述情形能难以进入自诉程序,但在网络侮辱、诽谤案件之中,被告人提起自诉的,法院可以根据案件具体情况要求公安机关协助取证。作此处理,可以促使人民法院在第一时间向公安机关提出协助取证要求,最大限度地维护被害人的合法权益和确保证据的完整性。(2)征求意见过程中,有意见提出,公安机关协助自诉案件被害人取证,与公安机关立案侦查后取证存在区别,协助取证的权限和程序,特别是对电子数据的收集程序,需要进一步明确。经研究认为,公安机关对网络侮辱、诽谤案件的协助取证在刑事立案之前,而相关侦查取证措施的前提条件是刑事立案。故而,公安机关协助取证不应直接适用刑事侦查取证的相关规定。实际上,协助取证与调查核实均处于刑事立案之前,二者在属性上具有一定相似性,故对协助取证所能采取的措施,可以参照适用调查核实的相关规定。参见周加海、喻海松、李振华:《关于依法惩治网络暴力违法犯罪的指导意见》的理解与适用》,载《中国应用法学》2023年第5期。

② 起草过程中,有意见提出,为便于实务操作,建议本项规定对相关网络信息的数量作出明确。经研究,未采纳这一建议,未设置相关网络信息的量化标准。主要考虑:(1)网络暴力舆论一旦形成,往往规模巨大,相关网络信息被转载、评论、阅读的数量(转下页)

劣的;①

(5)其他严重危害社会秩序的情形。

13.依法适用侮辱、诽谤刑事案件的公诉程序。对于严重危害社会秩序的网络侮辱、诽谤行为,公安机关应当依法及时立案。被害人同时向人民法院提起自诉的,人民法院可以请自诉人撤回自诉或者裁定不予受理;已经受理的,应当裁定终止审理,并将相关材料移送公安机关,原自诉人可以作为被害人参与诉讼。对于网络侮辱、诽谤行为,被害人在公安机关立案前提起自诉,人民法院经审查认为有关行为严重危害社会秩序的,应当将案件移送公安机关。②

(接上页)动辄以百万、千万甚至以亿计。设置此类信息的量化标准,在实践中可能形成"重数量"甚至"唯数量"的导向,从而忽视了个案社会危害的实际差异,偏离对"严重危害社会秩序"的实质把握。例如,有的知名网络博主受关注度高,网络账号粉丝多达数百万甚至更多,如通过其账号转载本人遭受网络暴力的信息,被关注、评论、阅读的数量势必更多,但是如果相关信息的违法程度或者对人格权益的损害程度较低,不宜直接因信息数量适用公诉程序;再如,有的行为人在网上肆意散布他人裸照并作出低俗、恶意评论,公然侮辱他人,严重损害他人人格尊严的,则在决定是否适用公诉程序时,对相关网络信息被转载、阅读数量的把握不宜过于严苛。(2)全媒体时代,手机作为移动网络终端广泛普及,目前,我国网民数量、网络流量仍在快速增长中,设置相关网暴信息的量化标准,并以此类信息数量作为网络侮辱、诽谤的公诉门槛,从长远看,难于适应互联网技术及其应用的快速发展,难以保证相关案件的处理效果。参见周加海、喻海松、李振华:《〈关于依法惩治网络暴力违法犯罪的指导意见〉的理解与适用》,载《中国应用法学》2023年第5期。

① 实践中,需要注意综合考虑"组织、指使人员""多个网络平台"和"大量散布"的适用条件,依法妥当把握"严重危害社会秩序"的刑法规定,对于行为人指使他人在少数网络平台上散布相关信息,没有造成恶劣社会影响的,可以依法自诉。参见周加海、喻海松、李振华:《〈关于依法惩治网络暴力违法犯罪的指导意见〉的理解与适用》,载《中国应用法学》2023年第5期。

② 征求意见过程中,有意见提出,侮辱罪、诽谤罪属亲告罪,对于网络侮辱、诽谤"严重危害社会秩序",但被害人提起自诉的,应尊重其意愿,优先适用自诉程序。经研究,未采纳这一意见,主要考虑:(1)根据刑法规定,实施侮辱、诽谤犯罪,严重危害社会秩序的,应当依法提起公诉。(2)在公安机关已就同一网络侮辱、诽谤行为立案侦查的情况下,如允许被害人再提起自诉,则不仅增加被害人诉累,还形成就同一行为的双重追诉,与法无据。(3)对于适用公诉程序的网络侮辱、诽谤刑事案件,原自诉人可以作为被害人参与诉讼,其当事人的诉讼权利可以得到充分的程序保障。参见周加海、喻海松、李振华:《〈关于依法惩治网络暴力违法犯罪的指导意见〉的理解与适用》,载《中国应用法学》2023年第5期。

对于网络侮辱、诽谤行为，被害人或者其近亲属向公安机关报案，公安机关经审查认为已构成犯罪但不符合公诉条件的，可以告知报案人向人民法院提起自诉。

14.加强立案监督工作。人民检察院依照有关法律和司法解释的规定，对网络暴力犯罪案件加强立案监督工作。

上级公安机关应当加强对下级公安机关网络暴力案件立案工作的业务指导和内部监督。

15.依法适用人格权侵害禁令制度。权利人有证据证明行为人正在实施或者即将实施侵害其人格权的违法行为，不及时制止将使其合法权益受到难以弥补的损害，依据民法典第九百九十七条向人民法院申请采取责令行为人停止有关行为的措施的，人民法院可以根据案件具体情况依法作出人格权侵害禁令。

16.依法提起公益诉讼。网络暴力行为损害社会公共利益的，人民检察院可以依法向人民法院提起公益诉讼。

网络服务提供者对于所发现的网络暴力信息不依法履行信息网络安全管理义务，致使违法信息大量传播或者有其他严重情节，损害社会公共利益的，人民检察院可以依法向人民法院提起公益诉讼。

人民检察院办理网络暴力治理领域公益诉讼案件，可以依法要求网络服务提供者提供必要的技术支持和协助。

四、落实工作要求，促进强化综合治理（略）

《最高人民检察院关于贯彻实施新修订〈中华人民共和国妇女权益保障法〉切实保障妇女权益的通知》（高检发办字〔2023〕31号，节录）

二、全面贯彻实施《妇女权益保障法》有关规定

（四）依法从严惩处侵犯妇女权益犯罪

《妇女权益保障法》明确了对妇女人身和人格权益的保护。要结合检察职能，依法从严惩处侵犯妇女生命健康、人身自由、人格尊严等犯罪。坚决贯彻落实党中央关于打击拐卖妇女儿童犯罪决策部署，依法从严惩处拐卖妇女儿童犯罪，依法从严惩处收买妇女儿童犯罪，以及收买后发生的强奸、故意伤害、非法拘禁、侮辱、虐待等犯罪；依法从严惩处强奸，强制猥亵、侮辱等性侵犯罪，对性侵未成年人犯罪更要依法严惩；依法妥善办理涉家庭暴力或者婚恋因素的虐待、故意伤害、故意杀人等犯罪；主动适应新时代对妇女名誉权、隐私权、个人信息等人格权保护的新要求，对于利用信息网络侮辱、诽谤妇女的，准确研判情节的严重程度和社会影响的恶劣程度，对于符合刑法第二百四十六条第二款"严重危害社会秩序和国家利益"的，可以按公诉程序依法追诉。

指导性案例

郎某、何某诽谤案(检例第137号,节录)

关键词 网络诽谤 严重危害社会秩序 能动司法 自诉转公诉

要　旨 利用信息网络诽谤他人,破坏公众安全感,严重扰乱网络社会秩序,符合刑法第二百四十六条第二款"严重危害社会秩序"的,检察机关应当依法履行追诉职责,作为公诉案件办理。对公安机关未立案侦查,被害人已提出自诉的,检察机关应当处理好由自诉向公诉程序的转换。

岳某侮辱案(检例第138号,节录)

关键词 网络侮辱 裸照 情节严重 严重危害社会秩序 公诉程序

要　旨 利用信息网络散布被害人的裸体视频、照片及带有侮辱性的文字,公然侮辱他人,贬损他人人格、破坏他人名誉,导致出现被害人自杀等后果,严重危害社会秩序的,应当按照公诉程序,以侮辱罪依法追究刑事责任。

刑参案例规则提炼

《周彩萍等非法拘禁案——将被捉奸的妇女赤裸捆绑示众的行为如何定罪处罚》(第179号案例)、《秦志晖诽谤、寻衅滋事案——利用信息网络实施诽谤、寻衅滋事犯罪的司法认定》(第966号案例)、《蔡晓青侮辱案——如何认定"人肉搜索"致人自杀死亡的行为性质以及如何认定侮辱罪中"严重危害社会秩序和国家利益"提起公诉的情形》(第1046号案例)、《区润生强制侮辱案——网络语境下如何准确认定强制猥亵、侮辱罪》(第1438号案例)所涉规则提炼如下:

1. 将被捉奸的妇女赤裸捆绑示众行为的定性规则。"捉奸后使用暴力将全身赤裸的被害人……捆绑于客厅里,让十余名村民围观,既有侮辱性质,同时又剥夺了被害人的人身自由。正是这种犯罪目的与手段牵连不同犯罪的双重性,导致在本案定性问题上产生了分歧。""对于牵连犯,一般应择一重罪处罚。但如果相互牵连的两个罪名法定刑相同,则应根据被告人的目的行为定罪量刑为宜",即对本案适用侮辱罪。(第179号案例)

2. "人肉搜索"致人自杀死亡行为的定性规则。"把被害人……购物的视频监控截图发到微博上,且……指明……是小偷并要求'人肉搜索',这种方式利用了互联网这一新兴媒体,虽然与传统方式不同,但本质上仍属于公然侮辱他人人格的行为。"①"被害人……不堪'人肉搜索'受辱而跳河自杀身亡,明显属于

---

① 《最高人民法院、最高人民检察院关于办理侵犯公民个人信息刑事案件适（转下页）

'情节严重'的情形。"(第966号案例)

3. 强制侮辱罪与侮辱罪的界分规则。"前者行为人是基于精神空虚等变态心理,以寻求性刺激或变态的性满足为主要动机,而后者的行为人则主要是基于泄愤、报复等动机,以贬损他人名誉为目的。"(第179号案例)"两罪犯罪手段不同。强制侮辱行为是指猥亵行为之外的,侵犯妇女性的自主权、羞耻心的淫秽下流行为,侮辱罪则是以暴力或其他方式对他人公然实施的谩骂、贬损等人身侮辱。"(第1438号案例)

4. 利用信息网络实施的诽谤罪与寻衅滋事罪的界分规则。法释〔2013〕21号解释第五条第二款规定利用信息网络实施的寻衅滋事罪要求"造成公共秩序严重混乱","'公共秩序严重混乱',不仅指虚假信息被大量转发、评论等造成的网络秩序混乱,同时也要求造成生产、生活、工作、营业、教学等现实社会公共秩序的严重混乱。对于虚假信息被及时、有效删除,未被大量转发、评论等,尚未造成广泛影响的,或者仅仅是对网络秩序造成了影响的,不宜认定为'造成公共秩序严重混乱'。""利用信息网络实施的诽谤罪的对象是特定的自然人,而寻衅滋事罪一般针对的是单位、不特定的多人或者公共事件。如果将利用信息网络诽谤特定自然人的事实,也以破坏网络秩序等为由纳入寻衅滋事罪,则易使寻衅滋事罪演变为'口袋罪',与罪刑法定基本原则相悖。"(第966号案例)

5. 网络诽谤案件中主观明知的认定。"在网络诽谤案件中,认定行为人主观明知是诽谤事实时,应当根据证据材料,结合被告人的身份、职业、生活经历、一贯表现等因素进行综合判断。"(第966号案例)

6. 侮辱、诽谤案件适用公诉程序的情形。根据《刑法》第二百四十六条第二款的规定,"严重危害社会秩序和国家利益"的侮辱、诽谤案件,适用公诉程序。"'严重危害社会秩序和国家利益',两者不必要同时具备,只要具备其一即可。"(第1046号案例)其中,法释〔2013〕21号解释第三条第四项规定,利用信息网络诽谤他人,"诽谤多人,造成恶劣社会影响的",应当认定为"严重危害社会秩序和国家利益",应当依法适用公诉程序。"对于……不间断诽谤他人的情况,让多个受害人分别提起自诉,不切合实际。适用公诉程序则能有效打击此类犯罪,保护公民的人格、名誉权。那种认为只有在实施了多次诽谤且每一起诽谤

(接上页)用法律若干问题的解释》(法释〔2017〕10号)第三条第一款规定:"向特定人提供公民个人信息,以及通过信息网络或者其他途径发布公民个人信息的,应当认定为刑法第二百五十三条之一规定的'提供公民个人信息'。"据此,"人肉搜索"行为也可能符合侵犯公民个人信息罪的构成要件。——本评注注

事实都构成诽谤罪的情况下,才能提起公诉的观点,与《解释》原意不符,也使网络诽谤公诉程序失去了应有的意义。"(第966号案例)

第二百四十七条 【刑讯逼供罪】【暴力取证罪】司法工作人员对犯罪嫌疑人、被告人实行刑讯逼供或者使用暴力逼取证人证言的,处三年以下有期徒刑或者拘役。致人伤残、死亡的,依照本法第二百三十四条、第二百三十二条的规定定罪从重处罚。

立法沿革

本条系1997年《刑法》吸收1979年《刑法》作出修改后的规定。1979年《刑法》第一百三十六条规定:"严禁刑讯逼供。国家工作人员对人犯实行刑讯逼供的,处三年以下有期徒刑或者拘役。以肉刑致人伤残的,以伤害罪从重论处。"1997年《刑法》对上述规定作了修改和补充。

司法解释

《最高人民检察院关于渎职侵权犯罪案件立案标准的规定》(高检发释字〔2006〕2号,节录)

二、国家机关工作人员利用职权实施的侵犯公民人身权利、民主权利犯罪案件

(三)刑讯逼供案(第二百四十七条)

刑讯逼供罪是指司法工作人员对犯罪嫌疑人、被告人使用肉刑或者变相肉刑逼取口供的行为。

涉嫌下列情形之一的,应予立案:

1、以殴打、捆绑、违法使用械具等恶劣手段逼取口供的;

2、以较长时间冻、饿、晒、烤等手段逼取口供,严重损害犯罪嫌疑人、被告人身体健康的;

3、刑讯逼供造成犯罪嫌疑人、被告人轻伤、重伤、死亡的;

4、刑讯逼供,情节严重,导致犯罪嫌疑人、被告人自杀、自残造成重伤、死亡,或者精神失常的;

5、刑讯逼供,造成错案的;

6、刑讯逼供3人次以上的;

7、纵容、授意、指使、强迫他人刑讯逼供,具有上述情形之一的;

8、其他刑讯逼供应予追究刑事责任的情形。

(四)暴力取证案(第二百四十七条)

暴力取证罪是指司法工作人员以暴力逼取证人证言的行为。

涉嫌下列情形之一的,应予立案:

1、以殴打、捆绑、违法使用械具等恶劣手段逼取证人证言的;

2、暴力取证造成证人轻伤、重伤、死亡的;

3、暴力取证,情节严重,导致证人自杀、自残造成重伤、死亡,或者精神失常的;

4、暴力取证,造成错案的;

5、暴力取证3人次以上的;

6、纵容、授意、指使、强迫他人暴力取证,具有上述情形之一的;

7、其他暴力取证应予追究刑事责任的情形。

(→第三部分参见分则第九章标题评注部分,第2170页)

刑参案例规则提炼

《周建忠暴力取证案——暴力迫使证人在询问笔录上签名按手印并致人轻伤的行为如何定性》(第158号案例)所涉规则提炼如下:

1. 暴力迫使证人在询问笔录上签名按手印行为的定性规则。"行为人在证人已作出陈述,但又以询问笔录与其所作的陈述有一句话不一致为由而拒绝签名认可的情况下,逼迫证人在询问笔录上签名认可,本质上无异于逼迫证人作出与询问笔录内容等同的陈述。因此,暴力迫使证人在询问笔录上签名按手印应当是暴力逼取证人证言的一种表现形式。"(第158号案例)

2. 暴力取证罪中"暴力"的把握。"凡构成暴力取证罪的,对'暴力'的后果必须要有一定程度的限制。这表现为两个方面:一是暴力取证中的'暴力'必须尚未达到致使证人重伤、残疾、死亡的程度,否则,就应当转化定性并从重处罚;二是如果暴力取证仅致证人轻伤以下程度的,仍应以暴力取证罪定罪处罚。""至于被暴力逼迫的证人最终是否作出陈述,所作的陈述是否符合客观事实,皆不影响本罪的成立。"(第158号案例)

第二百四十八条 【虐待被监管人罪】监狱、拘留所、看守所等监管机构的监管人员对被监管人进行殴打或者体罚虐待,情节严重的,处三年以下有期徒刑或者拘役;情节特别严重的,处三年以上十年以下有期徒刑。致人伤残、死亡的,依照本法第二百三十四条、第二百三十二条的规定定罪从重处罚。

监管人员指使被监管人殴打或者体罚虐待其他被监管人的,依照前款的规定处罚。

第四章 侵犯公民人身权利、民主权利罪

◆ 立法沿革

本条系 1997 年《刑法》吸收 1979 年《刑法》作出修改后的规定。1979 年《刑法》第一百八十九条规定:"司法工作人员违反监管法规,对被监管人实行体罚虐待,情节严重的,处三年以下有期徒刑或者拘役;情节特别严重的,处三年以上十年以下有期徒刑。"1997 年《刑法》对上述规定作了修改,列明监管人员的范围,明确转化适用故意伤害罪、故意杀人罪的情形,并规定监管人员指使被监管人殴打或者体罚虐待其他被监管人的,依照虐待被监管人罪定罪处罚。

◆ 司法解释

《最高人民检察院关于强制隔离戒毒所工作人员能否成为虐待被监管人罪主体问题的批复》(高检发释字〔2015〕2 号,自 2015 年 2 月 15 日起施行)
河北省人民检察院:

你院冀检呈字〔2014〕46 号《关于强制隔离戒毒所工作人员能否成为刑法第二百四十八条虐待被监管人罪主体的请示》收悉。经研究,批复如下:

根据有关法律规定,强制隔离戒毒所是对符合特定条件的吸毒成瘾人员限制人身自由,进行强制隔离戒毒的监管机构,其履行监管职责的工作人员属于刑法第二百四十八条规定的监管人员。

对于强制隔离戒毒所监管人员殴打或者体罚虐待戒毒人员,或者指使戒毒人员殴打、体罚虐待其他戒毒人员,情节严重的,应当适用刑法第二百四十八条的规定,以虐待被监管人罪追究刑事责任;造成戒毒人员伤残、死亡后果的,应当依照刑法第二百三十四条、第二百三十二条的规定,以故意伤害罪、故意杀人罪从重处罚。

《最高人民检察院关于渎职侵权犯罪案件立案标准的规定》(高检发释字〔2006〕2 号,节录)

二、国家机关工作人员利用职权实施的侵犯公民人身权利、民主权利犯罪案件
(五)虐待被监管人案(第二百四十八条)

虐待被监管人罪是指监狱、拘留所、看守所、拘役所、劳教所等监管机构的监管人员对被监管人进行殴打或者体罚虐待,情节严重的行为。

涉嫌下列情形之一的,应予立案:

1、以殴打、捆绑、违法使用械具等恶劣手段虐待被监管人的;

2、以较长时间冻、饿、晒、烤等手段虐待被监管人,严重损害其身体健康的;

3、虐待造成被监管人轻伤、重伤、死亡的;

4、虐待被监管人,情节严重,导致被监管人自杀、自残造成重伤、死亡,或者精神失常的;

5、殴打或者体罚虐待3人人次以上的;

6、指使被监管人殴打、体罚虐待其他被监管人,具有上述情形之一的;

7、其他情节严重的情形。

(→第三部分参见分则第九章标题评注部分,第2170页)

第二百四十九条 【煽动民族仇恨、民族歧视罪】煽动民族仇恨、民族歧视,情节严重的,处三年以下有期徒刑、拘役、管制或者剥夺政治权利;情节特别严重的,处三年以上十年以下有期徒刑。

立法沿革

本条系1997年《刑法》增设的规定。

全国人大常委会决定

《全国人民代表大会常务委员会关于维护互联网安全的决定》(修正后自2009年8月27日起施行,节录)

二、为了维护国家安全和社会稳定,对有下列行为之一,构成犯罪的,依照刑法有关规定追究刑事责任:

(三)利用互联网煽动民族仇恨、民族歧视,破坏民族团结;

(→全文参见第二百八十五条评注部分,第1399页)

相关规定

《中华人民共和国治安管理处罚法》(修正后自2013年1月1日起施行,节录)

第四十七条 煽动民族仇恨、民族歧视,或者在出版物、计算机信息网络中刊载民族歧视、侮辱内容的,处十日以上十五日以下拘留,可以并处一千元以下罚款。

第二百五十条 【出版歧视、侮辱少数民族作品罪】在出版物中刊载歧视、侮辱少数民族的内容,情节恶劣,造成严重后果的,对直接责任人员,处三年以下有期徒刑、拘役或者管制。

立法沿革

本条系 1997 年《刑法》增设的规定。

全国人大常委会决定

《全国人民代表大会常务委员会关于维护互联网安全的决定》(修正后自 2009 年 8 月 27 日起施行,节录)

二、为了维护国家安全和社会稳定,对有下列行为之一,构成犯罪的,依照刑法有关规定追究刑事责任:

(三)利用互联网煽动民族仇恨、民族歧视,破坏民族团结;

(→全文参见第二百八十五条评注部分,第 1399 页)

相关规定

《中华人民共和国治安管理处罚法》(修正后自 2013 年 1 月 1 日起施行,节录)

第四十七条 煽动民族仇恨、民族歧视,或者在出版物、计算机信息网络中刊载民族歧视、侮辱内容的,处十日以上十五日以下拘留,可以并处一千元以下罚款。

司法解释

《最高人民法院关于审理非法出版物刑事案件具体应用法律若干问题的解释》(法释〔1998〕30 号,自 1998 年 12 月 23 日起施行)第七条对出版刊载歧视、侮辱少数民族内容的作品,情节恶劣,造成严重后果的行为适用出版歧视、侮辱少数民族作品罪作了指引性规定。(→参见第二百一十七条评注部分,第 981 页)

第二百五十一条 【非法剥夺公民宗教信仰自由罪】【侵犯少数民族风俗习惯罪】国家机关工作人员非法剥夺公民的宗教信仰自由和侵犯少数民族风俗习惯,情节严重的,处二年以下有期徒刑或者拘役。

立法沿革

本条系 1997 年《刑法》沿用 1979 年《刑法》第一百四十七条的规定,仅将"国家工作人员"调整为"国家机关工作人员",将"正当的宗教信仰自由"调整为

"宗教信仰自由"。

第二百五十二条 【侵犯通信自由罪】隐匿、毁弃或者非法开拆他人信件,侵犯公民通信自由权利,情节严重的,处一年以下有期徒刑或者拘役。

立法沿革

本条系 1997 年《刑法》沿用 1979 年《刑法》第一百四十九条的规定,未作调整。

全国人大常委会决定

《全国人民代表大会常务委员会关于维护互联网安全的决定》(修正后自 2009 年 8 月 27 日起施行,节录)

四、为了保护个人、法人和其他组织的人身、财产等合法权利,对有下列行为之一,构成犯罪的,依照刑法有关规定追究刑事责任:

(二)非法截获、篡改、删除他人电子邮件或者其他数据资料,侵犯公民通信自由和通信秘密;

(→全文参见第二百八十五条评注部分,第1399页)

相关规定

《中华人民共和国治安管理处罚法》(修正后自 2013 年 1 月 1 日起施行,节录)

第四十八条 冒领、隐匿、毁弃、私自开拆或者非法检查他人邮件的,处五日以下拘留或者五百元以下罚款。

第二百五十三条 【私自开拆、隐匿、毁弃邮件、电报罪】邮政工作人员私自开拆或者隐匿、毁弃邮件、电报的,处二年以下有期徒刑或者拘役。

犯前款罪而窃取财物的,依照本法第二百六十四条的规定定罪从重处罚。

立法沿革

本条系 1997 年《刑法》吸收 1979 年《刑法》作出修改后的规定。1979 年《刑法》第一百九十一条规定:"邮电工作人员私自开拆或者隐匿、毁弃邮件、电报的,处二年以下有期徒刑或者拘役。""犯前款罪而窃取财物的,依照第一百五十五条贪污罪从重处罚。"1997年《刑法》将犯罪主体由"邮电工作人员"调整为"邮政工作人员",对实施相关行为窃取财物的处理由适用贪污罪调整为适用盗窃罪。

相关规定

《中华人民共和国治安管理处罚法》(修正后自2013年1月1日起施行,节录)

第四十八条 冒领、隐匿、毁弃、私自开拆或者非法检查他人邮件的,处五日以下拘留或者五百元以下罚款。

规范性文件①

> 第二百五十三条之一 【侵犯公民个人信息罪】违反国家有关规定,向他人出售或者提供公民个人信息,情节严重的,处三年以下有期徒刑或者拘役,并处或者单处罚金;情节特别严重的,处三年以上七年以下有期徒刑,并处罚金。
> 违反国家有关规定,将在履行职责或者提供服务过程中获得的公民个人信息,出售或者提供给他人的,依照前款的规定从重处罚。
> 窃取或者以其他方法非法获取公民个人信息的,依照第一款的规定处罚。
> 单位犯前三款罪的,对单位判处罚金,并对其直接负责的主管人员和其他直接责任人员,依照各该款的规定处罚。

立法沿革

本条系2009年2月28日起施行的《刑法修正案(七)》第七条增设的规定。

2015年11月1日起施行的《刑法修正案(九)》第十七条对本条作了修改,主要涉及三个方面:一是扩大犯罪主体的范围,规定任何单位和个人违反国家有关规定,获取、出售或者提供公民个人信息,情节严重的,都构成犯罪;二是明确规定将在履行职责或者提供服务过程中获得的公民个人信息,出售或者提供给他人的,从重处罚;三是提升法定刑配置水平,增加规定"处三年以上七年以下有期徒刑,并处罚金"。修改后,罪名由"出售、非法提供公民个人信息罪"和"非法获取公民个人信息罪"整合为"侵犯公民个人信息罪"。

---

① 鉴于《最高人民法院、最高人民检察院、公安部、邮电部关于加强查处破坏邮政通信案件工作的通知》([1983]邮政联字934号)对当前案件指导意义不大,未予收录。

修正前《刑法》	修正后《刑法》
第二百五十三条之一 【出售、非法提供公民个人信息罪】~~国家机关或者金融、电信、交通、教育、医疗等单位的工作人员~~，违反国家规定，将~~本单位~~在履行职责或者提供服务过程中获得的公民个人信息，出售或者非法提供给他人~~的~~，情节严重的，~~处三年以下有期徒刑或者拘役，并处或者单处罚金~~。 【非法获取公民个人信息罪】窃取或者以其他方法非法获取~~上述~~信息~~，情节严重~~的，依照~~前~~款的规定处罚。 单位犯前两款罪的，对单位判处罚金，并对其直接负责的主管人员和其他直接责任人员，依照各该款的规定处罚。	第二百五十三条之一 【侵犯公民个人信息罪】违反国家有关规定，向他人出售或者提供公民个人信息，情节严重的，处三年以下有期徒刑或者拘役，并处或者单处罚金；情节特别严重的，处三年以上七年以下有期徒刑，并处罚金。 违反国家**有关**规定，将在履行职责或者提供服务过程中获得的公民个人信息，出售或者提供给他人的，**依照前款的规定从重处罚**。 窃取或者以其他方法非法获取**公民个人信息**的，依照**第一**款的规定处罚。 单位犯前三款罪的，对单位判处罚金，并对其直接负责的主管人员和其他直接责任人员，依照各该款的规定处罚。

◆ 相关规定

《全国人民代表大会常务委员会关于加强网络信息保护的决定》(自 2012 年 12 月 28 日起施行，具体条文未收录)

《中华人民共和国个人信息保护法》(自 2021 年 11 月 1 日起施行，节录)

第四条 个人信息是以电子或者其他方式记录的与已识别或者可识别的自然人有关的各种信息，不包括匿名化处理后的信息。

个人信息的处理包括个人信息的收集、存储、使用、加工、传输、提供、公开、删除等。

第十三条 符合下列情形之一的，个人信息处理者方可处理个人信息：

(一)取得个人的同意；

(二)为订立、履行个人作为一方当事人的合同所必需，或者按照依法制定的劳动规章制度和依法签订的集体合同实施人力资源管理所必需；

(三)为履行法定职责或者法定义务所必需；

(四)为应对突发公共卫生事件，或者紧急情况下为保护自然人的生命健康和财产安全所必需；

(五)为公共利益实施新闻报道、舆论监督等行为，在合理的范围内处理个人信息；

(六)依照本法规定在合理的范围内处理个人自行公开或者其他已经合法公开的个人信息；

(七)法律、行政法规规定的其他情形。

依照本法其他有关规定,处理个人信息应当取得个人同意,但是有前款第二项至第七项规定情形的,不需取得个人同意。

第十四条 基于个人同意处理个人信息的,该同意应当由个人在充分知情的前提下自愿、明确作出。法律、行政法规规定处理个人信息应当取得个人单独同意或者书面同意的,从其规定。

个人信息的处理目的、处理方式和处理的个人信息种类发生变更的,应当重新取得个人同意。

第二十七条 个人信息处理者可以在合理的范围内处理个人自行公开或者其他已经合法公开的个人信息;个人明确拒绝的除外。个人信息处理者处理已公开的个人信息,对个人权益有重大影响的,应当依照本法规定取得个人同意。

司法解释

《最高人民法院、最高人民检察院关于办理侵犯公民个人信息刑事案件适用法律若干问题的解释》(法释〔2017〕10号,自2017年6月1日起施行)

为依法惩治侵犯公民个人信息犯罪活动,保护公民个人信息安全和合法权益,根据《中华人民共和国刑法》《中华人民共和国刑事诉讼法》的有关规定,现就办理此类刑事案件适用法律的若干问题解释如下:

第一条 刑法第二百五十三条之一规定的"公民个人信息",是指以电子或者其他方式记录的能够单独或者与其他信息结合识别特定自然人身份或者反映特定自然人活动情况的各种信息,包括姓名、身份证件号码、通信通讯联系方式、住址、账号密码、财产状况、行踪轨迹等。

第二条 违反法律、行政法规、部门规章有关公民个人信息保护的规定的,应当认定为刑法第二百五十三条之一规定的"违反国家有关规定"。

第三条 向特定人提供公民个人信息,以及通过信息网络或者其他途径发布公民个人信息,应当认定为刑法第二百五十三条之一规定的"提供公民个人信息"。

未经被收集者同意,将合法收集的公民个人信息向他人提供的,属于刑法第二百五十三条之一规定的"提供公民个人信息",但是经过处理无法识别特定个人且不能复原的除外。

第四条 违反国家有关规定,通过购买、收受、交换等方式获取公民个人信息,或者在履行职责、提供服务过程中收集公民个人信息的,属于刑法第二百五十三条之一第三款规定的"以其他方法非法获取公民个人信息"。

第五条 非法获取、出售或者提供公民个人信息,具有下列情形之一的,应当认定为刑法第二百五十三条之一规定的"情节严重"：

（一）出售或者提供行踪轨迹信息，被他人用于犯罪的；

（二）知道或者应当知道他人利用公民个人信息实施犯罪，向其出售或者提供的；

（三）非法获取、出售或者提供行踪轨迹信息、通信内容、征信信息、财产信息五十条以上的；

（四）非法获取、出售或者提供住宿信息、通信记录、健康生理信息、交易信息等其他可能影响人身、财产安全的公民个人信息五百条以上的；

（五）非法获取、出售或者提供第三项、第四项规定以外的公民个人信息五千条以上的；

（六）数量未达到第三项至第五项规定标准，但是按相应比例合计达到有关数量标准的；

（七）违法所得五千元以上的；

（八）将在履行职责或者提供服务过程中获得的公民个人信息出售或者提供给他人，数量或者数额达到第三项至第七项规定标准一半以上的；

（九）曾因侵犯公民个人信息受过刑事处罚或者二年内受过行政处罚，又非法获取、出售或者提供公民个人信息的；

（十）其他情节严重的情形。

实施前款规定的行为，具有下列情形之一的，应当认定为刑法第二百五十三条之一第一款规定的"情节特别严重"：

（一）造成被害人死亡、重伤、精神失常或者被绑架等严重后果的；

（二）造成重大经济损失或者恶劣社会影响的；

（三）数量或者数额达到前款第三项至第八项规定标准十倍以上的；

（四）其他情节特别严重的情形。

第六条 为合法经营活动而非法购买、收受本解释第五条第一款第三项、第四项规定以外的公民个人信息，具有下列情形之一的，应当认定为刑法第二百五十三条之一规定的"情节严重"：

（一）利用非法购买、收受的公民个人信息获利五万元以上的；

（二）曾因侵犯公民个人信息受过刑事处罚或者二年内受过行政处罚，又非法购买、收受公民个人信息的；

（三）其他情节严重的情形。

实施前款规定的行为，将购买、收受的公民个人信息非法出售或者提供的，定罪量刑标准适用本解释第五条的规定。

第七条 单位犯刑法第二百五十三条之一规定之罪的,依照本解释规定的相应自然人犯罪的定罪量刑标准,对直接负责的主管人员和其他直接责任人员定罪处罚,并对单位判处罚金。

第八条 设立用于实施非法获取、出售或者提供公民个人信息违法犯罪活动的网站、通讯群组,情节严重的,应当依照刑法第二百八十七条之一的规定,以非法利用信息网络罪定罪处罚;同时构成侵犯公民个人信息罪的,依照侵犯公民个人信息罪定罪处罚。

第九条 网络服务提供者拒不履行法律、行政法规规定的信息网络安全管理义务,经监管部门责令采取改正措施而拒不改正,致使用户的公民个人信息泄露,造成严重后果的,应当依照刑法第二百八十六条之一的规定,以拒不履行信息网络安全管理义务罪定罪处罚。

第十条 实施侵犯公民个人信息犯罪,不属于"情节特别严重",行为人系初犯,全部退赃,并确有悔罪表现的,可以认定为情节轻微,不起诉或者免予刑事处罚;确有必要判处刑罚的,应当从宽处罚。

第十一条 非法获取公民个人信息后又出售或者提供的,公民个人信息的条数不重复计算。

向不同单位或者个人分别出售、提供同一公民个人信息的,公民个人信息的条数累计计算。

对批量公民个人信息的条数,根据查获的数量直接认定,但是有证据证明信息不真实或者重复的除外。

第十二条 对于侵犯公民个人信息犯罪,应当综合考虑犯罪的危害程度、犯罪的违法所得数额以及被告人的前科情况、认罪悔罪态度等,依法判处罚金。罚金数额一般在违法所得的一倍以上五倍以下。

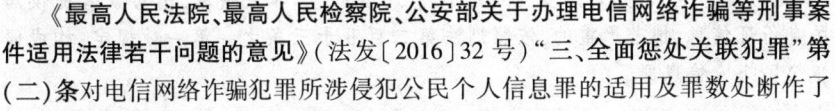

■ 规范性文件 ①

《最高人民法院、最高人民检察院、公安部关于办理电信网络诈骗等刑事案件适用法律若干问题的意见》(法发〔2016〕32号)"三、全面惩处关联犯罪"第(二)条对电信网络诈骗犯罪所涉侵犯公民个人信息罪的适用及罪数处断作了规定。(→参见第二百六十六条评注部分,第1282页)

---

① 另,《最高人民法院、最高人民检察院、公安部关于依法惩处侵害公民个人信息犯罪活动的通知》(公通字〔2013〕12号)涉及侵犯公民个人信息犯罪适用法律问题的规定已被法释〔2017〕10号解释吸收,不予收录。

《最高人民法院、最高人民检察院、公安部关于办理电信网络诈骗等刑事案件适用法律若干问题的意见(二)》(法发〔2021〕22号)第五条对侵犯公民个人信息罪的适用作了规定。(→参见第二百六十六条评注部分,第1295页)

《最高人民法院、最高人民检察院、公安部关于依法惩治网络暴力违法犯罪的指导意见》(法发〔2023〕14号)第四条对侵犯公民个人信息罪的适用作了指引性规定。(→参见第二百四十六条评注部分,第1174页)

指导性案例

李开祥侵犯公民个人信息刑事附带民事公益诉讼案(指导性案例192号,节录)

关键词 刑事 侵犯公民个人信息 刑事附带民事公益诉讼 人脸识别 人脸信息

裁判要点 使用人脸识别技术处理的人脸信息以及基于人脸识别技术生成的人脸信息均具有高度的可识别性,能够单独或者与其他信息结合识别特定自然人身份或者反映特定自然人活动情况,属于刑法规定的公民个人信息。行为人未经公民本人同意,未具备获得法律、相关部门授权等个人信息保护法规定的处理个人信息的合法事由,利用软件程序等方式窃取或者以其他方法非法获取上述信息,情节严重的,应依照《最高人民法院、最高人民检察院关于办理侵犯公民个人信息刑事案件适用法律若干问题的解释》第五条第一款第四项等规定定罪处罚。

闻巍等侵犯公民个人信息案(指导性案例193号,节录)

关键词 刑事 侵犯公民个人信息 居民身份证信息

裁判要点 居民身份证信息包含自然人姓名、人脸识别信息、身份号码、户籍地址等多种个人信息,属于《最高人民法院、最高人民检察院关于办理侵犯公民个人信息刑事案件适用法律若干问题的解释》第五条第一款第四项规定的"其他可能影响人身、财产安全的公民个人信息"。非法获取、出售或者提供居民身份证信息,情节严重的,依照刑法第二百五十三条之一第一款规定,构成侵犯公民个人信息罪。

熊昌恒等侵犯公民个人信息案(指导性案例194号,节录)

关键词 刑事 侵犯公民个人信息 微信号 社交媒体账号 非法获取 合理处理

裁判要点

1.违反国家有关规定,购买已注册但未使用的微信账号等社交媒体账号,通过具有智能群发、添加好友、建立讨论群组等功能的营销软件,非法制作带有公民个人信息可用于社交活动的微信账号等社交媒体账号出售、提供给他人,情节严重的,属于刑法第二百五十三条之一第一款规定的"违反国家有关规定,向他人出售或者提供公民个人信息"行为,构成侵犯公民个人信息罪。

2. 未经公民本人同意,或未具备有法律授权等个人信息保护法规定的理由,通过购买、收受、交换等方式获取在一定范围内已公开的公民个人信息进行非法利用,改变了公民公开个人信息的范围、目的和用途,不属于法律规定的合理处理,属于刑法第二百五十三条之一第三款规定的"以其他方法非法获取公民个人信息"行为,情节严重的,构成侵犯公民个人信息罪。

罗文君、瞿小珍侵犯公民个人信息刑事附带民事公益诉讼案(指导性案例195号,节录)

关键词 刑事 侵犯公民个人信息 验证码 出售

裁判要点 服务提供者专门发给特定手机号码的数字、字母等单独或者其组合构成的验证码具有独特性、隐秘性,能够单独或者与其他信息结合识别特定自然人身份或者反映特定自然人活动情况的,属于刑法规定的公民个人信息。行为人将提供服务过程中获得的验证码及对应手机号码出售给他人,情节严重的,依照侵犯公民个人信息罪定罪处罚。

柯某侵犯公民个人信息案(检例第140号,节录)①

关键词 侵犯公民个人信息 业主房源信息 身份识别 信息主体另行授权

要　旨 业主房源信息是房产交易信息和身份识别信息的组合,包含姓名、通信通讯联系方式、住址、交易价格等内容,属于法律保护的公民个人信息。未经信息主体另行授权,非法获取、出售限定使用范围的业主房源信息,系侵犯公民个人信息的行为,情节严重、构成犯罪的,应当依法追究刑事责任。检察机关办理案件时应当对涉案公民个人信息具体甄别、筛除模糊、无效及重复信息,准确认定侵犯公民个人信息数量。

国家标准

《信息安全技术 个人信息安全规范》(GB/T 35273-2020,具体条文未收录)

---

① 关于本指导性案例,宜结合"刑参案例规则提炼"中"涉公开信息案件的处理规则"和"司法疑难解析"中"关于公民个人公开信息案件的处理"相关内容予以理解。如后所述,对于涉公开信息案件的入罪,整体应当持审慎态度。——本评注注

法律适用答复、复函①

《最高人民法院研究室关于侵犯公民个人信息罪有关法律适用问题征求意见的复函》(法研[2018]11号)

最高人民检察院法律政策研究室：

贵室《关于侵犯公民个人信息罪有关法律适用问题的征求意见函》(高检研函字[2018]1号)收悉。经研究，原则赞同刑法第二百五十三条之一规定的"公民个人信息"，既包括中国公民的个人信息，也包括外国公民和其他无国籍人的个人信息。主要考虑：

(1)从刑法用语看，刑法第二百五十三条之一规定的是"公民个人信息"，并未限定为"中华人民共和国公民的个人信息"，因此不应将此处的"公民个人信息"限制为中国公民的个人信息。

(2)从立法精神看，外国人、无国籍人的信息应当同中国公民的信息一样受到刑法的平等保护。

(3)从司法实践看，将外籍人、无国籍人个人信息排除在刑法保护之外，会放纵犯罪。特别是在侵犯公民个人信息犯罪案件所涉及的个人信息既有中国公民的个人信息，也有外国公民、无国籍人的个人信息时，只处罚涉及中国公民个人信息的部分，既不合理，也难操作。

办案指引

《检察机关办理侵犯公民个人信息案件指引》(高检发侦监字[2018]13号，节录)

根据《中华人民共和国刑法》第二百五十三条之一的规定，侵犯公民个人信息罪是指违反国家有关规定，向他人出售、提供公民个人信息，或者通过窃取等方法非法获取公民个人信息，情节严重的行为。结合《最高人民法院、最高人民检察院关于办理侵犯公民个人信息刑事案件适用法律若干问题的解释》(法释[2017]10号)(以下简称《解释》)，办理侵犯公民个人信息案件，应当特别注意以下问题：一是对"公民个人信息"的审查认定；二是对"违反国家有关规定"的

---

① 另，鉴于刑法修正和相关司法解释发布，《最高人民法院研究室关于非法生产、销售、使用"伪基站"行为定性的复函》[参见喻海松：《最高人民法院研究室关于非法生产、销售、使用"伪基站"行为定性的研究意见》，载《司法研究与指导》(总第5辑)，人民法院出版社2014年版]未予收录。

审查认定；三是对"非法获取"的审查认定；四是对"情节严重"和"情节特别严重"的审查认定；五是对关联犯罪的审查认定。

一、审查证据的基本要求

（一）审查逮捕

1. 有证据证明发生了侵犯公民个人信息犯罪事实

（1）证明侵犯公民个人信息案件发生

主要证据包括：报案登记、受案登记、立案决定书、破案经过、证人证言、被害人陈述、犯罪嫌疑人供述和辩解以及证人、被害人提供的短信、微信或QQ截图等电子数据。

（2）证明被侵犯对象系公民个人信息

主要证据包括：扣押物品清单、勘验检查笔录、电子数据、司法鉴定意见及公民信息查询结果说明、被害人陈述、被害人提供的原始信息资料和对比资料等。

2. 有证据证明侵犯公民个人信息行为是犯罪嫌疑人实施的

（1）证明违反国家有关规定的证据：犯罪嫌疑人关于所从事的职业的供述、其所在公司的工商注册资料、公司出具的犯罪嫌疑人职责范围说明、劳动合同、保密协议及公司领导、同事关于犯罪嫌疑人职责范围的证言等。

（2）证明出售、提供行为的证据：远程勘验笔录及QQ、微信等即时通讯工具聊天记录、论坛、贴吧、电子邮件、手机短信记录等电子数据，证明犯罪嫌疑人通过上述途径向他人出售、提供、交换公民个人信息的情况。公民个人信息贩卖者、提供者、担保交易人及购买者、收受者的证言或供述，相关银行账户明细、第三方支付平台账户明细，证明出售公民个人信息违法所得情况。此外，如果犯罪嫌疑人系通过信息网络发布方式提供公民个人信息，证明该行为的证据还包括远程勘验笔录、扣押笔录、扣押物品清单、对手机、电脑存储介质、云盘、FTP等的司法鉴定意见等。

（3）证明犯罪嫌疑人或公民个人信息购买者、收受者控制涉案信息的证据：搜查笔录、扣押笔录、扣押物品清单，对手机、电脑存储介质等的司法鉴定意见等，证实储存有公民个人信息的电脑、手机、U盘或者移动硬盘、云盘、FTP等介质与犯罪嫌疑人或公民个人信息购买者、收受者的关系。犯罪嫌疑人供述、辨认笔录及证人证言等，证实犯罪嫌疑人或公民个人信息购买者、收受者所有或实际控制、使用涉案存储介质。

（4）证明涉案公民个人信息真实性的证据：被害人陈述、被害人提供的原始信息资料、公安机关或相关单位出具的涉案公民个人信息与权威数据库内信息同一性的比对说明。针对批量的涉案公民个人信息的真实性问题，根据《解释》

精神,可以根据查获的数量直接认定,但有证据证明信息不真实或重复的除外。

(5)证明违反国家规定,通过窃取、购买、收受、交换等方式非法获取公民个人信息的证据:主要证据与上述以出售、提供方式侵犯公民个人信息行为的证据基本相同。针对窃取的方式如通过技术手段非法获取公民个人信息的行为,需证明犯罪嫌疑人实施上述行为,除被害人陈述、犯罪嫌疑人供述和辩解外,还包括侦查机关从被害公司数据库中发现入侵电脑IP地址情况、从犯罪嫌疑人电脑中提取的侵入被害公司数据的痕迹等现场勘验检查笔录,以及涉案程序(木马)的司法鉴定意见等。

3. 有证据证明犯罪嫌疑人具有侵犯公民个人信息的主观故意

(1)证明犯罪嫌疑人明知没有获取、提供公民个人信息的法律依据或资格,主要证据包括:犯罪嫌疑人的身份证明、犯罪嫌疑人关于所从事职业的供述、其所在公司的工商资料和营业范围、公司关于犯罪嫌疑人的职责范围说明、公司主要负责人的证人证言等。

(2)证明犯罪嫌疑人积极实施窃取、出售、提供、购买、交换、收受公民个人信息的行为,主要证据除证人证言、犯罪嫌疑人供述和辩解外,还包括远程勘验笔录、手机短信记录、即时通讯工具聊天记录、电子数据司法鉴定意见、银行账户明细、第三方支付平台账户明细等。

4. 有证据证明"情节严重"或"情节特别严重"

(1)公民个人信息购买者或收受者的证言或供述。

(2)公民个人信息购买、收受公司工作人员利用公民个人信息进行电话或短信推销、商务调查等经营性活动后出具的证言或供述。

(3)公民个人信息购买者或者收受者利用所获信息从事违法犯罪活动后出具的证言或供述。

(4)远程勘验笔录、电子数据司法鉴定意见书、最高人民检察院或公安部指定的机构对电子数据涉及的专门性问题出具的报告、公民个人信息资料等。证明犯罪嫌疑人通过即时通讯工具、电子邮箱、论坛、贴吧、手机等向他人出售、提供、购买、交换、收受公民个人信息的情况。

(5)银行账户明细、第三方支付平台账户明细。

(6)死亡证明、伤情鉴定意见、医院诊断记录、经济损失鉴定意见、相关案件起诉书、判决书等。

(二)审查起诉

除审查逮捕阶段证据审查基本要求之外,对侵犯公民个人信息案件的审查起诉工作还应坚持"犯罪事实清楚,证据确实、充分"的标准,保证定罪量刑的事实都有证据证明;据以定案的证据均经法定程序查证属实;综合全案证据,对所认定的事实已排除合理怀疑。

1. 有确实充分的证据证明发生了侵犯公民个人信息犯罪事实。该证据与审查逮捕的证据类型相同。

2. 有确实充分的证据证明侵犯公民个人信息行为是犯罪嫌疑人实施的

(1) 对于证明犯罪行为是犯罪嫌疑人实施的证据审查,需要结合《解释》精神,准确把握对"违反国家有关规定""出售、提供行为""窃取或以其他方法"的认定。

(2) 对证明违反国家有关规定的证据审查,需要明确国家有关规定的具体内容,违反法律、行政法规、部门规章有关公民个人信息保护规定的,应当认定为刑法第二百五十三条之一规定的"违反国家有关规定"。

(3) 对证明出售、提供行为的证据审查,应当明确"出售、提供"包括在履职或提供服务的过程中将合法持有的公民个人信息出售或者提供给他人的行为:向特定人提供、通过信息网络或者其他途径发布公民个人信息、未经被收集者同意,将合法收集的公民个人信息(经过处理无法识别特定个人且不能复原的除外)向他人提供的,均属于刑法第二百五十三条之一规定的"提供公民个人信息"。应当全面审查犯罪嫌疑人所出售提供公民个人信息的来源、途经与去向,对相关供述、物证、书证、证人证言、被害人陈述、电子数据等证据种类进行综合审查,针对使用信息网络进行犯罪活动的,需要结合专业知识,根据证明该行为的远程勘验笔录、扣押笔录、扣押物品清单、电子存储介质、网络存储介质等的司法鉴定意见进行审查。

(4) 对证明通过窃取或以其他非法方法获取公民个人信息等方式非法获取公民个人信息的证据审查,应当明确"以其他方法获取公民个人信息"包括购买、收受、交换等方式获取公民个人信息,或者在履行职责、提供服务过程中收集公民个人信息的行为。

针对窃取行为,如通过信息网络窃取公民个人信息,则应当结合犯罪嫌疑人供述、证人证言、被害人陈述,着重审查证明犯罪嫌疑人侵入信息网络、数据库时的IP地址、MAC地址、侵入工具、侵入痕迹等内容的现场勘验检查笔录以及涉案程序(木马)的司法鉴定意见等。

针对购买、收受、交换行为,应当全面审查购买、收受、交换公民个人信息的来源、途经、去向,结合犯罪嫌疑人供述和辩解、辨认笔录、证人证言等证据,对搜查笔录、扣押笔录、扣押物品清单、涉案电子存储介质等司法鉴定意见进行审查,明确上述证据同犯罪嫌疑人或公民个人信息购买、收受、交换者之间的关系。

针对履行职责、提供服务过程中收集公民个人信息的行为，应当审查证明犯罪嫌疑人所从事职业及其所负职责的证据，结合法律、行政法规、部门规章等国家有关公民个人信息保护的规定，明确犯罪嫌疑人的行为属于违反国家有关规定，以其他方法非法获取公民个人信息的行为。

（5）对证明涉案公民个人信息真实性证据的审查，应当着重审查被害人陈述、被害人提供的原始信息资料、公安机关或其他相关单位出具的涉案公民个人信息与权威数据库内信息同一性的对比说明。对批量的涉案公民个人信息的真实性问题，根据《解释》精神，可以根据查获的数量直接认定，但有证据证明信息不真实或重复的除外。

3. 有确实充分的证据证明犯罪嫌疑人具有侵犯公民个人信息的主观故意

（1）对证明犯罪嫌疑人主观故意的证据审查，应当综合审查犯罪嫌疑人的身份证明、犯罪嫌疑人关于所从事职业的供述、其所在公司的工商资料和营业范围、公司关于犯罪嫌疑人的职责范围说明、公司主要负责人的证人证言等，结合国家公民个人信息保护的相关规定，夯实犯罪嫌疑人在实施犯罪时的主观明知。

（2）对证明犯罪嫌疑人积极实施窃取或者以其他方法非法获取公民个人信息行为的证据审查，应当结合犯罪嫌疑人供述、证人证言，着重审查远程勘验笔录、手机短信记录、即时通讯工具聊天记录、电子数据司法鉴定意见、银行账户明细、第三方支付平台账户明细等，明确犯罪嫌疑人在实施犯罪时的积极作为。

4. 有确实充分的证据证明"情节严重"或"情节特别严重"。该证据与审查逮捕的证据类型相同。

二、需要特别注意的问题

在侵犯公民个人信息案件审查逮捕、审查起诉中，要根据相关法律、司法解释等规定，结合在案证据，重点注意以下问题：

（一）对"公民个人信息"的审查认定

根据《解释》的规定，公民个人信息是指以电子或者其他方式记录的能够单独或者与其他信息结合识别特定自然人身份或者反映特定自然人活动情况的各种信息，包括姓名、身份证件号码、通信通讯联系方式、住址、账号密码、财产状况、行踪轨迹等。经过处理无法识别特定自然人且不能复原的信息，虽然也可能反映自然人活动情况，但与特定自然人无直接关联，不属于公民个人信息的范畴。

对于企业工商登记等信息中所包含的手机、电话号码等信息，应当明确该号码的用途。对由公司购买、使用的手机、电话号码等信息，不属于个人信息的范畴，从而严格区分"手机、电话号码等由公司购买，归公司使用"与"公司经办人在工商登记等活动中登记个人电话、手机号码"两种不同情形。

（二）对"违反国家有关规定"的审查认定

《中华人民共和国刑法修正案（九）》将原第二百五十三条之一的"违反国家规定"修改为"违反国家有关规定"，后者的范围明显更广。根据刑法第九十六条的规定，"国家规定"仅限于全国人大及其常委会制定的法律和决定，国务院制定的行政法规、规定的行政措施、发布的决定和命令。而"国家有关规定"还包括部门规章，这些规定散见于金融、电信、交通、教育、医疗、统计、邮政等领域的法律、行政法规或部门规章中。

（三）对"非法获取"的审查认定

在窃取或者以其他方法非法获取公民个人信息的行为中，需要着重把握"其他方法"的范围问题。"其他方法"，是指"窃取"以外，与窃取行为具有同等危害性的方法，其中，购买是最常见的非法获取手段。侵犯公民个人信息犯罪作为电信网络诈骗的上游犯罪，诈骗分子往往先通过网络向他人购买公民个人信息，然后自己直接用于诈骗或转发给其他同伙用于诈骗，诈骗分子购买公民个人信息的行为属于非法获取行为，其同伙接收公民个人信息的行为明显也属于非法获取行为。同时，一些房产中介、物业管理公司、保险公司、担保公司的业务员往往与同行通过QQ、微信群互相交换各自掌握的客户信息，这种交换行为也属于非法获取行为。此外，行为人在履行职责、提供服务过程中，违反国家有关规定，未经他人同意收集公民个人信息，或者收集与提供的服务无关的公民个人信息的，也属于非法获取公民个人信息的行为。

（四）对"情节严重"和"情节特别严重"的审查认定

1. 关于"情节严重"的具体认定标准，根据《解释》第五条第一款的规定，主要涉及五个方面：

（1）信息类型和数量。①行踪轨迹信息、通信内容、征信信息、财产信息，此类信息与公民人身、财产安全直接相关，数量标准为五十条以上，且仅限于上述四类信息，不允许扩大范围。对于财产信息，既包括银行、第三方支付平台、证券期货等金融服务账户的身份认证信息（一组确认用户操作权限的数据，包括账号、口令、密码、数字证书等），也包括存款、房产、车辆等财产状况信息。②住宿信息、通信记录、健康生理信息、交易信息等可能影响公民人身、财产安全的信息，数量标准为五百条以上，此类信息也与人身、财产安全直接相关，但重要程度要弱于行踪轨迹信息、通信内容、征信信息、财产信息。对"其他可能影响人身、财产安全的公民个人信息"的把握，应当确保所适用的公民个人信息涉及人身、财产安全，且与"住宿信息、通信记录、健康生理信息、交易信息"在重要程度上具有相当性。③除上述两类信息以外的其他公民个人信息,数量标准为五千条以上。

(2)违法所得数额。对于违法所得,可直接以犯罪嫌疑人出售公民个人信息的收入予以认定,不必扣减其购买信息的犯罪成本。同时,在审查认定违法所得数额过程中,应当以查获的银行交易记录、第三方支付平台交易记录、聊天记录、犯罪嫌疑人供述、证人证言综合予以认定,对于犯罪嫌疑人无法说明合法来源的用于专门实施侵犯公民个人信息犯罪的银行账户或第三方支付平台账户内资金收入,可综合全案证据认定为违法所得。

(3)信息用途。公民个人信息被他人用于违法犯罪活动的,不要求他人的行为必须构成犯罪,只要行为人明知他人非法获取公民个人信息用于违法犯罪活动即可。

(4)主体身份。如果行为人系将在履行职责或者提供服务过程中获得的公民个人信息出售或者提供给他人的,涉案信息数量、违法所得数额只要达到一般主体的一半,即可认为"情节严重"。

(5)主观恶性。曾因侵犯公民个人信息受过刑事处罚或者二年内受过行政处罚,又非法获取、出售或者提供公民个人信息的,即可认为"情节严重"。

2.关于"情节特别严重"的认定标准,根据《解释》,主要分为两类:一是信息数量、违法所得数额标准。二是信息用途引发的严重后果,其中造成人身伤亡、经济损失、恶劣社会影响等后果,需要审查认定侵犯公民个人信息的行为与严重后果间存在因果关系。

对于涉案公民个人信息数量的认定,根据《解释》第十一条,非法获取公民个人信息后又出售或者提供的,公民个人信息的条数不重复计算;向不同单位或者个人分别出售、提供同一公民个人信息的,公民个人信息的条数累计计算;对批量出售、提供公民个人信息的条数,根据查获的数量直接认定,但是有证据证明信息不真实或者重复的除外。在实践中,如犯罪嫌疑人多次获取同一条公民个人信息,一般认定为一条,不重复累计;但获取的该公民个人信息内容发生了变化的除外。

对于涉案公民个人信息的数量、社会危害性等因素的审查,应当结合刑法第二百五十三条和《解释》的规定进行综合审查。涉案公民个人信息数量极少,但造成被害人死亡等严重后果的,应审查犯罪嫌疑人行为与该后果之间的因果关系,符合条件的,可以认定为实施《解释》第五条第一款第十项"其他情节严重的情形"的行为,造成被害人死亡等严重后果,从而认定为"情节特别严重"。如涉案公民个人信息数量较多,但犯罪嫌疑人仅仅获取而未向他人出售或提供,则可以在认定相关犯罪事实的基础上,审查该行为是否符合《解释》第五条第一款第三、四、五、六、九项及第二款第三项的情形,符合条件的,可以分别认定为"情节严重""情节特别严重"。

此外,针对为合法经营活动而购买、收受公民个人信息的行为,在适用《解释》第六条的定罪量刑标准时须满足三个条件:一是为了合法经营活动,对此可以综合全案证据认定,但主要应当由犯罪嫌疑人一方提供相关证据;二是限于普通公民个人信息,即不包括可能影响人身、财产安全的敏感信息;三是信息没有再流出扩散,即行为方式限于购买、收受。如果将购买、收受的公民个人信息非法出售或者提供的,定罪量刑标准应当适用《解释》第五条的规定。

(五)对关联犯罪的审查认定

对于侵犯公民个人信息犯罪与电信网络诈骗犯罪相交织的案件,应严格按照《最高人民法院、最高人民检察院、公安部关于办理电信网络诈骗等刑事案件适用法律若干问题的意见》(法发〔2016〕32号)的规定进行审查认定,即通过认真审查非法获取、出售、提供公民个人信息的犯罪嫌疑人对电信网络诈骗犯罪的参与程度,结合能够证实其认知能力的学历文化、聊天记录、通话频率、获取固定报酬还是参与电信网络诈骗犯罪分成等证据,分析判断其是否属于诈骗共同犯罪、是否应该数罪并罚。

根据《解释》第八条的规定,设立用于实施出售、提供或者非法获取公民个人信息违法犯罪活动的网站、通讯群组,情节严重的,应当依照刑法第二百八十七条之一的规定,以非法利用信息网络罪定罪;同时构成侵犯公民个人信息罪的,应当认定为侵犯公民个人信息罪。

对于违反国家有关规定,采用技术手段非法侵入合法存储公民个人信息的单位数据库窃取公民个人信息的行为,也符合刑法第二百八十五条第二款非法获取计算机信息系统数据罪的客观特征,同时触犯侵犯公民个人信息罪和非法获取计算机信息系统数据罪的,应择一重罪论处。

此外,针对公安民警在履行职责过程中,违反国家有关规定,查询、提供公民个人信息的情形,应当认定为"违反国家有关规定,将在履行职责或者提供服务过程中以其他方法非法获取或提供公民个人信息"。但同时,应当审查犯罪嫌疑人除该行为之外有无其他行为侵害其他法益,从而对可能存在的其他犯罪予以准确认定。

三、社会危险性及羁押必要性审查(略)

典型案例

李某侵犯公民个人信息案(检察机关依法惩治侵犯公民个人信息犯罪典型

案例,2022年12月7日)提出:"侵犯公民个人信息犯罪中,涉案信息动辄上万乃至数十万条,在海量信息状态下,对信息逐一核实在客观上较难实现。所以,实践中允许适用推定规则,即根据查获的数量直接认定,但这不意味着举证责任倒置,对通过技术手段可以去重的,应当作去重处理,排除重复的信息。对信息的真实性,可以采取抽样方式进行验证。"

刑参案例规则提炼①

《**谢新冲出售公民个人信息案**——手机定位属于刑法保护的"公民个人信息"》(第741号案例)、《**王健侵犯公民个人信息案**——公开信息的刑法保护规则》(第1487号案例)所涉规则提炼如下:

1. 涉公开信息案件的处理规则。"信息主体出于商业目的自愿公开其个人信息后,只要其事先未以明示的方式表示拒绝(或限制已公开信息的用途),行为人收集上述信息并出售、提供给他人的行为,只要属于'合理处理'的范畴,且未侵害信息主体重大利益的,则不宜认定为侵犯公民个人信息罪。""在判断相关行为是否属于'合理使用'时,必须以是否严重侵犯信息主体的重大利益为核心,遵循'法无禁止即可行'原则。对'合理处理'的认定,应当采用相对宽泛的理解。原则上,只要法律、法规没有明确禁止的处理行为,均可以认定为合理处理,至少不应认定为犯罪。"(第1487号案例)

2. 手机定位信息的数量计算规则。"如果基于同一个人的申请,在相对固定的时间内(如一周、一个月或者一年)对同一部手机进行连续多次定位,可以计算为一条信息,但量刑时不应仅以一条信息而论,还必须考虑这种连续定位行为的危害性,体现与仅定位一次的区别。如果对手机定位后,经过一段时间再次对同一部手机进行定位,特别是申请定位人不是同一人时,则不宜计算为一条信息,可根据实际定位次数计算信息数量。"(第741号案例)

① 另,鉴于《刑法修正案(九)》对《刑法》第二百五十三条之一作了修正和法释〔2017〕10号解释发布,《**周建平非法获取公民个人信息案**——非法购买公民电话通话清单后又出售牟利的,如何定罪处罚》(第612号案例)、《**周娟等非法获取公民个人信息案**——非法获取大量公民个人信息的行为,如何定罪量刑》(第719号案例)、《**胡某等非法获取公民个人信息案**——通过非法跟踪他人行踪所获取的公民日常活动信息是否属于公民个人信息以及如何理解非法获取公民个人信息罪中的"上述信息""非法获取"以及"情节严重"》(第1009号案例)所涉规则未予提炼;鉴于对所涉个人信息是否属于敏感个人信息可能存在不同认识,《**董雷雷等侵犯公民个人信息案**——侵犯公民个人信息罪中公民个人信息及数量的认定》(第1496号案例)所涉规则未予提炼。

司法疑难解析

1.侵犯公民个人信息罪的对象范围。 侵犯公民个人信息罪的对象为公民个人信息。从司法实务反映的情况来看,应当妥善处理如下几个问题:

(1)关于公民个人信息的外延。由于对隐私信息存在不同认识,对"公民个人信息"的界定回避了这一概念,将其定义为能够"识别自然人个人身份"的各种信息。此处显然使用的是广义的"身份识别信息"的概念,既包括狭义的身份识别信息(能够识别出特定自然人身份的信息),也包括体现特定自然人活动的信息(**例1**:司法实践中常见的住宿记录、行踪轨迹信息等)。基于此,法释〔2017〕10号解释第一条明确公民个人信息的外延包括身份识别信息和活动情况信息。

(2)关于公民个人信息的主体范围。对于行为人非法获取已死亡公民的个人信息,是否构成侵犯公民个人信息罪,存在不同认识。**本评注认为**,死者的个人信息不能成为侵犯公民个人信息罪的对象。主要考虑:第一,自然人享有民事权利的时间段从出生时起到死亡时止。在《民法典》将个人信息规定为民事权利的前提下,应当认为所涉主体限于自然人,而不包括死者在内。第二,《个人信息保护法》第四十九条规定:"自然人死亡的,其近亲属为了自身的合法、正当利益,可以对死者的相关个人信息行使本章规定的查阅、复制、更正、删除等权利;死者生前另有安排的除外。"这一规定进一步佐证死者不属于个人信息的主体,否则就没有必要对死者的个人信息保护作出专门规定。

(3)关于公民个人公开信息案件的处理。公民个人信息不要求具有个人隐私的特征。即便相关信息已经公开,不属于个人隐私的范畴,但仍有可能成为"公民个人信息"。(**例2**:行为人从商贸网站和政府部门公开的企业信息网上搜集企业公开发布的信息,包括公司的名称、产品、经营行业、注册信息和公司法定代表人、联系人的姓名、职务、联系方式等。行为人将上述信息存入数据库,供他人付费查询使用。)该案所涉及的自然人相关信息,虽然已经公开,不再具有隐私信息的特征,但仍然属于公民个人信息的范畴。然而,相关公民个人信息既然已经公开,获取行为无疑是合法的,但后续出售、提供的行为是否合法,是否构成侵犯公民个人信息罪,**本评注主张**区分情况处理:

①对于自行公开的或者其他已经合法公开的个人信息,行为人获取相关信息后出售、提供的行为,一般不宜以侵犯公民个人信息罪论处。对于公开的个人信息,由于信息已经处于公开状况,获取无须征得同意,对此应无疑义;但是,在获取相关公开信息后进而提供的行为,是否需要取得"二次授权"(即在

获取相关信息后,提供相关信息需要告知同意),则存在较大争议。《民法典》为这一争议问题作了明晰,即否定"二次授权"的规则。《民法典》第一千零三十六条规定:"处理个人信息,有下列情形之一的,行为人不承担民事责任:……(二)合理处理该自然人自行公开的或者其他已经合法公开的信息,但是该自然人明确拒绝或者处理该信息侵害其重大利益的除外……"(《个人信息保护法》第十三条、第二十七条有类似规定)据此,对公开的个人信息的合理处理可以推定自然人概括同意,即除了"该自然人明确拒绝或者处理该信息侵害其重大利益的"情形外,不需要通知和征得该自然人或者其监护人同意。在处理相关刑事案件时,对于未通知并征得自然人同意而获取、提供公开的个人信息的案件,只要行为人的获取、提供行为处于"合理"限度之内,除证明该自然人明确拒绝或者相关获取、提供行为侵害了该自然人的重大利益的外,应当认为相关获取、提供的行为属于合法行为,不属于"违反国家有关规定"获取、提供公民个人信息的行为,更不应当认定为构成侵犯公民个人信息罪。此外,对于《民法典》第一千零三十六条第二项规定的"合理处理"的认定,应当采用相对宽泛的理解。原则上,只要法律、法规没有明确禁止的处理行为,均可以认定为"合理处理",至少不能认定为犯罪。基于此,对例2中的行为不以侵犯公民个人信息罪论处为宜。

②对于非法公开的个人信息,行为人获取相关信息后出售、提供的行为,可以根据情况以侵犯公民个人信息罪论处。实践中,有些公开信息并非权利人自愿公开,如个人信息被他人通过信息网络或者其他途径发布;有些信息的扩散并非权利人的意愿,如权利人发现个人信息被收集后主动要求行为人删除。上述情形中,获取相关信息的行为可以认定为合法,但后续的出售或者提供行为明显违背了权利人意愿,对其生活安宁造成侵犯,对其中情节严重的行为完全可以适用侵犯公民个人信息罪予以惩治。

(3)关于公民个人部分关联信息的认定。公民个人信息须与特定自然人关联,这是公民个人信息所具有的关键属性。需要注意的是,与特定自然人的关联,无论是识别特定自然人身份,还是反映特定自然人活动情况,都应当是能够单独或者与其他信息结合所具有的功能。例如,身份证号与公民个人身份一一对应,可以单独识别公民个人身份;而实践中常见的工作单位、家庭住址等公民个人信息,则通常难以单独识别公民个人身份,需要同其他信息结合才能识别公民个人身份。司法实务中的疑难问题是,对于不能单独识别特定自然人身份或者反映特定自然人的活动情况的部分关联信息中哪些信息可以纳入"公民个人信息"的范畴,即公民个人信息所要求的可识别程度,①实践中存在不同认识。[**例3**:行为人系医药代表,基于对医生给予回扣的目的,从医院计算机主管处非法获取了有关病床使用其负责销售的药品情况。相关信息只涉及病床号(相应病床由特定医生负责)和使用特定药品情况,无病人姓名、身份证号等其他个人信息。]**本评注主张**,在司法适用中具体判断部分关联信息是否可以认定为"公民个人信息"时,可以如下三个方面加以判断:A.信息本身的重要程度。如果涉案的信息与人身安全、财产安全密切相关,敏感程度较高,则认定该类信息是否属于"公民个人信息"可以采取相对宽泛的标准。B.需要结合的其他信息的程度。如果涉案信息本身与特定自然人的身份、活动情况关联程度高,需要结合的其他信息相对较少,则认定为"公民个人信息"的可能性较大;反之,如果需要结合的其他信息过多,则认定为"公民个人信息"的可能性较小。C.行为人主观目的。如果行为人主观上获取涉案信息就不需要识别特定自然人身份或者反映特定自然人活动情况,则此类部分关联信息原则上不宜认定为"公民个人信息"。按照以上原则,例3所涉信息不宜纳入"公民个人信息"的范畴。主要考虑如下:该案涉及的病床号、用药情况等信息本身与权利人的人身安全、财产安全关联不大,敏感性程度较低,将其认定为公民个人信息宜从严把握;该案涉及的病床号、用药情况等信息无法直接识别特定自然人,需要结合姓名等其他重要个人信息或者较多其他个人信息才能识别特定自然人;从行为人的主观目的来看,其就是想获取特定病床号的用药情况,至于该病床所关联的具体自然人并非其主观所追求的。

(4)关于IP地址、设备ID等信息②和cookie信息③等电子信息的归属。这

---

① 与其他信息结合可以识别特定自然人的部分关联信息,无疑不能全部纳入"公民个人信息"的范畴。因为在大数据时代,就理论上而言,任何信息与其他足够多的信息相结合都可以识别特定自然人身份或者反映特定自然人的活动情况。所以,必须为可以纳入"公民个人信息"范畴的部分关联信息划定界限。

② 软件收集的用户终端数据一般分为三类:第一类是系统信息,即终端计算机操作系统和硬件系统的配置信息,包括用户的IP地址、设备ID等信息(被收集后可以用于精准广告投放);第二类是软件信息,即用户下载、购买和使用各种应用软件所涉及的信息,如杀毒软件对用户访问的网站进行云调查、对用户计算机上的新文件(包括下载、传输、拷贝等)进行自动扫描获取的信息;第三类是个人信息,即在使用中需要输入的姓名、地址等信息。目前,存在争议的主要是前两类信息。

③ cookie是网站为了辨别用户身份、跟踪而储存在用户本地终端上的数据。网站可以利用cookie跟踪统计用户访问网站的习惯,记录用户登录信息。

一问题在实践中存在较大争议。以 cookie 信息为例，用户的 cookie 信息反映了网络用户的网络活动轨迹及上网偏好，具有隐私属性，但是否属于公民个人信息存在不同认识。对于上述问题，**本评注主张**不作一概而论，应当根据案件具体情况作出判断。申言之，应当根据公民个人信息所有具有的"识别特定自然人身份或者反映特定自然人活动情况"这一关键属性，对上述信息是否属于公民个人信息作出判断。

2.**侵犯公民个人信息罪的定罪量刑标准**。法释〔2017〕10 号解释第五条至第七条对侵犯公民个人信息罪的定罪量刑标准作了明确。从司法实践适用上述定罪量刑标准的情况来看，**本评注主张**应当妥当把握公民个人敏感信息的范围。基于不同类型公民个人信息的重要程度，法释〔2017〕10 号解释第五条分别设置了"五十条以上""五百条以上""五千条以上"的入罪标准。对于侵犯公民个人敏感信息的行为之所以设置不同于一般公民个人信息的入罪标准，就在于敏感信息涉及人身安全和财产安全，其被非法获取、出售或者提供后极易引发盗窃、诈骗、敲诈勒索等关联犯罪，具有更大的社会危害性。这是认定公民个人敏感信息应当考量的关键因素。整体而言，对于公民个人敏感信息的认定宜从严把握，严格限制其范围。对于行踪轨迹信息，只宜理解为手机定位信息、车辆轨迹信息等可以直接定位特定自然人具体坐标的信息。行踪轨迹信息不等于涉及轨迹的信息，而应当理解为涉及轨迹的实时信息。广义上而言，涉及轨迹的信息范围较宽。（**例4**：行为人设立钓鱼网站，获取他人的 12306 账户名和密码，进而获取了他人的火车票信息。火车票载明了姓名、车次、时间、起始站点等信息。）行为人获取他人火车票信息后，可以根据火车票载明的信息判断出他人的行踪情况，但是，相关轨迹信息并非实时信息，故应当排除在行踪轨迹信息的范围之外。而且，通常而言，敏感信息、特别是高度敏感信息的交易价格要远远高于一般公民个人信息。从实践来看，行踪轨迹信息直接涉及人身安全，敏感程度最高，就交易价格而言通常是最为昂贵的信息类型。与之类似，涉案信息的获取渠道也是判断敏感信息的重要因素。由于敏感信息直接涉及公民个人人身安全和财产安全，敏感程度高，获取的途径相对困难。对于可以批量获取的信息，由于获取相对容易，认定为敏感信息应当特别慎重。与行踪轨迹信息的认定类似，"财产信息"亦不等于"涉财产信息"，判断的关键为是否危及人身财产安全，辅之以信息获取渠道、交易价格、信息流向等考量因素。（**例5**：行为人从车辆管理机构工作人员处非法购买车辆信息，具体涉及车主、车辆型号、发动机号、联系电话等信息。行为人购买上述信息后，拨打车主电话推销车辆保险。）行为人获取的车辆相关信息确实较为具体，符合"财产信息"的一般特征，但行为人的主观目的就是为了推销车辆保险,并非用于实施针对人身或者财产的侵害行为,**按照本评注的见解**,对其适用一般公民个人信息的入罪标准更为妥当。同理,对于房地产中介等将房产信息非法提供给装修公司,主要用于推销业务,不太可能涉及侵犯人身、财产权利的,通常也不宜将相关信息纳入"财产信息"范畴。

3. 非法持有和使用公民个人信息的处理。本评注主张:(1)将自己掌握的公民个人信息(包括合法获取或者非法获取的公民个人信息)非法使用的行为,不能直接依据《刑法》第二百五十三条之一的规定入罪,但并不意味着不能依据相关行为的刑事违法程度予以刑事惩治;如果行为人所掌握的公民个人信息系窃取或者以其他方法非法获取的,可以对非法获取行为适用侵犯公民个人信息罪;如果非法使用所掌握公民个人信息,实施诈骗、敲诈勒索等其他犯罪行为的,可以依据其他犯罪论处。(2)《刑法》第二百五十三条之一只是将非法获取、出售、提供公民个人信息的行为入罪,对于实践中业已出现的非法持有大量公民个人信息案件,如果根据在案证据,适当运用推定规则,证明涉案公民个人信息系非法获取或者用于非法出售、提供,则可以适用侵犯公民个人信息罪定罪处罚。

4. 公民个人信息的数量计算。根据法释〔2017〕10号解释的规定,结合司法实践的情况,**本评注主张**对涉案公民个人信息的数量应当按照如下规则把握:

(1)公民个人信息的条数计算。关于公民个人信息的条数计算,司法解释未作专门规定。实践中可以综合考虑实践交易规则和习惯,准确认定公民个人信息的条数。例如,同一条信息涉及家庭住址、银行卡信息、电话号码等多类别个人信息,如果是按照一条公民个人信息来交易的,则往往会认定为一条公民个人信息。实际上,刑参第741号案例也主张对公民个人信息的数量认定按照实际情况区别对待、妥当计算。此外,有些情形下"一条"公民个人信息应当理解为"一组"公民个人信息。例如,公民个人的银行账户、支付结算账户、证券期货等金融服务账户的身份认证信息,应当理解为一组确认用户操作权限的数据,包括账号、口令、密码、数字证书等,而非单个数据。

(2)针对同一对象非法获取公民信息后又出售或者提供,以及向不同对象出售或者提供公民个人信息的数量计算规则,应当分别按照法释〔2017〕10号解释第十一条第一款、第二款的规定处理。

(3)对批量公民个人信息的条数,可以按照法释〔2017〕10号解释第十一条第一款、第二款的规定认定,但是仍然应当要求作去重处理,对于明显重复的信息应当予以排除。此外,需要强调的是,对于敏感公民个人信息不宜适用该款规定,而应当逐一认定。主要考虑如下:其一,从司法实践来看,一般公民个人信息的价格相对较低,甚至不会按条计价,故要求逐一认定不具有可操作性;而公民个人敏感信息价格通常较高,通常按条计价,逐条认定不存在难度。其二,涉敏感信息的案件入罪标准较低,五十条或者五百条即达到入罪标准。为此,对于此类案件要求逐一认定敏感信息的数量,对于确保定罪量刑的准确,完全必要。

第二百五十四条　【报复陷害罪】国家机关工作人员滥用职权、假公济私,对控告人、申诉人、批评人、举报人实行报复陷害的,处二年以下有期徒刑或者拘役;情节严重的,处二年以上七年以下有期徒刑。

◆立法沿革

本条系1997年《刑法》吸收1979年《刑法》作出修改后的规定。1979年《刑法》第一百四十六条规定:"国家工作人员滥用职权、假公济私,对控告人、申诉人、批评人实行报复陷害的,处二年以下有期徒刑或者拘役;情节严重的,处二年以上七年以下有期徒刑。"1997年《刑法》将报复陷害罪的犯罪主体由"国家工作人员"调整为"国家机关工作人员",并在犯罪对象中增加规定"举报人"。

◆司法解释

《最高人民检察院关于渎职侵权犯罪案件立案标准的规定》(高检发释字〔2006〕2号,节录)

二、国家机关工作人员利用职权实施的侵犯公民人身权利、民主权利犯罪案件

(六)报复陷害案(第二百五十四条)

报复陷害罪是指国家机关工作人员滥用职权、假公济私,对控告人、申诉人、批评人、举报人实行报复陷害的行为。

涉嫌下列情形之一的,应予立案:

1、报复陷害,情节严重,导致控告人、申诉人、批评人、举报人或者其近亲属自杀、自残造成重伤、死亡,或者精神失常的;

2、致使控告人、申诉人、批评人、举报人或者其近亲属的其他合法权利受到严重损害的;

3、其他报复陷害应予追究刑事责任的情形。

(→第三部分参见分则第九章标题评注部分,第2170页)

第二百五十五条 【打击报复会计、统计人员罪】公司、企业、事业单位、机关、团体的领导人，对依法履行职责，抵制违反会计法、统计法行为的会计、统计人员实行打击报复，情节恶劣的，处三年以下有期徒刑或者拘役。

立法沿革

本条系1997年《刑法》增设的规定。

第二百五十六条 【破坏选举罪】在选举各级人民代表大会代表和国家机关领导人员时，以暴力、威胁、欺骗、贿赂、伪造选举文件、虚报选举票数等手段破坏选举或者妨害选民和代表自由行使选举权和被选举权，情节严重的，处三年以下有期徒刑、拘役或者剥夺政治权利。

立法沿革

本条系1997年《刑法》吸收1979年《刑法》作出修改后的规定。1979年《刑法》第一百四十二条规定："违反选举法的规定，以暴力、威胁、欺骗、贿赂等非法手段破坏选举或者妨害选民自由行使选举权和被选举权的，处三年以下有期徒刑或者拘役。"1997年《刑法》对破坏选举罪的罪状作了修改完善，并对法定刑作了微调。

司法解释

《最高人民检察院关于渎职侵权犯罪案件立案标准的规定》（高检发释字〔2006〕2号，节录）

二、国家机关工作人员利用职权实施的侵犯公民人身权利、民主权利犯罪案件

（七）国家机关工作人员利用职权实施的破坏选举案（第二百五十六条）

破坏选举罪是指在选举各级人民代表大会代表和国家机关领导人员时，以暴力、威胁、欺骗、贿赂、伪造选举文件、虚报选举票数或者编造选举结果等手段破坏选举或者妨害选民和代表自由行使选举权和被选举权，情节严重的行为。

国家机关工作人员利用职权破坏选举，涉嫌下列情形之一的，应予立案：

1、以暴力、威胁、欺骗、贿赂等手段，妨害选民、各级人民代表大会代表自由行使选举权和被选举权，致使选举无法正常进行，或者选举无效，或者选举结果不真实的；

2、以暴力破坏选举场所或者选举设备,致使选举无法正常进行的;

3、伪造选民证、选票等选举文件,虚报选举票数,产生不真实的选举结果或者强行宣布合法选举无效、非法选举有效的;

4、聚众冲击选举场所或者故意扰乱选举场所秩序,使选举工作无法进行的;

5、其他情节严重的情形。

(→第三部分参见分则第九章标题评注部分,第2170页)

第二百五十七条 【暴力干涉婚姻自由罪】以暴力干涉他人婚姻自由的,处二年以下有期徒刑或者拘役。

犯前款罪,致使被害人死亡的,处二年以上七年以下有期徒刑。

第一款罪,告诉的才处理。

立法沿革

本条系1997年《刑法》沿用1979年《刑法》第一百七十九条的规定,仅将第二款规定的"引起被害人死亡"调整为"致使被害人死亡"。

第二百五十八条 【重婚罪】有配偶而重婚的,或者明知他人有配偶而与之结婚的,处二年以下有期徒刑或者拘役。

立法沿革

本条系1997年《刑法》沿用1979年《刑法》第一百八十条的规定,未作调整。

相关规定

《中华人民共和国民法典》(自2021年1月1日起施行,节录)

第一千零四十九条 要求结婚的男女双方应当亲自到婚姻登记机关申请结婚登记。符合本法规定的,予以登记,发给结婚证。完成结婚登记,即确立婚姻关系。未办理结婚登记的,应当补办登记。

《最高人民法院关于适用〈中华人民共和国民法典〉婚姻家庭编的解释(一)》(法释〔2020〕22号,自2021年1月1日起施行,节录)

第二条 民法典第一千零四十二条、第一千零七十九条、第一千零九十一条规定的"与他人同居"的情形,是指有配偶者与婚外异性,不以夫妻名义,持续、稳定地共同居住。

第三条 当事人提起诉讼仅请求解除同居关系的,人民法院不予受理;已经受理的,裁定驳回起诉。

当事人因同居期间财产分割或者子女抚养纠纷提起诉讼的,人民法院应当受理。

第七条 未依据民法典第一千零四十九条规定办理结婚登记而以夫妻名义共同生活的男女,提起诉讼要求离婚的,应当区别对待:

(一)1994年2月1日民政部《婚姻登记管理条例》公布实施以前,男女双方已经符合结婚实质要件的,按事实婚姻处理。

(二)1994年2月1日民政部《婚姻登记管理条例》公布实施以后,男女双方符合结婚实质要件的,人民法院应当告知其补办结婚登记。未补办结婚登记的,依据本解释第三条规定处理。

■ 刑参案例规则提炼

《方伍峰重婚案——"事实婚姻"能否成为重婚罪的构成要件》(第10号案例)、《王艳重婚案——恶意申请宣告配偶死亡后与他人结婚的的行为构成重婚罪》(第419号案例)、《法兰克·巴沙勒·米伦等重婚案——外籍被告人与外籍配偶在境外结婚后在我国境内与他人以夫妻名义同居的是否构成重婚罪》(第967号案例)、《田某某重婚案——已婚的被告人与他人建立事实婚姻关系后,又单方终止事实婚姻关系的,如何计算重婚犯罪行为的追诉期限》(第1062号案例)所涉规则提炼如下:

1. **相关批复的废止不影响重婚罪认定的规则**。①"《最高人民法院关于〈婚姻登记管理条例〉施行后发生的以夫妻名义非法同居的重婚案件是否以重婚罪定罪处罚的批复》(法复〔1994〕10号,以下简称《1994年重婚定罪批复》)已于

---

① 1979年《刑法》第一百八十条规定了重婚罪:"有配偶而重婚的,或者明知他人有配偶而与之结婚的,处二年以下有期徒刑或者拘役。"1997年《刑法》第二百八十五条完全沿用了这一规定。在《婚姻登记管理条例》(1994年1月12日国务院批准,1994年2月1日民政部令第1号发布并于同日实施,2003年10月1日因《婚姻登记条例》施行被废止)施行前,社会各方面对符合结婚实质要件的事实婚属于有效婚姻无认识分歧,因此对司法机关将因事实婚形成的重婚认定为重婚罪也没有太多的争议。《婚姻登记管理条例》施行后,因其第二十四条的规定(未到法定结婚年龄的公民以夫妻名义同居的,或者符合结婚条件的当事人未经结婚登记以夫妻名义同居的,其婚姻关系无效,不受法律保护),导致对因事实婚形成的重婚能否构成重婚罪产生争议。为消除争议,《最高人民法(转下页)

2013年1月14日由最高人民法院以法释〔2013〕2号所废止。""事实上,《1994年重婚定罪批复》被废止的主要理由即《婚姻登记管理条例》已废止,刑法已有明确规定。因此……《1994年重婚定罪批复》的废止,并不意味着对重婚罪的认定发生根本变化。"(第967号案例)

2. 重婚罪中不排除事实婚姻情形的规则。①"事实婚姻仍可作为重婚罪的构成要件。对最高人民法院批复中的所谓'有配偶的人',应理解为是指已经依法登记结婚的人。对未经依法登记而以夫妻名义共同生活的人,不能称之为'有配偶的人'。因此,已经登记结婚的人,又与他人以夫妻名义同居生活,或者明知他人已经登记结婚,还与之以夫妻名义同居生活,今后同样构成重婚罪。对于先有事实婚姻,又与他人登记结婚和两次及两次以上均是事实婚姻的,则依法不构成重婚罪。""对于有配偶的人又与他人以夫妻名义同居而形成事实婚姻

(接上页)院关于〈婚姻登记管理条例〉施行后发生的以夫妻名义非法同居的重婚案件是否以重婚罪定罪处罚的批复》(法复〔1994〕10号)规定提出:"四川省高级人民法院:你院川高法〔1994〕135号《〈婚姻登记管理条例〉施行前后发生的事实上的重婚关系是否按重婚罪处理的请示》收悉。经研究,答复如下:新的《婚姻登记管理条例》(1994年1月12日国务院批准,1994年2月1日民政部发布)发布施行后,有配偶的人与他人以夫妻名义同居生活的,或者明知他人有配偶而与之以夫妻名义同居生活的,仍应按重婚罪定罪处罚。"此后,争议得以消除,司法实践仍将事实婚与合法婚姻的重叠认定为重婚。2013年1月14日,最高人民法院发布《关于废止1980年1月1日至1997年6月30日期间发布的部分司法解释和司法解释性文件(第九批)的决定》(法释〔2013〕2号),废止了《批复》,废止理由为"婚姻登记管理条例已废止,刑法已有明确规定"。此后,司法实践对合法婚姻和事实婚的重叠能否认定为重婚又起争议。——本评注注

① **本评注认为:**(1)1994年《婚姻登记管理条例》明确规定事实婚不受法律保护。但是,婚姻法不承认事实婚与刑法通过重婚罪惩治以事实婚形式实施的重婚行为并不矛盾,二者的立法宗旨有所不同。婚姻法不承认事实婚是为了保护合法的婚姻关系,而刑法惩治以事实婚形式实施的重婚是为了维护"一夫一妻"的婚姻制度。在婚姻法关于事实婚的态度发生重大变化后,刑法虽经多次修改,均未对重婚罪作出调整,充分反映出立法精神是一贯的,即《婚姻登记管理条例》的变动对刑法中重婚罪的认定并无影响。(2)以合法婚姻在前还是在后作为判断重婚罪的认定标准似有不妥。先有事实婚再有法定婚,甚至两个都是事实婚的,同样违反"一夫一妻"的婚姻制度,同样应认定重婚。例如,甲先与乙形成事实婚,在未与乙解除事实婚(非法同居关系)的情况下,又与丙登记结婚,之后仍与乙以夫妻名义共同生活。此种情形,实际与先有法定婚后有事实婚并无不同,应当认定重婚。再如,一男与二女同时以夫妻名义共同生活,与二女均生有子女,即便均未登记,无疑也严重违反一夫一妻的婚姻制度,应以重婚认定。

的,之所以应当以重婚罪追究刑事责任,是因为不能允许行为人以事实婚姻去肆意破坏依法登记的合法婚姻。法律不保护事实婚姻,但必须保护合法的婚姻关系不受非法侵犯……前后两个事实婚姻,均不受法律保护,当然也不构成重婚罪。前一个事实婚姻的一方因对方又与他人形成事实婚姻,不受追究而受到侵害,是源于当初未依法履行结婚登记手续,因此理应承担这一不利于己的后果。"(第10号案例)"在婚姻关系存续期间,又与……以夫妻名义共同生活,属于前法律婚、后事实婚的情形……构成重婚罪,对此并无争议。"(第1062号案例)"只要是有配偶而又结婚,或者是明知他人有配偶而与之结婚的,无论是骗取合法手续登记结婚,还是未登记结婚,但以夫妻名义共同生活的,都属于重婚。"(第967号案例)

3. 恶意申请宣告配偶死亡后与他人结婚的行为定性规则。"故意隐瞒真相,恶意向法院申请宣告……死亡的行为,系民法上的欺诈行为,根据民法通则的规定,恶意欺诈行为属无效民事行为,通过欺诈行为获得确认的法律关系无效,且无效效力溯及行为开始起……婚姻关系依然存在。""明知自己是已婚身份,却隐瞒事实真相与他人又结婚的行为,符合重婚罪的构成要件。"(第419号案例)

4. 重婚罪的追诉期限应当从重婚行为终了之日起计算规则。"重婚罪属继续犯,其追诉期限应当从犯罪行为终了之日起计算。""后婚系登记结婚的,重婚行为终了的时间节点比较容易判断,一般以婚姻关系经法定程序解除为准。但对于后婚系事实婚姻的,重婚行为终了的时间节点,则因个案案情复杂、多样,认定难度较大。我们认为,认定该类重婚行为是否终了应当着重考虑两个因素:一是行为人是否作出解除事实婚姻的意思表示;二是该意思表示实质上是否起到解除婚姻关系的作用。"(第1062号案例)

5. 外国人在我国境内与他人以夫妻名义同居的行为是否构成重婚罪适用刑法规则。"重婚行为发生在我国境内,应当认定为在我国领域内实施的行为,依法应当适用我国刑法的规定。""外籍被告人在我国境内与他人以夫妻名义同居的行为……明显侵犯了我国的'一夫一妻制度',依法应当纳入我国刑法的规制范围。"(第967号案例)

第二百五十九条 【破坏军婚罪】明知是现役军人的配偶而与之同居或者结婚的,处三年以下有期徒刑或者拘役。

利用职权、从属关系,以胁迫手段奸淫现役军人的妻子的,依照本法第二百三十六条的规定定罪处罚。

▶ 立法沿革

本条系1997年《刑法》吸收1979年《刑法》作出修改的规定。1979年《刑法》第一百八十一条规定:"明知是现役军人的配偶而与之同居或者结婚的,处三年以下有期徒刑。"1997年《刑法》对破坏军婚罪增加规定拘役,并增设第二款关于强奸罪的规定。

▶ 刑参案例规则提炼

《李某破坏军婚案——破坏军婚罪中"同居"的认定》(第1457号案例)所涉规则提炼如下:

破坏军婚罪中"同居"的认定规则。"对破坏军婚罪中'同居'的认定,在遵循刑法形式解释的同时,更应遵循对本罪实质意义上的解释,强调对军人婚姻产生实质性破坏的否定评价。""所谓与现役军人的配偶'同居',应当包括在较长时间内公开或者秘密地在一起生活的情形。这种关系以不正当的两性关系为基础,往往还伴有经济上和其他生活方面的特殊关系,显然不同于一般的通奸关系。通奸以临时性为特征,而'同居'则具有连续性、延续性。如果只是偶尔或断续地与现役军人的配偶通奸,不能认为是'同居',也就不能以犯罪论处。"(第1457号案例)

▶ 司法疑难解析

与现役军人配偶长期通奸的行为能否成立破坏军婚罪的问题。从刑法条文的逻辑体系来看,"结婚""同居""通奸"是三个互相并列的概念。"同居"所体现的二人结合程度,一般应当高于"通奸"、低于"结婚",是指不以夫妻名义,持续、稳定地共同居住。依据罪刑法定原则,根据《刑法》第二百五十九条第一款的规定,仅有长期通奸①,没有同居或者结婚的,不构成破坏军婚罪。需要注意的是,《最高人民法院印发〈关于破坏军人婚姻罪的四个案例〉的通知》[法(研)发〔1985〕16号]②不应当继续适用。主要考虑如下:(1)该《通知》的依据

---

① 实践中,虽然二人多次发生不正当两性关系,但是从二人相会的频次、时间段等方面看,尚未达到"持续、稳定地共同生活"的同居程度,而相对固定的通奸地点、少量物品在对方家中存放等情节,尚不足以证明形成了"持续、稳定地共同生活"的关系,只能认定为长期通奸而非同居。

② 该通知关于破坏军人婚姻罪的四个案例的"按"分别为:"按:被告人徐旭清与现役军人的配偶同居,原审人民法院认定其行为构成破坏军人婚姻罪,依照刑法第一(转下页)

为1979年《刑法》,在1997年《刑法》施行后,似不应再具有直接适用的法律效力。(2)1979年《刑法》没有规定罪刑法定原则,反而规定了类推适用制度,在此背景下,将长期通奸的行为类推解释为"同居关系",进而适用破坏军人婚姻罪,是特定历史条件下的产物。在1997年《刑法》明确规定罪刑法定原则之后,不宜再继续适用上述规定。

> **第二百六十条** 【虐待罪】虐待家庭成员,情节恶劣的,处二年以下有期徒刑、拘役或者管制。
> 犯前款罪,致使被害人重伤、死亡的,处二年以上七年以下有期徒刑。
> 第一款罪,告诉的才处理,但被害人没有能力告诉,或者因受到强制、威吓无法告诉的除外。

立法沿革

本条系1997年《刑法》沿用1979年《刑法》第一百八十二条的规定,仅将第二款规定的"引起被害人重伤、死亡"调整为"致使被害人重伤、死亡"。

2015年11月1日起施行的《刑法修正案(九)》第十八条对本条第三款作了修改,规定被害人没有能力告诉,或者因受到强制、威吓无法告诉的,按照公诉案件处理。

(接上页)百八十一条的规定予以判处,是正确的。""按:被告人宋印生与现役军人的配偶长期通奸,经教育不改,并将女方带到外地姘居,共同生活,如同夫妻。原审人民法院认定宋印生的行为构成破坏军人婚姻罪,依照刑法第一百八十一条的规定予以判处,是正确的。""按:被告人熊贤辉明知严若枝是现役军人的配偶而与长期通奸,并挑拨、唆使女方与军人离婚,以便与他结婚。其行为破坏了军人的婚姻家庭,造成军人夫妻关系破裂的严重后果,已构成破坏军人婚姻罪。由于过去在审判实践中对属于这种情况的案件可否适用刑法第一百八十一条在理解上不够明确,当时未予定罪的,现在不必重新追究刑事责任。今后在办理破坏军人婚姻案件中遇到类似情况的,应当适用刑法第一百八十一条的规定予以判处。""按:被告人赵松祥明知马玉兰是现役军人的配偶而与之长期通奸,破坏军人的婚姻家庭,造成军人夫妻关系破裂的严重后果,已构成破坏军人婚姻罪。由于过去在审判实践中对属于这种情况的案件可否适用刑法第一百八十一条在理解上不够明确,当时未予定罪的,现在不必重新追究刑事责任。今后在办理破坏军人婚姻案件中遇到类似情况的,应当适用刑法第一百八十一条的规定予以判处。"

修正前《刑法》	修正后《刑法》
第二百六十条 【虐待罪】虐待家庭成员,情节恶劣的,处二年以下有期徒刑、拘役或者管制。 犯前款罪,致使被害人重伤、死亡的,处二年以上七年以下有期徒刑。 第一款罪,告诉的才处理。	第二百六十条 【虐待罪】虐待家庭成员,情节恶劣的,处二年以下有期徒刑、拘役或者管制。 犯前款罪,致使被害人重伤、死亡的,处二年以上七年以下有期徒刑。 第一款罪,告诉的才处理,但被害人没有能力告诉,或者因受到强制、威吓无法告诉的除外。

◆ 相关规定

《中华人民共和国治安管理处罚法》(修正后自2013年1月1日起施行,节录)

第四十五条 有下列行为之一的,处五日以下拘留或者警告:
(1)虐待家庭成员,被虐待人要求处理的;

◆ 司法解释

《最高人民法院关于〈中华人民共和国刑法修正案(九)〉时间效力问题的解释》(法释〔2015〕19号)第五条对《刑法》第二百六十条第三款但书规定的时间效力问题作了明确。(→参见第十二条评注部分,第23页)

◆ 规范性文件

《最高人民法院、最高人民检察院、公安部、司法部关于依法办理家庭暴力犯罪案件的意见》(法发〔2015〕4号)第十六条至第十八条对于虐待案件的处理及相关问题作了规定。(→参见第二百三十二条评注部分,第1076—1079页)

《最高人民检察院关于贯彻实施新修订〈中华人民共和国妇女权益保障法〉切实保障妇女权益的通知》(高检发办字〔2023〕31号)"二、全面贯彻实施《妇女权益保障法》有关规定""(四)依法从严惩处侵犯妇女权益犯罪"要求依法妥善办理涉家庭暴力或者婚恋因素的虐待、故意伤害、故意杀人等犯罪。(→参见第二百四十六条评注部分,第1178页)

◆ 指导性案例

于某虐待案(检例第44号,节录)
关键词 虐待罪 告诉能力 支持变更抚养权

要　旨

1. 被虐待的未成年人，因年幼无法行使告诉权利的，属于刑法第二百六十条第三款规定的"被害人没有能力告诉"的情形，应当按照公诉案件处理，由检察机关提起公诉，并可以依法提出适用禁止令的建议。

2. 抚养人对未成年人未尽抚养义务，实施虐待或者其他严重侵害未成年人合法权益的行为，不适宜继续担任抚养人的，检察机关可以支持未成年人或者其他监护人向人民法院提起变更抚养权诉讼。

刑参案例规则提炼

《蔡世祥故意伤害案——虐待过程中又实施故意伤害行为致人死亡的如何定罪》（第410号案例）、《李艳勤故意伤害案——对家庭成员长期实施虐待，虐待过程中又实施暴力殴打直接造成家庭成员重伤、死亡的，如何定罪处罚》（第995号案例）、《肖某过失致人死亡案——对家长体罚子女致子女死亡的行为如何定罪处罚》（第996号案例）、《朱朝春虐待案——夫妻离婚后仍然共同生活的，属于虐待罪犯罪主体构成要件中的"家庭成员"》（第998号案例）所涉规则提炼如下：

1. "家庭成员"的认定。①"在司法实践中，对家庭成员的界定宜作宽泛理解，除了婚姻法规定的具有四类家庭关系的主体外，具有恋爱、同居、扶养等关系的主体，也应当视为'家庭成员'。""夫妻离婚后仍然在一起共同生活的，应认定为家庭成员。"（第998号案例）

2. 虐待"致使被害人重伤、死亡"与故意伤害罪、故意杀人罪等的界分。"长期虐待造成被害人重伤、死亡后果的，是虐待罪的加重处罚情节：这里所指的造成重伤、死亡后果与故意伤害罪致人重伤、死亡的后果有着本质区别。虐待罪的加重后果，不是由某次或某几次虐待行为单独、直接造成的，而是因被害人长期受到虐待，逐步导致身体状况不佳、营养不良、病情恶化、精神受到严重刺激等情况而致重伤、死亡，或者被害人因不堪忍受虐待而自杀所致。重伤或者死亡结果一般是长期虐待行为积累所致。故意伤害罪的重伤或者死亡结果是一次或者连

---

① 本评注主张，对《刑法》第二百六十条规定的"家庭成员"作扩大解释，扩大至包括因自愿赡养、同居等而形成的事实上的家庭成员在内，符合社会发展状况，符合法律精神，并不违反罪刑法定原则。但是，宜将"同居情侣"认定为"家庭成员"的条件予以限制，即要求"与对方具有共同生活事实，形成较为稳定的同居关系"，既可以保护较为稳定的共同生活关系中的被害人，又可以防止不当扩大虐待罪的适用。

续几次故意伤害行为直接造成的后果,伤害行为与重伤、死亡结果之间存在十分紧密的客观联系,存在必然的因果关系。"简言之,"虐待行为具有'持续性'、'表现形式多样性',而故意伤害致死、过失致人死亡,都是因果关系明确的某一次或几次行为直接导致死亡"。(第995号案例)"行为人对被虐待人有故意伤害行为,但没有给被害人造成轻伤以上伤害后果的,应将其视为虐待方法之一,认定为虐待罪。在经常性虐待过程中,其中一次行为人明知其行为会给被害人身体造成伤害,且客观上已经给被害人造成伤害后果的,应当认定为故意伤害罪,如果将该伤害行为分离出来独立评价后,其他虐待行为能够充足虐待罪构成要件的,应当以虐待罪与故意伤害罪实行两罪并罚;如果将伤害行为分离后,其余虐待行为不构成虐待罪的,只能以行为人犯故意伤害罪一罪处罚。"(第410号案例)

第二百六十条之一 【虐待被监护、看护人罪】对未成年人、老年人、患病的人、残疾人等负有监护、看护职责的人虐待被监护、看护的人,情节恶劣的,处三年以下有期徒刑或者拘役。

单位犯前款罪的,对单位判处罚金,并对其直接负责的主管人员和其他直接责任人员,依照前款的规定处罚。

有第一款行为,同时构成其他犯罪的,依照处罚较重的规定定罪处罚。

立法沿革

本条系2015年11月1日起施行的《刑法修正案(九)》第十九条增设的规定。

司法解释

《最高人民法院关于审理走私、非法经营、非法使用兴奋剂刑事案件适用法律若干问题的解释》(法释〔2019〕16号)第三条对兴奋剂犯罪适用虐待被监护、看护人罪的入罪标准作了规定。(→参见第三百五十五条之一评注部分,第1971页)

司法疑难解析

1. **虐待被监护、看护人罪的主体范围**。本评注认为,中小学校教师对未成年学生负有看护职责,属于《刑法》第二百六十条之一规定的"对未成年人负有看护职责的人"。

2."虐待"的认定。本评注认为,《刑法》第二百六十条之一规定的"虐待",是指折磨、摧残被看护的人身心健康的行为。从教育教学实践看,教师对学生实施责打的现象客观存在,在乡村学校、体育学校等可能还带有一定普遍性。其中,有的责打行为属于虽然不尽妥当但可以理解的管教行为(如因为学生违反纪律,用手打其臀部或者掐其胳膊),有的行为则属于可能构成违法犯罪的"虐待"行为。认定有关行为是否属于"虐待",需要从起因、方式、强度、持续时间、频次等方面进行综合判断。总体而言,如果有关行为已超出一般社会公众所能接受的限度,已超出正常管教的范畴的,则应当认定为虐待。行为人的动机是判断有关行为是否属于"虐待"所应考虑的一个因素(如为了发泄个人情绪,无故打骂学生的,一般可以认定为属于"虐待"),但并非判断有关行为是否属于虐待的绝对标准。即便行为人主观上可能也有履行教育教学职责、维护教育教学秩序的动机,但如果有关管教行为从方式、强度、频次等方面看,已超出一般社会公众所能容忍、认同的限度的,仍然应当认定为"虐待"。此外,虐待行为一般具有经常性或者持续性的特点,但并不以此为必要。有关行为从方式、强度等方面看,已明显超出正常限度,不具有"管教"性质的(例如,拿烟头烫被害人),即便是一次实施,也应当认定为是虐待行为。当然,对相关案件的处理要特别慎重,既要有效保护未成年学生的合法权益,也要充分考虑教育教学的特点和实际情况,避免中小学教师"不敢管、不愿管"的现象,切实保障未成年学生的健康成长。

第二百六十一条 【遗弃罪】对于年老、年幼、患病或者其他没有独立生活能力的人,负有扶养义务而拒绝扶养,情节恶劣的,处五年以下有期徒刑、拘役或者管制。

▊ 立法沿革

本条系1997年《刑法》沿用1979年《刑法》第一百八十三条的规定,未作调整。

▊ 相关规定

《中华人民共和国治安管理处罚法》(修正后自2013年1月1日起施行,节录)

第四十五条 有下列行为之一的,处五日以下拘留或者警告:

(二)遗弃没有独立生活能力的被扶养人的。

■ 规范性文件

《最高人民法院、最高人民检察院、公安部、司法部关于依法办理家庭暴力犯罪案件的意见》(法发〔2015〕4号)第十七条对遗弃"情节恶劣"的认定及遗弃罪与故意杀人罪的界分作了规定。(→参见第二百三十二条评注部分,第1077页)

■ 刑参案例规则提炼

《乐燕故意杀人案——具有抚养义务的人,因防止婴幼儿外出将婴幼儿留置在与外界完全隔绝的房间,为了满足其他欲求而放任婴幼儿死亡危险的,如何定罪处罚》(第992号案例)、《万道龙等故意杀人案——拒不履行扶养义务,将出生不久的女婴遗弃在获救希望渺茫的深山野林的,如何定性》(第993号案例)所涉规则提炼如下:

遗弃罪与以遗弃方式的故意杀人罪的界分规则。"区分……的关键点在于:行为人实施遗弃行为时,其是否考虑并给予了被害人获得救助的机会。如果是,则可以遗弃罪定罪;否则,应当以故意杀人罪来定罪。"对此,"一般可从行为人遗弃的原因、动机、时间、地点、对象、手段、后果、事后表现等情节进行研判"。(第993号案例)"在特定的时空条件下,被害人之生命安危是否依赖于对其负有特定抚养义务的行为人,如果存在这种支配依赖关系,而行为人不仅自己不履行抚养义务,还切断、排除了其他人对被害人进行救助的可能,主观上对被害人死亡结果持放任态度,那么行为人就构成故意杀人罪;相反,抚养义务的不履行如果不会给被害人生命带来必然的、紧迫的现实危险,客观上仍存在其他人介入履行抚养义务的可能,行为人主观上既不希望也不放任死亡结果的发生,那么行为人就属于遗弃罪。"(第992号案例)

第二百六十二条 【拐骗儿童罪】拐骗不满十四周岁的未成年人,脱离家庭或者监护人的,处五年以下有期徒刑或者拘役。

■ 立法沿革

本条系1997年《刑法》沿用1979年《刑法》第一百八十四条的规定,仅将"不满十四岁的男、女"调整为"不满十四周岁的未成年人"。

■ 刑参案例规则提炼

《胡从方拐骗儿童案——如何区分拐骗儿童罪和拐卖儿童罪》(第173号案

例)、《任福文拐骗儿童案——采取欺骗方式使儿童脱离家庭以供役使的行为如何定性》(第999号案例)所涉规则提炼如下:

1. 拐骗儿童罪主观目的的把握规则。"刑法没有明文规定构成该罪需要具备特别目的要件,但理论界通说认为,行为人实施拐骗行为主观上一般具有收养或者役使等目的,以此区别于以勒索财物为目的的绑架罪和以出卖为目的的拐卖儿童罪。"(第999号案例)"区分拐骗儿童罪和拐卖儿童罪的关键就在于行为人实施犯罪的主观目的……拐卖儿童罪则必须以出卖为目的,无此目的就不构成该罪。"(第173号案例)

2. 拐骗儿童罪客观要件的把握规则。根据《刑法》第二百六十二条的规定,拐骗儿童罪的客观方面表现为拐骗不满十四周岁的未成年人,脱离家庭或者监护人的行为。"拐骗儿童罪中的'拐骗',即泛指一切违背儿童监护人意愿使儿童脱离家庭或者监护的行为,既包括欺骗性手段,也包括偷盗、强抢等手段。""拐骗行为既可能针对儿童实施,也可能针对儿童的监护人或者看护人实施。""脱离家庭或者监护人,是指使儿童脱离家庭或者离开父母或者其他监护人,致使儿童的父母或者监护人不能继续对该未成年人行使监护权。"(第999号案例)

3. 亲子关系的确认规则。"偷盗的都是新生婴儿,最小的生下刚1日,最大的也才7日。其中两个婴儿过了十几天以后才被找回或者解救,其亲生父母难以辨认。这样,法院在审理案件过程中,需要运用科学的证据来证明亲子关系,而不是仅凭被害人父母的辨认和被告人的回忆,以避免张冠李戴,酿成新的纠纷。"(第173号案例)

第二百六十二条之一 【组织残疾人、儿童乞讨罪】以暴力、胁迫手段组织残疾人或者不满十四周岁的未成年人乞讨的,处三年以下有期徒刑或者拘役,并处罚金;情节严重的,处三年以上七年以下有期徒刑,并处罚金。

立法沿革

本条系2006年6月29日起施行的《刑法修正案(六)》第十七条增设的规定。

相关规定

《中华人民共和国治安管理处罚法》(修正后自2013年1月1日起施行,节录)

第四十一条第一款 胁迫、诱骗或者利用他人乞讨的,处十日以上十五日以下拘留，可以并处一千元以下罚款。

刑参案例规则提炼

《翟雪峰、魏翠英组织儿童乞讨案——如何认定组织儿童乞讨罪中的"暴力、胁迫"手段、"组织"行为、乞讨形式以及"情节严重"》（第1001号案例）所涉规则提炼如下：

1. 组织儿童乞讨罪客观构成要件的把握规则。（1）"在认定是否构成组织儿童乞讨罪中的'暴力、胁迫'时，应当充分考虑儿童身心脆弱、易受伤害等特点，程度标准不宜要求过高，无须达到足以压制儿童反抗的程度，只要在常人看来，足以使儿童产生恐惧心理即满足客观入罪条件。一般而言，对儿童实施抽耳光、踢打等轻微暴力，或者采取冻饿、凌辱、言语恐吓、精神折磨、有病不给治疗、限制人身自由、灌服精神镇定麻醉类药物等方式，组织儿童乞讨的，均符合组织儿童乞讨罪的入罪条件。"（2）与妨害社会管理秩序的组织犯罪通常要求被组织的人数达到三人以上不同，"组织儿童乞讨罪中的'组织'不以被组织乞讨的人员达三人为入罪条件"。（3）"乞讨是指'某一社会成员远离社会主流生活以苦难遭遇的叙述或者表演等为手段而换取施舍的行为'。实践中，乞讨的方式形形色色。"（第1001号案例）

2. 组织儿童乞讨罪"情节严重"的认定规则。"具有下列情形之一的，可以认定为情节严重，处三年以上七年以下有期徒刑：（1）组织不满六周岁的儿童一人以上或者已满六周岁的儿童三人以上乞讨的；（2）组织儿童采取有伤风化、严重损害儿童身心健康的方式进行乞讨的；（3）采取药物麻醉等严重损害儿童身心健康的方式迫使其乞讨的；（4）暴力迫使儿童乞讨致使乞讨儿童受轻微伤的；（5）组织儿童乞讨达一个月以上的；（6）被组织乞讨的儿童经查证系被偷盗、拐卖、拐骗的；（7）遗弃所组织的儿童或者致使被组织乞讨的儿童下落不明的；（8）组织儿童乞讨期间，因疏于照料看护，致儿童营养不良达中度以上，罹患严重疾病，伤残或者死亡的；（9）具有其他严重情节的。"（第1001号案例）

3. 组织儿童乞讨罪的罪数处断规则。"组织儿童乞讨中，对儿童实施暴力造成儿童轻伤以上后果的，应当以故意伤害罪或故意杀人罪，与组织儿童乞讨罪予以并罚。此外，为组织儿童乞讨，故意致儿童残疾、畸形，符合刑法第二百三十四条规定的，对行为人应当以故意伤害罪从重处罚，其组织儿童乞讨行为另构成组织儿童乞讨罪的，依照数罪并罚的规定处罚。"（第1001号案例）

第二百六十二条之二 【组织未成年人进行违反治安管理活动罪】组织未成年人进行盗窃、诈骗、抢夺、敲诈勒索等违反治安管理活动的,处三年以下有期徒刑或者拘役,并处罚金;情节严重的,处三年以上七年以下有期徒刑,并处罚金。

立法沿革

本条系2009年2月28日起施行的《刑法修正案(七)》第八条增设的规定。

指导性案例

惩治组织未成年人进行违反治安管理活动犯罪综合司法保护案(检例第173号,节录)

关键词 组织未成年人进行违反治安管理活动罪 有偿陪侍 情节严重 督促监护令 社会治理

要 旨 对组织未成年人在KTV等娱乐场所进行有偿陪侍的,检察机关应当以组织未成年人进行违反治安管理活动罪进行追诉,并可以从被组织人数、持续时间、组织手段、陪侍情节、危害后果等方面综合认定本罪的"情节严重"。①检察机关应当针对案件背后的家庭监护缺失、监护不力问题开展督促监护工作,综合评估监护履责中存在的具体问题,制发个性化督促监护令,并跟踪落实。检察机关应当坚持未成年人保护治罪与治理并重,针对个案发生的原因开展诉源治理。

司法疑难解析

1. **"违反治安管理活动"的涵义。本**评注主张,对于组织未成年人进行违反治安管理活动罪之中的"盗窃、诈骗、抢夺、敲诈勒索等违反治安管理活动",如作等外解释,应考虑相当性,即所涉行为属于违反治安管理活动,且与"盗窃、诈骗、抢夺、敲诈勒索"的危害程度相当。例如,《治安管理处罚法》第四十九条对"盗窃、诈骗、哄抢、抢夺、敲诈勒索或者故意损毁公私财物"作了同条规定,故对于组织未成年人进行故意损毁公私财物的,适用组织未成年人进行违反治安管理活动罪应无不妥。

此外,司法实践中对于组织未成年人进行有偿陪侍是否属于违反治安管理活动尚存在不同认识。有观点主张应当作慎重认定;当然,对于所涉行为构成其

---

① 正如"司法疑难解析"部分所述,对于组织未成年人进行有偿陪侍的行为认定为组织未成年人进行违反治安管理活动罪,尚有不同认识。——本评注注

他犯罪的,可以按照相关犯罪论处。主要考虑:(1)《治安管理处罚法》并未明确规定有偿陪侍属于治安管理处罚的行为。组织未成年人进行"有偿陪侍"是否在组织未成年人进行违反治安管理活动罪的规制范围之内,有待进一步研究。(2)《娱乐场所管理条例》第十四条第一款规定:"娱乐场所及其从业人员不得实施下列行为,不得为进入娱乐场所的人员实施下列行为提供条件;……(四)提供或者从事以营利为目的的陪侍;……"第四十三条规定:"娱乐场所实施本条例第十四条禁止行为的,由县级公安部门没收违法所得和非法财物,责令停业整顿3个月至6个月;情节严重的,由原发证机关吊销娱乐经营许可证,对直接负责的主管人员和其他直接责任人员处1万元以上2万元以下的罚款。"根据上述规定,《娱乐场所管理条例》的处罚对象为娱乐场所,《治安管理处罚法》的处罚对象为行为人,二者处罚方式不同,也没有上下位阶关系,似不能得出违反《娱乐场所管理条例》就属于违反治安管理行为的结论。

2. 强迫未成年人进行违反治安管理活动行为的定性。 实践中,不少行为人在组织的过程中实际带有"强迫"性质。**本评注主张**,对于组织未成年人进行违反治安管理活动罪之中的"组织"可以扩大解释为包括强迫在内,因为强迫本身也是一种组织行为。当然,如果相关强迫行为可以依照处罚更重的罪处罚的,则应当适用相应罪名。

第五章

侵犯财产罪

▌全国人大常委会决定

《全国人民代表大会常务委员会关于维护互联网安全的决定》(修正后自2009年8月27日起施行,节录)

四、为了保护个人、法人和其他组织的人身、财产等合法权利,对有下列行为之一,构成犯罪的,依照刑法有关规定追究刑事责任:

(三)利用互联网进行盗窃、诈骗、敲诈勒索。

(→全文参见第二百八十五条评注部分,第1399页)

▌立法工作机关意见

《全国人民代表大会常委会法制工作委员会对〈关于公司人员利用职务上的便利采取欺骗等手段非法占有股东股权的行为如何定性处理的批复〉的意见》(法工委发函〔2005〕105号)

最高人民检察院:

你院法律政策研究室2005年8月26日来函收悉。经研究,答复如下:

据刑法第九十二条的规定,股份属于财产。采用各种非法手段侵吞、占有他人依法享有的股份,构成犯罪的,适用刑法有关非法侵犯他人财产的犯罪规定。

▌相关规定

《中华人民共和国治安管理处罚法》(修正后自2013年1月1日起施行,节录)

第四十九条 盗窃、诈骗、哄抢、抢夺、敲诈勒索或者故意损毁公私财物的,处五日以上十日以下拘留,可以并处五百元以下罚款;情节较重的,处十日以上十五日以下拘留,可以并处一千元以下罚款。

▌规范性文件

《最高人民法院、最高人民检察院、公安部、司法部关于办理黑恶势力犯罪案件若干问题的指导意见》(法发〔2018〕1号)"五、依法打击非法放贷讨债的犯罪活动"对非法放贷讨债涉及侵犯财产罪的适用作了规定。(→参见第二百九十四条评注部分,第1526页)

《全国法院毒品案件审判工作会议纪要》(法〔2023〕108号)"二、罪名认定问题""(四)关于其他涉毒行为"对盗窃、抢夺、抢劫毒品的处理作了规定。(→参见分则第六章第七节标题评注部分,第1874页)

第二百六十三条　【抢劫罪】以暴力、胁迫或者其他方法抢劫公私财物的,处三年以上十年以下有期徒刑,并处罚金;有下列情形之一的,处十年以上有期徒刑、无期徒刑或者死刑,并处罚金或者没收财产:

(一)入户抢劫的;
(二)在公共交通工具上抢劫的;
(三)抢劫银行或者其他金融机构的;
(四)多次抢劫或者抢劫数额巨大的;
(五)抢劫致人重伤、死亡的;
(六)冒充军警人员抢劫的;
(七)持枪抢劫的;
(八)抢劫军用物资或者抢险、救灾、救济物资的。

立法沿革

本条系1997年《刑法》吸收1979年《刑法》作出修改后的规定。1979年《刑法》第一百五十条规定:"以暴力、胁迫或者其他方法抢劫公私财物的,处三年以上十年以下有期徒刑。""犯前款罪,情节严重的或者致人重伤、死亡的,处十年以上有期徒刑、无期徒刑或者死刑,可以并处没收财产。"1997年《刑法》对抢劫罪处十年以上有期徒刑的情形作了细化规定。

司法解释

《最高人民法院研究室关于对在绑架勒索犯罪过程中对同一受害人又有抢劫行为应如何定罪问题的答复》(1995年5月30日)

江西省高级人民法院:

你院赣高法〔1995〕54号《关于在绑架勒索犯罪过程中又有抢劫行为是否数

罪并罚的请示》①收悉。经研究,答复如下:

行为人在绑架勒索犯罪过程中,又抢劫同一被害人财物的,应以绑架勒索罪②定罪,从重处罚;同时又抢劫他人财物的,应分别以绑架勒索罪、抢劫罪定罪,实行数罪并罚。

《最高人民法院关于审理抢劫案件具体应用法律若干问题的解释》(法释〔2000〕35号,自2000年11月28日起施行)③

为依法惩处抢劫犯罪活动,根据刑法的有关规定,现就审理抢劫案件具体应用法律的若干问题解释如下:

第一条④ 刑法第二百六十三条第(一)项规定的"入户抢劫",是指为实施抢劫行为而进入他人生活的与外界相对隔离的住所,包括封闭的院落、牧民的帐篷、渔民作为家庭生活场所的渔船、为生活租用的房屋等进行抢劫的行为。

对于入户盗窃,因被发现而当场使用暴力或者以暴力相威胁的行为,应当认定为入户抢劫。

---

① 《江西省高级人民法院关于在绑架勒索犯罪过程中又有抢劫行为是否数罪并罚的请示》(赣高法〔1995〕54号)提出:"最高人民法院:本院在审理唐胜平、石自房、石远彬绑架勒索案(案情见本院审理报告)时,对该案是以绑架勒索一罪处罚还是以绑架勒索罪、抢劫罪并罚,审判委员会讨论意见不一,把握不准。第一种意见认为:绑架勒索中直接从被绑架人身上劫取钱物,虽然符合抢劫的特征,但它是一种牵连行为,应当依重罪吸收轻罪的原则,以绑架勒索罪从重处罚。第二种意见认为,罪犯实施了绑架勒索行为,又在绑架的同时采取暴力或暴力相威胁,直接从被绑架人身上劫取财物,具有绑架勒索和抢劫的两种故意和行为,构成了两个犯罪,应当数罪并罚。此类情况应如何定罪处罚,请批复。"
② 1997年《刑法》改为绑架罪。——本评注注
③ 本司法解释的有关规定,特别是第一条关于"'入户抢劫',是指为实施抢劫行为而……"的规定,应当结合《最高人民法院关于审理抢劫刑事案件适用法律若干问题的指导意见》(法发〔2016〕2号)的有关规定加以把握,不一致的,以后者为准。——本评注注
④ 认定公民住所问题,在实践中可能存在这样一种情形,即白天利用住所从事商品零售等经营活动,晚上做生活起居之用。根据本司法解释的规定,如果犯罪分子在白天进入上述场所进行抢劫,由于在营业时间该场所是开放的,而不是封闭的生活空间。因此,不能认定为"入户抢劫"。如果犯罪分子在夜晚或者其他停止营业的时间进入该住所行抢,则应当认定为"入户抢劫"。参见孙军工:《〈关于审理抢劫案件具体应用法律若干问题的解释〉的理解与适用》,载中华人民共和国最高人民法院刑事审判第一、二、三、四、五庭主办:《中国刑事审判指导案例4》(增订第3版),法律出版社2017年版,第525页。对此,《最高人民法院关于审理抢劫刑事案件适用法律若干问题的指导意见》(法发〔2016〕2号)"二、关于抢劫犯罪部分加重处罚情节的认定"作了进一步细化规定。

第二条　刑法第二百六十三条第(二)项规定的"在公共交通工具上抢劫",既包括在从事旅客运输的各种公共汽车、大、中型出租车、火车、船只、飞机等正在运营中的机动公共交通工具上对旅客、司售、乘务人员实施的抢劫,也包括对运行途中的机动公共交通工具加以拦截后,对公共交通工具上的人员实施的抢劫。

第三条　刑法第二百六十三条第(三)项规定的"抢劫银行或者其他金融机构",是指抢劫银行或者其他金融机构的经营资金、有价证券和客户的资金等。

抢劫正在使用中的银行或者其他金融机构的运钞车的,视为"抢劫银行或者其他金融机构"。

第四条　刑法第二百六十三条第(四)项规定的"抢劫数额巨大"的认定标准,参照各地确定的盗窃罪数额巨大的认定标准执行。

第五条①　刑法第二百六十三条第(七)项规定的"持枪抢劫",是指行为人使用枪支或者向被害人显示持有、佩带的枪支进行抢劫的行为。"枪支"的概念和范围,适用《中华人民共和国枪支管理法》的规定。

第六条　刑法第二百六十七条第二款规定的"携带凶器抢夺",是指行为人随身携带枪支、爆炸物、管制刀具等国家禁止个人携带的器械进行抢夺或者为了实施犯罪而携带其他器械进行抢夺的行为。

《最高人民法院关于抢劫过程中故意杀人案件如何定罪问题的批复》(法释〔2001〕16号,自2001年5月26日起施行)

上海市高级人民法院:

你院沪高法〔2000〕117号《关于抢劫过程中故意杀人案件定性问题的请示》收悉。经研究,答复如下:

行为人为劫取财物而预谋故意杀人,或者在劫取财物过程中,为制服被害人反抗而故意杀人的,以抢劫罪定罪处罚。

行为人实施抢劫后,为灭口而故意杀人的,以抢劫罪和故意杀人罪定罪,实行数罪并罚。

《最高人民法院关于审理未成年人刑事案件具体应用法律若干问题的解释》(法释〔2006〕1号)第七条对未成年人强行索要生活、学习用品或者钱财行为的处理规则作了规定。(→参见第十七条评注部分,第42页)

---

① 最高人民法院研究室复函认为:"持仿真玩具枪实施抢劫,不应认定为'持枪抢劫'。"参见刘涛:《最高人民法院研究室关于持仿真玩具枪实施抢劫犯罪有关问题的研究意见》,载张军主编:《司法研究与指导(总第1辑)》,人民法院出版社2012年版。

《最高人民检察院关于强迫借贷行为适用法律问题的批复》(高检发释字〔2014〕1号)规定以非法占有为目的,以借贷为名采用暴力、胁迫手段获取他人财物,符合《刑法》第二百六十三条规定的,以抢劫罪追究刑事责任。(→参见第二百二十六条评注部分,第1054页)

《最高人民法院关于审理掩饰、隐瞒犯罪所得、犯罪所得收益刑事案件适用法律若干问题的解释》[法释〔2015〕11号,根据《最高人民法院关于修改〈关于审理掩饰、隐瞒犯罪所得、犯罪所得收益刑事案件适用法律若干问题的解释〉的决定》(法释〔2021〕8号)修正]**第六条**明确犯罪所得及其产生的收益可以成为抢劫罪等财产犯罪的对象。(→参见第三百一十二条评注部分,第1635页)

规范性文件

《最高人民法院关于审理抢劫、抢夺刑事案件适用法律若干问题的意见》(法发〔2005〕8号)①

抢劫、抢夺是多发性的侵犯财产犯罪。1997年刑法修订后,为了更好地指导审判工作,最高人民法院先后发布了《关于审理抢劫案件具体应用法律若干问题的解释》(以下简称《抢劫解释》)和《关于审理抢夺刑事案件具体应用法律若干问题的解释》(以下简称《抢夺解释》)。但是,抢劫、抢夺犯罪案件的情况比较复杂,各地法院在审判过程中仍然遇到了不少新情况、新问题。为准确、统一适用法律,现对审理抢劫、抢夺犯罪案件中较为突出的几个法律适用问题,提出意见如下:

一、关于"入户抢劫"的认定

根据《抢劫解释》第一条规定,认定"入户抢劫"时,应当注意以下三个问题:一是"户"的范围。"户"在这里是指住所,其特征表现为供他人家庭生活和与外界相对隔离两个方面,前者为功能特征,后者为场所特征。一般情况下,集体宿舍、旅店宾馆、临时搭建工棚等不应认定为"户",但在特定情况下,如果确实具有上述两个特征的,也可以认定为"户"。二是"入户"目的的非法性。进入他人住所须以实施抢劫等犯罪为目的。抢劫行为虽然发生在户内,但行为人不以实施抢劫等犯罪为目的进入他人住所,而是在户内临时起意实施抢劫的,不属于"入户抢劫"。三是暴力或者暴力胁迫行为必须发生在户内。入户实施盗窃被发现,行为人为窝藏赃物、抗拒抓捕或者毁灭罪证而当场使用暴力或者以暴力相

---

① 本规范性文件的有关规定,特别是"一、关于'入户抢劫'的认定"部分关于入户目的的规定,应当结合《最高人民法院关于审理抢劫刑事案件适用法律若干问题的指导意见》(法发〔2016〕2号)的有关规定加以把握,不一致的,以后者为准。——**本评注注**

威胁的,如果暴力或者暴力胁迫行为发生在户内,可以认定为"入户抢劫";如果发生在户外,不能认定为"入户抢劫"。

二、关于"在公共交通工具上抢劫"的认定①

公共交通工具承载的旅客具有不特定多数人的特点。根据《抢劫解释》第二条规定,"在公共交通工具上抢劫"主要是指在从事旅客运输的各种公共汽车、大、中型出租车、火车、船只、飞机等正在运营中的机动公共交通工具上对旅客、司售、乘务人员实施的抢劫。在未运营中的大、中型公共交通工具上针对司售、乘务人员抢劫的,或者在小型出租车上抢劫的,不属于"在公共交通工具上抢劫"。

三、关于"多次抢劫"的认定

刑法第二百六十三条第(四)项中的"多次抢劫"是指抢劫三次以上。

对于"多次"的认定,应以行为人实施的每一次抢劫行为均已构成犯罪为前提,综合考虑犯罪故意的产生、犯罪行为实施的时间、地点等因素,客观分析、认定。对于行为人基于一个犯意实施犯罪的,如在同一地点同时对在场的多人实施抢劫的;或基于同一犯意在同一地点实施连续抢劫犯罪的,如在同一地点连续地对途经此地的多人进行抢劫的;或在一次犯罪中对一栋居民楼房中的几户居民连续实施入户抢劫的,一般应认定为一次犯罪。

四、关于"携带凶器抢夺"的认定②

《抢劫解释》第六条规定,"携带凶器抢夺",是指行为人随身携带枪支、爆炸

---

① 最高人民法院刑二庭审判长会议认为:"实践中发生在小型出租汽车上的抢劫犯罪案件,大多是犯罪分子以租乘为名,骗司机将出租车开到偏僻无人的地方后,针对司机行抢,或者同时抢劫司机驾驶的出租汽车。这种抢劫犯罪不是针对众多乘客实施的,因此,不同于威胁众多乘客人身、财产安全的'在公共交通工具上抢劫'犯罪案件,故不能根据刑法第二百六十三条第二项的规定,认定为'在公共交通工具上抢劫'。"参见《最高人民法院刑二庭审判长会议关于在小型出租车抢劫能否认定为"在公共交通工具上抢劫"的问题》,载中华人民共和国最高人民法院刑事审判第一、二、三、四、五庭主办:《中国刑事审判指导案例4》(增订第3版),法律出版社2017年版,第648页。

② "携带凶器抢夺"不存在转化抢劫。如果行为人在抢夺过程中使用了凶器,如将随身携带的凶器有意加以显示、能为被害人察觉到的,表明其主观上具有以暴力相威胁劫取他人财物的故意,客观上实施了以暴力相威胁劫取他人财物的行为,符合抢劫罪的特征,应直接以抢劫罪定罪处罚。参见陆ючки红:《审理抢劫案件几个疑难问题探讨——基于对〈关于审理抢劫刑事案件适用法律若干问题的指导意见〉的再次解读》,载中华人民共和国最高人民法院刑事审判第一、二、三、四、五庭主办:《刑事审判参考(总第109集)》,法律出版社2017年版,第181页。

物、管制刀具等国家禁止个人携带的器械进行抢夺或者为了实施犯罪而携带其他器械进行抢夺的行为。行为人随身携带国家禁止个人携带的器械以外的其他器械抢夺,但有证据证明该器械确实不是为了实施犯罪准备的,不以抢劫罪定罪;行为人将随身携带凶器有意加以显示、能为被害人察觉到的,直接适用刑法第二百六十三条的规定定罪处罚;行为人携带凶器抢夺后,在逃跑过程中为窝藏赃物、抗拒抓捕或者毁灭罪证而当场使用暴力或者以暴力相威胁的,适用刑法第二百六十七条第二款的规定定罪处罚。

五、关于转化抢劫的认定[①]

行为人实施盗窃、诈骗、抢夺行为,未达到"数额较大",为窝藏赃物、抗拒抓

[①] 实践中分歧较大的是对于行为人入户或在交通工具上实施盗窃、诈骗、抢夺他人财物,尚未构成犯罪,为窝藏赃物、抗拒抓捕或者毁灭罪证当场实施轻微暴力或以暴力相威胁,既未劫得财物,也未导致他人伤害后果的,应如何处罚。经研究认为,可以入户抢劫或在公共交通工具上抢劫定罪处罚。理由:第一,符合犯罪构成的基本理论。以入户抢劫为例,理论上行为人入户盗窃、抢夺、诈骗被发现后实施暴力即可转化为抢劫,并不以犯罪数额大小为必要条件。入户或在公共交通工具上实施暴力并不是转化抢劫的必备要件,不存在将"入户"或在"公共交通工具上"既作为定罪要素又作为加重处罚的要素重复评价的问题。第二,符合司法解释的规定。《最高人民法院关于审理抢劫案件具体应用法律若干问题的解释》第一条第二款规定:"对于入户盗窃,因被发现而当场使用暴力或者以暴力相威胁的行为,应当认定为入户抢劫。"据此,行为人入户盗窃、抢夺、诈骗,无论是否已得逞,也无论其实施暴力或者以暴力相威胁是为了劫取财物还是为了窝藏赃物、抗拒抓捕或者毁灭罪证,都应认定为入户抢劫。同理,在公共交通工具上实施此类行为也应认定为在公共交通工具上抢劫。第三,可以做到罪刑均衡。实践中,对于行为人入户或在交通工具上实施转化抢劫,未劫得财物,也未导致他人伤害后果的,一般应认定为入户抢劫,判处十年以上刑罚。对于未劫得财物,也未致人轻伤以上伤害的,属犯罪未遂,可以从轻、减轻处罚;对于劫得少量财物,但未致人轻伤以上伤害的,如在十年以上量刑确属畸重,又无其他从轻、减轻情节,可适用《刑法》第六十三条第二款的规定处罚,一般不会出现量刑严重失衡的情况。参见顾保华:《关于审理抢劫、抢夺刑事案件适用法律若干问题的意见)的理解与适用》,载中华人民共和国最高人民法院刑事审判第一、二、三、四、五庭主办:《中国刑事审判指导案例4》(增订第3版),法律出版社2017年版,第537—538页。对此,有观点认为,转化型抢劫不存在未遂,只要发生转化即应为既遂,并不存在未遂形态。参见陆建红:《审理抢劫案件几个疑难问题探讨——基于对〈关于审理抢劫刑事案件适用法律若干问题的指导意见〉的再次解读》,载中华人民共和国最高人民法院刑事审判第一、二、三、四、五庭主办:《刑事审判参考》(总第109集)》,法律出版社2017年版,第182页。**本评注赞同**前一种观点,认为转化型抢劫亦应存在未遂形态。

捕或者毁灭罪证当场使用暴力或者以暴力相威胁,情节较轻、危害不大的,一般不以犯罪论处;但具有下列情节之一的,可依照刑法第二百六十九条的规定,以抢劫罪定罪处罚:

(1)盗窃、诈骗、抢夺接近"数额较大"标准的;

(2)入户或在公共交通工具上盗窃、诈骗、抢夺后在户外或交通工具外实施上述行为的;

(3)使用暴力致人轻微伤以上后果的;

(4)使用凶器或以凶器相威胁的;

(5)具有其他严重情节的。

六、关于抢劫犯罪数额的计算

抢劫信用卡后使用、消费的,其实际使用、消费的数额为抢劫数额;抢劫信用卡后未实际使用、消费的,不计数额,根据情节轻重量刑。所抢信用卡数额巨大,但未实际使用、消费或者实际使用、消费的数额未达到巨大标准的,不适用"抢劫数额巨大"的法定刑。

为抢劫其他财物,劫取机动车辆当作犯罪工具或者逃跑工具使用的,被劫取机动车辆的价值计入抢劫数额;为实施抢劫以外的其他犯罪劫取机动车辆的,以抢劫罪和实施的其他犯罪实行数罪并罚。

抢劫存折、机动车辆的数额计算,参照执行《关于审理盗窃案件具体应用法律若干问题的解释》①的相关规定。

七、关于抢劫特定财物行为的定性

以毒品、假币、淫秽物品等违禁品为对象,实施抢劫的,以抢劫罪定罪;抢劫的违禁品数量作为量刑情节予以考虑。抢劫违禁品后又以违禁品实施其他犯罪的,应以抢劫罪与具体实施的其他犯罪实行数罪并罚。

抢劫赌资、犯罪所得的赃款赃物的,以抢劫罪定罪,但行为人仅以其所输赌资或所赢赌债为抢劫对象,一般不以抢劫罪定罪处罚。构成其他犯罪的,依照刑法的相关规定处罚。

为个人使用,以暴力、胁迫等手段取得家庭成员或近亲属财产的,一般不以抢劫罪定罪处罚,构成其他犯罪的,依照刑法的相关规定处理;教唆或者伙同他人采取暴力、胁迫等手段劫取家庭成员或近亲属财产的,可以抢劫罪定罪处罚。

---

① 现行司法解释为《最高人民法院、最高人民检察院关于办理盗窃刑事案件适用法律若干问题的解释》(法释〔2013〕8号)。

八、关于抢劫罪数的认定

行为人实施伤害、强奸等犯罪行为,在被害人未失去知觉,利用被害人不能反抗、不敢反抗的处境,临时起意劫取他人财物的,应以此前所实施的具体犯罪与抢劫罪实行数罪并罚;在被害人失去知觉或者没有发觉的情形下,以及实施故意杀人犯罪行为之后,临时起意拿走他人财物的,应以此前所实施的具体犯罪与盗窃罪实行数罪并罚。

九、关于抢劫罪与相似犯罪的界限

1、冒充正在执行公务的人民警察、联防人员,以抓卖淫嫖娼、赌博等违法行为为名非法占有财物的行为定性①

行为人冒充正在执行公务的人民警察"抓赌"、"抓嫖",没收赌资或者罚款

---

① 对于行为人冒充正在执行公务的人民警察、联防人员,以抓卖淫嫖娼、赌博等违法行为为名,非法占有财物的,如果没有使用暴力或者暴力威胁的,不宜以抢劫罪定罪处罚;如果使用暴力或者暴力威胁,应以抢劫罪定罪处罚。理由是:第一,行为人冒充正在执行公务的人民警察、联防人员,"抓赌"、"抓嫖"、没收赌资或者罚款不符合抢劫罪中"以当场实施暴力相威胁"的特征。抢劫罪"以当场实施暴力相威胁"中的暴力使得行为人产生如果不交出财物,人身安全就会受到侵害的认识,人民警察、联防人员在履行职务的时候虽然拥有合法的实施一定程度暴力的权力,但这种暴力是使当事人服从治安管理的辅助手段,并非非法占有他人财物的手段,对违法者予以罚没财物的处罚需依照法定程序进行。行为人冒充人民警察、治安联防人员等身份,在于借助执法机关的惩处违法行为的职权,使那些有违法行为的受害人产生错误认识,"自愿服从"地交出财物。在这种情况下,受害人交出财物,主要是基于对自己行为违法性的认识及免于承受更严厉的法律后果和个人名誉、事业前途等损失,一般不是因为存在当场危及人身安全情况。这与抢劫罪中受害人慑于现实的人身侵害危险而不得不交付财物是有本质区别的。因此,当受害人是"自愿服从"地交付财物时,并不符合抢劫罪中的"以当场实施暴力相威胁"的特征;但如果受害人当场拒交罚没款时,行为人当场实施暴力或以暴力威胁的方法,迫使其交付财物,这种暴力或暴力威胁就转化为非法占有的手段,应以抢劫罪定罪处罚。第二,行为人冒充正在执行公务的人民警察,"抓赌"、"抓嫖"、没收赌资或者罚款符合招摇撞骗罪的特征。人民警察属于国家机关工作人员,行为人冒充人民警察符合招摇撞骗罪的主体要件。行为人出于谋取非法利益的目的,冒充人民警察,利用公安机关工作人员身份和查处违法犯罪行为的职权,使违法行为人产生错误认识,"自愿服从"地交出财物,损害了国家机关的声誉与正常活动,符合招摇撞骗罪构成要件,应以招摇撞骗罪定罪处罚。第三,行为人冒充治安联防人员,"抓赌"、"抓嫖"、没收赌资或者罚款符合敲诈勒索罪的特征。联防人员一般不属于国家机关工作人员,行为人冒充治安联防人员不符合招摇撞骗罪的主体要件。客观上,行为人取得财物的关键手段既不是以当场实施暴力相(转下页)

的行为,构成犯罪的,以招摇撞骗罪从重处罚;在实施上述行为中使用暴力或者暴力威胁的,以抢劫罪定罪处罚。行为人冒充治安联防队员"抓赌"、"抓嫖"、没收赌资或者罚款的行为,构成犯罪的,以敲诈勒索罪定罪处罚;在实施上述行为中使用暴力或者暴力威胁的,以抢劫罪定罪处罚。①

2、以暴力、胁迫手段索取超出正常交易价钱、费用的钱财的行为定性

从事正常商品买卖、交易或者劳动服务的人,以暴力、胁迫手段迫使他人交出与合理价钱、费用相差不大钱物,情节严重的,以强迫交易罪定罪处罚;以非法占有为目的,以买卖、交易、服务为幌子采用暴力、胁迫手段迫使他人交出与合理价钱、费用相差悬殊的钱物的,以抢劫罪定罪处刑。在具体认定时,既要考虑超出合理价钱、费用的绝对数额,还要考虑超出合理价钱、费用的比例,加以综合判断。

3、抢劫罪与绑架罪的界限

绑架罪是侵害他人人身自由权利的犯罪,其与抢劫罪的区别在于:第一,主观方面不尽相同。抢劫罪中,行为人一般出于非法占有他人财物的故意实施抢劫行为,绑架罪中,行为人既可能为勒索他人财物而实施绑架行为,也可能出于其它非经济目的实施绑架行为;第二,行为手段不尽相同。抢劫罪表现为行为人劫取财物一般应在同一时间、同一地点,具有"当场性";绑架罪表现为行为人以杀害、伤害等方式向被绑架人的亲属或其他人或单位发出威胁,索取赎金或提出其他非法要求,劫取财物一般不具有"当场性"。

绑架过程中又当场劫取被害人随身携带财物的,同时触犯绑架罪和抢劫罪两罪名,应择一重罪定罪处罚。

4、抢劫罪与寻衅滋事罪的界限

寻衅滋事罪是严重扰乱社会秩序的犯罪,行为人实施寻衅滋事的行为时,客

(接上页)威胁,也不是利用冒充国家机关工作人员招摇撞骗,而是利用受害人因违法而惧怕被追究法律责任或个人名誉、事业、前途遭受损害进行要挟,使其不得已而交出财物,符合敲诈勒索的特征。主观上,行为人具有非法占有他人财物的故意。因此,对行为人以敲诈勒索罪定罪处罚是适当的。参见顾保华:《〈关于审理抢劫、抢夺刑事案件适用法律若干问题的意见〉的理解与适用》,载中华人民共和国最高人民法院刑事审判第一、二、三、四、五庭主办:《中国刑事审判指导案例 4》(增订第 3 版),法律出版社 2017 年版,第 537—538 页。

① 本条与《最高人民法院、最高人民检察院、公安部关于依法惩治招摇撞骗等违法犯罪行为的指导意见》(公通字〔2021〕21号)第四条(→参见第二百七十九条评注部分,第 页)之间的关系,在具体适用之中可以再作进一步斟酌。**本评注倾向认为**,原则上可以择一重罪处断。——本评注注

观上也可能表现为强拿硬要公私财物的特征。这种强拿硬要的行为与抢劫罪的区别在于：前者行为人主观上还具有逞强好胜和通过强拿硬要来填补其精神空虚等目的，后者行为人一般只具有非法占有他人财物的目的；前者行为人客观上一般不以严重侵犯他人人身权利的方法强拿硬要财物，而后者行为人则以暴力、胁迫等方式作为劫取他人财物的手段。司法实践中，对于未成年人使用或威胁使用轻微暴力强抢少量财物的行为，一般不宜以抢劫罪定罪处罚。其行为符合寻衅滋事罪特征的，可以寻衅滋事罪定罪处罚。

5．抢劫罪与故意伤害罪的界限

行为人为索取债务，使用暴力、暴力威胁等手段的，一般不以抢劫罪定罪处罚。构成故意伤害等其他犯罪的，依照刑法第二百三十四条等规定处罚。

十、抢劫罪的既遂、未遂的认定

抢劫罪侵犯的是复杂客体，既侵犯财产权利又侵犯人身权利，具备劫取财物或者造成他人轻伤以上后果两者之一的，均属抢劫既遂；既未劫取财物，又未造成他人人身伤害后果的，属抢劫未遂。据此，刑法第二百六十三条规定的八种处罚情节中除"抢劫致人重伤、死亡"这一结果加重情节之外，其余七种处罚情节同样存在既遂、未遂问题，其中属抢劫未遂的，应当根据刑法关于加重情节的法定刑规定，结合未遂犯的处理原则量刑。

十一、驾驶机动车、非机动车夺取他人财物行为的定性

对于驾驶机动车、非机动车（以下简称"驾驶车辆"）夺取他人财物的，一般以抢夺罪从重处罚。但具有下列情形之一，应当以抢劫罪定罪处罚：

（1）驾驶车辆，逼挤、撞击或强行逼倒他人以排除他人反抗，乘机夺取财物的；

（2）驾驶车辆强抢财物时，因被害人不放手而采取强拉硬拽方法劫取财物的；

（3）行为人明知其驾驶车辆强行夺取他人财物的手段会造成他人伤亡的后果，仍然强行夺取并放任造成财物持有人轻伤以上后果的。

《最高人民法院关于审理抢劫刑事案件适用法律若干问题的指导意见》（法发〔2016〕2号）

抢劫犯罪是多发性的侵犯财产和侵犯公民人身权利的犯罪。1997年《刑法》修订后，最高人民法院先后发布了《关于审理抢劫案件具体应用法律若干问题的解释》（以下简称《抢劫解释》）和《关于审理抢劫、抢夺刑事案件适用法律问题的意见》（以下简称《两抢意见》），对抢劫案件的法律适用作出了规范，发挥了重要的指导作用。但是，抢劫犯罪案件的情况越来越复

杂,各级法院在审判过程中不断遇到新情况、新问题。为统一适用法律,根据刑法和司法解释的规定,结合近年来人民法院审理抢劫案件的经验,现对审理抢劫犯罪案件中较为突出的几个法律适用问题和刑事政策把握问题提出如下指导意见:

一、关于审理抢劫刑事案件的基本要求

坚持贯彻宽严相济刑事政策。对于多次结伙抢劫,针对农村留守妇女、儿童及老人等弱势群体实施抢劫,在抢劫中实施强奸等暴力犯罪的,要在法律规定的量刑幅度内从重判处。

对于罪行严重或者具有累犯情节的抢劫犯罪分子,减刑、假释时应当从严掌握,严格控制减刑的幅度和频度。对因家庭成员就医等特定原因初次实施抢劫,主观恶性和犯罪情节相对较轻的,要与多次抢劫以及为了挥霍、赌博、吸毒等实施抢劫的案件在量刑上有所区分。对于犯罪情节较轻,或者具有法定、酌定从轻、减轻处罚情节的,坚持依法从宽处理。

确保案件审判质量。审理抢劫刑事案件,要严格遵守证据裁判原则,确保事实清楚,证据确实、充分。特别是对因抢劫可能判处死刑的案件,更要切实贯彻执行刑事诉讼法及相关司法解释、司法文件,严格依法审查判断和运用证据,坚决防止冤错案件的发生。

对抢劫刑事案件适用死刑,应当坚持"保留死刑,严格控制和慎重适用死刑"的刑事政策,以最严格的标准和最审慎的态度,确保死刑只适用于极少数罪行极其严重的犯罪分子。对被判处死刑缓期二年执行的抢劫犯罪分子,根据犯罪情节等情况,可以同时决定对其限制减刑。

二、关于抢劫犯罪部分加重处罚情节的认定

1.①认定"入户抢劫",要注重审查行为人"入户"的目的,将"入户抢劫"与"在户内抢劫"区别开来。以侵害户内人员的人身、财产为目的,入户后实施抢

---

① 本规定改变了《最高人民法院关于审理抢劫、抢夺刑事案件适用法律若干问题的意见》(法发〔2005〕8号)将"入户抢劫"中的"入户"限定于实施抢劫等犯罪目的的规定,扩大为"以侵害户内人员的人身、财产为目的"。换言之,即使不以犯罪为目的,而只是出于一般违法目的,只要是"以侵害户内人员的人身、财产为目的"而入户,而后实施抢劫的,均可认定为入户抢劫。这样规定,有利于更有力地保护公民的住宅安全,更严厉地打击入户抢劫犯罪。参见陆建红、杨华、潘洁:《关于审理抢劫刑事案件适用法律若干问题的指导意见》的理解与适用》,载中华人民共和国最高人民法院刑事审判第一、二、三、四、五庭主办:《中国刑事审判指导案例4》(增订第3版),法律出版社2017年版,第548—549页。

劫,包括入户实施盗窃、诈骗等犯罪而转化为抢劫的,应当认定为"入户抢劫"。因访友办事等原因经户内人员允许入户后,临时起意实施抢劫,或者临时起意实施盗窃、诈骗等犯罪而转化为抢劫的,不应认定为"入户抢劫"。

对于部分时间从事经营、部分时间用于生活起居的场所,行为人在非营业时间强行入内抢劫或者以购物等为名骗开房门入内抢劫的,应认定为"入户抢劫"。对于部分用于经营、部分用于生活且之间有明确隔离的场所,行为人进入生活场所实施抢劫的,应认定为"入户抢劫";如场所之间没有明确隔离,行为人在营业时间入内实施抢劫的,不认定为"入户抢劫",但在非营业时间入内实施抢劫的,应认定为"入户抢劫"。

2."公共交通工具",包括从事旅客运输的各种公共汽车,大、中型出租车,火车,地铁,轻轨,轮船,飞机等,不含小型出租车。对于虽不具有商业营运执照,但实际从事旅客运输的大、中型交通工具,可认定为"公共交通工具"。接送职工的单位班车、接送师生的校车等大、中型交通工具,视为"公共交通工具"。

"在公共交通工具上抢劫",既包括在处于运营状态的公共交通工具上对旅客及司售、乘务人员实施抢劫,也包括拦截运营途中的公共交通工具对旅客及司售、乘务人员实施抢劫,但不包括在未运营的公共交通工具上针对司售、乘务人员实施抢劫。以暴力、胁迫或者麻醉等手段对公共交通工具上的特定人员实施抢劫的,一般应认定为"在公共交通工具上抢劫"。

3.认定"抢劫数额巨大",参照各地认定盗窃罪数额巨大的标准执行。抢劫数额以实际抢劫到的财物数额为依据。对以数额巨大的财物为明确目标,由于意志以外的原因,未能抢到财物或实际抢得的财物数额不大的,应同时认定"抢劫数额巨大"和犯罪未遂的情节,根据刑法有关规定,结合未遂犯的处理原则量刑。

根据《两抢意见》第六条第一款规定,抢劫信用卡后使用、消费的,以行为人实际使用、消费的数额为抢劫数额。由于行为人意志以外的原因无法实际使用、消费的部分,虽不计入抢劫数额,但应作为量刑情节考虑。通过银行转账或者电子支付、手机银行等支付平台获取抢劫财物的,以行为人实际获取的财物为抢劫数额。

4.认定"冒充军警人员抢劫",要注重对行为人是否穿着军警制服、携带枪支、是否出示军警证件等情节进行综合审查,判断是否足以使他人误以为是军警人员。对于行为人仅穿着类似军警的服装或仅以言语宣称系军警人员但未携带枪支、也未出示军警证件而实施抢劫的,要结合抢劫地点、时间、暴力或威胁的具体情形,依照常人判断标准,确定是否认定为"冒充军警人员抢劫"。

军警人员利用自身的真实身份实施抢劫的,不认定为"冒充军警人员抢劫"，应依法从重处罚。

三、关于转化型抢劫犯罪的认定

根据刑法第二百六十九条的规定，"犯盗窃、诈骗、抢夺罪，为窝藏赃物、抗拒抓捕或者毁灭罪证而当场使用暴力或者以暴力相威胁的"，依照抢劫罪定罪处罚。"犯盗窃、诈骗、抢夺罪"，主要是指行为人已经着手实施盗窃、诈骗、抢夺行为，一般不考察盗窃、诈骗、抢夺行为是否既遂。但是所涉财物数额明显低于"数额较大"的标准，又不具有《两抢意见》第五条所列五种情节之一的，不构成抢劫罪。"当场"是指在盗窃、诈骗、抢夺的现场以及行为人刚离开现场即被他人发现并抓捕的情形。

对于以摆脱的方式逃脱抓捕，暴力强度较小，未造成轻伤以上后果的，可不认定为"使用暴力"，不以抢劫罪论处。

入户或者在公共交通工具上盗窃、诈骗、抢夺后，为了窝藏赃物、抗拒抓捕或者毁灭罪证，在户内或者公共交通工具上当场使用暴力或者以暴力相威胁的，构成"入户抢劫"或者"在公共交通工具上抢劫"。

两人以上共同实施盗窃、诈骗、抢夺犯罪，其中部分行为人为窝藏赃物、抗拒抓捕或者毁灭罪证而当场使用暴力或者以暴力相威胁的，对于其余行为人是否以抢劫罪共犯论处，主要看其对实施暴力或者以暴力相威胁的行为人是否形成共同犯意、提供帮助。基于一定意思联络，对实施暴力或者以暴力相威胁的行为人提供帮助或实际成为帮凶的，可以抢劫共犯论处。

四、具有法定八种加重处罚情节的刑罚适用

1. 根据刑法第二百六十三条的规定，具有"抢劫致人重伤、死亡"等八种法定加重处罚情节的，处十年以上有期徒刑、无期徒刑或者死刑，并处罚金或者没收财产。应当根据抢劫的次数及数额、抢劫对人身的损害、对社会治安的危害等情况，结合被告人的主观恶性及人身危险程度，并根据量刑规范化的有关规定，确定具体的刑罚。判处无期徒刑以上刑罚的，一般应并处没收财产。

2. 具有下列情形之一的，可以判处无期徒刑以上刑罚：
(1)抢劫致三人以上重伤，或者致人重伤造成严重残疾的；
(2)在抢劫过程中故意杀害他人，或者故意伤害他人，致人死亡的；
(3)具有除"抢劫致人重伤、死亡"外的两种以上加重处罚情节，或者抢劫次数特别多、抢劫数额特别巨大的。

3. 为劫取财物而预谋故意杀人，或者在劫取财物过程中为制服被害人反抗、抗拒抓捕而杀害被害人，且被告人无法定从宽处罚情节的，可依法判处死刑立即执行。对具有自首、立功等法定从轻处罚情节的，判处死刑立即执行应当慎重。

对于采取故意杀人以外的其他手段实施抢劫并致人死亡的案件,要从犯罪的动机、预谋、实行行为等方面分析被告人主观恶性的大小,并从有无前科及平时表现、认罪悔罪情况等方面判断被告人的人身危险程度,不能不加区别,仅以出现被害人死亡的后果,一律判处死刑立即执行。

4. 抢劫致人重伤案件适用死刑,应当更加慎重、更加严格,除非具有采取极其残忍的手段造成被害人严重残疾等特别恶劣的情节或者造成特别严重后果的,一般不判处死刑立即执行。

5. 具有刑法第二百六十三条规定的"抢劫致人重伤、死亡"以外其他七种加重处罚情节,且犯罪情节特别恶劣、危害后果特别严重的,可依法判处死刑立即执行。认定"情节特别恶劣、危害后果特别严重",应当从严掌握,适用死刑必须非常慎重、非常严格。

五、抢劫共同犯罪的刑罚适用

1. 审理抢劫共同犯罪案件,应当充分考虑共同犯罪的情节及后果、共同犯罪人在抢劫中的作用以及被告人的主观恶性、人身危险性等情节,做到准确认定主从犯,分清罪责,以责定刑,罚当其罪。一案中有两名以上主犯的,要从犯罪提意、预谋、准备、行为实施、赃物处理等方面区分出罪责最大者和较大者;有两名以上从犯的,要在从犯中区分出罪责相对更轻者和较轻者。对从犯的处罚,要根据案件的具体事实、从犯的罪责,确定从轻还是减轻处罚。对具有自首、立功或者未成年人且初次抢劫等情节的从犯,可以依法免除处罚。

2. 对于共同抢劫致一人死亡的案件,依法应当判处死刑的,除犯罪手段特别残忍、情节及后果特别严重、社会影响特别恶劣、严重危害社会治安的外,一般只对共同抢劫犯罪中作用最突出、罪行最严重的那名主犯判处死刑立即执行。罪行最严重的主犯如因系未成年人而不适用死刑,或者因具有自首、立功等法定从宽处罚情节而不判处死刑立即执行的,不能不加区别地对其他主犯判处死刑立即执行。

3. 在抢劫共同犯罪案件中,有同案犯在逃的,应当根据现有证据尽量分清在押犯与在逃犯的罪责,对在押犯应按其罪责处刑。罪责确实难以分清,或者不排除在押犯的罪责可能轻于在逃犯的,对在押犯适用刑罚应当留有余地,判处死刑立即执行要格外慎重。

六、累犯等情节的适用

根据刑法第六十五条第一款的规定,对累犯应当从重处罚。抢劫犯罪被告人具有累犯情节的,适用刑罚时要综合考虑犯罪的情节和后果,所犯前后罪的性质、间隔时间及判刑轻重等情况,决定从重处罚的力度。对于前罪系抢劫等严重暴力犯罪的累犯,应当依法加大从重处罚的力度。对于虽不构成累犯,但具有抢劫犯罪前科的,一般不适用减轻处罚和缓刑。对于可能判处死刑的罪犯具有累犯情节的也应慎重,不能只要是累犯就一律判处死刑立即执行;被告人同时具有累犯和法定从宽处罚情节的,判处死刑立即执行应当综合考虑,从严掌握。

七、关于抢劫案件附带民事赔偿的处理原则

要妥善处理抢劫案件附带民事赔偿工作。审理抢劫刑事案件,一般情况下人民法院不主动开展附带民事调解工作。但是,对于犯罪情节不是特别恶劣或者被害方生活、医疗陷入困境,被告人与被害方自行达成民事赔偿和解协议的,民事赔偿情况可作为评价被告人悔罪态度的依据之一,在量刑上酌情予以考虑。

《最高人民法院、最高人民检察院、公安部、司法部关于依法严厉打击传播艾滋病病毒等违法犯罪行为的指导意见》(公通字〔2019〕23号)"二、准确认定行为性质"第(六)条对抢劫罪的适用作了指引性规定。(→参见第二百三十四条评注部分,第1095页)

《最高人民法院、最高人民检察院、公安部关于依法办理"碰瓷"违法犯罪案件的指导意见》(公通字〔2020〕12号)第三条对"碰瓷"案件适用抢劫罪作了指引性规定。(→参见第二百六十六条评注部分,第1292页)

《最高人民法院、最高人民检察院关于常见犯罪的量刑指导意见(试行)》(法发〔2021〕21号,节录)

四、常见犯罪的量刑

(十)抢劫罪

1. 构成抢劫罪的,根据下列情形在相应的幅度内确定量刑起点:

(1)抢劫一次的,在三年至六年有期徒刑幅度内确定量刑起点。

(2)有下列情形之一的,在十年至十三年有期徒刑幅度内确定量刑起点:入户抢劫的;在公共交通工具上抢劫的;抢劫银行或者其他金融机构的;抢劫三次或者抢劫数额达到数额巨大起点的;抢劫致一人重伤的;冒充军警人员抢劫的;持枪抢劫的;抢劫军用物资或者抢险、救灾、救济物资的。依法应当判处无期徒刑以上刑罚的除外。

2. 在量刑起点的基础上,根据抢劫情节严重程度、抢劫数额、次数、致人伤害后果等其他影响犯罪构成的犯罪事实增加刑罚量,确定基准刑。

3. 构成抢劫罪的,根据抢劫的数额、次数、手段、危害后果等犯罪情节,综合考虑被告人缴纳罚金的能力,决定罚金数额。

4. 构成抢劫罪的,综合考虑抢劫的起因、手段、危害后果等犯罪事实、量刑情节,以及被告人的主观恶性、人身危险性、认罪悔罪表现等因素,从严把握缓刑的适用。

(→前三部分和第五部分参见总则第四章第一节标题评注部分,第 224、227 页)

指导性案例

陈邓昌抢劫、盗窃,付志强盗窃案(检例第 17 号,节录)
关键词 第二审程序刑事抗诉 入户抢劫 盗窃罪 补充起诉
要 旨
1. 对于入户盗窃,因被发现而当场使用暴力或者以暴力相威胁的行为,应当认定为"入户抢劫"。
2. 在人民法院宣告判决前,人民检察院发现被告人有遗漏的罪行可以一并起诉和审理的,可以补充起诉。
3. 人民检察院认为同级人民法院第一审判决重罪轻判,适用刑罚明显不当的,应当提出抗诉。

法律适用答复、复函

《最高人民法院研究室关于对非法占有强迫他人卖血所得款物案件如何定性问题的意见函》(1995 年 10 月 23 日)
最高人民检察院研究室:
你室送来的《关于征求对非法占有强迫他人卖血所得款物案件定性意见的函》已收悉。经研究,我们认为,被告人以非法占有为目的,强迫被害人卖血后占有卖血所得款物的行为,构成抢劫罪;其间实施的非法剥夺被害人人身自由的行为,应作为抢劫罪从重处罚的情节予以考虑。

刑参案例规则提炼①

《罗登祥抢劫、故意杀人、脱逃(未遂)案》——对在抢劫过程中杀人(致人死

---

① 另,鉴于《最高人民法院关于审理抢劫刑事案件适用法律若干问题的指导意见》(法发〔2016〕2 号)"关于抢劫犯罪部分加重处罚情节的认定"明确"入户抢劫"的认定只要求"以侵害户内人员的人身、财产为目的",《**虞正策强奸、抢劫案**》——在入户强奸过程中临时起意劫取财物的,能否认定为"入户抢劫"》(第 580 号案例)提出"进入他人住所须以实施抢劫等犯罪为目的"、"抢劫等犯罪"不宜理解为所有犯罪,仅应解释为抢劫及盗窃、诈骗、抢夺等图财型犯罪""以强奸目的入户,在强奸过程中临时起意劫取财物的,不能认定为'入户抢劫'",故对其所涉规则未予提炼。

亡)的案件如何定罪处刑》(第36号案例)、《蒋志华故意伤害案——使用暴力手段向债务人的亲属索要欠债致人伤害应如何定性》(第90号案例)、《包胜芹等故意伤害、抢劫案——教唆他人抢劫自己与妻子的共同财产是否构成抢劫罪》(第91号案例)、《戚道云等抢劫案——为消灭债务采用暴力、胁迫手段抢回欠款凭证的行为应如何定性》(第92号案例)、《刘汉福等抢劫案——丈夫伙同他人抢劫夫妻共同财产的行为如何定性》(第97号案例)、《郑小平、邹小虎抢劫案——以暴力、威胁手段强迫他人提供贷款的行为如何定性》(第112号案例)、《周建平、卫杨林、吴江、刘有志抢劫、敲诈勒索案——如何正确区分抢劫罪与绑架罪、敲诈勒索罪的界限》(第117号案例)、《金义祥抢劫案——抢劫致人重伤应如何量刑》(第121号案例)、《明安华抢劫案——子女进入父母居室内抢劫的能否认定为"入户抢劫"》(第134号案例)、《何木生抢劫案——敲诈勒索罪和抢劫罪之区分》(第147号案例)、《邹代明抢劫案——设置机关将他人禁闭起来以得逞财目的的行为如何定性》(第159号案例)、《李春林故意杀人案——为逃避债务故意杀人后又拿走被害人财物的行为如何定性》(第171号案例)、《曾贤勇抢劫案——携带凶器在银行营业大厅抢夺储户现金行为的法律适用》(第190号案例)、《杨保营等抢劫、绑架案——暴力劫持、拘禁他人之后迫使其本人交出现金行为的定性》(第272号案例)、《王团结、潘友利、黄福忠抢劫、敲诈勒索案——挟持被害人前往其亲友处取钱的行为应如何定罪》(第282号案例)、《陆剑钢等抢劫案——入户抢劫中"户"的理解与认定》(第288号案例)、《赖忠、苏绍俊、李海等故意伤害案——抢回赌资致人轻伤的行为如何定性》(第298号案例)、《杨廷祥等抢劫案——在个体家庭旅馆针对旅馆主人实施的抢劫是否构成"入户抢劫"》(第309号案例)、《朱永友抢劫案——在盗窃过程中使用暴力的直接适用刑法第二百六十三条以抢劫罪定罪处罚》(第322号案例)、《王跃军、张晓勇抢劫、盗窃案——"飞车行抢"刑事案件如何定性》(第323号案例)、《夏鹏飞、汪宣峰抢劫、敲诈勒索、盗窃案——在实施敲诈勒索犯罪过程中对被害人使用暴力并当场劫取财物的行为是否需要数罪并罚》(第332号案例)、《姜继红、成盛等抢劫、盗窃案——连续抢劫多人的是否属于"多次抢劫"》(第338号案例)、《李政、侍鹏抢劫案——针对特定的被害人在公共交通工具上实施抢劫是否属于"在公共交通工具上抢劫"》(第391号案例)、《魏建军抢劫、放火案——抢劫过程中致人重伤昏迷,又放火毁灭罪证致人窒息死亡的,是抢劫致人死亡还是故意杀人》(第401号案例)、《粟君才等抢劫、非法持有枪支案——为抢劫而携带枪支,抢劫中未使用枪支的,不是持枪抢劫》(第436号案例)、《韩维等抢劫案——非法进入他人共同租住的房屋抢劫是否属于"入户抢劫"》(第466号案例)、《王国全抢劫案——如何认定抢劫致人死亡》(第 477 号案例)、《弓喜抢劫案——在意图抢劫他人数额巨大财物的过程中致人轻伤,但未抢得财物的,是否认定为"抢劫数额巨大"》(第 481 号案例)、《王建利等抢劫案——对抢劫国家二级以上文物的应如何量刑》(第 482 号案例)、《侯吉辉、匡家荣、何德权抢劫案——在明知他人抢劫的情况下,于暴力行为结束后参与共同搜取被害人财物的行为如何定罪量刑》(第 491 号案例)、《赵东波、赵军故意杀人、抢劫案——预谋并实施抢劫及杀人灭口行为的应如何定性》(第 506 号案例)、《卜玉华、郭臣故意杀人、抢劫案——共同抢劫中故意杀人案件的认定和处理》(第 566 号案例)、《杨辉、石磊等破坏电力设备案——盗窃电力设备过程中,以暴力手段控制无抓捕意图的过往群众的不构成抢劫罪》(第 575 号案例)、《龚文彬等抢劫、贩卖毒品案——诈骗未得逞后以暴力手段取得财物的如何定性》(第 581 号案例)、《王志坚抢劫、强奸、盗窃案——如何把握抢劫犯罪案件中加重情节的认定》(第 613 号案例)、《张红亮等抢劫、盗窃案——劫持被害人后,要求被害人以勒赎之外的名义向其家属索要财物的行为,如何定性》(第 637 号案例)、《夏洪生抢劫、破坏电力设备案——骗乘出租车欲到目的地抢劫因惟恐被发觉而在中途放弃的,能否认定为抢劫预备阶段的犯罪中止,为逃匿而劫取但事后予以焚毁的机动车辆能否计入抢劫数额》(第 643 号案例)、《张校抢劫案——医院抢救中的失误能否中断抢劫行为与被害人死亡结果之间的因果关系》(第 685 号案例)、《陈惠忠等抢劫案——"吊模宰客"行为如何定性》(第 730 号案例)、《张超抢劫案——行为人在赌博完毕离开后返回赌博现场抢走赌资的行为如何定性》(第 793 号案例)、《刘某抢劫、强奸案——为抢劫、强奸同一被害人,致使被害人跳楼逃离过程中造成重伤以上后果的,如何定罪量刑》(第 814 号案例)、《尹志刚、李龙云抢劫案——提供配好的钥匙给同伙,让同伙入室抢劫共同居住人的,行为人与同伙是否均构成人户抢劫》(第 815 号案例)、《徐伟抢劫案——在高速公路上持刀抢劫出租车司机,被害人下车呼救时被其他车辆撞击致死,能否适用"抢劫致人死亡"》(第 818 号案例)、《黄卫松抢劫案——进入卖淫女出租房嫖宿后实施抢劫是否构成"入户抢劫"》(第 844 号案例)、《刘长庚抢劫案——行为人从户外追赶被害人进入户内后实施抢劫的行为,能否认定为"入户抢劫"》(第 846 号案例)、《陈志故意杀人、劫持汽车案——杀人后劫车逃跑的行为如何定性》(第 866 号案例)、《习海珠抢劫案——在拖欠被害人钱款情况下,以暴力、胁迫手段逼迫被害人书写收条的行为,应当如何定性?属于犯罪既遂还是未遂?》(第 1063 号案例)、《韦猛抢劫案——进入无人居住的待租房屋实施抢劫,不属于"入户抢劫"》(第 1180 号案例)、《秦红抢劫案——被允许入户后临时起意盗窃,被发现后当场使用暴力的,能否认定"入户抢劫"》(第1181号案例)、《郭建良抢劫案——"抢劫致人死亡"的司法认定》(第1183号案例)、《王志国、肖建美抢劫案——"冒充军警人员抢劫"的认定》(第1184号案例)、《姚小林等抢劫案——抢劫信用卡的犯罪数额认定》(第1185号案例)、《秦电志故意杀人、故意伤害、放火、抢劫、盗窃案——行为人短时间内实施一系列具有关联性犯罪行为的如何认定》(第1222号案例)、《祝日峰、祝某强抢劫案——多次抢劫预备能否认定为"多次抢劫"》(第1226号案例)、《蒋伟伟抢劫案——如何认定为劫取财物而预谋故意杀人的行为》(第1301号案例)所涉规则提炼如下:

1. 抢劫罪的对象规则。"在拖欠被害人钱款情况下,以暴力、胁迫手段逼迫被害人写下收条的行为,应当认定为抢劫罪。"(第1063号案例)"为消灭债务采用暴力、胁迫手段强行索回欠款凭证的行为,侵犯了被害人……的财产权和人身权利符合抢劫罪的犯罪构成。""抢劫行为已经实施终了,债务已经消灭,属于犯罪既遂。"(第92号案例)但是,"为逃避债务故意杀害……的行为,构成故意杀人罪,不能以抢劫罪定罪处罚。"(第171号案例)"鉴于信用卡所具有的抽象财物与具体财物的双重属性,在抢劫信用卡类犯罪中,只有以行为人从信用卡中实际获取的财物数额,也即信用卡所有人受到的实际损失为抢劫数额的认定标准,才能完整、客观地体现抢劫信用卡行为的社会危害性。"(第1185号案例)"使用暴力手段抢回所输掉的赌资",致人轻伤的,应当定性为故意伤害罪。(第298号案例)当然,这限于赌博现场,"如果在其他场所(即非赌博现场)……实施抢回所输赌资或者所赢赌债行为的,其主观故意与一般的抢劫罪主观故意无异,应当构成抢劫罪。"而且,就数额而言,要求"抢取财物没有明显超出自己所输赌资或者所赢赌债的范围"。(第793号案例)

2. 入户抢劫的认定规则。(1)"'入户'抢劫并非单纯地'在户内'抢劫,它还内在地涵括了一个非法侵入他人住宅的行为。"(第147号案例)"即使不以犯罪为目的,而只是出于一般违法目的,只要是'以侵害户内人员的人身、财产为目的'而入户,而后实施抢劫的,均可认定为'入户抢劫'。"(第1181号案例)(2)"刑法之所以将入户抢劫规定为法定加重情节,一个重要原因是入户抢劫直接威胁到了户内居民的人身和财产安全。""公民的住宅是个人及家庭成员安身立命之所在,国家保障住宅不受侵犯,实质上是为了使人们相信住所是最为隐秘、最为安全的场所。""因此,作为刑法上的'户',不仅是一个场所的概念,而且更主要的是与住所内的公民人身及财产权利相联系的概念。从这个意义上讲,入户抢劫还内含着一个实质性内容,即必须是以户为对象所实施的抢劫。""对于入户抢劫中的'户',应当结合行为时'户'所承载的实际功能进行分析、判定。""设在他人住所内的赌场不应视为刑法上的'户',抢劫参赌人员而非家庭成员的行为不应认定为入户抢劫。"(第288号案例)"在个体家庭旅馆针对旅馆主人实施的……抢劫行为,因抢劫行为非发生在他人'户'内,故不应认定为'入户抢劫'。"(第309号案例)"工人宿舍不具备家庭生活的实质,建筑工地不能认定为住所,所以,对侵入该二处地点的行为不宜认定为'入户'。"(第613号案例)"无人居住的待租房屋,不是'供他人家庭生活和与外界相对隔离的住所',不属于'户'。"(第1180号案例)"卖淫女出租房兼具卖淫活动场所和家居生活住所的性质","当卖淫女决定在该出租房内接纳嫖客时,该出租房实际承载的功能便转化为淫乱牟利的场所。此时,该出租房虽然具有'户'的场所特征,但不具有户的功能特征"。(第844号案例)但是,"并不绝对要求'户'内居住的人员关系必须具有亲属关系……只要这种住所具有与外界相对隔离的特征"。"不具有家庭成员关系,但合租的房屋系供生活所用,具有私人住所的特点,应当属于刑法意义上的'户'。""值得注意的是,不具有家庭成员身份的人共同租用的住所,如果每一个承租人相对于其他人都没有相对独立的空间,该房屋应属于群体共同休息和活动的公共场所,就不能认定为刑法意义上的'户'。当然,家庭成员共同居住的住所,隐私性和排他性则是以整体体现的,即使各成员没有相对独立的空间,也不影响成立'户'。"(第466号案例)(3)"暴力劫财行为始发在户外,持续至户内,仍应认定为'入户抢劫'。"(第332号案例)"行为人从户外追赶被害人进入户内后实施抢劫的行为",应当认定为"入户抢劫"。(第846号案例)(4)"提供配好的钥匙给同伙,让同伙入室抢劫共同居住人的,行为人与同伙均构成入户抢劫。"(第815号案例)(5)"子女进入父母住宅抢劫的,一般不应当认定为'入户抢劫'。"(第134号案例)

  3.**在公共交通工具上抢劫的认定规则**。"在公共交通工具这样相对封闭的环境中进行抢劫,被害人求救及反抗能力均受到一定的限制,可能得不到及时救助而陷入被实施伤害的极大的危险状态中,精神恐惧的制约作用也使得犯罪分子往往更容易得逞,因此,其社会危害性远远大于一般的抢劫犯罪。""评判行为人的抢劫行为是否构成'在公共交通工具上抢劫',不是以实际上行为人是否对不特定多数人实施抢劫行为为标准,而是应以不特定多数人的人身权利和财产权利是否受到威胁或者抢劫行为是否足以使得不特定多数人认为受到威胁为标准。"第一次抢劫,"实施抢劫行为虽然仅仅针对被害人一人,主观上也没有侵犯不特定多数人人身和财产的故意,但只要行为人在公共交通工具上实施的抢劫行为足以威胁到同乘人员,即可构成抢劫罪的加重情节"。第二次抢劫,"除被害人……外,车上并无其他乘客,只有驾驶员……一人。由于'在公共交通工上抢劫'不仅侵犯了不特定多数乘客的人身权利和财产权利,更重要的是侵犯了特定社会环境下的社会公共秩序和公共运输安全,被告人……在公共交通工具上实施抢劫,同样会使驾驶员……感到受威胁(不以行为人实际威胁驾驶员以及驾驶员实际产生恐惧感为前提),影响驾驶员的驾驶安全;同时,法律并没有将公共交通工具的驾驶员排除在不特定多数人之外,被害人……以及……在长途客车封闭的环境中形成不特定多数人群体。因此,仍属于'在公共交通工具上抢劫'"。(第391号案例)

4. 抢劫银行或者其他金融机构的认定规则。"刑法之所以将抢劫银行或者其他金融机构等作为八种量刑情节,是为了突出打击针对银行或者其他金融机构的犯罪,以保护金融机构的安全。正在银行或者其他金融机构等待办理业务的客户毕竟不是金融机构本身","在银行营业大厅'抢劫'客户现金不同于抢劫银行或者其他金融机构……不属抢劫银行"。"但是,如果被害人的现金已递交银行或者其他金融机构工作人员,则被告人的行为应以抢劫银行或者其他金融机构论处。"(第190号案例)

5. 多次抢劫的认定规则。"对于连续抢劫多人的抢劫行为是认定为一次抢劫还是'多次抢劫',应从犯罪故意的单复数、犯罪时间的连续性和地点的相近性三个因素综合判断。""行为人在同一地点连续对多人同时实施抢劫的,虽属抢劫多人,但由于是基于同一犯意,不仅具有犯罪时间的连续性,还具有犯罪地点的相近性,不属于'多次抢劫'。"(第338号案例)"计算'多次抢劫'时不应将抢劫预备行为作为次数计算。"(第1226号案例)

6. 抢劫数额巨大的认定规则。"'抢劫数额巨大',应当是指实际抢得的财物数额巨大,而不包括行为人意图抢劫数额巨大的财物但客观上没有抢得财物或者只抢到少许财物的情形。"(第481号案例)"抢劫'数额巨大'可参照盗窃'数额巨大'予以认定,抢劫国家二级以上文物的可适用刑法第二百六十三条第(四)项的规定量刑。"

7. 抢劫致人重伤、死亡的认定规则。"在司法实践中,抢劫致人死亡主要有三种情形:一是使用暴力追求或者放任被害人死亡结果的发生;二是使用暴力抢劫过程中过失致人死亡;三是抢劫时置被害人于危险状态而不予救助,放任其死亡结果的发生。而这三种情况无一例外地表明,被害人死亡结果之间与抢劫罪犯的抢劫行为之间都是具有'合乎规律的引起与被引起的联系'的。""实践中对于认定抢劫致人死亡也予以了必要的限制,即被害人死亡结果系抢劫过程中当场发生,或在行为人的抢劫实行行为影响下发生的,如抢劫过程中被害人试图逃离现场时不慎跌下山涧或遭遇车祸丧生的情形等。在此种情形下,行为人的抢劫行为在逻辑上可以归为被害人死亡的必要条件,也可以认定为抢劫致人死亡。"(第477号案例)"在'抢劫致人死亡'情节的认定中,抢劫行为与被害人死亡结果之间的因果关系应不限于直接、必然因果关系,也包括间接、偶然因果关系,即'抢劫致人死亡'中的'致'是招致、引起(后果)的意思,而非限于直接造成。"(第1183号案例)"以非法占有为目的,采用持刀捅刺被害人身体的手段劫取被害人财物",在被告人行为引起被害人死亡结果发生的可能性较大而医院抢救行为对结果发生的影响力并非主要的情况下,医院的抢救行为并不能中断被告人的抢劫行为与被害人死亡结果之间的因果关系。"(第685号案例)"在高速公路上持刀抢劫出租车司机,被害人下车呼救时被其他车辆撞死",应当认定为"抢劫致人死亡"。(第818号案例)"以非法占有为目的,将被害人骗至其租房,当场使用暴力手段劫取数额巨大的财物,迫使唐某跳楼逃走致重伤……其间……两次违背唐某意志强行与其发生性关系","穿插实施多种多次暴力行为致使被害人人身伤害后果的,如果多种多次暴力行为分别构成不同犯罪的,可将该伤害后果在各犯罪构成中分别予以评价",故而,"认定被告人……构成抢劫罪、强奸罪,并将被害人……的重伤后果在抢劫罪、强奸罪中分别予以评价"。(第814号案例)对于抢劫致人重伤的,"对被害人伤害后果严重程度的认定,应本着实事求是的原则,根据被害人损伤时的伤情及愈后的状况,全面分析,综合评定,只有这样才能客观地认定被告人犯罪后果的严重程度,并对其正确量刑"。(第121号案例)此外,"在事先无通谋,行为人在他人抢劫致被害人死亡后参与共同犯罪的,应适用……一般抢劫罪的规定量刑"。(第491号案例)

8. 冒充军警人员抢劫的认定规则。"对于冒充保安的情节不宜认定为冒充警察来处罚。"(第613号案例)"冒充军警的行为应具有一定的表现形式","应达到使一般人能够相信其身份的程度",但"不可简单地依据结果来认定","并非只要被害人识破了行为人的假军警身份,就一概不认定为'冒充军警人员抢劫'"。(第1184号案例)

9. 持枪抢劫的认定规则。"持枪抢劫,应当是指行为人为达到抢劫的目的而使用枪支的行为。""抢劫中使用枪支的行为通常包含两种行为:一是抢劫中开枪以制服被害人;二是为了达到抢劫目的而故意向对方显露枪支以给被害人造成心理恐惧致其不敢反抗。""持枪抢劫中的枪支应当是属于公安机关制定的有关枪支管理办法中规定的枪支范围……行为人向对方显露的是不具有杀伤力的仿真枪……不属于刑法意义上的持枪抢劫。"(第436号案例)

10. 抢劫杀人、伤害犯罪的罪数处理规则。"在抢劫杀人犯罪中,处抢劫一罪还是抢劫、故意杀人两罪的关键区别在于,行为人是否基于一个抢劫故意,为非法占有他人财物排除障碍而杀人。如果是,则不论杀人行为是在抢劫财物之前、之时或之后,均定抢劫罪一罪;如果不是,则可能构成抢劫罪和故意杀人罪等数罪。"(第643号案例)"凡在实施抢劫财物行为过程中,因使用暴力,如殴打、伤害、捆绑、禁闭等行为而致人死亡的,或者直接使用暴力将人杀死的,均应定抢劫罪一罪。这样可以做到更加准确地定罪量刑。""对于已实施完抢劫行为,即财物已经到手后,再为灭口等目的而实施杀人行为的,司法实践中的做法基本统一,即定抢劫罪和杀人罪两个罪,理论界也予认同。"(第36号案例)同理,"在抢取财物行为完成后,其抢劫犯罪已经完成。之后实施的暴力并致……重伤的行为,于抢劫而言已无必要,该暴力行为本身有自己独立的犯罪构成,即基于对被害人的怨恨及误认为被害人欲反抗而产生的报复心理驱使下实施的故意伤害行为"。对此,应以抢劫罪、故意伤害罪实行并罚。(第1222号案例)"为劫取财物而预谋故意杀人的情形",定性为抢劫罪。(第1301号案例)"对行为人预谋抢劫并杀人灭口,且之后按预谋内容实施抢劫完毕后,又杀人灭口的,应以抢劫罪与故意杀人罪两罪并罚。"(第506号案例)"在预谋时即产生作案后杀害被害人的故意,其暴力劫取他人财物并在抢劫后故意杀人的行为已分别构成抢劫罪和故意杀人罪,依法应数罪并罚。"(第566号案例)"在抢劫过程中使用暴力致人重伤昏迷,后为放火毁灭罪证致人窒息死亡,由于其在实施放火行为之前主观上认为被害人已经死亡,实施放火行为之时不具备杀死被害人的主观故意,并非抢劫完成后为了灭口而故意杀人,故不构成故意杀人罪,应认定为抢劫罪。同时……为毁灭罪证而实施的放火行为,符合放火罪的犯罪构成要件,还构成了放火罪,法院以抢劫罪和放火罪进行并罚是正确的。"(第401号案例)

11. "亲亲相抢"的处理规则。"无暴力特征的'亲亲相盗'与有暴力特征的'亲亲相抢'有质的不同,'亲亲相抢'为自己所有与唆使他人相抢并为他人所有亦有所不同。""教唆他人抢劫自己与妻子的共同财产,同样可以成为抢劫罪的主体,与抢劫罪构成要件中的'犯罪对象范围或主观目的'并不矛盾。"(第91号案例)"共同共有财产可以成为抢劫罪的对象","伙同他人抢走夫妻共同财产的行为,构成抢劫罪","对所抢劫的夫妻共同财产10万元全额负刑事责任"。"对于以夫妻共同财产为犯罪对象的抢劫行为,由于其特殊性……处刑时应适当考虑,酌情从轻处罚。"(第97号案例)

12. 为逃匿而劫取机动车辆的处理规则。"在类似劫取机动车辆作为犯罪工具或逃跑工具的情形中,行为人以暴力、胁迫手段劫取机动车并不是出于法律上的'使用目的',而是作为实施其他犯罪的工具或用于犯罪后逃跑,一般用后即予毁弃,基本上不存在返还的可能。因此,可以认定行为人仍是以非法占有为目的控制和利用机动车辆,在客观上也侵害了被害人的财产法益。至于行为人毁弃机动车辆,属于'非法占有'之后的处分行为,并不阻碍'非法占有'的成立。因此,劫取机动车作为犯罪工具或逃跑工具亦成立抢劫罪,被劫取的机动车的价值应计入抢劫数额,这种处理符合相关司法解释的规定。"(第643号案例)但是,"持刀闯入车内,胁迫车主开车送其离开现场,并在高速公路上违章行驶,已经危及公共安全,符合劫持汽车罪的客观特征",故而,"被告人劫车逃跑的行为构成劫持汽车罪"。(第866号案例)

13. 抢劫罪与绑架罪的界分规则。"抢劫罪与绑架罪的关键区别在于:抢劫罪是使用暴力、胁迫等强制手段,直接劫取被害人的财物。所谓直接劫取被害人的财物,既可包括当场劫走被害人随身携带的财物,也可包括挟持被害人到被害人住所等财物存放处劫走被害人的财物等。而以勒索财物为目的的绑架罪则是将被害人绑架后,以被绑架人的亲属或其他人对被绑架人的安危担忧来威胁被绑架人的亲属或其他人,向被绑架的对象以外的第三人索取财物,被绑架人与被勒索人是分离的,不是同一人。"(第282号案例)"对被害人实施了暴力,将其劫持到出租车上,抢走其随身携带的财产而后又将其放掉,从其行为特征看,主要目的是为了得到被害人的财产,虽然对其人身自由有一定时间的直接控制,但也是为了达到顺利实施抢劫的目的,符合抢劫罪特征。因此,对被告人抢走被害人随身携带财物的行为应认定为抢劫罪。"(第117号案例)"以索要财物为目的,实施暴力手段劫持被害人……并对其非法拘禁的行为,不具备以被绑架人为人质,向被绑架人以外的第三方勒索财物这一绑架罪的基本特征,不应认定为绑架罪。"(第272号案例)"劫持被害人后,要求被害人以勒赎之外的名义联系家属汇款到指定账户取得钱款的行为,构成抢劫罪。"①(第637号案例)

14. 抢劫罪与敲诈勒索罪的界分规则。"抢劫罪中……暴力威胁表现为如被害人不交出财物,即立即当场付诸实施威胁的内容,且是当时当场取得财物,而敲诈勒索罪中的威胁表现为如被害人不就范,将在此后实施威胁的内容,取得的财物既可以当时当场,也可以事后取得。"(第117号案例)"在司法实践中,对以暴力相威胁、非法索取他人财物的行为,究竟是定抢劫罪还是敲诈勒

---

① 需要注意的是,构成绑架罪,无需以向被绑架人的亲友明确告知绑架事实为要件。(→参见第二百三十九条评注部分,第1136页)因此,如果基于绑架勒索财物的目的实施劫持行为,只要劫持人质即构成绑架罪既遂;但是,如果基于概括的目的控制被害人,进而要求被害人以勒赎之外的名义联系家属汇款到指定账户取得钱款的,可以构成抢劫罪。——本评注注

索罪,往往由于对实现威胁和非法取得财物的时间和空间是否属于'当场'认识上有分歧,而造成认定上的分歧。""'当场'不是一个纯粹的时空概念,而是一定物质内容的存在形式。脱离了物质内容的时间和空间是不存在的,也无从把握。对于在以暴力威胁实施的抢劫罪中,'当场'的认定,必须结合行为人的暴力威胁以及所形成的对被害人的身体和精神强制的方式和程度,具体案件、具体分析认定。只要暴力威胁造成了强制,且该强制一直持续,即使时间延续较长,空间也发生了一定的转换,同样可以认定符合'当场'的要求。"(第147号案例)

15. **抢劫罪与其他犯罪的界分规则。**"对于债务纠纷当事人间所发生的暴力或以暴力相威胁的索债行为,行为人尽管在客观上采取了暴力、胁迫的手段,但主观上毕竟只是想收回本人的债权或者以货抵债,而不具有'非法占有的目的',不能认定为抢劫罪。""使用暴力手段向债务人的亲属索要欠债致人伤害",构成故意伤害罪。(第90号案例)"将他人禁闭于其预设的房间内,使他人失去抗拒能力,并当场劫取他人财物,符合抢劫罪的特征。"(第159号案例)"暴力挟持他人、非法索取他人财物的行为,具备抢劫罪的两个'当场'要件,构成抢劫罪,期间实施非法拘禁行为因与抢劫行为存在牵连关系,依照牵连犯的一般处理原则,不再单独定罪。"(第272号案例)"在盗窃过程中,非法占有公私财物之前,为防止被财物所有人或者保管人察觉,当场使用暴力或以暴力相威胁","属于犯意转化,其后续行为完全符合刑法第二百六十三条典型的抢劫罪的构成要件,而不宜认定为转化的抢劫罪。"(第322号案例)"盗窃电力设备犯罪过程中,以暴力手段控制、殴打无抓捕意图的过往群众,不构成抢劫罪。"(第575号案例)"在诈骗过程中,尚未取得财物就被他人发现,为了继续非法占有财物而使用暴力或者以暴力相威胁的","不具备转化型抢劫罪的主观要件,其行为符合抢劫罪的主观要件,应以……抢劫罪来认定"。"该暴力行为具有非法占有财物的目的性,仍然属于抢劫犯罪手段行为的一部分,不具有单独评价的意义,无须另行认定为故意伤害罪。"(第581号案例)"实施抢劫过程中伪造部分代为保管的钱款被抢,并将部分代为保管的钱款据为己有,应当认定为抢劫。"(第815号案例)

16. **"飞车行抢"案件的定性规则。**对"飞车行抢"案件,应当"根据案件的实际情况,具体问题具体分析……分别以相应的罪名定罪:(1)对于并未造成人员伤亡的案件,考虑到行为人主观心态的不确定性和客观上直接针对的是财物,如果行为人抢取财物数额较大的,应以抢夺罪论处;(2)对于造成被害人伤亡后果的案件,应该结合行为人的作案手段、作案环境、作案对象等情况具体分析行为人的主观罪过,分别定性。如果行为人对于伤亡后果的主观罪过是故意(包括直接故意和间接故意),应以抢劫罪定罪处罚。如果行为人对于伤亡后果的主观罪过是过失,则分两种情况处理。在抢取财物达到'数额较大'标准时,致人轻伤的,认定为'其他严重情节',致人重伤或者死亡的,则认定为'其他特别严重情节',以抢夺罪定罪处罚。在抢取财物未达到'数额较大'标准时,如果仅仅过失造成了被害人轻伤以下的伤害,那么可以对行为人处以治安行政处罚,但难以定罪处罚。如果过失造成了被害人重伤或者死亡,可以根据刑法第二百三十五条或者第二百三十三条的规定,分别以过失致人重伤罪或者过失致人死亡罪定罪处罚"。(第323号案例)

17."吊模宰客"行为的定性规则。"根据行为暴力升级的发展态势,'吊模宰客'行为一般涉及下列犯罪:1. 诈骗罪。非暴力的'吊模宰客'行为对应的往往是诈骗罪……2. 强迫交易罪……如果其经营行为是基本正常的、稳定的,行为人追求和获取的经济利益主要源于商业经营活动……仅为获取更高经营利润而为之,情节严重的可以认定构成强迫交易罪……3. 敲诈勒索罪、抢劫罪。与强迫交易罪相比,敲诈勒索罪和抢劫罪具有非法占有财物的故意,行为人并非从事正常经营,而是以经营活动为幌子或诱饵,追求的……是商业利润环节之外的他人财产,并且是通过暴力或威胁取得。"(第730号案例)

第二百六十四条 【盗窃罪】盗窃公私财物,数额较大的,或者多次盗窃、入户盗窃、携带凶器盗窃、扒窃的,处三年以下有期徒刑、拘役或者管制,并处或者单处罚金;数额巨大或者有其他严重情节的,处三年以上十年以下有期徒刑,并处罚金;数额特别巨大或者有其他特别严重情节的,处十年以上有期徒刑或者无期徒刑,并处罚金或者没收财产。

立法沿革

本条系1997年《刑法》吸收1979年《刑法》和单行刑法作出修改后的规定。1979年《刑法》第一百五十一条规定:"盗窃、诈骗、抢夺公私财物数额较大的,处五年以下有期徒刑、拘役或者管制。"《全国人民代表大会常务委员会关于严惩严重破坏经济的罪犯的决定》(自1982年4月1日起施行)对盗窃罪的法定刑作了修改,规定"情节特别严重的,处十年以上有期徒刑、无期徒刑或者死刑,可以并处没收财产。"1997年《刑法》对盗窃罪处死刑的情况作了严格的条件限制,规定在两种情况下最高刑才能判处死刑。

2011年5月1日起施行的《刑法修正案(八)》第三十九条对本条作了修改,删去对盗窃罪可以判处死刑的规定,增加入户盗窃、携带凶器盗窃、扒窃三类行为构成盗窃罪的规定。

修正前《刑法》	修正后《刑法》
第二百六十四条　【盗窃罪】盗窃公私财物，数额较大或者多次盗窃的，处三年以下有期徒刑、拘役或者管制，并处或者单处罚金；数额巨大或者有其他严重情节的，处三年以上十年以下有期徒刑，并处罚金；数额特别巨大或者有其他特别严重情节的，处十年以上有期徒刑或者无期徒刑，并处罚金或者没收财产，有下列情形之一的，处无期徒刑或者死刑，并处没收财产： （一）盗窃金融机构，数额特别巨大的； （二）盗窃珍贵文物，情节严重的。	第二百六十四条　【盗窃罪】盗窃公私财物，数额较大的，或者多次盗窃、**入户盗窃、携带凶器盗窃、扒窃**的，处三年以下有期徒刑、拘役或者管制，并处或者单处罚金；数额巨大或者有其他严重情节的，处三年以上十年以下有期徒刑，并处罚金；数额特别巨大或者有其他特别严重情节的，处十年以上有期徒刑或者无期徒刑，并处罚金或者没收财产。

司法解释

《最高人民法院关于审理未成年人刑事案件具体应用法律若干问题的解释》（法释〔2006〕1号）第九条对未成年人盗窃案件处理作了规定。（→参见第十七条评注部分，第42页）

《最高人民法院、最高人民检察院关于办理盗窃油气、破坏油气设备等刑事案件具体应用法律若干问题的解释》（法释〔2007〕3号）第三条、第四条对盗窃油气或者正在使用的油气设备的定性及有关问题作了规定。（→参见第一百一十八条评注部分，第435页）

《最高人民法院关于审理破坏电力设备刑事案件具体应用法律若干问题的解释》（法释〔2007〕15号）第三条对盗窃电力设备的处理作了规定。（→参见第一百一十八条评注部分，第436页）

《最高人民法院、最高人民检察院关于办理盗窃刑事案件适用法律若干问题的解释》（法释〔2013〕8号，自2013年4月4日起施行）

为依法惩治盗窃犯罪活动，保护公私财产，根据《中华人民共和国刑法》、《中华人民共和国刑事诉讼法》的有关规定，现就办理盗窃刑事案件适用法律的若干问题解释如下：

第一条　盗窃公私财物价值一千元至三千元以上、三万元至十万元以上、三十万元至五十万元以上的，应当分别认定为刑法第二百六十四条规定的"数额较大"、"数额巨大"、"数额特别巨大"。

各省、自治区、直辖市高级人民法院、人民检察院可以根据本地区经济发展状况,并考虑社会治安状况,在前款规定的数额幅度内,确定本地区执行的具体数额标准,报最高人民法院、最高人民检察院批准。

在跨地区运行的公共交通工具上盗窃,盗窃地点无法查证的,盗窃数额是否达到"数额较大"、"数额巨大"、"数额特别巨大",应当根据受理案件所在地省、自治区、直辖市高级人民法院、人民检察院确定的有关数额标准认定。

盗窃毒品等违禁品,应当按照盗窃罪处理的,根据情节轻重量刑。

第二条① 盗窃公私财物,具有下列情形之一的,"数额较大"的标准可以按照前条规定标准的百分之五十确定:

(一)曾因盗窃受过刑事处罚的;
(二)一年内曾因盗窃受过行政处罚的;
(三)组织、控制未成年人盗窃的;
(四)自然灾害、事故灾害、社会安全事件等突发事件期间,在事件发生地盗窃的;
(五)盗窃残疾人、孤寡老人、丧失劳动能力人的财物的;
(六)在医院盗窃病人或者其亲友财物的;
(七)盗窃救灾、抢险、防汛、优抚、扶贫、移民、救济款物的;
(八)因盗窃造成严重后果的。

第三条 二年内盗窃三次以上的,应当认定为"多次盗窃"。

非法进入供他人家庭生活,与外界相对隔离的住所盗窃的,应当认定为"入户盗窃"。

携带枪支、爆炸物、管制刀具等国家禁止个人携带的器械盗窃,或者为了实

---

① 对于本条第一项规定的"盗窃",有意见认为应理解为符合盗窃罪构成要件的行为,即不仅包括以盗窃罪定罪处罚的行为,也包括因法条竞合等关系虽以其他罪名(如破坏电力设备罪、交通设施等)定罪处罚,但同时符合盗窃罪构成要件的行为。**本评注主张**理解为仅指盗窃罪(第二项亦应作相应理解)。主要考虑:**其一**,对本司法解释中"盗窃"一词,应尽可能作同一解释,否则容易造成理解适用上的困惑、混乱。**其二**,设置本条第一项、第二项的目的在于严惩盗窃惯犯,其数额标准仅为第一条规定标准的一半,故宜适当控制适用范围。**其三**,理解为符合盗窃罪构成要件的行为,从实现罪刑均衡的角度有一定道理,但符合盗窃罪构成要件的行为包括盗窃特殊物品、因盗窃又构成其他重罪、以盗窃方式实施其他犯罪、盗窃后转化抢劫等多种情形,范围很大,审查判断难度大,且容易引发争议。

施违法犯罪携带其他足以危害他人人身安全的器械盗窃的,应当认定为"携带凶器盗窃"。

在公共场所或者公共交通工具上盗窃他人随身携带的财物的,应当认定为"扒窃"。

第四条 盗窃的数额,按照下列方法认定:

(一)①被盗财物有有效价格证明的,根据有效价格证明认定;无有效价格证明,或者根据价格证明认定盗窃数额明显不合理的,应当按照有关规定委托估价机构估价。

(二)盗窃外币的,按照盗窃时中国外汇交易中心或者中国人民银行授权机构公布的人民币对该货币的中间价折合成人民币计算;中国外汇交易中心或者中国人民银行授权机构未公布汇率中间价的外币,按照盗窃时境内银行人民币对该货币的中间价折算成人民币,或者该货币在境内银行、国际外汇市场对美元汇率,与人民币对美元汇率中间价进行套算;

(三)盗窃电力、燃气、自来水等财物,盗窃数量能够查实的,按照查实的数量计算盗窃数额;盗窃数量无法查实的,以盗窃前六个月月均正常用量减去盗窃后计量仪表显示的月均用量推算盗窃数额;盗窃前正常使用不足六个月的,按照正常使用期间的月均用量减去盗窃后计量仪表显示的月均用量推算盗窃数额;

(四)明知是盗接他人通信线路、复制他人电信码号的电信设备、设施而使用的,按照合法用户为其支付的费用认定盗窃数额;无法直接确认的,以合法用户的电信设备、设施被盗接、复制后的月缴费额减去被盗接、复制前六个月的月均电话费推算盗窃数额;合法用户使用电信设备、设施不足六个月的,按照实际使用的月均电话费推算盗窃数额;

(五)盗接他人通信线路、复制他人电信码号出售的,按照销赃数额认定盗窃数额。

盗窃行为给失主造成的损失大于盗窃数额的,损失数额可以作为量刑情节考虑。

第五条 盗窃有价支付凭证、有价证券、有价票证的,按照下列方法认定盗窃数额:

(一)盗窃不记名、不挂失的有价支付凭证、有价证券、有价票证的,应当按票面数额和盗窃时应得的孳息、奖金或者奖品等可得收益一并计算盗窃数额;

(二)盗窃记名的有价支付凭证、有价证券、有价票证,已经兑现的,按照兑

---

① 目前,"估价"已调整为"价格认证"。——本评注注

现部分的财物价值计算盗窃数额;没有兑现,但失主无法通过挂失、补领、补办手续等方式避免损失的,按照给失主造成的实际损失计算盗窃数额。

第六条　盗窃公私财物,具有本解释第二条第三项至第八项规定情形之一,或者入户盗窃、携带凶器盗窃,数额达到本解释第一条规定的"数额巨大"、"数额特别巨大"百分之五十的,可以分别认定为刑法第二百六十四条规定的"其他严重情节"或者"其他特别严重情节"。

第七条　盗窃公私财物数额较大,行为人认罪、悔罪、退赃、退赔,且具有下列情形之一,情节轻微的,可以不起诉或者免予刑事处罚;必要时,由有关部门予以行政处罚:

(一)具有法定从宽处罚情节的;

(二)没有参与分赃或者获赃较少且不是主犯的;

(三)被害人谅解的;

(四)其他情节轻微、危害不大的。

第八条　偷拿家庭成员或者近亲属的财物,获得谅解的,一般可不认为是犯罪;追究刑事责任的,应当酌情从宽。

第九条①　盗窃国有馆藏一般文物、三级文物、二级以上文物的,应当分别认定为刑法第二百六十四条规定的"数额较大"、"数额巨大"、"数额特别巨大"。

盗窃多件不同等级国有馆藏文物的,三件同级文物可以视为一件高一级文物。

盗窃民间收藏的文物的,根据本解释第四条第一款第一项的规定认定盗窃数额。

第十条　偷开他人机动车的,按照下列规定处理:

(一)偷开机动车,导致车辆丢失的,以盗窃罪定罪处罚;

(二)为盗窃其他财物,偷开机动车作为犯罪工具使用后非法占有车辆,或者将车辆遗弃导致丢失的,被盗车辆的价值计入盗窃数额;

(三)为实施其他犯罪,偷开机动车作为犯罪工具使用后非法占有车辆,或者将车辆遗弃导致丢失的,以盗窃罪和其他犯罪数罪并罚;将车辆送回未造成丢失的,按照其所实施的其他犯罪从重处罚。

第十一条　盗窃公私财物并造成财物损毁的,按照下列规定处理:

(一)采用破坏性手段盗窃公私财物,造成其他财物损毁的,以盗窃罪从重

---

① 本条关于盗窃文物定罪量刑标准和不同等级文物折算的规定与法释〔2015〕23号解释不一致,应当以后者为准。(→参见分则第六章第四节标题评注部分,第1682页)——**本评注注**

处罚;同时构成盗窃罪和其他犯罪的,择一重罪从重处罚;

(二)实施盗窃犯罪后,为掩盖罪行或者报复等,故意毁坏其他财物构成犯罪的,以盗窃罪和构成的其他犯罪数罪并罚;

(三)盗窃行为未构成犯罪,但损毁财物构成其他犯罪的,以其他犯罪定罪处罚。

第十二条 盗窃未遂,具有下列情形之一的,应当依法追究刑事责任:

(一)以数额巨大的财物为盗窃目标的;

(二)以珍贵文物为盗窃目标的;

(三)其他情节严重的情形。

盗窃既有既遂,又有未遂,分别达到不同量刑幅度的,依照处罚较重的规定处罚;达到同一量刑幅度的,以盗窃罪既遂处罚。

第十三条 单位组织、指使盗窃,符合刑法第二百六十四条及本解释有关规定的,以盗窃罪追究组织者、指使者、直接实施者的刑事责任。

第十四条① 因犯盗窃罪,依法判处罚金刑的,应当在一千元以上盗窃数额的二倍以下判处罚金;没有盗窃数额或者盗窃数额无法计算的,应当在一千元以上十万元以下判处罚金。

第十五条 本解释发布实施后,《最高人民法院关于审理盗窃案件具体应用法律若干问题的解释》(法释〔1998〕4号)同时废止;之前发布的司法解释和规范性文件与本解释不一致的,以本解释为准。

《最高人民法院关于审理掩饰、隐瞒犯罪所得、犯罪所得收益刑事案件适用法律若干问题的解释》〔法释〔2015〕11号,根据《最高人民法院关于修改〈关于审理掩饰、隐瞒犯罪所得、犯罪所得收益刑事案件适用法律若干问题的解释〉的决定》(法释〔2021〕8号)修正〕第六条明确犯罪所得及其产生的收益可以成为盗窃罪等财产犯罪的对象。(→参见第三百一十二条评注部分,第1635页)

《最高人民法院、最高人民检察院关于办理妨害文物管理等刑事案件适用法律若干问题的解释》(法释〔2015〕23号)第二条、第八条、第十二条对盗窃文物犯罪的定罪量刑标准及相关问题作了规定。(→参见分则第六章第四节标题

① 本条关于罚金数额的确定针对的系常态情形,对于个别案件之中盗窃数额较低的情形,如扒窃数额在五百元以下的,一方面对此入罪应当持慎重态度,综合考量法益侵害程度;另一方面,如果确实需要定罪判刑的,对于罚金数额宜执行"一千元以上十万元以下"的标准。——本评注注

评注部分,第1682、1685、1686页)

《最高人民法院关于审理破坏森林资源刑事案件适用法律若干问题的解释》(法释〔2023〕8号)第十一条对破坏森林资源刑事案件中涉及的盗窃罪适用问题作了规定。(→参见第三百四十四条评注部分,第1843页)

规范性文件 ①

《公安部、最高人民法院、最高人民检察院、司法部关于办理流窜犯罪案件中一些问题的意见的通知》(〔89〕公发27号)②

各省、自治区、直辖市公安厅、局,高级人民法院,人民检察院,司法厅、局:

流窜犯罪是当前严重危害社会治安的一个突出问题,必须依法予以严厉打击。流窜犯罪具有易地作案,骚扰面广,社会危害大等特点。这类案件,一般抓获难,查证更难,往往给侦查、批捕、起诉、审判工作带来诸多困难。为了及时有效地惩处流窜犯罪分子,现对办理流窜犯罪案件中的一些具体问题,提出以下意见:

一、关于流窜犯的认定

流窜犯是指跨市、县管辖范围作案的犯罪分子。

凡构成犯罪且符合下列条件之一的,属于流窜犯罪分子:

1. 跨市、县管辖范围连续作案的;

2. 在居住地作案后,逃跑到外省、市、县继续作案的。

有下列情形之一的,不视为流窜犯罪分子:

1. 确属到外市、县旅游、经商、做工等,在当地偶尔犯罪的;

2. 在其居住地与外市、县的交界边沿结合部进行犯罪的。

二、关于流窜犯罪团伙案件的认定和处理

凡三人以上经常纠结在一起进行流窜犯罪活动的,为流窜犯罪团伙。对流窜犯罪团伙案件,只要符合犯罪集团基本特征的按犯罪集团处理,不符合犯罪集

---

① 另,《最高人民法院、最高人民检察院、公安部关于盗窃罪数额认定标准问题的规定》(法发〔1998〕3号)、《最高人民法院、最高人民检察院、公安部关于铁路运输过程中盗窃罪数额认定标准问题的规定》(公发〔1999〕4号)与法释〔2013〕8号解释不一致,未予收录。

② 根据《公安部关于清理部门规章及规范性文件的公告》(2014年7月2日),本规范性文件有关劳动教养的内容不再执行。此外,对其他规定也应当根据当前法律作妥当把握。——本评注注

团特征的按共同犯罪处理。对于只抓获了流窜犯罪团伙的一部分案犯,短期内不能将全部案犯抓获归案的案件,可根据已查清的犯罪事实、证据,分清罪责,对已抓获的罪该逮捕、起诉、判刑的案犯,要先行批捕、起诉、审判。对在逃的案犯,待抓获后再依法另行处理。

三、关于流窜犯罪案件的定案处理

1. 对流窜犯罪事实和证据材料,公安机关要认真调查核实,对其主要犯罪事实应做到证据充分、确凿。在人民检察院批捕、起诉,人民法院审判以及律师辩护过程中,均应考虑到流窜犯罪分子易地作案,查证十分困难的实际情况,只要基本事实清楚和基本证据确凿,应及时批捕、起诉、审判。对抓获的案犯,如有个别犯罪事实一时难以查清的,可暂不认定,就已经查证核实的事实,依法及时作出处理。对于共同犯罪案件,原则上应一案处理。如果有的同案犯在短期内不能追捕归案的,可对已抓获的案犯就已查清的犯罪事实依法处理,不能久拖不决。

2. 涉及刑事责任年龄界限的案件,必须查清核实被告人的出生年月日。经调查,确实无法查清的,可先按被告人交代的年龄收审、批捕,但是需要定罪量刑的,必须查证清楚。

3. 流窜犯因盗窃或扒窃被抓获后,赃款赃物虽未查获,但其供述的事实、情节与被害人的陈述(包括报案登记)、同案人的供述相一致的,或者其供述与被害人的陈述(包括报案登记)和其他间接证据相一致的,应予认定。

4. 被查获的流窜犯供述的盗窃或扒窃事实、情节与缴获的赃款赃物、同案人的供述相一致,或者被告人的供述与缴获的赃款赃物和其他间接证据相一致,如果找不到被害人和报案登记的,也应予以认定。

5. 流窜犯在盗窃或扒窃时被当场抓获,除缴获当次作案的赃款赃物外,还从其身上或其临时落脚点搜获的其他数额较大的款物,被告人否认系作案所得,但不能说明其合法来源的,只要这些款物在名称、品种、特征、数量等方面均与被害人的陈述或报案登记、同案人的供述相吻合,亦应认定为赃款赃物。

6. 流窜犯作案虽未被当场抓获,但同案人的供述,被害人的陈述、其他间接证据能相互吻合,确能证实其作案的时间、地点、情节、手段、次数和作案所得的赃款赃物数额的,也应予以认定。

7. 对于需要判处死刑的案犯,在查证核实时,应当特别慎重,务必把事实和证据搞清、搞准、搞扎实。

四、关于认定流窜犯罪赃款赃物的数额起点

在办理流窜盗窃或者扒窃案件时,既要看其作案所得的数额,又应看其作案的手段、情节及社会危害程度。对那些抓获时作案所得的款物数额虽略低于当地非流窜犯罪的同类案件的数额标准,但情节恶劣,构成犯罪的,也要依法定罪判刑;对多次作案,属惯犯、累犯的,亦应依法从重惩处。

五、关于流窜犯罪案件的管辖范围

根据《刑事诉讼法》有关规定,对罪该逮捕、判刑的流窜犯罪分子,原则上由抓获地处理。流出地和其他犯罪地公安机关应负责向抓获地公安机关提供有关违法犯罪证据材料。在逃劳改犯、劳教人员流窜多处进行犯罪被抓获后,可由主罪地公安、司法机关处理,处理后原则上仍送回原劳改、劳教单位执行。抓获的在逃未决犯、通缉案犯,已批准逮捕、刑事拘留和收容审查潜逃的案犯,除重新犯罪罪行特别严重者由抓获地处理外,原则上由原办案单位公安机关提回处理。案件管辖不明的,由最先发现的公安机关或上级指定的公安机关办理。

《全国法院维护农村稳定刑事审判工作座谈会纪要》(法〔1999〕217号)"二""(二)关于盗窃案件"对农村盗窃案件的有关问题作了规定。(→参见总则第四章标题评注部分,第187页)

《最高人民法院、最高人民检察院、公安部关于办理盗窃油气、破坏油气设备等刑事案件适用法律若干问题的意见》(法发〔2018〕18号)第二条至第四条对盗窃油气未遂的追诉、共犯的认定等问题作了规定。(→参见第一百一十八条评注部分,第437—438页)

《最高人民法院、最高人民检察院、公安部关于办理涉窨井盖相关刑事案件的指导意见》(高检发〔2020〕3号)第四条对盗窃窨井盖适用盗窃罪作了指引性规定。(→参见第一百一十七条评注部分,第432页)

《最高人民法院、最高人民检察院、公安部关于依法办理"碰瓷"违法犯罪案件的指导意见》(公通字〔2020〕12号)第四条对"碰瓷"案件适用盗窃罪作了规定。(→参见第二百六十六评注部分,第1292页)

《最高人民法院、最高人民检察院关于常见犯罪的量刑指导意见(试行)》(法发〔2021〕21号,节录)

四、常见犯罪的量刑

(十一)盗窃罪

1.构成盗窃罪的,根据下列情形在相应的幅度内确定量刑起点:

(1)达到数额较大起点的,二年内三次盗窃的,入户盗窃的,携带凶器盗窃的,或者扒窃的,在一年以下有期徒刑、拘役幅度内确定量刑起点。

(2)达到数额巨大起点或者有其他严重情节的,在三年至四年有期徒刑幅度内确定量刑起点。

(3)达到数额特别巨大起点或者有其他特别严重情节的,在十年至十二年有期徒刑幅度内确定量刑起点。依法应当判处无期徒刑的除外。

2.在量刑起点的基础上,根据盗窃数额、次数、手段等其他影响犯罪构成的犯罪事实增加刑罚量,确定基准刑。

多次盗窃,数额达到较大以上的,以盗窃数额确定量刑起点,盗窃次数可以作为调节基准刑的量刑情节;数额未达到较大的,以盗窃次数确定量刑起点,超过三次的次数作为增加刑罚量的事实。

3.构成盗窃罪的,根据盗窃的数额、次数、手段、危害后果等犯罪情节,综合考虑被告人缴纳罚金的能力,在一千元以上盗窃数额二倍以下决定罚金数额;没有盗窃数额或者盗窃数额无法计算的,在一千元以上十万元以下判处罚金。

4.构成盗窃罪的,综合考虑盗窃的起因、数额、次数、手段、退赃退赔等犯罪事实、量刑情节,以及被告人的主观恶性、人身危险性、认罪悔罪表现等因素,决定缓刑的适用。

(→前三部分和第五部分参见总则第四章第一节标题评注部分,第224、227页)

《最高人民法院、最高人民检察院、公安部、国家文物局关于办理妨害文物管理等刑事案件若干问题的意见》(公通字〔2022〕18号)"二、依法惩处文物犯罪""(二)准确认定盗窃行为"对盗窃文物的有关问题作了规定。(→参见分则第六章第四节标题评注部分,第1690页)

《最高人民法院、最高人民检察院、公安部、商务部、国家市场监督管理总局、中央军委后勤保障部、中央军委装备发展部、中央军委训练管理部、中央军委国防动员部关于军地共同加强部队训练场未爆弹药安全风险防控的意见》(军训〔2022〕181号)"(十三)打击违法犯罪"对适用刑法第二百六十四条作了指引性规定。(→参见第一百二十五条评注部分,第490页)

指导性案例

臧进泉等盗窃、诈骗案(指导案例27号,节录)

关键词　刑事　盗窃　诈骗　利用信息网络

裁判要点

行为人利用信息网络,诱骗他人点击虚假链接而实际通过预先植入的计算机程序窃取财物构成犯罪的,以盗窃罪定罪处罚;虚构可供交易的商品或者服务,欺骗他人点击付款链接而骗取财物构成犯罪的,以诈骗罪定罪处罚。

张四毛盗窃案(检例第37号,节录)①
关键词 盗窃 网络域名 财产属性 域名价值
要 旨 网络域名具备法律意义上的财产属性,盗窃网络域名可以认定为盗窃行为。

法律适用答复、复函

《最高人民法院研究室关于盗窃互联网上网流量如何认定盗窃数额征求意见的复函》(法研〔2013〕155号)②
最高人民检察院法律政策研究室:
　　贵室《关于通信公司员工违规开通流量包后私自销售犯罪数额认定问题的征求意见函》(高检研函字〔2013〕72号)收悉。经研究,我室认为,可以按照销赃数额认定盗窃数额。

《最高人民检察院法律政策研究室关于〈关于多次盗窃中"次"如何认定的法律适用的请示〉的答复意见》(2016年3月18日)③
北京市人民检察院法律政策研究室:
　　你院京检字〔2016〕7号《关于多次盗窃中"次"如何认定的法律适用的请示》收悉。经研究,答复如下:
　　多次盗窃中"次"的判断,可以参照2005年最高人民法院《关于审理抢劫、抢夺刑事案件适用法律若干问题的意见》中"多次抢劫"的规定认定。但"多次盗窃"与"多次抢劫"必定有所不同,实践中应结合具体案件的具体情况,从主观方面考量行为人是基于一个盗窃的故意,还是多个盗窃的故意;同时,更需要结

---

① 本指导性案例的罪名适用尚有争议。**本评注主张**,对于此类案件的定性宜根据案件具体情况把握,作出符合实际的处理;更不能据此认为网络虚拟财产系财物,进而成为盗窃罪的对象。
② 参见喻海松:《最高人民法院研究室关于盗窃互联网上网流量如何认定盗窃数额的研究意见》,载《司法研究与指导(总第5辑)》,人民法院出版社2014年版。**本评注认为**,在所有盗窃案件、甚至其他侵财案件中,对于盗窃数额难以查清的情形,亦可参照适用该复函的精神。
③ 参见李立众编:《刑法一本通——中华人民共和国刑法总成》(第十六版),法律出版社2022年版,第526页。

合客观方面的行为方式,实施行为的条件,以及行为所造成的后果等来综合判断。

◆ 刑参案例规则提炼①

《章杨犯盗窃罪——窃取并变造已付讫的国库券再骗兑的行为如何定罪》(第 45 号案例)、《文某被控盗窃案——处理家庭成员和近亲属之间的偷窃案件应当注意的刑事政策》(第 87 号案例)、《王彬故意杀人案——对在盗取自己被公安机关依法查扣的机动车辆的过程中致人伤亡的行为应如何定性》(第 104 号案例)、《孔庆涛盗窃案——窃取他人股票帐户号码和密码后秘密使用他人帐上资金高价买入朋友抛卖的股票从中获利的行为应如何定性》(第 106 号案例)、《陈家鸣等盗窃、销赃案——如何认定事前通谋的盗窃共犯》(第 140 号案例)、《计永欣故意杀人案——故意杀人后又取走被害人财物的如何定性》(第 153 号案例)、《薛佩军等盗窃案——盗窃毒品如何定罪量刑》(第 191 号案例)、《周大伟票据诈骗案——窃取空白现金支票伪造后使用的应如何定性》(第 277 号案例)、《沈某某盗窃案——对所盗物品的价值有重大认识错误的应

---

① 另,鉴于《叶文言、叶文语等盗窃案——窃取被交通管理部门扣押的自己所有的车辆后进行索赔的行为如何定性》(第 339 号案例)提出"被告人……在自己的轿车被交通管理部门扣押后,虽拥有所有权,但在交管部门扣押期间,被扣车辆处于交管部门管理之下,属于公共财产""秘密窃取他人占有的本人财物而后索赔的行为只构成盗窃罪一罪""行为人获得赔偿的数额应当认定为盗窃数额",与刑参第 104 号案例所持立场不一致,**本评注倾向**后者,故对第 339 号案例所涉规则未予提炼;鉴于《孟动、何立康盗窃案——如何认定网络盗窃中电子证据效力和盗窃数额》(第 420 号案例)、《邓玮铭盗窃案——以非法占有为目的,在网络上利用出现系统故障的第三方支付平台,故意输入错误信息,无偿获取游戏点数,如何定性》(第 766 号案例)提出对盗窃 Q 币、游戏点数的行为定性为盗窃罪与本评注立场不一致,对所涉规则未予提炼;鉴于《刑法修正案(八)》删去了对盗窃金融机构、数额特别巨大"处无期徒刑或者死刑"的规定,《陈建伍盗窃案——盗窃邮政局金库中存放的邮政储汇款是否构成盗窃金融机构》(第 460 号案例)所涉规则未予提炼;鉴于《刑法修正案(八)》增加了入户盗窃直接构成盗窃罪的规定,《毛君、徐杰非法侵入住宅案——入户盗窃财物数额未达到盗窃罪定罪标准,严重妨碍他人的居住与生活安宁的,可以按非法侵入住宅罪定罪处罚》(第 526 号案例)所涉规则未予提炼;鉴于《曹海平诈骗案——虚构事实,待店主交付商品后,谎称未带钱,在回家取钱途中趁店主不备溜走的行为,如何定性》(第 819 号案例)提出就"虚构事实,待店主交付商品后,谎称未带钱,在回家取钱途中趁店主不备溜走的行为"而言,被告人"以非法占有为(转下页)

如何处罚》(第315号案例)、《**钱炳良盗窃案**——盗买盗卖股票案件的盗窃数额如何认定》(第325号案例)、《**韦国权盗窃案**——暗自开走他人忘记锁闭的汽车的行为如何处理》(第397号案例)、《**张泽容、屈自强盗窃案**——盗窃定期存单从银行冒名取款的行为如何定性》(第412号案例)、《**张超群、张克银盗窃案**——窃取他人挖掘机电脑主板后向被害人索取钱财的行为如何定罪处罚》(第427号案例)、《**吕升艺故意杀人案**——最高法院复核认为原判认定事实清楚,量刑适当,但定罪不准的,可以直接改判罪名并核准死刑》(第458号案例)、《**肖明明故意杀人案**——在盗窃过程中为灭口杀害被害人的应如何定性》(第490号案例)、《**朱影盗窃案**——对以盗窃与诈骗相互交织的手段非法占有他人财物的行为应如何定性》(第492号案例)、《**范军盗窃案**——偷配单位保险柜钥匙秘密取走柜内的资金后,留言表明日后归还的行为仍然构成犯罪》(第508号案例)、《**詹伟东、詹伟京盗窃案**——通过纺织品网上交易平台窃取并转让他人的纺织品出口配额牟利的行为如何定罪》(第527号案例)、《**林燕盗窃案**——保姆盗窃主人财物后藏于房间是否构成盗窃既遂》(第557号案例)、《**杨聪慧、马文明盗窃机动车号牌案**——以勒索钱财为目的盗窃机动车号牌的如何定罪处罚》(第582号案例)、《**杨飞侵占案**——如何理解和认定侵占罪中的"代为保管他人财物"》(第583号案例)、《**郝卫东盗窃案**——如何认定盗窃犯罪案件中的"情节轻微,不需要判处刑罚"》(第615号案例)、《**张航军等诈骗案**——利用异地刷卡消费反馈时差,要求银行工作人员将款项存入指定贷记卡,当同伙在异地将该贷记卡上的款项刷卡消费完毕,又谎称存款出错,要求撤销该项存款的行为,如何定罪》(第650号案例)、《**李春旺盗窃案**——在地方指导性意见对"入户盗窃"和普通盗窃设置不同定罪量刑标准的前提下,入户盗窃信用卡后使用的数额应否一并计入"入户盗窃"数额》(第661号案例)、《**孙伟勇盗窃案**——伪造证明材料将借用的他人车辆质押,得款后又秘密窃回的行为,如何定性》(第751号案例)、《**卢文林盗窃案**——在直接证据"一对一"的情况下如何准确认定犯罪事实以及在"抛物诈骗"类案件中如何准确区分盗窃罪和诈骗罪》(第847号案例)、《**廖承龙、张文清盗窃案**——帮助他人盗回本属于自己公司经营的财产,如何定性》(第849号案例)、《**饶继

(接上页)目的,采取虚构事实、隐瞒真相的方法,使……信以为真,将……金项链、金手链及金戒指交付给……","符合诈骗罪的构成要件","携带金项链、金手链及金戒指趁……不备而溜走的行为,属于诈骗既遂后的事后行为",与本评注立场不一致,对所涉规则未予提炼。

军等盗窃案——盗窃金砂后加工成黄金销赃,盗窃数额应当以所盗金砂价值认定,还是以加工成黄金后的销赃数额认定》(第 879 号案例)、《关盛艺盗窃案——误将非债务人的财物作为债务人的财物加以盗窃的如何定性以及刑事审判中民事纠纷的基础事实严重影响到量刑的是否有必要审查确认》(第 1012 号案例)、《花荣盗窃案——入户盗窃既未遂形态如何认定以及盗窃过程中群众在户外监视是否意味着被害人未失去对财物的控制》(第 1047 号案例)、《葛玉友等诈骗案——在买卖过程中,行为人采取秘密的欺骗手段,致使被害人对所处分财物的真实重量产生错误认识,并进而处分财物的行为如何定性》(第 1048 号案例)、《张万盗窃案——盗窃罪中数额巨大与减半认定情形并存的如何适用法律》(第 1128 号案例)、《丁晓君诈骗案——以借用为名取得信任后非法占有他人财物行为的定性》(第 1174 号案例)、《巫建福盗窃案——利用入户盗窃所得车钥匙在户外窃取摩托车的行为,是否属于"入户盗窃"》(第 1175 号案例)、《何弦、汪顺太非法处置扣押的财产案——盗取自己被公安机关扣押的车辆应如何定性》(第 1177 号案例)、《翟高生、杨永涛等盗窃、抢劫案——共同预谋并实施盗窃后离开,对同伙的二次盗窃行为是否担责……》(第 1214 号案例)、《张国群等盗窃案——盗窃案中书法作品价格鉴定意见的审查》(第 1215 号案例)、《许赞良、汤焯杰盗窃案——如何确定非数额型盗窃的罚金刑数额》(第 1341 号案例)、《陈华增、梁锦仔、林冬明盗窃案——拾得他人遗失的医保卡,并在药店盗刷卡内个人医保账户资金的行为如何定性》(第 1393 号案例)、《张金福盗窃案——将他人放在椅背衣服口袋内的财物盗走,能否认定为盗窃他人"随身携带的财物"》(第 1417 号案例)、《程少杰盗窃、传授犯罪方法案——以数额特别巨大之财物为盗窃目标但仅窃得数额较大之财物的,如何认定盗窃数额并选择法定刑幅度》(第 1419 号案例)所涉规则提炼如下:

1. 盗窃罪的对象规则。① "行为人盗窃印章齐全、已填写好票面金额,且数额较大的现金支票,本质上与盗窃等额的现金无异,即使未及时兑现,也应以盗

① 有关部门就利用计算机窃取他人游戏币非法销售获利如何定性问题征求最高人民法院研究室意见。最高人民法院研究室复函认为:"利用计算机窃取他人游戏币非法销售获利行为目前宜以非法获取计算机信息系统数据罪定罪处罚。"参见喻海松:《最高人民法院研究室关于利用计算机窃取他人游戏币非法销售获利如何定性问题的研究意见》,载张军主编:《司法研究与指导(总第 2 辑)》,人民法院出版社 2012 年版。

窃罪处罚。行为人进而持该现金支票已从金融部门骗领现金的,其骗领行为的性质,属于兑现盗窃物品价值的行为,是盗窃行为自然所牵连的结果行为,因此,仍应定盗窃罪。上述情形下,认定盗窃数额以票面数额为准。"(第277号案例)"纺织品出口数量配额按照现行国家政策可转让,具有财产属性,可视为财物,对被告人私下窃取他人纺织品出口数量配额并转让牟利的行为,应以盗窃罪论处。"(第527号案例)"加载金融功能的医保卡是由社保部门发行,医保账户和金融账户相互独立,医保个人账户资金属于个人所有,盗刷医保个人账户资金属于秘密窃取他人财物,应当定盗窃罪。"(第1393号案例)"盗窃毒品等违禁品的,并不是以数额大小,而是以情节轻重作为定罪量刑的依据,因此,盗窃毒品的种类、数量、数额,应当是判断盗窃情节轻重的一个主要依据,可资参考的一个重要方面,盗窃毒品的犯罪数额只是判断盗窃毒品行为是否构成犯罪、情节是否严重的参考,其本身并不是量刑依据。"(第191号案例)"盖有'付讫'章的国库券不再具有有价证券的特征","将盗窃的国库券变造后再骗兑的行为属于诈骗犯罪"。(第45号案例)此外,"窃取了债务人……的财物,亦不影响以盗窃罪追究其刑事责任"。"如债权人为实现债权而实施盗窃,在盗窃行为实施完毕后,及时告知债务人盗窃事宜,并声明只要债务人还款即归还所窃之物。在这种情形下,由于实现债权目的的正当性及后续实现债权的跟进行为对之前不法手段具有补救功能,使占有的非法性得到一定程度的'漂白',故对此种情形可以不作为犯罪处理。"(第1012号案例)

2. 盗窃扣押、质押物品行为的定性规则。"盗窃质押物的行为应构成盗窃罪","盗窃数额应当以……被害人的实际损失……质押款来认定"。(第751号案例)"所属公司的租赁车辆被骗租……为尽快挽回损失……盗窃该车,属于事出有因,主观恶性和人身危险性较小",在具体处理时应作充分考虑。(第849号案例)但是,"公安交通管理机关对被暂扣的车辆只负有保管的责任,不享有其他权利,车辆的所有权仍应属于车辆的主人""对于自己的被公安机关查扣的机动车辆,也应当具有所有权",故而,"盗取所有权属于自己但被公安交通管理机关查扣的机动车辆并使用暴力致人伤亡的行为",由于"不具有杀人动机,亦无希望或放任被害人死亡后果发生的故意",应当认定为故意伤害罪。(第104号案例)"没有向司法机关索赔的目的,也未获得司法机关的赔偿,其主观上没有非法占有的目的,把自己所有而被司法机关扣押的财产擅自拿走,不构成盗窃罪""在公安机关明确告知了车辆被依法扣押的情况下,伙同……对扣押的车辆予以转移,其行为扰乱了司法机关的正常活

动,依法构成非法处置扣押的财产罪。"①(第1177号案例)

3. 盗买盗卖股票行为的定性规则。"窃取他人股票帐户号码和密码进而秘密使用他人帐上资金高价买入……所抛卖的股票从中获利的行为,构成盗窃罪。"(第106号案例)"以被告人的获利数额作为盗买盗卖股票案件的盗窃数额,较为合理","对于被告人盗买盗卖股票行为给被害人造成的损失,作为量刑情节予以考虑"。(第325号案例)

4. 扒窃的认定规则。"放置在座椅旁、自行车筐内等的财物,由于没有与失主身体有物理接触,因而不能成为扒窃的对象,只能是普通盗窃的对象。"(第1417号案例)

5. 盗窃与诈骗交织行为的处理规则。"对于盗窃与诈骗手法相交织的非法取财行为如何定性,应当主要看行为人非法取得财物时起决定作用的手段。如果起决定作用的手段是秘密窃取,就应当定盗窃罪;如果起决定作用的手段系利用骗术,就应当认定为诈骗罪。""盗窃定期存单从银行冒名取款的行为","盗窃在被告人非法占有财物过程中起了决定作用……从财产被害人来看……财产受侵犯不是因为受到诈骗所致,而是因为存单被秘密盗窃所致,因此……应当认定为盗窃罪"。(第412号案例)"被告人最终通过调包手法取得财物控制的行为符合盗窃罪秘密窃取的行为特征",应当认定为盗窃罪。(第492号案例)"利用异地刷卡消费反馈时差,要求银行工作人员将款项存入指定贷记卡,当同伙在异地将该贷记卡上的款项刷卡消费完毕,又谎称存款出错,请求将该款项存入另

---

① 行为人以明显低于市场价的价格收购被盗赃车,后因违章被交警查扣。行为人将被交警扣押车辆私自开走并予以藏匿,对此构成盗窃罪还是非法处置扣押的财产罪,存在不同认识。**本评注认为**认定为非法处置扣押的财产罪更为适宜。主要考虑:(1)盗窃罪与非法处置查封、扣押、冻结的财产罪的行为手段有相似之处,二者的主要区别在于行为人有无非法占有目的。非法处置查封、扣押、冻结的财产罪的犯罪主体主要是被查封、扣押、冻结的财产的所有人或者持有人,对象是被司法机关查封、扣押、冻结的本人所有或者持有财产,故行为人并无非法占有目的。本案中,行为人作为收赃人,支付了相应的对价,其认为自己属于被扣押车辆的"所有人",故其将被扣押车辆私自开走、予以藏匿的行为,有别于以非法占有为目的的秘密窃取行为,认定为非法处置扣押的财产罪更为适宜。当然,如其将车私自开走后,又以车辆在扣押期间被公安机关"丢失"为由提出"索赔"的,则应当别论。(2)从罪责刑相适应的角度考量,如果行为人将被交警扣押车辆私自开走并予以藏匿的行为被认定为盗窃罪,基于本案的具体情况,可能会导致罪刑失衡。而按照非法处置扣押的财产罪论处,与掩饰、隐瞒犯罪所得罪数罪并罚,更符合罪责刑相适应原则的要求。

一借记卡,再取出的行为","应当认定为诈骗罪而不是盗窃罪,更不应认定为信用卡诈骗罪和贷款诈骗罪"。(第650号案例)"被害人虽然自愿说出银行卡密码,但被告人及共同作案人取得被害人的银行卡并非是被害人因为陷入错误认识自愿交出的,而是共同作案人趁被害人不注意偷偷取得的,故本案不能认定为诈骗罪,而应当认定为盗窃罪"。(第847号案例)"买卖过程中行为人采取秘密的欺骗手段,致使被害人对所处分财物的真实重量产生错误认识,并进而处分财物的行为构成诈骗类犯罪"。(第1048号案例)"冒充帮助警察办案的工作人员获得了被害人的充分信任,从被害人处骗得了手机等财物,又以去拍照、开警车等欺骗手段使被害人产生错误认识,同意……带着手机等财物离开现场,并在原地等候财物被归还。从整个过程来看……获取被害人财物的主要方式是欺诈而非窃取……的行为不符合盗窃罪的构成要件",应当认定为诈骗罪。(第1174号案例)

6. 盗窃数额的计算规则。"被告人入户盗窃信用卡并使用,虽然其最终获取信用卡内钱款的行为不是在户内完成的,但是其在侵犯财产权的同时还侵犯了公民的住宅权;因被告人事先明知该信用卡的密码,在入户盗窃信用卡后实际已经控制卡内所有金额,故应当将户外提取的数额一并计入入户盗窃数额"。(第661号案例)"盗窃金砂后,使用加工设施,由他人经过加工后才提炼出黄金,其销赃款中不仅包含了金砂本身的价值,还包含了其用于将金砂加工提炼出黄金的相关成本和人工费用。"故而,盗窃金砂后加工成黄金销赃,盗窃数额应当以所盗金砂价值认定。(第879号案例)"入户盗窃摩托车钥匙,其后利用车钥匙在'户'外窃取摩托车的行为","两者系一行为的两个阶段。车钥匙作为控制和使用摩托车的载体,'入户盗窃'车钥匙的行为在整个盗窃行为中起决定性作用,故在户外窃取摩托车的价值应计入'入户盗窃'数额,整体行为属'入户盗窃'"。(第1175号案例)"共同预谋并实施盗窃","虽因中途离开没有实施第二次盗窃,但其作为整个盗窃活动的组织策划者,主观上对窃取财物的数量存在概括的故意……次日,其看到盗窃所得的摄像头远远超过第一次的数量时,没有提出质疑,而是事后积极参与销赃、分赃。因此,其应对两次盗窃行为均承担刑事责任"。(第1214号案例)"在窃取书画作品的案件中,司法机关应当依法对价格鉴定意见进行审查,在查明书法作品来源、购买价格等基础事实的前提下,委托专业部门作出作品真伪的认定后,再由价格认证中心出具价格鉴定意见。"(第1215号案例)此外,"被告人……对事实存在严重的认识错误,其所认识的数额远远低于实际数额,不能让其对行为所不能认识的财物数额承担犯罪的责任",要按照主客观相统一原则加以处理。(第315号案例)

7. 盗窃罪既遂的认定规则。①"房屋的主人在多大范围内、多大程度上对被他人偷窃并藏匿于屋内的财物享有支配和控制力,需要结合案情做具体分析,不可一概而论。""保姆……盗窃主人财物后藏于衣帽间及保姆房间",均应认定为盗窃未遂。(第557号案例)"仅有入户盗窃行为,但未窃得财物的,构成盗窃罪,但系犯罪未遂。""进入被害人家中窃得形状、体积较小的现金和香烟放于口袋内,走出房门后就已经取得对被窃财物的控制,而被害人则失去了对被窃财物的控制,财产所有权已受到实质侵害。虽然……在实施盗窃的过程中被群众发现,之后处于群众的监视之下,但是群众在户外的监视不能等同于被害人对财物的控制;虽然最终……被人赃俱获,但是并不影响之前他已经取得对被窃财物的控制。"(第1047号案例)需要注意的是,"财产犯罪中的'数额(特别)巨大'并非单纯的量刑情节,而是属于加重构成要件。这种加重的犯罪构成存在未遂形态,当某一行为符合加重犯罪构成但没有发生既遂结果时,就成立加重犯的未遂,适用分则的加重法定刑,同时适用总则的未遂犯规定"。因此,"行为人未针对特定财物实施盗窃,应当以其实际得手的数额来认定犯罪数额";但是,"当行为人明确以数额特别巨大之财物作为目标,即使未能窃得财物或实际窃得的财物价值不大的,也应认定为'数额特别巨大',并同时适用未遂的相关规定"。(第1419号案例)

8. 家庭内部或者近亲属间盗窃案件的处理规则。"对于此类盗窃案件的处理,司法实践中一直采取慎重态度。""虽然本案被告人……盗窃的袜子的价值达8万余元,数额巨大,但鉴于其盗卖袜子造成的损失最终由其父母承担赔偿责任,且其父母也愿意积极赔偿自诉人的经济损失,其盗窃行为的社会危害性大大降低,从贯彻上述司法解释规定的精神和宽严相济刑事政策角度出发,不以盗窃罪追究其刑事责任有利于实现案件处理的良好社会效果。"(第583号案例)"偷拿自己家庭财产的行为与在社会上作案不同,社会危害性不大,被盗财物已追回或已赔偿,损失也不大,依法不应当追究刑事责任。"(第87号案例)

---

① 张某深夜窜至王某家,将门推开后脱下拖鞋,赤脚进入屋内,在翻动抽屉内物品时,将睡着的王某夫妇惊醒,被二人当场抓获,扭送至派出所。在审理过程中,对于入户盗窃但未窃得财物的,是否认定犯罪未遂,出现意见分歧。据此,有关部门就入户盗窃但未窃得财物应如何定性问题,向最高人民法院研究室征求意见。最高人民法院研究室复函认为:"对入户盗窃但未实际得任何财物的,应当以盗窃未遂论处。"参见周加海:《最高人民法院研究室关于入户盗窃但未窃得财物应如何定性问题的研究意见》,载江必新主编:《司法研究与指导(总第3辑)》,人民法院出版社2013年版。

9. 盗窃罪与其他犯罪的界分规则。"窃取挖掘机电脑主板后向被害人索取钱财的行为,其手段行为构成盗窃罪,目的行为构成敲诈勒索罪,分别触犯了不同的罪名,构成牵连犯,在处罚上应择一重罪即以盗窃罪定罪处罚。"(第427号案例)"以敲诈钱财为目的盗窃机动车号牌的行为可视具体情形处以敲诈勒索罪或盗窃罪。""以被害人补办车牌所需的费用作为盗窃数额符合侵财犯罪的本质原理。"(第582号案例)"对行为人行凶后临时起意非法占有财物的行为如何定性,主要取决于当时被害人是否已失去了知觉。""临时起意劫取被害人财物时,没有使用暴力或其他胁迫手段,又无证据表明当时被害人尚有知觉,应将其劫取被害人财物的行为认定为盗窃行为。"(第458号案例)"故意杀人后又窃取被害人财物的,应分别构成故意杀人罪和盗窃罪","由于本案公诉机关虽指控了……杀人后,又搜走被害人数额巨大的财物的事实,但未指控其行为另构成盗窃罪。根据不告不理的原则,一、二审、复核审法院在审理中也不宜直接增加此罪名的认定,所以本案最终维持了公诉机关以故意杀人罪罪名的指控"。(第153号案例)"在盗窃过程中,为灭口而故意杀人的行为,应定故意杀人罪。"(第490号案例)"私自秘密取走现金后,采用留言的方式表明身份,并称会连本带利归还该现金的行为不符合民间借贷行为的实质特征",构成盗窃罪。(第508号案例)"以非法占有为目的,偷开他人忘记关窗锁门的汽车的行为,符合盗窃罪的构成特征,应当以盗窃罪定罪处罚。"(第397号案例)

10. 盗窃罪的刑罚规则。"《最高人民法院、最高人民检察院关于办理盗窃刑事案件适用法律若干问题的解释》……第一条和第二条对盗窃罪的入罪和法定刑升格标准采取了'数额+情节'的规定方式。但实践中,当行为人盗窃数额满足入罪或者法定刑升格标准的同时,又具有第二条、第六条所规定的八种特定情形时,数额和情节条款的适用次序问题便引发了争议。如本案中,行为人盗窃的数额已满足数额巨大的标准,又具有减半认定的情形之一,即'在医院盗窃病人或者其亲友财物'……应当直接以盗窃数额巨大标准确定刑格,减半情节作为酌定情节。"(第1128号案例)"数额是认定盗窃犯罪情节轻微的主要依据,但不是唯一依据。判断某一盗窃犯罪行为是否属于刑法第三十七条的'情节轻微',要……综合考虑犯罪手段、犯罪对象、退赃情况及社会反应等情况。"(第615号案例)"被告人系因多次盗窃而构成犯罪,属于非数额型盗窃,对其判处罚金应当依照……'没有盗窃数额或者盗窃数额无法计算的,应当在一千元以上十万元以下判处罚金'。"(第1341号案例)

第二百六十五条　【盗窃罪】以牟利为目的,盗接他人通信线路、复制他人电信码号或者明知是盗接、复制的电信设备、设施而使用的,依照本法第二百六十四条的规定定罪处罚。

立法沿革

本条系 1997 年《刑法》增设的规定。

司法解释

《最高人民法院关于审理扰乱电信市场管理秩序案件具体应用法律若干问题的解释》(法释〔2000〕12 号)第七条、第八条对扰乱电信市场犯罪中涉及盗窃罪的适用问题作了规定。(→参见第二百二十五条评注部分,第 1024 页)

规范性文件①

法律适用答复、复函

《最高人民法院研究室关于盗用他人长话帐号案件如何定性问题的复函》(1991 年 9 月 14 日)

公安部法制司:

你司 8 月 16 日函询我们对盗用他人长话帐号行为的定性意见。② 经研究,我们认为,这类案件一般来说符合盗窃罪的特征。但是,由于这类案件情况

---

① 鉴于对当前案件指导意义不大,《最高人民法院、最高人民检察院、公安部、邮电部、国家工商行政管理局关于打击盗用电话号码非法并机违法犯罪活动的通知》(邮部联〔1995〕732 号)未予收录。

② 《公安部法制司关于盗用他人长话帐号案件如何定性的函》(1991 年 8 月 26 日)提出:"最高人民法院研究室:最近安徽省公安厅就一起盗用他人长话帐号案件如何定性问题请示我部。基本案情如下:被告人葛春生,男,26 岁,劳改释放人员,现无业。葛春生从一朋友处知道被害人年经宝的长话帐号。1991 年 1 月至 6 月间,葛春生用此帐号多次给香港的妻子打长途电话,用去被害人电话费 6000 余元。安徽省公安厅对此案有两种看法:一是认为构成盗窃罪;二是认为构成诈骗罪。经研究我们倾向于第一种意见。因为第一,所谓诈骗的行为是指被告人采用欺骗的手法使帐号所有人产生错觉,而主动提供其使用,是受骗上当的结果。这是盗窃罪与诈骗罪的主要区别。而此案中的被告人并未向邮电局提供假帐号,或者采用诈欺方法占有他人财物,而是采用盗用他人帐号的方法实施犯罪,实际被侵害的对象是帐号被盗用的人,因此不构成诈骗罪;第二,被(转下页)

比较复杂,是否都追究刑事责任,还要具体案件具体分析。

《最高人民检察院关于非法制作、出售、使用 IC 电话卡行为如何适用法律问题的答复》(〔2003〕高检研发第 10 号)提出对明知是非法制作的 IC 电话卡而使用或者购买并使用,造成电信资费损失数额较大的行为适用盗窃罪追究刑事责任。(→参见第二百二十七条评注部分,第 1058 页)

■ 刑参案例规则提炼

《程稚瀚盗窃案——充值卡明文密码可以成为盗窃犯罪的对象》(第 602 号案例)、《陈某盗窃案——窃取公司提供充值服务的密保卡数据,并进行非法充值,使公司 QQ 密保卡对应的等值服务资费遭受损失的,是否构成盗窃罪?如何确定该类行为的盗窃数额》(第 795 号案例)、《汪李芳盗窃案——盗窃移动公司代理商经营的手机 SIM 卡,代理商在行为人盗窃既遂后从移动公司获取销售手机 SIM 卡的返利,返利是否应当在认定盗窃数额时予以扣除》(第 796 号案例)、《许赞良、汤焯杰盗窃案——内外勾结获取电信公司内部免费宽带账户后转卖,构成何种罪名》(第 1277 号案例)、《计某彬、付某生、阮某雨盗窃案——利用计算机信息系统漏洞非法办理电信宽带业务并对外出售应如何定性》(第 1514 号案例)所涉规则提炼如下:

1. **盗窃充值卡明文密码行为的定性规则**。"移动电话充值卡明文密码具备……财物的相关属性,可以成为盗窃罪的犯罪对象。""非法侵入移动公司充值中心修改充值卡数据,并将充值卡明文密码出售的行为属于将电信卡非法充值后使用,构成盗窃罪。"(第 602 号案例)

2. **盗窃增值服务充值的定性规则**。"窃取公司提供充值服务的密保卡数据并进行非法充值的,符合盗窃罪的构成特征。""盗窃数额应当按照……对应的等值服务资费实际受到的损失认定,即以已充值的……认定为盗窃数额,未充值的部分作为一个量刑情节考虑。"(第 795 号案例)

3. **盗窃手机 SIM 卡的价值计算规则**。"被害单位在被告人盗窃既遂后取得返利,在评估被窃手机 SIM 卡价值时宜采用成本法扣除返利。"(第 796 号案例)

4. **盗窃宽带账户行为的定性规则**。"电信公司内部免费宽带账号具有财产

(接上页)告人的行为基本符合盗窃罪的特征,有占有他人财产的故意,客观上使被害人遭受了损失,并有秘密窃取的行为,此案与其他盗窃案不同的是行为方式上有一些不同,所以可以考虑按盗窃罪来处理。此案系实际执法中遇到的新情况,定性问题我们也拿不准,故送你院征求意见,望尽快答复。"

性价值,非法获取并转卖的构成侵犯财产类犯罪。""被告人以非法占有为目的,秘密窃取……具有经济价值的无形财产,数额较大,其行为已构成盗窃罪。"(第1277号案例)"利用计算机信息系统漏洞非法办理电信宽带业务并对外出售……各被告人的手段行为构成非法获取计算机信息系统数据罪、破坏计算机信息系统罪,目的行为构成盗窃罪,应当按照牵连犯从一重罪处罚的原则,认定各被告人的行为均构成盗窃罪。"(第1514号案例)

司法疑难解析

1.盗窃积分行为的定性。行为人利用其发现的电信公司管理的电信商城存在的系统漏洞,即部分城市的手机卡号可以在不激活、不扣话费的情况下兑换具有支付功能的商城积分,遂大量购入卡号用于兑换商城积分,并将兑换所得积分在商城平台上购买金银饰品及充值可以线下使用的多用购物卡,而后低价销赃获取钱财。对上述案件的处理,特别是适用盗窃罪还是诈骗罪,司法实践中存在不同认识。本评注主张:(1)定性适用盗窃罪。主要考虑:诈骗罪与盗窃罪的主要区别在于是否存在虚构事实、隐瞒真相并使人陷入错误认识后进行交付的行为,本案行为人通过兑换移动商城积分获取钱财的行为只是利用了系统漏洞,且该系统漏洞是客观存在的,其并未有虚构事实、隐瞒真相的行为,故不宜认定为诈骗罪。(2)盗窃对象为移动商城积分。主要考虑:行为的主要目的是兑换移动商城积分,虽然商城积分具有虚拟性,但是可以充值多用购物卡和购买金银饰品,行为人也是通过转卖购物卡及金银饰品的方式获取钱财。(3)关于盗窃金额,宜以电信公司的实际损失来认定。主要考虑:以获取的移动商城积分所对应的消费力认定犯罪金额,未考虑移动商城消费力与实际购买价值之间存在差异的客观情况,存在不妥。而以商城消费的积分所对应的实际价值来确定,考虑到被告人低价销赃的事实,并以此为标准估算犯罪金额,似有不妥。因此,以公司的实际损失来认定犯罪金额,既考虑了被害单位的实际损失,又对被告人相对有利,以此认定较为妥当。

2.非法获取网络游戏虚拟财产行为的处理。本评注主张:(1)虚拟财产无疑具有财产属性,但是否属于财物,前置法尚未明确。《民法典》第一百二十七条规定:"法律对数据、网络虚拟财产的保护有规定的,依照其规定。"目前,似未见其他法律的规定。在前置法律依据不明的情况下,具有财产属性并不必然意味成为刑法上的财物,对相关行为不一定要适用财产犯罪。侵犯商业秘密罪的适用就是例证。同理,可以认为非法获取计算机信息系统数据罪、破坏计算机信息系统罪的对象"数据"同样可以具有财产属性。(2)关于虚拟财产的法律属性,民法界争议很大。刑法是其他部门法的保障法,在前置法尚未明确的情况下,刑法冲到最前面不一定是最好的选择,应当坚守刑法的二次法属性,尽量秉持谦抑立场。只要民法等前置法率先明确了虚拟财产的财物性质,刑法上适用财产犯罪就没有任何问题。(3)在前置法律供给不足的情况下,适用非法获取计算机信息系统数据罪、破坏计算机信息系统罪等罪名,最高可以判处十五年有期徒刑,在绝大多数情况下可以实现罪刑相当,不会轻纵犯罪。在确实无法适用非法获取计算机信息系统数据罪等罪名的情况下,比如没有使用技术手段而是直接抢劫、诈骗、敲诈勒索虚拟货币的,也可以考虑通过手段行为予以评价;在极个别法益侵害程度高、社会危害大,手段行为确实难以罚当其罪的情况下,作为例外,可以考虑将行为对象解释为财产性利益,尝试适用财产犯罪定罪处罚。当然,这样一个处理路径实属当下的"权宜之计",系统妥当解决相关问题只能寄希望于民法等前置法的不断完善。① (4)依据手段行为适用抢劫罪、诈骗罪、敲诈勒索罪等罪名的,对案件的处理应当注意:①根据当前相关规定,虚拟货币在我国不具有与法定货币同等的法律地位,不应且不能作为货币在市场上流通使用,其相关业务活动属于非法金融活动。②虚拟货币具有财产性利益,因抢劫、诈骗、敲诈勒索被害人的虚拟货币造成被害人实际损失的,仍应依法承担刑事责任,退赔被害人损失。③在量刑时可以考虑以被害人为取得虚拟货币付出的成本或者支付的对价作为数额认定标准。如难以确认成本或者对价的,可以犯罪情节作为量刑标准。

---

① 顺带提及的是,有观点指出:(1)"网络游戏装备、游戏币等虚拟财产与比特币、以太币等虚拟货币……在生成原理、稀缺性、价值性等方面存在很大差异。前者可谓是'财产性数据',虽具有一定价值,但更多是具有数据属性;后者可谓是'数据型财产',虽以数据形式呈现,但在价值层面更类似于现实财产。因此……对后者,则宜作为财产对待,窃取、骗取、劫取他人比特币等虚拟货币的按财产犯罪论处,用虚拟货币行受贿的按贿赂犯罪处理。""需要特别说明的是……对窃取、骗取、劫取他人比特币等虚拟货币的按财产犯罪论处而不是数据犯罪论处,绝不是变相认同虚拟货币的货币性质,也不是为与虚拟货币有关的非法金融活动背书。""上面的观点针对的是比特币、以太币以及其他具有与比特币、以太币类似特质的虚拟货币。"(2)就涉案虚拟货币的处置而言,"是判决没收上缴国库,还是判决追缴返还或者退赔原所有人,应当视情而定。如果是从事与虚拟货币有关非法经营、非法集资、洗钱等非法金融活动的,应作为犯罪工具或者违法所得予以没收,上缴国库;反之,如果虚拟货币是原所有人合法持有的,则应返还原所有人,虚拟货币已被被告人转让的,则应责令退赔。至于退赔方式,倾向于赞同在判决时做模糊处理。"参见《虚拟财产刑事案件司法实务——第四期实务刑法论坛实录》,载微信公众号"中国刑法学研究会"2022年8月9日。

> **第二百六十六条** 【诈骗罪】诈骗公私财物,数额较大的,处三年以下有期徒刑、拘役或者管制,并处或者单处罚金;数额巨大或者有其他严重情节的,处三年以上十年以下有期徒刑,并处罚金;数额特别巨大或者有其他特别严重情节的,处十年以上有期徒刑或者无期徒刑,并处罚金或者没收财产。本法另有规定的,依照规定。

立法沿革

本条系 1997 年《刑法》吸收 1979 年《刑法》作出修改后的规定。1979 年《刑法》第一百五十一条规定:"盗窃、诈骗、抢夺公私财物数额较大的,处五年以下有期徒刑、拘役或者管制。"1997 年《刑法》对诈骗罪的量刑作了细化规定,并针对专门诈骗犯罪作出特别规定"本法另有规定的,依照规定"。

立法解释

《全国人民代表大会常务委员会关于〈中华人民共和国刑法〉第二百六十六条的解释》(自 2014 年 4 月 24 日起施行)

全国人民代表大会常务委员会根据司法实践中遇到的情况,讨论了刑法第二百六十六条的含义及骗取养老、医疗、工伤、失业、生育等社会保险金或者其他社会保障待遇的行为如何适用刑法有关规定的问题,解释如下:

以欺诈、伪造证明材料或者其他手段骗取养老、医疗、工伤、失业、生育等社会保险金或者其他社会保障待遇的,属于刑法第二百六十六条规定的诈骗公私财物的行为。

现予公告。

司法解释

《最高人民法院研究室关于申付强诈骗案如何认定诈骗数额问题的电话答复》(1991 年 4 月 23 日)[1]
河南省高级人民法院:
你院豫法(研)请[1991]15 号《关于申付强诈骗案如何认定诈骗数额的

---

[1] 本评注认为,本司法解释主要针对概括诈骗故意的情形,即行为人对于诈骗的具体数额并无明确追求。实践中更为明显的是"连环骗",只宜以最终无法归还的数额认定诈骗数额。唯有如此,方能将本司法解释的规定与诈骗事后返还财物的行为界分开来。

请示》①收悉。经研究,答复如下:

同意你院的倾向性意见。即在具体认定诈骗犯罪数额时,应把案发前已被追回的被骗款额扣除,按最后实际诈骗所得数额计算。但在处罚时,对于这种情况应当做为从重情节予以考虑。

《最高人民法院关于对设置圈套诱骗他人参赌又向索还钱财的受骗者施以暴力或暴力威胁的行为应如何定罪问题的批复》(法复〔1995〕8 号)②③

贵州省高级人民法院:

你院"关于设置圈套诱骗他人参赌,当参赌者要求退还所输钱财时,设赌者以暴力相威胁,甚至将参赌者打伤、杀伤并将钱财带走的行为如何定性"的请示

---

① 《河南省高级人民法院关于申付强诈骗案如何认定诈骗数额的请示》[豫法(研)请〔1991〕15 号]提出:"最近,濮阳市中级法院就申付强诈骗案诈骗数额如何认定问题向我院请示。被告人申付强以欺骗手段,于 1987 年 10 月与江苏省新沂县酒厂签订了价值为 106200 元的各类曲酒合同。案发前,新沂县酒厂追回曲酒价值 61086.24 元,下余 45113.76 元已无法追回。对此案,我院审委会有两种意见:一种意见认为,对申付强的诈骗数额,可把案发前被追回的 6 万余元扣除并作为从重情节在量刑时予以考虑,按下余的 4 万 5 千余元的数额予以认定;另一种意见认为,申付强已将价值 10 万余元的曲酒诈骗到手,诈骗数额应按合同总标的计算,属数额巨大,被追回的 6 万余元可作为从轻情节在量刑时予以考虑。我们倾向于第一种意见。当否,请批示。"

② 《最高人民法院研究室关于设置圈套诱骗他人参赌获取钱财的案件应如何定罪问题的电话答复》[1991 年 3 月 12 日,被《最高人民法院关于废止 1980 年 1 月 1 日至 1997 年 6 月 30 日期间发布的部分司法解释和司法解释性质文件(第九批)的决定》(法释〔2013〕2 号)废止,废止理由为"刑法已有明确规定"]提出:"四川省高级人民法院:你院川法研〔1990〕45 号《关于设置圈套诱骗他人参赌获取钱财的案件应如何定罪的请示》收悉。经我院审判委员会讨论认为:对于行为人以营利为目的,设置圈套,诱骗他人参赌的行为,需要追究刑事责任的,应以赌博罪论处。"《四川省高级人民法院关于设置圈套诱骗他人参赌获取钱财的案件应如何定罪的请示》(川法研〔1990〕45 号)提出:"最高人民法院:我省一些地方不断出现设置圈套诱骗他人参赌从中获取钱财的案件,这种案件一般都是多人结伙在公共汽车、火车等公共场所公开进行的,常见的是猜红、蓝铅笔,以猜中者赢,猜不中为输诱骗他人参赌,由于设赌人在红、蓝铅笔上做手脚,设机关,以致猜红变蓝,猜蓝变红,参赌者有输无赢,设赌者包赢不输。设赌者为骗取参赌者的信任,还常以同伙参赌'赢钱'为诱饵,诱使他人就范。对这种案件如何定罪的问题,我们在讨论中有两种意见。第一种意见认为,在赌博活动中常有设置圈套弄虚作假的情况,带有欺骗性,但其客观行为是实施的赌博行为,设赌人和参赌人均以非法营利为目的,应以赌博罪论处。第二种意见认为,这种设置圈套诱骗他人参赌从中骗取钱财的行为已不(转下页)

收悉。经研究,答复如下:

行为人设置圈套诱骗他人参赌获取钱财,属赌博行为,构成犯罪的,应当以赌博罪定罪处罚。参赌者识破骗局要求退还所输钱财,设赌者又使用暴力或者以暴力相威胁,拒绝退还的,应以赌博罪从重处罚;致参赌者伤害或者死亡的,应以赌博罪和故意伤害罪或者故意杀人罪,依法实行数罪并罚。

《最高人民法院关于审理扰乱电信市场管理秩序案件具体应用法律若干问题的解释》(法释〔2000〕12号)第九条对扰乱电信市场犯罪中涉及诈骗罪的适

(接上页)同于一般的赌博,更符合诈骗罪的特征,设赌只是一种诈骗的手段其实质仍属虚构事实或隐瞒真相,使人信以为真。采取弄虚作假进行欺诈,应定诈骗罪,而不能定赌博罪。我们倾向于第二种意见,当否,请批复。"

③ (接上页)虽然本司法解释仍然有效,但**本评注认为**,对于设置圈套诱骗他人参赌从中获取钱财案件应以诈骗罪定罪处罚。主要考虑:(1)设置圈套诱骗他人参赌从中获取钱财行为不符合赌博的本质特征。赌博,是指就偶然的输赢以财物进行赌事或者博戏的行为。构成赌博有两个基本要件:规则和愿意参与赌博的双方或多方。规则使得赌博成为了一种基于概率的预测,使得赌博成为了偶然的输赢,使得这种偶然因素对当事人而言具有不确定性。当然,这并不否认长期而言庄家会获胜。但是,庄家获胜依靠的是规则之下的概率,即输赢是由规则确定的,通常是闲家久赌必输,庄家久赌必赢。现代赌场已进化到以数字制胜的时代,庄家获胜的法宝是基于数学原理而不是靠在规则已经设定的情况下,在赌博过程中使用"诈术",做手脚,或者说"出老千"。而设置圈套诱骗他人参赌则不同,行为人通过使用违反规则的诈术,已使得输赢没有任何偶然性,故其行为已经不符合赌博的本质特征,不应认定为赌博。(2)设置圈套诱骗他人参赌从中获取钱财行为符合诈骗罪犯罪构成。设置圈套诱骗他人参赌从中获取钱财,属于以赌博为手段的诈骗。在此种行为中,行为人通过操纵赌博输赢,使得赌博成为了非法获取赌博参与人采取的手段,不再是真正意义上的赌博,而是赌博诈骗。(3)被骗者违法参"赌"并不能否定诈骗罪的成立。认为对设置圈套诱人参赌的行为应以赌博罪而非诈骗罪论处的一个重要理由是,如对此种行为以诈骗罪论处,则要将被诱参赌者视为被害人,其在参赌过程中所输财物也应依法保护,而这显然不符合基本法理,对此类被"骗"财物根本不应给予保护。经研究认为,被骗者的参赌行为具有违法性,并不影响设置圈套诱赌者诈骗罪的构成。例如,对行为人将头痛粉冒充毒品予以出卖,根据相关文件规定及司法实践,应以诈骗罪论处。而此类案件中,购买假毒品者的行为显然也就有违法性,但并未妨碍出卖假毒品者诈骗罪的成立。此外,对设置圈套诱人参赌者以诈骗罪论处,将参赌者认定为诈骗行为的"被害人",并不意味着对参赌者的违法行为要给予法律保护。由于参赌者是在赌博过程中输掉财物的,对该财物完全可以视情依法予以没收,而非必须退还参赌者。(→可参见本条所提炼的刑参第836号案例的相关规则,第1311页)

用问题作了规定。(→参见第二百二十五条评注部分,第1024页)

《最高人民法院、最高人民检察院关于办理妨害预防、控制突发传染病疫情等灾害的刑事案件具体应用法律若干问题的解释》(法释〔2003〕8号)第七条对妨害预防、控制突发传染病疫情等灾害的刑事案件涉及诈骗罪的适用作了指引性规定。(→参见第一百一十四条评注部分,第415页)

《最高人民法院关于审理伪造货币等案件具体应用法律若干问题的解释(二)》(法释〔2010〕14号)第五条对以使用为目的,伪造停止流通的货币,或者使用伪造的停止流通的货币的行为适用诈骗罪作了指引性规定。(→参见第一百七十条评注部分,第768页)

《最高人民法院、最高人民检察院关于办理诈骗刑事案件具体应用法律若干问题的解释》(法释〔2011〕7号,自2011年4月8日起施行)①

为依法惩治诈骗犯罪活动,保护公私财产所有权,根据刑法、刑事诉讼法有关规定,结合司法实践的需要,现就办理诈骗刑事案件具体应用法律的若干问题解释如下:

第一条 诈骗公私财物价值三千元至一万元以上、三万元至十万元以上、五十万元以上的,应当分别认定为刑法第二百六十六条规定的"数额较大"、"数额巨大"、"数额特别巨大"。

各省、自治区、直辖市高级人民法院、人民检察院可以结合本地区经济社会发展状况,在前款规定的数额幅度内,共同研究确定本地区执行的具体数额标准,报最高人民法院、最高人民检察院备案。

第二条 诈骗公私财物达到本解释第一条规定的数额标准,具有下列情形之一的,可以依照刑法第二百六十六条的规定酌情从严惩处:

(一)通过发送短信、拨打电话或者利用互联网、广播电视、报刊杂志等发布虚假信息,对不特定多数人实施诈骗的;

(二)诈骗救灾、抢险、防汛、优抚、扶贫、移民、救济、医疗款物的;

(三)以赈灾募捐名义实施诈骗的;

---

① 考虑到诈骗罪与合同诈骗罪在性质、危害方面的类似性,对合同诈骗罪,其定罪量刑标准应参照本解释的有关规定执行。参见胡云腾、周加海、刘涛:《〈关于办理诈骗刑事案件具体应用法律若干问题的解释〉的理解与适用》,载中华人民共和国最高人民法院刑事审判第一、二、三、四庭主办:《中国刑事审判指导案例4》(增订第3版),法律出版社2017年版,第579页。

（四）诈骗残疾人、老年人或者丧失劳动能力人的财物的；

（五）造成被害人自杀、精神失常或者其他严重后果的。

诈骗数额接近本解释第一条规定的"数额巨大"、"数额特别巨大"的标准①，并具有前款规定的情形之一或者属于诈骗集团首要分子的，应当分别认定为刑法第二百六十六条规定的"其他严重情节"、"其他特别严重情节"。②

第三条③ 诈骗公私财物虽已达到本解释第一条规定的"数额较大"的标准，但具有下列情形之一，且行为人认罪、悔罪的，可以根据刑法第三十七条、刑事诉讼法第一百四十二条④的规定不起诉或者免予刑事处罚：

（一）具有法定从宽处罚情节的；

（二）一审宣判前全部退赃、退赔的；

（三）没有参与分赃或者获赃较少且不是主犯的；

（四）被害人谅解的；

---

① 实践中一般掌握为达到80%。参见胡云腾、周加海、刘涛：《〈关于办理诈骗刑事案件具体应用法律若干问题的解释〉的理解与适用》，载中华人民共和国最高人民法院刑事审判第一、二、三、四、五庭主办：《中国刑事审判指导案例4》（增订第3版），法律出版社2017年版，第575页。

② 《最高人民法院、最高人民检察院、公安部关于办理电信网络诈骗等刑事案件适用法律若干问题的意见》（法发〔2016〕32号）"二、**依法严惩电信网络诈骗犯罪**"第（一）条对电信网络诈骗的入罪和升档量刑采用底线标准，实际属于对本条第一项所针涉"通过发送短信、拨打电话或者利用互联网、广播电视、报刊杂志等发布虚假信息，对不特定多数人实施诈骗的"情形酌情从严惩处的具体化。基于罪责刑相适应原则的考量，**本评注主张对电信网络诈骗犯罪不宜再行适用本条第二款按照百分之八十升档量刑的规定**，而直接适用法发〔2016〕32号意见的相关规定即可。

③ 需要注意的问题有三：(1)本条的适用以行为人犯罪后有认罪、悔罪表现为前提。否则，即使行为人具有法定从宽处罚情节等情形，亦不能适用本条。(2)在诈骗数额方面，根据本条规定，"已达到本解释第一条规定的'数额较大'的标准的"，即已达到数额较大、未达到数额巨大的，均可适用本条，而不必限定在刚刚达到或略微超过数额较大标准的范围，这主要是为了最大限度体现宽严相济刑事政策。(3)符合本条规定情形的，宜由检察机关在审查起诉阶段依法作出不起诉决定，以保障案件得到及时处理，节约司法资源，促进社会矛盾的尽早化解。参见胡云腾、周加海、刘涛：《〈关于办理诈骗刑事案件具体应用法律若干问题的解释〉的理解与适用》，载中华人民共和国最高人民法院刑事审判第一、二、三、四、五庭主办：《中国刑事审判指导案例4》（增订第3版），法律出版社2017年版，第576页。

④ 现行《刑事诉讼法》为第一百七十七条。——本评注注

（五）其他情节轻微、危害不大的。

第四条　诈骗近亲属的财物，近亲属谅解的，一般可不按犯罪处理。

诈骗近亲属的财物，确有追究刑事责任必要的，具体处理也应酌情从宽。

第五条　诈骗未遂，以数额巨大的财物为诈骗目标的，或者具有其他严重情节的，应当定罪处罚。

利用发送短信、拨打电话、互联网等电信技术手段对不特定多数人实施诈骗①，诈骗数额难以查证，但具有下列情形之一的，应当认定为刑法第二百六十六条规定的"其他严重情节"，以诈骗罪(未遂)定罪处罚：

（一）发送诈骗信息五千条以上的；

（二）拨打诈骗电话五百人次以上的；

（三）诈骗手段恶劣、危害严重的。

实施前款规定行为，数量达到前款第（一）、（二）项规定标准十倍以上的，或者诈骗手段特别恶劣、危害特别严重的，应当认定为刑法第二百六十六条规定的"其他特别严重情节"，以诈骗罪(未遂)定罪处罚。

第六条　诈骗既有既遂，又有未遂，分别达到不同量刑幅度的，依照处罚较重的规定处罚；达到同一量刑幅度的，以诈骗既遂处罚。

第七条　明知他人实施诈骗犯罪，为其提供信用卡、手机卡、通讯工具、通讯传输通道、网络技术支持、费用结算等帮助的，以共同犯罪论处。

第八条　冒充国家机关工作人员进行诈骗，同时构成诈骗罪和招摇撞骗罪的，依照处罚较重的规定定罪处罚。

第九条　案发后查封、扣押、冻结在案的诈骗财物及其孳息，权属明确的，应当发还被害人；权属不明确的，可按被骗款物占查封、扣押、冻结在案的财物及其孳息总额的比例发还被害人，但已获退赔的应予扣除。

第十条　行为人已将诈骗财物用于清偿债务或者转让给他人，具有下列情形之一的，应当依法追缴：

（一）对方明知是诈骗财物而收取的；

---

① **本评注认为**，根据本款的规定，电信网络诈骗犯罪应当以对不特定多数人实施诈骗为要件，对于"一对一"诈骗行为，即使利用电信网络手段，也不宜认定为电信网络诈骗，进而适用特定的定罪量刑标准和相关规则。《反电信网络诈骗法》第二条规定："本法所称电信网络诈骗，是指以非法占有为目的，利用电信网络技术手段，通过远程、非接触等方式，诈骗公私财物的行为。"这一界定似不宜直接适用于电信网络诈骗犯罪的认定。

(二)对方无偿取得诈骗财物的;

(三)对方以明显低于市场的价格取得诈骗财物的;

(四)对方取得诈骗财物系源于非法债务或者违法犯罪活动的。

他人善意取得诈骗财物的,不予追缴。

第十一条 以前发布的司法解释与本解释不一致的,以本解释为准。

《最高人民法院关于审理掩饰、隐瞒犯罪所得、犯罪所得收益刑事案件适用法律若干问题的解释》[法释〔2015〕11号,根据《最高人民法院关于修改〈关于审理掩饰、隐瞒犯罪所得、犯罪所得收益刑事案件适用法律若干问题的解释〉的决定》(法释〔2021〕8号)修正]**第六条**明确犯罪所得及其产生的收益可以成为诈骗罪等财产犯罪的对象。(→参见第三百一十二条评注部分,第 1635 页)

《最高人民法院关于审理拐卖妇女儿童犯罪案件具体应用法律若干问题的解释》(法释〔2016〕28号)**第三条第二款**对以介绍婚姻为名,与被介绍妇女串通骗取他人钱财行为适用诈骗罪作了指引性规定。(→参见第二百四十条评注部分,第 1139 页)

《最高人民法院、最高人民检察院关于办理危害药品安全刑事案件适用法律若干问题的解释》(高检发释字〔2022〕1号)**第十三条**对指使、教唆、授意他人利用医保骗保购买药品,进而非法收购、销售的行为适用诈骗罪作了规定。(→参见第一百四十一条评注部分,第 608 页)

规范性文件[①]

《最高人民法院、最高人民检察院、公安部关于办理电信网络诈骗等刑事案件适用法律若干问题的意见》(法发〔2016〕32号)[②]

为依法惩治电信网络诈骗等犯罪活动,保护公民、法人和其他组织的合法权益,维护社会秩序,根据《中华人民共和国刑法》《中华人民共和国刑事诉讼法》

---

① 另,《最高人民检察院法律政策研究室关于通过伪造证据骗取法院民事裁判占有他人财物的行为如何适用法律问题的答复》(〔2002〕高检研发第18号)与《刑法》第三百零七条之一和《最高人民法院、最高人民检察院关于办理虚假诉讼刑事案件适用法律若干问题的解释》(法释〔2018〕17号)不一致,应当以后者为准。

② 电信网络诈骗是一种典型的非接触式犯罪(犯罪人与被害人不见面,甚至共同犯罪人都不见面),突破了传统犯罪的时空、地域和法律限制,造成侦查取证、定罪量刑、案件管辖诸多法律难题。基于此,**本评注认为**,对于熟人之间发生的诈骗犯罪,即使通过互联网实施,似也不宜认定为电信网络诈骗犯罪,不宜适用专门针对该类犯罪的有关规定。

等法律和有关司法解释的规定,结合工作实际,制定本意见。

一、总体要求

近年来,利用通讯工具、互联网等技术手段实施的电信网络诈骗犯罪活动持续高发,侵犯公民个人信息、扰乱无线电通讯管理秩序、掩饰、隐瞒犯罪所得、犯罪所得收益等上下游关联犯罪不断蔓延。此类犯罪严重侵害人民群众财产安全和其他合法权益,严重干扰电信网络秩序,严重破坏社会诚信,严重影响人民群众安全感和社会和谐稳定,社会危害性大,人民群众反映强烈。

人民法院、人民检察院、公安机关要针对电信网络诈骗等犯罪的特点,坚持全链条全方位打击,坚持依法从严从快惩处,坚持最大力度最大限度追赃挽损,进一步健全工作机制,加强协作配合,坚决有效遏制电信网络诈骗等犯罪活动,努力实现法律效果和社会效果的高度统一。

二、依法严惩电信网络诈骗犯罪

(一)根据《最高人民法院、最高人民检察院关于办理诈骗刑事案件具体应用法律若干问题的解释》第一条的规定,利用电信网络技术手段实施诈骗,诈骗公私财物价值三千元以上、三万元以上、五十万元以上的,应当分别认定为刑法第二百六十六条规定的"数额较大""数额巨大""数额特别巨大"。

二年内多次实施电信网络诈骗未经处理,诈骗数额累计计算构成犯罪的,应当依法定罪处罚。

(二)实施电信网络诈骗犯罪,达到相应数额标准,具有下列情形之一的,酌情从重处罚:

1. 造成被害人或其近亲属自杀、死亡或者精神失常等严重后果的;
2. 冒充司法机关等国家机关工作人员实施诈骗的;
3. 组织、指挥电信网络诈骗犯罪团伙的;
4. 在境外实施电信网络诈骗的;
5. 曾因电信网络诈骗犯罪受过刑事处罚或者二年内曾因电信网络诈骗受过行政处罚的;
6. 诈骗残疾人、老年人、未成年人、在校学生、丧失劳动能力人的财物,或者诈骗重病患者及其亲属财物的;
7. 诈骗救灾、抢险、防汛、优抚、扶贫、移民、救济、医疗等款物的;
8. 以赈灾、募捐等社会公益、慈善名义实施诈骗的;
9. 利用电话追呼系统等技术手段严重干扰公安机关等部门工作的;
10. 利用"钓鱼网站"链接、"木马"程序链接、网络渗透等隐蔽技术手段实施诈骗的。

(三)实施电信网络诈骗犯罪,诈骗数额接近"数额巨大""数额特别巨大"的标准,具有前述第(二)条规定的情形之一的,应当分别认定为刑法第二百六十六条规定的"其他严重情节""其他特别严重情节"。

上述规定的"接近",一般应掌握在相应数额标准的百分之八十以上。

(四)实施电信网络诈骗犯罪,犯罪嫌疑人、被告人实际骗得财物的,以诈骗罪(既遂)定罪处罚。诈骗数额难以查证,但具有下列情形之一的,应当认定为刑法第二百六十六条规定的"其他严重情节",以诈骗罪(未遂)定罪处罚:

1. 发送诈骗信息五千条以上的,或者拨打诈骗电话五百人次以上的;

2. 在互联网上发布诈骗信息,页面浏览量累计五千次以上的。

具有上述情形,数量达到相应标准十倍以上的,应当认定为刑法第二百六十六条规定的"其他特别严重情节",以诈骗罪(未遂)定罪处罚。

上述"拨打诈骗电话",包括拨出诈骗电话和接听被害人回拨电话。反复拨打、接听同一电话号码,以及反复向同一被害人发送诈骗信息的,拨打、接听电话次数、发送信息条数累计计算。

因犯罪嫌疑人、被告人故意隐匿、毁灭证据等原因,致拨打电话次数、发送信息条数的证据难以收集的,可以根据经查证属实的日拨打人次数、日发送信息条数,结合犯罪嫌疑人、被告人实施犯罪的时间,犯罪嫌疑人、被告人的供述等相关证据,综合予以认定。

(五)电信网络诈骗既有既遂,又有未遂,分别达到不同量刑幅度的,依照处罚较重的规定处罚;达到同一量刑幅度的,以诈骗罪既遂处罚。

(六)对实施电信网络诈骗犯罪的被告人裁量刑罚,在确定量刑起点、基准刑时,一般应就高选择。确定宣告刑时,应当综合全案事实情节,准确把握从重、从轻量刑情节的调节幅度,保证罪责刑相适应。

(七)对实施电信网络诈骗犯罪的被告人,应当严格控制适用缓刑的范围,严格掌握适用缓刑的条件。

(八)对实施电信网络诈骗犯罪的被告人,应当更加注重依法适用财产刑,加大经济上的惩罚力度,最大限度剥夺被告人再犯的能力。

三、全面惩处关联犯罪

(一)在实施电信网络诈骗活动中,非法使用"伪基站""黑广播",干扰无线电通讯秩序,符合刑法第二百八十八条规定的,以扰乱无线电通讯管理秩序罪追究刑事责任。同时构成诈骗罪的,依照处罚较重的规定定罪处罚。

(二)违反国家有关规定,向他人出售或者提供公民个人信息,窃取或者以其他方法非法获取公民个人信息,符合刑法第二百五十三条之一规定的,以侵犯公民个人信息罪追究刑事责任。

使用非法获取的公民个人信息,实施电信网络诈骗犯罪行为,构成数罪的,应当依法予以并罚。

(三)冒充国家机关工作人员实施电信网络诈骗犯罪,同时构成诈骗罪和招摇撞骗罪的,依照处罚较重的规定定罪处罚。

(四)非法持有他人信用卡,没有证据证明从事电信网络诈骗犯罪活动,符合刑法第一百七十七条之一第一款第(二)项规定的,以妨害信用卡管理罪追究刑事责任。

(五)明知是电信网络诈骗犯罪所得及其产生的收益,以下列方式之一予以转账、套现、取现的,依照刑法第三百一十二条第一款的规定,以掩饰、隐瞒犯罪所得、犯罪所得收益罪追究刑事责任。但有证据证明确实不知道的除外:

1. 通过使用销售点终端机具(POS机)刷卡套现等非法途径,协助转换或者转移财物的;

2. 帮助他人将巨额现金散存于多个银行账户,或在不同银行账户之间频繁划转的;

3. 多次使用或者使用多个非本人身份证明开设的信用卡、资金支付结算账户或者多次采用遮蔽摄像头、伪装等异常手段,帮助他人转账、套现、取现的;

4. 为他人提供非本人身份证明开设的信用卡、资金支付结算账户后,又帮助他人转账、套现、取现的;

5. 以明显异于市场的价格,通过手机充值、交易游戏点卡等方式套现的。

实施上述行为,事前通谋的,以共同犯罪论处。

实施上述行为,电信网络诈骗犯罪嫌疑人尚未到案或案件尚未依法裁判,但现有证据足以证明该犯罪行为确实存在的,不影响掩饰、隐瞒犯罪所得、犯罪所得收益罪的认定。

实施上述行为,同时构成其他犯罪的,依照处罚较重的规定定罪处罚。法律和司法解释另有规定的除外。

(六)网络服务提供者不履行法律、行政法规规定的信息网络安全管理义务,经监管部门责令采取改正措施而拒不改正,致使诈骗信息大量传播,或者用户信息泄露造成严重后果的,依照刑法第二百八十六条之一的规定,以拒不履行信息网络安全管理义务罪追究刑事责任。同时构成诈骗罪的,依照处罚较重的规定定罪处罚。

(七)实施刑法第二百八十七条之一、第二百八十七条之二规定之行为,构成非法利用信息网络罪、帮助信息网络犯罪活动罪,同时构成诈骗罪的,依照处罚较重的规定定罪处罚。

（八）金融机构、网络服务提供者、电信业务经营者等在经营活动中，违反国家有关规定，被电信网络诈骗犯罪分子利用，使他人遭受财产损失的，依法承担相应责任。构成犯罪的，依法追究刑事责任。

四、准确认定共同犯罪与主观故意

（一）三人以上为实施电信网络诈骗犯罪而组成的较为固定的犯罪组织，应依法认定为诈骗犯罪集团。对组织、领导犯罪集团的首要分子，按照集团所犯的全部罪行处罚。对犯罪集团中组织、指挥、策划者和骨干分子依法从严惩处。

对犯罪集团中起次要、辅助作用的从犯，特别是在规定期限内投案自首、积极协助抓获主犯、积极协助追赃的，依法从轻或减轻处罚。

对犯罪集团首要分子以外的主犯，应当按照其所参与的或者组织、指挥的全部犯罪处罚。全部犯罪包括能够查明具体诈骗数额的事实和能够查明发送诈骗信息条数、拨打诈骗电话人次数、诈骗信息网页浏览次数的事实。

（二）多人共同实施电信网络诈骗，犯罪嫌疑人、被告人应对其参与期间该诈骗团伙实施的全部诈骗行为承担责任。在其所参与的犯罪环节中起主要作用的，可以认定为主犯；起次要作用的，可以认定为从犯。

上述规定的"参与期间"，从犯罪嫌疑人、被告人着手实施诈骗行为开始起算。

（三）明知他人实施电信网络诈骗犯罪，具有下列情形之一，以共同犯罪论处，但法律和司法解释另有规定的除外：

1. 提供信用卡、资金支付结算账户、手机卡、通讯工具的；
2. 非法获取、出售、提供公民个人信息的；
3. 制作、销售、提供"木马"程序和"钓鱼软件"等恶意程序的；
4. 提供"伪基站"设备或相关服务的；
5. 提供互联网接入、服务器托管、网络存储、通讯传输等技术支持，或者提供支付结算等帮助的；
6. 在提供改号软件、通话线路等技术服务时，发现主叫号码被修改为国内党政机关、司法机关、公共服务部门号码，或者境外用户改为境内号码，仍提供服务的；
7. 提供资金、场所、交通、生活保障等帮助的；
8. 帮助转移诈骗犯罪所得及其产生的收益，套现、取现的。

上述规定的"明知他人实施电信网络诈骗犯罪"，应当结合被告人的认知能力、既往经历，行为次数和手段，与他人关系，获利情况，是否曾因电信网络诈骗受过处罚,是否故意规避调查等主客观因素进行综合分析认定。

(四)负责招募他人实施电信网络诈骗犯罪活动,或者制作、提供诈骗方案、术语清单、语音包、信息等的,以诈骗共同犯罪论处。

(五)部分犯罪嫌疑人在逃,但不影响对已到案共同犯罪嫌疑人、被告人的犯罪事实认定的,可以依法先行追究已到案共同犯罪嫌疑人、被告人的刑事责任。

五、依法确定案件管辖

(一)电信网络诈骗犯罪案件一般由犯罪地公安机关立案侦查,如果由犯罪嫌疑人居住地公安机关立案侦查更为适宜的,可以由犯罪嫌疑人居住地公安机关立案侦查。犯罪地包括犯罪行为发生地和犯罪结果发生地。

"犯罪行为发生地"包括用于电信网络诈骗犯罪的网站服务器所在地,网站建立者、管理者所在地,被侵害的计算机信息系统或其管理者所在地,犯罪嫌疑人、被害人使用的计算机信息系统所在地,诈骗电话、短信息、电子邮件等的拨打地、发送地、到达地、接受地,以及诈骗行为持续发生的实施地、预备地、开始地、途经地、结束地。

"犯罪结果发生地"包括被害人被骗时所在地,以及诈骗所得财物的实际取得地、藏匿地、转移地、使用地、销售地等。

(二)电信网络诈骗最初发现地公安机关侦办的案件,诈骗数额当时未达到"数额较大"标准,但后续累计达到"数额较大"标准,可由最初发现地公安机关立案侦查。

(三)具有下列情形之一的,有关公安机关可以在其职责范围内并案侦查:

1.一人犯数罪的;

2.共同犯罪的;

3.共同犯罪的犯罪嫌疑人还实施其他犯罪的;

4.多个犯罪嫌疑人实施的犯罪存在直接关联,并案处理有利于查明案件事实的。

(四)对因网络交易、技术支持、资金支付结算等关系形成多层级链条、跨区域的电信网络诈骗等犯罪案件,可由共同上级公安机关按照有利于查清犯罪事实、有利于诉讼的原则,指定有关公安机关立案侦查。

(五)多个公安机关都有权立案侦查的电信网络诈骗等犯罪案件,由最初受理的公安机关或者主要犯罪地公安机关立案侦查。有争议的,按照有利于查清犯罪事实、有利于诉讼的原则,协商解决。经协商无法达成一致的,由共同上级公安机关指定有关公安机关立案侦查。

(六)在境外实施的电信网络诈骗等犯罪案件,可由公安部按照有利于查清犯罪事实、有利于诉讼的原则,指定有关公安机关立案侦查。

(七)公安机关立案、并案侦查,或因有争议,由共同上级公安机关指定立案侦查的案件,需要提请批准逮捕、移送审查起诉、提起公诉的,由该公安机关所在地的人民检察院、人民法院受理。

对重大疑难复杂案件和境外案件,公安机关应在指定立案侦查前,向同级人民检察院、人民法院通报。

(八)已确定管辖的电信诈骗共同犯罪案件,在逃的犯罪嫌疑人归案后,一般由原管辖的公安机关、人民检察院、人民法院管辖。

六、证据的收集和审查判断

(一)办理电信网络诈骗案件,确因被害人人数众多等客观条件的限制,无法逐一收集被害人陈述的,可以结合已收集的被害人陈述,以及经查证属实的银行账户交易记录、第三方支付结算账户交易记录、通话记录、电子数据等证据,综合认定被害人人数及诈骗资金数额等犯罪事实。

(二)公安机关采取技术侦查措施收集的案件证明材料,作为证据使用的,应当随案移送批准采取技术侦查措施的法律文书和所收集的证据材料,并对其来源等作出书面说明。

(三)依照国际条约、刑事司法协助、互助协议或平等互助原则,请求证据材料所在地司法机关收集,或通过国际警务合作机制、国际刑警组织启动合作取证程序收集的境外证据材料,经查证属实,可以作为定案的依据。公安机关应对其来源、提取人、提取时间或者提供人、提供时间以及保管移交的过程等作出说明。

对其他来自境外的证据材料,应当对其来源、提供人、提供时间以及提取人、提取时间进行审查。能够证明案件事实且符合刑事诉讼法规定的,可以作为证据使用。

七、涉案财物的处理

(一)公安机关侦办电信网络诈骗案件,应当随案移送涉案赃款赃物,并附清单。人民检察院提起公诉时,应一并移交受理案件的人民法院,同时就涉案赃款赃物的处理提出意见。

(二)涉案银行账户或者涉案第三方支付账户内的款项,对权属明确的被害人的合法财产,应当及时返还。确因客观原因无法查实全部被害人,但有证据证明该账户系用于电信网络诈骗犯罪,且被告人无法说明款项合法来源的,根据刑法第六十四条的规定,应认定为违法所得,予以追缴。

(三)被告人已将诈骗财物用于清偿债务或者转让给他人,具有下列情形之一的,应当依法追缴:

1. 对方明知是诈骗财物而收取的；
2. 对方无偿取得诈骗财物的；
3. 对方以明显低于市场的价格取得诈骗财物的；
4. 对方取得诈骗财物系源于非法债务或者违法犯罪活动的。

他人善意取得诈骗财物的，不予追缴。

《电信网络新型违法犯罪案件冻结资金返还若干规定的通知》(中国证监会、公安部,银监发〔2016〕41号)①

第一条 为维护公民、法人和其他组织的财产权益,减少电信网络新型违法犯罪案件被害人的财产损失,确保依法、及时、便捷返还冻结资金,根据《中华人民共和国刑法》《中华人民共和国刑事诉讼法》《中华人民共和国银行业监督管理法》《中华人民共和国商业银行法》等法律、行政法规,制定本规定。

第二条 本规定所称电信网络新型违法犯罪案件,是指不法分子利用电信、互联网等技术,通过发送短信、拨打电话、植入木马等手段,诱骗(盗取)被害人资金汇(存)入其控制的银行账户,实施的违法犯罪案件。

本规定所称冻结资金,是指公安机关依照法律规定对特定银行账户实施冻结措施,并由银行业金融机构协助执行的资金。本规定所称被害人,包括自然人、法人和其他组织。

第三条 公安机关应当依照法律、行政法规和本规定的职责、范围、条件和程序,坚持客观、公正、便民的原则,实施涉案冻结资金返还工作。

银行业金融机构应当依照有关法律、行政法规和本规定,协助公安机关实施涉案冻结资金返还工作。

第四条 公安机关负责查清被害人资金流向,及时通知被害人,并作出资金返还决定,实施返还。

银行业监督管理机构负责督促、检查辖区内银行业金融机构协助查询、冻结、返还工作,并就执行中的问题与公安机关进行协调。

---

① 本通知利用转账时间戳对涉案资金进行标记,以对涉案资金作出区分,在一定程度上赋予了资金"特定物"的属性。在此规则之下,对涉案资金返还时,需要考虑转账的时间因素。这与《最高人民法院、最高人民检察院关于办理诈骗刑事案件具体应用法律若干问题的解释》第九条"案发后查封、扣押、冻结在案的诈骗财物及其孳息,权属明确的,应当发还被害人;权属不明确的,可按被骗款物占查封、扣押、冻结在案的财物及其孳息总额的比例发还被害人,但已获退赔的应予扣除"之间的关系,似可再作斟酌。——本评注注

银行业金融机构依法协助公安机关查清被害人资金流向,将所涉资金返还至公安机关指定的被害人账户。

第五条 被害人在办理被骗(盗)资金返还过程中,应当提供真实有效的信息,配合公安机关和银行业金融机构开展相应的工作。

被害人应当由本人办理冻结资金返还手续。本人不能办理的,可以委托代理人办理;公安机关应当核实委托关系的真实性。

被害人委托代理人办理冻结资金返还手续的,应当出具合法的委托手续。

第六条 对电信网络新型违法犯罪案件,公安机关冻结涉案资金后,应当主动告知被害人。

被害人向冻结公安机关或者受理案件地公安机关提出冻结涉案资金返还请求的,应当填写《电信网络新型违法犯罪涉案资金返还申请表》(附件1)。

冻结公安机关应当对被害人的申请进行审核,经查明冻结资金确属被害人的合法财产,权属明确无争议的,制作《电信网络新型违法犯罪涉案资金流向表》和《呈请返还资金报告书》(附件2),由设区的市一级以上公安机关批准并出具《电信网络新型违法犯罪冻结资金返还决定书》(附件3)。

受理案件地公安机关与冻结公安机关不是同一机关的,受理案件地公安机关应当及时向冻结公安机关移交受、立案法律手续、询问笔录、被骗盗银行卡账户证明、身份信息证明、《电信网络新型违法犯罪涉案资金返还申请表》等相关材料,冻结公安机关按照前款规定进行审核决定。

冻结资金应当返还至被害人原汇出银行账户,如原银行账户无法接受返还,也可以向被害人提供的其他银行账户返还。

第七条 冻结公安机关对依法冻结的涉案资金,应当以转账时间戳(银行电子系统记载的时间点)为标记,核查各级转账资金走向,一一对应还原资金流向,制作《电信网络新型违法犯罪案件涉案资金流向表》。

第八条 冻结资金以溯源返还为原则,由公安机关区分不同情况按以下方式返还:

(一)冻结账户内仅有单笔汇(存)款记录,可直接溯源被害人的,直接返还被害人;

(二)冻结账户内有多笔汇(存)款记录,按照时间戳记载可以直接溯源被害人的,直接返还被害人;

(三)冻结账户内有多笔汇(存)款记录,按照时间戳记载无法直接溯源被害人的,按照被害人被骗(盗)金额占冻结在案资金总额的比例返还(返还计算公式见附件4)。

按比例返还的,公安机关应当发出公告,公告期为30日,公告期间内被害人、其他利害关系人可就返还冻结提出异议,公安机关依法进行审核。

冻结账户返还后剩余资金在原冻结期内继续冻结;公安机关根据办案需要可以在冻结期满前依法办理续冻手续。如查清新的被害人,公安机关可以按照本规定启动新的返还程序。

第九条 被害人以现金通过自动柜员机或者柜台存入涉案账户内的,涉案账户交易明细账中的存款记录与被害人笔录核对相符的,可以依照本规定第八条的规定,予以返还。

第十条 公安机关办理资金返还工作时,应当制作《电信网络新型违法犯罪冻结资金协助返还通知书》(附件5),由两名以上公安机关办案人员持本人有效人民警察证和《电信网络新型违法犯罪冻结资金协助返还通知书》前往冻结银行办理返还工作。

第十一条 立案地涉及多地,对资金返还存在争议的,应当由共同上级公安机关确定一个公安机关负责返还工作。

第十二条 银行业金融机构办理返还时,应当对办案人员的人民警察证和《电信网络新型违法犯罪冻结资金协助返还通知书》进行审查。对于提供的材料不完备的,有权要求办案公安机关补正。

银行业金融机构应当及时协助公安机关办理返还。能够现场办理完毕的,应当现场办理;现场无法办理完毕的,应当在三个工作日内办理完毕。银行业金融机构应当将回执反馈公安机关。

银行业金融机构应当留存《电信网络新型违法犯罪冻结资金协助返还通知书》原件、人民警察证复印件,并妥善保管留存,不得挪作他用。

第十三条 银行业金融机构应当指定专门机构和人员,承办电信网络新型违法犯罪涉案资金返还工作。

第十四条 公安机关违法办理资金返还,造成当事人合法权益损失的,依法承担法律责任。

第十五条 中国银监会和公安部应当加强对新型电信网络违法犯罪冻结资金返还工作的指导和监督。

银行业金融机构违反协助公安机关资金返还义务的,按照《银行业金融机构协助人民检察院公安机关国家安全机关查询冻结工作规定》第二十八条的规定,追究相应机构和人员的责任。

第十六条 本规定由中国银监会和公安部共同解释。执行中遇有具体应用问题,可以向银监会法律部门和公安部刑事侦查局报告。

第十七条 本规定自发布之日起施行。

附件：
1. 电信网络新型违法犯罪案件冻结资金返还申请表（略）
2. 呈请返还资金报告书（略）
3. 电信网络新型违法犯罪冻结资金返还决定书（略）
4. 电信网络新型违法犯罪冻结资金协助返还通知书（略）
5. 资金返还比例计算方法

资金返还比例计算方法

冻结公安机关逐笔核对时间戳，按所拦截的资金来源区分被害人资金份额。若冻结账户为 A 账户；冻结账户的上级账户为 B 账户，B 账户内有多笔资金来源；B 账户的上级账户为 C 账户，C 账户内的资金可明确追溯单一被害人资金。

C 账户应分配的资金 =

$$\frac{\text{特定时间戳 C 账户汇入 B 账户的资金额}}{\text{特定时间戳 B 账户内资金余额}} \times \text{特定时间戳 B 账户资金汇入 A 账户的冻结资金额}$$

C 账户可分配资金若不能明确对应至单一被害人资金的，应参照前述所列公式，将 C 账户可分配资金视作公式中的"冻结账户金额"向上一级账户溯源分配，依此类推。

举例说明：

2016 年 3 月事主王某被电信网络诈骗 100 万元，事主账号为 62226001400×××2209，被犯罪嫌疑人通过逐层转账的方式转至下级账号。

出账：于 3 月 16 日 13 时 20 分 10 秒被网银转到账号 62226009100×××4840 金额 100 万。

出账：于 13 时 21 分 05 秒分别网银转账到 62128802000×××5406 金额 50 万元，账号 62170017000×××9449 金额 50 万元。

出账：62128802000×××5406 金额 50 万元又分别于 13 时 21 分 56 秒转到 62220213060×××5495 账号金额 20 万和 62170017000×××5431 账号金额 30 万元。

进账：与此同时 62170017000×××5431 账号于 13 时 22 分 18 秒又收到账号 62148302×××1469 网银转来金额 15 万元。

出账：62170017000×××5431 账号又于 13 时 23 分 50 秒分别通过网银转账转至 62178663000×××7604 账号金额 10 万，转至 62258801×××0272 账号金额 35 万元。

出账：62258801×××0272 账号于 13 时 25 分 01 秒转至另一账号 18 万元后。

冻结：62258801×××0272 账号于 13 时 25 分 30 秒该账号被我公安机关冻

结,共冻结金额 17 万元。

通过以上案例,对照公式,其中 13 时 25 分 30 秒 62258801×××0272 账号为特定时间戳 A,13 时 23 分 50 秒 62170017000×××5431 账号为特定时间戳 B,13 时 21 分 56 秒 62128802000×××5406 账号为特定时间戳 C,事主王某应返还钱款计算公式为: $\frac{30}{40} \times 17 = 11.33$ 万元①。

《最高人民法院、最高人民检察院、公安部、司法部关于办理"套路贷"刑事案件若干问题的意见》(法发〔2019〕11 号)第四条对诈骗罪的适用作了规定。(→参见第二百九十四条评注部分,第 1540 页)

《最高人民法院、最高人民检察院、公安部、司法部关于依法严厉打击传播艾滋病病毒等违法犯罪行为的指导意见》(公通字〔2019〕23 号)"二、准确认定行为性质"第(五)条对诈骗罪的适用作了指引性规定。(→参见第二百三十四条评注部分,第 1095 页)

《最高人民法院、最高人民检察院、公安部关于依法办理"碰瓷"违法犯罪案件的指导意见》(公通字〔2020〕12 号)

近年来,"碰瓷"现象时有发生。所谓"碰瓷",是指行为人通过故意制造或者编造其被害假象,采取诈骗、敲诈勒索等方式非法索取财物的行为。实践中,一些不法分子有的通过"设局"制造或者捏造他人对其人身、财产造成损害来实施;有的通过自伤、造成同伙受伤或者利用自身原有损伤,诬告系被害人所致来实施;有的故意制造交通事故,利用被害人违反道路通行规定或者酒后驾驶、无证驾驶、机动车手续不全等违法违规行为,通过被害人害怕被查处的心理来实施;有的在"碰瓷"行为被识破后,直接对被害人实施抢劫、抢夺、故意伤害等违法犯罪活动等。此类违法犯罪行为性质恶劣,危害后果严重,败坏社会风气,且易滋生黑恶势力,人民群众反响强烈。为依法惩治"碰瓷"违法犯罪活动,保障人民群众合法权益,维护社会秩序,根据刑法、刑事诉讼法、治安管理处罚法等法律的规定,制定本意见。

一、实施"碰瓷",虚构事实、隐瞒真相,骗取赔偿,符合刑法第二百六十六条规定的,以诈骗罪定罪处罚;骗取保险金,符合刑法第一百九十八条规定的,以保险诈骗罪定罪处罚。

实施"碰瓷",捏造人身、财产权益受到侵害的事实,虚构民事纠纷,提起民

---

① 此处计算结果似应为 12.75。——本评注注

事诉讼,符合刑法第三百零七条之一规定的,以虚假诉讼罪定罪处罚;同时构成其他犯罪的,依照处罚较重的规定定罪从重处罚。

二、实施"碰瓷",具有下列行为之一,敲诈勒索他人财物,符合刑法第二百七十四条规定的,以敲诈勒索罪定罪处罚:

1. 实施撕扯、推搡等轻微暴力或者围困、阻拦、跟踪、贴靠、滋扰、纠缠、哄闹、聚众造势、扣留财物等软暴力行为的;

2. 故意制造交通事故,进而利用被害人违反道路通行规定或者其他违法违规行为相要挟的;

3. 以揭露现场掌握的当事人隐私相要挟的;

4. 扬言对被害人及其近亲属人身、财产实施侵害的。

三、实施"碰瓷",当场使用暴力、胁迫或者其他方法,当场劫取他人财物,符合刑法第二百六十三条规定的,以抢劫罪定罪处罚。

四、实施"碰瓷",采取转移注意力、趁人不备等方式,窃取、夺取他人财物,符合刑法第二百六十四条、第二百六十七条规定的,分别以盗窃罪、抢夺罪定罪处罚。

五、实施"碰瓷",故意造成他人财物毁坏,符合刑法第二百七十五条规定的,以故意毁坏财物罪定罪处罚。

六、实施"碰瓷",驾驶机动车对其他机动车进行追逐、冲撞、挤别、拦截或者突然加减速、急刹车等可能影响交通安全的行为,因而发生重大事故,致人重伤、死亡或者使公私财物遭受重大损失,符合刑法第一百三十三条规定的,以交通肇事罪定罪处罚。

七、为实施"碰瓷"而故意杀害、伤害他人或者过失致人重伤、死亡,符合刑法第二百三十二条、第二百三十四条、第二百三十三条、第二百三十五条规定的,分别以故意杀人罪、故意伤害罪、过失致人死亡罪、过失致人重伤罪定罪处罚。

八、实施"碰瓷",为索取财物,采取非法拘禁等方法非法剥夺他人人身自由或者非法搜查他人身体,符合刑法第二百三十八条、第二百四十五条规定的,分别以非法拘禁罪、非法搜查罪定罪处罚。

九、共同故意实施"碰瓷"犯罪,起主要作用的,应当认定为主犯,对其参与或者组织、指挥的全部犯罪承担刑事责任;起次要或者辅助作用的,应当认定为从犯,依法予以从轻、减轻处罚或者免除处罚。

三人以上为共同故意实施"碰瓷"犯罪而组成的较为固定的犯罪组织,应当认定为犯罪集团。对首要分子应当按照集团所犯全部罪行处罚。

符合黑恶势力认定标准的,应当按照黑社会性质组织、恶势力或者恶势力犯罪集团侦查、起诉、审判。

十、对实施"碰瓷",尚不构成犯罪,但构成违反治安管理行为的,依法给予治安管理处罚。

各级人民法院、人民检察院和公安机关要严格依法办案,加强协作配合,对"碰瓷"违法犯罪行为予以快速处理、准确定性、依法严惩。一要依法及时开展调查处置、批捕、起诉、审判工作。公安机关接到报案、控告、举报后应当立即赶到现场,及时制止违法犯罪,妥善保护案发现场,控制行为人。对于符合立案条件的及时开展立案侦查,全面收集证据,调取案发现场监控视频,收集在场证人证言,核查涉案人员、车辆信息等,并及时串并案进行侦查。人民检察院对于公安机关提请批准逮捕、移送审查起诉的"碰瓷"案件,符合逮捕、起诉条件的,应当依法尽快予以批捕、起诉。对于"碰瓷"案件,人民法院应当依法及时审判,构成犯罪的,严格依法追究犯罪分子刑事责任。二要加强协作配合。公安机关、人民检察院要加强沟通协调,解决案件定性、管辖、证据标准等问题,确保案件顺利办理。对于疑难复杂案件,公安机关可以听取人民检察院意见。对于确需补充侦查的,人民检察院要制作明确、详细的补充侦查提纲,公安机关应当及时补充证据。人民法院要加强审判力量,严格依法公正审判。三要严格贯彻宽严相济的刑事政策,落实认罪认罚从宽制度。要综合考虑主观恶性大小、行为的手段、方式、危害后果以及在案件中所起作用等因素,切实做到区别对待。对于"碰瓷"犯罪集团的首要分子、积极参加的犯罪分子以及屡教不改的犯罪分子,应当作为打击重点依法予以严惩。对犯罪性质和危害后果特别严重、社会影响特别恶劣的犯罪分子,虽具有酌定从宽情节但不足以从宽处罚的,依法不予从宽处罚。具有自首、立功、坦白、认罪认罚等情节的,依法从宽处理。同时,应当准确把握法律尺度,注意区分"碰瓷"违法犯罪同普通民事纠纷、行政违法的界限,既防止出现"降格处理",也要防止打击面过大等问题。四要强化宣传教育。人民法院、人民检察院、公安机关在依法惩处此类犯罪的过程中,要加大法制宣传教育力度,在依法办案的同时,视情通过新闻媒体、微信公众号、微博等形式,向社会公众揭露"碰瓷"违法犯罪的手段和方式,引导人民群众加强自我保护意识,遇到此类情形,应当及时报警,依法维护自身合法权益。要适时公开曝光一批典型案例,通过对案件解读,有效震慑违法犯罪分子,在全社会营造良好法治环境。

各地各相关部门要认真贯彻执行。执行中遇有问题,请及时上报各自上级机关。

《最高人民法院、最高人民检察院、公安部、司法部关于依法惩治妨害新型冠状病毒感染肺炎疫情防控违法犯罪的意见》(法发〔2020〕7号)"二、准确适用法律,依法严惩妨害疫情防控的各类违法犯罪"第(五)条就诈骗罪的适用作了指引性规定。(→参见第三百三十条评注部分,第1712页)

《最高人民法院、最高人民检察院、公安部办理跨境赌博犯罪案件若干问题的意见》(公通字〔2020〕14号)"四、关于跨境赌博关联犯罪的认定"第(一)条对诈骗罪的适用作了规定。(→参见第三百零三条评注部分,第1596页)

《最高人民法院、最高人民检察院、公安部关于办理电信网络诈骗等刑事案件适用法律若干问题的意见(二)》(法发〔2021〕22号)①

为进一步依法严厉惩治电信网络诈骗犯罪,对其上下游关联犯罪实行全链条、全方位打击,根据《中华人民共和国刑法》《中华人民共和国刑事诉讼法》等法律和有关司法解释的规定,针对司法实践中出现的新的突出问题,结合工作实际,制定本意见。

一、电信网络诈骗犯罪地,除《最高人民法院、最高人民检察院、公安部关于办理电信网络诈骗等刑事案件适用法律若干问题的意见》规定的犯罪行为发生地和结果发生地外,还包括:

(一)用于犯罪活动的手机卡、流量卡、物联网卡的开立地、销售地、转移地、藏匿地;

(二)用于犯罪活动的信用卡的开立地、销售地、转移地、藏匿地、使用地以及资金交易对手资金交付和汇出地;

(三)用于犯罪活动的银行账户、非银行支付账户的开立地、销售地、使用地以及资金交易对手资金交付和汇出地;

(四)用于犯罪活动的即时通讯信息、广告推广信息的发送地、接受地、到达地;

(五)用于犯罪活动的"猫池"(Modem Pool)、GOIP设备、多卡宝等硬件设备的销售地、入网地、藏匿地;

(六)用于犯罪活动的互联网账号的销售地、登录地。

二、为电信网络诈骗犯罪提供作案工具、技术支持等帮助以及掩饰、隐瞒犯

---

① 需要注意的是,"《意见二》不是对《意见一》的修订,而是对《意见一》的补充,二者是承继性关系,相辅相成,都是办理电信网络诈骗及其关联犯罪案件的重要规范依据"。参见李睿懿、陈攀、王珂:《关于办理电信网络诈骗等刑事案件适用法律若干问题的意见(二)》的理解与适用,载《中国应用法学》2022年第6期。

罪所得及其产生的收益,由此形成多层级犯罪链条的,或者利用同一网站、通讯群组、资金账户、作案窝点实施电信网络诈骗犯罪的,应当认定为多个犯罪嫌疑人、被告人实施的犯罪存在关联,人民法院、人民检察院、公安机关可以在其职责范围内并案处理。

三①、有证据证实行为人参加境外诈骗犯罪集团或犯罪团伙,在境外针对境内居民实施电信网络诈骗犯罪行为,诈骗数额难以查证,但一年内出境赴境外诈骗犯罪窝点累计时间三十日以上或多次出境赴境外诈骗犯罪窝点的,应当认定为刑法第二百六十六条规定的"其他严重情节",以诈骗罪依法追究刑事责任。有证据证明其出境从事正当活动的除外。

四、无正当理由持有他人的单位结算卡的,属于刑法第一百七十七条之一第一款第(二)项规定的"非法持有他人信用卡"。

五、非法获取、出售、提供具有信息发布、即时通讯、支付结算等功能的互联网账号密码、个人生物识别信息,符合刑法第二百五十三条之一规定的,以侵犯公民个人信息罪追究刑事责任。

对批量前述互联网账号密码、个人生物识别信息的条数,根据查获的数量直接认定,但有证据证明信息不真实或者重复的除外。

六、在网上注册办理手机卡、信用卡、银行账户、非银行支付账户时,为通过网上认证,使用他人身份证件信息并替换他人身份证件相片,属于伪造身份证件

---

① 需要注意的是:(1)《最高人民法院刑事审判第三庭、最高人民检察院第四检察厅、公安部刑事侦查局关于"断卡"行动中有关法律适用问题的会议纪要》(2022年3月22日)第六条对本条的理解适用作了规定。(→参见第二百八十七条之二评注部分,第1438页)(2)对于本条规定的"参加境外电信网络诈骗犯罪集团或犯罪团伙,且在境外实施了具体的诈骗犯罪行为",必须有相应的证据证明。具体而言,"证明这一事实的证据并不难收集,比如在境外诈骗窝点当场抓获行为人,或者有同案人指证行为人在境外窝点参加诈骗,再结合行为人有出境前往诈骗窝点的客观记录等,就可以予以认定"。对于本条规定的"三十日以上",应当以加入诈骗窝点的日期开始计算,而非以护照签证上注明的入境某国的日期开始计算如何计算。对此,可以通过在诈骗窝点查获的出勤表、工资表等书面材料或者电子文档,并结合行为人、同案人的口供综合予以认定。如果存在不确定性,则按照"就低不就高"原则处理。参见李睿懿、陈攀、王珂:《关于办理电信网络诈骗等刑事案件适用法律若干问题的意见(二)》的理解与适用,载《中国应用法学》2022年第6期。(3)**本评注认为**,鉴于本条所涉情形实际未能查实已经实行具体诈骗犯罪,故不能认定为犯罪既遂。

行为，符合刑法第二百八十条第三款规定的，以伪造身份证件罪追究刑事责任。①

使用伪造、变造的身份证件或者盗用他人身份证件办理手机卡、信用卡、银行账户、非银行支付账户，符合刑法第二百八十条之一第一款规定的，以使用虚假身份证件、盗用身份证件罪追究刑事责任。

实施上述两款行为，同时构成其他犯罪的，依照处罚较重的规定定罪处罚。法律和司法解释另有规定的除外。

七、为他人利用信息网络实施犯罪而实施下列行为，可以认定为刑法第二百八十七条之二规定的"帮助"行为：

（一）收购、出售、出租信用卡、银行账户、非银行支付账户、具有支付结算功能的互联网账号密码、网络支付接口、网上银行数字证书的；

（二）收购、出售、出租他人手机卡、流量卡、物联网卡的。

八、认定刑法第二百八十七条之二规定的行为人明知他人利用信息网络实施犯罪，应当根据行为人收购、出售、出租前述第七条规定的信用卡、银行账户、非银行支付账户、具有支付结算功能的互联网账号密码、网络支付接口、网上银行数字证书，或者他人手机卡、流量卡、物联网卡等的次数、张数、个数，并结合行为人的认知能力、既往经历、交易对象、与实施信息网络犯罪的行为人的关系、提供技术支持或者帮助的时间和方式、获利情况以及行为人的供述等主客观因素，予以综合认定。

收购、出售、出租单位银行结算账户、非银行支付机构单位支付账户，或者电信、银行、网络支付等行业从业人员利用履行职责或提供服务便利，非法开办并出售、出租他人手机卡、信用卡、银行账户、非银行支付账户等的，可以认定为《最高人民法院、最高人民检察院关于办理非法利用信息网络、帮助信息网络犯罪活动等刑事案件适用法律若干问题的解释》第十一条第（七）项规定的"其他足以认定行为人明知的情形"。但有相反证据的除外。

---

① 当前，各种软件往往通过网上注册开通，身份证件的网络认证已成为必不可少的环节。在此过程中，个别不法分子为规避实名制管理，使用他人真实的姓名、身份证号码等信息，替换他人身份证件的相片，采用AI换脸等"深度伪造"（Deepfake）技术通过网络验证。此种行为对身份证件通过技术伪造处理，使之实际具备了实体身份证件的功能，不仅危害了他人的合法权益，还严重妨害国家对身份证件的管理秩序，符合伪造身份证件罪的构成要件。参见李睿懿、陈攀、王珂：《关于办理电信网络诈骗等刑事案件适用法律若干问题的意见（二）》的理解与适用，载《中国应用法学》2022年第6期。

九、明知他人利用信息网络实施犯罪,为其犯罪提供下列帮助之一的,可以认定为《最高人民法院、最高人民检察院关于办理非法利用信息网络、帮助信息网络犯罪活动等刑事案件适用法律若干问题的解释》第十二条第一款第(七)项规定的"其他情节严重的情形":

(一)①收购、出售、出租信用卡、银行账户、非银行支付账户、具有支付结算功能的互联网账号密码、网络支付接口、网上银行数字证书5张(个)以上的;

(二)收购、出售、出租他人手机卡、流量卡、物联网卡20张以上的。

十、电商平台预付卡、虚拟货币、手机充值卡、游戏点卡、游戏装备等经销商,在公安机关调查案件过程中,被明确告知其交易对象涉嫌电信网络诈骗犯罪,仍与其继续交易,符合刑法第二百八十七条之二规定的,以帮助信息网络犯罪活动罪追究刑事责任。② 同时构成其他犯罪的,依照处罚较重的规定定罪处罚。

十一、明知是电信网络诈骗犯罪所得及其产生的收益,以下列方式之一予以转账、套现、取现,符合刑法第三百一十二条第一款规定的,以掩饰、隐瞒犯罪所得、犯罪所得收益罪追究刑事责任。但有证据证明确实不知道的除外。

---

① 本项针对"两卡"案件的情形专门规定"收购、出售、出租信用卡、银行账户、非银行支付账户、具有支付结算功能的互联网账号密码、网络支付接口、网上银行数字证书五张(个)以上的"属于"其他情节严重的情形"。需要特别注意的是,该项针对的是被帮助对象经查证达到犯罪程度的情形,即设置为基本罪量标准。对于相关案件必须查明涉案信用卡被用于电信网络诈骗或者其他犯罪,不能仅凭行为人收购、出售、出售信用卡五张的行为径直认定为帮助信息网络犯罪活动罪。具体而言:(1)如果查获被帮助对象,则相关查证不应困难,兹不赘言。(2)司法实践中遇到的案件,大多是被帮助对象无法查获的情形。此种情形下,大概率会只能通过信用卡内的资金流水情况,综合在案证据、特别是被害人陈述等作出判断。最为理想的状况应当是涉案一张以上的信用卡中的流水三千元经查证系涉诈骗资金的,这就可以证明被帮助对象经查证达到诈骗罪的程度(从具体案件来看,一张卡通常为一个行为人或团伙组织使用,故原则上可作此认定)。当然,如果涉案多种信用卡的流水三千元经查证系诈骗资金的,则需要进一步查证该几张信用卡是否为同一被帮助对象使用,据此查证被帮助对象是否达到诈骗罪程度。

② 需要注意的是,网络经销商在接到公安机关告知后,并不意味着其要停止与所有人的一切经营行为,而只是不能再与被告知的涉嫌电信网络诈骗犯罪的对象进行交易,其他正常的经营行为仍然受到法律的保护。另外,这里的"告知"需要达到什么程度,应以公安机关已立案侦查为前提,但不要求已经查证属实。参见李睿懿、陈攀、王珂:《关于办理电信网络诈骗等刑事案件适用法律若干问题的意见(二)》的理解与适用,载《中国应用法学》2022年第6期。

（一）多次使用或者使用多个非本人身份证明开设的收款码、网络支付接口等，帮助他人转账、套现、取现的；

（二）以明显异于市场的价格，通过电商平台预付卡、虚拟货币、手机充值卡、游戏点卡、游戏装备等转换财物、套现的；

（三）协助转换或者转移财物，收取明显高于市场的"手续费"的。

实施上述行为，事前通谋的，以共同犯罪论处；同时构成其他犯罪的，依照处罚较重的规定定罪处罚。法律和司法解释另有规定的除外。

十二、为他人实施电信网络诈骗犯罪提供技术支持、广告推广、支付结算等帮助，或者窝藏、转移、收购、代为销售及以其他方法掩饰、隐瞒电信网络诈骗犯罪所得及其产生的收益，诈骗犯罪行为可以确认，但实施诈骗的行为人尚未到案，可以依法先行追究已到案的上述犯罪嫌疑人、被告人的刑事责任。

十三、办案地公安机关可以通过公安机关信息化系统调取异地公安机关依法制作、收集的刑事案件受案登记表、立案决定书、被害人陈述等证据材料。调取时不得少于两名侦查人员，并应记载调取的时间、使用的信息化系统名称等相关信息，调取人签名并加盖办案地公安机关印章。经审核证明真实的，可以作为证据使用。

十四、通过国（区）际警务合作收集或者境外警方移交的境外证据材料，确因客观条件限制，境外警方未提供相关证据的发现、收集、保管、移交情况等材料的，公安机关应当对上述证据材料的来源、移交过程以及种类、数量、特征等作出书面说明，由两名以上侦查人员签名并加盖公安机关印章。经审核能够证明案件事实的，可以作为证据使用。

十五、对境外司法机关抓获并羁押的电信网络诈骗犯罪嫌疑人，在境内接受审判的，境外的羁押期限可以折抵刑期。①

---

① 对该规定的适用，需要注意如下两个问题：第一，该条规定中的"可以"折抵刑期，指的是以折抵刑期为原则，不折抵刑期为例外。这个例外，主要针对那些故意编造损害国家声誉的借口，恶意规避移送或引渡的犯罪嫌疑人。对这种情形拟定不折抵刑期的，要事先逐级报至最高人民法院同意。第二，如果行为人在国外被羁押时没有相关法律手续，或者未向我方移交羁押法律手续，难以确定行为人的境外羁押时间的，需要公安机关加强与境外警方的协调，全力取得相关证据材料。如果穷尽手段仍无法取得，无法查明行为人在境外羁押实际期限的，法院在量刑时应予酌情考虑。参见李睿懿、陈攀、王珂：《关于办理电信网络诈骗等刑事案件适用法律若干问题的意见（二）》的理解与适用，载《中国应用法学》2022 年第 6 期。

十六①、办理电信网络诈骗犯罪案件,应当充分贯彻宽严相济刑事政策。在侦查、审查起诉、审判过程中,应当全面收集证据,准确甄别犯罪嫌疑人、被告人在共同犯罪中的层级地位及作用大小,结合其认罪态度和悔罪表现,区别对待,宽严并用,科学量刑,确保罚当其罪。

对于电信网络诈骗犯罪集团、犯罪团伙的组织者、策划者、指挥者和骨干分子,以及利用未成年人、在校学生、老年人、残疾人实施电信网络诈骗的,依法从严惩处。

对于电信网络诈骗犯罪集团、犯罪团伙中的从犯,特别是其中参与时间相对较短、诈骗数额相对较低或者从事辅助性工作并领取少量报酬,以及初犯、偶犯、未成年人、在校学生等,应当综合考虑其在共同犯罪中的地位作用、社会危害程度、主观恶性、人身危险性、认罪悔罪表现等情节,可以依法从轻、减轻处罚。犯罪情节轻微的,可以依法不起诉或者免予刑事处罚;情节显著轻微危害不大的,不以犯罪论处。

十七、查扣的涉案账户内资金,应当优先返还被害人,如不足以全额返还的,应当按照比例返还。

《最高人民法院、最高人民检察院关于常见犯罪的量刑指导意见(试行)》
(法发〔2021〕21号,节录)

四、常见犯罪的量刑
(十二)诈骗罪
1. 构成诈骗罪的,根据下列情形在相应的幅度内确定量刑起点:
(1)达到数额较大起点的,在一年以下有期徒刑、拘役幅度内确定量刑起点。

---

① 当前,实务部门在办理此类案件过程中反映比较集中的一个问题是:准确认定电信网络诈骗犯罪的主从犯缺乏统一标准,操作较为困难。个案千差万别的,不可能给出一个统一标准,但可以找到带有普遍性的规律。在电信网络诈骗犯罪集团中,成员的地位层级、作用大小各不相同。在集团中起组织、指挥作用的,可认定为首要分子,按照集团实施的全部犯罪处罚。在集团中起主要作用的骨干成员,包括各个业务组、技术组、财务组、后勤组等环节的负责人,原则上认定为主犯。加入犯罪集团时间较短、仅从事辅助性工作的人员,原则上认定为从犯。但是,对于虽然没有担任小组负责人职务,仅在一线拨打诈骗电话的人员,如果其在一线时间较长,经验丰富,甚至当师傅带徒弟的,也可以认定为主犯。参见李睿懿、陈攀、王珂:《关于办理电信网络诈骗等刑事案件适用法律若干问题的意见(二)》的理解与适用,载《中国应用法学》2022年第6期。

(2)达到数额巨大起点或者有其他严重情节的,在三年至四年有期徒刑幅度内确定量刑起点。

(3)达到数额特别巨大起点或者有其他特别严重情节的,在十年至十二年有期徒刑幅度内确定量刑起点。依法应当判处无期徒刑的除外。

2.在量刑起点的基础上,根据诈骗数额等其他影响犯罪构成的犯罪事实增加刑罚量,确定基准刑。

3.构成诈骗罪的,根据诈骗的数额、手段、危害后果等犯罪情节,综合考虑被告人缴纳罚金的能力,决定罚金数额。

4.构成诈骗罪的,综合考虑诈骗的起因、手段、数额、危害后果、退赃退赔等犯罪事实、量刑情节,以及被告人的主观恶性、人身危险性、认罪悔罪表现等因素,决定缓刑的适用。对实施电信网络诈骗的,从严把握缓刑的适用。

(→前三部分和第五部分参见总则第四章第一节标题评注部分,第224、227页)

指导性案例

董亮等四人诈骗案(检例第38号,节录)

关键词 诈骗 自我交易 打车软件 骗取补贴

要 旨 以非法占有为目的,采用自我交易方式,虚构提供服务事实,骗取互联网公司垫付费用及订单补贴,数额较大的行为,应认定为诈骗罪。

张凯闵等52人电信网络诈骗案(检例第67号,节录)

关键词 跨境电信网络诈骗 境外证据审查 电子数据 引导取证

要 旨 跨境电信网络诈骗犯罪往往涉及大量的境外证据和庞杂的电子数据。对境外获取的证据应着重审查合法性,对电子数据应着重审查客观性。主要成员固定,其他人员有一定流动性的电信网络诈骗犯罪组织,可认定为犯罪集团。

办案指引

《检察机关办理电信网络诈骗案件指引》(高检发侦监字〔2018〕12号,节录)

电信网络诈骗犯罪,是指以非法占有为目的,利用电话、短信、互联网等电信网络技术手段,虚构事实,设置骗局,实施远程、非接触式诈骗,骗取公私财物的犯罪行为。根据《中华人民共和国刑法》第二百六十六条、《最高人民法院、最高人民检察院关于办理诈骗刑事案件具体应用法律若干问题的解释》(法释〔2011〕7号)(以下简称《解释》)、《最高人民法院、最高人民检察院、公安部关于办理电信网络诈骗等刑事案件适用法律若干问题的意见》(法发〔2016〕32

号)(以下简称《意见》),办理电信网络诈骗案件除了要把握普通诈骗案件的基本要求外,还要特别注意以下问题:一是电信网络诈骗犯罪的界定;二是犯罪形态的审查;三是诈骗数额及发送信息、拨打电话次数的认定;四是共同犯罪及主从犯责任的认定;五是关联犯罪事前通谋的审查;六是电子数据的审查;七是境外证据的审查。

一、审查证据的基本要求
(一)审查逮捕
1. 有证据证明发生了电信网络诈骗犯罪事实
(1)证明电信网络诈骗案件发生
证据主要包括:报案登记、受案登记、受案笔录、立案决定书、破案经过、证人证言、被害人陈述、犯罪嫌疑人供述和辩解、被害人银行开户申请、开户明细单、银行转账凭证、银行账户交易记录、银行汇款单、网银转账记录、第三方支付结算交易记录、手机转账信息等证据。跨国电信网络诈骗还可能需要有国外有关部门出具的与案件有关的书面材料。

(2)证明电信网络诈骗行为的危害结果
①证明诈骗数额达到追诉标准的证据:证人证言、被害人陈述、犯罪嫌疑人供述和辩解、银行转账凭证、汇款凭证、转账信息、银行卡、银行账户交易记录、第三方支付结算交易记录以及其他与电信网络诈骗关联的账户交易记录、犯罪嫌疑人提成记录、诈骗账目记录等证据以及其它有关证据。
②证明发送信息条数、拨打电话次数以及页面浏览量达到追诉标准的证据:QQ、微信、skype等即时通讯工具聊天记录、CDR电话清单、短信记录、电话录音、电子邮件、远程勘验笔录、电子数据鉴定意见、网页浏览次数统计、网页浏览次数鉴定意见、改号软件、语音软件的登录情况及数据、拨打电话记录内部资料以及其他有关证据。

2. 有证据证明诈骗行为是犯罪嫌疑人实施的
(1)言词证据:证人证言、被害人陈述、犯罪嫌疑人供述和辩解等,注意审查犯罪嫌疑人供述的行为方式与被害人陈述的被骗方式、交付财物过程或者其他证据是否一致。对于团伙作案的,要重视对同案犯罪嫌疑人供述和辩解的审查,梳理各个同案犯罪嫌疑人的指证是否相互印证。
(2)有关资金链条的证据:银行转账凭证、交易流水、第三方支付交易记录以及其他关联账户交易记录、现场查扣的书证、与犯罪关联的银行卡及申请资料等,从中审查相关银行卡信息与被害人存款、转移赃款等账号有无关联,资金交付支配占有过程;犯罪嫌疑人的短信以及QQ、微信、skype等即时通讯工具聊天记录,审查与犯罪有关的信息,是否出现过与本案资金流转有关的银行卡账号、资金流水等信息。要注意审查被害人转账、汇款账号、资金流向等是否有相应证据印证账款由犯罪嫌疑人取得。对诈骗集团租用或交叉使用账户的,要结合相关言词证据及书证、物证、勘验笔录等分析认定。

(3)有关信息链条的证据:侦查机关远程勘验笔录、远程提取证据笔录、CDR 电话清单、查获的手机 IMEI 串号、语音网关设备、路由设备、交换设备、手持终端等。要注意审查诈骗窝点物理 IP 地址是否与所使用电话 CDR 数据清单中记录的主叫 IP 地址或 IP 地址所使用的线路(包括此线路的账号、用户名称、对接服务器、语音网关、手持终端等设备的 IP 配置)一致,电话 CDR 数据清单中是否存在被害人的相关信息资料,改号电话显示号码、呼叫时间、电话、IP 地址是否与被害人陈述及其它在案证据印证。在电信网络诈骗窝点查获的手机 IMEI 串号以及其他电子作案工具,是否与被害人所接到的诈骗电话显示的信息来源一致。

(4)其他证据:跨境电信网络诈骗犯罪案件犯罪嫌疑人出入境记录、户籍证明材料、在境外使用的网络设备及虚拟网络身份的网络信息,证明犯罪嫌疑人出入境情况及身份情况。诈骗窝点的纸质和电子账目报表,审查时间、金额等细节是否与被害人陈述相互印证。犯罪过程中记载被害人身份、诈骗数额、时间等信息的流转单,审查相关信息是否与被害人陈述、银行转账记录等相互印证。犯罪嫌疑人之间的聊天记录、诈骗脚本、内部分工、培训资料、监控视频等证据,审查犯罪的具体手法、过程。购买作案工具和资源(手机卡、银行卡、POS 机、服务器、木马病毒、改号软件、公民个人信息等)的资金流水、电子数据等证据。

3.有证据证明犯罪嫌疑人具有诈骗的主观故意

(1)证明犯罪嫌疑人主观故意的证据:犯罪嫌疑人的供述和辩解、证人证言、同案犯指证;诈骗脚本、诈骗信息内容、工作日记、分工手册、犯罪嫌疑人的具体职责、地位、参与实施诈骗行为的时间等;赃款的账册、分赃的记录、诈骗账目记录、提成记录、工作环境、工作形式等;短信、QQ、微信、skype 等即时通讯工具聊天记录等,审查其中是否出现有关诈骗的内容以及诈骗专门用的黑话、暗语等。

(2)证明提供帮助者的主观故意的证据:提供帮助犯罪嫌疑人供述和辩解、电信网络诈骗犯罪嫌疑人的指证、证人证言;双方短信以及 QQ、微信、skype 等即时通讯工具聊天记录等信息材料;犯罪嫌疑人的履历、前科记录、行政处罚记录、双方资金往来的凭证、犯罪嫌疑人提供帮助、协助的收益数额、取款时的监控视频、收入记录、处罚判决情况等。

(二) 审查起诉

除审查逮捕阶段证据审查基本要求之外,对电信网络诈骗案件的审查起诉工作还应坚持"犯罪事实清楚,证据确实、充分"的标准,保证定罪量刑的事实都有证据证明;据以定案的证据均经法定程序查证属实;综合全案证据,对所认定的事实均已排除合理怀疑。

1. 有确实充分的证据证明发生了电信网络诈骗犯罪事实

(1) 证明电信网络诈骗事实发生。除审查逮捕要求的证据类型之外,跨国电信网络诈骗还需要有出入境记录、飞机铁路等交通工具出行记录,必要时需国外有关部门出具的与案件有关的书面证据材料,包括原件、翻译件、使领馆认证文件等。

(2) 证明电信网络诈骗行为的危害结果

① 证明诈骗数额达到追诉标准的证据:能查清诈骗事实的相关证人证言、被害人陈述、犯罪嫌疑人供述和辩解、银行账户交易明细、交易凭证、第三方支付结算交易记录以及其他与电信网络诈骗关联的账户交易记录、犯罪嫌疑人的诈骗账目记录以及其它有关证据。

需要特别注意"犯罪数额接近提档"的情形。当诈骗数额接近"数额巨大""数额特别巨大"的标准(一般掌握在80%以上,即达到2.4万元、40万元),根据《解释》和《意见》的规定,具有《意见》第二条第二款"酌情从重处罚"十种情形之一的,应当分别认定为刑法第二百六十六条规定的"其他严重情节""其他特别严重情节",提高一档量刑。

② 证明发送信息条数、拨打电话次数以及页面浏览量达到追诉标准的证据类型与审查逮捕的证据类型相同。

2. 有确实充分的证据证明诈骗行为是犯罪嫌疑人实施的

(1) 有关资金链条的证据。重点审查被害人的银行交易记录和犯罪嫌疑人持有的银行卡及账号的交易记录,用于查明被害人遭受的财产损失及犯罪嫌疑人诈骗的犯罪数额;重点审查犯罪嫌疑人的短信,以及QQ、微信、skype等即时通讯工具聊天记录,用于查明是否出现涉案银行卡账号、资金流转等犯罪信息,赃款是否由犯罪嫌疑人取得。此外,对诈骗团伙或犯罪集团租用或交叉使用多层级账户洗钱的,要结合资金存取流转的书证、监控录像、辨认笔录、证人证言、被害人陈述、犯罪嫌疑人供述和辩解等证据分析认定。

(2) 有关人员链条的证据。电信网络诈骗多为共同犯罪,在审查刑事责任年龄、刑事责任能力方面的证据基础上,应重点审查犯罪嫌疑人供述和辩解、手机通信记录等,通过自供和互证,以及与其他证据之间的相互印证,查明各自的分工和作用，以区分主、从犯。对于分工明确、有明显首要分子、较为固定的组织结构的三人以上固定的犯罪组织，应当认定为犯罪集团。

言词证据及有关信息链条的证据与审查逮捕的证据类型相同。

3. 有确实充分的证据证明犯罪嫌疑人具有诈骗的主观故意

证明犯罪嫌疑人及提供帮助者主观故意的证据类型同审查逮捕证据类型相同。需要注意的是，由于犯罪嫌疑人各自分工不同，其供述和辩解也呈现不同的证明力。一般而言，专门行骗人对于单起事实的细节记忆相对粗略，只能供述诈骗的手段和方式；专业取款人对取款的具体细目记忆也粗略，只能供述大概经过和情况，重点审查犯罪手段的同类性、共同犯罪人之间的关系及各自分工和作用。

二、需要特别注意的问题

在电信网络诈骗案件审查逮捕、审查起诉中，要根据相关法律、司法解释等规定，结合在案证据，重点注意以下问题：

（一）电信网络诈骗犯罪的界定

1. 此罪彼罪

在一些案件中，尤其是利用网络钓鱼、木马链接实施犯罪的案件中，既存在虚构事实、隐瞒真相的诈骗行为，又可能存在秘密窃取的行为，关键要审查犯罪嫌疑人取得财物是否基于被害人对财物的主动处分意识。如果行为人通过秘密窃取的行为获取他人财物，则应认定构成盗窃罪；如果窃取或者骗取的是他人信用卡资料，并通过互联网、通讯终端等使用的，根据《最高人民法院、最高人民检察院关于办理妨害信用卡管理刑事案件具体应用法律若干问题的解释》（法释〔2009〕19号）①，则可能构成信用卡诈骗罪；如果通过电信网络技术向不特定多数人发送诈骗信息后又转入接触式诈骗，或者为实现诈骗目的，线上线下并行同时进行接触式和非接触式诈骗，应当按照诈骗取财行为的本质定性，虽然使用电信网络技术但被害人基于接触被骗的，应当认定普通诈骗；如果出现电信网络诈骗和合同诈骗、保险诈骗等特殊诈骗罪名的竞合，应依据刑法有关规定定罪量刑。

2. 追诉标准低于普通诈骗犯罪且无地域差别

追诉标准直接决定了法律适用问题甚至罪与非罪的认定。《意见》规定，利用电信网络技术手段实施诈骗，诈骗公私财物价值三千元以上的，认定为刑法第

---

① 本司法解释已经根据《最高人民法院、最高人民检察院关于修改〈关于办理妨害信用卡管理刑事案件具体应用法律若干问题的解释〉的决定》（法释〔2018〕19号）修正。——本评注注

二百六十六条规定的"数额较大"。而《解释》规定,诈骗公私财物价值三千元至一万元以上的,认定为刑法第二百六十六条规定的"数额较大"。因此,电信网络诈骗的追诉标准要低于普通诈骗的追诉标准,且全国统一无地域差别,即犯罪数额达到三千元以上、三万元以上、五十万元以上的,应当分别认定为刑法第二百六十六条规定的"数额较大""数额巨大""数额特别巨大"。

(二)犯罪形态的审查

1. 可以查证诈骗数额的未遂

电信网络诈骗应以被害人失去对被骗钱款的实际控制为既遂认定标准。一般情形下,诈骗款项转出后即时到账构成既遂。但随着银行自助设备、第三方支付平台陆续推出"延时到账""撤销转账"等功能,被害人通过自助设备、第三方支付平台向犯罪嫌疑人指定账户转账,可在规定时间内撤销转账,资金并未实时转出。此种情形下被害人并未对被骗款项完全失去控制,而犯罪嫌疑人亦未取得实际控制,应当认定为未遂。

2. 无法查证诈骗数额的未遂

根据《意见》规定,对于诈骗数额难以查证的,犯罪嫌疑人发送诈骗信息五千条以上,或者拨打诈骗电话五百人次以上,或者在互联网上发布诈骗信息的页面浏览量累计五千次以上,可以认定为诈骗罪中"其他严重情节",以诈骗罪(未遂)定罪处罚。具有上述情形,数量达到相应标准十倍以上的,应当认定为刑法第二百六十六条规定的"其他特别严重情节",以诈骗罪(未遂)定罪处罚。

(三)诈骗数额及发送信息、拨打电话次数的认定

1. 诈骗数额的认定

(1)根据犯罪集团诈骗账目登记表、犯罪嫌疑人提成表等书证,结合证人证言、犯罪嫌疑人供述和辩解等言词证据,认定犯罪嫌疑人的诈骗数额。

(2)根据经查证属实的银行账户交易记录、第三方支付结算账户交易记录、通话记录、电子数据等证据,结合已收集的被害人陈述,认定被害人人数及诈骗资金数额。

(3)对于确因客观原因无法查实全部被害人,尽管有证据证明该账户系用于电信网络诈骗犯罪,且犯罪嫌疑人无法说明款项合法来源的,也不能简单将账户内的款项全部推定为"犯罪数额"。要根据在案其他证据,认定犯罪集团是否有其他收入来源,"违法所得"有无其他可能性。如果证据足以证实"违法所得"的排他性,则可以将"违法所得"均认定为犯罪数额。

(4)犯罪嫌疑人为实施犯罪购买作案工具、伪装道具、租用场地、交通工具甚至雇佣他人等诈骗成本不能从诈骗数额中扣除。对通过向被害人交付一定货

币,进而骗取其信任并实施诈骗的,由于货币具有流通性和经济价值,该部分货币可以从诈骗数额中扣除。

2.发送信息、拨打电话次数的认定

(1)拨打电话包括拨出诈骗电话和接听被害人回拨电话。反复拨打、接听同一电话号码,以及反复向同一被害人发送诈骗信息的,拨打、接听电话次数、发送信息条数累计计算。

(2)被害人是否接听、接收到诈骗电话、信息不影响次数、条数计算。

(3)通过语音包发送的诈骗录音或通过网络等工具辅助拨出的电话,应当认定为拨打电话。

(4)发送信息条数、拨打电话次数的证据难以收集的,可以根据经查证属实的日发送信息条数、日拨打人次数,结合犯罪嫌疑人实施犯罪的时间、犯罪嫌疑人的供述等相关证据予以认定。

(5)发送信息条数和拨打电话次数在法律及司法解释未明确的情况下不宜换算累加。

(四)共同犯罪及主从犯责任的认定

1.对于三人以上为实施电信网络诈骗而组成的较为固定的犯罪组织,应当依法认定为犯罪集团。对于犯罪集团的首要分子,按照集团所犯全部犯罪处罚,并且对犯罪集团中组织、指挥、策划者和骨干分子依法从严惩处。

2.对于其余主犯,按照其所参与或者组织、指挥的全部犯罪处罚。多人共同实施电信网络诈骗,犯罪嫌疑人、被告人应对其参与期间该诈骗团伙实施的全部诈骗行为承担责任。

3.对于部分被招募发送信息、拨打电话的犯罪嫌疑人,应当对其参与期间整个诈骗团伙的诈骗行为承担刑事责任,但可以考虑参与时间较短、诈骗数额较低、发送信息、拨打电话较少,认定为从犯,从宽处理。

4.对于专门取款人,由于其可在短时间内将被骗款项异地转移,对诈骗既遂起到了至关重要的作用,也大大增加了侦查和追赃难度,因此应按其在共同犯罪中的具体作用进行认定,不宜一律认定为从犯。

(五)关联犯罪事前通谋的审查

根据《意见》规定,明知是电信网络诈骗犯罪所得及其产生的收益,通过使用销售点终端机具(POS机)刷卡套现等非法途径,协助转换或者转移财物等五种方式转账、套现、取现的,需要与直接实施电信网络诈骗犯罪嫌疑人事前通谋的才以共同犯罪论处。因此,应当重点审查帮助转换或者转移财物行为人是否在诈骗犯罪既遂之前与实施诈骗犯罪嫌疑人共谋或者虽无共谋但明知他人实施犯罪而提供帮助。对于帮助者明知的内容和程度,并不要求其明知被帮助者实施诈骗行为的具体细节,其只要认识到对方实施诈骗犯罪行为即可。审查时,要根据犯罪嫌疑人的认知能力、既往经历、行为次数和手段、与他人关系、获利情况、是否曾因电信网络诈骗受过处罚以及是否故意规避调查等主客观因素分析认定。

(六)电子数据的审查

1. 电子数据真实性的审查

(1)是否移送原始存储介质;在原始存储介质无法封存、不便移动时,有无说明原因,并注明收集、提取过程及原始存储介质的存放地点或者电子数据的来源等情况。

(2)电子数据是否具有数字签名、数字证书等特殊标识。

(3)电子数据的收集、提取过程是否可以重现。

(4)电子数据如有增加、删除、修改等情形的,是否附有说明。

(5)电子数据的完整性是否可以保证。

2. 电子数据合法性的审查

(1)收集、提取电子数据是否由二名以上侦查人员进行,取证方法是否符合相关技术标准。

(2)收集、提取电子数据,是否附有笔录、清单,并经侦查人员、电子数据持有人(提供人)、见证人签名或者盖章;没有持有人(提供人)签名或者盖章的,是否注明原因;对电子数据的类别、文件格式等是否注明清楚。

(3)是否依照有关规定由符合条件的人员担任见证人,是否对相关活动进行录像。

(4)电子数据检查是否将电子数据存储介质通过写保护设备接入到检查设备;有条件的,是否制作电子数据备份,并对备份进行检查;无法制作备份且无法使用写保护设备的,是否附有录像。

(5)通过技术侦查措施,利用远程计算机信息系统进行网络远程勘验收集到电子数据,作为证据使用的,是否随案移送批准采取技术侦查措施的法律文书和所收集的证据材料,是否对其来源等作出书面说明。

(6)对电子数据作出鉴定意见的鉴定机构是否具有司法鉴定资质。

3. 电子数据的采信

(1)经过公安机关补正或者作出合理解释可以采信的电子数据:未以封存状态移送的;笔录或者清单上没有侦查人员、电子数据持有人(提供人)、见证人签名或者盖章的;对电子数据的名称、类别、格式等注明不清的;有其他瑕疵的。

(2) 不能采信的电子数据：电子数据系篡改、伪造或者无法确定真伪的；电子数据有增加、删除、修改等情形，影响电子数据真实性的；其他无法保证电子数据真实性的情形。

(七) 境外证据的审查

1. 证据来源合法性的审查

境外证据的来源包括：外交文件（国际条约、互助协议）；司法协助（刑事司法协助、平等互助原则）；警务合作（国际警务合作机制、国际刑警组织）。

由于上述来源方式均需要有法定的程序和条件，对境外证据的审查要注意：证据来源是否是通过上述途径收集，审查报批、审批手续是否完备，程序是否合法；证据材料移交过程是否合法，手续是否齐全，确保境外证据的来源合法性。

2. 证据转换的规范性审查

对于不符合我国证据种类和收集程序要求的境外证据，侦查机关要重新进行转换和固定，才能作为证据使用。注重审查：

(1) 境外交接证据过程的连续性，是否有交接文书，交接文书是否包含接收证据。

(2) 接收移交、开箱、登记时是否全程录像，确保交接过程的真实性，交接物品的完整性。

(3) 境外证据按照我国证据收集程序重新进行固定的，依据相关规定进行，注意证据转换过程的连续性和真实性的审查。

(4) 公安机关是否对境外证据来源、提取人、提取时间或者提供人、提供时间以及保管移交的过程等作出说明，有无对电子数据完整性等专门性问题的鉴定意见等。

(5) 无法确认证据来源、证据真实性、收集程序违法无法补正等境外证据应予排除。

3. 其他来源的境外证据的审查

通过其他渠道收集的境外证据材料，作为证据使用的，应注重对其来源、提供人、提供时间以及提取人、提取时间进行审查。能够证明案件事实且符合刑事诉讼法规定的，可以作为证据使用。

三、社会危险性及羁押必要性审查（略）

法律适用答复、复函

《公安部法制局对〈关于对将已经仪器识别为不中奖的彩票出售的行为如何定性处理的请示〉的答复》（公法〔2000〕83号）

广西壮族自治区公安厅法制处：

你处《关于对将已经仪器识别为不中奖的彩票出售的行为如何定性处理的请示》(桂公明发〔2000〕357号)收悉，经研究，并征求最高人民法院、最高人民检察院的意见，现答复如下：

行为人采用欺骗方法使发行彩票的工作人员回收已被识别为不中奖的彩票，数额较大的，应当依照刑法第二百六十六条的规定，以诈骗罪追究刑事责任；行为人与发行彩票的工作人员共谋，发行彩票的工作人员明知是已被识别为不中奖的彩票而回收并向社会公众出售，且数额较大的，对行为人和发行彩票的工作人员，应当以共同犯罪依照刑法第二百六十六条的规定追究刑事责任；尚不构成犯罪的，依照《治安管理处罚条例》第二十三条的有关规定予以处罚。

《公安部关于对伪造学生证及贩卖、使用伪造学生证的行为如何处理问题的批复》(2002年6月26日)

铁道部公安局：

你局《关于对伪造、贩卖、使用假学生证的行为如何认定处罚的请示》(公法〔2002〕4号)收悉。现批复如下：

一、对伪造高等院校印章制作学生证的行为，应当依照《中华人民共和国刑法》第280条第2款的规定，以伪造事业单位印章罪立案侦查。

二、对明知是伪造高等院校印章制作的学生证而贩卖的，应当以伪造事业单位印章罪的共犯立案侦查；对贩卖伪造的学生证，尚不够刑事处罚的，应当就其明知是伪造的学生证而购买的行为，依照《中华人民共和国治安管理处罚条例》第24条第(一)项的规定，以明知是赃物而购买处罚。

三、对使用伪造的学生证购买半价火车票，数额较大的，应当依照《中华人民共和国刑法》第266条的规定，以诈骗罪立案侦查；尚不够刑事处罚的，应当依照《中华人民共和国治安管理处罚条例》第23条第一项①的规定以诈骗定性处罚。

《公安部法制局关于办理赌博违法案件有关法律适用问题的电话答复》(2005年9月5日)

河北、云南省公安厅法制处：

近日，你们就办理赌博违法案件中的赌资认定及《公安部关于办理赌博违法案件适用法律若干问题的通知》(以下简称《通知》)的适用效力问题相继请示

---

① 现为《治安管理处罚法》第四十九条。——本评注注

我局。经研究,现综合电话答复如下:

一、行为人诱使他人参与赌博,约定由行为人本人直接参赌,他人与其共同承担输赢责任,在行为人故意输给其他参赌人后,要求被诱骗人承担还款责任,骗取钱款数额巨大的,应以诈骗罪追究行为人的刑事责任。

二、赌博违法活动中既有赌资又有欠条的,"打欠条"属于《通知》第六条规定的"事先约定事后交割"方式,欠条所载金额经调查属实后可以认定为赌资。

三、对于《通知》施行前发生的行为,行为时没有相关的适用法律的规定,《通知》施行后尚未处理或者正在处理的案件,依照《通知》的规定办理;对于《通知》施行前发生的行为,行为时已有相关的适用法律的规定,依照行为时的规定办理,但适用《通知》对违法行为人有利的,适用《通知》;对于在《通知》施行前已办结的案件,按照当时的法律和适用法律的规定,认定事实和适用法律没有错误的,不再变动。

刑参案例规则提炼

《何起明诈骗案——抢走财物后哄骗被害人不追赶的行为如何定性》(第148号案例)、《王庆诈骗案——骗购电信卡贩卖给他人使用造成电信资费巨大损失的行为如何定性》(第161号案例)、《刘国芳等诈骗案——为获取回扣费以虚假身份证件办理入网手续并使用移动电话拨打国际声讯台造成电信资费损失的行为应如何定罪量刑》(第185号案例)、《李品华、潘才庆、潘才军诈骗案——故意制造"交通事故"骗取赔偿款行为的定性》(第214号案例)、《程剑诈骗案——猜配捡拾存折密码非法提取他人存款行为的定性》(第256号案例)、《田亚平诈骗案——银行出纳员用自制"高额利率定单",对外虚构单位内部有高额利率存款的事实,将吸存的亲朋好友的现金占为已有的行为如何定性》(第301号案例)、《黄艺等诈骗案——设置圈套诱人参赌,以打假牌的方式"赢取"他人钱财的行为构成赌博罪还是诈骗罪》(第451号案例)、《余志华诈骗案——将租赁来的汽车典当不予退还的行为构成诈骗罪》(第494号案例)、《王微、方继民诈骗案——将他人手机号码非法过户后转让获取钱财行为如何定性》(第591号案例)、《詹群忠等诈骗案——利用手机群发诈骗短信,后因逃避侦查丢弃银行卡而未取出卡内他人所汇款项,能否认定为诈骗罪的未遂形态》(第649号案例)、《王红柳、黄叶峰诈骗案——设置圈套控制赌博输赢并从中获取钱财的行为,如何定性》(第836号案例)、《史兴其诈骗案——利用自己准备的特定赌具控制赌博输赢行为的定性》(第837号案例)、《苗辉诈骗案——家电销售商虚报冒领国家家电下乡补贴资金的行为应如何定性》(第850号案例)、《伍华诈骗案——受他人委托炒股,私自使用他人证件以委托人名义开立银行新账户,通过证券业务员将原账户股票卖出后将所得款转到新账户并取走的行为如何定性》(第952号案例)、《王先杰诈骗案——民事纠纷与公权力混合型诈骗案件中若干情节的认定》(第1065号案例)、《嵇世勇诈骗案——对假冒国际标准集装箱偷逃高速公路通行费的行为应当如何定性》(第1083号案例)、《林在清等人诈骗案——无明确的犯罪意思联络,但为诈骗犯罪分子提取赃款并获利,是否构成诈骗共犯》(第1203号案例)、《杨涛诈骗案——单位职员虚构公司业务,骗取财物的如何定性》(第1218号案例)、《李政等诈骗案——以办理学历证书为名非法收取钱财的如何认定》(第1247号案例)、《倪劲锋诈骗案——利用疫情实施电信网络诈骗行为的认定和刑事政策的把握》(第1319号案例)、《王郊诈骗案——针对特定人通过电信网络联络实施的诈骗犯罪不属于电信网络诈骗犯罪》(第1320号案例)、《孙佳英、蒋志诈骗案——涉疫情诈骗犯罪未遂的认定和量刑把握》(第1321号案例)、《应鑫诈骗案——疫情防控时期利用疫情实施诈骗犯罪的,应从严惩处》(第1322号案例)、《黄钰诈骗案——如何区分诈骗罪与民事欺诈》(第1342号案例)、《黄金章诈骗案——诈骗犯罪与民事欺诈行为的界限》(第1372号案例)、《阚莹诈骗案——诈骗数额的计算与扣除》(第1373号案例)、《杨志诚、韦宁、何文剑诈骗案——骗领不动产权登记后将不动产抵押借款,诈骗数额如何认定》(第1423号案例)所涉规则提炼如下:

1. **诈骗数额计算规则**。"诈骗数额的认定应当考量被害人实际财产损失","被害人购买'97水蓝印'的目的是收藏和投资,不是日常饮用,被害人以低档普洱茶冒充高档普洱茶向被害人交付,无法满足被害人的上述收藏和投资需求,对弥补被害人所受财产损失没有实际意义","该低档普洱茶的市场价值可不从被告人的诈骗数额中进行扣除"。(第1373号案例)"被告人将租赁来的汽车典当不予退还的行为构成诈骗罪。""被告人连续非法典当租来的汽车,是连续实施数个独立的诈骗行为,为同种数罪。""在车主追索下,被告人既已赎取前车归还车主,则只以未赎取汽车的金额计算犯罪金额,之前的诈骗行为作为量刑情节考虑。"(第494号案例)"使用假冒国际标准集装箱偷逃高速公路过路费……以欺骗手段获取优惠通行费率,直接侵害的是高速公路营运方的财产利益",构成诈骗罪。(第1083号案例)

2. **诈骗罪既遂的认定规则**。"利用手机群发诈骗短信,后因逃避侦查丢弃银行卡而未取出卡内他人所汇款项",由于"丢弃银行卡后,已无法通过银行卡来实现对被害人财物的控制",应认定犯罪未遂。(第649号案例)"一般而言,诈骗案件只涉及行为人与被害人,涉案财产也只会在两者之间流转,被害人的损害意味着行为人的取得,反之亦然。但是,在有第三者介入的情况下,取得财产与财产损害便不具有同质性。""如果……已将相应款项划拨,不论是发放给申请执行人,抑或是作其他处理,被害人财产损害均已实际发生,行为人的行为即构成诈骗罪的既遂。"(第 836 号案例)"伪造材料,利用不动产登记中心具有的处分地位,骗取被害单位的房产,致使被害单位遭受重大损失,整个诈骗行为实施终了,符合诈骗罪的犯罪特征与构成。""抵押借款属于'事后行为',是否可罚需要根据案件具体情况进一步认定。"(第 1423 号案例)

3. **诈赌行为的定性规则**。"以非法占有他人财产为目的,设置圈套诱人参赌并以欺诈手段控制赌局的输赢结果,从而骗取他人财物的,应以诈骗罪定罪处罚。"(第 451 号案例)"以非法占有为目的,在赌博过程中,通过使用透视扑克牌和特制隐形眼镜控制赌博输赢,骗取他人财物,数额较大,其行为构成诈骗罪。"(第 837 号案例)"对于此类案件中的赃款……应当区别不同情况进行处理:第一种情况,如果被害人本来不具有赌博的意思,而是基于行为人的欺骗而产生赌博意愿,并陷入赌博陷阱,从而被骗钱财的,因被害人不具有通过赌博进行营利的目的,对其合法财产权益应予保护,故对于扣押或者退缴的赃款应当发还被害人,或者责令被告人退赔被害人经济损失。第二种情况,如果被害人本身也是参赌人员,由于其具有通过赌博进行营利的目的,其本身积极参与赌博行为,因此,其所输钱款属于赌资,对于该赌资的处理问题,可以借鉴抢劫赌资案件的处理方法进行处理,对赌资无须通过行政处罚程序予以没收,而可直接在刑事程序中予以追缴没收。"(第 836 号案例)

4. **诈骗罪与民事纠纷的界分规则**。"'以非法占有为目的'不仅是诈骗罪的构成要素之一,更是区分诈骗罪与民事纠纷(欺诈)的根本界限。"(第 1065 号案例)"在熟人之间,判断行为人骗取财物是否属于诈骗……主要可以从两个方面进行判断:一是看行为人是否有逃避偿还款物的行为……二是看被骗人能否通过民事途径进行救济。"(第 1342 号案例)"借款是为了企业经营……其借钱时虽未将公司停业的真实情况告诉债权人,但只表明他是用欺诈的方法借钱,不等于为了非法占有,应按民事欺诈处理。"(第 1372 号案例)"行为人对其所在单位是否构成表见代理并不影响对行为人的定罪,行为人编造虚假公司业务,利用职务身份获取被害人的信任,骗取被害人财物的行为,依法构成诈骗罪。"(第 1218 号案例)

5. **诈骗罪与其他犯罪的界分规则**。"抢走财物后哄骗被害人不追赶的行为",构成诈骗罪。(第 148 号案例)"骗购电信卡转卖他人使用造成电信资费巨大损失的行为",应当认定为诈骗罪。(第 161 号案例)"为获取回扣费以虚假身份证件办理入网手续并使用移动电话拨打国际声讯台造成电信资费损失的行为,应以诈骗罪论处。"(第185号案例)"被告人制造'交通事故',对事实真相加以隐瞒从而骗取对方赔偿款的行为,符合诈骗罪的构成要件,应以诈骗罪追究其刑事责任。"(第214号案例)"捡拾他人遗失的存折提取存款的行为不属于侵占行为,不应以侵占罪定罪处罚","猜中他人存折密码非法提取存款的行为属于冒用骗取,而非'秘密窃取',应以诈骗罪定罪处罚"。(第256号案例)"银行出纳员用自制'高额利率定单',对外虚构单位内部有高额利率存款的事实,将吸存的亲朋好友的现金占为己有的行为",构成诈骗罪。(第301号案例)"行为人使用伪造原机主的身份证等手段,将原机主手机号码过户至自己名下,尔后以本人名义将号码卖与他人获取钱财的行为",应以诈骗罪定罪处罚。(第591号案例)"以非法占有为目的,虚报冒领国家家电下乡补贴资金,数额较大,其行为符合诈骗罪的构成特征。"(第850号案例)"受他人委托炒股,私自使用他人证件以委托人名义开立银行新账户,通过证券业务员将原账户股票卖出后将所得款转到新账户并取走的行为",构成诈骗罪。(第952号案例)"以办理各种学历证书为名非法收取他人钱财的行为","虽然在表现形式上具有非法经营罪的特征,但根据主客观相结合原则,更加精准地认定犯罪和把握此罪与彼罪的本质特征……宜以诈骗罪……追究……被告人的刑事责任"。(第1247号案例)

6. 电信网络诈骗犯罪和涉疫情诈骗犯罪的处理规则。"不能将凡经电话、网络联络的诈骗犯罪均认定为电信网络诈骗犯罪","电信网络犯罪通常是针对不特定多数人实施的犯罪"。(第1320号案例)"三被告人事先与诈骗上线未就如何具体实施诈骗犯罪进行预谋,但就其所处的生活环境以及被告人的个人认知水平,其是知道也应当知道诈骗上线所实施行为的严重社会危害性已经达到犯罪程度,在诈骗上线实施犯罪行为过程中……提供银行卡账户以及……提取赃款等行为均是诈骗犯罪不可缺少的重要组成部分,只是在诈骗犯罪中分工不同而已,应当以诈骗共犯论处。"(第1203号案例)"疫情防控时期,利用疫情实施的犯罪应依法从重处罚。"(第1322号案例)"在疫情防控期间利用电信网络实施诈骗犯罪的,应当依法从严惩处。"(第1319号案例)"对涉疫情诈骗犯罪……从严惩处应当坚持罪刑法定原则,体现宽严相济刑事政策精神……而并非一味从严。"(第1321号案例)

司法疑难解析

多次诈骗行为的处理。根据《刑法》第二百六十六条的规定,诈骗罪以数额较大作为入罪条件,与盗窃罪不同,并未将多次诈骗规定为入罪情形。司法实践中,对于二年内多次诈骗少量财物未经处理,诈骗数额累计计算达到"数额较大"标准,能够依据诈骗罪追究刑事责任,存在不同认识。**本评注认为**,对于诈骗数额不大的数个行为,特别是在概括故意之下实施的数个行为,能否将数额累计计算后追究刑事责任,涉及犯罪行为与违反治安管理处罚行为的界限划分,也涉及诈骗罪以外其他犯罪中"数额较大"的认定问题,需要慎重研究。在相关司法解释、规范性文件作出明确规定前,对于多次诈骗少量财物未经处理的行为,不宜累计计算进而入罪处罚。① 当然,对于基于同一诈骗故意,采取小额多次的方式实施多个诈骗行为的,以二年内为时间限度予以累计计算似无明显问题。

第二百六十七条 【抢夺罪】抢夺公私财物,数额较大的,或者多次抢夺的,处三年以下有期徒刑、拘役或者管制,并处或者单处罚金;数额巨大或者有其他严重情节的,处三年以上十年以下有期徒刑,并处罚金;数额特别巨大或者有其他特别严重情节的,处十年以上有期徒刑或者无期徒刑,并处罚金或者没收财产。

携带凶器抢夺的,依照本法第二百六十三条的规定定罪处罚。

立法沿革

本条系 1997 年《刑法》吸收 1979 年《刑法》作出修改后的规定。1979 年《刑法》第一百五十一条规定:"盗窃、诈骗、抢夺公私财物数额较大的,处五年以下有期徒刑、拘役或者管制。"1997 年《刑法》对抢夺罪的量刑作了细化规定,并增加携带凶器抢夺的按照抢劫罪定罪处罚的规定。

2015 年 11 月 1 日起施行的《刑法修正案(九)》第二十条对本条作了修改,将"多次抢夺"增加规定为犯罪,适度降低抢夺罪的入罪门槛。

---

① 对于《最高人民法院、最高人民检察院、公安部关于办理电信网络诈骗等刑事案件适用法律若干问题的意见》(法发〔2016〕32号)有关"二年内多次实施电信网络诈骗未经处理,诈骗数额累计计算构成犯罪的,应当依法定罪处罚"的规定,宜认为是针对电信网络诈骗作出的专门规定,尚不宜推广适用于其他诈骗案。

修正前《刑法》	修正后《刑法》
第二百六十七条 【抢夺罪】抢夺公私财物,数额较大的,处三年以下有期徒刑、拘役或者管制,并处或者单处罚金;数额巨大或者有其他严重情节的,处三年以上十年以下有期徒刑,并处罚金;数额特别巨大或者有其他特别严重情节的,处十年以上有期徒刑或者无期徒刑,并处罚金或者没收财产。 携带凶器抢夺的,依照本法第二百六十三条的规定定罪处罚。	第二百六十七条 【抢夺罪】抢夺公私财物,数额较大的,**或者多次抢夺的**,处三年以下有期徒刑、拘役或者管制,并处或者单处罚金;数额巨大或者有其他严重情节的,处三年以上十年以下有期徒刑,并处罚金;数额特别巨大或者有其他特别严重情节的,处十年以上有期徒刑或者无期徒刑,并处罚金或者没收财产。 携带凶器抢夺的,依照本法第二百六十三条的规定定罪处罚。

司法解释

《最高人民法院关于审理抢劫案件具体应用法律若干问题的解释》(法释〔2000〕35号)第六条对《刑法》第二百六十七条第二款规定的"携带凶器抢夺"的涵义作了规定。(→参见第二百六十三条评注部分,第1228页)

《最高人民法院、最高人民检察院关于办理抢夺刑事案件适用法律若干问题的解释》(法释〔2013〕25号,自2013年11月18日起施行)

为依法惩治抢夺犯罪,保护公私财产,根据《中华人民共和国刑法》的有关规定,现就办理此类刑事案件适用法律的若干问题解释如下:

第一条 抢夺公私财物价值一千元至三千元以上、三万元至八万元以上、二十万元至四十万元以上的,应当分别认定为刑法第二百六十七条规定的"数额较大""数额巨大""数额特别巨大"。

各省、自治区、直辖市高级人民法院、人民检察院可以根据本地区经济发展状况,并考虑社会治安状况,在前款规定的数额幅度内,确定本地区执行的具体数额标准,报最高人民法院、最高人民检察院批准。

第二条① 抢夺公私财物,具有下列情形之一的,"数额较大"的标准按照前

---

① 根据本条第一项的规定,"曾因抢劫、抢夺或者聚众哄抢受过刑事处罚",再实施抢夺的,入罪数额减半确定。符合该项规定的行为人,如果同时符合累犯构成的,仍应认定累犯,依法从重处罚。当然,由于已将行为人的前科情况作为定罪情节考虑,故在决定对行为人从重处罚的具体幅度时,应作适当把握,不宜增加过多的刑罚量。参见周加海:《〈关于办理抢夺刑事案件适用法律若干问题的解释〉的理解与适用》,载中华人民(转下页)

条规定标准的百分之五十确定：

（一）曾因抢劫、抢夺或者聚众哄抢受过刑事处罚的；

（二）一年内曾因抢夺或者哄抢受过行政处罚的；

（三）一年内抢夺三次以上的；

（四）驾驶机动车、非机动车抢夺的；

（五）组织、控制未成年人抢夺的；

（六）抢夺老年人、未成年人、孕妇、携带婴幼儿的人、残疾人、丧失劳动能力人的财物的；

（七）在医院抢夺病人或者其亲友财物的；

（八）抢夺救灾、抢险、防汛、优抚、扶贫、移民、救济款物的；

（九）自然灾害、事故灾害、社会安全事件等突发事件期间，在事件发生地抢夺的；

（十）导致他人轻伤或者精神失常等严重后果的。

第三条 抢夺公私财物，具有下列情形之一的，应当认定为刑法第二百六十七条规定的"其他严重情节"：

（一）导致他人重伤的；

（二）导致他人自杀的；

（三）具有本解释第二条第三项至第十项规定的情形之一，数额达到本解释第一条规定的"数额巨大"百分之五十的。

第四条 抢夺公私财物，具有下列情形之一的，应当认定为刑法第二百六十七条规定的"其他特别严重情节"：

（一）导致他人死亡的；

（二）具有本解释第二条第三项至第十项规定的情形之一，数额达到本解释第一条规定的"数额特别巨大"百分之五十的。

第五条 抢夺公私财物数额较大，但未造成他人轻伤以上伤害，行为人系初犯，认罪、悔罪、退赃、退赔，且具有下列情形之一的，可以认定为犯罪情节轻微，不起诉或者免予刑事处罚；必要时，由有关部门依法予以行政处罚：

（一）具有法定从宽处罚情节的；

（二）没有参与分赃或者获赃较少，且不是主犯的；

（接上页）共和国最高人民法院刑事审判第一、二、三、四、五庭主办：《中国刑事审判指导案例4》（增订第3版），法律出版社2017年版，第596页。此外，**本评注认为**，在《刑法修正案（九）》将"多次抢夺"增加规定为犯罪后，本条第三项的规定应当认为自动失效。

（三）被害人谅解的；
（四）其他情节轻微、危害不大的。

第六条 驾驶机动车、非机动车夺取他人财物，具有下列情形之一的，应当以抢劫罪定罪处罚：

（一）夺取他人财物时因被害人不放手而强行夺取的；
（二）驾驶车辆逼挤、撞击或者强行逼倒他人夺取财物的；
（三）明知会致人伤亡仍然强行夺取并放任造成财物持有人轻伤以上后果的。

第七条 本解释公布施行后，《最高人民法院关于审理抢夺刑事案件具体应用法律若干问题的解释》(法释〔2002〕18号)同时废止；之前发布的司法解释和规范性文件与本解释不一致的，以本解释为准。

《最高人民法院关于审理掩饰、隐瞒犯罪所得、犯罪所得收益刑事案件适用法律若干问题的解释》〔法释〔2015〕11号，根据《最高人民法院关于修改〈关于审理掩饰、隐瞒犯罪所得、犯罪所得收益刑事案件适用法律若干问题的解释〉的决定》(法释〔2021〕8号)修订〕**第六条**明确犯罪所得及其产生的收益可以成为抢夺罪等财产犯罪的对象。(→参见第三百一十二条评注部分，第1635页)

规范性文件

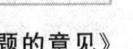

《最高人民法院关于审理抢劫、抢夺刑事案件适用法律若干问题的意见》(法发〔2005〕8号)"四、关于'携带凶器抢夺'的认定"对"携带凶器抢夺"的认定作了规定。(→参见第二百六十三条评注部分，第1230页)

《最高人民法院、最高人民检察院、公安部关于依法办理"碰瓷"违法犯罪案件的指导意见》(公通字〔2020〕12号)**第二条**对"碰瓷"案件适用敲诈勒索罪作了规定。(→参见第二百六十六评注部分，第1292页)

《最高人民法院、最高人民检察院关于常见犯罪的量刑指导意见(试行)》(法发〔2021〕21号，节录)

四、常见犯罪的量刑

（十三）抢夺罪

1. 构成抢夺罪的，根据下列情形在相应的幅度内确定量刑起点：

（1）达到数额较大起点或者二年内三次抢夺的，在一年以下有期徒刑、拘役幅度内确定量刑起点。

（2）达到数额巨大起点或者有其他严重情节的，在三年至五年有期徒刑幅度内确定量刑起点。

(3)达到数额特别巨大起点或者有其他特别严重情节的,在十年至十二年有期徒刑幅度内确定量刑起点。依法应当判处无期徒刑的除外。

2.在量刑起点的基础上,根据抢夺数额、次数等其他影响犯罪构成的犯罪事实增加刑罚量,确定基准刑。

多次抢夺,数额达到较大以上的,以抢夺数额确定量刑起点,抢夺次数可以作为调节基准刑的量刑情节;数额未达到较大的,以抢夺次数确定量刑起点,超过三次的次数作为增加刑罚量的事实。

3.构成抢夺罪的,根据抢夺的数额、次数、手段、危害后果等犯罪情节,综合考虑被告人缴纳罚金的能力,决定罚金数额。

4.构成抢夺罪的,综合考虑抢夺的起因、数额、手段、次数、危害后果、退赃退赔等犯罪事实、量刑情节,以及被告人的主观恶性、人身危险性、认罪悔罪表现等因素,决定缓刑的适用。

(→前三部分和第五部分参见总则第四章第一节标题评注部分,第224、227页)

刑参案例规则提炼

《亢红昌抢劫案——无故殴打他人后临时起意乘机夺财的行为应如何定罪》(第203号案例)、《郭学周故意伤害、抢夺案——实施故意伤害行为,被害人逃离后,行为人临时起意取走被害人遗留在现场的财物,如何定性》(第683号案例)、《李培峰抢劫、抢夺案——"加霸王油"的行为如何定性》(第868号案例)、《李丽波抢夺案——抢夺本人因质押而被第三人保管的财物,如何定性》(第931号案例)所涉规则提炼如下:

1.抢夺质押物行为的定性规则。"抢夺本人因质押而被第三人合法保管的车辆行为,符合抢夺罪的构成特征。"(第931号案例)

2.临时起意乘机夺财行为的定性规则。"酒后寻衅滋事,无故殴打行人……其后……又见财临时起意,趁……被打倒在地之机,公然夺取……手机后逃跑。""先行侵犯他人人身的行为并非其取财的手段,客观上也无凭借侵犯人身的手段来达到非法强行占有他人财物的目的,故其行为不符合抢劫罪的特征",应当认定为抢夺罪。(第203号案例)"在砍伤被害人后临时起意非法占有被害人的摩托车,其在开走该车时,并未实施暴力或其他人身强制方法,因此这段行为只能认定为抢夺罪。其侵犯被害人人身权利的暴力行为已在故意伤害罪中作过评价,不能再在非法占有财物的行为中重复评价,故其行为分别构成故意伤害和抢夺罪。"(第683号案例)

3."加霸王油"行为的定性规则。"在加油站为集装箱卡车加油后,为逃避支付油费,多次乘被害单位员工不备驾车驶离加油站",应当认定为抢夺罪。"在加油站工作人员抓住驾驶室门或者座椅阻拦时……继续加速行驶以迫使工作人员放手,甚至导致工作人员倒地受伤,此时……行为性质发生了转化……应当依照抢劫罪定罪处罚。"(第 868 号案例)

> **第二百六十八条 【聚众哄抢罪】**聚众哄抢公私财物,数额较大或者有其他严重情节的,对首要分子和积极参加的,处三年以下有期徒刑、拘役或者管制,并处罚金;数额巨大或者有其他特别严重情节的,处三年以上十年以下有期徒刑,并处罚金。

立法沿革

本条系 1997 年《刑法》增设的规定。

规范性文件

《最高人民法院、最高人民检察院、公安部、司法部关于依法惩治妨害新型冠状病毒感染肺炎疫情防控违法犯罪的意见》(法发〔2020〕7 号)"二、准确适用法律,依法严惩妨害疫情防控的各类违法犯罪"第(五)条就聚众哄抢罪的适用作了指引性规定。(→参见第三百三十条评注部分,第 1712 页)

> **第二百六十九条 【转化型抢劫】**犯盗窃、诈骗、抢夺罪,为窝藏赃物、抗拒抓捕或者毁灭罪证而当场使用暴力或者以暴力相威胁的,依照本法第二百六十三条的规定定罪处罚。

立法沿革

本条系 1997 年《刑法》沿用 1979 年《刑法》第一百五十三条的规定,仅作了文字调整,将"抗拒逮捕"调整为"抗拒抓捕"。

司法解释

《最高人民法院关于审理未成年人刑事案件具体应用法律若干问题的解释》(法释〔2006〕1 号)第十条对未成年人适用刑法第二百六十九条的有关问题作了规定。(→参见第十七条评注部分,第 43 页)

规范性文件

《最高人民法院关于审理抢劫、抢夺刑事案件适用法律若干问题的意见》(法发〔2005〕8号)"五、关于**转化抢劫的认定**"对刑法第二百六十九条的适用作了规定。(→参见第二百六十三条评注部分,第1231页)

《最高人民法院关于审理抢劫刑事案件适用法律若干问题的指导意见》(法发〔2016〕2号)"三、关于**转化型抢劫犯罪的认定**"对刑法第二百六十九条的适用作了规定。(→参见第二百六十三条评注部分,第1238页)

指导性案例

陈邓昌抢劫、盗窃,付志强盗窃案(检例第17号)明确对于入户盗窃,因被发现而当场使用暴力或者以暴力相威胁的行为,应当认定为"入户抢劫"。(→参见第二百六十三条评注部分,第1241页)

刑参案例规则提炼①

《王国清等抢劫、故意伤害、盗窃案——转化型抢劫罪的法律适用》(第86号案例)、《张某某抢劫、李某某盗窃案——盗窃共同犯罪中部分共犯因为抗拒抓捕当场实施暴力转化为抢劫罪,其他共犯是否也随之转化》(第244号案例)、《贺喜民抢劫案——转化型抢劫罪之"当场"使用暴力,应当如何理解和把握》(第300号案例)、《穆文军抢劫案——盗窃未遂为抗拒抓捕而当场使用暴力能否构成抢劫罪》(第321号案例)、《谷贵成抢劫案——如何把握转化抢劫犯罪既遂未遂的区分标准》(第441号案例)、《杨辉、石磊等破坏电力设备案——盗窃电力设备过程中,以暴力手段控制无抓捕意图的过往群众的不构成抢劫罪》(第575号案例)、《刘兴明等抢劫、盗窃案——盗窃后持枪抗拒抓捕的行为能否认定为"持枪抢劫"》(第660号案例)、《杨飞飞、徐某抢劫案——转化型抢劫犯罪是否存在未遂》(第687号案例)、《陈万学抢劫、刘永等人盗窃案——共同盗窃犯

---

① 另,鉴于《姜金福抢劫案——不满16周岁的人犯抢夺罪为抗拒抓捕当场实施暴力致人轻伤的如何处理》(第204号案例)提出"不满16周岁的人单犯抢夺罪虽依法不负刑事责任,但当其行为符合转化型抢劫罪构成时,则需对其抢劫罪承担刑事责任",与《最高人民法院关于审理未成年人刑事案件具体应用法律若干问题的解释》(法释〔2006〕1号)第十条的规定和《王伟华抢劫案——已满十四周岁不满十六周岁的未成年人,能否成为转化型抢劫罪的犯罪主体》(第777号案例)所持立场不一致,对刑参第204号案例所涉规则未予提炼。

罪中转化型抢劫罪的认定》(第740号案例)、《**王伟华抢劫案**——已满十四周岁不满十六周岁的未成年人,能否成为转化型抢劫罪的犯罪主体》(第777号案例)、《**张红军抢劫、盗窃案**——入户盗窃数额较少财物为抗拒抓捕当场使用暴力,能否认定"入户抢劫"》(第1182号案例)、《**尹林军、任文军盗窃案**——盗窃后为抗拒抓捕实施暴力程度不明显的摆脱行为,能否认定为"转化型抢劫"》(第1186号案例)、《**翟光强等抢劫案**——在他人实施盗窃为抗拒抓捕当场使用暴力的犯罪过程中加入其中的行为如何定性》(第1187号案例)、《**李智豪抢劫案**——抢夺车辆后被对方GPS追踪、拦截而持枪威胁的能否转化为抢劫罪》(第1201号案例)、《**王艳峰抢劫案**——犯信用卡诈骗罪,为抗拒抓捕而当场使用暴力的,可否转化为抢劫罪》(第1246号案例)所涉规则提炼如下:

1. **转化型抢劫的认定规则**。"成立转化型抢劫罪的前提条件是实施盗窃、诈骗、抢夺行为……是否既遂不影响抢劫罪的成立。"(第321号案例)"刑法第二百六十九条规定的'盗窃、诈骗、抢夺罪'应理解为类罪,而非特指盗窃、诈骗、抢夺三个个罪。""盗窃电力设备过程中,为抗拒抓捕而当场使用暴力或者以暴力相威胁的,可以……以抢劫罪定罪处罚。"(第575号案例)"就盗窃、诈骗、抢夺罪而言,除刑法分则第五章规定的三个普通罪名外,还有诸多散见于各章节的相关特殊罪名……上述特殊型财产犯罪完全符合普通盗窃、诈骗、抢夺罪的构成要件,因此把这些犯罪归入刑法第二百六十九条规定的转化型抢劫罪的前提,并不违反罪刑法定原则。"(第1246号案例)在抗拒抓捕的过程中,"是否知道'抓捕人是警察'不影响抢劫罪的成立。"(第86号案例)"在犯盗窃等罪的现场使用暴力或者以暴力相威胁的,固然应当认定符合转化型抢劫罪的'当场'要件;但即便是已离开犯盗窃等罪的现场,只要其后的暴力或以暴力相威胁行为是在相隔短暂的时空范围内实施的,只要一般的社会观念认为行为人先前的盗窃等行为在该时空范围内仍处于继续状态,则也应认定行为人的行为符合转化型抢劫罪的'当场'要件。"(第300号案例)"被害人方追赶被告人时,不是用肉眼直接观察到被告人,而是通过被抢车辆上的GPS导航定位对被告人进行追踪,且实施抢夺的地点距离被告人被截获的地点有十多公里之远。""在这种情况下,被告人被堵截拦停后持枪威胁被害方的追赶人员,属于'当场'以暴力相威胁,构成转化型抢劫罪。"(第1201号案例)但是,"抢劫罪是严重危害社会治安的犯罪,法定刑起点即为三年有期徒刑,对其构成要件应从严解释。被告人……面对被害人的撕扯,始终没有正面回击,仅是被动地摆脱、逃离……该行为不属刑法规定的'暴力'行为,应当以盗窃罪定罪处罚"。(第1186号案例)"已满十四周岁不满十六周岁的人不能成为转化型抢劫罪的犯罪主体。"(第

777号案例)

　　2. 转化型抢劫的既遂认定规则。"转化型抢劫罪既然已经转化成抢劫罪,犯罪形态就应当按照普通抢劫罪的犯罪形态来认定,因此和普通抢劫罪一样存在未遂形态。"(第687号案例)"认定转化抢劫既未遂的标准应当与一般抢劫既遂未遂的标准相同,即以是否抢得财物或造成他人轻伤以上伤害后果为准。"(第441号案例)

　　3. 共同犯罪的转化型抢劫的认定规则。"盗窃共犯的行为是否转化成为抢劫罪,关键要看行为人在窃取财物之后是否当场使用暴力或者以暴力相威胁。其中,对部分没有当场使用暴力或者以暴力相威胁的行为人,则要看其是否同意其他共犯当场使用暴力或者以暴力相威胁。如果是,其行为就由盗窃转化为抢劫;反之,其行为就不发生转化,仅负盗窃罪的刑事责任。"(第244号案例)实践中需要注意的是,"当其他人发现有人采取暴力、威胁手段时,并没有参与实施暴力、威胁行为的,是否认定为转化型抢劫罪?对此不能一概而论,有必要进一步区分以下三种情形来判断。首先,其他人发现个别人采取暴力、威胁手段抗拒抓捕后,仍停留在现场继续参与盗窃、诈骗或抢夺的,尽管其他人并没有实施暴力、威胁行为,但其行为表明其原有的盗窃犯意已经发生了改变,彼此之间形成了新的抢劫犯意……其次,其他人在发现个别人采取暴力、威胁手段后,当场明确作出反对的意思表示或阻止过限行为发生危害结果。在这种情况下,应认定采取暴力、威胁手段的人属于实行过限,对其他反对或者阻止者不应以抢劫罪的共同犯罪论处……最后,其他人发现个别人采取了暴力、威胁手段抗拒抓捕后,未予制止便逃离现场的情形……对逃离现场的人仍应以先前的盗窃、诈骗、抢夺罪定罪处罚,而不能认定为转化型抢劫罪"。(第740号案例)"先行为人实施盗窃行为,为抗拒抓捕当场使用暴力,后行为人加入犯罪的行为","后续行为与先前的转化抢劫犯罪行为是个连续的整体",应当认定为抢劫罪。(第1187号案例)

　　4. 转化型抢劫的刑罚规则。"在盗窃罪转化为抢劫罪之后,盗窃的财物数额、对象和使用暴力的程度和后果,均应成为抢劫罪的量刑情节。"(第86号案例)"入户盗窃并转化为抢劫的,应当以'入户抢劫'论处。"(第1182号案例)"在公共交通工具上盗窃,为抗拒抓捕而当场使用暴力,转化为抢劫罪后,应认定为'在公共交通工具上抢劫'。"(第321号案例)"为抗拒抓捕而当场使用暴力致抓捕人死亡的行为,应认定为抢劫致人死亡。"(第86号案例)"盗窃后持枪抗拒抓捕的行为,应当依照刑法第二百六十九条之规定,以'当场使用暴力'论,认定为转化型抢劫。同时,还应当依照刑法第二百六十三条第七项之规定,认定为持枪抢劫。"(第660号案例)

第二百七十条 【侵占罪】将代为保管的他人财物非法占为己有,数额较大,拒不退还的,处二年以下有期徒刑、拘役或者罚金;数额巨大或者有其他严重情节的,处二年以上五年以下有期徒刑,并处罚金。

将他人的遗忘物或者埋藏物非法占为己有,数额较大,拒不交出的,依照前款的规定处罚。

本条罪,告诉的才处理。

立法沿革

本条系1997年《刑法》增设的规定。

刑参案例规则提炼①

《康金东盗窃案——骗得财物保管权后秘密窃取代为保管的财物的行为如何处理》(第135号案例)、《罗忠兰盗窃案——如何正确区分盗窃罪与侵占罪》(第160号案例)、《张建忠侵占案——雇员利用职务之便将个体工商户的财产非法占为己有的如何定性》(第318号案例)、《杨飞侵占案——如何理解和认定侵占罪中的"代为保管他人财物"》(第583号案例)、《曹成洋侵占案——将银行卡借给他人使用后,通过挂失方式将银行卡内的他人资金取走的行为,如何定性》(第936号案例)、《沙国芳侵占案——"借名存款"中名义存款人将账户内资金占为己有行为的定性》(第1498号案例)所涉规则提炼如下:

1. 侵占罪的适用规则。"个体工商户的雇员不属于职务侵占罪的主体。""个体工商户雇员将代为保管的户主财产占为己有,数额较大,拒不退还的,构成侵占罪。"(第318号案例)"构成侵占罪要求行为人对他人的财物存在代为保管事实……典型意义上的代为保管关系产生于保管合同之中,此外,加工承揽合同、委托合同、租赁合同、使用借贷合同、担保合同等众多的合同关系均可能存在代为保管关系。"(第583号案例)

2. 侵占罪与盗窃罪的界分规则。应当重点分析考察以下几个方面:"

---

① 另,鉴于主要涉及新旧刑法适用问题,《罗辉等犯侵占案——公司职员利用职务之便,内外勾结骗取公司代管的客户保证金的行为,应如何适用法律》(第21号案例)、《汪某等犯侵占案——企业聘用的合同工人勾结外部人员,利用工作上的便利,盗窃企业财物的行为应如何定罪》(第22号案例)、《陈贵杰等贪污案——银行临时工与外部人员勾结监守自盗应如何定罪》(第29号案例)所涉规则未予提炼。

(一)行为人占有财物的时间……对于自己已实际控制的他人财物一般不能成立盗窃罪……侵占罪不仅可能侵占自己直接控制的他人财物,而且可能侵占法律形式上控制的他人财物。""(二)行为人非法占有财物的手段……侵占罪中,行为人非法占有他人财物时,该财物已在行为人的持有和控制之下,行为人采取抵赖等手段拒不交出或者拒不退还从而使持有变为'非法占为己有'……而盗窃罪中,非法占有他人财物之前,该财物并不在行为人的实际控制之下,行为人必须通过秘密窃取的手段才能实现非法占有。""(三)行为人犯罪故意产生的时间……侵占罪作为不转移财物控制的犯罪,其犯罪故意可能产生于实际控制他人财物之后,而盗窃罪是转移财物控制权的犯罪,其犯罪故意只能产生于持有、控制他人财物之前。"(第936号案例)"取得了对……的合法持有权,但并非是简单地将合法持有转变为非法占有,而是利用了合法持有的便利条件实施其秘密窃取行为",应当认定为盗窃罪。(第135号案例)"在消费者独占使用包厢期间,即便消费者因故临时离开,其对放在包厢内的随身携带的物品仍具有实际的控制权。期间任何人进入该独立空间以非法占有为目的取走消费者存放在此的财物的行为,均属盗窃行为。当消费者正式结帐离开包厢后,包厢内的一切物品包括消费者遗留的物品,又复归经营者的控制之下,经营者对消费者遗留的物品负有清点、保管、退还的义务。如经营者对消费者的遗留物拒不退还,属侵占行为。但经营者之外的其他人如以非法占有为目的擅自进入该包厢取走消费者遗留财物的,则仍属盗窃行为,而非侵占行为。"(第160号案例)"被告……作为'借名存款'名义存款人,通过挂失将账户内数额巨大资金占为己有的行为",应当适用侵占罪。(第1498号案例)

第二百七十一条 【职务侵占罪】公司、企业或者其他单位的工作人员,利用职务上的便利,将本单位财物非法占为己有,数额较大的,处三年以下有期徒刑或者拘役,并处罚金;数额巨大的,处三年以上十年以下有期徒刑,并处罚金;数额特别巨大的,处十年以上有期徒刑或者无期徒刑,并处罚金。

国有公司、企业或者其他国有单位中从事公务的人员和国有公司、企业或者其他国有单位委派到非国有公司、企业以及其他单位从事公务的人员有前款行为的,依照本法第三百八十二条、第三百八十三条的规定定罪处罚。

立法沿革

本条系1997年《刑法》吸收单行刑法作出修改后的规定。《全国人民代表大会常务委员会关于惩治贪污罪贿赂罪的补充规定》(自 1988 年 1 月 21 日起施行)将贪污罪的犯罪主体修改为"国家工作人员、集体经济组织工作人员或者其他经手、管理公共财物的人员"。《全国人民代表大会常务委员会关于惩治违反公司法的犯罪的决定》(自 1995 年 2 月 28 日起施行)第十条规定:"公司董事、监事或者职工利用职务或者工作上的便利,侵占本公司财物,数额较大的,处五年以下有期徒刑或者拘役;数额巨大的,处五年以上有期徒刑,可以并处没收财产。"第十二条规定:"国家工作人员犯本决定……第十条……规定之罪的,依照《关于惩治贪污罪贿赂罪的补充规定》的规定处罚。"1997 年《刑法》将贪污罪的主体规定为国家工作人员,将非国家工作人员的公司、企业或者其他单位的人员,侵占本单位财物的行为规定为职务侵占罪。

2021 年 3 月 1 日起施行的《刑法修正案(十一)》第二十九条对本条作了修改,调整法定刑,将两档刑罚调整为"三年以下有期徒刑或者拘役,并处罚金""三年以上十年以下有期徒刑,并处罚金""十年以上有期徒刑或者无期徒刑,并处罚金"三档刑罚。

修正前《刑法》	修正后《刑法》
第二百七十一条 【职务侵占罪】公司、企业或者其他单位的人员,利用职务上的便利,将本单位财物非法占为己有,数额较大的,处五年以下有期徒刑或者拘役;数额巨大的,处五年以上有期徒刑,可以并处没收财产。 国有公司、企业或者其他国有单位中从事公务的人员和国有公司、企业或者其他国有单位委派到非国有公司、企业以及其他单位从事公务的人员有前款行为的,依照本法第三百八十二条、第三百八十三条的规定定罪处罚。	第二百七十一条 【职务侵占罪】公司、企业或者其他单位的**工作**人员,利用职务上的便利,将本单位财物非法占为己有,数额较大的,处**三**年以下有期徒刑或者拘役,**并处罚金**;数额巨大的,处**三**年以上十年以下有期徒刑,**并处罚金**;数额特别巨大的,**处十年以上有期徒刑或者无期徒刑,并处罚金**。 国有公司、企业或者其他国有单位中从事公务的人员和国有公司、企业或者其他国有单位委派到非国有公司、企业以及其他单位从事公务的人员有前款行为的,依照本法第三百八十二条、第三百八十三条的规定定罪处罚。

司法解释

《最高人民法院关于村民小组组长利用职务便利非法占有公共财物行为如

何定性问题的批复》(法释〔1999〕12号,自1999年7月3日起施行)①

四川省高级人民法院:

你院川高法〔1998〕224号《关于村民小组组长利用职务便利侵吞公共财物如何定性的问题的请示》收悉。经研究,答复如下:

对村民小组组长利用职务上的便利,将村民小组集体财产非法占为己有,数额较大的行为,应当依照刑法第二百七十一条第一款的规定,以职务侵占罪定罪处罚。

《最高人民法院关于审理贪污、职务侵占案件如何认定共同犯罪几个问题的解释》(法释〔2000〕15号)对不具有国家工作人员身份的人与国家工作人员勾结,非法侵占单位财物行为如何适用贪污罪或者职务侵占罪的问题作了规定。(→参见第三百八十二条、第三百八十三条评注部分,第2123页)

《最高人民法院关于在国有资本控股、参股的股份有限公司中从事管理工作的人员利用职务便利非法占有本公司财物如何定罪问题的批复》(法释〔2001〕17号,自2001年5月26日起施行)

重庆市高级人民法院:

你院渝高法明传〔2000〕38号《关于在股份有限公司中从事管理工作的人员侵占本公司财物如何定性的请示》收悉。经研究,答复如下:

在国有资本控股、参股的股份有限公司中从事管理工作的人员,除受国家机关、国有公司、企业、事业单位委派从事公务的以外,不属于国家工作人员。对其利用职务上的便利,将本单位财物非法占为己有,数额较大的,应当依照刑法第二百七十一条第一款的规定,以职务侵占罪定罪处罚。

《最高人民法院、最高人民检察院关于办理贪污贿赂刑事案件适用法律若干问题的解释》(法释〔2016〕9号)第十一条第一款对职务侵占罪的定罪量刑标

---

① 问:村民委员会成员利用职务上的便利,非法占有公共财物的行为,能否适用该司法解释? 答:不能适用。本解释只针对村民小组组长。他们中有的可能是村委会成员,但批复中很明确是村民小组组长利用职务便利实施犯罪行为,而不是利用村委会成员的职务便利。村民委员会成员利用职务上的便利,将本单位财物非法占为己有的行为如何处理的问题,将来司法解释还要做出规定。"参见《本刊编辑就〈关于村民小组组长利用职务便利非法占有公共财物行为如何定性问题的批复〉采访最高人民法院研究室有关负责人》,载中华人民共和国最高人民法院刑事审判第一、二、三、四、五庭主办:《中国刑事审判指导案例4》(增订第3版),法律出版社2017年版,第599页。

准作了规定。(→参见分则第八章标题评注部分,第2090页)

规范性文件

《全国法院维护农村稳定刑事审判工作座谈会纪要》(法〔1999〕217号)"三""(三)关于村委会和村党支部成员利用职务便利侵吞集体财产犯罪的定性问题"对职务侵占罪的适用作了规定。(→参见总则第四章标题评注部分,第190页)

《最高人民法院、最高人民检察院关于办理国家出资企业中职务犯罪案件具体应用法律若干问题的意见》(法发〔2010〕49号)第三条对职务侵占罪的适用作了规定。(→参见分则第八章标题评注部分,第2114页)

《最高人民法院、最高人民检察院关于常见犯罪的量刑指导意见(试行)》(法发〔2021〕21号,节录)

四、常见犯罪的量刑

(十四)职务侵占罪

1. 构成职务侵占罪的,根据下列情形在相应的幅度内确定量刑起点:

(1)达到数额较大起点的,在一年以下有期徒刑、拘役幅度内确定量刑起点。

(2)达到数额巨大起点的,在三年至四年有期徒刑幅度内确定量刑起点。

(3)达到数额特别巨大起点的,在十年至十一年有期徒刑幅度内确定量刑起点。依法应当判处无期徒刑的除外。

2. 在量刑起点的基础上,根据职务侵占数额等其他影响犯罪构成的犯罪事实增加刑罚量,确定基准刑。

3. 构成职务侵占罪的,根据职务侵占的数额、危害后果等犯罪情节,综合考虑被告人缴纳罚金的能力,决定罚金数额。

4. 构成职务侵占罪的,综合考虑职务侵占的数额、手段、危害后果、退赃退赔等犯罪事实、量刑情节,以及被告人的主观恶性、人身危险性、认罪悔罪表现等因素,决定缓刑的适用。

(→前三部分和第五部分参见总则第四章第一节标题评注部分,第224、227页)

立案追诉标准

《最高人民检察院、公安部关于公安机关管辖的刑事案件立案追诉标准的规定(二)》(公通字〔2022〕12号,节录)

第七十六条① 〔职务侵占案(刑法第二百七十一条第一款)〕公司、企业或者其他单位的人员,利用职务上的便利,将本单位财物非法占为己有,数额在三万元以上的,应予立案追诉。

(→附则参见分则标题评注部分,第392页)

法律适用答复、复函

《公安部经济犯罪侦查局关于宗教活动场所工作人员能否构成职务侵占或挪用资金犯罪主体的批复》(公经〔2004〕643号)

山西省公安厅经侦总队:

你总队晋公经〔2004〕034号《关于净贤能否构成职务侵占罪或挪用资金罪主体的请示》收悉。经研究,并征求国家宗教事务局意见,批复如下:

根据《宗教活动场所管理条例》(国务院令第145号令)等有关规定,宗教活动场所属于刑法第271条和第272条所规定的"其他单位"的范围。宗教活动场所的财产属于公共财产或信教公民共有财产,受法律保护,任何组织和个人不得侵占、哄抢、私分和非法处分宗教团体、宗教活动场所的合法财产。宗教活动场所的管理人员利用职务之便,侵占或挪用宗教活动场所公共财产的,可以构成职务侵占罪或挪用资金罪。

《公安部经济犯罪侦查局关于对非法占有他人股权是否构成职务侵占罪问题的工作意见》(2005年6月24日)②

近年来,许多地方公安机关就公司股东之间或者被委托人采用非法手段侵占股权,是否涉嫌职务侵占罪问题请示我局。对此问题,我局多次召开座谈会并分别征求了高检、高法及人大法工委刑法室等有关部门的意见。近日,最高人民法院刑事审判第二庭书面答复我局:对于公司股东之间或者被委托人利用职务便利,非法占有公司股东股权的行为,如果能够认定行为人主观上具有非法占有他人财物的目的,则可对其利用职务便利,非法占有公司管理中的股东股权的行为以职务侵占罪论处。

《公安部经济犯罪侦查局关于对居民小组下设生产队认定问题的批复》(公

---

① 本条关于职务侵占罪立案追诉标准的规定与法释〔2016〕9号第十一条第一款不一致,系根据经《刑法修正案(十一)》修改后《刑法》第二百七十一条第一款的规定作出。——本评注注

② 参见李立众编:《刑法一本通——中华人民共和国刑法总成(第十六版)》,法律出版社2022年版,第551页。

经〔2007〕938号)①
福建省公安厅经侦总队：

你总队《关于居民小组下设生产队能否认定为刑法意义上的"其他单位"的请示》(闽公经〔2007〕52号)收悉。经研究并征求部法制局意见，批复如下：

根据罪刑法定原则，不宜将最高法《关于村民小组组长利用职务便利非法占有公共财物行为如何定性问题的批复》(1999年6月25日)类推适用于"居民小组"以及其下设的生产队。在法律、法规以及司法解释没有明确规定的情况下，不宜将"居民小组"以及其下设的生产队认定为刑法意义上的"其他单位"。

《最高人民法院研究室关于对通过虚假验资骗取工商营业执照的"三无"企事业单位能否成为职务侵占罪客体问题征求意见的复函》(法研〔2008〕79号)②
公安部经济犯罪侦查局：

根据1999年7月3日施行的《最高人民法院关于审理单位犯罪案件具体应用法律若干问题的解释》第一条的规定，私营、独资等公司、企业、事业单位只有具有法人资格才属于我国刑法中所指单位，其财产权才能成为职务侵占罪的客体。也就是说，是否具有法人资格是私营、独资等公司、企业、事业单位成为我国刑法中"单位"的关键。行为人通过虚假验资骗取工商营业执照成立的企业，即便为"三无"企业，只要具有法人资格，并且不是为进行违法犯罪活动而设立的公司、企业、事业单位，或公司、企业、事业单位设立后，不是以实施犯罪为主要活动的，能够成为《刑法》第271条第1款规定的"公司、企业或者其他单位"。这些单位中的人员，利用职务上的便利，将单位财物非法占为己有，数额较大的，构成职务侵占罪。

《公安部经济犯罪侦查局关于对周××等人涉嫌职务侵占案法律适用问题的批复》(公经商贸〔2010〕259号)③
江西省公安厅经侦总队：

你总队《关于对周××、邱××职务侵占案有关法律适用问题的请示》(赣公经〔2010〕14号)收悉。根据你总队提供的材料，我局经研究，批复如下：

---

① 参见李立众编：《刑法一本通——中华人民共和国刑法总成(第十六版)》，法律出版社2022年版，第549页。
② 参见李立众编：《刑法一本通——中华人民共和国刑法总成(第十六版)》，法律出版社2022年版，第550页。
③ 参见李立众编：《刑法一本通——中华人民共和国刑法总成(第十六版)》，法律出版社2022年版，第550页。

根据《刑法》第 92 条、第 271 条规定和参照最高人民法院研究室《关于对通过虚假投资骗取工商营业执照的"三无"企业能否成为职务侵占罪客体问题征求意见的复函》(法研〔2008〕79 号),上海奉先环保投资有限公司各股东以及对所属子公司的实际出资情况与公司有关人员是否涉嫌职务侵占罪无关。

工作中遇到的有关问题请及时商检察机关。

《最高人民法院研究室关于个人独资企业员工能否成为职务侵占罪主体问题的复函》(法研〔2011〕20 号)①

刑法第二百七十一条第一款规定中的"单位",包括"个人独资"。主要理由是:刑法第三十条规定的单位犯罪的"单位"与刑法第二百七十一条职务侵占罪的单位概念不尽一致,前者是指作为犯罪主体应当追究刑事责任的"单位",后者是指财产被侵害需要刑法保护的"单位",责任追究针对的是该"单位"中的个人。有关司法解释之所以规定,不具有法人资格的独资企业不能成为单位犯罪的主体,主要是考虑此类企业因无独立财产、个人与企业行为的界限难以区分;不具备独立承担刑事责任的能力。刑法第二百七十一条第一款立法的目的基于保护单位财产,惩处单位内工作人员利用职务便利,侵占单位财产的行为,因此该款规定的"单位"应当也包括独资企业。

《公安部经济犯罪侦查局关于范×涉嫌职务侵占案犯罪主体问题的批复》(公经〔2012〕898 号)②

范×利用其担任业主委员会主任的职务,将小区警卫室用房对外出租后所得租金占为己有,属于职务侵占犯罪行为。

刑参案例规则提炼③

《董佳、岑炯等伪造有价票证、职务侵占案——以假充真侵占门票收入款行为的定性》(第 213 号案例)、《于庆伟职务侵占案——单位的临时工能否构成职务侵占罪》(第 235 号案例)、《赵某盗窃案——如何区分盗窃罪和职务侵占罪》

---

① 参见李立众编:《刑法一本通——中华人民共和国刑法总成(第十六版)》,法律出版社 2022 年版,第 550—551 页。

② 参见李立众编:《刑法一本通——中华人民共和国刑法总成(第十六版)》,法律出版社 2022 年版,第 551 页。

③ 另,《王一辉、金珂、汤明职务侵占案——利用职务便利盗卖单位游戏"武器装备"的行为如何定罪处罚》(第 461 号案例)提出"利用职务上的便利将所在单位的财产盗出后出售牟利的行为构成职务侵占罪",与本评注所持立场不一致,故对所涉规则未予提炼。

（第246号案例）、《林通职务侵占案——名义职务与实际职务不一致的应当如何判断是否利用了职务之便》（第247号案例）、《张珍贵、黄文章职务侵占案——受委托管理经营国有财产人员的认定》（第274号案例）、《贺豫松职务侵占案——临时搬运工窃取铁路托运物资构成盗窃罪还是职务侵占罪》（第452号案例）、《虞秀强职务侵占案——利用代理公司业务的职务之便将签订合同所得之财物占为己有的，应定职务侵占罪还是合同诈骗罪》（第484号案例）、《刘宏职务侵占案——用工合同到期后没有续签合同的情况下，原单位工作人员是否符合职务侵占罪的主体要件》（第516号案例）、《谭世豪职务侵占案——单位员工利用本单位业务合作方的收费系统漏洞，制造代收业务费用结算金额减少的假象，截留本单位受托收取的业务合作方现金费用的行为，应当如何定性》（第1137号案例）、《韩枫职务侵占案——如何判断行为人侵占单位财产的行为是否利用职务上的便利》（第1440号案例）、《王海英职务侵占案——利用职务便利侵占他人股份继而侵占公司财产的行为如何定性》（第1499号案例）所涉规则提炼如下：

1. 职务侵占罪的主体范围规则。①"'公司、企业或者其他单位的人员'，一般包括正式职工、合同工和临时工三种成分。是否构成职务侵占罪，关键在于公司、企业或者其他单位人员非法占有单位财物（包括单位管理、使用、运输中的其他单位财产和私人财产）是否利用了职务上的便利，而不是行为人在单位的'身份'。单位正式职工作案，没有利用职务便利的，依法不能定职务侵占罪；即使是临时工，有职务上的便利，并利用职务上的便利非法占有单位财物的，也应当认定属于职务侵占行为。"（第235号案例）"临时搬运工利用职务上的便利非法占有本单位财物的构成职务侵占罪。"（第452号案例）

2. 职务侵占罪的对象范围规则。"公司人员利用职务便利侵占股东股权的行为通常不构成职务侵占罪，但如果其利用所侵占的股权进一步侵占公司财产，或者侵占公司所持有或代为管理的股权，则可以成立职务侵占罪。"（第1499号案例）

3. "利用职务上的便利"的判定规则。"当名义职务与实际职务范围不一致

---

① 实践中，有的单位为请他人代为处理特定事项而任命职务，约定特定事项完成后该职务自动解除，双方未签订劳动合同，单位也不为其发放工资报酬、缴纳社会保险等费用，只是约定事成后按一定比例提成。对此，应当认为双方未形成实质上的劳动关系，而实质是平等的民事合同关系，单位任命其职务，主要是为了便于从事对外活动，以顺利完成特定事项。对此，**本评注倾向**认为不成立职务侵占罪的主体。

时",应以实际职务范围为标准判断行为人是否利用了职务之便。(第247号案例)"利用门卫之职,与……合谋把货柜偷运出验货场的行为,虽然利用的是从事劳务的便利,但仍属职务便利。"(第274号案例)"利用代理公司业务的职务之便将依据合法、有效的合同取得的单位财物占为己有的,应当认定为职务侵占罪。"(第484号案例)"以非法占有为目的,利用职务上的便利出售伪造的观光券行为,构成职务侵占罪。"(第213号案例)"犯罪行为发生在用工合同到期日之后,但当时……在实际行使管理职责,对车间仓库财物具有管理职权,符合职务侵占罪的主体特征。""虽然被告人……对所侵占财物无独立管理权,但其单独利用共同管理权窃取本单位财物的应当认定为利用职务便利。"(第516号案例)"单位员工利用本单位业务合作方的收费系统漏洞,制造代收业务费用结算金额减少的假象,截留本单位受托收取的业务合作方现金费用的行为",构成职务侵占罪。(第1137号案例)此外,"实践中,单位财物的管理权、处置权有时由两人或两人以上共同行使,这就导致行为人为顺利非法占有本单位财物,不仅需要利用自己职务上的便利,还需要借助其他工作人员职务上的便利。行为人在犯罪过程中可能会实施多种行为,有时利用其自身职务上的便利,有时利用其熟悉作案环境等工作上的便利,甚至有的行为与职务上的便利并无关系,这就给罪名认定带来一定争议。在这种情况下,从刑法因果关系的角度分析,应根据行为人职务上的便利对其完成犯罪所起作用的大小来确定罪名,如果职务上的便利对整个犯罪的完成起到不可或缺的作用,则其行为构成职务侵占罪"。(第1440号案例)

4. 职务侵占罪与盗窃罪的界分规则。"明辨职务之便还是一般的工作之便,在把握单位内部人窃取本单位财物行为的准确定性上具有重要意义。""举例而言,某单位会计拥有经手、管理本单位某项财物的职权,如其利用该职权将其本人经手、管理的财物窃为己有,即是利用职务之便窃取本单位财物,应构成职务侵占罪(如该会计同时还是国家工作人员,则可能构成贪污罪)而非盗窃罪。相反,该会计如利用其工作所提供的便利条件,窃取其他同事经手、管理的财物或窃取不属于其直接经手、管理的其他单位财物,或者该会计的其他同事利用某种工作机会窃取该会计经手、管理的某项财物,就不属于利用职务之便,而仅是利用一般的工作之便,应构成盗窃罪而非职务侵占罪。"(第246号案例)

司法疑难解析

非公有制经济的平等保护与相关涉企犯罪的适用。虽然法律应当平等保护公有制经济、非公有制经济等所有市场主体,但同时也要注意公有制经济和非公经济实际运行情况的差异,不能简单地将"平等保护"等同为"同等处罚",以真正体现党中央提出的"以公平为核心原则"的要求。主要理由:一是根据法律规定,国家工作人员(包括以国家工作人员论的人员)和非国家工作人员实施类似行为的,部分情况下后者的法定最高刑低于前者。在刑法中,主体身份往往是影响定罪量刑的一个重要情节,因为行为主体身份不同,职责不同,实施类似犯罪行为的社会危害性和实际造成的危害后果会有大小、轻重之别,因此,在是否定罪、罪与非罪、量刑轻重上可能会需要有所区别,这也符合权责一致和罪刑相适应的原则。二是当前我国经济发展不平衡,大量的非公有制经济仍是个人企业、家族企业,企业产权不清晰、经营不规范、资产处置较为随意等问题较为普遍,公权力特别是刑事司法力量深度介入民营经济经营管理活动,是否符合当前我国非公有制经济发展的实际情况和特点,是否真正有利于产权保护和民营企业发展,能否划清罪与非罪的界限等,还需要深入调查研究,对此需谨慎对待。三是从刑事司法实践情况来看,与国有企业相比,对于民营企业涉及刑事诉讼的,查封、扣押、冻结措施的适用存在随意扩大、忽视民营企业可持续发展等问题,鉴此,对非公有制经济的平等保护,还需要体现在司法办案过程中对人的羁押性强制措施、对物的查封、扣押、冻结措施的合理使用,不能通过一味提高刑罚配置来解决。①

> **第二百七十二条** 【挪用资金罪】公司、企业或者其他单位的工作人员,利用职务上的便利,挪用本单位资金归个人使用或者借贷给他人,数额较大、超过三个月未还的,或者虽未超过三个月,但数额较大、进行营利活动的,或者进行非法活动的,处三年以下有期徒刑或者拘役;挪用本单位资金数额巨大的,处三年以上七年以下有期徒刑;数额特别巨大的,处七年以上有期徒刑。
>
> 国有公司、企业或者其他国有单位中从事公务的人员和国有公司、企业或者其他国有单位委派到非国有公司、企业以及其他单位从事公务的人员有前款行为的,依照本法第三百八十四条的规定定罪处罚。
>
> 有第一款行为,在提起公诉前将挪用的资金退还的,可以从轻或者减轻处罚。其中,犯罪较轻的,可以减轻或者免除处罚。

---

① 参见王爱立主编:《中华人民共和国刑法条文说明、立法理由及相关规定》,北京大学出版社2021年版,第1012—1013页。

立法沿革

本条系 1997 年《刑法》吸收单行刑法作出修改后的规定。《全国人民代表大会常务委员会关于惩治贪污罪贿赂罪的补充规定》(自 1988 年 1 月 21 日起施行)第三条第一款规定:"国家工作人员、集体经济组织工作人员或者其他经手、管理公共财物的人员,利用职务上的便利,挪用公款归个人使用,进行非法活动的,或者挪用公款数额较大、进行营利活动的,或者挪用公款数额较大、超过三个月未还的,是挪用公款罪,处五年以下有期徒刑或者拘役;情节严重的,处五年以上有期徒刑。挪用公款数额较大不退还的,以贪污论处。"《全国人民代表大会常务委员会关于惩治违反公司法的犯罪的决定》(自 1995 年 2 月 28 日起施行)第十一条规定:"公司董事、监事或者职工利用职务上的便利,挪用本单位资金归个人使用或者借贷给他人,数额较大、超过三个月未还的,或者虽未超过三个月,但数额较大,进行营利活动的,或者进行非法活动的,处三年以下有期徒刑或者拘役。挪用本单位资金数额较大不退还的,依照本决定第十条规定的侵占罪论处。"第十二条规定:"国家工作人员犯本决定……第十一条……规定之罪的,依照《关于惩治贪污罪贿赂罪的补充规定》的规定处罚。"1997 年《刑法》在规定了国家工作人员挪用公款罪外,将非国家工作人员的公司、企业或者其他单位的工作人员挪用本单位资金的行为规定为挪用资金罪。

2021 年 3 月 1 日起施行的《刑法修正案(十一)》第三十条对本条作了修改,主要涉及如下三个方面:一是删除第一款第二档刑罚中"或者数额较大不退还的"情形;二是调整法定刑,将第二档刑罚调整为"三年以上七年以下有期徒刑",并增加第三档刑罚"七年以上有期徒刑";三是增加一款作为第三款,规定"有第一款行为,在提起公诉前将挪用的资金退还的,可以从轻或者减轻处罚。其中,犯罪较轻的,可以减轻或者免除处罚"。

修正前《刑法》	修正后《刑法》
第二百七十二条 【挪用资金罪】公司、企业或者其他单位的工作人员,利用职务上的便利,挪用本单位资金归个人使用或者借贷给他人,数额较大、超过三个月未还的,或者虽未超过三个月,但数额较大、进行营利活动的,或者进行非法活动的,处三年以下有期徒刑或者拘役;挪用	第二百七十二条 【挪用资金罪】公司、企业或者其他单位的工作人员,利用职务上的便利,挪用本单位资金归个人使用或者借贷给他人,数额较大、超过三个月未还的,或者虽未超过三个月,但数额较大,进行营利活动的,或者进行非法活动的,处三年以下有期徒刑或者拘役;挪用本单位

(续表)

修正前《刑法》	修正后《刑法》
本单位资金数额巨大的，~~或者数额较大不退还的~~，处三年以上十年以下有期徒刑。 国有公司、企业或者其他国有单位中从事公务的人员和国有公司、企业或者其他国有单位委派到非国有公司、企业以及其他单位从事公务的人员有前款行为的，依照本法第三百八十四条的规定定罪处罚。	资金数额巨大的，处三年以上**七**年以下期徒刑；数额特别巨大的，处七年以上有期徒刑。 国有公司、企业或者其他国有单位中从事公务的人员和国有公司、企业或者其他国有单位委派到非国有公司、企业以及其他单位从事公务的人员有前款行为的，依照本法第三百八十四条的规定定罪处罚。 有第一款行为，在提起公诉前将挪用的资金退还的，可以从轻或者减轻处罚。其中，犯罪较轻的，可以减轻或者免除处罚。

立法工作机关答复

《全国人民代表大会常务委员会法制工作委员会刑法室关于挪用资金罪有关问题的答复》（法工委刑发〔2004〕第28号）

公安部经济犯罪侦查局：

你局2004年7月19日（公经〔2004〕141号）来函收悉，经研究，答复如下：

刑法第二百七十二条规定的挪用资金罪中的"归个人使用"与刑法第三百八十四条规定的挪用公款罪中的"归个人使用"的含义基本相同。97年修改刑法时，针对当时挪用资金中比较突出的情况，在规定"归个人使用时"的同时，进一步明确了"借贷给他人"属于挪用资金罪的一种表现形式。

司法解释

《最高人民法院关于对受委托管理、经营国有财产人员挪用国有资金行为如何定罪问题的批复》（法释〔2000〕5号，自2000年2月24日起施行）

江苏省高级人民法院：

你院苏高法〔1999〕94号《关于受委托管理、经营国有财产的人员能否作为挪用公款罪主体问题的请示》收悉。经研究，答复如下：

对于受国家机关、国有公司、企业、事业单位、人民团体委托，管理、经营国有财产的非国家工作人员，利用职务上的便利，挪用国有资金归个人使用构成犯罪的，应当依照刑法第二百七十二条第一款的规定定罪处罚。

《最高人民法院关于如何理解刑法第二百七十二条规定的"挪用本单位资金归个人使用或者借贷给他人"问题的批复》(法释〔2000〕22号,自2000年7月27日起施行)

新疆维吾尔自治区高级人民法院:

你院新高法〔1998〕193号《关于对刑法第二百七十二条"挪用本单位资金归个人使用或者借贷给他人"的规定应如何理解的请示》收悉。经研究,答复如下:

公司、企业或者其他单位的非国家工作人员,利用职务上的便利,挪用本单位资金归本人或者其他自然人使用,或者挪用人以个人名义将所挪用的资金借给其他自然人和单位,构成犯罪的,应当依照刑法第二百七十二条第一款的规定定罪处罚。

《最高人民法院、最高人民检察院关于办理贪污贿赂刑事案件适用法律若干问题的解释》(法释〔2016〕9号)第十一条第二款对挪用资金罪的定罪量刑标准作了规定。(→参见分则第八章标题评注部分,第2090页)

规范性文件

《全国法院审理金融犯罪案件工作座谈会纪要》(法〔2001〕8号)"一""(二)关于破坏金融管理秩序罪""3.用账外客户资金非法拆借、发放贷款行为的认定和处罚"对挪用资金罪的适用作了规定。(→参见分则第三章第四节标题评注部分,第748页)

《最高人民法院、最高人民检察院关于办理国家出资企业中职务犯罪案件具体应用法律若干问题的意见》(法发〔2010〕49号)第三条对挪用资金罪的适用作了规定。(→参见分则第八章标题评注部分,第2114页)

《最高人民检察院关于充分发挥检察职能服务保障"六稳""六保"的意见》(2020年7月22日,节录)

3.依法保护企业正常生产经营活动……一是加大力度惩治各类侵犯企业财产、损害企业利益的犯罪。依法严格追诉职务侵占、非国家工作人员受贿和挪用资金犯罪,根据犯罪数额和情节,综合考虑犯罪行为对民营企业经营发展、商业信誉、内部治理、外部环境的影响程度,精准提出量刑建议。对提起公诉前退还挪用资金或者具有其他情节轻微情形的,可以依法不起诉;对数额特别巨大拒不退还或者具有其他情节特别严重情形的,依法从严追诉……

立案追诉标准

《最高人民检察院、公安部关于公安机关管辖的刑事案件立案追诉标准的规定(二)》(公通字〔2022〕12号,节录)

第七十七条① 〔挪用资金案(刑法第二百七十二条第一款)〕公司、企业或者其他单位的工作人员,利用职务上的便利,挪用本单位资金归个人使用或者借贷给他人,涉嫌下列情形之一的,应予立案追诉:

(一)挪用本单位资金数额在五万元以上,超过三个月未还的;

(二)挪用本单位资金数额在五万元以上,进行营利活动的;

(三)挪用本单位资金数额在三万元以上,进行非法活动的。

具有下列情形之一的,属于本条规定的"归个人使用":

(一)将本单位资金供本人、亲友或者其他自然人使用的;

(二)以个人名义将本单位资金供其他单位使用的;

(三)个人决定以单位名义将本单位资金供其他单位使用,谋取个人利益的。

(→附则参见分则标题评注部分,第392页)

法律适用答复、复函

《最高人民检察院关于挪用尚未注册成立公司资金的行为适用法律问题的批复》(高检发研字〔2000〕19号)

江苏省人民检察院:

你院苏检发研字〔1999〕第8号《关于挪用尚未注册成立的公司资金能否构成挪用资金罪的请示》收悉。经研究,批复如下:

筹建公司的工作人员在公司登记注册前,利用职务上的便利,挪用准备设立的公司在银行开设的临时账户上的资金,归个人使用或者借贷给他人,数额较大、超过三个月未还的,或者虽未超过三个月,但数额较大、进行营利活动的,或者进行非法活动的,应当根据刑法第二百七十二条的规定,追究刑事责任。

《公安部关于村民小组组长以本组资金为他人担保贷款如何定性处理问题的批复》(公法〔2001〕83号)

---

① 本条关于挪用资金罪立案追诉标准的规定与法释〔2016〕9号解释第十一条第二款不一致,系根据经《刑法修正案(十一)》修改后《刑法》第二百七十二条第一款的规定作出。——本评注注

陕西省公安厅：

你厅《关于村民小组组长以组上资金为他人担保贷款造成集体资金严重损失如何定性问题的请示》收悉。现批复如下：

村民小组组长利用职务上的便利，擅自将村民小组的集体财产为他人担保贷款，并以集体财产承担担保责任的，属于挪用本单位资金归个人使用的行为。构成犯罪的，应当依照刑法第二百七十二条第一款的规定，以挪用资金罪追究行为人的刑事责任。

《公安部经济犯罪侦查局关于对挪用资金罪有关问题请示的答复》（公经〔2002〕1604号）①

山东省公安厅经侦总队：

你总队《关于对刑法第272条"挪用本单位资金"的规定应如何理解的请示》（鲁公经〔2002〕713号）收悉。经研究，现答复如下：

对于在经济往来中所涉及的暂收、预收、暂存其他单位或个人的款项、物品，或者对方支付的货款、交付的货物等，如接收人已以单位名义履行接收手续的所接收的财、物应视为该单位资产。

《公安部经济犯罪侦查局关于宗教活动场所工作人员能否构成职务侵占或挪用资金犯罪主体的批复》（公经〔2004〕643号）明确宗教活动场所的管理人员利用职务之便，挪用宗教活动场所公共财产的，可以构成挪用资金罪。（→参见第二百七十一条评注部分，第1328页）

《公安部经济犯罪侦查局关于对挪用资金罪中"归个人使用"有关问题的批复》（公经〔2004〕1455号）

湖北省公安厅经侦总队：

你总队《关于对贺平等人行为是否涉嫌挪用单位资金罪进行认定的请示》（厅经侦〔2004〕67号）收悉。经研究并征求全国人大法工委刑法室的意见，现答复如下：

《中华人民共和国刑法》第二百七十二条规定的挪用资金罪中的"归个人使用"与《中华人民共和国刑法》第三百八十四条规定的挪用公款罪中的"归个人使用"的含义基本相同。在理解时，可以参照2002年4月28日第九届全国人民代表大会常务委员会第二十七次会议通过的全国人大常委会关于《中华人民共

---

① 参见李立众编：《刑法一本通——中华人民共和国刑法总成（第十六版）》，法律出版社2022年版，第554页。

和国刑法》第三百八十四条第一款的解释。

刑参案例规则提炼①

《**向灵、刘永超挪用资金、职务侵占案——吸收犯的具体认定**》(第 290 号案例)、《**张建忠侵占案——雇员利用职务之便将个体工商户的财产非法占为己有的如何定性**》(第 318 号案例)、《**丁钦宇挪用资金案**——村民委员会成员利用职务上的便利,个人借用村集体资金或者将村集体资金借给他人使用的,能否以挪用公款罪追究刑事责任》(第 333 号案例)、《**刘必仲挪用资金案**——彩票销售人员不交纳投注金购买彩票并且事后无力偿付购买彩票款的行为如何定性》(第 382 号案例)、《**陈焕林等挪用资金、贪污案**——无法区分村民委员会人员利用职务之便挪用款项性质的如何定罪处罚》(第 454 号案例)、《**李毅挪用资金案**——挪用资金超过三个月未还的时间节点如何确定》(第 1189 号案例)、《**王江浩挪用资金案**——小区业主委员会主任挪用业主委员会银行账户资金的行为应当如何定性》(第 1343 号案例)《**张某挪用资金案——挪用资金罪中"单位"的认定**》(第 1515 号案例)所涉规则提炼如下:

1. **挪用资金罪的被害单位认定规则**。"某香港公司是否构成挪用资金罪的被害单位,不能只看其在内地是否具有合规的资质,更要审查其是否符合单位的实质,其经营活动是否合法……该公司符合上述单位的特征,同时其开展的业务不为法律规定所禁止,故应认定为挪用资金罪的被害单位。"此外,"某香港公司使用个人银行账户支付结算经营费用确有违反财务制度之处,但这不能否定该公司'以公司名义'开展经营活动的实质,不能否定其系被害单位性质的认定。"(第 1515 号案例)

2. **挪用资金罪的主体认定规则**。②根据《刑法》第二百七十二条第一款的规

---

① 另,鉴于《刑法修正案(十一)》对《刑法》第二百七十二条作了修改,《**曾齐长挪用资金案**——挪用资金罪两个量刑档次中的"数额较大",是否适用同一数额认定标准》(第 1394 号案例)所涉规则未予提炼。

② 最高人民法院研究室复函认为:"刑法第二百七十二条规定的'其他单位'包括村民小组,村民小组组长可以成为挪用资金罪的犯罪主体。村民小组组长利用职务上的便利,挪用本单位资金归个人使用或者借贷给他人,数额较大、超过三个月未还的,或者虽未超过三个月,但数额较大、进行营利活动的,或者进行非法活动的,应当依照刑法第二百七十二条第一款的规定,以挪用资金罪定罪处罚。"参见喻海松《最高人民法院研究室关于村民小组是否属于刑法第二百七十二条规定的"其他单位"问题的研究意见》,载张军主编:《司法研究与指导(总第 1 辑)》,人民法院出版社 2012 年版。

定,挪用资金罪的主体为"公司、企业或者其他单位的工作人员"。"村民委员会作为村民自我管理、自我教育、自我服务的基层群众性的自治组织,是经县级人民政府批准设立、不需要登记的社会团体,当然属于刑法第二百七十二条第一款规定的'其他单位'。"(第333号案例)"福利彩票投注站的承包经营人员,属于刑法第二百七十二条第一款规定的'其他单位的工作人员',具有挪用资金罪的主体身份。"(第382号案例)但是,"在刑法意义上,个体工商户是实质的个人,而不是企业或单位。所以,个体工商户所聘的雇员、帮工、学徒,无论其称谓如何,均不能成为职务侵占罪的主体。"(第318号案例)"小区业主委员会……属于挪用资金罪中'其他单位'的范畴,业主委员会可以成为挪用资金罪的犯罪主体。"(第1343号案例)

3. 挪用资金罪的客观行为认定规则。"彩票销售人员利用职务上的便利,不交纳投注金购买彩票,类似于证券、期货公司工作人员利用职务上的便利,挪用本单位资金或者客户资金用于炒股、购买期货等高风险投资,属于刑法第二百七十二条第一款规定的'挪用本单位资金归个人使用',事后无力偿付购买彩票款是挪用后不退还的具体表现。虽然与典型的挪用手段相比,有一定程度的差异,但与挪用本单位资金购买彩票在性质上是相同的,仍具备了挪用资金罪的本质特征,不影响挪用资金罪的认定。"(第382号案例)"刑法规定的'挪用资金超过三个月未还'属于一种持续行为,不因'报案''立案''采取强制措施'等介入因素而中断。即只要行为人挪用资金归个人使用,数额较大,该行为持续的时间超过三个月即构成本罪。"(第1189号案例)

4. 挪用资金罪与挪用公款罪的界分规则。"根据全国人大常委会的立法解释,对于协助人民政府从事行政管理工作的七项事务,村基层组织人员以国家工作人员论,由于七项事务中所涉及的款项为公款,利用的是从事公务之便,故村基层组织人员利用此职务之便挪用这些款项的构成挪用公款罪;如果村基层组织人员从事的并非上述立法解释规定的七项事务,而是村内自治管理服务工作,其所利用的是村内自治管理服务工作之便,故利用此职务之便挪用村集体资金的构成挪用资金罪。""在农村基层组织人员所挪用款项的具体性质以及利用何种职务之便无法查清的情况下,由于无法区分他们究竟是利用何种职务便利挪用何种款项,主体身份无法明确,因此根据刑法的谦抑原则,应该从有利于被告人的角度出发,以刑罚较轻的罪名对被告人进行定罪处罚。"(第454号案例)

5. 挪用资金罪与相关犯罪的罪数处断规则。"尽管后一阶段的侵占行为在犯意的起因方面与前一阶段的挪用行为存在一定的关联性,但是,该两个阶段的行为是针对不同的对象所实施的,与一般意义上的转化犯(因主观目的的变化

而由挪用转化为侵占的情形)不同,故在刑法上对该两阶段行为分别予以评价是妥当的。"对此,应当数罪并罚。(第290号案例)

司法疑难解析

从宽处罚条款的具体适用。《刑法修正案(十一)》新增本条第三款关于挪用资金犯罪可以从宽处理的规定。对挪用资金犯罪从宽处理必须同时符合以下两个条件:一是时间是在提起公诉前,即人民检察院审查起诉完成前或者向人民法院起诉前;二是原则上要求行为人全部退还挪用的资金。在同时具备以上两个条件的前提下,可以从轻或者减轻处罚。其中,犯罪较轻的,可以减轻或者免除处罚。当然,实践情况较为复杂,也存在行为人因为经济困难等原因,积极退赔部分赃款,确实无力退还全部赃款的情形。对于退还部分赃款的,也可以根据上述规定的精神,结合案件具体情况,以行为人退赔金额的比例、对于减少损失的实际效果等因素,依法予以从宽处理,以体现罪责刑相适应。①

第二百七十三条 【挪用特定款物罪】挪用用于救灾、抢险、防汛、优抚、扶贫、移民、救济款物,情节严重,致使国家和人民群众利益遭受重大损害的,对直接责任人员,处三年以下有期徒刑或者拘役;情节特别严重的,处三年以上七年以下有期徒刑。

立法沿革

本条系1997年《刑法》吸收1979年《刑法》作出修改后的规定。1979年《刑法》第一百二十六条规定:"挪用国家救灾、抢险、防汛、优抚、救济款物,情节严重,致使国家和人民群众利益遭受重大损害的,对直接责任人员,处三年以下有期徒刑或者拘役;情节特别严重的,处三年以上七年以下有期徒刑。"1997年《刑法》将挪用特定款物罪的对象增加规定扶贫、移民款物,并对表述作了调整。

司法解释

《最高人民法院、最高人民检察院关于办理妨害预防、控制突发传染病疫情等灾害的刑事案件具体应用法律若干问题的解释》(法释〔2003〕8号,自2003年5月15日起施行)第十四条第二款对挪用用于预防、控制突发传染病疫情等灾

---

① 参见王爱立主编:《中华人民共和国刑法条文说明、立法理由及相关规定》,北京大学出版社2021年版,第272页。

害的救灾、优抚、救济等款物的行为规定适用挪用特定款物罪。(→参见第一百一十四条评注部分,第416页)

《最高人民检察院关于挪用失业保险基金和下岗职工基本生活保障资金的行为适用法律问题的批复》(高检发释字〔2003〕1号,自2003年1月30日起施行)

辽宁省人民检察院:

你院辽检发研字〔2002〕9号《关于挪用职工失业保险金和下岗职工生活保障金是否属于挪用特定款物的请示》收悉。经研究,批复如下:

挪用失业保险基金和下岗职工基本生活保障资金属于挪用救济款物。挪用失业保险基金和下岗职工基本生活保障资金,情节严重,致使国家和人民群众利益遭受重大损害的,对直接责任人员,应当依照刑法第二百七十三条的规定,以挪用特定款物罪追究刑事责任;国家工作人员利用职务上的便利,挪用失业保险基金和下岗职工基本生活保障资金归个人使用,构成犯罪的,应当依照刑法第三百八十四条的规定,以挪用公款罪追究刑事责任。

规范性文件

《最高人民法院、最高人民检察院、公安部、司法部关于依法惩治妨害新型冠状病毒感染肺炎疫情防控违法犯罪的意见》(法发〔2020〕7号)"二、准确适用法律,依法严惩妨害疫情防控的各类违法犯罪"第(七)条对挪用特定款物罪的适用作了指引性规定。(→参见第三百三十条评注部分,第1713页)

法律适用答复、复函

《最高人民法院研究室关于挪用民族贸易和民族用品生产贷款利息补贴行为如何定性问题的复函》(法研〔2003〕16号)

公安部经济犯罪侦查局:

你局公经〔2002〕1176号《关于征求对"贷款优惠息"性质认定意见的函》收悉。经研究,提出如下意见供参考:

中国人民银行给予中国农业银行发放民族贸易和民族用品生产贷款的利息补贴,不属于刑法第二百七十三条规定的特定款物。

《最高人民法院研究室关于挪用退休职工社会养老金行为如何适用法律问题的复函》(法研〔2004〕102号)

公安部经济犯罪侦查局:

你局公经〔2004〕916号《关于挪用退休职工社会养老保险金是否属于挪用

特定款物罪事》收悉。经研究,提供如下意见供参考:

退休职工养老保险金不属于我国刑法中的救灾、抢险、防汛、优抚、扶贫、移民、救济等特定款物的任何一种。因此,对于挪用退休职工养老保险金的行为,构成犯罪时,不能以挪用特定款物罪追究刑事责任,而应当按照行为人身份的不同,分别以挪用资金罪或者挪用公款罪追究刑事责任。

> **第二百七十四条 【敲诈勒索罪】**敲诈勒索公私财物,数额较大或者多次敲诈勒索的,处三年以下有期徒刑、拘役或者管制,并处或者单处罚金;数额巨大或者有其他严重情节的,处三年以上十年以下有期徒刑,并处罚金;数额特别巨大或者有其他特别严重情节的,处十年以上有期徒刑,并处罚金。

立法沿革

本条系 1997 年《刑法》吸收 1979 年《刑法》作出修改的规定。1979 年《刑法》第一百五十四条规定:"敲诈勒索公私财物的,处三年以下有期徒刑或者拘役;情节严重的,处三年以上七年以下有期徒刑。"1997 年《刑法》将定罪量刑标准规定为"数额较大""数额巨大或者有其他严重情节",并调整法定刑。

2011 年 5 月 1 日起施行的《刑法修正案(八)》第四十条对本条作了修改,增加了多次敲诈勒索构成犯罪的规定,增设了第三个量刑档次,并增加规定了财产刑。

修正前《刑法》	修正后《刑法》
第二百七十四条 【敲诈勒索罪】敲诈勒索公私财物,数额较大的,处三年以下有期徒刑、拘役或者管制;数额巨大或者有其他严重情节的,处三年以上十年以下有期徒刑。	第二百七十四条 【敲诈勒索罪】敲诈勒索公私财物,数额较大**或者多次敲诈勒索**的,处三年以下有期徒刑、拘役或者管制,**并处或者单处罚金**;数额巨大或者有其他严重情节的,处三年以上十年以下有期徒刑,**并处罚金**;数额特别巨大或者有其他特别严重情节的,处十年以上有期徒刑,并处罚金。

司法解释

《最高人民法院、最高人民检察院关于办理敲诈勒索刑事案件适用法律若

干问题的解释》(法释〔2013〕10号,自2013年4月27日起施行)①

为依法惩治敲诈勒索犯罪,保护公私财产权利,根据《中华人民共和国刑法》、《中华人民共和国刑事诉讼法》的有关规定,现就办理敲诈勒索刑事案件适用法律的若干问题解释如下:

第一条 敲诈勒索公私财物价值二千元至五千元以上、三万元至十万元以上、三十万元至五十万元以上的,应当分别认定为刑法第二百七十四条规定的"数额较大"、"数额巨大"、"数额特别巨大"。

各省、自治区、直辖市高级人民法院、人民检察院可以根据本地区经济发展状况和社会治安状况,在前款规定的数额幅度内,共同研究确定本地区执行的具体数额标准,报最高人民法院、最高人民检察院批准。

第二条 敲诈勒索公私财物,具有下列情形之一的,"数额较大"的标准可以按照本解释第一条规定标准的百分之五十确定:

(一)曾因敲诈勒索受过刑事处罚的;
(二)一年内②曾因敲诈勒索受过行政处罚的;
(三)对未成年人、残疾人、老年人或者丧失劳动能力人敲诈勒索的;
(四)以将要实施放火、爆炸等危害公共安全犯罪或者故意杀人、绑架等严

---

① 本司法解释起草过程中,主要还有两个问题:(1)关于罪数问题。司法实践中案件情况较为复杂,需要具体问题具体分析,如果实施敲诈勒索犯罪行为,同时该行为又构成其他犯罪的,依照处罚较重的规定从重处罚,应无异议;但如果在实施敲诈勒索犯罪过程中,又实施其他行为构成犯罪,如果不属于牵连犯、吸收犯等应当以一罪论处情形的,则应当数罪并罚。鉴于此问题在实践中并不突出,且适用中争议也不大,故未作规定。(2)关于敲诈勒索犯罪数额的认定问题。在敲诈勒索案件中,被告人与被害人之间往往有一个"讨价还价"的过程。行为人的"开价"数额往往很高,但真正最后到手的通常要打折扣。是应以开价数额,还是以到手数额作为犯罪数额?经研究认为,应以行为人实际敲诈到的数额作为其犯罪数额,同时将开价数额作为量刑情节考虑。参见《〈关于办理敲诈勒索刑事案件适用法律若干问题的解释〉的理解与适用》,载中华人民共和国最高人民法院刑事审判第一、二、三、四、五庭主办:《中国刑事审判指导案例7》(增订第3版),法律出版社2017年版,第629—630页。

② "一年内",应当从行政处罚执行完毕之日,而不是从行政处罚决定之日起计算。否则,因敲诈勒索被劳动教养一年,解教后第二天实施敲诈勒索行为的,就不能对其从严惩处,显然有失妥当。参见《〈关于办理敲诈勒索刑事案件适用法律若干问题的解释〉的理解与适用》,载中华人民共和国最高人民法院刑事审判第一、二、三、四、五庭主办:《中国刑事审判指导案例7》(增订第3版),法律出版社2017年版,第629—630页。**本评注认为**,上述观点确有一定道理,但同时应注意与其他司法解释类似规定把握的协调问题。

重侵犯公民人身权利犯罪相威胁敲诈勒索的;

（五）以黑恶势力名义敲诈勒索的;①

（六）利用或者冒充国家机关工作人员、军人、新闻工作者等特殊身份敲诈勒索的;

（七）造成其他严重后果的。

第三条② 二年内敲诈勒索三次以上的,应当认定为刑法第二百七十四条规定的"多次敲诈勒索"。

第四条 敲诈勒索公私财物,具有本解释第二条第三项至第七项规定的情形之一,数额达到本解释第一条规定的"数额巨大"、"数额特别巨大"百分之八十的,可以分别认定为刑法第二百七十四条规定的"其他严重情节"、"其他特别严重情节"。

第五条 敲诈勒索数额较大,行为人认罪、悔罪、退赃、退赔,并具有下列情形之一的,可以认定为犯罪情节轻微,不起诉或者免予刑事处罚,由有关部门依法予以行政处罚:

（一）具有法定从宽处罚情节的;

（二）没有参与分赃或者获赃较少且不是主犯的;

---

① "以黑恶势力名义",包括确实是黑恶势力和冒充黑恶势力两种情况。参见《〈关于办理敲诈勒索刑事案件适用法律若干问题的解释〉的理解与适用》,载中华人民共和国最高人民法院刑事审判第一、二、三、四、五庭主办:《中国刑事审判指导案例4》(增订第3版),法律出版社2017年版,第629—630页。

② "如敲诈勒索行为已经刑事处罚,显然不能再将其作为犯罪处理,否则有违一事不二罚原则;但如之前的行为已经行政处罚,则可计入'多次敲诈勒索',主要考虑:如已受行政处罚的也不能计入,则从实践看,'多次敲诈勒索'将基本没有适用的可能;行政处罚与刑事处罚性质不同,对已受行政处罚的行为追究刑事责任的,行为人先前所受的行政处罚可在刑期、罚金中作相应抵扣,并不违反禁止重复评价原则。此问题还可以进一步研究。"《〈关于办理敲诈勒索刑事案件适用法律若干问题的解释〉的理解与适用》,载中华人民共和国最高人民法院刑事审判第一、二、三、四、五庭主办:《中国刑事审判指导案例4》(增订第3版),法律出版社2017年版,第629—630页。**本评注不赞同**上述观点,主张无论是受过刑事处罚还是行政处罚的行为,均不应纳入"多次"的评价范围。否则,一方面,会导致与盗窃罪等其他司法解释理解的不协调;另一方面,明显属于"重复评价",否则就无必要而对此前受过的行政处罚予以折抵,而予以折抵,又可能出现行政处罚无法在此后刑事处罚中折抵的极端情况(如此前劳动教养二年,而此后的刑罚只能判处二年有期徒刑以下刑罚的)。

(三)被害人谅解的;
(四)其他情节轻微、危害不大的。

第六条① 敲诈勒索近亲属的财物,获得谅解的,一般不认为是犯罪;认定为犯罪的,应当酌情从宽处理。

被害人对敲诈勒索的发生存在过错的,根据被害人过错程度和案件其他情况,可以对行为人酌情从宽处理;情节显著轻微危害不大的,不认为是犯罪。

第七条 明知他人实施敲诈勒索犯罪,为其提供信用卡、手机卡、通讯工具、通讯传输通道、网络技术支持等帮助的,以共同犯罪论处。

第八条 对犯敲诈勒索罪的被告人,应当在二千元以上、敲诈勒索数额的二倍以下判处罚金;被告人没有获得财物的,应当在二千元以上十万元以下判处罚金。

第九条 本解释公布施行后,《最高人民法院关于敲诈勒索罪数额认定标准问题的规定》(法释〔2000〕11号)同时废止;此前发布的司法解释与本解释不一致的,以本解释为准。

《最高人民法院、最高人民检察院关于办理利用信息网络实施诽谤等刑事案件适用法律若干问题的解释》(法释〔2013〕21号)第六条对以在信息网络上发布、删除等方式处理网络信息为由,威胁、要挟他人,索取公私财物的行为适用敲诈勒索罪作了指引性规定。(→参见第二百四十六条评注部分,第1168页)

《最高人民检察院关于强迫借贷行为适用法律问题的批复》(高检发释字〔2014〕1号)规定以非法占有为目的,以借贷为名采用暴力、胁迫手段获取他人财物,符合《刑法》第二百七十四条规定的,以敲诈勒索罪追究刑事责任。(→参见第二百二十六条评注部分,第1054页)

---

① 司法实践中,有些敲诈勒索案件确因被害人过错引起,行为人以被害人过错相威胁或要挟实施敲诈勒索的,与其他敲诈勒索的主观恶性和客观危害程度有所区别,不宜机械地根据数额、情节定罪处罚。具体案件的处理,应当根据过错责任的性质、过错与犯罪之间的关联度大小等因素,综合确定定罪量刑幅度。需要特别强调的是,本条使用"从宽处理"而不是"从轻处罚"的表述,意味着不仅量刑上可以从轻处罚,在法定刑幅度的认定上也可以从宽处理,即使符合本解释规定的数额加重或者情节加重情形的,也可以根据本条规定不适用加重处罚。参见《〈关于办理敲诈勒索刑事案件适用法律若干问题的解释〉的理解与适用》,载中华人民共和国最高人民法院刑事审判第一、二、三、四、五庭主办:《中国刑事审判指导案例4》(增订第3版),法律出版社2017年版,第629—630页。

规范性文件

《公安部关于公安机关处置信访活动中违法犯罪行为适用法律的指导意见》(公通字〔2013〕25号)"三、对侵犯人身权利、财产权利违法犯罪行为的处理"第八条对敲诈勒索罪的适用作了规定。(→参见第二百九十条评注部分,第1455页)

《最高人民法院、最高人民检察院、公安部、司法部关于办理黑恶势力犯罪案件若干问题的指导意见》(法发〔2018〕1号)"四、依法惩处利用'软暴力'实施的犯罪"对《最高人民法院、最高人民检察院关于办理敲诈勒索刑事案件适用法律若干问题的解释》(法释〔2013〕10号)第二条规定的"以黑恶势力名义敲诈勒索"的认定及相关问题作了进一步规定。(→参见第二百九十四条评注部分,第1525页)

《最高人民法院、最高人民检察院、公安部、司法部关于办理实施"软暴力"的刑事案件若干问题的意见》(法发〔2019〕15号)第八条、第十一条对"软暴力"行为适用敲诈勒索罪的有关问题作了规定。(→参见第二百九十四条评注部分,第1545页)

《最高人民法院、最高人民检察院、公安部、司法部关于办理利用信息网络实施黑恶势力犯罪刑事案件若干问题的意见》(法发〔2019〕28号)第六条对利用信息网络实施敲诈勒索罪的认定作了指引性规定。(→参见第二百九十四条评注部分,第1550页)

《最高人民法院、最高人民检察院、公安部、司法部关于依法严厉打击传播艾滋病病毒等违法犯罪行为的指导意见》(公通字〔2019〕23号)"二、准确认定行为性质"第(四)条对敲诈勒索罪的适用作了指引性规定。(→参见第二百三十四条评注部分,第1095页)

《最高人民法院、最高人民检察院、公安部关于依法办理"碰瓷"违法犯罪案件的指导意见》(公通字〔2020〕12号)第二条对"碰瓷"案件适用敲诈勒索罪作了规定。(→参见第二百六十六评注部分,第1292页)

《最高人民法院、最高人民检察院关于常见犯罪的量刑指导意见(试行)》(法发〔2021〕21号,节录)

四、常见犯罪的量刑

(十五)敲诈勒索罪

1.构成敲诈勒索罪的,根据下列情形在相应的幅度内确定量刑起点:

(1)达到数额较大起点的,或者二年内三次敲诈勒索的,在一年以下有期徒刑、拘役幅度内确定量刑起点。

(2)达到数额巨大起点或者有其他严重情节的,在三年至五年有期徒刑幅度内确定量刑起点。

(3)达到数额特别巨大起点或者有其他特别严重情节的,在十年至十二年有期徒刑幅度内确定量刑起点。

2.在量刑起点的基础上,根据敲诈勒索数额、次数、犯罪情节严重程度等其他影响犯罪构成的犯罪事实增加刑罚量,确定基准刑。

多次敲诈勒索,数额达到较大以上的,以敲诈勒索数额确定量刑起点,敲诈勒索次数可以作为调节基准刑的量刑情节;数额未达到较大的,以敲诈勒索次数确定量刑起点,超过三次的次数作为增加刑罚量的事实。

3.构成敲诈勒索罪的,根据敲诈勒索的数额、手段、次数、危害后果等犯罪情节,综合考虑被告人缴纳罚金的能力,在二千元以上敲诈勒索数额的二倍以下决定罚金数额;被告人没有获得财物的,在二千元以上十万元以下判处罚金。

4.构成敲诈勒索罪的,综合考虑敲诈勒索的手段、数额、次数、危害后果、退赃退赔等犯罪事实、量刑情节,以及被告人的主观恶性、人身危险性、认罪悔罪表现等因素,决定缓刑的适用。

(→前三部分和第五部分参见总则第四章第一节标题评注部分,第224、227页)

《最高人民法院关于优化法治环境 促进民营经济发展壮大的指导意见》(法发〔2023〕15号,节录)第十条对依法遏制恶意"维权"行为作了规定。(→参见分则第三章标题评注部分,第581页)

▶ **刑参案例规则提炼**

《梁小红故意杀人案——对故意杀人后为掩盖罪行而写信勒索钱财并恐吓他人的行为应如何定性》(第105号案例)、《熊志华绑架案——如何准确区分敲诈勒索罪与犯劫罪、绑架罪的界限》(第155号案例)、《陈宗发故意杀人、敲诈勒索案——将被害人杀死后,以被害人被绑架为名,向被害人亲属勒索钱财的行为构成敲诈勒索罪》(第259号案例)、《林华明等敲诈勒索案——正确区分抢劫罪与敲诈勒索罪》(第349号案例)、《张舒娟敲诈勒索案——利用被害人年幼将其哄骗至外地继而敲诈其家属钱财的能否构成绑架罪》(第443号案例)、《夏某理等人敲诈勒索案——拆迁户以举报开发商违法行为为手段索取巨额补偿款是否构成敲诈勒索案》(第509号案例)、《李跃等以危险方法危害公共安全案——在城市主干路采用故意驾驶机动车撞击他人车辆制造交通事故的手段勒索钱财的行为如何定罪》(第587号案例)、《**李彬、袁南京、胡海珍等绑架、非法拘禁、敲诈勒索案**——帮人"讨债"参与绑架,与人质谈好"报酬"后将其释放,事后索要"报酬"的如何定罪处罚》(第571号案例)、《**刘飞抢劫案**——驾驶机动车"碰瓷"行为如何定性》(第764号案例)、《**雷政富受贿案**——以不雅视频相要挟,使他人陷入心理恐惧,向他人提出借款要求且还款期满后有能力归还而不归还的,是否属于敲诈勒索以及利用职务便利为他人谋取利益,授意他人向第三人出借款项,还款义务最终被免除的,是否属于受贿》(第885号案例)、《**廖举旺等敲诈勒索案**——对农村征地纠纷引发的"索财"行为如何定性》(第1066号案例)、《**吴献平、赵东东、刘康等人敲诈勒索案**——"黑中介"恶势力犯罪行为的认定》(第1304号案例)、《**周禄宝敲诈勒索案**——利用信息网络敲诈勒索犯罪与利用网络维权的界限》(第1344号案例)《**李兴文、李兴武敲诈勒索案**——利用"专利维权"碰瓷行为应如何定罪》(第1500号案例)所涉规则提炼如下:

1. **敲诈勒索罪的主观目的的认定规则**。敲诈勒索罪要求"以非法占有为目的"。"一般情况下,非法侵占了不是自己的财物,即为非法占有。但实际上,现实中的财产关系非常复杂……对于那些财物归属确实存有争议的情形在认定中一定要慎重,只有行为人明知财物不属于自己而故意以刑法禁止的方式将该财物占为己有的才能认定具有非法占有目的。""提出索赔的数额虽然巨大,但是基于民事争议而提出,因而不能认定其具有非法占有之目的。"(第509号案例)"行为人是否具有'非法占有目的',是区分利用信息网络实施敲诈勒索罪与利用网络维权的关键。在具体认定时,要综合考虑以下因素:1.是否有正当的权利,即行为人索取财物是否具有法律上的依据……2.是否在正当权利的范围内行使……3.行使权利的手段是否具有必要性和相当性。"(第1344号案例)将被害人杀害后,"为转移公安机关的侦查视线,掩盖罪行而书写勒索信的行为","不具有非法占有他人财物的故意,其行为不构成……敲诈勒索罪"。(第105号案例)"四被告人的行为系因农村征地中对土地补偿费不满而引发的纠纷,被告人系作为村民主张自己的民事权利,不具有非法占有目的",不构成敲诈勒索罪。(第1066号案例)"敲诈勒索犯罪是一种财产犯罪。财产犯罪侵犯的是他人的财产权益。如果财产转移具有合法根据,则不能认定为财产犯罪。""持有行政管理部门确认有效的专利权,其认为上述四家企业的产品、技术方案等有侵犯其或其关联方专利权的可能性,要求法院确认侵权事实和索要赔偿,后与对方签订协议并以此获得了许可费或者和解费,上述费用的取得均在专利法规定范围之内。"但是,"被告人以虚构的专利独占许可提起诉讼,依法构成敲诈勒索罪中的'以胁迫方式'勒索财物"。(第1500号案例)

2. 敲诈勒索罪的客观要件认定规则。"成立敲诈勒索罪,其客观行为要件应当符合以下几个特征:(1)采用威胁、要挟手段;(2)威胁、要挟的内容足以引起被威胁、要挟的人内心恐慌、惧怕;(3)被胁迫者因之处分了财产,将财物交予威胁、要挟者。"(第509号案例)关于敲诈勒索罪中的"胁迫","第一……并不要求行为人必须是对被害方提出通告,也可以是向第三方提出进而转告被害人,同样也能达到胁迫的效果","第二……并不要求行为人必须是以明示的、言辞的方式向被害方提出通告,也可以是以暗示的、行为的方式胁迫被害人","第三……必须要达到使被害人产生恐惧心理的程度"。(第1500号案例)"举报不属于敲诈勒索罪中'威胁、要挟'的手段,而是争取争议民事权利的一种方法",不属于敲诈勒索。(第509号案例)"以不雅视频相要挟,使他人陷入心理恐惧,向他人提出借款要求且还款期满后有能力归还而不归还的,属于敲诈勒索。"(第885号案例)"'黑中介'与承租人签订房屋租赁合同后,采用威胁、滋扰等软暴力手段强行收取不合理费用,或者编造各种理由,强行终止合同并迫使承租人搬出房屋,拒不退还应退钱款的行为",构成敲诈勒索罪。(第1304号案例)

3. 敲诈勒索罪与绑架罪的界分规则。对于利用被害人年幼将其哄骗至外地继而敲诈其家属钱财的行为,"区别勒索型绑架罪还是诱拐型的敲诈勒索罪,关键就是要确定被告人是否真正绑架了被害人,也即其行为对被害人人身自由的剥夺是否达到严重的程度、是否严重危及了被害人的人身安全"。"本案被告人的行为比一般的敲诈勒索犯罪多了一个拐骗……情节,但这一情节只是其实施敲诈行为的辅助手段,且并未达到完全限制被害人人身自由的实际控制程度,即尚未上升为绑架他人作为人质进行勒索的绑架行为,故对本案被告人的行为以敲诈勒索罪定罪处罚,更符合主客观相一致的原则。"(第443号案例)误以为索要债务而实施了帮助他人绑架人质的行为,"在释放人质后,按照与人质约定的协议,向人质索要'报酬'的行为,符合敲诈勒索罪的构罪要件"。(第571号案例)

4. 敲诈勒索罪与抢劫罪的界分规则。"二者的区别主要在于后者具有两个'当场'性,即威胁的当场性和取得财物的当场性。"需要注意的是,"虽有暴力行为在先,但其获取钱财的手段并不是使用暴力或以暴力相威胁,而是借抓住被害人的'短'进行敲诈,所获钱财也非当场取得,因此,不符合抢劫罪的构成"。(第155号案例)此外,从被害人交出财物的心理状态来看,"抢劫是被害人迫于暴力或者将要实施的暴力而造成精神上的恐惧,被迫当场交出财物;敲诈勒索则是被害人迫于将要实施的暴力或者毁坏财物、名誉等造成精神上的恐惧,出于无

奈,被迫于当场或者事后交出财物或者出让其他财产权利"。(第349号案例)

5.敲诈勒索罪与诈骗罪的界分规则。"行为人是用虚构事实或隐瞒真相的方法,使人受蒙蔽而'自愿'地交付财物,还是用威胁或要挟的方法,而使人受到精神强制而被迫地交付财物,是诈骗罪同敲诈勒索罪最本质的区别。"因此,"将被害人杀死后,以被害人被绑架为名,向被害人亲属勒索钱款的行为构成敲诈勒索罪"。(第259号案例)

6."碰瓷"犯罪的处理规则。"对于碰瓷者而言,驾车冲撞他人车辆也是一种危险行为,行为人通常在选取作案路段、行驶速度、碰瓷方式等方面都会有一定节制。实践中,大量碰瓷者是利用道路混乱、机动车起步阶段以及违规变道行驶等条件,在车流量小、行人稀少或道路进出口等路段,行车速度慢,驾车与被害车辆发生碰撞,继而要求对方赔偿。与放火、爆炸等危险方法相比,上述'碰瓷'行为所造成的危险不具有扩散性和广泛的杀伤力、破坏性,不足以严重危及不特定多数人的人身财产安全,实际造成车毁人亡的严重损害后果的也不多见。对这类行为一般不能以危险方法危害公共安全罪论处。"(第764号案例)"在实施敲诈勒索的目的犯罪行为过程中,其驾车冲撞其他车辆制造交通事故的手段行为又触犯了以危险方法危害公共安全罪,按照牵连犯从一重罪处断的原则,应按照以危险方法危害公共安全罪定罪处罚。"(第587号案例)

第二百七十五条　【故意毁坏财物罪】故意毁坏公私财物,数额较大或者有其他严重情节的,处三年以下有期徒刑、拘役或者罚金;数额巨大或者有其他特别严重情节的,处三年以上七年以下有期徒刑。

立法沿革

本条系1997年《刑法》吸收1979年《刑法》作出修改后的规定。1979年《刑法》第一百五十六条规定:"故意毁坏公私财物,情节严重的,处三年以下有期徒刑、拘役或者罚金。"1997年《刑法》将入罪门槛由"情节严重"调整为"数额较大或者有其他严重情节",并增加一档法定刑,提高刑罚配置。

司法解释

《最高人民法院关于审理破坏公用电信设施刑事案件具体应用法律若干问题的解释》(法释〔2004〕21号)第三条对故意毁坏财物罪的适用作了规定。(→参见第一百二十四条评注部分,第457页)

规范性文件

《最高人民法院、最高人民检察院、公安部关于办理涉窨井盖相关刑事案件的指导意见》(高检发〔2020〕3号)第四条对故意毁坏窨井盖适用故意毁坏财物罪作了指引性规定。(→参见第一百一十七条评注部分,第432页)

《最高人民法院、最高人民检察院、公安部关于依法办理"碰瓷"违法犯罪案件的指导意见》(公通字〔2020〕12号)第五条对"碰瓷"案件适用故意毁坏财物罪作了指引性规定。(→参见第二百六十六评注部分,第1292页)

立案追诉标准

《最高人民检察院、公安部关于公安机关管辖的刑事案件立案追诉标准的规定(一)》(节录)

第三十三条 [故意毁坏财物案(刑法第二百七十五条)]故意毁坏公私财物,涉嫌下列情形之一的,应予立案追诉:

(一)造成公私财物损失五千元以上的;
(二)毁坏公私财物三次以上的;
(三)纠集三人以上公然毁坏公私财物的;
(四)其他情节严重的情形。

(→附则参见分则标题评注部分,第392页)

刑参案例规则提炼

《孙静故意毁坏财物案——非法"占有"与"毁坏"行为的区分》(第310号案例)所涉规则提炼如下:

非法"占有"与"毁坏"行为的界分规则。"对于有证据证明行为人以毁损或毁弃为目的而实施的非法取得他人财物的行为,符合毁坏公私财物罪构成要件的,无论其是否已实施了毁坏行为,都应以故意毁坏财物罪定罪处罚;对于行为人不以毁坏为目的实际控制了他人财物的,一般均可以认定其具有利用和处分财物的目的,符合职务侵占、贪污或盗窃、诈骗等犯罪构成要件的,应以相应的罪名定罪处罚。"(第310号案例)

第二百七十六条 【破坏生产经营罪】由于泄愤报复或者其他个人目的,毁坏机器设备、残害耕畜或者以其他方法破坏生产经营的,处三年以下有期徒刑、拘役或者管制;情节严重的,处三年以上七年以下有期徒刑。

立法沿革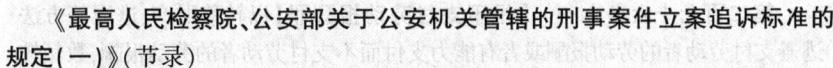

本条系1997年《刑法》吸收1979年《刑法》作出修改后的规定。1979年《刑法》第一百二十五条规定:"由于泄愤报复或者其他个人目的,毁坏机器设备、残害耕畜或者以其他方法破坏集体生产的,处二年以下有期徒刑或者拘役;情节严重的,处二年以上七年以下有期徒刑。"1997年《刑法》将破坏集体生产罪修改为破坏生产经营罪,并调整法定刑。

立案追诉标准

《最高人民检察院、公安部关于公安机关管辖的刑事案件立案追诉标准的规定(一)》(节录)

第三十四条 [破坏生产经营案(刑法第二百七十六条)]由于泄愤报复或者其他个人目的,毁坏机器设备、残害耕畜或者以其他方法破坏生产经营,涉嫌下列情形之一的,应予立案追诉:

(一)造成公私财物损失五千元以上的;

(二)破坏生产经营三次以上的;

(三)纠集三人以上公然破坏生产经营的;

(四)其他破坏生产经营应予追究刑事责任的情形。

(→附则参见分则标题评注部分,第392页)

刑参案例规则提炼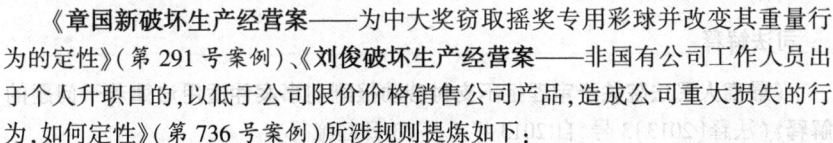

《章国新破坏生产经营案——为中大奖窃取摇奖专用彩球并改变其重量行为的定性》(第291号案例)、《刘俊破坏生产经营案——非国有公司工作人员出于个人升职目的,以低于公司限价价格销售公司产品,造成公司重大损失的行为,如何定性》(第736号案例)所涉规则提炼如下:

1. 破坏生产经营罪的对象规则。破坏生产经营罪的成立,要求实施"破坏生产经营的"行为。"从体彩发行销售的特点及有关国家规定来看,体彩发行销售属于政府严格控制和管理下的一种特殊经营行为。"(第291号案例)

2. 破坏生产经营罪的主观目的的认定规则。破坏生产经营罪在主观方面要求"由于泄愤报复或者其他个人目的"。"在一定情形下,非法获取财产利益的目的可以为破坏生产经营罪中的'其他个人目的'所包容。"(第291号案例)

3. 破坏生产经营罪的方法认定规则。破坏生产经营罪在客观方面的方法限于"毁坏机器设备、残害耕畜或者以其他方法"。"对作为摇奖设备组成部分的彩球实施了破坏行为,扰乱了作为体彩发行销售环节之一的正常的摇奖活动,进而严重影响了体育彩票的发行销售,应当认为属于破坏生产经营罪中的'其他方法'。"(第291号案例)但是,"低价销售公司产品的行为,不是对生产经营条件的破坏,而是对生产经营对象的处理,属于生产经营行为的一种方式,不属于'其他方法破坏生产经营'。""其行为虽然具有一定的社会危害性,但因不符合破坏生产经营罪、故意毁坏财物罪的构成要件,也不具备国有公司、企业、事业单位人员滥用职权罪、徇私舞弊低价折股、出售国有资产罪、背信损害上市公司利益罪的构成特征,应当宣告无罪。"(第736号案例)

第二百七十六条之一 【拒不支付劳动报酬罪】以转移财产、逃匿等方法逃避支付劳动者的劳动报酬或者有能力支付而不支付劳动者的劳动报酬,数额较大,经政府有关部门责令支付仍不支付的,处三年以下有期徒刑或者拘役,并处或者单处罚金;造成严重后果的,处三年以上七年以下有期徒刑,并处罚金。

单位犯前款罪的,对单位判处罚金,并对其直接负责的主管人员和其他直接责任人员,依照前款的规定处罚。

有前两款行为,尚未造成严重后果,在提起公诉前支付劳动者的劳动报酬,并依法承担相应赔偿责任的,可以减轻或者免除处罚。

立法沿革

本条系2011年5月1日起施行的《刑法修正案(八)》第四十一条增设的规定。

司法解释

《最高人民法院关于审理拒不支付劳动报酬刑事案件适用法律若干问题的解释》(法释〔2013〕3号,自2013年1月23日起施行)

为依法惩治拒不支付劳动报酬犯罪,维护劳动者的合法权益,根据《中华人民共和国刑法》有关规定,现就办理此类刑事案件适用法律的若干问题解释如下:

第一条 劳动者依照《中华人民共和国劳动法》和《中华人民共和国劳动合同法》等法律的规定应得的劳动报酬,包括工资、奖金、津贴、补贴、延长工作时间的工资报酬及特殊情况下支付的工资等,应当认定为刑法第二百七十六条之一第一款规定的"劳动者的劳动报酬"。

第二条 以逃避支付劳动者的劳动报酬为目的,具有下列情形之一的,应当认定为刑法第二百七十六条之一第一款规定的"以转移财产、逃匿等方法逃避

支付劳动者的劳动报酬":

（一）隐匿财产、恶意清偿、虚构债务、虚假破产、虚假倒闭或者以其他方法转移、处分财产的；

（二）逃跑、藏匿的；

（三）隐匿、销毁或者篡改账目、职工名册、工资支付记录、考勤记录等与劳动报酬相关的材料的；

（四）以其他方法逃避支付劳动报酬的。

第三条　具有下列情形之一的，应当认定为刑法第二百七十六条之一第一款规定的"数额较大"：

（一）拒不支付一名劳动者三个月以上的劳动报酬且数额在五千元至二万元以上的；

（二）拒不支付十名以上劳动者的劳动报酬且数额累计在三万元至十万元以上的。

各省、自治区、直辖市高级人民法院可以根据本地区经济社会发展状况，在前款规定的数额幅度内，研究确定本地区执行的具体数额标准，报最高人民法院备案。

第四条①　经人力资源社会保障部门或者政府其他有关部门依法以限期整

---

① 需要注意的问题有三：(1)"政府有关部门"的范围。本条将其规定为"人力资源社会保障部门或者政府其他有关部门"，主要考虑：其一，根据相关法律规定，人力资源社会保障部门的劳动保障监察机关负有责令用人单位支付劳动报酬的义务，当然属于责令支付的主体范围。其二，建筑、农业等相关主管部门，在各自业务范围内，也可以依法责令用人单位支付劳动者的劳动报酬，也属于责令支付主体的范畴。其三，由于工会不属于政府有关部门，对于工会要求用人单位向劳动者支付劳动报酬的，不能认定为"政府有关部门责令支付"。其四，人民法院依法作出的支付劳动报酬的判决、裁定有能力执行而拒不执行，可以适用拒不执行判决、裁定罪，因此，没有必要将人民法院和劳动争议仲裁委员会纳入责令支付主体的范围。(2)"责令支付"的形式。根据《劳动保障监察条例》及2004年12月31日《劳动部关于实施〈劳动保障监察条例〉若干规定》的规定，对于用人单位拒不支付劳动报酬的行为，人力资源社会保障部门可以根据具体情形分别作出劳动保障监察限期整改指令书、劳动保障行政处理决定书等法律文书，故将上述法律文书均视为责令支付文书。因此，责令支付应当以限期整改指令书、行政处理决定书等文书进行。(3)"经政府有关部门责令支付仍不支付"的认定。通常情况下，在责令支付文书指定的期限内仍不支付的，应当认定为"经政府有关部门责令支付仍不支付"。但是，行为人因身患重病、自然灾害等正当理由未知悉责令支付，或者虽知悉责令支付但在指定期限内无法及时支付劳动报酬的，不能认定为"经政府有关部门责令支付仍不支付"。——**本评注注**

改指令书、行政处理决定书等文书责令支付劳动者的劳动报酬后,在指定的期限内仍不支付的,应当认定为刑法第二百七十六条之一第一款规定的"经政府有关部门责令支付仍不支付",但有证据证明行为人有正当理由未知悉责令支付或者未及时支付劳动报酬的除外。

行为人逃匿,无法将责令支付文书送交其本人、同住成年家属或者所在单位负责收件的人的,如果有关部门已通过在行为人的住所地、生产经营场所等地张贴责令支付文书等方式责令支付,并采用拍照、录像等方式记录的,应当视为"经政府有关部门责令支付"。

第五条 拒不支付劳动者的劳动报酬,符合本解释第三条的规定,并具有下列情形之一的,应当认定为刑法第二百七十六条之一第一款规定的"造成严重后果":

(一)造成劳动者或者其被赡养人、被扶养人、被抚养人的基本生活受到严重影响、重大疾病无法及时医治或者失学的;

(二)对要求支付劳动报酬的劳动者使用暴力或者进行暴力威胁的;

(三)造成其他严重后果的。

第六条 拒不支付劳动者的劳动报酬,尚未造成严重后果,在刑事立案前支付劳动者的劳动报酬,并依法承担相应赔偿责任的,可以认定为情节显著轻微危害不大,不认为是犯罪;在提起公诉前支付劳动者的劳动报酬,并依法承担相应赔偿责任的,可以减轻或者免除刑事处罚;在一审宣判前支付劳动者的劳动报酬,并依法承担相应赔偿责任的,可以从轻处罚。

对于免除刑事处罚的,可以根据案件的不同情况,予以训诫、责令具结悔过或者赔礼道歉。

拒不支付劳动者的劳动报酬,造成严重后果,但在宣判前支付劳动者的劳动报酬,并依法承担相应赔偿责任的,可以酌情从宽处罚。

第七条 不具备用工主体资格的单位或者个人,违法用工且拒不支付劳动者的劳动报酬,数额较大,经政府有关部门责令支付仍不支付的,应当依照刑法第二百七十六条之一的规定,以拒不支付劳动报酬罪追究刑事责任。

第八条 用人单位的实际控制人实施拒不支付劳动报酬行为,构成犯罪的,应当依照刑法第二百七十六条之一的规定追究刑事责任。

第九条 单位拒不支付劳动报酬,构成犯罪的,依照本解释规定的相应个人犯罪的定罪量刑标准,对直接负责的主管人员和其他直接责任人员定罪处罚,并对单位判处罚金。

规范性文件①

《最高人民法院、最高人民检察院、人力资源和社会保障部、公安部关于加强涉嫌拒不支付劳动报酬犯罪案件查处衔接工作的通知》(人社部发〔2014〕100号,节录)

各省、自治区、直辖市高级人民法院、人民检察院、人力资源社会保障厅(局)、公安厅(局),新疆维吾尔自治区高级人民法院生产建设兵团分院,新疆生产建设兵团人民检察院、人力资源社会保障局、公安局:

为贯彻执行《中华人民共和国刑法》和《最高人民法院关于审理拒不支付劳动报酬刑事案件适用法律若干问题的解释》(法释〔2013〕3号)关于拒不支付劳动报酬罪的相关规定,进一步完善人力资源社会保障行政执法和刑事司法衔接制度,加大对拒不支付劳动报酬犯罪行为的打击力度,切实维护劳动者合法权益,根据《行政执法机关移送涉嫌犯罪案件的规定》(国务院2001年第310号令)及有关规定,现就进一步做好涉嫌拒不支付劳动报酬犯罪案件查处衔接工作通知如下:

一、切实加强涉嫌拒不支付劳动报酬违法犯罪案件查处工作

(一)由于行为人逃匿导致工资账册等证据材料无法调取或用人单位在规定的时间内未提供有关工资支付等相关证据材料的,人力资源社会保障部门应及时对劳动者进行调查询问并制作询问笔录,同时应积极收集可证明劳动用工、欠薪数额等事实的相关证据,依据劳动者提供的工资数额及其他有关证据认定事实。调查询问过程一般要录音录像。

(二)行为人拖欠劳动者劳动报酬后,人力资源社会保障部门通过书面、电话、短信等能够确认其收悉的方式,通知其在指定的时间内到指定的地点配合解决问题,但其在指定的时间内未到指定的地点配合解决问题或明确表示拒不支付劳动报酬的,视为刑法第二百七十六条之一第一款规定的"以逃匿方法逃避支付劳动者的劳动报酬"。但是,行为人有证据证明因自然灾害、突发重大疾病等非人力所能抗拒的原因造成其无法在指定的时间内到指定的地点配合解决问题的除外。

(三)企业将工程或业务分包、转包给不具备用工主体资格的单位或个

---

① 另,《最高人民法院、最高人民检察院、人力资源和社会保障部、公安部关于加强对拒不支付劳动报酬案件查处工作的通知》(人社部发〔2012〕57号)涉及拒不支付劳动报酬罪适用法律问题的规定已被法释〔2013〕3号解释吸收,故未予收录。

人,该单位或个人违法招用劳动者不支付劳动报酬的,人力资源社会保障部门应向具备用工主体资格的企业下达限期整改指令书或行政处罚决定书,责令该企业限期支付劳动者劳动报酬。对于该企业有充足证据证明已向不具备用工主体资格的单位或个人支付了劳动者全部的劳动报酬,该单位或个人仍未向劳动者支付的,应向不具备用工主体资格的单位或个人下达限期整改指令书或行政处理决定书,并要求企业监督该单位或个人向劳动者发放到位。

(四)经人力资源社会保障部门调查核实,行为人拖欠劳动者劳动报酬事实清楚、证据确凿、数额较大的,应及时下达责令支付文书。对于行为人逃匿,无法将责令支付文书送交其同住成年家属或所在单位负责收件人的,人力资源社会保障部门可以在行为人住所地、办公地、生产经营场所、建筑施工项目所在地等地张贴责令支付文书,并采用拍照、录像等方式予以记录,相关影像资料应当纳入案卷。

二、切实规范涉嫌拒不支付劳动报酬犯罪案件移送工作(略)

三、切实完善劳动保障监察行政执法与刑事司法衔接机制(略)

《最高人民检察院关于充分发挥检察职能服务保障"六稳""六保"的意见》(2020年7月22日,节录)

3.依法保护企业正常生产经营活动……三是依法慎重处理拒不支付劳动报酬犯罪案件。充分考虑企业生产经营实际,注意把握企业因资金周转困难拖欠劳动报酬与恶意欠薪的界限,灵活采取检察建议、督促履行、协调追欠追赃垫付等形式,既有效维护劳动者权益,又保障企业生产经营。对恶意欠薪涉嫌犯罪,但在提起公诉前支付劳动报酬,并依法承担相应赔偿责任的,可以依法不起诉……

立案追诉标准

《最高人民检察院、公安部关于公安机关管辖的刑事案件立案追诉标准的规定(一)》第三十四条之一关于《刑法》第二百七十六条之一立案追诉标准的规定与法释〔2013〕3号解释第三条、第六条一致。

指导性案例

胡克金拒不支付劳动报酬案(指导案例28号,节录)

关键词 刑事 拒不支付劳动报酬罪 不具备用工主体资格的单位或者个人

裁判要点

1.不具备用工主体资格的单位或者个人(包工头),违法用工且拒不支付劳动者报酬,数额较大,经政府有关部门责令支付仍不支付的,应当以拒不支付劳动报酬罪追究刑事责任。

2. 不具备用工主体资格的单位或者个人(包工头)拒不支付劳动报酬,即使其他单位或者个人在刑事立案前为其垫付了劳动报酬的,也不影响追究该用工单位或者个人(包工头)拒不支付劳动报酬罪的刑事责任。

司法疑难解析

1. 拒不支付劳动报酬罪的犯罪对象是"劳动者的劳动报酬"。(1)"劳动者的劳动报酬"不包括劳务报酬在内。据此,实践中拒不支付个人从事设计、讲学、演出、广告、介绍服务、经纪服务、代办服务以及其他劳务取得的所得,不构成拒不支付劳动报酬罪。(2)"劳动者的劳动报酬"不包括用人单位应当支付给劳动者的社会保险福利、劳动保护等方面的费用。从增设拒不支付劳动报酬罪的背景来看,本罪主要打击危及劳动者基本生活保障的行为,而社会保险福利、劳动保护等方面的费用主要是用以保障劳动者的社会保险福利、劳动保护等方面的权利,拒不支付此部分费用尚不会危及劳动者的基本生活,故不应将此部分费用纳入拒不支付劳动报酬罪的行为对象。

2. 以逃匿等方法逃避支付劳动者的劳动报酬构成犯罪,无需以行为人有支付能力为前提。 对此,法释〔2013〕3号解释第二条规定,以逃避支付劳动者的劳动报酬为目的,转移、处分财产,逃跑、藏匿、隐匿、销毁或者篡改与劳动报酬相关的材料,或者以其他方法逃避支付劳动报酬的,即应当认定为刑法第二百七十六条之一第一款规定的"以转移财产、逃匿等方法逃避支付劳动者的劳动报酬",而未作"但有证据证明被告人确实不具有支付能力的除外"的规定。主要考虑:(1)《刑法》第二百七十六条之一第一款将"以转移财产、逃匿等方法逃避支付劳动者的劳动报酬"和"有能力支付而不支付劳动者的劳动报酬"并列规定为拒不支付劳动报酬罪的两种行为方式,从体系解释角度看,对前者不应要求行为人有支付能力。这是立法的特别规定。(2)行为人欠薪后不是设法与劳动者进行协商,通过各种方法筹集资金支付劳动报酬,反而逃匿,充分反映其有拒不支付劳动报酬的故意,且往往会引发劳动者群体上访等极端事件,故即使其客观上无支付能力,仍应依法追究刑事责任。

3. 建筑施工领域不具备用工主体资格的组织或者个人(小包工头)可以成为拒不支付劳动报酬罪的主体。 在建筑施工领域,普遍存在工程总承包企业违法发包、分包给不具备用工主体资格的组织或者个人(小包工头)的现象,这也是农民工工资被拖欠的"重灾区"。国办发明电〔2010〕4号通知规定:"因工程总承包企业违反规定发包、分包给不具备用工主体资格的组织或个人,由工程总承包企业承担清偿被拖欠的农民工工资责任。"实践中经常发生的案件是,总承包企业已将工程款(工资是其中的一小部分)支付给小包工头,小包工头却未支付给农民工,甚至卷款潜逃。此种情形下,可以依照国办发明电〔2010〕4号的相关规定,要求违反规定发包、分包的工程总承包企业支付劳动报酬。但是,如果工程总承包企业拒绝再次支付农民工劳动报酬的,由于其已经履行过支付劳动报酬的义务(只是由于小包工头非法扣留、挪用,甚至卷款潜逃),故不宜追究其拒不支付劳动报酬罪的刑事责任。需要注意的是,此种情形下,小包工头虽然不具备用工主体资格,但是政府有关部门仍然应当责令其支付劳动报酬,在政府有关部门责令支付后,小包工头仍然不支付的,应当依照《刑法》第二百七十六条之一第一款的规定,以拒不支付劳动报酬罪追究刑事责任。而且,即使工程总承包企业已再次支付农民工劳动报酬的,其在性质上属于垫付,并不影响对小包工头以拒不支付劳动报酬罪追究刑事责任。基于此,人社部发〔2014〕100号通知作了相应规定。

4. 拒不支付劳动报酬罪与拒不执行判决、裁定罪应当妥当界分。由于拒不支付劳动报酬罪的法定最高刑为七年有期徒刑,而拒不执行判决、裁定罪的法定最高刑为三年有期徒刑,二者之间确实存在刑罚不相均衡的问题。这一问题的解决,关键在于把握劳动报酬争议民事案件与拒不支付劳动报酬刑事案件的界限,人民法院对于涉案劳动报酬争议民事案件,如果拒不支付劳动报酬事实清楚,符合拒不支付劳动报酬罪规定的,不应当作为民事案件受理,应当建议有关部门依照拒不支付劳动报酬罪查处。这样一来,就能有效避免拒不执行行政机关作出的责令支付劳动报酬的法律文书最高可以处七年有期徒刑,而拒不支付人民法院关于支付劳动报酬的判决、裁定最高只能处三年有期徒刑的不合理现象。但是,司法实践中仍然可能存在拒不执行判决、裁定罪和拒不支付劳动报酬罪相交叉的情形。例如,行为人拒不支付劳动报酬,有关部门责令支付后,行为人仍不支付但以劳动报酬数额争议为由提起民事诉讼的,在人民法院生效裁判判决行为人支付劳动报酬后,行为人拒不支付劳动报酬的,此种情况下行为人所拒不执行的是人民法院支付劳动报酬的判决,而非之前政府有关部门的责令支付,应当以拒不执行判决、裁定罪定罪处罚。

第六章

妨害社会管理秩序罪

第一节 扰乱公共秩序罪

第二百七十七条 【妨害公务罪】以暴力、威胁方法阻碍国家机关工作人员依法执行职务的，处三年以下有期徒刑、拘役、管制或者罚金。

以暴力、威胁方法阻碍全国人民代表大会和地方各级人民代表大会代表依法执行代表职务的，依照前款的规定处罚。

在自然灾害和突发事件中，以暴力、威胁方法阻碍红十字会工作人员依法履行职责的，依照第一款的规定处罚。

故意阻碍国家安全机关、公安机关依法执行国家安全工作任务，未使用暴力、威胁方法，造成严重后果的，依照第一款的规定处罚。

【袭警罪】暴力袭击正在依法执行职务的人民警察的，处三年以下有期徒刑、拘役或者管制；使用枪支、管制刀具，或者以驾驶机动车撞击等手段，严重危及其人身安全的，处三年以上七年以下有期徒刑。

■ 立法沿革

本条系1997年《刑法》吸收修改1979年《刑法》和附属刑法作出的规定。1979年《刑法》第一百五十七条规定："以暴力、威胁方法阻碍国家工作人员依法执行职务的，或者拒不执行人民法院已经发生法律效力的判决、裁定的，处三年以下有期徒刑、拘役、罚金或者剥夺政治权利。"1993年《红十字会法》第十五条第二款规定："在自然灾害和突发事件中，以暴力、威胁方法阻碍红十字会工作人员依法履行职责的，比照刑法第一百五十七条的规定追究刑事责任……"1993年《国家安全法》第二十七条规定："以暴力、威胁方法阻碍国家安全机关依法执行国家安全工作任务的，依照刑法第一百五十七条的规定处罚。""故意阻碍国家安全机关依法执行国家安全工作任务，未使用暴力、威胁方法,造成严重后果,比照刑法第一百五十七条的规定处罚……"1997年《刑法》吸收上述规定并作修改,对妨害公务罪作出专门规定。

2015年11月1日起施行的《刑法修正案(九)》第二十一条对本条作了第一次修改,增加第五款关于暴力袭警从重处罚的规定。

2021年3月1日起施行的《刑法修正案(十一)》第三十一条对本条作了第二次修改,对暴力袭击警察的犯罪单独规定刑罚。

修正前《刑法》	第一次修正后《刑法》	第二次修正后《刑法》
第二百七十七条 【妨害公务罪】以暴力、威胁方法阻碍国家机关工作人员依法执行职务的,处三年以下有期徒刑、拘役、管制或者罚金。	第二百七十七条 【妨害公务罪】以暴力、威胁方法阻碍国家机关工作人员依法执行职务的,处三年以下有期徒刑、拘役、管制或者罚金。	第二百七十七条 【妨害公务罪】以暴力、威胁方法阻碍国家机关工作人员依法执行职务的,处三年以下有期徒刑、拘役、管制或者罚金。
以暴力、威胁方法阻碍全国人民代表大会和地方各级人民代表大会代表依法执行代表职务的,依照前款的规定处罚。	以暴力、威胁方法阻碍全国人民代表大会和地方各级人民代表大会代表依法执行代表职务的,依照前款的规定处罚。	以暴力、威胁方法阻碍全国人民代表大会和地方各级人民代表大会代表依法执行代表职务的,依照前款的规定处罚。
在自然灾害和突发事件中,以暴力、威胁方法阻碍红十字会工作人员依法履行职责的,依照第一款的规定处罚。	在自然灾害和突发事件中,以暴力、威胁方法阻碍红十字会工作人员依法履行职责的,依照第一款的规定处罚。	在自然灾害和突发事件中,以暴力、威胁方法阻碍红十字会工作人员依法履行职责的,依照第一款的规定处罚。
故意阻碍国家安全机关、公安机关依法执行国家安全工作任务,未使用暴力、威胁方法,造成严重后果的,依照第一款的规定处罚。	故意阻碍国家安全机关、公安机关依法执行国家安全工作任务,未使用暴力、威胁方法,造成严重后果的,依照第一款的规定处罚。	故意阻碍国家安全机关、公安机关依法执行国家安全工作任务,未使用暴力、威胁方法,造成严重后果的,依照第一款的规定处罚。
	暴力袭击正在依法执行职务的人民警察的,依照第一款的规定从重处罚。	【袭警罪】暴力袭击正在依法执行职务的人民警察的,处三年以下有期徒刑、拘役或者管制;使用枪支、管制刀具,或者以驾驶机动车撞击等手段,严重危及其人身安全的,处三年以上七年以下有期徒刑。

相关规定

《**中华人民共和国治安管理处罚法**》(修正后自2013年1月1日起施行,节录)

第五十条 有下列行为之一的,处警告或者二百元以下罚款;情节严重的,处五日以上十日以下拘留,可以并处五百元以下罚款:

(二)阻碍国家机关工作人员依法执行职务的;

(三)阻碍执行紧急任务的消防车、救护车、工程抢险车、警车等车辆通行的;

(四)强行冲闯公安机关设置的警戒带、警戒区的。

阻碍人民警察依法执行职务的,从重处罚。

司法解释

《**最高人民检察院关于以暴力威胁方法阻碍事业编制人员依法执行行政执法职务是否可对侵害人以妨害公务罪论处的批复**》(高检发释字〔2000〕2号,自2000年4月24日起施行)

重庆市人民检察院:

你院《关于以暴力、威胁方法阻碍事业编制人员行政执法活动是否可以对侵害人适用妨害公务罪的请示》收悉。经研究,批复如下:

对于以暴力、威胁方法阻碍国有事业单位人员依照法律、行政法规的规定执行行政执法职务的,或者以暴力、威胁方法阻碍国家机关中受委托从事行政执法活动的事业编制人员执行行政执法职务的,可以对侵害人以妨害公务罪追究刑事责任。

《**最高人民法院、最高人民检察院关于办理妨害预防、控制突发传染病疫情等灾害的刑事案件具体应用法律若干问题的解释**》(法释〔2003〕8号)第八条对妨害公务罪的适用作了指引性规定。(→参见第一百一十四条评注部分,第413页)

《**最高人民法院、最高人民检察院关于办理非法生产、销售烟草专卖品等刑事案件具体应用法律若干问题的解释**》(法释〔2010〕7号)第八条第一款对妨害烟草专卖执法人员执行职务适用妨害公务罪作了指引性规定。(→参见第一百四十条评注部分,第594页)

《**最高人民法院关于审理破坏草原资源刑事案件应用法律若干问题的解释**》(法释〔2012〕15号)第四条对以暴力、威胁方法阻碍草原监督检查人员依法执行职务适用妨害公务罪作了指引性规定。(→参见第三百四十二条评注部

分，第1179页）

规范性文件

《最高人民法院、最高人民检察院、公安部、国家工商行政管理局关于依法查处盗窃、抢劫机动车案件的规定》（公通字〔1998〕31号）第一条对妨害公务罪的适用作了指引性规定。（→参见第三百一十二条评注部分，第1637页）

《最高人民法院、最高人民检察院、公安部、国家烟草专卖局关于办理假冒伪劣烟草制品等刑事案件适用法律问题座谈会纪要》（商检会〔2003〕4号）第八条对妨害公务罪的适用作了规定。（→参见第一百四十条评注部分，第599页）

《公安部关于公安机关处置信访活动中违法犯罪行为适用法律的指导意见》（公通字〔2013〕25号）"四、对妨害社会管理秩序违法犯罪行为的处理"第九条对阻碍国家机关工作人员依法执行职务行为的处理作了规定。（→参见第二百九十条评注部分，第1457页）

《最高人民法院、最高人民检察院、公安部关于依法惩治妨害公共交通工具安全驾驶违法犯罪行为的指导意见》（公通字〔2019〕1号）"一、准确认定行为性质，依法从严惩处妨害安全驾驶犯罪"第（六）条对妨害公务罪的适用作了规定。（→参见第一百三十三条之二评注部分，第539页）

《最高人民法院、最高人民检察院、公安部关于依法处理信访活动中违法犯罪行为的指导意见》（公通字〔2019〕7号）"一、依法打击违法犯罪行为，明确法律底线"第（四）条对妨害公务罪的适用作了规定。（→参见第二百九十条评注部分，第1461页）

《最高人民法院、最高人民检察院、公安部关于依法惩治袭警违法犯罪行为的指导意见》（公通字〔2019〕32号）①

人民警察代表国家行使执法权，肩负着打击违法犯罪、维护社会稳定、维持司法秩序、执行生效裁判等重要职责。在依法履职过程中，人民警察遭受违法犯罪分子暴力侵害、打击报复的事件时有发生，一些犯罪分子气焰嚣张、手段残忍，甚至出现预谋性、聚众性袭警案件，不仅危害民警人身安全，更严重损害国家法律权威、破坏国家正常管理秩序。为切实维护国家法律尊严，维护民警执法权

---

① 对本规范性文件的适用，需要根据《刑法修正案（十一）》增设的袭警罪作综合考量。——本评注注

威,保障民警人身安全,依法惩治袭警违法犯罪行为,根据有关法律法规,经最高人民法院、最高人民检察院、公安部共同研究决定,制定本意见。

一、①对正在依法执行职务的民警实施下列行为的,属于刑法第二百七十七条第五款规定的"暴力袭击正在依法执行职务的人民警察",应当以妨害公务罪定罪从重处罚:

1. 实施撕咬、踢打、抱摔、投掷等,对民警人身进行攻击的;
2. 实施打砸、毁坏、抢夺民警正在使用的警用车辆、警械等警用装备,对民警人身进行攻击的;

对正在依法执行职务的民警虽未实施暴力袭击,但以实施暴力相威胁,符合刑法第二百七十七条第一款规定的,以妨害公务罪定罪处罚。

醉酒的人实施袭警犯罪行为,应当负刑事责任。

教唆、煽动他人实施袭警犯罪行为或者为他人实施袭警犯罪行为提供工具、帮助,以共同犯罪论处。

对袭警情节轻微或者辱骂民警,尚不构成犯罪,但构成违反治安管理行为的,应当依法从重给予治安管理处罚。

二、实施暴力袭警行为,具有下列情形之一的,在第一条规定的基础上酌情从重处罚:

1. 使用凶器或者危险物品袭警、驾驶机动车袭警的;
2. 造成民警轻微伤或者警用装备严重毁损的;
3. 妨害民警依法执行职务,造成他人伤亡、公私财产损失或者造成犯罪嫌疑人脱逃、毁灭证据等严重后果的;
4. 造成多人围观、交通堵塞等恶劣社会影响的;
5. 纠集多人袭警或者袭击民警二人以上的;
6. 曾因袭警受过处罚,再次袭警的;
7. 实施其他严重袭警行为的。

实施上述行为,构成犯罪的,一般不得适用缓刑。

三、驾车冲撞、碾轧、拖拽、剐蹭民警,或者挤别、碰撞正在执行职务的警用车

---

① **本评注主张**借鉴这一规定认定《刑法》第二百七十七条第五款的袭警罪。具体而言,袭警罪中的暴力是指狭义的暴力,即仅指针对人身的暴力,不包括对物的暴力或者是通过对物的暴力间接伤害人身的情形。需要注意的是,袭警罪并未以"情节严重"等危害后果作为入罪标准,对袭警情节轻微或者辱骂民警,尚不构成犯罪,但构成违反治安管理行为的,应当依法从重给予治安管理处罚。

辆、危害公共安全或者民警生命、健康安全，符合刑法第一百一十四条、第一百一十五条、第二百三十二条、第二百三十四条规定的，应当以危险方法危害公共安全罪、故意杀人罪或者故意伤害罪定罪，酌情从重处罚。

暴力袭警，致使民警重伤、死亡，符合刑法第二百三十四条、第二百三十二条规定的，应当以故意伤害罪、故意杀人罪定罪，酌情从重处罚。

四、抢劫、抢夺民警枪支，符合刑法第一百二十七条第二款规定的，应当以抢劫枪支罪、抢夺枪支罪定罪。

五、民警在非工作时间，依照《中华人民共和国人民警察法》等法律履行职责的，应当视为执行职务。

六、在民警非执行职务期间，因其职务行为对其实施暴力袭击、拦截、恐吓等行为，符合刑法第二百三十四条、第二百三十二条、第二百九十三条等规定的，应当以故意伤害罪、故意杀人罪、寻衅滋事罪等定罪，并根据袭警的具体情节酌情从重处罚。

各级人民法院、人民检察院和公安机关要加强协作配合，对袭警违法犯罪行为快速处理、准确定性、依法严惩。一要依法及时开展调查处置、批捕、起诉、审判工作。民警对于袭警违法犯罪行为应当依法予以制止，并根据现场条件，妥善保护案发现场，控制犯罪嫌疑人。负责侦查办理袭警案件的民警应当全面收集、提取证据，特别是注意收集民警现场执法记录仪和周边监控等视听资料、在场人员证人证言等证据，查清案件事实。对造成民警或者他人受伤、财产损失的，依法进行鉴定。在处置过程中，民警依法依规使用武器、警械或者采取其他必要措施制止袭警行为，受法律保护。人民检察院对于公安机关提请批准逮捕、移送审查起诉的袭警案件，应当从严掌握无逮捕必要性、犯罪情节轻微等不捕不诉情形，慎重作出不批捕、不起诉决定，对于符合逮捕、起诉条件的，应当依法尽快予以批捕、起诉。对于袭警行为构成犯罪的，人民法院应当依法及时审判，严格依法追究犯罪分子刑事责任。二要依法适用从重处罚。暴力袭警是刑法第二百七十七条规定的从重处罚情形。人民法院、人民检察院和公安机关在办理此类案件时，要准确认识袭警行为对于国家法律秩序的严重危害，不能将袭警行为等同于一般的故意伤害行为，不能仅以造成民警身体伤害作为构成犯罪的标准，要综合考虑袭警行为的手段、方式以及对执行职务的影响程度等因素，准确认定犯罪性质，从严追究刑事责任。对袭警违法犯罪行为，依法不适用刑事和解和治安调解。对于构成犯罪，但具有初犯、偶犯，给予民事赔偿并取得被害人谅解等情节的，在酌情从宽时，应当从严把握从宽幅度。对犯罪性质和危害后果特别严重、犯罪手段特别残忍、社会影响特别恶劣的犯罪分子，虽具有上述酌定从宽情节但不足以从轻处罚的,依法不予从宽处罚。三要加强规范执法和法制宣传教育。人民警察要严格按照法律规定的程序和标准正确履职,特别是要规范现场执法,以法为据、以理服人,妥善化解矛盾,谨慎使用强制措施和武器警械。人民法院、人民检察院、公安机关在依法办案的同时,要加大法制宣传教育力度,对于社会影响大、舆论关注度高的重大案件,视情通过新闻媒体、微信、微博等多种形式,向社会通报案件进展情况,澄清事实真相,并结合案情释法说理,说明袭警行为的危害性。要适时公开曝光一批典型案例,向社会揭露袭警行为的违法性和严重危害性,教育人民群众遵纪守法,在全社会树立"敬畏法律、尊重执法者"的良好法治环境。

各地各相关部门在执行中遇有问题,请及时上报各自上级机关。

《最高人民法院、最高人民检察院、公安部、司法部关于依法惩治妨害新型冠状病毒感染肺炎疫情防控违法犯罪的意见》(法发〔2020〕7号)"二、准确适用法律,依法严惩妨害疫情防控的各类违法犯罪"第(一)条对妨害公务罪的适用作了指引性规定。(→参见第三百三十条评注部分,第1711页)

《最高人民法院、最高人民检察院关于常见犯罪的量刑指导意见(试行)》(法发〔2021〕21号,节录)

四、常见犯罪的量刑

(十六)妨害公务罪

1. 构成妨害公务罪的,在二年以下有期徒刑、拘役幅度内确定量刑起点。

2. 在量刑起点的基础上,根据妨害公务造成的后果、犯罪情节严重程度等其他影响犯罪构成的犯罪事实增加刑罚量,确定基准刑。

3. 构成妨害公务罪,依法单处罚金的,根据妨害公务的手段、危害后果、造成的人身伤害以及财物毁损情况等犯罪情节,综合考虑被告人缴纳罚金的能力,决定罚金数额。

4. 构成妨害公务罪的,综合考虑妨害公务的手段、造成的人身伤害、财物的毁损及社会影响等犯罪事实、量刑情节,以及被告人的主观恶性、人身危险性、认罪悔罪表现等因素,决定缓刑的适用。

(→前三部分和第五部分参见总则第四章第一节标题评注部分,第223、227页)

《最高人民法院、最高人民检察院、公安部、司法部关于办理醉酒危险驾驶刑事案件的意见》(高检发办字〔2023〕187号)第十六条对醉驾又构成妨害公务罪、袭警罪等其他犯罪的处理规则作了规定。(→参见第一百三十三条之一评注部分,第531页)

刑参案例规则提炼①

《江世田等妨害公务案——聚众以暴力手段抢回被依法查扣的制假设备应如何定罪》(第 205 号案例)、《周洪宝妨害公务案——以投掷点燃汽油瓶的方式阻碍城管队员依法执行职务的行为,如何定罪处罚》(第 731 号案例)、《陈岗妨害公务案——疫情防控期间妨害公务行为的认定》(第 1324 号案例)、《黄潮尧妨害公务案——如何评价暴力抗拒疫情防控措施的行为》(第 1325 号案例)、《谢益波、邵颖妨害公务案——如何准确把握妨害疫情防控犯罪中的"依法严惩"》(第 1326 号案例)所涉规则提炼如下:

1. **妨害公务罪的对象规则**。②"对与公务人员执行职务具有密切关系的辅助人员施加暴力时,也成立本罪。"③"如果村(居)民委员会或者村(居)民是在

---

① **另,本评注主张**对以暴力、威胁方法妨害或者抗拒人民法院执行判决、裁定的行为适用拒不执行判决、裁定罪而非妨害公务罪,故对《朱荣根、朱梅华等妨害公务案——以暴力、威胁方法妨害或者抗拒人民法院执行判决、裁定的应如何定罪》(第 302 号案例)所涉规则未予提炼;鉴于《刑法修正案(十一)》增设袭警罪,对《王福兵妨害公务案——疫情防控期间违反居家隔离规定并暴力袭击人民警察行为的定罪量刑》(第 1327 号案例)所涉规则未予提炼。

② **本评注认为**,虽未列入国家机关人员编制,但在林业主管部门的派出机构从事护林工作的护林员,代表林业主管部门行使护林职权的,属于《刑法》第二百七十七条第一款规定的"国家机关工作人员依法执行职务"。主要考虑:(1)从近年来立法解释、司法解释、规范性文件的态度来看,"国家机关工作人员"的认定主要看是否在国家机关中从事公务,代表国家机关行使职权,而不论其是在编还是非在编、公务员还是事业人员。(2)是否属于"国家机关工作人员依法执行职务",关键看是否"在国家机关中从事公务,代表国家机关行使职权"。参考全国人大常委会关于渎职罪主体适用问题的解释中"虽未列入国家机关人员编制但在国家机关中从事公务的人员,在代表国家机关行使职权时,有渎职行为,构成犯罪的,依照刑法关于渎职罪的规定追究刑事责任"的规定,同时,考虑到《森林法》对护林员的职责也作了明确规定,对于以暴力、威胁方法阻碍生态工作站工作人员依法执行职务,并且符合构成犯罪的条件,可以以妨害公务罪处理。

③ **本评注认为**,包括辅警在内的辅助人员可以成为妨害公务罪的对象。但是,妨害公务罪侵犯的是合法的公务活动,这就要求相关公务活动必须符合规定。按照相关规定,辅警不能单独执法,故对警察在场妨害辅警执法的,构成妨害公务罪并无疑问;相反,警察不在场辅警单独执法,其执法本身违反相关规定,恐不能成立妨害公务罪。对辅警袭击造成伤害结果的,可以适用故意伤害罪。如果行为人在执法现场,既对依法执行职务的警察又对辅警袭击的,可以按照吸收犯原理,作为一罪处理,不实行数罪并罚。

党委政府同意部署下,协助政府从事疫情防疫、检疫、强制隔离、隔离治疗等措施的,应当视为从事行使疫情防控职权的公务人员。"①(第1324号案例)

2. 妨害公务罪客观行为的认定规则。"凡是针对执行公务人员及其所属设备实施足以干扰和破坏公务活动正常执行的强制力量,都应当认定为本罪的'暴力'方法。""但行为人通过精神作用造成公务人员精神上的恐惧、心理上的压力或者自由意志的抑制,从而使公务人员处于不敢抗拒的境地而影响公务活动的正常执行,就应当属于'威胁'。威胁的内容、性质、方法并没有绝对的限制。"(第1324号案例)

3. 妨害疫情防控措施犯罪的政策把握规则。"疫情防控期间,以暴力方法阻碍国家机关工作人员依法履行疫情防控措施,其行为构成妨害公务罪,应依法从严惩处。"(第1325号案例)"对……疫情防控期间实施妨害疫情防控的犯罪应采取'全面严惩'的刑事政策,既要严格依照法律规定准确定性、保障诉权,也要全面结合犯罪事实与防控需要从重量刑。同时……刑法应保持必要的谦抑性,不能片面地强调一律从严从重,而是要体现人性化的善意关怀,结合具体情

---

① "在受国家机关委托代表国家机关行使疫情防控职权的组织中从事公务的人员"中的"组织"虽然不是国家机关,但其行使的疫情防控职权来自于国家机关的委托,且系代表国家机关行使。由于疫情的突发性、广泛性,对于此处的"受委托代表国家机关行使疫情防控职权"不宜作机械理解,而应当实事求是地予以把握。根据《传染病防治法》第四十二条的规定,"传染病暴发、流行时,县级以上地方人民政府应当立即组织力量,按照预防、控制预案进行防治,切断传染病的传播途径",必要时,报经上一级人民政府决定,可以采取限制或者停止集市、影剧院演出或者其他人群聚集的活动,停工、停业、停课,封闭可能造成传染病扩散的场所等紧急措施并予以公告。从实践看,相关措施不可能完全由国家机关工作人员去落实。各级政府依法决定采取紧急措施后,居(村)委会、社区等组织按照要求落实防控措施的,尽管并非基于政府的书面或者口头"委托",但也应当认为是"受委托代表国家机关行使疫情防控职权",其中从事公务的人员,属于妨害公务罪的对象。实践中,需要注意"再委托"的情形。经研究认为,对于委托授权的把握不宜再扩大范围。比如,对于居(村)委会、社区为落实政府要求,"再委托"小区物业、志愿者等自行实施防控措施的,对相关人员则不宜认定为妨害公务罪的对象。如果以暴力、威胁方法阻碍相关人员实施防控措施,符合故意伤害、寻衅滋事等其他犯罪构成条件的,可以其他犯罪论处。此外,根据刑法规定,以暴力、威胁方法阻碍国家机关工作人员"依法执行职务"的,才构成妨害公务罪。实践中,极个别地方采取的疫情防控措施法律依据不足,措施本身不当,有关人员又简单甚至过度执行的,则不应认定为是"依法执行职务"。参见《依法惩治妨害疫情防控违法犯罪 切实保障人民群众生命健康安全——最高人民法院研究室主任姜启波、最高人民检察院法律政策研究室主任高景峰联合答记者问(二)》,载《检察日报》2020年3月25日第4版。

况,实现区别对待,落实宽严相济刑事政策。"(第1326号案例)

4. 妨害公务罪与其他犯罪的界分规则。"以对抗执法的故意和目的,聚众以暴力在中途拦截执法车辆,公然夺回被依法查扣的制假设备,符合妨害公务罪的构成特征,应以妨害公务罪定罪处罚","不构成抢劫罪或聚众哄抢罪"。(第205号案例)"实施投掷点燃的汽油瓶的行为主观上是为了阻止城管队员强拆,客观上对公共安全的危险性相对有限,其行为本质在于以轻度纵火妨害行政机关工作人员履行职务,应以妨害公务罪定罪。"(第731号案例)

> **第二百七十八条 【煽动暴力抗拒法律实施罪】**煽动群众暴力抗拒国家法律、行政法规实施的,处三年以下有期徒刑、拘役、管制或者剥夺政治权利;造成严重后果的,处三年以上七年以下有期徒刑。

◀ 立法沿革 ▶

本条系1997年《刑法》增设的规定。1979年《刑法》未规定煽动暴力抗拒法律实施罪,但其第一百零二条针对以反革命为目的,"煽动群众抗拒、破坏国家法律、法令实施的"行为规定了反革命宣传煽动罪。

◀ 司法解释 ▶

《最高人民法院、最高人民检察院关于办理非法生产、销售烟草专卖品等刑事案件具体应用法律若干问题的解释》(法释〔2010〕7号)第八条第二款对煽动群众暴力抗拒烟草专卖法律实施适用煽动暴力抗拒法律实施罪作了指引性规定。(→参见第一百四十条评注部分,第594页)

《最高人民法院关于审理破坏草原资源刑事案件应用法律若干问题的解释》(法释〔2012〕15号)第四条对煽动群众暴力抗拒草原法律、行政法规实施适用煽动暴力抗拒法律实施罪作了指引性规定。(→参见第三百四十二条评注部分,第1799页)

◀ 规范性文件 ▶

《最高人民法院、最高人民检察院、公安部、国家烟草专卖局关于办理假冒伪劣烟草制品等刑事案件适用法律问题座谈会纪要》(商检会〔2003〕4号)第九条对煽动暴力抗拒法律实施罪的适用作了规定。(→参见第一百四十条评注部分,第599页)

《公安部关于公安机关处置信访活动中违法犯罪行为适用法律的指导意见》(公通字〔2013〕25号)"四、对妨害社会管理秩序违法犯罪行为的处理"第十一条对煽动暴力抗拒法律实施罪的适用作了规定。(→参见第二百九十条评注部分,第1457—1458页)

第二百七十九条　【招摇撞骗罪】冒充国家机关工作人员招摇撞骗的,处三年以下有期徒刑、拘役、管制或者剥夺政治权利;情节严重的,处三年以上十年以下有期徒刑。

冒充人民警察招摇撞骗的,依照前款的规定从重处罚。

立法沿革

本条系1997年《刑法》吸收修改1979年《刑法》作出的规定。1979年《刑法》第一百六十六条规定:"冒充国家工作人员招摇撞骗的,处三年以下有期徒刑、拘役、管制或者剥夺政治权利;情节严重的,处三年以上十年以下有期徒刑。"1997年《刑法》将冒充对象由"国家工作人员"调整为"国家机关工作人员",并增加第二款冒充人民警察招摇撞骗从重处罚的规定。

相关规定

《中华人民共和国治安管理处罚法》(修正后自2013年1月1日起施行,节录)

第五十一条　冒充国家机关工作人员或者以其他虚假身份招摇撞骗的,处五日以上十日以下拘留,可以并处五百元以下罚款;情节较轻的,处五日以下拘留或者五百元以下罚款。

冒充军警人员招摇撞骗的,从重处罚。

司法解释

《最高人民法院、最高人民检察院关于办理诈骗刑事案件具体应用法律若干问题的解释》(法释〔2011〕7号)第八条对冒充国家机关工作人员进行诈骗的处断规则作了规定。(→参见第二百六十六条评注部分,第1279页)

规范性文件

《最高人民法院关于审理抢劫、抢夺刑事案件适用法律若干问题的意见》(法发〔2005〕8号)"九、关于抢劫罪与相似犯罪的界限"对冒充人民警察"抓赌"

"抓嫖"行为的处理作了规定。(→参见第二百六十三条评注部分,第1233页)

《最高人民法院、最高人民检察院、公安部关于办理电信网络诈骗等刑事案件适用法律若干问题的意见》(法发〔2016〕32号)"三、全面惩处关联犯罪"第(三)条对冒充国家机关工作人员实施电信网络诈骗犯罪的处理作了规定。(→参见第二百六十六条评注部分,第1283页)

《最高人民法院、最高人民检察院、公安部关于依法惩治招摇撞骗等违法犯罪行为的指导意见》(公通字〔2021〕21号)①

各省、自治区、直辖市高级人民法院、人民检察院、公安厅(局),新疆维吾尔自治区高级人民法院生产建设兵团分院,新疆生产建设兵团人民检察院、公安局:

近年来,一些不法分子冒充国家机关工作人员、军人,以及冒充党和国家领导人或者其他领导干部的亲友、身边工作人员,实施招摇撞骗等违法犯罪,严重损害国家机关、军队的权威和形象,扰乱公共秩序,侵犯公民合法权益,造成恶劣社会影响。为了进一步加大惩治此类违法犯罪力度,根据有关法律规定,制定本意见。

一、冒充国家机关工作人员、军人,骗取财物、荣誉、地位、待遇、感情等,符合刑法第二百七十九条、第三百七十二条规定的,分别以招摇撞骗罪、冒充军人招摇撞骗罪定罪处罚;严重损害国家机关、军队形象和威信,或者造成其他严重后果的,应当认定为刑法第二百七十九条、第三百七十二条规定的"情节严重"。

二、冒充党和国家领导人或者其他领导干部的亲属、身边工作人员,骗取公私财物,符合刑法第二百六十六条规定的,以诈骗罪定罪处罚;诈骗数额接近"数额巨大""数额特别巨大"的标准,并且严重损害国家机关、军队形象和威信或者诈骗手段恶劣、造成其他严重后果的,应当分别认定为刑法第二百六十六条规定的"其他严重情节""其他特别严重情节"。

三、伪造党和国家领导人或者其他领导干部的题词、书法、绘画或者合影照片、音频、视频等,骗取公私财物,符合刑法第二百六十六条规定的,以诈骗罪定罪处罚。

四、冒充国家机关工作人员或者军人招摇撞骗,同时构成非法吸收公众存款罪、集资诈骗罪、合同诈骗罪、组织、领导传销活动罪、诈骗罪的,依照处罚较重的规定定罪处罚。

五、对下列情形之一的,应当分别认定为刑法第二百七十九条、第三百七

---

① 参见李立众编:《刑法一本通——中华人民共和国刑法总成》(第十六版),法律出版社2022年版,第566页。

十二条规定的"冒充国家机关工作人员""冒充军人":

1. 冒充国家机关中真实存在或者虚构的工作人员、军人的;
2. 冒充虚构的国家机关中的工作人员、军人,易让他人信以为真的;
3. 身为国家机关工作人员、军人冒充其他国家机关工作人员、军人的;
4. 以骗取非法利益为目的,制造假象,诱使他人误以为系国家机关工作人员、军人的。

六、实施招摇撞骗,尚不构成犯罪、但构成违反治安管理行为的,依法给予治安管理处罚。

七、查办相关案件过程中、发现有关国家机关工作人员、军人存在失职渎职、行贿受贿等情况的,应当依法移送有关部门处理。

■ 刑参案例规则提炼

《李志远招摇撞骗、诈骗案——冒充国家机关工作人员骗取财物的同时又骗取其他非法利益的如何定罪处罚》(第162号案例)、《梁其珍招摇撞骗案——法条竞合及其法律适用原则,招摇撞骗罪与诈骗罪的区分》(第264号案例)、《白福来诈骗案——冒充退休人民警察诈骗行为性质的认定》(第1497号案例)所涉规则提炼如下:

招摇撞骗罪与诈骗罪的界分规则。"无论是从法律拟制的角度还是刑法罪名体系来看,冒充退休的人民警察不属于冒充国家机关工作人员,行为人借此招摇撞骗,骗取数额较大以上钱款的,应以诈骗罪追究刑事责任。"(第1497号案例)"冒充国家机关工作人员骗取数额巨大的财物,也宜认为符合招摇撞骗罪的构成条件,进而依照刑法第二百六十六条后半段所确立的特别法优于普通法原则,仍宜以招摇撞骗罪追究行为人的刑事责任;只有在冒充国家机关工作人员骗取数额特别巨大的财物的情况下,方宜认为此种行为已超出刑法第二百七十九条规定的招摇撞骗罪所能评价的范围,而只符合刑法第二百六十六条规定的诈骗罪的构成要件。"(第264号案例)"多次冒充国家机关工作人员,既骗财又骗色,其行为同时触犯了刑法两个法条规定,属于刑法理论中的法条竞合",在骗取的财物数额刚刚达到诈骗罪入罪标准的情形下,应当以招摇撞骗罪一罪论处。(第162号案例)①

---

① 细究可以发现,这两个案例在论理时所持立场不完全一致:就招摇撞骗罪与诈骗罪的法条竞合关系,第162号案例主张"择一重罪处断",而第264号案例主张"特别法优于普通法"。但是,两者的结论实际基本一致。——**本评注法**

司法疑难解析

"冒充国家机关工作人员"的认定。根据《最高人民法院、最高人民检察院、公安部关于依法惩治招摇撞骗等违法犯罪行为的指导意见》(公通字〔2021〕21号)的相关规定,**本评注认为:**(1)冒充不存在的国家机关的工作人员招摇撞骗,足以让一般人信以为真的,侵犯整个国家机关的名誉,可以成立招摇撞骗罪。同理,冒充国家机关内部不存在的具体部门的工作人员招摇撞骗的,亦可成立招摇撞骗罪。(2)国家机关工作人员冒充其他国家机关工作人员招摇撞骗,虽然其具有国家机关工作人员的身份,但所涉行为同样侵犯被冒充的国家机关的名誉,亦可以成立招摇撞骗罪。

第二百八十条 【**伪造、变造、买卖国家机关公文、证件、印章罪**】【**盗窃、抢夺、毁灭国家机关公文、证件、印章罪**】伪造、变造、买卖或者盗窃、抢夺、毁灭国家机关的公文、证件、印章的,处三年以下有期徒刑、拘役、管制或者剥夺政治权利,并处罚金;情节严重的,处三年以上十年以下有期徒刑,并处罚金。

【**伪造公司、企业、事业单位、人民团体印章罪**】伪造公司、企业、事业单位、人民团体的印章的,处三年以下有期徒刑、拘役、管制或者剥夺政治权利,并处罚金。

【**伪造、变造、买卖身份证件罪**】伪造、变造、买卖居民身份证、护照、社会保障卡、驾驶证等依法可以用于证明身份的证件的,处三年以下有期徒刑、拘役、管制或者剥夺政治权利,并处罚金;情节严重的,处三年以上七年以下有期徒刑,并处罚金。

立法沿革

本条系1997年《刑法》吸收修改1979年《刑法》作出的规定。1997年《刑法》第一百六十七条规定:"伪造、变造或者盗窃、抢夺、毁灭国家机关、企业、事业单位、人民团体的公文、证件、印章的,处三年以下有期徒刑、拘役、管制或者剥夺政治权利;情节严重的,处三年以上十年以下有期徒刑。"1997年《刑法》在上述规定的基础上,补充规定了买卖国家机关公文、证件、印章的犯罪,伪造公司、企业、事业单位、人民团体印章的犯罪和伪造、变造居民身份证的犯罪。

2015年11月1日起施行的《刑法修正案(九)》第二十二条对本条作了修改,增加了罚金刑,并对本条第三款规定的伪造、变造居民身份证犯罪扩展了行为方式和对象范围。修改后,本条第三款的罪名由"伪造、变造居民身份证罪"

调整为"伪造、变造、买卖身份证件罪"。

修正前《刑法》	修正后《刑法》
第二百八十条 【伪造、变造、买卖国家机关公文、证件、印章罪】【盗窃、抢夺、毁灭国家机关公文、证件、印章罪】伪造、变造、买卖或者盗窃、抢夺、毁灭国家机关的公文、证件、印章的,处三年以下有期徒刑、拘役、管制或者剥夺政治权利;情节严重的,处三年以上十年以下有期徒刑。 【伪造公司、企业、事业单位、人民团体印章罪】伪造公司、企业、事业单位、人民团体的印章的,处三年以下有期徒刑、拘役、管制或者剥夺政治权利。 【伪造、变造居民身份证罪】伪造、变造居民身份证的,处三年以下有期徒刑、拘役、管制或者剥夺政治权利;情节严重的,处三年以上七年以下有期徒刑。	第二百八十条 【伪造、变造、买卖国家机关公文、证件、印章罪】【盗窃、抢夺、毁灭国家机关公文、证件、印章罪】伪造、变造、买卖或者盗窃、抢夺、毁灭国家机关的公文、证件、印章的,处三年以下有期徒刑、拘役、管制或者剥夺政治权利,**并处罚金**;情节严重的,处三年以上十年以下有期徒刑,**并处罚金**。 【伪造公司、企业、事业单位、人民团体印章罪】伪造公司、企业、事业单位、人民团体的印章的,处三年以下有期徒刑、拘役、管制或者剥夺政治权利,**并处罚金**。 【伪造、变造、买卖身份证件罪】伪造、变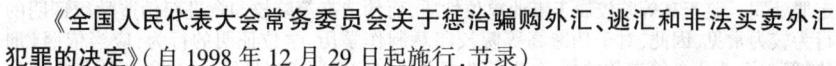造、买卖居民身份证、护照、社会保障卡、驾驶证等依法可以用于证明身份的证件的,处三年以下有期徒刑、拘役、管制或者剥夺政治权利,**并处罚金**;情节严重的,处三年以上七年以下有期徒刑,**并处罚金**。

单行刑法

《全国人民代表大会常务委员会关于惩治骗购外汇、逃汇和非法买卖外汇犯罪的决定》(自 1998 年 12 月 29 日起施行,节录)

二、买卖伪造、变造的海关签发的报关单、进口证明、外汇管理部门核准件等凭证和单据或者国家机关的其他公文、证件、印章的,依照刑法第二百八十条的规定定罪处罚。

(→全文参见第一百九十条之后"骗购外汇罪"评注部分,第 865—866 页)

相关规定

《中华人民共和国治安管理处罚法》(修正后自 2013 年 1 月 1 日起施行,节录)

第五十二条 有下列行为之一的,处十日以上十五日以下拘留,可以并处一千元以下罚款;情节较轻的,处五日以上十日以下拘留,可以并处五百元以下罚款:

(一)伪造、变造或者买卖国家机关、人民团体、企业、事业单位或者其他组织的公文、证件、证明文件、印章的；

（二）买卖或者使用伪造、变造的国家机关、人民团体、企业、事业单位或者其他组织的公文、证件、证明文件的；

司法解释

《最高人民法院关于审理骗购外汇、非法买卖外汇刑事案件具体应用法律若干问题的解释》（法释〔1998〕20号）第二条对伪造、变造、买卖海关签发的凭证或者购买伪造、变造的凭证适用《刑法》第二百八十条第一款作了规定。（→参见第二百二十五条评注部分，第1033页）

《最高人民法院、最高人民检察院关于办理伪造、贩卖伪造的高等院校学历、学位证明刑事案件如何适用法律问题的解释》（法释〔2001〕22号，自2001年7月5日起施行）①

为依法惩处伪造、贩卖伪造的高等院校学历、学位证明的犯罪活动，现就办

① 需要注意的问题有三：(1)关于伪造、贩卖假文凭行为的定性问题。国家对于高等院校的学历教育、学位授予等问题有相应的法律、法规规定，高等院校依照法律、法规的规定，根据在校学生的学习情况发放学历证明、授予学位，只能反映出学校对学生学习成绩的一种评价，而不能将其等同于国家机关对学生学习情况的证明。有鉴于此，因高等院校的学历、学位证明并非国家机关制发的公文证件，加盖的印章也非国家机关的印章。因此，对于伪造高等院校学历、学位证明的行为不能以伪造国家机关公文、证件、印章罪定罪处罚。鉴于高等院校属于事业单位性质，而伪造高等院校印章进而伪造学历证明的行为较为常见，因此，对于伪造高等院校印章制作学历、学位证明的行为，应当依照《刑法》第二百八十条第二款的规定，以伪造事业单位印章罪定罪处罚。(2)关于贩卖伪造的高等院校学历、学位证明行为的定性问题。学历证明的发放行为并非市场行为，学历证明不是市场活动必需的经营许可证明文件，贩卖伪造的学历、学位证明行为侵犯的客体也并非市场秩序，因此，以非法经营罪定罪不妥。但是，对于明知是伪造高等院校印章制作的学历、学位证明而贩卖的，因行为人往往与伪造者已有勾结，客观上又实施了帮助行为，应当以伪造事业单位印章罪的共犯论处。(3)关于购买伪造的学历、学位证明行为能否追究刑事责任的问题。刑法对于涉及国家机关以外的其他单位公文、印章的犯罪行为，只规定了伪造印章罪，更没有追究购买伪造的学历、学位证明行为的规定。由于刑法并未对此行为规定相应的刑事责任，对其则应当依法给予行政处罚或者行政处分。但是，如果买假者参与了伪造高等院校印章的行为，则应当以伪造事业单位印章罪的共犯追究其刑事责任。参见孙军工：《〈关于办理伪造、贩卖伪造的高等院校学历、学位证明刑事案件如何适用法律问题的解释〉的理解与适用》，载中华人民共和国最高人民法院刑事审判第一、二、三、四、五庭主办：《中国刑事审判指导案例5》(增订第3版)，法律出版社2017年版，第685—686页。

理这类案件适用法律的有关问题解释如下:

对于伪造高等院校印章制作学历、学位证明的行为,应当依照刑法第二百八十条第二款的规定,以伪造事业单位印章罪定罪处罚。

明知是伪造高等院校印章制作的学历、学位证明而贩卖的,以伪造事业单位印章罪的共犯论处。

《最高人民法院、最高人民检察院关于办理与盗窃、抢劫、诈骗、抢夺机动车相关刑事案件具体应用法律若干问题的解释》(法释〔2007〕11号)第二条对伪造、变造、买卖机动车行驶证、登记证书适用伪造、变造、买卖国家机关证件罪的定罪量刑标准作了规定。(→参见第三百一十二条评注部分,第1630页)

《最高人民法院、最高人民检察院关于办理妨害信用卡管理刑事案件具体应用法律若干问题的解释》第四条第一款对为信用卡申请人制作、提供虚假资信证明材料涉及《刑法》第二百八十条的适用作了规定。(→参见第一百九十六条评注部分,第896页)

《最高人民法院、最高人民检察院关于办理虚假诉讼刑事案件适用法律若干问题的解释》(法释〔2018〕17号)对采取伪造证据等手段篡改案件事实,骗取人民法院裁判文书的行为适用《刑法》第二百八十条作了规定。(→参见第三百零七条之一评注部分,第1606—1609页)

《最高人民法院关于审理破坏森林资源刑事案件适用法律若干问题的解释》(法释〔2023〕8号)第十条对破坏森林资源犯罪所涉《刑法》第二百八十条第一款的适用作了规定。(→参见第三百四十四条评注部分,第1843页)

▎规范性文件

《最高人民法院、最高人民检察院、公安部、国家工商行政管理局关于依法查处盗窃、抢劫机动车案件的规定》(公通字〔1998〕31号)第七条对伪造、变造、买卖机动车牌证及机动车入户、过户、验证的有关证明文件适用《刑法》第二百八十条第一款作了规定。(→参见第三百一十二条评注部分,第1637页)

《最高人民法院、最高人民检察院、海关总署关于办理走私刑事案件适用法律若干问题的意见》(法〔2002〕139号)第九条对《刑法》第二百八十条的适用作了规定。(→参见分则第三章第二节标题评注部分,第672页)

《最高人民法院、最高人民检察院、公安部关于办理电信网络诈骗等刑事案件适用法律若干问题的意见(二)》(法发〔2021〕22号)第六条对《刑法》第二百八十条的适用作了规定。(→参见第二百六十六条评注部分,第1295—1296页)

法律适用答复、复函

《最高人民检察院法律政策研究室关于买卖伪造的国家机关证件行为是否构成犯罪问题的答复》（〔1999〕高检研发第5号）

辽宁省人民检察院研究室：

你院《关于买卖伪造的国家机关证件行为是否构成犯罪的请示》（辽检发研字〔1999〕3号）收悉。经研究，并根据高检院领导的批示，答复如下：

对于买卖伪造的国家机关证件的行为，依法应当追究刑事责任的，可适用刑法第二百八十条第一款的规定以买卖国家机关证件罪追究刑事责任。

《公安部关于盗窃空白因私护照有关问题的批复》（公境出〔2000〕881号）

辽宁省公安厅出入境管理处：

你处《关于准确认定盗窃空白护照性质及罪名的请示》（辽公境外〔2000〕178号）收悉。经研究，批复如下：

一、李博××、万××等人所盗取的空白护照属于出入境证件。护照不同于一般的身份证件，它是公民国际旅行的身份证件和国籍证明。在我国，公民因私护照的设计、研制、印刷统一由公安部出入境管理局负责。护照上设计了多项防伪措施，每本护照（包括空白护照）都有一个统一编号，空白护照是签发护照的重要构成因素，对空白护照的发放、使用有严格的管理程序。空白护照丢失，与已签发的护照一样，也由公安部出入境管理局宣布作废，空白护照是作为出入境证件加以管理的。因此，空白护照既是国家机关的证件，也是出入境证件。

二、李博××、万××等人所盗护照不同于一般商品，在认定其盗窃情节时，不能简单依照护照本身的研制、印刷费用计算盗窃数额，而应依照所盗护照的本数计算。一次盗窃2000本护照，在建国以来是第一次，所造成的影响极其恶劣。应当认定为"情节严重"，不是一般的盗窃，而应按照刑法第二百八十条规定处理。

三、李博××、万××等人将盗窃的护照出售，其出售护照的行为也妨害国(边)境管理秩序，触犯刑法第三百二十条，涉嫌构成出售出入境证件罪。

上述意见请商当地人民检察院。

《公安部关于对伪造学生证及贩卖、使用伪造学生证的行为如何处理问题的批复》（公刑〔2002〕1046号）

铁道部公安局：

你局《关于对伪造、贩卖、使用假学生证的行为如何认定处罚的请示》（公法〔2002〕4号）收悉。现批复如下：

一、对伪造高等院校印章制作学生证的行为，应当依照《中华人民共和国刑法》第280条第2款的规定，以伪造事业单位印章罪立案侦查。

二、对明知是伪造高等院校印章制作的学生证而贩卖的，应当以伪造事业单位印章罪的共犯立案侦查；对贩卖伪造的学生证，尚不够刑事处罚的，应当就其明知是伪造的学生证而购买的行为，依照《中华人民共和国治安管理处罚条例》第24条第（一）项的规定，以明知是赃物而购买处罚。

三、对使用伪造的学生证购买半价火车票，数额较大的，应当依照《中华人民共和国刑法》第266条的规定，以诈骗罪立案侦查；尚不够刑事处罚的，应当依照《中华人民共和国治安管理处罚条例》第23条第（一）项①的规定以诈骗定性处罚。

《公安部经济犯罪侦查局关于房产证是否属于"国家机关证件"问题的研究意见》（2003年6月26日）②

我们在办理妨害对公司、企业管理秩序犯罪案件过程中经常遇到犯罪嫌疑人"涂改房产证明"，用以达到公司、企业注册登记验资等目的的情形，对于此种情形是否涉嫌构成"伪造、变造、买卖国家机关公文证件、印章罪"的问题，存在分歧意见：一种意见认为，房产证属于政府房地产管理部门填发的房产证明，应该属于国家机关证件；另一种意见认为房产证仅是房产权属证明，不属于国家机关证件。我们同意第一种意见，最高人民检察院侦查监督厅也同意此意见。

《最高人民检察院法律政策研究室关于伪造、变造、买卖政府设立的临时性机构的公文、证件、印章行为如何适用法律问题的答复》（高检研发〔2003〕第17号）

江苏省人民检察院研究室：

你院《关于伪造、变造、买卖政府设立的临时性机构公文、证件、印章的行为能否适用刑法第二百八十条第一款规定的请示》（苏检发研字〔2003〕4号）收悉。经研究，答复如下：

伪造、变造、买卖各级人民政府设立的行使行政管理权的临时性机构的公文、证件、印章行为，构成犯罪的，应当依照刑法第二百八十条第一款的规定，以伪造、变造、买卖国家机关公文、证件、印章罪追究刑事责任。

---

① 现为《治安管理处罚法》第六十条。——本评注注
② 参见李立众编：《刑法一本通——中华人民共和国刑法总成》（第十六版），法律出版社2022年版，第569页。

《最高人民法院研究室关于伪造、变造、买卖民用机动车号牌行为能否以伪造、变造、买卖国家机关证件罪定罪处罚问题的请示的答复》(法研〔2009〕68号)

广东省高级人民法院：

你院粤高法〔2009〕108号《关于伪造、变造、买卖民用机动车号牌行为能否以伪造、变造、买卖国家机关证件罪定罪处罚问题的请示》收悉。经研究，答复如下：

同意你院审委会讨论中的多数人意见，伪造、变造、买卖民用机动车号牌行为不能以伪造、变造、买卖国家机关证件罪定罪处罚。你院所请示问题的关键在于能否将机动车号牌认定为国家机关证件，从当前我国刑法的规定看，不能将机动车号牌认定为国家机关证件。理由在于：

一、刑法第280条第1款规定了伪造、变造、买卖国家机关公文、证件、印章罪，第281条规定了非法生产、买卖警用装备罪，将警用车辆号牌归属于警察专用标志，属于警用装备的范围。从这一点分析，证件与车辆号牌不具有同一性。如果具有同一性，刑法第280条中的证件就包括了警用车辆号牌，也就没有必要在第281条中单独明确列举警用车辆号牌了。同样的道理适用于刑法第375条的规定(刑法第375条第1款规定了伪造、变造、买卖武装部队公文、证件、印章罪、盗窃、抢夺武装部队公文、证件、印章罪，第2款规定了非法生产、买卖军用标志罪，而军用标志包括武装部队车辆号牌)。刑法规定非法生产、买卖警用装备罪和非法生产、买卖军用标志罪，明确对警用车辆号牌和军用车辆号牌进行保护，目的在于维护警用、军用标志性物品的专用权，而不是将警用和军用车辆号牌作为国家机关证件来保护。如果将机动车号牌认定为证件，那么非法买卖警用机动车号牌的行为，是认定为非法买卖国家机关证件罪还是非法买卖警用装备罪？这会导致刑法适用的混乱。

二、从刑罚处罚上看，如果将机动车号牌认定为国家机关证件，那么非法买卖的机动车号牌如果分别属于人民警察车辆号牌、武装部队车辆号牌、普通机动车号牌，同样一个行为就会得到不同的处理结果：对于前两者，根据刑法第281条、第375条第2款的规定，情节严重的，分别构成非法买卖警用装备罪、非法买卖军用标志罪，法定刑为三年以下有期徒刑、拘役或者管制，并处或者单处罚金。对于非法买卖民用机动车号牌，根据刑法第280条第1款的规定，不论情节是否严重，均构成买卖国家机关证件罪，情节一般的，处三年以下有期徒刑、拘役、管制或者剥夺政治权利；情节严重的，处三年以上十年以下有期徒刑。可见，将机动车号牌认定为证件，将使对非法买卖普通机动车号牌的刑罚处罚重于对非法买卖人民警察、武装部队车辆号牌的刑罚处罚，这显失公平，也有悖立法本意。

《**最高人民法院研究室关于税收通用完税证和车辆购置税完税证是否属于发票问题的回函**》（法研〔2010〕140号）对适用伪造国家机关印章罪作了规定。（→参见第二百零一条评注部分，第920页）

《**最高人民检察院法律政策研究室关于〈关于伪造机动车登记证书如何适用法律的请示〉的答复意见**》（2016年3月18日）①

《关于伪造机动车登记证书如何适用法律的请示》收悉，经研究，电话答复如下：

一、2007年两高《关于办理盗窃、抢劫、诈骗、抢夺机动车相关刑事案件具体应用法律若干问题的解释》第二条关于伪造、变造、买卖机动车行驶证、登记证书行为的定罪量刑标准，主要适用于与盗窃、抢劫、诈骗、抢夺机动车相关的刑事案件。

二、2007年两高《关于办理盗窃、抢劫、诈骗、抢夺机动车相关刑事案件具体应用法律若干问题的解释》规定情形以外的刑法第280条入罪标准应当根据案件具体情况处理，注意把握行政处罚与刑事处罚的衔接，注意把握行为的社会危害性。

三、对于刑法第280条入罪标准问题，我们将进一步研究，适时通过司法解释予以明确。

刑参案例规则提炼②

《**杨聪慧、马文明盗窃机动车号牌案**——以勒索钱财为目的盗窃机动车号牌的如何定罪处罚》（第582号案例）、《**张某重大责任事故案**——受让具有合法证照的网吧后未变更登记的不属于非法经营》（第1509号案例）所涉规则提炼如下：

1. 机动车号牌的定性规则。"机动车号牌只是一种标志，而非国家机关证件"，"不属于《刑法》第二百八十条规定的盗窃国家机关证件罪中的国家机关证件"。（第582号案例）

2. 非法买卖国家机关证件罪的适用规则。"为经营而买卖具有合法证照的网吧，不构成非法买卖国家机关证件罪。"（第1509号案例）

---

① 参见李立众编：《刑法一本通——中华人民共和国刑法总成》（第十六版），法律出版社2022年版，第570页。

② 另，鉴于1997年《刑法》修改，《王一民、石香娥伪造国家机关证件案——对1997年《刑法》实施以前伪造医院证明的行为应如何适用法律》（第107号案例）所涉规则未予提炼。

司法疑难解析

1. **《刑法》第二百八十条所涉犯罪追诉期限的计算**。实践中,有观点认为,《刑法》第二百八十条所涉犯罪侵害的法益是国家机关公文、证件、印章等的公共信用,仅有伪造、变造、买卖等行为还不能对法益产生实质侵害,构成相关犯罪应以伪造、变造、买卖的国家机关公文、证件印章等投入使用为要件,追诉期限应该从使用之日起起算。**本评注不赞成上述观点**,认为《刑法》第二百八十条所涉犯罪属于行为犯的范畴,应当从相关伪造、变造、买卖等行为终了之日起计算追诉期限。

2. **涉外国公文、证件、印章、身份证件案件的处理**。实践中,对于案件涉及外国公文、证件、印章、身份证件的,能否适用《刑法》第二百八十条、第二百八十一条的相关规定,存在不同认识。**本评注主张区分情况作出处理**,以所涉行为是否对我国刑法保护的法益造成实质侵害作为判断标准。例如,行为人伪造了外国驾驶证并全部运往境外使用的,通常不宜适用伪造身份证件罪的规定;但是,行为人伪造了外国护照并在境内使用的,由于对我国法益造成了实质侵害,可以视情适用伪造身份证件罪。

3. **《刑法》第二百八十条所涉犯罪入罪标准的把握**。根据《刑法》第二百八十条的规定,该条没有设置入罪门槛。但从实践把握来看,特别是伪造公司、企业、事业单位、人民团体印章罪和伪造、变造、买卖身份证件罪,通常要求达到一定的情节才构成犯罪,以确保刑法的谦抑和妥当界分刑事处罚与行政处罚。对此,《最高人民法院、最高人民检察院关于办理与盗窃、抢劫、诈骗、抢夺机动车相关刑事案件具体应用法律若干问题的解释》(法释〔2007〕11号)第二条关于伪造、变造、买卖机动车行驶证、登记证书构成伪造、变造、买卖国家机关证件罪亦设置了"累计三本以上"的门槛。**本评注赞同**司法实践的上述处理,并认为法释〔2007〕11号的相关规定可以供处理其他类似案件参考。当然,对于《刑法》第二百八十条所涉犯罪入罪,除了数量外,还应当综合考量行为动机、后果等其他情节。

第二百八十条之一 【使用虚假身份证件、盗用身份证件罪】在依照国家规定应当提供身份证明的活动中,使用伪造、变造的或者盗用他人的居民身份证、护照、社会保障卡、驾驶证等依法可以用于证明身份的证件,情节严重的,处拘役或者管制,并处或者单处罚金。

有前款行为,同时构成其他犯罪的,依照处罚较重的规定定罪处罚。

立法沿革

本条系 2015 年 11 月 1 日起施行的《刑法修正案（九）》第二十三条增设的规定。

相关规定

《中华人民共和国治安管理处罚法》（修正后自 2013 年 1 月 1 日起施行，节录）

第五十二条 有下列行为之一的,处十日以上十五日以下拘留,可以并处一千元以下罚款;情节较轻的,处五日以上十日以下拘留,可以并处五百元以下罚款：

（二）买卖或者使用伪造、变造的国家机关、人民团体、企业、事业单位或者其他组织的公文、证件、证明文件的;

规范性文件

《最高人民法院、最高人民检察院、公安部关于办理电信网络诈骗等刑事案件适用法律若干问题的意见（二）》（法发〔2021〕22 号）第六条对《刑法》第二百八十条之一的适用作了规定。（→参见第二百六十六条评注部分,第 1295 页）

司法疑难解析

购买伪造、变造的身份证件行为的处理。 在《刑法修正案（九）》之前,对于购买伪造、变造的国家机关公文、证件、印章等行为,能否认定为《刑法》第二百八十条规定的相应伪造、变造犯罪（包括帮助犯）,实践中存在不同认识:有观点认为,相关伪造、变造犯罪只处罚伪造、变造行为,系片面对向犯;也有观点认为,购买者与伪造、变造者之间是加工承揽关系,符合共同犯罪的成立要件。本评注认为,上述问题可以继续探讨,但至少在《刑法修正案（九）》增设使用虚假身份证件、盗用身份证件罪之后,对与之相关的伪造、变造身份证件罪,应当认定为系片面对向犯,即不处罚购买者。对于购买伪造、变造的身份证件的行为,主要根据后续使用环节视情适用使用虚假身份证件罪。

第二百八十条之二 【冒名顶替罪】盗用、冒用他人身份,顶替他人取得的高等学历教育入学资格、公务员录用资格、就业安置待遇的,处三年以下有期徒刑、拘役或者管制,并处罚金。

组织、指使他人实施前款行为的,依照前款的规定从重处罚。

国家工作人员有前两款行为,又构成其他犯罪的,依照数罪并罚的规定处罚。

◆立法沿革

本条系2021年3月1日起施行的《刑法修正案(十一)》第三十二条增设的规定。

◆司法疑难解析

冒名顶替罪的适用。实践中,冒名顶替的典型行为样态是,顶替者在被冒名者根本不知情的情况下顶替他人资格。以冒名顶替高等学历教育入学资格为例,通常表现为通过截留录取通知、篡改学籍档案等方法,冒名顶替入学。此种情形下,受害人完全不知情。该类行为性质非常恶劣,不仅损害了高等教育的公平公信,还严重损害了受害人的受教育权,具有严重的社会危害性,应当成为惩治的重点。但是,冒名顶替所涉情形较为复杂多样,**本评注认为**,不宜搞"一刀切",应当区分情况作出处理:(1)关于冒名不顶替的情形不宜以犯罪论处。该种情形系单纯冒名行为,如冒名者利用被冒名者退学的学籍取得普通高等学校入学考试资格,但并不冒用被冒名者的成绩,也没有挤占被冒名者的权益;由于一些历史的原因,在普通高等教育招录中曾要求,已被普通高等学校录取的学生,因故不能报到或者自动放弃入学资格的,不能再报名参加考试。一些高中生考取的成绩不理想或者考取的学校达不到预期的,按照政策不能复读,但个人为了争取更好的升学机会和人生际遇,学校为追求升学率,这些复读生往往以他人的名义再报名参加高考。这种情形下,行为人虽然有冒名行为,但其成绩是自己考取的,获取的入学资格是依靠自己真实水平取得的,并不存在顶替行为。同理,在公务员考试中,同样存在冒名但是成绩不作假的情形;在就业安置待遇方面,有的人冒用他人身份信息参军,服兵役后获取就业安置待遇资格的,均属于虽有冒名,但不存在顶替行为,不宜认定为本罪。(2)对于冒名顶替他人放弃的资格,甚至取得被顶替者同意的情形,在入罪时也应当综合考虑。有的冒名顶替案件中,可能存在着被顶替者知情、同意甚至是主动配合的情形,有的是被顶替者出卖自己的成绩及取得的入学资格以换取物质利益,有的是基于亲友关系主动出让自己考取的资格。① 冒名顶替犯罪属于妨害社会管理秩序类犯罪,侵犯的是社会公共法益,不适用被害人承诺的理论。此种情形下,虽然被顶替的资格是他人自愿放弃的,甚至被顶替者同意、配合顶替,但是,"顶替行为让没有参加考试或者考试成绩较低的人可以直接入学,损害了考试招录制度的公平和公信力,同时让因他人弃权而按照规则能够递补录取的人员丧失了机会,又侵害了特定对象的利益。这种顶替他人放弃的入学资格的行为,也具有一定的社会危害性,也应予以惩处"②。对于上述情形在决定应否追究刑事责任时,应当综合案件情况具体考虑;确须追究刑事责任的,在刑罚裁量时也可以与典型的冒名顶替形态有所区别,以实现案件办理的良好效果。

> **第二百八十一条** 【非法生产、买卖警用装备罪】非法生产、买卖人民警察制式服装、车辆号牌等专用标志、警械,情节严重的,处三年以下有期徒刑、拘役或者管制,并处或者单处罚金。
>
> 单位犯前款罪的,对单位判处罚金,并对其直接负责的主管人员和其他直接责任人员,依照前款的规定处罚。

立法沿革

本条系1997年《刑法》增设的规定。

立案追诉标准

《最高人民检察院、公安部关于公安机关管辖的刑事案件立案追诉标准的规定(一)》(节录)

第三十五条 [非法生产、买卖警用装备案(刑法第二百八十一条)]非法生产、买卖人民警察制式服装、车辆号牌等专用标志、警械,涉嫌下列情形之一的,应予立案追诉:

(一)成套制式服装三十套以上,或者非成套制式服装一百件以上的;

---

① 如实践中发生过兄弟间相互顶替的案件,唐某甲高考后因成绩未达到预期,主动出让给哥哥唐某乙,弟弟唐某甲再以其他身份参加高考。参见湖南省湘潭市雨湖区人民法院行政判决书(2018)湘0302行初165号。

② 许永安主编:《中华人民共和国刑法修正案(十一)解读》,中国法制出版社2021年版,第300、301页。

（二）手铐、脚镣、警用抓捕网、警用催泪喷射器、警灯、警报器单种或者合计十件以上的；

（三）警棍五十根以上的；

（四）警衔、警号、胸章、臂章、帽徽等警用标志单种或者合计一百件以上的；

（五）警用号牌、省级以上公安机关专段民用车辆号牌一副以上，或者其他公安机关专段民用车辆号牌三副以上的；

（六）非法经营数额五千元以上，或者非法获利一千元以上的；

（七）被他人利用进行违法犯罪活动的；

（八）其他情节严重的情形。

（→附则参见分则标题评注部分，第392页）

第二百八十二条 【非法获取国家秘密罪】以窃取、刺探、收买方法，非法获取国家秘密的，处三年以下有期徒刑、拘役、管制或者剥夺政治权利；情节严重的，处三年以上七年以下有期徒刑。

【非法持有国家绝密、机密文件、资料、物品罪】非法持有属于国家绝密、机密的文件、资料或者其他物品，拒不说明来源与用途的，处三年以下有期徒刑、拘役或者管制。

◆ 立法沿革

本条系1997年《刑法》增设的规定。

第二百八十三条 【非法生产、销售专用间谍器材、窃听、窃照专用器材罪】非法生产、销售专用间谍器材或者窃听、窃照专用器材的，处三年以下有期徒刑、拘役或者管制，并处或者单处罚金；情节严重的，处三年以上七年以下有期徒刑，并处罚金。

单位犯前款罪的，对单位判处罚金，并对其直接负责的主管人员和其他直接责任人员，依照前款的规定处罚。

◆ 立法沿革

本条系1997年《刑法》增设的规定。

2015年11月1日起施行的《刑法修正案（九）》第二十四条对本条作了修

改,将对象在"专用间谍器材"的基础上增加规定"窃听、窃照专用器材",将法定最高刑由三年有期徒刑调整为七年有期徒刑,并增加罚金刑;同时,增加第二款关于单位犯罪的规定。

修正前《刑法》	修正后《刑法》
第二百八十三条 【非法生产、销售间谍专用器材罪】非法生产、销售窃听、窃照等专用间谍器材的,处三年以下有期徒刑、拘役或者管制。	第二百八十三条 【非法生产、销售专用间谍器材、窃听、窃照专用器材罪】非法生产、销售专用间谍器材或者窃听、窃照专用器材的,处三年以下有期徒刑、拘役或者管制,并处或者单处罚金;情节严重的,处三年以上七年以下有期徒刑,并处罚金。 单位犯前款罪的,对单位判处罚金,并对其直接负责的主管人员和其他直接责任人员,依照前款的规定处罚。

■ 相关规定

《中华人民共和国反间谍法实施细则》(国务院令第692号,自2017年11月22日起施行,节录)

第十八条 《反间谍法》第二十五条①所称"专用间谍器材",是指进行间谍活动特殊需要的下列器材:

(一)暗藏式窃听、窃照器材;

(二)突发式收发报机、一次性密码本、密写工具;

(三)用于获取情报的电子监听、截收器材;

(四)其他专用间谍器材。

专用间谍器材的确认,由国务院国家安全主管部门负责。

《禁止非法生产销售使用窃听窃照专用器材和"伪基站"设备的规定》(国家工商行政管理总局、中华人民共和国公安部、国家质量监督检验检疫总局令第72号)对窃听、窃照专用器材的认定及相关问题作了规定。(→参见第二百八十八条评注部分,第1444页)

---

① 修订后《反间谍法》第十五条。——本评注注

第二百八十四条 【非法使用窃听、窃照专用器材罪】非法使用窃听、窃照专用器材,造成严重后果的,处二年以下有期徒刑、拘役或者管制。

立法沿革

本条系 1997 年《刑法》增设的规定。

第二百八十四条之一 【组织考试作弊罪】在法律规定的国家考试中,组织作弊的,处三年以下有期徒刑或者拘役,并处或者单处罚金;情节严重的,处三年以上七年以下有期徒刑,并处罚金。

为他人实施前款犯罪提供作弊器材或者其他帮助的,依照前款的规定处罚。

【非法出售、提供试题、答案罪】为实施考试作弊行为,向他人非法出售或者提供第一款规定的考试的试题、答案的,依照第一款的规定处罚。

【代替考试罪】代替他人或者让他人代替自己参加第一款规定的考试的,处拘役或者管制,并处或者单处罚金。

立法沿革

本条系 2015 年 11 月 1 日起施行的《刑法修正案(九)》第二十五条增设的规定。

司法解释

《最高人民法院关于〈中华人民共和国刑法修正案(九)〉时间效力问题的解释》(法释〔2015〕19 号)第六条对《刑法》第二百八十四条之一的时间效力问题作了明确。(→参见第十二条评注部分,第 23 页)

《最高人民法院、最高人民检察院关于办理组织考试作弊等刑事案件适用法律若干问题的解释》(法释〔2019〕13 号,自 2019 年 9 月 4 日起施行)

为依法惩治组织考试作弊、非法出售、提供试题、答案、代替考试等犯罪,维护考试公平与秩序,根据《中华人民共和国刑法》《中华人民共和国刑事诉讼法》的规定,现就办理此类刑事案件适用法律的若干问题解释如下:

第一条①②　刑法第二百八十四条之一规定的"法律规定的国家考试",仅限于全国人民代表大会及其常务委员会制定的法律所规定的考试。

根据有关法律规定,下列考试属于"法律规定的国家考试":

(一)普通高等学校招生考试、研究生招生考试、高等教育自学考试、成人高等学校招生考试等国家教育考试;

(二)中央和地方公务员录用考试;

(三)国家统一法律职业资格考试、国家教师资格考试、注册会计师全国统一考试、会计专业技术资格考试、资产评估师资格考试、医师资格考试、执业药师职业资格考试、注册建筑师考试、建造师执业资格考试等专业技术资格考试;

(四)其他依照法律由中央或者地方主管部门以及行业组织的国家考试。

前款规定的考试涉及的特殊类型招生、特殊技能测试、面试等考试,属于"法律规定的国家考试"。

第二条　在法律规定的国家考试中,组织作弊,具有下列情形之一的,应当认定为刑法第二百八十四条之一第一款规定的"情节严重":

---

① 需要注意的问题有二:(1)"法律规定的国家考试"限于法律有规定的考试。目前,许多领域都存在国家考试,且分属不同部门主管,大致可分为教育类考试、资格类考试、职称类考试、录用任用考试四大类,共计二百多种。经梳理,目前二十余部法律对"法律规定的国家考试"作了规定,包括《教育法》《高等教育法》《公务员法》《法官法》《警察法》《教师法》《执业医师法》《注册会计师法》《道路交通安全法》《海关法》《动物防疫法》《旅游法》《证券投资基金法》《统计法》《公证法》等。(2)"法律规定的国家考试"不限于由中央有关主管部门依照法律统一组织的全国性考试,也包括地方主管部门依照法律规定组织的考试。例如,《公务员法》第二十四条规定:"中央机关及其直属机构公务员的录用,由中央公务员主管部门负责组织。地方各级机关公务员的录用,由省级公务员主管部门负责组织,必要时省级公务员主管部门可以授权设区的市级公务员主管部门组织。"再如,普通高等学校招生考试既有全国统一考试,也有各省(区、市)组织的考试。参见周加海、王庆刚、喻海松:《〈关于办理组织考试作弊等刑事案件适用法律若干问题的解释〉的理解与适用》,载中华人民共和国最高人民法院刑事审判第一、二、三、四、五庭主办:《刑事审判参考(总第120集)》,法律出版社2020年版,第137—138页。

② 银行业专业人员职业资格考试是指银行业金融机构从事前、中、后台业务及管理工作的专业技术人员取得相应级别和类别职业资格证书需要通过的考试,与审查拟任银行业金融机构的董事和高级管理人员的专业知识及能力进行的测试有所区别,不宜将二者等同,故无法依据《银行业监督管理法》第二十条"国务院银行业监督管理机构对银行业金融机构的董事和高级管理人员实行任职资格管理。具体办法由国务院银行业监督管理机构制定"的规定直接认为其属于"法律规定的国家考试"。——**本评注注**

(一)在普通高等学校招生考试、研究生招生考试、公务员录用考试中组织考试作弊的；
(二)导致考试推迟、取消或者启用备用试题的；
(三)考试工作人员组织考试作弊的；
(四)组织考生跨省、自治区、直辖市作弊的；
(五)多次组织考试作弊的；①
(六)组织三十人次以上作弊的；②
(七)提供作弊器材五十件以上的；
(八)违法所得三十万元以上的；
(九)其他情节严重的情形。

第三条③④ 具有避开或者突破考场防范作弊的安全管理措施，获取、记录、传递、接收、存储考试试题、答案等功能的程序、工具，以及专门设计用于作弊

---

① 由于多数考试作弊会针对同一考试所涉多个甚至全部科目进行，基于罪责刑相适应原则的考量，对于在同一考试之中的多个科目组织考试作弊的，一般不宜认定为"多次组织考试作弊"。否则，将导致多数组织考试作弊案件应升档量刑，明显不适宜。——本评注注

② 本项规定的"三十人次"，通常应理解为组织的作弊考生在三十人次以上，而不宜将参与考试作弊并为作弊考生提供帮助的人员（如提供作弊器材的人员）计算在"人次"之中。作此理解，也可以与本解释第五条第五项"向三十人次以上非法出售或者提供试题、答案的"规定基本协调一致。——本评注注

③ 本条第一款对"作弊器材"的认定标准作了明确。具体而言，从功能上将"作弊器材"限定为具有避开或者突破考场防范作弊的安全防范措施（如纽扣式数码相机、眼镜式密拍设备通过伪装，以规避考场检查），获取、记录、传递、接收、存储试题、答案等功能（如密拍设备、数据接收设备可以发送、接收相关信息）的程序、工具。据此，对于普通的手机、相机，不宜认定为"作弊器材"。此外，随着技术发展，未来有可能出现新型作弊器材。例如，在机动车驾驶员考试中，目前实行电子路考，即摒弃原先的考试员监考评分，取代之的是电脑监控评判，扣分等工作也全部由电脑控制。如果研制相关作弊程序，从而控制电子路考设备，使其失去相应功能，无法进行扣分的，也应当认定为"作弊器材"。基于此，从主观动机角度，将"专门设计用于作弊的程序、工具"规定为"作弊器材"。参见周加海、王庆莹、喻海松：《〈关于办理组织考试作弊等刑事案件适用法律若干问题的解释〉的理解与适用》，载中华人民共和国最高人民法院刑事审判第一、二、三、四、五庭主办：《刑事审判参考（总第120集）》，法律出版社2020年版，第142页。

④ 对于《刑法》第二八四条之一第二款规定的为他人实施组织作弊犯罪提供的"其他帮助"，应当根据案件的具体情况加以把握。从实践来看，为他人组织作弊犯罪实（转下页）

的程序、工具,应当认定为刑法第二百八十四条之一第二款规定的"作弊器材"。

对于是否属于刑法第二百八十四条之一第二款规定的"作弊器材"难以确定的,依据省级以上公安机关或者考试主管部门出具的报告,结合其他证据作出认定;涉及专用间谍器材、窃听、窃照专用器材、"伪基站"等器材的,依照相关规定作出认定。

第四条 组织考试作弊,在考试开始之前被查获,但已经非法获取考试试题、答案或者具有其他严重扰乱考试秩序情形的,应当认定为组织考试作弊罪既遂。

第五条 为实施考试作弊行为,非法出售或者提供法律规定的国家考试的试题、答案,具有下列情形之一的,应当认定为刑法第二百八十四条之一第三款规定的"情节严重":

(一)非法出售或者提供普通高等学校招生考试、研究生招生考试、公务员录用考试的试题、答案的;

(二)导致考试推迟、取消或者启用备用试题的;

(三)考试工作人员非法出售或者提供试题、答案的;

(四)多次非法出售或者提供试题、答案的;

(五)向三十人次以上非法出售或者提供试题、答案的;

(六)违法所得三十万元以上的;

(七)其他情节严重的情形。

第六条① 为实施考试作弊行为,向他人非法出售或者提供法律规定的国家考试的试题、答案,试题不完整或者答案与标准答案不完全一致的,不影响非

(接上页)施的下列帮助行为可以认定为"其他帮助":(1)帮助安排作弊考点、考场或者考位的;(2)帮助控制考场视频监控系统和无线通讯信号屏蔽系统的;(3)帮助传递考试试题、答案、作弊器材或者通讯设备的;(4)帮助违规招录监考人员的;(5)帮助更换答题卡的;(6)其他为实施组织考试作弊犯罪提供帮助的行为。参见周加海、王庆刚、喻海松:《关于办理组织考试作弊等刑事案件适用法律若干问题的解释》的理解与适用》,载中华人民共和国最高人民法院刑事审判第一、二、三、四、五庭主办:《刑事审判参考(总第120集)》,法律出版社2020年版,第143页。

① 当然,如果试题本身错误或者答案与标准答案完全或者较大程度不一致的,不能认定为非法出售、提供试题、答案罪;符合诈骗罪等其他犯罪的,可以适用相应罪名。参见周加海、王庆刚、喻海松:《〈关于办理组织考试作弊等刑事案件适用法律若干问题的解释〉的理解与适用》,载中华人民共和国最高人民法院刑事审判第一、二、三、四、五庭主办:《刑事审判参考(总第120集)》,法律出版社2020年版,第144页。

法出售、提供试题、答案罪的认定。

第七条① 代替他人或者让他人代替自己参加法律规定的国家考试的,应当依照刑法第二百八十四条之一第四款的规定,以代替考试罪定罪处罚。

对于行为人犯罪情节较轻,确有悔罪表现,综合考虑行为人替考情况以及考试类型等因素,认为符合缓刑适用条件的,可以宣告缓刑;犯罪情节轻微的,可以不起诉或者免予刑事处罚;情节显著轻微危害不大的,不以犯罪论处。

第八条 单位实施组织考试作弊、非法出售、提供试题、答案等行为的,依照本解释规定的相应定罪量刑标准,追究组织者、策划者、实施者的刑事责任。

第九条 以窃取、刺探、收买方法非法获取法律规定的国家考试的试题、答案,又组织考试作弊或者非法出售、提供试题、答案,分别符合刑法第二百八十二条和刑法第二百八十四条之一规定的,以非法获取国家秘密罪和组织考试作弊罪或者非法出售、提供试题、答案罪数罪并罚。

第十条②③ 在法律规定的国家考试以外的其他考试中,组织作弊,为他人

---

① 根据《刑法》第二百八十四条之一第四款的规定,代替他人或者让他人代替自己参加法律规定的国家考试的,即构成代替考试罪,并无情节限制。考虑到实践中代替考试的情形较为复杂,不区分情况一律定罪处罚过严,易增加社会对立面,也不符合宽严相济刑事政策的要求。因此,对于代替他人或者让他人代替自己参加法律规定的国家考试的,在决定是否追究刑事责任以及如何追究刑事责任时,应当综合考虑行为人的有关情况以及考试类型等因素,确保相关案件的处理实现法律效果与社会效果的有机统一。参见周加海、王庆刚、喻海松:《〈关于办理组织考试作弊等刑事案件适用法律若干问题的解释〉的理解与适用》,载中华人民共和国最高人民法院刑事审判第一、二、三、四、五庭主办:《刑事审判参考(总第120集)》,法律出版社2020年版,第144页。实践中有些案件确实情况特殊,如某起代替考试案中,所涉考试为二级建造师执业资格考试,虽然属于"法律规定的国家考试",但在考试类型上似有别于普通高等学校招生考试、研究生招生考试、公务员录用考试等其他"法律规定的国家考试",且系父亲替儿子参加考试,替考当场被发现。因此,**本评注认为**,综合考虑上述情节,可以考虑作出罪处理。

② 关于在法律规定的国家考试以外的其他考试中实施考试作弊犯罪的处理,需要注意的问题有二:(1)在考试开始前,相关试题、答案属于国家秘密,对此不存在疑义。司法适用中,对于法律规定的国家考试以外的考试而言,相关试题依照有关规定被认定为国家秘密的,考前作弊(即行为人在考前通过盗窃试卷、贿买特定知悉人员等方式非法获取考试试题、参考答案、评分标准等,而后实施组织考试作弊行为)可以适用侵犯国家秘密类犯罪。具体而言,可能同时构成非法获取国家秘密罪、故意泄露国家秘密罪等罪名,应当根据牵连犯的处断原则,择一重罪处断。(2)考试开始后结束前,相关试题是否仍属于国家秘密,则存在不同认识;相关考试主管部门和公安机关通常认为属于国家秘(转下页)

组织作弊提供作弊器材或者其他帮助,或者非法出售、提供试题、答案,符合非法获取国家秘密罪、非法生产、销售窃听、窃照专用器材罪、非法使用窃听、窃照专用器材罪、非法利用信息网络罪、扰乱无线电通讯管理秩序罪等犯罪构成要件的,依法追究刑事责任。

第十一条 设立用于实施考试作弊的网站、通讯群组或者发布有关考试作弊的信息,情节严重的,应当依照刑法第二百八十七条之一的规定,以非法利用信息网络罪定罪处罚;同时构成组织考试作弊罪、非法出售、提供试题、答案罪、非法获取国家秘密罪等其他犯罪的,依照处罚较重的规定定罪处罚。

第十二条 对于实施本解释规定的犯罪被判处刑罚的,可以根据犯罪情况和预防再犯罪的需要,依法宣告职业禁止;被判处管制、宣告缓刑的,可以根据犯罪情况,依法宣告禁止令。

第十三条 对于实施本解释规定的行为构成犯罪的,应当综合考虑犯罪的危害程度、违法所得数额以及被告人的前科情况、认罪悔罪态度等,依法判

(接上页)密,应当适用非法获取国家秘密罪等涉密犯罪;但是,也有意见持相反观点,认为开考后对相关试题的管理难以达到相关保密规定,认定为国家秘密值得商榷,故不宜适用非法获取国家秘密罪等涉密犯罪。经研究认为,此种情形下,考中作弊(即行为人通过雇用"枪手"进入考场,将试题非法发送给场外人员,进而作弊的行为)能否认定为侵犯国家秘密类犯罪,则取决于依照相关规定能否将开考后、结束前的考试题认定为国家秘密。对此,2012年9月28日人力资源和社会保障部人事考试中心《关于对〈人事工作中国家秘密及其密级具体范围的补充规定〉中"启用前"一词解释的通知》明确:"'启用'一词包含'启封'和'使用完毕'两层涵义。'启用前'即'启封并使用完毕前',特指应试人员按规定结束考试离开考场之前的时间段。"按照上述理解,以各种方式泄露或者获取相关考试从命题到考试结束之前的试题、答案的行为,都属于侵害国家秘密的行为,可以视情况适用非法获取国家秘密罪等侵犯国家秘密类犯罪。当然,稳妥起见,司法机关在办案过程中可以商请有关考试主管部门对相关考试试题在开考后、结束前是否属于国家秘密出具认定意见。参见周加海、王庆刚、喻海松:《〈关于办理组织考试作弊等刑事案件适用法律若干问题的解释〉的理解与适用》,载中华人民共和国最高人民法院刑事审判第一、二、三、四、五庭主办:《刑事审判参考(总第120集)》,法律出版社2020年版,第146—147页。

(接上页)③ 具体适用之中还需要注意的是,要防止对法律规定的国家考试以外的其他考试中实施组织作弊等行为适用考试作弊犯罪以外的罪名,反而判处更重刑罚的现象。申言之,本条规定实际上是针对现行刑法规制漏洞通过迂回适用其他罪名加以弥补,对此亦有观点认为应当作出罪处理。基于此,在迂回适用其他罪名裁量刑罚之时,应当注意罪刑均衡原则的把握,原则上不宜重于考试作弊犯罪的刑罚。——**本评注注**

处罚金。

第十四条 本解释自2019年9月4日起施行。

《最高人民法院关于审理走私、非法经营、非法使用兴奋剂刑事案件适用法律若干问题的解释》(法释〔2019〕16号)第四条对兴奋剂犯罪适用组织考试作弊罪作了指引性规定。(→参见第三百五十五条之一评注部分,第　页)

法律适用答复、复函

《最高人民法院研究室关于护士执业资格考试是否属于"法律规定的国家考试"问题的答复》(法研〔2018〕109号,节录)

陕西省高级人民法院:

你院(2017)陕刑他178号《关于被告人××、××组织考试作弊一案的请示》收悉。经研究,答复如下:

一、刑法第二百八十四条之一规定的"法律规定的国家考试",是指全国人大及其常委会制定的法律中规定的国家考试。目前,护士执业资格考试的设定依据是护士条例。护士条例属于国务院制定的行政法规,不属于法律。护士执业资格考试不属于"法律规定的国家考试"。对于在护士执业资格考试中组织作弊,非法出售、提供试题、答案等扰乱考试秩序的行为,符合非法获取国家秘密罪、非法生产、销售窃听、窃照专用器材罪、非法使用窃听、窃照专用器材罪、非法利用信息网络罪、扰乱无线电通讯管理秩序罪等犯罪构成要件的,依照相关犯罪追究刑事责任。

……

《最高人民法院研究室关于对计算机技术与软件专业技术资格(水平)考试是否属于"法律规定的国家考试"征求意见的复函》(法研〔2019〕140号)

公安部十一局:

贵局《关于商请对有关考试性质予以认定的函》(公网安〔2019〕2173号)收悉。经研究认为,计算机技术与软件专业技术资格(水平)考试系依据部门规章《计算机技术与软件专业技术资格(水平)考试暂行规定》(国人部发〔2003〕39号)的规定举办,根据《最高人民法院、最高人民检察院关于办理组织考试作弊等刑事案件适用法律若干问题的解释》(法释〔2019〕13号)第一条第一款"刑法第二百八十四条之一规定的'法律规定的国家考试',仅限于全国人民代表大会及其常务委员会制定的法律所规定的考试"的规定,不属于刑法第二百八十四条之一规定的"法律规定的国家考试"。

以上意见供参考。

刑参案例规则提炼

《王学军等非法获取国家秘密、非法出售、提供试题、答案案——非法获取建造师考试试题、答案后又非法出售、提供的,如何定罪处罚》(第1441号案例)所涉规则提炼如下:

非法获取属于国家秘密的试题、答案后又非法出售、提供的处理规则。"非法获取属于国家秘密的试题、答案后又非法出售、提供的,应数罪并罚。"(第1441号案例)

司法疑难解析

1."法律规定的国家考试"范围涉及的实务争议。本评注认为,以下几个涉及"法律规定的国家考试"范围的问题须作进一步厘清,以解决司法适用中的争议:

其一,如何理解《教育法》第二十一条的规定?《教育法》第二十一条规定:"国家实行国家教育考试制度。""国家教育考试由国务院教育行政部门确定种类,并由国家批准的实施教育考试的机构承办。"经研究认为,不宜依据《教育法》第二十一条的笼统规定认定只要是教育部组织的考试均属于"法律规定的国家考试",而应限于法律有相对明确具体规定的考试,否则恐会导致"法律规定的国家考试"范围过于宽泛。例如,高等教育自学考试属于"法律规定的国家考试",其依据在于《高等教育法》第二十一条明确规定:"国家实行高等教育自学考试制度,经考试合格的,发给相应的学历证书或者其他学业证书";而大学英语四、六级考试虽然由教育部组织实施,但相关法律未作明确规定,故不宜纳入"国家规定的考试"范畴。对此,《国家教育考试违规处理办法》(教育部第18号令)第二条明确规定:"本办法所称国家教育考试是指普通和成人高等学校招生考试、全国硕士研究生招生考试、高等教育自学考试等,由国务院教育行政部门确定实施,由经批准的实施教育考试的机构承办,面向社会公开、统一举行,其结果作为招收学历教育学生或者取得国家承认学历、学位证书依据的测试活动。"据此,目前看来,属于"法律规定的国家考试"的国家教育考试主要是指普通高等学校招生考试、研究生招生考试、高等教育自学考试、成人高等学校招生考试等四种考试。

其二,《建筑法》第十四条是否属于"法律规定"?《建筑法》第十四条规定:"从事建筑活动的专业技术人员,应当依法取得相应的执业资格证书,并在执业资格证书许可的范围内从事建筑活动。"经研究认为,上述规定虽未出现"考试"表述,但执业资格证书主要通过考试取得,且《注册建筑师条例》(国务院令第184号)第七条进一步规定:"国家实行注册建筑师全国统一考试制度。注册建筑师全国统一考试办法,由国务院建设行政主管部门会同国务院人事行政主管部门商国务院其他有关行政主管部门共同制定,由全国注册建筑师管理委员会组织实施。"《注册建造师管理规定》(建设部令第153号)第三条第一款规定:"本规定所称注册建造师,是指通过考核认定或考试合格取得中华人民共和国建造师资格证书,并按照本规定注册,取得中华人民共和国建造师注册证书和执业印章,担任施工单位项目负责人及从事相关活动的专业技术人员。"因此,注册建筑师考试、建造师执业资格考试均属于"法律规定的国家考试"。

《药品管理法》第二十二条规定:"医疗机构必须配备依法经过资格认定的药学技术人员。非药学技术人员不得直接从事药剂技术工作。"《执业药师资格制度暂行规定》(人发〔1999〕34号)第二条规定:"国家实行执业药师资格制度,纳入全国专业技术人员执业资格制度统一规划的范围。"第六条规定:"执业药师资格实行全国统一大纲、统一命题、统一组织的考试制度。一般每年举行一次。"同理,执业药师执业资格考试也属于"法律规定的国家考试"。

《安全生产法》第三十条规定:"生产经营单位的特种作业人员必须按照国家有关规定经专门的安全作业培训,取得相应资格,方可上岗作业。""特种作业人员的范围由国务院应急管理部门会同国务院有关部门确定。"《特种作业人员安全技术培训考核管理规定》(国家安全监管总局令第30号)第十二条规定:"特种作业人员的考核包括考试和审核两部分。考试由考核发证机关或其委托的单位负责;审核由考核发证机关负责。""安全监管总局、煤矿安监局分别制定特种作业人员、煤矿特种作业人员的考核标准,并建立相应的考试题库。""考核发证机关或其委托的单位应当按照安全监管总局、煤矿安监局统一制定的考核标准进行考核。"同理,特种作业①人员的考试也属于"法律规定的国家考试"。

其三,《职业教育法》第八条、特别是《劳动法》第六十九条是否属于"法律规定"?《职业教育法》第八条第一款规定:"实施职业教育应当根据实际需要,同国家制定的职业分类和职业等级标准相适应,实行学历证书、培训证书和职业资

---

① 具体而言,特种作业目录包括:电工作业、焊接与热切割作业、高处作业、制冷与空调作业、煤矿安全作业、金属非金属矿山安全作业、石油天然气安全作业、冶金(有色)生产安全作业、危险化学品安全作业、烟花爆竹安全作业、安全监管总局认定的其他作业。

格证书制度。"《劳动法》第六十九条规定:"国家确定职业分类,对规定的职业制定职业技能标准,实行职业资格证书制度,由经备案的考核鉴定机构负责对劳动者实施职业技能考核鉴定。"经研究认为,上述规定过于原则性,故不宜成为认定资格类考试属于"法律规定的国家考试"的依据,而应看各类资格类考试有无法律的具体规定。

又如,《行政许可法》第五十四条第一款规定:"实施本法第十二条第三项所列事项的行政许可,赋予公民特定资格,依法应当举行国家考试的,行政机关根据考试成绩和其他法定条件作出行政许可决定……"该法第十二条第三项事项为"提供公众服务并且直接关系公共利益的职业、行业,需要确定具备特殊信誉、特殊条件或者特殊技能等资格、资质的事项"。同理,《行政许可法》第五十四条同样不能直接成为"法律规定的国家考试"的认定依据。

2. 组织考试作弊罪"为他人实施前款犯罪"的认定。根据《刑法》第二百八十四条之一第二款的规定,"为他人实施前款犯罪"是提供作弊器材或者其他帮助构成组织考试作弊罪的必备要件。**本评注认为:**(1)实践中,对于接受作弊器材者是否在法律规定的国家考试中组织作弊,即使事后司法机关查证都可能存在争议,故不宜要求器材提供者主观上具有此明知因素,以免不当限缩适用范围。故而,认定"为他人实施前款犯罪提供作弊器材或者其他帮助",不宜要求明知他人在法律规定的国家考试中组织作弊。(2)应当将《刑法》第二百八十四条之一第二款规定的"他人实施前款犯罪"理解为组织考试作弊的犯罪事实查证属实,不宜要求他人实施考试作弊的事实已被以组织考试作弊罪定罪处罚,否则,可能会不当限缩适用范围。故而,他人组织作弊事实查证属实,尚未依法裁判,未以组织考试作弊罪追究刑事责任(可能使用了其他罪名),或者因未达到刑事责任年龄等原因依法未予追究刑事责任的,不影响"为他人实施前款犯罪提供作弊器材或者其他帮助"的认定。

3."组织考生跨省、自治区、直辖市作弊"的认定。法释〔2019〕13号解释第二条将"组织考生跨省、自治区、直辖市作弊"规定为"情节严重"的情形之一。司法适用之中,对于是否只要组织的考生有不属于本省户籍的情形或者组织个别外省人员替考的,即一律认定为"组织考生跨省、自治区、直辖市作弊",存在不同认识。**本评注主张**,作此认定应当慎重。法释〔2019〕13号解释规定上述升档量刑情节,系针对司法实践中利用某些省份监考松散的漏洞,异地成规模组织考试作弊的情况。司法适用应当充分考虑上述规定的精神,对于组织的对象之中仅有零星外省人员的,原则上不宜作此认定。

第二百八十五条 【非法侵入计算机信息系统罪】违反国家规定,侵入国家事务、国防建设、尖端科学技术领域的计算机信息系统的,处三年以下有期徒刑或者拘役。

【非法获取计算机信息系统数据、非法控制计算机信息系统罪】违反国家规定,侵入前款规定以外的计算机信息系统或者采用其他技术手段,获取该计算机信息系统中存储、处理或者传输的数据,或者对该计算机信息系统实施非法控制,情节严重的,处三年以下有期徒刑或者拘役,并处或者单处罚金;情节特别严重的,处三年以上七年以下有期徒刑,并处罚金。

【提供侵入、非法控制计算机信息系统程序、工具罪】提供专门用于侵入、非法控制计算机信息系统的程序、工具,或者明知他人实施侵入、非法控制计算机信息系统的违法犯罪行为而为其提供程序、工具,情节严重的,依照前款的规定处罚。

单位犯前三款罪的,对单位判处罚金,并对其直接负责的主管人员和其他直接责任人员,依照各该款的规定处罚。

◀ 立法沿革

本条系1997年《刑法》增设的规定。

2009年2月28日起施行的《刑法修正案(七)》第九条对本条作了第一次修改,增加了第二款关于非法获取计算机信息系统数据、非法控制计算机信息系统犯罪和第三款关于提供侵入、非法控制计算机信息系统程序、工具犯罪的规定。

2015年11月1日起施行的《刑法修正案(九)》第二十六条对本条作了第二次修改,增加第四款关于单位犯罪的规定。

修正前《刑法》	第一次修正后《刑法》	第二次修正后《刑法》
第二百八十五条 【非法侵入计算机信息系统罪】违反国家规定,侵入国家事务、国防建设、尖端科学技术领域的计算机信息系统的,处三年以下有期徒刑或者拘役。	第二百八十五条 【非法侵入计算机信息系统罪】违反国家规定,侵入国家事务、国防建设、尖端科学技术领域的计算机信息系统的,处三年以下有期徒刑或者拘役。	第二百八十五条 【非法侵入计算机信息系统罪】违反国家规定,侵入国家事务、国防建设、尖端科学技术领域的计算机信息系统的,处三年以下有期徒刑或者拘役。

(续表)

修正前《刑法》	第一次修正后《刑法》	第二次修正后《刑法》
	【非法获取计算机信息系统数据、非法控制计算机信息系统罪】违反国家规定,侵入前款规定以外的计算机信息系统或者采用其他技术手段,获取该计算机信息系统中存储、处理或者传输的数据,或者对该计算机信息系统实施非法控制,情节严重的,处三年以下有期徒刑或者拘役,并处或者单处罚金;情节特别严重的,处三年以上七年以下有期徒刑,并处罚金。【提供侵入、非法控制计算机信息系统程序、工具罪】提供专门用于侵入、非法控制计算机信息系统的程序、工具,或者明知他人实施侵入、非法控制计算机信息系统的违法犯罪行为而为其提供程序、工具,情节严重的,依照前款的规定处罚。	【非法获取计算机信息系统数据、非法控制计算机信息系统罪】违反国家规定,侵入前款规定以外的计算机信息系统或者采用其他技术手段,获取该计算机信息系统中存储、处理或者传输的数据,或者对该计算机信息系统实施非法控制,情节严重的,处三年以下有期徒刑或者拘役,并处或者单处罚金;情节特别严重的,处三年以上七年以下有期徒刑,并处罚金。【提供侵入、非法控制计算机信息系统程序、工具罪】提供专门用于侵入、非法控制计算机信息系统的程序、工具,或者明知他人实施侵入、非法控制计算机信息系统的违法犯罪行为而为其提供程序、工具,情节严重的,依照前款的规定处罚。单位犯前三款罪的,对单位判处罚金,并对其直接负责的主管人员和其他直接责任人员,依照各该款的规定处罚。

全国人大常委会决定

《全国人民代表大会常务委员会关于维护互联网安全的决定》(修正后自2009年8月27日起施行)

我国的互联网,在国家大力倡导和积极推动下,在经济建设和各项事业中得到日益广泛的应用,使人们的生产、工作、学习和生活方式已经开始并将继续发生深刻的变化,对于加快我国国民经济、科学技术的发展和社会服务信息化进程具有重要作用。同时,如何保障互联网的运行安全和信息安全问题已经引起全社会的普遍关注。为了兴利除弊,促进我国互联网的健康发展,维护国家安全和社会公共利益,保护个人、法人和其他组织的合法权益,特作如下决定:

一、为了保障互联网的运行安全,对有下列行为之一,构成犯罪的,依照刑法有关规定追究刑事责任:

(一)侵入国家事务、国防建设、尖端科学技术领域的计算机信息系统;

(二)故意制作、传播计算机病毒等破坏性程序,攻击计算机系统及通信网络,致使计算机系统及通信网络遭受损害;

(三)违反国家规定,擅自中断计算机网络或者通信服务,造成计算机网络或者通信系统不能正常运行。

二、为了维护国家安全和社会稳定,对有下列行为之一,构成犯罪的,依照刑法有关规定追究刑事责任:

(一)利用互联网造谣、诽谤或者发表、传播其他有害信息,煽动颠覆国家政权、推翻社会主义制度,或者煽动分裂国家、破坏国家统一;

(二)通过互联网窃取、泄露国家秘密、情报或者军事秘密;

(三)利用互联网煽动民族仇恨、民族歧视,破坏民族团结;

(四)利用互联网组织邪教组织、联络邪教组织成员,破坏国家法律、行政法规实施。

三、为了维护社会主义市场经济秩序和社会管理秩序,对有下列行为之一,构成犯罪的,依照刑法有关规定追究刑事责任:

(一)利用互联网销售伪劣产品或者对商品、服务作虚假宣传;

(二)利用互联网损害他人商业信誉和商品声誉;

(三)利用互联网侵犯他人知识产权;

(四)利用互联网编造并传播影响证券、期货交易或者其他扰乱金融秩序的虚假信息;

(五)在互联网上建立淫秽网站、网页,提供淫秽站点链接服务,或者传播淫秽书刊、影片、音像、图片。

四、为了保护个人、法人和其他组织的人身、财产等合法权利,对有下列行为之一,构成犯罪的,依照刑法有关规定追究刑事责任:

(一)利用互联网侮辱他人或者捏造事实诽谤他人;

(二)非法截获、篡改、删除他人电子邮件或者其他数据资料,侵犯公民通信自由和通信秘密;

（三）利用互联网进行盗窃、诈骗、敲诈勒索的。

五、利用互联网实施本决定第一条、第二条、第三条、第四条所列行为以外的其他行为，构成犯罪的，依照刑法有关规定追究刑事责任。

六、利用互联网实施违法行为，违反社会治安管理，尚不构成犯罪的，由公安机关依照《治安管理处罚法》予以处罚；违反其他法律、行政法规，尚不构成犯罪的，由有关行政管理部门依法给予行政处罚；对直接负责的主管人员和其他直接责任人员，依法给予行政处分或者纪律处分。

利用互联网侵犯他人合法权益，构成民事侵权的，依法承担民事责任。

七、各级人民政府及有关部门要采取积极措施，在促进互联网的应用和网络技术的普及过程中，重视和支持对网络安全技术的研究和开发，增强网络的安全防护能力。有关主管部门要加强对互联网的运行安全和信息安全的宣传教育，依法实施有效的监督管理，防范和制止利用互联网进行的各种违法活动，为互联网的健康发展创造良好的社会环境。从事互联网业务的单位要依法开展活动，发现互联网上出现违法犯罪行为和有害信息时，要采取措施，停止传输有害信息，并及时向有关机关报告。任何单位和个人在利用互联网时，都要遵纪守法，抵制各种违法犯罪行为和有害信息。人民法院、人民检察院、公安机关、国家安全机关要各司其职，密切配合，依法严厉打击利用互联网实施的各种犯罪活动。要动员全社会的力量，依靠全社会的共同努力，保障互联网的运行安全与信息安全，促进社会主义精神文明和物质文明建设。

相关规定

《中华人民共和国治安管理处罚法》（修正后自2013年1月1日起施行，节录）

第二十九条 有下列行为之一的，处五日以下拘留；情节较重的，处五日以上十日以下拘留：

（一）违反国家规定，侵入计算机信息系统，造成危害的；

司法解释

《最高人民法院关于审理危害军事通信刑事案件具体应用法律若干问题的解释》（法释〔2007〕13号）第六条第三款对非法侵入国防建设、尖端科学技术领域的军事通信计算机信息系统行为的定性和罪数处断规则作了规定。（→参见第三百六十九条评注部分，第2072页）

《最高人民法院、最高人民检察院关于办理危害计算机信息系统安全刑事案件应用法律若干问题的解释》（法释〔2011〕19号，自2011年9月1日起施行）

为依法惩治危害计算机信息系统安全的犯罪活动，根据《中华人民共和国刑法》、《全国人民代表大会常务委员会关于维护互联网安全的决定》的规定，现就办理这类刑事案件应用法律的若干问题解释如下：

第一条 非法获取计算机信息系统数据或者非法控制计算机信息系统，具有下列情形之一的，应当认定为刑法第二百八十五条第二款规定的"情节严重"：

（一）获取支付结算、证券交易、期货交易等网络金融服务的身份认证信息十组以上的；

（二）获取第（一）项以外的身份认证信息五百组以上的；

（三）非法控制计算机信息系统二十台以上的；

（四）违法所得五千元以上或者造成经济损失一万元以上的；

（五）其他情节严重的情形。

实施前款规定行为，具有下列情形之一的，应当认定为刑法第二百八十五条第二款规定的"情节特别严重"：

（一）数量或者数额达到前款第（一）项至（四）项规定标准五倍以上的；

（二）其他情节特别严重的情形。

明知是他人非法控制的计算机信息系统，而对该计算机信息系统的控制权加以利用的，依照前两款的规定定罪处罚。

第二条① 具有下列情形之一的程序、工具，应当认定为刑法第二百八十五条第三款规定的"专门用于侵入、非法控制计算机信息系统的程序、工具"：

---

① 本条关于"专门用于侵入、非法控制计算机信息系统的程序、工具"的界定，尤需注意两点：(1)程序、工具本身具有避开或者突破计算机信息系统安全保护措施的功能。有不少木马程序既可用于合法目的也可用于非法目的，属于"中性程序"，比如 Windows 系统自带的 Terminal Service（终端服务）也可以用于远程控制计算机信息系统，很多商用用户运用这种远程控制程序以远程维护计算机信息系统。通常情况下，攻击者使用的木马程序必须故意逃避杀毒程序的查杀和防火墙的控制，故此类木马程序区别于"中性的"商用远程控制程序的主要特征是其具有"避开或者突破计算机信息系统安全保护措施"的特征，如自动停止杀毒软件的功能、自动卸载杀毒软件的功能等，在互联网上广泛销售的所谓"免杀"木马程序即属于此种类型的木马程序。因此，《危害计算机信息系统安全犯罪解释》将"专门用于避开或者突破计算机信息系统安全保护措施"作为界定标准之一。(2)程序、工具获取数据和控制的功能，在设计上即能在未经授权或者超越授权的状态下得以实现。这是专门程序、工具区别于"中性程序、工具"的典型特征，是该类程序违法性的集中体现。如"网银大盗"程序，其通过键盘记录的方式，监视用户操作，当用户使用个人网上银行进行交易时，该程序会恶意记录用户所使用的账号和密码，记录成功后，程序会将盗取的账号和密码发送给行为人。该程序在功能设计上即可在无须权利人授权的情况下获取其网上银行账号、密码等数据。"中性"程序、工具不具备在未经授权或超越授权的情况下自动获取数据或者控制他人计算机信息系统的功能。——本评注注

（一）具有避开或者突破计算机信息系统安全保护措施，未经授权或者超越授权获取计算机信息系统数据的功能的；

（二）具有避开或者突破计算机信息系统安全保护措施，未经授权或者超越授权对计算机信息系统实施控制的功能的；

（三）其他专门设计用于侵入、非法控制计算机信息系统、非法获取计算机信息系统数据的程序、工具。

第三条 提供侵入、非法控制计算机信息系统的程序、工具，具有下列情形之一的，应当认定为刑法第二百八十五条第三款规定的"情节严重"：

（一）提供能够用于非法获取支付结算、证券交易、期货交易等网络金融服务身份认证信息的专门性程序、工具五人次以上的；

（二）提供第（一）项以外的专门用于侵入、非法控制计算机信息系统的程序、工具二十人次以上的；

（三）明知他人实施非法获取支付结算、证券交易、期货交易等网络金融服务身份认证信息的违法犯罪行为而为其提供程序、工具五人次以上的；

（四）明知他人实施第（三）项以外的侵入、非法控制计算机信息系统的违法犯罪行为而为其提供程序、工具二十人次以上的；

（五）违法所得五千元以上或者造成经济损失一万元以上的；

（六）其他情节严重的情形。

实施前款规定行为，具有下列情形之一的，应当认定为提供侵入、非法控制计算机信息系统的程序、工具"情节特别严重"：

（一）数量或者数额达到前款第（一）项至第（五）项规定标准五倍以上的；

（二）其他情节特别严重的情形。

第四条① 破坏计算机信息系统功能、数据或者应用程序，具有下列情形之

---

① 关于"数据和应用程序"之间究竟是择一关系还是并列关系，即破坏计算机信息系统数据或者应用程序，就可构成破坏计算机信息系统罪，还是只有同时破坏计算机信息系统数据和应用程序，才能构成破坏计算机信息系统罪，存有不同认识。基于司法实践的具体情况，从体系解释的角度，应当将其理解为择一关系，即《刑法》第二百八十六条第二款规定的"数据和应用程序"应当理解为数据、应用程序均可以成为犯罪对象。主要考虑如下：从司法实践来看，破坏数据、应用程序的案件，主要表现为对数据进行删除、修改、增加的操作，鲜有破坏应用程序的案件。因此，对于《刑法》第二百八十六条第二款"对计算机信息系统中存储、处理或者传输的数据和应用程序进行删除、修改、增加的操作"的规定，应理解为数据、应用程序均可以成为犯罪对象，并不要求一次破（转下页）

一的,应当认定为刑法第二百八十六条第一款和第二款规定的"后果严重":

(一)造成十台以上计算机信息系统的主要软件或者硬件不能正常运行的;

(二)对二十台以上计算机信息系统中存储、处理或者传输的数据进行删除、修改、增加操作的;

(三)违法所得五千元以上或者造成经济损失一万元以上的;

(四)造成为一百台以上计算机信息系统提供域名解析、身份认证、计费等基础服务或者为一万以上用户提供服务的计算机信息系统不能正常运行累计一小时以上的;

(五)造成其他严重后果的。

实施前款规定行为,具有下列情形之一的,应当认定为破坏计算机信息系统"后果特别严重":

(一)数量或者数额达到前款第(一)项至第(三)项规定标准五倍以上的;

(二)造成为五百台以上计算机信息系统提供域名解析、身份认证、计费等基础服务或者为五万以上用户提供服务的计算机信息系统不能正常运行累计一小时以上的;

(三)破坏国家机关或者金融、电信、交通、教育、医疗、能源等领域提供公共服务的计算机信息系统的功能、数据或者应用程序,致使生产、生活受到严重影响或者造成恶劣社会影响的;

(四)造成其他特别严重后果的。

第五条 具有下列情形之一的程序,应当认定为刑法第二百八十六条第三款规定的"计算机病毒等破坏性程序":

(一)能够通过网络、存储介质、文件等媒介,将自身的部分、全部或者变种进行复制、传播,并破坏计算机系统功能、数据或者应用程序的;

(二)能够在预先设定条件下自动触发,并破坏计算机系统功能、数据或者应用程序的;

(三)其他专门设计用于破坏计算机系统功能、数据或者应用程序的程序。

第六条 故意制作、传播计算机病毒等破坏性程序,影响计算机系统正常运行,具有下列情形之一的,应当认定为刑法第二百八十六条第三款规定的"后果严重":

(接上页)坏行为必须同时破坏数据和应用程序,这样才能实现对计算机信息系统中存储、处理或者传输的数据、应用程序的有效保护,维护计算机信息系统安全。——**本评注**

（一）制作、提供、传输第五条第（一）项规定的程序，导致该程序通过网络、存储介质、文件等媒介传播的；

（二）造成二十台以上计算机系统被植入第五条第（二）、（三）项规定的程序的；

（三）提供计算机病毒等破坏性程序十人次以上的；

（四）违法所得五千元以上或者造成经济损失一万元以上的；

（五）造成其他严重后果的。

实施前款规定行为，具有下列情形之一的，应当认定为破坏计算机信息系统"后果特别严重"：

（一）制作、提供、传输第五条第（一）项规定的程序，导致该程序通过网络、存储介质、文件等媒介传播，致使生产、生活受到严重影响或者造成恶劣社会影响的；

（二）数量或者数额达到前款第（二）项至第（四）项规定标准五倍以上的；

（三）造成其他特别严重后果的。

第七条① 明知是非法获取计算机信息系统数据犯罪所获取的数据、非法控制计算机信息系统犯罪所获取的计算机信息系统控制权，而予以转移、收购、代为销售或者以其他方法掩饰、隐瞒，违法所得五千元以上的，应当依照刑法第三百一十二条第一款的规定，以掩饰、隐瞒犯罪所得罪定罪处罚。

实施前款规定行为，违法所得五万元以上的，应当认定为刑法第三百一十二条第一款规定的"情节严重"。

单位实施第一款规定行为的，定罪量刑标准依照第一款、第二款的规定执行。

第八条② 以单位名义或者单位形式实施危害计算机信息系统安全犯

---

① 各国国情有异，解决问题的路径也有别。以德国为例，针对数据非法交易行为，2015年12月18日生效的《通信数据的存储义务与最高存储期限引入法》对《德国刑法典》作出修正，新增第202条d，规定："以牟利或者损害他人为目的，获取、传播或者向第三人给予他人非法获取的非公开信息，处三年以下自由刑或者罚金刑。""该刑罚不得重于前行为所受的刑。""第1款不适用于专门为了履行法定职务或者作为业务职责的行为。"可见，与中国不同，德国对同样的问题采取了立法修改而非法律解释的方法，两国解决问题的路径本身并无优劣之分，都是基于本国实际的最优选择。——本评注注

② 本条的适用，应当根据经《刑法修正案（九）》修正后的《刑法》第二百八十五条、第二百八十六条予以妥当把握，即应当理解为相关单位犯罪的定罪量刑标准与自然人犯罪相同，而本条关于处罚对象的规定已经自然失效。——本评注注

罪,达到本解释规定的定罪量刑标准的,应当依照刑法第二百八十五条、第二百八十六条的规定追究直接负责的主管人员和其他直接责任人员的刑事责任。

第九条 明知他人实施刑法第二百八十五条、第二百八十六条规定的行为,具有下列情形之一的,应当认定为共同犯罪,依照刑法第二百八十五条、第二百八十六条的规定处罚:

(一)为其提供用于破坏计算机信息系统功能、数据或者应用程序的程序、工具,违法所得五千元以上或者提供十人次以上的;

(二)为其提供互联网接入、服务器托管、网络存储空间、通讯传输通道、费用结算、交易服务、广告服务、技术培训、技术支持等帮助,违法所得五千元以上的;

(三)通过委托推广软件、投放广告等方式向其提供资金五千元以上的。

实施前款规定行为,数量或者数额达到前款规定标准五倍以上的,应当认定为刑法第二百八十五条、第二百八十六条规定的"情节特别严重"或者"后果特别严重"。

第十条 对于是否属于刑法第二百八十五条、第二百八十六条规定的"国家事务、国防建设、尖端科学技术领域的计算机信息系统"、"专门用于侵入、非法控制计算机信息系统的程序、工具"、"计算机病毒等破坏性程序"难以确定的,应当委托省级以上负责计算机信息系统安全保护管理工作的部门检验。司法机关根据检验结论,并结合案件具体情况认定。

第十一条① 本解释所称"计算机信息系统"和"计算机系统",是指具备自动处理数据功能的系统,包括计算机、网络设备、通信设备、自动化控制设备等。

本解释所称"身份认证信息",是指用于确认用户在计算机信息系统上操作权限的数据,包括账号、口令、密码、数字证书等。

本解释所称"经济损失",包括危害计算机信息系统犯罪行为给用户直接造成的经济损失,以及用户为恢复数据、功能而支出的必要费用。

指导性案例

张竣杰等非法控制计算机信息系统案(指导案例145号,节录)

关键词 刑事 非法控制计算机信息系统罪 破坏计算机信息系统罪 采

---

① 关于本条第三款"经济损失"的计算,用户预期利益的损失不纳入其中。越来越多的经济活动对计算机信息系统的依赖程度很强,如果破坏计算机信息系统的数据或者功能可能造成重大的收入损失,但如果该损失属于预期利益的损失,如丧失商业合作机会造成的经济损失,则不能纳入"经济损失"的计算范围。——本评注注

用其他技术手段　修改增加数据　木马程序

裁判要点

1. 通过植入木马程序的方式,非法获取网站服务器的控制权限,进而通过修改、增加计算机信息系统数据,向相关计算机信息系统上传网页链接代码的,应当认定为刑法第二百八十五条第二款"采用其他技术手段"非法控制计算机信息系统的行为。

2. 通过修改、增加计算机信息系统数据,对该计算机信息系统实施非法控制,但未造成系统功能实质性破坏或者不能正常运行的,不应当认定为破坏计算机信息系统罪,符合刑法第二百八十五条第二款规定的,应当认定为非法控制计算机信息系统罪。

卫梦龙、龚旭、薛东东非法获取计算机信息系统数据案(检例第36号,节录)

关键词　非法获取计算机信息系统数据　超出授权范围登录　侵入计算机信息系统

要　旨　超出授权范围使用账号、密码登录计算机信息系统,属于侵入计算机信息系统的行为;侵入计算机信息系统后下载其储存的数据,可以认定为非法获取计算机信息系统数据。

叶源星、张剑秋提供侵入计算机信息系统程序、谭房妹非法获取计算机信息系统数据案(检例第68号,节录)

关键词　专门用于侵入计算机信息系统的程序　非法获取计算机信息系统数据　撞库　打码

要　旨　对有证据证明用途单一、只能用于侵入计算机信息系统的程序,司法机关可依法认定为"专门用于侵入计算机信息系统的程序";难以确定的,应当委托专门部门或司法鉴定机构作出检验或鉴定。

刑参案例规则提炼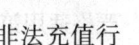

《吴冰非法获取计算机信息系统数据案——利用游戏系统漏洞非法充值行为的定性》(第1459号案例)所涉规则提炼如下:

利用游戏系统漏洞非法充值行为的定性规则。"利用系统漏洞非法获取游戏币的行为,可以认为是非法获取了计算机信息系统数据。"(第1459号案例)

司法疑难解析

1.涉及"国家事务、国防建设、尖端科学技术领域的计算机信息系统"案件的处理。本评注认为:(1)基于法释〔2011〕19号解释的价值取向,对于非法侵入计算机信息系统罪的适用,应当坚持慎用、少用的原则。如前所述,对于三大领域的计算机信息系统的范围界定,如果坚持体系解释的观点,则应当尽量限缩其范围。实际上,司法实践中适用非法侵入计算机信息系统罪的案件,很少有案件只是侵入,而没有实施任何其他危害行为的,如对数据增删改。如果没有任何进一步的危害行为,案发比较困难,查处起来应该也有难度。实践中大部分案件实际上都有进一步的获取数据、破坏数据或者系统的行为。在法释〔2011〕19号解释施行之前,由于对非法获取计算机信息系统数据、非法控制计算机信息系统罪、破坏计算机信息系统罪构成犯罪所要求的"情节严重""后果严重"等缺乏明确解释,司法实务中适用这些罪名较为困难,而适用《刑法》第二百八十五条第一款不需要"情节严重"或者"后果严重"的构成要件,所以实务部门很多时候希望能够将所侵入的计算机信息系统靠上三大领域的计算机信息系统,以适用非法侵入计算机信息系统罪。但是,法释〔2011〕19号解释对"情节严重""后果严重"等予以了明确,绝大部分案件都可以适用《刑法》第二百八十五条第一款以外的罪名,没有必要适用非法侵入计算机信息系统罪。况且,其他罪名的法定刑更为严厉,不会存在打击不力的问题。近些年来,我国遭受黑客攻击的政府网站的数量增长很快,而政府网站是通常所说的三大领域计算机信息系统的最为可能的构成部分。若网站被篡改,行为人肯定对数据进行了增删改。而法释〔2011〕19号解释第四条第二款第(三)项专门明确了破坏政府机关网站的行为,对篡改政府网站后果严重的行为完全可以适用破坏计算机信息系统罪定罪处罚,没有必要再界定到三大计算机信息系统里面,然后再适用非法侵入计算机信息系统罪。《刑法》第二百八十五条第一款在立法上应当属于保留条款,即备用条款,不应当大范围地适用,案件能够靠上其他罪名的,就不应当适用非法侵入计算机信息系统罪。(2)应当严格适用法释〔2011〕19号解释第十条的程序性规定。对于一些案件,涉嫌构成非法侵入计算机信息系统罪的,主要问题就是判断行为人所侵入的计算机信息系统是不是属于三大领域的计算机信息系统。要严格适用第十条的程序性规定,委托省级以上负责计算机信息系统安全保护管理工作的部门检验,并将检验结论移送司法机关,由司法机关依法最终作出认定。

2.《刑法》第二百八十五条第一款、第二款与第三款相交织情形的处理。本评注认为:(1)明知他人实施侵入(包括通过侵入计算机信息系统实施的非法获取数据)、非法控制计算机信息系统的违法犯罪行为,而为其提供程序、工具行为的定性。从立法背景来看,《刑法修正案(七)》增设了《刑法》第二百八十五条第三款,将非法侵入计算机信息系统、非法控制计算机信息系统共同犯罪中的提供工具行为独立化,单独规定为犯罪,并配置了独立的法定刑。在此背景下,对于明知他人实施侵入(包括通过侵入计算机信息系统实施的非法获取数据)、非法控制计算机信息系统的违法犯罪行为,而为其提供程序、工具的,无论是否构成共同犯罪,均宜以提供侵入、非法控制计算机信息系统程序、工具罪论处。(2)明知他人实施侵入(包括通过侵入计算机信息系统实施的非法获取数据)、非法控制计算机信息系统的违法犯罪行为,而为其提供程序、工具,并参与实施了非法侵入计算机信息系统、非法获取计算机信息系统数据、非法控制计算机信息系统的具体犯罪行为的定性。行为人实施的行为既符合了非法侵入计算机信息系统罪或者非法获取计算机信息系统数据、非法控制计算机信息系统罪,也符合了提供侵入、非法控制计算机信息系统程序、工具罪,但是考虑到两个行为之间前后相连,密不可分,不宜再数罪并罚。较为妥善的处理方案是,按照"从一重处断"原则,比较两罪轻重,按照重罪处断。

第二百八十六条 【破坏计算机信息系统罪】违反国家规定,对计算机信息系统功能进行删除、修改、增加、干扰,造成计算机信息系统不能正常运行,后果严重的,处五年以下有期徒刑或者拘役;后果特别严重的,处五年以上有期徒刑。

违反国家规定,对计算机信息系统中存储、处理或者传输的数据和应用程序进行删除、修改、增加的操作,后果严重的,依照前款的规定处罚。

故意制作、传播计算机病毒等破坏性程序,影响计算机系统正常运行,后果严重的,依照第一款的规定处罚。

单位犯前三款罪的,对单位判处罚金,并对其直接负责的主管人员和其他直接责任人员,依照第一款的规定处罚。

■ 立法沿革

本条系 1997 年《刑法》增设的规定。

2015 年 11 月 1 日起施行的《刑法修正案(九)》第二十七条对本条作了修改,增加第四款关于单位犯罪的规定。

修正前《刑法》	修正后《刑法》
第二百八十六条 【破坏计算机信息系统罪】违反国家规定,对计算机信息系统功能进行删除、修改、增加、干扰,造成计算机信息系统不能正常运行,后果严重的,处五年以下有期徒刑或者拘役;后果特别严重的,处五年以上有期徒刑。 违反国家规定,对计算机信息系统中存储、处理或者传输的数据和应用程序进行删除、修改、增加的操作,后果严重的,依照前款的规定处罚。 故意制作、传播计算机病毒等破坏性程序,影响计算机系统正常运行,后果严重的,依照第一款的规定处罚。	第二百八十六条 【破坏计算机信息系统罪】违反国家规定,对计算机信息系统功能进行删除、修改、增加、干扰,造成计算机信息系统不能正常运行,后果严重的,处五年以下有期徒刑或者拘役;后果特别严重的,处五年以上有期徒刑。 违反国家规定,对计算机信息系统中存储、处理或者传输的数据和应用程序进行删除、修改、增加的操作,后果严重的,依照前款的规定处罚。 故意制作、传播计算机病毒等破坏性程序,影响计算机系统正常运行,后果严重的,依照第一款的规定处罚。 单位犯前三款罪的,对单位判处罚金,并对其直接负责的主管人员和其他直接责任人员,依照第一款的规定处罚。

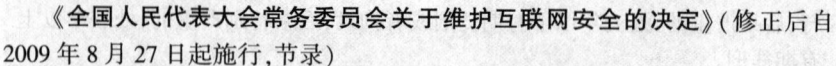

全国人大常委会决定

《全国人民代表大会常务委员会关于维护互联网安全的决定》(修正后自2009年8月27日起施行,节录)

一、为了保障互联网的运行安全,对有下列行为之一,构成犯罪的,依照刑法有关规定追究刑事责任:

(二)故意制作、传播计算机病毒等破坏性程序,攻击计算机系统及通信网络,致使计算机系统及通信网络遭受损害;

(→全文参见第二百八十五条评注部分,第1399页)

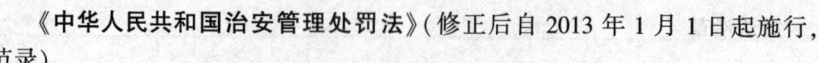

相关规定

《中华人民共和国治安管理处罚法》(修正后自2013年1月1日起施行,节录)

第二十九条 有下列行为之一的,处五日以下拘留;情节较重的,处五日以上十日以下拘留:

(二)违反国家规定,对计算机信息系统功能进行删除、修改、增加、干扰,造成计算机信息系统不能正常运行的;

(三)违反国家规定,对计算机信息系统中存储、处理、传输的数据和应用程

序进行删除、修改、增加的;

（四）故意制作、传播计算机病毒等破坏性程序，影响计算机信息系统正常运行的。

司法解释

《最高人民法院、最高人民检察院关于办理危害计算机信息系统安全刑事案件应用法律若干问题的解释》（法释〔2011〕19 号）第四条至第六条对破坏计算机信息系统罪的定罪量刑标准和有关问题作了规定。（→参见第二百八十五条评注部分，第 1403—1404 页）

《最高人民法院、最高人民检察院关于办理环境污染刑事案件适用法律若干问题的解释》（法释〔2023〕7 号）第十一条对破坏国家环境质量监测系统行为适用破坏计算机信息系统罪作了规定，并明确了入罪门槛。（→参见第三百三十八条评注部分，第 1740 页）

指导性案例

付宣豪、黄子超破坏计算机信息系统案（指导案例 102 号，节录）①

关键词　刑事　破坏计算机信息系统罪　DNS 劫持　后果严重　后果特别严重

裁判要点

1.通过修改路由器、浏览器设置、锁定主页或者弹出新窗口等技术手段，强制网络用户访问指定网站的"DNS 劫持"行为，属于破坏计算机信息系统，后果

---

① 本评注认为：(1)网络流量是否属于财产，目前尚无明确的前置法律规定。基于刑法"二次法"的属性要求，在前置法律规定不明的情况下，对于盗窃网络流量案件适用盗窃罪尚须慎重。(2)对流量劫持类案件，适用非法控制计算机信息系统罪和破坏计算机信息系统罪应当具体情况具体分析。就"DNS 劫持"而言，行为人对域名解析服务器进行攻击，应当认定为破坏计算机信息系统功能的情形。而且，法释〔2011〕19 号解释第四条专门提及了"域名解析服务器"。因此，可以认为，对于本指导性案例所涉"DNS 劫持"案件适用破坏计算机信息系统罪并无太大争议。需要进一步探讨的，对于张竣杰等非法控制计算机信息系统案（指导案例 145 号）通过修改目标网站数据的方式进行浏览劫持的案件，究竟应当适用破坏计算机信息系统罪还是非法控制计算机信息系统罪。此种情形下，可能适用破坏计算机信息系统罪的情形只能是第二种行为方式，即对数据进行"删除、修改、增加的操作"。但是，从技术原理而言，对计算机信息系统进行非法控制，也可能涉及对数据的增删改操作。这就要求从两罪的立法精神上予以区分，以作出（转下页）

严重的,构成破坏计算机信息系统罪。

2.对于"DNS劫持",应当根据造成不能正常运行的计算机信息系统数量、相关计算机信息系统不能正常运行的时间,以及所造成的损失或者影响等,认定其是"后果严重"还是"后果特别严重"。

徐强破坏计算机信息系统案(指导案例103号,节录)

关键词　刑事　破坏计算机信息系统罪　机械远程监控系统

裁判要点

企业的机械远程监控系统属于计算机信息系统。违反国家规定,对企业的机械远程监控系统功能进行破坏,造成计算机信息系统不能正常运行,后果严重的,构成破坏计算机信息系统罪。

李淼、何利民、张锋勃等人破坏计算机信息系统案(指导案例104号,节录)

(接上页)准确界分。所谓破坏计算机信息系统罪,应当重在破坏,虽然《刑法》第二百八十六条第二款不要求对数据的增删改达到"造成计算机信息系统不能正常运行"或者"影响计算机信息系统正常运行"的后果,但恐怕也不宜理解为只要对数据有增删改即可构成破坏计算机信息系统罪。作此理解,将无法对通过破坏非主要数据进而控制计算机信息系统的行为与破坏计算机信息系统的行为区分开来。更有甚者,如果不作限定,批量注册账号、组织刷单的行为实际都会对计算机信息系统中存储、处理或者传输的数据进行增删,形式上也符合了《刑法》第二百八十六条第二款的规定,但该结论明显有悖一般认知。因此,对于《刑法》第二百八十六条第二款对数据的增删改的行为应当限定为危害数据安全的相关行为,而非只要对数据进行增删改即可构成。而且,从非法控制计算机信息系统罪和破坏计算机信息系统罪的罪刑配置来看,也宜认为破坏计算机信息系统罪是重罪,应当对破坏数据的行为作适当限缩解释,解释为对主要数据进行增删改操作的情形。而就指导案例145号所涉情形来看,行为人通过植入木马程序的方式,非法获取网站服务器的控制权限,进而通过修改、增加计算机信息系统数据,向相关计算机信息系统上传网页链接代码的,应当认定为《刑法》第二百八十五条第二款规定的"采用其他技术手段"非法控制计算机信息系统的行为。在此过程中,确实存在对数据进行增加、修改的操作,但所修改的并非主要数据,也未影响所针对的计算机信息系统的正常运行,实际上是非法控制的操作,故认定为非法控制计算机信息系统罪更为适宜,更符合罪责刑相适应原则的要求。综上所述,对于《刑法》第二百八十六条第二款关于破坏计算机信息系统数据的认定,两个指导性案例实际上从不同角度就对数据的增删改行为的定性作了明确:对于破坏系统运行的主要数据或者基本数据的行为,应当适用破坏计算机信息系统罪;但是,并非对数据的增删改一律适用破坏计算机信息系统罪(该罪处刑较重),对于通过对非主要数据的破坏进而实施非法控制等操作的,完全可以适用非法控制计算机信息系统罪。

关键词 刑事 破坏计算机信息系统罪 干扰环境质量监测采样 数据失真 后果严重

裁判要点

环境质量监测系统属于计算机信息系统。用棉纱等物品堵塞环境质量监测采样设备,干扰采样,致使监测数据严重失真的,构成破坏计算机信息系统罪。

李丙龙破坏计算机信息系统案(检例第33号,节录)

关键词 破坏计算机信息系统 劫持域名

要 旨 以修改域名解析服务器指向的方式劫持域名,造成计算机信息系统不能正常运行,是破坏计算机信息系统的行为。

李骏杰等破坏计算机信息系统案(检例第34号,节录)

关键词 破坏计算机信息系统 删改购物评价 购物网站评价系统

要 旨 冒用购物网站买家身份进入网站内部评价系统删改购物评价,属于对计算机信息系统内存储数据进行修改操作,应当认定为破坏计算机信息系统的行为。

曾兴亮、王玉生破坏计算机信息系统案(检例第35号,节录)

关键词 破坏计算机信息系统 智能手机终端 远程锁定

要 旨 智能手机终端,应当认定为刑法保护的计算机信息系统。锁定智能手机导致不能使用的行为,可认定为破坏计算机信息系统。

姚晓杰等11人破坏计算机信息系统案(检例第69号,节录)

关键词 破坏计算机信息系统 网络攻击 引导取证 损失认定

要 旨 为有效打击网络攻击犯罪,检察机关应加强与公安机关的配合,及时介入侦查引导取证,结合案件特点提出明确具体的补充侦查意见。对被害互联网企业提供的证据和技术支持意见,应当结合其他证据进行审查认定,客观全面准确认定破坏计算机信息系统罪的危害后果。

法律适用答复、复函

《公安部关于对破坏未联网的微型计算机信息系统是否适用〈刑法〉第二百八十六条的请示的批复》(公复字〔1998〕7号)

吉林省公安厅:

你厅《关于"破坏未联网计算机财务系统程序和数据的行为是否适用〈刑法〉第二百八十六条故意破坏计算机信息系统数据应用程序罪"的请示》收悉,现批复如下:

《刑法》第二百八十六条中的"违反国家规定"是指包括《中华人民共和国计算机信息系统安全保护条例》（以下简称《条例》）在内的有关行政法规、部门规章的规定①。《条例》第五条第二款规定的"未联网的微型计算机的安全保护办法，另行规定"，主要是考虑到未联入网络的单台微型计算机系统所处环境和使用情况比较复杂，且基本无安全功能，需针对这些特点另外制定相应的安全管理措施。然而，未联网的计算机信息系统也属计算机信息系统，《条例》第二、三、七条的安全保护原则、规定，对未联网的微型计算机系统完全适用。因此破坏未联网的微型计算机信息系统适用《刑法》第二百八十六条。

■ 刑参案例规则提炼

《吕薛文破坏计算机信息系统案》——如何认定破坏计算机信息系统罪》（第68号案例）、《童莉、蔡少英破坏计算机信息系统案》——公安交通管理部门协管员非法侵入道路交通违法信息管理系统，清除车辆违章信息，收取违章人员钱财的行为如何定性》（第783号案例）、《孙小虎破坏计算机信息系统案》——如何认定和适用破坏计算机信息系统罪中的"经济损失"和"违法所得"情节》（第784号案例）、《乐姿等破坏计算机信息系统案》——在无法准确认定经济损失、用户数量的情况下，如何认定破坏计算机信息系统的"后果严重"》（第1029号案例）、《朱东海非法获取计算机信息系统数据、非法控制计算机信息系统、内幕交易案》——非法侵入计算机系统获取内幕信息后又实施内幕交易的，应如何定罪》（第1501号案例）所涉规则提炼如下：

1. 破坏计算机信息系统罪的认定规则。"破坏计算机信息系统有时会致使计算机瘫痪，这是计算机信息系统不能正常运行的最严重后果，但不是构成破坏计算机信息系统罪的必要条件。""破坏计算机信息系统罪是故意犯罪，包括直接故意和间接故意。但行为人的动机和目的可以多种多样。"（第68号案例）"在案证据无法证明受害公司遭受的经济损失达到入罪标准，也无法根据受侵害的用户数量认定构成犯罪，法院依据……解释……中'造成其他严重后果'的规定认定了四被告人的刑事责任。"（第1029号案例）

2. 删除交通违章信息牟利行为的处理规则。②"公安交通管理部门协管员

---

① 根据《刑法》第九十六条的规定，部门规章不属于国家规定的范畴。——本评注注
② 有关部门就对交警部门计算机信息系统中存储的交通违章信息进行删除行为如何定性问题征求最高人民法院研究室意见。最高人民法院研究室复函认为："违反国家规定，对交警部门计算机信息系统中存储的交通违章信息进行删除，收取违章人员（转下页）

非法侵入道路交通违法信息管理系统,清除车辆违章信息,收取违章人员钱财的行为",构成破坏计算机信息系统罪。(第 783 号案例)"间接经济损失或者实施犯罪行为时尚未实际发生的可能经济损失,不能认定为直接经济损失,从而不能计入犯罪行为所造成的经济损失。""本案涉及的 14 万余元罚款不能认定为被告人……犯罪行为所造成的经济损失。"(第 784 号案例)

3.破坏计算机信息系统罪的罪数处断规则。"为实现非法目的,非法侵入他人计算机信息系统,对多台计算机信息系统实施非法控制,后利用非法获取的内幕信息实施内幕交易,上述行为虽可以分别评价为手段行为与目的行为,但由于作为手段行为的非法侵入计算机信息系统、非法控制计算机信息系统行为不能完全评价……内幕交易行为,故应数罪并罚。"(第 1501 号案例)

■ 司法疑难解析

故意制作、传播计算机病毒行为并非独立的提供工具犯。《刑法》第二百八十六条第三款对制作、传播计算机病毒等破坏性程序作出了规定,但这一规定有别于《刑法》第二百八十五条第三款关于提供侵入、非法控制计算机信息系统程序、工具罪的规定,后者是独立的提供工具犯,对于提供侵入、非法控制计算机信息系统的程序、工具的行为可予以独立打击,而前者并非独立的工具犯罪,制作、销售计算机病毒等破坏性程序的行为是否构成犯罪取决于其是否"影响计算机系统正常运行"。故意制作、传播计算机病毒等破坏性程序是破坏计算机信息系统罪的一种行为方式,故意制作计算机病毒并销售,但病毒并未被植入计算机信息系统,不

(接上页)的好处,应当认定为刑法第二百八十六条第二款规定的对计算机信息系统中存储、处理、传输的数据进行删除的操作,以破坏计算机信息系统罪定罪处断。"参见喻海松:《最高人民法院研究室关于对交警部门计算机信息系统中存储的交通违章信息进行删除行为如何定性的研究意见》,载张军主编:《司法研究与指导(总第 2 辑)》,人民法院出版社 2012 年版。

① 从域外情况来看,不少规定将制作、传播计算机病毒的行为单独入罪。例如,我国台湾地区"刑法"第 362 条规定了"制作专供犯罪电脑程式罪",规定"制作专供犯本章之罪之电脑程式,而供自己或他人犯本章之罪,致生损害于公众或他人者,处五年以下有期徒刑、拘役或科或并科二十万元以下罚金"。该罪中所涉及的"电脑程式"既包括变更他人电脑或其相关设备之电磁记录的电脑程式(木马),也包括干扰他人电脑或相关设备的电脑程式(病毒)。

可能给计算机信息系统造成影响,不能依照破坏计算机信息系统罪定罪处罚。① 因此,对于互联网上制作、销售计算机病毒等破坏性程序的行为无法像制作、提供专门用于非法控制计算机信息系统、非法获取数据的程序的行为那样进行独立打击,只有制作、提供的计算机病毒等破坏性程序最终被使用并产生影响计算机信息系统正常运行后果的行为,才能依据破坏计算机信息系统罪予以打击。

> **第二百八十六条之一** 【拒不履行信息网络安全管理义务罪】网络服务提供者不履行法律、行政法规规定的信息网络安全管理义务,经监管部门责令采取改正措施而拒不改正,有下列情形之一的,处三年以下有期徒刑、拘役或者管制,并处或者单处罚金:
> (一)致使违法信息大量传播的;
> (二)致使用户信息泄露,造成严重后果的;
> (三)致使刑事案件证据灭失,情节严重的;
> (四)有其他严重情节的。
> 单位犯前款罪的,对单位判处罚金,并对其直接负责的主管人员和其他直接责任人员,依照前款的规定处罚。
> 有前两款行为,同时构成其他犯罪的,依照处罚较重的规定定罪处罚。

立法沿革

本条系 2015 年 11 月 1 日起施行的《刑法修正案(九)》第二十八条增设的规定。

司法解释

《最高人民法院、最高人民检察院关于办理侵犯公民个人信息刑事案件适用法律若干问题的解释》(法释〔2017〕10 号)第九条对拒不履行信息网络安全管理义务罪的适用作了指引性规定。(→参见第二百五十三条之一评注部分,第 1191 页)

---

① 关于《刑法》第二百八十六条第三款规定的"制作、传播计算机病毒等破坏性程序"的具体行为方式,学界存在不同认识,有观点认为是制作、传播、制作并传播三种,也有观点认为是传播、制作并传播两种。参见皮勇:《论我国刑法中的计算机病毒相关犯罪》,载《法学评论》2004 年第 2 期。**本评注赞同第二种观点**,对于单纯制作计算机病毒等破坏性程序而未传播的行为,由于不可能影响计算机系统正常运行,不能适用破坏计算机信息系统罪定罪处罚。

《最高人民法院、最高人民检察院关于办理非法利用信息网络、帮助信息网络犯罪活动等刑事案件适用法律若干问题的解释》(法释〔2019〕15号)第一条至第六条对拒不履行信息网络安全管理义务罪的定罪量刑标准和有关问题作了规定。(→参见第二百八十七条之二评注部分,第1426—1429页)

规范性文件

《最高人民法院、最高人民检察院、公安部关于办理电信网络诈骗等刑事案件适用法律若干问题的意见》(法发〔2016〕32号)"三、全面惩处关联犯罪"第(六)条对拒不履行信息网络安全管理义务罪的适用及罪数处断作了规定。(→参见第二百六十六条评注部分,第1283页)

《最高人民法院、最高人民检察院、公安部关于依法处理信访活动中违法犯罪行为的指导意见》(公通字〔2019〕7号)"一、依法打击违法犯罪行为,明确法律底线"第(六)条对拒不履行信息网络安全管理义务罪的适用作了规定。(→参见第二百九十条评注部分,第1461页)

《最高人民法院、最高人民检察院、公安部、司法部关于依法惩治妨害新型冠状病毒感染肺炎疫情防控违法犯罪的意见》(法发〔2020〕7号)"二、准确适用法律,依法严惩妨害疫情防控的各类违法犯罪"第(六)条对拒不履行信息网络安全管理义务罪作了指引性规定。(→参见第三百三十条评注部分,第1712页)

《最高人民法院、最高人民检察院、公安部关于依法惩治网络暴力违法犯罪的指导意见》(法发〔2023〕14号)第六条对拒不履行信息网络安全管理义务罪的适用作了指引性规定。(→参见第二百四十六条评注部分,第1174页)

司法疑难解析

1. 责令采取改正措施的方式。 由于责令改正涉及刑事责任的追究,法释〔2019〕15号解释第二条第一款明确要求采取书面文书形式,即"以责令整改通知书或者其他文书形式"作出。值得进一步讨论的问题是,如果监管部门针对网络服务提供者不履行法律、行政法规规定的信息网络安全管理义务的行为直接作出行政处罚,能否认定为"监管部门责令采取改正措施"。对此,有意见认为,行政处罚的强度明显大于责令改正,基于"举轻以明重"的法理,应当将监管部门作出行政处罚当然视为"监管部门责令采取改正措施"。① **本评注不赞同上**

---

① 此种观点认为,由于责令改正的强度明显不如行政处罚,监管部门责令采(转下页)

述观点,认为如果监管部门仅作出行政处罚,未同时作出责令改正的,不能认定为"监管部门责令采取改正措施"。①

2. 责令改正事项与拒不改正并有严重情节的事项的关联。拒不履行信息网络安全管理义务罪的行为实际上可以划分为两个阶段:第一阶段是网络服务提供者不履行法律、行政法规规定的信息网络安全管理义务,被监管部门责令采取改正措施;第二阶段是拒不改正,即不执行监管部门的责令改正措施,并有严重情节的。值得进一步探讨的是,监管部门责令改正的事项与网络服务提供者拒不改正并有严重情节的事项,是否必须具有相关性。**本评注持肯定立场**。刑法之所以对拒不履行信息网络安全管理义务罪设置"经监管部门采取改正措施而拒不改正"的前提要件,旨在促使相关网络服务提供者按照监管部门的要求采取改正措施。基于此,如果责令改正的事项和拒不改正并有严重情节的事项不具有相关性,如监管部门因为网络服务提供者未落实用户信息安全保护措施而责令采取改正措施,网络服务提供者未按照要求采取改正措施,但而后出现了未落实证据留存义务致使刑事案件证据灭失的行为,由于责令改正未涉及落实证据留存义务,此时如果以拒不履行信息网络安全管理义务罪追究刑事责任,则明显不符合立法设置这一前提要件的精神。当然,对于责令改正事项和拒不改正并有严重情节的事项的相关性,也不能理解为同一性,如网络服务提供者未落实用户信息安全保护措施而致使用户的财产信息泄露,在监管部门据此责令采取改正措施后拒不执行,致使用户其他信息泄露的,虽然二者之间不是同一类用户信息,但具有关联,应当认为符合拒不履行信息网络安全管理义务罪的前提要件。

(接上页)取改正措施后符合条件的可以构成拒不履行信息网络安全管理义务罪,而监管部门作出行政处罚后出现相同情形的反而不构成犯罪,逻辑上似不合理。
① 主要考虑:**(1)**《行政处罚法》第八条规定:"行政处罚的种类:(一)警告;(二)罚款;(三)没收违法所得、没收非法财物;(四)责令停产停业;(五)暂扣或者吊销许可证、暂扣或者吊销执照;(六)行政拘留;(七)法律、行政法规规定的其他行政处罚。"可见,责令改正与行政处罚存在不同属性,不能以监管部门的行政处罚代替责令改正。**(2)**根据《行政处罚法》第二十三条"行政机关实施行政处罚时,应当责令当事人改正或者限期改正违法行为"的规定,行政机关实施行政处罚时有权责令当事人改正违法行为,但这并不意味着行政处罚可以替代责令改正。而且,根据法释〔2019〕15号解释第二条第一款的规定,责令改正必须以书面文书形式作出,而不能以口头方式。因此,监管部门在作出行政处罚决定时,要么在行政处罚决定书中一并要求责令改正,要么在行政处罚决定书外另行作出责令整改通知书,方能认定为"监管部门责令采取改正措施"。

3. 责令改正与追究刑事责任的主体地域分离问题。对于责令采取改正措施的监管部门和启动刑事追究的主体是否需要地域相同,值得进一步探讨。例如,某网络服务提供者未落实证据留存义务,被甲地监管部门责令采取改正措施后拒不改正,致使乙地的刑事案件的证据灭失的,乙地公安机关能否以拒不履行信息网络安全管理义务罪启动刑事追究,存在不同认识。**本评注持肯定立场**。①

4. 对责令改正申请行政复议或者提请行政诉讼的处理。责令改正属于具体行政行为。根据《行政复议法》的规定,公民、法人或者其他组织认为行政机关的具体行政行为侵犯其合法权益的,可以申请行政复议;而根据《行政诉讼法》的相关规定,公民、法人或者其他组织还可以提起行政诉讼。据此,网络服务提供者可以针对监管部门的责令改正申请行政复议或者提起行政诉讼。刑事追究与之相关的问题是,监管部门责令采取改正措施后,网络服务提供者不仅拒不履行责令改正措施达到情节严重的程度,且认为监管部门的责令改正侵犯其合法权益进而申请行政复议或者提请行政诉讼的,应当如何处理?**本评注认为**,对上述情形原则上宜采用"先行后刑"的方式处理。②

5. 相关数量累计的时间限度。拒不履行信息网络安全管理义务罪的入罪,不少都涉及数量累计的问题。而由于责令改正这一要件,还会涉及时间限度问题,即只累计责令改正之后的相关数量,还是将责令改正前和责令改正后的相关数量累计。**本评注认为**,相关数量累计应当限于责令改正后的时间限度,即限

---

① 主要考虑:(1)根据《刑法》第二百八十六条之一和法释〔2019〕15号解释的相关规定,并未限定责令改正的监管部门和启动刑事追究的主体必须地域相同,作此限制于法无据。(2)责令改正属于具体行政行为,应当适用行政行为的相应管辖标准;而对拒不履行信息网络安全管理义务罪的刑事管辖,则适用刑事诉讼法关于管辖的相关规定。两者在确定管辖时依据的法律标准不同,完全可能出现地域不同的情形,应当允许。
② 主要考虑:(1)拒不履行信息网络安全管理义务罪以"经监管部门责令采取改正措施而拒不改正"作为前提要件,如果责令改正本身存在问题,甚至被撤销的,则网络服务提供者拒不改正的行为不构成本罪。基于此,在已经针对监管部门的责令改正申请行政复议或者提请行政诉讼的前提下,确认责令改正合法后再行进行刑事追究,更为妥当。(2)《行政复议法》第二十一条和《行政诉讼法》第五十六条规定行政复议或者诉讼期间原则上不停止具体行政行为的执行。但是,申请行政复议或者提请行政诉讼是网络服务提供者依法行使权利,也是其合理抗辩的举措,将刑事追究置于上述权利行使和救济措施用尽之后,更加符合刑法的谦抑要求。

于责令改正后仍然存在的相关数量。① 但是,这并非指责令改正后才出现的相关数量。例如,网络服务提供者未落实信息网络安全管理义务,放任某违法视频在网站上传播的,监管部门责令采取删除的措施,但网络服务提供者拒绝执行。该视频信息并非责令改正后出现的信息,但在责令改正后仍然存在,故可以用于认定"致使违法信息大量传播"这一入罪要件。

第二百八十七条　【利用计算机实施有关犯罪的规定】利用计算机实施金融诈骗、盗窃、贪污、挪用公款、窃取国家秘密或者其他犯罪的,依照本法有关规定定罪处罚。

◀ 立法沿革 ▶

本条系 1997 年《刑法》增设的规定。

◀ 刑参案例规则提炼② ▶

《郝景文、郝景龙盗窃案——利用计算机盗划银行资金再到储蓄所取款的行为如何定性》(第 60 号案例)、《黄某诈骗案——侵入单位内部未联网的计算机人事系统篡改他人工资账号,非法占有他人工资款的行为,如何定性》(第 820 号案例)、《杨丽涛诈骗案——侵入红十字会计算机信息系统,篡改网页内容发布虚假募捐消息骗取他人财物的行为,如何定罪处罚》(第 1049 号案例)、《计某

---

① 主要考虑:(1)从修法精神来看,拒不履行信息网络安全管理义务罪旨在促使网络服务提供者按照监管部门的责令采取改正措施,落实信息网络安全管理义务。而在责令改正前,网络服务提供者未履行法律、行政法规规定的信息网络安全管理义务,这也是客观事实,但并非刑事追究的缘由,因为此后网络服务提供者按照监管部门的责令采取改正措施了,则不构成本罪。基于此,只应计算责令改正后的相关数量。(2)如前所述,拒不履行信息网络安全管理义务罪是不作为犯罪。具体而言,不作为的重点不是网络服务提供者不履行信息网络安全管理义务,而是网络服务提供者未按照监管部门的责令采取改正措施。否则,行为人不履行信息网络安全管理义务,情节严重的,就应当直接入罪,而无须满足"经监管部门责令采取改正措施而拒不改正"这一要件。正是基于此,拒不履行信息网络安全管理义务罪评价不作为行为是否"有严重情节",自然应当以责令改正后的情节作为基准。

② 另,鉴于财产性利益能否成为盗窃罪的对象争议较大,《赵宏铃等盗窃案——非法侵入景点检售票系统修改门票数据获取门票收益的行为如何定性》(第 1202 号案例)提出"网管员非法侵入单位的景点检售票系统修改门票数据,将允许进入人数从一人改成多人,并获取门票收益的行为"应当以盗窃罪论处,定性是否妥当尚须研究,故对所涉规则未予提炼。

彬、付某生、阮某雨盗窃案——利用计算机信息系统漏洞非法办理电信宽带业务并对外出售应如何定性》(第1514号案例)所涉规则提炼如下：

利用计算机侵财行为的定性规则。 关于《刑法》第二百八十七条规定的"依照本法有关规定定罪处罚"，"实践中有观点认为……无须考虑手段行为，直接按照目的行为定罪处罚……上述观点不符合牵连犯择一重罪处罚的原则，不能有效应对司法实践中复杂的犯罪情形，实不可取。司法实践中，行为人利用计算机实施有关犯罪，同时危害他人计算机信息系统安全且手段行为已独立成罪。如果按照前述观点，按照目的行为进行定罪处罚，容易出现放纵犯罪或罪责刑不相适应的情况。"(第1514号案例)具体而言，"非法侵入银行计算机信息系统将银行的资金划入自己的存款账户后提取现金的行为"，应当认定为盗窃罪。(第60号案例)"以非法占有为目的，利用熟悉环境的工作便利，侵入公司内部未联网的计算机信息系统，将公司人事系统数据进行更改，公司基于错误认识将本应发放给其他员工的工资款汇入黄某持有的银行卡账户内，其行为构成诈骗罪。"(第820号案例)①"侵入红十字会网站，篡改网页内容发布虚假募捐消息，骗取他人财物的行为"，"同时构成诈骗罪和破坏计算机信息系统罪，属于牵连犯，应当从一重罪处罚"。②（第1049号案例）

---

① 顺带提及的是，刑参第820号案例提出："侵入单位内部未联网的计算机不符合破坏计算机信息系统罪的对象特征"，与《公安部关于对破坏未联网的微型计算机信息系统是否适用〈刑法〉第二百八十六条的请示的批复》(公复字[1998]7号)(→参见第二百八十六条评注部分，第1413页)所持立场不一致。**本评注倾向**后者所持立场。
② 《刑法》第二百八十七条强调以"计算机"作为犯罪工具实施诈骗、盗窃等传统犯罪的，与传统犯罪并无实质差异，仍然应当依照刑法规定定罪量刑。对此，不能作如下理解：对于利用计算机实施金融诈骗、盗窃、贪污、挪用公款、窃取国家秘密或者其他犯罪，属于牵连犯，《刑法》第二百八十七条已对此作出特别规定，对此种情况只能依据目的行为或者结果行为所触犯的罪名定罪处罚，司法实践中无须再判处重罪，应当直接适用目的行为或者结果行为所涉及的罪名。如果作这种理解，在通过实施危害计算机信息系统安全犯罪进而实施敲诈勒索、破坏生产经营等犯罪的情形下，可能会出现罪刑失衡的问题。例如，在2011年4月30日之前，行为人通过实施拒绝服务攻击，对他人实施敲诈勒索，结果导致出现大规模网络瘫痪的情况。在此种情况下，如果按照敲诈勒索罪定罪处罚，最高只能处十年有期徒刑，而如果按照破坏计算机信息系统罪定罪处罚，最高可以处十五年有期徒刑。更为极端的情况是，行为人实施拒绝服务攻击行为，以实现破坏他人生产经营的目的，按照破坏生产经营罪最高只能处七年以下有期徒刑，更为不合理。因此，在此种情况下，仍然应依据刑法理论和刑法规定，按照"从一重处断"原则处理，以免出现罪刑失衡的明显不合理之处。——**本评注注**

司法疑难解析

山寨手机吸费案件的定性。 从实践来看，一些山寨手机植入恶意扣费软件，通过屏蔽资费提示等手段来非法盗取手机资费，实际上是通过非法控制计算机信息系统实施的盗窃行为，系手段行为与目的行为的牵连，宜从一重罪处断。当然，由于通常情况下盗窃罪处罚更重，实践中往往会适用盗窃罪。①

> **第二百八十七条之一　【非法利用信息网络罪】** 利用信息网络实施下列行为之一，情节严重的，处三年以下有期徒刑或者拘役，并处或者单处罚金：
>
> （一）设立用于实施诈骗、传授犯罪方法、制作或者销售违禁物品、管制物品等违法犯罪活动的网站、通讯群组的；
>
> （二）发布有关制作或者销售毒品、枪支、淫秽物品等违禁物品、管制物品或者其他违法犯罪信息的；
>
> （三）为实施诈骗等违法犯罪活动发布信息的。
>
> 单位犯前款罪的，对单位判处罚金，并对其直接负责的主管人员和其他直接责任人员，依照第一款的规定处罚。
>
> 有前两款行为，同时构成其他犯罪的，依照处罚较重的规定定罪处罚。

① 例如，2010年11月，被告人任某、郑某等共同出资成立深圳市信联互通科技有限公司（以下简称"信联互通公司"）。公司成立后，任某等公司成员商议决定，研发恶意扣费软件并植入手机，在手机用户不知情的情况下扣费，以获取非法利润。随后，信联互通公司有关人员研发出具有恶意扣费功能的软件包以及相应的后台服务器管理系统，使手机界面屏蔽电信运营商发送的扣费短信，并通过后台服务器控制扣费事宜。信联互通公司有关人员与数十家手机生产商、方案商洽谈，将恶意扣费软件安装到手机软件系统中，并商定非法利润的分成；与具有SP通道经营权的公司洽谈借用扣费通道，并商定非法利润的分成。2010年11月至2012年7月，信联互通公司通过恶意扣费软件秘密窃取手机用户的话费共计6700多万元，并与有关SP公司、手机方案商、生产商按照约定比例进行分赃。本案中，行为人基于非法占有手机用户资费的目的，通过非法控制计算机信息系统，在用户不知情的情况下秘密扣取用户资费，非法获利数千万元，其目的行为和手段行为触犯了盗窃罪和非法控制计算机信息系统罪，应择一重罪处罚，故按照盗窃罪定罪处罚。因此，深圳中院以盗窃罪判处被告人任某有期徒刑15年，并处罚金400万元；判处被告郑某有期徒刑14年，并处罚金350万元；判处其他被告人相应刑罚。

立法沿革

本条系 2015 年 11 月 1 日起施行的《刑法修正案(九)》第二十九条增设的规定。

司法解释

《最高人民法院关于审理毒品犯罪案件适用法律若干问题的解释》(法释〔2016〕8 号)第十四条对非法利用信息网络罪的适用和罪数处断作了规定。(→参见本章第七节标题评注部分,第 1860 页)

《最高人民法院、最高人民检察院关于办理侵犯公民个人信息刑事案件适用法律若干问题的解释》(法释〔2017〕10 号)第八条对非法利用信息网络罪的适用和罪数处断作了指引性规定。(→参见第二百五十三条之一评注部分,第 1191 页)

《最高人民法院、最高人民检察院关于办理组织、强迫、引诱、容留、介绍卖淫刑事案件适用法律若干问题的解释》(法释〔2017〕13 号)第八条第二款对非法利用信息网络罪的适用和罪数处断作了规定。(→参见第三百五十八条评注部分,第 2027 页)

《最高人民法院、最高人民检察院关于办理组织考试作弊等刑事案件适用法律若干问题的解释》(法释〔2019〕13 号)第十一条对非法利用信息网络罪的适用和数罪处断作了规定。(→参见第二百八十四条之一评注部分,第 1393 页)

《最高人民法院、最高人民检察院关于办理非法利用信息网络、帮助信息网络犯罪活动等刑事案件适用法律若干问题的解释》(法释〔2019〕15 号)第七条至第十条对非法利用信息罪的定罪量刑标准和有关问题作了规定。(→参见第二百八十七条之二评注部分,第 1430 页)

规范性文件

《最高人民法院、最高人民检察院、公安部关于依法处理信访活动中违法犯罪行为的指导意见》(公通字〔2019〕7 号)"一、依法打击违法犯罪行为,明确法律底线"第(六)条对非法利用信息网络罪的适用作了规定。(→参见第二百九十条评注部分,第 1461 页)

《最高人民法院、最高人民检察院、公安部、司法部关于依法严厉打击传播艾滋病病毒等违法犯罪行为的指导意见》(公通字〔2019〕23 号)"二、准确认定行为性质"第(十一)条对非法利用信息网络罪的适用作了规定。(→参见第二百三十四条评注部分,第 1095 页)

《最高人民法院、最高人民检察院、公安部办理跨境赌博犯罪案件若干问题的意见》(公通字〔2020〕14号)"四、关于跨境赌博关联犯罪的认定"第(五)条对非法利用信息网络罪的罪数处断作了指引性规定。(→参见第三百零三条评注部分,第1596页)

《全国法院毒品案件审判工作会议纪要》(法〔2023〕108号)"二、罪名认定问题""(三)关于涉麻醉药品、精神药品行为"对非法利用信息网络罪的适用作了规定。(→参见本章第七节标题评注部分,第1871页)

《最高人民法院、最高人民检察院、公安部关于依法惩治网络暴力违法犯罪的指导意见》(法发〔2023〕14号)第五条对非法利用信息网络罪的适用作了指引性规定。(→参见第二百四十六条评注部分,第1174页)

▋司法疑难解析

1."违法犯罪"的查证问题。设立非法利用信息网络罪,是为了解决信息网络犯罪中带有预备性质的行为如何处理的问题,将刑法规制的环节前移,以适应惩治犯罪的需要。① 现实中,大量信息网络犯罪案件可以查实设立网站、通讯群组或者发布信息等相关"网上"行为,但难以一一查实、查全"网下"各类违法犯罪活动。这也就是设立非法利用信息网络罪,实现"网上"设立网站、通讯群组、发布信息行为独立入罪的背景。基于此,认定非法利用信息网络罪,以行为人为自己或者为他人所设立的网站、群组用于实施违法犯罪活动,或者所发布的信息内容有关违法犯罪或者为实施诈骗等违法犯罪活动为前提。相关人员客观上是否实施相应违法犯罪活动,不影响非法利用信息网络罪的成立。② 例如,行为人发布有关制作或者销售枪支的信息,适用非法利用信息网络罪,则无须查实是否有人根据这一信息制作了枪支,或者是否有人根据这一信息购买了枪支。实践中也有此类判决。例如,谭某某、张某等非法利用信息网络案,法院二审判决认为:"虽然本案中并无证据证实具体实施诈骗的行为人归案并受到刑事追究,但相关人员客观上是否实施了相应违法犯罪活动,不影响非法利用信息网络罪的成立。而且,有证据证实诈骗行为客观存在,并且达到构成犯罪的程度。综上,本院认为,上诉人谭某某、张某及原审被告人的行为已构成非

---

① 参见全国人大常委会法工委刑法室编著:《〈中华人民共和国刑法修正案(九)〉释解与适用》,人民法院出版社2015年版,第157—158页。

② 如果进一步查实相关"网下"活动,则通常可能会根据《刑法》第二百八十七条之一第三款的规定择一重罪处断。

法利用信息网络罪。"①当然,对于纯粹基于"恶作剧"发布销售毒品、枪支、淫秽物品等违禁物品、管制物品信息的行为,可以综合案件情况考虑是否认定为"情节严重",必要时也可以根据《刑法》第十三条但书的规定不作为犯罪处理。

2. "违法犯罪"的认定问题。对于设立网站、通讯群组或者发布信息所涉及的"违法犯罪"不需要查证"网下活动",但这也给认定"违法犯罪"带来了困难。一般认为,对于发布有关"违法犯罪"的信息,可以从信息内容加以判断,对此相对容易。但是,如何认定所设立的网站、通讯群组用于"违法犯罪活动"②,所发布的信息有关"违法犯罪"或者系为实施"违法犯罪活动",则须收集相关证据。从实际办案经验的来看,可以结合相关网站、通讯群组的名称、内容,信息的内容,是否假冒机构或者他人名义,是否使用虚假身份,是否逃避监管或者规避调查等情况进行综合判断。

> **第二百八十七条之二　【帮助信息网络犯罪活动罪】**明知他人利用信息网络实施犯罪,为其犯罪提供互联网接入、服务器托管、网络存储、通讯传输等技术支持,或者提供广告推广、支付结算等帮助,情节严重的,处三年以下有期徒刑或者拘役,并处或者单处罚金。
>
> 单位犯前款罪的,对单位判处罚金,并对其直接负责的主管人员和其他直接责任人员,依照第一款的规定处罚。
>
> 有前两款行为,同时构成其他犯罪的,依照处罚较重的规定定罪处罚。

立法沿革

本条系 2015 年 11 月 1 日起施行的《刑法修正案(九)》第二十九条增设的规定。

司法解释

《最高人民法院关于审理毒品犯罪案件适用法律若干问题的解释》(法释〔2016〕8号)第十四条第二款对帮助信息网络犯罪活动罪的罪数处断作了指引性规定。(→参见本章第七节标题评注部分,第 1861 页)

---

① 江苏省宿迁市中级人民法院(2018)苏 13 刑终 203 号刑事判决书。
② 当然,法释〔2019〕15号解释第八条对"用于实施诈骗、传授犯罪方法、制作或者销售违禁物品、管制物品等违法犯罪活动的网站、通讯群组"从设立目的和设立后活动情况两个角度作了指引性规定。

《最高人民法院、最高人民检察院关于办理非法利用信息网络、帮助信息网络犯罪活动等刑事案件适用法律若干问题的解释》(法释〔2019〕15号,自2019年11月1日起施行)

为依法惩治拒不履行信息网络安全管理义务、非法利用信息网络、帮助信息网络犯罪活动等犯罪,维护正常网络秩序,根据《中华人民共和国刑法》《中华人民共和国刑事诉讼法》的规定,现就办理此类刑事案件适用法律的若干问题解释如下:

第一条 提供下列服务的单位和个人,应当认定为刑法第二百八十六条之一第一款规定的"网络服务提供者":

(一)网络接入、域名注册解析等信息网络接入、计算、存储、传输服务;

(二)信息发布、搜索引擎、即时通讯、网络支付、网络预约、网络购物、网络游戏、网络直播、网站建设、安全防护、广告推广、应用商店等信息网络应用服务;

(三)利用信息网络提供的电子政务、通信、能源、交通、水利、金融、教育、医疗等公共服务。

第二条① 刑法第二百八十六条之一第一款规定的"监管部门责令采取改正措施",是指网信、电信、公安等依照法律、行政法规的规定承担信息网络安全监管职责的部门,以责令整改通知书或者其他文书形式,责令网络服务提供者采取改正措施。

认定"经监管部门责令采取改正措施而拒不改正",应当综合考虑监管部门责令改正是否具有法律、行政法规依据,改正措施及期限要求是否明确、合理,网络服务提供者是否具有按照要求采取改正措施的能力等因素进行判断。

第三条② 拒不履行信息网络安全管理义务,具有下列情形之一的,应当认定为刑法第二百八十六条之一第一款第一项规定的"致使违法信息大

---

① 关于责令采取改正措施的监管部门的级别,有意见认为,为规范责令改正行为,兼顾信息网络安全规制的现实需要,宜对责令改正的主体的级别作出限制(至少应当限于地市级以上的监管部门)。经研究认为,责令采取改正措施,实际上是一种具体行政行为(当然,对此种具体行政行为的具体属性归类尚存在不同认识,但通常认为属于行政命令),对于行政命令,只要相应的主体在其法定职权范围内作出处罚即可,行为的违法程度及危害性与行政机关的管理权限并不具有严格的相关性,通过司法解释限制作出的主体级别范围,于法无据。因此,本司法解释最终未限定责令采取改正措施的监管部门的级别。——**本评注注**

② 需要注意的问题有二:(1)"违法信息"的范围。按照通常理解,法律、行政法规禁止制作、传播内容的信息属于内容违法的信息,自然属于此处规定的"违法信息"的范畴。此类信息可以根据《互联网信息服务管理办法》第十五条规定的互联网信息服(转下页)

量传播"；

（一）致使传播违法视频文件二百个以上的；

（二）致使传播违法视频文件以外的其他违法信息二千个以上的；

（三）致使传播违法信息，数量虽未达到第一项、第二项规定标准，但是按相应比例折算合计达到有关数量标准的；

（四）致使向二千个以上用户账号传播违法信息的；

（五）致使利用群组成员账号数累计三千以上的通讯群组或者关注人员账号数累计三万以上的社交网络传播违法信息的；

（六）致使违法信息实际被点击数达到五万以上的；

（七）其他致使违法信息大量传播的情形。

第四条① 拒不履行信息网络安全管理义务，致使用户信息泄露，具有下列

（接上页）务提供者不得制作、复制、发布、传播含有所列内容的九类信息（即通常所称的"九不准"）予以把握。本文认为，目的违法的信息，同样应纳入"违法信息"的范畴。此类信息，内容本身并未违法，但结合目的即可认定违法性，例如，诈骗信息的内容本身难以判断违法性，必须结合目的加以判断。当然，基于刑法谦抑原则的要求，对于目的违法信息可以适当限定范围，即限定为为实施刑法分则规定的行为而发布的信息。（2）"大量传播"的把握。讨论中，有意见认为，"大量传播"是指传播面，故而对于大量违法信息传播，但传播面不大的，不宜认定为"致使违法信息大量传播"。本条最终未采纳上述观点，认为"致使违法信息大量传播"既可以是违法信息传播面大，即第（四）项规定的向多个账号传播、第（五）项规定的向成员账号多的通讯群组或者关注人员账号多的社交网络传播、第（六）项规定的被大量点击等情形；也可以是传播的违法信息数量多，即第（一）项至第（三）项规定的以违法信息的数量为认定标准的情形。——**本评注**

① 需要注意的问题有二。（1）"用户信息"的范围把握。《刑法》第二百八十六条之一第一款第（二）项"用户信息"的用语，有别于《刑法》第二百五十三条之一"公民个人信息"的用语，对二者不宜作完全一致的理解。具体而言，对"用户信息"的把握应当注意以下几个问题：①信息主体的问题。"公民个人信息"的主体只限于自然人，不包括单位在内。但是，与侵犯公民个人信息罪旨在保护公民个人信息权益存在不同，拒不履行信息网络安全管理义务罪保护的主要是信息网络安全，包括用户信息安全。因此，应当将公民、法人和其他组织等用户在接受信息网络服务中被采集、存储、传输信息均涵括在内。②信息公开与否的问题。如果特定用户信息已经公开，即可以公开获取，则不存在致使用户信息"泄露"的问题。故而，此处规定的"用户信息"宜限定为不能被公开获取的用户信息。③信息真实与否的问题。对于致使泄露的用户信息，是否需要核实真实性（即相关信息是否通过使用真实身份注册），存在不同认识。经研究认为，拒不履行信息网络安全管理义务罪保护的是用户的信息安全，即用户信息不被泄露的安全。故而，（转下页）

情形之一的,应当认定为刑法第二百八十六条之一第一款第二项规定的"造成严重后果":

(一)致使泄露行踪轨迹信息、通信内容、征信信息、财产信息五百条以上的;

(二)致使泄露住宿信息、通信记录、健康生理信息、交易信息等其他可能影响人身、财产安全的用户信息五千条以上的;

(三)致使泄露第一项、第二项规定以外的用户信息五万条以上的;

(四)数量虽未达到第一项至第三项规定标准,但是按相应比例折算合计达到有关数量标准的;

(五)造成他人死亡、重伤、精神失常或者被绑架等严重后果的;

(六)造成重大经济损失的;

(七)严重扰乱社会秩序的;

(八)造成其他严重后果的。

第五条① 拒不履行信息网络安全管理义务,致使影响定罪量刑的刑事案件证据灭失,具有下列情形之一的,应当认定为刑法第二百八十六条之一第一款

(接上页)特定用户信息是否系用户通过真实身份注册,与其应当受到信息安全保护并无关联。因此,办理相关案件,似不需要进一步核实致使泄露的用户信息是否系真实注册等情况。(2)"用户信息"的数量计算。本条第(一)项至第(三)项根据致使泄露的信息类型,分别设置了五百条、五千条、五万条的数量标准。需要注意的是,对于此处规定的信息数量计算,似应有别于公民个人信息的数量计算规则。因为侵犯公民个人信息罪的行为方式表现为非法获取或者提供,而本罪的行为方式表现为致使用户信息泄露;而且,如前所述,对于已经公开的用户信息,不宜再认定为"泄露"的对象。基于此,对于致使泄露的用户信息不宜重复计算。例如,某次黑客攻击活动导致一千条用户信息被非法获取,接下来的黑客攻击活动又导致一千条用户信息被非法获取,而两次攻击获取的用户信息中有五百条信息是重复的,由于该五百条信息第二次被非法获取不宜再认定为"泄露",故不应重复计算。具体而言,基于可操作的角度,可以作下列处理:对于敏感用户信息,由于入罪门槛较低,原则上应当逐条去重,即排除重复的信息;对于其他用户信息,基于可操作性考虑,可以根据泄露的数量直接认定,但是有证据证明信息重复的亦应当予以排除。——本评注注

① 需要注意的问题有三:(1)"刑事案件"的把握。《刑法》第二百八十六条之一第一款第(三)项的用语是"刑事案件"而非"刑事犯罪"或者"犯罪案件"。这就表明此处的"刑事案件"有别于最终被认定为犯罪的案件,而应当从程序意义上加以把握,即以刑事立案作为认定标准。(2)"刑事案件证据"的把握。基于刑法谦抑原则的要求,本条未将刑事案件的所有证据涵括在内,而是限制在"影响定罪量刑的刑事案件证据",以将其他与定罪量刑并无实质影响的证据排除在外。(3)"致使刑事案件证据灭失"的把握。(转下页)

第三项规定的"情节严重":

(一)造成危害国家安全犯罪、恐怖活动犯罪、黑社会性质组织犯罪、贪污贿赂犯罪案件的证据灭失的;

(二)造成可能判处五年有期徒刑以上刑罚犯罪案件的证据灭失的;

(三)多次造成刑事案件证据灭失的;

(四)致使刑事诉讼程序受到严重影响的;

(五)其他情节严重的情形。

第六条① 拒不履行信息网络安全管理义务,具有下列情形之一的,应当认定为刑法第二百八十六条之一第一款第四项规定的"有其他严重情节":

(一)对绝大多数用户日志未留存或者未落实真实身份信息认证义务的;

(接上页)对于证据"灭失"不宜作过于机械的理解,即该证据无法找回或者通过其他技术方法予以恢复才能认定为"灭失",如此理解则会大幅限缩"灭失"的情形。特别是,如果相关影响定罪量刑的证据彻底灭失的,可能使得刑事案件无法侦办,无法最终认定构成犯罪,甚至无法启动刑事追究程序,可能出现无法适用本罪的情形,也将使得本罪促使网络服务提供者落实证据留存义务的立法旨向难以实现。正是基于此,本条(四)项专门设置了"致使刑事诉讼程序受到严重影响的"情形,如未落实日志留存等证据留存义务,使得刑事立案后相关诉讼活动受到严重影响,但最终通过技术手段恢复了相关数据使得刑事诉讼得以推进的,虽然相关证据最终被恢复了,未真正"灭失",也应当认为符合了入罪条件。——本评注注

① 在此有必要探讨拒不履行信息网络安全管理义务罪的主观罪过形式问题。这一问题涉及本罪系情节犯还是结果犯的问题,因为如果其主观罪过形式系过失,则应当以结果作为入罪要件,而如果主观罪过形式系故意,则可以不以结果而以情节作为入罪要件。有论者进一步指出拒不履行信息网络安全管理义务罪的主观方面只能由直接故意构成,认为:"由于本罪法条使用了'经监管部门责令采取改正措施而拒不改正'这样的语句,而'拒不改正'恰恰反映了行为人对危害结果的积极追求希望态度,故本罪不可能由间接故意(单纯的放任)行为构成。同样道理,过失行为不可能存在'拒不改正'的问题。"参见谢望原:《论拒不履行信息网络安全管理义务罪》,载《中国法学》2017年第2期。**本评注认为**,拒不履行信息网络安全管理义务罪以责令改正作为前提要件,即入罪重在考量责令之后而非责令之前的行为,责令之前不履行信息网络安全管理义务出现的情形尚可能由过失构成,但责令之后即属于明知故犯,特别是"拒不改正"进一步限定了本罪主观方面系故意。加之《刑法》第二百八十六条之一第一款第(四)项设置了"有其他严重情节的"兜底入罪要件,宜认为拒不履行信息网络安全管理义务罪属于情节犯而非结果犯。基于此,本条对"有其他严重情节"的解释,既有造成严重后果的情形,也有基于所拒不履行义务的重要程度和前科情况等其他情节的考量。

（二）二年内经多次责令改正拒不改正的；

（三）致使信息网络服务被主要用于违法犯罪的；

（四）致使信息网络服务、网络设施被用于实施网络攻击，严重影响生产、生活的；

（五）致使信息网络服务被用于实施危害国家安全犯罪、恐怖活动犯罪、黑社会性质组织犯罪、贪污贿赂犯罪或者其他重大犯罪的；

（六）致使国家机关或者通信、能源、交通、水利、金融、教育、医疗等领域提供公共服务的信息网络受到破坏，严重影响生产、生活的；

（七）其他严重违反信息网络安全管理义务的情形。

第七条 刑法第二百八十七条之一规定的"违法犯罪"，包括犯罪行为和属于刑法分则规定的行为类型但尚未构成犯罪的违法行为。

第八条 以实施违法犯罪活动为目的而设立或者设立后主要用于实施违法犯罪活动的网站、通讯群组，应当认定为刑法第二百八十七条之一第一款第一项规定的"用于实施诈骗、传授犯罪方法、制作或者销售违禁物品、管制物品等违法犯罪活动的网站、通讯群组"。

第九条 利用信息网络提供信息的链接、截屏、二维码、访问账号密码及其他指引访问服务的，应当认定为刑法第二百八十七条之一第一款第二项、第三项规定的"发布信息"。

第十条 非法利用信息网络，具有下列情形之一的，应当认定为刑法第二百八十七条之一第一款规定的"情节严重"：

（一）假冒国家机关、金融机构名义，设立用于实施违法犯罪活动的网站的；

（二）设立用于实施违法犯罪活动的网站，数量达到三个以上或者注册账号数累计达到二千以上的；

（三）设立用于实施违法犯罪活动的通讯群组，数量达到五个以上或者群组成员账号数累计达到一千以上的；

（四）发布有关违法犯罪的信息或者为实施违法犯罪活动发布信息，具有下列情形之一的：

1. 在网站上发布有关信息一百条以上的；

2. 向二千个以上用户账号发送有关信息的；

3. 向群组成员数累计达到三千以上的通讯群组发送有关信息的；

4. 利用关注人员账号数累计达到三万以上的社交网络传播有关信息的；

（五）违法所得一万元以上的；

（六）二年内曾因非法利用信息网络、帮助信息网络犯罪活动、危害计算机信息系统安全受过行政处罚，又非法利用信息网络的；

第一节 扰乱公共秩序罪 1431

（七）其他情节严重的情形。

第十一条①② 为他人实施犯罪提供技术支持或者帮助,具有下列情形之一

① 有论者认为,将帮助信息网络犯罪活动行为一律予以正犯化,违背了刑法教义学上限制中立帮助行为处罚范围的基本立场。实际上,只要对帮助信息网络犯罪活动罪的主观明知作妥当把握,则完全可以将中立帮助行为中的正常业务活动排除在外。具体而言,对本罪的"明知"不宜理解为泛化的可能性认知,而应当限定为相对具体的认知,但不要求达到确知的程度。现代社会,正常的业务行为可能会对他人利用信息网络实施犯罪提供帮助,而行为人在主观上对可能性也是有认知的。例如,网络运营商当然明知诈骗犯可能利用自己提供的互联网接入服务实施诈骗犯罪,但不可能要求网络运营商停止所有的接入服务以防范诈骗犯罪,也不可以对此种行为以帮助信息网络犯罪活动罪论处;但是,如果该网络运营商对诈骗犯利用自己提供的互联网接入服务实施诈骗犯罪具有相对具体的认知,如对特定服务对象收取高于正常服务的费用或者被有关部门告知具体服务对象涉嫌犯罪的,则可以认为达到帮助信息网络犯罪活动罪的主观明知要求。此种情况下,即使帮助行为披着中立帮助行为的"外衣",将其纳入刑事规制的范畴也应无异议。——本评注注

② 对帮助信息网络犯罪活动罪主观明知的认定,应当结合一般人的认知水平和行为人的认知能力、相关行为是否违反法律的禁止性规定、行为人是否履行管理职责、是否逃避监管或者规避调查、是否因同类行为受过处罚,以及行为人的供述和辩解等情况进行综合判断。根据司法实践的情况,本条总结了主观明知的推定情形。具体而言,为他人实施犯罪提供技术支持或者帮助,具有下列情形之一的,可以认定行为人明知他人利用信息网络实施犯罪,但是有相反证据的除外:(1)经监管部门告知后仍然实施有关行为的。随着信息技术的发展,监管部门不一定通过专门文书进行告知,甚至未必采用书面告知方式,特别是遇到紧急事件时,监管部门往往通过即时通讯群组、电话、短信、电子邮件等多种方式告知,只要有相关证据可以证明已经告知即可,故未限定告知方式。(2)接到举报后不履行法定管理职责的。网络服务提供者在为网络应用提供服务的同时也担负相关的管理职责,但现实中服务商不可能对所有服务对象进行相关管理。如网站托管服务商一般只负责网站软硬件环境的建设和维护,对网站内容不予管理,故不能要求服务商主动发现全部违法犯罪行为,但在接到举报后应当履行法定管理职责。例如,网站托管服务商在接到举报某服务对象托管的网站为淫秽色情网站后,仍不依法采取关停、删除、报案等措施,继续为该网站提供服务的,可以认定其主观明知。(3)交易价格或者方式明显异常的。例如,第三方支付平台从一般的支付活动中收取 1.5%的费用,而在有的赌博案件中第三方支付平台收取超过 10%的费用。从这一收费明显异常情况,可以看出该第三方支付平台对服务对象从事犯罪活动实际上是心知肚明的,故推定其具有主观明知。(4)提供专门用于违法犯罪的程序、工具或者其他技术支持、帮助的。实践中,随着网络犯罪案件的分工日益细化,滋生出专门用于违法犯罪的活动,如替人开卡,取钱（转下页）

第287条之二

的，可以认定行为人明知他人利用信息网络实施犯罪，但是有相反证据的除外：

（一）经监管部门告知后仍然实施有关行为的；

（二）接到举报后不履行法定管理职责的；

（三）交易价格或者方式明显异常的；

（四）①提供专门用于违法犯罪的程序、工具或者其他技术支持、帮助的；

（五）频繁采用隐蔽上网、加密通信、销毁数据等措施或者使用虚假身份，逃避监管或者规避调查的；

（六）为他人逃避监管或者规避调查提供技术支持、帮助的；

（七）其他足以认定行为人明知的情形。

第十二条 明知他人利用信息网络实施犯罪，为其犯罪提供帮助，具有下列情形之一的，应当认定为刑法第二百八十七条之二第一款规定的"情节严重"：

（一）为三个以上对象提供帮助的；

（二）支付结算金额二十万元以上的；

(接上页)车手，贩卖"多卡合一"（银行卡、电话卡、支付宝账号、微信账号、身份证），解冻被支付宝、微信等支付工具安全策略冻结的未实名账户等服务；此外，还有专门用于违法犯罪活动的程序、工具，如仿冒银行、执法部门网站制作钓鱼网站。可以说，这些活动或者程序、工具并非社会正常活动所需，而系为违法犯罪活动提供帮助的专门服务，故相关从业人员对其服务对象可能涉嫌犯罪主观上实际是明知的，故将此种情形推定为主观明知。(5)频繁采用隐蔽上网、加密通信、销毁数据等措施或者使用虚假身份，逃避监管或者规避调查的。实践中，一些行为人在帮助信息网络犯罪活动中长期使用加密措施或者虚假身份，对于此类逃避监管或者规避调查的行为，可以推定行为人主观明知。(6)为他人逃避监管或者规避调查提供技术支持、帮助的。(7)其他足以认定行为人明知的情形。实践中还有一些情形可以推断行为人主观明知，如取钱人持有多张户主不同的银行卡或者多张假身份证，无法说明缘由的，亦可以推定其主观明知。参见周加海、喻海松：《〈关于办理非法利用信息网络、帮助信息网络犯罪活动等刑事案件适用法律若干问题的解释〉的理解与适用》，载中华人民共和国最高人民法院刑事审判第一、二、三、四、五庭主办：《刑事审判参考（总第122集）》，法律出版社2020年版，第152—153页。

① 需要注意的，该项规定限定相关帮助行为系专门用于"违法犯罪"，而此处的"违法"并未明确要求限定为刑法分则规定的构成要件行为，而是应当理解为包括其他违法行为在内。据此，手机黑卡产业链中的相关行为，如果违反有关规定，且排除系正常社会所需要的活动，可以视情推定"明知"。例如，根据相关规定，"物联网行业卡不得开通点对点短信业务"，可以认为正常物联网业务活动不需要开通点对点短信业务。故而，如果相关物联网卡违规开通点对点短信业务，且相关业务流向下游犯罪的，可以推定主观明知。——本评注注

（三）以投放广告等方式提供资金五万元以上的；
（四）违法所得一万元以上的；
（五）二年内曾因非法利用信息网络、帮助信息网络犯罪活动、危害计算机信息系统安全受过行政处罚，又帮助信息网络犯罪活动的；
（六）被帮助对象实施的犯罪造成严重后果的；
（七）其他情节严重的情形。

实施前款规定的行为，确因客观条件限制无法查证被帮助对象是否达到犯罪的程度，但相关数额总计达到前款第二项至第四项规定标准五倍以上，或者造成特别严重后果的，应当以帮助信息网络犯罪活动罪追究行为人的刑事责任。①

第十三条 被帮助对象实施的犯罪行为可以确认，但尚未到案、尚未依法裁判或者因未达到刑事责任年龄等原因依法未予追究刑事责任的，不影响帮助信息网络犯罪活动罪的认定。

第十四条 单位实施本解释规定的犯罪的，依照本解释规定的相应自然人犯罪的定罪量刑标准，对直接负责的主管人员和其他直接责任人员定罪处罚，并对单位判处罚金。

第十五条 综合考虑社会危害程度、认罪悔罪态度等情节，认为犯罪情节轻微的，可以不起诉或者免予刑事处罚；情节显著轻微危害不大的，不以犯罪论处。

第十六条 多次拒不履行信息网络安全管理义务、非法利用信息网络、帮助信息网络犯罪活动构成犯罪，依法应当追诉的，或者二年内多次实施前述行为未经处理的，数量或者数额累计计算。

第十七条 对于实施本解释规定的犯罪被判处刑罚的，可以根据犯罪情况和预防再犯罪的需要，依法宣告职业禁止；被判处管制、宣告缓刑的，可以根据犯罪情况，依法宣告禁止令。

第十八条 对于实施本解释规定的犯罪的，应当综合考虑犯罪的危害程度、违法所得数额以及被告人的前科情况、认罪悔罪态度等，依法判处罚金。

第十九条 本解释自 2019 年 11 月 1 日起施行。

---

① 本款实质上将帮助信息网络犯罪活动罪中的"犯罪"作了扩大解释，从而将刑法分则规定的行为类型但尚未构成犯罪的行为涵括在内。**本评注认为**，上述规定是信息网络时代必须做出的合理解释，且会对未来类似罪名的适用带来"示范"效应，以促使更好地应对当下犯罪日益分工细化、进而形成利益链条的现状。

规范性文件

《最高人民法院、最高人民检察院、公安部关于依法处理信访活动中违法犯罪行为的指导意见》(公通字〔2019〕7号)"一、依法打击违法犯罪行为,明确法律底线"第(六)条对帮助信息网络犯罪活动罪的适用作了规定。(→参见第二百九十条评注部分,第1461页)

《最高人民法院、最高人民检察院、公安部办理跨境赌博犯罪案件若干问题的意见》(公通字〔2020〕14号)"四、关于跨境赌博关联犯罪的认定"第(五)条对帮助信息网络犯罪活动罪的罪数处断作了指引性规定。(→参见第三百零三条评注部分,第1596页)

《最高人民法院、最高人民检察院、公安部关于办理电信网络诈骗等刑事案件适用法律若干问题的意见(二)》(法发〔2021〕22号)第七条至第十条对帮助信息网络犯罪活动罪的适用作了规定。(→参见第二百六十六条评注部分,第1296—1297页)

《最高人民法院刑事审判第三庭、最高人民检察院第四检察厅、公安部刑事侦查局关于深入推进"断卡"行动有关问题的会议纪要》(高检四厅〔2020〕12号,节录)①

三、准确把握政策,依法精准打击。人民法院、人民检察院和公安机关要认真贯彻宽严相济刑事政策,坚持打击与治理、惩治与预防、教育相结合,重点打击专门从事非法收购、贩卖电话卡、信用卡(以下简称"两卡")活动的犯罪团伙以及与之内外勾结的电信、银行等行业从业人员。对于初犯、偶犯、未成年人、在校学生、老年人等,要以教育、挽救、惩戒、警示为主,善于综合运用行政处罚、信用惩戒和刑事打击手段。情节显著轻微危害不大的,不以犯罪论处;到案后主动认罪认罚,积极退赃退赔的,可以依法不起诉或者免予刑事处罚。

四、全面收集证据,综合审查判断主观故意。要高度重视犯罪嫌疑人主观故意方面证据的收集、审查和认定,依法准确适用帮助信息网络犯罪活动罪相关法律条款。要准确把握《最高人民法院、最高人民检察院关于办理非法利用信息网络、帮助信息网络犯罪活动等刑事案件适用法律若干问题的解释》(法释〔2019〕15号,以下简称《解释》)第十一条之规定,实践中,对于多次出租、出售

---

① 参见李立众编:《刑法一本通——中华人民共和国刑法总成》(第十六版),法律出版社2022年版,第591—592页。

信用卡或者出租、出售多张信用卡的，结合其认知能力、既往经历、生活环境、交易对象等情况，可以认定行为人明知他人利用信息网络实施犯罪。对于犯罪嫌疑人提出的主观明知方面的辩解，要高度重视、认真查证、综合认定。对于出租、出售信用卡达不到多次、多张的，认定构成犯罪要特别慎重。

五、坚持主客观相统一，准确认定犯罪情节。 对于涉"两卡"案件，要全面收集主客观证据，加强对"两卡"交易细节、流向用途和造成后果的查证。对于明知他人利用信息网络实施犯罪，向3个以上的个人（团伙）出租、出售电话卡、信用卡，被帮助对象实施的诈骗行为均达到犯罪程度的；或者出租、出售的信用卡被用于实施电信网络诈骗，达到犯罪程度，该信用卡内流水金额超过30万元的；或者利用被出租、出售的电话卡、信用卡实施的电信网络诈骗犯罪，造成被害人及其近亲属死亡、重伤、精神失常的，按照符合《解释》第十二条规定的"情节严重"处理。

《最高人民法院刑事审判第三庭、最高人民检察院第四检察厅、公安部刑事侦查局关于"断卡"行动中有关法律适用问题的会议纪要》（2022年3月22日）①

各省、自治区、直辖市高级人民法院刑事审判庭、人民检察院刑事检察部、公安厅（局）刑侦局、刑侦（警）总队，新疆维吾尔自治区高级人民法院生产建设兵团分院刑事审判庭、新疆生产建设兵团人民检察院刑事检察部、新疆生产建设兵团公安局刑侦总队：

在国务院打击治理电信网络新型违法犯罪工作部际联席会议办公室的统一部署下，各级人民法院、人民检察院和公安机关认真落实习近平总书记重要指示批示精神，加强协作配合，积极履职作为，"断卡"行动深入推进，打击整治成效日益明显，有力遏制了电信网络诈骗犯罪持续高发的势头。2021年6月，最高人民法院、最高人民检察院、公安部联合发布《关于办理电信网络诈骗等刑事案件适用法律若干问题的意见（二）》[以下简称《意见（二）》]，进一步解决了实践中的部分难点重点问题，为打击治理专项工作提供了有力法律保障。

当前，涉"两卡"（即手机卡、信用卡）犯罪形势依旧复杂严峻，犯罪类型多样且不断发展，需要进一步统一认识，明确依据，更好实现打击治理的目的。为此，2021年11月26日和2022年1月7日，最高人民法院刑事审判第三庭、最高

---

① 参见《【规范速递】两高一部〈关于"断卡"行动中有关法律适用问题的会议纪要〉》，载微信公众号"刑法规范总整理"2022年3月30日。

人民检察院第四检察厅和公安部刑事侦查局先后召开联席会议,就当前"断卡"行动中各地反映的突出法律适用问题进行研究,就相关问题形成共识。现将会议纪要下发,供各地在办案中参考。

一、关于帮助信息网络犯罪活动罪中"明知他人利用信息网络实施犯罪"的理解适用。认定行为人是否"明知"他人利用信息网络实施犯罪,应当坚持主客观相一致原则,即要结合行为人的认知能力、既往经历、交易对象、与信息网络犯罪行为人的关系、提供技术支持或者帮助的时间和方式、获利情况、出租、出售"两卡"的次数、张数、个数,以及行为人的供述等主客观因素,同时注重听取行为人的辩解并根据其辩解合理与否,予以综合认定。司法办案中既要防止片面倚重行为人的供述认定明知;也要避免简单客观归罪,仅以行为人有出售"两卡"行为就直接认定明知。特别是对于交易双方存在亲友关系等信赖基础,一方确系偶尔向另一方出租、出售"两卡"的,要根据在案事实证据,审慎认定"明知"。

在办案过程中,可着重审查行为人是否具有以下特征及表现,综合全案证据,对其构成"明知"与否作出判断:(1)跨省或多人结伙批量办理、收购、贩卖"两卡"的;(2)出租、出售"两卡"后,收到公安机关、银行业金融机构、非银行支付机构、电信服务提供者等相关单位部门的口头或书面通知,告知其所出租、出售的"两卡"涉嫌诈骗、洗钱等违法犯罪,行为人未采取补救措施,反而继续出租、出售的;(3)出租、出售的"两卡"因涉嫌诈骗、洗钱等违法犯罪被冻结,又帮助解冻,或者注销旧卡、办理新卡,继续出租、出售的;(4)出租、出售的具有支付结算功能的网络账号因涉嫌诈骗、洗钱等违法犯罪被查封,又帮助解封,继续提供给他人使用的;(5)频繁使用隐蔽上网、加密通信、销毁数据等措施或者使用虚假身份,逃避监管或者规避调查的;(6)事先串通设计应对调查的话术口径的;(7)曾因非法交易"两卡"受过处罚或者信用惩戒、训诫谈话,又收购、出售、出租"两卡"的等。

二、关于《最高人民法院、最高人民检察院关于办理非法利用信息网络、帮助信息网络犯罪活动等刑事案件适用法律若干问题的解释》(以下简称《解释》)第十二条第一款第(一)项的理解适用。该项所规定的"为三个以上对象提供帮助",应理解为分别为三个以上行为人或团伙组织提供帮助,且被帮助的行为人或团伙组织实施的行为均达到犯罪程度。为同一对象提供三次以上帮助的,不宜理解为"为三个以上对象提供帮助"。

三、关于《解释》第十二条第一款第(四)项的理解适用。该项所规定"违法所得一万元"中的"违法所得",应理解为行为人为他人实施信息网络犯罪提供帮助,由此所获得的所有违法款项或非法收入。行为人收卡等"成本"费用无须专门扣除。

四①、关于《关于深入推进"断卡"行动有关问题的会议纪要》(以下简称"《2020年会议纪要》")中列举的符合《解释》第十二条规定的情节严重情形的理解适用。《2020年会议纪要》第五条规定,出租、出售的信用卡被用于实施电信网络诈骗,达到犯罪程度,该信用卡内流水金额超过三十万元的,按照符合《解释》第十二条规定的"情节严重"处理。在适用时应把握单向流入涉案信用卡中的资金超过三十万元,且其中至少三千元经查证系涉诈骗资金。行为人能够说明资金合法来源和性质的,应当予以扣除。以上述情形认定行为"情节严重"的,要注重审查行为人的主观明知程度、出租、出售信用卡的张数、次数、非法获利的数额以及造成的其他严重后果,综合考虑与《解释》第十二条第一款其他项适用的相当性。②

行为人出租、出售的信用卡被用于接收电信网络诈骗资金,但行为人未实施代为转账、套现、取现等行为,或者未实施为配合他人转账、套现、取现而提供刷脸等验证服务的,不宜认定为《解释》第十二条第一款第(二)项规定的"支付结

---

① "两卡"案件所涉的单纯提供银行卡的行为(进而实施代为转账、套现、取现等行为,或者为配合他人转账、套现、取现而提供刷脸等验证服务的除外),并不属于帮助信息网络犯罪活动罪罪状之中的"支付结算",而应纳入"等帮助"的范畴。故而,对于"资金支付结算业务"不宜作过于泛化的理解,从而将为提供银行卡供人接收流转资金等行为也纳入其中,以符合社会一般观念的认知。本条规定实际系依据流水金额适用兜底项入罪。——本评注人

② 需要注意的问题有二:(1)对流水金额只能作单项计算。实践中,流水金额存在进项和出项两种情形。为了防止重复评价,由于入项与诈骗等犯罪行为直接相关,只宜对入项作计算;如果确实入项出项无法区分,但能够查实整个流水金额的,也可以考虑计算总数的基础上再作平均。实践中可能存在更为极端的个案,行为人提供多张信用卡,而基于逃避侦查的考虑,一笔资金被先后流入上述多张卡。对此,不作重复计算,即对于十万元资金从行为人提供的A卡流入,再流出进入B卡,最后流入C卡,如果上述三张卡都属于同一行为人提供的,原则上只计算流水金额十万元。(2)对流水金额不宜作绝对标准。依据通行法理和实践管理,对兜底项的适用限于必要情形,且应当考虑与所列明项之间的相当性。基于此,宜认为"三十万+三千元"的标准是底线标准,而不宜认为达到这一标准即可径直入罪,完全不顾其他情节。特别是,由于流水金额相对而言属于客观事实,行为人在收购、出售、出租之时虽有概括故意,但信用卡的后续使用实际难以控制。基于此,对于综合全案情节考量,特别是行为人的主观明知程度、出租、出售信用卡的(转下页)

算"行为。

五①、关于正确区分帮助信息网络犯罪活动罪、掩饰、隐瞒犯罪所得、犯罪所得收益罪与诈骗罪的界限。在办理涉"两卡"犯罪案件中,存在准确界定前述三个罪名之间界限的问题。应当根据行为人的主观明知内容和实施的具体犯罪行为,确定其行为性质。以信用卡为例:(1)明知他人实施电信网络诈骗犯罪,参加诈骗团伙或者与诈骗团伙之间形成较为稳定的配合关系,长期为他人提供信用卡或者转账取现的,可以诈骗罪论处。(2)行为人向他人出租、出售信用卡后,在明知是犯罪所得及其收益的情况下,又代为转账、套现、取现等,或者为配合他人转账、套现、取现而提供刷脸等验证服务的,可以掩饰、隐瞒犯罪所得、犯罪所得收益罪论处。(3)明知他人利用信息网络实施犯罪,仅向他人出租、出售信用卡,未实施其他行为,达到情节严重标准的,可以帮助信息网络犯罪活动罪论处。

在司法实践中,应当具体案情具体分析,结合主客观证据,重视行为人的辩解理由,确保准确定性。

六、关于《意见(二)》第三条的理解适用。为严厉打击跨境电信网络诈骗团伙犯罪,该条规定,有证据证实行为人参加境外诈骗犯罪集团或犯罪团伙,在境外针对境内居民实施电信网络诈骗犯罪行为,诈骗数额难以查证,但一年内出境赴境外诈骗犯罪窝点累计时间30日以上或多次出境赴境外诈骗犯罪窝点的,以诈骗罪依法追究刑事责任。在司法适用时,要注意把握以下三个要求:(1)有证据证明行为人参加了境外电信网络诈骗犯罪集团或犯罪团伙,且在境外针对境内居民实施了具体的诈骗犯罪行为;(2)行为人一年内出境赴境外诈骗犯罪窝点累计30日以上,应当从行为人实际加入境外诈骗犯罪窝点的日期开始计算时间;(3)诈骗数额难以查证,是指基于客观困难,确实无法查清行为人实施诈骗的具体数额。在办案中,应当首先全力查证具体诈骗数额;在诈骗数额难以查清的情况下,根据《最高人民法院、最高人民检察院关于办理诈骗刑事案件具体应用法律若干问题的解释》和《最高人民法院、最高人民检察院、公安部关于办

(接上页)张数、次数、非法获利的数额以及造成的其他严重后果,认为与法释〔2019〕15号解释第十二条列明的其他项不具有相当性,则不宜认定为"情节严重"。

① 帮助行为正犯化是帮助信息网络犯罪活动罪的设定缘由,但对帮助信息网络犯罪活动罪的把握还需要回到刑法条文本身。从刑法条文来看,帮助信息网络犯罪活动罪的规制范围不限于帮助行为正犯化的情形,换言之,所涉帮助既可以是事前、事中的帮助行为,也可以是事后的帮助行为。基于此,不应以时间节点,而应以行为性质对帮助信息网络犯罪活动罪与掩饰、隐瞒犯罪所得罪作出界分。——本评注注

电信网络诈骗等刑事案件适用法律若干问题的意见》的规定,还应当查证发送诈骗信息条数和拨打诈骗电话次数,如二者均无法查明,才适用该条规定。

七①、关于收购、出售、出租信用卡的行为,可否以窃取、收买、非法提供信用卡信息罪追究刑事责任的问题。《刑法修正案(五)》设立了窃取、收买、非法提供信用卡信息罪,主要考虑是:利用信用卡信息资料复制磁条卡的问题在当时比较突出,严重危害持卡人的财产安全和国家金融安全,故设立本罪,相关司法解释将本罪入罪门槛规定为1张(套)信用卡。其中的"信用卡信息资料",是指用于伪造信用卡的电子数据等基础信息,如有关发卡行代码、持卡人账户、密码等内容的加密电子数据。在"断卡"行动破获的此类案件中,行为人非法交易信用卡的主要目的在于直接使用信用卡,而非利用其中的信息资料伪造信用卡。故当前办理"断卡"行动中的此类案件,一般不以窃取、收买、非法提供信用卡信息罪追究刑事责任。

八、关于收购、出售、出租信用卡"四件套行为的处理。行为人收购、出售、出租信用卡"四件套"(一般包括信用卡,身份信息,U盾,网银),数量较大的,可

---

① 根据《最高人民法院、最高人民检察院关于办理妨害信用卡管理刑事案件具体应用法律若干问题的解释》的规定,窃取、收买、非法提供他人信用卡信息资料,足以伪造可进行交易的信用卡,或者足以使他人以信用卡持卡人名义进行交易,涉及信用卡一张以上的,即可构成窃取、收买、非法提供信用卡信息罪,五张以上即可升档量刑;但是,非法持有他人信用卡适用妨害信用卡罪的定罪量刑标准分别为五张、五十张。两相比较可以发现,窃取、收买、非法提供信用卡信息罪的处罚较之妨害信用卡管理罪明显更为严厉。究其原因,就在于"行为人掌握涉及1张信用卡的信息资料后,只要将其写入信用卡内,即可用于提取现金或者刷卡消费,或者以信用卡持卡人名义进行无磁交易"(刘涛:《〈关于办理妨害信用卡管理刑事案件具体应用法律若干问题的解释〉的理解与适用》,载《人民司法》2010年第1期,第30页),即所涉犯罪主要针对的是"在银行卡的磁条或者芯片上写入实现非法获取的他人银行卡磁条或芯片信息"这一伪造信用卡的最后也是最关键的环节。(参见王爱立主编:《中华人民共和国刑法条文说明、立法理由及相关规定》,北京大学出版社2021年版,第632页)显然,"两卡"案件之中所涉的买卖他人行信用卡信息的行为,主要是为了转移支付资金,而通常不会涉及伪造信用卡,故不应适用收买、非法提供信用卡信息罪,采用1张卡即入罪的标准;相反,适用妨害信用卡管理罪,将其解释为"非法持有他人信用卡",适用5张以上的入罪标准,更符合罪责刑相适应原则的要求。据此,行为人收购、出售、出租信用卡"四件套"(一般包括信用卡,身份信息,U盾,网银),数量较大的,可能同时构成帮助信息网络犯罪活动罪、妨害信用卡管理罪等。由于涉案"四件套"主要流向电信网络诈骗犯罪团伙或人员手中,用于非法接收、转移诈骗资金,一般以帮助信息网络犯罪活动罪论处;当然,对于涉案信用卡"四件套"数量巨大,符合妨害信用卡管理罪构成要件的,择一重罪断,以妨害信用卡管理罪论处。

能同时构成帮助信息网络犯罪活动罪、妨害信用卡管理罪等。"断卡"行动中破获的此类案件,行为人收购、出售、出租的信用卡"四件套",主要流向电信网络诈骗犯罪团伙或人员手中,用于非法接收、转移诈骗资金,一般以帮助信息网络犯罪活动罪论处。对于涉案信用卡"四件套"数量巨大,同时符合妨害信用卡管理罪构成要件的,择一重罪论处。

九、关于重大电信网络诈骗及其关联犯罪案件的管辖。对于涉案人数超过80人,以及在境外实施的电信网络诈骗及其关联犯罪案件,公安部根据工作需要指定异地管辖的,指定管辖前应当商最高人民检察院和最高人民法院。

各级人民法院、人民检察院、公安机关要充分认识到当前持续深入推进"断卡行动的重要意义,始终坚持依法从严惩处和全面惩处的方针,坚决严惩跨境电信网络诈骗犯罪集团和人员,贩卖"两卡"团伙头目和骨干、职业"卡商"、行业"内鬼"等。同时,还应当注重宽以济严,对于初犯、偶犯、未成年人、在校学生,特别是其中被胁迫或蒙骗出售本人名下"两卡",违法所得、涉案数额较少且认罪认罚的,以教育、挽救为主,落实"少捕慎诉慎押"的刑事司法政策,可以依法从宽处理,确保社会效果良好。

各省级人民法院、人民检察院、公安机关要尽快传达并转发本会议纪要,不断提高办案能力,依法准确办理涉"两卡"犯罪案件,确保"断卡"行动深入健康开展。在司法实践中如遇有重大疑难问题,应及时对口上报。

司法疑难解析

1. 帮助犯的限缩适用。 根据《刑法》第二百八十七条之二第三款的规定,帮助信息网络犯罪活动,同时构成其他犯罪的,应当择一重罪处断。这就给司法实践中妥当界分帮助信息网络犯罪活动罪与其他犯罪的帮助犯提出了要求。在以往的司法实践中,不少司法解释、规范性文件规定,只要行为人明知他人实施犯罪而为其提供帮助的,即成立共同犯罪。[①] 但是,这是在为相关犯罪提供帮助的

---

① 例如,《最高人民法院、最高人民检察院关于办理组织、利用邪教组织破坏法律实施等刑事案件适用法律若干问题的解释》(法释〔2017〕3号)第十三条规定:"明知他人组织、利用邪教组织实施犯罪,而为其提供经费、场地、技术、工具、食宿、接送等便利条件或者帮助的,以共同犯罪论处。"又如,《最高人民法院、最高人民检察院关于办理诈骗刑事案件具体应用法律若干问题的解释》(法释〔2011〕7号)第七条规定:"明知他人实施诈骗犯罪,为其提供信用卡、手机卡、通讯工具、通讯传输通道、网络技术支持、费用结算等帮助的,以共同犯罪论处。"

行为未能独立入罪前提下的解决方案。而如前所述，帮助信息网络犯罪活动罪的实质是帮助行为独立入罪。**本评注认为**，在此背景下，宜对帮助信息网络犯罪活动适用共同犯罪处理的情形作出适当限制，以扩大帮助信息网络犯罪活动罪的规制范围，彰显修法的精神。具体而言，对于帮助他人利用信息网络实施犯罪，适用共同犯罪以帮助犯论处的，宜限于"通谋"的情形；对于主观上仅具有明知，且对于后续实施的信息网络犯罪未实际参与的，原则上宜以帮助信息网络犯罪活动罪论处。这也是当下司法具体案件的做法。

2. 非法利用信息网络罪与帮助信息网络犯罪活动罪的界分。《刑法修正案(九)》同时增设了非法利用信息网络罪、帮助信息网络犯罪活动罪，两罪的构成要件具有一定相关性，司法实践在具体案件中尚可能存在难以界分的问题。**本评注认为**，对非法利用信息网络罪与帮助信息网络犯罪活动罪的具体界分，应当把握住非法利用信息网络罪系"网上"行为独立入罪、而帮助信息网络犯罪活动罪系帮助行为独立入罪的本质属性，再结合具体构成要件，以准确界分；在两罪界分实在困难的情况下，宜优先适用非法利用信息网络罪。① 谭某某、张某等非法利用信息网络案②就是适例。一审法院认为，被告人谭某某、张某、秦某某以非法获利为目的，明知他人利用信息网络实施犯罪，仍为其犯罪提供广告推广帮助，构成帮助信息网络犯罪活动罪。但是，二审法院对该案的定性作了调整，认定为非法利用信息网络罪。应该说，二审改判的罪名适用是妥当的：其一，正如该案二审判决所提到的，帮助信息网络犯罪活动罪中的"广告推广"一般是指为推广网站扩大犯罪活动范围所需的投放广告行为。因此，不宜将发送诈骗信息的行为理解为"广告推广"活动。其二，为信息网络诈骗活动发送诈骗信息的活动，本身也是帮助信息网络犯罪活动罪的情形，但更是非法利用信息网络罪所规定的"为实施诈骗等违法犯罪活动发布信息"，更符合"网上"行为独立入罪的立

---

① 之所以主张对非法利用信息网络罪作扩大适用，主要考虑到非法利用信息网络罪的查证相对而言更为容易，只需要查实设立网站、通讯群组和发布信息等"网上"行为有关违法犯罪，而不需要进一步查证"网下"活动；而帮助信息网络犯罪活动罪，不仅要查实为信息网络犯罪提供技术支持或者帮助，而且要证明被帮助对象实施的犯罪可以确认，取证难度相对更大。

② 2016年12月，为获取非法利益，被告人谭某某、张某商定在网络上从事为他人发送"刷单获取佣金"的诈骗信息业务，即通过"阿里旺旺"向不特定的淘宝用户发送信息，信息内容大致为"亲，我是×××，最近库存压力比较大，请你来刷单，一单能赚10～30元，一天能赚几百元，详情加QQ×××，阿里旺旺不回复"。通常每100个人添加上（转下页）

法旨向①,故适用非法利用信息网络罪更为妥当。

3. 帮助信息网络犯罪活动罪的刑事政策把握。②关于帮助信息网络犯罪活动罪的适用,要切实防止两方面的问题:一是该严未严,即本来应以更重的诈骗罪共犯或者掩隐罪论处,但却按相对较轻的帮助信息网络犯罪"降格"处理了;二是当宽未宽,即本可不作为犯罪处理甚至并不符合帮信罪构成要件的,却按帮助信息网络犯罪"升格"处理了。两方面都应当注意防范,但结合当前帮助信息网络犯罪案件"井喷"的实际,后一方面的问题更需要注意:既要严格遵循罪刑法定原则,防止因为对法律规定理解不当导致错误入罪;又要严格落实宽严相济刑事政策,防止刑事打击面不当扩大。

其一,准确把握惩治的重点。一是对犯罪集团中的组织者、指挥者、策划者和骨干分子,贩卖"两卡"团伙头目和骨干,以及对境外电诈集团提供帮助者,要依法从严处理;二是对利用未成年人、老年人、残疾人特殊群体实施犯罪的,要依法从严;三是对惯犯、职业"卡商"、行业"内鬼"等,要依法从严。

其二,坚决贯彻少捕的原则。目前帮助信息网络犯罪活动罪的逮捕数量达到了整个刑事案件的第二位,抓的人主要是马仔,更高级别的"卡商"没有抓到。所以,对帮助信息网络犯罪活动罪还是要贯彻少捕的原则,不能为了办案的便利而忽视了社会危险性的评价。

其三,妥当把握从宽的范围。对帮助信息网络犯罪活动案件是否作为犯罪处理,关键是要注意贯彻体现罪责刑相适应原则、主客观相统一原理。要综合帮信行为造成的客观危害、行为人在网络犯罪中的参与程度、行为人的认知能力、主观

(接上页)述信息里的 QQ 号,谭某某、张某即可从让其发送信息的上家处获取平均约 5000 元的费用。谭某某、张某雇用被告人秦某某等具体负责发送诈骗信息。2016 年 12 月至 2017 年 3 月,谭某某、张某通过上述方式共非法获利约人民币 80 余万元,秦某某在此期间以"工资"的形式非法获利人民币约 2 万元。两被害人因添加谭某某、张某等人组织发送的诈骗信息中的 QQ 号,后分别被骗 31000 元和 30049 元。参见《非法利用信息网络罪、帮助信息网络犯罪活动罪典型案例》,载《人民法院报》2019 年 10 月 26 日,第 3 版。
① 正如该案二审判决所分析的,"上诉人谭某某、张某等人通过发送含有 QQ 号的刷单诈骗信息,目的是诱骗他人添加该 QQ 号,每达 100 人添加,其即向上家移交该 QQ 号,由于此时诈骗犯罪尚未着手实施,其行为在实质上属于诈骗犯罪预备,将其行为评价为非法利用信息网络性质也契合非法利用信息网络罪将网络犯罪预备行为独立入罪的情形"。参见江苏省宿迁市中级人民法院(2018)苏 13 刑终 203 号刑事判决书。
② 参见《帮助信息网络犯罪活动罪的司法适用——首期实务刑法论坛研讨实录》,载微信公众号"民主与法制周刊"2022 年 1 月 29 日。

恶性和人身危险性等情节,恰当评价行为人行为的社会危害程度,不能简单仅以涉案"两卡"的数量、银行卡的流水金额作为定罪量刑的标准。要保证案件处理能够体现法理情统一,符合人民群众的公平正义观念。特别是,对于人数众多的案件,要区分对象,对于按照工作指示从事辅助性劳务性工作、参与时间较短、仅领取少量报酬等发挥作用较小的人员依法从宽处理,考虑出罪处理。要注意宽以济严,对初犯、偶犯、未成年人、在校学生,特别是其中被胁迫或蒙蔽出售本人名下"两卡"、违法所得、涉案数额较少且认罪认罚的,以教育、挽救为主,落实"少捕慎诉慎押"的刑事司法政策,可以依法从宽处理、甚至出罪处理,确保社会效果良好。

其四,有效促进社会治理。从犯罪治理角度看,还应当要重视落实源头治理、综合治理的要求。要切实贯彻全链条惩治网络犯罪的精神,防止因为有帮助信息网络犯罪活动罪"兜底"、帮助信息网络犯罪活动罪简单好办而放松对危害更大的电诈犯罪组织者、实施者的查证和追诉,否则,不仅影响帮助信息网络犯罪活动案件的处理效果,也会影响网络犯罪的有效治理。此外,应当结合案件办理,通过司法建议、检察建议等方式,促使有关部门进一步严格手机卡、银行卡的管理,严格实名制的落实。藉此,不给犯罪分子可乘之机,也不让人因为贪图小利而身陷囹圄,促进完善社会治理。

> **第二百八十八条** 【扰乱无线电通讯管理秩序罪】违反国家规定,擅自设置、使用无线电台(站),或者擅自使用无线电频率,干扰无线电通讯秩序,情节严重的,处三年以下有期徒刑、拘役或者管制,并处或者单处罚金;情节特别严重的,处三年以上七年以下有期徒刑,并处罚金。
>
> 单位犯前款罪的,对单位判处罚金,并对其直接负责的主管人员和其他直接责任人员,依照前款的规定处罚。

立法沿革

本条系 1997 年《刑法》增设的规定。

2015 年 11 月 1 日起施行的《刑法修正案(九)》第三十条对本条第一款作了修改,取消"经责令停止使用拒不停止使用"的要件,将本条由结果犯调整为情节犯,并将法定最高刑由三年有期徒刑调整为七年有期徒刑。

修正前《刑法》	修正后《刑法》
第二百八十八条 【扰乱无线电通讯管理秩序罪】违反国家规定,擅自设置、使用无线电台(站),或者擅自使用频率,经责令停止使用后拒不停止使用,干扰无线电通讯正常进行,造成严重后果的,处三年以下有期徒刑、拘役或者管制,并处或者单处罚金。	第二百八十八条 【扰乱无线电通讯管理秩序罪】违反国家规定,擅自设置、使用无线电台(站),或者擅自使用无线电频率,干扰无线电通讯秩序,情节严重的,处三年以下有期徒刑、拘役或者管制,并处或者单处罚金;情节特别严重的,处三年以上七年以下有期徒刑,并处罚金。

相关规定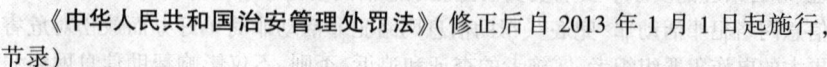

《中华人民共和国治安管理处罚法》(修正后自2013年1月1日起施行,节录)

第二十八条 违反国家规定,故意干扰无线电业务正常进行的,或者对正常运行的无线电台(站)产生有害干扰,经有关主管部门指出后,拒不采取有效措施消除的,处五日以上十日以下拘留;情节严重的,处十日以上十五日以下拘留。

《禁止非法生产销售使用窃听窃照专用器材和"伪基站"设备的规定》(国家工商行政管理总局、中华人民共和国公安部、国家质量监督检验检疫总局令第72号)

第一条 为制止和打击非法生产、销售、使用窃听窃照专用器材和"伪基站"设备的违法犯罪行为,维护国家安全、公共安全和社会秩序,保障公民人身财产安全,制定本规定。

第二条 禁止自然人、法人及其他组织非法生产、销售、使用窃听窃照专用器材和"伪基站"设备。

第三条 本规定所称窃听专用器材,是指以伪装或者隐蔽方式使用,经公安机关依法进行技术检测后作出认定性结论,有以下情形之一的:

(一)具有无线发射、接收语音信号功能的发射、接收器材;

(二)微型语音信号拾取或者录制设备;

(三)能够获取无线通信信息的电子接收器材;

(四)利用搭接、感应等方式获取通讯线路信息的器材;

(五)利用固体传声、光纤、微波、激光、红外线等技术获取语音信息的器材;

(六)可遥控语音接收器件或者电子设备中的语音接收功能,获取相关语音信息,且无明显提示的器材(含软件);

(七)其他具有窃听功能的器材。

第四条 本规定所称窃照专用器材,是指以伪装或者隐蔽方式使用,经公安机关依法进行技术检测后作出认定性结论,有以下情形之一的:

(一)具有无线发射功能的照相、摄像器材;

(二)微型针孔式摄像装置以及使用微型针孔式摄像装置的照相、摄像器材;

(三)取消正常取景器和回放显示器的微小相机和摄像机;

(四)利用搭接、感应等方式获取图像信息的器材;

(五)可遥控照相、摄像器件或者电子设备中的照相、摄像功能,获取相关图像信息,且无明显提示的器材(含软件);

(六)其他具有窃照功能的器材。

第五条 本规定所称"伪基站"设备,是指未取得电信设备进网许可和无线电发射设备型号核准,具有搜取手机用户信息,强行向不特定用户手机发送短信息等功能,使用过程中会非法占用公众移动通信频率,局部阻断公众移动通信网络信号,经公安机关依法认定的非法无线电通信设备。

第六条 公安机关、工商行政管理部门和质量技术监督部门按照职责分工,依法查处非法生产、销售、使用窃听窃照专用器材和"伪基站"设备行为。其他有关部门依法查处与非法生产、销售、使用窃听窃照专用器材和"伪基站"设备有关的行为。

法律、法规对查处非法生产、销售、使用窃听窃照专用器材和"伪基站"设备另有规定的,依照其规定。

第七条 公安机关负责对窃听窃照专用器材、"伪基站"设备的认定工作。

质量技术监督部门、工商行政管理部门在执法检查中,发现涉嫌非法生产、销售窃听窃照专用器材、"伪基站"设备的,应当及时将有关器材、设备送当地公安机关认定,公安机关应当在7日内出具认定结论。工商行政管理部门、质量技术监督部门应当依据公安机关出具的认定结论,对不构成犯罪的非法生产、销售窃听窃照专用器材和"伪基站"设备行为以及为非法销售窃听窃照专用器材和"伪基站"设备提供广告设计制作、代理、发布的行为依法予以处理。

第八条 非法生产窃听窃照专用器材、"伪基站"设备,不构成犯罪的,由质量技术监督部门责令停止生产,处以3万元以下罚款。

第九条 非法销售窃听窃照专用器材、"伪基站"设备,不构成犯罪的,由工商行政管理部门责令停止销售,处以3万元以下罚款。

第十条 为非法销售窃听窃照专用器材、"伪基站"设备提供广告设计、制作、代理、发布,不构成犯罪的,由工商行政管理部门对广告经营者、广告发布者处以3万元以下罚款。

第十一条 对非法使用窃听窃照专用器材、"伪基站"设备行为,不构成犯罪的,由公安机关责令停止使用。对从事非经营活动的,处1000元以下罚款。对从事经营活动,有违法所得的,处违法所得3倍以下罚款,最高不得超过3万元;没有违法所得的,处1万元以下罚款。

第十二条 有关部门对非法销售窃听窃照专用器材、"伪基站"设备和发布相关违法广告作出行政处罚或者追究刑事责任后,可以提请通信监管部门对相关网站及时依法查处。

第十三条 质量技术监督部门、工商行政管理部门对两年内因非法生产、销售窃听窃照专用器材、"伪基站"设备受过两次以上行政处罚,又涉嫌非法生产、销售的,直接移送公安机关。

第十四条 公安机关、工商行政管理部门和质量技术监督部门查处案件过程中,需要征求有关部门意见的,应当征求有关部门意见;对发现不属于本部门职能的案件线索,应当及时向有关部门通报。

第十五条 在查处涉嫌非法生产、销售、使用窃听窃照专用器材和"伪基站"设备的违法犯罪行为时,对以暴力、威胁等方法阻碍国家机关工作人员执行公务的,由公安机关依法予以查处;构成犯罪的,依法追究刑事责任。

第十六条 公安机关、工商行政管理和质量技术监督等部门的工作人员,在查处案件过程中滥用职权、玩忽职守、徇私舞弊的,依法依纪追究责任;构成犯罪的,依法追究刑事责任。

第十七条 本规定由国家工商行政管理总局、公安部、国家质量监督检验检疫总局负责解释。

第十八条 本规定自公布之日起30日后施行。

司法解释

《最高人民法院关于审理扰乱电信市场管理秩序案件具体应用法律若干问题的解释》(法释〔2000〕12号)第五条对非法经营国际电信业务或者涉港澳台电信业务进行营利活动所涉非法经营罪和扰乱无线电通讯管理秩序罪的处断作了规定。(→参见第二百二十五条评注部分,第1023页)

《最高人民法院关于审理危害军事通信刑事案件具体应用法律若干问题的解释》(法释〔2007〕13号)第六条第四款对扰乱无线电通讯管理秩序罪的适用和罪数处断作了规定。(→参见第三百六十九条评注部分,第2072页)

《最高人民法院、最高人民检察院关于办理扰乱无线电通讯管理秩序等刑事案件适用法律若干问题的解释》(法释〔2017〕11号,自2017年7月1日起施行)

为依法惩治扰乱无线电通讯管理秩序犯罪,根据《中华人民共和国刑法》《中华人民共和国刑事诉讼法》的有关规定,现就办理此类刑事案件适用法律的若干问题解释如下:

第一条 具有下列情形之一的,应当认定为刑法第二百八十八条第一款规定的"擅自设置、使用无线电台(站),或者擅自使用无线电频率,干扰无线电通讯秩序":

(一)未经批准设置无线电广播电台(以下简称"黑广播"),非法使用广播电视专用频段的频率的;

(二)未经批准设置通信基站(以下简称"伪基站"),强行向不特定用户发送信息,非法使用公众移动通信频率的;

(三)未经批准使用卫星无线电频率的;

(四)非法设置、使用无线电干扰器的;

(五)其他擅自设置、使用无线电台(站),或者擅自使用无线电频率,干扰无线电通讯秩序的情形。

第二条 违反国家规定,擅自设置、使用无线电台(站),或者擅自使用无线电频率,干扰无线电通讯秩序,具有下列情形之一的,应当认定为刑法第二百八十八条第一款规定的"情节严重":

(一)影响航天器、航空器、铁路机车、船舶专用无线电导航、遇险救助和安全通信等涉及公共安全的无线电频率正常使用的;

(二)自然灾害、事故灾难、公共卫生事件、社会安全事件等突发事件期间,在事件发生地使用"黑广播""伪基站"的;

(三)举办国家或者省级重大活动期间,在活动场所及周边使用"黑广播""伪基站"的;

(四)同时使用三个以上"黑广播""伪基站"的;

(五)"黑广播"的实测发射功率五百瓦以上,或者覆盖范围十公里以上的;

(六)使用"伪基站"发送诈骗、赌博、招嫖、木马病毒、钓鱼网站链接等违法犯罪信息,数量在五千条以上,或者销毁发送数量等记录的;

(七)雇佣、指使未成年人、残疾人等特定人员使用"伪基站"的;

(八)违法所得三万元以上的;

(九)曾因扰乱无线电通讯管理秩序受过刑事处罚,或者二年内曾因扰乱无线电通讯管理秩序受过行政处罚,又实施刑法第二百八十八条规定的行为的;

(十)其他情节严重的情形。

第三条 违反国家规定，擅自设置、使用无线电台（站），或者擅自使用无线电频率，干扰无线电通讯秩序，具有下列情形之一的，应当认定为刑法第二百八十八条第一款规定的"情节特别严重"：

（一）影响航天器、航空器、铁路机车、船舶专用无线电导航、遇险救助和安全通信等涉及公共安全的无线电频率正常使用，危及公共安全的；

（二）造成公共秩序混乱等严重后果的；

（三）自然灾害、事故灾难、公共卫生事件和社会安全事件等突发事件期间，在事件发生地使用"黑广播""伪基站"，造成严重影响的；

（四）对国家或者省级重大活动造成严重影响的；

（五）同时使用十个以上"黑广播""伪基站"的；

（六）"黑广播"的实测发射功率三千瓦以上，或者覆盖范围二十公里以上的；

（七）违法所得十五万元以上的；

（八）其他情节特别严重的情形。

第四条 非法生产、销售"黑广播""伪基站"、无线电干扰器等无线电设备，具有下列情形之一的，应当认定为刑法第二百二十五条规定的"情节严重"：

（一）非法生产、销售无线电设备三套以上的；

（二）非法经营数额五万元以上的；

（三）其他情节严重的情形。

实施前款规定的行为，数量或者数额达到前款第一项、第二项规定标准五倍以上，或者具有其他情节特别严重的情形的，应当认定为刑法第二百二十五条规定的"情节特别严重"。

在非法生产、销售无线电设备窝点查扣的零件，以组装完成的套数以及能够组装的套数认定；无法组装为成套设备的，每三套广播信号调制器（激励器）认定为一套"黑广播"设备，每三块主板认定为一套"伪基站"设备。

第五条 单位犯本解释规定之罪的，对单位判处罚金，并对直接负责的主管人员和其他直接责任人员，依照本解释规定的自然人犯罪的定罪量刑标准定罪处罚。

第六条 擅自设置、使用无线电台（站），或者擅自使用无线电频率，同时构成其他犯罪的，按照处罚较重的规定定罪处罚。

明知他人实施诈骗等犯罪，使用"黑广播""伪基站"等无线电设备为其发送信息或者提供其他帮助，同时构成其他犯罪的，按照处罚较重的规定定罪处罚。

第七条 负有无线电监督管理职责的国家机关工作人员滥用职权或者玩忽职守，致使公共财产、国家和人民利益遭受重大损失的，应当依照刑法第三百九十七条的规定,以滥用职权罪或者玩忽职守罪追究刑事责任。

有查禁扰乱无线电管理秩序犯罪活动职责的国家机关工作人员,向犯罪分子通风报信、提供便利,帮助犯罪分子逃避处罚的,应当依照刑法第四百一十七条的规定,以帮助犯罪分子逃避处罚罪追究刑事责任;事先通谋的,以共同犯罪论处。

第八条 为合法经营活动,使用"黑广播""伪基站"或者实施其他扰乱无线电通讯管理秩序的行为,构成扰乱无线电通讯管理秩序罪,但不属于"情节特别严重",行为人系初犯,并确有悔罪表现的,可以认定为情节轻微,不起诉或者免予刑事处罚;确有必要判处刑罚的,应当从宽处罚。

第九条 对案件所涉的有关专门性问题难以确定的,依据司法鉴定机构出具的鉴定意见,或者下列机构出具的报告,结合其他证据作出认定:

(一)省级以上无线电管理机构、省级无线电管理机构依法设立的派出机构、地市级以上广播电视主管部门就是否系"伪基站""黑广播"出具的报告;

(二)省级以上广播电视主管部门及其指定的检测机构就"黑广播"功率、覆盖范围出具的报告;

(三)省级以上航空、铁路、船舶等主管部门就是否干扰导航、通信等出具的报告。

对移动终端用户受影响的情况,可以依据相关通信运营商出具的证明,结合被告人供述、终端用户证言等证据作出认定。

第十条 本解释自2017年7月1日起施行。

规范性文件①

《最高人民法院、最高人民检察院、公安部关于办理电信网络诈骗等刑事案件适用法律若干问题的意见》(法发〔2016〕32号)"三、全面惩处关联犯罪"第(一)条对扰乱无线电通讯管理秩序罪的适用及罪数处断作了规定。(→参见第二百六十六条评注部分,第1282页)

法律适用答复、复函②

---

① 另,鉴于刑法修正和法释〔2017〕11号解释发布,《最高人民法院、最高人民检察院、公安部、国家安全部关于依法办理非法生产销售使用"伪基站"设备案件的意见》(公通字〔2014〕13号)未予收录。

② 鉴于刑法修正和法释〔2017〕11号解释发布,《最高人民法院研究室关于非法生产、销售、使用"伪基站"行为定性的复函》[参见喻海松:《最高人民法院研究室关于非法生产、销售、使用"伪基站"行为定性的研究意见》,载《司法研究与指导(总第5辑)》,人民法院出版社2014年版]未予收录。

刑参案例规则提炼①

《李雄剑等扰乱无线电通讯管理秩序案——利用"伪基站"群发短信的行为如何定罪处罚》(第1227号案例)所涉规则提炼如下：

利用"伪基站"群发短信行为的定性规则。"利用'伪基站'群发短信的行为……本质上是对无线电通讯管理秩序的破坏，而不是对公共安全的危害"，应当以扰乱无线电通讯管理秩序罪定罪处罚。(第1227号案例)

> **第二百八十九条　【聚众"打砸抢"的处理】**聚众"打砸抢"，致人伤残、死亡的，依照本法第二百三十四条、第二百三十二条的规定定罪处罚。毁坏或者抢走公私财物的，除判令退赔外，对首要分子，依照本法第二百六十三条的规定定罪处罚。

立法沿革

本条系1997年《刑法》吸收修改1979年《刑法》规定。1979年《刑法》第一百三十七条规定："严禁聚众'打砸抢'。因'打砸抢'致人伤残、死亡的，以伤害罪、杀人罪论处。毁坏或者抢走公私财物的，除判令退赔外，首要分子以抢劫罪论处。""犯前款罪，可以单独判处剥夺政治权利。"1997年《刑法》对上述规定的表述作了完善，并删去了原第二款关于剥夺政治权利的规定。

司法解释

《最高人民法院、最高人民检察院关于办理妨害预防、控制突发传染病疫情等灾害的刑事案件具体应用法律若干问题的解释》(法释〔2003〕8号)第九条对在预防、控制突发传染病疫情等灾害期间聚众"打砸抢"的定性和政策把握作了规定。(→参见第一百一十四条评注部分，第415页)

---

① 另，鉴于《刑法修正案(九)》对扰乱无线电通讯管理秩序罪作出修改和法释〔2017〕11号解释发布施行，《郝林喜、黄国祥破坏公用电信设施案——对非法使用"伪基站"设备干扰公用电信网络信号的行为如何定罪量刑》(第957号案例)所涉规则未予提炼。

> 第二百九十条 【聚众扰乱社会秩序罪】聚众扰乱社会秩序,情节严重,致使工作、生产、营业和教学、科研、医疗无法进行,造成严重损失的,对首要分子,处三年以上七年以下有期徒刑;对其他积极参加的,处三年以下有期徒刑、拘役、管制或者剥夺政治权利。
>
> 【聚众冲击国家机关罪】聚众冲击国家机关,致使国家机关工作无法进行,造成严重损失的,对首要分子,处五年以上十年以下有期徒刑;对其他积极参加的,处五年以下有期徒刑、拘役、管制或者剥夺政治权利。
>
> 【扰乱国家机关工作秩序罪】多次扰乱国家机关工作秩序,经行政处罚后仍不改正,造成严重后果的,处三年以下有期徒刑、拘役或者管制。
>
> 【组织、资助非法聚集罪】多次组织、资助他人非法聚集,扰乱社会秩序,情节严重的,依照前款的规定处罚。

立法沿革

本条系 1997 年《刑法》吸收修改 1979 年《刑法》规定。1979 年《刑法》第一百五十八条规定:"禁止任何人利用任何手段扰乱社会秩序。扰乱社会秩序情节严重,致使工作、生产、营业和教学、科研无法进行,国家和社会遭受严重损失的,对首要分子处五年以下有期徒刑、拘役、管制或者剥夺政治权利。" 1997 年《刑法》对上述规定作了修改,并增设第二款关于聚众冲击国家机关犯罪的规定。

2015 年 11 月 1 日起施行的《刑法修正案(九)》第三十一条对本条作了修改,将聚众扰乱医疗秩序的行为规定为犯罪,并增加第三款关于扰乱国家机关工作秩序犯罪和第四款关于组织、资助非法聚集犯罪的规定。

修正前《刑法》	修正后《刑法》
第二百九十条 【聚众扰乱社会秩序罪】聚众扰乱社会秩序,情节严重,致使工作、生产、营业和教学、科研无法进行,造成严重损失的,对首要分子,处三年以上七年以下有期徒刑;对其他积极参加的,处三年以下有期徒刑、拘役、管制或者剥夺政治权利。	第二百九十条 【聚众扰乱社会秩序罪】聚众扰乱社会秩序,情节严重,致使工作、生产、营业和教学、科研、**医疗**无法进行,造成严重损失的,对首要分子,处三年以上七年以下有期徒刑;对其他积极参加的,处三年以下有期徒刑、拘役、管制或者剥夺政治权利。

(续表)

修正前《刑法》	修正后《刑法》
【聚众冲击国家机关罪】聚众冲击国家机关,致使国家机关工作无法进行,造成严重损失的,对首要分子,处五年以上十年以下有期徒刑;对其他积极参加的,处五年以下有期徒刑、拘役、管制或者剥夺政治权利。	【聚众冲击国家机关罪】聚众冲击国家机关,致使国家机关工作无法进行,造成严重损失的,对首要分子,处五年以上十年以下有期徒刑;对其他积极参加的,处五年以下有期徒刑、拘役、管制或者剥夺政治权利。 【扰乱国家机关工作秩序罪】多次扰乱国家机关工作秩序,经行政处罚后仍不改正,造成严重后果的,处三年以下有期徒刑、拘役或者管制。 【组织、资助非法聚集罪】多次组织、资助他人非法聚集,扰乱社会秩序,情节严重的,依照前款的规定处罚。

相关规定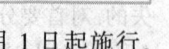

《中华人民共和国治安管理处罚法》(修正后自2013年1月1日起施行,节录)

第二十三条 有下列行为之一的,处警告或者二百元以下罚款;情节较重的,处五日以上十日以下拘留,可以并处五百元以下罚款:

(一)扰乱机关、团体、企业、事业单位秩序,致使工作、生产、营业、医疗、教学、科研不能正常进行,尚未造成严重损失的;

(二)扰乱车站、港口、码头、机场、商场、公园、展览馆或者其他公共场所秩序的;

(三)扰乱公共汽车、电车、火车、船舶、航空器或者其他公共交通工具上的秩序的;

(四)非法拦截或者强登、扒乘机动车、船舶、航空器以及其他交通工具,影响交通工具正常行驶的;

(五)破坏依法进行的选举秩序的。

聚众实施前款行为的,对首要分子处十日以上十五日以下拘留,可以并处一千元以下罚款。

第二十四条 有下列行为之一,扰乱文化、体育等大型群众性活动秩序

的,处警告或者二百元以下罚款;情节严重的,处五日以上十日以下拘留,可以并处五百元以下罚款:

(一)强行进入场内的;

(二)违反规定,在场内燃放烟花爆竹或者其他物品的;

(三)展示侮辱性标语、条幅等物品的;

(四)围攻裁判员、运动员或者其他工作人员的;

(五)向场内投掷杂物,不听制止的;

(六)扰乱大型群众性活动秩序的其他行为。

因扰乱体育比赛秩序被处以拘留处罚的,可以同时责令其十二个月内不得进入体育场馆观看同类比赛;违反规定进入体育场馆的,强行带离现场。

规范性文件

《公安部关于公安机关处置信访活动中违法犯罪行为适用法律的指导意见》(公通字〔2013〕25号)

为保护信访人的合法权益,维护正常的信访秩序和社会秩序,依法处置信访活动中的违法犯罪行为,根据《刑法》、《治安管理处罚法》、《集会游行示威法》、《人民警察法》和《信访条例》等法律法规,制定本指导意见。

一、对扰乱信访工作秩序违法犯罪行为的处理

1. 违反《信访条例》第十六条、第十八条规定,越级走访,或者多人就同一信访事项到信访接待场所走访,拒不按照《信访条例》第十八条第二款的规定推选代表,经有关国家机关工作人员劝阻、批评和教育无效的,依据《信访条例》第四十七条第二款规定,公安机关予以警告、训诫或者制止;符合《治安管理处罚法》第二十三条第一款第一项、第二款规定的,以扰乱单位秩序、聚众扰乱单位秩序依法予以治安管理处罚。

2. 违反《信访条例》第十四条、第十五条、第三十四条和第三十五条规定,拒不通过法定途径提出投诉请求,不依照法定程序请求信访事项复查、复核,或者信访诉求已经依法解决,仍然以同一事实和理由提出投诉请求,在信访接待场所多次缠访,经有关国家机关工作人员劝阻、批评和教育无效的,依据《信访条例》第四十七条第二款规定,公安机关予以警告、训诫或者制止;符合《治安管理处罚法》第二十三条第一款第一项规定的,以扰乱单位秩序依法予以治安管理处罚。

3. 在信访接待场所滞留、滋事,或者将年老、年幼、体弱、患有严重疾病、肢体残疾等生活不能自理的人弃留在信访接待场所,经有关国家机关工作人员劝阻、批评和教育无效的,依据《信访条例》第四十七条第二款规定,公安机关予以警

告、训诫或者制止；符合《治安管理处罚法》第二十三条第一款第一项规定的，以扰乱单位秩序依法予以治安管理处罚。

4.在信访接待场所摆放花圈、骨灰盒、遗像、祭品，焚烧冥币，或者停放尸体，不听有关国家机关工作人员劝阻、批评和教育，扰乱信访工作秩序，符合《治安管理处罚法》第二十三条第一款第一项、第六十五条第二项规定的，以扰乱单位秩序、违法停放尸体依法予以治安管理处罚。

5.煽动、串联、胁迫、诱使他人采取过激方式表达诉求，扰乱信访工作秩序，符合《治安管理处罚法》第二十三条第一款第一项、第二款规定的，以扰乱单位秩序、聚众扰乱单位秩序依法予以治安管理处罚。

6.聚众扰乱信访工作秩序，情节严重，符合《刑法》第二百九十条第一款规定的，对首要分子和其他积极参加者以聚众扰乱社会秩序罪追究刑事责任。

二、对危害公共安全违法犯罪行为的处理

1.为制造社会影响、发泄不满情绪、实现个人诉求，驾驶机动车在公共场所任意冲撞，危害公共安全，符合《刑法》第一百十四条、第一百十五条第一款规定的，以以危险方法危害公共安全罪追究刑事责任。

2.以递交信访材料、反映问题等为由，非法拦截、强登、扒乘机动车或者其他交通工具，或者乘坐交通工具时抛撒信访材料，影响交通工具正常行驶，符合《治安管理处罚法》第二十三条第一款第四项规定的，以妨碍交通工具正常行驶依法予以治安管理处罚。

3.在信访接待场所、其他国家机关或者公共场所、公共交通工具上非法携带枪支、弹药、弓弩、匕首等管制器具，或者爆炸性、毒害性、放射性、腐蚀性等危险物质的，应当及时制止，收缴枪支、弹药、管制器具、危险物质；符合《治安管理处罚法》第三十二条、第三十条规定的，以非法携带枪支、弹药、管制器具、非法携带危险物质依法予以治安管理处罚；情节严重，符合《刑法》第一百三十条规定的，以非法携带枪支、弹药、管制刀具、危险物品危及公共安全罪追究刑事责任。

4.采取放火、爆炸或者以其他危险方法自伤、自残、自杀，危害公共安全，符合《刑法》第一百一十四条和第一百一十五条第一款规定的，以放火罪、爆炸罪、以危险方法危害公共安全罪追究刑事责任。

三、对侵犯人身权利、财产权利违法犯罪行为的处理

1.殴打他人或者故意伤害他人身体，符合《治安管理处罚法》第四十三条规定的，以殴打他人、故意伤害依法予以治安管理处罚；符合《刑法》第二百三十四条规定的，以故意伤害罪追究刑事责任。明知患有艾滋病或者其他严重传染疾病，故意以撕咬、抓挠等方式伤害他人，符合《刑法》第二百三十四条规定

的,以故意伤害罪追究刑事责任。

2.采取口头、书面等方式公然侮辱、诽谤他人,符合《治安管理处罚法》第四十二条第二项规定的,以侮辱、诽谤依法予以治安管理处罚;侮辱、诽谤情节严重,被害人要求公安机关立案侦查的,应当严格执行《公安部关于严格依法办理侮辱诽谤案件的通知》的规定,除严重危害社会秩序和国家利益的由公安机关立案侦查外,应当将有关案件材料移送人民法院,同时告知被害人自行向人民法院起诉。

3.写恐吓信或者以其他方法威胁他人人身安全,或者多次发送侮辱、恐吓或者其他信息,干扰他人正常生活,符合《治安管理处罚法》第四十二条第一项、第五项规定的,以威胁人身安全、发送信息干扰正常生活依法予以治安管理处罚。

4.偷窥、偷拍、窃听、散布他人隐私,符合《治安管理处罚法》第四十二条第六项规定的,以侵犯隐私依法予以治安管理处罚;情节严重,符合《刑法》第二百五十三条之一第二款规定的,以非法获取公民个人信息罪追究刑事责任。

5.捏造、歪曲事实诬告陷害他人,企图使他人受到刑事追究或者受到治安管理处罚,符合《治安管理处罚法》第四十二条第三项规定的,以诬告陷害依法予以治安管理处罚;符合《刑法》第二百四十三条规定的,以诬告陷害罪追究刑事责任。

6.在信访接待场所或者其他公共场所故意裸露身体,情节恶劣,符合《治安管理处罚法》第四十四条规定的,以在公共场所故意裸露身体予以治安管理处罚。

7.故意损毁公私财物,符合《治安管理处罚法》第四十九条规定的,以故意损毁财物依法予以治安管理处罚;符合《刑法》第二百七十五条规定的,以故意毁坏财物罪追究刑事责任。

8.以制造社会影响、采取极端闹访行为、持续缠访闹访等威胁、要挟手段,敲诈勒索,符合《治安管理处罚法》第四十九条规定的,以敲诈勒索依法予以治安管理处罚;符合《刑法》第二百七十四条规定的,以敲诈勒索罪追究刑事责任。

9.以帮助信访为名骗取他人公私财物,符合《治安管理处罚法》第四十九条规定的,以诈骗依法予以治安管理处罚;符合《刑法》第二百六十六条规定的,以诈骗罪追究刑事责任。

四、对妨害社会管理秩序违法犯罪行为的处理

1.在国家机关办公场所周围实施静坐,张贴、散发材料,呼喊口号,打横幅,穿着状衣,出示状纸,扬言自伤、自残、自杀等行为或者非法聚集,经有关国家机关工作人员劝阻、批评和教育无效的,依据《信访条例》第四十七条第二款规定,公安机关予以警告、训诫或者制止,收缴相关材料和横幅、状纸、状衣等物品;

符合《治安管理处罚法》第二十三条第一款第一项、第二款规定的,以扰乱单位秩序、聚众扰乱单位秩序依法予以治安管理处罚;符合《刑法》第二百九十条第一款规定的,对非法聚集的首要分子和其他积极参加者以聚众扰乱社会秩序罪追究刑事责任;聚集多人围堵、冲击国家机关,扰乱国家机关正常秩序,符合《刑法》第二百九十条第二款规定的,对首要分子和其他积极参加者以聚众冲击国家机关罪追究刑事责任。

2. 在车站、码头、商场、公园、广场等公共场所张贴、散发材料,呼喊口号,打横幅,穿着状衣、出示状纸,或者非法聚集,以及在举办文化、体育等大型群众性活动或者国内、国际重大会议期间,在场馆周围、活动区域或者场内实施前述行为,经劝阻、批评和教育无效的,依据《信访条例》第四十七条第二款规定,公安机关予以警告、训诫或者制止,收缴相关材料和横幅、状纸、状衣等物品;符合《治安管理处罚法》第二十三条第一款第二项、第二款或者第二十四条第一款第一项、第三项、第五项规定的,以扰乱公共场所秩序、聚众扰乱公共场所秩序或者强行进入大型活动场所内、在大型活动场所内展示侮辱性物品、向大型活动场所内投掷杂物依法予以治安管理处罚;聚众扰乱公共场所秩序,抗拒、阻碍国家治安管理工作人员依法执行职务,情节严重,符合《刑法》第二百九十一条规定的,对首要分子以聚众扰乱公共场所秩序罪追究刑事责任。

3. 在信访接待场所、其他国家机关门前或者交通通道上堵塞、阻断交通或者非法聚集,影响交通工具正常行驶,符合《治安管理处罚法》第二十三条第一款第四项、第二款规定的,以妨碍交通工具正常行驶、聚众妨碍交通工具正常行驶依法予以治安管理处罚;符合《刑法》第二百九十一条规定的,对首要分子以聚众扰乱交通秩序罪追究刑事责任。

4. 在外国使领馆区、国际组织驻华机构所在地实施静坐,张贴、散发材料,呼喊口号,打横幅,穿着状衣、出示状纸等行为或者非法聚集的,应当立即制止,根据《人民警察法》第八条规定,迅速带离现场,并收缴相关材料和横幅、状纸、状衣等物品;符合《治安管理处罚法》第二十三条第一款第一项、第二款规定的,以扰乱公共场所秩序、聚众扰乱公共场所秩序依法予以治安管理处罚;符合《刑法》第二百九十条第一款规定的,对首要分子和其他积极参加者以聚众扰乱社会秩序罪追究刑事责任。

5. 煽动、策划非法集会、游行、示威,不听劝阻,符合《治安管理处罚法》第五十五条规定的,以煽动、策划非法集会、游行、示威依法予以治安管理处罚;举行集会、游行、示威活动未经主管机关许可,未按照主管机关许可的目的、方式、标语、口号、起止时间、地点、路线进行,或者在进行中出现危害公共安全、破坏社会秩序情形的，根据《集会游行示威法》第二十七条规定予以制止、命令解散；不听制止，拒不解散，依法强行驱散、强行带离现场或者立即予以拘留；符合《集会游行示威法》第二十八条规定的，对其负责人和直接责任人员依法予以警告或者拘留；拒不服从解散命令，符合《刑法》第二百九十六条规定的，对负责人和直接责任人员，以非法集会、游行、示威罪追究刑事责任。集会游行示威过程中实施其他违法犯罪行为的，依法追究法律责任。

6. 实施跳河、跳楼、跳桥、攀爬建筑物、铁塔、烟囱、树木，或者其他自伤、自残、自杀行为，制造社会影响的，应当积极组织解救；符合《治安管理处罚法》第二十三条第一款第一项、第二项规定的，以扰乱单位秩序、扰乱公共场所秩序依法予以治安管理处罚；符合《刑法》第二百九十条第一款规定的，对首要分子和其他积极参加者以聚众扰乱社会秩序罪追究刑事责任；符合《刑法》第二百九十一条规定的，对首要分子以聚众扰乱公共场所秩序罪追究刑事责任。

7. 乘坐公共交通工具拒不按照规定购票，或者采取其他方式无理取闹，符合《治安管理处罚法》第二十三条第一款第三项规定的，以扰乱公共交通工具上的秩序依法予以治安管理处罚。

8. 散布谣言，谎报险情、疫情、警情，投放虚假的爆炸性、毒害性、放射性、腐蚀性物质或者传染病病原体等危险物质，扬言实施放火、爆炸、投放危险物质，制造社会影响、扰乱公共秩序，符合《治安管理处罚法》第二十五条规定的，以虚构事实扰乱公共秩序、投放虚假危险物质扰乱公共秩序、扬言实施放火、爆炸、投放危险物质扰乱公共秩序依法予以治安管理处罚；符合《刑法》第二百九十一条之一规定的，以投放虚假危险物质罪、编造、故意传播虚假恐怖信息罪追究刑事责任。

9. 阻碍国家机关工作人员依法执行职务，强行冲闯公安机关设置的警戒带、警戒区，或者阻碍执行紧急任务的消防车、救护车、工程抢险车、警车等车辆通行，符合《治安管理处罚法》第五十条第一款第二项、第三项、第四项规定的，以阻碍执行职务、阻碍特种车辆通行、冲闯警戒带、警戒区依法予以治安管理处罚；阻碍人民警察依法执行职务的，从重处罚；使用暴力、威胁方法阻碍国家机关工作人员依法执行职务，符合《刑法》第二百七十七条规定的，以妨害公务罪追究刑事责任。

10. 任意损毁、占用信访接待场所、国家机关或者他人财物，符合《治安管理处罚法》第二十六条第三项规定的，以寻衅滋事依法予以治安管理处罚；符合《刑法》第二百九十三条规定的，以寻衅滋事罪追究刑事责任。

11. 煽动群众暴力抗拒国家法律、行政法规实施，符合《刑法》第二百七十八条规定的,以煽动暴力抗拒法律实施罪追究刑事责任。

五、对利用计算机信息网络实施违法犯罪行为的处理

通过网站、论坛、博客、微博、微信等制作、复制、传播有关信访事项的虚假消息,煽动、组织、策划非法聚集、游行、示威活动,编造险情、疫情、警情,扬言实施爆炸、放火、投放危险物质或者自伤、自残、自杀等,符合《计算机信息网络国际联网安全保护管理办法》第二十条规定的,依法予以警告、罚款或者其他处罚;符合《治安管理处罚法》《刑法》有关规定的,依法追究法律责任。在收集、固定证据后,要依法及时删除网上有害信息。

对在信访活动中或者以信访为名,实施本指导意见所列以外其他违法犯罪行为的,依照有关法律、法规的规定予以处置。教唆、胁迫、诱骗他人实施相关违法犯罪行为的,按照其教唆、胁迫、诱骗的行为处罚。

各地公安机关在处置上述信访活动中违法犯罪行为时,要把握好以下三点要求:

(一)坚持法制,讲究政策,保护合法,制止非法。畅通信访渠道,维护信访人的合法权益,不得限制合法信访活动,不得以组织学习、培训等方式非法剥夺、限制信访人的人身自由。对于初次实施违法行为、情节轻微的,以批评教育为主,依法予以警告、训诫或者制止;对于经警告、训诫、制止后,继续或者再次实施违法行为,严重危害社会治安秩序、威胁公共安全的,根据《人民警察法》第八条规定,可以强行带离现场、依法予以拘留或者采取法律规定的其他措施,防止造成更大危害;构成违反治安管理行为的,依法予以治安管理处罚;构成犯罪的,依法追究刑事责任。对组织聚众闹事、实施极端闹访等行为的,要依法从严惩处,切实增强依法处置的威慑力和效果。

(二)强化证据意识,依照法定程序及时收集、固定相关证据。针对不同类型违法犯罪活动特点,全面收集违法犯罪嫌疑人的询问(讯问)笔录、现场目击证人证言、参与处置的有关国家机关工作人员的证言、现场笔录、民警出具的到案经过、记载违法行为的视听资料、扣押、收缴的管制刀具、危险物品及其他物品、鉴定材料等证据。对违法行为警告、训诫或者制止的,要同时收集、固定违法证据;对多次实施违法行为的,要注重每次违法行为证据的收集、固定和积累。要规范训诫书的制作和使用,训诫书应当载明违法行为事实,并加盖公安机关印章。

(三)明确管辖责任,加强协作配合。在处置信访活动中违法犯罪行为时,要严格执行《公安机关办理行政案件程序规定》和《公安机关办理刑事案件程序规定》的规定,由违法犯罪行为地公安机关管辖。由居住地公安机关管辖

更为适宜的,可以由居住地公安机关管辖;行为地公安机关将案件移交居住地公安机关管辖的,应当与居住地公安机关协商,并配合开展调查取证等工作。各级公安机关要积极配合有关部门、单位,认真区分信访人的合理诉求和不合法表达方式,因情施策、各负其责、互相配合、依法处置,坚持慎用警力、慎用强制措施、慎用武器警械,避免激化矛盾、形成对立,力争把问题化解在初始阶段和萌芽状态。

《最高人民法院、最高人民检察院、公安部关于依法处理信访活动中违法犯罪行为的指导意见》(公通字〔2019〕7号)

人民群众既依法享有通过信访途径反映诉求的权利,也应当按照相关法律规定进行信访活动,但有的信访人员不到设立或者指定的信访接待场所走访、不向有权处理的机关反映诉求、集体访不依法推选代表,有的在走访过程中实施抛撒、张贴传单、打横幅、喊口号、穿状衣等行为,有的借信访为名实施聚集滋事行为,有的多次进京信访滋事扰乱公共秩序,还有的甚至实施殴打他人、损毁公私财物、聚众阻塞交通、冲击国家机关、暴力袭警等违法犯罪行为,严重干扰正常信访秩序,扰乱社会公共秩序,影响其他信访人员合法反映诉求,特别是非法进京信访滋事行为更是对法律尊严和国家形象造成严重损害。为进一步维护社会治安秩序,引导信访人员合法维权,切实把信访维权纳入法治化轨道,增强全民依法、逐级、有序信访的理念,依法保障信访人的合法权益,依照《中华人民共和国刑法》《中华人民共和国刑事诉讼法》《中华人民共和国治安管理处罚法》《最高人民法院、最高人民检察院关于办理寻衅滋事刑事案件适用法律若干问题的解释》(法释〔2013〕18号)、《最高人民法院、最高人民检察院关于办理利用信息网络实施诽谤等刑事案件适用法律若干问题的解释》(法释〔2013〕21号)等法律法规和司法解释,制定本指导意见。

一、依法打击违法犯罪行为,明确法律底线

(一)扰乱公共秩序。在信访活动中或者以信访为名,实施下列行为的,依照刑法有关规定定罪处罚:

1.在各级党委、人大、政协、行政、监察、审判、检察、军事机关,厂矿、商场等企业单位,学校、医院、报社、电视台、科研院所等事业单位,工会、妇联等社会团体单位,机场、车站、码头等重要交通场站,或者在上述场所周边的其他公共场所,聚众实施统一着装、佩戴统一标识、静坐滞留、张贴散发材料、喊口号、打横幅、穿状衣等行为,或者实施跳楼、服毒等自杀、自伤行为以及扬言实施自杀、自伤行为,情节严重,致使工作、生产、营业和教学、科研、医疗活动无法进行,造成严重损失的,依照刑法第二百九十条第一款的规定,对首要分子和其他积极参加

者,以聚众扰乱社会秩序罪定罪处罚;

2. 在各级党委、人大、政协、行政、监察、审判、检察、军事机关,聚众实施强行冲闯、围堵大门通道、围攻、辱骂工作人员,强占办公场所,投掷石块杂物等冲击国家机关行为,致使国家机关工作无法进行,造成严重损失的,依照刑法第二百九十条第二款的规定,对首要分子和其他积极参加者,以聚众冲击国家机关罪定罪处罚;

3. 聚众扰乱车站、码头、民用航空站、商场、公园、影剧院、展览会、运动场及周边公共场所或者其他公共场所秩序,聚众堵塞交通或者破坏交通秩序,抗拒、阻碍国家治安管理工作人员依法执行职务,情节严重的,依照刑法第二百九十一条的规定,对首要分子,以聚众扰乱公共场所秩序、交通秩序罪定罪处罚;

4. 个人多次扰乱国家机关的工作秩序,经行政处罚后仍不改正,造成严重后果的,依照刑法第二百九十条第三款的规定,以扰乱国家机关工作秩序罪定罪处罚。

(二)组织、资助非法聚集。多次组织、资助他人到各级党委、人大、政协、行政、监察、审判、检察、军事机关,厂矿、商场等企业单位,学校、医院、报社、电视台、科研院所等事业单位,工会、妇联等社会团体单位,机场、车站、码头等重要交通场站,或者到上述场所周边的其他公共场所,非法聚集,扰乱社会秩序,情节严重的,依照刑法第二百九十条第四款的规定,以组织、资助非法聚集罪定罪处罚。

(三)寻衅滋事。在信访活动中或者以信访为名,为制造影响或者发泄不满,实施下列行为之一的,依照刑法第二百九十三条的规定,以寻衅滋事罪定罪处罚:

1. 在各级党委、人大、政协、行政、监察、审判、检察、军事机关,厂矿、商场等企业单位,学校、医院、报社、电视台、科研院所等事业单位,工会、妇联等社会团体单位,机场、车站、码头等重要交通场站,或者在上述场所周边的其他公共场所,实施自杀、自伤、打横幅、撒传单、拦车辆、统一着装、佩戴统一标识等行为,起哄闹事,造成公共场所秩序严重混乱的;

2. 追逐、拦截、辱骂、恐吓、随意殴打他人,情节恶劣的,或者强拿硬要、任意损毁、占用公私财物,情节严重的;

3. 编造虚假信息,或者明知是编造的虚假信息,在信息网络上散布,或者组织、指使人员在信息网络上散布,起哄闹事,造成公共秩序严重混乱的。

实施寻衅滋事行为,同时符合寻衅滋事罪、故意杀人罪、故意伤害罪、故意毁坏财物罪、敲诈勒索罪、抢夺罪、抢劫罪等犯罪的构成要件的,依照处罚较重的犯罪定罪处罚。

（四）①阻碍执行职务。在信访活动中或者以信访为名,以暴力、威胁方法阻碍国家机关工作人员依法执行职务的,依照刑法第二百七十七条的规定,以妨害公务罪定罪处罚;暴力袭击正在依法执行职务的人民警察的,依法从重处罚。

（五）非法携带枪支、弹药、管制刀具、危险物品。非法携带枪支、弹药、管制刀具或者爆炸性、易燃性、放射性、毒害性、腐蚀性物品进入公共场所或者公共交通工具,危及公共安全,情节严重的,依照刑法第一百三十条的规定,以非法携带枪支、弹药、管制刀具、危险物品危及公共安全罪定罪处罚。

（六）信息网络有关行为。设立网站、通讯群组,用于在信访活动中或者以信访为名实施违法犯罪活动,情节严重的,依照刑法第二百八十七条之一的规定,以非法利用信息网络罪定罪处罚;明知他人利用信息网络在信访活动中或者以信访为名实施犯罪行为,为其提供技术支持或者其他帮助,情节严重的,依照刑法第二百八十七条之二的规定,以帮助信息网络犯罪活动罪定罪处罚;网络服务提供者不履行法律、行政法规规定的信息网络安全管理义务,经监管部门责令采取改正措施而拒不改正,情节严重的,依照刑法第二百八十六条之一的规定,以拒不履行信息网络安全管理义务罪定罪处罚。

（七）共同违法犯罪。在信访活动中或者以信访为名,煽动、教唆、组织、策划、指挥他人实施违法犯罪行为的,应当按照其在共同违法犯罪中所起的作用以及违法犯罪情节予以处罚。

（八）在特定场所实施犯罪行为。对在天安门广场、中南海地区、党和国家领导人住地、国家重大活动举办场馆、中央国家机关所在地、中央军委大楼、中央主要新闻单位办公场所、外国驻华使领馆、国宾下榻处等非信访场所实施本条第一项至第五项规定的行为,在认定"造成严重损失""情节严重""造成严重后果""造成公共场所秩序严重混乱""情节恶劣"等入罪情节时,要将上述场所作为重要考虑因素;构成相关犯罪的,从重处罚。

（九）治安管理处罚或者其他行政处罚。实施本条第一项至第六项规定的行为,不构成犯罪、依法不起诉或者免予刑事处罚的,依法予以治安管理处罚或者其他行政处罚;在本条第八项所列场所实施违反治安管理行为的,从重处罚,依法可以行政拘留的,依法予以行政拘留。

二、坚持宽严相济,教育帮助绝大多数

办理此类案件,应当坚持宽严相济,惩治与教育相结合,依法打击极少数,教育帮助绝大多数。对煽动、教唆、组织、策划、指挥实施和积极参与非法聚集,与

---

① 本条的适用,应当结合《刑法修正案(十一)》增设的袭警罪作妥当把握。——本评注注

其他利益诉求群体串联"抱团"实施相关违法犯罪行为,实施殴打国家机关工作人员、打砸公私财物等暴力犯罪行为,利用信息网络制造、传播、主动向境外提供相关虚假信息,企图以外压内,多次到本指导意见第一条第八项所列场所表达诉求,以及专门利用国家重大活动和全国"两会""七一""十一"等重要时间节点进京在非信访场所表达诉求,滋事扰序,向地方政府施压的人员,要作为打击重点。对有正当信访事由且初次实施违法行为、情节轻微,或者被引诱、胁迫参与,经劝阻、训诫或者制止,立即停止实施的,可以依法不予处罚;对一般参与、情节较轻、行为人认识到违法犯罪行为危害性,确有悔过表现,明确表示依法信访,或者具有自首、立功表现的,可以依法从轻、减轻或者免予处罚;对自愿如实供述自己的罪行,承认指控的犯罪事实,愿意接受处罚的,可以依法从宽处理。对实施违法犯罪行为而依法不予行政处罚、不负刑事责任的精神病人,应当及时通报居住地公安机关,责令其家属或者监护人严加看管和送医治疗,必要时依法强制医疗。

三、强化协作配合,严格依法规范执法办案

公安机关、人民检察院、人民法院既要加强内部协作,也要加强相互之间以及与相关部门的沟通配合,通过多种方式引导群众依法维权。

(一)明确职责。对越级走访,多人就同一信访事项到信访接待场所走访但拒不按照规定推选集体访代表,拒不通过法定途径提出投诉请求,不依照法定程序申请信访事项复查、复核,或者信访诉求已经依法解决,仍然以同一事实和理由提出投诉请求,在信访接待场所多次缠访,在信访接待场所滞留、滋事,或者将年老、年幼、体弱、患有严重疾病、肢体残疾等生活不能自理的人弃留在信访接待场所等情形,由相关国家机关工作人员进行劝阻、批评或者教育,经劝阻、批评和教育无效的,对堵门、堵路、拦车、长时间滞留、采取过激行为的,公安机关应当依法予以警告、训诫或者制止,依法采取处置措施;构成违反治安管理行为或者犯罪的,依法追究法律责任。

(二)明确案件管辖。此类案件,由违法犯罪地公安机关管辖,由居住地公安机关管辖更为适宜的,可以由居住地公安机关管辖;违法犯罪地在北京市,且在本指导意见第一条第八项所列场所的,由北京市公安机关管辖;违法犯罪地在北京市其他地区,由居住地公安机关管辖更为适宜的,可以由居住地公安机关管辖。对管辖权发生争议的,报请共同的上级公安机关指定管辖、移送。指定居住地公安机关管辖的案件,需要提请批准逮捕、移送审查起诉、提起公诉的,由该公安机关所在地的人民检察院、人民法院受理。

(三)做好证据移交。对需要将案件移送居住地公安机关的,违法犯罪地公安机关应当及时移交执法视音频资料、扣押、收缴的物证书证、违法犯罪嫌疑人供述、查获嫌疑人的登记记录和依法开具的训诫书等合法有效证据。执法视音频资料应当能够全面不间断展示违法犯罪实施情况，现场扣押、收缴相关传单、标语、横幅等物品时应当标明物品来源，登记记录中应当对查获嫌疑人的时间、地点等内容进行详实、准确记载。不移交证明现场违法犯罪事实的主要证据的，居住地公安机关可以不接受移送的案件，同时报告上一级公安机关。

四、加强宣传教育，引导信访人合法维权

在办理此类案件过程中，公安机关、人民检察院、人民法院要加大法制宣传教育力度，引导群众依法理性表达诉求。对违法犯罪嫌疑人、被告人，要同步开展法制宣传，告知信访权利义务，结合案情充分释法说理，讲明实施违法犯罪行为对自己、家庭、他人、社会的危害性，促使其认识到错误和危害，同时，对非法聚集、暴力袭警等性质恶劣，企图通过违法犯罪行为实现不合理诉求的组织者、策划者要适时依法揭批，公开曝光。要通过依法打击和法制宣传，明确规矩，划清底线，彻底打消一些人"大闹大解决、小闹小解决、不闹不解决"的心理，引导群众依法理性维护合法权益，自觉运用法律手段解决矛盾纠纷，在全社会树立"维权不能违法""法律红线不可逾越，法律底线不可触碰"的法治观念，增强全民依法信访的理念，营造"解决问题用法、化解矛盾靠法"的良好法治环境。

五、依法维护信访人的合法权益，协助推动解决合理诉求

公安机关、人民检察院、人民法院要严格维护信访人的合法权益，畅通信访渠道，不得限制合法信访活动，未经法定程序不得剥夺、限制信访人的人身自由。对在工作中发现的反映信访工作人员或者公职人员涉嫌违纪、职务违法犯罪的，要及时移交纪检监察机关，对超越或者滥用职权，应当作为而不作为等侵害信访人合法权益，以及打击报复信访人的，要严格依法追究法律责任。

在依法打击违法犯罪的同时，要主动协助推动解决合理诉求，努力推动从源头解决问题，减少非法信访以及相关违法犯罪行为的发生。办案时，要及时了解违法犯罪嫌疑人的个人情况和信访诉求，将有关情况通报有关信访责任部门和党委政府，推动有关部门及时对信访人诉求调查核实、作出处理。经有关部门调查核实，属法律和政策有明确规定的，协调推动有关方面依法按政策解决；属诉求合理、正当，因客观条件不具备，一时难以解决的，配合有关部门讲清道理，做好深入细致的说服教育工作，并及时向党委政府汇报；属诉求不合法、不合理的，配合有关部门做好解释说服工作。对生活确有困难、需要帮扶的，协调推动有关方面积极予以救助扶助，解决困难问题。

刑参案例规则提炼

《余胜利、尤庆波聚众扰乱交通秩序案——如何认定聚众扰乱交通秩序罪中的"首要分子"和"情节严重"》(第 932 号案例)所涉规则提炼如下：

聚众扰乱交通秩序罪的认定规则。"聚众扰乱活动的造意者、煽动者应当认定为聚众扰乱交通秩序罪中的'首要分子'。""聚众扰乱交通秩序罪不要求'聚众堵塞交通或者破坏交通秩序'达到情节严重的同时'抗拒、阻碍国家治安管理工作人员依法执行职务'也达到情节严重。""在聚众扰乱交通秩序案件中，比较通行的做法是，对具有交通堵塞严重、持续时间长、聚集人数多、社会影响恶劣、公私财产损失大、发生人员伤亡等情形的，都可以认定为聚众扰乱交通秩序罪中的'情节严重'。当然，具体个案中还应当根据个案的特殊情况进行个性化和综合性的分析。"(第 932 号案例)

> **第二百九十一条　【聚众扰乱公共场所秩序、交通秩序罪】** 聚众扰乱车站、码头、民用航空站、商场、公园、影剧院、展览会、运动场或者其他公共场所秩序，聚众堵塞交通或者破坏交通秩序，抗拒、阻碍国家治安管理工作人员依法执行职务，情节严重的，对首要分子，处五年以下有期徒刑、拘役或者管制。

立法沿革

本条系 1997 年《刑法》沿用 1979 年《刑法》第一百五十九条的规定，仅删去了法定刑中的"剥夺政治权利"。

相关规定

《中华人民共和国治安管理处罚法》(修正后自 2013 年 1 月 1 日起施行，节录)

第二十三条　有下列行为之一的，处警告或者二百元以下罚款；情节较重的，处五日以上十日以下拘留，可以并处五百元以下罚款：

（一）扰乱机关、团体、企业、事业单位秩序，致使工作、生产、营业、医疗、教学、科研不能正常进行，尚未造成严重损失的；

（二）扰乱车站、港口、码头、机场、商场、公园、展览馆或者其他公共场所秩序的；

（三）扰乱公共汽车、电车、火车、船舶、航空器或者其他公共交通工具上的

秩序的;

(四)非法拦截或者强登、扒乘机动车、船舶、航空器以及其他交通工具,影响交通工具正常行驶的;

(五)破坏依法进行的选举秩序的。

聚众实施前款行为的,对首要分子处十日以上十五日以下拘留,可以并处一千元以下罚款。

第二十四条 有下列行为之一,扰乱文化、体育等大型群众性活动秩序的,处警告或者二百元以下罚款;情节严重的,处五日以上十日以下拘留,可以并处五百元以下罚款:

(一)强行进入场内的;

(二)违反规定,在场内燃放烟花爆竹或者其他物品的;

(三)展示侮辱性标语、条幅等物品的;

(四)围攻裁判员、运动员或者其他工作人员的;

(五)向场内投掷杂物,不听制止的;

(六)扰乱大型群众性活动秩序的其他行为。

因扰乱体育比赛秩序被处以拘留处罚的,可以同时责令其十二个月内不得进入体育场馆观看同类比赛;违反规定进入体育场馆的,强行带离现场。

规范性文件

《公安部关于公安机关处置信访活动中违法犯罪行为适用法律的指导意见》(公通字〔2013〕25号)"四、对妨害社会管理秩序违法犯罪行为的处理"对聚众扰乱社会秩序罪的适用作了规定。(→参见第二百九十条评注部分,第1455页)

第二百九十一条之一 【投放虚假危险物质罪】【编造、故意传播虚假恐怖信息罪】投放虚假的爆炸性、毒害性、放射性、传染病病原体等物质,或者编造爆炸威胁、生化威胁、放射威胁等恐怖信息,或者明知是编造的恐怖信息而故意传播,严重扰乱社会秩序的,处五年以下有期徒刑、拘役或者管制;造成严重后果的,处五年以上有期徒刑。

【编造、故意传播虚假信息罪】编造虚假的险情、疫情、灾情、警情,在信息网络或者其他媒体上传播,或者明知是上述虚假信息,故意在信息网络或者其他媒体上传播,严重扰乱社会秩序的,处三年以下有期徒刑、拘役或者管制;造成严重后果的,处三年以上七年以下有期徒刑。

立法沿革

本条系 2001 年 12 月 29 日起施行的《刑法修正案(三)》第八条增设的规定。

2015 年 11 月 1 日起施行的《刑法修正案(九)》第三十二条对本条作了修改,增加第二款关于编造、故意传播虚假信息犯罪的规定。

修正前《刑法》	修正后《刑法》
第二百九十一条之一 【投放虚假危险物质罪】【编造、故意传播虚假恐怖信息罪】投放虚假的爆炸性、毒害性、放射性、传染病病原体等物质,或者编造爆炸威胁、生化威胁、放射威胁等恐怖信息,或者明知是编造的恐怖信息而故意传播,严重扰乱社会秩序的,处五年以下有期徒刑、拘役或者管制;造成严重后果的,处五年以上有期徒刑。	第二百九十一条之一 【投放虚假危险物质罪】【编造、故意传播虚假恐怖信息罪】投放虚假的爆炸性、毒害性、放射性、传染病病原体等物质,或者编造爆炸威胁、生化威胁、放射威胁等恐怖信息,或者明知是编造的恐怖信息而故意传播,严重扰乱社会秩序的,处五年以下有期徒刑、拘役或者管制;造成严重后果的,处五年以上有期徒刑。 【编造、故意传播虚假信息罪】编造虚假的险情、疫情、灾情、警情,在信息网络或者其他媒体上传播,或者明知是上述虚假信息,故意在信息网络或者其他媒体上传播,严重扰乱社会秩序的,处三年以下有期徒刑、拘役或者管制;造成严重后果的,处三年以上七年以下有期徒刑。

相关规定

《中华人民共和国治安管理处罚法》(修正后自 2013 年 1 月 1 日起施行,节录)

第二十五条 有下列行为之一的,处五日以上十日以下拘留,可以并处五百元以下罚款;情节较轻的,处五日以下拘留或者五百元以下罚款:

(一)散布谣言,谎报险情、疫情、警情或者以其他方法故意扰乱公共秩序的;

(二)投放虚假的爆炸性、毒害性、放射性、腐蚀性物质或者传染病病原体等危险物质扰乱公共秩序的;

(三)扬言实施放火、爆炸、投放危险物质扰乱公共秩序的。

司法解释

《最高人民法院、最高人民检察院关于办理妨害预防、控制突发传染病疫情等灾害的刑事案件具体应用法律若干问题的解释》(法释〔2003〕8号)第十条第一款对编造、传播与突发传染病疫情等灾害有关的恐怖信息适用编造、故意传播虚假恐怖信息罪作了指引性规定。(→参见第一百一十四条评注部分,第415页)

《最高人民法院关于审理编造、故意传播虚假恐怖信息刑事案件适用法律若干问题的解释》(法释〔2013〕24号,自2013年9月30日起施行)①

为依法惩治编造、故意传播虚假恐怖信息犯罪活动,维护社会秩序,维护人民群众生命、财产安全,根据刑法有关规定,现对审理此类案件具体适用法律的若干问题解释如下:

第一条② 编造恐怖信息,传播或者放任传播,严重扰乱社会秩序的,依照

---

① "对于行为人编造虚假恐怖信息又自行传播,严重扰乱社会秩序的,简称'自编自传',应定编造虚假恐怖信息罪。"参见吕广伦、王尚明、陈攀:《〈关于审理编造、故意传播虚假恐怖信息刑事案件适用法律若干问题的解释〉的理解与适用》,载中华人民共和国最高人民法院刑事审判第一、二、三、四、五庭主办:《中国刑事审判指导案例5》(增订第3版),法律出版社2017年版,第743页。**本评注认为**,选择性罪名的确定应以全面评价行为为基准,故对上述情形确定为"编造、传播虚假恐怖信息罪"亦无不可。对此,高检发侦监字〔2013〕5号规范性文件、李泽强编造、故意传播虚假恐怖信息案(检例第9号)均持"编造、传播虚假恐怖信息罪"的观点。

② 需要注意的问题有三:(1)编造、故意传播虚假恐怖信息罪是结果犯。虚假恐怖信息因本身是虚假的,从手段上讲根本不可能对人的生命安全和财产造成实际危害,其主要社会危害体现在制造恐怖气氛,引起社会恐慌,扰乱社会秩序,通常情况下造成人们一场虚惊。为防止不当扩大打击面,刑法规定编造、故意传播虚假恐怖信息,必须造成严重扰乱社会秩序的后果,才能构成犯罪。行为人虽然编造了恐怖信息,但其编造的恐怖信息没有被传播出去,不可能扰乱社会秩序,也就不可能构成犯罪。因此,编造恐怖信息且编造的恐怖信息被传播的,才能构成编造虚假恐怖信息罪。如果行为人编造虚假恐怖信息后,慑于法律制裁或者后悔,及时采取措施,没有让其编造的虚假信息被传播,从而没有扰乱社会秩序的,则不应作为犯罪处理。(2)编造、故意传播虚假恐怖信息罪是故意犯罪。编造虚假恐怖信息罪是故意犯罪,应要求行为人对编造虚假恐怖信息行为所导致的后果即严重扰乱社会秩序具有直接或间接故意。如上所述,虚假恐怖信息只有被传播才能导致严重扰乱社会秩序的后果,故应当要求行为人编造时具有传播的直接故意或者放任传播的间接故意。判断是否构成放任传播,应结合行为人有没有采取必要措施防止其编造的虚假恐怖信息被传播的客观方面进行判断。例如,行为人出于好玩、无聊,在某些知悉范围较小的载体(如仅对好友开放的QQ空间)上编写虚假恐怖信息,如果行为人没有采取加密、及时删除等必要措施,导致虚假恐怖信息被传播,严重扰乱社会秩(转下页)

刑法第二百九十一条之一的规定，应认定为编造虚假恐怖信息罪。

明知是他人编造的恐怖信息而故意传播，严重扰乱社会秩序的，依照刑法第二百九十一条之一的规定，应认定为故意传播虚假恐怖信息罪。

第二条　编造、故意传播虚假恐怖信息，具有下列情形之一的，应当认定为刑法第二百九十一条之一的"严重扰乱社会秩序"：

（一）致使机场、车站、码头、商场、影剧院、运动场馆等人员密集场所秩序混乱，或者采取紧急疏散措施的；

（二）影响航空器、列车、船舶等大型客运交通工具正常运行的；

（三）致使国家机关、学校、医院、厂矿企业等单位的工作、生产、经营、教学、科研等活动中断的；

（四）造成行政村或者社区居民生活秩序严重混乱的；

（五）致使公安、武警、消防、卫生检疫等职能部门采取紧急应对措施的；

（六）其他严重扰乱社会秩序的。

第三条①　编造、故意传播虚假恐怖信息，严重扰乱社会秩序，具有下列情形之一的，应当依照刑法第二百九十一条之一的规定，在五年以下有期徒刑范围

（接上页）序的，应以犯罪论处。行为人在私密载体上（如日记本里）编造虚假恐怖信息，有理由确信其没有传播意图；在极其偶然的情况下，该恐怖信息被他人知悉而传播出去，严重扰乱社会秩序的，应认定行为人主观上是过失，或者意外事件，不应认定为犯罪。（3）实践经验的总结。从收集的近百件案例来看，几乎全是行为人在编造的同时或之后实施了自行传播行为。主要包括以下几种情形：一是编造与传播同步进行。最典型的是通过互联网发帖的方式编造并传播虚假恐怖信息。有的是想好虚假恐怖信息后，在人群中口头散布，从客观上讲也是编造、传播同步进行的。二是编造之后又进行传播。如行为人编写好虚假恐怖信息的手机短信后，又向他人转发；想好虚假恐怖信息后，又向公安局、航空公司、商场等单位打电话（打电话其实就是传播）。三是编造后故意通过他人传播，如唆使他人传播，或者告知不明真相的人，致使编造的恐怖信息进一步扩散的（行为人告知不明真相的人是传播的开始）。参见吕广伦、王尚明、陈攀：《〈关于审理编造、故意传播虚假恐怖信息刑事案件适用法律若干问题的解释〉的理解与适用》，载中华人民共和国最高人民法院刑事审判第一、二、三、四、五庭主办：《中国刑事审判指导案例5》（增订第3版），法律出版社2017年版，第742页。

① 需要注意的问题有二：（1）编造、故意传播虚假恐怖信息导致航班备降、返航的情形较多，危害程度差异较大，造成航空公司直接经济损失程度不同，故不宜一律规定为造成严重后果。总结过去的司法实践经验，该类案件基本上是在五年以下判处刑罚。当（转下页）

内酌情从重处罚：

（一）致使航班备降或返航；或者致使列车、船舶等大型客运交通工具中断运行的；

（二）多次编造、故意传播虚假恐怖信息的；

（三）造成直接经济损失 20 万元以上的；

（四）造成乡镇、街道区域范围居民生活秩序严重混乱的；

（五）具有其他酌情从重处罚情节的。

第四条 编造、故意传播虚假恐怖信息，严重扰乱社会秩序，具有下列情形之一的，应当认定为刑法第二百九十一条之一的"造成严重后果"，处五年以上有期徒刑：

（一）造成 3 人以上轻伤或者 1 人以上重伤的；

（二）造成直接经济损失 50 万元以上的；

（三）造成县级以上区域范围居民生活秩序严重混乱的；

（四）妨碍国家重大活动进行的；

（五）造成其他严重后果的。

第五条 编造、故意传播虚假恐怖信息，严重扰乱社会秩序，同时又构成其他犯罪的，择一重罪处罚。

第六条① 本解释所称的"虚假恐怖信息"，是指以发生爆炸威胁、生化威

（接上页）然，如果造成航空公司直接经济损失达 50 万元以上，可根据本司法解释第四条的规定，处五年以上有期徒刑。(2) 对于"多次编造、故意传播虚假恐怖信息"中"多次"的理解，应指三次以上，且每次均单独构成犯罪。如果行为人编造同一恐怖信息多次向同一单位散布，仅造成单一犯罪后果的，应认定为一次。如，行为人为了向某商场敲诈勒索钱财，在不同时间内先后多次向该商场打电话称在商场内安装了遥控炸弹，如果仅造成该商场一次严重秩序混乱，应认定为一次；如果造成该商场多次严重秩序混乱，则应认定为多次。参见吕广伦、王尚明、陈攀：《〈关于审理编造、故意传播虚假恐怖信息刑事案件适用法律若干问题的解释〉的理解与适用》，载中华人民共和国最高人民法院刑事审判第一、二、三、四、五庭主办：《中国刑事审判指导案例 5》（增订第 3 版），法律出版社 2017 年版，第 744 页。

① "虚假恐怖信息"，除刑法规定的三类恐怖威胁外，还包括"劫持航空器威胁、重大灾情、重大疫情"等不真实的恐怖信息。重大疫情，如"非典"流行期间编造虚假"非典"疫情等；重大灾情，如编造虚假地震信息等。虚假恐怖信息应具有严重威胁公共安全的恐怖性，即信息应具有危及不特定多数人的生命、财产安全的内容。司法实践中应注意一般虚假恐慌信息和虚假恐怖信息之间的区别。如有些人搞恶作剧，编造、散布某（转下页）

胁、放射威胁、劫持航空器威胁、重大灾情、重大疫情等严重威胁公共安全的事件为内容，可能引起社会恐慌或者公共安全危机的不真实信息。

■规范性文件

《最高人民检察院关于依法严厉打击编造、故意传播虚假恐怖信息威胁民航飞行安全犯罪活动的通知》（高检发侦监字〔2013〕5号，节录）

各省、自治区、直辖市人民检察院，军事检察院，新疆生产建设兵团人民检察院：

近期，我国接连发生多起编造虚假恐怖信息威胁民航飞行安全的犯罪案件，造成了多架次航班备降、返航或延迟起飞，严重影响了民航运输正常秩序，对人民群众生命财产安全造成严重威胁。各级检察机关要充分发挥职能作用，坚决依法从重从快严厉打击此类犯罪，维护民航运营秩序，保障民航飞行安全，保护人民群众生命财产安全。现就有关问题通知如下：

一、充分发挥检察职能作用，坚决严厉打击编造、故意传播虚假恐怖信息威胁民航飞行安全犯罪。此类犯罪对民航运输正常秩序和广大乘客的生命财产安全影响巨大，社会反响强烈。各级检察机关要充分认识这类犯罪的严重社会危害性，充分发挥检察职能，加大打击力度。要加强与公安机关的沟通，及时派员介入侦查活动，对收集证据、适用法律提出意见。符合批捕、起诉条件的，要从重从快批捕、起诉。同时，加强与公安机关、人民法院的协调配合，及时研究解决办案中遇到的问题，形成打击犯罪的合力。

二、准确把握犯罪构成要件，确保从重打击。根据刑法第291条之一的有关规定，编造虚假恐怖信息并向特定对象散布，严重扰乱社会秩序的，即构成编造

第291条之一

（接上页）工厂经常有女工被强奸的虚假信息，使某厂女工及周边女性居民产生一定程度的心理恐慌，但由于编造"某厂女工被强奸"的信息内容不具有爆炸威胁、生化威胁等恐怖信息同等程度的恐怖性，不应以编造、故意传播虚假恐怖信息罪追究行为人的刑事责任；若构成其他犯罪，可按其他犯罪论处。此外，对于那些一查就知道是虚假的恐怖信息，根本不会引起社会恐慌及扰乱社会秩序的，不构成犯罪。例如，行为人于2013年5月发布信息称炸"连云港飞佛山航班"。经查，根本没有该航班。编造根本不具有误导性的虚假恐怖信息不应以犯罪论处。参见吕广伦、王尚明、陈攀：《〈关于审理编造、故意传播虚假恐怖信息刑事案件适用法律若干问题的解释〉的理解与适用》，载中华人民共和国最高人民法院刑事审判第一、二、三、四、五庭主办：《中国刑事审判指导案例5》（增订第3版），法律出版社2017年版，第745页。此外，**本评注认为，在《刑法修正案（九）》增设编造、故意传播虚假信息罪之后，对于虚假的疫情、灾情信息似不宜再纳入"虚假恐怖信息"的范畴。**

虚假恐怖信息罪。编造虚假恐怖信息以后向不特定对象散布,严重扰乱社会秩序的,构成编造、故意传播虚假恐怖信息罪。对于编造、故意传播虚假恐怖信息,引起公众恐慌,或者致使航班无法正常起降,破坏民航正常运输秩序的,应当认定为"严重扰乱社会秩序"。工作中,要准确把握犯罪构成要件,依法引导取证,加强法律监督,防止打击不力。

三、加强舆论宣传和引导工作。(略)

各地办理此类案件的情况,实行一案一报,批捕、决定起诉后要及时层报最高人民检察院。

《公安部关于公安机关处置信访活动中违法犯罪行为适用法律的指导意见》(公通字[2013]25号)"四、对妨害社会管理秩序违法犯罪行为的处理"第八条对《刑法》第二百九十一条之一的适用作了规定。(→参见第二百九十条评注部分,第1457页)

《最高人民法院、最高人民检察院、公安部、司法部关于依法惩治妨害新型冠状病毒感染肺炎疫情防控违法犯罪的意见》(法发[2020]7号)"二、准确适用法律,依法严惩妨害疫情防控的各类违法犯罪"第(六)条对编造、故意传播虚假信息罪的适用和政策把握作了规定。(→参见第三百三十条评注部分,第1712页)

指导性案例

李泽强编造、故意传播虚假恐怖信息案(检例第9号,节录)

关键词 编造、故意传播虚假恐怖信息罪

要 旨 编造、故意传播虚假恐怖信息罪是选择性罪名。编造恐怖信息以后向特定对象散布,严重扰乱社会秩序的,构成编造虚假恐怖信息罪。编造恐怖信息以后向不特定对象散布,严重扰乱社会秩序的,构成编造、故意传播虚假恐怖信息罪。

对于实施数个编造、故意传播虚假恐怖信息行为的,不实行数罪并罚,但应当将其作为量刑情节予以考虑。

卫学臣编造虚假恐怖信息案(检例第10号,节录)

关键词 编造虚假恐怖信息罪 严重扰乱社会秩序

要 旨 关于编造虚假恐怖信息造成"严重扰乱社会秩序"的认定,应当结合行为对正常的工作、生产、生活、经营、教学、科研等秩序的影响程度、对公众造成的恐慌程度以及处置情况等因素进行综合分析判断。对于编造、故意传播虚假恐怖信息威胁民航安全,引起公众恐慌,或者致使航班无法正常起降的,应当认定为"严重扰乱社会秩序"。

袁才彦编造虚假恐怖信息案（检例第 11 号，节录）

关 键 词　编造虚假恐怖信息罪　择一重罪处断

要　　旨　对于编造虚假恐怖信息造成有关部门实施人员疏散，引起公众极度恐慌的，或者致使相关单位无法正常营业，造成重大经济损失的，应当认定为"造成严重后果"。

以编造虚假恐怖信息的方式，实施敲诈勒索等其他犯罪的，应当根据案件事实和证据情况，择一重罪处断。

◼ 刑参案例规则提炼①

《杨国栋投放虚假危险物质案——在公共场所用锥子扎人造成恐怖气氛的能否构成投放虚假危险物质罪》（第 206 号案例）、《袁才彦编造虚假恐怖信息案——以编造爆炸威胁等恐怖信息的方式向有关单位进行敲诈勒索的，如何定罪处罚》（第 372 号案例）、《熊毅编造虚假恐怖信息案——如何把握编造虚假恐怖信息罪"造成严重后果"的认定》（第 881 号案例）、《刘星星编造、传播虚假信息案——如何把握编造、故意传播虚假信息罪的入罪标准》（第 1328 号案例）所涉规则提炼如下：

1. 投放虚假危险物质罪的认定规则。"在公众场所用锥子扎人造成恐怖气氛的"，"不符合投放虚假危险物质罪的构成要件，但是被告人的行为系发生在特定时期、特定背景下，客观上具有较大的社会危害性，且已实际造成了恶劣影响，符合寻衅滋事罪的构成要件，应当以寻衅滋事罪定罪处罚"。（第 206 号案例）

2. 编造、故意传播虚假恐怖信息罪客观行为的认定规则。"以编造虚假恐怖信息的方式实施敲诈勒索的行为中，行为人只实施了一个行为，该行为具有多重属性，触犯了两个罪名，属于想象竞合犯，应按行为所触犯的罪名中的一个重罪论处，即以编造虚假恐怖信息定罪处罚。"（第 372 号案例）

---

① 另，鉴于《刑法修正案（九）》针对"虚假的险情、疫情、灾情、警情"增设编造、故意传播虚假信息罪，《黄旭、李雁编造虚假恐怖信息案——编造虚假恐怖信息罪的认定和处罚》（第 398 号案例）、《贾志攀编造、故意传播虚假信息案——虚假地震信息能否认定为虚假恐怖信息》（第 559 号案例）所涉规则未予提炼。《金建平编造虚假恐怖信息案——编造虚假恐怖信息罪的法律适用》（第 207 号案例）提出："拨打恐怖电话的对象是特定的公安机关，并未向公众传播，尚未造成大范围的社会公众恐慌……属于编造虚假的恐怖信息"，与本评注立场不一致（**本评注主张**认定为传播，进而确定罪名为"编造、传播虚假恐怖信息罪"），故对所涉规则未予提炼。

3.编造、故意传播虚假恐怖信息罪的定罪量刑规则。"行为的社会危害性大小是判断是否严重扰乱社会秩序的实质标准。""相关职能部门采取紧急应对措施是严重扰乱社会秩序的形式标准之一。"(第1328号案例)"编造虚假恐怖信息,造成有关部门实施人员疏散的,应认定为'造成严重后果'。"(第372号案例)"给被害单位……航空公司造成的经济损失不足五十万元,而且对于航空行业而言,其本身就是消耗巨大的经济活动,受到安全威胁后备降的经济损失动辄数万元,甚至数十万元,如果认定'严重后果'的数额标准过低,将导致几乎所有的威胁航班飞行的行为都会在五年以上量刑,打击面过大,不符合宽严相济刑事政策的要求。"(第881号案例)

第二百九十一条之二 【高空抛物罪】从建筑物或者其他高空抛掷物品,情节严重的,处一年以下有期徒刑、拘役或者管制,并处或者单处罚金。

有前款行为,同时构成其他犯罪的,依照处罚较重的规定定罪处罚。

◤立法沿革

本条系2021年3月1日起施行的《刑法修正案(十一)》第三十三条增设的规定。

◤规范性文件

《最高人民法院关于依法妥善审理高空抛物、坠物案件的意见》(法发〔2019〕25号,节选)①

近年来,高空抛物、坠物事件不断发生,严重危害公共安全,侵害人民群众合

---

① 对本规范性文件的适用,需要根据《刑法修正案(十一)》增设的高空抛物罪作综合考量。具体而言,对于高空抛物,情节严重的,适用高空抛物罪,一般不宜再适用以危险方法危害公共安全罪或者其他罪名;对于致人重伤、死亡或者使公私财产遭受重大损失的,可以视情适用以危险方法危害公共安全罪。此外,如果将过失以危险方法危害公共安全罪、以危险方法危害公共安全罪所涉及的公共安全限制解释为"不特定多数人的"公共安全,则高空抛物行为在常态情况下不会危害公共安全。但是实践中情况比较复杂。例如,明知楼下人群密集,仍然从高空抛掷出很多石块,也可能危及不特定多数人的安全。因此,应当综合考虑案件具体情况,对于确实危害公共安全的高空抛物案件,特别是造成实害后果,适用高空抛物罪难以罚当其罪的,可以考虑过失以危险方法危害公共安全罪或者以危险方法危害公共安全罪论处。——本评注注

法权益,影响社会和谐稳定。为充分发挥司法审判的惩罚、规范和预防功能,依法妥善审理高空抛物、坠物案件,切实维护人民群众"头顶上的安全",保障人民安居乐业,维护社会公平正义,依据《中华人民共和国刑法》《中华人民共和国侵权责任法》等相关法律,提出如下意见。

一、加强源头治理,监督支持依法行政,有效预防和惩治高空抛物、坠物行为(略)

二、依法惩处构成犯罪的高空抛物、坠物行为,切实维护人民群众生命财产安全

4. 充分认识高空抛物、坠物行为的社会危害性。高空抛物、坠物行为损害人民群众人身、财产安全,极易造成人身伤亡和财产损失,引发社会矛盾纠纷。人民法院要高度重视高空抛物、坠物行为的现实危害,深刻认识运用刑罚手段惩治情节和后果严重的高空抛物、坠物行为的必要性和重要性,依法惩治此类犯罪行为,有效防范、坚决遏制此类行为发生。

5. 准确认定高空抛物犯罪。对于高空抛物行为,应当根据行为人的动机、抛物场所、抛掷物的情况以及造成的后果等因素,全面考量行为的社会危害程度,准确判断行为性质,正确适用罪名,准确裁量刑罚。

故意从高空抛弃物品,尚未造成严重后果,但足以危害公共安全的,依照刑法第一百一十四条规定的以危险方法危害公共安全罪定罪处罚;致人重伤、死亡或者使公私财产遭受重大损失的,依照刑法第一百一十五条第一款的规定处罚。为伤害、杀害特定人员实施上述行为的,依照故意伤害罪、故意杀人罪定罪处罚。

6. 依法从重惩治高空抛物犯罪。具有下列情形之一的,应当从重处罚,一般不得适用缓刑:(1)多次实施的;(2)经劝阻仍继续实施的;(3)受过刑事处罚或者行政处罚后又实施的;(4)在人员密集场所实施的;(5)其他情节严重的情形。

7. 准确认定高空坠物犯罪。过失导致物品从高空坠落,致人死亡、重伤,符合刑法第二百三十三条、第二百三十五条规定的,依照过失致人死亡罪、过失致人重伤罪定罪处罚。在生产、作业中违反有关安全管理规定,从高空坠落物品,发生重大伤亡事故或者造成其他严重后果的,依照刑法第一百三十四条第一款的规定,以重大责任事故罪定罪处罚。

三、坚持司法为民、公正司法,依法妥善审理高空抛物、坠物民事案件(略)

四、注重多元化解,坚持多措并举,不断完善预防和调处高空抛物、坠物纠纷的工作机制(略)

刑参案例规则提炼

《廖善香过失致人死亡案——高空抛物致人死亡的如何定罪处罚》(第1485号案例)所涉规则提炼如下:

犯罪竞合处断规则。"行为同时构成高空抛物罪和过失致人死亡罪,应当以处罚较重的过失致人死亡罪定罪处罚。"(第1485号案例)

司法疑难解析

1."高空"的认定。 高空抛物罪的客观行为表现为"从建筑物或者其他高空抛掷物品"。如前所述,对"建筑物"相对易于认定;但是,对于建筑物以外的"其他高空",则须妥当把握。**本评注认为**,宜根据"高空抛物罪"的立法目的,参照相关安全管理规范的规定,结合社会公众的一般认知和案件实际情况,准确认定"高空"。

其一,从立法目的上看,《刑法》增设高空抛物罪主要是为了预防和惩治高空抛物致人身、财产损害的行为,维护人民群众"头顶上的安全",作为抛物场所理解的"高空",对行为危害性的影响应与"建筑物"具有相当性。如果抛物地点与被抛掷物品的落点之间不具有一定的高度落差,则抛物行为的社会危害性程度一般难以达到入罪要求,从而没有进行刑事处罚的必要性。

其二,从相关安全管理规范上看,《高层建筑消防管理规则》[(86)公(消)字41号]第四条规定:"本规则适用于建筑高度超过24米的宾馆、饭店、医院以及办公楼、广播楼、电信楼、商业楼、教学楼、科研楼等。""十层及十层以上的居住建筑,可由房产部门参照本规则实施消防管理。"根据《建筑设计防火规范》GB 50016—2014(2018年版),建筑高度大于27米的住宅建筑和建筑高度大于24米的非单层厂房、仓库和其他民用建筑属于高层建筑。《高处作业分级》(国家标准GB 3608—93)规定:"凡在坠落高度基准面2米以上(含2米)有可能坠落的高处进行作业,都称为高处作业。"根据这一规定,在建筑业中涉及高处作业的范围较为广泛,如在2米以上的架子上进行操作即为高处作业。需要注意的是,现实中的抛物行为较为复杂,上述管理规范的内容,为判断相关行为的社会危害性提供了一定参照,但均难以作为认定"高空"的唯一依据。司法实践中,既要避免无视抛物的实际高度,单纯以危害结果入罪,使高空的认定过于抽象,违背社会公众的一般认知;也要注意防止仅依据"高度"认定高空的"唯高度论",机械适用该罪、不当扩大打击范围。

2."情节严重"的认定。 关于"情节严重"的具体标准,目前尚无统一规定。司法实践中,构成高空抛物罪的"情节严重"需要对情节进行整体评价,应当从所抛物品的种类、行为人所处建筑物的高度、地面环境、抛物次数甚至是抛物的动机、造成的实际危害或者危害风险程度等因素进行实质的、综合的判断。

第二百九十二条 【聚众斗殴罪】聚众斗殴的,对首要分子和其他积极参加的,处三年以下有期徒刑、拘役或者管制;有下列情形之一的,对首要分子和其他积极参加的,处三年以上十年以下有期徒刑:

(一)多次聚众斗殴的;
(二)聚众斗殴人数多,规模大,社会影响恶劣的;
(三)在公共场所或者交通要道聚众斗殴,造成社会秩序严重混乱的;
(四)持械聚众斗殴的。

聚众斗殴,致人重伤、死亡的,依照本法第二百三十四条、第二百三十二条的规定定罪处罚。

立法沿革

本条系 1997 年《刑法》增设的规定,系从 1979 年《刑法》规定的流氓罪法条中分解修改而来。1979 年《刑法》第一百六十条规定:"聚众斗殴,寻衅滋事,侮辱妇女或者进行其他流氓活动,破坏公共秩序,情节恶劣的,处七年以下有期徒刑、拘役或者管制。""流氓集团的首要分子,处七年以上有期徒刑。"

相关规定

《中华人民共和国治安管理处罚法》(修正后自 2013 年 1 月 1 日起施行,节录)

第二十六条 有下列行为之一的,处五日以上十日以下拘留,可以并处五百元以下罚款;情节较重的,处十日以上十五日以下拘留,可以并处一千元以下罚款:

(一)结伙斗殴的;

规范性文件

《最高人民法院、最高人民检察院关于常见犯罪的量刑指导意见(试行)》(法发〔2021〕21 号,节录)

四、常见犯罪的量刑

(十七)聚众斗殴罪

1. 构成聚众斗殴罪的,根据下列情形在相应的幅度内确定量刑起点:

（1）犯罪情节一般的，在二年以下有期徒刑、拘役幅度内确定量刑起点。

（2）有下列情形之一的，在三年至五年有期徒刑幅度内确定量刑起点：聚众斗殴三次的；聚众斗殴人数多，规模大，社会影响恶劣的；在公共场所或者交通要道聚众斗殴，造成社会秩序严重混乱的；持械聚众斗殴的。

2. 在量刑起点的基础上，根据聚众斗殴人数、次数、手段严重程度等其他影响犯罪构成的犯罪事实增加刑罚量，确定基准刑。

3. 构成聚众斗殴罪的，综合考虑聚众斗殴的手段、危害后果等犯罪事实、量刑情节，以及被告人的主观恶性、人身危险性、认罪悔罪表现等因素，决定缓刑的适用。

（→前三部分和第五部分参见总则第四章第一节标题评注部分，第223、227页）

立案追诉标准

《最高人民检察院、公安部关于公安机关管辖的刑事案件立案追诉标准的规定(一)》(节录)

第三十六条 ［聚众斗殴案(刑法第二百九十二条第一款)］组织、策划、指挥或者积极参加聚众斗殴的，应予立案追诉。

（→附则参见分则标题评注部分，第392页）

指导性案例

施某某等17人聚众斗殴案（检例第1号，节录）

要　旨　检察机关办理群体性事件引发的犯罪案件，要从促进社会矛盾化解的角度，深入了解案件背后的各种复杂因素，依法慎重处理，积极参与调处矛盾纠纷，以促进社会和谐，实现法律效果与社会效果的有机统一。

法律适用答复、复函

《最高人民法院研究室关于对参加聚众斗殴受重伤或者死亡的人及其家属提出的民事赔偿请求能否予以支持问题的答复》（法研〔2004〕179号）

江苏省高级人民法院：

你院苏高法〔2004〕296号《关于对聚众斗殴案件中受伤或死亡的当事人及其家属提出的民事赔偿请求能否予以支持问题的请示》收悉。经研究，答复如下：

根据《刑法》第二百九十二条第一款的规定，聚众斗殴的参加者，无论是否首要分子，均明知自己的行为有可能产生伤害他人以及自己被他人的行为伤害的后果，其仍然参加聚众斗殴的，应当自行承担相应的刑事和民事责任。根据《刑法》第二百九十二条第二款的规定，对于参加聚众斗殴，造成他人重伤或者死亡的，行为性质发生变化，应认定为故意伤害罪或者故意杀人罪。聚众斗殴中受重伤或者死亡的人,既是故意伤害罪或者故意杀人罪的受害人,又是聚众斗殴犯罪的行为人。对于参加聚众斗殴受重伤或者死亡的人或其家属提出的民事赔偿请求,依法应予支持,并适用混合过错责任原则。

◆ 刑参案例规则提炼

《倪以刚等聚众斗殴案——如何把握聚众斗殴罪的犯罪构成及转化要件》(第350号案例)、《王乾坤故意杀人案——聚众斗殴既致人死亡又致人轻伤的,如何定罪处罚》(第521号案例)、《张化故意伤害案——聚众斗殴致人死亡的应如何定罪》(第568号案例)、《李天龙、高政聚众斗殴案——聚众斗殴并驾车撞击对方的行为是否认定为持械聚众斗殴,以及如何认定相关帮助行为的性质》(第882号案例)所涉规则提炼如下:

1. 聚众斗殴罪的认定规则。"只要双方或一方采用暴力方式进行殴斗,不论采用何种暴力方式都是结伙殴斗行为。""在时间、地点、针对的对象上均有不同,虽然是同一个故意支配,但在行为上不是持续而是连续,在两地均可以独立地构成聚众斗殴犯罪,故应认定为两次。"(第350号案例)"利用车辆撞击聚众斗殴一方的人可以认定为'持械聚众斗殴'。""帮助指认对象,明知行为人持械斗殴而未实施任何阻止的应当认定为持械斗殴的共同故意行为。"(第882号案例)

2. 聚众斗殴致人死亡案件的处理规则。① "聚众斗殴中出现死亡后果的,应当依照刑法规定的故意伤害罪和故意杀人罪的构成要件,结合具体案件事实,在准确认定行为人主观罪过基础上正确定罪,而不能简单地以结果定罪。""行为人只能对有杀人故意(包括直接故意杀人和间接故意杀人)的行为承担故意杀人的罪责;行为人仅有伤害故意时,虽致被害人死亡,也只能承担故意伤害(致死)的罪责。"(第568号案例)"作为首要分子无论其是否实施实行行为,应转化为故意伤害无异议。"(第350号案例)"聚众斗殴既致人死亡,又致人轻伤的,以故意杀人一罪定罪处罚,而不以故意杀人、故意伤害两罪定罪处罚。"(第521号案例)

---

① 本评注认为,对聚众斗殴转化适用故意伤害罪、故意杀人罪,应根据主客观相统一原则,结合犯罪动机、目的及犯罪行为等主客观要件认定,不能仅以犯罪结果确定案件性质。而且,基于罪责刑相适应原则,通常只应对直接造成重伤、死亡的斗殴者、首要分子认定为故意伤害罪、故意杀人罪。在聚众斗殴致人重伤、死亡的情形下,对受害方的首要分子转化适用故意伤害罪、故意杀人罪应持慎重态度,原则上只限于主观上明显持放任态度的情形,如纠集一帮人赤手空拳与持刀持枪的对方斗殴,对于发生致己方死伤的结果实际上持明知放任的主观故意心态。

第二百九十三条 【寻衅滋事罪】有下列寻衅滋事行为之一,破坏社会秩序的,处五年以下有期徒刑、拘役或者管制:
(一)随意殴打他人,情节恶劣的;
(二)追逐、拦截、辱骂、恐吓他人,情节恶劣的;
(三)强拿硬要或者任意损毁、占用公私财物,情节严重的;
(四)在公共场所起哄闹事,造成公共场所秩序严重混乱的。
纠集他人多次实施前款行为,严重破坏社会秩序的,处五年以上十年以下有期徒刑,可以并处罚金。

立法沿革

本条系1997年《刑法》增设的规定,系从1979年《刑法》规定的流氓罪法条中分解修改而来。1979年《刑法》第一百六十条规定:"聚众斗殴,寻衅滋事,侮辱妇女或者进行其他流氓活动,破坏公共秩序,情节恶劣的,处七年以下有期徒刑、拘役或者管制。""流氓集团的首要分子,处七年以上有期徒刑。"

2011年5月1日起施行的《刑法修正案(八)》第四十二条对本条作了修改,在原第二项"追逐、拦截、辱骂"之后增加了"恐吓"他人的行为,并增加规定第二款关于纠集他人多次实施寻衅滋事严重破坏社会秩序法定刑升档的规定。

修正前《刑法》	修正后《刑法》
第二百九十三条 【寻衅滋事罪】有下列寻衅滋事行为之一,破坏社会秩序的,处五年以下有期徒刑、拘役或者管制: (一)随意殴打他人,情节恶劣的; (二)追逐、拦截、辱骂他人,情节恶劣的; (三)强拿硬要或者任意损毁、占用公私财物,情节严重的; (四)在公共场所起哄闹事,造成公共场所秩序严重混乱的。	第二百九十三条 【寻衅滋事罪】有下列寻衅滋事行为之一,破坏社会秩序的,处五年以下有期徒刑、拘役或者管制: (一)随意殴打他人,情节恶劣的; (二)追逐、拦截、辱骂、**恐吓**他人,情节恶劣的; (三)强拿硬要或者任意损毁、占用公私财物,情节严重的; (四)在公共场所起哄闹事,造成公共场所秩序严重混乱的。 **纠集他人多次实施前款行为,严重破坏社会秩序的,处五年以上十年以下有期徒刑,可以并处罚金。**

相关规定

《**中华人民共和国治安管理处罚法**》(修正后自 2013 年 1 月 1 日起施行,节录)

第二十六条 有下列行为之一的,处五日以上十日以下拘留,可以并处五百元以下罚款;情节较重的,处十日以上十五日以下拘留,可以并处一千元以下罚款:

(一)结伙斗殴的;

(二)追逐、拦截他人的;

(三)强拿硬要或者任意损毁、占用公私财物的;

(四)其他寻衅滋事行为。

司法解释

《**最高人民法院、最高人民检察院关于办理妨害预防、控制突发传染病疫情等灾害的刑事案件具体应用法律若干问题的解释**》(法释〔2003〕8 号)第十一条对在预防、控制突发传染病疫情等灾害期间相关行为适用寻衅滋事罪作了规定。(→参见第一百一十四条评注部分,第 415 页)

《**最高人民法院关于审理未成年人刑事案件具体应用法律若干问题的解释**》(法释〔2006〕1 号)第八条对未成年人相关行为适用寻衅滋事罪作了规定。(→参见第十七条评注部分,第 42 页)

《**最高人民法院、最高人民检察院关于办理寻衅滋事刑事案件适用法律若干问题的解释**》(法释〔2013〕18 号,自 2013 年 7 月 22 日起施行)①

为依法惩治寻衅滋事犯罪,维护社会秩序,根据《中华人民共和国刑法》的

---

① 本评注认为:(1)本司法解释第二条至第四条规定中的"多次",是指二年内三次以上实施各条所列特定行为类型。主要考虑:根据《刑法》第二百九十三条的规定,寻衅滋事罪在客观方面表现为随意殴打他人,追逐、拦截、辱骂他人,强拿硬要或者任意损毁、占用公私财物以及在公共场所起哄闹事四种行为类型。本司法解释第二条至第四条进一步明确前三种行为方式达到"多次",如三次以上随意殴打他人的,可以构成犯罪。根据通行的刑法解释方法,受罪刑法定原则的限制,此处规定的"多次"只能解释为各条所列特定行为,而不能进行排列组合,更不能将司法解释根本未规定"多次"实施即可以构成犯罪的"在公共场所起哄闹事"行为类型纳入其中。例如,对于随意殴打他人,而后辱骂他人,再后强拿硬要的案件,如果每次行为均未达到入罪标准的,似无法依据"多次"评价为犯罪。(2)本司法解释第二条至第四条规定中的"多次"限于未经处理的行为。(转下页)

有关规定,现就办理寻衅滋事刑事案件适用法律的若干问题解释如下:

第一条① 行为人为寻求刺激、发泄情绪、逞强耍横等,无事生非,实施刑法第二百九十三条规定的行为的,应当认定为"寻衅滋事"。

行为人因日常生活中的偶发矛盾纠纷,借故生非,实施刑法第二百九十三条规定的行为的,应当认定为"寻衅滋事",但矛盾系由被害人故意引发或者被害

(接上页)主要考虑:其一,如之前的寻衅滋事行为已受行政处罚,再将其计入"多次"的范围内,从法理看,明显存在重复评价的问题。需要注意的是,与"多次"实施特定寻衅滋事行为的规定不同,《刑法》第一百五十三条有"一年内曾因走私被给予二次行政处罚后又走私的"规定(其他司法解释也有类似规定),此类规定评价的就是二次行政处罚后又实施的行为,而不涉及前两次行为,故不存在重复评价的问题。其二,"两高两部"《关于办理实施"软暴力"的刑事案件若干问题的意见》第五条第二款规定:"《关于办理寻衅滋事刑事案件适用法律若干问题的解释》第二条至第四条中的'多次'一般应当理解为二年内实施寻衅滋事行为三次以上。三次以上寻衅滋事行为既包括同一类别的行为,也包括不同类别的行为;既包括未受行政处罚的行为,也包括已受行政处罚的行为。"这是针对软暴力案件所涉寻衅滋事行为入罪标准的特别规定,有其特定背景,不宜以此为由而将上述精神适用于其他寻衅滋事案件。其三,从当前司法实践来看,寻衅滋事刑事案件量较大,在全部刑事案件中排名靠前。在此背景下,对《刑法》第二百九十三条和本司法解释条文整体宜持限缩解释和审慎适用的立场,而不宜泛化适用,以防止形成"口袋罪"。

① 需要注意的问题有二:(1)关于本条第二款。传统刑法理论认为,寻衅滋事只能表现为无事生非。这一观点有失妥当。从实践看,"无事生非型"寻衅滋事已极为少见,甚至从极端意义上讲并不存在,如认为只有"无事生非"才属于寻衅滋事,将极大地不当限缩寻衅滋事罪的成立范围。在日常生活中偶发矛盾纠纷,如与他人无意碰撞后,即小题大做、借题发挥,实施随意殴打他人或者任意毁损他人财物等行为的,明显不属于解决纠纷的合理方式,明显超出解决纠纷的合理限度,尽管事出有因,也可认为是借故寻衅,也破坏社会秩序,应当认定为"寻衅滋事"。当然,如矛盾系由被害人故意引发或者被害人对矛盾激化负有主要责任的(如被害人的车挡住了行为人的路,经行为人请求,被害人拒绝挪动,甚至辱骂行为人,从而引起双方冲突的),则不应认定为"寻衅滋事";构成其他犯罪的,可以其他犯罪论处。(2)关于本条第三款。需要特别强调的是,根据刑法和本司法解释的规定,对此种情形以"寻衅滋事"论处,必须以行为人的行为"破坏社会秩序"为条件。寻衅滋事是扰乱公共秩序罪,根据《刑法》第二百九十三条规定,实施寻衅滋事行为,破坏社会秩序的,才能构成寻衅滋事罪。如行为人因婚恋、家庭等纠纷实施的有关行为并未破坏社会秩序,则即使其此前曾受有关部门批评制止或者处理处罚,依法也不能认定为"寻衅滋事"。参见周加海、喻海松:《〈关于办理寻衅滋事刑事案件适用法律若干问题的解释〉的理解与适用》,载中华人民共和国最高人民法院刑事审判第一、二、三、四、五庭主办:《中国刑事审判指导案例5》(增订第3版),法律出版社2017年版,第749页。

人对矛盾激化负有主要责任的除外。

行为人因婚恋、家庭、邻里、债务等纠纷,实施殴打、辱骂、恐吓他人或者损毁、占用他人财物等行为的,一般不认定为"寻衅滋事",但经有关部门批评制止或者处理处罚后,继续实施前列行为,破坏社会秩序的除外。

第二条 随意殴打他人,破坏社会秩序,具有下列情形之一的,应当认定为刑法第二百九十三条第一款第一项规定的"情节恶劣":

(一)致一人以上轻伤或者二人以上轻微伤的;
(二)引起他人精神失常、自杀等严重后果的;
(三)多次随意殴打他人的;
(四)持凶器随意殴打他人的;
(五)随意殴打精神病人、残疾人、流浪乞讨人员、老年人、孕妇、未成年人,造成恶劣社会影响的;
(六)在公共场所随意殴打他人,造成公共场所秩序严重混乱的;
(七)其他情节恶劣的情形。

第三条 追逐、拦截、辱骂、恐吓他人,破坏社会秩序,具有下列情形之一的,应当认定为刑法第二百九十三条第一款第二项规定的"情节恶劣":

(一)多次追逐、拦截、辱骂、恐吓他人,造成恶劣社会影响的;
(二)持凶器追逐、拦截、辱骂、恐吓他人的;
(三)追逐、拦截、辱骂、恐吓精神病人、残疾人、流浪乞讨人员、老年人、孕妇、未成年人,造成恶劣社会影响的;
(四)引起他人精神失常、自杀等严重后果的;
(五)严重影响他人的工作、生活、生产、经营的;
(六)其他情节恶劣的情形。

第四条 强拿硬要或者任意损毁、占用公私财物,破坏社会秩序,具有下列情形之一的,应当认定为刑法第二百九十三条第一款第三项规定的"情节严重":

(一)强拿硬要公私财物价值一千元以上,或者任意损毁、占用公私财物价值二千元以上的;①
(二)多次强拿硬要或者任意损毁、占用公私财物,造成恶劣社会影响的;
(三)强拿硬要或者任意损毁、占用精神病人、残疾人、流浪乞讨人员、老年

---

① 这是司法解释较为少见地在原来立案追诉标准确定的"强拿硬要或者任意损毁、占用公私财物二千元以上"的基础上作了下调。一般而言,司法解释确定的入罪标准会在此前立案追诉标准的基础上作适当提升。——**本评注注**

人、孕妇、未成年人的财物，造成恶劣社会影响的；

（四）引起他人精神失常、自杀等严重后果的；

（五）严重影响他人的工作、生活、生产、经营的；

（六）其他情节严重的情形。

第五条 在车站、码头、机场、医院、商场、公园、影剧院、展览会、运动场或者其他公共场所起哄闹事，应当根据公共场所的性质、公共活动的重要程度、公共场所的人数、起哄闹事的时间、公共场所受影响的范围与程度等因素，综合判断是否"造成公共场所秩序严重混乱"。

第六条① 纠集他人三次以上实施寻衅滋事犯罪，未经处理的，应当依照刑法第二百九十三条第二款的规定处罚。

第七条 实施寻衅滋事行为，同时符合寻衅滋事罪和故意杀人罪、故意伤害罪、故意毁坏财物罪、敲诈勒索罪、抢夺罪、抢劫罪等罪的构成要件的，依照处罚较重的犯罪定罪处罚。

第八条 行为人认罪、悔罪，积极赔偿被害人损失或者取得被害人谅解的，可以从轻处罚；犯罪情节轻微的，可以不起诉或者免予刑事处罚。

《**最高人民法院、最高人民检察院关于办理利用信息网络实施诽谤等刑事案件适用法律若干问题的解释**》（法释〔2013〕21号）**第五条第一款**对利用信息网络辱骂、恐吓他人适用寻衅滋事罪作了规定。（→参见第二百四十六条评注部分，第1168页）

■ 规范性文件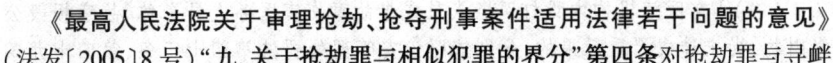

《**最高人民法院关于审理抢劫、抢夺刑事案件适用法律若干问题的意见**》（法发〔2005〕8号）"**九、关于抢劫罪与相似犯罪的界分**"**第四条**对抢劫罪与寻衅

---

① 与主张"本司法解释第二条至第四条规定中的'多次'，是指二年内三次以上实施各条所列特定行为类型"有所不同，**本评注认为**，本条所规定的"三次以上实施寻衅滋事犯罪"，对所涉三次以上犯罪可以进行排列组合，如随意殴打他人构成寻衅滋事罪，而后辱骂他人构成寻衅滋事罪，再后强拿硬要构成寻衅滋事罪，如果均未经处理的，可以依照《刑法》第二百九十三条第二款的规定以寻衅滋事罪升档量刑。前者系司法解释设定的入罪标准，只能解释为各条所列特定行为；后者系刑法明文规定的升档量刑情节，司法解释将刑法规定的"多次实施前款行为"限制解释为"三次以上实施寻衅滋事犯罪"，似无理由在每次单独构罪的情形之下否定排列组合。当然，对单次行为构成寻衅滋事罪应当慎重把握，以避免累计三次之后升档量刑出现罪刑失衡的现象。

滋事罪的界分作了规定。(→参见第二百六十三条评注部分,第1234页)

《公安部关于公安机关处置信访活动中违法犯罪行为适用法律的指导意见》(公通字〔2013〕25号)"四、对妨害社会管理秩序违法犯罪行为的处理"第十条对寻衅滋事罪的适用作了规定。(→参见第二百九十条评注部分,第1457页)

《最高人民法院、最高人民检察院、公安部、司法部、国家卫生和计划生育委员会关于依法惩处涉医违法犯罪维护正常医疗秩序的意见》(法发〔2014〕5号,节录)

为依法惩处涉医违法犯罪,维护正常医疗秩序,构建和谐医患关系,根据《中华人民共和国刑法》《中华人民共和国治安管理处罚法》等法律法规,结合工作实践,制定本意见。

一、充分认识依法惩处涉医违法犯罪维护正常医疗秩序的重要性(略)

二、严格依法惩处涉医违法犯罪

对涉医违法犯罪行为,要依法严肃追究、坚决打击。公安机关要加大对暴力杀医、伤医、扰乱医疗秩序等违法犯罪活动的查处力度,接到报警后应当及时出警、快速处置,需要追究刑事责任的,及时立案侦查,全面、客观地收集、调取证据,确保侦查质量。人民检察院应当及时依法批捕、起诉,对于重大涉医犯罪案件要加强法律监督,必要时可以对收集证据、适用法律提出意见。人民法院应当加快审理进度,在全面查明案件事实的基础上依法准确定罪量刑,对于犯罪手段残忍、主观恶性深、人身危险性大的被告人或者社会影响恶劣的涉医犯罪行为,要依法从严惩处。

(一)①在医疗机构内殴打医务人员或者故意伤害医务人员身体、故意损毁公私财物,尚未造成严重后果的,分别依照治安管理处罚法第四十三条、第四十九条

---

① 理解本规定应注意:(1)实施上述行为(故意杀人除外),构成一般违法行为还是犯罪行为,区分的关键在于是否造成严重后果,情节是否恶劣、严重。具体而言:一是故意伤害医务人员,造成轻伤以上后果的,属于后果严重,应当作为犯罪处理。二是根据《最高人民法院、最高人民检察院关于办理寻衅滋事刑事案件适用法律若干问题的解释》(法释〔2013〕18号)第二条、第四条(→参见第二百九十三条评注部分,第1482页)和《最高人民检察院、公安部关于公安机关管辖的刑事案件立案追诉标准的规定(一)》第三十三条关于故意毁坏财物案立案标准的规定(→参见第二百七十五条评注部分,第1352页)加以判断。(2)殴打医务人员致一人以上轻伤的,构成故意伤害罪还是寻衅滋事罪,应当结合案发起因、犯罪对象、侵犯客体等因素进行判断。根据《最高人民法院、最高人民检察院关于办理寻衅滋事刑事案件适用法律若干问题的解释》第一条的有关规定,(转下页)

的规定处罚;故意杀害医务人员,或者故意伤害医务人员造成轻伤以上严重后果,或者随意殴打医务人员情节恶劣、任意损毁公私财物情节严重,构成故意杀人罪、故意伤害罪、故意毁坏财物罪、寻衅滋事罪的,依照刑法的有关规定定罪处罚。

(二)①在医疗机构私设灵堂、摆放花圈、焚烧纸钱、悬挂横幅、堵塞大门或者以其他方式扰乱医疗秩序,尚未造成严重损失,经劝说、警告无效的,要依法驱

(接上页)对于在医疗机构就诊过程中因言语不和、肢体碰撞等偶发矛盾纠纷,而借故生非殴打医务人员的,应当认定为寻衅滋事,但矛盾系由被害人故意引发或者被害人对矛盾激化负有主要责任的除外;因对治疗方案、诊治效果等不满产生医疗纠纷后蓄意报复,殴打相对特定的医务人员的,一般不认定为寻衅滋事,但经有关部门批评制止或者处理处罚后,继续实施上述行为,破坏社会秩序的除外。(3)实施寻衅滋事行为,同时符合寻衅滋事罪、故意杀人罪、故意伤害罪、故意毁坏财物罪构成要件的,依照处罚较重的规定定罪处罚。(4)该项规定在医疗机构内实施上述行为,只是对行为场所进行强调,并不意味着在别的场所实施上述行为的,不构成违法犯罪行为。参见高贵君、马岩、方文军、曾琳:《〈关于依法惩处涉医违法犯罪维护正常医疗秩序的意见〉的理解与适用》,载中华人民共和国最高人民法院刑事审判第一、二、三、四、五庭主办:《中国刑事审判指导案例5》(增订第3版),法律出版社2017年版,第733—734页。

① 理解本规定应注意:(1)"以其他方式"扰乱医疗秩序,是指与列举行为性质、方式类似的行为,如抛洒纸钱、张贴死者照片、散发传单、使用高音喇叭等。(2)实施上述行为,构成一般违法行为还是犯罪行为,区分的关键在于是否造成严重损失、情节是否严重。"造成严重损失"主要是指致医疗机构内的人员受到轻微伤以上伤害,或者公私财物遭受严重损毁等;"情节严重"主要是指扰乱的时间长、纠集的人数多,致使医疗机构的工作秩序受到严重破坏,诊疗活动无法正常进行;或者堵塞交通致使车辆、行人不能通过,破坏交通秩序影响通行安全等。(3)上述行为构成寻衅滋事罪、聚众扰乱社会秩序罪还是聚众扰乱公共场所秩序、交通秩序罪,主要有以下三点区别。一是行为方式略有不同,构成聚众扰乱公共场所秩序、交通秩序罪的,还需实施抗拒、阻碍国家治安管理工作人员依法执行职务的行为。二是犯罪主体不同。寻衅滋事罪是一般主体,聚众扰乱社会秩序罪的主体是扰乱秩序的首要分子和其他积极参加者,聚众扰乱公共场所秩序、交通秩序罪的主体是扰乱秩序的首要分子。三是犯罪的地点和侵犯的客体不同。根据《公共场所卫生管理条例》(国发〔1987〕24号)的有关规定,医疗机构只有候诊室属于公共场所,因此,聚众在医疗机构候诊室起哄闹事、扰乱秩序,既属于扰乱公共场所秩序也属于扰乱社会秩序,构成寻衅滋事罪、聚众扰乱社会秩序罪、聚众扰乱公共场所秩序罪的,依照处罚较重的规定定罪处罚;聚众在医疗机构的病房、抢救室、重症监护室等非公共场所起哄闹事、扰乱秩序的,构成聚众扰乱社会秩序罪;聚众在医疗机构门口等其他公共场所起哄闹事、扰乱秩序,构成寻衅滋事罪、聚众扰乱公共场所秩序罪的,依照处罚较重的规定定罪处罚。同时,根据道路交通安全法的有关规定,虽在医疗机构管辖范围但(转下页)

散,对拒不服从的人员要依法带离现场,依照治安管理处罚法第二十三条的规定处罚;聚众实施的,对首要分子和其他积极参加者依法予以治安处罚;造成严重损失或者扰乱其他公共秩序情节严重,构成寻衅滋事罪、聚众扰乱社会秩序罪、聚众扰乱公共场所秩序、交通秩序罪的,依照刑法的有关规定定罪处罚。

在医疗机构的病房、抢救室、重症监护室等场所及医疗机构的公共开放区域违规停放尸体,影响医疗秩序,经劝说、警告无效的,依照治安管理处罚法第六十五条的规定处罚;严重扰乱医疗秩序或者其他公共秩序,构成犯罪的,依照前款的规定定罪处罚。

(三)①以不准离开工作场所等方式非法限制医务人员人身自由的,依照治安管理处罚法第四十条的规定处罚;构成非法拘禁罪的,依照刑法的有关规定定罪处罚。

(四)公然侮辱、恐吓医务人员的,依照治安管理处罚法第四十二条的规定处罚;采取暴力或者其他方法公然侮辱、恐吓医务人员情节严重(恶劣),构成侮辱罪、寻衅滋事罪的,依照刑法的有关规定定罪处罚。

(五)非法携带枪支、弹药、管制器具或者爆炸性、放射性、毒害性、腐蚀性物品进入医疗机构的,依照治安管理处罚法第三十条、第三十二条的规定处罚;危及公共安全情节严重,构成非法携带枪支、弹药、管制刀具、危险物品危及公共安全罪的,依照刑法的有关规定定罪处罚。

(六)对于故意扩大事态,教唆他人实施针对医疗机构或者医务人员的违法犯罪行为,或者以受他人委托处理医疗纠纷为名实施敲诈勒索、寻衅滋事等行为的,依照治安管理处罚法和刑法的有关规定从严惩处。

(接上页)允许社会车辆通行的地方也属于道路,故聚众堵塞、破坏医疗机构管辖范围内道路或者医疗机构周边的公共道路交通秩序的,均可构成聚众扰乱交通秩序罪。(4)考虑到上述扰序行为事出有因,故本项规定应对行为人先行劝说、警告,无效的才依法驱散或者带离现场。参见高贵君、马岩、方文军、曾琳:《〈关于依法惩处涉医违法犯罪维护正常医疗秩序的意见〉的理解与适用》,载中华人民共和国最高人民法院刑事审判第一、二、三、四、五庭主办:《中国刑事审判指导案例5》(增订第3版),法律出版社2017年版,第734—735页。

① 理解该项规定,要注意区分一般违法行为与犯罪行为。具体而言,可以参照《最高人民检察院关于渎职侵权犯罪案件立案标准的规定》(高检发释字〔2006〕2号)的有关规定。(→参见二百三十八条评注部分,第1129页)参见高贵君、马岩、方文军、曾琳:《〈关于依法惩处涉医违法犯罪维护正常医疗秩序的意见〉的理解与适用》,载中华人民共和国最高人民法院刑事审判第一、二、三、四、五庭主办:《中国刑事审判指导案例5》(增订第3版),法律出版社2017年版,第735页。

三、积极预防和妥善处理医疗纠纷(略)
四、建立健全协调配合工作机制(略)

《最高人民法院、最高人民检察院、公安部、司法部关于办理黑恶势力犯罪案件若干问题的指导意见》(法发〔2018〕1号)第十七条对黑恶势力犯罪适用寻衅滋事罪及政策把握作了规定。(→参见第二百九十四条评注部分,第1525页)

《最高人民法院、最高人民检察院、公安部关于依法惩治妨害公共交通工具安全驾驶违法犯罪行为的指导意见》(公通字〔2019〕1号)"一、准确认定行为性质,依法从严惩处妨害安全驾驶犯罪"第(二)条对寻衅滋事罪的适用作了规定。(→参见第一百三十三条之二评注部分,第538页)

《最高人民法院、最高人民检察院、公安部关于依法处理信访活动中违法犯罪行为的指导意见》(公通字〔2019〕7号)"一、依法打击违法犯罪行为,明确法律底线"第(三)条对寻衅滋事罪的适用作了规定。(→参见第二百九十条评注部分,第538页)

《最高人民法院、最高人民检察院、公安部、司法部关于办理实施"软暴力"的刑事案件若干问题的意见》(法发〔2019〕15号)第五条对寻衅滋事罪的适用作了规定。(→参见第二百九十四条评注部分,第1544页)

《最高人民法院、最高人民检察院、公安部、司法部关于依法严厉打击传播艾滋病病毒等违法犯罪行为的指导意见》(公通字〔2019〕23号)"二、准确认定行为性质"第(三)条对寻衅滋事罪的适用作了规定。(→参见第二百三十四条评注部分,第1094页)

《最高人民法院、最高人民检察院、公安部、司法部关于办理利用信息网络实施黑恶势力犯罪刑事案件若干问题的意见》(法发〔2019〕28号)第七条对寻衅滋事罪的适用作了规定。(→参见第二百九十四条评注部分,第1550页)

《最高人民法院、最高人民检察院、公安部关于依法惩治袭警违法犯罪行为的指导意见》(公通字〔2019〕32号)第六条对袭警所涉寻衅滋事罪的适用及政策把握作了规定。(→参见第二百七十七条评注部分,第1366页)

《最高人民法院、最高人民检察院、公安部、司法部关于依法惩治妨害新型冠状病毒感染肺炎疫情防控违法犯罪的意见》(法发〔2020〕7号)"二、准确适用法律,依法严惩妨害疫情防控的各类违法犯罪"第(二)条、第(六)条对寻衅滋事罪的适用作了规定。(→参见第三百三十条评注部分,第1711、1712页)

《最高人民法院、最高人民检察院关于常见犯罪的量刑指导意见（试行）》（法发〔2021〕21号，节录）

四、常见犯罪的量刑

（十八）寻衅滋事罪

1. 构成寻衅滋事罪的，根据下列情形在相应的幅度内确定量刑起点：

（1）寻衅滋事一次的，在三年以下有期徒刑、拘役幅度内确定量刑起点。

（2）纠集他人三次寻衅滋事（每次都构成犯罪）、严重破坏社会秩序的，在五年至七年有期徒刑幅度内确定量刑起点。

2. 在量刑起点的基础上，根据寻衅滋事次数、伤害后果、强拿硬要他人财物或任意损毁、占用公私财物数额等其他影响犯罪构成的犯罪事实增加刑罚量，确定基准刑。

3. 构成寻衅滋事罪，判处五年以上十年以下有期徒刑，并处罚金的，根据寻衅滋事的次数、危害后果、对社会秩序的破坏程度等犯罪情节，综合考虑被告人缴纳罚金的能力，决定罚金数额。

4. 构成寻衅滋事罪的，综合考虑寻衅滋事的具体行为、危害后果、对社会秩序的破坏程度等犯罪事实、量刑情节，以及被告人的主观恶性、人身危险性、认罪悔罪表现等因素，决定缓刑的适用。

（→前三部分和第五部分参见总则第四章第一节标题评注部分，第223、227页）

《最高人民检察院、公安部关于依法妥善办理轻伤害案件的指导意见》（高检发办字〔2022〕167号）第（八）条要求准确区分寻衅滋事罪与故意伤害罪。（→参见第二百三十四条评注部分，第1099页）

■ 立案追诉标准

《最高人民检察院、公安部关于公安机关管辖的刑事案件立案追诉标准的规定（一）》第三十七条关于寻衅滋事罪立案追诉标准的规定与法释〔2013〕18号解释第二条至第五条一致。

■ 刑参案例规则提炼①

《杨安等故意伤害案——寻衅滋事随意殴打他人致人重伤、死亡的应如何定罪》（第225号案例）、《王立刚等故意伤害案——如何区分故意伤害罪与寻衅

---

① 另，鉴于《刑法修正案（十一）》增设催收非法债务罪，《戴颖、蒯军寻衅滋事案——实施轻微暴力并强行同吃、同住、同行跟随讨债的如何定性》（第1374号案例）所涉规则未予提炼。

滋事罪、聚众斗殴罪》(第507号案例)、《张彪等寻衅滋事案——以轻微暴力强索硬要他人财物的行为如何定性》(第517号案例)、《李某甲等寻衅滋事案——未成年人多次强取其他未成年人少量财物的案件如何处理》(第1002号案例)、《肖胜故意伤害案——因不满医院治疗效果而持刀伤害医护人员的,如何定性》(第1026号案例)、《黄民喜等寻衅滋事案——使用轻微暴力帮他人抢回赌资的行为如何定性》(第1248号案例)、《林作明寻衅滋事案——吸毒致幻后持刀拦乘汽车、恐吓驾驶人员的行为定性》(第1305号案例)、《谢庆茂寻衅滋事案——疫情防控期间拒不配合疫情防控人员工作,为发泄个人不满,任意损毁公私财物,造成他人财产损失的行为如何定性》(第1329号案例)、《卢方锁、周凯寻衅滋事案——疫情防控期间,随意殴打从事疫情防控工作人员的行为应如何认定》(第1330号案例)、《朱伦军寻衅滋事案——多次拦截儿童强行夺取较低经济价值物品的行为如何定性》(第1345号案例)所涉规则提炼如下:

1. 随意殴打他人的适用规则。"虽然寻衅滋事罪中的'随意殴打他人'包括赤手空拳殴打他人,也包括用棍棒、砖块等工具殴打他人,但如果行为人使用攻击性较强、极易致人伤亡的凶器攻击他人,则表明主观上具有伤害、杀死他人的故意,已经超出寻衅滋事罪的主观故意和评价范畴。"(第507号案例)"因对医院为其所做的美容手术效果不满,预谋报复,持刀到医院对参与手术的护士行凶,并对制止其行为的另外两名护士行凶,主观上伤害故意明确,客观上伤害对象特定,其行为符合故意伤害罪的构成要件。"(第1026号案例)"疫情防控期间,随意殴打从事疫情防控工作的公务人员","动机是逞强耍横、显示威风、发泄情绪,与防疫工作人员从事疫情防控公务活动并无直接关联","虽然客观上干扰了政府对疫情防控的管理活动,但从主客观方面分析,其行为更符合寻衅滋事罪的构成要件,依法应以寻衅滋事罪追究二被告人的刑事责任"。(第1330号案例)"寻衅滋事过程中殴打他人致人重伤、死亡的一般应定故意伤害罪。""二人以上共同寻衅滋事随意殴打他人致人重伤或死亡的,对直接致人重伤、死亡的行为人,应以故意伤害罪或故意杀人罪论处;对其他参与殴打的人是否应以故意伤害罪或故意杀人罪论处,应具体案情具体分析。"(第225号案例)

2. 追逐、拦截、辱骂、恐吓他人的适用规则。"吸毒致幻后持刀拦乘汽车、恐吓驾驶人员的行为可视情况认定为寻衅滋事罪。"(第1305号案例)"为替朋友出气,无事生非,驾驶机动车在道路上故意追逐、拦截他人驾驶的机动车,造成人员身体受伤、车辆受损","构成危险驾驶罪与寻衅滋事罪、故意伤害罪、故意毁坏财物罪的竞合,应以寻衅滋事罪定罪处罚"。(第1346号案例)

3. 强拿硬要的适用规则。"司法实践中,对于未成年人使用或威胁使用轻微暴力强抢少量财物的行为,一般不以抢劫罪定罪处罚。"(第517号案例)"对未成年人实施的以轻微暴力强索他人少量财物的行为……确有必要追究刑事责任的,也要控制抢劫罪的适用,符合寻衅滋事罪的构成特征的,尽量选择适用寻衅滋事罪。""对是否属于'轻微暴力',可以从实施暴力的方式、强度,以及是否造成被害人身体伤害后果来分析判断,并应注意与成年人相区分。例如,同样是持刀强抢财物情节……对于未成年人实施的持刀强抢行为,则还要结合是否实际动刀伤人,是否造成被害人轻微伤以上或其他危害后果,综合认定是否属于'轻微暴力'。对于是否属'少量财物',可以参考盗窃罪数额较大的标准,以1000元以下的财物为标准。"(第1002号案例)"使用轻微暴力手段帮他人抢回赌资的行为,宜定性为寻衅滋事罪。"(第1248号案例)"为寻求精神刺激,多次在少年宫、街道等场所拦截他人,强行抢走被害人的袜子,是一种多次拦截他人、强拿硬要他人财物的寻衅滋事行为,被告人主观上是为了满足其畸形的生理、心理需要,而并非为了将他人财物非法占为己有。"(第1345号案例)

4.任意损毁、占用公私财物的适用规则。"疫情防控期间拒不配合疫情防控人员工作,为发泄个人不满,任意损毁公私财物,造成他人财物损失",构成寻衅滋事罪。(第1329号案例)

司法疑难解析

寻衅滋事罪所涉"凶器"的认定。法释〔2013〕18号解释两次出现"凶器"的表述,即"持凶器随意殴打他人""持凶器追逐、拦截、辱骂、恐吓他人"。故而,"凶器"的把握范围,直接影响到罪与非罪的界限。**本评注认为:**(1)"持"凶器不同于"携带"凶器,不应要求前提携带和本人携带,可以就地取材。(2)对"凶器"的认定,应当从杀伤力方面作出判断。由此,棍棒、完整的酒瓶等不宜认定为"凶器"。与之不同,破碎的啤酒瓶""露出尖锐部位,杀伤力较大,可以认定为"凶器"。(3)实质解释的限度是刑法的规范涵义,对于大型动物,虽然也可以认为其具有杀伤力,但将其解释为"凶器"明显超出一般人的认知程度。

第二百九十三条之一　【催收非法债务罪】有下列情形之一,催收高利放贷等产生的非法债务,情节严重的,处三年以下有期徒刑、拘役或者管制,并处或者单处罚金:

　　(一)使用暴力、胁迫方法的;
　　(二)限制他人人身自由或者侵入他人住宅的;
　　(三)恐吓、跟踪、骚扰他人的。

立法沿革

本条系 2021 年 3 月 1 日起施行的《刑法修正案（十一）》第三十四条增设的规定。

司法疑难解析

1. 犯罪对象的"他人"的把握。 本评注认为，催收非法债务罪的犯罪对象"他人"，可以是债务人，也可以是债务人的亲属、朋友等，甚至是无关的第三人。只要行为人实施了催收非法债务的行为，就可以以催收非法债务罪定罪处罚，犯罪对象是债务人本人还是债务人本人以外的其他人，不影响犯罪成立。

2. "情节严重"的判断。 催收非法债务的行为，只有"情节严重"的，才构成催收非法债务罪。本评注认为，"情节严重"应理解为对催收非法债务的整体评价，不需要每个具体的催收行为都达到了引发严重后果或者造成恶劣影响的程度，而是对催收行为整体把握，作综合判断。例如，虽然每次限制他人人身自由的时间都较短，滞留被害人家中的时间不长，但是实施的次数较多或者在较短的时间段内反复侵入他人住宅，造成被害人的精神遭受伤害、日常生活遭受较大影响，或者激起民愤、造成其他后果等，或者针对与债务无关的债务人的亲友多次、反复实施的，对老年人、少年儿童实施的，在学校、居民社区等易造成群众恐慌的特殊区域实施的，采取堵门拉幅等恶劣手段实施的，以及其他侵害群众正常生活秩序的情形，可以作为认定是否"情节严重"的考量因素。同时，还可以综合考虑行为人是否在较长的时间段内持续从事催收非法债务的违法犯罪行为，是否系以此作为生计的"职业索债人"等。此类人员为了从催收非法债务中获取非法收益，催收的方式、手段可能更为恶劣，造成的危害可能更大。

第二百九十四条　【组织、领导、参加黑社会性质组织罪】组织、领导黑社会性质的组织的，处七年以上有期徒刑，并处没收财产；积极参加的，处三年以上七年以下有期徒刑，可以并处罚金或者没收财产；其他参加的，处三年以下有期徒刑、拘役、管制或者剥夺政治权利，可以并处罚金。

【入境发展黑社会组织罪】境外的黑社会组织的人员到中华人民共和国境内发展组织成员的，处三年以上十年以下有期徒刑。

【包庇、纵容黑社会性质组织罪】国家机关工作人员包庇黑社会性质的组织，或者纵容黑社会性质的组织进行违法犯罪活动的，处五年以下有期徒刑；情节严重的，处五年以上有期徒刑。

犯前三款罪又有其他犯罪行为的,依照数罪并罚的规定处罚。

黑社会性质的组织应当同时具备以下特征:

(一)形成较稳定的犯罪组织,人数较多,有明确的组织者、领导者,骨干成员基本固定;

(二)有组织地通过违法犯罪活动或者其他手段获取经济利益,具有一定的经济实力,以支持该组织的活动;

(三)以暴力、威胁或者其他手段,有组织地多次进行违法犯罪活动,为非作恶,欺压、残害群众;

(四)通过实施违法犯罪活动,或者利用国家工作人员的包庇或者纵容,称霸一方,在一定区域或者行业内,形成非法控制或者重大影响,严重破坏经济、社会生活秩序。

立法沿革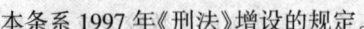

本条系1997年《刑法》增设的规定。

2011年5月1日起施行的《刑法修正案(八)》第四十三条对本条作了修改,主要涉及如下几个方面:一是根据黑社会性质的组织成员的不同地位、作用,分别规定不同刑罚;二是对组织、领导、参加黑社会性质组织罪增加规定财产刑;三是提高国家机关工作人员包庇、纵容黑社会性质组织犯罪的刑罚;四是吸收立法解释的规定,明确黑社会性质的组织的特征。

修正前《刑法》	修正后《刑法》
第二百九十四条 【组织、领导、参加黑社会性质组织罪】组织、领导和积极参加以暴力、威胁或者其他手段,有组织地进行违法犯罪活动,称霸一方,为非作恶,欺压、残害群众,严重破坏经济、社会生活秩序的黑社会性质的组织的,处三年以上十年以下有期徒刑;其他参加的,处三年以下有期徒刑、拘役、管制或者剥夺政治权利。【入境发展黑社会组织罪】境外的黑社会组织的人员到中华人民共和国境内发展组织成员的,处三年以上十年以下有期徒刑。犯前两款罪又有其他犯罪行为的,依照数罪并罚的规定处罚。	第二百九十四条 【组织、领导、参加黑社会性质组织罪】组织、领导黑社会性质的组织的,**处七年以上有期徒刑,并处没收财产**;积极参加的,**处三年以上七年以下有期徒刑,可以并处罚金或者没收财产**;其他参加的,处三年以下有期徒刑、拘役、管制或者剥夺政治权利,**可以并处罚金**。【入境发展黑社会组织罪】境外的黑社会组织的人员到中华人民共和国境内发展组织成员的,处三年以上十年以下有期徒刑。【包庇、纵容黑社会性质组织罪】国家机关工作人员包庇黑社会性质的组织,或者

(续表)

修正前《刑法》	修正后《刑法》
【包庇、纵容黑社会性质组织罪】国家机关工作人员包庇黑社会性质的组织,或者纵容黑社会性质的组织进行违法犯罪活动的,处三年以下有期徒刑、拘役或者剥夺政治权利;情节严重的,处三年以上十年以下有期徒刑。	纵容黑社会性质的组织进行违法犯罪活动的,处五年以下有期徒刑;情节严重的,处五年以上有期徒刑。 犯前三款罪又有其他犯罪行为的,依照数罪并罚的规定处罚。 黑社会性质的组织应当同时具备以下特征: (一)形成较稳定的犯罪组织,人数较多,有明确的组织者、领导者,骨干成员基本固定; (二)有组织地通过违法犯罪活动或者其他手段获取经济利益,具有一定的经济实力,以支持该组织的活动; (三)以暴力、威胁或者其他手段,有组织地多次进行违法犯罪活动,为非作恶,欺压、残害群众; (四)通过实施违法犯罪活动,或者利用国家工作人员的包庇或者纵容,称霸一方,在一定区域或者行业内,形成非法控制或者重大影响,严重破坏经济、社会生活秩序。

■ 相关规定

《中华人民共和国反有组织犯罪法》(自 2022 年 5 月 1 日起施行,节录)

第二条 本法所称有组织犯罪,是指《中华人民共和国刑法》第二百九十四条规定的组织、领导、参加黑社会性质组织犯罪,以及黑社会性质组织、恶势力组织实施的犯罪。

本法所称恶势力组织,是指经常纠集在一起,以暴力、威胁或者其他手段,在一定区域或者行业领域内多次实施违法犯罪活动,为非作恶,欺压群众,扰乱社会秩序、经济秩序,造成较为恶劣的社会影响,但尚未形成黑社会性质组织的犯罪组织。

境外的黑社会组织到中华人民共和国境内发展组织成员、实施犯罪,以及在境外对中华人民共和国国家或者公民犯罪的,适用本法。

第十九条 对因组织、领导黑社会性质组织被判处刑罚的人员,设区的市级以上公安机关可以决定其自刑罚执行完毕之日起,按照国家有关规定向公安机关报告个人财产及日常活动。报告期限不超过五年。

第二十条 曾被判处刑罚的黑社会性质组织的组织者、领导者或者恶势力组织的首要分子开办企业或者在企业中担任高级管理人员的,相关行业主管部门应当依法审查,对其经营活动加强监督管理。

第二十二条 办理有组织犯罪案件,应当以事实为根据,以法律为准绳,坚持宽严相济。

对有组织犯罪的组织者、领导者和骨干成员,应当严格掌握取保候审、不起诉、缓刑、减刑、假释和暂予监外执行的适用条件,充分适用剥夺政治权利、没收财产、罚金等刑罚。

有组织犯罪的犯罪嫌疑人、被告人自愿如实供述自己的罪行,承认指控的犯罪事实,愿意接受处罚的,可以依法从宽处理。

第二十三条 利用网络实施的犯罪,符合本法第二条规定的,应当认定为有组织犯罪。

为谋取非法利益或者形成非法影响,有组织地进行滋扰、纠缠、哄闹、聚众造势等,对他人形成心理强制,足以限制人身自由、危及人身财产安全,影响正常社会秩序、经济秩序的,可以认定为有组织犯罪的犯罪手段。

第三十四条 对黑社会性质组织的组织者、领导者,应当依法并处没收财产。对其他组织成员,根据其在犯罪组织中的地位、作用以及所参与违法犯罪活动的次数、性质、违法所得数额、造成的损失等,可以依法并处罚金或者没收财产。

第三十五条 对有组织犯罪的罪犯,执行机关应当依法从严管理。

黑社会性质组织的组织者、领导者或者恶势力组织的首要分子被判处十年以上有期徒刑、无期徒刑、死刑缓期二年执行的,应当跨省、自治区、直辖市异地执行刑罚。

第三十六条 对被判处十年以上有期徒刑、无期徒刑、死刑缓期二年执行的黑社会性质组织的组织者、领导者或者恶势力组织的首要分子减刑的,执行机关应当依法提出减刑建议,报经省、自治区、直辖市监狱管理机关复核后,提请人民法院裁定。

对黑社会性质组织的组织者、领导者或者恶势力组织的首要分子假释的,适用前款规定的程序。

第三十七条 人民法院审理黑社会性质组织犯罪罪犯的减刑、假释案件,应当通知人民检察院、执行机关参加审理,并通知被报请减刑、假释的罪犯参加,听取其意见。

第三十八条 执行机关提出减刑、假释建议以及人民法院审理减刑、假释案件,应当充分考虑罪犯履行生效裁判中财产性判项、配合处置涉案财产等情况。

第四十五条 有组织犯罪组织及其成员违法所得的一切财物及其孳息、收益,违禁品和供犯罪所用的本人财物,应当依法予以追缴、没收或者责令退赔。

依法应当追缴、没收的涉案财产无法找到、灭失或者与其他合法财产混合且不可分割的,可以追缴、没收其他等值财产或者混合财产中的等值部分。

被告人实施黑社会性质组织犯罪的定罪量刑事实已经查清,有证据证明其在犯罪期间获得的财产高度可能属于黑社会性质组织犯罪的违法所得及其孳息、收益,被告人不能说明财产合法来源的,应当依法予以追缴、没收。

第四十六条 涉案财产符合下列情形之一的,应当依法予以追缴、没收:
(一)为支持或者资助有组织犯罪活动而提供给有组织犯罪组织及其成员的财产;
(二)有组织犯罪组织成员的家庭财产中实际用于支持有组织犯罪活动的部分;
(三)利用有组织犯罪组织及其成员的违法犯罪活动获得的财产及其孳息、收益。

第四十七条 黑社会性质组织犯罪案件的犯罪嫌疑人、被告人逃匿,在通缉一年后不能到案,或者犯罪嫌疑人、被告人死亡,依照《中华人民共和国刑法》规定应当追缴其违法所得及其他涉案财产的,依照《中华人民共和国刑事诉讼法》有关犯罪嫌疑人、被告人逃匿、死亡案件违法所得的没收程序的规定办理。

第五十条 国家工作人员有下列行为的,应当全面调查,依法作出处理:
(一)组织、领导、参加有组织犯罪活动的;
(二)为有组织犯罪组织及其犯罪活动提供帮助的;
(三)包庇有组织犯罪组织、纵容有组织犯罪活动的;
(四)在查办有组织犯罪案件工作中失职渎职的;
(五)利用职权或者职务上的影响干预反有组织犯罪工作的;
(六)其他涉有组织犯罪的违法犯罪行为。

国家工作人员组织、领导、参加有组织犯罪的,应当依法从重处罚。

第六十六条 组织、领导、参加黑社会性质组织,国家机关工作人员包庇、纵容黑社会性质组织,以及黑社会性质组织、恶势力组织实施犯罪的,依法追究刑事责任。

境外的黑社会组织的人员到中华人民共和国境内发展组织成员、实施犯罪,以及在境外对中华人民共和国国家或者公民犯罪的,依法追究刑事责任。

第六十七条 发展未成年人参加黑社会性质组织、境外的黑社会组织,教唆、诱骗未成年人实施有组织犯罪,或者实施有组织犯罪侵害未成年人合法权益的,依法从重追究刑事责任。

第六十八条　对有组织犯罪的罪犯,人民法院可以依照《中华人民共和国刑法》有关从业禁止的规定,禁止其从事相关职业,并通报相关行业主管部门。

第六十九条　有下列情形之一,尚不构成犯罪的,由公安机关处五日以上十日以下拘留,可以并处一万元以下罚款;情节较重的,处十日以上十五日以下拘留,并处一万元以上三万元以下罚款;有违法所得的,除依法应当返还被害人的以外,应当予以没收:

（一）参加境外的黑社会组织的;

（二）积极参加恶势力组织的;

（三）教唆、诱骗他人参加有组织犯罪组织,或者阻止他人退出有组织犯罪组织的;

（四）为有组织犯罪活动提供资金、场所等支持、协助、便利的;

（五）阻止他人检举揭发有组织犯罪、提供有组织犯罪证据,或者明知他人有有组织犯罪行为,在司法机关向其调查有关情况、收集有关证据时拒绝提供的。

教唆、诱骗未成年人参加有组织犯罪组织或者阻止未成年人退出有组织犯罪组织,尚不构成犯罪的,依照前款规定从重处罚。

第七十条　违反本法第十九条规定,不按照公安机关的决定如实报告个人财产及日常活动的,由公安机关给予警告,并责令改正;拒不改正的,处五日以上十日以下拘留,并处三万元以下罚款。

立法解释

《全国人民代表大会常务委员会关于〈中华人民共和国刑法〉第二百九十四条第一款的解释》（自 2002 年 4 月 28 日起施行）

全国人民代表大会常务委员会讨论了刑法第二百九十四条第一款规定的"黑社会性质的组织"的含义问题,解释如下:

刑法第二百九十四条第一款规定的"黑社会性质的组织"应当同时具备以下特征:

（一）形成较稳定的犯罪组织,人数较多,有明确的组织者、领导者,骨干成员基本固定;

（二）有组织地通过违法犯罪活动或者其他手段获取经济利益,具有一定的经济实力,以支持该组织的活动;

（三）以暴力、威胁或者其他手段,有组织地多次进行违法犯罪活动,为非作恶,欺压、残害群众;

（四）通过实施违法犯罪活动,或者利用国家工作人员的包庇或者纵容,称霸一方,在一定区域或者行业内,形成非法控制或者重大影响,严重破坏经济、社会生活秩序。

现予公告。

司法解释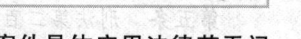

《最高人民法院关于审理黑社会性质组织犯罪的案件具体应用法律若干问题的解释》(法释〔2000〕42号,自2000年12月10日起施行)①

为依法惩治黑社会性质组织的犯罪活动,根据刑法有关规定,现就审理黑社会性质组织的犯罪案件具体应用法律的若干问题解释如下:

第一条② 刑法第二百九十四条规定的"黑社会性质的组织",一般应具备以下特征:

(一)组织结构比较紧密,人数较多,有比较明确的组织者、领导者,骨干成员基本固定,有较为严格的组织纪律;

(二)通过违法犯罪活动或者其他手段获取经济利益,具有一定的经济实力;

(三)通过贿赂、威胁等手段,引诱、逼迫国家工作人员参加黑社会性质组织活动,或者为其提供非法保护;

(四)在一定区域或者行业范围内,以暴力、威胁、滋扰等手段,大肆进行敲诈勒索、欺行霸市、聚众斗殴、寻衅滋事、故意伤害等违法犯罪活动,严重破坏经济、社会生活秩序。

第二条 刑法第二百九十四条第二款规定的"发展组织成员",是指将境内、外人员吸收为该黑社会组织成员的行为。对黑社会组织成员进行内部调整等行为,可视为"发展组织成员"。

港、澳、台黑社会组织到内地发展组织成员的,适用刑法第二百九十四条第二款的规定定罪处罚。

第三条 组织、领导、参加黑社会性质的组织又有其他犯罪行为的,根据刑法第二百九十四条第三款的规定,依照数罪并罚的规定处罚;对于黑社会性质组织的组织者、领导者,应当按照其所组织、领导的黑社会性质组织所犯的全部罪

---

① 本司法解释的适用,需要根据经《刑法修正案(八)》修正后《刑法》第二百九十四条和此后发布的相关规范性文件妥当把握。——本评注注

② 关于"黑社会性质的组织"的认定,应当根据经《刑法修正案(八)》修正后《刑法》第二百九十四条第五款的规定把握。——本评注注

行处罚;对于黑社会性质组织的参加者,应当按照其所参与的犯罪处罚。

对于参加黑社会性质的组织,没有实施其他违法犯罪活动的,或者受蒙蔽、胁迫参加黑社会性质的组织,情节轻微的,可以不作为犯罪处理。

第四条 国家机关工作人员组织、领导、参加黑社会性质组织的,从重处罚。

第五条 刑法第二百九十四条第四款规定的"包庇",是指国家机关工作人员为使黑社会性质组织及其成员逃避查禁,而通风报信,隐匿、毁灭、伪造证据,阻止他人作证、检举揭发,指使他人作伪证,帮助逃匿,或者阻挠其他国家机关工作人员依法查禁等行为。

刑法第二百九十四条第四款规定的"纵容",是指国家机关工作人员不依法履行职责,放纵黑社会性质组织进行违法犯罪活动的行为。

第六条 国家机关工作人员包庇、纵容黑社会性质的组织,有下列情形之一的,属于刑法第二百九十四条第四款规定的"情节严重":

(一)包庇、纵容黑社会性质组织跨境实施违法犯罪活动的;

(二)包庇、纵容境外黑社会组织在境内实施违法犯罪活动的;

(三)多次实施包庇、纵容行为的;

(四)致使某一区域或者行业的经济、社会生活秩序遭受黑社会性质组织特别严重破坏的;

(五)致使黑社会性质组织的组织者、领导者逃匿,或者致使对黑社会性质组织的查禁工作严重受阻的;

(六)具有其他严重情节的。

第七条 对黑社会性质组织和组织、领导、参加黑社会性质组织的犯罪分子聚敛的财物及其收益,以及用于犯罪的工具等,应当依法追缴、没收。

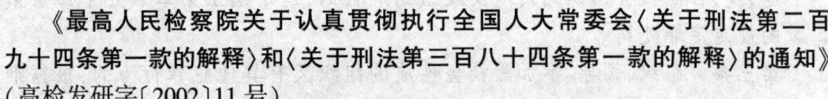
规范性文件

《最高人民检察院关于认真贯彻执行全国人大常委会〈关于刑法第二百九十四条第一款的解释〉和〈关于刑法第三百八十四条第一款的解释〉的通知》
(高检发研字〔2002〕11号)

各省、自治区、直辖市人民检察院,军事检察院,新疆生产建设兵团人民检察院:

第九届全国人民代表大会常务委员会第二十七次会议于2002年4月28日通过了《全国人民代表大会常务委员会关于<中华人民共和国刑法>第二百九十四条第一款的解释》和《全国人民代表大会常务委员会关于〈中华人民共和国刑法〉第三百八十四条第一款的解释》(以下统称《解释》)。为保证《解释》的正确贯彻执行,特通知如下:

一、本次全国人大常委会审议通过的有关刑法的两个法律解释，是立法的重要补充形式，与法律具有同等效力，对于健全社会主义法制，保证国家法律的统一正确实施具有重要意义，尤其对于当前开展"严打"整治斗争，进一步加大反腐败工作力度，将会发挥积极的作用。各级人民检察院要提高对《解释》重要性的认识，组织检察人员认真学习《解释》，全面、深刻领会立法解释的精神，充分发挥法律监督作用，严厉打击黑社会性质组织犯罪和挪用公款犯罪。

二、要正确适用法律，积极发挥检察职能作用。各级人民检察院在办理相关案件的过程中，要充分运用刑法和立法解释的有关规定，依法开展立案侦查和批捕、起诉工作，严格按照《解释》加强对黑社会性质组织和挪用公款犯罪的打击力度，积极发挥检察机关的职能作用。根据《解释》的规定，黑社会性质组织是否有国家工作人员充当"保护伞"，即是否要有国家工作人员参与犯罪或者为犯罪活动提供非法保护，不影响黑社会性质组织的认定，对于同时具备《解释》规定的黑社会性质组织四个特征的案件，应依法予以严惩，以体现"打早打小"的立法精神。同时，对于确有"保护伞"的案件，也要坚决一查到底，绝不姑息。对于国家工作人员利用职务上的便利，实施《解释》规定的挪用公款"归个人使用"的三种情形之一的，无论使用公款的是个人还是单位以及单位的性质如何，均应认定为挪用公款归个人使用，构成犯罪的，应依法严肃查处。

三、要注意区分罪与非罪界限，切实提高办案质量。各级人民检察院在办理相关案件时，要严格依法进行，严格区分罪与非罪、此罪与彼罪的界限，切实保证办案质量。要特别注意区分黑社会性质组织犯罪与一般犯罪集团、流氓恶势力团伙违法犯罪的界限、挪用公款犯罪与单位之间违反财经纪律拆借资金行为的界限，做到办案的法律效果和社会效果的有机统一。

四、要坚持打防并举，综合治理。黑社会性质组织严重破坏经济、社会生活秩序，直接影响到人民群众的安居乐业；挪用公款犯罪严重侵犯公共财产，危害国家正常的财经管理制度，是腐败的重要表现。对上述犯罪，要坚持贯彻打防并举、综合治理的方针。各级人民检察院要充分利用各种途径和方式，广泛宣传《解释》，进一步加大举报和预防工作的力度，加强与有关部门的联系和配合。

五、要加强领导，进一步加大工作指导的力度。黑社会性质组织犯罪案件和挪用公款犯罪案件的认定和处理，是一项政策法律性很强的工作。上级人民检察院要加强对下级人民检察院工作指导的力度，下级人民检察院对于重大、疑难、复杂案件的办理，要及时向上级人民检察院请示汇报。各地在贯彻执行《解释》过程中遇到的新情况、新问题，请及时层报最高人民检察院。

《最高人民法院、最高人民检察院、公安部办理黑社会性质组织犯罪案件座谈会纪要》(法〔2009〕382号)①

为正确理解和适用刑法、立法解释、司法解释关于黑社会性质组织犯罪的规定,依法及时、准确、有力地惩治黑社会性质组织犯罪,最高人民法院、最高人民检察院、公安部于2009年7月15日在北京召开了办理黑社会性质组织犯罪案件座谈会。会议总结了各级人民法院、人民检察院和公安机关办理黑社会性质组织犯罪案件所取得的经验,分析了当前依法严惩黑社会性质组织犯罪面临的严峻形势,研究了办理黑社会性质组织犯罪案件遇到的适用法律问题,就人民法院、人民检察院和公安机关正确适用法律,严厉打击黑社会性质组织犯罪形成了具体意见。会议纪要如下:

一、与会同志一致认为,自2006年初全国开展打黑除恶专项斗争以来,各级人民法院、人民检察院和公安机关依法履行各自职责,密切配合,惩处了一批黑社会性质组织犯罪分子,遏制了黑社会性质组织犯罪高发的势头,为维护社会稳定,构建社会主义和谐社会做出了重要贡献。但是,在我国,黑社会性质组织犯罪仍处于活跃期,犯罪的破坏性不断加大,犯罪分子逃避法律制裁的行为方式不断变换,向政治领域的渗透日益明显,对人民群众的生命、财产安全,对经济、社会生活秩序和基层政权建设都构成了严重威胁。因此,严厉打击黑社会性质组织犯罪,遏制并最大限度地减少黑社会性质组织犯罪案件的发生,是当前乃至今后相当长一个时期政法机关的重要任务。为此,各级人民法院、人民检察院和公安机关必须坚持做好以下几方面工作:

首先,要切实提高对打击黑社会性质组织犯罪重要性的认识。依法严惩黑

---

① 法〔2015〕291号纪要整体上延续了法〔2009〕382号纪要的有关精神,法〔2009〕382号纪要的大部分内容在今后的审判实践中仍具有指导意义,应当继续参照执行。两相比较,法〔2015〕291号纪要的新变化主要表现为以下三种情形:(1)法〔2009〕382号纪要未作规定,予以补充,如附加剥夺政治权利的适用、财产刑的适用等内容就属于这种情形。审判时,应当按照《纪要》的规定执行。(2)法〔2009〕382号纪要已有规定,予以完善、修改,如组织成员人数、经济实力数额等问题,相关内容发生了一定的变化。审判时,也应当按照法〔2015〕291号纪要的规定执行。(3)法〔2009〕382号纪要已有规定,予以细化,如对非法控制特征(危害性特征)八种情形的进一步解读就是这种情形的典型代表。审判时,应当将两个纪要的有关内容相互结合,配套使用。参见戴长林等:《〈全国部分法院审理黑社会性质组织犯罪案件工作座谈会纪要〉的理解与适用》,载中华人民共和国最高人民法院刑事审判第一、二、三、四、五庭主办:《刑事审判参考(总第107集)》,法律出版社2017年版,第138页。

社会性质组织犯罪,不仅是保障民生、维护稳定的迫切需要,而且事关政权安危,容不得丝毫懈怠。各级人民法院、人民检察院和公安机关要充分认识这项工作的重要性、紧迫性、复杂性、艰巨性和长期性,在思想上始终与党中央的决策保持高度一致,坚决克服麻痹、松懈情绪,把依法打击黑社会性质组织犯罪,实现社会治安的持续稳定作为一项重要任务常抓不懈。

其次,要严格坚持法定标准,切实贯彻落实宽严相济的刑事政策。各级人民法院、人民检察院和公安机关要严格依照刑法、刑事诉讼法及有关法律解释的规定办理案件,确保认定的事实清楚,据以定案的证据确实、充分,黑社会性质组织的认定准确无误。既要防止将已构成黑社会性质组织犯罪的案件"降格"处理,也不能因为强调严厉打击而将不构成此类犯罪的共同犯罪案件"拔高"认定。要严格贯彻落实宽严相济的刑事政策,对黑社会性质组织的组织者、领导者及其他骨干成员要依法从严惩处;对犯罪情节较轻的其他参加人员以及初犯、偶犯、未成年犯,要依法从轻、减轻处罚,以分化、瓦解犯罪分子,减少社会对抗,促进社会和谐,取得法律效果和社会效果的统一。

第三,要充分发挥各自的职能作用,密切配合,相互支持,有效形成打击合力。各级人民法院、人民检察院和公安机关要积极总结和交流工作经验,不断统一执法思想,共同加强长效机制建设。为了及时、有效地打击黑社会性质组织犯罪,公安机关在办案中要紧紧围绕法律规定的黑社会性质组织的"四个特征",严格按照刑事诉讼法及有关规定全面收集、固定证据,严禁刑讯逼供、滥用强制措施和超期羁押,对重要犯罪嫌疑人的审讯以及重要取证活动要全程录音、录像。人民检察院不仅要把好批捕、起诉关,还要加强对看守所监管活动的检查监督,防止串供、翻供、订立攻守同盟、搞假立功等情况的发生。人民法院要严格审查事实、证据,不断强化程序意识,全面提高审判工作质量和效率。

第四,要严惩"保护伞",采取多种措施深入推进打黑除恶工作。黑社会性质组织之所以能在一些地方坐大成势,与个别国家工作人员的包庇、纵容有着直接关系。各级人民法院、人民检察院和公安机关要把查处"保护伞"与办理涉黑案件有机地结合起来,与反腐败工作紧密地结合起来,与纪检、监察部门做好衔接配合,加大打击力度,确保实现"除恶务尽"的目标。打击黑社会性质组织犯罪是一项复杂的系统工程,各级人民法院、人民检察院和公安机关在办理好案件的同时,还要通过积极参与社会治安综合治理、加强法制宣传、广泛发动群众等多种手段,从源头上有效防控此类犯罪。

二、会议认为,自 1997 年刑法增设黑社会性质组织犯罪的规定以来,全国人大常委会、最高人民法院分别作出了《关于〈中华人民共和国刑法〉第二百九十四条第一款的解释》(以下简称《立法解释》)、《关于审理黑社会性质组织犯罪的案件具体应用法律若干问题的解释》(以下简称《司法解释》),对于指导司法实践发挥了重要作用。但由于黑社会性质组织犯罪的构成要件和所涉及的法律关系较为复杂,在办案过程中对法律规定的理解还不尽相同。为了进一步统一司法标准,会议就实践中争议较大的问题进行了深入研讨,并取得了一致意见:

(一)关于黑社会性质组织的认定

黑社会性质组织必须同时具备《立法解释》中规定的"组织特征"、"经济特征"、"行为特征"和"危害性特征"。由于实践中许多黑社会性质组织并非这"四个特征"都很明显,因此,在具体认定时,应根据立法本意,认真审查、分析黑社会性质组织"四个特征"相互间的内在联系,准确评价涉案犯罪组织所造成的社会危害,确保不枉不纵。

1.关于组织特征。黑社会性质组织不仅有明确的组织者、领导者,骨干成员基本固定,而且组织结构较为稳定,并有比较明确的层级和职责分工。

当前,一些黑社会性质组织为了增强隐蔽性,往往采取各种手段制造"人员频繁更替、组织结构松散"的假象。因此,在办案时,要特别注意审查组织者、领导者,以及对组织运行、活动起着突出作用的积极参加者等骨干成员是否基本固定、联系是否紧密,不要被其组织形式的表象所左右。

关于组织者、领导者、积极参加者和其他参加者的认定。组织者、领导者,是指黑社会性质组织的发起者、创建者,或者在组织中实际处于领导地位,对整个组织及其运行、活动起着决策、指挥、协调、管理作用的犯罪分子,既包括通过一定形式产生的有明确职务、称谓的组织者、领导者,也包括在黑社会性质组织中被公认的事实上的组织者、领导者;积极参加者,是指接受黑社会性质组织的领导和管理,多次积极参与黑社会性质组织的违法犯罪活动,或者积极参与较严重的黑社会性质组织的犯罪活动且作用突出,以及其他在组织中起重要作用的犯罪分子,如具体主管黑社会性质组织的财务、人员管理等事项的犯罪分子;其他参加者,是指除上述组织成员之外,其他接受黑社会性质组织的领导和管理的犯罪分子。根据《司法解释》第三条第二款的规定,对于参加黑社会性质的组织,没有实施其他违法犯罪活动的,或者受蒙蔽、胁迫参加黑社会性质的组织,情节轻微的,可以不作为犯罪处理。

关于黑社会性质组织成员的主观明知问题。在认定黑社会性质组织的成员时,并不要求其主观上认为自己参加的是黑社会性质组织,只要其知道或者应当知道该组织具有一定规模,且是以实施违法犯罪为主要活动的,即可认定。

对于黑社会性质组织存在时间、成员人数及组织纪律等问题的把握。黑社会性质组织一般在短时间内难以形成，而且成员人数较多，但鉴于普通犯罪集团、"恶势力"团伙向黑社会性质组织发展是一个渐进的过程，没有明显的性质转变的节点，故对黑社会性质组织存在时间、成员人数问题不宜作出"一刀切"的规定。对于那些已存在一定时间，且成员人数较多的犯罪组织，在定性时要根据其是否已具备一定的经济实力，是否已在一定区域或行业内形成非法控制或重大影响等情况综合分析判断。此外在通常情况下，黑社会性质组织为了维护自身的安全和稳定，一般会有一些约定俗成的纪律、规约，有些甚至还有明确的规定。因此，具有一定的组织纪律、活动规约，也是认定黑社会性质组织特征时的重要参考依据。

2、关于经济特征。一定的经济实力是黑社会性质组织坐大成势，称霸一方的基础。由于不同地区的经济发展水平、不同行业的利润空间均存在很大差异，加之黑社会性质组织存在、发展的时间也各有不同，因此，在办案时不能一般性地要求黑社会性质组织所具有的经济实力必须达到特定规模或特定数额。此外，黑社会性质组织的敛财方式也具有多样性。实践中，黑社会性质组织不仅会通过实施赌博、敲诈、贩毒等违法犯罪活动攫取经济利益，而且还往往会通过开办公司、企业等方式"以商养黑"、"以黑护商"。因此，无论其财产是通过非法手段聚敛，还是通过合法的方式获取，只要将其中部分或全部用于违法犯罪活动或者维系犯罪组织的生存、发展即可。

"用于违法犯罪活动或者维系犯罪组织的生存、发展"，一般是指购买作案工具、提供作案经费，为受伤、死亡的组织成员提供医疗费、丧葬费，为组织成员及其家属提供工资、奖励、福利、生活费用，为组织寻求非法保护以及其他与实施有组织的违法犯罪活动有关的费用支出等。

3、关于行为特征。暴力性、胁迫性和有组织性是黑社会性质组织行为方式的主要特征，但有时也会采取一些"其他手段"。

根据司法实践经验，《立法解释》中规定的"其他手段"主要包括：以暴力、威胁为基础，在利用组织势力和影响已对他人形成心理强制或威慑的情况下，进行所谓的"谈判"、"协商"、"调解"；滋扰、哄闹、聚众等其他干扰、破坏正常经济、社会生活秩序的非暴力手段。

"黑社会性质组织实施的违法犯罪活动"主要包括以下情形：由组织者、领导者直接组织、策划、指挥、参与实施的违法犯罪活动；由组织成员以组织名义实施，并得到组织者、领导者认可或者默许的违法犯罪活动；多名组织成员为逞强争霸、插手纠纷、报复他人、替人行凶、非法敛财而共同实施，并得到组织者、领导者认可或者默许的违法犯罪活动;组织成员为组织争夺势力范围、排除竞争对手、确立强势地位、谋取经济利益、维护非法权威或者按照组织的纪律、惯例、共同遵守的约定而实施的违法犯罪活动;由黑社会性质组织实施的其他违法犯罪活动。

会议认为,在办案时还应准确理解《立法解释》中关于"多次进行违法犯罪活动"的规定。黑社会性质组织实施犯罪活动过程中,往往伴随着大量的违法活动,对此均应作为黑社会性质组织的违法犯罪事实予以认定。但如果仅实施了违法活动,而没有实施犯罪活动的,则不能认定为黑社会性质组织。此外,"多次进行违法犯罪活动"只是认定黑社会性质组织的必要条件之一,最终能否认定为黑社会性质组织,还要结合危害性特征来加以判断。即使有些案件中的违法犯罪活动已符合"多次"的标准,但根据其性质和严重程度,尚不足以形成非法控制或者重大影响的,也不能认定为黑社会性质组织。

4.关于危害性特征。称霸一方,在一定区域或者行业内,形成非法控制或者重大影响,从而严重破坏经济、社会生活秩序,是黑社会性质组织的本质特征,也是黑社会性质组织区别于一般犯罪集团的关键所在。

对于"一定区域"的理解和把握。区域的大小具有相对性,且黑社会性质组织非法控制和影响的对象并不是区域本身,而是在一定区域中生活的人,以及该区域内的经济、社会生活秩序。因此,不能简单地要求"一定区域"必须达到某一特定的空间范围,而应当根据具体案情,并结合黑社会性质组织对经济、社会生活秩序的危害程度加以综合分析判断。

对于"一定行业"的理解和把握。黑社会性质组织所控制和影响的行业,既包括合法行业,也包括黄、赌、毒非法行业。这些行业一般涉及生产、流通、交换、消费等一个或多个市场环节。

通过实施违法犯罪活动,或者利用国家工作人员的包庇、纵容,称霸一方,并具有以下情形之一的,可认定为"在一定区域或者行业内,形成非法控制或者重大影响,严重破坏经济、社会生活秩序":对在一定区域内生活或者在一定行业内从事生产、经营的群众形成心理强制、威慑,致使合法利益受损的群众不敢举报、控告的;对一定行业的生产、经营形成垄断,或者对涉及一定行业的准入、经营、竞争等经济活动形成重要影响的;插手民间纠纷、经济纠纷,在相关区域或者行业内造成严重影响的;干扰、破坏他人正常生产、经营、生活,并在相关区域或者行业内造成严重影响的;干扰、破坏公司、企业、事业单位及社会团体的正常生产、经营、工作秩序,在相关区域、行业内造成严重影响,或者致使其不能正常生产、经营、工作的;多次干扰、破坏国家机关、行业管理部门以及村委会、居委会等基层群众自治组织的工作秩序,或者致使上述单位、组织的职能不能正常行使的;利用组织的势力、影响,使组织成员获取政治地位,或者在党政机关、基层群众自治组织中担任一定职务的;其他形成非法控制或者重大影响,严重破坏经济、社会生活秩序的情形。

(二)关于办理黑社会性质组织犯罪案件的其他问题

1、关于包庇、纵容黑社会性质组织罪主观要件的认定。本罪主观方面要求必须是出于故意,过失不能构成本罪。会议认为,只要行为人知道或者应当知道是从事违法犯罪活动的组织,仍对该组织及其成员予以包庇,或者纵容其实施违法犯罪活动,即可认定本罪。至于行为人是否明知该组织系黑社会性质组织,不影响本罪的成立。

2、关于黑社会性质组织成员的刑事责任。对黑社会性质组织的组织者、领导者,应根据法律规定和本纪要中关于"黑社会性质组织实施的违法犯罪活动"的规定,按照该组织所犯的全部罪行承担刑事责任。组织者、领导者对于具体犯罪所承担的刑事责任,应当根据其在该起犯罪中的具体地位、作用来确定。对黑社会性质组织中的积极参加者和其他参加者,应按照其所参与的犯罪,根据其在具体犯罪中的地位和作用,依照罪责刑相适应的原则,确定应承担的刑事责任。

3、关于涉黑犯罪财物及其收益的认定和处置。在办案时,要依法运用查封、扣押、冻结、追缴、没收等手段,彻底摧毁黑社会性质组织的经济基础,防止其死灰复燃。对于涉黑犯罪财物及其收益以及犯罪工具,均应按照刑法第六十四条和《司法解释》第七条的规定予以追缴、没收。黑社会性质组织及其成员通过犯罪活动聚敛的财物及其收益,是指在黑社会性质组织的形成、发展过程中,该组织及组织成员通过违法犯罪活动或其他不正当手段聚敛的全部财物、财产性权益及其孳息、收益。在办案工作中,应认真审查涉案财产的来源、性质,对被告人及其他单位、个人的合法财产应依法予以保护。

4、关于认定黑社会性质组织犯罪的证据要求。办理涉黑案件同样应当坚持案件"事实清楚,证据确实、充分"的法定证明标准。但应当注意的是,"事实清楚"是指能够对定罪量刑产生影响的事实必须清楚,而不是指整个案件的所有事实和情节都要一一查证属实;"证据确实、充分"是指能够据以定罪量刑的证据确实、充分,而不是指案件中所涉全部问题的证据都要达到确实、充分的程度。对此,一定要准确理解和把握,不要纠缠那些不影响定罪量刑的枝节问题。比如,在可以认定某犯罪组织已将所获经济利益部分用于组织活动的情况下,即使此部分款项的具体数额难以全部查实,也不影响定案。

5、关于黑社会性质组织成员的立功问题。积极参加者、其他参加者配合司法机关查办案件,有提供线索、帮助收集证据或者其他协助行为,并对侦破黑社会性质组织犯罪案件起到一定作用的,即使依法不能认定立功,一般也应酌情对其从轻处罚。组织者、领导者检举揭发与该黑社会性质组织及其违法犯罪活动有关联的其他犯罪线索,即使依法构成立功或者重大立功,在量刑时也应从严掌握。

6、关于对"恶势力"团伙的认定和处理。"恶势力"是黑社会性质组织的雏形,有的最终发展成为了黑社会性质组织。因此,及时严惩"恶势力"团伙犯罪,是遏制黑社会性质组织滋生、防止违法犯罪活动造成更大社会危害的有效途径。

会议认为,"恶势力"是指经常纠集在一起,以暴力、威胁或其他手段,在一定区域或者行业内多次实施违法犯罪活动,为非作恶,扰乱经济、社会生活秩序,造成较为恶劣的社会影响,但尚未形成黑社会性质组织的犯罪团伙。"恶势力"一般为三人以上,纠集者、骨干成员相对固定,违法犯罪活动一般表现为敲诈勒索、强迫交易、欺行霸市、聚众斗殴、寻衅滋事、非法拘禁、故意伤害、抢劫、抢夺或者黄、赌、毒等。各级人民法院、人民检察院和公安机关在办案时应根据本纪要的精神,结合组织化程度的高低、经济实力的强弱、有无追求和实现对社会的非法控制等特征,对黑社会性质组织与"恶势力"团伙加以正确区分。同时,还要本着实事求是的态度,正确理解和把握"打早打小"方针。在准确查明"恶势力"团伙具体违法犯罪事实的基础上,构成什么罪,就按什么罪处理,并充分运用刑法总则关于共同犯罪的规定,依法惩处。对符合犯罪集团特征的,要按照犯罪集团处理,以切实加大对"恶势力"团伙依法惩处的力度。

7、关于视听资料的收集、使用。公安机关在侦查时要特别重视对涉黑犯罪视听资料的收集。对于那些能够证明涉案犯罪组织具备黑社会性质组织的"四个特征"及其实施的具体违法犯罪活动的录音、录像资料,要及时提取、固定、移送。通过特殊侦查措施获取的视听资料,在移送审查起诉时,公安机关对证据的来源、提取经过应予说明。

8、庭审时应注意的有关问题。为确保庭审效果,人民法院在开庭审理涉黑案件之前,应认真做好庭审预案。法庭调查时,除必须传唤共同被告人同时到庭质证外,对各被告人应当分别讯问,以防止被告人当庭串供或者不敢如实供述、作证。对于诉讼参与人、旁听人员破坏法庭秩序、干扰法庭审理的,法庭应按照刑事诉讼法及有关司法解释的规定及时作出处理。构成犯罪的,应当依法追究刑事责任。

《最高人民法院、最高人民检察院、公安部、司法部关于办理黑社会性质组织犯罪案件若干问题的规定》(公通字〔2012〕45号,自2012年9月11日起施行)①

为依法严厉打击黑社会性质组织犯罪,按照宽严相济的刑事政策和"打早打小、除恶务尽"的工作方针,根据《中华人民共和国刑法》、《中华人民共和国刑事诉讼法》和其他有关规定,现就办理黑社会性质组织犯罪案件有关问题,制定本规定。

一、管辖

第一条 公安机关侦查黑社会性质组织犯罪案件时,对黑社会性质组织及其成员在多个地方实施的犯罪,以及其他与黑社会性质组织犯罪有关的犯罪,可以依照法律和有关规定一并立案侦查。对案件管辖有争议的,由共同的上级公安机关指定管辖。

并案侦查的黑社会性质组织犯罪案件,由侦查该案的公安机关所在地同级人民检察院一并审查批准逮捕、受理移送审查起诉,由符合审判级别管辖要求的人民法院审判。

第二条 公安机关、人民检察院、人民法院根据案件情况和需要,可以依法对黑社会性质组织犯罪案件提级管辖或者指定管辖。

提级管辖或者指定管辖的黑社会性质组织犯罪案件,由侦查该案的公安机关所在地同级人民检察院审查批准逮捕、受理移送审查起诉,由同级或者符合审判级别管辖要求的人民法院审判。

第三条 人民检察院对于公安机关提请批准逮捕、移送审查起诉的黑社会性质组织犯罪案件,人民法院对于已进入审判程序的黑社会性质组织犯罪案件,被告人及其辩护人提出管辖异议,或者办案单位发现没有管辖权的,受案人民检察院、人民法院经审查,可以依法报请与有管辖权的人民检察院、人民法院共同的上级人民检察院、人民法院指定管辖,不再自行移交。对于在审查批准逮捕阶段,上级检察机关已经指定管辖的案件,审查起诉工作由同一人民检察院受理。

第四条 公安机关侦查黑社会性质组织犯罪案件过程中,发现人民检察院管辖的贪污贿赂、渎职侵权犯罪案件线索的,应当及时移送人民检察院。人民检察院对于公安机关移送的案件线索应当及时依法进行调查或者立案侦查。人民

---

① 对本规范性文件的适用,应当结合此后发布的相关规范性文件,妥当把握。——本评注注

检察院与公安机关应当相互及时通报案件进展情况。

二、立案

第五条 公安机关对涉嫌黑社会性质组织犯罪的线索,应当及时进行审查。审查过程中,可以采取询问、查询、勘验、检查、鉴定、辨认、调取证据材料等必要的调查活动,但不得采取强制措施,不得查封、扣押、冻结财产。

立案前的审查阶段获取的证据材料经查证属实的,可以作为证据使用。

公安机关因侦查黑社会性质组织犯罪的需要,根据国家有关规定,经过严格的批准手续,对一些重大犯罪线索立案后可以采取技术侦查等秘密侦查措施。

第六条 公安机关经过审查,认为有黑社会性质组织犯罪事实需要追究刑事责任,且属于自己管辖的,经县级以上公安机关负责人批准,予以立案,同时报上级公安机关备案。

三、强制措施和羁押

第七条 对于组织、领导、积极参加黑社会性质组织的犯罪嫌疑人、被告人,不得取保候审;但是患有严重疾病、生活不能自理,怀孕或者是正在哺乳自己婴儿的妇女,采取取保候审不致发生社会危险性的除外。

第八条 对于黑社会性质组织犯罪案件的犯罪嫌疑人、被告人,看守所应当严格管理,防止发生串供、通风报信等行为。

对于黑社会性质组织犯罪案件的犯罪嫌疑人、被告人,可以异地羁押。

对于同一黑社会性质组织犯罪案件的犯罪嫌疑人、被告人,应当分别羁押,在看守所的室外活动应当分开进行。

对于组织、领导黑社会性质组织的犯罪嫌疑人、被告人,有条件的地方应当单独羁押。

四、证人保护

第九条 公安机关、人民检察院和人民法院应当采取必要措施,保障证人及其近亲属的安全。证人的人身和财产受到侵害时,可以视情给予一定的经济补偿。

第十条 在侦查、起诉、审判过程中,对于因作证行为可能导致本人或者近亲属的人身、财产安全受到严重危害的证人,分别经地市级以上公安机关主要负责人、人民检察院检察长、人民法院院长批准,应当对其身份采取保密措施。

第十一条 对于秘密证人,侦查人员、检察人员和审判人员在制作笔录或者文书时,应当以代号代替其真实姓名,不得记录证人住址、单位、身份证号及其他足以识别其身份的信息。证人签名以按指纹代替。

侦查人员、检察人员和审判人员记载秘密证人真实姓名和身份信息的笔录或者文书,以及证人代号与真实姓名对照表,应当单独立卷,交办案单位档案部门封存。

第十二条 法庭审理时不得公开秘密证人的真实姓名和身份信息。用于公开质证的秘密证人的声音、影像,应当进行变声、变像等技术处理。

秘密证人出庭作证,人民法院可以采取限制询问、遮蔽容貌、改变声音或者使用音频、视频传送装置等保护性措施。

经辩护律师申请,法庭可以要求公安机关、人民检察院对使用秘密证人的理由、审批程序出具说明。

第十三条 对报案人、控告人、举报人、鉴定人、被害人的保护,参照本规定第九条至第十二条的规定执行。

五、特殊情况的处理

第十四条 参加黑社会性质组织的犯罪嫌疑人、被告人,自动投案,如实供述自己的罪行,或者在被采取强制措施期间如实供述司法机关还未掌握的本人其他罪行的,应当认定为自首。

参加黑社会性质组织的犯罪嫌疑人、被告人,积极配合侦查、起诉、审判工作,检举、揭发黑社会性质组织其他成员与自己共同犯罪以外的其他罪行,经查证属实的,应当认定为有立功表现。在查明黑社会性质组织的组织结构和组织者、领导者的地位作用,追缴、没收赃款赃物,打击"保护伞"方面提供重要线索,经查证属实的,可以酌情从宽处理。

第十五条 对于有本规定第十四条所列情形之一的,公安机关应当根据犯罪嫌疑人的认罪态度以及在侦查工作中的表现,经县级以上公安机关主要负责人批准,提出从宽处理的建议并说明理由。

人民检察院应当根据已经查明的事实、证据和有关法律规定,在充分考虑全案情况和公安机关建议的基础上依法作出起诉或者不起诉决定,或者起诉后向人民法院提出依法从轻、减轻或者免除刑事处罚的建议。

人民法院应当根据已经查明的事实、证据和有关法律规定,在充分考虑全案情况、公安机关和人民检察院建议和被告人、辩护人辩护意见的基础上,依法作出判决。

对参加黑社会性质组织的犯罪嫌疑人、被告人不起诉或者免予刑事处罚的,应当予以训诫或者责令具结悔过并保证不再从事违法犯罪活动。

第十六条 对于有本规定第十四条第二款情形的犯罪嫌疑人、被告人,可以参照第九条至第十二条的规定,采取必要的保密和保护措施。

六、涉案财产的控制和处理

第十七条 根据黑社会性质组织犯罪案件的诉讼需要,公安机关、人民检察院、人民法院可以依法查询、查封、扣押、冻结与案件有关的下列财产:

(一)黑社会性质组织的财产;

(二)犯罪嫌疑人、被告人个人所有的财产;

(三)犯罪嫌疑人、被告人实际控制的财产;

(四)犯罪嫌疑人、被告人出资购买的财产;

(五)犯罪嫌疑人、被告人转移至他人的财产;

(六)其他与黑社会性质组织及其违法犯罪活动有关的财产。

对于本条第一款的财产,有证据证明与黑社会性质组织及其违法犯罪活动无关的,应当依法立即解除查封、扣押、冻结措施。

第十八条 查封、扣押、冻结财产的,应当一并扣押证明财产所有权或者相关权益的法律文件和文书。

在侦查、起诉、审判过程中,查询、查封、扣押、冻结财产需要其他部门配合或者执行的,应当分别经县级以上公安机关负责人、人民检察院检察长、人民法院院长批准,通知有关部门配合或者执行。

查封、扣押、冻结已登记的不动产、特定动产及其他财产,应当通知有关登记机关,在查封、扣押、冻结期间禁止被查封、扣押、冻结的财产流转,不得办理被查封、扣押、冻结财产权属变更、抵押等手续;必要时可以提取有关权证证照。

第十九条 对于不宜查封、扣押、冻结的经营性财产,公安机关、人民检察院、人民法院可以申请当地政府指定有关部门或者委托有关机构代管。

第二十条 对于黑社会性质组织形成、发展过程中,组织及其成员通过违法犯罪活动或者其他不正当手段聚敛的财产及其孳息、收益,以及用于违法犯罪的工具和其他财物,应当依法追缴、没收。

对于其他个人或者单位利用黑社会性质组织及其成员的违法犯罪活动获得的财产及其孳息、收益,应当依法追缴、没收。

对于明知是黑社会性质组织而予以资助、支持的,依法没收资助、支持的财产。

对于被害人的合法财产及其孳息,应当依法及时返还或者责令退赔。

第二十一条 依法应当追缴、没收的财产无法找到、被他人善意取得、价值灭失或者与其他合法财产混合且不可分割的,可以追缴、没收其他等值财产。

对黑社会性质组织及其成员聚敛的财产及其孳息、收益的数额,办案单位可以委托专门机构评估;确实无法准确计算的,可以根据有关法律规定及查明的事实、证据合理估算。

七、律师辩护代理

第二十二条 公安机关、人民检察院、人民法院应当依法保障律师在办理黑社会性质组织犯罪案件辩护代理工作中的执业权利,保证律师依法履行职责。

公安机关、人民检察院、人民法院应当加强与司法行政机关的沟通和协作,及时协调解决律师辩护代理工作中的问题;发现律师有违法违规行为的,应当及时通报司法行政机关,由司法行政机关依法处理。

第二十三条 律师接受委托参加黑社会性质组织犯罪案件辩护代理工作的,应当严格依法履行职责,依法行使执业权利,恪守律师职业道德和执业纪律。

第二十四条 司法行政机关应当建立对律师办理黑社会性质组织犯罪案件辩护代理工作的指导、监督机制,加强对敏感、重大的黑社会性质组织犯罪案件律师辩护代理工作的业务指导;指导律师事务所建立健全律师办理黑社会性质组织犯罪案件辩护代理工作的登记、报告、保密、集体讨论、档案管理等制度;及时查处律师从事黑社会性质组织犯罪案件辩护代理活动中的违法违规行为。

八、刑罚执行

第二十五条 对于组织、领导、参加黑社会性质组织的罪犯,执行机关应当采取严格的监管措施。

第二十六条 对于判处十年以上有期徒刑、无期徒刑,以及判处死刑缓期二年执行减为有期徒刑、无期徒刑的黑社会性质组织的组织者、领导者,应当跨省、自治区、直辖市异地执行刑罚。

对于被判处十年以下有期徒刑的黑社会性质组织的组织者、领导者,以及黑社会性质组织的积极参加者,可以跨省、自治区、直辖市或者在本省、自治区、直辖市内异地执行刑罚。

第二十七条 对组织、领导和积极参加黑社会性质组织的罪犯减刑的,执行机关应当依法提出减刑建议,报经省、自治区、直辖市监狱管理机关审核后,提请人民法院裁定。监狱管理机关审核时应当向同级人民检察院、公安机关通报情况。

对被判处不满十年有期徒刑的组织、领导和积极参加黑社会性质组织的罪犯假释的,依照前款规定处理。

对因犯组织、领导黑社会性质组织罪被判处十年以上有期徒刑、无期徒刑的罪犯,不得假释。

第二十八条 对于组织、领导和积极参加黑社会性质组织的罪犯,有下列情形之一,确实需要暂予监外执行的,应当依照法律规定的条件和程序严格审批:

（一）确有严重疾病而监狱不具备医治条件，必须保外就医，且适用保外就医不致危害社会的；

（二）怀孕或者正在哺乳自己婴儿的妇女；

（三）因年老、残疾完全丧失生活自理能力，适用暂予监外执行不致危害社会的。

暂予监外执行的审批机关在作出审批决定前，应当向同级人民检察院、公安机关通报情况。

第二十九条 办理境外黑社会组织成员入境发展组织成员犯罪案件，参照本规定执行。

第三十条 本规定自印发之日起施行。

《**全国部分法院审理黑社会性质组织犯罪案件工作座谈会纪要**》（法〔2015〕291号）①

为深入贯彻党的十八大和十八届三中、四中全会以及习近平总书记系列重要讲话精神，认真落实全国继续推进打黑除恶专项斗争电视电话会议和《中央政法委员会关于继续推进打黑除恶专项斗争的意见》的总体部署，进一步加强黑社会性质组织犯罪案件的审判工作，最高人民法院于2015年9月17日在广西壮族自治区北海市组织召开了全国部分法院审理黑社会性质组织犯罪案件工作座谈会。全国20个省、自治区、直辖市高级人民法院和部分中级人民法院、基层人民法院的主管副院长、刑事审判庭负责同志参加了此次会议。

会议传达、学习了中央关于不断深化打黑除恶专项斗争的有关文件、领导讲话和周强院长对会议所作的重要批示，最高人民法院副院长南英同志作了重要讲话。会议就如何加强打黑除恶审判工作进行了经验交流，并对当前审判工作中存在的新情况、新问题进行了全面、系统地归纳整理，对如何进一步明确和统一司法标准进行了深入研讨。会议认为，2009年印发的《最高人民法院、最高人民检察院、公安部办理黑社会性质组织犯罪案件座谈会纪要》（以下简称：2009年《座谈会纪要》）对于指导审判实践发挥了重要作用。由于黑社会性质组织犯罪始终处于不断发展变化之中，且刑法、刑事诉讼法的相关规定均有修改，因此，对于一些实践中反映较为突出，但2009年《座谈会纪要》未作规定或者有关规定尚需进一步细化和完善的问题，确有必要及时加以研究解决。经过与会代

---

① 对本规范性文件的适用，应当结合此后发布的相关规范性文件，妥当把握。——**本评注注**

表的认真研究,会议就人民法院审理黑社会性质组织犯罪案件时遇到的部分政策把握及具体应用法律问题形成了共识。同时,与会代表也一致认为,本次会议所取得的成果是对2009年《座谈会纪要》的继承与发展,原有内容审判时仍应遵照执行;内容有所补充的,审判时应结合执行。纪要如下。

一、准确把握形势、任务,坚定不移地在法治轨道上深入推进打黑除恶专项斗争

（一）毫不动摇地贯彻依法严惩方针

会议认为,受国内国际多种因素影响,我国黑社会性质组织犯罪活跃、多发的基本态势在短期内不会改变。此类犯罪组织化程度较高,又与各种社会治安问题相互交织,破坏力成倍增加,严重威胁人民群众的生命、财产安全。而且,黑社会性质组织还具有极强的向经济领域、政治领域渗透的能力,严重侵蚀维系社会和谐稳定的根基。各级人民法院必须切实增强政治意识、大局意识、忧患意识和责任意识,进一步提高思想认识,充分发挥审判职能作用,继续深入推进打黑除恶专项斗争,在严格把握黑社会性质组织认定标准的基础上始终保持对于此类犯罪的严惩高压态势。对于黑社会性质组织犯罪分子要依法加大资格刑、财产刑的适用力度,有效运用刑法中关于禁止令的规定,严格把握减刑、假释适用条件,全方位、全过程地体现从严惩处的精神。

（二）认真贯彻落实宽严相济刑事政策

审理黑社会性质组织犯罪案件应当认真贯彻落实宽严相济刑事政策。要依照法律规定,根据具体的犯罪事实、情节以及人身危险性、主观恶性、认罪悔罪态度等因素充分体现刑罚的个别化。同时要防止片面强调从宽或者从严,切实做到区别对待,宽严有据,罚当其罪。对于黑社会性质组织的组织者、领导者、骨干成员及其"保护伞",要依法从严惩处。根据所犯具体罪行的严重程度,依法应当判处重刑的要坚决判处重刑。确属罪行极其严重,依法应当判处死刑的,也必须坚决判处。对于不属于骨干成员的积极参加者以及一般参加者,确有自首、立功等法定情节的,要依法从轻、减轻或免除处罚;具有初犯、偶犯等酌定情节的,要依法酌情从宽处理。对于一般参加者,虽然参与实施了少量的违法犯罪活动,但系未成年人或是只起次要、辅助作用的,应当依法从宽处理。符合缓刑条件的,可以适用缓刑。

（三）正确把握"打早打小"与"打准打实"的关系

"打早打小",是指各级政法机关必须依照法律规定对有可能发展成为黑社会性质组织的犯罪集团、"恶势力"团伙及早打击,绝不能允许其坐大成势,而不应被理解为对尚处于低级形态的犯罪组织可以不加区分地一律按照黑社会性质组织处理。"打准打实",就是要求审判时应当本着实事求是的态度,在准确查

明事实的基础上,构成什么罪,就按什么罪判处刑罚。对于不符合黑社会性质组织认定标准的,应当根据案件事实依照刑法中的相关条款处理,从而把法律规定落到实处。由于黑社会性质组织的形成、发展一般都会经历一个从小到大、由"恶"到"黑"的渐进过程,因此,"打早打小"不仅是政法机关依法惩治黑恶势力犯罪的一贯方针,而且是将黑社会性质组织及时消灭于雏形或萌芽状态,防止其社会危害进一步扩大的有效手段。而"打准打实"既是刑事审判维护公平正义的必然要求,也是确保打黑除恶工作实现预期目标的基本前提。只有打得准,才能有效摧毁黑社会性质组织;只有打得实,才能最大限度地体现惩治力度。"打早打小"和"打准打实"是分别从惩治策略、审判原则的角度对打黑除恶工作提出的要求,各级人民法院对于二者关系的理解不能简单化、片面化,要严格坚持依法办案原则,准确认定黑社会性质组织,既不能"降格",也不能"拔高",切实防止以"打早打小"替代"打准打实"。

(四)依法加大惩处"保护伞"的力度

个别国家机关工作人员的包庇、纵容,不仅会对黑社会性质组织的滋生、蔓延起到推波助澜的作用,而且会使此类犯罪的社会危害进一步加大。各级人民法院应当充分认识"保护伞"的严重危害,将依法惩处"保护伞"作为深化打黑除恶工作的重点环节和深入开展反腐败斗争的重要内容,正确运用刑法的有关规定,有效加大对于"保护伞"的惩处力度。同时,各级人民法院还应当全面发挥职能作用,对于审判工作中发现的涉及"保护伞"的线索,应当及时转往有关部门查处,确保实现"除恶务尽"的目标。

(五)严格依照法律履行审判职能

《中华人民共和国刑法修正案(八)》的颁布实施以及刑事诉讼法的再次修正,不仅进一步完善了惩处黑恶势力犯罪的相关法律规定,同时也对办理黑社会性质组织犯罪案件提出了更为严格的要求。面对新的形势和任务,各级人民法院应当以审判为中心,进一步增强程序意识和权利保障意识,严格按照法定程序独立行使审判职权,并要坚持罪刑法定、疑罪从无、证据裁判原则,依法排除非法证据,通过充分发挥庭审功能和有效运用证据审查判断规则,切实把好事实、证据与法律适用关,以令人信服的裁判说理来实现审判工作法律效果与社会效果的有机统一。同时,还应当继续加强、完善与公安、检察等机关的配合协作,保证各项长效工作机制运行更为顺畅。

二、关于黑社会性质组织的认定

(一)认定组织特征的问题

黑社会性质组织存续时间的起点,可以根据涉案犯罪组织举行成立仪式或者进行类似活动的时间来认定。没有前述活动的，可以根据足以反映其初步形成核心利益或强势地位的重大事件发生时间进行审查判断。没有明显标志性事件的，也可以根据涉案犯罪组织为维护、扩大组织势力、实力、影响、经济基础或按照组织惯例、纪律、活动规约而首次实施有组织的犯罪活动的时间进行审查判断。存在、发展时间明显过短、犯罪活动尚不突出的，一般不应认定为黑社会性质组织。

黑社会性质组织应当具有一定规模，人数较多，组织成员一般在10人以上。其中，既包括已有充分证据证明但尚未归案的组织成员，也包括虽有参加黑社会性质组织的行为但因尚未达到刑事责任年龄或因其他法定情形而未被起诉，或者根据具体情节不作为犯罪处理的组织成员。

黑社会性质组织应有明确的组织者、领导者，骨干成员基本固定，并有比较明确的层级和职责分工，一般有三种类型的组织成员，即：组织者、领导者与积极参加者、一般参加者（也即"其他参加者"）。骨干成员，是指直接听命于组织者、领导者，并多次指挥或积极参与实施有组织的违法犯罪活动或者其他长时间在犯罪组织中起重要作用的犯罪分子，属于积极参加者的一部分。

对于黑社会性质组织的组织纪律、活动规约，应当结合制定、形成相关纪律、规约的目的与意图来进行审查判断。凡是为了增强实施违法犯罪活动的组织性、隐蔽性而制定或者自发形成，并用以明确组织内部人员管理、职责分工、行为规范、利益分配、行动准则等事项的成文或不成文的规定、约定，均可认定为黑社会性质组织的组织纪律、活动规约。

对于参加黑社会性质组织，没有实施其他违法犯罪活动，或者受蒙蔽、威胁参加黑社会性质组织，情节轻微的，可以不作为犯罪处理。对于参加黑社会性质组织后仅参与少量情节轻微的违法活动的，也可以不作为犯罪处理。

以下人员不属于黑社会性质组织的成员：1. 主观上没有加入社会性质组织的意愿，受雇到黑社会性质组织开办的公司、企业、社团工作，未参与或者仅参与少量黑社会性质组织的违法犯罪活动的人员；2. 因临时被纠集、雇佣或受蒙蔽为黑社会性质组织实施违法犯罪活动或者提供帮助、支持、服务的人员；3. 为维护或扩大自身利益而临时雇佣、收买、利用黑社会性质组织实施违法犯罪活动的人员。上述人员构成其他犯罪的，按照具体犯罪处理。

对于被起诉的组织成员主要为未成年人的案件，定性时应当结合"四个特征"审慎把握。

（二）认定经济特征的问题

"一定的经济实力"，是指黑社会性质组织在形成、发展过程中获取的，足以支持该组织运行、发展以及实施违法犯罪活动的经济利益。包括：1.有组织地通过违法犯罪活动或其他不正当手段聚敛的资产；2.有组织地通过合法的生产、经营活动获取的资产；3.组织成员以及其他单位、个人资助黑社会性质组织的资产。通过上述方式获取的经济利益，即使是由部分组织成员个人掌控，也应计入黑社会性质组织的"经济实力"。

各高级人民法院可以根据本地区的实际情况，对黑社会性质组织所应具有的"经济实力"在20-50万元幅度内，自行划定一般掌握的最低数额标准。

是否将所获经济利益全部或部分用于违法犯罪活动或者维系犯罪组织的生存、发展，是认定经济特征的重要依据。无论获利后的分配与使用形式如何变化，只要在客观上能够起到豢养组织成员、维护组织稳定、壮大组织势力的作用即可认定。

(三)认定行为特征的问题

涉案犯罪组织仅触犯少量具体罪名的，是否应认定为黑社会性质组织要结合组织特征、经济特征和非法控制特征(危害性特征)综合判断，严格把握。

黑社会性质组织实施的违法犯罪活动包括非暴力性的违法犯罪活动，但暴力或以暴力相威胁始终是黑社会性质组织实施违法犯罪活动的基本手段，并随时可能付诸实施。因此，在黑社会性质组织所实施的违法犯罪活动中，一般应有一部分能够较明显地体现出暴力或以暴力相威胁的基本特征。否则，定性时应当特别慎重。

属于2009年《座谈会纪要》规定的五种情形之一的，一般应当认定为黑社会性质组织实施的违法犯罪活动，但确与维护和扩大组织势力、实力、影响、经济基础无任何关联，亦不是按照组织惯例、纪律、活动规约而实施，则应作为组织成员个人的违法犯罪活动处理。组织者、领导者明知组织成员曾多次实施起因、性质类似的违法犯罪活动，但并未明确予以禁止的，如果该类行为对扩大组织影响起到一定作用，可以视为是按照组织惯例实施的违法犯罪活动。

(四)认定非法控制特征(危害性特征)的问题

黑社会性质组织所控制和影响的"一定区域"，应当具备一定空间范围，并承载一定的社会功能。既包括一定数量的自然人共同居住、生活的区域，如乡镇、街道、较大的村庄等，也包括承载一定生产、经营或社会公共服务功能的区域，如矿山、工地、市场、车站、码头等。对此，应当结合一定地域范围内的人口数量、流量、经济规模等因素综合评判。如果涉案犯罪组织的控制和影响仅存在于一座酒店、一处娱乐会所等空间范围有限的场所或者人口数量、流量、经济规模较小的其他区域，则一般不能视为是对"一定区域"的控制和影响。

黑社会性质组织所控制和影响的"一定行业",是指在一定区域内存在的同类生产、经营活动。黑社会性质组织通过多次有组织地实施违法犯罪活动,对黄、赌、毒等非法行业形成非法控制或重大影响的,同样符合非法控制特征(危害性特征)的要求。

2009年《座谈会纪要》明确了可以认定为"在一定区域或者行业内,形成非法控制或者重大影响,严重破坏经济、社会生活秩序"的八种情形,适用时应当注意以下问题:第1种情形中的"致使合法利益受损的群众不敢举报、控告的",是指致使多名合法利益遭受犯罪或者严重违法活动侵害的群众不敢通过正当途径维护权益;第2种情形中的"形成垄断",是指可以操控、左右、决定与一定行业相关的准入、退出、经营、竞争等经济活动。"形成重要影响",是指对与一定行业相关的准入、退出、经营、竞争等经济活动具有较大的干预和影响能力,或者具有在该行业内占有较大市场份额、通过违法犯罪活动或以其他不正当手段在该行业内敛财数额巨大(最低数额标准由各高院根据本地情况在20—50万元的幅度内自行划定)、给该行业内从事生产、经营活动的其他单位、组织、个人造成直接经济损失100万元以上等情节之一;第3、4、5种情形中的"造成严重影响",是指具有致人重伤或致多人轻伤、通过违法犯罪活动或以其他不正当手段敛财数额巨大(数额标准同上)、造成直接经济损失100万元以上、多次引发群体性事件或引发大规模群体性事件等情节之一;第6种情形中的"多次干扰、破坏国家机关、行业管理部门以及村委会、居委会等基层群众自治组织的工作秩序",包括以拉拢、收买、威胁等手段多次得到国家机关工作人员包庇或纵容,或者多次对前述单位、组织中正常履行职务的工作人员进行打击、报复的情形;第7种情形中的"获取政治地位",是指当选各级人大代表、政协委员。"担任一定职务",是指在各级党政机关及其职能部门、基层群众自治组织中担任具有组织、领导、监督、管理职权的职务。

根据实践经验,在黑社会性质组织犯罪案件中,2009年《座谈会纪要》规定的八种情形一般不会单独存在,往往是两种以上的情形同时并存、相互交织,从而严重破坏经济、社会生活秩序。审判时,应当充分认识这一特点,准确认定该特征。"四个特征"中其他构成要素均已具备,仅在成员人数、经济实力规模方面未达到本纪要提出的一般性要求,但已较为接近,且在非法控制特征(危害性特征)方面同时具有2009年《座谈会纪要》相关规定中的多种情形,其中至少有一种情形已明显超出认定标准的,也可以认定为黑社会性质组织。

三、关于刑事责任和刑罚适用

（一）已退出或者新接任的组织者、领导者的刑事责任问题

对于在黑社会性质组织形成、发展过程中已经退出的组织者、领导者，或者在加入黑社会性质组织之后逐步发展成为组织者、领导者的犯罪分子，应对其本人参与及其实际担任组织者、领导者期间该组织所犯的全部罪行承担刑事责任。

（二）量刑情节的运用问题

黑社会性质组织的成员虽不具有自首情节，但到案后能够如实供述自己罪行，并具有以下情形之一的，一般应当适用《刑法》第六十七条第三款的规定予以从轻处罚：1.如实交代大部分尚未被掌握的同种犯罪事实；2.如实交代尚未被掌握的较重的同种犯罪事实；3.如实交代犯罪事实，并对收集定案证据、查明案件事实有重要作用的。

积极参加者、一般参加者配合司法机关查办案件，有提供线索、帮助收集证据或者其他协助行为，并在侦破黑社会性质组织犯罪案件、认定黑社会性质组织及其主要成员、追缴黑社会性质组织违法所得、查处"保护伞"等方面起到较大作用的，即使依法不能认定立功，一般也应酌情对其从轻处罚。组织者、领导者、骨干成员以及"保护伞"协助抓获同案中其他重要的组织成员，或者骨干成员能够检举揭发其他犯罪案件中罪行同样严重的犯罪分子，原则上依法应予从轻或者减轻处罚。组织者、领导者检举揭发与该黑社会性质组织及其违法犯罪活动有关联的其他犯罪线索，如果在是否认定立功的问题上存在事实、证据或法律适用方面的争议，应当严格把握。依法应认定为立功或者重大立功的，在决定是否从宽处罚、如何从宽处罚时，应当根据罪责刑相一致原则从严掌握。可能导致全案量刑明显失衡的，不予从宽处罚。

审理黑社会性质组织犯罪案件，应当通过判处和执行民事赔偿以及积极开展司法救助来最大限度地弥补被害人及其亲属的损失。被害人及其亲属确有特殊困难，需要接受被认定为黑社会性质组织成员的被告人赔偿并因此表示谅解的，量刑时应当特别慎重。不仅应当查明谅解是否确属真实意思表示以及赔偿款项与黑社会性质组织违法所得有无关联，而且在决定是否从宽处罚、如何从宽处罚时，也应当从严掌握。可能导致全案量刑明显失衡的，不予从宽处罚。

（三）附加剥夺政治权利的适用问题

对于黑社会性质组织的组织者、领导者，可以适用《刑法》第五十六条第一款的规定附加剥夺政治权利。对于因犯参加黑社会性质组织罪被判处5年以上有期徒刑的积极参加者，也可以适用该规定附加剥夺政治权利。

(四)财产刑的适用问题

对于黑社会性质组织的组织者、领导者,依法应当并处没收财产。黑社会性质组织敛财数额特别巨大,但因犯罪分子转移、隐匿、毁灭证据或者拒不交代涉案财产来源、性质,导致违法所得以及其他应当追缴的财产难以准确查清和追缴的,对于组织者、领导者以及为该组织转移、隐匿资产的积极参加者可以并处没收个人全部财产。对于确属骨干成员的积极参加者一般应当并处罚金或者没收财产。对于其他积极参加者和一般参加者,应当根据所参与实施违法犯罪活动的次数、性质、地位、作用、违法所得数额以及造成损失的数额等情节,依法决定财产刑的适用。

四、关于审判程序和证据审查

(一)分案审理问题

为便宜诉讼,提高审判效率,防止因法庭审理过于拖延而损害当事人的合法权益,对于被告人人数众多,合并审理难以保证庭审质量和庭审效率的黑社会性质组织犯罪案件,可分案进行审理。分案应当遵循有利于案件顺利审判、有利于查明案件事实、有利于公正定罪量刑的基本原则,确保有效质证、事实统一、准确定罪、均衡量刑。对于被作为组织者、领导者、积极参加者起诉的被告人,以及黑社会性质组织重大犯罪的共同作案人,分案审理影响庭审调查的,一般不宜分案审理。

(二)证明标准和证据运用问题

办理黑社会性质组织犯罪案件应当坚持"事实清楚,证据确实、充分"的法定证明标准。黑社会性质组织犯罪案件侦查取证难度大,"四个特征"往往难以通过实物证据来加以证明。审判时,应当严格依照刑事诉讼法及有关司法解释的规定对相关证据进行审查与认定。在确保被告人供述、证人证言、被害人陈述等言词证据取证合法、内容真实,且综合全案证据,已排除合理怀疑的情况下,同样可以认定案件事实。

(三)法庭举证、质证问题

审理黑社会性质组织犯罪案件时,合议庭应当按照刑事诉讼法及有关司法解释的规定有效引导控辩双方举证、质证。不得因为案件事实复杂、证据繁多,而不当限制控辩双方就证据问题进行交叉询问、相互辩论的权利。庭审时,应当根据案件事实繁简、被告人认罪态度等采取适当的举证、质证方式,突出重点;对黑社会性质组织的"四个特征"应单独举证、质证。为减少重复举证、质证,提高审判效率,庭审中可以先就认定具体违法犯罪事实的证据进行举证、质证。对认定黑社会性质组织行为特征的证据进行举证、质证时,之前已经宣读、出示过的证据,可以在归纳、概括之后简要征询控辩双方意见。对于认定组织特征、经济特征、非法控制特征(危害性特征)的证据,举证、质证时一般不宜采取前述方式。

(四)对出庭证人、鉴定人、被害人的保护问题

人民法院受理黑社会性质组织犯罪案件后,应当及时了解在侦查、审查起诉阶段有无对证人、鉴定人、被害人采取保护措施的情况,确保相关保护措施在审判阶段能够紧密衔接。开庭审理时,证人、鉴定人、被害人因出庭作证,本人或其近亲属的人身安全面临危险的,应当采取不暴露外貌、真实声音等出庭作证措施。必要时,可以进行物理隔离,以音频、视频传送的方式作证,并对声音、图像进行技术处理。有必要禁止特定人员接触证人、鉴定人、被害人及其近亲属的,以及需要对证人、鉴定人、被害人及其近亲属的人身和住宅采取专门性保护措施的,应当及时与检察机关、公安机关协调,确保保护措施及时执行到位。依法决定不公开证人、鉴定人、被害人真实姓名、住址和工作单位等个人信息的,应当在开庭前核实其身份。证人、鉴定人签署的如实作证保证书应当列入审判副卷,不得对外公开。

五、关于黑社会性质组织犯罪案件审判工作相关问题

(一)涉案财产的处置问题

审理黑社会性质组织犯罪案件时,对于依法查封、冻结、扣押的涉案财产,应当全面审查证明财产来源、性质、用途、权属及价值大小的有关证据,调查财产的权属情况以及是否属于违法所得或者依法应当追缴的其他财物。属于下列情形的,依法应当予以追缴、没收:1.黑社会性质组织形成、发展过程中,该组织及其组织成员通过违法犯罪活动或其他不正当手段聚敛的财产及其孳息、收益,以及合法获取的财产中实际用于支持该组织存在、发展和实施违法犯罪活动的部分;2.其他单位、个人为支持黑社会性质组织存在、发展以及实施违法犯罪活动而资助或提供的财产;3.组织成员通过个人实施的违法犯罪活动所聚敛的财产及其孳息、收益,以及供个人犯罪所用的本人财物;4.黑社会性质组织及其组织成员个人非法持有的违禁品;5.依法应当追缴的其他涉案财物。

(二)发挥庭审功能问题

黑社会性质组织犯罪案件开庭前,应当按照重大案件的审判要求做好从物质保障到人员配备等各方面的庭审准备,并制定详细的庭审预案和庭审提纲。同时,还要充分发挥庭前会议了解情况、听取意见的应有作用,提前了解控辩双方的主要意见,及时解决可能影响庭审顺利进行的程序性问题。对于庭前会议中出示的证据材料,控辩双方无异议的,庭审举证、质证时可以简化。庭审过程中,合议庭应当针对争议焦点和关键的事实、证据问题,有效引导控辩双方进行法庭调查

与法庭辩论。庭审时,还应当全程录音录像,相关音视频资料应当存卷备查。

《最高人民法院、最高人民检察院、公安部、司法部关于办理黑恶势力犯罪案件若干问题的指导意见》(法发〔2018〕1号,节录)①

为贯彻落实《中共中央、国务院关于开展扫黑除恶专项斗争的通知》精神,统一执法思想,提高执法效能,依法、准确、有力惩处黑恶势力犯罪,严厉打击"村霸"、宗族恶势力、"保护伞"以及"软暴力"等犯罪,根据《刑法》、《刑事诉讼法》及有关司法解释等规定,针对实践中遇到的新情况、新问题,现就办理黑恶势力犯罪案件若干问题制定如下指导意见:

一、总体要求

1. 各级人民法院、人民检察院、公安机关和司法行政机关应充分发挥职能作用,密切配合,相互支持,相互制约,形成打击合力,加强预防惩治黑恶势力犯罪长效机制建设。正确运用法律规定加大对黑恶势力违法犯罪以及"保护伞"惩处力度,在侦查、起诉、审判、执行各阶段体现依法从严惩处精神,严格掌握取保候审,严格掌握不起诉,严格掌握缓刑、减刑、假释,严格掌握保外就医适用条件,充分运用《刑法》总则关于共同犯罪和犯罪集团的规定加大惩处力度,充分利用资格刑、财产刑降低再犯可能性。对黑恶势力犯罪,注意串并研判、深挖彻查,防止就案办案,依法加快办理。坚持依法办案、坚持法定标准、坚持以审判为中心,加强法律监督,强化程序意识和证据意识,正确把握"打早打小"与"打准打实"的关系,贯彻落实宽严相济刑事政策,切实做到宽严有据,罚当其罪,实现政治效果、法律效果和社会效果的统一。

2. 各级人民法院、人民检察院、公安机关和司法行政机关应聚焦黑恶势力犯罪突出的重点地区、重点行业和重点领域,重点打击威胁政治安全特别是政权安全、制度安全以及向政治领域渗透的黑恶势力;把持基层政权、操纵破坏基层换届选举、垄断农村资源、侵吞集体资产的黑恶势力;利用家族、宗族势力横行乡里、称霸一方、欺压残害百姓的"村霸"等黑恶势力;在征地、租地、拆迁、工程项目建设等过程中煽动闹事的黑恶势力;在建筑工程、交通运输、矿产资源、渔业捕

---

① 《最高人民法院、最高人民检察院、公安部、司法部关于办理恶势力刑事案件若干问题的意见》(法发〔2019〕10号)在继受、吸收本规范性文件的基础上,对相关规定作了进一步细化、补充、完善。此外,其他与扫黑除恶相关的规范性文件对本规范性文件作了进一步细化规定。鉴此,具体适用时,应当将相关规范性文件结合起来,妥当把握。此外,需要注意相关规定与《刑法修正案(十一)》的衔接问题,如非法讨债相关规定与催收非法债务罪的衔接,对于相冲突的内容,不应当再适用。——本评注注

捞等行业、领域,强揽工程、恶意竞标、非法占地、滥开滥采的黑恶势力;在商贸集市、批发市场、车站码头、旅游景区等场所欺行霸市、强买强卖、收保护费的市霸、行霸等黑恶势力;操纵、经营"黄赌毒"等违法犯罪活动的黑恶势力;非法高利放贷、暴力讨债的黑恶势力;插手民间纠纷,充当"地下执法队"的黑恶势力;组织或雇佣网络"水军"在网上威胁、恐吓、侮辱、诽谤、滋扰的黑恶势力;境外黑社会入境发展渗透以及跨国跨境的黑恶势力。同时,坚决深挖黑恶势力"保护伞"。

二、依法认定和惩处黑社会性质组织犯罪

3. 黑社会性质组织应同时具备《刑法》第二百九十四条第五款中规定的"组织特征""经济特征""行为特征"和"危害性特征"。由于实践中许多黑社会性质组织并非这"四个特征"都很明显,在具体认定时,应根据立法本意,认真审查、分析黑社会性质组织"四个特征"相互间的内在联系,准确评价涉案犯罪组织所造成的社会危害,做到不枉不纵。

4. 发起、创建黑社会性质组织,或者对黑社会性质组织进行合并、分立、重组的行为,应当认定为"组织黑社会性质组织";实际对整个组织的发展、运行、活动进行决策、指挥、协调、管理的行为,应当认定为"领导黑社会性质组织"。黑社会性质组织的组织者、领导者,既包括通过一定形式产生的有明确职务、称谓的组织者、领导者,也包括在黑社会性质组织中被公认的事实上的组织者、领导者。

5. 知道或者应当知道是以实施违法犯罪为基本活动内容的组织,仍加入并接受其领导和管理的行为,应当认定为"参加黑社会性质组织"。没有加入黑社会性质组织的意愿,受雇到黑社会性质组织开办的公司、企业、社团工作,未参与黑社会性质组织违法犯罪活动的,不应认定为"参加黑社会性质组织"。

参加黑社会性质组织并具有以下情形之一的,一般应当认定为"积极参加黑社会性质组织":多次积极参与黑社会性质组织的违法犯罪活动,或者积极参与较严重的黑社会性质组织的犯罪活动且作用突出,以及其他在组织中起重要作用的情形,如具体主管黑社会性质组织的财务、人员管理等事项。

6. 组织形成后,在一定时期内持续存在,应当认定为"形成较稳定的犯罪组织"。

黑社会性质组织一般在短时间内难以形成,而且成员人数较多,但鉴于"恶势力"团伙和犯罪集团向黑社会性质组织发展是一个渐进的过程,没有明显的性质转变的节点,故对黑社会性质组织存在时间、成员人数问题不宜作出"一刀切"的规定。

黑社会性质组织未举行成立仪式或者进行类似活动的,成立时间可以按照足以反映其初步形成非法影响的标志性事件的发生时间认定。没有明显标志性事件的,可以按照本意见中关于黑社会性质组织违法犯罪活动认定范围的规定,将组织者、领导者与其他组织成员首次共同实施该组织犯罪活动的时间认定为该组织的形成时间。该组织者、领导者因未到案或者因死亡等法定情形未被起诉的,不影响认定。

黑社会性质组织成员既包括已有充分证据证明但尚未归案的组织成员,也包括虽有参加黑社会性质组织的行为但因尚未达到刑事责任年龄或因其他法定情形而未被起诉,或者根据具体情节不作为犯罪处理的组织成员。

7.在组织的形成、发展过程中通过以下方式获取经济利益的,应当认定为"有组织地通过违法犯罪活动或者其他手段获取经济利益":

(1)有组织地通过违法犯罪活动或其他不正当手段聚敛;

(2)有组织地以投资、控股、参股、合伙等方式通过合法的生产、经营活动获取;

(3)由组织成员提供或通过其他单位、组织、个人资助取得。

8.通过上述方式获得一定数量的经济利益,应当认定为"具有一定的经济实力",同时也包括调动一定规模的经济资源用以支持该组织活动的能力。通过上述方式获取的经济利益,即使是由部分组织成员个人掌控,也应计入黑社会性质组织的"经济实力"。组织成员主动将个人或者家庭资产中的一部分用于支持该组织活动,其个人或者家庭资产可全部计入"一定的经济实力",但数额明显较小或者仅提供动产、不动产使用权的除外。

由于不同地区的经济发展水平、不同行业的利润空间均存在很大差异,加之黑社会性质组织存在、发展的时间也各有不同,在办案时不能一般性地要求黑社会性质组织所具有的经济实力必须达到特定规模或特定数额。

9.黑社会性质组织实施的违法犯罪活动包括非暴力性的违法犯罪活动,但暴力或以暴力相威胁始终是黑社会性质组织实施违法犯罪活动的基本手段,并随时可能付诸实施。暴力、威胁色彩虽不明显,但实际是以组织的势力、影响和犯罪能力为依托,以暴力、威胁的现实可能性为基础,足以使他人产生恐惧、恐慌进而形成心理强制或者足以影响、限制人身自由、危及人身财产安全或者影响正常生产、工作、生活的手段,属于《刑法》第二百九十四条第五款第(三)项中的"其他手段",包括但不限于所谓的"谈判"、"协商"、"调解"以及滋扰、纠缠、哄闹、聚众造势等手段。

10.为确立、维护、扩大组织的势力、影响、利益或者按照纪律规约、组织惯例多次实施违法犯罪活动,侵犯不特定多人的人身权利、民主权利、财产权利,破坏经济秩序、社会秩序,应当认定为"有组织地多次进行违法犯罪活动,为非作恶、欺压、残害群众。

符合以下情形之一的，应当认定为是黑社会性质组织实施的违法犯罪活动：

（1）为该组织争夺势力范围、打击竞争对手、形成强势地位、谋取经济利益、树立非法权威、扩大非法影响、寻求非法保护、增强犯罪能力等实施的；

（2）按照该组织的纪律规约、组织惯例实施的；

（3）组织者、领导者直接组织、策划、指挥、参与实施的；

（4）由组织成员以组织名义实施，并得到组织者、领导者认可或者默许的；

（5）多名组织成员为逞强争霸、插手纠纷、报复他人、替人行凶、非法敛财而共同实施，并得到组织者、领导者认可或者默许的；

（6）其他应当认定为黑社会性质组织实施的。

11.鉴于黑社会性质组织非法控制和影响的"一定区域"的大小具有相对性，不能简单地要求"一定区域"必须达到某一特定的空间范围，而应当根据具体案情，并结合黑社会性质组织对经济、社会生活秩序的危害程度加以综合分析判断。

通过实施违法犯罪活动，或者利用国家工作人员的包庇或者不依法履行职责，放纵黑社会性质组织进行违法犯罪活动的行为，称霸一方，并具有以下情形之一的，可认定为"在一定区域或者行业内，形成非法控制或者重大影响，严重破坏经济、社会生活秩序"：

（1）致使在一定区域内生活或者在一定行业内从事生产、经营的多名群众，合法利益遭受犯罪或严重违法活动侵害后，不敢通过正当途径举报、控告的；

（2）对一定行业的生产、经营形成垄断，或者对涉及一定行业的准入、经营、竞争等经济活动形成重要影响的；

（3）插手民间纠纷、经济纠纷，在相关区域或者行业内造成严重影响的；

（4）干扰、破坏他人正常生产、经营、生活，并在相关区域或者行业内造成严重影响的；

（5）干扰、破坏公司、企业、事业单位及社会团体的正常生产、经营、工作秩序，在相关区域、行业内造成严重影响，或者致使其不能正常生产、经营、工作的；

（6）多次干扰、破坏党和国家机关、行业管理部门以及村委会、居委会等基层群众自治组织的工作秩序，或者致使上述单位、组织的职能不能正常行使的；

（7）利用组织的势力、影响，帮助组织成员或他人获取政治地位，或者在党政机关、基层群众自治组织中担任一定职务的；

（8）其他形成非法控制或者重大影响，严重破坏经济、社会生活秩序的情形。

12. 对于组织者、领导者和因犯参加黑社会性质组织罪被判处五年以上有期徒刑的积极参加者,可根据《刑法》第五十六条第一款的规定适用附加剥夺政治权利。对于符合《刑法》第三十七条之一规定的组织成员,应当依法禁止其从事相关职业。符合《刑法》第六十六条规定的组织成员,应当认定为罪犯,依法从重处罚。

对于因有组织的暴力性犯罪被判处死刑缓期执行的黑社会性质组织犯罪分子,可以根据《刑法》第五十条第二款的规定同时决定对其限制减刑。对于因有组织的暴力性犯罪被判处十年以上有期徒刑、无期徒刑的黑社会性质组织犯罪分子,应当根据《刑法》第八十一条第二款规定,不得假释。

13. 对于组织者、领导者一般应当并处没收个人全部财产。对于确属骨干成员或者为该组织转移、隐匿资产的积极参加者,可以并处没收个人全部财产。对于其他组织成员,应当根据所参与实施违法犯罪活动的次数、性质、地位、作用、违法所得数额以及造成损失的数额等情节,依法决定财产刑的适用。

三、依法惩处恶势力犯罪

14. 具有下列情形的组织,应当认定为"恶势力":经常纠集在一起,以暴力、威胁或者其他手段,在一定区域或者行业内多次实施违法犯罪活动,为非作恶,欺压百姓,扰乱经济、社会生活秩序,造成较为恶劣的社会影响,但尚未形成黑社会性质组织的违法犯罪组织。恶势力一般为三人以上,纠集者相对固定,违法犯罪活动主要为强迫交易、故意伤害、非法拘禁、敲诈勒索、故意毁坏财物、聚众斗殴、寻衅滋事等,同时还可能伴随实施开设赌场、组织卖淫、强迫卖淫、贩卖毒品、运输毒品、制造毒品、抢劫、抢夺、聚众扰乱社会秩序、聚众扰乱公共场所秩序、交通秩序以及聚众"打砸抢"等。

在相关法律文书中的犯罪事实认定部分,可使用"恶势力"等表述加以描述。

15. 恶势力犯罪集团是符合犯罪集团法定条件的恶势力犯罪组织,其特征表现为:有三名以上的组织成员,有明显的首要分子,重要成员较为固定,组织成员经常纠集在一起,共同故意实施三次以上恶势力惯常实施的犯罪活动或者其他犯罪活动。

16. 公安机关、人民检察院、人民法院在办理恶势力犯罪案件时,应当依照上述规定,区别于普通刑事案件,充分运用《刑法》总则关于共同犯罪和犯罪集团的规定,依法从严惩处。

四、依法惩处利用"软暴力"实施的犯罪

17. 黑恶势力为谋取不法利益或形成非法影响,有组织地采用滋扰、纠缠、哄闹、聚众造势等手段侵犯人身权利、财产权利，破坏经济秩序、社会秩序，构成犯罪的，应当分别依照《刑法》相关规定处理：

(1) 有组织地采用滋扰、纠缠、哄闹、聚众造势等手段扰乱正常的工作、生活秩序，使他人产生心理恐惧或者形成心理强制，分别属于《刑法》第二百九十三条第一款第(二)项规定的"恐吓"、《刑法》第二百二十六规定的"威胁"，同时符合其他犯罪构成条件的，应分别以寻衅滋事罪、强迫交易罪定罪处罚。

《关于办理寻衅滋事刑事案件适用法律若干问题的解释》第二条至第四条中的"多次"一般应当理解为二年内实施寻衅滋事行为三次以上。二年内多次实施不同种类寻衅滋事行为的，应当追究刑事责任。

(2) 以非法占有为目的强行索取公私财物，有组织地采用滋扰、纠缠、哄闹、聚众造势等手段扰乱正常的工作、生活秩序，同时符合《刑法》第二百七十四条规定的其他犯罪构成条件的，应当以敲诈勒索罪定罪处罚。同时由多人实施或者以统一着装、显露纹身、特殊标识以及其他明示或者暗示方式，足以使对方感知相关行为的有组织性的，应当认定为《关于办理敲诈勒索刑事案件适用法律若干问题的解释》第二条第(五)项规定的"以黑恶势力名义敲诈勒索"。

采用上述手段，同时又构成其他犯罪的，应当依法按照处罚较重的规定定罪处罚。

雇佣、指使他人有组织地采用上述手段强迫交易、敲诈勒索，构成强迫交易罪、敲诈勒索罪的，对雇佣者、指使者，一般应当以共同犯罪中的主犯论处。为强索不受法律保护的债务或者因其他非法目的，雇佣、指使他人有组织地采用上述手段寻衅滋事，构成寻衅滋事罪的，对雇佣者、指使者，一般应当以共同犯罪中的主犯论处；为追讨合法债务或者因婚恋、家庭、邻里纠纷等民间矛盾而雇佣、指使，没有造成严重后果的，一般不作为犯罪处理，但经有关部门批评制止或者处理处罚后仍继续实施的除外。

18. 黑恶势力有组织地多次短时间非法拘禁他人的，应当认定为《刑法》第二百三十八条规定的"以其他方法非法剥夺他人人身自由"。非法拘禁他人三次以上、每次持续时间在四小时以上，或者非法拘禁他人累计时间在十二小时以上的，应以非法拘禁罪定罪处罚。

五、依法打击非法放贷讨债的犯罪活动

19. 在民间借贷活动中，如有擅自设立金融机构、非法吸收公众存款、骗取贷款、套取金融机构资金发放高利贷以及为强索债务而实施故意杀人、故意伤害、非法拘禁、故意毁坏财物等行为的，应当按照具体犯罪侦查、起诉、审判。依法符合数罪并罚条件的，应当并罚。

20. 对于以非法占有为目的,假借民间借贷之名,通过"虚增债务""签订虚假借款协议""制造资金走账流水""肆意认定违约""转单平账""虚假诉讼"等手段非法占有他人财产,或者使用暴力、威胁手段强立债权、强行索债的,应当根据案件具体事实,以诈骗、强迫交易、敲诈勒索、抢劫、虚假诉讼等罪名侦查、起诉、审判。对于非法占有的被害人实际所得借款以外的虚高"债务"和以"保证金""中介费""服务费"等各种名目扣除或收取的额外费用,均应计入违法所得。对于名义上为被害人所得,但在案证据能够证明实际上却为犯罪嫌疑人、被告人实施后续犯罪所使用的"借款",应予以没收。

21. 对采用讨债公司、"地下执法队"等各种形式有组织地进行上述活动,符合黑社会性质组织、犯罪集团认定标准的,应当按照组织、领导、参加黑社会性质组织罪或者犯罪集团侦查、起诉、审判。

六、依法严惩"保护伞"

22.《刑法》第二百九十四条第三款中规定的"包庇"行为,不要求相关国家机关工作人员利用职务便利。利用职务便利包庇黑社会性质组织的,酌情从重处罚。包庇、纵容黑社会性质组织,事先有通谋的,以具体犯罪的共犯论处。

23. 公安机关、人民检察院、人民法院对办理黑恶势力犯罪案件中发现的涉嫌包庇、纵容黑社会性质组织犯罪、收受贿赂、渎职侵权等违法违纪线索,应当及时移送有关主管部门和其他相关部门,坚决依法严惩充当黑恶势力"保护伞"的职务犯罪。

24. 依法严惩农村"两委"等人员在涉农惠农补贴申领与发放、农村基础设施建设、征地拆迁补偿、救灾扶贫优抚、生态环境保护等过程中,利用职权恃强凌弱、吃拿卡要、侵吞挪用国家专项资金的犯罪,以及放纵、包庇"村霸"和宗族恶势力,致使其坐大成患;或者收受贿赂、徇私舞弊,为"村霸"和宗族恶势力充当"保护伞"的犯罪。

25. 公安机关在侦办黑恶势力犯罪案件中,应当注意及时深挖其背后的腐败问题,对于涉嫌特别重大贿赂犯罪案件的犯罪嫌疑人,及时会同有关机关,执行《刑事诉讼法》第三十七条的相关规定,辩护律师在侦查期间会见在押犯罪嫌疑人,应当经相关侦查机关许可。

七、依法处置涉案财产

26. 公安机关、人民检察院、人民法院根据黑社会性质组织犯罪案件的诉讼需要,应当依法查询、查封、扣押、冻结全部涉案财产。公安机关侦查期间,要会同工商、税务、国土、住建、审计、人民银行等部门全面调查涉黑组织及其成员的财产状况。

对于不宜查封、扣押、冻结的经营性资产,可以申请当地政府指定有关部门或者委托有关机构代管或者托管。

对黑社会性质组织及其成员聚敛的财产及其孳息、收益的数额,办案单位可以委托专门机构评估;确实无法准确计算的,可以根据有关法律规定及查明的事实、证据合理估算。

27. 对于依法查封、冻结、扣押的黑社会性质组织涉案财产,应当全面收集、审查证明其来源、性质、用途、权属及价值大小的有关证据。符合下列情形之一的,应当依法追缴、没收:

(1)组织及其成员通过违法犯罪活动或其他不正当手段聚敛的财产及其孳息、收益;

(2)组织成员通过个人实施违法犯罪活动聚敛的财产及其孳息、收益;

(3)其他单位、组织、个人为支持该组织活动资助或主动提供的财产;

(4)通过合法的生产、经营活动获取的财产或者组织成员个人、家庭合法资产中,实际用于支持该组织活动的部分;

(5)组织成员非法持有的违禁品以及供犯罪所用的本人财物;

(6)其他单位、组织、个人利用黑社会性质组织及其成员的违法犯罪活动获取的财产及其孳息、收益;

(7)其他应当追缴、没收的财产。

28. 违法所得已用于清偿债务或者转让给他人,具有下列情形之一的,应当依法追缴:

(1)对方明知是通过违法犯罪活动或者其他不正当手段聚敛的财产及其孳息、收益的;

(2)对方无偿或者以明显低于市场价格取得的;

(3)对方是因非法债务或者违法犯罪活动而取得的;

(4)通过其他方式恶意取得的。

29. 依法应当追缴、没收的财产无法找到、被他人善意取得、价值灭失或者与其他合法财产混合且不可分割的,可以追缴、没收其他等值财产。

30. 黑社会性质组织犯罪嫌疑人、被告人逃匿,在通缉一年后不能到案,或者犯罪嫌疑人、被告人死亡的,应当依照法定程序没收其违法所得。

31. 对于依法查封、扣押、冻结的涉案财产,有证据证明确属被害人合法财产,或者确与黑社会性质组织及其违法犯罪活动无关的,应予以返还。

八、其他

……

35.公安机关、人民检察院、人民法院办理黑社会性质组织犯罪案件,应当按照《刑事诉讼法》《关于办理黑社会性质组织犯罪案件若干问题的规定》《公安机关办理刑事案件证人保护工作规定》的有关规定,对证人、报案人、控告人、举报人、鉴定人、被害人采取保护措施。

犯罪嫌疑人、被告人,积极配合侦查、起诉、审判工作,在查明黑社会性质组织的组织结构和组织者、领导者的地位作用,组织实施的重大犯罪事实,追缴、没收赃款赃物,打击"保护伞"等方面提供重要线索和证据,经查证属实的,可以根据案件具体情况,依法从轻、减轻或者免除处罚,并对其参照证人保护的有关规定采取保护措施。前述规定,对于确属组织者、领导者的犯罪嫌疑人、被告人应当严格掌握。

对于确有重大立功或者对于认定重大犯罪事实或追缴、没收涉黑财产具有重要作用的组织成员,确有必要通过分案审理予以保护的,公安机关可以与人民检察院、人民法院在充分沟通的基础上作出另案处理的决定。

对于办理黑社会性质组织犯罪案件的政法干警及其近亲属,需要采取保护措施的,可以参照《刑事诉讼法》等关于证人保护的有关规定,采取禁止特定的人员接触、对人身和住宅予以专门性保护等必要的措施,以确保办理案件的司法工作人员及其近亲属的人身安全。

36.本意见颁布实施后,最高人民法院、最高人民检察院、公安部、司法部联合发布或者单独制定的其他相关规范性文件,内容如与本意见中有关规定不一致的,应当按照本意见执行。

《最高人民法院、最高人民检察院、公安部、司法部关于依法严厉打击黑恶势力违法犯罪的通告》(2018年2月2日,具体条文未收录)

《国家监察委员会、最高人民法院、最高人民检察院、公安部、司法部关于在扫黑除恶专项斗争中分工负责、互相配合、互相制约严惩公职人员涉黑涉恶违法犯罪问题的通知》(国监发〔2019〕3号)

为认真贯彻党中央关于开展扫黑除恶专项斗争的重大决策部署,全面落实习近平总书记关于扫黑除恶与反腐败结合起来,与基层"拍蝇"结合起来的重要批示指示精神,进一步规范和加强各级监察机关、人民法院、人民检察院、公安机关、司法行政机关在惩治公职人员涉黑涉恶违法犯罪中的协作配合,推动扫黑除恶专项斗争取得更大成效,根据刑法、刑事诉讼法、监察法及最高人民法院、最高人民检察院、公安部、司法部《关于办理黑恶势力犯罪案件若干问题的指导意见》的规定,现就有关问题通知如下:

一、总体要求

1. 进一步提升政治站位。坚持以习近平新时代中国特色社会主义思想为指导，从增强"四个意识"、坚定"四个自信"、做到"两个维护"的政治高度，立足党和国家工作大局，深刻认识和把握开展扫黑除恶专项斗争的重大意义。深挖黑恶势力滋生根源，铲除黑恶势力生存根基，严惩公职人员涉黑涉恶违法犯罪，除恶务尽，切实维护群众利益，进一步净化基层政治生态，推动扫黑除恶专项斗争不断向纵深发展，推进全面从严治党不断向基层延伸。

2. 坚持实事求是。坚持以事实为依据，以法律为准绳，综合考虑行为人的主观故意、客观行为、具体情节和危害后果，以及相关黑恶势力的犯罪事实、犯罪性质、犯罪情节和对社会的危害程度，准确认定问题性质，做到不偏不倚、不枉不纵。坚持惩前毖后、治病救人方针，严格区分罪与非罪的界限，区别对待、宽严相济。

3. 坚持问题导向。找准扫黑除恶与反腐"拍蝇"工作的结合点，聚焦涉黑涉恶问题突出、群众反映强烈的重点地区、行业和领域，紧盯农村和城乡结合部，紧盯建筑工程、交通运输、矿产资源、商贸集市、渔业捕捞、集资放贷等涉黑涉恶问题易发多发的行业和领域，紧盯村"两委"、乡镇基层站所及其工作人员，严肃查处公职人员涉黑涉恶违法犯罪行为。

二、严格查办公职人员涉黑涉恶违法犯罪案件

4. 各级监察机关、人民法院、人民检察院、公安机关应聚焦黑恶势力违法犯罪案件及坐大成势的过程，严格查办公职人员涉黑涉恶违法犯罪案件。重点查办以下案件：公职人员直接组织、领导、参与黑恶势力违法犯罪活动的案件；公职人员包庇、纵容、支持黑恶势力犯罪及其他严重刑事犯罪的案件；公职人员收受贿赂、滥用职权，帮助黑恶势力人员获取公职或政治荣誉，侵占国家和集体资金、资源、资产，破坏公平竞争秩序，或为黑恶势力提供政策、项目、资金、金融信贷等支持帮助的案件；负有查禁监管职责的国家机关工作人员滥用职权、玩忽职守帮助犯罪分子逃避处罚的案件；司法工作人员徇私枉法、民事枉法裁判、执行判决裁定失职或滥用职权、私放在押人员以及徇私舞弊减刑、假释、暂予监外执行的案件；在扫黑除恶专项斗争中发生的公职人员滥用职权、徇私舞弊、包庇、阻碍查处黑恶势力犯罪的案件，以及泄露国家秘密、商业秘密、工作秘密，为犯罪分子通风报信的案件；公职人员利用职权打击报复办案人员的案件。

公职人员的范围，根据《中华人民共和国监察法》第十五条的规定认定。

5. 以上情形，由有关机关依规依纪依法调查处置，涉嫌犯罪的，依法追究刑事责任。

三、准确适用法律

6. 国家机关工作人员包庇黑社会性质的组织，或者纵容黑社会性质的组织进行违法犯罪活动的，以包庇、纵容黑社会性质组织罪定罪处罚。

国家机关工作人员既组织、领导、参加黑社会性质组织，又对该组织进行包庇、纵容的，应当以组织、领导、参加黑社会性质组织罪从重处罚。

国家机关工作人员包庇、纵容黑社会性质组织，该包庇、纵容行为同时还构成包庇罪、伪证罪、妨害作证罪、徇私枉法罪、滥用职权罪、帮助犯罪分子逃避处罚罪、徇私舞弊不移交刑事案件罪，以及徇私舞弊减刑、假释、暂予监外执行罪等其他犯罪的，应当择一重罪处罚。

7. 非国家机关工作人员与国家机关工作人员共同包庇、纵容黑社会性质组织，且不属于该组织成员的，以包庇、纵容黑社会性质组织罪的共犯论处。非国家机关工作人员的行为同时还构成其他犯罪的，应当择一重罪处罚。

8. 公职人员利用职权或职务便利实施包庇、纵容黑恶势力、伪证、妨害作证、帮助毁灭、伪造证据，以及窝藏、包庇等犯罪行为的，应酌情从重处罚。事先有通谋而实施支持帮助、包庇纵容等保护行为的，以具体犯罪的共犯论处。

四、形成打击公职人员涉黑涉恶违法犯罪的监督制约、配合衔接机制

9. 监察机关、公安机关、人民检察院、人民法院在查处、办理公职人员涉黑涉恶违法犯罪案件过程中，应当分工负责，互相配合，互相制约，通过对办理的黑恶势力犯罪案件逐案筛查、循线深挖等方法，保证准确有效地执行法律，彻查公职人员涉黑涉恶违法犯罪。

10. 监察机关、公安机关、人民检察院、人民法院要建立完善查处公职人员涉黑涉恶违法犯罪重大疑难案件研判分析、案件通报等工作机制，进一步加强监察机关、政法机关之间的配合，共同研究和解决案件查处、办理过程中遇到的疑难问题，相互及时通报案件进展情况，进一步增强工作整体性、协同性。

11. 监察机关、公安机关、人民检察院、人民法院、司法行政机关要建立公职人员涉黑涉恶违法犯罪线索移送制度，对工作中收到、发现的不属于本单位管辖的公职人员涉黑涉恶违法犯罪线索，应当及时移送有管辖权的单位处置。

移送公职人员涉黑涉恶违法犯罪线索，按照以下规定执行：

（1）公安机关、人民检察院、人民法院、司法行政机关在工作中发现公职人员涉黑涉恶违法犯罪中的涉嫌贪污贿赂、失职渎职等职务违法和职务犯罪等应由监察机关管辖的问题线索，应当移送监察机关。

（2）监察机关在信访举报、监督检查、审查调查等工作中发现公职人员涉黑涉恶违法犯罪线索的，应当将其中涉嫌包庇、纵容黑社会性质组织犯罪等由公安

机关管辖的案件线索移送公安机关处理。

(3) 监察机关、公安机关、人民检察院、人民法院、司法行政机关在工作中发现司法工作人员涉嫌利用职权实施的侵犯公民权利、损害司法公正案件线索的,根据有关规定,经沟通后协商确定管辖机关。

12. 监察机关、公安机关、人民检察院接到移送的公职人员涉黑涉恶违法犯罪线索,应当按各自职责及时处置、核查,依法依规作出处理,并做好沟通反馈工作;必要时,可以与相关线索或案件并案处理。

对于重大疑难复杂的公职人员涉黑涉恶违法犯罪案件,监察机关、公安机关、人民检察院可以同步立案、同步查处,根据案件办理需要,相互移送相关证据,加强沟通配合,做到协同推进。

13. 公职人员涉黑涉恶违法犯罪案件中,既涉嫌贪污贿赂、失职渎职等严重职务违法或职务犯罪,又涉嫌公安机关、人民检察院管辖的违法犯罪的,一般应当以监察机关为主调查,公安机关、人民检察院予以协助。监察机关和公安机关、人民检察院分别立案调查(侦查)的,由监察机关协调调查和侦查工作。犯罪行为仅涉及公安机关、人民检察院管辖的,由有关机关依法按照管辖职能进行侦查。

14. 公安机关、人民检察院、人民法院对公职人员涉黑涉恶违法犯罪移送审查起诉、提起公诉、作出裁判,必要时听取监察机关的意见。

15. 公职人员涉黑涉恶违法犯罪案件开庭审理时,人民法院应当通知监察机关派员旁听,也可以通知涉罪公职人员所在单位、部门、行业以及案件涉及的单位、部门、行业等派员旁听。

《最高人民法院、最高人民检察院、公安部、司法部关于办理恶势力刑事案件若干问题的意见》(法发〔2019〕10号,自2019年4月9日起施行)

为认真贯彻落实中央开展扫黑除恶专项斗争的部署要求,正确理解和适用最高人民法院、最高人民检察院、公安部、司法部《关于办理黑恶势力犯罪案件若干问题的指导意见》(法发〔2018〕1号,以下简称《指导意见》),根据刑法、刑事诉讼法及有关司法解释、规范性文件的规定,现对办理恶势力刑事案件若干问题提出如下意见:

一、办理恶势力刑事案件的总体要求

1. 人民法院、人民检察院、公安机关和司法行政机关要深刻认识恶势力违法犯罪的严重社会危害,毫不动摇地坚持依法严惩方针,在侦查、起诉、审判、执行各阶段,运用多种法律手段全面体现依法从严惩处精神,有力震慑恶势力违法犯罪分子,有效打击和预防恶势力违法犯罪。

2. 人民法院、人民检察院、公安机关和司法行政机关要严格坚持依法办案，确保在案件事实清楚、证据确实、充分的基础上，准确认定恶势力和恶势力犯罪集团，坚决防止人为拔高或者降低认定标准。要坚持贯彻落实宽严相济刑事政策，根据犯罪嫌疑人、被告人的主观恶性、人身危险性、在恶势力、恶势力犯罪集团中的地位、作用以及在具体犯罪中的罪责，切实做到宽严有据，罚当其罪，实现政治效果、法律效果和社会效果的统一。

3. 人民法院、人民检察院、公安机关和司法行政机关要充分发挥各自职能，分工负责，互相配合，互相制约，坚持以审判为中心的刑事诉讼制度改革要求，严格执行"三项规程"，不断强化程序意识和证据意识，有效加强法律监督，确保严格执法、公正司法，充分保障当事人、诉讼参与人的各项诉讼权利。

二、恶势力、恶势力犯罪集团的认定标准

4. 恶势力，是指经常纠集在一起，以暴力、威胁或者其他手段，在一定区域或者行业内多次实施违法犯罪活动，为非作恶，欺压百姓，扰乱经济、社会生活秩序，造成较为恶劣的社会影响，但尚未形成黑社会性质组织的违法犯罪组织。①

---

① "尚未形成黑社会性质组织的违法犯罪组织"这一表述，既明确了恶势力与黑社会性质组织间的内在联系，也厘清了恶势力与普通违法犯罪团伙的关系。在认定恶势力时，要深刻理解和准确把握"黑"与"恶"的关系以及恶势力与普通违法犯罪团伙的区别，避免认定扩大化、随意化，确保"打准打实"的原则落到实处。（1）办案时要认真审查违法犯罪活动是否带有"为非作恶，欺压百姓"特征。黑社会性质组织的危害性特征中有"称霸一方"的要求，这实际上不仅勾勒出黑社会性质组织形成的不法状态，同时也反映了黑社会性质组织的总体违法犯罪意图，从而可以清晰地划定黑社会性质组织与恐怖组织、邪教组织等其他犯罪组织的楚河汉界。恶势力的定义中未包含类似的主观方面要求，主要是考虑恶势力尚处于相对松散的低端形态，不宜完全参照黑社会性质组织的认定标准。但是，"恶"与"黑"的演进关系和内在联系，决定了恶势力实施违法犯罪活动一般都会不同程度地带有"形成非法影响、谋求强势地位"的意图，并会通过不断累积的非法影响、日益巩固的强势地位攫取不法利益，壮大自身实力，最终形成对一定区域或者行业的非法控制，完成恶势力向黑社会性质组织的蜕变。在司法实践中，违法犯罪意图往往较为抽象和复杂，不易判断和把握，这就需要根据犯罪嫌疑人、被告人的客观行为，特别是违法犯罪活动的动机、起因、手段等情节来认定。就恶势力"形成非法影响、谋求强势地位"的意图而言，其表征于外的便是实施违法犯罪活动必然带有"为非作恶，欺压百姓"的特征。因此，"为非作恶，欺压百姓"这一特征便成为了区分恶势力和普通共同犯罪团伙的关键标志。所谓"为非作恶，欺压百姓"，从字面上来理解，是指做坏事、施恶行，欺负、压迫群众，办案时要注意全面、准确地把握其含义。首先，"为非作恶"，不仅指行为性质具有不法性，同时也要求行为的动机、目的、起因带有不法性，因婚恋（转下页）

5.单纯为牟取不法经济利益而实施的"黄、赌、毒、盗、抢、骗"等违法犯罪活动,不具有为非作恶、欺压百姓特征的,或者因本人及近亲属的婚恋纠纷、家庭纠纷、邻里纠纷、劳动纠纷、合法债务纠纷而引发以及其他确属事出有因的违法犯罪活动,不应作为恶势力案件处理。

(接上页)纠纷、家庭纠纷、邻里纠纷、劳动纠纷、合法债务纠纷而引发以及其他确属事出有因的违法犯罪活动,就不宜归入"为非作恶"之列。其次,"欺压百姓",要求"为非作恶"的方式、手段带有欺凌、强制、压迫的性质,也就是要利用物理强制或心理强制手段侵害群众权益。因此,暴力、威胁应是恶势力较常采用的违法犯罪活动手段。此处需要说明的是,实践中经常会有这样的案件:恶势力之间互相争斗,违法犯罪活动未伤及无辜群众,是否属于"欺压百姓"?我们认为,"欺压百姓"既包括直接以普通群众为对象实施违法犯罪活动的情形,也包括因逞强争霸、好勇斗狠、树立恶名、抢夺地盘等不法动机实施违法犯罪活动,直接或间接破坏人民群众安全感的情形。这是因为,恶势力处于不断发展过程中,违法犯罪活动对象并不特定,即便在个案中未直接侵害普通群众权益,但其发展壮大后必然会对人民群众的人身权利、财产权利、民主权利形成威胁或造成损害,故对"欺压百姓"不应作狭义理解。(2)办案时要准确区分恶势力与普通违法犯罪团伙。恶势力与普通违法犯罪团伙都具有一定的组织性、稳定性,但二者在有无"为非作恶,欺压百姓"特征、有无"造成较为恶劣的社会影响"等方面存在区别。在具体案件中,可以从以下方面分解细化:一是违法犯罪手段具有特定性。如前所述,"欺压百姓"的特定含义,决定了恶势力实施违法犯罪活动应当以暴力、威胁为主要手段。而普通违法犯罪团伙则没有这方面要求,犯罪手段要根据其具体实施的犯罪行为而定。二是行为方式具有公开性。恶势力实施违法犯罪活动一般都会不同程度地带有"形成非法影响、谋求强势地位"的意图,而且客观上要求"在一定区域或者行业内,造成较为恶劣的社会影响",因此,其实施违法犯罪活动必然具有一定的公开性,也就是通常所说的"横行乡里,肆无忌惮"。而普通共同违法犯罪通常采用较为隐蔽的方式实施,在实现犯罪目的后就设法隐匿踪迹、毁灭痕迹,不会有意制造或者放任形成不法影响。三是危害后果具有多重性。恶势力因为意图"形成非法影响、谋求强势地位",其违法犯罪活动带来的危害往往具有复合性,在侵犯公民人身、财产权利的同时,还会破坏市场经济秩序或者社会管理秩序。而普通违法犯罪团伙一般是出于某种特定的违法犯罪目的而聚集,造成的危害后果通常具有单一性。因此,本规范性文件第五条作出排除性规定,将"单纯为牟取不法经济利益而实施的'黄、赌、毒、盗、抢、骗'等违法犯罪活动,不具有为非作恶、欺压百姓特征的"排除在恶势力案件之外。同时,在《意见》其他条款中也有类似提示,认定恶势力、恶势力犯罪集团时,应杜绝只看"人数""行为次数"和"罪名"的错误倾向。参见朱和庆、周川、李梦龙:《〈关于办理恶势力刑事案件若干问题的意见〉的理解与适用》,载中华人民共和国最高人民法院刑事审判第一、二、三、四、五庭主办:《刑事审判参考(总第123集)》,法律出版社2020年版,第107—109页。

6. 恶势力一般为3人以上，纠集者相对固定。纠集者，是指在恶势力实施的违法犯罪活动中起组织、策划、指挥作用的违法犯罪分子。成员较为固定且符合恶势力其他认定条件，但多次实施违法犯罪活动是由不同的成员组织、策划、指挥，也可以认定为恶势力，有前述行为的成员均可以认定为纠集者。

恶势力的其他成员，是指知道或应当知道与他人经常纠集在一起是为了共同实施违法犯罪，仍按照纠集者的组织、策划、指挥参与违法犯罪活动的违法犯罪分子，包括已有充分证据证明但尚未归案的人员，以及因法定情形不予追究法律责任，或者因参与实施恶势力违法犯罪活动已受到行政或刑事处罚的人员。仅因临时雇佣或被雇佣、利用或被利用以及受蒙蔽参与少量恶势力违法犯罪活动的，一般不应认定为恶势力成员。

7. "经常纠集在一起，以暴力、威胁或者其他手段，在一定区域或者行业内多次实施违法犯罪活动"，是指犯罪嫌疑人、被告人于2年之内，以暴力、威胁或者其他手段，在一定区域或者行业内多次实施违法犯罪活动，且包括纠集者在内，至少应有2名相同的成员多次参与实施违法犯罪活动。对于"纠集在一起"时间明显较短，实施违法犯罪活动刚刚达到"多次"标准，且尚不足以造成较为恶劣影响的，一般不应认定为恶势力。

8. 恶势力实施的违法犯罪活动，主要为强迫交易、故意伤害、非法拘禁、敲诈勒索、故意毁坏财物、聚众斗殴、寻衅滋事，但也包括具有为非作恶、欺压百姓特征，主要以暴力、威胁为手段的其他违法犯罪活动。

恶势力还可能伴随实施开设赌场、组织卖淫、强迫卖淫、贩卖毒品、运输毒品、制造毒品、抢劫、抢夺、聚众扰乱社会秩序、聚众扰乱公共场所秩序、交通秩序以及聚众"打砸抢"等违法犯罪活动，但仅有前述伴随实施的违法犯罪活动，且不能认定具有为非作恶、欺压百姓特征的，一般不应认定为恶势力。

9. 办理恶势力刑事案件，"多次实施违法犯罪活动"至少应包括1次犯罪活动。对于反复实施强迫交易、非法拘禁、敲诈勒索、寻衅滋事等单一性质的违法行为，单次情节、数额尚不构成犯罪，但按照刑法或者有关司法解释、规范性文件的规定累加后应作为犯罪处理的，在认定是否属于"多次实施违法犯罪活动"时，可将已用于累加的违法行为计为1次犯罪活动，其他违法行为单独计算违法活动的次数。

已被处理或者已作为民间纠纷调处，后经查证确属恶势力违法犯罪活动的，均可以作为认定恶势力的事实依据，但不符合法定情形的，不得重新追究法律责任。

10. 认定"扰乱经济、社会生活秩序，造成较为恶劣的社会影响"，应当结合侵害对象及其数量、违法犯罪次数、手段、规模、人身损害后果、经济损失数额、违法所得数额、引起社会秩序混乱的程度以及对人民群众安全感的影响程度等因素综合把握。

11.恶势力犯罪集团,是指符合恶势力全部认定条件,同时又符合犯罪集团法定条件的犯罪组织。

恶势力犯罪集团的首要分子,是指在恶势力犯罪集团中起组织、策划、指挥作用的犯罪分子。恶势力犯罪集团的其他成员,是指知道或者应当知道是为共同实施犯罪而组成的较为固定的犯罪组织,仍接受首要分子领导、管理、指挥,并参与该组织犯罪活动的犯罪分子。

恶势力犯罪集团应当有组织地实施多次犯罪活动,同时还可能伴随实施违法活动。恶势力犯罪集团所实施的违法犯罪活动,参照《指导意见》第十条第二款的规定认定。

12.全部成员或者首要分子、纠集者以及其他重要成员均为未成年人、老年人、残疾人的,认定恶势力、恶势力犯罪集团时应当特别慎重。

三、正确运用宽严相济刑事政策的有关要求

13.对于恶势力的纠集者、恶势力犯罪集团的首要分子、重要成员以及恶势力、恶势力犯罪集团共同犯罪中罪责严重的主犯,要正确运用法律规定加大惩处力度,对依法应当判处重刑或死刑的,坚决判处重刑或死刑。同时要严格掌握取保候审,严格掌握不起诉,严格掌握缓刑、减刑、假释,严格掌握保外就医适用条件,充分利用资格刑、财产刑等法律手段全方位从严惩处。对于符合刑法第三十七条之一规定的,可以依法禁止其从事相关职业。

对于恶势力、恶势力犯罪集团的其他成员,在共同犯罪中罪责相对较小、人身危险性、主观恶性相对不大的,具有自首、立功、坦白、初犯等法定或酌定从宽处罚情节,可以依法从轻、减轻或免除处罚。认罪认罚或者仅参与实施少量的犯罪活动且只起次要、辅助作用,符合缓刑条件的,可以适用缓刑。

14.恶势力犯罪集团的首要分子检举揭发与该犯罪集团及其违法犯罪活动有关联的其他犯罪线索,如果在认定立功的问题上存在事实、证据或法律适用方面的争议,应当严格把握。依法应认定为立功或者重大立功的,在决定是否从宽处罚、如何从宽处罚时,应当根据罪责刑相一致原则从严掌握。可能导致全案量刑明显失衡的,不予从宽处罚。

恶势力犯罪集团的其他成员如果能够配合司法机关查办案件,有提供线索、帮助收集证据或者其他协助行为,并在侦破恶势力犯罪集团案件、查处"保护伞"等方面起到较大作用的,即使依法不能认定立功,一般也应酌情对其从轻处罚。

15.犯罪嫌疑人、被告人同时具有法定、酌定从严和法定、酌定从宽处罚情节的,量刑时要根据所犯具体罪行的严重程度,结合被告人在恶势力、恶势力犯罪集团中的地位、作用、主观恶性、人身危险性等因素整体把握。对于恶势力的纠集者、恶势力犯罪集团的首要分子、重要成员,量刑时要体现总体从严。对于在共同犯罪中罪责相对较小、人身危险性、主观恶性相对不大,且能够真诚认罪悔罪的其他成员,量刑时要体现总体从宽。

16. 恶势力刑事案件的犯罪嫌疑人、被告人自愿如实供述自己的罪行,承认指控的犯罪事实,愿意接受处罚的,可以依法从宽处理,并适用认罪认罚从宽制度。对于犯罪性质恶劣、犯罪手段残忍、社会危害严重的犯罪嫌疑人、被告人,虽然认罪认罚,但不足以从轻处罚的,不适用该制度。

四、办理恶势力刑事案件的其他问题

17. 人民法院、人民检察院、公安机关经审查认为案件符合恶势力认定标准的,应当在起诉意见书、起诉书、判决书、裁定书等法律文书中的案件事实部分明确表述,列明恶势力的纠集者、其他成员、违法犯罪事实以及据以认定的证据;符合恶势力犯罪集团认定标准的,应当在上述法律文书中明确定性,列明首要分子、其他成员、违法犯罪事实以及据以认定的证据,并引用刑法总则关于犯罪集团的相关规定。被告人及其辩护人对恶势力定性提出辩解和辩护意见,人民法院可以在裁判文书中予以评析回应。

恶势力刑事案件的起诉意见书、起诉书、判决书、裁定书等法律文书,可以在案件事实部分先概述恶势力、恶势力犯罪集团的概括事实,再分述具体的恶势力违法犯罪事实。

18. ①.对于公安机关未在起诉意见书中明确认定,人民检察院在审查起诉期间发现构成恶势力或者恶势力犯罪集团,且相关违法犯罪事实已经查清,证据确实、充分,依法应追究刑事责任的,应当作出起诉决定,根据查明的事实向人民法

---

① 起草过程中曾有不同观点,认为恶势力不是独立的罪名,仅属于司法认定的事实和酌定的量刑情节,所以即便人民检察院未在起诉书中指控,人民法院在审判期间发现构成恶势力,可以主动认定;同理,一审判决在认定恶势力存在错误,该定未定的,二审法院可以通过增加认定来予以纠正。经研究认为,产生这一分歧的关键在于对认定恶势力的法律意义应如何定位。根据规定,认定恶势力不仅会导致量刑从重,还会产生其他不利于被告人的法律后果,一是在执行刑罚时,减刑、假释、保外就医等均会被从严掌握,二是认定恶势力后,在适用部分罪名(如敲诈勒索罪)时入罪标准会有相应降低。因此,是否认定恶势力,事实上对被告人实体、程序利益均有重大影响,应当受到不诉不理原则和上诉不加刑原则的限制,故本规范性文件未采纳前述观点。参见朱和庆、周川、李梦龙:《〈关于办理恶势力刑事案件若干问题的意见〉的理解与适用》,载中华人民共和国最高人民法院刑事审判第一、二、三、四、五庭主办:《刑事审判参考(总第123集)》,法律出版社2020年版,第117—118页。

院提起公诉,并在起诉书中明确认定为恶势力或者恶势力犯罪集团。人民检察院认为恶势力相关违法犯罪事实不清、证据不足,或者存在遗漏恶势力违法犯罪事实、遗漏同案犯罪嫌疑人等情形需要补充侦查的,应当提出具体的书面意见,连同案卷材料一并退回公安机关补充侦查;人民检察院也可以自行侦查,必要时可以要求公安机关提供协助。

对于人民检察院未在起诉书中明确认定,人民法院在审判期间发现构成恶势力或恶势力犯罪集团的,可以建议人民检察院补充或者变更起诉;人民检察院不同意或者在七日内未回复意见的,人民法院不应主动认定,可仅就起诉指控的犯罪事实依照相关规定作出判决、裁定。

审理被告人或者被告人的法定代理人、辩护人、近亲属上诉的案件时,一审判决认定黑社会性质组织有误的,二审法院应当纠正,符合恶势力、恶势力犯罪集团认定标准,应当作出相应认定;一审判决认定恶势力或恶势力犯罪集团有误的,应当纠正,但不得升格认定;一审判决未认定恶势力或恶势力犯罪集团的,不得增加认定。

19. 公安机关、人民检察院、人民法院应当分别以起诉意见书、起诉书、裁判文书所明确的恶势力、恶势力犯罪集团,作为相关数据的统计依据。

20. 本意见自2019年4月9日起施行。

《最高人民法院、最高人民检察院、公安部、司法部关于办理"套路贷"刑事案件若干问题的意见》(法发〔2019〕11号,自2019年4月9日起施行)

为持续深入开展扫黑除恶专项斗争,准确甄别和依法严厉惩处"套路贷"违法犯罪分子,根据刑法、刑事诉讼法、有关司法解释以及最高人民法院、最高人民检察院、公安部、司法部《关于办理黑恶势力犯罪案件若干问题的指导意见》等规范性文件的规定,现对办理"套路贷"刑事案件若干问题提出如下意见:

一、准确把握"套路贷"与民间借贷的区别

1. "套路贷",是对以非法占有为目的,假借民间借贷之名,诱使或迫使被害人签订"借贷"或变相"借贷""抵押""担保"等相关协议,通过虚增借贷金额、恶意制造违约、肆意认定违约、毁匿还款证据等方式形成虚假债权债务,并借助诉讼、仲裁、公证或者采用暴力、威胁以及其他手段非法占有被害人财物的相关违法犯罪活动的概括性称谓。①

---

① "套路贷"的概念主要包括以下三个方面:(1)行为目的非法性,即犯罪分子是以非法占有被害人财物为目的实施"套路贷"。明确非法占有目的,既是为了从主观方面将"套路贷"与民间借贷区分开来,也是为了在具体犯罪中区分此罪与彼罪。(2)债权(转下页)

2."套路贷"与平等主体之间基于意思自治而形成的民事借贷关系存在本质区别,民间借贷的出借人是为了到期按照协议约定的内容收回本金并获取利息,不具有非法占有他人财物的目的,也不会在签订、履行借贷协议过程中实施虚增借贷金额、制造虚假给付痕迹、恶意制造违约、肆意认定违约、毁匿还款证据等行为。

司法实践中,应当注意非法讨债引发的案件与"套路贷"案件的区别,犯罪嫌疑人、被告人不具有非法占有目的,也未使用"套路"与借款人形成虚假债权债务,不应视为"套路贷"。因使用暴力、威胁以及其他手段强行索债构成犯罪的,应当根据具体案件事实定罪处罚。

3①实践中,"套路贷"的常见犯罪手法和步骤包括但不限于以下情形:

(1)制造民间借贷假象。犯罪嫌疑人、被告人往往以"小额贷款公司""投资公司""咨询公司""担保公司""网络借贷平台"等名义对外宣传,以低息、无抵

(接上页)债务虚假性,即犯罪分子假借民间借贷之名,通过使用"套路",诱使或迫使被害人签订"借贷"或变相"借贷""抵押""担保"等相关协议,进而通过虚增借贷金额、恶意制造违约、肆意认定违约等方式形成虚假债权债务。对于犯罪分子来说,"借贷"是假,侵犯被害人的财产权利是真,"借贷"仅是一个虚假表象。(3)"讨债"手段多样性,即在被害人未按照要求交付财物时,"套路贷"犯罪分子会借助诉讼、仲裁、公证或者采用暴力、威胁以及其他手段向被害人强行"讨债",以此实现对被害人财物的非法占有。其中,"套路贷"犯罪分子借助公证,既有可能是为之后以虚假事实提起诉讼或者仲裁准备证据,也有可能是利用民事诉讼法中公证债权文书执行的相关规定,直接申请强制执行案涉"公证债权文书",非法占有被害人财物。参见朱和庆、周川、李梦龙:《〈关于办理"套路贷"刑事案件若干问题的意见〉的理解与适用》,载中华人民共和国最高人民法院刑事审判第一、二、三、四、五庭主办:《刑事审判参考(总第123集)》,法律出版社2020年版,第125—126页。

① 实践中应当注意把握以下几个方面:(1)列举五类常见犯罪手法和步骤是为了回应实践需要。蔓延发展迅速和地区间发案不均衡,是当前"套路贷"犯罪呈现的两个特征。在"套路贷"犯罪出现较早的地区,当地政法机关已经接触了不少"套路贷"刑事案件,对"套路贷"犯罪已经有了一定认识,积累了一定的办案经验。而有些地方的政法机关由于尚未接触或刚刚开始接触"套路贷"刑事案件,对"套路贷"犯罪尚缺乏足够的认识,但却同样面临严防严惩"套路贷"犯罪的紧要任务。列举五类常见的犯罪手法和步骤,就是为了帮助办案一线直观认识"套路贷"犯罪,进而有效甄别、打击。(2)在具体的"套路贷"犯罪中,五类犯罪手法和步骤并不必然全部出现。实践中,"套路贷"犯罪在犯罪手法的具体选择上多种多样,可能多种犯罪手法并用,通过多个犯罪步骤实现对被害人财产的非法占有,也可能仅采用少量犯罪手法就达成了犯罪目的。因此,不能认为全(转下页)

押、无担保、快速放款等为诱饵吸引被害人借款，继而以"保证金""行规"等虚假理由诱使被害人基于错误认识签订金额虚高的"借贷"协议或相关协议。有的犯罪嫌疑人、被告人还会以被害人先前借贷违约等理由，迫使对方签订金额虚高的"借贷"协议或相关协议。

（2）制造资金走账流水等虚假给付事实。犯罪嫌疑人、被告人按照虚高的"借贷"协议金额将资金转入被害人账户，制造已将全部借款交付被害人的银行流水痕迹，随后便采取各种手段将其中全部或者部分资金收回，被害人实际上并未得到或者完全取得"借贷"协议、银行流水上显示的钱款。

（3）故意制造违约或者肆意认定违约。犯罪嫌疑人、被告人往往会以设置违约陷阱、制造还款障碍等方式，故意造成被害人违约，或者通过肆意认定违约，强行要求被害人偿还虚假债务。

（4）恶意垒高借款金额。当被害人无力偿还时，有的犯罪嫌疑人、被告人会安排其所属公司或者指定的关联公司、关联人员为被害人偿还"借款"，继而与被害人签订金额更大的虚高"借贷"协议或相关协议，通过这种"转单平账""以贷还贷"的方式不断垒高"债务"。

（5）软硬兼施"索债"。在被害人未偿还虚高"借款"的情况下，犯罪嫌疑人、被告人借助诉讼、仲裁、公证或者采用暴力、威胁以及其他手段向被害人或者被害人的特定关系人索取"债务"。

二、依法严惩"套路贷"犯罪

4.实施"套路贷"过程中，未采用明显的暴力或者威胁手段，其行为特征从整体上表现为以非法占有为目的，通过虚构事实、隐瞒真相骗取被害人财物的，一般以诈骗罪定罪处罚；对于在实施"套路贷"过程中多种手段并用，构成诈骗、敲诈勒索、非法拘禁、虚假诉讼、寻衅滋事、强迫交易、抢劫、绑架等多种犯罪的，应当根据具体案件事实，区分不同情况，依照刑法及有关司法解释的规定数罪并罚或者择一重处。

(接上页)部具备所列举的五类犯罪手法和步骤才是"套路贷"犯罪。（3）"套路贷"犯罪的犯罪手法和步骤不局限于所列举的范围。实践中，"套路贷"犯罪的表现形式千差万别，且为了逃避打击，继续攫取不法利益，不断转型变化、花样翻新，在认定"套路贷"犯罪时还是应当着重根据其假借民间借贷之名行非法占有之实的主要特征来甄别判断。参见朱和庆、周川、李梦龙：《〈关于办理"套路贷"刑事案件若干问题的意见〉的理解与适用》，载中华人民共和国最高人民法院刑事审判第一、二、三、四、五庭主办：《刑事审判参考（总第123集）》，法律出版社2020年版，第127页。

5. 多人共同实施"套路贷"犯罪，犯罪嫌疑人、被告人在所参与的犯罪中起主要作用的，应当认定为主犯，对其参与或组织、指挥的全部犯罪承担刑事责任；起次要或辅助作用的，应当认定为从犯。

明知他人实施"套路贷"犯罪，具有以下情形之一的，以相关犯罪的共犯论处，但刑法和司法解释等另有规定的除外：

(1) 组织发送"贷款"信息、广告，吸引、介绍被害人"借款"的；
(2) 提供资金、场所、银行卡、账号、交通工具等帮助的；
(3) 出售、提供、帮助获取公民个人信息的；
(4) 协助制造走账记录等虚假给付事实的；
(5) 协助办理公证的；
(6) 协助以虚假事实提起诉讼或者仲裁的；
(7) 协助套现、取现、办理动产或不动产过户等，转移犯罪所得及其产生的收益的；
(8) 其他符合共同犯罪规定的情形。

上述规定中的"明知他人实施'套路贷'犯罪"，应当结合行为人的认知能力、既往经历、行为次数和手段、与同案人、被害人的关系、获利情况、是否曾因"套路贷"受过处罚、是否故意规避查处等主客观因素综合分析认定。

6. 在认定"套路贷"犯罪数额时，应当与民间借贷相区别，从整体上予以否定性评价，"虚高债务"和以"利息""保证金""中介费""服务费""违约金"等名目被犯罪嫌疑人、被告人非法占有的财物，均应计入犯罪数额。

犯罪嫌疑人、被告人实际给付被害人的本金数额，不计入犯罪数额。

已经着手实施"套路贷"，但因意志以外原因未得逞的，可以根据相关罪名所涉及的刑法、司法解释规定，按照已着手非法占有的财物数额认定犯罪未遂。既有既遂，又有未遂，犯罪既遂部分与未遂部分分别对应不同法定刑幅度的，应当先决定对未遂部分是否减轻处罚，确定未遂部分对应的法定刑幅度，再与既遂部分对应的法定刑幅度进行比较，选择处罚较重的法定刑幅度，并酌情从重处罚；二者在同一量刑幅度的，以犯罪既遂酌情从重处罚。

7. 犯罪嫌疑人、被告人实施"套路贷"违法所得的一切财物，应当予以追缴或者责令退赔；对被害人的合法财产，应当及时返还。有证据证明是犯罪嫌疑人、被告人为实施"套路贷"而交付给被害人的本金，赔偿被害人损失后如有剩余，应依法予以没收。

犯罪嫌疑人、被告人已将违法所得的财物用于清偿债务、转让或者设置其他权利负担，具有下列情形之一的，应当依法追缴：

(1) 第三人明知是违法所得财物而接受的；
(2) 第三人无偿取得或者以明显低于市场的价格取得违法所得财物的；
(3) 第三人通过非法债务清偿或者违法犯罪活动取得违法所得财物的；
(4) 其他应当依法追缴的情形。

8. 以老年人、未成年人、在校学生、丧失劳动能力的人为对象实施"套路贷"，或者因实施"套路贷"造成被害人或其特定关系人自杀、死亡、精神失常，为偿还"债务"而实施犯罪活动的，除刑法、司法解释另有规定的外，应当酌情从重处罚。

在坚持依法从严惩处的同时，对于认罪认罚、积极退赃、真诚悔罪或者具有其他法定、酌定从轻处罚情节的被告人，可以依法从宽处罚。

9. 对于"套路贷"犯罪分子，应当根据其所触犯的具体罪名，依法加大财产刑适用力度。符合刑法第三十七条之一规定的，可以依法禁止从事相关职业。

10. 三人以上为实施"套路贷"而组成的较为固定的犯罪组织，应当认定为犯罪集团。对首要分子应按照集团所犯全部罪行处罚。

符合黑恶势力认定标准的，应当按照黑社会性质组织、恶势力或者恶势力犯罪集团侦查、起诉、审判。

三、依法确定"套路贷"刑事案件管辖

11. "套路贷"犯罪案件一般由犯罪地公安机关侦查，如果由犯罪嫌疑人居住地公安机关立案侦查更为适宜的，可以由犯罪嫌疑人居住地公安机关立案侦查。犯罪地包括犯罪行为发生地和犯罪结果发生地。

"犯罪行为发生地"包括为实施"套路贷"所设立的公司所在地、"借贷"协议或相关协议签订地、非法讨债行为实施地、为实施"套路贷"而进行诉讼、仲裁、公证的受案法院、仲裁委员会、公证机构所在地，以及"套路贷"行为的预备地、开始地、途经地、结束地等。

"犯罪结果发生地"包括违法所得财物的支付地、实际取得地、藏匿地、转移地、使用地、销售地等。

除犯罪地、犯罪嫌疑人居住地外，其他地方公安机关对于公民扭送、报案、控告、举报或者犯罪嫌疑人自首的"套路贷"犯罪案件，都应当立即受理，经审查认为有犯罪事实的，移送有管辖权的公安机关处理。

黑恶势力实施的"套路贷"犯罪案件，由侦办黑社会性质组织、恶势力或者恶势力犯罪集团案件的公安机关进行侦查。

12. 具有下列情形之一的，有关公安机关可以在其职责范围内并案侦查：
(1) 一人犯数罪的；

(2)共同犯罪的;

(3)共同犯罪的犯罪嫌疑人还实施其他犯罪的;

(4)多个犯罪嫌疑人实施的犯罪存在直接关联,并案处理有利于查明案件事实的。

13.本意见自2019年4月9日起施行。

《最高人民法院、最高人民检察院、公安部、司法部关于办理实施"软暴力"的刑事案件若干问题的意见》(法发〔2019〕15号,自2019年4月9日起施行)

为深入贯彻落实中央关于开展扫黑除恶专项斗争的决策部署,正确理解和适用最高人民法院、最高人民检察院、公安部、司法部《关于办理黑恶势力犯罪案件若干问题的指导意见》(法发〔2018〕1号,以下简称《指导意见》)关于对依法惩处采用"软暴力"实施犯罪的规定,依法办理相关犯罪案件,根据《刑法》《刑事诉讼法》及有关司法解释、规范性文件,提出如下意见:

一、"软暴力"是指行为人为谋取不法利益或形成非法影响,对他人或者在有关场所进行滋扰、纠缠、哄闹、聚众造势等,足以使他人产生恐惧、恐慌进而形成心理强制,或者足以影响、限制人身自由、危及人身财产安全,影响正常生活、工作、生产、经营的违法犯罪手段。

二、"软暴力"违法犯罪手段通常的表现形式有:

(一)侵犯人身权利、民主权利、财产权利的手段,包括但不限于跟踪贴靠、扬言传播疾病、揭发隐私、恶意举报、诬告陷害、破坏、霸占财物等;

(二)扰乱正常生活、工作、生产、经营秩序的手段,包括但不限于非法侵入他人住宅、破坏生活设施、设置生活障碍、贴报喷字、拉挂横幅、燃放鞭炮、播放哀乐、摆放花圈、泼洒污物、断水断电、堵门阻工,以及通过驱赶从业人员、派驻人员据守等方式直接或间接地控制厂房、办公区、经营场所等;

(三)扰乱社会秩序的手段,包括但不限于摆场架势示威、聚众哄闹滋扰、拦路闹事等;

(四)其他符合本意见第一条规定的"软暴力"手段。

通过信息网络或者通讯工具实施,符合本意见第一条规定的违法犯罪手段,应当认定为"软暴力"。

三、行为人实施"软暴力",具有下列情形之一,可以认定为足以使他人产生恐惧、恐慌进而形成心理强制或者足以影响、限制人身自由、危及人身财产安全或者影响正常生活、工作、生产、经营:

(一)黑恶势力实施的;

(二)以黑恶势力名义实施的;

（三）曾因组织、领导、参加黑社会性质组织、恶势力犯罪集团、恶势力以及因强迫交易、非法拘禁、敲诈勒索、聚众斗殴、寻衅滋事等犯罪受过刑事处罚后又实施的；

（四）携带凶器实施的；

（五）有组织地实施的或者足以使他人认为暴力、威胁具有现实可能性的；

（六）其他足以使他人产生恐惧、恐慌进而形成心理强制或者足以影响、限制人身自由、危及人身财产安全或者影响正常生活、工作、生产、经营的情形。

由多人实施的，编造或明示暴力违法犯罪经历进行恐吓，或者以自报组织、头目名号、统一着装、显露纹身、特殊标识以及其他明示、暗示方式，足以使他人感知相关行为的有组织性的，应当认定为"以黑恶势力名义实施"。

由多人实施的，只要有部分行为人符合本条第一款第(一)项至第(四)项所列情形的，该项即成立。

虽然具体实施"软暴力"的行为人不符合本条第一款第(一)项、第(三)项所列情形，但雇佣者、指使者或者纠集者符合的，该项成立。

四、"软暴力"手段属于《刑法》第二百九十四条第五款第(三)项"黑社会性质组织行为特征"以及《指导意见》第14条"恶势力"概念中的"其他手段"。

五、采用"软暴力"手段，使他人产生心理恐惧或者形成心理强制，分别属于《刑法》第二百二十六条规定的"威胁"、《刑法》第二百九十三条第一款第(二)项规定的"恐吓"，同时符合其他犯罪构成要件的，应当分别以强迫交易罪、寻衅滋事罪定罪处罚。

《关于办理寻衅滋事刑事案件适用法律若干问题的解释》第二条至第四条中的"多次"一般应当理解为二年内实施寻衅滋事行为三次以上。三次以上寻衅滋事行为既包括同一类别的行为，也包括不同类别的行为；既包括未受行政处罚的行为，也包括已受行政处罚的行为。①

六、有组织地多次短时间非法拘禁他人的，应当认定为《刑法》第二百三十八条规定的"以其他方法非法剥夺他人人身自由"。非法拘禁他人三次以上、

---

① 本条规定似应视为对"多次"所作的特殊规定，可以对不同类别的行为予以组合，且包括受过处罚的行为。对此，似不宜推广至其他领域寻衅滋事罪的认定。例如，《最高人民法院、最高人民检察院、公安部、司法部关于办理黑恶势力犯罪案件若干问题的指导意见》（法发〔2018〕1号，节录）第十七条规定："《关于办理寻衅滋事刑事案件适用法律若干问题的解释》第二条至第四条中的'多次'一般应当理解为二年内实施寻衅滋事行为三次以上。二年内多次实施不同种类寻衅滋事行为的，应当追究刑事责任。"——本评注注

每次持续时间在四小时以上,或者非法拘禁他人累计时间在十二小时以上的,应当以非法拘禁罪定罪处罚。

七、以"软暴力"手段非法进入或者滞留他人住宅的,应当认定为《刑法》第二百四十五条规定的"非法侵入他人住宅",同时符合其他犯罪构成要件的,应当以非法侵入住宅罪定罪处罚。

八、以非法占有为目的,采用"软暴力"手段强行索取公私财物,同时符合《刑法》第二百七十四条规定的其他犯罪构成要件的,应当以敲诈勒索罪定罪处罚。

《关于办理敲诈勒索刑事案件适用法律若干问题的解释》第三条中"二年内敲诈勒索三次以上",包括已受行政处罚的行为。

九、采用"软暴力"手段,同时构成两种以上犯罪的,依法按照处罚较重的犯罪定罪处罚,法律另有规定的除外。

十、根据本意见第五条、第八条规定,对已受行政处罚的行为追究刑事责任的,行为人先前所受的行政拘留处罚应当折抵刑期,罚款应当抵扣罚金。

十一、雇佣、指使他人采用"软暴力"手段强迫交易、敲诈勒索,构成强迫交易罪、敲诈勒索罪的,对雇佣者、指使者,一般应当以共同犯罪中的主犯论处。

为强索不受法律保护的债务或者因其他非法目的,雇佣、指使他人采用"软暴力"手段非法剥夺他人人身自由构成非法拘禁罪,或者非法侵入他人住宅、寻衅滋事,构成非法侵入住宅罪、寻衅滋事罪的,对雇佣者、指使者,一般应当以共同犯罪中的主犯论处;因本人及近亲属合法债务、婚恋、家庭、邻里纠纷等民间矛盾而雇佣、指使,没有造成严重后果的,一般不作为犯罪处理,但经有关部门批评制止或者处理处罚后仍继续实施的除外。

十二、本意见自2019年4月9日起施行。

《最高人民法院、最高人民检察院、公安部、司法部关于办理黑恶势力刑事案件中财产处置若干问题的意见》(高检发〔2019〕6号,自2019年4月9日起施行)

为认真贯彻中央关于开展扫黑除恶专项斗争的重大决策部署,彻底铲除黑恶势力犯罪的经济基础,根据刑法、刑事诉讼法及最高人民法院、最高人民检察院、公安部、司法部《关于办理黑恶势力犯罪案件若干问题的指导意见》(法发〔2018〕1号)等规定,现对办理黑恶势力刑事案件中财产处置若干问题提出如下意见:

一、总体工作要求

1.公安机关、人民检察院、人民法院在办理黑恶势力犯罪案件时,在查明黑恶势力组织违法犯罪事实并对黑恶势力成员依法定罪量刑的同时,要全面调查黑恶势力组织及其成员的财产状况,依法对涉案财产采取查询、查封、扣押、冻结等措施,并根据查明的情况,依法作出处理。

前款所称处理既包括对涉案财产中犯罪分子违法所得、违禁品、供犯罪所用的本人财物以及其他等值财产等依法追缴、没收,也包括对被害人的合法财产等依法返还。

2. 对涉案财产采取措施,应当严格依照法定条件和程序进行。严禁在立案之前查封、扣押、冻结财物。凡查封、扣押、冻结的财物,都应当及时进行审查,防止因程序违法、工作瑕疵等影响案件审理以及涉案财产处置。

3. 对涉案财产采取措施,应当为犯罪嫌疑人、被告人及其所扶养的亲属保留必需的生活费用和物品。

根据案件具体情况,在保证诉讼活动正常进行的同时,可以允许有关人员继续合理使用有关涉案财产,并采取必要的保值保管措施,以减少案件办理对正常办公和合法生产经营的影响。

4. 要彻底摧毁黑社会性质组织的经济基础,防止其死灰复燃。对于组织者、领导者一般应当并处没收个人全部财产。对于确属骨干成员或者为该组织转移、隐匿资产的积极参加者,可以并处没收个人全部财产。对于其他组织成员,应当根据所参与实施违法犯罪活动的次数、性质、地位、作用、违法所得数额以及造成损失的数额等情节,依法决定财产刑的适用。

5. 要深挖细查并依法打击黑恶势力组织进行的洗钱以及掩饰、隐瞒犯罪所得、犯罪所得收益等转变涉案财产性质的关联犯罪。

二、依法采取措施全面收集证据

6. 公安机关侦查期间,要根据《公安机关办理刑事案件适用查封、冻结措施相关规定》(公通字〔2013〕30号)等有关规定,会同有关部门全面调查黑恶势力及其成员的财产状况,并可以根据诉讼需要,先行依法对下列财产采取查询、查封、扣押、冻结等措施:

(1)黑恶势力组织的财产;

(2)犯罪嫌疑人个人所有的财产;

(3)犯罪嫌疑人实际控制的财产;

(4)犯罪嫌疑人出资购买的财产;

(5)犯罪嫌疑人转移至他人名下的财产;

(6)犯罪嫌疑人涉嫌洗钱以及掩饰、隐瞒犯罪所得、犯罪所得收益等犯罪涉及的财产;

(7)其他与黑恶势力组织及其违法犯罪活动有关的财产。

7. 查封、扣押、冻结已登记的不动产、特定动产及其他财产,应当通知有关登记机关,在查封、扣押、冻结期间禁止被查封、扣押、冻结的财产流转,不得办理被查封、扣押、冻结财产权属变更、抵押等手续。必要时可以提取有关产权证照。

8. 公安机关对于采取措施的涉案财产,应当全面收集证明其来源、性质、用途、权属及价值的有关证据,审查判断是否应当依法追缴、没收。

证明涉案财产来源、性质、用途、权属及价值的有关证据一般包括:
(1)犯罪嫌疑人、被告人关于财产来源、性质、用途、权属、价值的供述;
(2)被害人、证人关于财产来源、性质、用途、权属、价值的陈述、证言;
(3)财产购买凭证、银行往来凭证、资金注入凭证、权属证明等书证;
(4)财产价格鉴定、评估意见;
(5)可以证明财产来源、性质、用途、权属、价值的其他证据。

9. 公安机关对应当依法追缴、没收的财产中黑恶势力组织及其成员聚敛的财产及其孳息、收益的数额,可以委托专门机构评估;确实无法准确计算的,可以根据有关法律规定及查明的事实、证据合理估算。

人民检察院、人民法院对于公安机关委托评估、估算的数额有不同意见的,可以重新委托评估、估算。

10. 人民检察院、人民法院根据案件诉讼的需要,可以依法采取上述相关措施。

三、准确处置涉案财产

11. 公安机关、人民检察院应当加强对在案财产审查甄别。在移送审查起诉、提起公诉时,一般应当对采取措施的涉案财产提出处理意见建议,并将采取措施的涉案财产及其清单随案移送。

人民检察院经审查,除对随案移送的涉案财产提出处理意见外,还需要对继续追缴的尚未被足额查封、扣押的其他违法所得提出处理意见建议。

涉案财产不宜随案移送的,应当按照相关法律、司法解释的规定,提供相应的清单、照片、录像、封存手续、存放地点说明、鉴定、评估意见、变价处理凭证等材料。

12. 对于不宜查封、扣押、冻结的经营性财产,公安机关、人民检察院、人民法院可以申请当地政府指定有关部门或者委托有关机构代管或者托管。

对易损毁、灭失、变质等不宜长期保存的物品,易贬值的汽车、船艇等物品,或者市场价格波动大的债券、股票、基金等财产,有效期即将届满的汇票、本票、支票等,经权利人同意或者申请,并经县级以上公安机关、人民检察院或者人民法院主要负责人批准,可以依法出售、变现或者先行变卖、拍卖,所得价款由扣押、冻结机关保管,并及时告知当事人或者其近亲属。

13. 人民检察院在法庭审理时应当对证明黑恶势力犯罪涉案财产情况进行举证质证,对于既能证明具体个罪又能证明经济特征的涉案财产情况相关证据在具体个罪中出示后,在经济特征中可以简要说明,不再重复出示。

14.人民法院作出的判决,除应当对随案移送的涉案财产作出处理外,还应当在判决书中写明需要继续追缴尚未被足额查封、扣押的其他违法所得;对随案移送财产进行处理时,应当列明相关财产的具体名称、数量、金额、处置情况等。涉案财产或者有关当事人人数较多,不宜在判决书正文中详细列明的,可以概括叙述并另附清单。

15.涉案财产符合下列情形之一的,应当依法追缴、没收:

(1)黑恶势力组织及其成员通过违法犯罪活动或者其他不正当手段聚敛的财产及其孳息、收益;

(2)黑恶势力组织成员通过个人实施违法犯罪活动聚敛的财产及其孳息、收益;

(3)其他单位、组织、个人为支持该黑恶势力组织活动资助或者主动提供的财产;

(4)黑恶势力组织及其成员通过合法的生产、经营活动获取的财产或者组织成员个人、家庭合法财产中,实际用于支持该组织活动的部分;

(5)黑恶势力组织成员非法持有的违禁品以及供犯罪所用的本人财物;

(6)其他单位、组织、个人利用黑恶势力组织及其成员违法犯罪活动获取的财产及其孳息、收益;

(7)其他应当追缴、没收的财产。

16.应当追缴、没收的财产已用于清偿债务或者转让、或者设置其他权利负担,具有下列情形之一的,应当依法追缴:

(1)第三人明知是违法犯罪所得而接受的;

(2)第三人无偿或者以明显低于市场的价格取得涉案财物的;

(3)第三人通过非法债务清偿或者违法犯罪活动取得涉案财物的;

(4)第三人通过其他方式恶意取得涉案财物的。

17.涉案财产符合下列情形之一的,应当依法返还:

(1)有证据证明确属被害人合法财产的;

(2)有证据证明确与黑恶势力及其违法犯罪活动无关。

18.有关违法犯罪事实查证属实后,对于有证据证明权属明确且无争议的被害人、善意第三人或者其他人员合法财产及其孳息,凡返还不损害其他利害关系人的利益,不影响案件正常办理的,应当在登记、拍照或者录像后,依法及时返还。

四、依法追缴、没收其他等值财产

19.有证据证明依法应当追缴、没收的涉案财产无法找到、被他人善意取得、价值灭失或者与其他合法财产混合且不可分割的,可以追缴、没收其他等值财产。

对于证明前款各种情形的证据,公安机关或者人民检察院应当及时调取。

20. 本意见第 19 条所称"财产无法找到",是指有证据证明存在依法应当追缴、没收的财产,但无法查证财产去向、下落的。被告人有不同意见的,应当出示相关证据。

21. 追缴、没收的其他等值财产的数额,应当与无法直接追缴、没收的具体财产的数额相对应。

五、其他

22. 本意见所称孳息,包括天然孳息和法定孳息。

本意见所称收益,包括但不限于以下情形:

(1) 聚敛、获取的财产直接产生的收益,如使用聚敛、获取的财产购买彩票中奖所得收益等;

(2) 聚敛、获取的财产用于违法犯罪活动产生的收益,如使用聚敛、获取的财产赌博赢利所得收益、非法放贷所得收益、购买并贩卖毒品所得收益等;

(3) 聚敛、获取的财产投资、置业形成的财产及其收益;

(4) 聚敛、获取的财产和其他合法财产共同投资或者置业形成的财产中,与聚敛、获取的财产对应的份额及其收益;

(5) 应当认定为收益的其他情形。

23. 本意见未规定的黑恶势力刑事案件财产处置工作其他事宜,根据相关法律法规、司法解释等规定办理。

24. 本意见自 2019 年 4 月 9 日起施行。

《最高人民法院、最高人民检察院、公安部、司法部关于办理非法放贷刑事案件若干问题的意见》(法发〔2019〕24 号)第七条对黑恶势力非法放贷案件的处理作了规定。(→参见第二百二十五条评注部分,第 1037 页)

《最高人民法院、最高人民检察院、公安部、司法部关于办理利用信息网络实施黑恶势力犯罪刑事案件若干问题的意见》(法发〔2019〕28 号,自 2019 年 10 月 21 日起施行)

为认真贯彻中央关于开展扫黑除恶专项斗争的部署要求,正确理解和适用最高人民法院、最高人民检察院、公安部、司法部《关于办理黑恶势力犯罪案件若干问题的指导意见》(法发〔2018〕1 号,以下简称《指导意见》),根据刑法、刑事诉讼法、网络安全法及有关司法解释、规范性文件的规定,现对办理利用信息网络实施黑恶势力犯罪案件若干问题提出以下意见:

一、总体要求

1. 各级人民法院、人民检察院、公安机关及司法行政机关应当统一执法思想、提高执法效能，坚持"打早打小"，坚决依法严厉惩处利用信息网络实施的黑恶势力犯罪，有效维护网络安全和经济、社会生活秩序。

2. 各级人民法院、人民检察院、公安机关及司法行政机关应当正确运用法律，严格依法办案，坚持"打准打实"，认真贯彻落实宽严相济刑事政策，切实做到宽严有据、罚当其罪，实现政治效果、法律效果和社会效果的统一。

3. 各级人民法院、人民检察院、公安机关及司法行政机关应当分工负责，互相配合、互相制约，切实加强与相关行政管理部门的协作，健全完善风险防控机制，积极营造线上线下社会综合治理新格局。

二、依法严惩利用信息网络实施的黑恶势力犯罪

4. 对通过发布、删除负面或虚假信息，发送侮辱性信息、图片，以及利用信息、电话骚扰等方式，威胁、要挟、恐吓、滋扰他人，实施黑恶势力违法犯罪的，应当准确认定，依法严惩。

5. 利用信息网络威胁他人，强迫交易，情节严重的，依照刑法第二百二十六条的规定，以强迫交易罪定罪处罚。

6. 利用信息网络威胁、要挟他人，索取公私财物，数额较大，或者多次实施上述行为的，依照刑法第二百七十四条的规定，以敲诈勒索罪定罪处罚。

7. 利用信息网络辱骂、恐吓他人，情节恶劣，破坏社会秩序的，依照刑法第二百九十三条第一款第二项的规定，以寻衅滋事罪定罪处罚。

编造虚假信息，或者明知是编造的虚假信息，在信息网络上散布，或者组织、指使人员在信息网络上散布，起哄闹事，造成公共秩序严重混乱的，依照刑法第二百九十三条第一款第四项的规定，以寻衅滋事罪定罪处罚。

8. 侦办利用信息网络实施的强迫交易、敲诈勒索等非法敛财类案件，确因被害人人数众多等客观条件的限制，无法逐一收集被害人陈述的，可以结合已收集的被害人陈述，以及经查证属实的银行账户交易记录、第三方支付结算账户交易记录、通话记录、电子数据等证据，综合认定被害人人数以及涉案资金数额等。

三、准确认定利用信息网络实施犯罪的黑恶势力

9. 利用信息网络实施违法犯罪活动，符合刑法、《指导意见》以及最高人民法院、最高人民检察院、公安部、司法部《关于办理恶势力刑事案件若干问题的意见》等规定的恶势力、恶势力犯罪集团、黑社会性质组织特征和认定标准的，应当依法认定为恶势力、恶势力犯罪集团、黑社会性质组织。

认定利用信息网络实施违法犯罪活动的黑社会性质组织时，应当依照刑法第

二百九十四条第五款规定的"四个特征"进行综合审查判断，分析"四个特征"相互间的内在联系，根据在网络空间和现实社会中实施违法犯罪活动对公民人身、财产、民主权利和经济、社会生活秩序所造成的危害，准确评价，依法予以认定。

10. 认定利用信息网络实施违法犯罪的黑恶势力组织特征，要从违法犯罪的起因、目的，以及组织、策划、指挥、参与人员是否相对固定，组织形成后是否持续进行犯罪活动、是否有明确的职责分工、行为规范、利益分配机制等方面综合判断。利用信息网络实施违法犯罪的黑恶势力组织成员之间一般通过即时通讯工具、通讯群组、电子邮件、网盘等信息网络方式联络，对部分组织成员通过信息网络方式联络实施黑恶势力违法犯罪活动，即使相互未见面、彼此不熟识，不影响对组织特征的认定。

11. 利用信息网络有组织地通过实施违法犯罪活动或者其他手段获取一定数量的经济利益，用于违法犯罪活动或者支持该组织生存、发展的，应当认定为符合刑法第二百九十四条第五款第二项规定的黑社会性质组织经济特征。

12. 通过线上线下相结合的方式，有组织地多次利用信息网络实施违法犯罪活动，侵犯不特定多人的人身权利、民主权利、财产权利，破坏经济秩序、社会秩序的，应当认定为符合刑法第二百九十四条第五款第三项规定的黑社会性质组织行为特征。单纯通过线上方式实施的违法犯罪活动，且不具有为非作恶、欺压残害群众特征的，一般不应作为黑社会性质组织行为特征的认定依据。

13. 对利用信息网络实施黑恶势力犯罪非法控制和影响的"一定区域或者行业"，应当结合危害行为发生地或者危害行业的相对集中程度，以及犯罪嫌疑人、被告人在网络空间和现实社会中的控制和影响程度综合判断。虽然危害行为发生地、危害的行业比较分散，但涉案犯罪组织利用信息网络多次实施强迫交易、寻衅滋事、敲诈勒索等违法犯罪活动，在网络空间和现实社会造成重大影响，严重破坏经济、社会生活秩序的，应当认定为"在一定区域或者行业内，形成非法控制或者重大影响"。

四、利用信息网络实施黑恶势力犯罪案件管辖

14. 利用信息网络实施的黑恶势力犯罪案件管辖依照《关于办理黑社会性质组织犯罪案件若干问题的规定》和《关于办理网络犯罪案件适用刑事诉讼程序若干问题的意见》的有关规定确定，坚持以犯罪地管辖为主、被告人居住地管辖为辅的原则。

15. 公安机关可以依法对利用信息网络实施的黑恶势力犯罪相关案件并案侦查或者指定下级公安机关管辖，并案侦查或者由上级公安机关指定管辖的公安机关应当全面调查收集能够证明黑恶势力犯罪事实的证据，各涉案地公安机关应当积极配合。并案侦查或者由上级公安机关指定管辖的案件，需要提请批准逮捕、移送审查起诉、提起公诉的，由立案侦查的公安机关所在地的人民检察院、人民法院受理。

16. 人民检察院对于公安机关提请批准逮捕、移送审查起诉的利用信息网络实施的黑恶势力犯罪案件，人民法院对于已进入审判程序的利用信息网络实施的黑恶势力犯罪案件，被告人及其辩护人提出的管辖异议成立，或者办案单位发现没有管辖权的，受案人民检察院、人民法院经审查，可以依法报请与有管辖权的人民检察院、人民法院共同的上级人民检察院、人民法院指定管辖，不再自行移交。对于在审查批准逮捕阶段，上级检察机关已经指定管辖的案件，审查起诉工作由同一人民检察院受理。人民检察院、人民法院认为应当分案起诉、审理的，可以依法分案处理。

17. 公安机关指定下级公安机关办理利用信息网络实施的黑恶势力犯罪案件的，应当同时抄送同级人民检察院、人民法院。人民检察院认为需要依法指定审判管辖的，应当协商同级人民法院办理指定管辖有关事宜。

18. 本意见自 2019 年 10 月 21 日起施行。

《最高人民法院、最高人民检察院、公安部、司法部关于依法严惩利用未成年人实施黑恶势力犯罪的意见》（高检发〔2020〕4 号）

扫黑除恶专项斗争开展以来，各级人民法院、人民检察院、公安机关和司法行政机关坚决贯彻落实中央部署，严格依法办理涉黑涉恶案件，取得了显著成效。近期，不少地方在办理黑恶势力犯罪案件时，发现一些未成年人被胁迫、利诱参与、实施黑恶势力犯罪，严重损害了未成年人健康成长，严重危害社会和谐稳定。为保护未成年人合法权益，依法从严惩治胁迫、教唆、引诱、欺骗等利用未成年人实施黑恶势力犯罪的行为，根据有关法律规定，制定本意见。

一、突出打击重点，依法严惩利用未成年人实施黑恶势力犯罪的行为

（一）黑社会性质组织、恶势力犯罪集团、恶势力，实施下列行为之一的，应当认定为"利用未成年人实施黑恶势力犯罪"：

1. 胁迫、教唆未成年人参加黑社会性质组织、恶势力犯罪集团、恶势力，或者实施黑恶势力违法犯罪活动的；

2. 拉拢、引诱、欺骗未成年人参加黑社会性质组织、恶势力犯罪集团、恶势力，或者实施黑恶势力违法犯罪活动的；

3. 招募、吸收、介绍未成年人参加黑社会性质组织、恶势力犯罪集团、恶势力，或者实施黑恶势力违法犯罪活动的；

4. 雇佣未成年人实施黑恶势力违法犯罪活动的；

5. 其他利用未成年人实施黑恶势力犯罪的情形。

黑社会性质组织、恶势力犯罪集团、恶势力,根据刑法和《最高人民法院、最高人民检察院、公安部、司法部关于办理黑恶势力犯罪案件若干问题的指导意见》《最高人民法院、最高人民检察院、公安部、司法部关于办理恶势力刑事案件若干问题的意见》等法律、司法解释性质文件的规定认定。

(二)利用未成年人实施黑恶势力犯罪,具有下列情形之一的,应当从重处罚:

1. 组织、指挥未成年人实施故意杀人、故意伤害致人重伤或者死亡、强奸、绑架、抢劫等严重暴力犯罪的;
2. 向未成年人传授实施黑恶势力犯罪的方法、技能、经验的;
3. 利用未达到刑事责任年龄的未成年人实施黑恶势力犯罪的;
4. 为逃避法律追究,让未成年人自首、做虚假供述顶罪的;
5. 利用留守儿童、在校学生实施犯罪的;
6. 利用多人或者多次利用未成年人实施犯罪的;
7. 针对未成年人实施违法犯罪的;
8. 对未成年人负有监护、教育、照料等特殊职责的人员利用未成年人实施黑恶势力违法犯罪活动的;
9. 其他利用未成年人违法犯罪应当从重处罚的情形。

(三)黑社会性质组织、恶势力犯罪集团利用未成年人实施犯罪的,对犯罪集团首要分子,按照集团所犯的全部罪行,从重处罚。对犯罪集团的骨干成员,按照其组织、指挥的犯罪,从重处罚。

恶势力利用未成年人实施犯罪的,对起组织、策划、指挥作用的纠集者,恶势力共同犯罪中罪责严重的主犯,从重处罚。

黑社会性质组织、恶势力犯罪集团、恶势力成员直接利用未成年人实施黑恶势力犯罪的,从重处罚。

(四)有胁迫、教唆、引诱等利用未成年人参加黑社会性质组织、恶势力犯罪集团、恶势力,或者实施黑恶势力犯罪的行为,虽然未成年人并没有加入黑社会性质组织、恶势力犯罪集团、恶势力,或者没有实际参与实施黑恶势力违法犯罪活动,对黑社会性质组织、恶势力犯罪集团、恶势力的首要分子、骨干成员、纠集者、主犯和直接利用的成员,即便有自首、立功、坦白等从轻减轻情节的,一般也不予从轻或者减轻处罚。

(五)被黑社会性质组织、恶势力犯罪集团、恶势力利用,偶尔参与黑恶势力犯罪活动的未成年人,按其所实施的具体犯罪行为定性,一般不认定为黑恶势力犯罪组织成员。

二、严格依法办案,形成打击合力

(一)人民法院、人民检察院、公安机关和司法行政机关要加强协作配合,对利用未成年人实施黑恶势力犯罪的,在侦查、起诉、审判、执行各阶段,要全面体现依法从严惩处精神,及时查明利用未成年人的犯罪事实,避免纠缠细枝末节。要加强对下指导,对利用未成年人实施黑恶势力犯罪的重特大案件,可以单独或者联合挂牌督办。对于重大疑难复杂和社会影响较大的案件,办案部门应当及时层报上级人民法院、人民检察院、公安机关和司法行政机关。

(二)公安机关要注意发现涉黑涉恶案件中利用未成年人犯罪的线索,落实以审判为中心的刑事诉讼制度改革要求,强化程序意识和证据意识,依法收集、固定和运用证据,并可以就案件性质、收集证据和适用法律等听取人民检察院意见建议。从严掌握取保候审、监视居住的适用,对利用未成年人实施黑恶势力犯罪的首要分子、骨干成员、纠集者、主犯和直接利用的成员,应当依法提请人民检察院批准逮捕。

(三)人民检察院要加强对利用未成年人实施黑恶势力犯罪案件的立案监督,发现应当立案而不立案的,应当要求公安机关说明理由,认为理由不能成立的,应当依法通知公安机关立案。对于利用未成年人实施黑恶势力犯罪的案件,人民检察院可以对案件性质、收集证据和适用法律等提出意见建议。对于符合逮捕条件的依法坚决批准逮捕,符合起诉条件的依法坚决起诉。不批准逮捕要求公安机关补充侦查、审查起诉阶段退回补充侦查的,应当分别制作详细的补充侦查提纲,写明需要补充侦查的事项、理由、侦查方向、需要补充收集的证据及其证明作用等,送交公安机关开展相关侦查补证活动。

(四)办理利用未成年人实施黑恶势力犯罪案件要将依法严惩与认罪认罚从宽有机结合起来。对利用未成年人实施黑恶势力犯罪的,人民检察院要考虑其利用未成年人的情节,向人民法院提出从严处罚的量刑建议。对于虽然认罪,但利用未成年人实施黑恶势力犯罪,犯罪性质恶劣、犯罪手段残忍、严重损害未成年人身心健康,不足以从宽处罚的,在提出量刑建议时要依法从严从重。对被黑恶势力利用实施犯罪的未成年人,自愿如实认罪、真诚悔罪、愿意接受处罚的,应当依法提出从宽处理的量刑建议。

(五)人民法院要对利用未成年人实施黑恶势力犯罪案件及时审判,从严处罚。严格掌握缓刑、减刑、假释的适用,严格掌握暂予监外执行的适用条件。依法运用财产刑、资格刑,最大限度铲除黑恶势力"经济基础"。对于符合刑法第三十七条之一规定的,应当依法禁止其从事相关职业。

三、积极参与社会治理,实现标本兼治

(一)认真落实边打边治边建要求,积极参与社会治理。深挖黑恶势力犯罪分子利用未成年人实施犯罪的根源,剖析重点行业领域监管漏洞,及时预警预判,及时通报相关部门、提出加强监管和行政执法的建议,从源头遏制黑恶势力向未成年人群体侵蚀蔓延。对被黑恶势力利用尚未实施犯罪的未成年人,要配合有关部门及早发现、及时挽救。对实施黑恶势力犯罪但未达到刑事责任年龄的未成年人,要通过落实家庭监护、强化学校教育管理、送入专门学校矫治、开展社会化帮教等措施做好教育挽救和犯罪预防工作。

(二)加强各职能部门协调联动,有效预防未成年人被黑恶势力利用。建立与共青团、妇联、教育等部门的协作配合工作机制,开展针对未成年人监护人的家庭教育指导、针对教职工的法治教育培训,教育引导未成年人远离违法犯罪。推动建立未成年人涉黑涉恶预警机制,及时阻断未成年人与黑恶势力的联系,防止未成年人被黑恶势力诱导利用。推动网信部门开展专项治理,加强未成年人网络保护。加强与街道、社区等基层组织的联系,重视和发挥基层组织在预防未成年人涉黑涉恶犯罪中的重要作用,进一步推进社区矫正机构对未成年社区矫正对象采取有针对性的矫正措施。

(三)开展法治宣传教育,为严惩利用未成年人实施黑恶势力犯罪营造良好社会环境。充分发挥典型案例的宣示、警醒、引领、示范作用,通过以案释法,选择典型案件召开新闻发布会,向社会公布严惩利用未成年人实施黑恶势力犯罪的经验和做法,揭露利用未成年人实施黑恶势力犯罪的严重危害性。加强重点青少年群体的法治教育,在黑恶势力犯罪案件多发的地区、街道、社区等,强化未成年人对黑恶势力违法犯罪行为的认识,提高未成年人防范意识和法治观念,远离黑恶势力及其违法犯罪。

▶指导性案例◀

龚品文等组织、领导、参加黑社会性质组织案(指导性案例186号,节录)①

---

① 鉴于刑法条文本身对没收个人全部财产与罚金的并罚规则尚不明确,而司法规则亦未完全一致,故司法实践存在不同做法。当然,本评注明确主张"数罪中有被判处罚金的,也有被判处没收财产的,其中没收财产系没收全部财产的,应当决定只执行没收全部财产;其中没收财产系没收部分财产的,应当按照先罚金后没收财产的原则,分别执行",即赞成吸收立场。(→参见第六十九条"司法疑难解析",第289页)但是,鉴于对此问题尚未取得一致认识,龚品文等组织、领导、参加黑社会性质组织案(指导案例186号)判项"并处没收个人全部财产,罚金人民币十一万元"并无不当。当然,《最高人民法院〈关于案例指导工作的规定〉实施细则》(法〔2015〕130号)第九条规定:"各级 (转下页)

关键词 刑事 组织、领导、参加黑社会性质组织罪 行为特征 软暴力

裁判要点 犯罪组织以其势力、影响和暴力手段的现实可能性为依托,有组织地长期采用多种"软暴力"手段实施大量违法犯罪行为,同时辅之以"硬暴力","软暴力"有向"硬暴力"转化的现实可能性,足以使群众产生恐惧、恐慌进而形成心理强制,并已造成严重危害后果,严重破坏经济、社会生活秩序的,应认定该犯罪组织具有黑社会性质组织的行为特征。

吴强等敲诈勒索、抢劫、故意伤害案(指导性案例187号)对恶势力犯罪集团的认定作了规定。(→参见第二十六条评注部分,第107页)

史广振等组织、领导、参加黑社会性质组织案(指导性案例188号)对涉黑社会性质组织犯罪案件的涉案财物处置问题作了规定。(→参见第六十四条评注部分,第236页)

林某彬等人组织、领导、参加黑社会性质组织案(检例第84号,节录)

关键词 认罪认罚 黑社会性质组织犯罪 宽严相济 追赃挽损

要 旨 认罪认罚从宽制度可以适用于所有刑事案件,没有适用罪名和可能判处刑罚的限定,涉黑涉恶犯罪案件依法可以适用该制度。认罪认罚从宽制度贯穿刑事诉讼全过程,适用于侦查、起诉、审判各个阶段。检察机关办理涉黑涉恶犯罪案件,要积极履行主导责任,发挥认罪认罚从宽制度在查明案件事实、提升指控效果,有效追赃挽损等方面的作用。

刑参案例规则提炼[①]

《**黄向华等组织、参加黑社会性质组织,陈国阳、张伟洲包庇黑社会性质组织案**——如何理解和把握包庇、纵容黑社会性质组织罪的主观要件》(第620号案例)、《**朱光辉等人组织、领导、参加黑社会性质组织案**——如何准确把握和认

(接上页)人民法院正在审理的案件,在基本案情和法律适用方面,与最高人民法院发布的指导性案例相类似的,应当参照相关指导性案例的裁判要点作出裁判。"据此,最高人民法院指性导案例中超出裁判要点的其他部分不具有参照效力,即不能依据指导案例186号认为对没收个人全部财产与罚金的并罚确立了分别执行的规则。实际上,对所涉问题留待未来司法规则作进一步统一。——**本评注注**

① 另,鉴于《刑法修正案(八)》对黑社会性质组织的特征作出明确规定以及相关规范性文件的微调,《**张畏组织、领导黑社会性质组织、故意伤害、贷款诈骗、虚开增值税专用发票、非法经营、故意毁坏财物、非法拘禁案**——"黑社会性质的组织"的特征应如何把握》(第142号案例)、《**容乃胜等组织、领导、参加黑社会性质组织案**——如何认定(转下页)

定黑社会性质组织的骨干成员》(第1153号案例)、《史锦钟等人组织、领导、参加黑社会性质组织案——如何认定黑社会性质组织的形成时间》(第1154号案例)、《汪振等人组织、领导、参加黑社会性质组织案——较长时期内暂停实施违法犯罪活动的,是否可以认定黑社会性质组织仍持续存在》(第1155号案例)、《焦海涛等寻衅滋事案——如何根据违法犯罪活动的多样性把握黑社会性质组织的认定标准》(第1156号案例)、《符青友等人敲诈勒索,强迫交易,故意销毁会计账簿,对公司、企业人员行贿,行贿案——如何把握黑社会性质组织行为特征中的暴力性》(第1157号案例)、《刘汉等人组织、领导、参加黑社会性质组织案——如何认定组织者、领导者对具体犯罪的罪责》(第1158号案例)、《王云娜等人故意伤害、寻衅滋事、非法拘禁、敲诈勒索案——如何根据"非法控制或重大影响"的内在要求准确认定黑社会性质组织的危害性特征》(第1159号案例)、《牛子贤等人绑架、敲诈勒索、开设赌场、重婚案——如何准确把握黑社会性质组织的认定标准》(第1160号案例)、《邓统文等人组织、领导、参加黑社会性质组织案——组织者、领导者通过赔偿经济损失取得被害人家属谅解的量刑时应当如何把握》(第1161号案例)、《吴亚贤等人组织、领导、参加黑社会性质

(接上页)黑社会性质组织犯罪案件中的"保护伞"问题》(第149号案例)、《陈金豹等组织、领导、参加黑社会性质组织案——如何认定参加黑社会性质组织罪中的"参加"行为》(第618号案例)、《邓伟波等组织、领导、参加黑社会性质组织案——如何把握和认定黑社会性质组织的组织特征》(第619号案例)、《李军等参加黑社会性质组织案——如何理解和把握参加黑社会性质组织罪的主观构成要件和积极参加行为》(第621号案例)、《张志超等组织、领导、参加黑社会性质组织案——如何理解和把握黑社会性质组织罪的非法控制特征》(第622号案例)、《刘烈勇等组织、领导、参加黑社会性质组织案——如何结合具体案情认定黑社会性质组织的非法控制特征》(第623号案例)、《区瑞狮等组织、领导、参加黑社会性质组织案——如何界分黑社会性质组织犯罪和成员个人犯罪》(第624号案例)、《王平等组织、领导、参加黑社会性质组织案——如何认定黑社会性质组织罪的经济特征》(第625号案例)、《张宝义等组织、领导、参加黑社会性质组织案——如何认定黑社会性质组织成员的罪责》(第626号案例)、《张更生等故意杀人、敲诈勒索、组织卖淫案——如何区分黑社会性质组织和有违法犯罪行为的单位》(第627号案例)、《乔永生等组织、领导、参加黑社会性质组织案——如何把握黑社会性质组织犯罪的证据要求和证明标准》(第628号案例)、《王江等组织、领导、参加黑社会性质组织案——如何认定黑社会性质组织及组织者、领导者对具体犯罪的罪责》(第629号案例)、《范泽忠等组织、领导黑社会性质组织案——在黑社会性质组织犯罪案件中如何贯彻宽严相济的刑事司法政策》(第630号案例)、《陈垚东等人组织、领导、参加黑社会性质组织案——如何准确认定黑社会性质组织的成员》(第1152号案例)所涉规则未予提炼。

组织案——组织者、领导者检举揭发构成立功时量刑应如何把握》(第 1162 号案例)、《**刘学军等包庇、纵容黑社会性质组织案**——包庇、纵容黑社会性质组织犯罪案件中的相关具体应用法律问题》(第 1163 号案例)、《**韩召海等人组织、领导、参加黑社会性质组织案**——黑社会性质组织及"套路贷"的司法认定》(第 1306 号案例)、《**吴学占等人组织、领导、参加黑社会性质组织案**——如何整体把握黑社会性质组织的四个特征》(第 1354 号案例)、《**谢培忠等人组织、领导、参加黑社会性质组织案**——如何准确界定涉黑组织形成的标志性事件》(第 1355 号案例)、《**龚品文等人组织、领导、参加黑社会性质组织案**——如何准确把握黑社会性质组织行为特征中对"软暴力"的强度要求以及"占股分利"模式下的组织特征》(第 1356 号案例)、《**方悦等人组织、领导、参加黑社会性质组织案**——"套路贷"黑社会性质组织的司法认定》(第 1357 号案例)、《**黄图望等人组织、领导、参加黑社会性质组织案**——借助黑社会性质组织势力谋取经济利益,是否属于参加黑社会性质组织》(第 1358 号案例)、《**张礼琦包庇、纵容黑社会性质组织案**——如何准确把握包庇、纵容黑社会性质组织罪的主客观方面、罪数处断即追诉时效》(第 1359 号案例)、《**吴强等人敲诈勒索、抢劫、贩卖毒品、故意伤害案**——如何区分恶势力犯罪集团和普通犯罪集团》(第 1360 号案例)、《**周方健等人聚众斗殴、寻衅滋事、开设赌场案**——如何准确区分恶势力与一般共同犯罪》(第 1361 号案例)、《**陈寅岗等人非法拘禁、敲诈勒索、诈骗案**——如何认定与处理"套路贷"犯罪》(第 1362 号案例)、《**张凤江等 14 人诈骗案**——"套路贷"中犯罪数额的认定及计算方法》(第 1363 号案例)所涉规则提炼如下:

1. **黑社会性质组织的认定规则。**对黑社会性质组织的认定,"坚持标准相对稳定原则。除法律政策作出调整外,对黑社会性质组织四个特征的认定标准,应保持相对稳定,不能因人为因素时宽时严。即使因政策调整认定标准发生变化的,也要在可以掌握的变化幅度内,尽量选择与以往标准接近的变化标准,将变化幅度控制在最小范围内"。(第 1354 号案例)"对于黑社会性质组织的四个特征不能简单套用,而是应以非法控制为核心,将四个特征作为一个有机整体来判断。""关于犯罪'多样性'的要求,反映了非法控制的内在要求,并不超出法律规定的本意与合理解释的范畴。如果涉案犯罪组织触犯的具体罪名明显偏少,则要考虑其是否属于专门从事某一两种犯罪的犯罪集团,而非黑社会性质组织。"(第 1156 号案例)"暴力性是黑社会性质组织行为特征中的必备属性,即便是黑社会性质组织的非暴力行为,也往往是以暴力或以暴力威胁为后盾的……不管黑社会性质组织违法犯罪手段如何变化,暴力或者以暴力相威胁的基本特点都是不会改变的。"(第 1157 号案例)"实践中把握黑社会性质组织所实施的'软暴力'的强度应以相关行为是否足以对群众造成实质性的心理强制为根本落脚点,具体来说,可以从以下几方面进行把握:1.黑社会性质组织实施的'软暴力'应具有长期性……2.黑社会性质组织实施的'软暴力'一般应具有多样性……3.黑社会性质组织实施的'软暴力'应体现出明显的组织性特征……4.黑社会性质组织实施的'软暴力'应有能够直接构成犯罪的行为,并造成明显的实害后果。""'占股分利'只是涉黑组织准公司化运营的一个幌子,其本质为纠合组织成员,形成共同利益,对保持组织正常运转起到重要作用,是黑社会性质组织组织特征的一个重要体现。"(第1356号案例)"在对涉案犯罪组织是否形成非法控制与重大影响进行司法判断时,除了要对照两个纪要的相关规定,还应着重审查涉案犯罪组织是否是基于争抢势力范围、树立非法权威、攫取不法利益等非法控制目的而实施违法犯罪行为;是否在一段较长的时期内连续、多次通过实施违法犯罪行为对他人的自主性造成干扰或破坏;被侵害对象的数量以及所造成的后果是否已达到形成非法控制或重大影响的严重程度。如果以上几点都已齐备,危害性特征一般能够成立。反之,则不能认定。"(第1159号案例)"对于指控证据尚未达到'确实、充分'的程度,不符合黑社会性质组织认定标准的,应当根据案件事实和证据,依照刑法的相关规定予以处理……不能勉强认定为黑社会性质组织犯罪。"(第1160号案例)

2.黑社会性质组织形成时间和持续时间的认定规则。"将举行成立仪式作为黑社会性质组织形成时间的起点很少会引起争议。""有相当多的黑社会性质组织在发展过程中,都存在对其树立非法权威、争夺势力范围、获取稳定经济来源具有重要意义的违法犯罪活动或其他重大事件……将这些违法犯罪活动或重大事件作为黑社会性质组织的形成起点,不仅易于判断,而且也符合黑社会性质组织的成立宗旨和发展规律。""当然,确实也有一些案件中不存在明显的标志性事件。在此情况下,可以……将首次实施有组织犯罪活动的时间作为形成起点。"(第1154号案例)"在甄别、确定标志性事件时,至少应当从以下三个方面来分析判断:第一,该事件一般是组织、领导者亲自组织或者直接参与实施的违法犯罪事实;第二,该事件对于涉案犯罪组织进一步发展做大或者在一定区域或行业内开始初步形成非法影响具有明显作用,客观上为该组织实施后续违法犯罪活动打下基础;第三,标志性事件一般发生在首次有组织犯罪之前或者本身就是首次有组织犯罪。"(第1355号案例)"在确定犯罪组织的形成起点后,只要该犯罪组织以组织名义、为组织利益连续多次实施违法犯罪活动的,就可以认定犯罪组织持续存在。""实践中,有以下两种情况值得注意:一是有些黑社会性质组织脱离'打打杀杀'的初级阶段后,往往会以合法行业为主要经济来源,并会为逃避打击而自我'洗白',有意减少甚至在一定时期内暂时停止实施违法犯罪活动,给人造成犯罪组织已经'转型'或者'解散'的错觉。当需要打击对手、抢夺市场、攫取资源之时,便会恢复本来面目,继续实施违法犯罪活动。二是有些黑社会性质组织在发展过程中,因某些具体的犯罪案件被公安司法机关查破,原有的组织成员或被抓或潜逃,被迫暂时停止实施违法犯罪活动,由此形成组织'溃散'的假象。但经过一段时间以后,组织成员又会重新聚集,或者又有新的成员加入并继续实施有组织违法犯罪活动。"上述两种情况应当认定黑社会性质组织持续存在。(第1155号案例)

3. 黑社会性质组织成员的认定规则。"2018年最高人民法院、最高人民检察院、公安部、司法部印发的《关于办理黑恶势力犯罪案件若干问题的指导意见》……放宽了认定组织成员的条件……""参加黑社会性质组织并具有以下三种情形之一的,一般应当认定为'积极参加黑社会性质组织':一是要多次参与黑社会性质组织的违法犯罪活动;二是要积极参加的是较为严重的黑社会性质组织犯罪,且作用突出。这里的'较为严重的黑社会性质组织犯罪',既包括故意杀人、故意伤害、绑架等性质严重的暴力型犯罪,也包括造成重大财产损失或者恶劣社会影响的其他严重犯罪。而'作用突出'应理解为在犯意形成、共同犯罪行为完成以及危害结果发生等方面具有的突出性、决定性作用。三是'在黑社会性质组织中起重要作用',即对整个黑社会性质组织的人员、财物、事务等重要事项具有'主要管理权',且对犯罪组织的维系、运行、活动确实起到重要作用的成员。"(第1358号案例)"在认定'骨干成员'时应分以下几层次来把握:第一,骨干成员是积极参加者中的一部分,应当满足积极参加者的认定条件……第二,'骨干成员'应当是直接听命于组织者、领导者的积极参加者……第三,'骨干成员'在黑社会性质组织中所起的作用应当大于一般的积极参加者。""一般来说,在裁判文书认定的事实部分,对于谁是骨干成员应予明确表述,不属于骨干成员的积极参加者也要单独表述清楚。而在裁判文书的'本院认为'部分,由于需要准确叙述罪状和量刑依据,对确属'骨干成员'的被告人,只表述'被告人某某积极参加黑社会性质组织'即可。因为'骨干成员'并没有与之对应的法定刑,积极参加者的身份才是对被告人定罪量刑的适当依据。"(第1153号案例)

4. 黑社会性质组织的组织者、领导者的罪责认定规则。"组织者、领导者应对黑社会性质组织所犯的全部罪行承担刑事责任,即组织者、领导者与犯罪行为的组织者、策划者、指挥者、实施者构成共犯,应根据其在共同犯罪中的地位和作用对具体犯罪承担刑事责任。""具体来说,在确定组织者、领导者对具体犯罪的罪责时,应把握以下原则:第一,组织者、领导者对于并非由自己直接组织、策划、指挥、参与的犯罪一般不承担最重的责任……第二,组织者、领导者对由其直接组织、策划、指挥、参与实施的犯罪,一般应承担最重的刑事责任。"(第1158号案例)对于组织者、领导者通过经济赔偿取得被害方谅解的,"审判时应从以下几方面来理解和把握:一是被害人谅解必须基于真实意思表示……二是被告人的赔偿款项应当与黑社会性质组织的违法犯罪所得无关……三是在谅解意思真实、赔偿款项与违法犯罪所得无关的情况下,量刑仍应从严把握"。(第1161号案例)组织者、领导者检举揭发构成立功的,"如果线索是利用组织者、领导者的特殊地位而取得,且与该黑社会性质组织及其违法犯罪活动有关联的,则一般不应从宽处理。至于对检举线索'关联性'的判断,则应当从是否与黑社会性质组织寻求非法保护、实施违法犯罪等活动有关联、是否与该组织的成员、'保护伞'及雇佣、纠集的人员有关联等方面来进行审查"。(第1162号案例)

5. 包庇、纵容黑社会性质组织的认定规则。"包庇、纵容黑社会性质组织罪的主观要件为故意,其中包庇行为只能出自直接故意;而纵容行为,则可能采取听之任之的态度,即纵容行为的主观方面可以是直接故意,也可以是间接故意。"对于"明知"的内容,"只要行为人知道或者应当知道是从事违法犯罪活动的组织,仍对该组织及其成员予以包庇,或者纵容其实施违法犯罪活动,即可认定本罪"。(第620号案例)"本罪是行为犯,原则上只要行为人在客观上实施了包庇、纵容黑社会性质组织行为的,即构成本罪且属既遂,不要求其包庇、纵容的行为最终使黑社会性质的组织逃脱追究责任。""行为人包庇、纵容黑社会性质组织的犯罪行为,同时触犯其他包庇类、渎职类罪名,应根据法条竞合的处理原则选择罪名。"(第1359号案例)"行为人包庇、纵容黑社会性质组织的犯罪行为跨越刑法修正施行日期的,应当适用修正后的刑法,一并进行追诉。""包庇黑社会性质组织,或者纵容黑社会性质组织进行违法犯罪活动的行为人归案后如实供述相关黑社会性质组织的犯罪活动的,不能认定立功情节。""公安机关的内勤人员对黑社会性质组织的犯罪行为知情不举的,属于不依法履行职责。"(第1163号案例)

6. 恶势力、恶势力犯罪集团的认定规则。"恶势力是黑社会性质组织的雏形,恶势力犯罪集团是恶势力的下一个发展阶段,如果不加以限制和打击,两者都可能发展成为黑社会性质组织。"(第1360号案例)恶势力有以下法律特征:"1.共同实施违法犯罪活动的人员具有一定的稳定性……2.以暴力、威胁或者'软暴力'等手段实施违法犯罪活动……3.在一定区域或者行业内多次实施违法犯罪活动,为非作恶,欺压百姓……4.具备向黑社会性质组织发展的过渡性特征。"(第1361号案例)

7."套路贷"案件的处理规则。"'套路贷'中的'借款'不过是行为人侵吞被害人财产的借口,行为人是以'借款'为名行非法占有被害人财产之实,其目的是侵占他人的财产。而高利贷的出借人,是为了到期按照合同约定收回本金和高额利息,并不具有非法占有他人财产的目的。"(第1362号案例)"对于未采用明显暴力或者威胁手段,主要靠虚构事实、隐瞒真相实现非法占有目的,'骗'取被害人财物的'套路贷',一般以诈骗罪论处。"(第1306号案例)在"套路贷"案件中,"对于犯罪数额的认定总体采取就低认定的原则,但如果被告人未供述具体犯罪数额,而被害人所称的被骗金额合理,且在虚高的借条金额及走银行流水的合理范围内,则可以按照被害人陈述中的被骗数额予以认定。此外,被告人在借贷过程中以'违约金''保证金''中介费''服务费''利息'等各种名义收取的费用均应记入犯罪数额予以认定"。(第1363号案例)对于"合法公司"外衣下设"套路贷"黑社会性质组织,"需要紧密结合黑社会性质组织的四个特征加以分析。(一)重点从对组织成员的控制来把握'组织特征'……(二)重点从公司存续的目的来把握'经济特征'……(三)重点从违法犯罪的主要手段来把握'行为特征'……(四)重点从公司的规模和影响力来把握'危害性特征'。"(第1357号案例)

司法疑难解析

关于黑社会性质组织犯罪中"违法行为"的认识。实践中有观点认为,违法行为作为黑社会性质组织定罪依据值得商榷,而且在部分违法行为曾被处理过的情况下,可能构成对禁止重复性评价原则、追诉时效制度的违反。**本评注认为**,首先,对违法行为作为黑社会性质组织定罪依据有法可依。根据《刑法》第二百九十四条第五款的规定,黑社会性质组织"有组织地多次实施违法犯罪行为"是其明显的外在表现形式,不仅仅只有犯罪行为,也包括违法行为。这是因为,黑社会性质组织的认定不同于普通个罪,需要结合法定的"四个特征"进行综合分析、系统分析,在判断涉案犯罪组织是否"为非作恶,欺压、残害群众"、是否"称霸一方,在一定区域或行业内形成非法控制或者重大影响"时,需要根据其实施的危害社会的全部行为进行审查判断,其中既包括犯罪行为,也包括违法行为,否则就无法完整、准确地评价涉案犯罪组织所造成的严重社会危害。其次,在涉黑案件中,只对组织、领导、参加黑社会性质组织的行为以及其他犯罪行为定罪处罚,违法行为只是作为客观存在,用来反映和证明涉案犯罪组织的行为、危害等特征,并不会通过审判对其进行刑事追究和处罚。因此,检察机关审查起诉和人民法院审判时,查明黑社会性质组织实施的违法行为后仅仅在起诉书和裁判文书中客观表述,并不违反禁止重复性评价原则,亦未违背追诉时效制度的规定。

第二百九十五条　【传授犯罪方法罪】传授犯罪方法的,处五年以下有期徒刑、拘役或者管制;情节严重的,处五年以上十年以下有期徒刑;情节特别严重的,处十年以上有期徒刑或者无期徒刑。

▍立法沿革

本条系 1997 年《刑法》吸收修改单行刑法作出的规定。《全国人民代表大会常务委员会关于严惩严重危害社会治安的犯罪分子的决定》(1983 年 9 月 2 日起施行)第二条规定:"传授犯罪方法,情节较轻的,处五年以下有期徒刑;情节严重的,处五年以上有期徒刑;情节特别严重的,处无期徒刑或者死刑。"1997 年《刑法》对罪状和法定刑作了微调。

2011 年 5 月 1 日起施行的《刑法修正案(八)》第四十四条对本条作了修改,删去了死刑的规定。

修正前《刑法》	修正后《刑法》
第二百九十五条　【传授犯罪方法罪】传授犯罪方法的,处五年以下有期徒刑、拘役或者管制;情节严重的,处五年以上有期徒刑;情节特别严重的,处无期徒刑或者死刑。	第二百九十五条　【传授犯罪方法罪】传授犯罪方法的,处五年以下有期徒刑、拘役或者管制;情节严重的,处五年以上十年以下有期徒刑;情节特别严重的,处十年以上有期徒刑或者无期徒刑。

▍规范性文件

《公安部关于打击拐卖妇女儿童犯罪适用法律和政策有关问题的意见》(公通字[2000]25 号)"二、关于拐卖妇女、儿童犯罪"第(五)条对传授犯罪方法罪的适用作了规定。(→参见第二百四十条评注部分,第 1142 页)

《最高人民法院、最高人民检察院、公安部、司法部关于依法严厉打击传播艾滋病病毒等违法犯罪行为的指导意见》(公通字[2019]23 号)"二、准确认定行为性质"第(七)条对传授犯罪方法罪的适用作了规定。(→参见第二百三十四条评注部分,第 1095 页)

《中央宣传部、中央网信办、最高人民法院、最高人民检察院、公安部、工业和信息化部、国家工商行政管理总局、国家邮政局、国家禁毒委办公室关于加强互联网禁毒工作的意见》(禁毒办通[2015]32 号,节录)

15. 严厉打击网络毒品犯罪……对于利用互联网发布、传播制造毒品等犯罪的方法、技术、工艺等,以传授犯罪方法罪定罪处罚,被传授者是否接受或者是否以此方法实施了制造毒品等犯罪不影响对本罪的认定……

刑参案例规则提炼①

《**李祥英传授犯罪方法案**——强迫他人学习犯罪方法后,胁迫其实施犯罪,应如何定性》(第651号案例)所涉规则提炼如下:

传授犯罪方法罪的认定规则。 "胁迫他人实施抢夺行为,同时传授犯罪方法,传授犯罪方法的意图是将三被害人培育成实施犯罪的工具,即通过培育犯罪工具的方法,实现抢夺的目的,是典型的手段行为与目的行为的牵连。""根据牵连犯择一重罪处断的原则,传授犯罪方法罪既遂的量刑重于抢夺罪未遂,故应以传授犯罪方法罪定罪处罚。"(第651号案例)

第二百九十六条 【**非法集会、游行、示威罪**】举行集会、游行、示威,未依照法律规定申请或者申请未获许可,或者未按照主管机关许可的起止时间、地点、路线进行,又拒不服从解散命令,严重破坏社会秩序的,对集会、游行、示威的负责人和直接责任人员,处五年以下有期徒刑、拘役、管制或者剥夺政治权利。

立法沿革

本条系1997年《刑法》增设的规定。

相关规定

《中华人民共和国治安管理处罚法》(修正后自2013年1月1日起施行,节录)

第五十五条 煽动、策划非法集会、游行、示威,不听劝阻的,处十日以上十五日以下拘留。

规范性文件

《公安部关于公安机关处置信访活动中违法犯罪行为适用法律的指导意见》(公通字〔2013〕25号)"四、对妨害社会管理秩序违法犯罪行为的处理"第

---

① 另,鉴于《刑法修正案(九)》增设煽动实施恐怖活动罪,《冯庆钊传授犯罪方法案——在互联网上散布关于特定犯罪方法的技术知识,能否构成传授犯罪方法罪》(第688号案例)所涉规则未予提炼。

五条对非法集会、游行、示威罪的适用作了规定。(→参见第二百九十条评注部分,第1456页)

■立案追诉标准

《最高人民检察院、公安部关于公安机关管辖的刑事案件立案追诉标准的规定(一)》(节录)

第三十八条 [非法集会、游行、示威案(刑法第二百九十六条)]举行集会、游行、示威,未依照法律规定申请或者申请未获许可,或者未按照主管机关许可的起止时间、地点、路线进行,又拒不服从解散命令,严重破坏社会秩序的,应予立案追诉。

(→附则参见分则标题评注部分,第392页)

第二百九十七条 【非法携带武器、管制刀具、爆炸物参加集会、游行、示威罪】违反法律规定,携带武器、管制刀具或者爆炸物参加集会、游行、示威的,处三年以下有期徒刑、拘役、管制或者剥夺政治权利。

■立法沿革

本条系1997年《刑法》增设的规定。

■立案追诉标准

《最高人民检察院、公安部关于公安机关管辖的刑事案件立案追诉标准的规定(一)》(节录)

第三十九条 [非法携带武器、管制刀具、爆炸物参加集会、游行、示威案(刑法第二百九十七条)]违反法律规定,携带武器、管制刀具或者爆炸物参加集会、游行、示威的,应予立案追诉。

(→附则参见分则标题评注部分,第392页)

第二百九十八条 【破坏集会、游行、示威罪】扰乱、冲击或者以其他方法破坏依法举行的集会、游行、示威,造成公共秩序混乱的,处五年以下有期徒刑、拘役、管制或者剥夺政治权利。

■立法沿革

本条系1997年《刑法》增设的规定。

■ 立案追诉标准

《最高人民检察院、公安部关于公安机关管辖的刑事案件立案追诉标准的规定(一)》(节录)

第四十条 [破坏集会、游行、示威案(刑法第二百九十八条)]扰乱、冲击或者以其他方法破坏依法举行的集会、游行、示威,造成公共秩序严重混乱的,应予立案追诉。

(→附则参见分则标题评注部分,第392页)

第二百九十九条 【侮辱国旗、国徽、国歌罪】在公共场合,故意以焚烧、毁损、涂划、玷污、践踏等方式侮辱中华人民共和国国旗、国徽的,处三年以下有期徒刑、拘役、管制或者剥夺政治权利。

在公共场合,故意篡改中华人民共和国国歌歌词、曲谱,以歪曲、贬损方式奏唱国歌,或者以其他方式侮辱国歌,情节严重的,依照前款的规定处罚。

■ 立法沿革

本条系1997年《刑法》沿用《全国人民代表大会常务委员会关于惩治侮辱中华人民共和国国旗国徽罪的决定》(自1990年6月28日起施行)的规定,仅将"公众场合"调整为"公共场合"。

2017年11月4日起施行的《刑法修正案(十)》对本条作了修改,增加规定第二款关于侮辱国歌的犯罪。修改后,罪名由"侮辱国旗、国徽罪"调整为"侮辱国旗、国徽、国歌罪"。

修正前《刑法》	修正后《刑法》
第二百九十九条 【侮辱国旗、国徽罪】在公众场合故意以焚烧、毁损、涂划、玷污、践踏等方式侮辱中华人民共和国国旗、国徽的,处三年以下有期徒刑、拘役、管制或者剥夺政治权利。	第二百九十九条 【侮辱国旗、国徽、国歌罪】在公共场合,故意以焚烧、毁损、涂划、玷污、践踏等方式侮辱中华人民共和国国旗、国徽的,处三年以下有期徒刑、拘役、管制或者剥夺政治权利。 在公共场合,故意篡改中华人民共和国国歌歌词、曲谱,以歪曲、贬损方式奏唱国歌,或者以其他方式侮辱国歌,情节严重的,依照前款的规定处罚。

相关规定

《中华人民共和国国歌法》(自 2017 年 10 月 1 日起施行,节录)

第十五条 在公共场合,故意篡改国歌歌词、曲谱,以歪曲、贬损方式奏唱国歌,或者以其他方式侮辱国歌的,由公安机关处以警告或者十五日以下拘留;构成犯罪的,依法追究刑事责任。

《中华人民共和国国旗法》(第二次修正后自 2020 年 10 月 17 日起施行,节录)

第二十三条 在公共场合故意以焚烧、毁损、涂划、玷污、践踏等方式侮辱中华人民共和国国旗的,依法追究刑事责任;情节较轻的,由公安机关处以十五日以下拘留。

《中华人民共和国国徽法》(第二次修正后自 2020 年 10 月 17 日起施行,节录)

第十八条 在公共场合故意以焚烧、毁损、涂划、玷污、践踏等方式侮辱中华人民共和国国徽的,依法追究刑事责任;情节较轻的,由公安机关处以十五日以下拘留。

第二百九十九条之一 【侵害英雄烈士名誉、荣誉罪】侮辱、诽谤或者以其他方式侵害英雄烈士的名誉、荣誉,损害社会公共利益,情节严重的,处三年以下有期徒刑、拘役、管制或者剥夺政治权利。

立法沿革

本条系 2021 年 3 月 1 日起施行的《刑法修正案(十一)》第三十五条增设的规定。

相关规定

《中华人民共和国英雄烈士保护法》(自 2018 年 5 月 1 日起施行,节录)

第二条 国家和人民永远尊崇、铭记英雄烈士为国家、人民和民族作出的牺牲和贡献。

近代以来,为了争取民族独立和人民解放,实现国家富强和人民幸福,促进世界和平和人类进步而毕生奋斗、英勇献身的英雄烈士,功勋彪炳史册,精神永垂不朽。

规范性文件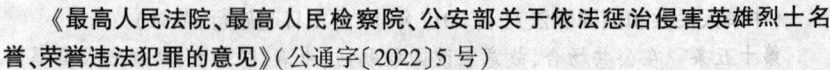

《最高人民法院、最高人民检察院、公安部关于依法惩治侵害英雄烈士名誉、荣誉违法犯罪的意见》(公通字〔2022〕5号)

各省、自治区、直辖市高级人民法院、人民检察院、公安厅、局,新疆维吾尔自治区高级人民法院生产建设兵团分院、新疆生产建设兵团人民检察院、公安局:

为依法惩治侵害英雄烈士名誉、荣誉违法犯罪活动,维护社会公共利益,传承和弘扬英雄烈士精神、爱国主义精神,培育和践行社会主义核心价值观,根据《中华人民共和国刑法》《中华人民共和国刑事诉讼法》《中华人民共和国英雄烈士保护法》等法律和相关司法解释的规定,制定本意见。

一、关于英雄烈士的概念和范围

根据英雄烈士保护法第二条的规定,刑法第二百九十九条之一规定的"英雄烈士",主要是指近代以来,为了争取民族独立和人民解放,实现国家富强和人民幸福,促进世界和平和人类进步而毕生奋斗、英勇献身的英雄烈士。

司法适用中,对英雄烈士的认定,应当重点注意把握以下几点:

(一)英雄烈士的时代范围主要为"近代以来",重点是中国共产党、人民军队和中华人民共和国历史上的英雄烈士。英雄烈士既包括个人,也包括群体;既包括有名英雄烈士,也包括无名英雄烈士。

(二)对经依法评定为烈士的,应当认定为刑法第二百九十九条之一规定的"英雄烈士";已牺牲、去世,尚未评定为烈士,但其事迹和精神为我国社会普遍公认的英雄模范人物或者群体,可以认定为"英雄烈士"。

(三)英雄烈士是指已经牺牲、去世的英雄烈士。对侮辱、诽谤或者以其他方式侵害健在的英雄模范人物或者群体名誉、荣誉,构成犯罪的,适用刑法有关侮辱、诽谤罪等规定追究刑事责任,符合适用公诉程序条件的,由公安机关依法立案侦查,人民检察院依法提起公诉。但是,被侵害英雄烈士群体中既有已经牺牲的烈士,也有健在的英雄模范人物的,可以统一适用侵害英雄烈士名誉、荣誉罪。

二、关于侵害英雄烈士名誉、荣誉罪入罪标准

根据刑法第二百九十九条之一的规定,侮辱、诽谤或者以其他方式侵害英雄烈士的名誉、荣誉,损害社会公共利益,情节严重的,构成侵害英雄烈士名誉、荣誉罪。

司法实践中,对侵害英雄烈士名誉、荣誉的行为是否达到"情节严重",应当结合行为方式、涉及英雄烈士的人数、相关信息的数量、传播方式、传播范围、传

播持续时间、相关信息实际被点击、浏览、转发次数,引发的社会影响、危害后果以及行为人前科情况等综合判断。根据案件具体情况,必要时,可以参照适用《最高人民法院、最高人民检察院关于办理利用信息网络实施诽谤等刑事案件适用法律若干问题的解释》(法释〔2013〕21号)的规定。

侵害英雄烈士名誉、荣誉,达到入罪标准,但行为人认罪悔罪,综合考虑案件具体情节,认为犯罪情节轻微的,可以不起诉或者免予刑事处罚;情节显著轻微危害不大的,不以犯罪论处;构成违反治安管理行为的,由公安机关依法给予治安管理处罚。

三、关于办案工作要求

(一)坚决依法惩治。英雄烈士的事迹和精神是中华民族共同的历史记忆和宝贵的精神财富,英雄不容亵渎、先烈不容诋毁、历史不容歪曲。各级公安机关、人民检察院、人民法院要切实增强责任感和使命感,依法惩治侵害英雄烈士名誉、荣誉的违法犯罪活动,坚决维护中国特色社会主义制度,坚决维护社会公共利益。

(二)坚持宽严相济。对侵害英雄烈士名誉、荣誉的,要区分案件具体情况,落实宽严相济刑事政策,突出惩治重点,重在教育挽救,避免打击扩大化、简单化,确保实现政治效果、法律效果和社会效果的有机统一。对利用抹黑英雄烈士恶意攻击我国基本社会制度、损害社会公共利益,特别是与境外势力勾连实施恶意攻击,以及长期、多次实施侵害行为的,要依法予以严惩。对没有主观恶意,仅因模糊认识、好奇等原因而发帖、评论的,或者行为人系在校学生、未成年人的,要以教育转化为主,切实做到教育大多数、打击极少数。

(三)严格规范办案。公安机关要落实严格规范公正文明执法要求,依法全面、及时收集、固定证据,严格履行法定程序,依法保障嫌疑人合法权益。人民检察院对公安机关提请批准逮捕、移送审查起诉的案件,符合批捕、起诉条件的,依法予以批捕、起诉。对重大、疑难案件,公安机关可以商请人民检察院派员通过审查证据材料等方式,就案件定性、证据收集、法律适用等提出意见建议。人民法院要加强审判力量,制定庭审预案,依法审理。公安机关、人民检察院、人民法院要与退役军人事务部门和军队有关部门建立健全工作联系机制,妥善解决英雄烈士甄别、认定过程中的问题。

指导性案例

仇某侵害英雄烈士名誉、荣誉案(检例第136号,节录)

关键词 侵害英雄烈士名誉、荣誉 情节严重 刑事附带民事公益诉讼

要　旨　侵害英雄烈士名誉、荣誉罪中的"英雄烈士",是指已经牺牲、逝世的英雄烈士。在同一案件中,行为人所侵害的群体中既有烈士,又有健在的英雄模范人物时,应当整体评价为侵害英雄烈士名誉、荣誉的行为,不宜区别适用侵害英雄烈士名誉、荣誉罪和侮辱罪、诽谤罪。《刑法修正案(十一)》实施后,以侮辱、诽谤或者其他方式侵害英雄烈士名誉、荣誉的行为,情节严重的,构成侵害英雄烈士名誉、荣誉罪。行为人利用信息网络侵害英雄烈士名誉、荣誉,引起广泛传播,造成恶劣社会影响的,应当认定为"情节严重"。英雄烈士没有近亲属或者近亲属不提起民事诉讼的,检察机关在提起公诉时,可以一并提起附带民事公益诉讼。

▇刑参案例规则提炼

《许某怡侵害英雄烈士名誉、荣誉案——侵害英雄烈士名誉、荣誉刑民责任的准确认定与衔接》(第1516号案例)所涉规则提炼如下:

侵害英雄烈士名誉、荣誉罪的适用规则。"虽民法学中名誉权与荣誉权有明确概念区分,但刑事司法实践中如无明确证据证实仅侵害了一种权利时,宜将二者合并诉判,即认定被告人构成侵害英雄烈士名誉、荣誉罪,不再选择适用罪名……""英雄烈士的名誉和荣誉具有私益和公益双重属性,通过附带民事公益诉讼的方式,在裁判文书中责令被告人公开赔礼道歉,是恢复英雄烈士名誉、消除恶劣影响和维护社会公共利益的最佳途径。在案件办理中,应关注刑民责任的衔接问题。"(第1516号案例)

第三百条　【组织、利用会道门、邪教组织、利用迷信破坏法律实施罪】组织、利用会道门、邪教组织或者利用迷信破坏国家法律、行政法规实施的,处三年以上七年以下有期徒刑,并处罚金;情节特别严重的,处七年以上有期徒刑或者无期徒刑,并处罚金或者没收财产;情节较轻的,处三年以下有期徒刑、拘役、管制或者剥夺政治权利,并处或者单处罚金。

【组织、利用会道门、邪教组织、利用迷信致人重伤、死亡罪】组织、利用会道门、邪教组织或者利用迷信蒙骗他人,致人重伤、死亡的,依照前款的规定处罚。

犯第一款罪又有奸淫妇女、诈骗财物等犯罪行为的,依照数罪并罚的规定处罚。

立法沿革

本条系1997年《刑法》吸收修改1979年《刑法》和单行刑法作出的规定。1979年《刑法》第九十九条规定:"组织、利用封建迷信、会道门进行反革命活动的,处五年以上有期徒刑;情节较轻的,处五年以下有期徒刑、拘役、管制或者剥夺政治权利。"《全国人民代表大会常务委员会关于严惩严重危害社会治安的犯罪分子的决定》(1983年9月2日起施行)对"组织反动会道门,利用封建迷信,进行反革命活动,严重危害社会治安的"规定"可以在刑法规定的最高刑以上处刑,直至判处死刑"。1997年《刑法》对罪状和法定刑作了较大幅度调整,并纳入妨害社会管理秩序罪之中。

2015年11月1日起施行的《刑法修正案(九)》第三十三条对本条作了修改,主要涉及如下两个方面:一是对组织、利用会道门、邪教组织、利用迷信破坏法律实施罪的刑罚规定作出修改,增加规定财产刑,提升法定最高刑为无期徒刑,并对情节较轻的行为规定相应的刑罚;二是对犯组织、利用会道门、邪教组织破坏法律实施,又有奸淫妇女、诈骗财物等犯罪行为的,由依照强奸罪、诈骗罪等定罪处罚调整为数罪并罚。

修正前《刑法》	修正后《刑法》
第三百条 【组织、利用会道门、邪教组织、利用迷信破坏法律实施罪】组织和利用会道门、邪教组织或者利用迷信破坏国家法律、行政法规实施的,处三年以上七年以下有期徒刑;情节特别严重的,处七年以上有期徒刑。 【组织、利用会道门、邪教组织、利用迷信致人死亡罪】组织和利用会道门、邪教组织或者利用迷信蒙骗他人,致人死亡的,依照前款的规定处罚。 组织和利用会道门、邪教组织或者利用迷信奸淫妇女、诈骗财物的,分别依照本法第二百三十六条、第二百六十六条的规定定罪处罚。	第三百条 【组织、利用会道门、邪教组织、利用迷信破坏法律实施罪】组织、利用会道门、邪教组织或者利用迷信破坏国家法律、行政法规实施的,处三年以上七年以下有期徒刑,**并处罚金**;情节特别严重的,处七年以上有期徒刑或者无期徒刑,**并处罚金或者没收财产**;情节较轻的,处三年以下有期徒刑、拘役、管制或者剥夺政治权利,**并处或者单处罚金**。 【组织、利用会道门、邪教组织、利用迷信致人重伤、死亡罪】组织、利用会道门、邪教组织或者利用迷信蒙骗他人,致人重伤、死亡的,依照前款的规定处罚。 犯第一款罪又有奸淫妇女、诈骗财物等犯罪行为的,依照**数罪并罚**的规定处罚。

全国人大常委会决定

《全国人民代表大会常务委员会关于取缔邪教组织、防范和惩治邪教活动

的决定》(自1999年10月30日起施行)

为了维护社会稳定,保护人民利益,保障改革开放和社会主义现代化建设的顺利进行,必须取缔邪教组织、防范和惩治邪教活动。根据宪法和有关法律,特作如下决定:

一、坚决依法取缔邪教组织,严厉惩治邪教组织的各种犯罪活动。邪教组织冒用宗教、气功或者其他名义,采用各种手段扰乱社会秩序,危害人民群众生命财产安全和经济发展,必须依法取缔,坚决惩治。人民法院、人民检察院和公安、国家安全、司法行政机关要各司其职,共同做好这项工作。对组织和利用邪教组织破坏国家法律、行政法规实施,聚众闹事,扰乱社会秩序,以迷信邪说蒙骗他人,致人死亡,或者奸淫妇女、诈骗财物等犯罪活动,依法予以严惩。

二、坚持教育与惩罚相结合,团结、教育绝大多数被蒙骗的群众,依法严惩极少数犯罪分子。在依法处理邪教组织的工作中,要把不明真相参与邪教活动的人同组织和利用邪教组织进行非法活动、蓄意破坏社会稳定的犯罪分子区别开来。对受蒙骗的群众不予追究。对构成犯罪的组织者、策划者、指挥者和骨干分子,坚决依法追究刑事责任;对于自首或者有立功表现的,可以依法从轻、减轻或者免除处罚。

三、在全体公民中深入持久地开展宪法和法律的宣传教育,普及科学文化知识。依法取缔邪教组织,惩治邪教活动,有利于保护正常的宗教活动和公民的宗教信仰自由。要使广大人民群众充分认识邪教组织严重危害人类、危害社会的实质,自觉反对和抵制邪教组织的影响,进一步增强法制观念,遵守国家法律。

四、防范和惩治邪教活动,要动员和组织全社会的力量,进行综合治理。各级人民政府和司法机关应当认真落实责任制,把严防邪教组织的滋生和蔓延,防范和惩治邪教活动作为一项重要任务长期坚持下去,维护社会稳定。

《全国人民代表大会常务委员会关于维护互联网安全的决定》(修正后自2009年8月27日起施行,节录)

二、为了维护国家安全和社会稳定,对有下列行为之一,构成犯罪的,依照刑法有关规定追究刑事责任:

(四)利用互联网组织邪教组织、联络邪教组织成员,破坏国家法律、行政法规实施。

(→全文参见第二百八十五条评注部分,第1399页)

相关规定

《中华人民共和国治安管理处罚法》(修正后自2013年1月1日起施行,节录)

第二十七条 有下列行为之一的,处十日以上十五日以下拘留,可以并处一千元以下罚款;情节较轻的,处五日以上十日以下拘留,可以并处五百元以下罚款:

(一)组织、教唆、胁迫、诱骗、煽动他人从事邪教、会道门活动或者利用邪教、会道门、迷信活动,扰乱社会秩序、损害他人身体健康的;

(二)冒用宗教、气功名义进行扰乱社会秩序、损害他人身体健康活动的。

司法解释

《最高人民法院、最高人民检察院关于办理组织、利用邪教组织破坏法律实施等刑事案件适用法律若干问题的解释》(法释〔2017〕3号,自2017年2月1日起施行)

为依法惩治组织、利用邪教组织破坏法律实施等犯罪活动,根据《中华人民共和国刑法》《中华人民共和国刑事诉讼法》有关规定,现就办理此类刑事案件适用法律的若干问题解释如下:

第一条 冒用宗教、气功或者以其他名义建立,神化、鼓吹首要分子,利用制造、散布迷信邪说等手段蛊惑、蒙骗他人,发展、控制成员,危害社会的非法组织,应当认定为刑法第三百条规定的"邪教组织"。

第二条 组织、利用邪教组织,破坏国家法律、行政法规实施,具有下列情形之一的,应当依照刑法第三百条第一款的规定,处三年以上七年以下有期徒刑,并处罚金:

(一)建立邪教组织,或者邪教组织被取缔后又恢复、另行建立邪教组织的;

(二)聚众包围、冲击、强占、哄闹国家机关、企业事业单位或者公共场所、宗教活动场所,扰乱社会秩序的;

(三)非法举行集会、游行、示威,扰乱社会秩序的;

(四)使用暴力、胁迫或者以其他方法强迫他人加入或者阻止他人退出邪教组织的;

(五)组织、煽动、蒙骗成员或者他人不履行法定义务的;

(六)使用"伪基站""黑广播"等无线电台(站)或者无线电频率宣扬邪教的;

(七)曾因从事邪教活动被追究刑事责任或者二年内受过行政处罚,又从事邪教活动的;

(八)发展邪教组织成员五十人以上的;

(九)敛取钱财或者造成经济损失一百万元以上的;

（十）以货币为载体宣扬邪教，数量在五百张(枚)以上的；

（十一）制作、传播邪教宣传品，达到下列数量标准之一的：

1. 传单、喷图、图片、标语、报纸一千份(张)以上的；

2. 书籍、刊物二百五十册以上的；

3. 录音带、录像带等音像制品二百五十盒(张)以上的；

4. 标识、标志物二百五十件以上的；

5. 光盘、U盘、储存卡、移动硬盘等移动存储介质一百个以上的；

6. 横幅、条幅五十条(个)以上的。

（十二）利用通讯信息网络宣扬邪教，具有下列情形之一的：

1. 制作、传播宣扬邪教的电子图片、文章二百张(篇)以上、电子书籍、刊物、音视频五十册(个)以上，或者电子文档五百万字符以上、电子音视频二百五十分钟以上的；

2. 编发信息、拨打电话一千条(次)以上的；

3. 利用在线人数累计达到一千以上的聊天室，或者利用群组成员、关注人员等账号数累计一千以上的通讯群组、微信、微博等社交网络宣扬邪教的；

4. 邪教信息实际被点击、浏览数达到五千次以上的。

（十三）其他情节严重的情形。

第三条　组织、利用邪教组织，破坏国家法律、行政法规实施，具有下列情形之一的，应当认定为刑法第三百条第一款规定的"情节特别严重"，处七年以上有期徒刑或者无期徒刑，并处罚金或者没收财产：

（一）实施本解释第二条第一项至第七项规定的行为，社会危害特别严重的；

（二）实施本解释第二条第八项至第十二项规定的行为，数量或者数额达到第二条规定相应标准五倍以上的；

（三）其他情节特别严重的情形。

第四条　组织、利用邪教组织，破坏国家法律、行政法规实施，具有下列情形之一的，应当认定为刑法第三百条第一款规定的"情节较轻"，处三年以下有期徒刑、拘役、管制或者剥夺政治权利，并处或者单处罚金：

（一）实施本解释第二条第一项至第七项规定的行为，社会危害较轻的；

（二）实施本解释第二条第八项至第十二项规定的行为，数量或者数额达到相应标准五分之一以上的；

（三）其他情节较轻的情形。

第五条　为了传播而持有、携带，或者传播过程中被当场查获，邪教宣传

品数量达到本解释第二条至第四条规定的有关标准的,按照下列情形分别处理:

(一)邪教宣传品是行为人制作的,以犯罪既遂处理;

(二)邪教宣传品不是行为人制作,尚未传播的,以犯罪预备处理;

(三)邪教宣传品不是行为人制作,传播过程中被查获的,以犯罪未遂处理;

(四)邪教宣传品不是行为人制作,部分已经传播出去的,以犯罪既遂处理,对于没有传播的部分,可以在量刑时酌情考虑。

第六条 多次制作、传播邪教宣传品或者利用通讯信息网络宣扬邪教,未经处理的,数量或者数额累计计算。

制作、传播邪教宣传品,或者利用通讯信息网络宣扬邪教,涉及不同种类或者形式的,可以根据本解释规定的不同数量标准的相应比例折算后累计计算。

第七条① 组织、利用邪教组织,制造、散布迷信邪说,蒙骗成员或者他人绝食、自虐等,或者蒙骗病人不接受正常治疗,致人重伤、死亡的,应当认定为刑法第三百条第二款规定的组织、利用邪教组织"蒙骗他人,致人重伤、死亡"。

组织、利用邪教组织蒙骗他人,致一人以上死亡或者三人以上重伤的,处三年以上七年以下有期徒刑,并处罚金。

组织、利用邪教组织蒙骗他人,具有下列情形之一的,处七年以上有期徒刑或者无期徒刑,并处罚金或者没收财产:

(一)造成三人以上死亡的;

(二)造成九人以上重伤的;

(三)其他情节特别严重的情形。

组织、利用邪教组织蒙骗他人,致人重伤的,处三年以下有期徒刑、拘役、管制或者剥夺政治权利,并处或者单处罚金。

第八条 实施本解释第二条至第五条规定的行为,具有下列情形之一的,从重处罚:

(一)与境外机构、组织、人员勾结,从事邪教活动的;

(二)跨省、自治区、直辖市建立邪教组织机构、发展成员或者组织邪教活

---

① 如果直接使用暴力致人重伤、死亡,虽然利用迷信,也应当适用故意伤害罪或者故意杀人罪。对于行为人以"驱蛇仙""治虚病"为由,持斧拍打被害人腿部、背部,并要求被害人家属用鞭子抽打被害人后背和腿部,最终由于长时间的多次抽打造成死亡后果的,综合考量行为的强度、使用工具及持续时间等,宜认定为故意伤害致人死亡。——**本评注**

动的；

（三）在重要公共场所、监管场所或者国家重大节日、重大活动期间聚集滋事，公开进行邪教活动的；

（四）邪教组织被取缔后，或者被认定为邪教组织后，仍然聚集滋事，公开进行邪教活动的；

（五）国家工作人员从事邪教活动的；

（六）向未成年人宣扬邪教的；

（七）在学校或者其他教育培训机构宣扬邪教的。

第九条　组织、利用邪教组织破坏国家法律、行政法规实施，符合本解释第四条规定情形，但行为人能够真诚悔罪，明确表示退出邪教组织、不再从事邪教活动的，可以不起诉或者免予刑事处罚。其中，行为人系受蒙蔽、胁迫参加邪教组织的，可以不作为犯罪处理。

组织、利用邪教组织破坏国家法律、行政法规实施，行为人在一审判决前能够真诚悔罪，明确表示退出邪教组织、不再从事邪教活动的，分别依照下列规定处理：

（一）符合本解释第二条规定情形的，可以认定为刑法第三百条第一款规定的"情节较轻"；

（二）符合本解释第三条规定情形的，可以不认定为刑法第三百条第一款规定的"情节特别严重"，处三年以上七年以下有期徒刑，并处罚金。

第十条　组织、利用邪教组织破坏国家法律、行政法规实施过程中，又有煽动分裂国家、煽动颠覆国家政权或者侮辱、诽谤他人等犯罪行为的，依照数罪并罚的规定定罪处罚。

第十一条　组织、利用邪教组织，制造、散布迷信邪说，组织、策划、煽动、胁迫、教唆、帮助其成员或者他人实施自杀、自伤的，依照刑法第二百三十二条、第二百三十四条的规定，以故意杀人罪或者故意伤害罪定罪处罚。

第十二条　邪教组织人员以自焚、自爆或者其他危险方法危害公共安全的，依照刑法第一百一十四条、第一百一十五条的规定，以放火罪、爆炸罪、以危险方法危害公共安全罪等定罪处罚。

第十三条　明知他人组织、利用邪教组织实施犯罪，而为其提供经费、场地、技术、工具、食宿、接送等便利条件或者帮助的，以共同犯罪论处。

第十四条　对于犯组织、利用邪教组织破坏法律实施罪、组织、利用邪教组织致人重伤、死亡罪，严重破坏社会秩序的犯罪分子，根据刑法第五十六条的规定，可以附加剥夺政治权利。

第十五条 对涉案物品是否属于邪教宣传品难以确定的,可以委托地市级以上公安机关出具认定意见。

第十六条 本解释自2017年2月1日起施行。《最高人民法院、最高人民检察院关于办理组织和利用邪教组织犯罪案件具体应用法律若干问题的解释》(法释〔1999〕18号),《最高人民法院、最高人民检察院关于办理组织和利用邪教组织犯罪案件具体应用法律若干问题的解释(二)》(法释〔2001〕19号),以及《最高人民法院、最高人民检察院关于办理组织和利用邪教组织犯罪案件具体应用法律若干问题的解答》(法发〔2002〕7号)同时废止。

规范性文件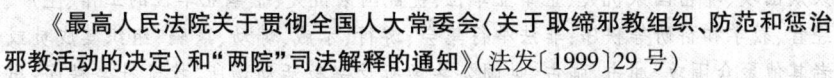

《最高人民法院关于贯彻全国人大常委会〈关于取缔邪教组织、防范和惩治邪教活动的决定〉和"两院"司法解释的通知》(法发〔1999〕29号)

各省、自治区、直辖市高级人民法院,解放军军事法院,新疆维吾尔自治区高级人民法院生产建设兵团分院:

10月30日,九届全国人大常委会第十二次会议通过了《关于取缔邪教组织、防范和惩治邪教活动的决定》(以下简称《决定》),最高人民法院、最高人民检察院联合发布了《关于办理组织和利用邪教组织犯罪案件具体应用法律若干问题的解释》(以下简称《解释》)。《决定》对邪教组织的性质和危害,对防范和惩治邪教组织和犯罪活动作出了明确规定。《解释》根据刑法规定,对办理邪教组织犯罪案件提供了具体的司法依据。这一重要法律和司法解释的出台,对于依法严厉打击邪教组织特别是"法轮功"邪教组织,维护社会稳定,保护人民利益,保障改革开放和社会主义现代化建设顺利进行,具有十分重要的意义。现就人民法院学习贯彻《决定》和《解释》,依法审理组织和利用邪教组织犯罪案件特别是"法轮功"邪教组织犯罪案件通知如下:

一、认真学习宣传贯彻《决定》和《解释》,进一步明确审判工作指导思想和任务。近年来,邪教组织特别是"法轮功"邪教组织冒用宗教、气功或者其他名义建议、神化首要分子,大搞教主崇拜,利用制造、散布迷信邪说等手段蛊惑、蒙骗他人,发展、控制成员,从事违法犯罪活动,危害人民群众生命财产安全和经济发展,严重影响了社会稳定,必须坚决依法惩办。修订后的刑法专门对组织和利用邪教组织破坏国家法律、行政法规实施;组织和利用邪教组织蒙骗他人,致人死亡以及组织和利用邪教组织奸淫妇女、诈骗财物行为的定罪处罚问题,作了明确规定。全国人大常委会近日通过的《决定》,更为依法惩治组织和利用邪教组织的犯罪活动提供了有力的法律武器。各级人民法院要认真学习,统一思想认识，认清"法轮功"的邪教性质及其危害，深刻领会中央关于抓紧处理和解决"法轮功"问题的重要指示精神，充分认识这场斗争的重要性、复杂性、尖锐性和长期性，进一步明确指导思想，把防范和惩治各种邪教组织犯罪作为一项严肃的政治任务，认真履行职责，充分发挥人民法院的审判职能作用，对组织和利用邪教组织破坏国家法律、行政法规实施，聚众闹事，扰乱社会秩序，以迷信邪说蒙骗他人，致人死亡，或者奸淫妇女、诈骗财物等犯罪行为，坚决依法严惩。

二、依法审理组织和利用邪教组织犯罪案件，明确打击重点。各级人民法院要认真贯彻执行《决定》，按照《解释》的规定要求，严格依法办案，正确适用法律，坚决依法打击"法轮功"等邪教组织的犯罪活动。对于组织和利用邪教组织聚众围攻、冲击国家机关、企事业单位，扰乱国家机关、企事业单位的工作、生产、经营、教学和科研等秩序；非法举行集会、游行、示威，煽动、欺骗、组织其成员或者其他聚众围攻、冲击、强占、哄闹公共场所及宗教活动场所，扰乱社会秩序；出版、印刷、复制、发行宣扬邪教内容的出版物、印制邪教组织标识的，坚决依照刑法第三百条第一款的规定，以组织、利用邪教组织破坏法律实施罪定罪处罚。对于组织和利用邪教组织制造、散布迷信邪说，蒙骗其成员或者他人实施绝食、自残、自虐等行为，或者阻止病人进行正常治疗，致人死亡的，坚决依照刑法第三百条第二款的规定，以组织、利用邪教组织致人死亡罪定罪处罚，对造成特别严重后果的，依法从重处罚。对于邪教组织以各种欺骗手段敛取钱财的，依照刑法第三百条第三款和第二百六十六条的规定，以诈骗罪定罪处罚。对于邪教组织和组织、利用邪教组织破坏法律实施的犯罪分子，以各种手段非法聚敛的财物，用于犯罪的工具、宣传品的，应当依法追缴、没收。

三、正确运用法律和政策，严格区分不同性质的矛盾。各级人民法院在审判工作中必须坚持教育与惩罚相结合，团结教育大多数被蒙骗的群众，坚决依法严惩极少数犯罪分子。在依法惩治构成犯罪的组织者、策划者、指挥者和积极参加者的同时，要注意团结大多数，教育大多数，解脱大多数。要把不明真相参与邪教活动的人同组织和利用邪教组织进行非法活动、蓄意破坏社会稳定的犯罪分子区别开来；要把一般"法轮功"练习者同极少数违法犯罪活动的策划者、组织者区别开来；要把正常的宗教信仰、合法的宗教活动同"法轮功"等邪教组织的活动区别开来。重点打击组织和利用邪教组织进行犯罪活动的组织、策划、指挥者和屡教不改的骨干分子。对有自首、立功表现的，可以依法从轻、减轻或者免除处罚；对于受蒙蔽、胁迫参加邪教组织并已退出和不再参加邪教组织活动的人员，不作为犯罪处理。

四、加强对学习宣传贯彻《决定》工作的领导，保证审理组织和利用邪教组织犯罪案件工作顺利进行。各级人民法院依法审理组织和利用邪教组织犯罪案件，必须在党委领导下，在党委政法委的指导下，周密部署，保证万无一失。要把依法审理组织和利用邪教组织犯罪案件作为一项重要政治任务，务必抓紧抓好。要加强与检察、公安机关的密切配合，对于检察机关移送起诉的组织和利用邪教组织犯罪案件，要抽调精干力量进行审理，依法及时审结。上级人民法院要注意了解和掌握下级人民法院审判案件的情况，及时指导。对一些典型案件应当适时召开新闻发布会，扩大审判的社会影响。要通过各种形式宣传和对具体案件的处理，教育广大群众，提高公民的法制观念，使广大群众认识邪教组织反科学、反人类、反社会、反政府、危害社会的实质，增强自觉反对和抵制邪教组织的意识。要落实人民法院参与社会治安综合治理的各项措施，坚持预防与惩治并重，防范邪教组织的滋生和发展。

以上通知，望认真执行。

《公安部关于认定和取缔邪教组织若干问题的通知》（公通字〔2000〕39号）

各省、自治区、直辖市公安厅、局，新疆生产建设兵团公安局：

按照《中共中央、国务院关于处理对社会有危害的气功组织有关问题的意见》（中发〔2000〕5号）精神，根据《中华人民共和国》、《全国人民代表大会常务委员会关于取缔邪教组织、防范和惩治邪教活动的决定》，参照《最高人民法院、最高人民检察院关于办理组织和利用邪教组织犯罪案件具体应用法律若干问题的解释》，现就认定和取缔邪教组织的有关问题通知如下：

一、凡是具有以下特征的，应当认定为邪教组织：

（一）冒用宗教、气功等名义，建立非法组织；

（二）神化首要分子；

（三）制造、散布迷信邪说；

（四）利用制造、散布的迷信邪说等手段，蛊惑、蒙骗他人，发展、控制成员；

（五）有组织地从事扰乱社会秩序、危害公民生命财产安全等活动。

二、根据邪教组织活动区域的不同情况，分别由省、自治区、直辖市公安厅、局和公安部认定。

在某一省、自治区、直辖市内活动的邪教组织，经公安部核准后，由本省、自治区、直辖市公安厅、局认定；跨省、自治区、直辖市活动的邪教组织，由公安部认定。

三、公安机关对具有邪教活动嫌疑的组织，应当及时认真进行调查，查明基本情况，收集必要的证据，认为符合邪教组织特征的，应当提出书面意见后，报告省、自治区、直辖市公安厅、局。

省、自治区、直辖市公安厅、局经调查核实,应当根据该组织活动的不同情况,提出请公安部核准或者认定的意见后,报告公安部。

公安部对省、自治区、直辖市公安厅、局提出的意见及有关证据、材料进行审核后,分别予以核准或者认定。

四、对邪教组织的取缔工作由该邪教组织所在地的公安机关负责执行。

五、邪教组织的资产以及用于邪教活动的物品、工具,依法予以追缴、没收;对专门用于邪教活动的房屋,依法予以查封、没收。

六、对涉嫌组织、利用邪教组织进行犯罪活动的组织者、策划者、指挥者和骨干分子,应当依法追究刑事责任;对有自首、立功表现的,在移送人民检察院审查起诉时,可以依法提出从轻、减轻或者免除处罚的意见。

七、邪教组织被取缔后,对于在邪教活动中起组织、联络作用的骨干,应当责令其在指定时间内到指定的公安机关进行登记,具结悔过。对于受蒙骗、胁迫参加邪教活动的一般人员,不作为邪教组织成员对待和处理,不进行登记。

八、在依法取缔邪教组织、惩治邪教活动的工作中,应当坚持团结、教育绝大多数受骗的一般人员,使他们充分认识邪教组织的危害,自觉反对、摆脱、抵制邪教组织的控制和影响,增强法制观念,遵守国家法律。

第三百零一条 【聚众淫乱罪】聚众进行淫乱活动的,对首要分子或者多次参加的,处五年以下有期徒刑、拘役或者管制。

【引诱未成年人聚众淫乱罪】引诱未成年人参加聚众淫乱活动的,依照前款的规定从重处罚。

立法沿革

本条系 1997 年《刑法》增设的规定,系从 1979 年《刑法》规定的流氓罪法条中分解修改而来。1979 年《刑法》第一百六十条规定:"聚众斗殴,寻衅滋事,侮辱妇女或者进行其他流氓活动,破坏公共秩序,情节恶劣的,处七年以下有期徒刑、拘役或者管制。""流氓集团的首要分子,处七年以上有期徒刑。"

相关规定

《中华人民共和国治安管理处罚法》(修正后自 2013 年 1 月 1 日起施行,节录)

第六十九条 有下列行为之一的,处十日以上十五日以下拘留,并处五百元以上一千元以下罚款:

(三)参与聚众淫乱活动的。

明知他人从事前款活动,为其提供条件的,依照前款的规定处罚。

■ 立案追诉标准

《最高人民检察院、公安部关于公安机关管辖的刑事案件立案追诉标准的规定(一)》(节录)

第四十一条 [聚众淫乱案(刑法第三百零一条第一款)]组织、策划、指挥三人以上进行淫乱活动或者参加聚众淫乱活动三次以上的,应予立案追诉。

第四十二条 [引诱未成年人聚众淫乱案(刑法第三百零一条第二款)]引诱未成年人参加聚众淫乱活动的,应予立案追诉。

(→附则参见分则标题评注部分,第392页)

第三百零二条 【盗窃、侮辱、故意毁坏尸体、尸骨、骨灰罪】盗窃、侮辱、故意毁坏尸体、尸骨、骨灰的,处三年以下有期徒刑、拘役或者管制。

■ 立法沿革

本条系1997年《刑法》增设的规定。

2015年11月1日起施行的《刑法修正案(九)》第三十四条对本条作了修改,扩大了对象范围和行为方式。修改后,罪名由"盗窃、侮辱尸体罪"调整为"盗窃、侮辱、故意毁坏尸体、尸骨、骨灰罪"。

修正前《刑法》	修正后《刑法》
第三百零二条 【盗窃、侮辱尸体罪】盗窃、侮辱尸体的,处三年以下有期徒刑、拘役或者管制。	第三百零二条 【盗窃、侮辱、故意毁坏尸体、尸骨、骨灰罪】盗窃、侮辱、**故意毁坏尸体、尸骨、骨灰**的,处三年以下有期徒刑、拘役或者管制。

■ 相关规定

《中华人民共和国治安管理处罚法》(修正后自2013年1月1日起施行,节录)

第六十五条 有下列行为之一的,处五日以上十日以下拘留;情节严重的,处十日以上十五日以下拘留,可以并处一千元以下罚款:

(一)故意破坏、污损他人坟墓或者毁坏、丢弃他人尸骨、骨灰的;

司法疑难解析

1. 买卖尸体行为的处理。由于《刑法》第三百零二条的行为方式没有"买卖",故对于买卖尸体的行为只能根据具体情况迂回适用该条规定。例如,对于为逃避火葬制度而买卖他人尸体用于火葬的行为,在《刑法修正案(九)》之前,由于该条的行为方式限于"盗窃、侮辱",实践中多适用侮辱尸体罪。但在《刑法修正案(九)》施行后,该条的行为方式扩充为"盗窃、侮辱、故意毁坏",则需要准确界分"侮辱"与"故意毁坏"。"'侮辱'主要是指直接对死者尸体、尸骨、骨灰进行奸淫、猥亵、鞭打、遗弃等凌辱行为……'故意毁坏'主要是指对尸体、尸骨、骨灰予以物理上或者化学性的损伤或破坏,既包括对整个尸体、尸骨、骨灰的毁损或破坏,也包括对尸体、尸骨、骨灰一部分的损坏,如砸毁、肢解、割裂或非法解剖尸体,毁损死者的面容,抛撒骨灰等。"①基于此,**本评注主张**将非法火化行为解释为"故意毁坏尸体",适用故意毁坏尸体罪;当然,如果涉及杀害他人进而买卖尸体等其他行为的,应当按照故意杀人罪等相应犯罪论处。

2. 破坏埋葬死者遗体或者骨灰的墓地、墓碑行为的处理。本评注认为,由于《刑法修正案(九)》未将"故意毁坏他人坟墓的行为"入罪,故对故意毁坏坟墓的行为不能适用《刑法》第三百零二条的规定,如触犯《刑法》其他条文的,只能适用其他罪名处理。具体而言,如果只是毁坏他人坟墓的,包括物理破坏和对墓碑、墓地抛洒墨汁、油漆或者粪便等污染物的其他毁坏行为,可以考虑适用故意毁坏财物罪;如果毁坏他人坟墓进而盗窃、侮辱、故意毁坏尸体、尸骨、骨灰的,可以在故意毁坏财物罪与盗窃、侮辱、故意毁坏尸体、尸骨、骨灰罪之间择一重罪处断。

第三百零三条　【赌博罪】以营利为目的,聚众赌博或者以赌博为业的,处三年以下有期徒刑、拘役或者管制,并处罚金。

【开设赌场罪】开设赌场的,处五年以下有期徒刑、拘役或者管制,并处罚金;情节严重的,处五年以上十年以下有期徒刑,并处罚金。

【组织参与国(境)外赌博罪】组织中华人民共和国公民参与国(境)外赌博,数额巨大或者有其他严重情节的,依照前款的规定处罚。

---

① 王爱立主编:《中华人民共和国刑法条文说明、立法理由及相关规定》,北京大学出版社 2021 年版,第 1197 页。

立法沿革

本条系 1997 年《刑法》吸收修改 1979 年《刑法》作出的规定。1979 年《刑法》第一百六十八条规定:"以营利为目的,聚众赌博或者以赌博为业的,处三年以下有期徒刑、拘役或者管制,可以并处罚金。"1997 年《刑法》增加规定了开设赌场的行为方式。

2006 年 6 月 29 日起施行的《刑法修正案(六)》第十八条对本条作了第一次修改,对开设赌场的犯罪在第二款作了专门规定。

2021 年 3 月 1 日起施行的《刑法修正案(十一)》第三十六条对本条作了第二次修改,主要涉及如下两个方面:一是调整开设赌场罪的法定刑,将第一档刑罚的最高刑和第二档刑罚的最低刑"三年有期徒刑"调整为"五年有期徒刑";二是增设组织参与国(境)外赌博的犯罪。

修正前《刑法》	第一次修正后《刑法》	第二次修正后《刑法》
第三百零三条 【赌博罪】以营利为目的,聚众赌博、开设赌场或者以赌博为业的,处三年以下有期徒刑、拘役或者管制,并处罚金。	第三百零三条 【赌博罪】以营利为目的,聚众赌博或者以赌博为业的,处三年以下有期徒刑、拘役或者管制,并处罚金。 【开设赌场罪】开设赌场的,处三年以下有期徒刑、拘役或者管制,并处罚金;情节严重的,处三年以上十年以下有期徒刑,并处罚金。	第三百零三条 【赌博罪】以营利为目的,聚众赌博或者以赌博为业的,处三年以下有期徒刑、拘役或者管制,并处罚金。 【开设赌场罪】开设赌场的,处五年以下有期徒刑、拘役或者管制,并处罚金;情节严重的,处五年以上十年以下有期徒刑,并处罚金。 【组织参与国(境)外赌博罪】组织中华人民共和国公民参与国(境)外赌博,数额巨大或者有其他严重情节的,依照前款的规定处罚。

相关规定

《中华人民共和国治安管理处罚法》(修正后自 2013 年 1 月 1 日起施行,节录)

第七十条 以营利为目的,为赌博提供条件的,或者参与赌博赌资较大的,处五日以下拘留或者五百元以下罚款;情节严重的,处十日以上十五日以下拘留,并处五百元以上三千元以下罚款。

司法解释

《最高人民法院、最高人民检察院关于办理赌博刑事案件具体应用法律若干问题的解释》(法释〔2005〕3号,自2005年5月13日起施行)①

为依法惩治赌博犯罪活动,根据刑法的有关规定,现就办理赌博刑事案件具体应用法律的若干问题解释如下:

第一条② 以营利为目的,有下列情形之一的,属于刑法第三百零三条规定的"聚众赌博":

(一)组织3人以上赌博,抽头渔利数额累计达到5000元以上的;

(二)组织3人以上赌博,赌资数额累计达到5万元以上的;

(三)组织3人以上赌博,参赌人数累计达到20人以上的;

(四)组织中华人民共和国公民10人以上赴境外赌博,从中收取回扣、介绍费的。

第二条 以营利为目的,在计算机网络上建立赌博网站,或者为赌博网站担任代理,接受投注的,属于刑法第三百零三条规定的"开设赌场"。

第三条 中华人民共和国公民在我国领域外周边地区聚众赌博、开设赌场,以吸引中华人民共和国公民为主要客源,构成赌博罪的,可以依照刑法规定追究刑事责任。

第四条 明知他人实施赌博犯罪活动,而为其提供资金、计算机网络、通讯、费用结算等直接帮助的,以赌博罪的共犯论处。

第五条 实施赌博犯罪,有下列情形之一的,依照刑法第三百零三条的规定从重处罚:

(一)具有国家工作人员身份的;

(二)组织国家工作人员赴境外赌博的;

---

① 本司法解释的适用,特别是相关定罪量刑标准,应当根据经《刑法修正案(六)》、《刑法修正案(十一)》修正后《刑法》第三百零三条的规定,结合司法实践具体情况妥当把握。——本评注注

② 本条第四项规定的"组织中华人民共和国公民10人以上赴境外赌博",应是指一次组织中华人民共和国公民10人以上赴境外赌博。参见孙军工:《〈关于办理赌博刑事案件具体应用法律若干问题的解释〉的理解与适用》,载中华人民共和国最高人民法院刑事审判第一、二、三、四、五庭主办:《中国刑事审判指导案例5》(增订第3版),法律出版社2017年版,第794页。但是,**本评注认为**,在《刑法修正案(十一)》施行后,相关行为可能构成组织参与国(境)外赌博罪。

(三)组织未成年人参与赌博,或者开设赌场吸引未成年人参与赌博的。

第六条①② 未经国家批准擅自发行、销售彩票,构成犯罪的,依照刑法第二百二十五条第(四)项的规定,以非法经营罪定罪处罚。

第七条 通过赌博或者为国家工作人员赌博提供资金的形式实施行贿、受贿行为,构成犯罪的,依照刑法关于贿赂犯罪的规定定罪处罚。

第八条 赌博犯罪中用作赌注的款物、换取筹码的款物和通过赌博赢取的款物属于赌资。通过计算机网络实施赌博犯罪的,赌资数额可以按照在计算机网络上投注或者赢取的点数乘以每一点实际代表的金额认定。

赌资应当依法予以追缴;赌博用具、赌博违法所得以及赌博犯罪分子所有的专门用于赌博的资金、交通工具、通讯工具等,应当依法予以没收。

第九条 不以营利为目的,进行带有少量财物输赢的娱乐活动,以及提供棋牌室等娱乐场所只收取正常的场所和服务费用的经营行为等,不以赌博论处。

规范性文件

《公安部、中央社会治安综合治理委员会办公室、民政部等关于进一步加强

---

① 需要注意的是,最高人民法院研究室复函认为:"经营彩票'优化'、'缩水'业务是为彩民提供咨询服务的营利活动,由于目前国家有关彩票经营的规定并未禁止此种经营行为,不宜认定为犯罪。如果此种行为属于未经许可的擅自经营行为,可由行政机关予以行政处罚。"参见喻海松:《最高人民法院研究室关于经营彩票"优化"、"缩水"业务定性问题的研究意见》,载张军主编:《司法研究与指导(总第1辑)》,人民法院出版社2012年版。

② **本评注认为**,对于地下"六合彩"应当区分情况作出处理:(1)符合非法发行、销售彩票特征的,应当依照本条规定,以非法经营罪定罪处罚。非法彩票的特征,主要表现为"两低一高",即投注门槛、中奖概率极低、收益极高,具有很强的欺骗性、诱惑性,极易在社会上大肆蔓延、渗透,21世纪初,一些地方地下"六合彩"泛滥,甚至形成"无户不彩"的局面,成为严重影响经济社会发展的重大问题。此类地下"六合彩"当然影响正常的彩票的发行、销售,扰乱彩票管理秩序,以非法经营罪定罪处罚,既符合案件性质,又有利于罪责刑相适应。(2)不符合非法发行、销售彩票特征,但符合《刑法》第三百零三条规定的,以赌博犯罪定罪处罚。对于利用香港"六合彩"开奖信息,在一定范围内进行对赌的,即使投注金额较大,但是由于不具有彩票"两低一高"等特征,影响范围相对有限,不会对正常的彩票发行、销售造成妨害,故应当适用《刑法》第三百零三条的规定。此外,需要强调的是,基于罪责刑相适应原则的要求,对于上述案件不宜唯"接受投注数额"论,宜结合行为方式、持续时间、"彩民"数量、涉案金额等因素,综合判断危害程度,妥当决定应否追究刑事责任以及如何裁量刑罚。

和改进出租房屋管理工作有关问题的通知》(公通字〔2004〕83号)第三条第(十一)项规定对房主违反出租房屋管理规定,为他人进行赌博活动提供出租房屋,构成犯罪的,依照《刑法》第三百零三条的规定追究刑事责任。(→参见第一百三十六条评注部分,第566页)

《最高人民法院、最高人民检察院、公安部关于开展集中打击赌博违法犯罪活动专项行动有关工作的通知》(公通字〔2005〕2号)

各省、自治区、直辖市高级人民法院,人民检察院,公安厅、局,新疆维吾尔自治区高级人民法院生产建设兵团分院,新疆生产建设兵团人民检察院,公安局:

近年来,各类赌博违法犯罪活动日益猖獗,特别是境外赌博业对我渗透加剧,网络赌博蔓延迅速,六合彩、私彩赌博活动在一些地区泛滥成灾,到境外赌博和参与网络赌博的人数日益增多,党政领导干部、国家公务员和企事业单位负责人参赌人数呈上升趋势,造成国家资金大量流失,诱发了大量的社会问题,人民群众和社会各界反映强烈。为打击赌博违法犯罪活动,维护社会治安稳定和社会管理秩序,决定从2005年1月至5月,在全国范围内组织开展集中打击赌博违法犯罪活动专项行动。现就有关要求通知如下:

一、提高思想认识,切实增强开展集中打击赌博违法犯罪活动的政治责任感和工作紧迫感

赌博之风蔓延,危害是多方面的、长期的。开展集中打击赌博违法犯罪活动专项行动,是践行"三个代表"重要思想、加强三个文明建设的必然要求,是构建社会主义和谐社会、巩固党的执政基础的重要举措。各级公安机关、人民检察院、人民法院要深刻认识赌博违法犯罪活动的严重危害和开展打击赌博违法犯罪活动的重要性、紧迫性,从深入贯彻党的十六大、十六届四中全会精神和努力践行"三个代表"重要思想、提高党的执政能力的战略高度,以对党、对人民高度负责的态度,充分发挥职能作用,认真部署,协同作战,坚决打击赌博这一社会丑恶现象,有效震慑犯罪,净化社会环境,维护社会和谐稳定。

二、突出打击重点,严格依照法律规定打击赌博违法犯罪活动

各级公安机关、人民检察院、人民法院要充分认识此类违法犯罪活动的特点,充分发挥职能作用,依法打击进行赌博违法犯罪活动的不法分子。要通过专项行动打掉一批赌博团伙、窝点,铲除封堵一批赌博网站,查破一批赌博大案要案,严惩一批赌博违法犯罪分子。其中,重点惩处赌博犯罪集团和网络赌博的组织者、六合彩和赌球赌马等赌博活动的组织者以及参与赌博犯罪活动的党政领导干部、国家公务员和企事业单位负责人。

在专项行动中,要按照刑法和有关司法解释的规定,严格依法办案,准确认

定赌博犯罪行为,保证办案质量。对以营利为目的聚众赌博、开设赌场的,无论其是否参与赌博,均应以赌博罪追究刑事责任;对以营利为目的以赌博为业的,无论其是否实际营利,也应以赌博罪追究刑事责任。对通过在中国领域内设立办事处、代表处或者散发广告等形式,招揽、组织中国公民赴境外赌博,构成犯罪的,以赌博罪定罪处罚。对具有教唆他人赌博、组织未成年人聚众赌博或者开设赌场吸引未成年人参与赌博以及国家工作人员犯赌博罪等情形的,应当依法从严处理。对实施贪污、挪用公款、职务侵占、挪用单位资金、挪用特定款物、受贿等犯罪,并将犯罪所得的款物用于赌博的,分别依照刑法有关规定从重处罚;同时构成赌博罪的,应依照刑法规定实行数罪并罚。要充分运用没收财产、罚金等财产刑,以及追缴违法所得、没收用于赌博的本人财物和犯罪工具等措施,从经济上制裁犯罪分子,铲除赌博犯罪行为的经济基础。要坚持惩办与宽大相结合的刑事政策,区别对待,宽严相济,最大限度地分化瓦解犯罪分子。对主动投案自首或者有检举、揭发赌博违法犯罪活动等立功表现的,可依法从宽处罚。

要严格区分赌博违法犯罪活动与群众正常文娱活动的界限,对不以营利为目的,进行带有少量财物输赢的娱乐活动,以及提供棋牌室等娱乐场所并只收取固定的场所和服务费用的经营行为等,不得以赌博论处。对参赌且赌资较大的,可由公安机关依法给予治安处罚;符合劳动教养条件的,依法给予劳动教养;违反党纪政纪的,由主管机关予以纪律处分。要严格依法办案,对构成犯罪的,决不姑息手软,严禁以罚代刑,降格处理;对不构成犯罪或者不应当给予行政处理的,不得打击、处理,不得以禁赌为名干扰群众的正常文娱活动。

三、加强协调配合。形成打击合力

当前,赌博犯罪活动不仅数量多,而且组织严密,参与范围广,作案手段隐蔽,逃避打击能力强。各级公安机关、人民检察院、人民法院在办案中要坚持实事求是,科学、正确认识此类犯罪活动的特殊性,按照"基本事实清楚、基本证据确凿"的原则,不纠缠细枝末节,密切配合,依法从重从快打击赌博犯罪活动。公安机关应当组织专门力量,扎扎实实地做好侦查工作。赌博犯罪行为发生地公安机关发现犯罪行为后均应依法立即立案侦查,全力查清犯罪事实,抓捕犯罪嫌疑人。要切实做好证据的收集、固定和保全工作,为起诉和审判打下坚实基础。人民检察院对公安机关提请批准逮捕和移送审查起诉的犯罪嫌疑人,要依法及时审查批捕和审查起诉。人民法院对人民检察院提起公诉的案件,应当依法及时审判。各级公安机关、人民检察院、人民法院应当加强配合和制约,严格依法办案,保证办案质量。

四、广泛宣传发动,推动专项行动深入开展

在专项行动中,各级公安机关、人民检察院、人民法院要充分利用各种新闻媒体,大力宣传有关法律和政策,向广大群众表明党和政府及政法机关打击赌博违法犯罪活动的决心和信心。要选择典型案例公开曝光,震慑犯罪,教育群众,使广大人民群众树立守法意识,自觉远离、坚决抵制赌博活动。要建立举报奖励制度,设立举报电话、信箱和网址,对积极提供线索、帮助查破赌博大案要案的群众给予奖励,动员广大群众检举、揭发犯罪,形成打击赌博违法犯罪活动的良好氛围。

各地接到本通知后,请立即部署贯彻执行。执行中遇到的问题,请及时分别报告最高人民法院、最高人民检察院、公安部。

《最高人民法院、最高人民检察院、公安部关于办理网络赌博犯罪案件适用法律若干问题的意见》(公通字〔2010〕40号)

各省、自治区、直辖市高级人民法院、人民检察院、公安厅、局,新疆维吾尔自治区高级人民法院生产建设兵团分院、新疆生产建设兵团人民检察院、公安局:

为依法惩治网络赌博犯罪活动,根据《中华人民共和国刑法》、《中华人民共和国刑事诉讼法》和最高人民法院、最高人民检察院《关于办理赌博刑事案件具体应用法律若干问题的解释》等有关规定,结合司法实践,现就办理网络赌博犯罪案件适用法律的若干问题,提出如下意见:

一、关于网上开设赌场犯罪的定罪量刑标准①

利用互联网、移动通讯终端等传输赌博视频、数据,组织赌博活动,具有下列情形之一的,属于刑法第三百零三条第二款规定的"开设赌场"行为:

(一)建立赌博网站并接受投注的;

(二)建立赌博网站并提供给他人组织赌博的;

(三)为赌博网站担任代理并接受投注的;

(四)参与赌博网站利润分成的。

---

① 如果行为人既没有建立赌博网站,也没有为赌博网站担任代理,仅以营利为目的,通过利用自己掌握的赌博网站的网址、账户、密码等信息,组织多人进行网络赌博活动,则其行为不属于刑法规定的开设赌场,符合聚众赌博标准的,则应认定为赌博罪。参见高贵君、张明、吴光侠、邓克珠:《〈关于审理编造、故意传播虚假恐怖信息刑事案件适用法律若干问题的解释〉的理解与适用》,载中华人民共和国最高人民法院刑事审判第一、二、三、四、五庭主办:《中国刑事审判指导案例5》(增订第3版),法律出版社2017年版,第803页。

实施前款规定的行为,具有下列情形之一的,应当认定为刑法第三百零三条第二款规定的"情节严重":

(一)抽头渔利数额累计达到3万元以上的;
(二)赌资数额累计达到30万元以上的;
(三)参赌人数累计达到120人以上的;
(四)建立赌博网站后通过提供给他人组织赌博,违法所得数额在3万元以上的;
(五)参与赌博网站利润分成,违法所得数额在3万元以上的;
(六)为赌博网站招募下级代理,由下级代理接受投注的;
(七)招揽未成年人参与网络赌博的;
(八)其他情节严重的情形。

二、关于网上开设赌场共同犯罪的认定和处罚

明知是赌博网站,而为其提供下列服务或者帮助的,属于开设赌场罪的共同犯罪,依照刑法第三百零三条第二款的规定处罚:

(一)为赌博网站提供互联网接入、服务器托管、网络存储空间、通讯传输通道、投放广告、发展会员、软件开发、技术支持等服务,收取服务费数额在2万元以上的;
(二)为赌博网站提供资金支付结算服务,收取服务费数额在1万元以上或者帮助收取赌资20万元以上的;
(三)为10个以上赌博网站投放与网址、赔率等信息有关的广告或者为赌博网站投放广告累计100条以上的。

实施前款规定的行为,数量或者数额达到前款规定标准5倍以上的,应当认定为刑法第三百零三条第二款规定的"情节严重"。

实施本条第一款规定的行为,具有下列情形之一的,应当认定行为人"明知",但是有证据证明确实不知道的除外:

(一)收到行政主管机关书面等方式的告知后,仍然实施上述行为的;
(二)为赌博网站提供互联网接入、服务器托管、网络存储空间、通讯传输通道、投放广告、软件开发、技术支持、资金支付结算等服务,收取服务费明显异常的;
(三)在执法人员调查时,通过销毁、修改数据、账本等方式故意规避调查或者向犯罪嫌疑人通风报信的;
(四)其他有证据证明行为人明知的。

如果有开设赌场的犯罪嫌疑人尚未到案,但是不影响对已到案共同犯罪嫌

疑人、被告人的犯罪事实认定的，可以依法对已到案者定罪处罚。

三、关于网络赌博犯罪的参赌人数、赌资数额和网站代理的认定

赌博网站的会员账号数可以认定为参赌人数，如果查实一个账号多人使用或者多个账号一人使用的，应当按照实际使用的人数计算参赌人数。

赌资数额可以按照在网络上投注或者赢取的点数乘以每一点实际代表的金额认定。

对于将资金直接或间接兑换为虚拟货币、游戏道具等虚拟物品，并用其作为筹码投注的，赌资数额按照购买该虚拟物品所需资金数额或者实际支付资金数额认定。

对于开设赌场犯罪中用于接收、流转赌资的银行账户内的资金，犯罪嫌疑人、被告人不能说明合法来源的，可以认定为赌资。向该银行账户转入、转出资金的银行账户数量可以认定为参赌人数。如果查实一个账户多人使用或多个账户一人使用的，应当按照实际使用的人数计算参赌人数。

有证据证明犯罪嫌疑人在赌博网站上的账号设置有下级账号的，应当认定其为赌博网站的代理。

四、关于网络赌博犯罪案件的管辖

网络赌博犯罪案件的地域管辖，应当坚持以犯罪地管辖为主、被告人居住地管辖为辅的原则。

"犯罪地"包括赌博网站服务器所在地、网络接入地、赌博网站建立者、管理者所在地，以及赌博网站代理人、参赌人实施网络赌博行为地等。

公安机关对侦办跨区域网络赌博犯罪案件的管辖权有争议的，应本着有利于查清犯罪事实、有利于诉讼的原则，认真协商解决。经协商无法达成一致的，报共同的上级公安机关指定管辖。对即将侦查终结的跨省(自治区、直辖市)重大网络赌博案件，必要时可由公安部商最高人民法院和最高人民检察院指定管辖。

为保证及时结案，避免超期羁押，人民检察院对于公安机关提请审查逮捕、移送审查起诉的案件，人民法院对于已进入审判程序的案件，犯罪嫌疑人、被告人及其辩护人提出管辖异议或者办案单位发现没有管辖权的，受案人民检察院、人民法院经审查可以依法报请上级人民检察院、人民法院指定管辖，不再自行移送有管辖权的人民检察院、人民法院。

五、关于电子证据的收集与保全

侦查机关对于能够证明赌博犯罪案件真实情况的网站页面、上网记录、电子邮件、电子合同、电子交易记录、电子账册等电子数据，应当作为刑事证据予以提

取、复制、固定。

侦查人员应当对提取、复制、固定电子数据的过程制作相关文字说明，记录案由、对象、内容以及提取、复制、固定的时间、地点、方法，电子数据的规格、类别、文件格式等，并由提取、复制、固定电子数据的制作人、电子数据的持有人签名或者盖章，附所提取、复制、固定的电子数据一并随案移送。

对于电子数据存储在境外的计算机上的，或者侦查机关从赌博网站提取电子数据时犯罪嫌疑人未到案的，或者电子数据的持有人无法签字或者拒绝签字的，应当由能够证明提取、复制、固定过程的见证人签名或者盖章，记明有关情况。必要时，可对提取、复制、固定有关电子数据的过程拍照或者录像。

《最高人民法院、最高人民检察院、公安部关于办理利用赌博机开设赌场案件适用法律若干问题的意见》（公通字〔2014〕17号）

各省、自治区、直辖市高级人民法院，人民检察院，公安厅、局，解放军军事法院、军事检察院，新疆维吾尔自治区高级人民法院生产建设兵团分院，新疆生产建设兵团人民检察院、公安局：

为依法惩治利用具有赌博功能的电子游戏设施设备开设赌场的犯罪活动，根据《中华人民共和国刑法》、《最高人民法院、最高人民检察院关于办理赌博刑事案件具体应用法律若干问题的解释》等有关规定，结合司法实践，现就办理此类案件适用法律问题提出如下意见：

一、关于利用赌博机组织赌博的性质认定

设置具有退币、退分、退钢珠等赌博功能的电子游戏设施设备，并以现金、有价证券等贵重款物作为奖品，或者以回购奖品方式给予他人现金、有价证券等贵重款物（以下简称设置赌博机）组织赌博活动的，应当认定为刑法第三百零三条第二款规定的"开设赌场"行为。

二、关于利用赌博机开设赌场的定罪处罚标准

设置赌博机组织赌博活动，具有下列情形之一的，应当按照刑法第三百零三条第二款规定的开设赌场罪定罪处罚：

（一）设置赌博机10台以上的；

（二）设置赌博机2台以上，容留未成年人赌博的；

（三）在中小学校附近设置赌博机2台以上的；

（四）违法所得累计达到5000元以上的；

（五）赌资数额累计达到5万元以上的；

（六）参赌人数累计达到20人以上的；

（七）因设置赌博机被行政处罚后，两年内再设置赌博机5台以上的；

（八）因赌博、开设赌场犯罪被刑事处罚后，五年内再设置赌博机 5 台以上的；

（九）其他应当追究刑事责任的情形。

设置赌博机组织赌博活动，具有下列情形之一的，应当认定为刑法第三百零三条第二款规定的"情节严重"：

（一）数量或者数额达到第二条第一款第一项至第六项规定标准六倍以上的；

（二）因设置赌博机被行政处罚后，两年内再设置赌博机 30 台以上的；

（三）因赌博、开设赌场犯罪被刑事处罚后，五年内再设置赌博机 30 台以上的；

（四）其他情节严重的情形。

可同时供多人使用的赌博机，台数按照能够独立供一人进行赌博活动的操作基本单元的数量认定。

在两个以上地点设置赌博机，赌博机的数量、违法所得、赌资数额、参赌人数等均合并计算。

三、关于共犯的认定

明知他人利用赌博机开设赌场，具有下列情形之一的，以开设赌场罪的共犯论处：

（一）提供赌博机、资金、场地、技术支持、资金结算服务的；

（二）受雇参与赌场经营管理并分成的；

（三）为开设赌场者组织客源，收取回扣、手续费的；

（四）参与赌场管理并领取高额固定工资的；

（五）提供其他直接帮助的。

四、关于生产、销售赌博机的定罪量刑标准

以提供给他人开设赌场为目的，违反国家规定，非法生产、销售具有退币、退分、退钢珠等赌博功能的电子游戏设施设备或者其专用软件，情节严重的，依照刑法第二百二十五条的规定，以非法经营罪定罪处罚。

实施前款规定的行为，具有下列情形之一的，属于非法经营行为"情节严重"：

（一）个人非法经营数额在五万元以上，或者违法所得数额在一万元以上的；

（二）单位非法经营数额在五十万元以上，或者违法所得数额在十万元以上的；

（三）虽未达到上述数额标准，但两年内因非法生产、销售赌博机行为受过

二次以上行政处罚,又进行同种非法经营行为的;

(四)其他情节严重的情形。

具有下列情形之一的,属于非法经营行为"情节特别严重":

(一)个人非法经营数额在二十五万元以上,或者违法所得数额在五万元以上的;

(二)单位非法经营数额在二百五十万元以上,或者违法所得数额在五十万元以上的。

五、关于赌资的认定

本意见所称赌资包括:

(一)当场查获的用于赌博的款物;

(二)代币、有价证券、赌博积分等实际代表的金额;

(三)在赌博机上投注或赢取的点数实际代表的金额。

六、关于赌博机的认定

对于涉案的赌博机,公安机关应当采取拍照、摄像等方式及时固定证据,并予以认定。对于是否属于赌博机难以确定的,司法机关可以委托地市级以上公安机关出具检验报告。司法机关根据检验报告,并结合案件具体情况作出认定。必要时,人民法院可以依法通知检验人员出庭作出说明。

七、关于宽严相济刑事政策的把握①

办理利用赌博机开设赌场的案件,应当贯彻宽严相济刑事政策,重点打击赌场的出资者、经营者。对受雇佣为赌场从事接送参赌人员、望风看场、发牌坐庄、兑换筹码等活动的人员,除参与赌场利润分成或者领取高额固定工资的以外,一般不追究刑事责任,可由公安机关依法给予治安管理处罚。对设置游戏机,单次换取少量奖品的娱乐活动,不以违法犯罪论处。

八、关于国家机关工作人员渎职犯罪的处理

负有查禁赌博活动职责的国家机关工作人员,徇私枉法、包庇、放纵开设赌

---

① 根据司法实践反映的情况,这一规则所反映的精神可以而且应当在赌博机以外的赌博犯罪案件中适用。无论是在利用赌博机开设赌场的案件中,还是在其他类型的开设赌场案件中,受雇为赌场从事接送参赌人员、望风看场、发牌坐庄、兑换筹码等活动的人员,一般起次要、辅助作用。如果上述规则只适用于利用赌博机开设赌场的案件,势必会造成法律适用上的不平等。例如,行为人受雇在非利用赌博机开设赌场案件中望风看场、发牌坐庄、每天工资一两百元,不属于"领取高额固定工资",亦未参与赌场利润分成,且系未成年人,综合全案,似不宜追究刑事责任。——**本评注注**

场违法犯罪活动，或者为违法犯罪分子通风报信、提供便利、帮助犯罪分子逃避处罚，构成犯罪的，依法追究刑事责任。

国家机关工作人员参与利用赌博机开设赌场犯罪的，从重处罚。

《最高人民法院、最高人民检察院、公安部办理跨境赌博犯罪案件若干问题的意见》（公通字〔2020〕14号）①

为依法惩治跨境赌博等犯罪活动，维护我国经济安全、社会稳定，根据《中华人民共和国刑法》《中华人民共和国刑事诉讼法》和《最高人民法院、最高人民检察院关于办理赌博刑事案件具体应用法律若干问题的解释》等有关规定，结合司法实践，制定本意见。

一、总体要求

近年来，境外赌场和网络赌博集团对我国公民招赌吸赌问题日益突出，跨境赌博违法犯罪活动日益猖獗，严重妨碍社会管理秩序，引发多种犯罪，严重危害我国经济安全和社会稳定。与此同时，互联网领域黑灰产业助推传统赌博和跨境赌博犯罪向互联网迁移，跨境网络赌博违法犯罪活动呈高发态势，严重威胁人民群众人身财产安全和社会公共安全。人民法院、人民检察院、公安机关要针对跨境赌博犯罪特点，充分发挥职能作用，贯彻宽严相济刑事政策，准确认定赌博犯罪行为，严格依法办案，依法从严从快惩处，坚决有效遏制跨境赌博犯罪活动，努力实现政治效果、法律效果、社会效果的高度统一。

二、关于跨境赌博犯罪的认定

（一）以营利为目的，有下列情形之一的，属于刑法第三百零三条第二款规定的"开设赌场"：

1. 境外赌场经营人、实际控制人、投资人，组织、招揽中华人民共和国公民赴境外赌博的；

2. 境外赌场管理人员，组织、招揽中华人民共和国公民赴境外赌博的；

3. 受境外赌场指派、雇佣，组织、招揽中华人民共和国公民赴境外赌博，或者组织、招揽中华人民共和国公民赴境外赌博，从赌场获取费用、其他利益的；

4. 在境外赌场包租赌厅、赌台，组织、招揽中华人民共和国公民赴境外赌博的；

5. 其他在境外以提供赌博场所、提供赌资、设定赌博方式等，组织、招揽中华

---

① 本规范性文件的适用，应当根据《刑法修正案（十一）》增设的组织参与国（境）外赌博罪妥当把握。——本评注注

人民共和国公民赴境外赌博的。

在境外赌场通过开设账户、洗码等方式，为中华人民共和国公民赴境外赌博提供资金担保服务的，以"开设赌场"论处。

（二）以营利为目的，利用信息网络、通讯终端等传输赌博视频、数据，组织中华人民共和国公民跨境赌博活动，有下列情形之一的，属于刑法第三百零三条第二款规定的"开设赌场"：

1. 建立赌博网站、应用程序并接受投注的；
2. 建立赌博网站、应用程序并提供给他人组织赌博的；
3. 购买或者租用赌博网站、应用程序，组织他人赌博的；
4. 参与赌博网站、应用程序利润分成的；
5. 担任赌博网站、应用程序代理并接受投注的；
6. 其他利用信息网络、通讯终端等传输赌博视频、数据，组织跨境赌博活动的。

（三）组织、招揽中华人民共和国公民赴境外赌博，从参赌人员中获取费用或者其他利益的，属于刑法第三百零三条第一款规定的"聚众赌博"。

（四）跨境开设赌场犯罪定罪处罚的数量或者数额标准，参照适用《关于办理赌博刑事案件具体应用法律若干问题的解释》《关于办理利用赌博机开设赌场案件适用法律若干问题的意见》和《关于办理网络赌博犯罪案件适用法律若干问题的意见》的有关规定。

三、关于跨境赌博共同犯罪的认定

（一）三人以上为实施开设赌场犯罪而组成的较为固定的犯罪组织，应当依法认定为赌博犯罪集团。对组织、领导犯罪集团的首要分子，按照集团所犯的全部罪行处罚。对犯罪集团中组织、指挥、策划者和骨干分子，应当依法从严惩处。

（二）明知他人实施开设赌场犯罪，为其提供场地、技术支持、资金、资金结算等服务的，以开设赌场罪的共犯论处。

（三）明知是赌博网站、应用程序，有下列情形之一的，以开设赌场罪的共犯论处：

1. 为赌博网站、应用程序提供软件开发、技术支持、互联网接入、服务器托管、网络存储空间、通讯传输通道、广告投放、会员发展、资金支付结算等服务的；
2. 为赌博网站、应用程序担任代理并发展玩家、会员、下线的。

为同一赌博网站、应用程序担任代理，既无上下级关系，又无犯意联络的，不构成共同犯罪。

(四)对受雇佣为赌场从事接送参赌人员、望风看场、发牌坐庄、兑换筹码、发送宣传广告等活动的人员及赌博网站、应用程序中与组织赌博活动无直接关联的一般工作人员,除参与赌场、赌博网站、应用程序利润分成或者领取高额固定工资的外,可以不追究刑事责任,由公安机关依法给予治安管理处罚。

四、关于跨境赌博关联犯罪的认定

(一)使用专门工具、设备或者其他手段诱使他人参赌,人为控制赌局输赢,构成犯罪的,依照刑法关于诈骗犯罪的规定定罪处罚。

网上开设赌场,人为控制赌局输赢,或者无法实现提现,构成犯罪的,依照刑法关于诈骗犯罪的规定定罪处罚。部分参赌者赢利、提现不影响诈骗犯罪的认定。

(二)通过开设赌场或者为国家工作人员参与赌博提供资金的形式实施行贿、受贿行为,构成犯罪的,依照刑法关于贿赂犯罪的规定定罪处罚。同时构成赌博犯罪的,应当依法与贿赂犯罪数罪并罚。

(三)实施跨境赌博犯罪,同时构成组织他人偷越国(边)境、运送他人偷越国(边)境、偷越国(边)境罪等罪的,应当依法数罪并罚。

(四)实施赌博犯罪,为强行索要赌债,实施故意杀人、故意伤害、非法拘禁、故意毁坏财物、寻衅滋事等行为,构成犯罪的,应当依法数罪并罚。

(五)为赌博犯罪提供资金、信用卡、资金结算等服务,构成赌博犯罪共犯,同时构成非法经营罪、妨害信用卡管理罪、窃取、收买、非法提供信用卡信息罪、掩饰、隐瞒犯罪所得、犯罪所得收益罪等罪的,依照处罚较重的规定定罪处罚。

为网络赌博犯罪提供互联网接入、服务器托管、网络存储、通讯传输等技术支持,或者提供广告推广、支付结算等帮助,构成赌博犯罪共犯,同时构成非法利用信息网络罪、帮助信息网络犯罪活动罪等罪的,依照处罚较重的规定定罪处罚。

为实施赌博犯罪,非法获取公民个人信息,或者向实施赌博犯罪者出售、提供公民个人信息,构成赌博犯罪共犯,同时构成侵犯公民个人信息罪的,依照处罚较重的规定定罪处罚。

五、关于跨境赌博犯罪赌资数额的认定及处理

赌博犯罪中用作赌注的款物、换取筹码的款物和通过赌博赢取的款物属于赌资。

通过网络实施开设赌场犯罪的,赌资数额可以依照开设赌场行为人在其实际控制账户内的投注金额,结合其他证据认定;如无法统计,可以按照查证属实的参赌人员实际参赌的资金额认定。

对于将资金直接或者间接兑换为虚拟货币、游戏道具等虚拟物品,并用其作为筹码投注的,赌资数额按照购买该虚拟物品所需资金数额或者实际支付资金数额认定。

对于开设赌场犯罪中主要用于接收、流转赌资的银行账户内的资金,犯罪嫌疑人、被告人不能说明合法来源的,可以认定为赌资。

公安机关、人民检察院已查封、扣押、冻结的赌资、赌博用具等涉案财物及孳息,应当制作清单。人民法院对随案移送的涉案财物,依法予以处理。赌资应当依法予以追缴。赌博违法所得、赌博用具以及赌博犯罪分子所有的专门用于赌博的财物等,应当依法予以追缴、没收。

六、关于跨境赌博犯罪案件的管辖

(一)跨境赌博犯罪案件一般由犯罪地公安机关立案侦查,由犯罪嫌疑人居住地公安机关立案侦查更为适宜的,可以由犯罪嫌疑人居住地公安机关立案侦查。犯罪地包括犯罪行为发生地和犯罪结果发生地。

跨境网络赌博犯罪地包括用于实施赌博犯罪行为的网络服务使用的服务器所在地、网络服务提供者所在地、犯罪嫌疑人、参赌人员使用的网络信息系统所在地、犯罪嫌疑人为网络赌博犯罪提供帮助的犯罪地等。

(二)多个公安机关都有权立案侦查的跨境赌博犯罪案件,由最初受理的公安机关或者主要犯罪地公安机关立案侦查。有争议的,应当按照有利于查清犯罪事实、有利于诉讼的原则,协商解决。经协商无法达成一致的,由共同上级公安机关指定有关公安机关立案侦查。

在境外实施的跨境赌博犯罪案件,由公安部商最高人民检察院和最高人民法院指定管辖。

(三)具有下列情形之一的,有关公安机关可以在其职责范围内并案侦查:

1. 一人犯数罪的;
2. 共同犯罪的;
3. 共同犯罪的犯罪嫌疑人实施其他犯罪的;
4. 多个犯罪嫌疑人实施的犯罪存在直接关联,并案处理有利于查明案件事实的。

(四)部分犯罪嫌疑人在逃,但不影响对已到案共同犯罪嫌疑人、被告人的犯罪事实认定的,可以依法先行追究已到案共同犯罪嫌疑人、被告人的刑事责任。

已确定管辖的跨境赌博共同犯罪案件,在逃的犯罪嫌疑人、被告人归案后，一般由原管辖的公安机关、人民检察院、人民法院管辖。

七、关于跨境赌博犯罪案件证据的收集和审查判断

（一）公安机关、人民检察院、人民法院在办理跨境赌博犯罪案件中应当注意对电子证据的收集、审查判断。公安机关应当遵守法定程序，遵循有关技术标准，全面、客观、及时收集、提取电子证据；人民检察院、人民法院应当围绕真实性、合法性、关联性审查判断电子证据。

公安机关、人民检察院、人民法院收集、提取、固定、移送、展示、审查、判断电子证据应当严格依照《最高人民法院、最高人民检察院、公安部关于办理刑事案件收集提取和审查判断电子数据若干问题的规定》《最高人民法院、最高人民检察院、公安部关于办理网络犯罪案件适用刑事诉讼程序若干问题的意见》的规定进行。

（二）公安机关采取技术侦查措施收集的证据材料，能够证明案件事实的，应当随案移送，并移送批准采取技术侦查措施的法律文书。

（三）依照国际条约、刑事司法协助、互助协议或者平等互助原则，请求证据材料所在地司法机关收集，或者通过国际警务合作机制、国际刑警组织启动合作取证程序收集的境外证据材料，公安机关应当对其来源、提取人、提取时间或者提供人、提供时间以及保管移交的过程等作出说明。

当事人及其辩护人、诉讼代理人提供的来自境外的证据材料，该证据材料应当经所在国公证机关证明，所在国中央外交主管机关或者其授权机关认证，并经我国驻该国使、领馆认证。未经证明、认证的，不能作为证据使用。

来自境外的证据材料，能够证明案件事实且符合刑事诉讼法及相关规定的，经查证属实，可以作为定案的根据。

八、关于跨境赌博犯罪案件宽严相济刑事政策的运用

人民法院、人民检察院、公安机关要深刻认识跨境赌博犯罪的严重社会危害性，正确贯彻宽严相济刑事政策，运用认罪认罚从宽制度，充分发挥刑罚的惩治和预防功能。对实施跨境赌博犯罪活动的被告人，应当在全面把握犯罪事实和量刑情节的基础上，依法从严惩处，并注重适用财产刑和追缴、没收等财产处置手段，最大限度剥夺被告人再犯的能力。

（一）实施跨境赌博犯罪，有下列情形之一的，酌情从重处罚：

1.具有国家工作人员身份的；

2.组织国家工作人员赴境外赌博的；

3.组织、胁迫、引诱、教唆、容留未成年人参与赌博的；

4.组织、招揽、雇佣未成年人参与实施跨境赌博犯罪的；

5. 采用限制人身自由等手段强迫他人赌博或者结算赌资,尚不构成其他犯罪的;

6. 因赌博活动致1人以上死亡、重伤或者3人以上轻伤,或者引发其他严重后果,尚不构成其他犯罪的;

7. 组织、招揽中华人民共和国公民赴境外多个国家、地区赌博的;

8. 因赌博、开设赌场曾被追究刑事责任或者二年内曾被行政处罚的。

(二)对于具有赌资数额大、共同犯罪的主犯、曾因赌博犯罪行为被追究刑事责任、悔罪表现不好等情形的犯罪嫌疑人、被告人,一般不适用不起诉、免予刑事处罚、缓刑。

(三)对实施赌博犯罪的被告人,应当加大财产刑的适用。对被告人并处罚金时,应当根据其在赌博犯罪中的地位作用、赌资、违法所得数额等情节决定罚金数额。

(四)犯罪嫌疑人、被告人提供重要证据,对侦破、查明重大跨境赌博犯罪案件起关键作用,经查证属实的,可以根据案件具体情况,依法从宽处理。

立案追诉标准

《最高人民检察院、公安部关于公安机关管辖的刑事案件立案追诉标准的规定(一)》(节录)①

第四十三条 [赌博案(刑法第三百零三条第一款)]以营利为目的,聚众赌博,涉嫌下列情形之一的,应予立案追诉:

(一)组织三人以上赌博,抽头渔利数额累计五千元以上的;

(二)组织三人以上赌博,赌资数额累计五万元以上;

(三)组织三人以上赌博,参赌人数累计二十人以上的;

(四)组织中华人民共和国公民十人以上赴境外赌博,从中收取回扣、介绍费的;

(五)其他聚众赌博应予追究刑事责任的情形。

以营利为目的,以赌博为业的,应予立案追诉。

赌博犯罪中用作赌注的款物、换取筹码的款物和通过赌博赢取的款物属于赌资。通过计算机网络实施赌博犯罪的,赌资数额可以按照在计算机网络上投注或者赢取的点数乘以每一点实际代表的金额认定。

---

① 本两条规定的适用,应当根据经《刑法修正案(六)》、《刑法修正案(十一)》修正后《刑法》第三百零三条的规定,结合司法实践具体情况妥当把握。——**本评注注**

第四十四条 [开设赌场案(刑法第三百零三条第二款)]开设赌场的,应予立案追诉。

在计算机网络上建立赌博网站,或者为赌博网站担任代理,接受投注的,属于本条规定的"开设赌场"。

(→附则参见分则标题评注部分,第392页)

指导性案例

洪小强、洪礼沃、洪清泉、李志荣开设赌场案(指导案例105号,节录)①

关键词　刑事　开设赌场罪　网络赌博　微信群

裁判要点

以营利为目的,通过邀请人员加入微信群的方式招揽赌客,根据竞猜游戏网站的开奖结果等方式进行赌博,设定赌博规则,利用微信群进行控制管理,在一段时间内持续组织网络赌博活动的,属于刑法第三百零三条第二款规定的"开设赌场"。

谢检军、高垒、高尔樵、杨泽彬开设赌场案(指导案例106号,节录)②

关键词　刑事　开设赌场罪　网络赌博　微信群　微信群抢红包

裁判要点

以营利为目的,通过邀请人员加入微信群,利用微信群进行控制管理,以抢红包方式进行赌博,在一段时间内持续组织赌博活动的行为,属于刑法第三百零三条第二款规定的"开设赌场"。

陈庆豪、陈淑娟、赵延海开设赌场案(指导案例146号,节录)

关键词　刑事　开设赌场罪　"二元期权"　赌博网站

裁判要点

以"二元期权"交易的名义,在法定期货交易场所之外利用互联网招揽"投资者",以未来某段时间外汇品种的价格走势为交易对象,按照"买涨""买跌"确定盈亏,买对涨跌方向的"投资者"得利,买错的本金归网站(庄家)所有,盈亏结果不与价格实际涨跌幅度挂钩,本质是"押大小、赌输赢",是披着期权交易外衣的赌博行为。对相关网站应当认定为赌博网站。

---

①② 从当前赌博犯罪的形势发展来看,对于通过微信抢红包方式组织赌博的案件,究竟应当认定为开设赌场罪,抑或适用赌博罪亦可,实际上也有进一步探讨空间。换言之,基于罪责刑相适应原则,赌博罪是否也存在通过开设赌场方式聚众赌博的情形,似不宜一概而论。——本评注注

法律适用答复、复函

《最高人民检察院法律政策研究室关于〈《关于办理利用赌博机开设赌场案件适用法律若干问题的意见》第七条是否适用于其他开设赌场案件的请示〉》的电话答复意见》(2014年12月22日)①

办理利用赌博机开设赌场以外的其他开设赌场案件，应当参照适用"两高"、公安部《关于办理利用赌博机开设赌场案件适用法律若干问题的意见》(公通字〔2014〕17号)第七条"关于宽严相济刑事政策的把握"的有关规定。

刑参案例规则提炼②

《周帮权等赌博案——在内地利用香港"六合彩"开奖信息进行竞猜赌博的行为，如何定性》(第752号案例)、《萧俊伟开设赌场案——对明知是赌博网站仍为其提供资金结算便利的行为，如何定性？如果构成开设赌场罪的共犯，其在共犯中的地位如何认定》(第804号案例)、《叶国新赌博案——疫情防控期间聚众赌博的，应从重惩处》(第1331号案例)、《夏永华等人开设赌场案——利用微信群抢红包等方式进行赌博，能否以开设赌场罪定罪处罚》(第1347号案例)、《陈枝滨等人开设赌场案——新型网络抽奖式销售经营行为性质的认定》(第1461号案例)所涉规则提炼如下：

1. 赌博罪的认定规则。"在内地利用香港'六合彩'开奖信息，在庄家与投注者之间进行竞猜对赌的行为"，不属于非法发售彩票的行为，应以赌博罪论处。(第752号案例)"疫情防控关键时期，违反疫情防控不得进行公共聚集活动的相关规定，进行聚众赌博的"，应以赌博罪从严惩处。(第1331号案例)

2. 开设赌场罪的认定规则。"明知是赌博网站而提供资金支付结算便利的行为构成开设赌场罪。"(第804号案例)"开设微信赌博群，利用抢红包等方式进行赌博的，可以开设赌场罪定罪处罚。""如果仅以涉案赌资衡量犯罪行为的危害性，极可能造成不适当的重判。相对而言，非法获利情况更能客观反映被告人的主观恶性和社会危害性。""组建微信群，能够入群参与赌博的，一般都是基于组建微信群者或者管理者或者其他赌博参与者的介绍入群，相互之间的熟悉

---

① 参见李立众编：《刑法一本通——中华人民共和国刑法总成》(第十六版)，法律出版社2022年版，第666页。

② 另，鉴于陈庆豪、陈淑娟、赵延海开设赌场案(指导案例146号)发布，《陈庆豪开设赌场案——借助网络招揽会员经营二元期权行为的司法认定》(第1426号案例)所涉规则未予提炼。

程度比网络赌博高……在量刑时不能完全机械依照《网络赌博意见》条文的相关规定,更应体现微信红包赌博自身的特点。"(第1347号案例)"网络抽奖式销售作为新型'互联网+'销售模式,能否入罪、如何定罪均无直接明确的法律规定……为正确认定网络抽奖式销售行为的性质,应当着重从抽奖式销售行为的实质、网络平台运营管理的性质以及行为人的主观故意三个方面进行审查。"(第1461号案例)

司法疑难解析

1. 组织参与国(境)外赌博罪的适用。 本评注主张:(1)根据《刑法》第三百零三条第三款的规定,组织中华人民共和国公民参与国(境)外赌博,数额巨大或者有其他严重情节的,"依照前款的规定处罚"。对此,应当认为组织参与国(境)外赌博罪配置有两档法定刑。(2)组织的认定,宜以"三人以上"作为必要条件。(3)对于组织参与国(境)外赌博罪与赌博罪和开设赌场罪的关系问题,考虑到立法增设组织参与国(境)外赌博罪是为了加大对此类犯罪的打击力度,对于既符合赌博罪、开设赌场罪的构成,又符合组织参与国(境)外赌博罪的构成的,以组织参与国(境)外赌博罪定罪处罚。

2. 赌博犯罪的定罪量刑标准把握。 本评注认为,在《刑法修正案(六)》施行后,法释〔2005〕3号解释的部分内容已处于实际失效的状况。对于开设赌场罪和《刑法修正案(十一)》增设的组织参与国(境)外赌博罪的定罪量刑标准,不应继续参照该司法解释的规定;而且,考虑到近年来司法实践反映的情况,也不宜参照公通字〔2010〕40号的相关规定,而应当根据经济社会发展情况,综合案件具体情况作出准确认定是否构成犯罪和妥当裁量刑罚。

第三百零四条 【**故意延误投递邮件罪**】邮政工作人员严重不负责任,故意延误投递邮件,致使公共财产、国家和人民利益遭受重大损失的,处二年以下有期徒刑或者拘役。

立法沿革

本条系1997年《刑法》增设的规定。

立案追诉标准

《最高人民检察院、公安部关于公安机关管辖的刑事案件立案追诉标准的规定(一)》(节录)

第四十五条 [故意延误投递邮件案(刑法第三百零四条)]邮政工作人员严重不负责任,故意延误投递邮件,涉嫌下列情形之一的,应予立案追诉:

(一)造成直接经济损失二万元以上的;

(二)延误高校录取通知书或者其他重要邮件投递,致使他人失去高校录取资格或者造成其他无法挽回的重大损失的;

(三)严重损害国家声誉或者造成其他恶劣社会影响的;

(四)其他致使公共财产、国家和人民利益遭受重大损失的情形。

(→附则参见分则标题评注部分,第392页)

第二节 妨害司法罪

第三百零五条 【伪证罪】在刑事诉讼中,证人、鉴定人、记录人、翻译人对与案件有重要关系的情节,故意作虚假证明、鉴定、记录、翻译,意图陷害他人或者隐匿罪证的,处三年以下有期徒刑或者拘役;情节严重的,处三年以上七年以下有期徒刑。

立法沿革

本条系1997年《刑法》吸收修改1979年《刑法》作出的规定。1979年《刑法》第一百四十八条规定:"在侦查、审判中,证人、鉴定人、记录人、翻译人对与案件有重要关系的情节,故意作虚假证明、鉴定、记录、翻译,意图陷害他人或者隐匿罪证的,处二年以下有期徒刑或者拘役;情节严重的,处二年以上七年以下有期徒刑。"1997年《刑法》将"在侦查、审判中"调整为"在刑事诉讼中",并对法定刑作了调整。

刑参案例规则提炼

《金某伪证案——被害人在向司法机关报案时故意夸大犯罪事实并指使他人作伪证的行为如何定罪处刑》(第98号案例)所涉规则提炼如下:

伪证罪的主体范围规则。"伪证罪的主体是特殊主体,即只能是证人、鉴定人、记录人、翻译人员。"被害人不具备伪证罪的主体资格。(第98号案例)

> **第三百零六条　【辩护人、诉讼代理人毁灭证据、伪造证据、妨害作证罪】**
> 在刑事诉讼中，辩护人、诉讼代理人毁灭、伪造证据，帮助当事人毁灭、伪造证据，威胁、引诱证人违背事实改变证言或者作伪证的，处三年以下有期徒刑或者拘役；情节严重的，处三年以上七年以下有期徒刑。
> 辩护人、诉讼代理人提供、出示、引用的证人证言或者其他证据失实，不是有意伪造的，不属于伪造证据。

▋立法沿革

本条系1997年《刑法》增设的规定。

▋刑参案例规则提炼

《刘某犯辩护人妨害作证案——辩护人妨害作证罪是否以发生危害后果为构成要件》（第62号案例）、《张某辩护人妨害作证案——辩护人妨害作证罪的主观故意应如何把握》（第81号案例）、《肖芳泉辩护人妨害作证案——辩护人妨害作证罪中的"证人"是否包括被害人》（第444号案例）所涉规则提炼如下：

辩护人妨害作证罪的认定规则。"刑法第三百零六条规定的'证人'与刑事诉讼法……规定的证人概念不同，应当理解为广义的证人，既包括证人，也包括被害人、鉴定人。"（第444号案例）"只要辩护人在刑事诉讼中，实施了威胁、引诱证人违背事实改变证言或者作伪证的行为，即可以构成犯罪。至于证人在威胁、引诱下改变了证言或者作了伪证，是否足以或者已经导致案件处理或者裁判错误，如是否已造成犯罪嫌疑人、被告人逃避刑事追究或使无罪的人受到刑事追究等，不影响犯罪的成立。""对于辩护人故意引诱或者威胁证人作伪证、改变证言，但情节显著轻微如证人坚持如实作证，或者辩护人最终没有将取得的虚假证言向司法机关提供的，对辩护人就不应当追究刑事责任。"（第62号案例）"刑法第三百零六条第二款规定，辩护人提供、出示、引用的证人证言或者其他证据失实，不是有意伪造的，不属于伪造证据。其中，'有意'应理解为仅限于直接故意，即辩护人明知自己的妨害作证行为会妨害刑事诉讼的正常进行，而积极追求这种结果的发生。"（第81号案例）

▋司法疑难解析

教唆犯罪嫌疑人、被告人作虚假供述是否属于帮助当事人伪造证据问题。本评注认为，辩护人在刑事诉讼中教唆犯罪嫌疑人、被告人就案件事实作虚假供述的,属于《刑法》第三百零六条第一款规定的帮助当事人"伪造证据"。① 当然,在具体操作之中,宜进一步判决是否系积极的、恶意的教唆,以妥当把握入罪范围,确保案件处理的效果。

> **第三百零七条** 【妨害作证罪】以暴力、威胁、贿买等方法阻止证人作证或者指使他人作伪证的,处三年以下有期徒刑或者拘役;情节严重的,处三年以上七年以下有期徒刑。
> 【帮助毁灭、伪造证据罪】帮助当事人毁灭、伪造证据,情节严重的,处三年以下有期徒刑或者拘役。
> 司法工作人员犯前两款罪的,从重处罚。

立法沿革

本条系1997年《刑法》增设的规定。

相关规定

《中华人民共和国治安管理处罚法》(修正后自2013年1月1日起施行,节录)

第四十二条 有下列行为之一的,处五日以下拘留或者五百元以下罚款;情节较重的,处五日以上十日以下拘留,可以并处五百元以下罚款:
(四)对证人及其近亲属进行威胁、侮辱、殴打或者打击报复的;

司法解释

《最高人民法院、最高人民检察院关于办理虚假诉讼刑事案件适用法律若干问题的解释》(法释〔2018〕17号)对采取伪造证据等手段篡改案件事实,骗取人民法院裁判文书的行为适用《刑法》第三百零七条作了规定。(→参见第三百零七条之一评注部分,第1606页)

刑参案例规则提炼

《徐云宝、郑献洋帮助伪造证据案——民事诉讼中当庭所作的虚假证言是否属于帮助伪造证据罪中的"证据"以及在庭审过程中对关键证据进行虚假陈

---

① 主要考虑:犯罪嫌疑人、被告人供述属于法定证据种类。将"教唆犯罪嫌疑人、被告人作虚假供述"理解为"帮助当事人伪造证据",符合法律解释的基本原理和一般认知。

述是否能够认定为帮助伪造证据罪中的"情节严重"》(第933号案例)所涉规则提炼如下:

帮助伪造证据罪中的"证据"的认定规则。"民事诉讼中当庭所作的虚假证言属于帮助伪造证据罪中的'证据'。""在庭审过程中对关键证据进行虚假陈述属于帮助伪造证据'情节严重'。"(第933号案例)

第三百零七条之一　【虚假诉讼罪】以捏造的事实提起民事诉讼,妨害司法秩序或者严重侵害他人合法权益的,处三年以下有期徒刑、拘役或者管制,并处或者单处罚金;情节严重的,处三年以上七年以下有期徒刑,并处罚金。

单位犯前款罪的,对单位判处罚金,并对其直接负责的主管人员和其他直接责任人员,依照前款的规定处罚。

有第一款行为,非法占有他人财产或者逃避合法债务,又构成其他犯罪的,依照处罚较重的规定定罪从重处罚。

司法工作人员利用职权,与他人共同实施前三款行为的,从重处罚;同时构成其他犯罪的,依照处罚较重的规定定罪从重处罚。

立法沿革

本条系2015年11月1日起施行的《刑法修正案(九)》第三十五条增设的规定。

司法解释

《最高人民法院关于〈中华人民共和国刑法修正案(九)〉时间效力问题的解释》(法释〔2015〕19号)第七条对《刑法》第三百零七条之一的时间效力问题作了明确。(→参见第十二条评注部分,第1971页)

《最高人民法院、最高人民检察院关于办理虚假诉讼刑事案件适用法律若干问题的解释》(法释〔2018〕17号,自2018年10月1日起施行)

为依法惩治虚假诉讼犯罪活动,维护司法秩序,保护公民、法人和其他组织合法权益,根据《中华人民共和国刑法》《中华人民共和国刑事诉讼法》《中华人民共和国民事诉讼法》等法律规定,现就办理此类刑事案件适用法律的若干问题解释如下:

第一条① 采取伪造证据、虚假陈述等手段,实施下列行为之一,捏造民事法律关系,虚构民事纠纷,向人民法院提起民事诉讼的,应当认定为刑法第三百零七条之一第一款规定的"以捏造的事实提起民事诉讼":

(一)与夫妻一方恶意串通,捏造夫妻共同债务的;

(二)与他人恶意串通,捏造债权债务关系和以物抵债协议的;

(三)与公司、企业的法定代表人、董事、监事、经理或者其他管理人员恶意串通,捏造公司、企业债务或者担保义务的;

(四)捏造知识产权侵权关系或者不正当竞争关系的;

(五)在破产案件审理过程中申报捏造的债权的;

---

① 需要注意的问题有二:(1)起草过程中,有意见提出,行为人与他人存在特定的民事法律关系,为了达到不法目的,故意篡改该民事法律关系的部分内容并提起民事诉讼的行为,即理论上所谓的"部分篡改型"虚假诉讼行为,社会危害性并不一定小于"无中生有型"虚假诉讼行为,也可能构成虚假诉讼罪。经研究认为,首先,如果行为人与他人之间确实存在真实的民事法律关系和民事纠纷,则行为人依法享有诉权,将其在起诉时或者民事诉讼过程中伪造部分证据的行为认定为虚假诉讼罪,不符合刑法增设本罪的立法目的。其次,民事诉讼的情况比较复杂,部分原告采取伪造证据等手段故意提高诉讼标的额,其实是出于诉讼策略的考虑,如果对这种情况一律认定为虚假诉讼犯罪,可能会侵害人民群众的合法诉权。最后,如果将"部分篡改型"行为认定为虚假诉讼罪,涉及如何合理确定罪与非罪的判断标准问题,实践中不具有可操作性。本司法解释第七条明确,采取伪造证据等手段篡改案件事实,骗取人民法院裁判文书的,不构成虚假诉讼罪;构成其他犯罪的,可以以伪造公司、企业、事业单位、人民团体印章罪或者妨害作证罪等罪名定罪处罚。(2)虚假诉讼罪中的"提起民事诉讼"包括以下七种情形:民事案件普通一审程序;第三人撤销之诉和执行异议之诉;特别程序、督促程序、公示催告程序;原告增加诉讼请求,被告提出反诉,有独立请求权的第三人提出与本案有关的诉讼请求;审判监督程序;企业破产程序;执行程序。根据本司法解释第一条第三款的规定,此处的执行程序,包括申请执行仲裁裁决和公证债权文书、在执行过程中对执行标的提出异议和申请参与执行财产分配等三种情形。还应明确的是,可能构成虚假诉讼罪的审判监督程序,仅包括民事诉讼法第二百三十八条规定的执行过程中案外人提起的审判监督程序和最高人民法院《关于适用〈中华人民共和国民事诉讼法〉审判监督程序若干问题的解释》第五条规定的案外人申请再审。原审当事人申请再审,针对的是原生效裁判认定的事实和确认的诉讼请求,一般不涉及新的诉讼请求,难以成立虚假诉讼罪。参见周峰、汪斌、李加玺:《〈关于办理虚假诉讼刑事案件适用法律若干问题的解释〉的理解与适用》,载中华人民共和国最高人民法院刑事审判第一、二、三、四、五庭主办:《刑事审判参考(总第124集)》,法律出版社2020年版,第171—173页。

（六）与被执行人恶意串通，捏造债权或者对查封、扣押、冻结财产的优先权、担保物权的；

（七）单方或者与他人恶意串通，捏造身份、合同、侵权、继承等民事法律关系的其他行为。

隐瞒债务已经全部清偿的事实，向人民法院提起民事诉讼，要求他人履行债务的，以"以捏造的事实提起民事诉讼"论。

向人民法院申请执行基于捏造的事实作出的仲裁裁决、公证债权文书，或者在民事执行过程中以捏造的事实对执行标的提出异议、申请参与执行财产分配的，属于刑法第三百零七条之一第一款规定的"以捏造的事实提起民事诉讼"。

第二条 以捏造的事实提起民事诉讼，有下列情形之一的，应当认定为刑法第三百零七条之一第一款规定的"妨害司法秩序或者严重侵害他人合法权益"：

（一）致使人民法院基于捏造的事实采取财产保全或者行为保全措施的；

（二）致使人民法院开庭审理，干扰正常司法活动的；

（三）致使人民法院基于捏造的事实作出裁判文书、制作财产分配方案，或者立案执行基于捏造的事实作出的仲裁裁决、公证债权文书的；

（四）多次以捏造的事实提起民事诉讼的；

（五）曾因以捏造的事实提起民事诉讼被采取民事诉讼强制措施或者受过刑事追究的；

（六）其他妨害司法秩序或者严重侵害他人合法权益的情形。

第三条 以捏造的事实提起民事诉讼，有下列情形之一的，应当认定为刑法第三百零七条之一第一款规定的"情节严重"：

（一）有本解释第二条第一项情形，造成他人经济损失一百万元以上的；

（二）有本解释第二条第二项至第四项情形之一，严重干扰正常司法活动或者严重损害司法公信力的；

（三）致使义务人自动履行生效裁判文书确定的财产给付义务或者人民法院强制执行财产权益，数额达到一百万元以上的；

（四）致使他人债权无法实现，数额达到一百万元以上的；

（五）非法占有他人财产，数额达到十万元以上的；

（六）致使他人因为不执行人民法院基于捏造的事实作出的判决、裁定，被采取刑事拘留、逮捕措施或者受到刑事追究的；

（七）其他情节严重的情形。

第四条 实施刑法第三百零七条之一第一款行为，非法占有他人财产或者逃避合法债务，又构成诈骗罪，职务侵占罪，拒不执行判决、裁定罪，贪污罪等犯罪的,依照处罚较重的规定定罪从重处罚。

第五条 司法工作人员利用职权,与他人共同实施刑法第三百零七条之一前三款行为的,从重处罚;同时构成滥用职权罪,民事枉法裁判罪,执行判决、裁定滥用职权罪等犯罪的,依照处罚较重的规定定罪从重处罚。

第六条 诉讼代理人、证人、鉴定人等诉讼参与人与他人通谋,代理提起虚假民事诉讼,故意作虚假证言或者出具虚假鉴定意见,共同实施刑法第三百零七条之一前三款行为的,依照共同犯罪的规定定罪处罚;同时构成妨害作证罪、帮助毁灭、伪造证据罪等犯罪的,依照处罚较重的规定定罪从重处罚。

第七条 采取伪造证据等手段篡改案件事实,骗取人民法院裁判文书,构成犯罪的,依照刑法第二百八十条、第三百零七条等规定追究刑事责任。

第八条 单位实施刑法第三百零七条之一第一款行为的,依照本解释规定的定罪量刑标准,对其直接负责的主管人员和其他直接责任人员定罪处罚,并对单位判处罚金。

第九条 实施刑法第三百零七条之一第一款行为,未达到情节严重的标准,行为人系初犯,在民事诉讼过程中自愿具结悔过,接受人民法院处理决定,积极退赃、退赔的,可以认定为犯罪情节轻微,不起诉或者免予刑事处罚;确有必要判处刑罚的,可以从宽处罚。

司法工作人员利用职权,与他人共同实施刑法第三百零七条之一第一款行为的,对司法工作人员不适用本条第一款规定。

第十条 虚假诉讼刑事案件由虚假民事诉讼案件的受理法院所在地或者执行法院所在地人民法院管辖。有刑法第三百零七条之一第四款情形的,上级人民法院可以指定下级人民法院将案件移送其他人民法院审判。

第十一条 本解释所称裁判文书,是指人民法院依照民事诉讼法、企业破产法等民事法律作出的判决、裁定、调解书、支付令等文书。

第十二条 本解释自2018年10月1日起施行。

《最高人民法院关于审理民间借贷案件适用法律若干问题的规定》(法释〔2015〕18号,第二次修正后自2021年1月1日起施行,节录)

第十八条 人民法院审理民间借贷纠纷案件时发现有下列情形之一的,应当严格审查借贷发生的原因、时间、地点、款项来源、交付方式、款项流向以及借贷双方的关系、经济状况等事实,综合判断是否属于虚假民事诉讼:

(一)出借人明显不具备出借能力;

(二)出借人起诉所依据的事实和理由明显不符合常理;

(三)出借人不能提交债权凭证或者提交的债权凭证存在伪造的可能;

（四）当事人双方在一定期限内多次参加民间借贷诉讼；

（五）当事人无正当理由拒不到庭参加诉讼，委托代理人对借贷事实陈述不清或者陈述前后矛盾；

（六）当事人双方对借贷事实的发生没有任何争议或者诉辩明显不符合常理；

（七）借款人的配偶或者合伙人、案外人的其他债权人提出有事实依据的异议；

（八）当事人在其他纠纷中存在低价转让财产的情形；

（九）当事人不正当放弃权利；

（十）其他可能存在虚假民间借贷诉讼的情形。

第十九条　经查明属于虚假民间借贷诉讼，原告申请撤诉的，人民法院不予准许，并应当依据民事诉讼法第一百一十二条之规定，判决驳回其请求。

诉讼参与人或者其他人恶意制造、参与虚假诉讼，人民法院应当依据民事诉讼法第一百一十一条、第一百一十二条和第一百一十三条之规定，依法予以罚款、拘留；构成犯罪的，应当移送有管辖权的司法机关追究刑事责任。

单位恶意制造、参与虚假诉讼的，人民法院应当对该单位进行罚款，并可以对其主要负责人或者直接责任人员予以罚款、拘留；构成犯罪的，应当移送有管辖权的司法机关追究刑事责任。

■ 规范性文件

《最高人民法院关于防范和制裁虚假诉讼的指导意见》（法发〔2016〕13号，具体条文未收录）

《最高人民法院关于依法妥善审理涉及夫妻债务案件有关问题的通知》（法〔2017〕48号，节录）

七、制裁夫妻一方与第三人串通伪造债务的虚假诉讼。对实施虚假诉讼的当事人、委托诉讼代理人和证人等，要加强罚款、拘留等对妨碍民事诉讼的强制措施的适用。对实施虚假诉讼的委托诉讼代理人，除依法制裁外，还应向司法行政部门、律师协会或者行业协会发出司法建议。对涉嫌虚假诉讼等犯罪的，应依法将犯罪的线索、材料移送侦查机关。

《最高人民法院、最高人民检察院、公安部关于依法办理"碰瓷"违法犯罪案件的指导意见》（公通字〔2020〕12号）**第一条第二款**对对虚假诉讼注作了指引性规定。（→参见第二百六十六评注部分，第1291页）

《最高人民法院、最高人民检察院、公安部、司法部关于进一步加强虚假诉讼犯罪惩治工作的意见》(法发〔2021〕10号,自2021年3月10日起施行,节录)

第一章　总则(略)

第二章　虚假诉讼犯罪的甄别和发现

第四条　实施《最高人民法院、最高人民检察院关于办理虚假诉讼刑事案件适用法律若干问题的解释》第一条第一款、第二款规定的捏造事实行为,并有下列情形之一的,应当认定为刑法第三百零七条之一第一款规定的"以捏造的事实提起民事诉讼":

(一)提出民事起诉的;

(二)向人民法院申请宣告失踪、宣告死亡,申请认定公民无民事行为能力、限制民事行为能力,申请认定财产无主,申请确认调解协议,申请实现担保物权,申请支付令,申请公示催告的;

(三)在民事诉讼过程中增加独立的诉讼请求、提出反诉,有独立请求权的第三人提出与本案有关的诉讼请求的;

(四)在破产案件审理过程中申报债权的;

(五)案外人申请民事再审的;

(六)向人民法院申请执行仲裁裁决、公证债权文书的;

(七)案外人在民事执行过程中对执行标的提出异议,债权人在民事执行过程中申请参与执行财产分配的;

(八)以其他手段捏造民事案件基本事实,虚构民事纠纷,提起民事诉讼的。

……

第三章　线索移送和案件查处(略)

第四章　程序衔接

第十四条　人民法院向公安机关移送涉嫌虚假诉讼犯罪案件,民事案件必须以相关刑事案件的审理结果为依据的,应当依照民事诉讼法第一百五十条第一款第五项的规定裁定中止诉讼。刑事案件的审理结果不影响民事诉讼程序正常进行的,民事案件应当继续审理。

第十五条　刑事案件裁判认定民事诉讼当事人的行为构成虚假诉讼犯罪,相关民事案件尚在审理或者执行过程中的,作出刑事裁判的人民法院应当及时函告审理或者执行该民事案件的人民法院。

人民法院对于与虚假诉讼刑事案件的裁判存在冲突的已经发生法律效力的民事判决、裁定、调解书,应当及时依法启动审判监督程序予以纠正。

第十六条　公安机关依法自行立案侦办虚假诉讼刑事案件的,应当在立案后三日内将立案决定书等法律文书和相关材料复印件抄送对相关民事案件正在审理、执行或者作出生效裁判文书的人民法院并说明立案理由，同时通报办理民事案件人民法院的同级人民检察院。对相关民事案件正在审理、执行或者作出生效裁判文书的人民法院应当依法审查，依照相关规定做出处理，并在收到材料之日起三十日内将处理意见书面通报公安机关。

公安机关在办理刑事案件过程中，发现犯罪嫌疑人还涉嫌实施虚假诉讼犯罪的，可以一并处理。需要逮捕犯罪嫌疑人的，由侦查该案件的公安机关提请同级人民检察院审查批准；需要提起公诉的，由侦查该案件的公安机关移送同级人民检察院审查决定。

第十七条　有管辖权的公安机关接受民事诉讼当事人、诉讼代理人和其他诉讼参与人、利害关系人、其他自然人、法人和非法人组织的报案、控告、举报或者在履行职责过程中发现存在虚假诉讼犯罪嫌疑的，可以开展调查核实工作。经县级以上公安机关负责人批准，公安机关可以依照有关规定拷贝电子卷或者查阅、复制、摘录人民法院的民事诉讼卷宗，人民法院予以配合。

公安机关在办理刑事案件过程中，发现犯罪嫌疑人还涉嫌实施虚假诉讼犯罪的，适用前款规定。

第十八条　人民检察院发现已经发生法律效力的判决、裁定、调解书系民事诉讼当事人通过虚假诉讼获得的，应当依照民事诉讼法第二百零八条第一款、第二款等法律和相关司法解释的规定，向人民法院提出再审检察建议或者抗诉。

第十九条　人民法院对人民检察院依照本意见第十八条的规定提出再审检察建议或者抗诉的民事案件，应当依照民事诉讼法等法律和相关司法解释的规定处理。按照审判监督程序决定再审、需要中止执行的，裁定中止原判决、裁定、调解书的执行。

第二十条　人民检察院办理民事诉讼监督案件过程中，发现存在虚假诉讼犯罪嫌疑的，可以向民事诉讼当事人或者案外人调查核实有关情况。有关单位和个人无正当理由拒不配合调查核实、妨害民事诉讼的，人民检察院可以建议有关人民法院依照民事诉讼法第一百一十一条第一款第五项等规定处理。

人民检察院针对存在虚假诉讼犯罪嫌疑的民事诉讼监督案件依照有关规定调阅人民法院的民事诉讼卷宗的，人民法院予以配合。通过拷贝电子卷、查阅、复制、摘录等方式能够满足办案需要的，可以不调阅诉讼卷宗。

人民检察院发现民事诉讼监督案件存在虚假诉讼犯罪嫌疑的，可以听取人民法院原承办人的意见。

第二十一条　对于存在虚假诉讼犯罪嫌疑的民事案件，人民法院可以依职权调查收集证据。

当事人自认的事实与人民法院、人民检察院依职权调查并经审理查明的事实不符的，人民法院不予确认。

第五章　责任追究

第二十二条　对于故意制造、参与虚假诉讼犯罪活动的民事诉讼当事人和其他诉讼参与人，人民法院应当加大罚款、拘留等对妨害民事诉讼的强制措施的适用力度。

民事诉讼当事人、其他诉讼参与人实施虚假诉讼，人民法院向公安机关移送案件有关材料前，可以依照民事诉讼法的规定先行予以罚款、拘留。

对虚假诉讼刑事案件被告人判处罚金、有期徒刑或者拘役的，人民法院已经依照民事诉讼法的规定给予的罚款、拘留，应当依法折抵相应罚金或者刑期。

第二十三条　人民检察院可以建议人民法院依照民事诉讼法的规定，对故意制造、参与虚假诉讼的民事诉讼当事人和其他诉讼参与人采取罚款、拘留等强制措施。

第二十四条　司法工作人员利用职权参与虚假诉讼的，应当依照法律法规从严处理；构成犯罪的，依法从严追究刑事责任。

第二十五条　司法行政机关、相关行业协会应当加强对律师、基层法律服务工作者、司法鉴定人、公证员、仲裁员的教育和管理，发现上述人员利用职务之便参与虚假诉讼的，应当依照规定进行行政处罚或者行业惩戒；构成犯罪的，依法移送司法机关处理。律师、基层法律服务工作者、司法鉴定人、公证员、仲裁员利用职务之便参与虚假诉讼的，依照有关规定从严追究法律责任。

人民法院、人民检察院、公安机关在办理案件过程中，发现律师、基层法律服务工作者、司法鉴定人、公证员、仲裁员利用职务之便参与虚假诉讼，尚未构成犯罪的，可以向司法行政机关、相关行业协会或者上述人员所在单位发出书面建议。司法行政机关、相关行业协会或者上述人员所在单位应当在收到书面建议之日起三个月内作出处理决定，并书面回复作出书面建议的人民法院、人民检察院或者公安机关。

第六章　协作机制（略）

第七章　附则（略）

《最高人民法院关于深入开展虚假诉讼整治工作的意见》（法〔2021〕281号，自2021年11月10日起施行，节录）

十七、依法认定犯罪，从严追究虚假诉讼刑事责任。虚假诉讼行为符合刑法和司法解释规定的定罪标准的，要依法认定为虚假诉讼罪等罪名，从严追究行为人的刑事责任。实施虚假诉讼犯罪,非法占有他人财产或者逃避合法债务,又构成诈骗罪、职务侵占罪、拒不执行判决、裁定罪、贪污罪等犯罪的,依照处罚较重的罪名定罪并从重处罚。对于多人结伙实施的虚假诉讼共同犯罪中罪责最突出的主犯、有虚假诉讼违法犯罪前科再次实施虚假诉讼犯罪的被告人,要充分体现从严,控制缓刑、免予刑事处罚的适用范围。

十八、保持高压态势,严惩"套路贷"虚假诉讼犯罪。及时甄别、依法严厉打击"套路贷"中的虚假诉讼违法犯罪行为,符合黑恶势力认定标准的,应当依法认定。对于被告人实施"套路贷"违法所得的一切财物,应当予以追缴或者责令退赔,依法保护被害人的财产权利。保持对"套路贷"虚假诉讼违法犯罪的高压严打态势,将依法严厉打击"套路贷"虚假诉讼违法犯罪作为常态化开展扫黑除恶斗争的重要内容,切实维护司法秩序和人民群众合法权益,满足人民群众对公平正义的心理期待。

十九、做好程序衔接,保持刑民协同。经审理认为民事诉讼当事人的行为构成虚假诉讼犯罪的,作出生效刑事裁判的人民法院应当及时函告审理或者执行该民事案件的人民法院。生效刑事裁判认定构成虚假诉讼犯罪的,有关人民法院应当及时依法启动审判监督程序对相关民事判决、裁定、调解书予以纠正。当事人、案外人以生效刑事裁判认定构成虚假诉讼犯罪为由对生效民事判决、裁定、调解书申请再审的,应当依法及时进行审查。

《最高人民法院关于优化法治环境 促进民营经济发展壮大的指导意见》(法发〔2023〕15号)第十一条对依法严厉惩治虚假诉讼作了规定。(→参见分则第三章标题评注部分,第581页)

指导性案例

广州乙置业公司等骗取支付令执行虚假诉讼监督案(检例第52号,节录)

　　关键词　　骗取支付令　　侵吞国有资产　　检察建议
　　要　旨　　当事人恶意串通、虚构债务,骗取法院支付令,并在执行过程中通谋达成和解协议,通过以物抵债的方式侵占国有资产,损害司法秩序,构成虚假诉讼。检察机关对此类案件应当依法进行监督,充分发挥法律监督职能,维护司法秩序,保护国有资产。

武汉乙投资公司等骗取调解书虚假诉讼监督案(检例第53号,节录)

　　关键词　　虚假调解　　逃避债务　　民事抗诉
　　要　旨　　伪造证据、虚构事实提起诉讼,骗取人民法院调解书,妨害司法秩序、损害司法权威,不仅可能损害他人合法权益,而且损害国家和社会公共利益的,构成虚假诉讼。检察机关办理此类虚假诉讼监督案件,应当从交易和诉讼中的异常现象出发,追踪利益流向,查明当事人之间的通谋行为,确认是否构成虚假诉讼,依法予以监督。

陕西甲实业公司等公证执行虚假诉讼监督案(检例第54号,节录)

关键词　虚假公证　非诉执行监督　检察建议

要　旨　当事人恶意串通、捏造事实,骗取公证文书并申请法院强制执行,侵害他人合法权益,损害司法秩序和司法权威,构成虚假诉讼。检察机关对此类虚假诉讼应当依法监督,规范非诉执行行为,维护司法秩序和社会诚信。

福建王某兴等人劳动仲裁执行虚假诉讼监督案(检例第55号,节录)

关键词　虚假劳动仲裁　仲裁执行监督　检察建议

要　旨　为从执行款项中优先受偿,当事人伪造证据将普通债权债务关系虚构为劳动争议申请劳动仲裁,获取仲裁裁决或调解书,据此向人民法院申请强制执行,构成虚假诉讼。检察机关对此类虚假诉讼行为应当依法进行监督。

江西熊某等交通事故保险理赔虚假诉讼监督案(检例第56号,节录)

关键词　保险理赔　伪造证据　民事抗诉

要　旨　假冒原告名义提起诉讼,采取伪造证据、虚假陈述等手段,取得法院生效裁判文书,非法获取保险理赔款,构成虚假诉讼。检察机关在履行职责过程中发现虚假诉讼案件线索,应当强化线索发现和调查核实的能力,查明违法事实,纠正错误裁判。

李卫俊等"套路贷"虚假诉讼案(检例第87号,节录)

关键词　虚假诉讼　套路贷　刑民检察协同　类案监督　金融监管

要　旨　检察机关办理涉及"套路贷"案件时,应当查清是否存在通过虚假诉讼行为实现非法利益的情形。对虚假诉讼中涉及的民事判决、裁定、调解协议书等,应当依法开展监督。针对办案中发现的非法金融活动和监管漏洞,应当运用检察建议等方式,促进依法整治并及时堵塞行业监管漏洞。

周某某与项某某、李某某著作权权属、侵权纠纷等系列虚假诉讼监督案(检例第192号,节录)

关键词　知识产权保护　著作权纠纷　著作权登记虚假诉讼　数字检察综合履职

要　旨　冒充作者身份,以他人创作的作品骗取著作权登记,并以此为主要证据提起诉讼谋取不正当利益,损害他人合法权益,妨害司法秩序的,构成虚假诉讼。检察机关应积极推进数字检察,以大数据赋能创新法律监督模式,破解虚假诉讼监督瓶颈。对于知识产权领域虚假诉讼案件，检察机关应依职权启动监督程序，通过监督民事生效裁判、移送刑事案件线索、提出社会治理意见建议等方式促进综合治理。

立案追诉标准

《最高人民检察院、公安部关于公安机关管辖的刑事案件立案追诉标准的规定(二)》(公通字〔2022〕12 号)第七十八条关于虚假诉讼罪立案追诉标准的规定与法释〔2018〕17 号解释第二条的规定一致。

刑参案例规则提炼①

《**朱港春、李俊乐诈骗案**——"单方欺诈型"虚假诉讼行为应当如何定罪处罚和正确适用从旧兼从轻原则》(第 1371 号案例)、《**胡群光妨害作证、王荣炎帮助妨害作证案**——"部分篡改型"行为不构成虚假诉讼罪》(第 1375 号案例)、《**高云虚假诉讼案**——民事共同诉讼案件中如何准确认定虚假诉讼罪》(第 1376 号案例)、《**胡文新、黎维军虚假诉讼案**——向人民法院申请执行仲裁调解书是否属于虚假诉讼罪中的"提起民事诉讼"》(第 1377 号案例)、《**嘉善双赢轴承厂诉单国强虚假诉讼案**——如何正确认定虚假诉讼犯罪案件的自诉条件》(第 1378 号案例)、《**万春禄虚假诉讼案**——隐瞒真相行为能否构成虚假诉讼罪及如何确定虚假诉讼的既遂标准》(第 1379 号案例)、《**张崇光、张崇荣虚假诉讼案**——虚假诉讼犯罪案件中如何准确适用从旧兼从轻原则》(第 1380 号案例)所涉规则提炼如下：

1. **虚假诉讼罪的范围规则**。"申请民事执行程序属于虚假诉讼罪中的'提起民事诉讼'。""申请执行仲裁调解书属于虚假诉讼罪中的'提起民事诉讼'。"(第 1377 号案例)

2. **"部分篡改型"虚假诉讼行为的定性规则**。"'部分篡改型'行为不符合虚假诉讼罪的构成要件，依法不应认定为虚假诉讼罪。"当然，构成其他犯罪的，依照相应犯罪论处。(第 1375 号案例)"对于行为人与他人之间确实存在民事法律关系和民事纠纷，仅对民事法律关系的性质进行篡改的，不宜简单认定为捏造民事法律关系，进而以虚假诉讼罪论处。""在民事普通共同诉讼案件中，对某

---

① 另，鉴于《刑法修正案(九)》增设《刑法》第三百零七条之一，《**吴荣平妨害作证、洪善祥帮助伪造证据案**——诉讼双方当事人串通伪造证据实施虚假诉讼行为的定罪与处罚》(第 838 号案例)所涉规则未予提炼；鉴于法释〔2018〕17 号解释发布施行，《**张伟民虚假诉讼案**——如何认定虚假诉讼罪中的"情节严重"》(第 1381 号案例)所涉规则未予提炼。

一行为是否构成虚假诉讼罪,应当区分不同原告的行为,分别进行评价。"(第1376号案例)

3. 隐瞒真相虚假诉讼行为的定性规则。"采用隐瞒真相方式捏造事实并提起民事诉讼的行为可以构成虚假诉讼罪。"(第1379号案例)

4. "单方欺诈型"虚假诉讼行为的定性规则。"明知债务人的借款全部归还,双方之间的债权债务法律关系已经消灭,仍然故意捏造事实,起诉要求借款人即担保人再次归还借款及利息,属于……'单方欺诈型'虚假诉讼行为",构成诈骗罪。(第1371号案例)

5. 虚假诉讼罪既遂的判定规则。"虚假诉讼罪是结果犯,出现一定犯罪后果是判断犯罪既遂的标准。""行为人造成'妨害司法秩序'或者'严重侵害他人合法权益'后果之一即可构成犯罪既遂。"(第1379号案例)

6. 虚假诉讼犯罪案件中从旧兼从轻原则的适用规则。在《刑法修正案(九)》施行前,"被告人……以捏造的事实提起民事诉讼的行为时,《刑法》中并无虚假诉讼罪这一罪名。在这种情况下,应当分析二被告人的行为是否符合《刑法》规定的其他犯罪的构成要件,不能简单地以《刑法》中未规定虚假诉讼罪为由,认定二被告人的行为不构成犯罪"。① (第1380号案例)

7. 虚假诉讼犯罪案件的自诉条件把握规则。"有证据证明被害人曾向公安机关或者人民检察院控告被告人实施虚假诉讼的犯罪行为,而公安机关或者人民检察院不予追究被告人刑事责任。这是提起自诉的程序条件。"(第1378号案例)

第三百零八条 【打击报复证人罪】对证人进行打击报复的,处三年以下有期徒刑或者拘役;情节严重的,处三年以上七年以下有期徒刑。

立法沿革

本条系1997年《刑法》增设的规定。1979年《刑法》没有打击报复证人犯罪

---

① "实践中,对于发生在《刑法修正案(九)》施行之前的虚假诉讼行为,应当审查其是否符合伪造公司、企业、事业单位、人民团体印章罪、妨害作证罪或者诈骗罪等侵财型犯罪的构成要件,然后再根据从旧兼从轻原则,确定该行为是否构成犯罪和对行为人应当判处的刑罚,不能以行为发生时刑法未规定虚假诉讼罪为由,简单认定被告人无罪。"周峰、汪斌、李加玺:《〈关于办理虚假诉讼刑事案件适用法律若干问题的解释〉的理解与适用》,载中华人民共和国最高人民法院刑事审判第一、二、三、四、五庭主办:《刑事审判参考(总第124集)》,法律出版社2020年版,第183页。

的专门规定，但一些单行刑法对打击报复证人的犯罪行为有所涉及。

■相关规定

《**中华人民共和国治安管理处罚法**》(修正后自 2013 年 1 月 1 日起施行，节录)

第四十二条　有下列行为之一的，处五日以下拘留或者五百元以下罚款；情节较重的，处五日以上十日以下拘留，可以并处五百元以下罚款：

(四)对证人及其近亲属进行威胁、侮辱、殴打或者打击报复的；

第三百零八条之一　【**泄露不应公开的案件信息罪**】司法工作人员、辩护人、诉讼代理人或者其他诉讼参与人，泄露依法不公开审理的案件中不应当公开的信息，造成信息公开传播或者其他严重后果的，处三年以下有期徒刑、拘役或者管制，并处或者单处罚金。

有前款行为，泄露国家秘密的，依照本法第三百九十八条的规定定罪处罚。

【**披露、报道不应公开的案件信息罪**】公开披露、报道第一款规定的案件信息，情节严重的，依照第一款的规定处罚。

单位犯前款罪的，对单位判处罚金，并对其直接负责的主管人员和其他直接责任人员，依照第一款的规定处罚。

■立法沿革

本条系 2015 年 11 月 1 日起施行的《刑法修正案(九)》第三十六条增设的规定。

第三百零九条　【**扰乱法庭秩序罪**】有下列扰乱法庭秩序情形之一的，处三年以下有期徒刑、拘役、管制或者罚金：

(一)聚众哄闹、冲击法庭的；

(二)殴打司法工作人员或者诉讼参与人的；

(三)侮辱、诽谤、威胁司法工作人员或者诉讼参与人，不听法庭制止，严重扰乱法庭秩序的；

(四)有毁坏法庭设施，抢夺、损毁诉讼文书、证据等扰乱法庭秩序行为，情节严重的。

立法沿革

本条系 1997 年《刑法》增设的规定。

2015 年 11 月 1 日起施行的《刑法修正案(九)》第三十七条对本条作了修改,增加规定殴打诉讼参与人的行为,侮辱、诽谤、威胁司法工作人员或者诉讼参与人的行为,以及毁坏法庭设施,抢夺诉讼文书、证据等行为。

修正前《刑法》	修正后《刑法》
第三百零九条 【扰乱法庭秩序罪】聚众哄闹、冲击法庭,或者殴打司法工作人员,严重扰乱法庭秩序的,处三年以下有期徒刑、拘役、管制或者罚金。	第三百零九条 【扰乱法庭秩序罪】有下列扰乱法庭秩序情形之一的,处三年以下有期徒刑、拘役、管制或者罚金: (一)聚众哄闹、冲击法庭的; (二)殴打司法工作人员或者诉讼参与人的; (三)侮辱、诽谤、威胁司法工作人员或者诉讼参与人,不听法庭制止,严重扰乱法庭秩序的; (四)有毁坏法庭设施,抢夺、损毁诉讼文书、证据等扰乱法庭秩序行为,情节严重的。

第三百一十条 【窝藏、包庇罪】明知是犯罪的人而为其提供隐藏处所、财物,帮助其逃匿或者作假证明包庇的,处三年以下有期徒刑、拘役或者管制;情节严重的,处三年以上十年以下有期徒刑。

犯前款罪,事前通谋的,以共同犯罪论处。

立法沿革

本条系 1997 年《刑法》吸收修改 1979 年《刑法》作出的规定。1979 年《刑法》第一百六十二条规定:"窝藏或者作假证明包庇反革命分子的,处三年以下有期徒刑、拘役或者管制;情节严重的,处三年以上十年以下有期徒刑。""窝藏或者作假证明包庇其他犯罪分子的,处二年以下有期徒刑、拘役或者管制;情节严重的,处二年以上七年以下有期徒刑。""犯前两款罪,事前通谋的,以共同犯罪论处。"1997 年《刑法》不再区分窝藏、包庇对象所犯罪行,对窝藏、包庇罪作了统一规定。

司法解释

《最高人民法院、最高人民检察院关于办理组织、强迫、引诱、容留、介绍卖淫刑事案件适用法律若干问题的解释》(法释〔2017〕13号)第十四条第一款对包庇罪的适用作了规定。(→参见第三百五十八条评注部分,第2028页)

《最高人民法院关于适用〈中华人民共和国刑事诉讼法〉的解释》(法释〔2021〕1号,自2021年3月1日起施行,节录)

第一百五十七条 根据案件事实和法律规定,认为已经构成犯罪的被告人在取保候审期间逃匿的,如果系保证人协助被告人逃匿,或者保证人明知被告人藏匿地点但拒绝向司法机关提供,对保证人应当依法追究责任。

《最高人民法院、最高人民检察院关于办理窝藏、包庇刑事案件适用法律若干问题的解释》(法释〔2021〕16号,自2021年8月11日起施行)①

为依法惩治窝藏、包庇犯罪,根据《中华人民共和国刑法》《中华人民共和国刑事诉讼法》的有关规定,结合司法工作实际,现就办理窝藏、包庇刑事案件适用法律的若干问题解释如下:

第一条② 明知是犯罪的人,为帮助其逃匿,实施下列行为之一的,应当依

---

① 对窝藏、包庇罪中是否要规定"亲亲相隐",争议很大。调研中有人建议,对"亲亲相隐"问题,最高人民法院可以通过发布典型案例或者解读释义的方式,指导司法办案。经慎重考虑,本司法解释采纳了这一观点。对亲属间实施的窝藏、包庇行为,可从以下四个方面把握:第一,近亲属实施窝藏、包庇行为,考虑到这类情况下的犯罪动机主要是出于亲情,而不是妨碍司法秩序,总体上可予从宽;第二,近亲属实施窝藏、包庇行为,情节较轻,且认罪悔罪的,可免予刑事处罚或者不起诉;第三,近亲属实施窝藏、包庇行为,属情节严重,但未造成严重妨害司法活动的实际后果,且认罪悔罪,可酌情从宽处罚,具有自首、立功等法定从宽处罚情节的,可以不起诉或者免予刑事处罚;第四,其他亲情和血缘关系密切的人实施窝藏、包庇行为,应与近亲属有所区别,只能参照近亲属的处罚原则适度从宽。根据《刑事诉讼法》第一百零八条第六项规定,近亲属是指夫、妻、父、母、子、女、同胞兄弟姊妹。参见滕伟、陆建红、田文莎:《〈关于办理窝藏、包庇刑事案件适用法律若干问题的解释〉的理解与适用》,载《人民司法》2021年第28期。

② 需要注意的问题有三:(1)《刑法》第三百一十条规定了两个罪,即窝藏罪和包庇罪。窝藏罪的罪状描述为"提供隐藏处所、财物,帮助其逃匿",而包庇罪的罪状描述是"作假证明包庇"。包庇罪的客观行为是作假证明,目的是包庇。同理,窝藏罪的客观行为是提供隐藏处所、财物,目的是帮助犯罪的人逃匿。两个罪名的逻辑结构一致,表现(转下页)

照刑法第三百一十条第一款的规定,以窝藏罪定罪处罚:

(一)为犯罪的人提供房屋或者其他可以用于隐藏的处所的;

(二)为犯罪的人提供车辆、船只、航空器等交通工具,或者提供手机等通讯工具的;

(三)为犯罪的人提供金钱的;

(四)其他为犯罪的人提供隐藏处所、财物,帮助其逃匿的情形。

保证人在犯罪的人取保候审期间,协助其逃匿,或者明知犯罪的人的藏匿地点、联系方式,但拒绝向司法机关提供的,应当依照刑法第三百一十条第一款的规定,对保证人以窝藏罪定罪处罚。

虽然为犯罪的人提供隐藏处所、财物,但不是出于帮助犯罪的人逃匿的目的,不以窝藏罪定罪处罚;对未履行法定报告义务的行为人,依法移送有关主管机关给予行政处罚。

第二条① 明知是犯罪的人,为帮助其逃避刑事追究,或者帮助其获得从宽处罚,实施下列行为之一的,应当依照刑法第三百一十条第一款的规定,以包庇

(接上页)了立法的严谨性。基于此,本条对窝藏罪的构成要件进行了规定,将提供隐藏处所、财物与帮助犯罪的人逃匿之间的关系定位为手段与目的的关系。(2)有观点认为,应当将为犯罪的人通风报信、出谋划策的行为规定为窝藏罪的行为之一。经研究,未采纳上述意见,主要考虑:一是通风报信、出谋划策行为不属于提供隐藏处所、财物的行为,司法解释不能随便扩大刑法的调整范围。二是《刑法》第三百六十二条是特别规定,该条规定只适用于涉卖淫刑事案件,不能依据此条规定将所有通风报信行为都作犯罪化处理。三是国家工作人员为犯罪的人通风报信,刑法规定了渎职犯罪予以规制。而普通群众难以获得相关信息,即便有通风报信行为,一般也不必作为犯罪论处;如果情节严重,妨害公安、安全机关执行国家安全任务造成严重后果的,可以妨害公务罪定罪处罚。(3)对指示逃跑路线的行为能否作为提供隐藏处所行为对待,有不同认识。经研究认为,对刑法语词的解释应该遵循罪刑法定原则和常理。对于提供隐藏处所中的"处所"进行解释,既不能局限于日常生活概念,又不能任意扩大;指示逃跑路线一般情况下不具有提供处所的性质;如果行为人为帮助犯罪的人逃匿,既指示逃跑路线,又提供隐藏处所或者财物,构成犯罪的,则应当以窝藏罪定罪处罚。参见滕伟、陆建红、田文莎:《〈关于办理窝藏、包庇刑事案件适用法律若干问题的解释〉的理解与适用》,载《人民司法》2021年第28期。

① 有观点认为,作假证明的目的是帮助犯罪分子逃避刑事处罚;如果作假证明的目的是让犯罪的人得到从轻、减轻、免除处罚,如假立功、假自首,则应当以伪证罪定罪处罚。理由是:(1)作假证明的目的是帮助犯罪分子逃避刑事处罚。(2)窝藏与包庇应(转下页)

罪定罪处罚:

(一)故意顶替犯罪的人欺骗司法机关的;

(二)故意向司法机关作虚假陈述或者提供虚假证明,以证明犯罪的人没有实施犯罪行为,或者犯罪的人所实施行为不构成犯罪的;

(三)故意向司法机关提供虚假证明,以证明犯罪的人具有法定从轻、减轻、免除处罚情节的;

(四)其他作假证明包庇的行为。

第三条 明知他人有间谍犯罪或者恐怖主义、极端主义犯罪行为,在司法机关向其调查有关情况、收集有关证据时,拒绝提供,情节严重的,依照刑法第三百一十一条的规定,以拒绝提供间谍犯罪、恐怖主义犯罪、极端主义犯罪证据罪定罪处罚;作假证明包庇的,依照刑法第三百一十条的规定,以包庇罪从重处罚。

第四条 窝藏、包庇犯罪的人,具有下列情形之一的,应当认定为刑法第三百一十条第一款规定的"情节严重":

(一)被窝藏、包庇的人可能被判处无期徒刑以上刑罚的;

(二)被窝藏、包庇的人犯危害国家安全犯罪、恐怖主义或者极端主义犯罪,或者系黑社会性质组织犯罪的组织者、领导者,且可能被判处十年有期徒刑以上刑罚的;

(三)被窝藏、包庇的人系犯罪集团的首要分子,且可能被判处十年有期徒刑以上刑罚的;

(四)被窝藏、包庇的人在被窝藏、包庇期间再次实施故意犯罪,且新罪可能被判处五年有期徒刑以上刑罚的;

(接上页)当具有相当的社会危害性,窝藏的后果是可能造成犯罪的人无法被追究,包庇只有造成司法机关不能正常进行刑事诉讼的危险,才能与窝藏行为具有相当的社会危害性。提供从宽处罚的虚假证明显然无法造成这一风险,不宜扩大刑事的追诉范围。经研究认为,向司法机关提供虚假的书面证明,以证明犯罪的人具有法定从轻、减轻、免除处罚情节的,应当以包庇罪定罪处罚,而不以伪证罪定罪处罚。主要考虑:(1)根据《刑法》第三百零五条的规定,伪证行为要以意图陷害他人或者隐匿罪证为目的,上述行为既不是意图陷害他人,也不是隐匿罪证,而是提供虚假证明,因此不能以伪证罪论处。这也是伪证罪与包庇罪的主要区别。(2)不能简单地将窝藏与包庇两种行为可能造成的危害性进行比较,二者没有可比性。窝藏不可能使犯罪的人受到从宽处罚,而只能使其逃避处罚,这是由窝藏行为的特质决定的。实践中不存在犯罪的人由于被窝藏而受到从宽处罚的情况。参见滕伟、陆建红、田文莎:《〈关于办理窝藏、包庇刑事案件适用法律若干问题的解释〉的理解与适用》,载《人民司法》2021年第28期。

（五）多次窝藏、包庇犯罪的人，或者窝藏、包庇多名犯罪的人的；
（六）其他情节严重的情形。
前款所称"可能被判处"刑罚，是指根据被窝藏、包庇的人所犯罪行，在不考虑自首、立功、认罪认罚等从宽处罚情节时应当依法判处的刑罚。

第五条　认定刑法第三百一十条第一款规定的"明知"，应当根据案件的客观事实，结合行为人的认知能力，接触被窝藏、包庇的犯罪人的情况，以及行为人和犯罪人的供述等主、客观因素进行认定。

行为人将犯罪的人所犯之罪误认为其他犯罪的，不影响刑法第三百一十条第一款规定的"明知"的认定。

行为人虽然实施了提供隐藏处所、财物等行为，但现有证据不能证明行为人知道犯罪的人实施了犯罪行为的，不能认定为刑法第三百一十条第一款规定的"明知"。

第六条①　认定窝藏、包庇罪，以被窝藏、包庇的人的行为构成犯罪为前提。
被窝藏、包庇的人实施的犯罪事实清楚，证据确实、充分，但尚未到案、尚未依法裁判或者因不具有刑事责任能力依法未予追究刑事责任的，不影响窝藏、包庇罪的认定。但是，被窝藏、包庇的人归案后被宣告无罪的，应当依照法定程序宣告窝藏、包庇行为人无罪。

第七条②　为帮助同一个犯罪的人逃避刑事处罚，实施窝藏、包庇行为，又实施洗钱行为，或者掩饰、隐瞒犯罪所得及其收益行为，或者帮助毁灭证据行为，或者伪证行为的，依照处罚较重的犯罪定罪，并从重处罚，不实行数罪并罚。

第八条　共同犯罪人之间互相实施的窝藏、包庇行为，不以窝藏、包庇罪定罪处罚，但对共同犯罪以外的犯罪人实施窝藏、包庇行为的，以所犯共同犯罪和窝藏、包庇罪并罚。

---

① 本条包含以下两个方面含义：一是被窝藏、包庇的人所实施的犯罪行为有充分证据证明，且达到了犯罪的程度；二是对窝藏、包庇罪事实的认定，原则上应当在对被窝藏、包庇的人所实施的犯罪依法裁判确定后进行。极少数情况下，由于被窝藏、包庇的犯罪人还有其他犯罪事实，一时难以查清或者因为其他原因尚未依法裁判，为依法及时审判窝藏、包庇犯罪案件，才在被窝藏、包庇的人尚未受到刑事追究时先行认定窝藏、包庇罪。参见滕伟、陆建红、田文莎：《〈关于办理窝藏、包庇刑事案件适用法律若干问题的解释〉的理解与适用》，载《人民司法》2021年第28期。

② 各行为都是为了实现同一目的，相互间联系密切，故不实施并罚更符合主客观相统一原则。这样规定，方便基层法院处理此类案件，符合人民群众对法律的朴素认知和正义情感。参见滕伟、陆建红、田文莎：《〈关于办理窝藏、包庇刑事案件适用法律若干问题的解释〉的理解与适用》，载《人民司法》2021年第28期。

第九条 本解释自 2021 年 8 月 11 日起施行。

规范性文件

《公安部关于打击拐卖妇女儿童犯罪适用法律和政策有关问题的意见》(公通字〔2000〕25 号)"二、关于拐卖妇女、儿童犯罪"第(五)条对窝藏、包庇罪的适用作了规定(→参见第二百四十条评注部分,第 1142 页)。

《公安部、中央社会治安综合治理委员会办公室、民政部等关于进一步加强和改进出租房屋管理工作有关问题的通知》(公通字〔2004〕83 号)第三条第十三项规定对房主违反出租房屋管理规定,明知是有犯罪行为的人而为其提供出租房屋,帮助其逃避或者为其作假证明,构成犯罪的,依照《刑法》第三百一十条的规定追究刑事责任。(→参见第一百三十六条评注部分,第 566 页)

刑参案例规则提炼

《谢茂强等强奸、奸淫幼女案——行为人既实施了强奸妇女的行为又实施了奸淫幼女的行为应如何定罪》(第 178 号案例)、《冉国成、冉儒超、冉鸿雁故意杀人、包庇案——如何理解和认定事前通谋的共同犯罪》(第 254 号案例)所涉规则提炼如下:

窝藏、包庇罪的认定规则。关于《刑法》第三百一十条第二款规定的"事前通谋","是指各共犯在着手实行犯罪之前,相互之间就其准备实施的犯罪进行沟通、谋划和准备,它是共犯之间双向的意思联络过程和犯罪合意形成过程"。"这里所说的'事前',应当理解为被窝藏、包庇的犯罪人实行犯罪之前,而不是实施窝藏、包庇行为之前。"(第 254 号案例)"为了使自己和同案犯共同逃避司法机关追究而实施的包庇同案犯的行为……不构成包庇罪……可作为酌定从重情节在量刑时考虑。"(第 178 号案例)"出于包庇的故意,实施包庇行为和帮助毁灭证据行为,其行为应以包庇罪定罪,而不应数罪并罚。""共同包庇犯罪案件中的共犯可以划分主从犯。"(第 254 号案例)

司法疑难解析

因顶罪行为涉嫌犯包庇罪前案已服刑期能否折抵的问题。行为人明知林木系他人盗伐,受他人指使,为获取补偿,向司法机关谎称林木系自己雇人盗伐,其行为涉嫌犯包庇罪。行为人因顶替他人的盗伐林木罪,被判处刑罚并执行,后被改判无罪。行为人已执行的盗伐林木罪的刑期能否在新罪包庇罪的刑期中予以折抵,对此存在不同认识。**本评注认为**,被告人替人顶罪被判处刑罚,后被改判无罪,之后因顶罪行为被判处包庇罪的,由于其前案被执行刑罚是替人顶罪所致,与包庇不是同一事实,故对被告人因替人顶罪已执行的刑期,不应从包庇罪所判处的刑期中折抵。①

---

① 主要考虑:(1)对于行为人而言,盗伐林木罪并没有事实基础;而包庇罪是基于其虚假供述顶替他人的犯罪这一犯罪事实。两罪之间的联系仅限于行为人这一主体,而不存在事实联系。(2)前罪已经法定程序纠正,诉讼程序终结,不符合刑法有关刑期折抵的规定。《刑法》第四十七条规定:"……判决执行以前先行羁押的,羁押一日折抵刑期一日。"这里的刑期折抵是针对未决犯前期羁押日期的折抵,不包括不同犯罪案件之间已服刑期折抵。本案行为人所犯盗伐林木罪,已经审判监督程序纠正,并被宣告无罪,诉讼程序已经终结。而对于依照审判监督程序再审改判无罪,原判刑罚已经执行的救济途径是国家赔偿,而非从行为人所犯其他犯罪的刑罚中予以折抵。但是根据《国家赔偿法》第十九条第一项的规定,因公民自己故意作虚伪供述,或者伪造其他有罪证据被羁押或者被判处刑罚的,国家不承担赔偿责任。所以,对于被告人故意作虚假供述被司法机关错判的不利后果,只能由其个人承担。(3)将行为人前罪已服刑期折抵后罪刑罚,不符合刑法的基本精神。将本案被告人的前罪刑期折抵后罪,会产生一些不良后果,有违刑法的基本精神。如果行为人盗伐林木假案未被发现并纠正,真正的犯罪人将逃脱法律制裁,而且行为人因顶罪而获得"补偿款",会出现"以刑换钱"的恶果;如果允许将行为人盗伐林木的虚假犯罪已服刑期折抵包庇罪刑期,行为人所犯包庇罪并没有得到完整的惩处,于法不公。此外,如果被告人因盗伐林木罪已经执行了较长的刑期,甚至超过了此次包庇罪的拟判刑期,允许折抵的话,将会出现行为人所犯包庇罪不会被实际执行的情形。显然,这是有违刑罚责任相适应的基本原则,不符合刑法的基本精神。(4)有关司法解释可供借鉴。《最高人民法院研究室关于因错判在服刑期"脱逃"后确有犯罪其错判服刑期限可否与后判刑期折抵问题的电话答复(1983年8月31日)》规定:"对被错判徒刑的在服刑期间'脱逃'的行为,可以不以脱逃论罪判刑;但在脱逃期间犯罪的,应依法定罪判刑;对被错判已服刑的日期与后来犯罪所判处的刑期不宜折抵,可在量刑时酌情考虑从轻或减轻处罚。"(→参见第三百一十六条评注部分,第1657页)尽管本案情形与1983年湖北高院请示案件不完全相同,但其基本精神可供借鉴,即错判已服刑期不宜折抵其他犯罪的刑期。本案与湖北高院请示案件不同之处在于,行为人为获取不法利益,通过犯罪(包庇罪)手段故意将自己陷于犯罪被处刑,其挑战司法权威,社会危害性更大。因此,其被错判已服刑的日期与所犯包庇罪刑期不宜折抵,也不宜对其所犯包庇罪量刑时酌情考虑从轻或减轻处罚。

> **第三百一十一条** 【拒绝提供间谍犯罪、恐怖主义犯罪、极端主义犯罪证据罪】明知他人有间谍犯罪或者恐怖主义、极端主义犯罪行为,在司法机关向其调查有关情况、收集有关证据时,拒绝提供,情节严重的,处三年以下有期徒刑、拘役或者管制。

立法沿革

本条系1997年《刑法》增设的规定。

2015年11月1日起施行的《刑法修正案(九)》第三十八条对本条作了修改,将适用范围由间谍犯罪扩充至包括恐怖主义、极端主义犯罪行为在内。修改后,罪名由"拒绝提供间谍犯罪证据罪"调整为"拒绝提供间谍犯罪、恐怖主义犯罪、极端主义犯罪证据罪"。

修正前《刑法》	修正后《刑法》
第三百一十一条 【拒绝提供间谍犯罪证据罪】明知他人有间谍犯罪行为,在国家安全机关向其调查有关情况、收集有关证据时,拒绝提供,情节严重的,处三年以下有期徒刑、拘役或者管制。	第三百一十一条 【拒绝提供间谍犯罪、恐怖主义犯罪、极端主义犯罪证据罪】明知他人有间谍犯罪**或者恐怖主义、极端主义犯罪**行为,在**司法**机关向其调查有关情况、收集有关证据时,拒绝提供,情节严重的,处三年以下有期徒刑、拘役或者管制。

相关规定

《中华人民共和国反间谍法》(修订后自2023年7月1日起施行,节录)

第三十二条 在国家安全机关调查了解有关间谍行为的情况、收集有关证据时,有关个人和组织应当如实提供,不得拒绝。

第六十条 违反本法规定,有下列行为之一,构成犯罪的,依法追究刑事责任;尚不构成犯罪的,由国家安全机关予以警告或者处十日以下行政拘留,可以并处三万元以下罚款:

……

(二)明知他人有间谍犯罪行为,在国家安全机关向其调查有关情况、收集有关证据时,拒绝提供;

……

《中华人民共和国反恐怖主义法》(修正后自2018年4月27日起施行,

节录)

第五十一条 公安机关调查恐怖活动嫌疑,有权向有关单位和个人收集、调取相关信息和材料。有关单位和个人应当如实提供。

第八十二条 明知他人有恐怖活动犯罪、极端主义犯罪行为,窝藏、包庇,情节轻微,尚不构成犯罪的,或者在司法机关向其调查有关情况、收集有关证据时,拒绝提供的,由公安机关处十日以上十五日以下拘留,可以并处一万元以下罚款。

司法解释

《最高人民法院、最高人民检察院关于办理窝藏、包庇刑事案件适用法律若干问题的解释》(法释〔2021〕16号)第三条对刑法第三百一十一条与第三百一十条的界分规则作了规定。(→参见第三百一十条评注部分,第1622页)

第三百一十二条 【掩饰、隐瞒犯罪所得、犯罪所得收益罪】 明知是犯罪所得及其产生的收益而予以窝藏、转移、收购、代为销售或者以其他方法掩饰、隐瞒的,处三年以下有期徒刑、拘役或者管制,并处或者单处罚金;情节严重的,处三年以上七年以下有期徒刑,并处罚金。

单位犯前款罪的,对单位判处罚金,并对其直接负责的主管人员和其他直接责任人员,依照前款的规定处罚。

立法沿革

本条系1997年《刑法》吸收修改1979年《刑法》作出的规定。1979年《刑法》第一百七十二条规定:"明知是犯罪所得的赃物而予以窝藏或者代为销售的,处三年以下有期徒刑、拘役或者管制,可以并处或者单处罚金。"1997年《刑法》扩展了行为方式,并对法定刑作了微调。

2006年6月29日起施行的《刑法修正案(六)》第十九条对本条作了第一次修改,将犯罪对象由"赃物"调整为"犯罪所得及其产生的收益",并将行为方式调整为包括"以其他方法掩饰、隐瞒";同时,对法定刑作了调整,将法定最高刑由三年调整为七年。修改后,罪名由"窝藏、转移、收购、销售赃物罪"调整为"掩饰、隐瞒犯罪所得、犯罪所得收益罪"。

2009年2月28日起施行的《刑法修正案(七)》第十条对本条作了第二次修改,增加第二款关于单位犯罪的规定。

修正前《刑法》	第一次修正后《刑法》	第二次修正后《刑法》
第三百一十二条 【窝藏、转移、收购、销售赃物罪】明知是犯罪所得的赃物而予以窝藏、转移、收购或者代为销售的,处三年以下有期徒刑、拘役或者管制,并处或者单处罚金。	第三百一十二条 【掩饰、隐瞒犯罪所得、犯罪所得收益罪】明知是犯罪所得及其产生的收益而予以窝藏、转移、收购、代为销售或者以其他方法掩饰、隐瞒的,处三年以下有期徒刑、拘役或者管制,并处或者单处罚金;情节严重的,处三年以上七年以下有期徒刑,并处罚金。	第三百一十二条 【掩饰、隐瞒犯罪所得、犯罪所得收益罪】明知是犯罪所得及其产生的收益而予以窝藏、转移、收购、代为销售或者以其他方法掩饰、隐瞒的,处三年以下有期徒刑、拘役或者管制,并处或者单处罚金;情节严重的,处三年以上七年以下有期徒刑,并处罚金。 单位犯前款罪的,对单位判处罚金,并对其直接负责的主管人员和其他直接责任人员,依照前款的规定处罚。

◆ **立法解释**

《全国人民代表大会常务委员会关于〈中华人民共和国刑法〉第三百四十一条、第三百一十二条的解释》(自 2014 年 4 月 24 日起施行)

全国人民代表大会常务委员会根据司法实践中遇到的情况,讨论了刑法第三百四十一条第一款规定的非法收购国家重点保护的珍贵、濒危野生动物及其制品的含义和收购刑法第三百四十一条第二款规定的非法狩猎的野生动物如何适用刑法有关规定的问题,解释如下:

知道或者应当知道是国家重点保护的珍贵、濒危野生动物及其制品,为食用或者其他目的而非法购买的,属于刑法第三百四十一条第一款规定的非法收购国家重点保护的珍贵、濒危野生动物及其制品的行为。

知道或者应当知道是刑法第三百四十一条第二款规定的非法狩猎的野生动物而购买的,属于刑法第三百一十二条第一款规定的明知是犯罪所得而收购的行为。

现予公告。

◆ **相关规定**

《中华人民共和国治安管理处罚法》(修正后自 2013 年 1 月 1 日起施行,

节录)

第五十九条 有下列行为之一的,处五百元以上一千元以下罚款;情节严重的,处五日以上十日以下拘留,并处五百元以上一千元以下罚款:

(一)典当业工作人员承接典当的物品,不查验有关证明、不履行登记手续,或者明知是违法犯罪嫌疑人、赃物,不向公安机关报告的;

(二)违反国家规定,收购铁路、油田、供电、电信、矿山、水利、测量和城市公用设施等废旧专用器材的;

(三)收购公安机关通报寻查的赃物或者有赃物嫌疑的物品的;

(四)收购国家禁止收购的其他物品的。

第六十条 有下列行为之一的,处五日以上十日以下拘留,并处二百元以上五百元以下罚款:

(三)明知是赃物而窝藏、转移或者代为销售的;

司法解释

《最高人民法院、最高人民检察院关于办理盗窃油气、破坏油气设备等刑事案件具体应用法律若干问题的解释》(法释〔2007〕3号)第五条对掩饰、隐瞒犯罪所得罪的适用和共犯认定作了指引性规定。(→参见第一百一十八条评注部分,第435页)

《最高人民法院、最高人民检察院关于办理与盗窃、抢劫、诈骗、抢夺机动车相关刑事案件具体应用法律若干问题的解释》(法释〔2007〕11号,自2007年5月11日起施行)

为依法惩治与盗窃、抢劫、诈骗、抢夺机动车相关的犯罪活动,根据刑法、刑事诉讼法等有关法律的规定,现对办理这类案件具体应用法律的若干问题解释如下:

第一条 明知是盗窃、抢劫、诈骗、抢夺的机动车,实施下列行为之一的,依照刑法第三百一十二条的规定,以掩饰、隐瞒犯罪所得、犯罪所得收益罪定罪,处三年以下有期徒刑、拘役或者管制,并处或者单处罚金:

(一)买卖、介绍买卖、典当、拍卖、抵押或者用其抵债的;

(二)拆解、拼装或者组装的;

(三)修改发动机号、车辆识别代号的;

(四)更改车身颜色或者车辆外形的;

(五)提供或者出售机动车来历凭证、整车合格证、号牌以及有关机动车的其他证明和凭证的;

（六）提供或者出售伪造、变造的机动车来历凭证、整车合格证、号牌以及有关机动车的其他证明和凭证的。

实施第一款规定的行为涉及盗窃、抢劫、诈骗、抢夺的机动车五辆以上或者价值总额达到五十万元以上的，属于刑法第三百一十二条规定的"情节严重"，处三年以上七年以下有期徒刑，并处罚金。

第二条① 伪造、变造、买卖机动车行驶证、登记证书，累计三本以上的，依照刑法第二百八十条第一款的规定，以伪造、变造、买卖国家机关证件罪定罪，处三年以下有期徒刑、拘役、管制或者剥夺政治权利。

伪造、变造、买卖机动车行驶证、登记证书，累计达到第一款规定数量标准五倍以上的，属于刑法第二百八十条第一款规定中的"情节严重"，处三年以上十年以下有期徒刑。

第三条① 国家机关工作人员滥用职权，有下列情形之一，致使盗窃、抢劫、诈骗、抢夺的机动车被办理登记手续，数量达到三辆以上或价值总额达到三十万元以上的，依照刑法第三百九十七条第一款的规定，以滥用职权罪定罪，处三年以下有期徒刑或者拘役：

（一）明知是登记手续不全或者不符合规定的机动车而办理登记手续的；

（二）指使他人为明知是登记手续不全或者不符合规定的机动车办理登记

---

① 需要注意的是，对于行为人实施的伪造、变造、买卖行驶证、登记证书的行为应当根据涉及的证件数量定罪处罚，但不实行数罪并罚。其中，行为人自己伪造或者变造行驶证、登记证书后又进行买卖的，根据禁止重复评价原则，证书数量不应累积计算，但可以作为从重量刑情节考虑。如果行为人既有伪造或者变造行驶证、登记证书的行为，又有买卖他人伪造、变造的行驶证、登记证书的行为的，证书的数量就应当累积计算。参见祝二军：《〈关于办理与盗窃、抢劫、诈骗、抢夺机动车相关刑事案件具体应用法律若干问题的解释〉的理解与适用》，载中华人民共和国最高人民法院刑事审判第一、二、三、四、五庭主办：《中国刑事审判指导案例5》（增订第3版），法律出版社2017年版，第820页。此外，**本评注认为**，对于买卖机动车驾驶证的行为应当适用买卖国家机关证件罪，但鉴于驾驶证与行驶证的使用情况尚有不同，不宜简单套用本条标准，而应根据案件具体情况作出处理。

① 本条关于滥用职权罪、玩忽职守罪的定罪量刑标准与《最高人民法院、最高人民检察院关于办理渎职刑事案件适用法律若干问题的解释（一）》（法释〔2012〕18号）第一条不一致。究竟应当按照"新解释优于旧解释"抑或"特别解释优于一般解释的原则"处理，可能存在不同认识。**本评注主张**按照"新解释优于旧解释"的原则，以法释〔2012〕18号解释为准。

手续的;

(三)违规或者指使他人违规更改、调换车辆档案的;

(四)其他滥用职权的行为。

国家机关工作人员疏于审查或者审查不严,致使盗窃、抢劫、诈骗、抢夺的机动车被办理登记手续,数量达到五辆以上或者价值总额达到五十万元以上的,依照刑法第三百九十七条第一款的规定,以玩忽职守罪定罪,处三年以下有期徒刑或者拘役。

国家机关工作人员实施前两款规定的行为,致使盗窃、抢劫、诈骗、抢夺的机动车被办理登记手续,分别达到前两款规定数量、数额标准五倍以上的,或者明知是盗窃、抢劫、诈骗、抢夺的机动车而办理登记手续的,属于刑法第三百九十七条第一款规定的"情节特别严重",处三年以上七年以下有期徒刑。

国家机关工作人员徇私舞弊,实施上述行为,构成犯罪的,依照刑法第三百九十七条第二款的规定定罪处罚。

第四条 实施本解释第一条、第二条、第三条第一款或者第三款规定的行为,事前与盗窃、抢劫、诈骗、抢夺机动车的犯罪分子通谋的,以盗窃罪、抢劫罪、诈骗罪、抢夺罪的共犯论处。

第五条 对跨地区实施的涉及同一机动车的盗窃、抢劫、诈骗、抢夺以及掩饰、隐瞒犯罪所得、犯罪所得收益行为,有关公安机关可以依照法律和有关规定一并立案侦查,需要提请批准逮捕、移送审查起诉、提起公诉的,由该公安机关所在地的同级人民检察院、人民法院受理。

第六条① 行为人实施本解释第一条、第三条第三款规定的行为,涉及的机动车有下列情形之一的,应当认定行为人主观上属于上述条款所称"明知":

(一)没有合法有效的来历凭证;

(二)发动机号、车辆识别代号有明显更改痕迹,没有合法证明的。

---

① 本条第二项规定中有"明显"二字,是因为在现有技术条件下,伪造、变造发动机号、车辆识别代号的技术有些相当高超,除非专业人员并且使用专门的技术手段,一般人员用肉眼难以进行有效的识别。如果不加以"明显"的限制,就会增加一般人员的义务要求,也与实际情况不符。参见祝二军:《〈关于办理与盗窃、抢劫、诈骗、抢夺机动车相关刑事案件具体应用法律若干问题的解释〉的理解与适用》,载中华人民共和国最高人民法院刑事审判第一、二、三、四、五庭主办:《中国刑事审判指导案例5》(增订第3版),法律出版社2017年版,第819页。

《最高人民法院关于审理洗钱等刑事案件具体应用法律若干问题的解释》（法释〔2009〕15号）**第一条**、**第三条**、**第四条**对《刑法》第三百一十二条所涉主观明知认定、罪数处断和上游犯罪认定等问题作了规定。（→参见第一百九十一条评注部分，第872、873页）

《最高人民法院、最高人民检察院关于办理危害计算机信息系统安全刑事案件应用法律若干问题的解释》（法释〔2011〕19号）**第七条**对明知是非法获取计算机信息系统数据犯罪所获取的数据、非法控制计算机信息系统犯罪所获取的计算机信息系统控制权，而予以转移、收购、代为销售或者以其他方法掩饰、隐瞒适用掩饰、隐瞒犯罪所得罪的定罪量刑标准作了规定。（→参见第二百八十五条评注部分，第1405页）

《最高人民法院关于审理掩饰、隐瞒犯罪所得、犯罪所得收益刑事案件适用法律若干问题的解释》〔法释〔2015〕11号，根据《最高人民法院关于修改〈关于审理掩饰、隐瞒犯罪所得、犯罪所得收益刑事案件适用法律若干问题的解释〉的决定》（法释〔2021〕8号）修正，修正后自2021年4月15日起施行〕

为依法惩治掩饰、隐瞒犯罪所得、犯罪所得收益犯罪活动，根据刑法有关规定，结合人民法院刑事审判工作实际，现就审理此类案件具体适用法律的若干问题解释如下：

第一条① 明知是犯罪所得及其产生的收益而予以窝藏、转移、收购、代为

---

① 需要注意的问题有二：(1)为加大对洗钱犯罪的惩治力度，进一步实现与国际标准相衔接，《最高人民法院关于修改〈关于审理掩饰、隐瞒犯罪所得、犯罪所得收益刑事案件适用法律若干问题的解释〉的决定》（法释〔2021〕8号）取消了法释〔2015〕11号解释第一条第一款第一项、第二款和第二条第二款关于掩饰、隐瞒犯罪所得、犯罪所得收益罪数额标准的规定，但同时强调"人民法院审理掩饰、隐瞒犯罪所得、犯罪所得收益刑事案件，应综合考虑上游犯罪的性质、掩饰、隐瞒犯罪所得及其收益的情节、后果及社会危害程度等，依法定罪处罚。"这就意味着对掩饰、隐瞒犯罪所得、犯罪所得收益罪并非"零门槛"入罪，只是改变了过去入罪"唯数额论"的状况，更加强调综合判断。通常而言，**本评注主张**可以沿用过去的数额标准，但在适用过去数额标准出现明显不当入罪或者应入罪未入罪的现象的，可以考虑不受数额标准的限制。(2)掩饰、隐瞒犯罪所得、犯罪所得收益罪在国际上属于洗钱罪的大范畴。但是，《刑法修正案（十一）》只针对《刑法》第一百九十一条规定的洗钱罪规定了自洗钱入罪，对于《刑法》第三百一十二条规定的掩饰、隐瞒犯罪所得、犯罪所得收益罪未作调整。故而，**本评注认为**，在有关方面作出明确规定之前，就掩饰、隐瞒犯罪所得、犯罪所得收益罪而言，尚不宜主张"自掩饰""自隐瞒"入罪的问题。

销售或者以其他方法掩饰、隐瞒,具有下列情形之一的,应当依照刑法第三百一十二条第一款的规定,以掩饰、隐瞒犯罪所得、犯罪所得收益罪定罪处罚:

(一)一年内曾因掩饰、隐瞒犯罪所得及其产生的收益行为受过行政处罚,又实施掩饰、隐瞒犯罪所得及其产生的收益行为的;

(二)掩饰、隐瞒的犯罪所得系电力设备、交通设施、广播电视设施、公用电信设施、军事设施或者救灾、抢险、防汛、优抚、扶贫、移民、救济款物的;

(三)掩饰、隐瞒行为致使上游犯罪无法及时查处,并造成公私财物损失无法挽回的;

(四)实施其他掩饰、隐瞒犯罪所得及其产生的收益行为,妨害司法机关对上游犯罪进行追究的。

人民法院审理掩饰、隐瞒犯罪所得、犯罪所得收益刑事案件,应综合考虑上游犯罪的性质、掩饰、隐瞒犯罪所得及其收益的情节、后果及社会危害程度等,依法定罪处罚。

司法解释对掩饰、隐瞒涉及计算机信息系统数据、计算机信息系统控制权的犯罪所得及其产生的收益行为构成犯罪已有规定的,审理此类案件依照该规定。

依照全国人民代表大会常务委员会《关于〈中华人民共和国刑法〉第三百四十一条、第三百一十二条的解释》,明知是非法狩猎的野生动物而收购,数量达到五十只以上的,以掩饰、隐瞒犯罪所得罪定罪处罚。

第二条 掩饰、隐瞒犯罪所得及其产生的收益行为符合本解释第一条的规定,认罪、悔罪并退赃、退赔,且具有下列情形之一的,可以认定为犯罪情节轻微,免予刑事处罚:

(一)具有法定从宽处罚情节的;

(二)为近亲属掩饰、隐瞒犯罪所得及其产生的收益,且系初犯、偶犯的;

(三)有其他情节轻微情形的。

第三条① 掩饰、隐瞒犯罪所得及其产生的收益,具有下列情形之一的,应

---

① 适用该条款时,特别要注意次数的认定。要把握好以下三点:一是每一次掩饰、隐瞒的行为,必须是一个独立的行为,即独立的主观意图,独立的掩饰、隐瞒行为,独立的行为结果,但如果基于同一个故意,在同一时间、同一地点,同时或者连续对多起上游犯罪实施掩饰、隐瞒行为的,一般应认定为一次掩饰、隐瞒犯罪所得及其收益的行为。为同一个上游犯罪人同一起犯罪事实的犯罪所得及其收益而分多次予以窝藏、转移、收购、代为销售或者以其他方法掩饰、隐瞒的,由于其犯罪对象的同一性,也应认定为一次掩饰、隐瞒犯罪所得及其收益的行为;二是每一次掩饰、隐瞒的行为,不以每次都构成犯(转下页)

当认定为刑法第三百一十二条第一款规定的"情节严重":

（一）掩饰、隐瞒犯罪所得及其产生的收益价值总额达到十万元以上的；

（二）掩饰、隐瞒犯罪所得及其产生的收益十次以上，或者三次以上且价值总额达到五万元以上的；

（三）掩饰、隐瞒的犯罪所得系电力设备、交通设施、广播电视设施、公用电信设施、军事设施或者救灾、抢险、防汛、优抚、扶贫、移民、救济款物，价值总额达到五万元以上的；

（四）掩饰、隐瞒行为致使上游犯罪无法及时查处，并造成公私财物重大损失无法挽回或其他严重后果的；

（五）实施其他掩饰、隐瞒犯罪所得及其产生的收益行为，严重妨害司法机关对上游犯罪予以追究的。

司法解释对掩饰、隐瞒涉及机动车、计算机信息系统数据、计算机信息系统控制权的犯罪所得及其产生的收益行为认定"情节严重"已有规定的，审理此类案件依照该规定。

第四条① 掩饰、隐瞒犯罪所得及其产生的收益的数额，应当以实施掩饰、隐瞒行为时为准。收购或者代为销售财物的价格高于其实际价值的，以收购或

（接上页）罪为前提；三是即使认定为一次掩饰、隐瞒犯罪所得及其收益的行为的，仍然必须注意同时适用本司法解释第三条第二款的规定，并注意有关治安处罚时效和刑事追诉时效的规定。单次掩饰、隐瞒行为不构成犯罪，且超过治安处罚时效的，不再累计次数；单次掩饰、隐瞒行为构成犯罪，但超过刑事追究时效的，也不再累计次数。参见陆建红、杨华、曹东方：《〈关于审理掩饰、隐瞒犯罪所得、犯罪所得收益刑事案件适用法律若干问题的解释〉的理解与适用》，载中华人民共和国最高人民法院刑事审判第一、二、三、四、五庭主办：《中国刑事审判指导案例5》（增订第3版），法律出版社2017年版，第843页。

① 对于未经公安机关行政处罚，并且未超过治安管理处罚法规定的追诉期限的掩饰、隐瞒行为，数额就应当累计计算；对于已经过行政处罚或者已经超过治安管理处罚法规定的追诉期限的，那么该次掩饰、隐瞒数额就不能累计计算。对于单次掩饰、隐瞒行为，如果构成犯罪的，是否累计计算，应当依照刑法关于追诉期限的规定处理。另外，掩饰、隐瞒犯罪所得及其产生的收益的行为实施后产生的孳息不计入犯罪数额。比如，掩饰、隐瞒行为人将一百万元赃款存入银行后产生一万元利息，这一万元利息只能作为非法所得认定，而不是掩饰、隐瞒犯罪所得、犯罪所得收益里的"收益"。本罪中的收益应当是指上游犯罪既遂后在上游犯罪人处产生的收益。参见陆建红、杨华、曹东方：《〈关于审理掩饰、隐瞒犯罪所得、犯罪所得收益刑事案件适用法律若干问题的解释〉的理解与适用》，载中华人民共和国最高人民法院刑事审判第一、二、三、四、五庭主办：《中国刑事审判指导案例5》（增订第3版），法律出版社2017年版，第842页。

者代为销售的价格计算。

多次实施掩饰、隐瞒犯罪所得及其产生的收益行为,未经行政处罚,依法应当追诉的,犯罪所得、犯罪所得收益的数额应当累计计算。

第五条① 事前与盗窃、抢劫、诈骗、抢夺等犯罪分子通谋,掩饰、隐瞒犯罪所得及其产生的收益的,以盗窃、抢劫、诈骗、抢夺等犯罪的共犯论处。

第六条 对犯罪所得及其产生的收益实施盗窃、抢劫、诈骗、抢夺等行为,构成犯罪的,分别以盗窃罪、抢劫罪、诈骗罪、抢夺罪等定罪处罚。

第七条 明知是犯罪所得及其产生的收益而予以掩饰、隐瞒,构成刑法第三百一十二条规定的犯罪,同时构成其他犯罪的,依照处罚较重的规定定罪处罚。

第八条 认定掩饰、隐瞒犯罪所得、犯罪所得收益罪,以上游犯罪事实成立为前提。上游犯罪尚未依法裁判,但查证属实的,不影响掩饰、隐瞒犯罪所得、犯罪所得收益罪的认定。

上游犯罪事实经查证属实,但因行为人未达到刑事责任年龄等原因依法不予追究刑事责任的,不影响掩饰、隐瞒犯罪所得、犯罪所得收益罪的认定。

第九条 盗用单位名义实施掩饰、隐瞒犯罪所得及其产生的收益行为,违法所得由行为人私分的,依照刑法和司法解释有关自然人犯罪的规定定罪处罚。

第十条 通过犯罪直接得到的赃款、赃物,应当认定为刑法第三百一十二条规定的"犯罪所得"。上游犯罪的行为人对犯罪所得进行处理后得到的孳息、租金等,应当认定为刑法第三百一十二条规定的"犯罪所得产生的收益"。

明知是犯罪所得及其产生的收益而采取窝藏、转移、收购、代为销售以外的方法,如居间介绍买卖,收受,持有,使用,加工,提供资金账户,协助将财物转换为现金、金融票据、有价证券,协助将资金转移、汇往境外等,应当认定为刑法第三百一十二条规定的"其他方法"。

---

① 需要注意的问题有二:(1)行为人实施盗窃、抢劫、抢夺等犯罪行为,由于系未成年人等原因而依法不追究刑事责任的,盗窃、抢劫、抢夺等行为本身仍然具有违法性,只是缺乏有责性而不可罚。掩饰、隐瞒行为人事先通谋、事中介入的,掩饰、隐瞒行为也具有违法性,与盗窃、抢劫、抢夺等犯罪行为人在违法层面仍然成立共同犯罪,掩饰、隐瞒行为人如果具有责任,则依照盗窃、抢劫、抢夺的共犯处理。(2)共同犯罪人之间,在共同犯罪行为完成后,相互实施掩饰、隐瞒犯罪所得及其产生的收益的行为,不能以掩饰、隐瞒犯罪所得、犯罪所得收益罪定罪处罚。参见陆建红、杨华、曹东方:《〈关于审理掩饰、隐瞒犯罪所得、犯罪所得收益刑事案件适用法律若干问题的解释〉的理解与适用》,载中华人民共和国最高人民法院刑事审判第一、二、三、四、五庭主办:《中国刑事审判指导案例5》(增订第3版),法律出版社2017年版,第843页。

第十一条① 掩饰、隐瞒犯罪所得、犯罪所得收益罪是选择性罪名，审理此类案件，应当根据具体犯罪行为及其指向的对象，确定适用的罪名。

《最高人民法院、最高人民检察院关于办理妨害文物管理等刑事案件适用法律若干问题的解释》（法释〔2015〕23号）第九条对掩饰、隐瞒文物犯罪所得适用掩饰、隐瞒犯罪所得罪及共犯认定作了规定。（→参见分则第六章第四节标题评注部分，第1686页）

《最高人民法院、最高人民检察院关于办理非法采矿、破坏性采矿刑事案件适用法律若干问题的解释》（法释〔2016〕25号）第七条对掩饰、隐瞒犯罪所得罪、犯罪所得收益罪的适用作了规定。（→参见第三百四十三条评注部分，第1808页）

《最高人民法院、最高人民检察院关于办理危害药品安全刑事案件适用法律若干问题的解释》（高检发释字〔2022〕1号）第十三条对《刑法》第三百一十二条作了规定。（→参见第一百四十一条评注部分，第608页）

《最高人民法院、最高人民检察院关于办理破坏野生动物资源刑事案件适用法律若干问题的解释》（法释〔2022〕12号）第九条对掩饰、隐瞒犯罪所得的水产品、猎获物适用掩饰、隐瞒犯罪所得罪作了规定。（→参见第三百四十一条评注部分，第1780页）

规范性文件

《最高人民法院、最高人民检察院、公安部、国家工商行政管理局关于依法查处盗窃、抢劫机动车案件的规定》（公通字〔1998〕31号）①

为依法严厉打击盗窃、抢劫机动车犯罪活动，堵塞盗窃、抢劫机动车犯罪分子的销赃渠道，保护国家、集体财产和公民的合法财产，根据《中华人民共和国

---

① 从犯罪对象上看，犯罪所得和犯罪所得收益是一个既应当区分也是完全可以区分的犯罪事实。而掩饰和隐瞒的行为有时确实难以区分。总体上，应当根据犯罪行为与犯罪所得及其收益的性质，确定具体适用的罪名，即根据案件情况，选择适用掩饰、隐瞒犯罪所得罪，掩饰、隐瞒犯罪所得收益罪，掩饰、隐瞒犯罪所得、犯罪所得收益罪。参见陆建红、杨华、曹东方：《〈关于审理掩饰、隐瞒犯罪所得、犯罪所得收益刑事案件适用法律若干问题的解释〉的理解与适用》，载中华人民共和国最高人民法院刑事审判第一、二、三、四、五庭主办：《中国刑事审判指导案例5》（增订第3版），法律出版社2017年版，第851页。
① 对本规范性文件的适用，需要结合此后修改的《刑法》第三百一十二条的规定和相关司法解释妥当把握。——本评注注

刑法》(以下简称《刑法》)、《中华人民共和国刑事诉讼法》(以下简称《刑事诉讼法》)和其他有关法律、法规的规定,制定本规定。

一、司法机关依法查处盗窃、抢劫机动车案件,任何单位和个人都应当予以协助。以暴力、威胁方法阻碍司法工作人员依法办案的,依照《刑法》第二百七十七条第一款的规定处罚。

二、明知是盗窃、抢劫所得机动车而予以窝藏、转移、收购或者代为销售的,依照《刑法》第三百一十二条的规定处罚。

对明知是盗窃、抢劫所得机动车而予以拆解、改装、拼装、典当、倒卖的,视为窝藏、转移、收购或者代为销售,依照《刑法》第三百一十二条的规定处罚。

三、国家指定的车辆交易市场、机动车经营企业(含典当、拍卖行)以及从事机动车修理、零部件销售企业的主管人员或者其他直接责任人员,明知是盗窃、抢劫的机动车而予以窝藏、转移、拆解、拼装、收购或者代为销售的,依照《刑法》第三百一十二条的规定处罚。单位组织实施上述行为的,由工商行政管理机关予以处罚。

四、本规定第二条和第三条中的行为人事先与盗窃、抢劫机动车辆的犯罪分子通谋的,分别以盗窃、抢劫犯罪的共犯论处。

五、机动车交易必须在国家指定的交易市场或合法经营企业进行,其交易凭证经工商行政管理机关验证盖章后办理登记或过户手续,私下交易机动车辆属于违法行为,由工商行政管理机关依法处理。

明知是赃车而购买,以收购赃物罪定罪处罚。单位的主管人员或者其他直接责任人员明知是赃车购买的,以收购赃物罪定罪处罚。

明知是赃车而介绍买卖的,以收购、销售赃物罪的共犯论处。

六、非法出售机动车有关发票的,或者伪造、擅自制造或者出售伪造、擅自制造的机动车有关发票的,依照《刑法》第二百零九条的规定处罚。

七、伪造、变造、买卖机动车牌证及机动车入户、过户、验证的有关证明文件的,依照《刑法》第二百八十条第一款的规定处罚。

八、公安、工商行政管理人员利用职务上的便利,索取或者非法收受他人财物,为赃车入户、过户、验证构成犯罪的,依照《刑法》第三百八十五条、第三百八十六条的规定处罚。

九、公安、工商行政管理人员或者其他国家机关工作人员滥用职权或者玩忽职守、徇私舞弊,致使赃车入户、过户、验证的,给予行政处分;致使公共财产、国家和人民利益遭受重大损失的,依照《刑法》第三百九十七条的规定处罚。

十、公安人员对盗窃、抢劫的机动车辆,非法提供机动车牌证或者为其取得机动车牌证提供便利,帮助犯罪分子逃避处罚的,依照《刑法》第四百一十七条规定处罚。

十一、对犯罪分子盗窃、抢劫所得的机动车辆及其变卖价款,应当依照《刑法》第六十四条的规定予以追缴。

十二、对明知是赃车而购买的,应将车辆无偿追缴;对违反国家规定购买车辆,经查证是赃车的,公安机关可以根据《刑事诉讼法》第一百一十条和第一百一十四条规定进行追缴和扣押。对不明知是赃车而购买的,结案后予以退还买主。

十三、对购买赃车后使用非法提供的入户、过户手续或者使用伪造、变造的入户、过户手续为赃车入户、过户的,应当吊销牌证,并将车辆无偿追缴;已将入户、过户车辆变卖的,追缴变卖所得并责令赔偿经济损失。

十四、对直接从犯罪分子处追缴的被盗窃、抢劫的机动车辆,经检验鉴定,查证属实后,可依法先行返还失主,移送案件时附清单、照片及其他证据。在返还失主前,按照赃物管理规定管理,任何单位和个人都不得挪用、损毁或者自行处理。

十五、盗窃、抢劫机动车案件,由案件发生地公安机关立案侦查,赃车流入地公安机关应当予以配合。跨地区系列盗窃、抢劫机动车案件,由最初受理的公安机关立案侦查;必要时,可由主要犯罪地公安机关立案侦查,或者由上级公安机关指定立案侦查。

十六、各地公安机关扣押或者协助管辖单位追回的被盗窃、抢劫的机动车应当移送管辖单位依法处理,不得以任何理由扣留或者索取费用。拖延不交的,给予单位领导行政处分。

十七、本规定所称的"明知",是指知道或者应当知道。有下列情形之一的,可视为应当知道,但有证据证明属被蒙骗的除外:

(一)在非法的机动车交易场所和销售单位购买的;

(二)机动车证件手续不全或者明显违反规定的;

(三)机动车发动机号或者车架号有更改痕迹,没有合法证明的;

(四)以明显低于市场价格购买机动车的。

十八、本规定自公布之日起执行。对侵占、抢夺,诈骗机动车案件的查处参照本规定的原则办理。本规定公布后尚未办结的案件,适用本规定。

《最高人民法院、最高人民检察院、公安部、国家烟草专卖局关于办理假冒伪劣烟草制品等刑事案件适用法律问题座谈会纪要》(商检会〔2003〕4号)第七条对《刑法》第三百一十二条的适用作了规定。(→参见第一百四十条评注部分,第599页)

《公安部、中央社会治安综合治理委员会办公室、民政部等关于进一步加强和改进出租房屋管理工作有关问题的通知》(公通字〔2004〕83号)第三条第四项规定对房主违反出租房屋管理规定,明知是赃物而窝藏,构成犯罪的,依照《刑法》第三百一十二条的规定追究刑事责任。(→参见第一百三十六条评注部分,第565页)

《最高人民法院、最高人民检察院、公安部关于办理电信网络诈骗等刑事案件适用法律若干问题的意见》(法发〔2016〕32号)"三、全面惩处关联犯罪"第(五)条对掩饰、隐瞒犯罪所得、犯罪所得收益罪的适用及罪数处断等问题作了规定。(→参见第二百六十六条评注部分,第1283页)

《最高人民法院、最高人民检察院、公安部关于办理盗窃油气、破坏油气设备等刑事案件适用法律若干问题的意见》(法发〔2018〕18号)"五、关于窝藏、转移、收购、加工、代为销售被盗油气行为的处理"对掩饰、隐瞒犯罪所得罪的适用作了指引性规定。(→参见第一百一十八条评注部分,第438页)

《最高人民法院、最高人民检察院、海关总署打击非设关地成品油走私专题研讨会会议纪要》(署缉发〔2019〕210号)"一、关于定罪处罚"对掩饰、隐瞒犯罪所得、犯罪所得收益罪的适用作了规定。(→参见第一百五十三条评注部分,第689页)

《最高人民法院、最高人民检察院、公安部关于办理涉窨井盖相关刑事案件的指导意见》(高检发〔2020〕3号)第七条对掩饰、隐瞒犯罪所得罪作了指引性规定。(→参见第一百一十七条评注部分,第433页)

《最高人民法院、最高人民检察院、公安部、司法部关于依法惩治妨害新型冠状病毒感染肺炎疫情防控违法犯罪的意见》(法发〔2020〕7号)"二、准确适用法律,依法严惩妨害疫情防控的各类违法犯罪"第(九)条对掩饰、隐瞒犯罪所得罪的适用作了指引性规定。(→参见第三百三十条评注部分,第1714页)

《最高人民法院、最高人民检察院、公安部、农业农村部依法惩治长江流域非法捕捞等违法犯罪的意见》(公通字〔2020〕17号)"二、准确适用法律,依法严惩非法捕捞等危害水生生物资源的各类违法犯罪"第(三)条对非法渔获物交易适用掩饰、隐瞒犯罪所得罪作了指引性规定。(→参见第三百四十条评注部分,第1761页)

《最高人民法院、最高人民检察院关于常见犯罪的量刑指导意见(试行)》(法发〔2021〕21号,节录)

四、常见犯罪的量刑

(十九)掩饰、隐瞒犯罪所得、犯罪所得收益罪

1.构成掩饰、隐瞒犯罪所得、犯罪所得收益罪的,根据下列情形在相应的幅

度内确定量刑起点：

（1）犯罪情节一般的，在一年以下有期徒刑、拘役幅度内确定量刑起点。

（2）情节严重的，在三年至四年有期徒刑幅度内确定量刑起点。

2. 在量刑起点的基础上，根据犯罪数额等其他影响犯罪构成的犯罪事实增加刑罚量，确定基准刑。

3. 构成掩饰、隐瞒犯罪所得、犯罪所得收益罪的，根据掩饰、隐瞒犯罪所得及其收益的数额、犯罪对象、危害后果等犯罪情节，综合考虑被告人缴纳罚金的能力，决定罚金数额。

4. 构成掩饰、隐瞒犯罪所得、犯罪所得收益罪的，综合考虑掩饰、隐瞒犯罪所得及其收益的数额、危害后果、上游犯罪的危害程度等犯罪事实、量刑情节，以及被告人的主观恶性、人身危险性、认罪悔罪表现等因素，决定缓刑的适用。

（→前三部分和第五部分参见总则第四章第一节标题评注部分，第 223、227 页）

《最高人民法院、最高人民检察院、公安部关于办理电信网络诈骗等刑事案件适用法律若干问题的意见（二）》（法发〔2021〕22 号）第十一条对掩饰、隐瞒犯罪所得、犯罪所得收益罪的适用作了规定。（→参见第二百六十六条评注部分，第 1297 页）

《最高人民法院刑事审判第三庭、最高人民检察院第四检察厅、公安部刑事侦查局关于"断卡"行动中有关法律适用问题的会议纪要》（2022 年 3 月 22 日）第五条对涉"两卡"犯罪案件中帮助信息网络犯罪活动罪、掩饰、隐瞒犯罪所得、犯罪所得收益罪与诈骗罪的界限区分作了规定。（→参见第二百八十七条之二评注部分，第 1438 页）

《最高人民法院、最高人民检察院、公安部、国家文物局关于办理妨害文物管理等刑事案件若干问题的意见》（公通字〔2022〕18 号）"二、依法惩处文物犯罪""（三）准确认定掩饰、隐瞒与倒卖行为"对掩饰、隐瞒犯罪所得罪的适用作了规定。（→参见分则第六章第四节标题评注部分，第 1691 页）

《最高人民法院、最高人民检察院、公安部、商务部、国家市场监督管理总局、中央军委后勤保障部、中央军委装备发展部、中央军委训练管理部、中央军委国防动员部关于军地共同加强部队训练场未爆弹药安全风险防控的意见》（军训〔2022〕181 号）"（十三）打击违法犯罪"对适用《刑法》第三百一十二条作了指引性规定。（→参见第一百二十五条评注部分，第 490 页）

《依法打击涉海砂违法犯罪座谈会纪要》（最高人民法院、最高人民检察院、中国海警局,法发〔2023〕9号)第二条、第五条至第七条对掩饰、隐瞒犯罪所得罪的适用作了规定。(→参见第三百四十三条评注部分,第1817、1818—1819页)

办案指引

《**办理海上涉砂刑事案件证据指引**》(最高人民检察院办公厅、公安部办公厅、中国海警局执法部,高检办发〔2023〕8号)对海上涉砂类犯罪适用掩饰、隐瞒犯罪所得罪的证据指引作了规定。(→参见第三百四十三条评注部分,第1824页)

法律适用答复、复函

《**最高人民法院研究室关于〈最高人民法院、最高人民检察院关于办理与盗窃、抢劫、诈骗、抢夺机动车相关刑事案件具体应用法律若干问题的解释〉有关规定如何适用问题的答复**》(法研〔2014〕98号)

云南省高级人民法院:

你院《关于两高〈关于办理与盗窃、抢劫、诈骗、抢夺机动车相关刑事案件具体应用法律若干问题的解释〉适用问题的请示》(云高法〔2013〕213号)收悉。经研究,答复如下:

根据罪责刑相适应刑法基本原则,《最高人民法院、最高人民检察院关于办理与盗窃、抢劫、诈骗、抢夺机动车相关刑事案件具体应用法律若干问题的解释》第一条第二款中规定的"机动车五辆以上",应当是指机动车数量在五辆以上,且价值总额接近五十万元。①

刑参案例规则提炼②

《**马俊、陈小灵等盗窃、隐瞒犯罪所得案**——在盗窃实行犯不知情的情况

---

① "接近"宜掌握在相应数额标准的百分之八十以上。——本评注注
② 另,鉴于法释〔2021〕8号修改决定取消了掩饰、隐瞒犯罪所得、犯罪所得收益罪的数额标准,改为综合考虑入罪模式,《**钟超等盗窃,高卫掩饰、隐瞒犯罪所得案**——如何适用掩饰、隐瞒犯罪所得罪的入罪数额标准》(第1090号案例)所涉规则未予提炼;《**舒某掩饰、隐瞒犯罪所得案**——掩饰、隐瞒非法获取的计算机信息系统数据的行为,应当如何准确定罪量刑》(第1517号案例)提出"掩饰、隐瞒计算机信息系统数据尚未获利或者获利无法查清的,可以适用《掩饰、隐瞒犯罪解释》的一般规定定罪处罚",与法释〔2015〕11号解释第一条第三款"司法解释对掩饰、隐瞒涉及计算机信息系统数据、计算机信息系统控制权的犯罪所得及其产生的收益行为构成犯罪已有规定的,审理此类案件依照该规定"规定之间的关系尚需进一步斟酌,故对所涉规则未予提炼。

下,与销赃人事先约定、事后出资收购赃物的行为是否构成盗窃共犯》(第 483 号案例)、《**熊海涛盗窃案**——明知未达到刑事责任年龄的人正在盗卖他人或者自己家中财物,仍然上门帮助转移并予以收购的,如何定性》(第 1013 号案例)、《**韩亚泽掩饰、隐瞒犯罪所得案**——上游犯罪尚未依法裁判,但查证属实的,是否影响对掩饰、隐瞒犯罪所得罪的认定》(第 1030 号案例)、《**刘小会、于林掩饰、隐瞒犯罪所得案**——犯罪对象的特殊性对掩饰、隐瞒犯罪所得罪定罪量刑的影响》(第 1091 号案例)、《**雷某仁、黄某生、黄某平破坏交通设施,田某祥掩饰、隐瞒犯罪所得、犯罪所得收益案**——掩饰、隐瞒犯罪所得系交通设施的如何处理》(第 1092 号案例)、《**闻福生掩饰、隐瞒犯罪所得案**——大量回收购物卡并出售获利的行为是否构成犯罪》(第 1093 号案例)、《**沈鹏、朱鑫波掩饰、隐瞒犯罪所得案**——掩饰、隐瞒犯罪所得罪罪行较轻又具有自首情节的可适用缓刑》(第 1094 号案例)、《**袁某某信用卡诈骗,张某某掩饰、隐瞒犯罪所得案**——"亲亲相隐"情形如何量刑及掩饰、隐瞒犯罪所得、犯罪所得收益罪罪名的适用》(第 1095 号案例)、《**张兴泉掩饰、隐瞒犯罪所得案**——如何把握掩饰、隐瞒犯罪所得罪适用免予刑事处罚的条件》(第 1096 号案例)、《**汤某掩饰、隐瞒犯罪所得案**——明知是盗窃所得手机而购买自用的定罪处罚》(第 1097 号案例)、《**汤雨华、庄瑞军盗窃朱端银掩饰、隐瞒犯罪所得案**——掩饰、隐瞒犯罪所得罪与上游犯罪的量刑平衡》(第 1098 号案例)、《**李林掩饰、隐瞒犯罪所得罪案**——掩饰、隐瞒犯罪所得罪"情节严重"的认定标准》(第 1099 号案例)、《**孙善凯、刘军、朱康盗窃案**——事先承诺收购指定的特殊产品并在事后低价收购的行为如何定性》(第 1100 号案例)、《**孙洪亮职务侵占案**——事前与职务侵占罪的犯罪分子通谋,帮助掩饰、隐瞒犯罪所得的,以职务侵占罪的共犯论处》(第 1101 号案例)、《**陈某、欧阳某等掩饰、隐瞒犯罪所得案**——收购他人非法获取的计算机信息系统数据并出售的行为应如何认定》(第 1102 号案例)、《**奥姆托绍等四人掩饰、隐瞒犯罪所得案**——上游犯罪认定与掩饰、隐瞒犯罪所得罪认定的关系》(第 1104 号案例)、《**谭细松掩饰、隐瞒犯罪所得案**——"上游犯罪事实经查证属实"的具体把握》(第 1105 号案例)、《**唐某中、唐某波掩饰、隐瞒犯罪所得案**——上游犯罪行为人在逃是否影响掩饰、隐瞒犯罪所得罪的认定及掩饰、隐瞒犯罪所得数额认定》(第 1106 号案例)、《**元某某掩饰、隐瞒犯罪所得罪案**——上游犯罪查证属实但依法不追究刑事责任的,不影响掩饰、隐瞒犯罪所得罪的成立》(第 1107 号案例)、《**郭锐、黄立新盗窃,掩饰、隐瞒犯罪所得案**——与盗窃犯罪分子事前通谋的收赃行为如何定性》(第 1108 号案例)、《**牡丹江再生资源开发有限责任公司第十七收购站及朱富良掩饰、隐瞒犯罪所得案**——单位犯掩饰、隐瞒犯罪所得罪的认定和处理》(第1109号案例)、《**陈飞、刘波掩饰、隐瞒犯罪所得案**——对犯罪所得的赃车修改发动机号后使用行为的定性》(第1110号案例)、《**李涛、曹某某掩饰、隐瞒犯罪所得案**——如何认定"以其他方法"掩饰、隐瞒》(第1111号案例)、《**张晗、方建策、神鹰掩饰、隐瞒犯罪所得案**——帮助更换被盗电动车锁的行为能否认定为掩饰、隐瞒犯罪所得罪客观要件中的"其他方法"》(第1112号案例)、《**吴某等掩饰、隐瞒犯罪所得案**——明知是盗窃所得的农用车而拆解后出售的行为如何定性》(第1113号案例)、《**侯某某掩饰、隐瞒犯罪所得案**——保安将巡逻时抓获的盗窃犯罪分子盗窃所得物据为己有的行为如何定性》(第1114号案例)、《**谭某旗、谭某掩饰、隐瞒犯罪所得案**——如何区分掩饰、隐瞒犯罪所得罪的罪与非罪、此罪与彼罪》(第1115号案例)、《**杜国军、杜锡军非法捕捞水产品,刘训山、严荣富掩饰、隐瞒犯罪所得案**——如何理解掩饰、隐瞒犯罪所得、犯罪所得收益罪"情节严重"的犯罪次数》(第1219号案例)、《**林友谊掩饰、隐瞒犯罪所得案**——虽帮助转移犯罪所得,但认定明知他人实施电信网络诈骗犯罪证据不足的,构成掩饰、隐瞒犯罪所得罪》(第1488号案例)、《**王某碗、王某甲、王某兵掩饰、隐瞒犯罪所得案**——掩饰、隐瞒犯罪所得罪中情节加重"次数"的认定及量刑平衡》(第1518号案例)所涉规则提炼如下:

1. 上游犯罪的范围规则。"掩饰、隐瞒犯罪所得、犯罪所得收益罪的上游犯罪多为盗窃、抢劫、抢夺、诈骗等侵财型犯罪,但并不限于侵财型犯罪。""对于掩饰、隐瞒破坏高速公路设施犯罪所得及其产生的收益的,必须依法严惩。"(第1092号案例)"帮助转移的对象特殊,反映出上游犯罪的社会危害性更为严重,司法机关对上游犯罪的追诉也更为迫切,因此对象特殊对于定罪量刑应当会有影响。"(第1091号案例)"计算机信息系统数据作为一种具有财产性质的虚拟载体,可以成为非法获取的对象,同时也可以成为掩饰、隐瞒犯罪所得罪的行为对象。"(第1102号案例)"上游犯罪事实成立,但因主体不适格而不予追究刑事责任的,仍然以掩饰、隐瞒犯罪所得、犯罪所得收益罪对掩饰、隐瞒的行为人定罪处罚。"(第1107号案例)需要注意的是,"上游犯罪行为人对犯罪所得实施收购、销售等掩饰、隐瞒行为的,不能以掩饰、隐瞒犯罪所得罪定罪处罚"。(第1219号案例)

2. 上游犯罪查证属实的认定规则。"有一定证据证实上游犯罪实际发生且事实上成立犯罪,如此才能确定掩饰、隐瞒的对象是犯罪所得及其收益,继而对其行为进行评价。"(第1104号案例)但是,"掩饰、隐瞒犯罪所得罪是一个独立的罪名,只要行为符合刑法规定的犯罪构成要件,就构成掩饰、隐瞒犯罪所得罪,无须依赖上游犯罪经过裁判"。"上游犯罪尚未依法裁判,但查证属实的,不影响对下游犯罪的认定。"（第1030号案例）"'犯罪所得'是指通过犯罪直接得到的赃款、赃物。""由于货主生产、销售假冒……的犯罪活动尚在进行中，犯罪尚未达到完全完成状态，犯罪所得还未形成"，帮助运输的行为不可能构成掩饰、隐瞒犯罪所得罪。（第1115号案例）"上游犯罪行为人在逃不影响掩饰、隐瞒犯罪所得、犯罪所得收益罪的认定。"（第1106号案例）"虽然上游犯罪的犯罪嫌疑人未被抓获，更未依法裁判，但现有的证据足以认定该犯罪事实的存在，可以认定属于'上游犯罪尚未依法裁判，但查证属实'的情形，故不影响对……掩饰、隐瞒犯罪所得罪的认定和量刑。"（第1105号案例）

3."明知是犯罪所得及其产生的收益"的认定规则。"明知是套牌车辆而以明显低于市场价的价格予以购买，且未在国家指定的车辆交易场所进行交易，可以认定其主观上明知所购买的车辆可能是犯罪所得，依法构成掩饰、隐瞒犯罪所得罪。"（第1096号案例）"无法证明……明知所收购的购物卡系赃物。在礼品回收行业中，收购人只要求购物卡足额、有效即可。""……虽然长期从事礼品回收业务，但其主观上并不知道也无法知道购物卡是赃物"，不构成掩饰、隐瞒犯罪所得罪。（第1093号案例）此外，"保安将巡逻时抓获的盗窃犯罪分子盗窃所得物据为己有的行为"，"虽然在客观上起到了转移他人犯罪所得的效果，但是基于……没有替上游犯罪行为人掩饰、隐瞒的主观意思"，不能以掩饰、隐瞒犯罪所得罪处理，属于贪污或者职务侵占性质。（第1114号案例）

4.掩饰、隐瞒犯罪所得、犯罪所得收益罪的主体和客观行为认定规则。"明知是犯罪所得的赃车，予以改装并介绍买卖的行为，应认定为掩饰、隐瞒犯罪所得的行为。"（第1110号案例）从客观行为方式来看，"'代为销售'与'收购'不同，它是替犯罪分子销售犯罪所得，中间过程中并没有以自有资金取得对犯罪所得的所有权"。（第1102号案例）就"其他方式"而言，"应当是指与窝藏、转移、收购、代为销售四种行为方式相类似的方法……从因果关系来说，以'其他方式'掩饰、隐瞒的行为与他人的上游犯罪行为难以被司法机关追诉具有因果关系，且这种难以被追诉的效果是行为人追求或者放任的结果"。"明知加工的原油系非法收购所得，但仍采用将原油炼制为土柴油的方式出售获利"，可以认定为"其他方法"。（第1111号案例）"帮助更换被盗电动车锁的行为属于……'其他方法'。"（第1112号案例）"拆解农用车的行为、居间介绍买卖的行为均属于……'其他方法'。"（第1113号案例）此外，"单位明知是犯罪所得而以废品的价格予以收购的，构成掩饰、隐瞒犯罪所得罪"。（第1109号案例）

5.事前通谋的共犯的认定规则。"与盗窃实行犯事先进行通谋，事后予以销赃成立盗窃共犯的依据在于，一方面销赃犯与实行犯在主观上形成了共同犯罪的故意;另一方面在于销赃犯的行为对于实行犯决意、实施犯罪起到了鼓励、支持的帮助作用,因此,符合共同犯罪的构成要件,属于共同犯罪中的帮助犯,应当以共犯论处。"(第483号案例)"认定事前通谋的共犯,必须同时具备两个要件:一是加入犯必须在本犯未完成犯罪之前与其有意思联络;二是加入犯必须在事后实施了赃物犯罪构成要件的行为。行为人仅知道某人可能要盗窃,但事前未与其形成意思联络,事后与之共谋销赃的,或者虽与盗窃犯有事前意思联络,但事后未再实施销赃等行为的,均不能构成盗窃共犯。"(第140号案例)"明知财物系上游犯罪人犯罪所得,事先承诺收购,事后在上游犯罪现场收购赃物的,可以认定为与上游犯罪人通谋犯罪。""就本案而言,收赃人……明知其拟要收购的物品应该系通过非法手段获得的,仍指定相应的型号并允诺低价收购,应认定为事前通谋盗窃行为。"(第1100号案例)"未成年人……以明显低于市场的价格向其出售正在使用中的家电……应当知道未成年人是在盗卖别人家或者自己家的财物,其仍然实施帮助拆卸、转移并收购行为,应当构成盗窃罪。"(第1013号案例)"事前通谋,收购……从仓库所窃白酒和黄酒的行为",构成盗窃罪的共犯。(第1108号案例)"事前与职务侵占罪的犯罪分子通谋,帮助掩饰、隐瞒犯罪所得的",构成职务侵占罪的共犯。(第1101号案例)"被告人……与电信网络诈骗行为人的犯罪通谋无法认定……在仅有被告人的概括性供述,没有其他证据佐证的情况下,认定……明知他人实施电信网络诈骗犯罪证据不足,故不能认定……系诈骗共犯。"(第1488号案例)

  6.掩饰、隐瞒犯罪所得、犯罪所得收益罪的定罪量刑规则。"对掩饰、隐瞒犯罪所得罪'情节严重'的把握要根据犯罪情节和量刑情节的多种因素综合考量,结合有关司法解释的具体规定认定。"(第1099号案例)根据司法解释的规定,掩饰、隐瞒犯罪所得及其产生的收益十次以上的,属于"情节严重"。"要把握以下几点:(1)每一次掩饰、隐瞒的行为,必须是一个独立的行为……(2)每一次掩饰、隐瞒的行为,不以都构成犯罪为前提。(3)……单次掩饰、隐瞒行为不构成犯罪,且超过治安处罚时效和刑事追诉时效的,不再累计次数;单次掩饰、隐瞒行为构成犯罪,但超过刑事追诉时效的,也不再累计次数。(4)每一次掩饰、隐瞒行为都应由相应的证据证明,而不是模糊地认定次数……(5)每一次掩饰、隐瞒的上游犯罪必须以构成犯罪为前提。"(第1219号案例)"掩饰、隐瞒犯罪所得罪属于下游犯罪,应结合主观故意、犯罪构成、犯罪客体等方面综合认定情节严重中的'次数'",与上游犯罪量刑保持平衡。(第1518号案例)"在量刑上要与上游犯罪之间取得平衡。具体而言,在掩饰、隐瞒犯罪所得、犯罪所得收益罪和上游犯罪指向同一笔财物的情况下,对掩饰、隐瞒犯罪所得行为人的量刑必须要比上游犯罪人量刑轻一些,而且要适当拉开档次。"(第 1098 号案例)"掩饰、隐瞒犯罪所得的行为危害性小于上游犯罪,其刑期不能高于上游犯罪。""……具有自首情节……归案后如实供述,主观恶性相对较小;公安机关根据被告人的供述追回被盗车辆返还被害人,被犯罪破坏的社会关系得以修复,适用缓刑不致再危害社会,故可以适用缓刑。"(第 1094 号案例)"为了自用而购买赃物手机","系自首,案发后积极退赃,且购买盗窃所得的手机是为了自己使用,并非职业收赃者,主观恶性相对不大,对其可免予刑事处罚"。(第 1097 号案例)"掩饰、隐瞒的赃车价值 19 万余元,但是其有自首情节,又已经退还了涉案赃车、积极缴纳罚金,且购买赃车是为了自己使用,主观恶性不大,犯罪情节轻微,综合考虑可适用免予刑事处罚。"(第 1096 号案例)"'亲亲相隐',且系初犯、偶犯,又认罪、悔罪并退赃、退赔的,可免予刑事处罚。"(第 1095 号案例)此外,"犯罪所得的数额,应当以实施掩饰、隐瞒行为时为准"。(第 1106 号案例)

7. 掩饰、隐瞒犯罪所得、犯罪所得收益罪的罪名选择规则。"本罪名属于单一式选择性罪名,即只有犯罪对象之间存在选择关系,而掩饰与隐瞒之间不存在选择关系……司法实践中的掩饰、隐瞒行为五花八门,非常复杂,难以一一界定,若在审判中对所有的掩饰、隐瞒行为都加以区分,更容易造成分歧,也不好操作。""根据案件情况,选择适用掩饰、隐瞒犯罪所得罪,掩饰、隐瞒犯罪所得收益罪,或掩饰、隐瞒犯罪所得、犯罪所得收益罪罪名。"(第 1095 号案例)

8. 掩饰、隐瞒犯罪所得、犯罪所得收益罪的退赔责任确定规则。"由于掩饰、隐瞒犯罪所得罪与上游犯罪密切相关,追缴退赔数额应当根据上游犯罪的侦查情况确定:第一种情况是上游犯罪已经形成有罪判决,上下游犯罪的获利情况均能查清,对掩饰、隐瞒犯罪所得行为人的追缴退赔应以其实际获利为限,超出实际获利的部分向上游犯罪行人追缴退赔。第二种情况是上游犯罪仅处于事实成立的状态,上下游犯罪的获利情况无法查清,对掩饰、隐瞒犯罪所得行为人的追缴退赔如仍以其实际获利为限,被害人的损失存在无法得到全部赔偿的可能,不利于惩罚犯罪、维护被害人的合法权益。"(第 1488 号案例)

第三百一十三条 【拒不执行判决、裁定罪】对人民法院的判决、裁定有能力执行而拒不执行,情节严重的,处三年以下有期徒刑、拘役或者罚金;情节特别严重的,处三年以上七年以下有期徒刑,并处罚金。

单位犯前款罪的,对单位判处罚金,并对其直接负责的主管人员和其他直接责任人员,依照前款的规定处罚。

第二节 妨害司法罪

▍立法沿革

本条系 1997 年《刑法》吸收修改 1979 年《刑法》作出规定。1979 年《刑法》第一百五十七条规定:"以暴力、威胁方法阻碍国家工作人员依法执行职务的,或者拒不执行人民法院已经发生法律效力的判决、裁定的,处三年以下有期徒刑、拘役、罚金或者剥夺政治权利。"1997 年《刑法》将拒不执行判决、裁定犯罪独立出来,在本条作了专门规定。

2015 年 11 月 1 日起施行的《刑法修正案(九)》第三十九条对本条作了修改,在第一款增加一档法定刑,并增加第二款关于单位犯罪的规定。

修正前《刑法》	修正后《刑法》
第三百一十三条 【拒不执行判决、裁定罪】对人民法院的判决、裁定有能力执行而拒不执行,情节严重的,处三年以下有期徒刑、拘役或者罚金。	第三百一十三条 【拒不执行判决、裁定罪】对人民法院的判决、裁定有能力执行而拒不执行,情节严重的,处三年以下有期徒刑、拘役或者罚金;情节特别严重的,处三年以上七年以下有期徒刑,并处罚金。 单位犯前款罪的,对单位判处罚金,并对其直接负责的主管人员和其他直接责任人员,依照前款的规定处罚。

▍立法解释

《全国人民代表大会常务委员会关于〈中华人民共和国刑法〉第三百一十三条的解释》(自 2002 年 8 月 29 日起施行)

全国人民代表大会常务委员会讨论了刑法第三百一十三条规定的"对人民法院的判决、裁定有能力执行而拒不执行,情节严重"的含义问题,解释如下:

刑法第三百一十三条规定的"人民法院的判决、裁定",是指人民法院依法作出的具有执行内容并已发生法律效力的判决、裁定。人民法院为依法执行支付令、生效的调解书、仲裁裁决、公证债权文书等所作的裁定属于该条规定的裁定。①

---

① 本评注认为,《刑法》第三百一十三条的犯罪对象应当是合法有效、具有执行效力的判决、裁定。如果拒不执行的原判决、裁定被再审撤销,不再具有执行力,当然不能再作为认定行为人构成拒不执行判决、裁定罪的事实根据。特别是,被再审撤销的原判决、裁定,损害了行为人的合法权益。行为人对错误的判决、裁定拒不执行,维护自身合法权益,既不违背常理常情和生活经验,也难以认定其具有对抗审判权、扰乱司法秩序的故意。

下列情形属于刑法第三百一十三条规定的"有能力执行而拒不执行,情节严重"的情形:

(一)被执行人隐藏、转移、故意毁损财产或者无偿转让财产、以明显不合理的低价转让财产,致使判决、裁定无法执行的;

(二)担保人或者被执行人隐藏、转移、故意毁损或者转让已向人民法院提供担保的财产,致使判决、裁定无法执行的;

(三)协助执行义务人接到人民法院协助执行通知书后,拒不协助执行,致使判决、裁定无法执行的;

(四)被执行人、担保人、协助执行义务人与国家机关工作人员通谋,利用国家机关工作人员的职权妨害执行,致使判决、裁定无法执行的;

(五)其他有能力执行而拒不执行,情节严重的情形。

国家机关工作人员有上述第四项行为的,以拒不执行判决、裁定罪的共犯追究刑事责任。国家机关工作人员收受贿赂或者滥用职权,有上述第四项行为的,同时又构成刑法第三百八十五条、第三百九十七条规定之罪的,依照处罚较重的规定定罪处罚。

现予公告。

司法解释

《最高人民法院关于审理拒不执行判决、裁定刑事案件适用法律若干问题的解释》[法释〔2015〕16号,根据《最高人民法院关于修改〈最高人民法院关于人民法院扣押铁路运输货物若干问题的规定〉等十八件执行类司法解释的决定》(法释〔2020〕21号)修正,修正后自2021年1月1日起施行]①

为依法惩治拒不执行判决、裁定犯罪,确保人民法院判决、裁定依法执行,切实维护当事人合法权益,根据《中华人民共和国刑法》《中华人民共和国刑事诉讼法》《中华人民共和国民事诉讼法》等法律规定,就审理拒不执行判决、裁定刑事案件适用法律若干问题,解释如下:

第一条 被执行人、协助执行义务人、担保人等负有执行义务的人对人民法

---

① 拒不执行判决、裁定罪客观行为既包括对财产执行的拒执行为,也包括对行为执行的拒执行为;在对财产的执行中,有能力执行是指有可供执行的财产,包括有可供全部执行的财产,也包括可供部分执行的财产;拒不执行行为,包括主动的对抗执行行为,也包括拒绝履行的不作为。参见刘贵祥、刘慧卓:《〈关于审理拒不执行判决、裁定刑事案件适用法律若干问题的解释〉的理解与适用》,载中华人民共和国最高人民法院刑事审判第一、二、三、四、五庭主办:《中国刑事审判指导案例5》(增订第3版),法律出版社2017年版,第874页。

院的判决、裁定有能力执行而拒不执行，情节严重的，应当依照刑法第三百一十三条的规定，以拒不执行判决、裁定罪处罚。

第二条① 负有执行义务的人有能力执行而实施下列行为之一的，应当认定为全国人民代表大会常务委员会关于刑法第三百一十三条的解释中规定的"其他有能力执行而拒不执行，情节严重的情形"：

（一）具有拒绝报告或者虚假报告财产情况、违反人民法院限制高消费及有关消费令等拒不执行行为，经采取罚款或者拘留等强制措施后仍拒不执行的；

（二）伪造、毁灭有关被执行人履行能力的重要证据，以暴力、威胁、贿买方法阻止他人作证或者指使、贿买、胁迫他人作伪证，妨碍人民法院查明被执行人财产情况，致使判决、裁定无法执行的；

（三）拒不交付法律文书指定交付的财物、票证或者拒不迁出房屋、退出土地，致使判决、裁定无法执行的；

（四）与他人串通，通过虚假诉讼、虚假仲裁、虚假和解等方式妨害执行，致使判决、裁定无法执行的；

（五）以暴力、威胁方法阻碍执行人员进入执行现场或者聚众哄闹、冲击执行现场，致使执行工作无法进行的；

（六）对执行人员进行侮辱、围攻、扣押、殴打，致使执行工作无法进行的；

（七）毁损、抢夺执行案件材料、执行公务车辆和其他执行器械、执行人员服装以及执行公务证件，致使执行工作无法进行的；

（八）拒不执行法院判决、裁定，致使债权人遭受重大损失的。

第三条 申请执行人有证据证明同时具有下列情形，人民法院认为符合刑事诉讼法第二百一十条第三项规定的，以自诉案件立案审理：

（一）负有执行义务的人拒不执行判决、裁定，侵犯了申请执行人的人身、财产权利，应当依法追究刑事责任的；

（二）申请执行人曾经提出控告，而公安机关或者人民检察院对负有执行义

---

① 本条第五项至第七项所涉情形，法发〔2007〕29号规范性文件第二条定性为妨害公务罪。"按照刑法理论的相关原理，负有执行义务的人实施了上述拒执行为之一的，以拒执罪处罚为宜。如果具体案件中存在与其他犯罪行为的竞合、牵连等情形，以及负有执行义务人以外的其他人实施规定的相关行为构成共犯的，由刑事法官根据具体情况依法处理。"参见刘贵祥、刘慧卓：《〈关于审理拒不执行判决、裁定刑事案件适用法律若干问题的解释〉的理解与适用》，载中华人民共和国最高人民法院刑事审判第一、二、三、四、五庭主办：《中国刑事审判指导案例5》（增订第3版），法律出版社2017年版，第871页。

务的人不予追究刑事责任的。

第四条 本解释第三条规定的自诉案件,依照刑事诉讼法第二百一十二条的规定,自诉人在宣告判决前,可以同被告人自行和解或者撤回自诉。

第五条① 拒不执行判决、裁定刑事案件,一般由执行法院所在地人民法院管辖。

第六条 拒不执行判决、裁定的被告人在一审宣告判决前,履行全部或部分执行义务的,可以酌情从宽处罚。

第七条 拒不执行支付赡养费、扶养费、抚育费、抚恤金、医疗费用、劳动报酬等判决、裁定的,可以酌情从重处罚。

第八条 本解释自发布之日起施行。此前发布的司法解释和规范性文件与本解释不一致的,以本解释为准。

《最高人民法院关于办理人身安全保护令案件适用法律若干问题的规定》
(法释〔2022〕17号,自2022年8月1日起施行,节录)

第十二条 被申请人违反人身安全保护令,符合《中华人民共和国刑法》第三百一十三条规定的,以拒不执行判决、裁定罪定罪处罚;同时构成其他犯罪的,依照刑法有关规定处理。

规范性文件

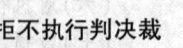

《最高人民法院、最高人民检察院、公安部关于依法严肃查处拒不执行判决裁定和暴力抗拒法院执行犯罪行为有关问题的通知》(法发〔2007〕29号,节录)②

一、对下列拒不执行判决、裁定的行为,依照刑法第三百一十三条的规定,以拒不执行判决、裁定罪论处。

(一)被执行人隐藏、转移、故意毁损财产或者无偿转让财产,以明显不合理的低价转让财产,致使判决、裁定无法执行的;

---

① 本条对法发〔2007〕29号规范性文件第五条的管辖规则作出调整。根据后者,"拒执犯罪案件由犯罪行为发生地司法机关管辖,而实践中执行法院以外的其他法院对拒执行为的惩处往往缺乏积极性,不利于相关证据的收集和固定,不利于对拒执犯罪的追诉和打击"。基于此,根据实践所需,作出相应调整。参见刘贵祥、刘慧卓:《〈关于审理拒不执行判决、裁定刑事案件适用法律若干问题的解释〉的理解与适用》,载中华人民共和国最高人民法院刑事审判第一、二、三、四、五庭主办:《中国刑事审判指导案例5》(增订第3版),法律出版社2017年版,第871页。

② 本规范性文件的部分内容,如妨害公务罪的适用、管辖规则等,与法释〔2015〕16号解释存在不一致,宜按照后者执行。——**本评注注**

(二)担保人或者被执行人隐藏、转移、故意毁损或者转让已向人民法院提供担保的财产,致使判决、裁定无法执行的;

(三)协助执行义务人接到人民法院协助执行通知书后,拒不协助执行,致使判决、裁定无法执行的;

(四)被执行人、担保人、协助执行义务人与国家机关工作人员通谋,利用国家机关工作人员的职权妨害执行,致使判决、裁定无法执行的;

(五)其他有能力执行而拒不执行,情节严重的情形。

二、对下列暴力抗拒执行的行为,依照刑法第二百七十七条的规定,以妨害公务罪论处。

(一)聚众哄闹、冲击执行现场,围困、扣押、殴打执行人员,致使执行工作无法进行的;

(二)毁损、抢夺执行案件材料、执行公务车辆和其他执行器械、执行人员服装以及执行公务证件,造成严重后果的;

(三)其他以暴力、威胁方法妨害或者抗拒执行,致使执行工作无法进行的。

三、负有执行人民法院判决、裁定义务的单位直接负责的主管人员和其他直接责任人员,为了本单位的利益实施本《通知》第一条、第二条所列行为之一的,对该主管人员和其他直接责任人员,依照刑法第三百一十三条和第二百七十七条的规定,分别以拒不执行判决、裁定罪和妨害公务罪论处。

四、国家机关工作人员有本《通知》第一条第四项行为的,以拒不执行判决、裁定罪的共犯追究刑事责任。

国家机关工作人员收受贿赂或者滥用职权,有本《通知》第一条第四项行为的,同时又构成刑法第三百八十五条、第三百九十七条规定罪的,依照处罚较重的规定定罪处罚。

五、拒不执行判决、裁定案件由犯罪行为发生地的公安机关、人民检察院、人民法院管辖。如果由犯罪嫌疑人、被告人居住地的人民法院管辖更为适宜的,可以由犯罪嫌疑人、被告人居住地的公安机关、人民检察院、人民法院管辖。

十一、公安司法人员在办理拒不执行判决、裁定和妨害公务案件中,消极履行法定职责,造成严重后果的,应当依法依纪追究直接责任人责任直至追究刑事责任。

《最高人民法院关于实施〈关于审理拒不执行判决、裁定刑事案件适用法律若干问题的解释〉有关问题的通知》(法〔2015〕260号,节录)

各省、自治区、直辖市高级人民法院、解放军军事法院、新疆维吾尔自治区高级人民法院生产建设兵团分院:

2015年7月6日,最高人民法院审判委员会第1657次会议审议通过了《最高人民法院关于审理拒不执行判决、裁定刑事案件适用法律若干问题的解释》（以下简称《解释》）。该《解释》已于7月21日发布，自7月22日起施行，请认真贯彻执行。现将有关问题通知如下：

一、《解释》与原有相关立法解释、司法解释及规范性文件的衔接适用问题。

1.《解释》第二条对于《全国人民代表大会常务委员会关于刑法第三百一十三条的解释》中"其他有能力执行而拒不执行，情节严重的情形"作了进一步解释和明确，立法解释中已经规定的"情节严重的情形"在《解释》中没有重复规定，实践中仍应遵照执行。

2.《最高人民法院关于审理拒不执行判决、裁定案件具体应用法律若干问题的解释》（法释〔1998〕6号）已经废止；其他司法解释或者规范性文件与《解释》内容冲突的，以本《解释》为准。

二、适用《解释》第三条规定的公诉转自诉程序应当注意以下问题：

1.具有下列情形之一的，属于刑事诉讼法第二百零四条第三项①规定的"不予追究被告人刑事责任"的情形：

（1）公安机关、检察机关作出《不予立案通知书》或者《不起诉决定书》的；

（2）申请执行人向公安机关、检察机关报案，公安机关、检察机关不予接收材料、不予答复的。

2.人民法院立案部门对申请执行人提交的证据进行核实后，对于符合立案条件的拒执自诉案件，应当及时予以立案。

3.自诉案件立案或者审判过程中，自诉人要求复制已由执行机构搜集和固定、证明其人身、财产权利受到侵犯的证据，执行机构应当允许并及时提供；立案、刑事审判部门需要执行机构提供相应证据的，执行机构应当及时移送相关证据。

4.为确保拒执案件审理程序规范、法律适用统一，在受诉法院内部，应指定一个刑事审判庭统一负责对拒执公诉或自诉案件的审理工作。

三、关于拒执刑事案件管辖问题（略）

《最高人民法院关于拒不执行判决、裁定罪自诉案件受理工作有关问题的通知》（法〔2018〕147号）

各省、自治区、直辖市高级人民法院，解放军军事法院，新疆维吾尔自治区高级人民法院生产建设兵团分院：

近期，部分高级人民法院向我院请示，申请执行人以负有执行义务的人涉嫌

---

① 现行《刑事诉讼法》为第二百一十条第三项。——**本评注注**

拒不执行判决、裁定罪向公安机关提出控告,公安机关不接受控告材料或者接受控告材料后不予书面答复的;人民法院向公安机关移送拒不执行判决、裁定罪线索,公安机关不予书面答复或者明确答复不予立案,或者人民检察院决定不起诉的,如何处理?鉴于部分高级人民法院所请示问题具有普遍性,经研究,根据相关法律和司法解释,特通知如下:

一、申请执行人向公安机关控告负有执行义务的人涉嫌拒不执行判决、裁定罪,公安机关不予接受控告材料或者在接受控告材料后60日内不予书面答复,申请执行人有证据证明该拒不执行判决、裁定行为侵犯了其人身、财产权利,应当依法追究刑事责任的,人民法院可以以自诉案件立案审理。

二、人民法院向公安机关移送拒不执行判决、裁定罪线索,公安机关决定不予立案或者在接受案件线索后60日内不予书面答复,或者人民检察院决定不起诉的,人民法院可以向申请执行人释明;申请执行人有证据证明负有执行义务的人拒不执行判决、裁定侵犯了其人身、财产权利,应当依法追究刑事责任的,人民法院可以以自诉案件立案审理。

三、公安机关接受申请执行人的控告材料或者人民法院移送的拒不执行判决、裁定罪线索,经过60日之后又决定立案的,对于申请执行人的自诉,人民法院未受理的,裁定不予受理;已经受理的,可以向自诉人释明让其撤回起诉或者裁定终止审理。此后再出现公安机关或者人民检察院不予追究情形的,申请执行人可以依法重新提起自诉。

指导性案例

毛建文拒不执行判决、裁定案(指导案例71号,节录)
关键词 刑事 拒不执行判决、裁定罪 起算时间
裁判要点
有能力执行而拒不执行判决、裁定的时间从判决、裁定发生法律效力时起算。具有执行内容的判决、裁定发生法律效力后,负有执行义务的人有隐藏、转移、故意毁损财产等拒不执行行为,致使判决、裁定无法执行,情节严重的,应当以拒不执行判决、裁定罪定罪处罚。

上海甲建筑装饰有限公司、吕某拒不执行判决立案监督案(检例第92号,节录)
关键词 拒不执行判决 调查核实 应当立案而不立案 监督立案
要 旨 负有执行义务的单位和个人以更换企业名称、隐瞒到期收入等方式妨害执行,致使已经发生法律效力的判决、裁定无法执行,情节严重的,应当以

拒不执行判决、裁定罪予以追诉。申请执行人认为公安机关对拒不执行判决、裁定的行为应当立案侦查而不立案侦查，向检察机关提出监督申请的，检察机关应当要求公安机关说明不立案的理由。经调查核实，认为公安机关不立案理由不能成立的，应当通知公安机关立案。对于通知立案的涉企业犯罪案件，应当依法适用认罪认罚从宽制度。

法律适用答复、复函

《最高人民法院研究室关于拒不执行人民法院调解书的行为是否构成拒不执行判决、裁定罪的答复》(法研〔2000〕117号)①

河南省高级人民法院：

你院《关于刑法第三百一十三条规定的拒不执行判决、裁定罪是否包括人民法院制作生效的调解书的请示》收悉。经研究，答复如下：

刑法第三百一十三条规定的"判决、裁定"，不包括人民法院的调解书。对于行为人拒不执行人民法院调解书的行为，不能依照刑法第三百一十三条的规定定罪处罚。

刑参案例规则提炼②

《马素英、杨保全拒不执行判决、裁定案——如何理解拒不执行判决、裁定罪中的"致使判决、裁定无法执行"》(第478号案例)、《龙某某拒不执行判决案——如何理解拒不执行判决、裁定罪中的"有能力执行"》(第1204号案例)、《杨建荣、颜爱英、姜雪富拒不执行判决、裁定案——为逃避执行，在民事裁判前转移财产并持续至执行阶段的行为如何定性》(第1396号案例)、《肖应文、李秋发拒不执行判决案——如何理解"致使判决、裁定无法执行"》(第1462号案

---

① 人民法院主持下做出的调解书本身不能作为拒执罪的行为对象，应该严格按照立法解释的规定理解，只有人民法院为依法执行生效的调解书所作的裁定才属于条文规定的"裁定"。"人民法院依法作出的具有执行内容并已发生法律效力的判决、裁定"，包括人民法院作出的保全裁定、先予执行裁定。但对于为依法执行行政处理决定或者行政处罚决定等所作的裁定，则应根据相关规定，慎重适用。参见刘贵祥、刘慧卓：《〈关于审理拒不执行判决、裁定刑事案件适用法律若干问题的解释〉的理解与适用》，载中华人民共和国最高人民法院刑事审判第一、二、三、四、五庭主办：《中国刑事审判指导案例5》(增订第3版)，法律出版社2017年版，第873—874页。

② 另，鉴于法释〔2015〕16号解释发布施行，《朱荣南拒不执行判决、裁定案——如何认定拒不执行判决、裁定"情节严重"》(第968号案例)所涉规则未予提炼。

例)所涉规则提炼如下:

1."有能力执行"的认定规则。"认定'有能力执行'的时间从判决、裁定生效时起算,不限于执行期间或刑事案件审理期间。""'有能力执行'是客观事实,不以行为人的主观认识为要件,且不受执行情况的制约。""'有能力执行'包括部分执行能力。"(第1204号案例)

2."致使判决、裁定无法执行"的认定规则。根据立法解释的规定,"拒不执行判决、裁定罪定罪的关键问题在于如何理解'致使判决、裁定无法执行'"。"'致使判决、裁定无法执行'是指债务人逃避或者抗拒执行的行为造成人民法院执行机构无法运用法律规定的执行措施,或者虽运用了法律规定的各种执行措施,但仍无法执行的情形。""对于债务人逃避或者抗拒执行的行为导致人民法院执行机构通过法定执行措施无法继续执行或者根本无法运用法定执行措施时,即使债权人通过再次起诉等途径最终实现了债权,也仍应认定出现了'致使判决、裁定无法执行'的结果,可以追究债务人的刑事责任。"(第478号案例)"'致使判决、裁定无法执行'不仅指生效的判决、裁定确定的执行内容终局性、永久性无法执行,也包括被执行人拒不执行,情节严重,导致执行措施无法有效地开展的情形。""可供执行的财产价值不仅包括房屋转让价值,还包括由该房屋所滋生的利益,其中包括占有使用收益。"(第1462号案例)

3.提前转移财产逃避执行行为的定性规则。"为逃避执行,在民事判决确定前转移、隐匿财产等,并指使他人作伪证,致使人民法院判决长期无法执行的行为",构成拒不执行判决、裁定罪。(第1396号案例)

第三百一十四条 【非法处置查封、扣押、冻结的财产罪】隐藏、转移、变卖、故意毁损已被司法机关查封、扣押、冻结的财产,情节严重的,处三年以下有期徒刑、拘役或者罚金。

立法沿革

本条系1997年《刑法》增设的规定。

相关规定

《中华人民共和国治安管理处罚法》(修正后自2013年1月1日起施行,节录)

第六十条 有下列行为之一的,处五日以上十日以下拘留,并处二百元以上五百元以下罚款:

（一）隐藏、转移、变卖或者损毁行政执法机关依法扣押、查封、冻结的财物；

刑参案例规则提炼

《陆惠忠、刘敏非法处置扣押的财产案——窃取本人被司法机关扣押财物的行为如何处理》（第404号案例）、《罗扬非法处置查封的财产案——明知房产被依法查封而隐瞒事实将房产卖与他人并收取预付款的行为如何定性》（第428号案例）所涉规则提炼如下：

1. 非法处置查封、扣押、冻结的财产罪既遂的判定规则。"从刑法的规定看，非法处置查封、扣押、冻结的财产罪属于行为犯，其既遂应以行为人是否实行了非法处置有关财产这一法定构成要件行为为标准……当然，同其他行为犯在实行行为未达到一定程度时仍属未遂一样，本罪同样存在犯罪未遂形态。"（第428号案例）

2. 非法处置查封、扣押、冻结的财产罪与拒不执行判决、裁定罪的界分规则。"关键就在于行为人是否具有拒不执行法院裁判的目的。因为从构成要件上看，非法处置查封、扣押、冻结的财产罪不要求特殊目的，而拒不执行判决、裁定罪则必须具有拒不执行法院裁判的目的。因此，如果在执行程序中负有执行生效裁判义务的人实施了此种行为，但并没有拒不执行法院生效裁判目的的，应当以非法处置查封、扣押、冻结的财产罪定罪；反之，如果行为人具有拒不执行法院生效裁判目的，因为该行为系作为拒不执行法院裁判的手段实施的……以拒不执行判决、裁定罪定罪更为适当。"（第428号案例）"在法院发出执行令以后，非法转移和隐藏了已被司法机关依法扣押的轿车，属于非法转移扣押财产的行为，完全符合非法处置查封、扣押、冻结的财产罪的构成要件。"（第404号案例）

第三百一十五条　【破坏监管秩序罪】依法被关押的罪犯，有下列破坏监管秩序行为之一，情节严重的，处三年以下有期徒刑：

（一）殴打监管人员的；

（二）组织其他被监管人破坏监管秩序的；

（三）聚众闹事，扰乱正常监管秩序的；

（四）殴打、体罚或者指使他人殴打、体罚其他被监管人的。

立法沿革

本条系1997年《刑法》增设的规定。

第三百一十六条 【脱逃罪】依法被关押的罪犯、被告人、犯罪嫌疑人脱逃的,处五年以下有期徒刑或者拘役。

【劫夺被押解人员罪】劫夺押解途中的罪犯、被告人、犯罪嫌疑人的,处三年以上七年以下有期徒刑;情节严重的,处七年以上有期徒刑。

立法沿革

本条系 1997 年《刑法》吸收修改 1979 年《刑法》作出的规定。1979 年《刑法》第一百六十一条规定:"依法被逮捕、关押的犯罪分子脱逃的,除按其原犯罪行判处或者按其原判刑期执行外,加处五年以下有期徒刑或者拘役。""以暴力、威胁方法犯前款罪的,处二年以上七年以下有期徒刑。"《全国人民代表大会常务委员会关于处理逃跑或者重新犯罪的劳改犯和劳教人员的决定》(自 1981 年 7 月 10 日起施行)第二条第一款规定:"劳改犯逃跑的,除按原判刑期执行外,加处五年以下有期徒刑;以暴力、威胁方法逃跑的,加处二年以上七年以下有期徒刑。"1997 年《刑法》以上述规定为基础,调整修改后对脱逃罪作了规定,并增设了第二款关于劫夺被押解人员犯罪的规定。

司法解释

《最高人民法院研究室关于因错判在服刑期"脱逃"后确有犯罪其错判服刑期限可否与后判刑期折抵问题的电话答复》(1983 年 8 月 31 日)

湖北省高级人民法院:

你院 1983 年 8 月 12 日鄂法研字(83)第 19 号①对因错判在服刑期"脱逃"后确有犯罪其错判服刑期限可否与后判刑期折抵的请示》已收悉。我们

---

① 《湖北省高级人民法院对因错判在服刑期"脱逃"后确有犯罪其错判服刑期限可否与后判刑期折抵的请示》(鄂法研字〔83〕第 19 号)提出:"武汉市中级人民法院为陈会群抢劫案刑期折抵问题请示我院。经我院研究后,认为没有把握答复,特请示如下:陈会群于 1976 年 3 月 30 日因抢劫一案经武昌县法院判处有期徒刑十年。1980 年 5 月服刑期间脱逃,被沙洋人民法院加刑一年。于 1982 年 3 月 13 日又脱逃,持刀拦路抢劫,被武汉市中级法院以脱逃罪判处有期徒刑三年,以抢劫罪判处有期徒刑十五年,加上前罪尚未执行完的刑期,决定执行有期徒刑二十年。上诉后,因事实不清,被发回重审。武汉中院指令武昌县院对陈的抢劫前案进行再审。经武昌县院再审后撤销了 1976 年以抢劫罪判处陈有期徒刑十年的判决,宣告陈无罪。武汉中院根据上述情况,除认定陈犯'脱逃'罪已失去前提,不能成立外,但(转下页)

同意你院报告中所提出的意见,即:对被错判徒刑的在服刑期间"脱逃"的行为,可不以脱逃论罪判刑;但在脱逃期间犯罪的,应依法定罪判刑;对被错判已服刑的日期与后来犯罪所判处的刑期不宜折抵,可在量刑时酌情考虑从轻或减轻处罚。

规范性文件

《中国人民解放军军事法院关于审理军人违反职责罪案件中几个具体问题的处理意见》(〔1988〕军法发字第34号)第五条明确军人在临时看管期间逃跑的不构成脱逃罪。(→参见分则第十章标题评注部分,第2233页)

法律适用答复、复函

《公安部关于对被判处拘役的罪犯在执行期间回家问题的批复》(公复字〔2001〕2号)明确被判处拘役的罪犯在回家期间逃跑的,以脱逃罪追究其刑事责任。(→参见第四十三条评注部分,第146页)

刑参案例规则提炼

《魏荣香、王招贵、郑建德故意杀人、抢劫、脱逃、窝藏案——单人劫狱的行为如何定罪》(第76号案例)、《陈维仁等脱逃案——无罪被错捕羁押的人伙同他人共同脱逃是否构成脱逃罪》(第90号案例)所涉规则提炼如下:

1. 脱逃罪的主体认定规则。"实际无罪但被怀疑有罪而被逮捕、关押的人,是不能成为本罪主体的。"但是,"虽然不具有脱逃罪的主体身份,但他与……犯罪分子共同实施脱逃行为,而且从中起重要作用,其虽然不能独立构成脱逃罪,但却完全可以成为脱逃罪的共犯"。(第90号案例)

2. 单人劫狱帮助逃避处罚行为的定性规则。"单独持械将被羁押的犯罪嫌疑人劫出的行为","带有劫夺的性质,但依法不构成聚众持械劫狱罪,亦不构成劫夺被押解人员罪"。"本案中,被告人……基于……逃避刑罚处罚的目的,实

(接上页)陈在'脱逃'后的行为确已构成抢劫罪,故判处陈有期徒刑八年。但陈因前案错判,已服刑六年四个月又七天,后来的犯罪与前案的错判也有一定的关系,因此,该院请示可否在这次判处的有期徒刑中如数折抵。如不能折抵其原错判而执行了的刑期应如何处理。经我们研究,根据最高人民法院〔81〕法研字第14号文的规定,我们认为,陈会群原被错判服刑与后来犯罪的行为并非同一行为,因此其刑期不宜折抵。但考虑到陈原因错判服刑而'脱逃'又犯罪的这一事实,在量刑时可相应酌情从轻或减轻。以上意见妥否,请批示。"

施了两个犯罪行为:破坏监管设施、冒充警察,将在押犯罪嫌疑人……从看守所劫出;提供钱财、交通工具和隐藏场所等,帮助……逃匿。触犯了两个罪名:脱逃罪和窝藏罪。"根据"择一重罪从重处断"的处罚原则,应以窝藏罪定罪处罚。(第76号案例)

司法疑难解析

罪犯在保外就医期间脱逃的定性。本评注认为,《刑法》第三百一十六条规定的"依法被关押的罪犯、被告人、犯罪嫌疑人",主要是指依法被羁押在监狱、看守所、拘留所等监管场所或者在押解途中的罪犯、被告人、犯罪嫌疑人。罪犯在保外就医期间脱离监管的,不构成脱逃罪。①

第三百一十七条 【组织越狱罪】组织越狱的首要分子和积极参加的,处五年以上有期徒刑;其他参加的,处五年以下有期徒刑或者拘役。

【暴动越狱罪】【聚众持械劫狱罪】暴动越狱或者聚众持械劫狱的首要分子和积极参加的,处十年以上有期徒刑或者无期徒刑;情节特别严重的,处死刑;其他参加的,处三年以上十年以下有期徒刑。

立法沿革

本条系1997年《刑法》吸收修改1979年《刑法》作出的规定。1979年《刑

---

① 主要考虑:(1)本罪侵害的客体是监狱、拘留所、看守所等场所的秩序以及与之相关的司法机关司法活动的正常进行。显然,只有依法被羁押在监狱、看守所、拘留所等监管场所或者在押解途中的罪犯、被告人、犯罪嫌疑人脱逃的,才可能侵犯上述客体。对于在监外执行期间脱逃的,难以对监管场所的秩序造成破坏,不宜以脱逃罪论处。(2)从罪责刑相适应原则的角度来看,《刑法》第三百一十六条针对从监狱、看守所、拘留所等监管场所或者在押解途中脱逃的行为配置了"五年以下有期徒刑或者拘役",不仅仅是因为行为人逃避监管,更是基于脱逃行为对于监管场所秩序的严重破坏。而在监外执行期间逃跑,虽然也逃避监管,但并未对监管场所秩序造成现实危害,在社会危害性方面明显不如从监管场所脱逃的行为,不宜相提并论。(3)上述观点同有关审判机关的观点一致。例如,《中国人民解放军军事法院关于审理军人违反职责罪案件中几个具体问题的处理意见》(〔1988〕军法发字第34号)明确提出:"脱逃罪是指被依法逮捕,关押的犯罪分子,从羁押、改造场所或者在押解途中逃走的行为。军队的临时看管仅是一项行政防范措施。因此,军人在此期间逃跑的,不构成脱逃罪。"可见,军事审判机关实际上也主张将脱逃罪限制在从羁押场所或者押解途中脱逃的情形。

法》在"反革命罪"一章规定了聚众劫狱罪和组织越狱罪,第九十六条规定:"聚众劫狱或者组织越狱的首要分子或者其他罪恶重大的,处无期徒刑或者十年以上有期徒刑;其他积极参加的,处三年以上十年以下有期徒刑。"1997年《刑法》以上述规定为基础,在本条对组织越狱罪、暴动越狱罪和聚众持械劫狱罪作了规定。

第三节　妨害国(边)境管理罪

相关规定

《中华人民共和国治安管理处罚法》(修正后自2013年1月1日起施行,节录)

第三十三条　有下列行为之一的,处十日以上十五日以下拘留:

(二)移动、损毁国家边境的界碑、界桩以及其他边境标志、边境设施或者领土、领海标志设施的;

(三)非法进行影响国(边)界线走向的活动或者修建有碍国(边)境管理的设施的。

第六十一条　协助组织或者运送他人偷越国(边)境的,处十日以上十五日以下拘留,并处一千元以上五千元以下罚款。

第六十二条　为偷越国(边)境人员提供条件的,处五日以上十日以下拘留,并处五百元以上二千元以下罚款。

偷越国(边)境的,处五日以下拘留或者五百元以下罚款。

司法解释

《最高人民法院、最高人民检察院关于办理妨害国(边)境管理刑事案件应用法律若干问题的解释》(法释〔2012〕17号,自2012年12月20日起施行)

为依法惩处妨害国(边)境管理犯罪活动,维护国(边)境管理秩序,根据《中华人民共和国刑法》《中华人民共和国刑事诉讼法》的有关规定,现就办理这类案件应用法律的若干问题解释如下:

第一条　领导、策划、指挥他人偷越国(边)境或者在首要分子指挥下,实施拉拢、引诱、介绍他人偷越国(边)境等行为的,应当认定为刑法第三百一十八条规定的"组织他人偷越国(边)境"。

组织他人偷越国(边)境人数在十人以上的,应当认定为刑法第三百一十八条第一款第(二)项规定的"人数众多"①;违法所得数额在二十万元以上的,应当认定为刑法第三百一十八条第一款第(六)项规定的"违法所得数额巨大"。

以组织他人偷越国(边)境为目的,招募、拉拢、引诱、介绍、培训偷越国(边)境人员,策划、安排偷越国(边)境行为,在他人偷越国(边)境之前或者偷越国(边)境过程中被查获的,应当以组织他人偷越国(边)境罪(未遂)论处;具有刑法第三百一十八条第一款规定的情形之一的,应当在相应的法定刑幅度基础上,结合未遂犯的处罚原则量刑。

第二条 为组织他人偷越国(边)境,编造出境事由、身份信息或者相关的境外关系证明的,应当认定为刑法第三百一十九条第一款规定的"弄虚作假"。

刑法第三百一十九条第一款规定的"出境证件",包括护照或者代替护照使用的国际旅行证件、中华人民共和国海员证、中华人民共和国出入境通行证、中华人民共和国旅行证、中国公民往来香港、澳门、台湾地区证件、边境地区出入境通行证、签证、签注、出国(境)证明、名单,以及其他出境时需要查验的资料。

具有下列情形之一的,应当认定为刑法第三百一十九条第一款规定的"情节严重":

(一)骗取出境证件五份以上的;
(二)非法收取费用三十万元以上的;
(三)明知是国家规定的不准出境的人员而为其骗取出境证件的;
(四)其他情节严重的情形。

第三条 刑法第三百二十条规定的"出入境证件",包括本解释第二条第二款所列的证件以及其他入境时需要查验的资料。

具有下列情形之一的,应当认定为刑法第三百二十条规定的"情节严重":

(一)为他人提供伪造、变造的出入境证件或者出售出入境证件五份以上的;
(二)非法收取费用三十万元以上的;
(三)明知是国家规定的不准出境的人员而为其提供伪造、变造的出入境证件或者向其出售出入境证件的;
(四)其他情节严重的情形。

第四条 运送他人偷越国(边)境人数在十人以上的,应当认定为刑法第

---

① 《最高人民法院、最高人民检察院、公安部、国家移民管理局关于依法惩治妨害国(边)境管理违法犯罪的意见》(法发〔2022〕18号)第五条对"人数"认定作了进一步规定。(→参见本节标题评注部分,第1666页)

三百二十一条第一款第(一)项规定的"人数众多"①;违法所得数额在二十万元以上的,应当认定为刑法第三百二十一条第一款第(三)项规定的"违法所得数额巨大"。

第五条 偷越国(边)境,具有下列情形之一的,应当认定为刑法第三百二十二条规定的"情节严重":

(一)在境外实施损害国家利益行为的;

(二)偷越国(边)境三次以上②或者三人以上结伙③偷越国(边)境的;

(三)拉拢、引诱他人一起偷越国(边)境的;

(四)勾结境外组织、人员偷越国(边)境的;

(五)因偷越国(边)境被行政处罚后一年内又偷越国(边)境的;

(六)其他情节严重的情形。④

第六条 具有下列情形之一的,应当认定为刑法第六章第三节规定的"偷越国(边)境"行为:

(一)没有出入境证件出入国(边)境或者逃避接受边防检查的;

(二)使用伪造、变造、无效的出入境证件出入国(边)境的;

(三)使用他人出入境证件出入国(边)境的;

(四)使用以虚假的出入境事由、隐瞒真实身份、冒用他人身份证件等方式骗取的出入境证件出入国(边)境的;

(五)采用其他方式非法出入国(边)境的。

第七条 以单位名义或者单位形式组织他人偷越国(边)境、为他人提供伪造、变造的出入境证件或者运送他人偷越国(边)境的,应当依照刑法第三百

---

① 《最高人民法院、最高人民检察院、公安部、国家移民管理局关于依法惩治妨害国(边)境管理违法犯罪的意见》(法发〔2022〕18号)第五条对"人数"认定作了进一步规定。(→参见本节标题评注部分,第1666页)

② 《最高人民法院、最高人民检察院、公安部、国家移民管理局关于依法惩治妨害国(边)境管理违法犯罪的意见》(法发〔2022〕18号)第八条对偷越国(边)境的次数计算作了进一步规定。(→参见本节标题评注部分,第1667页)

③ 《最高人民法院、最高人民检察院、公安部、国家移民管理局关于依法惩治妨害国(边)境管理违法犯罪的意见》(法发〔2022〕18号)第九条对结伙的认定作了进一步规定。(→参见本节标题评注部分,第1667页)

④ 《最高人民法院、最高人民检察院、公安部、国家移民管理局关于依法惩治妨害国(边)境管理违法犯罪的意见》(法发〔2022〕18号)第十条对"其他情节严重的情形"作了进一步规定。(→参见本节标题评注部分,第1667页)

一十八条、第三百二十条、第三百二十一条的规定追究直接负责的主管人员和其他直接责任人员的刑事责任。

第八条 实施组织他人偷越国(边)境犯罪,同时构成骗取出境证件罪、提供伪造、变造的出入境证件罪、出售出入境证件罪、运送他人偷越国(边)境罪的,依照处罚较重的规定定罪处罚。

第九条 对跨地区实施的不同妨害国(边)境管理犯罪,符合并案处理要求,有关地方公安机关依照法律和相关规定一并立案侦查,需要提请批准逮捕、移送审查起诉、提起公诉的,由该公安机关所在地的同级人民检察院、人民法院依法受理。

第十条 本解释发布实施后,《最高人民法院关于审理组织、运送他人偷越国(边)境等刑事案件适用法律若干问题的解释》(法释〔2002〕3号)不再适用。

规范性文件

《最高人民法院最高人民检察院公安部关于对非法越境去台人员的处理意见》(〔82〕公发(研)90号)①

各省、市、自治区高级人民法院、人民检察院、公安厅(局):

近年来,从祖国大陆尤其是沿海一些省份非法越境去台湾(包括澎湖、金门、马祖等岛屿)的人员有所增多。据广东、福建、浙江三省边防部门报告,1980年发现非法越境去台的87起、337人;1981年增至180起、1626人;今年头4个月,仍有继续增多的趋势。自中央宣布关于台湾回归祖国、实现和平统一的九条方针以来,非法越境去台的人员出现了一些新的复杂情况,有些地方的公、检、法机关在处理这个问题上认识不尽一致,口径也不统一。这种状况,既不利于正确贯彻中央对台工作的九条方针,也不利于保障边境安全,打击特务、反革命和其他刑事犯罪分子的破坏活动。为此特提出如下意见:

一、要配合宣传部门向广大群众和干部特别是广东、福建、浙江等沿海地区的群众和干部,正确地宣传中央关于对台工作的方针政策。着重阐明,台湾回归祖国、实现和平统一,是包括台湾人民在内的全国各族人民的共同意愿。我们党和政府向来以民族大义为重,对实现和平统一祖国的大业始终如一,坚持不渝。问题在于台湾当局仍然坚持分裂祖国、反共拒和的立场,致使台湾和大陆之间还处在敌对状态,连通邮、通商、通航和人员自由来往也难以实现。更有甚者,台湾当局对从海上逃去台湾的人员,心存敌意,或者武装阻击,拒绝入境,或者诬指无

---

① 对本规范性文件,需要根据现行刑法规定和当前形势作妥当把握。——**本评注注**

辜、任意捕杀。要将这种情况如实地向群众和干部进行教育,目前偷渡去台是非法的,劝告他们切勿轻信台湾当局的反动宣传而上当受骗。

二、大陆公民确有正当理由,需要经由香港或某个外国辗转去台的,必须按照我们公民因私出境的规定,向所在地公安机关申请办理签证手续,在办妥签证手续后,才可以准许出境。

三、凡在未经办理签证手续,擅自非法越境去台、澎、金、马、敌占岛屿的,应当区别不同情况,分别处理:

(一)进行反革命活动的,应按刑法分则第一章反革命罪有关条文定罪惩处。如策动、勾引、收买国家工作人员、现役军人、人民警察、民兵逃台的,应定为策动投敌叛变罪;为台湾当局窃取、刺探、提供情报的,供给武器军火的,参加特务组织或者接受敌人派遣任务的,应定为特务或资敌罪;进行反革命宣传,煽动他人一起逃台的,或在逃台后公开发表反共反人民言论的,应定为反革命宣传煽动罪。

(二)非法越境逃台,情节严重的,或者以营利为目的,组织、运送他人越境逃台的,应当根据刑法第一百七十六条、第一百七十七条的规定惩处。如果尚有走私、贩毒等其他犯罪行为的,应根据刑法的规定数罪并罚。

(三)国家工作人员、现役军人、人民警察、民兵或者共产党员非法越境去台的,应当依法从重惩处。

(四)普通公民纯属好逸恶劳,羡慕资本主义生活方式或出于探亲、访友等目的而非法偷渡去台的,一般可不追究刑事责任,但应酌情给予必要的批评教育,训诫或者责令具结悔过。

以上意见,请你们报告党委,研究执行。

《最高人民法院、最高人民检察院、公安部办理跨境赌博犯罪案件若干问题的意见》(公通字〔2020〕14号)"四、关于跨境赌博关联犯罪的认定"第(三)条对跨境赌博犯罪与妨害国(边)境管理罪的数罪并罚作了规定。(→参见第三百零三条评注部分,第1596页)

《最高人民法院、最高人民检察院、公安部、国家移民管理局关于依法惩治妨害国(边)境管理违法犯罪的意见》(法发〔2022〕18号,节录)

为依法惩治妨害国(边)境管理违法犯罪活动,切实维护国(边)境管理秩序,根据《中华人民共和国刑法》《中华人民共和国刑事诉讼法》《中华人民共和国出境入境管理法》《最高人民法院、最高人民检察院关于办理妨害国(边)境管理刑事案件应用法律若干问题的解释》(法释〔2012〕17号,以下简称《解释》)等有关规定,结合执法、司法实践,制定本意见。

一、总体要求

1. 近年来，妨害国(边)境管理违法犯罪活动呈多发高发态势，与跨境赌博、电信网络诈骗以及边境地区毒品、走私、暴恐等违法犯罪活动交织滋长，严重扰乱国(边)境管理秩序，威胁公共安全和人民群众人身财产安全。人民法院、人民检察院、公安机关和移民管理机构要进一步提高政治站位，深刻认识妨害国(边)境管理违法犯罪的严重社会危害，充分发挥各自职能作用，依法准确认定妨害国(边)境管理犯罪行为，完善执法、侦查、起诉、审判的程序衔接，加大对组织者、运送者、犯罪集团骨干成员以及屡罚屡犯者的惩治力度，最大限度削弱犯罪分子再犯能力，切实维护国(边)境管理秩序，确保社会安全稳定，保障人民群众切身利益，努力实现案件办理法律效果与社会效果的有机统一。

二、关于妨害国(边)境管理犯罪的认定

2. ①具有下列情形之一的，应当认定为刑法第三百一十八条规定的"组织他人偷越国(边)境"行为：

(1) 组织他人通过虚构事实、隐瞒真相等方式掩盖非法出入境目的，骗取出入境边防检查机关核准出入境的；②

(2) 组织依法限定在我国边境地区停留、活动的人员，违反国(边)境管理法

---

① 需要注意的是，对于持证型偷越国(边)境和边民等非法进入非边境地区，本条将刑事规制的对象限定于组织行为。对于持证人员本人虚构事实、隐瞒真相，骗取出入境边防检查机关核准出入境的行为，由于违法程度以及对国(边)境管理秩序的妨害程度，与无证或者使用假证偷越国(边)境的情形存在差异，基于罪责刑相适应原则的要求，不能当然适用法释〔2012〕17号解释第六条第五项"采用其他方式非法出入国(边)境的"的规定，以偷越国(边)境犯罪论处；对于边民私自进入我国非边境地区的，也是如此。参见周加海、喻海松、李振华：《〈关于依法惩治妨害国(边)境管理违法犯罪的意见〉的理解与适用》，载《人民司法》2022年第22期。

② 对于此类组织持证人员骗取出入境边防检查机关核准出入境的行为，应当认定为组织他人偷越国(边)境，主要考虑是：(1) 出境入境管理法明确规定，出入我国国(边)境，"应当向出入境边防检查机关交验本人出境入境证件，履行规定的手续，经查验准许"。根据双边互免签证协议出入境的情形，一般针对团体旅游、短期探亲、访问等特定事由，而且，仍应依法经出入境边防检查机关查验准许。组织他人以虚构事实、隐瞒真相等方式掩盖非法出入境目的，骗取出入境边防检查机关核准出入境的行为，违反了相关出入境管理规范，与组织无证、假证人员偷越国(边)境一样，妨害了国(边)境管理秩序。(2) 从实践来看，组织此类持证人员偷越国(边)境，一般直接参与介绍、招募相（转下页）

规,非法进入我国非边境地区的。

对于前述行为,在决定是否追究刑事责任以及如何裁量刑罚时,应当综合考虑组织者前科情况、行为手段、组织人数和次数、违法所得数额及被组织人员偷越国(边)境的目的等情节,依法妥当处理。

3.①事前与组织、运送他人偷越国(边)境的犯罪分子通谋,在偷越国(边)境人员出境前或者入境后,提供接驳、容留、藏匿等帮助的,以组织他人偷越国(边)境罪或者运送他人偷越国(边)境罪的共同犯罪论处。

4.明知是偷越国(边)境人员,分段运送其前往国(边)境的,应当认定为刑法第三百二十一条规定的"运送他人偷越国(边)境",以运送他人偷越国(边)境罪定罪处罚。但是,在决定是否追究刑事责任以及如何裁量刑罚时,应当充分考虑行为人在运送他人偷越国(边)境过程中所起作用等情节,依法妥当处理。

5.《解释》第一条第二款、第四条规定的"人数",以实际组织、运送的人数计算;未到案人员经查证属实的,应当计算在内。

6.明知他人实施骗取出境证件犯罪,提供虚假证明、邀请函件以及面签培训等帮助的,以骗取出境证件罪的共同犯罪论处;符合刑法第三百一十八条规定的,以组织他人偷越国(边)境罪定罪处罚。②

(接上页)关持证人员,并负责被组织者非法出入境后的接应事宜等,发挥聚合偷越人员和整合行为链条的作用,行为实质与传统的组织无证、假证人员偷越国(边)境并无差异。(3)此类组织行为多因相关持证人员出入境后非法务工,甚至从事电信网络诈骗、赌博等犯罪被查获而案发,社会危害性与传统的组织他人偷越国(边)境行为具有相当性。参见周加海、喻海松、李振华:《〈关于依法惩治妨害国(边)境管理违法犯罪的意见〉的理解与适用》,载《人民司法》2022年第22期。

① 对于事前未通谋,在组织、运送他人偷越国(边)境的犯罪分子将偷渡人员运入国(边)境后,提供接驳、容留、藏匿等帮助,符合刑法第三百一十条关于窝藏、包庇罪规定的,以窝藏、包庇罪论处。参见周加海、喻海松、李振华:《〈关于依法惩治妨害国(边)境管理违法犯罪的意见〉的理解与适用》,载《人民司法》2022年第22期。

② 需要注意的是,骗取出境证件实质上是组织他人偷越国(边)境犯罪的帮助行为,设置为专门罪名,旨在堵截社会危害更加严重的组织他人偷越国(边)境犯罪,并更加准确地评价骗证行为的社会危害性,实现罪责刑相适应。根据刑法规定,"为组织他人偷越国(边)境使用"本身就是骗取出境证件罪的构成要件,行为人如不具有组织他人偷越国(边)境的实行行为,不能仅以"为组织他人偷越国(边)境使用"为由,就对其以组织他人偷越国(边)境罪的共犯论处;否则,将实际架空刑法关于骗取出境证件罪的专门规定,违反罪责刑相适应的基本原则。参见周加海、喻海松、李振华:《〈关于依法惩治妨害国(边)境管理违法犯罪的意见〉的理解与适用》,载《人民司法》2022年第22期。

7. 事前与组织他人偷越国(边)境的犯罪分子通谋,为其提供虚假证明、邀请函件以及面签培训等帮助,骗取入境签证等入境证件,为组织他人偷越国(边)境使用的,以组织他人偷越国(边)境罪的共同犯罪论处。①

8. 对于偷越国(边)境的次数,按照非法出境、入境的次数分别计算。但是,对于非法越境后及时返回,或者非法出境后又入境投案自首的,一般应当计算为一次。

9. ②偷越国(边)境人员相互配合,共同偷越国(边)境的,属于《解释》第五条第二项规定的"结伙"。偷越国(边)境人员在组织者、运送者安排下偶然同行的,不属于"结伙"。

在认定偷越国(边)境"结伙"的人数时,不满十六周岁的人不计算在内。

10. 偷越国(边)境,具有下列情形之一的,属于《解释》第五条第六项规定的"其他情节严重的情形":

(1)犯罪后为逃避刑事追究偷越国(边)境的;

(2)破坏边境物理隔离设施后,偷越国(边)境的;

(3)以实施电信网络诈骗、开设赌场等犯罪为目的,偷越国(边)境的;

(4)曾因妨害国(边)境管理犯罪被判处刑罚,刑罚执行完毕后二年内又偷越国(边)境的。

实施偷越国(边)境犯罪,又实施妨害公务、袭警、妨害传染病防治等行

---

① 对于提供虚假证明、邀请函件骗取出入境证件的,不宜适用出售出入境证件罪。主要考虑是:根据法释〔2012〕17号解释第二条的规定,出入境证件"包括护照或者代替护照使用的国际旅行证件,中华人民共和国海员证,中华人民共和国出入境通行证,中华人民共和国旅行证,中国公民往来香港、澳门、台湾地区证件,边境地区出入境通行证,签证、签注,出国(境)证明、名单,以及其他出入境时需要查验的资料"。结合相关出入境管理法规的规定,出入境证件的范围应当限于由相关主管机关签发、出具,具备出入境证明许可功能的证件。出入境邀请函的出具主体、法律性质、证明功能与前述证件不具有相当性,不宜纳入出入境证件的范围。参见周加海、喻海松、李振华:《〈关于依法惩治妨害国(边)境管理违法犯罪的意见〉的理解与适用》,载《人民司法》2022年第22期。

② 结伙偷越国(边)境系偷越人员相互配合,共同实施偷越行为的情形,犯意联络和实行行为均具有主动性。相反,作为组织、运送行为的对象,偷越人员对于与谁同行、同行人数、同行路线等则缺乏选择性,其在组织者、运送者安排下被动同行的行为,不宜被评价为结伙,否则既不符合法释〔2012〕17号解释的本意,又会造成刑事打击面过宽的问题。参见周加海、喻海松、李振华:《〈关于依法惩治妨害国(边)境管理违法犯罪的意见〉的理解与适用》,载《人民司法》2022年第22期。

为,并符合有关犯罪构成的,应当数罪并罚。①

11. 徒步带领他人通过隐蔽路线逃避边防检查偷越国(边)境的,属于运送他人偷越国(边)境。领导、策划、指挥他人偷越国(边)境,并实施徒步带领行为的,以组织他人偷越国(边)境罪论处。

徒步带领偷越国(边)境的人数较少,行为人系初犯,确有悔罪表现,综合考虑行为动机、一贯表现、违法所得、实际作用等情节,认为对国(边)境管理秩序妨害程度明显较轻的,可以认定为犯罪情节轻微,依法不起诉或者免予刑事处罚;情节显著轻微危害不大的,不作为犯罪处理。

12. 对于刑法第三百二十一条第一款规定的"多次实施运送行为",累计运送人数一般应当接近十人。

三、关于妨害国(边)境管理刑事案件的管辖(略)

四、关于证据的收集与审查(略)

五、关于宽严相济刑事政策的把握

21. 办理妨害国(边)境管理刑事案件,应当综合考虑行为人的犯罪动机、行为方式、目的以及造成的危害后果等因素,全面把握犯罪事实和量刑情节,依法惩治。做好行政执法与刑事司法的衔接,对涉嫌妨害国(边)境管理犯罪的案件,要及时移送立案侦查,不得以行政处罚代替刑事追究。

对于实施相关行为被不起诉或者免予刑事处罚的行为人,依法应当给予行政处罚、政务处分或者其他处分的,依法移送有关主管机关处理。

22. 突出妨害国(边)境管理刑事案件的打击重点,从严惩处组织他人偷越国(边)境犯罪,坚持全链条、全环节、全流程对妨害国(边)境管理的产业链进行刑事惩治。对于为组织他人偷越国(边)境实施骗取出入境证件,提供伪造、变造的出入境证件,出售出入境证件,或者运送偷越国(边)境等行为,形成利益链条的,要坚决依法惩治,深挖犯罪源头,斩断利益链条,不断挤压此类犯罪滋生蔓延空间。

对于运送他人偷越国(边)境犯罪,要综合考虑运送人数、违法所得、前科情况等依法定罪处罚,重点惩治以此为业、屡罚屡犯、获利巨大和其他具有重大社

---

① 需要注意的是,本款规定针对的是实施有两个或者两个以上行为,符合实质数罪规定的情形,对于偷越国(边)境与妨害公务、袭警、妨害疫情防控等行为同时实施难以相互剥离的情形,应当认定一行为触犯数罪名,择一重罪处断。参见周加海、喻海松、李振华:《〈关于依法惩治妨害国(边)境管理违法犯罪的意见〉的理解与适用》,载《人民司法》2022年第22期。

会危害的情形。

对于偷越国(边)境犯罪,要综合考虑偷越动机、行为手段、前科情况等依法定罪处罚,重点惩治越境实施犯罪、屡罚屡犯和其他具有重大社会危害的情形。

23. 对于妨害国(边)境管理犯罪团伙、犯罪集团,应当重点惩治首要分子、主犯和积极参加者。对受雇佣或者被利用从事信息登记、材料递交等辅助性工作人员,未直接实施妨害国(边)境管理行为的,一般不追究刑事责任,可以由公安机关、移民管理机构依法作出行政处罚或者其他处理。

24. 对于妨害国(边)境管理犯罪所涉及的在偷越国(边)境之后的相关行为,要区分情况作出处理。对于组织、运送他人偷越国(边)境,进而在他人偷越国(边)境之后组织实施犯罪的,要作为惩治重点,符合数罪并罚规定的,应当数罪并罚。

对于为非法用工而组织、运送他人偷越国(边)境,或者明知是偷越国(边)境的犯罪分子而招募用工的,在决定是否追究刑事责任以及如何裁量刑罚时,应当综合考虑越境人数、违法所得、前科情况、造成影响或者后果等情节,恰当评估社会危害性,依法妥当处理。其中,单位实施上述行为,对组织者、策划者、实施者依法追究刑事责任的,定罪量刑应作综合考量,适当体现区别,确保罪责刑相适应。①

25. 对以牟利为目的实施妨害国(边)境管理犯罪,要注重适用财产刑和追缴犯罪所得、没收作案工具等处置手段,加大财产刑的执行力度,最大限度剥夺其重新犯罪的能力和条件。

26. 犯罪嫌疑人、被告人提供重要证据或者重大线索,对侦破、查明重大妨害国(边)境管理刑事案件起关键作用,经查证属实的,可以依法从宽处理。

第三百一十八条 【组织他人偷越国(边)境罪】 组织他人偷越国(边)境的,处二年以上七年以下有期徒刑,并处罚金;有下列情形之一的,处七年以上有期徒刑或者无期徒刑,并处罚金或者没收财产:

(一)组织他人偷越国(边)境集团的首要分子;

(二)多次组织他人偷越国(边)境或者组织他人偷越国(边)境人数众多的;

---

① 对于单位实施上述行为,在决定是否对组织者、策划者、实施者追究刑事责任以及如何裁量刑罚时,应当坚持综合考量和区别对待,考虑所涉行为相较于自然人犯罪社会危害相对较轻的客观情况,确保罪责刑相适应。参见周加海、喻海松、李振华:《〈关于依法惩治妨害国(边)境管理违法犯罪的意见〉的理解与适用》,载《人民司法》2022年第22期。

(三)造成被组织人重伤、死亡的;
(四)剥夺或者限制被组织人人身自由的;
(五)以暴力、威胁方法抗拒检查的;
(六)违法所得数额巨大的;
(七)有其他特别严重情节的。

犯前款罪,对被组织人有杀害、伤害、强奸、拐卖等犯罪行为,或者对检查人员有杀害、伤害等犯罪行为的,依照数罪并罚的规定处罚。

立法沿革

本条系1997年《刑法》沿用《全国人民代表大会常务委员会关于严惩组织、运送他人偷越国(边)境犯罪的补充规定》(自1994年3月5日起施行)第一条的规定,仅将第二款规定的"可以依照法律规定判处死刑"修改为"依照数罪并罚的规定处罚"。1979年《刑法》第一百七十七条规定:"以营利为目的,组织、运送他人偷越国(边)境的,处五年以下有期徒刑、拘役或者管制,可以并处罚金。"

司法解释

《最高人民法院、最高人民检察院关于办理妨害国(边)境管理刑事案件应用法律若干问题的解释》(法释〔2012〕17号)第一条对组织他人偷越国(边)境罪的行为认定、定罪量刑标准、既遂认定等问题作了规定。(→参见本节标题评注部分,第1660页)

规范性文件

《最高人民法院、最高人民检察院、公安部、国家移民管理局关于依法惩治妨害国(边)境管理违法犯罪的意见》(法发〔2022〕18号)第二条、第三条、第七条、第十一条对"组织他人偷越国(边)境"行为的认定和处理、组织他人偷越国(边)境罪的共犯认定作了规定。(→参见本节标题评注部分,第1665—1668页)

刑参案例规则提炼

《顾国均、王建忠组织他人偷越国境案——以旅游名义骗取出境证件,非法组织他人出境劳务的应如何定性》(第304号案例)、《农海兴组织他人偷越国境案——被组织者在偷越国境线过程中被抓获的,能否认定组织者组织他人偷越国境犯罪未遂》(第883号案例)、《凌文勇组织他人偷越边境、韦德其等运送他人偷越边境案——如何区分组织他人偷越边境罪与运送他人偷越边境

罪以及如何认定运送他人偷越边境罪既未遂形态》(第1031号案例)所涉规则提炼如下:

1. 骗证出境行为的定性规则。"'偷越'应指不具备合法出入境资格而出入境,侵犯我国国(边)境管理秩序的行为。'偷越'的方法和手段亦多种多样,既有不在规定的口岸、关卡偷越国(边)境,或以假证件或其他蒙骗手段在关口蒙混出入境的,也有骗取出境证件,以所谓的'合法'的形式'非法'越境的。""以旅游名义骗取出境证件,非法组织他人出境劳务,构成组织他人偷越国(边)境罪。"(第304号案例)

2. 组织他人偷越国(边)境罪与运送他人偷越国(边)境罪的界分规则。"区分组织他人偷越边境罪与运送他人偷越边境罪的关键在于判断行为是否具有组织性。""组织他人偷越边境罪的'组织'行为,主要有两种方式:一是领导、策划、指挥他人偷越边境的行为;二是在首要分子指挥下,实施拉拢、引诱、介绍他人偷越边境等行为。由于组织他人偷越边境犯罪环节较多,参与人员情况复杂,对于拉拢、引诱、介绍三种方式以外的其他协助行为,一般不宜认定为'组织'行为。明知他人组织他人偷越边境,而参与购买、联系、安排船只、汽车等交通工具,提供运输服务,将非法出境人员送至离境口岸、指引路线,甚至是积极对偷渡人员进行英语培训以应付通关的需要,转交与出境人员身份不符的虚假证件,安排食宿、送取机票等行为,均是为组织他人偷越边境提供帮助,且由于主观目的及行为缺乏组织性,不能认定为组织他人偷越边境罪的共同犯罪,而应认定为运送他人偷越边境罪。"(第1031号案例)

3. 组织他人偷越国(边)境罪既遂的判定规则。"组织他人偷越国(边)境的组织行为并非一经实施就认定为既遂。如果被组织者在偷越国境之前或者偷越国境过程中被查获的,应当认定组织者组织他人偷越国境罪未遂。""在未遂的认定上,存在两个并列情形:一是被组织者偷越国境之前;二是被组织者偷越国境过程中被查获……'偷越国(边)境过程中'……是指他人已经偷越国境线,但尚未完成偷越行为,依然在偷越过程中。""该过程在时间上具有持续性,即是持续不间断的;在空间上具有区域性,即虽以界划线,但还设置了一个边境管理区域,是偷越国境不可绕道的部分""组织他人偷越边境,在车开到边境巡逻道路段时被查获,属于犯罪未遂。"(第883号案例)

司法疑难解析

《刑法》第三百一十八条第二款规定的把握。本评注认为,适用本条规定应注意把握如下几个问题:(1)"等犯罪行为"的理解。这里的"等犯罪行为"应当符合如下两个特征:①与组织偷越国(边)境罪密切相关的犯罪。②未列入组织、偷越国(边)境罪的加重犯罪构成。非法拘禁、妨害公务等行为虽然与组织偷越国(边)境密切相关,但是由于列入了组织偷越国(边)境罪的加重犯罪构成,不能对这些犯罪数罪并罚,以免出现重复评价。(2)"杀害、伤害"的理解。对该款中的"杀害、伤害"应当作统一理解,只包括故意杀人、故意伤害的情形。①

> **第三百一十九条** 【骗取出境证件罪】以劳务输出、经贸往来或者其他名义,弄虚作假,骗取护照、签证等出境证件,为组织他人偷越国(边)境使用的,处三年以下有期徒刑,并处罚金;情节严重的,处三年以上十年以下有期徒刑,并处罚金。
>
> 单位犯前款罪的,对单位判处罚金,并对其直接负责的主管人员和其他直接责任人员,依照前款的规定处罚。

立法沿革

本条系1997年《刑法》吸收修改单行刑法作出的规定。《全国人民代表大会常务委员会关于严惩组织、运送他人偷越国(边)境犯罪的补充规定》(自1994年3月5日起施行)第二条的规定:"以劳务输出、经贸往来或者其他名义,弄虚作假,骗取护照、签证等出境证件,为组织他人偷越国(边)境使用的,依照本规定第一条的规定处罚。""单位有前款规定的犯罪行为的,对单位判处罚金,并对

---

① 主要考虑:(1)从字面表述来看,"杀害""伤害"等词语都是故意实施的行为,指代故意杀人、故意伤害,而不包括过失致人死亡、重伤的情形。1979年《刑法》第一百三十三条使用的是"过失杀人"的表述,但1997年《刑法》第二百三十三条采用的是"过失致人死亡"的表述。而"伤害"这个词语,在刑法中未作限定的情况下,应当也是指"故意伤害"。(2)《刑法》第三百一十八条之所以要对一些与组织他人偷越国(边)境的犯罪行为实行数罪并罚,主要是考虑到被组织人杀害、伤害、强奸、拐卖或者对检查人员杀害、伤害等犯罪行为的社会危害性大,而组织偷越国(边)境罪的法定刑最高为无期徒刑,即使将其规定为结果加重情节,也不足以评价行为的社会危害程度。故意杀人、故意伤害、强奸、拐卖等犯罪行为的社会危害性大,难以为组织偷越国(边)境的加重犯罪构成所涵盖,而过失致人死亡、重伤的行为的社会危害性能够为组织偷越国(边)境罪的加重犯罪构成所评价。(3)对检查人员的过失致人死亡、重伤虽然未明确被列为组织偷越国(边)境的加重犯罪构成,但是可以解释为加重犯罪构成中的"有其他特别严重情节的"这一兜底条款,不会存在处罚上的漏洞,不会出现打击不力的情况。

直接负责的主管人员和其他直接责任人员,依照本规定第一条的规定处罚。"1997年《刑法》将援引法定刑规定调整为独立的法定刑。

司法解释

《最高人民法院、最高人民检察院关于办理妨害国(边)境管理刑事案件应用法律若干问题的解释》(法释〔2012〕17号)第二条对骗取出境证件罪的行为方式、对象和定罪量刑标准作了规定。(→参见本节标题评注部分,第1661页)

规范性文件

《最高人民法院、最高人民检察院、公安部、国家移民管理局关于依法惩治妨害国(边)境管理违法犯罪的意见》(法发〔2022〕18号)第六条对骗取出境证件罪的共犯认定作了指引性规定。(→参见本节标题评注部分,第1666页)

第三百二十条 【提供伪造、变造的出入境证件罪】【出售出入境证件罪】

为他人提供伪造、变造的护照、签证等出入境证件,或者出售护照、签证等出入境证件的,处五年以下有期徒刑,并处罚金;情节严重的,处五年以上有期徒刑,并处罚金。

立法沿革

本条系1997年《刑法》沿用《全国人民代表大会常务委员会关于严惩组织、运送他人偷越国(边)境犯罪的补充规定》(自1994年3月5日起施行)第三条的规定,仅将"倒卖护照、签证等出入境证件"调整为"出售护照、签证等出入境证件"。

司法解释

《最高人民法院、最高人民检察院关于办理妨害国(边)境管理刑事案件应用法律若干问题的解释》(法释〔2012〕17号)第三条对《刑法》第三百二十条的对象和定罪量刑标准作了规定。(→参见本节标题评注部分,第1662页)

规范性文件

《最高人民法院、最高人民检察院、公安部、国家移民管理局关于依法惩治妨害国(边)境管理违法犯罪的意见》(法发〔2022〕18号)第七条对骗取入境签证等入境证件,为组织他人偷越国(边)境使用行为的定性作了规定。(→参见本节标题评注部分,第1667页)

法律适用答复、复函

《公安部关于盗窃空白因私护照有关问题的批复》（公境出〔2000〕881号）对出售盗窃的护照适用出售出入境证件罪作了规定。（→参见第二百八十条评注部分，第1378页）

《公安部法制局对〈关于倒卖邀请函的行为如何处理的请示〉的答复》（公法〔2001〕21号）

新疆维吾尔自治区公安厅法制处：

你处《关于倒卖邀请函的行为如何处理的请示》（新公法〔2000〕59号）收悉。经研究答复如下：

办理出入境证件所需的邀请函不属于出入境证件。对仅仅是为他人联系提供办理出入境证件所需邀请函并获得报酬的行为，如果该邀请函真实有效、当事人之间没有欺诈行为，不应依据《中华人民共和国出境入境管理法实施细则》第二十二条第一款第二项规定按招摇撞骗行为予以处罚；也不应将该行为认定为组织、运送他人偷越国（边）境的行为以刑事或行政处罚。

对以联系提供办理出入境证件所需的邀请函为名，编造情况，提供假证明，骗取出入境证件以及从事诈骗、组织他人偷越国（边）境等违法犯罪活动的，应依法予以查处。

《最高人民检察院研究室关于买卖尚未加盖印章的空白〈边境证〉行为如何适用法律问题的答复》（〔2002〕高检研发第19号）提出对买卖尚未加盖发证机关的行政印章或者通行专用章印鉴的空白《中华人民共和国边境管理区通行证》的行为，不宜以买卖国家机关证件罪追究刑事责任。（→参见分则第九章标题评注部分，第2182页）

刑参案例规则提炼[①]

[①] 鉴于对居留证能否认定为出入境证件尚有一定争议，且向出入境管理机构提供内容虚假的居留许可证件申请材料，协助他人申领居留证件的行为是否属于"出售"尚有讨论空间，对《王某兰、刘某先、哈某德出售出入境证件案——"中介"人员、高校工作人员向合法入境的外籍人员出售外籍人员居留证件的行为该如何定性》（第1519号案例）所涉规则未予提炼。进一步的论证，可以参考《最高人民法院、最高人民检察院、公安部、国家移民管理局关于依法惩治妨害国（边）境管理违法犯罪的意见》（法发〔2022〕18号）第七条的解读（→参见本节标题评注部分，第1667页）

第三节 妨害国(边)境管理罪

第三百二十一条 【运送他人偷越国(边)境罪】运送他人偷越国(边)境的,处五年以下有期徒刑、拘役或者管制,并处罚金;有下列情形之一的,处五年以上十年以下有期徒刑,并处罚金:

(一)多次实施运送行为或者运送人数众多的;

(二)所使用的船只、车辆等交通工具不具备必要的安全条件,足以造成严重后果的;

(三)违法所得数额巨大的;

(四)有其他特别严重情节的。

在运送他人偷越国(边)境中造成被运送人重伤、死亡,或者以暴力、威胁方法抗拒检查的,处七年以上有期徒刑,并处罚金。

犯前两款罪,对被运送人有杀害、伤害、强奸、拐卖等犯罪行为,或者对检查人员有杀害、伤害等犯罪行为的,依照数罪并罚的规定处罚。

立法沿革

本条系 1997 年《刑法》沿用《全国人民代表大会常务委员会关于严惩组织、运送他人偷越国(边)境犯罪的补充规定》(自 1994 年 3 月 5 日起施行)第四条第一款至第三款的规定,仅将第三款规定的"可以依照法律规定判处死刑"修改为"依照数罪并罚的规定处罚"。1979 年《刑法》第一百七十七条规定:"以营利为目的,组织、运送他人偷越国(边)境的,处五年以下有期徒刑、拘役或者管制,可以并处罚金。"

司法解释

《最高人民法院、最高人民检察院关于办理妨害国(边)境管理刑事案件应用法律若干问题的解释》(法释〔2012〕17 号)第四条对运送他人偷越国(边)境罪的定罪量刑标准作了规定。(→参见本节标题评注部分,第 1661 页)

规范性文件

《最高人民法院、最高人民检察院、公安部、国家移民管理局关于依法惩治妨害国(边)境管理违法犯罪的意见》(法发〔2022〕18 号)第三条、第四条、第五条、第十一条、第十二条对运送他人偷越国(边)境罪的共犯认定、分段运送行为的定性及其处理、徒步带领他人通过隐蔽路线逃避边防检查偷越国(边)境行为的定性及其处理、"多次实施运送行为"的认定等作了规定。(→参见本节标题评注部分,第 1666、1668 页)

刑参案例规则提炼

《凌文勇组织他人偷越边境、韦德其等运送他人偷越边境案——如何区分组织他人偷越边境罪与运送他人偷越边境罪以及如何认定运送他人偷越边境罪既未遂形态》(第1031号案例)所涉规则提炼如下：

运送他人偷越国(边)境罪既遂的判定规则。"只有发生了将偷渡者实际运出入国(边)境的危害后果才能构成该罪的既遂。"(第1031号案例)

> **第三百二十二条　【偷越国(边)境罪】** 违反国(边)境管理法规,偷越国(边)境,情节严重的,处一年以下有期徒刑、拘役或者管制,并处罚金;为参加恐怖活动组织、接受恐怖活动培训或者实施恐怖活动,偷越国(边)境的,处一年以上三年以下有期徒刑,并处罚金。

立法沿革

本条系1997年《刑法》吸收修改1979年《刑法》和单行刑法作出规定。1979年《刑法》第一百七十六条规定："违反出入国境管理法规,偷越国(边)境,情节严重的,处一年以下有期徒刑、拘役或者管制。"《全国人民代表大会常务委员会关于严惩组织、运送他人偷越国(边)境犯罪的补充规定》(自1994年3月5日起施行)第五条规定："偷越国(边)境……情节严重的,处二年以下有期徒刑或者拘役,并处罚金。"1997年《刑法》以1979年《刑法》的规定为基础,对偷越国(边)境罪的罪状和法定刑均作了微调。

2015年11月1日起施行的《刑法修正案(九)》第四十条对本条作了修改,针对为参加恐怖活动组织、接受恐怖活动培训或者实施恐怖活动,偷越国(边)境的情形,将法定最高刑提至三年有期徒刑。

修正前《刑法》	修正后《刑法》
第三百二十二条　【偷越国(边)境罪】违反国(边)境管理法规,偷越国(边)境,情节严重的,处一年以下有期徒刑、拘役或者管制,并处罚金。	第三百二十二条　【偷越国(边)境罪】违反国(边)境管理法规,偷越国(边)境,情节严重的,处一年以下有期徒刑、拘役或者管制,并处罚金;为参加恐怖活动组织、接受恐怖活动培训或者实施恐怖活动,偷越国(边)境的,处一年以上三年以下有期徒刑,并处罚金。

司法解释

《最高人民法院、最高人民检察院关于办理妨害国(边)境管理刑事案件应用法律若干问题的解释》(法释〔2012〕17号)第五条对偷越国(边)境罪的定罪量刑标准作了规定。(→参见本节标题评注部分,第1662页)

《最高人民法院关于审理发生在我国管辖海域相关案件若干问题的规定(二)》(法释〔2016〕17号)第三条对非法进入我国领海适用偷越国(边)境罪的定罪量刑标准作了规定。(→参见第六条评注部分,第8页)

规范性文件

《最高人民法院、最高人民检察院、公安部、国家移民管理局关于依法惩治妨害国(边)境管理违法犯罪的意见》(法发〔2022〕18号)第八条至第十条对偷越国(边)境罪的定罪量刑标准及有关问题作了规定。(→参见本节标题评注部分,第1667页)

第三百二十三条 【破坏界碑、界桩罪】【破坏永久性测量标志罪】 故意破坏国家边境的界碑、界桩或者永久性测量标志的,处三年以下有期徒刑或者拘役。

立法沿革

本条系1997年《刑法》沿用1979年《刑法》第一百七十五条第一款的规定,并删去第二款"以叛国为目的的,按照反革命罪处罚"的规定。

相关规定

《中华人民共和国测绘法》(第二次修正后自2017年7月1日起施行,节录)

第四十一条 任何单位和个人不得损毁或者擅自移动永久性测量标志和正在使用中的临时性测量标志,不得侵占永久性测量标志用地,不得在永久性测量标志安全控制范围内从事危害测量标志安全和使用效能的活动。

本法所称永久性测量标志,是指各等级的三角点、基线点、导线点、军用控制点、重力点、天文点、水准点和卫星定位点的觇标和标石标志,以及用于地形测图、工程测量和形变测量的固定标志和海底大地点设施。

第六十四条 违反本法规定,有下列行为之一的,给予警告,责令改正,可以并处二十万元以下的罚款;对直接负责的主管人员和其他直接责任人员,依法给予处分;造成损失的,依法承担赔偿责任;构成犯罪的,依法追究刑事责任:

(一)损毁、擅自移动永久性测量标志或者正在使用中的临时性测量标志;

(二)侵占永久性测量标志用地;

(三)在永久性测量标志安全控制范围内从事危害测量标志安全和使用效能的活动;

(四)擅自拆迁永久性测量标志或者使永久性测量标志失去使用效能,或者拒绝支付迁建费用;

(五)违反操作规程使用永久性测量标志,造成永久性测量标志毁损。

◆ 立案追诉标准

《公安部关于妨害国(边)境管理犯罪案件立案标准及有关问题的通知》(公通字[2000]30号,节录)①

一、立案标准

(七)破坏界碑、界桩案

1、采取盗取、毁坏、拆除、掩埋、移动等手段破坏国家边境的界碑、界桩的,应当立案侦查。

2、破坏3个以上界碑、界桩的,或者造成严重后果的,应当立为重大案件。

(八)破坏永久性测量标志案

1、采取盗取、拆毁、损坏、改变、移动、掩埋等手段破坏永久性测量标志,使其失去原有作用的,应当立案侦查。

2、破坏3个以上永久性测量标志的,或者造成永久性测量标志严重损毁等严重后果的,应当立为重大案件。

第四节 妨害文物管理罪

◆ 立法解释

《全国人民代表大会常务委员会关于〈中华人民共和国刑法〉有关文物的规

---

① 鉴于法释[2012]17号解释发布,以及国家移民管理体制改革,本规范性文件的其他条文已处于实际失效状况。——本评注注

定适用于具有科学价值的古脊椎动物化石、古人类化石的解释》(自 2005 年 12 月 29 日起施行)①

全国人民代表大会常务委员会根据司法实践中遇到的情况,讨论了关于走私、盗窃、损毁、倒卖或者非法转让具有科学价值的古脊椎动物化石、古人类化石

---

① 《文物保护法》第二条第三款确立了文物和化石同等保护原则。然而,从刑法的规定来看,国家对文物的保护范围比较广泛,法网较为严密,如规定有走私文物罪、故意损毁文物罪、倒卖文物罪、盗掘古文化遗址、古墓葬罪、走私文物罪等。但是,对于古人类化石、古脊椎动物化石,《刑法》第三百二十八条第二款规定:"盗掘国家保护的具有科学价值的古人类化石和古脊椎动物化石的,依照前款的规定处罚。"即对于盗掘国家保护的具有科学价值的古人类化石和古脊椎动物化石的,适用与盗掘古文化遗址、古墓葬罪相同的定罪量刑标准。但是,对于实践中业已出现的走私、盗窃、损毁、倒卖、非法转让具有科学价值的古脊椎动物化石、古人类化石的行为,刑法未明确规定为犯罪。由于刑法未作明确规定,对于文物保护法规定的具有科学价值的古脊椎动物化石和古人类化石和文物"同等保护"原则能否适用于刑法规定,司法实践中存在不同认识。基于此,为统一司法适用,本立法解释明确了化石与文物同等刑事保护的规则,法释〔2015〕23 号解释第十七条进一步规定定罪量刑标准统一适用。司法实践中需要进一步注意的问题是,如何把握"具有科学价值的古脊椎动物化石、古人类化石"的范围。实践中,有意见认为,本立法解释的依据在于《文物保护法》第二条第三款的文物和化石同等保护原则。因此,根据该立法解释适用刑法有关文物的规定保护的古人类化石、古脊椎动物化石也应符合文物的基本界定。而文物,是指"人类在社会活动中遗留下的具有历史、艺术、科学价值的遗迹和遗物"。据此,"具有科学价值的古脊椎动物化石、古人类化石",是指与人类活动有关的古脊椎动物化石、古人类化石。古人类化石无疑与人的活动有关;古猿化石虽然在第四纪人类诞生之前,但由于其与人类起源密切相关,故也在其列;对于古脊椎动物化石,则应当限制为与人类活动有关的第四纪古脊椎动物化石。因此,本立法解释规定的"古脊椎动物化石、古人类化石"也应限于"古猿、古人类化石以及与人类活动有关的第四纪古脊椎动物化石",年代久远且与人类活动无关的古脊椎动物化石不在其列。根据《古人类化石和古脊椎动物化石保护管理办法》第二条、第四条的规定,其所针对的古人类化石、古脊椎动物化石限于古猿化石、古人类化石及其与人类活动有关的第四纪古脊椎动物化石。实际上,在日常的管理中,与人类活动有关的第四纪古脊椎动物化石、其他古脊椎动物化石分别由文物行政部门、国土资源部门负责保护、管理。而且,从博物馆、图书馆等馆藏单位来看,对于年代久远且与人类活动无关的古脊椎动物化石,如恐龙蛋等化石,在展览时也会单独列为"化石标本"等而非"文物"。司法实践中不少案件的处理受到上述观点影响。刑参第 744 号案例(朱丽清走私国家禁止出口的物品(转下页)

的行为适用刑法有关规定的问题,解释如下:

刑法有关文物的规定,适用于具有科学价值的古脊椎动物化石、古人类化石。

现予公告。

相关规定

《中华人民共和国文物保护法》(第五次修正后自 2017 年 11 月 5 日起施行,节录)

第二条 在中华人民共和国境内,下列文物受国家保护:

(一)具有历史、艺术、科学价值的古文化遗址、古墓葬、古建筑、石窟寺和石刻、壁画;

(二)与重大历史事件、革命运动或者著名人物有关的以及具有重要纪念意义、教育意义或者史料价值的近代现代重要史迹、实物、代表性建筑;

(三)历史上各时代珍贵的艺术品、工艺美术品;

(四)历史上各时代重要的文献资料以及具有历史、艺术、科学价值的手稿

(接上页)案——走私年代久远且与人类活动无关的古脊椎动物化石的行为如何定性)就是例证。涉案的鸟类化石属于距今 6700 万年至 2.3 亿年前期间的白垩纪鸟类化石,法院最终以走私国家禁止出口的物品罪判处被告人朱丽清有期徒刑三年,并处罚金人民币三万元。**本评注认为**,从更为有力保护古化石的角度,"古人类化石、古脊椎动物化石"包括但不限于古猿化石、古人类化石及其与人类活动有关的第四纪古脊椎动物化石,对于走私、盗窃、损毁、倒卖或者非法转让具有科学价值但与人类活动无关的古脊椎动物化石的,也应当根据本立法解释的规定,适用刑法有关文物的规定。主要考虑:(1)本立法解释依据《文物保护法》第二条第三款的规定,确立了化石与文物的同等刑事保护原则,但并未对具有科学价值的古人类化石、古脊椎动物化石的范围作出限定。化石和文物是不同的法律概念,本立法解释所针对的化石并不必须是文物,否则就没有立法解释的必要。总之,不能根据文物的概念限定古人类化石、古脊椎动物化石的范围,否则会形成法律适用的漏洞,不利于对古人类化石、古脊椎动物化石的保护。(2)不宜依据古人类化石、古脊椎动物化石的管理规定限定本立法解释的适用范围。《古人类化石和古脊椎动物化石保护管理办法》第二条、《古生物化石保护条例》第二条第三款均有明确规定,即限于"古猿、古人类化石以及与人类活动有关的第四纪古脊椎动物化石"。但是,这些规定主要是从古人类化石、古脊椎动物化石的管理需要作出的限定,无法据此否定其他年代久远且与人类活动无关的古脊椎动物化石属于古脊椎动物这一事实。故而,年代久远且与人类活动无关的古脊椎动物化石虽然不按照文物进行管理,但并不妨害其成为本立法解释的保护对象。

和图书资料等；

（五）反映历史上各时代、各民族社会制度、社会生产、社会生活的代表性实物。

文物认定的标准和办法由国务院文物行政部门制定，并报国务院批准。

具有科学价值的古脊椎动物化石和古人类化石同文物一样受国家保护。

第三条 古文化遗址、古墓葬、古建筑、石窟寺、石刻、壁画、近代现代重要史迹和代表性建筑等不可移动文物，根据它们的历史、艺术、科学价值，可以分别确定为全国重点文物保护单位，省级文物保护单位，市、县级文物保护单位。

历史上各时代重要实物、艺术品、文献、手稿、图书资料、代表性实物等可移动文物，分为珍贵文物和一般文物；珍贵文物分为一级文物、二级文物、三级文物。

《古生物化石保护条例》（国务院令第580号，修订后自2019年3月2日起施行，节录）

第二条 在中华人民共和国领域和中华人民共和国管辖的其他海域从事古生物化石发掘、收藏等活动以及古生物化石进出境，应当遵守本条例。

本条例所称古生物化石，是指地质历史时期形成并赋存于地层中的动物和植物的实体化石及其遗迹化石。

古猿、古人类化石以及与人类活动有关的第四纪古脊椎动物化石的保护依照国家文物保护的有关规定执行。

《古人类化石和古脊椎动物化石保护管理办法》（文化部令第38号，自2006年8月7日起施行，节录）

第二条 本办法所称古人类化石和古脊椎动物化石，指古猿化石、古人类化石及其与人类活动有关的第四纪古脊椎动物化石。

第四条 古人类化石和古脊椎动物化石分为珍贵化石和一般化石；珍贵化石分为三级。古人类化石、与人类有祖裔关系的古猿化石、代表性的与人类有旁系关系的古猿化石、代表性的与人类起源演化有关的第四纪古脊椎动物化石为一级化石；其他与人类有旁系关系的古猿化石、系统地位暂不能确定的古猿化石、其他重要的与人类起源演化有关的第四纪古脊椎动物化石为二级化石；其他有科学价值的与人类起源演化有关的第四纪古脊椎动物化石为三级化石。

一、二、三级化石和一般化石的保护和管理，按照国家有关一、二、三级文物和一般文物保护管理的规定实施。

第五条 古人类化石和古脊椎动物化石地点以及遗迹地点,纳入不可移动文物的保护和管理体系,并根据其价值,报请核定公布为各级文物保护单位。

▶ 司法解释

《最高人民法院、最高人民检察院关于办理妨害文物管理等刑事案件适用法律若干问题的解释》(法释〔2015〕23号,自2016年1月1日起施行)

为依法惩治文物犯罪,保护文物,根据《中华人民共和国刑法》《中华人民共和国刑事诉讼法》《中华人民共和国文物保护法》的有关规定,现就办理此类刑事案件适用法律的若干问题解释如下:

第一条 刑法第一百五十一条规定的"国家禁止出口的文物",依照《中华人民共和国文物保护法》规定的"国家禁止出境的文物"的范围认定。

走私国家禁止出口的二级文物的,应当依照刑法第一百五十一条第二款的规定,以走私文物罪处五年以上十年以下有期徒刑,并处罚金;走私国家禁止出口的一级文物的,应当认定为刑法第一百五十一条第二款规定的"情节特别严重";走私国家禁止出口的三级文物的,应当认定为刑法第一百五十一条第二款规定的"情节较轻"。

走私国家禁止出口的文物,无法确定文物等级,或者按照文物等级定罪量刑明显过轻或者过重的,可以按照走私的文物价值定罪量刑。走私的文物价值在二十万元以上不满一百万元的,应当依照刑法第一百五十一条第二款的规定,以走私文物罪处五年以上十年以下有期徒刑,并处罚金;文物价值在一百万元以上的,应当认定为刑法第一百五十一条第二款规定的"情节特别严重";文物价值在五万元以上不满二十万元的,应当认定为刑法第一百五十一条第二款规定的"情节较轻"。

第二条 盗窃一般文物、三级文物、二级以上文物的,应当分别认定为刑法第二百六十四条规定的"数额较大""数额巨大""数额特别巨大"。

盗窃文物,无法确定文物等级,或者按照文物等级定罪量刑明显过轻或者过重的,按照盗窃的文物价值定罪量刑。

第三条① 全国重点文物保护单位、省级文物保护单位的本体,应当认定为刑法第三百二十四条第一款规定的"被确定为全国重点文物保护单位、省级文

---

① 起草过程中,拟以"遭受损毁文物的修复支出"作为定罪量刑标准之一,后经研究认为,不可移动文物与可移动文物的修复支出相差悬殊,难以作出统一规定,且修复支出本身受到多种因素的影响,本身难以估量,故最终舍弃这一方案。——**本评注注**

物保护单位的文物"。

故意损毁国家保护的珍贵文物或者被确定为全国重点文物保护单位、省级文物保护单位的文物,具有下列情形之一的,应当认定为刑法第三百二十四条第一款规定的"情节严重":

(一)造成五件以上三级文物损毁的;
(二)造成二级以上文物损毁的;
(三)致使全国重点文物保护单位、省级文物保护单位的本体严重损毁或者灭失的;
(四)多次损毁或者损毁多处全国重点文物保护单位、省级文物保护单位的本体的;
(五)其他情节严重的情形。

实施前款规定的行为,拒不执行国家行政主管部门作出的停止侵害文物的行政决定或者命令的,酌情从重处罚。

第四条 风景名胜区的核心景区以及未被确定为全国重点文物保护单位、省级文物保护单位的古文化遗址、古墓葬、古建筑、石窟寺、石刻、壁画、近代现代重要史迹和代表性建筑等不可移动文物的本体,应当认定为刑法第三百二十四条第二款规定的"国家保护的名胜古迹"。

故意损毁国家保护的名胜古迹,具有下列情形之一的,应当认定为刑法第三百二十四条第二款规定的"情节严重":

(一)致使名胜古迹严重损毁或者灭失的;
(二)多次损毁或者损毁多处名胜古迹的;
(三)其他情节严重的情形。

实施前款规定的行为,拒不执行国家行政主管部门作出的停止侵害文物的行政决定或者命令的,酌情从重处罚。

故意损毁风景名胜区内被确定为全国重点文物保护单位、省级文物保护单位的文物的,依照刑法第三百二十四条第一款和本解释第三条的规定定罪量刑。

第五条 过失损毁国家保护的珍贵文物或者被确定为全国重点文物保护单位、省级文物保护单位的文物,具有本解释第三条第二款第一项至第三项规定情形之一的,应当认定为刑法第三百二十四条第三款规定的"造成严重后果"。

第六条①②　出售或者为出售而收购、运输、储存《中华人民共和国文物保护法》规定的"国家禁止买卖的文物"的,应当认定为刑法第三百二十六条规定的"倒卖国家禁止经营的文物"。

倒卖国家禁止经营的文物,具有下列情形之一的,应当认定为刑法第三百二十六条规定的"情节严重":

(一)倒卖三级文物的;

(二)交易数额在五万元以上的;

(三)其他情节严重的情形。

实施前款规定的行为,具有下列情形之一的,应当认定为刑法第三百二十六条规定的"情节特别严重":

(一)倒卖二级以上文物的;

(二)倒卖三级文物五件以上的;

(三)交易数额在二十五万元以上的;

(四)其他情节特别严重的情形。

第七条③　国有博物馆、图书馆以及其他国有单位,违反文物保护法规,将收藏或者管理的国家保护的文物藏品出售或者私自送给非国有单位或者个人

---

① 需要注意的问题有二:(1)对于倒卖一般文物的,不依据数量认定构成倒卖文物罪,除非具有交易数额在五万元以上的情形。此外,对于交易数额,可以根据文物收购额或者出售额认定,但不能将二者累加。(2)对于多次倒卖文物的,未直接规定为"情节严重"的情形。但是,多次倒卖文物的情形可以涵括在其他情形之中:如果倒卖一般文物的,"交易数额在五万元以上"基本可以涵盖多次倒卖的情形;而如果倒卖珍贵文物的,倒卖一件珍贵文物即构成犯罪,不存在多次倒卖珍贵文物的空间。——**本评注注**

② 《最高人民法院、最高人民检察院、公安部、国家文物局关于办理妨害文物管理等刑事案件若干问题的意见》(公通字〔2022〕18号)"二、依法惩处文物犯罪""(三)准确认定掩饰、隐瞒与倒卖行为"对倒卖文物罪的相关认定规则作了进一步明确。

③ 根据《刑法》第三百二十七条的规定,非法出售、私赠文物藏品罪的对象为"国家保护的文物藏品",即国有单位收藏的文物,包括收藏的可移动文物和不可移动文物的建筑构件、壁画、雕塑、石刻等可移动部分。本条进一步为"收藏或者管理的国家保护的文物藏品",以将特定情况下暂时保管、使用文物的情形涵括在内。例如,根据文物保护法规,从事考古发掘的单位在移交前对出土文物有临时保管的职责,司法机关、公安机关、海关和工商行政管理部门对于依法没收的文物在移交文物行政部门之前负有临时保管的职责。这些国有单位临时保管的文物属于"国家保护的文物藏品",将其出售或者私自赠送给非国有单位或者个人的,可以构成非法出售、私赠文物藏品罪。——**本评注注**

的,依照刑法第三百二十七条的规定,以非法出售、私赠文物藏品罪追究刑事责任。

第八条 刑法第三百二十八条第一款规定的"古文化遗址、古墓葬"包括水下古文化遗址、古墓葬。"古文化遗址、古墓葬"不以公布为不可移动文物的古文化遗址、古墓葬为限。①

实施盗掘行为,已损害古文化遗址、古墓葬的历史、艺术、科学价值的,应当认定为盗掘古文化遗址、古墓葬罪既遂。②

采用破坏性手段盗窃古文化遗址、古墓葬以外的古建筑、石窟寺、石刻、壁

---

① 古界流传一句话,叫"阳光总在风雨后,盗墓总在考古前"。实践中,一些被盗掘的古文化遗址、古墓葬并非文物保护单位,甚至尚未被公布为不可移动文物(行为人先于文物考古工作者发现该古文化遗址、古墓葬)。为避免争议,本条第一款专门规定,"'古文化遗址、古墓葬'不以公布为不可移动文物的古文化遗址、古墓葬为限"。需要注意的是,基于主客观相统一的刑法基本原则,对于盗掘未公布为不可移动文物的古文化遗址、古墓葬的,即使该古文化遗址、古墓葬具有极其重要的历史、艺术、科学价值,事后被公布为全国重点文物保护单位或者省级文物保护单位,也不应适用《刑法》第三百二十八条第一款第一项"盗掘确定为全国重点文物保护单位和省级文物保护单位的古文化遗址、古墓葬的"在十年以上量刑。但是,如果盗掘行为具有《刑法》第三百二十八条第一款第二项至第四项规定情形的,则另当别论。——**本评注注**
② 司法实务一般认为,盗掘古文化遗址、古墓葬罪是行为犯,但并非举动犯。基于刑法设立盗掘古文化遗址、古墓葬罪的宗旨,只要盗掘行为损害了古文化遗址、古墓葬的历史、艺术、科学价值,即使未盗取到文物的,也应当认定为既遂。基于此,本条第二款作了专门规定。司法实践中,对盗掘行为是否损害古文化遗址、古墓葬的历史、艺术、科学价值的判断,可以采用是否破坏文化层的判断标准。古遗址中,由于古代人类活动而留下来的痕迹、遗物和有机物所形成的堆积层,即为文化层。不同时期的文化层上下有序叠压,每一层代表一定的时期。根据文化层的包含物和叠压关系,可以确定遗址各层的文化内涵和相对年代。古墓葬中也存在文化层,但由于古代人类在这一区域活动较少(主要为宗教、祭祀),所形成的文化层相对稀薄。古文化遗址、古遗址文化层,是研究和了解我国古代经济社会发展状况的重要资料,一些重要建筑遗址(如大型宫殿基址),因其规模宏大、工艺精湛,成为展示、教育的载体。二者具有重要的历史、科学和艺术价值。因此,司法适用中,只要盗掘行为涉及古文化遗址、古墓葬的文化层,原则上应当认定为既遂。需要注意的是,文物层不限于最初的文化层。《最高人民法院、最高人民检察院、公安部、国家文物局关于办理妨害文物管理等刑事案件若干问题的意见》(公通字〔2022〕18号)"二、依法惩处文物犯罪""(一)准确认定盗掘行为"对盗掘古文化遗址、古墓葬未遂的具体处理规则作了明确。

画、近代现代重要史迹和代表性建筑等其他不可移动文物的,依照刑法第二百六十四条的规定,以盗窃罪追究刑事责任。①

第九条② 明知是盗窃文物、盗掘古文化遗址、古墓葬等犯罪所获取的三级以上文物,而予以窝藏、转移、收购、加工、代为销售或者以其他方法掩饰、隐瞒的,依照刑法第三百一十二条的规定,以掩饰、隐瞒犯罪所得罪追究刑事责任。

实施前款规定的行为,事先通谋的,以共同犯罪论处。

第十条 国家机关工作人员严重不负责任,造成珍贵文物损毁或者流失,具有下列情形之一的,应当认定为刑法第四百一十九条规定的"后果严重":

(一)导致二级以上文物或者五件以上三级文物损毁或者流失的;

(二)导致全国重点文物保护单位、省级文物保护单位的本体严重损毁或者灭失的;

(三)其他后果严重的情形。

第十一条 单位实施走私文物、倒卖文物等行为,构成犯罪的,依照本解释规定的相应自然人犯罪的定罪量刑标准,对直接负责的主管人员和其他直接责任人员定罪处罚,并对单位判处罚金。

公司、企业、事业单位、机关、团体等单位实施盗窃文物,故意损毁文物、名胜古迹,过失损毁文物,盗掘古文化遗址、古墓葬等行为的,依照本解释规定的相应定罪量刑标准,追究组织者、策划者、实施者的刑事责任。

第十二条③ 针对不可移动文物整体实施走私、盗窃、倒卖等行为的,根据

---

① 需要注意的问题有二:(1)古建筑、石窟寺等不可移动文物中可能有古文化遗址、古墓葬,故《最高人民法院、最高人民检察院、公安部、国家文物局关于办理妨害文物管理等刑事案件若干问题的意见》(公通字〔2022〕18号)规定:"针对古建筑、石窟寺等不可移动文物中包含的古文化遗址、古墓葬部分实施盗掘,符合刑法第三百二十八条规定的,以盗掘古文化遗址、古墓葬罪追究刑事责任。"(2)公通字〔2022〕18号意见"二、依法惩处文物犯罪""(二)准确认定盗窃行为"对盗窃不可移动文物未遂的具体处理规则亦作了明确。
② 《最高人民法院、最高人民检察院、公安部、国家文物局关于办理妨害文物管理等刑事案件若干问题的意见》(公通字〔2022〕18号)"二、依法惩处文物犯罪""(三)准确认定掩饰、隐瞒与倒卖行为"对"明知"的认定规则作了明确。
③ 《最高人民法院、最高人民检察院、公安部、国家文物局关于办理妨害文物管理等刑事案件若干问题的意见》(公通字〔2022〕18号)"二、依法惩处文物犯罪""(一)准确认定盗掘行为"规定:"针对古建筑、石窟寺等不可移动文物中包含的古文化遗址、古墓葬部分实施盗掘,符合刑法第三百二十八条规定的,以盗掘古文化遗址、古墓葬罪追究刑事责任。"

所属不可移动文物的等级,依照本解释第一条、第二条、第六条的规定定罪量刑:

(一)尚未被确定为文物保护单位的不可移动文物,适用一般文物的定罪量刑标准;

(二)市、县级文物保护单位,适用三级文物的定罪量刑标准;

(三)全国重点文物保护单位、省级文物保护单位,适用二级以上文物的定罪量刑标准。

针对不可移动文物中的建筑构件、壁画、雕塑、石刻等实施走私、盗窃、倒卖等行为的,根据建筑构件、壁画、雕塑、石刻等文物本身的等级或者价值,依照本解释第一条、第二条、第六条的规定定罪量刑。建筑构件、壁画、雕塑、石刻等所属不可移动文物的等级,应当作为量刑情节予以考虑。

第十三条① 案件涉及不同等级的文物的,按照高级别文物的量刑幅度量刑;有多件同级文物的,五件同级文物视为一件高一级文物,但是价值明显不相当的除外。

第十四条 依照文物价值定罪量刑的,根据涉案文物的有效价格证明认定文物价值;无有效价格证明,或者根据价格证明认定明显不合理的,根据销赃数额认定,或者结合本解释第十五条规定的鉴定意见、报告认定。

---

① 本条规定五件同级文物可以折算为一件高一级文物,但是:(1)实践中文物千差万别,故即使将同级文物同高一级文物之间的折算标准予以提升,仍然存在不适当的情形。例如,多枚铜钱(一般文物)的价值明显与一件三级文物不相当,即使是几百枚铜钱,也只能视为一般文物,而不能视为一件三级文物。因此,专门规定了"但是价值明显不相当的除外"的规定,以便于司法实践中根据具体案情裁量处理。此处所称"价值"应当是指综合价值,须根据个案情况作出判断。既可理解为历史价值、研究价值等非物质价值,也可理解为客观物质价值。据此,一般文物一般不宜允许折算为三级文物。(2)不允许跨档折算。不同等级的文物之间的历史、艺术、文化价值差异较大,从便利司法适用和贯彻罪责刑相适应原则的角度,将多件同级文物视为一件高一级文物尚且可行。但是,如果允许跨档折算的话,则会存在明显的不适应。例如,由于一般文物同二级文物之间差异悬殊,无论多少件一般文物,原则上都不宜折算为一件二级文物。因此,在司法适用中,对多件同级文物可以折算为高一级文物,但不能跨档折算为高二级甚至高三级文物。此外,对涉案文物为四件三级文物和五件一般文物的,能否折算为一件二级文物,也存在不同认识。经研究认为,不宜作如此折算,此种折算实际属于跨档折算。——**本评注注**

第十五条①②　在行为人实施有关行为前,文物行政部门已对涉案文物及其等级作出认定的,可以直接对有关案件事实作出认定。

对案件涉及的有关文物鉴定、价值认定等专门性问题难以确定的,由司法鉴定机构出具鉴定意见,或者由国务院文物行政部门指定的机构出具报告。其中,对于文物价值,也可以由有关价格认证机构作出价格认证并出具报告。

第十六条　实施本解释第一条、第二条、第六条至第九条规定的行为,虽已达到应当追究刑事责任的标准,但行为人系初犯,积极退回或者协助追回文物,未造成文物损毁,并确有悔罪表现的,可以认定为犯罪情节轻微,不起诉或者免予刑事处罚。

实施本解释第三条至第五条规定的行为,虽已达到应当追究刑事责任的标准,但行为人系初犯,积极赔偿损失,并确有悔罪表现的,可以认定为犯罪情节轻微,不起诉或者免予刑事处罚。

第十七条　走私、盗窃、损毁、倒卖、盗掘或者非法转让具有科学价值的古脊椎动物化石、古人类化石的,依照刑法和本解释的有关规定定罪量刑。

第十八条　本解释自2016年1月1日起施行。本解释公布施行后,《最高

---

① 根据本条第二款的规定,《国家文物局关于指定北京市文物进出境鉴定所等13家机构开展涉案文物鉴定评估工作的通知》(文物博函〔2015〕3936号)指定13家机构为第一批涉案文物鉴定评估机构;《国家文物局关于指定第二批涉案文物鉴定评估机构的通知》(文物博函〔2016〕1661号)指定29家机构为第二批涉案文物鉴定评估机构,并对第一批涉案文物鉴定评估机构名单中的1家机构取消涉案文物鉴定评估资质;《国家文物局关于指定第三批涉案文物鉴定评估机构的通知》(文物博函〔2022〕653号)指定23家机构为第三批涉案文物鉴定评估机构。目前,共有三批64家机构开展妨害文物管理等刑事案件涉及的文物鉴定评估和价值认定工作。此外,最高人民法院、最高人民检察院、国家文物局、公安部、海关总署《涉案文物鉴定评估管理办法》(文物博发〔2018〕4号)对涉案可移动文物和不可移动文物鉴定评估的问题作了明确,具体包括鉴定评估范围和内容、鉴定评估机构和人员、鉴定评估程序以及监督管理等相关规定。——**本评注注**

② **本评注认为**:(1)实践中可能还有一些案件,文物行政部门在案发后会对文物鉴定、价值认定等专门性问题出具意见。(2)对于文物行政部门在案发前作出的文物认定和定级决定,可以纳入书证的范畴,对其审查认定适用书证的相关规定。对于文物行政部门在案发前作出的文物认定和定级决定,相对人以及其他有利害关系的公民、法人或者其他组织有权提起行政诉讼。但是,文物行政部门在案发后对相关专门性问题出具的意见,作为刑事案件的证据,将在刑事诉讼中接受审查,对当事人不直接产生权利义务的实质影响。因此,当事人对文物行政部门出具的上述意见有异议的,不能直接向人民法院提请行政诉讼。

人民法院、最高人民检察院关于办理盗窃、盗掘、非法经营和走私文物的案件具体应用法律的若干问题的解释》(法(研)发〔1987〕32号)同时废止;之前发布的司法解释与本解释不一致的,以本解释为准。

规范性文件

《最高人民法院、最高人民检察院、国家文物局、公安部、海关总署涉案文物鉴定评估管理办法》(文物博发〔2018〕4号,具体条文未收录)

《国家文物局关于指定北京市文物进出境鉴定所等13家机构开展涉案文物鉴定评估工作的通知》(文物博函〔2015〕3936号,具体条文未收录)

《国家文物局关于指定第二批涉案文物鉴定评估机构的通知》(文物博函〔2016〕1661号,具体条文未收录)

《国家文物局关于指定第三批涉案文物鉴定评估机构的通知》(文物博函〔2022〕653号,具体条文未收录)

《最高人民法院、最高人民检察院、公安部、国家文物局关于办理妨害文物管理等刑事案件若干问题的意见》(公通字〔2022〕18号)
各省、自治区、直辖市高级人民法院、人民检察院、公安厅(局)、文物局(文化和旅游厅/局),新疆维吾尔自治区高级人民法院生产建设兵团分院,新疆生产建设兵团人民检察院、公安局、文物局:

为依法惩治文物犯罪,加强对文物的保护,根据《中华人民共和国刑法》《中华人民共和国刑事诉讼法》《中华人民共和国文物保护法》和《最高人民法院、最高人民检察院关于办理妨害文物管理等刑事案件适用法律若干问题的解释》(法释〔2015〕23号,以下简称《文物犯罪解释》)等有关规定,结合司法实践,制定本意见。

一、总体要求

文物承载灿烂文明,传承历史文化,维系民族精神,是国家和民族历史发展的见证,是弘扬中华优秀传统文化的珍贵财富,是培育社会主义核心价值观、凝聚共筑中国梦磅礴力量的深厚滋养。保护文物功在当代、利在千秋。当前,我国文物安全形势依然严峻,文物犯罪时有发生,犯罪团伙专业化、智能化趋势明显,犯罪活动向网络发展蔓延,犯罪产业链日趋成熟,地下市场非法交易猖獗,具有严重的社会危害性。各级人民法院、人民检察院、公安机关、文物行政部门要坚持以习近平新时代中国特色社会主义思想为指导,坚决贯彻落实习近平总书记关于文物工作系列重要论述精神,从传承中华文明、对国家对民族对子孙后代负责的战略高度,提高对文物保护工作重要性的认识,增强责任感使命感紧迫感,勇于担当作为、忠诚履职尽责,依法惩治和有效防范文物犯罪,切实保护国家文化遗产安全。

二、依法惩处文物犯罪

(一)准确认定盗掘行为

1.针对古建筑、石窟寺等不可移动文物中包含的古文化遗址、古墓葬部分实施盗掘,符合刑法第三百二十八条规定的,以盗掘古文化遗址、古墓葬罪追究刑事责任。

盗掘对象是否属于古文化遗址、古墓葬,应当按照《文物犯罪解释》第八条、第十五条的规定作出认定。

2.以盗掘为目的,在古文化遗址、古墓葬表层进行钻探、爆破、挖掘等作业,因意志以外的原因,尚未损害古文化遗址、古墓葬的历史、艺术、科学价值的,属于盗掘古文化遗址、古墓葬未遂,应当区分情况分别处理:

(1)以被确定为全国重点文物保护单位、省级文物保护单位的古文化遗址、古墓葬为盗掘目标的,应当追究刑事责任;

(2)以被确定为市、县级文物保护单位的古文化遗址、古墓葬为盗掘目标的,对盗掘团伙的纠集者、积极参加者,应当追究刑事责任;

(3)以其他古文化遗址、古墓葬为盗掘目标的,对情节严重者,依法追究刑事责任。

实施前款规定的行为,同时构成刑法第三百二十四条第一款、第二款规定的故意损毁文物罪、故意损毁名胜古迹罪的,依照处罚较重的规定定罪处罚。

3.刑法第三百二十八条第一款第三项规定的"多次盗掘"是指盗掘三次以上。对于行为人基于同一或者概括犯意,在同一古文化遗址、古墓葬本体周边一定范围内实施连续盗掘,已损害古文化遗址、古墓葬的历史、艺术、科学价值的,一般应认定为一次盗掘。

(二)准确认定盗窃行为

采用破坏性手段盗窃古建筑、石窟寺、石刻、壁画、近现代重要史迹和代表性建筑等不可移动文物未遂,具有下列情形之一的,应当依法追究刑事责任:

1.针对全国重点文物保护单位、省级文物保护单位中的建筑构件、壁画、雕塑、石刻等实施盗窃,损害文物本体历史、艺术、科学价值,情节严重的;

2.以被确定为市、县级以上文物保护单位整体为盗窃目标的;

3.造成市、县级以上文物保护单位的不可移动文物本体损毁的;

4.针对不可移动文物中的建筑构件、壁画、雕塑、石刻等实施盗窃,所涉部分具有等同于三级以上文物历史、艺术、科学价值的；

5. 其他情节严重的情形。

实施前款规定的行为，同时构成刑法第三百二十四条第一款、第二款规定的故意损毁文物罪、故意损毁名胜古迹罪的，依照处罚较重的规定定罪处罚。

（三）准确认定掩饰、隐瞒与倒卖行为

1. 明知是盗窃文物、盗掘古文化遗址、古墓葬等犯罪所获取的文物，而予以窝藏、转移、收购、加工、代为销售或者以其他方法掩饰、隐瞒的，符合《文物犯罪解释》第九条规定的，以刑法第三百一十二条规定的掩饰、隐瞒犯罪所得罪追究刑事责任。

对是否"明知"，应当结合行为人的认知能力、既往经历、行为次数和手段，与实施盗掘、盗窃、倒卖文物等犯罪行为人的关系，获利情况，是否故意规避调查，涉案文物外观形态、价格等主、客观因素进行综合审查判断。具有下列情形之一，行为人不能做出合理解释的，可以认定其"明知"，但有相反证据的除外：

（1）采用黑话、暗语等方式进行联络交易的；

（2）通过伪装、隐匿文物等方式逃避检查，或者以暴力等方式抗拒检查的；

（3）曾因实施盗掘、盗窃、走私、倒卖文物等犯罪被追究刑事责任，或者二年内受过行政处罚的；

（4）有其他证据足以证明行为人应当知道的情形。

2. 出售或者为出售而收购、运输、储存《中华人民共和国文物保护法》第五十一条规定的"国家禁止买卖的文物"，可以结合行为人的从业经历、认知能力、违法犯罪记录、供述情况，交易的价格、次数、件数、场所，文物的来源、外观形态等综合审查判断，认定其行为系刑法第三百二十六条规定的"以牟利为目的"，但文物来源符合《中华人民共和国文物保护法》第五十条规定的除外。

三、涉案文物的认定和鉴定评估

对案件涉及的文物等级、类别、价值等专门性问题，如是否属于古文化遗址、古墓葬、古建筑、石窟寺、石刻、壁画、近代现代重要史迹和代表性建筑等不可移动文物，是否具有历史、艺术、科学价值，是否属于各级文物保护单位，是否属于珍贵文物，以及有关行为对文物造成的损毁程度和对文物价值造成的影响等，案发前文物行政部门已作认定的，可以直接对有关案件事实作出认定；案发前未作认定的，可以结合国务院文物行政部门指定的机构出具的《涉案文物鉴定评估报告》作出认定，必要时，办案机关可以依法提请文物行政部门对有关问题作出说明。《涉案文物鉴定评估报告》应当依照《涉案文物鉴定评估管理办法》（文物博发〔2018〕4号）规定的程序和格式文本出具。

四、文物犯罪案件管辖

文物犯罪案件一般由犯罪地的公安机关管辖，包括文物犯罪的预谋地、工具准备地、勘探地、盗掘地、盗窃地、途经地、交易地、倒卖信息发布地、出口（境）地、涉案不可移动文物的所在地、涉案文物的实际取得地、藏匿地、转移地、加工地、储存地、销售地等。多个公安机关都有权立案侦查的文物犯罪案件，由主要犯罪地公安机关立案侦查。

具有下列情形之一的，有关公安机关可以在其职责范围内并案处理：

（1）一人犯数罪的；

（2）共同犯罪的；

（3）共同犯罪的犯罪嫌疑人还实施其他犯罪的；

（4）三人以上时分时合，交叉结伙作案的；

（5）多个犯罪嫌疑人实施的盗掘、盗窃、倒卖、掩饰、隐瞒、走私等犯罪存在直接关联，或者形成多层级犯罪链条，并案处理有利于查明案件事实的。

五、宽严相济刑事政策的应用

（一）要着眼出资、勘探、盗掘、盗窃、倒卖、收赃、走私等整个文物犯罪网络开展打击，深挖幕后金主，斩断文物犯罪链条，对虽未具体参与实施有关犯罪实行行为，但作为幕后纠集、组织、指挥、筹划、出资、教唆者，在共同犯罪中起主要作用的，可以依法认定为主犯。

（二）对曾因文物违法犯罪而受过行政处罚或者被追究刑事责任、多次实施文物违法犯罪行为，以及国家工作人员实施本意见规定相关犯罪行为的，可以酌情从重处罚。

（三）正确运用自首、立功、认罪认罚从宽等制度，充分发挥刑罚的惩治和预防功能。对积极退回或协助追回文物，协助抓捕重大文物犯罪嫌疑人，以及提供重要线索，对侦破、查明其他重大文物犯罪案件起关键作用的，依法从宽处理。

（四）人民法院、人民检察院、公安机关应当加强与文物行政等部门的沟通协调，强化行刑衔接，对不构成犯罪的案件，依据有关规定及时移交。公安机关依法扣押的国家禁止经营的文物，经审查与案件无关的，应当交由文物行政等有关部门依法予以处理。文物行政等部门在查办案件中，发现涉嫌构成犯罪的案件，依据有关规定及时向公安机关移送。

司法疑难解析

不可移动文物可以成为走私、盗窃、倒卖的对象。一般认为，由于不可移动文物的不可移动性，其难以成为走私、盗窃、倒卖行为的对象。然而，不可移动文物的不可移动性是相对而言的。一些核定公布为文物保护单位或者尚未核定公布为文物保护单位的不可移动文物的单体文物，如石碑、石刻、经幢、石塔等，完全可以成为走私文物、盗窃文物、倒卖文物的对象。例如：2013年，位于河南新乡的全国重点文物保护单位"尊胜陀罗尼经幢"被整体盗走。"尊胜陀罗尼"石经幢属于国家一级甲等文物，始建于唐开元十三年（公元725年），已有将近1300年历史。被盗的"尊胜陀罗尼"石经幢重达6吨，高6.2米，由幢座、幢身和幢顶三部分组成，三层六节。行为人经过多次踩点、拍照，于2013年7月16日晚10时许翻墙入院，将"尊胜陀罗尼"石经幢分拆后装车，中间一块最大的石刻经幢因太大无法搬运，便用机器将其切成两半盗走。基于此，法释〔2015〕23号解释第十二条第一款明确了针对不可移动文物整体实施走私、盗窃、倒卖行为的定罪量刑标准。当然，除极少数单体文物外，绝大多数不可移动文物作为一个完整的整体，具有不可分割性，难以整体成为走私文物、盗窃文物、倒卖文物的对象。但是，从实践来看，不可移动文物的可移动部分，如建筑构件、壁画、雕塑、石刻等，完全可以成为走私、盗窃、倒卖的对象。因此，法释〔2015〕23号解释第十二条第二款进一步明确了针对不可移动文物的可移动部分实施走私、盗窃、倒卖行为的定罪量刑标准。

> **第三百二十四条** 【故意损毁文物罪】故意损毁国家保护的珍贵文物或者被确定为全国重点文物保护单位、省级文物保护单位的文物的，处三年以下有期徒刑或者拘役，并处或者单处罚金；情节严重的，处三年以上十年以下有期徒刑，并处罚金。
>
> 【故意损毁名胜古迹罪】故意损毁国家保护的名胜古迹，情节严重的，处五年以下有期徒刑或者拘役，并处或者单处罚金。
>
> 【过失损毁文物罪】过失损毁国家保护的珍贵文物或者被确定为全国重点文物保护单位、省级文物保护单位的文物，造成严重后果的，处三年以下有期徒刑或者拘役。

立法沿革

本条系吸收修改1979年《刑法》作出的规定。1979年《刑法》第一百七十四条规定："故意破坏国家保护的珍贵文物、名胜古迹的，处七年以下有期徒刑或者拘役。"1979年《刑法》和单行刑法均未规定过失损毁文物的犯罪。1997年

《刑法》对 1979 年《刑法》第一百七十四条作了修改,分解为第一款的故意损毁文物犯罪和第二款的故意损毁名胜古迹犯罪,并增设第三款关于过失损毁文物犯罪的规定。

司法解释

《最高人民法院、最高人民检察院关于办理妨害文物管理等刑事案件适用法律若干问题的解释》(法释〔2015〕23 号)第三条至第五条对《刑法》第三百二十四条的定罪量刑标准及相关问题作了规定。(→参见本节标题评注部分,第 1682—1683 页)

规范性文件

《最高人民法院、最高人民检察院、公安部、国家文物局关于办理妨害文物管理等刑事案件若干问题的意见》(公通字〔2022〕18 号)"二、依法惩处文物犯罪""(一)准确认定盗掘行为"对盗掘古文化遗址、古墓葬罪的适用作了规定。

立案追诉标准

《最高人民检察院、公安部关于公安机关管辖的刑事案件立案追诉标准的规定(一)》第四十六条至第四十七条关于《刑法》第三百二十四条立案追诉标准的规定,与法释〔2015〕23 号解释第三条至第五条不完全一致,应当以后者为准。

指导性案例①

张永明、毛伟明、张鹭故意损毁名胜古迹案(指导案例 147 号,节录)

关键词 刑事 故意损毁名胜古迹罪 国家保护的名胜古迹 情节严重 专家意见

裁判要点

1. 风景名胜区的核心景区属于刑法第三百二十四条第二款规定的"国家保护的名胜古迹"。对核心景区内的世界自然遗产实施打岩钉等破坏活动,严重破坏自然遗产的自然性、原始性、完整性和稳定性,综合考虑有关地质遗迹的特点、损坏程度等,可以认定为故意损毁国家保护的名胜古迹"情节严重"。

2. 对刑事案件中的专门性问题需要鉴定,但没有鉴定机构的,可以指派、聘

---

① 本两个指导性案例系针对同一犯罪行为分别提起的刑事案和民事公益诉讼案。——本评注注

请有专门知识的人就案件的专门性问题出具报告,相关报告在刑事诉讼中可以作为证据使用。

江西省上饶市人民检察院诉张永明、张鹭、毛伟明生态破坏民事公益诉讼案(指导性案例208号,节录)

关键词 民事 生态破坏民事公益诉讼 自然遗迹 风景名胜 生态环境损害赔偿金额

裁判要点

1. 破坏自然遗迹和风景名胜造成生态环境损害,国家规定的机关或者法律规定的组织请求侵权人依法承担修复和赔偿责任的,人民法院应予支持。

2. 对于破坏自然遗迹和风景名胜造成的损失,在没有法定鉴定机构鉴定的情况下,人民法院可以参考专家采用条件价值法作出的评估意见,综合考虑评估方法的科学性及评估结果的不确定性,以及自然遗迹的珍稀性、损害的严重性等因素,合理确定生态环境损害赔偿金额。

刑参案例规则提炼①

司法疑难解析

1. 故意损毁一般文物或者被确定为市、县级文物保护单位的文物案件的处理。根据《刑法》第三百二十四条第一款的规定,故意损毁文物罪的对象为"国家保护的珍贵文物或者被确定为全国文物保护单位、省级文物保护单位的文物",故对于故意损毁其他文物的无法适用故意损毁文物罪,但并不意味着不能适用其他罪名。**本评注认为**,根据法释〔2015〕23号解释第四条的规定,对于故意损毁其他不可移动文物的,可以适用故意损毁名胜古迹罪;而对于故意损毁一般文物的,无法适用损毁文物类犯罪,但可以根据案件具体情况,考虑适用《刑法》第二百七十五条规定的故意毁坏财物罪。

2. "损毁"文物的认定。在文物上刻画行为的处理。对于在文物上刻画的行为,有的国家明确规定入罪。② 考虑到我国的情况较为复杂,为防止打击面过

---

① 鉴于张永明、毛伟明、张鹭故意损毁名胜古迹案(指导案例147号)发布,《张永明、毛伟明、张鹭故意损毁名胜古迹案——在没有法定司法鉴定机构可以鉴定的情况下,专家意见可否作为定罪量刑的参考》(第1427号案例)所涉规则未予提炼。

② 例如,1983年埃及《文物保护法》第45条即规定:"凡有下列行为的,判处3个月以上1年以下拘役,并处100镑以上500镑以下罚款,或单处:(1)在文物上张贴广告、宣传画;(2)在文物上书写、刻画或涂抹……"

大,**本评注认为**,对于在文物上刻画的行为不宜一律认定为"损毁",但如果刻画行为确实使文物完全丧失原有价值的,也可以根据案件具体情况认定为"损毁"。

> **第三百二十五条　【非法向外国人出售、赠送珍贵文物罪】**违反文物保护法规,将收藏的国家禁止出口的珍贵文物私自出售或者私自赠送给外国人的,处五年以下有期徒刑或者拘役,可以并处罚金。
>
> 单位犯前款罪的,对单位判处罚金,并对其直接负责的主管人员和其他直接责任人员,依照前款的规定处罚。

◆ 立法沿革

本条系 1997 年《刑法》增设的规定。1979 年《刑法》和单行刑法均未规定此罪名。1982 年《文物保护法》第三十一条第三款规定:"将私人收藏的珍贵文物私自卖给外国人的,以盗运珍贵文物出口论处。"1991 年第一次修正的《文物保护法》第三十一条第四款规定:"任何组织或者个人将收藏的国家禁止出口的珍贵文物私自出售或者私自赠送给外国人的,以走私论处。"

◆ 司法疑难解析

非法向外国人出售、赠送珍贵文物罪的对象范围。非法向外国人出售、赠送珍贵文物罪的对象为"国家禁止出口的珍贵文物"。关于"国家禁止出口的珍贵文物"这一表述,存在不同理解:有观点认为,应当将"国家禁止出口"作为"珍贵文物"的限定词,即指珍贵文物中被国家禁止出口的部分;也有观点认为,国家禁止出口的未必是珍贵文物,从全面保护文物的角度出发,"国家禁止出口的珍贵文物"应当理解为国家禁止出口的所有文物,包括珍贵文物和一般文物。**本评注赞**同前一种观点。主要考虑:(1)"妨害文物管理罪"一节中多个条文使用了"珍贵文物"的用语,通常都将"珍贵文物"理解为一、二、三级文物。从体系解释的角度,不宜对非法向外国人出售、赠送珍贵文物罪的"珍贵文物"的范围作不同把握,以免出现刑法适用的混乱。(2)基于行政处罚与刑事处罚之间的有序衔接,宜认为"国家禁止出口的珍贵文物"限于国家禁止出口文物中的珍贵文物。《文物保护法》第六十四条规定,将国家禁止出境的珍贵文物私自出售或者送给外国人,构成犯罪的,依法追究刑事责任;第七十一条规定:"买卖国家禁止买卖的文物或者将禁止出境的文物转让、出租、质押给外国人,尚不构成犯罪的,由县级以上人民政府文物主管部门责令改正,没收违法所得,违法经营额一万元以上的,并处违法经营额二倍以上五倍以下的罚款;违法经营额不足一万元的,并处五千元以上二万元以下的罚款。"可见,对于非法向外国人出售、赠送国家禁止出境的文物的行为既可以予以行政处罚,也可以予以刑事处罚。而根据《刑法》第三百二十五条的规定,非法向外国人出售、赠送珍贵文物罪为行为犯,入罪无情节的限制。如将非法向外国人出售、赠送珍贵文物罪的犯罪对象理解为国家禁止出境的所有文物,则对于此类行为无任何行政处罚的空间,不符合立法本意,也不符合刑法的谦抑性要求。相反,对该罪对象"国家禁止出口的珍贵文物"作适当限制,更为妥当。

第三百二十六条 【倒卖文物罪】以牟利为目的,倒卖国家禁止经营的文物,情节严重的,处五年以下有期徒刑或者拘役,并处罚金;情节特别严重的,处五年以上十年以下有期徒刑,并处罚金。

单位犯前款罪的,对单位判处罚金,并对其直接负责的主管人员和其他直接责任人员,依照前款的规定处罚。

立法沿革

本条系1997年《刑法》增设的规定。1979年《刑法》和单行刑法均未规定此罪名,司法实践中对倒卖文物的行为按照投机倒把罪处理。

相关规定

《中华人民共和国文物保护法》(第五次修正后自2017年11月5日起施行,节录)

第五十条 文物收藏单位以外的公民、法人和其他组织可以收藏通过下列方式取得的文物:
(一)依法继承或者接受赠与;
(二)从文物商店购买;
(三)从经营文物拍卖的拍卖企业购买;
(四)公民个人合法所有的文物相互交换或者依法转让;
(五)国家规定的其他合法方式。
文物收藏单位以外的公民、法人和其他组织收藏的前款文物可以依法流通。
第五十一条 公民、法人和其他组织不得买卖下列文物:
(一)国有文物,但是国家允许的除外;
(二)非国有馆藏珍贵文物;

(三)国有不可移动文物中的壁画、雕塑、建筑构件等,但是依法拆除的国有不可移动文物中的壁画、雕塑、建筑构件等不属于本法第二十条第四款规定的应由文物收藏单位收藏的除外;

(四)来源不符合本法第五十条规定的文物。

▍司法解释

《最高人民法院、最高人民检察院关于办理妨害文物管理等刑事案件适用法律若干问题的解释》(法释〔2015〕23号)**第六条**对倒卖文物罪的定罪量刑标准及相关问题作了规定。(→参见本节标题评注部分,第1684页)

▍规范性文件

《最高人民法院、最高人民检察院、公安部、国家文物局关于办理妨害文物管理等刑事案件若干问题的意见》(公通字〔2022〕18号)"二、**依法惩处文物犯罪**""(三)准确认定掩饰、隐瞒与倒卖行为"对倒卖文物罪的适用作了规定。(→参见本节标题评注部分,第1691页)

▍司法疑难解析

倒卖文物罪的对象范围。根据法释〔2015〕23号解释第六条第一款的规定,倒卖文物罪的对象为《文物保护法》第五十一条规定的"国家禁止买卖的文物",主要包括国有文物(但是国家允许的除外)、非国有馆藏珍贵文物、国有不可移动文物中的壁画、雕塑、建筑构件等(但是依法拆除的国有不可移动文物中的壁画、雕塑、建筑构件等不属于依法应由文物收藏单位收藏的除外)。对于倒卖上述文物的,构成倒卖文物罪,实践中没有争议。需要注意的是,《文物保护法》第五十条规定了文物收藏单位以外的公民、法人和其他组织可以取得文物的方式,第五十一条规定来源不符合上述规定的文物也属于"国家禁止买卖的文物"。司法实践中,个别案件对于从古玩市场购买交易文物的,并无证据证明行为人明知文物系非法所得(即非法获取的国有文物、非国有馆藏珍贵文物、国有不可移动文物中的可移动部分),即认定为倒卖文物罪。**本评注认为,对于此类案件认定为倒卖文物罪宜慎重,不宜以古玩市场禁止交易文物,即直接认定相关交易行为属于倒卖文物犯罪;除非有相关证据证明行为人明知文物是非法所得,唯此认定为倒卖文物罪才符合一般人的认知,确保案件处理实现良好效果。**

第三百二十七条 【非法出售、私赠文物藏品罪】违反文物保护法规,国有博物馆、图书馆等单位将国家保护的文物藏品出售或者私自送给非国有单位或者个人的,对单位判处罚金,并对其直接负责的主管人员和其他直接责任人员,处三年以下有期徒刑或者拘役。

立法沿革

本条系1997年《刑法》增设的规定。1979年《刑法》和单行刑法均未规定此罪名。1991年第一次修正的《文物保护法》第三十一条第二款规定:"全民所有制博物馆、图书馆等单位将文物藏品出售或者私自赠送给非全民所有制单位或者个人的,对主管人员和直接责任人员比照刑法第一百八十七条的规定追究刑事责任。"此处的"刑法第一百八十七条的规定"是指1979年《刑法》规定的玩忽职守罪。

司法解释

《最高人民法院、最高人民检察院关于办理妨害文物管理等刑事案件适用法律若干问题的解释》(法释〔2015〕23号)**第七条**对非法出售、私赠文物藏品罪的主体和对象范围作了规定。(→参见本节标题评注部分,第1684页)

司法疑难解析

非法出售、私赠文物藏品罪的主体范围。关于本罪是否是纯正的单位犯罪,即只能由单位构成本罪的主体,存在不同认识。**本评注主张**本罪是纯正的单位犯罪,且主体限于国有博物馆、图书馆等单位。主要考虑:(1)从《刑法》第三百二十七条的表述来看,《刑法》将非法出售、私赠文物藏品罪的主体明确限定为"国有博物馆、图书馆等单位"。根据罪刑法定原则的要求,不能将"国有博物馆、图书馆等单位"以外的自然人类推为本罪的主体。(2)《刑法》第三百二十七条规定对非法出售、私赠文物藏品罪实行双罚制,即"对单位判处罚金,并对其直接负责的主管人员和其他直接责任人员,处三年以下有期徒刑或者拘役",但不能据此否定本罪是纯正的单位犯罪。单位是拟制的犯罪主体,无法直接实施出售、私赠文物的行为,只能由单位直接负责的主管人员和其他直接责任人员来实施。但是,单位直接负责的主管人员和其他直接责任人员出售、私赠文物的行为,体现的是单位意志。正因为如此,刑法规定施行双罚制,对单位及其直接负责的主管人员和其他直接责任人员均科处刑罚。但是,这并不能否认本罪是纯正的单位犯罪。(3)如果认为本罪的主体包括国有博物馆、图书馆等单位直接负责的主管人员和其他直接责任人员,则会导致刑法适用的不合理。其一,对于单位直接负责的主管人员和其他直接责任人员个人实施的非法出售、私赠文物犯罪,国有博物馆、图书馆等单位本身也是被害者,却须"对单位判处罚金",不符合现代刑事法治的罪责自负原则。其二,如前所述,个人实施的非法出售、私赠文物犯罪,实际上可能符合贪污罪、盗窃罪等犯罪的构成要件,如果适用非法出售、私赠文物藏品罪,只能"处三年以下有期徒刑或者拘役",明显不符合罪责刑相适应原则。

第三百二十八条 【盗掘古文化遗址、古墓葬罪】盗掘具有历史、艺术、科学价值的古文化遗址、古墓葬的,处三年以上十年以下有期徒刑,并处罚金;情节较轻的,处三年以下有期徒刑、拘役或者管制,并处罚金;有下列情形之一的,处十年以上有期徒刑或者无期徒刑,并处罚金或者没收财产:

(一)盗掘确定为全国重点文物保护单位和省级文物保护单位的古文化遗址、古墓葬的;

(二)盗掘古文化遗址、古墓葬集团的首要分子;

(三)多次盗掘古文化遗址、古墓葬的;

(四)盗掘古文化遗址、古墓葬,并盗窃珍贵文物或者造成珍贵文物严重破坏的。

【盗掘古人类化石、古脊椎动物化石罪】盗掘国家保护的具有科学价值的古人类化石和古脊椎动物化石的,依照前款的规定处罚。

立法沿革

本条系 1997 年《刑法》吸收修改单行刑法作出的规定。《全国人民代表大会常务委员会关于惩治盗掘古文化遗址古墓葬犯罪的补充规定》(1991 年 6 月 29 日)对刑法补充规定:"盗掘具有历史、艺术、科学价值的古文化遗址、古墓葬的,处三年以上十年以下有期徒刑,可以并处罚金;情节较轻的,处三年以下有期徒刑或者拘役,可以并处罚金;有下列情形之一的,处十年以上有期徒刑、无期徒刑或者死刑,并处罚金或者没收财产:(一)盗掘确定为全国重点文物保护单位和省级文物保护单位的古文化遗址、古墓葬的;(二)盗掘古文化遗址、古墓葬集团的首要分子;(三)多次盗掘土文化遗址、古墓葬的;(四)盗掘古文化遗址、古墓葬,并盗窃珍贵文物或者造成珍贵文物严重破坏的。""盗掘古文化遗址、古墓葬所盗窃的文物,一律予以追缴。"1997 年《刑法》对情节较轻的法定刑增加规定管制,将"可以并处罚金"调整为"并处罚金",并增设第二款关于盗掘古人类化石、古脊椎动物化石犯罪的规定。

2011年5月1日起施行的《刑法修正案（八）》第四十五条对本条作了修改，废除了死刑。

修正前《刑法》	修正后《刑法》
第三百二十八条 【盗掘古文化遗址、古墓葬罪】盗掘具有历史、艺术、科学价值的古文化遗址、古墓葬的，处三年以上十年以下有期徒刑，并处罚金；情节较轻的，处三年以下有期徒刑、拘役或者管制，并处罚金；有下列情形之一的，处十年以上有期徒刑、无期徒刑<u>或者死刑</u>，并处罚金或者没收财产： （一）盗掘确定为全国重点文物保护单位和省级文物保护单位的古文化遗址、古墓葬的； （二）盗掘古文化遗址、古墓葬集团的首要分子； （三）多次盗掘古文化遗址、古墓葬的； （四）盗掘古文化遗址、古墓葬，并盗窃珍贵文物或者造成珍贵文物严重破坏的。 【盗掘古人类化石、古脊椎动物化石罪】盗掘国家保护的具有科学价值的古人类化石和古脊椎动物化石的，依照前款的规定处罚。	**第三百二十八条** 【盗掘古文化遗址、古墓葬罪】盗掘具有历史、艺术、科学价值的古文化遗址、古墓葬的，处三年以上十年以下有期徒刑，并处罚金；情节较轻的，处三年以下有期徒刑、拘役或者管制，并处罚金；有下列情形之一的，处十年以上有期徒刑<u>或者</u>无期徒刑，并处罚金或者没收财产： （一）盗掘确定为全国重点文物保护单位和省级文物保护单位的古文化遗址、古墓葬的； （二）盗掘古文化遗址、古墓葬集团的首要分子； （三）多次盗掘古文化遗址、古墓葬的； （四）盗掘古文化遗址、古墓葬，并盗窃珍贵文物或者造成珍贵文物严重破坏的。 【盗掘古人类化石、古脊椎动物化石罪】盗掘国家保护的具有科学价值的古人类化石和古脊椎动物化石的，依照前款的规定处罚。

司法解释

《最高人民法院、最高人民检察院关于办理妨害文物管理等刑事案件适用法律若干问题的解释》（法释〔2015〕23号）第八条对盗掘古文化遗址、古墓葬罪的对象和既遂认定标准作了规定。（→参见本节标题评注部分，第1685页）

规范性文件

《最高人民法院、最高人民检察院、公安部、国家文物局关于办理妨害文物管理等刑事案件若干问题的意见》（公通字〔2022〕18号）"二、依法惩处文物犯罪""（一）**准确认定盗掘行为**"对盗掘古文化遗址、古墓葬罪的适用作了规定。（→参见本节标题评注部分，第1690页）

刑参案例规则提炼[①]

《**孙立平等盗掘古墓葬案**——如何认定盗掘古墓葬罪中的既遂和多次盗掘》(第485号案例)、《**卞长军等盗掘古墓葬案**——盗掘古墓葬罪中主观认知的内容和"盗窃珍贵文物"加重处罚情节的适用》(第560号案例)、《**谢志喜、曾和平盗掘古文化遗址案**——盗掘确定为全国重点文物保护单位的古文化遗址,但犯罪情节较轻的,如何量刑》(第1129号案例)、《**王朋威、周楠盗掘古文化遗址案**——如何确定行为犯的犯罪形态》(第1442号案例)所涉规则提炼如下:

1.盗掘古墓葬罪主观明知的认定规则。"构成刑法第三百二十八条规定的

[①] 另,法释〔2015〕23号解释第八条明确规定盗掘古文化遗址、古墓葬罪的对象不包括古文化遗址、古墓葬以外的古建筑、石窟寺、石刻、壁画、近代现代重要史迹和代表性建筑等其他不可移动文物,对相关不可移动文物采用破坏性手段盗窃的,应当适用盗窃罪而非盗掘古文化遗址、古墓葬罪;第十二条明确针对不可移动文物中的建筑构件、壁画、雕塑、石刻等实施盗窃行为的,应当根据建筑构件、壁画、雕塑、石刻等文物本身的等级或者价值,依照盗窃罪的规定定罪量刑,并在量刑时考虑建筑构件、壁画、雕塑、石刻等所属不可移动文物的等级。鉴此,《**李生跃盗掘古文化遗址案**——盗割石窟寺内壁刻头像的行为应如何定罪》(第266号案例)、《**韩涛、胡如俊盗掘古墓葬案**——盗掘古墓葬石像生的如何定罪》(第1130号案例)所涉规则未予提炼。需要注意的是,根据《刑法》第三百二十八条的规定,盗掘古文化遗址、古墓葬罪的对象为"古文化遗址、古墓葬"。《文物保护法》第三条第一款明确将"古文化遗址、古墓葬"与"古建筑、石窟寺、石刻、壁画、近代现代重要史迹和代表性建筑等不可移动文物"并列。因此,从《文物保护法》的角度看,"古文化遗址、古墓葬"与"古建筑、石窟寺、石刻、壁画、近代现代重要史迹和代表性建筑等不可移动文物"具有同等重要的地位,相互之间不存在包含关系。但是,以往司法实践中,盛行的观点是对《刑法》第三百二十八条规定的"古文化遗址"作与《文物保护法》使用的"古文化遗址"不同的理解,将除古墓葬以外的石窟寺、石刻、古建筑、地下城等不可移动文物纳入其中。刑参第266号案例即为代表,根据上述观点对采用破坏性手段盗掘古文化遗址、古墓葬以外的不可移动文物的案件适用了盗掘古文化遗址罪。法释〔2015〕23号解释起草过程中,对此问题作了集中研究,最终未采纳上述观点,而是认为不宜对"古文化遗址"作上述扩大解释,以避免刑法与文物保护法等法律规范之间的不协调和适用混乱。而且,采用破坏性手段盗窃古建筑、石窟寺、石刻、近代现代重要史迹和代表性建筑等其他不可移动文物,实质上是盗窃不可移动文物的行为,也没有必要认定为盗掘古文化遗址。基于此,法释〔2015〕23号解释第八条作了专门规定。需要注意的是,对于盗窃不可移动文物整体或者可移动部分的定罪量刑问题,法释〔2015〕23号解释第十二条作了专门规定。

司法疑难解析

1. 盗掘位于古文化遗址保护范围内的古墓葬案件的处理。 古文化遗址与古墓葬是不同的概念,无论是《文物保护法》及有关规定,还是文物保护单位名录,均是将二者并列。但是,古文化遗址是古代人类各种活动留下的遗迹,其中也不乏古墓葬。因此,实践中有的古墓葬位于古文化遗址的保护范围内,并未单独被列为文物保护单位。例如:"六曲山古墓群"属于被列为全国第五批重点文物保护单位"即墨故城遗址"的重要组成部分。2013年1月至2月28日期间,倪某、张某等14人针对"六曲山古墓群"中的"康王坟"北陵台南侧,夜间以爆破、挖掘等手段盗掘,盗挖深约3米和10多米的洞各一个,尚未掘入墓室盗得文物,因群众举报被查获。法院以盗掘古墓葬罪分别判处14名被告人三年至十一年不等有期徒刑,并处罚金。① 关于本案,有两个问题值得注意:

(1)以古文化遗址保护范围内的古墓葬为盗掘对象的,如何确定罪名?对此,有意见认为应确定为盗掘古文化遗址罪,也有意见认为应确定为盗掘古墓葬罪,还有意见认为应确定为盗掘古文化遗址、古墓葬罪。**本评注认为**,盗掘古文化遗址、古墓葬罪系选择性罪名,对于选择性罪名的适用应当以准确概括犯罪行为为标准。就本案而言,虽然该古墓葬位于古文化遗址的保护范围内,但盗掘行为的直接对象为古墓葬,宜定性为盗掘古墓葬罪。

(2)盗掘古文化遗址保护范围内的古墓葬的,古文化遗址的级别是否适用于古墓葬?对此,也有不同认识。**本评注认为**,对于古文化遗址保护范围内的古墓葬,如果没有单独定级保护的,应当适用古文化遗址的保护级别。就本案而言,即墨故城遗址系全国第五批重点文物保护单位,位于其保护范围内的古墓葬当然属于全国重点文物保护单位,对其进行盗掘的行为应当认定为盗掘确定为全国重点文物保护单位的古墓葬。

2. 古文化遗址、古墓葬的范围。② 古文化遗址、古墓葬的范围如何确定,是只包括保护范围,还是包括保护范围和建设控制地带,存在不同认识。例如:

---

① 参见山东省青岛市中级人民法院(2014)青刑一终字第153号刑事裁定书。
② 最高人民法院研究室复函认为:"盗掘古文化遗址罪的犯罪对象为古文化遗址的保护范围,不包括建设控制地带。因行为人对保护范围与建设控制地带的界限认识不清,而在建设控制地带进行盗掘,从而未能实现盗掘古文化遗址的犯罪目的的,构成盗掘古文化遗址罪(未遂)。"参见喻海松:《最高人民法院研究室关于盗掘古文化遗址罪适用法律问题的研究意见》,载张军主编;最高人民法院研究室编:《司法研究与指导·总第1辑》,人民法院出版社2012年版。

盗掘古墓葬罪,古墓葬的历史、艺术、科学价值,不属于行为人必须主观认知的内容。只要行为人明知盗掘的对象是古墓葬,即使对该古墓葬的历史、艺术、科学价值没有充分认识,且事实上盗掘了具有历史、艺术、科学价值的古墓葬,就可认定为本罪。"(第560号案例)

2."**多次盗掘古墓葬**"的认定规则。"从一般意义上来理解,结合刑法其他罪名对多次认定的惯行标准,可以将三次以上盗掘古墓葬的认定为多次盗掘。""可参照《最高人民法院关于审理抢劫、抢夺刑事案件适用法律若干问题的意见》对于'多次'与'一次'抢劫的认定问题的明确解释……""对于针对同一古墓葬的分次挖掘,不能简单地以多次重复的机械动作和行为作为次数的标准,而应以盗掘不同的古墓葬为标准,否则在间隔时间、参与人员等方面亦很难把握。""一般来讲,对被告人出于同一个犯意针对同一古墓葬连续分次盗掘的,如果每次盗掘间隔时间不长,从罪刑均衡角度出发,不宜认定为'多次'。"(第485号案例)

3."**盗掘古墓葬,并盗窃珍贵文物**"的认定规则。"认定'盗窃珍贵文物'情节……同样必须遵循主客观相一致的原则。从主观方面讲,行为人必须具有盗窃珍贵文物的故意。这种故意可以是基于对所盗掘古墓葬价值一定认识基础上的相对明确的故意,至少应当是一种不确定的概括故意,即行为人对结果的具体范围及其性质没有确定的认识,而希望、放任这种结果发生的心理态度,简单说就是'能挖什么是什么,挖了多少算多少'的概括故意。司法实践中大多数盗掘古墓葬行为人对古墓葬中是否有珍贵文物及具体品级很难形成明确的认知,其所持一般是概括故意。"(第560号案例)

4.**盗掘古文化遗址罪的刑罚裁量规则**。"在确定为全国重点文物保护单位的区域内盗掘古文化遗址的行为,依法应当以盗掘古文化遗址罪定罪处罚。""盗掘确定为全国重点文物保护单位的古文化遗址,犯罪情节较轻,依法决定在法定刑以下判处刑罚的,可以根据犯罪情节、悔罪表现等因素决定是否适用缓刑。"(第1129号案例)

5.**盗掘古文化遗址、古墓葬罪的犯罪停止形态认定规则**。"盗掘古文化遗址、古墓葬罪虽然属于行为犯,但是根据刑法谦抑原则,若盗掘行为并未损毁古文化遗址、古墓葬的历史、艺术、科学价值,就不应认定犯罪既遂。本案中,两名被告人的盗掘行为未对古文化遗址的历史、艺术、科学价值造成损害,在既遂之前自动放弃犯罪,应认定为犯罪中止。"(第1442号案例)

2008年4月,行为人预谋盗掘位于八里村附近的八里坪遗址。4月26日晚,行为人携带铁锹、洛阳铲、纺织袋等工具,驾车至八里坪遗址。当行为人在八里坪遗址建设控制地带范围内挖出一个长120cm、宽70cm、深210cm的土坑时,被当地群众发现并向公安机关报案。另查明,八里坪遗址1986年被山西省人民政府确定为省级重点文物保护单位,保护范围以任意点为A点,确定了四至范围,并且因八里坪遗址面积广阔,没有进行系统勘测,建设控制地带限定为保护范围外三公里。被告人盗掘地点位于八里坪遗址建设控制地带区域内。本案中,对古文化遗址的范围是否包括建设控制地带存在争议①。**本评注认为**,盗掘古文化遗址、古墓葬罪的对象为古文化遗址、古墓葬的保护范围,不包括在建设控制地带。因行为人对保护范围与建设控制地带的界限认识不清,而在建设控制地带进行盗掘,从而未能实现盗掘古文化遗址、古墓葬的目的的,构成盗掘古文化遗址、古墓葬罪(未遂)。②

3. 盗掘古人类化石、古脊椎动物化石罪的对象。本评注认为,就《刑法》第

---

① 第一种观点认为,古文化遗址既包括保护范围,也包括建设控制地带,盗掘地点在建设控制地带区域内的构成盗掘古文化遗址罪。其主要理由是:古文化遗址的范围广阔,不应当将建设控制地带排除在外。就本案而言,由于八里坪遗址范围广阔,还没有进行系统勘探,被告人的盗掘行为虽然发生在建设控制地带,但仍然对具有历史、艺术、科学价值的八里坪古文化遗址构成了直接的威胁和破坏,侵害了国家对古文化遗址的管理制度,对该盗掘行为进行有力的打击和惩治,有利于保护八里坪遗址不受破坏,从而保护人类共同的文化遗产。第二种观点认为,古文化遗址不包括建设控制地带,盗掘地点在建设控制地带区域内的不构成盗掘古文化遗址罪。其主要理由是:古文化遗址的建设控制地带和保护范围的设置目的、价值、功能有所区别,在建设控制地带上的盗掘行为对于古文化遗址所具有的价值以及国家对古文化遗址的管理制度产生的危害程度不同,不能等同视之。

② 主要考虑:(1)基于罪刑法定原则的考虑。对刑法用语进行解释时,不应当超越刑法用语的可能范围,不能超出正常人的预测范围,这是罪刑法定原则的基本要求。而且,对于相关行政犯的把握,通常应当以前置行政法律法规为基础。《文物保护法》第十五条第一款规定:"各级文物保护单位,分别由省、自治区、直辖市人民政府和市、县级人民政府划定必要的保护范围,作出标志说明,建立记录档案,并区别情况分别设置专门机构或者专人负责管理。全国重点文物保护单位的保护范围和记录档案,由省、自治区、直辖市人民政府文物行政部门报国务院文物行政部门备案。"第十八条规定:"根据保护文物的实际需要,经省、自治区、直辖市人民政府批准,可以在文物保护单位的周围划出一定的建设控制地带,并予以公布。""在文物保护单位的建设控制地带内进行建设工程,不得破坏文物保护单位的历史风貌;工程设计方案应当根据文物保护单位的级别,经相(转下页)

三百二十八条第二款规定的适用而言,关键在于准确把握住本罪的犯罪对象:
(1)本罪的对象为古人类化石、古脊椎动物化石地点、遗迹地点而非古人类化石、古脊椎动物化石。①

(接上页)应的文物行政部门同意后,报城乡建设规划部门批准。"可见,古文化遗址、古墓葬的建设控制地带已处于古文化遗址的外围,其设置的目的是保护古文化遗址、古墓葬的历史风貌。在一般人看来,古文化遗址、古墓葬不会包括建设控制地带。可见,建设控制地带已经处于古文化遗址、古墓葬的周围,将其解释为古文化遗址、古墓葬超越了用语的可能含义,有违罪刑法定原则。(2)基于罪责刑相适应原则的考虑。根据《刑法》第三百二十八条的规定,盗掘确定为全国重点文物保护单位和省级文物保护单位的古文化遗址、古墓葬,应在十年以上有期徒刑、无期徒刑的幅度量刑。从法定刑配置来看,该罪主要是规制对古文化遗址、古墓葬具有较大危害的盗掘行为,这种盗掘行为针对的对象是确定为全国重点文物保护单位和省级文物保护单位的,行为方式集盗窃和损毁于一体,对于该类古文化遗址、古墓葬的安全危害巨大,而这种危害性只有在保护范围内进行盗掘时才会出现。在古文化遗址、古墓葬的建设控制地带进行盗掘,对古文化遗址、古墓葬自然通常难以具有这种危害性,不宜在该法定刑幅度内量刑。

① 主要考虑:(1)《古人类化石和古脊椎动物化石保护管理办法》第五条规定:"古人类化石和古脊椎动物化石地点以及遗迹地点,纳入不可移动文物的保护和管理体系,并根据其价值,报请核定公布为各级文物保护单位。"可见,古人类化石、古脊椎动物化石地点、遗迹地点属于不可移动文物,而古人类化石、古脊椎动物化石本身,特别是已经出土的化石,属于可移动文物。从刑法保护的目的来看,主张本罪的对象为古人类化石、古脊椎动物化石地点、遗迹地点,有利于实现对纳入不可移动文物保护体系的古人类化石、古脊椎动物化石地点、遗迹地点和作为可移动文物保护体系的古人类化石、古脊椎动物化石的全面有效保护。(2)《刑法》第三百二十八条第二款规定的盗掘古人类化石、古脊椎动物化石罪,应当针对的是盗掘作为不可移动文物的古人类化石、古脊椎动物化石地点、遗迹地点的行为,而非古人类化石、古脊椎动物化石。对于已经出土的古人类化石、古脊椎动物化石,即使采用破坏性盗窃手段窃取部分化石的,也应当适用盗窃罪,不能认定为盗掘古人类化石、古脊椎动物化石罪。否则,在刑法已经设置有盗掘古人类化石、古脊椎动物化石罪的前提下,立法解释规定盗窃具有科学价值的古脊椎动物化石、古人类化石的行为适用刑法有关文物的规定(即适用盗窃罪,因为盗窃文物的行为也适用盗窃罪)的必要性则会大打折扣。实际上,盗窃古人类化石、古脊椎动物化石的行为可以适用盗窃罪,刑法之所以还设置专门的盗掘古人类化石、古脊椎动物化石罪,不仅在于保护埋藏地下的古人类化石、古脊椎动物化石本身,更在于保护古人类化石、古脊椎动物化石的埋藏环境,避免其脱离特定的环境而失去珍贵的科学价值,造成无法弥补的损失。(3)就刑法体系而言,盗掘古人类化石、古脊椎动物化石罪与盗掘古文化遗址、古墓葬罪规(转下页)

(2)对于本罪规定的"古人类化石和古脊椎动物化石",不能狭义理解为古猿化石、古人类化石及其与人类活动有关的第四纪古脊椎动物化石(即纳入文物管理体系的古猿、古人类化石以及与人类活动有关的第四纪古脊椎动物化石),年代久远且与人类活动无关的古脊椎动物化石也在其列。①

(接上页)定在同一条文,并适用后者的规定进行处罚。那么,在相关术语的解释上就应当顾及体系的协调。盗掘古文化遗址、古墓葬罪针对对象为不可移动文物中的古文化遗址、古墓葬,对于盗掘古人类化石、古脊椎动物化石罪的对象也理解为不可移动文物中的古人类化石、古脊椎动物化石地点、遗迹地点。正如盗掘古文化遗址、古墓葬罪的意图通常是获取古文化遗址、古墓葬中的文物,但不会认为该罪的对象是古文化遗址、古墓葬中的文物,对于盗掘古人类化石、古脊椎动物化石罪的对象也不宜理解为古人类化石、古脊椎动物化石本身。(4)根据《刑法》第三百二十八条第二款的规定,盗掘国家保护的具有科学价值的古人类化石和古脊椎动物化石的,依照第一款的规定处罚。据此,该条第一款规定的情节加重情形也应当适用于盗掘古人类化石、古脊椎动物化石罪。而如果不将盗掘古人类化石、古脊椎动物化石罪的对象理解为古人类化石、古脊椎动物化石地点、遗迹地点,则对于"盗掘确定为全国重点文物保护单位和省级文物保护单位的古文化遗址、古墓葬的""盗掘古文化遗址、古墓葬,并盗窃珍贵文物或者造成珍贵文物严重破坏的"两项情形无法妥当适用。综上,准确来说,盗掘古人类化石、古脊椎动物化石罪的对象是古人类化石、古脊椎动物化石地点、遗迹地点,而非行为人意图通过盗掘行为获取的地下埋藏的古人类化石、古脊椎动物化石。

① 主要考虑:(1)盗掘古人类化石、古脊椎动物化石罪设置在《刑法》分则第六章第四节"妨害文物管理罪"中,并不意味着其对象须为文物,否则会人为造成刑法适用漏洞。化石和文物是不同的法律概念,能够同文物一样同等保护的古生物化石限于古猿、古人类化石以及与人类活动有关的第四纪古脊椎动物化石,其他年代久远且与人类活动无关的古脊椎动物化石不能同文物同等保护,但是,这些古脊椎动物化石也属于古脊椎动物化石,完全可以成为盗掘古脊椎动物化石罪的对象。(2)将未纳入文物管理体系的年代久远且与人类活动无关的古脊椎动物化石纳入本罪对象范围,符合司法实践中的一贯做法。从实践来看,当前涉及该罪名的案件主要是盗挖恐龙蛋化石的案件。而恐龙灭绝于6500万年前,与人类生活无关。一段时期,对于此类案件能否适用盗掘古脊椎动物化石罪,尚存疑义,实务部门认为对此类行为的打击缺乏法律依据。实际上,作为被古动物学界称为"化石中的珍品"的恐龙蛋化石,具有重要的科学价值,无疑属于"古脊椎动物化石"的范畴。而且,司法实践中也有对此类行为适用盗掘古脊椎动物化石罪的案例。

第三百二十九条 【抢夺、窃取国有档案罪】抢夺、窃取国家所有的档案的,处五年以下有期徒刑或者拘役。

【擅自出卖、转让国有档案罪】违反档案法的规定,擅自出卖、转让国家所有的档案,情节严重的,处三年以下有期徒刑或者拘役。

有前两款行为,同时又构成本法规定的其他犯罪的,依照处罚较重的规定定罪处罚。

立法沿革

本条系1997年《刑法》增设的规定。1979年《刑法》第一百条反革命破坏罪中曾规定有抢劫国家档案的行为。

第五节 危害公共卫生罪

第三百三十条 【妨害传染病防治罪】违反传染病防治法的规定,有下列情形之一,引起甲类传染病以及依法确定采取甲类传染病预防、控制措施的传染病传播或者有传播严重危险的,处三年以下有期徒刑或者拘役;后果特别严重的,处三年以上七年以下有期徒刑:

(一)供水单位供应的饮用水不符合国家规定的卫生标准的;

(二)拒绝按照疾病预防控制机构提出的卫生要求,对传染病病原体污染的污水、污物、场所和物品进行消毒处理的;

(三)准许或者纵容传染病病人、病原携带者和疑似传染病病人从事国务院卫生行政部门规定禁止从事的易使该传染病扩散的工作的;

(四)出售、运输疫区中被传染病病原体污染或者可能被传染病病原体污染的物品,未进行消毒处理的;

(五)拒绝执行县级以上人民政府、疾病预防控制机构依照传染病防治法提出的预防、控制措施的。

单位犯前款罪的,对单位判处罚金,并对其直接负责的主管人员和其他直接责任人员,依照前款的规定处罚。

甲类传染病的范围,依照《中华人民共和国传染病防治法》和国务院有关规定确定。

立法沿革

本条系 1997 年《刑法》吸收修改附属刑法的规定。1989 年《传染病防治法》第三十五条规定:"违反本法规定,有下列行为之一的,由县级以上政府卫生行政部门责令限期改正,可以处以罚款;有造成传染病流行危险的,由卫生行政部门报请同级政府采取强制措施:(一)供水单位供应的饮用水不符合国家规定的卫生标准的;(二)拒绝按照卫生防疫机构提出的卫生要求,对传染病病原体污染的污水、污物、粪便进行消毒处理的;(三)准许或者纵容传染病病人、病原携带者和疑似传染病病人从事国务院卫生行政部门规定禁止从事的易使该传染病扩散的工作的;(四)拒绝执行卫生防疫机构依照本法提出的其他预防、控制措施的。"第三十七条规定:"有本法第三十五条所列行为之一,引起甲类传染病传播或者有传播严重危险的,比照刑法第一百七十八条的规定追究刑事责任。"此处的"刑法第一百七十八条的规定"是指 1979 年《刑法》规定的妨害国境卫生检疫罪。1997 年《刑法》对上述规定作出修改,配置独立的法定刑,增加单位犯罪的规定,并对"甲类传染病"的范围作出明确。

2021 年 3 月 1 日起施行的《刑法修正案(十一)》第三十七条对本条作了修改,主要涉及如下两个方面:一是将传染病种类由"甲类传染病"修改为"甲类传染病以及依法确定采取甲类传染病预防、控制措施的传染病";二是对行为方式和入罪情形作了补充和修改。

修正前《刑法》	修正后《刑法》
第三百三十条 【妨害传染病防治罪】违反传染病防治法的规定,有下列情形之一,引起甲类传染病传播或者有传播严重危险的,处三年以下有期徒刑或者拘役;后果特别严重的,处三年以上七年以下有期徒刑: (一)供水单位供应的饮用水不符合国家规定的卫生标准的; (二)拒绝按照卫生防疫机构提出的卫生要求,对传染病病原体污染的污水、污物、粪便进行消毒处理的; (三)准许或者纵容传染病病人、病原携带者和疑似传染病病人从事国务院行政部门规定禁止从事的易使该传染病扩散的工作的;	**第三百三十条 【妨害传染病防治罪】**违反传染病防治法的规定,有下列情形之一,引起甲类传染病**以及依法确定采取甲类传染病预防、控制措施的传染病**传播或者有传播严重危险的,处三年以下有期徒刑或者拘役;后果特别严重的,处三年以上七年以下有期徒刑: (一)供水单位供应的饮用水不符合国家规定的卫生标准的; (二)拒绝按照**疾病预防控制**机构提出的卫生要求,对传染病病原体污染的污水、污物、**场所和物品**进行消毒处理的; (三)准许或者纵容传染病病人、病原携带者和疑似传染病病人从事国务院卫生行政部门规定禁止从事的易使该传染病

(续表)

修正前《刑法》	修正后《刑法》
(四)拒绝执行卫生防疫机构依照传染病防治法提出的预防、控制措施的。 单位犯前款罪的,对单位判处罚金,并对其直接负责的主管人员和其他直接责任人员,依照前款的规定处罚。 甲类传染病的范围,依照《中华人民共和国传染病防治法》和国务院有关规定确定。	扩散的工作的; (四)**出售、运输疫区中被传染病病原体污染或者可能被传染病病原体污染的物品,未进行消毒处理的**; (五)拒绝执行**县级以上人民政府、疾病预防控制**机构依照传染病防治法提出的预防、控制措施的。 单位犯前款罪的,对单位判处罚金,并对其直接负责的主管人员和其他直接责任人员,依照前款的规定处罚。 甲类传染病的范围,依照《中华人民共和国传染病防治法》和国务院有关规定确定。

■ 相关规定

《中华人民共和国传染病防治法》(修正后自2013年6月29日起施行,节录)

第三条 本法规定的传染病分为甲类、乙类和丙类。

甲类传染病是指:鼠疫、霍乱。

乙类传染病是指:传染性非典型肺炎、艾滋病、病毒性肝炎、脊髓灰质炎、人感染高致病性禽流感、麻疹、流行性出血热、狂犬病、流行性乙型脑炎、登革热、炭疽、细菌性和阿米巴性痢疾、肺结核、伤寒和副伤寒、流行性脑脊髓膜炎、百日咳、白喉、新生儿破伤风、猩红热、布鲁氏菌病、淋病、梅毒、钩端螺旋体病、血吸虫病、疟疾。

丙类传染病是指:流行性感冒、流行性腮腺炎、风疹、急性出血性结膜炎、麻风病、流行性和地方性斑疹伤寒、黑热病、包虫病、丝虫病,除霍乱、细菌性和阿米巴性痢疾、伤寒和副伤寒以外的感染性腹泻病。

国务院卫生行政部门根据传染病暴发、流行情况和危害程度,可以决定增加、减少或者调整乙类、丙类传染病病种并予以公布。

■ 规范性文件

《最高人民法院、最高人民检察院、公安部、司法部关于依法惩治妨害新型冠状病毒感染肺炎疫情防控违法犯罪的意见》(法发[2020]7号,节录)

为依法惩治妨害新型冠状病毒感染肺炎疫情防控违法犯罪行为,保障人民群众生命安全和身体健康,保障社会安定有序,保障疫情防控工作顺利开展,根据有关法律、司法解释的规定,制定本意见。

一、提高政治站位,充分认识疫情防控时期维护社会大局稳定的重大意义(略)

二、准确适用法律,依法严惩妨害疫情防控的各类违法犯罪

(一)①依法严惩抗拒疫情防控措施犯罪。故意传播新型冠状病毒感染肺炎病原体,具有下列情形之一,危害公共安全的,依照刑法第一百一十四条、第一百一十五条第一款的规定,以以危险方法危害公共安全罪定罪处罚:

1. 已经确诊的新型冠状病毒感染肺炎病人、病原携带者,拒绝隔离治疗或者隔离期未满擅自脱离隔离治疗,并进入公共场所或者公共交通工具的;

2. 新型冠状病毒感染肺炎疑似病人拒绝隔离治疗或者隔离期未满擅自脱离隔离治疗,并进入公共场所或者公共交通工具,造成新型冠状病毒传播的。

其他拒绝执行卫生防疫机构依照传染病防治法提出的防控措施,引起新型冠状病毒传播或者有传播严重危险的,依照刑法第三百三十条的规定,以妨害传染病防治罪定罪处罚。

以暴力、威胁方法阻碍国家机关工作人员(含在依照法律、法规规定行使国家有关疫情防控行政管理职权的组织中从事公务的人员,在受国家机关委托代表国家机关行使疫情防控职权的组织中从事公务的人员,虽未列入国家机关人员编制但在国家机关中从事疫情防控公务的人员)依法履行为防控疫情而采取的防疫、检疫、强制隔离、隔离治疗等措施的,依照刑法第二百七十七条第一款、第三款的规定,以妨害公务罪定罪处罚。暴力袭击正在依法执行职务的人民警察的,以妨害公务罪定罪,从重处罚。

(二)②依法严惩暴力伤医犯罪。在疫情防控期间,故意伤害医务人员造成轻伤以上的严重后果,或者对医务人员实施撕扯防护装备、吐口水等行为,致使医务人员感染新型冠状病毒的,依照刑法第二百三十四条的规定,以故意伤害罪定罪处罚。

---

① 根据《最高人民法院、最高人民检察院、公安部、司法部、海关总署关于适应新阶段疫情防控政策调整依法妥善办理相关刑事案件的通知》(高检发〔2023〕2号)的规定,自2023年1月8日对新型冠状病毒感染实施"乙类乙管"之日起,对违反新型冠状病毒感染疫情预防、控制措施的行为,不再以《刑法》第三百三十条妨害传染病防治罪定罪处罚。目前正在办理的相关案件,依照我国刑法、刑事诉讼法相关规定,及时妥善处理。犯罪嫌疑人、被告人处于被羁押状态的,各办案机关应当依法及时解除羁押强制措施;涉案财物被查封、扣押、冻结的,应当依法及时解除。参见《五部门就涉疫刑事案件办理联合出台新指导意见》,载《人民法院报》2023年1月8日第1—2版。

② 同理,本条第一款"致使医务人员感染新型冠状病毒的,依照刑法第二百三十四条的规定,以故意伤害罪定罪处罚"的规定,亦应不再适用。——**本评注注**

随意殴打医务人员,情节恶劣的,依照刑法第二百九十三条的规定,以寻衅滋事罪定罪处罚。

采取暴力或者其他方法公然侮辱、恐吓医务人员,符合刑法第二百四十六条、第二百九十三条规定的,以侮辱罪或者寻衅滋事罪定罪处罚。

以不准离开工作场所等方式非法限制医务人员人身自由,符合刑法第二百三十八条规定的,以非法拘禁罪定罪处罚。

(三)依法严惩制假售假犯罪。在疫情防控期间,生产、销售伪劣的防治、防护产品、物资,或者生产、销售用于防治新型冠状病毒感染肺炎的假药、劣药,符合刑法第一百四十条、第一百四十一条、第一百四十二条规定的,以生产、销售伪劣产品罪,生产、销售假药罪或者生产、销售劣药罪定罪处罚。

在疫情防控期间,生产不符合保障人体健康的国家标准、行业标准的医用口罩、护目镜、防护服等医用器材,或者销售明知是不符合标准的医用器材,足以严重危害人体健康的,依照刑法第一百四十五条的规定,以生产、销售不符合标准的医用器材罪定罪处罚。

(四)依法严惩哄抬物价犯罪。在疫情防控期间,违反国家有关市场经营、价格管理等规定,囤积居奇,哄抬疫情防控急需的口罩、护目镜、防护服、消毒液等防护用品、药品或者其他涉及民生的物品价格,牟取暴利,违法所得数额较大或者有其他严重情节,严重扰乱市场秩序的,依照刑法第二百二十五条第四项的规定,以非法经营罪定罪处罚。

(五)依法严惩诈骗、聚众哄抢犯罪。在疫情防控期间,假借研制、生产或者销售用于疫情防控的物品的名义骗取公私财物,或者捏造事实骗取公众捐赠款物,数额较大的,依照刑法第二百六十六条的规定,以诈骗罪定罪处罚。

在疫情防控期间,违反国家规定,假借疫情防控的名义,利用广告对所推销的商品或者服务作虚假宣传,致使多人上当受骗,违法所得数额较大或者有其他严重情节的,依照刑法第二百二十二条的规定,以虚假广告罪定罪处罚。

在疫情防控期间,聚众哄抢公私财物特别是疫情防控和保障物资,数额较大或者有其他严重情节的,对首要分子和积极参加者,依照刑法第二百六十八条的规定,以聚众哄抢罪定罪处罚。

(六)依法严惩造谣传谣犯罪。编造虚假的疫情信息,在信息网络或者其他媒体上传播,或者明知是虚假疫情信息,故意在信息网络或者其他媒体上传播,严重扰乱社会秩序的,依照刑法第二百九十一条之一第二款的规定,以编造、故意传播虚假信息罪定罪处罚。

编造虚假信息,或者明知是编造的虚假信息,在信息网络上散布,或者组织、指使人员在信息网络上散布,起哄闹事,造成公共秩序严重混乱的,依照刑法第二百九十三条第一款第四项的规定,以寻衅滋事罪定罪处罚。

利用新型冠状病毒感染肺炎疫情,制造、传播谣言,煽动分裂国家、破坏国家统一,或者煽动颠覆国家政权、推翻社会主义制度的,依照刑法第一百零三条第二款、第一百零五条第二款的规定,以煽动分裂国家罪或者煽动颠覆国家政权罪定罪处罚。

网络服务提供者不履行法律、行政法规规定的信息网络安全管理义务,经监管部门责令采取改正措施而拒不改正,致使虚假疫情信息或者其他违法信息大量传播的,依照刑法第二百八十六条之一的规定,以拒不履行信息网络安全管理义务罪定罪处罚。

对虚假疫情信息案件,要依法、精准、恰当处置。对恶意编造虚假疫情信息,制造社会恐慌,挑动社会情绪,扰乱公共秩序,特别是恶意攻击党和政府,借机煽动颠覆国家政权、推翻社会主义制度的,要依法严惩。对于因轻信而传播虚假信息,危害不大的,不以犯罪论处。

(七)依法严惩疫情防控失职渎职、贪污挪用犯罪。在疫情防控工作中,负有组织、协调、指挥、灾害调查、控制、医疗救治、信息传递、交通运输、物资保障等职责的国家机关工作人员,滥用职权或者玩忽职守,致使公共财产、国家和人民利益遭受重大损失的,依照刑法第三百九十七条的规定,以滥用职权罪或者玩忽职守罪定罪处罚。

卫生行政部门的工作人员严重不负责任,不履行或者不认真履行防治监管职责,导致新型冠状病毒感染肺炎传播或者流行,情节严重的,依照刑法第四百零九条的规定,以传染病防治失职罪定罪处罚。

从事实验、保藏、携带、运输传染病菌种、毒种的人员,违反国务院卫生行政部门的有关规定,造成新型冠状病毒毒种扩散,后果严重的,依照刑法第三百三十一条的规定,以传染病毒种扩散罪定罪处罚。

国家工作人员,受委托管理国有财产的人员,公司、企业或者其他单位的人员,利用职务便利,侵吞、截留或者以其他手段非法占有用于防控新型冠状病毒感染肺炎的款物,或者挪用上述款物归个人使用,符合刑法第三百八十二条、第三百八十三条、第二百七十一条、第三百八十四条、第二百七十二条规定的,以贪污罪、职务侵占罪、挪用公款罪、挪用资金罪定罪处罚。挪用用于防控新型冠状病毒感染肺炎的救灾、优抚、救济等款物,符合刑法第二百七十三条规定的,对直接责任人员,以挪用特定款物罪定罪处罚。

(八)依法严惩破坏交通设施犯罪。在疫情防控期间,破坏轨道、桥梁、隧道、公路、机场、航道、灯塔、标志或者进行其他破坏活动,足以使火车、汽车、电车、船只、航空器发生倾覆、毁坏危险的,依照刑法第一百一十七条、第一百一十九条第一款的规定,以破坏交通设施罪定罪处罚。

办理破坏交通设施案件,要区分具体情况,依法审慎处理。对于为了防止疫情蔓延,未经批准擅自封路阻碍交通,未造成严重后果的,一般不以犯罪论处,由主管部门予以纠正。

(九)①依法严惩破坏野生动物资源犯罪。非法猎捕、杀害国家重点保护的珍贵、濒危野生动物的,或者非法收购、运输、出售国家重点保护的珍贵、濒危野生动物及其制品的,依照刑法第三百四十一条第一款的规定,以非法猎捕、杀害珍贵、濒危野生动物罪或者非法收购、运输、出售珍贵、濒危野生动物、珍贵、濒危野生动物制品罪定罪处罚。

违反狩猎法规,在禁猎区、禁猎期或者使用禁用的工具、方法进行狩猎,破坏野生动物资源,情节严重的,依照刑法第三百四十一条第二款的规定,以非法狩猎罪定罪处罚。

违反国家规定,非法经营非国家重点保护野生动物及其制品(包括开办交易场所、进行网络销售、加工食品出售等),扰乱市场秩序,情节严重的,依照刑法第二百二十五条第四项的规定,以非法经营罪定罪处罚。

知道或者应当知道是国家重点保护的珍贵、濒危野生动物及其制品,为食用或者其他目的而非法购买,符合刑法第三百四十一条第一款规定的,以非法收购珍贵、濒危野生动物、珍贵、濒危野生动物制品罪定罪处罚。

知道或者应当知道是非法狩猎的野生动物而购买,符合刑法第三百一十二条规定的,以掩饰、隐瞒犯罪所得罪定罪处罚。

(十)依法严惩妨害疫情防控的违法行为。实施上述(一)至(九)规定的行为,不构成犯罪的,由公安机关根据治安管理处罚法有关虚构事实扰乱公共秩序,扰乱单位秩序、公共场所秩序,寻衅滋事,拒不执行紧急状态下的决定、命令,阻碍执行职务,冲闯警戒带、警戒区,殴打他人,故意伤害,侮辱他人,诈骗,在铁路沿线非法挖掘坑穴、采石取沙,盗窃、损毁路面公共设施,损毁铁路设施设备,故意损毁财物,哄抢公私财物等规定,予以治安管理处罚,或者由有关部门予以其他行政处罚。

对于在疫情防控期间实施有关违法犯罪的,要作为从重情节予以考量,依法体现从严的政策要求,有力惩治震慑违法犯罪,维护法律权威,维护社会秩序,维护人民群众生命安全和身体健康。

---

① 本条第三款关于非法经营罪的规定实际上属于应急性规定,由于此后《刑法修正案(十一)》增设非法猎捕、收购、运输、出售陆生野生动物罪,似不应继续适用。——**本评注注**

三、健全完善工作机制,保障办案效果和安全(略)

立案追诉标准

《最高人民检察院、公安部关于公安机关管辖的刑事案件立案追诉标准的规定(一)》(节录)

第四十九条① [妨害传染病防治案(刑法第三百三十条)]违反传染病防治法的规定,引起甲类或者按照甲类管理的传染病传播或者有传播严重危险,涉嫌下列情形之一的,应予立案追诉:

(一)供水单位供应的饮用水不符合国家规定的卫生标准的;

(二)拒绝按照疾病预防控制机构提出的卫生要求,对传染病病原体污染的污水、污物、粪便进行消毒处理的;

(三)准许或者纵容传染病病人、病原携带者和疑似传染病病人从事国务院卫生行政部门规定禁止从事的易使该传染病扩散的工作的;

(四)拒绝执行疾病预防控制机构依照传染病防治法提出的预防、控制措施的。

本条和本规定第五十条规定的"甲类传染病",是指鼠疫、霍乱;"按甲类管理的传染病",是指乙类传染病中传染性非典型肺炎、炭疽中的肺炭疽、人感染高致病性禽流感以及国务院卫生行政部门根据需要报经国务院批准公布实施的其他需要按甲类管理的乙类传染病和突发原因不明的传染病。

(→附则参见分则标题评注部分,第392页)

刑参案例规则提炼

《张智勇妨害传染病防治案——疫情防控中以危险方法危害公共安全罪与妨害传染病防治罪的区分适用》(第1333号案例)所涉规则提炼如下:

妨害传染病防治罪与以危险方法危害公共安全罪的界分规则。 "对于明知自身已经确诊为新冠肺炎病人或者疑似病人,拒绝执行防疫措施的行为人出于报复社会、发泄不满等动机,恶意向不特定多数人传播病毒,后果严重、情节恶劣的,应当适用以危险方法危害公共安全罪。对于其他拒绝执行疫情防控措施,引起新型冠状病毒传播或者有传播严重危险的行为……适用妨害传染病防治

---

① 本条的适用,需要根据经《刑法修正案(十一)》修正后的《刑法》第三百三十条的规定妥当把握。此外,《国家卫生和计划生育委员会关于调整部分法定传染病病种管理工作的通知》(国卫疾控发〔2013〕28号)解除对人感染高致病性禽流感采取的传染病防治法规定的甲类传染病预防、控制措施。——**本评注注**

罪。"(第1333号案例)

▍司法疑难解析

"引起甲类传染病传播或者有传播严重危险"的判定。 在办理妨害疫情防控案件中，是否引起新冠肺炎传播或者有传播严重危险，是认定妨害传染病防治罪的重要条件。具体而言，需要结合案件具体情况分析判断，主要包括以下三个方面：一是从行为主体看，行为人是否系新冠肺炎确诊病人、病原携带者、疑似病人或其密切接触者，或者曾进出疫情高发地区，或者已出现新冠肺炎感染症状，或者属于其他高风险人群。二是从行为方式看，行为人是否实施了拒绝疫情防控措施的行为，比如拒不执行隔离措施，瞒报谎报病情、旅行史、居住史、接触史、行踪轨迹，进入公共场所或者公共交通工具，密切与多人接触等。三是从行为危害后果看，根据案件具体情况，综合判断行为人造成的危害后果是否达到"引起甲类传染病传播或者有传播严重危险"的程度，如造成多人被确诊为新冠肺炎病人或者多人被诊断为疑似病人等。实践中，考虑到妨害传染病防治罪是危害公共卫生犯罪，因此对行为人造成共同生活的家人之间传播、感染的，一般不应作为犯罪处理。①

第三百三十一条　【传染病菌种、毒种扩散罪】 从事实验、保藏、携带、运输传染病菌种、毒种的人员，违反国务院卫生行政部门的有关规定，造成传染病菌种、毒种扩散，后果严重的，处三年以下有期徒刑或者拘役；后果特别严重的，处三年以上七年以下有期徒刑。

▍立法沿革

本条系1997年《刑法》吸收修改附属刑法的规定。1989年《传染病防治法》第三十八条规定："从事实验、保藏、携带、运输传染病菌种、毒种的人员，违反国务院卫生行政部门的有关规定，造成传染病菌种、毒种扩散，后果严重的，依照刑法第一百一十五条的规定追究刑事责任；情节轻微的，给予行政处分。"此处的"刑法第一百一十五条的规定"是指1979年《刑法》规定的危险物品肇事罪。1997年《刑法》对上述规定作出修改，配置独立的法定刑。

---

① 参见《依法惩治妨害疫情防控违法犯罪　切实保障人民群众生命健康安全——最高人民法院研究室主任姜启波、最高人民检察院法律政策研究室主任高景峰联合答记者问》，载《人民法院报》2020年2月28日，第3版。

规范性文件

《最高人民法院、最高人民检察院、公安部、司法部关于依法惩治妨害新型冠状病毒感染肺炎疫情防控违法犯罪的意见》(法发[2020]7号)"二、准确适用法律,依法严惩妨害疫情防控的各类违法犯罪"第(七)条对传染病菌种、毒种扩散罪的适用作了指引性规定。(→参见第三百三十条评注部分,第1713页)

立案追诉标准

《最高人民检察院、公安部关于公安机关管辖的刑事案件立案追诉标准的规定(一)》(节录)

第五十条 [传染病菌种、毒种扩散案(刑法第三百三十一条)]从事实验、保藏、携带、运输传染病菌种、毒种的人员,违反国务院卫生行政部门的有关规定,造成传染病菌种、毒种扩散,涉嫌下列情形之一的,应予立案追诉:

(一)导致甲类和按甲类管理的传染病传播的;
(二)导致乙类、丙类传染病流行、暴发的;
(三)造成人员重伤或者死亡的;
(四)严重影响正常的生产、生活秩序的;
(五)其他造成严重后果的情形。

(→附则参见分则标题评注部分,第392页)

第三百三十二条 【妨害国境卫生检疫罪】违反国境卫生检疫规定,引起检疫传染病传播或者有传播严重危险的,处三年以下有期徒刑或者拘役,并处或者单处罚金。

单位犯前款罪的,对单位判处罚金,并对其直接负责的主管人员和其他直接责任人员,依照前款的规定处罚。

立法沿革

本条系1997年《刑法》吸收修改1979年《刑法》作出的规定。1979年《刑法》第一百七十八条规定:"违反国境卫生检疫规定,引起检疫传染病的传播,或者有引起检疫传染病传播严重危险的,处三年以下有期徒刑或者拘役,可以并处或者单处罚金。"1997年《刑法》对罪状和法定刑作了微调,并增加单位犯罪的规定。

规范性文件

《最高人民法院、最高人民检察院、公安部、司法部、海关总署关于进一步加强国境卫生检疫工作依法惩治妨害国境卫生检疫违法犯罪的意见》（署法发〔2020〕50号，节录）

为进一步加强国境卫生检疫工作，依法惩治妨害国境卫生检疫违法犯罪行为，维护公共卫生安全，保障人民群众生命安全和身体健康，根据有关法律、司法解释的规定，制定本意见。

一、充分认识国境卫生检疫对于维护公共卫生安全的重要意义（略）

二、依法惩治妨害国境卫生检疫的违法犯罪行为

为加强国境卫生检疫工作，防止传染病传入传出国境，保护人民群众健康安全，刑法、国境卫生检疫法对妨害国境卫生检疫违法犯罪行为及其处罚作出规定。人民法院、人民检察院、公安机关、海关在办理妨害国境卫生检疫案件时，应当准确理解和严格适用刑法、国境卫生检疫法等有关规定，依法惩治相关违法犯罪行为。

（一）进一步加强国境卫生检疫行政执法。海关要在各口岸加强国境卫生检疫工作宣传，引导出入境人员以及接受检疫监管的单位和人员严格遵守国境卫生检疫法等法律法规的规定，配合和接受海关国境卫生检疫。同时，要加大国境卫生检疫行政执法力度，对于违反国境卫生检疫法及其实施细则，尚不构成犯罪的行为，依法给予行政处罚。

（二）①依法惩治妨害国境卫生检疫犯罪。根据刑法第三百三十二条规定，违反国境卫生检疫规定，实施下列行为之一的，属于妨害国境卫生检疫行为：

1. 检疫传染病染疫人或者染疫嫌疑人拒绝执行海关依照国境卫生检疫法等法律法规提出的健康申报、体温监测、医学巡查、流行病学调查、医学排查、采样

---

① 根据《最高人民法院、最高人民检察院、公安部、司法部、海关总署关于适应新阶段疫情防控政策调整依法妥善办理相关刑事案件的通知》（高检发〔2023〕2号）的规定，自2023年1月8日对新型冠状病毒感染不再纳入检疫传染病管理之日起，对违反新型冠状病毒感染国境卫生检疫规定的行为，不再依《刑法》第三百三十二条妨害国境卫生检疫罪定罪处罚。目前正在办理的相关案件，依照我国刑法、刑事诉讼法相关规定，及时妥善处理。犯罪嫌疑人、被告人处于被羁押状态的，各办案机关应当依法及时解除羁押强制措施；涉案财物被查封、扣押、冻结的，应当依法及时解除。参见《五部门就涉疫刑事案件办理联合出台新指导意见》，载《人民法院报》2023年1月8日第1—2版。

等卫生检疫措施,或者隔离、留验、就地诊验、转诊等卫生处理措施的;

2. 检疫传染病染疫人或者染疫嫌疑人采取不如实填报健康申明卡等方式隐瞒疫情,或者伪造、涂改检疫单、证等方式伪造情节的;

3. 知道或者应当知道实施审批管理的微生物、人体组织、生物制品、血液及其制品等特殊物品可能造成检疫传染病传播,未经审批仍逃避检疫,携运、寄递出入境的;

4. 出入境交通工具上发现有检疫传染病染疫人或者染疫嫌疑人,交通工具负责人拒绝接受卫生检疫或者拒不接受卫生处理的;

5. 来自检疫传染病流行国家、地区的出入境交通工具上出现非意外伤害死亡且死因不明的人员,交通工具负责人故意隐瞒情况的;

6. 其他拒绝执行海关依照国境卫生检疫法等法律法规提出的检疫措施的。

实施上述行为,引起鼠疫、霍乱、黄热病以及新冠肺炎等国务院确定和公布的其他检疫传染病传播或者有传播严重危险的,依照刑法第三百三十二条的规定,以妨害国境卫生检疫罪定罪处罚。

对于单位实施妨害国境卫生检疫行为,引起鼠疫、霍乱、黄热病以及新冠肺炎等国务院确定和公布的其他检疫传染病传播或者有传播严重危险的,应当对单位判处罚金,并对其直接负责的主管人员和其他直接责任人员定罪处罚。

三、健全完善工作机制,保障依法科学有序防控

......

(五)坚持过罚相当。进一步规范国境卫生检疫执法活动,切实做到严格规范公正文明执法。注重把握宽严相济政策:对于行政违法行为,要根据违法行为的危害程度和悔过态度,综合确定处罚种类和幅度。对于涉嫌犯罪的,要重点打击情节恶劣、后果严重的犯罪行为;对于情节轻微且真诚悔改的,依法予以从宽处理。

......

立案追诉标准

《最高人民检察院、公安部关于公安机关管辖的刑事案件立案追诉标准的规定(一)》(节录)

第五十一条 [妨害国境卫生检疫案(刑法第三百三十二条)]违反国境卫生检疫规定,引起检疫传染病传播或者有传播严重危险的,应予立案追诉。

本条规定的"检疫传染病",是指鼠疫、霍乱、黄热病以及国务院确定和公布的其他传染病。

(→附则参见分则标题评注部分,第392页)

第三百三十三条 【非法组织卖血罪】【强迫卖血罪】非法组织他人出卖血液的,处五年以下有期徒刑,并处罚金;以暴力、威胁方法强迫他人出卖血液的,处五年以上十年以下有期徒刑,并处罚金。

有前款行为,对他人造成伤害的,依照本法第二百三十四条的规定定罪处罚。

■立法沿革

本条系1997年《刑法》增设的规定。

■立案追诉标准

《最高人民检察院、公安部关于公安机关管辖的刑事案件立案追诉标准的规定(一)》(节录)

五十二条 [非法组织卖血案(刑法第三百三十三条第一款)]非法组织他人出卖血液,涉嫌下列情形之一的,应予立案追诉:

(一)组织卖血三人次以上的;

(二)组织卖血非法获利二千元以上的;

(三)组织未成年人卖血的;

(四)被组织卖血的人的血液含有艾滋病病毒、乙型肝炎病毒、丙型肝炎病毒、梅毒螺旋体等病原微生物的;

(五)其他非法组织卖血应予追究刑事责任的情形。

第五十三条 [强迫卖血案(刑法第三百三十三条第一款)]以暴力、威胁方法强迫他人出卖血液的,应予立案追诉。

(→附则参见分则标题评注部分,第392页)

第三百三十四条 【非法采集、供应血液、制作、供应血液制品罪】非法采集、供应血液或者制作、供应血液制品,不符合国家规定的标准,足以危害人体健康的,处五年以下有期徒刑或者拘役,并处罚金;对人体健康造成严重危害的,处五年以上十年以下有期徒刑,并处罚金;造成特别严重后果的,处十年以上有期徒刑或者无期徒刑,并处罚金或者没收财产。

【采集、供应血液、制作、供应血液制品事故罪】经国家主管部门批准采集、供应血液或者制作、供应血液制品的部门,不依照规定进行检测或者违背其他操作规定,造成危害他人身体健康后果的,对单位判处罚金,并对其直接负责的主管人员和其他直接责任人员,处五年以下有期徒刑或者拘役。

立法沿革

本条系 1997 年《刑法》增设的规定。

司法解释

《最高人民法院、最高人民检察院关于办理非法采供血液等刑事案件具体应用法律若干问题的解释》(法释〔2008〕12号,自2008年9月23日起施行)

为保障公民的身体健康和生命安全,依法惩处非法采供血液等犯罪,根据刑法有关规定,现对办理此类刑事案件具体应用法律的若干问题解释如下:

第一条 对未经国家主管部门批准或者超过批准的业务范围,采集、供应血液或者制作、供应血液制品的,应认定为刑法第三百三十四条第一款规定的"非法采集、供应血液或者制作、供应血液制品"。

第二条 对非法采集、供应血液或者制作、供应血液制品,具有下列情形之一的,应认定为刑法第三百三十四条第一款规定的"不符合国家规定的标准,足以危害人体健康",处五年以下有期徒刑或者拘役,并处罚金:

(一)采集、供应的血液含有艾滋病病毒、乙型肝炎病毒、丙型肝炎病毒、梅毒螺旋体等病原微生物的;

(二)制作、供应的血液制品含有艾滋病病毒、乙型肝炎病毒、丙型肝炎病毒、梅毒螺旋体等病原微生物,或者将含有上述病原微生物的血液用于制作血液制品的;

(三)使用不符合国家规定的药品、诊断试剂、卫生器材,或者重复使用一次性采血器材采集血液,造成传染病传播危险的;

(四)违反规定对献血者、供血浆者超量、频繁采集血液、血浆,足以危害人体健康的;

(五)其他不符合国家有关采集、供应血液或者制作、供应血液制品的规定标准,足以危害人体健康的。

第三条 对非法采集、供应血液或者制作、供应血液制品,具有下列情形之一的,应认定为刑法第三百三十四条第一款规定的"对人体健康造成严重危害",处五年以上十年以下有期徒刑,并处罚金:

---

① 非法采集、供应血液、制作、供应血液制品罪和采集、供应血液、制作、供应血液制品事故罪属于典型的行政犯,以"不符合国家规定的标准"或者"不依照规定进行检测或者违背其他操作规定"为前提。需要注意的是,本司法解释的相关规定系立足于当时的前置规定设置,而目前相关规定作了部分调整,故司法适用应当结合调整后的规定作妥当把握。——本评注注

（一）造成献血者、供血浆者、受血者感染乙型肝炎病毒、丙型肝炎病毒、梅毒螺旋体或者其他经血液传播的病原微生物的；

（二）造成献血者、供血浆者、受血者重度贫血、造血功能障碍或者其他器官组织损伤导致功能障碍等身体严重危害的；

（三）对人体健康造成其他严重危害的。

第四条 对非法采集、供应血液或者制作、供应血液制品，具有下列情形之一的，应认定为刑法第三百三十四条第一款规定的"造成特别严重后果"，处十年以上有期徒刑或者无期徒刑，并处罚金或者没收财产：

（一）因血液传播疾病导致人员死亡或者感染艾滋病病毒的；

（二）造成五人以上感染乙型肝炎病毒、丙型肝炎病毒、梅毒螺旋体或者其他经血液传播的病原微生物的；

（三）造成五人以上重度贫血、造血功能障碍或者其他器官组织损伤导致功能障碍等身体严重危害的；

（四）造成其他特别严重后果的。

第五条 对经国家主管部门批准采集、供应血液或者制作、供应血液制品的部门，具有下列情形之一的，应认定为刑法第三百三十四条第二款规定的"不依照规定进行检测或者违背其他操作规定"：

（一）血站未用两个企业生产的试剂对艾滋病病毒抗体、乙型肝炎病毒表面抗原、丙型肝炎病毒抗体、梅毒抗体进行两次检测的；

（二）单采血浆站不依照规定对艾滋病病毒抗体、乙型肝炎病毒表面抗原、丙型肝炎病毒抗体、梅毒抗体进行检测的；

（三）血液制品生产企业在投料生产前未用主管部门批准和检定合格的试剂进行复检的；

（四）血站、单采血浆站和血液制品生产企业使用的诊断试剂没有生产单位名称、生产批准文号或者经检定不合格的；

（五）采供血机构在采集检验标本、采集血液和成分血分离时，使用没有生产单位名称、生产批准文号或者超过有效期的一次性注射器等采血器材的；

（六）不依照国家规定的标准和要求包装、储存、运输血液、原料血浆的；

（七）对国家规定检测项目结果呈阳性的血液未及时按照规定予以清除的；

（八）不具备相应资格的医务人员进行采血、检验操作的；

（九）对献血者、供血浆者超量、频繁采集血液、血浆的；

（十）采供血机构采集血液、血浆前，未对献血者或供血浆者进行身份识别，采集冒名顶替者、健康检查不合格者血液、血浆的；

（十一）血站擅自采集原料血浆，单采血浆站擅自采集临床用血或者向医疗机构供应原料血浆的；

（十二）重复使用一次性采血器材的；

（十三）其他不依照规定进行检测或者违背操作规定的。

第六条 对经国家主管部门批准采集、供应血液或者制作、供应血液制品的部门，不依照规定进行检测或者违背其他操作规定，具有下列情形之一的，应认定为刑法第三百三十四条第二款规定的"造成危害他人身体健康后果"，对单位判处罚金，并对其直接负责的主管人员和其他直接责任人员，处五年以下有期徒刑或者拘役：

（一）造成献血者、供血浆者、受血者感染艾滋病病毒、乙型肝炎病毒、丙型肝炎病毒、梅毒螺旋体或者其他经血液传播的病原微生物的；

（二）造成献血者、供血浆者、受血者重度贫血、造血功能障碍或者其他器官组织损伤导致功能障碍等身体严重危害的；

（三）造成其他危害他人身体健康后果的。

第七条 经国家主管部门批准的采供血机构和血液制品生产经营单位，应认定为刑法第三百三十四条第二款规定的"经国家主管部门批准采集、供应血液或者制作、供应血液制品的部门"。

第八条 本解释所称"血液"，是指全血、成分血和特殊血液成分。

本解释所称"血液制品"，是指各种人血浆蛋白制品。

本解释所称"采供血机构"，包括血液中心、中心血站、中心血库、脐带血造血干细胞库和国家卫生行政主管部门根据医学发展需要批准、设置的其他类型血库、单采血浆站。

规范性文件

《最高人民法院、最高人民检察院、公安部、司法部关于依法严厉打击传播艾滋病病毒等违法犯罪行为的指导意见》（公通字〔2019〕23号）"二、准确认定行为性质"第（十）条对非法采集、供应血液罪的适用作了规定。（→参见第二百三十四条评注部分，第1095页）

立案追诉标准

《最高人民检察院、公安部关于公安机关管辖的刑事案件立案追诉标准的规定（一）》第五十四条、第五十五条关于非法采集、供应血液、制作、供应血液制品罪、采集、供应血液、制作、供应血液制品事故罪立案追诉标准的规定与法释〔2008〕12号解释第一条、第二条、第四条、第五条、第七条、第八条一致。

第三百三十四条之一 【非法采集人类遗传资源、走私人类遗传资源材料罪】违反国家有关规定，非法采集我国人类遗传资源或者非法运送、邮寄、携带我国人类遗传资源材料出境，危害公众健康或者社会公共利益，情节严重的，处三年以下有期徒刑、拘役或者管制，并处或者单处罚金；情节特别严重的，处三年以上七年以下有期徒刑，并处罚金。

立法沿革

本条系2021年3月1日起施行的《刑法修正案（十一）》第三十八条增设的规定。

相关规定

《**中华人民共和国生物安全法**》（自2021年4月15日起施行，节录）

第五十六条 从事下列活动，应当经国务院科学技术主管部门批准：

（一）采集我国重要遗传家系、特定地区人类遗传资源或者采集国务院科学技术主管部门规定的种类、数量的人类遗传资源；

（二）保藏我国人类遗传资源；

（三）利用我国人类遗传资源开展国际科学研究合作；

（四）将我国人类遗传资源材料运送、邮寄、携带出境。

前款规定不包括以临床诊疗、采供血服务、查处违法犯罪、兴奋剂检测和殡葬等为目的采集、保藏人类遗传资源及开展的相关活动。

为了取得相关药品和医疗器械在我国上市许可，在临床试验机构利用我国人类遗传资源开展国际合作临床试验、不涉及人类遗传资源出境的，不需要批准；但是，在开展临床试验前应当将拟使用的人类遗传资源种类、数量及用途向国务院科学技术主管部门备案。

境外组织、个人及其设立或者实际控制的机构不得在我国境内采集、保藏我国人类遗传资源，不得向境外提供我国人类遗传资源。

第八十五条 本法下列术语的含义：

（八）人类遗传资源，包括人类遗传资源材料和人类遗传资源信息。人类遗传资源材料是指含有人体基因组、基因等遗传物质的器官、组织、细胞等遗传材料。人类遗传资源信息是指利用人类遗传资源材料产生的数据等信息资料。

《中华人民共和国人类遗传资源管理条例》(国务院令第717号,自2019年7月1日起施行,具体条文未收录)

《人类遗传资源管理条例实施细则》(科学技术部令第21号,自2023年7月1日起施行,具体条文未收录)

第三百三十五条 【医疗事故罪】医务人员由于严重不负责任,造成就诊人死亡或者严重损害就诊人身体健康的,处三年以下有期徒刑或者拘役。

立法沿革

本条系1997年《刑法》增设的规定。在1979年《刑法》施行期间,对于有些情况可以按照国家工作人员玩忽职守罪追究有关医务人员的责任。

相关规定

《医疗事故技术鉴定暂行办法》(卫生部令第30号,具体条文未收录)

《全国人大法工委关于对法医类鉴定与医疗事故技术鉴定关系问题的意见》(法工委复字〔2005〕29号)

卫生部:

你部2005年4月18日(卫政法函〔2005〕75号)来函收悉。经研究,交换意见如下:

关于司法鉴定管理问题的决定第二条规定,国家对从事法医类鉴定的鉴定人和鉴定机构实行登记管理制度。医疗事故技术鉴定的组织方式与一般的法医类鉴定有很大区别,医疗事故技术鉴定的内容也不都属于法医类鉴定。但医疗事故技术鉴定中涉及的有关问题,如尸检、伤残鉴定等,属于法医类鉴定范围。对此类鉴定事项,在进行医疗事故技术鉴定时,由已列入鉴定人名册的法医参加鉴定为宜。

立案追诉标准

《最高人民检察院、公安部关于公安机关管辖的刑事案件立案追诉标准的规定(一)》(节录)

第五十六条 [医疗事故案(刑法第三百三十五条)]医务人员由于严重不负责任,造成就诊人死亡或者严重损害就诊人身体健康的,应予立案追诉。

具有下列情形之一的,属于本条规定的"严重不负责任":

（一）擅离职守的；
（二）无正当理由拒绝对危急就诊人实行必要的医疗救治的；
（三）未经批准擅自开展试验性医疗的；
（四）严重违反查对、复核制度的；
（五）使用未经批准使用的药品、消毒药剂、医疗器械的；
（六）严重违反国家法律法规及有明确规定的诊疗技术规范、常规的；
（七）其他严重不负责任的情形。

本条规定的"严重损害就诊人身体健康"，是指造成就诊人严重残疾、重伤、感染艾滋病、病毒性肝炎等难以治愈的疾病或者其他严重损害就诊人身体健康的后果。

（→附则参见分则标题评注部分，第392页）

刑参案例规则提炼

《**孟广超医疗事故案**——具有执业资格的医生根据民间验方、偏方制成药物诊疗，造成就诊人死亡的行为如何定性》（第429号案例）、《**梁娟医疗事故案**——医务人员在医院安排下的违规医疗行为应当如何定性》（第1288号案例）、《**侯春英非法行医案**——未取得医生执业资格的人在诊所负责人默许下长期独立从事医疗活动的行为定性》（第1382号案例）所涉规则提炼如下：

1. **医疗事故罪与假药犯罪的界分规则。**"具有执业资格的医生在诊疗过程中，出于医治病患的目的，根据民间验方、偏方制成药物，用于诊疗的行为一般不构成生产、销售假药罪。""具有执业资格的医生在诊疗过程中，出于医治病患的目的，使用民间验方、偏方致人伤亡的行为，符合刑法第三百三十五条规定的可以医疗事故罪定罪处罚。"（第429号案例）

2. **医疗事故罪与非法行医罪的界分规则。**"未取得医生执业资格，在诊所负责人默许下长期独立从事医疗活动，造成一名就诊人死亡，其行为符合非法行医罪的犯罪构成。""诊所负责人即"其丈夫及诊所的默许行为并不是……构成非法行医罪的阻却条件"。（第1382号案例）但是，"被告人作为护士，在医院安排下违法从事治疗行为"，超出其职权范围，但"并非被告人……个人的擅自行为……不构成非法行医罪"。"其个人仍然存在重大义务过失，符合医疗事故罪的犯罪构成，可依法构成该罪"。需要注意的是，"医疗事故责任认定书是认定医疗事故的充分条件而非必要条件……医疗事故认定书只是认定被告人行为是否构成医疗事故罪的其中一个证据，法院可以综合全案证据来认定医疗事故责任"。（第1288号案例）

第三百三十六条 【非法行医罪】未取得医生执业资格的人非法行医,情节严重的,处三年以下有期徒刑、拘役或者管制,并处或者单处罚金;严重损害就诊人身体健康的,处三年以上十年以下有期徒刑,并处罚金;造成就诊人死亡的,处十年以上有期徒刑,并处罚金。

【非法进行节育手术罪】未取得医生执业资格的人擅自为他人进行节育复通手术、假节育手术、终止妊娠手术或者摘取宫内节育器,情节严重的,处三年以下有期徒刑、拘役或者管制,并处或者单处罚金;严重损害就诊人身体健康的,处三年以上十年以下有期徒刑,并处罚金;造成就诊人死亡的,处十年以上有期徒刑,并处罚金。

立法沿革

本条系1997年《刑法》增设的规定。

司法解释

《最高人民法院、最高人民检察院关于办理妨害预防、控制突发传染病疫情等灾害的刑事案件具体应用法律若干问题的解释》(法释〔2003〕8号)第十二条对非法行医罪的适用作了提示性规定。(→参见第一百一十四条评注部分,第415页)

《最高人民法院关于审理非法行医刑事案件具体应用法律若干问题的解释》[法释〔2008〕5号,根据《最高人民法院关于修改〈关于审理非法行医刑事案件具体应用法律若干问题的解释〉的决定》(法释〔2016〕27号)修正,修正后自2016年12月20日起施行]

为依法惩处非法行医犯罪,保障公民身体健康和生命安全,根据刑法的有关规定,现对审理非法行医刑事案件具体应用法律的若干问题解释如下:

第一条① 具有下列情形之一的,应认定为刑法第三百三十六条第一款规定的"未取得医生执业资格的人非法行医":

(一)未取得或者以非法手段取得医师资格从事医疗活动的;

(二)被依法吊销医师执业证书期间从事医疗活动的;

---

① 法释〔2016〕27号修改决定将法释〔2008〕5号解释中原第一条第二项"个人未取得《医疗机构执业许可证》开办医疗机构的"情形删除。据此,个人未取得《医疗机构执业许可证》而开办医疗机构的,并不必然构成非法行医罪。——**本评注注**

（三）未取得乡村医生执业证书，从事乡村医疗活动的；

（四）家庭接生员实施家庭接生以外的医疗行为的。

第二条 具有下列情形之一的，应认定为刑法第三百三十六条第一款规定的"情节严重"：

（一）造成就诊人轻度残疾、器官组织损伤导致一般功能障碍的；

（二）造成甲类传染病传播、流行或者有传播、流行危险的；

（三）使用假药、劣药或不符合国家规定标准的卫生材料、医疗器械，足以严重危害人体健康的；

（四）非法行医被卫生行政部门行政处罚两次以后，再次非法行医的；

（五）其他情节严重的情形。

第三条 具有下列情形之一的，应认定为刑法第三百三十六条第一款规定的"严重损害就诊人身体健康"：

（一）造成就诊人中度以上残疾、器官组织损伤导致严重功能障碍的；

（二）造成三名以上就诊人轻度残疾、器官组织损伤导致一般功能障碍的。

第四条 非法行医行为系造成就诊人死亡的直接、主要原因的，应认定为刑法第三百三十六条第一款规定的"造成就诊人死亡"。

非法行医行为并非造成就诊人死亡的直接、主要原因的，可不认定为刑法第三百三十六条第一款规定的"造成就诊人死亡"。但是，根据案件情况，可以认定为刑法第三百三十六条第一款规定的"情节严重"。

第五条 实施非法行医犯罪，同时构成生产、销售假药罪，生产、销售劣药罪，诈骗罪等其他犯罪的，依照刑法处罚较重的规定定罪处罚。

第六条① 本解释所称"医疗活动""医疗行为"，参照《医疗机构管理条例实施细则》中的"诊疗活动""医疗美容"认定。

本解释所称"轻度残疾、器官组织损伤导致一般功能障碍""中度以上残疾、

---

① **本评注认为**，未取得《医疗机构执业许可证》的相关机构（实验室），组织取得相应执业资格的医护人员非法开展人类辅助生殖技术的行为，依照目前的法律和相关司法解释的规定，不构成非法行医罪。主要考虑：(1)个人未取得《医疗机构执业许可证》而开办医疗机构的，并不必然构成非法行医罪。可见，设立违法违规开展人类辅助生殖技术的窝点，如果相关人员是已经取得相应执业资格的医护人员，并不属于非法行医行为。(2)本条明确规定，"本解释所称'医疗活动''医疗行为'，参照《医疗机构管理条例实施细则》中的'诊疗活动''医疗美容'认定。"而上述实施细则规定，"诊疗活动：是指（转下页）

器官组织损伤导致严重功能障碍",参照《医疗事故分级标准(试行)》认定。

■ 立案追诉标准

《最高人民检察院、公安部关于公安机关管辖的刑事案件立案追诉标准的规定(一)》(节录)

第五十八条 [非法进行节育手术案(刑法第三百三十六条第二款)]未取得医生执业资格的人擅自为他人进行节育复通手术、假节育手术、终止妊娠手术或者摘取宫内节育器,涉嫌下列情形之一的,应予立案追诉:

(一)造成就诊人轻伤、重伤、死亡或者感染艾滋病、病毒性肝炎等难以治愈的疾病的;

(二)非法进行节育复通手术、假节育手术、终止妊娠手术或者摘取宫内节育器五人次以上的;

(三)致使他人超计划生育的;

(四)非法进行选择性别的终止妊娠手术的;

(五)非法获利累计五千元以上的;

(六)其他情节严重的情形。

(→附则参见分则标题评注部分,第392页)

另,第五十七条关于非法行医罪立案追诉标准的规定与修正后法释[2008]5号解释第一条、第二条不完全一致,应当以后者为准。

■ 法律适用答复、复函①

《最高人民检察院法律政策研究室关于非法行医被刑事处罚后再次非法行

(接上页)通过各种检查、使用药物、器械及手术等方法,对疾病作出判断和消除疾病、缓解病情、减轻痛苦、改善功能、延长生命、帮助患者恢复健康的活动"。可见,非法开展人类辅助生殖技术的行为并未被上述实施细则列为"诊疗活动",因此这一行为亦不符合非法行医罪的客观行为要件。

① 鉴于《最高人民法院关于修改〈关于审理非法行医刑事案件具体应用法律若干问题的解释〉的决定》(法释[2016]27号)发布施行,《卫生部关于对非法行医罪犯罪条件征询意见函的复函》(2001年8月8日)未予收录。该复函提出:"最高人民法院:你院《关于非法行医罪犯罪主体条件征询意见函》(法函[2001]23号)收悉。经研究,现答复如下:一、关于非法行医罪犯罪主体的概念。1998年6月26日第九届全国人民代表大会(转下页)

医适用法律问题的答复意见》(高检研〔2014〕2号)
湖北省人民检察院法律政策研究室：

(接上页)常务委员会第三次会议通过《执业医师法》，根据该法规定，医师是取得执业医师资格，经注册在医疗、预防、保健机构中执业的医学专业人员。医师分为执业医师和执业助理医师，《刑法》中的'医生执业资格的人'应当是按照《执业医师法》的规定，取得执业医师资格并经卫生行政部门注册的医学专业人员。二、关于《执业医师法》颁布以前医师资格认定问题。《执业医师法》第四十三条规定：'本法颁布之日前按照国家有关规定取得医学专业技术职称和医学专业技术职务的人员，由所在机构报请县级以上人民政府卫生行政部门认定，取得相应的医师资格。'卫生部、人事部下发了《具有医学专业技术职务任职资格人员认定医师资格及执业注册办法》。目前各级卫生行政部门正在对《执业医师法》颁布之前，按照国家有关规定已取得医学专业技术职务任职资格的人员认定医师资格，并为仍在医疗、预防、保健机构执业的医师办理执业注册。三、关于在'未被批准行医的场所'行医问题。具有医生执业资格的人在'未被批准行医的场所'行医属非法行医。其中，'未被批准行医的场所'是指没有卫生行政部门核发的《医疗机构执业许可证》的场所。但是，下列情况不属于非法行医：(一)随急救车出诊或随采血车出车采血的；(二)对病人实施现场急救的；(三)经医疗、预防、保健机构批准的家庭病床、卫生支农、出诊、承担政府交办的任务和卫生行政部门批准的义诊等。四、关于乡村医生及家庭接生员的问题。《执业医师法》规定，不具备《执业医师法》规定的执业医师资格或者执业助理医师资格的乡村医生，由国务院另行制定管理办法。经过卫生行政部门审核的乡村医生应当在注册的村卫生室执业。除第三条所列情况外，其他凡超出其申请执业地点的，应视为非法行医。根据《母婴保健法》的规定，'不能住院分娩的孕妇应当经过培训合格的接生人员实行消毒接生'，'从事家庭接生的人员，必须经过县级以上地方人民政府卫生行政部门的考核，并取得相应的合格证书'。取得合法资格的家庭接生人员为不能住院分娩的孕妇接生，不属于非法行医。《最高人民法院关于非法行医罪犯罪主体条件征询意见函》(法函〔2001〕23号)提出："中华人民共和国卫生部：非法行医罪是一种严重危害社会医疗卫生秩序，危害群众身体健康和生命安全的犯罪行为，应当依法严惩。但是，由于在审判实践中对刑法规定该罪主体条件的医务专业术语如何理解有争议，影响对该类案件依法进行处理。《中华人民共和国刑法》第三百三十六条第一款规定：'未取得医生执业资格的人非法行医，情节严重的，处三年以下有期徒刑拘役或者管制，并处或者单处罚金；严重损害就诊人身体健康的，处三年以上十年以下有期徒刑，并处罚金；造成就诊人死亡的，处十年以上有期徒刑，并处罚金。'前述法律规定中，是否取得'医生执业资格'是非法行医罪的主体条件。审判实践中的疑问是：(1)医生资格和医生执业资格是不是同一概念？如果不是同一概念，二者的内涵是什么？(2)1997年10月1日《中华人民共和国刑法》施行以后至1999年5月1日《中华人民共和国执业医师法》施行以前，对'未取得医生执业资格的人'应当如何理解？是否包括具有医生资格，并被医院或者其他(转下页)

你室《关于非法行医被科刑后再次非法行医构罪问题的请示》(鄂检研[2013]20号)收悉。经研究,答复如下:

行为人因非法行医被刑事处罚以后,又非法行医的,属于《最高人民法院关于审理非法行医刑事案件具体应用法律若干问题的解释》第二条第(五)项、《最高人民检察院公安部关于公安机关管辖的刑事案件立案追诉标准的规定(一)》第五十七条第一款第(五)项规定的"其他情节严重"的情形,应予追究刑事责任。请示所涉及案件,建议根据具体情况依法处理。

刑参案例规则提炼①

《周兆钧被控非法行医案——如何正确把握非法行医罪的主体要件》(第283号案例)、《周某某非法行医案——患者自愿求医的,能否阻却非法行医罪的成立》(第316号案例)、《贺淑华非法行医案——产妇在分娩过程中因并发症死亡,非法行医人对其死亡应当承担刑事责任》(第421号案例)、《徐如涵非法进行节育手术案——如何认定非法进行节育手术罪中的"严重损害就诊人身体健康"》(第732号案例)所涉规则提炼如下:

1. **非法行医罪的主体认定规则。**"凡具有执业医师资格的人,就不属于刑法第三百三十六条第一款非法行医罪的主体范围。""已经具有执业医师资格的人,未经批准擅自开办医疗机构行医的,或者未向卫生行政部门注册,未领取'医师执业证书'或者'医疗机构执业许可证'就进行行医活动,只是违反了执业医师法对医师执业活动行政管理的规定,虽然从广义上讲属于非法行医,但行为性质仅属于行政违法,应当给予行政处罚。"(第283号案例)

2. **非法行医案件中被害人承诺的处理规则。**"在非法行医案件中,患者有可能是误认为行为人取得了医生执业资格而求医,也可能是明知对方没有医生执业资格而求医。在患者自愿、主动求医的情况下",不能阻却行为人非法行医罪的构成。(第316号案例)

(接上页)卫生单位聘为医生,但在未被批准行医的场所行医的人?为了正确适用法律,以及依法惩处非法行医犯罪行为,特征求你部对上述问题的意见,请将你们的意见以及相关的依据函告我院。"法释[2008]5号解释第一条关于"未取得医生执业资格的人非法行医"的界定明显受到了本复函的影响,但法释[2016]27号解释作出调整。

① 另,鉴于法释[2016]27号解释删去了将"个人未取得《医疗机构执业许可证》开办医疗机构的"认定为"未取得医生执业资格的人非法行医"情形的规定,《王之兰过失致人死亡案——在未领取〈医疗机构执业许可证〉的乡村卫生室工作的乡村医生行医致人死亡的应如何定性》(第262号案例)所涉规则未予提炼。

3. 非法行医罪加重结果的认定规则。"如何判断加重结果与基本犯罪的因果关系,通行观点是'过失说'。""本案中,被告人在没有行医资格的前提下,故意长期非法行医,其行为已经构成非法行医的基本犯罪。""本案被告人对产妇的死亡在主观上具有过失,客观上造成了产妇死亡的结果,其非法行医行为与产妇的死亡结果间具有因果关系,故其对产妇的死亡应当承担相应的刑事责任。"(第421号案例)

4. 非法进行节育手术罪加重结果的认定规则。司法解释"关于非法行医罪'严重损害就诊人身体健康'的认定标准,应当适用于非法进行节育手术罪。""不能简单地将'致人重伤'完全等同于'严重损害就诊人身体健康'。"(第732号案例)

司法疑难解析

1. 非医学需要鉴定胎儿性别行为的定性。本评注认为,对未取得医生执业资格的人开展非医学需要鉴定胎儿性别的行为不宜适用非法行医罪。主要考虑:(1)胎儿性别鉴定行为是否属于医疗行为、医疗活动,尚存在争议。(2)非医学需要鉴定胎儿性别的行为不存在对应的合法行为,即使是医疗机构依法也不允许进行,故对未取得医生执业资格的人开展非医学需要胎儿性别鉴定的行为也不宜认定为非法行医罪。

2. 组织未成年人进行采卵手术获利行为的定性。本评注认为,采卵手术属于医疗行为的范畴。故而,对组织未成年人进行采卵手术获利行为,可以视情适用非法行医罪。

第三百三十六条之一　【非法植入基因编辑、克隆胚胎罪】将基因编辑、克隆的人类胚胎植入人体或者动物体内,或者将基因编辑、克隆的动物胚胎植入人体内,情节严重的,处三年以下有期徒刑或者拘役,并处罚金;情节特别严重的,处三年以上七年以下有期徒刑,并处罚金。

立法沿革

本条系2021年3月1日起施行的《刑法修正案(十一)》第三十九条增设的规定。

① 对于个别影响恶劣、情节严重的案件,似可以考虑以非法经营罪论处。

第三百三十七条 【妨害动植物防疫、检疫罪】违反有关动植物防疫、检疫的国家规定,引起重大动植物疫情的,或者有引起重大动植物疫情危险,情节严重的,处三年以下有期徒刑或者拘役,并处或者单处罚金。

单位犯前款罪的,对单位判处罚金,并对其直接负责的主管人员和其他直接责任人员,依照前款的规定处罚。

立法沿革

本条系1997年《刑法》增设的规定。

立案追诉标准

《最高人民检察院、公安部关于公安机关管辖的刑事案件立案追诉标准的规定(一)》(节录)

第五十九条 [逃避动植物检疫案(刑法第三百三十七条)]违反有关动植物防疫、检疫的国家规定,引起重大动植物疫情的,应予立案追诉。

违反有关动植物防疫、检疫的国家规定,有引起重大动植物疫情危险,涉嫌下列情形之一的,应予立案追诉:

(一)非法处置疫区内易感动物或者其产品,货值金额5万元以上的;

(二)非法处置因动植物防疫、检疫需要被依法处理的动植物或者其产品,货值金额2万元以上的;

(三)非法调运、生产、经营感染重大植物检疫性有害生物的林木种子、苗木等繁殖材料或者森林植物产品的;

(四)输入《中华人民共和国进出境动植物检疫法》规定的禁止进境物逃避检疫,或者对特许进境的禁止进境物未有效控制与处置,导致其逃逸、扩散的;

(五)进境动植物及其产品检出有引起重大动植物疫情危险的动物疫病或者植物有害生物后,非法处置导致进境动植物及其产品流失的;

(六)一年内携带或者寄递《中华人民共和国禁止携带、邮寄进境的动植物及其产品名录》所列物品进境逃避检疫2次以上,或者窃取、抢夺、损毁、抛洒动植物检疫机关截留的《中华人民共和国禁止携带、邮寄进境的动植物及其产品名录》所列物品的;

(七)其他情节严重的情形。

本条规定的"重大动植物疫情",按照国家行政主管部门的有关规定认定。

(→附则参见分则标题评注部分,第392页)

第六节 破坏环境资源保护罪

立案追诉标准[①]

第三百三十八条 【污染环境罪】 违反国家规定,排放、倾倒或者处置有放射性的废物、含传染病病原体的废物、有毒物质或者其他有害物质,严重污染环境的,处三年以下有期徒刑或者拘役,并处或者单处罚金;情节严重的,处三年以上七年以下有期徒刑,并处罚金;有下列情形之一的,处七年以上有期徒刑,并处罚金:

(一)在饮用水水源保护区、自然保护地核心保护区等依法确定的重点保护区域排放、倾倒、处置有放射性的废物、含传染病病原体的废物、有毒物质,情节特别严重的;

(二)向国家确定的重要江河、湖泊水域排放、倾倒、处置有放射性的废物、含传染病病原体的废物、有毒物质,情节特别严重的;

(三)致使大量永久基本农田基本功能丧失或者遭受永久性破坏的;

(四)致使多人重伤、严重疾病,或者致人严重残疾、死亡的。

有前款行为,同时构成其他犯罪的,依照处罚较重的规定定罪处罚。

立法沿革

本条系1997年《刑法》吸收修改附属刑法作出的规定。1995年《固体废物污染环境防治法》第七十二条规定:"违反本法规定,收集、贮存、处置危险废物,造成重大环境污染事故,导致公私财产重大损失或者人身伤亡的严重后果的,比照刑法第一百一十五条或者第一百八十七条的规定追究刑事责任。""单位犯本条罪的,处以罚金,并对直接负责的主管人员和其他直接责任人员依照前款规定追究刑事责任。"

2011年5月1日起施行的《刑法修正案(八)》第四十六条对本条作了第

[①] 鉴于法释〔2022〕12号解释发布施行,以及当前森林和陆生野生动物刑事案件管辖调整情况,《国家林业局、公安部关于森林和陆生野生动物刑事案件管辖及立案标准》(2001年5月9日)未予收录。——**本评注注**

第六节 破坏环境资源保护罪

一次修改，主要涉及三个方面：一是作了文字修改，删除了原条文中规定的排放、倾倒、处置行为的对象，即"土地、水体、大气"；二是扩大了污染物的范围，将原来规定的"其他危险废物"修改为"其他有害物质"；三是降低了入罪门槛，将"造成重大环境污染事故，致使公私财产遭受重大损失或者人身伤亡的严重后果"修改为"严重污染环境"。修改后，罪名调整为"污染环境罪"。

2021年3月1日起施行的《刑法修正案（十一）》第四十条对本条作了第二次修改，主要涉及如下三个方面：一是将第二档刑罚的条件由"后果特别严重"调整为"情节严重"；二是增加第三档刑罚"七年以上有期徒刑，并处罚金"，并明确具体情形；三是增加第二款，规定"有前款行为，同时构成其他犯罪的，依照处罚较重的规定定罪处罚"。

修正前《刑法》	第一次修正后《刑法》	第二次修正后《刑法》
第三百三十八条 【重大环境污染事故罪】违反国家规定，向土地、水体、大气排放、倾倒或者处置有放射性的废物、含传染病病原体的废物、有毒物质或者其他危险废物，造成重大环境污染事故，致使公私财产遭受重大损失或者人身伤亡的严重后果的，处三年以下有期徒刑或者拘役，并处或者单处罚金；后果特别严重的，处三年以上七年以下有期徒刑，并处罚金。	第三百三十八条 【污染环境罪】违反国家规定，排放、倾倒或者处置有放射性的废物、含传染病病原体的废物、有毒物质或者其他**有害物质，严重污染环境**的，处三年以下有期徒刑或者拘役，并处或者单处罚金；后果特别严重的，处三年以上七年以下有期徒刑，并处罚金。	第三百三十八条 【污染环境罪】违反国家规定，排放、倾倒或者处置有放射性的废物、含传染病病原体的废物、有毒物质或者其他有害物质，严重污染环境的，处三年以下有期徒刑或者拘役，并处或者单处罚金；**情节严重**的，处三年以上七年以下有期徒刑，并处罚金；**有下列情形之一的，处七年以上有期徒刑，并处罚金：** （一）在饮用水水源保护区、自然保护地核心保护区等依法确定的重点保护区域排放、倾倒、处置有放射性的废物、含传染病病原体的废物、有毒物质，情节特别严重的； （二）向国家确定的重要江河、湖泊水域排放、倾倒、处置有放射性的废物、含传染病病原体的废物、有毒物质，情节特别严重的；

第338条

(续表)

修正前《刑法》	第一次修正后《刑法》	第二次修正后《刑法》
		（三）致使大量永久基本农田基本功能丧失或者遭受永久性破坏的； （四）致使多人重伤、严重疾病，或者致人严重残疾、死亡的。 有前款行为，同时构成其他犯罪的，依照处罚较重的规定定罪处罚。

相关规定

《中华人民共和国环境保护法》(修订后自 2015 年 1 月 1 日起施行，具体条文未收录)

《中华人民共和国固体废物污染环境防治法》(自 2020 年 9 月 1 日起施行，具体条文未收录)

《国家危险废物名录(2021 年版)》(生态环境部、国家发展和改革委员会、公安部、交通运输部、国家卫生健康委员会部令第 15 号，自 2021 年 1 月 1 日起施行，具体条文未收录)

《医疗废物分类目录(2021 年版)》(国卫医函〔2021〕238 号，具体条文未收录)

司法解释

《最高人民法院、最高人民检察院关于办理妨害预防、控制突发传染病疫情等灾害的刑事案件具体应用法律若干问题的解释》(法释〔2003〕8 号)第十三条对污染环境罪的适用作了指引性规定。(→参见第一百一十四条评注部分，第 415 页)

《最高人民法院、最高人民检察院关于办理环境污染刑事案件适用法律若干问题的解释》(法释〔2023〕7 号，自 2023 年 8 月 15 日起施行)

为依法惩治环境污染犯罪，根据《中华人民共和国刑法》《中华人民共和国刑事诉讼法》《中华人民共和国环境保护法》等法律的有关规定，现就办理此类刑事案件适用法律的若干问题解释如下：

第一条　实施刑法第三百三十八条规定的行为,具有下列情形之一的,应当认定为"严重污染环境":

(一)在饮用水水源保护区、自然保护地核心保护区等依法确定的重点保护区域排放、倾倒、处置有放射性的废物、含传染病病原体的废物、有毒物质的;

(二)非法排放、倾倒、处置危险废物三吨以上的;

(三)排放、倾倒、处置含铅、汞、镉、铬、砷、铊、锑的污染物,超过国家或者地方污染物排放标准三倍以上的;

(四)排放、倾倒、处置含镍、铜、锌、银、钒、锰、钴的污染物,超过国家或者地方污染物排放标准十倍以上的;

(五)通过暗管、渗井、渗坑、裂隙、溶洞、灌注、非紧急情况下开启大气应急排放通道等逃避监管的方式排放、倾倒、处置有放射性的废物、含传染病病原体的废物、有毒物质的;

(六)二年内曾因在重污染天气预警期间,违反国家规定,超标排放二氧化硫、氮氧化物等实行排放总量控制的大气污染物受过二次以上行政处罚,又实施此类行为的;①

(七)重点排污单位、实行排污许可重点管理的单位篡改、伪造自动监测数据或者干扰自动监测设施,排放化学需氧量、氨氮、二氧化硫、氮氧化物等污染物的;

(八)二年内曾因违反国家规定,排放、倾倒、处置有放射性的废物、含传染病病原体的废物、有毒物质受过二次以上行政处罚,又实施此类行为的;

(九)违法所得或者致使公私财产损失三十万元以上的;

(十)致使乡镇集中式饮用水水源取水中断十二小时以上的;

(十一)其他严重污染环境的情形。

第二条　实施刑法第三百三十八条规定的行为,具有下列情形之一的,应当认定为"情节严重":

(一)在饮用水水源保护区、自然保护地核心保护区等依法确定的重点保护

---

① 需要注意的是,"实行排放总量控制的大气污染物",目前主要为二氧化硫和氮氧化物,这一规定能否扩展适用于其他大气污染物,应严格依据相关国家政策和法律法规的明确规定,结合污染物检测技术水平依法做出判断。如果没有明确的国家政策和法律法规依据,或者不具备与上述两类污染物相当的检测技术,无法准确识别、有效检测的,不宜直接作为实行排放总量控制的大气污染物,以防不当扩大污染环境罪的适用范围,偏离罪责刑相适应原则。参见周加海、喻海松、李振华:《〈关于办理环境污染刑事案件适用法律若干问题的解释〉的理解与适用》,载《人民司法》2023年第25期。

区域排放、倾倒、处置有放射性的废物、含传染病病原体的废物、有毒物质,造成相关区域的生态功能退化或者野生生物资源严重破坏的;

(二)向国家确定的重要江河、湖泊水域排放、倾倒、处置有放射性的废物、含传染病病原体的废物、有毒物质,造成相关水域的生态功能退化或者水生生物资源严重破坏的;

(三)非法排放、倾倒、处置危险废物一百吨以上的;

(四)违法所得或者致使公私财产损失一百万元以上的;

(五)致使县级城区集中式饮用水水源取水中断十二小时以上的;

(六)致使永久基本农田、公益林地十亩以上,其他农用地二十亩以上,其他土地五十亩以上基本功能丧失或者遭受永久性破坏的;

(七)致使森林或者其他林木死亡五十立方米以上,或者幼树死亡二千五百株以上的;

(八)致使疏散、转移群众五千人以上的;

(九)致使三十人以上中毒的;

(十)致使一人以上重伤、严重疾病或者三人以上轻伤的;

(十一)其他情节严重的情形。

第三条 实施刑法第三百三十八条规定的行为,具有下列情形之一的,应当处七年以上有期徒刑,并处罚金:

(一)在饮用水水源保护区、自然保护地核心保护区等依法确定的重点保护区域排放、倾倒、处置有放射性的废物、含传染病病原体的废物、有毒物质,具有下列情形之一的:

1. 致使设区的市级城区集中式饮用水水源取水中断十二小时以上的;

2. 造成自然保护地主要保护的生态系统严重退化,或者主要保护的自然景观损毁的;

3. 造成国家重点保护的野生动植物资源或者国家重点保护物种栖息地、生长环境严重破坏的;

4. 其他情节特别严重的情形。

(二)向国家确定的重要江河、湖泊水域排放、倾倒、处置有放射性的废物、含传染病病原体的废物、有毒物质,具有下列情形之一的:

1. 造成国家确定的重要江河、湖泊水域生态系统严重退化的;

2. 造成国家重点保护的野生动植物资源严重破坏的;

3. 其他情节特别严重的情形。

(三)致使永久基本农田五十亩以上基本功能丧失或者遭受永久性破坏的;

(四)致使三人以上重伤、严重疾病,或者一人以上严重残疾、死亡的。

第四条 实施刑法第三百三十九条第一款规定的行为,具有下列情形之一的,应当认定为"致使公私财产遭受重大损失或者严重危害人体健康":

(一)致使公私财产损失一百万元以上的;

(二)具有本解释第二条第五项至第十项规定情形之一的;

(三)其他致使公私财产遭受重大损失或者严重危害人体健康的情形。

第五条 实施刑法第三百三十八条、第三百三十九条规定的犯罪行为,具有下列情形之一的,应当从重处罚:

(一)阻挠环境监督检查或者突发环境事件调查,尚不构成妨害公务等犯罪的;

(二)在医院、学校、居民区等人口集中地区及其附近,违反国家规定排放、倾倒、处置有放射性的废物、含传染病病原体的废物、有毒物质或者其他有害物质的;

(三)在突发环境事件处置期间或者被责令限期整改期间,违反国家规定排放、倾倒、处置有放射性的废物、含传染病病原体的废物、有毒物质或者其他有害物质的;

(四)具有危险废物经营许可证的企业违反国家规定排放、倾倒、处置有放射性的废物、含传染病病原体的废物、有毒物质或者其他有害物质的;

(五)实行排污许可重点管理的企业事业单位和其他生产经营者未依法取得排污许可证,排放、倾倒、处置有放射性的废物、含传染病病原体的废物、有毒物质或者其他有害物质的。

第六条 实施刑法第三百三十八条规定的行为,行为人认罪认罚,积极修复生态环境,有效合规整改的,可以从宽处罚;犯罪情节轻微的,可以不起诉或者免予刑事处罚;情节显著轻微危害不大的,不作为犯罪处理。

第七条 无危险废物经营许可证从事收集、贮存、利用、处置危险废物经营活动,严重污染环境的,按照污染环境罪定罪处罚;同时构成非法经营罪的,依照处罚较重的规定定罪处罚。

实施前款规定的行为,不具有超标排放污染物、非法倾倒污染物或者其他违法造成环境污染的情形的,可以认定为非法经营情节显著轻微危害不大,不认为是犯罪;构成生产、销售伪劣产品等其他犯罪的,以其他犯罪论处。

第八条 明知他人无危险废物经营许可证,向其提供或者委托其收集、贮存、利用、处置危险废物,严重污染环境的,以共同犯罪论处。

第九条 违反国家规定,排放、倾倒、处置含有毒害性、放射性、传染病病原体等物质的污染物,同时构成污染环境罪、非法处置进口的固体废物罪、投放危险物质罪等犯罪的,依照处罚较重的规定定罪处罚。

第十条　承担环境影响评价、环境监测、温室气体排放检验检测、排放报告编制或者核查等职责的中介组织的人员故意提供虚假证明文件，具有下列情形之一的，应当认定为刑法第二百二十九条第一款规定的"情节严重"：

（一）违法所得三十万元以上的；

（二）二年内曾因提供虚假证明文件受过二次以上行政处罚，又提供虚假证明文件的；

（三）其他情节严重的情形。

实施前款规定的行为，在涉及公共安全的重大工程、项目中提供虚假的环境影响评价等证明文件，致使公共财产、国家和人民利益遭受特别重大损失的，应当依照刑法第二百二十九条第一款的规定，处五年以上十年以下有期徒刑，并处罚金。

实施前两款规定的行为，同时索取他人财物或者非法收受他人财物构成犯罪的，依照处罚较重的规定定罪处罚。

第十一条　违反国家规定，针对环境质量监测系统实施下列行为，或者强令、指使、授意他人实施下列行为，后果严重的，应当依照刑法第二百八十六条的规定，以破坏计算机信息系统罪定罪处罚：

（一）修改系统参数或者系统中存储、处理、传输的监测数据的；

（二）干扰系统采样，致使监测数据因系统不能正常运行而严重失真的；

（三）其他破坏环境质量监测系统的行为。

重点排污单位、实行排污许可重点管理的单位篡改、伪造自动监测数据或者干扰自动监测设施，排放化学需氧量、氨氮、二氧化硫、氮氧化物等污染物，同时构成污染环境罪和破坏计算机信息系统罪的，依照处罚较重的规定定罪处罚。

从事环境监测设施维护、运营的人员实施或者参与实施篡改、伪造自动监测数据、干扰自动监测设施、破坏环境质量监测系统等行为的，依法从重处罚。

第十二条　对于实施本解释规定的相关行为被不起诉或者免予刑事处罚的行为人，需要给予行政处罚、政务处分或者其他处分的，依法移送有关主管机关处理。有关主管机关应当将处理结果及时通知人民检察院、人民法院。

第十三条　单位实施本解释规定的犯罪的，依照本解释规定的定罪量刑标准，对直接负责的主管人员和其他直接责任人员定罪处罚，并对单位判处罚金。

第十四条　环境保护主管部门及其所属监测机构在行政执法过程中收集的监测数据，在刑事诉讼中可以作为证据使用。

公安机关单独或者会同环境保护主管部门，提取污染物样品进行检测获取的数据，在刑事诉讼中可以作为证据使用。

第十五条　对国家危险废物名录所列的废物，可以依据涉案物质的来源、产生过程、被告人供述、证人证言以及经批准或者备案的环境影响评价文件、排污许可证、排污登记表等证据,结合环境保护主管部门、公安机关等出具的书面意见作出认定。

对于危险废物的数量,依据案件事实,综合被告人供述、涉案企业的生产工艺、物耗、能耗情况,以及经批准或者备案的环境影响评价文件等证据作出认定。

第十六条 对案件所涉的环境污染专门性问题难以确定的,依据鉴定机构出具的鉴定意见,或者国务院环境保护主管部门、公安部门指定的机构出具的报告,结合其他证据作出认定。

第十七条 下列物质应当认定为刑法第三百三十八条规定的"有毒物质":

(一)危险废物,是指列入国家危险废物名录,或者根据国家规定的危险废物鉴别标准和鉴别方法认定的,具有危险特性的固体废物;

(二)《关于持久性有机污染物的斯德哥尔摩公约》附件所列物质;

(三)重金属含量超过国家或者地方污染物排放标准的污染物;①

(四)其他具有毒性,可能污染环境的物质。

第十八条 无危险废物经营许可证,以营利为目的,从危险废物中提取物质作为原材料或者燃料,并具有超标排放污染物、非法倾倒污染物或者其他违法造成环境污染的情形的行为,应当认定为"非法处置危险废物"。

第十九条 本解释所称"二年内",以第一次违法行为受到行政处罚的生效之日与又实施相应行为之日的时间间隔计算确定。

本解释所称"重点排污单位",是指设区的市级以上人民政府环境保护主管部门依法确定的应当安装、使用污染物排放自动监测设备的重点监控企业及其他单位。

本解释所称"违法所得",是指实施刑法第二百二十九条、第三百三十八条、第三百三十九条规定的行为所得和可得的全部违法收入。

本解释所称"公私财产损失",包括实施刑法第三百三十八条、第三百三十九条规定的行为直接造成财产损毁、减少的实际价值,为防止污染扩大、消除污染而采取

---

① 将法释〔2016〕29号解释第十五条"含重金属的污染物"的规定,修改为"重金属含量超过国家或者地方污染物排放标准的污染物"。主要考虑:重金属种类多、使用广泛,其毒性和对人体的危害程度差异较大;此外,自然环境中本身就含有部分重金属成分,但并非来源于相关的非法排放、倾倒、处置行为,故重金属的污染物并非当然属于有毒物质,而应根据含量或者浓度是否超过相应标准判断。原表述的含义过于宽泛,修改后规定更便于实践操作。参见周加海、喻海松、李振华:《〈关于办理环境污染刑事案件适用法律若干问题的解释〉的理解与适用》,载《人民司法》2023年第25期。

必要合理措施所产生的费用,以及处置突发环境事件的应急监测费用。

本解释所称"无危险废物经营许可证",是指未取得危险废物经营许可证,或者超出危险废物经营许可证的经营范围。

第二十条 本解释自2023年8月15日起施行。本解释施行后,《最高人民法院、最高人民检察院关于办理环境污染刑事案件适用法律若干问题的解释》(法释〔2016〕29号)同时废止;之前发布的司法解释与本解释不一致的,以本解释为准。

▎规范性文件

《最高人民法院、最高人民检察院、公安部、司法部、生态环境部关于办理环境污染刑事案件有关问题座谈会纪要》(高检会〔2019〕3号,节录)

2018年6月16日,中共中央、国务院发布《关于全面加强生态环境保护坚决打好污染防治攻坚战的意见》。7月10日,全国人民代表大会常务委员会通过了《关于全面加强生态环境保护依法推动打好污染防治攻坚战的决议》。为深入学习贯彻习近平生态文明思想,认真落实党中央重大决策部署和全国人大常委会决议要求,全力参与和服务保障打好污染防治攻坚战,推进生态文明建设,形成各部门依法惩治环境污染犯罪的合力,2018年12月,最高人民法院、最高人民检察院、公安部、司法部、生态环境部在北京联合召开座谈会。会议交流了当前办理环境污染刑事案件的工作情况,分析了遇到的突出困难和问题,研究了解决措施。会议对办理环境污染刑事案件中的有关问题形成了统一认识。纪要如下:

一(略)

二

会议要求,各部门要正确理解和准确适用刑法和《最高人民法院、最高人民检察院关于办理环境污染刑事案件适用法律若干问题的解释》(法释〔2016〕29号,以下称《环境解释》)①的规定,坚持最严格的环保司法制度、最严密的环保法治理念,统一执法司法尺度,加大对环境污染犯罪的惩治力度。

1.关于单位犯罪的认定

会议针对一些地方存在追究自然人犯罪多,追究单位犯罪少,单位犯罪认定难的情况和问题进行了讨论。会议认为,办理环境污染犯罪案件,认定单位犯罪时,应当依法合理把握追究刑事责任的范围,贯彻宽严相济刑事政策,重点打击出资者、经营者和主要获利者,既要防止不当缩小追究刑事责任的人员范围,又

---

① 现行司法解释为《最高人民法院、最高人民检察院关于办理环境污染刑事案件适用法律若干问题的解释》(法释〔2023〕7号)。——**本评注注**

要防止打击面过大。

为了单位利益,实施环境污染行为,并具有下列情形之一的,应当认定为单位犯罪:(1)经单位决策机构按照决策程序决定的;(2)经单位实际控制人、主要负责人或者授权的分管负责人决定、同意的;(3)单位实际控制人、主要负责人或者授权的分管负责人得知单位成员个人实施环境污染犯罪行为,并未加以制止或者及时采取措施,而是予以追认、纵容或者默许的;(4)使用单位营业执照、合同书、公章、印鉴等对外开展活动,并调用单位车辆、船舶、生产设备、原辅材料等实施环境污染犯罪行为的。

单位犯罪中的"直接负责的主管人员",一般是指对单位犯罪起决定、批准、组织、策划、指挥、授意、纵容等作用的主管人员,包括单位实际控制人、主要负责人或者授权的分管负责人、高级管理人员等;"其他直接责任人员",一般是指在直接负责的主管人员的指挥、授意下积极参与实施单位犯罪或者对具体实施单位犯罪起较大作用的人员。

对于应当认定为单位犯罪的环境污染犯罪案件,公安机关未作为单位犯罪移送审查起诉的,人民检察院应当退回公安机关补充侦查。对于应当认定为单位犯罪的环境污染犯罪案件,人民检察院只作为自然人犯罪起诉的,人民法院应当建议人民检察院对犯罪单位补充起诉。

2.关于犯罪未遂的认定

会议针对当前办理环境污染犯罪案件中,能否认定污染环境罪(未遂)的问题进行了讨论。会议认为,当前环境执法工作形势比较严峻,一些行为人拒不配合执法检查、接受检查时弄虚作假、故意逃避法律追究的情形时有发生,因此对于行为人已经着手实施非法排放、倾倒、处置有毒有害污染物的行为,由于有关部门查处或者其他意志以外的原因未得逞的情形,可以污染环境罪(未遂)追究刑事责任。

3.关于主观过错的认定

会议针对当前办理环境污染犯罪案件中,如何准确认定犯罪嫌疑人、被告人主观过错的问题进行了讨论。会议认为,判断犯罪嫌疑人、被告人是否具有环境污染犯罪的故意,应当依据犯罪嫌疑人、被告人的任职情况、职业经历、专业背景、培训经历、本人因同类行为受到行政处罚或者刑事追究情况以及污染物种类、污染方式、资金流向等证据,结合其供述,进行综合分析判断。

实践中,具有下列情形之一,犯罪嫌疑人、被告人不能作出合理解释的,可以认定其故意实施环境污染犯罪,但有证据证明确系不知情的除外:(1)企业没有依法通过环境影响评价,或者未依法取得排污许可证,排放污染物,或者已经通过环境影响评价并且防治污染设施验收合格后,擅自更改工艺流程、原辅材料,导致产生新的污染物质的;(2)不使用验收合格的防治污染设施或者不按规范要求使用的;(3)防治污染设施发生故障,发现后不及时排除,继续生产放任污染物排放的;(4)生态环境部门责令限制生产、停产整治或者予以行政处罚后,继续生产放任污染物排放的;(5)将危险废物委托第三方处置,没有尽到查验经营许可的义务,或者委托处置费用明显低于市场价格或者处置成本的;(6)通过暗管、渗井、渗坑、裂隙、溶洞、灌注等逃避监管的方式排放污染物的;(7)通过篡改、伪造监测数据的方式排放污染物的;(8)其他足以认定的情形。

4. 关于生态环境损害标准的认定①

会议针对如何适用《环境解释》第一条、第三条规定的"造成生态环境严重损害的""造成生态环境特别严重损害的"定罪量刑标准进行了讨论。会议指出,生态环境损害赔偿制度是生态文明制度体系的重要组成部分。党中央、国务院高度重视生态环境损害赔偿工作,党的十八届三中全会明确提出对造成生态环境损害的责任者严格实行赔偿制度。2015年,中央办公厅、国务院办公厅印发《生态环境损害赔偿制度改革试点方案》(中办发〔2015〕57号),在吉林等7个省市部署开展改革试点,取得明显成效。2017年,中央办公厅、国务院办公厅印发《生态环境损害赔偿制度改革方案》(中办发〔2017〕68号),在全国范围内试行生态环境损害赔偿制度。

会议指出,《环境解释》将造成生态环境损害规定为污染环境罪的定罪量刑标准之一,是为了与生态环境损害赔偿制度实现衔接配套,考虑到该制度尚在试行过程中,《环境解释》作了较原则的规定。司法实践中,一些省市结合本地区工作实际制定了具体标准。会议认为,在生态环境损害赔偿制度试行阶段,全国各省(自治区、直辖市)可以结合本地实际情况,因地制宜,因时制宜,根据案件具体情况准确认定"造成生态环境严重损害"和"造成生态环境特别严重损害"。

---

① 生态环境损害程度的认定情况,往往与公私财产损失存在交叉关系,也与违法所得存在一定关联,故另行依据生态环境损害程度入罪必要性不大。而且,生态环境损害程度的认定程序复杂、周期长、费用高,是办理环境污染案件公认的难题。正因如此,实践中迄今尚无依据生态环境损害程度入罪的污染环境刑事案件。相关规定的象征意义大于实际意义,基于此,根据司法实务部门的建议,法释〔2023〕7号解释删去"造成生态环境严重损害的""造成生态环境特别严重损害的"定罪量刑标准。参见周加海、喻海松、李振华:《〈关于办理环境污染刑事案件适用法律若干问题的解释〉的理解与适用》,载《人民司法》2023年第25期。

5.关于非法经营罪的适用

会议针对如何把握非法经营罪与污染环境罪的关系以及如何具体适用非法经营罪的问题进行了讨论。会议强调,要高度重视非法经营危险废物案件的办理,坚持全链条、全环节、全流程对非法排放、倾倒、处置、经营危险废物的产业链进行刑事打击,查清犯罪网络,深挖犯罪源头,斩断利益链条,不断挤压和铲除此类犯罪滋生蔓延的空间。

会议认为,准确理解和适用《环境解释》第六条①的规定应当注意把握两个原则:一要坚持实质判断原则,对行为人非法经营危险废物行为的社会危害性作实质性判断。比如,一些单位或者个人虽未依法取得危险废物经营许可证,但其收集、贮存、利用、处置危险废物经营活动,没有超标排放污染物、非法倾倒污染物或者其他违法造成环境污染情形的,则不宜以非法经营罪论处。二要坚持综合判断原则,对行为人非法经营危险废物行为根据其在犯罪链条中的地位、作用综合判断其社会危害性。比如,有证据证明单位或者个人的无证经营危险废物行为属于危险废物非法经营产业链的一部分,并且已经形成了分工负责、利益均沾、相对固定的犯罪链条,如果行为人或者与其联系紧密的上游或者下游环节具有排放、倾倒、处置危险废物违法造成环境污染的情形,且交易价格明显异常的,对行为人可以根据案件具体情况在污染环境罪和非法经营罪中,择一重罪处断。

6.关于投放危险物质罪的适用

会议强调,目前我国一些地方环境违法犯罪活动高发多发,刑事处罚威慑力不强的问题仍然突出,现阶段在办理环境污染犯罪案件时必须坚决贯彻落实中央领导同志关于重典治理污染的指示精神,把刑法和《环境解释》的规定用足用好,形成对环境污染违法犯罪的强大震慑。

会议认为,司法实践中对环境污染行为适用投放危险物质罪追究刑事责任时,应当重点审查判断行为人的主观恶性、污染行为恶劣程度、污染物的毒害性危险性、污染持续时间、污染结果是否可逆、是否对公共安全造成现实、具体、明确的危险或者危害等各方面因素。对于行为人明知其排放、倾倒、处置的污染物含有毒害性、放射性、传染病病原体等危险物质,仍实施环境污染行为放任其危害公共安全,造成重大人员伤亡、重大公私财产损失等严重后果,以污染环境罪论处明显不足以罚当其罪的,可以按投放危险物质罪定罪量刑。实践中,此类情形主要是向饮用水水源保护区,饮用水供水单位取水口和出水口,南水北调水库、干渠、涵洞等配套工程,重要渔业水体以及自然保护区核心区等特殊保护区域,排放、倾

---

① 法释〔2023〕7号解释第七条。——本评注注

倒、处置毒害性极强的污染物,危害公共安全并造成严重后果的情形。

7. 关于涉大气污染环境犯罪的处理

会议针对涉大气污染环境犯罪的打击处理问题进行了讨论。会议强调,打赢蓝天保卫战是打好污染防治攻坚战的重中之重。各级人民法院、人民检察院、公安机关、生态环境部门要认真分析研究全国人大常委会大气污染防治法执法检查发现的问题和提出的建议,不断加大对涉大气污染环境犯罪的打击力度,毫不动摇地以法律武器治理污染,用法治力量保卫蓝天,推动解决人民群众关注的突出大气环境问题。

会议认为,司法实践中打击涉大气污染环境犯罪,要抓住关键问题,紧盯薄弱环节,突出打击重点。对重污染天气预警期间,违反国家规定,超标排放二氧化硫、氮氧化物,受过行政处罚后又实施上述行为或者具有其他严重情节的,可以适用《环境解释》第一条第十八项规定的"其他严重污染环境的情形"追究刑事责任。①

8. 关于非法排放、倾倒、处置行为的认定

会议针对如何准确认定环境污染犯罪中非法排放、倾倒、处置行为进行了讨论。会议认为,司法实践中认定非法排放、倾倒、处置行为时,应当根据《固体废物污染环境防治法》和《环境解释》的有关规定精神,从其行为方式是否违反国家规定或者行业操作规范、污染物是否与外环境接触、是否造成环境污染的危险或者危害等方面进行综合分析判断。对名为运输、贮存、利用,实为排放、倾倒、处置的行为应当认定为非法排放、倾倒、处置行为,可以依法追究刑事责任。比如,未采取相应防范措施将没有利用价值的危险废物长期贮存、搁置,放任危险废物或者其有毒有害成分大量扬散、流失、泄漏、挥发,污染环境的。

9. 关于有害物质的认定

会议针对如何准确认定刑法第三百三十八条规定的"其他有害物质"的问题进行了讨论。会议认为,办理非法排放、倾倒、处置其他有害物质的案件,应当坚持主客观相一致原则,从行为人的主观恶性、污染行为恶劣程度、有害物质危险性毒害性等方面进行综合分析判断,准确认定其行为的社会危害性。实践中,常见的有害物质主要有:工业危险废物以外的其他工业固体废物;未经处理的生活垃圾;有害大气污染物、受控消耗臭氧层物质和有害水污染物;在利用和处置过程中必然产生有毒有害物质的其他物质;国务院生态环境保

---

① 法释〔2023〕7号解释第一条第六项将"二年内曾因在重污染天气预警期间,违反国家规定,超标排放二氧化硫、氮氧化物等实行排放总量控制的大气污染物受过二次以上行政处罚,又实施此类行为的"规定为"严重污染环境"的情形之一。——本评注注

护主管部门会同国务院卫生主管部门公布的有毒有害污染物名录中的有关物质等。

10.关于从重处罚情形的认定

会议强调,要坚决贯彻党中央推动长江经济带发展的重大决策,为长江经济带共抓大保护、不搞大开发提供有力的司法保障。实践中,对于发生在长江经济带十一省(直辖市)的下列环境污染犯罪行为,可以从重处罚:(1)跨省(直辖市)排放、倾倒、处置有放射性的废物、含传染病病原体的废物、有毒物质或者其他有害物质的;(2)向国家确定的重要江河、湖泊或者其他跨省(直辖市)江河、湖泊排放、倾倒、处置有放射性的废物、含传染病病原体的废物、有毒物质或者其他有害物质的。

11.关于严格适用不起诉、缓刑、免予刑事处罚

会议针对当前办理环境污染犯罪案件中如何严格适用不起诉、缓刑、免予刑事处罚的问题进行了讨论。会议强调,环境污染犯罪案件的刑罚适用直接关系加强生态环境保护打好污染防治攻坚战的实际效果。各级人民法院、人民检察院要深刻认识环境污染犯罪的严重社会危害性,正确贯彻宽严相济刑事政策,充分发挥刑罚的惩治和预防功能。要在全面把握犯罪事实和量刑情节的基础上严格依照刑法和刑事诉讼法规定的条件适用不起诉、缓刑、免予刑事处罚,既要考虑从宽情节,又要考虑从严情节;既要做到刑罚与犯罪相当,又要做到刑罚执行方式与犯罪相当,切实避免不起诉、缓刑、免予刑事处罚不当适用造成的消极影响。

会议认为,具有下列情形之一的,一般不适用不起诉、缓刑或者免予刑事处罚:(1)不如实供述罪行的;(2)属于共同犯罪中情节严重的主犯的;(3)犯有数个环境污染犯罪依法实行并罚或者以一罪处理的;(4)曾因环境污染违法犯罪行为受过行政处罚或者刑事处罚的;(5)其他不宜适用不起诉、缓刑、免予刑事处罚的情形。

会议要求,人民法院审理环境污染犯罪案件拟适用缓刑或者免予刑事处罚的,应当分析案发前后的社会影响和反映,注意听取控辩双方提出的意见。对于情节恶劣、社会反映强烈的环境污染犯罪,不得适用缓刑、免予刑事处罚。人民法院对判处缓刑的被告人,一般应当同时宣告禁止令,禁止其在缓刑考验期内从事与排污或者处置危险废物有关的经营活动。生态环境部门根据禁止令,对上述人员担任实际控制人、主要负责人或者高级管理人员的单位,依法不得发放排污许可证或者危险废物经营许可证。

三

会议要求,各部门要认真执行《环境解释》和原环境保护部、公安部、最高人民检察院《环境保护行政执法与刑事司法衔接工作办法》(环环监〔2017〕17

号)的有关规定,进一步理顺部门职责,畅通衔接渠道,建立健全环境行政执法与刑事司法衔接的长效工作机制。

12. 关于管辖的问题

会议针对环境污染犯罪案件的管辖问题进行了讨论。会议认为,实践中一些环境污染犯罪案件属于典型的跨区域刑事案件,容易存在管辖不明或者有争议的情况,各级人民法院、人民检察院、公安机关要加强沟通协调,共同研究解决。

会议提出,跨区域环境污染犯罪案件由犯罪地的公安机关管辖。如果由犯罪嫌疑人居住地的公安机关管辖更为适宜的,可以由犯罪嫌疑人居住地的公安机关管辖。犯罪地包括环境污染行为发生地和结果发生地。"环境污染行为发生地"包括环境污染行为的实施地以及预备地、开始地、途经地、结束地以及排放、倾倒污染物的车船停靠地、始发地、途经地、到达地等地点;环境污染行为有连续、持续或者继续状态的,相关地方都属于环境污染行为发生地。"环境污染结果发生地"包括污染物排放地、倾倒地、堆放地、污染发生地等。

多个公安机关都有权立案侦查的,由最初受理的或者主要犯罪地的公安机关立案侦查,管辖有争议的,按照有利于查清犯罪事实、有利于诉讼的原则,由共同的上级公安机关协调确定的公安机关立案侦查,需要提请批准逮捕、移送审查起诉、提起公诉的,由该公安机关所在地的人民检察院、人民法院受理。

13. 关于危险废物的认定

会议针对危险废物如何认定以及是否需要鉴定的问题进行了讨论。会议认为,根据《环境解释》的规定精神,对于列入《国家危险废物名录》的,如果来源和相应特征明确,司法人员根据自身专业技术知识和工作经验认定难度不大的,司法机关可以依据名录直接认定。对于来源和相应特征不明确的,由生态环境部门、公安机关等出具书面意见,司法机关可以依据涉案物质的来源、产生过程、被告人供述、证人证言以及经批准或者备案的环境影响评价文件等证据,结合上述书面意见作出是否属于危险废物的认定。对于需要生态环境部门、公安机关等出具书面认定意见的,区分下列情况分别处理:(1)对已确认固体废物产生单位,且产废单位环评文件中明确为危险废物的,根据产废单位建设项目环评文件和审批、验收意见、案件笔录等材料,可对照《国家危险废物名录》等出具认定意见。(2)对已确认固体废物产生单位,但产废单位环评文件中未明确为危险废物的,应进一步分析废物产生工艺,对照判断其是否列入《国家危险废物名录》。列入名录的可以直接出具认定意见;未列入名录的,应根据原辅材料、产生工艺等进一步分析其是否具有危险特性,不可能具有危险特性的,不属于危险废物;可能具有危险特性的,抽取典型样品进行检测,并根据典型样品检测指标浓度,对照《危险废物鉴别标准》(GB5085.1-7)出具认定意见。(3)对固体废物产生单位无法确定的,应抽取典型样品进行检测,根据典型样品检测指标浓度,对照《危险废物鉴别标准》(GB5085.1-7)出具认定意见。对确需进一步委托有相关资质的检测鉴定机构进行检测鉴定的,生态环境部门或者公安机关按照有关规定开展检测鉴定工作。

14.关于鉴定的问题

会议指出,针对当前办理环境污染犯罪案件中存在的司法鉴定有关问题,司法部将会同生态环境部,加快准入一批诉讼急需、社会关注的环境损害司法鉴定机构,加快对环境损害司法鉴定相关技术规范和标准的制定、修改和认定工作,规范鉴定程序,指导各地司法行政机关会同价格主管部门制定出台环境损害司法鉴定收费标准,加强与办案机关的沟通衔接,更好地满足办案机关需求。

会议要求,司法部应当根据《关于严格准入严格监管提高司法鉴定质量和公信力的意见》(司发〔2017〕11号)的要求,会同生态环境部加强对环境损害司法鉴定机构的事中事后监管,加强司法鉴定社会信用体系建设,建立黑名单制度,完善退出机制,及时向社会公开违法违规的环境损害司法鉴定机构和鉴定人行政处罚、行业惩戒等监管信息,对弄虚作假造成环境损害鉴定评估结论严重失实或者违规收取高额费用、情节严重的,依法撤销登记。鼓励有关单位或者个人向司法部、生态环境部举报环境损害司法鉴定机构的违法违规行为。

会议认为,根据《环境解释》的规定精神,对涉及案件定罪量刑的核心或者关键专门性问题难以确定的,由司法鉴定机构出具鉴定意见。实践中,这类核心或者关键专门性问题主要是案件具体适用的定罪量刑标准涉及的专门性问题,比如公私财产损失数额、超过排放标准倍数、污染物性质判断等。对案件的其他非核心或者关键专门性问题,或者可鉴定也可不鉴定的专门性问题,一般不委托鉴定。比如,适用《环境解释》第一条第二项"非法排放、倾倒、处置危险废物三吨以上"的规定①对当事人追究刑事责任的,除可能适用公私财产损失第二档定罪量刑标准的以外,则不应再对公私财产损失数额或者超过排放标准倍数进行鉴定。涉及案件定罪量刑的核心或者关键专门性问题难以鉴定或者鉴定费用明显过高,司法机关可以结合案件其他证据,并参考生态环境部门意见、专家意见等作出认定。

15.关于监测数据的证据资格问题

会议针对实践中地方生态环境部门及其所属监测机构委托第三方监测机构出具报告的证据资格问题进行了讨论。会议认为,地方生态环境部门及其所属监测机构委托第三方监测机构出具的监测报告,地方生态环境部门及其所属监

---

① 法释〔2023〕7号解释第一条第二项。——本评注注

测机构在行政执法过程中予以采用的,其实质属于《环境解释》第十二条规定的"环境保护主管部门及其所属监测机构在行政执法过程中收集的监测数据"①,在刑事诉讼中可以作为证据使用。

《最高人民法院关于完整准确全面贯彻新发展理念 为积极稳妥推进碳达峰碳中和提供司法服务的意见》(法发〔2023〕5号,节录)

7. 依法审理大气污染防治案件。……对违法使用受控消耗臭氧层物质、走私木炭、硅砂等构成犯罪的,依法追究刑事责任。

14. 依法审理油气资源开发纠纷案件。……依法惩处涉能源资源非法采矿、破坏性采矿等犯罪行为,保障国家能源供应安全。

21. 依法审理涉温室气体排放报告纠纷案件。……技术服务机构与温室气体重点排放单位恶意串通,虚构、捏造、瞒报、漏报温室气体排放数据,对他人造成损害,受害人主张侵权损害赔偿的,依法予以支持;构成犯罪的,依法追究刑事责任。

立案追诉标准

《最高人民检察院、公安部关于公安机关管辖的刑事案件立案追诉标准的规定(一)》第六十条关于污染环境罪立案追诉标准的规定与法释〔2023〕7号司法解释不一致,应当以后者为准。

指导性案例

武汉卓航江海贸易有限公司、向阳等12人污染环境刑事附带民事公益诉讼案(指导性案例202号,节录)

关键词 刑事 刑事附带民事公益诉讼 船舶偷排含油污水 损害认定 污染物性质鉴定

裁判要点

1. 船舶偷排含油污水案件中,人民法院可以根据船舶航行轨迹、污染防治设施运行状况、污染物处置去向,结合被告人供述、证人证言、专家意见等证据对违法排放污染物的行为及其造成的损害作出认定。

2. 认定船舶偷排的含油污水是否属于有毒物质时,由于客观原因无法取样的,可以依据来源相同、性质稳定的舱底残留污水进行污染物性质鉴定。

左勇、徐鹤污染环境刑事附带民事公益诉讼案(指导性案例203号,节录)

关键词 刑事 刑事附带民事公益诉讼 应急处置措施 必要合理范围

---

① 法释〔2023〕7号解释第一四条。——本评注注

公私财产损失 生态环境损害

裁判要点

对于必要、合理、适度的环境污染处置费用,人民法院应当认定为属于污染环境刑事附带民事公益诉讼案件中的公私财产损失及生态环境损害赔偿范围。对于明显超出必要合理范围的处置费用,不应当作为追究被告人刑事责任,以及附带民事公益诉讼被告承担生态环境损害赔偿责任的依据。

刑参案例规则提炼[①]

《梁连平污染环境案——焚烧工业垃圾,向空气排放大量笨并[a]芘、氯化氢、二噁英等气体污染物的行为如何定性》(第 969 号案例)、《王文峰、马正勇污染环境案——擅自向河中倾倒大量煤焦油分离液的行为如何定性》(第 970 号案例)、《董传桥、张锁等十九人污染环境案——两个以上被告人分别实施污染环境行为发生化学反应造成危害后果的,如何准确认定因果关系和责任分担》(第 1463 号案例)、《邱良海等污染环境案——如何准确认定刑法第三百三十八条规定的"其他有害物质"》(第 1489 号案例)、《浙江金马包装材料有限公司、沈炳奎等污染环境案——非法处置危险废物的定性及恢复性司法的刑法考量》(第 1503 号案例)所涉规则提炼如下:

1. "其他有害物质"的认定规则。"投放的石料和水泥制'扭王块'……涉案石料大都采自河北唐山附近的自然山体,'扭王块'亦为普通水泥制品,均为日常生活中的常见物品,根据一般常识判断,正常开采的石料和普通水泥制品并不具备'危险性毒害性'的性质。"(第 1489 号案例)

2. "其他严重污染环境的情形"的认定规则。"违法焚烧二十余吨工业垃圾,向大气排放大量有毒有害物质的行为,显然已经造成严重污染环境的后果,符合……'其他严重污染环境的情形'",构成污染环境罪。(第 969 号案例)

3. 擅自向河中倾倒大量煤焦油分离液行为的定性规则。"煤焦油分离液属于'有毒物质'。""本案中,二被告人将煤焦油分离废液共 30.24 吨倾倒入河中,致使水体大面积被污染",构成污染环境罪。(第 970 号案例)

4. 环境因果关系的认定规则。"违反国家规定,将《国家危险废物名录》里明文规定的废碱液和废盐酸两种危险物质,分别通过停车场里面私设的暗管直

[①] 另,鉴于《刑法修正案(八)》将《刑法》第三百三十八条由重大环境污染事故罪调整为污染环境罪,《吴自柱、王启、姜翠兰重大环境污染事故案——重大环境污染事故罪的定罪量刑标准如何掌握》(第 99 号案例)所涉规则未予提炼。

接排放到城市地下管网,数量较大,严重污染环境,并致使一人死亡",由于两个团伙并无意思联络,各自单独构成污染环境罪,且各自内部成员之间构成污染环境罪的共犯。(第1463号案例)

5. 非法处置危险废物构成污染环境罪的适用规则。"对委托无危险废物经营许可证的他人非法处置危险废物的情形,应当结合无证经营危险废物人员对危险废物的实际处置情况,以及违法造成环境污染的实害后果或现实危害进而认定是否构成污染环境罪。""简单地切碎压块打包,改变其物理特性的方法,处置过程与外环境直接接触,存在造成环境污染的危险或现实危害,最终运至下游废钢铁综合利用单位进行熔炼钢铁等,而熔炼方式不是危险废物的处置方式,没有采取与危险废物处置相应的废气处理工艺、与技术规范相应的污染防治措施,在综合利用过程中会产生大气污染物,严重污染大气生态环境,符合非法处置危险废物违法造成环境污染的情形,应认定构成污染环境罪。"(第1503号案例)

6. 污染环境刑事合规的适用规则。"污染环境罪的量刑应当考虑环境的恢复情况、涉案企业的整改情况等因素。""考虑到该案社会影响重大,案件处理结果极可能引发一系列社会问题,原审法院立足审判机关职能特点,兼顾协同推进,经多方研讨和调查研究,启动了企业环境刑事恢复性司法程序,促进该企业完善环境修复性建设,推动企业实现绿色低碳转型升级,并探索启动涉案企业环资整改评审机制,在企业整改到位后,经评审将整改行为与结果作为企业悔罪表现,予以正向激励与肯定,并与认罪认罚情节相结合作为酌情从轻处罚情节认定。""本案也被认为是'法院阶段主导企业整改,并将整改结果作为酌定从轻处罚情节的全国第一案'。"(第1503号案例)

司法疑难解析

1. 污染环境罪的主观罪过形式为混合罪过。具体而言,故意是通常的罪过形式,即污染环境罪通常由故意构成;过失是例外的罪过形式,即污染环境罪在一定条件下也可以由过失构成。① 在过失污染环境的案件中,通常而言,行为人

---

① 主要考虑:(1)根据修法精神,不宜否认污染环境罪可以由过失构成。在《刑法修正案(八)》施行前,刑法理论和司法实务通常主张《刑法》第三百三十八条可以由过失构成。而《刑法修正案(八)》对《刑法》第三百三十八条的修改,显然是为了更好地适应日益严峻的环境保护形势,增强刑法规定的可操作性。如果主张污染环境罪的主观方面不能由过失构成,则意味着在《刑法修正案(八)》之前可以重大环境污染事故罪论处的行为,在之后却不能以污染环境罪论处,可能会得出《刑法修正案(八)》的修改实际上(转下页)

对于违反国家规定是明知故犯,而且限于造成实害后果的情形。对于共同犯罪,也限于共同故意犯罪,对于两人以上共同过失污染环境犯罪的,不以共同犯罪论处,应当负刑事责任的,按照他们所犯的罪分别处罚。

2. 非法处置危险废物以违法造成环境污染为实质要件。非法处置危险废物以未取得经营许可证为前提,但是否以违法造成环境污染为要件,则存在不同认识。对此,法释〔2023〕7号解释第七条作了明确:①一方面,确立无危险废物经营许可证从事收集、贮存、利用、处置危险废物经营活动的入罪以违法造成环境污染为实质要件,未违法造成环境污染的,可以认定为情节显著轻微危害不大,不认为是犯罪②;另一方面,加大对此类行为的刑事惩处力度,允许适用非法经营罪,对同时符合污染环境罪和非法经营罪的情形"择一重罪处断"。

(接上页)提升了主观罪过门槛的结论。这显然不符合修法精神。(2)从司法实践来看,不宜否认污染环境罪可以由过失构成。过失污染环境的案件时有发生,否认污染环境罪可以由过失构成,不符合实际。例如,违反操作规程处置污染物发生事故,违反相关规定盛放污染物发生泄漏等。上述案件中,行为人对污染物污染环境在主观上并非持希望或者放任的态度,不能认定为故意。如果否认过失可以成立污染环境罪,则意味着上述案件即使导致严重污染环境的实害后果,也不能以污染环境罪论处,明显不合适。特别是,如前所述,当前和今后一段时期是我国环境高风险期,强调污染环境罪的过失罪过形式,对于促使有关单位和个人严格遵守环境保护相关国家规定,避免环境风险转化为实害后果,有重大现实意义。(3)从国外的立法规定来看,污染环境犯罪的主观方面涵括故意和过失是通例。特别是,德国刑法和日本《关于危害人体健康的公害犯罪制裁法》均是从故意犯罪和过失犯罪两个方面来规定污染环境犯罪的。(4)从刑法体系协调的角度,主张污染环境罪的主观方面为复合罪过有先例可循。在我国,关于复合罪过的问题确有一定争议。但是,刑法中规定有复合罪过却是不争的事实。例如,食品、药品监管渎职罪涉及滥用职权和玩忽职守两种情形,无疑包括故意和过失在内,认定该罪系复合罪过并无问题。(→参见第四百零八条之一评注部分,第2212页)

① 主要考虑:根据法释〔2023〕7号解释第一条第二项的规定,"非法处置危险废物三吨以上"是认定"严重污染环境"的具体情形之一。但是,污染环境罪保护的法益是环境法益。如果未取得经营许可证处置危险废物,在处置过程中未违法造成环境污染的,未对环境法益造成侵害,不宜以污染环境罪论处。此外,对于无资质处置危险废物,尚未污染环境,未构成污染环境罪的情形,是否可以适用非法经营罪的相关规定,实践中存在不同认识。对此,有些地方持肯定态度,但这实际上形成悖论:无资质处置危险废物,违法造成环境污染的,以污染环境罪最高只能处七年有期徒刑;未违法造成环境污染的,以非法经营罪最高可以处十五年有期徒刑。
② 但是,有关行为构成生产、销售伪劣产品等其他犯罪的,以其他犯罪论处。

需要注意的是,对于"违法造成环境污染"要件的判断应当采取相对宽泛的标准,即不要求一定达到法释〔2023〕7号解释第一条其他项规定的"严重污染环境"的具体情形。例如,未按照规定安装特定污染防治设施,处置过程中超过标准排放污染物(虽然未达到超过特定标准三倍以上),或者将处置剩余的污染物违反规定倾倒,可以认定为具备"违法造成环境污染"的要件,以污染环境罪论处;相反,如果在处置危险废物的过程中采取了特定的污染防治措施,未违法造成环境污染的①,通常情况下应当认定为情节显著轻微危害不大,不认为是犯罪。

3. 排放重金属污染物超标构成"严重污染环境"的情形要妥当把握。法释〔2023〕7号解释第一条第三项、第四项将排放、倾倒、处置特定污染物超过国家或者地方污染物排放标准一定倍数以上的规定为"严重污染环境"的具体情形之一。司法适用中应当注意:(1)地方污染物排放标准优于国家污染物排放标准适用。污染物排放标准也分为国家污染物排放标准和地方污染物排放标准。需要注意的是,关于污染物排放标准的适用,我国法律规定实行地方污染物排放标准优于国家污染物排放标准的原则。(2)超过污染物排放标准的具体倍数认定是否扣除基数,不宜一概而论。以超标三倍为例,究竟是指污染物浓度为排放标准的三倍还是四倍以上,存在不同认识。对此,实践中有的地方已经作了统一。例如,浙江《关于办理环境污染刑事案件若干问题的会议纪要(一)》明确提出:"'污染物排放标准三倍以上'的认定,是指超过污染物排放标准的三倍,即污染物排放标准×3以上的浓度,如标准为0.5时,超过1.5即为超标。"**本评注原则赞同上述观点**,同时认为对于处于临界点的案件宜慎重处理。例如,对于污染物浓度为排放标准三倍以上但未达到四倍以上的,宜充分考虑案件的具体社会危害性,妥善决定是否纳入刑事追究范围。其中,对于情节显著轻微社会危害不大的,可以适用《刑法》第十三条但书的规定出罪。(3)对于超标排放污染物的监测取样点应当依据环境监测的相关规定,不一定要以最终排入外环境点为标准。主要考虑:①污染环境罪属于行政犯。依据刑法理论,对于行政犯的相关要件的判断,需要依据相关行政法律法规的规定。超标倍数的判断,自然应当根据环境监测行政法律法规的规定进行。而从相关规定来看,相关监测点不一定是排入外环境的点位(有的是生产车间的排污口,而非企业排污口)。例如,根据《污水综合排放标准》(GB 8978-1996)规定,按性质及控制方式将排放的污染物分为两类:一是第一类污染物,如铬、镍、汞等,不分行业和污水排放方式,也不分受纳水体的功能类别,一律在车间或车间处理设施排放口采样;二是第二类污

---

① 需要注意的是,无论是否取得经营许可证,处置危险废物的过程通常会排放污染物。因此,如果虽未取得经营许可证,但污染防治设施达标,排放污染物在标准之内的,即应当认为不具备"违法造成环境污染"的要件。

染物,如锌、铜等,在排污单位排放口采样。②如果要求以排入外环境点作为监测取样点,则可能导致行为人恶意利用法律漏洞,无法体现污染环境罪的规制宗旨。实践中,如某类重金属以车间排污口为取样点,行为人在污染物排出车间后可以通过其他污水进行混合,必然导致排入外环境的重金属浓度不超标。但是,所排放的重金属对于环境的危害是实质存在的。

4. 隐蔽排污构成"严重污染环境"的情形关键在于把握隐蔽性的特征。法释〔2023〕7号解释第一条第五项将通过暗管、渗井、渗坑、裂隙、溶洞、灌注、非紧急情况下开启大气应急排放通道等逃避监管的方式排放、倾倒、处置有放射性的废物、含传染病病原体的废物、有毒物质规定为"严重污染环境"的具体情形之一。司法适用中应当注意:(1)暗管的关键在于隐蔽性特征。可以参考的是,《行政主管部门移送适用行政拘留环境违法案件暂行办法》规定:"暗管是指通过隐蔽的方式达到规避监管目的而设置的排污管道,包括埋入地下的水泥管、瓷管、塑料管等,以及地上的临时排污管道。"实际上,这一界定也强调暗管的隐蔽性特征。(2)其他隐蔽排污方式的认定。如何把握解释第一条第五项中"等"的具体范围,关键在于隐蔽式排污的本质特征以及与前述方式社会危害性的相当。除所明确列举的行为类型外,其他以逃避环境监管为目的,采取秘密方式排放、倾倒、处置有放射性的废物、含传染病病原体的废物、有毒物质的,属于该项所称"等"行为。例如,对于在厂区内挖地洞填埋有放射性的废物、含传染病病原体的废物、有毒物质的,可以认定为该项所称"等"方式。

5. 多次污染环境构成"严重污染环境"的情形关键在于准确认定行政处罚的范围和次数。法释〔2023〕7号解释第一条第八项将"二年内曾因违反国家规定,排放、倾倒、处置有放射性的废物、含传染病病原体的废物、有毒物质受过二次以上行政处罚,又实施此类行为的"作为认定"严重污染环境"的情形之一。司法适用中应当注意:(1)解释第一条第六项并未将"两次以上行政处罚"的主体范围限定为环境保护主管部门。因此,"两次以上行政处罚"不限于环境保护主管部门的行政处罚,也可能包括其他部门,如水行政主管部门对违反《水污染防治法》行为的行政处罚,甚至是公安机关的行政处罚。(2)关于行政处罚的种类,《生态环境行政处罚办法》第八条规定:"根据法律、行政法规,生态环境行政处罚的种类包括:(一)警告、通报批评;(二)罚款、没收违法所得、没收非法财物;(三)暂扣许可证件、降低资质等级、吊销许可证件、一定时期内不得申请行政许可;(四)限制开展生产经营活动、责令停产整治、责令停产停业、责令关闭、限制从业、禁止从业;(五)责令限期拆除;(六)行政拘留;(七)法律、行政法规设定的其他行政处罚种类。"实践中有争议的问题是,是否所有的行政处罚都属于法释〔2023〕7号解释第一条第八项规定的行政处罚。**本评注认为**，从整体解释的角度，无法将前述处罚种类中的部分行政处罚措施排除在法释〔2023〕7号解释第一条第八项规定的行政处罚范围之外。但对于综合判断确属情节显著轻微危害不大的，可以适用《刑法》第十三条的但书规定。(3)按日计罚宜认定为一次行政处罚。《环境保护法》第五十九条第一款规定："企业事业单位和其他生产经营者违法排放污染物，受到罚款处罚，被责令改正，拒不改正的，依法作出处罚决定的行政机关可以自责令改正之日的次日起，按照原处罚数额按日连续处罚。"具体而言，环境行政执法部门按照防治污染设施的运行成本、违法行为造成的直接损失或者违法所得等因素，对违法排放污染物的企业事业单位和其他生产经营者确定罚款处罚，责令改正，企业拒不改正的，自责令改正之日的次日起按照原处罚数额按日连续处罚。需要注意的是，此种情形下虽然对环境行为进行按日计划，可能作出多个行政处罚决定，但由于系一个违法行为引起的，宜认定为一次行政处罚。

6. **"公私财产损失"的范围要妥当把握**。具体而言：(1)鉴于环境污染刑事责任的特殊性，对于法释〔2023〕7号所涉及的"公私财产损失"的计算，虽然可以参考环境污染损害数额计算推荐方法的有关规定，但不宜直接适用，而仍然应当严格依照解释第十七条第四款的规定作出准确认定。(2)公私财产损失一般指财产因损毁、灭失而导致的价值贬损，与自然人人身遭受侵害而造成的损失具有严格区别。因此，医疗费用不应纳入"公私财产损失"的计算范围。对于污染环境行为造成人体损伤的，不应根据医疗费用的数额定罪量刑，而应当从中毒人数、致人伤害的人数和程度等方面作出判断，从而准确定罪量刑。

7. **污染环境未遂的认定和处理要妥当把握**。高检会〔2019〕3号纪要明确了污染环境罪(未遂)的适用。司法适用中，需要注意的是：(1)对于犯罪未遂的认定，以行为人着手实施非法排放、倾倒、处置有毒有害污染物的行为为前提，故应当准确判断"着手"。对于排放、倾倒危险废物"着手"的判断，通常不存在问题。相比之下，处置危险废物"着手"的判断较为复杂，须妥当把握。(2)根据《刑法》第二十三条第二款的规定，对于未遂犯，可以比照既遂犯从轻或者减轻处罚。鉴于未遂造成的社会危害性相对较小，参照以往司法解释的相关规定，实践中对未遂的定罪量刑标准可以把握为既遂标准的三倍以上。(3)实践中存在部分既遂、部分未遂的情形，参照以往司法解释的规定，对此不宜将数量简单相加，可以分别评价既遂情节和未遂情节，在认定全案既遂的前提下，在处罚较重的法定刑幅度内酌情从重处罚。例如，行为人用罐车装有10吨的危险废物并开往某河流旁倾倒，在倾倒完1吨时被环保执法人员及时制止，对于此案可以依法认定行为人非法倾倒危险废物既遂1吨，未遂9吨，依照上述规则作出处理。

8. 环境司法鉴定的范围要妥当把握。根据法释〔2023〕7号解释和高检会〔2019〕3号规范性文件的规定，司法鉴定限于涉及案件定罪量刑的核心或关键专门性问题难以确定的情形。实践中，这类核心或关键专门性问题主要是案件具体适用的定罪量刑标准涉及的专门性问题，比如公私财产损失的数额、超过排放标准的倍数、污染物性质判断等。对案件的其他非核心或关键专门性问题，或者可鉴定也可不鉴定的专门性问题，一般不委托鉴定。比如，适用解释第一条第三项"非法排放、倾倒、处置危险废物三吨以上"的规定对当事人追究刑事责任的，除可能适用公私财产损失第二档定罪量刑标准的以外，则不应再对公私财产损失数额或者超过排放标准倍数进行鉴定。涉及案件定罪量刑的核心或关键专门性问题难以鉴定或者鉴定费用明显过高的，司法机关可以结合案件其他证据，并参考生态环境部门意见、专家意见等作出认定。

9. 污染环境罪与破坏计算机信息系统罪的竞合适用规则要准确把握。法释〔2023〕7号解释第十一条第二款规定："重点排污单位、实行排污许可重点管理的单位篡改、伪造自动监测数据或者干扰自动监测设施，排放化学需氧量、氨氮、二氧化硫、氮氧化物等污染物，同时构成污染环境罪和破坏计算机信息系统罪的，依照处罚较重的规定定罪处罚。"这明确了污染环境罪与破坏计算机信息系统罪的竞合适用规则。实践中，重点排污单位、实行排污许可重点管理的单位所干扰的自动监测设施，主要是企业根据相关法律规定在内部自行设置的污染源监测设施，用于监测企业日常污染物排放情况。理论上而言，如果相关监测设施符合计算机信息系统的认定要求，对相关行为可以适用破坏计算机信息系统罪。对于上述竞合情形，自然应当适用择一重罪处断规则。这也正是法释〔2023〕7号解释第十一条第二款规定的依据。但是，从直接侵犯的法益来看，适用污染环境罪更能准确评价所涉行为，也更能全面反映行为性质；特别是，所涉行为主要是出于违法排放污染物等动机，造成的后果也是污染环境，实际更为符合污染环境罪的性质。故而，实践中对上述行为通常可以直接适用污染环境罪定罪处罚，仅在适用污染环境罪难以罚当其罪的情形之下，考虑依据择一重罪处断规则适用破坏计算机信息系统罪。①

---

① 参见周加海、喻海松、李振华：《〈关于办理环境污染刑事案件适用法律若干问题的解释〉的理解与适用》，载《人民司法》2023年第25期。

第三百三十九条① 【**非法处置进口的固体废物罪**】违反国家规定,将境外的固体废物进境倾倒、堆放、处置的,处五年以下有期徒刑或者拘役,并处罚金;造成重大环境污染事故,致使公私财产遭受重大损失或者严重危害人体健康的,处五年以上十年以下有期徒刑,并处罚金;后果特别严重的,处十年以上有期徒刑,并处罚金。

【**擅自进口固体废物罪**】未经国务院有关主管部门许可,擅自进口固体废物用作原料,造成重大环境污染事故,致使公私财产遭受重大损失或者严重危害人体健康的,处五年以下有期徒刑或者拘役,并处罚金;后果特别严重的,处五年以上十年以下有期徒刑,并处罚金。

以原料利用为名,进口不能用作原料的固体废物、液态废物和气态废物的,依照本法第一百五十二条第二款、第三款的规定定罪处罚。

▎立法沿革

本条系 1997 年《刑法》吸收附属刑法作出的规定。1995 年《固体废物污染环境防治法》第六十六条规定:"违反本法规定,将中国境外的固体废物进境倾倒、堆放、处置,或者未经国务院有关主管部门许可擅自进口固体废物用作原料的,由海关责令退运该固体废物,可以并处十万元以上一百万元以下的罚款。逃避海关监管,构成走私罪的,依法追究刑事责任。""以原料利用为名,进口不能用作原料的固体废物的,依照前款规定处罚。"

2002 年 12 月 28 日起施行的《刑法修正案(四)》第五条对本条第三款作了

---

① 《固体废物污染环境防治法》第二十四条规定:"国家逐步实现固体废物零进口,由国务院生态环境主管部门会同国务院商务、发展改革、海关等主管部门组织实施。"《关于全面禁止进口固体废物有关事项的公告》(生态环境部、商务部、国家发展和改革委员会、海关总署公告 2020 年第 53 号)规定:"一、禁止以任何方式进口固体废物。禁止我国境外的固体废物进境倾倒、堆放、处置。""二、生态环境部停止受理和审批限制进口类可用作原料的固体废物进口许可证的申请;2020 年已发放的限制进口类可用作原料的固体废物进口许可证,应当在证书载明的 2020 年有效期内使用,逾期自行失效。"据此可见,国家有关部门已经禁止进口固体废物用作原料,故相关固体废物已不存在合法进口的空间。换言之,对于擅自进口固体废物的行为,无论是否用作原料,均应适用走私废物罪(且走私废物罪处刑更重)。基于此,《最高人民法院、最高人民检察院关于办理环境污染刑事案件适用法律若干问题的解释》(法释〔2023〕7 号)未再就擅自进口固体废物罪的定罪量刑作出专门解释。

修改，主要涉及两个方面：一是对走私废物的犯罪行为明确定罪量刑规则，即适用《刑法修正案（四）》增设的《刑法》第一百五十二条第二款规定的走私废物罪；二是在原有规定的固体废物的基础上，增加规定液态废物和气态废物。

修正前《刑法》	修正后《刑法》
第三百三十九条第三款　以原料利用为名，进口不能用作原料的固体废物的，依照本法~~第一百五十五条~~的规定定罪处罚。	第三百三十九条第三款　以原料利用为名，进口不能用作原料的固体废物、**液态废物和气态废物**的，依照本法**第一百五十二条第二款、第三款**的规定定罪处罚。

■ 司法解释

《最高人民法院、最高人民检察院关于办理环境污染刑事案件适用法律若干问题的解释》（法释〔2023〕7号）**第四条**对《刑法》第三百三十九条第一款规定的"致使公私财产遭受重大损失或者严重危害人体健康"的情形作了规定。（→参见第三百三十八条评注部分，第1739页）

■ 立案追诉标准

《最高人民检察院、公安部关于公安机关管辖的刑事案件立案追诉标准的规定（一）》（节录）

第六十一条　[非法处置进口的固体废物案（刑法第三十九条第一款）]违反国家规定，将境外的固体废物进境倾倒、堆放、处置的，应予立案追诉。

（→附则参见分则标题评注部分，第392页）

另，鉴于擅自进口固体废物罪在实践中已无适用空间，**第六十二条**关于擅自进口固体废物罪立案追诉标准的规定未予收录。

第三百四十条　【非法捕捞水产品罪】违反保护水产资源法规，在禁渔区、禁渔期或者使用禁用的工具、方法捕捞水产品，情节严重的，处三年以下有期徒刑、拘役、管制或者罚金。

■ 立法沿革

本条系1997年《刑法》吸收1979年《刑法》作出的规定。1979年《刑法》第一百二十九条规定："违反保护水产资源法规，在禁渔区、禁渔期或者使用禁用的工具、方法捕捞水产品，情节严重的，处二年以下有期徒刑、拘役或者罚金。"1997年《刑法》对上述规定作出修改，调整法定刑配置。

司法解释

《最高人民法院关于审理发生在我国管辖海域相关案件若干问题的规定（二）》(法释〔2016〕17号)第四条对在海洋水域非法捕捞适用非法捕捞罪的定罪量刑标准作了规定。(→参见第六条评注部分,第7页)

《最高人民法院、最高人民检察院关于办理破坏野生动物资源刑事案件适用法律若干问题的解释》(法释〔2022〕12号)第三条、第十九条对非法捕捞罪的定罪量刑标准作了规定。(→参见第三百四十一条评注部分,第1776、1783页)

规范性文件

《最高人民法院、最高人民检察院、公安部、农业农村部依法惩治长江流域非法捕捞等违法犯罪的意见》(公通字〔2020〕17号,节录)

为依法惩治长江流域非法捕捞等危害水生生物资源的各类违法犯罪,保障长江流域禁捕工作顺利实施,加强长江流域水生生物资源保护,推进水域生态保护修复,促进生态文明建设,根据有关法律、司法解释的规定,制定本意见。

一、提高政治站位,充分认识长江流域禁捕的重大意义(略)

二、准确适用法律,依法严惩非法捕捞等危害水生生物资源的各类违法犯罪

(一)依法严惩非法捕捞犯罪。违反保护水产资源法规,在长江流域重点水域非法捕捞水产品,具有下列情形之一的,依照刑法第三百四十条的规定,以非法捕捞水产品罪定罪处罚:

1.非法捕捞水产品五百公斤以上或者一万元以上的;

2.非法捕捞具有重要经济价值的水生动物苗种、怀卵亲体或者在水产种质资源保护区内捕捞水产品五十公斤以上或者一千元以上的;

3.在禁捕区域使用电鱼、毒鱼、炸鱼等严重破坏渔业资源的禁用方法捕捞的;

4.在禁捕区域使用农业农村部规定的禁用工具捕捞的;

5.其他情节严重的情形。

(二)依法严惩危害珍贵、濒危水生野生动物资源犯罪。在长江流域重点水域非法猎捕、杀害中华鲟、长江鲟、长江江豚或者其他国家重点保护的珍贵、濒危水生野生动物,价值二万元以上不满二十万元的,应当依照刑法第三百四十一条的规定,以非法猎捕、杀害珍贵、濒危野生动物罪,处五年以下有期徒刑或者拘役,并处罚金;价值二十万元以上不满二百万元的,应当认定为"情节严重",处五年以上十年以下有期徒刑,并处罚金;价值二百万元以上的,应当认定为"情

节特别严重"，处十年以上有期徒刑，并处罚金或者没收财产。

（三）依法严惩非法渔获物交易犯罪。明知是在长江流域重点水域非法捕捞犯罪所得的水产品而收购、贩卖，价值一万元以上的，应当依照刑法第三百一十二条的规定，以掩饰、隐瞒犯罪所得罪定罪处罚。

非法收购、运输、出售在长江流域重点水域非法猎捕、杀害的中华鲟、长江鲟、长江江豚或者其他国家重点保护的珍贵、濒危水生野生动物及其制品，价值二万元以上不满二十万元的，应当依照刑法第三百四十一条的规定，以非法收购、运输、出售珍贵、濒危野生动物、珍贵、濒危野生动物制品罪，处五年以下有期徒刑或者拘役，并处罚金；价值二十万元以上不满二百万元的，应当认定为"情节严重"，处五年以上十年以下有期徒刑，并处罚金；价值二百万元以上的，应当认定为"情节特别严重"，处十年以上有期徒刑，并处罚金或者没收财产。

（四）依法严惩危害水生生物资源的单位犯罪。水产品交易公司、餐饮公司等单位实施本意见规定的行为，构成单位犯罪的，依照本意见规定的定罪量刑标准，对直接负责的主管人员和其他直接责任人员定罪处罚，并对单位判处罚金。

（五）依法严惩危害水生生物资源的渎职犯罪。对长江流域重点水域水生生物资源保护负有监督管理、行政执法职责的国家机关工作人员，滥用职权或者玩忽职守，致使公共财产、国家和人民利益遭受重大损失的，应当依照刑法第三百九十七条的规定，以滥用职权罪或者玩忽职守罪定罪处罚。

负有查禁破坏水生生物资源犯罪活动职责的国家机关工作人员，向犯罪分子通风报信、提供便利，帮助犯罪分子逃避处罚的，应当依照刑法第四百一十七条的规定，以帮助犯罪分子逃避处罚罪定罪处罚。

（六）依法严惩危害水生生物资源的违法行为。实施上述行为，不构成犯罪的，由农业农村（渔政）部门等依据《渔业法》等法律法规予以行政处罚；构成违反治安管理行为的，由公安机关依法给予治安管理处罚。

（七）贯彻落实宽严相济刑事政策。多次实施本意见规定的行为构成犯罪，依法应当追诉的，或者二年内二次以上实施本意见规定的行为未经处理的，数量数额累计计算。

实施本意见规定的犯罪，具有下列情形之一的，从重处罚：（1）暴力抗拒、阻碍国家机关工作人员依法履行职务，尚未构成妨害公务罪的；（2）二年内曾因实施本意见规定的行为受过处罚的；（3）对长江生物资源或水域生态造成严重损害的；（4）具有造成重大社会影响等恶劣情节的。具有上述情形的，一般不适用不起诉、缓刑、免予刑事处罚。

非法捕捞水产品,根据渔获物的数量、价值和捕捞方法、工具等情节,认为对水生生物资源危害明显较轻的,可以认定为犯罪情节轻微,依法不起诉或者免予刑事处罚,但是曾因破坏水产资源受过处罚的除外。

非法猎捕、收购、运输、出售珍贵、濒危水生野生动物,尚未造成动物死亡,综合考虑行为手段、主观罪过、犯罪动机、获利数额、涉案水生生物的濒危程度、数量价值以及行为人的认罪悔罪态度、修复生态环境情况等情节,认为适用本意见规定的定罪量刑标准明显过重的,可以结合具体案件的实际情况依法作出妥当处理,确保罪责刑相适应。

三、健全完善工作机制,保障相关案件的办案效果

(一)做好退捕转产工作。(略)

(二)加强禁捕行政执法工作。(略)

(三)全面收集涉案证据材料。对于农业农村(渔政)部门等行政机关在行政执法和查办案件过程中收集的物证、书证、视听资料、电子数据等证据材料,在刑事诉讼或者公益诉讼中可以作为证据使用。农业农村(渔政)部门等行政机关和公安机关要依法及时、全面收集与案件相关的各类证据,并依法进行录音录像,为案件的依法处理奠定事实根基。对于涉案船只、捕捞工具、渔获物等,应当在采取拍照、录音录像、称重、提取样品等方式固定证据后,依法妥善保管;公安机关保管有困难的,可以委托农业农村(渔政)部门保管;对于需要放生的渔获物,可以在固定证据后先行放生;对于已死亡且不宜长期保存的渔获物,可以由农业农村(渔政)部门采取捐赠捐献用于科研、公益事业或者销毁等方式处理。

(四)准确认定相关专门性问题。对于长江流域重点水域禁捕范围(禁捕区域和时间),依据农业农村部关于长江流域重点水域禁捕范围和时间的有关通告确定。涉案渔获物系国家重点保护的珍贵、濒危水生野生动物的,动物及其制品的价值可以根据国务院野生动物保护主管部门综合考虑野生动物的生态、科学、社会价值制定的评估标准和方法核算。其他渔获物的价值,根据销赃数额认定;无销赃数额、销赃数额难以查证或者根据销赃数额认定明显偏低的,根据市场价格核算;仍无法认定的,由农业农村(渔政)部门认定或者由有关价格认证机构作出认证并出具报告。对于涉案的禁捕区域、禁捕时间、禁用方法、禁用工具、渔获物品种以及对水生生物资源的危害程度等专门性问题,由农业农村(渔政)部门于二个工作日以内出具认定意见;难以确定的,由司法鉴定机构出具鉴定意见,或者由农业农村部指定的机构出具报告。

(五)正确认定案件事实。要全面审查与定罪量刑有关的证据,确保据以定案的证据均经法定程序查证属实,确保综合全案证据,对所认定的事实排除合理怀疑。既要审查犯罪嫌疑人、被告人的供述和辩解,更要重视对相关物证、书证、证人证言、视听资料、电子数据等其他证据的审查判断。对于携带相关工具但是否实施电鱼、毒鱼、炸鱼等非法捕捞作业,是否进入禁捕水域范围以及非法捕捞渔获物种类、数量等事实难以直接认定的,可以根据现场执法音视频记录、案发现场周边视频监控、证人证言等证据材料,结合犯罪嫌疑人、被告人的供述和辩解等,综合作出认定。

(六)强化工作配合。人民法院、人民检察院、公安机关、农业农村(渔政)部门要依法履行法定职责,分工负责,互相配合,互相制约,确保案件顺利移送、侦查、起诉、审判。对于阻挠执法、暴力抗法的,公安机关要依法及时处置,确保执法安全。犯罪嫌疑人、被告人自愿如实供述自己的罪行,承认指控的犯罪事实,愿意接受处罚的,可以依法从宽处理;对于犯罪情节轻微,依法不需要判处刑罚或者免除刑罚的,人民检察院可以作出不起诉决定。对于实施危害水生生物资源的行为,致使社会公共利益受到侵害的,人民检察院可以依法提起民事公益诉讼。对于人民检察院作出不起诉决定、人民法院作出无罪判决或者免予刑事处罚,需要行政处罚的案件,由农业农村(渔政)部门等依法给予行政处罚。

(七)加强宣传教育。(略)

《最高人民法院、最高人民检察院、公安部、司法部关于依法惩治非法野生动物交易犯罪的指导意见》(公通字〔2020〕19号)第一条对非法捕捞水产品罪的适用作了指引性规定。(→参见第三百四十一条评注部分,第1790页)

立案追诉标准

《最高人民检察院、公安部关于公安机关管辖的刑事案件立案追诉标准的规定(一)》第六十三条关于非法捕捞水产品罪立案追诉标准的规定与法释〔2016〕17号解释、法释〔2022〕12号解释不一致,应当以后者为准。

指导性案例

黄某辉、陈某等8人非法捕捞水产品刑事附带民事公益诉讼案(指导性案例213号)

关键词 刑事 刑事附带民事公益诉讼 非法捕捞水产品 生态环境修复 从轻处罚 增殖放流

裁判要点

1.破坏环境资源刑事案件中,附带民事公益诉讼被告具有认罪认罚、主动修复受损生态环境等情节的,可以依法从轻处罚。

2. 人民法院判决生态环境侵权人采取增殖放流方式恢复水生生物资源、修复水域生态环境的,应当遵循自然规律,遵守水生生物增殖放流管理规定,根据专业修复意见合理确定放流水域、物种、规格、种群结构、时间、方式等,并可以由渔业行政主管部门协助监督执行。

办案解答

《检察机关办理长江流域非法捕捞案件有关法律政策问题的解答》(高检办发〔2021〕1号,节录)①

为贯彻落实习近平总书记关于"共抓大保护、不搞大开发"重要指示精神,服务保障党中央、国务院关于长江"十年禁渔"重大决策部署,确保各级检察机关正确理解和准确适用刑法、长江保护法、渔业法,以及《最高人民法院、最高人民检察院、公安部、农业农村部依法惩治长江流域非法捕捞等违法犯罪的意见》(以下简称"《意见》")等规定,现就办理长江流域非法捕捞案件有关法律政策问题,作如下解答。

一、办理长江流域非法捕捞案件,如何准确把握"长江流域重点水域"禁捕范围?

答:根据《意见》规定,办理涉长江流域重点水域的非法捕捞等危害水生生物资源的各类违法犯罪案件应当适用《意见》。司法实践中,检察机关要依照《农业农村部关于长江流域重点水域禁捕范围和时间的通告》(农业农村部通告〔2019〕4号)和《农业农村部关于设立长江口禁捕管理区的通告》(农业农村部通告〔2020〕3号),准确把握"长江流域重点水域"禁捕范围。禁捕范围包括五类区域:

(一)长江流域水生生物保护区。包括《农业部关于公布率先全面禁捕长江流域水生生物保护区名录的通告》(农业部通告〔2017〕6号)公布的长江上游珍稀特有鱼类国家级自然保护区等332个自然保护区和水产种质资源保护区,以及今后长江流域范围内新建立的以水生生物为主要保护对象的自然保护区和水产种质资源保护区。

(二)长江干流和重要支流。包括青海省曲麻莱县以下至长江河口(东经

---

① 本规范性文件所涉罪名"非法猎捕、杀害珍贵、濒危野生动物罪"和"非法收购、运输、出售珍贵、濒危野生动物、珍贵、濒危野生动物制品罪",已被整合为"危害珍贵、濒危野生动物罪"。——本评注注

122°、北纬31°36′30″、北纬30°54′之间的区域)的长江干流江段、岷江、沱江、赤水河、嘉陵江、乌江、汉江等重要通江河流在甘肃省、陕西省、云南省、贵州省、四川省、重庆市、湖北省境内的干流江段,大渡河在青海省和四川省境内的干流河段,以及各省确定的其他重要支流。

(三)长江口禁捕管理区。长江口禁捕管理区范围为东经122°15′、北纬31°41′36″、北纬30°54′形成的框型区线,向西以水陆交界线为界。

(四)大型通江湖泊。相关省级渔业行政主管部门划定的鄱阳湖、洞庭湖等大型通江湖泊除水生生物自然保护区和水产种质资源保护区以外的禁捕天然水域。

(五)其他重点水域。相关省级渔业行政主管部门划定的与长江干流、重要支流、大型通江湖泊连通的其他禁捕天然水域。

对于涉案的禁捕区域,检察机关可以根据《意见》规定,结合案件具体情况,商请农业农村(渔政)部门出具认定意见。

二、办理长江流域非法捕捞案件,如何准确把握非法捕捞水产品罪的入罪标准?

答:根据刑法第三百四十条的规定,非法捕捞水产品罪是指违反保护水产资源法规,在禁渔区、禁渔期或者使用禁用的工具、方法捕捞水产品,情节严重的行为。《意见》明确了在长江流域重点水域非法捕捞水产品,构成非法捕捞水产品罪的入罪标准:1.非法捕捞水产品五百公斤以上或者价值一万元以上的;2.非法捕捞具有重要经济价值的水生动物苗种、怀卵亲体或者在水产种质资源保护区内捕捞水产品五十公斤以上或者价值一千元以上的;3.在禁捕区域使用电鱼、毒鱼、炸鱼等严重破坏渔业资源的禁用方法捕捞的;4.在禁捕区域使用农业农村部规定的禁用工具捕捞的;5.其他情节严重的情形。

司法实践中,检察机关要依照刑法和《意见》相关规定,根据案件具体情况,从行为人犯罪动机、主观故意、所使用的方法、工具、涉案水生生物的珍贵、濒危程度、案发后修复生态环境情况等方面,综合判断其行为的社会危害性。既要用足用好法律规定,总体体现依法从严惩治的政策导向,又要准确把握司法办案尺度,切实避免"一刀切"简单司法、机械办案。

要注意防止"唯数量论"与"唯结果论"的做法。对于刚达到《意见》规定的数量或价值标准,行为人积极配合调查并接受行政处罚,且具有本解答规定的从宽处罚情形之一的,可以不追究刑事责任;需要给予行政处罚的,移送有关主管部门进行行政处罚。

三、办理长江流域非法捕捞案件,如何准确认定"电鱼、毒鱼、炸鱼等严重破坏渔业资源的禁用方法"和"农业农村部规定的禁用工具"？

答：根据《意见》规定，"在禁捕区域使用电鱼、毒鱼、炸鱼等严重破坏渔业资源的禁用方法捕捞"和"在禁捕区域使用农业农村部规定的禁用工具捕捞"，是构成非法捕捞水产品罪的两项入罪追诉标准。

在认定"禁用方法"时，要注意审查具体方法对渔业资源的严重危害程度。对于在禁捕区域使用电鱼、毒鱼、炸鱼方法的，一般应当以非法捕捞水产品罪追究刑事责任。对于确属情节轻微、对渔业资源危害不大，依法不需要判处刑罚或者可以免除刑罚的，可以依法作出不起诉决定。对于电鱼、毒鱼、炸鱼以外的其他严重破坏渔业资源的禁用方法，注意从两个方面来把握：一是具有破坏渔业资源正常生长繁殖的现实危害或危险性；二是与电鱼、毒鱼、炸鱼方法的社会危害程度大致相当。对于虽使用禁用方法但尚未严重破坏渔业资源的行为，检察机关在依法作出不起诉决定的同时，应当依照长江保护法、渔业法等相关规定，移送有关主管部门给予行政处罚。

在认定"禁用工具"时，应当适用农业农村部出台的标准。办案中可参照《农业部关于长江干流禁止使用单船拖网等十四种渔具的通告（试行）》（农业部通告〔2017〕2号）的规定，将单船拖网、双船拖网、多船拖网、多桩有翼单囊张网、双锚框架张网、拦河撑架敷网、岸敷箕状敷网、岸敷撑架敷网、拦截插网陷阱、拦截箔筌陷阱、导陷插网陷阱、导陷箔筌陷阱、拖曳齿耙耙刺、定置延绳滚钩耙刺等十四种渔具，认定为"农业农村部规定的禁用工具"。农业农村部没有相应标准的，对相关工具不应认定为非法捕捞水产品罪中的"禁用工具"；前述认定不影响对相应行为的行政处罚。

四、办理长江流域非法捕捞案件，如何准确认定行为人的主观故意？

答：在认定行为人是否具有非法捕捞水产品犯罪的主观故意时，应当依据其生活背景、职业经历、捕捞方法、捕捞工具、渔获物去向、获利资金流向，以及本人有无因同类行为受到行政处罚或者刑事追究情况等方面的证据，进行综合分析判断。

在办理非法捕捞水产品的案件中，认定主观故意原则上不要求行为人对有关禁渔区、禁渔期或者禁用的工具、方法等法律规定具有明确的认知，只要其认识到行为可能违法、被禁止即可。对于行为人作出合理解释，或者有证据证明其确系对禁捕区域、禁捕时间、禁用方法或者禁用工具不知情的，依法可不作为犯罪处理，但应当做好宣传教育工作，移送有关主管部门予以行政处罚。

五、办理长江流域非法捕捞案件，如何贯彻宽严相济刑事政策？

答：检察机关办理非法捕捞水产品案件，应当贯彻宽严相济刑事政策，准确判断行为人的责任轻重和刑事追究的必要性,综合运用刑事、行政、经济手段惩治违法犯罪,做到惩处少数、教育挽救大多数,实现罪责刑相适应。对于不同性质案件的处理,要体现区别对待的原则:一方面,要从严惩处有组织的、经常性的或者形成产业链的危害水生生物资源犯罪;另一方面,对个人偶尔实施的不具有生产性、经营性的非法捕捞行为要慎用刑罚,危害严重构成犯罪的,在处罚时应与前一类犯罪案件有所区别。

除《意见》规定的从重处罚情形外,对具有下列情形之一的,一般可以认定为非法捕捞水产品罪的从严处罚情形,并依法提出从严的量刑建议:1.在繁ờ殖期非法捕捞的;2.纠集多条船只或者使用大型设施设备非法捕捞的;3.以非法捕捞为业的;4.与黑恶势力犯罪相交织的;5.其他严重破坏渔业资源或者生态环境的情形。

对具有下列情形之一的,一般可以认定为非法捕捞水产品罪的从宽处罚情形,并依法提出从宽的量刑建议:1.不以生产、经营为目的,使用小型网具、钓具等对渔业资源和生态环境危害较轻的工具、方法非法捕捞的;2.自愿认罪认罚的;3.具有积极承诺及履行生态环境修复义务等悔罪表现的;4.其他对渔业资源、生态环境损害较轻的情形。如果行为人主观恶性不大,并综合捕捞方法、工具、渔获物的数量、价值等情节,认为对水生生物资源危害明显较轻的,可以认定为犯罪情节轻微,依法作出不起诉决定。

六、办理长江流域非法捕捞案件,如何准确把握非法捕捞水产品罪与其他关联犯罪的界限?

答:《意见》要求全力摧毁危害长江流域水生生物资源的"捕、运、销"地下产业链,并明确了关联犯罪的定罪量刑标准。司法实践中,检察机关要注意从以下几个方面把握非法捕捞水产品罪与关联犯罪的界限,推动形成"水上不捕、市场不卖、餐厅不做、群众不吃"的良好氛围。

一是注意把握非法捕捞水产品罪与掩饰、隐瞒犯罪所得、犯罪所得收益罪的界限。两罪是上下游犯罪的关系,后罪的成立要求上游行为达到犯罪的程度。基于处罚平衡的考虑,为避免罪刑倒挂现象,对于明知是在长江流域重点水域非法捕捞犯罪所得的水产品而予以窝藏、转移、收购、代为销售或者以其他方法掩饰、隐瞒,价值一万元以上的,一般应依照刑法第三百一十二条的规定以掩饰、隐瞒犯罪所得、犯罪所得收益罪,提出处三年以下有期徒刑、拘役或者管制,并处或者单处罚金的量刑建议。

二是注意把握非法捕捞水产品罪与非法猎捕、杀害珍贵、濒危野生动物罪的界限。前罪的保护对象是"水产品",包括一般的水生动物与珍贵、濒危的水生动物,后罪的保护对象是"国家重点保护的珍贵、濒危野生动物"。行为人基于同一主观故意,实施同一非法捕捞行为,但捕捞对象同时涉及一般水生动物与珍贵、濒危水生动物的,应区分以下情况处理:第一种情况,同一行为同时构成两罪,应当从一重罪论处,对涉案一般水生生物的数量或价值作为量刑情节考虑,以非法猎捕、杀害珍贵、濒危野生动物罪定性并酌情从重处理;第二种情况,同一行为不能分别构成两罪,但涉案水生生物的数量或价值按相应比例折算后合计达到非法捕捞水产品罪入罪标准的,应以非法捕捞水产品罪定性处理;第三种情况,同一行为构成非法捕捞水产品罪,但尚不构成非法猎捕、杀害珍贵、濒危野生动物罪的,对涉案珍贵、濒危水生动物的数量或价值按相应比例折算后,一并以非法捕捞水产品罪定性处理;第四种情况,同一行为构成非法猎捕、杀害珍贵、濒危野生动物罪,但尚不构成非法捕捞水产品罪的,对涉案一般水生生物的数量或价值作为量刑情节考虑,以非法猎捕、杀害珍贵、濒危野生动物罪定性并酌情从重处理。

三是注意把握非法捕捞水产品罪与非法收购、运输、出售珍贵、濒危野生动物、珍贵、濒危野生动物制品罪的界限。根据刑法和《意见》的规定,非法收购、运输、出售在长江流域重点水域非法猎捕、杀害的中华鲟、长江鲟、长江江豚或者其他国家重点保护的珍贵、濒危水生野生动物及其制品,达到相应价值标准的,以非法收购、运输、出售珍贵、濒危野生动物、珍贵、濒危野生动物制品罪定罪处罚。同时,根据全国人大常委会《关于〈中华人民共和国刑法〉第三百四十一条、第三百一十二条的解释》,知道或者应当知道是国家重点保护的珍贵、濒危野生动物及其制品,为食用或者其他目的而非法购买,符合刑法第三百四十一条第一款规定的,以非法收购珍贵、濒危野生动物、珍贵、濒危野生动物制品罪定罪处罚。

四是注意认定非法捕捞水产品犯罪的其他关联犯罪。制造、销售禁用渔具,情节严重,符合刑法第一百四十条或者第一百四十六条规定的,以生产、销售伪劣产品罪或者生产、销售不符合安全标准的产品罪定罪处罚。明知是长江流域非法捕捞渔获物而利用信息网络设立用于收购、出售的网站、通讯群组,或者发布相关犯罪信息,情节严重,符合刑法第二百八十七条之一规定的,以非法利用信息网络罪定罪处罚。

五是注意认定非法捕捞水产品犯罪的共同犯罪。事前通谋,按照分工分别实施非法捕捞、运输、销售等行为的,以共同犯罪论处。明知他人从事非法捕捞,仍为其提供工具、运输、加工、销售等帮助的,以共同犯罪论处。

七、办理长江流域非法捕捞案件,检察机关如何落实在办案中监督、在监督

中办案的要求?(略)

八、办理长江流域非法捕捞案件,检察机关如何贯彻恢复性司法理念?(略)

九、检察机关如何通过民事公益诉讼,服务保障长江流域禁捕工作?(略)

十、检察机关如何运用检察建议服务保障长江流域禁捕工作,推动长江流域治理?(略)

■ 刑参案例规则提炼①

> 第三百四十一条 **【危害珍贵、濒危野生动物罪】**非法猎捕、杀害国家重点保护的珍贵、濒危野生动物的,或者非法收购、运输、出售国家重点保护的珍贵、濒危野生动物及其制品的,处五年以下有期徒刑或者拘役,并处罚金;情节严重的,处五年以上十年以下有期徒刑,并处罚金;情节特别严重的,处十年以上有期徒刑,并处罚金或者没收财产。
>
> **【非法狩猎罪】**违反狩猎法规,在禁猎区、禁猎期或者使用禁用的工具、方法进行狩猎,破坏野生动物资源,情节严重的,处三年以下有期徒刑、拘役、管制或者罚金。
>
> **【非法猎捕、收购、运输、出售陆生野生动物罪】**违反野生动物保护管理法规,以食用为目的非法猎捕、收购、运输、出售第一款规定以外的在野外环境自然生长繁殖的陆生野生动物,情节严重的,依照前款的规定处罚。

■ 立法沿革

本条系 1997 年《刑法》吸收 1979 年《刑法》和单行刑法作出的规定。1979 年《刑法》第一百三十条规定:"违反狩猎法规,在禁猎区、禁猎期或者使用禁用的工具、方法进行狩猎,破坏珍禽、珍兽或者其他野生动物资源,情节严重的,处二年以下有期徒刑、拘役或者罚金。"《全国人民代表大会常务委员会关于惩治捕杀国家重点保护的珍贵、濒危野生动物犯罪的补充规定》(自 1988 年 11 月 8 日起施行)规定:"非法捕杀国家重点保护的珍贵、濒危野生动物的,处七年以下有期徒刑或者拘役,可以并处或者单处罚金;非法出售倒卖、走私的,按投机倒把罪、走私罪处刑。"1997 年《刑法》以上述规定为基础,对珍贵、濒危野生动物犯罪和非法狩猎罪分别作出规定。

---

① 鉴于相关司法解释、规范性文件明确了非法捕捞水产品罪的入罪标准,《耿志全非法捕捞水产品案——非法捕捞水产品"情节严重"的司法认定》(第 953 号案例)所涉规则未予提炼。

2021年3月1日起施行的《刑法修正案（十一）》第四十一条对本条作了修改，增加一款作为第三款，对非法猎捕、收购、运输、出售陆生野生动物的犯罪作出规定。此外，自2021年3月1日起，《刑法》第三百四十一条第一款的罪名由"非法猎捕、杀害珍贵、濒危野生动物罪"和"非法收购、运输、出售珍贵、濒危野生动物、珍贵、濒危野生动物制品罪"整合为"危害珍贵、濒危野生动物罪"。

修正前《刑法》	修正后《刑法》
第三百四十一条 【非法猎捕、杀害珍贵、濒危野生动物罪】【非法收购、运输、出售珍贵、濒危野生动物、珍贵、濒危野生动物制品罪】非法猎捕、杀害国家重点保护的珍贵、濒危野生动物，或者非法收购、运输、出售国家重点保护的珍贵、濒危野生动物及其制品的，处五年以下有期徒刑或者拘役，并处罚金；情节严重的，处五年以上十年以下有期徒刑，并处罚金；情节特别严重的，处十年以上有期徒刑，并处罚金或者没收财产。 【非法狩猎罪】违反狩猎法规，在禁猎区、禁猎期或者使用禁用的工具、方法进行狩猎，破坏野生动物资源，情节严重的，处三年以下有期徒刑、拘役、管制或者罚金。	第三百四十一条 【危害珍贵、濒危野生动物罪】非法猎捕、杀害国家重点保护的珍贵、濒危野生动物，或者非法收购、运输、出售国家重点保护的珍贵、濒危野生动物及其制品的，处五年以下有期徒刑或者拘役，并处罚金；情节严重的，处五年以上十年以下有期徒刑，并处罚金；情节特别严重的，处十年以上有期徒刑，并处罚金或者没收财产。 【非法狩猎罪】违反狩猎法规，在禁猎区、禁猎期或者使用禁用的工具、方法进行狩猎，破坏野生动物资源，情节严重的，处三年以下有期徒刑、拘役、管制或者罚金。 【非法猎捕、收购、运输、出售陆生野生动物罪】违反野生动物保护管理法规，以食用为目的非法猎捕、收购、运输、出售第一款规定以外的在野外环境自然生长繁殖的陆生野生动物，情节严重的，依照前款的规定处罚。

全国人大常委会决定

《全国人民代表大会常务委员会关于全面禁止非法野生动物交易、革除滥食野生动物陋习、切实保障人民群众生命健康安全的决定》（自2020年2月24日起施行）

为了全面禁止和惩治非法野生动物交易行为，革除滥食野生动物的陋习，维护生物安全和生态安全，有效防范重大公共卫生风险，切实保障人民群众生命健康安全，加强生态文明建设，促进人与自然和谐共生，全国人民代表大会常务委员会作出如下决定：

一[①]、凡《中华人民共和国野生动物保护法》和其他有关法律禁止猎捕、交易、运输、食用野生动物的,必须严格禁止。

对违反前款规定的行为,在现行法律规定基础上加重处罚。

二、全面禁止食用国家保护的"有重要生态、科学、社会价值的陆生野生动物"以及其他陆生野生动物,包括人工繁育、人工饲养的陆生野生动物。

全面禁止以食用为目的猎捕、交易、运输在野外环境自然生长繁殖的陆生野生动物。

对违反前两款规定的行为,参照适用现行法律有关规定处罚。

三、列入畜禽遗传资源目录的动物,属于家畜家禽,适用《中华人民共和国畜牧法》的规定。

国务院畜牧兽医行政主管部门依法制定并公布畜禽遗传资源目录。

四、因科研、药用、展示等特殊情况,需要对野生动物进行非食用性利用的,应当按照国家有关规定实行严格审批和检疫检验。

国务院及其有关主管部门应当及时制定、完善野生动物非食用性利用的审批和检疫检验等规定,并严格执行。

五、各级人民政府和人民团体、社会组织、学校、新闻媒体等社会各方面,都应当积极开展生态环境保护和公共卫生安全的宣传教育和引导,全社会成员要自觉增强生态保护和公共卫生安全意识,移风易俗,革除滥食野生动物陋习,养成科学健康文明的生活方式。

六、各级人民政府及其有关部门应当健全执法管理体制,明确执法责任主体,落实执法管理责任,加强协调配合,加大监督检查和责任追究力度,严格查处违反本决定和有关法律法规的行为;对违法经营场所和违法经营者,依法予以取缔或者查封、关闭。

七、国务院及其有关部门和省、自治区、直辖市应当依据本决定和有关法律,制定、调整相关名录和配套规定。

国务院和地方人民政府应当采取必要措施,为本决定的实施提供相应保障。有关地方人民政府应当支持、指导、帮助受影响的农户调整、转变生产经营活动,根据实际情况给予一定补偿。

八、本决定自公布之日起施行。

[①] 本决定不仅涉及刑事处罚,而且涉及行政处罚。鉴于 1997 年《刑法》已经取消了加重处罚制度,基于法律规范之间的协调考虑,对于此处的"加重处罚"宜理解为针对行政处罚而言,对于刑事处罚只能是从重处罚。——**本评注注**

▎立法解释

《全国人民代表大会常务委员会关于〈中华人民共和国刑法〉第三百四十一条、第三百一十二条的解释》（2014年4月24日第十二届全国人民代表大会常务委员会第八次会议通过）

全国人民代表大会常务委员会根据司法实践中遇到的情况，讨论了刑法第三百四十一条第一款规定的非法收购国家重点保护的珍贵、濒危野生动物及其制品的含义和收购刑法第三百四十一条第二款规定的非法狩猎的野生动物如何适用刑法有关规定的问题，解释如下：

知道或者应当知道是国家重点保护的珍贵、濒危野生动物及其制品，为食用或者其他目的而非法购买的，属于刑法第三百四十一条第一款规定的非法收购国家重点保护的珍贵、濒危野生动物及其制品的行为。

知道或者应当知道是刑法第三百四十一条第二款规定的非法狩猎的野生动物而购买的，属于刑法第三百一十二条第一款规定的明知是犯罪所得而收购的行为。

现予公告。

▎相关规定

《国家重点保护野生动物名录》（国家林业和草原局、农业农村部公告2021年第3号）

《国家重点保护野生动物名录》（见附件）于2021年1月4日经国务院批准，现予以公布，自公布之日①起施行。

本公告发布前已经合法开展人工繁育经营活动，因名录调整依法需要变更、申办有关管理证件、行政许可决定的，应当于2021年6月30日前提出申请，在行政许可决定作出前，可依法继续从事相关活动。

特此公告。

附件：国家重点保护野生动物名录（略）

《濒危野生动植物种国际贸易公约》（具体条文未收录）

《林业部关于核准部分濒危野生动物为国家重点保护野生动物的通知》（林护通字[1993]48号）

我国是《濒危野生动植物种国际贸易公约》（以下简称《公约》）成员国。为

---

① 公告落款为2021年2月1日。——本评注注

加强对濒危野生动植物种的进出口管理,履行相应的国际义务,使国内野生动物的保护管理工作与世界濒危物种保护相衔接,根据《中华人民共和国野生动物保护法》第四十条①和《中华人民共和国陆生野生动物保护实施条例》第二十四条的规定,现决定将《公约》附录一和附录二所列非原产我国的所有野生动物(如犀牛、食蟹猴、袋鼠、鸵鸟、非洲象、斑马等),分别核准为国家一级和国家二级保护野生动物。对这些野生动物及其产品(包括任何可辨认部分或其衍生物)的管理,同原产我国的国家一级和国家二级保护野生动物一样,按照国家现行法律、法规和规章的规定实施管理;对违反有关规定的,同样依法查处。特此通知。

《濒危野生动植物种国际贸易公约附录水生物种核准为国家重点保护野生动物名录》(中华人民共和国农业农村部公告第491号)

根据《中华人民共和国野生动物保护法》(2018年10月26日第十三届全国人民代表大会常务委员会第六次会议第三次修正),经科学论证,现调整发布《濒危野生动植物种国际贸易公约附录水生物种核准为国家重点保护野生动物名录》。

自公告发布之日②起,濒危野生动植物种国际贸易公约附录水生物种按照被核准的国家重点保护野生动物级别进行国内管理。已列入国家重点保护野生动物名录的物种不再单独进行核准,按对应国家重点保护野生动物级别进行国内管理,进出口环节需同时遵守国际公约有关规定。

特此公告。

附件:《濒危野生动植物种国际贸易公约附录水生物种核准为国家重点保护野生动物名录》(略)

《有重要生态、科学、社会价值的陆生野生动物名录》(国家林业和草原局公告2023年第17号)

按照《野生动物保护法》第十条规定,我局制定了《有重要生态、科学、社会价值的陆生野生动物名录》,经征求农业农村、自然资源、科学技术、生态环境、

---

① 现行《野生动物保护法》第三十七条第一款、第四款规定:"中华人民共和国缔结或者参加的国际公约禁止或者限制贸易的野生动物或者其制品名录,由国家濒危物种进出口管理机构制定、调整并公布。""列入本条第一款名录的野生动物,经国务院野生动物保护主管部门核准,按照本法有关规定进行管理。"——**本评注注**

② 公告落款为2021年11月16日。——**本评注注**

卫生健康等部门意见,并组织科学论证评估,现予以公布,自公布之日起施行。

人工繁育有重要生态、科学、社会价值的陆生野生动物的,应当依法及时办理备案手续;本公告发布前已经开展人工繁育有重要生态、科学、社会价值的陆生野生动物活动的,应当于2023年9月30日前依法办理备案手续。

附件:《有重要生态、科学、社会价值的陆生野生动物名录》(略)

司法解释

《最高人民法院关于审理发生在我国管辖海域相关案件若干问题的规定(一)》(法释〔2016〕16号)第三条对我国管辖海域犯罪的管辖规则作了规定。(→参见第六条评注部分,第7页)

《最高人民法院关于审理发生在我国管辖海域相关案件若干问题的规定(二)》(法释〔2016〕17号)第五条至第八条对我国管辖海域危害珍贵、濒危野生动物罪的定罪量刑标准及相关问题作了规定。(→参见第六条评注部分,第8—9页)

《最高人民法院、最高人民检察院关于办理破坏野生动物资源刑事案件适用法律若干问题的解释》(法释〔2022〕12号,自2022年4月9日起施行)①

---

① 需要注意的是:(1)考虑到不同野生动物存在较大差异,本司法解释对破坏野生动物资源犯罪不再唯数量论,而以价值(主要由国务院野生动物保护主管部门根据野生动物的珍贵、濒危程度、生态价值和市场价值等评估确定)作为基本定罪量刑标准。作此调整后,对破坏野生动物资源犯罪的定罪量刑标准更加符合罪责刑相适应原则的要求,对重要野生动物的保护力度不减,能够保障相关案件办理取得更好的法律效果和社会效果:一方面,对于价值较小的野生动物不再是"一只入罪",而是以价值为基准综合考量;另一方面,对重要野生动物的保护力度不减,以大熊猫(价值500万元)、亚洲象(价值200万元)为例,无论是根据调整前的数量标准还是调整后的价值标准,走私一只以上的,仍然可以判处重刑。(2)对相关行为在认定是否构成犯罪以及裁量刑罚时,应当全面考虑案件有关情节,综合评估社会危害性,准确认定是否构成犯罪,妥当裁量刑罚,确保罪责刑相适应。刑法是保护野生动物的重要手段,但并非唯一手段,而是最后手段。在加大生态环境司法保护力度的同时,要注意防止矫枉过正,确保案件处理符合人民群众的朴素公平正义观念。对情节轻微危害不大的行为,通过行政处罚等其他措施治理,也可以收到效果。不区分具体情形,一味严惩重判,不符合法律政策精神,会引发社会质疑,严重影响办案效果。参见周加海、喻海松、李振华:《〈关于办理破坏野生动物资源刑事案件适用法律若干问题的解释〉的理解与适用》,载《人民司法》2022年第13期。

第六节　破坏环境资源保护罪

为依法惩治破坏野生动物资源犯罪，保护生态环境，维护生物多样性和生态平衡，根据《中华人民共和国刑法》《中华人民共和国刑事诉讼法》《中华人民共和国野生动物保护法》等法律的有关规定，现就办理此类刑事案件适用法律的若干问题解释如下：

第一条　具有下列情形之一的，应当认定为刑法第一百五十一条第二款规定的走私国家禁止进出口的珍贵动物及其制品：

（一）未经批准擅自进出口列入经国家濒危物种进出口管理机构公布的《濒危野生动植物种国际贸易公约》附录一、附录二的野生动物及其制品；

（二）未经批准擅自出口列入《国家重点保护野生动物名录》的野生动物及其制品。①

第二条　走私国家禁止进出口的珍贵动物及其制品，价值二十万元以上不满二百万元的，应当依照刑法第一百五十一条第二款的规定，以走私珍贵动物、珍贵动物制品罪处五年以上十年以下有期徒刑，并处罚金；价值二百万元以上的，应当认定为"情节特别严重"，处十年以上有期徒刑或者无期徒刑，并处没收财产；价值二万元以上不满二十万元的，应当认定为"情节较轻"，处五年以下有期徒刑，并处罚金。

实施前款规定的行为，具有下列情形之一的，从重处罚：

（一）属于犯罪集团的首要分子的；

（二）为逃避监管，使用特种交通工具实施的；

（三）二年内曾因破坏野生动物资源受过行政处罚的。

实施第一款规定的行为，不具有第二款规定的情形，且未造成动物死亡或者动物、动物制品无法追回，行为人全部退赃退赔，确有悔罪表现的，按照下列规定处理：

（一）珍贵动物及其制品价值二百万元以上的，可以处五年以上十年以下有

---

① 《野生动物保护法》第三十七条第二款规定："进出口列入前款名录的野生动物或者其制品，或者出口国家重点保护野生动物或者其制品的，应当经国务院野生动物保护主管部门或者国务院批准，并取得国家濒危物种进出口管理机构核发的允许进出口证明书。海关凭允许进出口证明书办理进出境检疫，并依法办理其他海关手续。"据此，《野生动物保护法》明确规定对国家重点保护野生动物及其制品实行出口管制，但是，对进口上述动物及其制品的行为则未予专门规制。基于走私珍贵动物、珍贵动物制品罪的行政犯属性，走私珍贵动物、珍贵动物制品罪的行为方式也限于"走私出境"。参见周加海、喻海松、李振华：《〈关于办理破坏野生动物资源刑事案件适用法律若干问题的解释〉的理解与适用》，载《人民司法》2022年第13期。

期徒刑，并处罚金。

（二）珍贵动物及其制品价值二十万元以上不满二百万元的，可以认定为"情节较轻"，处五年以下有期徒刑，并处罚金；

（三）珍贵动物及其制品价值二万元以上不满二十万元的，可以认定为犯罪情节轻微，不起诉或者免予刑事处罚；情节显著轻微危害不大的，不作为犯罪处理。

第三条① 在内陆水域，违反保护水产资源法规，在禁渔区、禁渔期或者使用禁用的工具、方法捕捞水产品，具有下列情形之一的，应当认定为刑法第三百四十条规定的"情节严重"，以非法捕捞水产品罪定罪处罚：

（一）非法捕捞水产品五百公斤以上或者价值一万元以上的；

（二）非法捕捞有重要经济价值的水生动物苗种、怀卵亲体或者在水产种质资源保护区内捕捞水产品五十公斤以上或者价值一千元以上的；

（三）在禁渔区使用电鱼、毒鱼、炸鱼等严重破坏渔业资源的禁用方法或者禁用工具捕捞的；

（四）在禁渔期使用电鱼、毒鱼、炸鱼等严重破坏渔业资源的禁用方法或者禁用工具捕捞的；

---

① 需要注意的是：(1)征求意见过程中，有意见建议吸收《检察机关办理长江流域非法捕捞水产品案件刑事检察工作座谈会纪要》规定，在本条第二款增加"在繁育期非法捕捞""纠集多条船只非法捕捞"以及"以非法捕捞为业"三个从重处罚情节。经研究认为：第一，繁育期往往为禁渔期，一律作为从重处罚的条件，可能存在入罪情节与从重情节的重复评价问题。从重处罚在繁育期内实施的非法捕捞行为，原因在于此类行为对水产资源的破坏更加严重，对此，本条第二款第三项已将"对水生生物资源或者水域生态造成严重损害的"作为从重处罚的情节之一，可以实现罪刑相当。第二，实践中，"纠集多条船只非法捕捞""以非法捕捞为业"往往会对水产资源造成严重破坏，应作为惩治重点，故吸收规定为从重处罚情节。(2)在符合"两禁"的情形下，行为人捕获的水产品数量差异较大，有的有几百公斤甚至上千公斤，有的则只有几斤、价值只有几十元，而且是初犯，一律入罪，恐失之过严。基于此，本条第三款规定赋予司法实践一定的自由裁量权，可以综合考虑网具的最小网目尺寸、渔具的功率强度、渔获物中幼鱼比例等情节综合评判行为对渔业资源的具体危害，实现对案件的妥当处理。对于捕捞水产品数量较少、价值较小，但对水产资源破坏较大的，也应当定罪处罚；对于捕捞水产品数量较少、价值较小，且对水产资源危害明显较轻的，不予刑事追究，必要时，可予以行政处罚。参见周加海、喻海松、李振华：《〈关于办理破坏野生动物资源刑事案件适用法律若干问题的解释〉的理解与适用》，载《人民司法》2022年第13期。

(五)其他情节严重的情形。

实施前款规定的行为,具有下列情形之一的,从重处罚:

(一)暴力抗拒、阻碍国家机关工作人员依法履行职务,尚未构成妨害公务罪、袭警罪的;

(二)二年内曾因破坏野生动物资源受过行政处罚的;

(三)对水生生物资源或者水域生态造成严重损害的;

(四)纠集多条船只非法捕捞的;

(五)以非法捕捞为业的。

实施第一款规定的行为,根据渔获物的数量、价值和捕捞方法、工具等,认为对水生生物资源危害明显较轻的,综合考虑行为人自愿接受行政处罚、积极修复生态环境等情节,可以认定为犯罪情节轻微,不起诉或者免予刑事处罚;情节显著轻微危害不大的,不作为犯罪处理。

第四条 刑法第三百四十一条第一款规定的"国家重点保护的珍贵、濒危野生动物"包括:

(一)列入《国家重点保护野生动物名录》的野生动物;

(二)经国务院野生动物保护主管部门核准按照国家重点保护的野生动物管理的野生动物。

第五条 刑法第三百四十一条第一款规定的"收购"包括以营利、自用等为目的的购买行为;"运输"包括采用携带、邮寄、利用他人、使用交通工具等方法进行运送的行为;"出售"包括出卖和以营利为目的的加工利用行为。

刑法第三百四十一条第三款规定的"收购""运输""出售",是指以食用为目的,实施前款规定的相应行为。

第六条 非法猎捕、杀害国家重点保护的珍贵、濒危野生动物,或者非法收购、运输、出售国家重点保护的珍贵、濒危野生动物及其制品,价值二万元以上不满二十万元的,应当依照刑法第三百四十一条第一款的规定,以危害珍贵、濒危野生动物罪处五年以下有期徒刑或者拘役,并处罚金;价值二十万元以上不满二百万元的,应当认定为"情节严重",处五年以上十年以下有期徒刑,并处罚金;价值二百万元以上的,应当认定为"情节特别严重",处十年以上有期徒刑,并处罚金或者没收财产。

实施前款规定的行为,具有下列情形之一的,从重处罚:

(一)属于犯罪集团的首要分子的;

(二)为逃避监管,使用特种交通工具实施的;

(三)严重影响野生动物科研工作的;

（四）二年内曾因破坏野生动物资源受过行政处罚的。

实施第一款规定的行为，不具有第二款规定的情形，且未造成动物死亡或者动物、动物制品无法追回，行为人全部退赃退赔，确有悔罪表现的，按照下列规定处理：

（一）珍贵、濒危野生动物及其制品价值二百万元以上的，可以认定为"情节严重"，处五年以上十年以下有期徒刑，并处罚金；

（二）珍贵、濒危野生动物及其制品价值二十万元以上不满二百万元的，可以处五年以下有期徒刑或者拘役，并处罚金；

（三）珍贵、濒危野生动物及其制品价值二万元以上不满二十万元的，可以认定为犯罪情节轻微，不起诉或者免予刑事处罚；情节显著轻微危害不大的，不作为犯罪处理。

第七条① 违反狩猎法规，在禁猎区、禁猎期或者使用禁用的工具、方法进行狩猎，破坏野生动物资源，具有下列情形之一的，应当认定为刑法第三百四十一条第二款规定的"情节严重"，以非法狩猎罪定罪处罚：

（一）非法猎捕野生动物价值一万元以上的；

（二）在禁猎区使用禁用的工具或者方法狩猎的；

（三）在禁猎期使用禁用的工具或者方法狩猎的；

（四）其他情节严重的情形。

实施前款规定的行为，具有下列情形之一的，从重处罚：

（一）暴力抗拒、阻碍国家机关工作人员依法履行职务，尚未构成妨害公务罪、袭警罪的；

（二）对野生动物资源或者栖息地生态造成严重损害的；

（三）二年内曾因破坏野生动物资源受过行政处罚的。

实施第一款规定的行为，根据猎获物的数量、价值和狩猎方法、工具等，认为

---

① 需要注意的是：(1)非法狩猎罪的犯罪对象主要包括地方重点保护野生动物和有重要生态、科学、社会价值的陆生野生动物（即"三有动物"）。(2)从以往司法实践来看，符合"两禁"标准的，即使非法狩猎的野生动物数量价值只有几十元，也要追究刑事责任，个别案件裁判偏离社会公众的一般认知，未体现罪责刑相适应原则的要求。基于此，本条第三款作了针对性规定，以避免简单化、"一刀切"，便于办案人员在综合考虑禁用的狩猎工具、方法的破坏性程度、狩猎对野生动物生息繁衍活动的影响等情节基础上，准确评判非法狩猎行为的社会危害程度，实现对案件的妥当处理。参见周加海、喻海松、李振华：《〈关于办理破坏野生动物资源刑事案件适用法律若干问题的解释〉的理解与适用》，载《人民司法》2022年第13期。

对野生动物资源危害明显较轻的,综合考虑猎捕的动机、目的、行为人自愿接受行政处罚、积极修复生态环境等情节,可以认定为犯罪情节轻微,不起诉或者免予刑事处罚;情节显著轻微危害不大的,不作为犯罪处理。

第八条① 违反野生动物保护管理法规,以食用为目的,非法猎捕、收购、运输、出售刑法第三百四十一条第一款规定以外的在野外环境自然生长繁殖的陆生野生动物,具有下列情形之一的,应当认定为刑法第三百四十一条第三款规定的"情节严重",以非法猎捕、收购、运输、出售陆生野生动物罪定罪处罚:

(一)非法猎捕、收购、运输、出售有重要生态、科学、社会价值的陆生野生动物或者地方重点保护陆生野生动物价值一万元以上的;

(二)非法猎捕、收购、运输、出售第一项规定以外的其他陆生野生动物价值五万元以上的;

(三)其他情节严重的情形。

实施前款规定的行为,同时构成非法狩猎罪的,应当依照刑法第三百四十一条第三款的规定,以非法猎捕陆生野生动物罪定罪处罚。

---

① 需要注意的是:(1)非法猎捕、收购、运输、出售陆生野生动物罪,犯罪对象是除国家重点保护的珍贵、濒危野生动物以外的其他陆生野生动物,具体包括两类野生动物:**第一**,"三有动物"(有重要生态、科学、社会价值的陆生野生动物)和地方重点保护的陆生野生动物。以食用为目的,非法猎捕"三有动物"和地方重点保护的陆生野生动物,不具有"两禁"情形的,不构成非法狩猎罪,但可能构成《刑法》第三百四十一条第三款规定的非法猎捕陆生野生动物罪。此外,以食用为目的,针对此类动物实施非法收购、运输、出售的行为,构成《刑法》第三百四十一条第三款规定的非法收购、运输、出售陆生野生动物罪。**第二**,其他陆生野生动物。从防范公共卫生安全风险的需要考虑,主要指对人类具有动物疫病传播风险的陆生脊椎野生动物,如鼠类、蝙蝠等。以食用为目的,非法猎捕、收购、运输、出售此类野生动物,构成《刑法》第三百四十一条第三款规定的非法收购、运输、出售陆生野生动物罪。(2)对于以食用为目的,非法收购、出售"三有动物"和地方重点保护陆生野生动物的行为,可能同时符合掩饰、隐瞒犯罪所得罪的构成,此种情形下应当如何决断,涉及对《刑法》第三百四十一条第三款与《刑法》第三百一十二条之间的关系问题。经研究认为,二者之间系"特别法与一般法"的关系,应当适用特别法。参见周加海、喻海松、李振华:《关于办理破坏野生动物资源刑事案件适用法律若干问题的解释〉的理解与适用》,载《人民司法》2022年第13期。

第九条① 明知是非法捕捞犯罪所得的水产品、非法狩猎犯罪所得的猎获物而收购、贩卖或者以其他方法掩饰、隐瞒，符合刑法第三百一十二条规定的，以掩饰、隐瞒犯罪所得罪定罪处罚。

第十条 负有野生动物保护和进出口监督管理职责的国家机关工作人员，滥用职权或者玩忽职守，致使公共财产、国家和人民利益遭受重大损失的，应当依照刑法第三百九十七条的规定，以滥用职权罪或者玩忽职守罪追究刑事责任。

负有查禁破坏野生动物资源犯罪活动职责的国家机关工作人员，向犯罪分子通风报信、提供便利，帮助犯罪分子逃避处罚的，应当依照刑法第四百一十七条的规定，以帮助犯罪分子逃避处罚罪追究刑事责任。

第十一条 对于"以食用为目的"，应当综合涉案动物及其制品的特征、被查获的地点、加工、包装情况，以及可以证明来源、用途的标识、证明等证据作出认定。

实施本解释规定的相关行为，具有下列情形之一的，可以认定为"以食用为目的"：

（一）将相关野生动物及其制品在餐饮单位、饮食摊点、超市等场所作为食品销售或者运往上述场所的；

（二）通过包装、说明书、广告等介绍相关野生动物及其制品的食用价值或者方法的；

（三）其他足以认定以食用为目的的情形。

第十二条 二次以上实施本解释规定的行为构成犯罪，依法应当追诉的，或者二年内实施本解释规定的行为未经处理的，数量、数额累计计算。

---

① 需要注意的是：(1)在《刑法修正案（十一）》施行后，《全国人民代表大会常务委员会关于〈中华人民共和国刑法〉第三百四十一条、第三百一十二条的解释》关于"知道或者应当知道是刑法第三百四十一条第二款规定的非法狩猎的野生动物而购买的，属于刑法第三百一十二条第一款规定的明知是犯罪所得而收购的行为"的规定继续有效，对"三有动物"、地方重点保护的陆生野生动物的收购行为，在不以食用为目的的情况下，可以适用掩饰、隐瞒犯罪所得罪。(2)司法适用中，对于掩饰、隐瞒犯罪所得的野生动物行为的刑罚裁量，应当注意与作为上游犯罪的非法狩猎罪的量刑平衡，也要注意与非法收购、运输、出售陆生野生动物罪保持协调。参见周加海、喻海松、李振华：《〈关于办理破坏野生动物资源刑事案件适用法律若干问题的解释〉的理解与适用》，载《人民司法》2022年第13期。

第十三条① 实施本解释规定的相关行为,在认定是否构成犯罪以及裁量刑罚时,应当考虑涉案动物是否系人工繁育、物种的濒危程度、野外存活状况、人工繁育情况、是否列入人工繁育国家重点保护野生动物名录,行为手段、对野生动物资源的损害程度,以及对野生动物及其制品的认知程度等情节,综合评估社会危害性,准确认定是否构成犯罪,妥当裁量刑罚,确保罪责刑相适应;根据本解释的规定定罪量刑明显过重的,可以根据案件的事实、情节和社会危害程度,依法作出妥当处理。

涉案动物系人工繁育,具有下列情形之一的,对所涉案件一般不作为犯罪处理;需要追究刑事责任的,应当依法从宽处理:

---

① 需要注意的是:(1)考虑到《国家重点保护野生动物名录(2021年)》列入的野生动物种类繁多,且一半以上系新增,难以为一般社会公众在短时间内准确辨识。在认定相关行为是否构成犯罪以及裁量刑罚时,要充分考察、考虑行为人对野生动物及其制品的认知程度。(2)司法实践中要善于运用综合裁量规则,对相关案件作出妥当处理。例如,随着野生动物数量增加,野生动物致害情况不时发生,甚至出现伤人事件。有的农民为了保护农作物不被侵害而采取预防性措施猎捕野猪,对于此类案件,就应当充分考虑案发起因、行为动机,实事求是、区别对待,予以刑事追究必须严格把握。(3)人工繁育野生动物属于野生动物范畴,也在刑法的保护范围之内。但是,人工繁育野生动物确实具有特殊性、复杂性,需要具体分析、区别对待。鉴此,本条第二款专门针对人工繁育野生动物案件的处理规则作了进一步明确,规定涉案动物系人工繁育,具有下列情形之一的,对所涉案件一般不作为犯罪处理;需要追究刑事责任的,应当依法从宽处理:①列入人工繁育国家重点保护野生动物名录的。根据《野生动物保护法》第二十九条第一款的规定,目前共有四批动物被列入人工繁育国家重点保护野生动物名录。具体包括:原国家林业局于2017年6月公布的《人工繁育国家重点保护陆生野生动物名录(第一批)》,列入梅花鹿、马鹿、尼罗鳄等9种动物;原农业部于2017年11月公布的《人工繁育国家重点保护水生野生动物名录(第一批)》,列入胭脂鱼、金线鲃等6种动物;农业农村部于2019年7月公布的《人工繁育国家重点保护水生野生动物名录(第二批)》,列入花龟、黄喉拟水龟、尼罗鳄等18种动物;农业农村部于2021年11月公布的《人工繁育国家重点保护水生野生动物名录(第3批)》,列入岩原鲤、细鳞裂腹鱼、重口裂腹鱼等10种动物。其中,《人工繁育国家重点保护水生野生动物名录(第二批)》将《人工繁育国家重点保护陆生野生动物名录(第一批)》中的暹罗鳄、尼罗鳄、湾鳄三种动物纳入,作为水生动物管理。②人工繁育技术成熟、已成规模,作为宠物买卖、运输的。从实践来看,有些野生动物人工繁育时间长、技术成熟。例如,据媒体报道,费氏牡丹鹦鹉原生地为非洲热带丛林,列入《濒危野生动植物种国际贸易公约》附录二,被核准为国家二级保护野生动物。自二十世纪八十年代,费氏牡丹鹦鹉被引入我国,已有30多年人工繁育的历史,技术十分成熟。由于历史原因,多数存在证件不全的情况。对于此类案件,追究刑事责任应当特别慎重,要重在通过完善相关行政管理加以解决。参见周加海、喻海松、李振华:《〈关于办理破坏野生动物资源刑事案件适用法律若干问题的解释〉的理解与适用》,载《人民司法》2022年第13期。

(一)列入人工繁育国家重点保护野生动物名录的；

(二)人工繁育技术成熟、已成规模，作为宠物买卖、运输的。

第十四条 对于实施本解释规定的相关行为被不起诉或者免予刑事处罚的行为人，依法应当给予行政处罚、政务处分或者其他处分的，依法移送有关主管机关处理。

第十五条①② 对于涉案动物及其制品的价值，应当根据下列方法确定：

① 需要注意的是：(1)《野生动物及其制品价值评估方法》《水生野生动物及其制品价值评估办法》明确了野生动物整体的价值、卵、蛋的价值、制品的价值、人工繁育野生动物的价值等价值标准和核算方法，为核算涉案动物及其制品价值提供了依据。对于国家重点保护的珍贵、濒危野生动物及其制品的价值，根据国务院野生动物保护主管部门综合考虑野生动物的珍贵、濒危程度、生态价值和市场价值制定的评估标准和方法核算，并无疑义。但是，对于其他野生动物及其制品的价值，可能出现评估价值与市场价值相差悬殊的情形，如麻雀依评估价值为每只300元，实践中交易价格一般在20元左右，相差近15倍。上述现象的出现，究其原因，就在于国家重点保护野生动物的核算价值主要不是考虑市场价值，而是重在考虑物种的珍贵、濒危程度以及相关的生态功能、科研价值等。对于国家重点保护野生动物之外的动物，如一律按评估标准和方法核算，将导致价值过高，从而实际降低了相关犯罪的入罪门槛，势必扩大刑事打击范围，难以实现罪责刑相适应，亦与社会公众的朴素公平正义观念不符。(2)据向办案一线了解，有些案件，如非法捕捞案件，对涉渔获物就是根据市场价值，而非综合考虑生态、科学、社会价值确定的评估价值认定价值。这也是本解释相关条文在确定入罪标准时的依据，如果要采用评估价值，则相关犯罪的入罪价值标准应作大幅提升。(3)本条第二项规定"参照"而非"依照"相关评估标准和方法核算，这就赋予一线办案部门以自由裁量权，可以在核算价值的过程中裁量把握，做到"罪刑均衡"而非"罪刑倒挂"。参见周加海、喻海松、李振华：《〈关于办理破坏野生动物资源刑事案件适用法律若干问题的解释〉的理解与适用》，载《人民司法》2022年第13期。(另，《野生动物及其制品价值评估方法》《水生野生动物及其制品价值评估办法》及相关评估标准，参见随后"规范性文件"部分，第1787、1788页)

② 正是考虑到通常情形之下珍贵、濒危野生动物与其他野生动物的价值计算标准有所不同，前者不仅包括经济价值，还包括生态价值等其他价值，而后者只限于经济价值。故而，本司法解释对危害珍贵、濒危野生动物罪设置了价值二万元的入罪门槛，而对非法狩猎罪设置了价值一万元的入罪门槛，两者之间并不存在倒挂的问题。基于此，对于危害珍贵、濒危野生动物的案件，在价值超过一万元但未达到二万元的，不应转而适用非法狩猎罪。究其原因，实际上就在于两罪之间的价值计算标准明显不同。此外，由于对非法狩猎依据"两禁"入罪也需受到本司法解释第七条第三款规定的限制（即并非一律入罪，而是允许根据具体情节出罪），故对上述案件似也不宜径直依据"两禁"认定为非法狩猎罪。——本评注注

（一）对于国家禁止进出口的珍贵动物及其制品、国家重点保护的珍贵、濒危野生动物及其制品的价值，根据国务院野生动物保护主管部门制定的评估标准和方法核算；

（二）对于有重要生态、科学、社会价值的陆生野生动物、地方重点保护野生动物、其他野生动物及其制品的价值，根据销赃数额认定；无销赃数额、销赃数额难以查证或者根据销赃数额认定明显偏低的，根据市场价格核算，必要时，也可以参照相关评估标准和方法核算。

第十六条　根据本解释第十五条规定难以确定涉案动物及其制品价值的，依据司法鉴定机构出具的鉴定意见，或者下列机构出具的报告，结合其他证据作出认定：

（一）价格认证机构出具的报告；

（二）国务院野生动物保护主管部门、国家濒危物种进出口管理机构或者海关总署等指定的机构出具的报告；

（三）地、市级以上人民政府野生动物保护主管部门、国家濒危物种进出口管理机构的派出机构或者直属海关等出具的报告。

第十七条①　对于涉案动物的种属类别、是否系人工繁育，非法捕捞、狩猎的工具、方法，以及对野生动物资源的损害程度等专门性问题，可以由野生动物保护主管部门、侦查机关依据现场勘验、检查笔录等出具认定意见；难以确定的，依据司法鉴定机构出具的鉴定意见，本解释第十六条所列机构出具的报告，被告人及其辩护人提供的证据材料，结合其他证据材料综合审查，依法作出认定。

第十八条　餐饮公司、渔业公司等单位实施破坏野生动物资源犯罪的，依照本解释规定的相应自然人犯罪的定罪量刑标准，对直接负责的主管人员和其他直接责任人员定罪处罚，并对单位判处罚金。

第十九条　在海洋水域，非法捕捞水产品，非法采捕珊瑚、砗磲或者其他珍贵、濒危水生野生动物，或者非法收购、运输、出售珊瑚、砗磲或者其他珍贵、濒危水生野生动物及其制品的，定罪量刑标准适用《最高人民法院关于审理发生在

---

① 顺带提及的是，对于国家禁止进出口的珍贵动物及其制品、国家重点保护的珍贵、濒危野生动物的认定，应当坚持实质判断的标准。例如，《国务院关于严格管制犀牛和虎及其制品经营利用活动的通知》(国发〔2018〕36号)第一条规定："包装、说明中声明含有犀牛和虎及其制品的，一律按犀牛或虎制品对待。"需要注意的是，这一规定系行政认定标准，似不宜直接适用于相关刑事案件的办理之中。——**本评注注**

我国管辖海域相关案件若干问题的规定（二）》（法释〔2016〕17号）的相关规定。①

第二十条 本解释自2022年4月9日起施行。本解释公布施行后，《最高人民法院关于审理破坏野生动物资源刑事案件具体应用法律若干问题的解释》（法释〔2000〕37号）同时废止；之前发布的司法解释与本解释不一致的，以本解释为准。

规范性文件

《国家林业局关于发布破坏野生动物资源刑事案中涉及走私的象牙及其制品价值标准的通知》（林濒发〔2001〕234号）

各省、自治区、直辖市林业（农林）厅（局）：

亚洲象是国家一级保护野生动物，非洲象被依法核准为国家一级保护野生动物，国家禁止亚洲象和非洲象象牙及其制品的收购、运输、出售和进出口活动。近几年来，各地、各部门严格按照《濒危野生动植物种国际贸易公约》和我国野生动物保护法规的规定，严厉打击非法收购、运输、出售走私象牙及其制品违法犯罪活动，查获了大量非法收购、运输、出售和走私象牙及其制品案件。为确保各部门依法查处上述刑事案件，依据《林业部、财政部、国家物价局关于发布〈陆生野生动物资源保护管理费收费办法〉的通知》（林护字〔1992〕72号）、《林业部关于在野生动物案件中如何确定国家重点保护野生动物及其产品价值标准的通知》（林策通字〔1996〕8号）、《国家林业局、公安部关于印发森林和陆生野生动物刑事案件管辖及立案标准的通知》（林安发〔2001〕156号）和《最高人民法院

---

① 需要注意的是，本司法解释第三条第三款、第六条第一款、第十三条第一款分别对非法捕捞内陆水域水产品犯罪的从宽处理、危害珍贵、濒危野生动物犯罪的入罪门槛以及破坏野生动物资源犯罪的综合裁量规则作了规定，对于在海洋水域实施的非法捕捞水产品或者危害珍贵、涉危野生动物行为，可以根据案件具体情况，参照适用上述规定，以确保案件办理符合罪责刑相适应原则的要求。参见周加海、喻海松、李振华：《〈关于办理破坏野生动物资源刑事案件适用法律若干问题的解释〉的理解与适用》，载《人民司法》2022年第13期。此外，最高人民检察院建设运行的检答网答疑提出，鉴于《最高人民法院关于审理发生在我国管辖海域相关案件若干问题的规定（二）》（法释〔2016〕17号）对于在海洋水域危害珍贵、濒危野生动物罪的入罪门槛未予明确，故对此应当适用法释〔2022〕12号解释第六条第一款关于危害珍贵、濒危野生动物罪入罪门槛的一般规定。参见【检答网集萃—109】危害珍贵、濒危水生野生动物的立案标准如何把握》，载微信公众号"最高人民检察院"2023年10月28日。

关于审理破坏野生动物资源刑事案件具体应用法律若干问题的解释》（法释〔2000〕37号）的有关规定①，现将破坏野生动物资源刑事案件中涉及走私的象牙及其制品的价值标准规定如下：一根未加工象牙的价值为25万元；由整根象牙雕刻而成的一件象牙制品，应视为一根象牙，其价值为25万元；由一根象牙切割成数段象牙块或者雕刻成数件象牙制品的，这些象牙块或者象牙制品总合，也应视为一根象牙，其价值为25万元；对于无法确定是否属一根象牙切割或者雕刻成的象牙块或象牙制品，应根据其重量来核定，单价为41667元/千克。按上述价值标准核定的象牙及其制品价格低于实际销售价的按实际销售价格执行。

凡过去的有关规定与本通知不一致的，按本通知执行。

《国家林业局关于发布破坏野生动物资源刑事案件中涉及犀牛角价值标准的通知》（林护发〔2002〕130号）
各省、自治区、直辖市林业厅（局）：

多年来，各地各部门在严厉打击涉及犀牛角的非法贸易活动中，查获了大量非法出售、收购、运输、走私的犀牛角。为确保各执法部门依法查处上述刑事案件，我局依据《林业部、财政部、国家物价局关于发布〈陆生野生动物资源保护管理费收费办法〉的通知》（林护字〔1992〕72号）、《林业部关于在野生动物案件中如何确定国家重点保护野生动物及其产品价值标准的通知》（林策通字〔1996〕8号）、《国家林业局、公安部关于印发森林和陆生野生动物刑事案件管辖及立案标准的通知》（林安发〔2001〕156号）、《最高人民法院关于审理破坏野生动物资源刑事案件具体应用法律若干问题的解释》（法释〔2000〕37号）②的有关规定，将破坏野生动物资源刑事案件中涉及犀牛角的价值标准确定为：每千克犀牛角的价值为25万元，实际交易价高于上述价值的按实际交易价执行。

特此通知。

《最高人民法院、最高人民检察院、国家林业局、公安部、海关总署关于破坏野生动物资源刑事案件中涉及的CITES附录Ⅰ和附录Ⅱ所列陆生野生动物制品价值核定问题的通知》（林濒发〔2012〕239号）
各省、自治区、直辖市高级人民法院、人民检察院、林业厅（局）、公安厅（局），解

---

① 现为《最高人民法院、最高人民检察院关于办理破坏野生动物资源刑事案件适用法律若干问题的解释》（法释〔2022〕12号）。——**本评注注**
② 现为《最高人民法院、最高人民检察院关于办理破坏野生动物资源刑事案件适用法律若干问题的解释》（法释〔2022〕12号）。——**本评注注**

放军军事法院、解放军军事检察院、新疆维吾尔自治区高级人民法院生产建设兵团分院、新疆生产建设兵团人民检察院、林业局、公安局，海关总署广东分署，各直属海关：

我国是《濒危野生动植物种国际贸易公约》（CITES）缔约国，非原产我国的CITES附录Ⅰ和附录Ⅱ所列陆生野生动物已依法被分别核准为国家一级、二级保护野生动物。近年来，各地严格按照CITES和我国野生动物保护法律法规的规定，查获了大量非法收购、运输、出售和走私CITES附录Ⅰ、附录Ⅱ所列陆生野生动物及其制品案件。为确保依法办理上述案件，依据《陆生野生动物保护实施条例》第二十四条，《最高人民法院关于审理走私刑事案件具体应用法律若干问题的解释》（法释〔2000〕30号）第四条①，以及《最高人民法院关于审理破坏野生动物资源刑事案件具体应用法律若干问题的解释》（法释〔2000〕37号）②第十条和第十一条的有关规定，结合《林业部关于在野生动物案件中如何确定国家重点保护野生动物及其产品价值标准的通知》（林策通字〔1996〕8号），现将破坏野生动物资源案件中涉及的CITES附录Ⅰ和附录Ⅱ所列陆生野生动物制品的价值标准规定如下：

一、CITES附录Ⅰ、附录Ⅱ所列陆生野生动物制品的价值，参照与其同属的国家重点保护陆生野生动物的同类制品价值标准核定；没有与其同属的国家重点保护陆生野生动物的，参照与其同科的国家重点保护陆生野生动物的同类制品价值标准核定；没有与其同科的国家重点保护陆生野生动物的，参照与其同目的国家重点保护陆生野生动物的同类制品价值标准核定；没有与其同目的国家重点保护陆生野生动物的，参照与其同纲或者同门的国家重点保护陆生野生动物的同类制品价值标准核定。

二、同属、同科、同目、同纲或者同门中，如果存在多种不同保护级别的国家重点保护陆生野生动物的，应当参照该分类单元中相同保护级别的国家重点保护陆生野生动物的同类制品价值标准核定；如果存在多种相同保护级别的国家重点保护陆生野生动物的，应当参照该分类单元中价值标准最低的国家重点保护陆生野生动物的同类制品价值标准核定；如果CITES附录Ⅰ和附录Ⅱ所列陆生野生动物所处分类单元有多种国家重点保护陆生野生动物，但保护级别不同的，应当参照该分类单元中价值标准最低的国家重点保护陆生野生动物的同类制品价值标准核定；如果仅有一种国家重点保护陆生野生动物的，应当参照该种

---

①② 现行司法解释为《最高人民法院、最高人民检察院关于办理破坏野生动物资源刑事案件适用法律若干问题的解释》（法释〔2022〕12号）第二条、第六条。

国家重点保护陆生野生动物的同类制品价值标准核定。

三、同一案件中缴获的同一动物个体的不同部分的价值总和，不得超过该种动物个体的价值。

四、核定价值低于非法贸易实际交易价格的，以非法贸易实际交易价格认定。

五、犀牛角、象牙等野生动物制品的价值，继续依照《国家林业局关于发布破坏野生动物资源刑事案中涉及走私的象牙及其制品价值标准的通知》（林濒发〔2001〕234号），以及《国家林业局关于发布破坏野生动物资源刑事案件中涉及犀牛角价值标准的通知》（林护发〔2002〕130号）的规定核定。

人民法院、人民检察院、公安、海关等办案单位可以依据上述价值标准，核定破坏野生动物资源刑事案件中涉及的CITES附录Ⅰ和附录Ⅱ所列陆生野生动物制品的价值。核定有困难的，县级以上林业主管部门、国家濒危物种进出口管理机构或其指定的鉴定单位应该协助。

《野生动物及其制品价值评估方法》（国家林业局令第46号，自2017年12月15日起施行）

第一条 为了规范野生动物及其制品价值评估标准和方法，根据《中华人民共和国野生动物保护法》第五十七条①规定，制定本方法。

第二条 《中华人民共和国野生动物保护法》规定的猎获物价值、野生动物及其制品价值的评估活动，适用本方法。

本方法所称野生动物，是指陆生野生动物的整体（含卵、蛋）；所称野生动物制品，是指陆生野生动物的部分及其衍生物，包括产品。

第三条 国家林业局负责制定、公布并调整《陆生野生动物基准价值标准目录》。

第四条 野生动物整体的价值，按照《陆生野生动物基准价值标准目录》所列该种野生动物的基准价值乘以相应的倍数核算。具体方法是：

（一）国家一级保护野生动物，按照所列野生动物基准价值的十倍核算；国家二级保护野生动物，按照所列野生动物基准价值的五倍核算；

（二）地方重点保护的野生动物和有重要生态、科学、社会价值的野生动物，按照所列野生动物基准价值核算。

---

① 现行《野生动物保护法》第六十二条规定："……本法规定的猎获物价值、野生动物及其制品价值的评估标准和方法，由国务院野生动物保护主管部门制定。"——**本评注注**

两栖类野生动物的卵、蛋的价值,按照该种野生动物整体价值的千分之一核算;爬行类野生动物的卵、蛋的价值,按照该种野生动物整体价值的十分之一核算;鸟类野生动物的卵、蛋的价值,按照该种野生动物整体价值的二分之一核算。

第五条 野生动物制品的价值,由核算其价值的执法机关或者评估机构根据实际情况予以核算,但不能超过该种野生动物的整体价值。但是,省级以上人民政府林业主管部门对野生动物标本和其他特殊野生动物制品的价值核算另有规定的除外。

第六条 野生动物及其制品有实际交易价格的,且实际交易价格高于按照本方法评估的价值的,按照实际交易价格执行。

第七条 人工繁育的野生动物及其制品的价值,按照同种野生动物及其制品价值的百分之五十执行。

人工繁育的列入《人工繁育国家重点保护野生动物名录》的野生动物及其制品的价值,按照同种野生动物及其制品价值的百分之二十五执行。

第八条 《濒危野生动植物种国际贸易公约》附录所列在我国没有自然分布的野生动物,已经国家林业局核准按照国家重点保护野生动物管理的,该动物及其制品的价值按照与其同属、同科或者同目的国家重点保护野生动物的价值核算。

《濒危野生动植物种国际贸易公约》附录所列在我国没有自然分布的野生动物、未经国家林业局核准的,以及其他没有列入《濒危野生动植物种国际贸易公约》附录的野生动物及其制品的价值,按照与其同属、同科或者同目的地方重点保护野生动物或者有重要生态、科学、社会价值的野生动物的价值核算。

第九条 本方法施行后,新增加的重点保护野生动物和有重要生态、科学、社会价值的野生动物,尚未列入《陆生野生动物基准价值标准目录》的,其基准价值按照与其同属、同科或者同目的野生动物的基准价值核算。

第十条 本方法自2017年12月15日起施行。

附件:陆生野生动物基准价值标准目录(略)

《水生野生动物及其制品价值评估办法》(农业农村部令2019年第5号,自2019年10月1日起施行)

第一条 为了规范水生野生动物及其制品的价值评估方法和标准,根据《中华人民共和国野生动物保护法》规定,制定本办法。

第二条 《中华人民共和国野生动物保护法》规定保护的珍贵濒危水生野生动物及其制品价值的评估,适用本办法。

本办法规定的水生野生动物,是指国家重点保护水生野生动物及《濒危野生动植物种国际贸易公约》附录水生物种的整体(含卵)。

本办法规定的水生野生动物制品,是指水生野生动物的部分及其衍生物。

第三条 水生野生动物成年整体的价值,按照对应物种的基准价值乘以保护级别系数计算。

农业农村部负责制定、公布并调整《水生野生动物基准价值标准目录》。

第四条 国家一级重点保护水生野生动物的保护级别系数为10。国家二级重点保护水生野生动物的保护级别系数为5。

《濒危野生动植物种国际贸易公约》附录所列水生物种,已被农业农村部核准为国家重点保护野生动物的,按照对应保护级别系数核算价值;未被农业农村部核准为国家重点保护野生动物的,保护级别系数为1。

第五条 水生野生动物幼年整体的价值,按照该物种成年整体价值乘以发育阶段系数计算。

发育阶段系数不应超过1,由核算其价值的执法机关或者评估机构综合考虑该物种繁殖力、成活率、发育阶段等实际情况确定。

第六条 水生野生动物卵的价值,有单独基准价值的,按照其基准价值乘以保护级别系数计算;没有单独基准价值的,按照该物种成年整体价值乘以繁殖力系数计算。

爬行类野生动物卵的繁殖力系数为十分之一;两栖类野生动物卵的繁殖力系数为千分之一;无脊椎、鱼类野生动物卵的繁殖力系数综合考虑该物种繁殖力、成活率进行确定。

第七条 水生野生动物制品的价值,按照该物种整体价值乘以涉案部分系数计算。

涉案部分系数不应超过1;系该物种主要利用部分的,涉案部分系数不应低于0.7。具体由核算其价值的执法机关或者评估机构综合考虑该制品利用部分、对动物伤害程度等因素确定。

第八条 人工繁育的水生野生动物及其制品的价值,根据本办法第四至七条规定计算后的价值乘以物种来源系数计算。

列入人工繁育国家重点保护水生野生动物名录物种的人工繁育个体及其制品,物种来源系数为0.25;其它物种的人工繁育个体及其制品,物种来源系数为0.5。

第九条 水生野生动物及其制品有实际交易价格,且实际交易价格高于按照本办法评估价值的,按照实际交易价格执行。

第十条　本办法施行后,新列入《国家重点保护野生动物名录》或《濒危野生动植物种国际贸易公约》附录,但尚未列入《水生野生动物基准价值标准目录》的水生野生动物,其基准价值参照与其同属、同科或同目的最近似水生野生动物的基准价值核算。

第十一条　未被列入《濒危野生动植物种国际贸易公约》附录的地方重点保护水生野生动物,可参照本办法计算价值,保护级别系数可按1计算。

第十二条　本办法自2019年10月1日起施行。

附表:水生野生动物基准价值标准目录(略)

《最高人民法院、最高人民检察院、公安部、司法部关于依法惩治妨害新型冠状病毒感染肺炎疫情防控违法犯罪的意见》(法发〔2020〕7号)"二、准确适用法律,依法严惩妨害疫情防控的各类违法犯罪"第(九)条对危害珍贵、濒危野生动物罪、非法狩猎罪的适用作了指引性规定。(→参见第三百三十条评注部分,第1714页)

《最高人民法院、最高人民检察院、公安部、农业农村部依法惩治长江流域非法捕捞等违法犯罪的意见》(公通字〔2020〕17号)"二、准确适用法律,依法严惩非法捕捞等危害水生生物资源的各类违法犯罪"第(二)条、第(三)条对危害珍贵、濒危野生动物罪作了指引性规定。(→参见第三百四十条评注部分,第1760、1761页)

《最高人民法院、最高人民检察院、公安部、司法部关于依法惩治非法野生动物交易犯罪的指导意见》(公通字〔2020〕19号,自2020年12月18日起施行)

为依法惩治非法野生动物交易犯罪,革除滥食野生动物的陋习,有效防范重大公共卫生风险,切实保障人民群众生命健康安全,根据有关法律、司法解释的规定,结合侦查、起诉、审判实践,制定本意见。

一、依法严厉打击非法猎捕、杀害野生动物的犯罪行为,从源头上防控非法野生动物交易。

非法猎捕、杀害国家重点保护的珍贵、濒危野生动物,符合刑法第三百四十一条第一款规定的,以非法猎捕、杀害珍贵、濒危野生动物罪定罪处罚。

违反狩猎法规,在禁猎区、禁猎期或者使用禁用的工具、方法进行狩猎,破坏野生动物资源,情节严重,符合刑法第三百四十一条第二款规定的,以非法狩猎罪定罪处罚。

违反保护水产资源法规,在禁渔区、禁渔期或者使用禁用的工具、方法捕捞水产品,情节严重,符合刑法第三百四十条规定的,以非法捕捞水产品罪定罪处罚。

二、依法严厉打击非法收购、运输、出售、进出口野生动物及其制品的犯罪行为,切断非法野生动物交易的利益链条。

非法收购、运输、出售国家重点保护的珍贵、濒危野生动物及其制品,符合刑法第三百四十一条第一款规定的,以非法收购、运输、出售珍贵、濒危野生动物、珍贵、濒危野生动物制品罪定罪处罚。

走私国家禁止进出口的珍贵动物及其制品,符合刑法第一百五十一条第二款规定的,以走私珍贵动物、珍贵动物制品罪定罪处罚。

三、依法严厉打击以食用或者其他目的非法购买野生动物的犯罪行为,坚决革除滥食野生动物的陋习。

知道或者应当知道是国家重点保护的珍贵、濒危野生动物及其制品,为食用或者其他目的而非法购买,符合刑法第三百四十一条第一款规定的,以非法收购珍贵、濒危野生动物、珍贵、濒危野生动物制品罪①定罪处罚。

四、二次以上实施本意见第一条至第三条规定的行为构成犯罪,依法应当追诉的,或者二年内二次以上实施本意见第一条至第三条规定的行为未经处理的,数量、数额累计计算。

五、明知他人实施非法野生动物交易行为,有下列情形之一的,以共同犯罪论处:

(一)提供贷款、资金、账号、车辆、设备、技术、许可证件的;

(二)提供生产、经营场所或者运输、仓储、保管、快递、邮寄、网络信息交互等便利条件或者其他服务的;

(三)提供广告宣传等帮助行为的。

六、对涉案野生动物及其制品价值,可以根据国务院野生动物保护主管部门制定的价值评估标准和方法核算。对野生动物制品,根据实际情况予以核算,但核算总额不能超过该种野生动物的整体价值。具有特殊利用价值或者导致动物死亡的主要部分,核算方法不明确的,其价值标准最高可以按照该种动物整体价值标准的80%予以折算,其他部分价值标准最高可以按整体价值标准的20%予以折算,但是按照上述方法核算的价值明显不当的,应当根据实际情况妥当予以核算。核算价值低于实际交易价格的,以实际交易价格认定。

根据前款规定难以确定涉案野生动物及其制品价值的,依据下列机构出具的报告,结合其他证据作出认定:

(一)价格认证机构出具的报告;

(二)国务院野生动物保护主管部门、国家濒危物种进出口管理机构、海关

---

① 罪名已调整为危害珍贵、濒危野生动物罪。——本评注注

总署等指定的机构出具的报告;

(三)地、市级以上人民政府野生动物保护主管部门、国家濒危物种进出口管理机构的派出机构、直属海关等出具的报告。

七、对野生动物及其制品种属类别,非法捕捞、狩猎的工具、方法,以及对野生动物资源的损害程度、食用涉案野生动物对人体健康的危害程度等专门性问题,可以由野生动物保护主管部门、侦查机关或者有专门知识的人依据现场勘验、检查笔录等出具认定意见。难以确定的,依司法鉴定机构出具的鉴定意见,或者本意见第六条第二款所列机构出具的报告,结合其他证据作出认定。

八、办理非法野生动物交易案件中,行政执法部门依法收集的物证、书证、视听资料、电子数据等证据材料,在刑事诉讼中可以作为证据使用。

对不易保管的涉案野生动物及其制品,在做好拍摄、提取检材或者制作足以反映原物形态特征或者内容的照片、录像等取证工作后,可以移交野生动物保护主管部门及其指定的机构依法处置。对存在或者可能存在疫病的野生动物及其制品,应立即通知野生动物保护主管部门依法处置。

九、实施本意见规定的行为,在认定是否构成犯罪以及裁量刑罚时,应当考虑涉案动物是否系人工繁育、物种的濒危程度、野外存活状况、人工繁育情况、是否列入国务院野生动物保护主管部门制定的人工繁育国家重点保护野生动物名录,以及行为手段、对野生动物资源的损害程度、食用涉案野生动物对人体健康的危害程度等情节,综合评估社会危害性,确保罪责刑相适应。相关定罪量刑标准明显不适宜的,可以根据案件的事实、情节和社会危害程度,依法作出妥当处理。

十、本意见自下发之日起施行。

■ 立案追诉标准

《最高人民检察院、公安部关于公安机关管辖的刑事案件立案追诉标准的规定(一)》第六十四条至第六十六条关于危害珍贵、濒危野生动物罪、非法狩猎罪立案追诉标准的规定与法释〔2022〕12号不一致,应当以后者为准。

■ 法律适用答复、复函①

《国家林业局关于猎捕野生动物禁用工具和方法有关问题的复函》(林策发

---

① 另,鉴于法释〔2022〕12号解释发布施行,《最高人民法院研究室关于收购、运输、出售部分人工驯养繁殖技术成熟的野生动物适用法律问题的复函》(法研〔2016〕23号)未予收录。

〔2016〕127号）

根据《野生动物保护法》和《陆生野生动物保护实施条例》的有关规定，凡是没有针对特定的野生动物物种并且在实施中不是人为控制的狩猎工具，均是非人为直接操作并危害人畜安全的狩猎装置，包括但不限于粘网、电网、猎夹、铁夹等在各地称谓不同的工具；以放火、围网、哄赶等方法对某一类或者某群野生动物进行围堵，可能导致该种群在特定时期或者区域毁灭性消失的，均属于歼灭性围猎。

《最高人民法院研究室关于刑法第三百四十一条第一款犯罪对象问题征求意见的复函》（法研〔2021〕16号）

最高人民检察院法律政策研究室：

贵室《关于非法收购、运输、出售珍贵、濒危野生动物罪犯罪对象研究意见的征求意见函》（高检研函字〔2021〕2号）收悉。经研究，倾向赞同贵室意见，即刑法第三百四十一条第一款规定的"野生动物"指珍贵、濒危野生动物的整体，包括活体与死体；"野生动物制品"指动物的部分、衍生物以及经人为处置、加工形成的产品等。主要考虑：

一、《野生动物及其制品价值评估方法》第二条规定："本方法所称野生动物，是指陆生野生动物的整体（含卵、蛋）；所称野生动物制品，是指陆生野生动物的部分及其衍生物，包括产品。"《水生野生动物及其制品价值评估办法》第二条规定："本办法规定的水生野生动物，是指国家重点保护水生野生动物及《濒危野生动植物种国际贸易公约》附录水生物种的整体（含卵）。本办法规定的水生野生动物制品，是指水生野生动物的部分及其衍生物。"将野生动物理解为动物整体，将野生动物制品理解为动物的部分、衍生物以及产品等，符合野生动物保护部门规章的明确规定。

二、区分动物和动物制品，宜综合考虑物理形态的完整性和是否经过人为处置、加工等因素。实践中，对于动物的活体、部分以及产品应如何认定，似无大的争议。例如，将虎皮、象牙等动物的部分认定为动物制品，将用完整昆虫制成的琥珀等人工制造物品也作为动物制品等。对于死亡动物的整体，一般应当认定为动物，以准确评价涉案行为的特征和社会危害性，也更符合社会公众的一般认知，确保准确适用法律、实现罪责刑相适应。

……

以上意见供参考。

■ 刑参案例规则提炼①

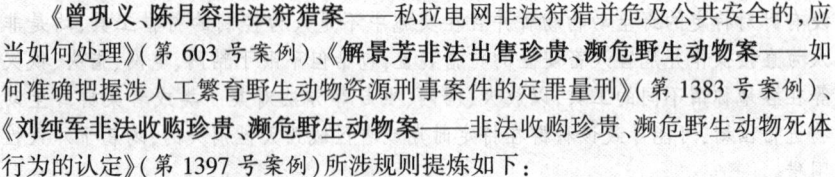

《曾巩义、陈月容非法狩猎案——私拉电网非法狩猎并危及公共安全的，应当如何处理》（第603号案例）、《解景芳非法出售珍贵、濒危野生动物案——如何准确把握涉人工繁育野生动物资源刑事案件的定罪量刑》（第1383号案例）、《刘纯军非法收购珍贵、濒危野生动物案——非法收购珍贵、濒危野生动物死体行为的认定》（第1397号案例）所涉规则提炼如下：

1. 珍贵、濒危野生动物与珍贵、濒危野生动物制品的界分规则。"珍贵野生动物与濒危野生动物范围相互交叉或转化，在认定罪名时无法也无必要具体区分。""珍贵、濒危野生动物制品是指对捕获或者得到的珍贵、濒危野生动物通过某种加工手段而获得的成品与半成品，如标本、皮张和其他有较高经济价值的动物部位、肉食等。珍贵、濒危野生动物的死体如果能够保持完整性，没有经过加工，应认定为珍贵、濒危野生动物。"②（第1397号案例）

2. 涉人工繁育野生动物资源案件的处理规则。"对于破坏人工繁育野生动物资源的行为，在决定是否追究刑事责任以及如何裁量刑罚时，应当结合案件事实和证据，综合考量涉案动物的濒危程度、野外种群状况、人工繁育情况、用途、

---

① 另，鉴于法释〔2022〕12号解释对危害珍贵、濒危野生动物罪的定罪量刑标准作出调整，《严叶成、周建伟等非法收购、运输、出售珍贵、濒危野生动物、珍贵、濒危野生动物制品案——珍贵、濒危野生动物制品的核定价值高于实际交易价格的如何认定珍贵、濒危野生动物制品的价值》（第215号案例）、《达瓦加甫非法出售珍贵、濒危野生动物制品案——出售野生动物保护法实施前已持有的雪豹皮如何定罪处罚》（第518号案例）、《徐峰非法收购、出售珍贵、濒危野生动物案——非法收购、出售〈濒危野生动植物种国际贸易公约〉（〈CITES〉）保护动物的情节认定》（第1067号案例）、《郑错非法运输、出售珍贵、濒危野生动物制品案——如何准确把握非法运输、出售珍贵濒危野生动物制品罪的量刑标准》（第1178号案例）所涉规则未予提炼。鉴于《刘清江、朱文向非法收购、运输、出售珍贵、濒危野生动物案——法定刑以下判处刑罚案件核准过程中应如何处理事实认定和法律适用中的瑕疵》（第1428号案例）提出"发生在2017年1月1日之前的非法捡拾珍贵、濒危野生动物卵、蛋的行为，不宜认定为非法猎捕珍贵、濒危野生动物罪"系对前置法存在一定误读，对所涉规则未予提炼。具体而言，虽然此前《野生动物保护法》对此未作明确规定，但《陆生野生动物保护实施条例》第二条规定："本条例所称陆生野生动物，是指依法受保护的珍贵、濒危、有益的和有重要经济、科学研究价值的陆生野生动物（以下简称野生动物）；所称野生动物产品，是指陆生野生动物的任何部分及其衍生物。"而且，从实践来看，对野生动物产品与野生动物同等刑事保护，也是通例。
② 法研〔2021〕16号复函持相同立场。——本评注注

行为手段和对野生动物资源的损害程度等情节,综合评估社会危害性,依法作出妥当处理,确保罪责刑相适应。"(第1283号案例)

3.非法狩猎罪与其他犯罪竞合的处理规则。"以私设电网的方法猎捕野生动物,并致人重伤、死亡或者使公私财产遭受重大损失的,同时触犯了非法狩猎罪和过失以危险方法危害公共安全罪的,应当按照想象竞合犯的处理原则,择一重罪处理。"(第603号案例)

第三百四十二条 【非法占用农用地罪】违反土地管理法规,非法占用耕地、林地等农用地,改变被占用土地用途,数量较大,造成耕地、林地等农用地大量毁坏的,处五年以下有期徒刑或者拘役,并处或者单处罚金。

立法沿革

本条系1997年《刑法》增设的规定。

2001年8月31日起施行的《刑法修正案(二)》对本条作出修改,增加对非法占用林地等农用地行为追究刑事责任的规定。修改后,罪名由"非法占用耕地罪"调整为"非法占用农用地罪"。

修正前《刑法》	修正后《刑法》
第三百四十二条 【非法占用耕地罪】违反土地管理法规,非法占用耕地~~改作他用~~,数量较大,造成耕地大量毁坏的,处五年以下有期徒刑或者拘役,并处或者单处罚金。	第三百四十二条 【非法占用农用地罪】违反土地管理法规,非法占用耕地、**林地等农用地**,改变被占用土地用途,数量较大,造成耕地、**林地等**农用地大量毁坏的,处五年以下有期徒刑或者拘役,并处或者单处罚金。

立法解释

《全国人民代表大会常务委员会关于〈中华人民共和国刑法〉第二百二十八条、第三百四十二条、第四百一十条的解释》(修正后自2009年8月27日起施行)

全国人民代表大会常务委员会讨论了刑法第二百二十八条、第三百四十二条、第四百一十条规定的"违反土地管理法规"和第四百一十条规定的"非法批准征收、征用、占用土地"的含义问题,解释如下:

刑法第二百二十八条、第三百四十二条、第四百一十条规定的"违反土地管理法规",是指违反土地管理法、森林法、草原法等法律以及有关行政法规中关于土地管理的规定。

刑法第四百一十条规定的"非法批准征收、征用、占用土地",是指非法批准征收、征用、占用耕地、林地等农用地以及其他土地。

现予公告。

司法解释

《最高人民法院关于审理破坏土地资源刑事案件具体应用法律若干问题的解释》(法释〔2000〕14号,自2000年6月22日起施行)①

为依法惩处破坏土地资源犯罪活动,根据刑法的有关规定,现就审理这类案件具体应用法律的若干问题解释如下:

第一条 以牟利为目的,违反土地管理法规,非法转让、倒卖土地使用权,具有下列情形之一的,属于非法转让、倒卖土地使用权"情节严重",依照刑法第二百二十八条的规定,以非法转让、倒卖土地使用权罪定罪处罚:

(一)非法转让、倒卖基本农田五亩以上的;

(二)非法转让、倒卖基本农田以外的耕地十亩以上的;

(三)非法转让、倒卖其他土地二十亩以上的;

(四)非法获利五十万元以上的;

(五)非法转让、倒卖土地接近上述数量标准并具有其他恶劣情节的,如曾因非法转让、倒卖土地使用权受过行政处罚或者造成严重后果等。

第二条 实施第一条规定的行为,具有下列情形之一的,属于非法转让、倒卖土地使用权"情节特别严重":

(一)非法转让、倒卖基本农田十亩以上的;

(二)非法转让、倒卖基本农田以外的耕地二十亩以上的;

(三)非法转让、倒卖其他土地四十亩以上的;

(四)非法获利一百万元以上的;

(五)非法转让、倒卖土地接近上述数量标准并具有其他恶劣情节,如造成严重后果等。

第三条 违反土地管理法规,非法占用耕地改作他用,数量较大,造成耕地大量毁坏的,依照刑法第三百四十二条的规定,以非法占用耕地罪定罪处罚。

---

① 对本司法解释的适用,需要结合经《刑法修正案(二)》修正后《刑法》第三百四十二条的规定妥当把握。此外,2009年8月27日起施行的《全国人民代表大会常务委员会关于修改部分法律的决定》将刑法规定的"征用"修改为"征收、征用"。鉴此,对本司法解释所涉及的"征用",亦应相应理解为"征收、征用"。——**本评注注**

（一）非法占用耕地"数量较大"，是指非法占用基本农田五亩以上或者非法占用基本农田以外的耕地十亩以上。

（二）非法占用耕地"造成耕地大量毁坏"，是指行为人非法占用耕地建窑、建坟、建房、挖沙、采石、采矿、取土、堆放固体废弃物或者进行其他非农业建设，造成基本农田五亩以上或者基本农田以外的耕地十亩以上种植条件严重毁坏或者严重污染。

第四条 国家机关工作人员徇私舞弊，违反土地管理法规，滥用职权，非法批准征用、占用土地，具有下列情形之一的，属于非法批准征用、占用土地"情节严重"，依照刑法第四百一十条的规定，以非法批准征用、占用土地罪定罪处罚：

（一）非法批准征用、占用基本农田十亩以上的；

（二）非法批准征用、占用基本农田以外的耕地三十亩以上的；

（三）非法批准征用、占用其他土地五十亩以上的；

（四）虽未达到上述数量标准，但非法批准征用、占用土地造成直接经济损失三十万元以上；造成耕地大量毁坏等恶劣情节的。

第五条 实施第四条规定的行为，具有下列情形之一的，属于非法批准征用、占用土地"致使国家或者集体利益遭受特别重大损失"：

（一）非法批准征用、占用基本农田二十亩以上的；

（二）非法批准征用、占用基本农田以外的耕地六十亩以上的；

（三）非法批准征用、占用其他土地一百亩以上的；

（四）非法批准征用、占用土地，造成基本农田五亩以上，其他耕地十亩以上严重毁坏的；

（五）非法批准征用、占用土地造成直接经济损失五十万元以上等恶劣情节的。

第六条 国家机关工作人员徇私舞弊，违反土地管理法规，非法低价出让国有土地使用权，具有下列情形之一的，属于"情节严重"，依照刑法第四百一十条的规定，以非法低价出让国有土地使用权罪定罪处罚：

（一）出让国有土地使用权面积在三十亩以上，并且出让价额低于国家规定的最低价额标准的百分之六十的；

（二）造成国有土地资产流失价额在三十万元以上的。

第七条 实施第六条规定的行为，具有下列情形之一的，属于非法低价出让国有土地使用权"致使国家和集体利益遭受特别重大损失"：

（一）非法低价出让国有土地使用权面积在六十亩以上，并且出让价额低于国家规定的最低价额标准的百分之四十的；

(二)造成国有土地资产流失价额在五十万元以上的。

第八条 单位犯非法转让、倒卖土地使用权罪、非法占有耕地罪①的定罪量刑标准,依照本解释第一条、第二条、第三条的规定执行。

第九条 多次实施本解释规定的行为依法应当追诉的,或者一年内多次实施本解释规定的行为未经处理的,按照累计的数量、数额处罚。

《最高人民法院关于审理破坏草原资源刑事案件应用法律若干问题的解释》(法释〔2012〕15号,自2012年11月22日起施行)

为依法惩处破坏草原资源犯罪活动,依照《中华人民共和国刑法》的有关规定,现就审理此类刑事案件应用法律的若干问题解释如下:

第一条 违反草原法等土地管理法规,非法占用草原,改变被占用草原用途,数量较大,造成草原大量毁坏的,依照刑法第三百四十二条的规定,以非法占用农用地罪定罪处罚。

第二条② 非法占用草原,改变被占用草原用途,数量在二十亩以上的,或者曾因非法占用草原受过行政处罚,在三年内又非法占用草原,改变被占用草原用途,数量在十亩以上的,应当认定为刑法第三百四十二条规定的"数量较大"。

---

① 罪名已调整为"非法占用农用地罪"。——本评注注
② 关于造成草原"大量毁坏"的认定标准。根据《刑法》第三百四十二条规定,非法占用草原,构成非法占用农用地罪,不仅以"改变被占用土地用途,数量较大"为条件,还需造成草原大量"毁坏"。对草原"毁坏"的认定标准,本条第二款区分了两种不同情形:(1)对于非法开垦草原种植粮食作物、经济作物、林木,或者在非法占用的草原上建窑、建房、修路、挖砂、采石、采矿、取土、剥取草皮的,采取"改变用途即毁坏"的认定标准,即只要在非法占用的草原上实施以上行为的,即应认定已对草原造成毁坏。这是因为,草原与耕地、林地不同,草原生态十分脆弱,一旦改变其用途,用于种粮、采矿等非草原建设,即会造成草原严重毁坏。以非法开垦草原为例,草原被开垦后,即便在降水条件好的地区,植被恢复也需要十年以上时间,且要花费上百倍于开垦草原的成本。考虑到草原的特殊性,结合司法实践,采取"改变用途即毁坏"的原则,改变被占用草原用途即意味着已对草原造成毁坏。(2)对于在非法占用的草原上堆放或者排放废弃物,或者违反草原保护、建设、利用规划种植牧草和饲料作物的,分别以"造成草原的原有植被严重毁坏或者严重污染"或者"造成草原沙化或者水土严重流失"作为造成草原"毁坏"的认定标准。对在非法占用的草原上堆放或者排放废弃物,或者违反草原保护、建设、利用规划种植牧草和饲料作物的,之所以分别以"造成草原的原有植被严重毁坏或者严重污染"(转下页)

非法占用草原,改变被占用草原用途,数量较大,具有下列情形之一的,应当认定为刑法第三百四十二条规定的"造成耕地、林地等农用地大量毁坏":

(一)开垦草原种植粮食作物、经济作物、林木的;

(二)在草原上建窑、建房、修路、挖砂、采石、采矿、取土、剥取草皮的;

(三)在草原上堆放或者排放废弃物,造成草原的原有植被严重毁坏或者严重污染的;

(四)违反草原保护、建设、利用规划种植牧草和饲料作物,造成草原沙化或者水土严重流失的;

(五)其他造成草原严重毁坏的情形。

第三条 国家机关工作人员徇私舞弊,违反草原法等土地管理法规,具有下列情形之一的,应当认定为刑法第四百一十条规定的"情节严重":

(一)非法批准征收、征用、占用草原四十亩以上的;

(二)非法批准征收、征用、占用草原,造成二十亩以上草原被毁坏的;

(三)非法批准征收、征用、占用草原,造成直接经济损失三十万元以上,或者具有其他恶劣情节的。

具有下列情形之一,应当认定为刑法第四百一十条规定的"致使国家或者集体利益遭受特别重大损失":

(一)非法批准征收、征用、占用草原八十亩以上的;

(二)非法批准征收、征用、占用草原,造成四十亩以上草原被毁坏的;

(三)非法批准征收、征用、占用草原,造成直接经济损失六十万元以上,或者具有其他特别恶劣情节的。

第四条 以暴力、威胁方法阻碍草原监督检查人员依法执行职务,构成犯罪的,依照刑法第二百七十七条的规定,以妨害公务罪追究刑事责任。

煽动群众暴力抗拒草原法律、行政法规实施,构成犯罪的,依照刑法第二百七十八条的规定,以煽动暴力抗拒法律实施罪追究刑事责任。

(接上页)或者"造成草原沙化或者水土严重流失"作为造成草原"毁坏"的认定标准,主要考虑:在草原上短时间堆放、排放废弃物,或者所堆放、排放的废弃物危害并不严重,并不会对草原造成毁坏;违反规划在草原上种植牧草和饲料作物,对草原的破坏程度相对非法开垦草原种粮、采矿等要小,故有必要对该两种非法占用草原,造成草原"毁坏"的情形作出特别规定。参见李晓:《〈关于审理破坏草原资源刑事案件应用法律若干问题的解释〉的理解与适用》,载中华人民共和国最高人民法院刑事审判第一、二、三、四、五庭主办:《中国刑事审判指导案例5》(增订第3版),法律出版社2017年版,第945—946页。

第五条 单位实施刑法第三百四十二条规定的行为,对单位判处罚金,并对其直接负责的主管人员和其他直接责任人员,依照本解释规定的定罪量刑标准定罪处罚。

第六条 多次实施破坏草原资源的违法犯罪行为,未经处理,应当依法追究刑事责任的,按照累计的数量、数额定罪处罚。

第七条 本解释所称"草原",是指天然草原和人工草地,天然草原包括草地、草山和草坡,人工草地包括改良草地和退耕还草地,不包括城镇草地。

《最高人民法院关于审理破坏森林资源刑事案件适用法律若干问题的解释》(法释〔2023〕8号)**第一条**对非法占用林地适用非法占用农用地罪的认定和定罪量刑标准作了规定。(→参见第三百四十四条评注部分,第1839页)

规范性文件

《最高人民法院印发〈关于个人违法建房出售行为如何适用法律问题的答复〉的通知》(法〔2011〕37号)①

各省、自治区、直辖市高级人民法院,新疆维吾尔自治区高级人民法院生产建设兵团分院:

一段时期以来,在全国一些地方,有关人员与农民联合在农村宅基地、责任田上违法建房出售现象较为普遍。2010年5月6日,贵州省高级人民法院就如何依法处理此类案件请示我院。我院认真研究了贵州省高级人民法院反映的情况,征求并综合了全国人大常委会法工委、国务院法制办、最高人民检察院、公安部、国土资源部、农业部、住房和城乡建设部等相关部门意见,于2010年11月1日作出《关于个人违法建房出售行为如何适用法律问题的答复》(法〔2010〕395号,以下简称《答复》)。

鉴于贵州省高级人民法院请示的问题法律、政策性强,且具有一定代表性,现将《答复》印发给你们,望根据《答复》精神,结合审判工作实际,依法妥善处理好相关案件。执行中若遇到新的重要问题,请及时层报最高人民法院。

附件:《最高人民法院关于个人违法建房出售行为如何适用法律问题的答复》(法〔2010〕395号)

---

① 基于本规范性文件,**本评注认为**,对于将工业用地上所建办公楼和员工宿舍改为居住用房(小产权房)向社会公开出售的行为,适用非法经营罪或者非法转让、倒卖土地使用权罪追究刑事责任应当特别慎重。

贵州省高级人民法院：

你院《关于个人违法建房出售行为如何适用法律的请示》（〔2010〕黔高法研请字第2号）收悉。经研究，并征求相关部门意见，答复如下：

一、你院请示的在农村宅基地、责任田上违法建房出售如何处理的问题，涉及面广，法律、政策性强。据了解，有关部门正在研究制定政策意见和处理办法，在相关文件出台前，不宜以犯罪追究有关人员的刑事责任。

二、从来函反映的情况看，此类案件在你省部分地区发案较多。案件处理更应当十分慎重。要积极争取在党委统一领导下，有效协调有关方面，切实做好案件处理的善后工作，确保法律效果与社会效果的有机统一。

三、办理案件中，发现负有监管职责的国家机关工作人员有渎职、受贿等涉嫌违法犯罪的，要依法移交相关部门处理；发现有关部门在履行监管职责方面存在问题的，要结合案件处理，提出司法建议，促进完善社会管理。

立案追诉标准

《最高人民检察院、公安部关于公安机关管辖的刑事案件立案追诉标准的规定（一）》（节录）

第六十七条 ［非法占用农用地案（刑法第三百四十二条）］违反土地管理法规，非法占用耕地、林地等农用地，改变被占用土地用途，造成耕地、林地等农用地大量毁坏，涉嫌下列情形之一的，应予立案追诉：

（一）非法占用基本农田五亩以上或者基本农田以外的耕地十亩以上的；

（二）非法占用防护林地或者特种用途林地数量单种或者合计五亩以上的；

（三）非法占用其他林地十亩以上的；

（四）非法占用本款第（二）项、第（三）项规定的林地，其中一项数量达到相应规定的数量标准的百分之五十以上，且两项数量合计达到该项规定的数量标准的；

（五）非法占用其他农用地数量较大的情形。

违反土地管理法规，非法占用耕地建窑、建坟、建房、挖沙、采石、采矿、取土、堆放固体废弃物或者进行其他非农业建设，造成耕地种植条件严重毁坏或者严重污染，被毁坏耕地数量达到以上规定的，属于本条规定的"造成耕地大量毁坏"。

(→附则参见分则标题评注部分，第392页)

另，《最高人民法院关于审理破坏森林资源刑事案件适用法律若干问题的解释》（法释〔2023〕8号）第一条对非法占用林地适用非法占用农用地罪所涉造成林地"毁坏"和"数量较大，造成耕地、林地等农用地大量毁坏"的认定作了规定，应当以其为准。

指导性案例

刘强非法占用农用地案(检例第60号,节录)

关键词 非法占用农用地罪 永久基本农田 "大棚房" 非农建设改造

要 旨 行为人违反土地管理法规,在耕地上建设"大棚房""生态园""休闲农庄"等,非法占用耕地数量较大,造成耕地等农用地大量毁坏的,应当以非法占用农用地罪追究实际建设者、经营者的刑事责任。

法律适用答复、复函

《最高人民检察院法律政策研究室关于对〈"在禁牧区偷牧造成草场大量毁坏"行为性质的认定和法律适用问题的请示〉的答复》(高检研〔2018〕18号)①

甘肃省人民检察院法律政策研究室:

你室《关于"在禁牧区偷牧造成草场大量毁坏"行为性质的认定和法律适用问题的请示》收悉。经研究,答复如下:

依据《中华人民共和国刑法》第三百四十二条和《最高人民法院关于审理破坏草原资源刑事案件应用法律若干问题的解释》的规定,在禁牧区偷牧造成草场大量毁坏的行为,不构成非法占用农用地罪。目前,应根据现行法律法规的规定,由草原行政主管部门依法对在禁牧区偷牧行为给予行政处罚。

依据《中华人民共和国民事诉讼法》《中华人民共和国行政诉讼法》和《最高人民法院、最高人民检察院关于检察公益诉讼案件适用法律若干问题的解释》的规定,人民检察院在履行职责中发现在禁牧区偷牧造成草场大量毁坏的行为,可以提起民事公益诉讼;发现负有监督管理职责的草原行政主管部门违法行使职权或者不作为,致使国家利益或者社会公共利益受到侵害的,可以提起行政公益诉讼。实践中,请结合案件具体情况综合审查判断。

刑参案例规则提炼

《廖渭良等非法占用农用地、非法转让土地使用权案》——非法占用园地、改变园地用途的能否以非法占用农用地罪定罪处罚》(第445号案例)、《赵石山、王海杰、杨建波非法占用农用地案》——擅自以村委会名义将村山坡林地承包给村民作为墓地使用的定性》(第1398号案例)所涉规则提炼如下:

---

① 参见李立众编:《刑法一本通——中华人民共和国刑法总成》(第十六版),法律出版社2022年版,第755页。

1. 农用地的判定规则。"非法占用园地,擅自改变土地用途,数量较大的构成非法占用农用地罪。""单位擅自转让园地使用权并改变用途,情节严重的,应追究单位的刑事责任。"(第 445 号案例)

2. 擅自以村委会名义将林地承包给村民用作墓地使用行为的定性规则。"擅自以统一规划为由,以村委会名义将……公益性墓地周围的涉案土地向村民发包作为墓地永久性使用",涉案土地属于农用地(林地),构成非法占用农用地罪。(第 1398 号案例)

> **第三百四十二条之一** 【破坏自然保护地罪】违反自然保护地管理法规,在国家公园、国家级自然保护区进行开垦、开发活动或者修建建筑物,造成严重后果或者有其他恶劣情节的,处五年以下有期徒刑或者拘役,并处或者单处罚金。
>
> 有前款行为,同时构成其他犯罪的,依照处罚较重的规定定罪处罚。

立法沿革

本条系 2021 年 3 月 1 日起施行的《刑法修正案(十一)》第四十二条增设的规定。

相关规定

《中共中央办公厅、国务院办公厅关于建立以国家公园为主体的自然保护地体系的指导意见》(2019 年 6 月 26 日,节录)

(四)明确自然保护地功能定位。自然保护地是由各级政府依法划定或确认,对重要的自然生态系统、自然遗迹、自然景观及其所承载的自然资源、生态功能和文化价值实施长期保护的陆域或海域。建立自然保护地目的是守护自然生态,保育自然资源,保护生物多样性与地质地貌景观多样性,维护自然生态系统健康稳定,提高生态系统服务功能;服务社会,为人民提供优质生态产品,为全社会提供科研、教育、体验、游憩等公共服务;维持人与自然和谐共生并永续发展。要将生态功能重要、生态环境敏感脆弱以及其他有必要严格保护的各类自然保护地纳入生态保护红线管控范围。

(五)科学划定自然保护地类型。按照自然生态系统原真性、整体性、系统性及其内在规律,依据管理目标与效能并借鉴国际经验,将自然保护地按生态价值和保护强度高低依次分为三类。

国家公园:是指以保护具有国家代表性的自然生态系统为主要目的,实现自然资源科学保护和合理利用的特定陆域或海域,是我国自然生态系统中最重要、自然景观最独特、自然遗产最精华、生物多样性最富集的部分,保护范围大,生态过程完整,具有全球价值、国家象征,国民认同度高。

自然保护区:是指保护典型的自然生态系统、珍稀濒危野生动植物种的天然集中分布区、有特殊意义的自然遗迹的区域。具有较大面积,确保主要保护对象安全,维持和恢复珍稀濒危野生动植物种群数量及赖以生存的栖息环境。

自然公园:是指保护重要的自然生态系统、自然遗迹和自然景观,具有生态、观赏、文化和科学价值,可持续利用的区域。确保森林、海洋、湿地、水域、冰川、草原、生物等珍贵自然资源,以及所承载的景观、地质地貌和文化多样性得到有效保护。包括森林公园、地质公园、海洋公园、湿地公园等各类自然公园。

制定自然保护地分类划定标准,对现有的自然保护区、风景名胜区、地质公园、森林公园、海洋公园、湿地公园、冰川公园、草原公园、沙漠公园、草原风景区、水产种质资源保护区、野生植物原生境保护区(点)、自然保护小区、野生动物重要栖息地等各类自然保护地开展综合评价,按照保护区域的自然属性、生态价值和管理目标进行梳理调整和归类,逐步形成以国家公园为主体、自然保护区为基础、各类自然公园为补充的自然保护地分类系统。

司法疑难解析

1.破坏自然保护地罪的对象范围把握。 破坏自然保护地罪的行为对象即破坏的生态资源的载体是国家公园和国家级自然保护区。根据建设自然保护地的工作规划,按照自然生态系统原真性、整体性、系统性及其内在规律,依据管理目标与效能并借鉴国际经验,自然保护地按生态价值和保护强度高低依次分为国家公园、自然保护区和自然公园三类。依照中共中央办公厅、国务院办公厅《建立国家公园体制总体方案》(2017年9月26日)规定,国家公园是指由国家批准设立并主导管理,边界清晰,以保护具有国家代表性的大面积自然生态系统为主要目的,实现自然资源科学保护和合理利用的特定陆地或海洋区域。《自然保护区条例》第二条规定,自然保护区是指对有代表性的自然生态系统、珍稀濒危野生动植物物种的天然集中分布区、有特殊意义的自然遗迹等保护对象所在的陆地、陆地水体或者海域,依法划出一定面积予以特殊保护和管理的区域。自然保护区分为国家级自然保护区和地方级自然保护区。

2.破坏自然保护地罪与非罪界定的把握。 在罪与非罪的界限上,破坏自然保护地罪认定中需要注意以下几个方面问题:(1)国家公园、国家级自然保护区并非完全禁止被开发利用,而是根据保护的级别进行区分管理。《中共中央办公厅、国务院办公厅关于建立以国家公园为主体的自然保护地体系的指导意见》规定:"实行自然保护地差别化管控。根据各类自然保护地功能定位,既严格保护又便于基层操作,合理分区,实行差别化管控。国家公园和自然保护区实行分区管控,原则上核心保护区内禁止人为活动,一般控制区内限制人为活动。自然公园原则上按一般控制区管理,限制人为活动。结合历史遗留问题处理,分类分区制定管理规范。"(2)对于历史遗留原因在自然保护地内居住生活的居民,进行生活所需要的开垦、开发活动以及修建建筑物的活动不宜作为犯罪处理。由于历史遗留问题,我国很多自然保护地,包括国家公园、自然保护区内都有居民生活。《中共中央办公厅、国务院办公厅关于建立以国家公园为主体的自然保护地体系的指导意见》规定:"分类有序解决历史遗留问题。对自然保护地进行科学评估,将保护价值低的建制城镇、村屯或人口密集区域、社区民生设施等调整出自然保护地范围。结合精准扶贫、生态扶贫,核心保护区内原住居民应实施有序搬迁,对暂时不能搬迁的,可以设立过渡期,允许开展必要的、基本的生产活动,但不能再扩大发展。依法清理整治探矿采矿、水电开发、工业建设等项目,通过分类处置方式有序退出;根据历史沿革与保护需要,依法依规对自然保护地内的耕地实施退田还林还草还湖还湿。"

第三百四十三条 【非法采矿罪】违反矿产资源法的规定,未取得采矿许可证擅自采矿,擅自进入国家规划矿区、对国民经济具有重要价值的矿区和他人矿区范围采矿,或者擅自开采国家规定实行保护性开采的特定矿种,情节严重的,处三年以下有期徒刑、拘役或者管制,并处或者单处罚金;情节特别严重的,处三年以上七年以下有期徒刑,并处罚金。

【破坏性采矿罪】违反矿产资源法的规定,采取破坏性的开采方法开采矿产资源,造成矿产资源严重破坏的,处五年以下有期徒刑或者拘役,并处罚金。

立法沿革

本条系 1997 年《刑法》吸收修改附属刑法作出的规定。《矿产资源法》(自 1986 年 10 月 1 日起施行,1996 年 8 月 29 日修正)第三十九条规定:"违反本法规定,未取得采矿许可证擅自采矿的,擅自进入国家规划矿区、对国民经济具有重要价值的矿区和他人矿区范围采矿的,擅自开采国家规定实行保护性开采的特定矿种的,责令停止开采、赔偿损失,没收采出的矿产品和违法所得,可以并处罚款;拒不停止开采,造成矿产资源破坏的,依照刑法第一百五十六条的规定对直接责任人员追究刑事责任。""单位和个人进入他人依法设立的国有矿山企业和其他矿山企业矿区范围内采矿的,依照前款规定处罚。"第四十条规定:"超越批准的矿区范围采矿的,责令退回本矿区范围内开采、赔偿损失,没收越界开采的矿产品和违法所得,可以并处罚款;拒不退回本矿区范围内开采,造成矿产资源破坏的,吊销采矿许可证,依照刑法第一百五十六条的规定对直接责任人员追究刑事责任。"第四十四条规定:"违反本法规定,采取破坏性的开采方法开采矿产资源的,处以罚款,可以吊销采矿许可证;造成矿产资源严重破坏的,依照刑法第一百五十六条的规定对直接责任人员追究刑事责任。"此处的"刑法第一百五十六条的规定"是指1979年《刑法》规定故意毁坏公私财物罪。

2011年5月1日起施行的《刑法修正案(八)》第四十七条对本条第一款作了修改,主要涉及如下两个方面:一是删去了"经责令停止开采后拒不停止开采"的前置要件;二是由结果犯改为情节犯,按照情节严重的程度配置法定刑。

修正前《刑法》	修正后《刑法》
第三百四十三条第一款 【非法采矿罪】违反矿产资源法的规定,未取得采矿许可证擅自采矿的,擅自进入国家规划矿区、对国民经济具有重要价值的矿区和他人矿区范围采矿的,擅自开采国家规定实行保护性开采的特定矿种,经责令停止开采后拒不停止开采,造成矿产资源破坏的,处三年以下有期徒刑、拘役或者管制,并处或者单处罚金;造成矿产资源严重破坏的,处三年以上七年以下有期徒刑,并处罚金。	**第三百四十三条第一款** 【非法采矿罪】违反矿产资源法的规定,未取得采矿许可证擅自采矿,擅自进入国家规划矿区、对国民经济具有重要价值的矿区和他人矿区范围采矿,或者擅自开采国家规定实行保护性开采的特定矿种,**情节严重的**,处三年以下有期徒刑、拘役或者管制,并处或者单处罚金;**情节特别严重的**,处三年以上七年以下有期徒刑,并处罚金。

司法解释

《最高人民法院、最高人民检察院关于办理盗窃油气、破坏油气设备等刑事案件具体应用法律若干问题的解释》(法释〔2007〕3号)第六条对非法开采或者破坏性开采石油、天然气资源适用《刑法》第三百四十三条作了指引性规定。(→参见第一百一十八条评注部分,第435页)

《最高人民法院、最高人民检察院关于办理非法采矿、破坏性采矿刑事案件

适用法律若干问题的解释》(法释〔2016〕25号,自2016年12月1日起施行)

为依法惩处非法采矿、破坏性采矿犯罪活动,根据《中华人民共和国刑法》《中华人民共和国刑事诉讼法》的有关规定,现就办理此类刑事案件适用法律的若干问题解释如下:

第一条　违反《中华人民共和国矿产资源法》《中华人民共和国水法》等法律、行政法规有关矿产资源开发、利用、保护和管理的规定的,应当认定为刑法第三百四十三条规定的"违反矿产资源法的规定"。

第二条①　具有下列情形之一的,应当认定为刑法第三百四十三条第一款规定的"未取得采矿许可证":

(一)无许可证的;

(二)许可证被注销、吊销、撤销的;

(三)超越许可证规定的矿区范围或者开采范围的;

(四)超出许可证规定的矿种的(共生、伴生矿种除外);

(五)其他未取得许可证的情形。

第三条　实施非法采矿行为,具有下列情形之一的,应当认定为刑法第三百四十三条第一款规定的"情节严重":

(一)开采的矿产品价值或者造成矿产资源破坏的价值在十万元至三十万元以上的;

(二)在国家规划矿区、对国民经济具有重要价值的矿区采矿,开采国家规定实行保护性开采的特定矿种,或者在禁采区、禁采期内采矿,开采的矿产品价值或者造成矿产资源破坏的价值在五万元至十五万元以上的;

(三)二年内曾因非法采矿受过两次以上行政处罚,又实施非法采矿行为的;

(四)造成生态环境严重损害的;②

(五)其他情节严重的情形。

实施非法采矿行为,具有下列情形之一的,应当认定为刑法第三百四十三条第一款规定的"情节特别严重":

---

① 《最高人民法院关于充分发挥环境资源审判职能作用　依法惩处盗采矿产资源犯罪的意见》(法发〔2022〕19号)第六条强调对是否构成"未取得采矿许可证"情形,要在综合考量案件具体事实、情节的基础上依法认定。(→参见本条评注部分,第1811页)

② 《最高人民法院关于充分发挥环境资源审判职能作用　依法惩处盗采矿产资源犯罪的意见》(法发〔2022〕19号)第八条对具有破坏生态环境情节但非依据生态环境损害严重程度确定法定刑幅度情形的处理作了进一步规定。(→参见本条评注部分,第1812页)

（一）数额达到前款第一项、第二项规定标准五倍以上的；
（二）造成生态环境特别严重损害的；
（三）其他情节特别严重的情形。

第四条 在河道管理范围内采砂，具有下列情形之一，符合刑法第三百四十三条第一款和本解释第二条、第三条规定的，以非法采矿罪定罪处罚：

（一）依据相关规定应当办理河道采砂许可证，未取得河道采砂许可证的；

（二）依据相关规定应当办理河道采砂许可证和采矿许可证，既未取得河道采砂许可证，又未取得采矿许可证的。

实施前款规定行为，虽不具有本解释第三条第一款规定的情形，但严重影响河势稳定，危害防洪安全的，应当认定为刑法第三百四十三条第一款规定的"情节严重"。

第五条 未取得海砂开采海域使用权证，且未取得采矿许可证，采挖海砂，符合刑法第三百四十三条第一款和本解释第二条、第三条规定的，以非法采矿罪定罪处罚。

实施前款规定行为，虽不具有本解释第三条第一款规定的情形，但造成海岸线严重破坏的，应当认定为刑法第三百四十三条第一款规定的"情节严重"。

第六条 造成矿产资源破坏的价值在五十万元至一百万元以上，或者造成国家规划矿区、对国民经济具有重要价值的矿区和国家规定实行保护性开采的特定矿种资源破坏的价值在二十五万元至五十万元以上的，应当认定为刑法第三百四十三条第二款规定的"造成矿产资源严重破坏"。

第七条 明知是犯罪所得的矿产品及其产生的收益，而予以窝藏、转移、收购、代为销售或者以其他方法掩饰、隐瞒的，依照刑法第三百一十二条的规定，以掩饰、隐瞒犯罪所得、犯罪所得收益罪定罪处罚。

实施前款规定的犯罪行为，事前通谋的，以共同犯罪论处。

第八条 多次非法采矿、破坏性采矿构成犯罪，依法应当追诉的，或者二年内多次非法采矿、破坏性采矿未经处理的，价值数额累计计算。

第九条 单位犯刑法第三百四十三条规定之罪的，依照本解释规定的相应自然人犯罪的定罪量刑标准，对直接负责的主管人员和其他直接责任人员定罪处罚，并对单位判处罚金。

第十条 实施非法采矿犯罪，不属于"情节特别严重"，或者实施破坏性采矿犯罪，行为人系初犯，全部退赃退赔，积极修复环境，并确有悔改表现的，可以认定为犯罪情节轻微，不起诉或者免予刑事处罚。

第十一条 对受雇佣为非法采矿、破坏性采矿犯罪提供劳务的人员，除参与利润分成或者领取高额固定工资的以外,一般不以犯罪论处,但曾因非法采矿、破坏性采矿受过处罚的除外。

第十二条 对非法采矿、破坏性采矿犯罪的违法所得及其收益,应当依法追缴或者责令退赔。

对用于非法采矿、破坏性采矿犯罪的专门工具和供犯罪所用的本人财物,应当依法没收。

第十三条① 非法开采的矿产品价值,根据销赃数额认定;无销赃数额,销赃数额难以查证,或者根据销赃数额认定明显不合理的,根据矿产品价格和数量认定。

矿产品价值难以确定的,依据下列机构出具的报告,结合其他证据作出认定:

(一)价格认证机构出具的报告;

(二)省级以上人民政府国土资源、水行政、海洋等主管部门出具的报告;

(三)国务院水行政主管部门在国家确定的重要江河、湖泊设立的流域管理机构出具的报告。

第十四条 对案件所涉的有关专门性问题难以确定的,依据下列机构出具的鉴定意见或者报告,结合其他证据作出认定:

(一)司法鉴定机构就生态环境损害出具的鉴定意见;

(二)省级以上人民政府国土资源主管部门就造成矿产资源破坏的价值、是否属于破坏性开采方法出具的报告;

(三)省级以上人民政府水行政主管部门或者国务院水行政主管部门在国家确定的重要江河、湖泊设立的流域管理机构就是否危害防洪安全出具的报告;

(四)省级以上人民政府海洋主管部门就是否造成海岸线严重破坏出具的报告。

第十五条 各省、自治区、直辖市高级人民法院、人民检察院,可以根据本地区实际情况,在本解释第三条、第六条规定的数额幅度内,确定本地区执行的具体数额标准,报最高人民法院、最高人民检察院备案。

规范性文件

《最高人民法院关于进一步加强危害生产安全刑事案件审判工作的意见》

---

① 《最高人民法院关于充分发挥环境资源审判职能作用 依法惩处盗采矿产资源犯罪的意见》(法发〔2022〕19号)第九条对成本支出不予扣除、销赃数额与评估鉴定价值不一致的处理作了进一步规定。(→参见本条评注部分,第1812页)

(法发〔2011〕20号)**第十条**规定同时构成危害生产安全犯罪和破坏环境资源保护犯罪的应当数罪并罚。(→参见第一百三十四条评注部分,第552页)

《最高人民法院关于充分发挥环境资源审判职能作用 依法惩处盗采矿产资源犯罪的意见》(法发〔2022〕19号)

党的十八大以来,以习近平同志为核心的党中央把生态文明建设作为关系中华民族永续发展的根本大计,高度重视和持续推进环境资源保护工作。矿产资源是国家的宝贵财富,是人民群众生产、生活的物质基础,是山水林田湖草沙生命共同体的重要组成部分。盗采矿产资源犯罪不仅破坏国家矿产资源及其管理秩序,妨害矿业健康发展,也极易造成生态环境损害,引发安全事故。为充分发挥人民法院环境资源审判职能作用,依法惩处盗采矿产资源犯罪,切实维护矿产资源和生态环境安全,根据有关法律规定,制定本意见。

一、提高政治站位,准确把握依法惩处盗采矿产资源犯罪的根本要求

1. 坚持以习近平新时代中国特色社会主义思想为指导,深入贯彻习近平生态文明思想和习近平法治思想,紧紧围绕党和国家工作大局,用最严格制度、最严密法治筑牢维护矿产资源和生态环境安全的司法屏障。坚持以人民为中心,完整、准确、全面贯彻新发展理念,正确认识和把握惩罚犯罪、保护生态与发展经济、保障民生之间的辩证关系,充分发挥司法的规则引领与价值导向功能,服务经济社会高质量发展。

2. 深刻认识盗采矿产资源犯罪的严重社会危害性,准确把握依法打击盗采矿产资源犯罪的形势任务,增强工作责任感和使命感。严格依法审理各类盗采矿产资源案件,紧盯盗采、运输、销赃等各环节,坚持"全要素、全环节、全链条"标准,确保裁判政治效果、法律效果、社会效果、生态效果相统一。

3. 坚持刑法和刑事诉讼法的基本原则,落实宽严相济刑事政策,依法追究盗采行为人的刑事责任。落实民法典绿色原则及损害担责、全面赔偿原则,注重探索、运用预防性恢复性司法规则,依法认定盗采行为人的民事责任。支持和保障行政主管机关依法行政、严格执法,切实追究盗采行为人的行政责任。贯彻落实全面追责原则,依法妥善协调盗采行为人的刑事、民事、行政责任。

4. 突出打击重点,保持依法严惩态势。落实常态化开展扫黑除恶斗争部署要求,持续依法严惩"沙霸""矿霸"及其"保护伞",彻底斩断其利益链条、铲除其滋生土壤。结合环境保护法、长江保护法、黑土地保护法等法律实施,依法严惩在划定生态保护红线区域、大江大河流域、黑土地保护区域以及在禁采区、禁采期实施的盗采矿产资源犯罪。立足维护矿产资源安全与科学开发利用,依法严惩针对战略性稀缺性矿产资源实施的盗采犯罪。

二、正确适用法律,充分发挥依法惩处盗采矿产资源犯罪的职能作用

5. 严格依照刑法第三百四十三条及《最高人民法院、最高人民检察院关于办理非法采矿、破坏性采矿刑事案件适用法律若干问题的解释》(以下简称《解释》)的规定,对盗采矿产资源行为定罪量刑。对犯罪分子主观恶性深、人身危险性大,犯罪情节恶劣、后果严重的,坚决依法从严惩处。

6. 正确理解和适用《解释》第二条、第四条第一款、第五条第一款规定,准确把握盗采矿产资源行为入罪的前提条件。对是否构成"未取得采矿许可证"情形,要在综合考量案件具体事实、情节的基础上依法认定。①

---

① 实践中,某些未持有合法有效许可证的开采矿产资源行为,能否认定为《刑法》第三百四十三条规定的"未取得采矿许可证而擅自采矿",往往存在较大争议,比如,有的属于"超期开采"即采矿许可证到期后继续开采,有的属于"超量开采"即超出采矿许可证规定的额度开采,有的属于"以探代采"即以探矿(已取得探矿许可证)为名行采矿之实,有的属于"借证开采"即挂靠、租借他人采矿许可证实施开采,有的属于"边采边办证"即经当地政府默许甚至鼓励(发包、招标)先行采矿再办许可证。征求意见过程中,有一些单位建议尽量作细化规定,对前述行为是否属于"未取得采矿许可证"情形予以明确。经研究认为,前述行为的具体情形及其原因十分复杂,目前尚不具备作出一般性认定规则的条件,且本意见不能突破法释〔2016〕25号解释作出新的规定。因此,本条仅作出原则性规定,即对是否构成"未取得采矿许可证"情形,要在综合考量案件具体事实、情节的基础上依法认定。具体可从以下几点把握:一是坚持主客观相统一原则,在个案中具体把握行为的社会危害性,避免"一刀切",既要防止放纵犯罪,也要防止扩大打击面。比如,对"超量开采"的,可以结合超出核定开采额度的比例、为获取采矿权缴纳的费用、超量开采获利的数额等情节认定,对明显超出核定开采数量、非法获利巨大、社会危害性严重的,其超量开采的部分应当认定为构成"未取得采矿许可证"情形。二是全面考量案件具体事实、情节,既要坚持从严打击犯罪,也要充分考虑对被告人有利的因素。比如,对"超期开采"的,可以根据行为人是否已按照法定期限和程序申请办理延续登记手续、未申请办理延续登记手续是否有正当理由、登记管理机关是否明确告知不予办理、有关主管机关是否作出责令停止开采决定、登记管理机关是否补办延续登记手续等情节认定。对于行为人主观故意和行为社会危害性明显的,可以依照法释〔2016〕25号解释第二条第五项规定处理;对已经被行政主管机关吊销许可证的,可以认定为法释〔2016〕25号解释第二条第二项规定的情形。三是依法审查和运用技术性证据,积极发挥专业人员在专业事实查明中的作用。比如,对"共生、伴生矿种"的认定,属于重要的专门性问题,参照法释〔2016〕25号解释第十四条规定,应当依据省级以上行政主管部门出具的报告,并结合其他证据作出认定,必要时可以要求相关技术人员出庭作证,而不(转下页)

7. 正确理解和适用《解释》第三条、第四条第二款、第五条第二款规定,对实施盗采矿产资源行为同时构成两种以上"情节严重"或者"情节特别严重"情形的,要综合考虑各情节,精准量刑。对在河道管理范围、海域实施盗采砂石行为的,要充分关注和考虑其危害堤防安全、航道畅通、通航安全或者造成岸线破坏等因素。①

8. 充分关注和考虑实施盗采矿产资源行为对生态环境的影响,加强生态环境保护力度。对具有破坏生态环境情节但非依据生态环境损害严重程度确定法定刑幅度的,要酌情从重处罚。盗采行为人积极修复生态环境、赔偿损失的,可以依法从轻或者减轻处罚;符合《解释》第十条规定的,可以免予刑事处罚。

9. 正确理解和适用《解释》第十三条规定,准确把握矿产品价值认定规则。为获取非法利益而对矿产品进行加工、保管、运输的,其成本支出一般不从销赃数额中扣除。② 销赃数额与评估、鉴定的矿产品价值不一致的,要结合案件的具体事实、情节作出合理认定。

10. 依法用足用好罚金刑,提高盗采矿产资源犯罪成本,要综合考虑矿产品价值或者造成矿产资源破坏的价值、生态环境损害程度、社会影响等情节决定罚金数额。法律、行政法规对同类盗采矿产资源行为行政罚款标准有规定的,决定

(接上页)宜由法院直接作出判断,更不能滥用有利于被告原则。四是准确把握法释〔2016〕25号解释第二条规定,不能任意扩大解释。法释〔2016〕25号解释第二条各项中使用"许可证"而非"采矿许可证"的表述方式,主要是考虑到与第四条第一款、第五条第一款的衔接协调,并非对"采矿许可证"作出其他扩大解释,尤其不能混淆采矿许可证和探矿许可证。比如,对"以探代采"的,不能仅因为行为人取得探矿许可证而认为不符合法释〔2016〕25号解释第二条的情形。参见黄鹏:《〈关于充分发挥环境资源审判职能作用依法惩处盗采矿产资源犯罪的意见〉的理解与适用》,载《法律适用》2022年第8期。

① 具体可从以下两方面把握:一方面,要全面考量各种法定量刑情节,以最严重的情节确定法定刑幅度和基准刑,将其他情节作为从重从严惩处因素;另一方面,综合考量多种"情节严重"情形后,不能直接升档为"情节特别严重"。参见黄鹏:《〈关于充分发挥环境资源审判职能作用 依法惩处盗采矿产资源犯罪的意见〉的理解与适用》,载《法律适用》2022年第8期。

② 当然,个别特殊情况,比如矿产品附加值畸高,可能导致罚过于罪的,也可以按照法释〔2016〕25号解释第十三条关于"明显不合理"的规则处理。参见黄鹏:《〈关于充分发挥环境资源审判职能作用 依法惩处盗采矿产资源犯罪的意见〉的理解与适用》,载《法律适用》2022年第8期。

罚金数额时可以参照行政罚款标准。① 盗采行为人就同一事实已经支付了生态环境损害赔偿金、修复费用的,决定罚金数额时可予酌情考虑,但不能直接抵扣。

11. 准确理解和把握刑法第七十二条规定,依法正确适用缓刑。对盗采矿产

---

① 《长江保护法》第九十一条规定:"违反本法规定,在长江流域未依法取得许可从事采砂活动,或者在禁止采砂区和禁止采砂期从事采砂活动的,由国务院水行政主管部门有关流域管理机构或者县级以上地方人民政府水行政主管部门责令停止违法行为,没收违法所得以及用于违法活动的船舶、设备、工具,并处货值金额二倍以上二十倍以下罚款;货值金额不足十万元的,并处二十万元以上二百万元以下罚款;已经取得河道采砂许可证的,吊销河道采砂许可证。"对此,有意见提出,对在长江盗采江砂行为的行政处罚与刑事处罚衔接不畅,根据《行政处罚法》第二十七条第一款规定,刑事处罚优先于行政处罚,行政机关对违法行为涉嫌犯罪的应当及时移送司法机关,故《长江保护法》对非法采砂货值金额十万元以上的处罚规定仅在少数省份有适用空间,高额罚款或严格处罚流于形式,有悖于立法本意。而且,对于接近入罪数额的非法采砂而言,刑事处罚有可能适用缓刑或者单处罚金,罚金数额一般也达不到《长江保护法》的罚款力度,刑事处罚与行政处罚打击力度"倒挂"。当行政违法成本远高于刑事犯罪时,可能刺激行为人铤而走险,宁愿接受刑事处罚而不愿意接受行政处罚。经研究认为,其一,对非法采砂准确定罪量刑,应当根据具体的犯罪事实、性质、情节和对社会危害程度,不能仅考虑采砂价值因素。即便采砂价值达到入罪数额标准,但符合法释〔2016〕25号解释第十条规定的,可以认定为犯罪情节轻微,不起诉或者免予刑事处罚。但这种情况下,依法应当追究行政责任的,仍要移送有关主管机关处理。且法释〔2016〕25号解释第十五条授权各省、自治区、直辖市根据本地区实际情况,确定本地区执行的入罪数额标准。故长江保护法对非法采砂规定的行政罚款标准,有其适用空间,不会被"架空"。其二,刑事处罚与行政处罚有着本质区别。就非法采砂而言,刑事处罚一般要对犯罪分子判处自由刑并处罚金,即便适用缓刑也会留下犯罪前科,违法所得和犯罪工具同样要被没收、追缴,其总体制裁力度远大于行政处罚,不能简单地就罚金与罚款数额进行对比,所谓打击力度"倒挂"是不成立的。至于对"行为人宁愿接受刑事处罚"的担忧,尚未发现相关实例。但是,《长江保护法》规定的行政罚款标准与法释〔2016〕25号解释规定的入罪标准存在交叉是客观存在的,审判实践中应当予以充分关注,保持相互协调,保证对法律及司法解释全面正确贯彻执行。因此,本条规定,法律、行政法规对同类盗采行为行政罚款标准有规定的,决定罚金数额时可以参照行政罚款标准。参见黄鹏:《〈关于充分发挥环境资源审判职能作用 依法惩处盗采矿产资源犯罪的意见〉的理解与适用》,载《法律适用》2022年第8期。

资源犯罪分子具有"涉黑""涉恶"或者属于"沙霸""矿霸",①曾因非法采矿或者破坏性采矿受过刑事处罚,与国家工作人员相互勾结实施犯罪或者以行贿等非法手段逃避监管,毁灭、伪造、隐藏证据或者转移财产逃避责任,或者数罪并罚等情形的,要从严把握缓刑适用。依法宣告缓刑的,可以根据犯罪情况,同时禁止犯罪分子在缓刑考验期限内从事与开采矿产资源有关的特定活动。

12. 准确理解和把握法律关于共同犯罪的规定,对明知他人盗采矿产资源,而为其提供重要资金、工具、技术、单据、证明、手续等便利条件或者居间联络,结合全案证据可以认定为形成通谋的,以共同犯罪论处。

13. 正确理解和适用《解释》第十二条规定,加强涉案财物处置力度。对盗采矿产资源犯罪的违法所得及其收益,用于盗采矿产资源犯罪的专门工具和供犯罪所用的本人财物,坚决依法追缴、责令退赔或者没收。对在盗采、运输、销赃等环节使用的机械设备、车辆、船舶等大型工具,要综合考虑案件的具体事实、情节及工具的属性、权属等因素,依法妥善认定是否用于盗采矿产资源犯罪的专门工具。②

14. 依法妥善审理国家规定的机关或者法律规定的组织提起的生态环境保护附带民事公益诉讼,综合考虑盗采行为人的刑事责任与民事责任。既要依法

---

① "沙霸""矿霸"一般是指采取暴力、胁迫等方式抢占矿产资源、排挤竞争对手、抗拒监督管理、打击报复他人(检举、控告、阻止非法开采),对他人的人身财产权利和经济社会秩序造成危害的盗采矿产资源犯罪分子。在"涉黑""涉恶"的盗采矿产资源刑事案件中,首要分子和主犯一般属于"沙霸""矿霸"。但"涉黑""涉恶"的盗采矿产资源犯罪分子与"沙霸""矿霸"不完全重合,有的案件虽然没有定性为黑恶势力犯罪,但不影响盗采矿产资源的主犯构成"沙霸""矿霸";有的"涉黑""涉恶"刑事案件中,单从盗采矿产资源情节来看,可能"沙霸""矿霸"的特征不明显。"沙霸""矿霸"文义明显、约定俗成。参见黄鹏:《〈关于充分发挥环境资源审判职能作用 依法惩处盗采矿产资源犯罪的意见〉的理解与适用》,载《法律适用》2022年第8期。

② 实践中,实施盗采矿产资源犯罪使用的机械设备、车辆、船舶等大型工具的状况十分复杂,应否认定犯罪的专门工具,各种情形难以全面列举。在具体案件中,主要可以从两个角度考量:一是工具的状态及其与犯罪的关联性,比如工具是否手续齐全,是否为了盗采而进行过非法改装、改造,是否初次用于盗采;二是工具权利人的主观认知及其与犯罪的关联性,比如工具是否为盗采矿产资源犯罪分子所有或者实质上归其支配,工具的权利人是否明知用于盗采,盗采矿产资源犯罪分子与工具的权利人之间是否存在真实的租用、借用关系。依法应当没收的不能"手软",不应没收的及时返还。参见黄鹏:《〈关于充分发挥环境资源审判职能作用 依法惩处盗采矿产资源犯罪的意见〉的理解与适用》,载《法律适用》2022年第8期。

全面追责，又要关注盗采行为人的担责能力，保证裁判的有效执行。鼓励根据不同环境要素的修复需求，依法适用劳务代偿、补种复绿、替代修复等多种修复责任承担方式，以及代履行、公益信托等执行方式。支持各方依法达成调解协议，鼓励盗采行为人主动、及时承担民事责任。

三、坚持多措并举，健全完善有效惩治盗采矿产资源犯罪的制度机制

15. 完善环境资源审判刑事、民事、行政审判职能"三合一"体制，综合运用刑事、民事、行政法律手段惩治盗采矿产资源犯罪，形成组合拳。推进以湿地、森林、海洋等生态系统，或者以国家公园、自然保护区等生态功能区为单位的环境资源案件跨行政区划集中管辖，推广人民法院之间协商联动合作模式，努力实现一体化司法保护和法律统一适用。全面加强队伍专业能力建设，努力培养既精通法律法规又熟悉相关领域知识的专家型法官，不断提升环境资源审判能力水平。

16. 加强与纪检监察机关、检察机关、公安机关、行政主管机关的协作配合，推动构建专业咨询和信息互通渠道，建立健全打击盗采矿产资源行政执法与刑事司法衔接长效工作机制，有效解决专业性问题评估、鉴定，涉案物品保管、移送和处理，案件信息共享等问题。依法延伸审判职能，积极参与综合治理工作，对审判中发现的违法犯罪线索、监管疏漏等问题，及时向有关单位移送、通报，必要时发送司法建议，形成有效惩治合力。

17. 因应信息化发展趋势，以人工智能、大数据、区块链为依托，促进信息技术与执法办案、调查研究深度融合，提升环境资源审判的便捷性、高效性和透明度。加速建设全国环境资源审判信息平台，构建上下贯通、横向联通的全国环境资源审判"一张网"，为实现及时、精准惩处和预防盗采矿产资源犯罪提供科技支持。

18. 落实人民陪审员参加盗采矿产资源社会影响重大的案件和公益诉讼案件审理的制度要求，积极发挥专业人员在专业事实查明中的作用，充分保障人民群众知情权、参与权和监督权。着力提升巡回审判、典型案例发布等制度机制的普法功能，深入开展法治宣传和以案释法工作，积极营造依法严惩盗采矿产资源犯罪的社会氛围，引导人民群众增强环境资源保护法治意识，共建天蓝、地绿、水清的美丽家园。

《最高人民法院关于完整准确全面贯彻新发展理念 为积极稳妥推进碳达峰碳中和提供司法服务的意见》(法发〔2023〕5号)第十四条提出依法惩处涉能源资源非法采矿、破坏性采矿等犯罪行为。(→参见第三百三十八条评注部分，第1750页)

《依法打击涉海砂违法犯罪座谈会纪要》(最高人民法院、最高人民检察院、中国海警局,法发〔2023〕9号)

党的二十大作出"发展海洋经济,保护海洋生态环境,加快建设海洋强国"的战略部署,将海洋强国建设作为推动中国式现代化的有机组成和重要任务。面对严峻复杂的海洋形势与国际形势,我国作为海洋贸易和航运大国,依法打击涉海洋违法犯罪活动,加快推进海洋法治建设,是深入学习贯彻习近平新时代中国特色社会主义思想,贯彻落实习近平生态文明思想和习近平法治思想,完善涉外法治体系的必然要求。2022年7月、2023年2月,最高人民法院、最高人民检察院、中国海警局先后在福建、广东、海南、浙江四省召开座谈会,分析研判当前涉海砂违法犯罪的严峻形势,总结交流办理涉海砂刑事案件的经验做法,研究探讨办案中的疑难问题,对人民法院、人民检察院、海警机构依法打击涉海砂违法犯罪、统一法律适用标准达成了共识。

会议指出,近年来,涉海砂违法犯罪活动高发多发,威胁海洋生态环境安全,催生海上黑恶势力,危害建筑工程安全,影响海上通航安全,具有较大的社会危害性。会议要求,各部门要切实提高政治站位,牢记"国之大者",紧紧围绕党和国家工作大局,用最严格制度、最严密法治筑牢维护海洋生态环境和海砂资源安全的执法司法屏障。会议强调,各部门要正确理解和准确适用刑法和《最高人民法院、最高人民检察院关于办理非法采矿、破坏性采矿刑事案件适用法律若干问题的解释》(法释〔2016〕25号,以下简称《非法采矿解释》)、《最高人民法院关于充分发挥环境资源审判职能作用依法惩处盗采矿产资源犯罪的意见》(法发〔2022〕19号)等规定,坚持宽严相济刑事政策,统一执法司法尺度,依法加大对涉海砂违法犯罪的惩治力度,切实维护海洋生态环境和矿产资源安全。现形成纪要如下。

一、关于罪名适用

1. 未取得海砂开采海域使用权证,且未取得采矿许可证,在中华人民共和国内水、领海采挖海砂,符合刑法第三百四十三条第一款和《非法采矿解释》第二条、第三条规定的,以非法采矿罪定罪处罚。

对于在中华人民共和国毗连区、专属经济区、大陆架以及中华人民共和国管辖的其他海域实施前款规定的行为,适用我国刑法追究刑事责任的案件,参照前款规定定罪处罚。①

---

① 对于在中华人民共和国毗连区、专属经济区、大陆架以及中华人民共和国管辖的其他海域实施的涉海砂违法犯罪行为如何定性,实践中存在争议。经研究认为,上述情况可以适用非法采矿罪追究刑事责任。以专属经济区为例,主要考虑:第一,对于在(转下页)

2. 具有下列情形之一的，对过驳和运输海砂的船主或者船长，依照刑法第三百四十三条第一款的规定，以非法采矿罪定罪处罚：

（1）与非法采挖海砂犯罪分子事前通谋，指使或者驾驶运砂船前往指定海域直接从采砂船过驳和运输海砂的；

（2）未与非法采挖海砂犯罪分子事前通谋，但受其雇佣，指使或者驾驶运砂船前往指定海域，在非法采砂行为仍在进行时，明知系非法采挖的海砂，仍直接从采砂船过驳和运输海砂的；

（3）未与非法采挖海砂犯罪分子事前通谋，也未受其雇佣，在非法采砂行为仍在进行时，明知系非法采挖的海砂，临时与非法采挖海砂犯罪分子约定时间、地点，直接从采砂船过驳和运输海砂的。

具有下列情形之一的，对过驳和运输海砂的船主或者船长，依照刑法第三百一十二条的规定，以掩饰、隐瞒犯罪所得罪定罪处罚：

（1）未与非法采挖海砂犯罪分子事前通谋，指使或者驾驶运砂船前往相关

（接上页）我国专属经济区实施的非法采挖海砂犯罪行为，我国应当具有刑事管辖权。《联合国海洋法公约》第五十六条第一款规定，沿海国在专属经济区内有：(a) 以勘探和开发、养护和管理海床上覆水域和海床及其底土的自然资源（不论为生物或非生物资源）为目的的主权权利，以及关于在该区内从事经济性开发和勘探，如利用海水、海流和风力生产能等其他活动的主权权利；(b) 本公约有关条款规定的对下列事项的管辖权：(1) 人工岛屿、设施和结构的建造和使用；(2) 海洋科学研究；(3) 海洋环境的保护和保全；(c) 本公约规定的其他权利和义务。《专属经济区和大陆架法》第三条、第十二条的规定与《联合国海洋法公约》前述规定基本一致。根据国际公约和我国法律规定，我国作为沿海国，对发生在我国专属经济区内的犯罪行为，如涉及以上两项主权权利和三项管辖权中任一项的，应当具有刑事管辖权。在我国专属经济区内实施非法采挖海砂行为，如造成海洋矿产资源和生态环境破坏，涉及上述主权权利和管辖权，我国对其行使刑事管辖权具有相应的国际法和国内法依据。第二，在我国专属经济区等海域实施相关涉海砂违法犯罪行为的，可以适用非法采矿罪。《矿产资源法》第二条规定："在中华人民共和国领域及管辖海域勘查、开采矿产资源，必须遵守本法。"第三条第三款规定："勘查、开采矿产资源，必须依法分别申请，经批准取得探矿权、采矿权，并办理登记……"海砂系矿产资源，开采海砂必须依法取得开采许可证。除非法律法规另有规定，行为人无论基于何种原因未取得开采许可证而开采海砂的行为，均属非法，情节严重的，构成非法采矿罪。也就是说，行为人在专属经济区开采海砂，因为不能取得海域使用权证等原因而无法取得开采许可证的，并不能改变其无证开采行为的违法性。参见李相波、田心则、徐文文：《〈最高人民法院、最高人民检察院、中国海警局依法打击涉海砂违法犯罪座谈会纪要〉的理解与适用》，载《中国应用法学》2023年第4期。

海域,在非法采砂行为已经完成后,明知系非法采挖的海砂,仍直接从采砂船过驳和运输海砂的;

(2)与非法收购海砂犯罪分子事前通谋,指使或者驾驶运砂船前往指定海域过驳和运输海砂的;

(3)无证据证明非法采挖、运输、收购海砂犯罪分子之间存在事前通谋或者事中共同犯罪故意,但受其中一方雇佣后,指使或者驾驶运砂船前往指定海域,明知系非法采挖的海砂,仍从其他运砂船上过驳和运输海砂的。

二、关于主观故意认定

3.判断过驳和运输海砂的船主或者船长是否具有犯罪故意,应当依据其任职情况、职业经历、专业背景、培训经历、本人因同类行为受到行政处罚或者刑事责任追究情况等证据,结合其供述,进行综合分析判断。

实践中,具有下列情形之一,行为人不能作出合理解释的,一般可以认定其"明知系非法采挖的海砂",但有相反证据的除外:

(1)故意关闭船舶自动识别系统,或者船舶上有多套船舶自动识别系统,或者故意毁弃船载卫星电话、船舶自动识别系统、定位系统数据及手机存储数据的;

(2)故意绕行正常航线和码头、在隐蔽水域或者在明显不合理的隐蔽时间过驳和运输,或者使用暗号、暗语、信物等方式进行联络、接头的;

(3)使用"三无"船舶、虚假船名船舶或非法改装船舶,或者故意遮蔽船号、掩盖船体特征的;

(4)虚假记录船舶航海日志、轮机日志,或者进出港未申报、虚假申报的;

(5)套用相关许可证、拍卖手续、合同等合法文件资料,或者使用虚假、伪造文件资料的;

(6)无法出具合法有效海砂来源证明,或者拒不提供海砂真实来源证明的;

(7)以明显低于市场价格进行交易的;

(8)支付、收取或者约定的报酬明显不合理,或者使用控制的他人名下银行账户收付海砂交易款项的;

(9)逃避、抗拒执法检查,或者事前制定逃避检查预案的;

(10)其他足以认定的情形。

4.明知他人实施非法采挖、运输、收购海砂犯罪,仍为其提供资金、场地、工具、技术、单据、证明、手续等重要便利条件或者居间联络,对犯罪产生实质性帮助作用的,以非法采矿罪或者掩饰、隐瞒犯罪所得罪的共同犯罪论处。

三、关于下游行为的处理

5.认定非法运输、收购、代为销售或者以其他方法掩饰、隐瞒非法采挖的海砂及其产生的收益构成掩饰、隐瞒犯罪所得、犯罪所得收益罪,以上游非法采矿犯罪事实成立为前提。上游犯罪尚未依法裁判,但查证属实的,不影响掩饰、隐瞒犯罪所得、犯罪所得收益罪的认定。上游非法采挖海砂未达到非法采矿罪"情节严重"标准的,对下游对应的掩饰、隐瞒行为可以依照海洋环境保护法、海域使用管理法、治安管理处罚法等法律法规给予行政处罚。

6. 明知是非法采挖的海砂及其产生的收益,而予以运输、收购、代为销售或者以其他方法掩饰、隐瞒,一年内曾因实施此类行为受过行政处罚,又实施此类行为的,应当依照刑法第三百一十二条的规定,以掩饰、隐瞒犯罪所得、犯罪所得收益罪定罪处罚。多次实施此类行为,未经行政处罚,依法应当追诉的,犯罪所得、犯罪所得收益的数额应当累计计算。

7. 以掩饰、隐瞒犯罪所得、犯罪所得收益罪定罪处罚的,应当注意与上游非法采矿犯罪保持量刑均衡。

四、关于劳务人员的责任认定

8. 《非法采矿解释》第十一条规定,对受雇佣提供劳务的人员,除参与利润分成或者领取高额固定工资的以外,一般不以犯罪论处,但曾因非法采矿、破坏性采矿受过处罚的除外。对于该条中"高额固定工资"的理解,不宜停留在对"高额"的字面理解层面,应当结合其在整个犯罪活动中的职责分工、参与程度等因素进行综合判断。

实践中,要注意结合本地区经济社会发展水平,以及采矿行业提供劳务人员的平均工资水平审查认定。一般情况下,领取或者约定领取上一年度本省(自治区、直辖市)同种类采矿、运输等行业提供劳务人员平均工资二倍以上固定财产性收益的,包括工资、奖金、补贴、物质奖励等,可以认定为"高额固定工资"。

9. 具有下列情形之一的,一般不适用《非法采矿解释》第十一条"一般不以犯罪论处"的规定:

(1)明知他人实施非法采挖、运输、收购海砂犯罪,仍多次为其提供开采、装卸、运输、销售等实质性帮助或者重要技术支持,情节较重的;

(2)在相关犯罪活动中,承担一定发起、策划、操纵、管理、协调职责的;

(3)多次逃避检查,或者采取通风报信等方式为非法采挖海砂犯罪活动逃避监管或者为犯罪分子逃避处罚提供帮助的。

五、关于涉案海砂价格的认定

10. 对于涉案海砂价值,有销赃数额的,一般根据销赃数额认定;对于无销赃数额,销赃数额难以查证,或者根据销赃数额认定明显不合理的,根据海砂市场交易价格和数量认定。

非法采挖的海砂在不同环节销赃,非法采挖、运输、保管等过程中产生的成本支出,在销赃数额中不予扣除。

11. 海砂价值难以确定的,依据当地政府相关部门所属价格认证机构出具的报告认定,或者依据省级以上人民政府自然资源、水行政、海洋等主管部门出具的报告,结合其他证据作出认定。

12. 确定非法开采的海砂价值,一般应当以实施犯罪行为终了时当地海砂市场交易价格或者非法采挖期间当地海砂的平均市场价格为基准。犯罪行为存在明显时段连续性的,可以分别按照不同时段实施犯罪行为时当地海砂市场交易价格为基准。如当地县(市、区)无海砂市场交易价格,可参照周边地区海砂市场交易价格。

六、关于涉案船舶、财物的处置

13. 对涉案船舶,海警机构应当依法及时查封、扣押,扣押后一般由海警机构自行保管,特殊情况下,也可以交由船主或者船长暂时保管。

14. 具有下列情形之一的,一般可以认定为《非法采矿解释》第十二条第二款规定的"用于犯罪的专门工具",并依法予以没收:

(1) 犯罪分子所有,并专门用于非法采挖海砂犯罪的工具;

(2) 长期不作登记或者系"三无"船舶或者挂靠、登记在他人名下,但实为犯罪分子控制,并专门用于非法采挖海砂犯罪的工具;

(3) 船舶、机具所有人明知犯罪分子专门用于非法采挖海砂违法犯罪而出租、出借船舶、机具,构成共同犯罪或者相关犯罪的。

15. 具有下列情形之一的,一般可以认定为船舶所有人明知他人专门用于非法采挖海砂违法犯罪而出租、出借船舶,但是能够作出合理解释或者有相反证据的除外:

(1) 未经有关部门批准,擅自将船舶改装为可用于采挖、运输海砂的船舶或者进行伪装的;

(2) 同意或者默许犯罪分子将船舶改装为可用于采挖、运输海砂的船舶或者进行伪装的;

(3) 曾因出租、出借船舶用于非法采挖、运输海砂受过行政处罚,又将船舶出租、出借给同一违法犯罪分子的;

(4) 拒不提供真实的实际使用人信息,或者提供虚假的实际使用人信息的;

(5) 其他足以认定明知的情形。

16. 非法采挖、运输海砂犯罪分子为逃避专门用于犯罪的船舶被依法罚没,或者为逃避一年内曾因非法采挖、运输海砂受过行政处罚,又实施此类行为被追究刑事责任,而通过虚构买卖合同、口头协议等方式转让船舶所有权,但并未进行物权变动登记,也未实际支付船舶转让价款的,可以依法认定涉案船舶为"用于犯罪的专门工具"。

17.涉案船舶的价值与涉案金额过于悬殊,且涉案船舶证件真实有效、权属明确、船证一致的,一般不予没收。实践中,应当综合行为的性质、情节、后果、社会危害程度及行为人认罪悔罪表现等因素,对涉案船舶依法处置。

18.船主以非法运输海砂为业,明知是非法采挖海砂仍一年内多次实施非法运输海砂犯罪活动,构成共同犯罪或者相关犯罪的,涉案船舶可以认定为《非法采矿解释》第十二条第二款规定的"供犯罪所用的本人财物",并依法予以没收。

19.海警机构对查扣的涉案海砂,在固定证据和留存样本后,经县级以上海警机构主要负责人批准,可以依法先行拍卖,并对拍卖进行全流程监管。拍卖所得价款暂予保管,诉讼终结后依法处理。

对于涉案船舶上采运砂机具等设施设备,海警机构在侦查过程中应当及时查封、扣押,人民法院原则上应当依法判决没收,或者交由相关主管部门予以拆除。

七、关于加强协作配合与监督制约

20.案件发生后,犯罪嫌疑人、被告人从海上返回陆地的登陆地的海警机构、人民检察院、人民法院可以依法行使管辖权。"登陆地"既包括犯罪嫌疑人、被告人自行或者通过其他途径"主动登陆地",也包括被海警机构等执法部门押解返回陆地的"被动登陆地"。海警机构应当按照就近登陆、便利侦查的原则选择登陆地。

21.各级人民法院、人民检察院、海警机构办理涉海砂刑事案件和刑事附带民事公益诉讼案件,应当充分发挥职能作用,分工负责,互相配合,互相制约,有效形成打击合力。各级海警机构要加强串并研判,注重深挖彻查,依法全面收集、固定、完善相关证据,提升办案质量,依法提请批准逮捕、移送审查起诉。各级人民检察院要依法充分履行法律监督职责,高质效开展涉海砂刑事案件审查批准逮捕、审查起诉等工作。必要时,人民检察院可提前介入侦查,引导海警机构全面收集、固定刑事案件和刑事附带民事公益诉讼案件证据。各级人民法院在审理涉海砂刑事案件时,要切实发挥审判职能,贯彻宽严相济刑事政策,准确适用法律,确保罚当其罪。

22.各级人民法院、人民检察院、海警机构应当建立健全日常联络、信息通报、案件会商、类案研判等制度机制,及时对涉海砂违法犯罪活动出现的新情况新问题进行研究,解决重大疑难复杂问题,提升案件办理效果。

23.各级人民法院、人民检察院、海警机构在办理涉海砂刑事案件时,应当结合工作职责,认真分析研判涉海砂违法犯罪规律、形成原因,统筹运用制发司法建议、检察建议、开展检察公益诉讼、进行法治宣传、以案释法等方式,构建惩防并举、预防为先、治理为本的综合性防控体系;在注重打击犯罪的同时,积极推动涉海砂违法犯罪的诉源治理、综合治理,斩断利益链条,铲除犯罪滋生土壤。

立案追诉标准

《最高人民检察院、公安部关于公安机关管辖的刑事案件立案追诉标准的规定(一)》第六十八条关于非法采矿案立案追诉标准的规定与法释〔2016〕25号解释一致;第六十九条关于破坏性采矿案立案追诉标准的规定与法释〔2016〕25号解释不一致,应当以后者为准。

法律适用答复、复函

《国土资源部关于开山凿石、采挖砂、石、土等矿产资源适用法律问题的复函》(国土资函190号)

各省、自治区、直辖市地质矿产厅(局):

最近接到一些有关开山凿石填海造地、修筑道路采挖砂、石、土等适用法律的请示函。现就此答复如下:

一、根据《中华人民共和国矿产资源法实施细则》第二条"矿产资源是指由地质作用形成的,具有利用价值的,呈固态、液态、气态的自然资源"的规定,砂、石、粘土及构成山体的各类岩石属矿产资源。

二、建设单位因工程施工而动用砂、石、土,但不将其投入流通领域以获取矿产品营利为目的,或就地采挖砂、石、土用于公益性建设的,不办理采矿许可证,不缴纳资源补偿费。

三、需异地开采砂、石、土用于上述公益性建设的,应按规定办理采矿许可证,矿产资源补偿费原则上应按法规规定酌情减免。

四、凡以营利为目的开采上述及其他矿产资源的单位、个人,均应按照矿产资源法及其配套法规的有关规定办理采矿登记手续,领取采矿许可证;矿产品均应按照《矿产资源补偿费征收管理规定》的相关条款缴纳矿产资源补偿费。

五、其他类似情况可参照本文件精神办理。

《国土资源部关于解释工程施工采挖砂、石、土矿产资源有关问题的复函》(国土资函404号)

广西自治区地矿厅:

你厅《关于解释国土资函〔1998〕190号规定的请示》(桂地报〔1999〕21号)收悉,现就你厅提出的有关问题答复如下:

一、我部《关于开山凿石、采挖砂、石、土等矿产资源适用法律问题的复函》(国土资函〔1998〕190号)(以下简称《复函》)"二"中的"因工程施工"和"就地是指在工程建设项目批准占地范围内,因工程需要动用或采挖砂、石、土用于本工程建设。目的是鼓励建设单位在建设中充分利用已批准占地范围内的矿产资源,减少异地开采,以利于保护环境。但建设单位在上述范围内采挖砂、石、土进行销售或用于其他工程建设项目的,必须依法办理采矿登记手续并缴纳矿产资源补偿费。

二、《复函》"三"中的"异地"是指在工程建设项目批准占地之外范围。

典型案例

王某等人非法采矿、李某非法采矿掩饰、隐瞒犯罪所得案(检察机关依法保护黑土地典型案例,2022年5月20日)提出:"对于行为人违反法律规定,采挖泥炭土资源、破坏耕地种植条件,同时构成非法占用农用地罪和非法采矿罪的,应当按照想象竞合犯从一重罪处断的原则,依照处罚较重的规定定罪处罚。""对于行为人明知泥炭土是犯罪所得,仍实施窝藏、转移、收购、代为销售等行为的,依法以掩饰、隐瞒犯罪所得、犯罪所得收益罪论处;事前通谋的,以共犯论处。"根据该典型案件,**本评注认为**司法具体适用中应当注意:(1)对于所涉黑土地是否属于矿产资源之中的"泥炭",①需要根据《矿产资源法实施细则》及其附件《矿产资源分类细目》,结合物证、书证、鉴定意见、检测报告和评估报告等证据材料作出准确认定。②(2)对于涉案黑土地未被认定为矿产资源的,亦属于农用地的范畴,对于盗挖黑土地案件,可以适用非法占用农用地罪,但不宜适用盗窃罪。③

---

① 黑土无法认定为"粘土"。粘土是一类以粘土矿物为主要成分的非金属矿产,一般由硅酸盐矿物风化后形成,其矿物颗粒细小,具有可塑性、粘结性、触变性、烧结性等特点。我国的粘土资源主要有膨润土、高岭土、凹凸棒石、海泡石、伊利石、蛭石、累托石等,其中以膨润土、高岭土资源量最大。黑土是腐殖土,是生物腐烂长期累积形成的有机质土,与粘土的属性存在明显差异。

② 黑土资源种类繁多,但只有泥炭(草炭)属于法律意义上的"矿产",根据《矿产资源分类细目》,泥炭(草炭)属非金属矿产,纤维含量未达到一定程度的其他黑土资源均不在矿产资源目录名列。实践中,只要在涉案土壤中检测出有机质含量30%即全部认定为泥炭。

③ 一方面,由于盗窃罪的门槛过低,对于盗挖黑土的行为适用盗窃罪,会导致刑事惩处面过大。另一方面,《矿产资源法》第三十五条规定:"国家……允许个人采挖零星分散资源和只能用作普通建筑材料的砂、石、粘土以及为生活自用采挖少量矿产"。在此背景下,对盗挖黑土适用盗窃罪,可能会将当地农民少量取土自用的行为亦纳入刑事规制范围,明显不妥。

张某胜等人非法采石案（人民法院依法惩处盗采矿产资源犯罪典型案例，2022年7月8日）提出："以当地土地复垦项目为幌子，通过挖路、堵路、损毁设备等方式妨碍他人经营，并使用殴打、制造交通事故等手段打压其他经营者，迫使其他经营者向其转让经营权……未按项目要求的层高和范围进行土地复垦，在未取得采矿许可证的情况下，使用汽炮、挖掘机开采山石向外销售"，属于"未取得采矿许可证擅自采矿"，构成非法采矿罪。根据该典型案件，**本评注认为**司法具体适用中应当注意：对于以土地复垦等为名非法采挖矿产资源案件的性质，应当综合案件具体情况作出准确判断，切实做到"不枉不纵"：既不能不加区分，一律认定为"未取得采矿许可证擅自采矿"，也不能完全放任类似于该典型案例的情形游离在刑事规制之外。

宋某友非法采砂案（人民法院依法惩处盗采矿产资源犯罪典型案例，2022年7月8日）提出："在未取得采砂许可证的情况下……在承包的土地内挖砂，通过……销售获利"，构成非法采矿罪。根据该典型案件，**本评注认为**司法具体适用中应当注意：法释〔2016〕25号解释虽然未对河道管理范围以外非法采砂行为的定罪量刑作出明确，但可以直接适用《刑法》第三百四十三条关于非法采矿罪的规定。

严某洋、严某虎非法开采鹅卵石案（人民法院依法惩处盗采矿产资源犯罪典型案例，2022年7月8日）提出："违反矿产资源法的规定，未取得采矿许可证擅自开采鹅卵石，情节严重，构成非法采矿罪。"根据该典型案件，**本评注认为**司法具体适用中应当注意：就河道管理范围而言，砂是指河道砂石。①

办案指引

《**办理海上涉砂刑事案件证据指引**》（最高人民检察院办公厅、公安部办公厅、中国海警局执法部，高检办发〔2023〕8号）

---

① 主要考虑：(1)《矿产资源法实施条例》附件"矿产资源分类细目"中，"河道砂石"属于"天然石英砂（玻璃用砂、铸型用砂、建筑用砂、水泥配料用砂、水泥标准砂、砖瓦用砂）"，该细目仅从成分和用途的角度进行分类，并未区别"细砂"抑或"卵石"。(2)"细砂"和"卵石"颗径和分布不同，但基本成分均为二氧化硅。而且，"细砂"和"卵石"均为河床组成部分，对防洪安全和河势稳定具有重要影响。在河道采砂管理中，河道"砂"和"石"通常是一并管理的。(3)《长江河道采砂管理条例》第二条规定"在长江宜宾以下干流河道内从事开采砂石（以下简称长江采砂）及其管理活动的，应当遵守本条例"，将"砂"和"石"均包含在了采砂管理的范围内。

为依法严厉打击海上涉砂违法犯罪活动,规范盗采海砂犯罪案件和相关掩饰、隐瞒犯罪所得案件办理工作,确保案件办案质效,根据有关法律规定,结合办理涉砂类案件执法、司法实践,现就海上涉砂类犯罪常见多发的非法采矿罪和掩饰、隐瞒犯罪所得罪案件证据问题,制定本指引。

一、基本原则

检察机关、侦查机关要坚持严格依法办案,强化证据意识和程序意识,严格落实证据裁判、程序公正等法律原则,统一执法司法标准,确保办案质量和办案效率相统一。

(一)证据裁判原则

要将证据作为事实认定和法律适用的基础,以事实为根据、以法律为准绳,认定犯罪的事实和情节都应当有相应证据证明,无证据证明的事实和情节不得认定。

(二)全面客观原则

要全面客观收集、提取、移送、审查与案件定罪量刑有关的证据材料,包括证明犯罪嫌疑人、被告人有罪、罪重的证据以及证明犯罪嫌疑人、被告人无罪、罪轻的证据,不得选择性取证和选择性移送。

(三)依法规范原则

要合法、科学、规范地收集、固定、审查、运用证据,依法规范适用查封、扣押、冻结等措施,严禁刑讯逼供和以威胁、引诱、欺骗等非法手段收集证据,不得隐瞒证据和伪造证据。

(四)权利保障原则

要充分保障犯罪嫌疑人、被告人及其他诉讼参与人依法享有的辩护权和其他诉讼权利,确保司法公正。

二、证明犯罪客体方面的证据

(一)非法采矿罪

盗采海砂犯罪案件侵犯的客体为海砂开采的管理秩序、国家对海砂资源享有的所有权以及海洋生态环境等,应当重点收集以下证据:

1. 相关矿产资源主管机关出具的批准文件或情况说明,证明涉案主体是否具有采砂资格、海域使用权等;

2. 涉案企业营业执照、经营许可证以及相关工程施工批准文件、有关施工范围的设计方案等,证明犯罪嫌疑人、被告人是否明知公司有无相关采砂资格、是否超过经营范围、是否以合法形式掩盖非法目的变相采砂;

3. 相关矿产资源主管部门出具的行政处罚决定书等,证明犯罪嫌疑人、被告人的行为被行政机关作出否定性认定。

（二）掩饰、隐瞒犯罪所得罪

掩饰、隐瞒犯罪所得案件侵犯的客体为正常的司法办案秩序，应当重点收集以下证据：

1. 涉案海砂情况，包含数量、价值、特征等；

2. 涉案海砂非法占有情况，包含占有的时间、地点以及来源、流向等。

三、证明犯罪客观方面的证据

（一）非法采矿罪

盗采海砂犯罪案件在客观方面表现为违反矿产资源法的规定，未取得海砂开采海域使用权证和采矿许可证擅自采矿，且情节严重，应证明犯罪嫌疑人、被告人在客观上实施了盗采的行为，盗采的对象是非法开采的海砂以及盗采的价值达到"情节严重"的标准，应当重点收集以下证据：

1. 证明盗采经过的客观证据

①侦查机关海上查缉时需摄录查缉过程视频，并对视频内容进行相应说明；

②调取现场相关视频，包括船载监控录像、码头监控录像及周边的视频监控资料或无人机侦查拍摄的视频资料；

③侦查机关查缉时需全面搜查涉案船舶、犯罪嫌疑人的住所、车辆等相关场所，制作《搜查笔录》和查封、扣押清单；

④扣押航海日志、船上通讯导航设备等，证明涉案船舶航行中所处的位置、停留时长、航向、航速及机器运转、船上货物的装卸等情况；

⑤调取采（运）砂船进出港记录、船舶轨迹图及经纬度标识图，证明犯罪嫌疑人、被告人行为轨迹及相关盗采、运输的区域等与案件管辖相关的证据；

⑥扣押电脑、U盘、网络存储器等可能存储犯罪证据的电子设备；

⑦扣押涉案船舶、船舶证件，船舶买卖、租赁合同等，并向船舶主管机关调取船舶登记情况、相关船舶证书等证明材料，特别是应对涉案船舶的犯罪性、关联性、功能性方面进行取证，为认定涉案财物是否属于作案工具提供依据；

⑧扣押涉案人员的手机，依法进行手机电子数据的提取、固定及电子数据恢复工作，调取其中能够证明相关犯罪事实的通话记录、短信记录、微信聊天记录等通讯信息；

⑨调取涉案人员的支付宝、微信、银行卡等资金账户的资金交易明细、海砂销售账本、账单等，证明盗采海砂的去处以及盗采价值等事实；

⑩扣押赃物海砂、扣押或冻结涉案人员的银行账户内涉案款项或相关现金等赃款，证明盗采海砂的价值及销赃获利情况；

⑪现场勘验、检查等笔录,包括但不限于涉案船舶勘验、检查笔录、案发地点勘验、检查笔录、涉案海砂提取或扣押笔录。相关笔录记录内容应当详实、人员签字齐全,其中涉案海砂提取或扣押笔录要针对每条船分别提取、扣押样本,禁止让船员帮忙取样,抽取样本现场封存编号、称重,并及时移送进行砂石性质鉴定。

2. 证明盗采经过的言词证据

(1)犯罪嫌疑人的供述和辩解,包括但不限于股东、船主、中介、业务员、船长、船上负责人员、其他担任一定职务的船员、上游出售海砂人员、下游知情购买海砂人员的供述与辩解,涉嫌单位犯罪的,还应包括单位主管人员的供述与辩解等。侦查机关在押解途中应当采取必要措施,防止犯罪嫌疑人串供,待到达执法办案场所后开展全面深入细致的调查取证工作。在讯问过程中,要注意讯问以下内容:

①问明犯罪嫌疑人主观故意情况,实施犯罪行为的主观心态以及对犯罪后果的认识程度,包括作案的动机、目的等主观情况;

②问明共同犯罪情况,包括共同犯罪嫌疑人(出资者、组织者、主要实施者)的基本情况、组织架构,"采、运、销"各个环节的连接和实施方式,各个环节共同犯罪的起意、预谋、分工、实施、分赃等情况,每个犯罪嫌疑人在共同犯罪中的地位和作用;

③问明非法"采、运、销"海砂的详细经过,包括时间、地点、关系人、次数、采运砂量、现场环境、运输路线、起止时间、实施方式、使用工具等;

④问明所采海砂的销售渠道、获利情况、结算方式、资金账目往来数量、方式,赃款的流向;

⑤问明涉案船舶的特征、数量、来源、登记、实际权属和改装等情况;

⑥问明采矿许可证、开采海域使用权证等证件是否齐全,采矿证规定的开采时间、期限、地点、数量等情况;

⑦问明犯罪嫌疑人的采矿从业经历,对办理海域使用权证和采矿许可证等手续的知晓程度、参与涉砂违法犯罪活动和受行政处罚次数;

⑧问明是否存在知情人、关系人等证人;

⑨问明阻碍执法部门执行公务的情况;

⑩犯罪嫌疑人的其他供述或辩解。

(2)证人证言,包括但不限于一般船员、下游不知情收购海砂人员、购买运输保管过程中的工作人员、财务人员、亲属、朋友等知情人员、举报人员、海上执法人员等证言。在询问过程中,要注意询问以下内容:

①问明"采、运、销"各个环节的作案动机、时间、地点、人物、实施方式、次

数、数量的详细经过;

②问明何时、何地、何人实施"采、运、销"等环节犯罪的详细经过;

③问明船舶买卖、租赁的情况;

④问明犯罪嫌疑人逃避监管和处罚的情况;

⑤其他需要了解的情况。

3.证明盗采犯罪数额和生态环境损害后果的证据

对于涉案海砂价值,有销赃数额的,一般根据销赃数额认定;对于无销赃数额,销赃数额难以查证,或者根据销赃数额认定明显不合理的,根据海砂市场交易价格和数量认定,应当重点收集以下证据:

①对涉案砂石性质委托相关部门进行鉴定或认定,证明犯罪嫌疑人、被告人盗采的系海砂及海砂的成分;

②侦查机关要及时查扣盗采的海砂实物,对查获的海砂进行称重,根据运输船只的吃水线或者其他有资质的第三方鉴定机构称重结果认定海砂的重量,称量过程需要同步录音录像并随案移送光盘;

③对犯罪嫌疑人、被告人的微信、支付宝、银行卡交易明细、相关账本等客观证据进行梳理,全面查清以往盗采海砂的吨数和销售价值,相关成本不予扣除;

④对尚未销赃的海砂,委托当地政府相关部门所属价格认证机构进行海砂价格认定,或者委托省级以上人民政府自然资源、水行政、海洋等主管部门出具报告,并结合其他证据作出认定。认定时,以盗采行为终了时或者采挖期间当地海砂平均市场价格为基准;

⑤查证的海砂盗采重量和销赃数额或者价格认定结论要交由犯罪嫌疑人、被告人及相关证人确认;

⑥涉嫌犯罪的生态环境损害赔偿案件、刑事附带民事公益诉讼案件中,行政主管部门、检察机关可商请侦查机关依据《生态环境损害赔偿管理规定》第十九条等规定,提供其在办理涉嫌破坏海砂资源犯罪案件时委托相关机构或者专家出具的鉴定意见、鉴定评估报告、专家意见等,并承担相关费用。

(二)掩饰、隐瞒犯罪所得罪

掩饰、隐瞒犯罪所得案件在客观方面表现为实施了窝藏、转移、收购、代为销售等掩饰、隐瞒行为,应当重点收集以下证据:

1.证明上游犯罪事实成立的证据

2.证明窝藏、转移、收购、代为销售或以其他方法掩饰、隐瞒犯罪所得的证据

①上游犯罪嫌疑人的供述和辩解、本罪犯罪嫌疑人的供述和辩解以及相关证人证言,证明犯罪所得的来源、种类、特征、数量等;

②微信、支付宝、银行卡交易明细、现金、买卖合同等,证明上、下游犯罪嫌疑人、被告人非法交易海砂资金往来的金额、数量等情况;

③对于犯罪嫌疑人、被告人辩解与上游犯罪嫌疑人、被告人存在合法经济往来的,应重点审查双方是否存在买卖合同、借款收据等经济往来的基础,以及相关资金交易记录是否具有明确的指向性和连续性;

④发现赃款、赃物等犯罪所得现场的勘验、检查笔录,扣押物品清单,起赃、收缴、返赃、退赃笔录等。

四、证明犯罪主观方面的证据

（一）非法采矿罪

在盗采海砂犯罪案件中认定犯罪主体的主观故意时,原则上只要求犯罪嫌疑人、被告人知道或者应当知道自己未取得海砂开采海域使用权证和采矿许可证等相关许可,或者未办理涉海建设项目产生剩余海砂销售有关手续。

事先与采砂者约定运输、过驳、收购海砂,属于事前共谋,构成非法采矿罪的共犯,还需查明共谋的情况。

虽未与采砂者事前共谋,但明知采砂行为正在进行,仍实施过驳和运输行为的,亦属于非法采矿的共犯。

证明非法采矿罪的主观故意,应当重点收集以下证据:

1. 全案犯罪嫌疑人的供述和辩解,讯问其职业经历、专业背景、培训经历等背景资料,以及组织者是否要求在被侦查机关或者相关行政主管部门查获时统一对外口径、不作如实供述的情形;

2. 相关证人证言以及执法人员出具的关于犯罪嫌疑人是否存在逃避检查的情况说明;

3. 船舶轨迹、航海日志,审查涉案船舶航行情况,是否存在关闭、毁弃船舶自动识别系统或者船舶上有多套船舶自动识别系统;

4. 海事局出具的船只进出港口报港记录,审查其是否存在进出港未申报或进行虚假申报;

5. 船舶有关证件材料,审查船舶系内河船舶还是海上船舶;

6. 船舶的过往运输业务记录及处罚记录,证明过往是否有运输海砂的行为;

7. 审查海砂交易价格是否异常,相关劳动报酬是否异常高于同工种正常劳动报酬;

8. 无法提供相关许可证、拍卖手续、合同等文件资料;

9. 与涉案行为有关联性的前科劣迹证据,如行政处罚决定书、刑事判决书等。

10. 微信等网络软件聊天记录等电子数据。

（二）掩饰、隐瞒犯罪所得罪

对于事前无共谋或者采砂行为已经结束后实施运输、过驳、收购的犯罪嫌疑人、被告人，需证明其明知系非法采挖的海砂，应当重点收集以下证据：

1. 犯罪嫌疑人的供述和辩解，重点讯问其对涉案砂石来源的明知情况，包括但不限于"看到吸砂船吸砂后直接装载""他人告知系海砂""与他人讨论系海砂"等供述；

2. 相关证人证言，重点询问其对涉案砂石来源的明知情况，包括但不限于"看到吸砂船吸砂后直接装载""他人告知系海砂""与他人讨论系海砂"等证言；

3. 微信、支付宝、银行交易明细等账目；

4. 虚假购销合同等证明文件；

5. 执法人员出具的关于犯罪嫌疑人是否存在逃避检查的情况说明；

6. 与涉案行为有关联性的前科劣迹证据，如行政处罚决定书、刑事判决书等；

7. 微信等网络软件聊天记录等电子数据。

五、证明犯罪主体方面的证据

盗采海砂犯罪案件和掩饰、隐瞒犯罪所得案件的主体均为一般主体，包括已满16周岁，且具备完全刑事责任能力的自然人和单位。准确区分单位犯罪和自然人犯罪，应当重点收集以下证据：

（一）对于自然人主体

1. 户籍所在地公安机关出具的户籍证明材料，应附免冠照片以及同户家庭成员情况并加盖户籍专用章，未附照片的，应当收集犯罪嫌疑人亲属或者其他知情人员辨认犯罪嫌疑人或者其照片的笔录；

2. 户口簿、居民身份证、居住证、工作证、护照等。

（二）对于单位主体

重点审查单位是否为了实施犯罪而设立，单位设立后是否以实施非法采砂为主要业务，犯罪所得是否进入单位所有、控制的账户，实施犯罪是单位意志还是个人意志。

1. 企业法人营业执照、工商注册登记证明；

2. 证明事业单位、社会团体性质的相应法律文件，机关、团体法人代码；

3. 单位财务账目、银行账号证明、年检情况、审计或清理证明等，证明单位管理及资产收益、流向、处分等情况；

4. 单位内部组织的有关合同、章程、协议书等证明单位的组织形式、直接负责的主管人员和其他直接人员等情况；

5. 单位相关会议记录、会议纪要等材料，证明是否能够体现单位意志；

6. 单位已经被撤销的，应有其主管单位出具的证明或工商注销登记资料；

7. 单位的主管人员、其他直接责任人员的供述或证言，重点问明单位基本情况和犯罪嫌疑人、被告人个人任职、职责等情况，查明犯罪活动是否经单位决策实施。

六、证明量刑情节方面的证据

犯罪嫌疑人、被告人具有法定从重、从轻、减轻或酌定从重、从轻的相关情节，应当重点收集以下证据：

1. 发破案经过证据

①以上游犯罪嫌疑人供述为线索的，应收集、审查上游犯罪嫌疑人供述、同案犯供述、证人证言、受案登记表等；

②因形迹可疑被盘查或者自动投案的，应收集、审查犯罪嫌疑人供述、受案登记表、盘查或接受投案人员的证言等；

③侦查机关工作中发现并立案的，应收集、审查侦查机关相关工作汇报、总结材料、受案登记表等；

④行政机关移送的，应收集、审查案件受理、登记、审批、移送手续等。

2. 地位和作用的证据

犯罪嫌疑人供述和辩解、证人证言、分赃、获利情况等。

3. 认罪认罚的证据

犯罪嫌疑人供述和辩解、退赃退赔证明等。

4. 前科劣迹证据

刑事判决书、刑事裁定书、刑满释放证明、不起诉决定书等。

5. 犯罪嫌疑人检举揭发材料等。

司法疑难解析

1. "未取得采矿许可证"的慎重认定。 根据刑法规定，为统一法律适用，法释〔2016〕25号司法解释第二条对"未取得采矿许可证"的情形作了明确。**本评注认为**，实践中需要注意的问题有四：(1) 在采矿许可证被依法暂扣期间擅自开采的，不能直接认定为"未取得采矿许可证擅自采矿"。① (2) 采矿许可证到期后

---

① 主要考虑：(1) 采矿许可证被暂扣的情形，不同于行为人自始未取得采矿许可证的情形，行为人实际上属于采矿权人，将此种情形下开采矿产资源的行为认定为"未取得采矿许可证"，恐有不妥。(2) 从规范的保护目的而言，因存在重大安全隐患而暂扣（转下页）

继续开采矿产资源的,所涉情形十分复杂,不能一律认定为"未取得采矿许可证",应当综合案件具体情况,作出妥当判断。(3)对于非法转让采矿权的,可以依法吊销采矿许可证。对于此后继续开采矿产资源的,可以认定为法释〔2016〕25 号解释第二条第二项规定的情形。(4)就采砂许可证而言,不少地方要求"一船一证"。司法实践中,对于换船开采的行为无疑具有行政违法性。但是,刑法上的"未取得采矿许可证"宜作实质而非形式判断,对上述情形原则上不宜适用非法采矿罪。

2. "两矿区一矿种"范围的准确把握。根据《矿产资源法实施细则》第六条的规定,两矿区一矿种的范围如下:(1)国家规划矿区,是指国家根据建设规划和矿产资源规划,为建设大、中型矿山划定的矿产资源分布区域。(2)对国民经济具有重要价值的矿区,是指国家根据国民经济发展需要划定的,尚未列入国家建设规划的,储量大、质量好、具有开发前景的矿产资源保护区域。(3)国家规定实行保护性开采的特定矿种,是指国务院根据国民经济建设和高科技发展的需要,以及资源稀缺、贵重程度确定的,由国务院有关主管部门按照国家计划批准开采的矿种。根据有关规定,具体包括如下 5 种矿种:一是黄金矿产。二是钨、锡、锑、离子型稀土矿产。

3. 非法开采的矿产品价值的妥当认定。法释〔2016〕25 号解释第十三条、第十四条通过总结司法经验,对非法开采的矿产品价值的认定规则作了明确。司法适用中应当注意:(1)灵活运用相关规定。首先,对于非法采矿案件可以查明销赃数额或者开采的矿产品数量的,可以直接根据销赃数额或者矿产品数量认定非法开采的矿产品价值,不需要再由有关部门出具报告。其次,在矿产品价值难以确定的情况下,并存由有关价格认证机构作出价格认证和由省级以上人民政府国土资源主管部门出具报告两条路径。通常而言,可以选择由价格认证机构进行价格认证这一相对便捷的途径。最后,只有在价格认证不便作出的情况下,才宜考虑由省级以上人民政府国土资源主管部门出具报告。(2)司法实践中,犯罪行为人为了逃避打击,将非法采矿的矿洞炸毁,或者由于无安全设施开采中矿洞倒塌、透水等情形大量存在,这些矿洞已经不具备进洞鉴定条件,对此

(接上页)许可证,所保护的是安全生产,而非法采矿罪保护的是矿产资源。因此,对于违反因存在重大安全隐患而被暂扣采矿许可证期间不得开采矿产资源的规定,擅自开采矿产资源的,适用非法采矿罪的规定,不符合规范的保护目的。(3)因存在重大安全隐患而被暂扣采矿许可证期间开采矿产资源的,否定适用非法采矿罪,但构成其他犯罪的,可以按照其他犯罪处理,并不存在法律适用的漏洞。

种情形以何种方式认定,困扰司法实践。**本评注认为**,除了由省级以上人民政府国土资源主管部门出具报告外,还可以考虑其他一些能相互印证,且可确认犯罪嫌疑人非法采矿价值的证据。例如,根据矿产品的价格,结合侦查过程中查获的犯罪嫌疑人的出矿记录、过磅单或者附近同类同源矿洞生产情况确定开采的矿产品数量,综合认定非法开采的矿产品价值。

4. 非法采砂行为的刑事规制不宜适用盗窃罪。 在《刑法修正案(八)》施行前,由于受制于非法采矿罪"经责令停止开采后拒不停止开采"这一要件,一些地方对非法采砂行为适用了其他罪名,适用最多的罪名就是盗窃罪。这是一种相对功利的做法。然而,**本评注认为**,对于非法采砂的行为不宜适用盗窃罪定罪处罚。①

5. 对非法采砂适用非法采矿罪所涉及的"未取得采矿许可证擅自采矿"区分情况准确认定。 法释〔2016〕25号解释对《刑法》第三百四十三条规定的"采

---

① 主要考虑:(1)适用盗窃罪难以全面评价非法采砂行为侵犯的法益。非法采砂行为不仅侵犯了砂资源的所有权,更为重要的是侵犯了国家的砂资源管理制度,进而对自然资源保护造成侵害。适用盗窃罪,难以全面涵括其所侵犯的法益。(2)非法采砂的对象较一般盗窃对象具有特殊性。根据我国刑法的规定,自然资源不能成为盗窃罪的犯罪对象,对于行为人侵犯自然资源的,应当依照《刑法》分则规定的犯罪追究刑事责任,如非法捕捞水产品罪、盗伐林木罪等。如前所述,砂属于矿产资源。而矿产资源种类多、分布广泛,与人民群众生活联系紧密。在我国一些地区,由于自然环境决定,不少群众长期以来依靠采挖、出售附近的矿产资源为生。在民众的法情感中,采挖矿产行为与传统的盗窃行为相比,背德性、可谴责性较小,如果将非法采挖矿产行为以盗窃行为论处,似与民众的法情感不符。(3)非法采砂行为较一般的盗窃行为具有特殊性。非法采砂行为尽管是一种非法行为,但它是创造价值的劳动,使原始赋存的矿产资源成为了可以现实利用的产品,这一点又与单纯的盗窃行为不同,又使非法采砂行为与盗窃行为相比可谴责性降低。(4)刑法对非法采挖矿产资源的行为作了特殊规定。非法采矿本质上确属一种盗窃行为——盗挖国家矿产资源。但是,《刑法》第三百四十三条已将此种盗窃行为专门规定为非法采矿罪,根据"特别法优于一般法"的法条适用原则,对非法采矿行为应当适用非法采矿罪、而非盗窃罪。否则,将会出现刑法适用的混乱,如按此逻辑,对国家工作人员利用职务上的便利,窃取、骗取公共财物的,则应当适用盗窃罪、诈骗罪定罪处罚。而非法采砂行为实质上是非法采挖砂资源的行为,自然应当适用非法采矿罪。(5)该种观点符合司法实践的通常做法。司法实践中对河道非法采砂行为多数适用非法采矿罪而非盗窃罪定罪处罚。而2009年《最高人民法院研究室关于王某某非法采矿案、张某某等人盗窃上诉案相关问题的答复》明确提出,对于非法采砂的行为不宜适用盗窃罪,符合非法采矿罪构成要件的,可以非法采矿罪定罪处罚。

矿许可证"作了扩大解释,除采矿许可证外,将采砂许可证、海砂开采海域使用权证等开采河砂、海砂所应取得的许可证也涵括在内。由之带来的问题是,如何准确认定"未取得采矿许可证擅自采矿"。与采矿的行政管理现状相适应,对于实行一证管理的区域,认定并不存在难题。但是,对于实行"两证"管理的区域,由于两证之间没有先后之分,取得其中一个证并非申领另一个证的前置程序,且实践中经常会出现取得其中一个证但无法取得另一个证的情形。例如,行为人已经申领了海域开采使用权证,并缴纳了海域使用金;但是行为人继而向有关部门申领采矿许可证,未被批准。这一现象与现行的采砂管理体制不无关系,如果统一许可证发放或者明确两证之间的衔接关系完全可以避免上述现象。此种情况下对行为人开采海砂的行为以非法采矿罪追究刑事责任,有违期待可能性理论,并不合适。总之,不应由行为人承担由于现行采砂管理体制带来的不利后果,上述情形不宜认定为"未取得采矿许可证擅自采矿",不应以非法采矿罪论处。① 对此,法释〔2016〕25 号解释第四条、第五条作了相应规定。司法实践中应当准确把握,对于实行一证管理的区域,以是否取得该许可证为认定非法采矿的标准;② 对于实行两证管理的区域,只要取得一个许可证的,即不能认定为非法采矿,不宜以非法采矿罪论处。③④

6. 对相关主管部门就矿产资源犯罪专门性问题出具的报告不能申请行政复

---

① 当然,针对此种情形应否行政处罚,以及如何行政处罚,是另一个问题,不在本评注的讨论范围内。
② 例如,根据《长江河道采砂管理条例》的规定,长江宜宾以下干流河道采砂实行"一证",即长江河道采砂许可证。因此,在这一区域未取得长江河道采砂许可证采砂的,即为"未取得采矿许可证擅自采矿",情节严重的,以非法采矿罪论处。
③ 根据浙江地方性法规的规定,河道采砂需要办理采砂许可证和采矿许可证,只要取得其中一个许可证的,即不能认定为"未取得采矿许可证擅自采矿",不能以非法采矿罪论处。因此,在该区域,只有未取得采矿许可证,且未取得采砂许可证,在河道管理范围内采砂的,才能认定为"未取得采矿许可证擅自采矿",情节严重的,以非法采矿罪论处。同理,海砂开采需要取得海砂开采海域使用权证和采矿许可证,只要行为人取得其中一个许可证的,即不能认定为"未取得采矿许可证擅自采矿",不能以非法采矿罪论处。只有未取得采矿许可证,且未取得海砂开采海域使用权证,开采海砂的,才能认定为"未取得采矿许可证擅自采矿",情节严重的,以非法采矿罪论处。
④ 需要注意的是,实践中对于采砂许可证的发放采取了多种方式,有的采取拍卖的方式,可能出现的情形是由于行为人竞价过高,导致拍出砂价大幅上涨等,按照批准的开采量采砂无法收回成本。此种情形下,实际上难以期待采砂许可权人不越界采砂,故即使行为人超越采矿许可证的开采范围采砂,只要没有危及防洪安全的,基于期待可能性理论,也不宜对行为人以非法采矿罪追究刑事责任。

议或者提起行政诉讼。对于法释〔2016〕25号解释第十三条、第十四条规定的省级以上人民政府国土资源、水行政、海洋等主管部门或者国务院水行政主管部门在国家确定的重要江河、湖泊设立的流域管理机构就矿产资源犯罪专门性问题出具的报告,当事人有异议的,可以依照刑事诉讼法相关规定提出意见或者要求重新出具报告,一般不能直接向人民法院提起行政诉讼。这一问题由来已久。2005年2月22日最高人民法院行政审判庭《关于地质矿产主管部门作出的非法采矿及破坏性采矿鉴定结论是否属于人民法院受案范围问题的答复》(〔2004〕行他字第16号)答复如下:"《最高人民法院关于审理非法采矿、破坏性采矿刑事案件具体应用法律若干问题的解释》第六条中规定的'地质矿产主管部门所作的鉴定结论',作为刑事案件中的证据,将在刑事诉讼中接受审查,对当事人不直接产生权利义务的实质影响。因此,当事人对地质矿产主管部门作出的上述鉴定结论有异议,可以依照刑事诉讼法的有关规定要求重新鉴定,一般不能直接向人民法院提起行政诉讼。"

7. 破坏性采矿罪所涉及的"采取破坏性的开采方法开采矿产资源"应当综合各种因素认定。具体而言:(1)避免简单地将开采回采率、采矿贫化率和选矿回收率作为判断标准。"实践中,采取破坏性开采方法采矿,'三率'往往不达标。但是,'三率'不达标的情形也会经常出现在合理方法采矿的情况下,原因在于矿床结构复杂,与当初的设计要求有所出入是在所难免的。因此,以'三率'作为判断标准显然不妥。"①(2)妥善把握破坏性的开采方法的本质特征。所谓"破坏性开采方法",是指使用不合理的开采顺序、不合理的开采方法以及不合理的选矿工艺开采矿产资源,造成矿产资源严重破坏的方法。如前所述,不宜直接以开采回采率、采矿贫化率和选矿回收率"三率"作为判断"采取破坏性的开采方法开采矿产资源"的标准。但是,造成矿产资源严重破坏的开采方法必然会表现为"三率"未达到设计要求,故可以"三率"为具体标准判断"破坏性开采方法"。具体而言,"破坏性开采方法"可以具体理解为采取不合理的开采顺序、开采方法和选矿工艺,造成开采回采率、采矿贫化率和选矿回收率未达到设计要求的方法。(3)综合考虑违反矿产资源开发利用方案、矿山设计等。判断开采方法是否具有破坏性,除考虑是否符合矿产资源开发利

---

① 孙军工:《〈最高人民法院关于审理非法采矿、破坏性采矿刑事案件具体应用法律若干问题的解释〉的理解与适用》,载中华人民共和国最高人民法院刑事审判第一、二、三、四、五庭主办:《中国刑事审判指导案例》(增订第3版),法律出版社2009年版,第348页。

用方案、矿山设计外,还应考虑该方法客观上能否破坏矿产资源,其与矿产资源严重破坏的后果之间是否具有直接因果关系。而且,需要注意的是,目前对矿产资源开发利用方案的审查逐步多元,有国土资源主管部门审查,也有委托专业协会审查多种形式。因此,不宜限定为经国土资源主管部门审查批准的矿产资源开发利用方案、矿山设计。(4)严格适用法释〔2016〕25号解释第十四条的程序性规定。"采取破坏性的开采方法开采矿产资源"的认定专业性较强,原则上应当严格依照解释的规定,由省级以上人民政府国土资源主管部门出具报告。司法机关依据报告,结合其他证据认定。而省级以上人民政府国土资源主管部门对于"采取破坏性的开采方法开采矿产资源"问题出具报告,应当根据技术发展情况,综合考虑各种因素,最终就是否"采取破坏性的开采方法开采矿产资源"提出明确性意见。而且,"采取破坏性的开采方法开采矿产资源"与"造成矿产资源破坏的价值"实际上是相关的问题,在出具报告的过程中宜关联考虑。

8.矿产资源犯罪所得之物与所用之物的处理要审慎。 根据法释〔2016〕25号解释第十二条的规定,对于非法采矿、破坏性采矿犯罪的违法所得及其收益,应当依法追缴或者责令退赔。对用于非法采矿、破坏性采矿犯罪的专门工具和供犯罪所用的本人财物,也应当依法没收。关于矿产资源犯罪专门工具的追缴、没收,实践中应当慎重把握:一方面,要综合考虑案件具体情况,特别是所涉工具与犯罪的关联度,如用于运送行为人前往非法采矿场所的汽车,则依法通常不应没收;另一方面,追缴、没收应当考虑比例原则,综合考量违法所得与工具的实际价值,慎重作出决定。

在此,有必要着重就非法采砂专门工具的处理问题作一探讨。非法采砂的专门工具主要是采砂机具和采砂船舶。一般而言,采砂机具是非法采砂行为的直接工具,造价相对不高,在行政执法中往往采取现场捣毁、查封、扣押、没收机具等处理方式,争议较小。但是,对于采砂船舶,则情况较为复杂。采砂船舶的价格差异较大。一些小型船舶价值万余元,而在淮河流域的吸砂王、长江干流的大型翻斗式采砂船,造价数百万元至两三千万元。而且,有的采砂船舶系其他船舶改装而成,可以用作其他用途;有的采砂船舶系集资或贷款建造,主体众多或者涉及抵押权等他项权利;有的采砂船舶还是行为人的基本生活场所。相关案件的处理往往涉及社会稳定等问题。基于此,司法实践中应当根据法释〔2016〕25号解释第十二条的规定,综合考虑案件情况,依法稳妥处理。

第三百四十四条 【危害国家重点保护植物罪】违反国家规定,非法采伐、毁坏珍贵树木或者国家重点保护的其他植物的,或者非法收购、运输、加工、出售珍贵树木或者国家重点保护的其他植物及其制品的,处三年以下有期徒刑、拘役或者管制,并处罚金;情节严重的,处三年以上七年以下有期徒刑,并处罚金。

▎立法沿革

本条系 1997 年《刑法》增设的规定。

2002 年 12 月 28 日起施行的《刑法修正案(四)》第六条对本条作了修改,将行为方式在"非法采伐、毁坏"的基础上增加规定"非法收购、运输、加工、出售",将犯罪对象由"珍贵树木"扩展为"珍贵树木或者国家重点保护的其他植物及其制品"。修改后罪名由"非法采伐、毁坏珍贵树木罪"调整为"非法采伐、毁坏国家重点保护植物罪"和"非法收购、运输、加工、出售国家重点保护植物、国家重点保护植物制品罪"。自 2021 年 3 月 1 日起,《刑法》第三百四十四条的罪名被整合为"危害国家重点保护植物罪"。

修正前《刑法》	修正后《刑法》
第三百四十四条 【非法采伐、毁坏珍贵树木罪】违反森林法的规定,非法采伐、毁坏珍贵树木的,处三年以下有期徒刑、拘役或者管制,并处罚金;情节严重的,处三年以上七年以下有期徒刑,并处罚金。	第三百四十四条 【危害国家重点保护植物罪】违反国家规定,非法采伐、毁坏珍贵树木或者国家重点保护的其他植物的,或者非法收购、运输、加工、出售珍贵树木或者国家重点保护的其他植物及其制品的,处三年以下有期徒刑、拘役或者管制,并处罚金;情节严重的,处三年以上七年以下有期徒刑,并处罚金。

▎相关规定

《国家林业和草原局、农业农村部关于国家重点保护野生植物名录的公告》(国家林业和草原局、农业农村部公告 2021 年第 15 号)

《国家重点保护野生植物名录》(见附件,以下简称《名录》)于 2021 年 8 月 7 日经国务院批准,现予以公布,自公布之日起施行。现将有关事项公告如下:

一、本公告发布前,已经合法获得行政许可证件和行政许可决定的,在有效期内,可依法继续从事相关活动。

二、《名录》所列野生植物已调整主管部门的,于本公告发布前,已经向原野生植物主管部门提出申请的,由原野生植物主管部门继续办理审批手续,审批通过的行政许可证件或决定,有效期至2021年12月31日。

三、《国家重点保护野生植物名录》(第一批)自本公告发布之日起废止。

特此公告。

附件:国家重点保护野生植物名录(略)

司法解释

《最高人民法院、最高人民检察院关于适用〈中华人民共和国刑法〉第三百四十四条有关问题的批复》(法释[2020]2号,自2020年3月21日起施行)①

各省、自治区、直辖市高级人民法院、人民检察院,解放军军事法院、军事检察院,新疆维吾尔自治区高级人民法院生产建设兵团分院、新疆生产建设兵团人民检察院:

近来,部分省、自治区、直辖市高级人民法院、人民检察院请示适用刑法第三百四十四条的有关问题。经研究,批复如下:

一、古树名木以及列入《国家重点保护野生植物名录》的野生植物,属于刑法第三百四十四条规定的"珍贵树木或者国家重点保护的其他植物"。

二、根据《中华人民共和国野生植物保护条例》的规定,野生植物限于原生地天然生长的植物。人工培育的植物,除古树名木外,不属于刑法第三百四十四条规定的"珍贵树木或者国家重点保护的其他植物"。非法采伐、毁坏或者非法收购、运输人工培育的植物(古树名木除外),构成盗伐林木罪、滥伐林木罪、非法收购、运输盗伐、滥伐的林木罪等犯罪的,依照相关规定追究刑事责任。

三、对于非法移栽珍贵树木或者国家重点保护的其他植物,依法应当追究刑事责任的,依照刑法第三百四十四条的规定,以非法采伐国家重点保护植物罪②定罪处罚。

鉴于移栽在社会危害程度上与砍伐存在一定差异,对非法移栽珍贵树木或者国家重点保护的其他植物的行为,在认定是否构成犯罪以及裁量刑罚时,应当考虑植物的珍贵程度、移栽目的、移栽手段、移栽数量、对生态环境的损害程度等情节,综合评估社会危害性,确保罪责刑相适应。

---

① 自2021年3月1日起,《刑法》第三百四十四条的罪名被整合为"危害国家重点保护植物罪"。——本评注注

② 罪名已调整为危害国家重点保护植物罪。——本评注注

四、本批复自 2020 年 3 月 21 日起施行,之前发布的司法解释与本批复不一致的,以本批复为准。

《最高人民法院关于审理破坏森林资源刑事案件适用法律若干问题的解释》(法释〔2023〕8 号,自 2023 年 8 月 15 日起施行)

为依法惩治破坏森林资源犯罪,保护生态环境,根据《中华人民共和国刑法》《中华人民共和国刑事诉讼法》《中华人民共和国森林法》等法律的有关规定,现就审理此类刑事案件适用法律的若干问题解释如下:

第一条 违反土地管理法规,非法占用林地,改变被占用林地用途,具有下列情形之一的,应当认定为刑法第三百四十二条规定的造成林地"毁坏":①

(一)在林地上实施建窑、建坟、建房、修路、硬化等工程建设的;

(二)在林地上实施采石、采砂、采土、采矿等活动的;

(三)在林地上排放污染物、堆放废弃物或者进行非林业生产、建设,造成林地被严重污染或者原有植被、林业生产条件被严重破坏的。

实施前款规定的行为,具有下列情形之一的,应当认定为刑法第三百四十二条规定的"数量较大,造成耕地、林地等农用地大量毁坏":

(一)非法占用并毁坏公益林地五亩以上的;

(二)非法占用并毁坏商品林地十亩以上的;

(三)非法占用并毁坏的公益林地、商品林地数量虽未分别达到第一项、第二项规定标准,但按相应比例折算合计达到有关标准的;

(四)二年内曾因非法占用农用地受过二次以上行政处罚,又非法占用林地,数量达到第一项至第三项规定标准一半以上的。

第二条 违反国家规定,非法采伐、毁坏列入《国家重点保护野生植物名

---

① 需要注意的是:(1)在林地上实施"建窑、建坟、建房、修路、硬化等工程建设"或者"采石、采砂、采土、采矿等活动",须以覆盖、挖掘等方式使用土地资源,均会对土壤的种植条件造成严重破坏,恢复成本巨大甚至无法恢复,鉴此,本解释第一条第一款第一项、第二项将该两种情形规定为"毁坏"林地的情形。(2)针对实践反映的问题,本解释第一条第一款第三项将"在林地上排放污染物、堆放废弃物或者进行非林业生产、建设,造成林地被严重污染或者原有植被、林业生产条件被严重破坏的",亦明确为"毁坏"林地的情形。适用中需要注意的是,相关排放污染物的行为破坏林地的程度存在实际差异,纳入刑法规制的仅限于"造成林地被严重污染",修复成本巨大甚至难以修复的情形。参见周加海、喻海松、李振华:《〈关于审理破坏森林资源刑事案件适用法律若干问题的解释〉的理解与适用》,载《法律适用》2023 年第 9 期。

录》的野生植物，或者非法收购、运输、加工、出售明知是非法采伐、毁坏的上述植物及其制品，具有下列情形之一的，应当依照刑法第三百四十四条的规定，以危害国家重点保护植物罪定罪处罚：

（一）危害国家一级保护野生植物一株以上或者立木蓄积一立方米以上的；

（二）危害国家二级保护野生植物二株以上或者立木蓄积二立方米以上的；

（三）危害国家重点保护野生植物，数量虽未分别达到第一项、第二项规定标准，但按相应比例折算合计达到有关标准的；

（四）涉案国家重点保护野生植物及其制品价值二万元以上的。

实施前款规定的行为，具有下列情形之一的，应当认定为刑法第三百四十四条规定的"情节严重"：

（一）危害国家一级保护野生植物五株以上或者立木蓄积五立方米以上的；

（二）危害国家二级保护野生植物十株以上或者立木蓄积十立方米以上的；

（三）危害国家重点保护野生植物，数量虽未分别达到第一项、第二项规定标准，但按相应比例折算合计达到有关标准的；

（四）涉案国家重点保护野生植物及其制品价值二十万元以上的；

（五）其他情节严重的情形。

违反国家规定，非法采伐、毁坏古树名木，或者非法收购、运输、加工、出售明知是非法采伐、毁坏的古树名木及其制品，涉案树木未列入《国家重点保护野生植物名录》的，根据涉案树木的树种、树龄以及历史、文化价值等因素，综合评估社会危害性，依法定罪处罚。①

第三条 以非法占有为目的，具有下列情形之一的，应当认定为刑法第三百

---

① 《城市绿化条例》第二十四条第一款规定："百年以上树龄的树木，稀有、珍贵树木，具有历史价值或者重要纪念意义的树木，均属古树名木。"古树名木系野生且同时列入《国家重点保护野生植物名录》的，属于国家重点保护的野生植物，可区分保护级别直接适用本条第一款、第二款规定的相应株数、立木蓄积标准。古树名木系人工种植的，或者虽为野生但未列入《国家重点保护野生植物名录》的，则不属于国家重点保护的野生植物，无法适用本条第一款、第二款的规定。根据《城市绿化条例》规定，由"城市人民政府城市绿化行政主管部门""建立古树名木的档案和标志，划定保护范围"。实践中，对于古树名木的保护管理，存在不同。对于古树，各地因地制宜，结合当地森林资源及其保护实际划分了相应级别，划分标准不尽一致，有的划为两档，有的划为三档。例如，《北京市古树名木保护管理条例》规定："凡树龄在三百年以上的树木为一级古树；其余的为二级古树。"《四川省古树名木条例》则规定："树龄五百年以上的树木为一级古树""树龄三百年以上不满五百年的树木为二级古树""树龄一百年以上不满三百年的树木为三级古树"。（转下页）

四十五条第一款规定的"盗伐森林或者其他林木"：

（一）未取得采伐许可证，擅自采伐国家、集体或者他人所有的林木的；

（二）违反森林法第五十六条第三款的规定，擅自采伐国家、集体或者他人所有的林木的；

（三）在采伐许可证规定的地点以外采伐国家、集体或者他人所有的林木的。

不以非法占有为目的，违反森林法的规定，进行开垦、采石、采砂、采土或者其他活动，造成国家、集体或者他人所有的林木毁坏，符合刑法第二百七十五条规定的，以故意毁坏财物罪定罪处罚。

第四条 盗伐森林或者其他林木，涉案林木具有下列情形之一的，应当认定为刑法第三百四十五条第一款规定的"数量较大"：

（一）立木蓄积五立方米以上的；

（二）幼树二百株以上的；

（三）数量虽未分别达到第一项、第二项规定标准，但按相应比例折算合计达到有关标准的；

（四）价值二万元以上的。

实施前款规定的行为，达到第一项至第四项规定标准十倍、五十倍以上的，应当分别认定为刑法第三百四十五条第一款规定的"数量巨大"、"数量特别巨大"。

实施盗伐林木的行为，所涉林木系风倒、火烧、水毁或者林业有害生物等自然原因死亡或者严重毁损的，在决定应否追究刑事责任和裁量刑罚时，应当从严把握；情节显著轻微危害不大的，不作为犯罪处理。

第五条① 具有下列情形之一的，应当认定为刑法第三百四十五条第二款

（接上页）对于名木，则主要依据历史文化和纪念意义确定，一般未专门划分级别。为此，本款作了专门规定。实践中，对于危害此类古树名木的行为，应当综合涉案树木的树龄、种类及生态、历史、文化价值等，恰当评价社会危害性，依法妥当处理。参见周加海、喻海松、李振华：《〈关于审理破坏森林资源刑事案件适用法律若干问题的解释〉的理解与适用》，载《法律适用》2023年第9期。

① 需要说明的是：其一，解释起草过程中，有意见提出，"在采伐许可证规定的地点，超过规定的数量采伐国家、集体或者他人所有的林木的"（简称"超量采伐"）与"在采伐许可证规定的地点以外采伐国家、集体或者他人所有的林木的"（简称"超地点采伐"）具有实质类似性，均侵犯了他人的林木所有权，也应以盗伐林木论处。经研究认为，上述观点有一定道理，但从对林木所有权的侵害看，超量采伐毕竟不如超地点采伐明显、直接。且《最高人民法院关于审理破坏森林资源刑事案件具体应用法律若干问题的解释》（法释〔2000〕36号）将超量采伐规定为滥伐林木已有二十多年，实践未反映有明显不（转下页）

规定的"滥伐森林或者其他林木":

（一）未取得采伐许可证,或者违反采伐许可证规定的时间、地点、数量、树种、方式,任意采伐本单位或者本人所有的林木的;

（二）违反森林法第五十六条第三款的规定,任意采伐本单位或者本人所有的林木的;

（三）在采伐许可证规定的地点,超过规定的数量采伐国家、集体或者他人所有的林木的。

林木权属存在争议,一方未取得采伐许可证擅自砍伐的,以滥伐林木论处。

第六条 滥伐森林或者其他林木,涉案林木具有下列情形之一的,应当认定为刑法第三百四十五条第二款规定的"数量较大":

（一）立木蓄积二十立方米以上的;

（二）幼树一千株以上的;

（三）数量虽未分别达到第一项、第二项规定标准,但按相应比例折算合计达到有关标准的;

（四）价值五万元以上的。

实施前款规定的行为,达到第一项至第四项规定标准五倍以上的,应当认定为刑法第三百四十五条第二款规定的"数量巨大"。

实施滥伐林木的行为,所涉林木系风倒、火烧、水毁或者林业有害生物等自然原因死亡或者严重毁损的,一般不以犯罪论处;确有必要追究刑事责任的,应当从宽处理。

第七条 认定刑法第三百四十五条第三款规定的"明知是盗伐、滥伐的林木",应当根据涉案林木的销售价格、来源以及收购、运输行为违反有关规定等情节,结合行为人的职业要求、经历经验、前科情况等作出综合判断。

具有下列情形之一的,可以认定行为人明知是盗伐、滥伐的林木,但有相反

（接上页）当,故未采纳上述意见。**其二**,解释起草过程中,有意见认为,对于擅自砍伐权属存在争议的林木,应当按照查明的实际权属准确定性:如经确权,相关林木本就归行为人所有的,则为滥伐;归他人所有的,则为盗伐。经研究,实践中,受历史遗留原因、相关承包、转让手续不全等因素影响,有的林木权属状况复杂,确权过程耗时较长甚至不断反复,等待最终确权结果不利于案件的及时处理;在权属确实存在争议的情况下,难以认定行为人具有非法占有目的;对上述情形以滥伐林木论处,符合刑法谦抑精神,也是源自《最高人民法院关于审理破坏森林资源刑事案件具体应用法律若干问题的解释》(法释〔2000〕36号),实践效果良好。故也未采纳这一意见。参见周加海、喻海松、李振华:《〈关于审理破坏森林资源刑事案件适用法律若干问题的解释〉的理解与适用》,载《法律适用》2023年第9期。

证据或者能够作出合理解释的除外：

（一）收购明显低于市场价格出售的林木的；

（二）木材经营加工企业伪造、涂改产品或者原料出入库台账的；

（三）交易方式明显不符合正常习惯的；

（四）逃避、抗拒执法检查的；

（五）其他足以认定行为人明知的情形。

第八条 非法收购、运输明知是盗伐、滥伐的林木，具有下列情形之一的，应当认定为刑法第三百四十五条第三款规定的"情节严重"：

（一）涉案林木立木蓄积二十立方米以上的；

（二）涉案幼树一千株以上的；

（三）涉案林木数量虽未分别达到第一项、第二项规定标准，但按相应比例折算合计达到有关标准的；

（四）涉案林木价值五万元以上的；

（五）其他情节严重的情形。

实施前款规定的行为，达到第一项至第四项规定标准五倍以上或者具有其他特别严重情节的，应当认定为刑法第三百四十五条第三款规定的"情节特别严重"。

第九条 多次实施本解释规定的行为，未经处理，且依法应当追诉的，数量、数额累计计算。

第十条 伪造、变造、买卖采伐许可证，森林、林地、林木权属证书以及占用或者征用林地审核同意书等国家机关批准的林业证件、文件构成犯罪的，依照刑法第二百八十条第一款的规定，以伪造、变造、买卖国家机关公文、证件罪定罪处罚。

买卖允许进出口证明书等经营许可证明，同时构成刑法第二百二十五条、第二百八十条规定之罪的，依照处罚较重的规定定罪处罚。

第十一条 下列行为，符合刑法第二百六十四条规定的，以盗窃罪定罪处罚：

（一）盗窃国家、集体或者他人所有并已经伐倒的树木的；

（二）偷砍他人在自留地或者房前屋后种植的零星树木的。

非法实施采种、采脂、掘根、剥树皮等行为，符合刑法第二百六十四条规定的，以盗窃罪论处。在决定应否追究刑事责任和裁量刑罚时，应当综合考虑对涉案林木资源的损害程度以及行为人获利数额、行为动机、前科情况等情节；认为情节显著轻微危害不大的，不作为犯罪处理。①

---

① 实践中，非法采种、采脂、掘根、剥树皮等行为情况复杂。例如，有的涉及山区群众因居住区域被划入自然保护区等保护范围，导致日常生产生活和林业管理发生冲突。对于此类情形应慎重对待，适用盗窃罪须从严把握，宜重点惩治牟利性、经营性行为。（转下页）

第十二条 实施破坏森林资源犯罪,具有下列情形之一的,从重处罚:

(一)造成林地或者其他农用地基本功能丧失或者遭受永久性破坏的;

(二)非法占用自然保护地核心保护区内的林地或者其他农用地的;

(三)非法采伐国家公园、国家级自然保护区内的林木的;

(四)暴力抗拒、阻碍国家机关工作人员依法执行职务,尚不构成妨害公务罪、袭警罪的;

(五)经行政主管部门责令停止违法行为后,继续实施相关行为的。

实施本解释规定的破坏森林资源行为,行为人系初犯,认罪认罚,积极通过补种树木、恢复植被和林业生产条件等方式修复生态环境,综合考虑涉案林地的类型、数量、生态区位或者涉案植物的种类、数量、价值,以及行为人获利数额、行为手段等因素,认为犯罪情节轻微的,可以免予刑事处罚;认为情节显著轻微危害不大的,不作为犯罪处理。

第十三条 单位犯刑法第三百四十二条、第三百四十四条、第三百四十五条规定之罪的,依照本解释规定的相应自然人犯罪的定罪量刑标准,对直接负责的主管人员和其他直接责任人员定罪处罚,并对单位判处罚金。

第十四条 针对国家、集体或者他人所有的国家重点保护植物和其他林木实施犯罪的违法所得及其收益,应当依法追缴或者责令退赔。①

(接上页)应当综合行为动机、获利数额以及对森林资源的实际侵害程度,综合评估社会危害性,不宜当然适用盗窃罪的入罪标准,避免打击过严,背离人民群众的公平正义观念。基于此,本款作了专门规定。参见周加海、喻海松、李振华:《〈关于审理破坏森林资源刑事案件适用法律若干问题的解释〉的理解与适用》,载《法律适用》2023年第9期。此外,根据本解释第二条的规定,非法采伐危害国家一级保护野生植物一株、国家二级保护野生植物二株以上的,即构成危害国家重点保护植物罪。但从实践来看,有些地方当地居民有采挖、食用锁阳、苁蓉、虫草等国家重点保护植物的风俗。基于此,**本评注认为**,对于此类案件在入罪时亦应作特别把握,坚持综合裁量原则,重点惩治组织经营或者获利数额较大的行为。

① 《最高人民法院关于滥伐自己所有权的林木其林木应如何处理的问题的批复》(法复〔1993〕5号)规定:"……被告人滥伐属于自己所有权的林木,构成滥伐林木罪,其行为已违反国家保护森林法规,破坏了国家的森林资源,所滥伐的林木……应当作为犯罪分子违法所得的财物……予以追缴。"考虑到上述规定与《民法典》关于所有权的规定已不一致,为依法妥当处置涉案林木等涉案财物,保证案件处理符合法律规定和人民群众的公平正义观念,本条对上述批复所涉规定作出调整。参见周加海、喻海松、李振华:《〈关于审理破坏森林资源刑事案件适用法律若干问题的解释〉的理解与适用》,载《法律适用》2023年第9期。

第十五条 组织他人实施本解释规定的破坏森林资源犯罪的,应当按照其组织实施的全部罪行处罚。

对于受雇佣为破坏森林资源犯罪提供劳务的人员,除参与利润分成或者领取高额固定工资的以外,一般不以犯罪论处,但曾因破坏森林资源受过处罚的除外。

第十六条 对于实施本解释规定的相关行为未被追究刑事责任的行为人,依法应当给予行政处罚、政务处分或者其他处分的,移送有关主管机关处理。

第十七条 涉案国家重点保护植物或者其他林木的价值,可以根据销赃数额认定;无销赃数额、销赃数额难以查证,或者根据销赃数额认定明显不合理的,根据市场价格认定。

第十八条 对于涉案农用地类型、面积,国家重点保护植物或者其他林木的种类、立木蓄积、株数、价值,以及涉案行为对森林资源的损害程度等问题,可以由林业主管部门、侦查机关依据现场勘验、检查笔录等出具认定意见;难以确定的,依据鉴定机构出具的鉴定意见或者下列机构出具的报告,结合其他证据作出认定:

(一)价格认证机构出具的报告;

(二)国务院林业主管部门指定的机构出具的报告;

(三)地、市级以上人民政府林业主管部门出具的报告。

第十九条 本解释所称"立木蓄积"的计算方法为:原木材积除以该树种的出材率。

本解释所称"幼树",是指胸径五厘米以下的树木。

滥伐林木的数量,应当在伐区调查设计允许的误差额以上计算。

第二十条 本解释自 2023 年 8 月 15 日起施行。本解释施行后,《最高人民法院关于滥伐自己所有权的林木其林木应如何处理的问题的批复》(法复〔1993〕5 号)、《最高人民法院关于审理破坏森林资源刑事案件具体应用法律若干问题的解释》(法释〔2000〕36 号)、《最高人民法院关于在林木采伐许可证规定的地点以外采伐本单位或者本人所有的森林或者其他林木的行为如何适用法律问题的批复》(法释〔2004〕3 号)、《最高人民法院关于审理破坏林地资源刑事案件具体应用法律若干问题的解释》(法释〔2005〕15 号)同时废止;之前发布的司法解释与本解释不一致的,以本解释为准。

规范性文件

《最高人民法院关于进一步加强涉种子刑事审判工作的指导意见》(法〔2022〕66 号)**第五条**对非法采集或者采伐天然种质资源适用危害国家重点保护植物罪作了指引性规定。(→参见第一百四十七条评注部分,第 656 页)

立案追诉标准

《最高人民检察院、公安部关于公安机关管辖的刑事案件立案追诉标准的规定(一)》第七十一条、第七十二条关于《刑法》第三百四十四条立案追诉标准的规定与法释〔2023〕8号解释的规定不一致，应当以后者为准。

法律适用答复、复函 ①

刑参案例规则提炼

《钟文福等非法采伐国家重点保护植物案——人工种植列入〈国家重点保护野生植物名录〉的树种是否属于国家重点保护植物》（第1429号案例）所涉规则提炼如下：

危害国家重点保护植物罪的对象规则。列入《国家种子案保护野生植物名录》的树种，"除了属于具有重大历史纪念意义、科学研究价值或者年代久远的古树名木外，只有野生的才属于国家重点保护植物。"②（第1429号案例）

司法疑难解析

欠缺主观明知情形下危害国家重点保护植物案件的处理。行为人基于非法采伐的故意树木，所涉树木被认定为国家重点保护植物。但是，对于相关案件，即使是当地护林员也无法准确识别该树种是否为国家重点保护植物。**本评注主张**，对相关案件应当基于朴素价值观和常理常情妥当处理：原则上不应认定为危害国家重点保护植物罪，符合盗伐林木罪或者滥伐林木罪的构成要件的，可以适用相应罪名。

---

① 2019年修订后《森林法》第五十六条第一款规定："……采伐自然保护区以外的竹林，不需要申请采伐许可证，但应当符合林木采伐技术规程。"据此，大部分竹林已不属盗伐林木罪、滥伐林木罪的适用对象，规定专门的定罪量刑标准已无必要。故而，《最高人民法院关于盗伐、滥伐幼竹或竹笋行为定罪量刑的数量标准如何确定问题的答复》（法明传〔1996〕365号）未予收录。

② 本案例所涉树种为香樟，当时属于列入《国家重点保护野生植物名录》的树种。根据中国植物志：油樟（Cinnamomum longepaniculatum）、樟（Cinnamomum camphora）、云南樟（Cinnamomum glanduliferum）、黄樟（Cinnamomum porrectum）等都可以称为香樟。根据《国家重点保护野生植物名录》(2021年)，油樟是国家二级重点保护野生植物。但是，本案例规则确定的国家重点保护植物限于原生地天然生长的植物这一规则仍可继续适用。——本评注注

第三百四十四条之一 【非法引进、释放、丢弃外来入侵物种罪】违反国家规定,非法引进、释放或者丢弃外来入侵物种,情节严重的,处三年以下有期徒刑或者拘役,并处或者单处罚金。

立法沿革

本条系 2021 年 3 月 1 日起施行的《刑法修正案(十一)》第四十三条增设的规定。

相关规定

《**中华人民共和国生物安全法**》(自 2021 年 4 月 15 日起施行,节录)

第六十条 国家加强对外来物种入侵的防范和应对,保护生物多样性。国务院农业农村主管部门会同国务院其他有关部门制定外来入侵物种名录和管理办法。

国务院有关部门根据职责分工,加强对外来入侵物种的调查、监测、预警、控制、评估、清除以及生态修复等工作。

任何单位和个人未经批准,不得擅自引进、释放或者丢弃外来物种。

《**重点管理外来入侵物种名录**》(农业农村部、自然资源部、生态环境部、住房和城乡建设部、海关总署、国家林草局公告第 567 号,自 2023 年 1 月 1 日起施行)

根据《中华人民共和国生物安全法》,农业农村部会同自然资源部、生态环境部、住房和城乡建设部、海关总署和国家林草局组织制定了《重点管理外来入侵物种名录》,现予以发布,自 2023 年 1 月 1 日起施行。

特此公告。

重点管理外来入侵物种名录

序号	中文名称	学名
植物		
1	紫茎泽兰	Ageratina adenophora (Spreng.) R. M. King & H. Rob. (syn. Eupatorium adenophora Spreng.)
2	藿香蓟	Ageratumconyzoides L.

(续表)

序号	中文名称	学名
3	空心莲子草	Alternanthera philoxeroides (Mart.) Griseb.
4	长芒苋	Amaranthus palmeri S. Watson
5	刺苋	Amaranthus spinosus L.
6	豚草	Ambrosiaartemisiifolia L.
7	三裂叶豚草	Ambrosiatrifida L.
8	落葵薯	Anredera cordifolia (Ten.) Steenis
9	野燕麦	Avena fatua L.
10	三叶鬼针草	BidensPilosa L.
11	水盾草	Cabomba caroliniana Gray
12	长刺蒺藜草	Cenchrus longispinus (Hack.) Fernald
13	飞机草	Chromolaena odorata (L.) R. M. King & H. Rob.
14	凤眼蓝	Eichhornia crassipes (Mart.) Solms
15	小蓬草	Erigeron canadensis L. [Conyza canadensis (L.) Cronquist]
16	苏门白酒草	Erigeronsumatrensis Retz.
17	黄顶菊	Flaveria bidentis (L.) Kuntze
18	五爪金龙	Ipomoeacairica (L.) Sweet
19	假苍耳	Cyclachaena xanthiifolia Nutt.
20	马缨丹	Lantana camara L.
21	毒莴苣	Lactuca serriola L.
22	薇甘菊	Mikania micrantha Kunth
23	光荚含羞草	Mimosa bimucronata (DC.) Kuntze
24	银胶菊	Parthenium hysterophorus L.
25	垂序商陆	Phytolacca americana L.

(续表)

序号	中文名称	学名
26	大薸	Pistia stratiotes L.
27	假臭草	Praxelis clematidea R. M. King & H. Rob.
28	刺果瓜	Sicyos angulatus L.
29	黄花刺茄	Solanum rostratum Dunal
30	加拿大一枝黄花	Solidago canadensis L.
31	假高粱	Sorghumhalepense (L.) Pers.
32	互花米草	Spartina alterniflora Loisel.
33	刺苍耳	Xanthium spinosum L.
昆虫		
34	苹果蠹蛾	Cydia pomonella L.
35	红脂大小蠹	Dendroctonus valens LeConte
36	美国白蛾	Hyphantria cunea (Drury)
37	马铃薯甲虫	Leptinotarsa decemlineata (Say)
38	美洲斑潜蝇	Liriomyza sativae Blanchard
39	稻水象甲	Lissorhoptrus oryzophilus Kuschel
40	日本松干蚧	Matsucoccus matsumurae (Kuwana)
41	湿地松粉蚧	Oracella acuta (Lobdell)
42	扶桑绵粉蚧	Phenacoccus solenopsis Tinsley
43	锈色棕榈象	Rhynchophorus ferrugineus (Olivier)
44	红火蚁	Solenopsis invicta Buren
45	草地贪夜蛾	Spodoptera frugiperda (Smith)
46	番茄潜叶蛾	Tuta absoluta (Meyrick)
植物病原微生物		
47	梨火疫病菌	Erwinia amylovora (Burrill) Winslow et al.

(续表)

序号	中文名称	学名
48	亚洲梨火疫病菌	Erwinia pyrifoliae Kim, Gardan, Rhim et Geider
49	落叶松枯梢病菌	Botryosphaeria laricina(Sawada) Y. Z. Shang
50	香蕉枯萎病菌 4号小种	Fusarium oxysporum Schlecht f. sp. cubense (E. F. Sm.) Snyd. et Hans (Race 4)
植物病原线虫		
51	松材线虫	Bursaphelenchus xylophilus (Steiner et Buhrer) Nickle
软体动物		
52	非洲大蜗牛	Achatina fulica Bowdich
53	福寿螺	Pomacea canaliculata (Lamarck)
鱼类		
54	鳄雀鳝	Atractosteus spatula (Lacépède)
55	豹纹翼甲鲶	Pterygoplichthys pardalis (Castelnau)
56	齐氏罗非鱼	Coptodon zillii (Gervais)
两栖动物		
57	美洲牛蛙	Rana catesbeiana Shaw
爬行动物		
58	大鳄龟	Macroclemys temminckii Troost
59	红耳彩龟	Trachemys scripta elegans (Wied)

注：1. 本名录将外来入侵物种分为8个类群，每个类群按物种学名首字母顺序排列。
  2. 依照有关规定，在特定区域内合法养殖的水产物种不在名录管理范围内。
  3. 农业农村部会同有关部门在风险研判和入侵趋势分析基础上对名录实行动态调整。
  4. 本名录所列外来入侵物种的监测与防控按照相关部门职责分工开展。

司法疑难解析

关于"外来入侵物种"的认定。根据《生物安全法》第六十条第一款的规定,"国务院农业农村主管部门会同国务院其他有关部门制定外来入侵物种名录和管理办法",外来入侵物种实行名录管理制度。**本评注认为**,目前可以依据《重点管理外来入侵物种名录》确定外来入侵物种的范围。需要注意的是,"外来入侵物种"不仅包括相关物种的活体,还包括植物物种的种子、苗木,以及动物物种的卵、蛋以及胚胎等其他繁殖材料。①

> **第三百四十五条 【盗伐林木罪】**盗伐森林或者其他林木,数量较大的,处三年以下有期徒刑、拘役或者管制,并处或者单处罚金;数量巨大的,处三年以上七年以下有期徒刑,处罚金;数量特别巨大的,处七年以上有期徒刑,并处罚金。
>
> **【滥伐林木罪】**违反森林法的规定,滥伐森林或者其他林木,数量较大的,处三年以下有期徒刑、拘役或者管制,并处或者单处罚金;数量巨大的,处三年以上七年以下有期徒刑,并处罚金。

---

① 主要考虑:(1)从入侵风险看,除外来入侵物种的活体(植株)外,植物物种种子、苗木、动物物种的卵、蛋、胚胎以及其他繁殖材料,也具有入侵本地生态环境、造成危害的现实风险。外来入侵物种对本地生态环境通常具有很强的适应性,植物种子、寄生的虫卵一旦扩散至本地环境中,其生长、繁殖迅速,竞争能力强,将对其他相邻种群形成明显抑制效应,从而严重威胁生物多样性和生态安全。(2)从外来物种的入侵历史看,植物种子、昆虫以及水生动物的卵是外来物种扩散、入侵的常见载体,例如,钻形紫菀可产生大量瘦果,果具冠毛随风散布入侵;假臭草为其他作物引种过程中种子混杂或随观赏植物盆钵携带进行长距离传播入侵;湿地松粉蚧于1988年随湿地松无性系繁殖材料进入广东省台山;松材线虫远距离主要靠人为调运疫区的苗木、松材、松木包装箱等进行传播;等等。(3)从相关管控外来物种的法律规定看,正是考虑到了上述入侵风险和现实危害,常常将外来物种的种子、卵、蛋、胚胎等也作为规范对象。例如,《植物检疫条例》第十二条第二款规定:"从国外引进、可能潜伏有危险性病、虫的种子、苗木和其他繁殖材料,必须隔离试种,植物检疫机构应进行调查、观察和检疫,证明确不带危险性病、虫的,方可分散种植。"《引进陆生野生动物外来物种种类及数量审批管理办法》第三条规定:"本办法所称陆生野生动物外来物种,是指自然分布在境外的陆生野生动物活体及繁殖材料。"基于此,外来入侵物种不仅包括处于存活状态的"物",还包括具有繁殖潜力、扩散风险的"种"。

> 【非法收购、运输盗伐、滥伐的林木罪】非法收购、运输明知是盗伐、滥伐的林木,情节严重的,处三年以下有期徒刑、拘役或者管制,并处或者单处罚金;情节特别严重的,处三年以上七年以下有期徒刑,并处罚金。
>
> 盗伐、滥伐国家级自然保护区内的森林或者其他林木的,从重处罚。

立法沿革

本条系 1997 年《刑法》吸收修改 1979 年《刑法》作出的规定。1979 年《刑法》第一百二十八条规定:"违反保护森林法规,盗伐、滥伐森林或者其他林木,情节严重的,处三年以下有期徒刑或者拘役,可以并处或者单处罚金。"1997 年《刑法》以上述规定为基础,对林木犯罪作出规定。

2002 年 12 月 28 日起施行的《刑法修正案(四)》第七条对本条第三款作了修改,删去了"以牟利为目的"和"在林区"的规定,增加规定非法运输明知是盗伐、滥伐的林木的犯罪。修改后,本条第三款的罪名由"非法收购盗伐、滥伐的林木罪"调整为"非法收购、运输盗伐、滥伐的林木罪"。

修正前《刑法》	修正后《刑法》
第三百四十五条第三款【非法收购盗伐、滥伐的林木罪】以牟利为目的,在林区非法收购明知是盗伐、滥伐的林木,情节严重的,处三年以下有期徒刑、拘役或者管制,并处或者单处罚金;情节特别严重的,处三年以上七年以下有期徒刑,并处罚金。	第三百四十五条第三款【非法收购、运输盗伐、滥伐的林木罪】非法收购、运输明知是盗伐、滥伐的林木,情节严重的,处三年以下有期徒刑、拘役或者管制,并处或者单处罚金;情节特别严重的,处三年以上七年以下有期徒刑,并处罚金。

司法解释

《最高人民法院关于审理破坏森林资源刑事案件适用法律若干问题的解释》(法释〔2023〕8 号)第三条至第八条对第三百四十五条的定罪量刑标准及有关问题作了规定。(→参见第三百四十四条评注部分,第 1840—1843 页)

立案追诉标准

《最高人民检察院、公安部关于公安机关管辖的刑事案件立案追诉标准的规定(一)》第七十二条至第七十四条关于《刑法》第三百四十五条立案追诉标准的规定与法释〔2023〕8 号解释的规定不一致,应当以后者为准。

法律适用答复、复函[①]

刑参案例规则提炼

《李波盗伐林木案——以出售为目的,盗挖价值数额较大的行道树的行为,如何定性》(第785号案例)所涉规则提炼如下:

盗伐林木罪与盗窃罪的界分规则。"以出售为目的,盗挖价值数额较大的行道树的行为",构成盗窃罪。(第785号案例)

> **第三百四十六条 【单位犯本节之罪的处罚】**单位犯本节第三百三十八条至第三百四十五条规定之罪的,对单位判处罚金,并对其直接负责的主管人员和其他直接责任人员,依照本节各该条的规定处罚。

立法沿革

本条系1997年《刑法》增设的规定。

第七节 走私、贩卖、运输、制造毒品罪

司法解释

《最高人民法院关于审理毒品犯罪案件适用法律若干问题的解释》(法释〔2016〕8号,自2016年4月11日起施行)

为依法惩治毒品犯罪,根据《中华人民共和国刑法》的有关规定,现就审理此类刑事案件适用法律的若干问题解释如下:

第一条[②] 走私、贩卖、运输、制造、非法持有下列毒品,应当认定为刑法第三百四十七条第二款第一项、第三百四十八条规定的"其他毒品数量大":

---

① 鉴于《最高人民法院关于审理破坏森林资源刑事案件适用法律若干问题的解释》(法释〔2023〕8号)第八条对非法收购、运输盗伐、滥伐的林木罪的定罪量刑标准作了明确规定,《最高人民法院研究室关于对〈关于非法运输盗伐滥伐林木罪定罪量刑标准的请示〉的答复》(法研〔2007〕144号)未予收录。——**本评注注**

② 毒品数量是毒品犯罪定罪量刑的重要情节。关于毒品数量的认定,《刑法》分则第六章第七节、本司法解释及依赖性折算表分别作出规定。其中,刑法对鸦片、海洛因、甲基苯丙胺规定了定罪量刑数量标准,本司法解释对滥用问题突出或者存在滥用(转下页)

(一)可卡因五十克以上；

(二)3,4-亚甲二氧基甲基苯丙胺(MDMA)等苯丙胺类毒品(甲基苯丙胺除外)、吗啡一百克以上；

(三)芬太尼一百二十五克以上；

(四)甲卡西酮二百克以上；

(五)二氢埃托啡十毫克以上；

(六)哌替啶(度冷丁)二百五十克以上；

(七)氯胺酮五百克以上；

(八)美沙酮一千克以上；

(九)曲马多、γ-羟丁酸二千克以上；

(十)大麻油五千克、大麻脂十千克、大麻叶及大麻烟一百五十千克以上；

(十一)可待因、丁丙诺啡五千克以上；

(十二)三唑仑、安眠酮五十千克以上；

(十三)阿普唑仑、恰特草一百千克以上；

(十四)咖啡因、罂粟壳二百千克以上；

(十五)巴比妥、苯巴比妥、安钠咖、尼美西泮二百五十千克以上；

(十六)氯氮卓、艾司唑仑、地西泮、溴西泮五百千克以上；

(十七)上述毒品以外的其他毒品数量大的。

国家定点生产企业按照标准规格生产的麻醉药品或者精神药品被用于毒品

(接上页)趋势的部分毒品种类规定了定罪数量标准；对于刑法和司法解释没有规定的其他毒品，其定罪量刑数量标准参照《非法药物折算表》(国家食品药品监督管理局，2004年10月)(→参见本节标题评注部分，第1893页)、国家禁毒办发布的《104种非药用类麻醉药品和精神药品管制品种依赖性折算表》(禁毒办通〔2016〕38号)(→参见本节标题评注部分，第1902页)、《100种麻醉药品和精神药品管制品种依赖性折算表》(禁毒办通〔2017〕52号)(→参见本节标题评注部分，第1912页)、《3种合成大麻素依赖性折算表》(禁毒办通〔2019〕6号)(→参见本节标题评注部分，第1917页)、《氟胺酮和7种合成大麻素依赖性折算表》(国家禁毒委员会办公室，禁毒办通〔2021〕42号)(→参见本节标题评注部分，第1918页)折算后适用。对于刑法、司法解释和依赖性折算表均未作出规定的，应当由有关专业鉴定确定涉案毒品的毒性、依赖性、滥用形势等，综合考量社会危害性，依法定罪量刑。需要强调的是，本条第二款对根据药品中毒品成分的含量认定涉案毒品数量的情形规定了明确的前提条件，即国家定点生产企业按照标准规格生产的麻醉药品或者精神药品，除此之外，均应当按照查证属实的毒品数量计算，不以含量折算。——本评注犯罪的,根据药品中毒品成分的含量认定涉案毒品数量。

第二条 走私、贩卖、运输、制造、非法持有下列毒品,应当认定为刑法第三百四十七条第三款、第三百四十八条规定的"其他毒品数量较大":

(一)可卡因十克以上不满五十克;

(二)3,4-亚甲二氧基甲基苯丙胺(MDMA)等苯丙胺类毒品(甲基苯丙胺除外)、吗啡二十克以上不满一百克;

(三)芬太尼二十五克以上不满一百二十五克;

(四)甲卡西酮四十克以上不满二百克;

(五)二氢埃托啡二毫克以上不满十毫克;

(六)哌替啶(度冷丁)五十克以上不满二百五十克;

(七)氯胺酮一百克以上不满五百克;

(八)美沙酮二百克以上不满一千克;

(九)曲马多、γ-羟丁酸四百克以上不满二千克;

(十)大麻油一千克以上不满五千克、大麻脂二千克以上不满十千克、大麻叶及大麻烟三十千克以上不满一百五十千克;

(十一)可待因、丁丙诺啡一千克以上不满五千克;

(十二)三唑仑、安眠酮十千克以上不满五十千克;

(十三)阿普唑仑、恰特草二十千克以上不满一百千克;

(十四)咖啡因、罂粟壳四十千克以上不满二百千克;

(十五)巴比妥、苯巴比妥、安钠咖、尼美西泮五十千克以上不满二百五十千克;

(十六)氯氮䓬、艾司唑仑、地西泮、溴西泮一百千克以上不满五百千克;

(十七)上述毒品以外的其他毒品数量较大的。

第三条① 在实施走私、贩卖、运输、制造毒品犯罪的过程中,携带枪支、弹药或者爆炸物用于掩护的,应当认定为刑法第三百四十七条第二款第三项规定的"武装掩护走私、贩卖、运输、制造毒品"。枪支、弹药、爆炸物种类的认定,依照相关司法解释的规定执行。

在实施走私、贩卖、运输、制造毒品犯罪的过程中,以暴力抗拒检查、拘留、逮

---

① 之所以强调"用于掩护",旨在从用途和目的上加以限制,对于只携带子弹而没有携带枪支,不可能实现掩护目的的,不能认定为武装掩护。参见叶晓颖、马岩、方文军、李静然:《〈关于审理毒品犯罪案件适用法律若干问题的解释〉的理解与适用》,载中华人民共和国最高人民法院刑事审判第一、二、三、四、五庭主办:《中国刑事审判指导案例5》(增订第3版),法律出版社2017年版,第967页。

捕，造成执法人员死亡、重伤、多人轻伤或者具有其他严重情节的，应当认定为刑法第三百四十七条第二款第四项规定的"以暴力抗拒检查、拘留、逮捕，情节严重"。

第四条① 走私、贩卖、运输、制造毒品，具有下列情形之一的，应当认定为刑法第三百四十七条第四款规定的"情节严重"：

（一）向多人贩卖毒品或者多次走私、贩卖、运输、制造毒品的；

（二）在戒毒场所、监管场所贩卖毒品的；

（三）向在校学生贩卖毒品的；

（四）组织、利用残疾人、严重疾病患者、怀孕或者正在哺乳自己婴儿的妇女走私、贩卖、运输、制造毒品的；

（五）国家工作人员走私、贩卖、运输、制造毒品的；

（六）其他情节严重的情形。

第五条 非法持有毒品达到刑法第三百四十八条或者本解释第二条规定的"数量较大"标准，且具有下列情形之一的，应当认定为刑法第三百四十八条规定的"情节严重"：

---

① 需要注意的问题有四：(1)关于第一项。起草过程中，有意见提出，实践中很多零包贩毒案件，被告人虽然具有向多人贩毒或者多次贩毒的情节，但累计贩卖毒品的数量却不足1克，如果将这种情况认定为情节严重，处三年以上七年以下有期徒刑，会出现罪刑不相适应，故应当设定最低毒品数量限制。经研究认为，向多人贩卖毒品或者多次走私、贩卖、运输、制造毒品的，具有较大的社会危害性，也体现了犯罪分子较深的主观恶性，应重点打击、从严惩处，故不再设定最低数量限制。(2)关于第二项。戒毒场所包括强制隔离戒毒所、自愿戒毒所、社区戒毒治疗门诊、戒毒医院等，监管场所包括拘留所、看守所、监狱等。(3)关于第三项。这里的在校学生包括中小学、中等职业学校学生和普通高等学校中的本、专科学生（不包括研究生）。其中，中等职业学校包括中专、职高、技校，普通高等学校包括全日制大学、学院、职业技术学院、高等专科学校。本项规定与《刑法》第三百四十七条第六款"向未成年人出售毒品的，从重处罚"的规定之间不存在矛盾，如果贩卖对象既是未成年人又是在校学生的，适用本项的规定处罚。(4)关于第五项。起草过程中，有意见认为，国家工作人员没有利用职务或工作上的便利实施毒品犯罪的，不应当认定为情节严重。经研究认为，毒品犯罪属于严重妨害社会管理秩序、危害人民群众身心健康的犯罪，国家工作人员本应自觉抵制毒品、积极与毒品犯罪作斗争，而具有该特定身份的人员转而实施毒品犯罪，无疑具有更为恶劣的社会影响和更大的社会危害，应当从严惩处，故无需额外设定国家工作人员利用职务或者工作便利的条件。参见叶晓颖、马岩、方文军、李静然：《〈关于审理毒品犯罪案件适用法律若干问题的解释〉的理解与适用》，载中华人民共和国最高人民法院刑事审判第一、二、三、四、五庭主办：《中国刑事审判指导案例5》（增订第3版），法律出版社2017年版，第967页。

（一）在戒毒场所、监管场所非法持有毒品的；
（二）利用、教唆未成年人非法持有毒品的；
（三）国家工作人员非法持有毒品的；
（四）其他情节严重的情形。

第六条 包庇走私、贩卖、运输、制造毒品的犯罪分子，具有下列情形之一的，应当认定为刑法第三百四十九条第一款规定的"情节严重"：
（一）被包庇的犯罪分子依法应当判处十五年有期徒刑以上刑罚的；
（二）包庇多名或者多次包庇走私、贩卖、运输、制造毒品的犯罪分子的；
（三）严重妨害司法机关对被包庇的犯罪分子实施的毒品犯罪进行追究的；
（四）其他情节严重的情形。

为走私、贩卖、运输、制造毒品的犯罪分子窝藏、转移、隐瞒毒品或者毒品犯罪所得的财物，具有下列情形之一的，应当认定为刑法第三百四十九条第一款规定的"情节严重"：
（一）为犯罪分子窝藏、转移、隐瞒毒品达到刑法第三百四十七条第二款第一项或者本解释第一条第一款规定的"数量大"标准的；
（二）为犯罪分子窝藏、转移、隐瞒毒品犯罪所得的财物价值达到五万元以上的；
（三）为多人或者多次为他人窝藏、转移、隐瞒毒品或者毒品犯罪所得的财物的；
（四）严重妨害司法机关对该犯罪分子实施的毒品犯罪进行追究的；
（五）其他情节严重的情形。

包庇走私、贩卖、运输、制造毒品的近亲属，或者为其窝藏、转移、隐瞒毒品或毒品犯罪所得的财物，不具有本条前两款规定的"情节严重"情形，归案后认罪、悔罪、积极退赃，且系初犯、偶犯，犯罪情节轻微不需要判处刑罚的，可以免予刑事处罚。

第七条 违反国家规定，非法生产、买卖、运输制毒物品、走私制毒物品，达到下列数量标准的，应当认定为刑法第三百五十条第一款规定的"情节较重"：
（一）麻黄碱（麻黄素）、伪麻黄碱（伪麻黄素）、消旋麻黄碱（消旋麻黄素）一千克以上不满五千克；
（二）1-苯基-2-丙酮、1-苯基-2-溴-1-丙酮、3,4-亚甲基二氧苯基-2-丙酮、羟亚胺二千克以上不满十千克；
（三）3-氧-2-苯基丁腈、邻氯苯基环戊酮、去甲麻黄碱（去甲麻黄素）、甲基麻黄碱（甲基麻黄素）四千克以上不满二十千克；
（四）醋酸酐十千克以上不满五十千克；
（五）麻黄浸膏、麻黄浸膏粉、胡椒醛、黄樟素、黄樟油、异黄樟素、麦角酸、麦

角胺、麦角新碱、苯乙酸二十千克以上不满一百千克;

（六）N-乙酰邻氨基苯酸、邻氨基苯甲酸、三氯甲烷、乙醚、哌啶五十千克以上不满二百五十千克;

（七）甲苯、丙酮、甲基乙基酮、高锰酸钾、硫酸、盐酸一百千克以上不满五百千克;

（八）其他制毒物品数量相当的。

违反国家规定，非法生产、买卖、运输制毒物品、走私制毒物品，达到前款规定的数量标准最低值的百分之五十，且具有下列情形之一的，应当认定为刑法第三百五十条第一款规定的"情节较重"：

（一）曾因非法生产、买卖、运输制毒物品、走私制毒物品受过刑事处罚的;

（二）二年内曾因非法生产、买卖、运输制毒物品、走私制毒物品受过行政处罚的;

（三）一次组织五人以上或者多次非法生产、买卖、运输制毒物品、走私制毒物品，或者在多个地点非法生产制毒物品的;

（四）利用、教唆未成年人非法生产、买卖、运输制毒物品、走私制毒物品的;

（五）国家工作人员非法生产、买卖、运输制毒物品、走私制毒物品的;

（六）严重影响群众正常生产、生活秩序的;

（七）其他情节较重的情形。

易制毒化学品生产、经营、购买、运输单位或者个人未办理许可证明或者备案证明，生产、销售、购买、运输易制毒化学品，确实用于合法生产、生活需要的，不以制毒物品犯罪论处。

第八条 违反国家规定，非法生产、买卖、运输制毒物品、走私制毒物品，具有下列情形之一的，应当认定为刑法第三百五十条第一款规定的"情节严重"：

（一）制毒物品数量在本解释第七条第一款规定的最高数量标准以上，不满最高数量标准五倍的;

（二）达到本解释第七条第一款规定的数量标准，且具有本解释第七条第二款第三项至第六项规定的情形之一的;

（三）其他情节严重的情形。

违反国家规定，非法生产、买卖、运输制毒物品、走私制毒物品，具有下列情形之一的，应当认定为刑法第三百五十条第一款规定的"情节特别严重"：

（一）制毒物品数量在本解释第七条第一款规定的最高数量标准五倍以上的;

（二）达到前款第一项规定的数量标准，且具有本解释第七条第二款第三项至第六项规定的情形之一的;

(三)其他情节特别严重的情形。

第九条 非法种植毒品原植物,具有下列情形之一的,应当认定为刑法第三百五十一条第一款第一项规定的"数量较大":

(一)非法种植大麻五千株以上不满三万株的;

(二)非法种植罂粟二百平方米以上不满一千二百平方米、大麻二千平方米以上不满一万二千平方米,尚未出苗的;

(三)非法种植其他毒品原植物数量较大的。

非法种植毒品原植物,达到前款规定的最高数量标准的,应当认定为刑法第三百五十一条第二款规定的"数量大"。

第十条 非法买卖、运输、携带、持有未经灭活的毒品原植物种子或者幼苗,具有下列情形之一的,应当认定为刑法第三百五十二条规定的"数量较大":

(一)罂粟种子五十克以上、罂粟幼苗五千株以上的;

(二)大麻种子五十千克以上、大麻幼苗五万株以上的;

(三)其他毒品原植物种子或者幼苗数量较大的。

第十一条 引诱、教唆、欺骗他人吸食、注射毒品,具有下列情形之一的,应当认定为刑法第三百五十三条第一款规定的"情节严重":

(一)引诱、教唆、欺骗多人或者多次引诱、教唆、欺骗他人吸食、注射毒品的;

(二)对他人身体健康造成严重危害的;

(三)导致他人实施故意杀人、故意伤害、交通肇事等犯罪行为的;

(四)国家工作人员引诱、教唆、欺骗他人吸食、注射毒品的;

(五)其他情节严重的情形。

第十二条① 容留他人吸食、注射毒品,具有下列情形之一的,应当依照刑法第三百五十四条的规定,以容留他人吸毒罪定罪处罚:

(一)一次容留多人吸食、注射毒品的;

---

① 需要注意的问题有二:(1)对于实践中常见的多次让他人在相关场所试吸毒品后又向其贩卖毒品的,因让他人试吸毒品的行为属于贩卖毒品的手段行为,故不宜认定为容留他人吸毒罪并数罪并罚。(2)构成容留他人吸毒罪仅限于容留者拥有对场所的支配、控制权,而被容留者未经容留者允许,不享有场所使用权的情形。此外,对场所有共同居住、使用权的一方放任另一方在共同的住所内容留他人吸食、注射毒品的,因放任者不符合认定为犯罪的条件,对其亦不应以容留他人吸毒罪定罪处罚。参见叶晓颖、马岩、方文军、李静然:《〈关于审理毒品犯罪案件适用法律若干问题的解释〉的理解与适用》,载中华人民共和国最高人民法院刑事审判第一、二、三、四、五庭主办:《中国刑事审判指导案例5》(增订第3版),法律出版社2017年版,第973页。

（二）二年内多次容留他人吸食、注射毒品的；
（三）二年内曾因容留他人吸食、注射毒品受过行政处罚的；
（四）容留未成年人吸食、注射毒品的；
（五）以牟利为目的容留他人吸食、注射毒品的；
（六）容留他人吸食、注射毒品造成严重后果的；
（七）其他应当追究刑事责任的情形。

向他人贩卖毒品后又容留其吸食、注射毒品，或者容留他人吸食、注射毒品并向其贩卖毒品，符合前款规定的容留他人吸毒罪的定罪条件的，以贩卖毒品罪和容留他人吸毒罪数罪并罚。

容留近亲属吸食、注射毒品，情节显著轻微危害不大的，不作为犯罪处理；需要追究刑事责任的，可以酌情从宽处理。

第十三条 依法从事生产、运输、管理、使用国家管制的麻醉药品、精神药品的人员，违反国家规定，向吸食、注射毒品的人提供国家规定管制的能够使人形成瘾癖的麻醉药品、精神药品，具有下列情形之一的，应当依照刑法第三百五十五条第一款的规定，以非法提供麻醉药品、精神药品罪定罪处罚：

（一）非法提供麻醉药品、精神药品达到刑法第三百四十七条第三款或者本解释第二条规定的"数量较大"标准最低值的百分之五十，不满"数量较大"标准的；
（二）二年内曾因非法提供麻醉药品、精神药品受过行政处罚的；
（三）向多人或者多次非法提供麻醉药品、精神药品的；
（四）向吸食、注射毒品的未成年人非法提供麻醉药品、精神药品的；
（五）非法提供麻醉药品、精神药品造成严重后果的；
（六）其他应当追究刑事责任的情形。

具有下列情形之一的，应当认定为刑法第三百五十五条第一款规定的"情节严重"：

（一）非法提供麻醉药品、精神药品达到刑法第三百四十七条第三款或者本解释第二条规定的"数量较大"标准的；
（二）非法提供麻醉药品、精神药品达到前款第一项规定的数量标准，且具有前款第三项至第五项规定的情形之一的；
（三）其他情节严重的情形。

第十四条 利用信息网络，设立用于实施传授制造毒品、非法生产制毒物品的方法，贩卖毒品，非法买卖制毒物品或者组织他人吸食、注射毒品等违法犯罪活动的网站、通讯群组，或者发布实施前述违法犯罪活动的信息，情节严重的，应当依照刑法第二百八十七条之一的规定,以非法利用信息网络罪定罪处罚。①

实施刑法第二百八十七条之一、第二百八十七条之二规定的行为,同时构成贩卖毒品罪、非法买卖制毒物品罪、传授犯罪方法罪等犯罪的,依照处罚较重的规定定罪处罚。

第十五条 本解释自 2016 年 4 月 11 日起施行。《最高人民法院关于审理毒品案件定罪量刑标准有关问题的解释》(法释〔2000〕13 号)同时废止;之前发布的司法解释和规范性文件与本解释不一致的,以本解释为准。

■ 规范性文件②

《最高人民检察院公诉庭毒品犯罪案件公诉证据标准指导意见(试行)》(〔2005〕高检诉发第 32 号,具体条文未收录)

《最高人民法院、最高人民检察院、公安部办理毒品犯罪案件适用法律若干问题的意见》(公通字〔2007〕84 号)③

一、关于毒品犯罪案件的管辖问题

根据刑事诉讼法的规定,毒品犯罪案件的地域管辖,应当坚持以犯罪地管辖为主、被告人居住地管辖为辅的原则。

---

① 《全国法院毒品案件审判工作会议纪要》(法〔2023〕108 号)"二、罪名认定问题""(四)关于其他涉毒行为"将本款规定的"组织他人吸食、注射毒品"调整为"引诱、教唆、欺骗他人吸毒"。——**本评注注**

② **另**,鉴于法释〔2016〕8 号解释发布施行,《最高人民法院刑一庭关于审理若干新型毒品案件定罪量刑的指导意见》(2006 年 6 月 19 日)、《最高人民法院、最高人民检察院、公安部关于办理邻氯苯基环戊酮等三种制毒物品犯罪案件定罪量刑数量标准的通知》(公通字〔2014〕32 号)未予收录。

③ 本规范性文件的部分规定已被修改,具体适用需要结合此后发布的规定妥当把握。例如,"一、关于毒品犯罪案件的管辖问题"对犯罪嫌疑人被抓获地可以行使管辖权的规定,《全国法院毒品案件审判工作会议纪要》(法〔2023〕108 号)"十三、管辖问题"规定:"毒品犯罪的犯罪地,包括犯罪预谋地,毒资筹集地,交易进行地,毒品制造地,毒品和毒资、毒赃的藏匿地、转移地,走私或者贩运毒品的途经地、目的地等。主要利用计算机网络实施的毒品犯罪,犯罪地还包括用于实施犯罪行为的网络服务使用的服务器所在地,网络服务提供者所在地,犯罪过程中被告人、被害人使用的信息网络系统所在地等。"可见,后者未明确将被抓获地涵括在内。实践中,对因此产生的管辖权争议,公安机关应本着有利于查清犯罪事实、有利于诉讼、有利于保障案件侦查安全的原则,积极协商解决。经协商无法达成一致的,应当依法报请指定管辖。——**本评注注**

"犯罪地"包括犯罪预谋地、毒资筹集地、交易进行地、毒品生产地、毒资、毒赃和毒品的藏匿地、转移地、走私或者贩运毒品的目的地以及犯罪嫌疑人被抓获地等。

"被告人居住地"包括被告人常住地、户籍地及其临时居住地。

对怀孕、哺乳期妇女走私、贩卖、运输毒品案件，查获地公安机关认为移交其居住地管辖更有利于采取强制措施和查清犯罪事实的，可以报请共同的上级公安机关批准，移送犯罪嫌疑人居住地公安机关办理，查获地公安机关应继续配合。

公安机关对侦办跨区域毒品犯罪案件的管辖权有争议的，应本着有利于查清犯罪事实，有利于诉讼，有利于保障案件侦查安全的原则，认真协商解决。经协商无法达成一致的，报共同的上级公安机关指定管辖。对即将侦查终结的跨省（自治区、直辖市）重大毒品案件，必要时可由公安部商最高人民法院和最高人民检察院指定管辖。

为保证及时结案，避免超期羁押，人民检察院对于公安机关移送审查起诉的案件，人民法院对于已进入审判程序的案件，被告人及其辩护人提出管辖异议或者办案单位发现没有管辖权的，受案人民检察院、人民法院经审可以依法报请上级人民检察院、人民法院指定管辖，不再自行移送有管辖权的人民检察院、人民法院。

二、关于毒品犯罪嫌疑人、被告人主观明知的认定问题①

走私、贩卖、运输、非法持有毒品主观故意中的"明知"，是指行为人知道或者应当知道所实施的行为是走私、贩卖、运输、非法持有毒品行为。具有下列情形之一，并且犯罪嫌疑人、被告人不能做出合理解释的，可以认定其"应当知道"，但有证据证明确属被蒙骗的除外：

---

① 在具体判断是否明知时，应当注意以下问题：一是判断是否明知应当以客观实际情况为依据。尽管明知是行为人知道或者应当知道行为对象是毒品的心理状态，但是判断被告人主观上是否明知，不能仅凭被告人是否承认，而应当综合考虑案件中的各种客观实际情况，依据实施毒品犯罪行为的过程、行为方式、毒品被查获时的情形和环境等证据，结合被告人的年龄、阅历、智力及掌握相关知识的情况，进行综合分析判断。二是用作推定前提的基础事实必须有已经确凿的证据证明。首先要查明行为人携带的东西确实是毒品，其次行为人要有上述列举的反常表现行为。三是依照上述规定认定的明知，允许行为人提出反证加以推翻。由于推定的明知不是以确凿证据证明的，而是根据基础事实与待证事实的常态联系，运用情理判断和逻辑推理得出的，有可能出现例外情况。如果行为人能做出合理解释，有证据证明确实受蒙骗，其辩解有事实依据或者合乎情理，就不能认定其明知。参见高贵君、王勇、吴光侠：《〈办理毒品犯罪案件适用法律若干问题的意见〉的理解与适用》，载中华人民共和国最高人民法院刑事审判第一、二、三、四、五庭主办：《中国刑事审判指导案例5》（增订第3版），法律出版社2017年版，第1014—1015页。

（一）执法人员在口岸、机场、车站、港口和其他检查站检查时，要求行为人申报为他人携带的物品和其他疑似毒品物，并告知其法律责任，而行为人未如实申报，在其所携带的物品内查获毒品的；

（二）以伪报、藏匿、伪装等蒙蔽手段逃避海关、边防等检查，在其携带、运输、邮寄的物品中查获毒品的；

（三）执法人员检查时，有逃跑、丢弃携带物品或逃避、抗拒检查等行为，在其携带或丢弃的物品中查获毒品的；

（四）体内藏匿毒品的；

（五）为获取不同寻常的高额或不等值的报酬而携带、运输毒品的；

（六）采用高度隐蔽的方式携带、运输毒品的；

（七）采用高度隐蔽的方式交接毒品，明显违背合法物品惯常交接方式的；

（八）其他有证据足以证明行为人应当知道的。

三、关于办理氯胺酮等毒品案件定罪量刑标准问题①

（一）走私、贩卖、运输、制造、非法持有下列毒品，应当认定为刑法第三百四十七条第二款第（一）项、第三百四十八条规定的"其他毒品数量大"：

1. 二亚甲基双氧安非他明（MDMA）等苯丙胺类毒品（甲基苯丙胺除外）100克以上；

2. 氯胺酮、美沙酮1千克以上；

3. 三唑仑、安眠酮50千克以上；

4. 氯氮卓、艾司唑仑、地西泮、溴西泮500千克以上；

5. 上述毒品以外的其他毒品数量大的。

（二）走私、贩卖、运输、制造、非法持有下列毒品，应当认定为刑法第三百四十七条第三款、第三百四十八条规定的"其他毒品数量较大"：

1. 二亚甲基双氧安非他明（MDMA）等苯丙胺类毒品（甲基苯丙胺除外）20克以上不满100克的；

2. 氯胺酮、美沙酮200克以上不满1千克的；

3. 三唑仑、安眠酮10千克以上不满50千克的；

4. 氯氮卓、艾司唑仑、地西泮、溴西泮100千克以上不满500千克的；

5. 上述毒品以外的其他毒品数量较大的。

（三）走私、贩卖、运输、制造下列毒品，应当认定为刑法第三百四十七条第

---

① 本条相关标准的规定与法释〔2016〕8号的定罪量刑标准不完全一致，应当以后者为准。——本评注注

四款规定的"其他少量毒品":

1. 二亚甲基双氧安非他明(MDMA)等苯丙胺类毒品(甲基苯丙胺除外)不满20克的;
2. 氯胺酮、美沙酮不满200克的;
3. 三唑仑、安眠酮不满10千克的;
4. 氯氮䓬、艾司唑仑、地西泮、溴西泮不满100千克的;
5. 上述毒品以外的其他少量毒品的。

(四)上述毒品品种包括其盐和制剂。毒品鉴定结论中毒品品名的认定应当以国家食品药品监督管理局、公安部、卫生部最新发布的《麻醉药品品种目录》《精神药品品种目录》为依据。

四、关于死刑案件的毒品含量鉴定问题

可能判处死刑的毒品犯罪案件,毒品鉴定结论中应有含量鉴定的结论。

《中央宣传部、中央网信办、最高人民法院、最高人民检察院、公安部、工业和信息化部、国家工商行政管理总局、国家邮政局、国家禁毒委办公室关于加强互联网禁毒工作的意见》(禁毒办通〔2015〕32号,具体条文未收录)

《最高人民法院、最高人民检察院、公安部关于办理毒品犯罪案件收集与审查证据若干问题的意见》(法发〔2019〕13号,自2019年5月1日起施行,具体条文未收录)

《全国法院毒品案件审判工作会议纪要》(法〔2023〕108号)①

为全面贯彻落实党的二十大精神,深入学习贯彻习近平总书记对政法工作重要指示精神和中央政法工作会议精神,认真落实习近平总书记关于禁毒工作重要指示精神和党中央禁毒决策部署,进一步加强毒品案件审判工作,推进新时代新征程人民法院禁毒工作持续高质量发展,最高人民法院于2023年2月16日在云南省昆明市召开了全国法院毒品案件审判工作会议。参加会议的有各省、自治区、直辖市高级人民法院、解放军军事法院和新疆维吾尔自治区高级人民法院生产建设兵团分院主管刑事审判工作的副院长等。最高人民法院党组成员、副院长高憬宏、杨万明、沈亮、李勇出席会议,高憬宏、杨万明讲话。

---

① 根据本会议纪要的印发通知的规定,本会议纪要发布之后,最高人民法院此前印发的有关毒品案件审判工作的会议纪要[如2008年印发的《全国部分法院审理毒品犯罪案件工作座谈会纪要》(即《大连会议纪要》)和2015年印发的《全国法院毒品犯罪审判工作座谈会纪要》(即《武汉会议纪要》)]不再适用。

会议深入学习了习近平总书记关于禁毒工作重要指示精神,总结了党的十八大以来人民法院禁毒工作取得的成绩,分析了当前我国毒品犯罪的总体形势和主要特点,研究了毒品案件审判工作面临的突出问题,明确了推进人民法院禁毒工作持续高质量发展的各项举措,并对当前和今后一段时期人民法院禁毒工作作出部署。

会议认为,最高人民法院2008年印发的《全国部分法院审理毒品犯罪案件工作座谈会纪要》(以下简称《大连会议纪要》)和2015年印发的《全国法院毒品犯罪审判工作座谈会纪要》(以下简称《武汉会议纪要》),较好地解决了毒品案件审判中存在的一些突出法律适用问题,在一定时期内发挥了重要指导作用。随着毒品犯罪形势不断发展变化,审判实践中出现了一些新情况新问题,需要及时应对、有效解决。与会代表对《大连会议纪要》和《武汉会议纪要》的内容进行了系统总结,对以上两个纪要没有作出规定或者规定不尽完善的突出问题进行了认真讨论,达成了共识。现纪要如下:

一、总体要求

禁毒工作事关国家安危、民族兴衰、人民福祉,厉行禁毒是党和政府的一贯立场和主张。党的十八大以来,在以习近平同志为核心的党中央坚强领导下,各地区、各有关部门按照国家禁毒委员会统一部署,深入开展新时代禁毒人民战争,全面落实综合治理措施,禁毒工作取得显著成效,禁毒斗争形势持续向好,彰显了党领导下中国特色毒品治理体系的强大优势。

依法审理毒品案件,积极开展禁毒工作,是人民法院担负的重要职责使命。各级人民法院始终坚持依法从严惩处毒品犯罪,持续加强毒品案件审判规范化建设,不断提升禁毒综合治理效能,各项工作取得明显成效,为推动禁毒斗争形势持续向好、推进更高水平的平安中国、法治中国建设提供了有力司法保障。

当前和今后一段时期,受国际国内多种因素影响,我国禁毒工作仍然面临诸多风险挑战,禁毒工作任务依然繁重艰巨。新时代新征程,各级人民法院要坚持以习近平新时代中国特色社会主义思想为指导,深入贯彻习近平法治思想,贯彻总体国家安全观,坚持以人民为中心的发展思想,深刻把握禁毒工作的政治性人民性法治性,进一步增强做好禁毒工作的政治责任感和历史使命感,充分发挥刑事审判职能,积极参与禁毒综合治理,推动人民法院禁毒工作持续高质量发展。

一是始终坚持党对禁毒工作的绝对领导。坚持党对禁毒工作的绝对领导,是走好中国特色毒品问题治理之路的根本要求,是打赢新时代禁毒人民战争、确保禁毒司法工作正确政治方向的根本保障。各级人民法院要把坚持和加强党的领导作为开展禁毒工作的首要政治要求,把党的领导贯穿禁毒工作各方面全过程。要深刻领悟"两个确立"的决定性意义,增强"四个意识"、坚定"四个自信"、做到"两个维护",坚决贯彻落实习近平总书记关于禁毒工作重要指示精神和党中央禁毒决策部署。要自觉在同级党委领导下开展禁毒工作,及时向党委汇报法院禁毒工作情况,紧紧依靠党委政法委协调解决禁毒工作中遇到的问题。要加强法院党组对禁毒工作的组织领导,把禁毒工作纳入党组重要议事日程,压紧压实党组主体责任,统筹推进禁毒工作向纵深发展。

二是全面加强毒品案件审判工作。各级人民法院要毫不动摇地坚持依法从严惩处毒品犯罪,突出打击重点,注重打击效果,依法严惩源头性毒品犯罪、具有严重情节的毒品犯罪及主观恶性深、人身危险性大的毒品犯罪分子,加大对新型毒品犯罪、侵害青少年及危害农村地区毒品犯罪的惩处力度,依法严惩操纵、经营涉毒活动的黑恶势力、毒黑交织、枪毒合流的制贩毒团伙,深挖涉毒黑恶势力及其"保护伞"。要更加注重从经济上制裁毒品犯罪,加大涉毒资产追缴力度和财产刑判决执行力度,依法惩处涉毒洗钱和窝藏毒赃等下游犯罪。要织密刑事法网,对涉麻醉药品、精神药品及加工、贩卖非列管物质等行为,准确运用相关法律规定予以惩处,并促进行政执法与刑事司法有机衔接。要认真贯彻宽严相济刑事政策,在从严惩处的同时,做到宽以济严、宽严有度、罚当其罪。要牢牢把握案件质量生命线,坚决落实证据裁判原则,深入推进以审判为中心的刑事诉讼制度改革,严格规范审判程序,进一步提升毒品案件审判质效。

三是持续推进毒品案件审判规范化建设。各级人民法院要结合当地毒品犯罪形势特点,深入开展调查研究,及时总结审判经验,切实解决突出问题。要充分发挥典型案例的裁判规则引领作用,遴选毒品犯罪典型案例予以发布,并择优推荐参选指导性案例,为类案审判提供参考借鉴。各高级、中级人民法院要加大对下指导力度,在依法、有效发挥审判监督指导作用的同时,通过加强专业化队伍建设、召开专题会议、组织业务交流培训等,不断提高辖区法院毒品案件审判工作水平。最高人民法院将采取出台司法解释或者规范性文件、发布指导性案例等举措持续规范法律适用,通过案件审理、随案附函、集中通报等方式继续加强审判指导,并适时总结成熟实践经验,提出立法建议,推动完善相关法律。

四是不断完善参与禁毒综治工作机制。各级人民法院要主动延伸审判职能,落实好打防并举、综合施治方针,积极参与禁毒综合治理。要将禁毒宣传工作制度化,在"6·26"国际禁毒日期间等重要时间节点,集中开展禁毒宣传,形成严厉惩处毒品犯罪的强大声势。要健全常态化禁毒宣传机制,依托审判资源优势,采取多种形式开展日常禁毒法治教育,增强全社会尤其是青少年识毒、防毒、拒毒的意识和能力。要立足审判职能,就毒品案件审判中发现的治安隐患和社会管理漏洞,及时向有关部门提出加强源头治理、强化日常管理的司法建议,推动构建更为科学严密的禁毒防控体系。要树立禁毒工作"一盘棋"思想,在同级禁毒委员会组织协调下,认真履行成员单位职责,加强与其他部门、地区的沟通协作,在文件制定、信息共享、业务交流等方面建立长效合作机制,积极探索禁毒合作共治新举措,更好地凝聚禁毒工作合力。

二、罪名认定问题

(一)关于走私、贩卖、运输、制造、非法持有毒品行为

刑法第三百四十七条规定的走私、贩卖、运输、制造毒品罪是选择性罪名,确定罪名时不以行为实施的先后、毒品数量或者危害大小排列,一律按照刑法条文规定的顺序表述。对同一宗毒品实施了不同种犯罪行为且有确凿证据证明的,应当按照犯罪行为的性质并列确定罪名,毒品数量不重复计算,不实行数罪并罚。对同一宗毒品可能实施了不同种犯罪行为,但根据证据只能认定其中一种或者几种行为,认定其他行为的证据不属确实、充分的,则按照依法能够认定的行为性质定罪。对不同宗毒品分别实施了不同种犯罪行为的,应对不同行为并列确定罪名,累计毒品数量,不实行数罪并罚。

检察机关起诉指控或者原审法院判决确定的选择性罪名不准确或顺序不当的,审理法院可以减少部分罪名或者改动罪名顺序;检察机关指控了相关犯罪事实,但未适用相应选择性罪名的,在充分听取控辩双方意见的基础上,可以根据审理认定的事实,增加或者变更为相应选择性罪名,但上诉案件不得加重刑罚或者对刑罚执行产生不利于被告人的影响。①

对于从贩毒人员住所、车辆等处查获的毒品,一般应认定为其贩卖的毒品。确有证据证明查获的毒品并非贩毒人员用于贩卖,其行为另构成非法持有毒品罪、窝藏毒品罪等其他犯罪的,依法定罪处罚。

用毒品支付劳务报酬、偿还债务或者换取其他财产性利益的,以贩卖毒品罪定罪处罚。用毒品向他人换取毒品用于贩卖的,以贩卖毒品罪定罪处罚;双方以

---

① 本纪要对《大连会议纪要》规定作出调整:(1)将规则适用范围扩展到检察机关指控选择性罪名不准确或者顺序不当的情形,即同时明确了一审、二审两级法院改变选择性罪名的规则。(2)将《大连会议纪要》中"不得增加罪名"的规定修改为"可以增加选择性罪名"。(3)明确了变更或者增加选择性罪名的限制条件。参见李睿懿等:《〈全国法院毒品案件审判工作会议纪要〉的理解与适用》,载《法律适用》2023年第10期。

吸食为目的互换毒品，构成非法持有毒品罪等其他犯罪的，依法定罪处罚。①

吸毒者因购买、存储毒品被查获，没有证据证明其有实施贩卖毒品等其他犯罪的故意，毒品数量达到刑法第三百四十八条规定的最低数量标准的，以非法持有毒品罪定罪处罚。吸毒者因运输毒品被查获，没有证据证明其有实施贩卖毒品等其他犯罪的故意，毒品数量达到上述最低数量标准的，一般以运输毒品罪定罪处罚。②

---

① 需要注意的问题有二：(1)本纪要首次明确了一般情况下以毒品作为支付手段行为的定性，根据贩卖毒品系有偿转让的本质特征，明确了几种特殊的毒品交易形式。其中，财产性利益的表述参考了《最高人民法院、最高人民检察院关于办理贪污贿赂刑事案件适用法律若干问题的解释》（法释〔2016〕9号）第十二条的规定，具体包括可折算为货币的物质利益以及需要支付货币的其他利益。(2)本纪要对毒品犯罪分子或者吸毒人员互换毒品行为的司法适用作出专门规定，具体包括两种情形：第一，用毒品向他人换取毒品用于贩卖的，被告人在向他人有偿转让毒品的同时，也以贩卖为目的非法购入了毒品，故应认定为贩卖毒品罪。需要说明的是，对于用毒品向他人换取毒品用于贩卖的，毒品数量是否累计计算的问题，经研究认为，由于双方均在售出（换出）毒品的同时完成了以贩卖为目的买入（换入）另一宗毒品的行为，根据刑法中贩卖毒品行为的含义，售出和买入的毒品一般均应计入双方贩卖毒品的数量，但被告人将买入（换入）的毒品转手卖出时则不应再重复计算毒品数量。鉴于目前对该问题仍存在较大分歧，本纪要未作明确规定。第二，双方以吸食为目的互换毒品的行为，虽然也包含向他人有偿转让毒品的因素，但因双方均以吸食为目的换入毒品，追求的均为毒品的滥用效用而非获取对价利益，而刑法并未将购买少量毒品自吸的行为认定为犯罪，故不宜以贩卖毒品罪定罪处罚，构成非法持有毒品罪等其他犯罪的，可以依法认定。在认定为非法持有毒品罪的情况下，毒品数量不累计计算。对于是否以吸食为目的互换毒品，应根据在案证据综合判定。参见李睿懿等：《〈全国法院毒品案件审判工作会议纪要〉的理解与适用》，载《法律适用》2023年第10期。

② 本纪要对《武汉会议纪要》的规定作了相应修改：(1)将原规定中"在……毒品过程中被查获"改为"因……毒品被查获"，这样可以同时包括购买、运输、存储毒品行为正在进行和实施完毕的情形。(2)将原规定中没有证据证明"其是为了实施贩卖毒品等其他犯罪"改为"其有实施贩卖毒品等其他犯罪的故意"，这样无论是为了实施、正在实施还是已经实施贩卖毒品等其他犯罪的情形都能涵括，法网更加严密。(3)在"以运输毒品罪定罪处罚"前增加了"一般"二字，提醒裁判者对吸毒者运输毒品的行为是否认定为运输毒品罪，主要依据毒品数量是否超过较大标准（即合理吸食量）进行判断，但为防止例外情况发生，也需要根据其实际目的、运输距离、方式、起始地点、行程轨迹以及毒品被查获时的具体情况等进行一定的实质判断，增强了认定的灵活性和周延性。参见李睿懿：《〈全国法院毒品案件审判工作会议纪要〉的理解与适用》，载《法律适用》2023年第10期。

购毒者接收贩毒者通过物流寄递方式交付的毒品，没有证据证明其有实施贩卖毒品等其他犯罪的故意，毒品数量达到刑法第三百四十八条规定的最低数量标准的，一般以非法持有毒品罪定罪处罚。代收者明知物流寄递的是毒品而代购毒者接收，没有证据证明其与购毒者有实施贩卖毒品等其他犯罪的共同故意，毒品数量达到上述最低数量标准的，对代收者一般以非法持有毒品罪定罪处罚。

制造毒品，除传统、典型的非法利用毒品原植物直接提炼和用化学方法加工、配制毒品的行为以外，还包括以改变毒品的成分和效用为目的用物理方法加工、配制毒品的行为。为欺骗购毒者或者逃避查缉等，对毒品掺杂使假，通过物理方法使毒品溶解、混合、吸附于某种物质，或者以自用为目的对少量毒品添加其他物质、改变形态的，不认定为制造毒品。①

（二）关于代购毒品行为②

---

① 需要注意的问题有二：(1)本纪要删去了《大连会议纪要》中用物理方法加工、配制毒品部分的举例内容，规定对于此类行为是否属于制造毒品行为，主要根据是否以改变毒品的成分和效用为目的来判定，体现了原则性和灵活性相结合，以适应实践中制造毒品犯罪手段发展变化的趋势。(2)本纪要规定了用物理方法加工毒品、不认定为制造毒品的典型情形，以从反面进一步界定制造毒品行为。通过添加"辅料"实现增重目的系欺骗购毒者的典型行为，将毒品溶于液体隐蔽运输系逃避查缉的典型行为，吸毒者为自用而将少量毒品改变形态或者掺入其他成分的，应视为滥用毒品的手段，对上述行为均不应认定为制造毒品。需要说明的是：①对于为便于销售而通过物理方法使毒品溶解、混合、吸附于某种物质的行为，通常可以被被告人自身的贩卖毒品行为所吸收，被告人为帮助他人贩卖毒品而实施上述行为的，可以评价为贩毒者的共犯，一般不认定为制造毒品。②《大连会议纪要》规定，为便于销售而去除毒品中的非毒品物质的行为不属于制造毒品行为，但在本纪要起草过程中各方普遍认为，此类行为若属于精制、提纯毒品行为，则应认定为制造毒品。参见李睿懿：《〈全国法院毒品案件审判工作会议纪要〉的理解与适用》，载《法律适用》2023年第10期。

② 需要注意的问题有二：(1)本纪要与以往两个会议纪要一脉相承，采用了广义代购概念，未从托购者身份、购毒目的、是否牟利、代购行为方式等方面对代购毒品行为作出限定。(2)本纪要对此前两个会议纪要的规定作了体系性的调整和完善，加大了对代购毒品牟利行为的惩治力度，规范了证据认定标准。具体而言，从三个角度对代购毒品行为性质进行不同界定：即明知他人实施毒品犯罪为其代购，未从中牟利的；为他人代购毒品，并从中牟利的；为他人代购毒品，既不明知他人实施毒品犯罪，又未从中牟利的。参见李睿懿：《〈全国法院毒品案件审判工作会议纪要〉的理解与适用》，载《法律适用》2023年第10期。

明知他人实施毒品犯罪而为其代购毒品,未从中牟利的,以相关毒品犯罪的共犯论处。①

代购者加价或者变相加价从中牟利的,以贩卖毒品罪定罪处罚。代购者收取、私自截留部分购毒款、毒品,或者通过在交通、食宿等开销外收取"介绍费""劳务费"等方式从中牟利的,属于变相加价。代购者从托购者事先联系的贩毒者处,为托购者购买仅用于吸食的毒品,并收取、私自截留少量毒品供自己吸食的,一般不以贩卖毒品罪论处。②

没有证据证明代购者明知他人实施毒品犯罪而为其代购毒品,代购者亦未从中牟利,代购毒品数量达到刑法第三百四十八条规定的最低数量标准,代购者因购买、存储毒品被查获的,以非法持有毒品罪定罪处罚;因运输毒品被查获

---

① 本纪要将《大连会议纪要》规定的"无论是否牟利"改为"未从中牟利"。需要指出的是,这里的"未从中牟利"具体包括两种情形:一种是未牟利的情形;另一种是虽有牟利,但未直接从代购行为中牟利的情形,如被告人明知他人贩卖毒品而为其代购,但不是从代购行为中直接牟利,而是从后续贩毒行为中牟利的,则仍应认定为共犯。参见李睿懿等:《〈全国法院毒品案件审判工作会议纪要〉的理解与适用》,载《法律适用》2023年第10期。

② 需要注意的问题有二:(1)本纪要对《武汉会议纪要》中变相加价的界定作了修改,扩大了"牟利"的外延:其一,将"以贩卖为目的收取部分毒品"改为"收取、私自截留部分购毒款、毒品",特别是将收取、私自截留部分毒品直接规定为从中牟利,不再限定于以贩卖为目的,进一步缩小了代购毒品牟利行为出罪的范围。其二,增加了"等方式"的表述,将变相加价设置为开放性条款,使其包括但又不限于所列举的几种情形。此外,对牟利高低原则上没有数额要求,但接受托购者给予的小额跑腿费、辛苦费及价值不大的香烟等物品的,鉴于利微,与代购毒品牟利行为所面临的法律风险明显不相匹配,也可以不视为牟利。(2)对于"代购蹭吸"行为是否属于"从中牟利",实践中一直存在较大争议。《武汉会议纪要》对此未作明确规定。在充分征求各方意见的基础上,本纪要规定代购者收取、私自截留部分毒品的,属于从中牟利,无论其是否出于吸食目的。但实践中"代购蹭吸"情形复杂多样,不宜一律以贩卖毒品罪论处。鉴此,明确了"代购蹭吸"行为出罪的条件,主要考虑:其一,对于托购者事先联系好贩毒者的"跑腿型"代购,不宜将代购者认定为贩毒者的共犯。其二,在托购者购买的毒品仅用于吸食的情况下,代购者与托购者也不存在实施贩卖毒品等犯罪的共同故意。其三,代购者收取、私自截留少量毒品仅供自身吸食,其行为虽属获利,但实质上相当于吸毒行为和帮助吸毒行为,故可不作为犯罪处理。关于少量毒品的认定,一般理解为明显低于数量较大标准。参见李睿懿等:《〈全国法院毒品案件审判工作会议纪要〉的理解与适用》,载《法律适用》2023年第10期。

的,一般以运输毒品罪定罪处罚。①

对于辩称系代购毒品者,应当全面审查其所辩称的托购者、贩卖者身份、购毒目的、毒品价格及其实际获利等情况,综合判断其行为是否属于代购,并依照前述规定处理。向购毒者收取毒资并提供毒品,但购毒者无明确的托购意思表示,又没有其他证据证明存在代购行为的,一般以贩卖毒品罪定罪处罚。②

(三)关于涉麻醉药品、精神药品行为③

走私、贩卖、运输、制造国家规定管制的、没有医疗等合法用途的麻醉药品、精神药品的,一般以走私、贩卖、运输、制造毒品罪定罪处罚。④

确有证据证明出于治疗疾病等相关目的,违反药品管理法规,未取得药品相

---

① 本纪要对两个会议纪要的相关规定作了整合修改,将《大连会议纪要》中的"不以牟利为目的,为他人代购仅用于吸食的毒品"和《武汉会议纪要》中的"为吸毒者代购毒品,……,没有证据证明托购者、代购者是为了实施贩卖毒品等其他犯罪",统一修改为"没有证据证明代购者明知他人实施毒品犯罪而为其代购毒品,代购者亦未从中牟利",不再限定托购者身份为吸毒者,涵盖面更广。实际上,无论代购者是否为吸毒者代购毒品,如果没有证据证明其与托购者有贩卖毒品的共同犯罪故意,且其未因从中牟利而成为独立的贩卖环节的,均只能按照此种情形处理,即毒品达到数量较大标准,因购买、存储毒品被查获的,以非法持有毒品罪定罪处罚;因运输毒品被查获的,一般以运输毒品罪定罪处罚。本纪要的规定有利于降低认定难度。此外,本纪要在认定为运输毒品罪的情形前增加了"一般"二字,强调对代购者实施的运输毒品行为也要进行一定的实质判断。参见李睿懿等:《〈全国法院毒品案件审判工作会议纪要〉的理解与适用》,载《法律适用》2023年第10期。

② 针对实践中部分贩毒人员购买毒品后辩称系为他人代购、试图逃避司法打击的情况,本纪要明确了该类情况证据审查的要点,实际增加了被告人提供证据线索的义务,并明确达不到相应证明标准、被告人行为符合贩卖毒品罪犯罪构成的,依法定罪处罚。参见李睿懿等:《〈全国法院毒品案件审判工作会议纪要〉的理解与适用》,载《法律适用》2023年第10期。

③ 由于部分国家规定管制的麻精药品具有医疗等合法用途,实践中国家规定管制的麻精药品并不一定都被用作毒品。据此,需要从麻精药品的用途和行为目的两个维度,对于涉麻精药品行为的性质进行审查判断,确保裁判定性准确、罚当其罪。参见李睿懿等:《〈全国法院毒品案件审判工作会议纪要〉的理解与适用》,载《法律适用》2023年第10期。

④ 需要注意的问题有二:(1)列入麻醉药品目录、精神药品目录的药品和其他物质中,已取得相关药品批准证明文件的药品,经国务院药品监督管理部门批准以医疗、科学研究或者教学为目的开展临床前药物研究的药物,以及仅在境外合法上市的药品,属于有医疗用途的麻醉药品、精神药品,具体范围可在国家药品监督管理局官网查询或详询该局药品监管司;因畜、禽医疗、教学、科研的正当需要而使用的麻醉药品,属于(转下页)

关批准证明文件,生产国家规定管制的麻醉药品、精神药品,进口在境外也未合法上市的国家规定管制的麻醉药品、精神药品,或者明知是上述未经批准生产、进口的国家规定管制的麻醉药品、精神药品而予以销售,构成妨害药品管理罪的,依法定罪处罚。①

明知是走私、贩卖毒品的犯罪分子或者吸毒人员,而向其贩卖国家规定管制的、具有医疗等合法用途的麻醉药品、精神药品的,以贩卖毒品罪定罪处罚。依法从事生产、运输、管理、使用国家规定管制的麻醉药品、精神药品的人员,实施刑法第三百五十五条规定的行为的,区分不同情形,分别以非法提供麻醉药品、精神药品罪或者贩卖毒品罪定罪处罚。②

(接上页)有其他合法用途的麻醉药品,具体范围可参考《中华人民共和国兽药典》和《兽药质量标准》。(2)对于走私、贩卖、运输、制造没有医疗等合法用途的麻精药品,如海洛因、甲基苯丙胺或者非药用类麻精药品的,一般可以直接按照毒品犯罪定罪处罚。需要注意的是,没有医疗等合法用途,既包括该麻精药品品种本身没有合法用途的情形,也包括该麻精药品品种具有合法用途(如氯胺酮)但系犯罪分子出于非医疗目的非法制造的情形。参见李睿懿等:《〈全国法院毒品案件审判工作会议纪要〉的理解与适用》,载《法律适用》2023年第10期。

① 严格来说,所涉麻精药品并不具有合法用途,但由于被告人确系出于治疗疾病等目的实施相关行为,故可不以毒品犯罪定罪处罚。需要说明的是,实践中认定构成妨害药品管理罪的,涉案麻精药品在大多数情况下属于前述具有医疗等合法用途的品种,在少数情况下也可能是除此之外具有医疗用途潜力的其他品种。参见李睿懿等:《〈全国法院毒品案件审判工作会议纪要〉的理解与适用》,载《法律适用》2023年第10期。

② 美沙酮、艾司唑仑等有医疗等合法用途的麻精药品,通常具有双重属性,在正常发挥医疗效用时属于药品,被滥用则成为毒品。对于涉及此类麻精药品的行为,不能一律按照毒品犯罪定罪处罚,而需结合行为主体、对象、目的等因素,准确判断其性质。据此,本纪要在总体保留《武汉会议纪要》相关规定的基础上作了一定修改。特别是,对于向毒品犯罪分子、吸毒人员贩卖或者提供麻精药品行为的定性,区分一般主体与特殊主体,分别作出规定。对于一般主体,明确规定以贩卖毒品罪定罪处罚,并将明知贩卖对象的身份由隐含条件转予列明。对于特殊主体,根据《刑法》第三百五十五条的规定,依法从事生产、运输、管理、使用国家管制的麻精药品的人员,违反国家规定,向吸毒人员无偿提供,或者不以牟利为目的向吸毒人员有偿提供(如按照定价销售)国家规定管制的麻精药品的,以非法提供麻醉药品、精神药品罪定罪处罚;上述特殊主体向走私、贩卖毒品的犯罪分子,或者以牟利为目的向吸毒人员提供国家规定管制的麻精药品的,以贩卖毒品罪定罪处罚。参见李睿懿等:《〈全国法院毒品案件审判工作会议纪要〉的理解与适用》,载《法律适用》2023年第10期。

确有证据证明出于治疗疾病等相关目的，违反有关药品管理的国家规定，未经许可经营国家规定管制的、具有医疗等合法用途的麻醉药品、精神药品的，不以毒品犯罪论处；情节严重，构成其他犯罪的，依法处理。① 实施带有自救、互助性质的上述行为，一般可不作为犯罪处理；确须追究刑事责任的，应依法充分体现从宽。

因治疗疾病需要，在自用、合理数量范围内携带、寄递国家规定管制的、具有医疗等合法用途的麻醉药品、精神药品进出境的，不构成犯罪。

明知他人利用麻醉药品、精神药品实施抢劫、强奸等犯罪仍向其贩卖，同时构成贩卖毒品罪和抢劫罪、强奸罪等犯罪的，依照处罚较重的规定定罪处罚。案件存在其他情形，符合数罪并罚条件的，依法定罪处罚。②

---

① 起草过程中，对于能否延续《武汉会议纪要》规定，对此类行为以非法经营罪定罪处罚，存在较大争议。一种意见认为，此类行为不构成犯罪，应通过行政手段予以规制。另一种意见认为，对于此类行为，构成犯罪的，应依照《刑法》第二百二十五条第一项的规定，以非法经营罪定罪处罚。还有一种意见认为，对于此类行为，宜适当保留非法经营罪的适用空间，但需在程序上严格控制。即确有必要以非法经营罪定罪处罚的，应适用《刑法》第二百二十五条第四项，根据《最高人民法院关于准确理解和适用刑法中"国家规定"的有关问题的通知》第三条的规定，作为法律适用问题，逐级向最高人民法院请示。经研究，后两种意见在法律适用上效果更佳，最后一种意见在程序上更有利于确保相关罪名的准确适用。但鉴于目前认识尚不统一，本纪要仅作原则性规定。参见李睿懿等：《〈全国法院毒品案件审判工作会议纪要〉的理解与适用》，载《法律适用》2023 年第 10 期。

② 针对实践中犯罪分子利用麻精药品实施抢劫、强奸等犯罪的情况，本纪要规定了向实施上述犯罪的人员贩卖麻精药品行为的定性，具体分为以下三种情形：其一，择一重罪论处。如果行为人明知他人具有实施抢劫、强奸犯罪的故意，仍向其出售麻精药品作为犯罪工具，同时构成贩卖毒品罪和抢劫罪或者强奸罪的共犯的，因行为人实际上仅实施了一个行为，根据想象竞合犯理论，应择一重罪论处。其二，只构成一罪。如果行为人的目的是贩卖麻精药品，对他人获取后用于非法目的仅具有概括认识，并不具体知悉他人违法犯罪行为的类型和内容，一般仅以毒品犯罪定罪处罚。实践中，一些行为人通过网络平台向不特定主体出售麻精药品，并冠以"迷奸水""听话水"等称谓，仅概括知悉他人可能用于实施违法犯罪的（并非用于医疗目的），不宜认定为共犯，仅认定为毒品犯罪。如果行为人具有共同抢劫、强奸的犯罪故意，且提供自己非法持有的毒品作为犯罪工具，行为不具有贩卖特征的，则仅认定为抢劫罪、强奸罪的共犯。其三，数罪并罚。如果有的被告人将麻精药品走私入境后，明知他人欲用以实施抢劫、强奸等犯罪仍向其提供，符合共犯认定条件的，依法以走私毒品罪和抢劫罪或者强奸罪数罪并罚。参见李睿懿等：《〈全国法院毒品案件审判工作会议纪要〉的理解与适用》，载《法律适用》2023 年第 10 期。

(四) 关于其他涉毒行为

利用信息网络,设立用于实施贩卖毒品、非法买卖制毒物品、引诱、教唆、欺骗他人吸毒或者传授制造毒品、非法生产制毒物品的方法等违法犯罪活动的网站、通讯群组,或者发布实施上述违法犯罪活动的信息,情节严重的,以非法利用信息网络罪定罪处罚。实施上述行为,同时构成贩卖毒品罪、非法买卖制毒物品罪、引诱、教唆、欺骗他人吸毒罪、传授犯罪方法罪等犯罪的,依照处罚较重的规定定罪处罚。利用信息网络,组织他人吸毒,构成引诱、教唆、欺骗他人吸毒罪等犯罪的,依法定罪处罚。①

盗窃、抢夺或者抢劫毒品,构成盗窃罪、抢夺罪或者抢劫罪的,根据情节轻重依法量刑。盗窃、抢夺或者抢劫毒品后实施贩卖毒品等毒品犯罪的,依法数罪并罚。

不以提炼毒品或者非法买卖为目的,种植罂粟、大麻等毒品原植物,构成非法种植毒品原植物罪的,可以酌情从宽处罚;犯罪情节轻微不需要判处刑罚的,可以免予刑事处罚。

三、毒品数量、含量问题

走私、贩卖、运输、制造、非法持有刑法、司法解释明确规定了定罪量刑数量标准的毒品的,按照相关标准依法定罪量刑。对于刑法、司法解释未规定定罪量刑数量标准的毒品,参考已有折算标准,综合考虑其毒害性、滥用情况、受管制程度、纯度及犯罪形势、交易价格等因素,依法定罪量刑。② 涉案毒品既无定罪量刑数量标准,亦无折算标准的,应当委托有关专业机构确定涉案毒品的致瘾癖

---

① 《最高人民法院关于审理毒品犯罪案件适用法律若干问题的解释》第十四条第一款规定:"利用信息网络,设立用于……组织他人吸食、注射毒品等违法犯罪活动的网站、通讯群组,或者发布实施前述违法犯罪活动的信息,情节严重的,应当依照刑法第二百八十七条之一的规定,以非法利用信息网络罪定罪处罚。"考虑到"组织他人吸食、注射毒品"行为不属于《刑法》第二百八十七条之一规定的"违法犯罪",对相关行为不能以非法利用信息网络罪定罪处罚。而"引诱、教唆、欺骗他人吸毒"行为,属于刑法该条文中规定的"违法犯罪",利用信息网络,设立相关网站、通讯群组或者发布相关信息,宣传吸毒行为、宣扬吸毒感受,引诱、教唆、欺骗他人吸毒的,仍可能构成非法利用信息网络罪。故本纪要将"组织他人吸食、注射毒品"改为"引诱、教唆、欺骗他人吸毒"。参见李睿懿等:《〈全国法院毒品案件审判工作会议纪要〉的理解与适用》,载《法律适用》2023年第10期。

② 本纪要对两个会议纪要原有规定作了一定修改。关于走私、贩卖、运输、制造、非法持有不同毒品,刑法、司法解释没有规定定罪量刑数量标准但有相关折算标准的,大连、武汉两个会议纪要均规定可以直接按照相关标准折算后定罪量刑,但是随着毒(转下页)

性、毒害性、纯度等,综合考虑其滥用情况、受管制程度及犯罪形势、交易价格等因素,依法定罪量刑。

走私、贩卖、运输、制造、非法持有两种以上毒品,刑法、司法解释明确规定了定罪量刑数量标准的,可以根据现有定罪量刑数量标准,将不同种类的毒品分别折算为海洛因的数量,以折算后累加的毒品总量作为定罪量刑的根据,但在裁判文书中,应当客观表述涉案毒品的种类和数量,不表述折算的毒品数量;刑法、司法解释未规定定罪量刑数量标准的,参照前述规定,综合考虑相关因素,依法定罪量刑。

根据现有证据能够认定被告人实施了毒品犯罪,但未查获毒品实物的,应当根据在案证据依法认定毒品数量。有确实、充分的证据证实毒品交易金额和单价的,可以据此认定毒品数量。制造毒品的,不应单纯根据制毒原料制成毒品率估算毒品数量。无法根据现有证据认定涉案毒品具体数量的,可以在事实部分客观表述毒品交易的金额、次数或者制毒原料的数量等,表明其实施毒品犯罪的情节、危害。对于未查获实物的甲基苯丙胺片剂(俗称"麻古"等,下同)、MDMA片剂(俗称"摇头丸")等混合型毒品,可以根据在案证据证明的毒品粒数,参考相关案件中查获的同类毒品的一般重量计算毒品数量;在裁判文书中,则只客观表述根据在案证据认定的毒品粒数。①

(接上页)品犯罪形势的发展变化,原有规定在执行中暴露出一些问题。比较典型的是,一些新类型毒品,折算比例较高,但纯度极低,直接按照相关折算标准折算后定罪量刑,明显罪刑不相适应。鉴于折算标准主要是从药理学、依赖性角度加以规定,未充分考虑滥用情况、犯罪形势、毒品纯度等社会危害性因素,与刑法、司法解释规定的定罪量刑数量标准在制定依据和效力上均有所不同,本纪要将此类情形修改为参考折算标准,并综合考虑各种因素依法定罪量刑。参见李睿懿等:《〈全国法院毒品案件审判工作会议纪要〉的理解与适用》,载《法律适用》2023年第10期。

① 《武汉会议纪要》对未查获实物的混合型毒品的数量认定作了规定。在此基础上,本纪要新增了有关未查获实物案件中毒品数量认定的原则方法和事实表述的一般性规定。征求意见过程中,各方普遍认为,对于有确实、充分的证据,如被告人供述、证人证言、账本、转账记录、通信记录等,能够证实毒品交易金额和单价的,可以据此认定毒品数量,这对于网络毒品犯罪的证据认定具有重要意义。对于制造毒品案件,鉴于不同案件中制毒原料品质及制毒技术水平往往存在差异,故不应单纯根据制毒原料制成毒品率估算毒品数量。确实无法根据现有证据认定涉案毒品具体数量的,可以在事实部分客观表述相关犯罪情节,表明其罪行严重程度。参见李睿懿等:《〈全国法院毒品案件审判工作会议纪要〉的理解与适用》,载《法律适用》2023年第10期。

对于有吸毒情节的贩毒人员，一般应当按照其购买的毒品数量认定其贩毒数量，量刑时酌情考虑其吸食毒品的情节；购买的毒品数量无法查明的，按照能够证明的贩卖数量及查获的毒品数量认定其贩毒数量；确有证据证明其购买的部分毒品并非用于贩卖的，不计入其贩毒数量。

除司法解释另有规定或者为了逃避查缉等临时改变毒品常规形态的情形外，一般均应将查证属实的毒品数量认定为毒品犯罪的数量，并据此确定适用的法定刑幅度。涉案毒品纯度明显低于同类毒品的正常纯度的，量刑时可酌情考虑。①

毒品成品、半成品的数量应当全部认定为制造毒品的数量，废液、废料不计入制造毒品的数量。制毒废液、废料的认定，可以根据其残存毒品成分的含量、外观形态、存放的容器和位置，结合被告人对制毒过程、查获毒品疑似物性质的供述和辩解等证据进行分析判断，必要时可以听取专业机构意见。

对于查获的相关毒品，未根据《最高人民法院、最高人民检察院、公安部办理毒品犯罪案件毒品提取、扣押、称量、取样和送检程序若干问题的规定》第三十三条进行鉴定的，应当要求公安机关委托鉴定机构进行含量鉴定。②

对于含有两种以上毒品成分的混合型毒品，应当根据相关成分和含量鉴

---

① 低纯度毒品的数量认定及对量刑的影响是长期困扰司法实践的难题，各地对此把握标准和尺度不一。征求意见过程中，部分法院提出，对于含量极低的新类型毒品，如果不以纯度折算，毒品数量很容易达到判处十五年有期徒刑以上刑罚的标准，造成罪责刑不相适应的问题。起草过程中已注意到上述问题，但刑法明确规定毒品数量不以纯度折算，当前仍应严格执行刑法有关规定。同时，本纪要在保留《武汉会议纪要》规定的两种例外情形的基础上，结合司法解释修订情况和实践需要略作修改：其一，关于司法解释另有规定的情形，目前是指《最高人民法院关于审理毒品犯罪案件适用法律若干问题的解释》（法释〔2016〕8号）第一条第二款的规定，即国家定点生产企业按照标准规格生产的麻醉药品或者精神药品被用于毒品犯罪的，根据药品中毒品成分的含量认定涉案毒品数量。其二，将《武汉会议纪要》规定的"隐蔽运输"改为"逃避查缉"，使适用范围能够涵盖为了隐蔽走私或静态下为了逃避查缉而临时改变毒品常规形态的情形；增加"等"字，主要是为了应对司法实践中的复杂情况，如吸毒人员为了便于吸食而改变毒品常规形态等情形。参见李睿懿等：《〈全国法院毒品案件审判工作会议纪要〉的理解与适用》，载《法律适用》2023年第10期。

② 本纪要通过指向性规定的方式，提示了应对查获毒品进行含量鉴定的案件范围，较《大连会议纪要》规定的"可能判处被告人死刑"和"涉案毒品可能大量掺假或者系成分复杂的新类型毒品"的含量鉴定范围有大幅度扩展。参见李睿懿等：《〈全国法院毒品案件审判工作会议纪要〉的理解与适用》，载《法律适用》2023年第10期。

定,确定其所含不同毒品的成分及比例,并根据主要毒品成分和具体形态认定毒品种类、确定名称。混合型毒品中含有海洛因或者甲基苯丙胺(冰毒,下同)成分的,一般以海洛因或者甲基苯丙胺分别认定毒品种类;不含海洛因、甲基苯丙胺成分,或者海洛因、甲基苯丙胺含量极低的,可以根据混合型毒品中其他定罪量刑数量标准较低且含量较高的毒品成分认定毒品种类,并在量刑时综合考虑其他毒品的成分、含量和全案毒品数量。①

四、共同犯罪问题

（一）一般规定②

对于毒品共同犯罪,根据现有证据能够区分主从犯的,应当依法认定,不能因为涉案毒品数量巨大,就不加区分一律将在案被告人认定为主犯,或者实际上都按主犯处罚。部分涉案人员未到案,根据现有证据能够认定系共同犯罪,或者能够认定在案被告人系共同犯罪中的主犯的,应当依法认定。确有证据证明在案被告人起次要或者辅助作用的,不能因为部分共同犯罪人未到案而不认定为从犯,甚至认定为主犯或者实际上按主犯处罚。

区分毒品共同犯罪中的主犯和从犯,应当从犯意提起、具体分工、出资或者占有毒品的比例、约定或者实际分得毒赃的多少及共犯之间的相互关系等方面,准确认定共同犯罪人的地位和作用。为主出资者、毒品所有者或者起意、策划、纠集、组织、指使、雇用他人参与犯罪等起主要作用的,是主犯;起次要或者辅

---

① 对于混合型毒品的鉴定与性质认定,本纪要也参考相关规范性文件,对《大连会议纪要》原有规定作了一定修改,现有规定更加科学、严谨,更有利于实现罚当其罪。参见李睿懿等:《〈全国法院毒品案件审判工作会议纪要〉的理解与适用》,载《法律适用》2023年第10期。
② 关于共同犯罪问题,本纪要基本吸收了《大连会议纪要》和《武汉会议纪要》的相关规定。一般规定部分的主要调整包括:(1)在主从犯的认定依据问题上,新增对于在共同犯罪中起次要或者辅助作用的被告人,不能因其具有累犯、毒品再犯等从重处罚情节而认定为主犯或者实际上按主犯处罚的规定,提示不能将人身危险性因素作为区分主从犯的考量因素。(2)在主从犯的毒品数量认定问题上,强调并非所有共同犯罪人均按照涉案毒品的总数量认定处罚,进一步提示对各共同犯罪人应根据其具体地位、作用、参与犯罪情况准确认定毒品数量。(3)在主从犯的处罚原则问题上,强调对于有多名主犯的共同犯罪案件,应进一步区分主犯中罪行更为严重者,通过合理、平衡的量刑梯次实现罚当其罪。同时,对于从犯的处罚不能仅根据涉案毒品数量简单跨案比较,仍应以其在本案中的地位和作用为依据准确适用刑罚,依法体现从宽。参见李睿懿等:《〈全国法院毒品案件审判工作会议纪要〉的理解与适用》,载《法律适用》2023年第10期。

助作用的，是从犯。受指使、雇用实施毒品犯罪的，应当根据其在共同犯罪中具体发挥的作用准确认定为主犯或者从犯。对于在共同犯罪中起次要或者辅助作用的被告人，不能因其具有累犯、毒品再犯等从重处罚情节，而认定为主犯或者实际上按主犯处罚。

应当准确认定共同犯罪人的涉案毒品数量，并非对所有共同犯罪人均按照涉案毒品的总数量认定处罚。对毒品犯罪集团的首要分子，应当按照集团毒品犯罪的总数量认定处罚。对一般共同犯罪的主犯，应当按照其所参与的或者组织、指挥的毒品犯罪的数量认定处罚。对从犯，应当按照其所参与的毒品犯罪的数量认定处罚。

毒品共同犯罪中有多个主犯的，应当在全面考察各主犯实际发挥作用的差别、具体犯罪情节、危害后果的差异及主观恶性、人身危险性不同的基础上，对其中罪行更为严重者依法判处更重的刑罚。

对于从犯的处罚，不同的毒品案件不能简单类比。本案从犯的涉案毒品数量可能大于他案主犯，但对本案从犯的处罚并非必然重于他案主犯。依法认定为从犯的，无论主犯是否到案，也无论其涉案毒品数量是否大于他案主犯，均应依法从轻、减轻或者免除处罚。

（二）关于居间介绍买卖毒品①

对于居间介绍买卖毒品行为，应当准确认定，并与居中倒卖毒品行为相区别。居间介绍者在毒品交易中处于中间人地位，发挥介绍联络作用，通常与交易一方构成共同犯罪，但不以牟利为要件。受购毒者或者贩毒者委托，为其提供交易信息、介绍交易对象、居中协调交易数量、价格，或者提供其他帮助，促成毒品交易的，属于居间介绍买卖毒品。居中倒卖者则属于毒品交易主体，与前后环节的交易对象是上下家关系，直接与上家、下家联系，自主决定交易毒品的数量、价格并赚取差价。

---

① 关于居间介绍买卖毒品问题，本纪要对《武汉会议纪要》的规定作了个别修改：(1)在原文对居间介绍者、居中倒卖者的特征作概括性规定后，增加了对居间介绍具体行为方式的列举式规定，并丰富了居中倒卖者的行为特征，以便于实践掌握。(2)对于受以吸食为目的的购毒者委托的居间介绍者，根据其发挥的实际作用，进一步细化、完善了有关其行为定性的规定。仅将为以吸食为目的的购毒者提供购毒信息或者介绍认识贩毒者的情形，规定与购毒者构成非法持有毒品罪的共犯，而对同时与贩毒者存在共谋并有实际联络、促成交易行为的，规定应认定为贩毒者的共犯，加大了对后一类行为的处罚力度。参见李睿懿等：《〈全国法院毒品案件审判工作会议纪要〉的理解与适用》，载《法律适用》2023年第10期。

受贩毒者委托,为其居间介绍贩卖毒品的,与贩毒者构成贩卖毒品共同犯罪。明知购毒者以贩卖为目的购买毒品,受委托为其介绍联络贩毒者的,与购毒者构成贩卖毒品共同犯罪。受以吸食为目的的购毒者委托,为其提供购毒信息或者介绍认识贩毒者,毒品数量达到刑法第三百四十八条规定的最低数量标准的,一般与购毒者构成非法持有毒品共同犯罪;同时与贩毒者、购毒者共谋,联络促成双方交易的,与贩毒者构成贩卖毒品共同犯罪。

居间介绍者实施帮助行为,对促成毒品交易起次要或者辅助作用,一般应当认定为从犯。以居间介绍者的身份介入毒品交易,但在交易中实际已超出居间介绍者的地位,对交易的发起和达成起重要作用的,可以认定为主犯。

(三)关于运输毒品共同犯罪

二人以上同行运输毒品的,应当从是否明知他人带有毒品、有无共同运输毒品的犯意联络、有无实施配合、掩护他人运输毒品的行为等方面,综合审查认定是否构成共同犯罪。

受雇于同一雇主同行运输毒品,但受雇者之间没有共同犯罪故意,或者虽然明知他人受雇运输毒品,但各自的运输行为相对独立,既未实施配合、掩护他人运输毒品的行为,又分别按照各自运输的毒品数量获取报酬的,不认定为共同犯罪,受雇者对各自运输的毒品承担刑事责任。受雇于同一雇主分段运输同一宗毒品,但受雇者之间没有共谋的,也不认定为共同犯罪。雇用他人运输毒品的雇主,以及其他对受雇者起到一定组织、指挥作用的人员,与各受雇者分别构成运输毒品共同犯罪,对运输的全部毒品承担刑事责任。

五、死刑适用问题[①]

要毫不动摇地坚持依法从严惩处毒品犯罪的方针,突出打击重点,依法严惩走私、制造和大宗贩卖毒品等源头性犯罪,依法严惩毒品犯罪集团首要分子、职业毒犯、累犯、毒品再犯等犯罪分子,依法严惩具有武装掩护毒品犯罪、以暴力抗拒查缉情节严重、参与有组织的国际贩毒活动等严重情节的犯罪分子,对其中罪行极其严重、依法应当判处死刑的,坚决依法判处,充分发挥死刑对于预防和惩治毒品犯罪的重要作用。同时,应当全面、准确地贯彻宽严相济刑事政策,体现区别对待,做到罚当其罪,综合考虑毒品数量、犯罪性质、情节、危害后果及被告人的主观恶性、人身危险性等因素,严格审慎地决定死刑适用,确保死刑只适用于极少数罪行极其严重的犯罪分子。

[①] 本纪要中的"死刑"均指死刑立即执行;"接近"可按百分之八十把握。

(一) 一般规定

毒品数量是量刑的重要情节,但不是唯一情节。在对被告人决定死刑适用时,应当坚持"毒品数量+其他情节"的标准,不能仅因涉案毒品数量远超过实际掌握的死刑适用数量标准,就不加区分地判处一案多名被告人死刑,还应充分考虑不同被告人的不同犯罪情节。

毒品数量接近实际掌握的死刑适用数量标准,具有累犯、毒品再犯,利用、教唆未成年人走私、贩卖、运输、制造毒品,或者向未成年人出售毒品等法定从重处罚情节的,可以判处被告人死刑。

毒品数量刚超过实际掌握的死刑适用数量标准,具有多次走私、贩卖、运输、制造毒品,向多人贩卖毒品,在戒毒、监管场所贩卖毒品,向在校学生贩卖毒品,组织、利用残疾人等特定人员实施毒品犯罪,或者国家工作人员利用职务便利实施毒品犯罪等情节的,可以判处被告人死刑。①

毒品数量达到实际掌握的死刑适用数量标准,具有下列情形之一的,可以不判处被告人死刑:②(1) 被告人自首或者立功的;(2) 已查明的毒品数量未达到实际掌握的死刑适用数量标准,被告人到案后坦白司法机关尚未掌握的其他毒

---

① 鉴于"达到"涵盖了毒品数量刚超过和超过实际掌握的死刑适用数量标准较多的情况,本纪要将《大连会议纪要》规定的毒品数量"达到"实际掌握的死刑适用数量标准,改为"刚超过",以与后文的严重情节相匹配。同时,根据《最高人民法院关于审理毒品犯罪案件适用法律若干问题的解释》(法释〔2016〕8号)第四条的规定,对该数量标准下可以判处死刑的具体情节作了调整,其中《大连会议纪要》规定的"在毒品犯罪中诱使、容留多人吸毒"的情节,根据该解释规定精神,应按照数罪并罚的原则处理,故不再作为可以判处死刑的情节规定。参见李睿懿等:《〈全国法院毒品案件审判工作会议纪要〉的理解与适用》,载《法律适用》2023年第10期。

② 对于毒品数量达到实际掌握的死刑适用数量标准,可以不判处被告人死刑的情形,本纪要对《大连会议纪要》相关规定作了较大修改,将原规定的9种情形减为5种,其中删除2种、调位2种,并对保留的除兜底项之外的4种情形均作了修改。(1) 关于删除的情形。删除原第五项的主要考虑是,以贩养吸的被告人主要是指为获取吸食毒品所需资金而少量贩卖毒品的被告人,对于贩卖毒品数量达到死刑适用数量标准的有吸毒情节的被告人,不宜认定为以贩养吸者,且吸毒情节对其贩卖毒品数量认定的影响并不大,这与《武汉会议纪要》加大对吸毒人员实施的毒品犯罪的打击力度的精神一致。删除原第八项的主要考虑是,对于家庭成员共同犯罪,可以按照毒品共同犯罪死刑适用的一般原则予以规范,故不再专门规定。(2) 关于调位的情形。考虑到原第六项关于毒品犯罪初犯从宽的规定在受指使、雇用运输毒品犯罪的死刑适用等部分作了专门强调,故在一般规定部分将其并入兜底情形。将原第七项关于毒品共同犯罪死刑适用的 (转下页)

品犯罪,累计数量达到实际掌握的死刑适用数量标准的;(3)经鉴定,毒品纯度明显低于同类毒品正常纯度,掺杂掺假后数量达到实际掌握的死刑适用数量标准,或者有证据表明毒品纯度明显偏低但因客观原因无法鉴定的;(4)原本意图实施的毒品犯罪数量未达到实际掌握的死刑适用数量标准,确系或者不排除因受隐匿身份人员引诱,毒品数量达到实际掌握的死刑适用数量标准的;(5)其他不是必须判处死刑的。

毒品数量达到实际掌握的死刑适用数量标准,同时具有法定、酌定从严和从宽处罚情节的,应当在全面考察犯罪的事实、性质、情节和对社会危害程度的基础上,结合被告人的主观恶性、人身危险性等因素,审慎决定是否适用死刑。

审理毒品死刑案件,应当严格贯彻证据裁判原则,始终坚持证据审查判断认定的最高标准和最严要求,确保办案质量。全案未查获毒品的,一般不判处被告人死刑。主要犯罪事实中未查获毒品的,判处被告人死刑应当特别慎重。

(二)关于毒品共同犯罪的死刑适用

毒品共同犯罪案件的死刑适用,应当与涉案毒品数量、犯罪情节、社会危害性及被告人的主观恶性、人身危险性相适应。

涉案毒品数量超过实际掌握的死刑适用数量标准,但未达到数量巨大,依法应当判处死刑的,要进一步区分主犯间的罪责大小,一般只对其中罪责最大的一名主犯判处死刑。涉案毒品数量达到巨大以上,两名以上主犯的罪责均很突出,或者罪责稍小的主犯具有法定从重处罚情节,判处二人以上死刑符合罪刑相

(接上页)规定,移至该节专门予以规定。(3)关于修改的情形。本纪要将第一项"具有自首、立功等法定从宽处罚情节的"中的"等法定从宽处罚情节"删除,主要考虑重要坦白情节已在第二项中作出规定,从犯系法定应当从宽处罚的情节,与本条可以不判处死刑的前提不对应,其他法定从宽处罚情节可以通过兜底项解决。将第二项"已查获的毒品数量未达到实际掌握的死刑数量标准,到案后坦白尚未被司法机关掌握的其他毒品犯罪,累计数量超过实际掌握的死刑数量标准的"中的"已查获"改为"已查明"。"已查明"既包括已查获毒品的情况,也包括虽未查获毒品但司法机关根据现有证据已掌握涉案毒品犯罪的情况,与下文的司法机关"尚未"掌握相对应。将第三项中毒品"含量极低"改为"纯度明显低于同类毒品正常纯度",将该项中的毒品"可能大量掺假"改为"纯度明显偏低",用语更加规范,涵盖范围也更广。将第四项因"特情引诱"毒品数量才达到实际掌握的死刑数量标准的表述,改为因"受隐匿身份人员引诱",增加了"不排除"受引诱的情形,并进一步明确了原本意图实施的毒品犯罪数量未达到死刑适用标准的前提。参见李睿懿等:《〈全国法院毒品案件审判工作会议纪要〉的理解与适用》,载《法律适用》2023年第10期。

适应原则,并利于实现全案量刑平衡的,可以依法判处。①涉案毒品数量刚超过实际掌握的死刑适用数量标准,共同犯罪人地位和作用相当或者责任大小难以区分,且均不具有法定从重处罚情节的,可以不判处被告人死刑。

对于部分共同犯罪人未到案的毒品案件,在案被告人罪行最为严重,或者在案被告人与未到案共同犯罪人均属罪行极其严重,即使共同犯罪人到案也不影响对在案被告人适用死刑的,可以依法判处在案被告人死刑。在案被告人的罪行不足以判处死刑,或者根据已查明的事实全案只宜判处未到案共同犯罪人死刑的,不能因为共同犯罪人未到案而对在案被告人适用死刑。在案被告人与未到案共同犯罪人的罪责大小难以准确认定,进而影响准确适用死刑的,不应对在案被告人判处死刑。

(三)关于毒品上下家犯罪的死刑适用

对于贩卖毒品的上下家,应当结合其贩毒数量、次数及对象范围,犯罪的主动性,对促成交易所发挥的作用,犯罪后果等因素,综合考虑其主观恶性和人身危险性,决定是否适用死刑。

对于买卖同宗毒品的上下家,涉案毒品数量超过实际掌握的死刑适用数量标准,但未达到数量巨大的,一般不同时判处死刑;上家持毒待售或者已掌握毒品来源,主动联系销售毒品,积极促成毒品交易的,可以考虑判处上家死刑;下家积极筹资,主动向上家约购毒品,对促成毒品交易起更大作用的,可以考虑判处下家死刑。涉案毒品数量达到巨大以上的,也应综合考量上述因素决定死刑适用,同时判处上下家死刑符合罪刑相适应原则,并利于实现全案量刑平衡的,可以依法判处。

多名共同犯罪人、上下家针对同宗或者部分同宗毒品实施犯罪的,综合运用前述毒品共同犯罪、上下家犯罪的死刑适用原则予以处理。

(四)关于运输毒品犯罪的死刑适用

对于运输毒品犯罪,应当准确把握打击重点。依法严惩运输毒品犯罪集团首要分子,组织、指使、雇用他人运输毒品的主犯或者职业毒犯、毒品再犯,以及具有武装掩护运输毒品、以暴力抗拒查缉情节严重、以运输毒品为业、多次运输毒品等严重情节的被告人,对其中依法应当判处死刑的,坚决依法判处。

对于涉嫌为实施走私、贩卖、制造毒品犯罪而运输毒品,由于认定走私、贩

---

① 毒品数量"巨大"标准主要针对案情复杂、涉案人员较多的毒品案件而设置,体现了毒品犯罪死刑适用数量标准的层次化、精细化,各地可以根据当地毒品犯罪形势和惩治毒品犯罪的实际需要,按照基础数量标准的一定倍数掌握。与以往不同的是,本纪要基于规范死刑适用的考虑,经认真研究未再设置毒品数量"特别巨大"标准。参见李睿懿等:《〈全国法院毒品案件审判工作会议纪要〉的理解与适用》,载《法律适用》2023年第10期。

卖、制造毒品犯罪的证据不充分而认定为运输毒品犯罪的被告人,在决定死刑适用时,应当与单纯受指使、雇用为他人运输毒品的情形有所区别。

对于受人指使、雇用运输毒品的被告人,应当充分考虑其在毒品犯罪链条中所处的地位和实际发挥的作用,体现区别对待,不能单纯根据涉案毒品数量大小或者所获报酬多少决定死刑适用。要综合考虑其运输毒品的次数和距离、犯罪的主动性和独立性、在共同犯罪中的地位和作用、社会危害大小、获利方式、主观恶性、人身危险性,结合毒品数量等因素,慎重适用死刑。对于确属受人指使、雇用运输毒品的被告人,具有不排除系初次运输毒品;被雇用者严密指挥或同行人员监视,从属性、辅助性明显;与雇用者同行运输毒品,处于被支配地位;或者确因急迫生活困难而运输毒品等情形之一的,即使毒品数量超过实际掌握的死刑适用数量标准,也可以不判处死刑。对于不能排除受人指使、雇用运输毒品的被告人,符合上述条件的,也可以考虑不判处死刑。①

多人受雇同行或者分段运输毒品的,在决定死刑适用时,除各被告人运输毒品的数量外,还应当综合考虑其具体犯罪情节、参与犯罪程度、与雇用者的关系及其主观恶性、人身危险性等因素,同时判处二人死刑应当特别慎重。

(五)关于制造毒品犯罪的死刑适用

制造毒品是源头性犯罪,应当充分体现从严惩处的政策要求。已经制出粗制毒品或者半成品的,以制造毒品罪的既遂论处。② 应当综合考虑被告人制造

---

① 本纪要修改了对不排除受指使、雇用运输毒品的被告人不适用死刑的条件。为防止"唯数量论",本纪要对《武汉会议纪要》中以毒品数量是否达到巨大标准,作为此类案件判处被告人死刑的重要依据的规定,作出较大修改。根据存疑有利于被告人的原则,本纪要规定对于不能排除受人指使、雇用运输毒品的被告人,具备上述所列 4 种情形之一的,也可以考虑不判处死刑。这样规定的主要考虑:一是"不能排除"并不是无根据的推测,同样要求有一定证据证明;二是实践中不排除受雇的情形较为普遍,而确属受雇的证明标准往往较难达到;三是两者主要是证明标准上的差异,取决于案件的客观情况,多数情况下并不以被告人的主观意志为转移。参见李睿懿等:《〈全国法院毒品案件审判工作会议纪要〉的理解与适用》,载《法律适用》2023 年第 10 期。

② 本纪要沿用了《大连会议纪要》关于制造毒品既遂标准的规定。为体现严惩政策导向,重申已经制出粗制毒品或者半成品的,以制造毒品罪的既遂论处。需要说明的是,审判工作中之所以要对毒品成品、半成品和粗制毒品等进行区分,主要是为了准确评价被告人的罪行严重程度和社会危害,从而准确适用刑罚。根据征求有关机构意见情况,毒品成品通常是指制造毒品过程中形成的可直接滥用的最终产物;毒品半成品通常是指造毒品过程中形成的含有毒品成分,但尚不能直接滥用的中间产物;粗制毒品,(转下页)

毒品的种类、次数、规模，有无制出毒品成品，被查获时所处的制毒阶段，制出的毒品成品、半成品或者粗制毒品的数量、性状、含量及造成的危害后果等因素，决定死刑适用。

已制出的毒品成品数量达到实际掌握的死刑适用数量标准，又无法定、酌定从宽处罚情节的，可以判处被告人死刑。没有证据证明被告人曾制出毒品成品，仅查获毒品半成品，或者现有证据表明由于制毒原料、方法等问题实际无法制出毒品成品的，不得判处被告人死刑。已制出的毒品成品数量未达到实际掌握的死刑适用数量标准，或者仅制出粗制毒品的，判处被告人死刑应当慎重。①

(接上页) 系《大连会议纪要》提出的概念，当前司法实践中一般理解为制造毒品过程中形成的，尚不宜直接滥用，需要通过进一步加工，去除杂质、改进外观的接近毒品成品的产物。参见李睿懿等：《〈全国法院毒品案件审判工作会议纪要〉的理解与适用》，载《法律适用》2023年第10期。

① 本纪要根据制出物的不同情况规定了不同的死刑适用规则。之所以作这种区分，主要考虑制造毒品案件中，制出和未制出毒品成品的案件在量刑尤其是死刑适用问题上应当有所区别。(1)可以判处死刑的情形。本纪要在《大连会议纪要》相关规定的基础上，增加了"无从宽处罚情节"的限定，更为严谨、全面。对于已制出毒品成品的案件，既包括制出成品并被现场查获的情形，也包括经查实已制出成品但因被转移或销售而未被查获的情形。但第二种情形同样受到前述"全案未查获毒品"案件死刑适用证据标准的规制。(2)不得判处死刑的情形。对于仅制出毒品半成品的按照犯罪既遂论处，是司法上为了严厉打击制造毒品犯罪而作出的一种拟制性规定。没有证据证明被告人曾制出毒品成品，仅查获毒品半成品的，被告人能否制出成品以及能够制出多少成品通常处于不确定状态；无法制出毒品成品的，社会危害较制出毒品成品的也有较大差异。因此，对于仅制出毒品半成品的，即使按照犯罪既遂处理，但在死刑适用问题上却不能降格以求。实践中，对于专门制造毒品半成品进行贩卖的案件能否适用死刑，存在认识分歧。经研究认为，此类犯罪与后续制造毒品成品或者直接贩卖毒品成品的犯罪在社会危害上仍有一定区别，一般不宜直接判处死刑；但是，如果被告人与其他制造、贩卖毒品的犯罪分子构成共同犯罪，论罪应当判处死刑的，可以依法判处。(3)慎用死刑的情形。即制出毒品成品数量未达到实际掌握的死刑适用数量标准，或者仅制出粗制毒品的。研究认为，查获和经查实此前制出的毒品成品数量较低的，由于社会危害相对较小，原则上不宜判处死刑；只有毒品成品达到一定数量，且半成品数量巨大、纯度较高的，才具有同等社会危害，可以考虑判处死刑。仅制出粗制毒品的，鉴于其已较为接近毒品成品，仅在品质、外观上与成品存在一定差别，与仅制出毒品半成品的案件量刑时不能等量齐观，故本纪要保留了对仅制出粗制毒品案件适用死刑的空间。但仅制出粗制毒品的，与制出毒品成品的在社会危害的现实性、紧迫性上也有差别，故在决定死刑适用时仍应慎重。参见李睿懿等：《〈全国法院毒品案件审判工作会议纪要〉的理解与适用》，载《法律适用》2023年第10期。

（六）关于非传统毒品犯罪的死刑适用

甲基苯丙胺片剂中的甲基苯丙胺含量相对较低，危害性亦有所不同，其死刑适用数量标准可以按照甲基苯丙胺的2倍左右掌握。

综合考虑致瘾癖性、毒害性、滥用范围和犯罪形势等因素，氯胺酮（俗称"K粉"，下同）的死刑适用数量标准可以按照海洛因的10倍以上掌握。走私、贩卖、制造氯胺酮，数量超过上述标准，且犯罪情节严重、社会危害大，或者具有法定从重处罚情节的，可以判处死刑。

涉案毒品为刑法、司法解释未规定定罪量刑数量标准的新类型毒品的，一般不判处被告人死刑。对于刑法、司法解释规定了定罪量刑数量标准的新类型毒品，实施走私、制造或者大宗贩卖等源头性犯罪，毒品数量远超过实际掌握的死刑适用数量标准，被告人系犯罪集团首要分子、其他罪责更为突出的主犯，或者具有法定从重处罚情节，不判处死刑难以体现罚当其罪的，可以判处死刑。

（七）关于死缓限制减刑的适用①

对于实施毒品犯罪论罪应当判处死刑，因案件的具体情况而被判处死缓的累犯，具有武装掩护毒品犯罪，以暴力抗拒查缉情节严重，或者曾因暴力犯罪被判处十年有期徒刑以上刑罚等情形之一的，为实现罚当其罪、确保量刑平衡，可以决定限制减刑。

六、主观明知认定问题

被告人到案后否认明知是毒品的，应当综合运用在案证据加以证明，必要时可要求检察机关补充提供相关证据。综合被告人供述、相关证人证言，从涉案场所、物品上提取的痕迹、生物检材，从被告人体内或者贴身隐秘处查获的毒品，②从被告人体表、随身物品上提取的毒品残留物，以及调取的物流寄递单据、资金交易记录、通信记录、行程轨迹信息等证据，足以证明被告人明知是毒品的，可以依法认定。

被告人到案后否认明知是毒品，又缺乏其他证据证明其明知的，可以根据其

---

① 本纪要结合立法意旨，除将三种具有暴力犯罪因素的情形纳入因毒品犯罪被判处死缓的累犯适用限制减刑的范围外，还用"等"字为诸如涉案毒品数量巨大、因量刑平衡、被告人具有从宽处罚情节等客观原因而判处死缓等情形预留了适用空间，以充分发挥其死刑替代功能。参见李睿懿等：《〈全国法院毒品案件审判工作会议纪要〉的理解与适用》，载《法律适用》2023年第10期。

② 对于被告人体内或者贴身隐秘处藏匿毒品的情形，《大连会议纪要》将其作为推定明知内容加以规定，本纪要根据实践反映，将其调整为运用证据认定明知的判断因素。参见李睿懿等：《〈全国法院毒品案件审判工作会议纪要〉的理解与适用》，载《法律适用》2023年第10期。

实施毒品犯罪的方式、过程及毒品被查获时的情形,结合其年龄、文化程度、生活状况、职业背景、是否有毒品违法犯罪经历及与共同犯罪人之间的关系等情况,综合分析判断。运用此方法认定明知的,应当认真审查被告人的辩解是否有事实依据、对异常行为的解释是否合理、是否存在被蒙骗的可能等,防止认定错误,在决定对被告人是否适用死刑时更要特别慎重。①

具有下列情形之一、被告人不能作出合理解释的,可以认定其明知走私、贩卖、运输、非法持有的是毒品,但有证据证明其确实不知情或者确系被蒙骗的除外:②(1)执法人员在口岸、机场、车站、港口、邮局、快递站点等场所检查时,要求申报为他人运输、携带、寄递的物品和其他毒品疑似物,并告知法律责任,但被告人未如实申报,在其运输、携带、寄递的物品中查获毒品的;(2)以伪报、藏匿、伪装等蒙蔽手段逃避海关、边防等检查,或者行程路线故意绕开检查站点,在其运输、携带、寄递的物品中查获毒品的;(3)在执法人员检查时有逃跑、藏匿、丢弃、试图销毁其携带的物品、弃车逃离或者其他逃避、抗拒检查行为,在其携带的物

---

① 本纪要对运用推定认定明知提出新要求:(1)强调在综合运用在案证据仍无法证明被告人明知是毒品时,才可以运用推定来认定明知,防止盲目扩大推定适用范围。(2)新增了运用推定认定明知应当注意审查反证能否成立的提示性内容,防止不当运用推定,导致认定错误。(3)首次在规范性文件中明确,对于运用推定认定明知的案件,在决定对被告人是否适用死刑时更要特别慎重,这是坚持死刑案件最高证据标准的具体体现。参见李睿懿等:《〈全国法院毒品案件审判工作会议纪要〉的理解与适用》,载《法律适用》2023年第10期。

② 本纪要将《大连会议纪要》列举的十种情形修改整合为八种,特别是针对物流寄递逐渐成为毒品贩运重要方式的新特点,增加了相关内容。其中,第一项是由《大连会议纪要》第一项规定修改完善而来,增加了邮局、快递站点等场所和运输、寄递等行为方式;第二项是由《大连会议纪要》第二项、第八项规定合并而来;第三项是由《大连会议纪要》第三项规定修改完善而来,增加了藏匿、试图销毁携带的物品以及弃车逃离等行为方式;第四项是《大连会议纪要》第六项、第七项规定合并而来;第五项是《大连会议纪要》第九项规定修改完善而来,增加了采用虚假物品名称的手段和寄递的行为方式;第六项属于新规定,专门对指使、雇用他人运输毒品或者指使、雇用他人接收物流寄递毒品者的推定明知作出规定;第七项是《大连会议纪要》第五项规定修改完善而来,增加了寄递物品或者代为接收物流寄递的物品等行为方式。在本纪要起草过程中,有意见提出,将"故意销毁毒品、手机、电脑等物证"增加规定为推定明知情形。经研究,根据"故意销毁毒品"推定明知,某些情况下恐有重复推定之嫌,故仅在第三项中增加了"试图"销毁携带物品的规定;根据故意销毁手机、电脑等情形较难直接得出明知是毒品的推断,故未予增加。参见李睿懿等:《〈全国法院毒品案件审判工作会议纪要〉的理解与适用》,载《法律适用》2023年第10期。

品或者遗弃的车辆中查获毒品的;(4)采用高度隐蔽方式运输、携带、交接物品,明显违背合法物品的惯常运输、携带、交接方式,从中查获毒品的;(5)以虚假的身份、地址或者物品名称办理托运、寄递手续,从托运、寄递的物品中查获毒品的;(6)采用隐匿真实身份、支付不等值报酬等不合理方式,指使、雇用他人运输、携带、寄递物品或者代为接收物流寄递的物品,从中查获毒品的;(7)为获取不同寻常的高额、不等值报酬,为他人运输、携带、寄递物品或者接收物流寄递的物品,从中查获毒品的;(8)其他可以认定被告人明知的情形。

七、隐匿身份人员实施侦查案件的处理问题

对于有证据证明被告人正在准备或者已经着手实施毒品犯罪,①隐匿身份人员采取贴靠、接洽手段破获案件,不存在犯罪引诱的,应当依法处理。

隐匿身份人员在侦查活动中违反刑事诉讼法等相关规定,诱使本无犯意的人实施毒品犯罪的,属于"犯意引诱"。隐匿身份人员向被引诱人提供毒品或者毒资、购毒渠道的,其所提供的毒品、毒资、被引诱人从其提供的渠道购买的毒品及其证实被引诱人实施毒品犯罪的证据材料,不得作为认定被引诱人实施毒品犯罪的证据。排除上述证据后,在案证据达不到认定被引诱人有罪的证明标准的,应当依法作出证据不足、指控的犯罪不能成立的无罪判决。②

隐匿身份人员诱使他人超出其原本意图实施的毒品犯罪数量,实施了更大数量的毒品犯罪的,属于"数量引诱"。对于因受"数量引诱"实施毒品犯罪的被告人,一般应当从轻处罚。特别是对于因受"数量引诱"而实施了对应更高量刑幅度或刑种的毒品犯罪的被告人,量刑时更应充分体现从宽。③

---

① 本纪要将《大连会议纪要》规定的"已持有毒品待售或者有证据证明已准备实施大宗毒品犯罪者"改为"有证据证明被告人正在准备或者已经着手实施毒品犯罪",以准确界定其适用范围。参见李睿懿等:《〈全国法院毒品案件审判工作会议纪要〉的理解与适用》,载《法律适用》2023年第10期。

② 需要注意的问题有三:(1)结合《刑事诉讼法》的规定,修改完善了犯意引诱的含义。(2)根据《刑事诉讼法》修改情况,从《大连会议纪要》对存在犯罪引诱的案件所采用的"量刑减让"救济模式,调整为采用排除非法证据的救济模式,同时明确规定了排除非法证据的法律后果。(3)鉴于"双套引诱"根据当前规定已无特殊评价意义,故不再专门规定。参见李睿懿等:《〈全国法院毒品案件审判工作会议纪要〉的理解与适用》,载《法律适用》2023年第10期。

③ 本纪要对《大连会议纪要》的规定作了修改:(1)进一步规范了数量引诱的含义。(2)在应当从轻处罚前增加了"一般"二字,主要考虑如果被告人原本意图实施的毒品犯罪数量已超过实际掌握的死刑适用数量标准,且论罪应处死刑的,即使其因为(转下页)

被引诱人又诱使本无犯意的其他人实施毒品犯罪,或者诱使其他人超出原本意图实施了更大数量的毒品犯罪的,属于"间接引诱"。对于受"间接引诱"实施毒品犯罪的被告人,参照前述关于"犯意引诱"或者"数量引诱"的规定处理。①

存在或者不排除存在其他不规范使用隐匿身份人员实施侦查的情形,影响定罪量刑的,应当作出有利于被告人的处理。

八、自首、立功问题

毒品犯罪中的自首情节具有较高司法价值,对于自首的被告人,一般应当依法从宽处罚。对于积极响应司法机关发布的敦促涉毒在逃人员投案自首通告,在通告期限内自行或者经亲属劝说、陪同投案,并如实供述犯罪事实的被告人,从宽处罚的幅度应当更大;有的虽不构成自首,量刑时也应充分考虑其自动投案情节,尽可能地兑现政策。

认定立功情节,应当充分考虑毒品犯罪线索发现、案件侦破及抓捕工作的特殊性。按照公安机关的安排,经现场或即时视频通讯方式指认、辨认其他犯罪嫌疑人(包括同案犯),或者通过打电话、发信息、即时通讯等方式将其他犯罪嫌疑人(包括同案犯)约至指定地点,公安机关据此抓获该人员的;以及通过打电话、发信息、即时通讯等方式稳控其他犯罪嫌疑人(包括同案犯),对抓获该人员起到实质性协助作用的,可以认定为协助公安机关抓捕其他犯罪嫌疑人(包括同案犯)。具有到案后规劝其他犯罪嫌疑人(包括同案犯)投案、提供线索协助公安机关查获大量案外毒品等情形之一的,可以认定为其他有利于国家和社会的突出表现。②

(接上页)受到数量引诱而实施了更大数量的毒品犯罪,通常也无从轻处罚的空间。(3)新增提示性规定,即对于因受"数量引诱"而实施了对应更高量刑幅度或刑种的毒品犯罪的被告人,在量刑时更应充分体现从宽。参见李睿懿等:《〈全国法院毒品案件审判工作会议纪要〉的理解与适用》,载《法律适用》2023年第10期。

① 本纪要首次规定了间接引诱的含义,以强化对审判实践的指导。在类型上,间接引诱应既包括犯意引诱,也包括数量引诱。人员范围方面,共同犯罪人和贩卖毒品的上下家均可以受到间接引诱。参见李睿懿等:《〈全国法院毒品案件审判工作会议纪要〉的理解与适用》,载《法律适用》2023年第10期。

② 本纪要首次明确了毒品犯罪立功认定的基本原则和特殊考虑。同时,根据毒品犯罪形势发展变化,在原有的几种典型立功情形的规定中,增加了新的行为方式和内容。对于其他司法解释、规范性文件已经规定的立功情形,则不再重复列举。其中,经现场指认、辨认抓获、约至指定地点抓获其他犯罪嫌疑人(包括同案犯)构成立功的情形,均源于(转下页)

被告人提供毒品共同犯罪人、上下家的姓名、住址、体貌特征等基本情况，或者提供犯罪前、犯罪中使用、掌握的上述人员的联络方式、藏匿地址，公安机关据此抓获该人员的，虽不认定有立功表现，但量刑时可酌情考虑。

对于具有立功情节的被告人，是否从宽处罚及从宽处罚的幅度，应当根据犯罪性质、具体情节、危害后果、毒品数量及其主观恶性、人身危险性，结合立功的类型、价值大小等因素综合考量，以功是否足以抵罪为标准。① 对于部分被告人具有立功情节的案件，要注意共同犯罪人及上下家之间的量刑平衡。犯罪集团首要分子、罪责相对较大的主犯检举揭发其他罪行相对较轻的犯罪分子，或者协助抓获从犯、罪责相对较小的主犯构成立功的，量刑时应当从严掌握，如果被告人罪行极其严重，只有一般立功表现，功不足以抵罪的，可不予从宽处罚；如果其检举揭发的是其他案件中罪行同样严重的犯罪分子，或者协助抓获的是其他首要分子、罪责相对较大的主犯，功足以抵罪的，可以从轻或者减轻处罚。对于从犯、罪责相对较小的主犯立功的，特别是协助抓获首要分子、罪责相对较大的主犯的，应当充分体现政策，依法从轻、减轻或者免除处罚。

(接上页)《最高人民法院关于处理自首和立功若干具体问题的意见》(法发〔2010〕60号)的规定，本纪要增加了通过即时视频通讯方式指认、辨认和约至指定地点的内容；配合稳控抓获的情形吸收了《大连会议纪要》的相关规定，考虑到毒品犯罪分子警惕性较高，将其约至指定地点难度较大，本纪要明确只要能够按照司法机关安排通过打电话、发信息或即时通讯等方式稳控对方，对抓获该人员起到实质性协助作用，就可以认定构成协助抓捕型立功。同时，本纪要根据审判实践经验，总结了可以认定为其他有利于国家和社会的突出表现，构成立功的两种情形：一是被告人到案后规劝其他犯罪嫌疑人(包括同案犯)投案的情形，主要考虑该行为体现了被告人真诚悔罪的态度和立功赎罪的意愿，对节约司法资源、高效打击犯罪的作用不小于协助抓捕行为，同时也能促使其他犯罪嫌疑人认罪，故可认定为有利于国家、社会的突出表现。二是被告人提供线索协助查获大量案外毒品的情形，主要考虑在此种情况下，被告人的行为有效防止了大量毒品流入社会、危害他人，同时也从源头上杜绝了有人继续利用该宗毒品实施犯罪的可能性，故亦可认定为有利于国家、社会的突出表现。需要注意的是，如果有证据证明被告人在实施毒品犯罪过程中藏匿毒品，到案后又带领公安机关查获其所藏匿的毒品的，不能认定为立功。参见李睿懿等：《〈全国法院毒品案件审判工作会议纪要〉的理解与适用》，载《法律适用》2023年第10期。

① 关于立功情节对量刑的影响，本纪要丰富完善了《大连会议纪要》的原有规定，新增了判断"功是否足以抵罪"的具体考量因素，即以被告人的罪行严重程度和主观恶性、人身危险性为基础，结合其立功类型、价值大小等因素综合考量。参见李睿懿等：《〈全国法院毒品案件审判工作会议纪要〉的理解与适用》，载《法律适用》2023年第10期。

九、累犯、毒品再犯问题

根据刑法规定，因走私、贩卖、运输、制造、非法持有毒品罪被判过刑的被告人，无论是在刑罚执行完毕或者赦免后，还是在缓刑、假释、暂予监外执行期间或者缓刑考验期满后，又犯刑法分则第六章第七节规定之罪的，均应认定为毒品再犯。① 对于上述在前罪缓刑、假释或者暂予监外执行期间又犯罪的被告人，应当对其所犯新的毒品犯罪依法从重处罚后，再与前罪依法并罚。

累犯、毒品再犯是法定从重处罚情节，即使本次毒品犯罪情节较轻，也要体现从严惩处的精神。尤其对于曾因严重暴力犯罪被判刑的累犯、刑罚执行完毕后短期内又实施毒品犯罪的再犯，以及在缓刑、假释或者暂予监外执行期间又实施毒品犯罪的再犯，应当严格依法从重处罚。

对于同时构成累犯和毒品再犯的被告人，在裁判文书中应当同时引用刑法关于累犯和毒品再犯的条款。对于因同一毒品犯罪前科同时构成累犯和毒品再犯的，量刑时不得重复从重处罚。对于因不同犯罪前科分别构成累犯和毒品再犯的，从重处罚幅度一般应大于上述情形。对于因不同现行犯罪分别构成累犯和毒品再犯的，应当对其所犯各罪分别予以从重处罚。②

十、特定人员参与毒品犯罪问题

对于毒品犯罪分子为逃避打击，组织、利用残疾人、严重疾病患者、怀孕或者正在哺乳自己婴儿的妇女等特定人员实施毒品犯罪的案件，要做到区别对待，依法准确惩处。对于利用、教唆上述特定人员实施毒品犯罪的组织者、指挥者和教

---

① 为弥补原有规定关于再犯成立时段的缺漏，本纪要增加了"赦免后"和"缓刑考验期满后"的内容。需要说明的是，因走私、贩卖、运输、制造、非法持有毒品罪被判过刑，在服刑期间又实施毒品犯罪的，也应认定为毒品再犯，但该情况较为少见，不具典型性，故未作明确规定。参见李睿懿等：《〈全国法院毒品案件审判工作会议纪要〉的理解与适用》，载《法律适用》2023年第10期。

② 需要注意的问题有二：(1)《武汉会议纪要》规定了因同一毒品犯罪前科和因不同犯罪前科同时构成累犯和毒品再犯的两种竞合情形。本纪要新增了因不同现行犯罪分别构成累犯和毒品再犯的情形。(2) 对于因不同现行犯罪分别构成累犯和毒品再犯的情形，本纪要规定，应当对其所犯各罪分别从重处罚后再依法数罪并罚。有意见提出，累犯和再犯是对人的评价，而不是对罪的评价，被告人因不同现行犯罪分别构成累犯和毒品再犯的，不能对不同犯罪分别从重处罚，而应对被告人在数罪并罚决定执行的刑罚时总体从重处罚。经征求意见并认真研究，本纪要规定符合《最高人民法院、最高人民检察院关于常见犯罪的量刑指导意见（试行）》，即先适用量刑情节确定各罪应当判处的刑罚，再依法数罪并罚。参见李睿懿等：《〈全国法院毒品案件审判工作会议纪要〉的理解与适用》，载《法律适用》2023年第10期。

唆者,应当依法从严惩处,该判处重刑直至死刑的,坚决依法判处。对于被利用、被诱骗参与毒品犯罪的特定人员,可以从宽处罚。

对于利用自身特殊状况积极实施毒品犯罪,以及曾在取保候审、监视居住或者暂予监外执行期间又实施毒品犯罪的特定人员,应当从严把握上述强制措施和暂予监外执行的适用条件。

十一、涉案财物处理、财产刑适用问题

应当更加注重从经济上制裁毒品犯罪,切实加大制裁力度,依法追缴被告人的违法所得及其收益,充分发挥财产刑的作用。不能因为被告人没有财产,或者其财产难以查清、难以分割或者难以执行,就不判处财产刑或者判处与主刑不相匹配的财产刑。对于未依照相关规定,全面收集证明被告人财产状况的证据并随案移送财产清单和相关证据材料的,应当要求有关机关收集并移送。

应当更加注重审查证明涉案财物及其孳息的来源、性质、用途和权属情况的证据,并在裁判文书中写明对涉案财物及其孳息的具体处理情况。对查封、扣押、冻结的财物及其孳息,经查确属毒品犯罪的违法所得及其收益、供毒品犯罪所用的本人财物或者依法应当追缴的其他涉案财物的,应当判决没收上缴国库,但法律另有规定的除外。对于被告人将依法应当追缴的毒品犯罪涉案财物用于投资、置业,因此形成的财产及其收益;或者将依法应当追缴的毒品犯罪涉案财物与其他合法财产共同用于投资、置业,因此形成的财产中与涉案财物对应的份额及其收益,均应予以追缴。

审理黑社会性质组织、恶势力组织实施的毒品犯罪案件,依法应当追缴、没收的涉案财产无法找到、灭失或者与其他合法财产混合且不可分割的,可以判决追缴、没收其他等值财产或者混合财产中的等值部分。有证据证明被告人在毒品犯罪期间获得的财产高度可能属于黑社会性质组织犯罪的违法所得及其孳息、收益,被告人不能说明财产合法来源的,应当判决追缴、没收。

重大毒品犯罪案件的犯罪嫌疑人、被告人逃匿,在通缉一年后不能到案,或者犯罪嫌疑人、被告人死亡,依照刑法规定应当追缴其违法所得及其他涉案财产的,适用刑事诉讼法有关犯罪嫌疑人、被告人逃匿、死亡案件违法所得没收程序审理。经审理认为申请没收的财产高度可能属于违法所得及其他涉案财产的,应当裁定没收。

判处罚金刑,应当结合毒品犯罪的性质、情节、危害后果及被告人的获利情况、经济状况等因素,合理确定罚金数额。对于决定并处没收财产的毒品犯罪,判处被告人有期徒刑的,应当按照上述确定罚金数额的原则,确定没收个人部分财产的数额;判处无期徒刑的,可以并处没收个人全部财产;判处死缓或者死刑的,应当并处没收个人全部财产。

十二、缓刑适用及减刑、假释问题

应当从严掌握毒品犯罪被告人的缓刑适用条件。对于毒品再犯,一般不适用缓刑。对于不能排除有多次贩毒嫌疑的零包贩毒被告人,因认定构成贩卖毒品等犯罪的证据不足而认定为非法持有毒品罪的被告人,以及引诱、教唆、欺骗、强迫他人吸毒的被告人,应当严格控制缓刑适用。

对于具有犯罪集团首要分子、累犯、毒品再犯等情节的毒品罪犯,应当从严掌握减刑条件,适当延长减刑起始时间、间隔时间,严格控制减刑幅度。应当严格审查毒品罪犯履行生效裁判中财产性判项的能力,对于确有履行能力而不履行或者不全部履行相关财产性判项的,一般不认定其确有悔改表现。① 对于刑法未禁止假释的上述毒品罪犯,应当严格控制假释适用。

十三、管辖问题

毒品犯罪的犯罪地,包括犯罪预谋地、毒资筹集地、交易进行地、毒品制造地、毒品和毒资、毒赃的藏匿地、转移地、走私或者贩运毒品的途经地、目的地等。主要利用计算机网络实施的毒品犯罪,犯罪地还包括用于实施犯罪行为的网络服务使用的服务器所在地、网络服务提供者所在地、犯罪过程中被告人、被害人使用的信息网络系统所在地等。②

对于毒品案件中一人犯数罪、上下家犯罪、共同犯罪及共同犯罪的被告人实施其他犯罪的,一般应当并案审理。对于上下家犯罪的被告人实施的其他犯罪,以及他人实施的包庇毒品犯罪分子、窝藏毒品、为毒品犯罪洗钱等关联犯罪,并案审理有利于查明案件事实的,可以并案审理。对于分案起诉的毒品共同犯罪或者关联犯罪案件,合并审理更有利于查明案件事实、保障诉讼权利、准确定罪量刑的,可以并案审理。

因客观原因造成毒品共同犯罪或者密切关联的上下家犯罪分案审理且无法

---

① 本纪要对《武汉会议纪要》中应当控制减刑的毒品罪犯的范围作了修改,增加了毒品犯罪集团首要分子,删除了毒枭、职业毒犯的表述;同时,明确规定对于确有履行能力而不履行或者不全部履行生效裁判中财产性判项的毒品罪犯,一般不认定其确有悔改表现。参见李睿懿等:《〈全国法院毒品案件审判工作会议纪要〉的理解与适用》,载《法律适用》2023年第10期。

② 其中,被害人使用的信息网络系统所在地主要适用于引诱、教唆、欺骗他人吸毒罪。参见李睿懿等:《〈全国法院毒品案件审判工作会议纪要〉的理解与适用》,载《法律适用》2023年第10期。

并案的,应当及时了解关联案件的审理进展和处理结果,充分保障被告人的质证权等诉讼权利,并注重量刑平衡。①

立案追诉标准

《最高人民检察院、公安部关于公安机关管辖的刑事案件立案追诉标准的规定(三)》(公通字〔2012〕26号,自2012年5月16日起施行,节录)

(→第一条至第十二条参见本节相应条文评注部分)

第十三条 本规定中的毒品是指鸦片、海洛因、甲基苯丙胺(冰毒)、吗啡、大麻、可卡因以及国家规定管制的其他能够使人形成瘾癖的麻醉药品和精神药品。具体品种以国家食品药品监督管理局、公安部、卫生部发布的《麻醉药品品种目录》、《精神药品品种目录》为依据。

本规定中的"制毒物品"是指刑法第三百五十条第一款规定的醋酸酐、乙醚、三氯甲烷或者其他用于制造毒品的原料或者配剂,具体品种范围按照国家关于易制毒化学品管理的规定确定。

第十四条 本规定中未明确立案追诉标准的毒品,有条件折算为海洛因的,参照有关麻醉药品和精神药品折算标准进行折算。

第十五条 本规定中的立案追诉标准,除法律、司法解释另有规定的以外,适用于相关的单位犯罪。

第十六条 本规定中的"以上",包括本数。

第十七条 本规定自印发之日起施行。

折算标准②

《非法药物折算表》(国家食品药品监督管理局2004年10月,本折算表药物

---

① 本纪要对《武汉会议纪要》关于分案审理的规定作了一定修改,将前提设置为因客观原因分案审理且无法并案的情形,同时根据司法解释的相关规定,提示分案审理不得影响当事人质证权等诉讼权利的行使。例如,对于分案审理的共同犯罪案件,即使同犯罪人因相关原因确实无法出庭,也应对其供述和辩解进行举证、质证,而不能仅以质证另案裁判文书。参见李睿懿等:《〈全国法院毒品案件审判工作会议纪要〉的理解与适用》,载《法律适用》2023年第10期。

② 《全国法院毒品案件审判工作会议纪要》(法〔2023〕108号)"三、毒品数量、含量问题"规定:"走私、贩卖、运输、制造、非法持有刑法、司法解释明确规定了定罪量刑数量标准的毒品,按照相关标准依法定罪量刑。对于刑法、司法解释未规定定罪量刑数量标准的毒品,参考已有折算标准,综合考虑其毒害性、滥用情况、受管制程度、纯度及犯罪形势、交易价格等因素,依法定罪量刑。"

均以纯品计)

一、阿片类

(一)药物依赖性(身体依赖性和精神依赖性)很强且医疗上不准许使用的品种

序号	药物名称	相当于海洛因
1	1克醋托啡(Acetorphine)	1克
2	1克乙酰阿法甲基芬太尼(Acetyl-alpha-methylfentanyl)	10克
3	1克阿法甲基芬太尼(Alpha-methylfentanyl)	10克
4	1克阿法甲基硫代芬太尼(Alpha-methylthidentanyl)	10克
5	1克倍它羟基芬太尼(Beta-hydroxyfentanyl)	10克
6	1克倍它羟基-3-甲基芬太尼(Beta-hydroxy-3-metbylfentanyl)	10克
7	1克地索吗啡(Desomorlphine)	1克
8	1克埃托啡(Etorphine)	100克
9	1克海洛因(Heroin)	1克
10	1克凯托米酮(Ketobemidone)	1克
11	1克3-甲基芬太尼(3-mathylfentanyl)	10克
12	1克3-甲基硫代芬太尼(3-methylthiofentanyl)	10克
13	1克1-甲基-4-苯基-4-哌啶丙盐酸[1-methyl-4-phenyl-4-piperidinol propionate (ester), MPPP]	1克
14	1克仲氟代芬太尼(Para-fluorofentanyl)	10克
15	1克1-苯乙基-4-苯基-4-哌啶丙盐酸[1-phenethyl-4-phenyl-4-piperidinol acetate (ester), PEPAP]	1克
16	1克硫代芬太尼(Thiofentanyl)	10克

(二)药物依赖性强,但医疗上广泛使用的品种

序号	药物名称	相当于海洛因
1	1克阿芬太尼(Alfentanil)	15克
2	1克安那度尔(Alphaprodine)	0.05克
3	1克二氢埃托啡(Dihydroetorphine)	50克
4	1克芬太尼(Fentanyl)	40克
5	1克氢可酮(Hydrocodone)	0.5克

(续表)

序号	药物名称	相当于海洛因
6	1克氢吗啡酮(Hydromorphone)	0.02 克
7	1克氢吗啡醇(Hydromorphinol)	0.02 克
8	1克左啡诺(Levorphanol)	0.2 克
9	1克美沙酮(Methadone)	0.5 克
10	1克吗啡(Morphine)	0.5 克
11	1克去甲吗啡(Normorphine)	0.02 克
12	1克阿片(Opium)	0.05 克
13	1克羟考酮(Oxycodone)	0.5 克
14	1克羟吗啡酮(Oxymorhpone)	0.5 克
15	1克哌替啶(杜冷丁)(Pethidine)	0.05 克
16	1克瑞芬太尼(Remifentanil)	40 克
17	1克舒芬太尼(Sufentanil)	40 克
18	1克替利定(Tilidine)	0.5 克

(三)药物依赖性相对较弱,且医疗上广泛使用的品种

序号	药物名称	相当于海洛因
1	1克醋氢可待因(Acetyldihydrocodeine)	0.02 克
2	1克布桂嗪(强痛定)(Bucinnazine)	0.005 克
3	1克丁丙诺啡(Buprenorphine)	0.01 克
4	1克布托啡诺(Butophanol)	0.005 克
5	1克可待因(Codeine)	0.02 克
6	1克右丙氧芬(Dextropropoxyphene)	0.02 克
7	1克地唑辛(Dezocine)	0.01 克
8	1克双氢可待因(Dihydrocodeine)	0.02 克
9	1克地芬诺酯(苯乙哌啶)(Diphenoxylate)	0.05 克

(续表)

序号	药物名称	相当于海洛因
10	1克乙基吗啡(Ethylmorphine)	0.05克
11	1克尼可待因(Nicocodine)	0.02克
12	1克尼二可待因(Nicodicodine)	0.02克
13	1克去甲可待因(Norcodeine)	0.02克
14	1克喷他佐辛(镇痛新)(Pentazocine)	0.005克
15	1克吗啉乙基吗啡(福尔可定)(Pholcodine)	0.02克
16	1克丙吡胺(Propiram)	0.02克

二、苯丙胺类(含致幻剂)

(一)致幻型苯丙胺类、致幻剂及甲喹酮:精神依赖性很强且医疗上不准使用的品种

序号	药物名称	相当于海洛因
1	1克布苯丙胺(Brolamfetamine, DOB)	1克
2	1克卡西酮(Cathinone)	1克
3	1克二乙基色胺(DET)	1克
4	1克二甲氧基安非他明(DMA)	1克
5	1克羟基四氢甲基二苯吡喃(DMHP)	1克
6	1克二甲基色胺(DMT)	1克
7	1克二甲氧基乙基安非他明(DOET)	1克
8	1克乙环利定Eticyclidine(PCE)	1克
9	1克乙色胺(Etryptamine)	1克
10	1克麦角乙二胺(+)-(Lysergide, LSD, LSD-25)	1克
11	1克麦司卡林(Mescaline)	1克
12	1克二亚甲基双氧安非他明(MDMA)	1克
13	1克甲卡西酮(Methcathinone)	1克

(续表)

序号	药物名称	相当于海洛因
14	1克甲米雷司(4-methylaminorex)	1克
15	1克甲羟芬胺(MMDA)	1克
16	1克乙芬胺(N-ethyl, MDA)	1克
17	1克羟芬胺(N-hydroxy, MDA)	1克
18	1克六氢大麻酚(Parahexyl)	1克
19	1克副甲氧基安非他明(Parametoxyamphetamine, PMA)	1克
20	1克塞洛新 Psilocine(Psilotsin)	1克
21	1克塞洛西宾(Psilocycbine)	1克
22	1克咯环利定(Rolicyclidine, PHP, PCPY)	1克
23	1克二甲氧基甲苯异丙胺(STP, DOM)	1克
24	1克替苯丙胺(Tenamfetamine, MDA)	1克
25	1克替诺环定(Tenocyclidine, TCP)	1克
26	1克四氢大麻酚(包括其同分异构物及其立体化学变体)(Tetrahydrocannabinol)	1克
27	1克三甲氧基安非他明(TMA)	1克
28	1克δ-9-四氧大麻酚及其立体化学交体(Delta-9-tetrahydrocannabinol and its stereochemical variants)	1克
29	1克4-甲基硫基安非他明(4-methylthioamfetamine)	1克
30	1克甲喹酮(安眠酮)(Methaqualone)	0.007克

(二)苯丙胺类兴奋剂及致幻型麻醉剂:精神依赖性强尚有医疗用途的品种

序号	药物名称	相当于海洛因
1	1克苯丙胺(安非他明)(Amfetamine)	0.2克
2	1克苄非他明(Benzfetamine)	0.025克
3	1克右苯丙胺(Dexamfetamine)	0.2克

(续表)

序号	药物名称	相当于海洛因
4	1克芬乙茶碱(Fenetylline)	0.04克
5	1克芬普雷司(Fenproporex)	0.025克
6	1克氯胺酮(Ketamine)	0.1克
7	1克左苯丙胺(Levamfetamine)	0.04克
8	1克左甲苯丙胺(Levomethamphetamine)	0.04克
9	1克甲氯喹酮(Mecloqualone)	0.1克
10	1克美芬雷司(Mefenorex)	0.025克
11	1克美索卡(Mesocarb)	0.025克
12	1克去氧麻黄碱(冰毒)(Metamfetamine)	1克
13	1克去氧麻黄碱外消旋体(Metamfetamine Racemate)	1克
14	1克哌醋甲酯(利他林)(Methylphenidate)	0.1克
15	1克苯环利定(Phencyclidine,PCP)	0.1克
16	1克苯甲曲秦(Phendimetrazine)	0.025克
17	1克芬美曲秦(苯甲吗啉)(Phenmetrazine)	0.025克
18	1克吡咯戊酮(Pyrovalerone)	0.025克
19	1克 γ-羟丁酸(Hydroxyburate,GHB)	0.1克

(三)弱苯丙胺类,精神依赖性相对较弱有医疗用途的品种

序号	药物名称	相当于海洛因
1	1克安非拉酮(Amfepramone)	0.05克
2	1克去甲麻黄碱(苯丙醇胺)(Cathine)	0.025克
3	1克右旋氟苯丙胺(Dexfenfluramine)	0.05克
4	1克乙非他明(Etilamfetamine)	0.025克
5	1克氟苯丙胺(芬氟拉明)(Fenfluramine)	0.05克
6	1克马吲哚(Mazindol)	0.025克

(续表)

序号	药物名称	相当于海洛因
7	1克匹莫林(Pemoline)	0.05克
8	1克芬特明(Phentermine)	0.025克

三、可卡因类

序号	药物名称	相当于海洛因
1	1克可卡因(Cocaine)	0.5克
2	1克可卡因碱(Crack)	20克

四、大麻类

序号	药物名称	相当于海洛因
1	1克大麻(Cannabis)	0.001克
2	1克大麻脂(Cannabis resin)	0.005克

五、其他兴奋剂

序号	药物名称	相当于海洛因
1	1克咖啡因(Caffeine)	0.00001克
2	1克麻黄碱(左旋右旋)(Ephedrine)	0.01克
3	1克莫达芬尼(Modafinil)	0.01克

六、苯二氮卓类镇静安眠药

序号	药物名称	相当于海洛因
1	1克溴西泮(Bromazepam)	0.0001克
2	1克溴替唑仑(Brotizolam)	0.0001克

(续表)

序号	药物名称	相当于海洛因
3	1克卡马西泮(Camazepam)	0.0001克
4	1克氯硝西泮(Clonazepam)	0.0001克
5	1克氯氮䓬(利眠宁)(Chlordiazepoxide)	0.0001克
6	1克地洛西泮(Delorazepam)	0.0001克
7	1克地西泮(安定)(Diazepam)	0.0001克
8	1克艾司唑仑(舒乐安定)(Estazolam)	0.0001克
9	1克氟地西泮(Fludiazepam)	0.001克
10	1克氟硝西泮(Flunitrazepam)	0.0001克
11	1克氟西泮(Flurazepam)	0.0001克
12	1克哈拉西泮(Halazepam)	0.0001克
13	1克卤恶唑仑(Haloxazolam)	0.0001克
14	1克凯他唑仑(Ketazolam)	0.0001克
15	1克氯普唑仑(Loprazolam)	0.0001克
16	1克劳拉西泮(Lorazepam)	0.0001克
17	1克氯甲西泮(Lormetazepam)	0.0001克
18	1克美达西泮(Medazepam)	0.0001克
19	1克咪达唑仑(Midazolam)	0.0001克
20	1克硝甲西泮(Nimetazepam)	0.0001克
21	1克硝西泮(硝基安定)(Nitrazepam)	0.0001克
22	1克去甲西泮(Nordazepam)	0.0001克
23	1克奥沙西泮(Oxazepam)	0.0001克

(续表)

序号	药物名称	相当于海洛因
24	1克恶唑仑(Oxazolam)	0.0001克
25	1克匹那西泮(Pinazepam)	0.0001克
26	1克普拉西泮(Prazepam)	0.0001克
27	1克替马西泮(Temazepam)	0.0001克
28	1克四氢西泮(Tetrazepam)	0.0001克
29	1克三唑仑(海乐神)(Triazolam)	0.001克
30	1克唑吡坦(Zolpiden)	0.0001克

七、巴比妥类

序号	药物名称	相当于海洛因
1	1克阿洛巴比妥(Allobarbital)	0.0002克
2	1克异戊巴比妥(Amobarbital)	0.0002克
3	1克巴比妥(Barbital)	0.0002克
4	1克布他比妥(Butalbital)	0.0002克
5	1克丁巴比妥(Butobarbital)	0.0002克
6	1克环己巴比妥(Cyclobarbital)	0.0002克
7	1克甲苯巴比妥(Methylphenobarbital)	0.0002克
8	1克戊巴比妥(Pentobarbital)	0.0002克
9	1克苯巴比妥(Phenobarbital)	0.0002克
10	1克司可巴比妥(Secobarbital)	0.0002克

八、其他类镇静安眠药

序号	药物名称	相当于海洛因
1	1 克甲丙氨酯（眠尔通）（Meprobamate）	0.0002 克
2	1 克扎来普隆（Zaleplone）	0.0002 克

《关于印发〈104 种非药用类麻醉药品和精神药品管制品种依赖性折算表〉的通知》（禁毒办通〔2016〕38 号）

各省、自治区、直辖市禁毒委员会办公室，新疆生产建设兵团禁毒委员会办公室：

　　为加强对非药用类麻醉药品和精神药品的管制，防止非法生产、经营、运输、使用和进出口，遏制有关违法犯罪活动的发展蔓延，2015 年 9 月 24 日，国家禁毒办联合公安部、国家食品药品监督管理总局、国家卫生和计划生育委员会共同印发了《非药用类麻醉药品和精神药品列管办法》（自 2015 年 10 月 1 日起正式施行），并增加列管了 116 种非药用类麻醉药品和精神药品。其中 12 种苯丙胺类非药用类麻醉药品和精神药品的定罪量刑数量标准，《最高人民法院关于审理毒品犯罪案件适用法律若干问题的解释》（法释〔2016〕8 号）已作出明确规定。为进一步加大对已列管非药用类麻醉药品和精神药品违法犯罪活动的打击工作力度，我办委托国内专业研究机构对其余列管的 104 种非药用类麻醉药品和精神药品与海洛因或甲基苯丙胺的折算标准进行了调研、论证。经商最高人民法院、最高人民检察院、国家卫生和计划生育委员会、国家食品药品监督管理总局同意，现将折算表印发给你们，供在执法实践中参考。

　　此折算表在实践中的具体适用情况请及时报送我办。

　　特此通知。

国家禁毒委员会办公室
2016 年 6 月 24 日

104种非药用类麻醉药品和精神药品管制品种依赖性折算表

序号	英文名称	中文名称	折算标准（1克该物质相当于）		参照物质*	分类
			海洛因	甲基苯丙胺		
1	2C-B-NBOMe	N-(2-甲氧基苄基)-2-(2,5-二甲氧基-4-溴苯基)乙胺	1克	—	2C-I	苯乙胺
2	2C-C	2,5-二甲氧基-4-氯苯乙胺	1克	—	2C-I	苯乙胺
3	2C-C-NBOMe	N-(2-甲氧基苄基)-2-(2,5-二甲氧基-4-氯苯基)乙胺	1克	—	2C-I	苯乙胺
4	2C-D	2,5-二甲氧基-4-甲基苯乙胺	1克	—	2C-I	苯乙胺
5	2C-D-NBOMe	N-(2-甲氧基苄基)-2-(2,5-二甲氧基-4-甲基苯基)乙胺	1克	—	2C-I	苯乙胺
6	2C-E	2,5-二甲氧基-4-乙基苯乙胺	1克	—	2C-I	苯乙胺
7	2C-I-NBOMe	N-(2-甲氧基苄基)-2-(2,5-二甲氧基-4-碘苯基)乙胺	16克	—	—	苯乙胺
8	2C-P	2,5-二甲氧基-4-丙基苯乙胺	1克	—	2C-I	苯乙胺
9	2C-T-2	2,5-二甲氧基-4-乙硫基苯乙胺	0.73克	—	—	苯乙胺
10	2C-T-4	2,5-二甲氧基-4-异丙基硫基苯乙胺	1克	—	2C-I	苯乙胺
11	2C-T-7	2,5-二甲氧基-4-丙硫基苯乙胺	0.75克	—	—	苯乙胺
12	2-MAPB	1-(2-苯并呋喃基)-N-甲基-2-丙胺	—	1克	MA	其他

(续表)

序号	英文名称	中文名称	折算标准 (1克该物质相当于) 海洛因	折算标准 (1克该物质相当于) 甲基苯丙胺	参照物质*	分类
13	MPA	1-(2-噻吩基)-N-甲基-2-丙胺	—	1克	MA	其他
14	5F-ABICA	N-(1-氨甲酰基-2-甲基丙基)-1-(5-氟戊基)吲哚-3-甲酰胺	1.44克	—	AB-PINACA	合成大麻素
15	5F-AB-PINACA	N-(1-氨甲酰基-2-甲基丙基)-1-(5-氟戊基)吲唑-3-甲酰胺	1.44克	—	AB-PINACA	合成大麻素
16	5F-ADBICA	N-(1-氨甲酰基-2,2-二甲基丙基)-1-(5-氟戊基)吲哚-3-甲酰胺	1.44克	—	AB-PINACA	合成大麻素
17	5F-AMB	N-(1-甲氧羰基-2-甲基丙基)-1-(5-氟戊基)吲唑-3-甲酰胺	1.44克	—	AB-PINACA	合成大麻素
18	5F-APINACA	1-(1-金刚烷基)-1-(5-氟戊基)吲唑-3-甲酰胺	3.48克	—	APINACA	合成大麻素
19	5F-PB-22	1-(5-氟戊基)吲哚-3-甲酸-8-喹啉酯	21.8克	—	—	合成大麻素
20	5F-UR-144	1-(5-氟戊基)-3-(2,2,3,3-四甲基环丙基甲酰基)吲哚	1.43克	—	—	合成大麻素
21	A-796,260	1-[2-(N-吗啉基)乙基]-3-(2,2,3,3-四甲基环丙基甲酰基)吲哚	1.43克	—	5F-UR-144	合成大麻素
22	A-834,735	1-(4-四氢吡喃基甲基)-3-(2,2,3,3-四甲基环丙基甲酰基)吲哚	1.43克	—	5F-UR-144	合成大麻素

(续表)

序号	英文名称	中文名称	折算标准 (1克该物质相当于) 海洛因	折算标准 甲基苯丙胺	参照物质*	分类
23	AB-CHMINACA	N-(1-氨甲酰基-2-甲基丙基)-1-(环己基甲基)吲唑-3-甲酰胺	14.79 克	—	—	合成大麻素
24	AB-FUBINACA	N-(1-氨甲酰基-2-甲基丙基)-1-(4-氟苄基)吲唑-3-甲酰胺	4.7 克	—	—	合成大麻素
25	AB-PINACA	N-(1-氨甲酰基-2-甲基丙基)-1-戊基吲唑-3-甲酰胺	1.5 克	—	—	合成大麻素
26	ADBICA	N-(1-氨甲酰基-2,2-二甲基丙基)-1-戊基吲唑-3-甲酰胺	10.5 克	—	—	合成大麻素
27	ADB-PINACA	N-(1-氨甲酰基-2,2-二甲基丙基)-1-戊基吲唑-3-甲酰胺	2 克	—	—	合成大麻素
28	AM-1220	1-[(N-甲基-2-哌啶基)甲基]-3-(1-萘甲酰基)吲哚	1.43 克	—	5F-UR-144	合成大麻素
29	AM-1248	1-[(N-甲基-2-哌啶基)甲基]-3-(1-金刚烷基甲酰基)吲哚	1.43 克	—	5F-UR-144	合成大麻素
30	AM-2233	1-[(N-甲基-2-哌啶基)甲基]-3-(2-碘苯甲酰基)吲哚	2 克	—	—	合成大麻素
31	APICA	N-(1-金刚烷基)-1-戊基吲哚-3-甲酰胺	1.7 克	—	—	合成大麻素

（续表）

序号	英文名称	中文名称	折算标准 (1克该物质相当于) 海洛因	折算标准 甲基苯丙胺	参照物质*	分类
32	APINACA	N-(1-金刚烷基)-1-戊基吲唑-3-甲酰胺	4克	—	—	合成大麻素
33	CB-13	1-(1-萘甲酰基)-4-戊氧基萘	23.6克	—	—	合成大麻素
34	CUMYL-THPINACA	N-(1-甲基-1-苯基乙基)-1-(4-四氢吡喃甲基)吲唑-3-甲酰胺	4克	—	AKB48	合成大麻素
35	EAM-2201	1-(5-氟戊基)-3-(4-乙基-1-萘甲酰基)吲哚	10克	—	JWH-210	合成大麻素
36	FUB-JWH-018	1-(4-氟苄基)-3-(1-萘甲酰基)吲哚	4克	—	JWH-007	合成大麻素
37	FUB-PB-22	1-(4-氟苄基)吲哚-3-甲酸-8-喹啉酯	2克	—	ADB-PINACA	合成大麻素
38	JWH-007	2-甲基-1-戊基-3-(1-萘甲酰基)吲哚	4克	—	—	合成大麻素
39	JWH-015	2-甲基-1-丙基-3-(1-萘甲酰基)吲哚	4克	—	JWH-007	合成大麻素
40	JWH-019	1-己基-3-(1-萘甲酰基)吲哚	4克	—	JWH-007	合成大麻素
41	JWH-081	1-戊基-3-(4-甲氧基-1-萘甲酰基)吲哚	34克	—	—	合成大麻素
42	JWH-122	1-戊基-3-(4-甲基-1-萘甲酰基)吲哚	3.7克	—	—	合成大麻素
43	JWH-203	1-戊基-3-(2-氯苯乙酰基)吲哚	0.37克	—	—	合成大麻素
44	JWH-210	1-戊基-3-(4-乙基-1-萘甲酰基)吲哚	10克	—	—	合成大麻素

（续表）

序号	英文名称	中文名称	折算标准（1克该物质相当于）海洛因	折算标准 甲基苯丙胺	参照物质*	分类
45	JWH-370	1-戊基-2-(2-甲基苯基)-4-(1-萘甲酰基)吡咯	10克	—	JWH-210	合成大麻素
46	MAM-2201	1-(5-氟基)-3-(4-甲基-1-萘甲酰基)吲哚	10克	—	JWH-210	合成大麻素
47	MDMB-CHMICA	N-(1-甲氧羰基-2,2-二甲基丙基)-1-(环己基甲基)吲哚-3-甲酰胺	10.5克	—	ADBICA	合成大麻素
48	MDMB-FUBINACA	N-(1-甲氧羰基-2,2-二甲基丙基)-1-(4-氟苯基)吲唑-3-甲酰胺	4.7克	—	AB-FUBINACA	合成大麻素
49	PB-22	1-戊基吲哚-3-甲酸-8-喹啉酯	49克	—	—	合成大麻素
50	PX-2	N-(1-氨甲酰基-2-苯基乙基)-1-(5-氟戊基)吲唑-3-甲酰胺	1.44克	—	AB-PINACA	合成大麻素
51	RCS-4	1-戊基-3-(4-甲氧基苯甲酰基)吲哚	0.03克	—	—	合成大麻素
52	STS-135	N-(1-金刚烷基)-1-(5-氟戊基)吲哚-3-甲酰胺	19克	—	—	合成大麻素
53	UR-144	1-戊基-3-(2,2,3,3-四甲基环丙甲酰基)吲哚	0.714克	—	—	合成大麻素
54	2-FMC	2-氟甲卡西酮	0.476克	—	3-FMC	卡西酮

(续表)

序号	英文名称	中文名称	折算标准（1克该物质相当于）		参照物质*	分类
			海洛因	甲基苯丙胺		
55	2-MMC	2-甲基甲卡西酮	—	0.3克	4-MMC	卡西酮
56	3,4-DMMC	3,4-二甲基甲卡西酮	—	0.3克	4-MMC	卡西酮
57	3-CMC	3-氯甲卡西酮	—	0.3克	4-MMC	卡西酮
58	3-MeOMC	3-甲氧基甲卡西酮	—	0.3克	4-MMC	卡西酮
59	3-MMC	3-甲基甲卡西酮	—	0.3克	4-MMC	卡西酮
60	4-BMC	4-溴甲卡西酮	—	0.14克	4-FMC	卡西酮
61	4-CMC	4-氯甲卡西酮	—	0.14克	4-FMC	卡西酮
62	4-FMC	4-氟甲卡西酮	—	0.14克	—	卡西酮
63	4-F-α-PVP	1-(4-氟苯基)-2-(N-吡咯烷基)-1-戊酮	—	0.4克	α-PVP	卡西酮
64	4-MeBP	1-(4-甲基苯基)-2-甲氨基-1-丁酮	—	0.3克	4-MMC	卡西酮
65	4-MeO-α-PVP	1-(4-甲氧基苯基)-2-(N-吡咯烷基)-1-戊酮	—	0.4克	α-PVP	卡西酮
66	Buphedrone	1-苯基-2-甲氨基-1-丁酮	—	0.3克	4-MMC	卡西酮
67	Butylone	2-甲氨基-1-[3,4-(亚甲二氧基)苯基]-1-丁酮	—	0.15克	—	卡西酮

（续表）

序号	英文名称	中文名称	折算标准(1克该物质相当于) 海洛因	折算标准 甲基苯丙胺	参照物质*	分类
68	Dimethylone	2-二甲氨基-1-[3,4-(亚甲二氧基)苯基]-1-丙酮	1克	—	MDPV	卡西酮
69	Ethcathinone	乙卡西酮	—	0.03克	4-MEC	卡西酮
70	Ethylone	3,4-亚甲二氧基乙卡西酮	—	0.19克	methylone	卡西酮
71	MDPBP	1-[3,4-(亚甲二氧基)苯基]-2-(N-吡咯烷基)-1-丁酮	1克	—	MDPV	卡西酮
72	MDPPP	1-[3,4-(亚甲二氧基)苯基]-2-(N-吡咯烷基)-1-丙酮	1克	—	MDPV	卡西酮
73	Methedrone	4-甲氧基甲卡西酮	—	0.3克	4-MMC	卡西酮
74	NEB	1-苯基-2-乙氨基-1-丁酮	—	0.3克	4-MMC	卡西酮
75	Pentedrone	1-苯基-2-甲氨基-1-戊酮	0.3克	—	—	卡西酮
76	α-PBP	1-苯基-2-(N-吡咯烷基)-1-丁酮	—	0.4克	α-PVP	卡西酮
77	α-PHP	1-苯基-2-(N-吡咯烷基)-1-己酮	—	0.4克	α-PVP	卡西酮
78	α-PHPP	1-苯基-2-(N-吡咯烷基)-1-庚酮	—	0.4克	α-PVP	卡西酮
79	α-PVP	1-苯基-2-(N-吡咯烷基)-1-戊酮	—	0.4克	—	卡西酮

(续表)

序号	英文名称	中文名称	折算标准（1克该物质相当于）海洛因	折算标准（1克该物质相当于）甲基苯丙胺	参照物质*	分类
80	α-PVT	1-(2-噻吩基)-2-(N-吡咯烷基)-1-戊酮	—	0.4 克	α-PVP	其他
81	MXE	2-(3-甲氧基苯基)-2-乙基氨基环己酮	0.025 克	—	—	氯胺酮及苯环利定
82	NENK	乙基去甲氯胺酮	0.025 克	—	MXE	氯胺酮及苯环利定
83	5-MeO-DALT	N,N-二烯丙基-5-甲氧基色胺	1 克	—	5-MeO-DiPT	色胺
84	5-MeO-DiPT	N,N-二异丙基-5-甲氧基色胺	—	1 克	—	色胺
85	5-MeO-DMT	N,N-二甲基-5-甲氧基色胺	1 克	—	5-MeO-DiPT	色胺
86	5-MeO-MiPT	N-甲基-N-异丙基-5-甲氧基色胺	1 克	—	5-MeO-DiPT	色胺
87	AMT	α-甲基色胺	0.134 克	—	—	色胺
88	DBZP	1,4-二苄基哌嗪	4 克	—	mCPP	哌嗪
89	mCPP	1-(3-氯苯基)哌嗪	4 克	—	—	哌嗪
90	TFMPP	1-(3-三氟甲基苯基)哌嗪	0.33 克	—	—	哌嗪
91	2-AI	2-氨基茚满	1 克	—	MDAI	氨基茚
92	MDAI	5,6-亚甲二氧基-2-氨基茚满	1 克	—	—	氨基茚

(续表)

序号	英文名称	中文名称	折算标准 (1克该物质相当于) 海洛因	折算标准 甲基苯丙胺	参照物质*	分类
93	2-DPMP	2-二苯基哌啶	1.165克	—	—	其他
94	3,4-CTMP	3,4-二氯哌甲酯	—	8克	—	其他
95	Acetylfentanyl	乙酰芬太尼	6克	—	—	其他(芬太尼)
96	AH-7921	3,4-二氯-N-[(1-二甲氨基环己基)甲基]苯甲酰胺	0.4克	—	—	其他
97	Butyrylfentanyl	丁酰芬太尼	1.25克	—	—	其他(芬太尼)
98	Ethylphenidate	哌乙酯	—	1克	Methylphenidate	其他
99	Methoxphenidine	1-[1-(2-甲氧基苯基)-2-苯基乙基]哌啶	1.165克	—	2-DPMP	其他
100	Phenazepam	芬纳西泮	0.005克	—	—	其他
101	β-Hydroxythiofentanyl	β-羟基硫代芬太尼	40克	—	芬太尼	其他(芬太尼)
102	4-Fluorobutyrfentanyl	4-氟丁酰芬太尼	1.25克	—	Butyrylfentanyl	其他(芬太尼)
103	Isobutyrfentanyl	异丁酰芬太尼	1.25克	—	Butyrylfentanyl	其他(芬太尼)
104	Ocfentanyl	奥芬太尼	66.8克	—	—	其他(芬太尼)

*：参照物质以文献或化学结构相似程度而确定

《关于印发〈100 种麻醉药品和精神药品管制品种依赖性折算表〉的通知》
(禁毒办通〔2017〕52 号)

各省、自治区、直辖市禁毒委员会办公室,新疆生产建设兵团禁毒委员会办公室:

为进一步加大对已列管麻醉药品和精神药品违法犯罪活动的打击力度,我办委托国内专业机构对《麻醉药品和精神药品品种目录(2013 年版)》中尚未明确定罪量刑数量标准的 100 种麻醉药品和精神药品与海洛因或甲基苯丙胺的折算标准进行了调研、论证。经商最高人民法院、最高人民检察院、国家卫生和计划生育委员会、国家食品药品监督管理总局同意,现将折算表印发给你们,供在执法实践中参考。

此折算表在实践中的具体适用情况请及时报送我办。

特此通知。

国家禁毒委员会办公室
2017 年 10 月 20 日

100 种麻醉药品和精神药品管制品种依赖性折算表

序号	中文名称	英文名称	折算标准(1 克该物质相当于)	
			海洛因	甲基苯丙胺
1	醋美沙多	Acetylmethadol	2.5 克	—
2	烯丙罗定	Allylprodine	11.5 克	—
3	阿醋美沙多	Alphacetylmethadol	2.5 克	—
4	阿法美罗定	Alphameprodine	0.46 克	—
5	阿法美沙多	Alphamethadol	2.5 克	—
6	阿尼利定	Anileridine	8.9 克	—
7	苄替啶	Benzethidine	1.84 克	—
8	苄吗啡	Benzylmorphine	85 毫克	—
9	倍醋美沙多	Betacetylmethadol	2.5 克	—
10	倍他美罗定	Betameprodine	11.5 克	—

(续表)

序号	中文名称	英文名称	折算标准 (1克该物质相当于)	
			海洛因	甲基苯丙胺
11	倍他美沙多	Betamethadol	2.5 克	—
12	倍他罗定	Betaprodine	11.5 克	—
13	贝齐米特	Bezitramide	6.4 克	—
14	氯尼他秦	Clonitazene	1.5 克	—
15	古柯叶	Coca Leaf	2.8 毫克	—
16	可多克辛	Codoxime	1.3 克	—
17	罂粟浓缩物	Concentrate of Poppy Straw	3.38 毫克	—
18	右吗拉胺	Dextromoramide	1.5 克	—
19	地恩丙胺	Diampromide	0.5 克	—
20	二乙噻丁	Diethylthiambutene	0.85 克	—
21	地芬诺辛	Difenoxin	0.375 克	—
22	双氢吗啡	Dihydromorphine	0.6 克	—
23	地美沙多	Dimenoxadol	2.5 克	—
24	地美庚醇	Dimepheptanol	2.5 克	—
25	二甲噻丁	Dimethylthiambutene	0.85 克	—
26	吗苯丁酯	Dioxaphetyl Butyrate	0.204 克	—
27	地匹哌酮	Dipipanone	0.258 克	—
28	羟蒂巴酚	Drotebanol	80 毫克	—
29	芽子碱	Ecgonine	88 毫克	—
30	乙甲噻丁	Ethylmethylthiambutene	0.85 克	—

(续表)

序号	中文名称	英文名称	折算标准（1克该物质相当于）	
			海洛因	甲基苯丙胺
31	依托尼秦	Etonitazene	30 克	—
32	依托利定	Etoxeridine	0.69 克	
33	呋替啶	Furethidine	3.68 克	
34	羟哌替啶	Hydroxypethidine	0.63 克	
35	异美沙酮	Isomethadone	0.22 克	
36	左美沙芬	Levomethorphan	2.25 克	
37	左吗拉胺	Levomoramide	1.5 克	
38	左芬啡烷	Levophenacylmorphan	2 克	
39	美他佐辛	Metazocine	0.545 克	
40	美沙酮中间体	Methadone Intermediate	0.32 克	
41	甲地索啡	Methyldesorphine	7.5 克	
42	甲二氢吗啡	Methyldihydromorphine	0.17 克	
43	美托酮	Metopon	1.43 克	
44	吗拉胺中间体	Moramide Intermediate	1.9 克	
45	吗哌利定	Morpheridine	0.29 克	
46	吗啡甲溴化物	Morphine Methobromide	20 毫克	
47	吗啡-N-氧化物	Morphine-N-oxide	6 毫克	
48	麦罗啡	Myrophine	20 毫克	
49	尼可吗啡	Nicomorphine	0.5 克	
50	诺美沙多	Noracymethadol	1.62 克	

(续表)

序号	中文名称	英文名称	折算标准（1克该物质相当于）	
			海洛因	甲基苯丙胺
51	去甲左啡诺	Norlevorphanol	0.05 克	—
52	去甲美沙酮	Normethadone	0.05 克	—
53	诺匹哌酮	Norpipanone	0.05 克	—
54	奥列巴文	Oripavine	0.05 克	—
55	哌替啶中间体 A	Pethidine intermediate A	0.015 克	—
56	哌替啶中间体 B	Pethidine intermediate B	0.015 克	—
57	哌替啶中间体 C	Pethidine intermediate C	0.015 克	—
58	苯吗庚酮	Phenadoxone	0.05 克	—
59	非那丙胺	Phenampromide	0.024 克	—
60	非那佐辛	Phenazocine	2 克	—
61	非那啡烷	Phenomorphan	35 克	—
62	苯哌利定	Phenoperidine	5 克	—
63	匹米诺定	Piminodine	0.05 克	—
64	哌腈米特	Piritramide	0.375 克	—
65	普罗庚嗪	Proheptazine	0.05 克	—
66	丙哌利定	Properidine	0.05 克	—
67	消旋甲啡烷	Racemethorphan	0.025 克	—
68	消旋吗拉胺	Dextromoramide	0.5 克	—
69	消旋啡烷	Racemorphan	0.025 克	—
70	醋氢可酮	Thebacon	1.3 克	—

(续表)

序号	中文名称	英文名称	折算标准 (1克该物质相当于)	
			海洛因	甲基苯丙胺
71	蒂巴因	Thebaine	0.5 克	—
72	三甲利定	Trimeperidine	0.25 克	—
73	氨奈普汀	Amineptine	0.1 毫克	—
74	2,5-二甲氧基-4-溴苯乙胺	4-Bromo-2,5-dimethoxyphenethylamine(2C-B)	—	1 克
75	齐培丙醇	Zipeprol	0.15 毫克	—
76	依他喹酮	Etaqualone	0.007 毫克	—
77	他喷他多	Tapentadol	0.145 克	—
78	格鲁米特	Glutethimide	0.4 毫克	—
79	阿米雷司	Aminorex	0.132 克	—
80	氯巴占	Clobazam	0.1 毫克	—
81	氯拉䓬酸	Clorazepate	0.05 毫克	—
82	氯噻西泮	Clotiazepam	0.1 毫克	—
83	氯噁唑仑	Cloxazolam	0.1 毫克	—
84	乙氯维诺	Ethchlorvynol	0.01 毫克	—
85	炔己蚁胺	Ethinamate	0.001 毫克	—
86	氯氟䓬乙酯	Ethyl Loflazepate	0.1 毫克	—
87	芬坎法明	Fencamfamin	0.5 克	—
88	利非他明	Lefetamine	0.5 克	—
89	甲乙哌酮	Methyprylon	0.1 克	—

(续表)

序号	中文名称	英文名称	折算标准（1克该物质相当于）	
			海洛因	甲基苯丙胺
90	哌苯甲醇	Pipradrol	—	0.1 克
91	仲丁比妥	Secbutabarbital	0.2 毫克	—
92	乙烯比妥	Vinylbital	0.2 毫克	—
93	麦角胺咖啡因片*	Ergotamine and Caffeine Tablet	0.001 毫克	
94	呋芬雷司	Furfennorex	—	1 克
95	纳布啡及其注射剂	Nalbuphine and its injection	0.5 克	—
96	氨酚氢可酮片*	Paracetamol and Hydrocodone Bitartrate Tablet	0.5 克	—
97	丙己君	Propylhexedrine		0.02 克
98	佐匹克隆	Zopiclone	0.025 毫克	
99	2,5-二甲氧基苯乙胺	2,5-dimethoxyphenethylamine		0.02 克
100	4-甲基甲卡西酮	4-Methylmethcathinone		1 克

《关于印发〈3种合成大麻素依赖性折算表〉的通知》（禁毒办通〔2019〕6号）

各省、自治区、直辖市禁毒委员会办公室，新疆生产建设兵团禁毒委员会办公室：

　　为进一步加大对已列管麻醉药品和精神药品违法犯罪活动的打击力度，我办委托国内专业机构对3种合成大麻素与海洛因的依赖性折算标准进行了调研、论证。经商最高人民法院、最高人民检察院、国家药品监督管理局同意，现将折算表印发给你们，供在执法实践中参考。

　　此折算表在实践中的具体适用情况请及时报送我办。

　　特此通知。

国家禁毒委员会办公室
2019年1月16日

3种合成大麻素依赖性折算表

序号	英文名称	中文名称	折算标准 (1克该物质相当于) 海洛因	分类
1	AMB-FUBINACA	3-甲基-2-[1-(4-氟苄基)吲唑-3-甲酰氨基]丁酸甲酯	5.5克	合成大麻素类
2	ADB-FUBINACA	N-(1-氨甲酰基-2,2-二甲基丙基)-1-(4-氟苄基)吲唑-3-甲酰胺	2.5克	合成大麻素类
3	5F-ADB	3,3-二甲基-2-[1-(5-氟戊基)吲唑-3-甲酰氨基]丁酸甲酯	14.0克	合成大麻素类

《关于印发〈氟胺酮和7种合成大麻素依赖性折算表〉的通知》(禁毒办通〔2021〕42号)

各省、自治区、直辖市禁毒委员会办公室,新疆生产建设兵团禁毒委员会办公室:

为进一步加大对已列管麻醉药品和精神药品违法犯罪活动的打击力度,我办委托国内专业机构对氟胺酮和7种合成大麻素与海洛因的依赖性折算标准进行了调研、论证。经商最高人民法院、最高人民检察院、国家卫生健康委员会、国家药品监督管理局同意,现将折算表印发给你们,供在执法实践中参考。

此折算表在实践中的具体适用情况请及时报送我办。

特此通知。

氟胺酮和 7 种合成大麻素依赖性折算表

序号	英文名称	中文名称	CAS 号	折算标准（1 克该物质相当于）海洛因	分类
1	2-FDCK Fluoroketamine	氟胺酮	111982-50-4	0.1 克	氯胺酮及苯环利啶类
2	ADB-4en-PINACA	N-(1-氨基-3,3-二甲基-1-氧亚基丁-2-基)-1-[戊-4-烯-1-基]-1H-吲唑-3-甲酰胺	2659308-44-6	0.2 克	合成大麻素类
3	MDMB-4en-PINACA	3,3-二甲基-2-[1-(戊-4-烯-1-基)-1H-吲唑-3-甲酰氨基]丁酸甲酯	2504100-70-1	0.2 克	合成大麻素类
4	ADB-BUTINACA	N-(1-氨基-3,3-二甲基-1-氧亚基丁-2-基)-1-丁基-1H-吲唑-3-甲酰胺	2682867-55-4	0.5 克	合成大麻素类
5	4CN-CUMYL-BUTINACA	1-(4-氰基丁基)-N-(2-苯基丙-2-基)-1H-吲唑-3-甲酰胺	1631074-54-8	0.5 克	合成大麻素类
6	5F-EMB-PICA	2-[1-(5-氟戊基)-1H-吲哚-3-甲酰氨基]-3-甲基丁酸乙酯	2648861-83-8	0.5 克	合成大麻素类
7	5F-MDMB-PICA	2-[1-(5-氟戊基)-1H-吲哚-3-甲酰氨基]-3,3-二甲基丁酸甲酯	1971007-88-1	0.5 克	合成大麻素类
8	4F-MDMB-BUTICA	2-[1-(4-氟丁基)-1H-吲哚-3-甲酰氨基]-3,3-二甲基丁酸甲酯	2682867-53-2	5.0 克	合成大麻素类

法律适用答复、复函

《公安部关于执行〈中华人民共和国禁毒法〉有关问题的批复》(公复字〔2008〕7号)

北京市公安局：

你局《关于执行中华人民共和国禁毒法有关问题的请示》(京公法字〔2008〕1349号)收悉。现批复如下：

一、对吸食、注射毒品人员，无论成瘾与否，应当根据《中华人民共和国治安管理处罚法》第七十二条的规定，予以治安管理处罚。但是，吸毒人员主动到公安机关登记或者到有资质的医疗机构接受戒毒治疗的，不予处罚。

二、《中华人民共和国禁毒法》规定的社区戒毒、强制隔离戒毒措施不是行政处罚，而是一种强制性的戒毒治疗措施。对吸毒成瘾人员，公安机关可以同时依法决定予以治安管理处罚和社区戒毒或者强制隔离戒毒。

三、对于同时被决定行政拘留和社区戒毒或者强制隔离戒毒的吸毒成瘾人员，且不属于《中华人民共和国治安管理处罚法》第二十一条规定情形的，应当先执行行政拘留，再执行社区戒毒或者强制隔离戒毒，行政拘留的期限不计入社区戒毒或者强制隔离戒毒的期限。拘留所不具备戒毒治疗条件的，可由公安机关管理的强制隔离戒毒所代为执行行政拘留。

第三百四十七条　【走私、贩卖、运输、制造毒品罪】 走私、贩卖、运输、制造毒品，无论数量多少，都应当追究刑事责任，予以刑事处罚。

走私、贩卖、运输、制造毒品，有下列情形之一的，处十五年有期徒刑、无期徒刑或者死刑，并处没收财产：

(一)走私、贩卖、运输、制造鸦片一千克以上、海洛因或者甲基苯丙胺五十克以上或者其他毒品数量大的；

(二)走私、贩卖、运输、制造毒品集团的首要分子；

(三)武装掩护走私、贩卖、运输、制造毒品的；

(四)以暴力抗拒检查、拘留、逮捕，情节严重的；

(五)参与有组织的国际贩毒活动的。

走私、贩卖、运输、制造鸦片二百克以上不满一千克、海洛因或者甲基苯丙胺十克以上不满五十克或者其他毒品数量较大的，处七年以上有期徒刑，并处罚金。

走私、贩卖、运输、制造鸦片不满二百克、海洛因或者甲基苯丙胺不满十克或者其他少量毒品的,处三年以下有期徒刑、拘役或者管制,并处罚金;情节严重的,处三年以上七年以下有期徒刑,并处罚金。

单位犯第二款、第三款、第四款罪的,对单位判处罚金,并对其直接负责的主管人员和其他直接责任人员,依照各该款的规定处罚。

利用、教唆未成年人走私、贩卖、运输、制造毒品,或者向未成年人出售毒品的,从重处罚。

对多次走私、贩卖、运输、制造毒品,未经处理的,毒品数量累计计算。

立法沿革

本条系1997年《刑法》吸收修改单行刑法作出的规定。1979年《刑法》第一百七十一条规定:"制造、贩卖、运输鸦片、海洛英、吗啡或者其他毒品的,处五年以下有期徒刑或者拘役,可以并处罚金。""一贯或者大量制造、贩卖、运输前款毒品的,处五年以上有期徒刑,可以并处没收财产。"《全国人民代表大会常务委员会关于惩治走私罪的补充规定》(自1988年2月21日起施行)第一条对走私毒品的行为作了规定:"走私鸦片等毒品、武器、弹药或者伪造货币的,处七年以上有期徒刑,并处罚金或者没收财产;情节特别严重的,处无期徒刑或者死刑,并处没收财产;情节较轻的,处七年以下有期徒刑,并处罚金。"《全国人民代表大会常务委员会关于禁毒的决定》(自1990年12月28日起施行)第二条规定:"走私、贩卖、运输、制造毒品,有下列情形之一的,处十五年有期徒刑、无期徒刑或者死刑,并处没收财产:(一)走私、贩卖、运输、制造鸦片一千克以上、海洛因五十克以上或者其他毒品数量大的;(二)走私、贩卖、运输、制造毒品集团的首要分子;(三)武装掩护走私、贩卖、运输、制造毒品的;(四)以暴力抗拒检查、拘留、逮捕,情节严重的;(五)参与有组织的国际贩毒活动的。""走私、贩卖、运输、制造鸦片二百克以上不满一千克、海洛因十克以上不满五十克或者其他毒品数量较大的,处七年以上有期徒刑,并处罚金。""走私、贩卖、运输、制造鸦片不满二百克、海洛因不满十克或者其他少量毒品的,处七年以下有期徒刑、拘役或者管制,并处罚金。""利用、教唆未成年人走私、贩卖、运输、制造毒品的,从重处罚。""对多次走私、贩卖、运输、制造毒品,未经处理的,毒品数量累计计算。"1997年《刑法》增设第一款"走私、贩卖、运输、制造毒品,无论数量多少,都应当追究刑事责任,予以刑事处罚"的规定,对甲基苯丙胺明确定罪量刑的具体数量标准,明确"向未成年人出售毒品的,从重处罚",并增加单位犯罪的规定。

司法解释

《最高人民法院关于审理毒品犯罪案件适用法律若干问题的解释》(法释〔2016〕8号)第一条至第四条对《刑法》第三百四十七条的定罪量刑标准作了规定。(→参见本节标题评注部分,第1853—1856页)

规范性文件

《最高人民法院、最高人民检察院、公安部办理毒品犯罪案件适用法律若干问题的意见》(公通字〔2007〕84号)"三、关于办理氯胺酮等毒品案件定罪量刑标准问题"对《刑法》第三百四十七条、第三百四十八条的适用作了规定。(→参见本节标题评注部分,第1863页)

《最高人民法院、最高人民检察院、公安部关于办理走私、非法买卖麻黄碱类复方制剂等刑事案件适用法律若干问题的意见》(法发〔2012〕12号)第一条至第八条对麻黄碱类复方制剂涉及《刑法》第三百四十七条的适用作了规定。(→参见第三百五十条评注部分,第1958—1958页)

《最高人民法院、最高人民检察院、公安部、农业部、食品药品监管总局关于进一步加强麻黄草管理严厉打击非法买卖麻黄草等违法犯罪活动的通知》(公通字〔2013〕16号)"三、依法查处非法采挖、买卖麻黄草等犯罪行为"对《刑法》第三百四十七条的适用作了规定。(→参见第三百五十条评注部分,第1961页)

《最高人民法院、最高人民检察院关于常见犯罪的量刑指导意见(试行)》(法发〔2021〕21号,节录)

四、常见犯罪的量刑

(二十)走私、贩卖、运输、制造毒品罪

1. 构成走私、贩卖、运输、制造毒品罪的,根据下列情形在相应的幅度内确定量刑起点。

(1)走私、贩卖、运输、制造鸦片一千克,海洛因、甲基苯丙胺五十克或者其它毒品数量达到数量大起点的,量刑起点为十五年有期徒刑。依法应当判处无期徒刑以上刑罚的除外。

(2)走私、贩卖、运输、制造鸦片二百克,海洛因、甲基苯丙胺十克或者其它毒品数量达到数量较大起点的,在七年至八年有期徒刑幅度内确定量刑起点。

(3)走私、贩卖、运输、制造鸦片不满二百克,海洛因、甲基苯丙胺不满十克或者其他少量毒品的,可以在三年以下有期徒刑、拘役幅度内确定量刑起点;情节严重的,在三年至四年有期徒刑幅度内确定量刑起点。

2.在量刑起点的基础上,根据毒品犯罪次数、人次、毒品数量等其他影响犯罪构成的犯罪事实增加刑罚量,确定基准刑。

3.有下列情节之一的,增加基准刑的10%-30%:

(1)利用、教唆未成年人走私、贩卖、运输、制造毒品的;

(2)向未成年人出售毒品的;

(3)毒品再犯。

4.有下列情节之一的,可以减少基准刑的30%以下:

(1)受雇运输毒品的;

(2)毒品含量明显偏低的;

(3)存在数量引诱情形的。

5.构成走私、贩卖、运输、制造毒品罪的,根据走私、贩卖、运输、制造毒品的种类、数量、危害后果等犯罪情节,综合考虑被告人缴纳罚金的能力,决定罚金数额。

6.构成走私、贩卖、运输、制造毒品罪的,综合考虑走私、贩卖、运输、制造毒品的种类、数量、危害后果等犯罪事实、量刑情节,以及被告人的主观恶性、人身危险性、认罪悔罪表现等因素,从严把握缓刑的适用。

(→前三部分和第五部分参见总则第四章第一节标题评注部分,第223、227页)

《全国法院毒品案件审判工作会议纪要》(法〔2023〕108号)"二、罪名认定问题""三、毒品数量、含量问题""四、共同犯罪问题"对《刑法》第三百四十七条的适用作了规定。(→参见本节标题评注部分,第1874、1877页)

立案追诉标准

《最高人民检察院、公安部关于公安机关管辖的刑事案件立案追诉标准的规定(三)》(公通字〔2012〕26号,节录)

第一条 [走私、贩卖、运输、制造毒品案(刑法第三百四十七条)]走私、贩卖、运输、制造毒品,无论数量多少,都应予立案追诉。

本条规定的"走私"是指明知是毒品而非法将其运输、携带、寄递进出国(边)境的行为。直接向走私人非法收购走私进口的毒品,或者在内海、领海、界河、界湖运输、收购、贩卖毒品的,以走私毒品罪立案追诉。

本条规定的"贩卖"是指明知是毒品而非法销售或者以贩卖为目的而非法收买的行为。

有证据证明行为人以牟利为目的,为他人代购仅用于吸食、注射的毒品,对代购者以贩卖毒品罪立案追诉。不以牟利为目的,为他人代购仅用于吸食、注射的毒品,毒品数量达到本规定第二条规定的数量标准的,对托购者和代购者以非法持有毒品罪立案追诉。明知他人实施毒品犯罪而为其居间介绍、代购代卖的,无论是否牟利,都应以相关毒品犯罪的共犯立案追诉。

本条规定的"运输"是指明知是毒品而采用携带、寄递、托运、利用他人或者使用交通工具等方法非法运送毒品的行为。

本条规定的"制造"是指非法利用毒品原植物直接提炼或者用化学方法加工、配制毒品,或者以改变毒品成分和效用为目的,用混合等物理方法加工、配制毒品的行为。为了便于隐蔽运输、销售、使用、欺骗购买者,或者为了增重,对毒品掺杂使假,添加或者去除其他非毒品物质,不属于制造毒品的行为。

为了制造毒品而采用生产、加工、提炼等方法非法制造易制毒化学品的,以制造毒品罪(预备)立案追诉。购进制造毒品的设备和原材料,开始着手制造毒品,尚未制造出毒品或者半成品的,以制造毒品罪(未遂)立案追诉。明知他人制造毒品而为其生产、加工、提炼、提供醋酸酐、乙醚、三氯甲烷等制毒物品的,以制造毒品罪的共犯立案追诉。

走私、贩卖、运输毒品主观故意中的"明知",是指行为人知道或者应当知道所实施的是走私、贩卖、运输毒品行为。具有下列情形之一,结合行为人的供述和其他证据综合审查判断,可以认定其"应当知道",但有证据证明确属被蒙骗的除外:

(一)执法人员在口岸、机场、车站、港口、邮局和其他检查站点检查时,要求行为人申报携带、运输、寄递的物品和其他疑似毒品物,并告知其法律责任,而行为人未如实申报,在其携带、运输、寄递的物品中查获毒品的;

(二)以伪报、藏匿、伪装等蒙蔽手段逃避海关、边防等检查,在其携带、运输、寄递的物品中查获毒品的;

(三)执法人员检查时,有逃跑、丢弃携带物品或者逃避、抗拒检查等行为,在其携带、藏匿或者丢弃的物品中查获毒品的;

(四)体内或者贴身隐秘处藏匿毒品的;

(五)为获取不同寻常的高额或者不等值的报酬为他人携带、运输、寄递、收取物品,从中查获毒品的;

(六)采用高度隐蔽的方式携带、运输物品,从中查获毒品的;

(七)采用高度隐蔽的方式交接物品,明显违背合法物品惯常交接方式,从中查获毒品的;

(八)行程路线故意绕开检查站点,在其携带、运输的物品中查获毒品的;

(九)以虚假身份、地址或者其他虚假方式办理托运、寄递手续,在托运、寄递的物品中查获毒品的；

（十）有其他证据足以证明行为人应当知道的。

制造毒品主观故意中的"明知"，是指行为人知道或者应当知道所实施的是制造毒品行为。有下列情形之一，结合行为人的供述和其他证据综合审查判断，可以认定其"应当知道"，但有证据证明确属被蒙骗的除外：

（一）购置了专门用于制造毒品的设备、工具、制毒物品或者配制方案的；

（二）为获取不同寻常的高额或者不等值的报酬为他人制造物品，经检验是毒品的；

（三）在偏远、隐蔽场所制造，或者采取对制造设备进行伪装等方式制造物品，经检验是毒品的；

（四）制造人员在执法人员检查时，有逃跑、抗拒检查等行为，在现场查获制造出的物品，经检验是毒品的；

（五）有其他证据足以证明行为人应当知道的。

走私、贩卖、运输、制造毒品罪是选择性罪名，对同一宗毒品实施了两种以上犯罪行为，并有相应确凿证据的，应当按照所实施的犯罪行为的性质并列适用罪名，毒品数量不重复计算。对同一宗毒品可能实施了两种以上犯罪行为，但相应证据只能认定其中一种或者几种行为，认定其他行为的证据不够确实充分的，只按照依法能够认定的行为的性质适用罪名。对不同宗毒品分别实施了不同种犯罪行为的，应对不同行为并列适用罪名，累计计算毒品数量。

（→第十三条至第十七条参见本节标题评注部分，第1893页）

■ 指导性案例

王某贩卖、制造毒品案（检例第150号，节录）

关键词 贩卖、制造毒品罪 国家管制化学品 麻醉药品、精神药品 毒品含量 涉毒资产查处

要 旨 行为人利用未列入国家管制的化学品为原料，生产、销售含有国家管制的麻醉药品、精神药品成分的食品，明知该成分毒品属性的，应当认定为贩卖、制造毒品罪。检察机关办理新型毒品犯罪案件，应当审查毒品含量，依法准确适用刑罚。对于毒品犯罪所得的财物及其孳息、收益和供犯罪所用的本人财物，应当依法予以追缴、没收。

马某某走私、贩卖毒品案（检例第151号，节录）

关键词 走私、贩卖毒品罪 麻醉药品、精神药品 主观明知 非法用途贩卖毒品既遂

要　旨　行为人明知系国家管制的麻醉药品、精神药品，出于非法用途走私、贩卖的，应当以走私、贩卖毒品罪追究刑事责任。行为人出于非法用途，以贩卖为目的非法购买国家管制的麻醉药品、精神药品的，应当认定为贩卖毒品罪既遂。检察机关应当综合评价新型毒品犯罪的社会危害性，依法提出量刑建议。

何某贩卖、制造毒品案(检例第153号，节录)

关键词　贩卖、制造毒品罪　麻醉药品、精神药品　未管制原生植物　侦查实验

要　旨　行为人利用原生植物为原料，通过提炼等方法制成含有国家管制的麻醉药品、精神药品的物质，并予以贩卖的，应当认定为贩卖、制造毒品罪。办理新型毒品犯罪案件，检察机关应当依法引导侦查机关开展侦查实验，查明案件事实。

刘某某贩卖毒品二审抗诉案(检例第179号，节录)[1]

关键词　二审抗诉　贩卖毒品罪　被告人不认罪　排除合理怀疑　直接改判

要　旨　对于人民法院以存在"合理怀疑"为由宣告被告人无罪的案件，人民检察院认为在案证据能够形成完整的证据链，且被告人的无罪辩解没有证据证实的，应当提出抗诉。同时，对于确有必要的，要补充完善证据，对人民法院认为存在的"合理怀疑"作出解释，以准确排除"合理怀疑"，充分支持抗诉意见和理由。对于查清事实后足以定罪量刑的抗诉案件，如未超出起诉指控范围，人民检察院可以建议人民法院依法直接改判。

法律适用答复、复函

《公安部禁毒局关于非法制造贩卖安钠咖立案问题的答复》(公禁毒〔2002〕434号)

甘肃省公安厅禁毒处：

你处《关于非法制造贩卖安钠咖立案标准的请示》收悉，现答复如下：

安钠咖属于《刑法》规定的毒品。根据《刑法》第三百四十七条第一款的规

---

[1]　"指导意义"部分第(二)点为：对于行为人不认罪的毒品犯罪案件，要根据在案证据，结合案件实际情况综合判断行为人对毒品犯罪的主观"明知"。人民检察院在办理案件中，判断行为人是否"知道或者应当知道行为对象是毒品"，应综合考虑案件中的各种客观实际情况，依据实施毒品犯罪行为的过程、行为方式、毒品被查获时的情形和环境等证据，结合行为人的年龄、阅历、智力及掌握相关知识情况，进行综合分析判断。并且用做推定行为人"知道或者应当知道行为对象是毒品"的前提的事实基础必须有确凿的证据证明。

定、贩卖、制造毒品,无论数量多少,都应当追究刑事责任,予以刑事处罚。因此,对于非法制造、贩卖安钠咖的,不论查获的数量多少,公安机关都应当按照非法制造、贩卖毒品罪立案侦查。

同时你们《请示》中涉及的案例在全国极为罕见,饭店经营者直接向顾客(主要是过往就餐的汽车司机)推销毒品,犯罪情节恶劣,严重危害社会治安,不仅可以致使顾客吸毒成瘾,而就餐的司机吸食安钠咖后驾驶汽车,其吸毒后产生的不良反应将给交通安全带来很大隐患,随时可能导致严重后果,危及人民生命财产。因此,公安机关应当依法严厉打击此类毒品犯罪活动。

《公安部关于在成品药中非法添加阿普唑仑和曲马多进行销售能否认定为制造贩卖毒品有关问题的批复》(公复字〔2009〕1号)

海南省公安厅:

你厅《关于在成品药中非法添加阿普唑仑和曲马多进行销售能否认定为毒品的请示》(琼公发〔2009〕2号)收悉。经商最高人民检察院有关部门,现批复如下:

一、阿普唑仑和曲马多为国家管制的二类精神药品。根据《中华人民共和国刑法》第三百五十五条的规定,如果行为人具有生产、管理、使用阿普唑仑和曲马多的资质,却将其掺加在其他药品中,违反国家规定向吸食、注射毒品的人提供的,构成非法提供精神药品罪;向走私、贩卖毒品的犯罪分子或以牟利为目的向吸食、注射毒品的人提供的,构成走私、贩卖毒品罪。根据《中华人民共和国刑法》第三百四十七条的规定,如果行为人没有生产、管理、使用阿普唑仑和曲马多的资质,而将其掺加在其他药品中予以贩卖,构成贩卖、制造毒品罪。

二、在办案中应当注意区别为治疗、戒毒依法合理使用的行为与上述犯罪行为的界限。只有违反国家规定,明知是走私、贩卖毒品的人员而向其提供阿普唑仑和曲马多,或者明知是吸毒人员而向其贩卖或超出规定的次数、数量向其提供阿普唑仑和曲马多的,才可以认定为犯罪。

《最高人民法院研究室关于被告人对不同种毒品实施同一犯罪行为是否按比例折算成一种毒品予以累加后量刑的答复》(法研〔2009〕146号)

四川省高级人民法院:

你院川高法〔2009〕390号《关于被告人对不同种毒品实施同一犯罪行为是否按比例折算成一种毒品予以累加后量刑的请示》收悉。经研究,答复如下:

根据《全国部分法院审理毒品犯罪案件工作座谈会纪要》①的规定,对被告人一人走私、贩卖、运输、制造两种以上毒品的,不实行数罪并罚,量刑时可综合考虑毒品的种类、数量及危害,依法处理。故同意你院处理意见。

▍典型案例

四川王某某贩卖、制造毒品案(检察机关依法惩治新型毒品犯罪典型案例)要旨提出:"对于明知 γ-羟丁酸系国家管制的精神药品,而制造含有 γ-羟丁酸成分的饮料并予以贩卖的行为,应以贩卖、制造毒品罪追究刑事责任。"该案系在出售的饮料之中检测出 γ-羟丁酸成分,故认定为贩卖、制造毒品罪。对于实践中出现的个别出售的食品本身不含有 γ-羟丁酸成分,但进入体内通过脱氧反应产生 γ-羟丁酸的,**本评注认为**不宜适用贩卖、制造毒品罪,但可以进一步审查是否符合生产、销售有毒、有害食品罪的构成要件。

▍刑参案例规则提炼②

《**唐友珍运输毒品案**——毒品犯罪数量不是决定判处死刑的唯一标准》(第12号案例)、《**马俊海运输毒品案**——被告人在受人雇佣运输毒品过程中才意识

---

① 本纪要已被废止。《全国法院毒品案件审判工作会议纪要》(法〔2023〕108号)"二、罪名认定问题""(一)关于走私、贩卖、运输、制造、非法持有毒品行为"规定:"对不同宗毒品分别实施了不同种犯罪行为的,应对不同行为并列确定罪名,累计毒品数量,不实行数罪并罚。"——本评注注
② 另,鉴于相关规定对所涉问题作了规定或者予以调整,《**黄赏等走私毒品案**——对走私毒品大麻的犯罪如何适用刑罚》(第11号案例)、《**郑大昌走私毒品案**——吸毒者实施毒品犯罪的应如何定罪量刑》(第163号案例)、《**古展群等非法经营案**——如何认定非法买卖、运输盐酸氯胺酮注射液行为的性质》(第448号案例)、《**王丹俊贩卖、制造毒品案**——如何把握新型毒品案件的法律适用标准》(第534号案例)、《**李昭均运输毒品案**——如何把握运输氯胺酮犯罪的死刑适用标准》(第535号案例)、《**赵敏波贩卖、运输毒品案**——未进行毒品含量鉴定的新类型毒品案件应如何量刑》(第536号案例)、《**傅伟光走私毒品案**——在毒品犯罪案件中,如何认定行为人的主观明知? 对走私美沙酮片剂的犯罪行为如何适用量刑情节》(第638号案例)、《**夏志军制造毒品、非法持有枪支案**——如何认定制造毒品犯罪的"幕后老板"》(第743号案例)、《**易大元运输毒品案**——走私、贩卖、运输、制造毒品过程中暴力抗拒检查、抓捕,造成执法人员重伤、死亡的行为,如何定性》(第822号案例)、《**徐某贩卖毒品案**——代购毒品、"代购蹭吸"行为的认定、处理和未查获毒品实物案件如何认定毒品犯罪事实》(第1521号案例)所涉规则未予提炼;《**李伊斯麻贩卖毒品案**——被告人拒不认罪的如何运用证据定罪更处刑》(转下页)

第七节 走私、贩卖、运输、制造毒品罪

到运输的是毒品的案件应如何适用刑罚》(第28号案例)、《刘军等贩卖、运输毒品、非法买卖枪支、弹药案——有特情介入的毒品犯罪案件是否必然存在特情引诱》(第164号案例)、《苏永清贩卖毒品案——为贩卖毒品向公安特情人员购买毒品的应如何处理》(第208号案例)、《马盛坚等贩卖毒品案——贩卖毒品犯罪中的居间介绍行为应如何定罪处罚》(第248号案例)、《宋国华贩卖毒品案——对购买数量巨大的毒品且被告人本人系吸毒成瘾者的应当如何定性》(第365号案例)、《宋光军运输毒品案——因同案犯在逃致被告人在共同犯罪中地位、作用不明的应慎用死刑》(第405号案例)、《朱海斌等制造、贩卖毒品案——制造毒品失败的行为能否认定为犯罪未遂》(第486号案例)、《高国亮、李永望等贩卖、制造毒品案——加工、生产混合型毒品"麻古"的行为能否认定为制造毒品罪》(第501号案例)、《武汉同济药业有限公司等四单位及孙伟民等人贩卖、运输、制造、转移毒品案——不明知他人购买咖啡因是用于贩卖给吸毒人员的情况下,违规大量出售咖啡因的行为不构成贩卖毒品罪》(第528号案例)、《吴杰、常佳平、信沅明等贩卖毒品案——如何区分贩毒网络中主要被告人的罪责》(第529号案例)、《侯占齐、李文书、侯金山等人走私、贩卖毒品案——对家族式毒品共同犯罪中作用相对较小地位相对较低的主犯,可酌情从轻判处刑罚》(第530号案例)、《赵扬运输毒品案——如何把握运输毒品罪适用死刑的一般标准》(第531号案例)、《吉火木子扎运输毒品案——如何把握运输毒品案件中毒品数量与死刑适用的关系》(第532号案例)、《李补都运输毒品案——被告人运输毒品数量大,但不排除受人雇佣的,如何量刑》(第533号案例)、《王佳友、刘泽敏贩卖毒品案——对有特情介入因素的案件如何量刑》(第537号案例)、《申时雄、

(接上页)(第54号案例)、《黄德全、韦武全、韦红坚贩卖毒品案——毒品犯罪中如何准确认定从犯和适用刑罚》(第366号案例)、《张建国贩卖毒品案——如何理解和把握刑事诉讼法第四十六条关于"没有被告人供述,证据充分确实的,可以认定被告人有罪和处以刑罚"的规定》(第453号案例)、《李良顺运输毒品案——被告人以高度隐蔽的方式运输毒品,但否认明知的,如何认定》(第548号案例)、《龙正明运输毒品案——被告人到案后否认明知是毒品而运输的,如何认定其主观明知》(第549号案例)、《胡元忠运输毒品案——人"货"分离且被告人拒不认罪的,如何运用间接证据定案》(第552号案例)、《李陵、王君亚等贩卖、运输毒品,非法买卖、运输枪支、弹药案——被告人到案后不认罪的,如何认定其犯罪事实》(第553号案例)、《许实义贩卖、运输毒品案——毒品犯罪被告人主观明知的认定》(第592号案例)、《谢怀清贩卖、运输毒品案——毒品共同犯罪案件中被告人先后翻供的,如何认定案件事实》(第605号案例)主要涉及相关规则,特别是证据规则具体运用问题,对所涉规则未予提炼。

第347条

《汪宗智贩卖毒品案——如何认定毒品犯罪案件中的数量引诱》(第538号案例)、《龙从斌贩卖毒品案——对毒品犯罪数量接近实际掌握的死刑适用标准,又系毒品再犯的,如何体现从重处罚》(第543号案例)、《呷布金莫贩卖毒品案——对贩卖毒品数量刚达到死刑适用标准,但系毒品惯犯的,如何量刑》(第544号案例)、《王会陆、李明等人贩卖、运输毒品案——共同犯罪中罪责相对较小但系毒品再犯的,亦应从严惩处》(第546号案例)、《冯忠义、艾当生贩卖、运输毒品案——对同时为自己和他人运输毒品的被告人,应如何量刑》(第547号案例)、《周桂花运输毒品案——被告人以托运方式运输毒品的,如何认定其主观明知》(第550号案例)、《包占龙贩卖毒品案——在毒品犯罪案件中,如何区别侦查机关的"犯意引诱"和"数量引诱"?对不能排除"数量引诱"的毒品犯罪案件能否适用死刑立即执行》(第639号案例)、《古丽波斯坦·巴吐尔汗贩卖毒品案——司法机关查获部分毒品后,被告人主动交代了实际贩毒数量,并达到死刑数量标准的,如何量刑》(第742号案例)、《蒋泵源贩卖毒品案——明知他人从事贩卖毒品活动而代为保管甲基苯丙胺的行为如何定性》(第767号案例)、《王平运输毒品案——拒不供认毒品来源,又不能证明系受人指使、雇佣运输毒品的,如何处理》(第782号案例)、《凌万春、刘光普贩卖、制造毒品案——如何认定毒品共犯的地位、作用以及"制造"毒品行为》(第800号案例)、《李某贩卖毒品案——对被告人辩称受人雇用贩卖毒品的案件,如何把握死刑政策和证据标准》(第821号案例)、《邱绿清等走私、运输毒品案——走私、运输毒品数量大,罪行严重,且有累犯情节,但有证据表明被告人系受雇走私、运输毒品,且非单独实施走私、运输毒品行为的,是否适用死刑立即执行》(第852号案例)、《巴拉姆·马利克·阿吉达利·木尔塔扎·拉克走私毒品案——走私毒品案件中被告人主观明知的认定》(第954号案例)、《阿力日呷等贩卖、运输毒品案——对临时结伙贩卖、运输毒品起组织作用,但本人实际贩卖毒品数量相对较少的主犯如何量刑》(第955号案例)、《刘继芳贩卖毒品案——为吸食者代购少量毒品的行为如何定性以及特情引诱情节对毒品犯罪案件的定罪量刑是否具有影响》(第1014号案例)、《骆小林运输毒品案——对当场查获毒品的案件,被告人拒不认罪的,如何把握有关被告人主观明知的证据要求》(第1015号案例)、《叶布比初·跑次此尔走私、贩卖、运输毒品案——毒品犯罪中,有地位、作用突出的嫌疑人在逃的,是否影响对被告人死刑的适用》(第1033号案例)、《吴名强、黄桂荣等非法经营案——非法生产、经营国家管制的第二类精神药品盐酸曲马多,应如何定性》(第1057号案例)、《张应宣运输毒品案——吸毒人员在运输毒品过程中被查获的,如何定性》(第1069号案例)、《易卜拉欣·阿卜杜西默德·阿布多什走私毒品案——对走私恰特草的行为如何定罪量刑》(第 1132 号案例)、《陈维有、庄凯思贩卖毒品案——如何准确认定居间介绍买卖毒品行为》(第 1179 号案例)、《圣德·阿美·强走私毒品案——如何运用间接证据认定"零口供"走私毒品案》(第 1193 号案例)、《张成建等贩卖毒品案——贩卖毒品案件中上下家的罪责区分及死刑适用》(第 1194 号案例)、《张传勇贩卖毒品案——对以非接触方式交易毒品且被告人拒不供认的案件,如何综合运用间接证据定案》(第 1195 号案例)、《刘守红贩卖、制造毒品案——如何认定制造毒品行为以及制毒数量》(第 1196 号案例)、《章远贩卖毒品、容留他人吸毒案——为索要债务而唆使他人贩卖毒品的行为如何定性》(第 1197 号案例)、《林清泉制造毒品案——制造毒品案件中,缴获的毒品系液态毒品,判处死刑应当特别慎重》(第 1228 号案例)、《陈恒武、李详光贩卖、运输毒品案——共同贩卖毒品的死刑政策把握》(第 1229 号案例)、《孙奇志等贩卖毒品案——对毒品犯罪上下家如何区分罪责和适用死刑》(第 1230 号案例)、《姚明跃等贩卖毒品案——被告人具有吸毒情节的,如何认定贩卖毒品数量》(第 1231 号案例)、《张菊、王福贵、周道会贩卖、运输毒品案——重大毒品犯罪中,共同犯罪人及上下家之间如何适用刑罚》(第 1265 号案例)、《高洪雷等贩卖、运输毒品,介绍卖淫案——共同犯罪中作用相对较大的主犯因具有法定从轻情节而未判处死刑的,对其他主犯能否适用死刑》(第 1279 号案例)、《唐立新、蔡立兵贩卖毒品案——如何把握贩卖毒品罪的既遂未遂标准于毒品犯罪上下家的死刑适用标准》(第 1290 号案例)、《常茂、吴江运输毒品案——对毒品共同犯罪案件如何准确把握死刑政策》(第 1307 号案例)、《孙德柱贩卖毒品、容留他人吸毒案——容留他人吸毒且提供毒品并收取费用的行为如何定性》(第 1384 号案例)、《齐先贺贩卖、运输毒品案——如何区分毒品代购与加价贩卖》(第 1385 号案例)、《王某贩卖、制造毒品案——使用尚未列入《易制毒化学品名录》的化学原料生产含毒品成分的饮料并销售的,应认定为贩卖、制造毒品罪》(第 1520 号案例)、《徐某贩卖毒品案——代购毒品、"代购蹭吸"行为的认定、处理和未查获毒品实物案件如何认定毒品犯罪事实》(第 1521 号案例)、《黎某昌等贩卖、运输毒品案——重大毒品犯罪案件中技术侦查证据的移送与查证》(第 1522 号案例)所涉规则提炼如下:

1. 走私、贩卖、运输、制造毒品罪主观明知的认定规则。"以虚假身份办理托运手续,在其托运的物品中查获毒品,虽然其归案后始终否认其明知所托运的鞋内藏有毒品,但依据其运输毒品的过程、方式、毒品被查获时的情形等证据,结合其年龄、阅历、智力等情况,可以认定其明知是毒品而运输。"(第 550 号案例)"根据现有证据,可以认定二被告人采用高度隐蔽的方式携带、运输毒品,且未能做出合理解释,故可以认定二被告人明知所携带的手提公文箱中藏有毒品,依法构成走私毒品罪。"(第954号案例)

2. **走私毒品的认定规则**。①"《精神药品品种目录(2013年版)》中,将恰特草作为第一类精神药品进行管制。""在明知恰特草系毒品的情况下,仍意图携带入境,法院据此认定其构成走私毒品罪是正确的。"(第1132号案例)

3. **贩卖毒品的认定规则**。"明知债务人系贩毒分子而唆使其贩卖毒品以偿还债务,应当以贩卖毒品罪的教唆犯定罪处罚。"(第1197号案例)"在没有充分的证据足以证明……购买毒品是为了以贩养吸的情况下,认定……构成贩卖毒品罪的证据不足,而其购买海洛因用于吸食的证据较为充分,应认定构成非法持有毒品罪。"(第365号案例)居间介绍买卖毒品与居中倒卖毒品,"二者区分的关键在于在毒品交易中所处的地位和作用不同。居间介绍者……在交易中处于中间人地位,对毒品交易起帮助、促进作用;居中倒卖者虽然也处于毒品交易链条的中间环节,但在每一个具体的交易环节中都是一方交易主体,对交易的发起和达成起决定性作用。就量刑而言,对居中倒卖毒品者的处罚一般要重于居间介绍者"。(第1230号案例)"无论居间介绍者与购毒者还是贩毒者构成共同犯罪,其实质在于与另一方比较,居间介绍者与其中一方更具有共同的犯罪故意和共同的犯罪行为。"(第1179号案例)"容留他人吸毒,并提供毒品,又收取毒品费用的行为分别构成容留他人吸毒罪和贩卖毒品罪,应依法予以并罚。"(第1384号案例)"狭义的毒品代购,是指行为人受吸毒者委托无偿为吸毒者代为购买仅用于吸食的毒品……在狭义的毒品代购中,如果代购毒品数量超过《刑法》第三百四十八条规定的最低数量标准的,对托购者、代购者均应以非法持有毒品罪定罪处罚;如果代购毒品在运输途中被查获,且没有证据证明托购者、代购者是为了实施贩卖毒品等其他犯罪,毒品数量达较大以上的,对托购者、代购者以运输毒品罪的共犯论处;如果代购者从中牟利的,对代购者以贩卖毒品罪定罪处罚。"(第1385号案例)

4. **运输毒品的认定规则**。"如果案件并非人赃俱获,而是人'货'分离,会给认定案件事实增加难度。在此情况下,定案的关键就在于如何审查、认定在案间接证据的证据能力、证明力及相关的逻辑联系,判断在案证据能否形成证据锁

---

① 此外,在通过快递向国外邮寄毒品的案件中,境内交寄毒品的行为,实际上是走私的一个环节。在通常的走私毒品案件中,往往也会涉及境内运输,只要能认定境内运输是为了走私,罪名通常确定为走私毒品罪而非走私、运输毒品罪。——**本评注注**

链,达到排除合理怀疑的证明标准。"(第552号案例)"对于运输毒品罪而言,即使被告人否认自己对毒品的明知,但如果根据其行为的过程、方式、毒品被查获时的情形能够推定其主观上是明知的,也不影响定罪。其实质就是要确定犯罪人与毒品之间的一种主客观统一的对应关系,也就是人与毒的对应关系,达到真正的'人毒俱获'。"(第1015号案例)"对吸毒者运输毒品的行为不应以合理吸食量而应以数量较大作为区分标准,吸食者在运输毒品过程中被查获,没有证据证明其是为了实施贩卖毒品等其他犯罪,但只要数量达到较大以上的,一律以运输毒品罪定罪处罚。"(第1069号案例)

5. 制造毒品的认定规则。"将'摇头丸'、'Y仔'与'K粉'混合后加入袋装'雀巢'咖啡内贩卖,主观目的并不是制造出一种新类型的毒品,而是通过这种混合的形式达到表面上似乎是贩卖咖啡以掩人耳目的目的,其主观目的是贩卖毒品。在客观行为上,这种物理混合的方式只是简单地把一些毒品和咖啡掺杂起来,既没有严格的比例配置规范要求,也没有专业化的配比工艺程序,还不足以达到改变毒品成分和效用的程度,没有形成新的混合型毒品,不属于制造毒品的行为。"(第800号案例)"如果根据在案查获的制毒原料、工具、技术配方及毒品成品半成品等情况,结合犯罪嫌疑人、被告人对基本制毒方法、原理的供述,足以认定其实施了制造毒品犯罪行为的话,则不需要通过侦查实验来进行核实验证。况且,即使侦查实验表明犯罪嫌疑人、被告人供述的制毒方法不完全真实,亦不能得出其未实施制造毒品犯罪的结论。"(第1196号案例)"虽然生产'麻古'是一种物理加工过程,但并非是几种毒品的简单混合,也不同于在毒品中掺杂掺假,而是含有一定技术含量,需要经反复的含量配比试验和质量把关才能制造成功以满足特定人群的吸食要求,因此其加工、生产的行为应该认定为制造毒品罪。"(第501号案例)

6. 代购毒品行为的处理规则。"为吸食毒品者……代购毒品,没有证据证实其在代购中牟利,且其代购毒品数量未达到非法持有毒品罪的入罪标准,故不应以犯罪论处。"(第1014号案例)

7. 非法生产、经营精麻药品行为的处理规则。"对非法生产、销售国家管制的麻醉药品、精神药品的行为以制造、贩卖毒品罪定罪,必须同时符合以下条件:(1)被告人明知所制造、贩卖的是麻醉药品、精神药品,并且制造、贩卖的目的是将其作为毒品的替代品,而不是作为治疗所用的药品。(2)麻醉药品、精神药品的去向明确,即毒品市场或者吸食毒品群体。(3)获得了远远超出正常药品经营所能获得的利润。""非法生产、经营国家管制的第二类精神药品盐酸曲马多的行为","没有贩卖、制造毒品的故意","定非法经营罪更合适,能恰当地体现此类行为的本质在于违反国家禁止性管理制度"。(第1057号案例)"在不明知他人购买咖啡因是用于贩卖给吸毒人员的情况下,违反国家对精神药品及咖啡因生产经营的管理规定,非法大量出售咖啡因的行为不构成贩卖毒品罪,而应认定其构成非法经营罪。"(第528号案例)

8. 走私、贩卖、运输、制造毒品罪既遂的判定规则。"认定贩卖毒品罪的既遂,宜采取'进入实质交易环节'的标准","至于是否实际交付毒品,均不影响犯罪既遂的成立"。(第1290号案例)"行为人基于制造毒品的故意制造毒品,因意志以外的原因未能制造出毒品的行为,构成制造毒品罪(未遂)。"(第486号案例)

9. 走私、贩卖、运输、制造毒品罪与其他犯罪的界分规则。"窝藏毒品罪和非法持有毒品罪的客观方面都可以表现为对毒品的非法持有,贩卖毒品罪的客观方面也往往包含非法持有毒品的行为表现。""明知他人从事贩卖毒品活动,仍代为保管甲基苯丙胺的行为……系他人实施贩卖毒品活动的一个部分或者一个环节",应当认定为贩卖毒品罪的共犯。(第767号案例)

10. 毒品数量的认定规则。"司法实践中,确定制造出的物品是否为刑法规定的毒品,通常需要进行毒品鉴定……但是对于制毒行为已经完成,成品却已灭失,如被丢弃或吸食,制毒原材料也无法提取的情形,因缺乏必要的毒品鉴定结论,亦没有充分的证据证实所制造出的物品即为刑法规定的毒品的,可分为以下几种情况处理:(1)在毒品灭失的情况下,仅有被告人供述,亦缺乏其他相关证据证实被告人实施制毒犯罪,如没有提取到制毒工具,亦没有证人证实购买制毒原材料的,不能仅依靠被告人的供述确定毒品数量并予以定案……(2)在毒品灭失的情况下,毒品交易双方或者毒品共犯的被告人均供认已经制造出'毒品',且根据其他证据能够逻辑地推定制造出毒品的,应当认定犯罪既遂。毒品的数量可以根据双方一致的供认予以认定,若双方的供述不一致,则采取'就低不就高'有利被告的原则进行认定。(3)在毒品灭失的情况下,毒品交易双方或者毒品共犯的被告人均供认制造毒品,但对毒品的品质有疑义,因成品灭失致使无法鉴定,也缺乏证据证明制毒原材料为何物的,按照排除合理怀疑的证明标准,可以认定为犯罪未遂。具体的毒品数量应当根据被告人的供述,结合'就低不就高'原则来确定。"(第486号案例)"对具有吸毒情节的贩毒分子,已经被被告人吸食的毒品,不应计入贩卖毒品数量。"但是,"认定'已经被吸食'必须有确实的证据证明,而不能仅仅依据被告人的供述和辩解。"(第1231号案例)此外,"新型毒品犯罪案件应在含量鉴定的基础上,综合考虑该毒品的成瘾性、戒断性及社会危害性等予以量刑。"(第1520号案例)

11. **毒品犯罪特情介入案件的处理规则。**"特情介入并不等于特情引诱。"（第 164 号案例）"尽管本案中……联系的毒品'卖主'实际上是公安人员,但犯意的产生、购毒意向、购毒种类、购毒数量、交易价格、交易时间、地点等均是出自于……自身。在该起'毒品交易'中,公安特情和公安机关并不存在'犯意引诱'和'数量引诱'的问题。"（第 208 号案例）"'数量引诱'与'犯意引诱'的根本区别在于:'数量引诱'系行为人在特情介入之前就已经具有毒品犯罪的主观故意,而'犯意引诱'系行为人在特情介入之前没有实施毒品犯罪的主观意图。""'数量引诱'与'机会引诱'……区别在于,'机会引诱'只是提供机会,不存在实质性引诱,而'数量引诱'不仅提供机会,而且在毒品数量上还存在从小到大的实质性引诱。""购毒者在侦查人员控制下,以非真实交易意思,明显超出其往常交易数额向贩毒者示意购买毒品,属于数量引诱。"（第 639 号案例）"对于被告人在特情'机会引诱'下所实施的犯罪行为,在量刑时亦应予以酌情考虑。"（第 248 号案例）"对于因犯意引诱而实施毒品犯罪的被告人,应当依法定罪,但在量刑时应当体现从宽处罚。"（第 1012 号案例）"如果被告人打算实施的毒品犯罪的数量原本就会导致对其判处死刑,即便特情提出的毒品数量相对大一点,也不能认为被告人'本来只有实施数量较小的毒品犯罪的故意'。反之,如果被告人本没有实施可判处重刑甚至死刑的毒品犯罪的犯意,因受特情引诱而增加毒品数量,导致达到被判处重刑特别是死刑的标准,则被告人的主观恶性、人身危险性和行为的社会危害性相对于没有'数量引诱'的情形而言要小,故而才对其从轻处罚。"（第 538 号案例）"对已持有毒品待售或者有证据证明已准备实施大宗毒品犯罪者,采取特情贴靠、接洽而破获的案件,不存在犯罪引诱,应当依法处理。"（第 1179 号案例）

12. **毒品犯罪案件的证据规则。**"运用间接证据认定毒品案件事实,在证明犯罪客观要素和主观要素之外,对行为人的辩解须给予足够重视,即还应当能够排除行为人的无辜辩解。"（第 1193 号案例）"对于采取非直接接触方式交易毒品,且被告人'零口供'的贩卖毒品案件","有较好的间接证据证实相关交易环节,且间接证据能形成完整的证据锁链,足以认定……实施了贩毒行为"。（第 1195 号案例）"以下三类案件,应当在刑事诉讼中随案移送技术侦查措施收集的证据:一是对认定犯罪嫌疑人、被告人有罪或者无罪有重要影响的;二是对认定犯罪嫌疑人、被告人的罪行性质有重要影响的;三是对认定犯罪嫌疑人、被告人的罪行轻重,尤其是对死刑适用有重要影响的。""依照相关法律规定和以审判为中心的刑事诉讼制度构造要求,法庭是审查、采信证据的唯一场所,技术侦查证据应当移送法庭接受审查,庭外核实是在证据已经移送法庭基础上对存疑证

据的核实,而非审判人员单方赴收集证据部门对未移送的证据进行核实、认定。"(第1522号案例)

13.毒品犯罪的罪责确定及死刑适用规则。(1)"毒品数量是对毒品犯罪量刑的重要情节,但不是唯一情节。"(第544号案例)"在对被告人量刑时,特别是在考虑是否适用死刑时,要综合考虑毒品数量、犯罪情节、被告人的主观恶性、人身危险性以及当地的禁毒形势等各种因素,做到区别对待。"(第547号案例)"不能仅根据毒品数量大就一律判处法定最高刑死刑。"(第12号案例)"对于毒品数量接近实际掌握的判处死刑的数量标准,又具有法定或酌定从重处罚情节的被告人,如再犯、累犯、惯犯等,也可以判处死刑立即执行。"(第543号案例)"制造毒品案件中缴获的含有甲基苯丙胺成分的液体或固液混合毒品与毒品消费、流通环节能直接吸食的成品毒品,在毒品性质上并不完全一样。""含甲基苯丙胺的液态毒品的社会危害性相对较小,对缴获的毒品均呈液态的制造毒品案件,判处死刑应当特别慎重。"(第1228号案例)"对被告人是否判处死刑立即执行,应当充分考虑'数量引诱'的因素。"(第639号案例)"虽不能认定为数量引诱",但"量刑时应当考虑特情介入这一因素"。(第537号案例)此外,"被告人在共同犯罪中的地位作用属于死刑案件的证明对象,应当达到'证据确实、充分'的证明标准"(第821号案例)(2)"毒品共同犯罪中,一方面要考虑毒品数量,另一方面需要认真审查各被告人的地位、作用,要注意从犯意提起、与毒品源头的紧密程度、出资额、分工等方面进行审查,区分罪责大小。"(第1229号案例)"同一案件存在多名主犯的,在适用死刑时应遵循两个基本原则:一是慎重适用死刑,在符合法律规定和政策精神的情况下,尽量只对其中罪责最大的一名主犯适用死刑;二是不存在机械的死刑适用的'人数标准',判处二人以上死刑符合罪刑相适应原则,并有利于全案量刑平衡的,可以依法判处。"(第1307号案例)"即便确有证据证明是主犯,在对其按主犯所参与的或者组织、指挥的全部犯罪处罚时,特别是适用死刑时,从'慎刑'的角度出发……有必要和其他未到案共同犯罪人进行地位、作用的比较,以确认其是否是地位、作用最为突出的主犯,是否需要对全部罪行按照最严厉的刑罚予以惩处,甚至判处死刑。"(第1033号案例)"在毒品共同犯罪中作用相对较大的主犯因具有法定从宽情节而未判处死刑的,对其他罪责相对较小的主犯不应'升格'判处死刑。"(第1279号案例)"因同案犯在逃而致被告人在共同犯罪中地位、作用不明的应慎用死刑。"(第405号案例)"对于家族式毒品共同犯罪的主犯,量刑时不应只看涉案的毒品数量,也要看在共同犯罪中的地位、作用。"(第530号案例)"单从被告人……在共同犯罪中的地位、作用看,在对比其罪责更大的被告人……适用死刑立即执行的情况下,可对其不适用死刑立即执行。但是……系毒品再犯,前次因犯贩卖毒品罪已被判处过有期徒刑十五年,在刑满释放不到二年的时间内又犯本罪,足见其主观恶性和人身危险性极大,应依法从重处罚。据此,最高人民法院复核后依法也核准了被告人……的死刑。"(第546号案例)"各共同犯罪人之间存在亲属、熟人关系,因有贩卖毒品的故意而临时结伙,三名主犯均系积极主动参与犯罪,且……对同案被告人和毒品的控制力较弱,在各共同犯罪人责任相对分散的情况下,考虑到……系初犯,毒品未流入社会造成实际危害,根据宽严相济刑事政策精神,对……判处死刑,可不立即执行。"(第955号案例)(3)"要根据'数量+其他情节'的原则,准确把握贩卖毒品案件中的上下家的死刑适用标准。"(第1290号案例)"处于毒品交易中间环节的上下家,仅是一个相对的概念,在社会危害性上并不具有绝对的衡量价值,不能简单地认为毒品上家的地位、作用及社会危害性就一定高于毒品下家,对其量刑也并非一律要重于毒品下家,仍要坚持具体案件具体分析。"(第1194号案例)"在对贩卖毒品上下家决定死刑适用时,犯罪的主动性和对促成交易所发挥的作用,是应着重考量的因素……并非一律'杀上家不杀下家',下家对促成交易起更大作用的,也可以考虑判处下家死刑。"(第1230号案例)"贩毒网络中……区分他们的罪责,要考察各自在贩卖毒品网络中的实际作用大小、主观恶性和人身危险性的差异,并结合各被告人的具体情节,区别量刑,做到罪责刑相适应。"(第529号案例)"对于既是共同犯罪又是上下家的被告人,要在分清主次的基础上根据各自的地位和作用依法确定是否适用死刑。""对于单纯的上下家,要综合考虑各自在促成毒品交易中的作用大小,慎重决定适用死刑。"(第1265号案例)

14. 运输毒品案件的死刑适用规则。"对于毒品数量超过实际掌握的死刑数量标准,不能证明被告人系受人指使、雇佣参与运输毒品犯罪的,可以依法判处重刑直至死刑。"(第531号案例)"单纯的受雇走私、运输毒品行为","在整个毒品犯罪环节中处于从属、辅助和被支配地位,所起作用和主观恶性相对较小,社会危害性也相对较小","不应单纯以涉案毒品数量的大小决定刑罚适用的轻重"。(第852号案例)"对于有证据证明被告人确实受人指使、雇佣参与运输毒品犯罪,又系初犯、偶犯的,可以从轻处罚,即使毒品数量超过实际掌握的死刑数量标准,也可以不判处死刑立即执行。"(第532号案例)"根据现有证据,不能排除被告人……系为赚取少量运费而受谢某某雇佣、指使运输毒品",不宜判处死刑立即执行。(第533号案例)"根据现有证据,可以认定……是在运输过程中意识到自己运输的是毒品","这与事先就明知运输毒品而为之是有一定区别的,主观恶性相对要小一些,其罪行相对也就轻一些,在处刑上就应当有所区别"。(第28号案例)"司法机关查获部分毒品后,被告人主动交代了实际贩毒数量,并达到当地实际掌握的死刑数量标准的,可以不判处死刑立即执行。"(第742号案例)"运输毒品,拒不供认毒品来源,不能证明系受人指使、雇佣参与运输毒品的,应予严惩。"(第782号案例)

> **第三百四十八条　【非法持有毒品罪】**非法持有鸦片一千克以上、海洛因或者甲基苯丙胺五十克以上或者其他毒品数量大的,处七年以上有期徒刑或者无期徒刑,并处罚金;非法持有鸦片二百克以上不满一千克、海洛因或者甲基苯丙胺十克以上不满五十克或者其他毒品数量较大的,处三年以下有期徒刑、拘役或者管制,并处罚金;情节严重的,处三年以上七年以下有期徒刑,并处罚金。

◼ 立法沿革

本条系1997年《刑法》吸收修改单行刑法作出的规定。《全国人民代表大会常务委员会关于禁毒的决定》(自1990年12月28日起施行)第三条规定:"……非法持有鸦片一千克以上、海洛因五十克以上或者其他毒品数量大的,处七年以上有期徒刑或者无期徒刑,并处罚金;非法持有鸦片二百克以上不满一千克、海洛因十克以上不满五十克或者其他毒品数量较大的,处七年以下有期徒刑、拘役或者管制,可以并处罚金……"1997年《刑法》增加规定非法持有甲基苯丙胺定罪量刑的数量标准,并对非法持有毒品罪的法定刑配置重新作了规定。

◼ 相关规定

《中华人民共和国治安管理处罚法》(修正后自2013年1月1日起施行,节录)

第七十二条　有下列行为之一的,处十日以上十五日以下拘留,可以并处二千元以下罚款;情节较轻的,处五日以下拘留或者五百元以下罚款:

(一)非法持有鸦片不满二百克、海洛因或者甲基苯丙胺不满十克或者其他少量毒品的;

◼ 司法解释

《最高人民法院关于审理毒品犯罪案件适用法律若干问题的解释》(法释〔2016〕8号)第五条对非法持有毒品罪的定罪量刑标准作了规定。(→参见本节

标题评注部分,第 1856 页)

规范性文件

《最高人民法院、最高人民检察院、公安部办理毒品犯罪案件适用法律若干问题的意见》(公通字〔2007〕84 号)"三、关于办理氯胺酮等毒品案件定罪量刑标准问题"对《刑法》第三百四十八条、第三百四十八条的适用作了规定。(→参见本节标题评注部分,第 1863 页)

《最高人民法院、最高人民检察院关于常见犯罪的量刑指导意见(试行)》(法发〔2021〕21 号,节录)

四、常见犯罪的量刑

(二十一)非法持有毒品罪

1. 构成非法持有毒品罪的,根据下列情形在相应的幅度内确定量刑起点:

(1)非法持有鸦片一千克以上、海洛因或者甲基苯丙胺五十克以上或者其他毒品数量大的,在七年至九年有期徒刑幅度内确定量刑起点。依法应当判处无期徒刑的除外。

(2)非法持有毒品情节严重的,在三年至四年有期徒刑幅度内确定量刑起点。

(3)非法持有鸦片二百克、海洛因或者甲基苯丙胺十克或者其他毒品数量较大的,在一年以下有期徒刑、拘役幅度内确定量刑起点。

2. 在量刑起点的基础上,根据毒品数量等其他影响犯罪构成的犯罪事实增加刑罚量,确定基准刑。

3. 构成非法持有毒品罪的,根据非法持有毒品的种类、数量等犯罪情节,综合考虑被告人缴纳罚金的能力,决定罚金数额。

4. 构成非法持有毒品罪的,综合考虑非法持有毒品的种类、数量等犯罪事实、量刑情节,以及被告人主观恶性、人身危险性、认罪悔罪表现等因素,从严把握缓刑的适用。

(→前三部分和第五部分参见总则第四章第一节标题评注部分,第 223、227 页)

《全国法院毒品案件审判工作会议纪要》(法〔2023〕108 号)"二、罪名认定问题""(一)关于走私、贩卖、运输、制造、非法持有毒品行为"和"四、共同犯罪问题""(二)关于居间介绍买卖毒品"对《刑法》第三百四十八条的适用作了规定。(→参见本节标题评注部分,第 1867、1878 页)

立案追诉标准

《最高人民检察院、公安部关于公安机关管辖的刑事案件立案追诉标准的规定（三）》（公通字〔2012〕26号）第二条关于非法持有毒品罪立案追诉标准的规定与法释〔2016〕8号解释第二条不一致，应当以后者为准。

刑参案例规则提炼

《黄学东非法持有毒品案——非法持有毒品罪认定中应当注意的问题》（第284号案例）、《张玉英非法持有毒品案——对接受藏匿毒品的邮包的行为如何定性》（第375号案例）、《高某贩卖毒品、宋某非法持有毒品案——如何认定以贩养吸的被告人贩卖毒品的数量以及为他人代购数量较大的毒品用于吸食并在同城间运送的行为如何定性》（第853号案例）、《欧阳永松非法持有毒品案——从吸毒人员住处查获数量较大的毒品，但认定其曾贩卖毒品的证据不足的，是认定为贩卖毒品罪还是非法持有毒品罪》（第1070号案例）、《赛黎华、王翼龙贩卖毒品、赛黎华非法持有毒品案——如何认定特殊自首中的同种罪行》（第1348号案例）所涉规则提炼如下：

非法持有毒品罪的认定规则。"不以牟利为目的，为他人代购数量较大的用于吸食的毒品并在同城内运送的行为，构成非法持有毒品罪。"（第853号案例）"'持有'是一种事实上的支配，即行为人与毒品之间存在一种事实上的支配与被支配的关系。'持有'不要求物理上的握有，不要求行为人时时刻刻将毒品握在手中、放在身上和装在口袋中，只要行为人认识到它的存在，能够对之进行管理或者支配，就是'持有'。"（第1348号案例）"贩卖毒品，固然在一定的阶段可以表现为非法持有毒品，但两罪是有本质区别的。区别的要点在于，是否有足够的证据证明毒品持有人对该宗毒品具有贩卖的主观目的。"（第284号案例）"由于本案没有证据证实被告人……有贩卖、运输毒品的目的，且其持有毒品数量较大，其行为应当构成非法持有毒品罪。"（第375号案例）"从吸毒人员住处查获数量较大的毒品，但认定其曾贩卖毒品的证据不足的"，应当认定为非法持有毒品罪。（第1070号案例）

司法疑难解析

曾经非法持有但未缴获毒品的能否构成非法持有毒品罪的问题。行为人有二起事实：第一起通过他人代购1000克K粉，但公安收网时未缴获毒品；第二起为通过他人代购500克毒品（成分未知），公安人员在代购人处查获毒品。对于第一起犯罪事实，是否认定构成非法持有毒品罪，存在不同认识。**本评注认**

为,对于曾经持有数量较大或者数量大的毒品,但司法机关没有实际查获毒品的,一般不宜以非法持有毒品罪追究刑事责任。①

> **第三百四十九条 【包庇毒品犯罪分子罪】【窝藏、转移、隐瞒毒品、毒赃罪】**包庇走私、贩卖、运输、制造毒品的犯罪分子的,为犯罪分子窝藏、转移、隐瞒毒品或者犯罪所得的财物的,处三年以下有期徒刑、拘役或者管制;情节严重的,处三年以上十年以下有期徒刑。
>
> 缉毒人员或者其他国家机关工作人员掩护、包庇走私、贩卖、运输、制造毒品的犯罪分子的,依照前款的规定从重处罚。
>
> 犯前两款罪,事先通谋的,以走私、贩卖、运输、制造毒品罪的共犯论处。

立法沿革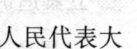

本条系1997年《刑法》吸收修改单行刑法作出的规定。《全国人民代表大会常务委员会关于禁毒的决定》(自1990年12月28日起施行)第四条规定:"包庇走私、贩卖、运输、制造毒品的犯罪分子的,为犯罪分子窝藏、转移、隐瞒毒品或者犯罪所得的财物的,掩饰、隐瞒出售毒品获得财物的非法性质和来源的,处七年以下有期徒刑、拘役或者管制,可以并处罚金。""犯前款罪事先通谋的,以

---

① 主要考虑:(1)持有的含义是掌控、保管,日常生活中,除非有特别说明,一般指现行的持有。(2)立法与司法实践都对"曾经持有"入罪持否定态度。非法持有毒品罪的立法目的,是为了解决不能证明查获的毒品构成走私、贩卖、运输、制造毒品犯罪而设立的兜底条款。长期以来,司法机关以缴获的毒品作为非法持有的毒品,即"缴多少认多少"。目前对吸毒者购买、存储毒品的,只规定查获毒品的以非法持有毒品罪追究刑事责任,未对"曾经持有"作出明确规定,体现对"曾经持有"行为不认定为非法持有毒品罪的精神。这些规定和做法总体情况是好的,尚未发现大的负面影响。(3)将曾经持有纳入非法持有毒品罪将导致一系列问题。第一,非法持有毒品罪的证据兜底性质决定了案件证据比较单薄,一般以被告人现行持有的毒品定罪处罚,"曾经持有"入罪缺乏可操作性。强行入罪,要么放宽证据标准产生冤错案风险,要么司法机关对证据产生重大认识分歧降低办案效率。第二,危害最大的走私、贩卖、运输、制造毒品罪在不少情形下采用"缴多少认多少"的标准,罪行较轻的非法持有毒品罪反而放宽证据标准,产生重罪难认定、轻罪易认定,再考虑到"曾经持有"入罪产生的毒品数量累计问题,可能出现非法持有毒品罪的打击力度重于走私、贩卖、运输、制造毒品,不仅罪刑不适应,违反社会认知,还与从严打击毒品源头犯罪的政策抵触。第三,我国吸毒不构成犯罪,"曾经持有"一旦入罪,大量的吸毒人员将以非法持有毒品罪被变相追究刑事责任。

走私、贩卖、运输、制造毒品罪的共犯论处。"1997年《刑法》在罪状中删去"掩饰、隐瞒出售毒品获得财物的非法性质和来源的"表述,调整法定刑,并明确规定缉毒人员或者其他国家机关工作人员包庇毒品犯罪分子的从重处罚。

司法解释

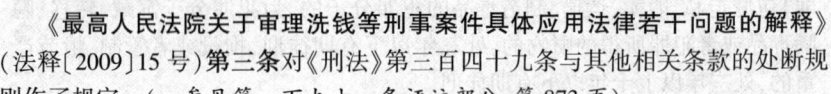

《最高人民法院关于审理洗钱等刑事案件具体应用法律若干问题的解释》(法释〔2009〕15号)第三条对《刑法》第三百四十九条与其他相关条款的处断规则作了规定。(→参见第一百九十一条评注部分,第873页)

《最高人民法院关于审理毒品犯罪案件适用法律若干问题的解释》(法释〔2016〕8号)第六条对《刑法》第三百四十九条的定罪量刑标准作了规定。(→参见本节标题评注部分,第1857页)

立案追诉标准

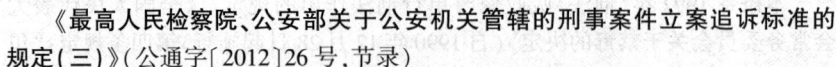

《最高人民检察院、公安部关于公安机关管辖的刑事案件立案追诉标准的规定(三)》(公通字〔2012〕26号,节录)

第三条 [包庇毒品犯罪分子案(刑法第三百四十九条)]包庇走私、贩卖、运输、制造毒品的犯罪分子,涉嫌下列情形之一的,应予立案追诉:

(一)作虚假证明,帮助掩盖罪行的;

(二)帮助隐藏、转移或者毁灭证据的;

(三)帮助取得虚假身份或者身份证件的;

(四)以其他方式包庇犯罪分子的。

实施前款规定的行为,事先通谋的,以走私、贩卖、运输、制造毒品罪的共犯立案追诉。

第四条 [窝藏、转移、隐瞒毒品、毒赃案(刑法第三百四十九条)]为走私、贩卖、运输、制造毒品的犯罪分子窝藏、转移、隐瞒毒品或者犯罪所得的财物的,应予立案追诉。

实施前款规定的行为,事先通谋的,以走私、贩卖、运输、制造毒品罪的共犯立案追诉。

(→第十三条至第十七条参见本节标题评注部分,第1893页)

刑参案例规则提炼

《智李梅、蒋国峰贩卖、窝藏、转移毒品案——被告人曾参与贩卖毒品,后又单方面帮助他人窝藏、转移毒品的,如何定罪》(第617号案例)所涉规则提炼如下:

窝藏、转移、隐瞒毒品、毒赃罪的认定规则。"获悉……被抓获后,为防止……藏于家中的毒品被查获而受更重处罚,前往……住处转移毒品,其行为完全符合窝藏、转移毒品罪的构成要件,应认定构成窝藏、转移毒品罪。"(第617号案例)

第三百五十条 【非法生产、买卖、运输制毒物品、走私制毒物品罪】违反国家规定,非法生产、买卖、运输醋酸酐、乙醚、三氯甲烷或者其他用于制造毒品的原料、配剂,或者携带上述物品进出境,情节较重的,处三年以下有期徒刑、拘役或者管制,并处罚金;情节严重的,处三年以上七年以下有期徒刑,并处罚金;情节特别严重的,处七年以上有期徒刑,并处罚金或者没收财产。

明知他人制造毒品而为其生产、买卖、运输前款规定的物品的,以制造毒品罪的共犯论处。

单位犯前两款罪的,对单位判处罚金,并对其直接负责的主管人员和其他直接责任人员,依照前两款的规定处罚。

立法沿革

本条系1997年《刑法》吸收修改单行刑法作出的规定。《全国人民代表大会常务委员会关于禁毒的决定》(自1990年12月28日起施行)第五条规定:"对醋酸酐、乙醚、三氯甲烷或者其他经常用于制造麻醉药品和精神药品的物品,应当依照国家有关规定严格管理,严禁非法运输、携带进出境。非法运输、携带上述物品进出境的,处三年以下有期徒刑、拘役或者管制,并处罚金;数量大的,处三年以上十年以下有期徒刑,并处罚金;数量较小的,依照海关法的有关规定处罚。""明知他人制造毒品而为其提供前款规定的物品的,以制造毒品罪的共犯论处。""单位有前两款规定的违法犯罪行为的,对其直接负责的主管人员和其他直接责任人员,依照前两款的规定处罚,并对单位判处罚金或者予以罚款。"1997年《刑法》调整罪状表述和法定刑,并对单位犯罪的规定作了完善。

2015年11月1日起施行的《刑法修正案(九)》第四十一条对本条作了修改,主要涉及如下三个方面:一是增加规定了非法生产、运输制毒物品的犯罪;二是修改了本条的刑罚配置,按照情节较重、情节严重、情节特别严重重新设置了法定刑,将最高刑由十年有期徒刑提高至十五年有期徒刑,并增加了并处没收财产的规定;三是对第二款以共犯论处的情形作了更为明确具体的规定。修改后,罪名由"走私制毒物品罪"和"非法买卖制毒物品罪"调整为"非法生产、买卖、运输制毒物品、走私制毒物品罪"。

修正前《刑法》	修正后《刑法》
第三百五十条 【走私制毒物品罪;非法买卖制毒物品罪】违反国家规定,非法运输、携带醋酸酐、乙醚、三氯甲烷或者其他用于制造毒品的原料或者配剂进出境的,或者违反国家规定,在境内非法买卖上述物品的,处三年以下有期徒刑、拘役或者管制,并处罚金;数量大的,处三年以上七年以下有期徒刑,并处罚金。 明知他人制造毒品而为其提供前款规定的物品的,以制造毒品罪的共犯论处。 单位犯前两款罪的,对单位判处罚金,并对其直接负责的主管人员和其他直接责任人员,依照前两款的规定处罚。	第三百五十条 【非法生产、买卖、运输制毒物品、走私制毒物品罪】违反国家规定,非法生产、买卖、运输醋酸酐、乙醚、三氯甲烷或者其他用于制造毒品的原料、配剂,或者携带上述物品进出境,情节较重的,处三年以下有期徒刑、拘役或者管制,并处罚金;情节严重的,处三年以上七年以下有期徒刑,并处罚金;情节特别严重的,处七年以上有期徒刑,并处罚金或者没收财产。 明知他人制造毒品而为其生产、买卖、运输前款规定的物品的,以制造毒品罪的共犯论处。 单位犯前两款罪的,对单位判处罚金,并对其直接负责的主管人员和其他直接责任人员,依照前两款的规定处罚。

相关规定

《易制毒化学品管理条例》(国务院令第445号,第三次修订后自2018年9月18日起施行)

第一章 总 则

第一条 为了加强易制毒化学品管理,规范易制毒化学品的生产、经营、购买、运输和进口、出口行为,防止易制毒化学品被用于制造毒品,维护经济和社会秩序,制定本条例。

第二条 国家对易制毒化学品的生产、经营、购买、运输和进口、出口实行分类管理和许可制度。

易制毒化学品分为三类。第一类是可以用于制毒的主要原料,第二类、第三类是可以用于制毒的化学配剂。易制毒化学品的具体分类和品种,由本条例附表列示。

易制毒化学品的分类和品种需要调整的,由国务院公安部门会同国务院药品监督管理部门、安全生产监督管理部门、商务主管部门、卫生主管部门和海关总署提出方案,报国务院批准。

省、自治区、直辖市人民政府认为有必要在本行政区域内调整分类或者增加本条例规定以外的品种的,应当向国务院公安部门提出,由国务院公安部门会同国务院有关行政主管部门提出方案,报国务院批准。

第三条 国务院公安部门、药品监督管理部门、安全生产监督管理部门、商务主管部门、卫生主管部门、海关总署、价格主管部门、铁路主管部门、交通主管部门、市场监督管理部门、生态环境主管部门在各自的职责范围内,负责全国的易制毒化学品有关管理工作;县级以上地方各级人民政府有关行政主管部门在各自的职责范围内,负责本行政区域内的易制毒化学品有关管理工作。

县级以上地方各级人民政府应当加强对易制毒化学品管理工作的领导,及时协调解决易制毒化学品管理工作中的问题。

第四条 易制毒化学品的产品包装和使用说明书,应当标明产品的名称(含学名和通用名)、化学分子式和成分。

第五条 易制毒化学品的生产、经营、购买、运输和进口、出口,除应当遵守本条例的规定外,属于药品和危险化学品的,还应当遵守法律、其他行政法规对药品和危险化学品的有关规定。

禁止走私或者非法生产、经营、购买、转让、运输易制毒化学品。

禁止使用现金或者实物进行易制毒化学品交易。但是,个人合法购买第一类中的药品类易制毒化学品药品制剂和第三类易制毒化学品的除外。

生产、经营、购买、运输和进口、出口易制毒化学品的单位,应当建立单位内部易制毒化学品管理制度。

第六条 国家鼓励向公安机关等有关行政主管部门举报涉及易制毒化学品的违法行为。接到举报的部门应当为举报者保密。对举报属实的,县级以上人民政府及有关行政主管部门应当给予奖励。

第二章 生产、经营管理

第七条 申请生产第一类易制毒化学品,应当具备下列条件,并经本条例第八条规定的行政主管部门审批,取得生产许可证后,方可进行生产:

(一)属依法登记的化工产品生产企业或者药品生产企业;

(二)有符合国家标准的生产设备、仓储设施和污染物处理设施;

(三)有严格的安全生产管理制度和环境突发事件应急预案;

(四)企业法定代表人和技术、管理人员具有安全生产和易制毒化学品的有关知识,无毒品犯罪记录;

(五)法律、法规、规章规定的其他条件。

申请生产第一类中的药品类易制毒化学品,还应当在仓储场所等重点区域设置电视监控设施以及与公安机关联网的报警装置。

第八条 申请生产第一类中的药品类易制毒化学品的,由省、自治区、直辖市人民政府药品监督管理部门审批;申请生产第一类中的非药品类易制毒化学品的，由省、自治区、直辖市人民政府安全生产监督管理部门审批。

前款规定的行政主管部门应当自收到申请之日起60日内，对申请人提交的申请材料进行审查。对符合规定的，发给生产许可证，或者在企业已经取得的有关生产许可证件上标注；不予许可的，应当书面说明理由。

审查第一类易制毒化学品生产许可申请材料时，根据需要，可以进行实地核查和专家评审。

第九条　申请经营第一类易制毒化学品，应当具备下列条件，并经本条例第十条规定的行政主管部门审批，取得经营许可证后，方可进行经营：

（一）属依法登记的化工产品经营企业或者药品经营企业；

（二）有符合国家规定的经营场所，需要储存、保管易制毒化学品的，还应当有符合国家技术标准的仓储设施；

（三）有易制毒化学品的经营管理制度和健全的销售网络；

（四）企业法定代表人和销售、管理人员具有易制毒化学品的有关知识，无毒品犯罪记录；

（五）法律、法规、规章规定的其他条件。

第十条　申请经营第一类中的药品类易制毒化学品的，由省、自治区、直辖市人民政府药品监督管理部门审批；申请经营第一类中的非药品类易制毒化学品的，由省、自治区、直辖市人民政府安全生产监督管理部门审批。

前款规定的行政主管部门应当自收到申请之日起30日内，对申请人提交的申请材料进行审查。对符合规定的，发给经营许可证，或者在企业已经取得的有关经营许可证件上标注；不予许可的，应当书面说明理由。

审查第一类易制毒化学品经营许可申请材料时，根据需要，可以进行实地核查。

第十一条　取得第一类易制毒化学品生产许可或者依照本条例第十三条第一款规定已经履行第二类、第三类易制毒化学品备案手续的生产企业，可以经销自产的易制毒化学品。但是，在厂外设立销售网点经销第一类易制毒化学品的，应当依照本条例的规定取得经营许可。

第一类中的药品类易制毒化学品药品单方制剂，由麻醉药品定点经营企业经销，且不得零售。

第十二条　取得第一类易制毒化学品生产、经营许可的企业，应当凭生产、经营许可证到市场监督管理部门办理经营范围变更登记。未经变更登记，不得进行第一类易制毒化学品的生产、经营。

第一类易制毒化学品生产、经营许可证被依法吊销的，行政主管部门应当自作出吊销决定之日起5日内通知市场监督管理部门;被吊销许可证的企业,应当及时到市场监督管理部门办理经营范围变更或者企业注销登记。

第十三条 生产第二类、第三类易制毒化学品的,应当自生产之日起30日内,将生产的品种、数量等情况,向所在地的设区的市级人民政府安全生产监督管理部门备案。

经营第二类易制毒化学品的,应当自经营之日起30日内,将经营的品种、数量、主要流向等情况,向所在地的设区的市级人民政府安全生产监督管理部门备案;经营第三类易制毒化学品的,应当自经营之日起30日内,将经营的品种、数量、主要流向等情况,向所在地的县级人民政府安全生产监督管理部门备案。

前两款规定的行政主管部门应当于收到备案材料的当日发给备案证明。

第三章 购买管理

第十四条 申请购买第一类易制毒化学品,应当提交下列证件,经本条例第十五条规定的行政主管部门审批,取得购买许可证:

(一)经营企业提交企业营业执照和合法使用需要证明;

(二)其他组织提交登记证书(成立批准文件)和合法使用需要证明。

第十五条 申请购买第一类中的药品类易制毒化学品的,由所在地的省、自治区、直辖市人民政府药品监督管理部门审批;申请购买第一类中的非药品类易制毒化学品的,由所在地的省、自治区、直辖市人民政府公安机关审批。

前款规定的行政主管部门应当自收到申请之日起10日内,对申请人提交的申请材料和证件进行审查。对符合规定的,发给购买许可证;不予许可的,应当书面说明理由。

审查第一类易制毒化学品购买许可申请材料时,根据需要,可以进行实地核查。

第十六条 持有麻醉药品、第一类精神药品购买印鉴卡的医疗机构购买第一类中的药品类易制毒化学品的,无须申请第一类易制毒化学品购买许可证。

个人不得购买第一类、第二类易制毒化学品。

第十七条 购买第二类、第三类易制毒化学品的,应当在购买前将所需购买的品种、数量,向所在地的县级人民政府公安机关备案。个人自用购买少量高锰酸钾的,无须备案。

第十八条 经营单位销售第一类易制毒化学品时,应当查验购买许可证和经办人的身份证明。对委托代购的,还应当查验购买人持有的委托文书。

经营单位在查验无误、留存上述证明材料的复印件后,方可出售第一类易制毒化学品;发现可疑情况的,应当立即向当地公安机关报告。

第十九条　经营单位应当建立易制毒化学品销售台账,如实记录销售的品种、数量、日期、购买方等情况。销售台账和证明材料复印件应当保存2年备查。

第一类易制毒化学品的销售情况,应当自销售之日起5日内报当地公安机关备案;第一类易制毒化学品的使用单位,应当建立使用台账,并保存2年备查。

第二类、第三类易制毒化学品的销售情况,应当自销售之日起30日内报当地公安机关备案。

第四章　运输管理

第二十条　跨设区的市级行政区域(直辖市为跨市界)或者在国务院公安部门确定的禁毒形势严峻的重点地区跨县级行政区域运输第一类易制毒化学品的,由运出地的设区的市级人民政府公安机关审批;运输第二类易制毒化学品的,由运出地的县级人民政府公安机关审批。经审批取得易制毒化学品运输许可证后,方可运输。

运输第三类易制毒化学品的,应当在运输前向运出地的县级人民政府公安机关备案。公安机关应当于收到备案材料的当日发给备案证明。

第二十一条　申请易制毒化学品运输许可,应当提交易制毒化学品的购销合同,货主是企业的,应当提交营业执照;货主是其他组织的,应当提交登记证书(成立批准文件);货主是个人的,应当提交其个人身份证明。经办人还应当提交本人的身份证明。

公安机关应当自收到第一类易制毒化学品运输许可申请之日起10日内,收到第二类易制毒化学品运输许可申请之日起3日内,对申请人提交的申请材料进行审查。对符合规定的,发给运输许可证;不予许可的,应当书面说明理由。

审查第一类易制毒化学品运输许可申请材料时,根据需要,可以进行实地核查。

第二十二条　对许可运输第一类易制毒化学品的,发给一次有效的运输许可证。

对许可运输第二类易制毒化学品的,发给3个月有效的运输许可证;6个月内运输安全状况良好的,发给12个月有效的运输许可证。

易制毒化学品运输许可证应当载明拟运输的易制毒化学品的品种、数量、运入地、货主及收货人、承运人情况以及运输许可证种类。

第二十三条　运输供教学、科研使用的100克以下的麻黄素样品和供医疗机构制剂配方使用的小包装麻黄素以及医疗机构或者麻醉药品经营企业购买麻黄素片剂6万片以下,注射剂1.5万支以下,货主或者承运人持有依法取得的购买许可证明或者麻醉药品调拨单的,无须申请易制毒化学品运输许可。

第二十四条 接受货主委托运输的,承运人应当查验货主提供的运输许可证或者备案证明,并查验所运货物与运输许可证或者备案证明载明的易制毒化学品品种等情况是否相符;不相符的,不得承运。

运输易制毒化学品,运输人员应当自启运起全程携带运输许可证或者备案证明。公安机关应当在易制毒化学品的运输过程中进行检查。

运输易制毒化学品,应当遵守国家有关货物运输的规定。

第二十五条 因治疗疾病需要,患者、患者近亲属或者患者委托的人凭医疗机构出具的医疗诊断书和本人的身份证明,可以随身携带第一类中的药品类易制毒化学品药品制剂,但是不得超过医用单张处方的最大剂量。

医用单张处方最大剂量,由国务院卫生主管部门规定、公布。

第五章 进口、出口管理

第二十六条 申请进口或者出口易制毒化学品,应当提交下列材料,经国务院商务主管部门或者其委托的省、自治区、直辖市人民政府商务主管部门审批,取得进口或者出口许可证后,方可从事进口、出口活动:

(一)对外贸易经营者备案登记证明复印件;

(二)营业执照副本;

(三)易制毒化学品生产、经营、购买许可证或者备案证明;

(四)进口或者出口合同(协议)副本;

(五)经办人的身份证明。

申请易制毒化学品出口许可的,还应当提交进口方政府主管部门出具的合法使用易制毒化学品的证明或者进口方合法使用的保证文件。

第二十七条 受理易制毒化学品进口、出口申请的商务主管部门应当自收到申请材料之日起20日内,对申请材料进行审查,必要时可以进行实地核查。对符合规定的,发给进口或者出口许可证;不予许可的,应当书面说明理由。

对进口第一类中的药品类易制毒化学品的,有关的商务主管部门在作出许可决定前,应当征得国务院药品监督管理部门的同意。

第二十八条 麻黄素等属于重点监控物品范围的易制毒化学品,由国务院商务主管部门会同国务院有关部门核定的企业进口、出口。

第二十九条 国家对易制毒化学品的进口、出口实行国际核查制度。易制毒化学品国际核查目录及核查的具体办法,由国务院商务主管部门会同国务院公安部门规定、公布。

国际核查所用时间不计算在许可期限之内。

对向毒品制造、贩运情形严重的国家或者地区出口易制毒化学品以及本条例规定品种以外的化学品的,可以在国际核查措施以外实施其他管制措施,具体办法由国务院商务主管部门会同国务院公安部门、海关总署等有关部门规定、公布。

第三十条 进口、出口或者过境、转运、通运易制毒化学品的,应当如实向海关申报,并提交进口或者出口许可证。海关凭许可证办理通关手续。

易制毒化学品在境外与保税区、出口加工区等海关特殊监管区域、保税场所之间进出的,适用前款规定。

易制毒化学品在境内与保税区、出口加工区等海关特殊监管区域、保税场所之间进出的,或者在上述海关特殊监管区域、保税场所之间进出的,无须申请易制毒化学品进口或者出口许可证。

进口第一类中的药品类易制毒化学品,还应当提交药品监督管理部门出具的进口药品通关单。

第三十一条 进出境人员随身携带第一类中的药品类易制毒化学品药品制剂和高锰酸钾,应当以自用且数量合理为限,并接受海关监管。

进出境人员不得随身携带前款规定以外的易制毒化学品。

第六章 监督检查

第三十二条 县级以上人民政府公安机关、负责药品监督管理的部门、安全生产监督管理部门、商务主管部门、卫生主管部门、价格主管部门、铁路主管部门、交通主管部门、市场监督管理部门、生态环境主管部门和海关,应当依照本条例和有关法律、行政法规的规定,在各自的职责范围内,加强对易制毒化学品生产、经营、购买、运输、价格以及进口、出口的监督检查;对非法生产、经营、购买、运输易制毒化学品,或者走私易制毒化学品的行为,依法予以查处。

前款规定的行政主管部门在进行易制毒化学品监督检查时,可以依法查看现场、查阅和复制有关资料、记录有关情况、扣押相关的证据材料和违法物品;必要时,可以临时查封有关场所。

被检查的单位或者个人应当如实提供有关情况和材料、物品,不得拒绝或者隐匿。

第三十三条 对依法收缴、查获的易制毒化学品,应当在省、自治区、直辖市或者设区的市级人民政府公安机关、海关或者生态环境主管部门的监督下,区别易制毒化学品的不同情况进行保管、回收,或者依照环境保护法律、行政法规的有关规定,由有资质的单位在生态环境主管部门的监督下销毁。其中,对收缴、查获的第一类中的药品类易制毒化学品,一律销毁。

易制毒化学品违法单位或者个人无力提供保管、回收或者销毁费用的,保管、回收或者销毁的费用在回收所得中开支,或者在有关行政主管部门的禁毒经费中列支。

第三十四条 易制毒化学品丢失、被盗、被抢的,发案单位应当立即向当地公安机关报告,并同时报告当地的县级人民政府负责药品监督管理的部门、安全生产监督管理部门、商务主管部门或者卫生主管部门。接到报案的公安机关应当及时立案查处,并向上级公安机关报告;有关行政主管部门应当逐级上报并配合公安机关的查处。

第三十五条 有关行政主管部门应当将易制毒化学品许可以及依法吊销许可的情况通报有关公安机关和市场监督管理部门;市场监督管理部门应当将生产、经营易制毒化学品企业依法变更或者注销登记的情况通报有关公安机关和行政主管部门。

第三十六条 生产、经营、购买、运输或者进口、出口易制毒化学品的单位,应当于每年3月31日前向许可或者备案的行政主管部门和公安机关报告本单位上年度易制毒化学品的生产、经营、购买、运输或者进口、出口情况;有条件的生产、经营、购买、运输或者进口、出口单位,可以与有关行政主管部门建立计算机联网,及时通报有关经营情况。

第三十七条 县级以上人民政府有关行政主管部门应当加强协调合作,建立易制毒化学品管理情况、监督检查情况以及案件处理情况的通报、交流机制。

第七章 法律责任

第三十八条 违反本条例规定,未经许可或者备案擅自生产、经营、购买、运输易制毒化学品,伪造申请材料骗取易制毒化学品生产、经营、购买或者运输许可证,使用他人的或者伪造、变造、失效的许可证生产、经营、购买、运输易制毒化学品的,由公安机关没收非法生产、经营、购买或者运输的易制毒化学品,用于非法生产易制毒化学品的原料以及非法生产、经营、购买或者运输易制毒化学品的设备、工具,处非法生产、经营、购买或者运输的易制毒化学品货值10倍以上20倍以下的罚款,货值的20倍不足1万元的,按1万元罚款;有违法所得的,没收违法所得;有营业执照的,由市场监督管理部门吊销营业执照;构成犯罪的,依法追究刑事责任。

对有前款规定违法行为的单位或者个人,有关行政主管部门可以自作出行政处罚决定之日起3年内,停止受理其易制毒化学品生产、经营、购买、运输或者进口、出口许可申请。

第三十九条 违反本条例规定,走私易制毒化学品的,由海关没收走私的易制毒化学品;有违法所得的,没收违法所得,并依照海关法律、行政法规给予行政处罚；构成犯罪的，依法追究刑事责任。

第四十条　违反本条例规定，有下列行为之一的，由负有监督管理职责的行政主管部门给予警告，责令限期改正，处 1 万元以上 5 万元以下的罚款；对违反规定生产、经营、购买的易制毒化学品可以予以没收；逾期不改正的，责令限期停产停业整顿；逾期整顿不合格的，吊销相应的许可证：

（一）易制毒化学品生产、经营、购买、运输或者进口、出口单位未按规定建立安全管理制度的；

（二）将许可证或者备案证明转借他人使用的；

（三）超出许可的品种、数量生产、经营、购买易制毒化学品的；

（四）生产、经营、购买单位不记录或者不如实记录交易情况、不按规定保存交易记录或者不如实、不及时向公安机关和有关行政主管部门备案销售情况的；

（五）易制毒化学品丢失、被盗、被抢后未及时报告，造成严重后果的；

（六）除个人合法购买第一类中的药品类易制毒化学品药品制剂以及第三类易制毒化学品外，使用现金或者实物进行易制毒化学品交易的；

（七）易制毒化学品的产品包装和使用说明书不符合本条例规定要求的；

（八）生产、经营易制毒化学品的单位不如实或者不按时向有关行政主管部门和公安机关报告年度生产、经销和库存等情况的。

企业的易制毒化学品生产经营许可被依法吊销后，未及时到市场监督管理部门办理经营范围变更或者企业注销登记的，依照前款规定，对易制毒化学品予以没收，并处罚款。

第四十一条　运输的易制毒化学品与易制毒化学品运输许可证或者备案证明载明的品种、数量、运入地、货主及收货人、承运人等情况不符，运输许可证种类不当，或者运输人员未全程携带运输许可证或者备案证明的，由公安机关责令停运整改，处 5000 元以上 5 万元以下的罚款；有危险物品运输资质的，运输主管部门可以依法吊销其运输资质。

个人携带易制毒化学品不符合品种、数量规定的，没收易制毒化学品，处 1000 元以上 5000 元以下的罚款。

第四十二条　生产、经营、购买、运输或者进口、出口易制毒化学品的单位或者个人拒不接受有关行政主管部门监督检查的，由负有监督管理职责的行政主管部门责令改正，对直接负责的主管人员以及其他直接责任人员给予警告；情节严重的，对单位处 1 万元以上 5 万元以下的罚款，对直接负责的主管人员以及其他直接责任人员处 1000 元以上 5000 元以下的罚款；有违反治安管理行为的，依法给予治安管理处罚；构成犯罪的，依法追究刑事责任。

第四十三条 易制毒化学品行政主管部门工作人员在管理工作中有应当许可而不许可、不应当许可而滥许可,不依法受理备案,以及其他滥用职权、玩忽职守、徇私舞弊行为的,依法给予行政处分;构成犯罪的,依法追究刑事责任。

第八章 附 则

第四十四条 易制毒化学品生产、经营、购买、运输和进口、出口许可证,由国务院有关行政主管部门根据各自的职责规定式样并监制。

第四十五条 本条例自2005年11月1日起施行。

本条例施行前已经从事易制毒化学品生产、经营、购买、运输或者进口、出口业务的,应当自本条例施行之日起6个月内,依照本条例的规定重新申请许可。

附表 易制毒化学品的分类和品种目录

第一类	
1	1-苯基-2-丙酮
2	3,4-亚甲基二氧苯基-2-丙酮
3	胡椒醛
4	黄樟素
5	黄樟油
6	异黄樟素
7	N-乙酰邻氨基苯酸
8	邻氨基苯甲酸
9	麦角酸*
10	麦角胺*
11	麦角新碱*
12	麻黄素、伪麻黄素、消旋麻黄素、去甲麻黄素、甲基麻黄素、麻黄浸膏、麻黄浸膏粉等麻黄素类物质*
第二类	
1	苯乙酸
2	醋酸酐
3	三氯甲烷
4	乙醚

(续表)

	第二类
5	哌啶
	第三类
1	甲苯
2	丙酮
3	甲基乙基酮
4	高锰酸钾
5	硫酸
6	盐酸

说明：
一、第一类、第二类所列物质可能存在的盐类，也纳入管制。
二、带有＊标记的品种为第一类中的药品类易制毒化学品，第一类中的药品类易制毒化学品包括原料药及其单方制剂。

《国务院办公厅关于同意将1-苯基-2-溴-1-丙酮和3-氧-2-苯基丁腈列入易制毒化学品品种目录的函》(国办函〔2014〕40号)
公安部、商务部、卫生计生委、海关总署、安全监管总局、食品药品监管总局：
根据《易制毒化学品管理条例》第二条的规定，国务院同意将1-苯基-2-溴-1-丙酮和3-氧-2-苯基丁腈增列入《易制毒化学品管理条例》附表《易制毒化学品的分类和品种目录》中第一类易制毒化学品。

《国务院办公厅关于同意将N-苯乙基-4-哌啶酮、4-苯胺基-N-苯乙基哌啶、N-甲基-1-苯基-1-氯-2-丙胺、溴素、1-苯基-1-丙酮列入易制毒化学品品种目录的函》(国办函〔2017〕120号)
公安部、商务部、卫生计生委、海关总署、安全监管总局、食品药品监管总局：
根据《易制毒化学品管理条例》第二条的规定，国务院同意在《易制毒化学品管理条例》附表《易制毒化学品的分类和品种目录》中增列N-苯乙基-4-哌啶酮、4-苯胺基-N-苯乙基哌啶、N-甲基-1-苯基-1-氯-2-丙胺为第一类易制毒化学品，增列溴素、1-苯基-1-丙酮为第二类易制毒化学品。

《国务院办公厅关于同意将α-苯乙酰乙酸甲酯等6种物质列入易制毒化学品品种目录的函》(国办函〔2021〕58号)

公安部、商务部、卫生健康委、应急部、海关总署、药监局:

根据《易制毒化学品管理条例》第二条的规定,国务院同意在《易制毒化学品管理条例》附表《易制毒化学品的分类和品种目录》中增列α-苯乙酰乙酸甲酯、α-乙酰乙酰苯胺、3,4-亚甲基二氧苯基-2-丙酮缩水甘油酸和3,4-亚甲基二氧苯基-2-丙酮缩水甘油酯为第二类易制毒化学品,增列苯乙腈、γ-丁内酯为第三类易制毒化学品。

《国家禁毒委员会办公室关于防范非药用类麻醉药品和精神药品及制毒物品违法犯罪的通告》(自2019年8月1日起施行)(→参见第三百五十七条评注部分,第1974页)

■ 司法解释

《最高人民法院关于审理毒品犯罪案件适用法律若干问题的解释》(法释〔2016〕8号)第七条、第八条对非法生产、买卖、运输制毒物品、走私制毒物品罪的定罪量刑标准作了规定。(→参见本节标题评注部分,第1857—1858页)

■ 规范性文件①

《最高人民法院、最高人民检察院、公安部关于办理制毒物品犯罪案件适用法律若干问题的意见》(公通字〔2009〕33号)②
各省、自治区、直辖市高级人民法院、人民检察院、公安厅、局,新疆维吾尔自治区高级人民法院生产建设兵团分院、新疆生产建设兵团人民检察院、公安局:

---

① 另,鉴于本栏目所列规范性文件发布施行,《公安部禁毒局关于非法滥用、买卖复方曲马多片处理意见的通知》(公禁毒〔2012〕188号)未予收录。该规范性文件规定:"对于非法买卖复方曲马多片、涉嫌构成犯罪的行为,不宜按照贩卖毒品罪或者非法提供麻醉药品、精神药品罪立案追诉。""个人非法买卖复方曲马多片经营数额在五万元以上,或者违法所得数额在一万元以上的;或者单位非法买卖复方曲马多片经营数额在五十万元以上,或者违法所得数额在十万元以上的;或者虽未达到上述数额标准,但两年内因同种非法经营行为受过二次以上行政处罚,又进行同种非法经营行为的,应按照《最高人民检察院、公安部关于公安机关管辖的刑事案件立案追诉标准的规定(二)》第七十九条第(八)项以'非法经营案'移交公安机关立案追诉。"参见何帆:《刑法注释书》,中国民主法制出版社2021年版,第545页。
② 本规范性文件的适用,需要根据经《刑法修正案(九)》修正后《刑法》第三百五十条的规定妥当把握。而且,相关定罪量刑标准与法释〔2016〕8号解释不一致的,应当以后者为准。——本评注注

为依法惩治走私制毒物品、非法买卖制毒物品犯罪活动,根据刑法有关规定,结合司法实践,现就办理制毒物品犯罪案件适用法律的若干问题制定如下意见:

一、关于制毒物品犯罪的认定

(一)本意见中的"制毒物品",是指刑法第三百五十条第一款规定的醋酸酐、乙醚、三氯甲烷或者其他用于制造毒品的原料或者配剂,具体品种范围按照国家关于易制毒化学品管理的规定确定。

(二)违反国家规定,实施下列行为之一的,认定为刑法第三百五十条规定的非法买卖制毒物品行为:

1. 未经许可或者备案,擅自购买、销售易制毒化学品的;

2. 超出许可证明或者备案证明的品种、数量范围购买、销售易制毒化学品的;

3. 使用他人的或者伪造、变造、失效的许可证明或者备案证明购买、销售易制毒化学品的;

4. 经营单位违反规定,向无购买许可证明、备案证明的单位、个人销售易制毒化学品的,或者明知购买者使用他人的或者伪造、变造、失效的购买许可证明、备案证明,向其销售易制毒化学品的;

5. 以其他方式非法买卖易制毒化学品的。

(三)易制毒化学品生产、经营、使用单位或者个人未办理许可证明或者备案证明,购买、销售易制毒化学品,如果有证据证明确实用于合法生产、生活需要,依法能够办理只是未及时办理许可证明或者备案证明,且未造成严重社会危害的,可不以非法买卖制毒物品罪论处。

(四)为了制造毒品或者走私、非法买卖制毒物品犯罪而采用生产、加工、提炼等方法非法制造易制毒化学品的,根据刑法第二十二条的规定,按照其制造易制毒化学品的不同目的,分别以制造毒品、走私制毒物品、非法买卖制毒物品的预备行为论处。

(五)明知他人实施走私或者非法买卖制毒物品犯罪,而为其运输、储存、代理进出口或者以其他方式提供便利的,以走私或者非法买卖制毒物品罪的共犯论处。

(六)走私、非法买卖制毒物品行为同时构成其他犯罪的,依照处罚较重的规定定罪处罚。

二、关于制毒物品犯罪嫌疑人、被告人主观明知的认定

对于走私或者非法买卖制毒物品行为,有下列情形之一,且查获了易制毒化学品,结合犯罪嫌疑人、被告人的供述和其他证据,经综合审查判断,可以认定其"明知"是制毒物品而走私或者非法买卖,但有证据证明确属被蒙骗的除外:

1. 改变产品形状、包装或者使用虚假标签、商标等产品标志的;
2. 以藏匿、夹带或者其他隐蔽方式运输、携带易制毒化学品逃避检查的;
3. 抗拒检查或者在检查时丢弃货物逃跑的;
4. 以伪报、藏匿、伪装等蒙蔽手段逃避海关、边防等检查的;
5. 选择不设海关或者边防检查站的路段绕行出入境的;
6. 以虚假身份、地址办理托运、邮寄手续的;
7. 以其他方法隐瞒真相,逃避对易制毒化学品依法监管的。

三、关于制毒物品犯罪定罪量刑的数量标准

(一)违反国家规定,非法运输、携带制毒物品进出境或者在境内非法买卖制毒物品达到下列数量标准的,依照刑法第三百五十条第一款的规定,处三年以下有期徒刑、拘役或者管制,并处罚金:

1. 1-苯基-2-丙酮五千克以上不满五十千克;
2. 3,4-亚甲基二氧苯基-2-丙酮、去甲麻黄素(去甲麻黄碱)、甲基麻黄素(甲基麻黄碱)、羟亚胺及其盐类十千克以上不满一百千克;
3. 胡椒醛、黄樟素、黄樟油、异黄樟素、麦角酸、麦角胺、麦角新碱、苯乙酸二十千克以上不满二百千克;
4. N-乙酰邻氨基苯酸、邻氨基苯甲酸、哌啶一百五十千克以上不满一千五百千克;
5. 甲苯、丙酮、甲基乙基酮、高锰酸钾、硫酸、盐酸四百千克以上不满四千千克;
6. 其他用于制造毒品的原料或者配剂相当数量的。

(二)违反国家规定,非法买卖或者走私制毒物品,达到或者超过前款所列最高数量标准的,认定为刑法第三百五十条第一款规定的"数量大的",处三年以上十年以下有期徒刑,并处罚金。

《最高人民法院、最高人民检察院、公安部关于办理走私、非法买卖麻黄碱类复方制剂等刑事案件适用法律若干问题的意见》(法发〔2012〕12号)①

为从源头上打击、遏制毒品犯罪,根据刑法等有关规定,结合司法实践,现就办理走私、非法买卖麻黄碱类复方制剂等刑事案件适用法律的若干问题,提出以下意见:

---

① 本规范性文件的适用,需要根据经《刑法修正案(九)》修正后《刑法》第三百五十条的规定妥当把握。——本评注注

一、关于走私、非法买卖麻黄碱类复方制剂等行为的定性

以加工、提炼制毒物品制造毒品为目的,购买麻黄碱类复方制剂,或者运输、携带、寄递麻黄碱类复方制剂进出境的,依照刑法第三百四十七条的规定,以制造毒品罪定罪处罚。

以加工、提炼制毒物品为目的,购买麻黄碱类复方制剂,或者运输、携带、寄递麻黄碱类复方制剂进出境的,依照刑法第三百五十条第一款、第三款的规定,分别以非法买卖制毒物品罪、走私制毒物品罪定罪处罚。

将麻黄碱类复方制剂拆除包装、改变形态后进行走私或者非法买卖,或者明知是已拆除包装、改变形态的麻黄碱类复方制剂而进行走私或者非法买卖的,依照刑法第三百五十条第一款、第三款的规定,分别以走私制毒物品罪、非法买卖制毒物品罪定罪处罚。

非法买卖麻黄碱类复方制剂或者运输、携带、寄递麻黄碱类复方制剂进出境,没有证据证明系用于制造毒品或者走私、非法买卖制毒物品,或者未达到走私制毒物品罪、非法买卖制毒物品罪的定罪数量标准,构成非法经营罪、走私普通货物、物品罪等其他犯罪的,依法定罪处罚。

实施第一款、第二款规定的行为,同时构成其他犯罪的,依照处罚较重的规定定罪处罚。

二、关于利用麻黄碱类复方制剂加工、提炼制毒物品行为的定性

以制造毒品为目的,利用麻黄碱类复方制剂加工、提炼制毒物品的,依照刑法第三百四十七条的规定,以制造毒品罪定罪处罚。

以走私或者非法买卖为目的,利用麻黄碱类复方制剂加工、提炼制毒物品的,依照刑法第三百五十条第一款、第三款的规定,分别以走私制毒物品罪、非法买卖制毒物品罪定罪处罚。

三、关于共同犯罪的认定

明知他人利用麻黄碱类制毒物品制造毒品,向其提供麻黄碱类复方制剂,为其利用麻黄碱类复方制剂加工、提炼制毒物品,或者为其获取、利用麻黄碱类复方制剂提供其他帮助的,以制造毒品罪的共犯论处。

明知他人走私或者非法买卖麻黄碱类制毒物品,向其提供麻黄碱类复方制剂,为其利用麻黄碱类复方制剂加工、提炼制毒物品,或者为其获取、利用麻黄碱类复方制剂提供其他帮助的,分别以走私制毒物品罪、非法买卖制毒物品罪的共犯论处。

四、关于犯罪预备、未遂的认定

实施本意见规定的行为,符合犯罪预备或者未遂情形的,依照法律规定处罚。

五、关于犯罪嫌疑人、被告人主观目的与明知的认定

对于本意见规定的犯罪嫌疑人、被告人的主观目的与明知,应当根据物证、书证、证人证言以及犯罪嫌疑人、被告人供述和辩解等在案证据,结合犯罪嫌疑人、被告人的行为表现,重点考虑以下因素综合予以认定:

1、购买、销售麻黄碱类复方制剂的价格是否明显高于市场交易价格;
2、是否采用虚假信息、隐蔽手段运输、寄递、存储麻黄碱类复方制剂;
3、是否采用伪报、伪装、藏匿或者绕行进出境等手段逃避海关、边防等检查;
4、提供相关帮助行为获得的报酬是否合理;
5、此前是否实施过同类违法犯罪行为;
6、其他相关因素。

六、关于制毒物品数量的认定

实施本意见规定的行为,以走私制毒物品罪、非法买卖制毒物品罪定罪处罚的,应当以涉案麻黄碱类复方制剂中麻黄碱类物质的含量作为涉案制毒物品的数量。

实施本意见规定的行为,以制造毒品罪定罪处罚的,应当将涉案麻黄碱类复方制剂所含的麻黄碱类物质可以制成的毒品数量作为量刑情节考虑。

多次实施本意见规定的行为未经处理的,涉案制毒物品的数量累计计算。

七、关于定罪量刑的数量标准

实施本意见规定的行为,以走私制毒物品罪、非法买卖制毒物品罪定罪处罚的,涉案麻黄碱类复方制剂所含的麻黄碱类物质应当达到以下数量标准:麻黄碱、伪麻黄碱、消旋麻黄碱及其盐类五千克以上不满五十千克;去甲麻黄碱、甲基麻黄碱及其盐类十千克以上不满一百千克;麻黄浸膏、麻黄浸膏粉一百千克以上不满一千千克。达到上述数量标准上限的,认定为刑法第三百五十条第一款规定的"数量大"。

实施本意见规定的行为,以制造毒品罪定罪处罚的,无论涉案麻黄碱类复方制剂所含的麻黄碱类物质数量多少,都应当追究刑事责任。

八、关于麻黄碱类复方制剂的范围

本意见所称麻黄碱类复方制剂是指含有《易制毒化学品管理条例》(国务院令第445号)品种目录所列的麻黄碱(麻黄素)、伪麻黄碱(伪麻黄素)、消旋麻黄碱(消旋麻黄素)、去甲麻黄碱(去甲麻黄素)、甲基麻黄碱(甲基麻黄素)及其盐类,或者麻黄浸膏、麻黄浸膏粉等麻黄碱类物质的药品复方制剂。

《最高人民法院、最高人民检察院、公安部、农业部、食品药品监管总局关于进一步加强麻黄草管理严厉打击非法买卖麻黄草等违法犯罪活动的通知》(公

通字〔2013〕16号）[①]

各省、自治区、直辖市高级人民法院、人民检察院、公安厅、局、农业（农牧、畜牧）厅、局，食品药品监督管理局（药品监督管理局），解放军军事法院、军事检察院，新疆维吾尔自治区高级人民法院生产建设兵团分院，新疆生产建设兵团人民检察院、公安局、畜牧兽医局：

近年来，随着我国对麻黄碱类制毒物品及其复方制剂监管力度的不断加大，利用麻黄碱类制毒物品及其复方制剂制造冰毒的犯罪活动得到有效遏制。但是，利用麻黄草提取麻黄碱类制毒物品制造冰毒的问题日益凸显，麻黄草已成为目前国内加工制造冰毒的又一主要原料。2012年，全国共破获利用麻黄草提取麻黄碱类制毒物品制造冰毒案件46起、缴获麻黄草964.4吨，同比分别上升91.7%、115.5%。为进一步加强麻黄草管理，严厉打击非法买卖麻黄草等违法犯罪活动，根据《中华人民共和国刑法》、《国务院关于禁止采集和销售发菜制止滥挖甘草和麻黄草有关问题的通知》（国发〔2000〕13号）等相关规定，现就有关要求通知如下：

一、严格落实麻黄草采集、收购许可证制度

麻黄草的采集、收购实行严格的许可证制度，未经许可，任何单位和个人不得采集、收购麻黄草，麻黄草收购单位只能将麻黄草销售给药品生产企业。农牧主管部门要从严核发麻黄草采集证，统筹确定各地麻黄草采挖量，禁止任何单位和个人无证采挖麻黄草；严格监督采挖单位和个人凭采集证销售麻黄草；严格控制麻黄草采挖量，严禁无证或超量采挖麻黄草。食品药品监管部门要督促相关药品生产企业严格按照《药品生产质量管理规范（2010年修订）》规定，建立和完善药品质量管理体系，特别是建立麻黄草收购、产品加工和销售台账，并保存2年备查。

二、切实加强对麻黄草采挖、买卖和运输的监督检查

农牧主管部门要认真调查麻黄草资源的分布和储量，加强对麻黄草资源的监管；要严肃查处非法采挖麻黄草和伪造、倒卖、转让采集证行为，上述行为一经发现，一律按最高限处罚。食品药品监管部门要加强对药品生产、经营企业的监督检查，对违反《药品管理法》及相关规定生产、经营麻黄草及其制品的，要依法处理。公安机关要会同农牧主管等部门，加强对麻黄草运输活动的检查，在重点公路、出入省通道要部署力量进行查缉，对没有采集证或者收购证以及不能说明合法用途运输麻黄草的，一律依法扣押审查。

[①] 本规范性文件的适用，需要根据经《刑法修正案（九）》修正后《刑法》第三百五十条的规定妥当把握。——本评注注

三、依法查处非法采挖、买卖麻黄草等犯罪行为

各地人民法院、人民检察院、公安机关要依法查处非法采挖、买卖麻黄草等犯罪行为,区别情形予以处罚:

(一)以制造毒品为目的,采挖、收购麻黄草的,依照刑法第三百四十七条的规定,以制造毒品罪定罪处罚。

(二)以提取麻黄碱类制毒物品后进行走私或者非法贩卖为目的,采挖、收购麻黄草,涉案麻黄草所含的麻黄碱类制毒物品达到相应定罪数量标准的,依照刑法第三百五十条第一款、第三款的规定,分别以走私制毒物品罪、非法买卖制毒物品罪定罪处罚。

(三)明知他人制造毒品或者走私、非法买卖制毒物品,向其提供麻黄草或者提供运输、储存麻黄草等帮助的,分别以制造毒品罪、走私制毒物品罪、非法买卖制毒物品罪的共犯论处。

(四)违反国家规定采挖、销售、收购麻黄草,没有证据证明以制造毒品或者走私、非法买卖制毒物品为目的,依照刑法第二百二十五条的规定构成犯罪的,以非法经营罪定罪处罚。

(五)实施以上行为,以制造毒品罪、走私制毒物品罪、非法买卖制毒物品罪定罪处罚的,涉案制毒物品的数量按照三百千克麻黄草折合一千克麻黄碱计算;以制造毒品罪定罪处罚的,无论涉案麻黄草数量多少,均应追究刑事责任。

立案追诉标准

《最高人民检察院、公安部关于公安机关管辖的刑事案件立案追诉标准的规定(三)》(公通字〔2012〕26号)**第五条**关于走私制毒物品罪和**第六条**关于非法买卖制毒物品罪的立案追诉标准的规定与法释〔2016〕8号解释第七条不一致(且《刑法修正案(九)》之后罪名予以整合为选择性罪名),应当以后者为准。

法律适用答复、复函

《公安部关于对去除糖衣包装的新康泰克药品混合颗粒能否认定为制毒物品的意见》(公禁毒〔2010〕166号)

北京市公安局禁毒处:

你处《关于对已去除糖衣包装的新康泰克药品混合颗粒能否认定为制毒物品的请示》(禁毒办字〔2010〕12号)收悉。经商国家食品药品监督管理局,现提出以下意见:

根据《药品管理法》规定,药品是指用于预防、治疗、诊断人的疾病,有目的

地调节人的生理机能并规定有适应症或者功能主治、用法和用量的物质,包括中药材、中药饮片、中成药、化学原料及其制剂、抗生素、生化药品、放射性药品、血清、疫苗、血液制品和诊断药品等。你处查获的已去除糖衣包装的新康泰克药品混合颗粒实为去除了空心胶囊的颗粒,不用于预防、治疗、诊断人的疾病,且不具有功能主治、用法和用量,已不属于《药品管理法》规定的药品范畴。伪麻黄素是属于《易制毒化学品管理条例》列管的第一类易制毒化学品,依据《最高人民法院关于审理毒品案件定罪量刑标准有关问题的解释》(法释〔2009〕13号)、《最高人民法院、最高人民检察院、公安部关于办理制毒物品犯罪案件适用法律若干问题的意见》(公通字〔2009〕33号)规定,若检验发现缴获的新康泰克药品混合颗粒中含有伪麻黄素且成分含量达到制毒物品犯罪定罪量刑的有关数量标准,即应当依法处理。

■ 刑参案例规则提炼

《房立安、许世财非法买卖制毒物品案——如何认定非法买卖制毒物品罪》(第606号案例)、《王小情、杨平先等非法买卖制毒物品案——利用麻黄碱类复方制剂加工、提炼制毒物品并非法贩卖的,如何定性》(第802号案例)、《解群英等非法买卖制毒物品、张海明等非法经营案——非法买卖麻黄碱类复方制剂以及将麻黄碱类复方制剂拆改包装后进行贩卖的,如何定性》(第803号案例)所涉规则提炼如下:

1. 制毒物品犯罪的认定规则。"非法买卖制毒物品交易中起居间作用的应当认定为非法买卖制毒物品罪的共犯。"(第606号案例)

2. 麻黄碱复方制剂犯罪的处理规则。"将麻黄碱类复方制剂拆解成粉末进行买卖的,应当认定为非法买卖制毒物品罪。""非法买卖麻黄碱类复方制剂,没有证据证明系用于非法买卖制毒物品的,不应认定为非法买卖制毒物品罪。""在对相关行为以走私或者非法买卖制毒物品罪定罪处罚时,应当将涉案麻黄碱类复方制剂所含麻黄碱类物质的数量认定为制毒物品的数量。"(第803号案例)适用《刑法》第三百五十条第二款的规定,以制造毒品罪的共犯论处,"主观要件方面,行为人应当明知他人实施制造毒品犯罪。这里的'明知'是指'确切地知道','他人'是指'相对确定的某人',即要求行为人具有与相对确定的他人制造毒品的共同犯罪故意,即有与相对确定的他人共同实施制造毒品犯罪的意思联络"。(第802号案例)

第三百五十一条 【非法种植毒品原植物罪】非法种植罂粟、大麻等毒品原植物的,一律强制铲除。有下列情形之一的,处五年以下有期徒刑、拘役或者管制,并处罚金:

(一)种植罂粟五百株以上不满三千株或者其他毒品原植物数量较大的;

(二)经公安机关处理后又种植的;

(三)抗拒铲除的。

非法种植罂粟三千株以上或者其他毒品原植物数量大的,处五年以上有期徒刑,并处罚金或者没收财产。

非法种植罂粟或者其他毒品原植物,在收获前自动铲除的,可以免除处罚。

立法沿革

本条系1997年《刑法》沿用《全国人民代表大会常务委员会关于禁毒的决定》(自1990年12月28日起施行)第六条第一款、第二款和第四款的规定。

相关规定

《中华人民共和国治安管理处罚法》(修正后自2013年1月1日起施行,节录)

第七十一条 有下列行为之一的,处十日以上十五日以下拘留,可以并处三千元以下罚款;情节较轻的,处五日以下拘留或者五百元以下罚款:

(一)非法种植罂粟不满五百株或者其他少量毒品原植物的;

(二)非法买卖、运输、携带、持有少量未经灭活的罂粟等毒品原植物种子或者幼苗的;

(三)非法运输、买卖、储存、使用少量罂粟壳的。

有前款第一项行为,在成熟前自行铲除的,不予处罚。

司法解释

《最高人民法院关于审理毒品犯罪案件适用法律若干问题的解释》(法释〔2016〕8号)第九条对非法种植毒品原植物罪的定罪量刑标准作了规定。(→参见本节标题评注部分,第1859页)

规范性文件

《最高人民法院、最高人民检察院、公安部办理毒品犯罪案件毒品提取、扣押、称量、取样和送检程序若干问题的规定》(公禁毒〔2016〕511号)第三十四条

对毒品原植物及其种子、幼苗鉴定的有关问题作了规定。(→参见本节标题评注部分,第 2020 页)

《**全国法院毒品案件审判工作会议纪要**》(法〔2023〕108 号)"二、罪名认定问题""(四)关于其他涉毒行为"对非法种植毒品原植物罪的适用作了规定。(→参见本节标题评注部分,第 1874 页)

立案追诉标准

《**最高人民检察院、公安部关于公安机关管辖的刑事案件立案追诉标准的规定(三)**》(公通字〔2012〕26 号,节录)

第七条 [非法种植毒品原植物案(刑法第三百五十一条)]非法种植罂粟、大麻等毒品原植物,涉嫌下列情形之一的,应予立案追诉:

(一)非法种植罂粟五百株以上的;

(二)非法种植大麻五千株以上的;

(三)非法种植其他毒品原植物数量较大的;

(四)非法种植罂粟二百平方米以上、大麻二千平方米以上或者其他毒品原植物面积较大,尚未出苗的;

(五)经公安机关处理后又种植的;

(六)抗拒铲除的。

本条所规定的"种植",是指播种、育苗、移栽、插苗、施肥、灌溉、割取津液或者收取种子等行为。非法种植毒品原植物的株数一般应以实际查获的数量为准。因种植面积较大,难以逐株清点数目的,可以抽样测算每平方米平均株数后按实际种植面积测算出种植总株数。

非法种植罂粟或者其他毒品原植物,在收获前自动铲除的,可以不予立案追诉。

(→第十三条至第十七条参见本节标题评注部分,第 1893 页)

第三百五十二条 【**非法买卖、运输、携带、持有毒品原植物种子、幼苗罪**】非法买卖、运输、携带、持有未经灭活的罂粟等毒品原植物种子或者幼苗,数量较大的,处三年以下有期徒刑、拘役或者管制,并处或者单处罚金。

立法沿革

本条系 1997 年《刑法》增设的规定。

司法解释

《**最高人民法院关于审理毒品犯罪案件适用法律若干问题的解释**》(法释〔2016〕8号)**第十条**对非法买卖、运输、携带、持有毒品原植物种子、幼苗罪的定罪量刑标准作了规定。(→参见本节标题评注部分,第1859页)

立案追诉标准

《**最高人民检察院、公安部关于公安机关管辖的刑事案件立案追诉标准的规定（三）**》(公通字〔2012〕26号)**第八条**关于非法买卖、运输、携带、持有毒品原植物种子、幼苗罪立案追诉标准的规定与法释〔2016〕8号解释第十条的规定一致。

第三百五十三条 【引诱、教唆、欺骗他人吸毒罪】引诱、教唆、欺骗他人吸食、注射毒品的,处三年以下有期徒刑、拘役或者管制,并处罚金;情节严重的,处三年以上七年以下有期徒刑,并处罚金。

【强迫他人吸毒罪】强迫他人吸食、注射毒品的,处三年以上十年以下有期徒刑,并处罚金。

引诱、教唆、欺骗或者强迫未成年人吸食、注射毒品的,从重处罚。

立法沿革

本条系1997年《刑法》吸收修改单行刑法作出的规定。《全国人民代表大会常务委员会关于禁毒的决定》(自1990年12月28日起施行)第七条规定:"引诱、教唆、欺骗他人吸食、注射毒品的,处七年以下有期徒刑、拘役或者管制,并处罚金。""强迫他人吸食、注射毒品的,处三年以上十年以下有期徒刑,并处罚金。""引诱、教唆、欺骗或者强迫未成年人吸食、注射毒品的,从重处罚。"1997年《刑法》对引诱、教唆、欺骗他人吸毒罪的法定刑作出修改,根据情节作了拆分。

相关规定

《**中华人民共和国治安管理处罚法**》(修正后自2013年1月1日起施行,节录)

第七十三条 教唆、引诱、欺骗他人吸食、注射毒品的,处十日以上十五日以下拘留,并处五百元以上二千元以下罚款。

司法解释

《**最高人民法院关于审理毒品犯罪案件适用法律若干问题的解释**》(法释

〔2016〕8号)第十一条对引诱、教唆、欺骗他人吸毒罪的定罪量刑标准作了规定。(→参见本节标题评注部分,第1859页)

立案追诉标准

《最高人民检察院、公安部关于公安机关管辖的刑事案件立案追诉标准的规定(三)》(公通字〔2012〕26号,节录)

第九条 〔引诱、教唆、欺骗他人吸毒案(刑法第三百五十三条)〕引诱、教唆、欺骗他人吸食、注射毒品的,应予立案追诉。

第十条 〔强迫他人吸毒案(刑法第三百五十三条)〕违背他人意志,以暴力、胁迫或者其他强制手段,迫使他人吸食、注射毒品的,应予立案追诉。

(→第十三条至第十七条参见本节标题评注部分,第1957页)

指导性案例

郭某某欺骗他人吸毒案(检例第152号,节录)

关键词 欺骗他人吸毒罪 麻醉药品、精神药品 情节严重 自行补充侦查 客观性证据审查

要 旨 行为人明知系国家管制的麻醉药品、精神药品而向他人的饮料、食物中投放,欺骗他人吸食的,应当以欺骗他人吸毒罪追究刑事责任。对于有证据证明行为人为实施强奸、抢劫等犯罪而欺骗他人吸食麻醉药品、精神药品的,应当按照处罚较重的罪名追究刑事责任。检察机关应当加强自行补充侦查,强化电子数据等客观性证据审查,准确认定犯罪事实。

第三百五十四条 【容留他人吸毒罪】容留他人吸食、注射毒品的,处三年以下有期徒刑、拘役或者管制,并处罚金。

立法沿革

本条系1997年《刑法》吸收修改单行刑法作出的规定。《全国人民代表大会常务委员会关于禁毒的决定》(自1990年12月28日起施行)第九条规定:"容留他人吸食、注射毒品并出售毒品的,依照第二条的规定处罚。"1997年《刑法》对上述规定作出修改,规定独立的法定刑。

司法解释

《最高人民法院关于审理毒品犯罪案件适用法律若干问题的解释》(法释

〔2016〕8号)第十二条对容留他人吸毒罪的定罪量刑标准作了规定。(→参见本节标题评注部分,第1859页)

规范性文件

《最高人民法院、最高人民检察院关于常见犯罪的量刑指导意见(试行)》(法发〔2021〕21号,节录)

四、常见犯罪的量刑

(二十二)容留他人吸毒罪

1. 构成容留他人吸毒罪的,在一年以下有期徒刑、拘役幅度内确定量刑起点。

2. 在量刑起点的基础上,根据容留他人吸毒的人数、次数等其他影响犯罪构成的犯罪事实增加刑罚量,确定基准刑。

3. 构成容留他人吸毒罪的,根据容留他人吸毒的人数、次数、违法所得数额、危害后果等犯罪情节,综合考虑被告人缴纳罚金的能力,决定罚金数额。

4. 构成容留他人吸毒罪的,综合考虑容留他人吸毒的人数、次数、危害后果等犯罪事实、量刑情节,以及被告人主观恶性、人身危险性、认罪悔罪表现等因素,决定缓刑的适用。

(→前三部分和第五部分参见总则第四章第一节标题评注部分,第223、227页)

立案追诉标准

《最高人民检察院、公安部关于公安机关管辖的刑事案件立案追诉标准的规定(三)》(公通字〔2012〕26号)第十一条关于容留他人吸毒罪立案追诉标准的规定与法释〔2016〕8号解释第十二条不一致,应当以后者为准。

刑参案例规则提炼

《聂凯凯容留他人吸毒案——旅馆经营者发现客人在房间内吸毒不予制止,是否构成容留他人吸毒罪》(第1032号案例)所涉规则提炼如下:

容留他人吸毒罪的认定规则。"容留他人吸毒罪的主观方面包括间接故意。""旅馆经营者对于入住客人的吸毒行为有义务制止或者向公安机关报告。""对于旅馆经营者发现入住客人在房间内吸食毒品不予制止的……可以以容留他人吸毒罪追究刑事责任,但此种情形毕竟不同于事先明知他人吸食毒品而提供场所的行为,旅馆经营者也没有从吸毒人员处收取除应收房费外的其他费用,故量刑时可以酌情从轻处罚。"(第1032号案例)

> **第三百五十五条 【非法提供麻醉药品、精神药品罪】**依法从事生产、运输、管理、使用国家管制的麻醉药品、精神药品的人员，违反国家规定，向吸食、注射毒品的人提供国家规定管制的能够使人形成瘾癖的麻醉药品、精神药品的，处三年以下有期徒刑或者拘役，并处罚金；情节严重的，处三年以上七年以下有期徒刑，并处罚金。向走私、贩卖毒品的犯罪分子或者以牟利为目的，向吸食、注射毒品的人提供国家规定管制的能够使人形成瘾癖的麻醉药品、精神药品的，依照本法第三百四十七条的规定定罪处罚。
>
> 单位犯前款罪的，对单位判处罚金，并对其直接负责的主管人员和其他直接责任人员，依照前款的规定处罚。

立法沿革

本条系 1997 年《刑法》吸收修改单行刑法作出的规定。《全国人民代表大会常务委员会关于禁毒的决定》（自 1990 年 12 月 28 日起施行）第十条第二款、第三款规定："依法从事生产、运输、管理、使用国家管制的麻醉药品、精神药品的人员违反国家规定，向吸食、注射毒品的人提供国家管制的麻醉药品、精神药品的，处七年以下有期徒刑或者拘役，可以并处罚金。向走私、贩卖毒品的犯罪分子或者以牟利为目的，向吸食、注射毒品的人提供国家管制的麻醉药品、精神药品的，依照第二条的规定处罚。""单位有第二款规定的违法犯罪行为的，对其直接负责的主管人员和其他直接责任人员，依照第二款的规定处罚，并对单位判处罚金。"1997 年《刑法》对上述规定作出修改，规定独立的法定刑。

相关规定

《麻醉药品和精神药品管理条例》（国务院令第 442 号，第三次修订后自 2016 年 2 月 6 日起施行，节录）

第三条　本条例所称麻醉药品和精神药品，是指列入麻醉药品目录、精神药品目录（以下称目录）的药品和其他物质。精神药品分为第一类精神药品和第二类精神药品。

目录由国务院药品监督管理部门会同国务院公安部门、国务院卫生主管部门制定、调整并公布。

上市销售但尚未列入目录的药品和其他物质或者第二类精神药品发生滥用，已经造成或者可能造成严重社会危害的，国务院药品监督管理部门会同国务院公安部门、国务院卫生主管部门应当及时将该药品和该物质列入目录或者将该第二类精神药品调整为第一类精神药品。

第四条 国家对麻醉药品药用原植物以及麻醉药品和精神药品实行管制。除本条例另有规定的外,任何单位、个人不得进行麻醉药品药用原植物的种植以及麻醉药品和精神药品的实验研究、生产、经营、使用、储存、运输等活动。

司法解释

《最高人民法院关于审理毒品犯罪案件适用法律若干问题的解释》(法释〔2016〕8号)第十三条对非法提供麻醉药品、精神药品罪的定罪量刑标准作了规定。(→参见本节标题评注部分,第1860页)

规范性文件

《全国法院毒品案件审判工作会议纪要》(法〔2023〕108号)"二、罪名认定问题""(三)关于涉麻醉药品、精神药品行为"对盗窃、抢夺或者抢劫毒品的处理作了规定。(→参见本节标题评注部分,第1871页)

立案追诉标准

《最高人民检察院、公安部关于公安机关管辖的刑事案件立案追诉标准的规定(三)》(公通字〔2012〕26号)第十二条关于非法提供麻醉药品、精神药品罪立案追诉标准的规定与法释〔2016〕8号解释第十三条不一致,应当以后者为准。

法律适用答复、复函

《最高人民检察院法律政策研究室关于安定注射液是否属于刑法第三百五十五条规定的精神药品问题的答复》(〔2002〕高检研发第23号)
福建省人民检察院研究室:
　　你院《关于安定注射液是否属于〈刑法〉第三百五十五条规定的精神药品的请示》(闽检〔2001〕6号)收悉。经研究并征求有关部门意见,答复如下:
　　根据《精神药品管理办法》等国家有关规定,"能够使人形成瘾癖"的精神药品,是指使用后能使人的中枢神经系统兴奋或者抑制连续使用能使人产生依赖性的药品。安定注射液属于刑法第三百五十五条第一款规定的"国家规定管制的能够使人形成瘾癖的"精神药品。鉴于安定注射液属于《精神药品管理办法》规定的第二类精神药品,医疗实践中使用较多,在处理此类案件时,应当慎重掌握罪与非罪的界限。对于明知他人是吸毒人员而多次向其出售安定注射液,或者贩卖安定注射液数量较大的,可以依法追究行为人的刑事责任。

《公安部关于在成品药中非法添加阿普唑仑和曲马多进行销售能否认定为制造贩卖毒品有关问题的批复》(公复字〔2009〕1号)对非法提供精神药品罪的适用作了规定。(→参见第三百四十七条评注部分,第1927页)

第三百五十五条之一 【妨害兴奋剂管理罪】引诱、教唆、欺骗运动员使用兴奋剂参加国内、国际重大体育竞赛,或者明知运动员参加上述竞赛而向其提供兴奋剂,情节严重的,处三年以下有期徒刑或者拘役,并处罚金。

组织、强迫运动员使用兴奋剂参加国内、国际重大体育竞赛的,依照前款的规定从重处罚。

立法沿革

本条系2021年3月1日起施行的《刑法修正案(十一)》第四十四条增设的规定。

相关规定

《中华人民共和国体育法》(修订后自2023年1月1日起施行,节录)

第五十六条 国务院体育行政部门会同国务院药品监管、卫生健康、商务、海关等部门制定、公布兴奋剂目录,并动态调整。

第一百一十八条 组织、强迫、欺骗、教唆、引诱运动员在体育运动中使用兴奋剂的,由国务院体育行政部门或者省、自治区、直辖市人民政府体育行政部门没收非法持有的兴奋剂;直接负责的主管人员和其他直接责任人员四年内不得从事体育管理工作和运动员辅助工作;情节严重的,终身不得从事体育管理工作和运动员辅助工作。

向运动员提供或者变相提供兴奋剂的,由国务院体育行政部门或者省、自治区、直辖市人民政府体育行政部门没收非法持有的兴奋剂,并处五万元以上五十万元以下的罚款;有违法所得的,没收违法所得;并给予禁止一定年限直至终身从事体育管理工作和运动员辅助工作的处罚。

司法解释

《最高人民法院关于审理走私、非法经营、非法使用兴奋剂刑事案件适用法律若干问题的解释》(法释〔2019〕16号,自2020年1月1日起施行)①

为依法惩治走私、非法经营、非法使用兴奋剂犯罪,维护体育竞赛的公平竞争,保护体育运动参加者的身心健康,根据《中华人民共和国刑法》《中华人民共和国刑事诉讼法》的规定,制定本解释。

---

① 对本司法解释的适用,需要结合《刑法修正案(十一)》增设的妨害兴奋剂管理罪作相应考虑。——**本评注注**

第一条 运动员、运动员辅助人员走私兴奋剂目录所列物质,或者其他人员以在体育竞赛中非法使用为目的走私兴奋剂目录所列物质,涉案物质属于国家禁止进出口的货物、物品,具有下列情形之一的,应当依照刑法第一百五十一条第三款的规定,以走私国家禁止进出口的货物、物品罪定罪处罚:

(一)一年内曾因走私被给予二次以上行政处罚后又走私的;

(二)用于或者准备用于未成年人运动员、残疾人运动员的;

(三)用于或者准备用于国内、国际重大体育竞赛的;

(四)其他造成严重恶劣社会影响的情形。

实施前款规定的行为,涉案物质不属于国家禁止进出口的货物、物品,但偷逃应缴税额一万元以上或者一年内曾因走私被给予二次以上行政处罚后又走私的,应当依照刑法第一百五十三条的规定,以走私普通货物、物品罪定罪处罚。

对于本条第一款、第二款规定以外的走私兴奋剂目录所列物质行为,适用《最高人民法院、最高人民检察院关于办理走私刑事案件适用法律若干问题的解释》(法释〔2014〕10号)规定的定罪量刑标准。

第二条 违反国家规定,未经许可经营兴奋剂目录所列物质,涉案物质属于法律、行政法规规定的限制买卖的物品,扰乱市场秩序,情节严重的,应当依照刑法第二百二十五条的规定,以非法经营罪定罪处罚。

第三条 对未成年人、残疾人负有监护、看护职责的人组织未成年人、残疾人在体育运动中非法使用兴奋剂,具有下列情形之一的,应当认定为刑法第二百六十条之一规定的"情节恶劣",以虐待被监护、看护人罪定罪处罚:

(一)强迫未成年人、残疾人使用的;

(二)引诱、欺骗未成年人、残疾人长期使用的;

(三)其他严重损害未成年人、残疾人身心健康的情形。

第四条 在普通高等学校招生、公务员录用等法律规定的国家考试涉及的体育、体能测试等体育运动中,组织考生非法使用兴奋剂的,应当依照刑法第二百八十四条之一的规定,以组织考试作弊罪定罪处罚。

明知他人实施前款犯罪而为其提供兴奋剂的,依照前款的规定定罪处罚。

第五条 生产、销售含有兴奋剂目录所列物质的食品,符合刑法第一百四十三条、第一百四十四条规定的,以生产、销售不符合安全标准的食品罪、生产、销售有毒、有害食品罪定罪处罚。

第六条 国家机关工作人员在行使反兴奋剂管理职权时滥用职权或者玩忽职守,造成严重兴奋剂违规事件,严重损害国家声誉或者造成恶劣社会影响,符合刑法第三百九十七条规定的,以滥用职权罪、玩忽职守罪定罪处罚。

依法或者受委托行使反兴奋剂管理职权的单位的工作人员,在行使反兴奋剂管理职权时滥用职权或者玩忽职守的，依照前款规定定罪处罚。

第七条 实施本解释规定的行为，涉案物质属于毒品、制毒物品等，构成有关犯罪的，依照相应犯罪定罪处罚。

第八条 对于是否属于本解释规定的"兴奋剂""兴奋剂目录所列物质""体育运动""国内、国际重大体育竞赛"等专门性问题，应当依据《中华人民共和国体育法》《反兴奋剂条例》等法律法规，结合国务院体育主管部门出具的认定意见等证据材料作出认定。

第九条 本解释自 2020 年 1 月 1 日起施行。

第三百五十六条 【毒品再犯】因走私、贩卖、运输、制造、非法持有毒品罪被判过刑，又犯本节规定之罪的，从重处罚。

立法沿革

本条系 1997 年《刑法》沿用《全国人民代表大会常务委员会关于禁毒的决定》（自 1990 年 12 月 28 日起施行）第十一条第二款的规定，仅将"本决定规定之罪"调整为"本节规定之罪"。

规范性文件

《最高人民法院关于贯彻宽严相济刑事政策的若干意见》（法发〔2010〕9号）第十一条对毒品再犯的刑事政策把握提出了专门要求。（→参见总则第四章标题评注部分，第 194 页）

《全国法院毒品案件审判工作会议纪要》（法〔2023〕108 号）"九、累犯、毒品再犯问题"对毒品再犯的认定作了规定。（→参见本节标题评注部分，第 1890 页）

刑参案例规则提炼①

《李靖贩卖、运输毒品案——因毒品犯罪被判处的刑罚尚未执行完毕又犯贩卖、运输毒品罪的，是否适用刑法第三百五十六条的规定从重处罚》（第 392 号案例）、《贺建军贩卖、运输毒品案——保外就医期间再犯毒品犯罪的应当认定为毒品再犯》（第 542 号案例）、《李光耀等贩卖、运输毒品案——被告人未满

---

① 另，《李靖贩卖、运输毒品案——因毒品犯罪被判处的刑罚尚未执行完毕又犯贩卖、运输毒品罪的，是否适用刑法第三百五十六条的规定从重处罚》（第 392 号案例）提出"刑法关于毒品再犯的规定，除其自身的特别规定外，其他要件必须受刑法关于累（转下页）

十八周岁时曾因毒品犯罪被判刑,在刑法修正案(八)实施后是否构成毒品再犯》(第839号案例)所涉规则提炼如下:

毒品再犯的认定规则。"毒品再犯不是一般累犯的特殊形式,其内涵与外延均与累犯有所不同,'被判过刑'应被理解为包括刑罚已执行完毕或赦免及尚未开始执行、已开始执行但尚未执行完毕等判刑后所有阶段。对于犯罪分子在缓刑、假释或暂予监外执行期间又犯毒品犯罪的,不仅应适用毒品再犯的规定从重处罚,还应依照刑法第七十一条的规定实行数罪并罚。"(第542号案例)"被告人未满十八周岁时曾因毒品犯罪被判刑,在刑法修正案(八)实施后"可以构成毒品再犯。(第839号案例)①

> **第三百五十七条**② 【毒品的定义及数量计算】本法所称的毒品,是指鸦片、海洛因、甲基苯丙胺(冰毒)、吗啡、大麻、可卡因以及国家规定管制的其他能够使人形成瘾癖的麻醉药品和精神药品。
>
> 毒品的数量以查证属实的走私、贩卖、运输、制造、非法持有毒品的数量计算,不以纯度折算。

立法沿革

本条系1997年《刑法》吸收修改单行刑法作出的规定。《全国人民代表大

(接上页)犯规定的制约""毒品再犯的'被判过刑'……应当受'刑罚执行完毕或者赦免以后'规定的制约",与刑参第542号案例所持立场不一致,**本评注倾向于**后者,故对第392号案例所涉规则未予提炼;**《姚某贩卖毒品案——不满18周岁的人因毒品犯罪被判处五年有期徒刑以下刑罚,其再次实施毒品犯罪的,是否能够认定为毒品再犯》**(第1034号案例)提出"我国的未成年人犯罪记录封存制度,其功能已经相当于前科消灭制度""不满18周岁的人因毒品犯罪被判处五年有期徒刑以下刑罚,其再次实施毒品犯罪的,不能认定为毒品再犯而予以从重处罚",与刑参第839号案例所持立场不一致,**本评注倾向于**后者,故对第1034号案例所涉规则未予提炼。
① 在《刑法修正案(八)》增加未成年人犯罪不构成累犯的规定后,关于未成年人是否构成毒品再犯,司法实践中存在不同认识。**本评注赞同**未成年人可以成立毒品再犯的观点。具体而言:毒品再犯和累犯是两种性质不同的制度,法律后果也有所不同。从《刑法》第三百五十六条的规定来看,并没有排除未成年人毒品犯罪构成毒品再犯的情况。参见王爱立主编:《中华人民共和国刑法条文说明、立法理由及相关规定》,北京大学出版社2021年版,第1404页。
② 认定刑法意义上的毒品,必须是国家规定管制的其他能够使人形成瘾癖的麻醉药品和精神药品;没有被列入管制的,就不能认定为毒品。——**本评注注**

会常务委员会关于禁毒的决定》(自1990年12月28日起施行)第一条规定:"本决定所称的毒品是指鸦片、海洛因、吗啡、大麻、可卡因以及国务院规定管制的其他能够使人形成瘾癖的麻醉药品和精神药品。"1997年《刑法》吸收修改上述规定,在第一款对毒品的范围作了界定,并在第二款对毒品的数量计算作了规定。

■ **相关规定**

《麻醉药品和精神药品管理条例》(国务院令第442号,第三次修订后自2016年2月6日起施行,节录)

第三条 本条例所称麻醉药品和精神药品,是指列入麻醉药品目录、精神药品目录(以下称目录)的药品和其他物质。精神药品分为第一类精神药品和第二类精神药品。

目录由国务院药品监督管理部门会同国务院公安部门、国务院卫生主管部门制定、调整并公布。

上市销售但尚未列入目录的药品和其他物质或者第二类精神药品发生滥用,已经造成或者可能造成严重社会危害的,国务院药品监督管理部门会同国务院公安部门、国务院卫生主管部门应当及时将该药品和该物质列入目录或者将该第二类精神药品调整为第一类精神药品。

《国家禁毒委员会办公室关于防范非药用类麻醉药品和精神药品及制毒物品违法犯罪的通告》(自2019年8月1日起施行)

为切实加强对非药用类麻醉药品和精神药品、制毒物品的管控,有效遏制此类违法犯罪活动,根据国家相关法律法规规定,现将有关事项通告如下:

一、根据《中华人民共和国刑法》第350条之规定,严禁任何组织和个人非法生产、买卖、运输醋酸酐、乙醚、三氯甲烷或者其他用于制造毒品的原料、配剂,或者携带上述物品进出境。严禁任何组织和个人明知他人制造毒品而为其生产、买卖、运输前款规定的物品。

二、根据《中华人民共和国刑法》相关规定,明知某种非列管物质将被用于非法制造非药用类麻醉药品或精神药品而仍然为其生产、销售、运输或进出口的,按照制造毒品犯罪共犯论处。

三、根据《中华人民共和国禁毒法》第21条、第22条之规定,严禁任何组织和个人非法生产、买卖、运输、储存、提供、持有、使用麻醉药品、精神药品和易制毒化学品。严禁任何组织和个人走私麻醉药品、精神药品和易制毒化学品。

四、根据《非药用类麻醉药品和精神药品列管办法》之规定,非药用类麻醉药品和精神药品除《非药用类麻醉药品和精神药品管制品种增补目录》中列明的品种外,还包括其可能存在的盐类、旋光异构体及其盐类。

五、根据《易制毒化学品管理条例》第5条之规定,严禁任何组织和个人走私或者非法生产、经营、购买、转让、运输易制毒化学品。严禁使用现金或者实物进行易制毒化学品交易。严禁个人携带易制毒化学品进出境,个人合理自用的药品类复方制剂和高锰酸钾除外。

六、根据《易制毒化学品进出口管理规定》第47条之规定,严禁任何组织和个人未经许可或超出许可范围进出口易制毒化学品,严禁个人携带易制毒化学品进出境,个人合理自用的药品类复方制剂和高锰酸钾除外。

七、邮政、物流、快递企业发现非法邮寄、运输、夹带疑似非药用类麻醉药品或精神药品、易制毒化学品等制毒原料或配剂的,应当立即向公安机关或者海关报告,并配合公安机关或者海关进行调查。邮政、物流、快递企业应当如实记录或者保存上述信息。

八、任何单位或者个人出租、转让其反应釜、离心机、氢气钢瓶等特种设备的,应当如实登记承租或者受让企业、个人信息,并及时将登记信息向所在地县(市、区)安全生产监管部门和公安机关报告。

九、明知某种非药用类麻醉药品和精神药品或制毒物品已在国外被列为毒品或易制毒化学品进行管制而仍然向该国生产、销售、走私的,将可能面临该国执法部门的刑事指控或制裁。

十、鼓励广大群众向公安等有关行政主管部门举报新精神活性物质等毒品或者制毒物品违法犯罪行为。对举报属实的,将按照有关规定予以现金奖励。相关部门将对举报信息严格保密,对举报人依法予以保护。

特此通告。

《国家食品药品监督管理总局、公安部、国家卫生和计划生育委员会关于公布麻醉药品和精神药品品种目录的通知》(食药监药化监〔2013〕230号,自2014年1月1日起施行)①

各省、自治区、直辖市食品药品监督管理局、公安厅(局)、卫生厅局(卫生计生委),新疆生产建设兵团食品药品监督管理局、公安局、卫生局:

根据《麻醉药品和精神药品管理条例》第三条规定,现公布《麻醉药品品种目录(2013年版)》和《精神药品品种目录(2013年版)》,自2014年1月1日起施行。

附件1:麻醉药品品种目录(2013年版)

附件2:精神药品品种目录(2013年版)

---

① 《国家药品监督管理局、公安部、国家卫生健康委员会关于调整麻醉药品和精神药品目录的公告》(2023年第43号公告)于2023年7月1日起施行后,我国管制毒品包括456种麻醉药品和精神药品(122种麻醉药品、160种精神药品、174种非药用类麻醉药品和精神药品)、整类芬太尼类物质、整类合成大麻素类物质。——**本评注注**

附件1 麻醉药品品种目录（2013年版）

序号	中文名	英文名	CAS 号	备注
1	醋托啡	Acetorphine	25333-77-1	
2	乙酰阿法甲基芬太尼	Acetyl-*alpha*-methylfentanyl	101860-00-8	
3	醋美沙多	Acetylmethadol	509-74-0	
4	阿芬太尼	Alfentanil	71195-58-9	
5	烯丙罗定	Allylprodine	25384-17-2	
6	阿醋美沙多	Alphacetylmethadol	17199-58-5	
7	阿法美罗定	Alphameprodine	468-51-9	
8	阿法美沙多	Alphamethadol	17199-54-1	
9	阿法甲基芬太尼	Alpha-methylfentanyl	79704-88-4	
10	阿法甲基硫代芬太尼	Alpha-methylthiofentanyl	103963-66-2	
11	阿法罗定	Alphaprodine	77-20-3	
12	阿尼利定	Anileridine	144-14-9	
13	苄替啶	Benzethidine	3691-78-9	
14	苄吗啡	Benzylmorphine	36418-34-5	
15	倍醋美沙多	Betacetylmethadol	17199-59-6	
16	倍他羟基芬太尼	Beta-hydroxyfentanyl	78995-10-5	

(续表)

序号	中文名	英文名	CAS 号	备注
17	倍他羟基-3-甲基芬太尼	Beta-hydroxy-3-methylfentanyl	78995-14-9	
18	倍他美罗定	Betameprodine	468-50-8	
19	倍他美沙多	Betamethadol	17199-55-2	
20	倍他罗定	Betaprodine	468-59-7	
21	贝齐米特	Bezitramide	15301-48-1	
22	大麻和大麻树脂与大麻浸膏和酊	Cannabis and Cannabis Resin and Extracts and Tinctures of Cannabis	8063-14-7 6465-30-1	
23	氯尼他秦	Clonitazene	3861-76-5	
24	古柯叶	Coca Leaf		
25	可卡因*	Cocaine	50-36-2	
26	可多克辛	Codoxime	7125-76-0	
27	罂粟浓缩物*	Concentrate of Poppy Straw		包括罂粟果提取物*，罂粟果提取物粉*
28	地索吗啡	Desomorphine	427-00-9	
29	右吗拉胺	Dextromoramide	357-56-2	
30	地恩丙胺	Diampromide	552-25-0	
31	二乙噻丁	Diethylthiambutene	86-14-6	

(续表)

序号	中文名	英文名	CAS 号	备注
32	地芬诺辛	Difenoxin	28782-42-5	
33	二氢埃托啡*	Dihydroetorphine	14357-76-7	
34	双氢吗啡	Dihydromorphine	509-60-4	
35	地美沙多	Dimenoxadol	509-78-4	
36	地美庚醇	Dimepheptanol	545-90-4	
37	二甲噻丁	Dimethylthiambutene	524-84-5	
38	吗苯丁酯	Dioxaphetyl Butyrate	467-86-7	
39	地芬诺酯*	Diphenoxylate	915-30-0	
40	地匹哌酮	Dipipanone	467-83-4	
41	羟蒂巴酚	Drotebanol	3176-03-2	
42	芽子碱	Ecgonine	481-37-8	
43	乙甲噻丁	Ethylmethylthiambutene	441-61-2	
44	依托尼秦	Etonitazene	911-65-9	
45	埃托啡	Etorphine	14521-96-1	
46	依托利定	Etoxeridine	469-82-9	
47	芬太尼*	Fentanyl	437-38-7	
48	呋替啶	Furethidine	2385-81-1	

(续表)

序号	中文名	英文名	CAS 号	备注
49	海洛因	Heroin	561-27-3	
50	氢可酮*	Hydrocodone	125-29-1	
51	氢吗啡醇	Hydromorphinol	2183-56-4	
52	氢吗啡酮*	Hydromorphone	466-99-9	
53	羟哌替啶	Hydroxypethidine	468-56-4	
54	异美沙酮	Isomethadone	466-40-0	
55	凯托米酮	Ketobemidone	469-79-4	
56	左美沙芬	Levomethorphan	125-70-2	
57	左吗拉胺	Levomoramide	5666-11-5	
58	左芬酰吗烷	Levophenacylmorphan	10061-32-2	
59	左啡诺	Levorphanol	77-07-6	
60	美他佐辛	Metazocine	3734-52-9	
61	美沙酮*	Methadone	76-99-3	
62	美沙酮中间体	Methadone Intermediate	125-79-1	4-氰基-2-二甲氨基-4,4-二苯基丁烷
63	甲地索啡	Methyldesorphine	16008-36-9	
64	甲二氢吗啡	Methyldihydromorphine	509-56-8	

(续表)

序号	中文名	英文名	CAS 号	备注
65	3-甲基芬太尼	3-Methylfentanyl	42045-86-3	
66	3-甲基硫代芬太尼	3-Methylthiofentanyl	86052-04-2	
67	美托酮	Metopon	143-52-2	
68	吗拉胺中间体	Moramide Intermediate	3626-55-9	2-甲基-3-吗啉基-1,1-二苯基丁酸
69	吗哌利定	Morpheridine	469-81-8	
70	吗啡*	Morphine	57-27-2	包括吗啡阿托品注射液*
71	吗啡甲溴化物	Morphine Methobromide	125-23-5	包括其他五价氮吗啡衍生物,特别包括吗啡-N-氧化物,其中一种是可待因-N-氧化物
72	吗啡-N-氧化物	Morphine-N-oxide	639-46-3	
73	1-甲基-4-苯基-4-哌啶丙酸酯	1-Methyl-4-phenyl-4-piperidinol propionate (ester)	13147-09-6	MPPP
74	麦罗啡	Myrophine	467-18-5	
75	尼可吗啡	Nicomorphine	639-48-5	
76	诺美沙多	Noracymethadol	1477-39-0	
77	去甲左啡诺	Norlevorphanol	1531-12-0	

(续表)

序号	中文名	英文名	CAS号	备注
78	去甲美沙酮	Normethadone	467-85-6	
79	去甲吗啡	Normorphine	466-97-7	
80	诺匹哌酮	Norpipanone	561-48-8	
81	阿片*	Opium	8008-60-4	包括复方樟脑酊*、阿桔片*
82	奥列巴文	Oripavine	467-04-9	
83	羟考酮*	Oxycodone	76-42-5	
84	羟吗啡酮	Oxymorphone	76-41-5	
85	对氟芬太尼	Para-fluorofentanyl	90736-23-5	
86	哌替啶*	Pethidine	57-42-1	
87	哌替啶中间体A	Pethidine Intermediate A	3627-62-1	4-氰基-1-甲基-4-苯基哌啶
88	哌替啶中间体B	Pethidine Intermediate B	77-17-8	4-苯基哌啶-4-羧酸乙酯
89	哌替啶中间体C	Pethidine Intermediate C	3627-48-3	1-甲基-4-苯基哌啶-4-羧酸
90	苯吗庚酮	Phenadoxone	467-84-5	
91	非那丙胺	Phenampromide	129-83-9	

(续表)

序号	中文名	英文名	CAS 号	备注
92	非那佐辛	Phenazocine	127-35-5	
93	1-苯乙基-4-苯基-4-哌啶乙酸酯	1-Phenethyl-4-phenyl-4-piperidinol acetate (ester)	64-52-8	PEPAP
94	非诺啡烷	Phenomorphan	468-07-5	
95	苯哌利定	Phenoperidine	562-26-5	
96	匹米诺定	Piminodine	13495-09-5	
97	哌腈米特	Piritramide	302-41-0	
98	普罗庚嗪	Proheptazine	77-14-5	
99	丙哌利定	Properidine	561-76-2	
100	消旋甲啡烷	Racemethorphan	510-53-2	
101	消旋吗拉胺	Racemoramide	545-59-5	
102	消旋啡烷	Racemorphan	297-90-5	
103	瑞芬太尼*	Remifentanil	132875-61-7	
104	舒芬太尼*	Sufentanil	56030-54-7	
105	醋氢可酮	Thebacon	466-90-0	
106	蒂巴因*	Thebaine	115-37-7	
107	硫代芬太尼	Thiofentanyl	1165-22-6	

(续表)

序号	中文名	英文名	CAS 号	备注
108	替利定	Tilidine	20380-58-9	
109	三甲利定	Trimeperidine	64-39-1	
110	醋氢可待因	Acetyldihydrocodeine	3861-72-1	
111	可待因*	Codeine	76-57-3	
112	右丙氧芬*	Dextropropoxyphene	469-62-5	
113	双氢可待因*	Dihydrocodeine	125-28-0	
114	乙基吗啡*	Ethylmorphine	76-58-4	
115	尼可待因	Nicocodine	3688-66-2	
116	烟氢可待因	Nicodicodine	808-24-2	
117	去甲可待因	Norcodeine	467-15-2	
118	福尔可定*	Pholcodine	509-67-1	
119	丙吡兰	Propiram	15686-91-6	
120	布桂嗪*	Bucinnazine		
121	罂粟壳*	Poppy Shell		

注：1. 上述品种包括其可能存在的盐和单方制剂（除非另有规定）。
2. 上述品种包括其可能存在的异构体、酯及醚（除非另有规定）。
3. 品种目录中有*的麻醉药品为我国生产及使用的品种。

附件2　　　　　　　　　　　精神药品品种目录（2013年版）

第一类

序号	中文名	英文名	CAS号	备注
1	布苯丙胺	Brolamfetamine	64638-07-9	DOB
2	卡西酮	Cathinone	71031-15-7	
3	二乙基色胺	3-[2-(Diethylamino)ethyl]indole	7558-72-7	DET
4	二甲氧基安非他明	(±)-2,5-Dimethoxy-alpha-methylphenethylamine	2801-68-5	DMA
5	(1,2-二甲基庚基)羟基四氢甲基二苯吡喃	3-(1,2-dimethylheptyl)-7,8,9,10-tetrahydro-6,6,9-trimethyl-6Hdibenzo[b,d]pyran-1-ol	32904-22-6	DMHP
6	二甲基色胺	3-[2-(Dimethylamino)ethyl]indole	61-50-7	DMT
7	二甲氧基乙基安非他明	(±)-4-ethyl-2,5-dimethoxy-α-methylphenethylamine	22139-65-7	DOET
8	乙环利定	Eticyclidine	2201-15-2	PCE
9	乙色胺	Etryptamine	2235-90-7	
10	羟芬胺	(±)-N-[alpha-methyl-3,4-(methylenedioxy)phenethyl]hydroxylamine	74698-47-8	N-hydroxy MDA
11	麦角二乙胺	(+)-Lysergide	50-37-3	LSD
12	乙芬胺	(±)-N-ethyl-alpha-methyl-3,4-(methylenedioxy)phenethylamine	82801-81-8	N-ethyl MDA

第七节 走私、贩卖、运输、制造毒品罪 1985

(续表)

序号	中文名	英文名	CAS 号	备注
13	二亚甲基双氧安非他明	(±)-N, alpha-dimethyl-3, 4-(methylenedioxy) phenethylamine	42542-10-9	MDMA
14	麦司卡林	Mescaline	54-04-6	
15	甲卡西酮	Methcathinone	5650-44-2(右旋体),49656-78-2(右旋体盐酸盐),112117-24-5(左旋体),66514-93-0(左旋体盐酸盐).	
16	甲米雷司	4-Methylaminorex	3568-94-3	
17	甲羟芬胺	5-methoxy-α-methyl-3, 4-(methylenedioxy) phenethylamine	13674-05-0	MMDA
18	4-甲基硫基安非他明	4-Methylthioamfetamine	14116-06-4	
19	六氢大麻酚	Parahexyl	117-51-1	
20	副甲氧基安非他明	P-methoxy-alpha-methylphenethylamine	64-13-1	PMA
21	赛洛新	Psilocine	520-53-6	
22	赛洛西宾	Psilocybine	520-52-5	
23	咯环利定	Rolicyclidine	2201-39-0	PHP

第357条

(续表)

序号	中文名	英文名	CAS 号	备注
24	二甲氧基甲苯异丙胺	2,5-Dimethoxy-alpha,4-dimethylphenethylamine	15588-95-1	STP
25	替苯丙胺	Tenamfetamine	4764-17-4	MDA
26	替诺环定	Tenocyclidine	21500-98-1	TCP
27	四氢大麻酚	Tetrahydrocannabinol	包括同分异构体及其立体化学变体	
28	三甲氧基安非他明	(±)-3,4,5-Trimethoxy-alpha-methylphenethylamine	1082-88-8	TMA
29	苯丙胺	Amfetamine	300-62-9	
30	氨茶普汀	Amineptine	57574-09-1	
31	2,5-二甲氧基-4-溴苯乙胺	4-Bromo-2,5-dimethoxyphenethylamine	66142-81-2	2-CB
32	右苯丙胺	Dexamfetamine	51-64-9	
33	屈大麻酚	Dronabinol	1972-08-3	δ-9-四氢大麻酚及其立体化学异构体
34	芬乙茶碱	Fenetylline	3736-08-1	
35	左苯丙胺	Levamfetamine	156-34-3	
36	左甲苯丙胺	Levomethamfetamine	33817-09-3	

（续表）

序号	中文名	英文名	CAS 号	备注
37	甲氯喹酮	Mecloqualone	340-57-8	
38	去氧麻黄碱	Metamfetamine	537-46-2	
39	去氧麻黄碱外消旋体	Metamfetamine Racemate	7632-10-2	
40	甲喹酮	Methaqualone	72-44-6	
41	哌醋甲酯*	Methylphenidate	113-45-1	
42	苯环利定	Phencyclidine	77-10-1	PCP
43	芬美曲秦	Phenmetrazine	134-49-6	
44	司可巴比妥*	Secobarbital	76-73-3	
45	齐培丙醇	Zipeprol	34758-83-3	
46	安非拉酮	Amfepramone	90-84-6	
47	苄基哌嗪	Benzylpiperazine	2759-28-6	BZP
48	丁丙诺啡*	Buprenorphine	52485-79-7	
49	1-丁基-3-(1-萘甲酰基)吲哚	1-Butyl-3-(1-naphthoyl) indole	208987-48-8	JWH-073
50	恰特草	Catha edulis Forssk	Khat	
51	2,5-二甲氧基-4-碘苯乙胺	2,5-Dimethoxy-4-iodophenethylamine	69587-11-7	2C-I

(续表)

序号	中文名	英文名	CAS 号	备注
52	2,5-二甲氧基苯乙胺	2,5-Dimethoxyphenethylamine	3600-86-0	2C-H
53	二甲基安非他明	Dimethylamfetamine	4075-96-1	
54	依他喹酮	Etaqualone	7432-25-9	
55	[1-(5-氟戊基)-1H-吲哚-3-基](2-碘苯基)甲酮	(1-(5-Fluoropentyl)-3-(2-iodobenzoyl) indole)	335161-03-0	AM-694
56	1-(5-氟戊基)-3-(1-萘甲酰基)-1H-吲哚	1-(5-Fluoropentyl)-3-(1-naphthoyl) indole	335161-24-5	AM-2201
57	γ-羟丁酸*	Gamma-hydroxybutyrate	591-81-1	GHB
58	氯胺酮*	Ketamine	6740-88-1	
59	马吲哚*	Mazindol	22232-71-9	
60	2-(2-甲氧基苯基)-1-(1-戊基-1H-吲哚-3-基)乙酮	2-(2-Methoxyphenyl)-1-(1-pentyl-1H-indol-3-yl) ethanone	864445-43-2	JWH-250
61	亚甲基二氧吡咯戊酮	Methylenedioxypyrovalerone	687603-66-3	MDPV
62	4-甲基乙卡西酮	4-Methylethcathinone	1225617-18-4	4-MEC
63	4-甲基甲卡西酮	4-Methylmethcathinone	5650-44-2	4-MMC
64	3,4-亚甲基二氧甲卡西酮	3,4-Methylenedioxy-N-methylcathinone	186028-79-5	Methylone

(续表)

序号	中文名	英文名	CAS号	备注
65	莫达非尼	Modafinil	68693-11-8	
66	1-戊基-3-(1-萘甲酰基)吲哚	1-Pentyl-3-(1-naphthoyl) indole	209414-07-3	JWH-018
67	他喷他多	Tapentadol	175591-23-8	
68	三唑仑*	Triazolam	28911-01-5	

第二类

序号	中文名	英文名	CAS号	备注
1	异戊巴比妥*	Amobarbital	57-43-2	
2	布他比妥	Butalbital	77-26-9	
3	去甲伪麻黄碱	Cathine	492-39-7	
4	环巴比妥	Cyclobarbital	52-31-3	
5	氟硝西泮	Flunitrazepam	1622-62-4	
6	格鲁米特*	Glutethimide	77-21-4	
7	喷他佐辛*	Pentazocine	55643-30-6	
8	戊巴比妥*	Pentobarbital	76-74-4	
9	阿普唑仑*	Alprazolam	28981-97-7	
10	阿米雷司	Aminorex	2207-50-3	

(续表)

序号	中文名	英文名	CAS 号	备注
11	巴比妥*	Barbital	57-44-3	
12	苯非他明	Benzfetamine	156-08-1	
13	溴西泮	Bromazepam	1812-30-2	
14	溴替唑仑	Brotizolam	57801-81-7	
15	丁巴比妥	Butobarbital	77-28-1	
16	卡马西泮	Camazepam	36104-80-0	
17	氯氮䓬	Chlordiazepoxide	58-25-3	
18	氯巴占	Clobazam	22316-47-8	
19	氯硝西泮*	Clonazepam	1622-61-3	
20	氯拉䓬酸	Clorazepate	23887-31-2	
21	氯噻西泮	Clotiazepam	33671-46-4	
22	氯噁唑仑	Cloxazolam	24166-13-0	
23	地洛西泮	Delorazepam	2894-67-9	
24	地西泮*	Diazepam	439-14-5	
25	艾司唑仑*	Estazolam	29975-16-4	
26	乙氯维诺	Ethchlorvynol	113-18-8	
27	炔己蚁胺	Ethinamate	126-52-3	
28	氯氟䓬乙酯	Ethyl Loflazepate	29177-84-2	

(续表)

序号	中文名	英文名	CAS 号	备注
29	乙非他明	Etilamfetamine	457-87-4	
30	芬坎法明	Fencamfamin	1209-98-9	
31	芬普雷司	Fenproporex	16397-28-7	
32	氟地西泮	Fludiazepam	3900-31-0	
33	氟西泮*	Flurazepam	17617-23-1	
34	哈拉西泮	Halazepam	23092-17-3	
35	卤沙唑仑	Haloxazolam	59128-97-1	
36	凯他唑仑	Ketazolam	27223-35-4	
37	利非他明	Lefetamine	7262-75-1	SPA
38	氯普唑仑	Loprazolam	61197-73-7	
39	劳拉西泮*	Lorazepam	846-49-1	
40	氯甲西泮	Lormetazepam	848-75-9	
41	美达西泮	Medazepam	2898-12-6	
42	美芬雷司	Mefenorex	17243-57-1	
43	甲丙氨酯*	Meprobamate	57-53-4	
44	美索卡	Mesocarb	34262-84-5	
45	甲苯巴比妥	Methylphenobarbital	115-38-8	
46	甲乙哌酮	Methyprylon	125-64-4	

(续表)

序号	中文名	英文名	CAS 号	备注
47	咪达唑仑*	Midazolam	59467-70-8	
48	尼美西泮	Nimetazepam	2011-67-8	
49	硝西泮*	Nitrazepam	146-22-5	
50	去甲西泮	Nordazepam	1088-11-5	
51	奥沙西泮*	Oxazepam	604-75-1	
52	奥沙唑仑	Oxazolam	24143-17-7	
53	匹莫林*	Pemoline	2152-34-3	
54	苯甲曲秦	Phendimetrazine	634-03-7	
55	苯巴比妥*	Phenobarbital	50-06-6	
56	芬特明	Phentermine	122-09-8	
57	匹那西泮	Pinazepam	52463-83-9	
58	哌苯甲醇	Pipradrol	467-60-7	
59	普拉西泮	Prazepam	2955-38-6	
60	吡咯戊酮	Pyrovalerone	3563-49-3	
61	仲丁比妥	Secbutabarbital	125-40-6	
62	替马西泮	Temazepam	846-50-4	
63	四氢西泮	Tetrazepam	10379-14-3	
64	乙烯比妥	Vinylbital	2430-49-1	

第七节 走私、贩卖、运输、制造毒品罪 1993

（续表）

序号	中文名	英文名	CAS 号	备注
65	唑吡坦*	Zolpidem	82626-48-0	
66	阿洛巴比妥	Allobarbital	58-15-1	
67	丁丙诺啡透皮贴剂*	Buprenorphine Transdermal patch		
68	布托啡诺及其注射剂*	Butorphanol and its injection	42408-82-2	
69	咖啡因*	Caffeine	58-08-2	
70	安钠咖	Caffeine Sodium Benzoate	CNB	
71	右旋芬氟拉明	Dexfenfluramine	3239-44-9	
72	地佐辛及其注射剂*	Dezocine and Its Injection	53648-55-8	
73	麦角胺咖啡因片	Ergotamine and Caffeine Tablet	379-79-3	
74	芬氟拉明	Fenfluramine	458-24-2	
75	呋芬雷司	Furfennorex	3776-93-0	
76	纳布啡及其注射剂*	Nalbuphine and its injection	20594-83-6	
77	氨酚氢可酮片	Paracetamol and Hydrocodone Bitartrate Tablet		
78	丙己君	Propylhexedrine	101-40-6	
79	曲马多*	Tramadol	27203-92-5	
80	扎来普隆*	Zaleplon	151319-34-5	
81	佐匹克隆	Zopiclone	43200-80-2	

注：1. 上述品种包括其可能存在的盐和单方制剂（除非另有规定）。
2. 上述品种包括其可能存在的异构体（除非另有规定）。
3. 品种目录有*的精神药品为我国生产及使用的品种。

《国家食品药品监管总局、公安部、国家卫生计生委关于将含可待因复方口服液体制剂列入第二类精神药品管理的公告》(2015年第10号,自2015年5月1日起实行)

根据《麻醉药品和精神药品按理条例》的有关规定,国家食品药品监管总局、公安部、国家卫生计生委决定将含可待因复方口服液体制剂(包括口服溶液剂、糖浆剂)列入第二类精神药品管理。

本公告自2015年5月1日起实行。

特此公告。

《非药用类麻醉药品和精神药品列管办法》(公安部、国家卫生和计划生育委员会、国家食品药品监督管理总局、国家禁毒委员会办公室,公通字〔2015〕27号,自2015年10月1日起施行)

第一条 为加强对非药用类麻醉药品和精神药品的管理,防止非法生产、经营、运输、使用和进出口,根据《中华人民共和国禁毒法》和《麻醉药品和精神药品管理条例》等法律、法规的规定,制定本办法。

第二条 本办法所称的非药用类麻醉药品和精神药品,是指未作为药品生产和使用,具有成瘾性或者成瘾潜力且易被滥用的物质。

第三条 麻醉药品和精神药品按照药用类和非药用类分类列管。除麻醉药品和精神药品管理品种目录已有列管品种外,新增非药用类麻醉药品和精神药品管制品种由本办法附表列示。非药用类麻醉药品和精神药品管制品种目录的调整由国务院公安部门会同国务院食品药品监督管理部门和国务院卫生计生行政部门负责。

非药用类麻醉药品和精神药品发现医药用途,调整列入药品目录的,不再列入非药用类麻醉药品和精神药品管制品种目录。

第四条 对列管的非药用类麻醉药品和精神药品,禁止任何单位和个人生产、买卖、运输、使用、储存和进出口。因科研、实验需要使用非药用类麻醉药品和精神药品,在药品、医疗器械生产、检测中需要使用非药用类麻醉药品和精神药品标准品、对照品,以及药品生产过程中非药用类麻醉药品和精神药品中间体的管理,按照有关规定执行。

各级公安机关和有关部门依法加强对非药用类麻醉药品和精神药品违法犯罪行为的打击处理。

第五条 各地禁毒委员会办公室(以下简称禁毒办)应当组织公安机关和有关部门加强对非药用类麻醉药品和精神药品的监测,并将监测情况及时上报国家禁毒办。国家禁毒办经汇总、分析后,应当及时发布预警信息。对国家禁毒办发布预警的未列管非药用类麻醉药品和精神药品,各地禁毒办应当进行重点监测。

第六条 国家禁毒办认为需要对特定非药用类麻醉药品和精神药品进行列管的,应当交由非药用类麻醉药品和精神药品专家委员会(以下简称专家委员会)进行风险评估和列管论证。

第七条 专家委员会由国务院公安部门、食品药品监督管理部门、卫生计生行政部门、工业和信息化管理部门、海关等部门的专业人员以及医学、药学、法学、司法鉴定、化工等领域的专家学者组成。

专家委员会应当对拟列管的非药用类麻醉药品和精神药品进行下列风险评估和列管论证,并提出是否予以列管的建议:

(一)成瘾性或者成瘾潜力;

(二)对人身心健康的危害性;

(三)非法制造、贩运或者走私活动情况;

(四)滥用或者扩散情况;

(五)造成国内、国际危害或者其他社会危害情况。

专家委员会启动对拟列管的非药用类麻醉药品和精神药品的风险评估和列管论证工作后,应当在3个月内完成。

第八条 对专家委员会评估后提出列管建议的,国家禁毒办应当建议国务院公安部门会同食品药品监督管理部门和卫生计生行政部门予以列管。

第九条 国务院公安部门会同食品药品监督管理部门和卫生计生行政部门应当在接到国家禁毒办列管建议后6个月内,完成对非药用类麻醉药品和精神药品的列管工作。

对于情况紧急、不及时列管不利于遏制危害发展蔓延的,风险评估和列管工作应当加快进程。

第十条 本办法自2015年10月1日起施行。

附表:非药用类麻醉药品和精神药品管制品种增补目录

序号	中文名	英文名	CAS 号	备注
1	N-(2-甲氧基苄基)-2-(2,5-二甲氧基-4-溴苯基)乙胺	2-(4-Bromo-2,5-dimethoxyphenyl)-N-(2-methoxybenzyl)ethanamine	88441-14-9	2C-B-NBOMe
2	2,5-二甲氧基-4-氯苯乙胺	4-Chloro-2,5-dimethoxphenethylamine		2C-C
3	N-(2-甲氧基苄基)-2-(2,5-二甲氧基-4-氯苯基)乙胺	2-(4-Chloro-2,5-dimethoxyphenyl)-N-(2-methoxybenzyl)ethanamine	1227608-02-7	2C-C-NBOMe
4	2,5-二甲氧基-4-甲基苯乙胺	4-Methyl-2,5-dimethoxyphenethylamine	24333-19-5	2C-D
5	N-(2-甲氧基苄基)-2-(2,5-二甲氧基-4-甲基苯基)乙胺	2-(4-Methyl-2,5-dimethoxyphenyl)-N-(2-methoxybenzyl)ethanamine	1354632-02-2	2C-D-NBOMe
6	2,5-二甲氧基-4-乙基苯乙胺	4-Ethyl-2,5-dimethoxyphenethylamine	71539-34-9	2C-E
7	N-(2-甲氧基苄基)-2-(2,5-二甲氧基-4-碘苯基)乙胺	2-(4-Iodo-2,5-dimethoxyphenyl)-N-(2-methoxybenzyl)ethanamine	919797-19-6	2C-I-NBOMe
8	2,5-二甲氧基-4-丙基苯乙胺	4-Propyl-2,5-dimethoxyphenethylamine	207740-22-5	2C-P
9	2,5-二甲氧基-4-乙硫基苯乙胺	4-Ethylthio-2,5-dimethoxyphenethylamine	207740-24-7	2C-T-2

(续表)

序号	中文名	英文名	CAS 号	备注
10	2,5-二甲氧基-4-异丙基硫基苯乙胺	4-Isopropylthio-2,5-dimethoxyphenethylamine	207740-25-8	2C-T-4
11	2,5-二甲氧基-4-丙硫基苯乙胺	4-Propylthio-2,5-dimethox-phenethylamine	207740-26-9	2C-T-7
12	2-氟苯丙胺	1-(2-Fluorophenyl) propan-2-amine	1716-60-5	2-FA
13	2-氟甲基苯丙胺	N-Methyl-1-(2-fluorophenyl) propan-2-amine		2-FMA
14	1-(2-苯并呋喃基)-N-甲基-2-丙胺	N-Methyl-1-(benzofuran-2-yl) propan-2-amine	806596-15-6	2-MAPB
15	3-氟苯丙胺	1-(3-Fluorophenyl) propan-2-amine	1626-71-7	3-FA
16	3-氟甲基苯丙胺	N-Methyl-1-(3-fluorophenyl) propan-2-amine		3-FMA
17	4-氯苯丙胺	1-(4-Chlorophenyl) propan-2-amine	64-12-0	4-CA
18	4-氟苯丙胺	1-(4-Fluorophenyl) propan-2-amine	459-02-9	4-FA
19	4-氟甲基苯丙胺	N-Methyl-1-(4-fluorophenyl) propan-2-amine	351-03-1	4-FMA
20	1-[5-(2,3-二氢苯并呋喃)]-2-丙胺	1-(2,3-Dihydro-1-benzofuran-5-yl) propan-2-amine	152624-03-8	5-APDB
21	1-(5-苯并呋喃基)-N-甲基-2-丙胺	N-Methyl-1-(benzofuran-5-yl) propan-2-amine		α-5-MAPB
22	6-溴-3,4-亚甲二氧基甲基苯丙胺	N-Methyl-(6-bromo-3,4-methylenedioxyphenyl) propan-2-amine		6-Br-MDMA

（续表）

序号	中文名	英文名	CAS 号	备注
23	6-氯-3,4-亚甲二氧基甲基苯丙胺	N-Methyl-(6-chloro-3,4-methylenedioxyphenyl)propan-2-amine	319920-71-3	6-Cl-MDMA
24	1-(2,5-二甲氧基-4-氯苯基)-2-丙胺	1-(4-Chloro-2,5-dimethoxyphenyl)propan-2-amine		DOC
25	1-(2-噻吩基)-N-甲基-2-丙胺	N-Methyl-1-(thiophen-2-yl)propan-2-amine	801156-47-8	MPA
26	N-(1-氨甲酰基-2-甲基丙基)-1-(5-氟戊基)吲哚-3-甲酰胺	N-(1-Amino-3-methyl-1-oxobutan-2-yl)-1-(5-fluoropentyl)-1H-indole-3-carboxamide		5F-ABICA
27	N-(1-氨甲酰基-2-甲基丙基)-1-(5-氟戊基)吲唑-3-甲酰胺	N-(1-Amino-3-methyl-1-oxobutan-2-yl)-1-(5-fluoropentyl)-1H-indazole-3-carboxamide		5F-AB-PINACA
28	N-(1-氨甲酰基-2,2-二甲基丙基)-1-(5-氟戊基)吲哚-3-甲酰胺	N-(1-Amino-3,3-dimethyl-1-oxobutan-2-yl)-1-(5-fluoropentyl)-1H-indole-3-carboxamide		5F-ADBICA
29	N-(1-甲氧基羰基-2-甲基丙基)-1-(5-氟戊基)吲唑-3-甲酰胺	1-Methoxy-3-methyl-1-oxobutan-2-yl-1-(5-fluoropentyl)-1H-indazole-3-carboxamide		5F-AMB
30	N-(1-金刚烷基)-1-(5-氟戊基)吲唑-3-甲酰胺	N-(1-Adamantyl)-1-(5-fluoropentyl)-1H-indazole-3-carboxamide		5F-APINACA

(续表)

序号	中文名	英文名	CAS 号	备注
31	1-（5-氟戊基）吲哚-3-甲酸-8-喹啉酯	Quinolin-8-yl 1-(5-fluoropentyl)-1H-indole-3-carboxylate		5F-PB-22
32	1-（5-氟戊基）-3-（2,2,3,3-四甲基环丙基酰基）吲哚	(1-(5-Fluoropentyl)-1H-indol-3-yl)(2,2,3,3-tetramethylcyclopropyl)methanone		5F-UR-144
33	1-[2-（N-吗啉基）乙基]-3-(2,2,3,3-四甲基环丙基酰基)吲哚	(1-(2-Morpholin-4-ylethyl)-1H-indol-3-yl)(2,2,3,3-tetramethylcyclopropyl)methanone	895155-26-7	A-796,260
34	1-（4-四氢吡喃基甲基）-3-(2,2,3,3-四甲基环丙基酰基)吲哚	(1-(Tetrahydropyran-4-ylmethyl)-1H-indol-3-yl)(2,2,3,3-tetramethylcyclopropyl)methanone	895155-57-4	A-834,735
35	N-(1-氨甲酰基-2-甲基丙基)-1-(环己基甲基)吲唑-3-甲酰胺	N-(1-Amino-3-methyl-1-oxobutan-2-yl)-1-(cyclohexylmethyl)-1H-indazole-3-carboxamide		AB-CHMINACA
36	N-(1-氨甲酰基-2-甲基丙基)-1-(4-氟苄基)吲唑-3-甲酰胺	N-(1-Amino-3-methyl-1-oxobutan-2-yl)-1-(4-fluorobenzyl)-1H-indazole-3-carboxamide		AB-FUBINACA
37	N-(1-氨甲酰基-2-甲基丙基)-1-戊基吲唑-3-甲酰胺	N-(1-Amino-3-methyl-1-oxobutan-2-yl)-1-pentyl-1H-indazole-3-carboxamide		AB-PINACA

(续表)

序号	中文名	英文名	CAS 号	备注
38	N-(1-氨甲酰基-2,2-二甲基丙基)-1-戊基吲哚-3-甲酰胺	N-(1-Amino-3,3-dimethyl-1-oxobutan-2-yl)-1-pentyl-1H-indole-3-carboxamide		ADBICA
39	N-(1-氨甲酰基-2,2-二甲基丙基)-1-戊基吲唑-3-甲酰胺	N-(1-Amino-3,3-dimethyl-1-oxobutan-2-yl)-1-pentyl-1H-indazole-3-carboxamide		ADB-PINACA
40	1-[(N-甲基-2-哌啶基)甲基]-3-(1-萘甲酰基)吲哚	(1-((1-Methylpiperidin-2-yl)methyl)-1H-indol-3-yl)(naphthalen-1-yl)methanone		AM-1220
41	1-[(N-甲基-2-哌啶基)甲基]-3-(1-金刚烷甲酰基)吲哚	(1-((1-Methylpiperidin-2-yl)methyl)-1H-indol-3-yl)(adamantan-1-yl)methanone	335160-66-2	AM-1248
42	1-[(N-甲基-2-哌啶基)甲基]-3-(2-碘苯甲酰基)吲哚	(1-((1-Methylpiperidin-2-yl)methyl)-1H-indol-3-yl)(2-iodophenyl)methanone	444912-75-8	AM-2233
43	N-(1-金刚烷基)-1-戊基吲哚-3-甲酰胺	N-(1-Adamantyl)-1-pentyl-1H-indole-3-carboxamide		APICA
44	N-(1-金刚烷基)-1-戊基吲唑-3-甲酰胺	N-(1-Adamantyl)-1-pentyl-1H-indazole-3-carboxamide		APINACA
45	1-(1-萘甲酰基)-4-戊氧基苯	(4-Pentyloxynaphthalen-1-yl)(naphthalen-1-yl)methanone	432047-72-8	CB-13

(续表)

序号	中文名	英文名	CAS 号	备注
46	N-(1-甲基-1-苯基乙基)-1-(4-四氢吡喃基)-1H-吲唑-3-甲酰胺	N-(2-Phenylpropan-2-yl)-1-(tetrahydropyran-4-yl-methyl)-1H-indazole-3-carboxamide		CUMYL-THPINACA
47	1-(5-氟戊基)-3-(4-乙基-1-萘甲酰基)吲哚	(1-(5-Fluoropentyl)-1H-indol-3-yl)(4-ethylnaphthalen-1-yl)methanone		EAM-2201
48	1-(4-氟苄基)-3-(1-萘甲酰基)吲哚	(1-(4-Fluorobenzyl)-1H-indol-3-yl)(naphthalen-1-yl)methanone		FUB-JWH-018
49	1-(4-氟苄基)吲哚-3-甲酸-8-喹啉酯	Quinolin-8-yl1-(4-fluorobenzyl)-1H-indole-3-carboxylate		FUB-PB-22
50	2-甲基-1-戊基-3-(1-萘甲酰基)吲哚	(2-Methyl-1-pentyl-1H-indol-3-yl)(naphthalen-1-yl)methanone	155471-10-6	JWH-007
51	2-甲基-1-丙基-3-(1-萘甲酰基)吲哚	(2-Methyl-1-propyl-1H-indol-3-yl)(naphthalen-1-yl)methanone	155471-08-2	JWH-015
52	1-已基-3-(1-萘甲酰基)吲哚	(1-Hexyl-1H-indol-3-yl)(naphthalen-1-yl)methanone	209414-08-4	JWH-019
53	1-戊基-3-(4-甲氧基-1-萘甲酰基)吲哚	(1-Pentyl-1H-indol-3-yl)(4-methoxynaphthalen-1-yl)methanone	210179-46-7	JWH-081
54	1-戊基-3-(4-甲基-1-萘甲酰基)吲哚	(1-Pentyl-1H-indol-3-yl)(4-methylnaphthalen-1-yl)methanone	619294-47-2	JWH-122

(续表)

序号	中文名	英文名	CAS 号	备注
55	1-戊基-3-(2-氯苯乙酰基)吲哚	2-(2-Chlorophenyl)-1-(1-pentyl-1H-indol-3-yl)ethanone	864445-54-5	JWH-203
56	1-戊基-3-(4-乙基-1-萘甲酰基)吲哚	(1-Pentyl-1H-indol-3-yl)(4-ethylnaphthalen-1-yl)methanone	824959-81-1	JWH-210
57	1-戊基-2-(2-甲基苯基)-4-(1-萘甲酰基)吡咯	(5-(2-Methylphenyl)-1-pentyl-1H-pyrrol-3-yl)(naphthalen-1-yl)methanone	914458-22-3	JWH-370
58	1-(5-氟戊基)-3-(4-甲基-1-萘甲酰基)吲哚	(1-(5-Fluoropentyl)-1H-indol-3-yl)(4-methylnaphthalen-1-yl)methanone		MAM-2201
59	N-(1-甲氧基羰基-2,2-二甲基丙基)-1-(环己基甲基)吲哚-3-甲酰胺	N-(1-Methoxy-3,3-dimethyl-1-oxobutan-2-yl)-1-(cyclohexylmethyl)-1H-indole-3-carboxamide		MDMB-CHMICA
60	N-(1-甲氧基羰基-2,2-二甲基丙基)-1-(4-氟苄基)吲唑-3-甲酰胺	N-(1-Methoxy-3,3-dimethyl-1-oxobutan-2-yl)-1-(4-fluorobenzyl)-1H-indazole-3-carboxamide		MDMB-FUBINACA
61	1-戊基吲哚-3-甲酸-8-喹啉酯	Quinolin-8-yl 1-pentyl-1H-indole-3-carboxylate		PB-22
62	N-(1-氨甲酰基-2-苯乙基)-1-(5-氟戊基)吲唑-3-甲酰胺	N-(1-Amino-1-oxo-3-phenylpropan-2-yl)-1-(5-fluoropentyl)-1H-indazole-3-carboxamide		PX-2

(续表)

序号	中文名	英文名	CAS 号	备注
63	1-戊基-3-(4-甲氧基苯甲酰基)吲哚	(1-Pentyl-1H-indol-3-yl)(4-methoxyphenyl)methanone		RCS-4
64	N-(1-金刚烷基)-1-(5-氟戊基)吲哚-3-甲酰胺	N-(1-Adamantyl)-1-(5-fluoropentyl)-1H-indole-3-carboxamide		STS-135
65	1-戊基-3-(2,2,3,3-四甲基环丙甲酰基)吲哚	(1-Pentyl-1H-indol-3-yl)(2,2,3,3-tetramethylcyclopropyl)methanone		UR-144
66	2-氟甲基卡西酮	1-(2-Fluorophenyl)-2-methylaminopropan-1-one		2-FMC
67	2-甲基甲卡西酮	1-(2-Methylphenyl)-2-methylaminopropan-1-one		2-MMC
68	3,4-二甲基甲卡西酮	1-(3,4-Dimethylphenyl)-2-methylaminopropan-1-one		3,4-DMMC
69	3-氯甲卡西酮	1-(3-Chlorophenyl)-2-methylaminopropan-1-one		3-CMC
70	3-甲氧基甲卡西酮	1-(3-Methoxyphenyl)-2-methylaminopropan-1-one	882302-56-9	3-MeOMC
71	3-甲基甲卡西酮	1-(3-Methylphenyl)-2-methylaminopropan-1-one		3-MMC
72	4-溴甲基卡西酮	1-(4-Bromophenyl)-2-methylaminopropan-1-one	486459-03-4	4-BMC
73	4-氯甲卡西酮	1-(4-Chlorophenyl)-2-methylaminopropan-1-one		4-CMC
74	4-氟甲卡西酮	1-(4-Fluorophenyl)-2-methylaminopropan-1-one	447-40-5	4-FMC
75	1-(4-氟苯基)-2-(N-吡咯烷基)-1-戊酮	1-(4-Fluorophenyl)-2-(1-pyrrolidinyl)pentan-1-one	850352-62-4	4-F-α-PVP

（续表）

序号	中文名	英文名	CAS 号	备注
76	1-(4-甲基苯基)-2-甲氨基-1-丁酮	1-(4-Methylphenyl)-2-methylaminobutan-1-one		4-MeBP
77	1-(4-甲氧苯基)-2-(N-吡咯烷基)-1-戊酮	1-(4-Methoxyphenyl)-2-(1-pyrrolidinyl)pentan-1-one	14979-97-6	4-MeO-α-PVP
78	1-苯基-2-甲氨基-1-丁酮	1-Phenyl-2-methylaminobutan-1-one	408332-79-6	Buphedrone
79	2-甲氨基-1-[3,4-(亚甲二氧基)苯基]-1-丁酮	1-(3,4-Methylenedioxyphenyl)-2-methylaminobutan-1-one	802575-11-7	Butylone
80	2-二甲氨基-1-[3,4-(亚甲二氧基)苯基]-1-丙酮	1-(3,4-Methylenedioxyphenyl)-2-dimethylaminopropan-1-one	765231-58-1	Dimethylone
81	乙卡西酮	1-Phenyl-2-ethylaminopropan-1-one	18259-37-5	Ethcathinone
82	3,4-亚甲二氧基乙卡西酮	1-(3,4-Methylenedioxyphenyl)-2-ethylaminopropan-1-one		Ethylone
83	1-[3,4-(亚甲二氧基)苯基]-2-(N-吡咯烷基)-1-丁酮	1-(3,4-Methylenedioxyphenyl)-2-(1-pyrrolidinyl)butan-1-one	784985-33-7	MDPBP
84	1-[3,4-(亚甲二氧基)苯基]-2-(N-吡咯烷基)-1-丙酮	1-(3,4-Methylenedioxyphenyl)-2-(1-pyrrolidinyl)propan-1-one	783241-66-7	MDPPP
85	4-甲氧基甲卡西酮	1-(4-Methoxyphenyl)-2-methylaminopropan-1-one	530-54-1	Methedrone

(续表)

序号	中文名	英文名	CAS号	备注
86	1-苯基-2-乙氨基-1-丁酮	1-Phenyl-2-ethylaminobutan-1-one		NEB
87	1-苯基-2-甲氨基-1-戊酮	1-Phenyl-2-methylaminopentan-1-one	879722-57-3	Pentedrone
88	1-苯基-2-(N-吡咯烷基)-1-丁酮	1-Phenyl-2-(1-pyrrolidinyl) butan-1-one	13415-82-2	α-PBP
89	1-苯基-2-(N-吡咯烷基)-1-己酮	1-Phenyl-2-(1-pyrrolidinyl) hexan-1-one	13415-86-6	α-PHP
90	1-苯基-2-(N-吡咯烷基)-1-庚酮	1-Phenyl-2-(1-pyrrolidinyl) heptan-1-one	13415-83-3	α-PHPP
91	1-苯基-2-(N-吡咯烷基)-1-戊酮	1-Phenyl-2-(1-pyrrolidinyl) pentan-1-one	14530-33-7	α-PVP
92	1-(2-噻吩基)-2-(N-吡咯烷基)-1-戊酮	1-(Thiophen-2-yl)-2-(1-pyrrolidinyl) pentan-1-one		α-PVT
93	2-(3-甲氧基苯基)-2-乙氨基环己酮	2-(3-Methoxyphenyl)-2-(ethylamino) cyclohexanone		MXE
94	乙基去甲氯胺酮	2-(2-Chlorophenyl)-2-(ethylamino) cyclohexanone	1354634-10-8	NENK
95	N,N-二烯丙基-5-甲氧基色胺	5-Methoxy-N,N-diallyltryptamine	928822-98-4	5-MeO-DALT

（续表）

序号	中文名	英文名	CAS 号	备注
96	N,N-二异丙基-5-甲氧基色胺	5-Methoxy-N,N-diisopropyltryptamine	4021-34-5	5-MeO-DiPT
97	N,N-二甲基-5-甲氧基色胺	5-Methoxy-N,N-dimethyltryptamine	1019-45-0	5-MeO-DMT
98	N-甲基-N-异丙基-5-甲氧基色胺	5-Methoxy-N-isopropyl-N-methyltryptamine	96096-55-8	5-MeO-MiPT
99	α-甲基色胺	alpha-Methyltryptamine	299-26-3	AMT
100	1,4-二苄基哌嗪	1,4-Dibenzylpiperazine	1034-11-3	DBZP
101	1-(3-氯苯基)哌嗪	1-(3-Chlorophenyl) piperazine	6640-24-0	mCPP
102	1-(3-三氟甲基苯基)哌嗪	1-(3-Trifluoromethylphenyl) piperazine	15532-75-9	TFMPP
103	2-氨基茚满	2-Aminoindane	2975-41-9	2-AI
104	5,6-亚甲二氧基-2-氨基茚满	5,6-Methylenedioxy-2-aminoindane		MDAI
105	2-二苯基甲基哌啶	2-Diphenylmethylpiperidine	519-74-4	2-DPMP
106	3,4-二氯哌甲酯	Methyl 2-(3,4-dichlorophenyl)-2-(piperidin-2-yl) acetate		3,4-CTMP
107	乙酰芬太尼	N-(1-Phenethylpiperidin-4-yl)-N-phenylacetamide	3258-84-2	Acetylfentanyl
108	3,4-二氯-N-[(1-二甲氨基环己基)甲基]苯甲酰胺	3,4-Dichloro-N-((1-(dimethylamino) cyclohexyl) methyl) benzamide	55154-30-8	AH-7921

(续表)

序号	中文名	英文名	CAS号	备注
109	丁酰芬太尼	N-(1-Phenethylpiperidin-4-yl)-N-phenylbutyramide	1169-70-6	Butyrylfentanyl
110	哌乙酯	Ethyl 2-phenyl-2-(piperidin-2-yl)acetate	57413-43-1	Ethylphenidate
111	1-[1-(2-甲氧基苯基)-2-苯基乙基]哌啶	1-(1-(2-Methoxyphenyl)-2-phenylethyl)piperidine		Methoxphenidine
112	芬纳西泮	7-Bromo-5-(2-chlorophenyl)-1,3-dihydro-2H-1,4-benzodiazepin-2-one	51753-57-2	Phenazepam
113	β-羟基硫代芬太尼	N-(1-(2-Hydroxy-2-(thiophen-2-yl)ethyl)piperidin-4-yl)-N-phenylpropanamide		β-Hydroxythiofentanyl
114	4-氟丁酰芬太尼	N-(4-Fluorophenyl)-N-(1-phenethylpiperidin-4-yl)butyramide	1474-34-6	4-Fluorobutyrfentanyl
115	异丁酰芬太尼	N-(1-Phenethylpiperidin-4-yl)-N-phenylisobutyramide	244195-31-1	Isobutyrfentanyl
116	奥芬太尼	N-(2-Fluorophenyl)-2-methoxy-N-(1-phenethylpiperidin-4-yl)acetamide		Ocfentanyl

注：上述品种包括其可能存在的盐类，旋光异构体及其盐类（另有规定的除外）。

《公安部、国家食品药品监督管理总局、国家卫生和计划生育委员会关于将卡芬太尼等四种芬太尼类物质列入非药用类麻醉药品和精神药品管制品种增补目录的公告》(自 2017 年 3 月 1 日起施行)

根据《麻醉药品和精神药品管理条例》《非药用类麻醉药品和精神药品列管办法》的有关规定,公安部、国家食品药品监督管理总局和国家卫生和计划生育委员会决定将卡芬太尼、呋喃芬太尼、丙烯酰芬太尼、戊酰芬太尼四种物质列入非药用类麻醉药品和精神药品管制品种增补目录。

本公告自 2017 年 3 月 1 日起施行。

附表:非药用类麻醉药品和精神药品管制品种增补目录

序号	中文名	英文名	CAS 号	备注
1	丙烯酰芬太尼	N-(1-Phenethylpiperidin-4-yl)-N-phenylacrylamide	82003-75-6	Acrylfentanyl
2	卡芬太尼	Methyl4-(N-phenylpropionamido)-1-phenethylpiperidine-4-carboxylate	59708-52-0	Carfentanyl Carfentanil
3	呋喃芬太尼	N-(1-Phenethylpiperidin-4-yl)-N-phenylfuran-2-carboxamide	101345-66-8	Valerylfentanyl
4	戊酰芬太尼	N-(1-Phenethylpiperidin-4-yl)-N-phenylpentanamide	122882-90-0	

《公安部、国家食品药品监督管理总局、国家卫生和计划生育委员会关于将 N-甲基-N-(2-二甲氨基环己基)-3,4-二氯苯甲酰胺(U-47700)等四种物质列入非药用类麻醉药品和精神药品管制品种增补目录的公告》(自 2017 年 7 月 1 日起施行)

根据《麻醉药品和精神药品管理条例》《非药用类麻醉药品和精神药品列管办法》的有关规定,公安部、国家食品药品监督管理总局和国家卫生和计划生育委员会决定将 N-甲基-N-(2-二甲氨基环己基)-3,4-二氯苯甲酰胺(U-47700)、1-环己基-4-(1,2-二苯基乙基)哌嗪(MT-45)、4-甲氧基甲基苯丙胺(PMMA)和 2-氨基-4-甲基-5-(4-甲基苯基)-4,5-二氢恶唑(4,4′-DMAR)四种物质列入非药用类麻醉药品和精神药品管制品种增补目录。

本公告自 2017 年 7 月 1 日起施行。

附表：非药用类麻醉药品和精神药品管制品种增补目录

序号	中文名	英文名	CAS号	备注
1	N-甲基-N-(2-二甲氨基环己基)-3,4-二氯苯甲酰胺	3,4-Dichloro-N-(2-dimethylamino cyclohexyl)-N-methylbenzamide	121348-98-9	U-47700
2	1-环己基-4-(1,2-二苯基乙基)哌嗪	1-Cyclohexyl-4-(1,2-diphenylethyl)piperazine	52694-55-0	MT-45
3	4-甲氧基甲基苯丙胺	N-Methyl-1-(4-methoxyphenyl)propan-2-amine	22331-70-0	PMMA
4	2-氨基-4-甲基-5-(4-甲基苯基)-4,5-二氢恶唑	4-Methyl-5-(4-methylphenyl)-4,5-dihydrooxazol-2-amine	1445569-01-6	4,4'-DMAR

《公安部、国家卫生健康委员会、国家药品监督管理局关于将4-氯乙卡西酮等32种物质列入非药用类麻醉药品和精神药品管制品种增补目录的公告》(自2018年9月1日起施行)

根据《麻醉药品和精神药品管理条例》《非药用类麻醉药品和精神药品列管办法》的有关规定，公安部、国家卫生健康委员会和国家药品监督管理局决定将4-氯乙卡西酮等32种物质列入非药用类麻醉药品和精神药品管制品种增补目录。

本公告自2018年9月1日起施行。

附表：非药用类麻醉药品和精神药品管制品种增补目录

序号	中文名	英文名	CAS号	备注
1	4-氯乙卡西酮	1-(4-Chlorophenyl)-2-(ethylamino)propan-1-one	14919-85-8	4-CEC
2	1-[3,4-(亚甲二氧基)苯基]-2-乙氨基-1-戊酮	1-(3,4-Methylenedioxyphenyl)-2-(ethylamino)pentan-1-one	727641-67-0	N-Ethylpentylone
3	1-(4-氯苯基)-2-(N-吡咯烷基)-1-戊酮	1-(4-Chlorophenyl)-2-(1-pyrrolidinyl)pentan-1-one	5881-77-6	4-Cl-α-PVP
4	1-[3,4-(亚甲二氧基)苯基]-2-二甲氨基-1-丁酮	1-(3,4-Methylenedioxyphenyl)-2-(dimethylamino)butan-1-one	802286-83-5	Dibutylone

（续表）

序号	中文名	英文名	CAS号	备注
5	1-[3,4-(亚甲二氧基)苯基]-2-甲氨基-1-戊酮	1-(3,4-Methylenedioxyphenyl)-2-(methylamino)pentan-1-one	698963-77-8	Pentylone
6	1-苯基-2-乙氨基-1-己酮	1-Phenyl-2-(ethylamino)hexan-1-one	802857-66-5	N-Ethylhexedrone
7	1-(4-甲基苯基)-2-(N-吡咯烷基)-1-己酮	1-(4-Methylphenyl)-2-(1-pyrrolidinyl)hexan-1-one	34138-58-4	4-MPHP
8	1-(4-氯苯基)-2-(N-吡咯烷基)-1-丙酮	1-(4-Chlorophenyl)-2-(1-pyrrolidinyl)propan-1-one	28117-79-5	4-Cl-α-PPP
9	1-[2-(5,6,7,8-四氢萘基)]-2-(N-吡咯烷基)-1-戊酮	1-(5,6,7,8-Tetrahydronaphthalen-2-yl)-2-(1-pyrrolidinyl)pentan-1-one		β-TH-Naphyrone
10	1-(4-氟苯基)-2-(N-吡咯烷基)-1-己酮	1-(4-Fluorophenyl)-2-(1-pyrrolidinyl)hexan-1-one	2230706-09-7	4-F-α-PHP
11	4-乙基甲卡西酮	1-(4-Ethylphenyl)-2-(methylamino)propan-1-one	1225622-14-9	4-EMC
12	1-(4-甲苯基)-2-乙氨基-1-戊酮	1-(4-Methylphenyl)-2-(ethylamino)pentan-1-one	746540-82-9	4-MEAPP
13	1-(4-甲基苯基)-2-甲氨基-3-甲氧基-1-丙酮	1-(4-Methylphenyl)-2-(methylamino)-3-methoxypropan-1-one	2166915-02-0	Mexedrone
14	1-[3,4-(亚甲二氧基)苯基]-2-(N-吡咯烷基)-1-己酮	1-(3,4-Methylenedioxyphenyl)-2-(1-pyrrolidinyl)hexan-1-one	776994-64-0	MDPHP
15	1-(4-甲基苯基)-2-甲氨基-1-戊酮	1-(4-Methylphenyl)-2-(methylamino)pentan-1-one	1373918-61-6	4-MPD
16	1-(4-甲苯基)-2-二甲氨基-1-丙酮	1-(4-Methylphenyl)-2-(dimethylamino)propan-1-one	1157738-08-3	4-MDMC

第七节 走私、贩卖、运输、制造毒品罪

（续表）

序号	中文名	英文名	CAS号	备注
17	3,4-亚甲二氧基丙卡西酮	1-(3,4-Methylenedioxyphenyl)-2-(propylamino)propan-1-one	201474-93-3	Propylone
18	1-(4-氯苯基)-2-乙氨基-1-戊酮	1-(4-Chlorophenyl)-2-(ethylamino)pentan-1-one		4-Cl-EAPP
19	1-苯基-2-(N-吡咯烷基)-1-丙酮	1-Phenyl-2-(1-pyrrolidinyl)propan-1-one	19134-50-0	α-PPP
20	1-(4-氯苯基)-2-甲氨基-1-戊酮	1-(4-Chlorophenyl)-2-(methylamino)pentan-1-one	2167949-43-9	4-Cl-Pentedrone
21	3-甲基-2-[1-(4-氟苄基)吲唑-3-甲酰氨基]丁酸甲酯	N-(1-Methoxy-3-methyl-1-oxobutan-2-yl)-1-(4-fluorobenzyl)-1H-indazole-3-carboxamide	1715016-76-4	AMB-FUBINACA
22	1-(4-氟苄基)-N-(1-金刚烷基)吲唑-3-甲酰胺	N-(1-Adamantyl)-1-(4-fluorobenzyl)-1H-indazole-3-carboxamide	2180933-90-6	FUB-APINACA
23	N-(1-氨甲酰基-2,2-二甲基丙基-1-(环己基甲基)吲唑-3-甲酰胺	N-(1-Amino-3,3-dimethyl-1-oxobutan-2-yl)-1-(cyclohexylmethyl)-1H-indazole-3-carboxamide	1863065-92-2	ADB-CHMINACA
24	N-(1-氨甲酰基-2,2-二甲基丙基-1-(4-氟苄基)吲唑-3-甲酰胺	N-(1-Amino-3,3-dimethyl-1-oxobutan-2-yl)-1-(4-fluorobenzyl)-1H-indazole-3-carboxamide	1445583-51-6	ADB-FUBINACA
25	3,3-二甲基-2-[1-(5-氟戊基)吲唑-3-甲酰氨基]丁酸甲酯	N-(1-Methoxy-3,3-dimethyl-1-oxobutan-2-yl)-1-(5-fluoropentyl)-1H-indazole-3-carboxamide	1715016-75-3	5F-ADB
26	3-甲基-2-[1-(环己基甲基)吲哚-3-甲酰氨基]丁酸甲酯	N-(1-Methoxy-3-methyl-1-oxobutan-2-yl)-1-(cyclohexylmethyl)-1H-indole-3-carboxamide	1971007-94-9	AMB-CHMICA
27	1-(5-氟戊基)-2-(1-萘甲酰基)苯并咪唑	(1-(5-Fluoropentyl)-1H-benzimidazol-2-yl)(naphthalen-1-yl)methanone	1984789-90-3	BIM-2201

第357条

(续表)

序号	中文名	英文名	CAS 号	备注
28	1-(5-氟戊基)吲哚-3-甲酸-1-萘酯	Naphthalen-1-yl 1-(5-fluoropentyl)-1H-indole-3-carboxylate	2042201-16-9	NM-2201
29	2-苯基-2-甲氨基环己酮	2-Phenyl-2-(methylamino)cyclohexanone	7063-30-1	DCK
30	3-甲基-5-[2-(8-甲基-3-苯基-8-氮杂环[3,2,1]辛烷基)]-1,2,4-噁二唑	8-Methyl-2-(3-methyl-1,2,4-oxadiazol-5-yl)-3-phenyl-8-aza-bicyclo[3.2.1]octane	146659-37-2	RTI-126
31	4-氟异丁酰芬太尼	N-(4-Fluorophenyl)-N-(1-phenethylpiperidin-4-yl)isobutyramide	244195-32-2	4-FIBF
32	四氢呋喃芬太尼	N-Phenyl-N-(1-phenethylpiperidin-4-yl)tetrahydrofuran-2-carboxamide	2142571-01-3	THF-F

《公安部、国家卫生健康委员会、国家药品监督管理局关于将芬太尼类物质列入〈非药用类麻醉药品和精神药品管制品种增补目录〉的公告》(自2019年5月1日起施行)

根据《麻醉药品和精神药品管理条例》《非药用类麻醉药品和精神药品列管办法》有关规定,公安部、国家卫生健康委员会和国家药品监督管理局决定将芬太尼类物质列入《非药用类麻醉药品和精神药品管制品种增补目录》。"芬太尼类物质"是指化学结构与芬太尼(N-[1-(2-苯乙基)-4-哌啶基]-N-苯基丙酰胺)相比,符合以下一个或多个条件的物质:

一、使用其他酰基替代丙酰基;

二、使用任何取代或未取代的单环芳香基团替代与氮原子直接相连的苯基;

三、哌啶环上存在烷基、烯基、烷氧基、酯基、醚基、羟基、卤素、卤代烷基、氨基及硝基等取代基;

四、使用其他任意基团(氢原子除外)替代苯乙基。

上述所列管物质如果发现有医药、工业、科研或者其他合法用途,按照《非药用类麻醉药品和精神药品列管办法》第三条第二款规定予以调整。

已列入《麻醉药品和精神药品品种目录》和《非药用类麻醉药品和精神药品

管制品种增补目录》的芬太尼类物质依原有目录予以管制。

本公告自 2019 年 5 月 1 日起施行。

《国家药品监督管理局、公安部、国家卫生健康委员会关于将含羟考酮复方制剂等品种列入精神药品管理的公告》(2019 年第 63 号,自 2019 年 9 月 1 日起施行)

根据《麻醉药品和精神药品管理条例》有关规定,国家药品监督管理局、公安部、国家卫生健康委员会决定将含羟考酮复方制剂等品种列入精神药品管理。现公告如下:

一、口服固体制剂每剂量单位含羟考酮碱大于 5 毫克,且不含其它麻醉药品、精神药品或药品类易制毒化学品的复方制剂列入第一类精神药品管理;

二、口服固体制剂每剂量单位含羟考酮碱不超过 5 毫克,且不含其它麻醉药品、精神药品或药品类易制毒化学品的复方制剂列入第二类精神药品管理;

三、丁丙诺啡与纳洛酮的复方口服固体制剂列入第二类精神药品管理。

本公告自 2019 年 9 月 1 日起施行。

特此公告。

《国家药品监督管理局、公安部、国家卫生健康委员会关于将瑞马唑仑列入第二类精神药品管理的公告》(2019 年第 108 号,自 2020 年 1 月 1 日起实行)

根据《麻醉药品和精神药品管理条例》有关规定,国家药品监管局、公安部、国家卫生健康委决定将瑞马唑仑(包括其可能存在的盐、单方制剂和异构体)列入第二类精神药品管理。

本公告自 2020 年 1 月 1 日起实行。

特此公告。

《公安部、国家卫生健康委员会、国家药品监督管理局关于将合成大麻素类物质和氟胺酮等 18 种物质列入〈非药用类麻醉药品和精神药品管制品种增补目录〉的公告》(自 2021 年 7 月 1 日起施行)

根据《麻醉药品和精神药品管理条例》《非药用类麻醉药品和精神药品列管办法》有关规定,公安部、国家卫生健康委员会和国家药品监督管理局决定将合成大麻素类物质和氟胺酮等 18 种物质列入《非药用类麻醉药品和精神药品管制品种增补目录》。

一、合成大麻素类物质。"合成大麻素类物质"是指具有下列化学结构通式的物质:

R^1 代表取代或未取代的 C_3-C_8 烃基;取代或未取代的含有 1-3 个杂原子的杂环基;取代或未取代的含有 1-3 个杂原子的杂环基取代的甲基或乙基。

R^2 代表氢或甲基或无任何原子。

R^3 代表取代或未取代的 C_6-C_{10} 的芳基;取代或未取代的 C_3-C_{10} 的烃基;取代或未取代的含有 1-3 个杂原子的杂环基;取代或未取代的含有 1-3 个杂原子的杂环基取代的甲基或乙基。

R^4 代表氢;取代或未取代的苯基;取代或未取代的苯甲基。

R^5 代表取代或未取代的 C_3-C_{10} 的烃基。

X 代表 N 或 C。

Y 代表 N 或 CH。

Z 代表 O 或 NH 或无任何原子。

上述所列管物质如果发现医药、工业、科研或者其他合法用途,按照《非药用类麻醉药品和精神药品列管办法》第三条第二款规定予以调整。已列入《麻醉药品和精神药品品种目录》和《非药用类麻醉药品和精神药品管制品种增补目录》的合成大麻素类物质依原有目录予以管制。

二、氟胺酮等 18 种物质。(详见附表)

本公告自 2021 年 7 月 1 日起施行。

附表:非药用类麻醉药品和精神药品管制品种增补目录

序号	中文名	英文名	CAS号	备注
1	氟胺酮	2-(2-Fluorophenyl)-2-(methylamino)cyclohexan-1-one	111982-50-4	2-FDCK Fluoroketamine
2	(6aR,10aR)-3-(1,1-二甲基庚基)-6a,7,10,10a-四氢-1-羟基-6,6-二甲基-6H-二苯并[b,d]吡喃-9-甲醇	(6aR,10aR)-3-(1,1-Dimethylheptyl)-6a,7,10,10a-tetrahydro-1-hydroxy-6,6-dimethyl-6H-dibenzo[b,d]pyran-9-methanol	112830-95-2	HU-210

（续表）

序号	中文名	英文名	CAS号	备注
3	1-[3,4-(亚甲二氧基)苯基]-2-丁氨基-1-戊酮	1-(3,4-Methylenedioxyphenyl)-2-(butylamino)pentan-1-one	688727-54-0	N-Butylpentylone
4	1-[3,4-(亚甲二氧基)苯基]-2-苄氨基-1-丙酮	1-(3,4-Methylenedioxyphenyl)-2-(benzylamino)propan-1-one	1387636-19-2	BMDP
5	1-[3,4-(亚甲二氧基)苯基]-2-乙氨基-1-丁酮	1-(3,4-Methylenedioxyphenyl)-2-(ethylamino)butan-1-one	802855-66-9	Eutylone
6	2-乙氨基-1-苯基-1-庚酮	2-(Ethylamino)-1-phenylheptan-1-one	2514784-72-4	N-Ethylheptedrone
7	1-(4-氯苯基)-2-二甲氨基-1-丙酮	1-(4-Chlorophenyl)-2-(dimethylamino)propan-1-one	1157667-29-2	4-CDMC
8	2-丁氨基-1-苯基-1-己酮	2-(Butylamino)-1-phenylhexan-1-one	802576-87-0	N-Butylhexedrone
9	1-[1-(3-甲氧基苯基)环己基]哌啶	1-(1-(3-Methoxyphenyl)cyclohexyl)piperidine	72242-03-6	3-MeO-PCP
10	α-甲基-5-甲氧基色胺	1-(5-Methoxy-1H-indol-3-yl)propan-2-amine	1137-04-8	5-MeO-AMT
11	科纳唑仑	6-(2-Chlorophenyl)-1-methyl-8-nitro-4H-benzo[f][1,2,4]triazolo[4,3-a][1,4]diazepine	33887-02-4	Clonazolam
12	二氯西泮	7-Chloro-5-(2-chlorophenyl)-1-methyl-1,3-dihydro-2H-benzo[e][1,4]diazepin-2-one	2894-68-0	Diclazepam
13	氟阿普唑仑	8-Chloro-6-(2-fluorophenyl)-1-methyl-4H-benzo[f][1,2,4]triazolo[4,3-a][1,4]diazepine	28910-91-0	Flualprazolam
14	N,N-二乙基-2-(2-(4-异丙氧基苯基)-5-硝基-1H-苯并[d]咪唑-1-基)-1-乙胺	N,N-Diethyl-2-(2-(4-isopropoxybenzyl)-5-nitro-1H-benzo[d]imidazol-1-yl)ethan-1-amine	14188-81-9	Isotonitazene
15	氟溴唑仑	8-Bromo-6-(2-fluorophenyl)-1-methyl-4H-benzo[f][1,2,4]triazolo[4,3-a][1,4]diazepine	612526-40-6	Flubromazolam
16	1-(1,2-二苯基乙基)哌啶	1-(1,2-Diphenylethyl)piperidine	36794-52-2	Diphenidine
17	2-(3-氟苯基)-3-甲基吗啉	2-(3-Fluorophenyl)-3-methylmorpholine	1350768-28-3	3-FPM 3-Fluorophenmetrazine
18	依替唑仑	4-(2-Chlorophenyl)-2-ethyl-9-methyl-6H-thieno[3,2-f][1,2,4]triazolo[4,3-a][1,4]diazepine	40054-69-1	Etizolam

《国家药品监督管理局、公安部、国家卫生健康委员会关于调整麻醉药品和精神药品目录的公告》(2023年第43号,自2023年7月1日起施行)

根据《麻醉药品和精神药品管理条例》有关规定,国家药品监督管理局、公安部、国家卫生健康委员会决定将奥赛利定等品种列入麻醉药品和精神药品目录。现公告如下:

一、将奥赛利定列入麻醉药品目录。

二、将苏沃雷生、吡仑帕奈、依他佐辛、曲马多复方制剂列入第二类精神药品目录。

三、将每剂量单位含氢可酮碱大于5毫克,且不含其它麻醉药品、精神药品或药品类易制毒化学品的复方口服固体制剂列入第一类精神药品目录。

四、将每剂量单位含氢可酮碱不超过5毫克,且不含其它麻醉药品、精神药品或药品类易制毒化学品的复方口服固体制剂列入第二类精神药品目录。

本公告自2023年7月1日起施行。

《国家药监局、公安部、国家卫生健康委关于调整麻醉药品和精神药品目录的公告》(2023年第120号,自2023年10月1日起施行)

根据《麻醉药品和精神药品管理条例》有关规定,国家药品监督管理局、公安部、国家卫生健康委员会决定调整麻醉药品和精神药品目录。现公告如下:

一、将泰吉利定列入麻醉药品目录。

二、将地达西尼、依托咪酯(在中国境内批准上市的含依托咪酯的药品制剂除外)列入第二类精神药品目录。

三、将莫达非尼由第一类精神药品调整为第二类精神药品。

本公告自2023年10月1日起施行。

司法解释

《最高人民检察院关于〈非药用类麻醉药品和精神药品管制品种增补目录〉能否作为认定毒品依据的批复》(高检发释字〔2019〕2号,自2019年4月30日起施行)

河南省人民检察院:

你院《关于〈非药用类麻醉药品和精神药品管制品种增补目录〉能否作为认定毒品的依据的请示》收悉。经研究,批复如下:

根据《中华人民共和国刑法》第三百五十七条和《中华人民共和国禁毒法》第二条的规定,毒品是指鸦片、海洛因、甲基苯丙胺(冰毒)、吗啡、大麻、可卡因以及国家规定管制的其他能够使人形成瘾癖的麻醉药品和精神药品。

2015年10月1日起施行的公安部、国家食品药品监督管理总局、国家卫生和计划生育委员会、国家禁毒委员会办公室《非药用类麻醉药品和精神药品列管办法》及其附表《非药用类麻醉药品和精神药品管制品种增补目录》,是根据国务院《麻醉药品和精神药品管理条例》第三条第二款授权制定的,《非药用类麻醉药品和精神药品管制品种增补目录》可以作为认定毒品的依据。

规范性文件

《最高人民法院、最高人民检察院、公安部办理毒品犯罪案件适用法律若干问题的意见》(公通字〔2007〕84号)"四、关于死刑案件的毒品含量鉴定问题"对毒品含量鉴定问题作了规定。(→参见本节标题评注部分,第1864页)

《最高人民法院、最高人民检察院、公安部关于规范毒品名称表述若干问题的意见》(法〔2014〕224号)

为进一步规范毒品犯罪案件办理工作,现对毒品犯罪案件起诉意见书、起诉书、刑事判决书、刑事裁定书中的毒品名称表述问题提出如下规范意见。

一、规范毒品名称表述的基本原则

(一)毒品名称表述应当以毒品的化学名称为依据,并与刑法、司法解释及相关规范性文件中的毒品名称保持一致。刑法、司法解释等没有规定的,可以参照《麻醉药品品种目录》《精神药品品种目录》中的毒品名称进行表述。

(二)对于含有二种以上毒品成分的混合型毒品,应当根据其主要毒品成分和具体形态认定毒品种类、确定名称。混合型毒品中含有海洛因、甲基苯丙胺的,一般应当以海洛因、甲基苯丙胺确定其毒品种类;不含海洛因、甲基苯丙胺,或者海洛因、甲基苯丙胺的含量极低的,可以根据其中定罪量刑数量标准较低且所占比例较大的毒品成分确定其毒品种类。混合型毒品成分复杂的,可以用括号注明其中所含的一至二种其他毒品成分。

(三)为体现与犯罪嫌疑人、被告人供述的对应性,对于犯罪嫌疑人、被告人供述的毒品常见俗称,可以在文书中第一次表述该类毒品时用括号注明。

二、几类毒品的名称表述

(一)含甲基苯丙胺成分的毒品

1. 对于含甲基苯丙胺成分的晶体状毒品,应当统一表述为甲基苯丙胺(冰毒),在下文中再次出现时可以直接表述为甲基苯丙胺。

2. 对于以甲基苯丙胺为主要毒品成分的片剂状毒品,应当统一表述为甲基苯丙胺片剂。如果犯罪嫌疑人、被告人供述为"麻古""麻果"或者其他俗称的,可以在文书中第一次表述该类毒品时用括号注明,如表述为甲基苯丙胺片剂(俗称"麻古")等。

3.对于含甲基苯丙胺成分的液体、固液混合物、粉末等,应当根据其毒品成分和具体形态进行表述,如表述为含甲基苯丙胺成分的液体、含甲基苯丙胺成分的粉末等。

(二)含氯胺酮成分的毒品

1.对于含氯胺酮成分的粉末状毒品,应当统一表述为氯胺酮。如果犯罪嫌疑人、被告人供述为"K粉"等俗称的,可以在文书中第一次表述该类毒品时用括号注明,如表述为氯胺酮(俗称"K粉")等。

2.对于以氯胺酮为主要毒品成分的片剂状毒品,应当统一表述为氯胺酮片剂。

3.对于含氯胺酮成分的液体、固液混合物等,应当根据其毒品成分和具体形态进行表述,如表述为含氯胺酮成分的液体、含氯胺酮成分的固液混合物等。

(三)含MDMA等成分的毒品

对于以MDMA、MDA、MDEA等致幻性苯丙胺类兴奋剂为主要毒品成分的丸状、片剂状毒品,应当根据其主要毒品成分的中文化学名称和具体形态进行表述,并在文书中第一次表述该类毒品时用括号注明下文中使用的英文缩写简称,如表述为3,4-亚甲二氧基甲基苯丙胺片剂(以下简称MDMA片剂)、3,4-亚甲二氧基甲基苯丙胺片剂(以下简称MDA片剂)、3,4-亚甲二氧基乙基苯丙胺片剂(以下简称MDEA片剂)等。如果犯罪嫌疑人、被告人供述为"摇头丸"等俗称的,可以在文书中第一次表述该类毒品时用括号注明,如表述为3,4-亚甲二氧基甲基苯丙胺片剂(以下简称MDMA片剂,俗称"摇头丸")等。

(四)"神仙水"类毒品

对于俗称"神仙水"的液体状毒品,应当根据其主要毒品成分和具体形态进行表述。毒品成分复杂的,可以用括号注明其中所含的一至二种其他毒品成分,如表述为含氯胺酮(咖啡因、地西泮等)成分的液体等。如果犯罪嫌疑人、被告人供述为"神仙水"等俗称的,可以在文书中第一次表述该类毒品时用括号注明,如表述为含氯胺酮(咖啡因、地西泮等)成分的液体(俗称"神仙水")等。

(五)大麻类毒品

对于含四氢大麻酚、大麻二酚、大麻酚等天然大麻素类成分的毒品,应当根据其外形特征分别表述为大麻叶、大麻脂、大麻油或者大麻烟等。

《最高人民法院、最高人民检察院、公安部办理毒品犯罪案件毒品提取、扣押、称量、取样和送检程序若干问题的规定》(公禁毒〔2016〕511号,自2016年7月1日起施行,节录)

第一章 总则(略)

第二章 提取、扣押(略)

第三章 称量

第十四条 称量应当使用适当精度和称量范围的衡器。称量的毒品质量不足一百克的,衡器的分度值应当达到零点零一克;一百克以上且不足一千克的,分度值应当达到零点一克;一千克以上且不足十千克的,分度值应当达到一克;十千克以上且不足一百千克的,分度值应当达到十克;一百千克以上且不足一吨的,分度值应当达到一百克;一吨以上的,分度值应当达到一千克。

称量前,称量人应当将衡器示数归零,并确保其处于正常的工作状态。

称量所使用的衡器应当经过法定计量检定机构检定并在有效期内,一般不得随意搬动。

法定计量检定机构出具的计量检定证书复印件应当归入证据材料卷,并随案移送。

第四章 取样

第二十三条 委托鉴定机构进行取样的,对毒品的取样方法、过程、结果等情况应当制作取样笔录,但鉴定意见包含取样方法的除外。

取样笔录应当由侦查人员和取样人签名,并随案移送。

第五章 送检

第三十条 对查获的全部毒品或者从查获的毒品中选取或者随机抽取的检材,应当由两名以上侦查人员自毒品被查获之日起三日以内,送至鉴定机构进行鉴定。

具有案情复杂、查获毒品数量较多、异地办案、在交通不便地区办案等情形的,送检时限可以延长至七日。

公安机关应当向鉴定机构提供真实、完整、充分的鉴定材料,并对鉴定材料的真实性、合法性负责。

第三十一条 侦查人员送检时,应当持本人工作证件、鉴定聘请书等材料,并提供鉴定事项相关的鉴定资料;需要复核、补充或者重新鉴定的,还应当持原鉴定意见复印件。

第三十二条 送检的侦查人员应当配合鉴定机构核对鉴定材料的完整性、有效性,并检查鉴定材料是否满足鉴定需要。

公安机关鉴定机构应当在收到鉴定材料的当日作出是否受理的决定,决定受理的,应当与公安机关办案部门签订鉴定委托书;不予受理的,应当退还鉴定材料并说明理由。

第三十三条 具有下列情形之一的,公安机关应当委托鉴定机构对查获的毒品进行含量鉴定:

(一)犯罪嫌疑人、被告人可能被判处死刑的;

（二）查获的毒品系液态、固液混合物或者系毒品半成品的；

（三）查获的毒品可能大量掺假的；

（四）查获的毒品系成分复杂的新类型毒品，且犯罪嫌疑人、被告人可能被判处七年以上有期徒刑的；

（五）人民检察院、人民法院认为含量鉴定对定罪量刑有重大影响而书面要求进行含量鉴定的。

进行含量鉴定的检材应当与进行成分鉴定的检材来源一致，且一一对应。

第三十四条 对毒品原植物及其种子、幼苗，应当委托具备相应资质的鉴定机构进行鉴定。当地没有具备相应资质的鉴定机构的，可以委托侦办案件的公安机关所在地的县级以上农牧、林业行政主管部门，或者设立农林相关专业的普通高等学校、科研院所出具检验报告。

第六章 附则（略）

《全国法院毒品案件审判工作会议纪要》（法〔2023〕108号）"三、毒品数量、含量问题"对毒品认定的有关问题作了规定。（→参见本节标题评注部分，第1874页）

法律适用答复、复函

《公安部关于认定海洛因有关问题的批复》（公禁毒〔2002〕236号）

甘肃省公安厅：

你厅《关于海洛因认定问题的请示》（甘公禁〔2002〕27号）收悉。现批复如下：

一、海洛因是以"二乙酰吗啡"或"盐酸二乙酰吗啡"为主要成分的化学合成的精制鸦片类毒品，"单乙酰吗啡"和"单乙酰可待因"是只有在化学合成海洛因过程中才会衍生的化学物质，属于同一种类的精制鸦片类毒品。海洛因在运输、贮存过程中，因湿度、光照等因素的影响，会出现"二乙酰吗啡"自然降解为"单乙酰吗啡"的现象，即"二乙酰吗啡"含量呈下降趋势，"单乙酰吗啡"含量呈上升趋势，甚至出现只检出"单乙酰吗啡"成分而未检出"二乙酰吗啡"成分的检验结果。因此，不论是否检出"二乙酰吗啡"成分，只要检出"单乙酰吗啡"或"单乙酰吗啡和单乙酰可待因"的，根据化验部门出具的检验报告，均应当认定送检样品为海洛因。

二、根据海洛因的毒理作用，海洛因进入吸毒者的体内代谢后，很快由"二乙酰吗啡"转化为"单乙酰吗啡"，然后再代谢为吗啡。在海洛因滥用者或中毒者的尿液或其他检材检验中，只能检出少量"单乙酰吗啡"及吗啡成分，无法检出"二乙酰吗啡"成分。因此，在尿液及其他检材中，只要检验出"单乙酰吗啡"，即证明涉嫌人员服用了海洛因。

《最高人民法院研究室关于贩卖、运输经过取汁的罂粟壳废渣是否构成贩卖、运输毒品罪的答复》(法研〔2010〕168号)

四川省高级人民法院：

你院川高法〔2010〕438号《关于被告人贩卖、运输经过取汁的罂粟壳废渣是否构成贩卖、运输毒品罪的请示》收悉。经研究，答复如下：

最高人民法院研究室认为，根据你院提供的情况，对本案被告人不宜以贩卖、运输毒品罪论处。主要考虑：（1）被告人贩卖、运输的是经过取汁的罂粟壳废渣，吗啡含量只有0.01%，含量极低，从技术和成本看，基本不可能用于提取吗啡；（2）国家对经过取汁的罂粟壳并无明文规定予以管制，实践中有关药厂也未按照管制药品对其进行相应处理；（3）无证据证明被告人购买、加工经过取汁的罂粟壳废渣是为了将其当作毒品出售，具有贩卖、运输毒品的故意。如果查明行为人有将罂粟壳废渣作为制售毒品原料予以利用的故意，可建议由公安机关予以治安处罚。

▋刑参案例规则提炼

《李惠元贩卖毒品案——贩卖毒品数量较大，但毒品含量极低的，应当如何量刑》（第364号案例）、《张玉梅、刘玉堂、李永生贩卖毒品案——在毒品犯罪死刑复核案件中，对于毒品大量掺假的情况，在量刑时是否应该考虑》（第367号案例）、《王某贩卖毒品案——对以非常规形式存在的毒品应如何定性及对涉及多种类毒品的犯罪案件如何量刑》（第430号案例）、《赵廷贵贩卖毒品案——贩卖含量极低的海洛因针剂，如何认定毒品数量并适用刑罚》（第500号案例）、《刘守红贩卖、制造毒品案——如何认定制造毒品行为以及制毒数量》（第1196号案例）所涉规则提炼如下：

1. 毒品废液、废料与半成品的界分规则。"实践中，认定废液、废料的关键在于废液废料与半成品的区分……对于制造毒品现场查获的毒品含量在0.2%以下的物质，犯罪分子因受技术水平所限，通常难以再加工出毒品，且从成本角度考虑，犯罪分子也不太可能再对含量如此之低的物质进行加工、提纯，故0.2%的含量标准可以作为认定废液、废料时的参考。"（第1196号案例）

2. 毒品含量对刑罚的影响规则。"虽然立法上有明确的规定，毒品犯罪不以纯度折算，但在司法实践中是不能一概而论的，尤其是对于判处死刑的案件。"（第367号案例）"对于可能判处死刑的案件，有证据表明毒品可能大量掺假，或者是多种成分的混合型毒品的案件，应该作毒品的成分和含量鉴定，以确保定案证据的确实充分和死刑适用的准确。对于经鉴定毒品含量极少，或者因某种原因不能鉴定，存疑无法排除的，对被告人不应适用死刑立即执行。"（第430号案例）对于毒品含量极低的案件,"既不能以纯度折算后认定被告人……贩卖的毒品数量,也不能对其在法定刑以下减轻处罚,但量刑时可考虑毒品含量极低的情节,酌情从轻处罚。"(第500号案例)"对于查获的毒品有证据证明大量掺假,经鉴定查明毒品含量极少,确有大量掺假成分的,在处刑时应酌情考虑。特别是掺假之后毒品数量才达到判处死刑的标准的,对被告人可不判处死刑立即执行。"(第364号案例)

第八节 组织、强迫、引诱、容留、介绍卖淫罪

> **第三百五十八条** 【组织卖淫罪】【强迫卖淫罪】组织、强迫他人卖淫的,处五年以上十年以下有期徒刑,并处罚金;情节严重的,处十年以上有期徒刑或者无期徒刑,并处罚金或者没收财产。
>
> 组织、强迫未成年人卖淫的,依照前款的规定从重处罚。
>
> 犯前两款罪,并有杀害、伤害、强奸、绑架等犯罪行为的,依照数罪并罚的规定处罚。
>
> 【协助组织卖淫罪】为组织卖淫的人招募、运送人员或者有其他协助组织他人卖淫行为的,处五年以下有期徒刑,并处罚金;情节严重的,处五年以上十年以下有期徒刑,并处罚金。

立法沿革

本条系1997年《刑法》吸收修改单行刑法作出的规定。1979年《刑法》第一百四十条规定:"强迫妇女卖淫的,处三年以上十年以下有期徒刑。"《全国人民代表大会常务委员会关于严惩严重危害社会治安的犯罪分子的决定》(1983年9月2日起施行)对"引诱、容留、强迫妇女卖淫,情节特别严重的"规定"可以在刑法规定的最高刑以上处刑,直至判处死刑"。《全国人民代表大会常务委员会关于严禁卖淫嫖娼的决定》(1991年9月4日起施行)第一条规定:"组织他人卖淫的,处十年以上有期徒刑或者无期徒刑,并处一万元以下罚金或者没收财产,情节特别严重的,处死刑,并处没收财产。""协助组织他人卖淫的,处三年以上十年以下有期徒刑,并处一万元以下罚金;情节严重的,处十年以上有期徒刑,并处一万元以下罚金或者没收财产。"第二条规定:"强迫他人卖淫的,处五年以上十年以下有期徒刑,并处一万元以下罚金;有下列情形之一的,处十年以上有期徒刑或者无期徒刑,并处一万元以下罚金或者没收财产;情节特别严重的,处死刑,并处没收财产:(一)强迫不满十四岁的幼女卖淫的;(二)强迫多人

卖淫或者多次强迫他人卖淫的;(三)强奸后迫使卖淫的;(四)造成被强迫卖淫的人重伤、死亡或者其他严重后果的。"

2011年5月1日起施行的《刑法修正案(八)》第四十八条对本条第三款作了修改,明确列出为组织卖淫的人招募、运送人员这两种协助他人组织卖淫的行为。2015年11月1日起施行的《刑法修正案(九)》第四十二条对本条作了修改,主要涉及如下四个方面:一是取消了组织卖淫罪、强迫卖淫罪的死刑;二是将判处十年以上刑罚的具体列举的五项情形修改为"情节严重";三是增加组织、强迫未成年人卖淫从重处罚的规定;四是增加规定对组织、强迫他人卖淫的,并有杀害、伤害、强奸、绑架等犯罪行为的,依照数罪并罚的规定处罚。

修正前《刑法》	第一次修正后《刑法》	第二次修正后《刑法》
第三百五十八条 【组织卖淫罪】【强迫卖淫罪】组织他人卖淫或者强迫他人卖淫的,处五年以上十年以下有期徒刑,并处罚金;有下列情形之一的,处十年以上有期徒刑或者无期徒刑,并处罚金或者没收财产: (一)组织他人卖淫,情节严重的; (二)强迫不满十四周岁的幼女卖淫的; (三)强迫多人卖淫或者多次强迫他人卖淫的; (四)强奸后迫使卖淫的; (五)造成被强迫卖淫的人重伤、死亡或者其他严重后果的。 有前款所列情形之一,情节特别严重的,处无期徒刑或者死刑,并处没收财产。 【协助组织卖淫罪】协助组织他人卖淫的,处五年以下有期徒刑,并处罚金;情节严重的,处五年以上十年以下有期徒刑,并处罚金。	第三百五十八条 【组织卖淫罪】【强迫卖淫罪】组织他人卖淫或者强迫他人卖淫的,处五年以上十年以下有期徒刑,并处罚金;有下列情形之一的,处十年以上有期徒刑或者无期徒刑,并处罚金或者没收财产: (一)组织他人卖淫,情节严重的; (二)强迫不满十四周岁的幼女卖淫的; (三)强迫多人卖淫或者多次强迫他人卖淫的; (四)强奸后迫使卖淫的; (五)造成被强迫卖淫的人重伤、死亡或者其他严重后果的。 有前款所列情形之一,情节特别严重的,处无期徒刑或者死刑,并处没收财产。 【协助组织卖淫罪】为组织卖淫的人招募、运送人员或者有其他协助组织他人卖淫行为的,处五年以下有期徒刑,并处罚金;情节严重的,处五年以上十年以下有期徒刑,并处罚金。	第三百五十八条 【组织卖淫罪】【强迫卖淫罪】组织、强迫他人卖淫的,处五年以上十年以下有期徒刑,并处罚金;情节严重的,处十年以上有期徒刑或者无期徒刑,并处罚金或者没收财产。 组织、强迫未成年人卖淫的,依照前款的规定从重处罚。 犯前两款罪,并有杀害、伤害、强奸、绑架等犯罪行为的,依照数罪并罚的规定处罚。 【协助组织卖淫罪】为组织卖淫的人招募、运送人员或者有其他协助组织他人卖淫行为的,处五年以下有期徒刑,并处罚金;情节严重的,处五年以上十年以下有期徒刑,并处罚金。

司法解释

《最高人民法院关于审理拐卖妇女儿童犯罪案件具体应用法律若干问题的解释》(法释〔2016〕28号,自2017年1月1日起施行)第六条规定对收买被拐卖的妇女后又组织、强迫卖淫,依照数罪并罚的规定处罚。(→参见第二百四十条评注部分,第1140页)

《最高人民法院、最高人民检察院关于办理组织、强迫、引诱、容留、介绍卖淫刑事案件适用法律若干问题的解释》(法释〔2017〕13号,自2017年7月25日起施行)①

为依法惩治组织、强迫、引诱、容留、介绍卖淫犯罪活动,根据刑法有关规定,结合司法工作实际,现就办理这类刑事案件具体应用法律的若干问题解释如下:

---

① 关于如何理解刑法意义上的"卖淫"一词,理论界有一定的争议,司法实践中争议更大。认识相对一致的主要有:(1)对传统意义上的提供性交服务并收取财物的行为应当认定为卖淫。(2)男性也可以提供卖淫服务。(3)肛交、口交应当列入卖淫的方式。然而,争议最大的是提供手淫等非进入式而是接触式的色情服务能否认定为刑法意义上的卖淫。公安部曾经于2001年2月18日作出公复字〔2001〕4号的《关于对同性之间以钱财为媒介的性行为定性处理问题的批复》。该批复称:根据《中华人民共和国治安管理处罚条例》和全国人大常委会《关于严禁卖淫嫖娼的决定》的规定,不特定的异性之间或者同性之间以金钱、财物为媒介发生不正当性关系的行为,包括口淫、手淫、鸡奸等行为,都属于卖淫嫖娼行为,对行为人应当依法处理。这一批复能否作为认定刑法意义上卖淫概念的依据?经研究认为,刑法上卖淫的概念,严格说属于立法解释的权限范围,不宜由司法机关做出解释。但是,司法实践中应当明确如下几点:第一,司法解释未对卖淫的概念作出解释,属于权限原因,但这并不影响各地司法实践的处理。第二,行政违法不等同于刑事犯罪,违法概念也不等同于犯罪概念。违反行政法律、法规的行为不等同于构成犯罪。前述公安部的批复,依然可以作为行政处罚和相关行政诉讼案件的依据,但不能作为定罪依据。行政法规扩大解释可以把所有的性行为方式都纳入到卖淫行为方式并进行行政处罚,但刑法罪名的设立、犯罪行为的界定及解释应遵循谦抑性原则,司法解释对刑法不应进行扩张解释。因此,司法实践中对于如何认定刑法意义上的卖淫,应当依照刑法的基本含义,结合大众的普遍理解及公民的犯罪心理预期等进行认定,并严格遵循罪刑法定原则。据此,不宜对刑法上的卖淫概念作扩大解释,刑法没有明确规定手淫行为属于刑法意义上的"卖淫",因而对相关行为就不宜入罪。第三,在目前情况下,也不能将刑法意义上的卖淫局限于性交行为,对于性交之外的肛交、口交等进入式的性行为,应当依法认定为刑法意义上的卖淫。第四,待条件成熟时,应当建议由立法机关作出相应解释或由立法直接规定。参见周峰、党建军、陆建红、杨华:《〈关于办理组织、强(转下页)

第八节　组织、强迫、引诱、容留、介绍卖淫罪

第一条　以招募、雇佣、纠集等手段,管理或者控制他人卖淫,卖淫人员在三人以上的,应当认定为刑法第三百五十八条规定的"组织他人卖淫"。

组织卖淫者是否设置固定的卖淫场所、组织卖淫者人数多少、规模大小,不影响组织卖淫行为的认定。

第二条　组织他人卖淫,具有下列情形之一的,应当认定为刑法第三百五十八条第一款规定的"情节严重":

(一)卖淫人员累计达十人以上的;

(二)卖淫人员中未成年人、孕妇、智障人员、患有严重性病的人累计达五人以上的;

(三)组织境外人员在境内卖淫或者组织境内人员出境卖淫的;

(四)非法获利人民币一百万元以上的;

(五)造成被组织卖淫的人自残、自杀或者其他严重后果的;

(六)其他情节严重的情形。

第三条　在组织卖淫犯罪活动中,对被组织卖淫的人有引诱、容留、介绍卖淫行为的,依照处罚较重的规定定罪处罚。但是,对被组织卖淫的人以外的其他人有引诱、容留、介绍卖淫行为的,应当分别定罪,实行数罪并罚。

第四条　明知他人实施组织卖淫犯罪活动而为其招募、运送人员或者充当保镖、打手、管账人等的,依照刑法第三百五十八条第四款的规定,以协助组织卖淫罪定罪处罚,不以组织卖淫罪的从犯论处。

在具有营业执照的会所、洗浴中心等经营场所担任保洁员、收银员、保安员等,从事一般服务性、劳务性工作,仅领取正常薪酬,且无前款所列协助组织卖淫行为的,不认定为协助组织卖淫罪。

第五条　协助组织他人卖淫,具有下列情形之一的,应当认定为刑法第三百五十八条第四款规定的"情节严重":

(一)招募、运送卖淫人员累计达十人以上的;

(二)招募、运送的卖淫人员中未成年人、孕妇、智障人员、患有严重性病的人累计达五人以上的;

(三)协助组织境外人员在境内卖淫或者协助组织境内人员出境卖淫的;

(四)非法获利人民币五十万元以上的;

(接上页)迫、引诱、容留、介绍卖淫刑事案件适用法律若干问题的解释〉的理解与适用》,载中华人民共和国最高人民法院刑事审判第一、二、三、四、五庭主办:《刑事审判参考(总第115集)》,法律出版社2019年版,第146—157页。

(五)造成被招募、运送或者被组织卖淫的人自残、自杀或者其他严重后果的;

(六)其他情节严重的情形。

第六条 强迫他人卖淫,具有下列情形之一的,应当认定为刑法第三百五十八条第一款规定的"情节严重":

(一)卖淫人员累计达五人以上的;

(二)卖淫人员中未成年人、孕妇、智障人员、患有严重性病的人累计达三人以上的;

(三)强迫不满十四周岁的幼女卖淫的;

(四)造成被强迫卖淫的人自残、自杀或者其他严重后果的;

(五)其他情节严重的情形。

行为人既有组织卖淫犯罪行为,又有强迫卖淫犯罪行为,且具有下列情形之一的,以组织、强迫卖淫"情节严重"论处:

(一)组织卖淫、强迫卖淫行为中具有本解释第二条、本条前款规定的"情节严重"情形之一的;

(二)卖淫人员累计达到本解释第二条第一、二项规定的组织卖淫"情节严重"人数标准的;

(三)非法获利数额相加达到本解释第二条第四项规定的组织卖淫"情节严重"数额标准的。

第七条① 根据刑法第三百五十八条第三款的规定,犯组织、强迫卖淫

---

① 对本条第二款和第六条,司法适用中有不同认识,甚至有观点认为系对"组织卖淫罪"和"强迫卖淫罪"的调整,即"组织、强迫卖淫犯罪是选择性罪名,如果行为人既实施组织卖淫行为又实施强迫卖淫行为的,应当以组织、强迫卖淫罪定罪处罚。"参见周峰、党建军、陆建红、杨华:《〈关于办理组织、强迫、引诱、容留、介绍卖淫刑事案件适用法律若干问题的解释〉的理解与适用》,载中华人民共和国最高人民法院刑事审判第一、二、三、四、五庭主办:《刑事审判参考(总第115集)》,法律出版社2019年版,第139页。**本评注认为**:其一,从上述规定来看,似难以从司法解释条文中直接得出"组织卖淫罪"和"强迫卖淫罪"被整合为"组织、强迫卖淫罪"这一选择性罪名的结论。对于本条规定的"犯组织、强迫卖淫罪",理解为组织、强迫卖淫的犯罪行为,似也无不可。其二,通过罪名补充规定以外的司法解释对《最高人民法院关于执行〈中华人民共和国刑法〉确定罪名的规定》(法释〔1997〕9号)和《最高人民检察院关于适用刑法分则规定的犯罪的罪名的意见》(高检发释字〔1997〕3号)确定的罪名作出调整,尚无先例可循,至少需要在此后的罪名补充规定中加以确认,在此之前不宜认为对罪名作了调整。

罪,并有杀害、伤害、强奸、绑架等犯罪行为的,依照数罪并罚的规定处罚。协助组织卖淫行为人参与实施上述行为的,以共同犯罪论处。

根据刑法第三百五十八条第二款的规定,组织、强迫未成年人卖淫的,应当从重处罚。

第八条 引诱、容留、介绍他人卖淫,具有下列情形之一的,应当依照刑法第三百五十九条第一款的规定定罪处罚:

(一)引诱他人卖淫的;
(二)容留、介绍二人以上卖淫的;
(三)容留、介绍未成年人、孕妇、智障人员、患有严重性病的人卖淫的;
(四)一年内曾因引诱、容留、介绍卖淫行为被行政处罚,又实施容留、介绍卖淫行为的;
(五)非法获利人民币一万元以上的。

利用信息网络发布招嫖违法信息,情节严重的,依照刑法第二百八十七条之一的规定,以非法利用信息网络罪定罪处罚。同时构成介绍卖淫罪的,依照处罚较重的规定定罪处罚。

引诱、容留、介绍他人卖淫是否以营利为目的,不影响犯罪的成立。

引诱不满十四周岁的幼女卖淫的,依照刑法第三百五十九条第二款的规定,以引诱幼女卖淫罪定罪处罚。

被引诱卖淫的人员中既有不满十四周岁的幼女,又有其他人员的,分别以引诱幼女卖淫罪和引诱卖淫罪定罪,实行并罚。

第九条 引诱、容留、介绍他人卖淫,具有下列情形之一的,应当认定为刑法第三百五十九条第一款规定的"情节严重":

(一)引诱五人以上或者引诱、容留、介绍十人以上卖淫的;
(二)引诱三人以上的未成年人、孕妇、智障人员、患有严重性病的人卖淫,或者引诱、容留、介绍五人以上该类人员卖淫的;
(三)非法获利人民币五万元以上的;
(四)其他情节严重的情形。

第十条① 组织、强迫、引诱、容留、介绍他人卖淫的次数,作为酌定情节在

---

① 总的来说,认定组织、强迫、引诱、容留、介绍他人卖淫"情节严重",应当从卖淫人数、时间长度、社会影响等方面综合考虑,不能仅以卖淫次数认定"情节严重"。《解释》对于组织、强迫、引诱、容留、介绍卖淫的"情节严重",主要从人数及造成的后果考虑,并且将非法获利情况作为认定犯罪构成和犯罪情节严重的依据之一。但是,卖淫次(转下页)

量刑时考虑。

第十一条 具有下列情形之一的,应当认定为刑法第三百六十条规定的"明知":

(一)有证据证明曾到医院或者其他医疗机构就医或者检查,被诊断为患有严重性病的;

(二)根据本人的知识和经验,能够知道自己患有严重性病的;

(三)通过其他方法能够证明行为人是"明知"的。

传播性病行为是否实际造成他人患上严重性病的后果,不影响本罪的成立。

刑法第三百六十条规定所称的"严重性病",包括梅毒、淋病等。其它性病是否认定为"严重性病",应当根据《中华人民共和国传染病防治法》《性病防治管理办法》的规定,在国家卫生与计划生育委员会规定实行性病监测的性病范围内,依照其危害、特点与梅毒、淋病相当的原则,从严掌握。

第十二条 明知自己患有艾滋病或者感染艾滋病病毒而卖淫、嫖娼的,依照刑法第三百六十条的规定,以传播性病罪定罪,从重处罚。

具有下列情形之一,致使他人感染艾滋病病毒的,认定为刑法第九十五条第三项"其他对于人身健康有重大伤害"所指的"重伤",依照刑法第二百三十四条第二款的规定,以故意伤害罪定罪处罚:

(一)明知自己感染艾滋病病毒而卖淫、嫖娼的;

(二)明知自己感染艾滋病病毒,故意不采取防范措施而与他人发生性关系的。

第十三条 犯组织、强迫、引诱、容留、介绍卖淫罪的,应当依法判处犯罪所得二倍以上的罚金。共同犯罪的,对各共同犯罪人合计判处的罚金应当在犯罪所得的二倍以上。

对犯组织、强迫卖淫罪被判处无期徒刑的,应当并处没收财产。

第十四条 根据刑法第三百六十二条、第三百一十条的规定,旅馆业、饮食服务业、文化娱乐业、出租汽车业等单位的人员,在公安机关查处卖淫、嫖娼活动

(接上页)数在已经查实的情况下,在法定刑幅度范围内应当作为量刑的情节予以考虑。根据以上考虑,本条规定,既在于明确犯罪构成、犯罪情节严重的认定不以卖淫次数为界线,又在于指导各级法院在办理此类案件时,如何运用好卖淫次数这一事实因素。参见周峰、党建军、陆建红、杨华:《〈关于办理组织、强迫、引诱、容留、介绍卖淫刑事案件适用法律若干问题的解释〉的理解与适用》,载中华人民共和国最高人民法院刑事审判第一、二、三、四、五庭主办:《刑事审判参考(总第115集)》,法律出版社2019年版,第139页。

时,为违法犯罪分子通风报信,情节严重的,以包庇罪定罪处罚。事前与犯罪分子通谋的,以共同犯罪论处。

具有下列情形之一的,应当认定为刑法第三百六十二条规定的"情节严重":

(一)向组织、强迫卖淫犯罪集团通风报信的;
(二)二年内通风报信三次以上的;
(三)一年内因通风报信被行政处罚,又实施通风报信行为的;
(四)致使犯罪集团的首要分子或者其他共同犯罪的主犯未能及时归案的;
(五)造成卖淫嫖娼人员逃跑,致使公安机关查处犯罪行为因取证困难而撤销刑事案件的;
(六)非法获利人民币一万元以上的;
(七)其他情节严重的情形。

立案追诉标准

《最高人民检察院、公安部关于公安机关管辖的刑事案件立案追诉标准的规定(一)》(节录)

第七十五条 [组织卖淫案(刑法第三百五十八条第一款)]以招募、雇佣、强迫、引诱、容留等手段,组织他人卖淫的,应予立案追诉。

第七十六条 [强迫卖淫案(刑法第三百五十八条第一款)]以暴力、胁迫等手段强迫他人卖淫的,应予立案追诉。

第七十七条 [协助组织卖淫案(刑法第三百五十八条第四款)]在组织卖淫的犯罪活动中,帮助招募、运送、培训人员三人以上,或者充当保镖、打手、管账人等,起帮助作用的,应予立案追诉。

(→附则参见分则标题评注部分,第392页)

法律适用答复、复函

《公安部法制局关于同性之间以金钱为媒介的性行为如何定性的请示的电话答复》(1999年1月28日)①

对以获取财物为目的出卖自己的肉体与同性发生性行为的应按卖淫定性处罚,对另一方按嫖娼进行处罚。此外,对组织卖淫者,应当按照《刑法》的有关规

---

① 参见李立众编:《刑法一本通——中华人民共和国刑法总成》(第十六版),法律出版社2022年版,第822页。

定追究其刑事责任。

《公安部关于对同性之间以钱财为媒介的性行为定性处理问题的批复》（公复字〔2001〕4号）①②

广西壮族自治区公安厅：

你厅《关于对以金钱为媒介的同性之间的性行为如何定性的请示》（桂公传发〔2001〕35号）收悉。现批复如下：

根据《中华人民共和国治安管理处罚条例》和全国人大常委会《关于严禁卖淫嫖娼的决定》的规定，不特定的异性之间或者同性之间以金钱、财物为媒介发生不正当性关系的行为，包括口淫、手淫、鸡奸等行为，都属于卖淫嫖娼行为，对行为人应当依法处理。

自本批复下发之日起，《公安部关于对以营利为目的的手淫、口淫等行为定性处理问题的批复》（公复字〔1995〕6号）同时废止。

《公安部关于以钱财为媒介尚未发生性行为或发生性行为尚未给付钱财如何定性问题的批复》（公复字〔2003〕5号）③

山东省公安厅：

你厅《关于对以钱财为媒介尚未发生性行为应如何处理的请示》（鲁公发

---

① 《国务院法制办公室对〈浙江省人民政府法制办公室关于转送审查处理公安部公复字〔2001〕4号批复的请示〉的复函》（国法函〔2003〕155号）提出："你办《关于转送审查处理公安部公复字〔2001〕4号批复的请示》（浙府法〔2003〕5号）收悉。我们征求了全国人大常委会法工委意见，他们认为，公安部对卖淫嫖娼的含义进行解释符合法律规定的权限，公安部公复字〔2001〕4号批复的内容与法律的规定是一致的，卖淫嫖娼是指通过金钱交易一方向另一方提供性服务，以满足对方性欲的行为，至于具体性行为采用什么方式，不影响对卖淫嫖娼行为的认定。据此，公安部公复字〔2001〕4号批复的规定是合法的。"此外，《最高人民法院关于如何适用〈治安管理处罚条例〉第三十条规定的答复》（〔1999〕行他字第27号）针对重庆市高级人民法院《关于董国亮不服重庆市公安局大渡口区分局治安管理处罚抗诉再审请示一案的请示报告》答复如下："《治安管理处罚条例》第三十条规定的'卖淫嫖娼'，一般是指异性之间通过金钱交易，一方向另一方提供性服务以满足对方性欲的行为。至于具体性行为采用什么方式，不影响对卖淫嫖娼行为的认定。"

② 对本批复在刑事领域的适用，应当结合前文关于"卖淫"的界定妥当把握，特别是要注意刑事追究与治安管理处罚的界分。——本评注注

③ 参见李立众：《刑法一本通——中华人民共和国刑法总成》（第十六版），法律出版社2022年版，第822-823页。

〔2003〕114号）收悉。现批复如下：

卖淫嫖娼是指不特定的异性之间或同性之间以金钱、财物为媒介发生性关系的行为。行为主体之间主观上已经就卖淫嫖娼达成一致，已经谈好价格或者已经给付金钱、财物，并且已经着手实施，但由于其本人主观意志以外的原因，尚未发生性关系的；或者已经发生性关系，但尚未给付金钱、财物的，都可以按卖淫嫖娼行为依法处理。对前一种行为，应当从轻处罚。

刑参案例规则提炼①

《高洪霞、郑海本等组织卖淫、协助组织卖淫案——组织卖淫罪定罪处刑的标准如何掌握》（第78号案例）、《李宁组织卖淫案——组织男性从事同性性交易，是否构成组织卖淫罪》（第303号案例）、《蔡轶等组织卖淫、协助组织卖淫案——如何区分组织卖淫罪与协助组织卖淫罪》（第768号案例）、《郑小明等组织卖淫、协助组织卖淫案——协助组织卖淫罪中"情节严重"的认定》（第870号案例）、《张桂方、冯晓明组织卖淫案——如何区分与认定组织卖淫罪与引诱、容留、介绍卖淫罪以及如何认定组织卖淫罪的"情节严重"》（第1054号案例）、《席登松等组织卖淫、刘斌斌等协助组织卖淫案——组织卖淫罪的"组织"要件及情节严重如何认定》（第1267号案例）、《方斌组织卖淫案——组织卖淫共同犯罪中的主犯认定及组织卖淫罪与协助组织卖淫罪的区分》（第1268号案例）、《杨恩星等组织卖淫案——如何区分组织卖淫罪的从犯与协助组织卖淫罪》（第1269号案例）、《何鹏燕介绍卖淫案——如何理解组织卖淫罪中中"卖淫人员在三人以上"的含义》（第1270号案例）、《胡宗友、李仲达组织卖淫案——卖淫女被嫖客杀害的，能否认定为组织卖淫罪的"情节严重"》（第1291号案例）、《周兰英组织卖淫案——如何区分组织卖淫罪与容留卖淫罪》（第1292号案例）、《于维、彭玉蓉组织卖淫案——组织卖淫中有引诱、介绍卖淫行为的如何适用法律》（第1293号案例）、《丁宝骏、何红等组织卖淫、协助组织卖淫案——在组织卖淫过程中采取非法限制卖淫人员人身自由等强迫行为的，应如何认定》（第1294号案例）、《刘革辛、陈华林、孔新喜强迫卖淫等案——如何认定强迫卖淫罪的"强迫"要件》（第1295号案例）、《王道军强迫卖淫等案——多次强迫已满十

① 另，鉴于法释〔2017〕13号解释对组织卖淫罪、协助组织卖淫罪的定罪量刑标准作了规定，对《王剑平等组织卖淫、耿劲松等协助组织卖淫案——如何认定组织卖淫罪的"情节严重"、"情节特别严重"以及协助组织卖淫罪的"情节严重"》（第722号案例）所涉规则未予提炼。

四周岁的未成年人卖淫是否构成强迫卖淫罪的"情节严重"》(第1308号案例)、《胡扬等协助组织卖淫案——如何区分协助组织卖淫罪与组织卖淫罪》(第1309号案例)、《张海峰组织卖淫、李志强协助组织卖淫、饶有才容留卖淫案——强奸幼女后,将幼女送至组织卖淫行为人处进行卖淫活动的如何定性》(第1310号案例)、《周某等组织卖淫、胡某斌等协助组织卖淫案——组织卖淫罪和协助组织卖淫罪的区分及"情节严重"的认定》(第1505号案例)、《林某国等组织卖淫案——"组织境外人员在境内卖淫"能否理解为"在境外组织人员入境卖淫",以及是否要求被组织的境外人员达到三人以上》(第1523号案例)所涉规则提炼如下：

1. "卖淫"的内涵与外延。"'卖淫',就其常态而言,虽是指女性以营利为目的,与不特定男性从事性交易的行为;但随着立法的变迁,对男性以营利为目的,与不特定女性从事性交易的行为,也应认定为'卖淫';而随着时代的发展、社会生活状况的变化,'卖淫'的外延还可以、也应当进一步扩大,亦即还应当包括以营利为目的,与不特定同性从事性交易的行为。"(第303号案例)

2. "组织他人卖淫"的适用规则。"组织卖淫罪不以营利为构成要件。"(第1293号案例)根据司法解释的规定,"组织他人卖淫"的认定要求以"卖淫人员在三人以上"为要件。"'卖淫人员在三人以上'是指在指控的犯罪期间,管理控制卖淫人员不是累计达到三人以上,而是在同一时间段内管理、控制的卖淫人员达到三人以上。"(第1270号案例)"'组织境外人员在境内卖淫'既包括在境外组织人员'入境'卖淫,也包括组织已经在境内的境外人员卖淫。"但是,"认定'组织境外人员在境内卖淫'也要求被组织卖淫的境外人员达到三人以上"。(第1523号案例)"卖淫女在实施卖淫违法行为时被嫖客杀害的,应当认定为组织卖淫罪的'情节严重'。"(第1291号案例)

3. 强迫卖淫罪的适用规则。"强迫卖淫罪的强迫性主要表现为以下情形:(1)在他人不愿意从事卖淫活动的情况下,使用强迫手段迫使其从事卖淫活动;(2)他人虽然原本从事卖淫活动,但在他人不愿意继续从事卖淫活动的情况下,使用强制手段强迫其继续从事卖淫活动;(3)在卖淫者不愿在某地从事卖淫活动或者为某人从事卖淫活动的情况下,使用强制手段在某地或为某人从事卖淫活动。因此,从事卖淫活动的卖淫者也可以成为强迫卖淫的对象。"(第1295号案例)"多次强迫已满十四周岁的未成年人卖淫",不能直接认定为强迫卖淫罪的"情节严重",但强迫卖淫的次数对量刑仍然具有影响。(第1308号案例)

4. 组织卖淫罪与协助组织卖淫罪的界分规则。"应以被告人的行为是否具有管理、控制属性,来区分组织卖淫罪和协助组织卖淫罪,不能简单以其作用大小或者参与程度进行区分。"(第1505号案例)"组织卖淫罪最主要的行为特征是管理或者控制他人卖淫。""投资者只要明知实际经营者、管理控制者所进行的是组织卖淫活动,即使没有实际直接参与经营,没有直接对卖淫活动进行管理控制,其投资行为也应认定为组织卖淫行为的组成部分。"(第1267号案例)"在组织卖淫活动中对卖淫者的卖淫活动直接进行安排、调度的,属于组织卖淫罪的行为人,应当以组织卖淫罪论处……如果不是对卖淫活动直接进行安排、调度,而是在外围协助组织者实施其他行为,充当保镖、打手、管账人或为直接组织者招募、雇佣、运送卖淫者,为卖淫安排住处,为组织者充当管账人、提供反调查信息等行为的,则都不构成组织卖淫罪,而仅构成协助组织卖淫罪。"(第768号案例)需要注意的是,"刑法专门规定了协助组织卖淫罪以后,并不影响组织卖淫共同犯罪中根据案件事实区分主从犯;同样,协助组织卖淫罪本身也有主从犯之分"。(第1267号案例)"未参与发起、建立卖淫团伙,但其系卖淫活动的组织者,直接参与组织卖淫事项,其行为应当认定为组织卖淫罪的共犯。"(第1309号案例)"在组织卖淫共同犯罪中,主要投资人(所有人)一般应认定为主犯。""在组织卖淫活动中对卖淫者的卖淫活动直接实施安排、调度等行为的,也属于对卖淫者进行管理的组织行为,不论是主犯、从犯,还是实行犯、帮助犯,都应当按照组织卖淫罪定罪处罚,绝不能根据分工或者作用的不同而分别定罪。"(第1268号案例)换言之,"协助组织卖淫罪是将组织卖淫罪的帮助行为单独成罪,而非将组织卖淫罪的所有从犯单独成罪","协助组织卖淫罪与组织卖淫罪的从犯的本质区别在于行为不同,而非作用大小"。(第1269号案例)此外,"不能将认定组织卖淫者'情节严重'的卖淫人数,不加区分、直接认定为协助组织卖淫者的涉及卖淫人数,继而认定为'情节严重'"。"同理,不同的协助组织卖淫行为,甲行为认定为'情节严重',并不必然得出乙行为也属'情节严重'的结论。"《最高人民法院、最高人民检察院关于办理组织、强迫、引诱、容留、介绍卖淫刑事案件适用法律若干问题的解释》(法释〔2017〕13号)对协助组织卖淫罪"情节严重"的认定,"仅就招募、运送两种行为规定了人数,所以其他协助行为'情节严重'认定,不以人数作为直接认定标准"。(第1505号案例)

5. 组织卖淫罪与引诱、容留、介绍卖淫罪的界分规则。"区分组织卖淫罪和引诱、容留、介绍卖淫罪的关键是行为人是否对卖淫者具有管理、控制等组织行为。如果行为人只是实施了容留、介绍甚至引诱卖淫的行为,没有对卖淫活动进行组织的,就不能以组织卖淫罪处罚。"(第1054号案例)"区分组织卖淫罪与容留卖淫罪,关键在于判断行为人是否控制了多人进行卖淫活动,其行为是否具有组织性。"(第870号案例)"判定行为人是否有组织行为和居于组织地位应把握以下几个方面：1. 是否建立了卖淫组织。无论是否具有固定的卖淫场所，组织卖淫罪必然要建立相应的卖淫组织……2. 是否对卖淫者进行管理。在纠集到多名从事卖淫活动的人员后，组织者要实施一定的管理行为，支配、监督卖淫人员，使之服从、接受管理安排……3. 是否组织、安排卖淫活动。主要是指组织者在卖淫组织中有无参与组织、安排具体的卖淫活动，具体方式有推荐、介绍卖淫女进行卖淫活动，招揽嫖客，为卖淫活动安排相关服务、保障人员，提供物质便利条件等。""容留卖淫罪是仅为卖淫人员提供进行卖淫活动的处所的行为。与组织卖淫罪相比较，容留卖淫罪没有形成卖淫组织，行为人没有组织、管理卖淫活动。组织卖淫的行为人有引诱、容留卖淫行为的，均应作为组织卖淫的手段之一，可作为量刑情节考虑，不实行数罪并罚。"（第78号案例）"娱乐场所对卖淫行为采取统一定价、统一收费，再按照事先定好的比例将报酬分发给卖淫者。在这种情况下，卖淫行为处于被管理、控制的状态，因此，管理控制者提供的容留行为应当构成组织卖淫罪，而非容留卖淫罪。"（第768号案例）"将自己承包的营业场所提供给他人卖淫的行为应当以容留卖淫罪定罪处罚。"（第1310号案例）"线上介绍他人卖淫嫖娼致他人线下达成卖淫嫖娼交易，但并未对卖淫嫖娼活动实施管理或者控制的，应当认定为介绍卖淫罪。"（第1350号案例）此外，"如果行为人虽然实施了组织行为，但被组织卖淫人员的人数不到三人，这种情况下只能依法降格作容留或介绍卖淫处理"。（第1292号案例）"组织卖淫中有引诱、介绍卖淫行为的，择一重罪处罚。"（第1293号案例）

  6. 罪数处断规则。"非法限制卖淫人员人身自由是行为人组织卖淫过程中使用的行为手段，是组织卖淫行为的表现形式之一，以组织卖淫罪一罪即可评价。刑法第三百五十八条第三款的规定是针对严重侵害他人人身权利的犯罪，不应作扩大解释。"故而，"组织卖淫或协助组织卖淫犯罪中，对卖淫人员采取非法限制人身自由等强迫行为的，应以组织卖淫罪或强迫卖淫罪论处"。（第1294号案例）"奸淫幼女后，将幼女送至组织卖淫行为人处进行卖淫活动的，应当以强奸罪和协助组织卖淫罪数罪并罚。"（第1310号案例）

司法疑难解析

  非法获利的认定。法释〔2017〕13号解释多次出现"非法获利"的表述。对此，有观点认为："犯罪所得与非法获利的内涵是一样的，均指犯罪行为人犯罪收入的总和,而不能理解为'利润'。"①**本评注倾向认为**,"非法获利"更加接近于"违法所得"。关于"违法所得"的内涵,前文已有阐释(→参见第二百五十五条评注部分,第 1052 页)。如果"非法获利"的涵义是犯罪收入的总和,则法释〔2017〕13 号解释应当采用"收取嫖资"之类的表述。基于此,上述观点值得进一步商榷,至少对于收取嫖资后支付给卖淫女的部分应当予以扣除。

> **第三百五十九条** 【引诱、容留、介绍卖淫罪】引诱、容留、介绍他人卖淫的,处五年以下有期徒刑、拘役或者管制,并处罚金;情节严重的,处五年以上有期徒刑,并处罚金。
>
> 【引诱幼女卖淫罪】引诱不满十四周岁的幼女卖淫的,处五年以上有期徒刑,并处罚金。

■ 立法沿革

本条系 1997 年《刑法》吸收修改单行刑法作出的规定。1979 年《刑法》第一百六十九条规定:"以营利为目的,引诱、容留妇女卖淫的,处五年以下有期徒刑、拘役或者管制;情节严重的,处五年以上有期徒刑,可以并处罚金或者没收财产。"《全国人民代表大会常务委员会关于严惩严重危害社会治安的犯罪分子的决定》(1983 年 9 月 2 日起施行)对"引诱、容留、强迫妇女卖淫,情节特别严重的"规定"可以在刑法规定的最高刑以上处刑,直至判处死刑"。《全国人民代表大会常务委员会关于严禁卖淫嫖娼的决定》(1991 年 9 月 4 日起施行)第三条规定:"引诱、容留、介绍他人卖淫的,处五年以下有期徒刑或者拘役,并处五千元以下罚金;情节严重的,处五年以上有期徒刑,并处一万元以下罚金;情节较轻的,依照治安管理处罚条例第三十条的规定处罚。""引诱不满十四岁的幼女卖淫的,依照本决定第二条关于强迫不满十四岁的幼女卖淫的规定处罚。"

■ 相关规定

《中华人民共和国治安管理处罚法》(修正后自 2013 年 1 月 1 日起施行,

---

① 陆建红:《审理组织、强迫、引诱、容留、介绍卖淫等刑事案件若干疑难问题探讨——基于对〈最高人民法院、最高人民检察院关于办理组织、强迫、引诱、容留、介绍卖淫刑事案件适用法律若干问题的解释〉的再次解读》,载中华人民共和国最高人民法院刑事审判第一、二、三、四、五庭主办:《刑事审判参考(总第 117 集)》,法律出版社 2019 年版,第 221 页。

节录)

第六十七条 引诱、容留、介绍他人卖淫的,处十日以上十五日以下拘留,可以并处五千元以下罚款;情节较轻的,处五日以下拘留或者五百元以下罚款。

司法解释

《最高人民法院、最高人民检察院关于办理组织、强迫、引诱、容留、介绍卖淫刑事案件适用法律若干问题的解释》(法释〔2017〕13号)第八条、第九条、第十条、第十三条对引诱、容留、介绍卖淫罪和引诱幼女卖淫罪的定罪量刑标准和有关问题作了规定。(→参见第三百五十八条评注部分,第2027、2028页)

规范性文件

《公安部、中央社会治安综合治理委员会办公室、民政部等关于进一步加强和改进出租房屋管理工作有关问题的通知》(公通字〔2004〕83号)第三条第十项规定对房主违反出租房屋管理规定,介绍或者容留卖淫,构成犯罪的,依照《刑法》第三百五十九条的规定追究刑事责任。(→参见第一百三十六条评注部分,第566页)

《最高人民检察院关于常见犯罪的量刑指导意见(试行)》(法发〔2021〕21号,节录)

四、常见犯罪的量刑

(二十三)引诱、容留、介绍卖淫罪

1.构成引诱、容留、介绍卖淫罪的,根据下列情形在相应的幅度内确定量刑起点:

(1)情节一般的,在二年以下有期徒刑、拘役幅度内确定量刑起点。

(2)情节严重的,在五年至七年有期徒刑幅度内确定量刑起点。

2.在量刑起点的基础上,根据引诱、容留、介绍卖淫的人数等其他影响犯罪构成的犯罪事实增加刑罚量,确定基准刑。

3.旅馆业、饮食服务业、文化娱乐业、出租汽车业等单位的主要负责人,利用本单位的条件,引诱、容留、介绍他人卖淫的,增加基准刑的10%—20%。

4.构成引诱、容留、介绍卖淫罪的,根据引诱、容留、介绍卖淫的人数、次数、违法所得数额、危害后果等犯罪情节,综合考虑被告人缴纳罚金的能力,决定罚金数额。

5.构成引诱、容留、介绍卖淫罪的,综合考虑引诱、容留、介绍卖淫的人数、次数、危害后果等犯罪事实、量刑情节,以及被告人主观恶性、人身危险性、认罪悔罪表现等因素,决定缓刑的适用。

(→前三部分和第五部分参见总则第四章第一节标题评注部分,第223、227页)

▎立案追诉标准

《最高人民检察院、公安部关于公安机关管辖的刑事案件立案追诉标准的规定(一)》第七十八条关于《刑法》第三百五十九条第一款立案追诉标准的规定与法释〔2017〕13号解释不一致,应当以后者为准;第七十九条关于《刑法》第三百五十九条第二款立案追诉标准的规定与法释〔2017〕13号解释第八条一致。

▎刑参案例规则提炼①

《林庆介绍卖淫案——通过互联网发布卖淫信息行为的定性》(第193号案例)、《吴祥海介绍卖淫案——介绍卖淫罪与介绍嫖娼行为的区别》(第376号案例)、《杨某、米某容留卖淫案——明知他人在出租房内从事卖淫活动仍出租房屋的行为,如何定性》(第689号案例)、《郭某某介绍卖淫案——介绍智障人员卖淫行为的定罪和处罚》(第1311号案例)、《阳怀容留卖淫案——容留卖淫罪的司法认定》(第1312号案例)、《阎吉粤介绍卖淫案——利用"QQ"网络建群为群成员卖淫嫖娼活动提供方便的行为应如何定性》(第1350号案例)、《王怀珍容留卖淫案——容留卖淫罪的入罪标准》(第1386号案例)所涉规则提炼如下:

1. 介绍卖淫罪的认定。"所谓介绍卖淫,是指行为人采取积极为卖淫者和嫖娼者牵线搭桥、撮合沟通等居间介绍的手段使他人的卖淫得以实现的行为。"通过电脑、利用互联网为卖淫女发布卖淫信息,从中收取费用,"虽然在行为方式方面,因未与特定的'嫖客'直接接触而与传统的介绍卖淫行为有所不同,但其通过互联网为不特定的'嫖客'提供信息,起到了介绍卖淫的实际作用,其行为性质并无不同,故应认定构成介绍卖淫罪"。(第193号案例)"利用即时通信软件……为卖淫、嫖娼人员建群并管理该群,为他人卖淫、嫖娼提供方便","既构成非法利用信息网络罪,又构成介绍卖淫罪,应当以介绍卖淫罪定罪处罚"。(第1350号案例)

---

① 另,鉴于法释〔2017〕13号解释对容留卖淫罪的定罪量刑标准作了规定,《徐某引诱、容留、介绍卖淫案——容留卖淫三人次是否应当认定为容留卖淫罪的"情节严重"》(第854号案例)、《聂姣莲介绍卖淫案——如何区分介绍卖淫的一般违法行为和介绍卖淫罪,以及如何认定介绍卖淫罪中的"情节严重"》(第973号案例)所涉规则未予提炼。

2. 容留卖淫罪的认定。"认定出租者是否构成容留卖淫罪,关键是要严格把握出租者的主观心态,即是否明知承租人从事卖淫活动而为其提供场所。如果出租者明知他人在出租房内从事卖淫活动,为获得房租而出租房屋的,特别是收取的房租偏高时,可以认定为容留卖淫罪。如果出租者并不知道承租者在出租房内从事卖淫活动,或者出租者虽知道承租者从事卖淫活动,但卖淫场所并不在出租房内的,均不能认定出租者构成容留卖淫罪。"(第689号案例)"容留卖淫罪是行为犯,卖淫嫖娼的行为是否完成不影响本罪既遂的成立。"(第1312号案例)

3. 引诱、容留、介绍卖淫罪入罪标准的认定规则。根据司法解释的规定,"一年内曾因引诱、容留、介绍卖淫行为被行政处罚,又实施容留、介绍卖淫行为的",构成犯罪。"前半句的'引诱、容留、介绍卖淫行为'中的'卖淫'既包括刑法上的卖淫行为也包括治安管理处罚法上的卖淫行为,而后半句的'容留、介绍卖淫行为'中的'卖淫'仅指刑法上的卖淫行为。""'一年内'的时间起算点是指行为的发生时间,而不是行为的行政处罚时间。""一年内曾因引诱、容留、介绍卖淫犯罪被判处刑罚的不适用前述入罪规定。"(第1386号案例)

4. 介绍卖淫罪既遂的认定标准。"介绍卖淫罪当属行为犯。对于行为犯既、未遂的判断,应以法定的犯罪行为是否完成作为区分标准,并不要求发生特定的结果,更不需要特定目的的实现。"(第193号案例)

5. 介绍卖淫罪与介绍嫖娼行为的界分。"介绍嫖娼行为通常表现为以下一些情形特征:(1)行为人往往临时起意为他人介绍嫖娼,自己与卖淫者并不相识。(2)行为人根据市场讯息,自己介绍嫖客到某处进行嫖娼。(3)行为人根据自己曾经嫖娼的经历而熟悉处所,带领或者介绍嫖客到该处所进行嫖娼。(4)行为人基于其与卖淫人员的约定,介绍嫖客与该卖淫人员进行卖淫嫖娼活动。(5)行为人基于其与某介绍卖淫者的约定,介绍嫖客通过该介绍卖淫者与卖淫人员进行卖淫嫖娼活动。依上述情形特征,一般而言,前三种情形应认定行为人不构成犯罪,而后两种情形实际上是介绍嫖娼者与介绍卖淫者二者合二为一,行为人表现为具有双重身份,通常认为,行为人的行为可以构成介绍卖淫罪。"(第376号案例)

6. 介绍智障人员卖淫行为的定性规则。"介绍智障人员卖淫一般是按照介绍卖淫罪定罪处罚。但在下列情形下,要以强奸罪定罪处罚。(1)介绍人在介绍卖淫过程中还对智障人员实施奸淫,此时应以强奸罪对介绍人定罪处罚,其介绍卖淫行为亦构成犯罪的,则以强奸罪和介绍卖淫罪数罪并罚。(2)嫖客的行为构成强奸罪,且介绍人也明知所介绍的人员属于无性自我防卫能力的智障人员的。"(第1311号案例)

第八节 组织、强迫、引诱、容留、介绍卖淫罪

第三百六十条 【传播性病罪】明知自己患有梅毒、淋病等严重性病卖淫、嫖娼的,处五年以下有期徒刑、拘役或者管制,并处罚金。

立法沿革

本条系1997年《刑法》吸收修改单行刑法作出的规定。《全国人民代表大会常务委员会关于严禁卖淫嫖娼的决定》(1991年9月4日起施行)第五条规定:"明知自己患有梅毒、淋病等严重性病卖淫、嫖娼的,处五年以下有期徒刑、拘役或者管制,并处五千元以下罚金。""嫖宿不满十四岁的幼女的,依照刑法关于强奸罪的规定处罚。"1997年《刑法》吸收传播性病犯罪的规定,并将嫖宿幼女的行为单独规定为犯罪,设置了嫖宿幼女罪。

2015年11月1日起施行的《刑法修正案(九)》第四十三条对本条作了修改,删去嫖宿幼女罪,对这类行为适用《刑法》第二百三十六条第二款"奸淫不满十四周岁的幼女的,以强奸论,从重处罚"的规定,不再作出专门规定。

修正前《刑法》	修正后《刑法》
第三百六十条 【传播性病罪】明知自己患有梅毒、淋病等严重性病卖淫、嫖娼的,处五年以下有期徒刑、拘役或者管制,并处罚金。 【嫖宿幼女罪】嫖宿不满十四周岁的幼女的,处五年以上有期徒刑,并处罚金。	第三百六十条 【传播性病罪】明知自己患有梅毒、淋病等严重性病卖淫、嫖娼的,处五年以下有期徒刑、拘役或者管制,并处罚金。

司法解释

《最高人民法院、最高人民检察院关于办理组织、强迫、引诱、容留、介绍卖淫刑事案件适用法律若干问题的解释》(法释〔2017〕13号,自2017年7月25日起施行)第十一条、第十二条对传播性病罪的主观明知认定和有关问题作了规定。(→参见第三百五十八条评注部分,第2028页)

规范性文件

《最高人民法院、最高人民检察院、公安部、司法部关于依法严厉打击传播艾滋病病毒等违法犯罪行为的指导意见》(公通字〔2019〕23号)"二、准确认定行为性质"第(二)条对传播性病罪的适用作了规定。(→参见第二百三十四条评注部分,第1094页)

立案追诉标准

《最高人民检察院、公安部关于公安机关管辖的刑事案件立案追诉标准的规定(一)》(节录)

第八十条第一款 [传播性病案(刑法第三百六十条第一款)]明知自己患有梅毒、淋病等严重性病卖淫、嫖娼的,应予立案追诉。

另,第二款关于"明知"的认定与法释〔2017〕13号解释一致。

(→附则参见分则标题评注部分,第392页)

刑参案例规则提炼①

《王某传播性病案——明知自己携带艾滋病病毒而卖淫的如何定性》(第1133号案例)、《周天武故意伤害案——明知自己感染艾滋病病毒,故意不采取保护措施与他人发生性关系,致使他人感染艾滋病病毒的,如何定罪处罚》(第1274号案例)所涉规则提炼如下:

传播艾滋病病毒行为的定性规则。"体内HIV-1抗体呈阳性,说明其系艾滋病病毒携带者,虽无证据证明其已发病,但仍可认定其患有严重性病,符合传播性病罪的主体要件。"艾滋病病毒携带者"从事卖淫活动,与嫖娼人员并无仇怨,对可能发生的致使嫖娼人员感染艾滋病病毒的结果只持放任心态,同时无证据证实嫖娼人员……因性交易而感染艾滋病病毒。出于间接故意实施的犯罪行为未发生危害结果的,不构成犯罪,故……不构成故意伤害罪。如果……出于希望或放任他人感染艾滋病病毒的心理进行卖淫嫖娼活动,并致使对方感染艾滋病病毒(或发病死亡),可以认定其构成故意伤害(致死)罪。"(第1133号案例)"明知自己感染艾滋病病毒,故意不采取保护措施与他人发生性关系,致使他人感染艾滋病病毒的,应定故意伤害罪。""在目前的立法和司法解释框架内,对于明知自己感染艾滋病病毒,故意不采取保护措施与他人发生性关系,致使他人感染艾滋病病毒的行为,认定为故意伤害罪并按照'重伤'的量刑档次量刑是最为合适的。当然,如果确实致人死亡的,可在'十年以上有期徒刑、无期徒刑或者死刑'的幅度内量刑,但适用死刑应当格外慎重。"(第1274号案例)

---

① 另,鉴于《刑法修正案(九)》删去嫖宿幼女罪,《冯支洋等嫖宿幼女案——对嫖宿幼女罪如何进行审查认定》(第589号案例)、《赵祺勇、蒋明科嫖宿幼女案——如何区分嫖宿幼女罪与强奸罪,以支付金钱的方式与幼女自愿发生性关系的如何定性以及共同犯罪人先后嫖宿同一幼女的如何把握情节》(第990号案例)所涉规则未予提炼。

第三百六十一条 【特定单位的人员组织、强迫、引诱、容留、介绍卖淫的处理】 旅馆业、饮食服务业、文化娱乐业、出租汽车业等单位的人员,利用本单位的条件,组织、强迫、引诱、容留、介绍他人卖淫的,依照本法第三百五十八条、第三百五十九条的规定定罪处罚。

前款所列单位的主要负责人,犯前款罪的,从重处罚。

▌立法沿革

本条系1997年《刑法》吸收修改单行刑法作出的规定。《全国人民代表大会常务委员会关于严禁卖淫嫖娼的决定》(1991年9月4日起施行)第六条规定:"旅馆业、饮食服务业、文化娱乐业、出租汽车业等单位的人员,利用本单位的条件,组织、强迫、引诱、容留、介绍他人卖淫的,依照本决定第一条、第二条、第三条的规定处罚。""前款所列单位的主要负责人,有前款规定的行为的,从重处罚。"

第三百六十二条 【特定单位的人员为违法犯罪分子通风报信的处理】 旅馆业、饮食服务业、文化娱乐业、出租汽车业等单位的人员,在公安机关查处卖淫、嫖娼活动时,为违法犯罪分子通风报信,情节严重的,依照本法第三百一十条的规定定罪处罚。

▌立法沿革

本条系1997年《刑法》吸收修改单行刑法作出的规定。《全国人民代表大会常务委员会关于严禁卖淫嫖娼的决定》(1991年9月4日起施行)第八条规定:"旅馆业、饮食服务业、文化娱乐业、出租汽车业等单位的负责人和职工,在公安机关查处卖淫、嫖娼活动时,隐瞒情况或者为违法犯罪分子通风报信的,依照刑法第一百六十二条的规定处罚。"此处的"刑法第一百六十二条的规定"是指1979年《刑法》规定的窝藏、包庇罪。

▌司法解释

《最高人民法院、最高人民检察院关于办理组织、强迫、引诱、容留、介绍卖淫刑事案件适用法律若干问题的解释》(法释〔2017〕13号,自2017年7月25日起施行)第十四条对《刑法》第三百六十二条规定的"情节严重"所涉情形和有关问题作了规定。(→参见第三百五十八条评注部分,第2028页)

第九节 制作、贩卖、传播淫秽物品罪

全国人大常委会决定

《全国人民代表大会常务委员会关于维护互联网安全的决定》(修正后自 2009 年 8 月 27 日起施行,节录)

三、为了维护社会主义市场经济秩序和社会管理秩序,对有下列行为之一,构成犯罪的,依照刑法有关规定追究刑事责任:

(五)在互联网上建立淫秽网站、网页,提供淫秽站点链接服务,或者传播淫秽书刊、影片、音像、图片。

(→全文参见第二百八十五条评注部分,第1399页)

相关规定

《中华人民共和国治安管理处罚法》(修正后自 2013 年 1 月 1 日起施行,节录)

第四十二条 有下列行为之一的,处五日以下拘留或者五百元以下罚款;情节较重的,处五日以上十日以下拘留,可以并处五百元以下罚款:

(五)多次发送淫秽、侮辱、恐吓或者其他信息,干扰他人正常生活的;

第六十八条 制作、运输、复制、出售、出租淫秽的书刊、图片、影片、音像制品等淫秽物品或者利用计算机信息网络、电话以及其他通讯工具传播淫秽信息的,处十日以上十五日以下拘留,可以并处三千元以下罚款;情节较轻的,处五日以下拘留或者五百元以下罚款。

第六十九条 有下列行为之一的,处十日以上十五日以下拘留,并处五百元以上一千元以下罚款:

(一)组织播放淫秽音像的;

(二)组织或者进行淫秽表演的;

明知他人从事前款活动,为其提供条件的,依照前款的规定处罚。

第三百六十三条 【制作、复制、出版、贩卖、传播淫秽物品牟利罪】以牟利为目的,制作、复制、出版、贩卖、传播淫秽物品的,处三年以下有期徒刑、拘役或者管制,并处罚金;情节严重的,处三年以上十年以下有期徒刑,并处罚金;情

节特别严重的,处十年以上有期徒刑或者无期徒刑,并处罚金或者没收财产。

【**为他人提供书号出版淫秽书刊罪**】为他人提供书号,出版淫秽书刊的,处三年以下有期徒刑、拘役或者管制,并处或者单处罚金;明知他人用于出版淫秽书刊而提供书号的,依照前款的规定处罚。

立法沿革

本条系1997年《刑法》吸收单行刑法作出的规定。1979年《刑法》第一百七十条规定:"以营利为目的,制作、贩卖淫书、淫画的,处三年以下有期徒刑、拘役或者管制,可以并处罚金。"《全国人民代表大会常务委员会关于惩治走私、制作、贩卖、传播淫秽物品的犯罪分子的决定》(1990年12月28日起施行)第二条规定:"以牟利为目的,制作、复制、出版、贩卖、传播淫秽物品的,处三年以下有期徒刑或者拘役,并处罚金;情节严重的,处三年以上十年以下有期徒刑,并处罚金;情节特别严重的,处十年以上有期徒刑或者无期徒刑,并处罚金或者没收财产。情节较轻的,由公安机关依照治安管理处罚条例的有关规定处罚。""为他人提供书号,出版淫秽书刊的,处三年以下有期徒刑或者拘役,并处或者单处罚金;明知他人用于出版淫秽书刊而提供书号的,依照前款的规定处罚。"

全国人大常委会决定

《**全国人民代表大会常务委员会关于维护互联网安全的决定**》(修正后自2009年8月27日起施行,节录)

三、为了维护社会主义市场经济秩序和社会管理秩序,对有下列行为之一,构成犯罪的,依照刑法有关规定追究刑事责任:

(一)利用互联网销售伪劣产品或者对商品、服务作虚假宣传;

(二)利用互联网损害他人商业信誉和商品声誉;

(三)利用互联网侵犯他人知识产权;

(四)利用互联网编造并传播影响证券、期货交易或者其他扰乱金融秩序的虚假信息;

(五)在互联网上建立淫秽网站、网页,提供淫秽站点链接服务,或者传播淫秽书刊、影片、音像、图片。

(→全文参见第二百八十五条评注部分,第1399页)

司法解释

《最高人民法院关于审理非法出版物刑事案件具体应用法律若干问题的解

释》(法释〔1998〕30号,自1998年12月23日起施行)第八条、第九条、第十六条对非法出版物犯罪适用《刑法》第三百六十三条的规定作了明确。(→参见第二百一十七条评注部分,第981、982、984页)

《最高人民法院、最高人民检察院关于办理利用互联网、移动通讯终端、声讯台制作、复制、出版、贩卖、传播淫秽电子信息刑事案件具体应用法律若干问题的解释》(法释〔2004〕11号,自2004年9月6日起施行)①②

为依法惩治利用互联网、移动通讯终端制作、复制、出版、贩卖、传播淫秽电子信息、通过声讯台传播淫秽语音信息等犯罪活动,维护公共网络、通讯的正常秩序,保障公众的合法权益,根据《中华人民共和国刑法》、《全国人民代表大会常务委员会关于维护互联网安全的决定》的规定,现对办理该类刑事案件具体应用法律的若干问题解释如下:

第一条 以牟利为目的,利用互联网、移动通讯终端制作、复制、出版、贩卖、传播淫秽电子信息,具有下列情形之一的,依照刑法第三百六十三条第一款的规定,以制作、复制、出版、贩卖、传播淫秽物品牟利罪定罪处罚:

(一)制作、复制、出版、贩卖、传播淫秽电影、表演、动画等视频文件二十个以上的;

(二)制作、复制、出版、贩卖、传播淫秽音频文件一百个以上的;

(三)制作、复制、出版、贩卖、传播淫秽电子刊物、图片、文章、短信息等二百件以上的;

(四)制作、复制、出版、贩卖、传播的淫秽电子信息,实际被点击数达到一万次以上的;

(五)以会员制方式出版、贩卖、传播淫秽电子信息,注册会员达二百人以上的;

---

① 最高人民法院研究室复函认为:"互联网是指直接进行国际联网的计算机信息网络。互联网上网服务营业场所内部局域网不属于互联网,在互联网上网服务营业场所内部局域网内制作、复制、传播淫秽电子信息的行为不适用《最高人民法院、最高人民检察院关于办理利用互联网、移动通讯终端、声讯台制作、复制、出版、贩卖、传播淫秽电子信息刑事案件具体应用法律若干问题的解释》的规定。"参见喻海松:《最高人民法院研究室关于在局域网内制作、复制、传播淫秽电子信息行为适用法律问题的研究意见》,载张军主编:《司法研究与指导(总第1辑)》,人民法院出版社2012年版。

② 法释〔2010〕3号解释对本司法解释第六条第一项、第七条作了局部修改。具体适用应当将两者结合起来加以妥当把握。——本评注注

（六）利用淫秽电子信息收取广告费、会员注册费或者其他费用，违法所得一万元以上的；

（七）数量或者数额虽未达到第（一）项至第（六）项规定标准，但分别达到其中两项以上标准一半以上的；

（八）造成严重后果的。

利用聊天室、论坛、即时通信软件、电子邮件等方式，实施第一款规定行为的，依照刑法第三百六十三条第一款的规定，以制作、复制、出版、贩卖、传播淫秽物品牟利罪定罪处罚。

第二条　实施第一条规定的行为，数量或者数额达到第一条第一款第（一）项至第（六）项规定标准五倍以上的，应当认定为刑法第三百六十三条第一款规定的"情节严重"；达到规定标准二十五倍以上的，应当认定为"情节特别严重"。

第三条　不以牟利为目的，利用互联网或者移动通讯终端传播淫秽电子信息，具有下列情形之一的，依照刑法第三百六十四条第一款的规定，以传播淫秽物品罪定罪处罚：

（一）数量达到第一条第一款第（一）项至第（五）项规定标准二倍以上的；

（二）数量分别达到第一条第一款第（一）项至第（五）项两项以上标准的；

（三）造成严重后果的。

利用聊天室、论坛、即时通信软件、电子邮件等方式，实施第一款规定行为的，依照刑法第三百六十四条第一款的规定，以传播淫秽物品罪定罪处罚。

第四条　明知是淫秽电子信息而在自己所有、管理或者使用的网站或者网页上提供直接链接的，其数量标准根据所链接的淫秽电子信息的种类计算。

第五条　以牟利为目的，通过声讯台传播淫秽语音信息，具有下列情形之一的，依照刑法第三百六十三条第一款的规定，对直接负责的主管人员和其他直接责任人员以传播淫秽物品牟利罪定罪处罚：

（一）向一百人次以上传播的；

（二）违法所得一万元以上的；

（三）造成严重后果的。

实施前款规定行为，数量或者数额达到前款第（一）项至第（二）项规定标准五倍以上的，应当认定为刑法第三百六十三条第一款规定的"情节严重"；达到规定标准二十五倍以上的，应当认定为"情节特别严重"。

第六条　实施本解释前五条规定的犯罪，具有下列情形之一的，依照刑法第三百六十三条第一款、第三百六十四条第一款的规定从重处罚：

（一）制作、复制、出版、贩卖、传播具体描绘不满十八周岁未成年人性行为的淫秽电子信息的；

（二）明知是具体描绘不满十八周岁的未成年人性行为的淫秽电子信息而在自己所有、管理或者使用的网站或者网页上提供直接链接的；

（三）向不满十八周岁的未成年人贩卖、传播淫秽电子信息和语音信息的；

（四）通过使用破坏性程序、恶意代码修改用户计算机设置等方法，强制用户访问、下载淫秽电子信息的。

第七条 明知他人实施制作、复制、出版、贩卖、传播淫秽电子信息犯罪，为其提供互联网接入、服务器托管、网络存储空间、通讯传输通道、费用结算等帮助的，对直接负责的主管人员和其他直接责任人员，以共同犯罪论处。①

第八条 利用互联网、移动通讯终端、声讯台贩卖、传播淫秽书刊、影片、录像带、录音带等以实物为载体的淫秽物品的，依照《最高人民法院关于审理非法出版物刑事案件具体应用法律若干问题的解释》的有关规定定罪处罚。

第九条 刑法第三百六十七条第一款规定的"其他淫秽物品"，包括具体描绘性行为或者露骨宣扬色情的海淫性的视频文件、音频文件、电子刊物、图片、文章、短信息等互联网、移动通讯终端电子信息和声讯台语音信息。

有关人体生理、医学知识的电子信息和声讯台语音信息不是淫秽物品。包含色情内容的有艺术价值的电子文学、艺术作品不视为淫秽物品。

《最高人民法院、最高人民检察院关于办理利用互联网、移动通讯终端、声讯台制作、复制、出版、贩卖、传播淫秽电子信息刑事案件具体应用法律若干问题的解释（二）》（法释〔2010〕3号，自2010年2月4日起施行）

为依法惩治利用互联网、移动通讯终端制作、复制、出版、贩卖、传播淫秽电子信息，通过声讯台传播淫秽语音信息等犯罪活动，维护社会秩序，保障公民权益，根据《中华人民共和国刑法》、《全国人民代表大会常务委员会关于维护互联网安全的决定》的规定，现对办理该类刑事案件具体应用法律的若干问题解释如下：

第一条 以牟利为目的，利用互联网、移动通讯终端制作、复制、出版、贩卖、传播淫秽电子信息的，依照《最高人民法院、最高人民检察院关于办理利用互联

---

① 本条被《最高人民法院、最高人民检察院关于办理利用互联网、移动通讯终端、声讯台制作、复制、出版、贩卖、传播淫秽电子信息刑事案件具体应用法律若干问题的解释（二）》（法释〔2010〕3号）第六条作了局部修改。——本评注注

网、移动通讯终端、声讯台制作、复制、出版、贩卖、传播淫秽电子信息刑事案件具体应用法律若干问题的解释》第一条、第二条的规定定罪处罚。

以牟利为目的,利用互联网、移动通讯终端制作、复制、出版、贩卖、传播内容含有不满十四周岁未成年人的淫秽电子信息,具有下列情形之一的,依照刑法第三百六十三条第一款的规定,以制作、复制、出版、贩卖、传播淫秽物品牟利罪定罪处罚:

(一)制作、复制、出版、贩卖、传播淫秽电影、表演、动画等视频文件十个以上的;

(二)制作、复制、出版、贩卖、传播淫秽音频文件五十个以上的;

(三)制作、复制、出版、贩卖、传播淫秽电子刊物、图片、文章等一百件以上的;

(四)制作、复制、出版、贩卖、传播的淫秽电子信息,实际被点击数达到五千次以上的;

(五)以会员制方式出版、贩卖、传播淫秽电子信息,注册会员达一百人以上的;

(六)利用淫秽电子信息收取广告费、会员注册费或者其他费用,违法所得五千元以上的;

(七)数量或者数额虽未达到第(一)项至第(六)项规定标准,但分别达到其中两项以上标准一半以上的;

(八)造成严重后果的。

实施第二款规定的行为,数量或者数额达到第二款第(一)项至第(七)项规定标准五倍以上的,应当认定为刑法第三百六十三条第一款规定的"情节严重";达到规定标准二十五倍以上的,应当认定为"情节特别严重"。

第二条 利用互联网、移动通讯终端传播淫秽电子信息的,依照《最高人民法院、最高人民检察院关于办理利用互联网、移动通讯终端、声讯台制作、复制、出版、贩卖、传播淫秽电子信息刑事案件具体应用法律若干问题的解释》第三条的规定定罪处罚。

利用互联网、移动通讯终端传播内容含有不满十四周岁未成年人的淫秽电子信息,具有下列情形之一的,依照刑法第三百六十四条第一款的规定,以传播淫秽物品罪定罪处罚:

(一)数量达到第一条第二款第(一)项至第(五)项规定标准二倍以上的;

(二)数量分别达到第一条第二款第(一)项至第(五)项两项以上标准的;

(三)造成严重后果的。

第三条 利用互联网建立主要用于传播淫秽电子信息的群组,成员达三十人以上或者造成严重后果的,对建立者、管理者和主要传播者,依照刑法第三百六十四条第一款的规定,以传播淫秽物品罪定罪处罚。

第四条 以牟利为目的,网站建立者、直接负责的管理者明知他人制作、复制、出版、贩卖、传播的是淫秽电子信息,允许或者放任他人在自己所有、管理的网站或者网页上发布,具有下列情形之一的,依照刑法第三百六十三条第一款的规定,以传播淫秽物品牟利罪定罪处罚:

(一)数量或者数额达到第一条第二款第(一)项至第(六)项规定标准五倍以上的;

(二)数量或者数额分别达到第一条第二款第(一)项至第(六)项两项以上标准二倍以上的;

(三)造成严重后果的。

实施前款规定的行为,数量或者数额达到第一条第二款第(一)项至第(七)项规定标准二十五倍以上的,应当认定为刑法第三百六十三条第一款规定的"情节严重";达到规定标准一百倍以上的,应当认定为"情节特别严重"。

第五条 网站建立者、直接负责的管理者明知他人制作、复制、出版、贩卖、传播的是淫秽电子信息,允许或者放任他人在自己所有、管理的网站或者网页上发布,具有下列情形之一的,依照刑法第三百六十四条第一款的规定,以传播淫秽物品罪定罪处罚:

(一)数量达到第一条第二款第(一)项至第(五)项规定标准十倍以上的;

(二)数量分别达到第一条第二款第(一)项至第(五)项两项以上标准五倍以上的;

(三)造成严重后果的。

第六条 电信业务经营者、互联网信息服务提供者明知是淫秽网站,为其提供互联网接入、服务器托管、网络存储空间、通讯传输通道、代收费等服务,并收取服务费,具有下列情形之一的,对直接负责的主管人员和其他直接责任人员,依照刑法第三百六十三条第一款的规定,以传播淫秽物品牟利罪定罪处罚:

(一)为五个以上淫秽网站提供上述服务的;

(二)为淫秽网站提供互联网接入、服务器托管、网络存储空间、通讯传输通道等服务,收取服务费数额在二万元以上的;

(三)为淫秽网站提供代收费服务,收取服务费数额在五万元以上的;

(四)造成严重后果的。

实施前款规定的行为,数量或者数额达到前款第(一)项至第(三)项规定标准五倍以上的,应当认定为刑法第三百六十三条第一款规定的"情节严重";达到规定标准二十五倍以上的,应当认定为"情节特别严重"。

第七条 明知是淫秽网站,以牟利为目的,通过投放广告等方式向其直接或者间接提供资金,或者提供费用结算服务,具有下列情形之一的,对直接负责的主管人员和其他直接责任人员,依照刑法第三百六十三条第一款的规定,以制作、复制、出版、贩卖、传播淫秽物品牟利罪的共同犯罪处罚:

(一)向十个以上淫秽网站投放广告或者以其他方式提供资金的;

(二)向淫秽网站投放广告二十条以上的;

(三)向十个以上淫秽网站提供费用结算服务的;

(四)以投放广告或者其他方式向淫秽网站提供资金数额在五万元以上的;

(五)为淫秽网站提供费用结算服务,收取服务费数额在二万元以上的;

(六)造成严重后果的。

实施前款规定的行为,数量或者数额达到前款第(一)项至第(五)项规定标准五倍以上的,应当认定为刑法第三百六十三条第一款规定的"情节严重";达到规定标准二十五倍以上的,应当认定为"情节特别严重"。

第八条 实施第四条至第七条规定的行为,具有下列情形之一的,应当认定行为人"明知",但是有证据证明确实不知道的除外:

(一)行政主管机关书面告知后仍然实施上述行为的;

(二)接到举报后不履行法定管理职责的;

(三)为淫秽网站提供互联网接入、服务器托管、网络存储空间、通讯传输通道、代收费、费用结算等服务,收取服务费用明显高于市场价格的;

(四)向淫秽网站投放广告,广告点击率明显异常的;

(五)其他能够认定行为人明知的情形。

第九条 一年内多次实施制作、复制、出版、贩卖、传播淫秽电子信息行为未经处理,数量或者数额累计计算构成犯罪的,应当依法定罪处罚。

第十条 单位实施制作、复制、出版、贩卖、传播淫秽电子信息犯罪的,依照《中华人民共和国刑法》、《最高人民法院、最高人民检察院关于办理利用互联网、移动通讯终端、声讯台制作、复制、出版、贩卖、传播淫秽电子信息刑事案件具体应用法律若干问题的解释》和本解释规定的相应个人犯罪的定罪量刑标准,对直接负责的主管人员和其他直接责任人员定罪处罚,并对单位判处罚金。

第十一条 对于以牟利为目的,实施制作、复制、出版、贩卖、传播淫秽电子信息犯罪的,人民法院应当综合考虑犯罪的违法所得、社会危害性等情节,依法判处罚金或者没收财产。罚金数额一般在违法所得的一倍以上五倍以下。

第十二条 《最高人民法院、最高人民检察院关于办理利用互联网、移动通讯终端、声讯台制作、复制、出版、贩卖、传播淫秽电子信息刑事案件具体应用法律若干问题的解释》和本解释所称网站,是指可以通过互联网域名、IP地址等方式访问的内容提供站点。

以制作、复制、出版、贩卖、传播淫秽电子信息为目的建立或者建立后主要从事制作、复制、出版、贩卖、传播淫秽电子信息活动的网站,为淫秽网站。

《最高人民法院、最高人民检察院关于利用网络云盘制作、复制、贩卖、传播淫秽电子信息牟利行为定罪量刑问题的批复》(法释〔2017〕19号,自2017年12月1日起施行)①

各省、自治区、直辖市高级人民法院、人民检察院,解放军军事法院、军事检察院,新疆维吾尔自治区高级人民法院生产建设兵团分院、新疆生产建设兵团人民检察院:

近来,部分高级人民法院、省级人民检察院就如何对利用网络云盘制作、复制、贩卖、传播淫秽电子信息牟利行为定罪量刑的问题提出请示。经研究,批复如下:

一、对于以牟利为目的,利用网络云盘制作、复制、贩卖、传播淫秽电子信息的行为,是否应当追究刑事责任,适用刑法和《最高人民法院、最高人民检察院关于办理利用互联网、移动通讯终端、声讯台制作、复制、出版、贩卖、传播淫秽电子信息刑事案件具体应用法律若干问题的解释》(法释〔2004〕11号)、《最高人民法院、最高人民检察院关于办理利用互联网、移动通讯终端、声讯台制作、复制、出版、贩卖、传播淫秽电子信息刑事案件具体应用法律若干问题的解释(二)》(法释〔2010〕3号)的有关规定。

二、对于以牟利为目的,利用网络云盘制作、复制、贩卖、传播淫秽电子信息的行为,在追究刑事责任时,鉴于网络云盘的特点,不应单纯考虑制作、复制、贩卖、传播淫秽电子信息的数量,还应充分考虑传播范围、违法所得、行为人一贯表

---

① 本评注认为,虽然法释〔2017〕19号批复直接针对利用网络云盘制作、复制、贩卖、传播淫秽电子信息牟利行为的定罪量刑问题,但在办理其他新型淫秽电子信息刑事案件时,直接适用法释〔2004〕11号解释和法释〔2010〕3号解释的定罪量刑标准明显失衡的,也应当借鉴法释〔2017〕19号批复的精神,综合考虑有关情节,充分运用自由裁量权,做到罪责刑相适应。必要时,可以在法定刑以下判处刑罚并报最高人民法院核准,确保裁判结果为社会大众所接受。

现以及淫秽电子信息、传播对象是否涉及未成年人等情节,综合评估社会危害性,恰当裁量刑罚,确保罪责刑相适应。

◆ 规范性文件

《最高人民法院、最高人民检察院、公安部关于依法开展打击淫秽色情网站专项行动有关工作的通知》(公通字〔2004〕53号,节录)

各省、自治区、直辖市高级人民法院,人民检察院,公安厅、局,新疆维吾尔自治区高级人民法院生产建设兵团分院,新疆生产建设兵团人民检察院、公安局:

一、充分认识开展打击淫秽色情网站专项行动的重要意义,切实增强政治责任感和工作紧迫感(略)

二、充分运用法律武器,突出打击重点

各级公安机关、人民检察院、人民法院要准确把握此类违法犯罪活动的特点,充分发挥各自的职能作用,依法严厉打击利用淫秽色情网站进行违法犯罪活动的不法分子。要通过专项行动破获一批以互联网为媒介,制作、贩卖、传播淫秽物品和组织卖淫嫖娼的案件,打掉一批犯罪团伙,严惩一批经营淫秽色情网站和利用互联网从事非法活动的违法犯罪分子和经营单位。

在专项行动中,要严格按照《刑法》、全国人民代表大会常务委员会《关于维护互联网安全的决定》和有关司法解释的规定,严格依法办案,正确把握罪与非罪的界限,保证办案质量。对于利用互联网从事犯罪活动的,应当根据其具体实施的行为,分别以制作、复制、出版、贩卖、传播淫秽物品牟利罪、传播淫秽物品罪、组织播放淫秽音像制品罪及刑法规定的其他有关罪名,依法追究刑事责任。对于违反国家规定,擅自设立互联网上网服务营业场所,或者擅自从事互联网上网服务经营活动,情节严重,构成犯罪的,以非法经营罪追究刑事责任。对于建立淫秽网站、网页,提供涉及未成年人淫秽信息、利用青少年教育网络从事淫秽色情活动以及顶风作案、罪行严重的犯罪分子,要坚决依法从重打击,严禁以罚代刑。要充分运用没收犯罪工具、追缴违法所得等措施,以及没收财产、罚金等财产刑,加大对犯罪分子的经济制裁力度,坚决铲除淫秽色情网站的生存基础,彻底剥夺犯罪分子非法获利和再次犯罪的资本。

要坚持惩办与宽大相结合的刑事政策,区别对待,审时度势,宽严相济,最大限度地分化瓦解犯罪分子;对于主动投案自首或者有检举、揭发淫秽色情违法犯罪活动等立功表现的,可依法从宽处罚。

三、加强协调配合,形成打击合力(略)

四、加大宣传力度,推动专项行动深入开展(略)

《公安部、中央社会治安综合治理委员会办公室、民政部等关于进一步加强和改进出租房屋管理工作有关问题的通知》(公通字〔2004〕83号)第三条第十二项规定对房主违反出租房屋管理规定,为他人制作、贩卖淫秽图书、光盘或者其他淫秽物品提供出租房屋,构成犯罪的,依照《刑法》第三百六十三条的规定追究刑事责任。(→参见第一百三十六条评注部分,第566页)

立案追诉标准

《最高人民检察院、公安部关于公安机关管辖的刑事案件立案追诉标准的规定(一)》第八十二条关于《刑法》第三百六十三条第一款、第二款立案追诉标准的规定,与法释〔1998〕30号解释第八条、法释〔2004〕11号解释第一条、第五条一致;第八十三条关于《刑法》第三百六十三条第二款立案追诉标准的规定与法释〔1998〕30号解释第九条一致。

指导性案例

钱某制作、贩卖、传播淫秽物品牟利案(检例第139号,节录)

关键词　制作、贩卖、传播淫秽物品牟利　私密空间行为　偷拍　淫秽物品

要　旨　自然人在私密空间的日常生活属于民法典保护的隐私。行为人以牟利为目的,偷拍他人性行为并制作成视频文件,以贩卖、传播方式予以公开,不仅侵犯他人隐私,而且该偷拍视频公开后具有描绘性行为、宣扬色情的客观属性,符合刑法关于"淫秽物品"的规定,构成犯罪的,应当以制作、贩卖、传播淫秽物品牟利罪追究刑事责任。以牟利为目的提供互联网链接,使他人可以通过偷拍设备实时观看或者下载视频文件的,属于该罪的"贩卖、传播"行为。检察机关办理涉及偷拍他人隐私的刑事案件时,应当根据犯罪的主客观方面依法适用不同罪名追究刑事责任。

法律适用答复、复函

《最高人民检察院法律政策研究室对北京市人民检察院〈关于利用移动存储介质复制、贩卖淫秽视频电子信息牟利如何适用法律问题的请示〉的答复意见》(2015年4月7日)

北京市人民检察院:

你院《关于利用移动存储介质复制、贩卖淫秽视频电子信息牟利如何适用法律问题的请示》(京检字〔2014〕167号)收悉。经研究,答复如下:

以牟利为目的,利用手机存储卡、U盘等移动存储介质复制、贩卖淫秽电子信息的,依照刑法第三百六十三条第一款的规定定罪处罚。有关定罪量

刑标准可以参考《最高人民法院关于审理非法出版物刑事案件具体应用法律若干问题的解释》第八条规定，同时综合考虑移动存储介质数量、传播人数、获利金额等情节。对于移动存储介质中淫秽视频电子信息的数量计算以电子视频文件的个数为单位，一个淫秽文件视为一张影碟、一个软件、一盘录像带；具体定罪量刑标准，可以参考制作、复制、贩卖淫秽影碟、软件、录像带的相关规定。

刑参案例规则提炼①

《何肃黄、杨柯传播淫秽物品牟利案——在互联网上刊载淫秽图片、小说、电影的行为如何定性》（第 123 号案例）、《唐小明制作、贩卖淫秽物品牟利案——编写添加淫秽色情内容的手机网站建站程序并贩卖的行为应如何定罪》（第 664 号案例）、《陈乔华复制、贩卖淫秽物品牟利案——以手机存储卡为载体复制淫秽物品牟利的行为应如何定罪处罚》（第 665 号案例）、《李志雷贩卖淫秽物品牟利案——贩卖指向淫秽视频链接的行为定性和数量认定》（第 666 号案例）、《魏大巍、戚本厚传播淫秽物品牟利案——以牟利为目的向淫秽网站投放广告的行为如何定罪》（第 667 号案例）、《张方耀传播淫秽物品牟利案——利用互联网、移动通讯终端实施的淫秽电子信息犯罪的行为方式与罪名认定及该类犯罪的数量认定》（第 668 号案例）、《罗刚等传播淫秽物品牟利案——如何正确把握淫秽电子信息的实际被点击数》（第 669 号案例）、《陈锦鹏等传播淫秽物品牟利案——对设立淫秽网站以及为其提供接入服务租用网站广告位的行为，如何定罪量刑》（第 690 号案例）、《北京掌中时尚科技有限公司等传播淫秽物品牟利案——利用手机 WAP 网传播淫秽信息的牟利行为，如何认定》（第 691 号案例）、《杨勇传播淫秽物品牟利案——淫秽电子信息实际被点击数和注册会员数如何认定》（第 723 号案例）、《陈继明等传播淫秽物品牟利案——仅为提高浏览权限而担任淫秽网站版主的行为，如何定罪处罚》（第 769 号案例）、《张正亮贩卖淫秽物品牟利案——如何把握贩卖淫秽物品牟利罪既遂、未遂的认定标准》（第 1086 号案例）、《深圳市快播科技有限公司、王欣等人传播淫秽物品牟利案——网络视频缓存加速服务提供者构成传播淫秽物品牟利罪的认定》（第

---

① 另，鉴于当前淫秽物品形式发生变化，《杨海波等贩卖淫秽物品牟利案——贩卖淫秽物品牟利如何适用法律》（第 5 号案例）所涉规则未予提炼；鉴于法释〔2017〕19 号解释发布施行，《梁世勋贩卖淫秽物品牟利案——网络云盘中淫秽物品的数量认定及量刑》（第 1351 号案例）所涉规则未予提炼。

1192号案例)、《周菊清传播淫秽物品案——为推销合法产品而利用淫秽物品招揽顾客的行为,能否认定为传播淫秽物品牟利罪》(第1444号案例)所涉规则提炼如下:

1. 制作、复制、出版、贩卖、传播淫秽电子信息的认定规则。"'制作',主要指录制、摄制、加工、分拆、改编、压缩等产生新的淫秽电子信息的行为。如拍摄一部新的视频,将一部视频分拆成多部,将若干淫秽图片加工成一部动画等,这些新的淫秽电子信息无论在内容上还是形式上都与原有的淫秽电子信息不同。'复制',主要指通过拷贝、下载、转存等方式将原已存在的淫秽电子信息制作成一份或多份的行为,原有淫秽电子信息在内容和形式上都未发生改变。如将互联网上的淫秽视频、图片下载到计算机中,将计算机中的淫秽图片转存到移动硬盘中等。'出版',主要指将淫秽电子作品编辑、加工后,通过复制向公众发行的行为,多表现为将选择、编辑加工好的作品登载在互联网上或通过互联网发送到用户端,供公众浏览、下载或使用的在线传播行为。'贩卖',主要指通过互联网有偿转让淫秽电子信息,以获取物质利益的行为。如通过向网站会员收取费用,让会员在线观看淫秽视频或下载淫秽图片等。'传播',主要指通过在互联网上建立淫秽网站、网页等方式使淫秽电子信息让不特定或者多数人感知到,以扩大淫秽电子信息的影响范围。例如,将淫秽网站链接发送到论坛,将淫秽图片群发到邮箱,在聊天室里发布淫秽文章,在网站上发布淫秽视频、图片以供下载等。实践中,绝大多数利用互联网、移动通讯终端实施的淫秽电子信息犯罪都采用了传播的方式,并且同样的淫秽电子信息可以采用制作、复制、出版、贩卖、传播等不同的行为方式。"(第668号案例)"在互联网上刊载淫秽图片、小说、电影的,属于传播淫秽物品。"(第123号案例)"编写添加淫秽色情内容的手机网站建站程序并贩卖的,依法以制作、贩卖淫秽物品牟利罪定罪处罚。"(第664号案例)"以牟利为目的利用互联网贩卖淫秽视频链接的行为构成贩卖淫秽物品牟利罪。"(第666号案例)"以牟利为目的向淫秽网站投放广告的行为,依法应认定为传播淫秽物品牟利罪。"(第667号案例)"……公司级存服务器内存储的视频文件,也是在中心调度服务器、缓存调度服务器控制下,根据视频被用户的点击量自动存储下来的,只要在一定周期内点击量达到设定值,就能存储并随时提供给用户使用。""查获的4台涉案缓存服务器内的淫秽视频文件均是……用户一周内点播达到一定次数后被缓存服务器下载、存储下来的完整视频,并处于提供给……用户在其个人选定的时间和地点获取的状态。"故而,"……公司及各被告人的行为构成传播淫秽物品牟利罪"。相对于相关司法解释规定的情形,由于"传播行为具有非直观性和更大的技术介入性",在定罪量刑标准上应作特殊考虑。(第1192号案例)"购进淫秽光盘后欲出售牟利,但该犯罪行为因……'被当场抓获'这一意志以外的原因未能得逞,故应当认定为犯罪未遂。"(第1086号案例)

2."以牟利为目的"的认定规则。"制作、复制、出版、贩卖、传播淫秽物品牟利罪,不仅包括通过制作、复制、出版、贩卖、传播淫秽物品本身而直接牟利,而且包括以制作、复制、出版、贩卖、传播淫秽物品为手段而间接牟利。前者如通过制作、复制、出版、贩卖、传播淫秽书刊、影片、录像带、录音带、图片及其他淫秽物品而直接获取非法利益,后者如以制作、复制、出版、贩卖、传播淫秽电影、表演、动画等视频文件、淫秽音频文件、淫秽电子刊物、图片、文章、短信息等手段收取广告费、会员注册费或者其他费用而间接获取非法利益。"(第723号案例)"以赚取广告收入为目的,在互联网上刊载淫秽物品的行为,应当认定为'以牟利为目的'传播淫秽物品。"(第123号案例)"二被告人虽无牟利目的,客观上也未获得报酬,但在明知……建立淫秽网站收取广告费牟利,仍申请成为网站的版主,对网站进行管理、编辑和维护,从而吸引更多的网民进行点击和浏览,其行为……起到了帮助作用,应当构成传播淫秽物品牟利罪的共犯。"(第769号案例)需要注意的是,"商家的一切营业行为都是围绕着'营利'这一目的,但并非所有的行为都能够认定为是传播淫秽物品牟利罪中的'牟利'。行为人在个人网站或者微信群内传播淫秽物品,其目的只是增加关注度,从而为销售合法产品创造商机。其既没有让被传播者支付信息费,也没有通过网站本身或者微信群作广告赚取广告费,不能认定为传播淫秽物品牟利罪中的'牟利'情节,只构成传播淫秽物品罪"。(第1444号案例)

3.淫秽电子信息数量的认定规则。"在计算淫秽电子信息的数量时,要综合考虑这些并列关系,具体分析。如行为人制作了20个动画视频文件,又将其传播的,视频文件的数量不能重复计算,只计算20个即可;如行为人复制了100张淫秽图片,又传播了150篇淫秽文章的,该二类淫秽电子信息的数量应累计计算,行为人共计复制、传播了250件淫秽电子信息。即对同一类文件不重复计算,并列的不同类文件累计计算。"(第668号案例)就贩卖指向淫秽视频链接的案件而言,"被告人贩卖淫秽视频的准确数量应以其贩卖的链接指向的淫秽视频的数量来计算,但本案链接指向包含部分淫秽网站,指向种类复杂,难以界定,无法按照具体种类的数量标准计算;考虑到被告人实际获利较少,从有利于被告人的角度出发,宜以其贩卖的压缩文件数来认定"。(第666号案例)

4.淫秽电子信息实际被点击数的认定规则。"如果认定某个网站为淫秽网站,且该网站内的电子信息均为淫秽信息,那么,淫秽电子信息的实际被点击数就等同于截至案发当日该网站的实际被点击数。如果淫秽网站内的电子信息主要是淫秽信息,同时存在少量普通信息,那么淫秽电子信息的实际被点击数就可能略低于截至案发当日该网站的实际被点击数。相比之下,如果普通网站的某些版块存在淫秽电子信息,由于该网站同时存在普通信息与淫秽信息,在认定淫秽电子信息的实际被点击数时,就应当区分普通电子信息与淫秽电子信息的被点击数,不能笼统地将整个网站的实际被点击数认定为淫秽电子信息的实际被点击数。"(第723号案例)"在计算被点击数时,那些有证据证实确为虚增的、不正常的数量应从被点击总数中扣除。"(第668号案例)"在计算实际被点击数时主要需要考虑的是排除人为设置的虚假计数、网站的自点击数、有证据证实的无效点击数以及因为手机 WAP 上网的特性导致的对同一电子文件设置的重复计数,从而得出实际被点击数。对于其他需要排除的计数方式,必须有必要和充分的证据证实才能予以排除,而且实践中这种排除的范围不能过大。一是排除的范围越精确,则法定的点击数越接近甚至等同于传播人数,这样定罪标准与传统介质相比显然过低,不利于对此犯罪行为的打击。二是计算的标准越复杂,越增加法律的适用成本,加大法律适用的难度,实践中难以把握,且易引起不必要的争议。""在计算淫秽电子信息的实际被点击数时,如查明确实存在虚增点击数的情况,就应当扣除上述虚增的点击数。"(第723号案例)"自行点击行为,并非向他人传播,不符合传播淫秽物品的特征,一旦查实,应从点击数中扣除。"(第691号案例)"在司法实践中,淫秽网站可能同时存在淫秽电影等视频文件、淫秽音频文件和淫秽电子刊物、图片、文章、短消息等,上述淫秽电子信息的数量比较容易认定,而淫秽电子信息的实际被点击数却无法准确认定,但该淫秽电子信息实际被点击数同时又成为法定刑升格的条件。对于此类案件,一般可以依照就低不就高的认定原则,以其他淫秽电子信息数量作为定罪量刑的基础,同时将淫秽电子信息实际被点击数作为量刑情节予以考虑。"(第723号案例)

5. 注册会员数的认定规则。"为准确认定淫秽网站的注册会员数,需要区分收费注册网站和免费注册网站。收费注册网站的注册会员一般为固定会员,会员所交的费用是网站收入的重要来源;因为会员每次登录网站都需要付费,因此,会员每次都会通过相同的注册号登录网站,通常不会出现重复注册的情况。而免费注册网站的注册会员一般并非固定会员,通常存在多次注册和重复注册的情况,且非会员也能免费浏览网站信息。因免费注册网站的会员对网站的收入没有实质性影响,故从本质上讲,此类网站的会员制度对于网站的管理以及网站信息浏览者的范围控制并无实际意义,不能作为该类网站社会危害性的参考因素。""并非通过收取注册会员费谋取经济利益,且非会员也能浏览该网站的淫秽电子信息,该注册会员数量对其利用淫秽电子信息增加广告点击量进而牟利并不产生实质影响,故不属于'以会员制方式传播淫秽电子信息'的情形,不宜将注册会员数作为定罪量刑的标准。"(第 723 号案例)

6. 淫秽电子信息共同犯罪的处理规则。"为淫秽网站提供服务器接入实质上是对传播淫秽信息的一种帮助行为……在以共同犯罪论处的情况下帮助者的行为是否构成犯罪及其处罚一般应以对直接实施实行行为的实行犯的定罪处罚为前提。"但是,根据法释〔2010〕3 号解释第六条的规定,"实施该条规定情形的帮助行为可直接以传播淫秽物品牟利罪处理,并规定了明确的构成犯罪的数额标准,认定'情节严重'及'情节特别严重'的标准,对此类行为有了独立的定罪量刑标准,不再以主犯的定罪量刑为前提和依据"。此外,"租用……淫秽网站的广告位并向其支付费用,该行为亦构成传播淫秽物品牟利罪的共同犯罪,应以传播淫秽物品牟利罪定罪处罚"。(第 690 号案例)

7. 淫秽网站及其数量的认定规则。"对淫秽网站的认定要从网站建立目的和建立后从事的主要活动来把握。实践中,一个网站包括多个网页、栏目、频道或者板块,不应仅因其中某一部分包含淫秽电子信息而认定整个网站为淫秽网站,而应结合网站建立的目的和建立后主要从事的活动加以认定。同时,如果其中的某个网页、栏目、频道或者板块以制作、复制、出版、贩卖、传播淫秽电子信息为目的建立或者建立后主要从事制作、复制、出版、贩卖、传播淫秽电子信息活动,仍应认定该网页、栏目、频道或者板块为'淫秽网站'。"(第 769 号案例)"为了在淫秽网站投放广告来非法销售产品,在多个淫秽网站投放广告,向投放广告的淫秽网站支付费用,并提供资金结算,从中谋取非法利益……所投放广告的部分淫秽网站为链接淫秽网站,每个域名下的网站内容一样,后台程序相同。网站建设者是同一个人,但考虑到此类犯罪的社会危害性,应当分别计算此类链接淫秽网站的数量。"(第 667 号案例)

8. 以手机存储卡为载体复制淫秽物品牟利行为的处理规则。"以牟利为目的,将手机存储卡作为载体复制淫秽物品,应以复制、贩卖淫秽物品牟利罪定罪处罚。""被告人作为手机网点经营者,其电脑并不是放在私人场所,而是置于营业场所中,其电脑中储存的淫秽视频文件是为了通过复制的方式牟取利润,并不是为了个人欣赏。行为人储存于电脑内的淫秽物品,可推定为属于准备向他人复制淫秽物品的一部分……在量刑时,除被告人向他人手机存储卡内复制的淫秽视频文件数量外,电脑中储存的也应计入犯罪数量。""在他人手机存储卡内复制淫秽物品的数量应适用《关于审理非法出版物刑事案件具体应用法律若干问题的解释》

作为定罪量刑的标准关于淫秽物品的数量标准。"①(第 665 号案例)

司法疑难解析

1. 淫秽电子信息犯罪相关数量应当根据案件具体情况准确认定。司法解释关于淫秽电子信息犯罪定罪量刑标准主要是依据个数、件数、点击率等数量,因此,准确认定相关数量,对于淫秽电子信息犯罪的定罪量刑至关重要。从司法实践来看,以下几个问题需要重点把握:

(1)淫秽视频文件、音频文件的数量认定。随着手机淫秽网站泛滥,利用该类网站传播的淫秽视频文件、音频文件往往较小,时间长度较短。而淫秽文章也存在着长短不一的问题。因此,准确认定淫秽视频文件、音频文件的个数以及淫秽文章的件数,是司法实践必须面对的问题。对于该问题,存在两种不同意见②。**本评注认为,**司法实践中对于相关案件的处理不应绝对化,应当综合案件具体情况作出处理。一方面,对淫秽电子信息进行合并或者拆分,在技术上过于烦琐,难以找到统一的标准,不具有可操作性;而无论是时长较长的淫秽视频,还是时长较短的淫秽视频,均满足了视频的构成要素,都能带给观看者诲淫性的刺激,都应当认定为独立的视频文件。因此,对于淫秽视频、音频文件、文章等淫秽电子信息,原则上应当以自然的个数计算数量,但是在量刑时可以考虑文件大小、影响范围、获利多少及危害大小。另一方面,在个别案件中,确实对单个视频进行了拆分,而拆分后的各个视频时长畸短,根据拆分后的视频定罪量刑明显过重的,可以考虑合并认定,以实现罪责刑相适应。③

---

① 如后所述,**本评注认为,**对相关案件的定罪量刑可以参照适用法释〔1998〕30 号解释规定的标准,并注意切实把握罪责刑相适应原则。

② 一种意见认为,对于淫秽视频、音频、文章等,应当以自然的个数计算数量,不进行合并或者拆分。以视频为例,只要每个视频文件能够独立打开并具有声音、图像等视频要素,就应当认定为一个视频文件,即使各个视频之间内容存在关联性或者连续性,也应当累计计算视频的个数。另一种意见认为,如果淫秽视频时长较短,而各视频之间内容存在关联性或者连续性,甚至是由一个大的视频拆分而成,则可将较短的视频合并为一个视频文件予以认定。

③ 基于此,《最高人民法院研究室关于淫秽视频个数如何认定的研究意见》未予收录。该研究意见提出:"对淫秽视频以自然的个数计算认定,即不考虑各个视频的内容之间是否存在关联,只要行为人提供直接链接的视频是独立的视频文件,就认定为一个视频"。参见《最高人民法院研究室关于淫秽视频个数如何认定的研究意见》,载《司法研究与指导(第 1 辑)》,人民法院出版社 2012 年版。

（2）淫秽图片的数量认定。从实践来看，淫秽图片涉及一组或者多张图片，往往表现为一组由穿着正常逐步到具体描绘性行为或者露骨宣扬色情的淫秽图片。有观点认为，这种情况下，整组图片是一个完整的整体，每张图片均发挥着作用，不宜有所区分，应当将整组图片均认定为淫秽图片，从而计算淫秽图片的数量。**本评注认为**，上述观点确有一定道理，但是一组图片中的正常图片不符合淫秽图片的认定标准，将其认定为淫秽图片有违基本事实和刑法规定，故应当只将该组图片中具体描绘性行为或者露骨宣扬色情的淫秽性的图片认定为淫秽图片，从而计算淫秽图片的数量。

（3）境外淫秽网络点击数的认定。对于服务器在境内的淫秽网站，司法机关可以通过鉴定查获的服务器直接查明被点击数。而对于服务器在境外的淫秽网站，司法机关无法查获服务器，从而无法直接获取点击数。对于此类案件，能否根据网站显示的点击数等来认定点击数，司法实践中存在不同的认识。**本评注认为**，对于涉及境外服务器网站的案件，应当首先考虑通过文件数量、违法所得数额等标准定罪量刑。如果在上述标准无法适用的情况下，可以通过该淫秽网站网页上显示的点击数认定实际被点击数，从而据此定罪量刑。

2. 对以手机卡为载体复制、贩卖淫秽电子信息行为的罪名选择和定罪量刑标准要妥当把握。实践中，个别手机、电脑个体店主在销售、维修手机、手机卡、电脑过程中，应顾客要求或者主动向顾客的手机卡或者存储卡内复制淫秽视频文件（几十个到数百个不等），并收取费用（十至数十元）。针对该类案件的罪名选定和定罪量刑标准，司法实践存在不同意见。**本评注认为：**

（1）关于罪名选定。制作、复制、出版、贩卖、传播淫秽电子信息牟利罪系选择性罪名，对于选择性罪名的适用应当以准确概括犯罪行为为标准。例如，行为人的实施行为既涉及了贩卖前的复制行为，也涉及了贩卖行为的，则应当认定为复制、贩卖淫秽物品牟利罪。

（2）关于定罪量刑标准。《最高人民检察院法律政策研究室对北京市人民检察院〈关于利用移动存储介质复制、贩卖淫秽视频电子信息牟利如何适用法律问题的请示〉的答复意见》（2015年4月7日）提出："有关定罪量刑标准可以参考《最高人民法院关于审理非法出版物刑事案件具体应用法律若干问题的解释》第八条规定，同时综合考虑移动存储介质数量、传播人数、获利金额等情节。"司法适用中要注意避免将"参考"变为"适用"。利用移动通讯终端实施淫秽电子信息犯罪，实际上是指利用移动通讯网络实施淫秽电子信息犯罪，不包括以手机卡为载体实施的淫秽电子信息犯罪。以手机卡为载体复制、贩卖淫秽电子信息，无异于传统的手对手方式的贩卖淫秽电子信息，确实更为接近于法释

〔1998〕30号解释规定的行为。但是，将"淫秽视频"解释为"淫秽软件"，超越了司法解释用语的可能含义，且以手机卡为载体传播的淫秽视频通常时间长度较短，也不能同法释〔1998〕30号解释规定的影碟、录像带直接等同，故直接适用法释〔1998〕30号解释也不可取。较为适宜的是，对相关案件的定罪量刑可以参照适用法释〔1998〕30号解释规定的标准，并注意切实把握罪责刑相适应原则。

3. 对利用互联网上网服务营业场所制作、复制、传播淫秽电子信息的行为不适用法释〔2004〕11号解释的定罪量刑标准。 互联网是指直接进行国际联网的计算机信息网络。互联网上网服务营业场所内部局域网不属于互联网。由于局域网的相对封闭性和使用主体的相对小范围，通过局域网传播淫秽物品的危害性比通过互联网传播的危害性小。直接适用法释〔2004〕11号解释的定罪量刑标准，也不符合罪责刑相适应原则的要求。具体适用中，对于此类案件可以根据数量、后果等综合判断其社会危害性，构成犯罪的，直接根据刑法规定定罪处罚；不构成犯罪的，依照《治安管理处罚法》的规定予以处罚。

4. 利用硅胶充气娃娃为他人提供性服务并牟利行为的定性。 本评注认为，对利用硅胶充气娃娃等性玩具为不特定人群提供性服务并收取费用的行为，不宜以传播淫秽物品牟利罪或者其他罪名追究刑事责任。①

---

① 主要考虑：(1)不构成传播淫秽物品牟利罪。根据《刑法》第三百六十四条的规定，传播淫秽物品罪是指"传播淫秽的书刊、影片、音像、图片或者其他淫秽物品，情节严重的"的行为。原国家食品药品监督管理局《关于仿真式性辅助器具不作为医疗器械管理的通知》(国食药监械〔2003〕220号)中明确了"仿真式性辅助器具"不纳入医疗器械管理范围，但对该类物品如何定性与管理，据来函反映，目前缺少明确规定，存在监管空白。在出台明确规定前，将硅胶充气娃娃定性为淫秽物品似有不妥。而且，从属性特征来看，硅胶充气娃娃似不具有"具体描绘性行为或露骨宣扬色情"的属性。此外，《刑法》第三百六十四条规定的"传播"，主要是指通过传阅、出借、展示、赠送、讲解等方式散布、流传淫秽物品。对利用硅胶充气娃娃等性玩具为不特定人群提供性服务，并无向社会公众散布、流传有关物品或内容的行为，似不符合"传播"的行为特点。(2)不构成组织卖淫罪。根据《刑法》第三百五十八条的规定，组织卖淫罪是指组织"他人"卖淫的行为，本罪中的"他人"包括妇女或男性。本案中的硅胶充气娃娃并非真人，显然不能解释为"他人"，故此类行为不宜定性为组织卖淫罪。(3)现阶段此类行为似不宜认定为非法经营罪。根据《刑法》第二百二十五条的规定，行为人违反国家规定从事非法经营行为，扰乱市场秩序，情节严重的，构成非法经营罪。结合来函描述的情况，现实中此类行为类似于"出租"行为，即将自己所有的硅胶充气娃娃租给他人使用并收取一定的费用。一方面，现阶段并无明确法律法规明确此类行为如何归类，也并未要求此类行为必须经有关（转下页）

第九节 制作、贩卖、传播淫秽物品罪

> **第三百六十四条** 【传播淫秽物品罪】传播淫秽的书刊、影片、音像、图片或者其他淫秽物品,情节严重的,处二年以下有期徒刑、拘役或者管制。
>
> 【组织播放淫秽音像制品罪】组织播放淫秽的电影、录像等音像制品的,处三年以下有期徒刑、拘役或者管制,并处罚金;情节严重的,处三年以上十年以下有期徒刑,并处罚金。
>
> 制作、复制淫秽的电影、录像等音像制品组织播放的,依照第二款的规定从重处罚。
>
> 向不满十八周岁的未成年人传播淫秽物品的,从重处罚。

▇ 立法沿革

本条系 1997 年《刑法》吸收单行刑法作出的规定。《全国人民代表大会常务委员会关于惩治走私、制作、贩卖、传播淫秽物品的犯罪分子的决定》(自 1990 年 12 月 28 日起施行)第三条规定:"在社会上传播淫秽的书刊、影片、录像带、录音带、图片或者其他淫秽物品,情节严重的,处二年以下有期徒刑或者拘役。情节较轻的,由公安机关依照治安管理处罚条例的有关规定处罚。""组织播放淫秽的电影、录像等音像制品的,处三年以下有期徒刑或者拘役,可以并处罚金;情节严重的,处三年以上十年以下有期徒刑,并处罚金。情节较轻的,由公安机关依照治安管理处罚条例的有关规定处罚。""制作、复制淫秽的电影、录像等音像制品组织播放的,依照第二款的规定从重处罚。""向不满十八岁的未成年人传播淫秽物品的,从重处罚。""不满十六岁的未成年人传抄、传看淫秽的图片、书刊或者其他淫秽物品的,家长、学校应当加强管教。"

▇ 司法解释

《最高人民法院关于审理非法出版物刑事案件具体应用法律若干问题的解释》(法释〔1998〕30 号)第十条对向他人传播淫秽的书刊、影片、音像、图片等出版物构成传播淫秽物品罪的入罪标准和组织播放淫秽的电影、录像等音像制品

(接上页)部门许可或批准,同时对其的监管手段及监管方式也尚未明确,似不符合"违反国家规定"的入罪条件;另一方面,非法经营罪属于"扰乱市场秩序"的犯罪,而此类行为是否可以认定为"扰乱市场秩序",似存在一定的讨论空间。如今后有关职能部门就此行为出台了新的规范性文件,规范其市场准入、日常监管方面的问题,那么违反有关要求的行为人有可能涉嫌非法经营行为,但现阶段若以非法经营罪对此类行为定罪处罚,似缺乏法律依据。

构成组织播放淫秽音像制品罪的入罪标准作了明确。(→参见第二百一十七条评注部分,第982页)

《最高人民法院、最高人民检察院关于办理利用互联网、移动通讯终端、声讯台制作、复制、出版、贩卖、传播淫秽电子信息刑事案件具体应用法律若干问题的解释》(法释〔2004〕11号)第三条对传播淫秽电子信息构成传播淫秽物品罪的入罪标准作了明确。(→参见第三百六十三条评注部分,第2045页)

《最高人民法院、最高人民检察院关于办理利用互联网、移动通讯终端、声讯台制作、复制、出版、贩卖、传播淫秽电子信息刑事案件具体应用法律若干问题的解释(二)》(法释〔2010〕3号)第二条、第三条、第五条分别对传播内容含有不满十四周岁未成年人的淫秽电子信息、建立主要用于传播淫秽电子信息的群组、允许或者放任他人在自己所有、管理的网站或者网页上发布淫秽电子信息构成传播淫秽物品罪的入罪标准作了明确。(→参见第三百六十三条评注部分,第2047、2048页)

立案追诉标准

《最高人民检察院、公安部关于公安机关管辖的刑事案件立案追诉标准的规定(一)》第八十四条、第八十五条关于《刑法》第三百六十四条立案追诉标准的规定与法释〔1998〕30号解释第十条、法释〔2004〕11号解释第三条一致。

法律适用答复、复函

《公安部关于携带、藏匿淫秽VCD是否属于传播淫秽物品问题的批复》(公复字〔1998〕6号)

江苏省公安厅:

你厅《关于携带、藏匿淫秽VCD是否属传播淫秽物品的请示》(苏公厅〔1998〕449号)收悉。现批复如下:

1990年7月6日最高人民法院、最高人民检察院《关于办理淫秽物品刑事案件具体应用法律的规定》,已于1994年8月29日被废止,不再执行。对于携带、藏匿淫秽VCD的行为,不能简单地视为"传播",而应注意广泛搜集证据,根据主客观相统一的原则,来判断是否构成"传播"行为。如果行为人主观上没有"传播"故意,只是为了自己观看,不能认定为"传播淫秽物品",但应当没收淫秽VCD,并对当事人进行必要的法制教育。此外,还应注意扩大线索,挖掘来源,及时查获有关违法犯罪活动。

刑参案例规则提炼

《胡鹏等传播淫秽物品案——如何把握利用网络群组传播淫秽物品的犯

罪》(第670号案例)、《**冷继超传播淫秽物品案——如何认定网站版主传播淫秽物品的刑事责任**》(第671号案例)、《**宋文传播淫秽物品、敲诈勒索案——**将与他人性交的视频片段上传至个人博客的行为如何定性》(第672号案例)所涉规则提炼如下:

1. 利用网络群组传播淫秽物品犯罪的处理。根据法释〔2010〕3号解释第三条的规定,利用互联网建立主要用于传播淫秽电子信息的群组,成员达三十人以上或者造成严重后果的,对建立者、管理者和主要传播者,依照《刑法》第三百六十四条第一款的规定,以传播淫秽物品罪定罪处罚。"群组的设立要求主要用于传播淫秽电子信息,传播淫秽电子信息这一主题要求具备长期性和居于主导地位,如果该群组具备多个聊天主题,并不以淫秽话题、传播淫秽电子信息为主,或者虽在某一时段内以淫秽话题、传播淫秽电子信息为主要内容,但后来又转移至其他主题,则必须综合判断,不能一概认定该群组的设立主要是用于传播淫秽电子信息。在具体判断一个群组是不是主要用于传播淫秽电子信息时,可以从申请加入该群组的留言、历史聊天记录、资源共享内容、群组内通告等方式来判断。""在以群内成员达到30人以上认定犯罪时还有一个证据上的问题,即该30人是群内头像图标显示的30人,还是要求公安机关找到图标本人即在现实中能够找到匹配的30人?我们认为,以网络显示为准,不需要找到现实生活中的人。""构成本罪的另一个选择性客观要件是'造成严重后果','造成严重后果',是指利用群组传播淫秽电子信息对社会危害严重、需要追究刑事责任的情形。"(第670号案例)

2. 淫秽电子信息通过网络论坛传播案件的处理规则。根据法释〔2010〕3号解释第五条的规定,网站建立者、直接负责的管理者明知他人制作、复制、出版、贩卖、传播的是淫秽电子信息,允许或者放任他人在自己所有、管理的网站或网页上发布,达到一定数量标准或造成严重后果的,以传播淫秽物品罪定罪处罚。"行为人虽然担任网站、论坛、版块的版主,但其长期未登录行使管理职责。那么对于其未实际行使管理职责期间该论坛、版块所传播的淫秽信息,是否需要承担刑事责任?"对此,"应当视行为人所管理的网站、论坛、版块的性质不同而区别对待:对于淫秽网站、论坛、版块,行为人担任版主的时候即明知其所管理的网站、论坛、版块是以传播淫秽信息为主要目的和内容的,即使其不实际履行管理职责,也应视为其对所传播的淫秽信息采取了默许的态度,追究其刑事责任;对于一般的网站、版块、论坛,因版主未及时进行管理而导致淫秽信息大量传播的,如果确有证据证明版主在此期间未登录、对淫秽信息传播的情况并不了解,则不应要求其对传播淫秽信息承担刑事责任"。"计算淫秽电子信息的数量应有一定的时间、空间界限:空间上,应以行为人参与管理的版块为限……时间

上，应以行为人担任版主的期间作为计算区间。"（第 671 号案例）

3. 将与他人性交的视频片段上传至个人博客行为的定性。 "将所拍摄的其与他人性交的视频片段上传到个人博客上的行为已构成传播淫秽物品罪。" "在传播淫秽物品罪已既遂的情况下……以删除该淫秽视频为要挟，要求被害人向其支付人民币三十万元，其行为又构成敲诈勒索罪，应数罪并罚。"（第 672 号案例）

> **第三百六十五条　【组织淫秽表演罪】** 组织进行淫秽表演的，处三年以下有期徒刑、拘役或者管制，并处罚金；情节严重的，处三年以上十年以下有期徒刑，并处罚金。

立法沿革

本条系 1997 年《刑法》增设的规定。

司法解释

《最高人民法院、最高人民检察院关于办理强奸、猥亵未成年人刑事案件适用法律若干问题的解释》（法释〔2023〕3 号）第九条第二款规定胁迫、诱骗未成年人通过网络直播方式暴露身体隐私部位或者实施淫秽行为，同时构成强制猥亵罪、猥亵儿童罪、组织淫秽表演罪的，应当择一重罪处断。（→参见第二百三十六条评注部分，第 1112 页）

立案追诉标准

《最高人民检察院、公安部关于公安机关管辖的刑事案件立案追诉标准的规定（一）》（节录）

第八十六条　［组织淫秽表演案（刑法第三百六十五条）］以策划、招募、强迫、雇用、引诱、提供场地、提供资金等手段，组织进行淫秽表演，涉嫌下列情形之一的，应予立案追诉：

（一）组织表演者进行裸体表演的；

（二）组织表演者利用性器官进行诲淫性表演的；

（三）组织表演者半裸体或者变相裸体表演并通过语言、动作具体描绘性行为的；

（四）其他组织进行淫秽表演应予追究刑事责任的情形。

（→附则参见分则标题评注部分，第 392 页）

刑参案例规则提炼[1]

《**重庆访问科技有限公司等单位及郑立等人组织淫秽表演案**——单位利用网络视频组织淫秽表演的行为如何定罪量刑》(第673号案例)、《**董志尧组织淫秽表演案**——招募模特和摄影者,要求模特摆出淫秽姿势供摄影者拍摄的,如何定性》(第770号案例)所涉规则提炼如下:

1. **对通过网络视频进行淫秽表演的行为应当适用组织淫秽表演罪。**[2][3]"无论是传统的组织人员进行'现场面对面式'淫秽表演,还是现代的借助网络

---

[1] 另,《**方惠茹传播淫秽物品牟利案**——以牟利为目的与多人进行网络视频裸聊的行为如何定罪》(第641号案例)主张对以牟利为目的与多人进行网络视频裸聊的行为适用传播淫秽物品牟利罪,与刑参第673号案例不一致。基于本评注的立场,对第641号案例所涉规则未予提炼。

[2] **本评注认为**,对此行为不宜按照传播淫秽物品牟利罪(传播淫秽物品罪)或者聚众淫乱罪追究刑事责任,而对组织者宜以组织淫秽表演罪定罪处罚。分析如下:(1)传播淫秽物品牟利罪(传播淫秽物品罪)的犯罪对象为淫秽物品,即必须有物品这个载体,包括有形载体和无形载体。无论是有形载体,还是无形载体,都必须具有可再现性。而网络淫秽视频聊天采取的是实时视频信息传输的模式,淫秽视频信息不能保存在服务器硬盘中,也不能够在事后再现,随案移送的光盘中记录的视频信息仅是公安机关通过技术手段录制下的视频文件,并不代表其原始的存在形态。因此,网络淫秽视频聊天并非以淫秽物品的形式存在,而仅仅是以视频流的形式存在。(2)即使将视频流理解为淫秽物品,也存在量化的困难。根据现有司法解释的规定,传播淫秽视频文件20个以上的,方可构成传播淫秽物品牟利罪,传播淫秽视频文件40个以上的,方可构成传播淫秽物品罪。这就对视频流的量化提出了要求,而视频流的量化难以操作。而且,这还要求公安机关通过技术手段录制下视频,会造成取证困难,难以据此定罪量刑。(3)将网络淫秽视频聊天的行为认定为传播淫秽物品,会导致刑法适用的混乱。网络淫秽视频聊天,传播的仅仅是视频流,如果将此认定为传播淫秽视频,则组织播放淫秽的电影、录像等音像制品的行为也应当是在传播淫秽视频,应当认定为传播淫秽物品罪。而刑法实际上是专门规定了组织播放淫秽音像制品罪。那么,司法实践中,组织播放淫秽的电影、录像等音像制品的行为实际上同时触犯了传播淫秽物品罪和组织播放淫秽音像制品罪,根据从一重处断原则,应当以传播淫秽物品罪定罪处罚,这明显同司法实践的做法不符。(4)网络淫秽视频聊天的行为也不符合聚众淫乱罪的犯罪构成。聚众淫乱罪主要表现为群奸群宿、跳全裸体舞或进行性交以外的其他性变态活动,如鸡奸、兽奸等。可见,聚众淫乱以多人进行身体之间有接触的性行为或变相性行为为前提,而网络淫秽视频聊天的行为不符合这一特性。需要注意的是,法律确实未明确规定聚众淫乱以身体接触为前提。但是,从民众的通常认识出发,"淫乱活动"应当理解为有身体接触,虚拟空间中的聚众裸聊由于未发生身体接触,解释为"淫乱",似不符(转下页)

媒体组织人员进行"视频面对面式"淫秽表演,均为组织淫秽表演的表现形式,均应构成组织淫秽表演罪。""通过网络视频组织人员进行淫秽表演的行为,不应认定为传播淫秽物品牟利罪。"(第673号案例)

2. 对招募模特和摄影者,要求模特摆出淫秽姿势供摄影者拍摄的行为应当适用组织淫秽表演罪。"模特为配合摄影者的拍摄而裸露生殖器、摆出淫秽姿势,这是通过其形体、动作等可感受的形式将相关信息传递给现场的拍摄者,满足了拍摄者感官上的需求……属于刑法上的淫秽表演",对组织者应以组织淫秽表演罪论处。"'一对一'式淫秽表演中的受众是单个个体,但……就其受众的覆盖面而言,数量上亦构成多数,且系不特定多数,符合淫秽表演的公开性特征",应当计入组织淫秽表演的场次。"(第770号案例)

3. 组织淫秽表演罪的入罪标准宜根据司法经验把握。"何谓组织淫秽表演罪的情节严重,目前尚无司法解释对此予以明确,只能依据司法经验把握。从各地司法机关把握的一般情况看,主要是指多次组织淫秽表演,以暴力、胁迫或者

(接上页)合民众的一般预期。而且,就处罚力度而言,聚众淫乱罪的法定刑为"五年以下有期徒刑、拘役或者管制",而组织淫秽表演罪的法定刑为"三年以下有期徒刑、拘役或者管制""三年以上十年以下有期徒刑",故适用组织淫秽表演罪似更能加大惩治力度。因此,聚众裸聊的行为不应认定为聚众淫乱罪,认定为组织淫秽表演罪更为合适。(5)对组织者应当以组织淫秽表演罪追究刑事责任。在免费会议厅形式的淫秽视频聊天中,存在多个人员角色:建设者,开设会议室需要交纳一定的费用,且往往根据会议室的大小不同而费用有所区分;管理员,建设者不一定是管理员,很多情况下建设者不是管理员,而是由其他人管理;主持人,负责在会议室内主持活动,管理员不一定是主持人(也可能不存在主持人);参与者。经研究认为,建设者、管理员、主持人都应当认定为网络淫秽视频聊天的组织者,应当以组织淫秽表演罪定罪处罚。

③ (接上页)此外:(1)对付费单聊形式的网络淫秽视频聊天应当认定为组织淫秽表演罪。在付费单聊形式的网络淫秽视频聊天中,存在下人员角色:组织者,其建设视频聊天网站(通常位于境外),从手机支付中收取费用;观看者,其通过手机注册付费,可以付费购买"鲜花""春药糖"等物品;表演者,其与观看者聊天,根据观看者赠送其"鲜花""春药糖"等物品的数量从组织者提取费用。经研究认为,对于组织者应当依据组织淫秽表演定罪处罚,主要理由同上。(2)对两个特定网民之间的私密性淫秽视频聊天不宜以犯罪论处。该种形式的网络淫秽视频聊天其通常是夫妻之间、男女朋友、熟悉网友之间为寻求刺激而进行的行为,不存在特定的组织者,不能认定为组织淫秽表演罪,也不宜依据其他罪名追究刑事责任。(3)对诈骗形式的网络淫秽视频聊天应当以诈骗等犯罪论处。对于冒充色情视频聊天网站,骗取用户通过手机注册收费的行为,符合诈骗罪的犯罪构成的,应当以诈骗罪追究刑事责任。

其他手段强迫他人进行淫秽表演，组织未成年人参与或者观看淫秽表演，观看淫秽表演人数多、表演时间长，造成恶劣社会影响等情形。"（第 770 号案例）

第三百六十六条 【单位犯本节之罪的处罚】单位犯本节第三百六十三条、第三百六十四条、第三百六十五条规定之罪的，对单位判处罚金，并对其直接负责的主管人员和其他直接责任人员，依照各该条的规定处罚。

立法沿革

本条系 1997 年《刑法》吸收单行刑法作出的规定。《全国人民代表大会常务委员会关于惩治走私、制作、贩卖、传播淫秽物品的犯罪分子的决定》（1990 年 12 月 28 日起施行）第五条规定："单位有本决定第一条、第二条、第三条规定的违法犯罪行为的，对其直接负责的主管人员和其他直接责任人员，依照各该条的规定处罚，对单位判处罚金或者予以罚款，行政主管部门并可以责令停业整顿或者吊销执照。"此处规定的"第一条、第二条、第三条规定的犯罪"包括走私淫秽物品罪，制作、复制、出版、贩卖、传播淫秽物品牟利罪，为他人提供书号出版淫秽书刊罪，传播淫秽物品罪，组织播放淫秽音像制品罪。

第三百六十七条 【淫秽物品的界定】本法所称淫秽物品，是指具体描绘性行为或者露骨宣扬色情的诲淫性的书刊、影片、录像带、录音带、图片及其他淫秽物品。

有关人体生理、医学知识的科学著作不是淫秽物品。

包含有色情内容的有艺术价值的文学、艺术作品不视为淫秽物品。

立法沿革

本条系 1997 年《刑法》吸收单行刑法作出的规定。《全国人民代表大会常务委员会关于惩治走私、制作、贩卖、传播淫秽物品的犯罪分子的决定》（1990 年 12 月 28 日起施行）第八条第一款至第三款，仅将"本决定所称"调整为"本法所称"。

司法解释

《最高人民法院、最高人民检察院关于办理利用互联网、移动通讯终端、声讯台制作、复制、出版、贩卖、传播淫秽电子信息刑事案件具体应用法律若干问题的解释》（法释〔2004〕11 号）第九条明确《刑法》第三百六十七条第一款规定的

"其他淫秽物品"包括淫秽电子信息和声讯台语音信息。(→参见第三百六十三条评注部分,第 2046 页)

规范性文件

《新闻出版署关于认定淫秽及色情出版物的暂行规定》(1988 年 12 月 27 日,具体条文未收录)

《新闻出版署、公安部关于鉴定淫秽录像带、淫秽图片有关问题的通知》(1993 年 1 月 19 日,具体条文未收录)

《新闻出版总署关于认定淫秽与色情声讯的暂行规定》(新出法规〔2005〕61 号,具体条文未收录)

法律适用答复、复函

《公安部对〈关于鉴定淫秽物品有关问题的请示〉的批复》(公复字〔1998〕8 号)

江苏省公安厅:

你厅《关于鉴定淫秽物品有关问题的请示》(苏公厅〔1998〕459 号)收悉。现批复如下:

鉴于近年来各地公安机关查获淫秽物品数量不断增加、查禁任务日趋繁重的情况,为及时打击处理走私、制作、贩卖、传播淫秽物品的违法犯罪分子,今后各地公安机关查获的物品,需审查认定是否为淫秽物品的,可以由县级以上公安机关治安部门负责鉴定工作,但要指定两名政治、业务素质过硬的同志共同进行,其他人员一律不得参加。当事人提出不同意见需重新鉴定的,由上一级公安机关治安部门会同同级新闻出版、音像归口管理等部门重新鉴定。对送审鉴定和收缴的淫秽物品,由县级以上公安机关治安部门统一集中,登记造册,适时组织全部销毁。

对于淫秽物品鉴定工作中与新闻出版、音像归口管理等部门的配合问题,仍按现行规定执行。

《公安部关于对出售带有淫秽内容的文物的行为可否予以治安管理处罚问题的批复》(公复字〔2010〕3 号)

北京市公安局:

你局《关于对出售带有淫秽内容的文物的行为可否予以治安处罚的请示》(京公法字〔2010〕500 号)收悉。现批复如下:

公安机关查获的带有淫秽内容的物品可能是文物的,应当依照《中华人民共和国文物保护法》等有关规定进行文物认定。经文物行政部门认定为文物的,不得对合法出售文物的行为予以治安管理处罚。

第七章

危害国防利益罪

> **第三百六十八条** 【阻碍军人执行职务罪】以暴力、威胁方法阻碍军人依法执行职务的,处三年以下有期徒刑、拘役、管制或者罚金。
> 【阻碍军事行动罪】故意阻碍武装部队军事行动,造成严重后果的,处五年以下有期徒刑或者拘役。
>
> ### 立法沿革
>
> 本条系 1997 年《刑法》增设的规定。《惩治军人违反职责罪暂行条例》(1982 年 1 月 1 日起施行,1997 年 10 月 1 日废止)第十条对现役军人阻碍执行职务的行为规定了军人阻碍执行职务罪。对于其他主体阻碍军人依法执行职务的行为,在一些情况下按照妨害公务罪定罪处罚。
>
> **第三百六十九条** 【破坏武器装备、军事设施、军事通信罪】破坏武器装备、军事设施、军事通信的,处三年以下有期徒刑、拘役或者管制;破坏重要武器装备、军事设施、军事通信的,处三年以上十年以下有期徒刑;情节特别严重的,处十年以上有期徒刑、无期徒刑或者死刑。
> 【过失损坏武器装备、军事设施、军事通信罪】过失犯前款罪,造成严重后果的,处三年以下有期徒刑或者拘役;造成特别严重后果的,处三年以上七年以下有期徒刑。
> 战时犯前两款罪的,从重处罚。

立法沿革

本条系 1997 年《刑法》吸收修改 1979 年《刑法》和单行刑法作出的规定。1979 年《刑法》在"反革命罪"一章中规定了破坏军事设备罪,第一百条规定:"以反革命为目的,进行下列破坏行为之一的,处无期徒刑或者十年以上有期徒刑;情节较轻的,处三年以上十年以下有期徒刑:(一)爆炸、放火、决水、利用技术或者以其他方法破坏军事设备、生产设施、通讯交通设备、建筑工程、防险设备或者其他公共建设、公共财物……"《惩治军人违反职责罪暂行条例》(1982年1月1日起施行,1997年10月1日废止)第十二条规定:"破坏武器装备或者军事设施的,处三年以下有期徒刑或者拘役;破坏重要武器装备或者重要军事设施的,处三年以上十年以下有期徒刑;情节特别严重的,处十年以上有期徒刑、无期徒刑或者死刑。战时从重处罚。"1997年《刑法》将上述两种犯罪进行整合,删去"以反革命为目的",将之调整为一般犯罪主体,并作了其他修改,形成了破坏武器装备、军事设施、军事通信罪的规定。

2005年2月28日起施行的《刑法修正案(五)》对本条作了修改,增加了第二款过失损坏武器装备、军事设施、军事通信罪的规定。

修正前《刑法》	修正后《刑法》
第三百六十九条 【破坏武器装备、军事设施、军事通信罪】破坏武器装备、军事设施、军事通信的,处三年以下有期徒刑、拘役或者管制;破坏重要武器装备、军事设施、军事通信的,处三年以上十年以下有期徒刑;情节特别严重的,处十年以上有期徒刑、无期徒刑或者死刑。战时从重处罚。	**第三百六十九条** 【破坏武器装备、军事设施、军事通信罪】破坏武器装备、军事设施、军事通信的,处三年以下有期徒刑、拘役或者管制;破坏重要武器装备、军事设施、军事通信的,处三年以上十年以下有期徒刑;情节特别严重的,处十年以上有期徒刑、无期徒刑或者死刑。 【过失损坏武器装备、军事设施、军事通信罪】过失犯前款罪,造成严重后果的,处三年以下有期徒刑或者拘役;造成特别严重后果的,处三年以上七年以下有期徒刑。 战时犯前两款罪的,从重处罚。

司法解释

《最高人民法院关于审理危害军事通信刑事案件具体应用法律若干问题的解释》(法释〔2007〕13号,自2007年6月29日起施行)

为依法惩治危害军事通信的犯罪活动,维护国防利益和军事通信安全,根据刑法有关规定,现就审理这类刑事案件具体应用法律的若干问题解释如下:

第一条 故意实施损毁军事通信线路、设备,破坏军事通信计算机信息系统,干扰、侵占军事通信电磁频谱等行为的,依照刑法第三百六十九条第一款的规定,以破坏军事通信罪定罪,处三年以下有期徒刑、拘役或者管制;破坏重要军事通信的,处三年以上十年以下有期徒刑。

第二条① 实施破坏军事通信行为,具有下列情形之一的,属于刑法第三百六十九条第一款规定的"情节特别严重",以破坏军事通信罪定罪,处十年以上有期徒刑、无期徒刑或者死刑:

(一)造成重要军事通信中断或者严重障碍,严重影响部队完成作战任务或者致使部队在作战中遭受损失的;

(二)造成部队执行抢险救灾、军事演习或者处置突发性事件等任务的通信中断或者严重障碍,并因此贻误部队行动,致使死亡3人以上、重伤10人以上或者财产损失100万元以上的;

(三)破坏重要军事通信三次以上的;

(四)其他情节特别严重的情形。

第三条 过失损坏军事通信,造成重要军事通信中断或者严重障碍的,属于刑法第三百六十九条第二款规定的"造成严重后果",以过失损坏军事通信罪定罪,处三年以下有期徒刑或者拘役。

第四条 过失损坏军事通信,具有下列情形之一的,属于刑法第三百六十九条第二款规定的"造成特别严重后果",以过失损坏军事通信罪定罪,处三年以上七年以下有期徒刑:

(一)造成重要军事通信中断或者严重障碍,严重影响部队完成作战任务或者致使部队在作战中遭受损失的;

(二)造成部队执行抢险救灾、军事演习或者处置突发性事件等任务的通信中断或者严重障碍,并因此贻误部队行动,致使死亡3人以上、重伤10人以上或者财产损失100万元以上的;

(三)其他后果特别严重的情形。

---

① 有意见提出,一般破坏军事通信的行为与破坏重要军事通信的行为之间,仅仅在破坏行为的对象上有递进关系,而在破坏行为的程度上没有递进关系。那么,一般破坏军事通信的行为能否出现"情节特别严重"的情形呢?经研究认为,如果理解为一般破坏军事通信的行为存在出现"情节特别严重"的情形,那么,对于一般破坏军事通信的行为,要么在三年以下有期徒刑、拘役或者管制的法定刑幅度内量刑,要么在十年以上有期徒刑、无期徒刑或者死刑的法定刑幅度内量刑,而不可能存在三年以上十年以下有期徒刑的量刑幅度,这样理解显然不通。因此,在现有法律规定条件下,只能理解为只有破坏重要军事通信的行为,才能存在情节特别严重的情形。参见祝二军:《〈最高人民法院关于审理危害军事通信刑事案件具体应用法律若干问题的解释〉的理解与适用》,载中华人民共和国最高人民法院刑事审判第一、二、三、四、五庭主办:《中国刑事审判指导案例6》(增订第3版),法律出版社2017年版,第14页。

第五条 建设、施工单位直接负责的主管人员、施工管理人员，明知是军事通信线路、设备而指使、强令、纵容他人予以损毁的，或者不听管护人员劝阻，指使、强令、纵容他人违章作业，造成军事通信线路、设备损毁的，以破坏军事通信罪定罪处罚。

建设、施工单位直接负责的主管人员、施工管理人员，忽视军事通信线路、设备保护标志，指使、纵容他人违章作业，致使军事通信线路、设备损毁，构成犯罪的，以过失损坏军事通信罪定罪处罚。

第六条 破坏、过失损坏军事通信，并造成公用电信设施损毁，危害公共安全，同时构成刑法第一百二十四条和第三百六十九条规定的犯罪的，依照处罚较重的规定定罪处罚。

盗窃军事通信线路、设备，不构成盗窃罪，但破坏军事通信的，依照刑法第三百六十九条第一款的规定定罪处罚；同时构成刑法第一百二十四条、第二百六十四条和第三百六十九条第一款规定的犯罪的，依照处罚较重的规定定罪处罚。

违反国家规定，侵入国防建设、尖端科学技术领域的军事通信计算机信息系统，尚未对军事通信造成破坏的，依照刑法第二百八十五条的规定定罪处罚；对军事通信造成破坏，同时构成刑法第二百八十五条、第二百八十六条、第三百六十九条第一款规定的犯罪的，依照处罚较重的规定定罪处罚。

违反国家规定，擅自设置、使用无线电台、站，或者擅自占用频率，经责令停止使用后拒不停止使用，干扰无线电通讯正常进行，构成犯罪的，依照刑法第二百八十八条的规定定罪处罚；①造成军事通信中断或者严重障碍，同时构成刑法第二百八十八条、第三百六十九条第一款规定的犯罪的，依照处罚较重的规定定罪处罚。

第七条② 本解释所称"重要军事通信"，是指军事首脑机关及重要指挥中

---

① 《刑法修正案（九）》第三十条删去了《刑法》第二百八十八条规定的"经责令停止使用后拒不停止使用"的要件。司法适用应当按照修正后刑法的规定妥当把握。——**本评注**

② 军事通信是否重要，主要是看通信的内容和承载的军事任务的重要程度，而不仅仅看使用军事通信的机关的级别。有些情况下，旅、团、营、连级的通信也属于重要军事通信，如军委主要首长到连队视察时所用的通信等。参见祝二军：《〈最高人民法院关于审理危害军事通信刑事案件具体应用法律若干问题的解释〉的理解与适用》，载中华人民共和国最高人民法院刑事审判第一、二、三、四、五庭主办：《中国刑事审判指导案例6》（增订第3版），法律出版社2017年版，第13页。

心的通信,部队作战中的通信,等级战备通信,飞行航行训练、抢险救灾、军事演习或者处置突发性事件中的通信,以及执行试飞试航、武器装备科研试验或者远洋航行等重要军事任务中的通信。

本解释所称军事通信的具体范围、通信中断和严重障碍的标准,参照中国人民解放军通信主管部门的有关规定确定。

规范性文件

《最高人民法院、最高人民检察院、公安部、商务部、国家市场监督管理总局、中央军委后勤保障部、中央军委装备发展部、中央军委训练管理部、中央军委国防动员部关于军地共同加强部队训练场未爆弹药安全风险防控的意见》(军训〔2022〕181号)"(十三)打击违法犯罪"对适用《刑法》第三百六十九条第一款作了指引性规定。(→参见第一百二十五条评注部分,第490页)

> **第三百七十条** 【故意提供不合格武器装备、军事设施罪】明知是不合格的武器装备、军事设施而提供给武装部队的,处五年以下有期徒刑或者拘役;情节严重的,处五年以上十年以下有期徒刑;情节特别严重的,处十年以上有期徒刑、无期徒刑或者死刑。
>
> 【过失提供不合格武器装备、军事设施罪】过失犯前款罪,造成严重后果的,处三年以下有期徒刑或者拘役;造成特别严重后果的,处三年以上七年以下有期徒刑。
>
> 单位犯第一款罪的,对单位判处罚金,并对其直接负责的主管人员和其他直接责任人员,依照第一款的规定处罚。

立法沿革

本条系1997年《刑法》增设的规定。

立案追诉标准

《最高人民检察院、公安部关于公安机关管辖的刑事案件立案追诉标准的规定(一)》(节录)

第八十七条 [故意提供不合格武器装备、军事设施案(刑法第三百七十条第一款)] 明知是不合格的武器装备、军事设施而提供给武装部队,涉嫌下列情形之一的,应予立案追诉:

（一）造成人员轻伤以上的；
（二）造成直接经济损失十万元以上的；
（三）提供不合格的枪支三支以上、子弹一百发以上、雷管五百枚以上、炸药五千克以上或者其他重要武器装备、军事设施的；
（四）影响作战、演习、抢险救灾等重大任务完成的；
（五）发生在战时的；
（六）其他故意提供不合格武器装备、军事设施应予追究刑事责任的情形。

第八十八条 ［过失提供不合格武器装备、军事设施案（刑法第三百七十条第二款）］过失提供不合格武器装备、军事设施给武装部队，涉嫌下列情形之一的，应予立案追诉：
（一）造成死亡一人或者重伤三人以上的；
（二）造成直接经济损失三十万元以上的；
（三）严重影响作战、演习、抢险救灾等重大任务完成的；
（四）其他造成严重后果的情形。

（→附则参见分则标题评注部分，第392页）

第三百七十一条 【聚众冲击军事禁区罪】聚众冲击军事禁区，严重扰乱军事禁区秩序的，对首要分子，处五年以上十年以下有期徒刑；对其他积极参加的，处五年以下有期徒刑、拘役、管制或者剥夺政治权利。

【聚众扰乱军事管理区秩序罪】聚众扰乱军事管理区秩序，情节严重，致使军事管理区工作无法进行，造成严重损失的，对首要分子，处三年以上七年以下有期徒刑；对其他积极参加的，处三年以下有期徒刑、拘役、管制或者剥夺政治权利。

■立法沿革

本条系1997年《刑法》增设的规定。1990年的《军事设施保护法》第三十三条规定："扰乱军事禁区、军事管理区的管理秩序，情节严重的，对首要分子和直接责任人员比照刑法第一百五十八条的规定追究刑事责任。"此处的"刑法第一百五十八条的规定"是指1979年《刑法》规定的扰乱社会秩序罪。

■规范性文件

《最高人民法院、最高人民检察院、公安部、商务部、国家市场监督管理总局、中央军委后勤保障部、中央军委装备发展部、中央军委训练管理部、中央军委国防动员部关于军地共同加强部队训练场未爆弹药安全风险防控的意见》(军训〔2022〕181号)"(十三)打击违法犯罪"对适用《刑法》第三百七十一条作了指引性规定。(→参见第一百二十五条评注部分,第490页)

立案追诉标准

《最高人民检察院、公安部关于公安机关管辖的刑事案件立案追诉标准的规定(一)》(节录)

第八十九条 [聚众冲击军事禁区案(刑法第三百七十一条第一款)]组织、策划、指挥聚众冲击军事禁区或者积极参加聚众冲击军事禁区,严重扰乱军事禁区秩序,涉嫌下列情形之一的,应予立案追诉:

(一)冲击三次以上或者一次冲击持续时间较长的;

(二)持械或者采取暴力手段冲击的;

(三)冲击重要军事禁区的;

(四)发生在战时的;

(五)其他严重扰乱军事禁区秩序应予追究刑事责任的情形。

第九十条 [聚众扰乱军事管理区秩序案(刑法第三百七十一条第二款)]组织、策划、指挥聚众扰乱军事管理区秩序或者积极参加聚众扰乱军事管理区秩序,致使军事管理区工作无法进行,造成严重损失,涉嫌下列情形之一的,应予立案追诉:

(一)造成人员轻伤以上的;

(二)扰乱三次以上或者一次扰乱持续时间较长的;

(三)造成直接经济损失五万元以上的;

(四)持械或者采取暴力手段的;

(五)扰乱重要军事管理区秩序的;

(六)发生在战时的;

(七)其他聚众扰乱军事管理区秩序应予追究刑事责任的情形。

(→附则参见分则标题评注部分,第392页)

第三百七十二条 【冒充军人招摇撞骗罪】冒充军人招摇撞骗的,处三年以下有期徒刑、拘役、管制或者剥夺政治权利;情节严重的,处三年以上十年以下有期徒刑。

立法沿革

本条系 1997 年《刑法》增设的规定。1979 年《刑法》规定了冒充国家工作人员招摇撞骗罪,对于冒充军人招摇撞骗的行为,也依照该规定处罚。

规范性文件

《最高人民法院、最高人民检察院、公安部关于依法惩治招摇撞骗等违法犯罪行为的指导意见》(公通字〔2021〕21 号)第一条、第五条对冒充军人招摇撞骗罪的适用作了规定。(→参见第二百七十九条评注部分,第 1372、1373 页)

第三百七十三条 【煽动军人逃离部队罪】【雇用逃离部队军人罪】煽动军人逃离部队或者明知是逃离部队的军人而雇用,情节严重的,处三年以下有期徒刑、拘役或者管制。

立法沿革

本条系 1997 年《刑法》增设的规定。

立案追诉标准

《最高人民检察院、公安部关于公安机关管辖的刑事案件立案追诉标准的规定(一)》(节录)

第九十一条 [煽动军人逃离部队案(刑法第三百七十三条)]煽动军人逃离部队,涉嫌下列情形之一的,应予立案追诉:

(一)煽动三人以上逃离部队的;

(二)煽动指挥人员、值班执勤人员或者其他负有重要职责人员逃离部队的;

(三)影响重要军事任务完成的;

(四)发生在战时的;

(五)其他情节严重的情形。

第九十二条 [雇用逃离部队军人案(刑法第三百七十三条)]明知是逃离部队的军人而雇用,涉嫌下列情形之一的,应予立案追诉:

(一)雇用一人六个月以上的;

(二)雇用三人以上的;

(三)明知是逃离部队的指挥人员、值班执勤人员或者其他负有重要职责人员而雇用的；

（四）阻碍部队将被雇用军人带回的；

（五）其他情节严重的情形。

（→附则参见分则标题评注部分，第392页）

第三百七十四条 【接送不合格兵员罪】在征兵工作中徇私舞弊，接送不合格兵员，情节严重的，处三年以下有期徒刑或者拘役；造成特别严重后果的，处三年以上七年以下有期徒刑。

■ 立法沿革

本条系1997年《刑法》增设的规定。

■ 立案追诉标准

《最高人民检察院、公安部关于公安机关管辖的刑事案件立案追诉标准的规定（一）》（节录）

第九十三条 [接送不合格兵员案（刑法第三百七十四条）]在征兵工作中徇私舞弊，接送不合格兵员，涉嫌下列情形之一的，应予立案追诉：

（一）接送不合格特种条件兵员一名以上或者普通兵员三名以上的；

（二）发生在战时的；

（三）造成严重后果的；

（四）其他情节严重的情形。

（→附则参见分则标题评注部分，第392页）

■ 刑参案例规则提炼

《李永宾徇私枉法、接送不合格兵员案——如何认定徇私枉法"情节严重"》（第237号案例）所涉规则提炼如下：

接送不合格兵员罪的适用规则。"'在征兵工作中徇私舞弊，接送不合格兵员'，是指在征兵工作的兵役登记、体格检查、政治审查、审定新兵、交接兵员等过程中，徇私舞弊，弄虚作假，欺骗组织，将不符合政治、身体、年龄、文化等条件的公民接受或者输送到部队。这里的'徇私'，不仅包括谋取私利，还应包括为徇私情。对那些虽没有明显谋取私利，但为了个人、亲属、朋友等私情的，也应算作徇私的范畴。"（第237号案例）

第三百七十五条 【伪造、变造、买卖武装部队公文、证件、印章罪】【盗窃、抢夺武装部队公文、证件、印章罪】伪造、变造、买卖或者盗窃、抢夺武装部队公文、证件、印章的,处三年以下有期徒刑、拘役、管制或者剥夺政治权利;情节严重的,处三年以上十年以下有期徒刑。

【非法生产、买卖武装部队制式服装罪】非法生产、买卖武装部队制式服装,情节严重的,处三年以下有期徒刑、拘役或者管制,并处或者单处罚金。

【伪造、盗窃、买卖、非法提供、非法使用武装部队专用标志罪】伪造、盗窃、买卖或者非法提供、使用武装部队车辆号牌等专用标志,情节严重的,处三年以下有期徒刑、拘役或者管制,并处或者单处罚金;情节特别严重的,处三年以上七年以下有期徒刑,并处罚金。

单位犯第二款、第三款罪的,对单位判处罚金,并对其直接负责的主管人员和其他直接责任人员,依照各该款的规定处罚。

立法沿革

本条第一款、第二款系1997年《刑法》增设的规定。1979年《刑法》规定了伪造、变造、盗窃、抢夺、毁灭国家机关、企业、事业单位、人民团体公文、证件、印章的犯罪,对于实施上述妨害武装部队公文、证件、印章的行为,也依照该规定处罚。

2009年2月28日起施行的《刑法修正案(七)》第十二条对本条作了修改,主要涉及三个方面:一是对本条第二款作了修改,将非法生产、买卖武装部队制式服装的犯罪及处罚单独作为一款规定;二是增加一款作为第三款,对伪造、盗窃、买卖或者非法提供、使用武装部队车辆号牌等专用标志的犯罪作了专门规定。具体而言,在原规定的非法生产、买卖军车号牌等专用标志的犯罪行为及处罚的基础上,增加了伪造、盗窃、非法提供、使用武装部队车辆号牌等专用标志的行为及处罚的规定。三是将原第三款作为第四款并作相应调整。

修正前《刑法》	修正后《刑法》
第三百七十五条 【伪造、变造、买卖武装部队公文、证件、印章罪】【盗窃、抢夺武装部队公文、证件、印章罪】伪造、变造、买卖或者盗窃、抢夺武装部队公文、证件、印章的,处三年以下有期徒刑、拘役、管制或者剥夺政治权利;情节严重的,处三年以上十年以下有期徒刑。	第三百七十五条 【伪造、变造、买卖武装部队公文、证件、印章罪】【盗窃、抢夺武装部队公文、证件、印章罪】伪造、变造、买卖或者盗窃、抢夺武装部队公文、证件、印章的,处三年以下有期徒刑、拘役、管制或者剥夺政治权利;情节严重的,处三年以上十年以下有期徒刑。

(续表)

修正前《刑法》	修正后《刑法》
【非法生产、买卖军用标志罪】非法生产、买卖武装部队制式服装、~~车辆号牌等专用标志~~，情节严重的，处三年以下有期徒刑、拘役或者管制，并处或者单处罚金。 单位犯第二款罪的，对单位判处罚金，并对其直接负责的主管人员和其他直接责任人员，依照该款的规定处罚。	【非法生产、买卖武装部队制式服装罪】非法生产、买卖武装部队制式服装，情节严重的，处三年以下有期徒刑、拘役或者管制，并处或者单处罚金。 【伪造、盗窃、买卖、非法提供、非法使用武装部队专用标志罪】伪造、盗窃、买卖或者非法提供、使用武装部队车辆号牌等专用标志，情节严重的，处三年以下有期徒刑、拘役或者管制，并处或者单处罚金；情节特别严重的，处三年以上七年以下有期徒刑，并处罚金。 单位犯第二款、**第三款**罪的，对单位判处罚金，并对其直接负责的主管人员和其他直接责任人员，依照**各**该款的规定处罚。

司法解释

《最高人民法院、最高人民检察院关于办理妨害武装部队制式服装、车辆号牌管理秩序等刑事案件具体应用法律若干问题的解释》(法释〔2011〕16号，自2011年8月1日起施行)

为依法惩治妨害武装部队制式服装、车辆号牌管理秩序等犯罪活动，维护国防利益，根据《中华人民共和国刑法》有关规定，现就办理非法生产、买卖武装部队制式服装，伪造、盗窃、买卖武装部队车辆号牌等刑事案件的若干问题解释如下：

第一条 伪造、变造、买卖或者盗窃、抢夺武装部队公文、证件、印章，具有下列情形之一的，应当依照刑法第三百七十五条第一款的规定，以伪造、变造、买卖武装部队公文、证件、印章罪或者盗窃、抢夺武装部队公文、证件、印章罪定罪处罚：

(一)伪造、变造、买卖或者盗窃、抢夺武装部队公文一件以上的；

(二)伪造、变造、买卖或者盗窃、抢夺武装部队军官证、士兵证、车辆行驶证、车辆驾驶证或者其他证件二本以上的；

(三)伪造、变造、买卖或者盗窃、抢夺武装部队机关印章、车辆牌证印章或者其他印章一枚以上的。

实施前款规定的行为，数量达到第(一)至(三)项规定标准五倍以上或者造成严重后果的，应当认定为刑法第三百七十五条第一款规定的"情节严重"。

第二条 非法生产、买卖武装部队现行装备的制式服装,具有下列情形之一的,应当认定为刑法第三百七十五条第二款规定的"情节严重",以非法生产、买卖武装部队制式服装罪定罪处罚:

(一)非法生产、买卖成套制式服装三十套以上,或者非成套制式服装一百件以上的;

(二)非法生产、买卖帽徽、领花、臂章等标志服饰合计一百件(副)以上的;

(三)非法经营数额二万元以上的;

(四)违法所得数额五千元以上的;

(五)具有其他严重情节的。

第三条 伪造、盗窃、买卖或者非法提供、使用武装部队车辆号牌等专用标志,具有下列情形之一的,应当认定为刑法第三百七十五条第三款规定的"情节严重",以伪造、盗窃、买卖、非法提供、非法使用武装部队专用标志罪定罪处罚:

(一)伪造、盗窃、买卖或者非法提供、使用武装部队军以上领导机关车辆号牌一副以上或者其他车辆号牌三副以上的;

(二)非法提供、使用军以上领导机关车辆号牌之外的其他车辆号牌累计六个月以上的;

(三)伪造、盗窃、买卖或者非法提供、使用军徽、军旗、军种符号或者其他军用标志合计一百件(副)以上的;

(四)造成严重后果或者恶劣影响的。

实施前款规定的行为,具有下列情形之一的,应当认定为刑法第三百七十五条第三款规定的"情节特别严重":

(一)数量达到前款第(一)、(三)项规定标准五倍以上的;

(二)非法提供、使用军以上领导机关车辆号牌累计六个月以上或者其他车辆号牌累计一年以上的;

(三)造成特别严重后果或者特别恶劣影响的。

第四条① 买卖、盗窃、抢夺伪造、变造的武装部队公文、证件、印章的,买卖仿制的现行装备的武装部队制式服装情节严重的,盗窃、买卖、提供、使用伪造、

---

① 司法实践中,不法分子买卖、非法提供、使用的标志性物品大部分是假冒。本条将涉假冒标志性物品行为规定了与涉真实标志性物品行为相同的定罪处罚标准。这是由标志性物品的功能特点决定的。标志性物品主要通过外观形状、颜色等发挥区别作用。在不能辨别真伪的情况下,假冒的物品就具有真实物品的作用,在标示象征意义、骗取信任等方面,其危害性并不逊于利用真实物品的犯罪。征求意见中有意见提出,(转下页)

变造的武装部队车辆号牌等专用标志情节严重的,应当追究刑事责任。定罪量刑标准适用本解释第一至第三条的规定。

第五条　明知他人实施刑法第三百七十五条规定的犯罪行为,而为其生产、提供专用材料或者提供资金、账号、技术、生产经营场所等帮助的,以共犯论处。

第六条　实施刑法第三百七十五条规定的犯罪行为,同时又构成逃税、诈骗、冒充军人招摇撞骗等犯罪的,依照处罚较重的规定定罪处罚。

第七条　单位实施刑法第三百七十五条第二款、第三款规定的犯罪行为,对单位判处罚金,并对其直接负责的主管人员和其他直接责任人员,分别依照本解释的有关规定处罚。

立案追诉标准

《最高人民检察院、公安部关于公安机关管辖的刑事案件立案追诉标准的规定(一)》第九十四条、第九十四条之一关于《刑法》第三百七十五条第二款、第三款立案追诉标准的规定与法释〔2011〕16号解释第二条、第三条、第四条一致。

> **第三百七十六条**　【战时拒绝、逃避征召、军事训练罪】预备役人员战时拒绝、逃避征召或者军事训练,情节严重的,处三年以下有期徒刑或者拘役。
>
> 【战时拒绝、逃避服役罪】公民战时拒绝、逃避服役,情节严重的,处二年以下有期徒刑或者拘役。

立法沿革

本条系1997年《刑法》增设的规定。

(接上页)本解释的规定会扩大打击范围,还可能引发连锁反应,导致以后制定司法解释的效仿。经研究认为,标志性物品不同于其他物品,如枪支、弹药。标志性物品是通过其外观彰显权威、发挥作用,而枪支、弹药则不同,假冒枪支、弹药无论在外观上和真实的枪支、弹药多么相似,也不会具有真实枪支、弹药的杀伤威力。因此,标志性物品与其他物品不具有可比性,将真假标志性物品同等对待,不会引起以后制定司法解释的效仿。参见周海洋:《〈关于办理妨害武装部队制式服装、车辆号牌管理秩序等刑事案件具体应用法律若干问题的解释〉的理解与适用》,载中华人民共和国最高人民法院刑事审判第一、二、三、四、五庭主办:《中国刑事审判指导案例6》(增订第3版),法律出版社2017年版,第22页。

立案追诉标准

《最高人民检察院、公安部关于公安机关管辖的刑事案件立案追诉标准的规定(一)》(节录)

第九十五条 [战时拒绝、逃避征召、军事训练案(刑法第三百七十六条第一款)]预备役人员战时拒绝、逃避征召或者军事训练,涉嫌下列情形之一的,应予立案追诉:

(一)无正当理由经教育仍拒绝、逃避征召或者军事训练的;

(二)以暴力、威胁、欺骗等手段,或者采取自伤、自残等方式拒绝、逃避征召或者军事训练的;

(三)联络、煽动他人共同拒绝、逃避征召或者军事训练的;

(四)其他情节严重的情形。

第九十六条 [战时拒绝、逃避服役案(刑法第三百七十六条第二款)]公民战时拒绝、逃避服役,涉嫌下列情形之一的,应予立案追诉:

(一)无正当理由经教育仍拒绝、逃避服役的;

(二)以暴力、威胁、欺骗等手段,或者采取自伤、自残等方式拒绝、逃避服役的;

(三)联络、煽动他人共同拒绝、逃避服役的;

(四)其他情节严重的情形。

(→附则参见分则标题评注部分,第392页)

第三百七十七条 【战时故意提供虚假敌情罪】战时故意向武装部队提供虚假敌情,造成严重后果的,处三年以上十年以下有期徒刑;造成特别严重后果的,处十年以上有期徒刑或者无期徒刑。

立法沿革

本条系1997年《刑法》增设的规定。

第三百七十八条 【战时造谣扰乱军心罪】战时造谣惑众,扰乱军心的,处三年以下有期徒刑、拘役或者管制;情节严重的,处三年以上十年以下有期徒刑。

立法沿革

本条系 1997 年《刑法》增设的规定。

第三百七十九条 【战时窝藏逃离部队军人罪】战时明知是逃离部队的军人而为其提供隐蔽处所、财物,情节严重的,处三年以下有期徒刑或者拘役。

立法沿革

本条系 1997 年《刑法》增设的规定。

立案追诉标准

《最高人民检察院、公安部关于公安机关管辖的刑事案件立案追诉标准的规定(一)》(节录)

第九十七条 [战时窝藏逃离部队军人案(刑法第三百七十九条)]战时明知是逃离部队的军人而为其提供隐蔽处所、财物,涉嫌下列情形之一的,应予立案追诉:

(一)窝藏三人次以上的;

(二)明知是指挥人员、值班执勤人员或者其他负有重要职责人员而窝藏的;

(三)有关部门查找时拒不交出的;

(四)其他情节严重的情形。

(→附则参见分则标题评注部分,第 392 页)

第三百八十条 【战时拒绝、故意延误军事订货罪】战时拒绝或者故意延误军事订货,情节严重的,对单位判处罚金,并对其直接负责的主管人员和其他直接责任人员,处五年以下有期徒刑或者拘役;造成严重后果的,处五年以上有期徒刑。

立法沿革

本条系 1997 年《刑法》增设的规定。

立案追诉标准

《最高人民检察院、公安部关于公安机关管辖的刑事案件立案追诉标准的规定(一)》(节录)

第九十八条 [战时拒绝、故意延误军事订货案(刑法第三百八十条)]战时

拒绝或者故意延误军事订货,涉嫌下列情形之一的,应予立案追诉:

(一)拒绝或者故意延误军事订货三次以上的;

(二)联络、煽动他人共同拒绝或者故意延误军事订货的;

(三)拒绝或者故意延误重要军事订货,影响重要军事任务完成的;

(四)其他情节严重的情形。

(→附则参见分则标题评注部分,第392页)

第三百八十一条 【战时拒绝军事征收、征用罪】 战时拒绝军事征收、征用,情节严重的,处三年以下有期徒刑或者拘役。

立法沿革

本条系1997年《刑法》增设的规定,确定的罪名为"战时拒绝军事征用罪"。

2009年8月27日起施行的《全国人民代表大会常务委员会关于修改部分法律的决定》将本条规定的"征用"修改为"征收、征用"。修改后,罪名相应调整为"战时拒绝军事征收、征用罪"。

修正前《刑法》	修正后《刑法》
第三百八十一条 【战时拒绝军事征用罪】战时拒绝军事征用,情节严重的,处三年以下有期徒刑或者拘役。	第三百八十一条 【战时拒绝军事征收、征用罪】战时拒绝军事征收、征用,情节严重的,处三年以下有期徒刑或者拘役。

立案追诉标准

《最高人民检察院、公安部关于公安机关管辖的刑事案件立案追诉标准的规定(一)》(节录)

第九十九条 [战时拒绝军事征收、征用案(刑法第三百八十一条)]战时拒绝军事征收、征用,涉嫌下列情形之一的,应予立案追诉:

(一)无正当理由拒绝军事征收、征用三次以上的;

(二)采取暴力、威胁、欺骗等手段拒绝军事征收、征用的;

(三)联络、煽动他人共同拒绝军事征收、征用的;

(四)拒绝重要军事征收、征用,影响重要军事任务完成的;

(五)其他情节严重的情形。

(→附则参见分则标题评注部分,第392页)

第八章

贪污贿赂罪

> **司法解释**①
>
> 《最高人民法院、最高人民检察院关于办理妨害预防、控制突发传染病疫情等灾害的刑事案件具体应用法律若干问题的解释》(法释〔2003〕8号)第十四条对贪污罪、挪用资金罪的适用作了规定。(→参见第一百一十四条评注部分，第416页)
>
> 《最高人民法院、最高人民检察院关于办理赌博刑事案件具体应用法律若干问题的解释》(法释〔2005〕3号)第七条对贿赂犯罪的适用作了指引性规定。(→参见第三百零三条评注部分，第1585页)
>
> 《最高人民法院、最高人民检察院关于办理贪污贿赂刑事案件适用法律若干问题的解释》(法释〔2016〕9号，自2016年4月18日起施行)②
>
> 为依法惩治贪污贿赂犯罪活动，根据刑法有关规定，现就办理贪污贿赂刑事案件适用法律的若干问题解释如下：
>
> **第一条**③ 贪污或者受贿数额在三万元以上不满二十万元的，应当认定为

---

① 另，《最高人民检察院关于人民检察院直接受理立案侦查案件立案标准的规定(试行)》(高检发释字〔1999〕2号)部分内容已先后为高检发释字〔2006〕2号解释、法释〔2016〕9号解释所废止，其余内容也不符合当前实际，故未予收录。
② 对于本司法解释规定的相关犯罪的定罪量刑标准，需要根据经《刑法修正案(十一)》《刑法修正案(十二)》修改后刑法的相关规定作妥当把握。——**本评注注**
③ 需要注意的问题有三：(1)贪污罪与受贿罪是否适用同一数额标准。有意见认为，贪污和受贿在侵害客体上各有侧重，前者主要侵犯的是公共财产关系，贪污数额直接关系危害性严重程度的判断；后者主要侵犯的是职务廉洁性或者不可收买性，危害性主要体现在国家、人民利益遭受重大损失或者恶劣社会影响方面，受贿数额对于危害性严重程度的判断并不直接相关，据此建议区分贪污罪、受贿罪规定不同的数额标准。经研究，未采纳这一意见，主要考虑是：两罪均属贪利型犯罪，不管是作为侵害对象还是交(转下页)

刑法第三百八十三条第一款规定的"数额较大",依法判处三年以下有期徒刑或者拘役,并处罚金。

贪污数额在一万元以上不满三万元,具有下列情形之一的,应当认定为刑法第三百八十三条第一款规定的"其他较重情节",依法判处三年以下有期徒刑或者拘役,并处罚金:①

(接上页)易条件,均系受经济利益驱动所致,将犯罪数额作为基础量刑情节具有科学合理性,而两罪危害性方面的差异,将通过对于两罪数额之外其他情节的区别规定来加以体现。(2)数额标准是采用单一数额还是数额幅度的形式进行规定。有意见提出,宜参照盗窃、诈骗案件司法解释的做法规定一个数额幅度,具体数额标准交由各地结合当地经济社会发展水平自行确定。经研究,未采纳这一意见,主要有两点考虑:一是盗窃、诈骗等普通财产犯罪的危害性与一地经济社会发展状况和群众感知程度直接相关,而贪污、受贿犯罪属于妨害国家公权力的犯罪,国家公权力统一行使,不因地区发达程度而有高低贵贱之分;二是国家工作人员尤其是较高级别的国家工作人员跨地区交流任职较为普遍,各地量刑标准不一将导致个案量刑标准适用上的无所适从,影响到量刑上的公平公正。(3)关于重复评价的问题。一是加重量刑情节与定罪事实能否同时评价?如将"为他人谋取不正当利益,致使公共财产、国家和人民利益遭受损失的"规定为受贿罪的加重情节的同时,"两高"《关于办理贪污贿赂刑事案件适用法律若干问题的解释》第十七条明确受贿又渎职的实行数罪并罚,能否据此规定既加重量刑又数罪并罚?经研究,源于为他人谋取利益在受贿罪构成体系中的定位的分歧,同时评价和择一重处理两种意见均有一定道理,实践中可以根据个案情况具体掌握。二是加重量刑情节能否作为一般量刑情节再次评价?如前科情节构成累犯时在提档量刑后是否还要从重处罚,以及入罪情节与 2012 年"两高"《关于办理职务犯罪案件严格适用缓刑、免予刑事处罚若干问题的意见》规定的不得适用缓刑情节重合时能否适用缓刑等?对此,意见是明确的,即可以再次评价。当然,不管是第一种情形还是第二种情形,同时评价之后都要考虑到这一特殊性,并在量刑时予以充分体现。参见裴显鼎等:《〈关于办理贪污贿赂刑事案件适用法律若干问题的解释〉的理解与适用》,载中华人民共和国最高人民法院刑事审判第一、二、三、四、五庭主办:《中国刑事审判指导案例 6》(增订第 3 版),法律出版社 2017 年版,第 410、413 页。

① 需要注意的问题有四:(1)关于"两高"《关于办理贪污贿赂刑事案件适用法律若干问题的解释》第一条第二款第一项规定中的"等"字,实践中要注意从两个方面来把握:一是这里的"等"为"等外等",这也是法律文件中"等"字的通常性理解,故特定款物不限于列明的九种款物;二是其他特定款物的认定要从严掌握,只有与所列举的款物具有实质相当性的款物才可以认定为特定款物,具体可以从事项重要性、用途特定性以及时间紧迫性等方面进行判断。(2)关于"两高"《关于办理贪污贿赂刑事案件适用法律若干问题的解释》第一条第二款第二项、第三项,文字表述上之所以用"刑事追究"而非"刑事处罚",主要是考虑到较轻的刑事犯罪还有不起诉或者免予刑事处罚等处理措施,(转下页)

（一）贪污救灾、抢险、防汛、优抚、扶贫、移民、救济、防疫、社会捐助等特定款物的；

（二）曾因贪污、受贿、挪用公款受过党纪、行政处分的；

（三）曾因故意犯罪受过刑事追究的；

（四）赃款赃物用于非法活动的；

（五）拒不交待赃款赃物去向或者拒不配合追缴工作，致使无法追缴的；

（六）造成恶劣影响或者其他严重后果的。

受贿数额在一万元以上不满三万元，具有前款第二项至第六项规定的情形之一，或者具有下列情形之一的，应当认定为刑法第三百八十三条第一款规定的"其他较重情节"，依法判处三年以下有期徒刑或者拘役，并处罚金：①

（接上页）"刑事追究"一词更具包容性。对故意犯罪的理解。故意犯罪侧重于主观恶性，不能因为一些过失犯罪的刑罚重于故意犯罪而对这里的故意犯罪人为设限。但是，综合全案情节，贪污、受贿行为确实属于情节显著轻微危害不大，符合《刑法》第十三条但书条款规定的，可以不作为犯罪处理。(3)关于"两高"《关于办理贪污贿赂刑事案件适用法律若干问题的解释》第一条第二款第四项，要注意避免绝对化理解：一方面，不要求赃款赃物全部或者大部分用于非法活动；另一方面，用于非法活动的赃款赃物数额需要达到一定程度，对于用于非法活动的赃款赃物占比较小的，不宜适用本项规定。"度"的具体把握，实践中可以根据个案情况结合非法活动的比例数和绝对数综合判断。(4)关于"两高"《关于办理贪污贿赂刑事案件适用法律若干问题的解释》第一条第二款第六项，作为兜底条款，本项规定对危害结果予以特别强调，本质上是结果加重情节，所以，在开放性程度上与其他司法解释文件的相关规定是有所不同的。具体适用本项规定时，一方面要注意发挥其兜底性作用，这里的影响或者后果不局限于物质层面的损失；另一方面要注意结合司法解释的本意从严掌握，影响或者后果必须实际发生且为相关证据证明。参见裴显鼎等：《〈关于办理贪污贿赂刑事案件适用法律若干问题的解释〉的理解与适用》，载中华人民共和国最高人民法院刑事审判第一、二、三、四、五庭主办：《中国刑事审判指导案例6》(增订第3版)，法律出版社2017年版，第411—412页。

① 关于多次索贿，对于这里的"多次"，实践中要注意结合行为人的主观目的、索贿事由、对象等进行具体认定，避免单纯形式化的理解。比如，基于索贿十万元的目的，经多次索要才陆续得逞的，不宜认定为多次索贿；同时向多个不同的对象索贿的，也应当认定为多次索贿。此外，这里的"多次"没有时间限定，不论时间长短，凡是基于具体职务行为索取贿赂的，均应一并纳入犯罪处理。参见裴显鼎等：《〈关于办理贪污贿赂刑事案件适用法律若干问题的解释〉的理解与适用》，载中华人民共和国最高人民法院刑事审判第一、二、三、四、五庭主办：《中国刑事审判指导案例6》(增订第3版)，法律出版社2017年版，第412—413页。

（一）多次索贿的；
（二）为他人谋取不正当利益，致使公共财产、国家和人民利益遭受损失的；
（三）为他人谋取职务提拔、调整的。

第二条 贪污或者受贿数额在二十万元以上不满三百万元的，应当认定为刑法第三百八十三条第一款规定的"数额巨大"，依法判处三年以上十年以下有期徒刑，并处罚金或者没收财产。

贪污数额在十万元以上不满二十万元，具有本解释第一条第二款规定的情形之一的，应当认定为刑法第三百八十三条第一款规定的"其他严重情节"，依法判处三年以上十年以下有期徒刑，并处罚金或者没收财产。

受贿数额在十万元以上不满二十万元，具有本解释第一条第三款规定的情形之一的，应当认定为刑法第三百八十三条第一款规定的"其他严重情节"，依法判处三年以上十年以下有期徒刑，并处罚金或者没收财产。

第三条 贪污或者受贿数额在三百万元以上的，应当认定为刑法第三百八十三条第一款规定的"数额特别巨大"，依法判处十年以上有期徒刑、无期徒刑或者死刑，并处罚金或者没收财产。

贪污数额在一百五十万元以上不满三百万元，具有本解释第一条第二款规定的情形之一的，应当认定为刑法第三百八十三条第一款规定的"其他特别严重情节"，依法判处十年以上有期徒刑、无期徒刑或者死刑，并处罚金或者没收财产。

受贿数额在一百五十万元以上不满三百万元，具有本解释第一条第三款规定的情形之一的，应当认定为刑法第三百八十三条第一款规定的"其他特别严重情节"，依法判处十年以上有期徒刑、无期徒刑或者死刑，并处罚金或者没收财产。

第四条 贪污、受贿数额特别巨大，犯罪情节特别严重、社会影响特别恶劣、给国家和人民利益造成特别重大损失的，可以判处死刑。

符合前款规定的情形，但具有自首、立功，如实供述自己罪行、真诚悔罪、积极退赃，或者避免、减少损害结果的发生等情节，不是必须立即执行的，可以判处死刑缓期二年执行。

符合第一款规定情形的，根据犯罪情节等情况可以判处死刑缓期二年执行，同时裁判决定在其死刑缓期执行二年期满依法减为无期徒刑后，终身监禁，不得减刑、假释。

第五条 挪用公款归个人使用，进行非法活动，数额在三万元以上的，应当依照刑法第三百八十四条的规定以挪用公款罪追究刑事责任；数额在三百万元以上的，应当认定为刑法第三百八十四条第一款规定的"数额巨大"。具有下列情形之一的，应当认定为刑法第三百八十四条第一款规定的"情节严重"：

(一)挪用公款数额在一百万元以上的;
(二)挪用救灾、抢险、防汛、优抚、扶贫、移民、救济特定款物,数额在五十万元以上不满一百万元的;
(三)挪用公款不退还,数额在五十万元以上不满一百万元的;
(四)其他严重的情节。

第六条 挪用公款归个人使用,进行营利活动或者超过三个月未还,数额在五万元以上的,应当认定为刑法第三百八十四条第一款规定的"数额较大";数额在五百万元以上的,应当认定为刑法第三百八十四条第一款规定的"数额巨大"。具有下列情形之一的,应当认定为刑法第三百八十四条第一款规定的"情节严重":
(一)挪用公款数额在二百万元以上的;
(二)挪用救灾、抢险、防汛、优抚、扶贫、移民、救济特定款物,数额在一百万元以上不满二百万元的;
(三)挪用公款不退还,数额在一百万元以上不满二百万元的;
(四)其他严重的情节。

第七条 为谋取不正当利益,向国家工作人员行贿,数额在三万元以上的,应当依照刑法第三百九十条的规定以行贿罪追究刑事责任。

行贿数额在一万元以上不满三万元,具有下列情形之一的,应当依照刑法第三百九十条的规定以行贿罪追究刑事责任:
(一)向三人以上行贿的;
(二)将违法所得用于行贿的;
(三)通过行贿谋取职务提拔、调整的;
(四)向负有食品、药品、安全生产、环境保护等监督管理职责的国家工作人员行贿,实施非法活动的;
(五)向司法工作人员行贿,影响司法公正的;
(六)造成经济损失数额在五十万元以上不满一百万元的。

第八条 犯行贿罪,具有下列情形之一的,应当认定为刑法第三百九十条第一款规定的"情节严重":
(一)行贿数额在一百万元以上不满五百万元的;
(二)行贿数额在五十万元以上不满一百万元,并具有本解释第七条第二款第一项至第五项规定的情形之一的;
(三)其他严重的情节。

为谋取不正当利益,向国家工作人员行贿,造成经济损失数额在一百万元以上不满五百万元的,应当认定为刑法第三百九十条第一款规定的"使国家利益遭受重大损失"。

第九条　犯行贿罪,具有下列情形之一的,应当认定为刑法第三百九十条第一款规定的"情节特别严重":

(一)行贿数额在五百万元以上的;

(二)行贿数额在二百五十万元以上不满五百万元,并具有本解释第七条第二款第一项至第五项规定的情形之一的;

(三)其他特别严重的情节。

为谋取不正当利益,向国家工作人员行贿,造成经济损失数额在五百万元以上的,应当认定为刑法第三百九十条第一款规定的"使国家利益遭受特别重大损失"。

第十条　刑法第三百八十八条之一规定的利用影响力受贿罪的定罪量刑适用标准,参照本解释关于受贿罪的规定执行。

刑法第三百九十条之一规定的对有影响力的人行贿罪的定罪量刑适用标准,参照本解释关于行贿罪的规定执行。

单位对有影响力的人行贿数额在二十万元以上的,应当依照刑法第三百九十条之一的规定以对有影响力的人行贿罪追究刑事责任。

第十一条　刑法第一百六十三条规定的非国家工作人员受贿罪、第二百七十一条规定的职务侵占罪中的"数额较大""数额巨大"的数额起点,按照本解释关于受贿罪、贪污罪相对应的数额标准规定的二倍、五倍执行。

刑法第二百七十二条规定的挪用资金罪中的"数额较大""数额巨大"以及"进行非法活动"情形的数额起点,按照本解释关于挪用公款罪"数额较大""情节严重"以及"进行非法活动"的数额标准规定的二倍执行。

刑法第一百六十四条第一款规定的对非国家工作人员行贿罪中的"数额较大""数额巨大"的数额起点,按照本解释第七条、第八条第一款关于行贿罪的数额标准规定的二倍执行。

第十二条①　贿赂犯罪中的"财物",包括货币、物品和财产性利益。财产性利益包括可以折算为货币的物质利益如房屋装修、债务免除等,以及需要支付货币的其他利益如会员服务、旅游等。后者的犯罪数额,以实际支付或者应当支付

---

① 本条首次明确财产性利益包括可以折算为货币的物质利益和需要支付货币才能获得的其他利益两种。前者如房屋装修、债务免除等,其本质上是一种物质利益。后者如会员服务、旅游,就其性质而言不属于物质利益,但由于取得这种利益需要支付相应的货币对价,故应当在法律上视同为财产性利益。实践中提供或者接受后者利益主要有两种情形:一种是行贿人支付货币购买后转送给受贿人消费;二是行贿人将在社会上(转下页)

的数额计算。

第十三条① 具有下列情形之一的,应当认定为"为他人谋取利益",构成犯罪的,应当依照刑法关于受贿犯罪的规定定罪处罚:

(一)实际或者承诺为他人谋取利益的;

(二)明知他人有具体请托事项的;

(三)履职时未被请托,但事后基于该履职事由收受他人财物的。

国家工作人员索取、收受具有上下级关系的下属或者具有行政管理关系的被管理人员的财物价值三万元以上,可能影响职权行使的,视为承诺为他人谋取利益。

第十四条 根据行贿犯罪的事实、情节,可能被判处三年有期徒刑以下刑罚的,可以认定为刑法第三百九十条第二款规定的"犯罪较轻"。

根据犯罪的事实、情节,已经或者可能被判处十年有期徒刑以上刑罚的,或者案件在本省、自治区、直辖市或者全国范围内有较大影响的,可以认定为刑法

(接上页)作为商品销售的自有利益免费提供给受贿人消费。两种情形实质相同,均应纳入贿赂犯罪处理。参见裴显鼎等:《〈关于办理贪污贿赂刑事案件适用法律若干问题的解释〉的理解与适用》,载中华人民共和国最高人民法院刑事审判第一、二、三、四、五庭主办:《中国刑事审判指导案例6》(增订第3版),法律出版社2017年版,第417页。

① 需要注意的问题有二:(1)《关于办理贪污贿赂刑事案件适用法律若干问题的解释》第十三条第一款第三项是针对事后受贿作出的新规定,适用时需要注意以下两点:一是根据此前司法解释等文件的规定,国家工作人员离职、退休后收受财物,认定受贿需以离职、退休之前即国家工作人员身份存续期间有事先约定为条件。本项规定同样受此约束,不能认为本项规定修改了此前文件的规定。二是"事后"的时间间隔没有限制,但收受财物与履职事项之间应存在实质关联。(2)本条第二款规定的是受贿犯罪与"感情投资"的界限划分问题。在刑法没有规定赠贿、收受礼金方面犯罪的情况下,受贿犯罪谋利要件的认定需要把握住一个底线,这个底线就是具体请托事项。鉴于此,纯粹的感情投资不能以受贿犯罪处理。本条第二款"价值三万元以上"是为了便于实践掌握而对非正常人情往来作出的量化规定。该款规定充分考虑了与《中国共产党纪律处分条例》关于违纪收受礼金规定的衔接,将收受财物的对象限制在具有上下级关系的下属或者行政管理关系的被管理人,并加以金额三万元以上、可能影响职权行使的限制,较好地区分了受贿犯罪与正常人情往来以及违纪行为的政策法律界限。具体适用本款规定时,要注意把"价值三万元以上"和"可能影响职权行使"结合起来作整体理解:一方面,"价值三万元以上"可以累计计算,而不以单笔为限;另一方面,对于确实属于正常人情往来、不影响职权行使的部分,不宜计入受贿数额。参见裴显鼎等:《〈关于办理贪污贿赂刑事案件适用法律若干问题的解释〉的理解与适用》,载中华人民共和国最高人民法院刑事审判第一、二、三、四、五庭主办:《中国刑事审判指导案例6》(增订第3版),法律出版社2017年版,第417—418页。

第三百九十条第二款规定的"重大案件"。

具有下列情形之一的,可以认定为刑法第三百九十条第二款规定的"对侦破重大案件起关键作用":

(一)主动交待办案机关未掌握的重大案件线索的;

(二)主动交待的犯罪线索不属于重大案件的线索,但该线索对于重大案件侦破有重要作用的;

(三)主动交待行贿事实,对于重大案件的证据收集有重要作用的;

(四)主动交待行贿事实,对于重大案件的追逃、追赃有重要作用的。

第十五条 对多次受贿未经处理的,累计计算受贿数额。

国家工作人员利用职务上的便利为请托人谋取利益前后多次收受请托人财物,受请托之前收受的财物数额在一万元以上的,应当一并计入受贿数额。

第十六条 国家工作人员出于贪污、受贿的故意,非法占有公共财物、收受他人财物之后,将赃款赃物用于单位公务支出或者社会捐赠的,不影响贪污罪、受贿罪的认定,但量刑时可以酌情考虑。

特定关系人索取、收受他人财物,国家工作人员知道后未退还或者上交的,应当认定国家工作人员具有受贿故意。

第十七条 国家工作人员利用职务上的便利,收受他人财物,为他人谋取利益,同时构成受贿罪和刑法分则第三章第三节、第九章规定的渎职犯罪的,除刑法另有规定外,以受贿罪和渎职犯罪数罪并罚。

第十八条 贪污贿赂犯罪分子违法所得的一切财物,应当依照刑法第六十四条的规定予以追缴或者责令退赔,对被害人的合法财产应当及时返还。对尚未追缴到案或者尚未足额退赔的违法所得,应当继续追缴或者责令退赔。

第十九条 对贪污罪、受贿罪判处三年以下有期徒刑或者拘役的,应当并处十万元以上五十万元以下的罚金;判处三年以上十年以下有期徒刑的,应当并处二十万元以上犯罪数额二倍以下的罚金或者没收财产;判处十年以上有期徒刑或者无期徒刑的,应当并处五十万元以上犯罪数额二倍以下的罚金或者没收财产。

对刑法规定并处罚金的其他贪污贿赂犯罪[①],应当在十万元以上犯罪数额

[①] "其他贪污贿赂犯罪",应当理解为除贪污罪、受贿罪之外规定在《刑法》分则第八章中的其他贪污贿赂犯罪,而不包括非国家工作人员职务犯罪。参见裴显鼎等:《〈关于办理贪污贿赂刑事案件适用法律若干问题的解释〉的理解与适用》,载中华人民共和国最高人民法院刑事审判第一、二、三、四、五庭主办:《中国刑事审判指导案例6》(增订第3版),法律出版社2017年版,第421页。

二倍以下判处罚金。

第二十条 本解释自 2016 年 4 月 18 日起施行。最高人民法院、最高人民检察院此前发布的司法解释与本解释不一致的，以本解释为准。

附：《最高人民法院关于〈最高人民法院、最高人民检察院关于办理贪污贿赂刑事案件适用法律若干问题的解释〉的问答》

问题1 《最高人民法院、最高人民检察院关于办理贪污贿赂刑事案件适用法律若干问题的解释》（以下简称《解释》）规定了本来由刑法规定的定罪量刑标准，这一做法是否合法？《解释》规定的贪污、受贿数额较大、数额巨大、数额特别巨大的标准与1997年刑法规定的数额有所不同，是否符合当前严惩腐败的精神？《解释》规定数额较大的起点为3万元，是否意味着低于3万元的贪污、受贿行为不予追究刑事责任？

答：第一个问题，关于《解释》规定定罪量刑标准的合法性，全国人大常委会在审议《中华人民共和国刑法修正案（九）（草案）》时，全国人大常委会法工委对修改贪污受贿犯罪的定罪量刑标准作了说明，指出1997年刑法对贪污受贿犯罪的定罪量刑标准规定了具体数额，是1988年全国人大常委会根据当时惩治贪污贿赂犯罪的实际需要和司法机关的要求作出的。从实践情况看，规定数额虽然明确具体，但此类犯罪情节差别很大，情况复杂，单纯考虑数额，难以全面反映具体个罪的社会危害性。同时，数额规定过死，有时难以根据案件的不同情况做到罪刑相适应。根据各方面意见，拟删去对贪污受贿犯罪规定的具体数额，原则规定为数额较大或者情节较重、数额巨大或者情节严重、数额特别巨大或者情节特别严重三种情况，相应规定三档刑罚。具体定罪量刑标准可由司法机关根据案件的具体情况掌握，或者由最高人民法院、最高人民检察院通过制定司法解释予以确定。正是基于上述授权，"两高"制定司法解释对贪污罪、受贿罪的定罪量刑标准作出规定，而且在《解释》颁布前报送全国人大常委会法工委听取意见，并送其备案。所以说，《解释》对贪污罪、受贿罪的入罪门槛、量刑标准作出规定是完全合法合规的。

第二个问题，应当从《解释》对贪污受贿犯罪所作的全面的规定来看待《解释》对贪污受贿犯罪定罪量刑数额标准的调整。《解释》通篇体现了对贪污受贿犯罪从严的精神。一是赋予终身监禁的制度刚性，明确终身监禁的决定必须在裁判的同时就作出，终身监禁一经作出将无条件执行，不受服刑表现的影响。二是加大经济处罚力度，规定远重于其他犯罪的罚金刑判罚标准。三是严密了法网，把贿赂犯罪对象由财物扩大为财物和其他财产性利益，对"为他人谋取利益"的认定作了适度的扩张解释，明确将赃款赃物用于单位公务支出或者社会捐赠不影响贪污受贿犯罪的认定。四是明确国家工作人员收受贿赂、违反规定为他人谋取利益,同时构成受贿罪和渎职犯罪的实行数罪并罚。《解释》的这些规定充分体现了从严打击贪污受贿犯罪的精神和要求。《解释》虽对贪污受贿犯罪定罪量刑数额标准有所调整,但应当看到,《中华人民共和国刑法修正案(九)》(以下简称《刑法修正案(九)》)对贪污罪、受贿罪的定罪量刑标准由过去的"计赃论罚"修改为数额与情节并重,《解释》对"较重情节""严重情节""特别严重情节"作了规定,即使未达到数额标准,但符合相关情节规定的,仍可按相应的量刑档处罚。同时,对定罪量刑数额标准适当调整,拉开各量刑档间的数额级差,有助于为情节在量刑中发挥作用留下更大空间,更好地实现罪刑均衡。《解释》的这一调整立足于反腐败现实需要,也经过广泛地征求意见、充分论证,总体是科学、合理和可行的。

第三个问题,"数额较大"的起点规定为3万元,但并不意味着低于3万元的贪污、受贿行为不予追究刑事责任。贪污、受贿数额满1万元,同时具有《解释》规定的情节的,同样应当追究刑事责任。对于贪污、受贿行为,除了刑罚处罚外,还有党纪、政纪处分,有些虽未达到刑事追诉标准被追究刑事责任,但违反党纪、政纪的,仍然要被追究纪律责任。

问题2　《刑法修正案(九)》新增了贪污罪、受贿罪的终身监禁,《解释》也对终身监禁的适用作了进一步的规定,能否具体解释一下终身监禁与死刑立即执行、死缓之间的关系以及适用条件的区别?

答:这里的终身监禁,准确地说是贪污罪、受贿罪死缓减为无期徒刑后终身监禁,是指对部分死刑缓期执行二年期满依法减为无期徒刑后不再继续减刑、假释的一种刑罚执行措施。

《解释》依据刑法的明确规定,对于贪污、受贿数额特别巨大,犯罪情节特别严重、社会影响特别恶劣、造成损失特别重大的,依法判处死刑立即执行。《解释》同时依法规定,对于符合死刑立即执行条件,但同时具有法定从宽处罚情节,不是必须立即执行的,可以判处死刑缓期二年执行。死缓是附条件的不执行死刑,即在二年缓期执行期间没有故意犯罪的,依据刑法减为无期徒刑、有期徒刑。终身监禁是介于死刑立即执行与一般死缓之间、极为严厉的一种刑罚执行措施,它的设立,有效填补了死刑立即执行与死缓在实际执行中的空当。根据《刑法修正案(九)》的规定,终身监禁不适用刑法总则关于死缓二年缓期执行期间有重大立功表现减为二十五年有期徒刑的规定,也不适用二年缓期执行期满依法减为无期徒刑后再减为有期徒刑的规定,即不受死缓二年缓期执行期间及执行期间届满减为无期徒刑后服刑表现的影响而减为有期徒刑。对于一些判处死刑立即执行过重,判处一般死缓依法减刑后又偏轻的重大的贪污、受贿罪犯,终身监禁能够体现罪刑相适应的原则。正是基于这一精神,《解释》规定在一、二审裁判文书上就应当写明终身监禁的决定意见,而不能等到缓期执行期间届满再视情而定,意在强调终身监禁决定后,就必须一直执行监禁刑,而不得再予减刑、假释。

问题3 我们注意到近年来一些高级领导干部犯罪案件中,其"身边人"借着领导干部的关系大肆敛财,对于遏制这种情况《解释》有没有采取一些措施?

答: 这种情形的确成为某些领导干部收受贿赂、规避法律的一种方式。对于这种情况,立法机关和司法机关都关注到了。就立法层面而言,《中华人民共和国刑法修正案(七)》增加了利用影响力受贿罪,《刑法修正案(九)》又增加了一个新的罪名,即第三百九十条之一规定的对有影响力的人行贿罪。据此《解释》第十条对利用影响力受贿罪和对有影响力的人行贿罪的定罪处罚标准予以明确,使法律能够得到更好的实施。《解释》第十六条第二款规定,"特定关系人索取、收受他人财物,国家工作人员知道后未退还或者上交的,应当认定国家工作人员具有受贿故意",即对国家工作人员作了更为严格的要求,只要其知道"身边人"利用其职权索取、收受了财物,未将该财物及时退还或上交的,即可认定其具有受贿故意,符合刑法规定的,依照受贿罪定罪处罚。司法实践中,国家工作人员往往辩解其是在"身边人"索取、收受他人财物后才知道的,并没有受贿故意,不构成受贿罪。《解释》的这一规定扫除了司法实践中的障碍,对国家工作人员规避法律的这种情况能够给予有效地打击。

问题4 请问贿赂犯罪的对象是否限于"财物"?《解释》是如何界定贿赂犯罪中的"贿赂"?

答: 贿赂犯罪的本质在于权钱交易。根据我国刑法的规定,行贿是指为谋取不正当利益,给予国家工作人员以财物;受贿是指国家工作人员利用职务上便利,向他人索取或者收受他人财物,为他人谋取利益。可见,根据刑法规定,贿赂犯罪的对象是"财物"。因此,如何界定贿赂犯罪中的"贿赂",关键在于对刑法中规定的"财物"应当如何理解和进行解释。

这些年随着我国社会经济的发展,贿赂犯罪手段越来越隐蔽。比如,有的行为人通过低买高卖交易的形式收受请托人的好处,有的行为人通过收受干股、合作投资、委托理财、赌博等方式,变相收受请托人的财物。这类贿赂犯罪隐蔽性强,社会危害性大,有必要依法予以惩处。因此,《解释》第十二条对什么是"贿赂",作出了专门的规定。

根据《解释》的规定,贿赂犯罪中的财物,包括货币、物品和财产性利益。财产性利益包括可以折算为货币的物质利益如房屋装修、债务免除等,以及需要支付货币的其他利益如会员服务、旅游等。后者的犯罪数额,以实际支付或者应当支付的数额计算。《解释》第十二条对贿赂的规定,是在2008年11月《最高人民法院、最高人民检察院关于办理商业贿赂刑事案件适用法律若干问题的意见》有关规定的基础上,对什么是"财产性利益"作的进一步明确。这条规定既是对以往司法解释文件和司法经验的梳理和总结,也充分体现了党的十八届四中全会《关于全面推进依法治国若干重大问题的决定》关于"完善惩治贪污贿赂犯罪法律制度"的精神和要求,回应了广大人民群众从严打击贿赂犯罪的呼声。

问题5 《解释》第十八条规定了贪污贿赂犯罪分子违法所得的追缴和退赔,请问出于什么考虑?另外,追逃、追赃紧密相连,为何《解释》没有规定追逃的内容?

答:依法追缴贪污贿赂犯罪嫌疑人、被告人的违法所得财产和其他涉案财产,是检察机关查办贪污贿赂犯罪案件的重要工作,是反腐败的重要组成部分。

《解释》第十八条专门规定了违法所得的追缴和退赔,主要有三点现实考虑:一是贪污贿赂犯罪逃避经济处罚,隐匿、转移赃物的情况非常严重,影响到反腐败工作的实际效果。二是为了落实中央要求,严格执法,加大追赃力度,"决不能让腐败分子在经济上占便宜"。三是有助于统一思想,依法履行追赃职责。《解释》对追赃作出专门规定,旨在指引各级司法机关摒弃"重办案轻追赃"的错误观念,充分认识追赃对惩治腐败、实现公正司法的重要意义。

《解释》第十八条根据贪污贿赂犯罪特点,结合办案需要,明确了贪污贿赂案件赃款赃物的处理办法:一是对贪污贿赂犯罪分子违法所得的一切财物,应当依照《刑法》第六十四条的规定予以追缴或者责令退赔,对被害人的合法财产应当及时返还。二是对尚未追缴到案或者尚未足额退赔的违法所得,应当继续追缴或者责令退赔。对藏匿、转移赃款赃物的,要坚持一追到底的原则,避免出现以刑罚执行替代经济惩处的现象,防止"因罪致富"等不正常情况的出现。

另外,关于追逃问题。追逃、追赃是深入开展反腐败工作的重要内容,从查办案件来说,两者是紧密相连的。我们党和国家高度重视追逃、追赃,强调"决不能让腐败分子在经济上占便宜""决不让腐败分子逍遥法外"。由于《解释》规定的是实体问题,而"追逃"主要是程序问题,故《解释》仅一处涉及追逃,即第十四条第三款第四项将"主动交待行贿事实,对于重大案件的追逃、追赃有重要作用的"明确为"对侦破重大案件起关键作用的"。

我国刑事诉讼法对追逃问题有相关规定。刑事诉讼法第一百四十二条规定了查询、冻结犯罪嫌疑人财产的程序,第一百五十三条规定了发布通缉令的程序,第二百八十条规定了犯罪嫌疑人、被告人逃匿、死亡案件违法所得的没收程序等。例如,根据刑事诉讼法第二百八十条的规定,对于贪污贿赂犯罪、恐怖活动犯罪等重大犯罪案件,犯罪嫌疑人、被告人逃匿,在通缉一年后不能到案,或者犯罪嫌疑人、被告人死亡,依照刑法规定应当追缴其违法所得及其他涉案财产的,人民检察院可以向人民法院提出没收违法所得的申请。

问题6 《解释》对贪污贿赂罪的罚金刑作了专门规定,请问出于何种考虑?

答:《刑法修正案(九)》对贪污罪、受贿罪和相关行贿犯罪增加了罚金刑,体现了自由刑与财产刑并重的立法精神。为实现立法意图,《解释》第十九条规定了贪污贿赂犯罪的罚金刑适用。

根据《解释》第十九条的规定,对贪污罪、受贿罪判处三年以下有期徒刑或者拘役的,应当并处10万元以上50万元以下的罚金;判处三年以上十年以下有期徒刑的,应当并处20万元以上犯罪数额2倍以下的罚金或者没收财产;判处十年以上有期徒刑或者无期徒刑的,应当并处50万元以上犯罪数额2倍以下的罚金或者没收财产。对刑法规定并处罚金的其他贪污贿赂犯罪,应当在10万元以上犯罪数额2倍以下判处罚金。主要考虑有三点:一是体现罚金的惩罚性。贪污贿赂犯罪属于经济犯罪,对贪利型犯罪有效利用罚金刑的惩罚性可以起到比执行自由刑更好的行刑效果,不能让犯罪分子在经济上占便宜。二是确保罚金刑适用的统一性、规范性。由于刑法条文仅规定判处罚金,没有具体适用标准,实践中可能出现各地裁判不一、量刑差距过大问题。统一规定罚金刑的裁量标准,有利于合理控制自由裁量刑罚幅度,起到规范量刑的作用。三是避免空判,确保罚金刑适用的严肃性。实践中,有的案件忽视了执行的可行性,判决中出现"天价罚金",但实际无法执行的现象。因此,《解释》综合考虑罪行轻重和可操作性,根据贪污罪、受贿罪法定刑设置,明确了相应罚金刑的适用标准,从而避免罚金刑虚置、空判或者执行不到位。

问题7 我们注意到近年来高官贪腐的案件中有不少都涉及"买官卖官",对于吏治腐败这一问题,《解释》在制定过程中是否予以考虑?

答:习近平总书记指出,"吏治腐败是最大的腐败,用人腐败必然导致用权腐败。"我们在制定司法解释的过程中,对吏治腐败这一现象也予以高度关注。《解释》中有三个条款都与惩治吏治腐败有关。《解释》第十三条第二款的规定,国家工作人员索取、收受具有上下级关系的下属财物价值3万元以上,可能影响职权行使的,视为承诺为他人谋取利益,对其行为按照受贿罪追究刑事责任。这主要是因为现实中买官者与卖官者之间往往对"买官卖官"这件事抱着"心照不宣"的态度,在收受财物时,买官者并未明确提出职位晋升的请托事项,在案件调查时还辩称是人情往来,企图借此逃避法律制裁。为了严密法网,《解释》作出了上述规定。不仅如此,《解释》还将"买官卖官"规定为贿赂犯罪加重处罚的一个情节。根据《解释》第一条第三款第三项、第七条第二款第三项的规定,收受贿赂,为他人谋取职务提拔、调整的,或者通过行贿谋取职务提拔、调整的,犯罪数额达到1万元就应被追究刑事责任,受贿犯罪数额达到10万元、150万元,就属于"严重情节""特别严重情节",行贿犯罪数额达到50万元、250万元,就属于"情节严重""情节特别严重",即"买官卖官"是一个加重处罚情节,具有该情节,在定罪量刑时,加重处罚。

问题8 《解释》为平衡国家工作人员职务犯罪与非国家工作人员职务犯罪之间的罪刑均衡,对职务侵占、挪用资金、非国家工作人员受贿等犯罪的定罪量刑标准一并作了规定。根据目前的规定,同等犯罪数额的情况下,盗窃、诈骗等普通侵犯财产犯罪被判有期徒刑时常常会比贪污贿赂犯罪判得重,不知"两高"是否注意到这一情况并有作出相应调整的计划?

答:应当承认,无论是刑法,还是根据刑法作出的司法解释,对贪污贿赂犯罪的处罚标准与盗窃罪等普通刑事犯罪的处罚标准的规定确有不同。但是,我们不能对这些处罚标准简单地进行比较。因为不同犯罪的社会危害性体现在不同方面,惩治措施有必要根据不同犯罪的特点和危害性有所区分。《解释》根据《刑法修正案(九)》对贪污贿赂犯罪所作的重大修改,对贪污贿赂犯罪的数额规定充分研究论证,既充分考虑到这类犯罪的特点和社会危害性,又考虑到惩治这类行为的整体处罚措施,确保党纪、政纪处理和刑事追究的紧密衔接,形成整体惩治和威慑效应,因而是符合当前的办案情况和反腐败斗争现实需要的。

同时,我们也充分注意到如何更加科学地配置贪污受贿犯罪与盗窃、诈骗等普通刑事犯罪处罚标准的问题,我们将会同最高人民检察院对这一问题抓紧研究,一方面,通过司法解释从司法的层面上解决普通侵财犯罪与职务犯罪之间的罪刑均衡问题;另一方面,对司法解释无法解决而必须通过立法解决的问题,我们会依职权向立法机关就进一步完善刑法体系提出立法建议。

问题9 在一些已经判决的案件中,被告人因具有检举、揭发他人犯罪而被从轻处罚。按照一般的理解,被告人官位越高,参与的贪腐事件越多,反而更加具备检举揭发他人犯罪的条件,越容易获得处刑上的从宽处理,这样是否合法合理?

答:检举、揭发他人犯罪从法律上分有两种:一种是符合刑法第六十八条规定,构成立功或重大立功的检举、揭发,对此刑法明确规定犯罪分子有揭发他人犯罪行为,查证属实的,或者提供重要线索,从而得以侦破其他案件等立功表现的,可以从轻或者减轻处罚;有重大立功表现的,可以减轻或者免除处罚。这是法定的从轻、减轻、免除处罚的情节,对于任何犯罪都是适用的。另一种是虽不符合立功的要求,但检举、揭发对侦破重大案件起到关键作用,这属于酌定从轻处罚情节。是否从轻处罚,还需结合犯罪事实等情况综合判断。检举、揭发他人犯罪的行为对刑罚有一定影响,根本上还是因为这种行为对于司法机关破获其他犯罪案件起到一定甚至非常重要的作用,大大节约了司法资源和成本,这种制度也并不是我国所特有的。

在这里强调的是,衡量被告人刑罚的标准首先是其罪行的轻重,是在依据刑法对其应判处的刑罚作出判断的基础上,根据其检举、揭发的具体情况决定是否从轻处罚,以及从轻处罚的幅度,而非不受限制任意的从轻处罚。

问题 10 《解释》重新确定了贪污贿赂犯罪定罪量刑的标准,这是否意味着过去已经判决生效的案件判重了或判错了?对于这些案件法院是不是需要重审改判?现在审理的案件,法院将会遵循一个什么样的原则?

答: 对于过去已经判决生效的案件,刑法是有明确规定的,依照审判时的法律已经作出的生效判决继续有效。也就是说,《刑法修正案(九)》和《解释》规定的定罪量刑标准对已判决生效的案件没有溯及力。所以,不存在改判或者错判的问题。

对于犯罪行为发生在 2015 年 10 月 31 日《刑法修正案(九)》实施之前,目前正在审理的案件,将按照刑法规定的"从旧兼从轻"的法律适用原则处理。这就是说,一般考虑适用修正前的刑法规定,但是,适用修正后的法律和《解释》规定将判处更轻刑罚的,那么就适用修正后的刑法和本解释的规定。

问题 11 《解释》对行贿罪的定罪量刑数额标准作了较大调整,是否意味着今后对行贿犯罪可以从宽处理?

答: 由于《解释》对贪污罪、受贿罪的有关数额标准进行了调整,实践中,如果不对行贿罪的有关数额标准一并进行调整,仍执行 2012 年《最高人民法院、最高人民检察院关于办理行贿刑事案件具体应用法律若干问题的解释》(以下简称《行贿解释》)中行贿罪的定罪量刑标准,那么,行贿罪与受贿罪之间则可能会出现量刑"轻重倒挂"现象。因此,《解释》适当调整了行贿罪的定罪量刑标准。但是,调整行贿罪有关标准,并非意味着轻纵行贿犯罪。

近年来,检察机关坚持从严打击行贿犯罪的刑事政策,强调司法实践中应当避免出现"重受贿轻行贿",导致对行贿惩处失之于宽、不利于切断受贿犯罪因果链等问题。《解释》坚持了从严打击行贿犯罪的立场,主要体现在以下几个方面:

一是《解释》摈弃了唯数额论。比如说,《解释》虽将行贿罪的纯数额起刑点由 1 万元调整为 3 万元,但同时规定行贿 1 万元以上不满 3 万元,具有《解释》规定情形之一的,也应当被追诉。这是由于实践中,有些行贿行为虽然数额不大,但行贿范围广、向特定领域的国家工作人员行贿、造成损失大、影响坏,有必要对这些行为予以刑事制裁。二是进一步突显了行贿罪的打击重点。例如,通过行贿买官行为严重违反党的组织纪律,严重破坏政治生态,因此,《解释》将"通过行贿谋取职务提拔、调整的"作为行贿罪的以严重情节予以规定。三是明确规定对有影响力的人行贿罪的定罪量刑适用标准,参照《解释》关于行贿罪的规定执行。四是进一步严格了行贿罪从宽处罚的适用条件。《刑法修正案(九)》针对实践中"重受贿轻行贿"的问题,对刑法第三百九十条第二款行贿罪从宽处罚的适用条件作了修改完善,对行贿罪减、免刑罚设定了更为严格的条件。为此,《解释》对行贿罪的从宽处罚条件中的"犯罪较轻""重大案件""对侦破重大案件起关键作用"等都作出了明确规定。

问题 12 《解释》对挪用公款罪定罪量刑标准做了哪些调整?

答: 1998年《最高人民法院关于审理挪用公款案件具体应用法律若干问题的解释》(以下简称《挪用公款解释》)已经实施了18年,有关数额标准明显不适应当前司法实践情况,有必要进行调整。

《解释》对挪用公款罪定罪量刑标准的调整,主要有三点:一是将各地可以根据本地情况制定具体执行的数额幅度标准修改为全国统一的数额标准,同时适当提高了具体数额标准。二是增加规定了挪用公款进行非法活动"数额巨大"的标准。《挪用公款解释》第三条对挪用公款进行非法活动的,仅规定了追究刑事责任的数额起点和"情节严重",而未对"数额巨大"标准作出规定。实践中,对挪用公款进行非法活动中"数额巨大"如何适用存在疑问。《解释》对此明确了"三百万元以上的"的数额标准。三是对挪用公款"情节严重"作了进一步明确。《解释》对"情节严重"的认定采取"数额+从重情形"的模式,从而使规定更为合理和科学。

问题 13 《解释》提高了贪污罪、受贿罪起刑点的数额标准,是否会对检察机关办理贪污贿赂犯罪案件造成影响?

答: 《解释》对贪污罪、受贿罪起刑点的数额标准的调整,可能会对检察机关办理贪污贿赂犯罪案件的数量造成一定影响,但不会影响整体办案和反腐败工作力度。

其主要理由:一是《解释》规定立足反腐败现实需要,经广泛征求意见、充分论证,总体是科学、合理和可行的。二是《解释》遵循《刑法修正案(九)》关于数额与情节并重的立法精神,对于贪污、受贿数额1万元以上不满3万元,但具有相应情节之一的,通过认定为"具有其他较重情节",较好解决了入罪门槛问题。

三是近年来,贪污、受贿数额在3万元以下的案件被移送司法机关或者被追究刑事责任的相对较少,起刑点的调整不会使受刑事追诉的贪污贿赂犯罪案件大幅减少。四是起刑点数额标准提高了,并不意味着对尚未达到标准的举报线索,检察机关就不予受理和审查。有些举报线索虽未达到规定数额,但经审查和初查,有证据证明达到标准的,仍应立案侦查。五是《解释》严密了法网,如把贿赂犯罪对象由财物扩大为财物和其他财产性利益,对"为他人谋取利益"的认定作了适度的扩张解释,明确将赃款赃物用于单位公务支出或者社会捐赠的,不影响贪污受贿犯罪的认定,这些规定充分体现了从严打击贪腐犯罪的精神和要求。因此,不能仅因起刑点数额标准调整就认为会影响对贪污贿赂犯罪的打击力度。此外,惩治腐败是一个系统工程,除了刑罚,还有党纪、行政处分,未达到起刑点数额标准的案件并不意味着不会被追究任何责任。

规范性文件

《全国法院审理经济犯罪案件工作座谈会纪要》(法发〔2003〕167号)

为了进一步加强人民法院审判经济犯罪案件工作,最高人民法院于2002年6月4日至6日在重庆市召开了全国法院审理经济犯罪案件工作座谈会。各省、自治区、直辖市高级人民法院和解放军军事法院主管刑事审判工作的副院长和刑庭庭长参加了座谈会,全国人大常委会法制工作委员会、最高人民检察院、公安部也应邀派员参加了座谈会。座谈会总结了刑法和刑事诉讼法修订实施以来人民法院审理经济犯罪案件工作的情况和经验,分析了审理经济犯罪案件工作面临的形势和任务,对当前和今后一个时期进一步加强人民法院审判经济犯罪案件的工作做了部署。座谈会重点讨论了人民法院在审理贪污贿赂和渎职犯罪案件中遇到的有关适用法律的若干问题,并就其中一些带有普遍性的问题形成了共识。经整理并征求有关部门的意见,纪要如下:

一、关于贪污贿赂犯罪和渎职犯罪的主体

(一)国家机关工作人员的认定

刑法中所称的国家机关工作人员,是指在国家机关中从事公务的人员,包括在各级国家权力机关、行政机关、司法机关和军事机关中从事公务的人员。

根据有关立法解释的规定,在依照法律、法规规定行使国家行政管理职权的组织中从事公务的人员,或者在受国家机关委托代表国家行使职权的组织中从事公务的人员,或者虽未列入国家机关人员编制但在国家机关中从事公务的人员,视为国家机关工作人员。在乡(镇)以上中国共产党机关、人民政协机关中从事公务的人员,司法实践中也应当视为国家机关工作人员。①

(二)国家机关、国有公司、企业、事业单位委派到非国有公司、企业、事业单位、社会团体从事公务的人员的认定②

所谓委派,即委任、派遣,其形式多种多样,如任命、指派、提名、批准等。不论被委派的人身份如何,只要是接受国家机关、国有公司、企业、事业单位委派、代表国家机关、国有公司、企业、事业单位在非国有公司、企业、事业单位、社会团体中从事组织、领导、监督、管理等工作,都可以认定为国家机关、国有公司、企业、事业单位委派到非国有公司、企业、事业单位、社会团体从事公务的人员。如国家机关、国有公司、企业、事业单位委派在国有控股或者参股的股份有限公司从事组织、领导、监督、管理等工作的人员,应当以国家工作人员论。国有公司、企业改制为股份有限公司后,原国有公司、企业的工作人员和股份有限公司新任命的人员中,除代表国有投资主体行使监督、管理职权的人外,不以国家工

---

① 考虑到中国共产党是我国的执政党,中国共产党领导的多党合作和政治协商制度是我国的根本政治制度,并且将长期存在和发展。在我国的政治生活、社会生活和对外友好活动中,在进行社会主义现代化建设、维护国家的统一和团结的斗争中,中国共产党和人民政协实际履行着国家管理职能,但并非所有的党组织和政协机关都履行了国家管理职能。"乡(镇)以上",是指中国共产党中央委员会和全国政协,省、自治区、直辖市、市、县(区)、乡(镇)党委和政协,而不包括基层党支部,也不包括公司、企业等单位中的党组织。参见郭清国:《〈全国法院审理经济犯罪案件工作座谈会纪要〉的理解与适用》,载中华人民共和国最高人民法院刑事审判第一、二、三、四、五庭主办:《中国刑事审判指导案例6》(增订第3版),法律出版社2017年版,第367页。

② 考虑到"推荐"和"提名"通常是国有单位行使人事权的实质性行为,被国有单位推荐或者提名的人一旦在非国有单位担任相应的职务,即获得了代表国有单位对国有资产的监督、管理职责,不能因为须经过股东大会选举或者董事会聘任程序而否认国有单位委派的性质。在具体认定是否属于受委派从事公务的人员时,应当从以下三个方面进行把握:一是委派不问来源,不论行为人在受委派以前是否具有国家工作人员身份,也不论行为人是委派单位或者接受委派单位的原有职工,还是为了委派而临时从社会上招聘的人员(如农民),都能成为国有单位委派人员。二是委派的形式多种多样,既可以是事前、事中的提名、推荐、指派、任命,也可以是事后的认可、同意、批准等,但应当注意的是,单纯的事后备案行为不属于受委派从事公务的人员。三是受委派后必须代表国有单位在非国有单位中从事组织、领导、监督、管理等职责。参见郭清国:《〈全国法院审理经济犯罪案件工作座谈会纪要〉的理解与适用》,载中华人民共和国最高人民法院刑事审判第一、二、三、四、五庭主办:《中国刑事审判指导案例6》(增订第3版),法律出版社2017年版,第368页。

作人员论。

（三）"其他依照法律从事公务的人员"的认定

刑法第九十三条第二款规定的"其他依照法律从事公务的人员"应当具有两个特征：一是在特定条件下行使国家管理职能；二是依照法律规定从事公务。具体包括：

（1）依法履行职责的各级人民代表大会代表；

（2）依法履行审判职责的人民陪审员；

（3）协助乡镇人民政府、街道办事处从事行政管理工作的村民委员会、居民委员会等农村和城市基层组织人员；

（4）其他由法律授权从事公务的人员。

（四）关于"从事公务"的理解

从事公务，是指代表国家机关、国有公司、企业、事业单位、人民团体等履行组织、领导、监督、管理等职责。公务主要表现为与职权相联系的公共事务以及监督、管理国有财产的职务活动。如国家机关工作人员依法履行职责，国有公司的董事、经理、监事、会计、出纳人员等管理、监督国有财产等活动，属于从事公务。那些不具备职权内容的劳务活动、技术服务工作，如售货员、售票员等所从事的工作，一般不认为是公务。

二、关于贪污罪

（一）贪污罪既遂与未遂的认定

贪污罪是一种以非法占有为目的的财产性职务犯罪，与盗窃、诈骗、抢夺等侵犯财产罪一样，应当以行为人是否实际控制财物作为区分贪污罪既遂与未遂的标准。对于行为人利用职务上的便利，实施了虚假平帐等贪污行为，但公共财物尚未实际转移，或者尚未被行为人控制就被查获的，应当认定为贪污未遂。行为人控制公共财物后，是否将财物据为己有，不影响贪污既遂的认定。

（二）"受委托管理、经营国有财产"的认定①

---

① 应该说明的是，受委托管理、经营国有财产的人员不是国家工作人员，也不能以国家工作人员论，因此，只能成为贪污犯罪的主体，不能成为受贿、挪用公款等其他国家工作人员职务犯罪的主体。在形式上，无论是在受托前还是在受托后，受托人与委托单位之间都不存在行政上的隶属关系。对于国有单位中非从事公务的工作人员，即使是合同工，一旦在国有单位内部承担管理、经营国有财产的职责，则应当直接认定为国有单位中从事公务的人员，而不是受委托管理、经营国有财产的人员；如其被国有单位聘用后指派到非国有单位管理、经营国有财产，则属于受委派从事公务的人员，也不是受委（转下页）

刑法第三百八十二条第二款规定的"受委托管理、经营国有财产",是指因承包、租赁、临时聘用等管理、经营国有财产。

(三)国家工作人员与非国家工作人员勾结共同非法占有单位财物行为的认定①

对于国家工作人员与他人勾结,共同非法占有单位财物的行为,应当按照《最高人民法院关于审理贪污、职务侵占案件如何认定共同犯罪几个问题的解释》的规定定罪处罚。对于在公司、企业或者其他单位中,非国家工作人员与国家工作人员勾结,分别利用各自的职务便利,共同将本单位财物非法占有的,应当尽量区分主从犯,按照主犯的犯罪性质定罪。司法实践中,如果根据案件的实际情况,各共同犯罪人在共同犯罪中的地位、作用相当,难以区分主从犯的,可以贪污罪定罪处罚。

(接上页)托管理、经营国有财产的人员。在实质上,受托人行使了管理、经营国有资产的职责。这里的"管理国有资产",是一种具有公共事务性质的活动,不仅仅意味着对国有资产进行保管,通常还意味着受托人对国有财产具有一定的处分权。所谓管理,是指具有监守或者保管公共财物的职权。经营者在经营期间通常同时行使管理职权,对公共财物具有处置权。所谓经营,是指将公共财物投放市场并作为资本使其增值的商业活动,或者利用公共财物从事营利性活动。虽然管理、经营国有财产也是从事公务的具体表现,由于受委托管理、经营国有财产的人员,并不属于受托单位的工作人员,因此,不属于国家工作人员。参见郭清国:《〈全国法院审理经济犯罪案件工作座谈会纪要〉的理解与适用》,载中华人民共和国最高人民法院刑事审判第一、二、三、四、五庭主办:《中国刑事审判指导案例6》(增订第3版),法律出版社2017年版,第369页。

① 司法实践中存在难以区分主从犯的情形,对此应如何确定罪名,有不同的认识。从理论上讲,既然是难以区分主、从犯,通常意味着各共同贪污犯罪的行为人在共同犯罪中的地位、作用相当,不能简单地将职务高的或者与被占有财物联系更密切的人认定为主犯,而分别定罪又可能由于定罪量刑标准的不同出现处罚不公平的情况,也不符合《刑法》第三百八十二条第三款规定的与国家工作人员或者受委托管理、经营国有财产的人员勾结,伙同贪污的,以贪污共犯论处的规定。这种情况实际属于刑法理论上的想象竞合犯,即一方面,国家工作人员利用了非国家工作人员的职务便利,非法占有单位财物,成为职务侵占罪的共犯;另一方面,非国家工作人员利用了国家工作人员的职务便利,成为贪污罪的共犯。因此,应当按照想象竞合犯的法律适用原则"择一重处"。参见郭清国:《〈全国法院审理经济犯罪案件工作座谈会纪要〉的理解与适用》,载中华人民共和国最高人民法院刑事审判第一、二、三、四、五庭主办:《中国刑事审判指导案例6》(增订第3版),法律出版社2017年版,第370页。

（四）共同贪污犯罪中"个人贪污数额"的认定①

刑法第三百八十三条第一款规定的"个人贪污数额"②，在共同贪污犯罪案件中应理解为个人所参与或者组织、指挥共同贪污的数额，不能只按个人实际分得的赃款数额来认定。对共同贪污犯罪中的从犯，应当按照其所参与的共同贪污的数额确定量刑幅度，并依照刑法第二十七条第二款的规定，从轻、减轻处罚或者免除处罚。

三、关于受贿罪

（一）关于"利用职务上的便利"的认定

刑法第三百八十五条第一款规定的"利用职务上的便利"，既包括利用本人职务上主管、负责、承办某项公共事务的职权，也包括利用职务上有隶属、制约关系的其他国家工作人员的职权。担任单位领导职务的国家工作人员通过不属自己主管的下级部门的国家工作人员的职务为他人谋取利益的，应当认定为"利用职务上的便利"为他人谋取利益。

（二）"为他人谋取利益"的认定

为他人谋取利益包括承诺、实施和实现三个阶段的行为。只要具有其中一个阶段的行为，如国家工作人员收受他人财物时，根据他人提出的具体请托事项，承诺为他人谋取利益的，就具备了为他人谋取利益的要件。明知他人有具体请托事项而收受其财物的，视为承诺为他人谋取利益。

（三）"利用职权或地位形成的便利条件"的认定

刑法第三百八十八条规定的"利用本人职权或者地位形成的便利条件"，是指行为人与被其利用的国家工作人员之间在职务上虽然没有隶属、制约关系，但是行为人利用了本人职权或者地位产生的影响和一定的工作联系，如单位内不同部门的国家工作人员之间、上下级单位没有职务上隶属、制约关系的国家工作人员之间、有工作联系的不同单位的国家工作人员之间等。

---

① 有关部门就共同受贿案件中受贿数额认定问题征求最高人民法院研究室意见。最高人民法院研究室经研究认为："对于共同受贿犯罪，被告人'受贿所得数额'原则上应当以其参与或者组织、指挥的共同受贿数额认定。但在难以区分主从犯的共同受贿案件中，行贿人的贿赂款分别或者明确送给多人，且按照各被告人实际所得数额处罚更能实现罪刑相适应的，依法按照被告人实际所得数额，并考虑共同受贿犯罪情况予以处罚。"参见《最高人民法院研究室关于共同受贿案件中受贿数额认定问题的研究意见》，载张军主编：《司法研究与指导（总第2辑）》，人民法院出版社2012年版。

② 经《刑法修正案（九）》修正后《刑法》第三百八十三条的表述为"贪污数额"，但涵义应与"个人贪污数额"一致。——**本评注注**

（四）离职国家工作人员收受财物行为的处理

参照《最高人民法院关于国家工作人员利用职务上的便利为他人谋取利益离退休后收受财物行为如何处理问题的批复》规定的精神，国家工作人员利用职务上的便利为请托人谋取利益，并与请托人事先约定，在其离职后收受请托人财物，构成犯罪的，以受贿罪定罪处罚。

（五）共同受贿犯罪的认定①

根据刑法关于共同犯罪的规定，非国家工作人员与国家工作人员勾结，伙同受贿的，应当以受贿罪的共犯追究刑事责任。非国家工作人员是否构成受贿罪共犯，取决于双方有无共同受贿的故意和行为。国家工作人员的近亲属向国家工作人员代为转达请托事项，收受请托人财物并告知该国家工作人员，或者国家工作人员明知其近亲属收受了他人财物，仍按照近亲属的要求利用职权为他人谋取利益的，对该国家工作人员应认定为受贿罪，其近亲属以受贿罪共犯论处。近亲属以外的其他人与国家工作人员通谋，由国家工作人员利用职务上的便利为请托人谋取利益，收受请托人财物后双方共同占有的，构成受贿罪共犯。国家工作人员利用职务上的便利为他人谋取利益，并指定他人将财物送给其他人，构成犯罪的，应以受贿罪定罪处罚。

（六）以借款为名索取或者非法收受财物行为的认定

国家工作人员利用职务上的便利，以借为名向他人索取财物，或者非法收受财物为他人谋取利益的，应当认定为受贿。具体认定时，不能仅仅看是否有书面借款手续，应当根据以下因素综合判定：

(1) 有无正当、合理的借款事由；

(2) 款项的去向；

(3) 双方平时关系如何、有无经济往来；

(4) 出借方是否要求国家工作人员利用职务上的便利为其谋取利益；

(5) 借款后是否有归还的意思表示及行为；

(6) 是否有归还的能力；

---

① 对于近亲属明知他人所送财物系国家工作人员为他人谋取利益的结果而代为收受，但事前没有教唆行为，或者明知系国家工作人员受贿所得而与其共享的，属于知情不举，不能以受贿罪的共犯追究刑事责任。参见郭清国：《〈全国法院审理经济犯罪案件工作座谈会纪要〉的理解与适用》，载中华人民共和国最高人民法院刑事审判第一、二、三、四、五庭主办：《中国刑事审判指导案例6》(增订第3版)，法律出版社2017年版，第372页。

(7)未归还的原因;等等。
(七)涉及股票受贿案件的认定
在办理涉及股票的受贿案件时,应当注意:
(1)国家工作人员利用职务上的便利,索取或非法收受股票,没有支付股本金,为他人谋取利益,构成受贿罪的,其受贿数额按照收受股票时的实际价格计算。
(2)行为人支付股本金而购买较有可能升值的股票,由于不是无偿收受请托人财物,不以受贿罪论处。
(3)股票已上市且已升值,行为人仅支付股本金,其"购买"股票时的实际价格与股本金的差价部分应认定为受贿。

四、关于挪用公款罪
(一)单位决定将公款给个人使用行为的认定
经单位领导集体研究决定将公款给个人使用,或者单位负责人为了单位的利益,决定将公款给个人使用的,不以挪用公款罪定罪处罚。上述行为致使单位遭受重大损失,构成其他犯罪的,依照刑法的有关规定对责任人员定罪处罚。
(二)挪用公款供其他单位使用行为的认定
根据全国人大常委会《关于〈中华人民共和国刑法〉第三百八十四条第一款的解释》的规定,"以个人名义将公款供其他单位使用的"、"个人决定以单位名义将公款供其他单位使用,谋取个人利益的",属于挪用公款"归个人使用"。在司法实践中,对于将公款供其他单位使用的,认定是否属于"以个人名义",不能只看形式,要从实质上把握。对于行为人逃避财务监管,或者与使用人约定以个人名义进行,或者借款、还款都以个人名义进行,将公款给其他单位使用的,应认定为"以个人名义"。"个人决定"既包括行为人在职权范围内决定,也包括超越职权范围决定。"谋取个人利益",既包括行为人与使用人事先约定谋取个人利益实际尚未获取的情况,也包括虽未事先约定但实际已获取了个人利益的情况。其中的"个人利益",既包括不正当利益,也包括正当利益;既包括财产性利益,也包括非财产性利益,但这种非财产性利益应当是具体的实际利益,如升学、就业等。
(三)国有单位领导向其主管的具有法人资格的下级单位借公款归个人使用的认定
国有单位领导利用职务上的便利指令具有法人资格的下级单位将公款供个人使用的,属于挪用公款行为,构成犯罪的,应以挪用公款罪定罪处罚。
(四)挪用有价证券、金融凭证用于质押行为性质的认定挪用金融凭证、有价证券用于质押,使公款处于风险之中,与挪用公款为他人提供担保没有实质的区别,符合刑法关于挪用公款罪规定的,以挪用公款罪定罪处罚,挪用公款数额以实际或者可能承担的风险数额认定。

(五)挪用公款归还个人欠款行为性质的认定

挪用公款归还个人欠款的,应当根据产生欠款的原因,分别认定属于挪用公款的何种情形。归还个人进行非法活动或者进行营利活动产生的欠款,应当认定为挪用公款进行非法活动或者进行营利活动。

(六)挪用公款用于注册公司、企业行为性质的认定

申报注册资本是为进行生产经营活动作准备,属于成立公司、企业进行营利活动的组成部分。因此,挪用公款归个人用于公司、企业注册资本验资证明的,应当认定为挪用公款进行营利活动。

(七)挪用公款后尚未投入实际使用的行为性质的认定

挪用公款后尚未投入实际使用的,只要同时具备"数额较大"和"超过三个月未还"的构成要件,应当认定为挪用公款罪,但可以酌情从轻处罚。

(八)挪用公款转化为贪污的认定

挪用公款罪与贪污罪的主要区别在行为人主观上是否具有非法占有公款的目的。挪用公款是否转化为贪污,应当按照主客观相一致的原则,具体判断和认定行为人主观上是否具有非法占有公款的目的。在司法实践中,具有以下情形之一的,可以认定行为人具有非法占有公款的目的:

1. 根据《最高人民法院关于审理挪用公款案件具体应用法律若干问题的解释》第六条的规定,行为人"携带挪用的公款潜逃的",对其携带挪用的公款部分,以贪污罪定罪处罚。

2. 行为人挪用公款后采取虚假发票平帐、销毁有关帐目等手段,使所挪用的公款已难以在单位财务帐目上反映出来,且没有归还行为的,应当以贪污罪定罪处罚。

3. 行为人截取单位收入不入帐,非法占有,使所占有的公款难以在单位财务帐目上反映出来,且没有归还行为的,应当以贪污罪定罪处罚。

4. 有证据证明行为人有能力归还所挪用的公款而拒不归还,并隐瞒挪用的公款去向的,应当以贪污罪定罪处罚。

五、关于巨额财产来源不明罪

(一)行为人不能说明巨额财产来源合法的认定

刑法第三百九十五条第一款规定的"不能说明",包括以下情况:

(1)行为人拒不说明财产来源;

(2)行为人无法说明财产的具体来源；
(3)行为人所说的财产来源经司法机关查证并不属实；
(4)行为人所说的财产来源因线索不具体等原因,司法机关无法查实,但能排除存在来源合法的可能性和合理性的。

(二)"非法所得"的数额计算

刑法第三百九十五条规定的"非法所得",一般是指行为人的全部财产与能够认定的所有支出的总和减去能够证实的有真实来源的所得。在具体计算时,应注意以下问题：

(1)应把国家工作人员个人财产和与其共同生活的家庭成员的财产、支出等一并计算,而且一并减去他们所有的合法收入以及确属与其共同生活的家庭成员个人的非法收入。

(2)行为人所有的财产包括房产、家具、生活用品、学习用品及股票、债券、存款等动产和不动产;行为人的支出包括合法支出和不合法的支出,包括日常生活、工作、学习费用、罚款及向他人行贿的财物等;行为人的合法收入包括工资、奖金、稿酬、继承等法律和政策允许的各种收入。

(3)为了便于计算犯罪数额,对于行为人的财产和合法收入,一般可以从行为人有比较确定的收入和财产时开始计算。

六、关于渎职罪

(一)渎职犯罪行为造成的公共财产重大损失的认定

根据刑法规定,玩忽职守、滥用职权等渎职犯罪是以致使公共财产、国家和人民利益遭受重大损失为构成要件的。其中,公共财产的重大损失,通常是指渎职行为已经造成的重大经济损失。在司法实践中,有以下情形之一的,虽然公共财产作为债权存在,但已无法实现债权的,可以认定为行为人的渎职行为造成了经济损失：

(1)债务人已经法定程序被宣告破产；
(2)债务人潜逃,去向不明；
(3)因行为人责任,致使超过诉讼时效；
(4)有证据证明债权无法实现的其他情况。

(二)玩忽职守罪的追诉时效①

玩忽职守行为造成的重大损失当时没有发生,而是玩忽职守行为之后一定时

---

① 由于行为人实施玩忽职守行为往往与客观危害后果的最终发生之间具有较长的时间间隔,对于玩忽职守罪的追诉时效存在着以行为人实施玩忽职守行为时起计算还是以危害后果发生时起计算的争议。考虑到：(1)玩忽职守罪是结果犯,以发生刑法所规（转下页）

间发生的,应从危害结果发生之日起计算玩忽职守罪的追诉期限。

(三)国有公司、企业人员渎职犯罪的法律适用

对于 1999 年 12 月 24 日《中华人民共和国刑法修正案》实施以前发生的国有公司、企业人员渎职行为(不包括徇私舞弊行为),尚未处理或者正在处理的,不能按照刑法修正案追究刑事责任。

(四)关于"徇私"的理解

徇私舞弊型渎职犯罪的"徇私"应理解为徇个人私情、私利。国家机关工作人员为了本单位的利益,实施滥用职权、玩忽职守行为,构成犯罪的,依照刑法第三百九十七条第一款的规定定罪处罚。

《最高人民法院、最高人民检察院关于办理国家出资企业中职务犯罪案件具体应用法律若干问题的意见》(法发〔2010〕49 号)

随着企业改制的不断推进,人民法院、人民检察院在办理国家出资企业中的贪污、受贿等职务犯罪案件时遇到了一些新情况、新问题。这些新情况、新问题具有一定的特殊性和复杂性,需要结合企业改制的特定历史条件,依法妥善地进行处理。现根据刑法规定和相关政策精神,就办理此类刑事案件具体应用法律的若干问题,提出以下意见:

一、关于国家出资企业工作人员在改制过程中隐匿公司、企业财产归个人持股的改制后公司、企业所有的行为的处理

国家工作人员或者受国家机关、国有公司、企业、事业单位、人民团体委托管

(接上页)定的危害结果——"致使公共财产、国家和人民利益遭受重大损失"作为犯罪构成的必要条件。在危害结果发生之前,行为人发现了工作失误,及时纠正,采取必要的补救措施,或者其他人采取了有效措施,防止了危害结果的发生,或者没有发生危害结果,都不构成犯罪。只有该玩忽职守行为所导致的客观危害后果实际发生时,该行为才成为犯罪行为,玩忽职守犯罪才能成立。(2)玩忽职守罪是不作为犯,在客观上表现为国家机关工作人员不履行或者不正确履行其应尽的职责,在犯罪成立之前即危害结果发生之前,行为人的这种不作为的玩忽职守行为一直处于持续状态。换言之,玩忽职守罪的追诉时效应从玩忽职守罪成立之日起计算。参见郭清国:《〈全国法院审理经济犯罪案件工作座谈会纪要〉的理解与适用》,载中华人民共和国最高人民法院刑事审判第一、二、三、四、五庭主办:《中国刑事审判指导案例 6》(增订第 3 版),法律出版社 2017 年版,第 374—375 页。实践中需要注意的是,类似滥用职权、玩忽职守等渎职犯罪案件,以渎职结果出现而非行为终了作为追诉期限的起算点,是妥当的。但是,**本评注认为**,如果以"特别恶劣社会影响"这一新的危害后果形式出现作为起算点,则此类犯罪实际上会变得没有追诉期限,对此可能需要进一步研究。(→参见第八十九条评注部分,第 363 页)

理、经营国有财产的人员利用职务上的便利,在国家出资企业改制过程中故意通过低估资产、隐瞒债权、虚设债务、虚构产权交易等方式隐匿公司、企业财产,转为本人持有股份的改制后公司、企业所有,应当依法追究刑事责任的,依照刑法第三百八十二条、第三百八十三条的规定,以贪污罪定罪处罚。① 贪污数额一般应当以所隐匿财产全额计算;改制后公司、企业仍有国有股份的,按股份比例扣除归于国有的部分。

所隐匿财产在改制过程中已为行为人实际控制,或者国家出资企业改制已

---

① 需要注意的问题有三:(1)此处规定的行为在客观方面需同时具备两个要件。一是行为人在改制后的企业拥有股份,否则一般应以渎职犯罪处理;二是属于个人或者少数管理层的行为,如出于改制前企业的单位意志,改制后职工均享利益的行为,一般应以私分国有资产罪论处。(2)此处规定的行为在主观方面需出于故意。只有采取弄虚作假的手段故意隐匿、侵吞国有资产的行为才构成本款规定的犯罪。改制过程中因工作失误造成资产流失,比如因财务账册、资产管理方面的原因造成资产清查不全面、不准确,资产评估价格偏低或者漏估等,或者经地方政府同意将国有资产处分给改制后企业,行为人未实施故意隐匿企业财产的行为,因不符合贪污罪的基本特征要件,不能以贪污罪定罪处罚,其中符合渎职犯罪构成要件的,可以渎职犯罪追究刑事责任。(3)隐匿债权不影响贪污罪的认定。实践中利用职务便利,在企业改制过程中隐瞒改制企业已到期或未到期债权进而非法占有的现象较为多发。此类行为能否以贪污罪定罪处罚,起草过程中有过争议,其中争议的焦点在于债权能否成为贪污罪的对象。经研究,基于下列理由,认为债权可以成为贪污罪的对象:**其一**,民法上区分债权和物权,主要体现的是两者在表现形式和实现方式上的差别,并不否认两者均属于实体性经济利益。从企业的资产构成上看,不仅包括资金、厂房、设备等,也包括了企业的债权等财产性利益。**其二**,债权是一项受法律保护、具有可预期性的财产性利益。债权被隐瞒、侵占,已经给债权人造成了事实上的利益损失。债权的最终实现情况如何,并不能改变这一事实。**其三**,刑事司法判断侧重于实质性而非形式性判断,刑法中的财物包括财产性利益,已为刑事司法实践广泛认可。比如,《最高人民法院关于审理盗窃案件具体应用法律若干问题的解释》规定,有价支付凭证、有价证券、有价票证等均属盗窃罪的对象;"两高"《关于办理商业贿赂刑事案件适用法律若干问题的意见》规定,商业贿赂中的财物,包括可以用金钱计算数额的财产性利益。参见刘为波:《最高人民法院、最高人民检察院〈关于办理国家出资企业中职务犯罪案件具体应用法律若干问题的意见〉的理解与适用》,载中华人民共和国最高人民法院刑事审判第一、二、三、四、五庭主办:《中国刑事审判指导案例6》(增订第3版),法律出版社2017年版,第389—390页。

经完成的,以犯罪既遂处理。① 第一款规定以外的人员实施该款行为的,依照刑法第二百七十一条的规定,以职务侵占罪定罪处罚;第一款规定以外的人员与第一款规定的人员共同实施该款行为的,以贪污罪的共犯论处。

---

① 适用本规定应注意以下几点:(1)对"控制说"的修正。较之于"控制说"的一般立场,本规定部分借鉴吸收了"失控说"的有关主张,即在实际控制之外增加了国家出资企业改制已经完成的可以认定为犯罪既遂。对此,有意见提出,企业改制已经完成不必然意味实际控制,建议删去该部分内容。经研究,"控制说"立场较为稳妥,是多数情况下应予坚持的一项认定标准,但是在具体适用时要注意避免机械理解。企业改制有其特殊性,表现为企业改制完成以后,原国有出资人已经退出,改制前企业已为改制后企业取代,所隐匿财物已"无人"监管,也"无法"归还,从被改制企业和国资监管部门已经失去控制的角度,将企业改制已经完成的情形推定为犯罪既遂,有其合理性和必要性,故未作修改。(2)贪污债权的既未遂认定。起草过程中有意见提出,表现为隐匿债权的贪污行为较为特殊,隐匿债权并不意味着实际控制了债权背后的财物,故建议明确隐匿债权的行为以贪污未遂处理。经研究,未另行对此作出规定,主要是考虑到根据现有规定可以解决以债权为对象的贪污既未遂的认定问题。首先,债权尚未实现的,根据控制说标准通常可以认定为贪污未遂;其次,债权尚未实现,但企业改制已经完成的,同样有必要认定为贪污既遂,因为,不同于其他情形的贪污行为,此种情形下国有资产的损失业已造成。所以,尽管以债权为对象的贪污行为具有一定的特殊性,但前述规定的精神仍需坚持,不能将贪污债权的行为一概按未遂处理。(3)贪污不动产的既未遂认定。不动产与动产在所有权的设立、转让方式上有所不同,物权法规定不动产实行登记转让制度。据此,有意见认为,未对不动产的产权进行变更登记的,意味着不动产所有人依然依法享有不动产的所有权,故贪污不动产应以是否办理了产权变更登记手续作为贪污罪的既未遂认定标准。经研究认为,该意见注意到了不动产移转的特殊性,但是片面强调这种法律意义上的移转明显不妥。首先,刑法上非法占有与物权法上的合法所有有所不同,非法占有目的的实现并不以得到法律确认为条件,是否在法律上取得了不动产的所有权,并不能对事实上已占有不动产的认定构成障碍,实际上,通过登记所达成的法律意义上的移转,因其行为的违法性在民法上同样无效。而在民法上不具有合法性的赃款赃物、违禁品等,却同样可以成为财产犯罪的对象。其次,"两高"《关于办理受贿刑事案件适用法律若干问题的意见》规定,"国家工作人员利用职务上的便利为请托人谋取利益,收受请托人房屋、汽车等物品,未变更权属登记或者借用他人名义办理权属变更登记的,不影响受贿的认定。"尽管该规定针对的是受贿,但其精神同样适用于贪污等财产犯罪。所以,贪污不动产的既未遂认定,关键问题不在于是否仍需适用"控制说"标准,而是在于如何结合不动产移转的特殊性稳妥地把握和认定是否形成了实际控制。办理了变更登记手续或者在事实上转移了占有的,均可认定为贪污既遂,而不应另设标准。参见刘为波:《〈关于办理国家出资企业中职务犯罪案件具体应用法律若干问题的意见〉的理解与适用》,载中华人民共和国最高人民法院刑事审判第一、二、三、四、五庭主办:《中国刑事审判指导案例6》(增订第3版),法律出版社2017年版,第391页。

在企业改制过程中未采取低估资产、隐瞒债权、虚设债务、虚构产权交易等方式故意隐匿公司、企业财产的,一般不应当认定为贪污;造成国家资产重大损失,依法构成刑法第一百六十八条或者第一百六十九条规定的犯罪的,依照该规定定罪处罚。

二、关于国有公司、企业在改制过程中隐匿公司、企业财产归职工集体持股的改制后公司、企业所有的行为的处理①

---

① 私分国有资产罪和贪污罪的区分关键在于单位行为还是个人行为。企业领导集体研究决定并由单位统一组织实施,在企业内部一定程度公开,企业不同层面的多数人员获得利益的,一般应当认定为私分国有资产罪;少数人共同实施,企业其他人员不知情或者不知实情,分取利益范围以参与决策、具体实施贪污行为以及为贪污行为提供帮助等少数某一层面的人员如企业管理层为限的,一般应当认定为贪污罪。其中,部分共同贪污犯罪人未分取赃物或者将赃物交给共同犯罪人之外的个别其他人的,不影响贪污罪的认定。适用本规定应注意以下几点:(1)关于行为主体。起草过程中有意见指出,职工集体持股必然意味着行为人本人同时持有股份,本规定与第一条规定的区分界限是否清楚,两者是否存在竞合之处存在疑问。经研究认为,两者的界限是清楚的,并不存在竞合。私分国有资产罪与贪污罪的区分关键在于单位行为还是个人行为,而不仅仅是行为人本人是否持有股份。为此,在行为主体的表述上对"国有公司、企业"予以了特别强调。(2)关于持股比例。起草过程中有意见提到了持股比例的问题,指出管理人员持大股,职工集体持小股,如总经理占股 90%,其他职工总计占股只有 10%,以私分国有资产还是贪污定罪,值得进一步推敲。经研究,这里确实存在一个具体情况具体分析的问题,但是,鉴于实践中的持股情况较为复杂,通常的做法都是管理层持大股,很难确定一个可行的数量标准在持股比例上划一个硬性的杠杠,来对私分国有资产和贪污进行明确区分,而如果仅以"大""小"这样的模糊用语又起不到区分的作用,故仅作定性规定,不作量化规定,明确原则性的处理意见,对于数额比例明显极端的个案的处理,则留待司法实践根据案件具体情况灵活掌握。(3)关于职工集体持股。起草过程中有意见提出,职工集体持股不是一个明确的法律用语,需进一步明确。为此,本条第二款作了专门规定,具体有两方面的意义:一是通过明确管理层或者少数职工持股的情形应以贪污罪定罪处罚,来间接说明职工集体持股的涵义;二是为前述虽然名为职工集体持股但持股比例极小的案件进行实质理解进而以贪污处理提供参考。在职工集体持股的理解当中,还应注意这里的职工是指改制企业中的职工,行为人将改制当中隐匿的财产通过再次股权分配处分给改制后企业职工的,则属于赃物的处分问题,不能理解为职工集体持股。参见刘为波:《〈关于办理国家出资企业中职务犯罪案件具体应用法律若干问题的意见〉的理解与适用》,载中华人民共和国最高人民法院刑事审判第一、二、三、四、五庭主办:《中国刑事审判指导案例 6》(增订第 3 版),法律出版社 2017 年版,第 392 页。

国有公司、企业违反国家规定，在改制过程中隐匿公司、企业财产，转为职工集体持股的改制后公司、企业所有的，对其直接负责的主管人员和其他直接责任人员，依照刑法第三百九十六条第一款的规定，以私分国有资产罪定罪处罚。

改制后的公司、企业中只有改制前公司、企业的管理人员或者少数职工持股，改制前公司、企业的多数职工未持股的，依照本意见第一条的规定，以贪污罪定罪处罚。

三、关于国家出资企业工作人员使用改制公司、企业的资金担保个人贷款，用于购买改制公司、企业股份的行为的处理①

国家出资企业的工作人员在公司、企业改制过程中为购买公司、企业股份，利用职务上的便利，将公司、企业的资金或者金融凭证、有价证券等用于个人贷款担保的，依照刑法第二百七十二条或者第三百八十四条的规定，以挪用资金罪或者挪用公款罪定罪处罚。

行为人在改制前的国家出资企业持有股份的，不影响挪用数额的认定，但量刑时应当酌情考虑。

经有关主管部门批准或者按照有关政策规定，国家出资企业的工作人员为购买改制公司、企业股份实施前款行为的，可以视具体情况不作为犯罪处理。

四、关于国家工作人员在企业改制过程中的渎职行为的处理

国家出资企业中的国家工作人员在公司、企业改制或者国有资产处置过程中严重不负责任或者滥用职权，致使国家利益遭受重大损失的，依照刑法第一百六十八条的规定，以国有公司、企业人员失职罪或者国有公司、企业人员滥用职权罪定罪处罚。②

国家出资企业中的国家工作人员在公司、企业改制或者国有资产处置过程

---

① 在理解本规定时，需注意担保物的范围问题。我国刑法仅规定挪用公款罪而未规定挪用公物的刑事责任，尽管挪用公物作担保同样会使被挪用单位面临同样的损失风险，但从司法解释的角度，不宜对公款的理解作过度引申，故《意见》将挪用的对象限定为资金或者金融凭证、有价证券等资金凭证。参见刘为波：《〈关于办理国家出资企业中职务犯罪案件具体应用法律若干问题的意见〉的理解与适用》，载中华人民共和国最高人民法院刑事审判第一、二、三、四、五庭主办：《中国刑事审判指导案例6》（增订第3版），法律出版社2017年版，第393页。

② 在适用本款规定时需特别注意，本款规定对《刑法》第一百六十八条规定作了一定程度的扩张解释，即将《刑法》第一百六十八条关于"造成国有公司、企业破产或者严重损失，致使国家利益遭受重大损失的"的表述调整为"致使国家利益遭受重大损失的"。据此，造成国有控股、参股公司重大经济损失的同样可以构成本罪。主要考虑是：（转下页）

中徇私舞弊,将国有资产低价折股或者低价出售给其本人未持有股份的公司、企业或者其他个人,致使国家利益遭受重大损失的,依照刑法第一百六十九条的规定,以徇私舞弊低价折股、出售国有资产罪定罪处罚。①

国家出资企业中的国家工作人员在公司、企业改制或者国有资产处置过程中徇私舞弊,将国有资产低价折股或者低价出售给特定关系人持有股份或者本人实际控制的公司、企业,致使国家利益遭受重大损失的,依照刑法第三百八

(接上页)(1)随着国家出资企业产权多元化的逐步实现,机械地理解刑法本条规定中的"国有公司、企业破产或者严重损失"的含义,将导致本罪在实践中基本无法适用。(2)《最高人民法院关于如何认定国有控股、参股股份有限公司中的国有公司、企业人员的解释》已对刑法分则第三章第三节中的国有公司、企业人员的认定问题进行了明确,即,国有公司、企业委派到国有控股、参股公司从事公务的人员,以国有公司、企业人员论。(3)为保持协调一致,有必要适当转换损失认定的角度。问题的关键不在于损失具体发生在何种企业,而在于国有资产是否受到了损失。发生在国有独资公司还是国有控股、参股公司,在某种意义上只是直接和间接的不同而已。此外,对于本规定,起草过程中有意见建议,增加"造成国家出资企业破产或者严重损失"的文字表述,以便与刑法规定保持一致。经研究,未采纳这一意见,主要考虑是:(1)国家出资企业改制后不一定还是国家出资企业,不好说是给国家出资企业造成了损失;(2)改制过程中所造成的损失,主要体现为国有出资者的损失,公司本身未必有什么损失,比如资产被低估,受到损失的是股权出让者的利益,而公司资产保持不变;(3)联系前后文,这里的国家利益显然是指经济利益或者说是国有资产及其收益,实践中对于损失后果的判断还是会从具体的经济损失入手,文字上未作表述不会造成实践中的误解。参见刘为波:《〈关于办理国家出资企业中职务犯罪案件具体应用法律若干问题的意见〉的理解与适用》,载中华人民共和国最高人民法院刑事审判第一、二、三、四、五庭主办:《中国刑事审判指导案例6》(增订第3版),法律出版社2017年版,第394页。

① 本规定与《刑法》第一百六十九条的规定基本一致,其核心内容在于出售对象为"本人未持有股份的"企业,这也是本罪区别于贪污罪的关键所在,即行为人是否直接从低价折股或者低价出售国有资产当中获取了非法利益。起草过程中有意见提出,根据本款规定可以推断出行为人本人持有股份的应一概以贪污处理。而一概以贪污处理特别是行为人持股比例极小的情形下仍以贪污处理,是否科学、合理,不无疑问。经研究,现表述的确存在不完整的地方,即未对本人持有股份的情形提出处理意见。此种情形有作贪污处理的余地,但一概作贪污处理明显不妥。同时,如果删去"其本人未持有股份的"的限定,即意味着排除了认定贪污的可能,同样存在问题。权衡利弊,尽管现表述不够完整,但作为一项原则性规定并无大碍,司法实践中可应视具体情况灵活掌握。参见刘为波:《〈关于办理国家出资企业中职务犯罪案件具体应用法律若干问题的意见〉的理解与适用》,载中华人民共和国最高人民法院刑事审判第一、二、三、四、五庭主办:《中国刑事审判指导案例6》(增订第3版),法律出版社2017年版,第394页。

十二条、第三百八十三条的规定，以贪污罪定罪处罚。贪污数额以国有资产的损失数额计算。

国家出资企业中的国家工作人员因实施第一款、第二款行为收受贿赂，同时又构成刑法第三百八十五条规定之罪的，依照处罚较重的规定定罪处罚。①

五、关于改制前后主体身份发生变化的犯罪的处理

国家工作人员在国家出资企业改制前利用职务上的便利实施犯罪，在其不再具有国家工作人员身份后又实施同种行为，依法构成不同犯罪的，应当分别定罪，实行数罪并罚。

国家工作人员利用职务上的便利，在国家出资企业改制过程中隐匿公司、企业财产，在其不再具有国家工作人员身份后将所隐匿财产据为己有的，依照刑法第三百八十二条、第三百八十三条的规定，以贪污罪定罪处罚。

国家工作人员在国家出资企业改制过程中利用职务上的便利为请托人谋取利益，事先约定在其不再具有国家工作人员身份后收受请托人财物，或者在身份变化前后连续收受请托人财物的，依照刑法第三百八十五条、第三百八十六条的规定，以受贿罪定罪处罚。

六、关于国家出资企业中国家工作人员的认定②

经国家机关、国有公司、企业、事业单位提名、推荐、任命、批准等，在国有控

---

① 本规定与《最高人民法院、最高人民检察院关于办理渎职刑事案件适用法律若干问题的解释（一）》（法释〔2012〕18号）第四条第二款"国家机关工作人员与他人共谋，利用其职务行为帮助他人实施其他犯罪行为，同时构成渎职犯罪和共谋实施的其他犯罪共犯的，依照处罚较重的规定定罪处罚"的规定所持立场不一致。最终，《最高人民法院　最高人民检察院关于办理贪污贿赂刑事案件适用法律若干问题的解释》第十七条规定："国家工作人员利用职务上的便利，收受他人财物，为他人谋取利益，同时构成受贿罪和刑法分则第三章第三节、第九章规定的渎职犯罪的，除刑法另有规定外，以受贿罪和渎职犯罪数罪并罚。"——**本评注注**

② 实践中还反映存在一种委派情形，国有企业改制后，不再含有任何国有股份，但是出于习惯等原因，原主管部门仍然以行政审批方式任命企业负责人。鉴于此种情形较为特殊，仅属特例，故未作规定。讨论中倾向于根据具体从事的活动是否具有公务性质进行具体认定。一般情况下因不存在国有资产监管这个前提，无从谈起公务活动，故可不认定为国家工作人员。但是，党政部门出于公共管理活动需要而委派从事公务活动比如党团工作，特定时期的整改监督等，仍应认定为国家工作人员。参见刘为波：《〈关于办理国家出资企业中职务犯罪案件具体应用法律若干问题的意见〉的理解与适用》，载中华人民共和国最高人民法院刑事审判第一、二、三、四、五庭主办：《中国刑事审判指导案例6》（增订第3版），法律出版社2017年版，第399页。

股、参股公司及其分支机构中从事公务的人员,应当认定为国家工作人员。具体的任命机构和程序,不影响国家工作人员的认定。

经国家出资企业中负有管理、监督国有资产职责的组织批准或者研究决定,代表其在国有控股、参股公司及其分支机构中从事组织、领导、监督、经营、管理工作的人员,应当认定为国家工作人员。① 国家出资企业中的国家工作人员,在国家出资企业中持有个人股份或者同时接受非国有股东委托的,不影响其国家工作人员身份的认定。

七、关于国家出资企业的界定

本意见所称"国家出资企业",包括国家出资的国有独资公司、国有独资企业,以及国有资本控股公司、国有资本参股公司。②

---

① 这实际对委派主体作适度扩张解释。主要理由:(1)大型国企改制后管理运营模式尚未发生大的转变,管理人员的身份和职责也基本没变。"二次委派"不属于委派的传统认定模式,没有反映这一实际情况。(2)根据党管干部的组织原则,改制后企业一般设有党委,并由本级或者上级党委决定人事任免。(3)以国家出资企业中负有管理、监督国有资产职责的组织决定作为联结点,既反映了当前国家出资企业的经营管理实际,又体现了从事公务活动这一认定国家工作人员的实质要求,可以保证认定范围的正当性、确定性和内敛性。具体适用应当注意:(1)关于负有管理、监督国有资产职责的组织。这里所谓的"组织",除国有资产监督管理机构、国有公司、企业、事业单位之外,主要是指上级或者本级国有出资企业内部的党委、党政联席会。(2)关于代表性。有无代表性是认定委派来源的一个内含要件。虽经有关组织研究决定,但任职与该组织没有必然联系,被委派人对该组织亦无职责义务关系的,不应认定为国家工作人员。(3)关于公务性。国家出资企业的公务活动主要体现为国有资产的组织、领导、监督、经营、管理活动,企业中的具体事务活动一般不应认定为公务。(4)关于国家出资企业的分支机构。在公司、企业还是在其分支机构,在法律意义上对于国家工作人员的认定并无必然关联,鉴于国家出资企业中普遍存在分支机构,故特别加以说明。对此,相关文件也有明确规定,比如,《国有企业领导人员廉洁从业若干规定》第2条规定:"本规定适用于国有独资企业、国有控股企业(含国有独资金融企业和国有控股金融企业)及其分支机构的领导班子成员。"参见刘为波:《〈关于办理国家出资企业中职务犯罪案件具体应用法律若干问题的意见〉的理解与适用》,载中华人民共和国最高人民法院刑事审判第一、二、三、四、五庭主办:《中国刑事审判指导案例6》(增订第3版),法律出版社2017年版,第399页。

② 本规定将国有独资公司、国有独资企业与国有资本控股公司、国有资本参股公司并列规定,实际上间接说明了刑法中的国有公司、企业仅限于国有独资公司、企业。这也是长期司法实践中一贯掌握的标准,该意见从《最高人民法院关于在国有资本控股、(转下页)

是否属于国家出资企业不清楚的,应遵循"谁投资、谁拥有产权"的原则进行界定。企业注册登记中的资金来源与实际出资不符的,应根据实际出资情况确定企业的性质。企业实际出资情况不清楚的,可以综合工商注册、分配形式、经营管理等因素确定企业的性质。

八、关于宽严相济刑事政策的具体贯彻

办理国家出资企业中的职务犯罪案件时,要综合考虑历史条件、企业发展、职工就业、社会稳定等因素,注意具体情况具体分析,严格把握犯罪与一般违规行为的区分界限。对于主观恶意明显、社会危害严重、群众反映强烈的严重犯罪,要坚决依法从严惩处;对于特定历史条件下、为了顺利完成企业改制而实施的违反国家政策法律规定的行为,行为人无主观恶意或者主观恶意不明显,情节较轻,危害不大的,可以不作为犯罪处理。

对于国家出资企业中的职务犯罪,要加大经济上的惩罚力度,充分重视财产刑的适用和执行,最大限度地挽回国家和人民利益遭受的损失。不能退赃的,在决定刑罚时,应当作为重要情节予以考虑。

《最高人民法院、最高人民检察院关于办理职务犯罪案件严格适用缓刑、免予刑事处罚若干问题的意见》(法发〔2012〕17号)①

为进一步规范贪污贿赂、渎职等职务犯罪案件缓刑、免予刑事处罚的适用,确保办理职务犯罪案件的法律效果和社会效果,根据刑法有关规定并结合司法工作实际,就职务犯罪案件缓刑、免予刑事处罚的具体适用问题,提出以下意见:

一、严格掌握职务犯罪案件缓刑、免予刑事处罚的适用。职务犯罪案件的刑

(接上页)参股的股份有限公司中从事管理工作的人员利用职务便利非法占有本公司财物如何定罪问题的批复》也可以得到推断:"在国有资本控股、参股的股份有限公司中从事管理工作的人员,除受国家机关、国有公司、企业、事业单位委派从事公务的以外,不属于国家工作人员。"《关于划分企业登记注册类型的规定》对此也有着明确的规定,"国有企业是指企业全部资产归国家所有,并按《中华人民共和国企业法人登记管理条例》规定登记注册的非公司制的经济组织"。参见刘为波:《〈关于办理国家出资企业中职务犯罪案件具体应用法律若干问题的意见〉的理解与适用》,载中华人民共和国最高人民法院刑事审判第一、二、三、四、五庭主办:《中国刑事审判指导案例6》(增订第3版),法律出版社2017年版,第400页。

① 本规范性文件的适用,需要结合经《刑法修正案(九)》修改后刑法的相关规定妥当把握。例如,《刑法》第三百八十三条第一款第三项关于免予刑事处罚的规定已被删去,故对本规范性文件第三条第一款的规定即应作相应把握。——**本评注**

罚适用直接关系反腐败工作的实际效果。人民法院、人民检察院要深刻认识职务犯罪的严重社会危害性，正确贯彻宽严相济刑事政策，充分发挥刑罚的惩治和预防功能。要在全面把握犯罪事实和量刑情节的基础上严格依照刑法规定的条件适用缓刑、免予刑事处罚，既要考虑从宽情节，又要考虑从严情节；既要做到刑罚与犯罪相当，又要做到刑罚执行方式与犯罪相当，切实避免缓刑、免予刑事处罚不当适用造成的消极影响。

二、具有下列情形之一的职务犯罪分子，一般不适用缓刑或者免予刑事处罚：

（一）不如实供述罪行的；

（二）不予退缴赃款赃物或者将赃款赃物用于非法活动的；

（三）属于共同犯罪中情节严重的主犯的；

（四）犯有数个职务犯罪依法实行并罚或者以一罪处理的；

（五）曾因职务违纪违法行为受过行政处分的；

（六）犯罪涉及的财物属于救灾、抢险、防汛、优抚、扶贫、移民、救济、防疫等特定款物的；

（七）受贿犯罪中具有索贿情节的；

（八）渎职犯罪中徇私舞弊情节或者滥用职权情节恶劣的；

（九）其他不应适用缓刑、免予刑事处罚的情形。

三、不具有本意见第二条规定的情形，全部退缴赃款赃物，依法判处三年有期徒刑以下刑罚，符合刑法规定的缓刑适用条件的贪污、受贿犯罪分子，可以适用缓刑；符合刑法第三百八十三条第一款第（三）项的规定，依法不需要判处刑罚的，可以免予刑事处罚。

不具有本意见第二条所列情形，挪用公款进行营利活动或者超过三个月未还构成犯罪，一审宣判前已将公款归还，依法判处三年有期徒刑以下刑罚，符合刑法规定的缓刑适用条件的，可以适用缓刑；在案发前已归还，情节轻微，不需要判处刑罚的，可以免予刑事处罚。

四、人民法院审理职务犯罪案件时应当注意听取检察机关、被告人、辩护人提出的量刑意见，分析影响性案件案发前后的社会反映，必要时可以征求案件查办等机关的意见。对于情节恶劣、社会反映强烈的职务犯罪案件，不得适用缓刑、免予刑事处罚。

五、对于具有本意见第二条规定的情形之一，但根据全案事实和量刑情节，检察机关认为确有必要适用缓刑或者免予刑事处罚并据此提出量刑建议的，应经检察委员会讨论决定；审理法院认为确有必要适用缓刑或者免予刑事处罚的,应经审判委员会讨论决定。

《最高人民检察院关于充分发挥检察职能依法保障和促进科技创新的意见》(高检发[2016]9号,节录)

7.准确把握法律政策界限。充分考虑科技创新工作的体制机制和行业特点,认真研究科技创新融资、科研成果资本化产业化、科研成果转化收益中的新情况、新问题,保护科研人员凭自己的聪明才智和创新成果获取的合法收益。办案中要正确区分罪与非罪界限:对于身兼行政职务的科研人员特别是学术带头人,要区分其科研人员与公务人员的身份,特别是要区分科技创新活动与公务管理,正确把握科研人员以自身专业知识提供咨询等合法兼职获利的行为,与利用审批、管理等行政权力索贿受贿的界限;要区分科研人员合法的股权分红、知识产权收益、科技成果转化收益分配与贪污、受贿之间的界限;要区分科技创新探索失败、合理损耗与骗取科研立项、虚增科研经费投入的界限;要区分突破现有规章制度,按照科技创新需求使用科研经费与贪污、挪用、私分科研经费的界限;要区分风险投资、创业等造成的正常亏损与失职渎职的界限。坚持罪刑法定原则和刑法谦抑性原则,禁止以刑事手段插手民事经济纠纷。对于法律和司法解释规定不明确、法律政策界限不明、罪与非罪界限不清的,不作为犯罪处理;对于认定罪与非罪争议较大的案件,及时向上级检察机关请示报告。

《最高人民法院、最高人民检察院、公安部、司法部关于依法惩治妨害新型冠状病毒感染肺炎疫情防控违法犯罪的意见》(法发[2020]7号)"二、准确适用法律,依法严惩妨害疫情防控的各类违法犯罪"第(七)条对贪污罪、挪用公款罪的适用作了指引性规定。(→参见第三百三十条评注部分,第1713页)

《最高人民法院、最高人民检察院、公安部办理跨境赌博犯罪案件若干问题的意见》(公通字[2020]14号)"四、关于跨境赌博关联犯罪的认定"第(二)条对贿赂犯罪的适用作了规定。(→参见第三百零三条评注部分,第1596页)

《最高人民检察院关于充分发挥检察职能服务保障"六稳""六保"的意见》(2020年7月22日,节录)

4.加大知识产权司法保护力度……四是依法妥善办理科研人员涉嫌职务犯罪案件,为激发科技创新活力营造宽松有序的环境。对科研经费管理使用中的问题,坚持以科研经费政策为遵循,严格区分罪与非罪界限,不以形式违规简单依数额作犯罪评价。

■**法律适用答复、复函**

《最高人民法院研究室关于对行为人通过伪造国家机关公文、证件担任国家工作人员职务并利用职务上的便利侵占本单位财物、收受贿赂、挪用本单位资金等行为如何适用法律问题的答复》(法研〔2004〕38号)对贪污罪、受贿罪、挪用公款罪等的适用作了规定。(→参见的九十三条评注部分,第373页)

第三百八十二条　【贪污罪】国家工作人员利用职务上的便利,侵吞、窃取、骗取或者以其他手段非法占有公共财物的,是贪污罪。

受国家机关、国有公司、企业、事业单位、人民团体委托管理、经营国有财产的人员,利用职务上的便利,侵吞、窃取、骗取或者以其他手段非法占有国有财物的,以贪污论。

与前两款所列人员勾结,伙同贪污的,以共犯论处。

第三百八十三条　【贪污罪的处罚】对犯贪污罪的,根据情节轻重,分别依照下列规定处罚:

(一)贪污数额较大或者有其他较重情节的,处三年以下有期徒刑或者拘役,并处罚金。

(二)贪污数额巨大或者有其他严重情节的,处三年以上十年以下有期徒刑,并处罚金或者没收财产。

(三)贪污数额特别巨大或者有其他特别严重情节的,处十年以上有期徒刑或者无期徒刑,并处罚金或者没收财产;数额特别巨大,并使国家和人民利益遭受特别重大损失的,处无期徒刑或者死刑,并处没收财产。

对多次贪污未经处理的,按照累计贪污数额处罚。

犯第一款罪,在提起公诉前如实供述自己罪行、真诚悔罪、积极退赃,避免、减少损害结果的发生,有第一项规定情形的,可以从轻、减轻或者免除处罚;有第二项、第三项规定情形的,可以从轻处罚。

犯第一款罪,有第三项规定情形被判处死刑缓期执行的,人民法院根据犯罪情节等情况可以同时决定在其死刑缓期执行二年期满依法减为无期徒刑后,终身监禁,不得减刑、假释。

立法沿革

上述两条系1997年《刑法》吸收、修改单行刑法作出的规定。1979年《刑法》第一百五十五条规定："国家工作人员利用职务上的便利,贪污公共财物的,处五年以下有期徒刑或者拘役;数额巨大、情节严重的,处五年以上有期徒刑;情节特别严重的,处无期徒刑或者死刑。""犯前款罪的,并处没收财产,或者判令退赔。""受国家机关、企业、事业单位、人民团体委托从事公务的人员犯第一款罪的,依照前两款的规定处罚。"《全国人民代表大会常务委员会关于惩治贪污罪贿赂罪的补充规定》(自1988年1月21日起施行)第一条规定："国家工作人员、集体经济组织工作人员或者其他经手、管理公共财物的人员,利用职务上的便利,侵吞、盗窃、骗取或者以其他手段非法占有公共财物的,是贪污罪。""与国家工作人员、集体经济组织工作人员或者其他经手、管理公共财物的人员勾结,伙同贪污的,以共犯论处。"第二条规定："对犯贪污罪的,根据情节轻重,分别依照下列规定处罚:(1)个人贪污数额在五万元以上的,处十年以上有期徒刑或者无期徒刑,可以并处没收财产;情节特别严重的,处死刑,并处没收财产。(2)个人贪污数额在一万元以上不满五万元的,处五年以上有期徒刑,可以并处没收财产;情节特别严重的,处无期徒刑,并处没收财产。(3)个人贪污数额在二千元以上不满一万元的,处一年以上七年以下有期徒刑;情节严重的,处七年以上十年以下有期徒刑。个人贪污数额在二千元以上不满五千元,犯罪后自首、立功或者有悔改表现、积极退赃的,可以减轻处罚,或者免予刑事处罚,由其所在单位或者上级主管机关给予行政处分。(4)个人贪污数额不满二千元,情节较重的,处二年以下有期徒刑或者拘役;情节较轻的,由其所在单位或者上级主管机关酌情给予行政处分。""二人以上共同贪污的,按照个人所得数额及其在犯罪中的作用,分别处罚。对贪污集团的首要分子,按照集团贪污的总数额处罚;对其他共同贪污犯罪中的主犯,情节严重的,按照共同贪污的总数额处罚。""对多次贪污未经处理的,按照累计贪污数额处罚。"1997年《刑法》对上述规定作了修改,通过两个条文对贪污罪及其定罪量刑标准作了专门规定。

2015年11月1日起施行的《刑法修正案(九)》第四十四条对《刑法》第三百八十三条的规定作了修改,删去了贪污罪定罪量刑的具体数额,改为"数额+情节"的定罪量刑标准,并针对重特大贪污受贿犯罪增加规定终身监禁措施。

修正前《刑法》	修正后《刑法》
第三百八十三条 【贪污罪的处罚规定】对犯贪污罪的,根据情节轻重,分别依照下列规定处罚: (一)~~个人贪污数额~~在十万元以上的,处十年以上有期徒刑或者无期徒刑,~~可以~~并处没收财产;情节特别严重的,处死刑,并处没收财产。 (二)~~个人贪污数额~~在五万元以上不满十万元的,处五年以上有期徒刑,~~可以~~并处没收财产;情节特别严重的,处无期徒刑,并处没收财产。 (三)~~个人贪污数额~~在五千元以上不满五万元的,处一年以上七年以下有期徒刑;情节严重的,处七年以上十年以下有期徒刑。个人贪污数额在五千元以上不满一万元,犯罪后有悔改表现、积极退赃的,可以减轻处罚或者免予刑事处罚,由其所在单位或者上级主管机关给予行政处分。 (四)~~个人贪污数额不满五千元,情节较重的,处二年以下有期徒刑或者拘役;情节较轻的,由其所在单位或者上级主管机关酌情给予行政处分。~~ 对多次贪污未经处理的,按照累计贪污数额处罚。	第三百八十三条 【贪污罪的处罚】对犯贪污罪的,根据情节轻重,分别依照下列规定处罚: (一)贪污数额较大或者有其他较重情节的,处三年以下有期徒刑或者拘役,并处罚金。 (二)贪污数额巨大或者有其他严重情节的,处三年以上十年以下有期徒刑,并处罚金或者没收财产。 (三)贪污数额特别巨大或者有其他特别严重情节的,处十年以上有期徒刑或者无期徒刑,并处罚金或者没收财产;数额特别巨大,并使国家和人民利益遭受特别重大损失的,处无期徒刑或者死刑,并处没收财产。 对多次贪污未经处理的,按照累计贪污数额处罚。 犯第一款罪,在提起公诉前如实供述自己罪行、真诚悔罪、积极退赃,避免、减少损害结果的发生,有第一项规定情形的,可以从轻、减轻或者免除处罚;有第二项、第三项规定情形的,可以从轻处罚。 犯第一款罪,有第三项规定情形被判处死刑缓期执行的,人民法院根据犯罪情节等情况可以同时决定在其死刑缓期执行二年期满依法减为无期徒刑后,终身监禁,不得减刑、假释。

司法解释

《最高人民法院关于审理贪污、职务侵占案件如何认定共同犯罪几个问题的解释》(法释[2000]15号,自2000年7月8日起施行)①

---

① 对于本司法解释规定的"国家工作人员",应实质理解为"贪污罪的主体"。参见孙军工:《〈关于审理贪污、职务侵占案件如何认定共同犯罪几个问题的解释〉的理解与适用》,载中华人民共和国最高人民法院刑事审判第一、二、三、四、五庭主办:《中国刑事审判指导案例1》(增订第3版),法律出版社2017年版,第669—670页。

为依法审理贪污或者职务侵占犯罪案件,现就这类案件如何认定共同犯罪问题解释如下:

第一条 行为人与国家工作人员勾结,利用国家工作人员的职务便利,共同侵吞、窃取、骗取或者以其他手段非法占有公共财物的,以贪污罪共犯论处。

第二条 行为人与公司、企业或者其他单位的人员勾结,利用公司、企业或者其他单位人员的职务便利,共同将该单位财物非法占为己有,数额较大的,以职务侵占罪共犯论处。

第三条 公司、企业或者其他单位中,不具有国家工作人员身份的人与国家工作人员勾结,分别利用各自的职务便利,共同将本单位财物非法占为己有的,按照主犯的犯罪性质定罪。

《最高人民法院关于〈中华人民共和国刑法修正案(九)〉时间效力问题的解释》(法释〔2015〕19号)第八条对重特大贪污受贿犯罪终身监禁措施的时间效力问题作了明确。(→参见第十二条评注部分,第23页)

《最高人民法院、最高人民检察院关于办理贪污贿赂刑事案件适用法律若干问题的解释》(法释〔2016〕9号)第一条至第四条对贪污罪的定罪量刑标准作了规定。(→参见本章标题评注部分,第2085—2088页)

《最高人民检察院关于贪污养老、医疗等社会保险基金能否适用〈最高人民法院最高人民检察院关于办理贪污贿赂刑事案件适用法律若干问题的解释〉第一条第二款第一项规定的批复》(高检发释字〔2017〕1号,自2017年8月7日起施行)

各省、自治区、直辖市人民检察院,解放军军事检察院,新疆生产建设兵团人民检察院:

近来,一些地方人民检察院就贪污养老、医疗等社会保险基金能否适用《最高人民法院、最高人民检察院关于办理贪污贿赂刑事案件适用法律若干问题的解释》第一条第二款第一项规定请示我院。经研究,批复如下:

养老、医疗、工伤、失业、生育等社会保险基金可以认定为《最高人民法院、最高人民检察院关于办理贪污贿赂刑事案件适用法律若干问题的解释》第一条第二款第一项规定的"特定款物"。

根据刑法和有关司法解释规定,贪污罪和挪用公款罪中的"特定款物"的范围有所不同,实践中应注意区分,依法适用。

规范性文件

《全国法院审理经济犯罪案件工作座谈会纪要》（法发〔2003〕167号）"二、关于贪污罪"对贪污罪的适用作了规定。（→参见本章标题评注部分，第2103页）

《最高人民法院、最高人民检察院关于办理国家出资企业中职务犯罪案件具体应用法律若干问题的意见》（法发〔2010〕49号）第一条至第五条对贪污罪的适用作了规定。（→参见本章标题评注部分，第2110—2116页）

指导性案例

杨延虎等贪污案（指导案例11号，节录）

关键词　刑事　贪污罪　职务便利　骗取土地使用权

裁判要点

1. 贪污罪中的"利用职务上的便利"，是指利用职务上主管、管理、经手公共财物的权力及方便条件，既包括利用本人职务上主管、管理公共财物的职务便利，也包括利用职务上有隶属关系的其他国家工作人员的职务便利。

2. 土地使用权具有财产性利益，属于刑法第三百八十二条第一款规定中的"公共财物"，可以成为贪污的对象。

沈某某、郑某某贪污案（检例第187号，节录）

关键词　贪污罪　期货交易　交易异常点　贪污数额认定

要　旨

对于国家工作人员利用职务便利，在期货交易中通过增设相互交易环节侵吞公款的行为，可以依法认定为贪污罪。审查时重点围绕交易行为的异常性、行为人获利与职务便利之间的关联性进行分析论证。对于贪污犯罪数额，可以结合案件具体情况，根据行为人实际获利数额予以认定。庭审中，检察机关采取多媒体示证方式，综合运用动态流程模拟图、思维导图等全面展示证据，揭示犯罪行为和结果，增强庭审指控效果。

法律适用答复、复函

《最高人民检察院法律政策研究室对〈关于界定"退耕还林补助款"性质的请示〉的答复》（高检研〔2017〕6号）①

---

① 参见李立众编：《刑法一本通——中华人民共和国刑法总成》（第十六版），法律出版社2022年版，第860-861页。

《最高人民法院、最高人民检察院关于办理贪污贿赂刑事案件适用法律若干问题的解释》(以下简称《解释》)第一条二款(一)项规定的"特定款物"应当严格适用范围,不能随意做扩大解释。除了明确规定的救灾、抢险、防汛、优抚、扶贫、移民、救济、防疫、社会捐助九种特定款物以外,只有与所列举的特定款物具有实质相当性的款物才可以认定为本条规定的"特定款物",具体可以从事项重要性、用途特定性以及时间紧迫性等方面进行判断。并指出"退耕还林补助款"不属于中央财政转移支付体系中的"财政专项扶贫资金",不具有与《解释》所列九种款物的实质相当性,不宜认定为《解释》所规定的"特定款物"。

《最高人民检察院法律政策研究室对〈关于贪污困难职工帮扶资金能否适用《最高人民法院、最高人民检察院关于办理贪污贿赂刑事案件适用法律若干问题的解释》的请示〉的答复》(高检研〔2020〕4号)①

河南省人民检察院法律政策研究室:

你室《关于贪污困难职工帮扶资金能否适用〈最高人民法院、最高人民检察院关于办理贪污贿赂刑事案件适用法律若干问题的解释〉的请示》(豫检研文〔2019〕3号)收悉。经研究,答复如下:

困难职工帮扶资金属于社会救助的组成部分,是工会履行社会救助的职责范畴。困难职工帮扶资金救助对象为困难职工群体,与民政部门的最低生活保障等救助资金具有相同性质,应属于"救济"款物。

▎刑参案例规则提炼②

《陈超龙挪用公款案——以假贷款合同掩盖挪用公款的行为如何定罪》(第55号案例)、《徐华、罗永德贪污案——在国有企业改制中隐瞒资产真实情况造成巨额国有资产损失的行为如何处理》(第124号案例)、《梁某挪用公款、张某挪用公款、盗窃案——如何通过客观行为判断行为人主观上的非法占有目的》(第194号案例)、《于继红贪污案——不动产能否成为贪污罪的犯罪对象》(第216号案例)、《彭国军贪污、挪用公款案——如何认定以挪用公款手段实施的贪污犯罪》(第236号案例)、《张珍贵、黄文章职务侵占案——受委托管理经营国

---

① 参见李立众编:《刑法一本通——中华人民共和国刑法总成》(第十六版),法律出版社2022年版,第861页。

② 另,鉴于陆建中被控贪污案所涉情形目前基本不会出现,《陆建中被控贪污案——律师事务所主任将名为国有实为个体的律师事务所的财产据为己有不构成贪污罪》(第83号案例)所涉规则未予提炼。

有财产人员的认定》(第274号案例)、《胡启能贪污案——截留并非法占有本单位利润款的贪污行为与收受回扣的受贿行为的区分》(第275号案例)、《胡滋玮贪污案——贪污罪中非法占有目的的推定》(第292号案例)、《江仲生等贪污案——贪污罪犯罪对象的理解与认定》(第311号案例)、《尚荣多等贪污案——学校违规收取的"点招费"能否视为公共财产》(第312号案例)、《阎怀民、钱玉芳贪污、受贿案——国家工作人员利用职务上的便利以单位的名义向有关单位索要"赞助款"并占为己有的行为是索贿还是贪污?》(第334号案例)、《朱洪岩贪污案——租赁国有企业的人员盗卖国有资产的行为如何处理?》(第355号案例)、《郭如鳌、张俊琴、赵茹贪污、挪用公款案——证券营业部工作人员利用职务便利私分单位违规自营炒股盈利款的行为如何定性》(第383号案例)、《王妙兴贪污、受贿、职务侵占案——对国有公司改制中利用职务便利隐匿并实际控制国有资产的行为,如何认定?》(第734号案例)、《李成兴贪污案——社保工作人员骗取企业为非企业人员参保并私自收取养老保险费的行为,如何定性?》(第771号案例)、《陈强等贪污、受贿案——国家工作人员套取的公款中用于支付原单位业务回扣费用的部分,是否应当计入贪污数额?》(第1071号案例)、《祝贵财等贪污案——如何区分非法经营同类营业罪和贪污罪》(第1087号案例)、《赵明贪污、挪用公款案——对采取虚列支出手段实施平账行为的认定及上诉不加刑原则在数罪并罚中的理解与适用》(第1088号案例)、《周爱武、周晓贪污案——贪污特定款物的司法认定以及新旧法选择适用时罚金刑的判处》(第1139号案例)、《王雪龙挪用公款、贪污案——如何认定"小金库"性质公司及公务性支出能否从贪污数额中扣除》(第1142号案例)、《周根强、朱江华非国家工作人员受贿案——如何认定行政管理职权转委托情形下受托方的滥用职权及收受财物行为》(第1207号案例)、《吴常文贪污案——高校科研经费贪污案件的司法认定》(第1430号案例)所涉规则提炼如下:

1. 贪污罪对象范围的认定规则。"违反规定收取的'点招费',在行政主管部门作出处置之前应认定为公共财产……具备贪污罪的对象要件。"(第312号案例)"炒股利用的资金虽然主要是代理股民进行证券交易的个人资金,但……公司系国有公司,作为该公司组成部分的……证券营业部自然也具有国有公司的性质,其自营炒股利用的该资金完全是在国有公司的管理使用之中的个人财产,根据刑法的有关规定,该资金应视为国有财产,国有财产的法定孳息自然也是国有财产。"(第383号案例)"贪污罪的对象不应仅仅限于动产,国家工作人员利用职务上的便利,采用欺骗手段非法占有公有房屋的行为,应以贪污罪定罪处罚。""对于非法侵占公有房产的贪污行为,即使客观上尚未办理产权变更登记,也可以通过其所采取的欺骗手段等行为事实,认定其具有非法占有的目的。""利用职务上的便利,截留公有房屋并实际占有使用,虽未办理私有产权证,亦应认定为贪污既遂。"(第216号案例)根据司法解释的规定,贪污救灾、抢险、防汛、优抚、扶贫、移民、救济、防疫、社会捐助等特定款物,数额达到一万元以上的,即认定为"情节严重",应当定罪处罚。"司法实践中认定犯罪对象是否属于特定款物,不仅要看具体款物的表现形式,还要通过贪污方式看其本质特征,只有在公款已经类型化为特定款物且妨害了特定事项办理或者特殊群体权利的情况下,才认定为特定款物。"(第1139号案例)此外,根据《刑法》第二百七十一条第二款的规定,国有公司、企业或者其他国有单位中从事公务的人员和国有公司、企业或者其他国有单位委派到非国有公司、企业以及其他单位从事公务的人员将本单位财物非法占为己有的,构成贪污罪。上述人员"出售公司股票属履职行为而非个人行为,所售股票全部收益应归公司所有","侵吞的股票发行差价款,只要属于'本单位财物',是否为'公共财物',不影响贪污罪的认定"。(第311号案例)"国家工作人员成立第三方公司套取单位公款,将其中部分公款用于支付原单位业务回扣费用","成立第三方公司的目的之一,就是要解决原单位业务回扣费用的支付问题,套取公款后也确实按照预期计划支付该项费用……对该笔钱款主观上没有非法占有的故意,客观上也未侵吞,故应将该笔钱款从各被告人的贪污数额中扣除"。(第1071号案例)

2. "受委托管理、经营国有财产的人员"的认定和适用规则。"如果受委托的事项不是管理、经营国有财产,而是从事具体的保管、经手、生产、服务等劳务活动,不能适用刑法第三百八十二条第二款的规定。比如国有企业的承包、租赁经营者受国有企业的委托,在生产或经营过程中依照合同约定对国有财产行使管理和经营权,因此,应视为'受委托管理、经营国有财产的人员'。在承包企业里的一般职工,则不能视为'受委托管理、经营国有财产的人员'。"(第274号案例)"租赁经营国有企业的行为,属于受委托管理、经营国有财产,符合刑法关于贪污罪规定的第二类犯罪主体构成要件,其利用职务上的便利盗卖国有财产并私分的行为,应当以贪污罪定罪处罚。"(第355号案例)此外,"刑法第三百八十二条规定属于法律拟制,只能在贪污罪中适用"。"受国有公司的委托管理相关事务的主体因为并非直接接受国家机关的委托而不属于国家机关工作人员和国家工作人员的范畴,不属于滥用职权罪和玩忽职守罪的适格主体。"(第1207号案例)

3. "利用职务上的便利"的认定规则。"社保工作人员骗取企业为非企业人员缴纳养老保险费,同时收取参保人员缴纳的养老保险费,或利用企业"空名户"名额收取参保人员已被抵缴的养老保险费,并占为己有的行为",利用了职务上的便利,符合贪污罪的构成特征,应当以贪污罪论处。(第771号案例)

4. 非法占有目的的认定规则。①"贪污罪中的非法占有目的需结合公款的具体去向及行为人的处置意思来加以综合认定,实践中应注意区分形式上的'侵占'行为与贪污罪中以非法占有为目的的侵吞行为,以免客观归罪。"(第292号案例)

5. 涉"小金库"性质公司案件的处理规则。②"认定'小金库'性质的公司,应当从其设置的知情面、设置的目的、公司的管理、经费的使用及受益方等方面进行综合考量。""'小金库',在设立、管理、使用过程中均应经过单位的集体决策程序,体现单位意志,任何个人决定或者以个人名义截留公共款项设立的所谓'小金库',均属于违纪、违法甚至犯罪行为,不应认定为本单位的'小金库'。"(第1142号案例)

6. 涉科研经费案件的处理规则。"科研经费具有明确的专属性,并非课题组的私有财产,课题组对项目承担单位管理的科研经费不具有随意处置的

---

① 此外,"挪用型职务犯罪和占有型职务犯罪有时会呈现相同的行为特征,都可能使用骗取、窃取等手段和方法,区分二者行为性质的关键在于主观方面是否具有非法占有的目的,即实施骗取、窃取行为当时及之后是否打算或者愿意以及有无能力归还。非法占有目的是占有型犯罪的实质构成要件,不能根据骗取、窃取的行为手段就直接推定被告人具有非法占有目的,而是要进行具体的、实质的司法判断。在没有口供的情况下,对被告人的主观意图需要通过对客观的间接证据的综合分析来认定。"参见《挪用型与占有型职务犯罪的区分》(编号009),载最高人民法院刑事审判第二庭编:《职务犯罪审判指导》(第1辑),法律出版社2022年版。

② 此外,"判断公司负责人究竟系在单位授权下体外运营带有'单位小金库'性质的账外股权,还是利用职务便利非法占有本单位公共财产,关键看该账外股权是否脱离本单位的监管。在实践中,可从公司负责人是否通过垄断账外股权交易的信息、价格、数额、审批和登记等程序,形成了高度隐蔽的股份流转形式;账外股权运行过程中是否有公司其他高级管理人员、财会人员参与资金分配、记账结算或对股权流转过程知情;公司负责人是否擅自处置、变现其掌握的公司账外股权,是否曾向相关部门、人员汇报、交接其掌握公司账外股权的情况,是否实施隐匿、毁弃与账外股权运营相关的会计账簿行为等方面综合审查判断。"参见《公司负责人将公司账外股权秘密转移至本人实际控制的公司名下的行为如何认定》(编号002),载最高人民法院刑事审判第二庭编:《职务犯罪审判指导》(第1辑),法律出版社2022年版。

权利。""行为人通过虚列支出、虚开发票等手段套取科研经费转入个人实际控制的公司或关联公司,公司确有参与科研合作的,应从公司参与科研项目实施和完成情况、公司实际为科研项目的支出情况、科研经费真实去向等方面,综合认定行为人对套取的科研经费是否具有非法占有目的。"(第1430号案例)

  7. 贪污罪既遂的认定规则。"一般而言,贪污罪应以行为人是否实际取得财物为区分既遂与未遂的标准。"(第124号案例)

  8. 贪污罪与挪用公款罪的界分规则。"两罪有本质区别,区别的关键在于行为人主观上是否以非法占有为目的,客观上是否实施了侵吞公款的行为。"(第236号案例)"司法实践中,两罪的区分通常是看行为人有无平帐的行为。"(第194号案例)但是,"审判实践中一定要避免把虚开票据、虚列支出平账的客观行为与非法占有主观目的之间直接挂钩。平账是指把各个分类账户的金额与其汇总账户的金额互相核算,将原本不相等的情况调整为相等,只是账目处理的一种技术性手段,不能取代对被告人的主观心态评价。在缺乏直接证据印证时,推定被告人具有非法占有目的,需要结合被告人实施犯罪过程中的具体行为,以对被告人的内心想法和真实目的作出综合性判断。合理评价实施虚开票据的平账行为,应当遵循以下审查标准:第一,平账行为是否造成挪用的公款从单位账目上难以反映出来……第二,对财务账目的处理能否达到掩盖涉案款项去向效果……第三,从有无归还行为上判断被告人是否有非法占有目的"。(第1088号案例)"如果使用虚假票据平帐,帐面与实际资金情况一致的,这样对于单位来说,其帐上的资金已被用于合理的支出,帐上已没有这笔款,这样行为人支取公款的行为被完全掩盖,其可以达到侵吞公款的目的,这种情况才属于真正意义上的平帐。"(第194号案例)而"从……被告人……的主观故意、作案手段、赃款去向等方面看……以虚假贷款合同掩盖55万元的行为属于挪用公款的性质",故认定为挪用公款罪。(第55号案例)

  9. 贪污罪与受贿罪的界分规则。"在购销活动中,如果购入方行为人收受的各种名义的回扣、手续费等实际上来源于虚增标的金额,或者卖出方行为人收受的各种名义的回扣、手续费,实际上来源于降低标的金额者,因该回扣或者手续费实质上属于本单位的额外支出或者应得利益,实际上侵犯的是本单位的财产权利,就应当特别注意是否是一种变相的贪污行为。"(第275号案例)"国家工作人员利用职务上的便利以单位的名义向有关单位索要'赞助款'并占为己有的行为",构成贪污罪。(第334号案例)

  10. 贪污罪与国有公司人员滥用职权罪的界分规则。"一是在造成国有资产损失的主观心理状态上,贪污罪是由直接故意构成,而国有公司人员滥用职权罪对国有资产造成的损失往往是非直接故意所致;二是在主观目的上,贪污罪是以非法占有为目的,而国有公司人员滥用职权罪一般不具有非法占有的目的;三是在客观表现上,贪污罪是以侵吞、窃取、骗取等方法非法占有公共财产,而国有公司人员滥用职权罪是以超越职权或者不适当行使职权,造成国有公司严重损失。"(第734号案例)

11. **贪污罪与非法经营同类营业罪的界分规则**。"区分获取购销差价的非法经营同类营业行为与增设中间环节截留国有财产的贪污行为的关键,在于行为人是采取何种方式取得非法利益的。如果行为人直接通过非法手段将国有公司、企业的财产转移到兼营公司、企业中,属于截留国有财产的贪污行为,构成贪污罪。如果行为人没有直接转移财产,而是利用职务便利将任职国有公司、企业的盈利性商业机会交由兼营公司、企业经营,获取数额巨大的非法利益的,则构成非法经营同类营业罪。"(第1087号案例)

司法疑难解析

职务犯罪中携款型自首对量刑的影响。① (1)"数额与情节均是受贿罪刑罚裁量必须考量的因素,不可偏废。""具有自首情节,依据《刑法》第六十七条的规定,可以从轻或者减轻处罚。其在提起公诉前如实供述自己罪行、真诚悔罪、避免、减少损害结果的发生,依据……《刑法》第三百八十三条第三款的规定,可以从轻处罚。其自愿如实供述自己的罪行,承认指控的犯罪事实愿意接受处罚,依据2018年10月26日修正后的《刑事诉讼法》第十五条的规定,可以依法从宽处理。""单纯从受贿数额来看,应当在'十年以上有期徒刑、无期徒刑或者死刑,并处罚金或者没收财产'这一法定刑幅度内进行裁量。但同时……具有其他法定减轻、从轻量刑情节,对此应当综合考量。"(2)"被告人既有自首情节,又适用认罪认罚从宽制度,在量刑时应当做到精准、平衡,既避免重复评价,又充分体现政策。"

---

① 参见《携带赃款赃物投案自首情节在受贿数额特别巨大案件中予以减轻处罚的法理依据和政策考量》(编号003),载最高人民法院刑事审判第二庭编:《职务犯罪审判指导》(第1辑),法律出版社2022年版。

第三百八十四条 【挪用公款罪】国家工作人员利用职务上的便利,挪用公款归个人使用,进行非法活动的,或者挪用公款数额较大、进行营利活动的,或者挪用公款数额较大、超过三个月未还的,是挪用公款罪,处五年以下有期徒刑或者拘役;情节严重的,处五年以上有期徒刑。挪用公款数额巨大不退还的,处十年以上有期徒刑或者无期徒刑。

挪用用于救灾、抢险、防汛、优抚、扶贫、移民、救济款物归个人使用的,从重处罚。

◆ 立法沿革

本条系 1997 年《刑法》吸收修改单行刑法作出的规定。《全国人民代表大会常务委员会关于惩治贪污罪贿赂罪的补充规定》(自 1988 年 1 月 21 日起施行)第三条规定:"国家工作人员、集体经济组织工作人员或者其他经手、管理公共财物的人员,利用职务上的便利,挪用公款归个人使用,进行非法活动的,或者挪用公款数额较大、进行营利活动的,或者挪用公款数额较大、超过 3 个月未还的,是挪用公款罪,处五年以下有期徒刑或者拘役;情节严重的,处五年以上有期徒刑。挪用公款数额较大不退还的,以贪污论处。""挪用救灾、抢险、防汛、优抚、救济款物归个人使用的,从重处罚。""挪用公款进行非法活动构成其他罪的,依照数罪并罚的规定处罚。"1997 年《刑法》对上述规定作了修改完善,对主体作了完善,对挪用公款不退还由按照贪污罪论处调整为法定刑升档,并对表述作了调整。

◆ 立法解释

《全国人民代表大会常务委员会关于〈中华人民共和国刑法〉第三百八十四条第一款的解释》(自 2002 年 4 月 28 日起施行)①

全国人民代表大会常务委员会讨论了刑法第三百八十四条第一款规定的

---

① 《最高人民法院关于如何认定挪用公款归个人使用有关问题的解释》[法释〔2001〕29 号,已被《最高人民法院关于废止 1997 年 7 月 1 日至 2011 年 12 月 31 日期间发布的部分司法解释和司法解释性质文件(第十批)的决定》(法释〔2013〕7 号)废止,废止理由为"与《全国人大常委会关于〈中华人民共和国刑法〉第三百八十四条第一款的解释》相冲突"]第一条、第二条分别规定:"国家工作人员利用职务上的便利,以个人名义将公款借给其他自然人或者不具有法人资格的私营独资企业、私营合伙企业等使用的,属于挪用公款归个人使用。""国家工作人员利用职务上的便利,为谋取个人利益,以个人名(转下页)

国家工作人员利用职务上的便利,挪用公款"归个人使用"的含义问题,解释如下:

有下列情形之一的,属于挪用公款"归个人使用":

(一)将公款供本人、亲友或者其他自然人使用的;

(二)以个人名义将公款供其他单位使用的;

(三)个人决定以单位名义将公款供其他单位使用,谋取个人利益的。

现予公告。

司法解释

《最高人民检察院关于挪用国库券如何定性问题的批复》(高检发释字〔1997〕5号,自1997年10月13日起施行)

宁夏回族自治区人民检察院:

你院宁检发字〔1997〕43号《关于国库券等有价证券是否可以成为挪用公款罪所侵犯的对象以及以国库券抵押贷款的行为如何定性等问题的请示》收悉。关于挪用国库券如何定性的问题,经研究,批复如下:

国家工作人员利用职务上的便利,挪用公有或本单位的国库券的行为以挪用公款论;符合刑法第384条、第272条第2款规定的情形构成犯罪的,按挪用公款罪追究刑事责任。

《最高人民法院关于审理挪用公款案件具体应用法律若干问题的解释》(法

(接上页)义将公款借给其他单位使用的,属于挪用公款归个人使用。"最高人民检察院于2001年11月向全国人大常委会递交报告,认为最高人民法院发布的上述司法解释,超越了其司法解释权限,给实际办案带来极大的困难,使得检察机关办理的一大批挪用公款案件将被撤销或宣告无罪,给反腐败工作和社会稳定带来消极影响。根据《立法法》第四十九条的规定,最高人民检察院向全国人大常委会提出了对《刑法》第三百八十四条第一款规定中挪用公款"归个人使用"的含义作立法解释的要求。鉴于司法机关对法律规定的挪用公款"归个人使用"的含义认识不一致,根据《立法法》的规定,全国人大常委会法制工作委员会经多次研究,拟定了全国人大常委会《关于〈中华人民共和国刑法〉第三百八十四条第一款的解释》,经委员长会议讨论同意列入九届全国人大常委会第二十七次会议议程,经委员们审议讨论后通过。参见黄太云:《〈关于〈中华人民共和国刑法〉第三百八十四条第一款的解释〉的背景说明及具体理解》,载中华人民共和国最高人民法院刑事审判第一、二、三、四、五庭主办:《中国刑事审判指导案例6》(增订第3版),法律出版社2017年版,第422—423页。

释〔1998〕9号，自1998年5月9日起施行）①

为依法惩处挪用公款犯罪，根据刑法的有关规定，现对办理挪用公款案件具体应用法律的若干问题解释如下：

第一条② 刑法第三百八十四条规定的"挪用公款归个人使用"，包括挪用者本人使用或者给他人使用。

挪用公款给私有公司、私有企业使用的，属于挪用公款归个人使用。

第二条 对挪用公款罪，应区分三种不同情况予以认定：

（一）挪用公款归个人使用，数额较大、超过三个月未还的，构成挪用公款罪。

挪用正在生息或者需要支付利息的公款归个人使用，数额较大，超过三个月但在案发前全部归还本金的，可以从轻处罚或者免除处罚。给国家、集体造成的利息损失应予追缴。挪用公款数额巨大，超过三个月，案发前全部归还的，可以酌情从轻处罚。

（二）挪用公款数额较大，归个人进行营利活动的，构成挪用公款罪，不受挪用时间和是否归还的限制。在案发前部分或者全部归还本息的，可以从轻处罚；

---

① 本司法解释第一条关于"挪用公款归个人使用"的规定，需要根据《全国人民代表大会常务委员会关于〈中华人民共和国刑法〉第三百八十四条第一款的解释》的规定妥当把握；第三条关于挪用公款罪定罪量刑标准的规定与法释〔2016〕9号解释第五条、第六条不一致，应当以后者为准。——**本评注注**

② 本条没有将挪用公款给单位使用的行为规定为犯罪。主要理由："挪用公款归个人使用"是挪用公款罪客观方面的重要特征，将挪用公款给其他单位使用也规定为犯罪，于法无据，有悖罪刑法定原则。在刑法理论上，挪用公款罪不仅侵犯了国家财经管理制度，而且侵害了公共财产的使用权。挪用公款给其他单位使用，虽然侵犯了国家财经管理制度，但由于这部分公款仍然在国有或者集体所有的单位中使用，从宏观上看，作为公款的使用和收益权并没有受到侵犯，其使用和收益的权利仍由国有或者集体所有的单位行使，公款的性质没有改变，因此，没有侵犯公款的使用权，对这种行为只能作为违反财经管理制度处理，不能构成挪用公款罪。而且从司法实践看，虽然过去司法解释曾作过规定，但由于将公款挪用给其他单位使用的情况比较复杂，什么为"为私利"和"以个人名义"缺乏具体的认定标准，容易混淆罪与非罪的界限。参见熊选国：《〈关于审理挪用公款案件具体应用法律若干问题的解释〉的理解与适用》，载中华人民共和国最高人民法院刑事审判第一、二、三、四、五庭主办：《中国刑事审判指导案例6》（增订第3版），法律出版社2017年版，第428页。需要注意到的是，《全国人民代表大会常务委员会关于〈中华人民共和国刑法〉第三百八十四条第一款的解释》（2002年4月28日）将"以个人名义将公款供其他单位使用""个人决定以单位名义将公款供其他单位使用，谋取个人利益"均解释为挪用公款"归个人使用"。——**本评注注**

情节轻微的,可以免除处罚。

挪用公款存入银行、用于集资、购买股票、国债等,属于挪用公款进行营利活动。所获取的利息、收益等违法所得,应当追缴,但不计入挪用公款的数额。

(三)挪用公款归个人使用,进行赌博、走私等非法活动的,构成挪用公款罪,不受"数额较大"和挪用时间的限制。

挪用公款给他人使用,不知道使用人用公款进行营利活动或者用于非法活动的,数额较大、超过三个月未还的,构成挪用公款罪;明知使用人用于营利活动或者非法活动的,应当认定为挪用人挪用公款进行营利活动或者非法活动。

第三条 挪用公款归个人使用,"数额较大、进行营利活动的",或者"数额较大、超过三个月未还的",以挪用公款一万元至三万元为"数额较大"的起点,以挪用公款十五万元至二十万元为"数额巨大"的起点。挪用公款"情节严重",是指挪用公款数额巨大,或者数额虽未达到巨大,但挪用公款手段恶劣;多次挪用公款;因挪用公款严重影响生产、经营,造成严重损失等情形。

"挪用公款归个人使用,进行非法活动的",以挪用公款五千元至一万元为追究刑事责任的数额起点。挪用公款五万元至十万元以上的,属于挪用公款归个人使用,进行非法活动"情节严重"的情形之一。挪用公款归个人使用,进行非法活动,情节严重的其他情形,按照本条第一款的规定执行。

各高级人民法院可以根据本地实际情况,按照本解释规定的数额幅度,确定本地区执行的具体数额标准,并报最高人民法院备案。

挪用救灾、抢险、防汛、优抚、扶贫、移民、救济款物归个人使用的数额标准,参照挪用公款归个人使用进行非法活动的数额标准。

第四条 多次挪用公款不还,挪用公款数额累计计算;多次挪用公款,并以后次挪用的公款归还前次挪用的公款,挪用公款数额以案发时未还的实际数额认定。

第五条 "挪用公款数额巨大不退还的",是指挪用公款数额巨大,因客观原因在一审宣判前不能退还的。

第六条 携带挪用的公款潜逃的,依照刑法第三百八十二条、第三百八十三条的规定定罪处罚。

第七条 因挪用公款索取、收受贿赂构成犯罪的,依照数罪并罚的规定处罚。

挪用公款进行非法活动构成其他犯罪的,依照数罪并罚的规定处罚。

第八条 挪用公款给他人使用,使用人与挪用人共谋,指使或者参与策划取得挪用款的,以挪用公款罪的共犯定罪处罚。

《最高人民检察院关于国家工作人员挪用非特定公物能否定罪的请示的批

复》(高检发释字〔2000〕1号,自2000年3月15日起施行)

山东省人民检察院:

你院鲁检发研字〔1999〕第3号《关于国家工作人员挪用非特定公物能否定罪的请示》收悉。经研究认为,刑法第三百八十四条规定的挪用公款罪中未包括挪用非特定公物归个人使用的行为,对该行为不以挪用公款罪论处。如构成其他犯罪的,依照刑法的相关规定定罪处罚。

《最高人民检察院关于挪用失业保险基金和下岗职工基本生活保障资金的行为适用法律问题的批复》(高检发释字〔2003〕1号,自2003年1月30日起施行)

辽宁省人民检察院:

你院辽检发研字〔2002〕9号《关于挪用职工失业保险金和下岗职工生活保障金是否属于挪用特定款物的请示》收悉。经研究,批复如下:

挪用失业保险基金和下岗职工基本生活保障资金属于挪用救济款物。挪用失业保险基金和下岗职工基本生活保障资金,情节严重,致使国家和人民群众利益遭受重大损害的,对直接责任人员,应当依照刑法第二百七十三条的规定,以挪用特定款物罪追究刑事责任;国家工作人员利用职务上的便利,挪用失业保险基金和下岗职工基本生活保障资金归个人使用,构成犯罪的,应当依照刑法第三百八十四条的规定,以挪用公款罪追究刑事责任。

《最高人民法院、最高人民检察院关于办理贪污贿赂刑事案件适用法律若干问题的解释》(法释〔2016〕9号)第五条、第六条对挪用公款罪的定罪量刑标准作了规定。(→参见本章标题评注部分,第2088、2089页)

规范性文件

《最高人民检察院关于认真贯彻执行全国人大常委会〈关于刑法第二百九十四条第一款的解释〉和〈关于刑法第三百八十四条第一款的解释〉的通知》(高检发研字〔2002〕11号)第二条对挪用公款"归个人使用"的认定作了规定。(→参见第二百九十四条评注部分,第1499页)

《全国法院审理经济犯罪案件工作座谈会纪要》(法发〔2003〕167号)"四、关于**挪用公款罪**"对挪用公款罪的适用作了规定。(→参见本章标题评注部分,第2107页)

《最高人民法院、最高人民检察院关于办理国家出资企业中职务犯罪案件具体应用法律若干问题的意见》(法发〔2010〕49号)第三条对挪用公款罪的适用作了规定。(→参见本章标题评注部分,第2114页)

指导性案例

李某等人挪用公款案(检例第 189 号)

关键词 挪用公款罪 归个人使用 追缴违法所得

要 旨 办理金融领域挪用公款犯罪案件,应从实质上把握"归个人使用"等要件。对于为个人从事营利活动而违规使用单位公款,给公款安全造成风险,如果公款形式上归单位使用,但是实质上为个人使用的,可以认定挪用公款"归个人使用"。他人因行为人挪用公款犯罪直接获利,虽不构成犯罪或未被追究刑事责任,但主观上对利益违法性有认知的,对他人的直接获利应认定为违法所得,检察机关可以向监察机关提出建议,依法予以追缴或者责令退赔。

法律适用答复、复函

《最高人民法院研究室关于挪用退休职工社会养老金行为如何适用法律问题的复函》(法研〔2004〕102 号)

公安部经济犯罪侦查局:

你局公经〔2004〕916 号《关于挪用退休职工社会养老保险金是否属于挪用特定款物罪事》收悉。经研究,提供如下意见供参考:

退休职工养老保险金不属于我国刑法中的救灾、抢险、防汛、优抚、扶贫、移民、救济等特定款物的任何一种。因此,对于挪用退休职工养老保险金的行为,构成犯罪时,不能以挪用特定款物罪追究刑事责任,而应当按照行为人身份的不同,分别以挪用资金罪或者挪用公款罪追究刑事责任。

刑参案例规则提炼①

《**王正言挪用公款案**——以使用变价款为目的挪用公物的行为是否构成挪用公款罪?》(第 75 号案例)、《**万国英受贿、挪用公款案**——利用职务上的便利借用下级单位公款进行营利活动能否构成挪用公款罪》(第 217 号案例)、《**冯安华、张高祥挪用公款案**——多次挪用公款的如何计算犯罪数额?》(第 356 号案例)、《**郭如鳌、张俊琴、赵茹贪污、挪用公款案**——证券营业部工作人员利用职务便利私分单位违规自营炒股盈利款的行为如何定性》(第 383 号案例)、《**鞠胤文挪用公款、受贿案**——因挪用公款索取、收受贿赂或者行贿构成犯罪的是择一重处还是两罪并罚?》(第 385 号案例)、《**陈焕林等挪用资金、贪污案**——无法

---

① 另,鉴于相关规定的调整变化,《**歹进学挪用公款案**——工商营业执照上标明的企业性质与企业的实际性质不一致时如何确定企业性质》(第 326 号案例)所涉规则未予提炼。

区分村民委员会人员利用职务之便挪用款项性质的如何定罪处罚?》(第454号案例)、《张威同挪用公款案——个人决定以单位名义将公款借给其他单位使用,没有谋取个人利益的不构成挪用公款罪》(第502号案例)、《杨培珍挪用公款案——利用职务便利将关系单位未到期的银行承兑汇票背书转让用于清偿本单位的债务,同时将本单位等额的银行转账支票出票给关系单位的行为,不构成挪用公款罪》(第574号案例)、《姚太文贪污、受贿案——个人决定以单位名义将公款借给其他单位使用,虽然在事后收受对方财物,但难以证实借款当时具有谋取个人利益目的的,如何定罪处罚?》(第805号案例)、《佟茂华、牛玉杰私分国有资产,佟茂华挪用公款、受贿案——如何认定国企改制期间和国家出资企业中的职务犯罪》(第1313号案例)所涉规则提炼如下:

1. 挪用公款罪犯罪对象的认定规则。"国债是一种特别的公款,它完全具有公款的特性,挪用国债符合法定情形构成犯罪的,应按挪用公款罪追究刑事责任。"(第383号案例)"挪用公物予以变现归个人使用的行为,其本质与一般的挪用公款行为是一致的,构成犯罪,应以挪用公款罪论处。"(第75号案例)"无法区分被挪用的款项性质的,以挪用资金罪追究村民委员会等村基层组织人员的刑事责任。"(第454号案例)

2. 利用职务上的便利的认定规则。"挪用公款罪定罪条件中的'利用职务上的便利',是指国家工作人员职务活动的一切便利,包括利用本人对下属单位领导、管理关系中的各种便利。担任单位领导职务的国家工作人员通过自己主管的下级部门的国家工作人员实施违法犯罪活动的,应当认定为'利用职务上的便利'。"(第217号案例)

3. 谋取个人利益的认定规则。"个人决定以单位名义将公款借给其他单位使用,没有谋取个人利益的不构成挪用公款罪。"(第502号案例)

4. 挪用公款的数额计算规则。根据司法解释的规定,多次挪用公款,并以后次挪用的公款归还前次挪用的公款,挪用的公款数额以案发时未还的实际数额认定。"要注意三个问题:一是挪用公款的时间以挪用公款达到构成犯罪的标准那天开始计算。二是……不能简单理解为如果案发时行为人全还了就不定罪。三是正确认定'以后次挪用的公款归还前次挪用的公款'的情形。如行为人第一次挪用公款5万元,第二次又挪用了5万元,挪用5万元以后不是挪用后次还前次,而是挪用以后做生意,赚了钱以后把前面那次还了。这种情况挪用公款的数额还是要累计计算,因为他是通过赚来的钱还前一次,不属于拆东墙补西墙的情形,其主观恶性与社会危害性与司法解释规定的情形有较大差别,数额应当累计计算。"(第356号案例)

5. 挪用公款罪与非罪的界分规则。"经单位集体研究决定,使用单位定期银行存单质押,贷款供他人使用的行为,不构成挪用公款罪。"(第1313号案例)①"将本单位公款转入其丈夫的公司,但其同时将等额的银行承兑汇票交至财务,并作为药款支付给了……药品供应商,因银行承兑汇票承兑是有保障的,故在此过程中,并未……造成任何损失,药品供应商到期得到了兑付,也未有损失,故不符合挪用公款罪的构成要件。"(第574号案例)

6. 挪用公款罪的罪数处断规则。根据司法解释的规定,因挪用公款索取、收受贿赂构成犯罪的,依照数罪并罚的规定处罚。"受贿罪和行贿罪是刑法意义上的对合犯,往往相伴相生,既然司法解释对挪用公款罪与受贿罪的牵连犯规定两罪并罚,对于挪用公款罪与行贿罪的牵连犯,也应按照这个原则处理。"(第385号案例)但是,特定情形下,"挪用公款罪的构成必须以行为人谋取个人利益为要件,该情形下收受贿赂的行为,可能同时被认定为谋取个人利益,即一行为同时构成挪用公款罪和受贿罪,应当按照想象竞合犯从一重罪处断原则,以受贿罪定罪处罚"。(第805号案例)

> **第三百八十五条** 【受贿罪】国家工作人员利用职务上的便利,索取他人财物的,或者非法收受他人财物,为他人谋取利益的,是受贿罪。
>
> 国家工作人员在经济往来中,违反国家规定,收受各种名义的回扣、手续费,归个人所有的,以受贿论处。
>
> **第三百八十六条** 【受贿罪的处罚】对犯受贿罪的,根据受贿所得数额及情节,依照本法第三百八十三条的规定处罚。索贿的从重处罚。

立法沿革

本两条系1997年《刑法》吸收修改单行刑法作出的规定。1979年《刑法》第

---

① 与之不同,陕西省高级人民法院于2002年5月向最高人民法院报送了《关于挪用集体存单为他人质押贷款是否构成挪用公款罪的请示》。《请示》中所遇到的问题是:被告人利用管理公款的职务便利,先后挪用3张公款存单,为自己和他人从银行质押贷款,存单总金额为29万元,被告人按时向银行还贷付息,取回存单,没有造成公款损失,那么,被告人的行为是否构成挪用公款罪。最高人民法院认为:国家工作人员利用职务上的便利,挪用公款存单为本人或者他人质押贷款的,属于挪用公款行为,构成犯罪的,应当依照《刑法》第三百八十四条的规定定罪处罚。参见《挪用公款存单为本人或者他人质押贷款的行为应如何定性》,载中华人民共和国最高人民法院刑事审判第一、二、三、四、五庭主办:《中国刑事审判指导案例6》(增订第3版),法律出版社2017年版,第484—486页。

一百八十五条第一款、第二款规定:"国家工作人员利用职务上的便利,收受贿赂的,处五年以下有期徒刑或者拘役。赃款、赃物没收,公款、公物追还。""犯前款罪,致使国家或者公民利益遭受严重损失的,处五年以上有期徒刑。"《全国人民代表大会常务委员会关于严惩严重破坏经济的罪犯的决定》(自1982年4月1日起施行)第一条第二项对《刑法》第一百八十五条第一款和第二款受贿罪修改规定为:"国家工作人员索取、收受贿赂的,比照刑法第一百五十五条贪污罪论处;情节特别严重的,处无期徒刑或者死刑。"《全国人民代表大会常务委员会关于惩治贪污罪贿赂罪的补充规定》(自1988年1月21日起施行)第四条规定:"国家工作人员、集体经济组织工作人员或者其他从事公务的人员,利用职务上的便利,索取他人财物的,或者非法收受他人财物为他人谋取利益的,是受贿罪。""与国家工作人员、集体经济组织工作人员或者其他从事公务的人员勾结,伙同受贿的,以共犯论处。国家工作人员、集体经济组织工作人员或者其他从事公务的人员,在经济往来中,违反国家规定收受各种名义的回扣、手续费,归个人所有的,以受贿论处。"第五条规定:"对犯受贿罪的,根据受贿所得数额及情节,依照本规定第二条的规定处罚;受贿数额不满1万元,使国家利益或者集体利益遭受重大损失的,处10年以上有期徒刑;受贿数额在1万元以上,使国家利益或者集体利益遭受重大损失的,处无期徒刑或者死刑,并处没收财产。索贿的从重处罚。""因受贿而进行违法活动构成其他罪的,依照数罪并罚的规定处罚。"1997年《刑法》对上述规定作了修改,明确对受贿罪援引贪污罪处罚。

司法解释

《最高人民法院关于国家工作人员利用职务上的便利为他人谋取利益离退休后收受财物行为如何处理问题的批复》(法释〔2000〕21号,自2000年7月21日起施行)

江苏省高级人民法院:

你院苏高法〔1999〕65号《关于国家工作人员在职时为他人谋利,离退休后收受财物是否构成受贿罪的请示》收悉。经研究,答复如下:

国家工作人员利用职务上的便利为请托人谋取利益,并与请托人事先约定,在其离退休后收受请托人财物,构成犯罪的,以受贿罪定罪处罚。

《最高人民法院、最高人民检察院关于办理贪污贿赂刑事案件适用法律若干问题的解释》(法释〔2016〕9号)第一条至第四条、第十二条、第十三条、第十五条至第十九条对受贿罪的定罪量刑标准及相关问题作了规定。(→参见本章标题评注部分,第2085—2088、2090、2091、2092—2093页)

规范性文件

《最高人民法院、最高人民检察院、公安部、国家工商行政管理局关于依法查处盗窃、抢劫机动车案件的规定》(公通字〔1998〕31号)第八条对受贿罪的适用作了规定。(→参见第三百一十二条评注部分,第1637页)

《全国法院审理经济犯罪案件工作座谈会纪要》(法发〔2003〕167号)"三、关于受贿罪"对受贿罪的适用作了规定。(→参见本章标题评注部分,第2105页)

《最高人民法院、最高人民检察院关于办理受贿刑事案件适用法律若干问题的意见》(法发〔2007〕22号)

为依法惩治受贿犯罪活动,根据刑法有关规定,现就办理受贿刑事案件具体适用法律若干问题,提出以下意见:

一、关于以交易形式收受贿赂问题

国家工作人员利用职务上的便利为请托人谋取利益,以下列交易形式收受请托人财物的,以受贿论处:

(1)以明显低于市场的价格向请托人购买房屋、汽车等物品的;

(2)以明显高于市场的价格向请托人出售房屋、汽车等物品的;

(3)以其他交易形式非法收受请托人财物的。

受贿数额按照交易时当地市场价格与实际支付价格的差额计算。

前款所列市场价格包括商品经营者事先设定的不针对特定人的最低优惠价格。根据商品经营者事先设定的各种优惠交易条件,以优惠价格购买商品的,不属于受贿。

二、关于收受干股问题

干股是指未出资而获得的股份。国家工作人员利用职务上的便利为请托人谋取利益,收受请托人提供的干股的,以受贿论处。进行了股权转让登记,或者相关证据证明股份发生了实际转让的,受贿数额按转让行为时股份价值计算,所分红利按受贿孳息处理。股份未实际转让,以股份分红名义获取利益的,实际获利数额应当认定为受贿数额。

三、关于以开办公司等合作投资名义收受贿赂问题

国家工作人员利用职务上的便利为请托人谋取利益,由请托人出资,"合作"开办公司或者进行其他"合作"投资的,以受贿论处。受贿数额为请托人给国家工作人员的出资额。

国家工作人员利用职务上的便利为请托人谋取利益,以合作开办公司或者其他合作投资的名义获取"利润",没有实际出资和参与管理、经营的,以受贿论处。

四、关于以委托请托人投资证券、期货或者其他委托理财的名义收受贿赂问题

国家工作人员利用职务上的便利为请托人谋取利益,以委托请托人投资证券、期货或者其他委托理财的名义,未实际出资而获取"收益",或者虽然实际出资,但获取"收益"明显高于出资应得收益的,以受贿论处。受贿数额,前一情形,以"收益"额计算,后一情形,以"收益"额与出资应得收益额的差额计算。

五、关于以赌博形式收受贿赂的认定问题[①]

根据《最高人民法院、最高人民检察院关于办理赌博刑事案件具体应用法律若干问题的解释》第七条规定,国家工作人员利用职务上的便利为请托人谋取利益,通过赌博方式收受请托人财物的,构成受贿。

实践中应注意区分贿赂与赌博活动、娱乐活动的界限。具体认定时,主要应当结合以下因素进行判断:(1)赌博的背景、场合、时间、次数;(2)赌资来源;(3)其他赌博参与者有无事先通谋;(4)输赢钱物的具体情况和金额大小。

六、关于特定关系人"挂名"领取薪酬问题

国家工作人员利用职务上的便利为请托人谋取利益,要求或者接受请托人以给特定关系人安排工作为名,使特定关系人不实际工作却获取所谓薪酬的,以受贿论处。

七、关于由特定关系人收受贿赂问题

国家工作人员利用职务上的便利为请托人谋取利益,授意请托人以本意见所列形式,将有关财物给予特定关系人的,以受贿论处。

特定关系人与国家工作人员通谋,共同实施前款行为的,对特定关系人以受贿罪的共犯论处。特定关系人以外的其他人与国家工作人员通谋,由国家工作

[①] 现实生活中还存在一种情形:双方均有通过赌博形式实施行、受贿的意思,且行贿方预先设定了一个行贿数额,但因客观方面的原因,受贿方实际收受财物的数额大于原先预计的行贿数额。比如,原计划通过打麻将行贿10万元,但受贿人手气好,结果"赢取"了20万,此情形应如何认定受贿数额?对此,虽然本规范性文件没有明确规定,但实践中以全额认定受贿数额是妥当的。这不仅是实践操作的需要,也符合犯罪构成的一般理论,因为这是基于一个概括的行、受贿故意实施的一个完整的行、受贿行为。行贿方完全可以自主控制行贿数额,所谓客观方面的原因,完全是行贿方主观放任的结果。参见刘为波:《〈关于办理受贿刑事案件适用法律若干问题的意见〉的理解与适用》,载中华人民共和国最高人民法院刑事审判第一、二、三、四、五庭主办:《中国刑事审判指导案例6》(增订第3版),法律出版社2017年版,第453页。

人员利用职务上的便利为请托人谋取利益,收受请托人财物后双方共同占有的,以受贿罪的共犯论处。

八、关于收受贿赂物品未办理权属变更问题

国家工作人员利用职务上的便利为请托人谋取利益,收受请托人房屋、汽车等物品,未变更权属登记或者借用他人名义办理权属变更登记的,不影响受贿的认定。

认定以房屋、汽车等物品为对象的受贿,应注意与借用的区分。具体认定时,除双方交代或者书面协议之外,主要应当结合以下因素进行判断:(1)有无借用的合理事由;(2)是否实际使用;(3)借用时间的长短;(4)有无归还的条件;(5)有无归还的意思表示及行为。

九、关于收受财物后退还或者上交问题

国家工作人员收受请托人财物后及时退还或者上交的,不是受贿。

国家工作人员受贿后,因自身或者与其受贿有关联的人、事被查处,为掩饰犯罪而退还或者上交的,不影响认定受贿罪。

十、关于在职时为请托人谋利,离职后收受财物问题

国家工作人员利用职务上的便利为请托人谋取利益之前或者之后,约定在其离职后收受请托人财物,并在离职后收受的,以受贿论处。

国家工作人员利用职务上的便利为请托人谋取利益,离职前后连续收受请托人财物的,离职前后收受部分均应计入受贿数额。

十一、关于"特定关系人"的范围

本意见所称"特定关系人",是指与国家工作人员有近亲属、情妇(夫)以及其他共同利益关系的人。

十二、关于正确贯彻宽严相济刑事政策的问题

依照本意见办理受贿刑事案件,要根据刑法关于受贿罪的有关规定和受贿罪权钱交易的本质特征,准确区分罪与非罪、此罪与彼罪的界限,惩处少数,教育多数。在从严惩处受贿犯罪的同时,对于具有自首、立功等情节的,依法从轻、减轻或者免除处罚。

《最高人民法院、最高人民检察院关于办理商业贿赂刑事案件适用法律若干问题的意见》(法发〔2008〕33号)第四条至第八条、第十条、第十一条对受贿罪的适用作了规定。(→参见第一百六十三条评注部分,第726—727、728页)

《最高人民法院、最高人民检察院关于办理国家出资企业中职务犯罪案件具体应用法律若干问题的意见》(法发〔2010〕49号)第四条、第五条对受贿罪的适用作了规定。(→参见本章标题评注部分,第2114、2116页)

指导性案例

潘玉梅、陈宁受贿案(指导案例3号,节录)

关键词 刑事 受贿罪 "合办"公司受贿 低价购房受贿 承诺谋利 受贿数额计算 掩饰受贿退赃

裁判要点

1.国家工作人员利用职务上的便利为请托人谋取利益,并与请托人以"合办"公司的名义获取"利润",没有实际出资和参与经营管理的,以受贿论处。

2.国家工作人员明知他人有请托事项而收受其财物,视为承诺"为他人谋取利益",是否已实际为他人谋取利益或谋取到利益,不影响受贿的认定。

3.国家工作人员利用职务上的便利为请托人谋取利益,以明显低于市场的价格向请托人购买房屋等物品的,以受贿论处,受贿数额按照交易时当地市场价格与实际支付价格的差额计算。

4.国家工作人员收受财物后,因与其受贿有关联的人、事被查处,为掩饰犯罪而退还的,不影响认定受贿罪。

刑参案例规则提炼①

《**刘群祥被控受贿案**——索要正当合伙承包经营的分成不构成受贿罪》(第15号案例)、《**陈晓受贿案**——事后收受财物能否构成受贿罪》(第64号案例)、《**姜杰受贿案**——逢年过节收受下级单位"慰问金"的行为如何定性》(第218号案例)、《**蒙某受贿案**——税务机关工作人员利用职务之便索取他人"赞助费"不征应征税款的行为如何定性》(第257号案例)、《**李葳受贿案**——利用与其他单位共同开发房地产的职务便利要求合作单位为其亲属提供低价住房的行为是否构成受贿罪》(第340号案例)、《**胡发群受贿、巨额财产来源不明案**——国家工

---

① 另,鉴于1997年《刑法》对相关规定的调整,《**左佳等受贿、贪污、挪用公款案**——单位领导研究决定收受回扣款、并为少数领导私分行为的定性》(第195号案例)所涉规则未予提炼;鉴于《刑法修正案(八)》对受贿罪的定罪量刑标准作了调整,《**张德元受贿案**——对受贿犯罪分子如何适用刑罚》(第38号案例)所涉规则未予提炼;鉴于《刑法修正案(七)》增设了利用影响力受贿罪,《**周小华受贿案**——特定关系人在受贿案件中的认定问题》(第584号案例)所涉规则未予提炼;鉴于所涉情形目前基本不会出现,《**王海峰受贿、伪造证据案**——受国有公司委派担任非国有公司诉讼代理人过程中收受他人财物能否构成受贿罪》(第113号案例)所涉规则未予提炼;鉴于主要涉及具体规则的运用问题,《**赵强受贿案**——新类型受贿形式及数额的认定》(第1399号案例)所涉规则未予提炼。

作人员利用职务便利索要高额投资回报的行为是否构成受贿罪》（第384号案例）、《**方俊受贿案**——国家工作人员以"劳务报酬"为名收受请托人财物的应认定为受贿》（第407号案例）、《**马平、沈建萍受贿案**——以房产交易形式收受贿赂的犯罪数额认定问题》（第470号案例）、《**梁晓琦受贿案**——收受无具体金额的会员卡、未出资而委托他人购买股票获利是否认定为受贿》（第562号案例）、《**蒋勇、唐薇受贿案**——如何认定国家工作人员与特定关系人的共同受贿行为》（第585号案例）、《**李万、唐自成受贿案**——国有媒体的记者能否构成受贿罪的主体》（第608号案例）、《**黄长斌受贿案**——国有企业改制期间，国家工作人员与企业解除劳动关系后，还能否被认定为国家工作人员，从而构成受贿罪》（第693号案例）、《**朱永林受贿案**——如何认定以"合作投资房产"名义收受贿赂》（第724号案例）、《**吕辉受贿案**——社区卫生服务中心网管员为医药销售代表"拉单"收受财物的行为，如何定性》（第806号案例）、《**杨孝理受贿、非国家工作人员受贿案**——分别在国有独资公司委派到国有参股公司、国有参股公司改制为非国家出资企业任职期间收受贿赂的行为如何定性》（第855号案例）、《**周龙苗等受贿案**——非特定关系人凭借国家工作人员的关系"挂名"取酬并将财物分与国家工作人员的是否构成共同受贿》（第884号案例）、《**雷政富受贿案**——以不雅视频相要挟，使他人陷入心理恐惧，向他人提出借款要求且还款期满后有能力归还而不归还的，是否属于敲诈勒索以及利用职务便利为他人谋取利益，授意他人向第三人出借款项，还款义务最终被免除的，是否属于受贿》（第885号案例）、《**胡伟富受贿案**——如何区分国家工作人员以优惠价格购买商品房与以交易形式收受贿赂》（第975号案例）、《**凌吉敏受贿案**——以明显高于市场的价格向请托人出租房屋，所收取的租金与市场价格的差额是否应当认定为受贿数额》（第1019号案例）、《**杨德林滥用职权、受贿案**——滥用职权造成恶劣社会影响的及供犯罪所用的本人财物如何认定，受贿既、未遂并存的如何处罚》（第1089号案例）、《**罗非受贿案**——如何认定特定关系人是否成立受贿罪共犯》（第1143号案例）、《**孙昆明受贿案**——如何区分合法的债权债务关系与非法收受他人财物的情形》（第1144号案例）、《**朱渭平受贿案**——国家工作人员对特定关系人收受他人财物事后知情且未退还，如何判定其是否具有受贿故意；国家工作人员收受请托人所送房产，后请托人又将该房产用于抵押贷款的，是受贿既遂还是未遂》（第1145号案例）、《**吴六徕受贿案**——以欺骗方式让行贿人主动交付财物的，应认定为索贿》（第1147号案例）、《**丁利康受贿案**——社区卫生服务中心办公室信息管理员"拉统方"非法收受财物行为之定性》（第1148号案例）、《**毋保良受贿案**——赃款、赃物用于公务支出，是否影响受贿罪的认定；为请托人谋取利益前多次收受请托人财物,数额较大的,如何认定受贿数额;索取、收受下属或者被管理人员的财物价值较大的,能否视为承诺谋取利益》(第1149号案例)、《沈海平受贿案——如何把握辩方提交的证据证明标准和作相关证据审查以及出于受贿的故意非法收受他人财物后又退还部分钱款的,如何认定受贿数额》(第1151号案例)、《张帆受贿案——利用职务便利为自己与他人合作的项目谋取利益,后明显超出出资比例获取分红的行为定性》(第1250号案例)、《尹乐、李文颐非国家工作人员受贿案——被告人在缓刑考验期内与行贿人达成贿赂合意,在缓刑执行期满后收取财物的,能否认定"在缓刑考验期内犯新罪"》(第1266号案例)、《李群受贿案——接受他人装修房屋长期未付款,也未有付款表示的行为能否认定为受贿行为》(第1352号案例)、《吴仕宝受贿案——交易型受贿犯罪数额及索贿的认定》(第1431号案例)、《寿永年受贿案——如何认定以明显低于市场价购买房屋的受贿形式》(第1432号案例)、《刚然、吴静竹受贿、伪造国家机关证件案——介绍贿赂罪与行受贿共同犯罪的区分》(第1446号案例)、《沈财根受贿案——利用职务便利,以民间借贷形式收受请托人高额利息的行为应如何认定》(第1447号案例)、《王甲受贿案——收受情人款项的性质认定》(第1464号案例)、《被告人张杰受贿案——有实际出资的合作经营型受贿行为的认定》(第1490号案例)、《陶苏根受贿、滥用职权、徇私枉法、内幕交易案——以房屋交易形式收受贿赂犯罪中房屋价格认定报告的审查与判断》(第1491号案例)、《于某岩受贿案——国家工作人员收受未还清银行抵押贷款房产的既未遂认定》(第1524号案例)所涉规则提炼如下:

1. 受贿罪犯罪对象的认定规则。"受贿对象已不限于有形的财物,在特定场合,受贿对象也可以是财产性利益,如免除债务、免费旅游、提供服务等可以直接用货币计算的利益。"而且,"免除第三人债务理所当然可以成为受贿罪的对象"。(第885号案例)"收受情人款项的行为应当综合案件进行判断,如果仅仅是在权钱交易的同时进行权色交易,那么情人关系不影响受贿行为性质的判断,但如果……双方有共同生活的基础且有共同组成家庭的计划,则应当进一步研判,排除其他可能性。"(第1464号案例)①

2. 受贿罪中"利用职务上的便利"的认定规则。"'利用职务上的便利'……既包括利用本人职务上主管、负责、承办某项公共事务的职权,也包括利用职务上有隶属、制约关系的其他国家工作人员的职权。对于上述主管、负责、隶属、制

---

① 亦可参见《收受情人款项的性质认定》(编号006),载最高人民法院刑事审判第二庭审:《职务犯罪审判指导》(第1辑),法律出版社2022年版。

约等关系的理解,不能仅限于直接的下属,而是应当结合国家工作人员任职单位的性质、职能、所任职务以及法律的规定、政策的影响、实践中的惯例、国情形成的制度安排等具体认定。尤其在中国传统的人情社会文化背景下,对于主管、负责、隶属、制约等关系的理解,不宜掌握过严,并以此否定被告人利用了职务便利,这也是依法从严惩治腐败犯罪的内在要求。"(第1464号案例)

3."**为他人谋取利益**"**的认定规则**。"在春节收受下级单位的'慰问金',因不具有为下级单位谋取利益的主观故意,故所收受的'慰问金'部分不应计入受贿数额。"(第218号案例)"索取、收受具有上下级关系的下属或者具有行政管理关系的被管理人员价值较大的财物,可能影响职权行使的,视为承诺为他人谋取利益。"(第1149号案例)此外,"刑法中表述的'收受他人财物,为他人谋取利益',将收受行为置于谋利行为之前,这只是表述问题,也是典型的受贿方式,但并不意味着只有先收受财物,后谋取利益才是受贿,而先谋利后收受财物就不构成受贿。"(第64号案例)

4.**以交易形式收受贿赂的认定规则**。"明知他人有与自己职务相关的请托事项,仍然将自己房屋以明显高于市场的价格租给请托人的,视为承诺为他人谋取利益。""以明显高于市场的价格让请托人租赁其房屋,实质上是一种变相收受请托人财物的行为,属于采取交易形式变相收受贿赂。"(第1019号案例)"以明显低于市场的价格获取承包经营权,属于国家工作人员利用职权,以交易的方式受贿,应认定为受贿犯罪。""受贿数额为市场承包价与实际支付价格的差额。"(第1431号案例)"应当从是否'事先设定'和'不针对特定人'两个基本方面,结合案件实际来判断国家工作人员所享受的'优惠价格'是正常市场优惠还是交易型受贿。"(第975号案例)"以房产交易形式收受贿赂的,受贿数额应当按照交易时该房产的市场价格与实际支付价格的差额计算。""这里的市场价格包括商品经营者事先设定的不针对特定人的最低优惠价格,如果根据商品经营者事先设定的各种优惠交易条件,以优惠价格购买商品的,不属于受贿。"(第407号案例)"应当以差价绝对值为基础,同时兼顾折扣率的高低,综合判断购房价是否明显低于市场价,避免造成打击面过宽和放纵犯罪两个方面的弊端。"(第1432号案例)就以房屋交易形式收受贿赂犯罪中房屋价格认定报告的审查而言,"价格认定报告应包括价格认定依据、过程及方法","应对价格认定报告所附价格认定依据、过程及方法进行实质审查判断"。(第1491号案例)"低价购买商品房,虽未签订商品房买卖合同且未验收,但买卖双方履行完毕主要买卖义务的应当认定为受贿。"(第562号案例)"国家工作人员利用职务上的便利给予请托人照顾,又以个人名义向请托人出借钱款,收取高额利息完成利益输送,属于以借贷为名的受贿行为。"对此,应当"以超过同期从他人处借款的最高年利率18%的部分来认定受贿数额"。(第1447号案例)

5. 以投资理财名义收受贿赂的认定规则。①"以投资理财名义收受贿赂的情形十分复杂,在计算受贿数额时,应当区分具体情况进行处理:(1)国家工作人员未实际出资,由请托人出资以国家工作人员名义购买记名股票等证券,其受贿数额应当为请托人为购买该记名股票等证券的出资额。至于国家工作人员所得的股票等证券的收益,应按受贿孳息处理。(2)国家工作人员未实际出资,由请托人出资为其购买无记名股票等证券,如果股票等证券获利后,请托人收回购买股票等证券的出资额,应以国家工作人员所持股票等证券的实际收益计算其受贿数额;如果请托人没有收回购买股票等证券的出资额,应以请托人购买股票等证券的出资额加上国家工作人员所持股票的实际收益计算受贿数额;案发时股票等证券还未转让出售的,应以案发时该股票等证券的市场行情计算受贿数额。(3)国家工作人员并未实际出资,而委托请托人购买股票等证券,请托人也未交付股票等证券,而是直接将收益交付国家工作人员,这种情况下,无论请托人是否真正购买股票等证券,其交付给国家工作人员的资金即为受贿数额。"(第562号案例)

6. 有实际出资的合作经营型受贿的认定规则。"党政领导干部实际出资又参与经营、管理,所获取的利润不应认定为受贿,而属于违规经商办企业。""党政领导干部未实际出资但参与管理经营从而获取利润……应当将出资额认定为受贿数额,经营利润认定为受贿行为产生的孳息……但党政领导干部确实参与了经营管理,可在孳息的认定上适当扣减其应当获取的劳动报酬。""党政领导干部在职期间,利用职务之便为请托人谋取利益,或请托人为了与其搞好关系而进行长期'感情投资'的前提下,党政领导干部虽实际出资但未参与管理经营,即只享受收益、不承担风险的'旱涝保收'型合作投资,且所获'利润'明显高于出资应得利润,或者所获'利润'与企业经营情况无关,可以受贿论处。"关于

---

① 此外,"国家工作人员利用职务便利为请托人谋利,明知请托人不具有借款需求,仍然以借款为名放款给请托人收取利息的,或虽然请托人有借款实际需求而放款给请托人,但国家工作人员明知请托人支付给其的利息明显高于请托人支付给其他同类正常民间借款的利息的,均应以受贿论处。"关于受贿数额的认定,"前一种情形下,以利息为名收取的钱款,不论利率有无超过当时规定的月利率……或年利率……均系国家工作人员收受请托人变相所送的贿赂,全额认定为受贿数额;后一种情形下,以利息形式收取的钱款明显超出请托人支付给其他正常民间借款最高利率的差额部分,属于国家工作人员收受请托人的贿赂,差额部分认定为受贿数额。"参见《利用放贷收息型受贿行为的认定》(编号005),载最高人民法院刑事审判第二庭编:《职务犯罪审判指导》(第1辑),法律出版社2022年版。

有实际出资的合作投资型受贿中受贿数额的计算,"可参照交易型受贿的数额认定方式,受贿数额=实际收益-出资额-出资应得收益"。(第1490号案例)

7. 索贿行为的认定规则。"在合作开发房地产过程中,要求……公司为其亲属提供低价住宅,实质上属于利用职务便利索要财物。索取的财物是否为被告人自己占有,不影响受贿罪的成立。"(第340号案例)"假借投资合伙经营,在实际并未经营的情况下,利用职务便利强要'合伙'相对方支付高额投资回报的行为",属于索贿行为,构成受贿罪。(第384号案例)"以虚构事实、隐瞒真相的方式向行贿人施加压力进而索要财物,并利用职务上的便利为行贿人谋取利益的行为,属于索贿。"(第1147号案例)"受贿犯罪中应当根据被告人的职务、地位及其影响、是否为行贿人谋取利益、是否主动提起犯意、行贿人的利益是否违法等多个情节来综合判断行贿是否违背了行贿人的意愿,进而确定是否构成索贿。"(第1431号案例)

8. 受贿案件的数额计算规则。①"以'感情投资'方式多次收受数额巨大的财物,最后被告人接受具体请托为请托人谋利的,应当将多次收受的财物数额予以累计,以受贿犯罪论处。"(第407号案例)"请托人无请托事项时,数次给予数额较少的财物,有明确请托事项时另行给予数额较大甚至巨大财物,受请托前收受的财物应计入受贿数额。"(第1149号案例)

9. 受贿罪客观行为认定的其他规则。"行为人出于受贿故意,非法收受他人财物后,部分赃款交存于国有单位,后大部分用于公务支出,仍以受贿论处。"(第1149号案例)"出于受贿故意非法收受他人财物后又退还部分钱款的,退还的部分不能从受贿数额中扣除。"(第1151号案例)"国家工作人员利用职务上的便利,索取或者非法收受无具体金额的会员卡后消费,为他人谋取利益,该消费金额由对方负担的行为,应当构成受贿罪。"(第562号案例)"利用职务便利为他人谋取利益后,仅有投资之名但不承担投资风险,在项目获得利润后收受投资本金和收益的,应认定为受贿。""以'合作投资'为名实际由他人出资的,受贿数额应为他人给国家工作人员的出资额。"(第724号案例)"利用职务便利,为

---

① 此外,最高人民法院刑事审判第二庭法官会议讨论认为:(1)对于"挂名领薪"等方式受贿过程中行贿人支付的个人所得税和以交易形式的受贿中产生的各种税费,一般不应计入受贿数额。(2)在上述基础上,如果有确切证据证实受贿人对税款部分明知,如行受贿双方对于税费已经明确达成合意由行贿人缴纳的,根据主客观一致原则,可考虑计入受贿数额。参见《行贿人支付的税费是否应计入受贿数额》,载最高人民法院刑事审判第二庭编:《职务犯罪审判指导》(第1辑),法律出版社2022年版。

自己与他人合作的项目谋取利益,后在项目中获取明显超出出资比例分红的行为,构成受贿罪。"(第 1250 号案例)"接受他人装修房屋长期未付款,也未有付款表示的行为",基于实际上存在权钱交易的关系,构成受贿罪,应当以支付的数额计算受贿金额。(第 1352 号案例)"在实践中,行为人为了逃避侦查,常常将行贿、受贿行为伪装成合法的债权债务关系,常见的有欠条形式、交易形式、收受干股、合作投资、委托理财等。对此,应当结合具体案情,对涉案行为进行实质审查,符合权钱交易本质的,应当认定为受贿。"(第 1144 号案例)

10.受贿罪犯罪主体的认定规则。①"认定行为人是否系国家工作人员,并非以其所在单位的性质或者人事编制性质作为唯一标准,而应考虑行为人是否具有'从事公务'这一本质特征。""……系国有事业单位办公室的信息管理员","其管理、监控用药数据等医保信息,实质上是履行公共事务管理、监督的职责","从事的工作具有公务性质……应以国家工作人员论"。(第 1148 号案例)"对社区卫生服务中心的网络信息予以维护的范围包括对医生的工作量、业务总金额、看病人次、人均费用、药品所占业务总金额的比例等进行统计、汇总,监控医生超量或者异常用药情况,及时向院办公室汇报,并确保统计数据的真实性、安全性和保密性。可见……在事业单位中履行了对国有资产的管理及对公共事务的监督职责,从事的活动具有公务性质,应当将其认定为国家工作人员。"(第 806 号案例)"记者从事的新闻报道等工作,是履行职务的行为。国有媒体的记者对国家和社会公共事务进行新闻报道和舆论监督,是国家赋予的权力,是从事公务的一种表现形态……国有媒体的记者利用采访报道等实现舆论监督的手段,索取他人财物,符合受贿罪的构成特征。"(第 608 号案例)"虽在电表厂改制期间与电表厂解除了劳动关系,但其身为电表厂厂长和改制领导小组组长,利用职务之便在电表厂的土地转让和土地拆迁过程中为……公司谋取利益,并索取……公司 8 万元的行为,依法构成受贿罪。"(第 693 号案例)

---

① 此外,"准确认定法院指定的破产管理人工作人员利用职务便利收受贿赂的行为性质,关键在于正确理解刑法意义上的国家工作人员身份。是否认定国家工作人员,需要从两个方面分析判断:一看形式要件,即是否经过法定程序任命、国有委派、法律授权等方式从事公务;二看实质要件,即是否从事公务。破产案件涉及社会方方面面的利益,作为法院指定的破产管理人工作人员,所从事的不仅是技术专业性工作,更是涉及社会公共利益,应认定系其他依照法律从事公务的人员,在行使管理人相关职权行为过程中为他人谋取利益并收受贿赂的行为应认定构成受贿罪。"参见《法院指定的破产管理人工作人员利用职务便利收受贿赂的定性》(编号 008),载最高人民法院刑事审判第二庭编:《职务犯罪审判指导》(第 1 辑),法律出版社 2022 年版。

11. 受贿罪与非罪的界分规则。"区分国家工作人员受贿与收取合理劳务报酬的界限在于国家工作人员是利用职务便利为他人谋取利益收受财物还是利用个人技术换取报酬。"(第407号案例)"索要的款项属于正当合伙承包经营所得的分成",不属于受贿。(第15号案例)

12. 共同受贿的认定规则。①"非特定关系人凭借国家工作人员的关系'挂名'取酬并将财物分与国家工作人员的",构成共同受贿。(第885号案例)"特定关系人只要主观上与国家工作人员形成受贿的通谋,客观上实施了部分受贿行为,对其以受贿罪共犯论处是符合刑法规定和共同犯罪理论的。"(第1143号案例)"国家工作人员和特定关系人共谋后,特定关系人直接接受请托事项并收受财物,国家工作人员利用自己的职务行为以及下属的职务行为,为请托人谋取利益,应当认定为国家工作人员和特定关系人共同受贿。""国家工作人员和特定关系人共谋后,特定关系人和请托人'合作'投资,国家工作人员利用职务之便为该投资项目谋取利益,以较少投资获取高额利润的应当认定为国家工作人员和特定关系人共同受贿。"(第585号案例)"国家工作人员和特定关系人在事先未通谋的情况下,利用职务上的便利为请托人谋取利益,在知道特定关系人索取、收受请托人财物后虽有退还的意思表示,但发现特定关系人未退还予以默认的,应当认定国家工作人员具有受贿故意,构成受贿罪。"(第1145号案例)"作为聘用制文职人员,虽非国家工作人员,但其与从事公务的……相互勾结,利用……处理车辆违章的职务之便,为'黄牛'……谋取经济利益,应认定受贿罪共犯。"(第1446号案例)

13. "侦查陷阱(警察圈套)"的认定规则。"因为索贿犯意的提出、商谈数额以及交易的实施均由二被告人积极主动实施,并没有侦查人员的引诱、鼓动或欺骗,不属于'警察圈套',侦查人员仅是在交付贿赂款时接到报案,进行布控并抓获被告人,抓获被告人时其行为已经完成。"(第1266号案例)

---

① 此外,《最高人民法院、最高人民检察院关于办理受贿刑事案件适用法律若干问题的意见》(法发〔2007〕22号)第七条第二款规定:"特定关系人与国家工作人员通谋,共同实施前款行为的,对特定关系人以受贿罪的共犯论处。特定关系人以外的其他人与国家工作人员通谋,由国家工作人员利用职务上的便利为请托人谋取利益,收受请托人财物后双方共同占有的,以受贿罪的共犯论处。"需要注意的是,"该条规定只是排除了不具有国家工作人员身份的非特定关系人没有共同占有财物时构成受贿共犯,并不当然排除国家工作人员之间未共同占有财物时共同受贿的认定。"参见《概括故意型受贿案件中相关问题的认定》(编号007),载最高人民法院刑事审判第二庭编:《职务犯罪审判指导》(第1辑),法律出版社2022年版。

14. 受贿犯罪既遂的判定规则。"国家工作人员收受请托人所送房产,后请托人又将该房产用于抵押贷款的,应当认定构成受贿的既遂。"(第1145号案例)"行贿人使用按揭方式贷款买房,国家工作人员收受房产后,行贿人按期偿还贷款,案发时该贷款尚未还清的,应当以该房产价值作为被告人的受贿数额,但对于尚未还清的贷款本金应认定未遂,首付与已归还的贷款本金应认定为既遂,已偿还利息为行贿犯罪成本,不计入受贿数额。"(第1524号案例)对于既遂与未遂并存的情形,"首先要分别根据被告人受贿的既遂数额和未遂数额判定其各自所对应的法定刑幅度;之后,如果既遂部分所对应的量刑幅度较重或者既遂、未遂部分所对应的量刑幅度相同,则以既遂部分对应的量刑幅度为基础,酌情从重处罚;如果未遂部分对应的量刑幅度较重的,则以该量刑幅度为基础,酌情从重处罚"。(第1089号案例)

15. 受贿罪的罪数处断规则。"在……任职期间系国家工作人员,在……任职期间不具有国家工作人员身份,其在改制前后接受贿赂的行为,因身份发生变化,分别构成受贿罪和非国家工作人员受贿罪;应当数罪并罚。"(第855号案例)"行为构成受贿罪、单位受贿罪和徇私舞弊不征税款罪的牵连犯,应按照受贿罪、单位受贿罪两罪并罚,并依法从重处罚。"(第257号案例)

司法疑难解析

概括故意型受贿案件中相关问题的认定。"受贿人具有利用手中职权收受贿赂的概括故意,即使没有直接经手具体的受贿事项,也不影响对其受贿犯罪的认定。在概括故意下,应当考虑行为人的客观行为及其结果,按照主客观统一的原则认定受贿犯罪数额;并考虑行为人对所得财物的所有权转移是否存在明知,结合财物转移的实际情况认定既未遂。"①

第三百八十七条 【单位受贿罪】国家机关、国有公司、企业、事业单位、人民团体,索取、非法收受他人财物,为他人谋取利益,情节严重的,对单位判处罚金,并对其直接负责的主管人员和其他直接责任人员,处三年以下有期徒刑或者拘役;情节特别严重的,处三年以上十年以下有期徒刑。

前款所列单位,在经济往来中,在帐外暗中收受各种名义的回扣、手续费的,以受贿论,依照前款的规定处罚。

---

① 参见《概括故意型受贿案件中相关问题的认定》(编号007),载最高人民法院刑事审判第二庭编:《职务犯罪审判指导》(第1辑),法律出版社2022年版。

立法沿革

本条系1997年《刑法》吸收修改单行刑法作出的规定。《全国人民代表大会常务委员会关于惩治贪污罪贿赂罪的补充规定》（自1988年1月21日起施行）第六条规定："全民所有制企业事业单位、机关、团体，索取、收受他人财物，为他人谋取利益，情节严重的，判处罚金，并对其直接负责的主管人员和其他直接责任人员，处五年以下有期徒刑或者拘役。"1997年《刑法》对上述规定作了文字调整，并增设第二款关于以受贿论处的规定。

2024年3月1日起施行的《刑法修正案（十二）》第四条对《刑法》第三百八十七条作了修改，加大对单位受贿犯罪行为的惩处力度，将单位受贿罪的刑罚由原来最高判处五年有期徒刑的一档刑罚，修改为"三年以下有期徒刑或者拘役"和"三年以上十年以下有期徒刑"两档刑罚。

修正前《刑法》	修正后《刑法》
第三百八十七条 【单位受贿罪】国家机关、国有公司、企业、事业单位、人民团体，索取、非法收受他人财物，为他人谋取利益，情节严重的，对单位判处罚金，并对其直接负责的主管人员和其他直接责任人员，处五年以下有期徒刑或者拘役。 前款所列单位，在经济往来中，在帐外暗中收受各种名义的回扣、手续费的，以受贿论，依照前款的规定处罚。	第三百八十七条 【单位受贿罪】国家机关、国有公司、企业、事业单位、人民团体，索取、非法收受他人财物，为他人谋取利益，情节严重的，对单位判处罚金，并对其直接负责的主管人员和其他直接责任人员，处三年以下有期徒刑或者拘役；**情节特别严重的，处三年以上十年以下有期徒刑。** 前款所列单位，在经济往来中，在帐外暗中收受各种名义的回扣、手续费的，以受贿论，依照前款的规定处罚。

法律适用答复、复函

《最高人民检察院法律政策研究室关于国有单位的内设机构能否构成单位受贿罪主体问题的答复》（〔2006〕高检研发8号）

陕西省人民检察院法律政策研究室：

你室《关于国家机关、国有公司、企业、事业单位、人民团体的内设机构能否构成单位受贿罪主体的请示》（陕检研发〔2005〕13号）收悉。经研究，答复如下：

国有单位的内设机构利用其行使职权的便利，索取、非法收受他人财物并归该内设机构所有或者支配，为他人谋取利益，情节严重的，依照刑法第三百八十七条的规定以单位受贿罪追究刑事责任。

上述内设机构在经济往来中,在账外暗中收受各种名义的回扣、手续费的,以受贿论。

第三百八十八条　【斡旋受贿】国家工作人员利用本人职权或者地位形成的便利条件,通过其他国家工作人员职务上的行为,为请托人谋取不正当利益,索取请托人财物或者收受请托人财物的,以受贿论处。

立法沿革

本条系 1997 年《刑法》增设的规定。

规范性文件

《全国法院审理经济犯罪案件工作座谈会纪要》(法发〔2003〕167 号)"三、关于受贿罪"第(三)条对斡旋受贿的认定作了规定。(→参见本章标题评注部分,第 2105 页)

刑参案例规则提炼

《陆某受贿案——国家工作人员通过其情人职务上的行为收取贿赂,为他人谋取不正当利益的行为如何定性》(第 754 号案例)所涉规则提炼如下:

斡旋受贿行为的处理规则。"行为人通过上级的职务行为,为请托人谋取不正当利益,索取或收受财物,属于利用本人职权或者地位形成的便利条件受贿。""行为人既是国家工作人员,又与被其利用的其他国家工作人员之间具有不正当男女关系,其利用本人职权或者地位形成的便利条件的行为应适用刑法第三百八十八条的规定,而不是第三百八十八条之一的规定。"(第 754 号案例)

司法疑难解析

斡旋受贿的成立是否要求国家工作人员向其他国家工作人员转达请托谋利事项。"国家工作人员在索取或收受他人财物时,承诺为他人谋取不正当利益,即使其后来未向其他国家工作人员转达请托谋利事项,也应当认定构成(斡旋)受贿罪。"①

---

① 参见《斡旋受贿的成立是否要求国家工作人员向其他国家工作人员转达请托谋利事项》(编号 004),载最高人民法院刑事审判第二庭编:《职务犯罪审判指导》(第 1 辑),法律出版社 2022 年版。

第三百八十八条之一 【利用影响力受贿罪】国家工作人员的近亲属或者其他与该国家工作人员关系密切的人,通过该国家工作人员职务上的行为,或者利用该国家工作人员职权或者地位形成的便利条件,通过其他国家工作人员职务上的行为,为请托人谋取不正当利益,索取请托人财物或者收受请托人财物,数额较大或者有其他较重情节的,处三年以下有期徒刑或者拘役,并处罚金;数额巨大或者有其他严重情节的,处三年以上七年以下有期徒刑,并处罚金;数额特别巨大或者有其他特别严重情节的,处七年以上有期徒刑,并处罚金或者没收财产。

离职的国家工作人员或者其近亲属以及其他与其关系密切的人,利用该离职的国家工作人员原职权或者地位形成的便利条件实施前款行为的,依照前款的规定定罪处罚。

■立法沿革

本条系 2009 年 2 月 28 日起施行的《刑法修正案(七)》第十三条增设的规定。

■司法解释

《最高人民法院、最高人民检察院关于办理贪污贿赂刑事案件适用法律若干问题的解释》(法释〔2016〕9 号)**第十条第一款**对利用影响力受贿罪的定罪量刑标准作了规定。(→参见本章标题评注部分,第 2090 页)

第三百八十九条 【行贿罪】为谋取不正当利益,给予国家工作人员以财物的,是行贿罪。

在经济往来中,违反国家规定,给予国家工作人员以财物,数额较大的,或者违反国家规定,给予国家工作人员以各种名义的回扣、手续费的,以行贿论处。

因被勒索给予国家工作人员以财物,没有获得不正当利益的,不是行贿。

第三百九十条 【行贿罪的处罚】对犯行贿罪的,处三年以下有期徒刑或者拘役,并处罚金;因行贿谋取不正当利益,情节严重的,或者使国家利益遭受重大损失的,处三年以上十年以下有期徒刑,并处罚金;情节特别严重的,或者使国家利益遭受特别重大损失的,处十年以上有期徒刑或者无期徒刑,并处罚金或者没收财产。

有下列情形之一的，从重处罚：

（一）多次行贿或者向多人行贿的；

（二）国家工作人员行贿的；

（三）在国家重点工程、重大项目中行贿的；

（四）为谋取职务、职级晋升、调整行贿的；

（五）对监察、行政执法、司法工作人员行贿的；

（六）在生态环境、财政金融、安全生产、食品药品、防灾救灾、社会保障、教育、医疗等领域行贿，实施违法犯罪活动的；

（七）将违法所得用于行贿的。

行贿人在被追诉前主动交待行贿行为的，可以从轻或者减轻处罚。其中，犯罪较轻的，对调查突破、侦破重大案件起关键作用的，或者有重大立功表现的，可以减轻或者免除处罚。

立法沿革

上述两条系1997年《刑法》吸收修改单行刑法作出的规定。1979年《刑法》第一百八十五条第三款规定："向国家工作人员行贿或者介绍贿赂的，处三年以下有期徒刑或者拘役。"《全国人民代表大会常务委员会关于惩治贪污罪贿赂罪的补充规定》(自1988年1月21日起施行)第七条规定："为谋取不正当利益，给予国家工作人员、集体经济组织工作人员或者其他从事公务的人员以财物的，是行贿罪。""在经济往来中，违反国家规定，给予国家工作人员、集体经济组织工作人员或者其他从事公务的人员以财物，数额较大的，或者违反国家规定，给予国家工作人员、集体经济组织工作人员或者其他从事公务的人员以回扣、手续费的，以行贿论处。""因被勒索给予国家工作人员、集体经济组织工作人员或者其他从事公务的人员以财物，没有获得不正当利益的，不是行贿。"第八条规定："对犯行贿罪的，处五年以下有期徒刑或者拘役；因行贿谋取不正当利益，情节严重的，或者使国家利益、集体利益遭受重大损失的，处五年以上有期徒刑；情节特别严重的，处无期徒刑，并处没收财产。""行贿人在被追诉前，主动交代行贿行为的，可以减轻处罚，或者免予刑事处罚。""因行贿而进行违法活动构成其他罪的，依照数罪并罚的规定处罚。"1997年《刑法》对上述规定作了修改完善，通过两个条文对行贿罪及其处罚作了规定。

2015年11月1日起施行的《刑法修正案(九)》第四十五条对《刑法》第三百九十条作了修改，增加了罚金的规定，并对行贿罪从宽处罚的条件作了进一步严格规定。

2024年3月1日起施行的《刑法修正案(十二)》第五条对《刑法》第三百九十条作了第二次修改,增加第二款规定,明确对七类情形从重处罚,并对第三款从宽处罚的情形作了微调。同时,调整行贿罪的起刑点和刑罚档次,与受贿罪相衔接。

修正前《刑法》	第一次修正后《刑法》	第二次修正后《刑法》
第三百九十条【行贿罪的处罚】对犯行贿罪的,处五年以下有期徒刑或者拘役;因行贿谋取不正当利益,情节严重的,或者使国家利益遭受重大损失的,处五年以上十年以下有期徒刑;情节特别严重的,处十年以上有期徒刑或者无期徒刑,~~可以~~并处没收财产。 行贿人在被追诉前主动交待行贿行为的,可以减轻处罚或者免除处罚。	第三百九十条【行贿罪的处罚】对犯行贿罪的,处五年以下有期徒刑或者拘役,**并处罚金**;因行贿谋取不正当利益,情节严重的,或者使国家利益遭受重大损失的,处五年以上十年以下有期徒刑,**并处罚金**;情节特别严重的,**或者使国家利益遭受特别重大损失**的,处十年以上有期徒刑或者无期徒刑,并处**罚金或者**没收财产。 行贿人在被追诉前主动交待行贿行为的,可以从轻或者减轻处罚。**其中,犯罪较轻的,对侦破重大案件起关键作用的,或者有重大立功表现的,可以减轻或者免除处罚。**	第三百九十条【行贿罪的处罚】对犯行贿罪的,处三年以下有期徒刑或者拘役,并处罚金;因行贿谋取不正当利益,情节严重的,或者使国家利益遭受重大损失的,处三年以上十年以下有期徒刑,并处罚金;情节特别严重的,或者使国家利益遭受特别重大损失的,处十年以上有期徒刑或者无期徒刑,并处罚金或者没收财产。 **有下列情形之一的,从重处罚:** (一)多次行贿或者向多人行贿的; (二)国家工作人员行贿的; (三)在国家重点工程、重大项目中行贿的; (四)为谋取职务、职级晋升、调整行贿的; (五)对监察、行政执法、司法工作人员行贿的; (六)在生态环境、财政金融、安全生产、食品药品、防灾救灾、社会保障、教育、医疗等领域行贿,实施违法犯罪活动的; (七)将违法所得用于行贿的。 行贿人在被追诉前主动交待行贿行为的,可以从轻或者减轻处罚.其中,犯罪较轻的,对**调查突破、侦破**重大案件起关键作用的,或者有重大立功表现的,可以减轻或者免除处罚。

司法解释

《最高人民法院、最高人民检察院关于办理行贿刑事案件具体应用法律若干问题的解释》(法释〔2012〕22号,自2013年1月1日起施行)①

为依法惩治行贿犯罪活动,根据刑法有关规定,现就办理行贿刑事案件具体应用法律的若干问题解释如下:

第一条 为谋取不正当利益,向国家工作人员行贿,数额在一万元以上的,应当依照刑法第三百九十条的规定追究刑事责任。

第二条 因行贿谋取不正当利益,具有下列情形之一的,应当认定为刑法第三百九十条第一款规定的"情节严重":

(一)行贿数额在二十万元以上不满一百万元的;

(二)行贿数额在十万元以上不满二十万元,并具有下列情形之一的:

1.向三人以上行贿的;

2.将违法所得用于行贿的;

3.为实施违法犯罪活动,向负有食品、药品、安全生产、环境保护等监督管理职责的国家工作人员行贿,严重危害民生、侵犯公众生命财产安全的;

4.向行政执法机关、司法机关的国家工作人员行贿,影响行政执法和司法公正的;

(三)其他情节严重的情形。

第三条 因行贿谋取不正当利益,造成直接经济损失数额在一百万元以上的,应当认定为刑法第三百九十条第一款规定的"使国家利益遭受重大损失"。

第四条 因行贿谋取不正当利益,具有下列情形之一的,应当认定为刑法第三百九十条第一款规定的"情节特别严重":

(一)行贿数额在一百万元以上的;

(二)行贿数额在五十万元以上不满一百万元,并具有下列情形之一的:

1.向三人以上行贿的;

2.将违法所得用于行贿的;

3.为实施违法犯罪活动,向负有食品、药品、安全生产、环境保护等监督管理职责的国家工作人员行贿,严重危害民生、侵犯公众生命财产安全的;

4.向行政执法机关、司法机关的国家工作人员行贿,影响行政执法和司法公

---

① 对本司法解释的适用,应当根据此后刑法修正案及有关规定妥当把握,特别是,本司法解释关于行贿罪定罪量刑标准的规定与法释〔2016〕9号解释不一致,应当以后者为准。——**本评注注**

正的；

（三）造成直接经济损失数额在五百万元以上的；

（四）其他情节特别严重的情形。

第五条 多次行贿未经处理的，按照累计行贿数额处罚。

第六条 行贿人谋取不正当利益的行为构成犯罪的，应当与行贿犯罪实行数罪并罚。

第七条 因行贿人在被追诉前主动交待行贿行为而破获相关受贿案件的，对行贿人不适用刑法第六十八条关于立功的规定，依照刑法第三百九十条第二款的规定，可以减轻或者免除处罚。

单位行贿的，在被追诉前，单位集体决定或者单位负责人决定主动交待单位行贿行为的，依照刑法第三百九十条第二款的规定，对单位及相关责任人员可以减轻处罚或者免除处罚；受委托直接办理单位行贿事项的直接责任人员在被追诉前主动交待自己知道的单位行贿行为的，对该直接责任人员可以依照刑法第三百九十条第二款的规定减轻处罚或者免除处罚。

第八条 行贿人被追诉后如实供述自己罪行的，依照刑法第六十七条第三款的规定，可以从轻处罚；因其如实供述自己罪行，避免特别严重后果发生的，可以减轻处罚。

第九条 行贿人揭发受贿人与其行贿无关的其他犯罪行为，查证属实的，依照刑法第六十八条关于立功的规定，可以从轻、减轻或者免除处罚。

第十条 实施行贿犯罪，具有下列情形之一的，一般不适用缓刑和免予刑事处罚：

（一）向三人以上行贿的；

（二）因行贿受过行政处罚或者刑事处罚的；

（三）为实施违法犯罪活动而行贿的；

（四）造成严重危害后果的；

（五）其他不适用缓刑和免予刑事处罚的情形。

具有刑法第三百九十条第二款规定的情形的，不受前款规定的限制。

第十一条 行贿犯罪取得的不正当财产性利益应当依照刑法第六十四条的规定予以追缴、责令退赔或者返还被害人。

因行贿犯罪取得财产性利益以外的经营资格、资质或者职务晋升等其他不正当利益，建议有关部门依照相关规定予以处理。

第十二条 行贿犯罪中的"谋取不正当利益"，是指行贿人谋取的利益违反法律、法规、规章、政策规定，或者要求国家工作人员违反法律、法规、规章、政策、行业规范的规定，为自己提供帮助或者方便条件。

违背公平、公正原则，在经济、组织人事管理等活动中，谋取竞争优势的，应当认定为"谋取不正当利益"。

第十三条 刑法第三百九十条第二款规定的"被追诉前"，是指检察机关对行贿人的行贿行为刑事立案前。

《最高人民法院、最高人民检察院关于办理贪污贿赂刑事案件适用法律若干问题的解释》（法释〔2016〕9号）第七条至第九条、第十四条对行贿罪的定罪量刑标准作了规定。（→参见本章标题评注部分，第2089—2090、2091页）

规范性文件

《最高人民法院、最高人民检察院关于在办理受贿犯罪大要案的同时要严肃查处严重行贿犯罪分子的通知》（高检会〔1999〕1号）①

各省、自治区、直辖市高级人民法院、人民检察院，解放军军事法院、军事检察院：

近一时期，各级人民法院、人民检察院依法严肃惩处了一批严重受贿犯罪分子，取得了良好的社会效果。但是还有一些大肆拉拢、腐蚀国家工作人员的行贿犯罪分子却没有受到应有的法律追究，他们继续进行行贿犯罪，严重危害了党和国家的廉政建设。为依法严肃惩处严重行贿犯罪，特作如下通知：

一、要充分认识严肃惩处行贿犯罪，对于全面落实党中央反腐败工作部署，把反腐败斗争引向深入，从源头上遏制和预防受贿犯罪的重要意义。各级人民法院、人民检察院要把严肃惩处行贿犯罪作为反腐败斗争中的一项重要和紧迫的工作，在继续严肃惩处受贿犯罪分子的同时，对严重行贿犯罪分子，必须依法严肃惩处，坚决打击。

二、对于为谋取不正当利益而行贿，构成行贿罪、向单位行贿罪、单位行贿罪的，必须依法追究刑事责任。"谋取不正当利益"是指谋取违反法律、法规、国家政策和国务院各部门规章规定的利益，以及要求国家工作人员或者有关单位提供违反法律、法规、国家政策和国务院各部门规章规定的帮助或者方便条件。

对于向国家工作人员介绍贿赂，构成犯罪的案件，也要依法查处。

三、当前要特别注意依法严肃惩处下列严重行贿犯罪行为：

1、行贿数额巨大、多次行贿或者向多人行贿的；

2、向党政干部和司法工作人员行贿的；

---

① 对本规范性文件的相关规定，需要结合此后的刑法条文和相关司法解释、规范性文件妥当把握。——本评注注

3、为进行走私、偷税、骗税、骗汇、逃汇、非法买卖外汇等违法犯罪活动,向海关、工商、税务、外汇管理等行政执法机关工作人员行贿的;

4、为非法办理金融、证券业务,向银行等金融机构、证券管理机构工作人员行贿,致使国家利益遭受重大损失的;

5、为非法获取工程、项目的开发、承包、经营权,向有关主管部门及其主管领导行贿,致使公共财产、国家和人民利益遭受重大损失的;

6、为制售假冒伪劣产品,向有关国家机关、国有单位及国家工作人员行贿,造成严重后果的;

7、其他情节严重的行贿犯罪行为。

四、在查处严重行贿、介绍贿赂犯罪案件中,既要坚持从严惩处的方针,又要注意体现政策。行贿人、介绍贿赂人具有刑法第三百九十条第二款、第三百九十二条第二款规定的在被追诉前主动交代行贿、介绍贿赂犯罪情节的,依法分别可以减轻或者免除处罚;行贿人、介绍贿赂人在被追诉后如实交待行贿、介绍贿赂行为的,也可以酌情从轻处罚。

五、在依法严肃查处严重行贿、介绍贿赂犯罪案件中,要讲究斗争策略,注意工作方法。要把查处受贿犯罪大案要案同查处严重行贿、介绍贿赂犯罪案件有机地结合起来,通过打击行贿、介绍贿赂犯罪,促进受贿犯罪大案要案的查处工作,推动查办贪污贿赂案件工作的全面、深入开展。

六、各级人民法院、人民检察院要结合办理贿赂犯罪案件情况,认真总结经验、教训,找出存在的问题,提出切实可行的解决办法,以改变对严重行贿犯罪打击不力的状况。工作中遇到什么情况和问题,要及时报告最高人民法院、最高人民检察院。

以上通知,望认真遵照执行。

《**最高人民法院、最高人民检察院关于办理商业贿赂刑事案件适用法律若干问题的意见**》(法发〔2008〕33号)**第九条**对行贿罪的适用作了规定。(→参见第一百六十三条评注部分,第727页)

刑参案例规则提炼①

司法疑难解析

"行贿人在被追诉前主动交待行贿行为"的处理。《刑法》第三百九十条第

---

① 鉴于《刑法修正案(九)》对《刑法》第三百九十条第二款作出修改和国家监察体制改革,《**袁珏行贿案**——配合检察机关调查他人受贿案件时,交代向他人行贿的(转下页)

三款关于行贿人在被追诉前主动交待行贿行为的处理规则,实际上是一种特殊的自首处理规则。由于相关司法解释、规范性文件缺乏具体规定,司法实践中对个别案件的处理存在一定争议。例如,行贿人在被追诉前主动交待行贿行为后又翻供的,能否参照适用"一审判决前又如实供述的,应当认定为自首"的规则,即存在较大争议。**本评注主张**,对于第三百九十条第三款规定的具体适用,目前欠缺明确规定的,可以参照适用关于自首的相关规定。

> **第三百九十条之一 【对有影响力的人行贿罪】**为谋取不正当利益,向国家工作人员的近亲属或者其他与该国家工作人员关系密切的人,或者向离职的国家工作人员或者其近亲属以及其他与其关系密切的人行贿的,处三年以下有期徒刑或者拘役,并处罚金;情节严重的,或者使国家利益遭受重大损失的,处三年以上七年以下有期徒刑,并处罚金;情节特别严重的,或者使国家利益遭受特别重大损失的,处七年以上十年以下有期徒刑,并处罚金。
>
> 单位犯前款罪的,对单位判处罚金,并对其直接负责的主管人员和其他直接责任人员,处三年以下有期徒刑或者拘役,并处罚金。

▎立法沿革

本条系 2015 年 11 月 1 日起施行的《刑法修正案(九)》第四十六条增设的规定。

▎司法解释

《最高人民法院、最高人民检察院关于办理贪污贿赂刑事案件适用法律若干问题的解释》(法释〔2016〕9号)第十条对对有影响力的人行贿罪的定罪量刑标准作了规定。(→参见本章标题评注部分,第 2090 页)

> **第三百九十一条 【对单位行贿罪】**为谋取不正当利益,给予国家机关、国有公司、企业、事业单位、人民团体以财物的,或者在经济往来中,违反国家

(接上页)事实,能否认定为被追诉前主动交代》(第 787 号案例)、**《被告单位成都主导科技有限责任公司、被告人王黎单位行贿案——"在被追诉前主动交待行贿行为"以及揭发他人犯罪行为构成立功的认定》**(第 1282 号案例)所涉规则未予提炼。

规定,给予各种名义的回扣、手续费的,处三年以下有期徒刑或者拘役,并处罚金;情节严重的,处三年以上七年以下有期徒刑,并处罚金。

单位犯前款罪的,对单位判处罚金,并对其直接负责的主管人员和其他直接责任人员,依照前款的规定处罚。

■ 立法沿革

本条系 1997 年《刑法》增设的规定。

2015 年 11 月 1 日起施行的《刑法修正案(九)》第四十七条对本条第一款作了修改,增加罚金的规定。

2024 年 3 月 1 日起施行的《刑法修正案(十二)》第　条对《刑法》第三百九十一条作了第二次修改,加大对对单位行贿犯罪行为的惩处力度,增加一档"三年以上七年以下有期徒刑,并处罚金"的刑罚。

修正前《刑法》	第一次修正后《刑法》	第二次修正后《刑法》
第三百九十一条　【对单位行贿罪】为谋取不正当利益,给予国家机关、国有公司、企业、事业单位、人民团体以财物的,或者在经济往来中,违反国家规定,给予各种名义的回扣、手续费的,处三年以下有期徒刑或者拘役。 单位犯前款罪的,对单位判处罚金,并对其直接负责的主管人员和其他直接责任人员,依照前款的规定处罚。	**第三百九十一条　【对单位行贿罪】**为谋取不正当利益,给予国家机关、国有公司、企业、事业单位、人民团体以财物的,或者在经济往来中,违反国家规定,给予各种名义的回扣、手续费的,处三年以下有期徒刑或者拘役,**并处罚金**。 单位犯前款罪的,对单位判处罚金,并对其直接负责的主管人员和其他直接责任人员,依照前款的规定处罚。	**第三百九十一条　【对单位行贿罪】**为谋取不正当利益,给予国家机关、国有公司、企业、事业单位、人民团体以财物的,或者在经济往来中,违反国家规定,给予各种名义的回扣、手续费的,处三年以下有期徒刑或者拘役,并处罚金;**情节严重的,处三年以上七年以下有期徒刑,并处罚金**。 单位犯前款罪的,对单位判处罚金,并对其直接负责的主管人员和其他直接责任人员,依照前款的规定处罚。

第三百九十二条　【介绍贿赂罪】向国家工作人员介绍贿赂,情节严重的,处三年以下有期徒刑或者拘役,并处罚金。

介绍贿赂人在被追诉前主动交待介绍贿赂行为的,可以减轻处罚或者免除处罚。

立法沿革

本条系 1997 年《刑法》吸收修改 1979 年《刑法》作出的规定。1979 年《刑法》第一百八十五条第三款规定:"向国家工作人员行贿或者介绍贿赂的,处三年以下有期徒刑或者拘役。"1997 年《刑法》以上述规定为基础,对介绍贿赂犯罪作了专条规定。

2015 年 11 月 1 日起施行的《刑法修正案(九)》第四十八条对本条作了修改,增加了罚金的规定。

修正前《刑法》	修正后《刑法》
第三百九十二条 【介绍贿赂罪】向国家工作人员介绍贿赂,情节严重的,处三年以下有期徒刑或者拘役。 介绍贿赂人在被追诉前主动交待介绍贿赂行为的,可以减轻处罚或者免除处罚。	第三百九十二条 【介绍贿赂罪】向国家工作人员介绍贿赂,情节严重的,处三年以下有期徒刑或者拘役,**并处罚金**。 介绍贿赂人在被追诉前主动交待介绍贿赂行为的,可以减轻处罚或者免除处罚。

司法疑难解析

向非国家工作人员介绍贿赂行为的定性。有关部门就向非国家工作人员介绍贿赂行为如何定性问题征求最高人民法院研究室意见。最高人民法院研究室复函认为:"对于向非国家工作人员介绍贿赂行为,根据罪刑法定原则,不宜定罪处罚。但对于确已明显构成行贿共犯或者受贿共犯的,予以定罪处罚,也依法有据,并不违反罪刑法定原则。"①

第三百九十三条 【单位行贿罪】单位为谋取不正当利益而行贿,或者违反国家规定,给予国家工作人员以回扣、手续费,情节严重的,对单位判处罚金,并对其直接负责的主管人员和其他直接责任人员,处三年以下有期徒刑或者拘役,并处罚金;情节特别严重的,处三年以上十年以下有期徒刑,并处罚金。因行贿取得的违法所得归个人所有的,依照本法第三百八十九条、第三百九十条的规定定罪处罚。

立法沿革

本条系 1997 年《刑法》吸收修改单行刑法作出的规定。《全国人民代表大

---

① 《最高人民法院研究室关于向非国家工作人员介绍贿赂行为如何定性问题的研究意见》,载张军主编:《司法研究与指导(总第 2 辑)》,人民法院出版社 2012 年版。

会常务委员会关于惩治贪污罪贿赂罪的补充规定》(自1988年1月21日起施行)第九条规定:"企业事业单位、机关、团体为谋取不正当利益而行贿,或者违反国家规定,给予国家工作人员、集体经济组织工作人员或者其他从事公务的人员以回扣、手续费,情节严重的,判处罚金,并对其直接负责的主管人员和其他直接责任人员,处五年以下有期徒刑或者拘役。因行贿取得的违法所得归私人所有的,依照本规定第八条的规定处罚。"1997年《刑法》在完善上述规定的基础上,对单位行贿犯罪作了规定。

2015年11月1日起施行的《刑法修正案(九)》第四十九条对本条作了修改,增加罚金的规定。

2024年3月1日起施行的《刑法修正案(十二)》第七条对《刑法》第三百九十三条作了第二次修改。实践中单位行贿案件较多,与个人行贿相比法定刑相差悬殊。一些行贿人以单位名义行贿,规避处罚,导致案件处理不平衡,惩处力度不足。基于此,《刑法修正案(十二)》将单位行贿罪刑罚由原来最高判处五年有期徒刑的一档刑罚,修改为"三年以下有期徒刑或者拘役,并处罚金"和"三年以上十年以下有期徒刑,并处罚金"两档刑罚。

修正前《刑法》	第一次修正后《刑法》	第二次修正后《刑法》
第三百九十三条 【单位行贿罪】单位为谋取不正当利益而行贿,或者违反国家规定,给予国家工作人员以回扣、手续费,情节严重的,对单位判处罚金,并对其直接负责的主管人员和其他直接责任人员,处五年以下有期徒刑或者拘役。因行贿取得的违法所得归个人所有的,依照本法第三百八十九条、第三百九十条的规定定罪处罚。	第三百九十三条 【单位行贿罪】单位为谋取不正当利益而行贿,或者违反国家规定,给予国家工作人员以回扣、手续费,情节严重的,对单位判处罚金,并对其直接负责的主管人员和其他直接责任人员,处五年以下有期徒刑或者拘役,**并处罚金**。因行贿取得的违法所得归个人所有的,依照本法第三百八十九条、第三百九十条的规定定罪处罚。	第三百九十三条 【单位行贿罪】单位为谋取不正当利益而行贿,或者违反国家规定,给予国家工作人员以回扣、手续费,情节严重的,对单位判处罚金,并对其直接负责的主管人员和其他直接责任人员,处三年以下有期徒刑或者拘役,并处罚金;**情节特别严重的,处三年以上十年以下有期徒刑,并处罚金**。因行贿取得的违法所得归个人所有的,依照本法第三百八十九条、第三百九十条的规定定罪处罚。

第三百九十四条 【公务、外交活动中的贪污】国家工作人员在国内公务活动或者对外交往中接受礼物,依照国家规定应当交公而不交公,数额较大的,依照本法第三百八十二条、第三百八十三条的规定定罪处罚。

立法沿革

本条系 1997 年《刑法》吸收修改单行刑法作出的规定。《全国人民代表大会常务委员会关于惩治贪污罪贿赂罪的补充规定》(自 1988 年 1 月 21 日起施行)第十条规定:"国家工作人员在对外交往中接受礼物,依照国家规定应当交公而不交公,数额较大的,以贪污罪论处。"1997 年《刑法》增加了"国内公务活动"的规定,并对表述作了调整。

第三百九十五条 【巨额财产来源不明罪】国家工作人员的财产、支出明显超过合法收入,差额巨大的,可以责令该国家工作人员说明来源,不能说明来源的,差额部分以非法所得论,处五年以下有期徒刑或者拘役;差额特别巨大的,处五年以上十年以下有期徒刑。财产的差额部分予以追缴。

【隐瞒境外存款罪】国家工作人员在境外的存款,应当依照国家规定申报。数额较大、隐瞒不报的,处二年以下有期徒刑或者拘役;情节较轻的,由其所在单位或者上级主管机关酌情给予行政处分。

立法沿革

本条系 1997 年刑法沿用《全国人民代表大会常务委员会关于惩治贪污罪贿赂罪的补充规定》(自 1988 年 1 月 21 日起施行)第十一条的规定,仅将第一款规定的"并处或者单处没收其财产的差额部分"调整为"财产的差额部分予以追缴"。

2009 年 2 月 28 日起施行的《刑法修正案(七)》第十四条对本条第一款作了修改,将法定最高刑由五年有期徒刑调整为十年有期徒刑,并对文字作了调整。

修正前《刑法》	修正后《刑法》
第三百九十五条第一款 【巨额财产来源不明罪】国家工作人员的财产或者支出明显超过合法收入,差额巨大的,可以责令说明来源~~本人~~不能说明~~其~~来源~~是合法~~的,差额部分以非法所得论,处五年以下有期徒刑或者拘役,财产的差额部分予以追缴。	第三百九十五条第一款 【巨额财产来源不明罪】国家工作人员的财产、支出明显超过合法收入,差额巨大的,可以责令**该国家工作人员**说明来源,不能说明来源的,差额部分以非法所得论,处五年以下有期徒刑或者拘役;**差额特别巨大的,处五年以上十年以下有期徒刑**。财产的差额部分予以追缴。

规范性文件

《全国法院审理经济犯罪案件工作座谈会纪要》（法发〔2003〕167号）"五、关于巨额财产来源不明罪"就巨额财产来源不明罪的法律适用问题作了规定。（→参见本章标题评注部分，第2108页）

> **第三百九十六条　【私分国有资产罪】**国家机关、国有公司、企业、事业单位、人民团体，违反国家规定，以单位名义将国有资产集体私分给个人，数额较大的，对其直接负责的主管人员和其他直接责任人员，处三年以下有期徒刑或者拘役，并处或者单处罚金；数额巨大的，处三年以上七年以下有期徒刑，并处罚金。
>
> **【私分罚没财物罪】**司法机关、行政执法机关违反国家规定，将应当上缴国家的罚没财物，以单位名义集体私分给个人的，依照前款的规定处罚。

立法沿革

本条系1997年《刑法》增设的规定。

规范性文件

《最高人民法院、最高人民检察院关于办理国家出资企业中职务犯罪案件具体应用法律若干问题的意见》（法发〔2010〕49号）第二条对私分国有资产罪的适用作了规定。（→参见本章标题评注部分，第2113页）

刑参案例规则提炼

《刘忠伟私分国有资产案——集体私分国有资产行为与共同贪污行为如何区分》（第125号案例）、《张金康、夏琴私分国有资产案——如何区分变相集体私分国有资产犯罪与违反财经纪律超标准、超范围发放奖金、福利等行为的界限》（第293号案例）、《杨代芳贪污、受贿案——私分国有资产与共同贪污的区分》（第313号案例）、《李祖清等被控贪污案——国家机关内部科室集体私分违法收入的行为构成私分国有资产罪》（第377号案例）、《徐国桢等私分国有资产罪案——在仅能由单位构成犯罪的情形下，能否认定非适格主体与单位构成共犯》（第939号案例）、《工商银行神木支行、童某等国有公司人员滥用职权案——国有控股、参股公司、企业工作人员私分本公司、企业资产行为的认定》（第1234号案例）、《刘宝春贪污案——自收自支事业单位中非法套取公款发放"奖金"的行为如何定性》（第1281号案例）、《佟茂华、牛玉杰私分国有资产，佟

茂华挪用公款、受贿案——如何认定国企改制期间和国家出资企业中的职务犯罪》(第1313号案例)、《**林财私分国有资产案**——国有企业改制过程中隐匿公司财产,转为改制后其个人和部分职工持股的公司所有的行为应如何定性》(第1401号案例)所涉规则提炼如下:

1. **私分国有资产罪犯罪主体的认定规则。**"由于私分国有资产罪仅能由国家机关、国有公司、企业、事业单位、人民团体等单位主体构成,监测站系适格单位主体……自然人……系非适格自然人主体,其为监测站顺利私分国有资产提供了重要帮助,起到了次要作用,故与监测站构成私分国有资产罪的共同犯罪,但系从犯,应当从轻或者减轻处罚。"(第939号案例)

2. **"国有资产"的认定规则。**"违反行政法规,滥用职权而乱收费、乱摊派、乱罚款所得的款项,应认定为国有资产,构成私分国有资产罪的犯罪对象。"①(第377号案例)"行政划拨的出租车营运牌照等无形资产亦属于国有资产范围。"(第1401号案例)

3. **国有控股、参股公司、企业工作人员私分本公司、企业国有资产行为的定性规则。**"私分国有资产罪中的'国有公司、企业'应当作狭义解释,仅指国有独资公司、企业。""国家控股、参股公司、企业工作人员私分本公司、企业国有资产的行为依法可以构成国有公司人员滥用职权罪。"(第1234号案例)

4. **私分国有资产罪与非罪的界分规则。**"下列情形一般可以认定为私分国有资产行为:第一,在单位没有经营效益甚至经营亏损的情况下,变卖分配国有财产等严重违背国有财产的经营管理职责,妨害国有公司、企业的正常生产、经营活动的;第二,单位将无权自主支配、分配的钱款通过巧立名目、违规做帐等手段从财务帐上支出,或者将应依法上缴财务入帐的正常或者非正常收入予以截留,变造各种栏目进行私分发放等,严重破坏国家财政收支政策的贯彻落实的。"(第293号案例)

5. **私分国有资产罪与贪污罪的界分规则。**"两者在以下几个构成方面的差

---

① 与之相同,最高人民法院研究室复函认为:"县交通局稽查队代征的车船使用税、代办的个体工商管理费的返还款均属于利用国家公权力收取的费用,虽然系违法代收,但仍无法改变款项的公款性质。县交通局稽查队收到的停车费也属于公款。因此,县交通局稽查队代征的车船使用税、代办的个体工商管理费的返还款及停车费属于刑法第三百九十六条第一款所规定的'国有资产'。参见《最高人民法院研究室关于如何理解私分国有资产问题的研究意见》,载张军主编:《司法研究与指导(总第1辑)》,人民法院出版社2012年版。

别是明显的:第一,实施主体方面。私分国有资产罪是单位犯罪,贪污罪则是自然人犯罪……第二,行为方式方面。私分国有资产罪一般表现为本单位领导集体研究决定并由单位统一组织实施,尽管往往需要采取一定的欺骗手段以逃避有关部门的监管,但就本单位内部而言是相对公开的,因而具有较大程度和较大范围的公开性;贪污罪表现为行为人利用职务便利,以侵吞、窃取、骗取等不为人所知或者他人不知实情的方式实施,除了行为人或者共同行为人之外,其他人并不知情,因而具有相当的秘密性和隐蔽性。第三,受益人员的数量、构成方面。私分国有资产属于集体私分行为,表现为单位多数员工甚至所有员工均实际分取了财物,在受益人员的数量上具有多数性特征,而且,一般不以某一特定层面为限,在受益人员的构成上具有广泛性特征。"(第313号案例)"简而言之,二者的区别在于,共同贪污是有权决定者共同利用职权便利,为少数人牟私利;私分国有资产罪是有权决定者利用职权便利,非法为多数人牟私利。"(第1281号案例)"'以单位名义集体私分'是私分国有资产罪区别于贪污罪最本质的特征。""只要其行为符合私分国有资产罪的构成特征,即使私分的范围是单位全体职工中的相对少数人,亦应以私分国有资产罪追究刑事责任。"(第125号案例)"国有企业改制过程中隐匿公司财产,转为其个人和部分职工持股的改制后公司所有的行为,应根据改制后公司的股权情况进行区分定性","鉴于管理人员持大股、职工集体持小股的做法是特定时期内国有企业改制的通常做法",对所涉情形应当认定为私分国有资产罪。(第1401号案例)"在企业改制期间隐匿国有资产,转为国家参股、众多经营管理人员和职工持股的改制后企业的行为,应以私分国有资产罪论处。"(第1313号案例)

第九章
渎职罪

立法解释

《全国人民代表大会常务委员会关于〈中华人民共和国刑法〉第九章渎职罪主体适用问题的解释》(自 2002 年 12 月 28 日起施行)

全国人大常委会根据司法实践中遇到的情况,讨论了刑法第九章渎职罪主体的适用问题,解释如下:

在依照法律、法规规定行使国家行政管理职权的组织中从事公务的人员,或者在受国家机关委托代表国家机关行使职权的组织中从事公务的人员,或者虽未列入国家机关人员编制但在国家机关中从事公务的人员,在代表国家机关使职权时,有渎职行为,构成犯罪的,依照刑法关于渎职罪的规定追究刑事责任。

现予公告。

司法解释

《最高人民检察院关于渎职侵权犯罪案件立案标准的规定》(高检发释字〔2006〕2 号,自 2006 年 7 月 26 日起施行)

根据《中华人民共和国刑法》、《中华人民共和国刑事诉讼法》和其他法律的有关规定,对国家机关工作人员渎职和利用职权实施的侵犯公民人身权利、民主权利犯罪案件的立案标准规定如下:

一、渎职犯罪案件

(→参见分则相应条文评注部分)

二、国家机关工作人员利用职权实施的侵犯公民人身权利、民主权利犯罪案件

(→参见分则相应条文评注部分)

三、附则

(一)本规定中每个罪案名称后所注明的法律条款系《中华人民共和国刑法》的有关条款。

(二)本规定所称"以上"包括本数;有关犯罪数额"不满",是指已达到该数

额百分之八十以上的。

(三)本规定中的"国家机关工作人员",是指在国家机关中从事公务的人员,包括在各级国家权力机关、行政机关、司法机关和军事机关中从事公务的人员。在依照法律、法规规定行使国家行政管理职权的组织中从事公务的人员,或者在受国家机关委托代表国家行使职权的组织中从事公务的人员,或者虽未列入国家机关人员编制但在国家机关中从事公务的人员,在代表国家机关行使职权时,视为国家机关工作人员。在乡(镇)以上中国共产党机关、人民政协机关中从事公务的人员,视为国家机关工作人员。

(四)本规定中的"直接经济损失",是指与行为有直接因果关系而造成的财产损毁、减少的实际价值;"间接经济损失",是指由直接经济损失引起和牵连的其他损失,包括失去的在正常情况下可以获得的利益和为恢复正常的管理活动或者挽回所造成的损失所支付的各种开支、费用等。

有下列情形之一的,虽然有债权存在,但已无法实现债权,可以认定为已经造成了经济损失:(1)债务人已经法定程序被宣告破产,且无法清偿债务;(2)债务人潜逃,去向不明;(3)因行为人责任,致使超过诉讼时效;(4)有证据证明债权无法实现的其他情况。

直接经济损失和间接经济损失,是指立案时确已造成的经济损失。移送审查起诉前,犯罪嫌疑人及其亲友自行挽回的经济损失,以及由司法机关或者犯罪嫌疑人所在单位及其上级主管部门挽回的经济损失,不予扣减,但可作为对犯罪嫌疑人从轻处理的情节考虑。

(五)本规定中的"徇私舞弊",是指国家机关工作人员为徇私情、私利,故意违背事实和法律,伪造材料,隐瞒情况,弄虚作假的行为。

(六)本规定自公布之日起施行。本规定发布前有关人民检察院直接受理立案侦查的国家机关工作人员渎职和利用职权实施的侵犯公民人身权利、民主权利犯罪案件的立案标准,与本规定有重复或者不一致的,适用本规定。

对于本规定施行前发生的国家机关工作人员渎职和利用职权实施的侵犯公民人身权利、民主权利犯罪案件,按照《最高人民法院、最高人民检察院关于适用刑事司法解释时间效力问题的规定》办理。

《最高人民法院、最高人民检察院关于办理渎职刑事案件适用法律若干问题的解释(一)》(法释〔2012〕18号,自2013年1月9日起施行)

为依法惩治渎职犯罪,根据刑法有关规定,现就办理渎职刑事案件适用法律的若干问题解释如下:

第一条 国家机关工作人员滥用职权或者玩忽职守,具有下列情形之一

的,应当认定为刑法第三百九十七条规定的"致使公共财产、国家和人民利益遭受重大损失":

(一)造成死亡1人以上,或者重伤3人以上,或者轻伤9人以上,或者重伤2人、轻伤3人以上,或者重伤1人、轻伤6人以上的;

(二)造成经济损失30万元以上的;

(三)造成恶劣社会影响的;

(四)其他致使公共财产、国家和人民利益遭受重大损失的情形。

具有下列情形之一的,应当认定为刑法第三百九十七条规定的"情节特别严重":

(一)造成伤亡达到前款第(一)项规定人数3倍以上的;

(二)造成经济损失150万元以上的;

(三)①造成前款规定的损失后果,不报、迟报、谎报或者授意、指使、强令他人不报、迟报、谎报事故情况,致使损失后果持续、扩大或者抢救工作延误的;

(四)造成特别恶劣社会影响的;

(五)其他特别严重的情节。

第二条 国家机关工作人员实施滥用职权或者玩忽职守犯罪行为,触犯刑法分则第九章第三百九十八条至第四百一十九条规定的,依照该规定定罪处罚。

国家机关工作人员滥用职权或者玩忽职守,因不具备徇私舞弊等情形,不符合刑法分则第九章第三百九十八条至第四百一十九条的规定,但依法构成第三百九十七条规定的犯罪的,以滥用职权罪或者玩忽职守罪定罪处罚。

第三条 国家机关工作人员实施渎职犯罪并收受贿赂,同时构成受贿罪的,除刑法另有规定外,以渎职犯罪和受贿罪数罪并罚。

---

① 需要注意的问题有二:(1)不报、迟报、谎报事故情况致使损失后果持续、扩大或者抢救工作延误的,可以作为滥用职权罪或者玩忽职守罪的加重量刑情节。(2)不报、迟报、谎报事故情况致使损失后果持续、扩大或者抢救工作延误的,不宜独立作为滥用职权罪或者玩忽职守罪的入罪情节。滥用职权罪和玩忽职守罪属于结果犯,是否构成犯罪,应统一以是否造成刑法规定的公共财产、国家和人民利益遭受重大损失这一结果要件为准。参见刘为波:《〈关于办理渎职刑事案件适用法律若干问题的解释(一)〉的理解与适用》,载中华人民共和国最高人民法院刑事审判第一、二、三、四、五庭主办:《中国刑事审判指导案例6》(增订第3版),法律出版社2017年版,第655页。

第四条① 国家机关工作人员实施渎职行为,放纵他人犯罪或者帮助他人逃避刑事处罚,构成犯罪的,依照渎职罪的规定定罪处罚。

国家机关工作人员与他人共谋,利用其职务行为帮助他人实施其他犯罪行为,同时构成渎职犯罪和共谋实施的其他犯罪共犯的,依照处罚较重的规定定罪处罚。

国家机关工作人员与他人共谋,既利用其职务行为帮助他人实施其他犯罪,又以非职务行为与他人共同实施该其他犯罪行为,同时构成渎职犯罪和其他犯罪的共犯的,依照数罪并罚的规定定罪处罚。

第五条② 国家机关负责人员违法决定,或者指使、授意、强令其他国家机关工作人员违法履行职务或者不履行职务,构成刑法分则第九章规定的渎职犯

---

① 本条第二款与《最高人民法院、最高人民检察院关于办理国家出资企业中职务犯罪案件具体应用法律若干问题的意见》(法发〔2010〕49号)"四、关于国家工作人员在企业改制过程中的渎职行为的处理"部分"国家出资企业中的国家工作人员因实施第一款、第二款行为收受贿赂,同时又构成刑法第三百八十五条规定之罪的,依照处罚较重的规定定罪处罚"的规定所持立场不一致。最终,《最高人民法院、最高人民检察院关于办理贪污贿赂刑事案件适用法律若干问题的解释》(法释〔2016〕9号)第十七条规定:"国家工作人员利用职务上的便利,收受他人财物,为他人谋取利益,同时构成受贿罪和刑法分则第三章第三节、第九章规定的渎职犯罪的,除刑法另有规定外,以受贿罪和渎职犯罪数罪并罚。"——**本评注注**

② 需要注意的问题有三:(1)国家机关负责人员的责任。适用本条第一款规定,需要注意两点:一是负责人员的刑事责任追究具有相对独立性。负责人员的监管过错行为可单独成立渎职犯罪,而无需依赖共犯理论或者其他执行人员的行为。是否同时追究执行人员的刑事责任,不影响负责人员的责任追究。二是这里的负责人员,既包括主要负责人,也包括直接负责的分管领导;既包括本单位的负责人员,也包括上级单位的负责人员。(2)集体研究的刑事责任。适用本条第二款规定,需要注意以下两点:第一,追究集体研究相关人员渎职罪的刑事责任,其直接根据既非单位犯罪亦非共同犯罪,而是相关人员自身的具体履职行为。实践中应当注意区分各参与研究人员的地位、作用合理确定责任人员的范围,对于不负有直接主管职责而只是消极附议的,或者在集体研究当中明确提出反对意见的人员,不宜追究刑事责任。第二,"集体研究"既包括真实意义上的集体研究,也包括假借集体研究行个人之私的情形。(3)具体执行人员的刑事责任。鉴于实际情况的复杂性,本司法解释仅作了原则性规定,实践具体把握可注意如下几点:第一,具体执行行为未明显违反法律规定,或者存在严重性错误但已经提出反对意见或者改正建议的,应由作出决定的人员承担渎职罪的刑事责任,对于执行人员一般不宜作犯罪处理。第二,具体执行行为明显违反法律规定且造成严重危害结果的,执行（转下页）

罪的,应当依法追究刑事责任。

以"集体研究"形式实施的渎职犯罪,应当依照刑法分则第九章的规定追究国家机关负有责任的人员的刑事责任。对于具体执行人员,应当在综合认定其行为性质、是否提出反对意见、危害结果大小等情节的基础上决定是否追究刑事责任和应当判处的刑罚。

第六条 以危害结果为条件的渎职犯罪的追诉期限,从危害结果发生之日起计算;有数个危害结果的,从最后一个危害结果发生之日起计算。

第七条 依法或者受委托行使国家行政管理职权的公司、企业、事业单位的工作人员,在行使行政管理职权时滥用职权或者玩忽职守,构成犯罪的,应当依照《全国人民代表大会常务委员会关于〈中华人民共和国刑法〉第九章渎职罪主体适用问题的解释》的规定,适用渎职罪的规定追究刑事责任。

第八条① 本解释规定的"经济损失",是指渎职犯罪或者与渎职犯罪相关联的犯罪立案时已经实际造成的财产损失,包括为挽回渎职犯罪所造成损失而支付的各种开支、费用等。立案后至提起公诉前持续发生的经济损失,应一并计入渎职犯罪造成的经济损失。

债务人经法定程序被宣告破产,债务人潜逃、去向不明,或者因行为人的责任超过诉讼时效等,致使债权已经无法实现的,无法实现的债权部分应当认定为渎职犯罪的经济损失。

渎职犯罪或者与渎职犯罪相关联的犯罪立案后,犯罪分子及其亲友自行挽回的经济损失,司法机关或者犯罪分子所在单位及其上级主管部门挽回的经济损失,或者因客观原因减少的经济损失,不予扣减,但可以作为酌定从轻处罚的情节。

第九条 负有监督管理职责的国家机关工作人员滥用职权或者玩忽职

(接上页)人员应承担相应的责任。第三,对于执行人员的责任追究应有别于决定人员,实践中可以结合执行中的具体情况适当从宽处罚,对于执行人员判处的刑罚不得高于决定人员,更不允许以追究执行人员的责任取代对决定人员的责任追究。参见刘为波等:《〈关于办理渎职刑事案件适用法律若干问题的解释(一)〉的理解与适用》,载中华人民共和国最高人民法院刑事审判第一、二、三、四、五庭主办:《中国刑事审判指导案例6》(增订第3版),法律出版社2017年版,第661—662页。

① 需要强调指出的是,本司法解释未区分直接经济损失和间接经济损失,不意味着否定间接经济损失,而是将间接损失有条件地纳入到经济损失计算中去。对此,本条规定作了相应规定。参见刘为波等:《〈关于办理渎职刑事案件适用法律若干问题的解释(一)〉的理解与适用》,载中华人民共和国最高人民法院刑事审判第一、二、三、四、五庭主办:《中国刑事审判指导案例6》(增订第3版),法律出版社2017年版,第654页。

守,致使不符合安全标准的食品、有毒有害食品、假药、劣药等流入社会,对人民群众生命、健康造成严重危害后果的,依照渎职罪的规定从严惩处。

第十条 最高人民法院、最高人民检察院此前发布的司法解释与本解释不一致的,以本解释为准。

《最高人民法院、最高人民检察院关于办理贪污贿赂刑事案件适用法律若干问题的解释》(法释〔2016〕9号,自2016年4月18日起施行)第十七条对受贿罪和渎职犯罪的罪数处断作了规定。(→参见分则第八章标题评注部分,第2092页)

规范性文件[①]

《全国法院审理经济犯罪案件工作座谈会纪要》(法发〔2003〕167号)"六、关于渎职罪"对渎职犯罪的法律适用问题作了规定。(→参见分则第八章标题评注部分,第2109页)

指导性案例

崔某环境监管失职案(检例第4号,节录)

关键词 渎职罪主体 国有事业单位工作人员 环境监管失职罪

要　旨 实践中,一些国有公司、企业和事业单位经合法授权从事具体的管理市场经济和社会生活的工作,拥有一定管理公共事务和社会事务的职权,这些实际行使国家行政管理职权的公司、企业和事业单位工作人员,符合渎职罪主体要求;对其实施渎职行为构成犯罪的,应当依照刑法关于渎职罪的规定追究刑事责任。

杨某玩忽职守、徇私枉法、受贿案(检例第8号,节录)

关键词 玩忽职守罪 徇私枉法罪 受贿罪 因果关系 数罪并罚

要　旨 本案要旨有两点:一是渎职犯罪因果关系的认定。如果负有监管职责的国家机关工作人员没有认真履行其监管职责,从而未能有效防止危害结果发生,那么,这些对危害结果具有"原因力"的渎职行为,应认定与危害结果之间具有刑法意义上的因果关系。二是渎职犯罪同时受贿的处罚原则。对于国家机关工作人员实施渎职犯罪并收受贿赂,同时构成受贿罪的,除刑法第三百九十九条有特别规定的外,以渎职犯罪和受贿罪数罪并罚。

[①] 另,鉴于国家监察体制改革,《人民检察院直接受理立案侦查的渎职侵权重特大案件标准(试行)》(高检发〔2001〕13号)未予收录。

法律适用答复、复函[①]

《最高人民检察院关于镇财政所所长是否适用国家机关工作人员的批复》
（高检发研字〔2000〕9号）
上海市人民检察院：
你院沪检发〔2000〕30号文收悉。经研究，批复如下：
对于属行政执法事业单位的镇财政所中按国家机关在编干部管理的工作人员，在履行政府行政公务活动中，滥用职权或玩忽职守构成犯罪的，应以国家机关工作人员论。

> **第三百九十七条　【滥用职权罪】【玩忽职守罪】**国家机关工作人员滥用职权或者玩忽职守，致使公共财产、国家和人民利益遭受重大损失的，处三年以下有期徒刑或者拘役；情节特别严重的，处三年以上七年以下有期徒刑。本法另有规定的，依照规定。
> 国家机关工作人员徇私舞弊，犯前款罪的，处五年以下有期徒刑或者拘役；情节特别严重的，处五年以上十年以下有期徒刑。本法另有规定的，依照规定。

立法沿革

本条系1997年《刑法》吸收修改1979年《刑法》作出的规定。1979年《刑法》第一百八十七条规定："国家工作人员由于玩忽职守，致使公共财产、国家和人民利益遭受重大损失的，处五年以下有期徒刑或者拘役。"1997年《刑法》将渎职罪的主体限制为国家机关工作人员，在玩忽职守的基础上增加了滥用职权，并对法定刑作出调整；同时，明确了本条的普通法条地位。

---

① 另，鉴于法释〔2012〕18号解释第八条对"经济损失"的计算时限作了明确规定，《最高人民法院研究室关于对滥用职权致使公共财产、国家和人民利益遭受重大损失如何认定问题的答复》（法研〔2004〕136号）与其规定存在不一致，故未予收录。该答复针对《浙江省高级人民法院关于对滥用职权致使公共财产、国家和人民利益遭受重大损失如何认定的请示》（浙〔2004〕194号）答复如下："人民法院在审判过程中，对于行为人滥用职权，致使公共财产、国家和人民利益遭受的损失计算至侦查机关立案之时。立案以后，判决宣告以前追回的损失，作为量刑情节予以考虑。"

● 单行刑法

《全国人民代表大会常务委员会关于惩治骗购外汇、逃汇和非法买卖外汇犯罪的决定》(自1998年12月29日起施行,节录)

六、海关、外汇管理部门的工作人员严重不负责任,造成大量外汇被骗购或者逃汇,致使国家利益遭受重大损失的,依照刑法第三百九十七条的规定定罪处罚。

(→全文参见第一百九十条之后"骗购外汇罪"评注部分,第865页)

● 司法解释

《最高人民检察院关于企业事业单位的公安机构在机构改革过程中其工作人员能否构成渎职侵权犯罪主体问题的批复》(高检发释字〔2002〕3号,自2002年5月16日起施行)

陕西省人民检察院:

你院陕检发研〔2001〕159号《关于对企业事业单位的公安机构在机构改革过程中其工作人员能否构成渎职侵权犯罪主体问题的请示》收悉。经研究,批复如下:

企业事业单位的公安机构在机构改革过程中虽尚未列入公安机关建制,其工作人员在行使侦查职责时,实施渎职侵权行为的,可以成为渎职侵权犯罪的主体。

《最高人民法院、最高人民检察院关于办理妨害预防、控制突发传染病疫情等灾害的刑事案件具体应用法律若干问题的解释》(法释〔2003〕8号)第十五条对在预防、控制突发传染病疫情等灾害的工作中构成滥用职权罪或者玩忽职守罪作了指引性规定。(→参见第一百一十四条评注部分,第416页)

《最高人民法院、最高人民检察院关于办理非法制造、买卖、运输、储存毒鼠强等禁用剧毒化学品刑事案件具体应用法律若干问题的解释》(法释〔2003〕14号)第四条就对非法制造、买卖、运输、储存禁用剧毒化学品行为负有查处职责的国家机关工作人员构成滥用职权罪或者玩忽职守罪作了指引性规定。(→参见第一百二十五条评注部分,第475页)

《最高人民检察院关于渎职侵权犯罪案件立案标准的规定》(高检发释字〔2006〕2号,自2006年7月26日起施行)"一、渎职犯罪案件"第(一)条、第(二)条关于滥用职权罪、玩忽职守罪立案标准的规定与法释〔2012〕18号解释第一条不一致,应当以后者为准。

《最高人民检察院关于对林业主管部门工作人员在发放林木采伐许可证之外滥用职权、玩忽职守致使森林遭受严重破坏的行为适用法律问题的批复》(高检发释字〔2007〕1号)对适用《刑法》第三百九十七条作了规定。(→参见第四百零七条评注部分,第2207页)

《最高人民法院、最高人民检察院关于办理盗窃油气、破坏油气设备等刑事案件具体应用法律若干问题的解释》(法释〔2007〕3号)第七条对盗窃油气、破坏油气设备等刑事案件中涉及的滥用职权罪、玩忽职守罪的适用作了规定。(→参见第一百一十八条评注部分,第435页)

《最高人民法院、最高人民检察院关于办理与盗窃、抢劫、诈骗、抢夺机动车相关刑事案件具体应用法律若干问题的解释》(法释〔2007〕11号)第三条对国家机关工作人员致使盗窃、抢劫、诈骗、抢夺的机动车被办理登记手续构成滥用职权罪、玩忽职守罪的情形作了规定。(→参见第三百一十二条评注部分,第1630页)

《最高人民法院、最高人民检察院关于办理渎职刑事案件适用法律若干问题的解释(一)》(法释〔2012〕18号)第一条对《刑法》第三百九十七条的定罪量刑标准作了规定。(→参见本章标题评注部分,第2171页)

《最高人民法院、最高人民检察院关于办理危害生产安全刑事案件适用法律若干问题的解释》(法释〔2015〕22号)第十五条对国家机关工作人员在履行安全监督管理职责时构成滥用职权罪、玩忽职守罪作了指引性规定。(→参见第一百三十四条评注部分,第545页)

《最高人民法院、最高人民检察院关于办理扰乱无线电通讯管理秩序等刑事案件适用法律若干问题的解释》(法释〔2017〕11号)第七条第一款对负有无线电监督管理职责的国家机关工作人员滥用职权或者玩忽职守构成滥用职权罪、玩忽职守罪作了指引性规定。(→参见第二百八十八条评注部分,第1448页)

《最高人民法院关于审理走私、非法经营、非法使用兴奋剂刑事案件适用法律若干问题的解释》(法释〔2019〕16号)第六条对行使反兴奋剂管理职权时渎职适用滥用职权罪、玩忽职守罪作了指引性规定。(→参见第三百五十五条之一评注部分,第1971页)

《最高人民法院、最高人民检察院关于办理破坏野生动物资源刑事案件适用法律若干问题的解释》(法释〔2022〕12号)第十条对滥用职权罪、玩忽职守罪的适用作了指引性规定。(→参见第三百四十一条评注部分,第1780页)

规范性文件

《最高人民法院、最高人民检察院、公安部、国家工商行政管理局关于依法查处盗窃、抢劫机动车案件的规定》(公通字〔1998〕31号)第九条规定了盗抢机动车案件查处中涉及的滥用职权罪、玩忽职守罪的适用。(→参见第三百一十二条评注部分,第1637页)

《公安部关于加强爆炸案件和爆炸物品丢失被盗案件倒查责任追究工作的通知》(公明发〔2000〕1186号)第三条对适用《刑法》第三百九十七条作了指引性规定。(→参见第一百二十五条评注部分,第480页)

《最高人民法院、最高人民检察院、公安部关于严格执行刑事诉讼法,切实纠防超期羁押的通知》(法〔2003〕163号)
各省、自治区、直辖市高级人民法院、人民检察院、公安厅(局),解放军军事法院、军事检察院、总政治部保卫部:

目前,超期羁押现象在全国许多地方没有得到有效遏制,"前清后超"、"边清边超"、"押而不决"等现象仍然不断发生,人民群众反映强烈。各级人民法院、人民检察院和公安机关要坚持以"三个代表"重要思想为指导,坚持司法为民的工作要求,严格执行刑事诉讼法的有关规定,切实提高办理刑事案件的质量和效率,维护人民法院、人民检察院和公安机关的公正形象,坚决纠正和预防超期羁押现象,尊重和保障犯罪嫌疑人、被告人的合法权益。现就有关问题通知如下:

一、进一步端正执法思想,牢固树立实体法和程序法并重、打击犯罪和保障人权并重的刑事诉讼观念。社会主义司法制度必须保障在全社会实现公平和正义。人民法院、人民检察院和公安机关依法进行刑事诉讼,既要惩罚犯罪,维护社会稳定,也要尊重和保障人权,尊重和保障犯罪嫌疑人、被告人的合法权益,是依法惩罚犯罪和依法保障人权的有机统一。任何人,在人民法院依法判决之前,都不得被确定有罪。在侦查、起诉、审判等各个阶段,必须始终坚持依法进行诉讼,认真遵守刑事诉讼法关于犯罪嫌疑人、被告人羁押期限的规定,坚决克服重实体、轻程序,重打击、轻保障的错误观念,避免因超期羁押而侵犯犯罪嫌疑人、被告人合法权益现象的发生。

二、严格适用刑事诉讼法关于犯罪嫌疑人、被告人羁押期限的规定,严禁随意延长羁押期限。犯罪嫌疑人、被告人被羁押的,人民法院、人民检察院和公安机关在刑事诉讼的不同阶段,要及时办理换押手续。在侦查阶段,要严格遵守拘留、逮捕后的羁押期限的规定;犯罪嫌疑人被逮捕以后,需要延长羁押期限的,应当符合刑事诉讼法第一百二十四条、第一百二十六条或者第一百二十七条规定的情形,并应当经过上一级人民检察院或者省、自治区、直辖市人民检察院的批准或者决定。在审查逮捕阶段和审查起诉阶段,人民检察院应当在法定期限内作出决定。在审判阶段,人民法院要严格遵守刑事诉讼法关于审理期限的规定;需要延长一个月审理期限的,应当属于刑事诉讼法第一百二十六条规定的情形之一,而且应当经过省、自治区、直辖市高级人民法院批准或者决定。

凡不符合刑事诉讼法关于重新计算犯罪嫌疑人、被告人羁押期限规定的,不得重新计算羁押期限。严禁滥用退回补充侦查、撤回起诉、改变管辖等方式变相超期羁押犯罪嫌疑人、被告人。

三、准确适用刑事诉讼法关于取保候审、监视居住的规定。人民法院、人民检察院和公安机关在对犯罪嫌疑人、被告人采取强制措施时,凡符合取保候审、监视居住条件的,应当依法采取取保候审、监视居住。对已被羁押的犯罪嫌疑人、被告人,在其法定羁押期限已满时必须立即释放,如侦查、起诉、审判活动尚未完成,需要继续查证、审理的,要依法变更强制措施为取保候审或者监视居住,充分发挥取保候审、监视居住这两项强制措施的作用,做到追究犯罪与保障犯罪嫌疑人、被告人合法权益的统一。

四、坚持依法办案,正确适用法律,有罪依法追究,无罪坚决放人,人民法院、人民检察院和公安机关在刑事诉讼过程中,要分工负责,互相配合,互相制约,依法进行,避免超期羁押现象的发生。在侦查、起诉、审判等各个诉讼阶段,凡发现犯罪嫌疑人、被告人不应或者不需要追究刑事责任的,应当依法撤销案件,或者不起诉,或者终止审理,或者宣告无罪。公安机关、人民检察院要严格执行刑事诉讼法关于拘留、逮捕条件的规定,不符合条件的坚决不拘、不提请批准逮捕或者决定不批准逮捕。人民检察院对于经过两次补充侦查或者在审判阶段建议补充侦查并经人民法院决定延期审理的案件,不再退回公安机关;对于经过两次补充侦查,仍然证据不足、不符合起诉条件的案件,要依法作出不起诉的决定。公安机关要依法加强对看守所的管理,及时向办案机关通报超期羁押情况。人民法院对于人民检察院提起公诉的案件,经过审理,认为证据不足,不能认定被告人有罪的,要依法作出证据不足、指控的犯罪不能成立的无罪判决。第二审人民法院经过审理,对于事实不清或者证据不足的案件,只能一次裁定撤销原判、发回原审人民法院重新审判;对于经过查证,只有部分犯罪事实清楚、证据充分的案件,只就该部分罪行进行认定和宣判;对于查证以后,仍然事实不清或者证据不足的案件,要依法作出证据不足、指控的犯罪不能成立的无罪判决,不得拖延不决,迟迟不判。

五、严格执行超期羁押责任追究制度。超期羁押侵犯犯罪嫌疑人、被告人的合法权益,损害司法公正,对此必须严肃查处,绝不姑息。本通知发布以后,凡违反刑事诉讼法和本通知的规定,造成犯罪嫌疑人、被告人超期羁押的,对于直接负责的主管人员和其他直接责任人员,由其所在单位或者上级主管机关依照有关规定予以行政或者纪律处分;造成犯罪嫌疑人、被告人超期羁押,情节严重的,对于直接负责的主管人员和其他直接责任人员,依照刑法第三百九十七条的规定,以玩忽职守罪或者滥用职权罪追究刑事责任。

六、对于重大、疑难、复杂的案件,涉外案件,新类型案件以及危害国家安全案件涉及的适用法律问题,应及时报请全国人大常委会作出立法解释或者最高人民法院、最高人民检察院作出司法解释。

执行本通知的情况,请及时层报最高人民法院、最高人民检察院和公安部。

《最高人民法院、最高人民检察院、公安部关于办理涉窨井盖相关刑事案件的指导意见》(高检发〔2020〕3号)第八条、第九条、第十一条对玩忽职守罪、滥用职权罪的适用和罪数处断作了指引性规定。(→参见第一百一十七条评注部分,第433页)

《最高人民法院、最高人民检察院、公安部、司法部关于依法惩治妨害新型冠状病毒感染肺炎疫情防控违法犯罪的意见》(法发〔2020〕7号)"二、准确适用法律,依法严惩妨害疫情防控的各类违法犯罪"第(七)条对玩忽职守罪、滥用职权罪的适用作了指引性规定。(→参见第三百三十条评注部分,第1713页)

《最高人民法院、最高人民检察院、公安部、农业农村部依法惩治长江流域非法捕捞等违法犯罪的意见》(公通字〔2020〕17号)"二、准确适用法律,依法严惩非法捕捞等危害水生生物资源的各类违法犯罪"第(五)条对玩忽职守罪、滥用职权罪的适用作了指引性规定。(→参见第三百四十条评注部分,第1761页)

▍指导性案例

陈某、林某、李甲滥用职权案(检例第5号,节录)

关键词 渎职罪主体 村基层组织人员 滥用职权罪

要　旨 随着我国城镇建设和社会主义新农村建设逐步深入推进,村民委员会、居民委员会等基层组织协助人民政府管理社会发挥越来越重要的作用。实践中,对村民委员会、居民委员会等基层组织人员协助人民政府从事行政管理工作时,滥用职权、玩忽职守构成犯罪的,应当依照刑法关于渎职罪的规定追究刑事责任。

罗甲、罗乙、朱某、罗丙滥用职权案(检例第6号,节录)

关 键 词 滥用职权罪 重大损失 恶劣社会影响

要　旨 根据刑法规定,滥用职权罪是指国家机关工作人员滥用职权,致使"公共财产、国家和人民利益遭受重大损失"的行为。实践中,对滥用职权"造成恶劣社会影响的",应当依法认定为"致使公共财产、国家和人民利益遭受重大损失"。

法律适用答复、复函

《**最高人民检察院关于合同制民警能否成为玩忽职守罪主体问题的批复**》(高检发研字〔2000〕20号)

辽宁省人民检察院:

你院辽检发诉字〔1999〕76号《关于犯罪嫌疑人李海玩忽职守一案的请示》收悉。经研究,批复如下:

根据刑法第九十三条第二款的规定,合同制民警在依法执行公务期间,属其他依照法律从事公务的人员,应以国家机关工作人员论。对合同制民警在依法执行公务活动中的玩忽职守行为,符合刑法第三百九十七条规定的玩忽职守罪构成条件的,依法以玩忽职守罪追究刑事责任。

《**最高人民检察院关于属工人编制的乡(镇)工商所所长能否依照刑法第397条的规定追究刑事责任问题的批复**》(高检发研字〔2000〕23号)

江西省人民检察院:

你院赣检研发〔2000〕3号《关于乡(镇)工商所所长(工人编制)是否属于国家机关工作人员的请示》收悉。经研究,批复如下:

根据刑法第93条第2款的规定,经人事部门任命,但为工人编制的乡(镇)工商所所长,依法履行工商行政管理职责时,属其他依照法律从事公务的人员,应以国家机关工作人员论。如果玩忽职守,致使公共财产、国家和人民利益遭受重大损失,可适用刑法第397条的规定,以玩忽职守罪追究刑事责任。

《**最高人民检察院研究室关于买卖尚未加盖印章的空白〈边境证〉行为如何适用法律问题的答复**》(〔2002〕高检研发第19号)

重庆市人民检察院研究室:

你院《关于对买卖尚未加盖印章的空白〈边境证〉案件适用法律问题的请示》(渝检〔研〕〔2002〕11号)收悉。经研究,答复如下:

对买卖尚未加盖发证机关的行政印章或者通行专用章印鉴的空白《中华人民共和国边境管理区通行证》的行为,不宜以买卖国家机关证件罪追究刑事责任。国家机关工作人员实施上述行为，构成犯罪的，可以按滥用职权等相关犯罪依法追究刑事责任。

《最高人民检察院关于对海事局工作人员如何适用法律问题的答复》
（〔2003〕高检研发第1号）
辽宁省人民检察院研究室：

你院《关于辽宁海事局的工作人员是否为国家机关工作人员的主体认定请示》（辽检发渎检字〔2002〕1号）收悉。经研究，答复如下：

根据国办发〔1999〕90号、中编办函〔2000〕184号等文件的规定，海事局负责行使国家水上安全监督和防止船舶污染及海上设施检验、航海保障的管理职权，是国家执法监督机构。海事局及其分支机构工作人员在从事上述公务活动中，滥用职权或者玩忽职守，致使公共财产、国家和人民利益遭受重大损失的，应当依照刑法第三百九十七条的规定，以滥用职权罪或者玩忽职守罪追究刑事责任。

■ 刑参案例规则提炼①

《龚晓玩忽职守案——渎职犯罪的因果关系判断》（第294号案例）、《包智安受贿、滥用职权案——滥用职权行为与损失后果之间没有必然因果关系的是否构成滥用职权罪》（第327号案例）、《王刚强、王鹏飞过失致人死亡案——交通运输管理站工作人员在稽查路费过程中追赶逃费车辆致人身亡的应如何定罪》（第345号案例）、《张群生滥用职权案——国家机关工作人员以单位名义擅自出借公款给其他单位使用造成巨大损失的行为如何定罪》（第563号案例）、《黄德林滥用职权、受贿案——滥用职权同时又受贿是否实行数罪并罚》（第652号案例）、《杨德林滥用职权、受贿案——滥用职权造成恶劣社会影响的及供犯罪所用的本人财物如何认定，受贿既、未遂并存的如何处罚》（第1089号案例）、《卢高春滥用职权案——放弃履行职责致其他行政机关不能行使行政处罚权行

---

① 另，鉴于涉及新旧刑法适用问题，《翟鲁光受贿、玩忽职守案——银行工作人员玩忽职守的行为如何定罪》（第14号案例）、《韩义昌徇私舞弊、挪用公款案——滥用职权释放犯罪嫌疑人并将公款出借搞"资产解冻"活动造成重大损失的行为应如何定罪》（第31号案例）、《陆飞荣玩忽职守案——新刑法生效之前实施的滥用职权行为的法律适用》（第196号案例）所涉规则未予提炼；鉴于《最高人民检察院关于正确认定和处理玩忽职守罪的若干意见（试行）》（〔87〕高检发（二）字第18号，1987年8月31日开始施行）已经废止，《王文强玩忽职守案——行政机关的行政罚没款能否认定为玩忽职守造成的直接经济损失》（第16号案例）所涉规则未予提炼。

为的定性》(第1433号案例)所涉规则提炼如下：

1. 滥用职权行为的认定规则。① "我国法律、法规对逃避检查的逃逸车辆，公路稽查人员能否进行追赶的确没有明确规定，正因为没有明文规定，作为执法的公路稽查人员对逃避检查的逃逸车辆就不能'追赶'，因为法律、法规没有授权你'追赶'，如'追赶'就是超越职权的滥用职权行为。"(第345号案例)"挪用公款罪从本质上讲也属于一种渎职行为""作为国家机关工作人员，违反国家和军队财务管理规定，未经请示单位领导，超越职权范围行使权力，多次擅自出借公款，并造成无法收回的结果，客观上已使公共财产遭受重大损失，且滥用职权与这一危害后果之间具有刑法上的因果关系，符合滥用职权罪的构成要件。"(第563号案例)"放弃履行行政管理职责，导致其他行政机关无法行使行政管理职权，进而造成行政违法行为人逃避行政处罚及行政处罚款流失的损害后果，其行为符合滥用职权罪的构成要件，法院以滥用职权罪追究其刑事责任是正确的。"(第1433号案例)

2. "造成恶劣社会影响"的认定规则。法释〔2012〕18号解释第一条将"造成恶劣社会影响"规定为《刑法》第三百九十七条规定的"致使公共财产、国家和人民利益遭受重大损失"的情形之一。对此，"一般可从以下方面予以把握：(1)渎职行为严重损害国家机关形象，致使政府公信力下降的；(2)渎职行为引发新闻媒体广泛关注，引起强烈社会反响的；(3)渎职行为造成大规模上访、暴力冲突等事件，影响国家机关正常职能活动的；(4)渎职行为诱发民族矛盾纠纷，严重影响民族团结、社会稳定的；(5)渎职行为造成其他恶劣社会影响的"。(第1089号案例)

---

① 甲虚构向国土资源局缴纳临时用电开户费的事实，以非法吸收公众存款的方式向被害人借款100万元。被害人提出必须以将现金交给国土局工作人员的方式出借。甲即向国土资源局工作人员乙谎称这笔钱是自己的债权，故请乙帮忙代收。乙于工作时间，在自己的办公室以国土资源局工作人员的身份收下被害人的现金、在收条上签名(未加盖公章)，并即将现金全部交给甲。对此有两种不同意见：有意见认为乙实施的系个人行为，与本案后果没有因果关系，不构成滥用职权罪；也有意见认为乙构成滥用职权罪。上述问题争议焦点是，乙的行为是属于个人行为还是属于滥用职权。**本评注认为**，滥用职权表现形式之一是超越职权，即"形式履职、实质越权"。本案的发生，确与乙受另案处理的诈骗罪犯甲的蒙蔽有关，其出具的收条也未加盖国家机关印章，但更为重要的是，乙之所以能够取得被害人的信任、接收被害人财物，主要原因是其在工作时间、工作场所滥用自己作为国土资源管理部门工作人员的身份和收费权力，被害人也正是因此才放心地交付财物，据此应当认为乙的行为具有代表国家行使权力的外在形式，认定为"滥用职权"似更为妥当。

3. 渎职行为与损失后果之间的因果关系判断规则。"行为与造成重大经济损失之间不具有刑法上的因果关系,其行为不符合滥用职权罪的构成要件。"(第 327 号案例)"在判断行为与结果之间是否存在刑法上的因果关系时,应以行为时客观存在的一切事实为基础,依据一般人的经验进行判断。在存在介入因素的场合下,判断介入因素是否对因果关系的成立产生阻却影响时,一般是通过是否具有'相当性'的判断来加以确定的。在'相当性'的具体判断中,一般可从以下三个方面来进行:(1)最早出现的实行行为导致最后结果发生的概率的高低……(2)介入因素异常性的大小……(3)介入因素对结果发生的影响力。"(第 294 号案例)

4. 渎职犯罪的罪数处断规则。"行为人在实施滥用职权等渎职犯罪行为的同时又收受贿赂齐备两个犯罪的构成要件,除刑法有特别规定的以外,应当认定为两罪,实行数罪并罚。"(第 652 号案例)

■ **司法疑难解析**

违规给国家参股企业减免土地出让金、契税等,在认定造成公共财产损失时,国有股份所对应的减免数额是否应予扣除。"在招商引资过程中,国家工作人员违规给国家参股企业减免土地出让金、契税等,在认定滥用职权罪造成的公共财产损失时,应当坚持损失是具体的而非抽象的观点,并结合具体情况区分国有资产的不同主体,以准确甄别和客观把握国有资产的范围,一般不宜将国有股份对应的减免数额从公共财产损失数额中扣除。"①

第三百九十八条 【故意泄露国家秘密罪】【过失泄露国家秘密罪】国家机关工作人员违反保守国家秘密法的规定,故意或者过失泄露国家秘密,情节严重的,处三年以下有期徒刑或者拘役;情节特别严重的,处三年以上七年以下有期徒刑。

非国家机关工作人员犯前款罪的,依照前款的规定酌情处罚。

---

① 参见《在招商引资过程中,国家工作人员违规给国家参股企业减免土地出让金、契税等,在认定其行为造成的"公共财产损失"时,国有股份所对应的减免数额是否应予扣除》(编号 010),载最高人民法院刑事审判第二庭编:《职务犯罪审判指导》(第 1 辑),法律出版社 2022 年版。

立法沿革

本条系1997年《刑法》吸收修改1979年《刑法》和附属刑法作出的规定。1979年《刑法》第一百八十六条规定:"国家工作人员违反国家保密法规,泄露国家重要机密,情节严重的,处七年以下有期徒刑、拘役或者剥夺政治权利。""非国家工作人员犯前款罪的,依照前款的规定酌情处罚。"1988年《保守国家秘密法》第三十一条第一款规定:"违反本法规定,故意或者过失泄露国家秘密,情节严重的,依照刑法第一百八十六条的规定追究刑事责任。"1997年《刑法》综合上述规定,对泄露国家秘密犯罪作出规定。

全国人大常委会决定

《全国人民代表大会常务委员会关于维护互联网安全的决定》(修正后自2009年8月27日起施行,节录)

二、为了维护国家安全和社会稳定,对有下列行为之一,构成犯罪的,依照刑法有关规定追究刑事责任:

(二)通过互联网窃取、泄露国家秘密、情报或者军事秘密;

(→全文参见第二百八十五条评注部分,第1399页)

相关规定

《中华人民共和国保守国家秘密法》(修订后自2010年10月1日起施行,节录)

第二条 国家秘密是关系国家安全和利益,依照法定程序确定,在一定时间内只限一定范围的人员知悉的事项。

第九条 下列涉及国家安全和利益的事项,泄露后可能损害国家在政治、经济、国防、外交等领域的安全和利益的,应当确定为国家秘密:

(一)国家事务重大决策中的秘密事项;

(二)国防建设和武装力量活动中的秘密事项;

(三)外交和外事活动中的秘密事项以及对外承担保密义务的秘密事项;

(四)国民经济和社会发展中的秘密事项;

(五)科学技术中的秘密事项;

(六)维护国家安全活动和追查刑事犯罪中的秘密事项;

(七)经国家保密行政管理部门确定的其他秘密事项。

政党的秘密事项中符合前款规定的,属于国家秘密。

第十条 国家秘密的密级分为绝密、机密、秘密三级。

绝密级国家秘密是最重要的国家秘密,泄露会使国家安全和利益遭受特别严重的损害;机密级国家秘密是重要的国家秘密,泄露会使国家安全和利益遭受严重的损害;秘密级国家秘密是一般的国家秘密,泄露会使国家安全和利益遭受损害。

司法解释

《最高人民法院关于审理为境外窃取、刺探、收买、非法提供国家秘密、情报案件具体应用法律若干问题的解释》(法释〔2001〕4号)第六条规定将国家秘密通过互联网予以发布,情节严重的行为依照《刑法》第三百九十八条定罪处罚。(→参见第一百一十一条评注部分,第405页)

《最高人民检察院关于渎职侵权犯罪案件立案标准的规定》(高检发释字〔2006〕2号,节录)

一、渎职犯罪案件

……

(三)故意泄露国家秘密案(第三百九十八条)

故意泄露国家秘密罪是指国家机关工作人员或者非国家机关工作人员违反保守国家秘密法,故意使国家秘密被不应知悉者知悉,或者故意使国家秘密超出了限定的接触范围,情节严重的行为。

涉嫌下列情形之一的,应予立案:

1. 泄露绝密级国家秘密1项(件)以上的;
2. 泄露机密级国家秘密2项(件)以上的;
3. 泄露秘密级国家秘密3项(件)以上的;
4. 向非境外机构、组织、人员泄露国家秘密,造成或者可能造成危害社会稳定、经济发展、国防安全或者其他严重危害后果的;
5. 通过口头、书面或者网络等方式向公众散布、传播国家秘密的;
6. 利用职权指使或者强迫他人违反国家保守秘密法的规定泄露国家秘密的;
7. 以牟取私利为目的泄露国家秘密的;
8. 其他情节严重的情形。

(四)过失泄露国家秘密案(第三百九十八条)

过失泄露国家秘密罪是指国家机关工作人员或者非国家机关工作人员违反保守国家秘密法,过失泄露国家秘密,或者遗失国家秘密载体,致使国家秘密被不应知悉者知悉或者超出了限定的接触范围,情节严重的行为。

涉嫌下列情形之一的,应予立案:

1. 泄露绝密级国家秘密1项(件)以上的;
2. 泄露机密级国家秘密3项(件)以上的;
3. 泄露秘密级国家秘密4项(件)以上的;
4. 违反保密规定,将涉及国家秘密的计算机或者计算机信息系统与互联网相连接,泄露国家秘密的;
5. 泄露国家秘密或者遗失国家秘密载体,隐瞒不报、不如实提供有关情况或者不采取补救措施的;
6. 其他情节严重的情形。

(→第三部分参见本章标题评注部分,第2170页)

◆ 规范性文件

《人民法院、保密行政管理部门办理侵犯国家秘密案件若干问题的规定》(保发〔2020〕2号)对办理侵犯国家秘密案件的有关问题作了规定。(→参见第一百一十一条评注部分,第405页)

《人民检察院、保密行政管理部门办理案件若干问题的规定》(保发〔2020〕3号)对办理侵犯国家秘密案件的有关问题作了规定。(→参见第一百一十一条评注部分,第406页)

◆ 刑参案例规则提炼

《于萍故意泄露国家秘密案——辩护律师将在法院复制的案件证据材料让被告人亲属查阅的行为是否构成犯罪》(第210号案例)、《李宝安、昝旺木、李兴案故意泄露国家秘密案——利用中考命题工作的便利将考前辅导内容作为中考试题的行为是否构成故意泄露国家秘密罪》(第258号案例)所涉规则提炼如下:

故意泄露国家秘密罪的适用规则。"辩护律师将在法院复制的案件证据材料让被告人亲属查阅的行为不构成故意泄露国家秘密罪。"(第210号案例)"利用参加中考命题工作的便利将考前辅导内容作为正式试题,情节严重的,应当以故意泄露国家秘密罪定罪处罚。"(第258号案例)

第三百九十九条 【徇私枉法罪】司法工作人员徇私枉法、徇情枉法,对明知是无罪的人而使他受追诉、对明知是有罪的人而故意包庇不使他受追诉,或者在刑事审判活动中故意违背事实和法律作枉法裁判的,处五年以下有期徒刑或者拘役;情节严重的,处五年以上十年以下有期徒刑;情节特别严重的,处十年以上有期徒刑。

【民事、行政枉法裁判罪】在民事、行政审判活动中故意违背事实和法律作枉法裁判,情节严重的,处五年以下有期徒刑或者拘役;情节特别严重的,处五年以上十年以下有期徒刑。

【执行判决、裁定失职罪】【执行判决、裁定滥用职权罪】在执行判决、裁定活动中,严重不负责任或者滥用职权,不依法采取诉讼保全措施、不履行法定执行职责,或者违法采取诉讼保全措施、强制执行措施,致使当事人或者其他人的利益遭受重大损失的,处五年以下有期徒刑或者拘役;致使当事人或者其他人的利益遭受特别重大损失的,处五年以上十年以下有期徒刑。

司法工作人员收受贿赂,有前三款行为的,同时又构成本法第三百八十五条规定之罪的,依照处罚较重的规定定罪处罚。

立法沿革

本条系1997年《刑法》吸收修改1979年《刑法》和附属刑法作出的规定。1979年《刑法》第一百八十八条规定:"司法工作人员徇私舞弊,对明知是无罪的人而使他受追诉、对明知是有罪的人而故意包庇不使他受追诉,或者故意颠倒黑白做枉法裁判的,处五年以下有期徒刑、拘役或者剥夺政治权利;情节特别严重的,处五年以上有期徒刑。"1997年《刑法》对上述规定作了修改,形成第一款规定,并增设第二款关于民事、行政枉法裁判犯罪的规定和第三款关于罪数处断的规定。

2002年12月28日起施行的《刑法修正案(四)》第八条对本条作了修改,增加第三款关于执行判决、裁定渎职犯罪的规定。顺带提及的是,本条第二款规定的罪名于2002年3月26日起由"枉法裁判罪"调整为"民事、行政枉法裁判罪"。

修正前《刑法》	修正后《刑法》
第三百九十九条 【徇私枉法罪】司法工作人员徇私枉法、徇情枉法,对明知是无罪的人而使他受追诉、对明知是有罪的人而故意包庇不使他受追诉,或者在刑事审判活动中故意违背事实和法律作枉法裁判的,处五年以下有期徒刑或者拘役;情节严重的,处五年以上十年以下有期徒刑;情节特别严重的,处十年以上有期徒刑。	第三百九十九条 【徇私枉法罪】司法工作人员徇私枉法、徇情枉法,对明知是无罪的人而使他受追诉、对明知是有罪的人而故意包庇不使他受追诉,或者在刑事审判活动中故意违背事实和法律作枉法裁判的,处五年以下有期徒刑或者拘役;情节严重的,处五年以上十年以下有期徒刑;情节特别严重的,处十年以上有期徒刑。

(续表)

修正前《刑法》	修正后《刑法》
【枉法裁判罪】在民事、行政审判活动中故意违背事实和法律作枉法裁判,情节严重的,处五年以下有期徒刑或者拘役;情节特别严重的,处五年以上十年以下有期徒刑。 司法工作人员贪赃枉法,有前两款行为的,同时又构成本法第三百八十五条规定之罪的,依照处罚较重的规定定罪处罚。	**【民事、行政枉法裁判罪】**在民事、行政审判活动中故意违背事实和法律作枉法裁判,情节严重的,处五年以下有期徒刑或者拘役;情节特别严重的,处五年以上十年以下有期徒刑。 **【执行判决、裁定失职罪】【执行判决、裁定滥用职权罪】**在执行判决、裁定活动中,严重不负责任或者滥用职权,不依法采取诉讼保全措施、不履行法定执行职责,或者违法采取诉讼保全措施、强制执行措施,致使当事人或者其他人的利益遭受重大损失的,处五年以下有期徒刑或者拘役;致使当事人或者其他人的利益遭受特别重大损失的,处五年以上十年以下有期徒刑。 司法工作人员**收受贿赂**,有前三款行为的,同时又构成本法第三百八十五条规定之罪的,依照处罚较重的规定定罪处罚。

司法解释

《最高人民检察院关于渎职侵权犯罪案件立案标准的规定》(高检发释字〔2006〕2号,节录)

一、渎职犯罪案件

……

(五)徇私枉法案(第三百九十九条第一款)

徇私枉法罪是指司法工作人员徇私枉法、徇情枉法,对明知是无罪的人而使他受追诉、对明知是有罪的人而故意包庇不使他受追诉,或者在刑事审判活动中故意违背事实和法律作枉法裁判的行为。

涉嫌下列情形之一的,应予立案:

1. 对明知是没有犯罪事实或者其他依法不应当追究刑事责任的人,采取伪造、隐匿、毁灭证据或者其他隐瞒事实、违反法律的手段,以追究刑事责任为目的立案、侦查、起诉、审判的;

2. 对明知是有犯罪事实需要追究刑事责任的人,采取伪造、隐匿、毁灭证据或者其他隐瞒事实、违反法律的手段,故意包庇使其不受立案、侦查、起诉、审

判的;

3. 采取伪造、隐匿、毁灭证据或者其他隐瞒事实、违反法律的手段,故意使罪重的人受较轻的追诉,或者使罪轻的人受较重的追诉的;

4. 在立案后,采取伪造、隐匿、毁灭证据或者其他隐瞒事实、违反法律的手段,应当采取强制措施而不采取强制措施,或者虽然采取强制措施,但中断侦查或者超过法定期限不采取任何措施,实际放任不管,以及违法撤销、变更强制措施,致使犯罪嫌疑人、被告人实际脱离司法机关侦控的;

5. 在刑事审判活动中故意违背事实和法律,作出枉法判决、裁定,即有罪判无罪、无罪判有罪,或者重罪轻判、轻罪重判的;

6. 其他徇私枉法应予追究刑事责任的情形。

(六) 民事、行政枉法裁判案(第三百九十九条第二款)

民事、行政枉法裁判罪是指司法工作人员在民事、行政审判活动中,故意违背事实和法律作枉法裁判,情节严重的行为。

涉嫌下列情形之一的,应予立案:

1. 枉法裁判,致使当事人或者其近亲属自杀、自残造成重伤、死亡,或者精神失常的;

2. 枉法裁判,造成个人财产直接经济损失 10 万元以上,或者直接经济损失不满 10 万元,但间接经济损失 50 万元以上的;

3. 枉法裁判,造成法人或者其他组织财产直接经济损失 20 万元以上,或者直接经济损失不满 20 万元,但间接经济损失 100 万元以上的;

4. 伪造、变造有关材料、证据,制造假案枉法裁判的;

5. 串通当事人制造伪证,毁灭证据或者篡改庭审笔录而枉法裁判的;

6. 徇私情、私利,明知是伪造、变造的证据予以采信,或者故意对应当采信的证据不予采信,或者故意违反法定程序,或者故意错误适用法律而枉法裁判的;

7. 其他情节严重的情形。

(七) 执行判决、裁定失职案(第三百九十九条第三款)

执行判决、裁定失职罪是指司法工作人员在执行判决、裁定活动中,严重不负责任,不依法采取诉讼保全措施、不履行法定执行职责,或者违法采取保全措施、强制执行措施,致使当事人或者其他人的利益遭受重大损失的行为。

涉嫌下列情形之一的,应予立案:

1. 致使当事人或者其近亲属自杀、自残造成重伤、死亡,或者精神失常的;

2. 造成个人财产直接经济损失 15 万元以上,或者直接经济损失不满 15 万元,但间接经济损失 75 万元以上的;

3. 造成法人或者其他组织财产直接经济损失30万元以上，或者直接经济损失不满30万元，但间接经济损失150万元以上的；

4. 造成公司、企业等单位停业、停产1年以上，或者破产的；

5. 其他致使当事人或者其他人的利益遭受重大损失的情形。

（八）执行判决、裁定滥用职权案（第三百九十九条第三款）

执行判决、裁定滥用职权罪是指司法工作人员在执行判决、裁定活动中，滥用职权，不依法采取诉讼保全措施、不履行法定执行职责，或者违法采取保全措施、强制执行措施，致使当事人或者其他人的利益遭受重大损失的行为。

涉嫌下列情形之一的，应予立案：

1. 致使当事人或者其近亲属自杀、自残造成重伤、死亡，或者精神失常的；

2. 造成个人财产直接经济损失10万元以上，或者直接经济损失不满10万元，但间接经济损失50万元以上的；

3. 造成法人或者其他组织财产直接经济损失20万元以上，或者直接经济损失不满20万元，但间接经济损失100万元以上的；

4. 造成公司、企业等单位停业、停产6个月以上，或者破产的；

5. 其他致使当事人或者其他人的利益遭受重大损失的情形。

（→第三部分参见本章标题评注部分，第2170页）

▎法律适用答复、复函

《最高人民检察院法律政策研究室关于非司法工作人员是否可以构成徇私枉法罪共犯问题的答复》（〔2003〕高检研发第11号）

江西省人民检察院法律政策研究室：

你院《关于非国家机关工作人员是否可以构成徇私枉法罪共犯问题的请示》（赣检发研字〔2002〕7号）收悉。经研究，答复如下：

非司法工作人员与司法工作人员勾结，共同实施徇私枉法行为，构成犯罪的，应当以徇私枉法罪的共犯追究刑事责任。

▎刑参案例规则提炼

《李永宾徇私枉法、接送不合格兵员案——如何认定徇私枉法"情节严重"》（第237号案例）所涉规则提炼如下：

徇私枉法罪加重情节的适用规则。"一般应当从行为人的手段是否恶劣、后果是否严重、是否造成恶劣社会影响等方面综合分析认定……对于因行为人的徇私枉法或者徇情枉法行为,致使无辜的人被追究刑事责任,或者使已经构成犯罪的人逃脱了刑事追究,或者重罪轻判、轻罪重判,严重损害社会主义法制尊严的,应当根据具体犯罪事实、性质、情节和对于社会的危害程度认定为徇私枉法'情节严重'或者'情节特别严重'。"(第237号案例)

司法疑难解析

"裁判"的涵义。对于《刑法》第三百九十九条第二款规定的"裁判"是否包括调解在内,实践中存在不同认识。**本评注持否定观点**,主要考虑如下:(1)《全国人大常委会关于〈中华人民共和国刑法〉第三百一十三条的解释》规定:"刑法第三百一十三条规定的'人民法院的判决、裁定',是指人民法院依法作出的具有执行内容并已发生法律效力的判决、裁定。人民法院为依法执行支付令、生效的调解书、仲裁裁决、公证债权文书等所作的裁定属于该条规定的裁定。"可见,立法解释对调解书和判决、裁定作了区别对待。(2)从审判实践来看,调解与裁判属于并列关系,而非种属关系,不应认为裁判可以包括调解在内。而且,调解充分体现意思自治原则,在属性上与裁判亦存在明显差异。(3)在主张"裁判"不包括调解在内的情况下,对于枉法调解行为可以适用滥用职权罪,亦不存在处罚漏洞。

第三百九十九条之一 【枉法仲裁罪】依法承担仲裁职责的人员,在仲裁活动中故意违背事实和法律作枉法裁决,情节严重的,处三年以下有期徒刑或者拘役;情节特别严重的,处三年以上七年以下有期徒刑。

立法沿革

本条系2006年6月29日起施行的《刑法修正案(六)》第二十条增设的规定。

刑参案例规则提炼

《曾德明枉法仲裁案——劳动仲裁中的枉法调解行为能否构成枉法仲裁罪》(第1402号案例)所涉规则提炼如下:

枉法仲裁罪的认定规则。"劳动争议仲裁员能够成为枉法仲裁罪的主体。""仲裁活动中的枉法调解行为,也应当属于枉法仲裁罪的规制范围。""对于'情节严重'的标准……可以参照民事、行政枉法裁判罪的立案标准。"(第1402号案例)

第四百条　【私放在押人员罪】司法工作人员私放在押的犯罪嫌疑人、被告人或者罪犯的，处五年以下有期徒刑或者拘役；情节严重的，处五年以上十年以下有期徒刑；情节特别严重的，处十年以上有期徒刑。

【失职致使在押人员脱逃罪】司法工作人员由于严重不负责任，致使在押的犯罪嫌疑人、被告人或者罪犯脱逃，造成严重后果的，处三年以下有期徒刑或者拘役；造成特别严重后果的，处三年以上十年以下有期徒刑。

立法沿革

本条系 1997 年《刑法》吸收修改 1979 年《刑法》作出的规定。1979 年《刑法》第一百九十条规定："司法工作人员私放罪犯的，处五年以下有期徒刑或者拘役；情节严重的，处五年以上十年以下有期徒刑。"1997 年《刑法》对上述规定作了修改，形成第一款规定，并增设第二款关于失职致使在押人员脱逃犯罪的规定。

司法解释[①]

《最高人民检察院关于工人等非监管机关在编监管人员私放在押人员行为和失职致使在押人员脱逃行为适用法律问题的解释》（高检发释字〔2001〕2号，自 2001 年 3 月 2 日起施行）

[①] 此外，《最高人民法院关于未被公安机关正式录用的人员、狱医能否构成失职致使在押人员脱逃罪主体问题的批复》〔法释〔2000〕28 号，已被《最高人民法院关于废止部分司法解释（第十三批）的决定》（法释〔2019〕11 号）废止，废止理由为"《全国人民代表大会常务委员会关于〈中华人民共和国刑法〉第九章渎职罪主体适用问题的解释》已规定"〕针对《吉林省高级人民法院关于未被正式录用的司法工作人员受委托执行职务的是否符合犯罪主体要件问题的请示》（吉高法〔1999〕158 号）答复如下："对于未被公安机关正式录用，受委托履行监管职责的人员，由于严重不负责任，致使在押人员脱逃，造成严重后果的，应当依照刑法第四百条第二款的规定定罪处罚。""不负监管职责的狱医，不构成失职致使在押人员脱逃罪的主体。但是受委派承担了监管职责的狱医，由于严重不负责任，致使在押人员脱逃，造成严重后果的，应当依照刑法第四百条第二款的规定定罪处罚。"需要注意的是，"未被公安机关正式录用的人员"是指可能成为正式人民警察，但行为时暂不具有正式人民警察身份的人员，不应当将所有不具有人民警察身份，但受公安机关委托履行了监管职责的人员，一律理解认定为上述规定的人员。参见李兵：《〈关于未被公安机关正式录用的人员、狱医能否构成失职致使在押人员脱逃罪主体问题的批复〉的理解与适用》，载中华人民共和国最高人民法院刑事审判第一、二、三、四、五庭主办：《中国刑事审判指导案例 6》（增订第 3 版），法律出版社 2017 年版，第 694 页。

为依法办理私放在押人员犯罪案件和失职致使在押人员脱逃犯罪案件,对工人等非监管机关在编监管人员私放在押人员行为和失职致使在押人员脱逃行为如何适用法律问题解释如下:

工人等非监管机关在编监管人员在被监管机关聘用受委托履行监管职责的过程中私放在押人员的,应当依照刑法第四百条第一款的规定,以私放在押人员罪追究刑事责任;由于严重不负责任,致使在押人员脱逃,造成严重后果的,应当依照刑法第四百条第二款的规定,以失职致使在押人员脱逃罪追究刑事责任。

《最高人民检察院关于渎职侵权犯罪案件立案标准的规定》(高检发释字〔2006〕2号,节录)

一、渎职犯罪案件

……

(九)私放在押人员案(第四百条第一款)

私放在押人员罪是指司法工作人员私放在押(包括在羁押场所和押解途中)的犯罪嫌疑人、被告人或者罪犯的行为。

涉嫌下列情形之一的,应予立案:

1. 私自将在押的犯罪嫌疑人、被告人、罪犯放走,或者授意、指使、强迫他人将在押的犯罪嫌疑人、被告人、罪犯放走的;

2. 伪造、变造有关法律文书、证明材料,以使在押的犯罪嫌疑人、被告人、罪犯逃跑或者被释放的;

3. 为私放在押的犯罪嫌疑人、被告人、罪犯,故意向其通风报信、提供条件,致使该在押的犯罪嫌疑人、被告人、罪犯脱逃的;

4. 其他私放在押的犯罪嫌疑人、被告人、罪犯应予追究刑事责任的情形。

(十)失职致使在押人员脱逃案(第四百条第二款)

失职致使在押人员脱逃罪是指司法工作人员由于严重不负责任,不履行或者不认真履行职责,致使在押(包括在羁押场所和押解途中)的犯罪嫌疑人、被告人、罪犯脱逃,造成严重后果的行为。

涉嫌下列情形之一的,应予立案:

1. 致使依法可能判处或者已经判处10年以上有期徒刑、无期徒刑、死刑的犯罪嫌疑人、被告人、罪犯脱逃的;

2. 致使犯罪嫌疑人、被告人、罪犯脱逃3人次以上的;

3. 犯罪嫌疑人、被告人、罪犯脱逃以后,打击报复报案人、控告人、举报人、被害人、证人和司法工作人员等,或者继续犯罪的;

4. 其他致使在押的犯罪嫌疑人、被告人、罪犯脱逃,造成严重后果的情形。

(→第三部分参见本章标题评注部分,第2170页)

第四百零一条 【徇私舞弊减刑、假释、暂予监外执行罪】司法工作人员徇私舞弊,对不符合减刑、假释、暂予监外执行条件的罪犯,予以减刑、假释或者暂予监外执行的,处三年以下有期徒刑或者拘役;情节严重的,处三年以上七年以下有期徒刑。

■ 立法沿革

本条系1997年《刑法》增设的规定。

■ 司法解释

《最高人民检察院关于渎职侵权犯罪案件立案标准的规定》(高检发释字〔2006〕2号,节录)

一、渎职犯罪案件
……
(十一)徇私舞弊减刑、假释、暂予监外执行案(第四百零一条)

徇私舞弊减刑、假释、暂予监外执行罪是指司法工作人员徇私舞弊,对不符合减刑、假释、暂予监外执行条件的罪犯予以减刑、假释、暂予监外执行的行为。

涉嫌下列情形之一的,应予立案:

1. 刑罚执行机关的工作人员对不符合减刑、假释、暂予监外执行条件的罪犯,捏造事实,伪造材料,违法报请减刑、假释、暂予监外执行的;

2. 审判人员对不符合减刑、假释、暂予监外执行条件的罪犯,徇私舞弊,违法裁定减刑、假释或者违法决定暂予监外执行的;

3. 监狱管理机关、公安机关的工作人员对不符合暂予监外执行条件的罪犯,徇私舞弊,违法批准暂予监外执行的;

4. 不具有报请、裁定、决定或者批准减刑、假释、暂予监外执行权的司法工作人员利用职务上的便利,伪造有关材料,导致不符合减刑、假释、暂予监外执行条件的罪犯被减刑、假释、暂予监外执行的;

5. 其他徇私舞弊减刑、假释、暂予监外执行应予追究刑事责任的情形。

(→第三部分参见本章标题评注部分,第2170页)

■ 指导性案例

林志斌徇私舞弊暂予监外执行案(检例第3号,节录)

要　旨　司法工作人员收受贿赂,对不符合减刑、假释、暂予监外执行条件的罪犯,予以减刑、假释或者暂予监外执行的,应根据案件的具体情况,依法追究刑事责任。

司法疑难解析

受贿后徇私舞弊为服刑罪犯减刑、假释行为的罪数处断规则。"被告人受贿后徇私舞弊为服刑罪犯减刑、假释的行为,同时符合受贿罪和徇私舞弊减刑、假释罪的犯罪构成,应当认定为受贿罪和徇私舞弊减刑、假释罪,实行两罪并罚。"①

第四百零二条　【徇私舞弊不移交刑事案件罪】行政执法人员徇私舞弊,对依法应当移交司法机关追究刑事责任的不移交,情节严重的,处三年以下有期徒刑或者拘役;造成严重后果的,处三年以上七年以下有期徒刑。

立法沿革

本条系1997年《刑法》增设的规定。

司法解释

《最高人民检察院关于渎职侵权犯罪案件立案标准的规定》(高检发释字〔2006〕2号,节录)

一、渎职犯罪案件

……

(十二)徇私舞弊不移交刑事案件案(第四百零二条)

徇私舞弊不移交刑事案件罪是指工商行政管理、税务、监察等行政执法人员,徇私舞弊,对依法应当移交司法机关追究刑事责任的案件不移交,情节严重的行为。

涉嫌下列情形之一的,应予立案:

1. 对依法可能判处3年以上有期徒刑、无期徒刑、死刑的犯罪案件不移

---

① 参见《最高人民法院刑事审判第一庭审判长会议关于被告人受贿后徇私舞弊为服刑罪犯减刑、假释的行为应定一罪还是数罪的研究意见》,载中华人民共和国最高人民法院刑事审判第一、二、三、四、五庭主办:《中国刑事审判指导案例6》(增订第3版),法律出版社2017年版,第14页。

交的；

2. 不移交刑事案件涉及3人次以上的；

3. 司法机关提出意见后，无正当理由仍然不予移交的；

4. 以罚代刑，放纵犯罪嫌疑人，致使犯罪嫌疑人继续进行违法犯罪活动的；

5. 行政执法部门主管领导阻止移交的；

6. 隐瞒、毁灭证据，伪造材料，改变刑事案件性质的；

7. 直接负责的主管人员和其他直接责任人员为牟取本单位私利①而不移交刑事案件，情节严重的；

8. 其他情节严重的情形。

(→第三部分参见本章标题评注部分，第2170页)

《最高人民法院、最高人民检察院关于办理危害生产安全刑事案件适用法律若干问题的解释》(法释〔2015〕22号)第十五条对国家机关工作人员在履行安全监督管理职责时构成徇私舞弊不移交刑事案件罪作了指引性规定。(→参见第一百三十四条评注部分，第545页)

规范性文件

《公安部关于打击拐卖妇女儿童犯罪适用法律和政策有关问题的意见》(公通字〔2000〕25号，自2000年3月24日起施行)"六、关于不解救或者阻碍解救被拐卖的妇女、儿童等渎职犯罪"对依法应当移交司法机关追究刑事责任

---

① 《全国法院审理经济犯罪案件工作座谈会纪要》(法发〔2003〕167号)"六、关于渎职罪""(四)关于'徇私'的理解"规定："徇私舞弊型渎职犯罪的'徇私'应理解为徇个人私情、私利。国家机关工作人员为了本单位的利益，实施滥用职权、玩忽职守行为，构成犯罪的，依照刑法第三百九十七条第一款的规定定罪处罚。"《最高人民法院、最高人民检察院关于办理渎职刑事案件适用法律若干问题的解释(一)》(法释〔2012〕18号)第二条第二款规定："国家机关工作人员滥用职权或者玩忽职守，因不具备徇私舞弊等情形，不符合刑法分则第九章第三百九十八条至第四百一十九条的规定，但依法构成第三百九十七条规定的犯罪的，以滥用职权罪或者玩忽职守罪定罪处罚。"需要注意的是，后一规定"实际上间接回应了徇私舞弊的理解和相关定罪思路"，即在坚持前一规定确定的原则的基础上，"通过转适用一般罪名解决为单位利益实施的渎职行为的刑事责任追究问题"。参见刘为波等：《〈关于办理渎职刑事案件适用法律若干问题的解释(一)〉的理解与适用》，载中华人民共和国最高人民法院刑事审判第一、二、三、四、五庭主办：《中国刑事审判指导案例6》(增订第3版)，法律出版社2017年版，第657页。据此，对本条规定的适用，在审判实践之中需要慎重把握。——本评注注

的拐卖妇女、儿童犯罪案件不移交司法机关处理的行为以徇私舞弊不移交刑事案件罪移送人民检察院追究刑事责任作了指引性规定。(→参见第二百四十条评注部分,第1144页)

指导性案例

胡某、郑某徇私舞弊不移交刑事案件案(检例第7号,节录)

关　键　词　　诉讼监督　徇私舞弊不移交刑事案件罪

要　　　旨　　诉讼监督,是人民检察院依法履行法律监督的重要内容。实践中,检察机关和办案人员应当坚持办案与监督并重,建立健全行政执法与刑事司法有效衔接的工作机制,善于在办案中发现各种职务犯罪线索;对于行政执法人员徇私舞弊,不移送有关刑事案件构成犯罪的,应当依法追究刑事责任。

刑参案例规则提炼

《**丁锡方徇私舞弊不移交刑事案件案**——认定徇私舞弊不移交刑事案件罪是否应以未移交的犯罪嫌疑人已被生效判决确定有罪为前提》(第209号案例)所涉规则提炼如下:

徇私舞弊不移交刑事案件罪的适用规则。"判断是否'依法应当移交'的标准,只能是依照……刑事实体法律规范的要求,涉案行为的性质必须符合犯罪构成要件的规定。"但是,"认定徇私舞弊不移交刑事案件罪不以未移交的犯罪嫌疑人已被生效判决确定有罪为前提"。(第209号案例)

第四百零三条　【滥用管理公司、证券职权罪】国家有关主管部门的国家机关工作人员,徇私舞弊,滥用职权,对不符合法律规定条件的公司设立、登记申请或者股票、债券发行、上市申请,予以批准或者登记,致使公共财产、国家和人民利益遭受重大损失的,处五年以下有期徒刑或者拘役。

上级部门强令登记机关及其工作人员实施前款行为的,对其直接负责的主管人员,依照前款的规定处罚。

立法沿革

本条系1997年《刑法》吸收修改单行刑法作出的规定。《全国人民代表大会常务委员会关于惩治违反公司法的犯罪的决定》(自1995年2月28日起施行)第八条规定:"国家有关主管部门的国家工作人员,对不符合法律规定条件的公司设立、登记申请或者股票、债券发行、上市申请,予以批准或者登记,致使公共财产、国家和人民利益遭受重大损失的,依照刑法第一百八十七条的规定处罚。""上级部门强令登记机关及其工作人员实施前款行为的,对直接负责的主管人员依照前款规定处罚。"此处的"刑法第一百八十七条的规定"是指1979年《刑法》规定的玩忽职守罪。1997年《刑法》对上述规定作了修改完善,对滥用管理公司、证券职权犯罪作了规定。

司法解释

《最高人民检察院关于渎职侵权犯罪案件立案标准的规定》(高检发释字〔2006〕2号)

一、渎职犯罪案件

……

(十三)滥用管理公司、证券职权案(第四百零三条)

滥用管理公司、证券职权罪是指工商行政管理、证券管理等国家有关主管部门的工作人员徇私舞弊,滥用职权,对不符合法律规定条件的公司设立、登记申请或者股票、债券发行、上市申请予以批准或者登记,致使公共财产、国家和人民利益遭受重大损失的行为,以及上级部门、当地政府强令登记机关及其工作人员实施上述行为的行为。

涉嫌下列情形之一的,应予立案:

1. 造成直接经济损失50万元以上的;

2. 工商行政管理部门的工作人员对不符合法律规定条件的公司设立、登记申请,违法予以批准、登记,严重扰乱市场秩序的;

3. 金融证券管理机构工作人员对不符合法律规定条件的股票、债券发行、上市申请,违法予以批准,严重损害公众利益,或者严重扰乱金融秩序的;

4. 工商行政管理部门、金融证券管理机构的工作人员对不符合法律规定条件的公司设立、登记申请或者股票、债券发行、上市申请违法予以批准或者登记,致使犯罪行为得逞的;

5. 上级部门、当地政府直接负责的主管人员强令登记机关及其工作人员,对不符合法律规定条件的公司设立、登记申请或者股票、债券发行、上市申请予以批准或者登记,致使公共财产、国家或者人民利益遭受重大损失的;

6. 其他致使公共财产、国家和人民利益遭受重大损失的情形。

(→第三部分参见本章标题评注部分,第2170页)

第四百零四条 【徇私舞弊不征、少征税款罪】税务机关的工作人员徇私舞弊,不征或者少征应征税款,致使国家税收遭受重大损失的,处五年以下有期徒刑或者拘役;造成特别重大损失的,处五年以上有期徒刑。

立法沿革

本条系1997年《刑法》吸收修改附属刑法作出的规定。1992年《税收征收管理法》第五十四条第一款规定:"税务人员玩忽职守,不征或者少征应征税款,致使国家税收遭受重大损失的,依照刑法第一百八十七条的规定追究刑事责任……"此处的"刑法第一百八十七条的规定"是指1979年《刑法》规定的玩忽职守罪。1997年《刑法》将"玩忽职守"调整为"徇私舞弊",并规定独立的法定刑。

司法解释

《最高人民检察院关于渎职侵权犯罪案件立案标准的规定》(高检发释字〔2006〕2号,节录)

一、渎职犯罪案件

……

(十四)徇私舞弊不征、少征税款案(第四百零四条)

徇私舞弊不征、少征税款罪是指税务机关工作人员徇私舞弊,不征、少征应征税款,致使国家税收遭受重大损失的行为。

涉嫌下列情形之一的,应予立案:

1. 徇私舞弊不征、少征应征税款,致使国家税收损失累计达10万元以上的;
2. 上级主管部门工作人员指使税务机关工作人员徇私舞弊不征、少征应征税款,致使国家税收损失累计达10万元以上的;
3. 徇私舞弊不征、少征应征税款不满10万元,但具有索取或者收受贿赂或者其他恶劣情节的;
4. 其他致使国家税收遭受重大损失的情形。

(→第三部分参见本章标题评注部分,第2170页)

刑参案例规则提炼

《杜战军徇私舞弊不征税款、受贿案——如何把握徇私舞弊不征税款罪的构成要件及税收损失数额的认定》(第809号案例)所涉规则提炼如下:

徇私舞弊不征税款罪的税收损失数额计算规则。"在计算徇私舞弊不征税

款罪造成的税款损失时,要以纳税人已经实现的实际所得额作为基础。"(第809号案例)

> **第四百零五条 【徇私舞弊发售发票、抵扣税款、出口退税罪】**税务机关的工作人员违反法律、行政法规的规定,在办理发售发票、抵扣税款、出口退税工作中,徇私舞弊,致使国家利益遭受重大损失的,处五年以下有期徒刑或者拘役;致使国家利益遭受特别重大损失的,处五年以上有期徒刑。
>
> **【违法提供出口退税凭证罪】**其他国家机关工作人员违反国家规定,在提供出口货物报关单、出口收汇核销单等出口退税凭证的工作中,徇私舞弊,致使国家利益遭受重大损失的,依照前款的规定处罚。

▎立法沿革

本条系1997年《刑法》吸收修改单行刑法作出的规定。《全国人民代表大会常务委员会关于惩治虚开、伪造和非法出售增值税专用发票犯罪的决定》(自1995年10月30日起施行)第九条规定:"税务机关的工作人员违反法律、行政法规的规定,在发售发票、抵扣税款、出口退税工作中玩忽职守,致使国家利益遭受重大损失的,处五年以下有期徒刑或者拘役;致使国家利益遭受特别重大损失的,处五年以上有期徒刑。"1997年《刑法》吸收上述规定作为第一款,将"玩忽职守"调整为"徇私舞弊",在"发售发票"之前增加"办理"一词;同时,增设第二款关于违法提供出口退税证犯罪的规定。

▎司法解释

《最高人民检察院关于渎职侵权犯罪案件立案标准的规定》(高检发释字〔2006〕2号,节录)

一、渎职犯罪案件

……

(十五)徇私舞弊发售发票、抵扣税款、出口退税案(第四百零五条第一款)

徇私舞弊发售发票、抵扣税款、出口退税罪是指税务机关工作人员违反法律、行政法规的规定,在办理发售发票、抵扣税款、出口退税工作中徇私舞弊,致使国家利益遭受重大损失的行为。

涉嫌下列情形之一的,应予立案:

1.徇私舞弊,致使国家税收损失累计达10万元以上的;

2.徇私舞弊,致使国家税收损失累计不满10万元,但发售增值税专用发票

25份以上或者其他发票50份以上或者增值税专用发票与其他发票合计50份以上,或者具有索取、收受贿赂或者其他恶劣情节的;

3.其他致使国家利益遭受重大损失的情形。

(十六)违法提供出口退税凭证案(第四百零五条第二款)

违法提供出口退税凭证罪是指海关、外汇管理等国家机关工作人员违反国家规定,在提供出口货物报关单、出口收汇核销单等出口退税凭证的工作中徇私舞弊,致使国家利益遭受重大损失的行为。

涉嫌下列情形之一的,应予立案:

1.徇私舞弊,致使国家税收损失累计达10万元以上的;

2.徇私舞弊,致使国家税收损失累计不满10万元,但具有索取、收受贿赂或者其他恶劣情节的;

3.其他致使国家利益遭受重大损失的情形。

(→第三部分参见本章标题评注部分,第2170页)

法律适用答复、复函

《最高人民法院研究室关于违反经行政法规授权制定的规范一般纳税人资格的文件应否认定为"违反法律、行政法规的规定"问题的答复》(法研〔2012〕59号)

宁夏回族自治区高级人民法院:

你院宁高法〔2012〕33号《关于经行政法规授权以通知形式下发的规范一般纳税人资格的文件是否可以作为行政法规适用的请示》收悉。经研究,答复如下:

国家税务总局《关于加强新办商贸企业增值税征收管理有关问题的紧急通知》(国税发明电〔2004〕37号)和《关于加强新办商贸企业增值税征收管理有关问题的补充通知》(国税发明电〔2004〕62号),是根据1993年制定的《中华人民共和国增值税暂行条例》的规定对一般纳税人资格认定的细化,且2008年修订后的《中华人民共和国增值税暂行条例》第十三条明确规定:"小规模纳税人以外的纳税人应当向主管税务机关申请资格认定。具体认定办法由国务院主管部门制定。"因此,违反上述两个通知关于一般纳税人资格的认定标准及相关规定,授予不合格单位一般纳税人资格的,相应违反了《中华人民共和国增值税暂行条例》的有关规定,应当认定为刑法第四百零五条第一款规定的"违反法律、行政法规的规定"。

第四百零六条 【国家机关工作人员签订、履行合同失职被骗罪】 国家机关工作人员在签订、履行合同过程中,因严重不负责任被诈骗,致使国家利益遭受重大损失的,处三年以下有期徒刑或者拘役;致使国家利益遭受特别重大损失的,处三年以上七年以下有期徒刑。

立法沿革

本条系 1997 年《刑法》增设的规定。

司法解释

《最高人民检察院关于渎职侵权犯罪案件立案标准的规定》(高检发释字[2006]2 号,节录)

一、渎职犯罪案件

……

(十七)国家机关工作人员签订、履行合同失职被骗案(第四百零六条)

国家机关工作人员签订、履行合同失职被骗罪是指国家机关工作人员在签订、履行合同过程中,因严重不负责任,不履行或者不认真履行职责被诈骗,致使国家利益遭受重大损失的行为。

涉嫌下列情形之一的,应予立案:

1. 造成直接经济损失 30 万元以上,或者直接经济损失不满 30 万元,但间接经济损失 150 万元以上的;

2. 其他致使国家利益遭受重大损失的情形。

(→第三部分参见本章标题评注部分,第 2170 页)

刑参案例规则提炼

《王琦筠等国家机关工作人员签订、履行合同失职被骗案——国家机关工作人员虽未在合同上签字署名,但在负责签订、履行合同的调查、核实、商谈等工作过程中,严重不负责任被骗的,如何定性》(第 1353 号案例)所涉规则提炼如下:

国家机关工作人员签订、履行合同失职被骗罪的认定规则。 "国家机关工作人员虽未在合同上签字署名,但接受委派,在负责签订、履行合同的调查、核实、商谈等工作过程中,严重不负责任被骗的,依法构成国家机关工作人员签订、履行合同失职被骗罪。"(第 1353 号案例)

司法疑难解析

签订、履行合同失职被骗犯罪是否以对方当事人的行为构成诈骗罪为要件的问题。"认定签订、履行合同失职被骗罪和国家机关工作人员签订、履行合同失职被骗罪应当以对方当事人涉嫌诈骗,行为构成犯罪为前提。但司法机关在办理或者审判行为人被指控犯有上述两罪的案件过程中,不能以对方当事人已经被人民法院判决构成诈骗犯罪作为认定本案当事人构成签订、履行合同失职被骗罪或者国家机关工作人员签订、履行合同失职被骗罪的前提。也就是说,司法机关在办理案件过程中,只要认定对方当事人的行为已经涉嫌构成诈骗犯罪,就可依法认定行为人构成签订、履行合同失职被骗罪或者国家机关工作人员签订、履行合同失职被骗罪,而不需要搁置或者中止审理,直至对方当事人被人民法院审理并判决构成诈骗罪。"①

第四百零七条 【违法发放林木采伐许可证罪】 林业主管部门的工作人员违反森林法的规定,超过批准的年采伐限额发放林木采伐许可证或者违反规定滥发林木采伐许可证,情节严重,致使森林遭受严重破坏的,处三年以下有期徒刑或者拘役。

立法沿革

本条系 1997 年《刑法》吸收修改附属刑法作出的规定。1984 年《森林法》第三十五条规定:"违反本法规定,超过批准的年采伐限额发放林木采伐许可证或者超越职权发放林木采伐许可证……情节严重,致使森林遭受严重破坏的,对直接责任人员依照《刑法》第一百八十七条的规定追究刑事责任。"此处的"《刑法》第一百八十七条的规定"是指 1979 年《刑法》规定的玩忽职守罪。1997 年《刑法》明确规定"林业主管部门的工作人员"的主体要件,并配置独立的法定刑。

---

① 《最高人民法院刑二庭审判长会议纪要关于签订、履行合同失职被骗犯罪是否以对方当事人的行为构成诈骗罪为要件的意见》,载中华人民共和国最高人民法院刑事审判第一、二、三、四、五庭主办:《中国刑事审判指导案例 6》(增订第 3 版),法律出版社 2017 年版,第 716 页。

司法解释

《最高人民检察院关于渎职侵权犯罪案件立案标准的规定》（高检发释字〔2006〕2号，节录）

一、渎职犯罪案件

……

（十八）违法发放林木采伐许可证案（第四百零七条）

违法发放林木采伐许可证罪是指林业主管部门的工作人员违反森林法的规定，超过批准的年采伐限额发放林木采伐许可证或者违反规定滥发林木采伐许可证，情节严重，致使森林遭受严重破坏的行为。

涉嫌下列情形之一的，应予立案：①

1. 发放林木采伐许可证允许采伐数量累计超过批准的年采伐限额，导致林木被超限额采伐10立方米以上的；

2. 滥发林木采伐许可证，导致林木被滥伐20立方米以上，或者导致幼树被滥伐1000株以上的；

3. 滥发林木采伐许可证，导致防护林、特种用途林被滥伐5立方米以上，或者幼树被滥伐200株以上的；

4. 滥发林木采伐许可证，导致珍贵树木或者国家重点保护的其他树木被滥伐的；

5. 滥发林木采伐许可证，导致国家禁止采伐的林木被采伐的；

6. 其他情节严重，致使森林遭受严重破坏的情形。

林业主管部门工作人员之外的国家机关工作人员，违反森林法的规定，滥用职权或者玩忽职守，致使林木被滥伐40立方米以上或者幼树被滥伐2000株以上，或者致使防护林、特种用途林被滥伐10立方米以上或者幼树被滥伐400株以上，或者致使珍贵树木被采伐、毁坏4立方米或者4株以上，或者致使国家重点保护的其他植物被采伐、毁坏后果严重的，或者致使国家严禁采伐的林木被采伐、毁坏情节恶劣的，按照刑法第三百九十七条的规定以滥用职权罪或者玩忽职守罪追究刑事责任。

（→第三部分参见本章标题评注部分，第2170页）

---

① 2002年12月28日起施行的《刑法修正案（四）》第六条对第三百四十四条作了修改，将该条的犯罪对象由"珍贵树木"扩展为"珍贵树木或者国家重点保护的其他植物及其制品"。——本评注注

《最高人民检察院关于对林业主管部门工作人员在发放林木采伐许可证之外滥用职权、玩忽职守致使森林遭受严重破坏的行为适用法律问题的批复》(高检发释字〔2007〕1号,自2007年5月16日起施行)

福建省人民检察院:

你院《关于林业主管部门工作人员滥用职权、玩忽职守造成森林资源损毁立案标准问题的请示》(闽检〔2007〕14号)收悉。经研究,批复如下:

林业主管部门工作人员违法发放林木采伐许可证,致使森林遭受严重破坏的,依照刑法第四百零七条的规定,以违法发放林木采伐许可证罪追究刑事责任;以其他方式滥用职权或者玩忽职守,致使森林遭受严重破坏的,依照刑法第三百九十七条的规定,以滥用职权罪或者玩忽职守罪追究刑事责任,立案标准依照《最高人民检察院关于渎职侵权犯罪案件立案标准的规定》第一部分渎职犯罪案件第十八条第三款的规定执行。①

■ 刑参案例规则提炼

《李明违法发放林木采伐许可证案——如何判断核发林木采伐许可证的行为与森林遭受严重破坏的后果之间的因果关系》(第694号案例)所涉规则提炼如下:

违法发放林木采伐许可证罪的认定规则。"构成违法发放林木采伐许可证罪在客观上必须同时具备两个要件:第一,行为人实施了违反森林法,超过批准的年采伐限额发放林木采伐许可证或者违反规定滥发林木采伐许可证的危害行为;第二,情节严重,致使森林遭受严重破坏……""'致使'在此处的含义是,行为人的危害行为导致了森林遭受严重破坏的危害结果的发生,也即二者之间应当具有刑法上的因果关系。"(第694号案例)

第四百零八条 【环境监管失职罪】 负有环境保护监督管理职责的国家机关工作人员严重不负责任,导致发生重大环境污染事故,致使公私财产遭受重大损失或者造成人身伤亡的严重后果的,处三年以下有期徒刑或者拘役。

---

① 《最高人民检察院关于渎职侵权犯罪案件立案标准的规定》(高检发释字〔2006〕2号)"一、渎职犯罪案件"第(一)条关于滥用职权罪立案标准和第(二)条关于玩忽职守罪立法标准的规定,与法释〔2012〕18号解释第一条不一致,应当以后者为准。——本评注注

立法沿革

本条系 1997 年《刑法》吸收修改附属刑法作出的规定。1984 年《水污染防治法》第四十三条规定:"违反本法规定,造成重大水污染事故,导致公私财产重大损失或者人身伤亡的严重后果的,对有关责任人员可以比照刑法第一百一十五条或者第一百八十七条的规定,追究刑事责任。"此处规定的"刑法第一百一十五条或者第一百八十七条的规定"是指 1979 年《刑法》规定的危险物品肇事罪、玩忽职守罪。1987 年《大气污染防治法》第三十八条规定:"造成重大大气污染事故,导致公私财产重大损失或者人身伤亡的严重后果的,对有关责任人员可以比照《中华人民共和国刑法》第一百一十五条或者第一百八十七条的规定,追究刑事责任。"此处规定的"《中华人民共和国刑法》第一百一十五条或者第一百八十七条的规定"是指 1979 年《刑法》规定的危险物品肇事罪、玩忽职守罪。1997 年《刑法》以上述规定为基础,对环境监管失职犯罪作了专门规定。

司法解释

《最高人民检察院关于渎职侵权犯罪案件立案标准的规定》(高检发释字〔2006〕2 号,自 2006 年 7 月 26 日起施行)

一、渎职犯罪案件

……

(十九)环境监管失职案(第四百零八条)

环境监管失职罪是指负有环境保护监督管理职责的国家机关工作人员严重不负责任,不履行或者不认真履行环境保护监管职责导致发生重大环境污染事故,致使公私财产遭受重大损失或者造成人身伤亡的严重后果的行为。

涉嫌下列情形之一的,应予立案:

1. 造成死亡 1 人以上,或者重伤 3 人以上,或者重伤 2 人、轻伤 4 人以上,或者重伤 1 人、轻伤 7 人以上,或者轻伤 10 人以上的;

2. 导致 30 人以上严重中毒的;

3. 造成个人财产直接经济损失 15 万元以上,或者直接经济损失不满 15 万元,但间接经济损失 75 万元以上的;

4. 造成公共财产、法人或者其他组织财产直接经济损失 30 万元以上,或者直接经济损失不满 30 万元,但间接经济损失 150 万元以上的;

5. 虽未达到 3、4 两项数额标准,但 3、4 两项合计直接经济损失 30 万元以上,或者合计直接经济损失不满 30 万元,但合计间接经济损失 150 万元以上的;

6. 造成基本农田或者防护林地、特种用途林地 10 亩以上,或者基本农田以外的耕地 50 亩以上,或者其他土地 70 亩以上被严重毁坏的;

7. 造成生活饮用水地表水源和地下水源严重污染的;

8. 其他致使公私财产遭受重大损失或者造成人身伤亡严重后果的情形。

(→第三部分参见本章标题评注部分,第 2170 页)

指导性案例

崔某环境监管失职案(检例第 4 号)(→参见本章标题评注部分,第 2175 页)

第四百零八条之一 【食品、药品监管渎职罪】负有食品药品安全监督管理职责的国家机关工作人员,滥用职权或者玩忽职守,有下列情形之一,造成严重后果或者有其他严重情节的,处五年以下有期徒刑或者拘役;造成特别严重后果或者有其他特别严重情节的,处五年以上十年以下有期徒刑:

(一)瞒报、谎报食品安全事故、药品安全事件的;

(二)对发现的严重食品药品安全违法行为未按规定查处的;

(三)在药品和特殊食品审批审评过程中,对不符合条件的申请准予许可的;

(四)依法应当移交司法机关追究刑事责任不移交的;

(五)有其他滥用职权或者玩忽职守行为的。

徇私舞弊犯前款罪的,从重处罚。

立法沿革

本条系 2011 年 5 月 1 日起施行的《刑法修正案(八)》第四十九条增设的规定。

2021 年 3 月 1 日起施行的《刑法修正案(十一)》第四十五条对本条作了修改,主要涉及如下两个方面:一是将犯罪主体扩充为包括负有药品安全监督管理职责的国家机关工作人员在内;二是在第一档刑罚和第二档刑罚的条件中增加了情节因素,并列明了五类具体犯罪情形。修改后,罪名由"食品监管渎职罪"调整为"食品、药品监管渎职罪"。

修正前《刑法》	修正后《刑法》
第四百零八条之一 【食品监管渎职罪】负有食品安全监督管理职责的国家机关工作人员，滥用职权或者玩忽职守，~~导致发生重大食品安全事故或者造成其他严重后果的~~，处五年以下有期徒刑或者拘役；造成特别严重后果的，处五年以上十年以下有期徒刑。 徇私舞弊犯前款罪的，从重处罚。	**第四百零八条之一** 【食品、药品监管渎职罪】负有食品**药品**安全监督管理职责的国家机关工作人员，滥用职权或者玩忽职守，**有下列情形之一，造成严重后果或者有其他严重情节**的，处五年以下有期徒刑或者拘役；造成特别严重后果**或者有其他特别严重情节**的，处五年以上十年以下有期徒刑： （一）瞒报、谎报食品安全事故、药品安全事件的； （二）对发现的严重食品药品安全违法行为未按规定查处的； （三）在药品和特殊食品审批审评过程中，对不符合条件的申请准予许可的； （四）依法应当移交司法机关追究刑事责任不移交的； （五）有其他滥用职权或者玩忽职守行为的。 徇私舞弊犯前款罪的，从重处罚。

📖 司法解释

《最高人民法院、最高人民检察院关于办理危害食品安全刑事案件适用法律若干问题的解释》（法释〔2021〕24号）第二十条对负有食品安全监督管理职责的国家机关工作人员构成食品监管渎职罪和其他渎职犯罪的罪数处断等问题作了指引性规定。（→参见第一百四十三条评注部分，第628页）

《最高人民法院、最高人民检察院关于办理危害药品安全刑事案件适用法律若干问题的解释》（高检发释字〔2022〕1号）第十四条对负有药品安全监督管理职责的国家机关工作人员构成药品监管渎职罪和其他渎职犯罪的罪数处断等问题作了指引性规定。（→参见第一百四十一条评注部分，第609页）

📖 规范性文件

《最高人民法院关于进一步加大力度，依法严惩危害食品安全及相关职务犯罪的通知》（2011年5月27日）对实施食品安全监管渎职行为适用渎职犯罪作了规定。（→参见分则第三章第一节评注部分，第586页）

指导性案例

胡林贵等人生产、销售有毒、有害食品，行贿；骆梅等人销售伪劣产品；朱伟全等人生产、销售伪劣产品；黎达文等人受贿，食品监管渎职案（检例第15号，节录）

关键词 生产、销售有毒、有害食品罪　生产、销售伪劣产品罪　食品监管渎职罪　受贿罪　行贿罪

要　旨 实施生产、销售有毒、有害食品犯罪，为逃避查处向负有食品安全监管职责的国家工作人员行贿的，应当以生产、销售有毒、有害食品罪和行贿罪实行数罪并罚。

负有食品安全监督管理职责的国家机关工作人员，滥用职权，向生产、销售有毒、有害食品的犯罪分子通风报信，帮助逃避处罚的，应当认定为食品监管渎职罪；在渎职过程中受贿的，应当以食品监管渎职罪和受贿罪实行数罪并罚。

赛跃、韩成武受贿、食品监管渎职案（检例第16号，节录）

关键词 受贿罪　食品监管渎职罪

要　旨 负有食品安全监督管理职责的国家机关工作人员，滥用职权或玩忽职守，导致发生重大食品安全事故或者造成其他严重后果的，应当认定为食品监管渎职罪。① 在渎职过程中受贿的，应当以食品监管渎职罪和受贿罪实行数罪并罚。

刑参案例规则提炼

《**任尚太等三人食品监管渎职案——食品监管渎职罪的司法认定**》（第1135号案例）所涉规则提炼如下：

食品监管渎职罪的认定规则。根据法律规定，县级以上人民政府食品药品监督管理部门应当对食品进行定期或者不定期的抽样检验，并依据有关规定公布检验结果，不得免检。"没有认真履行其食品安全监督管理的职责，在工作中从未依法对……酒店进行过食品抽检，可以认定三被告人的行为属于玩忽职守行为。""导致发生重大食品安全事故或者造成其他严重后果"是食品监管渎职罪的入罪要件。"重大食品安全事故不以出现中毒人员死亡为必需条件。"（第1135号案例）

---

① 根据经《刑法修正案（十一）》修正后第四百零八条之一的规定，食品、药品监管渎职罪的入罪要件为"造成严重后果或者有其他严重情节"。——本评注注

司法疑难解析

食品、药品监管渎职罪的主观罪过形式。 食品、药品监管渎职罪的主观方面既包括故意,也包括过失。滥用职权型的食品、药品监管渎职一般由过失构成,即行为人应当预见自己滥用职权的行为可能造成严重后果或者其他严重情节,因为疏忽大意而没有预见,或者已经预见而轻信能够避免,但也不排除间接故意;而玩忽职守型的食品、药品监管渎职只能由过失构成。如果行为人出于徇私、徇情的动机,在食品、药品安全监督管理活动中滥用职权或者玩忽职守,也构成本罪。

第四百零九条 【传染病防治失职罪】 从事传染病防治的政府卫生行政部门的工作人员严重不负责任,导致传染病传播或者流行,情节严重的,处三年以下有期徒刑或者拘役。

立法沿革

本条系1997年《刑法》吸收修改附属刑法作出的规定。1989年《传染病防治法》第三十九条规定:"从事传染病的医疗保健、卫生防疫、监督管理的人员和政府有关主管人员玩忽职守,造成传染病传播或者流行……情节严重、构成犯罪的,依照刑法第一百八十七条的规定追究刑事责任。"此处的"刑法第一百八十七条的规定"是指1979年《刑法》规定的玩忽职守罪。1997年《刑法》对上述规定的主体和罪状作了调整,并规定独立的法定刑。

司法解释

《最高人民法院、最高人民检察院关于办理妨害预防、控制突发传染病疫情等灾害的刑事案件具体应用法律若干问题的解释》(法释〔2003〕8号)第十六条对在预防、控制突发传染病疫情等灾害的工作中构成传染病防治失职罪的主体范围和定罪量刑标准作了规定。(→参见第一百一十五条评注部分,第416页)

《最高人民检察院关于渎职侵权犯罪案件立案标准的规定》(高检发释字〔2006〕2号,节录)

一、渎职犯罪案件

……

(二十)传染病防治失职案(第四百零九条)

传染病防治失职罪是指从事传染病防治的政府卫生行政部门的工作人员严重不负责任,不履行或者不认真履行传染病防治监管职责,导致传染病传播或者流行,情节严重的行为。

涉嫌下列情形之一的,应予立案:

1. 导致甲类传染病传播的;
2. 导致乙类、丙类传染病流行的;
3. 因传染病传播或者流行,造成人员重伤或者死亡的;
4. 因传染病传播或者流行,严重影响正常的生产、生活秩序的;
5. 在国家对突发传染病疫情等灾害采取预防、控制措施后,对发生突发传染病疫情等灾害的地区或者突发传染病病人、病原携带者、疑似突发传染病病人,未按照预防、控制突发传染病疫情等灾害工作规范的要求做好防疫、检疫、隔离、防护、救治等工作,或者采取的预防、控制措施不当,造成传染范围扩大或者疫情、灾情加重的;
6. 在国家对突发传染病疫情等灾害采取预防、控制措施后,隐瞒、缓报、谎报或者授意、指使、强令他人隐瞒、缓报、谎报疫情、灾情,造成传染范围扩大或者疫情、灾情加重的;
7. 在国家对突发传染病疫情等灾害采取预防、控制措施后,拒不执行突发传染病疫情等灾害应急处理指挥机构的决定、命令,造成传染范围扩大或者疫情、灾情加重的;
8. 其他情节严重的情形。

(→第三部分参见本章标题评注部分,第2170页)

▨ 规范性文件

《最高人民法院、最高人民检察院、公安部、司法部关于依法惩治妨害新型冠状病毒感染肺炎疫情防控违法犯罪的意见》(法发〔2020〕7号)"二、准确适用法律,依法严惩妨害疫情防控的各类违法犯罪"第(七)条对传染病防治失职罪的适用作了指引性规定。(→参见第三百三十条评注部分,第1713页)

▨ 刑参案例规则提炼

《**黎善文传染病防治失职案**——多种因素造成传染病传播或者流行时,对从事传染病防治的政府卫生行政部门工作人员失职行为,如何定罪量刑》(第1332号案例)所涉规则提炼如下:

传染病防治失职罪的认定规则。"作为疾病预防控制工作的主管人员,严重不负责任,授意、指使他人隐瞒麻疹疫情,导致传染病麻疹传播和流行,情节严重,其行为构成传染病防治失职罪。""人民法院综合考虑本案系多种因素造成麻疹疫情暴

发,且……有自首情节",量刑时体现了宽严相济刑事政策。(第1332号案例)

第四百一十条 【非法批准征收、征用、占用土地罪】【非法低价出让国有土地使用权罪】 国家机关工作人员徇私舞弊,违反土地管理法规,滥用职权,非法批准征收、征用、占用土地,或者非法低价出让国有土地使用权,情节严重的,处三年以下有期徒刑或者拘役;致使国家或者集体利益遭受特别重大损失的,处三年以上七年以下有期徒刑。

立法沿革

本条系1997年《刑法》增设的规定。

2009年8月27日起施行的《全国人民代表大会常务委员会关于修改部分法律的决定》将本条规定的"征用"修改为"征收、征用"。修改后,罪名相应调整为"非法批准征收、征用、占用土地罪"。

修正前《刑法》	修正后《刑法》
第四百一十条 【非法批准征用、占用土地罪】【非法低价出让国有土地使用权罪】国家机关工作人员徇私舞弊,违反土地管理法规,滥用职权,非法批准征用、占用土地,或者非法低价出让国有土地使用权,情节严重的,处三年以下有期徒刑或者拘役;致使国家或者集体利益遭受特别重大损失的,处三年以上七年以下有期徒刑。	第四百一十条 【非法批准征收、征用、占用土地罪】【非法低价出让国有土地使用权罪】国家机关工作人员徇私舞弊,违反土地管理法规,滥用职权,非法批准**征收**、征用、占用土地,或者非法低价出让国有土地使用权,情节严重的,处三年以下有期徒刑或者拘役;致使国家或者集体利益遭受特别重大损失的,处三年以上七年以下有期徒刑。

相关规定

《国务院关于深化改革严格土地管理的决定》(国发〔2004〕28号,节录)

(四)禁止非法压低地价招商。省、自治区、直辖市人民政府要依照基准地价制定并公布协议出让土地最低价标准。协议出让土地除必须严格执行规定程序外,出让价格不得低于最低价标准。违反规定出让土地造成国有土地资产流失的,要依法追究责任;情节严重的,依照《中华人民共和国刑法》的规定,以非法低价出让国有土地使用权罪追究刑事责任。

(五)严格依法查处违反土地管理法律法规的行为。当前要着重解决有法不依、执法不严、违法不究和滥用行政权力侵犯农民合法权益的问题。要加大土地管理执法力度,严肃查处非法批地、占地等违法案件。建立国土资源与监察等部门联合办案和案件移送制度,既查处土地违法行为,又查处违法责任人。典型案件,要公开处理。对非法批准占用土地、征收土地和非法低价出让国有土地使用权的国家机关工作人员,依照《监察部国土资源部关于违反土地管理规定行为行政处分暂行办法》给予行政处分;构成犯罪的,依照《中华人民共和国刑法》、《中华人民共和国土地管理法》、《最高人民法院关于审理破坏土地资源刑事案件具体应用法律若干问题的解释》和最高人民检察院关于渎职犯罪案件立案标准的规定,追究刑事责任。对非法批准征收、使用土地,给当事人造成损失的,还必须依法承担赔偿责任。

《中华人民共和国土地管理法》(第三次修正后自2019年8月26日起施行,节录)

第七十九条　无权批准征收、使用土地的单位或者个人非法批准占用土地的,超越批准权限非法批准占用土地的,不按照土地利用总体规划确定的用途批准用地的,或者违反法律规定的程序批准占用、征收土地的,其批准文件无效,对非法批准征收、使用土地的直接负责的主管人员和其他直接责任人员,依法给予处分;构成犯罪的,依法追究刑事责任。非法批准、使用的土地应当收回,有关当事人拒不归还的,以非法占用土地论处。

非法批准征收、使用土地,对当事人造成损失的,依法应当承担赔偿责任。

《中华人民共和国草原法》(第三次修正后自2021年4月29日起施行,节录)

第六十三条第一款　无权批准征收、征用、使用草原的单位或者个人非法批准征收、征用、使用草原的,超越批准权限非法批准征收、征用、使用草原的,或者违反法律规定的程序批准征收、征用、使用草原,构成犯罪的,依法追究刑事责任;尚不够刑事处罚的,依法给予行政处分。非法批准征收、征用、使用草原的文件无效。非法批准征收、征用、使用的草原应当收回,当事人拒不归还的,以非法使用草原论处。

立法解释

《全国人民代表大会常务委员会关于〈中华人民共和国刑法〉第二百二十八条、第三百四十二条、第四百一十条的解释》(修正后自2009年8月27日起施行)

全国人民代表大会常务委员会讨论了刑法第二百二十八条、第三百四十二条、第四百一十条规定的"违反土地管理法规"和第四百一十条规定的"非法批准征收、征用、占用土地"的含义问题,解释如下:

刑法第二百二十八条、第三百四十二条、第四百一十条规定的"违反土地管理法规",是指违反土地管理法、森林法、草原法等法律以及有关行政法规中关于土地管理的规定。

刑法第四百一十条规定的"非法批准征收、征用、占用土地",是指非法批准征收、征用、占用耕地、林地等农用地以及其他土地。

现予公告。

司法解释

《最高人民法院关于审理破坏土地资源刑事案件具体应用法律若干问题的解释》(法释〔2000〕14号)**第四条至第七条**对破坏土地资源刑事案件所涉适用《刑法》第四百一十条的定罪量刑标准作了规定。(→参见第三百四十二条评注部分,第1797页)

《最高人民检察院关于渎职侵权犯罪案件立案标准的规定》(高检发释字〔2006〕2号,节录)

一、渎职犯罪案件

……

(二十一)非法批准征用、占用土地案(第四百一十条)

非法批准征用、占用土地罪是指国家机关工作人员徇私舞弊,违反土地管理法、森林法、草原法等法律以及有关行政法规中关于土地管理的规定,滥用职权,非法批准征用、占用耕地、林地等农用地以及其他土地,情节严重的行为。

涉嫌下列情形之一的,应予立案:

1. 非法批准征用、占用基本农田10亩以上的;
2. 非法批准征用、占用基本农田以外的耕地30亩以上的;
3. 非法批准征用、占用其他土地50亩以上的;
4. 虽未达到上述数量标准,但造成有关单位、个人直接经济损失30万元以上,或者造成耕地大量毁坏或者植被遭到严重破坏的;
5. 非法批准征用、占用土地,影响群众生产、生活,引起纠纷,造成恶劣影响或者其他严重后果的;①
6. 非法批准征用、占用防护林地、特种用途林地分别或者合计10亩以上的;
7. 非法批准征用、占用其他林地20亩以上的;
8. 非法批准征用、占用林地造成直接经济损失30万元以上,或者造成防护

---

① 本项标准未在法释〔2000〕14号解释的相关规定中出现。对此,司法实践中宜根据案件具体情况妥当把握。——本评注注

林地、特种用途林地分别或者合计5亩以上或者其他林地10亩以上毁坏的;

9. 其他情节严重的情形。

(二十二)非法低价出让国有土地使用权案(第四百一十条)

非法低价出让国有土地使用权罪是指国家机关工作人员徇私舞弊,违反土地管理法、森林法、草原法等法律以及有关行政法规中关于土地管理的规定,滥用职权,非法低价出让国有土地使用权,情节严重的行为。

涉嫌下列情形之一的,应予立案:

1. 非法低价出让国有土地30亩以上,并且出让价额低于国家规定的最低价额标准的百分之六十的;

2. 造成国有土地资产流失价额30万元以上的;

3. 非法低价出让国有土地使用权,影响群众生产、生活,引起纠纷,造成恶劣影响或者其他严重后果的;①

4. 非法低价出让林地合计30亩以上,并且出让价额低于国家规定的最低价额标准的百分之六十的;

5. 造成国有资产流失30万元以上的;

6. 其他情节严重的情形。

(→第三部分参见本章标题评注部分,第2170页)

《最高人民法院关于审理破坏草原资源刑事案件应用法律若干问题的解释》(法释〔2012〕15号)第三条对破坏草原资源刑事案件所涉适用《刑法》第四百一十条规定的定罪量刑标准作了规定。(→参见第三百四十二条评注部分,第1799页)

法律适用答复、复函

《最高人民检察院法律政策研究室对贵州省人民检察院法律政策研究室〈关于对刑法第四百一十条"违反土地管理法规"如何理解问题的请示〉的答复》(高检研〔2017〕9号)

贵州省人民检察院法律政策研究室:

你室《关于对刑法第四百一十条"违反土地管理法规"如何理解问题的请示》以及相关案件材料收悉。经研究,答复如下:

1. 根据全国人大常委会有关立法解释,刑法第四百一十条规定的"违反土地管理法规"是指违反土地管理法、森林法、草原法等法律以及有关行政法规中

---

① 本项标准未在法释〔2000〕14号解释的相关规定中出现。对此,司法实践中宜根据案件具体情况妥当把握。——**本评注注**

关于土地管理的规定。农业部《草原征占用审核审批管理办法》是有关行政主管部门为执行草原法所作出的细化规定,属部门规章,不属于刑法第四百一十条规定的"土地管理法规"。

2. 请示所附案件涉嫌受贿和渎职犯罪。对于有关渎职行为,可以根据本案事实和证据情况,参照《土地管理法》第七十八条、《草原法》第六十三条,结合刑法第四百一十条的规定认定处理;构成犯罪的,以非法批准征收、征用、占用土地罪追究刑事责任。

第四百一十一条 【放纵走私罪】海关工作人员徇私舞弊,放纵走私,情节严重的,处五年以下有期徒刑或者拘役;情节特别严重的,处五年以上有期徒刑。

立法沿革

本条系 1997 年《刑法》吸收修改附属刑法作出的规定。1987 年《海关法》第五十六条规定:"海关工作人员滥用职权,故意刁难、拖延监管、查验的,给予行政处分;徇私舞弊、玩忽职守或者放纵走私的,根据情节轻重,给予行政处分或者依法追究刑事责任。"1997 年《刑法》以上述规定为基础,对放纵走私犯罪作出专门规定,并配置独立的法定刑。

司法解释

《最高人民检察院关于渎职侵权犯罪案件立案标准的规定》(高检发释字〔2006〕2 号,节录)

一、渎职犯罪案件

……

(二十三)放纵走私案(第四百一十一条)

放纵走私罪是指海关工作人员徇私舞弊,放纵走私,情节严重的行为。

涉嫌下列情形之一的,应予立案:

1. 放纵走私犯罪的;

2. 因放纵走私致使国家应收税额损失累计达 10 万元以上的;

3. 放纵走私行为 3 起次以上的;

4. 放纵走私行为,具有索取或者收受贿赂情节的;

5. 其他情节严重的情形。

(→第三部分参见本章标题评注部分,第 2170 页)

《最高人民法院、最高人民检察院、海关部署关于办理走私刑事案件适用法律若干问题的意见》(法〔2002〕139号)第十六条对负有特定监管义务的海关工作人员构成放纵走私罪的行为方式、共同犯罪和罪数处断作了规定。(→参见分则第三章第二节标题评注部分,第674页)

第四百一十二条　【商检徇私舞弊罪】国家商检部门、商检机构的工作人员徇私舞弊,伪造检验结果的,处五年以下有期徒刑或者拘役;造成严重后果的,处五年以上十年以下有期徒刑。

【商检失职罪】前款所列人员严重不负责任,对应当检验的物品不检验,或者延误检验出证、错误出证,致使国家利益遭受重大损失的,处三年以下有期徒刑或者拘役。

■立法沿革

本条系1997年《刑法》吸收修改附属刑法作出的规定。1989年《进出口商品检验法》第二十九条规定:"国家商检部门、商检机构的工作人员和国家商检部门、商检机构指定的检验机构的检验人员,滥用职权,徇私舞弊,伪造检验结果的,或者玩忽职守,延误检验出证的,根据情节轻重,给予行政处分或者依法追究刑事责任。"1997年《刑法》以上述规定为基础,对商检徇私舞弊和失职犯罪作出专门规定,并配置独立的法定刑。

■司法解释

《最高人民检察院关于渎职侵权犯罪案件立案标准的规定》(高检发释字〔2006〕2号,节录)

一、渎职犯罪案件

……

(二十四)商检徇私舞弊案(第四百一十二条第一款)

商检徇私舞弊罪是指出入境检验检疫机关、检验检疫机构工作人员徇私舞弊,伪造检验结果的行为。

涉嫌下列情形之一的,应予立案:

1.采取伪造、变造的手段对报检的商品的单证、印章、标志、封识、质量认证标志等作虚假的证明或者出具不真实的证明结论的;

2.将送检的合格商品检验为不合格,或者将不合格商品检验为合格的;

3.对明知是不合格的商品,不检验而出具合格检验结果的;

4. 其他伪造检验结果应予追究刑事责任的情形。

(二十五)商检失职案(第四百一十二条第二款)

商检失职罪是指出入境检验检疫机关、检验检疫机构工作人员严重不负责任,对应当检验的物品不检验,或者延误检验出证、错误出证,致使国家利益遭受重大损失的行为。

涉嫌下列情形之一的,应予立案:

1. 致使不合格的食品、药品、医疗器械等商品出入境,严重危害生命健康的;

2. 造成个人财产直接经济损失15万元以上,或者直接经济损失不满15万元,但间接经济损失75万元以上的;

3. 造成公共财产、法人或者其他组织财产直接经济损失30万元以上,或者直接经济损失不满30万元,但间接经济损失150万元以上的;

4. 未经检验,出具合格检验结果,致使国家禁止进口的固体废物、液态废物和气态废物等进入境内的;

5. 不检验或者延误检验出证、错误出证,引起国际经济贸易纠纷,严重影响国家对外经贸关系,或者严重损害国家声誉的;

6. 其他致使国家利益遭受重大损失的情形。

(→第三部分参见本章标题评注部分,第2170页)

第四百一十三条 【动植物检疫徇私舞弊罪】动植物检疫机关的检疫人员徇私舞弊,伪造检疫结果的,处五年以下有期徒刑或者拘役;造成严重后果的,处五年以上十年以下有期徒刑。

【动植物检疫失职罪】前款所列人员严重不负责任,对应当检疫的检疫物不检疫,或者延误检疫出证、错误出证,致使国家利益遭受重大损失的,处三年以下有期徒刑或者拘役。

立法沿革

本条系1997年《刑法》吸收修改附属刑法作出的规定。1991年《进出境动植物检验法》第四十五条规定:"动植物检疫机关检疫人员滥用职权,徇私舞弊,伪造检疫结果,或者玩忽职守,延误检疫出证,构成犯罪的,依法追究刑事责任;不构成犯罪的,给予行政处分。"1997年《刑法》以上述规定为基础,对动植物检疫徇私舞弊和失职犯罪作出专门规定,并配置独立的法定刑。

司法解释

《最高人民检察院关于渎职侵权犯罪案件立案标准的规定》（高检发释字〔2006〕2号，节录）

一、渎职犯罪案件

……

（二十六）动植物检疫徇私舞弊案（第四百一十三条第一款）

动植物检疫徇私舞弊罪是指出入境检验检疫机关、检验检疫机构工作人员①徇私舞弊，伪造检疫结果的行为。

涉嫌下列情形之一的，应予立案：

1. 采取伪造、变造的手段对检疫的单证、印章、标志、封识等作虚假的证明或者出具不真实的结论的；

2. 将送检的合格动植物检疫为不合格，或者将不合格动植物检疫为合格的；

3. 对明知是不合格的动植物，不检疫而出具合格检疫结果的；

4. 其他伪造检疫结果应予追究刑事责任的情形。

（二十七）动植物检疫失职案（第四百一十三条第二款）

---

① 需要注意的是，此处规定的"出入境检验检疫机关、检验检疫机构工作人员"中，"出入境"限定的究竟仅为"检验检疫机关"，还是整个"检验检疫机关、检验检疫机构"，存在不同认识。**本评注认为**，"出入境"的限定当然及于顿号以后。主要考虑有：(1)根据文义解释的要求，如果机构人员不限于"出入境检验检疫机构"，则该三个字在语句中没有意义。刑法中以顿号间隔的同类列举由最前面的限定词统领，符合表达精练的要求，并已形成叙文习惯。如《刑法》第四百一十二条第一款商检徇私舞弊罪，犯罪主体是"国家商检部门、商检机构的工作人员"，"国家"一词的限定范围当然包括"商检机构"，再如《刑法》第一百六十一条违规披露、不披露重要信息罪，犯罪主体是依法负有信息披露义务的公司、企业，这里的企业当然是指负有信息披露义务的企业，等等。(2)根据体系解释的要求，动植物检疫徇私舞弊罪与商检徇私舞弊罪相邻并关系密切，后罪主体同样是出入境检验检疫机关、检验检疫机构工作人员，"商检"一词本就源于对外贸易活动，一般特指进出口商品检验。而检验检疫机关和检验检疫机构的区分性表述应该来源于国务院设立机关与其下设各机构的区分。(3)本司法解释所涉及的"引起国际经济贸易纠纷，严重影响国家对外经贸关系，或者严重损害国家声誉"的后果一般也不会出现在国内动物检疫工作中。(4)作上述主体限定，也与本罪的刑罚配置较重相适应。综上，司法实践应当注意妥当把握主体范围。例如，行为人系畜牧兽医站站长，不是出入境检验检疫机构工作人员，虽然徇私舞弊，伪造检疫结果，但由于主体身份不符合，也不构成动植物检疫徇私舞弊罪。

动植物检疫失职罪是指出入境检验检疫机关、检验检疫机构工作人员严重不负责任,对应当检疫的检疫物不检疫,或者延误检疫出证、错误出证,致使国家利益遭受重大损失的行为。

涉嫌下列情形之一的,应予立案:

1. 导致疫情发生,造成人员重伤或者死亡的;
2. 导致重大疫情发生、传播或者流行的;
3. 造成个人财产直接经济损失15万元以上,或者直接经济损失不满15万元,但间接经济损失75万元以上的;
4. 造成公共财产或者法人、其他组织财产直接经济损失30万元以上,或者直接经济损失不满30万元,但间接经济损失150万元以上的;
5. 不检疫或者延误检疫出证、错误出证,引起国际经济贸易纠纷,严重影响国家对外经贸关系,或者严重损害国家声誉的;
6. 其他致使国家利益遭受重大损失的情形。

(→第三部分参见本章标题评注部分,第2170页)

第四百一十四条 【放纵制售伪劣商品犯罪行为罪】 对生产、销售伪劣商品犯罪行为负有追究责任的国家机关工作人员,徇私舞弊,不履行法律规定的追究职责,情节严重的,处五年以下有期徒刑或者拘役。

立法沿革

本条系1997年《刑法》吸收修改单行刑法作出的规定。《全国人民代表大会常务委员会关于惩治生产、销售伪劣商品犯罪的决定》(自1993年9月1日起施行)第十条第二款规定:"负有追究责任的国家工作人员对有本决定所列犯罪行为的企业事业单位或者个人,不履行法律规定的追究职责,根据不同情况依照刑法第一百八十七条或者比照刑法第一百八十八条的规定追究刑事责任。"此处的"刑法第一百八十七条……刑法第一百八十八条的规定"是指1979年《刑法》规定的玩忽职守罪、徇私枉法罪。1997年《刑法》以上述规定为基础,对放纵制售伪劣商品犯罪行为犯罪作出专门规定,并配置独立的法定刑。

司法解释

《最高人民法院、最高人民检察院关于办理生产、销售伪劣商品刑事案件具体应用法律若干问题的解释》(法释〔2001〕10号)第八条对《刑法》第四百一十四条规定的"情节严重"的情形作了规定。(→参见第一百四十条评注部分,第591页)

《最高人民检察院关于渎职侵权犯罪案件立案标准的规定》(高检发释字〔2006〕2号,节录)

一、渎职犯罪案件

……

(二十八)放纵制售伪劣商品犯罪行为案(第四百一十四条)

放纵制售伪劣商品犯罪行为罪是指对生产、销售伪劣商品犯罪行为负有追究责任的国家机关工作人员徇私舞弊,不履行法律规定的追究职责,情节严重的行为。

涉嫌下列情形之一的,应予立案:①

1. 放纵生产、销售假药或者有毒、有害食品犯罪行为的;

2. 放纵生产、销售伪劣农药、兽药、化肥、种子犯罪行为的;

3. 放纵依法可能判处3年有期徒刑以上刑罚的生产、销售伪劣商品犯罪行为的;

4. 对生产、销售伪劣商品犯罪行为不履行追究职责,致使生产、销售伪劣商品犯罪行为得以继续的;

5. 3次以上不履行追究职责,或者对3个以上有生产、销售伪劣商品犯罪行为的单位或者个人不履行追究职责的;

6. 其他情节严重的情形。

(→第三部分参见本章标题评注部分,第2170页)

第四百一十五条 【办理偷越国(边)境人员出入境证件罪】【放行偷越国(边)境人员罪】 负责办理护照、签证以及其他出入境证件的国家机关工作人员,对明知是企图偷越国(边)境的人员,予以办理出入境证件的,或者边防、海关等国家机关工作人员,对明知是偷越国(边)境的人员,予以放行的,处三年以下有期徒刑或者拘役;情节严重的,处三年以上七年以下有期徒刑。

立法沿革

本条系1997年《刑法》吸收修改单行刑法作出的规定。《全国人民代表大

---

① 本条规定的标准与法释〔2001〕10号解释第八条规定的定罪量刑标准不完全一致。鉴于立案追诉在前,对相较于法释〔2001〕10号解释有利于行为人的标准,如"放纵依法可能判处三年有期徒刑以上刑罚的生产、销售伪劣商品犯罪行为的"(法释〔2001〕10号解释第八条规定的是"二年有期徒刑"),应当以本条规定为准;对于不利于行为人的标准,如"3次以上不履行追究职责,或者对3个以上有生产、销售伪劣商品犯罪行为的单位或者个人不履行追究职责的"(法释〔2001〕10号解释第八条未作规定),应当根据案件具体情况妥当把握。——本评注注

会常务委员会关于严惩组织、运送他人偷越国(边)境犯罪的补充规定》(自1994年3月5日起施行)第六条第一款规定:"负责办理护照、签证以及其他出入境证件的国家工作人员,对明知是企图偷越国(边)境的人员予以办理出入境证件的;边防、海关等国家工作人员,对明知是偷越国(边)境的人员,予以放行的,处三年以下有期徒刑、拘役或者管制;情节严重的,处三年以上十年以下有期徒刑。"1997年《刑法》将犯罪主体由"国家工作人员"调整为"国家机关工作人员",并对法定刑作了调整。

■司法解释

《最高人民检察院关于渎职侵权犯罪案件立案标准的规定》(高检发释字〔2006〕2号,节录)

一、渎职犯罪案件

……

(二十九)办理偷越国(边)境人员出入境证件案(第四百一十五条)

办理偷越国(边)境人员出入境证件罪是指负责办理护照、签证以及其他出入境证件的国家机关工作人员,对明知是企图偷越国(边)境的人员,予以办理出入境证件的行为。

负责办理护照、签证以及其他出入境证件的国家机关工作人员涉嫌在办理护照、签证以及其他出入境证件的过程中,对明知是企图偷越国(边)境的人员而予以办理出入境证件的,应予立案。

(三十)放行偷越国(边)境人员案(第四百一十五条)

放行偷越国(边)境人员罪是指边防、海关等国家机关工作人员,对明知是偷越国(边)境的人员予以放行的行为。

边防、海关等国家机关工作人员涉嫌在履行职务过程中,对明知是偷越国(边)境的人员而予以放行的,应予立案。

(→第三部分参见本章标题评注部分,第2170页)

■刑参案例规则提炼

《张东升放行偷越国(边)境人员案——边防检查人伪造入境记录的行为如何定性》(第100号案例)所涉规则提炼如下:

1.边防检查员伪造入境记录行为的定性。"利用职务上的便利,在无人入境的情况下,在他人提供的护照上加盖入境验讫章、伪造入境记录,致使持该护照的偷越国(边)境人员可不受相关规定的限制,较为顺利地出境,实质上是一种滥用职权的放行行为,完全符合刑法第四百一十五条规定的放行偷越国(边)境人员罪的构成特征,应以放行偷越国(边)境人员罪定罪处罚。"(第100号案例)

2. 放行偷越国(边)境人员罪的既未遂判断规则。"放行偷越国(边)境人员罪的犯罪既遂应以被放行的偷越者实际偷越过国(边)境为标志。"(第100号案例)

第四百一十六条 【不解救被拐卖、绑架妇女、儿童罪】 对被拐卖、绑架的妇女、儿童负有解救职责的国家机关工作人员,接到被拐卖、绑架的妇女、儿童及其家属的解救要求或者接到其他人的举报,而对被拐卖、绑架的妇女、儿童不进行解救,造成严重后果的,处五年以下有期徒刑或者拘役。

【阻碍解救被拐卖、绑架妇女、儿童罪】 负有解救职责的国家机关工作人员利用职务阻碍解救的,处二年以上七年以下有期徒刑;情节较轻的,处二年以下有期徒刑或者拘役。

立法沿革

本条系1997年《刑法》吸收修改单行刑法作出的规定。《全国人民代表大会常务委员会关于严惩拐卖、绑架妇女、儿童的犯罪分子的决定》(自1991年9月4日起施行)第五条规定:"……负有解救职责的国家工作人员接到被拐卖、绑架的妇女、儿童及其家属的解救要求或者接到其他人的举报,而对被拐卖、绑架的妇女、儿童不进行解救,造成严重后果的,依照刑法第一百八十七条的规定处罚;情节较轻的,予以行政处分。""负有解救职责的国家工作人员利用职务阻碍解救的,处二年以上七年以下有期徒刑;情节较轻的,处二年以下有期徒刑或者拘役。"此处的"刑法第一百八十七条的规定"是指1979年《刑法》规定的玩忽职守罪。1997年《刑法》将犯罪主体由"国家工作人员"调整为"国家机关工作人员",并针对不解救被拐卖、绑架妇女、儿童犯罪规定独立的法定刑。

司法解释

《最高人民检察院关于渎职侵权犯罪案件立案标准的规定》(高检发释字〔2006〕2号,节录)

一、渎职犯罪案件
……
(三十一)不解救被拐卖、绑架妇女、儿童案(第四百一十六条第一款)

不解救被拐卖、绑架妇女、儿童罪是指对被拐卖、绑架的妇女、儿童负有解救职责的公安、司法等国家机关工作人员接到被拐卖、绑架的妇女、儿童及其家属的解救要求或者接到其他人的举报,而对被拐卖、绑架的妇女、儿童不进行解救,造成严重后果的行为。

涉嫌下列情形之一的,应予立案:

1. 导致被拐卖、绑架的妇女、儿童或者其家属重伤、死亡或者精神失常的;
2. 导致被拐卖、绑架的妇女、儿童被转移、隐匿、转卖,不能及时进行解救的;
3. 对被拐卖、绑架的妇女、儿童不进行解救3人次以上的;
4. 对被拐卖、绑架的妇女、儿童不进行解救,造成恶劣社会影响的;
5. 其他造成严重后果的情形。

(三十二)阻碍解救被拐卖、绑架妇女、儿童案(第四百一十六条第二款)

阻碍解救被拐卖、绑架妇女、儿童罪是指对被拐卖、绑架的妇女、儿童负有解救职责的公安、司法等国家机关工作人员利用职务阻碍解救被拐卖、绑架的妇女、儿童的行为。

涉嫌下列情形之一的,应予立案:

1. 利用职权,禁止、阻止或者妨碍有关部门、人员解救被拐卖、绑架的妇女、儿童的;
2. 利用职务上的便利,向拐卖、绑架者或者收买者通风报信,妨碍解救工作正常进行的;
3. 其他利用职务阻碍解救被拐卖、绑架的妇女、儿童应予追究刑事责任的情形。

(→第三部分参见本章标题评注部分,第1905页)

第四百一十七条 【帮助犯罪分子逃避处罚罪】有查禁犯罪活动职责的国家机关工作人员,向犯罪分子通风报信、提供便利,帮助犯罪分子逃避处罚的,处三年以下有期徒刑或者拘役;情节严重的,处三年以上十年以下有期徒刑。

立法沿革

本条系1997年《刑法》吸收修改单行刑法作出的规定。《全国人民代表大会常务委员会关于严禁卖淫嫖娼的决定》(自1991年9月4日起施行)第九条第一款规定:"有查禁卖淫、嫖娼活动职责的国家工作人员,为使违法犯罪分子逃避处罚,向其通风报信、提供便利的,依照刑法第一百八十八条的规定处罚。"此处的"刑法第一百八十八条的规定"是指1979年《刑法》规定的徇私舞弊罪。1997年《刑法》以上述规定为基础,对帮助犯罪分子逃避处罚犯罪作出专门规定,并配置独立的法定刑。

司法解释

《最高人民法院、最高人民检察院关于办理扰乱无线电通讯管理秩序等刑事案件适用法律若干问题的解释》(法释〔2017〕11号)第七条第二款对有查禁扰乱无线电管理秩序犯罪活动职责的国家机关工作人员,向犯罪分子通风报信、提供便利,帮助犯罪分子逃避处罚的,适用帮助犯罪分子逃避处罚罪追究刑事责任作了指引性规定。(→参见第二百八十八条评注部分,第1449页)

《最高人民检察院关于渎职侵权犯罪案件立案标准的规定》(高检发释字〔2006〕2号,节录)

一、渎职犯罪案件

……

(三十三)帮助犯罪分子逃避处罚案(第四百一十七条)

帮助犯罪分子逃避处罚罪是指有查禁犯罪活动职责的司法及公安、国家安全、海关、税务等国家机关工作人员,向犯罪分子通风报信、提供便利,帮助犯罪分子逃避处罚的行为。

涉嫌下列情形之一的,应予立案:

1. 向犯罪分子泄漏有关部门查禁犯罪活动的部署、人员、措施、时间、地点等情况的;

2. 向犯罪分子提供钱物、交通工具、通讯设备、隐藏处所等便利条件的;

3. 向犯罪分子泄漏案情的;

4. 帮助、示意犯罪分子隐匿、毁灭、伪造证据,或者串供、翻供的;

5. 其他帮助犯罪分子逃避处罚应予追究刑事责任的情形。

(→第三部分参见本章标题评注部分,第2170页)

《最高人民法院、最高人民检察院关于办理破坏野生动物资源刑事案件适用法律若干问题的解释》(法释〔2022〕12号)第十条对帮助犯罪分子逃避处罚罪的适用作了指引性规定。(→参见第三百四十一条评注部分,第1780页)

规范性文件

《最高人民法院、最高人民检察院、公安部、国家工商行政管理局关于依法查处盗窃、抢劫机动车案件的规定》（公通字〔1998〕31号）**第十条**就公安人员对盗窃、抢劫的机动车辆，非法提供机动车牌证或者为其取得机动车牌证提供便利，帮助犯罪分子逃避处罚的适用《刑法》第四百一十七条的规定作了指引性规定。(→参见第三百一十二条评注部分，第1637页)

《最高人民法院、最高人民检察院、公安部、农业农村部依法惩治长江流域非法捕捞等违法犯罪的意见》（公通字〔2020〕17号）"二、准确适用法律，依法严惩非法捕捞等危害水生生物资源的各类违法犯罪"**第(五)条**对帮助犯罪分子逃避处罚罪的适用作了指引性规定。(→参见第三百四十条评注部分，第1761页)

◆刑参案例规则提炼◆

《杨有才帮助犯罪分子逃避处罚案——参与案件侦查工作的公安机关借用人员是否属于司法工作人员》(第129号案例)、《**李刚等帮助犯罪分子逃避处罚案**——执行法官能否成为帮助犯罪分子逃避处罚罪的主体》(第186号案例)、《**潘楠博帮助犯罪分子逃避处罚、受贿案**——帮助逃避行政处罚的行为能否构成帮助犯罪分子逃避处罚罪》(第357号案例)所涉规则提炼如下：

1. **帮助犯罪分子逃避处罚罪的主体认定规则。**"只有那些直接负有查禁犯罪活动职责（包括领导职责）或因工作需要临时参与到查禁某项犯罪活动中来的司法机关工作人员，才有为帮助犯罪分子逃避处罚而向他们或亲属通风报信、提供便利的可能，也才有构成本罪的余地。""由于审判权在刑事程序上的中立性和最后性，人民法院一般不直接参与或担负或履行查禁犯罪活动的职责"，故执行法官不能单独成为本罪的主体。(第186号案例)此外，"公安机关借用人员，不具有国家干部身份，但却在公安机关中受委派从事着国家公务，当然是国家机关工作人员"，可以成为帮助犯罪分子逃避处罚罪的主体。(第129号案例)

2. **帮助犯罪分子逃避处罚罪的对象认定规则。**"关于帮助犯罪分子逃避处罚罪中的'犯罪分子'……不需要以法院已经作出生效刑事判决为必要条件。""帮助犯罪分子逃避处罚罪中的'犯罪分子'，只能是正在实行犯罪或者有证据证明涉嫌犯罪的犯罪嫌疑人。""只要行为对象已被司法机关立案查处，进入实质性刑事追究程序，就可以称之为'犯罪分子'。"(第357号案例)

3. **帮助犯罪分子逃避处罚罪与其他犯罪的界分规则。**就帮助犯罪分子逃避处罚罪与徇私枉法罪而言，"徇私枉法罪表现为对明知是无罪的人而使他受到追诉，对明知是有罪的人而故意包庇不使他受到追诉，或者在刑事审判活动中故意违背事实和法律作枉法裁判三种情形，且要求具有徇私、徇情的动机，而帮助犯罪分子逃避处罚罪的客观行为仅表现为向犯罪分子通风报信、提供便利以帮助其逃避处罚,且主观上并不特别要求必须具徇私、徇情的动机"。(第 129 号案例)就帮助犯罪分子逃避处罚罪与帮助伪造证据罪而言,"前罪主要表现为……向犯罪分子或其亲属通风报信、提供便利的行为。而后罪则表现为为当事人伪造证据提供帮助。至于帮助的形式可以是多种多样,如出谋划策、提供便利、工具、指示串供、翻供等等"。(第 186 号案例)

第四百一十八条 【招收公务员、学生徇私舞弊罪】国家机关工作人员在招收公务员、学生工作中徇私舞弊,情节严重的,处三年以下有期徒刑或者拘役。

立法沿革

本条系 1997 年《刑法》吸收修改附属刑法作出的规定。1995 年的《教育法》第七十七条规定:"在招收学生工作中徇私舞弊的,由教育行政部门责令退回招收的人员;对直接负责的主管人员和其他直接责任人员,依法给予行政处分;构成犯罪的,依法追究刑事责任。"1997 年《刑法》以上述规定为基础,对招收公务员、学生徇私舞弊犯罪作出专门规定,并配置独立的法定刑。

司法解释

《最高人民检察院关于渎职侵权犯罪案件立案标准的规定》(高检发释字 [2006]2 号,节录)

一、渎职犯罪案件
……

(三十四)招收公务员、学生徇私舞弊案(第四百一十八条)

招收公务员、学生徇私舞弊罪是指国家机关工作人员在招收公务员、省级以上教育行政部门组织招收的学生工作中徇私舞弊,情节严重的行为。

涉嫌下列情形之一的,应予立案:

1. 徇私舞弊,利用职务便利,伪造、变造人事、户口档案、考试成绩或者其他影响招收工作的有关资料,或者明知是伪造、变造的上述材料而予以认可的;

2. 徇私舞弊,利用职务便利,帮助 5 名以上考生作弊的;

3. 徇私舞弊招收不合格的公务员、学生 3 人次以上的;

4. 因徇私舞弊招收不合格的公务员、学生,导致被排挤的合格人员或者其近

亲属自杀、自残造成重伤、死亡,或者精神失常的;

5. 因徇私舞弊招收公务员、学生,导致该项招收工作重新进行的;

6. 其他情节严重的情形。

(→第三部分参见本章标题评注部分,第2170页)

司法疑难解析

教师能否成为招收学生徇私舞弊罪的主体。"刑法第四百一十八条所规定的招收学生徇私舞弊罪的主体是国家机关工作人员,学校的教师属于文教事业单位人员,不属于国家机关工作人员,因此不能成为招收学生徇私舞弊罪的构成主体;教授接受委托或者聘请临时担任考试监考员等与招收学生相关职务的,并不具有国家机关工作人员身份,同样不能成为招收学生徇私舞弊罪的犯罪主体。"[1]

第四百一十九条 【失职造成珍贵文物损毁、流失罪】国家机关工作人员严重不负责任,造成珍贵文物损毁或者流失,后果严重的,处三年以下有期徒刑或者拘役。

立法沿革

本条系1997年《刑法》吸收修改附属刑法作出的规定。1991年的《文物保护法》第三十一条第三款规定:"国家工作人员……造成珍贵文物损毁的,比照刑法第一百八十七条的规定追究刑事责任。"此处的"刑法第一百八十七条的规定"是指1979年《刑法》规定的玩忽职守罪。1997年《刑法》以上述规定为基础,对失职造成珍贵文物损毁、流失犯罪作出专门规定,并配置独立的法定刑。

立法解释

《全国人民代表大会常务委员会关于〈中华人民共和国刑法〉有关文物的规定适用于具有科学价值的古脊椎动物化石、古人类化石的解释》(自2005年12月29日起施行)

全国人民代表大会常务委员会根据司法实践中遇到的情况,讨论了关于走

---

[1] 《最高人民法院刑二庭审判长会议关于教师能否成为招收学生徇私舞弊罪主体问题》,载中华人民共和国最高人民法院刑事审判第一、二、三、四、五庭主办《中国刑事审判指导案例6》(增订第3版),法律出版社2017年版,第716页。

私、盗窃、损毁、倒卖或者非法转让具有科学价值的古脊椎动物化石、古人类化石的行为适用刑法有关规定的问题，解释如下：

刑法有关文物的规定，适用于具有科学价值的古脊椎动物化石、古人类化石。

现予公告。

司法解释①

《最高人民法院、最高人民检察院关于办理妨害文物管理等刑事案件适用法律若干问题的解释》（法释〔2015〕23号）第十条、第十三条、第十五条对失职造成珍贵文物损毁、流失罪的定罪量刑标准及有关问题作了规定。（→参见分则第六章第四节标题评注部分，第1686、1687、1688页）

司法疑难解析

失职造成珍贵文物损毁、流失罪对象的把握。根据《刑法》第四百一十九条的规定，本罪的对象是"珍贵文物"。(1)根据法释〔2015〕23号解释第十条的规定，对于本罪对象的"珍贵文物"应作不同于刑法分则第六章第四节"妨害文物管理秩序罪"中"珍贵文物"的理解，即不限于可移动文物中的一、二、三级文物，还包括不可移动文物中的全国重点文物保护单位、省级文物保护单位。(2)根据《全国人民代表大会常务委员会关于〈中华人民共和国刑法〉有关文物的规定适用于具有科学价值的古脊椎动物化石、古人类化石的解释》的规定，具有科学价值的古脊椎动物化石、古人类化石也可以成为本罪的对象。国家机关工作人员严重不负责任，造成一、二、三级化石或者被确定为全国重点文物保护单位、省级文物保护单位的古人类化石、古脊椎动物化石地点、遗迹地点损毁或者流失，后果严重的，也可以构成本罪。

---

① 另，《最高人民检察院关于渎职侵权犯罪案件立案标准的规定》（高检发释字〔2006〕2号）"一、渎职犯罪案件"第(三十五)条关于失职造成珍贵文物损毁、流失案立案标准的规定与法释〔2015〕23号解释不完全一致，应当以后者为准。

第十章

军人违反职责罪

相关规定

《中国人民解放军军官军衔条例》(修改后自1994年5月12日起施行,节录)

第二十八条 军官犯罪,被依法判处剥夺政治权利或者三年以上有期徒刑的,由法院判决剥夺其军衔。

退役军官犯罪的,依照前款规定剥夺其军衔。

军官犯罪被剥夺军衔,在服刑期满后,需要在军队中服役并授予军官军衔的,依照本条例第十六条的规定办理。

《中华人民共和国预备役军官法》(修正后自2010年8月28日起施行,节录)

第三十二条 预备役军官犯罪,被依法判处剥夺政治权利或者三年以上有期徒刑的,应当剥夺其预备役军官军衔。批准剥夺预备役军官军衔的权限,与批准授予该级预备役军官军衔的权限相同。

规范性文件

《中国人民解放军军事法院关于审理军人违反职责罪案件中几个具体问题的处理意见》([1988]军法发字第34号)

一、关于军职人员玩弄枪支、弹药走火或者爆炸,致人重伤、死亡或者造成其他严重后果的案件,是否一概以武器装备肇事罪论处的问题。

军职人员在执勤、训练、作战时使用、操作武器装备,或者在管理、维修、保养武器装备的过程中,违反武器装备使用规定和操作规程,情节严重,因而发生重大责任事故,致人重伤、死亡者或造成其他严重后果的,依照《条例》第三条的规定,以武器装备肇事罪论处;凡违反枪支、弹药管理使用规定,私自携带枪支、弹药外出,因玩弄而造成走火或者爆炸,致人重伤、死亡或者使公私财产遭受重大损失的,分别依照刑法第一百三十五条、第一百三十三条、第一百零六条的规定,以过失重伤罪、过失杀人罪或者过失爆炸罪论处。

二、关于军职人员擅自将自己保管、使用的枪支、弹药借给他人,因而造成严重后果的,应当如何定性和适用法律问题。

军职人员确实不知他人借用枪支、弹药是为实施犯罪,私自将自己保管、使用的枪支、弹药借给他人,致使公共财产、国家和人民利益遭受重大损失的,以刑法第一百八十七条规定的玩忽职守罪论处;如果在值班、值勤等执行任务时,擅自将自己使用、保管的枪支、弹药借给他人,因而造成严重后果的,以《条例》第五条规定的玩忽职守罪论处。

如果明知他人借用枪支、弹药是为了实施犯罪,仍将枪支、弹药借给他人的,以共同犯罪论处。

三、关于监守自盗军用物资的行为应如何定罪处罚问题。

军职人员利用职务上的便利,盗窃自己经手、管理的军用物资的,符合贪污罪的基本特征,依照刑法第一百五十五条和全国人大常委会《关于惩治贪污罪贿赂罪的补充规定》,以贪污罪论处,从重处罚。

四、关于军职人员驾驶军用装备车辆肇事的,是定交通肇事罪还是武器装备肇事罪的问题。

军职人员驾驶军用装备车辆,违反武器装备使用规定和操作规程,情节严重,因而发生重大责任事故,致人重伤、死亡或者造成其他严重后果的,即使同时违反交通运输规章制度,也应当依照《条例》第三条的规定,以武器装备肇事罪论处;如果仅因违反交通运输规章制度而发生重大事故,致人重伤、死亡或者使公私财产遭受重大损失的,则依照刑法第一百一十三条的规定,以交通肇事罪论处。

五、关于军人在临时看管期间逃跑的,能否以脱逃罪论处问题。

脱逃罪是指被依法逮捕、关押的犯罪分子,从羁押、改造场所或者在押解途中逃走的行为。军队的临时看管仅是一项行政防范措施。因此,军人在此期间逃跑的,不构成脱逃罪。但在查明他确有犯罪行为后,他的逃跑行为可以作为情节在处刑时予以考虑。

立案追诉标准

《军人违反职责罪案件立案标准的规定》(政检〔2013〕1号,自2013年3月28日起施行,节录)

为了依法惩治军人违反职责犯罪,保护国家军事利益,根据《中华人民共和国刑法》《中华人民共和国刑事诉讼法》和其他有关规定,结合军队司法实践,制定本规定。

(→第一条至第三十一条参见本章相应条文评注部分)

第三十二条 本规定适用于中国人民解放军的现役军官、文职干部、士兵及具有军籍的学员和中国人民武装警察部队的现役警官、文职干部、士兵及具有军籍的学员以及执行军事任务的预备役人员和其他人员涉嫌军人违反职责犯罪的案件。①

第三十三条 本规定所称"战时",是指国家宣布进入战争状态、部队受领作战任务或者遭敌突然袭击时。部队执行戒严任务或者处置突发性暴力事件时,以战时论。

第三十四条 本规定中的"违反职责",是指违反国家法律、法规,军事法规、军事规章所规定的军人职责,包括军人的共同职责,士兵、军官和首长的一般职责,各类主管人员和其他从事专门工作的军人的专业职责等。

第三十五条 本规定所称"以上",包括本数;有关犯罪数额"不满",是指已达到该数额百分之八十以上。

第三十六条 本规定中的"直接经济损失",是指与行为有直接因果关系而造成的财产损毁、减少的实际价值;"间接经济损失",是指由直接经济损失引起和牵连的其他损失,包括失去在正常情况下可能获得的利益和为恢复正常管理活动或者为挽回已经造成的损失所支付的各种费用等。

第三十七条 本规定中的"武器装备",是实施和保障军事行动的武器、武器系统和军事技术器材的统称。

第三十八条 本规定中的"军用物资",是除武器装备以外专供武装力量使用的各种物资的统称,包括装备器材、军需物资、医疗物资、油料物资、营房物资等。

第三十九条 本规定中财物价值和损失的确定,由部队驻地人民法院、人民检察院和公安机关指定的价格事务机构进行估价。武器装备、军事设施、军用物资的价值和损失,由部队军以上单位的主管部门确定;有条件的,也可以由部队驻地人民法院、人民检察院和公安机关指定的价格事务机构进行估价。

第四百二十条 【军人违反职责罪的界定】军人违反职责,危害国家军事利益,依照法律应当受刑罚处罚的行为,是军人违反职责罪。

◆立法沿革

本条系1997年《刑法》吸收修改单行刑法作出的规定。《惩治军人违反职责罪暂行条例》(1982年1月1日起施行,1997年10月1日废止)第二条规定:

---

① 《刑法修正案(十一)》第四十七条对《刑法》第四百五十条作了修改,在军人违反职责罪的适用主体范围中增加文职人员。——**本评注注**

"中国人民解放军的现役军人,违反军人职责,危害国家军事利益,依照法律应当受刑罚处罚的行为,是军人违反职责罪。但是情节显著轻微、危害不大的,不认为是犯罪,按军纪处理。"

第四百二十一条 【战时违抗命令罪】战时违抗命令,对作战造成危害的,处三年以上十年以下有期徒刑;致使战斗、战役遭受重大损失的,处十年以上有期徒刑、无期徒刑或者死刑。

立法沿革

本条系1997年《刑法》吸收修改单行刑法作出的规定。《惩治军人违反职责罪暂行条例》(1982年1月1日起施行,1997年10月1日废止)第十七条规定:"在战斗中违抗命令,对作战造成危害的,处三年以上十年以下有期徒刑;致使战斗、战役遭受重大损失的,处十年以上有期徒刑、无期徒刑或者死刑。"

立案追诉标准

《军人违反职责罪案件立案标准的规定》(政检〔2013〕1号,节录)

第一条 战时违抗命令案(刑法第四百二十一条)

战时违抗命令罪是指战时违抗命令,对作战造成危害的行为。

违抗命令,是指主观上出于故意,客观上违背、抗拒首长、上级职权范围内的命令,包括拒绝接受命令、拒不执行命令,或者不按照命令的具体要求行动等。

战时涉嫌下列情形之一的,应予立案:

(一)扰乱作战部署或者贻误战机的;

(二)造成作战任务不能完成或者迟缓完成的;

(三)造成我方人员死亡一人以上,或者重伤二人以上,或者轻伤三人以上的;

(四)造成武器装备、军事设施、军用物资损毁,直接影响作战任务完成的;

(五)对作战造成其他危害的。

(→第三十二条至第三十九条参见本章标题评注部分,第2233页)

第四百二十二条 【隐瞒、谎报军情罪】【拒传、假传军令罪】故意隐瞒、谎报军情或者拒传、假传军令,对作战造成危害的,处三年以上十年以下有期徒刑;致使战斗、战役遭受重大损失的,处十年以上有期徒刑、无期徒刑或者死刑。

立法沿革

本条系 1997 年《刑法》吸收修改单行刑法作出的规定。《惩治军人违反职责罪暂行条例》(1982 年 1 月 1 日起施行,1997 年 10 月 1 日废止)第十八条规定:"故意谎报军情或者假传军令,对作战造成危害的,处三年以上十年以下有期徒刑;致使战斗、战役遭受重大损失的,处十年以上有期徒刑、无期徒刑或者死刑。"在吸收谎报军情、假传军令犯罪的基础上,1997 年《刑法》增加了隐瞒军情、拒传军令的犯罪。

立案追诉标准

《军人违反职责罪案件立案标准的规定》(政检〔2013〕1 号,节录)

第二条　隐瞒、谎报军情案(刑法第四百二十二条)

隐瞒、谎报军情罪是指故意隐瞒、谎报军情,对作战造成危害的行为。

涉嫌下列情形之一的,应予立案:

(一)造成首长、上级决策失误的;

(二)造成作战任务不能完成或者迟缓完成的;

(三)造成我方人员死亡一人以上,或者重伤二人以上,或者轻伤三人以上的;

(四)造成武器装备、军事设施、军用物资损毁,直接影响作战任务完成的;

(五)对作战造成其他危害的。

第三条　拒传、假传军令案(刑法第四百二十二条)

拒传军令罪是指负有传递军令职责的军人,明知是军令而故意拒绝传递或者拖延传递,对作战造成危害的行为。

假传军令罪是指故意伪造、篡改军令,或者明知是伪造、篡改的军令而予以传达或者发布,对作战造成危害的行为。

涉嫌下列情形之一的,应予立案:

(一)造成首长、上级决策失误的;

(二)造成作战任务不能完成或者迟缓完成的

(三)造成我方人员死亡一人以上,或者重伤二人以上,或者轻伤三人以上的;

(四)造成武器装备、军事设施、军用物资损毁,直接影响作战任务完成的;

(五)对作战造成其他危害的。

(→第三十二条至第三十九条参见本章标题评注部分,第 2233 页)

第四百二十三条 【投降罪】在战场上贪生怕死,自动放下武器投降敌人的,处三年以上十年以下有期徒刑;情节严重的,处十年以上有期徒刑或者无期徒刑。

投降后为敌人效劳的,处十年以上有期徒刑、无期徒刑或者死刑。

立法沿革

本条系1997年《刑法》吸收《惩治军人违反职责罪暂行条例》(1982年1月1日起施行,1997年10月1日废止)第十九条的规定,未作调整。

立案追诉标准

《军人违反职责罪案件立案标准的规定》(政检〔2013〕1号,节录)

第四条 投降案(刑法第四百二十三条)

投降罪是指在战场上贪生怕死,自动放下武器投降敌人的行为。

凡涉嫌投降敌人的,应予立案。

(→第三十二条至第三十九条参见本章标题评注部分,第2233页)

第四百二十四条 【战时临阵脱逃罪】战时临阵脱逃的,处三年以下有期徒刑;情节严重的,处三年以上十年以下有期徒刑;致使战斗、战役遭受重大损失的,处十年以上有期徒刑、无期徒刑或者死刑。

立法沿革

本条系1997年《刑法》吸收修改单行刑法作出的规定。《惩治军人违反职责罪暂行条例》(1982年1月1日起施行,1997年10月1日废止)第十六条规定:"畏惧战斗,临阵脱逃的,处三年以下有期徒刑;情节严重的,处三年以上十年以下有期徒刑;致使战斗、战役遭受重大损失的,处十年以上有期徒刑、无期徒刑或者死刑。"1997年《刑法》删去"畏惧战斗"这一主观要件,直接规定为"战时临阵脱逃"。

立案追诉标准

《军人违反职责罪案件立案标准的规定》(政检〔2013〕1号,节录)

第五条 战时临阵脱逃案(刑法第四百二十四条)

战时临阵脱逃罪是指在战斗中或者在接受作战任务后,逃离战斗岗位的行为。

凡战时涉嫌临阵脱逃的,应予立案。

(→第三十二条至第三十九条参见本章标题评注部分,第2233页)

> **第四百二十五条　【擅离、玩忽军事职守罪】**指挥人员和值班、值勤人员擅离职守或者玩忽职守,造成严重后果的,处三年以下有期徒刑或者拘役;造成特别严重后果的,处三年以上七年以下有期徒刑。
> 战时犯前款罪的,处五年以上有期徒刑。

立法沿革

本条系1997年《刑法》吸收修改单行刑法作出的规定。《惩治军人违反职责罪暂行条例》(1982年1月1日起施行,1997年10月1日废止)第五条规定:"指挥人员和值班、值勤人员擅离职守或者玩忽职守,因而造成严重后果的,处七年以下有期徒刑或者拘役。""战时犯前款罪的,处五年以上有期徒刑。"

立案追诉标准

《军人违反职责罪案件立案标准的规定》(政检〔2013〕1号,节录)

第六条　擅离、玩忽军事职守案(刑法第四百二十五条)

擅离、玩忽军事职守罪是指指挥人员和值班、值勤人员擅自离开正在履行职责的岗位,或者在履行职责的岗位上,严重不负责任,不履行或者不正确履行职责,造成严重后果的行为。

指挥人员,是指对部队或者部属负有组织、领导、管理职责的人员。专业主管人员在其业务管理范围内,视为指挥人员。

值班人员,是指军队各单位、各部门为保持指挥或者履行职责不间断而设立的、负责处理本单位、本部门特定事务的人员。

值勤人员,是指正在担任警卫、巡逻、观察、纠察、押运等勤务,或者作战勤务工作的人员。

涉嫌下列情形之一的,应予立案:

(一)造成重大任务不能完成或者迟缓完成的;

(二)造成死亡一人以上,或者重伤三人以上,或者重伤二人、轻伤四人以上,或者重伤一人、轻伤七人以上,或者轻伤十人以上的;

(三)造成枪支、手榴弹、爆炸装置或者子弹十发、雷管三十枚、导火索或者导爆索三十米、炸药一千克以上丢失、被盗,或者不满规定数量,但后果严重的,或者造成其他重要武器装备、器材丢失、被盗的;

（四）造成武器装备、军事设施、军用物资或者其他财产损毁，直接经济损失三十万元以上，或者直接经济损失、间接经济损失合计一百五十万元以上的；

（五）造成其他严重后果的。

（→第三十二条至第三十九条参见本章标题评注部分，第2233页）

第四百二十六条　【阻碍执行军事职务罪】以暴力、威胁方法，阻碍指挥人员或者值班、值勤人员执行职务的，处五年以下有期徒刑或者拘役；情节严重的，处五年以上十年以下有期徒刑；情节特别严重的，处十年以上有期徒刑或者无期徒刑。战时从重处罚。

立法沿革

本条系1997年《刑法》吸收修改单行刑法作出的规定。《惩治军人违反职责罪暂行条例》(1982年1月1日起施行，1997年10月1日废止)第十条规定："以暴力、威胁方法，阻碍指挥人员或者值班、值勤人员执行职务的，处五年以下有期徒刑或者拘役；情节严重的，处五年以上有期徒刑；情节特别严重的或者致人重伤、死亡的，处无期徒刑或者死刑。战时从重处罚。"1997年《刑法》仅作了文字调整。

2015年11月1日起施行的《刑法修正案（九）》第五十条对本条作了修改，废除了死刑。

修正前《刑法》	修正后《刑法》
第四百二十六条　【阻碍执行军事职务罪】以暴力、威胁方法，阻碍指挥人员或者值班、值勤人员执行职务的，处五年以下有期徒刑或者拘役；情节严重的，处五年以上有期徒刑；~~致人重伤、死亡的，或者有其他特别严重情节的~~，处无期徒刑~~或者死刑~~。战时从重处罚。	第四百二十六条　【阻碍执行军事职务罪】以暴力、威胁方法，阻碍指挥人员或者值班、值勤人员执行职务的，处五年以下有期徒刑或者拘役；**情节严重的，处五年以上十年以下**有期徒刑；**情节特别严重的**，处**十年以上有期徒刑或者**无期徒刑。战时从重处罚。

立案追诉标准

《军人违反职责罪案件立案标准的规定》(政检〔2013〕1号，节录)

第七条　阻碍执行军事职务案(刑法第四百二十六条)

阻碍执行军事职务罪是指以暴力、威胁方法，阻碍指挥人员或者值班、值勤人员执行职务的行为。

凡涉嫌阻碍执行军事职务的，应予立案。

(→第三十二条至第三十九条参见本章标题评注部分,第2233页)

第四百二十七条 【指使部属违反职责罪】滥用职权,指使部属进行违反职责的活动,造成严重后果的,处五年以下有期徒刑或者拘役;情节特别严重的,处五年以上十年以下有期徒刑。

立法沿革

本条系1997年《刑法》增设的规定。

立案追诉标准

《军人违反职责罪案件立案标准的规定》(政检〔2013〕1号,节录)

第八条 指使部属违反职责案(刑法第四百二十七条)

指使部属违反职责罪是指指挥人员滥用职权,指使部属进行违反职责的活动,造成严重后果的行为。

涉嫌下列情形之一的,应予立案:

(一)造成重大任务不能完成或者迟缓完成的;

(二)造成死亡一人以上,或者重伤二人以上,或者重伤一人、轻伤三人以上,或者轻伤五人以上的;

(三)造成武器装备、军事设施、军用物资或者其他财产损毁,直接经济损失二十万元以上,或者直接经济损失、间接经济损失合计一百万元以上的;

(四)造成其他严重后果的。

(→第三十二条至第三十九条参见本章标题评注部分,第2233页)

第四百二十八条 【违令作战消极罪】指挥人员违抗命令,临阵畏缩,作战消极,造成严重后果的,处五年以下有期徒刑;致使战斗、战役遭受重大损失或者有其他特别严重情节的,处五年以上有期徒刑。

立法沿革

本条系1997年《刑法》增设的规定。

立案追诉标准

《军人违反职责罪案件立案标准的规定》(政检〔2013〕1号,节录)

第九条 违令作战消极案(刑法第四百二十八条)

违令作战消极罪是指指挥人员违抗命令,临阵畏缩,作战消极,造成严重后果的行为。

违抗命令,临阵畏缩,作战消极,是指在作战中故意违背、抗拒执行首长、上级的命令,面临战斗任务而畏难怕险,怯战怠战,行动消极。

涉嫌下列情形之一的,应予立案:

(一)扰乱作战部署或者贻误战机的;
(二)造成作战任务不能完成或者迟缓完成的;
(三)造成我方人员死亡一人以上,或者重伤二人以上,或者轻伤三人以上的;
(四)造成武器装备、军事设施、军用物资或者其他财产损毁,直接经济损失二十万元以上,或者直接经济损失、间接经济损失合计一百万元以上的;
(五)造成其他严重后果的。

(→第三十二条至第三十九条参见本章标题评注部分,第2233页)

第四百二十九条 【拒不救援友邻部队罪】在战场上明知友邻部队处境危急请求救援,能救援而不救援,致使友邻部队遭受重大损失的,对指挥人员,处五年以下有期徒刑。

立法沿革

本条系1997年《刑法》增设的规定。

立案追诉标准

《军人违反职责罪案件立案标准的规定》(政检〔2013〕1号,节录)

第十条 拒不救援友邻部队案(刑法第四百二十九条)

拒不救援友邻部队罪是指指挥人员在战场上,明知友邻部队面临被敌人包围、追击或者阵地将被攻陷等危急情况请求救援,能救援而不救援,致使友邻部队遭受重大损失的行为。

能救援而不救援,是指根据当时自己部队(分队)所处的环境、作战能力及所担负的任务,有条件组织救援却没有组织救援。

涉嫌下列情形之一的,应予立案:

(一)造成战斗失利的;
(二)造成阵地失陷的;
(三)造成突围严重受挫的;

(四)造成我方人员死亡三人以上,或者重伤十人以上,或者轻伤十五人以上的;

(五)造成武器装备、军事设施、军用物资损毁,直接经济损失一百万元以上的;

(六)造成其他重大损失的。

(→第三十二条至第三十九条参见本章标题评注部分,第2233页)

第四百三十条 【军人叛逃罪】 在履行公务期间,擅离岗位,叛逃境外或者在境外叛逃,危害国家军事利益的,处五年以下有期徒刑或者拘役;情节严重的,处五年以上有期徒刑。

驾驶航空器、舰船叛逃的,或者有其他特别严重情节的,处十年以上有期徒刑、无期徒刑或者死刑。

立法沿革

本条系1997年《刑法》增设的规定。

立案标准

《军人违反职责罪案件立案标准的规定》(政检〔2013〕1号)

第十一条 军人叛逃案(刑法第四百三十条)

军人叛逃罪是指军人在履行公务期间,擅离岗位,叛逃境外或者在境外叛逃,危害国家军事利益的行为。

涉嫌下列情形之一的,应予立案:

(一)因反对国家政权和社会主义制度而出逃的;

(二)掌握、携带军事秘密出境后滞留不归的;

(三)申请政治避难的;

(四)公开发表叛国言论的;

(五)投靠境外反动机构或者组织的;

(六)出逃至交战对方区域的;

(七)进行其他危害国家军事利益活动的。

(→第三十二条至第三十九条参见本章标题评注部分,第2233页)

第四百三十一条 【非法获取军事秘密罪】以窃取、刺探、收买方法,非法获取军事秘密的,处五年以下有期徒刑;情节严重的,处五年以上十年以下有期徒刑;情节特别严重的,处十年以上有期徒刑。

【为境外窃取、刺探、收买、非法提供军事秘密罪】为境外的机构、组织、人员窃取、刺探、收买、非法提供军事秘密的,处五年以上十年以下有期徒刑;情节严重的,处十年以上有期徒刑、无期徒刑或者死刑。

■ 立法沿革

本条系1997年《刑法》吸收修改单行刑法作出的规定。《惩治军人违反职责罪暂行条例》(1982年1月1日起施行,1997年10月1日废止)第四条第三款规定:"为敌人或者外国人窃取、刺探、提供军事机密的,处十年以上有期徒刑、无期徒刑或者死刑。"1997年《刑法》作了较大幅度调整。

2021年3月1日起施行的《刑法修正案(十一)》第四十六条对本条作了修改,针对为境外窃取、刺探、收买、非法提供军事秘密罪增加一档法定刑"五年以上十年以下有期徒刑"。

修正前《刑法》	修正后《刑法》
第四百三十一条 【非法获取军事秘密罪】以窃取、刺探、收买方法,非法获取军事秘密的,处五年以下有期徒刑;情节严重的,处五年以上十年以下有期徒刑;情节特别严重的,处十年以上有期徒刑。	第四百三十一条 【非法获取军事秘密罪】以窃取、刺探、收买方法,非法获取军事秘密的,处五年以下有期徒刑;情节严重的,处五年以上十年以下有期徒刑;情节特别严重的,处十年以上有期徒刑。
【为境外窃取、刺探、收买、非法提供军事秘密罪】为境外的机构、组织、人员窃取、刺探、收买、非法提供军事秘密的,处十年以上有期徒刑、无期徒刑或者死刑。	【为境外窃取、刺探、收买、非法提供军事秘密罪】为境外的机构、组织、人员窃取、刺探、收买、非法提供军事秘密的,**处五年以上十年以下有期徒刑;情节严重的**,处十年以上有期徒刑、无期徒刑或者死刑。

■ 全国人大常委会决定

《全国人民代表大会常务委员会关于维护互联网安全的决定》(修正后自2009年8月27日起施行,节录)

二、为了维护国家安全和社会稳定,对有下列行为之一,构成犯罪的,依照刑法有关规定追究刑事责任：

（二）通过互联网窃取、泄露国家秘密、情报或者军事秘密；

（→全文参见第二百八十五条评注部分，第1399页）

立案追诉标准

《军人违反职责罪案件立案标准的规定》（政检〔2013〕1号，节录）

第十二条 非法获取军事秘密案（刑法第四百三十一条第一款）

非法获取军事秘密罪是指违反国家和军队的保密规定，采取窃取、刺探、收买方法，非法获取军事秘密的行为。

军事秘密，是关系国防安全和军事利益，依照规定的权限和程序确定，在一定时间内只限一定范围的人员知悉的事项。内容包括：

（一）国防和武装力量建设规划及其实施情况；

（二）军事部署，作战、训练以及处置突发事件等军事行动中需要控制知悉范围的事项；

（三）军事情报及其来源，军事通信、信息对抗以及其他特种业务的手段、能力，密码以及有关资料；

（四）武装力量的组织编制，部队的任务、实力、状态等情况中需要控制知悉范围的事项，特殊单位以及师级以下部队的番号；

（五）国防动员计划及其实施情况；

（六）武器装备的研制、生产、配备情况和补充、维修能力，特种军事装备的战术技术性能；

（七）军事学术和国防科学技术研究的重要项目、成果及其应用情况中需要控制知悉范围的事项；

（八）军队政治工作中不宜公开的事项；

（九）国防费分配和使用的具体事项，军事物资的筹措、生产、供应和储备等情况中需要控制知悉范围的事项；

（十）军事设施及其保护情况中不宜公开的事项；

（十一）对外军事交流与合作中不宜公开的事项；

（十二）其他需要保密的事项。

凡涉嫌非法获取军事秘密的，应予立案。

第十三条 为境外窃取、刺探、收买、非法提供军事秘密案（刑法第四百三十一条第二款）

为境外窃取、刺探、收买、非法提供军事秘密罪是指违反国家和军队的保密规定,为境外的机构、组织、人员窃取、刺探、收买、非法提供军事秘密的行为。

凡涉嫌为境外窃取、刺探、收买、非法提供军事秘密的,应予立案。

(→第三十二条至第三十九条参见本章标题评注部分,第2233页)

第四百三十二条 【故意泄露军事秘密罪】【过失泄露军事秘密罪】违反保守国家秘密法规,故意或者过失泄露军事秘密,情节严重的,处五年以下有期徒刑或者拘役;情节特别严重的,处五年以上十年以下有期徒刑。

战时犯前款罪的,处五年以上十年以下有期徒刑;情节特别严重的,处十年以上有期徒刑或者无期徒刑。

立法沿革

本条系1997年《刑法》吸收修改单行刑法作出的规定。《惩治军人违反职责罪暂行条例》(1982年1月1日起施行,1997年10月1日废止)第四条第一款、第二款规定:"违反保守国家军事机密法规,泄露或者遗失国家重要军事机密,情节严重的,处七年以下有期徒刑或者拘役。""战时犯前款罪的,处三年以上十年以下有期徒刑;情节特别严重的,处十年以上有期徒刑或者无期徒刑。"

全国人大常委会决定

《全国人民代表大会常务委员会关于维护互联网安全的决定》(修正后自2009年8月27日起施行,节录)

二、为了维护国家安全和社会稳定,对有下列行为之一,构成犯罪的,依照刑法有关规定追究刑事责任:

(二)通过互联网窃取、泄露国家秘密、情报或者军事秘密;

(→全文参见第二百八十五条评注部分,第1399页)

立案追诉标准

《军人违反职责罪案件立案标准的规定》(政检〔2013〕1号,节录)

第十四条 故意泄露军事秘密案(刑法第四百三十二条)

故意泄露军事秘密罪是指违反国家和军队的保密规定,故意使军事秘密被不应知悉者知悉或者超出了限定的接触范围,情节严重的行为。

涉嫌下列情形之一的,应予立案:

(一)泄露绝密级或者机密级军事秘密一项(件)以上的;

（二）泄露秘密级军事秘密三项（件）以上的；

（三）向公众散布、传播军事秘密的；

（四）泄露军事秘密造成严重危害后果的；

（五）利用职权指使或者强迫他人泄露军事秘密的；

（六）负有特殊保密义务的人员泄密的；

（七）以牟取私利为目的泄露军事秘密的；

（八）执行重大任务时泄密的；

（九）有其他情节严重行为的。

第十五条 过失泄露军事秘密案（刑法第四百三十二条）

过失泄露军事秘密罪是指违反国家和军队的保密规定，过失泄露军事秘密，致使军事秘密被不应知悉者知悉或者超出了限定的接触范围，情节严重的行为。

涉嫌下列情形之一的，应予立案：

（一）泄露绝密级军事秘密一项（件）以上的；

（二）泄露机密级军事秘密三项（件）以上的；

（三）泄露秘密级军事秘密四项（件）以上的；

（四）负有特殊保密义务的人员泄密的；

（五）泄露军事秘密或者遗失军事秘密载体，不按照规定报告，或者不如实提供有关情况，或者未及时采取补救措施的；

（六）有其他情节严重行为的。

（→第三十二条至第三十九条参见本章标题评注部分，第2233页）

第四百三十三条 【战时造谣惑众罪】战时造谣惑众，动摇军心的，处三年以下有期徒刑；情节严重的，处三年以上十年以下有期徒刑；情节特别严重的，处十年以上有期徒刑或者无期徒刑。

立法沿革

本条系1997年刑法吸收《惩治军人违反职责罪暂行条例》（1982年1月1日起施行，1997年10月1日废止）第十四条的规定，未作调整。

2015年11月1日起施行的《刑法修正案（九）》第五十一对本条作了修改，将原条文的两款合并为一款，并废除了死刑。

修正前《刑法》	修正后《刑法》
第四百三十三条 【战时造谣惑众罪】战时造谣惑众,动摇军心的,处三年以下有期徒刑;情节严重的,处三年以上十年以下有期徒刑。~~勾结敌人造谣惑众,动摇军心的~~,处十年以上有期徒刑或者无期徒刑~~,情节特别严重的,可以判处死刑~~。	第四百三十三条 【战时造谣惑众罪】战时造谣惑众,动摇军心的,处三年以下有期徒刑;情节严重的,处三年以上十年以下有期徒刑;**情节特别严重**的,处十年以上有期徒刑或者无期徒刑。

立案追诉标准

《军人违反职责罪案件立案标准的规定》(政检〔2013〕1号,节录)

第十六条 战时造谣惑众案(刑法第四百三十三条)

战时造谣惑众罪是指在战时造谣惑众,动摇军心的行为。

造谣惑众,动摇军心,是指故意编造、散布谣言,煽动怯战、厌战或者恐怖情绪,蛊惑官兵,造成或者足以造成部队情绪恐慌、士气不振、军心涣散的行为。

凡战时涉嫌造谣惑众,动摇军心的,应予立案。

(→第三十二条至第三十九条参见本章标题评注部分,第2233页)

第四百三十四条 【战时自伤罪】战时自伤身体,逃避军事义务的,处三年以下有期徒刑;情节严重的,处三年以上七年以下有期徒刑。

立法沿革

本条系1997年《刑法》吸收《惩治军人违反职责罪暂行条例》(1982年1月1日起施行,1997年10月1日废止)第十三条的规定,未作调整。

立案追诉标准

《军人违反职责罪案件立案标准的规定》(政检〔2013〕1号,节录)

第十七条 战时自伤案(刑法第四百三十四条)

战时自伤罪是指在战时为了逃避军事义务,故意伤害自己身体的行为。

逃避军事义务,是指逃避临战准备、作战行动、战场勤务和其他作战保障任务等与作战有关的义务

凡战时涉嫌自伤致使不能履行军事义务的,应予立案。

(→第三十二条至第三十九条参见本章标题评注部分,第2233页)

第四百三十五条 【逃离部队罪】违反兵役法规,逃离部队,情节严重的,处三年以下有期徒刑或者拘役。

战时犯前款罪的,处三年以上七年以下有期徒刑。

立法沿革

本条系1997年《刑法》吸收《惩治军人违反职责罪暂行条例》(1982年1月1日起施行,1997年10月1日废止)第六条的规定,未作调整。

司法解释

《最高人民法院、最高人民检察院关于对军人非战时逃离部队的行为能否定罪处罚问题的批复》(法释〔2000〕39号,自2000年12月8日起施行)①

中国人民解放军军事法院、军事检察院:

〔1999〕军法呈字第19号《关于军人非战时逃离部队情节严重的,能否适用刑法定罪处罚问题的请示》收悉。经研究,答复如下:

军人违反兵役法规,在非战时逃离部队,情节严重的,应当依照刑法第四百三十五条第一款的规定定罪处罚。

立案追诉标准

《军人违反职责罪案件立案标准的规定》(政检〔2013〕1号,节录)

第十八条 逃离部队案(刑法第四百三十五条)

逃离部队罪是指违反兵役法规,逃离部队,情节严重的行为。

违反兵役法规,是指违反国防法、兵役法和军队条令条例以及其他有关兵役

---

① 1998年第一次修正的《兵役法》增设第六十二条第一款,规定:"现役军人以逃避服兵役为目的,拒绝履行职责或者逃离部队的,按照中央军事委员会的规定给予行政处分;战时逃离部队,构成犯罪的,依法追究刑事责任。"这就与《刑法》第四百三十五条的规定不一致。司法实践中,对军人非战时逃离部队情节严重的行为,能否适用刑法规定追究刑事责任问题,存在不同意见。为保证统一正确执法,"两高"联合发布本司法解释。参见李兵、罗庆东:《〈关于对军人非战时逃离部队的行为能否定罪处罚问题的批复〉的理解与适用》,载中华人民共和国最高人民法院刑事审判第一、二、三、四、五庭主办《中国刑事审判指导案例6》(增订第3版),法律出版社2017年版,第741页。此后于2009年第二次修正的《兵役法》第六十二条即调整为:"现役军人以逃避服兵役为目的,拒绝履行职责或者逃离部队的,按照中央军事委员会的规定给予处分;构成犯罪的,依法追究刑事责任。"

方面的法律规定。

逃离部队,是指擅自离开部队或者经批准外出逾期拒不归队。

涉嫌下列情形之一的,应予立案:

(一)逃离部队持续时间达三个月以上或者三次以上或者累计时间达六个月以上的;

(二)担负重要职责的人员逃离部队的;

(三)策动三人以上或者胁迫他人逃离部队的;

(四)在执行重大任务期间逃离部队的;

(五)携带武器装备逃离部队的;

(六)有其他情节严重行为的。

(→第三十二条至第三十九条参见本章标题评注部分,第2233页)

第四百三十六条 【武器装备肇事罪】违反武器装备使用规定,情节严重,因而发生责任事故,致人重伤、死亡或者造成其他严重后果的,处三年以下有期徒刑或者拘役;后果特别严重的,处三年以上七年以下有期徒刑。

立法沿革

本条系1997年《刑法》吸收《惩治军人违反职责罪暂行条例》(1982年1月1日起施行,1997年10月1日废止)第三条的规定,未作调整。

立案追诉标准

《军人违反职责罪案件立案标准的规定》(政检〔2013〕1号,节录)

第十九条 武器装备肇事案(刑法第四百三十六条)

武器装备肇事罪是指违反武器装备使用规定,情节严重,因而发生责任事故,致人重伤、死亡或者造成其他严重后果的行为。

情节严重,是指故意违反武器装备使用规定,或者在使用过程中严重不负责任。

涉嫌下列情形之一的,应予立案:

(一)影响重大任务完成的;

(二)造成死亡一人以上,或者重伤二人以上,或者轻伤三人以上的;

(三)造成武器装备、军事设施、军用物资或者其他财产损毁,直接经济损失三十万元以上,或者直接经济损失、间接经济损失合计一百五十万元以上的;

(四)严重损害国家和军队声誉,造成恶劣影响的;

(五)造成其他严重后果的。

(→第三十二条至第三十九条参见本章标题评注部分,第2233页)

第四百三十七条 【擅自改变武器装备编配用途罪】违反武器装备管理规定,擅自改变武器装备的编配用途,造成严重后果的,处三年以下有期徒刑或者拘役;造成特别严重后果的,处三年以上七年以下有期徒刑。

立法沿革

本条系1997年《刑法》增设的规定。

立案追诉标准

《军人违反职责罪案件立案标准的规定》(政检〔2013〕1号,节录)

第二十条　擅自改变武器装备编配用途案(刑法第四百三十七条)

擅自改变武器装备编配用途罪是指违反武器装备管理规定,未经有权机关批准,擅自将编配的武器装备改作其他用途,造成严重后果的行为。

涉嫌下列情形之一的,应予立案:

(一)造成重大任务不能完成或者迟缓完成的;

(二)造成死亡一人以上,或者重伤三人以上,或者重伤二人、轻伤四人以上,或者重伤一人、轻伤七人以上,或者轻伤十人以上的;

(三)造成武器装备、军事设施、军用物资或者其他财产损毁,直接经济损失三十万元以上,或者直接经济损失、间接经济损失合计一百五十万元以上的;

(四)造成其他严重后果的。

(→第三十二条至第三十九条参见本章标题评注部分,第2233页)

第四百三十八条 【盗窃、抢夺武器装备、军用物资罪】盗窃、抢夺武器装备或者军用物资的,处五年以下有期徒刑或者拘役;情节严重的,处五年以上十年以下有期徒刑;情节特别严重的,处十年以上有期徒刑、无期徒刑或者死刑。

盗窃、抢夺枪支、弹药、爆炸物的,依照本法第一百二十七条的规定处罚。

立法沿革

本条系1997年《刑法》吸收修改单行刑法作出的规定。《惩治军人违反职责罪暂行条例》(1982年1月1日起施行,1997年10月1日废止)第十一条规定:"盗窃武器装备或者军用物资的,处五年以下有期徒刑或者拘役;情节严重的,处五年以上十年以下有期徒刑;情节特别严重的,处十年以上有期徒刑或者无期徒刑。战时从重处罚,情节特别严重的,可以判处死刑。"1997年《刑法》增加"抢夺"行为方式,调整刑罚,并增设第二款指引性规定。

立案追诉标准

《军人违反职责罪案件立案标准的规定》(政检〔2013〕1号,节录)

第二十一条 盗窃、抢夺武器装备、军用物资案(刑法第四百三十八条)

盗窃武器装备罪是指以非法占有为目的,秘密窃取武器装备的行为。

抢夺武器装备罪是指以非法占有为目的,乘人不备,公然夺取武器装备的行为。

凡涉嫌盗窃、抢夺武器装备的,应予立案。

盗窃军用物资罪是指以非法占有为目的,秘密窃取军用物资的行为。

抢夺军用物资罪是指以非法占有为目的,乘人不备,公然夺取军用物资的行为。

凡涉嫌盗窃、抢夺军用物资价值二千元以上,或者不满规定数额,但后果严重的,应予立案。

(→第三十二条至第三十九条参见本章标题评注部分,第2233页)

第四百三十九条 【非法出卖、转让武器装备罪】非法出卖、转让军队武器装备的,处三年以上十年以下有期徒刑;出卖、转让大量武器装备或者有其他特别严重情节的,处十年以上有期徒刑、无期徒刑或者死刑。

立法沿革

本条系1997年《刑法》增设的规定。

立案追诉标准

《军人违反职责罪案件立案标准的规定》(政检〔2013〕1号,节录)

第二十二条 非法出卖、转让武器装备案(刑法第四百三十九条)

非法出卖、转让武器装备罪是指非法出卖、转让武器装备的行为。

出卖、转让,是指违反武器装备管理规定,未经有权机关批准,擅自用武器装备换取金钱、财物或者其他利益,或者将武器装备馈赠他人的行为。

涉嫌下列情形之一的,应予立案:

（一）非法出卖、转让枪支、手榴弹、爆炸装置的；

（二）非法出卖、转让子弹十发、雷管三十枚、导火索或者导爆索三十米、炸药一千克以上，或者不满规定数量，但后果严重的；

（三）非法出卖、转让武器装备零部件或者维修器材、设备，致使武器装备报废或者直接经济损失三十万元以上的；

（四）非法出卖、转让其他重要武器装备的。

（→第三十二条至第三十九条参见本章标题评注部分，第2233页）

第四百四十条　【遗弃武器装备罪】违抗命令，遗弃武器装备的，处五年以下有期徒刑或者拘役；遗弃重要或者大量武器装备的，或者有其他严重情节的，处五年以上有期徒刑。

立法沿革

本条系1997年《刑法》增设的规定。

立案追诉标准

《军人违反职责罪案件立案标准的规定》（政检〔2013〕1号，节录）

第二十三条　遗弃武器装备案（刑法第四百四十条）

遗弃武器装备罪是指负有保管、使用武器装备义务的军人，违抗命令，故意遗弃武器装备的行为。

涉嫌下列情形之一的，应予立案：

（一）遗弃枪支、手榴弹、爆炸装置的；

（二）遗弃子弹十发、雷管三十枚、导火索或者导爆索三十米、炸药一千克以上，或者不满规定数量，但后果严重的；

（三）遗弃武器装备零部件或者维修器材、设备，致使武器装备报废或者直接经济损失三十万元以上的；

（四）遗弃其他重要武器装备的。

（→第三十二条至第三十九条参见本章标题评注部分，第2233页）

第四百四十一条　【遗失武器装备罪】遗失武器装备，不及时报告或者有其他严重情节的，处三年以下有期徒刑或者拘役。

立法沿革

本条系 1997 年《刑法》增设的规定。

立案追诉标准

《军人违反职责罪案件立案标准的规定》（政检〔2013〕1号，节录）

第二十四条 遗失武器装备案（刑法第四百四十一条）

遗失武器装备罪是指遗失武器装备，不及时报告或者有其他严重情节的行为。

其他严重情节，是指遗失武器装备严重影响重大任务完成的；给人民群众生命财产安全造成严重危害的；遗失的武器装备被敌人或者境外的机构、组织和人员或者国内恐怖组织和人员利用，造成严重后果或者恶劣影响的；遗失的武器装备数量多、价值高的；战时遗失的，等等。

凡涉嫌遗失武器装备不及时报告或者有其他严重情节的，应予立案。

（→第三十二条至第三十九条参见本章标题评注部分，第2233页）

第四百四十二条 【擅自出卖、转让军队房地产罪】违反规定，擅自出卖、转让军队房地产，情节严重的，对直接责任人员，处三年以下有期徒刑或者拘役；情节特别严重的，处三年以上十年以下有期徒刑。

立法沿革

本条系 1997 年《刑法》增设的规定。

立案追诉标准

《军人违反职责罪案件立案标准的规定》（政检〔2013〕1号，节录）

第二十五条 擅自出卖、转让军队房地产案（刑法第四百四十二条）

擅自出卖、转让军队房地产罪是指违反军队房地产管理和使用规定，未经有权机关批准，擅自出卖、转让军队房地产，情节严重的行为。

军队房地产，是指依法由军队使用管理的土地及其地上地下用于营房保障的建筑物、构筑物、附属设施设备，以及其他附着物。

涉嫌下列情形之一的，应予立案：

（一）擅自出卖、转让军队房地产价值三十万元以上的；

（二）擅自出卖、转让军队房地产给境外的机构、组织、人员的；

(三)擅自出卖、转让军队房地产严重影响部队正常战备、训练、工作、生活和完成军事任务的;

(四)擅自出卖、转让军队房地产给军事设施安全造成严重危害的;

(五)有其他情节严重行为的。

(→第三十二条至第三十九条参见本章标题评注部分,第2233页)

第四百四十三条 【虐待部属罪】滥用职权,虐待部属,情节恶劣,致人重伤或者造成其他严重后果的,处五年以下有期徒刑或者拘役;致人死亡的,处五年以上有期徒刑。

立法沿革

本条系1997年《刑法》吸收修改单行刑法作出的规定。《惩治军人违反职责罪暂行条例》(1982年1月1日起施行,1997年10月1日废止)第九条规定:"滥用职权,虐待、迫害部属,情节恶劣,因而致人重伤或者造成其他严重后果的,处五年以下有期徒刑或者拘役;致人死亡的,处五年以上有期徒刑。"1997年《刑法》对行为方式作了简化,并调整了文字。

立案追诉标准

《军人违反职责罪案件立案标准的规定》(政检〔2013〕1号,节录)

第二十六条 虐待部属案(刑法第四百四十三条)

虐待部属罪是指滥用职权,虐待部属,情节恶劣,致人重伤、死亡或者造成其他严重后果的行为。

虐待部属,是指采取殴打、体罚、冻饿或者其他有损身心健康的手段,折磨、摧残部属的行为。

情节恶劣,是指虐待手段残酷的;虐待三人以上的;虐待部属三次以上的;虐待伤病残部属的,等等。

其他严重后果,是指部属不堪忍受虐待而自杀、自残造成重伤或者精神失常的;诱发其他案件、事故的;导致部属一人逃离部队三次以上,或者二人以上逃离部队的;造成恶劣影响的,等等。

凡涉嫌虐待部属,情节恶劣,致人重伤、死亡或者造成其他严重后果的,应予立案。

(→第三十二条至第三十九条参见本章标题评注部分,第2233页)

第四百四十四条 【遗弃伤病军人罪】在战场上故意遗弃伤病军人,情节恶劣的,对直接责任人员,处五年以下有期徒刑。

立法沿革

本条系1997年《刑法》吸收修改单行刑法作出的规定。《惩治军人违反职责罪暂行条例》(1982年1月1日起施行,1997年10月1日废止)第十五条规定:"在战场上故意遗弃伤员,情节恶劣的,对直接责任人员,处三年以下有期徒刑。"1997年《刑法》将行为对象由"伤员"调整为"伤病军人",并提升了刑罚。

立案追诉标准

《军人违反职责罪案件立案标准的规定》(政检〔2013〕1号,节录)

第二十七条 遗弃伤病军人案(刑法第四百四十四条)

遗弃伤病军人罪是指在战场上故意遗弃我方伤病军人,情节恶劣的行为。涉嫌下列情形之一的,应予立案:

(一)为挟嫌报复而遗弃伤病军人的;

(二)遗弃伤病军人三人以上的;

(三)导致伤病军人死亡、失踪、被俘的;

(四)有其他恶劣情节的。

(→第三十二条至第三十九条参见本章标题评注部分,第2233页)

第四百四十五条 【战时拒不救治伤病军人罪】战时在救护治疗职位上,有条件救治而拒不救治危重伤病军人的,处五年以下有期徒刑或者拘役;造成伤病军人重残、死亡或者有其他严重情节的,处五年以上十年以下有期徒刑。

立法沿革

本条系1997年《刑法》增设的规定。

立案追诉标准

《军人违反职责罪案件立案标准的规定》(政检〔2013〕1号,节录)

第二十八条 战时拒不救治伤病军人案(刑法第四百四十五条)

战时拒不救治伤病军人罪是指战时在救护治疗职位上,有条件救治而拒不救治危重伤病军人的行为。

有条件救治而拒不救治,是指根据伤病军人的伤情或者病情,结合救护人员的技术水平、医疗单位的医疗条件及当时的客观环境等因素,能够给予救治而拒绝抢救、治疗。

凡战时涉嫌拒不救治伤病军人的,应予立案。

(→第三十二条至第三十九条参见本章标题评注部分,第2233页)

第四百四十六条　【战时残害居民、掠夺居民财物罪】战时在军事行动地区,残害无辜居民或者掠夺无辜居民财物的,处五年以下有期徒刑;情节严重的,处五年以上十年以下有期徒刑;情节特别严重的,处十年以上有期徒刑、无期徒刑或者死刑。

立法沿革

本条系1997年《刑法》吸收修改单行刑法作出的规定。《惩治军人违反职责罪暂行条例》(1982年1月1日起施行,1997年10月1日废止)第二十条规定:"在军事行动地区,掠夺、残害无辜居民的,处七年以下有期徒刑;情节严重的,处七年以上有期徒刑;情节特别严重的,处无期徒刑或者死刑。"1997年《刑法》对构成要件和刑罚配置作了调整。

立案追诉标准

《军人违反职责罪案件立案标准的规定》(政检〔2013〕1号,节录)

第二十九条　战时残害居民、掠夺居民财物案(刑法第四百四十六条)

战时残害居民罪是指战时在军事行动地区残害无辜居民的行为。

无辜居民,是指对我军无敌对行动的平民。

战时涉嫌下列情形之一的,应予立案:

(一)故意造成无辜居民死亡、重伤或者轻伤三人以上的;

(二)强奸无辜居民的;

(三)故意损毁无辜居民财物价值五千元以上,或者不满规定数额,但手段恶劣、后果严重的。

战时掠夺居民财物罪是指战时在军事行动地区抢劫、抢夺无辜居民财物的行为。

战时涉嫌下列情形之一的,应予立案:

(一)抢劫无辜居民财物的;

(二)抢夺无辜居民财物价值二千元以上,或者不满规定数额,但手段恶劣、后果严重的。

（→第三十二条至第三十九条参见本章标题评注部分，第2233页）

第四百四十七条 【私放俘虏罪】私放俘虏的，处五年以下有期徒刑；私放重要俘虏、私放俘虏多人或者有其他严重情节的，处五年以上有期徒刑。

立法沿革

本条系1997年《刑法》增设的规定。

立案追诉标准

《军人违反职责罪案件立案标准的规定》（政检〔2013〕1号，节录）

第三十条 私放俘虏案（刑法第四百四十七条）

私放俘虏罪是指擅自将俘虏放走的行为。

凡涉嫌私放俘虏的，应予立案。

（→第三十二条至第三十九条参见本章标题评注部分，第2233页）

第四百四十八条 【虐待俘虏罪】虐待俘虏，情节恶劣的，处三年以下有期徒刑。

立法沿革

本条系1997年《刑法》吸收《惩治军人违反职责罪暂行条例》（1982年1月1日起施行，1997年10月1日废止）第二十一条的规定，未作调整。

立案追诉标准

《军人违反职责罪案件立案标准的规定》（政检〔2013〕1号，节录）

第三十一条 虐待俘虏案（刑法第四百四十八条）

虐待俘虏罪是指虐待俘虏，情节恶劣的行为。

涉嫌下列情形之一的，应予立案：

（一）指挥人员虐待俘虏的；

（二）虐待俘虏三人以上，或者虐待俘虏三次以上的；

（三）虐待俘虏手段特别残忍的；

（四）虐待伤病俘虏的；

（五）导致俘虏自杀、逃跑等严重后果的；

（六）造成恶劣影响的；
（七）有其他恶劣情节的。
（→第三十二条至第三十九条参见本章标题评注部分，第2233页）

第四百四十九条　【战时缓刑】在战时，对被判处三年以下有期徒刑没有现实危险宣告缓刑的犯罪军人，允许其戴罪立功，确有立功表现时，可以撤销原判刑罚，不以犯罪论处。

立法沿革

本条系1997年《刑法》吸收《惩治军人违反职责罪暂行条例》（1982年1月1日起施行，1997年10月1日废止）第二十二条的规定，未作调整。

第四百五十条　【本章适用范围】本章适用于中国人民解放军的现役军官、文职干部、士兵及具有军籍的学员和中国人民武装警察部队的现役警官、文职干部、士兵及具有军籍的学员以及文职人员、执行军事任务的预备役人员和其他人员。

立法沿革

本条系1997年《刑法》增设的规定，以明确军人违反职责罪的适用主体范围。

2021年3月1日起施行的《刑法修正案（十一）》第四十七条对本条作了修改，在本章适用主体范围中增加文职人员的规定。

修正前《刑法》	修正后《刑法》
第四百五十条　【本章适用的主体范围】本章适用于中国人民解放军的现役军官、文职干部、士兵及具有军籍的学员和中国人民武装警察部队的现役警官、文职干部、士兵及具有军籍的学员以及执行军事任务的预备役人员和其他人员。	**第四百五十条　【本章适用范围】**本章适用于中国人民解放军的现役军官、文职干部、士兵及具有军籍的学员和中国人民武装警察部队的现役警官、文职干部、士兵及具有军籍的学员以及**文职人员**、执行军事任务的预备役人员和其他人员。

第四百五十一条 【战时的界定】本章所称战时,是指国家宣布进入战争状态、部队受领作战任务或者遭敌突然袭击时。

部队执行戒严任务或者处置突发性暴力事件时,以战时论。

立法沿革

本条系1997年《刑法》增设的规定,以明确本章多个条文出现的"战时"的涵义。

附则

第四百五十二条 【本法的施行日期、相关法律的废止与保留】本法自1997年10月1日起施行。

列于本法附件一的全国人民代表大会常务委员会制定的条例、补充规定和决定,已纳入本法或者已不适用,自本法施行之日起,予以废止。

列于本法附件二的全国人民代表大会常务委员会制定的补充规定和决定予以保留。其中,有关行政处罚和行政措施的规定继续有效;有关刑事责任的规定已纳入本法,自本法施行之日起,适用本法规定。

附件一

全国人民代表大会常务委员会制定的下列条例、补充规定和决定,已纳入本法或者已不适用,自本法施行之日起,予以废止:
1. 中华人民共和国惩治军人违反职责罪暂行条例
2. 关于严惩严重破坏经济的罪犯的决定
3. 关于严惩严重危害社会治安的犯罪分子的决定
4. 关于惩治走私罪的补充规定
5. 关于惩治贪污罪贿赂罪的补充规定
6. 关于惩治泄露国家秘密犯罪的补充规定
7. 关于惩治捕杀国家重点保护的珍贵、濒危野生动物犯罪的补充规定
8. 关于惩治侮辱中华人民共和国国旗国徽罪的决定
9. 关于惩治盗掘古文化遗址古墓葬犯罪的补充规定
10. 关于惩治劫持航空器犯罪分子的决定
11. 关于惩治假冒注册商标犯罪的补充规定
12. 关于惩治生产、销售伪劣商品犯罪的决定
13. 关于惩治侵犯著作权的犯罪的决定
14. 关于惩治违反公司法的犯罪的决定
15. 关于处理逃跑或者重新犯罪的劳改犯和劳教人员的决定

第452条 附件二

全国人民代表大会常务委员会制定的下列补充规定和决定予以保留,其中,有关行政处罚和行政措施的规定继续有效;有关刑事责任的规定已纳入本法,自本法施行之日起,适用本法规定:

1. 关于禁毒的决定①
2. 关于惩治走私、制作、贩卖、传播淫秽物品的犯罪分子的决定②
3. 关于严惩拐卖、绑架妇女、儿童的犯罪分子的决定③
4. 关于严禁卖淫嫖娼的决定④
5. 关于惩治偷税、抗税犯罪的补充规定⑤
6. 关于严惩组织、运送他人偷越国(边)境犯罪的补充规定⑥
7. 关于惩治破坏金融秩序犯罪的决定
8. 关于惩治虚开、伪造和非法出售增值税专用发票犯罪的决定

---

① 《禁毒法》(自2008年6月1日起施行)第七十一条废止本决定。——**本评注注**
② 《全国人民代表大会常务委员会关于修改部分法律的决定》(自2009年8月27日起施行)将本决定第二条、第三条中的"治安管理处罚条例"修改为"治安管理处罚法"。——**本评注注**
③ 《全国人民代表大会常务委员会关于修改部分法律的决定》(自2009年8月27日起施行)将本决定第四条的"治安管理处罚条例"修改为"治安管理处罚法"。——**本评注注**
④ (1)《全国人民代表大会常务委员会关于修改部分法律的决定》(自2009年8月27日起施行)将本决定第三条、第四条中的"依照治安管理处罚条例第三十条的规定处罚"修改为"依照《中华人民共和国治安管理处罚法》的规定处罚"。(2)《全国人民代表大会常务委员会关于废止有关收容教育法律规定和制度的决定》(自2019年12月29日起施行)废止本决定第四条第二款、第四款,以及据此实行的收容教育制度。——**本评注注**
⑤ 《全国人民代表大会常务委员会关于废止部分法律的决定》(自2009年6月27日起施行)废止本决定。——**本评注注**
⑥ 《全国人民代表大会常务委员会关于废止部分法律的决定》(自2009年6月27日起施行)废止本决定。——**本评注注**

附录

附录一

《全国人民代表大会常务委员会关于修改部分法律的决定》（自 2009 年 8 月 27 日起施行,节录）

第十一届全国人民代表大会常务委员会第十次会议决定：

……

二、对下列法律和法律解释中关于"征用"的规定作出修改

(一)将下列法律和法律解释中的"征用"修改为"征收、征用"

……

12.《中华人民共和国刑法》第三百八十一条、第四百一十条

13.全国人民代表大会常务委员会关于《中华人民共和国刑法》第九十三条第二款的解释

14.全国人民代表大会常务委员会关于《中华人民共和国刑法》第二百二十八条、第三百四十二条、第四百一十条的解释

……

三、对下列法律中关于刑事责任的规定作出修改

(一)将下列法律中的"依照刑法第×条的规定"、"比照刑法第×条的规定"修改为"依照刑法有关规定"

22.《中华人民共和国计量法》第二十九条

23.《中华人民共和国矿产资源法》第三十九条、第四十条、第四十三条、第四十四条、第四十八条

24.《中华人民共和国国境卫生检疫法》第二十二条

25.《中华人民共和国全民所有制工业企业法》第六十二条、第六十三条

26.《中华人民共和国野生动物保护法》第三十二条、第三十七条

27.《中华人民共和国集会游行示威法》第二十九条

28.《中华人民共和国军事设施保护法》第三十三条、第三十四条

29.《中华人民共和国铁路法》第六十条、第六十四条、第六十五条

30.《中华人民共和国进出境动植物检疫法》第四十二条、第四十三条

31.《中华人民共和国全国人民代表大会和地方各级人民代表大会代表法》

第三十九条

32.《中华人民共和国矿山安全法》第四十六条、第四十七条

33.《中华人民共和国国家安全法》第二十六条、第二十七条、第三十二条

34.《中华人民共和国教师法》第三十六条

35.《中华人民共和国红十字会法》第十五条

36.《中华人民共和国劳动法》第九十二条

37.《中华人民共和国母婴保健法》第三十六条

38.《中华人民共和国民用航空法》第一百九十四条、第一百九十六条、第一百九十八条、第一百九十九条

39.《中华人民共和国电力法》第七十一条、第七十二条、第七十四条

40.《中华人民共和国行政处罚法》第六十一条

41.《中华人民共和国枪支管理法》第四十条、第四十二条、第四十三条

42.《中华人民共和国煤炭法》第七十八条、第七十九条

（二）将下列法律中引用已纳入刑法并被废止的关于惩治犯罪的决定的规定修改为"依照刑法有关规定"

43.《中华人民共和国野生动物保护法》第三十一条

44.《中华人民共和国军事设施保护法》第三十五条

45.《中华人民共和国铁路法》第六十九条

46.《中华人民共和国烟草专卖法》第四十条、第四十二条

47.《中华人民共和国民用航空法》第一百九十一条

（三）删去下列法律中关于"投机倒把"、"投机倒把罪"的规定，并作出修改

48.将《中华人民共和国计量法》第二十八条修改为："制造、销售、使用以欺骗消费者为目的的计量器具的，没收计量器具和违法所得，处以罚款；情节严重的，并对个人或者单位直接责任人员依照刑法有关规定追究刑事责任。"

49.将《中华人民共和国野生动物保护法》第三十五条第二款修改为："违反本法规定，出售、收购国家重点保护野生动物或者其产品，情节严重，构成犯罪的，依照刑法有关规定追究刑事责任。"

50.将《中华人民共和国铁路法》第七十条修改为："铁路职工利用职务之便走私的，或者与其他人员勾结走私的，依照刑法有关规定追究刑事责任。"

51.将《中华人民共和国烟草专卖法》第三十八条第一款修改为："倒卖烟草专卖品，构成犯罪的，依法追究刑事责任；情节轻微，不构成犯罪的，由工商行政管理部门没收倒卖的烟草专卖品和违法所得，可以并处罚款。"

（四）对下列法律中关于追究刑事责任的具体规定作出修改

52. 将《中华人民共和国公民出境入境管理法》第十六条修改为:"执行本法的国家工作人员,利用职权索取、收受贿赂,或者有其他违法失职行为,情节严重,构成犯罪的,依法追究刑事责任。"

53. 将《中华人民共和国铁路法》第六十一条修改为:"故意损毁、移动铁路行车信号装置或者在铁路线路上放置足以使列车倾覆的障碍物的,依照刑法有关规定追究刑事责任。"

第六十二条修改为:"盗窃铁路线路上行车设施的零件、部件或者铁路线路上的器材,危及行车安全的,依照刑法有关规定追究刑事责任。"

第六十三条修改为:"聚众拦截列车、冲击铁路行车调度机构不听制止的,对首要分子和骨干分子依照刑法有关规定追究刑事责任。"

第六十六条修改为:"倒卖旅客车票,构成犯罪的,依照刑法有关规定追究刑事责任。铁路职工倒卖旅客车票或者与其他人员勾结倒卖旅客车票的,依照刑法有关规定追究刑事责任。"

54. 将《中华人民共和国烟草专卖法》第三十九条修改为:"伪造、变造、买卖本法规定的烟草专卖生产企业许可证、烟草专卖经营许可证等许可证件和准运证的,依照刑法有关规定追究刑事责任。

"烟草专卖行政主管部门和烟草公司工作人员利用职务上的便利犯前款罪的,依法从重处罚。"

55. 将《中华人民共和国城市房地产管理法》第七十一条第二款修改为:"房产管理部门、土地管理部门工作人员利用职务上的便利,索取他人财物,或者非法收受他人财物为他人谋取利益,构成犯罪的,依法追究刑事责任;不构成犯罪的,给予行政处分。"

56. 将《中华人民共和国民用航空法》第一百九十二条修改为:"对飞行中的民用航空器上的人员使用暴力,危及飞行安全的,依照刑法有关规定追究刑事责任。"

第一百九十三条第一款修改为:"违反本法规定,隐匿携带炸药、雷管或者其他危险品乘坐民用航空器,或者以非危险品品名托运危险品的,依照刑法有关规定追究刑事责任。"

第三款修改为:"隐匿携带枪支子弹、管制刀具乘坐民用航空器的,依照刑法有关规定追究刑事责任。"

第一百九十五条修改为:"故意在使用中的民用航空器上放置危险品或者唆使他人放置危险品,足以毁坏该民用航空器,危及飞行安全的,依照刑法有关规定追究刑事责任。"

第一百九十七条修改为:"盗窃或者故意损毁、移动使用中的航行设施,危及飞行安全,足以使民用航空器发生坠落、毁坏危险的,依照刑法有关规定追究刑事责任。"

57.将《中华人民共和国枪支管理法》第三十九条修改为:"违反本法规定,未经许可制造、买卖或者运输枪支的,依照刑法有关规定追究刑事责任。

"单位有前款行为的,对单位判处罚金,并对其直接负责的主管人员和其他直接责任人员依照刑法有关规定追究刑事责任。"

第四十一条修改为:"违反本法规定,非法持有、私藏枪支的,非法运输、携带枪支入境、出境的,依照刑法有关规定追究刑事责任。"

58.将《中华人民共和国兵役法》第六十二条第一款修改为:"现役军人以逃避服兵役为目的,拒绝履行职责或者逃离部队的,按照中央军事委员会的规定给予处分;构成犯罪的,依法追究刑事责任。"

《全国人民代表大会常务委员会关于特赦部分服刑罪犯的决定》(自 2015 年 8 月 29 日起施行)

第十二届全国人民代表大会常务委员会第十六次会议讨论了全国人民代表大会常务委员会委员长会议关于提请审议《全国人民代表大会常务委员会关于特赦部分服刑罪犯的决定(草案)》的议案,为纪念中国人民抗日战争暨世界反法西斯战争胜利 70 周年,体现依法治国理念和人道主义精神,根据宪法,决定对依据 2015 年 1 月 1 日前人民法院作出的生效判决正在服刑,释放后不具有现实社会危险性的下列罪犯实行特赦:

一、参加过中国人民抗日战争、中国人民解放战争的;

二、中华人民共和国成立以后,参加过保卫国家主权、安全和领土完整对外作战的,但犯贪污受贿犯罪、故意杀人、强奸、抢劫、绑架、放火、爆炸、投放危险物质或者有组织的暴力性犯罪,黑社会性质的组织犯罪,危害国家安全犯罪,恐怖活动犯罪的,有组织犯罪的主犯以及累犯除外;

三、年满七十五周岁、身体严重残疾且生活不能自理的;

四、犯罪的时候不满十八周岁,被判处三年以下有期徒刑或者剩余刑期在一年以下的,但犯故意杀人、强奸等严重暴力性犯罪,恐怖活动犯罪,贩卖毒品犯罪的除外。

对本决定施行之日符合上述条件的服刑罪犯,经人民法院依法作出裁定后,予以释放。

本决定自 2015 年 8 月 29 日起施行。

《全国人民代表大会常务委员会关于在中华人民共和国成立七十周年之际对部分服刑罪犯予以特赦的决定》(自2019年6月29日起施行)

第十三届全国人民代表大会常务委员会第十一次会议审议了全国人民代表大会常务委员会委员长会议关于提请审议《全国人民代表大会常务委员会关于在中华人民共和国成立七十周年之际对部分服刑罪犯予以特赦的决定(草案)》的议案,为庆祝中华人民共和国成立70周年,体现依法治国理念和人道主义精神,根据宪法,决定对依据2019年1月1日前人民法院作出的生效判决正在服刑的下列罪犯实行特赦:

一、参加过中国人民抗日战争、中国人民解放战争的;

二、中华人民共和国成立以后,参加过保卫国家主权、安全和领土完整对外作战的;

三、中华人民共和国成立以后,为国家重大工程建设做过较大贡献并获得省部级以上"劳动模范""先进工作者""五一劳动奖章"等荣誉称号的;

四、曾系现役军人并获得个人一等功以上奖励的;

五、因防卫过当或者避险过当,被判处三年以下有期徒刑或者剩余刑期在一年以下的;

六、年满七十五周岁,身体严重残疾且生活不能自理的;

七、犯罪的时候不满十八周岁,被判处三年以下有期徒刑或者剩余刑期在一年以下的;

八、丧偶且有未成年子女或者有身体严重残疾、生活不能自理的子女,确需本人抚养的女性,被判处三年以下有期徒刑或者剩余刑期在一年以下的;

九、被裁定假释已执行五分之一以上假释考验期的,或者被判处管制的。

上述九类对象中,具有以下情形之一的,不得特赦:

(一)第二、三、四、七、八、九类对象中系贪污受贿犯罪,军人违反职责犯罪,故意杀人、强奸、抢劫、绑架、放火、爆炸、投放危险物质或者有组织的暴力性犯罪,黑社会性质的组织犯罪,贩卖毒品犯罪,危害国家安全犯罪,恐怖活动犯罪的罪犯,其他有组织犯罪的主犯,累犯的;

(二)第二、三、四、九类对象中剩余刑期在十年以上的和仍处于无期徒刑、死刑缓期执行期间的;

(三)曾经被特赦又因犯罪被判处刑罚的;

(四)不认罪悔改的;

(五)经评估具有现实社会危险性的。

对本决定施行之日符合上述条件的服刑罪犯,经人民法院依法作出裁定后,予以释放。

本决定自 2019 年 6 月 29 日起施行。

《中华人民共和国香港特别行政区维护国家安全法》(自 2020 年 6 月 30 日起施行,节录)

第一章　总则(略)

第二章　香港特别行政区维护国家安全的职责和机构(略)

第三章　罪行和处罚

第一节　分裂国家罪

第二十条　任何人组织、策划、实施或者参与实施以下旨在分裂国家、破坏国家统一行为之一的,不论是否使用武力或者以武力相威胁,即属犯罪:

(一)将香港特别行政区或者中华人民共和国其他任何部分从中华人民共和国分离出去;

(二)非法改变香港特别行政区或者中华人民共和国其他任何部分的法律地位;

(三)将香港特别行政区或者中华人民共和国其他任何部分转归外国统治。

犯前款罪,对首要分子或者罪行重大的,处无期徒刑或者十年以上有期徒刑;对积极参加的,处三年以上十年以下有期徒刑;对其他参加的,处三年以下有期徒刑、拘役或者管制。

第二十一条　任何人煽动、协助、教唆、以金钱或者其他财物资助他人实施本法第二十条规定的犯罪,即属犯罪。情节严重的,处五年以上十年以下有期徒刑;情节较轻的,处五年以下有期徒刑、拘役或者管制。

第二节　颠覆国家政权罪

第二十二条　任何人组织、策划、实施或者参与实施以下以武力、威胁使用武力或者其他非法手段旨在颠覆国家政权行为之一的,即属犯罪:

(一)推翻、破坏中华人民共和国宪法所确立的中华人民共和国根本制度;

(二)推翻中华人民共和国中央政权机关或者香港特别行政区政权机关;

(三)严重干扰、阻挠、破坏中华人民共和国中央政权机关或者香港特别行政区政权机关依法履行职能;

(四)攻击、破坏香港特别行政区政权机关履职场所及其设施,致使其无法正常履行职能。

犯前款罪,对首要分子或者罪行重大的,处无期徒刑或者十年以上有期徒刑;对积极参加的,处三年以上十年以下有期徒刑;对其他参加的,处三年以下有期徒刑、拘役或者管制。

第二十三条　任何人煽动、协助、教唆、以金钱或者其他财物资助他人实施本法第二十二条规定的犯罪的,即属犯罪。情节严重的,处五年以上十年以下有期徒刑;情节较轻的,处五年以下有期徒刑、拘役或者管制。

第三节　恐怖活动罪

第二十四条　为胁迫中央人民政府、香港特别行政区政府或者国际组织或者威吓公众以图实现政治主张,组织、策划、实施、参与实施或者威胁实施以下造成或者意图造成严重社会危害的恐怖活动之一的,即属犯罪:

(一)针对人的严重暴力;

(二)爆炸、纵火或者投放毒害性、放射性、传染病病原体等物质;

(三)破坏交通工具、交通设施、电力设备、燃气设备或者其他易燃易爆设备;

(四)严重干扰、破坏水、电、燃气、交通、通讯、网络等公共服务和管理的电子控制系统;

(五)以其他危险方法严重危害公众健康或者安全。

犯前款罪,致人重伤、死亡或者使公私财产遭受重大损失的,处无期徒刑或者十年以上有期徒刑;其他情形,处三年以上十年以下有期徒刑。

第二十五条　组织、领导恐怖活动组织的,即属犯罪,处无期徒刑或者十年以上有期徒刑,并处没收财产;积极参加的,处三年以上十年以下有期徒刑,并处罚金;其他参加的,处三年以下有期徒刑、拘役或者管制,可以并处罚金。

本法所指的恐怖活动组织,是指实施或者意图实施本法第二十四条规定的恐怖活动罪行或者参与或者协助实施本法第二十四条规定的恐怖活动罪行的组织。

第二十六条　为恐怖活动组织、恐怖活动人员、恐怖活动实施提供培训、武器、信息、资金、物资、劳务、运输、技术或者场所等支持、协助、便利,或者制造、非法管有爆炸性、毒害性、放射性、传染病病原体等物质以及以其他形式准备实施恐怖活动的,即属犯罪。情节严重的,处五年以上十年以下有期徒刑,并处罚金或者没收财产;其他情形,处五年以下有期徒刑、拘役或者管制,并处罚金。

有前款行为,同时构成其他犯罪的,依照处罚较重的规定定罪处罚。

第二十七条　宣扬恐怖主义、煽动实施恐怖活动的,即属犯罪。情节严重的,处五年以上十年以下有期徒刑,并处罚金或者没收财产;其他情形,处五年以下有期徒刑、拘役或者管制,并处罚金。

第二十八条　本节规定不影响依据香港特别行政区法律对其他形式的恐怖

活动犯罪追究刑事责任并采取冻结财产等措施。

第四节　勾结外国或者境外势力危害国家安全罪

第二十九条　为外国或者境外机构、组织、人员窃取、刺探、收买、非法提供涉及国家安全的国家秘密或者情报的；请求外国或者境外机构、组织、人员实施，与外国或者境外机构、组织、人员串谋实施，或者直接或者间接接受外国或者境外机构、组织、人员的指使、控制、资助或者其他形式的支援实施以下行为之一的，均属犯罪：

（一）对中华人民共和国发动战争，或者以武力或者武力相威胁，对中华人民共和国主权、统一和领土完整造成严重危害；

（二）对香港特别行政区政府或者中央人民政府制定和执行法律、政策进行严重阻挠并可能造成严重后果；

（三）对香港特别行政区选举进行操控、破坏并可能造成严重后果；

（四）对香港特别行政区或者中华人民共和国进行制裁、封锁或者采取其他敌对行动；

（五）通过各种非法方式引发香港特别行政区居民对中央人民政府或者香港特别行政区政府的憎恨并可能造成严重后果。

犯前款罪，处三年以上十年以下有期徒刑；罪行重大的，处无期徒刑或者十年以上有期徒刑。

本条第一款规定涉及的境外机构、组织、人员，按共同犯罪定罪处刑。

第三十条　为实施本法第二十条、第二十二条规定的犯罪，与外国或者境外机构、组织、人员串谋，或者直接或者间接接受外国或者境外机构、组织、人员的指使、控制、资助或者其他形式的支援的，依照本法第二十条、第二十二条的规定从重处罚。

第五节　其他处罚规定

第三十一条　公司、团体等法人或者非法人组织实施本法规定的犯罪的，对该组织判处罚金。

公司、团体等法人或者非法人组织因犯本法规定的罪行受到刑事处罚的，应责令其暂停运作或者吊销其执照或者营业许可证。

第三十二条　因实施本法规定的犯罪而获得的资助、收益、报酬等违法所得以及用于或者意图用于犯罪的资金和工具，应当予以追缴、没收。

第三十三条　有以下情形的，对有关犯罪行为人、犯罪嫌疑人、被告人可以从轻、减轻处罚；犯罪较轻的，可以免除处罚：

（一）在犯罪过程中，自动放弃犯罪或者自动有效地防止犯罪结果发生的；

（二）自动投案，如实供述自己的罪行的；

（三）揭发他人犯罪行为，查证属实，或者提供重要线索得以侦破其他案件的。

被采取强制措施的犯罪嫌疑人、被告人如实供述执法、司法机关未掌握的本人犯有本法规定的其他罪行的，按前款第二项规定处理。

第三十四条 不具有香港特别行政区永久性居民身份的人实施本法规定的犯罪的，可以独立适用或者附加适用驱逐出境。

不具有香港特别行政区永久性居民身份的人违反本法规定，因任何原因不对其追究刑事责任的，也可以驱逐出境。

第三十五条 任何人经法院判决犯危害国家安全罪行的，即丧失作为候选人参加香港特别行政区举行的立法会、区议会选举或者出任香港特别行政区任何公职或者行政长官选举委员会委员的资格；曾经宣誓或者声明拥护中华人民共和国香港特别行政区基本法、效忠中华人民共和国香港特别行政区的立法会议员、政府官员及公务人员、行政会议成员、法官及其他司法人员、区议员，即时丧失该等职务，并丧失参选或者出任上述职务的资格。

前款规定资格或者职务的丧失，由负责组织、管理有关选举或者公职任免的机构宣布。

第六节 效力范围

第三十六条 任何人在香港特别行政区内实施本法规定的犯罪的，适用本法。犯罪的行为或者结果有一项发生在香港特别行政区内的，就认为是在香港特别行政区内犯罪。

在香港特别行政区注册的船舶或者航空器内实施本法规定的犯罪的，也适用本法。

第三十七条 香港特别行政区永久性居民或者在香港特别行政区成立的公司、团体等法人或者非法人组织在香港特别行政区以外实施本法规定的犯罪的，适用本法。

第三十八条 不具有香港特别行政区永久性居民身份的人在香港特别行政区以外针对香港特别行政区实施本法规定的犯罪的，适用本法。

第三十九条 本法施行以后的行为，适用本法定罪处刑。

第四章 案件管辖、法律适用和程序（略）

第五章 中央人民政府驻香港特别行政区维护国家安全机构（略）

第六章 附则

第六十二条 香港特别行政区本地法律规定与本法不一致的，适用本法规定。

第六十三条 办理本法规定的危害国家安全犯罪案件的有关执法、司法机关及其人员或者办理其他危害国家安全犯罪案件的香港特别行政区执法、司法机关及其人员,应当对办案过程中知悉的国家秘密、商业秘密和个人隐私予以保密。

担任辩护人或者诉讼代理人的律师应当保守在执业活动中知悉的国家秘密、商业秘密和个人隐私。

配合办案的有关机构、组织和个人应当对案件有关情况予以保密。

第六十四条 香港特别行政区适用本法时,本法规定的"有期徒刑""无期徒刑""没收财产"和"罚金"分别指"监禁""终身监禁""充公犯罪所得"和"罚款","拘役"参照适用香港特别行政区相关法律规定的"监禁""入劳役中心""入教导所","管制"参照适用香港特别行政区相关法律规定的"社会服务令""入感化院","吊销执照或者营业许可证"指香港特别行政区相关法律规定的"取消注册或者注册豁免,或者取消牌照"。

第六十五条 本法的解释权属于全国人民代表大会常务委员会。

第六十六条 本法自公布之日起施行。

附录二
刑法立法、司法解释及相关文件总目录

一、刑法及修正案、单行刑法

[1]《中华人民共和国刑法》(自1997年10月1日起施行)

[2]《全国人民代表大会常务委员会关于惩治骗购外汇、逃汇和非法买卖外汇犯罪的决定》(自1998年12月29日起施行)　>>767

[3]《中华人民共和国刑法修正案》(自1999年12月25日起施行)

[4]《中华人民共和国刑法修正案(二)》(自2001年8月31日起施行)

[5]《中华人民共和国刑法修正案(三)》(自2001年12月29日起施行)

[6]《中华人民共和国刑法修正案(四)》(自2002年12月28日起施行)

[7]《中华人民共和国刑法修正案(五)》(自2005年2月28日起施行)

[8]《中华人民共和国刑法修正案(六)》(自2006年6月29日起施行)

[9]《中华人民共和国刑法修正案(七)》(自2009年2月28日起施行)

[10]《中华人民共和国刑法修正案(八)》(自2011年2月25日起施行)

[11]《中华人民共和国刑法修正案(九)》(自2015年11月1日起施行)

[12]《中华人民共和国刑法修正案(十)》(自2017年11月4日起施行)

[13]《中华人民共和国香港特别行政区维护国家安全法》(自2020年6月30日起施行)　>>1998

[14]《中华人民共和国刑法修正案(十一)》(自2021年3月1日起施行)

[15]《中华人民共和国刑法修正案(十二)》(自2024年3月1日起施行)

二、全国人大常委会决定

[1]《全国人民代表大会常务委员会关于取缔邪教组织、防范和惩治邪教活动的决定》(自1999年10月30日起施行)　>>1571

[2]《全国人民代表大会常务委员会关于修改部分法律的决定》(自2009年8月27日起施行)　>>2267

[3]《全国人民代表大会常务委员会关于维护互联网安全的决定》(修正后

自2009年8月27日起施行）>>1399

[4]《全国人民代表大会常务委员会关于特赦部分服刑罪犯的决定》（自2015年8月29日起施行）>>2270

[5]《全国人民代表大会常务委员会关于在中华人民共和国成立七十周年之际对部分服刑罪犯予以特赦的决定》（自2019年6月29日起施行）>>2271

[6]《全国人民代表大会常务委员会关于全面禁止非法野生动物交易、革除滥食野生动物陋习、切实保障人民群众生命健康安全的决定》（自2020年2月24日起施行）>>1770

三、立法解释

[1]《全国人民代表大会常务委员会关于〈中华人民共和国刑法〉第九十三条第二款的解释》（修正后自2009年8月27日起施行）>>367

[2]《全国人民代表大会常务委员会关于〈中华人民共和国刑法〉第二百二十八条、第三百四十二条、第四百一十条的解释》（修正后自2009年8月27日起施行）>>1062

[3]《全国人民代表大会常务委员会关于〈中华人民共和国刑法〉第二百九十四条第一款的解释》（自2002年4月28日起施行）>>496

[4]《全国人民代表大会常务委员会关于〈中华人民共和国刑法〉第三百八十四条第一款的解释》（自2002年4月28日起施行）>>2132

[5]《全国人民代表大会常务委员会关于〈中华人民共和国刑法〉第三百一十三条的解释》（自2002年8月29日起施行）>>1647

[6]《全国人民代表大会常务委员会关于〈中华人民共和国刑法〉第九章渎职罪主体适用问题的解释》（自2002年12月28日起施行）>>2170

[7]《全国人民代表大会常务委员会关于〈中华人民共和国刑法〉有关信用卡规定的解释》（自2004年12月29日起施行）>>894

[8]《全国人民代表大会常务委员会关于〈中华人民共和国刑法〉有关出口退税、抵扣税款的其他发票规定的解释》（自2005年12月29日起施行）>>928

[9]《全国人民代表大会常务委员会关于〈中华人民共和国刑法〉有关文物的规定适用于具有科学价值的古脊椎动物化石、古人类化石的解释》（自2005年12月29日起施行）>>1679

[10]《全国人民代表大会常务委员会关于〈中华人民共和国刑法〉第三十条的解释》（自2014年4月24日起施行）>>111

[11]《全国人民代表大会常务委员会关于〈中华人民共和国刑法〉第一百

五十八条、第一百五十九条的解释》(自 2014 年 4 月 24 日起施行) >>704

[12]《全国人民代表大会常务委员会关于〈中华人民共和国刑法〉第二百六十六条的解释》(自 2014 年 4 月 24 日起施行) >>1274

[13]《全国人民代表大会常务委员会关于〈中华人民共和国刑法〉第三百四十一条、第三百一十二条的解释》(自 2014 年 4 月 24 日起施行) >>1628

四、立法工作机关意见

[1]《全国人大常委会法制工作委员会、最高人民法院、最高人民检察院、公安部、司法部、民政部关于正在服刑的罪犯和被羁押的人的选举权问题的联合通知》(法工委联字[84]1号) >>175

[2]《全国人民代表大会常务委员会法制工作委员会关于对"隐匿、销毁会计凭证、会计账簿、财务会计报告构成犯罪的主体范围"问题的答复意见》(法工委复字[2002]3号) >>720

[3]《全国人民代表大会常务委员会法制工作委员会关于已满十四周岁不满十六周岁的人承担刑事责任范围问题的答复意见》(法工委复字[2002]12号) >>41

[4]《全国人民代表大会常务委员会法制工作委员会刑法室关于挪用资金罪有关问题的答复》(法工委刑发[2004]第 28 号) >>1335

[5]《全国人民代表大会常务委员会法制工作委员会刑法室关于对变造、出售变造普通发票行为的定性问题的意见》(刑发[2005]1号) >>943

[6]《全国人民代表大会常务委员会法制工作委员会对〈关于公司人员利用职务上的便利采取欺骗等手段非法占有股东股权的行为如何定性处理的批复〉的意见》(法工委发函[2005]105号) >>366

[7]《全国人民代表大会常务委员会法制工作委员会对刑法追诉时效制度有关规定如何理解适用的答复意见》(法工办发[2014]277号) >>353

[8]《全国人民代表大会常务委员会法制工作委员会关于对被告人在罚金刑执行完毕前又犯新罪的罚金应否与未执行完毕的罚金适用数罪并罚问题的答复意见》(法工办复[2017]2号) >>294

五、相关规定

(一)综合类

[1]《中华人民共和国治安管理处罚法》(修正后自 2013 年 1 月 1 日起施行)

[2]《中华人民共和国反恐怖主义法》(修改后自2018年4月27日起施行)
[3]《中华人民共和国刑事诉讼法》(修正后自2018年10月26日起施行)
[4]《中华人民共和国社区矫正法》(自2020年7月1日起施行)
[5]《中华人民共和国民法典》(自2021年1月1日起施行)
[6]《中华人民共和国预防未成年人犯罪法》(自2021年6月1日起施行)
[7]《中华人民共和国行政处罚法》(修订后自2021年7月15日起施行)
[8]《最高人民法院关于适用〈中华人民共和国刑事诉讼法〉的解释》(法释〔2021〕1号,自2021年3月1日起施行)

(二) 总则编

[9]《中华人民共和国外交特权与豁免条例》(自1986年9月5日起施行)　>>13
[10]《中华人民共和国监狱法》(修正后自2012年10月26日起施行)　>>119
[11]《中华人民共和国国际刑事司法协助法》(自2018年10月26日起施行)　>>148
[12]《纪检监察机关处理主动投案问题的规定(试行)》(中纪办发〔2019〕11号,自2019年7月11日起施行)　>>259
[13]《中华人民共和国全国人民代表大会和地方各级人民代表大会选举法》(修正后自2020年10月17日起施行)　>>175

(三) 分则编

1. 危害国家安全罪

[14]《国务院办公厅关于进一步加强民用爆炸物品安全管理的通知》(国办发〔2002〕52号)　>>461
[15]《民用爆炸物品安全管理条例》(国务院令第466号,修订后自2014年7月29日起施行)　>>467
[16]《中华人民共和国反间谍法》(修订后自2023年7月1日起施行)
[17]《公安机关公务用枪管理规定》(自2015年5月1日起施行)
[18]《中华人民共和国民用航空法》(第六次修正后自2021年4月29日起施行)　>>505
[19]《管制刀具认定标准》(公通字〔2007〕2号)　>>505
[20]《民用爆炸物品品名表》(调整后自2022年5月23日起施行)

2. 危害公共安全罪

[21]《中华人民共和国枪支管理法》(第二次修正后自2015年4月24日起施行) >>461

[22]《中华人民共和国铁路法》(第二次修正后自2015年4月24日起施行) >>505

[23]《中华人民共和国产品质量法》(第三次修正后自2018年12月29日起施行) >>587

[24]《中华人民共和国道路交通安全法》(第三次修正后自2021年4月29日起施行) >>511、524

[25]《公安部关于对彩弹枪按照枪支进行管理的通知》(公治〔2002〕82号) >>463

[26]《公安部关于涉弩违法犯罪行为的处理及性能鉴定问题的批复》(公复字〔2006〕2号) >>463

[27]《公安部关于对以气体等为动力发射金属弹丸或者其他物质的仿真枪认定问题的批复》(公复字〔2006〕5号) >>464

[28]《仿真枪认定标准》(公通字〔2008〕8号) >>464

[29]《公安部关于将陶瓷类刀具纳入管制刀具管理问题的批复》(公复字〔2010〕1号) >>507

[30]《公安机关涉案枪支弹药性能鉴定工作规定》(公通字〔2019〕30号) >>465

[31]《公安部关于仿真枪认定标准有关问题的批复》(公复字〔2011〕1号) >>466

[32]《公安部关于对空包弹管理有关问题的批复》(公复字〔2011〕3号) >>467

3. 破坏社会主义市场经济秩序罪

(1)生产、销售伪劣商品罪

[33]《中华人民共和国药品管理法》(第二次修订后自2019年12月1日起施行)

[34]《中华人民共和国食品安全法》(第二次修正后自2021年4月29日起施行) >>620

(2) 走私罪

[35]《濒危野生动植物种国际贸易公约》

[36]《中华人民共和国海关法》(第六次修正后自 2021 年 4 月 29 日起施行)

(3) 妨害对公司、企业的管理秩序罪

[37]《国务院关于印发注册资本登记制度改革方案的通知》(国发〔2014〕7 号)

(4) 破坏金融管理秩序罪

[38]《国务院办公厅关于严厉打击非法发行股票和非法经营证券业务有关问题的通知》(国办发〔2006〕99 号) >>816

[39]《中华人民共和国商业银行法》(第二次修正后自 2015 年 10 月 1 日起施行) >>853

[40]《中华人民共和国证券法》(第二次修订后自 2020 年 3 月 1 日起施行) >>713、815、821

[41]《中华人民共和国期货和衍生品法》(自 2022 年 8 月 1 日起施行) >>823

(5) 危害税收征管罪

[42]《中华人民共和国税收征收管理法》(第三次修正后自 2015 年 4 月 24 日起施行) >>913

(6) 侵犯知识产权罪

[43]《中华人民共和国反不正当竞争法》(第二次修正后自 2019 年 4 月 23 日起施行) >>993

[44]《中华人民共和国商标法》(第四次修正后自 2019 年 11 月 1 日起施行) >>969

[45]《中华人民共和国著作权法》(修改后自 2021 年 6 月 1 日起施行)

(7) 扰乱市场秩序罪

[46]《金融违法行为处罚办法》(国务院令第 260 号) >>1016

[47]《互联网上网服务营业场所管理条例》(国务院令第 363 号,第四次修订后自 2022 年 5 月 1 日起施行) >>1021

4. 侵犯公民人身权利、民主权利罪

[48]《全国人民代表大会常务委员会关于加强网络信息保护的决定》(自 2012 年 12 月 28 日起施行)

[49]《中华人民共和国劳动法》(第二次修正后自 2018 年 12 月 29 日起施行) >>1161

[50]《最高人民法院关于适用〈中华人民共和国民法典〉婚姻家庭编的解释(一)》(法释[2020]22 号,自 2021 年 1 月 1 日起施行) >>1210

[51]《中华人民共和国个人信息保护法》(自 2021 年 11 月 1 日起施行) >>1188

[52]《人体器官捐献和移植条例》(国务院令第 767 号,自 2024 年 5 月 1 日起施行) >>1105

5.妨害社会管理秩序罪

(1)扰乱公共秩序罪

[53]《中华人民共和国反间谍法实施细则》(国务院令第 692 号,自 2017 年 11 月 22 日起施行) >>401

[54]《禁止非法生产销售使用窃听窃照专用器材和"伪基站"设备的规定》(国家工商行政管理总局、中华人民共和国公安部、国家质量监督检验检疫总局令第 72 号) >>1444

[55]《中华人民共和国国歌法》(自 2017 年 10 月 1 日起施行) >>1567

[56]《中华人民共和国英雄烈士保护法》(自 2018 年 5 月 1 日起施行) >>1567

[57]《中华人民共和国国旗法》(第二次修正后自 2020 年 10 月 17 日起施行) >>1567

[58]《中华人民共和国国徽法》(第二次修正后自 2020 年 10 月 17 日起施行) >>1567

[59]《中华人民共和国反有组织犯罪法》(自 2022 年 5 月 1 日起施行) >>1493

(2)妨害国(边)境管理罪

[60]《中华人民共和国测绘法》(第二次修正后自 2017 年 7 月 1 日起施行) >>1677

(3)妨害文物管理罪

[61]《中华人民共和国文物保护法》(第五次修正后自 2017 年 11 月 5 日起施行) >>1697

[62]《古生物化石保护条例》(国务院令第 580 号,修订后自 2019 年 3 月 2 日起施行) >>1681

[63]《古人类化石和古脊椎动物化石保护管理办法》(文化部令第38号,自2006年8月7日起施行) >>1681

(4)破坏环境资源保护罪

[64]《林业部关于核准部分濒危野生动物为国家重点保护野生动物的通知》(林护通字〔1993〕48号) >>1772

[65]《国家重点保护野生动物名录》(国家林业和草原局、农业农村部公告2021年第3号) >>1772

[66]《国家林业和草原局、农业农村部关于国家重点保护野生植物名录的公告》(国家林业和草原局、农业农村部公告2021年第15号) >>1837

[67]《濒危野生动植物种国际贸易公约附录水生物种核准为国家重点保护野生动物名录》(中华人民共和国农业农村部公告第491号) >>1773

[68]《重点管理外来入侵物种名录》(农业农村部、自然资源部、生态环境部、住房和城乡建设部、海关总署、国家林草局公告第567号,自2023年1月1日起施行) >>1847

[69]《国家保护的有重要生态、科学、社会价值的陆生野生动物名录》(国家林业和草原局公告2023年第17号) >>1773

(5)危害公共卫生罪

[70]《医疗事故技术鉴定暂行办法》(卫生部令第30号) >>1725

[71]《全国人大法工委关于对法医类鉴定与医疗事故技术鉴定关系问题的意见》(法工委复字〔2005〕29号) >>1710

[72]《中华人民共和国传染病防治法》(修正后自2013年6月29日起施行) >>1724

[73]《中华人民共和国生物安全法》(自2021年4月15日起施行)

[74]《中华人民共和国人类遗传资源管理条例》(国务院令第717号,自2019年7月1日起施行)

[75]《人类遗传资源管理条例实施细则》(科学技术部令第21号,自2023年7月1日起施行)

(6)破坏环境资源保护罪

[76]《中华人民共和国环境保护法》(修订后自2015年1月1日起施行)

[77]《中共中央办公厅、国务院办公厅关于建立以国家公园为主体的自然保护地体系的指导意见》(2019年6月26日) >>1803

[78]《中华人民共和国固体废物污染环境防治法》(自 2020 年 9 月 1 日起施行)

[79]《国家危险废物名录(2021 年版)》(生态环境部、国家发展和改革委员会、公安部、交通运输部、国家卫生健康委员会部令第 15 号,自 2021 年 1 月 1 日起施行)

[80]《医疗废物分类目录(2021 年版)》(国卫医函〔2021〕238 号)

(7)走私、贩卖、运输、制造毒品罪

[81]《麻醉药品和精神药品管理条例》(国务院令第 442 号,第三次修订后自 2016 年 2 月 6 日起施行)　>>1968

[82]《国家禁毒委员会办公室关于防范非药用类麻醉药品和精神药品及制毒物品违法犯罪的通告》(自 2019 年 8 月 1 日起施行)　>>1974

[83]《国家食品药品监督管理总局、公安部、国家卫生和计划生育委员会关于公布麻醉药品和精神药品品种目录的通知》(食药监药化监〔2013〕230 号)　>>1975

[84]《国家食品药品监管总局、公安部、国家卫生计生委关于将含可待因复方口服液体制剂列入第二类精神药品管理的公告》(2015 年第 10 号,自 2015 年 5 月 1 日起实行)　>>1994

[85]《非药用类麻醉药品和精神药品列管办法》(公安部、国家卫生和计划生育委员会、国家食品药品监督管理总局、国家禁毒委员会办公室,公通字〔2015〕27 号,自 2015 年 10 月 1 日起施行)　>>1994

[86]《公安部、国家食品药品监督管理总局、国家卫生和计划生育委员会关于将卡芬太尼等四种芬太尼类物质列入非药用类麻醉药品管制品种增补目录的公告》(自 2017 年 3 月 1 日起施行)　>>2008

[87]《公安部、国家食品药品监督管理总局、国家卫生和计划生育委员会关于将 N-甲基-N-(2-二甲氨基环己基)-3,4-二氯苯甲酰胺(U-47700)等四种物质列入非药用类麻醉药品和精神药品管制品种增补目录的公告》(自 2017 年 7 月 1 日起施行)　>>2008

[88]《公安部、国家卫生健康委员会、国家药品监督管理局关于将 4-氯乙卡西酮等 32 种物质列入非药用类麻醉药品和精神药品管制品种增补目录的公告》(自 2018 年 9 月 1 日起施行)　>>2009

[89]《公安部、国家卫生健康委员会、国家药品监督管理局关于将芬太尼类物质列入〈非药用类麻醉药品和精神药品管制品种增补目录〉的公告》(自 2019 年 5 月 1 日起施行)　>>2012

[90]《国家药品监督管理局、公安部、国家卫生健康委员会关于将含羟考酮复方制剂等品种列入精神药品管理的公告》(2019年第63号,自2019年9月1日起施行) >>2013

[91]《国家药品监督管理局、公安部、国家卫生健康委员会关于将瑞马唑仑列入第二类精神药品管理的公告》(2019年第108号,自2020年1月1日起实行) >>2013

[92]《公安部、国家卫生健康委员会、国家药品监督管理局关于将合成大麻素类物质和氟胺酮等18种物质列入〈非药用类麻醉药品和精神药品管制品种增补目录〉的公告》(自2021年7月1日起施行) >>2018

[93]《国家药品监督管理局、公安部、国家卫生健康委员会关于调整麻醉药品和精神药品目录的公告》(2023年第43号,自2023年7月1日起施行) >>2016

[94]《易制毒化学品管理条例》(国务院令第445号,第三次修订后自2018年9月18日起施行) >>1944

[95]《国务院办公厅关于同意将1-苯基-2-溴-1-丙酮和3-氧-2-苯基丁腈列入易制毒化学品种目录的函》(国办函〔2014〕40号) >>1954

[96]《国务院办公厅关于同意将N-苯乙基-4-哌啶酮、4-苯胺基-N-苯乙基哌啶、N-甲基-1-苯基-1-氯-2-丙胺、溴素、1-苯基-1-丙酮列入易制毒化学品品种目录的函》(国办函〔2017〕120号) >>1954

[97]《国务院办公厅关于同意将α-苯乙酰乙酸甲酯等6种物质列入易制毒化学品品种目录的函》(国办函〔2021〕58号) >>1954

[98]《中华人民共和国体育法》(修订后自2023年1月1日起施行) >>1970

6. 渎职罪

[99]《中华人民共和国保守国家秘密法》(修订后自2010年10月1日起施行) >>2186

[100]《中华人民共和国土地管理法》(第三次修正后自2019年8月26日起施行) >>2215

[101]《中华人民共和国草原法》(第三次修正后自2021年4月29日起施行) >>2215

7. 军人违反职责罪

[102]《中国人民解放军军官军衔条例》(修改后自1994年5月12日起施行) >>2232

[103]《中华人民共和国预备役军官法》(修正后自2010年8月28日起施行) >>2232

六、司法解释

(一) 综合类

[1]《最高人民法院、最高人民检察院、公安部、国家计委关于统一赃物估价工作的通知》(法发〔1994〕9号) >>387

[2]《最高人民法院关于认真学习宣传贯彻修订的〈中华人民共和国刑法〉的通知》(法发〔1997〕3号) >>24

[3]《最高人民法院关于执行〈中华人民共和国刑法〉确定罪名的规定》(法释〔1997〕9号,自1997年12月16日公布起施行)

[4]《最高人民检察院关于适用刑法分则规定的犯罪的罪名的意见》(高检发释字〔1997〕3号,自1997年12月25日起施行)

[5]《最高人民法院关于在审理经济纠纷案件中涉及经济犯罪嫌疑若干问题的规定》〔法释〔1998〕7号,根据《最高人民法院关于修改〈最高人民法院关于在民事审判工作中适用《中华人民共和国工会法》若干问题的解释〉等二十七件民事类司法解释的决定》(法释〔2020〕17号)修正,修正后自2021年1月1日起施行〕 >>513

[6]《最高人民法院、最高人民检察院关于执行〈中华人民共和国刑法〉确定罪名的补充规定》(法释〔2002〕7号,自2002年3月26日起施行)

[7]《最高人民法院、最高人民检察院关于执行〈中华人民共和国刑法〉确定罪名的补充规定(二)》(法释〔2003〕12号,自2003年8月21日起施行)

[8]《最高人民法院、最高人民检察院关于执行〈中华人民共和国刑法〉确定罪名的补充规定(三)》(法释〔2007〕16号,自2007年11月6日起施行)

[9]《最高人民法院、最高人民检察院关于执行〈中华人民共和国刑法〉确定罪名的补充规定(四)》(法释〔2009〕13号,自2009年10月16日起施行)

[10]《最高人民法院、最高人民检察院关于执行〈中华人民共和国刑法〉确定罪名的补充规定(五)》(法释〔2011〕10号,自2011年5月1日起施行)

[11]《最高人民法院、最高人民检察院关于执行〈中华人民共和国刑法〉确定罪名的补充规定(六)》(法释〔2015〕20号,自2015年11月1日起施行)

[12]《最高人民法院、最高人民检察院关于执行〈中华人民共和国刑法〉确定罪名的补充规定(七)》(法释〔2021〕2号,自2021年3月1日起施行)

[13]《最高人民法院关于适用〈中华人民共和国刑事诉讼法〉的解释》(法

释〔2021〕1号,自2021年3月1日起施行)

(二)总则编

1. 刑法的任务、基本原则和适用范围

[14]《最高人民法院关于适用刑法时间效力规定若干问题的解释》(法释〔1997〕5号,自1997年10月1日起施行) >>16

[15]《最高人民检察院关于检察工作中具体适用修订刑法第十二条若干问题的通知》(高检发释字〔1997〕4号,自1997年10月6日起施行) >>17

[16]《最高人民法院关于适用刑法第十二条几个问题的解释》(法释〔1997〕12号,自1998年1月13日起施行) >>18

[17]《最高人民检察院关于对跨越修订刑法施行日期的继续犯罪、连续犯罪以及其他同种数罪应如何具体适用刑法问题的批复》(高检发释字〔1998〕6号,自1998年12月2日起施行) >>18

[18]《最高人民法院、最高人民检察院关于适用刑事司法解释时间效力问题的规定》(高检发释字〔2001〕5号,自2001年12月17日起施行) >>19

[19]《最高人民法院关于〈中华人民共和国刑法修正案(八)〉时间效力问题的解释》(法释〔2011〕9号,自2011年5月1日起施行) >>20

[20]《最高人民法院关于在裁判文书中如何表述修正前后刑法条文的批复》(法释〔2012〕7号,自2012年6月1日起施行) >>4

[21]《最高人民法院关于〈中华人民共和国刑法修正案(九)〉时间效力问题的解释》(法释〔2015〕19号,自2015年11月1日起施行) >>21

[22]《最高人民法院关于人民法院办理接收在台湾地区服刑的大陆居民回大陆服刑案件的规定》(法释〔2016〕11号,自2016年5月1日起施行) >>5

[23]《最高人民法院关于审理发生在我国管辖海域相关案件若干问题的规定(一)》(法释〔2016〕16号,自2016年8月2日起施行) >>7

[24]《最高人民法院关于审理发生在我国管辖海域相关案件若干问题的规定(二)》(法释〔2016〕17号,自2016年8月2日起施行) >>7

2. 犯罪

[25]《最高人民法院、最高人民检察院、公安部关于当前办理集团犯罪案件中具体应用法律的若干问题的解答》(〔84〕法研字第9号) >>105

[26]《最高人民法院关于审理单位犯罪案件具体应用法律有关问题的解释》(法释〔1999〕14号) >>111

[27]《最高人民法院关于审理单位犯罪案件对其直接负责的主管人员和其他直接责任人员是否区分主犯、从犯问题的批复》(法释〔2000〕31号,自2000年10月10日起施行)　>>112

[28]《最高人民检察院关于涉嫌犯罪单位被撤销、注销、吊销营业执照或者宣告破产的应如何进行追诉问题的批复》(高检发释字〔2002〕4号,自2002年7月15日起施行)　>>112

[29]《最高人民检察院关于单位有关人员组织实施盗窃行为如何适用法律问题的批复》(高检发释字〔2002〕5号,自2002年8月13日起施行)　>>113

[30]《最高人民法院关于审理未成年人刑事案件具体应用法律若干问题的解释》(法释〔2006〕1号,自2006年1月23日起施行)　>>41

3. 刑罚

[31]《最高人民法院研究室关于如何理解"审判的时候怀孕的妇女不适用死刑"问题的电话答复》(1991年3月18日)　>>156

[32]《最高人民法院关于对故意伤害、盗窃等严重破坏社会秩序的犯罪分子能否附加剥夺政治权利问题的批复》(法释〔1997〕11号,自1998年1月13日起施行)　>>180

[33]《最高人民法院关于对怀孕妇女在羁押期间自然流产审判时是否可以适用死刑问题的批复》(法释〔1998〕18号,自1998年8月13日起施行)　>>157

[34]《最高人民法院关于刑事裁判文书中刑期起止日期如何表述问题的批复》(法释〔2000〕7号,自2000年3月4日起施行)　>>120

[35]《最高人民法院关于适用财产刑若干问题的规定》(法释〔2000〕45号,自2000年12月19日起施行)　>>169

[36]《最高人民法院关于撤销缓刑时罪犯在宣告缓刑前羁押的时间能否折抵刑期问题的批复》(法释〔2002〕11号,自2002年4月18日起施行)　>>121

[37]《最高人民法院关于刑事案件终审判决和裁定何时发生法律效力问题的批复》(法释〔2004〕7号,自2004年7月29日起施行)　>>121

[38]《最高人民法院关于死刑缓期执行限制减刑案件审理程序若干问题的规定》(法释〔2011〕8号,自2011年5月1日起施行)　>>161

[39]《最高人民检察院关于对涉嫌盗窃的不满十六周岁未成年人采取刑事拘留强制措施是否违法问题的批复》(高检发释字〔2011〕1号,自2011年1月25日起施行)　>>45

[40]《最高人民法院关于刑事裁判涉财产部分执行的若干规定》(法释

〔2014〕13号,自2014年11月6日起施行) >>171

4. 刑罚的具体运用

〔41〕《最高人民法院关于被告人亲属主动为被告人退缴赃款应如何处理的批复》〔法(研)复〔1987〕32号〕 >>232

〔42〕《最高人民法院、最高人民检察院关于不再追诉去台人员在中华人民共和国成立前的犯罪行为的公告》(1988年3月14日) >>348

〔43〕《最高人民法院、最高人民检察院关于不再追诉去台人员在中华人民共和国成立后当地人民政权建立前的犯罪行为的公告》(〔89〕高检会(研)字第12号) >>348

〔44〕《最高人民法院研究室关于对再审改判前因犯新罪被加刑的罪犯再审时如何确定执行的刑罚问题的电话答复》(1989年5月24日) >>294

〔45〕《最高人民法院关于判决宣告后又发现被判刑的犯罪分子的同种漏罪是否实行数罪并罚问题的批复》(法复〔1993〕3号) >>290

〔46〕《最高人民法院研究室关于对无期徒刑犯减刑后原审法院发现原判决确有错误予以改判,原减刑裁定应如何适用法律条款予以撤销问题的答复》(1994年11月7日) >>330

〔47〕《最高人民法院关于处理自首和立功具体应用法律若干问题的解释》(法释〔1998〕8号,自1998年5月9日起施行) >>244

〔48〕《最高人民法院关于挪用公款犯罪如何计算追诉期限问题的批复》(法释〔2003〕16号,自2003年10月10日起施行) >>360

〔49〕《最高人民法院关于被告人对行为性质的辩解是否影响自首成立问题的批复》(法释〔2004〕2号,自2004年4月1日起施行) >>262

〔50〕《最高人民法院关于统一行使死刑案件核准权有关问题的决定》(法释〔2006〕12号,自2007年1月1日起施行) >>152

〔51〕《最高人民法院关于在执行附加刑剥夺政治权利期间犯新罪应如何处理的批复》(法释〔2009〕10号,自2009年6月10日起施行) >>295

〔52〕《最高人民法院关于减刑、假释案件审理程序的规定》(法释〔2014〕5号,自2014年6月1日起施行) >>331

〔53〕《最高人民法院关于办理减刑、假释案件具体应用法律的规定》(法释〔2016〕23号,自2017年1月1日起施行) >>315

〔54〕《最高人民检察院关于认定累犯如何确定刑罚执行完毕以后"五年以内"起始日期的批复》(高检发释字〔2018〕2号,自2018年12月30日起施行) >>239

[55]《最高人民法院关于办理减刑、假释案件具体应用法律的补充规定》（法释[2019]6号，自2019年6月1日起施行） >>324

[56]《最高人民法院、最高人民检察院关于缓刑犯在考验期满后五年内再犯应当判处有期徒刑以上刑罚之罪应否认定为累犯问题的批复》（高检发释字[2020]1号，自2020年1月20日起施行） >>239

5. 其他规定

[57]《最高人民法院关于在国有资本控股、参股的股份有限公司中从事管理工作的人员利用职务便利非法占有本公司财物如何定罪问题的批复》（法释[2001]17号，自2001年5月26日起施行） >>368

（三）分则编

1. 危害国家安全罪

[58]《最高人民法院关于审理为境外窃取、刺探、收买、非法提供国家秘密、情报案件具体应用法律若干问题的解释》（法释[2001]4号，自2001年1月22日起施行） >>403

2. 危害公共安全罪

[59]《最高人民检察院关于将公务用枪用作借债质押的行为如何适用法律问题的批复》（高检发释字[1998]4号，自1998年11月3日起施行） >>502

[60]《最高人民法院关于审理交通肇事刑事案件具体应用法律若干问题的解释》（法释[2000]33号，自2000年11月21日起施行） >>511

[61]《最高人民法院关于审理非法制造、买卖、运输枪支、弹药、爆炸物等刑事案件具体应用法律若干问题的解释》（法释[2001]15号，经《最高人民法院关于修改〈关于审理非法制造、买卖、运输枪支、弹药、爆炸物等刑事案件具体应用法律若干问题的解释〉的决定》（法释[2009]18号）修正，修正后自2010年1月1日起施行） >>468

[62]《最高人民法院、最高人民检察院关于办理妨害预防、控制突发传染病疫情等灾害的刑事案件具体应用法律若干问题的解释》（法释[2003]8号，自2003年5月15日起施行） >>413

[63]《最高人民法院、最高人民检察院关于办理非法制造、买卖、运输、储存毒鼠强等禁用剧毒化学品刑事案件具体应用法律若干问题的解释》（法释[2003]14号，自2003年10月1日起施行） >>473

[64]《最高人民法院关于审理破坏公用电信设施刑事案件具体应用法律若

干问题的解释》(法释〔2004〕21号,自2005年1月11日起施行) >>456

[65]《最高人民法院、最高人民检察院关于办理盗窃油气、破坏油气设备等刑事案件具体应用法律若干问题的解释》(法释〔2007〕3号,自2007年1月19日起施行) >>434

[66]《最高人民法院关于审理破坏电力设备刑事案件具体应用法律若干问题的解释》(法释〔2007〕15号,自2007年8月21日起施行) >>436

[67]《最高人民法院关于审理破坏广播电视设施等刑事案件具体应用法律若干问题的解释》(法释〔2011〕13号,自2011年6月13日起施行) >>457

[68]《最高人民法院、最高人民检察院关于办理危害生产安全刑事案件适用法律若干问题的解释》(法释〔2015〕22号,自2015年12月16日起施行) >>542

[69]《最高人民法院、最高人民检察院关于涉以压缩气体为动力的枪支、气枪铅弹刑事案件定罪量刑问题的批复》(法释〔2018〕8号,自2018年3月30日起施行) >>476

[70]《最高人民法院、最高人民检察院关于办理危害生产安全刑事案件适用法律若干问题的解释(二)》(法释〔2022〕19号,自2022年12月19日起施行) >>546

3. 破坏社会主义市场经济秩序罪
(1) 生产、销售伪劣商品罪

[71]《最高人民法院、最高人民检察院关于办理生产、销售伪劣商品刑事案件具体应用法律若干问题的解释》(法释〔2001〕10号,自2001年4月10日起施行) >>588

[72]《最高人民法院、最高人民检察院关于办理非法生产、销售、使用禁止在饲料和动物饮用水中使用的药品等刑事案件具体应用法律若干问题的解释》(法释〔2002〕26号,自2002年8月23日起施行) >>640

[73]《最高人民法院、最高人民检察院关于办理非法生产、销售烟草专卖品等刑事案件具体应用法律若干问题的解释》(法释〔2010〕7号,自2010年3月26日起施行) >>592

[74]《最高人民检察院关于废止〈最高人民检察院关于办理非法经营食盐刑事案件具体应用法律若干问题的解释〉的决定》(高检发释字〔2020〕2号,自2020年4月1日起施行) >>595

[75]《最高人民法院、最高人民检察院关于办理危害食品安全刑事案件适用法律若干问题的解释》(法释〔2021〕24号,自2022年1月1日起施行) >>621

[76]《最高人民法院、最高人民检察院关于办理危害药品安全刑事案件适用法律若干问题的解释》(高检发释字〔2022〕1号,自2022年3月6日起施行) >>604

(2)走私罪

[77]《最高人民检察院关于擅自销售进料加工保税货物的行为法律适用问题的解释》(高检发释字〔2000〕3号,自2000年10月16日起施行) >>699

[78]《最高人民法院、最高人民检察院关于办理走私刑事案件适用法律若干问题的解释》(法释〔2014〕10号,自2014年9月10日起施行) >>660

(3)妨害对公司、企业的管理秩序罪

[79]《最高人民法院关于如何认定国有控股、参股股份有限公司中的国有公司、企业人员的解释》(法释〔2005〕10号,自2005年8月11日起施行) >>703

(4)破坏金融管理秩序罪

[80]《最高人民法院关于审理伪造货币等案件具体应用法律若干问题的解释》(法释〔2000〕26号,自2000年9月14日起施行) >>763

[81]《最高人民法院关于审理洗钱等刑事案件具体应用法律若干问题的解释》(法释〔2009〕15号,自2009年11月11日起施行) >>872

[82]《最高人民法院关于审理伪造货币等案件具体应用法律若干问题的解释(二)》(法释〔2010〕14号,自2010年11月3日起施行) >>765

[83]《最高人民法院关于审理非法集资刑事案件具体应用法律若干问题的解释》[法释〔2010〕18号,根据《最高人民法院关于修改〈最高人民法院关于审理非法集资刑事案件具体应用法律若干问题的解释〉的决定》(法释〔2022〕5号)修正,修正后自2022年3月1日起施行] >>786

[84]《最高人民法院、最高人民检察院关于办理内幕交易、泄露内幕信息刑事案件具体应用法律若干问题的解释》(法释〔2012〕6号,自2012年6月1日起施行) >>824

[85]《最高人民法院 最高人民检察院关于办理操纵证券、期货市场刑事案件适用法律若干问题的解释》(法释〔2019〕9号,自2019年7月1日起施行) >>843

[86]《最高人民法院 最高人民检察院关于办理利用未公开信息交易刑事案件适用法律若干问题的解释》(法释〔2019〕10号,自2019年7月1日起施行) >>827

(5) 金融诈骗罪

[87]《最高人民检察院关于拾得他人信用卡并在自动柜员机(ATM 机)上使用的行为如何定性问题的批复》(高检发释字[2008]1 号,自 2008 年 5 月 7 日起施行) >>895

[88]《最高人民法院、最高人民检察院关于办理妨害信用卡管理刑事案件具体应用法律若干问题的解释》(法释[2009]19 号,经《最高人民法院、最高人民检察院关于修改〈关于办理妨害信用卡管理刑事案件具体应用法律若干问题的解释〉的决定》(法释[2018]19 号)修正,修正后自 2018 年 12 月 1 日起施行) >>895

(6) 危害税收征管罪

[89]《最高人民法院关于适用〈全国人民代表大会常务委员会关于惩治虚开、伪造和非法出售增值税专用发票犯罪的决定〉的若干问题的解释》(法发[1996]30 号) >>908

[90]《最高人民法院关于审理骗取出口退税刑事案件具体应用法律若干问题的解释》(法释[2002]30 号,自 2002 年 9 月 23 日起施行) >>924

[91]《最高人民法院关于审理偷税抗税刑事案件具体应用法律若干问题的解释》(法释[2002]33 号,自 2002 年 11 月 7 日起施行) >>914

(7) 侵犯知识产权罪

[92]《最高人民法院关于审理非法出版物刑事案件具体应用法律若干问题的解释》(法释[1998]30 号,自 1998 年 12 月 23 日起施行) >>980

[93]《最高人民法院、最高人民检察院关于办理侵犯知识产权刑事案件具体应用法律若干问题的解释》(法释[2004]19 号,自 2004 年 12 月 22 日起施行) >>950

[94]《最高人民法院、最高人民检察院关于办理侵犯著作权刑事案件中涉及录音录像制品有关问题的批复》(法释[2005]12 号,自 2005 年 10 月 18 日起施行) >>984

[95]《最高人民法院、最高人民检察院关于办理侵犯知识产权刑事案件具体应用法律若干问题的解释(二)》(法释[2007]6 号,自 2007 年 4 月 5 日起施行) >>955

[96]《最高人民法院关于审理侵犯商业秘密民事案件适用法律若干问题的规定》(法释[2020]7 号,自 2020 年 9 月 12 日起施行)

[97]《最高人民法院、最高人民检察院关于办理侵犯知识产权刑事案件具体应用法律若干问题的解释(三)》(法释[2020]10 号,自 2020 年 9 月 14 日起施行) >>956

（8）扰乱市场秩序罪

[98]《最高人民法院关于审理骗购外汇、非法买卖外汇刑事案件具体应用法律若干问题的解释》（法释[1998]20号，自1998年9月1日起施行）>>1021

[99]《最高人民法院关于审理倒卖车票刑事案件有关问题的解释》（法释[1999]17号，自1999年9月14日起施行）>>1057

[100]《最高人民法院关于审理扰乱电信市场管理秩序案件具体应用法律若干问题的解释》（法释[2000]12号，自2000年5月24日起施行）>>1023

[101]《最高人民法院关于对变造、倒卖变造邮票行为如何适用法律问题的解释》（法释[2000]41号，自2000年12月9日起施行）>>1057

[102]《最高人民检察院关于非法经营国际或港澳台地区电信业务行为法律适用问题的批复》（高检发释字[2002]1号，自2002年2月11日起施行）>>1021

[103]《最高人民检察院关于公证员出具公证书有重大失实行为如何适用法律问题的批复》（高检发释字[2009]1号，自2009年1月15日起施行）>>1066

[104]《最高人民检察院关于强迫借贷行为适用法律问题的批复》（高检发释字[2014]1号，自2014年4月17日起施行）>>1054

[105]《最高人民检察院关于地质工程勘测院和其他履行勘测职责的单位及其工作人员能否成为刑法第二百二十九条规定的有关犯罪主体的批复》（高检发释字[2015]4号，自2015年11月12日起施行）>>1066

[106]《最高人民法院、最高人民检察院关于办理非法从事资金支付结算业务、非法买卖外汇刑事案件适用法律若干问题的解释》（法释[2019]1号，自2019年2月1日起施行）>>1025

4. 侵犯公民人身权利、民主权利罪

[107]《最高人民法院关于审理拐卖妇女案件适用法律有关问题的解释》（法释[2000]1号，自2000年1月25日起施行）>>1138

[108]《最高人民法院关于对为索取法律不予保护的债务非法拘禁他人行为如何定罪问题的解释》（法释[2000]19号，自2000年7月19日起施行）>>1129

[109]《最高人民法院、最高人民检察院关于办理利用信息网络实施诽谤等刑事案件适用法律若干问题的解释》（法释[2013]21号，自2013年9月10日起施行）>>1165

[110]《最高人民检察院关于强制隔离戒毒所工作人员能否成为虐待被监管人罪主体问题的批复》(高检发释字〔2015〕2号,自2015年2月15日起施行) >>1183

[111]《最高人民法院关于审理拐卖妇女儿童犯罪案件具体应用法律若干问题的解释》(法释〔2016〕28号,自2017年1月1日起施行) >>1139

[112]《最高人民法院、最高人民检察院关于办理侵犯公民个人信息刑事案件适用法律若干问题的解释》(法释〔2017〕10号,自2017年6月1日起施行) >>1189

[113]《最高人民法院、最高人民检察院关于办理强奸、猥亵未成年人刑事案件适用法律若干问题的解释》(法释〔2023〕3号,自2023年6月1日起施行) >>1108

5. 侵犯财产罪

[114]《最高人民法院研究室关于申付强诈骗案如何认定诈骗数额问题的电话答复》(1991年4月23日) >>1274

[115]《最高人民法院研究室关于对在绑架勒索犯罪过程中对同一受害人又有抢劫行为应如何定罪问题的答复》(1995年5月30日) >>1226

[116]《最高人民法院关于对设置圈套诱骗他人参赌又向索还钱财的受骗者施以暴力或暴力威胁的行为应如何定罪问题的批复》(法复〔1995〕8号) >>1275

[117]《最高人民法院关于村民小组组长利用职务便利非法占有公共财物行为如何定性问题的批复》(法释〔1999〕12号,自1999年7月3日起施行) >>1325

[118]《最高人民法院关于对受委托管理、经营国有财产人员挪用国有资金行为如何定罪问题的批复》(法释〔2000〕5号,自2000年2月24日起施行) >>1335

[119]《最高人民法院关于如何理解刑法第二百七十二条规定的"挪用本单位资金归个人使用或者借贷给他人"问题的批复》(法释〔2000〕22号,自2000年7月27日起施行) >>1336

[120]《最高人民法院关于审理抢劫案件具体应用法律若干问题的解释》(法释〔2000〕35号,自2000年11月28日起施行) >>1080

[121]《最高人民法院关于抢劫过程中故意杀人案件如何定罪问题的批复》(法释〔2001〕16号,自,2001年5月26日起施行) >>1081

[122]《最高人民法院关于在国有资本控股、参股的股份有限公司中从事管

理工作的人员利用职务便利非法占有本公司财物如何定罪问题的批复》(法释[2001]17号,自2001年5月26日起施行) >>1326

[123]《最高人民检察院关于挪用失业保险基金和下岗职工基本生活保障资金的行为适用法律问题的批复》(高检发释字[2003]1号,自2003年1月30日起施行) >>1342

[124]《最高人民法院、最高人民检察院关于办理诈骗刑事案件具体应用法律若干问题的解释》(法释[2011]7号,自2011年4月8日起施行) >>1277

[125]《最高人民法院关于审理拒不支付劳动报酬刑事案件适用法律若干问题的解释》(法释[2013]3号,自2013年1月23日起施行) >>1354

[126]《最高人民法院、最高人民检察院关于办理盗窃刑事案件适用法律若干问题的解释》(法释[2013]8号,自2013年4月4日起施行) >>1252

[127]《最高人民法院、最高人民检察院关于办理敲诈勒索刑事案件适用法律若干问题的解释》(法释[2013]10号,自2013年4月27日起施行) >>1343

[128]《最高人民法院、最高人民检察院关于办理抢夺刑事案件适用法律若干问题的解释》(法释[2013]25号,自2013年11月18日起施行) >>1315

6.妨害社会管理秩序罪
(1)扰乱公共秩序罪

[129]《最高人民检察院关于以暴力威胁方法阻碍事业编制人员依法执行行政执法职务是否可对侵害人以妨害公务罪论处的批复》(高检发释字[2000]2号,自2000年4月24日起施行) >>1363

[130]《最高人民法院关于审理黑社会性质组织犯罪的案件具体应用法律若干问题的解释》(法释[2000]42号,自2000年12月10日起施行) >>1497

[131]《最高人民法院、最高人民检察院关于办理伪造、贩卖伪造的高等院校学历、学位证明刑事案件如何适用法律问题的解释》(法释[2001]22号,自2001年7月5日起施行) >>1376

[132]《最高人民法院、最高人民检察院关于办理赌博刑事案件具体应用法律若干问题的解释》(法释[2005]3号,自2005年5月13日起施行) >>1584

[133]《最高人民法院、最高人民检察院关于办理危害计算机信息系统安全刑事案件应用法律若干问题的解释》(法释[2011]19号,自2011年9月1日起施行) >>1401

[134]《最高人民法院关于审理编造、故意传播虚假恐怖信息刑事案件适用法律若干问题的解释》(法释[2013]24号,自2013年9月30日起施行) >>1467

[135]《最高人民法院、最高人民检察院关于办理组织、利用邪教组织破坏法律实施等刑事案件适用法律若干问题的解释》(法释〔2017〕3号,自2017年2月1日起施行) >>1573

[136]《最高人民法院、最高人民检察院关于办理扰乱无线电通讯管理秩序等刑事案件适用法律若干问题的解释》(法释〔2017〕11号,自2017年7月1日起施行) >>1447

[137]《最高人民法院、最高人民检察院关于办理组织考试作弊等刑事案件适用法律若干问题的解释》(法释〔2019〕13号,自2019年9月4日起施行) >>1388

[138]《最高人民法院、最高人民检察院关于办理非法利用信息网络、帮助信息网络犯罪活动等刑事案件适用法律若干问题的解释》(法释〔2019〕15号,自2019年11月1日起施行) >>1426

(2) 妨害司法罪

[139]《最高人民法院研究室关于因错判在服刑期间"脱逃"后确有犯罪其错判服刑期限可否与后判刑期折抵问题的电话答复》(1983年8月31日) >>1657

[140]《最高人民法院、最高人民检察院关于办理与盗窃、抢劫、诈骗、抢夺机动车相关刑事案件具体应用法律若干问题的解释》(法释〔2007〕11号,自2007年5月11日起施行) >>1629

[141]《最高人民法院关于审理民间借贷案件适用法律若干问题的规定》(法释〔2015〕18号,第二次修正后自2021年1月1日起施行) >>1609

[142]《最高人民法院关于审理掩饰、隐瞒犯罪所得、犯罪所得收益刑事案件适用法律若干问题的解释》[法释〔2015〕11号,根据《最高人民法院关于修改〈关于审理掩饰、隐瞒犯罪所得、犯罪所得收益刑事案件适用法律若干问题的解释〉的决定》(法释〔2021〕8号)修正,修正后自2021年4月15日起施行] >>1632

[143]《最高人民法院关于审理拒不执行判决、裁定刑事案件适用法律若干问题的解释》[法释〔2015〕16号,根据《最高人民法院关于修改〈最高人民法院关于人民法院扣押铁路运输货物若干问题的规定〉等十八件执行类司法解释的决定》(法释〔2020〕21号)修正,修正后自2021年1月1日起施行] >>1648

[144]《最高人民法院、最高人民检察院关于办理虚假诉讼刑事案件适用法律若干问题的解释》(法释〔2018〕17号,自2018年10月1日起施行) >>1606

[145]《最高人民法院、最高人民检察院关于办理窝藏、包庇刑事案件适用法律若干问题的解释》(法释〔2021〕16号,自2021年8月11日起施行) >>1620

[146]《最高人民法院关于办理人身安全保护令案件适用法律若干问题的规定》(法释〔2022〕17号,自2022年8月1日起施行) >>1650

(3)妨害国(边)境管理罪

[147]《最高人民法院、最高人民检察院关于办理妨害国(边)境管理刑事案件应用法律若干问题的解释》(法释〔2012〕17号,自2012年12月20日起施行) >>1660

(4)妨害文物管理罪

[148]《最高人民法院、最高人民检察院关于办理妨害文物管理等刑事案件适用法律若干问题的解释》(法释〔2015〕23号,自2016年1月1日起施行) >>1682

(5)危害公共卫生罪

[149]《最高人民法院关于审理非法行医刑事案件具体应用法律若干问题的解释》〔法释〔2008〕5号,根据《最高人民法院关于修改〈关于审理非法行医刑事案件具体应用法律若干问题的解释〉的决定》(法释〔2016〕27号)修正,修正后自2016年12月20日起施行〕 >>1727

[150]《最高人民法院、最高人民检察院关于办理非法采供血液等刑事案件具体应用法律若干问题的解释》(法释〔2008〕12号,自2008年9月23日起施行) >>1721

(6)破坏环境资源保护罪

[151]《最高人民法院关于审理破坏土地资源刑事案件具体应用法律若干问题的解释》(法释〔2000〕14号,自2000年6月22日起施行) >>1796

[152]《最高人民法院关于审理破坏草原资源刑事案件应用法律若干问题的解释》(法释〔2012〕15号,自2012年11月22日起施行) >>1789

[153]《最高人民法院、最高人民检察院关于办理非法采矿、破坏性采矿刑事案件适用法律若干问题的解释》(法释〔2016〕25号,自2016年12月1日起施行) >>1806

[154]《最高人民法院、最高人民检察院关于适用〈中华人民共和国刑法〉第三百四十四条有关问题的批复》(法释〔2020〕2号,自2020年3月21日起施行) >>1838

[155]《最高人民法院、最高人民检察院关于办理破坏野生动物资源刑事案件适用法律若干问题的解释》(法释〔2022〕12号,自2022年4月9日起施行) >>1774

[156]《最高人民法院、最高人民检察院关于办理环境污染刑事案件适用法律若干问题的解释》(法释〔2023〕7号,自2023年8月15日起施行) >>1736

[157]《最高人民法院关于审理破坏森林资源刑事案件适用法律若干问题的解释》(法释〔2023〕8号,自2023年8月15日起施行) >>1839

(7)走私、贩卖、运输、制造毒品罪

[158]《最高人民法院关于审理毒品犯罪案件适用法律若干问题的解释》(法释〔2016〕8号,自2016年4月11日起施行) >>1853

[159]《最高人民法院关于审理走私、非法经营、非法使用兴奋剂刑事案件适用法律若干问题的解释》(法释〔2019〕16号,自2020年1月1日起施行) >>1970

[160]《最高人民检察院关于〈非药用类麻醉药品和精神药品管制品种增补目录〉能否作为认定毒品依据的批复》(高检发释字〔2019〕2号,自2019年4月30日起施行) >>2016

(8)组织、强迫、引诱、容留、介绍卖淫罪

[161]《最高人民法院、最高人民检察院关于办理组织、强迫、引诱、容留、介绍卖淫刑事案件适用法律若干问题的解释》(法释〔2017〕13号,自2017年7月25日起施行) >>2024

(9)制作、贩卖、传播淫秽物品罪

[162]《最高人民法院、最高人民检察院关于办理利用互联网、移动通讯终端、声讯台制作、复制、出版、贩卖、传播淫秽电子信息刑事案件具体应用法律若干问题的解释》(法释〔2004〕11号,自2004年9月6日起施行) >>2044

[163]《最高人民法院、最高人民检察院关于办理利用互联网、移动通讯终端、声讯台制作、复制、出版、贩卖、传播淫秽电子信息刑事案件具体应用法律若干问题的解释(二)》(法释〔2010〕3号,自2010年2月4日起施行) >>2046

[164]《最高人民法院、最高人民检察院关于利用网络云盘制作、复制、贩卖、传播淫秽电子信息牟利行为定罪量刑问题的批复》(法释〔2017〕19号,自2017年12月1日起施行) >>2050

7.危害国防利益罪

[165]《最高人民法院关于审理危害军事通信刑事案件具体应用法律若干问题的解释》(法释〔2007〕13号,自2007年6月29日起施行) >>2070

[166]《最高人民法院、最高人民检察院关于办理妨害武装部队制式服装、车辆号牌管理秩序等刑事案件具体应用法律若干问题的解释》(法释〔2011〕16号,自2011年8月1日起施行) >>2079

8. 贪污贿赂罪

[167]《最高人民检察院关于挪用国库券如何定性问题的批复》(高检发释字[1997]5号,自1997年10月13日起施行) >>2133

[168]《最高人民法院关于审理挪用公款案件具体应用法律若干问题的解释》(法释[1998]9号,自1998年5月9日起施行) >>2133

[169]《最高人民法院关于审理贪污、职务侵占案件如何认定共同犯罪几个问题的解释》(法释[2000]15号,自2000年7月8日起施行) >>2123

[170]《最高人民法院关于国家工作人员利用职务上的便利为他人谋取利益离退休后收受财物行为如何处理问题的批复》(法释[2000]21号,自2000年7月21日起施行) >>2140

[171]《最高人民检察院关于国家工作人员挪用非特定公物能否定罪的请示的批复》(高检发释字[2000]1号,自2000年3月6日起施行) >>2135

[172]《最高人民检察院关于挪用失业保险基金和下岗职工基本生活保障资金的行为适用法律问题的批复》(高检发释字[2003]1号,自2003年1月30日起施行) >>2136

[173]《最高人民法院、最高人民检察院关于办理行贿刑事案件具体应用法律若干问题的解释》(法释[2012]22号,自2013年1月1日起施行) >>2158

[174]《最高人民法院、最高人民检察院关于办理贪污贿赂刑事案件适用法律若干问题的解释》(法释[2016]9号,自2016年4月18日起施行) >>2086

[175]《最高人民检察院关于贪污养老、医疗等社会保险基金能否适用〈最高人民法院最高人民检察院关于办理贪污贿赂刑事案件适用法律若干问题的解释〉第一条第二款第一项规定的批复》(高检发释字[2017]1号,自2017年8月7日起施行) >>2124

9. 渎职罪

[176]《最高人民检察院关于工人等非监管机关在编监管人员私放在押人员行为和失职致使在押人员脱逃行为适用法律问题的解释》(高检发释字[2001]2号,自,2001年3月2日起施行) >>2194

[177]《最高人民检察院关于企业事业单位的公安机构在机构改革过程中其工作人员能否构成渎职侵权犯罪主体问题的批复》(高检发释字[2002]3号,自2002年5月16日起施行) >>2177

[178]《最高人民检察院关于渎职侵权犯罪案件立案标准的规定》(高检发释字[2006]2号,自2006年7月26日起施行) >>2170

[179]《最高人民检察院关于对林业主管部门工作人员在发放林木采伐许可证之外滥用职权、玩忽职守致使森林遭受严重破坏的行为适用法律问题的批复》(高检发释字〔2007〕1号,自2007年5月16日起施行) >>2207

[180]《最高人民法院、最高人民检察院关于办理渎职刑事案件适用法律若干问题的解释(一)》(法释〔2012〕18号,自2013年1月9日起施行) >>2171

10. 军人违反职责罪

[181]《最高人民法院、最高人民检察院关于对军人非战时逃离部队的行为能否定罪处罚问题的批复》(法释〔2000〕39号,自2000年12月8日起施行) >>2248

七、规范性文件

(一)综合类

[1]《最高人民法院关于在经济犯罪审判中参照适用〈最高人民检察院、公安部关于公安机关管辖的刑事案件立案追诉标准的规定(二)〉的通知》(法发〔2010〕22号) >>388

[2]《最高人民检察院关于充分发挥检察职能依法保障和促进科技创新的意见》(高检发〔2016〕9号) >>2120

[3]《最高人民法院关于充分发挥审判职能作用切实加强产权司法保护的意见》(法发〔2016〕27号) >>572

[4]《最高人民法院关于依法妥善处理历史形成的产权案件工作实施意见》(法发〔2016〕28号) >>574

[5]《最高人民检察院关于充分履行检察职能加强产权司法保护的意见》(2017年1月6日) >>575

[6]《最高人民法院关于充分发挥审判职能作用为企业家创新创业营造良好法治环境的通知》(法〔2018〕1号) >>579

[7]《最高人民检察院关于充分发挥检察职能服务保障"六稳""六保"的意见》(2020年7月22日)

[8]《公安机关办理刑事案件程序规定》(公安部令第127号修订发布,自2020年9月1日起施行) >>182

(二)总则编

1. 刑法的任务、基本原则和适用范围

[9]《最高人民检察院关于认真贯彻执行〈中华人民共和国刑法修正案

(四)〉和〈全国人民代表大会常务委员会关于《中华人民共和国刑法》第九章渎职罪主体适用问题的解释〉的通知》(高检发研字〔2003〕1号) >>25

2. 犯罪

[10]《未成年人刑事检察工作指引(试行)》(高检发未检字〔2017〕1号) >>45

[11]《最高人民法院、最高人民检察院、公安部关于依法适用正当防卫制度的指导意见》(法发〔2020〕31号) >>56

3. 刑罚

[12]《最高人民法院、最高人民检察院、公安部、劳动人事部关于被判处管制、剥夺政治权利和宣告缓刑、假释的犯罪分子能否外出经商等问题的通知》[〔86〕高检会(三)字第2号] >>177

[13]《最高人民法院、最高人民检察院、公安部、外交部、司法部、财政部关于强制外国人出境的执行办法的规定》(公发〔1992〕18号) >>123

[14]《最高人民法院、最高人民检察院、公安部、司法部关于进一步严格依法办案确保办理死刑案件质量的意见》(法发〔2007〕11号) >>149

[15]《最高人民法院、最高人民检察院、公安部、司法部关于对判处管制、宣告缓刑的犯罪分子适用禁止令有关问题的规定(试行)》(法发〔2011〕9号) >>137

[16]《看守所留所执行刑罚罪犯管理办法》(公安部令第128号,修订后自自2013年11月23日起施行) >>145

[17]《最高人民法院关于对死刑缓期执行期间故意犯罪未执行死刑案件进行备案的通知》(法〔2016〕318号) >>164

[18]《最高人民法院、最高人民检察院、教育部关于落实从业禁止制度的意见》(法发〔2022〕32号,自2022年11月15日起施行) >>132

4. 刑罚的具体运用

[19]《全国法院维护农村稳定刑事审判工作座谈会纪要》(法〔1999〕217号) >>185

[20]《最高人民检察院关于在检察工作中贯彻宽严相济刑事司法政策的若干意见》(高检发研字〔2007〕2号) >>220

[21]《最高人民法院、最高人民检察院关于办理职务犯罪案件认定自首、立功等量刑情节若干问题的意见》(法发〔2009〕13号) >>246

[22]《最高人民法院关于贯彻宽严相济刑事政策的若干意见》(法发〔2010〕9号) >>192

[23]《最高人民法院关于处理自首和立功若干具体问题的意见》(法发〔2010〕60号) >>250

[24]《最高人民检察院关于办理核准追诉案件若干问题的规定》(高检发侦监〔2012〕21号) >>349

[25]《中共中央政法委关于严格规范减刑、假释、暂予监外执行切实防止司法腐败的意见》(中政委〔2014〕5号) >>325

[26]《最高人民法院、最高人民检察院、公安部、司法部关于监狱办理刑事案件有关问题的规定》(司发通〔2014〕80号) >>346

[27]《司法部关于切实加强监狱、强制戒毒所违禁物品管理的若干规定》(司发〔2015〕6号) >>328

[28]《最高人民检察院、中国残疾人联合会关于在检察工作中切实维护残疾人合法权益的意见》(2015年11月30日) >>329

[29]《最高人民法院、最高人民检察院、公安部、司法部关于对因犯罪在大陆受审的台湾居民依法适用缓刑实行社区矫正有关问题的意见》(法发〔2016〕33号,自2017年1月1日起施行) >>300

[30]《最高人民法院、最高人民检察院、公安部、司法部关于跨省异地执行刑罚的黑恶势力罪犯坦白检举构成自首立功若干问题的意见》(2019年10月21日) >>255

[31]《最高人民法院、最高人民检察院、公安部、国家安全部、司法部关于适用认罪认罚从宽制度的指导意见》(高检发〔2019〕13号) >>264

[32]《最高人民法院、最高人民检察院、公安部关于刑事案件涉扶贫领域财物依法快速返还的若干规定》(高检发〔2020〕12号,自2020年7月24日起施行) >>234

[33]《最高人民法院、最高人民检察院、公安部、国家安全部、司法部关于规范量刑程序若干问题的意见》(法发〔2020〕38号,自2020年11月6日起施行) >>223

[34]《中华人民共和国社区矫正法实施办法》(司发通〔2020〕59号,自2020年7月1日起施行) >>310

[35]《最高人民法院、最高人民检察院关于常见犯罪的量刑指导意见(试行)》(法发〔2021〕21号) >>223

[36]《最高人民法院、最高人民检察院、公安部、司法部关于加强减刑、假释案件实质化审理的意见》(法发〔2021〕31号) >>335

[37]《人民检察院办理认罪认罚案件开展量刑建议工作的指导意见》(2021

年12月3日)

5. 其他规定

[38]《最高人民检察院关于贯彻执行全国人民代表大会常务委员会关于〈中华人民共和国刑法〉第九十三条第二款的解释的通知》(高检发研字[2000]12号) >>369

[39]《最高人民法院关于准确理解和适用刑法中"国家规定"的有关问题的通知》(法发[2011]155号) >>379

[40]《最高人民法院、最高人民检察院、公安部、国家安全部、司法部关于建立犯罪人员犯罪记录制度的意见》(法发[2012]10号) >>353

[41]《人体损伤程度鉴定标准》(自2014年1月1日起施行)

[42]《最高人民法院关于执行〈人体损伤程度鉴定标准〉有关问题的通知》(法[2014]3号) >>378

[43]《公安机关办理犯罪记录查询工作规定》(公安部,公通字[2021]19号,自2021年12月31日起施行) >>382

[44]《最高人民法院、最高人民检察院、公安部、司法部关于未成年人犯罪记录封存的实施办法》(高检发办字[2022]71号,自2022年5月30日起施行) >>383

(三)分则编

1. 危害国家安全罪

[45]《公安部关于加强爆炸案件和爆炸物品丢失被盗案件倒查责任追究工作的通知》(公明发[2000]1186号) >>479

[46]《最高人民法院、国家保密局关于执行〈关于审理为境外窃取、刺探、收买、非法提供国家秘密、情报案件具体应用法律若干问题的解释〉有关问题的通知》(法发[2001]117号) >>405

[47]《公安部关于公安机关办理醉酒驾驶机动车犯罪案件的指导意见》(公交管[2011]190号)

[48]《司法部司法鉴定管理局关于车辆驾驶人员血液最后酒精含量测定适用标准有关意见的函》(司鉴函[2018]5号) >>525

[49]《人民法院、保密行政管理部门办理侵犯国家秘密案件若干问题的规定》(保发[2020]2号,自2020年3月11日起施行) >>405

2. 危害公共安全罪

[50]《最高人民法院对执行〈关于审理非法制造、买卖、运输枪支、弹药、爆

炸物等刑事案件具体应用法律若干问题的解释〉有关问题的通知》(法〔2001〕129号,已失效)　>>480

　　[51]《最高人民法院关于处理涉枪、涉爆申诉案件有关问题的通知》(法〔2003〕8号)　>>481

　　[52]《公安部、中央社会治安综合治理委员会办公室、民政部等关于进一步加强和改进出租房屋管理工作有关问题的通知》(公通字〔2004〕83号)　>>565

　　[53]《最高人民法院关于醉酒驾车犯罪法律适用问题的意见》(法发〔2009〕47号)　>>424

　　[54]《最高人民法院关于进一步加强危害生产安全刑事案件审判工作的意见》(法发〔2011〕20号)　>>550

　　[55]《最高人民法院、最高人民检察院、公安部关于依法严惩"地沟油"犯罪活动的通知》(公通字〔2012〕1号)　>>644

　　[56]《最高人民法院、最高人民检察院、公安部、国家安全监管总局关于依法加强对涉嫌犯罪的非法生产经营烟花爆竹行为刑事责任追究的通知》(安监总管三〔2012〕116号)　>>481

　　[57]《最高人民法院关于充分发挥审判职能作用切实维护公共安全的若干意见》(法发〔2015〕12号)　>>409

　　[58]《公安部严重超员、严重超速危险驾驶刑事案件立案标准(试行)》(公传发〔2015〕708号)　>>533

　　[59]《最高人民检察院、公安部关于公安机关办理经济犯罪案件的若干规定》(公通字〔2017〕25号)

　　[60]《最高人民法院、最高人民检察院、公安部、司法部关于办理恐怖活动和极端主义犯罪案件适用法律若干问题的意见》(高检会〔2018〕1号)　>>443

　　[61]《最高人民法院、最高人民检察院、公安部关于办理盗窃油气、破坏油气设备等刑事案件适用法律若干问题的意见》(法发〔2018〕18号)　>>437

　　[62]《最高人民法院、最高人民检察院、公安部关于依法惩治妨害公共交通工具安全驾驶违法犯罪行为的指导意见》(公通字〔2019〕1号)　>>537

　　[63]《应急管理部、公安部、最高人民法院、最高人民检察院安全生产行政执法与刑事司法衔接工作办法》(应急〔2019〕54号)　>>555

　　[64]《最高人民法院、最高人民检察院、公安部关于办理涉窨井盖相关刑事案件的指导意见》(高检发〔2020〕3号)　>>699

　　[65]《最高人民法院、最高人民检察院、公安部关于依法收缴非法枪爆等物品严厉打击涉枪涉爆等违法犯罪的通告》(2021年5月14日)　>>483

[66]《最高人民法院、最高人民检察院、公安部、工业和信息化部、住房和城乡建设部、交通运输部、应急管理部、国家铁路局、中国民用航空局、国家邮政局关于依法惩治涉枪支、弹药、爆炸物、易燃易爆危险物品犯罪的意见》(法发〔2021〕35号,自2021年12月31日起施行) >>485

[67]《最高人民法院、最高人民检察院、公安部、商务部、国家市场监督管理总局、中央军委后勤保障部、中央军委装备发展部、中央军委训练管理部、中央军委国防动员部关于军地共同加强部队训练场未爆弹药安全风险防控的意见》(军训〔2022〕181号) >>490

[68]《最高人民法院、最高人民检察院、公安部、司法部关于办理醉酒危险驾驶刑事案件的意见》(高检发办字〔2023〕187号,自2023年12月28日起施行) >>526

3. 破坏社会主义市场经济秩序罪
(1)生产、销售伪劣商品罪

[69]《最高人民法院关于审理生产、销售伪劣商品刑事案件有关鉴定问题的通知》(法〔2001〕70号) >>595

[70]《最高人民法院、最高人民检察院、公安部、国家烟草专卖局关于办理假冒伪劣烟草制品等刑事案件适用法律问题座谈会纪要》(商检会〔2003〕4号) >>596

[71]《最高人民法院关于依法惩处生产销售伪劣食品、药品等严重破坏市场经济秩序犯罪的通知》(法〔2004〕118号) >>585

[72]《最高人民法院关于进一步加大力度,依法严惩危害食品安全及相关职务犯罪的通知》(2011年5月27日) >>586

[73]《最高人民法院关于进一步加强涉种子刑事审判工作的指导意见》(法〔2022〕66号) >>656

[74]《药品行政执法与刑事司法衔接工作办法的通知》(国家药品监督管理局、国家市场监督管理总局、公安部、最高人民法院、最高人民检察院,国药监法〔2022〕41号,自2023年2月1日起施行) >>611

(2)走私罪

[75]《最高人民法院、最高人民检察院、海关总署关于办理走私刑事案件适用法律若干问题的意见》(法〔2002〕139号) >>669

[76]《最高人民法院关于严格执行有关走私案件涉案财物处理规定的通知》(法〔2006〕114号) >>677

[77]《最高人民法院、最高人民检察院、海关总署打击非设关地成品油走私专题研讨会会议纪要》(署缉发〔2019〕210号) >>689

[78]《最高人民法院、最高人民检察院、海关总署、公安部、中国海警局关于打击粤港澳海上跨境走私犯罪适用法律若干问题的指导意见》(署缉发〔2021〕141号) >>678

(3) 妨害对公司、企业的管理秩序罪

[79]《最高人民检察院依法严肃处理足球"黑哨"腐败问题的通知》(2002年2月25日) >>725

[80]《最高人民法院、最高人民检察院关于办理商业贿赂刑事案件适用法律若干问题的意见》(法发〔2008〕33号) >>726

[81]《最高人民检察院、公安部关于严格依法办理虚报注册资本和虚假出资抽逃出资刑事案件的通知》(公经〔2014〕247号) >>704

(4) 破坏金融管理秩序罪

[82]《最高人民法院、最高人民检察院、公安部办理骗汇、逃汇犯罪案件联席会议纪要》(公通字〔1999〕39号) >>866

[83]《最高人民检察院关于认真贯彻执行〈全国人大常委会关于惩治骗购外汇、逃汇和非法买卖外汇犯罪的决定〉的通知》(高检会〔1999〕3号) >>868

[84]《全国法院审理金融犯罪案件工作座谈会纪要》(法〔2001〕8号) >>743

[85]《最高人民法院、最高人民检察院、公安部、中国证券监督管理委员会关于整治非法证券活动有关问题的通知》(证监发〔2008〕1号) >>817

[86]《最高人民法院、最高人民检察院、公安部关于严厉打击假币犯罪活动的通知》(公通字〔2009〕45号) >>769

[87]《最高人民法院关于非法集资刑事案件性质认定问题的通知》(法〔2011〕262号) >>795

[88]《最高人民法院、最高人民检察院、公安部、中国证监会关于办理证券期货违法犯罪案件工作若干问题的意见》(证监发〔2011〕30号) >>829

[89]《最高人民法院、最高人民检察院关于贯彻执行〈关于办理证券期货违法犯罪案件工作若干问题的意见〉有关问题的通知》(法发〔2012〕8号) >>830

[90]《最高人民法院、最高人民检察院、公安部关于办理非法集资刑事案件适用法律若干问题的意见》(公通字〔2014〕16号) >>796

[91]《最高人民检察院关于办理涉互联网金融犯罪案件有关问题座谈会纪

要》(高检诉〔2017〕14号) >>752

[92]《最高人民法院、最高人民检察院、公安部关于办理非法集资刑事案件若干问题的意见》(高检会〔2019〕2号) >>798

[93]《最高人民法院、最高人民检察院、公安部关于办理洗钱刑事案件若干问题的意见》(法发〔2020〕41号) >>874

[94]《中共中央办公厅、国务院办公厅关于依法从严打击证券违法活动的意见》(2021年7月6日) >>831

[95]《最高人民检察院关于充分发挥检察职能作用依法服务保障金融高质量发展的意见》(高检发〔2023〕14号) >>761

(5)金融诈骗罪

[96]《最高人民法院、最高人民检察院、公安部关于信用卡诈骗犯罪管辖有关问题的通知》(公通字〔2011〕29号) >>899

(6)危害税收征管罪

[97]《国家税务局总局关于纳税人取得虚开的增值税专用发票处理问题的通知》(国税发〔1997〕134号) >>929

[98]《国家税务总局关于〈国家税务总局关于纳税人取得虚开的增值税专用发票处理问题的通知〉的补充通知》(国税发〔2000〕182号) >>929

[99]《国家税务总局关于纳税人善意取得虚开的增值税专用发票处理问题的通知》(国税发〔2000〕187号,自2000年11月16日起施行) >>930

[100]《公安部办公厅关于若干经济犯罪案件如何统计涉案总价值、挽回经济损失数额的批复》(公经〔2008〕214号) >>911

[101]《国家税务总局关于普通发票真伪鉴定问题的通知》(国税函〔2008〕948号) >>948

[102]《最高人民法院、最高人民检察院、公安部关于严厉打击发票违法犯罪活动的通知》(公通字〔2010〕28号) >>944

[103]《最高人民法院关于虚开增值税专用发票定罪量刑标准有关问题的通知》(法〔2018〕226号) >>930

[104]《全国打击侵犯知识产权和制售假冒伪劣商品工作领导小组办公室、中央宣传部、最高人民法院、最高人民检察院、公安部、生态环境部、文化和旅游部、海关总署、国家市场监督管理总局关于加强侵权假冒商品销毁工作的意见》(打假办发〔2020〕3号)

(7)侵犯知识产权罪

[105]《最高人民法院关于进一步加强知识产权司法保护工作的通知》(法〔2004〕200号) >>961

[106]《最高人民法院、最高人民检察院、公安部关于办理侵犯知识产权刑事案件适用法律若干问题的意见》(法发〔2011〕3号) >>962

[107]《最高人民法院关于依法加大知识产权侵权行为惩治力度的意见》(法发〔2020〕33号) >>966

[108]《国家知识产权局、最高人民法院、最高人民检察院、公安部、国家市场监督管理总局关于加强知识产权鉴定工作衔接的意见》(国知发保字〔2022〕43号) >>967

[109]《最高人民法院关于加强中医药知识产权司法保护的意见》(法发〔2022〕34号) >>968

(8)扰乱市场秩序罪

[110]《最高人民检察院关于认真执行〈中华人民共和国广告法〉的通知》(高检发研字〔1995〕第1号) >>999

[111]《最高人民检察院办公厅关于对合同诈骗、侵犯知识产权等经济犯罪案件依法正确适用逮捕措施的通知》(高检办发〔2002〕14号) >>1002

[112]《最高人民法院、最高人民检察院、公安部办理非法经营国际电信业务犯罪案件联席会议纪要》(公通字〔2002〕29号) >>1028

[113]《中国民用航空总局、国家发展计划委员会、公安部、国家税务总局、国家工商行政管理总局关于坚决打击暗扣销售和非法经营销售国内机票行为规范航空运输市场秩序的通知》(民航财发〔2002〕101号) >>1030

[114]《公安部禁毒局关于非法滥用、买卖复方曲马多片处理意见的通知》(公禁毒传发〔2012〕188号) >>1033

[115]《最高人民法院、最高人民检察院、公安部关于办理组织领导传销活动刑事案件适用法律若干问题的意见》(公通字〔2013〕37号) >>1010

[116]《最高人民法院、最高人民检察院、公安部、国家新闻出版广电总局关于依法严厉打击非法电视网络接收设备违法犯罪活动的通知》(新广电发〔2015〕229号) >>1033

[117]《最高人民法院、最高人民检察院、公安部、司法部关于办理非法放贷刑事案件若干问题的意见》(法发〔2019〕24号) >>1030

[118]《国家市场监督管理总局办公厅、公安部办公厅关于新冠肺炎疫情防控期间加强价格行政执法与刑事司法衔接工作的通知》(市监竞争〔2020〕

13号)>>1038

4.侵犯公民人身权利、民主权利罪

[119]《公安部关于打击拐卖妇女儿童犯罪适用法律和政策有关问题的意见》(公通字〔2000〕25号) >>1140

[120]《最高人民法院、最高人民检察院、公安部、民政部、司法部、全国妇联关于打击拐卖妇女儿童犯罪有关问题的通知》(公通字〔2000〕26号) >>1147

[121]《公安部关于认真做好已获解救的妇女儿童落户工作的通知》(公治〔2000〕249号)

[122]《公安机关办理伤害案件规定》(公通字〔2005〕98号) >>1092

[123]《公安部关于严格依法办理侮辱诽谤案件的通知》(公通字〔2009〕6号) >>1170

[124]《最高人民法院关于审理故意杀人、故意伤害案件正确适用死刑问题的指导意见》(2009年8月3日) >>1070

[125]《最高人民法院、最高人民检察院、公安部、司法部关于依法惩治拐卖妇女儿童犯罪的意见》(法发〔2010〕7号) >>1150

[126]《最高人民检察院关于严格依法办理诽谤刑事案件有关问题的通知》(高检发侦监字〔2010〕18号) >>1172

[127]《最高人民法院、最高人民检察院、公安部、司法部关于依法办理家庭暴力犯罪案件的意见》(法发〔2015〕4号) >>1076

[128]《最高人民法院、最高人民检察院、公安部、司法部关于依法严厉打击传播艾滋病病毒等违法犯罪行为的指导意见》(公通字〔2019〕23号) >>1093

[129]《最高人民检察院、公安部关于依法妥善办理轻伤害案件的指导意见》(高检发办字〔2022〕167号) >>1098

[130]《最高人民检察院关于贯彻实施新修订〈中华人民共和国妇女权益保障法〉切实保障妇女权益的通知》(高检发办字〔2023〕31号) >>1178

[131]《最高人民法院、最高人民检察院、公安部、司法部关于办理性侵害未成年人刑事案件的意见》(高检发〔2023〕4号,自2023年6月1日起施行) >>1114

5.侵犯财产罪

[132]《公安部、最高人民法院、最高人民检察院、司法部关于办理流窜犯罪案件中一些问题的意见的通知》(〔89〕公发27号) >>1257

[133]《最高人民法院、最高人民检察院、人力资源和社会保障部、公安部关

于加强涉嫌拒不支付劳动报酬犯罪案件查处衔接工作的通知》(人社部发〔2014〕100号) >>1357

[134]《最高人民法院关于审理抢劫、抢夺刑事案件适用法律若干问题的意见》(法发〔2005〕8号) >>1229

[135]《最高人民法院关于审理抢劫刑事案件适用法律若干问题的指导意见》(法发〔2016〕2号) >>1235

[136]《最高人民法院、最高人民检察院、公安部关于办理电信网络诈骗等刑事案件适用法律若干问题的意见》(法发〔2016〕32号) >>1280

[137]《电信网络新型违法犯罪案件冻结资金返还若干规定的通知》(中国银监会、公安部,银监发〔2016〕41号) >>1287

[138]《最高人民法院、最高人民检察院、公安部关于依法办理"碰瓷"违法犯罪案件的指导意见》(公通字〔2020〕12号) >>1291

[139]《最高人民法院、最高人民检察院、公安部关于办理电信网络诈骗等刑事案件适用法律若干问题的意见(二)》(法发〔2021〕22号) >>1294

6. 妨害社会管理秩序罪
(1)扰乱公共秩序罪

[140]《最高人民法院关于贯彻全国人大常委会〈关于取缔邪教组织、防范和惩治邪教活动的决定〉和"两院"司法解释的通知》(法发〔1999〕29号) >>1577

[141]《公安部关于认定和取缔邪教组织若干问题的通知》(公通字〔2000〕39号) >>1579

[142]《最高人民检察院关于认真贯彻执行全国人大常委会〈关于刑法第二百九十四条第一款的解释〉和〈关于刑法第三百八十四条第一款的解释〉的通知》(高检发研字〔2002〕11号) >>1498

[143]《最高人民法院、最高人民检察院、公安部办理黑社会性质组织犯罪案件座谈会纪要》(法〔2009〕382号) >>1500

[144]《最高人民法院、最高人民检察院、公安部关于办理网络赌博犯罪案件适用法律若干问题的意见》(公通字〔2010〕40号) >>1588

[145]《最高人民法院、最高人民检察院、公安部、司法部关于办理黑社会性质组织犯罪案件若干问题的规定》(公通字〔2012〕45号,自2012年9月11日起施行) >>1507

[146]《最高人民检察院关于依法严厉打击编造、故意传播虚假恐怖信息威胁民航飞行安全犯罪活动的通知》(高检发侦监字〔2013〕5号) >>1470

［147］《公安部关于公安机关处置信访活动中违法犯罪行为适用法律的指导意见》(公通字〔2013〕25 号)　>>1453

［148］《最高人民法院、最高人民检察院、公安部、司法部、国家卫生和计划委员会等关于依法惩处涉医违法犯罪维护正常医疗秩序的意见》(法发〔2014〕5 号)　>>1484

［149］《最高人民法院、最高人民检察院、公安部关于办理利用赌博机开设赌场案件适用法律若干问题的意见》(公通字〔2014〕17 号)　>>1591

［150］《全国部分法院审理黑社会性质组织犯罪案件工作座谈会纪要》(法〔2015〕291 号)　>>1512

［151］《最高人民法院、最高人民检察院、公安部关于开展集中打击赌博违法犯罪活动专项行动有关工作的通知》(公通字〔2005〕2 号)　>>1586

［152］《最高人民法院、最高人民检察院、公安部、司法部关于办理黑恶势力犯罪案件若干问题的指导意见》(法发〔2018〕1 号)　>>1521

［153］《最高人民法院、最高人民检察院、公安部、司法部关于依法严厉打击黑恶势力违法犯罪的通告》(2018 年 2 月 2 日)

［154］《国家监察委员会、最高人民法院、最高人民检察院、公安部、司法部关于在扫黑除恶专项斗争中分工负责、互相配合、互相制约严惩公职人员涉黑涉恶违法犯罪问题的通知》(国监发〔2019〕3 号)　>>1529

［155］《最高人民法院、最高人民检察院、公安部、司法部关于办理恶势力刑事案件若干问题的意见》(法发〔2019〕10 号,自 2019 年 4 月 9 日起施行)　>>1532

［156］《最高人民法院、最高人民检察院、公安部、司法部关于办理"套路贷"刑事案件若干问题的意见》(法发〔2019〕11 号,自 2019 年 4 月 9 日起施行)　>>1538

［157］《最高人民法院、最高人民检察院、公安部、司法部关于办理实施"软暴力"的刑事案件若干问题的意见》(法发〔2019〕15 号)　>>1543

［158］《最高人民法院关于依法妥善审理高空抛物、坠物案件的意见》(法发〔2019〕25 号)　>>1473

［159］《最高人民法院、最高人民检察院、公安部、司法部关于办理利用信息网络实施黑恶势力犯罪刑事案件若干问题的意见》(法发〔2019〕28 号)　>>1549

［160］《最高人民法院、最高人民检察院、公安部、司法部关于办理黑恶势力刑事案件中财产处置若干问题的意见》(高检发〔2019〕6 号,自 2019 年 4 月 9 日起施行)　>>1545

［161］《最高人民法院、最高人民检察院、公安部关于依法处理信访活动中

违法犯罪行为的指导意见》(公通字[2019]7号) >>1459

[162]《最高人民法院、最高人民检察院、公安部关于依法惩治袭警违法犯罪行为的指导意见》(公通字[2019]32号) >>1364

[163]《最高人民法院、最高人民检察院、公安部、司法部关于依法严惩利用未成年人实施黑恶势力犯罪的意见》(高检发[2020]4号) >>1552

[164]《最高人民法院刑事审判第三庭、最高人民检察院第四检察厅、公安部刑事侦查局关于深入推进"断卡"行动有关问题的会议纪要》(高检四厅[2020]12号) >>1434

[165]《最高人民法院、最高人民检察院、公安部办理跨境赌博犯罪案件若干问题的意见》(公通字[2020]14号) >>1594

[166]《最高人民法院、最高人民检察院、公安部关于依法惩治招摇撞骗等违法犯罪行为的指导意见》(公通字[2021]21号) >>1372

[167]《最高人民法院、最高人民检察院、公安部关于依法惩治侵害英雄烈士名誉、荣誉违法犯罪的意见》(公通字[2022]5号) >>1568

[168]《最高人民法院刑事审判第三庭、最高人民检察院第四检察厅、公安部刑事侦查局关于"断卡"行动中有关法律适用问题的会议纪要》(2022年3月22日) >>1435

(2) 妨害司法罪

[169]《最高人民法院、最高人民检察院、公安部、国家工商行政管理局关于依法查处盗窃、抢劫机动车案件的规定》(公通字[1998]31号) >>1636

[170]《最高人民法院、最高人民检察院、公安部关于依法严肃查处拒不执行判决裁定和暴力抗拒法院执行犯罪行为有关问题的通知》(法发[2007]29号) >>1650

[171]《最高人民法院关于防范和制裁虚假诉讼的指导意见》(法发[2016]13号)

[172]《最高人民法院关于依法妥善审理涉及夫妻债务案件有关问题的通知》(法[2017]48号) >>1610

[173]《最高人民法院关于拒不执行判决、裁定罪自诉案件受理工作有关问题的通知》(法[2018]147号) >>1652

[174]《最高人民法院、最高人民检察院、公安部、司法部关于进一步加强虚假诉讼犯罪惩治工作的意见》(法发[2021]10号,自2021年3月10日起施行) >>1611

[175]《最高人民法院关于深入开展虚假诉讼整治工作的意见》(法[2021]

281号,自2021年11月10日起施行) >>1613

(3)妨害国(边)境管理罪

[176]《最高人民法院最高人民检察院公安部关于对非法越境去台人员的处理意见》([82]公发(研)90号) >>1663

[177]《最高人民法院、最高人民检察院、公安部、国家移民管理局关于依法惩治妨害国(边)境管理违法犯罪的意见》(法发[2022]18号) >>1664

(4)妨害文物管理罪

[178]《最高人民法院、最高人民检察院、国家文物局、公安部、海关总署涉案文物鉴定评估管理办法》(文物博发[2018]4号)

[179]《国家文物局关于指定北京市文物进出境鉴定所等13家机构开展涉案文物鉴定评估工作的通知》(文物博函[2015]3936号)

[180]《国家文物局关于指定第二批涉案文物鉴定评估机构的通知》(文物博函[2016]1661号)

[181]《国家文物局关于指定第三批涉案文物鉴定评估机构的通知》(文物博函[2022]653号)

[182]《最高人民法院、最高人民检察院、公安部、国家文物局关于办理妨害文物管理等刑事案件若干问题的意见》(公通字[2022]18号) >>1689

(5)危害公共卫生罪

[183]《最高人民法院、最高人民检察院、公安部、司法部关于依法惩治妨害新型冠状病毒感染肺炎疫情防控违法犯罪的意见》(法发[2020]7号) >>1710

[184]《最高人民法院、最高人民检察院、公安部、司法部、海关总署关于进一步加强国境卫生检疫工作依法惩治妨害国境卫生检疫违法犯罪的意见》(署法发[2020]50号) >>1718

[185]《最高人民法院、最高人民检察院、公安部、司法部、海关总署关于适应新阶段疫情防控政策调整依法妥善办理相关刑事案件的通知》(高检发[2023]2号)

(6)破坏环境资源保护罪

[186]《国家林业局关于发布破坏野生动物资源刑事案中涉及走私的象牙其制品价值标准的通知》(林濒发[2001]234号) >>1784

[187]《国家林业局关于发布破坏野生动物资源刑事案件中涉及犀牛角价值标准的通知》(林护发[2002]130号) >>1785

[188]《最高人民法院印发〈关于个人违法建房出售行为如何适用法律问题

的答复〉的通知》(法[2011]37号) >>1800

[189]《最高人民法院、最高人民检察院、国家林业局、公安部、海关总署关于破坏野生动物资源刑事案件中涉及的CITES附录Ⅰ和附录Ⅱ所列陆生野生动物制品价值核定问题的通知》(林濒发[2012]239号) >>1785

[190]《野生动物及其制品价值评估方法》(国家林业局令第46号,自2017年12月15日起施行) >>1787

[191]《最高人民法院、最高人民检察院、公安部、司法部、生态环境部关于办理环境污染刑事案件有关问题座谈会纪要》(高检会[2019]3号) >>1742

[192]《水生野生动物及其制品价值评估办法》(农业农村部令2019年第5号,自2019年10月1日起施行) >>1788

[193]《最高人民法院、最高人民检察院、公安部、农业农村部依法惩治长江流域非法捕捞等违法犯罪的意见》(公通字[2020]17号) >>1760

[194]《最高人民法院、最高人民检察院、公安部、司法部关于依法惩治非法野生动物交易犯罪的指导意见》(公通字[2020]19号,自2020年12月18日起施行) >>1790

[195]《最高人民法院关于充分发挥环境资源审判职能作用依法惩处盗采矿产资源犯罪的意见》(法发[2022]19号) >>1810

[196]《最高人民法院关于完整准确全面贯彻新发展理念为积极稳妥推进碳达峰碳中和提供司法服务的意见》(法发[2023]5号) >>1750

[197]《依法打击涉海砂违法犯罪座谈会纪要》(最高人民法院、最高人民检察院、中国海警局,法发[2023]9号) >>1816

(7)走私、贩卖、运输、制造毒品罪

[198]《最高人民检察院公诉庭毒品犯罪案件公诉证据标准指导意见(试行)》([2005]高检诉发第32号)

[199]《最高人民法院、最高人民检察院、公安部办理毒品犯罪案件适用法律若干问题的意见》(公通字[2007]84号) >>1861

[200]《最高人民法院、最高人民检察院、公安部关于办理制毒物品犯罪案件适用法律若干问题的意见》(公通字[2009]33号) >>1955

[201]《最高人民法院、最高人民检察院、公安部关于办理走私、非法买卖麻黄碱类复方制剂等刑事案件适用法律若干问题的意见》(法发[2012]12号) >>1957

[202]《最高人民法院、最高人民检察院、公安部、农业部、食品药品监管总局关于进一步加强麻黄草管理严厉打击非法买卖麻黄草等违法犯罪活动的通

知》(公通字[2013]16号) >>1959

[203]《最高人民法院、最高人民检察院、公安部关于规范毒品名称表述若干问题的意见》(法[2014]224号) >>2017

[204]《最高人民法院、最高人民检察院、公安部办理毒品犯罪案件毒品提取、扣押、称量、取样和送检程序若干问题的规定》(公禁毒[2016]511号,自2016年7月1日起施行) >>2018

[205]《全国法院毒品案件审判工作会议纪要》(法[2023]108号) >>1864

(8)制作、贩卖、传播淫秽物品罪

[206]《新闻出版署关于认定淫秽及色情出版物的暂行规定》(1988年12月27日)

[207]《新闻出版署、公安部关于鉴定淫秽录像带、淫秽图片有关问题的通知》(1993年1月19日)

[208]《最高人民法院、最高人民检察院、公安部关于依法开展打击淫秽色情网站专项行动有关工作的通知》(公通字[2004]53号) >>2051

[209]《新闻出版总署关于认定淫秽与色情声讯的暂行规定》(新出法规[2005]61号)

7.贪污贿赂罪

[210]《最高人民法院、最高人民检察院关于在办理受贿犯罪大要案的同时要严肃查处严重行贿犯罪分子的通知》(高检会[1999]1号) >>2160

[211]《全国法院审理经济犯罪案件工作座谈会纪要》(法发[2003]167号) >>2101

[212]《最高人民法院、最高人民检察院关于办理受贿刑事案件适用法律若干问题的意见》(法发[2007]22号) >>2141

[213]《最高人民法院、最高人民检察院关于办理国家出资企业中职务犯罪案件具体应用法律若干问题的意见》(法发[2010]49号) >>2110

[214]《最高人民法院、最高人民检察院关于办理职务犯罪案件严格适用缓刑、免予刑事处罚若干问题的意见》(法发[2012]17号) >>2118

8.渎职罪

[215]《最高人民法院、最高人民检察院、公安部关于严格执行刑事诉讼法,切实纠防超期羁押的通知》(法[2003]163号) >>2179

9. 军人违反职责罪

[216]《中国人民解放军军事法院关于审理军人违反职责罪案件中几个具体问题的处理意见》（〔1988〕军法发字第34号） >>2232

八、立案追诉标准

[1]《公安部关于妨害国(边)境管理犯罪案件立案标准及有关问题的通知》（公通字〔2000〕30号） >>1678

[2]《狱内刑事案件立案标准》（司法部令第64号，自2001年3月9日起施行） >>389

[3]《军人违反职责罪案件立案标准的规定》（政检〔2013〕1号，自2013年3月28日起施行） >>2233

[4]《最高人民检察院、公安部关于公安机关管辖的刑事案件立案追诉标准的规定(一)》[公通字〔2008〕36号，经《最高人民检察院、公安部关于公安机关管辖的刑事案件立案追诉标准的规定(一)的补充规定》（公通字〔2017〕12号）修正] >>392

[5]《最高人民检察院、公安部关于公安机关管辖的刑事案件立案追诉标准的规定(二)》（公通字〔2022〕12号，自2022年5月15日施行） >>392

[6]《最高人民检察院、公安部关于公安机关管辖的刑事案件立案追诉标准的规定(三)》（公通字〔2012〕26号，自2012年5月16日起施行） >>1893

[7]《最高人民检察院、公安部关于修改侵犯商业秘密刑事案件立案追诉标准的决定》（高检发〔2020〕15号）

九、指导性案例

(一)最高人民法院指导性案例

[1]潘玉梅、陈宁受贿案(指导案例3号) >>2144
[2]王志才故意杀人案(指导案例4号) >>165
[3]杨延虎等贪污案(指导案例11号) >>2125
[4]李飞故意杀人案(指导案例12号) >>165
[5]王召成等非法买卖、储存危险物质案(指导案例13号) >>491
[6]董某某、宋某某抢劫案(指导案例14号) >>141
[7]臧进泉等盗窃、诈骗案(指导案例27号) >>1260
[8]胡克金拒不支付劳动报酬案(指导案例28号) >>1358

［9］张某某、金某危险驾驶案（指导案例32号） >>533

［10］马乐利用未公开信息交易案（指导案例61号） >>834

［11］王新明合同诈骗案（指导案例62号） >>97

［12］北京阳光一佰生物技术开发有限公司、习文有等生产、销售有毒、有害食品案（指导案例70号） >>646

［13］毛建文拒不执行判决、裁定案（指导案例71号） >>1653

［14］郭明升、郭明锋、孙淑标假冒注册商标案（指导案例87号） >>970

［15］于欢故意伤害案（指导案例93号） >>89

［16］王力军非法经营再审改判无罪案（指导案例97号） >>1039

［17］付宣豪、黄子超破坏计算机信息系统案（指导案例102号） >>1411

［18］徐强破坏计算机信息系统案（指导案例103号） >>1412

［19］李森、何利民、张锋勃等人破坏计算机信息系统案（指导案例104号） >>1412

［20］洪小强、洪礼沃、洪清泉、李志荣开设赌场案（指导案例105号） >>1600

［21］谢检军、高垒、高尔樵、杨泽彬开设赌场案（指导案例106号） >>1600

［22］张那木拉正当防卫案（指导案例144号） >>90

［23］张竣杰等非法控制计算机信息系统案（指导案例145号） >>1406

［24］陈庆豪、陈淑娟、赵延海开设赌场案（指导案例146号） >>1600

［25］张永明、毛伟明、张鹭故意损毁名胜古迹案（指导案例147号） >>1694

［26］龚品文等组织、领导、参加黑社会性质组织案（指导案例186号） >>1555

［27］吴强等敲诈勒索、抢劫、故意伤害案（指导案例187号） >>107

［28］史广振等组织、领导、参加黑社会性质组织案（指导案例188号） >>236

［29］李开祥侵犯公民个人信息刑事附带民事公益诉讼案（指导性案例192号）① >>1192

［30］闻巍等侵犯公民个人信息案（指导性案例193号） >>1192

---

① 自第192号案例始，最高人民法院指导性案例的编号由"指导案例××号"调整为"指导性案例××号"。——**本评注注**

［31］熊昌恒等侵犯公民个人信息案（指导性案例194号） >>1192

［32］罗文君、瞿小珍侵犯公民个人信息刑事附带民事公益诉讼案（指导性案例195号） >>1193

［33］武汉卓航江海贸易有限公司、向阳等12人污染环境刑事附带民事公益诉讼案（指导性案例202号） >>1750

［34］左勇、徐鹤污染环境刑事附带民事公益诉讼案（指导性案例203号） >>1750

［35］江西省上饶市人民检察院诉张永明、张鹭、毛伟明生态破坏民事公益诉讼案（指导性案例208号） >>1695

［36］黄某辉、陈某等8人非法捕捞水产品刑事附带民事公益诉讼案（指导性案例213号） >> 1763

（二）最高人民检察院指导性案例

［37］施某某等17人聚众斗殴案（检例第1号） >>1477

［38］忻元龙绑架案（检例第2号） >>158

［39］林志斌徇私舞弊暂予监外执行案（检例第3号） >>2196

［40］崔某环境监管失职案（检例第4号） >>2175

［41］陈某、林某、李甲滥用职权案（检例第5号） >>2181

［42］罗甲、罗乙、朱某、罗丙滥用职权案（检例第6号） >>2182

［43］胡某、郑某徇私舞弊不移交刑事案件案（检例第7号） >>2199

［44］杨某玩忽职守、徇私枉法、受贿案（检例第8号） >>2175

［45］李泽强编造、故意传播虚假恐怖信息案（检例第9号） >>1471

［46］卫学臣编造虚假恐怖信息案（检例第10号） >>1471

［47］袁才彦编造虚假恐怖信息案（检例第11号） >>1472

［48］柳立国等人生产、销售有毒、有害食品,生产、销售伪劣产品案（检例第12号） >>646

［49］徐孝伦等人生产、销售有害食品案（检例第13号） >>647

［50］孙建亮等人生产、销售有毒、有害食品案（检例第14号） >>647

［51］胡林贵等人生产、销售有毒、有害食品,行贿；骆梅等人销售伪劣产品；朱伟全等人生产、销售伪劣产品；黎达文等人受贿,食品监管渎职案（检例第15号） >>2211

［52］赛跃、韩成武受贿、食品监管渎职案（检例第16号） >>2211

[53] 陈邓昌抢劫、盗窃,付志强盗窃案(检例第17号) >>1241
[54] 郭明先参加黑社会性质组织、故意杀人、故意伤害案(检例第18号) >>153
[55] 张某、沈某某等七人抢劫案(检例第19号) >>101
[56] 马世龙(抢劫)核准追诉案(检例第20号) >>350
[57] 丁国山等(故意伤害)核准追诉案(检例第21号) >>351
[58] 杨菊云(故意杀人)不核准追诉案(检例第22号) >>355
[59] 蔡金星、陈国辉等(抢劫)不核准追诉案(检例第23号) >>355
[60] 马乐利用未公开信息交易案(检例第24号) >>834
[61] 李丙龙破坏计算机信息系统案(检例第33号) >>1413
[62] 李骏杰等破坏计算机信息系统案(检例第34号) >>1413
[63] 曾兴亮、王玉生破坏计算机信息系统案(检例第35号) >>1413
[64] 卫梦龙、龚旭、薛东东非法获取计算机信息系统数据案(检例第36号) >>1407
[65] 张四毛盗窃案(检例第37号) >>1261
[66] 董亮等四人诈骗案(检例第38号) >>1300
[67] 朱炜明操纵证券市场案(检例第39号) >>847
[68] 周辉集资诈骗案(检例第40号) >>884
[69] 叶经生等组织、领导传销活动案(检例第41号) >>1012
[70] 齐某强奸、猥亵儿童案(检例第42号) >>1116
[71] 骆某猥亵儿童案(检例第43号) >>1126
[72] 于某虐待案(检例第44号) >>1216
[73] 陈某正当防卫案(检例第45号) >>90
[74] 朱凤山故意伤害(防卫过当)案(检例第46号) >>90
[75] 于海明正当防卫案(检例第47号) >>90
[76] 侯雨秋正当防卫案(检例第48号) >>90
[77] 广州乙置业公司等骗取支付令执行虚假诉讼监督案(检例第52号) >>1614
[78] 武汉乙投资公司等骗取调解书虚假诉讼监督案(检例第53号) >>1614
[79] 陕西甲实业公司等公证执行虚假诉讼监督案(检例第54号) >>1615

［80］福建王某兴等人劳动仲裁执行虚假诉讼监督案（检例第55号） >>1615

［81］江西熊某等交通事故保险理赔虚假诉讼监督案（检例第56号） >>1615

［82］刘强非法占用农用地案（检例第60号） >>1802

［83］王敏生产、销售伪劣种子案（检例第61号） >>657

［84］南京百分百公司等生产、销售伪劣农药案（检例第62号） >>657

［85］杨卫国等人非法吸收公众存款案（检例第64号） >>804

［86］王鹏等人利用未公开信息交易案（检例第65号） >>834

［87］博元投资股份有限公司、余蒂妮等人违规披露、不披露重要信息案（检例第66号） >>716

［88］张凯闵等52人电信网络诈骗案（检例第67号） >>1300

［89］叶源星、张剑秋提供侵入计算机信息系统程序、谭房妹非法获取计算机信息系统数据案（检例第68号） >>1407

［90］姚晓杰等11人破坏计算机信息系统案（检例第69号） >>1413

［91］宣告缓刑罪犯蔡某等12人减刑监督案（检例第70号） >>329

［92］罪犯康某假释监督案（检例第71号） >>340

［93］浙江省某县图书馆及赵某、徐某某单位受贿、私分国有资产、贪污案（检例第73号） >>114

［94］无锡F警用器材公司虚开增值税专用发票案（检例第81号） >>131

［95］林某彬等人组织、领导、参加黑社会性质组织案（检例第84号） >>1556

［96］刘远鹏涉嫌生产、销售"伪劣产品"（不起诉）案（检例第85号） >>600

［97］李卫俊等"套路贷"虚假诉讼案（检例第87号） >>970

［98］许某某、包某某串通投标立案监督案（检例第90号） >>1001

［99］温某某合同诈骗立案监督案（检例第91号） >>1005

［100］上海甲建筑装饰有限公司、吕某拒不执行判决立案监督案（检例第92号） >>1653

［101］丁某某、林某某等人假冒注册商标立案监督案（检例第93号） >>970

［102］余某某等人重大劳动安全事故、重大责任事故案（检例第94号） >>557

［103］宋某某等人重大责任事故案（检例第95号） >>557

[104]黄某某等人重大责任事故、谎报安全事故案(检例第96号) >>557
[105]夏某某等人重大责任事故案(检例第97号) >>558
[106]邓秋城、双善食品(厦门)有限公司等销售假冒注册商标的商品案(检例第98号) >>974
[107]广州卡门实业有限公司涉嫌销售假冒注册商标的商品立案监督案(检例第99号) >>975
[108]陈力等八人侵犯著作权案(检例第100号) >>986
[109]姚常龙等五人假冒注册商标案(检例第101号) >>970
[110]金义盈侵犯商业秘密案(检例第102号) >>994
[111]社区矫正对象孙某某撤销缓刑监督案(检例第131号) >>310
[112]社区矫正对象王某减刑监督案(检例第133号) >>329
[113]仇某侵害英雄烈士名誉、荣誉案(检例第136号) >>1569
[114]郎某、何某诽谤案(检例第137号) >>1179
[115]岳某侮辱案(检例第138号) >>1179
[116]钱某制作、贩卖、传播淫秽物品牟利案(检例第139号) >>2052
[117]柯某侵犯公民个人信息案(检例第140号) >>1193
[118]王某贩卖、制造毒品案(检例第150号) >>1925
[119]马某某走私、贩卖毒品案(检例第151号) >>1925
[120]郭某某欺骗他人吸毒案(检例第152号) >>1966
[121]何某贩卖、制造毒品案(检例第153号) >>1926
[122]阻断性侵犯罪未成年被害人感染艾滋病风险综合司法保护案(检例第172号) >>1117
[123]惩治组织未成年人进行违反治安管理活动犯罪综合司法保护案(检例第173号) >>1223
[124]张业强等人非法集资案(检例第175号) >>884
[125]郭四记、徐维伦等人伪造货币案(检例第176号) >>770
[126]孙旭东非法经营案(检例第177号) >>1039
[127]王某等人故意伤害等犯罪二审抗诉案(检例第178号) >>153
[128]刘某某贩卖毒品二审抗诉案(检例第179号) >>1926
[129]沈某某、郑某某贪污案(检例第187号) >>2125
[130]桑某受贿、国有公司人员滥用职权、利用未公开信息交易案(检例第188号) >>739

[131]李某等人挪用公款案(检例第189号) >>2137
[132]宋某某违规出具金融票证、违法发放贷款、非国家工作人员受贿案(检例第190号) >>859
[133]周某某与项某某、李某某著作权权属、侵权纠纷等系列虚假诉讼监督案(检例第192号) >>1615
[134]梁永平、王正航等十五人侵犯著作权案(检例第193号) >>986
[135]上海某公司、许林、陶伟侵犯著作权案(检例第194号) >> 987
[136]罪犯向某假释监督案(检例第195号) >> 340
[137]罪犯杨某某假释监督案(检例第196号) >> 341
[138]罪犯刘某某假释监督案(检例第197号) >> 341
[139]罪犯邹某某假释监督案(检例第198号) >> 341
[140]罪犯唐某假释监督案(检例第199号) >>342

十、法律适用答复、复函

(一)总则编

1. 刑法的任务、基本原则和适用范围

[1]《最高人民检察院关于〈全国人民代表大会常务委员会关于《中华人民共和国刑法》第九十三条第二款的解释〉的时间效力的批复》(高检发研字[2000]15号) >>27

[2]《最高人民法院关于九七刑法实施后发生的非法买卖枪支案件,审理时新的司法解释尚未作出,是否可以参照1995年9月20日最高人民法院〈关于办理非法制造、买卖、运输非军用枪支、弹药刑事案件适用法律问题的解释〉的规定审理案件请示的复函》([2003]刑立他字第8号) >>28

[3]《最高人民法院研究室关于明确〈关于办理妨害信用卡管理刑事案件具体应用法律若干问题的解释〉溯及力的复函》(法研[2010]70号) >>28

[4]《最高人民法院研究室关于假释时间效力法律适用问题的答复》(法研[2011]97号) >>29

[5]《最高人民法院刑事执行检察厅关于对〈山东省人民检察院刑事执行检察处关于《刑法修正案(九)》实施前被法院判处有期徒刑、拘役如何执行的请示〉的答复》(2016年3月4日) >>22

2. 犯罪

[6]《公安部法制司关于如何确定无户籍登记的犯罪嫌疑人年龄的答复》

(公法〔1997〕125号） >>47

［7］《最高人民法院研究室关于企业犯罪后被合并应当如何追究刑事责任问题的答复》（1998年11月18日） >>114

［8］《最高人民检察院关于"骨龄鉴定"能否作为确定刑事责任年龄证据使用的批复》（高检发研字〔2000〕6号） >>48

［9］《最高人民检察院关于相对刑事责任年龄的人承担刑事责任范围有关问题的答复》（〔2003〕高检研发13号） >>48

［10］《最高人民法院研究室关于外国公司、企业、事业单位在我国领域内犯罪如何适用法律问题的答复》（法研〔2003〕153号） >>114

［11］《公安部关于村民委员会可否构成单位犯罪主体问题的批复》（公复字〔2007〕1号） >>115

3. 刑罚

［12］《最高人民法院研究室关于剥夺政治权利期间是否可以获准出国定居的电话答复》（1987年12月1日） >>177

［13］《最高人民检察院关于被判处管制、剥夺政治权利和宣告缓刑、假释的犯罪分子能否担任中外合资、合作经营企业领导职务问题的答复》（高检发研字〔1991〕4号） >>177

［14］《司法部监狱管理局关于〈关于罪犯李邦福撰写"怎样办工厂"书稿处理问题的请示〉的复函》（司狱字〔2000〕第121号） >>178

［15］《公安部关于对被判处拘役的罪犯在执行期间回家问题的批复》（公复字〔2001〕2号） >>146

［16］《司法部监狱管理局关于〈处理未被剥夺政治权利的罪犯向社会发表文学作品的请示〉的批复》（司狱字〔2002〕第081号） >>178

［17］《最高人民法院研究室关于对刑罚已执行完毕，由于发现新的证据，又因同一事实被以新的罪名重新起诉的案件，应适用何种程序进行审理等问题的答复》（法研〔2002〕105号） >>148

［18］《最高人民法院研究室关于交通肇事刑事案件附带民事赔偿范围问题的答复》（法研〔2014〕30号） >>129

4. 刑罚的具体运用

［19］《最高人民法院研究室关于罪犯在保外就医期间又犯罪，事隔一段时间后被抓获，对前罪的余刑，应当如何计算的请示的答复》（1993年1月28日） >>296

［20］《最高人民法院研究室关于重婚案件的被告人长期外逃法院能否中止审理和是否受追诉时效限制问题的电话答复》(1989年8月16日) >>361

［21］《最高人民检察院法律政策研究室关于对数罪并罚决定执行刑期为三年以下有期徒刑的犯罪分子能否适用缓刑问题的复函》(〔1998〕高检研发第16号) >>303

［22］《最高人民检察院监所检察厅关于对江苏省人民检察院监所检察处〈关于如何理解和确定刑法第八十六条第三款"未执行完毕的刑罚"的请示〉的答复意见》(〔1999〕高检监发第29号) >>347

［23］《公安部关于刑事追诉期限有关问题的批复》(公复字〔2000〕11号) >>356

［24］《最高人民法院刑事审判第二庭关于国有公司人员滥用职权犯罪追诉期限等问题的答复》(2005年1月13日) >>362

［25］《最高人民法院研究室关于带领被害方抓捕同案犯能否认定为有立功表现的复函》(法研〔2010〕2号) >>279

［26］《最高人民法院研究室关于罪犯在刑罚执行期间的发明创造能否按照重大立功表现作为对其漏罪审判时的量刑情节问题的答复》(法研〔2011〕79号) >>292

［27］《最高人民法院研究室关于如何理解"在法定刑以下判处刑罚"问题的答复》(法研〔2012〕67号) >>230

［28］《最高人民法院研究室关于自动投案法律适用问题的答复》(法研〔2013〕10号) >>264

［29］《最高人民法院研究室关于适用刑法第六十五条第一款有关问题的答复》(法研〔2013〕84号) >>240

［30］《最高人民法院关于适用刑法第六十四条有关问题的批复》(法〔2013〕229号) >>236

［31］《最高人民法院关于被告人林少钦受贿请示一案的答复》(〔2016〕最高法刑他5934号) >>351

［32］《最高人民法院研究室关于如何理解和适用1997年刑法第十二条第一款规定有关问题征求意见的复函》(法研〔2019〕52号) >>356

5. 其他规定

［33］《最高人民检察院对〈关于中国证监会主体认定的请示〉的答复函》(高检发法字〔2000〕7号) >>370

[34]《最高人民检察院对〈关于中国保险监督管理委员会主体认定的请示〉的答复函》(高检发法字[2000]17号) >>370

[35]《最高人民法院研究室关于国家工作人员在农村合作基金会兼职从事管理工作如何认定身份问题的答复》[法(研)明传[2000]12号] >>371

[36]《最高人民检察院关于佛教协会工作人员能否构成受贿罪或者公司、企业人员受贿罪主体问题的答复》([2003]高检研发第2号) >>372

[37]《最高人民检察院法律政策研究室关于集体性质的乡镇卫生院院长利用职务之便收受他人财物的行为如何适用法律问题的答复》([2003]高检研发第9号) >>372

[38]《最高人民检察院法律政策研究室关于国家机关、国有公司、企业委派到非国有公司、企业从事公务但尚未依照规定程序获取该单位职务的人员是否适用刑法第九十三条第二款问题的答复》([2004]高检研发第17号) >>372

[39]《最高人民法院研究室关于对行为人通过伪造国家机关公文、证件担任国家工作人员职务并利用职务上的便利侵占本单位财物、收受贿赂、挪用本单位资金等行为如何适用法律问题的答复》(法研[2004]38号) >>373

(二) 分则编

1. 危害公共安全罪

[40]《最高人民法院研究室关于遇害者下落不明的水上交通肇事案件应如何适用法律问题的电话答复》(1992年10月30日) >>516

[41]《公安部关于对少数民族人员佩带刀具乘坐火车如何处理问题的批复》(公复字[2001]6号) >>509

[42]《最高人民法院关于九七刑法实施后发生的非法买卖枪支案件,审理时新的司法解释尚未作出,是否可以参照1995年9月20日最高人民法院〈关于办理非法制造、买卖、运输非军用枪支、弹药刑事案件适用法律问题的解释〉的规定审理案件请示的复函》([2003]刑立他字第8号) >>492

[43]《最高人民检察院法律政策研究室关于非法制造、买卖、运输、储存以火药为动力发射弹药的大口径武器的行为如何适用法律问题的答复》([2004]高检研发18号) >>492

[44]《最高人民法院研究室关于生产烟花爆竹配制烟火药行为是否构成非法制造、买卖爆炸物罪的答复》(法研[2009]85号) >>492

[45]《最高人民法院研究室关于被告人阮某重大劳动安全事故案有关法律适用问题的答复》(法研[2009]228号) >>563

[46]《最高人民法院研究室关于纵容他人醉酒驾驶造成重大交通事故定性问题的复函》(法研〔2011〕29号) >>517

[47]《公安部关于枪支主要零部件管理有关问题的批复》(公治〔2014〕110号) >>493

2. 破坏社会主义市场经济秩序罪

(1)生产、销售伪劣商品罪

[48]《最高人民检察院法律政策研究室对〈关于具有药品经营资质的企业通过非法渠道从私人手中购进药品后销售的如何适用法律问题的请示〉的答复》(高检研〔2015〕19号) >>613

(2)妨害对公司、企业的管理秩序罪

[49]《最高人民检察院研究室关于中国农业发展银行及其分支机构的工作人员法律适用问题的答复》(〔2002〕高检研发第16号) >>739

[50]《公安部经济犯罪侦查局关于如何认定湖北××股份有限公司涉嫌提供虚假财会报告罪的批复》(公经〔2002〕549号) >>717

[51]《公安部经济犯罪侦查局关于能否对章××进行立案侦查的批复》(公经〔2002〕446号) >>739

[52]《公安部经济犯罪侦查局关于对隐匿、销毁会计资料罪有关问题请示的答复》(公经〔2002〕1605号) >>721

[53]《公安部经济犯罪侦查局关于对××商业贿赂案如何定性的批复》(公经〔2002〕1299号) >>732

[54]《最高人民检察院法律政策研究室关于在房屋拆迁过程中利用职务便利索取贿赂如何定性的批复》(2003年5月14日) >>728

[55]《公安部经济犯罪侦查局关于对国有控股、参股的金融部门及其分支机构有关人员失职或者滥用职权可否适用刑法第一百六十八条的批复》(公经〔2012〕269号) >>740

(3)破坏金融管理秩序罪

[56]《最高人民检察院审查批捕厅对〈公安部经济犯罪侦查局关于对银行非法出具金融票证和造成损失征求意见的函〉的复函》(1999年10月10日) >>859

[57]《最高人民法院刑事审判第一庭关于银行内部机构的工作人员以本部门与他人合办的公司为受益人开具信用证是否属于"为他人出具信用证"问题的复函》(2000年6月27日) >>859

[58]《公安部经济犯罪侦查局关于单位定期存款开户证实书性质的批复》

（公经〔2000〕1329号）　>>807

［59］《公安部经济犯罪侦查局关于以信用卡透支协议的形式进行借款可否视为贷款问题的批复》（公经〔2001〕1021号）　>>854

［60］《最高人民法院研究室关于对贩卖假金融票证行为如何适用法律问题的复函》（法研〔2002〕21号）　>>808

［61］《中国人民银行办公厅关于银行预付款保函认定事宜的复函》（银办函〔2002〕315号）　>>860

［62］《中国人民银行办公厅关于银行现金解款单、对账单、银行询证函性质认定事宜的复函》（厅便函〔2003〕8号）　>>808

［63］《公安部关于对涉嫌非法出具金融票证犯罪案件涉及的部分法律问题的批复》（公经〔2003〕88号）　>>860

［64］《中国人民银行办公厅关于单位取款凭条性质认定问题的意见》（银办函〔2003〕192号）　>>808

［65］《公安部经济犯罪侦查局关于制造、销售用于伪造货币的版样的行为如何定性问题的批复》（公经〔2003〕660号）　>>771

［66］《公安部经济犯罪侦查局关于马党权变造货币案中变造货币数额认定问题的批复》（公经〔2003〕1329号）　>>776

［67］《最高人民法院刑事审判第二庭关于以投资林业为名向社会吸收资金行为定性的答复意见》（2004年9月4日）　>>805

［68］《公安部经济犯罪侦查局关于伪造缅甸货币行为定性的批复》（公经〔2004〕493号）　>>771

［69］《最高人民法院刑事审判第二庭关于对银行工作人员违规票据贴现行为如何适用法律问题的函》（〔2006〕刑二函字第42号）　>>854

［70］《公安部经济犯罪侦查局关于对四川××、陕西××等公司代理转让未上市公司股权行为定性的批复》（公经〔2006〕1789号）　>>819

［71］《公安部经济犯罪侦查局关于银行现金缴款单是否属于金融票证的批复》（公经〔2006〕2697号）　>>809

［72］《公安部经济犯罪侦查局关于伪造银行履约保函的行为是否构成伪造、变造金融票证罪的批复》（公经〔2006〕2769号）　>>809

［73］《公安部经济犯罪侦查局关于对违法发放贷款案件中损失认定问题的批复》（公经〔2007〕1458号）　>>854

［74］《公安部经济犯罪侦查局关于对伪造、变造金额凭证罪法律适用问题的批复》（公经〔2007〕1900号）　>>809

[75]《公安部经济犯罪侦查局关于对制贩假贵金属纪念币行为性质认定问题的批复》(公经〔2007〕2548号) >>771

[76]《公安部经济犯罪侦查局关于对以虚假的工作单位证明及收入证明骗领信用卡是否可以认定为妨害信用卡管理罪请示的批复》(公经金融〔2008〕107号) >>814

[77]《公安部经济犯罪侦查局关于银行进账单、支票存根联、支付系统专用凭证、转账贷方传票是否属于银行结算凭证的批复》(公经金融〔2008〕116号) >>810

[78]《最高人民法院刑事审判第二庭关于针对骗取贷款、票据承兑、金融票罪和违法发放贷款罪立案追诉标准的意见》(2009年6月24日) >>718

[79]《最高人民检察院公诉厅关于对骗取贷款罪等犯罪立案追诉标准有关问题的回复意见》(2009年6月30日) >>782

[80]《公安部经济犯罪侦查局关于银行现金缴纳单和进账单是否属于银行结算凭证的批复》(公经〔2009〕96号) >>810

[81]《公安部经济犯罪侦查局关于民间借贷合同加盖金融机构公章能否视为保函有关问题的批复》(公经金融〔2009〕295号) >>861

[82]《最高人民检察院侦查监督厅关于对郭某某涉嫌违法发放贷款犯罪性质认定的回复意见》(〔2010〕高检侦监函32号) >>855

[83]《最高人民检察院法律政策研究室对〈关于征求吸收客户资金不入账犯罪法律适用问题的函〉的回复意见》(高检研函字〔2010〕74号) >>857

[84]《公安部经济犯罪侦查局关于转证监会〈关于韩×等人涉嫌利用未公开信息交易案有关问题的认定函〉的通知》(公证券〔2010〕86号) >>835

[85]《公安部经济犯罪侦查局关于对郭××涉嫌违法放贷犯罪性质认定请示的批复》(公经金融〔2011〕4号) >>855

[86]《最高人民法院研究室关于对外国残损、变形硬币进行加工修复是否属于"变造货币"征求意见的复函》(法研〔2012〕57号) >>772

[87]《公安部经济犯罪侦查局关于"12·24"票据诈骗案件有关法律问题的批复》(公经金融〔2012〕182号) >>810

[88]《公安部经济犯罪侦查局关于网上银行电子回单是否属于金融票证的批复》(公经金融〔2013〕69号) >>811

(4)金融诈骗罪

[89]《最高人民检察院法律政策研究室关于保险诈骗未遂能否按犯罪处理

问题的答复》(〔1998〕高检研发第 20 号) >>905

[90]《中国人民银行办公厅关于进出口押汇垫款认定事宜的复函》(银办函〔2002〕377 号) >>886

[91]《最高人民法院关于对信用证诈骗案件有关问题的复函》(法函〔2003〕60 号) >>892

[92]《最高人民法院关于被告人余××利用他人遗忘在 ATM 机内已输好密码的信用卡取款的行为如何定性请示一案的批复》[(2017)最高法刑他 3371 号] >>901

(5)危害税收征管罪

[93]《公安部关于如何理解〈刑法〉第二百零一条规定的"应纳税额"问题的批复》(公复字〔1999〕4 号) >>916

[94]《最高人民法院关于湖北汽车商场虚开增值税专用发票一案的批复》(刑他字〔2001〕36 号) >>932

[95]《最高人民法院关于对〈审计署关于咨询虚开增值税专用发票罪问题的函〉的复函》(法函〔2001〕66 号) >>932

[96]《最高人民法院研究室关于对三种涉税行为法律适用问题意见的复函》(法研〔2003〕15 号) >>932

[97]《公安部经济犯罪侦查局关于挂靠单位和个人是否符合偷税犯罪主体特征请示的答复》(公经〔2003〕819 号) >>916

[98]《公安部经济犯罪侦查局关于对购买非法制造的用于抵扣税款的其他发票又虚开的行为适用法律问题的批复》(公经〔2003〕1448 号) >>942

[99]《公安部经济犯罪侦查局关于对两种涉税违法行为适用法律问题的批复》(公经〔2003〕1449 号) >>918

[100]《最高人民检察院法律政策研究室关于税务机关工作人员通过企业以"高开低征"的方法代开增值税专用发票的行为如何适用法律问题的答复》(高检研发〔2004〕6 号) >>933

[101]《公安部法制局关于对非法制造当场处罚罚款定额收据行为如何处理的意见的函》(公法〔2004〕195 号) >>945

[102]《公安部经济犯罪侦查局关于偷逃契税能否定性为偷税问题的批复》(公经〔2005〕1040 号) >>919

[103]《公安部经济犯罪侦查局关于应纳税总额是否包括海关等部门征收的其他税种问题的批复》(公经〔2006〕1829 号) >>919

[104]《公安部关于对未依法办理税务登记的纳税人能否成为偷税犯罪主体问题的批复》(公复字[2007]3号) >>919

[105]《公安部经济犯罪侦查局关于地方政府擅自制定的税收优惠不能作为纳税人不缴少缴税款依据的批复》(公经[2007]1459号) >>920

[106]《公安部经济犯罪侦查局关于对非法出售过期普通发票行为定性问题的批复》(公经[2007]2290号) >>946

[107]《最高人民法院刑事审判第二庭对〈关于征求对国税函[2002]893号文件适用暨××公司案定性问题意见的函〉的复函》([2008]刑二函字第92号) >>933

[108]《最高人民法院研究室关于税收通用完税证和车辆购置税完税证是否属于发票问题的回函》(法研[2010]140号) >>920

[109]《公安部经济犯罪侦查局关于交通工具意外伤害保险单认定问题的批复》(公经财税[2010]31号) >>946

[110]《公安部经济犯罪侦查局关于××公司私自印制的客运车票是否属于假发票问题的批复》(公经财税[2010]55号) >>946

[111]《最高人民法院刑事审判第二庭关于航空运输代理机构虚开、销售虚假航空行程单的行为如何定性问题的复函》([2010]刑二函字第82号) >>946

[112]《公安部经济犯罪侦查局关于两种完税凭证不属于发票问题的批复》(公经[2010]356号) >>947

[113]《最高人民法院研究室关于如何认定以"挂靠"有关公司名义实施经营活动并让有关公司为自己虚开增值税专用发票行为的性质征求意见的复函》(法研[2015]58号) >>934

(6)侵犯知识产权罪

[114]《公安部经济犯罪侦查局关于重点商标是否等同于驰名商标问题的批复》(公经[2002]108号) >>971

[115]《公安部关于对侵犯著作权案件中尚未印制完成的侵权复制品如何计算非法经营数额问题的批复》(公复字[2003]2号) >>987

[116]《最高人民检察院侦查监督厅关于对〈关于就一起涉嫌假冒注册商标案征求意见的函〉的答复函》([2009]高检侦监函字12号) >>971

[117]《最高人民法院刑事审判第二庭关于集体商标是否属于我国刑法的保护范围问题的复函》([2009]刑二函字第28号) >>971

[118]《最高人民法院刑事审判第二庭关于〈关于就网上影视复制品数量计

算等问题征求意见的函〉的复函》(〔2010〕刑二函字第115号) >>987

[119]《公安部经济犯罪侦查局关于对假冒"××××"商标案的批复》(公经〔2012〕164号) >>972

(7)扰乱市场秩序罪

[120]《公安部办公厅关于销售印有本·拉登头像的商品如何处理问题的答复》(公办〔2001〕162号) >>1039

[121]《公安部经济犯罪侦查局关于对既涉嫌非法经营又涉嫌偷税的经济犯罪案件如何适用法律的请示的批复》(公经〔2001〕253号) >>1049

[122]《最高人民检察院法律政策研究室关于非法经营行为界定有关问题的复函》(〔2002〕高检研发第24号) >>1041

[123]《最高人民检察院法律政策研究室关于1998年4月18日以前的传销或者变相传销行为如何处理的答复》(〔2003〕高检研发7号) >>1013

[124]《最高人民检察院关于非法制作、出售、使用IC电话卡行为如何适用法律问题的答复》(〔2003〕高检研发第10号) >>1058

[125]《最高人民法院研究室关于非法经营黄金案件移送起诉期间国务院出台〈国务院关于取消第二批行政审批项目和改变一批行政审批项目管理方式的决定〉如何适用法律问题的答复》(法研〔2005〕80号) >>1042

[126]《公安部经济犯罪侦查局关于对四川××、陕西××等公司代理转让未上市公司股权行为定性的批复》(公经〔2006〕1789号) >>1042

[127]《公安部经济犯罪侦查局关于对新疆××公司使用配额许可证行为性质的批复》(公经〔2006〕2115号) >>1042

[128]《公安部经济犯罪侦查局关于对程××的行为是否涉嫌非法转让倒卖土地使用权犯罪的批复》(公经法〔2008〕29号) >>1063

[129]《最高人民法院关于被告人缪绿伟非法经营一案的批复》(〔2008〕刑他字第86号) >>1043

[130]《公安部经济犯罪侦查局关于刘××等人利用银行账户为他人转移资金行为定性问题的批复》(公经〔2008〕164号) >>1043

[131]《公安部经济犯罪侦查局关于对艾××等人有关行为定性问题的批复》(公经反洗钱〔2008〕585号) >>1044

[132]《公安部经济犯罪侦查局关于顾××等人有关行为性质认定意见的批复》(公经反洗钱〔2009〕188号) >>1044

[133]《公安部经济犯罪侦查局关于对倒卖银行承兑汇票行为性质认定意

见的批复》(公经金融〔2009〕253号) >>1044

［134］《公安部经济犯罪侦查局关于南京××公司从事非法票据贴现业务认定意见的批复》(公经金融〔2009〕315号) >>1045

［135］《公安部经济犯罪侦查局关于对徐×等人经营银行承兑汇票贴现业务定性问题的批复》(公经金融〔2010〕135号) >>1045

［136］《公安部经济犯罪侦查局关于对闻××等人有关行为定性问题的批复》(公经〔2010〕84号) >>1045

［137］《最高人民法院关于被告人李明华非法经营请示一案的批复》(〔2011〕刑他字第21号) >>1045

［138］《最高人民检察院法律政策研究室关于买卖银行承兑汇票行为如何适用法律问题的答复意见》(高检研函字〔2013〕58号) >>1046

［139］《公安部经济犯罪侦查局关于利用转账支票为他人套现行为性质认定的批复》(公经〔2014〕172号) >>1046

3. 侵犯公民人身权利、民主权利罪

［140］《最高人民检察院法律政策研究室关于以出卖为目的的倒卖外国妇女的行为是否构成拐卖妇女罪的答复》(〔1998〕高检研发第21号) >>1154

［141］《最高人民法院关于对在绑架过程中以暴力、胁迫等手段当场劫取被害人财物的行为如何适用法律问题的答复》(法函〔2001〕68号) >>1135

［142］《最高人民法院研究室关于侵犯公民个人信息罪有关法律适用问题征求意见的复函》(法研〔2018〕11号) >>1194

4. 侵犯财产罪

［143］《最高人民法院研究室关于盗用他人长话帐号案件如何定性问题的复函》(1991年9月14日) >>1270

［144］《最高人民检察院关于挪用尚未注册成立公司资金的行为适用法律问题的批复》(高检发研字〔2000〕19号) >>1337

［145］《公安部法制局对〈关于对将已经仪器识别为不中奖的彩票出售的行为如何定性处理的请示〉的答复》(公法〔2000〕83号) >>1308

［146］《公安部关于村民小组组长以本组资金为他人担保贷款如何定性处理问题的批复》(公法〔2001〕83号) >>1337

［147］《公安部关于对伪造学生证及贩卖、使用伪造学生证的行为如何处理问题的批复》(2002年6月26日) >>1309

［148］《公安部经济犯罪侦查局关于对挪用资金罪有关问题请示的答复》

(公经〔2002〕1604号) >>1338

[149]《最高人民法院研究室关于挪用民族贸易和民族用品生产贷款利息补贴行为如何定性问题的复函》(法研〔2003〕16号) >>1342

[150]《最高人民法院研究室关于挪用退休职工社会养老金行为如何适用法律问题的复函》(法研〔2004〕102号) >>1342

[151]《公安部经济犯罪侦查局关于宗教活动场所工作人员能否构成职务侵占或挪用资金犯罪主体的批复》(公经〔2004〕643号) >>1328

[152]《公安部经济犯罪侦查局关于对挪用资金罪中"归个人使用"有关问题的批复》(公经〔2004〕1455号) >>1328

[153]《公安部经济犯罪侦查局关于对非法占有他人股权是否构成职务侵占罪问题的工作意见》(2005年6月24日) >>1328

[154]《公安部法制局关于办理赌博违法案件有关法律适用问题的电话答复》(2005年9月5日) >>1309

[155]《公安部经济犯罪侦查局关于对居民小组下设生产队认定问题的批复》(公经〔2007〕938号) >>1328

[156]《最高人民法院研究室关于对通过虚假验资骗取工商营业执照的"三无"企事业能否成为职务侵占罪客体问题征求意见的复函》(法研〔2008〕79号) >>1329

[157]《公安部经济犯罪侦查局关于对周××等人涉嫌职务侵占案法律适用问题的批复》(公经商贸〔2010〕259号) >>1329

[158]《最高人民法院研究室关于个人独资企业员工能否成为职务侵占罪主体问题的复函》(法研〔2011〕20号) >>1330

[159]《公安部经济犯罪侦查局关于范×涉嫌职务侵占案犯罪主体问题的批复》(公经〔2012〕898号) >>1330

[160]《最高人民法院研究室关于盗窃互联网上网流量如何认定盗窃数额征求意见的复函》(法研〔2013〕155号) >>1261

[161]《最高人民检察院法律政策研究室关于〈关于多次盗窃中"次"如何认定的法律适用的请示〉的答复意见》(2016年3月18日) >>1261

5. 妨害社会管理秩序罪
(1)扰乱公共秩序罪

[162]《公安部关于对破坏未联网的微型计算机信息系统是否适用〈刑法〉第二百八十六条的请示的批复》(公复字〔1998〕7号) >>1413

［163］《最高人民检察院法律政策研究室关于买卖伪造的国家机关证件行为是否构成犯罪问题的答复》（〔1999〕高检研发第5号） >>1378

［164］《公安部关于盗窃空白因私护照有关问题的批复》（公境出〔2000〕881号） >>1378

［165］《公安部关于对伪造学生证及贩卖、使用伪造学生证的行为如何处理问题的批复》（公刑〔2002〕1046号） >>1378

［166］《最高人民检察院法律政策研究室关于伪造、变造、买卖政府设立的临时性机构的公文、证件、印章行为如何适用法律问题的答复》（高检研发〔2003〕第17号） >>1379

［167］《公安部经济犯罪侦查局关于房产证是否属于"国家机关证件"问题的研究意见》（2003年6月26日） >>1379

［168］《最高人民法院研究室关于对参加聚众斗殴受重伤或者死亡的人及其家属提出的民事赔偿请求能否予以支持问题的答复》（法研〔2004〕179号） >>1477

［169］《最高人民法院研究室关于伪造、变造、买卖民用机动车号牌行为能否以伪造、变造、买卖国家机关证件罪定罪处罚问题的请示的答复》（法研〔2009〕68号） >>1380

［170］《最高人民检察院法律政策研究室关于〈关于办理利用赌博机开设赌场案件适用法律若干问题的意见〉第七条是否适用于其他开设赌场案件的请示〉的电话答复意见》（2014年12月22日） >>1601

［171］《最高人民检察院法律政策研究室关于〈关于伪造机动车登记证书如何适用法律的请示〉的答复意见》（2016年3月18日） >>1381

［172］《最高人民法院研究室关于护士执业资格考试是否属于"法律规定的国家考试"问题的答复》（法研〔2018〕109号） >>1394

［173］《最高人民法院研究室关于对计算机技术与软件专业技术资格（水平）考试是否属于"法律规定的国家考试"征求意见的复函》（法研〔2019〕140号） >>1394

(2) 妨害司法罪

［174］《最高人民法院研究室关于拒不执行人民法院调解书的行为是否构成拒不执行判决、裁定罪的答复》（法研〔2000〕117号） >>1654

［175］《最高人民法院研究室关于〈最高人民法院、最高人民检察院关于办理与盗窃、抢劫、诈骗、抢夺机动车相关刑事案件具体应用法律若干问题的解释〉有关规定如何适用问题的答复》（法研〔2014〕98号） >>1641

(3) 妨害国(边)境管理罪

[176]《公安部法制局对〈关于倒卖邀请函的行为如何处理的请示〉的答复》(公法[2001]21号) >>1674

(4) 危害公共卫生罪

[177]《最高人民检察院法律政策研究室关于非法行医被刑事处罚后再次非法行医适用法律问题的答复意见》(高检研[2014]2号) >>1729

(5) 破坏环境资源保护罪

[178]《国土资源部关于开山凿石、采挖砂、石、土等矿产资源适用法律问题的复函》(国土资函190号) >>1822

[179]《国家林业局关于猎捕野生动物禁用工具和方法有关问题的复函》(林策发[2016]127号) >>1792

[180]《最高人民检察院法律政策研究室关于对〈"在禁牧区偷牧造成草场大量毁坏"行为性质的认定和法律适用问题的请示〉的答复》(高检研[2018]18号) >>1802

[181]《最高人民法院研究室关于刑法第三百四十一条第一款犯罪对象问题征求意见的复函》(法研[2021]16号) >>1792

(6) 走私、贩卖、运输、制造毒品罪

[182]《最高人民检察院法律政策研究室关于安定注射液是否属于刑法第三百五十五条规定的精神药品问题的答复》([2002]高检研发第23号) >>1969

[183]《公安部关于认定海洛因有关问题的批复》(公禁毒[2002]236号) >>2020

[184]《公安部禁毒局关于非法制造贩卖安钠咖立案问题的答复》(公禁毒[2002]434号) >>1926

[185]《公安部关于执行〈中华人民共和国禁毒法〉有关问题的批复》(公复字[2008]7号) >>1920

[186]《最高人民法院研究室关于被告人对不同种毒品实施同一犯罪行为是否按比例折算成一种毒品予以累加后量刑的答复》(法研[2009]146号) >>1927

[187]《公安部关于在成品药中非法添加阿普唑仑和曲马多进行销售能否认定为制造贩卖毒品有关问题的批复》(公复字[2009]1号) >>1927

[188]《公安部关于对去除糖衣包装的新康泰克药品混合颗粒能否认定为

制毒物品的意见》（公禁毒〔2010〕166号） >>1961

[189]《最高人民法院研究室关于贩卖、运输经过取汁的罂粟壳废渣是否构成贩卖、运输毒品罪的答复》（法研〔2010〕168号） >>2021

（7）组织、强迫、引诱、容留、介绍卖淫罪

[190]《公安部法制局关于同性之间以金钱为媒介的性行为如何定性的请示的电话答复》（1999年1月28日） >>2029

[191]《公安部关于对同性之间以钱财为媒介的性行为定性处理问题的批复》（公复字〔2001〕4号） >>2030

[192]《公安部关于以钱财为媒介尚未发生性行为或发生性行为尚未给付钱财如何定性问题的批复》（公复字〔2003〕5号） >>2030

（8）制作、贩卖、传播淫秽物品罪

[193]《公安部关于携带、藏匿淫秽VCD是否属于传播淫秽物品问题的批复》（公复字〔1998〕6号） >>2062

[194]《公安部对〈关于鉴定淫秽物品有关问题的请示〉的批复》（公复字〔1998〕8号） >>2068

[195]《公安部关于对出售带有淫秽内容的文物的行为可否予以治安管理处罚问题的批复》（公复字〔2010〕3号） >>2068

[196]《最高人民检察院法律政策研究室对北京市人民检察〈关于利用移动存储介质复制、贩卖淫秽视频电子信息牟利如何适用法律问题的请示〉的答复意见》（2015年4月7日） >>2052

6. 贪污贿赂罪

[197]《最高人民法院研究室关于挪用退休职工社会养老金行为如何适用法律问题的复函》（法研〔2004〕102号） >>2137

[198]《最高人民检察院研究室关于国有单位的内设机构能否构成单位受贿罪主体问题的答复》（〔2006〕高检研发8号） >>2153

[199]《最高人民检察院法律政策研究室对〈关于界定"退耕还林补助款"性质的请示〉的答复》（高检研〔2017〕6号） >>2125

[200]《最高人民检察院法律政策研究室对〈关于贪污困难职工帮扶资金能否适用《最高人民法院、最高人民检察院关于办理贪污贿赂刑事案件适用法律若干问题的解释》的请示〉的答复》（高检研〔2020〕4号） >>2126

7. 渎职罪

[201]《最高人民检察院关于镇财政所所长是否适用国家机关工作人员的

批复》(高检发研字〔2000〕9号) >>2176

〔202〕《最高人民检察院关于合同制民警能否成为玩忽职守罪主体问题的批复》(高检发研字〔2000〕20号) >>2182

〔203〕《最高人民检察院关于属工人编制的乡(镇)工商所所长能否依照刑法第三百九十七条的规定追究刑事责任问题的批复》(高检发研字〔2000〕23号) >>2182

〔204〕《最高人民检察院研究室关于买卖尚未加盖印章的空白〈边境证〉行为如何适用法律问题的答复》(〔2002〕高检研发第19号) >>2182

〔205〕《最高人民检察院关于对海事局工作人员如何使用法律问题的答复》(〔2003〕高检研发第1号) >>2183

〔206〕《最高人民检察院法律政策研究室关于非司法工作人员是否可以构成徇私枉法罪共犯问题的答复》(〔2003〕高检研发第11号) >>2192

〔207〕《最高人民法院研究室关于违反经行政法规授权制定的规范一般纳税人资格的文件应否认定为"违反法律、行政法规的规定"问题的答复》(法研〔2012〕59号) >>2203

〔208〕《最高人民检察院法律政策研究室对贵州省人民检察院法律政策研究室〈关于对刑法第四百一十条"违反土地管理法规"如何理解问题的请示〉的答复》(高检研〔2017〕9号) >>2217

十一、其他

〔1〕《非法药物折算表》(国家食品药品监督管理局2004年10月) >>1893

〔2〕《车辆驾驶人员血液、呼气酒精含量阈值与检验》[GB 19522-2010,根据《关于批准发布GB 19522-2010〈车辆驾驶人员血液、呼气酒精含量阈值与检验〉国家标准第1号修改单的公告》(中华人民共和国国家标准公告2017年第3号)修正]

〔3〕《关于印发〈104种非药用类麻醉药品和精神药品管制品种依赖性折算表〉的通知》(禁毒办通〔2016〕38号) >>1902

〔4〕《道路交通执法人体血液采集技术规范》(GA/T1556-2019)

〔5〕《关于印发〈100种麻醉药品和精神药品管制品种依赖性折算表〉的通知》(禁毒办通〔2017〕52号) >>1912

〔6〕《关于印发〈3种合成大麻素依赖性折算表〉的通知》(禁毒办通〔2019〕6号) >>1917

[7]《关于印发〈氟胺酮和7种合成大麻素依赖性折算表〉的通知》(禁毒办通〔2021〕42号) >>1918

[8]《检察机关办理电信网络诈骗案件指引》(高检发侦监字〔2018〕12号) >>1300

[9]《检察机关办理侵犯公民个人信息案件指引》(高检发侦监字〔2018〕13号) >>1194

[10]《检察机关办理长江流域非法捕捞案件有关法律政策问题的解答》(高检办发〔2021〕1号) >>1764

图书在版编目(CIP)数据

实务刑法评注 / 喻海松编著. —2 版. —北京：北京大学出版社，2024.1
ISBN 978-7-301-34784-3

Ⅰ. ①实… Ⅱ. ①喻… Ⅲ. ①刑法—研究—中国 Ⅳ. ①D924.04

中国国家版本馆 CIP 数据核字（2023）第 256998 号

书　　　名	实务刑法评注（第二版）
	SHIWU XINGFA PINGZHU（DI-ER BAN）
著作责任者	喻海松　编著
策 划 编 辑	杨玉洁
责 任 编 辑	方尔埼　任翔宇
标 准 书 号	ISBN 978-7-301-34784-3
出 版 发 行	北京大学出版社
地　　　址	北京市海淀区成府路 205 号　100871
网　　　址	http://www.pup.cn　http://www.yandayuanzhao.com
电 子 邮 箱	编辑部 yandayuanzhao@pup.cn　总编室 zpup@pup.cn
新 浪 微 博	@北京大学出版社　@北大出版社燕大元照法律图书
电　　　话	邮购部 010-62752015　发行部 010-62750672
	编辑部 010-62117788
印 刷 者	南京爱德印刷有限公司
经 销 者	新华书店
	880 毫米×1230 毫米　A5　75.25 印张　3210 千字
	2024 年 1 月第 1 版　2024 年 1 月第 1 次印刷
定　　　价	198.00 元

未经许可，不得以任何方式复制或抄袭本书之部分或全部内容。
版权所有，侵权必究
举报电话：010-62752024　电子邮箱：fd@pup.cn
图书如有印装质量问题，请与出版部联系，电话：010-62756370